Amico Lettore

Questo volume rappresenta
la 38 esima edizione
della Guida Michelin Italia.

La sua selezione
di alberghi e ristoranti,
realizzata in assoluta indipendenza,
è il risultato
delle indagini dei suoi ispettori,
che si avvalgono anche
delle vostre informazioni
e dei vostri preziosi giudizi.

Nell'intento di mantenersi sempre
aggiornata e fornire
un buon servizio,
la Guida sta già preparando
la sua prossima edizione.

Soltanto la Guida dell'anno
merita perciò la vostra fiducia. Pensate a
rinnovarla...

Buon viaggio con Michelin

Sommario

5 a 11
Come servirsi della Guida

42 e 43
I vini e le vivande

44 a 53
Carta delle ottime tavole con stelle ;
dei pasti accurati a prezzi contenuti ;
degli alberghi ameni, isolati, molto tranquilli

55 a 730
Alberghi, ristoranti, piante di città,
curiosità...

Cantone Ticino (Svizzera) : p. 715

732
Distanze

734
Carta d'Italia : principali strade, alberghi e
ristoranti sulle autostrade

742
Da dove viene questa automobile ?

743
Prefissi telefonici europei

Pagine bordate di blu
Consigli per i vostri pneumatici

748
Carte e guide Michelin

La scelta
di un albergo, di un ristorante

Questa guida Vi propone una selezione di alberghi e ristoranti stabilita ad uso dell'automobilista di passaggio. Gli esercizi, classificati in base al confort che offrono, vengono citati in ordine di preferenza per ogni categoria.

CATEGORIE

🏨	Gran lusso e tradizione	XXXXX
🏨	Gran confort	XXXX
🏨	Molto confortevole	XXX
🏨	Di buon confort	XX
🏠	Abbastanza confortevole	X
🕿	Semplice, ma conveniente	
senza rist	L'albergo non ha ristorante	
	Il ristorante dispone di camere	con cam

AMENITÀ E TRANQUILLITÀ

Alcuni esercizi sono evidenziati nella guida dai simboli rossi indicati qui di seguito. Il soggiorno in questi alberghi si rivela particolarmente ameno o riposante.
Ciò grazie alle caratteristiche dell'edificio, alle decorazioni non comuni, alla sua posizione ed al servizio offerto, nonchè alla tranquillità dei luoghi.

🏨 a 🏠	Alberghi ameni
XXXXX a X	Ristoranti ameni
« Parco fiorito »	Un particolare piacevole
🐾	Albergo molto tranquillo o isolato e tranquillo
🐾	Albergo tranquillo
≤ mare	Vista eccezionale
≤	Vista interessante o estesa

Le località che possiedono degli esercizi ameni o tranquilli sono riportate sulle carte da pagina 44 a 53 ed a pagina 715.
Consultatele per la preparazione dei Vostri viaggi e, al ritorno, inviateci i Vostri pareri ; in tal modo agevolerete le nostre indagini.

Installazioni

Le camere degli alberghi che raccomandiamo possiedono, generalmente, delle installazioni sanitarie complete. È possibile tuttavia che nelle categorie 🏨, 🏠 e ⚲ alcune camere ne siano sprovviste.

30 cam	Numero di camere
🛗	Ascensore
🗖	Aria condizionata
TV	Televisione in camera
⇥⊁	Esercizio riservato in parte ai non fumatori
☏	Telefono in camera collegato con il centralino
☎	Telefono in camera comunicante direttamente con l'esterno
🕭	Camere di agevole accesso per i minorati fisici
🛆	Pasti serviti in giardino o in terrazza
⚵	Cura termale, Idroterapia
🏊 🏊	Piscina : all'aperto, coperta
🏊 🏋	Sauna – palestra
🏖 🌳	Spiaggia attrezzata – Giardino da riposo
⚲ ⛳₁₈	Tennis appartenente all'albergo – Golf e numero di buche
🏛 25 a 150	Sale per conferenze : capienza minima e massima delle sale
🚗	Garage gratuito (una notte) per chi presenta la guida dell'anno
🚗	Garage a pagamento
℗	Parcheggio riservato alla clientela
🐕	Accesso vietato ai cani (in tutto o in parte dell'esercizio)
Fax	Trasmissione telefonica di documenti
20 aprile-5 ottobre	Periodo di apertura, comunicato dall'albergatore
stagionale	Probabile apertura in stagione, ma periodo non precisato. Gli esercizi senza tali menzioni sono aperti tutto l'anno.

La tavola

LE STELLE

Alcuni esercizi meritano di essere segnalati alla Vostra attenzione per la qualità tutta particolare della loro cucina. Noi li evidenziamo con le « **stelle di ottima tavola** ».
Per questi ristoranti indichiamo tre specialità culinarie e alcuni vini locali che potranno aiutarVi nella scelta.

❊❊❊ | **Una delle migliori tavole, vale il viaggio**
Tavola meravigliosa, grandi vini, servizio impeccabile, ambientazione accurata... Prezzi conformi.

❊❊ | **Tavola eccellente, merita una deviazione**
Specialità e vini scelti... AspettateVi una spesa in proporzione.

❊ | **Un'ottima tavola nella sua categoria**
La stella indica una tappa gastronomica sul Vostro itinerario. Non mettete però a confronto la stella di un esercizio di lusso, dai prezzi elevati, con quella di un piccolo esercizio dove, a prezzi ragionevoli, viene offerta una cucina di qualità.

PASTI ACCURATI A PREZZI CONTENUTI

Talvolta desiderate trovare delle tavole più semplici a prezzi contenuti. Per questo motivo abbiamo selezionato dei ristoranti che, per un rapporto qualità-prezzo particolarmente favorevole, offrono un pasto accurato spesso a carattere tipicamente regionale. Questi ristoranti sono evidenziati nel testo con la sigla Pas, evidenziata in rosso, davanti ai prezzi dei menu, es Pas 25/40000.

Consultate le carte delle località con stelle e con Pas (pagine 44 a 53).

I vini e le vivande : vedere p. 42 e 43

I prezzi

I prezzi che indichiamo in questa guida sono stati stabiliti nell'estate 1992. Potranno pertanto subire delle variazioni in relazione ai cambiamenti dei prezzi di beni e servizi. Essi s'intendono comprensivi di tasse e servizio (salvo specifica indicazione es. 15 %).

Gli alberghi e i ristoranti vengono menzionati in carattere grassetto quando gli albergatori ci hanno comunicato tutti i loro prezzi e si sono impegnati, **sotto loro responsabilità,** ad applicarli ai turisti di passaggio, in possesso della nostra guida.

Entrate nell'albergo o nel ristorante con la guida in mano, dimostrando in tal modo la fiducia in chi Vi ha indirizzato.

I prezzi sono indicati in lire, o in franchi svizzeri per le località del Cantone Ticino.

PASTI

Pas 20/25000	**Menu a prezzo fisso ;** minimo 20000, massimo 25000
bc	Bevanda compresa
Pas carta 30/35000	**Pasto alla carta** – Il primo prezzo corrisponde ad un pasto semplice comprendente : antipasto, piatto del giorno e dessert. Il secondo prezzo corrisponde ad un pasto più completo (con specialità) comprendente : due piatti, formaggio e dessert.
⌑ 10000	Prezzo della prima colazione (supplemento eventuale se servita in camera)
	Talvolta, i piatti del giorno in assenza di menu o di carta, sono proposti a voce

CAMERE

cam 45/60000	Prezzo 45 000 per una camera singola/prezzo massimo 60000 per una camera per due persone
cam ⌑ 50/80000	Prezzo della camera compresa la prima colazione
▤ 5000	Supplemento per l'aria condizionata

MEZZA PENSIONE

1/2 P 90/110000	Prezzo minimo e massimo della mezza pensione per persona e per giorno, in alta stagione. La maggior parte degli alberghi pratica anche, su richiesta, la pensione completa. È comunque consigliabile prendere accordi preventivi con l'albergatore per stabilire le condizioni definitive.

LA CAPARRA – CARTE DI CREDITO

Alcuni albergatori chiedono il versamento di una caparra. Si tratta di un deposito-garanzia che impegna tanto l'albergatore che il cliente. Vi raccomandiamo di farVi precisare le norme riguardanti la reciproca garanzia di tale caparra.

AE ⑤ ⑩ E VISA | Carte di credito accettate dall'esercizio

Le cittá

20100	Codice di Avviamento Postale
✉ 28042 Baveno	Numero di codice e sede dell'Ufficio Postale
✆ 0371	Prefisso telefonico interurbano. Dall' estero non comporre lo O
Ⓟ	Capoluogo di Provincia
Piacenza	Provincia alla quale la località appartiene
428 D9 988 ②	Numero della carta Michelin e del riquadro o numero della piega
108 872 ab	Popolazione residente al 31-12-1990
alt. 175	Altitudine
Stazione termale Sport invernali	Genere della stazione
1500/2000	Altitudine della località e altitudine massima raggiungibile con le risalite meccaniche
⚡ 3	Numero di funivie o cabinovie
⚡ 7	Numero di sciovie e seggiovie
⚡	Sci di fondo
a.s. luglio-settembre	Periodo di alta stagione
EX A	Lettere indicanti l'ubicazione sulla pianta
⛳18	Golf e numero di buche
☀ ≤	Panorama, vista
✈	Aeroporto
🚗	Località con servizio auto su treno. Informarsi al numero di telefono indicato
⛴	Trasporti marittimi
⛴	Trasporti marittimi (solo passeggeri)
🅱	Ufficio informazioni turistiche
A.C.I.	Automobile Club d'Italia

Le curiosità

GRADO DI INTERESSE

★★★	Vale il viaggio
★★	Merita una deviazione
★	Interessante

UBICAZIONE

Vedere	Nella città
Dintorni	Nei dintorni della città
Escursioni	Nella regione
N, S, E, O	La curiosità è situata : a Nord, a Sud, a Est, a Ovest
per ② o ④	Ci si va dall'uscita ② o ④ indicata con lo stesso segno sulla pianta
6 km	Distanza chilometrica
	I musei sono generalmente chiusi il lunedì

Le piante

●	**Alberghi**
●	**Ristoranti**
	### Curiosità
	Edificio interessante ed entrata principale
	Costruzione religiosa interessante : Cattedrale, chiesa o cappella
	### Viabilità
	Autostrada, strada a carreggiate separate numero dello svincolo
	Grande via di circolazione
	Senso unico – Via impraticabile
	Via pedonale – Tranvia
Pasteur.	Via commerciale – Parcheggio
	Porta – Sottopassaggio – Galleria
	Stazione e ferrovia
	Funicolare – Funivia, Cabinovia
	Ponte mobile – Battello per auto
	### Simboli vari
	Ufficio informazioni turistiche
	Moschea – Sinagoga
	Torre – Ruderi – Mulino a vento
	Giardino, parco, bosco – Cimitero – Calvario
	Stadio – Golf – Ippodromo
	Piscina : all'aperto, coperta
	Vista – Panorama
	Monumento – Fontana – Centro commerciale
	Porto per imbarcazioni da diporto – Faro
	Aeroporto – Stazione della Metropolitana – Autostazione
	Trasporto con traghetto : passeggeri ed autovetture, solo passeggeri
③	Simbolo di riferimento comune alle piante ed alle carte Michelin particolareggiate
	Ufficio centrale di posta – Telefono
	Ospedale – Mercato coperto
	Edificio pubblico indicato con lettera :
P H	Prefettura – Municipio
J	Palazzo di Giustizia
M T	Museo – Teatro
U	Università, grande scuola
POL	Polizia (Questura, nelle grandi città)
A.C.I.	Automobile Club d'Italia

Le piante topografiche sono orientate col Nord in alto.

Ami lecteur

*Le présent volume représente la 38ᵉ édition
du Guide Michelin Italia.*

*Réalisée en toute indépendance,
sa sélection d'hôtels et de restaurants
est le fruit des recherches de ses inspecteurs,
que complètent
vos précieux courriers et commentaires.*

*Soucieux d'actualité et de service,
le Guide prépare déjà sa prochaine édition.*

*Seul le Guide de l'année
mérite ainsi votre confiance.
Pensez à le renouveler...*

Bon voyage avec Michelin

Sommaire

15 à 21
Comment se servir du guide

42 et 43
Les vins et les mets

44 à 53
Carte des bonnes tables à étoiles ; repas
soignés à prix modérés ; hôtels agréables,
isolés, très tranquilles

55 à 730
Hôtels, restaurants, plans de ville,
curiosités...

Tessin (Suisse) : p. 715

732
Distances

734
Atlas : principales routes, hôtels
et restaurants d'autoroutes

742
D'où vient cette voiture ?

743
Indicatifs téléphoniques européens

Pages bordées de bleu
Des conseils pour vos pneus

748
Cartes et Guides Michelin

Le choix
d'un hôtel, d'un restaurant

Ce guide vous propose une sélection d'hôtels et restaurants établie à l'usage de l'automobiliste de passage. Les établissements, classés selon leur confort, sont cités par ordre de préférence dans chaque catégorie.

CATÉGORIES

🏰	Grand luxe et tradition	XXXXX
🏨	Grand confort	XXXX
🏯	Très confortable	XXX
🏫	De bon confort	XX
🏠	Assez confortable	X
🏡	Simple mais convenable	
senza rist	L'hôtel n'a pas de restaurant	
	Le restaurant possède des chambres	con cam

AGRÉMENT ET TRANQUILLITÉ

Certains établissements se distinguent dans le guide par les symboles rouges indiqués ci-après. Le séjour dans ces hôtels se révèle particulièrement agréable ou reposant.
Cela peut tenir d'une part au caractère de l'édifice, au décor original, au site, à l'accueil et aux services qui sont proposés, d'autre part à la tranquillité des lieux.

🏰 à 🏡	Hôtels agréables
XXXXX à X	Restaurants agréables
« Parco fiorito »	Élément particulièrement agréable
🦢	Hôtel très tranquille ou isolé et tranquille
🦢	Hôtel tranquille
⇐ mare	Vue exceptionnelle
⇐	Vue intéressante ou étendue.

Les localités possédant des établissements agréables ou tranquilles sont repérées sur les cartes pages 44 à 53 et 715.
Consultez-les pour la préparation de vos voyages et donnez-nous vos appréciations à votre retour, vous faciliterez ainsi nos enquêtes.

L'installation

Les chambres des hôtels que nous recommandons possèdent, en général, des installations sanitaires complètes. Il est toutefois possible que dans les catégories 🏠, 🏠 et 🏠, certaines chambres en soient dépourvues.

30 cam	Nombre de chambres
🛗	Ascenseur
▤	Air conditionné
TV	Télévision dans la chambre
⚘	Établissement en partie réservé aux non-fumeurs
🕾	Téléphone dans la chambre relié par standard
☎	Téléphone dans la chambre, direct avec l'extérieur
♿	Chambres accessibles aux handicapés physiques
⛱	Repas servis au jardin ou en terrasse
⚓	Cure thermale, Balnéothérapie
⚑ ☒	Piscine : de plein air ou couverte
⛎s ♨	Sauna – Salle de remise en forme
⛱ ☘	Plage aménagée – Jardin de repos
✀ ⛳	Tennis à l'hôtel – Golf et nombre de trous
⚑ 25 a 150	Salles de conférences : capacité des salles
⇋	Garage gratuit (une nuit) aux porteurs du Guide de l'année
⇋	Garage payant
Ⓟ	Parking réservé à la clientèle
⚕	Accès interdit aux chiens (dans tout ou partie de l'établissement)
Fax	Transmission de documents par télécopie
20 aprile-5 ottobre	Période d'ouverture, communiquée par l'hôtelier
stagionale	Ouverture probable en saison mais dates non précisées. En l'absence de mention, l'établissement est ouvert toute l'année.

La table

LES ÉTOILES

Certains établissements méritent d'être signalés à votre attention pour la qualité de leur cuisine. Nous les distinguons par **les étoiles de bonne table**.

Nous indiquons, pour ces établissements, trois spécialités culinaires et des vins locaux qui pourront orienter votre choix.

✿✿✿	**Une des meilleures tables, vaut le voyage** Table merveilleuse, grands vins, service impeccable, cadre élégant... Prix en conséquence.
✿✿	**Table excellente, mérite un détour** Spécialités et vins de choix... Attendez-vous à une dépense en rapport.
✿	**Une très bonne table dans sa catégorie** L'étoile marque une bonne étape sur votre itinéraire. Mais ne comparez pas l'étoile d'un établissement de luxe à prix élevés avec celle d'une petite maison où à prix raisonnables, on sert également une cuisine de qualité.

REPAS SOIGNÉS A PRIX MODÉRÉS

Vous souhaitez parfois trouver des tables plus simples, à prix modérés ; c'est pourquoi nous avons sélectionné des restaurants proposant, pour un rapport qualité-prix particulièrement favorable, un repas soigné, souvent de type régional. Ces restaurants sont signalés par les lettres Pas en rouge. Ex. Pas 25/40000.

Consultez les cartes des localités (étoiles de bonne table *et* Pas) *pages 44 à 53.*

Les vins et les mets : voir p. 42 et 43

Les prix

Les prix que nous indiquons dans ce guide ont été établis en été 1992. Ils sont susceptibles de modifications, notamment en cas de variations des prix des biens et services. Ils s'entendent taxes et services compris (sauf indication spéciale, ex. 15 %).

Les hôtels et restaurants figurent en gros caractères lorsque les hôteliers nous ont donné tous leurs prix et se sont engagés, **sous leur propre responsabilité,** à les appliquer aux touristes de passage porteurs de notre guide.

Entrez à l'hôtel le Guide à la main, vous montrerez ainsi qu'il vous conduit là en confiance.

Les prix sont indiqués en francs suisses pour les localités helvétiques (Cantone Ticino).

REPAS

Pas 20/25000	**Menus à prix fixe ;** minimum 20000 maximum 25000
bc	Boisson comprise
Pas carta 30/35000	**Repas à la carte** – Le premier prix correspond à un repas normal comprenant : hors-d'œuvre, plat du jour et dessert. Le 2e prix concerne un repas plus complet (avec spécialité) comprenant : deux plats, fromage et dessert.
☕ 10 000	Prix du petit déjeuner (supplément éventuel si servi en chambre).
	En l'absence de menu et de carte, les plats du jour sont proposés verbalement

CHAMBRES

cam 45/60000	Prix 45000 pour une chambre d'une personne/prix maximum 60000 pour une chambre de deux personnes.
cam ☕ 50/80000	Prix des chambres petit déjeuner compris
▤ 5000	Supplément pour l'air conditionné

DEMI-PENSION

1/2 P 90/110000	Prix minimum et maximum de la demi-pension par personne et par jour, en saison. La plupart des hôtels saisonniers pratiquent également, sur demande, la pension complète. Dans tous les cas, il est indispensable de s'entendre par avance avec l'hôtelier pour conclure un arrangement définitif.

LES ARRHES – CARTES DE CRÉDIT

Certains hôteliers demandent le versement d'arrhes. Il s'agit d'un dépôt-garantie qui engage l'hôtelier comme le client. Bien faire préciser les dispositions de cette garantie.

AE ⑤ ⓪ E 𝘝𝘐𝘚𝘈 | Cartes de crédit acceptées par l'établissement

Les villes

20100	Numéro de code postal
✉ 28042 Baveno	Numéro de code postal et nom du bureau distributeur du courrier
✆ 0371	Indicatif téléphonique interurbain (de l'étranger ne pas composer le zéro)
ℙ	Capitale de Province
Piacenza	Province à laquelle la localité appartient
428 D9 988 ②	Numéro de la Carte Michelin et carroyage au numéro du pli
108 872 ab	Population résidente au 31-12-1990
alt. 175	Altitude de la localité
Stazione termale	Station thermale
Sport invernali	Sports d'hiver
1500/2000 m	Altitude de la station et altitude maximum atteinte par les remontées mécaniques
⛷ 3	Nombre de téléphériques ou télécabines
⛷ 7	Nombre de remonte-pentes et télésièges
⛷	Ski de fond
a.s. luglio-settembre	Période de haute saison
EX A	Lettres repérant un emplacement sur le plan
⛳18	Golf et nombre de trous
✳ ≤	Panorama, point de vue
✈	Aéroport
🚗	Localité desservie par train-auto. Renseignements au numéro de téléphone indiqué
⛴	Transports maritimes
⛴	Transports maritimes pour passagers seulement
🛈	Information touristique
A.C.I.	Automobile Club d'Italie

Les curiosités

INTÉRÊT

★★★ | Vaut le voyage
★★ | Mérite un détour
★ | Intéressant

SITUATION

Vedere	Dans la ville
Dintorni	Aux environs de la ville
Escursioni	Excursions dans la ville
N, S, E, O	La curiosité est située : au Nord, au Sud, à l'Est, à l'Ouest
per ① o ④	On s'y rend par la sortie ① ou ④ repérée par le même signe sur le plan du Guide et sur la carte
6 km	Distance en kilomètres
	Les musées sont généralement fermés le lundi

Les plans

●	**Hôtels**
●	**Restaurants**
	### Curiosités
	Bâtiment intéressant et entrée principale
	Édifice religieux intéressant : Cathédrale, église ou chapelle
	### Voirie
	Autoroute, route à chaussées séparées numéro d'échangeur
	Grande voie de circulation
	Sens unique – Rue impraticable
	Rue piétonne – Tramway
Pasteur.	Rue commerçante – Parc de stationnement
	Porte – Passage sous voûte – Tunnel
	Gare et voie ferrée
	Funiculaire – Téléphérique, télécabine
	Pont mobile – Bac pour autos
	### Signes divers

Information touristique

Mosquée – Synagogue

Tour – Ruines – Moulin à vent

Jardin, parc, bois – Cimetière – Calvaire

Stade – Golf – Hippodrome

Piscine de plein air, couverte

Vue – Panorama

Monument – Fontaine – Centre commercial

Port de plaisance – Phare

Aéroport – Station de métro – Gare routière

Transport par bateau :
  passagers et voitures, passagers seulement

Repère commun aux plans et aux cartes Michelin
détaillées

Bureau principal de poste restante – Téléphone

Hôpital – Marché couvert

Bâtiment public repéré par une lettre :

P H	Préfecture – Hôtel de ville
J	Palais de justice
M T	Musée – Théâtre
U	Université, grande école
POL.	Police (commissariat central)
A.C.I.	Automobile Club

Les plans de villes sont disposés le Nord en haut.

Lieber Leser

*Der Rote Michelin-Führer Italia
liegt nun schon in der
38. Ausgabe vor.*

*Er bringt eine
in voller Unabhängigkeit getroffene,
bewußt begrenzte Auswahl
an Hotels und Restaurants.
Sie basiert auf den regelmäßigen
Überprüfungen durch unsere Inspektoren,
komplettiert durch die zahlreichen
Zuschriften und Erfahrungsberichte
unserer Leser.*

*Wir sind stets um die Aktualität
unserer Informationen bemüht
und bereiten schon jetzt
den Führer des nächsten Jahres vor.
Nur die neueste Ausgabe
ist wirklich zuverlässig –
denken Sie bitte daran,
wenn der nächste
Rote Michelin-Führer erscheint.*

Gute Reise mit Michelin !

Inhaltsverzeichnis

S. 25 bis 31
Zum Gebrauch dieses Führers

S. 42 und 43
Welcher Wein zu welchem Gericht ?

S. 44 bis 53
Karte : Stern-Restaurants –
Sorgfältig zubereitete, preiswerte
Mahlzeiten – Angenehme, sehr
ruhige, abgelegene Hotels

S. 55 bis 730
Hotels, Restaurants, Stadtpläne,
Sehenswürdigkeiten

Tessin (Schweizer Kanton) : p. 715

732
Entfernungen

734
Atlas : Hauptverkehrsstraßen,
Hotels und Restaurants an der
Autobahn

742
Woher kommt dieses Auto ?

743
Telefon-Vorwahlnummern
europäischer Länder

Blau umrandete Seiten
Einige Tips für Ihre Reifen

748
Michelin-Karten und -Führer

Wahl
eines Hotels, eines Restaurants

Die Auswahl der in diesem Führer aufgeführten Hotels und Restaurants ist für Durchreisende gedacht. In jeder Kategorie drückt die Reihenfolge der Betriebe (sie sind nach ihrem Komfort klassifiziert) eine weitere Rangordnung aus.

KATEGORIEN

🏨	Großer Luxus und Tradition	XXXXX
🏨	Großer Komfort	XXXX
🏨	Sehr komfortabel	XXX
🏨	Mit gutem Komfort	XX
🏠	Mit ausreichendem Komfort	X
🕊	Bürgerlich	
senza rist	Hotel ohne Restaurant	
	Restaurant vermietet auch Zimmer	con cam

ANNEHMLICHKEITEN

Manche Häuser sind im Führer durch rote Symbole gekennzeichnet (s. unten.) Der Aufenthalt in diesen Hotels ist wegen der schönen, ruhigen Lage, der nicht alltäglichen Einrichtung und Atmosphäre und dem gebotenen Service besonders angenehm und erholsam.

🏨 bis 🏠	Angenehme Hotels
XXXXX bis X	Angenehme Restaurants
« Parco fiorito »	Besondere Annehmlichkeit
🕊	Sehr ruhiges, oder abgelegenes und ruhiges Hotel
🕊	Ruhiges Hotel
≤ mare	Reizvolle Aussicht
≤	Interessante oder weite Sicht

Die Übersichtskarten S. 44 bis 53 und 715, auf denen die Orte mit besonders angenehmen oder ruhigen Häusern eingezeichnet sind, helfen Ihnen bei der Reisevorbereitung. Teilen Sie uns bitte nach der Reise Ihre Erfahrungen und Meinungen mit. Sie helfen uns damit, den Führer weiter zu verbessern.

Einrichtung

Die meisten der empfohlenen Hotels verfügen über Zimmer, die alle oder doch zum größten Teil mit einer Naßzelle ausgestattet sind. In den Häusern der Kategorien 🏨, 🏠 und 🏡 kann diese jedoch in einigen Zimmern fehlen.

30 cam	Anzahl der Zimmer
	Fahrstuhl
	Klimaanlage
TV	Fernsehen im Zimmer
	Haus teilweise reserviert für Nichtraucher
	Zimmertelefon mit Außenverbindung über Telefonzentrale
	Zimmertelefon mit direkter Außenverbindung
	Für Körperbehinderte leicht zugängliche Zimmer
	Garten-, Terrassenrestaurant
	Thermalkur, Badeabteilung
	Freibad, Hallenbad
	Sauna – Fitneß-Center
	Strandbad – Liegewiese, Garten
	Hoteleigener Tennisplatz – Golfplatz und Lochzahl
25 a 150	Konferenzräume (Mindest- und Höchstkapazität)
	Garage kostenlos (nur für eine Nacht) für die Besitzer des Michelin-Führers des laufenden Jahres
	Garage wird berechnet
P	Parkplatz reserviert für Gäste
	Hunde sind unerwünscht (im ganzen Haus bzw. in den Zimmern oder im Restaurant)
Fax	Telefonische Dokumentenübermittlung
20 aprile-5 ottobre	Öffnungszeit, vom Hotelier mitgeteilt
stagionale	Unbestimmte Öffnungszeit eines Saisonhotels. Häuser ohne Angabe von Schließungszeiten sind ganzjährig geöffnet.

Küche

DIE STERNE

Einige Häuser verdienen wegen ihrer überdurchschnittlich guten Küche Ihre besondere Beachtung. Auf diese Häuser weisen die Sterne hin.

Bei den mit « **Stern** » ausgezeichneten Betrieben nennen wir drei kulinarische Spezialitäten und regionale Weine, die Sie probieren sollten.

✿✿✿ | **Eine der besten Küchen : eine Reise wert**
Ein denkwürdiges Essen, edle Weine, tadelloser Service, gepflegte Atmosphäre ... entsprechende Preise.

✿✿ | **Eine hervorragende Küche : verdient einen Umweg**
Ausgesuchte Menus und Weine ... angemessene Preise.

✿ | **Eine sehr gute Küche : verdient Ihre besondere Beachtung**
Der Stern bedeutet eine angenehme Unterbrechung Ihrer Reise. Vergleichen Sie aber bitte nicht den Stern eines sehr teuren Luxusrestaurants mit dem Stern eines kleineren oder mittleren Hauses, wo man Ihnen zu einem annehmbaren Preis eine ebenfalls vorzügliche Mahlzeit reicht.

SORGFÄLTIG ZUBEREITETE, PREISWERTE MAHLZEITEN

Für Sie wird es interessant sein, auch solche Häuser kennenzulernen, die eine sehr gute, vorzugsweise regionale Küche zu einem besonders günstigen Preis/Leistungs-Verhältnis bieten. Im Text sind die betreffenden Restaurants durch die roten Buchstaben Pas vor dem Menupreis kenntlich gemacht, z. B. Pas 25/40000.

Siehe Karten der Orte mit « Stern » und Pas S. 44 bis S. 53.

Welcher Wein zu welchem Gericht : siehe S. 42 und 43

Preise

Die in diesem Führer genannten Preise wurden uns im Sommer 1992 angegeben. Sie können sich mit den Preisen von Waren und Dienstleistungen ändern. Sie enthalten Bedienung und MWSt. (wenn kein besonderer Hinweis gegeben wird, z B 15 %)

Die Namen der Hotels und Restaurants, die ihre Preise genannt haben, sind fett gedruckt. Gleichzeitig haben sich diese Häuser verpflichtet, die von den Hoteliers selbst angegebenen Preise den Benutzern des Michelin-Führers zu berechnen.

Halten Sie beim Betreten des Hotels den Führer in der Hand. Sie zeigen damit, daß Sie aufgrund dieser Empfehlung gekommen sind.

Die Preise sind für die Schweizer Orte (Kanton Tessin) in Schweizer Franken angegeben.

MAHLZEITEN

Pas 20/25000	**Feste Menupreise :** Mindestpreis 20000, Höchstpreis 25000
bc	Getränke inbegriffen
Pas carta 30/35000	**Mahlzeiten « à la carte »** – Der erste Preis entspricht einer einfachen Mahlzeit und umfaßt Vorspeise, Hauptgericht, Dessert. Der zweite Preis entspricht einer reichlicheren Mahlzeit (mit Spezialität) bestehend aus : zwei Hauptgängen, Käse, Dessert
⨇ 10000	Preis des Frühstücks (wenn es im Zimmer serviert wird kann ein Zuschlag erhoben werden)
	Falls weder eine Menu- noch eine « à la carte » – Karte vorhanden ist, wird das Tagesgericht mündlich angeboten

ZIMMER

cam 45/60000	Preis 45000 für ein Einzelzimmer, Höchstpreis 60000 für ein Doppelzimmer
cam ⨇ 50/80000	Zimmerpreis inkl. Frühstück
▦ 5000	Zuschlag für Klimaanlage

HALBPENSION

1/2 P 90/110000	Mindestpreis und Höchstpreis für Halbpension pro Person und Tag während der Hauptsaison Es ist ratsam, sich beim Hotelier vor der Anreise nach den genauen Bedingungen zu erkundigen In den meisten Hotels können Sie auf Anfrage auch Vollpension erhalten. Auf jeden Fall sollten Sie den Endpreis mit dem Hotelier vereinbaren

ANZAHLUNG – KREDITKARTEN

Einige Hoteliers verlangen eine Anzahlung. Diese ist als Garantie sowohl für den Hotelier als auch für den Gast anzusehen.
Es ist ratsam, sich beim Hotelier nach den genauen Bestimmungen zu erkundigen.

AE ⑤ ⑩ Ɛ *VISA* | Vom Haus akzeptierte Kreditkarten

Städte

20100	Postleitzahl
✉ 28042 Baveno	Postleitzahl und Name des Verteilerpostamtes
✆ 0371	Vorwahlnummer (bei Gesprächen vom Ausland wird die erste Null weggelassen)
Ⓟ	Provinzhauptstadt
Piacenza	Provinz, in der der Ort liegt
428 D9	Nummer der Michelin-Karte mit Koordinaten bzw
988 ②	Faltseite
108872 ab	Einwohnerzahl (Volkszählung vom 31.12.1990)
alt. 175	Höhe
Stazione termale	Thermalbad
Sport invernali	Wintersport
1500/2000 m	Höhe des Wintersportortes und Maximal-Höhe, die mit Kabinenbahn oder Lift erreicht werden kann
ⓩ 3	Anzahl der Kabinenbahnen
ⓩ 7	Anzahl der Schlepp- oder Sessellifts
✗	Langlaufloipen
a. s. luglio-settembre	Hauptsaison von ... bis ...
EX A	Markierung auf dem Stadtplan
┌18	Golfplatz und Lochzahl
✳ ≼	Rundblick – Aussichtspunkt
✈	Flughafen
🚗	Ladestelle für Autoreisezüge – Nähere Auskunft unter der angegebenen Telefonnummer
⛴	Autofähre
⛴	Personenfähre
🅱	Informationsstelle
A.C.I.	Automobilclub von Italien

Sehenswürdigkeiten

BEWERTUNG

★★★	Eine Reise wert
★★	Verdient einen Umweg
★	Sehenswert

LAGE

Vedere	In der Stadt
Dintorni	In der Umgebung der Stadt
Escursioni	Ausflugsziele
N, S, E, O	Im Norden (N), Süden (S), Osten (E), Westen (O) der Stadt
per ① o ④	Zu erreichen über die Ausfallstraße ① bzw. ④, die auf dem Stadtplan und auf der Michelin-Karte identisch gekennzeichnet sind
6 km	Entfernung in Kilometern
	Museen sind im allgemeinen montags geschlossen.

Stadtpläne

•		Hotels
•		Restaurants

Sehenswürdigkeiten

Sehenswertes Gebäude mit Haupteingang

Sehenswerter Sakralbau
  Kathedrale, Kirche oder Kapelle

Straßen

Autobahn, Schnellstraße
  Nummer der Anschlußstelle

Hauptverkehrsstraße

Einbahnstraße – nicht befahrbare Straße

Fußgängerzone – Straßenbahn

Pasteur. Einkaufsstraße – Parkplatz

Tor – Passage – Tunnel

Bahnhof und Bahnlinie

Standseilbahn – Seilschwebebahn

Bewegliche Brücke – Autofähre

Sonstige Zeichen

Informationsstelle

Moschee – Synagoge

Turm – Ruine – Windmühle

Garten, Park, Wäldchen – Friedhof – Bildstock

Stadion – Golfplatz – Pferderennbahn

Freibad – Hallenbad

Aussicht – Rundblick

Denkmal – Brunnen – Einkaufszentrum

Jachthafen – Leuchtturm

Flughafen – U-Bahnstation – Autobusbahnhof

Schiffsverbindungen :
  Autofähre – Personenfähre

(3) Straßenkennzeichnung (identisch auf Michelin – Stadt-
plänen und – Abschnittskarten)

Hauptpostamt (postlagernde Sendungen) – Telefon

Krankenhaus – Markthalle

Öffentliches Gebäude, durch einen Buchstaben
gekennzeichnet :

P	H	Präfektur – Rathaus
J		Gerichtsgebäude
M	T	Museum – Theater
U		Universität, Hochschule
POL.		Polizei (in größeren Städten Polizeipräsidium)

A.C.I. Automobilclub von Italien

Die Stadtpläne sind eingenordet (Norden = oben).

Dear Reader

*The present volume is the 38th edition
of the Michelin Guide Italia.*

*The unbiased and independent selection
of hotels and restaurants
is the result of local visits and enquiries
by our inspectors.
In addition we receive considerable help
from our readers' invaluable letters
and comments.*

*It is our purpose
to provide up-to-date information
and thus render a service to our readers.
The next edition is already in preparation.*

*Therefore, only the guide of the year
merits your complete confidence,
so please remember to use the latest edition*

Bon voyage

Contents

35 to 41
How to use this Guide

42 and 43
Food and wine

44 to 53
Map of star-rated restaurants ; good
food at moderate prices ; pleasant,
secluded and very quiet hotels

55 to 730
Hotels, restaurants, town plans, sights

Ticino (Switzerland) : p. 715

732
Distances

734
Atlas: main roads and motorway
hotels and restaurants

742
Where does that car come from?

743
European dialling codes

pages bordered in blue
Useful tips for your tyres

748
Michelin maps and guides

Choosing
a hotel or restaurant

This guide offers a selection of hotels and restaurants to help the motorist on his travels. In each category establishments are listed in order of preference according to the degree of comfort they offer.

CATEGORIES

🏨	Luxury in the traditional style	XXXXX
🏨	Top class comfort	XXXX
🏨	Very comfortable	XXX
🏨	Comfortable	XX
🏠	Quite comfortable	X
🏡	Simple comfort	
senza rist	The hotel has no restaurant	
	The restaurant also offers accommodation	con cam

PEACEFUL ATMOSPHERE AND SETTING

Certain establishments are distinguished in the guide by the red symbols shown below.
Your stay in such hotels will be particularly pleasant or restful, owing to the character of the building, its decor, the setting, the welcome and services offered, or simply the peace and quiet to be enjoyed there.

🏨 to 🏠	Pleasant hotels
XXXXX to X	Pleasant restaurants
«Parco fiorito »	Particularly attractive feature
🌳	Very quiet or quiet, secluded hotel
🌳	Quiet hotel
≤ mare	Exceptional view
≤	Interesting or extensive view

The maps on pages 44 to 53 and 715 indicate places with such peaceful, pleasant hotels and restaurants.
By consulting them before setting out and sending us your comments on your return you can help us with our enquiries.

Hotel facilities

In general the hotels we recommend have full bathroom and toilet facilities in each room. However, this may not be the case for certain rooms in categories 🏨, 🏠 and ✿.

30 cam	Number of rooms
🛗	Lift (elevator)
🗏	Air conditioning
TV	Television in room
🚭	Hotel partly reserved for non-smokers
🕾	Telephone in room: outside calls connected by the operator
☎	Direct-dial phone in room
৬	Rooms accessible to disabled people
🏡	Meals served in garden or on terrace
♓	Hydrotherapy
🏊 🏊	Outdoor or indoor swimming pool
🧖 🏋	Sauna – Exercise-room
🏖 🌳	Beach with bathing facilities – Garden
🎾 ⛳	Hotel tennis court – Golf course and number of holes
🏛 25 a 150	Equipped conference hall (minimum and maximum capacity)
🚗	Free garage (one night) for those having the current Michelin Guide
🚘	Hotel garage (additional charge in most cases)
🅿	Car park for customers only
🐕	Dogs are not allowed in all or part of the hotel
Fax	Telephone document transmission
20 aprile-5 ottobre	Dates when open, as indicated by the hotelier
stagionale	Probably open for the season – precise dates not available. Where no date or season is shown, establishments are open all year round.

Cuisine

STARS

Certain establishments deserve to be brought to your attention for the particularly fine quality of their cooking. **Michelin stars** are awarded for the standard of meals served. For each of these restaurants we indicate three culinary specialities and a number of local wines to assist you in your choice.

ξξξ | **Exceptional cuisine, worth a special journey**
Superb food, fine wines, faultless service, elegant surroundings. One will pay accordingly !

ξξ | **Excellent cooking, worth a detour**
Specialities and wines of first class quality. This will be reflected in the price.

ξ | **A very good restaurant in its category**
The star indicates a good place to stop on your journey.
But beware of comparing the star given to an expensive « de luxe » establishment to that of a simple restaurant where you can appreciate fine cuisine at a reasonable price.

GOOD FOOD AT MODERATE PRICES

You may also like to know of other restaurants with less elaborate, moderately priced menus that offer good value for money and serve carefully prepared meals, often of regional cooking.
In the guide such establishments are shown with the word Pas in red just before the price of the menu, for example Pas 25/40000.

Please refer to the map of star-rated restaurants and good food at moderate prices Pas *(pp 44 to 53).*

Food and wine: see pages 42 and 43

Prices

Prices quoted are valid for summer 1992. Changes may arise if goods and service costs are revised. The rates include tax and service charge (unless otherwise indicated, eg. 15 %).

Hotels and restaurants in bold type have supplied details of all their rates and **have assumed responsability** for maintaining them for all travellers in possession of this Guide.

Your recommendation is self-evident if you always walk into a hotel, Guide in hand.

Prices are given in Swiss francs for towns near the Swiss border (Ticino).

MEALS

Pas 20/25000	**Set meals** – Lowest 20000 and highest 25000 prices for set meals
bc	House wine included
Pas carta 30/35000	**« A la carte » meals** – The first figure is for a plain meal and includes hors-d'œuvre, main dish of the day with vegetables and dessert. The second figure is for a fuller meal (with « spécialité ») and includes 2 main courses, cheese, and dessert
⌲ 10000	Price of continental breakfast (additional charge when served in the bedroom)
	When the establishment has neither table-d'hôte nor « à la carte » menus, the dishes of the day are given verbally.

ROOMS

cam 45/60000	Price 45000 for a single room and highest price 60000 for a double
cam ⌲ 50/80000	Price includes breakfast
▤ 5000	Additional charge for air conditioning

HALF BOARD

1/2 P 90/110000	Lowest and highest prices per person, per day in the season. Most of the hotels also offer full board terms on request. It is essential to agree on terms with the hotelier before making a firm reservation.

DEPOSITS – CREDIT CARDS

Some hotels will require a deposit, which confirms the commitment of customer and hotelier alike. Make sure the terms of the agreement are clear.

AE S O E VISA | Credit cards accepted by the establishment

Towns

20100	Postal number
⊠ 28042 Baveno	Postal number and name of the post office serving the town
✆ 0371	Telephone dialling code. Omit O when dialling from abroad
P	Provincial capital
Piacenza	Province in which a town is situated
428 D9 988 ②	Number of the appropriate sheet and co-ordinates or fold of the Michelin road map
108872 ab	Population (figures from 31.12.90 census)
alt. 175	Altitude (in metres)
Stazione termale	Spa
Sport invernali	Winter sports
1500/2000 m	Altitude (in metres) of resort and highest point reached by lifts
⛷ 3	Number of cable-cars
⛷ 7	Number of ski and chair-lifts
⛷	Cross-country skiing
a. s. luglio-settembre	High season period
AX A	Letters giving the location of a place on the town plan
⛳18	Golf course and number of holes
✳ ≤	Panoramic view, viewpoint
✈	Airport
🚗	Place with a motorail connection; further information from phone no. listed
⛴	Shipping line
⛴	Passenger transport only
🛈	Tourist Information Centre
A.C.I.	Italian Automobile Club

39

Sights

STAR-RATING

★★★	Worth a journey
★★	Worth a detour
★	Interesting

LOCATION

Vedere	Sights in town
Dintorni	On the outskirts
Escursioni	In the surrounding area
N, S, E, O	The sight lies north, south, east or west of the town
per ①, ④	Sign on town plan and on the Michelin road map indicating the road leading to a place of interest
6 km	Distance in kilometres
	Museums and art galleries are generally closed on Mondays

Town plans

•	**Hotels**
•	**Restaurants**

Sights

Place of interest and its main entrance

Interesting place of worship:
  Cathedral, church or chapel

Roads

Motorway, dual carriageway
  number of interchange

Major through route

One-way street – Unsuitable for traffic

Pedestrian street – Tramway

Pasteur. Shopping street – Car park

Gateway – Street passing under arch – Tunnel

Station and railway

Funicular – Cable-car

Lever bridge – Car ferry

Various signs

Tourist information Centre

Mosque – Synagogue

Tower – Ruins – Windmill

Garden, park, wood – Cemetery – Cross

Stadium – Golf course – Racecourse

Outdoor or indoor swimming pool

View – Panorama

Monument – Fountain – Shopping centre

Pleasure boat harbour – Lighthouse

Airport – Underground station – Coach station

Ferry services:
  passengers and cars, passengers only

③ Refence number common to town plans and Michelin maps

Main post office with poste restante – Telephone

Hospital – Covered market

Public buildings located by letter:

P H	Prefecture – Town Hall
J	Law Courts
M T	Museum – Theatre
U	University, College
POL.	Police (in large towns police headquarters)

A.C.I. Italian Automobile Club

North is at the top on all town plans.

I VINI e le VIVANDE

Vivande e vini di una stessa regione si associano molte volte con successo.

Un piatto preparato con una salsa al vino si accorda, in genere, con lo stesso vino.

Qualche consiglio sull' accostamento vini – vivande :

Les VINS et les MET:

Cuisine et vins d'une même régio s'associent souvent harmonieuse ment.

Un mets préparé avec une sauce a vin s'accommode, si possible, d même vin.

Voici quelques suggestions de vin selon les mets :

Vini bianchi secchi		1 Cortese di Gavi – Erbaluce di Caluso
		2 Lugana – Pinot Oltrepò – Riesling Oltrepò
Vins blancs secs		3 Gewürztraminer – Pinot Bianco – Sylvaner
		4 Sauvignon – Soave – Tocai – Colli Orientali
Herbe Weißweine		5 Albana secco – Trebbiano
		6 Montecarlo – Vernaccia di S. Gimignano
Dry white wines		7 Colli Albani – Frascati – Torgiano Bianco
		8 Martina Franca – Ostuni
		9 Nuragus di Cagliari – Vermentino
		10 Alcamo – Etna Bianco – Mamertino

Vini rossi leggeri		1 Dolcetto – Ghemme – Grignolino
		2 Barbacarlo – Bonarda d'Oltrepò – Chiaretto del Garda – Franciacorta Rosso
Vins rouges légers		3 Blauburgunder – Caldaro – Lagrein Kretzer
		4 Pinot Nero – Valpolicella
Leichte Rotweine		5 Gutturnio – Lambrusco
		6 Rosato di Bolgheri
Light red wines		7 Cerveteri Rosso – Colli del Trasimeno Rosso
		8 Castel del Monte
		9 – –
		10 Ciclopi – Faro

Vini rossi robusti		1 Barbaresco – Barbera – Barolo – Gattinara
		2 Barbera d'Oltrepò – Inferno – Sassella
Vins rouges corsés		3 Santa Maddalena – Teroldego Rotaliano
		4 Amarone – Cabernet – Merlot – Refosco
Kräftige Rotweine		5 Sangiovese
		6 Brunello – Chianti – Montecarlo
Full bodied red wines		7 Cesanese del Piglio – Torgiano Rosso
		8 Primitivo di Gioia
		9 Campidano di Terralba – Cannonau – Oliena
		10 Cerasuolo di Vittoria – Corvo

Vini da dessert		1 Brachetto – Caluso Passito – Moscato
		2 Moscato Oltrepò
Vins de dessert		3 Moscato – Vin Santo di Toblino
		4 Picolit – Ramandolo – Recioto Bianco
Fessertweine		5 Albana amabile
		6 Aleatico di Portoferraio
		7 Aleatico di Gradoli
Dessert wines		8 Aleatico di Puglia – Moscato di Trani
		9 Ogliastra – Torbato Passito
		10 Malvasia di Lipari – Marsala – Passito

Welcher WEIN zu Welchem GERICHT

FOOD and WINE

Speisen und Weine aus der gleichen Region harmonieren oft geschmacklich besonders gut.
Wenn die Sauce eines Gerichts mit ein zubereitet ist, so wählt man nach Möglichkeit diesen als Tischwein.
Nebenstehend Vorschläge zur Wahler Weine :

Food and wines from the same region usually go very well together.
Dishes prepared with a wine sauce are best accompanied by the same kind of wine.
Here are a few hints on selecting the right wine with the right dish :

PRINCIPALI REGIONI VINICOLE
PRINCIPALES RÉGIONS VINICOLES
HAUPTWEINBAUGEBIETE
MAIN WINE REGIONS

3 Trentino Alto Adige
2 Lombardia
4 Friuli Veneto
Milano
Venezia
1 Piemonte
5 Emilia Romagna
Liguria
Firenze
Marche
6 Toscana
I. d'Elba
7 Umbria Lazio
Abruzzi
Roma
8 Puglia
Napoli
Campania
Basilicata
9 Sardegna
Palermo
Calabria
10 Sicilia

Oltre ai vini più conosciuti, esistono in molte regioni d'Italia dei vini locali che, bevuti sul posto, Vi riserveranno piacevoli sorprese.

En dehors des vins les plus connus, il existe en maintes régions d'Italie des vins locaux qui, bus sur place, vous réserveront d'heureuses surprises.

Neben den bekannten Weinen gibt es in manchen italienischen Regionen Landweine, die Sie am Anbauort trinken sollten. Sie werden angenehm überrascht sein.

In addition to the fine wines there are many Italian wines, best drunk in their region of origin and which you will find extremely pleasant.

LE STELLE   ❀   **DIE STERNE**
LES ÉTOILES   ❀ ❀   THE STARS
         ❀ ❀ ❀

AMENITÀ E TRANQUILLITÀ	il testo le texte Ortstext text	la carta la carte Karte map
L'AGRÉMENT		
ANNEHMLICHKEIT	🐾	◇
PEACEFUL ATMOSPHERE AND SETTING	🏘 .... 🏠	◈
	🏘 ... 🏠 + 🐾	◆

PASTI ACCURATI a prezzi contenuti

REPAS SOIGNÉS
à prix modérés

SORGFÄLTIG ZUBEREITETE preiswerte MAHLZEITEN

Pas 25000	P

GOOD FOOD
at moderate prices

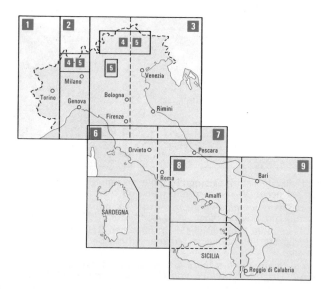

La carta tematica raggruppa l'insieme delle località che abbiano risorse con almeno una delle caratteristiche riportate a lato.

La carte regroupe l'ensemble de ces ressources, elle situe les localités possédant au moins l'une d'entre elles.

Jede Ortschaft auf der Karte besitzt mindestens ein Haus, das mit einem der nebenstehenden Symbole ausgezeichnet ist.

The map shows places with at least one of these special attributes.

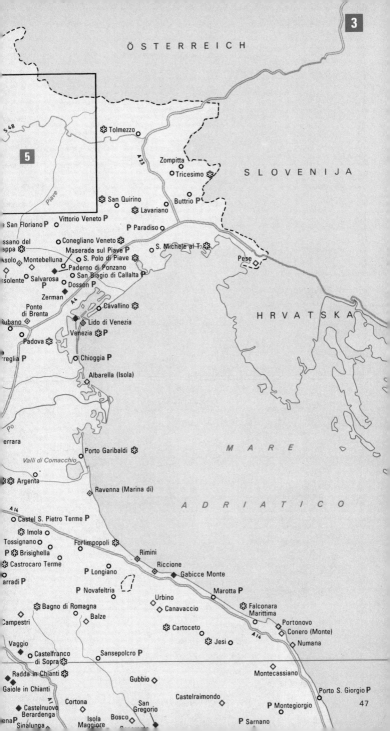

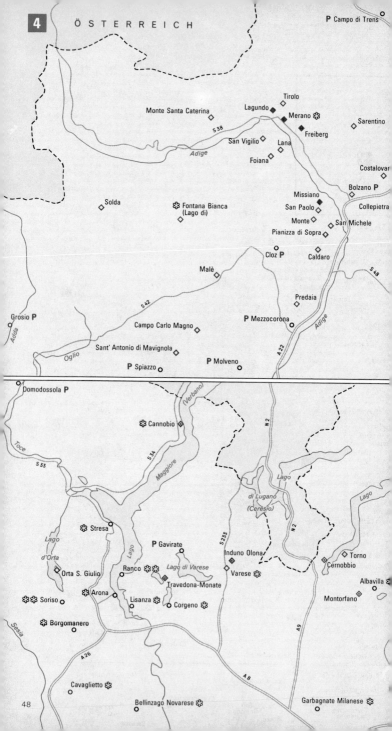

4 ÖSTERREICH

P Campo di Trens

Tirolo
Lagundo ◆
Monte Santa Caterina ◆   ● Merano ✳
                     S 38   ◆ Freiberg   Sarentino
          San Vigilio ◇   Lana ◇
                Foiana ◇   Costalovar
          Adige
                                                 Bolzano P
                              Missiano ◆
       Solda ◆   ✳ Fontana Bianca   San Paolo   Collepietra
                  (Lago di)   Monte ◇   ◇ San Michele
                              Pianizza di Sopra ◇
                                   Cloz P ◇   Caldaro ◇
                                                          S 48
                    Malè ◇
                                        Predaia ◇
Grosio P   *Adige*
                                    P Mezzocorona ◇
         Campo Carlo Magno ◇
   Oglio   Sant' Antonio di Mavignola ◇   A 22
              P Spiazzo ◇   P Molveno ◇

○ Domodossola P
   Toce   (*Verbano*)
      S 33   ✳ Cannobio ◆   N 2
               S 34
                    Maggiore
                              Lago
                              di Lugano
                              (Ceresio)   *Lago*
       ✳ Stresa   N 2
   Lago   P Gavirate
   d'Orta   Induno Olona ✳   Torno ◇
   ◇ Orta S. Giulio Ranco ✳✳ *Lago di Varese* Cernobbio ◇
                         ✳ Varese ✳
   ✳✳ Soriso ✳ Arona Lisanza ✳ Travedona-Monate   Albavilla ✳
                         Corgeno ✳   Montorfano ✳
   ✳ Borgomanero ○   A 9
   Sesia
        A 26
      ✳ Cavaglietto ○
              ✳ Bellinzago Novarese   A 8   Garbagnate Milanese ✳

48

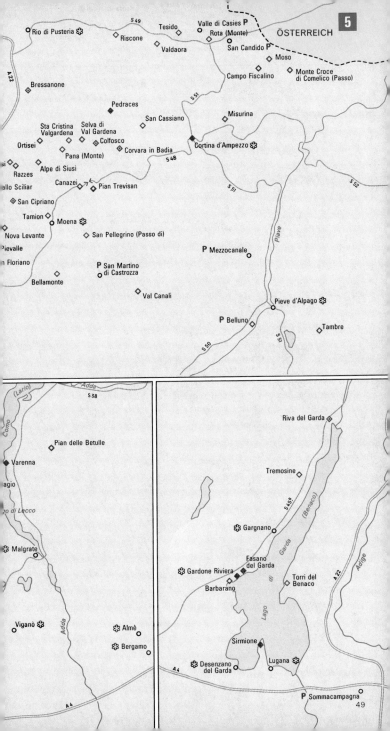

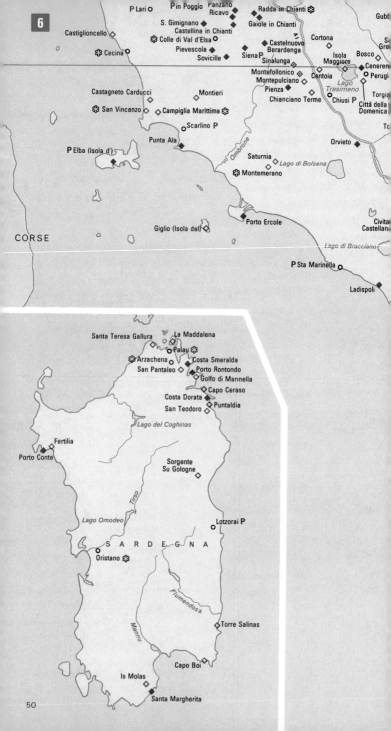

6

Castiglioncello

✿ Cecina

P Lari ○ P in Poggio
S. Gimignano ◆ Panzano
Ricavo ✿ Radda in Chianti ✿ Gubb
Gaiole in Chianti ◆
✿ Castellina in Chianti ○ Cortona
✿ Colle di Val d'Elsa Castelnuovo S
Pievescola ◆ Berardenga ◆ Gre
Soverille ◆ Siena P ◆ Isola Bosco ◆
Maggiore
Centoia ○ Cenere
Lago ◆ Perugi
Montefollonico ◇ Trasimeno
Montepulciano ◇ Torgia
Castagneto Carducci Montieri ◇ Pienza ◆ Chiusi P Città della
Chianciano Terme Domenica
✿ San Vincenzo ○ ◇ Campiglia Marittima ✿
○ Scarlino P
Punta Ala ◆

P Elba (Isola d') ◆ Saturnia To
Orvieto ◆
◇ Lago di Bolsena
✿ Montemerano

CORSE

Giglio (Isola del) ◇ Porto Ercole ◆
Lago di Bracciano

P Sta Marinella ○

Ladispoli ○

Santa Teresa Gallura ◇ La Maddalena
○ Palau ✿
✿ Arzachena ○ ◆ Costa Smeralda
San Pantaleo ◇ ◆ Porto Rontondo
◆ Golfo di Marinella
◇ Capo Ceraso
Costa Dorata ◇
San Teodoro ◇ ◆ Puntaldia

Lago del Coghinas

Fertilia Sorgente
Porto Conte ◆ Su Gologne ◇

Lago Omodeo Lotzorai P ○

S A R D E G N A

○ Oristano ✿

Torre Salinas ◆

Capo Boi ◆
Is Molas ○
Santa Margherita ◆

50

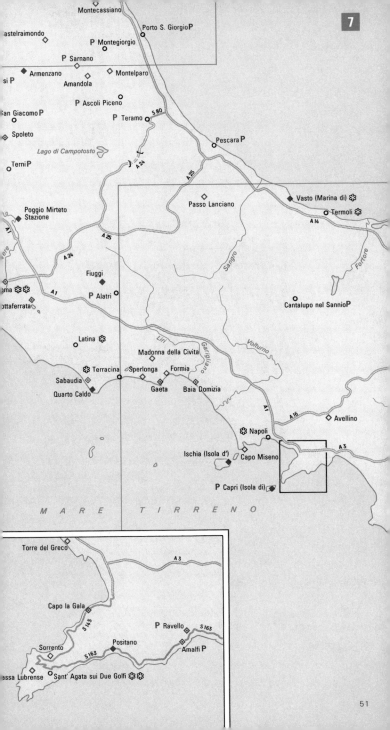

Montecassiano

Porto S. Giorgio P

P Montegiorgio

Castelraimondo

P Sarnano

Armenzano

Amandola

Montelparo

si P

San Giacomo P

P Ascoli Piceno

Spoleto

P Teramo

S 80

Pescara P

Lago di Campotosto

Terni P

A 24

Passo Lanciano

Vasto (Marina di) ❄

Termoli ❄

A 14

Poggio Mirteto
Stazione

A 25

A 24

Sangro

Fortore

oma ❄❄

Fiuggi

A 1

P Alatri

ottaferrata

Cantalupo nel Sannio P

Latina ❄

Liri

Madonna della Civita

Terracina ❄

Sperlonga

Formia

Gaeta

Baia Domizia

Sabaudia

Quarto Caldo

Garigliano

Volturno

A 1

A 16

Avellino

Napoli ❄

Ischia (Isola d')

Capo Miseno

A 3

P Capri (Isola di) ❄

M A R E   T I R R E N O

Torre del Greco

A 3

Capo la Gala

S 145

P Ravello

S 163

Positano

Amalfi P

Sorrento

S 163

assa Lubrense

Sant' Agata sui Due Golfi ❄❄

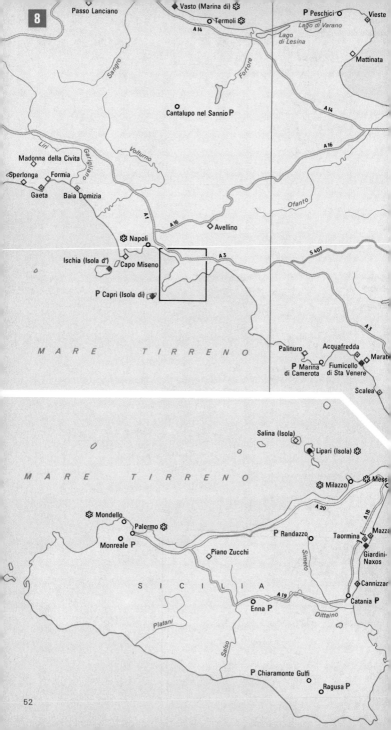

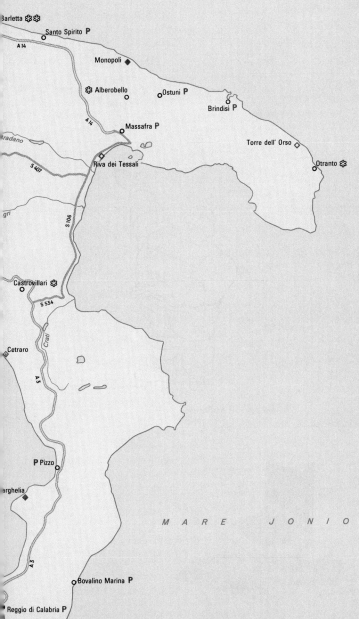

MARE ADRIATICO

Barletta ❄❄
Santo Spirito P
A 14
Monopoli ◆
❄ Alberobello
Ostuni P
Brindisi P
A 14
Massafra P
Torre dell' Orso ◇
radano
S 407
Riva dei Tessali
Otranto ❄
gri
S 106
Castrovillari ❄
S 534
Crati
Cetraro
A 3
P Pizzo
arghelia ◆
MARE JONIO
A 3
Bovalino Marina P
Reggio di Calabria P

Località

Localités
Ortsverzeichnis
Places

MICHELIN

ABANO TERME 35031 Padova 988 ⑤ , 429 F 17 – 17 741 ab. alt. 14 – Stazione termale, a.⁚ aprile-ottobre e Natale – ✆ 049.
Vedere Guida Verde.

🛈 via Pietro d'Abano 18 ✆ 8669055, Telex 431417, Fax 8669053.

Roma 485 ③ – ♦Ferrara 69 ③ – ♦Milano 246 ① – ♦Padova 12 ① – Rovigo 35 ③ – ♦Venezia 49 ① – Vicenza 44 ①

Pianta pagina a lato

🏨🏨🏨 **La Residence** ॐ, via Monte Ceva 8 ✆ 8668333, Telex 431368, Fax 8668396, *ℳ*, ✼ ris calda ta, ☒, ☞, ✕, ⚃ – 📳 ▤ ▥ ☎ ☜ 🅿 – 🔬 40. ☒ 🔢 ① 🗲 ☒. ✵   AY *27 febbraio-14 novembre* – Pas 50000 – ☲ 12000 – **116 cam** 119/150000, 5 appartamenti ½ P 100/170000.

🏨🏨🏨 **Bristol Buja,** via Monteortone 2 ✆ 8669390, Telex 430210, Fax 667910, « Giardino co ✼ riscaldata », *ℳ*, ☒, ☒, ✕, ⚃ – 📳 ▤ ▥ ☎ ☜ 🅿 – 🔬 100. ☒ 🔢 ① 🗲 ☒ ✵ rist   AY *chiuso dal 20 novembre al 20 dicembre* – Pas 45/55000 – ☲ 16000 – **141 cam** 122/17400 25 appartamenti – ½ P 122/154000.

🏨🏨🏨 **President,** via Montirone 31 ✆ 8668288, Telex 430280, Fax 667909, *ℳ*, ☒, ✼ riscaldata ☒, ☞, ✕, ⚃ – 📳 ▤ ▥ ☎ 🅿 ☒ 🔢 ① 🗲 ☒ ✵   AY Pas 40000 – ☲ 15000 – **116 cam** 115/180000, 4 appartamenti – ½ P 135/158000.

🏨🏨 Trieste e Victoria, via Pietro d'Abano 1 ✆ 8669101, Telex 430250, Fax 8669779, « Parco giardino con ✼ riscaldata », *ℳ*, ☒, ☒, ✕, ⚃ – 📳 ▤ ▥ ☎ 🅿   AZ *stagionale* – **113 cam**

🏨🏨 **Savoia,** via Pietro d'Abano 49 ✆ 667111, Telex 430225, Fax 667111, « Parco giardino » ☒, ✼ riscaldata, ☒, ✕, ⚃ – 📳 ▤ ▥ ☎ 🅿 – 🔬 100. 🔢 🗲 ☒. ✵ rist   AZ *chiuso dal 7 gennaio al 12 marzo e dal 21 novembre al 22 dicembre* – Pas 45/50000 ☲ 20000 – **171 cam** 157/197000, 4 appartamenti – ½ P 126/134000.

🏨🏨 **Due Torri,** via Pietro d'Abano 18 ✆ 8669277, Fax 8669927, « Giardino-pineta », ✼ ris calda ta, ☒, ✕, ⚃ – 📳 ▤ ▥ ☎ 🅿 ☒ 🔢 ① 🗲 ☒ ✵ rist   AZ *chiuso dall'8 gennaio al 19 marzo* – Pas 35/40000 – ☲ 10000 – **80 cam** 95/14500 3 appartamenti – ½ P 120/140000.

🏨🏨 Ritz, via Monteortone 19 ✆ 8669990, Telex 430222, Fax 8667549, *ℳ*, ☒, ✼ riscaldata ☒, ☞, ✕, ⚃ – 📳 ▤ ▥ ☎ 🅿 – 🔬 80. ☒ 🔢 ① 🗲 ☒ ✵ rist   AY Pas 53000 – ☲ 16000 – **147 cam** 140/188000, 2 appartamenti – ½ P 140/150000.

🏨🏨 **Mioni Pezzato,** via Marzia 34 ✆ 8668377, Telex 430082, Fax 8669338, « Parco-giardin con ✼ riscaldata », *ℳ*, ☒, ☒, ✕, ⚃ – 📳 ▤ ▥ ☎ 🅿 – 🔬 ☒ 🔢 🗲 ☒ ✵ rist   AZ *chiuso dal 5 gennaio al 5 marzo e dal 27 novembre al 21 dicembre* – Pas 45000 – ☲ 15000 **159 cam**, 120/180000, 8 appartamenti – ½ P 86/138000.

🏨🏨 **Metropole** ॐ, via Valerio Flacco 99 ✆ 8600777, Telex 431509, Fax 8600935, « Giardin con ✼ riscaldata », *ℳ*, ☒, ☒, ✕, ⚃ – 📳 ▤ ▥ ☎ ☜ 🅿. ☒ 🔢 🗲 ☒. ✵   BZ *chiuso dal 6 gennaio al 5 marzo* – Pas 40/55000 – **155 cam** ☲ 105/155000, ▤ 5000 - P 113/189000.

🏨🏨 **Terme Astoria,** piazza Cristoforo Colombo 1 ✆ 8601530, Fax 8600730, « Giardino co ✼ riscaldata », *ℳ*, ☒, ☒, ✕, ⚃ – 📳 ▤ ☎ 🅿 ☒ 🔢 ① 🗲 ☒ ✵   BZ n *chiuso dal 5 dicembre al 20 febbraio* – Pas 37000 – ☲ 16000 – **93 cam** 92/115000 - ½ P 97/104000.

🏨🏨 **Ariston Molino,** via Augure 5 ✆ 8669061, Telex 431513, Fax 8669153, « Giardino con ✼ riscaldata », ☒, ✕, ⚃ – 📳 ▤ ☎ ☜ 🅿 – 🔬 60. 🔢 ① 🗲 ☒ ✵ rist   AZ *marzo-novembre* – Pas 45000 – ☲ 15000 – **175 cam** 89/134000, ▤ 6000 – ½ P 105 163000.

🏨🏨 Quisisana Terme, viale delle Terme 67 ✆ 8600252, Telex 430285, Fax 8600039, « Giardi no », *ℳ*, ☒, ☒, ✼ riscaldata, ☒, ✕, ⚃ – 📳 ▤ cam ▥ ☎ 🅿   BY *stagionale* – **95 cam.**

🏨🏨 Panoramic Hotel Plaza, piazza Repubblica 23 ✆ 8669333, Fax 8669379, ☒, ✼ riscaldata ☒, ☞, ⚃ – 📳 ☎ 🅿   BY **126 cam.**

🏨 **Harrys',** via Marzia 50 ✆ 667011, Fax 8668500, ✼ riscaldata, ☒, ☞, ⚃ – 📳 ▤ rist ☎ 🅿 ☒ 🔢 🗲 ☒. ✵ rist   AZ *febbraio-novembre* – Pas 33000 – ☲ 9000 – **66 cam** 81/126000 – ½ P 74/99000.

🏨 **Smeraldo** ॐ, via Flavio Busonera 174 ✆ 8669555, Fax 8669752, *ℳ*, ✼ riscaldata, ☒ ☞, ✕, ⚃ – 📳 ▤ rist ☎ 🅿. ☒ 🔢 🗲 ☒ ✵ rist   ABZ *marzo-novembre* – Pas 40000 – **110 cam** ☲ 96/124000 – ½ P 95000.

🏨 **Universal,** viale Valerio Flacco 28 ✆ 8669349, Fax 8669772, ✼ riscaldata, ☒, ☞, ⚃ – 📳 ▤ rist ☎ 🅿. ☒ 🔢 🗲 ☒. ✵ rist   BZ Pas 44000 – ☲ 12000 – **114 cam** 84/126000 – P 116000.

🏨 **All'Alba,** via Valerio Flacco 32 ✆ 8669244, Fax 8669641, *ℳ*, ✼ riscaldata, ☒, ☞, ✕, ⚃ – 📳 ☎ 🅿. ☒ 🔢 ① 🗲 ☒ ✵ rist   BZ *chiuso dal 12 gennaio a 10 febbraio* – Pas 25/30000 – ☲ 7500 – **129 cam** 60/105000 ½ P 68/80000.

BANO TERME

opelli (Via J.) . . . . **AZ** 12
rzia (Via) . . . . **AZ**
tro d'Albano (Via) . . . **AZ** 19
oubblica
Piazza) . . . . **BY** 23
me (Viale delle) . . . . **ABY**

gure (Via C.) . . . . **AZ** 3
sonera (Via Flavio) . . . **AZ** 4
duti (Piazza) . . . . **BY** 6
cco (Via Valerio) . . . **BYZ** 7
betti (Via P.) . . . . **BY** 10
artiri d'Ungheria (V.) . . **BZ** 14
ezzatti (Via L.) . . . . . . **BY** 13
onteortone (Via) . . . . **AY** 16
zioni Unite (Via) . . . . **BZ** 17
rrarca (Via) . . . . **AZ** 18
X (Via) . . . . **BY** 20
mo Maggio (Via) . . . . **BZ** 22
lta (Via A.) . . . . **BZ** 24
Novembre (Via) . . . . . **BY** 26

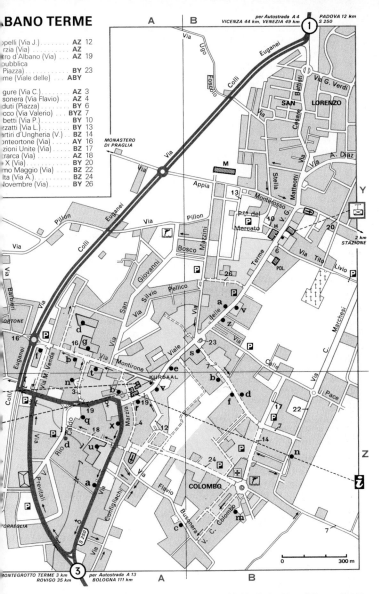

🏨 **Terme Columbia,** via Augure 15 ℰ 8669606, Fax 8669430, ⊥ riscaldata, ⊠, 🐾, ♣ – 📶
   🗐 ☎ 🅿. 🕮 🕃 ⓪ 🄴 𝘝𝘐𝘚𝘈. ⅏ rist   AY **b**
   marzo-novembre – Pas 40000 – **102 cam** ⊇ 99/144000, 🗐 9000 – ½ P 96000.

🏨 **Terme Salus,** via Marzia 2 ℰ 8668057, Fax 8669083, ⊥ riscaldata, ⊠, 🐾, ♣ – 📶 🗐 rist
   ☎ 🅿. 🕮 🕃 ⓪ 🄴 𝘝𝘐𝘚𝘈. ⅏ rist   AZ **x**
   chiuso dal 1° al 22 dicembre – Pas 40000 – ⊇ 10000 – **76 cam** 74/125000 – ½ P 77/85000.

🏨 **Terme Milano,** viale delle Terme 169 ℰ 8669444, Fax 8630244, ⊥ riscaldata, ⊠, 🐾,
   ⅏, ♣ – 📶 🗐 🕭 🅿. 🄴 𝘝𝘐𝘚𝘈. ⅏ rist   AY **e**
   chiuso dal 7 gennaio al 1° marzo – Pas 36/38000 – ⊇ 9500 – **101 cam** 73/119000 –
   ½ P 68/75000.

57

🏨 **Terme Patria,** viale delle Terme 56 ℘ 8600644, Telex 431879, Fax 8600635, *f₆*, ⋹
☷ riscaldata, ◳, ☞, ℀, ⊕ – ⧮ ▤ rist ⊡ ☎ **℗**. ℀ rist
BY
chiuso dal 5 gennaio al 28 febbraio e dal 4 al 20 dicembre – Pas 26000 – ⌧ 8000 – **95 cam**
60/87000 – ½ P 61/74000.

🏨 **Bologna,** via Valerio Flacco 29 ℘ 8669499, Fax 8668110, ☷ riscaldata, ◳, ☞, ⊕ –
▤ rist ☎ **℗**. ▤ ▤ Ⅵ5Ⅵ. ℀ rist
BZ
marzo-novembre – Pas 32000 – ⌧ 8000 – **121 cam** 62/105000 – ½ P 76/81000.

🏨 **Aurora,** via Pietro d'Abano 13 ℘ 8668368, Fax 8669373, ☷ riscaldata, ◳, ⊕ – ⧮ ▤ rist
⇌ **℗**
AZ
109 cam.

🏨 **Principe,** viale delle Terme 87 ℘ 8600844, Fax 8601031, *f₆*, ⥱, ☷ riscaldata, ◳, ☞,
– ⧮ ↳ ▤ rist ▤ ▤ **℗**. ℀ rist
BY
marzo-novembre – Pas 42/45000 – ⌧ 9000 – **70 cam** 80/115000 – P 78/86000.

✕✕ **Aubergine,** via Ghisaldi 5 ℘ 8669910 **℗**. ▤ ▤ ▤ Ⅵ5Ⅵ
AZ
chiuso mercoledì – Pas 38/48000.

a Monteortone O : 2 km AY – ⊠ **35030 :**

🏨 **Michelangelo** ⧉, ℘ 9935111, Fax 9935236, *f₆*, ☷ riscaldata, ◳, ☞, ℀, ⊕ – ⧮ ▤ ⊡
⧉ **℗** – ⥷ 100.
stagionale – **111 cam.**

🏨 **Reve Monteortone,** ℘ 8668633, Fax 8669042, *f₆*, ⋹, ☷ riscaldata, ◳, ☞, ℀, ⊕ –
▤ rist ☎ **℗**. ▤ ▤ ▤. ℀ rist
chiuso dal 21 novembre al 19 febbraio – Pas 35000 – ⌧ 12000 – **114 cam** 93/126000
½ P 108000.

🏨 **Atlantic,** ℘ 8669015, Fax 8669188, ☷ riscaldata, ◳, ☞, ⊕ – ⧮ ⇌ **℗**. ▤ ▤ Ⅵ5Ⅵ. ℀ r
marzo-novembre – Pas 27000 – **56 cam** ⌧ 71/100000 – P 67/76000.

Vedere anche : **Torreglia** SO : 5 km AZ.
Montegrotto Terme SO : 3 km AZ.

ABBADIA ALPINA Torino – Vedere Pinerolo.

ABBADIA SAN SALVATORE 53021 Siena ⑨⑧⑧ ⑮ ㉘, ⑭③⓪ N 17 – 7 352 ab. alt. 825 – Spo
invernali : al Monte Amiata : 1 350/1 700 m ⚞15, ⚒ – ✆ 0577.

🗓 via Mentana 97-La Piazzetta ℘ 778608, Fax 779013.

Roma 181 – ✦Firenze 143 – Grosseto 80 – Orvieto 65 – Siena 75 – Viterbo 82.

🏨 **Parco Erosa,** via Remedi ℘ 776326, ⟨, ☞, ℀ – ⧮ ☎ **℗**. ℀
Natale-Pasqua e giugno-ottobre – Pas carta 30/38000 – ⌧ 10000 – **42 cam** 70/130000
½ P 60/117000.

🏨 Giardino, via 1° Maggio 63 ℘ 778106, Fax 778106, ☞ – ⧮ ⊡ ☎.
stagionale – **39 cam.**

🏨 **Adriana,** via Serdini 76 ℘ 778116, Fax 777177 – ⧮ ☎. ▤ ▤ ▤ Ⅵ5Ⅵ. ℀ rist
Pas carta 21/31000 – **40 cam** ⌧ 58/80000 – ½ P 40/70000.

🏨 **K 2** ⧉, via del Laghetto 15 ℘ 778609, ⟨ – ⇌ **℗**. ℀
chiuso dal 20 settembre al 10 ottobre – Pas *(chiuso giovedì)* carta 25/37000 – ⌧ 6000
16 cam 60/85000 – P 70/85000.

al monte Amiata O : 14 km – alt. 1 738 :

🏨 **La Capannina** ⧉, ⊠ 53021 ℘ 789713, Fax 789777, ⟨ – ⊡ ☎
Natale-Pasqua e luglio-settembre – Pas carta 30/38000 – ⌧ 10000 – **30 cam** 70/130000
½ P 60/117000.

ABBAZIA Vedere nome proprio dell'abbazia.

*Avvertite immediatamente l'albergatore se non potete più
occupare la camera prenotata.*

*Prévenez immédiatement l'hôtelier si vous ne pouvez pas occuper
la chambre que vous avez retenue.*

*If you find you cannot take up a hotel booking you have made,
please let the hotel know immediately.*

*Benachrichtigen Sie sofort das Hotel,
wenn Sie ein bestelltes Zimmer nicht belegen können.*

ABBIATEGRASSO 20081 Milano 988 ③, 428 F 8 – 27 787 ab. alt. 120 – ✆ 02.

Roma 590 – Alessandria 74 – ♦Milano 23 – Novara 29 – Pavia 33.

🏠 **Italia** senza rist, piazza Castello 31 ✆ 9462871, Fax 9462873 – 📷 🖭 📺 ☎.
39 cam.

✕✕ **Da Oreste,** piazza Castello 29 ✆ 94966457, prenotare, « Servizio estivo sotto un pergolato » – 🗏. 🔂
chiuso mercoledì ed agosto – Pas carta 41/79000.

a Cassinetta di Lugagnano N : 3 km – ⊠ **20080** :

✕✕✕✕ ❀❀❀ **Antica Osteria del Ponte,** ✆ 9420034, Fax 9420610, 🖼 , Coperti limitati; prenotare – 🗏 🅿. 🖭 🔂 ⓞ 🚾. 🦐
chiuso domenica, lunedì, dal 25 dicembre al 12 gennaio ed agosto – Pas carta 94/152000
Spec. Lasagnetta alla fonduta di porri e cipollotti con tartufo nero (gennaio-aprile), Foie gras d'anitra caldo con crema di borlotti (luglio-novembre), Buridda di rombo branzino e gamberi (aprile-settembre). **Vini** Franciacorta bianco, Barolo.

ABETONE 51021 Pistoia 988 ⑭, 428 429 430 J 14 – 781 ab. alt. 1 388 – a.s. Pasqua, 5 luglio-agosto e Natale – Sport invernali : 1 388/1 940 m ✦4 ✦24, 🎿 – ✆ 0573.

🔲 piazzale delle Piramidi ✆ 60383, Telex 572495.

Roma 361 – ♦Bologna 109 – ♦Firenze 90 – Lucca 65 – ♦Milano 271 – ♦Modena 96 – Pistoia 51.

🏠 **Regina,** ✆ 60007, ← – 📺 📞 🚗 🅿. 🔂 ⓞ Ⓔ 🚾. 🦐 rist
20 dicembre-15 aprile e 25 giugno-15 settembre – Pas 29/31000 – ⊑ 8500 – **26 cam**
57/88000 – ½ P 62/77000.

✕✕ **La Capannina** con cam, ✆ 60562, Fax 606926 – 📺 📞. 🖭 🔂 ⓞ Ⓔ 🚾. 🦐
chiuso dal 1° al 15 maggio e dal 1° al 15 ottobre – Pas *(chiuso martedì sera e mercoledì)*
carta 39/55000 – ⊑ 12500 – **7 cam** 70/95000.

✕✕ **Da Pierone,** ✆ 60068, ← – 🖭 🔂 ⓞ Ⓔ 🚾
chiuso dal 15 al 30 giugno, dal 10 al 30 ottobre e giovedì (escluso dal 23 dicembre al 2 gennaio e dal 15 luglio a settembre) – Pas carta 32/49000.

a Le Regine SE : 2,5 km – ⊠ **51020** :

🏠 **Da Tosca,** ✆ 60317, ← – 🅿. 🦐
20 dicembre-20 aprile e luglio-15 settembre – Pas carta 33/44000 – **13 cam** ⊑ 50/90000 –
½ P 55/75000.

ABRUZZI (Massiccio degli) L'Aquila 988 ㉗ – Vedere Guida Verde.

ABTEI = Badia.

ACCEGLIO 12021 Cuneo 988 ⑪, 428 I 2 – 266 ab. alt. 1 200 – a.s. Pasqua, luglio-agosto e Natale – ✆ 0171.

Roma 698 – Cuneo 55 – ♦Milano 269 – ♦Torino 118.

🏠 **Le Marmotte** 🦐, località Frere E : 1,5 km ✆ 99041, ←, 🖼 – 🚗 🅿. 🖭. 🦐
chiuso novembre – Pas carta 30/40000 – ⊑ 10000 – **9 cam** 62/85000 – ½ P 77/87000.

ACCETTURA 75011 Matera 988 ㉙, 431 F 30 – 2 808 ab. alt. 799 – ✆ 0835.

Roma 433 – Matera 81 – Potenza 76 – ♦Taranto 134.

🏠 **Croccia** 🦐, ✆ 675394
10 cam.

ACI CASTELLO Catania 988 ㉗, 432 O 27 – Vedere Sicilia.

ACILIA 00125 Roma 430 Q 19 – alt. 50 – ✆ 06.

Roma 18 – Anzio 45 – Civitavecchia 65.

✕✕ **Cavalieri del Buongusto,** via di Acilia 172 ✆ 52353889 – 🖭 ⓞ. 🦐
chiuso mercoledì e dal 15 agosto al 15 settembre – Pas carta 45/83000.

ACIREALE Catania 988 ㉗, 432 O 27 – Vedere Sicilia.

ACI TREZZA Catania 988 ㉗, 432 O 27 – Vedere Sicilia.

ACQUAFREDDA Potenza 431 G 29 – Vedere Maratea.

ACQUAPARTITA Forlì – Vedere Bagno di Romagna.

ACQUARIA Modena 430 J 14 – Vedere Montecreto.

ACQUASANTA TERME 63041 Ascoli Piceno 988 ⑯, 430 N 22 – 3 734 ab. alt. 392 – Stazione termale, a.s. luglio-settembre – ✆ 0736.

Roma 173 – L'Aquila 98 – Ascoli Piceno 18.

✕✕ **La Casaccia,** ✆ 802141, Fax 802141 – 🔂 Ⓔ 🚾. 🦐
chiuso lunedì e gennaio – Pas carta 30/41000.

ACQUASERIA **22010** Como 428 D 9, 219 ⑨ – alt. 208 – ☎ 0344.
Roma 665 – Como 39 – ♦Lugano 32 – ♦Milano 87 – Sondrio 64.

- **Da Luigi,** ✆ 50057 – ☎ Ⓟ. Ⓢ ⓓ E VISA. ✻
  chiuso novembre – Pas *(chiuso mercoledì)* carta 39/70000 – ☕ 7000 – **20 cam** 45/60000
  ½ P 50000.

ACQUASPARTA **05021** Terni 988 ㉖, 430 N 19 – 4 531 ab. alt. 320 – ☎ 0744.
Roma 111 – Orvieto 61 – ♦Perugia 61 – Spoleto 24 – Terni 22 – Viterbo 70.

- **Villa Stella** senza rist, ✆ 930758, – TV ☎ Ⓟ. ⓓ. ✻
  aprile-settembre – ☕ 4500 – **10 cam** 60/80000.

ACQUAVIVA Livorno – Vedere Elba (Isola d') : Portoferraio.

ACQUAVIVA PICENA **63030** Ascoli Piceno 430 N 23 – 3 004 ab. alt. 360 – ☎ 0735.
Roma 239 – ♦Ancona 96 – Ascoli Piceno 42 – Macerata 76 – ♦Pescara 75 – Teramo 57.

- **Abbadetta** ⛰, ✆ 764041, Fax 764945, ≤ campagna e mare, « Terrazze-giardino co », ✻ – |‡| ☎ Ⓟ. ✻ rist
  15 maggio-settembre – Pas carta 20/28000 – **53 cam** ☕ 50/80000 – ½ P 75/80000.
- XX **O Viv** con cam, ✆ 764649, ≤ campagna, – TV ☎. AE Ⓢ ⓓ E VISA. ✻ rist
  Pas carta 23/46000 – ☕ 6000 – **12 cam** 60/80000, appartamento – ½ P 55/80000.

ACQUI TERME **15011** Alessandria 988 ⑫ ⑬, 428 H 7 – 20 794 ab. alt. 164 – Stazione termale
☎ 0144 – ℹ corso Bagni 8 ✆ 322142, Fax 356642.
Roma 573 – Alessandria 34 – Asti 47 – ♦Genova 75 – ♦Milano 130 – Savona 59 – ♦Torino 106.

- **Ariston,** piazza Matteotti ✆ 322996, Fax 322998 – |‡| ▤ TV ☎ – 🎤 60. AE Ⓢ ⓓ E VISA. ✻ rist
  chiuso dal 20 dicembre a gennaio – Pas carta 28/40000 – ☕ 8500 – **40 cam** 55/80000, 2 appartamenti, ▤ 9000 – ½ P 65/70000.
- **Mignon,** via Monteverde 34 ✆ 322594 – TV ☎ Ⓟ. AE Ⓢ ⓓ E VISA. ✻ rist
  chiuso febbraio – Pas 23/26000 – ☕ 7000 – **25 cam** 50/65000 – ½ P 50/55000.
- Piemonte, viale Einaudi 19 ✆ 328382 – 🚗 Ⓟ – **23 cam.**
- XX **Il Ciarlocco,** via Don Bosco 1 ✆ 57720, Coperti limitati; prenotare – AE Ⓢ E VISA
  chiuso domenica, febbraio ed agosto – Pas carta 32/48000.
- XX **Parisio 1933,** via Cesare Battisti 7 ✆ 57034 – AE Ⓢ E VISA
  chiuso lunedì, dal 1° al 15 gennaio e dal 20 luglio al 5 agosto – Pas carta 33/60000.
- XX **La Schiavia,** vicolo della Schiavia ✆ 55939, solo su prenotazione – AE Ⓢ E VISA
  chiuso domenica e dal 1° al 20 agosto – Pas carta 40/60000.
- XX **Carlo Parisio,** via Mazzini 14 ✆ 56650, prenotare – AE Ⓢ E VISA. ✻
  chiuso lunedì e dal 10 al 24 luglio – Pas carta 26/48000.
- X **San Marco,** via Ghione 5 ✆ 322456 – Ⓟ
  chiuso febbraio, dal 1° al 14 luglio e lunedì da dicembre a gennaio – Pas carta 26/40000.

ACRI **87041** Cosenza 988 ㊴, 431 I 31 – 23 007 ab. alt. 700 – ☎ 0984.
Roma 560 – ♦Cosenza 41 – ♦Taranto 168.

- **Panoramik** senza rist, ✆ 954885, Fax 941618 – |‡| TV ☎ Ⓟ. Ⓢ VISA. ✻
  32 cam ☕ 50/70000.
- X **Panoramik,** ✆ 941551 – Ⓟ. AE Ⓢ E VISA. ✻
  chiuso lunedì – Pas carta 23/42000.

ACUTO **03010** Frosinone 430 Q 21 – 1 812 ab. alt. 724 – ☎ 0775.
Roma 77 – Avezzano 99 – Latina 87 – ♦Napoli 180.

- XX **Colline Ciociare,** via Prenestina 27 ✆ 56049, Fax 56049, ≤, Coperti limitati; prenotare ▤ Ⓟ. AE Ⓢ ⓓ E VISA. ✻
  chiuso lunedì, martedì a mezzogiorno e dal 10 al 20 ottobre – Pas carta 46/71000.

ADRIA **45011** Rovigo 988 ⑮, 429 G 18 – 21 246 ab. alt. 4 – ☎ 0426.
ℹ piazza Bocchi 6 ✆ 42554.
Roma 478 – Chioggia 33 – ♦Ferrara 55 – ♦Milano 290 – ♦Padova 49 – Rovigo 22 – ♦Venezia 64.

- X **Molteni** con cam, via Ruzzina 2 ✆ 21295, – ☎ Ⓟ. Ⓢ E VISA. ✻
  chiuso dal 23 dicembre al 6 gennaio – Pas *(chiuso sabato)* carta 31/60000 – ☕ 6000
  8 cam 80/120000.

AGARONE – Vedere Cantone Ticino alla fine dell'elenco alfabetico.

AGAZZANO **29010** Piacenza 428 H 10 – 1 890 ab. alt. 184 – ☎ 0523.
Roma 534 – ♦Milano 88 – Piacenza 23.

- XX **Le due Meridiane,** località Bastardina NO : 6 km ✆ 975106, Fax 975106, , solo s prenotazione, « In un'antica fortezza » – Ⓟ. AE
  chiuso lunedì e febbraio – Pas carta 62/82000.
- X **Il Cervo** con cam, ✆ 975208 – Ⓢ. ✻
  chiuso dall'8 gennaio al 22 febbraio – Pas *(chiuso martedì)* carta 25/40000 – ☕ 4000
  14 cam 40/60000 – ½ P 45000.

GLIANO **14041** Asti 428 H 6, 219 ⑮ – 1 714 ab. alt. 262 – ☺ 0141.

ma 603 – Asti 19 – ◆Milano 139 – ◆Torino 79.

🏨 **Fons Salutis** 🦢, O : 2 km ✆ 954018, Fax 954554, 🏠, « Parco ombreggiato », 🏊 – 📺 ☎ 🄿. 🕌 E 🗺 🍴
   chiuso dal 9 dicembre a gennaio – Pas carta 35/60000 – ☷ 12000 – **30 cam** 70/85000 – ½ P 70/80000.

GNANO TERME Napoli 431 E 24 – Vedere Napoli.

GNO 427 ⑳, 219 ⑧ – Vedere Cantone Ticino alla fine dell'elenco alfabetico.

GNONE **86061** Isernia 988 ㉗, 430 Q 25, 431 B 25 – 6 185 ab. alt. 800 – ☺ 0865.

ma 220 – Campobasso 71 – Isernia 45.

🏠 **Sammartino,** largo Pietro Micca 44 ✆ 78239 – 🛗 📺 🚬 – 🛏 400. 🍴
   Pas carta 23/34000 – ☷ 5000 – **22 cam** 50/70000 – ½ P 60000.

GOGNATE Novara 219 ⑰ – Vedere Novara.

GORDO **32021** Belluno 988 ⑤, 429 D 18 – 4 323 ab. alt. 611 – ☺ 0437.

intorni Valle del Cordevole★★ NO per la strada S 203.

via 4 Novembre 4 ✆ 62105.

ma 646 – Belluno 29 – ◆Bolzano 85 – Cortina d'Ampezzo 60 – ◆Milano 338 – ◆Venezia 135.

🏨 **Milano,** via Prà Grande 5 ✆ 62046, Fax 640306, ≤, 🚬 – ☎ 🄿. 🕮 🕌 🕦 E 🗺. 🍴 rist
   chiuso novembre – Pas *(chiuso lunedì)* carta 30/46000 – ☷ 10000 – **34 cam** 80/110000 – ½ P 70/80000.

🏠 **Erice** 🦢, via 4 Novembre 13/b ✆ 62307 – 📺 🚬 🚗. 🕮 🕦 E 🗺. 🍴
   Pas *(chiuso lunedì)* carta 30/49000 – ☷ 6000 – **15 cam** 100000 – ½ P 67/77000.

GRATE BRIANZA **20041** Milano 988 ③, 428 F 10 – 11 789 ab. alt. 162 – ☺ 039.

ma 587 – ◆Bergamo 31 – ◆Brescia 77 – ◆Milano 18 – Monza 7.

🏨 **Colleoni,** via Cardano 2 ✆ 6057277, Telex 326423, Fax 654495 – 🛗 🍴 📺 ☎ 🕭 🚗 🄿 – 🛏 25 a 200. 🕮 🕌 🕦 E 🗺. 🍴 rist
   Pas *(chiuso sabato e domenica a mezzogiorno)* carta 45/80000 – ☷ 20000 – **173 cam** 155/220000, 10 appartamenti – ½ P 175/215000.

GRIGENTO P 988 ㊱, 432 P 22 – Vedere Sicilia.

GROPOLI **84043** Salerno 988 ㉘ ㊳, 431 F 26 – 17 352 ab. – a.s. Pasqua e 15 giugno-5 settembre – ☺ 0974.

intorni Rovine di Paestum★★★ N : 11 km.

ma 312 – Battipaglia 33 – ◆Napoli 107 – Salerno 57 – Sapri 110.

🏨 **Mare,** ✆ 823666, Fax 826118, ≤, 🦢, 🚬 – 🛗 ☎ 🄿. 🕮 🗺. 🍴
   Pas *(chiuso venerdì)* carta 35/40000 – ☷ 9000 – **41 cam** 65/90000 – ½ P 75/78000.

🏨 **Carola,** ✆ 826422, « Servizio rist. estivo all'aperto » – ☎ 🄿. 🕮 🕦 E 🗺. 🍴
   chiuso dall'8 gennaio all'8 febbraio – Pas carta 32/43000 (10%) – ☷ 8000 – **34 cam** 55/77000 – ½ P 85000.

🏠 **Serenella,** ✆ 823333, Fax 825562 – 🛗 🚬 🄿. 🕮 🕌. 🍴 rist
   Pas carta 34/46000 (10%) – ☷ 7000 – **32 cam** 44/70000 – ½ P 55/75000.

XX **Il Ceppo,** SE : 1,5 km ✆ 824308 – 🄿. 🕮 🕌 E 🗺. 🍴
   chiuso mercoledì, dal 3 al 18 gennaio e dal 1° al 15 luglio – Pas carta 32/56000 (12%).

GUGLIANO **60020** Ancona 430 L 22 – 3 176 ab. alt. 203 – ☺ 071.

ma 279 – ◆Ancona 16 – Macerata 44 – Pesaro 67.

🏠 **Al Belvedere,** ✆ 907190, Fax 908008, 🚬 – 📺 ☎ 🄿 – 🛏 60. 🍴
   Pas *(chiuso mercoledì)* 25/35000 – ☷ 7000 – **20 cam** 60000 – ½ P 47/52000.

IROLO 427 ⑮, 218 ⑪ – Vedere Cantone Ticino alla fine dell'elenco alfabetico.

ISONE **12010** Cuneo 428 J 3 – 307 ab. alt. 826 – ☺ 0171.

ma 675 – Barcelonnette 79 – Cuneo 32 – Colle di Tenda 48.

XX **Da Renzo,** ✆ 95752, prenotare – 🄿.

ALA DI STURA **10070** Torino 988 ⑫, 219 ⑫ – 515 ab. alt. 1 075 – a.s. luglio-agosto e Natale – ☺ 0123.

oma 729 – Balme 7,5 – ◆Milano 177 – ◆Torino 51 – Vercelli 117.

🏠 **Raggio di Sole,** ✆ 55191, ≤ – 🛗 ☎ 🄿. 🕌 E 🗺
   chiuso ottobre – Pas carta 26/44000 – ☷ 8000 – **28 cam** 90/100000 – ½ P 70000.

ALANNO **65020** Pescara 430 P 23 – 3 823 ab. alt. 295 – ✆ 085.

Roma 188 – L'Aquila 84 – ✦Pescara 37.

   XX **Villa Alessandra** 🌿 con cam, ✆ 8573108, Fax 8573687, 🍴 – 📺 ☎ 🅿. 🆎 🆂 ⑩ 💳. 🍴
     Pas *(chiuso martedì e novembre)* carta 31/44000 – 🍽 8000 – **7 cam** 90000, appartamento
     ½ P 60/80000.

La guida cambia, cambiate la guida ogni anno.

ALASSIO **17021** Savona 988⑫, 428 J 6 – 11 661 ab. – ✆ 0182.

🏌 (chiuso mercoledì da settembre a giugno) a Garlenda ⊠ 17030 ✆580012, Fax 580561, NO
17 km Y.

🖪 via Gibb 26 ✆ 640346.

Roma 597 ① – Cuneo 117 ① – ✦Genova 98 ① – Imperia 24 ② – ✦Milano 221 ① – San Remo 47 ② – Savona 52 ①
– ✦Torino 160 ①.

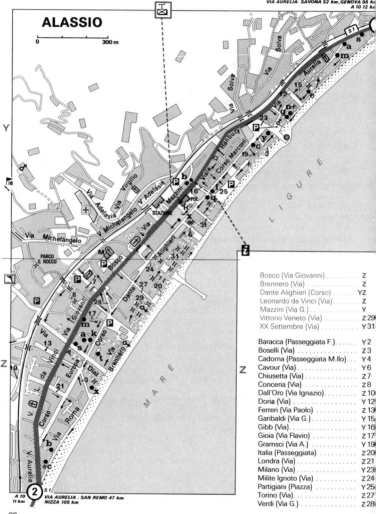

Bosco (Via Giovanni)	Z
Brennero (Via)	Z
Dante Alighieri (Corso)	YZ
Leonardo da Vinci (Via)	Z
Mazzini (Via G.)	Y
Vittorio Veneto (Via)	Z 29
XX Settembre (Via)	Y 31
Baracca (Passeggiata F.)	Y 2
Boselli (Via)	Z 3
Cadorna (Passeggiata M.llo)	Y 4
Cavour (Via)	Y 6
Chiusetta (Via)	Z 7
Conceria (Via)	Z 8
Dall'Oro (Via Ignazio)	Z 10
Doria (Via)	Y 12
Ferreri (Via Paolo)	Z 13
Garibaldi (Via G.)	Y 15
Gibb (Via)	Y 16
Gioia (Via Flavio)	Z 17
Gramsci (Via A.)	Y 19
Italia (Passeggiata)	Z 20
Londra (Via)	Z 21
Milano (Via)	Y 23
Milite Ignoto (Via)	Z 24
Partigiani (Piazza)	Y 25
Torino (Via)	Z 27
Verdi (Via G.)	Z 28

🏨 **Gd H. Diana,** via Garibaldi 110 ℰ 642701, Fax 640304, ≤, 🍽, « Terrazza-giardino ombreggiata », 🖽, 🔄, 🐾 – 🛗 📺 ☎ 🅿 – 🔬 100. 🖭 🛈 🗲 𝘝𝘐𝘚𝘈. ✻ rist   Y **a**
chiuso dal 20 novembre al 24 dicembre – Pas self-service (solo a mezzogiorno) e carta 48/83000 (solo la sera) – ☲ 20000 – **77 cam** 120/260000 – ½ P 135/235000.

🏨 **Spiaggia,** via Roma 78 ℰ 643403, Telex 271617, Fax 640279, ≤, « Terrazza-solarium »,
🐾 – 🛗 📺 ☎. 🖭 🗲 𝘝𝘐𝘚𝘈. ✻ rist   Z **c**
chiuso dal 20 ottobre al 23 dicembre – Pas 50/70000 – **83 cam** ☲ 183/300000 – ½ P 90/220000.

🏨 **Gd H. Méditerranée,** via Roma 63 ℰ 642564, Fax 470845, ≤, « Terrazza-giardino »,
🐾 – 🛗 🖩 rist 📺 ☎ 🚐. 🛐 🛈 🗲 𝘝𝘐𝘚𝘈. ✻ rist   Z **b**
chiuso da novembre al 23 dicembre – Pas 45/60000 – **74 cam** ☲ 145/215000 – ½ P 130/185000.

🏨 **Toscana,** via Flavio Gioia 4 ℰ 640657, Fax 643146, 🖽, 🐾 – 🛗 🖩 rist 📺 ☎ – 🔬 120. 🖭
🛐 🛈 🗲 𝘝𝘐𝘚𝘈. ✻ rist   Z **m**
chiuso dal 15 ottobre al 19 dicembre – Pas *(chiuso lunedì)* carta 30/41000 – **65 cam**
☲ 70/121000, 3 appartamenti – ½ P 58/109000.

🏨 **Europa e Concordia,** piazza Partigiani 1 ℰ 643324, Telex 282663, Fax 643326, ≤, 🐾 –
🛗 🖩 rist 📺 ☎. 🖭 🛐 🛈 🗲 𝘝𝘐𝘚𝘈. ✻ rist   Y **f**
marzo-ottobre – Pas 30/40000 – ☲ 9000 – **60 cam** 90/140000 – ½ P 75/130000.

🏨 **Columbia,** passeggiata Cadorna 12 ℰ 640329, Fax 642893, ≤, 🐾 – 📺 ☎. 🛐 🛈 🗲 𝘝𝘐𝘚𝘈.
✻ rist   Y **n**
chiuso dal 21 ottobre al 20 dicembre – Pas *(chiuso lunedì)* 32/45000 – ☲ 7500 – **26 cam**
65/120000 – ½ P 110/125000.

🏨 **Regina,** viale Hanbury 220 ℰ 640215, Fax 660092, 🐾 – 📺 ☎ 🅿. ✻ rist   Y **s**
15 marzo-ottobre – Pas 30/50000 – ☲ 16000 – **39 cam** 95/120000 – ½ P 105/125000.

🏨 **Enrico,** corso Dante 368 ℰ 640000, Fax 640075, 🍽 – 🛗 🖩 rist 📺 ☎. 🛐 🗲 𝘝𝘐𝘚𝘈. ✻
chiuso novembre – Pas *(chiuso lunedì)* carta 33/52000 (10 %) – ☲ 15000 – **32 cam** 79/112000 – ½ P 60/90000.   Y **q**

🏨 **Dei Fiori,** viale Marconi 78 ℰ 640519, Fax 644116 – 🖩 rist 📺 ☎ – 🔬 50. 🖭 🛐 🛈 🗲 𝘝𝘐𝘚𝘈.
✻ rist   Y **c**
Pas 25/35000 – ☲ 12000 – **63 cam** 80/110000 – ½ P 60/100000.

🏨 **Beau Rivage** senza rist, via Roma 82 ℰ 640585, Fax 640585, ≤ – 📺 ☎ 🅿. 🛐 🗲 𝘝𝘐𝘚𝘈.   Z **c**
chiuso dal 2 novembre al 26 dicembre – **20 cam** ☲ 90/140000.

🏨 **Beau Sejour,** via Garibaldi 102 ℰ 640303, Fax 646391, ≤, 🍽, 🐾 – 🛗 ☎ 🅿. 🛐 🗲 𝘝𝘐𝘚𝘈.
✻ rist   Y **m**
Pasqua-ottobre – Pas 30/50000 – **51 cam** ☲ 104/150000 – ½ P 120/139000.

🏨 **Corso,** via Diaz 28 ℰ 642494 – 🛗 📺 ☎ 🚐. 🖭 🛐 🛈 🗲 𝘝𝘐𝘚𝘈. ✻ rist   Z **s**
chiuso dal 5 novembre al 23 dicembre – Pas (solo per clienti alloggiati) 28000 – ☲ 10000 –
45 cam 75/120000 – ½ P 86000.

🏨 **Lido,** via 4 Novembre 9 ℰ 640158, Fax 660198, ≤, 🐾 – 🛗 ☎. 🛐 𝘝𝘐𝘚𝘈. ✻ rist   Y **g**
aprile-ottobre – Pas (solo per clienti alloggiati) 30/50000 – **55 cam** ☲ 100/180000 –
½ P 100/140000.

🏨 **Nuovo Suisse,** via Mazzini 119 ℰ 640192, Telex 275535, Fax 660267, 🐾 – 🛗 📺 ☎. 🛐
🗲 𝘝𝘐𝘚𝘈. ✻ rist   Y **b**
chiuso dal 15 ottobre al 20 dicembre – Pas (solo per clienti alloggiati) 25/30000 e Rist. *Fresco*
(chiuso a mezzogiorno e mercoledì escluso luglio-agosto) carta 25/35000 – ☲ 10000 –
48 cam 60/95000 – ½ P 59/95000.

🏨 **Eden,** passeggiata Cadorna 20 ℰ 640281, Fax 643037, ≤, « Servizio rist. estivo in terrazza », 🐾 – 🛗 📺 ☎. 🛐 🗲 𝘝𝘐𝘚𝘈. ✻ rist   Y **e**
Pas (solo per clienti alloggiati) 30/45000 – ☲ 5000 – **29 cam** 80/100000 – ½ P 60/120000.

🏨 **Lamberti** senza rist, via Gramsci 57 ℰ 642747 – 🛗 📺 ☎ 🅿. 🛐 🗲 𝘝𝘐𝘚𝘈. ✻   Y **y**
chiuso dall'11 gennaio a marzo – **25 cam** ☲ 85/130000.

🏠 **Ideal,** corso Dante 45 ℰ 640376, 🐾 – 🛗 ☎. ✻   Z **k**
maggio-15 ottobre – Pas 25/35000 – ☲ 9000 – **57 cam** 65/92000 – ½ P 50/85000.

🏠 **Firenze** senza rist, corso Dante 35 ℰ 643239, 🐾 – 🛗 📺 ☎. 🖭 🛐 🗲 𝘝𝘐𝘚𝘈   Z **a**
chiuso dal 3 maggio al 15 giugno – **24 cam** ☲ 70/121000.

🏠 **Rosa,** via Conti 10 angolo corso Diaz ℰ 640821, Fax 660028 – 🛗 📺 ☎ 🛆 🚐. ✻
chiuso da novembre al 9 dicembre – Pas 30/38000 – ☲ 10000 – **45 cam** 55/100000 –
½ P 90/100000.   Z **t**

🏠 **Danio Lungomare,** via Roma 23 ℰ 640683, ≤, 🍽 – 🛗 ☎. 🖭 🛐 🗲 𝘝𝘐𝘚𝘈. ✻   Z **x**
chiuso dal 15 novembre al 26 dicembre – Pas carta 30/55000 – ☲ 10000 – **27 cam**
65/100000 – ½ P 60/90000.

XXX ۞۞ **Palma,** via Cavour 5 ℰ 640314, Coperti limitati; prenotare – 🖭 🛐 🛈 🗲 𝘝𝘐𝘚𝘈
chiuso mercoledì e dal 3 novembre al 1° dicembre – Pas carta 65/100000   Y **x**
Spec. Raviolo di branzino al fumetto di crostacei con zucchine e pinoli, Branzino alle mandorle con cipollotto e pomodoro al profumo di aceto di lamponi, Flan caldo al limone (estate) o castagne (inverno). **Vini** Pigato, Ormeasco.

L'EUROPA su un solo foglio
Carta Michelin n° 𝟵𝟳𝟬.

ALATRI 03011 Frosinone 988 ㉖, 430 Q 22 – 25 301 ab. alt. 502 – ✪ 0775.

Vedere Acropoli★ : ≤★★ – Chiesa di Santa Maria Maggiore★.

Roma 93 – Avezzano 89 – Frosinone 11 – Latina 65 – Rieti 125 – Sora 39.

   ✗ **La Rosetta** con cam, via Duomo 35 ℰ 434568 – 🆎 🕄 ⑩ 🄴 𝘝𝘐𝘚𝘈. ⁓
     chiuso dal 5 al 30 novembre – **Pas** *(chiuso martedì)* carta 26/37000 – ☲ 6000 – **10 ca**
     32/55000 – ½ P 50/60000.

     sulla strada statale 155 S : 6,5 km :

   ✗✗ **Le Tre Stelle,** ✉ 03011 Alatri ℰ 407833 – 🍽 🄿 – 🏔 60. 🆎 🕄 ⑩ 🄴 𝘝𝘐𝘚𝘈. ⁓
     chiuso lunedì – Pas carta 35/60000.

ALBA 12051 Cuneo 988 ⑫, 428 H 6 – 30 208 ab. alt. 172 – ✪ 0173.

Dintorni Strada panoramica★ delle Langhe verso Ceva.

🛈 piazza Medford ℰ 441169, Fax 363878.

Roma 644 – Alessandria 65 – Asti 30 – Cuneo 62 – ◆Milano 155 – Savona 99 – ◆Torino 59.

   🏨 **Savona,** via Roma 1 ℰ 440440, Fax 364312 – 🛗 🍽 📺 ☎ 🄿 – 🏔 70 a 150. 🆎 🕄 ⑩
     𝘝𝘐𝘚𝘈. ⁓
     Pas *(chiuso martedì)* carta 33/50000 – ☲ 10000 – **98 cam** 70/100000 – ½ P 83/94000.

   🏨 **Motel Alba** senza rist, corso Asti 5 ℰ 363251, Fax 362990, 🏊 – 🍽 📺 ☎ & 🄿 – 🏔 1
     🆎 🕄 ⑩ 🄴 𝘝𝘐𝘚𝘈. ⁓
     ☲ 13000 – **94 cam** 100000.

   ✗✗✗ **Daniel's,** corso Canale 28 (NO : 1 km) ℰ 441977, 🍴 – 🄿 🆎 🕄 🄴 𝘝𝘐𝘚𝘈

   ✗✗ **Porta San Martino,** Via Einaudi 5 ℰ 362335 – 🆎 🕄 ⑩ 🄴 𝘝𝘐𝘚𝘈. ⁓
     chiuso lunedì, dal 1° al 10 febbraio e dal 28 luglio al 18 agosto – Pas carta 36/55000.

   ✗✗ **Il Vicoletto,** via Bertero 6 ℰ 363196, Coperti limitati; prenotare – 🆎 𝘝𝘐𝘚𝘈
     chiuso lunedì, dal 26 al 30 dicembre e dal 25 luglio al 10 agosto – Pas carta 45/60000.

   ✗ **Osteria dell'Arco,** vicolo dell'Arco 2 b ℰ 363974, Coperti limitati; prenotare – 🍽. 🆎
     ⑩ 🄴 𝘝𝘐𝘚𝘈
     chiuso domenica e Ferragosto – Pas carta 30/44000.

ALBA ADRIATICA 64011 Teramo 988 ⑰, 430 N 23 – 9 659 ab. – a.s. luglio-agosto – ✪ 0861.

🛈 piazza Aldo Moro 6 ℰ 72426.

Roma 219 – ◆Ancona 104 – L'Aquila 110 – Ascoli Piceno 36 – ◆Pescara 49 – Teramo 37.

   🏨 **Meripol,** lungomare Marconi 390 ℰ 714744, Fax 713398, ≤, 🏊, 🏖, 🌳 – 🛗 🍽 📺 ☎ ●
     stagionale – **44 cam.**

   🏨 **Impero,** lungomare Marconi 216 ℰ 712422, Fax 751615, ≤, 🏊, 🏖, 🌳 – 🛗 🍽 rist 📺
     🄿. ⁓ rist
     maggio-settembre – Pas 35000 – ☲ 8000 – **60 cam** 70/110000 – ½ P 80/90000.

   🏨 **Tassoni,** lungomare Marconi 40 ℰ 712530, Fax 710736, 🏊, 🏖, 🌳 – 🛗 📺 ☎ 🄿. 🆎
     🄴 𝘝𝘐𝘚𝘈. ⁓
     chiuso dal 20 dicembre al 6 gennaio – Pas *(18 maggio-20 settembre; solo per clie*
     alloggiati) – ☲ 10000 – **40 cam** 72/105000 – ½ P 70/100000.

   🏨 **Eden,** lungomare Marconi 328 ℰ 714251, Fax 713785, ≤, 🏊, 🏖 – 🛗 ☕ 🄿. 🕄 🄴 𝘝𝘐𝘚𝘈.
     maggio-settembre – Pas 30/36000 – ☲ 16000 – **52 cam** 60/100000 – ½ P 60/95000.

   🏨 **Royal,** lungomare Marconi 208 ℰ 712644, Fax 712645, ≤, 🏖 – 🛗 🍽 ☎ 🄿. ⁓ rist
     10 maggio-20 settembre – Pas 25/45000 – ☲ 15000 – **64 cam** 60/110000 – ½ P 65/9000

   🏨 **Riccione,** viale della Vittoria 257 ℰ 712337, Fax 710489, 🏊, 🏖, ✗ – 🛗 ☎ 🄿. 🆎 🕄 𝘝𝘐
     ⁓ rist
     maggio-settembre – Pas *(solo per clienti alloggiati)* 15/25000 – ☲ 10000 – **70 cam** 10
     150000 – ½ P 82/90000.

   🏨 **Doge,** lungomare Marconi 292 ℰ 712508, Fax 711862, ≤, 🏊, 🏖 – 🛗 ☕ 🄿. 𝘝𝘐𝘚𝘈. ⁓ ri
     maggio-settembre – Pas *(solo per clienti alloggiati)* 30000 – ☲ 10000 – **44 cam** 80/1000
     – P 55/100000.

   ✗✗ **Atlante** con cam, via Vittorio Veneto 45 ℰ 712344, Fax 712347 – 🛗 📺 ☕ 🄿 – 🏔 60.
     🕄 ⑩ 🄴 𝘝𝘐𝘚𝘈. ⁓
     chiuso dal 10 al 30 novembre – Pas *(chiuso domenica sera e lunedì)* carta 25/50000
     18 cam ☲ 80000 – ½ P 70/90000.

ALBAIRATE 20080 Milano 428 F 8, 219 ⑱ – 3 279 ab. alt. 125 – ✪ 02.

Roma 590 – ◆Milano 16 – Novara 36 – Pavia 37.

   ✗✗✗ **Charlie,** via Pisani Dossi 28 ℰ 9406635, Coperti limitati; prenotare – 🄿 – 🏔 110. 🆎 𝘝𝘐𝘚𝘈. ⁓
     chiuso domenica sera, mercoledì, dal 1° al 10 gennaio ed agosto – Pas carta 70/100000.

ALBANETO 02010 Rieti 430 O 21 – alt. 1 052 – ✪ 0746.

Roma 126 – L'Aquila 57 – Ascoli Piceno 86 – Rieti 48 – Terni 53.

   ✗ **La Tana del Lupo,** ℰ 935042, 🍴 – 🍽 🄿. ⁓
     chiuso martedì – Pas carta 24/36000.

ALBANO LAZIALE 00041 Roma 988 ㉖, 430 Q 19 – 31 095 ab. alt. 384 – ✿ 06.

Vedere Villa Comunale★ – Chiesa di Santa Maria della Rotonda★.

viale Risorgimento 1 ℘ 9324081, Fax 9320040.

Roma 26 – Anzio 33 – Frosinone 75 – Latina 43 – Terracina 77.

🏨 **Miralago** ⑤, via dei Cappuccini 12 (NE : 1,5 km) ℘ 9322253, Fax 9322253, « Servizio rist. estivo in giardino », 🐎 – 📺 ☎ 🅿. 🆎 🛐 🇪 💳. ⚉
　　Pas carta 40/63000 – ☲ 14000 – **45 cam** 85/125000 – ½ P 110/160000.

ALBARELLA (Isola) Rovigo – Vedere Rosolina.

ALBAVILLA 22031 Como 428 E 9, 219 ⑨ – 5 433 ab. alt. 331 – ✿ 031.

Roma 628 – Como 11 – Lecco 20 – ◆Milano 48 – Varese 38.

%%% ✿ **Il Cantuccio**, ℘ 628736, Fax 627189, Coperti limitati; prenotare – 🛐 🇪 💳. ⚉
　　chiuso lunedì, martedì a mezzogiorno ed agosto – Pas carta 61/82000 (10%)
　　Spec. Storione marinato, Ravioli agli asparagi con burro e pinoli (febbraio-giugno), Lombata di capriolo al vino rosso (ottobre-febbraio). **Vini** Franciacorta bianco, Valgella.

ALBENGA 17031 Savona 988 ⑫, 428 J 6 – 22 790 ab. – ✿ 0182.

Vedere Città vecchia★.

Roma 589 – Cuneo 109 – ◆Genova 90 – Imperia 34 – ◆Milano 213 – San Remo 57 – Savona 44.

🏠 **Marisa**, via Pisa 28 ℘ 50241, Fax 555122 – ☎. 🆎 🛐 ⑩ 🇪 💳. ⚉
　　chiuso ottobre – Pas 32000 – ☲ 12000 – **16 cam** 96000 – P 68000.

%% **Punta San Martino** ⑤, regione San Martino ℘ 51225, ≤, « Servizio estivo in terrazza e giardino fiorito con piano bar » – ⚞ 🅿
　　chiuso lunedì e dal 7 gennaio al 15 febbraio – Pas carta 27/60000.

%% **Minisport**, viale Italia 35 ℘ 53458, Solo piatti di pesce – 🆎 🛐 💳. ⚉
　　chiuso gennaio e mercoledì (escluso da giugno a settembre) – Pas carta 49/79000.

% **Cristallo**, via Cavalieri di Vittorio Veneto 8 ℘ 50603, Solo piatti di pesce, Coperti limitati; prenotare – 🛐 🇪 💳
　　chiuso dal 10 luglio al 10 agosto e lunedì (escluso agosto) – Pas 60/100000.

Vedere anche : **Zuccarello** NO : 12,5 km.

ALBEROBELLO 70011 Bari 988 ㉙, 431 E 33 – 10 535 ab. alt. 416 – ✿ 080.

Vedere Località★★★ – Trullo Sovrano★.

Roma 502 – ◆Bari 55 – ◆Brindisi 68 – Lecce 106 – Matera 69 – ◆Taranto 45.

🏨 **Dei Trulli** ⑤, via Cadore 32 ℘ 9323555, Fax 9323560, 🌴, « Caratteristiche costruzioni indipendenti », 🏊, 🐎 – 📺 ☎ 🅿 – 🔬 200. 🆎 🛐 🇪 💳. ⚉ rist
　　Pas carta 40/77000 (20%) – ☲ 30000 – **19 appartamenti** 240/480000 – ½ P 160/190000.

🏠 **Colle del Sole**, via Indipendenza 63 ℘ 721370, Fax 721370 – 🅿 🚗. 🆎 🛐 ⑩ 🇪 💳. ⚉
　　Pas carta 19/29000 – ☲ 10000 – **25 cam** 42/62000 – ½ P 55/65000.

%% ✿ **Il Poeta Contadino**, via Indipendenza 21 ℘ 721917 – 🗏. 🆎 🛐 ⑩ 🇪 💳
　　chiuso dal 11 al 25 gennaio, dal 28 giugno al 12 luglio, domenica sera e lunedì (escluso dal 13 luglio al 20 settembre) – Pas carta 51/72000
　　Spec. Sformato di melanzane e zucchine, Branzino alla Leonardo, Filetto d'anitra alla contadina. **Vini** Rosa del Golfo, Cappello di prete.

%% **Trullo d'Oro**, via Cavallotti 27 ℘ 721820, Fax 721820 – 🗏. 🆎 🛐 ⑩ 🇪 💳. ⚉
　　chiuso lunedì e gennaio – Pas carta 37/62000.

sulla strada statale 172 NO : 4 km :

%% **La Chiusa di Chietri**, ✉ 70011 ℘ 9325481, Fax 9325481, « Grazioso giardino ombreggiato » – 🗏 🅿 – 🔬 100 a 200. 🆎 🛐 ⑩ 🇪 💳. ⚉
　　chiuso martedì e novembre – Pas carta 37/71000.

ALBIGNASEGO 35020 Padova – 17 866 ab. alt. 11 – ✿ 049.

Roma 487 – ◆Ferrara 71 – ◆Padova 7 – ◆Venezia 48.

sulla strada statale 16 :

🏠 **Master** senza rist, SO : 5 km ✉ 35020 ℘ 711611 – 📶 🗏 📺 ☎ 🅿 – 🔬 30
　　☲ 9000 – **38 cam** 70/86000, 🗏 3000.

% **La Cicala**, NO : 3 km ✉ 35020 ℘ 684642, 🌴, Solo piatti di pesce – 🅿. 🆎
　　chiuso sabato – Pas carta 37/60000.

ALBINEA 42020 Reggio nell'Emilia 428 429 430 I 13 – 6 706 ab. alt. 259 – ✿ 0522.

Roma 437 – ◆Milano 159 – ◆Modena 35 – ◆Parma 37 – Reggio nell'Emilia 10.

%% **L'Altra Noce**, verso Scandiano E : 3 km ✉ 42010 Borzano ℘ 910120 – 🗏 🅿. 🆎 🛐 ⑩. ⚉
　　chiuso martedì e dal 16 agosto al 4 settembre – Pas carta 30/42000.

65

ALBINO 24021 Bergamo 🔢🔢 E 11 – 15 897 ab. alt. 347 – ✪ 035.

Roma 621 – ♦Bergamo 13 – ♦Brescia 65 – ♦Milano 67.

🍴 **Angelo Bianco,** via Mazzini 78 ♟ 754255, solo su prenotazione – 🆎 🅱 𝗩𝗜𝗦𝗔. ❄
chiuso domenica, lunedì ed agosto – Pas 70000.

ALBISANO Verona – Vedere Torri del Benaco.

ALBISSOLA MARINA 17012 Savona 🔢🔢⑬, 🔢🔢 J 7 – 6 023 ab. – ✪ 019.

Vedere Parco★ e sala da ballo★ della Villa Faraggiana.

🛈 via dell'Oratorio 2 ♟ 481648.

Roma 541 – Alessandria 90 – Cuneo 103 – ♦Genova 41 – ♦Milano 164 – Savona 4,5 – ♦Torino 146.

Pianta : vedere Savona

🏠 **Corallo,** via Repetto 116 ♟ 481784, ☞ – 📺 ☎. 🆎 🅱 ① E 𝗩𝗜𝗦𝗔. ❄ CV
aprile-novembre – Pas *(chiuso lunedì)* 35/40000 – ⛢ 10000 – **21 cam** 88000 – ½ P 83
85000.

🏠 **Villa Verde,** via Gentile 16 ♟ 487283, Fax 480155 – ☎ ℗. 🆎 🅱 ① E 𝗩𝗜𝗦𝗔 CV
Pas carta 32/47000 – ⛢ 12000 – **29 cam** 70/90000 – P 70/90000.

🍴🍴 **Al Cambusiere,** via Repetto 86 ♟ 481663, Solo piatti di pesce – 🆎 🅱 ① E 𝗩𝗜𝗦𝗔. ❄
chiuso lunedì, dal 15 al 30 gennaio e dal 1° al 15 settembre – Pas carta 50/70000. CV

🍴🍴 **Da Mario,** corso Bigliati 70 ♟ 481640 – 🍽. 🆎 🅱 ① 𝗩𝗜𝗦𝗔 CV
chiuso mercoledì e settembre – Pas carta 36/65000.

🍴🍴 **Ai Pescatori-da Gianni,** corso Bigliati 82/88 ♟ 481200 – 🅱 E 𝗩𝗜𝗦𝗔. ❄ CV
chiuso martedì – Pas carta 45/72000.

ad Albisola Superiore N : 1,5 km – ✉ **17013** :

🍴 **Il Barbagianni,** via della Rovere 11 ♟ 489919, Coperti limitati; prenotare – 🅱 𝗩𝗜𝗦𝗔
chiuso a mezzogiorno e mercoledì – Pas carta 35/50000. CV

ad Albisola Capo E : 2 km : – ✉ **17011**

🏠 **Park Hotel,** via Alba Docilia 3 ♟ 482355 – 🍽 📺 📷 🛏. ❄ rist CV
15 marzo-15 novembre – Pas (solo per clienti alloggiati) 35/50000 (10%) – ⛢ 15000 –
11 cam 85/90000 – ½ P 75/80000.

ALBOGASIO Como 🔢🔢⑧ – Vedere Valsolda.

ALCAMO Trapani 🔢🔢⑮, 🔢🔢 N 20 – Vedere Sicilia.

ALDESAGO 🔢🔢⑧ – Vedere Cantone Ticino (Lugano) alla fine dell'elenco alfabetico.

ALESSANDRIA 15100 🅿 🔢🔢⑬, 🔢🔢 H 7 – 93 351 ab. alt. 95 – ✪ 0131.

🏌 Margara (chiuso lunedì, dicembre e gennaio) a Fubine ✉ 15043 ♟ 778555, Fax 778772, pe
④ : 17,5 km;

🏌 La Serra (chiuso lunedì) a Valenza ✉ 15048 ♟ 954778 per ① : 7 km.

🛈 via Savona 26 ♟ 51021, Fax 253656.

A.C.I. corso Cavallotti 19 ♟ 60553.

Roma 575 ② – ♦Genova 81 ② – ♦Milano 90 ② – Piacenza 94 ② – ♦Torino 91 ④.

Pianta pagina seguente

🏨 **Alli Due Buoi Rossi,** via Cavour 32 ♟ 445252, Telex 211397, Fax 445255 – 🛗 🍽 📺 ☎
🛏 – 🔬 100. 🆎 🅱 ① E 𝗩𝗜𝗦𝗔. ❄ Z
chiuso agosto – Pas vedere rist Antico Ristorante dei Buoi Rossi – ⛢ 21000 – **50 cam**
165/240000, 3 appartamenti.

🏨 **Domus** senza rist, via Castellani 12 ♟ 43305, Fax 232019 – 🛗 🍽 📺 ☎ ℗. 🅱 ① E 𝗩𝗜𝗦𝗔
⛢ 10000 – **27 cam** 165000. Y

🏨 **Lux** senza rist, via Piacenza 72 ♟ 251661, Fax 441091 – 🛗 🍽 📺 ☎ ♿ 🛏 – 🔬 30 a 100
🆎 🅱 ① E 𝗩𝗜𝗦𝗔 Y
52 cam ⛢ 110/168000.

🏠 **Europa,** via Palestro 1 ♟ 236226, Fax 252498 – 🛗 🍽 📺 ☎ 🛏 – 🔬 35. 🆎 🅱 ① E 𝗩𝗜𝗦𝗔
❄ Y
Pas *(chiuso domenica ed agosto)* carta 33/49000 – ⛢ 14000 – **30 cam** 70/100000.

🍴🍴🍴 **Antico Ristorante dei Buoi Rossi,** via 24 Maggio ♟ 445050 – 🍽. 🆎 🅱 ① E 𝗩𝗜𝗦𝗔. ❄
chiuso domenica, agosto e Natale – Pas carta 42/78000. Z

🍴🍴 **Il Grappolo,** via Casale 28 ♟ 253217 – 🆎 🅱 E 𝗩𝗜𝗦𝗔. ❄ Y
chiuso lunedì sera, martedì, dal 15 al 24 gennaio e dal 1° al 21 agosto – Pas carta 40/60000

🍴🍴 **La Fermata,** via Vochieri 120 ♟ 51350, prenotare – 🍽. 🆎 Y
chiuso domenica, dal 1° al 10 gennaio ed agosto – Pas carta 53/87000.

🍴🍴 Osteria degli Etruschi, spalto Rovereto 52 ♟ 222579 – 🍽 Y

ALESSANDRIA

artiri (Via dei) . . . . Y 24
oma (Corso) . . . . YZ

rgamo (Via) . . . . Z 2
gata Ravenna (Viale) . . . . . . Z 3
rducci (Piazza) . . . . Y 4
rlo Marx (Corso) . . . . Z 6
sale (Via) . . . . Y 7
vallotti (Corso) . . . . Z 8
imea (Corso) . . . . Z 9
nte Alighieri (Via) . . . . Y 10

Fiume (Via) . . . . Y 12
Garibaldi (Piazza) . . . . Z 14
Gobetti (Piazza) . . . . Y 15
Gramsci (Via) . . . . Z 16
Lamarmora (Corso) . . . . Z 18
Libertà (Piazza della) . . . . Y 19
Machiavelli (Via) . . . . YZ 20
Magenta
(Lungo Tanaro) . . . . Y 21
Marini (Corso Virginia) . . . . . . Y 23
Morbelli (Via) . . . . Y 26
Pistoia (Via Ernesto) . . . . YZ 27
Pontida (Via) . . . . YZ 28
S. Dalmazzo (Via) . . . . Y 30

S. Giacomo d. Vittoria (Via) . YZ 31
S. Martino (Lungo Tanaro) . . . Y 32
S. Pio V (Via) . . . . Y 34
S. Caterina da Siena (Via) . . . . Y 35
S. Maria di Castello (Via) . . . . . Y 36
Savona (Via) . . . . Z 38
Solferino (Lungo Tanaro) . . . . Y 39
Tivoli (Via) . . . . Z 40
Tripoli (Via) . . . . YZ 42
Turati (Piazza) . . . . YZ 43
Valfré (Piazza) . . . . Z 44
Vittorio Veneto (Piazza) . . . . . . Z 45
Vochieri (Via) . . . . Y 46
1821 (Via) . . . . Y 48

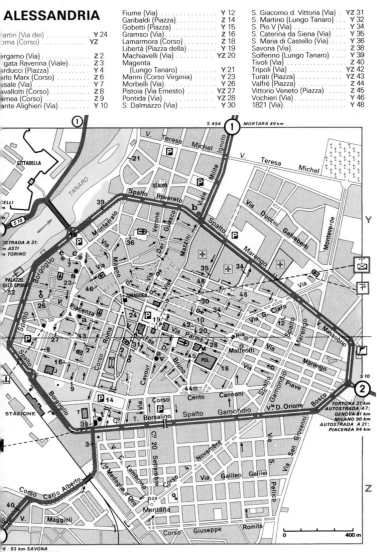

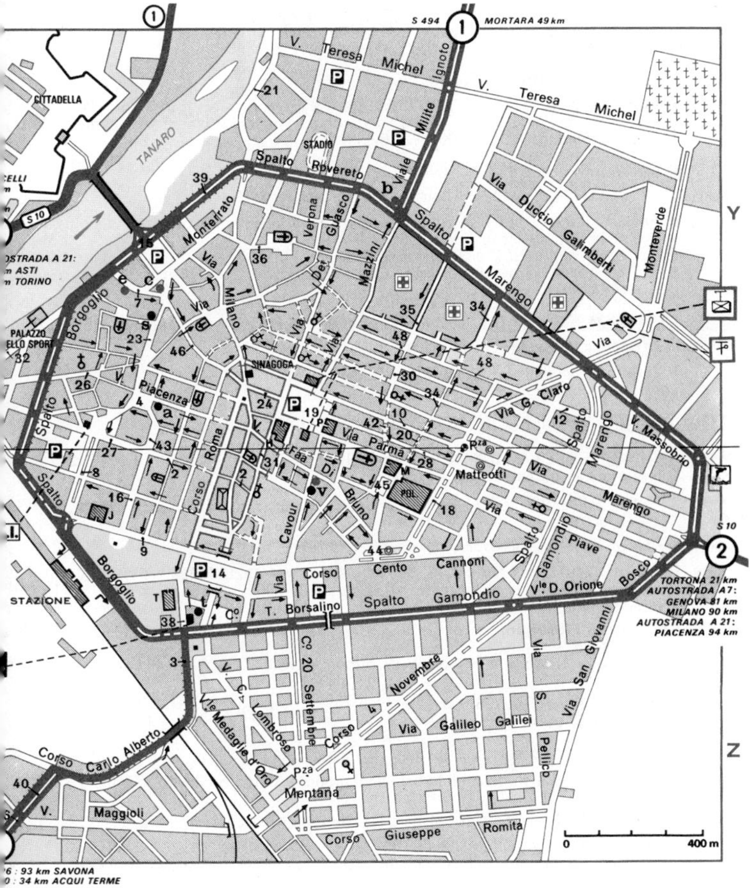
S 494
MORTARA 49 km
CITTADELLA
TANARO
STADIO
SINAGOGA
STAZIONE
V. Teresa Michel
Viale Milite Ignoto
Spalto Rovereto
Spalto Marengo
Via Duccio Galimberti
Monteverde
Via Monferrato
Via Milano
Via Verona
Via Guasco
Via Mazzini
Spalto Borgoglio
V. Piacenza
Corso Roma
Via Cavour
Via Parma
Via Dossena
Via Bruno
Matteotti
Via G. Claro
V. Massobrio
Via Marengo
Spalto Gamondio
Via Piave
V.le D. Orione
Bosco
Corso Cento Cannoni
Corso T. Borsalino
Via San Giovanni
Via S. Giovanni
C.o 20 Settembre
Via Galileo Galilei
Via Pellico
V.le Medaglie d'Oro
V. C. Lombroso
Corso Novembre
P.za Mentana
Corso Carlo Alberto
V. Maggioli
Corso Giuseppe Romita
Y
Z
S 10
TORTONA 21 km
AUTOSTRADA A 7: GENOVA 81 km
MILANO 90 km
AUTOSTRADA A 21: PIACENZA 94 km
OSTRADA A 21:
n ASTI
n TORINO
PALAZZO
ELLO SPORT
0
400 m
6 : 93 km SAVONA
0 : 34 km ACQUI TERME

ALFONSINE 48011 Ravenna 988 ⑮, 429 430 I 18 – 12 177 ab. alt. 6 – ☎ 0544.
oma 396 – ◆Bologna 73 – ◆Ferrara 57 – ◆Firenze 133 – Forlì 42 – ◆Milano 283 – ◆Ravenna 17.

✕✕ **Stella** con cam, **corso Matteotti 12** ✆ 81148 – ▤ rist ☏. AE Ⓢ ⓓ E VISA. ✂
chiuso dal 1° al 10 gennaio e dal 7 al 28 agosto – Pas *(chiuso sabato)* carta 25/37000 – ☕ 7000 – **10 cam** 41/56000.

ALGHERO Sassari 988 ㉝, 433 F 6 – Vedere Sardegna.

ALGUND = Lagundo.

When visiting ***northern Italy*** *use* ***Michelin maps*** 428 *and* 429.

ALLEGHE 32022 Belluno 🗐🗐🗐 ⑤, 🗐🗐🗐 C 18 – 1 525 ab. alt. 979 – Sport invernali : 979/2 100 ⌁ 2 ⌁23, a Caprile ⚓ (vedere anche Zoldo Alto) – ☎ 0437.

Vedere Lago★.

Escursioni Valle del Cordevole★★ Sud per la strada S 203.

🖪 piazza Kennedy 17 ✆ 523333, Fax 723881.

Roma 665 – Belluno 48 – ◆Bolzano 84 – Cortina d'Ampezzo 41 – ◆Milano 357 – ◆Venezia 154.

🏨 **Sport Hotel Europa** ⟨⟩, ✆ 523362, Fax 723906, ≤ lago e monti, ⨍₅, ≦s – 🛗 🖵 ☎ ⟨⟩ ☎. 🛡 VISA. ⅍
   15 dicembre-aprile e 20 giugno-settembre – Pas *(chiuso mercoledi)* carta 37/54000 ⌁ 15000 – **33 cam** 100/140000 – ½ P 50/130000.

🏠 **Coldai,** ✆ 523305, Fax 523354, ≤ – 🖵 ☎ ⟨⟩ 🛡 VISA. ⅍
   chiuso da maggio al 20 giugno ed ottobre – Pas *(chiuso martedi)* carta 29/46000 – ⌁ 1500(
   – **29 cam** 90/120000 – ½ P 50/110000.

   a Caprile NO : 4 km – ✉ **32023** :

🏨 **Alla Posta,** ✆ 721171, Fax 721677, ≦s, 🖂 – 🛗 🖵 ☎ 🔥 ⟨⟩ 🛡 E VISA. ⅍
   20 dicembre-5 maggio e 15 giugno-15 settembre – Pas *(chiuso mercoledi)* carta 41/69000
   ⌁ 15000 – **56 cam** 100/180000 – ½ P 60/170000.

ALMÈ 24011 Bergamo – 5 654 ab. alt. 289 – ☎ 035.

Roma 610 – ◆Bergamo 10 – Lecco 26 – ◆Milano 55 – San Pellegrino Terme 15.

🏴 ✿ **Frosio,** piazza Unità 1 ✆ 541633, prenotare, « In un edificio del 17° secolo; serviz estivo all'aperto » – 🛡 🛡 E VISA
   chiuso mercoledi e dal 1° al 21 agosto – Pas carta 44/70000
   Spec. Zuppa di lenticchie con riccioli di sogliola, Canelloni al granchio con salsa agli scampi, Bianco di branzino ce cuori di carciofo. **Vini** Franciacorta bianco e rosso.

ALMENNO SAN SALVATORE 24031 Bergamo 🗐🗐🗐 E 10, 🗐🗐🗐 ⑳ – 5 638 ab. alt. 325 – ☎ 035.

Roma 612 – ◆Bergamo 11 – Lecco 27 – ◆Milano 54 – San Pellegrino Terme 17.

🏴 **Palanca,** ✆ 640800, ≤ – ⟨⟩. 🛡 🛡 ⓞ E VISA
   chiuso martedi e luglio – Pas carta 25/40000.

ALPE DI MERA Vercelli 🗐🗐🗐 E 6, 🗐🗐🗐 ⑤ – Vedere Scopello.

ALPE DI SIUSI (SEISER ALM) 39040 Bolzano – alt. 1 826 – Sport invernali : 1 826/2 212 m ⌁ ⌁15, ⚓ (vedere anche Castelrotto) – ☎ 0471.

Vedere Posizione pittoresca★★.

🖪 ✆ 727904, Fax 705188.

Roma 674 – ◆Bolzano 23 – Bressanone 28 – ◆Milano 332 – Ortisei 15 – Trento 89.

🏨 **Plaza,** ✆ 727973, Fax 727820, ≤, ≦s, ⨨ – 🖵 ☎ 🔥 ⟨⟩ 🛡 E VISA. ⅍ rist
   dicembre-aprile e giugno-ottobre – Pas carta 33/68000 – **42 cam** solo ½ P 70/160000
   2 appartamenti.

🏨 **Sporthotel Floralpina,** a Saltria ✆ 727907, Fax 727803, ≤, ☂, ≦s, ⍓, 🖂, ⅍ – 🖵 ☎
   🔥 ⟨⟩. ⅍ rist
   20 dicembre-10 aprile e 8 giugno-12 ottobre – Pas 30/35000 – **48 cam** solo ½ P 10(
   140000.

🏨 **Steger Dellai** ⟨⟩, ✆ 727964, ≤, ⍓ in laghetto, ⨨ – ☎ 🔥 ⟨⟩
   stagionale – **59 cam.**

ALPINO Novara 🗐🗐🗐 E 7, 🗐🗐🗐 ⑤ – alt. 800 – ✉ 28040 Gignese – ☎ 0323.

🛗 *(aprile-novembre; chiuso martedi in bassa stagione)* a Vezzo ✉ 28040 ✆ 20101, Fax 2064: SE : 1,5 km.

Roma 666 – ◆Milano 89 – Novara 65 – Orta San Giulio 17 – Stresa 9 – ◆Torino 141.

🏨 **Alpino Fiorente** ⟨⟩, ✆ 20103, Fax 20104, ≤, ⨨ – 🛗 ⟨⟩. ⅍
   15 giugno-15 settembre – Pas carta 28/54000 – ⌁ 6000 – **39 cam** 60/100000 – ½ P 60 80000.

ALSENO 29010 Piacenza 🗐🗐🗐 🗐🗐🗐 H 11 – 4 576 ab. alt. 79 – ☎ 0523.

Roma 487 – ◆Milano 93 – ◆Parma 31 – Piacenza 29.

   a Cortina Vecchia SO : 5 km – ✉ **29010** :

🏴 ✿ **Da Giovanni,** ✆ 948304, Fax 948355, Coperti limitati; prenotare – ⟨⟩. 🛡 🛡 ⓞ E VISA
   ⅍
   chiuso lunedi sera, martedi, dal 1° al 18 gennaio e dal 15 agosto al 5 settembre – Pa carta 45/65000
   Spec. Pisarei e fasò, Stracotto alla piacentina con polenta (ottobre-marzo), Trancio di storione al Gutturnio. Vi Monterosso e Gutturnio dei colli piacentini.

☞ *Pas de publicité payée dans ce guide.*

LTAMURA 70022 Bari 988 ㉙, 431 E 31 – 57 266 ab. alt. 473 – ✪ 080.

ⅾere Rosone★ e portale★ della Cattedrale.

ﾏa 461 – ◆Bari 44 – ◆Brindisi 128 – Matera 19 – Potenza 102 – ◆Taranto 84.

🏨 **San Nicola,** via Luca De Samuele Cagnazzi 29 ℰ 8705199, Fax 844752, « Ricostruzione di un antico palazzo del 1740 » – 🛗 ⇄ cam 🗏 📺 ☎ ⅗ – 🔏 150. 🖭 🗓 ⓞ 🗲 ᴠɪsᴀ
Pas carta 40/80000 – ⅏ 13000 – **27 cam** 88/160000 – ½ P 120/130000.

🏨 **Svevia,** via Matera 2A ℰ 8712570, Fax 8712677, 🏦 – 🛗 📺 ☎ ℗. 🗓 ᴠɪsᴀ. 🛠 rist
Pas carta 27/39000 – ⅏ 8000 – **22 cam** 66/96000 – ½ P 79000.

XX **Del Corso,** corso Federico di Svevia 76 ℰ 841453 – 🗏. 🖭 🗓 🗲 ᴠɪsᴀ. 🛠
chiuso mercoledì e dal 15 al 30 luglio – Pas carta 31/59000.

LTARE 17041 Savona 428 I 7 – 2 480 ab. alt. 397 – ✪ 019.

ﾏa 567 – Asti 101 – Cuneo 80 – ◆Genova 68 – ◆Milano 191 – Savona 14 – ◆Torino 123.

X **Quintilio** con cam, ℰ 58000 – 🗓. 🛠
chiuso luglio – Pas (chiuso domenica sera e lunedì) carta 33/52000 – ⅏ 5000 – **6 cam** 30/60000.

LTAVILLA VICENTINA 36077 Vicenza 429 F 16 – 7 881 ab. alt. 45 – ✪ 0444.

ﾏa 541 – ◆Milano 198 – ◆Padova 39 – ◆Venezia 73 – ◆Verona 44 – Vicenza 8.

🏨 **Genziana,** località Selva SO : 2,5 km ℰ 572159, Fax 574310, ≼, ♨, 🛠 – 🗏 📺 ☎ ℗. 🖭 🗓 🗲 ᴠɪsᴀ. 🛠
Pas (chiuso sabato a mezzogiorno, domenica ed agosto) carta 30/40000 – ⅏ 8000 – **27 cam** 90/120000, 3 appartamenti – ½ P 50/110000.

LTICHIERO Padova – Vedere Padova.

LTIPIANO LACENO Avellino 431 E 27 – Vedere Bagnoli Irpino.

LTISSIMO 36070 Vicenza 429 F 15 – 1 843 ab. alt. 672 – ✪ 0444.

ﾏa 568 – ◆Milano 218 – Trento 102 – ◆Verona 65 – Vicenza 36.

XX ✿ **Casin da Gamba,** strada per Castelvecchio NE : 2,5 km ℰ 687709, Coperti limitati; prenotare – ℗. 🖭 🗓 ᴠɪsᴀ. 🛠
chiuso domenica sera, lunedì, dal 1º al 15 gennaio e dal 15 al 31 agosto – Pas carta 49/63000
Spec. Spuma di pernice con pane dolce e salsa al durello (autunno-inverno), Gnocchi di patate ripieni di porcini e finferli (estate-autunno), Piccione al forno su crostone di fegatini e fegato grasso (autunno-inverno). **Vini** Breganze bianco, Cabernet.

TOMONTE 87042 Cosenza 431 H 30 – 5 090 ab. alt. 485 – ✪ 0981.

ⅾere Tomba★ di Filippo Sangineto nella Cattedrale – San Ladislao★ di Simone Martini nel ᴜseo.

ﾏa 482 – Castrovillari 38 – ◆Cosenza 71.

🏨 **Barbieri** 🌭, via San Nicola 30 ℰ 948072, Fax 948073, ≼, ♨, 🌿, 🛠 – 📺 ☎ ℗. 🖭 ⓞ ᴠɪsᴀ
Pas carta 40/69000 – **26 cam** ⅏ 60/110000 – ½ P 75/85000.

TOPASCIO 55011 Lucca 988 ⑭, 428 429 430 K 14 – 9 854 ab. alt. 19 – ✪ 0583.

ﾏa 332 – ◆Firenze 58 – ◆Livorno 60 – Lucca 18 – ◆Milano 288 – Pisa 36 – Pistoia 27 – Siena 86.

🏨 **Cavalieri del Tau,** via Gavinana 32 ℰ 25131, Fax 24283, 🏦 – 🛗 🗏 📺 ☎ ℗. 🗓 🗲 ᴠɪsᴀ. 🛠
chiuso dal 20 dal 30 dicembre – Pas (chiuso venerdì) carta 30/46000 – ⅏ 12000 – **30 cam** 78/115000 – ½ P 80/90000.

VIGNANO 81012 Caserta 430 S 25, 431 D 25 – 5 150 ab. alt. 145 – ✪ 0823.

ﾏa 171 – ◆Foggia 148 – ◆Napoli 61.

X **La Maison de Campagne,** ℰ 869362, sabato e domenica solo su prenotazione – ℗

ZANO LOMBARDO 24022 Bergamo 428 429 E 11 – 11 817 ab. alt. 294 – ✪ 035.

ﾏa 608 – ◆Bergamo 7 – ◆Brescia 59 – ◆Milano 54.

XX **Al Catenone** con cam, ℰ 516134 – 🖭 🗓 ⓞ 🗲 ᴠɪsᴀ. 🛠
chiuso dal 1º al 15 gennaio e dal 20 luglio al 20 agosto – Pas (chiuso domenica sera e lunedì) carta 48/73000 – ⅏ 5000 – **8 cam** 42/52000 – ½ P 75000.

ZATE BRIANZA 22040 Como 428 E 9, 219 ⑲ – 3 857 ab. alt. 371 – ✪ 031.

ﾏa 621 – ◆Bergamo 46 – Como 10 – ◆Milano 42.

🏨 **Villa Odescalchi** 🌭, ℰ 630822, Fax 632079, « Villa del 17º secolo in un parco », ♨, 🛠 – 📺 ☎ ℗ – 🔏 30 a 40. 🖭 🗓 🗲 ᴠɪsᴀ. 🛠 rist
chiuso dal 24 dicembre al 6 gennaio – Pas (chiuso martedì) carta 50/70000 – ⅏ 15000 – **25 cam** 115/160000 – ½ P 140000.

AMALFI 84011 Salerno 🔢🔢🔢⑳, 🔢🔢🔢 F 25 – 5 897 ab. – a.s. Pasqua, giugno-settembre e Natale
❀ 089.

Vedere Posizione e cornice pittoresche★★★ – Duomo di Sant'Andrea★ : chiostro del Paradiso★★ – Vie★ Genova e Capuano.

Dintorni Atrani★ E : 1 km – Ravello★★★ NE : 6 km – Grotta dello Smeraldo★★ O : 5 km – Vallone di Furore★★ O : 7 km.

🛈 corso delle Repubbliche Marinare 25/27 ☎ 871107.

Roma 272 – Avellino 61 – Caserta 85 – ◆Napoli 62 – Salerno 25 – Sorrento 34.

🏚 **Santa Caterina,** ☎ 871012, Telex 770093, Fax 871351, ≤ golfo, 🍽, « Terrazze fiorite digradanti sul mare con ascensori per la spiaggia », 🏊, 🐚, – 🛗 🗏 🖭 ☎ ⇆ ❷ – 🛂 🔳 🖪 ⓪ 🄴 𝕍𝕀𝕊𝔸. ℀
Pas 65/80000 – 🖙 25000 – **70 cam** 320/400000, 11 appartamenti – ½ P 190/250000.

🏛 **Miramalfi,** ☎ 871588, Telex 720325, Fax 871588, ≤ Amalfi e golfo, « Sulla scoglie dominante il mare con ascensore per la spiaggia », 🏊, 🐚, 🌳 – 🛗 🖭 ☎ ❷. 🄰🄴 🖪 ⓪ 𝕍𝕀𝕊𝔸. ℀ rist
Pas *(chiuso martedì)* carta 49/73000 – 🖙 15000 – **48 cam** 70/113000, 2 appartamenti ½ P 113000.

🏦 **Dei Cavalieri,** ☎ 831333, Telex 770073, Fax 831354, ≤ Amalfi e golfo, « Terrazze fiorite digradanti sul mare » – 🛗 🗏 ☎ ❷. 🄰🄴 🖪 ⓪ 🄴 𝕍𝕀𝕊𝔸. ℀
Pas (solo per clienti alloggiati) 20/30000 – 🖙 20000 – **60 cam** 100000, 🗏 10000.

🏦 **Marina Riviera** senza rist, ☎ 871104, ≤ – ☎. 🄰🄴 🖪 🄴 𝕍𝕀𝕊𝔸
Pasqua-ottobre – **20 cam** 🖙 80/150000.

🏦 **Residence** senza rist, ☎ 871183, Fax 873070, ≤ – 🛗 ☎ 🅗. 🄰🄴 🖪 🄴 𝕍𝕀𝕊𝔸. ℀
aprile-ottobre – 🖙 10000 – **27 cam** 120000.

🏦 **La Bussola,** ☎ 871533, Telex 721519, Fax 871369, ≤ – 🛗 ☎ ❷. 🄰🄴 🖪 🄴 𝕍𝕀𝕊𝔸. ℀ rist
Pas 35000 – **64 cam** 🖙 80/120000 – ½ P 95/105000.

🏦 **Aurora** senza rist, ☎ 871209, Fax 872980, ≤, 🐚, 🌳 – 🛗 ☎ ⇆ ❷. 🄰🄴 🖪 ⓪ 🄴 𝕍
℀
aprile-15 ottobre – 🖙 10000 – **29 cam** 120000.

🏠 **Lidomare** senza rist, ☎ 871332, Fax 857972, ≤ – ☎. 🄰🄴 🖪 ⓪ 🄴 𝕍𝕀𝕊𝔸
🖙 10000 – **14 cam** 65/71000.

❌❌ **La Caravella,** ☎ 871029 – 🖪 🄴. ℀
chiuso dal 10 al 30 novembre e martedì *(escluso luglio-agosto)* – Pas carta 34/55000 (10 %

❌❌ **Amalfi Rendez-Vous,** ☎ 872755, ≤ – 🄰🄴 🖪 ⓪ 🄴 𝕍𝕀𝕊𝔸. ℀
chiuso dal 7 al 31 gennaio e martedì *(escluso dal 15 giugno a settembre)* – Pas carta ͻ 53000 (10 %).

❌ **Lo Smeraldino,** ☎ 871070, ≤, 🍽 – ❷. 🄰🄴 🖪 ⓪ 🄴 𝕍𝕀𝕊𝔸. ℀
chiuso dal 7 gennaio al 7 febbraio e mercoledì *(escluso da giugno a settembre)* – P carta 32/57000 (10 %).

❌ Da Ciccio Cielo-Mare-Terra, O : 3 km ☎ 831265, ≤ – ❷

❌ **La Taverna del Doge,** ☎ 872303, Fax 872303 – 🄰🄴 🖪 ⓪ 🄴 𝕍𝕀𝕊𝔸
chiuso novembre e lunedì *(escluso da giugno a settembre)* – Pas carta 28/48000.

❌ **Il Tarì,** ☎ 871832 – 🄰🄴 🖪 🄴 𝕍𝕀𝕊𝔸
chiuso dal 5 novembre al 5 dicembre e martedì *(escluso dal 15 giugno al 15 settembre)* Pas carta 32/53000 (10 %).

AMANDOLA 63021 Ascoli Piceno 🔢🔢🔢⑯, 🔢🔢🔢 N 22 – 4 018 ab. alt. 550 – ❀ 0736.

Roma 215 – ◆Ancona 109 – Ascoli Piceno 42 – Macerata 50 – Porto San Giorgio 56.

🏠 **Paradiso** 🌿, ☎ 847468, ≤, 🍽, 🌳, ❌ – 🛗 ☎ ❷. 🖪 𝕍𝕀𝕊𝔸. ℀
chiuso novembre – Pas carta 24/36000 – 🖙 5000 – **40 cam** 55/90000 – ½ P 65/70000.

AMANTEA 87032 Cosenza 🔢🔢🔢㉙, 🔢🔢🔢 J 30 – 12 416 ab. – ❀ 0982.

Roma 514 – Catanzaro 67 – ◆Cosenza 43 – ◆Reggio di Calabria 160.

🏠 **Palmar,** S : 1,5 km ☎ 41673, Fax 42043, 🐚, ❌ – 🛗 🗏 ⇆ ❷ – 🛂 200. 🄰🄴 🖪 ⓪ 🄴 𝕍
℀ cam
Pas *(chiuso lunedì)* carta 30/60000 – 🖙 7000 – **39 cam** 80/100000 – ½ P 35/80000.

🏠 **Mare Blu,** ☎ 46296, ≤, 🐚, – 🗏 🖭 ☎ ⇆ ❷ 𝕍𝕀𝕊𝔸
Pas 35/60000 – 🖙 12000 – **18 cam** 90000 – ½ P 60/100000.

AMATRICE 02012 Rieti 🔢🔢🔢㉘, 🔢🔢🔢 O 21 – 3 061 ab. alt. 955 – ❀ 0746.

Roma 144 – L'Aquila 75 – Ascoli Piceno 57 – Rieti 66 – Terni 91.

🏠 **Roma,** ☎ 85035, Fax 85779, ≤ – 🛗 🖭 ☎ ❷. 🄰🄴 🖪 ⓪ 🄴 𝕍𝕀𝕊𝔸
Pas *(chiuso giovedì)* carta 27/36000 – 🖙 5000 – **30 cam** 65/85000 – ½ P 65/80000.

❌ **Lo Scoiattolo,** S : 1,5 km ☎ 85086, ≤, 🍽, « Laghetto con pesca sportiva », 🎣, 🏊, – ❷. 🄰🄴.
chiuso lunedì escluso da luglio a settembre – Pas carta 30/46000.

70

ABIVERE 24030 Bergamo 219 ⑳ – 2 033 ab. alt. 261 – ✪ 035.

na 607 – ◆Bergamo 6 – ◆Brescia 58 – ◆Milano 53.

✗ **Antica Osteria dei Cameli,** ℰ 908000, solo su prenotazione – **P.** 🛊 **E** 𝑉𝐼𝑆𝐴. ⌘
chiuso lunedì, martedì sera, dal 28 dicembre al 3 gennaio e dal 10 al 28 agosto – Pas carta 50/79000.

ABRIA Bergamo – Vedere Zogno.

MEGLIA 19031 La Spezia, 428 429 430 J 11 – 5 069 ab. alt. 80 – ✪ 0187.

na 400 – ◆Genova 107 – Massa 17 – ◆Milano 224 – Pisa 57 – ◆La Spezia 16.

🏨 ✿ **Paracucchi-Locanda dell'Angelo** ⌂, SE : 4,5 km strada provinciale Sarzana-Marinella ℰ 64391, Fax 64393, prenotare, ✐ – ⥋ cam 📺 ☎ **P** – 🔏 250. 🆎 🛊 ⓞ **E** 𝑉𝐼𝑆𝐴
Pas *(chiuso dal 7 al 28 gennaio e lunedì escluso febbraio, marzo e dal 15 luglio al 15 settembre)* carta 90/115000 – ⚏ 21000 – **37 cam** 75/151000
Spec. Insalata "della salute" (pesci frutti di mare crostacei e frutta esotica), Tagliatelle con astice e verdure, Branzino al rosmarino con crema di cipolla. **Vini** Pinot grigio, Chianti.

a Montemarcello S : 5,5 km – ✉ **19030** :

▯ **Il Gabbiano** ⌂, ℰ 600066, « Servizio rist. estivo in terrazza con ≼ », ✐ – **P.** 🛊 **E** 𝑉𝐼𝑆𝐴.
⌘
giugno-settembre – Pas carta 37/66000 – ⚏ 15000 – **11 cam** 85000 – ½ P 70/80000.

MELIA 05022 Terni 988 ㉕ ㉖, 430 O 19 – 11 252 ab. alt. 406 – ✪ 0744.

via Orvieto 1 ℰ 981453, Fax 981566.

na 93 – ◆Perugia 92 – Terni 24 – Viterbo 42.

▯ **Scoglio dell'Aquilone** ⌂, O : 2 km ℰ 982445, Fax 983025, ≼, ✐ – ☰ 📺 ☎ **P.** 🆎 🛊 **E**
𝑉𝐼𝑆𝐴. ⌘
Pas *(chiuso martedì)* carta 30/44000 – ⚏ 9000 – **38 cam** 60/90000 – ½ P 80000.

▯ **Anita,** via Roma 31 ℰ 982146, Fax 983079 – 🛗 📺 ☎. 🆎 🛊 **E** 𝑉𝐼𝑆𝐴. ⌘
Pas *(chiuso lunedì)* carta 26/41000 – ⚏ 4000 – **31 cam** 50/70000 – ½ P 60000.

Leggete attentamente l'introduzione : è la « chiave » della guida.

MIATA (Monte) Siena e Grosseto 430 N 16 – Vedere Abbadia San Salvatore.

IACAPRI Napoli 431 F 24 – Vedere Capri (Isola di).

ICONA 60100 ℙ 988 ⑯, 429 430 L 22 – 103 268 ab. – a.s. luglio-agosto – ✪ 071.

dere Duomo di San Ciriaco★ AY – Loggia dei Mercanti★ AZ **F** – Chiesa di Santa Maria della zza★ AZ **B**.

🖫 ⌕ Conero (chiuso lunedì e dal 15 gennaio al 15 febbraio) a Sirolo ✉ 60020 ℰ 7360613, Fax 0613, per ① : 12 km.

⌕ di Falconara per ③ : 13 km ℰ 56257, Fax 2070096 – Alitalia, Agenzia Cagidemetrio, piazza na 21 ✉ 60121 ℰ 2075892,Telex 560067, Fax 203700.

tazione Ferrovie Stato ✉ 60126 ℰ 41703 – via Thaon de Revel 4 ✉ 60124 ℰ 33249, Fax 31966 – corso mira 60 ✉ 60122 ℰ 204882.

🛈 corso Stamira 78 ✉ 60122 ℰ 55335.

na 319 ③ – ◆Firenze 263 ③ – ◆Milano 426 ③ – ◆Perugia 166 ③ – ◆Pescara 156 ② – ◆Ravenna 161 ③.

Piante pagine seguenti

🏨 **Gd H. Passetto** ⌂, senza rist, via Thaon de Revel 1 ✉ 60124 ℰ 31307, Fax 32856, ⌇ –
🛊 ☰ 📺 ☎ ⇌ **P** – 🔏 45. 🆎 🛊 ⓞ **E** 𝑉𝐼𝑆𝐴   CZ **d**
⚏ 18000 – **45 cam** 145/250000.

🏨 **Jolly,** rupi di via 29 Settembre 14 ✉ 60122 ℰ 201171, Telex 560343, Fax 206823, ≼ – 🛊
☰ 📺 ☎ **P** – 🔏 50 a 200. 🆎 🛊 ⓞ **E** 𝑉𝐼𝑆𝐴. ⌘ rist   AZ **a**
Pas 55/65000 – **89 cam** ⚏ 160/220000 – ½ P 160/210000.

🏨 **Gd H. Palace,** lungomare Vanvitelli 24 ✉ 60121 ℰ 201813, Fax 2074832 – 🛊 ☰ 📺 ☎
⇌ – 🔏 40. 🆎 🛊 ⓞ **E** 𝑉𝐼𝑆𝐴. ⌘ rist   AY **k**
chiuso dal 22 dicembre al 7 gennaio – Pas (solo per clienti alloggiati e *chiuso a mezzogiorno)* – ⚏ 20000 – **41 cam** 130/230000, appartamento.

🏨 **Fortuna** senza rist, piazza Rosselli 15 ✉ 60126 ℰ 42663, Telex 561286, Fax 42662 – 🛊 📺
☎. 🆎 🛊 ⓞ **E** 𝑉𝐼𝑆𝐴. ⌘   CY **a**
⚏ 15000 – **57 cam** 70/120000.

✗ Passetto, piazza 4 Novembre ✉ 60124 ℰ 33214, ≼, « Servizio estivo in terrazza » –
🔏 40   CZ **a**

✗ **La Moretta,** piazza Plebiscito 52 ✉ 60122 ℰ 202317, 🐜 – 🆎 🛊 ⓞ **E** 𝑉𝐼𝑆𝐴   AZ **n**
chiuso domenica, dal 27 dicembre al 7 gennaio e dal 13 al 18 agosto – Pas carta 45/60000 (10 %).

Trattoria 13 Cannelle, corso Mazzini 108 ✉ 60121 ℰ 206012 – 🆎 🛊 ⓞ **E** 𝑉𝐼𝑆𝐴   AZ **c**
chiuso domenica e dal 20 al 31 maggio – Pas carta 31/48000.

71

ANCONA

Garibaldi (Corso) . . . . . **AB**
Stamira (Corso) . . . . **A**

Bruno (Via Giordano) . . . **C**
Carlo Alberto (Corso) . . . **C**
Giovanni XXIII (Via) . . . . **A**
Marconi (Via) . . . . **A**
Martiri d. Resistenza (V.) **C**
Pizzecolli (Via Ciriaco) . . **AY**
Plebiscito (Piazza) . . . . . **A**
Raffaello Sanzio (Via) . . . **A**
Repubblica (Piazza) . . . . **A**
Ricostruzione (V. della) . . **C**
Roma (Piazza) . . . . **A**
Stamira (Piazza) . . . . . . **B**
Thaon de Revel (Via) . . . **C**
Vecchini (Via) . . . . **B**
24 Maggio (Piazzale) . . . **B**

a Torrette per ③ : 4 km – ⊠ 60020 :

🏨 **Sporting** senza rist, ℰ 888294, Fax 888813 – 🛗 ≡ 🕿 🖘 **ⓟ** – 🔏 30 a 150. 🖭 🗟 ⓞ **E**
100 cam ⊆ 125/170000.

XX **Carloni,** ℰ 888239 – ≡. 🖭 🗟 ⓞ **E** *VISA*
chiuso lunedì – Pas carta 31/50000 (12%).

a Palombina Nuova per ③ : 6 km – ⊠ 60020 :

🏨 **MotelAgip,** ℰ 888241, Fax 888241, ≼ – 🛗 ≡ cam 🕿 🖘 **ⓟ** – 🔏 40. 🖭 🗟 ⓞ **E**
🦺 rist
Pas *(chiuso sabato)* 28000 – **51 cam** ⊆ 85/127000.

a Portonovo per ① : 12 km – ⊠ 60020.

Vedere Chiesa di Santa Maria★.

🏨 Fortino Napoleonico ⌂, ℰ 801124, Fax 801314, « In una fortezza ottocentesca »,
🦺 – ≡ 🕿 🖘 & **ⓟ**
30 cam.

🏨 **Emilia** ⌂, in collina O : 2 km ℰ 801145, Fax 801330, ≼, 🌣, « Collezione di quadri d'
moderna », 🔾, 🦺, 🦺 – 🛗 🕿 🖘 & **ⓟ** – 🔏 40. 🗟 *VISA* 🦺
marzo-novembre – Pas carta 50/75000 (8%) – ⊆ 10000 – **30 cam** 90/120000 – ½ P
140000.

🏨 **Internazionale** ⌂, ℰ 801001, ≼ mare e costa, 🦺 – 🕿 🖘 **ⓟ** – 🔏 60. 🖭 🗟 ⓞ **E**
Pas carta 43/67000 – **29 cam** ⊆ 80/150000 – ½ P 115/150000.

MICHELIN, strada statale 16 - Adriatica km 307, località Baraccola CY - ⊠ 60131, ℰ 2865
Fax 2872085.

ANDALO 38010 Trento 988④, 428 429 D 15 – 982 ab. alt. 1 050 – a.s. febbraio-marzo, Pas
e Natale – Sport invernali : 1 050/2 120 m ≼1 ≼11, ⚐ (vedere anche Fai della Paganel
Molveno) – ✆ 0461.

Dintorni ※★★ dal Monte Paganella 30 mn di funivia.

🚪 piazza Paganella 2 ℰ 585836.

Roma 625 – ◆Bolzano 60 – ◆Milano 214 – Riva del Garda 48 – Trento 38.

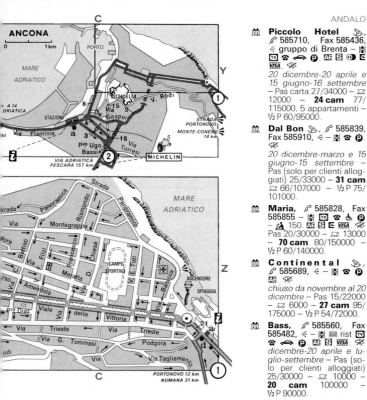

🏨 **Piccolo Hotel** ⤴, ℰ 585710, Fax 585436, ⩽ gruppo di Brenta – 🛗 📺 ☎ ← 🅿. 🆎 🔃 ⓞ 🄴 *VISA*. ⅏
20 dicembre-20 aprile e 15 giugno-16 settembre – Pas carta 27/34000 – ⧄ 12000 – **24 cam** 77/115000, 5 appartamenti – ½ P 60/95000.

🏨 **Dal Bon** ⤴, ℰ 585839, Fax 585910, ⩽ – 🛗 ☎ 🅿. ⅏
20 dicembre-marzo e 15 giugno-15 settembre – Pas (solo per clienti alloggiati) 25/33000 – **31 cam** ⧄ 66/107000 – ½ P 75/101000.

🏨 **Maria**, ℰ 585828, Fax 585855 – 🛗 📺 ☎ 👤 🅿 – 🔥 150. 🆎 🔃 🄴 *VISA*. ⅏
Pas 20/30000 – ⧄ 13000 – **70 cam** 80/150000 – ½ P 60/140000.

🏨 **Continental** ⤴, ℰ 585689, ⩽ – 🛗 ☎ 🅿. 🆎. ⅏
chiuso da novembre al 20 dicembre – Pas 15/22000 – ⧄ 6000 – **27 cam** 95/175000 – ½ P 54/72000.

🏨 **Bass**, ℰ 585560, Fax 585482, ⩽ – 🛗 ▤ rist 📺 ☎ ← 🅿. 🆎 🔃 🄴 *VISA*. ⅏
dicembre-20 aprile e luglio-settembre – Pas (solo per clienti alloggiati) 25/30000 – ⧄ 10000 – **20 cam** 100000 – ½ P 90000.

🏨 **Alaska**, ℰ 585631, ⩽ – 🛗 ☎ ← 🅿. ⅏
dicembre-marzo e 15 giugno-10 settembre – Pas (solo per clienti alloggiati) 20000 – ⧄ 8000 – **26 cam** 110000 – ½ P 55/83000.

🏨 **Cristallo**, ℰ 585744, Fax 585970, ⩽ – 🛗 📺 ☎ 🅿. 🔃 🄴 *VISA*. ⅏
dicembre-23 aprile e 15 giugno-15 settembre – Pas carta 22/32000 – ⧄ 9000 – **31 cam** 60/110000 – ½ P 65/82000.

🏨 **Olimpia**, ℰ 585715, ⩽, ⇝ – 🛗 📺 ☎ ← 🅿. ⅏
15 dicembre-22 aprile e 20 giugno-15 settembre – Pas (solo per clienti alloggiati) 22/24000 – ⧄ 11000 – **27 cam** 60/95000 – ½ P 55/85000.

🏨 **Serena**, ℰ 585727, Fax 585702, ⩽ – 🛗 📺 ☎ ← 🅿. 🆎 🔃 ⓞ *VISA*. ⅏
20 dicembre-22 aprile e 15 giugno-15 settembre – Pas (solo per clienti alloggiati) 24000 – ⧄ 10000 – **33 cam** 50/76000 – ½ P 72/81000.

NDORA 17020 Savona 𝟜𝟚𝟠 K 6 – 6 524 ab. – ✆ 0182.

via Fontana 1 ℰ 85796.

ma 601 – ◆Genova 102 – Imperia 16 – ◆Milano 225 – Savona 56 – Ventimiglia 63.

a Marina di Andora – ✉ **17020** :

🏨 **Liliana**, via del Poggio 23 ℰ 85083 – 🛗 ⇜ cam 📺 ☎ ←. ⅏
chiuso dal 20 ottobre al 20 dicembre – Pas 30/40000 – ⧄ 10000 – **38 cam** 60/85000, 3 appartamenti – ½ P 50/80000.

🏨 **Moresco**, via Aurelia 96 ℰ 89141, Fax 85414, ⩽ – 🛗 📺 ☎. 🆎 🔃 ⓞ 🄴 *VISA*. ⅏ rist
chiuso da novembre al 22 dicembre – Pas (solo per clienti alloggiati) 28/33000 – ⧄ 9000 – **35 cam** 62/88000 – ½ P 69/87000.

✕✕ **Rocce di Pinamare**, via Aurelia 39 ℰ 85223, Fax 684478, ⩽, �།, « Terrazze fiorite sul mare », ⥁ – 🅿. 🆎 🔃 ⓞ 🄴 *VISA*
chiuso mercoledì e novembre – Pas carta 65/105000.

✕✕ **La Casa del Priore**, al castello N : 2 km ℰ 87330, ⩽, prenotare, « Ambiente caratteristico » – 🅿. 🆎 🔃 ⓞ 🄴 *VISA*
chiuso a mezzogiorno, lunedì e dal 15 gennaio al 15 febbraio – Pas carta 60/90000.

73

a San Pietro N : 4 km – ✉ **17020** Andora :

🏋️ **Pan de Cà**, via Conna 13 ✔ 80290 – ❷
  chiuso dal 15 ottobre a novembre e martedì da dicembre a marzo – Pas 38000 bc.

ANDRIA 70031 Bari 🔢㉙, 🔢 D 30 – 90 208 ab. alt. 151 – ✪ 0883.
Roma 399 – Bari 58 – Barletta 12 – ◆Foggia 82 – Matera 78 – Potenza 119.

🏨 **Cristal Palace Hotel e Rist. La Fenice**, via Firenze 35/a ✔ 556444 e rist ✔ 55026
  Fax 556444, Coperti limitati; prenotare, *𝄔*, ⬛, 🗖 – 🔋 🔳 📺 ☎ 🚗 – 🏛 150. ⅍ 🅱 ⓞ
  VISA
  Pas *(chiuso domenica sera, lunedì e dal 1° al 20 agosto)* carta 42/72000 (10%) – **40 cam**
  ☲ 120/180000, 5 appartamenti.

🏨 **L'Ottagono**, strada statale 170 N : 1 km ✔ 557888, Fax 556098, *%* – 🔋 🔳 📺 ☎ ❷
  🏛 120. ⅍ 🅱 ⓞ 🄴 **VISA**, *%* rist
  Pas carta 40/57000 – ☲ 10000 – **40 cam** 100/150000 – ½ P 125000.

ANGERA 21021 Varese 🔢②, 🔢 E 7 – 5 425 ab. alt. 205 – ✪ 0331.
Vedere Affreschi dei maestri lombardi★★ nella Rocca.
Roma 640 – ◆Milano 63 – Novara 47 – Stresa 33 – Varese 31.

🏋️ **Del Porto**, ✔ 930490, 🍽 – ⅍ 🅱 🄴 **VISA**. *%*
  chiuso martedì sera, mercoledì e dal 10 gennaio al 10 febbraio – Pas carta 45/67000.

a Capronno N : 3 km – ✉ **21021** Angera

🏋 **Osteria da Tony**, ✔ 957313, prenotare, « Tipica osteria di campagna » – *%*
  chiuso a mezzogiorno (escluso domenica) e lunedì – Pas carta 29/42000.

ANGHIARI 52031 Arezzo 🔢 L 18 – 5 891 ab. alt. 429 – ✪ 0575.
Roma 242 – Arezzo 28 – ◆Firenze 105 – ◆Perugia 80 – Sansepolcro 8.

🏨 **Oliver**, via della Battaglia 14 ✔ 789933, Fax 789944, ⬛ – 🔋 🔳 📺 ☎ ❷ – 🏛 180. 🅱
  VISA. *%* rist
  Pas *(chiuso mercoledì)* carta 22/30000 – ☲ 7000 – **32 cam** 50/80000, 3 appartamenti
  ½ P 65/70000.

ANGOLO TERME 25040 Brescia 🔢 🔢 E 12 – 2 548 ab. alt. 420 – a.s. luglio-settembre
✪ 0364.
Roma 618 – ◆Bergamo 55 – ◆Bolzano 174 – ◆Brescia 59 – Edolo 48 – ◆Milano 100.

🏠 **Terme**, ✔ 948066, Fax 548666, ≤ – 🔋 🔳 📺 ☎ ゟ 🚗 ❷. *%* rist
  aprile-ottobre – Pas carta 24/35000 – ☲ 7000 – **80 cam** 75000 – ½ P 46/70000.

ANGUILLARA SABAZIA 00061 Roma 🔢 P 18 – 9 800 ab. alt. 175 – ✪ 06.
Roma 32 – Civitavecchia 59 – Terni 90 – Viterbo 59.

🏋 **Da Zaira**, ✔ 9968082, ≤, 🍽 – ❷. ⅍. *%*
  chiuso martedì e dal 20 dicembre al 10 gennaio – Pas carta 36/46000 (10%).

🏋 **La Molaccia**, ✔ 9969356, Coperti limitati; prenotare, « In un grottino di tufo » – ⅍
  ⓞ 🄴 **VISA**. *%*
  chiuso domenica sera, lunedì, dal 23 dicembre al 2 gennaio ed agosto – Pas carta 32/5300

ANITA 44010 Ferrara 🔢 🔢 I 18 – alt. 3 – ✪ 0532.
Roma 403 – ◆Bologna 78 – ◆Ferrara 64 – ◆Milano 291 – ◆Ravenna 24.

🏋 **Spaventapasseri**, ✔ 801220 – ❷. ⅍ ⓞ **VISA**. *%*
  chiuso da gennaio al 15 febbraio e mercoledì (escluso luglio-agosto) – Pas carta 27/5600

ANNONE (Lago di) Como 🔢 E 10, 🔢③ – Vedere Oggiono.

ANSEDONIA Grosseto 🔢㉕, 🔢 O 15 – ✉ **58016** Orbetello Stazione – a.s. Pasqua
15 giugno-15 settembre – ✪ 0564.
Vedere Città antica di Cosa★.
Roma 145 – Civitavecchia 69 – ◆Firenze 186 – Grosseto 45 – Orbetello 10 – Viterbo 81.

🏋 **Vinicio** con cam, ✔ 881220, Fax 881604, ≤ mare, 🍽 – 🔳 rist 📺. ⅍ 🅱 ⓞ **VISA**. *%*
  Pas *(chiuso martedì e novembre)* carta 35/45000 (10%) – ☲ 10000 – **8 cam** 80/100000
  ½ P 90/95000.

ANTAGNOD Aosta 🔢 E 5, 🔢④ – Vedere Ayas.

ANTERMOIA (UNTERMOI) 39030 Bolzano 🔢 B 17 – alt. 1 515 – ✪ 0474.
Roma 730 – ◆Bolzano 93 – Brunico 23.

🏠 **Pütia**, ✔ 520114, Fax 520100, ≤, ⬛ – ☎ 🚗 ❷. *%* rist
  chiuso dal 10 al 30 giugno e dal 4 novembre all'8 dicembre – Pas carta 26/33000 – **38 cam**
  ☲ 40/70000 – ½ P 40/63000.

ANTERSELVA DI MEZZO e DI SOTTO (ANTHOLZ MITTERTAL und NIEDERTAL) Bolzano 🔢
⑤, 🔢 B 18 – Vedere Rasun Anterselva.

NTEY-SAINT-ANDRÉ 11020 Aosta 🗺️ E 4, 🗺️③ – 504 ab. alt. 1 080 – a.s. Pasqua, luglio-
osto e Natale – ✪ 0166.

ocalità Grand Moulin ✗ 48266.

ma 729 – Aosta 33 – Breuil-Cervinia 20 – ◆Milano 167 – ◆Torino 96.

🏠 **Filey,** località Filey ✗ 548212, ≤, 🐴 – 🛎 ☎ ⇍ 🅿. ℅
    chiuso dal 20 settembre al 4 dicembre – Pas *(chiuso martedì)* carta 35/52000 – ☲ 10000 –
    39 cam 50/110000 – ½ P 75/95000.

🏠 **La Grolla,** località Filey ✗ 48277, ≤, 🐴 – 🅿. ℅ rist
    20 dicembre-10 gennaio e 15 giugno-10 settembre – Pas carta 30/42000 – ☲ 7000 –
    12 cam 80000 – ½ P 60/70000.

🏠 **Des Roses,** località Poutaz ✗ 48527, ≤, 🐴 – ☎ ⇍ 🅿. ℅ rist
    6 dicembre-5 maggio e 25 giugno-20 settembre – Pas 18/25000 – ☲ 8000 – **21 cam**
    52/80000 – ½ P 55/70000.

    Vedere anche : *Torgnon* O : 7 km.
                    La Magdeleine E : 8 km.

NTIGNANO Livorno 🗺️ 🗺️ L 12 – Vedere Livorno.

NZIO 00042 Roma 🗺️㉖, 🗺️ R 19 – 34 677 ab. – Stazione balneare – ✪ 06.
•dere Guida Verde.

(chiuso mercoledì) a Nettuno ✉ 00048 ✗ 9819419, Fax 9819419, E : 4 km.

🚢 per Ponza 15 giugno-15 settembre giornalieri (2 h 30 mn) – Caremar-agenzia La Goletta,
    Calafati 5 ✗ 9830804, Fax 9846291.

•iviera Zanardelli 3/5 ✗ 9846119, Fax 9848135.

ma 60 – Frosinone 81 – Latina 25 – Ostia Antica 49.

🏨 **Gd H. dei Cesari,** via Mantova 3 ✗ 987901, Fax 98790835, ≤, 🏖️, 🗜️, 🏊, 🔲, ⚓, 🐴 –
    🛎 🗐 📺 ☎ 🕭 ⇍ 🅿 – 🅰 25 a 250. 🖭 🕄 ⓞ 🈴 🗷. ℅ rist
    Pas 40000 – **108 cam** ☲ 140/180000.

🏨 **Lido Garda,** piazza Caboto 8 ✗ 9865386, Fax 9870354, ≤, 🏊, ⚓, 🐴 – 🛎 ☎ –
    🅰 30 a 300
    stagionale – **42 cam.**

✗✗ **Flora,** via Flora 9 ✗ 9846001, prenotare – 🗐. 🖭 🕄 ⓞ 🈴 🗷. ℅
    chiuso dal 22 dicembre al 4 gennaio e lunedì (escluso dal 15 giugno al 15 settembre) – Pas
    carta 50/60000.

✗ All'Antica Darsena, piazza Sant'Antonio 1 ✗ 9845146, ≤

✗ **Trattoria Pierino,** piazza Cesare Battisti 2 ✗ 9845683, 🏖️ – 🖭 ⓞ. ℅
    *chiuso dal 15 al 30 gennaio, dal 1° al 15 ottobre, lunedì e da luglio a settembre anche a
    mezzogiorno (escluso sabato-domenica)* – Pas carta 36/58000 (12%).

    a Lavinio Lido di Enea NO : 8 km – ✉ **00040** – a.s. 15 giugno-agosto :

🏨 **Succi** 🦐, località Tor Materno ✗ 9873923, Telex 610448, Fax 9871798, ≤ – 🛎 🗐 📺 ☎
    ⇍. 🖭 🕄 ⓞ 🈴 🗷. ℅
    Pas carta 42/64000 – **47 cam** 110/150000, 2 appartamenti – ½ P 90/110000.

NZOLA DELL'EMILIA 40011 Bologna 🗺️ 🗺️ I 15 – 9 888 ab. alt. 40 – ✪ 051.

ma 381 – ◆Bologna 13 – ◆Ferrara 57 – ◆Modena 26.

🏨 **Alan** senza rist, via Emilia 46/b ✗ 733562, Fax 733562 – 🛎 🗐 📺 ☎ ⇍ 🅿. 🖭 ⓞ 🈴
    🗷
    ☲ 15000 – **61 cam** 95/135000.

🏨 **Lu King** senza rist, via Emilia 65 ✗ 734273, Fax 735098 – 🛎 ⇔ 🗐 📺 ☎ 🅿. 🖭 🕄 ⓞ 🈴
    🗷. ℅
    42 cam ☲ 107/160000.

✗ **Il Ristorantino-da Dino,** via 25 Aprile 11 ✗ 732364 – 🗐. 🖭 🕄 ⓞ 🈴 🗷. ℅
    chiuso domenica sera, lunedì ed agosto – Pas carta 34/58000.

OSTA (AOSTE) 11100 🅿 🗺️②, 🗺️ E 3 – 36 095 ab. alt. 583 – a.s. Pasqua, luglio-settembre
Natale – Sport invernali : a Pila : 1 814/2 709 m ⑂2 ⑂11, ⑂ – ✪ 0165.

•dere Collegiata di Sant'Orso Y : capitelli★★ del chiostro★ – Finestre★ del Priorato di
nt'Orso Y – Monumenti romani★ : Porta Pretoria Y **A**, Arco di Augusto Y **B**, Teatro Y **D**,
fiteatro Y **E**, Ponte Y **G**.

•cursioni Valle d'Aosta★★ : ≤★★★ Est, Sud-Ovest.

(aprile-ottobre; chiuso mercoledì) località Arzanières ✉ 11010 Gignod ✗ 56020, N : 9 km.

•iazza Chanoux 3 e 8 ✗ 40526 e 35655, Telex 210208.

🎫🄸 piazza Roncas 7 ✗ 362208.

•ma 746 ② – Chambéry 197 ③ – ◆Genève 139 ③ – Martigny 72 ① – ◆Milano 184 ② – Novara 139 ② – ◆Torino
②.

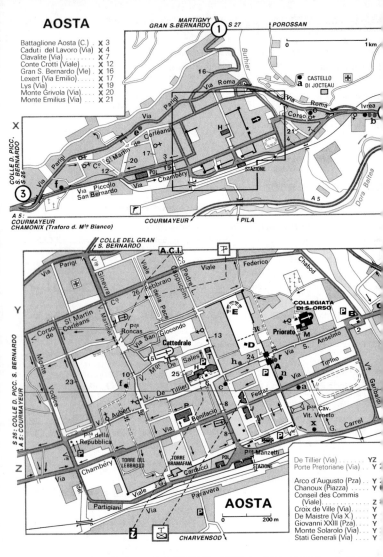

AOSTA

Battaglione Aosta (C.) . . . . **X** 3
Caduti del Lavoro (Via) . . . **X** 4
Clavalité (Via) . . . . **X** 7
Conte Crotti (Viale) . . . . **X** 12
Gran S. Bernardo (Vle.) . . **X** 16
Lexert (Via Emilio) . . . . . **X** 17
Lys (Via) . . . . **X** 19
Monte Grivola (Via). . . . **X** 20
Monte Emilius (Via) . . . **X** 21

De Tillier (Via) . . . . **YZ**
Porte Pretoriane (Via) . . **Y**

Arco d'Augusto (Pza) . . . **Y**
Chanoux (Piazza) . . . . . **Y**
Conseil des Commis
(Viale) . . . . **Z**
Croix de Ville (Via) . . . . **Y**
De Maistre (Via X.) . . . . **Y**
Giovanni XXIII (Pza) . . . **Y**
Monte Solarolo (Via). . . **Y**
Stati Generali (Via) . . . **Y**

🏨 **Europe,** piazza Narbonne 8 ℰ 236363, Fax 40566, ℔ – ⧉ ▤ rist 📺 ☎ – 🕭 40. 🖭 🛇
🝙 ₩₵ᴀ. ⅋⅍   Y
Pas *(chiuso domenica)* 40000 – ⚏ 17000 – **71 cam** 160/220000, 8 appartamenti – ½ P 1.
150000.

🏨 **Valle d'Aosta** senza rist, corso Ivrea 146 ℰ 41845, Telex 212472, Fax 236660, ≼ – ⧉
☎ ⇔ 🅿 – 🕭 70. 🖭 🛇 🝙 🕩 🝙 ₩₵ᴀ   X
chiuso dal 15 novembre al 15 dicembre – ⚏ 15000 – **104 cam** 130/180000.

🏨 **Montfleury,** viale Piccolo San Bernardo 26 ℰ 555252, Fax 555251, ≼ – ⧉ 📺 ☎ ⇔
🕭 50. 🖭 🛇 🝙 🕩 🝙 ₩₵ᴀ. ⅋⅍ rist   X
Pas *(chiuso domenica)* 30000 – ⚏ 10000 – **44 cam** 110/160000, appartamento
½ P 120000.

🏨 **Ambassador,** via Duca degli Abruzzi 2 ℰ 42230, Fax 236851, ≼ – ⧉ 📺 ☎ ⇔ 🅿. 🛇
🝙 ₩₵ᴀ. ⅋⅍ – Pas *(chiuso domenica da ottobre a marzo)* carta 43/78000 – ⚏ 12000 – **40 c**
80/100000, 2 appartamenti – ½ P 90000.   X

76

Turin senza rist, via Torino 14 ℰ 44593, Fax 361377 – 🛗 📺 ☎ 🚗, 🖭 🗟 ⑩ 🖃 🎫
chiuso dal 15 novembre al 20 dicembre – ☲ 10000 – **51 cam** 66/100000.　　　　　Y **a**

Milleluci senza rist, località Roppoz ℰ 42374, Fax 235284, ≼, 🚗, 🏖 – 📺 ☎ 🅿. 🖭 🗟 🖃
🎫
☲ 12000 – **12 cam** 68/103000.　　　　　　　　　　　　　　　　　　　　X **a**

Bus, via Malherbes 18 ℰ 43645, Fax 236962 – 🛗 🖃 rist 📺 ☎ 🅿. 🖭 🗟 ⑩ 🖃 🎫. 🍴 rist
Pas 28/40000 – ☲ 12000 – **39 cam** 72/110000 – ½ P 80/90000.　　　　　　　　Y **f**

Roma senza rist, via Torino 7 ℰ 41000, Fax 32404 – 🛗 ☎ 🚗. 🖭 🗟 ⑩ 🖃 🎫
chiuso dal 7 gennaio al 6 febbraio – ☲ 10000 – **33 cam** 66/100000.　　　　　Y **n**

Le Pageot senza rist, via Carrel 31 ℰ 32433, Fax 33217 – 📺 ☎ 🚗. 🖭 🗟 ⑩ 🖃 🎫.
🍴
☲ 12000 – **18 cam** 66/100000.　　　　　　　　　　　　　　　　　　　　　Z **x**

Cecchin, via Ponte Romano 29 ℰ 45262 – 📺 🚿 🚗. 🗟 ⑩ 🖃 🎫. 🍴　　　　　Y **b**
chiuso dal 15 ottobre al 28 dicembre – Pas *(chiuso lunedì)* carta 25/50000 – ☲ 8000 –
10 cam 63/95000 – ½ P 75000.

Le Foyer, corso Ivrea 146 ℰ 32136, Fax 32136 – 🖃 🅿. 🖭 🗟 ⑩ 🖃 🎫. 🍴　　　　X **b**
chiuso martedì, dal 5 al 20 gennaio e dal 5 al 20 luglio – Pas carta 40/71000.

Vecchia Aosta, piazza Porta Pretoria 4 ℰ 361186, Fax 361186, 🏠 – 🖭 🗟 ⑩ 🖃 🎫. 🍴
chiuso martedì sera, mercoledì, dal 5 al 20 giugno e dal 15 al 30 ottobre – Pas carta 34/
54000.　　　　　　　　　　　　　　　　　　　　　　　　　　　　　　　　Y **r**

Acquarium, via Parigi 33 ℰ 363859 – 🅿. 🖭 🗟 🖃 🎫. 🍴　　　　　　　　　　X **e**
chiuso giovedì – Pas carta 36/67000.

Agip, corso Ivrea 138 ℰ 44565 – 🖃 🅿　　　　　　　　　　　　　　　　　　X **b**

Piemonte, via Porta Pretoria 13 ℰ 40111 – 🗟 🖃 🎫. 🍴　　　　　　　　　　Y **h**
chiuso venerdì e novembre – Pas carta 34/50000.

a Saint-Christophe E : 4 km – alt. 700 – ✉ **11020** :

Casale, ℰ 541203, Fax 235926, ≼ – 🛗 📺 ☎ 🔥 🚗 🅿 – 🔬 60. 🖭 🗟 ⑩ 🖃 🎫. 🍴
chiuso dal 7 gennaio al 7 febbraio – Pas *(chiuso domenica sera e lunedì da ottobre a marzo)*
35/65000 – ☲ 15000 – **25 cam** 110000 – ½ P 75/90000.

Sanson, ℰ 541410, prenotare – 🅿. 🗟 🖃 🎫. 🍴
chiuso mercoledì, giovedì a mezzogiorno e luglio – Pas carta 41/72000.

in prossimità casello autostrada A 5 O : 4,5 km :

Le Bourricot Fleuri-Motel Village con cam, ✉ 11020 Quart-Villefranche ℰ 765333,
Telex 215013, Fax 765733, ≼, « Chalets indipendenti » – 📺 ☎ 🅿. 🖭 🗟 ⑩ 🖃 🎫
Pas carta 33/54000 – ☲ 12000 – **20 cam** 120000 – ½ P 95000.

a Pila S : 17 km X – alt. 1 814 – ✉ **11020** Gressan :

Printemps 🍴, ℰ 521246, Fax 521232, 🛁, 🚵 – 🛗 📺 ☎ 🔥 🚗 🅿 – 🔬 40. 🖭 🗟 ⑩ 🖃
🎫
Natale-Pasqua e luglio-agosto – Pas carta 28/40000 – ☲ 10000 – **49 cam** 110/140000 –
½ P 84/168000.

PIANO GENTILE　22070 Como 四28 E 8, 219 ⑱ – 6 739 ab. alt. 368 – ❀ 031.

La Pinetina (chiuso martedì) ℰ 933202, Fax 890342.

🛣a 617 – Como 15 – ◆Milano 40 – Saronno 18 – Varese 20.

Tarantola, strada per Tradate NO : 2,5 km ℰ 930990, Fax 930990 – 🅿. 🖭 🗟 ⑩ 🖃 🎫
chiuso lunedì sera, mercoledì e dal 1° al 15 gennaio – Pas carta 43/70000.

PIANO SULLA STRADA DEL VINO　(EPPAN AN DER WEINSTRASSE) 39057 Bolzano 988 ④

🛣 C 15 – 10 801 ab. alt. (frazione San Michele) 418 – ❀ 0471.

🛈iazza Municipio 1 ℰ 52206, Fax 50546.

🛣a 641 – ◆Bolzano 10 – Merano 32 – ◆Milano 295 – Trento 57.

a San Michele (St. Michael) – ✉ **39057** San Michele Appiano :

Angerburg 🍴, ℰ 662107, « Grazioso giardino » – ☎ 🅿. 🍴 rist
20 marzo-5 novembre – Pas carta 33/51000 – **35 cam** ☲ 67/126000 – ½ P 58/71000.

Tschindlhof 🍴, ℰ 662225, ≼, « Giardino-frutteto con 🏊 » – ☎ 🅿. 🗟 🖃 🎫. 🍴 rist
Pasqua-ottobre – Pas *(solo per clienti alloggiati)* – **13 cam** ☲ 85/120000 – ½ P 85/92000.

Castello Aichberg 🍴 senza rist, ℰ 662247, Fax 660908, « Giardino-frutteto con 🏊
riscaldata », 🌡 – 📺 ☎ 🅿. 🖭 🗟 ⑩ 🖃 🎫. 🍴
Pasqua-15 novembre – **12 cam** ☲ 55/65000.

Zur Rose, ℰ 52249 – 🖭 🗟 ⑩ 🖃 🎫. 🍴
chiuso domenica, lunedì a mezzogiorno e luglio – Pas carta 44/67000.

4　　　　　　　　　　　　　　　　　　　　　　　　　　　　　　　　　　　　77

a Cornaiano (Girlan) NE : 2 km – ✉ **39050** :

🏨 **Girlanerhof** ⌲ ✎ 52442, ≤, 🍴, ⌂ऽ, 🏊, 🎋 – 🛗 📺 ☎ 🅿. 🎇 rist
Pasqua-5 novembre – **20 cam** solo ½ P 75/85000.

✗✗ **Marklhof-Bellavista**, ✎ 662407, ≤, « Servizio estivo in terrazza » – 🅿. 🖭 🕃 🗲 𝐕𝐈𝐒
chiuso dal 25 giugno al 7 luglio, lunedì e da novembre a giugno anche domenica sera – carta 45/60000.

a Monte (Berg) NO : 2 km – ✉ **39057** San Michele Appiano :

🏨 **Schloss Freudenstein** ⌲ Via Masaccio 6 ✎ 660638, Fax 660122, ≤ Dolomiti, « In castello medioevale » – ☎ 🅿. 🎇
Pasqua-15 novembre – Pas (solo per clienti alloggiati) – **13 cam** ⌂ 200000 – ½ P 110000.

🏠 **Steinegger** ⌲, ✎ 662248, ≤ vallata, ⌂ऽ, 🏊, 🔲, 🎋, 🎇 – ☎ 🅿. 🎇 rist
aprile-novembre – Pas *(chiuso mercoledì)* carta 25/34000 – **21 cam** ⌂ 55/110000 – ½ P 65000.

a San Paolo (St. Pauls) N : 3 km – ✉ **39050** San Paolo Appiano :

🏨 **Michaelis Hof** ⌲ senza rist, ✎ 664432, ≤, 🎋 – 📺 ☎ 🅿. 🎇
Pasqua-5 novembre – **12 cam** ⌂ 120000.

🏨 **Weingarten** ⌲, ✎ 662299, ⌂ऽ, 🏊, 🔲, 🎋, 🎇 – 🅿. 🎇 rist
Pasqua-11 novembre – Pas carta 29/48000 – **27 cam** ⌂ 64/114000 – ½ P 57/69000.

a Missiano (Missian) N : 4 km – ✉ **39050** San Paolo Appiano :

🏨 **Schloss Korb** ⌲, ✎ 636000, Fax 636033, ≤ vallate, « In un castello medioevale », 🏊, 🔲, 🎋, 🎋, 🎇 – 🛗 📺 ☎ 🅿 – 🕍 30 a 100
aprile-5 novembre – Pas 40/80000 – **56 cam** ⌂ 140/220000, 3 appartamenti – ½ P 180000.

APRICA 23031 Sondrio 🄰🄱🄲 ③ ④, 🄰🄱🄴 🄰🄱🄵 D 12 – 1 612 ab. alt. 1 181 – Sport invernali : 1 1, 2 309 m – 🚡 6 🚠 11, 🎿 – ⑤ 0342.

🛈 via Roma 175 ✎ 746113, Fax 747732.
Roma 674 – ◆Bolzano 141 – ◆Brescia 116 – ◆Milano 157 – Sondrio 30 – Passo dello Stelvio 79.

🏨 **Park Hotel Bozzi,** via Europa ✎ 746169, Fax 747766, ≤, « Giardino » – 🛗 ⇔ 🅿 🕍 50. 🎇 rist
dicembre-Pasqua e luglio-agosto – Pas 25/35000 – ⌂ 10000 – **45 cam** 180000 – P 150000.

🏠 **Larice Bianco,** via Adamello 38 ✎ 746275, ≤ – 🛗 ☎ 🅿. 🎇
dicembre-aprile e giugno-settembre – Pas *(chiuso mercoledì)* 20/25000 – ⌂ 15000 – **25 cam** 55/90000 – ½ P 80/105000.

🏠 **Eden,** via Adamello 34 ✎ 746253, Fax 745393, ≤ – 🛗 🖾 🅿. 🖭 🕃 🗲 𝐕𝐈𝐒. 🎇 rist
dicembre-aprile e 20 giugno-20 settembre – Pas *(chiuso venerdì)* carta 30/48000 – ⌂ 11 – **21 cam** 61/84000 – ½ P 59/90000.

🏠 **Sport,** via Europa 106 ✎ 746134 – 🛗 ☎ 🅿. 🕃 ⑩ 𝐕𝐈𝐒. 🎇 rist
dicembre-aprile e 25 giugno-3 ottobre – Pas *(chiuso martedì)* 35000 – ⌂ 10000 – **22 c** 55/80000 – ½ P 54/99000.

✗✗ **Di Arrigo,** via Roma 238 ✎ 746131, 🍴 – 🖭 ⑩ 🗲 𝐕𝐈𝐒. 🎇
chiuso martedì (escluso luglio-agosto), maggio e dal 15 al 30 settembre – Pas carta 48000 (10 %).

APRICALE 18030 Imperia 🄰🄱🄴 K 4, 🄸🄸🄵 ⑲ – 564 ab. alt. 273 – ⑤ 0184.
Roma 668 – ◆Genova 169 – Imperia 55 – ◆Milano 292 – San Remo 30 – Ventimiglia 16.

✗✗ **La Capanna-da Bacì,** ✎ 208137, ≤ monti, 🍴, prenotare – 🕃 🗲 𝐕𝐈𝐒
chiuso lunedì sera, martedì e dal 20 novembre al 10 dicembre – **Pas** carta 29/35000.

APRILIA 04011 Latina 🄰🄱🄱 ㉖, 🄰🄳🄾 R 19 – 46 960 ab. alt. 80 – ⑤ 06.
Roma 44 – Latina 26 – ◆Napoli 190.

✗✗ **Il Focarile,** via Pontina al km 46,5 ✎ 9282549, 🍴, 🎋 – 🅿. 🖭 🕃 ⑩ 🗲 𝐕𝐈𝐒. 🎇
chiuso domenica sera, lunedì e dal 10 al 20 agosto – Pas carta 48/76000.

AQUILEIA 33051 Udine 🄰🄱🄱 ⑥, 🄰🄱🄵 E 22 – 3 401 ab. alt. 5 – a.s. luglio-agosto – ⑤ 0431.
Vedere Basilica★★ : affreschi★★ della cripta carolingia, pavimenti★★ della cripta degli Sca Rovine romane★.
Roma 635 – Gorizia 32 – Grado 11 – ◆Milano 374 – ◆Trieste 45 – Udine 37 – ◆Venezia 124.

✗ **La Colombara,** NE : 2 km ✎ 91513 – 🅿 🖭 🕃 🗲 𝐕𝐈𝐒. 🎇
chiuso lunedì e gennaio – Pas carta 27/52000.

RABBA 32020 Belluno 988 ⑤, 429 C 17 – alt. 1 602 – Sport invernali : 1 602/2 950 m ⭤3 ⭤17, – ☢ 0436.

🇱 79130, Fax 79300.

na 709 – Belluno 74 – Cortina d'Ampezzo 37 – ◆Milano 363 – Passo del Pordoi 11 – Trento 127 – ◆Venezia 180.

🏨 **Sport Hotel Arabba,** 🅿 79321, Fax 79121, ≼ Dolomiti, ┛₆, ⭤ – ▐▌ 🆃🆅 ☎ 🕭 🅿. 🅱 E 𝑽𝑰𝑺𝑨. 𝒮𝒦
20 dicembre-aprile e luglio-15 settembre – Pas carta 38/53000 – ☲ 20000 – **45 cam** 240000 – ½ P 160000.

🏨 **Evaldo,** 🅿 79109, Fax 79358, ≼, ┛₆, ⭤ – ▐▌ 🆃🆅 ☎ 🅿. 🅰🅴 🅱 E 𝑽𝑰𝑺𝑨. 𝒮𝒦
18 dicembre-20 aprile e 20 maggio-20 ottobre – Pas carta 33/65000 – ☲ 25000 – **38 cam** 100/140000 – ½ P 65/130000.

🏨 **Malita** ⏾, 🅿 79103, Fax 79391, ⭤ – 🆃🆅 ☎ 🅿. 🅰🅴 🅱 E 𝑽𝑰𝑺𝑨. 𝒮𝒦 rist
chiuso maggio o giugno e novembre – Pas carta 27/43000 – **26 cam** ☲ 110/170000 – ½ P 70/120000.

🏨 **Olympia,** 🅿 79135, Fax 79354, ≼ Dolomiti, ⭤ – ▐▌ 🆃🆅 ☎ 🅿. E 𝑽𝑰𝑺𝑨. 𝒮𝒦 rist
21 dicembre-14 aprile e giugno-ottobre – Pas carta 23/39000 – **30 cam** ☲ 110/180000 – ½ P 50/120000.

🏨 **Royal** senza rist, 🅿 79293, Fax 79293, ≼, ⭤ – ☎ 🚗 🅿. 𝒮𝒦
12 cam ☲ 100000.

Vedere anche : *Campolongo (Passo di)* N : 4,5 km.

RBOREA Oristano 988 ㉝, 433 H 7 – Vedere Sardegna.

RCETO Reggio nell'Emilia 428 429 430 I 14 – Vedere Scandiano.

Si vous cherchez un hôtel tranquille,
consultez d'abord les cartes de l'introduction
ou repérez dans le texte les établissements indiqués avec le signe ⏾ *ou* ⏾.

RCETRI Firenze 430 K 15 – Vedere Firenze.

RCEVIA 60011 Ancona 988 ⑯, 430 L 20 – 5 902 ab. alt. 535 – ☢ 0731.

na 240 – ◆Ancona 73 – Foligno 83 – Pesaro 74.

🏨 **Park Hotel** ⏾, 🅿 9595, Fax 9596, 🚲 ▐▌ ⇆ rist ☎ 🅿 – 🔬 30 a 80. 🅰🅴 🅱 E 𝑽𝑰𝑺𝑨. 𝒮𝒦
chiuso dal 10 al 30 novembre – Pas *(chiuso lunedi)* carta 32/45000 – ☲ 10000 – **38 cam** 51/74000 – ½ P 53/68000.

RCO 38062 Trento 988 ④, 428 429 E 14 – 12 678 ab. alt. 91 – a.s. Natale-20 gennaio e Pasqua
☢ 0464.

iale delle Palme 1 🅿 516161, Telex 401560, Fax 532353.

na 576 – ◆Brescia 81 – ◆Milano 176 – Riva del Garda 6 – Trento 36 – Vicenza 95.

🏨 **Villa delle Rose,** 🅿 519091, Fax 516617, ┛₆, ⭤, ⬛ riscaldata, ⬛, 🚲 – ▐▌ 🖾 🆃🆅 ☎ 🚗 🅿 – 🔬 200. 🅰🅴 🅱 🅾 E 𝑽𝑰𝑺𝑨. 𝒮𝒦 rist
Pas *(chiuso giovedi in bassa stagione)* carta 33/55000 – ☲ 15000 – **48 cam** 125/200000 – ½ P 125000.

🏨 **Palace Hotel Città,** 🅿 531100, Telex 401023, Fax 516208, ⭤, ⬛ riscaldata, 🚲 – ▐▌ 🆃🆅 ☎ 🕭 🅿 – 🔬 50. 🅰🅴 🅱 🅾 E 𝑽𝑰𝑺𝑨. 𝒮𝒦 rist
chiuso dal 4 novembre al 22 dicembre e dal 7 gennaio al 28 marzo – Pas *(chiuso martedi)* carta 37/54000 – ☲ 10000 – **80 cam** 105/165000 – ½ P 126/144000.

🏨 **Al Sole,** 🅿 516676, Fax 518585, ⭤ – 🆃🆅 ☎. 🅱 🅾 E 𝑽𝑰𝑺𝑨
chiuso novembre – Pas *(chiuso lunedi)* carta 24/35000 – ☲ 7000 – **20 cam** 50/90000 – ½ P 58000.

🏨 **Marchi,** 🅿 517171 – ▐▌ 🆃🆅 ☎. 🅱 E 𝑽𝑰𝑺𝑨. 𝒮𝒦 rist
chiuso dal 20 dicembre al 6 gennaio – Pas carta 28/44000 – ☲ 5000 – **17 cam** 50/90000 – ½ P 65/75000.

🍴 **La Lanterna,** località Prabi 30 (N : 2,5 km) 🅿 517013, prenotare – 🅿. 🅱 E 𝑽𝑰𝑺𝑨
chiuso martedi, dal 20 gennaio al 10 febbraio e dal 20 giugno al 10 luglio – Pas carta 32/61000.

Da Gianni con cam, località Chiarano 🅿 516464 – 🖾 🆃🆅 ☎ 🅿. 🅱 E 𝑽𝑰𝑺𝑨. 𝒮𝒦
Pas carta 22/37000 – ☲ 5000 – **8 cam** 45/85000.

CORE 20043 Milano 428 F 9, 219 ⑲ – 15 346 ab. alt. 193 – ☢ 039.

a 594 – ◆Bergamo 39 – Como 43 – Lecco 30 – ◆Milano 22 – Monza 7.

🏨 **Sant'Eustorgio,** 🅿 6013718, Fax 617531, �, « Giardino ombreggiato » – ▐▌ 🆃🆅 ☎ 🅿. 🅰🅴 🅱 🅾 E 𝑽𝑰𝑺𝑨
chiuso dal 26 dicembre al 7 gennaio e dal 7 agosto al 3 settembre – Pas *(chiuso venerdi e domenica sera)* carta 51/84000 – **40 cam** ☲ 115/160000, 5 appartamenti.

ARCUGNANO 36057 Vicenza 🔢 F 16 – 5 900 ab. alt. 160 – ✪ 0444.

Roma 530 – ◆ Milano 211 – ◆ Padova 39 – Vicenza 7.

🏨🏨 **Villa Michelangelo e Rist. La Loggia** ⌂, ℰ 550300, Telex 481618, Fax 550490, ≤ Colli Berici, 🏛, « In un parco », ⑆ coperta in inverno – 🍽 📺 ☎ ℗ – 🛗 25 a 300. 🝙 🛐 🅾
VISA. 🍴 rist
Pas *(chiuso domenica)* carta 60/83000 – **36 cam** ⊊ 185/270000.

✕✕ **Da Pippo,** ℰ 550013, Fax 550186, 🏛 – ℗. 🝙 🅾 🅴 VISA. 🍴
chiuso martedì sera e mercoledì – Pas carta 45/65000.

ARDENZA Livorno 🔢 🔢 L 12 – Vedere Livorno.

AREMOGNA L'Aquila 🔢 Q 24, 🔢 B 24 – Vedere Roccaraso.

ARENA PO 27040 Pavia 🔢 G 10 – 1 542 ab. alt. 60 – ✪ 0385.

Roma 537 – Alessandria 81 – ◆ Milano 67 – Pavia 29 – Piacenza 25.

a Parpanese S : 6 km – ⊠ **27040** Arena Po :

✕✕ **Parpanese,** ℰ 70476, Coperti limitati; prenotare – 🍽 ℗. 🝙 🛐 VISA. 🍴
chiuso domenica sera, lunedì e dall'8 agosto all'8 settembre – Pas carta 42/60000.

ARENZANO 16011 Genova 🔢⑬, 🔢 I 8 – 11 642 ab. – a.s. 15 dicembre-15 gennaio, marzo-maggio e ottobre – ✪ 010.

🛏 Della Pineta (chiuso martedì ed ottobre) a Punta San Martino ℰ 9111817, Fax 911187, 1 km.

🇮 via Cambiaso 1 ℰ 9127581, Fax 9127581.

Roma 527 – Alessandria 77 – ◆Genova 28 – ◆Milano 151 – Savona 23.

🏨🏨 **Punta San Martino** ⌂, via Punta San Martino 4 ℰ 9112962, Fax 9112966, ≤, ⑆, 🔆
🍽 📺 ☎ ℗. 🝙 🛐 🅴 VISA. 🍴 rist
Pas 30/45000 – **39 cam** ⊊ 290000.

🏨 **Ena,** ℰ 9127379, Fax 9123139, ≤ –🛗 📺 ☎. 🝙 🛐 🅾 🅴 VISA. 🍴 rist
Pas *(chiuso da ottobre ad aprile)* 37/48000 – ⊊ 11000 – **24 cam** 95000 – ½ P 77/91000.

✕✕ **Lazzaro e Gabriella,** ℰ 9124259, Coperti limitati; prenotare – 🍽. 🝙 🛐 🅾 🅴 VISA
chiuso a mezzogiorno in luglio-agosto e lunedì negli altri mesi – Pas carta 34/46000.

ARESE 20020 Milano 🔢 F 9, 🔢⑬ – 18 812 ab. alt. 160 – ✪ 02.

Roma 597 – Como 36 – ◆Milano 16 – Varese 50.

✕✕ **Castanei,** viale Alfa Romeo NO : 1,5 km ℰ 9380053, Fax 9380053 – 🍽 ℗. 🝙 🛐 🅾
VISA. 🍴
chiuso domenica, mercoledì sera, dal 24 dicembre al 2 gennaio ed agosto – Pas carta 49000.

AREZZO 52100 ℗ 🔢⑮, 🔢 L 17 – 91 623 ab. alt. 296 – ✪ 0575.

Vedere Affreschi di Piero della Francesca★★★ nella chiesa di San Francesco ABY – Chiesa Santa Maria della Pieve★ : facciata★★ BY B – Crocifisso★★ nella chiesa di San Domenico B Piazza Grande★ BY – Museo d'Arte Medievale e Moderna★ : maioliche★★ AY M1 – Portico ancona★ della chiesa di Santa Maria delle Grazie AZ – Opere d'arte★ nel Duomo BY.

🇮 piazza della Repubblica 28 ℰ 377678, Fax 28042.

A.C.I. viale Luca Signorelli 24/a ℰ 30350.

Roma 214 ④ – ◆Ancona 211 ② – ◆Firenze 81 ④ – ◆Milano 376 ④ – ◆Perugia 74 ③ – Rimini 153 ①.

Pianta pagina seguente

🏨🏨 **Etrusco,** via Fleming 39 ℰ 984067, Telex 575098, Fax 382131 – 🛗 🍽 📺 ☎ 🅰 ⟺ ⑆
🛗 40 a 400. 🝙 🛐 🅾 🅴 VISA. 🍴   1 km per
Pas *(chiuso domenica)* carta 34/49000 – ⊊ 13000 – **80 cam** 140000 – ½ P 115/135000.

🏨🏨 **Minerva,** via Fiorentina 6 ℰ 370390, Telex 573535, Fax 370390 – 🛗 🍽 📺 ☎ 🅰 ⟺
🛗 30 a 400. 🝙 🛐 🅾 🅴 VISA. 🍴   AY
Pas *(chiuso dal 1° al 20 agosto)* carta 36/52000 (15 %) – ⊊ 13000 – **118 cam** 85/12000
½P 110/120000.

🏨🏨 **Continentale,** piazza Guido Monaco 7 ℰ 20251, Fax 350485 – 🛗 🍽 📺 ☎
🛗 100 a 180. 🝙 🛐 🅾 🅴 VISA. 🍴 rist   AZ
Pas *(chiuso domenica sera e dal 15 luglio al 15 agosto)* carta 35/51000 – ⊊ 11000 – **74 cam**
80/152000 – ½P 104/121000.

🏨 Europa, senza rist, via Spinello 43 ℰ 357701, Fax 357703 – 🛗 🍽 📺 ☎ – **45 cam.**   AZ

✕✕ **Buca di San Francesco,** piazza San Francesco 1 ℰ 23271, « Ambiente d'intonazi
trecentesca » – 🝙 🛐 🅾 🅴 VISA   BY
chiuso lunedì sera, martedì e luglio – Pas carta 40/64000.

✕✕ **Le Tastevin,** via de' Cenci 9 ℰ 28304 – 🍽 🝙 🛐 🅾 🅴 VISA. 🍴   AZ
chiuso lunedì e dal 5 al 27 agosto – Pas carta 40/59000.

a Giovi per ① : 8 km – ⊠ **52010** :

✕✕ **Antica Trattoria al Principe,** ℰ 362046 – 🍴
chiuso lunedì e dal 25 luglio al 20 agosto – Pas carta 39/60000.

AREZZO

0   200 m

our (Via)	ABY 2	
ide (Piazza)	BY	
a (Corso)	ABYZ	
alpino (Via)	BY 3	
nera (Via della)	AY 5	
anella (Via)	BZ 6	
baldi (Via)	ABYZ 8	
to (Viale)	BZ 9	
Madonna del Prato (V.)	AYZ 13	
Maginardo (Viale)	AZ 14	
Mecenate (Viale)	AZ 16	
Mino da Poppi (Via)	BZ 17	
Mochi (Via F.)	AY 19	
Monaco (Via G.)	AYZ 20	
Murello (Piagga del)	AY 22	
Niccolò Aretiro (Via)	AZ 23	
Pellicceria (Via)	BY 25	
Pescioni (Via)	BZ 26	
Pileati (Via dei)	BY 28	
Ricasoli (Via)	BY 30	
S. Clemente (Via)	AY 32	
S. Domenico (Via)	BY 33	
Saracino (Via del)	AY 35	
Sasso Verde (Via)	BY 36	
Vittorio Veneto (Via)	AZ 38	
20 Settembre (Via)	AY 40	

a Chiassa per ① : 9 km – ⊠ 52030 :

Il Mulino, ℰ 361878, 🍽 – **Ⓟ**. 🄰🄴 🔆 ⓪ 🄴 𝒱𝐼𝑆𝐴. 🍴
chiuso martedì e dal 1° al 25 agosto – Pas carta 25/41000.

verso Castiglion Fibocchi per ④ : 9 km :

La Doccia, via Setteponti Rondine 24/g – ⊠ 52029 Castiglion Fibocchi ℰ 364012, 🍽 –
Ⓟ
chiuso domenica sera, martedì ed agosto – Pas carta 28/51000.

RGEGNO 22010 Como 🏢🏢🏢 E 9, 🏢🏢🏢 ⑨ – 678 ab. alt. 220 – ✪ 031.
a 645 – Como 20 – ♦Lugano 43 – Menaggio 15 – ♦Milano 68 – Varese 44.

La Griglia 🏖 con cam, strada per Schignano SO : 3 km ℰ 821147, « Servizio estivo
all'aperto », 🍽 – **Ⓟ**. 🔆 🄴 𝒱𝐼𝑆𝐴
chiuso gennaio e febbraio – Pas *(chiuso martedì escluso da luglio a settembre)* carta 41/
62000 – 🛏 7000 – **6 cam** 70000 – ½ P 54/59000.

Der Rote MICHELIN-Hotelführer : main cities EUROPE
für Geschäftsreisende und Touristen.

ARGELATO 40050 Bologna 429 430 I 16 – 7 702 ab. alt. 21 – ۞ 051.

Roma 393 – ◆Bologna 17 – ◆Ferrara 34 – ◆Milano 223 – ◆Modena 41.

   XX **L'800,** via Centese 33 ℰ 893032, Fax 893032 – ▤ ❷. ஊ ⓞ Ɛ 𝘝𝘐𝘚𝘈. ⨯
      chiuso domenica ed agosto – Pas carta 35/57000 (10%).

ARGENTA 44011 Ferrara 988 ⑮, 429 430 I 17 – 22 663 ab. alt. 4 – ۞ 0532.

♜ (chiuso lunedì) località Bosco Vecchio ✉ 44011 Argenta ℰ 852545.

Roma 432 – ◆Bologna 50 – ◆Ferrara 34 – ◆Milano 261 – ◆Ravenna 40.

   🏨 **Villa Reale** senza rist, viale Roiti 16/a ℰ 852334, Fax 852353 – ▮≢▮ ▤ 𝗧𝗩 ☎ ৬ ⇔ (
      🏂 80. ஊ 🛐 ⓞ Ɛ 𝘝𝘐𝘚𝘈. ⨯
      ⥱ 15000 – **30 cam** 135000.

   XXX ۞۞ **Il Trigabolo,** piazza Garibaldi ℰ 804121, Fax 852235 – ▤. ஊ 🛐 ⓞ Ɛ 𝘝𝘐𝘚𝘈
      chiuso domenica sera, lunedì e dal 19 al 26 febbraio – Pas carta 75/100000 (10%)
      Spec. Insalata di piccione con canditi e aceto balsamico, Lasagne croccanti alle verdure e prosciutto di Praga, Fara
      farcita allo zabaione di saba (mosto d'uva) con tortelli di zucca. **Vini** Chardonnay, Cabernet-Sauvignon.

ARIANO IRPINO 83031 Avellino 988 ㉘, 431 D 27 – 23 569 ab. alt. 817 – ۞ 0825.

Roma 276 – ◆Foggia 62 – ◆Napoli 96 – Salerno 79.

    sulla strada statale 90 S : 2 km:

   🏨 **Incontro,** contrada Foresta ✉ 83031 ℰ 891857 e rist ℰ 891250, Fax 891857, ⨯ – ▮≢▮
      𝗧𝗩 ☎ ❷. ஊ 🛐 ⓞ 𝘝𝘐𝘚𝘈. ⨯
      Pas carta 25/35000 – **30 cam** ⥱ 100000 – ½ P 80/90000.

ARIANO NEL POLESINE 45012 Rovigo 988 ⑮, 429 H 18 – 5 292 ab. alt. 4 – ۞ 0426.

Roma 473 – ◆Ferrara 50 – ◆Milano 304 – ◆Padova 63 – ◆Ravenna 72 – Rovigo 36 – ◆Venezia 97.

   XX **Due Leoni** con cam, corso del Popolo 21 ℰ 71138 – ⇔ rist ▤ rist. ஊ 🛐 Ɛ 𝘝𝘐𝘚𝘈. ⨯ ri
      chiuso dal 1° al 22 luglio – Pas (chiuso lunedì) carta 39/56000 – ⥱ 8000 – **13 cam** 50/70
      – ½ P 70000.

ARICCIA 00040 Roma 430 Q 20 – 18 073 ab. alt. 412 – ۞ 06 – Vedere Guida Verde.

Roma 26 – Latina 39.

   🏨 **Villa Aricia,** via Appia Nuova ℰ 9323158, Fax 9320065, « Servizio rist. estivo all'ape
      nel parco secolare » – ▮≢▮ 𝗧𝗩 ☎ ৬ ❷ – 🏂 30 a 180. ஊ 🛐 ⓞ Ɛ 𝘝𝘐𝘚𝘈. ⨯
      Pas (chiuso lunedì) carta 37/67000 – ⥱ 7500 – **63 cam** 104/134000 – ½ P 128/142000.

ARITZO Nuoro 988 ㉝, 433 H 9 – Vedere Sardegna.

ARMA DI TAGGIA 18011 Imperia 988 ⑫, 428 K 5 – ۞ 0184.

Vedere Dipinti★ nella chiesa di San Domenico a Taggia★ N : 3,5 km.

🛈 via Blengino 5 ℰ 43733.

Roma 631 – ◆Genova 132 – Imperia 15 – ◆Milano 255 – Ventimiglia 25.

   🏨🏨 **Vittoria Grattacielo,** Lungomare ℰ 43495, Fax 448578, ≤, « Giardino con ☳ », 🔺
      ▮≢▮ 𝗧𝗩 ☎ ৬ ⇔ ❷ – 🏂 200. ஊ 🛐 ⓞ Ɛ 𝘝𝘐𝘚𝘈. ⨯
      Pas 45/60000 – **77 cam** ⥱ 128/220000 – ½ P 138/210000.

   🏨 **Svizzera,** Lungomare ℰ 43152, Fax 43153, ≤, 🏨 – ▮≢▮ ⇔ rist ▤ rist 𝗧𝗩 ☎. ஊ 🛐 ⓞ
      𝘝𝘐𝘚𝘈 ⨯ rist
      chiuso dal 15 ottobre al 18 dicembre – Pas 35000 – ⥱ 8500 – **26 cam** 50/8500
      P 60/85000.

   XXX **La Conchiglia,** Lungomare 33 ℰ 43169, 🏨 – ▤. ஊ 🛐 ⓞ Ɛ 𝘝𝘐𝘚𝘈. ⨯
      chiuso dal 1° al 15 giugno, dal 16 novembre al 1° dicembre e mercoledì (escluso lug
      agosto) – Pas carta 48/87000.

   XX **Da Pino,** via Andrea Doria 66 ℰ 42463 – ஊ 🛐 ⓞ Ɛ 𝘝𝘐𝘚𝘈
      chiuso giovedì e dal 20 novembre al 20 dicembre – Pas carta 50/100000.

ARMENZANO Perugia 430 M 20 – vedere Assisi.

AROLO Varese 428 E 7, 219 ⑦ – alt. 225 – ✉ 21038 Leggiuno Sangiano – ۞ 0332.

Roma 651 – Laveno Mombello 8 – ◆Milano 74 – Novara 61 – Sesto Calende 22 – Varese 23.

   X **Campagna** con cam, ℰ 647107, Fax 647107 – 𝗧𝗩 ☎ ❷. Ɛ 𝘝𝘐𝘚𝘈. ⨯
      chiuso dal 24 dicembre a gennaio – Pas (chiuso martedì) carta 34/61000 – ⥱ 700
      15 cam 48/67000 – ½ P 54/59000.

We suggest:

for a successful tour, that you prepare it in advance.

***Michelin maps** and **guides**, will give you much useful information on route planning,*
places of interest, accommodation, prices etc.

ARONA 28041 Novara 988② ③, 428 E 7 – 15 675 ab. alt. 212 – ✪ 0322.

Vedere Lago Maggiore★★★ – Colosso di San Carlone★ – Polittico★ nella chiesa di Santa Maria ★ sul lago e Angera dalla Rocca.

Piazza Stazione ✆ 243601.

Roma 641 – ◆Milano 64 – Novara 40 – Stresa 16 – ◆Torino 116 – Varese 32.

Concorde, via Verbano 1 ✆ 249321, Fax 249372, ≤ Rocca di Angera e lago, ⬛ – 🛗 🗏 📺 ☎ 🕭 ❷ – 🔏 30 a 200. 🝙 🗗 ⑩ 🗉 𝑽𝑰𝑺𝑨. 🛠 rist
Pas carta 50/76000 – ☲ 18000 – **82 cam** 120/190000 – ½ P 95/155000.

Atlantic, corso Repubblica 124 ✆ 46521, Fax 48358, ≤ – 🛗 🗏 📺 ☎ – 🔏 30 a 100. 🝙 🗗 ⑩ 🗉 𝑽𝑰𝑺𝑨. 🛠 rist
Pas carta 49/74000 – ☲ 18000 – **79 cam** 145/185000, 2 appartamenti – ½ P 120/140000.

Giardino, corso Repubblica 1 ✆ 45994, Fax 249401, ≤ – 🛗 📺 🕭. 🝙 🗗 ⑩ 🗉 𝑽𝑰𝑺𝑨. 🛠 rist
Pas carta 31/50000 – ☲ 14000 – **55 cam** 110/125000 – ½ P 93/110000.

Antares senza rist, via Gramsci 13 ✆ 243438, Fax 249252 – 🛗 📺 🕭 🚗. 🝙 🗗 ⑩ 🗉 𝑽𝑰𝑺𝑨
☲ 5000 – **50 cam** 70/110000.

Florida senza rist, piazza del Popolo 32 ✆ 46212, ≤ – 🛗 🕭. 🛠
11 marzo-7 novembre – ☲ 9000 – **21 cam** 70/95000.

❀ **Taverna del Pittore,** piazza del Popolo 39 ✆ 243366, Fax 48016, ≤ Rocca di Angera e lago, prenotare, « Terrazza sul lago » – 🝙 🗗 ⑩ 🗉 𝑽𝑰𝑺𝑨. 🛠
chiuso lunedì, dal 20 dicembre al 10 gennaio e dal 15 al 30 giugno – Pas carta 65/98000 (10%)
Spec. Foie gras d'anitra e fichi al Vecchio Samperi (settembre-ottobre), Lasagnette Grand Gourmand (settembre-ottobre), Spezzatino d'astice con fave e piselli (aprile-giugno). **Vini** Lugana, Ghemme.

Pescatori, lungolago Marconi 7 ✆ 48312 – 🗏. 🝙 🗗 ⑩ 🗉 𝑽𝑰𝑺𝑨
chiuso martedì e dal 10 al 25 novembre – Pas carta 48/81000.

Al Cantuccio, piazza del Popolo 1 ✆ 243343 – 🗏. 🝙 🗗 🗉 𝑽𝑰𝑺𝑨
chiuso lunedì ed agosto – Pas carta 54/80000 (10%).

Del Barcaiolo, piazza del Popolo 20/23 ✆ 243388, 😾, « Taverna caratteristica » – 🝙 🗗 ⑩ 🗉 𝑽𝑰𝑺𝑨
chiuso mercoledì, dal 25 gennaio al 7 febbraio e dal 20 luglio al 20 agosto – Pas carta 42/67000.

a Mercurago SO : 2 km – ✉ 28040 :

Dal Barba, ✆ 243589, 😾 – 🝙 🗗 ⑩ 🗉 𝑽𝑰𝑺𝑨. 🛠
chiuso lunedì sera e martedì – Pas carta 40/55000.

ARQUA PETRARCA 35032 Padova 429 G 17 – 1 928 ab. alt. 56 – ✪ 0429.

Vedere Guida Verde.

Roma 478 – Mantova 85 – ◆Milano 268 – ◆Padova 25 – Rovigo 27 – ◆Venezia 61.

La Montanella, ✆ 718200, Fax 777177, ≤, « Servizio estivo all'aperto », 😾 – 🗏 ❷. 🝙 🗗 ⑩ 🗉 𝑽𝑰𝑺𝑨. 🛠
chiuso martedì sera, mercoledì, dal 2 gennaio al 15 febbraio e dal 5 al 17 agosto – Pas carta 42/63000.

Aganoor, SO : 1,5 km ✆ 718140, ≤, 😾, 😾 – ❷. 🛠
chiuso mercoledì e dal 10 al 31 gennaio – Pas carta 35/48000.

ARSIE 32030 Belluno 988⑤, 429 E 17 – 3 051 ab. alt. 314 – ✪ 0439.

Roma 580 – Belluno 44 – Trento 68 – Vicenza 71.

Flaminio con cam, ✆ 59067 – ❷. 🛠
Pas (chiuso lunedì) carta 22/37000 – ☲ 7000 – **15 cam** 40/70000 – ½ P 40/50000.

ARTA TERME 33022 Udine 429 C 21 – 2 283 ab. alt. 442 – Stazione termale (maggio-ottobre), 10 luglio-15 settembre e Natale – ✪ 0433.

Roma Roma 22/24 ✆ 92002, Fax 92104.

Roma 696 – ◆Milano 435 – Monte Croce Carnico 25 – Tarvisio 71 – Tolmezzo 8 – ◆Trieste 129 – Udine 60.

a Piano d'Arta N : 2 km – alt. 564 – ✉ 33020 :

Gardel, ✆ 92588, Fax 92153, ≘s, ⬛, 😾 – 🛗 📺 ☎ 🕭 ❷ – 🔏 200. 🝙 🗗 𝑽𝑰𝑺𝑨. 🛠
Pas (chiuso giovedì e novembre) carta 25/33000 – **50 cam** ☲ 55/85000 – ½ P 45/70000.

Salon con cam, ✆ 92003 – 🛗 📺 ☎ ❷. 🝙 🗗 🗉 𝑽𝑰𝑺𝑨. 🛠
chiuso dal 10 novembre al 10 dicembre – Pas carta 31/46000 – **24 cam** ☲ 82/130000 – ½ P 58/68000.

ARTIMINO Firenze 428 430 K 15 – Vedere Carmignano.

ARZACHENA Sassari 988㉓, 433 D 10 – Vedere Sardegna.

Vedere Piazza del Popolo★★ B : palazzo dei
Capitani del Popolo★, chiesa di San Francesco★, Loggia dei Mercanti★ **A** – Quartiere vecchio★ AB : ponte di Solestà★, chiesa dei Santi Vicenzo ed Anastasio★ **N** – Corso Mazzini★
ABC – Polittico del Crivelli★ nel Duomo C –
Battistero★ C **E**.

🛈 piazza del Popolo ✆ 257288, Fax 252391.

A.C.I. viale Indipendenza 65/a ✆ 45920.

Roma 191 ③ – ◆Ancona 122 ② – L'Aquila 101 ② –
◆Napoli 331 ② – ◆Perugia 175 ③ – ◆Pescara 88 ② –
Terni 150 ③.

🏨🏨 **Villa Pigna** ⑤, località Pigna Bassa
✉ 63040 Folignano ✆ 491868,
Fax 491868, « Giardino ombreggiato »
– ⬛ 📺 ☎ 🄿 – 🔄 60 a 300. 🄰🄴 ⑤ ⑩
E 💳. ⬚
         5 km per ①
Pas (chiuso dal 20 luglio al 20 agosto)
carta 35/45000 – ⇌ 12000 – **54 cam**
125/180000, 2 appartamenti.

🏨 **Gioli** senza rist, viale De Gasperi 14
✆ 255550, Fax 255550, ⚘ – ⬛ ▤ rist
📺 ☎ 🚗 🄰🄴 ⑤ ⑩ **E** 💳. ⬚ C **a**
56 cam ⇌ 85/125000.

🏨 **Pennile** ⑤ senza rist, via Spalvieri
✆ 41645, Fax 342755, ⚘ – 📺 📧
🄿. 🄰🄴 ⑤ ⑩ **E** 💳. ⬚   per ①
⇌ 3000 – **28 cam** 58/90000.

✗✗ **Gallo d'Oro,** corso Vittorio Emanuele
13 ✆ 253520 – ▤. 🄰🄴 ⑤ ⑩ **E** 💳.
⬚   C **n**
chiuso domenica sera, lunedì, dal 23 dicembre al 3 gennaio e dal 5 al 20 agosto
– **Pas** carta 31/46000.

✗✗ **Tornasacco,** piazza del Popolo 36
✆ 254151   B **a**
chiuso venerdì e dal 1º al 15 luglio – Pas
carta 28/42000.

✗ Pennile, via Spalvieri 13 ✆ 42504 –
🄿   per ①

ASCONA 🔢 ㉔, 🔢 ⑦ ⑧ – Vedere Cantone Ticino alla fine dell'elenco alfabetico.

ASCREA 02020 Rieti 🔢 P 20 –
308 ab. alt. 752 – ✆ 0765.

Roma 76 – L'Aquila 96 – Rieti 37.

🏨 **Miralago Turano,** O : 2 km
✆ 723134, Fax 723134, ≤, ⚘ – 📺 ☎
🄿. ⬚
Pas (chiuso martedì) carta 31/52000 –
⇌ 11000 – **17 cam** 65/90000 – ½ P 80/
90000.

ASIAGO 36012 Vicenza 🔢 ④ ⑤, 🔢 E 16 – 6 757 ab. alt. 1 001 – Sport invernali : sull'Altopiano : 1 001/2 005 m ⛷54, ⚡ – ✆ 0424.
⛳ (giugno-ottobre) ✆ 462721.

🛈 piazza Carli 56 ✆ 462221, Fax 462445.

Roma 589 – ◆Milano 261 – ◆Padova 88 – Trento 63 – Treviso 83 – ◆Venezia 121 – Vicenza 55.

🏨 **La Baitina** ⑤ località Kaberlaba ✆ 462149, Fax 463677, ≤ Altopiano, ⌂, ⚘ – ⬛ 📺
🄿 – 🔄 300. 💳. ⬚ rist
chiuso novembre – Pas carta 32/43000 – ⇌ 15000 – **37 cam** 110000 – ½ P 90/110000.

🏨 **Erica,** via Garibaldi 55 ✆ 462113, ⚘ – ⬛ ▤ rist 📺 ☎ 🚗 🄿. ⬚
dicembre-18 aprile e 10 giugno-20 settembre – Pas 35/45000 – ⇌ 13000 – **35 c**
95/120000 – ½ P 75/105000.

🏨 **Miramonti** ⑤, località Kaberlaba ✆ 462526, Fax 463533, ≤, ⚘, ✗ – ⬛ ☎
⬚
dicembre-aprile e giugno-settembre – Pas 25/35000 – ⇌ 15000 – **29 cam** 95/11000
½ P 70/80000.

naparte (Via)	**C** 5	Fortezza (V. della) . .	**B** 10	Ponte Pta Cartara. . .	**A** 17	Solestà (Via).	**B** 22
oli (Via).	**B** 6	Lazzari (Via T.)	**A** 12	Ponte Pta Tuffilla		Trebbiani (Via)	**B** 23
co d'Ascoli		Manilia (Via)	**A** 13	(Nuovo)	**C** 18	Trivio (Via del)	**B** 26
iazza).	**A** 8	Matteotti (Piazza) . .	**C** 14	S. Agostino		20 Settembre	
rinio (Via)	**A** 9	Ponte Maggiore. . . .	**B** 15	(Piazza).	**B** 21	(Via)	**B** 27

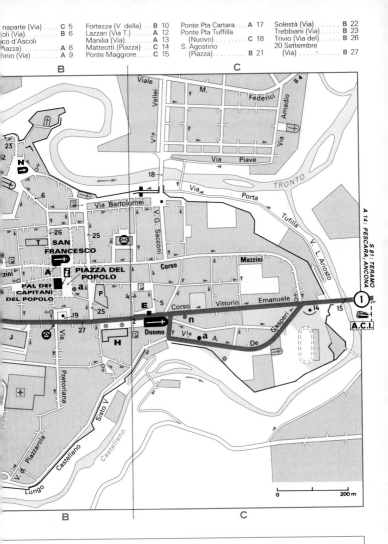

Si le coût de la vie subit des variations importantes,
les prix que nous indiquons peuvent être majorés.
Lors de votre réservation à l'hôtel, faites-vous préciser le prix définitif.

🏠 **Europa,** via 4 Novembre 65 ℰ 462659, Fax 462659 – ☎. 𝘝𝘐𝘚𝘈. 🦋
dicembre-Pasqua e giugno 15 ottobre – Pas carta 30/47000 – ⚌ 10000 – **27 cam** 61/
77000 – ½ P 45/85000.

🏠 **Vescovi** ⌘, via Don Viero 80 ℰ 462614, ≼ – 📺 ☎ 🛏 🅿. 🦋
20 dicembre-marzo e 15 giugno-15 settembre – Pas 28/32000 – ⚌ 12000 – **19 cam** 100/
120000 – ½ P 55/105000.

✗ **Casa Rossa,** località Kaberlaba ℰ 462017, ≼ – 🅿. 𝘈𝘌 🕓 𝘝𝘐𝘚𝘈
chiuso ottobre e giovedì (escluso da aprile a settembre) – Pas carta 41/53000.

✗ **Aurora** ⌘ con cam, via Ebene 71 ℰ 462469, Coperti limitati; prenotare – 🅿. 🦋
Pas *(chiuso lunedì)* carta 32/45000 – ⚌ 8000 – **8 cam** 32/65000.

ASOLO 31011 Treviso 988⑤, 429 E 17 – 6 712 ab. alt. 204 – ✪ 0423.
Vedere Guida Verde.

🗐 via Santa Caterina 258 (Villa De Mattia) ✆ 52183.

Roma 559 – Belluno 65 – ◆Milano 255 – ◆Padova 47 – Trento 104 – Treviso 35 – ◆Venezia 65 – Vicenza 51.

🏰 **Villa Cipriani** ⑤, ✆ 952166, Telex 411060, Fax 952095, ≤ pianura e colline, ☞ –
✖ rist ▤ 📺 ☎ ⇐⇒ 🅟 🅰🅴 🛗 ⑩ 🅔 𝗩𝗜𝗦𝗔. ✄ rist
Pas carta 80/117000 – ☲ 22000 – **31 cam** 306/366000 – ½ P 273/292000.

🏠 **Duse** senza rist, ✆ 55241, Fax 950404 – ▯▮ ▤ 📺 ☎. 🅰🅴 🛗 ⑩ 🅔 𝗩𝗜𝗦𝗔
☲ 7500 – **12 cam** 65/100000.

✕✕ **Charly's One,** ✆ 952201, 🏠 – 🅰🅴 🛗 ⑩ 🅔 𝗩𝗜𝗦𝗔
chiuso dal 15 al 30 gennaio, mercoledì sera e giovedì (escluso da giugno a settembre) – F
carta 33/50000.

✕ **Tavernetta,** via Schiavonesca 45 (S : 2 km) ✆ 952273, Coperti limitati; prenotare – ◖
chiuso martedì e dal 1° al 15 luglio – Pas carta 31/48000.

sulla strada provinciale per Castelfranco Veneto S : 4 km :

✕ **Da Mario-Croce d'Oro,** ⊠ 31011 ✆ 564075 – 🅟. 🅰🅴 🛗 𝗩𝗜𝗦𝗔. ✄
chiuso martedì sera, mercoledì, dall'8 al 15 gennaio e dal 9 al 29 agosto – Pas carta 2
40000.

ASSAGO Milano 219⑲ – Vedere Milano, dintorni.

ASSEMINI Cagliari 988㉝, 433 J 8 – Vedere Sardegna

ASSERGI 67010 L'Aquila 988㉖, 430 O 22 – alt. 867 – ✪ 0862.

Dintorni Campo Imperatore★★ E : 22 km : funivia
per il Gran Sasso★★.

Roma 134 – L'Aquila 17 – ◆Pescara 109 – Rieti 72 – Teramo 88.

a Fonte Cerreto NE : 4 km – alt. 1 120 –
⊠ 67010 Assergi :

🏨 **Fiordigigli** ⑤ alla base della funivia del
Gran Sasso ✆ 606171, Fax 606674, ≤ – ▯▮ 📺
☎ ⇐⇒ 🅟. 🅰🅴 🛗 🅔 𝗩𝗜𝗦𝗔. ✄
Pas carta 30/44000 – **67 cam** ☲ 90000 –
½ P 80000.

ASSISI 06081 e 06082 Perugia 988⑯, 430 M 19 –
24 790 ab. alt. 424 – ✪ 075.

Vedere Basilica di San Francesco★★★ A : affres-
chi★★★ nella Basilica inferiore, affreschi di Giot-
to★★★ nella Basilica superiore.
Chiesa di Santa Chiara★★ BC – Rocca Maggiore★★
B : ✱★★ – Duomo di San Rufino★ C : facciata★★ –
Piazza del Comune★ B 3 : tempio di Minerva★ A –
Via San Francesco★ AB – Chiesa di San Pietro★ A.

Dintorni Eremo delle Carceri★★ E : 4 km C –
Convento di San Damiano★ S : 2 km BC – Basilica
di Santa Maria degli Angeli★ SO : 5 km A.

🗐 piazza del Comune 12 ⊠ 06081 ✆ 812534, Telex
660122, Fax 813727.

Roma 177 ① – Arezzo 99 ② – ◆Milano 475 ② – ◆Perugia 26 ②
– Siena 131 ② – Terni 76 ①.

Pianta pagina a lato

🏰 **Subasio,** via Frate Elia 2 ⊠ 06081 ✆ 812206, Telex 662029, Fax 816691, ≤, 🏠, « Te
razze fiorite » – ▯▮ 📺 ☎. 🅰🅴 🛗 ⑩ 🅔 𝗩𝗜𝗦𝗔. ✄ rist
Pas 40/80000 – ☲ 15000 – **66 cam** 125/180000, 5 appartamenti – ½ P 140/180000.

🏰 **Giotto,** via Fontebella 41 ⊠ 06082 ✆ 812209, Telex 563259, Fax 816479, ≤, ☞ – 📺
⇐⇒ 🅟 – 🔏 50. 🅰🅴 🛗 ⑩ 🅔 𝗩𝗜𝗦𝗔. ✄ rist
Pas (chiuso a mezzogiorno) 40/50000 – ☲ 20000 – **70 cam** 110/180000, appartamento.

🏨 **Fontebella,** via Fontebella 25 ⊠ 06082 ✆ 812883, Fax 812941, ≤ – ▯▮ 📺 ☎. 🅰🅴 🛗 ⑩ ▯
𝗩𝗜𝗦𝗔
Pas vedere rist Il Frantoio – ☲ 18000 – **46 cam** 120/200000 – ½ P 156000.

🏨 **Umbra** ⑤, vicolo degli Archi 6 ⊠ 06081 ✆ 812240, Fax 813653, « Servizio rist. estiv
all'aperto » – 📺 ☎. 🅰🅴 🛗 ⑩ 🅔 𝗩𝗜𝗦𝗔
chiuso dal 10 gennaio al 15 marzo – Pas (chiuso martedì e dal 15 novembre al 15 dicembre
carta 34/59000 – ☲ 13000 – **25 cam** 90/120000.

Dei Priori, corso Mazzini 15 ⊠ 06081 ℰ 812237, Fax 816804 – |⧈| **☎** ⚠️ 🅱️ ⓪ 🄴 _VISA_ ⌁
20 marzo-10 novembre – Pas carta 33/57000 – ⌑ 12000 – **34 cam** 98/135000 – ½ P 86/
130000.
B **n**

San Francesco, via San Francesco 48 ⊠ 06082 ℰ 812281, Fax 816237, ≼ – |⧈| 📺 **☎** ⚠️
🅱️ ⓪ 🄴 _VISA_ ⌁ rist
A **b**
Pas (solo per clienti alloggiati) 50000 – ⌑ 19000 – **44 cam** 95/132000 – ½ P 95/127000.

San Pietro, piazza San Pietro 5 ⊠ 06082 ℰ 812452, Fax 816332 – |⧈| 🍽 rist 📺 **☎** ⚠️ 🅱️
🄴 _VISA_
A **s**
Pas carta 32/53000 – ⌑ 10000 – **46 cam** 90/125000 – ½ P 80/95000.

Country House ⌁ senza rist, Via San Pietro Campagna 178 ⊠ 06081 ℰ 816363,
Fax 816363, ≼, « Raccolta di mobili d'epoca », ▱ – ℗ ⚠️ _VISA_
A **r**
⌑ 12000 – **11 cam** 75/95000.

Berti senza rist, piazza San Pietro 24 ⊠ 06081 ℰ 813466 – |⧈| **☎** ⚠️ 🅱️ ⓪ 🄴 _VISA_ ⌁
⌑ 8000 – **10 cam** 60/85000.
A **a**

Sole, corso Mazzini 35 ⊠ 06081 ℰ 812373, Fax 813706 – |⧈| **☎** ⚠️ 🅱️ ⓪ 🄴 _VISA_ ⌁
Pas (solo per clienti alloggiati e *chiuso da novembre al 15 marzo*) – ⌑ 10000 – **35 cam**
60/85000 – ½ P 75/85000.
B **z**

Posta Panoramic, via San Paolo 17/19 ⊠ 06081 ℰ 812558, ≼ – **☎** ⚠️ 🅱️ ⓪ _VISA_ ⌁
chiuso dal 7 gennaio al 19 marzo – Pas *(chiuso mercoledì)* 22/24000 – ⌑ 8000 – **30 cam**
60/85000 – ½ P 65/70000.
B **y**

Del Viaggiatore, via Sant'Antonio 14 ⊠ 06081 ℰ 816297, Fax 813051 – |⧈| **☎** ⚠️ ⓪ _VISA_.
⌁
B **g**
Pas (solo per clienti alloggiati) – ⌑ 8000 – **16 cam** 60/85000 – ½ P 70/75000.

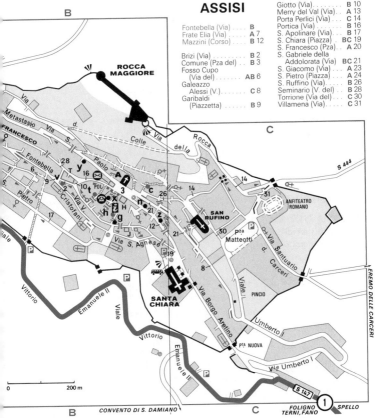

ASSISI

Fontebella (Via) . . . . **B**
Frate Elia (Via) . . . . **A** 7
Mazzini (Corso) . . . . **B** 12

Brizi (Via) . . . . **B** 2
Comune (Pza del) . . **B** 3
Fosso Cupo
(Via del) . . . . . . **AB** 6
Galeazzo
Alessi (V.) . . . . . **C** 8
Garibaldi
(Piazzetta) . . . . . **B** 9

Giotto (Via) . . . . **B** 10
Merry del Val (Via) . . **A** 13
Porta Perlici (Via) . . . **C** 14
Portica (Via) . . . . . . **B** 16
S. Apolinare (Via) . . . **B** 17
S. Chiara (Piazza) . . **BC** 19
S. Francesco (Pza) . . **A** 20
S. Gabriele della
Addolorata (Via) **BC** 21
S. Giacomo (Via) . . . **A** 23
S. Pietro (Piazza) . . . **A** 24
S. Ruffino (Via) . . . . **B** 26
Seminario (V. del) . . . **B** 28
Torrione (Via del) . . . **C** 30
Villamena (Via) . . . . . **C** 31

87

XXX **Medio Evo,** via Arco dei Priori 4/b ✉ 06081 ☎ 813068, Fax 812870, « Rinvenime archeologici » – ▤. AE ⓢ ⓓ E VISA. ✂ B
chiuso mercoledì, dal 7 gennaio al 1° febbraio e dal 3 al 21 luglio – Pas carta 41/56000

XX **San Francesco,** via San Francesco 52 ✉ 06081 ☎ 813302, Fax 812329, ≤ Basilica San Francesco, prenotare – AE ⓢ E VISA A
chiuso mercoledì e dal 1° al 15 luglio – Pas carta 47/73000.

XX **Buca di San Francesco,** via Brizi 1 ✉ 06081 ☎ 812204, Fax 813780, 余 – AE ⓢ ⓓ VISA B
chiuso lunedì, dal 7 gennaio al 28 febbraio e dal 1° al 28 luglio – Pas carta 35/54000.

XX **Taverna de l'Arco - da Bino,** via San Gregorio 8 ✉ 06081 ☎ 812383, Fax 812383 – ⓢ E VISA B
chiuso martedì, dal 7 gennaio al 13 febbraio e dal 30 giugno al 10 luglio – Pas carta 70000.

XX **Il Frantoio,** vicolo Illuminati ✉ 06081 ☎ 812977, Fax 812941 – AE ⓢ ⓓ E VISA
chiuso lunedì – Pas carta 48/71000. B

XX **La Fortezza** ⛰ con cam, vicolo della Fortezza 2/b ✉ 06081 ☎ 812418, Fax 8124 Coperti limitati; prenotare – ☎. AE ⓢ ⓓ E VISA. ✂ cam B
Pas *(chiuso giovedì)* carta 23/36000 – ☕ 7000 – **7 cam** 80000.

a Petrignano NO : 9 km per ② – ✉ **06086** :

🏨 **La Torretta** ⛰ senza rist, ☎ 8038778, Fax 8039474, 🌳 – TV ☎ P. ⓢ E VISA. ✂
☕ 10000 – **31 cam** 70/100000.

XX **Poppy Inn-Locanda del Papavero** con cam, ☎ 8038041, Fax 8038041, « Servizio ri estivo in giardino » – ☎ P. AE ⓢ ⓓ E VISA
chiuso Natale – Pas *(chiuso mercoledì da settembre a marzo)* carta 36/57000 – ☕ 1200(
9 cam 85/110000 – ½ P 105000.

a Rocca Sant'Angelo NO : 12 km – ✉ **06086** Petrignano :

X **La Rocchicciola,** ☎ 8038161, 余, Coperti limitati; prenotare, 🌳 – P. VISA. ✂
chiuso martedì e luglio o agosto – Pas carta 29/48000.

ad Armenzano E : 12 km – alt. 759 – ✉ **06081** Assisi :

🏨 **Le Silve** ⛰, ☎ 8019000, Fax 8019005, ≤, 余, « In un casale del 10° secolo », 🏊, 🌳,
– TV ☎ P. AE ⓓ E VISA. ✂
Pas (solo su prenotazione) carta 52/66000 – **18 cam** ☕ 130/260000 – ½ P 170000.

a San Gregorio NO : 13 km – ✉ **06081** Assisi :

🏨 **Castel San Gregorio** ⛰, ☎ 8038009, Fax 8038904, ≤, 🌳 – ☎ P. AE ⓢ ⓓ E VISA.
chiuso dal 15 al 30 gennaio – Pas (solo per clienti alloggiati) 45000 – ☕ 18000 – **12 ca** 70/93000 – ½ P 95000.

Per i grandi viaggi d'affari o di turismo,
guida MICHELIN rossa : main cities EUROPE.

ASTANO 427 ㉔, 219 ⑧ – Vedere Cantone Ticino alla fine dell'elenco alfabetico.

ASTI 14100 P 988 ⑫, 428 H 6 – 74 497 ab. alt. 123 – ☎ 0141.

Vedere Battistero di San Pietro★ B A.

Dintorni Monferrato★ per ①.

ℹ piazza Alfieri 34 ☎ 50357, Fax 58200.

A.C.I. piazza Medici 21 ☎ 53534.

Roma 615 ② – Alessandria 37 ② – ♦Genova 116 ② – ♦Milano 127 ② – Novara 103 ② – ♦Torino 55 ④.

Pianta pagina seguente

🏨 **Lis** senza rist, viale Fratelli Rosselli 10 ☎ 595051, Fax 353845 – ▤ TV ☎ 🚗. AE ⓢ ⓓ VISA B
☕ 10000 – **29 cam** 100/160000.

🏨 **Palio** senza rist, via Cavour 106 ☎ 34371, Fax 34373 – 🛗 ▤ TV ☎ – 🏛 25. AE ⓢ ⓓ E VISA
chiuso dal 1° al 15 agosto – ☕ 12000 – **29 cam** 95/150000, 5 appartamenti. B

🏨 **Aleramo** senza rist, via Emanuele Filiberto 13 ☎ 595661, Fax 595661 – 🛗 ▤ TV ☎ 🚗 AE ⓢ ⓓ E VISA B
chiuso dal 6 al 22 agosto – **42 cam** ☕ 80/150000.

🏨 **Rainero** senza rist, via Cavour 85 ☎ 353866, Fax 353866 – 🛗 ▤ TV ☎ 🚗 – 🏛 25 a 10(ⓢ ⓓ E VISA B
☕ 12000 – **49 cam** 65/98000, ▤ 10000.

⊗ **Gener Neuv,** lungo Tanaro 4 ℰ 57270, Fax 436723, Coperti limitati; prenotare – ⊁
▤ **℗** **AE** **⑤** **VISA**. ⊁   per ③
chiuso domenica sera, lunedì, agosto e dicembre o gennaio – Pas 62/90000
Spec. Agnolotti d'anitra, Finanziera all'astigiana, Zuppa di baccalà (ottobre-marzo). **Vini** Gavi, Grignolino.

L'Angolo del Beato, via Guttuari 12 ℰ 51668 – ▤. **AE** **⑤** **①** **E** **VISA**. ⊁   B c
chiuso mercoledì e dal 1° al 20 agosto – Pas carta 40/60000.

Il Cenacolo, viale Pilone 59 ℰ 51100, 榃, Coperti limitati; prenotare – **AE** **⑤** **①** **E** **VISA**.
⊁   B t
chiuso lunedì, martedì a mezzogiorno, dal 10 al 25 gennaio e dal 1° al 20 agosto – Pas
carta 35/55000.

La Greppia, corso Alba 140 ℰ 593262 – **℗**   A
chiuso lunedì – Pas carta 26/43000.

Falcon Vecchio, via San Secondo 8 ℰ 593106 – **⑤** **E** **VISA**   B e
chiuso domenica sera, lunedì e dal 9 al 21 agosto – Pas carta 40/75000.

Il Convivio Vini e Cucina, via G.B. Giuliani 6 ℰ 594188, Coperti limitati; prenotare – **AE**
⑤ **VISA**. ⊁   B f
chiuso domenica e dal 10 al 19 agosto – Pas carta 36/50000.

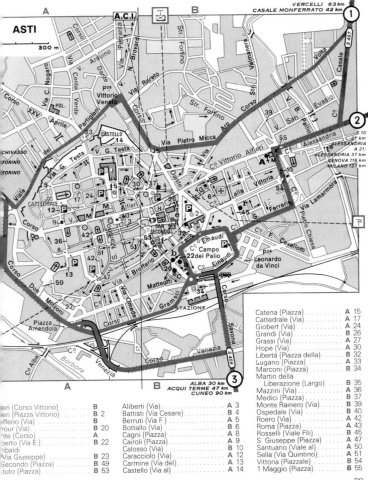

Catena (Piazza)	A	15
Cattedrale (Via)	A	17
Giobert (Via)	A	24
Grandi (Via)	B	26
Grassi (Via)	A	27
Hope (Via)	A	30
Libertà (Piazza della)	B	32
Lugano (Piazza)	A	33
Marconi (Piazza)	B	34
Martiri della		
Liberazione (Largo)	B	35
Mazzini (Via)	A	36
Medici (Piazza)	B	37
Monte Rainero (Via)	B	39
Ospedale (Via)	B	40
Roero (Via)	A	42
Roma (Piazza)	A	43
Rosselli (Viale Flli)	B	45
S. Giuseppe (Piazza)	A	47
Santuario (Viale al)	A	50
Sella (Via Quintino)	A	51
Vittoria (Piazzale)	B	54
1 Maggio (Piazza)	B	55

...eri (Corso Vittorio)	B		Aliberti (Via)	A	3
...eri (Piazza Vittorio)	B	2	Battisti (Via Cesare)	B	4
...fferio (Via)	B	20	Berruti (Via F.)	B	5
...our (Via)	A		Bottallo (Via)	B	6
...nte (Corso)	A		Cagni (Piazza)	A	8
...erto (Via E.)	B	22	Cairoli (Piazza)	A	9
...ribaldi			Calosso (Via)	B	10
...Via Giuseppe)	B	23	Caracciolo (Via)	A	12
...Secondo (Piazza)	B	49	Carmine (Via del)	A	13
...tuto (Piazza)	B	53	Castello (Via al)	A	14

sulla strada statale 10 per ④ : 4 km (Valle Benedetta) :

🏨 **Hasta Hotel** ⤵, ✉ 14100 ℰ 213312, Fax 219580, ≼, « Servizio rist. estivo in giardino
🍴 – 🗉 📺 ☎ 🚗 🅿 – 🛦 40. 🖭 🕄 ⓞ Ε 𝚅𝙸𝚂𝙰 ⚡
Pas carta 50/86000 – ☞ 16000 – **26 cam** 115/160000 – ½ P 135/165000.

a Torrazzo (Valle Tanaro) per ③ : 4 km – ✉ **14015** San Damiano d'Asti :

XX Dente ℰ 352640, Fax 436465, 😤, prenotare – 🅿

a Castiglione per ② : 8 km – ✉ **14037** :

X **Da Aldo,** ℰ 206008 – 🅿. 🖭 🕄 ⓞ Ε 𝚅𝙸𝚂𝙰 ⚡
chiuso mercoledì, dal 7 al 31 gennaio e dal 25 al 31 luglio – Pas carta 35/53000.

Vedere anche : *Isola d'Asti* per ③ : 10 km.

ATENA LUCANA 84030 Salerno 𝟺𝟹𝟷 F 28 – 2 216 ab. alt. 642 – ✪ 0975.
Roma 346 – ♦Napoli 140 – Potenza 60 – Salerno 89.

🏨 **Kristall Palace,** ℰ 71152, Fax 71153 – 🛗 🗉 📺 ☎ 🚗 🅿 – 🛦 700. 🖭 🕄 ⓞ Ε 𝚅𝙸𝚂𝙰
Pas 16/25000 – ☞ 2000 – **22 cam** 50/70000 – ½ P 72000.

ATRANI 84010 Salerno 𝟺𝟹𝟷 F 25 – 1 002 ab. alt. 12 – ✪ 089.
Roma 270 – Amalfi 2 – Avellino 59 – ♦Napoli 60 – Salerno – 23 – Sorrento 36.

X **'A Paranza,** ℰ 871840, Solo piatti di pesce, prenotare – 🗉. 🖭 🕄 ⓞ Ε 𝚅𝙸𝚂𝙰 ⚡
*chiuso dal 1° al 20 febbraio, dal 1° al 15 novembre e martedì (escluso dal 15 giugno al
15 settembre)* – Pas carta 34/58000.

X **Zaccaria,** ℰ 871807, 😤 – 🖭 🕄 ⓞ Ε 𝚅𝙸𝚂𝙰
chiuso lunedì e novembre – Pas carta 37/60000.

Das italienische Straßennetz wird laufend verbessert.

Die rote Michelin-Straßenkarte Nr. 𝟿𝟪𝟪 im Maßstab 1:1 000 000

trägt diesem Rechnung.

Beschaffen Sie sich immer die neuste Ausgabe.

ATRIPALDA 83042 Avellino 𝟺𝟹𝟷 E 26 – 11 130 ab. alt. 280 – ✪ 0825.
Roma 249 – Avellino 4 – ♦Napoli 61 – Salerno 38.

XX **Al Cenacolo,** via Appia III Traversa 7 ℰ 623586, Fax 622686 – 🗉 🅿. 🖭 🕄 ⓞ Ε 𝚅𝙸𝚂𝙰
chiuso martedì – Pas carta 33/58000 (12 %).

ATTIGLIANO 05012 Terni 𝟿𝟪𝟪 ㉕, 𝟺𝟹𝟶 O 18 – 1 692 ab. alt. 95 – ✪ 0744.
Dintorni Sculture★ nel parco della villa Orsini a Bomarzo SO : 6 km.
Roma 87 – Orvieto 34 – Terni 42 – Viterbo 26.

🏨 **Umbria,** in prossimità casello autostrada A1 ℰ 994222, Telex 660247, Fax 994340 – 🛗
📺 ☎ 🚗 🅿. 🖭 🕄 ⓞ Ε 𝚅𝙸𝚂𝙰 ⚡
Pas *(chiuso lunedì escluso da luglio a settembre)* carta 31/50000 – ☞ 12000 – **62 cam**
68/95000 – ½ P 84000.

AUER = Ora.

AUGUSTA Siracusa 𝟿𝟪𝟪 ㊲, 𝟺𝟹𝟸 P 27 – Vedere Sicilia.

AULLA 54011 Massa Carrara 𝟿𝟪𝟪 ⑭, 𝟺𝟸𝟾 𝟺𝟸𝟿 J 11 – 10 415 ab. alt. 64 – ✪ 0187.
Roma 418 – ♦ Parma 92 – ♦ La Spezia 17.

XX **Il Rigoletto,** quartiere Matteotti 29 ℰ 409879, 😤, Coperti limitati; prenotare – 🅿. 🖭
ⓞ Ε 𝚅𝙸𝚂𝙰 ⚡
chiuso novembre, lunedì ed in luglio-agosto anche a mezzogiorno – Pas carta 50/80000.

AUNA DI SOTTO (UNTERINN) Bolzano – Vedere Renon.

AURONZO DI CADORE 32040 e 32041 Belluno 𝟿𝟪𝟪 ⑤, 𝟺𝟸𝟿 C 19 – 3 863 ab. alt. 864 – Sport
invernali : 864/1 585 m ⚡5, ⚡ – ✪ 0435.
🅱 via Roma 10 ✉ 32041 ℰ 9426, Fax 400161.
Roma 663 – Belluno 62 – Cortina d'Ampezzo 34 – ♦Milano 402 – Tarvisio 135 – Treviso 123 – Udine 124 –
♦Venezia 152.

🏨 **Auronzo,** via Roma 30 ✉ 32040 ℰ 99543, Fax 99879, ≼, « Parco ombreggiato », ≈s,
– 🛗 ☎ 🅿. 🕄 ⓞ Ε 𝚅𝙸𝚂𝙰 ⚡
15 dicembre-Pasqua e giugno-settembre – Pas carta 35/52000 – ☞ 10000 – **51 cam**
100/150000 – ½ P 60/110000.

🏨 **Juventus** ⤵, via Padova 26 ✉ 32040 ℰ 9221, Fax 99284, ≼, 😤 – 🛗 🖾 🅿. 🕄 ⓞ Ε 𝚅𝙸𝚂𝙰
⚡
Pas carta 35/52000 – ☞ 5000 – **40 cam** 100/160000 – ½ P 60/90000.

Panoramic ⑤, via Padova 17 ⊠ 32040 ℘ 9398, ≼, ⌂ – ☎ ℗. ✻
20 giugno-20 settembre – Pas carta 28/38000 – � 7000 – **31 cam** 50/100000 – ½ P 45/
75000.

La Montanina ⑤, via Monti 3 ⊠ 32040 ℘ 400005, ⌂ – ℗. ◑ VISA. ✻ rist
Natale-Pasqua e 15 giugno-15 settembre – Pas 25000 – ⊐ 5000 – **17 cam** 80/90000 –
½ P 50/70000.

VEGNO 16030 Genova ⁴²⁸ I 9 – 2 016 ab. alt. 92 – ✿ 0185.
a 486 – ♦Genova 27 – ♦Milano 161 – Portofino 22 – ♦La Spezia 88.

Lagoscuro-da Ferreccio ⑤ con cam, ℘ 79017 – 🅴 E VISA. ✻
chiuso dal 15 gennaio al 15 febbraio – Pas *(chiuso martedì)* carta 26/40000 – ⊐ 7000 –
13 cam 50/80000 – ½ P 50/60000.

VEGNO – Vedere Cantone Ticino alla fine dell'elenco alfabetico.

VELENGO (HAFLING) 39010 Bolzano ⁴²⁹ C 15, ²¹⁸ ⑳ – 617 ab. alt. 1 290 – ✿ 0473.
a 680 – ♦Bolzano 43 – Merano 15 – ♦Milano 341.

Viertlerhof ⑤, ℘ 99428, ≤s, 🔲 – ⫟ 🅣🆅 ⌖ ⌨ ℗. 🅴 E VISA
chiuso da novembre al 25 dicembre – **20 cam** solo ½ P 48/58000.

Messnerwirt ⑤, ℘ 99493, Fax 99530, ≼, ⌖, ≤s – 🆅 ☎ ℗. 🅴 E VISA. ✻ rist
chiuso dal 15 novembre al 20 dicembre – Pas *(chiuso lunedì)* carta 25/48000 – **10 cam**
⊐ 42/80000 – ½ P 48/60000.

VELLINO 83100 🅿 ⁹⁸⁸ ㉗ ㉘, ⁴³¹ E 26 – 55 831 ab. alt. 351 – ✿ 0825.
iazza Libertà 50 ℘ 35175, Fax 35175.
🚗 viale Italia 217 ℘ 36459.
na 245 – Benevento 39 – Caserta 58 – ♦Foggia 118 – ♦Napoli 57 – Potenza 138 – Salerno 38.

De la Ville e Rist. Il Cavallino, via Palatucci ℘ 780911 e rist ℘ 782078, Fax 780921 – ⫟
🔲 🆅 ☎ ⌖ ⌨ ℗ – ⌂ 350. 🅰🅴 🅵 ◑ E VISA. ✻ cam
Pas carta 39/61000 (10%) – **63 cam** ⊐ 140/196000, 6 appartamenti – ½ P 138/180000.

Jolly, via Tuoro Cappuccini 97/a ℘ 25922, Telex 722584, Fax 780029 – ⫟ 🔲 🆅 ☎ ℗ –
⌂ 300. 🅰🅴 🅵 ◑ E VISA. ✻ rist
Pas 45/60000 – **72 cam** ⊐ 137/196000 – ½ P 120/182000.

La Caveja, via Scandone 54 ℘ 38277 – 🗖. 🅰🅴 🅵 VISA
chiuso lunedì ed agosto – Pas carta 29/55000 (15%).

Malaga, via Tedesco 347 ℘ 626045, Solo piatti di pesce, solo su prenotazione – 🗖. 🅰🅴
🅵 ◑ E VISA
chiuso martedì ed agosto – Pas carta 38/51000 (12%).

sulla strada statale 88 SO : 5 km :

Hermitage ⑤, ⊠ 83020 Contrada ℘ 674788, Fax 674772, 🏊 riscaldata, ✻ – ⫟ 🗖 rist
🆅 ☎ ℗ – ⌂ 250. 🅰🅴 🅵 ◑ E VISA. ✻ rist
Pas carta 50/78000 – **30 cam** ⊐ 150/195000 – ½ P 143/175000.

Vedere anche : *Atripalda* NE : 4 km.
Mercogliano NO : 6 km.

VEZZANO 67051 L'Aquila ⁹⁸⁸ ㉖, ⁴³⁰ P 22 – 37 104 ab. alt. 697 – ✿ 0863.
na 105 – L'Aquila 54 – Latina 133 – ♦Napoli 188 – ♦Pescara 107.

Velino, via Montello 9 ℘ 412696, Fax 34263 – 🆅 ☎ ⌖. 🅰🅴 🅵 E VISA. ✻
Pas vedere rist La Stia – **26 cam** ⊐ 80/120000, appartamento – ½ P 100/110000.

La Lanterna, corso della Libertà 100 ℘ 413301, prenotare – 🅰🅴 🅵 E VISA. ✻
chiuso sabato, dal 23 dicembre al 5 gennaio e dal 4 al 22 agosto – Pas carta 44/61000.

La Stia, via Montello 7 ℘ 410572, prenotare – 🅰🅴 🅵 E VISA. ✻
chiuso domenica e dal 5 al 20 agosto – Pas carta 35/65000.

VIATICO 24020 Bergamo ⁴²⁸ ⁴²⁹ E 11 – 498 ab. alt. 1 022 – ✿ 035.
na 624 – ♦Bergamo 23 – ♦Brescia 74 – ♦Milano 69.

Cantül, ℘ 761010, ≼, ⌂ – ℗. ✻
Pas *(chiuso lunedì)* carta 27/39000 – ⊐ 6000 – **20 cam** 85000 – ½ P 65/70000.

VIGLIANA 10051 Torino ⁹⁸⁸ ⑫, ⁴²⁸ G 4 – 9 751 ab. alt. 390 – ✿ 011.
intorni Sacra di San Michele★★★ : ≤★★★ NO : 13,5 km.
Le Fronde (chiuso lunedì e gennaio) ℘ 938053, Fax 938053.
piazza del Popolo 6 ℘ 938650, Fax 938650.
ma 689 – ♦Milano 161 – Col du Mont Cenis 59 – Pinerolo 33 – ♦Torino 24.

Corona Grossa, piazza Conte Rosso 38 ℘ 938371 – 🅵 E VISA
chiuso a mezzogiorno (esclusi i giorni festivi), lunedì ed agosto – Pas carta 35/60000.

ai laghi S : 3 km :

XXX **Hermitage** con cam, ℰ 938150, Fax 938150, ≤ lago e monti, 🐎 – 📺 ☺ 🅿. 🖹 E 🗺
Pas *(chiuso martedi)* carta 50/60000 – 🖙 8000 – **9 cam** 100/120000 – ½ P 130000.

X **Caccia Reale,** ℰ 938717 – 🅿. 🖹 ⓞ E 🗺. ✄
chiuso mercoledi e dal 25 agosto al 10 settembre – Pas carta 27/47000.

AVIGLIANO 85021 Potenza 988 ⑳, 431 E 29 – 11 936 ab. alt. 916 – ✪ 0971.
Roma 383 – ✦Bari 143 – ✦Foggia 120 – ✦Napoli 178 – Potenza 20.

🏠 Summa ⑤, ℰ 82420 – 📺 ☎ 🅿
   13 cam.

AYAS 11020 Aosta 428 E 5, 219 ④ – 1 276 ab. alt. 1 453 – ✪ 0125.
🅱 a Champoluc, via Varasc ℰ 307113.
Roma 732 – Aosta 58 – Ivrea 57 – ✦Milano 170 – ✦Torino 99.

ad Antagnod N : 3,5 km – alt. 1 699 – ✉ 11020 Ayas – a.s. febbraio-Pasqua, luglio, agosto e Natale :

🏠 **Chalet,** ℰ 306616, ≤, 🐎 – 🅿. ✄
chiuso maggio ed ottobre – Pas 23/30000 – 🖙 8000 – **8 cam** 50/84000 – ½ P 67/72000.

Vedere anche : *Champoluc* NE : 5,5 km.

AZZANO MELLA 25020 Brescia 428 429 F 12 – 1 513 ab. alt. 95 – ✪ 030.
Roma 560 – ✦Brescia 13 – Cremona 48 – ✦Milano 100 – ✦Verona 83.

🏠 **Niga,** via Milano 1 ℰ 9747915 e rist ℰ9748103, Fax 9747098 – 🔋 📺 ☎ ⇐ 🅿
   ▲ 60 a 150. 🖭 🖹 ⓞ E 🗺. ✄
   Pas carta 26/37000 – 🖙 7000 – **23 cam** 50/80000 – ½ P 65000.

When looking for a quiet hotel
use the maps found in the introduction
or look for establishments with the sign ⑤ or ⑤

AZZATE 21022 Varese 428 E 8, 219 ⑦ – 3 658 ab. alt. 332 – ✪ 0332.
Roma 634 – Bellinzona 73 – Como 32 – ✦Lugano 40 – ✦Milano 53 – Novara 52 – Varese 6.

XXX **Mai Intees,** ℰ 457223, prenotare, 🐎 – 🖭 🖹 ⓞ E 🗺. ✄
chiuso domenica sera, lunedi e gennaio – Pas carta 55/80000.

BACOLI 80070 Napoli 988 ㉗, 431 E 24 – 27 084 ab. – a.s. luglio-settembre – ✪ 081.
Vedere Cento Camerelle★ – Piscina Mirabile★.
Roma 242 – Formia 77 – ✦Napoli 24 – Pozzuoli 8.

XX **La Misenetta,** ℰ 5234169 – 🖭 🖹 E 🗺. ✄
chiuso lunedi, dal 23 dicembre al 3 gennaio e dal 12 al 28 agosto – Pas carta 60/86000
(15%).

a Capo Miseno SE : 2 km – ✉ 80070 :

🏠 **Cala Moresca** ⑤, via del Faro 44 ℰ 5235595, Fax 5235557, ≤ golfo e costa, 🏤, 🔟,
   – 🔋 📺 ☎ 🅿 – ▲ 70. 🖹 ⓞ E 🗺. ✄
   Pas carta 55/81000 – 🖙 15000 – **28 cam** 95/150000 – ½ P 130000.

a Baia N : 3,5 km – ✉ 80070 .
Vedere Terme★★.

XX **Dal Tedesco** ⑤ con cam, via Temporini 8 (N : 1,5 km) ℰ 8687175, ≤, « Servizio estivo
   in terrazza » – ☎ ⇐ 🅿. 🖭 🖹 ⓞ E 🗺. ✄
   Pas *(chiuso martedi, dal 10 al 20 agosto e dal 20 dicembre al 6 gennaio)* carta 44/59000
   (12%) – 🖙 5000 – **9 cam** 45/65000 – ½ P 70/90000.

BADIA (ABTEI) Bolzano 429 C 17 – 2 702 ab. – Sport invernali : 1 315/2 085 m ✑1 ✑16, ✑
✪ 0471.
Da Pedraces : Roma 712 – Belluno 92 – ✦Bolzano 71 – Cortina d'Ampezzo 55 – ✦Milano 366 – Trento 132.

a Pedraces (Pedratsches) – alt. 1 315 – ✉ 39036.
🅱 ℰ 839695 :

🏠 **Sporthotel Teresa,** ℰ 839623, Fax 839823, ≤, 🔟, 🐎, ✗ – 🔋 ✦ rist 🍽 rist 📺 ☎ ⇐
   🅿. 🗺. ✄
   chiuso maggio e novembre – Pas *(chiuso lunedi)* carta 44/64000 – 🖙 18000 – **48 cam**
   85/160000, 4 appartamenti – ½ P 105/175000.

Gran Ander ⚜ 📺, *𝒫* 839718, ≤ Dolomiti – 🍽 rist 📺 ☎ 🅿. ❀ rist
dicembre-15 aprile e luglio-settembre – Pas (solo per clienti alloggiati) 25/40000 – ⚬ 15000
– **16 cam** 54/98000 – ½ P 54/83000.

Lec da Sompunt ⚜, SO : 3 km *𝒫* 847015, ≤, « Parco con laghetto » – ☎ 🅿. 🔋 E 𝘝𝘐𝘚𝘈
❀ rist
dicembre-aprile e giugno-settembre – Pas carta 33/49000 – **30 cam** ⚬ 80/150000 –
½ P 60/99000.

a La Villa (Stern) S : 3 km – alt. 1 484 – ✉ **39030.**

🛈 *𝒫* 847037, Fax 847277 :

Christiania, *𝒫* 847016, Fax 847056, ≤ Dolomiti, ⇆ŝ, ⬙, ✿ – 🛗 📺 ☎ 🅿. 🔋 E. ❀ rist
15 dicembre-marzo e luglio-settembre – Pas (solo per clienti alloggiati) – ⚬ 18000 –
27 cam 112/224000 – ½ P 79/145000.

Ladinia, *𝒫* 847044, Fax 847394, ⇆ŝ, ✿ – 🛗 📺 ☎ 🅿. 🔋 ⓞ E 𝘝𝘐𝘚𝘈. ❀ rist
chiuso ottobre, novembre e aprile o maggio – Pas carta 30/53000 – ⚬ 15000 – **35 cam**
100000 – ½ P 60/115000.

Dolomiti, *𝒫* 847143, Fax 847390, ≤, ⇆ŝ, ✿, ❀ – 🛗 🍽 rist ☎ 🅿. ⓞ. ❀ rist
chiuso maggio e novembre – Pas carta 29/52000 – **45 cam** ⚬ 90/165000 – ½ P 65/115000.

La Villa ⚜, *𝒫* 847035, Fax 847393, ≤ Dolomiti, « Giardino-pineta », ⇆ŝ – 🛗 ☎ 🅿. ❀
4 dicembre-12 aprile e 26 giugno-20 settembre – Pas 30/45000 – ⚬ 15000 – **39 cam**
60/120000 – ½ P 68/110000.

L' Fanà, *𝒫* 847022, ♣, Rist. e taverna caratteristica – 🍽 🅿. 🆎 🔋 E 𝘝𝘐𝘚𝘈
chiuso maggio e novembre – Pas carta 34/53000.

a San Cassiano (St. Kassian) SE : 6 km – alt. 1 535 – ✉ **39030.**

🛈 *𝒫* 849422 :

Ciasa Salares ⚜, SE : 2 km *𝒫* 849445, Fax 849369, ≤ pinete e Dolomiti, ⴭ, ⇆ŝ, ⬙, ✿
– 📺 ☎ ⥤ 🅿. 🔋 ⓞ E 𝘝𝘐𝘚𝘈. ❀
15 dicembre-15 aprile e 20 giugno-settembre – Pas carta 46/70000 – ⚬ 20000 – **40 cam**
90/160000, appartamento – ½ P 100/170000.

Armentarola ⚜, SE : 2 km *𝒫* 849522, Fax 849389, ≤ pinete e Dolomiti, ⇆ŝ, ⬙, ✿, ♣
– 🛗 ☎ ⥤ 🅿. 𝘝𝘐𝘚𝘈
8 dicembre-14 aprile e 12 giugno-12 ottobre – Pas carta 39/60000 – **50 cam** ⚬ 110/200000,
2 appartamenti – ½ P 125/160000.

Rosa Alpina, *𝒫* 849500, Fax 849377, ⇆ŝ, ⬙ – 🛗 📺 ☎ 🕭 ⥤ 🅿. 𝘝𝘐𝘚𝘈. ❀ rist
dicembre-25 aprile e 21 giugno-settembre – Pas *(chiuso giovedì)* carta 38/52000 – **35 cam**
⚬ 115/200000 – ½ P 90/190000.

Fanes ⚜, *𝒫* 849470, Fax 849403, ≤ pinete e Dolomiti, ⇆ŝ – 📺 ☎ 🅿. 🔋. ❀
4 dicembre-7 aprile e luglio-29 settembre – Pas carta 30/70000 – **44 cam** ⚬ 110/240000 –
½ P 150000.

La Stüa ⚜, *𝒫* 849456, Fax 849311, ≤ pinete e Dolomiti, ⇆ŝ – ⥺ rist 🍽 rist ☎ 🅿. ❀ rist
7 dicembre-20 aprile e 25 giugno-settembre – Pas 25/32000 – **25 cam** ⚬ 50/90000 –
½ P 60/115000.

Ciasa Antersies ⚜, *𝒫* 849417, Fax 849319, ≤ pinete e Dolomiti, ✿ – 🛗 ⥺ rist 📺 ☎
⥤ 🅿. 𝘝𝘐𝘚𝘈. ❀ rist
4 dicembre-10 aprile e luglio-settembre – Pas (solo per clienti alloggiati) 25/35000 – **21 cam**
⚬ 45/86000 – ½ P 70/80000.

Gran Ancëi ⚜, SE : 2,5 km *𝒫* 849540, Fax 849210, ≤ Dolomiti, « In pineta », ⇆ŝ, ✿ –
☎ 🅿. ❀
4 dicembre-25 aprile e giugno-settembre – Pas 20/30000 – **26 cam** ⚬ 35/60000 – ½ P 50/
82000.

ADOLO Bologna 𝟜𝟛𝟘 I 15 – Vedere Sasso Marconi.

AGNAIA 01031 Viterbo 𝟜𝟛𝟘 O 18 – alt. 441 – ⚙ 0761.
edere Villa Lante★★.
ma 109 – Civitavecchia 63 – Orvieto 52 – Terni 57 – Viterbo 5.

✗ **Biscetti** con cam, via Gandin 11 *𝒫* 288252 – 🅿. 🆎. ❀
chiuso luglio – Pas *(chiuso giovedì)* carta 25/40000 (10%) – ⚬ 7000 – **10 cam** 60/75000.

AGNARA Perugia 𝟜𝟛𝟘 M 20 – Vedere Nocera Umbra.

AGNARA CALABRA 89011 Reggio di Calabria 𝟿𝟠𝟠 ㊴, 𝟜𝟛𝟙 M 29 – 11 736 ab. alt. 50 – ⚙ 0966.
ma 679 – Catanzaro 135 – ♦Cosenza 164 – ♦Reggio di Calabria 34.

✗ **Taverna Kerkira,** *𝒫* 372260, Rist. con specialità greche
chiuso lunedì, martedì, dal 20 dicembre al 10 gennaio e luglio – Pas carta 39/61000.

AGNI DI LUCCA 55021 e 55022 Lucca 𝟿𝟠𝟠 ⑭, 𝟜𝟚𝟠 𝟜𝟚𝟿 𝟜𝟛𝟘 J 13 – 7 436 ab. alt. 150 – Stazione
rmale (15 maggio-15 ottobre), a.s. luglio-agosto e Natale – ⚙ 0583.
via Umberto I n° 139 *𝒫* 87946.
ma 375 – ♦Bologna 113 – ♦Firenze 101 – Lucca 27 – Massa 72 – ♦Milano 301 – Pistoia 53 – ♦La Spezia 101.

🏠 **Bridge** senza rist, piazza di Ponte a Serraglio 5 (O : 1,5 km) ⊠ 55021 ℰ 805⋮
Fax 805324 – 🖲 🕾. 🖭 🕃 ⓞ Ε 𝗩𝗜𝗦𝗔. ⅍
⌕ 6000 – **12 cam** 42/62000.

🅇🅇 **La Ruota,** O : 2,5 km ⊠ 55026 Fornoli ℰ 86071 – 🕃 Ε 𝗩𝗜𝗦𝗔. ⅍
chiuso lunedì sera, martedì ed agosto – Pas carta 35/50000.

BAGNO A RIPOLI 50012 Firenze 𝟿𝟾𝟾 ⑮, 𝟺𝟹𝟶 K 15 – 27 438 ab. alt. 77 – ✿ 055.
Roma 270 – Arezzo 74 – ◆Firenze 7 – Montecatini Terme 63 – Pisa 106 – Siena 71.

🅇🅇 **Centanni,** ℰ 630122, Fax 633123, ≼ colline, « Servizio estivo serale in giardino » –
🅟. 🕃 Ε 𝗩𝗜𝗦𝗔
chiuso sabato a mezzogiorno, domenica ed agosto – Pas carta 50/67000.

BAGNO DI ROMAGNA 47021 Forlì 𝟿𝟾𝟾 ⑮, 𝟺𝟸𝟿 𝟺𝟹𝟶 K 17 – 6 283 ab. alt. 491 – Stazione ▮
male (marzo-novembre), a.s. 10 luglio-settembre – ✿ 0543.
🇿 via Lungo Savio 14 ℰ 911046.
Roma 289 – Arezzo 65 – ◆Bologna 125 – ◆Firenze 90 – Forlì 62 – ◆Milano 346 – ◆Ravenna 86 – Rimini 87.

🏨 **Tosco Romagnolo,** ℰ 911260, Fax 911014, « Terrazza-solarium con ⅀ », 𝐼𝑏 – 🖁 ▤
🕾 🕭 🚐. 🖭 🕃 ⓞ Ε 𝗩𝗜𝗦𝗔. ⅍
aprile-10 novembre – Pas 32/38000 (vedere anche rist Paolo Teverini) – ⌕ 12000 – **51 c**⋮
140000 – P 62/130000.

🏨 **Gd H. Terme Roseo,** ℰ 911016, Fax 911360, 𝐼𝑏, ⅀ termale, ⵥ – 🖁 ▤ rist 📺 🕾. 🕃 ▮
⅍
aprile-10 novembre – Pas 27/30000 – **60 cam** ⌕ 88/132000 – ½ P 81/92000.

🏠 **Balneum,** ℰ 911085, 🌬 – 🖁 📺 🕾 🚐 🅟. 🖭 🕃 ⓞ Ε 𝗩𝗜𝗦𝗔. ⅍
aprile-dicembre – Pas carta 25/39000 – ⌕ 8000 – **40 cam** 60/94000 – P 48/88000.

🏠 **Al Tiglio,** ℰ 911266, 🌬 – 🖁 🅟. 🖭 🕃 ⓞ Ε 𝗩𝗜𝗦𝗔. ⅍ rist
Pas carta 26/36000 – ⌕ 6000 – **16 cam** 45/70000 – ½ P 41/49000.

🅇🅇🅇 ✿ **Paolo Teverini,** ℰ 911260, Coperti limitati; prenotare – ▤. 🖭 🕃 ⓞ Ε 𝗩𝗜𝗦𝗔. ⅍
aprile-10 novembre – Pas carta 55/83000
Spec. Tortelli di patate al tartufo nero, Gamberi di fiume (giugno-ottobre). Castrato grigliato con salsa al vino r⋮
aceto e limone. **Vini** Albana, Sangiovese.

ad Acquapartita NE : 10 km – ⊠ **47021** Bagno di Romagna :

🅇 Belvedere-da Crescio, con cam, ℰ 917352, ≼, 🏠 – 🅟.
stagionale – **10 cam.**

BAGNOLI IRPINO 83043 Avellino 𝟺𝟹𝟷 E 27 – 3 783 ab. alt. 670 – Sport invernali : all'Altipia⋮
Laceno 1 054/1 700 m ≤4, ⵠ – ✿ 0827.
Roma 289 – Avellino 43 – Benevento 64 – ◆Foggia 124 – ◆Napoli 100 – Potenza 116 – Salerno 75.

all'Altipiano Laceno SE : 6 km – alt. 1 054 – ⊠ **83043** Bagnoli Irpino :

🏠 4 Camini ⅍, ℰ 68086, Fax 68086, ≼, ⅀ riscaldata, 🌬, 🅇 – 🖁 🕾 🚐 🅟 – 🏋 150
stagionale – **52 cam.**

BAGNOLO Grosseto 𝟺𝟹𝟶 N 16 – Vedere Santa Fiora.

BAGNOLO SAN VITO 46031 Mantova 𝟺𝟸𝟾 𝟺𝟸𝟿 G 14 – 5 269 ab. alt. 18 – ✿ 0376.
Roma 460 – Mantova 13 – ◆Milano 188 – ◆Modena 58 – ◆Verona 49.

🅇🅇 **Villa Eden,** via Gazzo 2 ℰ 415684, 🏠, prenotare, ⅀, 🌬 – 🅟. 🕃 ⓞ Ε 𝗩𝗜𝗦𝗔. ⅍
chiuso a mezzogiorno, martedì e dal 6 al 27 agosto – Pas carta 46/70000.

a San Giacomo Po S : 2,5 km – ⊠ **46031** Bagnolo San Vito :

🅇 **Da Alfeo,** ℰ 414046 – 🅟. ⅍
chiuso martedì ed agosto – Pas carta 20/35000.

BAGNO VIGNONI Siena 𝟺𝟹𝟶 M 16 – Vedere San Quirico d'Orcia.

BAIA Napoli 𝟺𝟹𝟷 E 24 – Vedere Bacoli.

BAIA DOMIZIA 81030 Caserta 𝟺𝟹𝟶 S 23 – a.s. 15 giugno-15 settembre – ✿ 0823.
Roma 167 – Caserta 53 – Gaeta 29 – Abbazia di Montecassino 53 – ◆Napoli 67.

🏨 **Domizia Palace** ⅍, ℰ 930100, Telex 721379, Fax 930068, ≼, « Giardino-pineta c⋮
⅀ », 🛥 – 🖁 ▤ 🕾 🕭 🅟 – 🏋 100 a 350. 🖭 🕃 ⓞ Ε 𝗩𝗜𝗦𝗔. ⅍
aprile-ottobre – Pas 30000 – ⌕ 15000 – **110 cam** 85/120000 – ½ P 132000.

🏨 **Della Baia** ⅍, ℰ 721344, Fax 721556, ≼, 🛥, 🌬, ⵥ – 🕾 🅟. 🖭 🕃 ⓞ Ε. ⅍
15 maggio-25 settembre – Pas 50/60000 – ⌕ 15000 – **56 cam** 100/140000 – ½ P 135000.

BAIARDO 18031 Imperia 𝟺𝟸𝟾 K 5, 𝟷𝟷𝟻 ⑲ ⑳ – 376 ab. alt. 900 – ✿ 0184.
Roma 668 – ◆Genova 169 – Imperia 55 – ◆Milano 292 – San Remo 27 – Ventimiglia 23.

🏠 **La Greppia** ⅍, ℰ 673310, ≼, 🌬 – 🅟. ⅍
Pas (chiuso venerdì) carta 25/42000 – **10 cam** ⌕ 40/75000 – ½ P 60/65000.

BAIA SARDINIA Sassari 988 ㉓ ㉔, 433 D 10 – Vedere Sardegna (Arzachena).

ALBANO Lucca 428 430 K 13 – Vedere Lucca.

ALDISSERO TORINESE 10020 Torino 428 G 5 – 2 814 ab. alt. 421 – ✪ 011.
ᴙma 656 – Asti 42 – ◆Milano 140 – ◆Torino 14.

XX Osteria del Paluc, via Superga 44 (O : 3 km) ℰ 9408750, Fax 9407592, solo su prenota-
    zione, « Servizio estivo all'aperto » – ➊

    a Rivodora NO : 5 km – ✉ **10099** :

X **Torinese,** ℰ 9460025 – VISA. ⛝
    chiuso a mezzogiorno (escluso sabato-domenica), martedì, mercoledì ed agosto – Pas
    carta 30/50000.

ALERNA 427 ㉕, 219 ⑧ – Vedere Cantone Ticino alla fine dell'elenco alfabetico.

ALZE Forlì 430 K 18 – Vedere Verghereto.

ARANO D'ISCHIA Napoli 431 E 23 – Vedere Ischia (Isola d').

ARATTI Livorno 430 N 13 – Vedere Piombino.

ARBARANO Brescia – Vedere Salò.

ARBARESCO 12050 Cuneo 428 H 6 – 636 ab. alt. 274 – ✪ 0173.
ᴙma 642 – Alessandria 63 – Asti 28 – Cuneo 64 – Savona 101 – ◆Torino 57.

XX Rabaya, località Rabaya ℰ 635223, Coperti limitati; prenotare, « Servizio estivo in ter-
    razza con ≤ sulle langhe » – ➊

ARBERINO DI MUGELLO 50031 Firenze 988 ⑭ ⑮, 429 430 J 15 – 8 619 ab. alt. 268 – ✪ 055.
ᴙma 308 – ◆Bologna 79 – ◆Firenze 34 – ◆Milano 273 – Pistoia 49.

    in prossimità casello autostrada A 1 SO : 4 km :

XX **Cosimo de' Medici,** ✉ 50030 Cavallina ℰ 8420370 – ➊. ᴀᴇ 🕄 ⓞ 🖃 VISA
    chiuso lunedì ed agosto – Pas carta 31/45000 (10%).

ARBERINO VAL D'ELSA 50021 Firenze 430 L 15 – 3 507 ab. alt. 373 – ✪ 055.
ᴙma 266 – Arezzo 99 – ◆Firenze 31 – Pisa 81 – Siena 36.

🏠 **Primavera** senza rist, località San Filippo S : 2 km ℰ 8059223, Fax 8059223, ≤ – 🛗 ☎ 🅰
    ➊. ⛝
    ⥩ 8000 – **27 cam** 50/75000.

ARBIANO Ravenna 430 I 17 – Vedere Cotignola.

ARCELLONA POZZO DI GOTTO Messina 988 ㉔, 432 M 27 – Vedere Sicilia.

ARCUZZI Brescia – Vedere Lonato.

ARDASSANO Torino – Vedere Gassino Torinese.

ARDINETO 17020 Savona 988 ⑫, 428 J 6 – 710 ab. alt. 711 – ✪ 019.
ᴙma 604 – Cuneo 84 – ◆Genova 105 – Imperia 65 – ◆Milano 228 – Savona 59.

🏨 **Piccolo Ranch,** ℰ 790038, Fax 790377, ≤ – 🛗 ⥩ 📺 ☎ ➊ – 🔬 100. ᴀᴇ 🕄 🖃 VISA. ⛝
    chiuso dal 15 gennaio al 28 febbraio – Pas *(chiuso mercoledì)* carta 32/42000 – ⥩ 6000 –
    23 cam 50/120000 – ½ P 60/90000.

ARDOLINO 37011 Verona 988 ④, 428 429 F 14 – 5 975 ab. alt. 68 – ✪ 045.
ᴠedere Chiesa★.

e 🛥 Cà degli Ulivi (chiuso lunedì) a Marciaga-Castion di Costermano ✉ 37010 ℰ 7256463,
ᴀx 7256876, N : 7 km.

piazza Matteotti 53 ℰ 7210872.
ᴙma 517 – ◆Brescia 60 – Mantova 59 – ◆Milano 147 – Trento 84 – ◆Venezia 145 – ◆Verona 28.

🏨 **San Pietro,** ℰ 7210588, Fax 7210023, ⤴, 🐟 – 🛗 🛗 rist ☎ ➊. ᴀᴇ 🕄 🖃 VISA. ⛝
    10 marzo-ottobre – Pas *(chiuso venerdì)* carta 28/41000 – ⥩ 16000 – **44 cam** 80/110000 –
    ½ P 49/82000.

🏨 **Cristina,** ℰ 7210339, Fax 6212697, ⤴, 🐟, ⛱ – 🛗 ☎ ➊. VISA. ⛝ rist
    aprile-ottobre – Pas carta 32000 – **48 cam** ⥩ 89/116000 – ½ P 64/84000.

🏨 **Kriss,** ℰ 6212433, Fax 7210242, 🛥, 🐟 – 🛗 📺 ☎ 🚗 ➊ – 🔬 35. 🕄 🖃 VISA. ⛝ rist
    Pas *(chiuso martedì)* carta 30/41000 – ⥩ 14000 – **32 cam** 72/96000 – ½ P 43/84000.

95

🏠 **Speranza,** ℰ 7210355, Fax 7210858 – ▮☗▮ ▤ rist ▦ ☎ ▧ E ▨▨. ※
chiuso dal 15 gennaio al 20 febbraio – Pas *(chiuso mercoledì)* carta 32/48000 – **22 ca**
☐ 65/95000 – ½ P 50/65000.

🏠 **Bologna,** ℰ 7210003, Fax 7210003 – ▮☗▮ ☎ ▧ ◑
10 marzo-20 ottobre – Pas *(chiuso venerdì)* 39000 – ☐ 15000 – **21 cam** 50/73000
½ P 40/57000.

🏠 **Santa Maria,** ℰ 7210101 – ☎ ▧. ※
chiuso da novembre al 20 dicembre – Pas carta 20/30000 – ☐ 9000 – **19 cam** 45/6500
½ P 58000.

🏠 **Maria Pia,** ℰ 7210233, ▩, ※ – ☎ ▧. ▨▨. ※ rist
aprile-ottobre – Pas (solo per clienti alloggiati) 26000 – **28 cam** ☐ 65/110000 – ½ P ▮
70000.

%% **Aurora,** ℰ 7210038, ☞ – ▤. ▦ ▧ ◑ E ▨▨. ※
chiuso lunedì – Pas carta 35/51000.

BARDONECCHIA 10052 Torino ▦▦▦ ⑪, ▦▦▦ G 2 – 3 289 ab. alt. 1 312 – a.s. gennaio-10 mar
Pasqua, luglio-agosto e Natale – Sport invernali : 1 312/2 750 m ≰26, ≴ – ۞ 0122.
🗓 viale Vittoria 44 ℰ 99032.
Roma 754 – Briançon 46 – ◆Milano 226 – Col du Mont Cenis 51 – Sestriere 36 – ◆Torino 89.

🏘 **Des Geneys-Splendid** ⑤, viale Einaudi 21 ℰ 99001, Fax 999295, ₤ᴓ, ☞, ☞ – ▮☗▮ ▦
▧ E ▨▨. ※ rist
15 dicembre-15 aprile e 15 giugno-15 settembre – Pas 36000 – ☐ 16000 – **57 ca**
100/145000 – ½ P 85/150000.

🏩 **Park Hotel Rosa Serenella,** viale della Vittoria 37 ℰ 902087, Fax 999848, ☞ – ▮☗▮ ▦
▧ ▧ ◑ ▨▨. ※
15 dicembre-15 aprile e luglio-agosto – Pas 38000 – ☐ 18000 – **33 cam** 103/13400
½ P 100/167000.

%% **Ca' Fiore** con cam, strada del Melezet 2 ℰ 96591 – ▦ ☎. ▦ ▧ E ▨▨
chiuso maggio e ottobre – Pas *(chiuso martedì)* carta 35/60000 – ☐ 12000 – **9 cam** 1100
– ½ P 70/110000.

%% **Tabor** con cam, via Stazione 6 ℰ 999857 – ▦ ☎. ▦ ▧ ◑ ▨▨. ※
chiuso maggio e novembre – Pas *(chiuso martedì in bassa stagione)* carta 39/6000
☐ 20000 – **21 cam** 90/125000 – ½ P 80/130000.

GREEN TOURIST GUIDES

Picturesque scenery, buildings
Attractive routes
Touring programmes
Plans of towns and buildings.

BAREGGIO 20010 Milano ▦▦▦ F 8, ▦▦▦ ⑱ – 14 034 ab. alt. 138 – ۞ 02.
Roma 590 – ◆Milano 16 – Novara 33 – Pavia 49.

🏠 **Novara Fiera,** strada statale ℰ 90361322, Fax 90276224 – ▮☗▮ ▤ ▦ ☎ ▧ – ♨ 100. ▦
◑ E ▨▨. ※
Pas *(chiuso domenica)* carta 37/67000 – **51 cam** ☐ 88/135000 – ½ P 92/113000.

%% **Joe il Marinaio,** via Roma 69 ℰ 9028693, Solo piatti di pesce – ▧. ▦ ◑ ▨▨
chiuso domenica sera, lunedì, dal 1° al 10 gennaio e dal 16 agosto all'8 settembre – P
carta 48/74000 (10%).

BARGA 55051 Lucca ▦▦▦ ▦▦▦ ▦▦▦ J 13 – 10 357 ab. alt. 410 – ۞ 0583.
Roma 385 – ◆Firenze 111 – Lucca 37 – Massa 56 – ◆Milano 277 – Pistoia 71 – ◆La Spezia 95.

🏠 **La Pergola,** ℰ 711239, Fax 710433 – ▮☗▮ ▦ ☜ ▧. ▦. ※
Pas vedere rist La Pergola – ☐ 9000 – **23 cam** 65/90000.

% **La Pergola,** ℰ 723086 – ▦. ※
chiuso dal 20 novembre al 20 dicembre e venerdì (escluso da luglio a settembre) – P
carta 31/44000.

BARGE 12032 Cuneo ▦▦▦ H 3 – 6 996 ab. alt. 355 – ۞ 0175.
Roma 694 – Cuneo 50 – Sestriere 75 – ◆Torino 59.

% **Belvedere,** via Bagnolo 37 ℰ 346387, prenotare – ▧. ▦ ▧ E ▨▨. ※
chiuso martedì e dal 27 luglio al 14 agosto – Pas carta 27/51000.

BARGECCHIA Lucca ▦▦▦ ▦▦▦ ▦▦▦ K 12 – Vedere Massarosa.

BARGHE 25070 Brescia ▦▦▦ ▦▦▦ E 13 – 1 075 ab. alt. 295 – ۞ 0365.
Roma 564 – ◆Brescia 32 – Gardone Riviera 23 – ◆Milano 122 – Verona 79.

%% **Da Girelli Benedetto,** ℰ 84140, prenotare – ▦ E ▨▨. ※
chiuso martedì, Pasqua, dal 15 al 30 giugno e Natale – Pas carta 60/70000 (10%).

ARI 70100 **P** 988 ㉙, 431 D 32 – 353 032 ab. - a.s. 21 giugno-settembre – ❀ 080.

edere Città vecchia★ CDY : basilica di San Nicola★★ DY **A**, Cattedrale★ DY **B**, castello★ CY –
isto★ in legno nella pinacoteca BX **M**.

di Palese per viale Europa : 9 km AX ℘ 374654 – Alitalia, via Calefati 37/41 ⊠ 70121
5244441.

℘ 5216801.

via Melo 253 ⊠ 70121 ℘ 5242244 – corso Vittorio Emanuele 68 ⊠ 70121 ℘ 5219951.

C.I. via Serena 26 ⊠ 70126 ℘ 331354.

ma 449 ④ – ♦Napoli 261 ④.

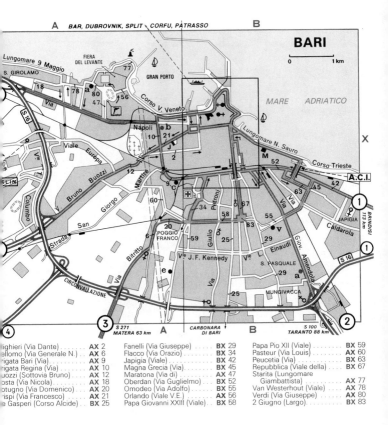

ighieri (Via Dante)	AX 2	Fanelli (Via Giuseppe)	BX 29	Papa Pio XII (Viale)	BX 59
ellomo (Via Generale N.)	AX 6	Flacco (Via Orazio)	BX 34	Pasteur (Via Louis)	AX 60
rigata Bari (Via)	AX 9	Japigia (Viale)	BX 42	Peucetia (Via)	BX 63
rigata Regina (Via)	AX 10	Magna Grecia (Via)	BX 45	Repubblica (Viale della)	BX 67
uozzi (Sottovia Bruno)	AX 12	Maratona (Via di)	AX 47	Starita (Lungomare	
osta (Via Nicola)	AX 18	Oberdan (Via Guglielmo)	BX 52	Giambattista)	AX 77
otugno (Via Domenico)	AX 20	Omodeo (Via Adolfo)	BX 55	Van Westerhout (Viale)	AX 78
rispi (Via Francesco)	AX 21	Orlando (Viale V.E.)	AX 56	Verdi (Via Giuseppe)	AX 80
e Gasperi (Corso Alcide)	BX 25	Papa Giovanni XXIII (Viale)	BX 58	2 Giugno (Largo)	BX 83

🏨 **Palace Hotel**, via Lombardi 13 ⊠ 70122 ℘ 5216551, Telex 810111, Fax 5211499 – 🛗 🗏
📺 ☎ 🚗 – 🔬 50 a 450. 🆎 🕄 ⓪ 🇪 🎫. 🎇 rist   CY **b**
Pas carta 44/64000 – **200 cam** ☲ 225/350000, 7 appartamenti – ½ P 195/270000.

🏨 **Sheraton Nicolaus Hotel**, via Cardinale Agostino Ciasca 9 ⊠ 70124 ℘ 5042626,
Telex 811212, Fax 5042058, ⇄, ⊠, ⋙ – 🛗 🗏 📺 ☎ ⑤ 🚗 ❷ – 🔬 750. 🆎 🕄 ⓪ 🇪 🎫.
🎇   AX **e**
Pas carta 43/93000 – **173 cam** ☲ 250/290000, 25 appartamenti.

🏨 Villa Romanazzi-Carducci ☙ senza rist, via Capruzzi 326 ⊠ 70124 ℘ 5227400, Telex 812292, Fax 5360297, « Parco », ⓕ, ⇄, ⊥ – 🛗 🗏 📺 ☎ 🚗 ❷ – 🔬 25 a 500 AX **c**
89 cam.

🏨 **Gd H. Ambasciatori**, via Omodeo 51 ⊠ 70125 ℘ 410077, Telex 810405, Fax 421678, ⟨,
⊥, ⋙ – 🛗 🗏 📺 ☎ 🚗 – 🔬 25 a 400. 🆎 🕄 ⓪ 🇪 🎫. 🎇 rist   BX **v**
Pas (chiuso domenica, lunedi a mezzogiorno ed agosto) carta 50/79000 – **177 cam** ☲ 225/
300000, 7 appartamenti – ½ P 195/265000.

97

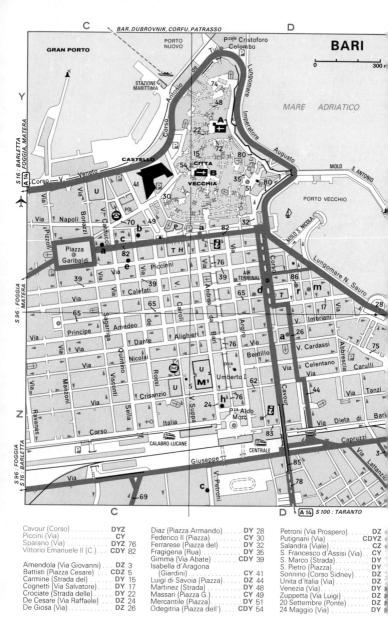

Cavour (Corso)	**DYZ**	
Piccinni (Via)	**CY**	
Sparano (Via)	**DYZ**	76
Vittorio Emanuele II (C.)	**CDY**	82
Amendola (Via Giovanni)	**DZ**	3
Battisti (Piazza Cesare)	**CDZ**	5
Carmine (Strada del)	**DY**	15
Cognetti (Via Salvatore)	**DY**	17
Crociate (Strada delle)	**DY**	22
De Cesare (Via Raffaele)	**DZ**	24
De Giosa (Via)	**DZ**	26

Diaz (Piazza Armando)	**DY**	28
Federico II (Piazza)	**CY**	30
Ferrarese (Piazza del)	**DY**	32
Fragigena (Rua)	**DY**	35
Gimma (Via Abate)	**CDY**	39
Isabella d'Aragona		
(Giardini)	**CY**	41
Luigi di Savoia (Piazza)	**DZ**	44
Martinez (Strada)	**DY**	48
Massari (Piazza G.)	**CY**	49
Mercantile (Piazza)	**DY**	51
Odegitria (Piazza dell')	**CDY**	54

Petroni (Via Prospero)	**DZ**	
Putignani (Via)	**CDYZ**	
Salandra (Viale)	**CZ**	
S. Francesco d'Assisi (Via)	**CY**	
S. Marco (Strada)	**DY**	
S. Pietro (Piazza)	**DY**	
Sonnino (Corso Sidney)	**DZ**	
Unita d'Italia (Via)	**DZ**	
Venezia (Via)	**DY**	
Zuppetta (Via Luigi)	**DZ**	
20 Settembre (Ponte)	**DZ**	
24 Maggio (Via)	**DY**	

Jolly, via Giulio Petroni 15 ⊠ 70124 ℰ 5364366, Telex 810274, Fax 5365219 – 🛗 ▤ 📺
🚗 – 🕍 25 a 700. 🝙 🕃 ① 🝂 🅥🅸🅂🅰 🛠 rist   DZ
Pas 30/50000 – **164 cam** ⊆ 180/230000.

Executive Business senza rist, corso Vittorio Emanuele 201 ⊠ 70122 ℰ 521681
Telex 810208, Fax 5216810 – 🛗 ▤ 📺 ☎ 🚗 – 🕍 70 a 80. 🝙 🕃 ① 🝂 🅥🅸🅂🅰   CY
chiuso agosto – ⊆ 21000 – **21 cam** 128/214000.

98

Boston senza rist, via Piccinni 155 ✉ 70122 ✆ 5216633, Fax 5246802 – |‡| ▤ TV ☎ ⇔ – 🏛 50. AE ⑤ ⓓ E VISA. ✂ CY e
70 cam ▭ 130/200000.

Gd H. Leon d'Oro, piazza Aldo Moro 4 ✉ 70122 ✆ 5235040, Telex 810311, Fax 5211555 – |‡| ▤ TV ☎ ⇔ – 🏛 60. AE ⑤ E VISA DZ h
Pas carta 38/62000 (10%) – ▭ 25000 – **109 cam** 125/210000, 2 appartamenti – ½ P 175/190000.

7 Mari, via Verdi 60 ✉ 70123 ✆ 441500, Fax 444482, ← – |‡| ▤ TV ☎ P – 🏛 100 AX a
56 cam.

XX **La Pignata,** corso Vittorio Emanuele 173 ✉ 70122 ✆ 5232481 – ▤ ⇔. AE ⑤ ⓓ E VISA
chiuso domenica sera, lunedì ed agosto – Pas carta 70/85000. CY c

XX **Executive,** via Amendola 197/G-N ✉ 70126 ✆ 339577 – ▤ P. AE ⑤ ⓓ E VISA. ✂
chiuso venerdì, domenica sera e dal 1° al 25 agosto – Pas carta 31/53000. BX a

XX **Marc'Aurelio,** via Fiume 1 ✉ 70121 ✆ 5212820 – ▤. AE ⑤ ⓓ E VISA. ✂ DY r
chiuso lunedì – Pas carta 35/53000.

XX **Sorso Preferito,** via Vito Nicola De Nicolò 46 ✉ 70121 ✆ 5235747, prenotare – ▤. AE ⑤ ⓓ E VISA DY m
chiuso domenica – Pas carta 29/50000 (12%).

XX **Ai 2 Ghiottoni,** via Putignani 11 ✉ 70121 ✆ 5232240, Fax 5233330 – ▤. AE ⑤ ⓓ E VISA. ✂ DY d
chiuso domenica e dal 1° al 23 agosto – Pas carta 45/68000.

XX **Damiano,** via De Giosa 37 ✉ 70123 ✆ 5244087 – ▤. AE ⑤ ⓓ E VISA. ✂ DZ a
chiuso domenica, dal 24 dicembre al 1° gennaio e dall'8 al 30 agosto – Pas carta 37/60000.

X **Lo Sprofondo,** corso Vittorio Emanuele 111 ✉ 70122 ✆ 5213697 – AE ⑤ ⓓ E VISA DY a
chiuso domenica, dal 23 dicembre al 3 gennaio e dal 9 al 26 agosto – Pas carta 41/62000.

X **La Lanterna Verde,** via Brigata Regina 69 ✉ 70123 ✆ 347098 – ▤ AX b
chiuso lunedì ed agosto – Pas carta 28/38000.

sulla tangenziale sud-complanare ovest SE : 5 km per ① :

Majesty, ✉ 70126 ✆ 491099, Fax 492397, ⛱, 🌳, 🎾 – |‡| ▤ TV ☎ P – 🏛 25 a 150. AE ⑤ VISA. ✂
chiuso dal 18 dicembre al 2 gennaio e dal 1° al 22 agosto – Pas *(chiuso le sere di venerdì e domenica)* carta 40/61000 – **75 cam** ▭ 105/160000 – ½ P 140000.

a Carbonara di Bari S : 6,5 km BX – ✉ **70012** :

XX **Taberna,** via Ospedale di Venere 6 ✆ 350557, prenotare, « In una vecchia cantina con volte in tufo » – ▤ P. AE ⑤ ⓓ E VISA. ✂
chiuso lunedì ed agosto – Pas carta 52/70000.

Vedere anche : ***Palese*** per ⑥ : 9 km.
Modugno per ⑤ : 10 km.
Santo Spirito per ⑥ : 11 km.
Torre a Mare per ① : 12 km.

MICHELIN, contrada Prete 5 (zona Industriale) AX - ✉ 70123, ✆ **441511, Fax 387867.**

BARI SARDO Nuoro 433 H 10 – Vedere Sardegna.

BARLETTA **70051** Bari 988 ㉘ ㉙, 431 D 30 – 88 756 ab. – a.s. 21 giugno-settembre – ☎ 0883.
Vedere Colosso★★ – Castello★ – Museo Civico★ **M** – Reliquiario★ nella basilica di San Sepolcro.
via Gabbiani 4 ✆ 31373.
Roma 397 ③ – ◆Bari 62 ② – ◆Foggia 79 ③ – ◆Napoli 208 ③ – Potenza 128 ③ – ◆Taranto 145 ②.

Pianta pagina seguente

Artù, piazza Castello 67 ✆ 332121, Fax 302622, 🌳 – ▤ TV ☎ P. AE ⑤ ⓓ E VISA. ✂ b
Pas carta 43/62000 – ▭ 12000 – **32 cam** 99/155000, ▤ 12000 – ½ P 130/150000.

Royal senza rist, via Leontina de Nittis 13 ✆ 531139, Fax 331466 – |‡| TV ☎. AE ⑤ ⓓ E VISA e
34 cam ▭ 80/130000.

XXX ✿✿ **Bacco,** via Sipontina 10 ✆ 571000, Fax 517460, Coperti limitati; prenotare – ▤. ⓓ VISA c
chiuso domenica, lunedì, dal 26 dicembre al 6 gennaio ed agosto – Pas carta 60/106000 (12%)
Spec. Bocconcini alla polpa di ricci, Soufflè di lampascioni (ottobre-aprile), Sogliola con carciofi e tartufo nero (novembre-maggio). **Vini** Castel del Monte, Patriglione.

Garibaldi (Corso)
Vittorio Emanuele (Corso)

Baccarini (Via) 2
Caduti in Guerra (Piazza dei) . . . 4
Colombo (Via Cristoforo) 6
Consalvo da Cordova (Via) 7

Conteduca (Piazza) 8
Duomo (Via del) 9
Elena (Via R.) 12
Giannone (Viale) 13
Marina (Piazza) 15
Municipio (Via) 16
Nanula (Via A.) 17

Nazareth (Via) . . . .
Pier delle Vigne (Via) . . . .
Blebiscito (Piazza) . . . .
Principe Umberto (Piazza) . . . . . .
Regina Margherita (Via) . . . . . .
S. Andrea (Via) . . . .
3 Novembre (Via) . . . .

XX **Antica Cucina**, via Milano 73 ℘ 521718, prenotare – 🗏 🆎 🛅 ⓓ E 𝚅𝙸𝚂𝙰 ❄
    chiuso dal 25 al 31 gennaio, dal 19 al 31 luglio, lunedì e la sera dei giorni festivi – P
    carta 38/61000.

XX **Il Brigantino**, litoranea di Levante ℘ 33345, ≤, ☆, 𝕃, 🐚, ❈ – ❷ – 🏖 100. 🛅 ⓒ
    chiuso mercoledì e gennaio – Pas carta 28/63000 (15%).   per

X **Luna Rossa**, corso Vittorio Emanuele 65 ℘ 517462 – 🗏 🆎 🛅 E 𝚅𝙸𝚂𝙰 ❄
    chiuso mercoledì e dal 10 luglio al 20 agosto – Pas carta 25/45000.

X **Garden**, via Leontina de Nittis 19/21 ℘ 36135 – 🆎 🛅 ⓓ E 𝚅𝙸𝚂𝙰
    chiuso domenica sera – Pas carta 25/35000 (10%).

BAROLO 12060 Cuneo 𝟜𝟚𝟠 I 5 – 685 ab. alt. 301 – ✆ 0173.

Roma 627 – Asti 42 – Cuneo 56 – ♦Milano 164 – Savona 83 – ♦Torino 72.

🏠 **Barolo e Rist. Brezza** ⊛, via Lomondo 2 ℘ 56354, Fax 56354, ≤, ☆ – 🛗 ☎ ❷. 🛅
    𝚅𝙸𝚂𝙰
    chiuso febbraio – Pas *(chiuso martedì)* carta 32/51000 – ☲ 10000 – **30 cam** 85000
    ½ P 90000.

XX **Locanda nel Borgo Antico**, piazza Municipio 2 ℘ 56355, Coperti limitati; prenotare
    🛅 ⓓ E 𝚅𝙸𝚂𝙰 ❄
    chiuso mercoledì, dal 27 gennaio al 14 febbraio e dal 25 luglio al 14 agosto – Pa
    carta 29/48000.

X **Del Buon Padre**, località Vergne ℘ 56192, prenotare – ❄
    chiuso mercoledì, dal 1° al 15 gennaio e dal 15 al 30 luglio – Pas carta 29/44000.

BARZANO 22062 Como 𝟜𝟚𝟠 E 9, 𝟚𝟙𝟡 ⑱ – 4 504 ab. alt. 370 – ✆ 039.

Roma 605 – ♦Bergamo 36 – Como 28 – Lecco 19 – ♦Milano 35.

XX **I Ronchi** con cam, ℘ 957612, ☆, prenotare – 📺 ☎. 🛅 E 𝚅𝙸𝚂𝙰 ❄
    chiuso dal 2 al 10 gennaio ed agosto – Pas *(chiuso lunedì)* carta 40/60000 – ☲ 10000
    9 cam 110000 – ½ P 80000.

    Lisez attentivement l'introduction : c'est la clé du guide.

ARZIO 22040 Como 988 ③, 428 E 10 – 1 308 ab. alt. 770 – Sport invernali : a Piani di Bobbio 6/2 000 m ⚡ 1 ≤9, ⚡ (vedere anche a Cremeno, Piani di Artavaggio) – ✆ 0341.

piazza Garibaldi 8 ℘ 996255.

ma 636 – ♦Bergamo 48 – Como 44 – Lecco 15 – ♦Milano 71 – Sondrio 84.

XX **Esposito** con cam, ℘ 996200, ☞ – VISA. ✻
Pas *(chiuso lunedì dal 16 settembre al 15 giugno)* carta 26/38000 – ☑ 7000 – **14 cam** 30/68000.

ASCHI 05023 Terni 988 ㉕, 430 N 18 – 2 736 ab. alt. 165 – ✆ 0744.

ma 118 – Orvieto 10 – Terni 70 – Viterbo 46.

a Civitella del Lago NE : 12 km – ✉ 05020 :

X **Trippini**, ℘ 950316, ≤ lago e dintorni – 🖭 🕅 ⑩ E VISA. ✻
chiuso mercoledì e dal 15 al 30 gennaio – Pas carta 35/40000.

ASELGA DI PINÉ 38042 Trento 988 ④, 429 D 15 – 4 011 ab. alt. 964 – a.s. 22 dicembre-gennaio e Pasqua – ✆ 0461.

via Cesare Battisti 98 ℘ 557202, Fax 557577.

ma 606 – Belluno 116 – ♦Bolzano 75 – ♦Milano 260 – ♦Padova 136 – Trento 18 – ♦Venezia 169.

🏨 **Villa Anita**, a Serraia ℘ 557106, Fax 557106, ⚖, – 🛗 ▤ 🔟 ☎ ❷. ✻
Pas carta 19/27000 – ☑ 10000 – **23 cam** 50/80000 – ½ P 69000.

🏨 **Olimpic**, a Miola ℘ 558422, ≤, ☎ – 🛗 ☎ ❷
stagionale – **31 cam.**

🏨 **Edera**, a Tressilla ℘ 557221 – 🛗 🔟 ☎ ❷. 🕅 E VISA. ✻
chiuso dal 15 ottobre al 15 novembre – Pas *(chiuso lunedì escluso da Natale-6 gennaio e luglio-agosto)* carta 33/48000 – **41 cam** 55/95000 – ½ P 75000.

XX **2 Camini** con cam, a Vigo ℘ 557200, Fax 558833, ☞ – 🔟 ❷. 🖭 🕅 E VISA. ✻
chiuso dal 15 ottobre al 15 novembre – Pas *(chiuso lunedì escluso dal 15 giugno al 15 settembre)* carta 31/45000 – ☑ 6500 – **10 cam** 100000 – ½ P 60/80000.

XX **La Scardola** con cam, a Miola ℘ 557647 – ❷. ✻
chiuso marzo – Pas *(chiuso mercoledì in bassa stagione)* carta 26/41000 – ☑ 7000 – **9 cam** 39/64000 – ½ P 59000.

X **La Vecchia Segheria**, ℘ 558004

BASSANO DEL GRAPPA 36061 Vicenza 988 ⑤, 429 E 17 – 38 915 ab. alt. 129 – ✆ 0424.

vedere Museo Civico★.

scursioni Monte Grappa★★★ NE : 32 km.

largo Corona d'Italia 35 ℘ 24351, Fax 26703.

ma 543 – Belluno 80 – ♦Milano 234 – ♦Padova 43 – Trento 88 – Treviso 47 – ♦Venezia 76 – Vicenza 35.

🏨 Belvedere, piazzale Generale Giardino 14 ℘ 29845, Telex 482055, Fax 29849 – 🛗 ▤ 🔟 ☎ ⇦ – 🕍 120
Pas *vedere Rist. Belvedere* – **90 cam.**

🏨 **Palladio e Rist. La Rotonda**, via Gramsci 2 ℘ 511591, Fax 511723, ♨ – 🛗 ⇄ cam ▤ 🔟 ☎ ⇦ 🚗 160. 🖭 🕅 ⑩ E VISA. ✻
Pas *(chiuso domenica sera, lunedì a mezzogiorno e dal 1° al 15 agosto)* carta 44/62000 – **66 cam** ☑ 121/182000.

🏠 **Victoria** senza rist, viale Diaz 33 ℘ 503620, Fax 503130 – ▤ 🔟 ☎ ❷. 🕅 E VISA
☑ 6000 – **23 cam** 57/81000.

🏠 **Brennero** senza rist, via Torino 7 ℘ 212248, Fax 27021 – 🔟 ☎. 🖭 🕅 ⑩ E VISA
☑ 6500 – **22 cam** 65/92000.

XXX **Belvedere**, via delle Fosse 1 ℘ 26602, 😤 – ▤. 🖭 🕅 ⑩ E VISA. ✻
chiuso domenica – Pas carta 43/57000.

XXX ❀ **San Bassiano**, viale dei Martiri 36 ℘ 212453, prenotare – 🕅 ⑩ E VISA. ✻
chiuso domenica ed agosto – Pas carta 51/82000
Spec. Punte d'asparagi e scampi allo zenzero (primavera), Pappardelle al sugo d'anitra (autunno-inverno), Filetto di rombo in cartoccio al timo e limone (estate). Vini Vespaiolo, Cabernet.

XX **Al Sole-da Tiziano**, via Vittorelli 41/43 ℘ 523206 – 🖭 🕅 ⑩ E VISA
chiuso lunedì e luglio – Pas carta 35/50000 (10 %).

XX **Al Ponte-da Renzo**, via Volpato 60 ℘ 503055, ≤, « Servizio estivo in giardino » – ⇦ ❷
chiuso lunedì sera, martedì e gennaio – Pas carta 38/61000 (10 %).

X **Bauto**, via Trozzetti 27 ℘ 34696, Fax 34696 – VISA. ✻
chiuso domenica ed agosto – Pas carta 37/57000.

sulla strada statale 47 :

🏨 Al Camin, SE : 2 km ✉ 36022 Cassola ℘ 212740, Fax 212749, « Servizio rist. estivo in giardino » – 🛗 ▤ 🔟 ☎ ❷ – 🕍 20 a 80
46 cam.

XXX **Cà 7,** N : 1,5 km ✉ 36061 Bassano del Grappa ✆ 525005, « Villa veneta del 1… secolo » – P. AE ⓢ ⓞ E VISA
chiuso domenica sera, lunedì, dal 1° al 15 gennaio e dal 7 al 18 agosto – Pas carta 40/780…

Vedere anche : ***Romano d'Ezzelino*** NE : 3 km.

BASTIA **06083** Perugia 430 M 19 – 16 117 ab. alt. 201 – ☎ 075.
Roma 176 – Assisi 9,5 – ◆Perugia 17 – Terni 77.

La Villa, strada statale 147 Assisana O : 2 km ✆ 8010011, Fax 8010574, « Giardino c… » – |‡| ▤ TV ☎ P – 30 a 400. AE ⓢ ⓞ E VISA. rist
Pas carta 46/61000 – **18 cam** 90/170000 – ½ P 90/110000.

Turim, strada statale 147 Assisana E : 1 km ✆ 8001601, Fax 8001723, – |‡| ☎ P. AE ⓞ E VISA.
Pas *(chiuso venerdì)* carta 32/43000 – 13000 – **46 cam** 85/130000 – ½ P 85/100000.

ad Ospedalicchio O : 5 km – ✉ **06083** Bastia :

Lo Spedalicchio, ✆ 8010323, Fax 8010323, « In una fortezza trecentesca », – ▤ rist TV ☎ P – 90. AE ⓢ ⓞ E VISA.
Pas *(chiuso lunedì e dal 15 al 30 luglio)* carta 38/55000 – 14000 – **25 cam** 90/12500…
½ P 95/105000.

BATTAGLIA TERME **35041** Padova 988 ⑤, 429 G 17 – 4 093 ab. alt. 11 – Stazione terma… (marzo-novembre) – ☎ 049.
ℹ traversa Terme 23/a ✆ 525269.
Roma 478 – Mantova 92 – ◆Milano 261 – Monselice 7 – ◆Padova 17 – Rovigo 28 – ◆Venezia 54.

Terme Euganee, ✆ 525055, Fax 525443, – ☎ P.
15 marzo-novembre – Pas (solo per clienti alloggiati) 27/32000 – 8000 – **42 ca…** 41/54000 – ½ P 41/51000.

BAVENO **28042** Novara 988 ②, 428 E 7 – 4 502 ab. alt. 205 – ☎ 0323.
Vedere Guida Verde.
per le Isole Borromee giornalieri (10 mn) – Navigazione Lago Maggiore, piazzale Imbarc… dero ✆ 923552.
ℹ corso Garibaldi 16 ✆ 924632.
Roma 661 – Domodossola 37 – Locarno 51 – ◆Milano 84 – Novara 60 – Stresa 4 – ◆Torino 137.

Gd H. Dino, corso Garibaldi 52 ✆ 922201, Telex 200217, Fax 924515, ≤ isole Borrome… « Giardino sul lago con », – |‡| ▤ TV ☎ P – 30 a 1300. AE ⓢ … E VISA. rist
Pas carta 60/88000 – 25000 – **376 cam** 280/330000, 65 appartamenti – ½ P 100/28000…

Lido Palace, strada statale del Sempione 30 ✆ 924444, Fax 924744, ≤ isole Borrome… – |‡| ☎ P – 800. AE ⓢ ⓞ E VISA. rist
marzo-ottobre – Pas carta 54/83000 – 15000 – **102 cam** 110/160000 – ½ P 80/100000.

Splendid, ✆ 924583, Telex 200217, Fax 922200, ≤, « Giardino ombreggiato », – |‡| TV ☎ P. AE ⓢ ⓞ E VISA. rist
20 marzo-5 novembre – Pas carta 48/70000 – 18000 – **106 cam** 130/170000 – ½ P 6… 140000.

Simplon, ✆ 924112, Telex 200217, Fax 924515, ≤, « Parco ombreggiato con e » |‡| ☎ P. AE ⓢ ⓞ E VISA. rist
aprile-10 novembre – Pas 30/40000 – 16000 – **90 cam** 95/120000 – ½ P 55/110000.

Rigoli, via Piave 48 ✆ 924756, Fax 925156, ≤ lago e isole Borromee, – |‡| … P. ⓢ E VISA. rist
Pasqua-ottobre – Pas carta 29/47000 – 7000 – **31 cam** 55/80000 – ½ P 75000.

XX **Ascot,** via Libertà 9 ✆ 925226 – AE ⓢ ⓞ E VISA
chiuso mercoledì e luglio – Pas carta 35/58000.

XX **Al Campanile** con cam, via Montegrappa 16 ✆ 922377, Fax 925409, , Coperti limit… ti; prenotare – TV ☎. AE ⓢ ⓞ E VISA. rist
Pas *(chiuso mercoledì escluso da aprile ad ottobre)* carta 46/66000 (10%) – 10000 **8 cam** 85000 – ½ P 85/95000.

Vedere anche : ***Borromee (Isole)*** SE : 10/30 mn di battello.
Feriolo NO : 3 km.

BAZZANO **40053** Bologna 988 ⑭, 429 430 I 15 – 5 268 ab. alt. 93 – ☎ 051.
Roma 388 – ◆Bologna 24 – ◆Milano 192 – ◆Modena 23 – Pistoia 105 – Reggio nell'Emilia 49.

Della Rocca, ✆ 831217, Fax 831217, , « Piccolo parco » – |‡| ☎ P – 80. AE ⓢ … E VISA.
chiuso dal 2 al 25 gennaio e dal 5 al 20 agosto – Pas *(chiuso lunedì)* carta 45/68000 10000 – **24 cam** 75/120000 – ½ P 110/120000.

BEDANO 219 ⑧ – Vedere Cantone Ticino alla fine dell'elenco alfabetico.

BEDIGLIORA 219 ⑧ – Vedere Cantone Ticino alla fine dell'elenco alfabetico.

EDIZZOLE 25081 Brescia 428 429 F 13 – 8 156 ab. alt. 184 – ۞ 030.

ma 539 – ◆Brescia 17 – ◆Milano 111 – ◆Verona 54.

XX **La Casa,** via Capuzzi 3 ℰ 675280, 🏤 – **Ɵ**. AE ⑤ ⑩ E VISA. ⚘
     chiuso martedì e dal 1° al 10 agosto – Pas carta 46/79000.

X **Borgo Antico,** località Masciaga ℰ 674291 – **Ɵ**. AE ⑤ VISA
     chiuso lunedì sera e dal 5 al 20 agosto – Pas carta 28/44000.

EDONIA 43041 Parma 988 ⑬, 428 I 10 – 4 848 ab. alt. 500 – a.s. luglio-agosto – ۞ 0525.

ma 483 – ◆Bologna 177 – ◆Genova 91 – ◆Milano 151 – ◆Parma 81 – Piacenza 87 – ◆La Spezia 85.

XX **La Pergola,** ℰ 86612, Fax 86612, Coperti limitati; prenotare, « Servizio estivo all'aperto » – AE ⑤ ⑩ E VISA. ⚘
     chiuso giovedì escluso i giorni festivi e da maggio ad ottobre – Pas carta 37/58000.

ELGIRATE 28040 Novara 428 E 7, 219 ⑦ – 514 ab. alt. 200 – ۞ 0322.

ma 651 – Locarno 61 – ◆Milano 74 – Novara 50 – Stresa 6 – ◆Torino 127.

🏨 **Villa Carlotta,** ℰ 76461, Telex 200490, Fax 76705, ≼, « Parco ombreggiato », ⌁ riscaldata, 🐴 – ▤ ▤ 🆃🆅 ☎ 🕹 **Ɵ** – ⚙ 30 a 600. AE ⑤ ⑩ E VISA. ⚘ rist
     Pas carta 43/66000 – **128 cam** ☷ 139/192000, appartamento, ▤ 25000 – ½ P 84/135000.

🏨 **Milano,** ℰ 76525, Fax 76295, ≼, « Servizio rist. estivo in terrazza sul lago », 🐴 – ▤ 🆃🆅 ☎ **Ɵ** – ⚙ 40. AE ⑤ ⑩ E VISA. ⚘ rist
     Pas carta 44/66000 – **51 cam** ☷ 115/165000 – ½ P 75/98000.

Le nuove guide Verdi turistiche Michelin offrono :

– un testo descrittivo più ricco,

– un'informazione pratica più chiara,

– piante, schemi e foto a colori.

... e naturalmente sono delle opere aggiornate costantemente.

Utilizzate sempre l'ultima edizione.

ELLAGIO 22021 Como 988 ③, 428 E 9 – 3 050 ab. alt. 216 – ۞ 031.

edere Posizione pittoresca★★★ – Giardini★★ di Villa Serbelloni – Giardini★★ di Villa Melzi.

⛴ per Varenna giornalieri (30 mn) – Navigazione Lago di Como, al pontile ℰ 950180.

piazza della Chiesa 14 ℰ 950204.

ɔma 643 – ◆Bergamo 55 – Como 31 – Lecco 22 – ◆Lugano 63 – ◆Milano 78 – Sondrio 104.

🏩 **Gd H. Villa Serbelloni** ⑤, ℰ 950216, Telex 380330, Fax 951529, ≼ lago e monti, 🏤, « Parco digradante sul lago », ⌁ riscaldata, 🐴, ⚘ – ▤ ▤ 🆃🆅 ☎ 🕹 ⟷ **Ɵ** – ⚙ 40 a 400. AE ⑤ ⑩ E VISA. ⚘ rist
     15 aprile-20 ottobre – Pas 80000 – **95 cam** ☷ 255/370000, 29 appartamenti – ½ P 245/315000.

🏨 **Belvedere,** ℰ 950410, Fax 950102, ≼ lago e Grigna, 🏤, ⌁, 🌳 – ▤ ☎ **Ɵ** – ⚙ 60. AE VISA. ⚘ rist
     aprile-20 ottobre – Pas carta 37/58000 – ☷ 16000 – **50 cam** 74/108000 – ½ P 80/102000.

🏨 **Du Lac,** ℰ 950320, Telex 326299, Fax 951624, ≼ lago e monti, « Terrazza roof-garden » – ▤ ☎. ⑤ E VISA. ⚘ rist
     aprile-15 ottobre – Pas carta 39/59000 – **48 cam** ☷ 86/137000 – ½ P 85/90000.

🏠 **Fioroni-da Piero,** ℰ 950392 – ☎ **Ɵ**. ⑤ ⑩ E VISA. ⚘ rist
     Pas *(chiuso martedì)* 18/27000 – **14 cam** ☷ 75000 – ½ P 51/61000.

🏠 **Silvio,** SO : 2 km ℰ 950322, ≼, 🏤 – ☎ **Ɵ**. ⑤
     chiuso gennaio e febbraio – Pas carta 27/47000 – ☷ 7000 – **17 cam** 50/70000 – ½ P 60000.

X **Bilacus,** ℰ 950480, 🏤 – ⑤ VISA
     15 marzo-ottobre; chiuso lunedì escluso da luglio a settembre – Pas carta 30/49000.

sulla strada per Civenna verso il passo del Ghisallo :

X **La Busciona-da Teo,** S : 4,5 km ⊠ 22021 ℰ 964831, ≼ lago e monti, 🏤 – **Ɵ**
     chiuso lunedì e dal 15 al 30 ottobre – Pas carta 34/54000.

ELLAMONTE 38030 Trento 429 D 16 – alt. 1 372 – a.s. febbraio-Pasqua e Natale – ۞ 0462.

ɔma 668 – Belluno 73 – ◆Bolzano 62 – Cortina d'Ampezzo 90 – ◆Milano 322 – Trento 84.

🏨 **Sole** ⑤, ℰ 576299, Fax 576394, ≼, 🌳 – ▤ 🆃🆅 ☎ 🕹 **Ɵ**. AE ⑤ ⑩ E VISA. ⚘
     dicembre-Pasqua e giugno settembre – Pas 32/35000 – ☷ 15000 – **37 cam** 85/140000 – ½ P 65/125000.

🏠 **Stella Alpina,** ℰ 576114, ≼, 🍴 – ▤ ☎ **Ɵ**. ⚘
     chiuso novembre – Pas *(chiuso lunedì)* 21/24000 – ☷ 8000 – **34 cam** 43/72000 – ½ P 60/70000.

🏠 **Margherita,** ℰ 576140, ≼ – ▤ ↔ rist ☎ **Ɵ**. ⚘
     chiuso dal 30 aprile al 20 giugno, dal 30 settembre al 1° novembre e dal 15 novembre al 5 dicembre – Pas 25/30000 – ☷ 7000 – **28 cam** 45/80000 – ½ P 55/70000.

BELLARIA IGEA MARINA Forlì 988 ⑮, 429 430 J 19 – 12 860 ab. – a.s. 15 giugno-agost[o] – ☎ 0541.

Roma 350 – ◆Bologna 111 – Forlì 49 – ◆Milano 321 – Pesaro 55 – ◆Ravenna 38 – Rimini 14.

a Bellaria – ✉ 47041.

ℹ via Leonardo da Vinci 10 (Palazzo del Turismo) ☎ 44108, Fax 345491 :

Miramare, lungomare Colombo 37 ☎ 344131, Fax 347316, ≤, 🏊 – 🛗 ⇔ cam ▤ rist ☎ P. ⓓ VISA. ✻ rist
20 maggio-25 settembre – Pas 25/30000 – ☕ 8000 – **64 cam** 100000 – ½ P 50/88000.

Elizabeth, via Rovereto 11 ☎ 344119, Fax 345680, ≤, 🏊 riscaldata – 🛗 TV ☎ 🚗 P. 🅂 ⓓ E VISA. ✻
20 dicembre-10 gennaio e Pasqua-novembre – Pas 40000 – **50 cam** ☕ 80/130000 – ½ P 80/90000.

Gambrinus, viale Panzini 101 ☎ 49421, Fax 345778, ≤, ⚒, ≘s, 🏊, 🌳 – 🛗 ☎ P. AE [...] VISA. ✻
10 maggio-settembre – Pas (solo per clienti alloggiati) 25/40000 – ☕ 13000 – **63 ca[m]** 70/110000 – ½ P 56/78000.

Ermitage, via Ala 11 ☎ 347633, Fax 343083, ≤, ⚒, ≘s, 🏊 riscaldata – 🛗 TV ☎ P. AE ⓓ E VISA. ✻ rist
20 dicembre-10 gennaio e Pasqua-20 settembre – Pas 30/35000 – **57 cam** ☕ 80/1300[00], 2 appartamenti – ½ P 80/90000.

Nautic-Riccardi, viale Panzini 128 ☎ 345600, Fax 344299, 🏊, 🌳 – 🛗 ▤ rist ☎ P. AE ⓓ E VISA. ✻
maggio-20 settembre – Pas (solo per clienti alloggiati) 25/35000 – **66 cam** 90/10000[0] – ½ P 60/75000.

Giorgetti Palace Hotel, lungomare Colombo 39 ☎ 49121, Fax 49121, ≤ – 🛗 ☎ [...] ✻ rist
giugno-settembre – Pas 20/25000 – ☕ 8000 – **53 cam** 75/90000 – ½ P 60/70000.

Semprini, via Volosca 18 ☎ 346337, ≤, 🏖 – 🛗 ☎ 🚗 P. ✻ rist
15 maggio-settembre – Pas (solo per clienti alloggiati) 20/30000 – **45 cam** ☕ 40/6000[0] – ½ P 45/70000.

La Pace, via Zara 10 ☎ 347519, Fax 347519, ≤, 🏊 riscaldata – 🛗 ⇔ cam ☎ P. ✻
15 maggio-20 settembre – Pas (solo per clienti alloggiati) – ☕ 7000 – **37 cam** 85/14000[0] – ½ P 46/80000.

Roma, via Arbe 13 ☎ 344225, ≤, 🏊 riscaldata – 🛗 ⇔ rist ☎ P. VISA. ✻
15 maggio-settembre – Pas (solo per clienti alloggiati) – ☕ 7000 – **67 cam** 80/14000[0] – ½ P 46/80000.

Orizzonte, via Rovereto 10 ☎ 344298, ≤, 🌳 – ☎ P. 🅂 E VISA. ✻ rist
maggio-settembre – Pas (solo per clienti alloggiati) – **38 cam** ☕ 80/110000 – ½ P 45/650[00].

Miranda, viale Italia 23 ☎ 346290, Fax 346132, 🌳 – 🛗 ☎ P. ✻ rist
15 maggio-settembre – Pas 15/20000 – **50 cam** ☕ 50/84000 – ½ P 55/60000.

Orchidea, viale Panzini 37 ☎ 347425, Fax 340120, « Giardino ombreggiato », 🏊 – ☎ [...] AE 🅂 ⓓ E VISA. ✻ rist
maggio-settembre – Pas 35/50000 – ☕ 15000 – **33 cam** 65/95000 – ½ P 58/77000.

Elite, viale Italia 29 ☎ 346615, ≤ – 🛗 ☎ P. ✻ rist
15 maggio-settembre – Pas 15/20000 – **30 cam** ☕ 70/75000 – ½ P 35/58000.

Rubicone da Virgilio con cam, piazza Marcianò 19 ☎ 345116, Fax 345116, 🏝 – 🛗 [...] ☎. AE ⓓ E VISA. ✻
Pas *(chiuso martedì)* carta 34/62000 – **25 cam** ☕ 40/70000 – ½ P 40/50000.

a Igea Marina – ✉ 47044.

ℹ (aprile-settembre), via Catullo 6 ☎ 330052 :

Agostini, viale Pinzon 68 ☎ 331510, Fax 330085, ≤ – 🛗 ☎ P. ✻ rist
aprile-25 settembre – Pas (solo per clienti alloggiati) – **50 cam** ☕ 55/100000 – ½ P 4[...]/68000.

Touring senza rist, viale Pinzon 217 ☎ 331619, Fax 331619, ≤, 🏊, 🏖 – 🛗 ☎ P. 🅂 VISA. ✻
maggio-settembre – **33 cam** ☕ 70/140000.

Globus, viale Pinzon 193 ☎ 330195, ≤ – 🛗 ▤ rist ☎ P. E VISA. ✻ rist
10 maggio-25 settembre – Pas 20/30000 – ☕ 10000 – **57 cam** 50/70000 – ½ P 36/54000.

K 2, viale Pinzon 212 ☎ 330064, Fax 331828, ≤ – 🛗 ☎ P. 🅂 E VISA. ✻
maggio-settembre – Pas (solo per clienti alloggiati) 25/35000 – ☕ 15000 – **62 cam** 5[...]/70000 – ½ P 32/63000.

Strand Hotel, viale Pinzon 161 ☎ 331726, Fax 331900, ≤, ≘s – 🛗 ▤ rist ☎ P. 🅂 VIS[A]. ✻ rist
marzo-settembre – Pas 25/35000 – ☕ 12000 – **33 cam** 55/80000 – ½ P 44/68000.

Elios, viale Pinzon 116 ☎ 331300, Fax 331772, ≤ – 🛗 ☎ P. ✻ rist
aprile-settembre – Pas 25/30000 – ☕ 10000 – **29 cam** 50/75000 – ½ P 60/75000.

Victoria, viale Pinzon 246 ☎ 330253, ≤ – 🛗 ☎ P. ✻
15 maggio-25 settembre – Pas (solo per clienti alloggiati) – **27 cam** ☕ 70/80000 – ½ P 4[...]/65000.

BELLARIVA Forlì 430 J 19 – Vedere Rimini.

BELLINZAGO NOVARESE 28043 Novara 428 F 7, 219 ⑰ – 8 176 ab. alt. 191 – 0321.

Roma 634 – ♦Milano 60 – Novara 15 – Varese 45.

XX ❀ **Grillo,** via Don Minzoni 48 ✆ 985523, Coperti limitati; prenotare – E VISA
chiuso domenica, lunedì, dal 22 al 31 dicembre ed agosto – Pas carta 44/71000
Spec. Timballo di cosce di rana in salsa al crescione (primavera-estate), Risotto con mortadella di fegato fagioli e Barbera (inverno), Sella di coniglio farcita. Vini Arneis, Ghemme.

BELLINZONA 427 ㉔ ㉕, 219 ⑧, 218 ⑫ – Vedere Cantone Ticino alla fine dell'elenco alfabetico.

BELLUNO 32100 P 988 ⑤, 429 D 18 – 35 862 ab. alt. 389 – 0437.

Vedere Piazza del Mercato★ 6 – Piazza del Duomo★ 2 : palazzo dei Rettori★ P, polittico★ nel Duomo – Via del Piave : ≤★.

via Psaro 21 ✆ 940083, Fax 940073 – piazza dei Martiri 27/e ✆ 941746, Telex 440077.

A.C.I. piazza dei Martiri 46 ✆ 213132.

Roma 617 ① – Cortina d'Ampezzo 71 ① – ♦Milano 320 ② – Trento 112 ② – Udine 117 ① – ♦Venezia 106 ① – Vicenza 120 ②.

Delle Alpi, via Jacopo Tasso 13 ✆ 940545, Telex 440887, Fax 940565 – E VISA **a**
Pas vedere rist Delle Alpi – **40 cam** 100/150000, 2 appartamenti.

Villa Carpenada, via Mier 158 ✆ 948343, Fax 948345, « Villa settecentesca in un bosco » – 2 km per ②
Pas carta 32/55000 – 15000 – **28 cam** 90/120000, 2 appartamenti – ½ P 130000.

Dolomiti senza rist, via Carrera 46 ✆ 941660 – E VISA **s**
15000 – **32 cam** 75/110000.

Astor senza rist, piazza dei Martiri 26/e ✆ 942094, Fax 942493, ≤ – E VISA **n**
5000 – **32 cam** 90/120000.

XXX **Delle Alpi,** via Jacopo Tasso 15 ✆ 940302 – E VISA **a**
chiuso domenica e dal 9 al 31 agosto – Pas carta 31/42000.

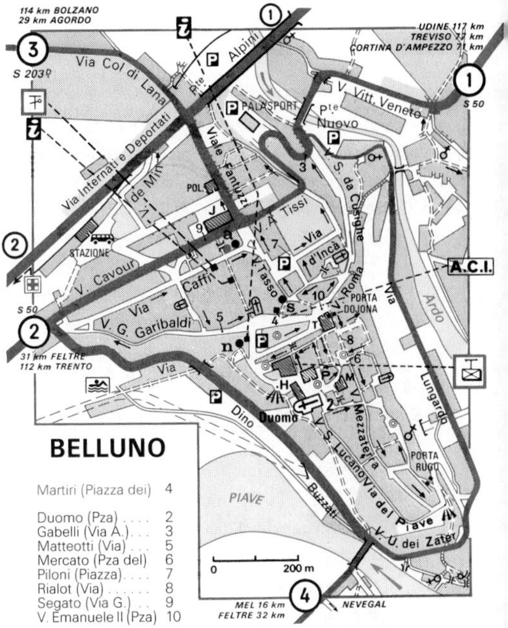
BELLUNO
Martiri (Piazza dei) 4
Duomo (Pza) 2
Gabelli (Via A.) 3
Matteotti (Via) 5
Mercato (Pza del) 6
Piloni (Piazza) 7
Rialot (Via) 8
Segato (Via G.) 9
V. Emanuele II (Pza) 10
114 km BOLZANO
29 km AGORDO
UDINE 117 km
TREVISO 77 km
CORTINA D'AMPEZZO 71 km
S 203
S 50
31 km FELTRE
112 km TRENTO
MEL 16 km
FELTRE 32 km
NEVEGAL
PIAVE
A.C.I.
PORTA DOJONA
PORTA RUGO
STAZIONE
PALASPORT
Duomo
200 m

XX **Al Borgo,** via Anconetta 8 ✆ 926755, Fax 926411, « Villa settecentesca in un parco » – E VISA per ④
chiuso lunedì sera, martedì e luglio – **Pas** carta 31/47000.

Vedere anche : ***Nevegal*** SE : 12 km.

BENACO – Vedere Garda (Lago di).

BENEVENTO 82100 P 988 ㉗, 430 S 26, 431 D 26 – 64 692 ab. alt. 135 – 0824.

Vedere Arco di Traiano★★ – Museo del Sannio★ : Chiostro★.

via Giustiniani 34 ✆ 25424, Fax 312309.

A.C.I. via Salvator Rosa 24/26 ✆ 21582.

Roma 241 – ♦Foggia 111 – ♦Napoli 68 – Salerno 75.

Gd H. Italiano, via Principe di Napoli 137 ✆ 24111, Fax 21758 – 50 a 200. VISA rist
Pas carta 35/46000 – **71 cam** 90/140000 – ½ P 80/100000.

XX **Antica Taverna,** via Annunziata 134 ✆ 21212 – VISA
chiuso domenica sera – Pas carta 25/36000 (10 %).

XX Pedicini, via Grimoaldo Re 16 ✆ 21731

sulla strada statale 7 - via Appia :

XX **Le Vecchie Carrozze,** contrada Piano Cappelle SE : 5 km ⊠ 82100 ℰ 78115 – 🚗 🅖
🔂 ⓞ 🖪 𝘝𝘐𝘚𝘈
chiuso lunedì e Natale – Pas carta 40/55000 (12%).

BERCETO 43042 Parma 𝟿𝟾𝟾 ⑭, 𝟺𝟸𝟾 𝟺𝟸𝟿 𝟺𝟹𝟶 l 11 – 2 816 ab. alt. 790 – ✿ 0525.

Roma 463 – ◆Bologna 156 – Massa 80 – ◆Milano 165 – ◆Parma 60 – ◆La Spezia 65.

X **Vittoria-da Rino** con cam, piazza Micheli ℰ 64306 – 🅟. 🆎 🔂 ⓞ 🖪 𝘝𝘐𝘚𝘈. ✻
chiuso dal 20 dicembre al 15 febbraio – Pas *(chiuso lunedì)* carta 34/67000 – ⚏ 8000
15 cam 40/55000 – P 85000.

in prossimità dello svincolo autostrada A 15 :

XX **La Foresta di Bard** ⌇ con cam, località Prà Grande ⊠ 43042 ℰ 60248, Fax 6447⎟
prenotare, « In un bosco » – 🔳 ☎ 🅟. 🆎 🔂 ⓞ 🖪 𝘝𝘐𝘚𝘈
chiuso gennaio – Pas *(chiuso martedì)* carta 37/56000 – ⚏ 6000 – **8 cam** 80000.

BERGAMO 24100 🅿 𝟿𝟾𝟾 ③, 𝟺𝟸𝟾 E 11 – 117 886 ab. alt. 249 – ✿ 035.

Vedere Città alta★★★ ABY – Piazza del Duomo★★ AY 12 : Cappella Colleoni★★, Basilica di Sant⎟
Maria Maggiore★ : arazzi★★, arazzo della Crocifissione★★, pannelli★★, abside★, Battistero★⎟
Piazza Vecchia★ AY 38 – ⩽★ dalla Rocca AY – Città bassa★ : Accademia Carrara★★ BY M⎟
Quartiere vecchio★ BYZ – Piazza Matteotti★ BZ 19.

🎮 L'Albenza (chiuso lunedì) ad Almenno San Bartolomeo ⊠ 24030 ℰ 640028, per ⑧ : 15 km⎟

🎮 La Rossera (chiuso martedì) a Chiuduno ⊠ 24060 ℰ 838600, Fax 838600, per ② : 15 km.

✈ di Orio al Serio per ③ : 3,5 km ℰ 326323, Fax 313432 – Alitalia, via Casalino 5 ℰ 224425.

🖪 viale Papa Giovanni XXIII 106 ℰ 242226 – vicolo Aquila Nera ℰ 232730.

A.C.I. via Angelo Maj 16 ℰ 247621.

Roma 601 ④ – ◆Brescia 52 ④ – ◆Milano 47 ④.

Pianta pagina seguente

🏨 **Cristallo Palace e Rist. L'Antica Perosa,** via Betty Ambiveri 35 ⊠ 24126 ℰ 31121⎟
Telex 304090, Fax 312031 – 🛗 🍽 🔳 ☎ ♿ 🚗 🅟 – 🔬 500
88 cam.   per via San Giovanni Bosco BZ

🏨 **Excelsior San Marco,** piazza della Repubblica 6 ⊠ 24122 ℰ 366111, Telex 30129⎟
Fax 223201 – 🛗 🍽 🔳 ☎ 🚗 – 🔬 30 a 400. 🆎 🔂 ⓞ 🖪 𝘝𝘐𝘚𝘈   AZ
Pas *(chiuso domenica)* carta 83/121000 – **163 cam** ⚏ 235/298000, 3 appartamenti⎟
½ P 285/398000.

🏨 **Città dei Mille** senza rist, via Autostrada 3/c ⊠ 24126 ℰ 317400, Fax 317385 – 🛗 🔳 ⎟
🅟 🆎 🔂 🖪 𝘝𝘐𝘚𝘈. ✻   BZ
⚏ 15000 – **40 cam** 82/120000.

🏨 **Arli** senza rist, largo Porta Nuova 12 ⊠ 24122 ℰ 222014, Fax 239732 – 🛗 ☏ 🆎 🔂 🖪⎟
𝘝𝘐𝘚𝘈   BZ
⚏ 10000 – **48 cam** 80/120000.

XXX ✿ **Dell'Angelo-Antico Ristorante,** via Borgo Santa Caterina 55 ⊠ 24124 ℰ 237103⎟
Fax 212007, « Servizio estivo all'aperto » – 🆎 🔂 ⓞ 🖪 𝘝𝘐𝘚𝘈   BY
chiuso lunedì e dal 7 al 31 agosto – Pas carta 70/100000
Spec. Pinzimonio di gamberi alle tre salse, Ravioli di branzino al basilico, Sella di capriolo al pepe con porcini e strüde⎟
di polenta (autunno-inverno). **Vini** Franciacorta bianco, Marzemino.

XXX ✿ **Da Vittorio,** viale Papa Giovanni XXIII n° 21 ⊠ 24121 ℰ 218060, Fax 218060 – 🍽 🆎⎟
🔂 ⓞ 🖪 𝘝𝘐𝘚𝘈   BZ
chiuso mercoledì e dal 5 al 25 agosto – Pas carta 84/139000
Spec. Lasagnette ai pomodori canditi e vinaigrette al basilico (maggio-settembre), Scaloppa di branzino al fritto c⎟
basilico con salsa al timo, Bigné fritti al cioccolato con salsa all'anice (Carnevale). **Vini** Lugana, Tignanello.

XX **La Sagrestia,** via San Bernardino 51 c ⊠ 24122 ℰ 247419, Coperti limitati; prenotare ⎟
🍽. 🆎 🔂 🖪 𝘝𝘐𝘚𝘈   AZ
chiuso a mezzogiorno, domenica ed agosto – Pas carta 70/90000.

XX ✿ **Lio Pellegrini,** via San Tomaso 47 ⊠ 24121 ℰ 247813, Fax 247813, Coperti limitati⎟
prenotare – 🆎 ⓞ   BY
chiuso lunedì, martedì a mezzogiorno, dal 4 all'11 gennaio e dal 2 al 23 agosto – Pa⎟
carta 60/96000
Spec. Delizie calde di mare, Spaghetti con crostacei e spinaci, Lardo di Colonnata su polenta fritta. **Vini** Montecarl⎟
bianco, Cabernet-Sauvignon.

XX **Le Stagioni,** via Orio 97 ⊠ 24126 ℰ 311613, Fax 311321 – 🅟. 🆎 🔂 🖪 𝘝𝘐𝘚𝘈. ✻
chiuso martedì – Pas carta 44/72000.   2 km per via San Giovanni Bosco BZ

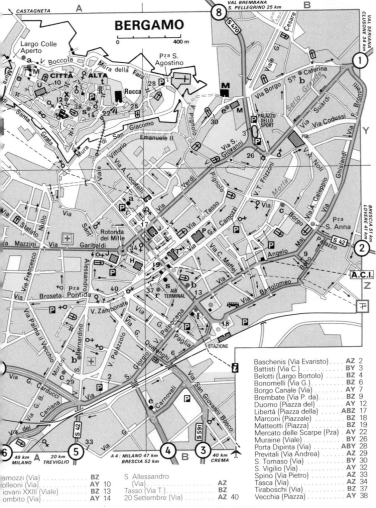

BERGAMO

0   400 m

Largo Colle Aperto

CITTÀ ALTA

Rocca

Mura della Fara

Pza S. Agostino

CASTAGNETA

VAL BREMBANA
S. PELLEGRINO 25 km

VAL SERIANA
CLUSONE 34 km

BRESCIA 51 km
LOVERE 41 km

Serio Grande

Sta Caterina

Via Borgo

Via Suardi

Via Codussi

PALAZZO DELLO SPORT

Via S. Giovanni

Morla

Pza S. Anna

S 42

A.C.I.

Emanuele II

Via Giacomo

Vittorio

Rotonda dei Mille

Garibaldi

Mazzini

Via Statuto

Pza Pontida

Broseta

V. Zambonate

AIR TERMINAL

STAZIONE

49 km MILANO

20 km TREVIGLIO

A 4 : MILANO 47 km
BRESCIA 52 km

40 km CREMA

Baschenis (Via Evaristo)	AZ	2
Battisti (Via C.)	BY	3
Belotti (Largo Bortolo)	BZ	4
Bonomelli (Via G.)	BZ	6
Borgo Canale (Via)	AY	7
Brembate (Via P. da)	BZ	9
Duomo (Piazza del)	AY	12
Libertà (Piazza della)	ABZ	17
Marconi (Piazzale)	BZ	18
Matteotti (Piazza)	BZ	19
Mercato delle Scarpe (Pza)	AY	22
Muraine (Viale)	BY	26
Porta Dipinta (Via)	ABY	28
Previtali (Via Andrea)	AZ	29
S. Tomaso (Via)	BY	30
S. Vigilio (Via)	AY	32
Spino (Via Pietro)	AZ	33
Tasca (Via)	BZ	34
Tiraboschi (Via)	BZ	37
Vecchia (Piazza)	AY	38

amozzi (Via)	BZ	10	S. Alessandro (Via)	AZ	
olleoni (Via)	AY	10	Tasso (Via T.)	BZ	
iovani XXIII (Viale)	BZ	13	20 Settembre (Via)	AZ	40
ombito (Via)	AY	14			

Circolazione stradale regolamentata nella « Città Alta »

×× **Taverna Valtellinese,** via Tiraboschi 57 ⊠ 24122 ℰ 243331, Cucina valtellinese – *chiuso domenica sera, lunedì e dal 3 al 17 agosto* – Pas carta 44/61000.   BZ **r**

×× **Öl Giopì e la Margì,** via Borgo Palazzo 25 ⊠ 24125 ℰ 242366, Fax 249206, Cucina tipica bergamasca – ▤. ᴀᴇ 🔂 ⓪ 🅴 🆅🅸🆂🅰. ⫸ BZ **c** *chiuso lunedì, dal 1° al 10 gennaio ed agosto* – Pas carta 45/75000.

×× **Trattòria,** via Previtali 43 ⊠ 24122 ℰ 256022 – ᴀᴇ 🔂 🅴 🆅🅸🆂🅰. ⫸ AZ **c** *chiuso domenica, martedì a mezzogiorno e dall'8 al 31 agosto* – Pas carta 51/80000.

× **Leon d'Oro,** via Paleocapa 4 ⊠ 24122 ℰ 218151 – ᴀᴇ 🔂 🅴 🆅🅸🆂🅰 BZ **f** *chiuso mercoledì* – Pas carta 41/59000.

alla città alta – alt. 366 :

×××°° **Taverna del Colleoni,** piazza Vecchia 7 ⊠ 24129 ℰ 232596, Fax 232596, 🏛 – ▤. ᴀᴇ 🔂 ⓪ 🅴 🆅🅸🆂🅰. ⫸ AY **x** *chiuso lunedì e dall'8 al 15 agosto* – Pas carta 60/85000.

XX **Gourmet** ⅋ con cam, via San Vigilio 1 ✉ 24129 ☎ 256110, Fax 256110, « Serviz estivo in giardino » – TV ☎ P. AE ß ◑ E VISA. ✻ cam AY
Pas *(chiuso martedì e dal 1° al 6 gennaio)* carta 49/75000 – ☕ 15000 – **10 cam** 120000 ½ P 150000.

XX **Alla Nicchia,** piazza Mercato del Fieno 13 ✉ 24129 ☎ 220114, Coperti limitati; pren tare – AE ß ◑ E VISA AY
chiuso domenica sera, martedì ed agosto – Pas carta 41/79000.

XX **I Musicanti** con cam, via San Vigilio 15 ✉ 24129 ☎ 253179, Fax 402081, ≤, Cope limitati; prenotare, « Servizio estivo in terrazza panoramica » – ▤ TV ☎ P. AE ß E VIS ✻ AY
Pas *(chiuso gennaio, domenica sera e lunedì escluso da luglio a settembre)* carta 45/790 – ☕ 15000 – **7 cam** 135000.

XX **La Marianna,** largo Colle Aperto 214 ✉ 24129 ☎ 237027, 帝 – AE ß E VISA
chiuso lunedì e dal 1° al 14 gennaio – Pas carta 45/86000. AY

XX **Trattoria del Teatro,** piazza Mascheroni 3 ✉ 24129 ☎ 238862 – ▤ AY
chiuso lunedì e dal 15 al 30 luglio – Pas carta 38/53000.

XX **Valletta,** via Castagneta 19 ✉ 24129 ☎ 239587, prenotare, « Servizio estivo in terra za » – AE ß E VISA. ✻ AY
chiuso domenica sera, lunedì, dal 1° al 15 gennaio ed agosto – Pas carta 47/76000.

X **Da Ornella,** via Gombito 15 ✉ 24129 ☎ 232736 – AE ß E VISA AY
chiuso giovedì, venerdì a mezzogiorno, dal 22 dicembre all'8 gennaio e luglio – Pa carta 36/54000.

Vedere anche : ***Torre Boldone*** per ① : 4,5 km.

BERGEGGI 17042 Savona 428 J 7 – 1 063 ab. alt. 110 – ☎ 019.
Roma 556 – Cuneo 102 – ◆Genova 58 – Imperia 63 – ◆Milano 180 – Savona 11.

XXX ✿ **Claudio** ⅋ con cam, ☎ 859700, Fax 859700, prenotare, « Servizio estivo in terraz con ≤ mare e costa », ⛱ – |≑| ▤ TV ☎ ⇐ P – 🏛 100. AE ß VISA. ✻ cam
chiuso dal 2 al 25 gennaio – Pas *(chiuso lunedì)* 90000 bc – **16 cam** ☕ 120/180000 ½ P 160/180000
Spec. Pansotti verdi ai crostacei, Filetti di triglia al Pigato e olive, Rombo chiodato in foglia d'erbetta con intongolo pinoli capperi e uva sultanina. **Vini** Vermentino, Pigato.

BERGIOLA MAGGIORE Massa-Carrara – Vedere Massa.

BERNEZZO 12010 Cuneo 428 J 4 – 2 529 ab. alt. 575 – ☎ 0171.
Roma 650 – Barcelonnette 70 – Colle di Tenda 32 – Cuneo 10.

X Da Arturo, località S. Anna SO : 3 km ☎ 82064, prenotare – P

BERTINORO 47032 Forlì 988 ⑮, 429 430 J 18 – 8 555 ab. alt. 257 – ☎ 0543.
Vedere ≤★ dalla terrazza vicino alla Colonna dell'Ospitalità.
Roma 343 – ◆Bologna 77 – Forlì 14 – ◆Milano 296 – ◆Ravenna 33 – Rimini 41.

🏨 **Panorama** ⅋ senza rist, piazza della Libertà 11 ☎ 445465, ≤ – |≑| TV ☎. AE ß ◑ E VIS ✻
marzo-novembre – senza ☕ – **16 cam** 60/110000.

X **Belvedere,** via Mazzini 7 ☎ 445127, « Servizio estivo in terrazza panoramica » – AE ◑ VISA. ✻
chiuso mercoledì e novembre – Pas carta 37/49000.

BESNATE 21010 Varese 428 E 8, 219 ⑰ – 4 661 ab. alt. 300 – ☎ 0331.
Roma 622 – Gallarate 7 – ◆Milano 45 – Novara 40 – Varese 17.

XX **La Maggiolina,** via per Gallarate 9 ☎ 274225 – ▤ P. ß E VISA
chiuso martedì ed agosto – Pas carta 40/60000.

BETTOLA 29021 Piacenza 988 ⑬, 428 429 H 10 – 3 555 ab. alt. 329 – ☎ 0523.
Roma 546 – ◆Bologna 184 – ◆Milano 99 – Piacenza 34.

X **Due Spade,** piazza Cristoforo Colombo 62 ☎ 917789, 帝 – ✻
chiuso martedì escluso da luglio a settembre – Pas carta 33/50000.

BETTOLLE Siena 988 ⑮ – Vedere Sinalunga.

BIANCO 89032 Reggio di Calabria 988 ㊴, 431 M 30 – 3 890 ab. – ☎ 0964.
Roma 722 – Catanzaro 118 – ◆Reggio di Calabria 78.

🏨 **Vittoria,** ☎ 911014, Fax 911014, ⛱ – |≑| ☎ P. AE ß ◑ E VISA. ✻ rist
Pas *(giugno-ottobre)* 23/33000 – ☕ 8000 – **64 cam** 65/80000 – ½ P 58/75000.

BIASCA 427 ⑮, 218 ⑫ – Vedere Cantone Ticino alla fine dell'elenco alfabetico.

viale Aurora 101 ℘ 43362, Telex 450377, Fax 439997.

oma 613 – Latisana 19 – ♦Milano 352 – Treviso 89 – ♦Trieste 98 – Udine 67 – ♦Venezia 102.

🏨🏨 **Principe,** via Ariete 41 ℘ 43256, Telex 461075, Fax 439234, ≤, ⍩, 🏊, ※ – 🛗 ☎ 🅿. 🆎 🛂 ⑨ 🅴 𝘝𝘐𝘚𝘈. ※ rist
15 maggio-15 settembre – Pas 25/30000 – **80 cam** ⌷ 120/200000 – ½ P 100/115000.

🏨🏨 **Corallo,** via Pegaso 38 ℘ 430943, Fax 439928, ≤, ⌶, ⍩, 🏊, ☞, ※ – 🛗 🍴 ☎ 🅿. 🛂 🅴 𝘝𝘐𝘚𝘈. ※
15 maggio-settembre – Pas (solo per clienti alloggiati) – **80 cam** ⌷ 200000 – P 70/120000.

🏨 **Palace,** via del Leone 44 ℘ 43349, Fax 438332, ≤, ⍩, 🏊, – 🛗 ☎ 🅿. ※ rist
14 maggio-16 settembre – Pas (solo per clienti alloggiati) 20/30000 – **80 cam** ⌷ 70/130000 – ½ P 52/75000.

🏨 **Leonardo da Vinci,** corso Europa 92 ℘ 43416, Telex 450417, Fax 438009, 🏊 – 🛗 ☎ 🅿. ※
20 maggio-15 settembre – Pas (solo per clienti alloggiati) 22/35000 – ⌷ 10000 – **54 cam** 104000 – ½ P 54/66000.

🏨 **Astoria,** corso Europa 86 ℘ 43148, 🏊, ※ – 🛗 🍴 rist ☎ ⟷ 🅿. 🆎 🛂 🅴 𝘝𝘐𝘚𝘈. ※ rist
16 maggio-19 settembre – Pas 20/30000 – ⌷ 10000 – **56 cam** 70/85000 – ½ P 50/70000.

🏨 **Concordia,** via Maia 149 ℘ 43433, ≤, ⍩ riscaldata, 🏊, – 🛗 ☎ 🅿. ※ rist
20 maggio-20 settembre – Pas 28000 – **44 cam** ⌷ 70/100000 – ½ P 58/63000.

🏨 **Nevada,** località Lido del Sole O : 2,5 km ℘ 43346, Telex 450417, Fax 439291, 🏊 – 🛗 ☎ ⟷ 🅿. 🆎 ⑨. ※ rist
maggio-settembre – Pas carta 40/60000 – **40 cam** ⌷ 65/90000 – ½ P 52/68000.

🍽 **Da Gianni,** corso del Sole 96 ℘ 43609, 🍸

a Bibione Pineda O : 5 km – ⌧ **30020** Bibione.

🏨 **Esplanada** ⍤, via delle Dune 6 ℘ 43260, Fax 430832, « Pineta con ⍩ e ※ », 🏊 – 🛗 🍴 rist 🕭 🅿. 🛂 🅴 𝘝𝘐𝘚𝘈. ※
15 maggio-settembre – Pas 30000 – **80 cam** ⌷ 100/180000 – ½ P 80/100000.

🏨 **San Marco,** via delle Ortensie 2 ℘ 43301, Fax 438381, « Pineta con ⍩ », ⇌ₛ, 🏊 – 🛗 ☎ 🅿. ※ *–15 maggio-15 settembre* – Pas 25/28000 – ⌷ 12000 – **57 cam** 80/120000 – ½ P 65/90000.

🏨 **Horizonte,** via degli Ontani 31 ℘ 43218, Fax 439246, « Giardino ombreggiato », 🏊 – 🍴 rist 🕭 🅿. 🛂 🅴 𝘝𝘐𝘚𝘈. ※ rist
15 maggio-20 settembre – Pas 23/28000 – ⌷ 7500 – **25 cam** 35/75000 – ½ P 54/60000.

BIELLA 13051 Vercelli 988 ② , 28 F 6 – 50 993 ab. alt. 424 – ✪ 015.

🏌 Le Betulle (aprile-novembre; hiuso lunedì) a Magnano ⌧ 3050 ℘ 679151, per ④ : 8 km.

A.C.I. viale Matteotti 11 ℘ 351047.

oma 676 ② – Aosta 101 ④ – ♦Milano 102 ② – Novara 56 ② – Stresa 72 ① – ♦Torino 74 ③ – Vercelli 42 ②.

🏨🏨 **Astoria** senza rist, viale Roma 9 ℘ 402750, Fax 8491691 – 🛗 🍴 📺 ☎ – 🔒 75. 🆎 🛂 ⑨ 🅴 𝘝𝘐𝘚𝘈. ※ **v**
chiuso agosto – ⌷ 15000 – **49 cam** 135/170000.

🏨🏨 **Augustus** senza rist, via Orfanotrofio 2 ℘ 27554, Telex 215860, Fax 29257 – 🛗 🍴 📺 ☎ 🅿. 🆎 🛂 ⑨ 🅴 𝘝𝘐𝘚𝘈. ※ **s**
chiuso dal 3 al 26 agosto – **36 cam** ⌷ 120/165000.

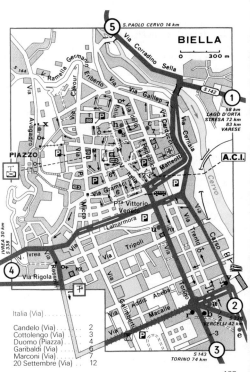

BIELLA

Italia (Via)	
Candelo (Via)	2
Cottolengo (Via)	3
Duomo (Piazza)	4
Garibaldi (Via)	6
Marconi (Via)	7
20 Settembre (Via)	12

🏨 **Michelangelo** senza rist, piazza Adua 5 ℰ 8492362, Fax 8492649 – 📳 🖿 📺 ☎ 🚗 🕸 40. 🖭 🕄 ⑩ Ɛ 𝘝𝘐𝘚𝘈. ❄
19 cam � 120/165000.

🏠 **Coggiola** senza rist, via Cottolengo 5 ℰ 8491912, Fax 8493427, 🛋 – 📳 📺 ☎. 🖭 🕄 Ɛ 𝘝𝘐
10000 – **32 cam** 65/100000.

XXX **Prinz Grill**, via Torino 14 ℰ 30302, prenotare – 🖭 🕄 ⑩ Ɛ 𝘝𝘐𝘚𝘈. ❄
chiuso domenica, dal 1° al 10 gennaio ed agosto – Pas carta 45/79000.

XX **Le Premier Cru**, via della Repubblica 46 ℰ 30820 – 🖭 🕄
chiuso sabato a mezzogiorno, domenica ed agosto – Pas carta 33/50000.

XX **Da Vittorio**, via Trossi 10 ℰ 8493477 – 🖭 🕄 Ɛ 𝘝𝘐𝘚𝘈. ❄
chiuso domenica e dal 1° al 20 agosto – Pas carta 33/55000.

XX **San Paolo**, viale Roma 4 ℰ 8493236 – 🖭 🕄 ⑩ Ɛ 𝘝𝘐𝘚𝘈. ❄
chiuso venerdì ed agosto – Pas carta 43/76000.

XX **Taverna del Piazzo,** via Avogadro 10-rione Piazzo ℰ 22724 – 🖭 🕄 ⑩ Ɛ 𝘝𝘐𝘚𝘈
chiuso lunedì – Pas carta 34/50000.

XX **L'Orso Poeta**, via Orfanotrofio 7 ℰ 21252 – 🖭 Ɛ 𝘝𝘐𝘚𝘈
chiuso domenica, dal 1° al 10 gennaio e dal 6 al 25 agosto – Pas carta 39/60000.

X **Trattoria della Rocca**, via dalla Vittoria 90-rione Chiavazza ℰ 351027 – 🅿
chiuso martedì – Pas carta 28/49000.   2 km per ○

*a Vaglio*NE : 4 km – ✉ **13050** :

X **Al Peschereccio**, ℰ 562740 – 🅿. 🖭 🕄 𝘝𝘐𝘚𝘈
chiuso lunedì e dal 25 agosto al 15 settembre – Pas carta 37/59000.

Vedere anche : **Candelo** per ② : 5 km.
Sordevolo per ④ : 8 km.
Oropa NO : 13 km.
San Paolo Cervo N : 14 km.

BIGOLINO Treviso – Vedere Valdobbiadene.

BINASCO **20082** Milano 𝟿𝟾𝟾③ ⑬, 𝟺𝟸𝟾 G 9 – 6 460 ab. alt. 101 – 🕲 02.
Roma 573 – Alessandria 75 – ◆Milano 17 – Novara 63 – Pavia 19 – ◆Torino 152.

🏨 **Corona,** via Matteotti 20 ℰ 9052280, Fax 9054353 – 📳 🖿 📺 ☎ 🖐 🅿. 🖭 🕄 ⑩ Ɛ 𝘝𝘐𝘚𝘈
❄ rist
chiuso agosto – Pas *(chiuso sabato)* carta 36/50000 – ⊡ 8000 – **50 cam** 80/100000.

XX **Hosteria della Pignatta**, largo Loriga 5 ℰ 9054046 – 🖭 🕄 Ɛ 𝘝𝘐𝘚𝘈. ❄
chiuso martedì ed agosto – Pas carta 28/36000 (10%).

BIODOLA Livorno 𝟺𝟹𝟶 N 12 – Vedere Elba (Isola d') : Portoferraio.

BIOGGIO 𝟺𝟸𝟽㉔, 𝟸𝟷𝟿⑧ – Vedere Cantone Ticino alla fine dell'elenco alfabetico.

BISCEGLIE 70052 Bari 𝟿𝟾𝟾㉙ – 48 537 ab. alt. 16 – 🕲 080.
Roma 422 – ◆Bari 41 – ◆Foggia 105 – ◆Taranto 124.

🏨 **Salsello**, via Siciliani 29/32 ℰ 965577, Fax 965568 – 🌊 📳 🖿 📺 ☎ 🚗 🅿 – 🚲 500. 🄰
🕄 ⑩ Ɛ 𝘝𝘐𝘚𝘈. ❄
Pas 30/70000 (15 %) – **52 cam** ⊡ 135000 – ½ P 130000.

BISSONE 𝟺𝟸𝟽㉔, 𝟸𝟷𝟿⑧ – Vedere Cantone Ticino alla fine dell'elenco alfabetico.

BITONTO 70032 Bari 𝟿𝟾𝟾㉙, 𝟺𝟹𝟷 D 32 – 53 627 ab. alt. 118 – 🕲 080.
Roma 450 – ◆Bari 17 – ◆Foggia 113 – ◆Taranto 97.

🏠 S 1, viale Papa Giovanni XXIII ℰ 617341, 🛋 – 🕾 🅿 – **18 cam.**

XX **La Tabernetta-Dante,** viale Papa Giovanni XXIII 163/E ℰ 9515511, 🍽 – 🖿. 🖭 🕄 ⑩ Ɛ
𝘝𝘐𝘚𝘈 – *chiuso lunedì e dal 19 al 28 luglio* – Pas carta 34/54000.

BIVIGLIANO 50030 Firenze 𝟺𝟸𝟿 𝟺𝟹𝟶 K 15 – alt. 580 – a.s. luglio-agosto – 🕲 055.
Roma 295 – ◆Bologna 98 – ◆Firenze 18 – Forlì 105 – ◆Milano 292.

🏨🏨 **Demidoff,** verso Pratolino S : 3 km ℰ 409772, Telex 572643, Fax 409780, 𝗜🌀, 🈁, 🏊, ❄
– 📳 🖿 📺 ☎ 🅿 – 🚲 50 a 600. 🖭 🕄 ⑩ Ɛ 𝘝𝘐𝘚𝘈. ❄
Pas vedere rist Villa Vecchia – **98 cam** ⊡ 260000, 2 appartamenti – ½ P 160/215000.

🏨 **Giotto Park Hotel** 🗼, ℰ 406608, Fax 406730, ≼, « Parco ombreggiato », ❄ – 📺 🕾 🅿
– 🚲 25 a 100. 🖭 🕄 ⑩ Ɛ 𝘝𝘐𝘚𝘈. ❄ rist
Pas *(chiuso martedì)* 40/45000 – **35 cam** ⊡ 100/150000 – ½ P 80/130000.

XX **Villa Vecchia**, verso Pratolino S : 3 km ℰ 409476, Fax 409790, 🍽, « Parco ombreggia
to » – 🅿

BIZZARONE 22020 Como 𝟺𝟸𝟾 E 8, 𝟸𝟷𝟿⑧ – 1 318 ab. alt. 433 – 🕲 031.
Roma 644 – Como 20 – Varese 19.

XX **Cornelio** con cam, via Milano 1 ℰ 948787, Fax 949044 – 🖿 cam 📺 ☎ 🅿 – 🚲 25. 🖭 🕄
⑩ Ɛ 𝘝𝘐𝘚𝘈. ❄
Pas *(chiuso mercoledì)* carta 41/68000 – ⊡ 6000 – **9 cam** 70000 – P 90000.

BOARIO TERME Brescia 988 ④, 428 429 E 12 – Vedere Darfo Boario Terme.

BOBBIO 29022 Piacenza 988 ⑬, 428 H 10 – 3 932 ab. alt. 272 – Stazione termale (maggio-ottobre) – ✪ 0523.

(giugno-settembre), piazza San Francesco 3 ☎ 936178.

Roma 558 – Alessandria 84 – ◆Bologna 196 – ◆Genova 94 – ◆Milano 110 – Pavia 88 – Piacenza 46.

🏠 **Piacentino,** ☎ 936266 – 🛗 ☎ 🅿. 🖭 🔢 ⓞ 🗲 ꓦꓲꓢꓮ. ⚡
Pas (chiuso lunedì) 28/50000 – � 8000 – **20 cam** 50/80000 – ½ P 45/70000.

✗ **Enoteca San Nicola,** ☎ 932355, Coperti limitati; prenotare – 🔢 ⓞ 🗲 ꓦꓲꓢꓮ. ⚡
chiuso lunedì, martedì, febbraio e novembre – Pas carta 35/49000.

BOCCA DI MAGRA 19030 La Spezia 428 429 430 J 11 – ✪ 0187.

Roma 404 – ◆Genova 110 – Lucca 60 – Massa 21 – ◆Milano 227 – ◆La Spezia 21.

🏠 **Orsa Maggiore,** ☎ 65116, ≤, 🌳, 🌱 – ☜. ⚡ rist
aprile-settembre – Pas carta 33/48000 – ⊇ 9000 – **25 cam** 33/65000 – ½ P 65/70000.

✗✗ **La Lucerna di Ferro,** ☎ 601206, 🌳 – 🅿. 🖭 🔢 🗲 ꓦꓲꓢꓮ. ⚡
chiuso dal 15 dicembre al 1° marzo, lunedì sera da giugno ad agosto e martedì negli altri mesi – Pas carta 49/79000.

✗✗ **Capannina Ciccio,** ☎ 65568, ≤, 🌳 – 🖭 🔢 ⓞ 🗲 ꓦꓲꓢꓮ
chiuso novembre e martedì (escluso dal 15 giugno al 15 settembre) – Pas carta 48/76000.

BOGLIACO Brescia 428 E 13 – Vedere Gargnano.

BOGLIASCO 16031 Genova 428 I 9 – 4 622 ab. – ✪ 010.

Roma 491 – ◆Genova 13 – ◆Milano 150 – Portofino 23 – ◆La Spezia 92.

✗✗ **Il Tipico,** località San Bernardo N : 4 km ☎ 3470754, ≤ mare e costa – 🅿. 🖭 🔢 ꓦꓲꓢꓮ. ⚡
chiuso lunedì e novembre – Pas carta 50/75000.

BOGNANCO (Fonti) 28030 Novara 988 ②, 428 D 6 – 372 ab. alt. 986 – ✪ 0324.

🔹 piazzale Giannini 5 ☎ 234127.

Roma 709 – Domodossola 11 – ◆Milano 132 – Novara 102 – Stresa 52 – ◆Torino 176.

🏠 **Villa Elda,** ☎ 46975 – 🛗 ☎ 🅿. ⚡
20 maggio-settembre – Pas 20/30000 – **38 cam** ⊇ 48/70000 – P 60/65000.

BOGNO 427 ②, 219 ⑧ – Vedere Cantone Ticino alla fine dell'elenco alfabetico.

BOLETO 28010 Novara 428 E 7, 219 ⑥ – alt. 696 – ✪ 0322.

Vedere Santuario della Madonna del Sasso★★ NO : 4 km.

Roma 664 – Domodossola 54 – ◆Milano 87 – Novara 49 – ◆Torino 123 – Varese 55.

✗✗ **Hermitage,** ☎ 981109, ≤ lago d'Orta – 🅿. 🖭 🔢 ⓞ 🗲 ꓦꓲꓢꓮ. ⚡
chiuso lunedì, dal 1° al 15 febbraio e dal 15 al 30 novembre – Pas carta 42/66000.

BOLLATE 20021 Milano 428 F 9, 219 ⑱ ⑲ – 43 422 ab. alt. 154 – ✪ 02.

Roma 595 – Como 37 – ◆Milano 11 – Novara 45 – Varese 40.

Pianta d'insieme di Milano (Milano p. 6)

🏨 **La Torretta,** strada statale Varesina NO : 2 km ☎ 3505996, Telex 352815, Fax 33300826,
🌳 – 🛗 🍴 cam 🔟 ☎ 🅿 – 🔏 80. 🖭 🔢 ⓞ 🗲 ꓦꓲꓢꓮ. ⚡ rist   AO **d**
Pas (chiuso domenica e dal 2 al 26 agosto) carta 38/55000 – ⊇ 14000 – **60 cam** 98/145000.

ad Ospiate O : 1 km – ⊠ 20021 Ospiate di Bollate :

✗✗ **Al Mulino** ⚘ con cam, viale Repubblica 75 ☎ 3502286, 🌳 – ▦ 🔟 ☎ 🅿. 🖭 🔢 ꓦꓲꓢꓮ. ⚡
chiuso dal 7 al 28 agosto – Pas (chiuso lunedì) carta 60/85000.   AO **b**

BOLOGNA 40100 🅿 988 ⑭ ⑮, 429 430 I 15 – 411 803 ab. alt. 55 – ✪ 051.

Vedere Piazze Maggiore e del Nettuno★★★ BY: fontana del Nettuno★★, basilica di San Petronio★★ BY A, palazzo Comunale★ BY H, palazzo del Podestà★ BY B – Piazza di Porta Ravegnana★★ CY: Torri Pendenti★★ (✳★★) – Mercanzia★ – Chiesa di Santo Stefano★ CY F – Museo Civico Archeologico★ BY M – Pinacoteca Nazionale★★ CX M – Chiesa di San Giacomo Maggiore★ CX D – Strada Maggiore★ CY – Chiesa di San Domenico★ BZ K: arca★★ del Santo, tavola★ di Filippino Lippi – Palazzo Bevilacqua★ BY E – Postergale★ nella chiesa di San Francesco AX N.

Dintorni Madonna di San Luca: portico★, ≤★ su Bologna e gli Appennini SO : 5 km EU.

🏌 (chiuso lunedì) a Chiesa Nuova di Monte San Pietro ⊠ 40050 ☎ 969100, O : 16 km DU.

✈ di Borgo Panigale NO : 6 km DET ☎ 311578 – Alitalia, via Marconi 34 ⊠ 40122 ☎ 212333.

🚗 ☎ 246490.

🔹 piazza Maggiore 6 ⊠ 40121 ☎ 239660 – Stazione Ferrovie Stato ⊠ 40121 ☎ 246541.

A.C.I. via Marzabotto 2 ⊠ 40122 ☎ 389908.

Roma 379 ⑦ – ◆Firenze 105 ⑦ – ◆Milano 210 ⑨ – ◆Venezia 152 ①.

BOLOGNA
PIANTA D'INSIEME

Alberto Mario (Via)	**FU** 2	Barbieri (Via Francesco)	**FT**
Amaseo (Via Romolo)	**FT** 3	Barca (Via della)	**EU**
Arno (Via)	**GU** 5	Pattaglia (Via della)	**FU**
Artigiano (Via dell')	**FT** 6	Bentivogli (Via Giuseppe)	**FU**
Bandiera (Via Irma)	**EU** 8	Beverara (Via della)	**EFT**

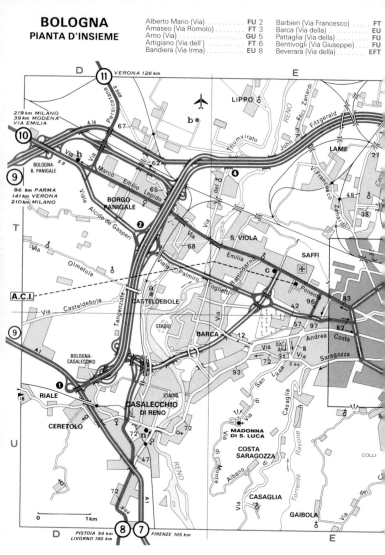

🏨 **Royal Hotel Carlton,** via Montebello 8 ⊠ 40121 ℰ 249361, Telex 510356, Fax 249724
🛗 🚭 📺 ☎ ♿ 🚗 – 🛎 30 a 800. 🆎 🚩 ⓘ 🇪 𝘝𝘐𝘚𝘈. ⚘
Pas *(chiuso domenica)* 70/90000 – **251 cam** � 290/370000, 22 appartamenti.
BV

🏨 **Gd H. Baglioni,** via dell'Indipendenza 8 ⊠ 40121 ℰ 225445, Telex 510242, Fax 234840
🛗 🚾 cam 📺 ☎ – 🛎 30 a 80. 🆎 🚩 ⓘ 🇪 𝘝𝘐𝘚𝘈. ⚘
Pas vedere rist I Carracci – **122 cam** � 330/490000, 3 appartamenti – ½ P 275/310000.
BX

🏨 **Jolly,** piazza 20 Settembre 2 ⊠ 40121 ℰ 248921, Telex 510076, Fax 249764 – 🛗 🚭 📺
– 🛎 25 a 300. 🆎 🚩 ⓘ 🇪 𝘝𝘐𝘚𝘈. ⚘ rist
Pas 63000 – **176 cam** � 240/360000 – ½ P 303000.
CV

Se cercate un albergo tranquillo,
oltre a consultare le carte dell'introduzione,
rintracciate nell'elenco degli esercizi quelli con il simbolo ⚘ o ⚘

112

...riano (Via)	FT 17
...stiglione (Via)	FU 18
...azzoni (Via Francesco)	GU 19
...divilla (Via Allessandro)	FU 25
...ombo (Via Cristoforo)	ET 27

Dagnini (Via Giuseppe)	FU 28
De Coubertin (Via)	EU 31
Firenze (Via)	GU 36
Foscherara (Via della)	FU 37
Gagarin (Via Yuri)	ET 38

Gandhi (Viale M. K.)	ET 42
Jacopo della Lana (Via)	FU 43
Marconi (Via Guglielmo)	DU 47
Marco Polo (Via)	ET 48
Martelli (Via Tommaso)	GU 49
Matteotti (Via Giacomo)	FT 52
Mazzini (Via Giuseppe)	FU 54
Mezzofanti (Via Giuseppe)	FU 55
Montefiorino (Via)	EU 57
Oriani (Viale Alfredo)	FU 61
Ospedaletto (Via dell')	DT 62
Palagi (Via Pelagio)	FU 64
Panigale (Via)	DT 65
Persicetana Vecchia (Via)	DT 67
Pietra (Via della)	DT 68
Pirandello (Via Luigi)	ET 69
Porrettana (Via)	DEU 72
Putti (Via Vittorio)	FU 75
Sabbioni (Via dei)	EU 81
Sabotino (Via)	EU 82
Saffi (Via Aurelio)	ET 83
San Mamolo (Via)	EU 87
Santa Barbara (Via)	FU 89
Sigonio (Via Carlo)	FU 92
Sturzo (Via Don Luigi)	ET 93
Timavo (Via del)	EU 95
Tolmino (Via)	EU 97
Tosarelli (Via Bruno)	GT 98

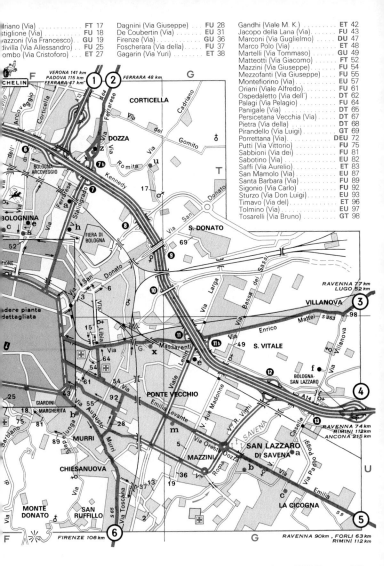

Roma, via Massimo d'Azeglio 9 ⊠ 40123 ℰ 226322, Telex 512863, Fax 239909 – 📶 🔲 📺
☎ 🚗 ﹐ 𝖠𝖤 🖪 ⓞ 𝖤 𝚅𝙸𝚂𝙰, ⅍ rist   BY **x**
Pas 38/40000 – ☲ 18000 – **85 cam** 110/160000 – ½ P 136/168000.

Pullman Hotel Bologna, viale Pietramellara 59 ⊠ 40121 ℰ 248248, Telex 520643,
Fax 249421 – 📶 🔲 📺 ☎ & – 🔬 35 a 90. 𝖠𝖤 🖪 ⓞ 𝖤 𝚅𝙸𝚂𝙰 ⅍   BV **q**
Pas vedere rist Risbo' – **244 cam** ☲ 255/367000.

Holiday Inn Bologna Tower, viale Lenin 43 ⊠ 40138 ℰ 6010909, Fax 6010700, Ⅰ₅, ⇌s
– 📶 ⅍ 🔲 📺 ☎ 🚗 🅿 – 🔬 450. 𝖠𝖤 🖪 ⓞ 𝖤 𝚅𝙸𝚂𝙰 ⅍   GU **e**
Pas carta 56/84000 – **150 cam** ☲ 188/330000, 10 appartamenti – ½ P 230/260000.

Holiday Inn Bologna City, piazza della Costituzione 1 ⊠ 40128 ℰ 372172, Te-
lex 510676, Fax 357662, ⅃ riscaldata, ⊶ – 📶 ⅍ cam 🔲 📺 ☎ 🚗 🅿 – 🔬 35 a 350. 𝖠𝖤
🖪 ⓞ 𝖤 𝚅𝙸𝚂𝙰 ⅍ rist   FT **h**
Pas carta 51/67000 – ☲ 35000 – **162 cam** 210/295000, appartamento – ½ P 186/248000.

🏨 **Internazionale** senza rist, via dell'Indipendenza 60 ⊠ 40121 ℰ 245544, Telex 511038, Fax 249544 – 🛗 🗐 ☎ 🚗. 🖭 BCV **p**
139 cam ⊑ 215/300000.

🏨 **Al Cappello Rosso** senza rist, via de' Fusari 9 ⊠ 40123 ℰ 261891, Telex 512870, Fax 227179 – 🛗 🗐 📺 ☎. 🖭 🕄 ⓪ 🖃 𝗩𝗜𝗦𝗔 BY **v**
33 cam ⊑ 240/360000.

🏨 **Corona d'Oro 1890** senza rist, via Oberdan 12 ⊠ 40126 ℰ 236456, Telex 512883, Fax 262679 – 🛗 🗐 📺 ☎ – 🔏 30. 🖭 🕄 ⓪ 🖃 𝗩𝗜𝗦𝗔 ⚓ BX **x**
chiuso dal 22 dicembre al 3 gennaio ed agosto – **35 cam** ⊑ 238/356000.

🏨 **Gd H. Elite**, via Aurelio Saffi 36 ⊠ 40131 ℰ 437417, Telex 510067, Fax 424968 – 🛗 🗐 📺 ☎ 🚗 – 🔏 100. 🖭 🕄 ⓪ 🖃 𝗩𝗜𝗦𝗔 AV **c**
chiuso dal 25 luglio al 25 agosto – Pas vedere rist Cordon Bleu – **84 cam** ⊑ 214/306000, 6 appartamenti – ½ P 120/150000.

🏨 **Dei Commercianti** senza rist, via de' Pignattari 11 ⊠ 40124 ℰ 233052, Fax 224733 – 🛗 🗐 📺 ☎ 🚗. 🖭 🕄 ⓪ 🖃 𝗩𝗜𝗦𝗔 BY **n**
31 cam ⊑ 118/168000.

🏨 **Re Enzo** senza rist, via Santa Croce 26 ⊠ 40122 ℰ 523322, Telex 512892, Fax 554035 – 🛗 🗐 📺 ☎ 🚗. 🖭 🕄 ⓪ 🖃 𝗩𝗜𝗦𝗔 ⚓ AX **a**
chiuso agosto – ⊑ 15000 – **51 cam** 105/150000, 🗐 10000.

🏨 **Orologio** senza rist, via IV Novembre 10 ⊠ 40123 ℰ 231253, Fax 260552 – 🛗 🗐 📺 ☎. 🖭 🕄 ⓪ 🖃 𝗩𝗜𝗦𝗔 ⚓ BY **x**
29 cam ⊑ 118/168000.

🏨 **City Hotel** senza rist, via Magenta 10 ⊠ 40128 ℰ 372676, Fax 372032, 🚿 – 🛗 🗐 📺 ☎ 🚗 🅿 – 🔏 25. 🖭 🕄 ⓪ 🖃 𝗩𝗜𝗦𝗔 ⚓ FT **e**
⊑ 20000 – **60 cam** 118/170000.

🏨 **Maxim**, via Stalingrado 152 ⊠ 40128 ℰ 323235, Fax 320535 – 🛗 🗐 📺 ☎ 🅿. 🖭 🕄 ⓪ 🖃 𝗩𝗜𝗦𝗔 FT **z**
Pas vedere rist Al Cambio – ⊑ 18000 – **29 cam** 115/145000, 10 appartamenti – ½ P 130/150000.

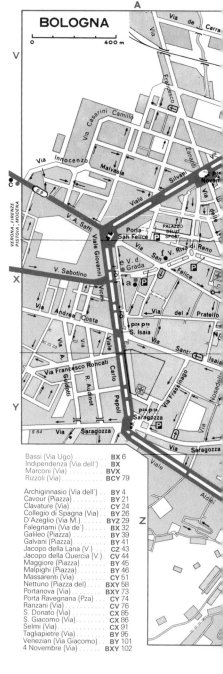

Bassi (Via Ugo) . . . . **BX** 6
Indipendenza (Via dell') . . **BX**
Marconi (Via) . . . . **BVX**
Rizzoli (Via) . . . . **BCY** 79

Archiginnasio (Via dell') . . **BY** 4
Cavour (Piazza) . . . . **BY** 21
Clavature (Via) . . . . **CY** 24
Collegio di Spagna (Via) . . **BY** 26
D'Azeglio (Via M.) . . . . . . **BYZ** 29
Falegnami (Via de') . . . . . **BX** 32
Galileo (Piazza) . . . . **BY** 39
Galvani (Piazza) . . . . **BY** 41
Jacopo della Lana (V.) . . . **CZ** 43
Jacopo della Quercia (V.) . . **CV** 44
Maggiore (Piazza) . . . . . . **BY** 45
Malpighi (Piazza) . . . . **BY** 46
Massarenti (Via) . . . . **CY** 51
Nettuno (Piazza del) . . . . . **BXY** 58
Portanova (Via) . . . . **BXY** 73
Porta Ravegnana (Pza) . . . **CY** 74
Ranzani (Via) . . . . **CV** 76
S. Donato (Via) . . . . **CX** 85
S. Giacomo (Via) . . . . **CX** 86
Selmi (Via) . . . . **CX** 91
Tagliapietre (Via) . . . . **BY** 95
Venezian (Via Giacomo) . . **BY** 101
4 Novembre (Via) . . . . . . **BXY** 102

BOLOGNA

🏨 **Maggiore** senza rist, via Emilia Ponente 62/3 ⊠ 40133 ℰ 381634, Telex 51267 Fax 312161 – 📶 ▤ 📺 ☎ 🅟 – 🔬 35. 🆎 🆂 🅞 🖪 𝑉𝑖𝑠𝑎 — ET
chiuso dal 22 dicembre al 2 gennaio e dal 1° al 23 agosto – **60 cam** 🖃 116/182000.

🏨 **Palace** senza rist, via Montegrappa 9/2 ⊠ 40121 ℰ 237442, Telex 520696, Fax 220689 📶 ▤ 📺 ☎ ⌕. 🆎 🆂 🅞 𝑉𝑖𝑠𝑎 — BX
🖃 12000 – **113 cam** 115/160000, ▤ 7000.

🏨 **San Felice** senza rist, via Riva di Reno 2 ⊠ 40122 ℰ 557457 – 📶 📺 ☎ 🔥. 🆎 🆂 🅴 𝑉𝑖 — AX
🖃 15000 – **36 cam** 107/152000.

🏨 **Cavour** senza rist, via Goito 4 ⊠ 40126 ℰ 228111, Fax 222978 – 📶 📺 ☎. 🆎 🆂 🅞 🅴 𝑉𝑖 — BX
🖃 12000 – **19 cam** 94/130000.

🏨 **Touring** senza rist, via dè Mattuiani 1/2 ⊠ 40124 ℰ 584305, Fax 334763 – 📶 📺 ☎. 🆎 🅴 𝑉𝑖𝑠𝑎 — BZ
38 cam 🖃 90/130000.

🍽🍽🍽🍽 **I Carracci**, via Manzoni 2 ⊠ 40129 ℰ 222049, Rist. elegante, prenotare – ▤. 🆎 🅞 𝑉𝑖𝑠𝑎. 🛠 — BX
chiuso domenica e dal 1° al 25 agosto – Pas carta 65/90000.

🍽🍽🍽 **Notai**, via de' Pignattari 1 ⊠ 40124 ℰ 228694, Fax 265872, 🍴, prenotare – 🆎 🆂 🅞 𝑉𝑖𝑠𝑎 — BY
chiuso domenica – Pas carta 85/120000.

🍽🍽🍽 **Cordon Bleu**, via Aurelio Saffi 38 ⊠ 40131 ℰ 437417, Rist. e piano-bar – ▤. 🆎 🆂 🅞 𝑉𝑖𝑠𝑎. 🛠 — AV
chiuso sabato a mezzogiorno, domenica e dal 25 luglio al 25 agosto – Pas carta 30/4500(

🍽🍽🍽 **Battibecco**, via Battibecco 4 ⊠ 40123 ℰ 223298, 🍴 – ▤. 🆎 🆂 🅞 🅴 𝑉𝑖𝑠𝑎 — BY
chiuso domenica, dal 24 al 31 dicembre e dal 10 al 20 agosto – Pas carta 62/106000.

🍽🍽🍽 **Bitone**, via Emilia Levante 111 ⊠ 40139 ℰ 546110 – ▤. 🅞 𝑉𝑖𝑠𝑎. 🛠 — GU
chiuso lunedì, martedì, dal 15 al 31 gennaio ed agosto – Pas carta 50/75000.

🍽🍽 **Franco Rossi**, via Goito 3 ⊠ 40126 ℰ 238818, Coperti limitati; prenotare – ▤. 🆎 🆂 🅴 𝑉𝑖𝑠𝑎. 🛠 — BX
chiuso domenica e luglio – Pas carta 65/95000.

🍽🍽 **Rosteria Luciano**, via Nazario Sauro 19 ⊠ 40121 ℰ 231249, Coperti limitati; prenota – ▤. 🆎 🆂 🅞 🅴 𝑉𝑖𝑠𝑎. 🛠 — BX
chiuso martedì sera, mercoledì, dal 24 dicembre al 1° gennaio ed agosto – Pas carta 5(78000 (12%).

🍽🍽 **La Cesoia-da Pietro**, via Massarenti 90 ⊠ 40138 ℰ 342854, Rist. con speciali umbro-laziali – 🆎 🆂 🅞 🅴 𝑉𝑖𝑠𝑎 — CY
chiuso domenica sera, lunedì e dal 28 luglio al 22 agosto – Pas carta 39/67000.

🍽🍽 **Rodrigo**, via della Zecca 2/h ⊠ 40121 ℰ 220445 – ▤. 🆎 🆂 🅞 🅴 𝑉𝑖𝑠𝑎. 🛠 — BX
chiuso domenica e dal 4 al 24 agosto – Pas carta 48/67000 (12%).

🍽🍽 **Diana**, via dell'Indipendenza 24 ⊠ 40121 ℰ 231302, Fax 228162 – ▤. 🆎 🆂 🅞 𝑉𝑖𝑠𝑎. 🛠 — BX
chiuso lunedì, dal 1° al 15 gennaio e dal 1° al 23 agosto – Pas carta 49/74000.

🍽🍽 **Risbo'**, via Pietramellara 59/2 ⊠ 40121 ℰ 246270 – ▤. 🆎 🆂 🅞 🅴 𝑉𝑖𝑠𝑎. 🛠 — CV
chiuso sabato e domenica – Pas carta 44/77000.

🍽🍽 **Panoramica**, via San Mamolo 31 ⊠ 40136 ℰ 580337, 🍴 – 🆎 🆂 🅞 🅴 𝑉𝑖𝑠𝑎 — BZ
chiuso domenica e dal 5 al 20 agosto – Pas carta 44/68000.

🍽🍽 **Posta**, via della Grada 21/a ⊠ 40122 ℰ 6491022, 🍴, Rist. con specialità toscane – ▤ 🆂 🅞 🅴 𝑉𝑖𝑠𝑎. 🛠 — AX
chiuso lunedì e dal 1° al 20 agosto – Pas carta 43/60000.

🍽🍽 **Grassilli**, via dal Luzzo 3 ⊠ 40125 ℰ 237938, 🍴, Coperti limitati; prenotare – ▤. 🆎 🅞 🅴 𝑉𝑖𝑠𝑎 — CY
chiuso dal 23 dicembre al 1° gennaio, dal 15 luglio al 15 agosto, mercoledì e le sere o giorni festivi – Pas carta 59/90000 (14%).

🍽🍽 **Donatello**, via Righi 8 ⊠ 40126 ℰ 235438 – 𝑉𝑖𝑠𝑎 — CX
chiuso sabato, domenica sera, dal 31 dicembre al 7 gennaio e dal 29 luglio al 30 agosto Pas carta 29/40000 (13%).

🍽🍽 La Braseria, via Testoni 2 ⊠ 40123 ℰ 264584 – ▤ — BX

🍽🍽 **La Fabbreria**, via Cadriano 15 ⊠ 40127 ℰ 500709, 🍴 – ▤ 🅟 🆂 🅞 🅴 𝑉𝑖𝑠𝑎. 🛠 — FT
chiuso domenica sera, lunedì e dal 1° al 20 agosto – Pas carta 31/62000.

🍽🍽 **Da Sandro al Navile**, via del Sostegno 15 ⊠ 40131 ℰ 6343100, Fax 6343100, 🍴 – 🅟 – 🔬 35. 🆎 🆂 🅞 🅴 𝑉𝑖𝑠𝑎. 🛠 — ET
chiuso domenica, dal 29 dicembre al 6 gennaio e dal 1° al 26 agosto – Pas carta 47/6100(

🍽🍽 La Boheme, via Fioravanti 53 ⊠ 40129 ℰ 369944, Coperti limitati; prenotare — FT

🍽🍽 **Dal Duttòur Balanzon**, via Fossalta 3 ⊠ 40125 ℰ 232098, Fax 224126 – ▤. 🆎 🅞 𝑉𝑖𝑠𝑎. 🛠 — BX
chiuso sabato e luglio – Pas carta 42/67000.

🍽🍽 **Trattoria Leonida**, vicolo Alemagna 2 ⊠ 40125 ℰ 239742, 🍴, prenotare – ▤. 🆎 🆂 🅴 𝑉𝑖𝑠𝑎. 🛠 — CY
chiuso domenica ed agosto – Pas carta 40/55000.

XX **Antica Trattoria dello Sterlino** con cam, via Murri 71 ⊠ 40137 𝄎 342598, 🏠 – 📺 ☎
ⓟ 🕰 🕄 ⑩ **E** 𝕍𝕀𝕊𝔸. ⅙
FU **b**
chiuso agosto – Pas *(chiuso sabato)* carta 28/44000 – ⊑ 7000 – **12 cam** 95/130000.

XX **Al Cambio,** via Stalingrado 150 ⊠ 40128 𝄎 328118 – 🍽. 🕰 🕄 ⑩ **E** 𝕍𝕀𝕊𝔸
FT **z**
chiuso domenica ed agosto – Pas carta 31/54000.

XX **Paolo,** piazza dell'Unità 9/d ⊠ 40128 𝄎 357858, 🏠 – 🕰 ⑩ **E** 𝕍𝕀𝕊𝔸
FT **s**
chiuso martedì, venerdì sera, dal 23 dicembre al 7 gennaio e dal 1° al 22 agosto – Pas
carta 29/43000.

XX **Nonno Rossi,** via dell'Aeroporto 38 ⊠ 40132 𝄎 401295, 🏠 – **ⓟ** – 🔬 50 a 120. 🕰 🕄 ⑩
𝕍𝕀𝕊𝔸. ⅙
DT **b**
Pas carta 38/52000 (10%).

X **Antica Osteria Romagnola,** via Rialto 13 ⊠ 40124 𝄎 263699, Coperti limitati; prenotare – 🍽. 🕰 🕄 ⑩ **E** 𝕍𝕀𝕊𝔸
CZ **a**
chiuso lunedì, martedì a mezzogiorno, dal 24 dicembre al 6 gennaio ed agosto – Pas
carta 46/68000 (10%).

X **La Terrazza,** via del Parco 20 ⊠ 40138 𝄎 531330, 🏠 – 🕰 🕄 ⑩ **E** 𝕍𝕀𝕊𝔸. ⅙
FU **x**
chiuso domenica e dal 1° al 16 agosto – Pas carta 38/59000.

X **Da Carlo,** via Marchesana 6 ⊠ 40124 𝄎 233227, Trattoria con servizio estivo sotto una
loggia – 🕄 ⑩ **E** 𝕍𝕀𝕊𝔸
BCY **e**
chiuso domenica sera, martedì, dal 6 al 25 gennaio e dal 20 agosto al 1° settembre – Pas
carta 42/60000 (13%).

X **Teresina,** via Oberdan 4 ⊠ 40126 𝄎 228985, 🏠, Coperti limitati; prenotare
chiuso domenica e dal 10 al 25 agosto – Pas carta 37/50000 (10%).
CY **z**

X **Ruggero,** via degli Usberti 6 ⊠ 40121 𝄎 236056, Trattoria d'habitués – 🕰 🕄 𝕍𝕀𝕊𝔸.
⅙
BX **c**
chiuso sabato a mezzogiorno, domenica e dal 26 luglio al 26 agosto – Pas carta 35/60000
(12%).

X **Alla Grada,** via della Grada 6 ⊠ 40122 𝄎 523323, Rist. e rosticceria – 🍽. 🕰 🕄 ⑩ **E**
𝕍𝕀𝕊𝔸
AX **a**
chiuso lunedì, dal 7 al 18 gennaio e dal 7 al 31 agosto – Pas carta 49/67000.

X **Da Bertino,** via delle Lame 55 ⊠ 40122 𝄎 522230, Trattoria d'habitués – 🕰 🕄 ⑩ **E** 𝕍𝕀𝕊𝔸.
⅙
BX **t**
chiuso domenica, lunedì sera, Natale, Capodanno e dal 4 al 31 agosto – Pas carta 28/39000.

a Casteldebole O : 7 km DT – ⊠ **40132** Bologna :

XX **Antica Trattoria del Cacciatore,** via Caduti di Casteldebole 25 𝄎 564203, Fax 567128,
Ambiente rustico – 🕰 🕄 ⑩ **E** 𝕍𝕀𝕊𝔸. ⅙
DT **a**
chiuso domenica sera, lunedì, dal 1° al 7 gennaio e dal 7 al 23 agosto – Pas carta 50/64000
(13%).

a Borgo Panigale NO : 7,5 km DT – ⊠ **40132** Bologna :

🏨 **MotelAgip,** via Lepido 203 𝄎 401130, Telex 512566, Fax 405969 – 🛗 🍽 📺 ☎ 🚗 **ⓟ** –
🔬 30 a 200. 🕰 🕄 ⑩ **E** 𝕍𝕀𝕊𝔸. ⅙
DT **h**
Pas *(chiuso domenica)* 38/59000 – **140 cam** ⊑ 180000.

a Villanova E : 7,5 km GU – ⊠ **40050** :

🏨 **Novotel Bologna,** via Villanova 31 𝄎 6053434, Telex 521071, Fax 781752, ⤢, ✸ – 🛗 🍽
📺 ☎ 🕭 **ⓟ** – 🔬 30 a 400. 🕰 🕄 ⑩ **E** 𝕍𝕀𝕊𝔸. ⅙ rist
GU **f**
Pas carta 43/66000 – **206 cam** ⊑ 285/310000.

Vedere anche : **San Lazzaro di Savena** SE : 6 km.
Casalecchio di Reno SO : 7 km.
Castel Maggiore N : 10 km.

◖**CHELIN,** a Castel Maggiore (N : 10 km per via di Corticella FT), via Bonazzi 32 (zona
▮ustriale) - ⊠ 40013 Castel Maggiore, 𝄎 **713157,** Fax 712952.

ROME

Le Guide Vert Michelin
Édition française

29 promenades dans la Ville Éternelle :

les sites les plus prestigieux,
les quartiers chargés de 30 siècles d'histoire,
les trésors d'art des musées.

BOLSENA 01023 Viterbo 988 ㉖, 430 O 17 – 4 121 ab. alt. 348 – ✿ 0761.

Vedere Chiesa di Santa Cristina★.

Roma 138 – Grosseto 121 – Siena 109 – Viterbo 32.

🏛 **Columbus e Rist. La Conchiglia,** viale Colesanti 27 ✆ 799009, Telex 61245
Fax 798172 – 🗏 📺 ☎ 📵. 🝰 🚭 🖪 E 𝘝𝘐𝘚𝘈. ❀ rist
aprile-settembre – Pas carta 33/53000 – ⚏ 12000 – **38 cam** 98/125000 – ½ P 84/89000.

🏛 **Lido,** via Cassia NO : 1,5 km ✆ 799026, Fax 798479, ≤, 🔺ₒ, 🏖 – 🗏 📺 ☎ 📵 – 🏄 2
🖪 𝘝𝘐𝘚𝘈. ❀
Pas (chiuso mercoledì escluso da Pasqua ad ottobre) carta 33/47000 (15%) – ⚏ 1000
12 cam 120000 – ½ P 65/78000.

✗ **Da Picchietto,** via Porta Fiorentina 15 ✆ 799158, 🍽 – 🖪 E 𝘝𝘐𝘚𝘈. ❀
chiuso lunedì e dal 1° al 25 ottobre – Pas carta 26/46000 (10%).

BOLZANO (BOZEN) 39100 ℙ 988 ④, 429 C 16 – 100 380 ab. alt. 262 – ✿ 0471.

Vedere Via dei Portici★ – Duomo★ – Pala★ nella chiesa dei Francescani – Pala d'alt
scolpita★ nella chiesa parrocchiale di Gries per corso Libertà A.

Dintorni Gole della Val d'Ega★ SE per ①.

Escursioni Dolomiti★★★ Est per ①.

🚗 ✆ 972072.

🗗 piazza Walther 8 ✆ 970660 Telex 400444, Fax 975658 – piazza Parrocchia 11 ✆ 993808, Telex 400158,
975448.

A.C.I. corso Italia 19/a ✆ 280003.

Roma 641 ② – ◆Innsbruck 118 ① – ◆Milano 283 ② – ◆Padova 182 ② – ◆Venezia 215 ② – ◆Verona 154 ②.

Pianta pagina a lato

🏨 **Park Hotel Laurin e Rist. Belle Epoque,** via Laurino 4 ✆ 980500, Telex 4010
Fax 970953, 🍽, « Parco fiorito con ⏃ riscaldata » – 🛗 🗏 rist 📺 ☎ 📵 – 🏄 35 a 50. 🝰
🖲 E 𝘝𝘐𝘚𝘈. ❀ rist   B
Pas (chiuso domenica) carta 52/74000 – **90 cam** ⚏ 205/300000.

🏨 **Grifone-Greif,** piazza Walther 7 ✆ 977056, Telex 400081, Fax 980613, 🍽 – 🛗 🗏 rist
☎ 🚗 – 🏄 25 a 300. 🝰 🖪 🖲 E 𝘝𝘐𝘚𝘈   B
Pas carta 59/92000 – **130 cam** ⚏ 160/235000 – ½ P 132/205000.

🏨 **Luna-Mondschein,** via Piave 15 ✆ 975642, Fax 975577, 🍽, « Giardino » – 🛗 📺 ☎
– 🏄 80. 🖪 🖲 E 𝘝𝘐𝘚𝘈. ❀ rist   B
Pas (chiuso domenica) carta 38/54000 – ⚏ 9000 – **70 cam** 105/160000, 4 appartament
½ P 140000.

🏨 **Alpi,** via Alto Adige 35 ✆ 970535, Telex 400156, Fax 970535 – 🛗 🗏 📺 ☎ – 🏄 100. 🝰
🖲 E 𝘝𝘐𝘚𝘈. ❀ rist   B
Pas (chiuso domenica) carta 26/46000 – **110 cam** ⚏ 125/190000 – ½ P 103/145000.

🏛 **Castel Guncina-Reichrieglerhof** ⬙, via Miramonti 9 ✆ 285742, Fax 46345, ≤ mont
città, 🍽, « Parco con ⏃ riscaldata », 🎾, ❀ – 🛗 📺 ☎ 📵 – 🏄 200. 🖪 E 𝘝𝘐𝘚𝘈
aprile-dicembre – Pas (chiuso martedì) carta 32/57000 – **18 cam** ⚏ 85/160000.
                                                                        O : 2 km per via Cadorna   A

🏛 **Magdalenerhof,** via Rencio 48 ✆ 978267, ⏃, ❀ – 🛗 📺 ☎ 📵. 🝰 🖪 🖲 E 𝘝
❀ rist   B
Pas (chiuso domenica sera e lunedì) carta 39/61000 – **21 cam** ⚏ 60/100000 – ½ P
80000.

🏛 **Asterix** senza rist, piazza Mazzini 35 ✆ 273301, Fax 260021 – 🛗 📺 ☎ 🚗 📵. 🝰 🖪 🖲
𝘝𝘐𝘚𝘈   A
⚏ 7500 – **24 cam** 69/96000.

🏠 **Gurhof** ⬙, via Rafenstein 17 ✆ 975012, Fax 975247, ≤, 🍽 – 🛗 📺 ☎ 🚗 📵. 🝰 🖪
𝘝𝘐𝘚𝘈   N : 2 km per via Cadorna   A
Pas (chiuso mercoledì) 22/25000 – **18 cam** ⚏ 55/80000 – ½ P 65000.

✗✗✗ **Da Abramo,** piazza Gries 16 ✆ 280141, Fax 288214, « Servizio estivo all'aperto » –
🗏. 🝰 🖲 E 𝘝𝘐𝘚𝘈   per corso Libertà   A
chiuso domenica e dal 10 al 25 agosto – Pas carta 40/60000.

✗✗ **Amadè,** vicolo Ca' de Bezzi 8 ✆ 971278, 🍽 – 🝰 🖪 E 𝘝𝘐𝘚𝘈. ❀   B
chiuso domenica e dal 1° al 15 agosto – Pas carta 40/61000.

✗✗ **Rastbichler,** via Cadorna 1 ✆ 41131, « Servizio estivo all'aperto » – 𝘝𝘐𝘚𝘈. ❀   A
chiuso domenica, dal 15 al 31 gennaio e dal 1° al 15 luglio – Pas carta 40/56000.

✗✗ Zur Kaiserkron', piazza della Mostra 1 ✆ 970770, 🍽   B

✗✗ **Da Cesare,** via Perathoner 15 ✆ 976638, Fax 972792 – 🗏. 🝰 🖲 𝘝𝘐𝘚𝘈   B
chiuso venerdì – Pas carta 30/49000 (10%).

✗✗ **Da Franco,** viale Trento 8 ✆ 979590 – 📵. 🝰 🖪 E 𝘝𝘐𝘚𝘈   B
chiuso domenica, lunedì e dal 15 luglio al 20 agosto – Pas carta 42/59000.

✗ Posta, vicolo Parrocchia 6 ✆ 974043   B

118

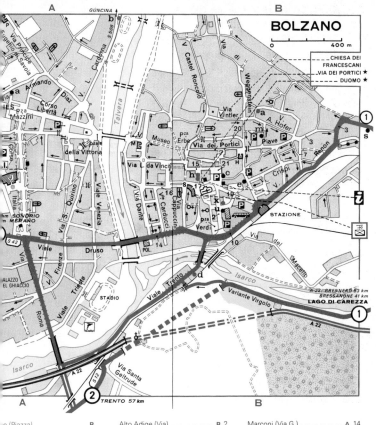

e (Piazza)	B	Alto Adige (Via)	B 2	Marconi (Via G.)	A 14
stra (Via della)	B 15	Brennero (Via)	B 3	Ospedale (Via)	A 16
seo (Via)	AB	Dodiciville (Via)	B 7	Parrocchia (Piazza)	B 17
tici (Via)	B	Domenicani (Piazza)	B 8	Stazione (Viale)	B 19
lther (Piazza)	B 21	Garibaldi (Via)	B 10	Streiter (Via Dottor)	B 20

a San Giacomo (St. Jakob) per ② : 4 km – ⊠ **39100** Bolzano :

🏨 **Park Hotel Werth** senza rist, ℘ 250103, Fax 251514, ⊒, 🐾, ℀ – 📶 TV 🕿 ⟺ 🅿. 🔂 ⑩ E 𝘝𝘐𝘚𝘈
32 cam ⊇ 85/140000.

℁ **Lewald** con cam, ℘ 250330, « Servizio estivo all'aperto », ℀ – 🅿. 𝖠𝖤 🔂 E 𝘝𝘐𝘚𝘈 ℀
chiuso dal 10 al 25 febbraio e dal 21 giugno al 10 luglio – Pas *(chiuso sabato sera e domenica)* carta 40/70000 – ⊇ 8000 – **14 cam** 70/120000 – ½ P 78000.

sulla strada statale 38

🏨 **Pircher,** via Merano 52 (per ③ : 4 km) ⊠ 39100 ℘ 917513, Fax 202433, ⊒, 🐾 – 📶 TV 🕿 🅿. 𝖠𝖤 🔂 ⑩ E 𝘝𝘐𝘚𝘈 ℀
Pas vedere rist Pircher – **22 cam** ⊇ 100000 – ½ P 90000.

🏨 **Bagni di Zolfo-Schwefelbad,** via San Maurizio 93 (per ③ : 5 km) ⊠ 39100 ℘ 918412, Fax 200311 – 📶 TV 🕿 🅿. 𝖠𝖤 🔂 ⑩ E 𝘝𝘐𝘚𝘈 ℀
Pas *(chiuso domenica)* carta 32/53000 – **38 cam** ⊇ 65/110000 – ½ P 55/70000.

℁℁ **Pircher,** via Merano 52 (per ③ : 4 km) ⊠ 39100 ℘ 917513 – ▤ 🅿. 𝖠𝖤 🔂 ⑩ E 𝘝𝘐𝘚𝘈 ℀
chiuso sabato sera e domenica – Pas carta 39/56000.

℁ **Moritzingerhof,** via Merano 113 (per ③ : 5 km) ⊠ 39100 ℘ 917491, 🏖 – 🅿. 🔂 ⑩ E 𝘝𝘐𝘚𝘈 ℀
chiuso domenica sera e lunedì – Pas carta 27/38000.

119

BOLZANO VICENTINO 36050 Vicenza 429 F 16 – 4 515 ab. alt. 44 – © 0444.

Roma 539 – ◆Padova 38 – Treviso 54 – Vicenza 9.

🏨 **Locanda Grego**, 𝒫 350588, Fax 350695 – 📺 ☎ 🅿 – 🛓 35. 🖭 🕃 ⓞ Ε 𝚅𝙸𝚂𝙰. ⋘
Pas *(chiuso dal 25 luglio al 22 agosto)* carta 40/55000 – ⲱ 7000 – **17 cam** 65/105000
½ P 90000.

BOLZONE Cremona – Vedere Ripalta Cremasca.

BONASSOLA 19011 La Spezia 988 ⑬, 428 J 10 – 1 093 ab. – © 0187.

Roma 456 – ◆Genova 83 – ◆Milano 218 – La Spezia 42.

🏨 **Belvedere** ⑊, 𝒫 813709, Fax 814240, ≼, « Giardino-uliveto » – ☎ 🅿. ⋘
chiuso dal 10 gennaio al 15 febbraio – Pas *(chiuso a mezzogiorno)* 45/60000 – **24 cam**
ⲱ 70/95000 – ½ P 70/78000.

🍴 **La Guetta**, 𝒫 813797, prenotare – ⋘
chiuso dal 5 novembre al 5 dicembre e giovedì (escluso luglio-agosto) – Pas carta 47/7100

BONDENO 44012 Ferrara 988 ⑭ ⑮, 429 H 16 – 17 095 ab. alt. 11 – © 0532.

Roma 443 – ◆Bologna 67 – ◆Ferrara 20 – Mantova 72 – ◆Milano 227 – ◆Modena 57 – Rovigo 52.

🍴🍴 **Tassi** con cam, viale Repubblica 23 𝒫 893030 – 📺 🅿. 𝚅𝙸𝚂𝙰. ⋘ cam
Pas *(chiuso lunedì)* carta 33/53000 – ⲱ 5000 – **11 cam** 90000.

BONDONE (Monte) Trento 988 ④, 428 429 D 15 – 663 ab. alt. 2 098 – a.s. Natale e fe
braio-20 aprile – Sport invernali : 1 350/2 090 m ≰1 ≰8, ≷ – © 0461.

🄴 (dicembre-aprile e luglio-agosto) a Vaneze 𝒫 947128, Fax 947188.

Roma 611 – ◆Bolzano 78 – ◆Milano 263 – Riva del Garda 57 – Trento 23.

a Vason N : 2 km – alt. 1 680 – ✉ 38040 Vaneze :

🏨 **Montana** ⑊, 𝒫 948171, Fax 948177, ≼ gruppo di Brenta, ⋘ – ᕻ 📺 ☎ ← 🅿. 🖭 🕃 (
Ε 𝚅𝙸𝚂𝙰. ⋘ rist
dicembre-15 aprile e 20 giugno-15 settembre – Pas carta 25/35000 – ⲱ 8000 – **30 cam**
75/120000 – ½ P 65/95000.

BONFERRARO 37060 Verona 428 429 G 15 – alt. 20 – © 045.

Roma 481 – ◆Ferrara 35 – Mantova 17 – ◆Modena 79 – ◆Verona 35.

🍴🍴 **Sarti**, 𝒫 7320233, « Servizio estivo in giardino » – ▤ 🅿. 🖭 🕃 Ε 𝚅𝙸𝚂𝙰. ⋘
chiuso martedì e dal 10 al 20 agosto – Pas carta 33/60000.

BÒRBORE Cuneo 428 H 6 – Vedere Vezza d'Alba.

BORCA DI CADORE 32040 Belluno 429 C 18 – 676 ab. alt. 945 – © 0435.

🄴 via Roma 70 𝒫 82015.

Roma 657 – Belluno 56 – Cortina d'Ampezzo 15 – ◆Milano 399 – ◆Venezia 146.

🏨 **Bories** senza rist, 𝒫 482521, ≼ – ᕻ ☎ 🅿. ⋘
ⲱ 10000 – **33 cam** 60/90000.

BORDIGHERA 18012 Imperia 988 ⑫, 428 K 4 – 11 291 ab. – © 0184.

Vedere Località ★★.

🄴 via Roberto 1 (palazzo del Parco) 𝒫 262322, Fax 264455.

Roma 654 – ◆Genova 155 – Imperia 35 – ◆Milano 278 – Monte Carlo 32 – San Remo 12 – Savona 109.

🏨🏨 **Gd H. del Mare** ⑊, a Capo Migliarese E : 2 km 𝒫 262201, Fax 262394, ≼ mar
« Giardino pensile con ☒ », ⌸, ⋘ – ᕻ ▤ 📺 ☎ 🅿 – 🛓 100 a 250. 🖭 🕃 Ε 𝚅𝙸𝚂𝙰. ⋘ r
chiuso da ottobre al 22 dicembre – Pas *(chiuso lunedì)* carta 56/86000 – ⲱ 22000
111 cam 175/280000, appartamento – ½ P 140/240000.

🏨🏨 **Gd H. Cap Ampelio** ⑊, via Virgilio 5 𝒫 264333, Telex 282553, Fax 264244, ≼ mare
costa, « Giardino con ☒ » – ᕻ 📺 ☎ ← 🅿 – 🛓 170. 🖭 🕃 ⓞ Ε 𝚅𝙸𝚂𝙰. ⋘ rist
Pas *(chiuso martedì)* 65000 – **104 cam** ⲱ 141/247000 – ½ P 150/200000.

🏨 **Parigi**, lungomare Argentina 16 𝒫 261405, Fax 260421, ≼, ☒, ⌸ – ᕻ ▤ cam 📺 ☎ (
🖭 🕃 ⓞ Ε 𝚅𝙸𝚂𝙰. ⋘
Pas 35/40000 – **52 cam** ⲱ 130/200000, ▤ 12000 – ½ P 135/155000.

🏨 **Britannique et Jolie**, via Regina Margherita 35 𝒫 261464, Fax 260375, « Giardi
fiorito » – ᕻ ▤ rist 📺 ☎ 🅿 🕃 Ε 𝚅𝙸𝚂𝙰. ⋘ rist
chiuso dal 26 settembre al 19 dicembre – Pas *(chiuso lunedì)* 45000 – ⲱ 8000 – **56 cam**
70/115000 – ½ P 90/105000.

🏨 **Villa Elisa**, via Romana 70 𝒫 261313, Telex 272540, Fax 261942, ⋒, « Giardino fiorito
☒ – ᕻ 📺 ☎ 🅿 🖭 🕃 Ε 𝚅𝙸𝚂𝙰. ⋘ rist
chiuso da novembre al 20 dicembre – Pas 40/50000 – ⲱ 15000 – **32 cam** 88/130000
½ P 90/130000.

Centrohotel senza rist, piazza Eroi della Libertà ✆ 265265, Fax 266364, – |‡| ✈ TV ☎. AE ⑤ ⓓ E VISA
chiuso dal 5 al 30 novembre – ☐ 10000 – **38 cam** 65/100000.

Della Punta senza rist, via Sant'Ampelio 27 ✆ 262555, ← – |‡| ☎. ✻
chiuso dal 21 ottobre al 18 dicembre – ☐ 10000 – **18 cam** 90000.

Bordighera e Terminus, corso Italia 21 ✆ 265727, Fax 265727, – TV ☎. AE ⑤ E VISA. ✻ rist
Pas 30/40000 – ☐ 12000 – **29 cam** 90/104000 – ½ P 80/110000.

Sirena, via Regina Margherita 26 ✆ 262527, – |‡| TV ☎ ⇔ Ⓟ. ✻
chiuso ottobre e novembre – Pas 30000 – **25 cam** ☐ 50/80000 – ½ P 80000.

Dei Fiori senza rist, via Arziglia 38 (E : 1 km) ✆ 262287, ← – |‡| ☎ Ⓟ. AE ⑤ E VISA. ✻
chiuso da novembre al 20 dicembre – ☐ 8000 – **21 cam** 70/85000.

Michelin, via 1° Maggio 29 ✆ 266218, Fax 260060, – |‡| TV ☎ Ⓟ. AE ⑤ ⓓ E VISA. ✻
chiuso ottobre – Pas carta 54/80000 – ☐ 15000 – **13 cam** 60/100000 – ½ P 110000.

Garden, via Roberto 10 ✆ 264462 – |‡| TV ☎ – **24 cam.**

Aurora, via Pelloux 42/b ✆ 261311, Fax 261312 – |‡| ☎ Ⓟ. AE ⑤ ⓓ E VISA. ✻
chiuso dal 21 ottobre al 19 dicembre – Pas (solo per clienti alloggiati) 25/42000 – ☐ 12000 – **30 cam** 63/100000 – ½ P 66/100000.

XX **Le Chaudron,** piazza Bengasi 2 ✆ 263592, Coperti limitati; prenotare – AE ⑤ ⓓ E VISA
chiuso lunedì, dal 1° al 15 febbraio e dal 1° al 15 luglio – Pas carta 53/103000.

XX ✿ **Carletto,** via Vittorio Emanuele 339 ✆ 261725 – ▤. AE ⑤ ⓓ VISA
chiuso mercoledì, dal 20 giugno al 5 luglio e dal 20 novembre al 20 dicembre – Pas carta 58/86000 (10%)
Spec. Antipasti misti di mare, Farfalle all'astice, Branzino ai carciofi (inverno) o ai porcini (estate). Vini Pigato, Rossese.

X **Mistral,** via Aurelia 23 ✆ 262306, Coperti limitati; prenotare – ▤. AE ⑤ ⓓ E VISA
chiuso mercoledì, dal 1° al 21 febbraio e dal 1° al 21 luglio – Pas carta 50/75000.

X **Esperance,** via Pasteur 78 ✆ 290719, , Coperti limitati; prenotare – Ⓟ. ⑤ VISA
chiuso lunedì e dal 1° al 15 ottobre – Pas carta 39/67000.

X **Chez Louis,** corso Italia 30 ✆ 261602, – AE ⑤ ⓓ E VISA
chiuso martedì escluso da luglio a settembre – Pas carta 39/57000 (15%).

X **Piemontese,** via Roseto 8 ✆ 261651 – AE ⑤ ⓓ E VISA
chiuso martedì e dal 20 novembre al 20 dicembre – Pas carta 28/45000 (10%).

Vedere anche : ***Vallecrosia*** O : 2 km.
Camporosso Mare O : 3 km.

ORGARO TORINESE **10071** Torino 428 G 4 – 10 404 ab. alt. 254 – ☏ 011.
na 689 – ♦Milano 142 – ♦Torino 9.

Atlantic e Rist. Rubino, via Lanzo 163 ✆ 4701947, Telex 221440, Fax 4701783, « Terrazza panoramica con ⛱ » – |‡| ▤ TV ☎ ⇔ Ⓟ – 🏛 500. AE ⑤ ⓓ E VISA. ✻ rist
Pas *(chiuso domenica e dal 2 al 23 agosto)* carta 35/53000 – **110 cam** ☐ 215/310000 – ½ P 180/260000.

Pacific senza rist, viale Martiri della Libertà 76 ✆ 4704666 – |‡| ▤ TV ☎ ♿ ⇔ Ⓟ. AE ⑤ ⓓ E VISA – ☐ 18000 – **56 cam** 170/235000.

ORGHETTO Piacenza – Vedere Piacenza.

ORGHETTO Verona – Vedere Valeggio sul Mincio.

ORGHETTO D'ARROSCIA **18020** Imperia 428 J 5 – 593 ab. alt. 155 – ☏ 0183.
na 604 – ♦Genova 105 – Imperia 31 – ♦Milano 228 – Savona 59.

a Gazzo NO : 6 km – alt. 610 – ✉ **18020** Borghetto d'Arroscia :

X **La Baita,** ✆ 31083 – Ⓟ. ✻
15 giugno-15 settembre; chiuso mercoledì (escluso agosto), da ottobre a maggio aperto da venerdì a domenica e i giorni festivi – Pas 50000 bc.

ORGIO VEREZZI **17022** Savona 428 J 6 – 2 271 ab. – ☏ 019.
na 574 – ♦Genova 75 – Imperia 50 – ♦Milano 198 – Savona 29.

Villa Rose, ✆ 610461 – |‡| ☎. ✻
chiuso da ottobre al 4 gennaio – Pas carta 28/45000 – ☐ 8000 – **41 cam** 71/102000 – ½ P 50/75000.

XX ✿ **Doc,** ✆ 611477, Coperti limitati; prenotare – VISA. ✻
chiuso lunedì e febbraio – Pas carta 50/75000
Spec. Fantasia di crostacei al basilico, Maccheroncini con scampi e rosmarino, Orata in rete di patate alle erbe liguri. Vini Vermentino, Rossese.

X **Da Casetta,** piazza San Pietro ✆ 610166, Coperti limitati; prenotare – AE ⑤ ⓓ E VISA
chiuso a mezzogiorno (escluso i giorni festivi), martedì e novembre – Pas carta 47/59000.

BORGO A BUGGIANO 51011 Pistoia 428 429 430 K 14 – 7 472 ab. alt. 41 – ☎ 0572.

Roma 326 – ◆Firenze 52 – ◆Livorno 68 – Lucca 24 – ◆Milano 296 – Pisa 44 – Pistoia 18.

XX **Da Angiolo,** ℰ 32014, Solo piatti di pesce – ☲, ☒
chiuso a mezzogiorno (escluso i giorni festivi), lunedì, dal 1° al 7 gennaio e dal 1°
21 agosto – Pas carta 50/70000 (10%).

X **La Bruschetta,** via Pistoiese 41 ℰ 32657, 🍽 – ❺. 🅂 ☰ *VISA* – Pas carta 31/41000
chiuso lunedì dal 20 ottobre al 4 novembre e dal 15 al 30 giugno – Pas carta 31/41000

BORGO A MOZZANO 55023 Lucca 428 429 430 K 13 – 7 633 ab. alt. 97 – ☎ 0583.

Roma 368 – ◆Firenze 96 – Lucca 22 – ◆Milano 296 – Pistoia 65.

🏠 **Milano,** località Socciglia ℰ 889191, Fax 889180, 🍽 – 🛗 ☎ ❺ – 🄰 100. ☒ 🅂 ⓞ
VISA
chiuso novembre – Pas *(chiuso lunedì)* carta 30/50000 – ☲ 10000 – **22 cam** 70/11000
½ P 65/70000.

BORGOFRANCO D'IVREA 10013 Torino 428 F 5, 219 ⑭ – 3 703 ab. alt. 253 – ☎ 0125.

Roma 688 – Aosta 63 – Ivrea 6 – ◆Milano 121 – ◆Torino 56.

XX **Casa Vicina-da Roberto,** località Ivozio N : 2,5 km ℰ 752180, ≤, prenotare a mezzo
giorno, « Servizio estivo in terrazza panoramica » – ❺. ☒ 🅂 ⓞ ☰ *VISA*
chiuso mercoledì e dal 18 gennaio al 3 febbraio – Pas carta 40/70000.

BORGOMANERO 28021 Novara 988 ②, 428 E 7 – 19 338 ab. alt. 306 – ☎ 0322.

Roma 647 – Domodossola 59 – ◆Milano 70 – Novara 32 – Stresa 28 – ◆Torino 106 – Varese 38.

🏠 **Ramoverde** senza rist, via Matteotti 1 ℰ 81479, Fax 844594, 🐟 – 🛗 ☀ ☎ 🚗 ❺.
🅂 ⓞ ☰ *VISA*
chiuso dal 24 dicembre al 10 gennaio e dal 18 luglio al 1° agosto – ☲ 12000 – **40 ca**
72/103000.

XXX ☼ **Pinocchio,** via Matteotti 147 ℰ 82273, Fax 835075, prenotare, « Giardino » – ❺. ☒
ⓞ ☰ *VISA*. ⚘
chiuso lunedì, martedì a mezzogiorno, dal 24 al 30 dicembre e dal 20 luglio al 12 agost
Pas carta 75/120000
Spec. Composta di melanzane con pomodoro e citronella (estate), Fassone al brûlé in crosta di fiori di timo, Nocett
capriolo al prezzemolo e tartufo con tortino di semola alle prugne (autunno-inverno). **Vini** Chardonnay, Barbaresco

XXX ☼ **Atrium,** via Rossignoli 1 ℰ 846175, prenotare, « In un edificio ottocentesco » – ☼
☒ 🅂 ⓞ ☰ *VISA*. ⚘
chiuso domenica e dal 16 agosto al 1° settembre – Pas carta 55/81000
Spec. Millefoglie di patate spugnole e tartufi con salsa all'aceto di lamponi, (autunno-inverno), Cernia al succo di
acerba e vino rosso, Petto di piccione farcito con fegato grasso in foglia di verza. **Vini** Chablis, Palazzo Altesi.

XX **San Pietro,** piazza Martiri 6 ℰ 82285 – ☒ 🅂 ☰ *VISA*. ⚘
chiuso mercoledì, dal 1° al 10 gennaio e dal 5 al 25 agosto – Pas carta 38/55000.

XX **Il Bersagliere,** corso Mazzini 11 ℰ 835322, Fax 82277, prenotare – ☒ 🅂 ⓞ ☰ *VISA*
chiuso lunedì, dal 7 al 21 gennaio e dal 15 al 22 luglio – Pas carta 42/80000.

XX **Da Paniga,** via Maggiora 86 ℰ 82259 – ☲ ❺ – 🄰 100. ☒ 🅂 ⓞ ☰ *VISA*
chiuso la sera (escluso venerdì-sabato), martedì e dal 2 al 20 agosto – Pas carta 26/46000

X **San Francesco** con cam, via Maggiate 107 ℰ 845860, Fax 846414, 🐟 – 🛗 ☎ 🚗
🅂 ☰ *VISA*. ⚘ rist
chiuso dal 6 al 31 agosto – Pas *(chiuso lunedì)* carta 32/59000 – ☲ 15000 – **16 ca**
65/95000 – ½ P 70/80000.

BORGO PACE 61040 Pesaro e Urbino 429 430 L 18 – 745 ab. alt. 469 – a.s. 25 giugno-agost
☎ 0722.

Roma 291 – ◆Ancona 134 – Arezzo 69 – Pesaro 74 – San Marino 67 – Urbino 38.

XX **Da Rodolfo-la Diligenza** con cam, ℰ 89124 – ☒ 🅂 ⓞ ☰ *VISA*. ⚘ rist
chiuso dal 1° al 15 settembre – Pas *(chiuso mercoledì)* carta 30/42000 – ☲ 7000 – **7 ca**
35/45000 – ½ P 40/50000.

BORGO PANIGALE Bologna 430 I 15 – Vedere Bologna.

BORGO SABOTINO Latina 430 R 20 – Vedere Latina.

Discover **ITALY** with the Michelin Green Guide

Picturesque scenery, buildings

History and geography

Works of art

Touring programmes

Town plans

)RGO SAN DALMAZZO 12011 Cuneo 988 ⑫, 428 J 4 – 10 956 ab. alt. 641 – 0171.
ıa 651 – Cuneo 8 – ♦Milano 224 – Savona 106 – Colle di Tenda 25 – ♦Torino 102.

Oasis senza rist, via Po 28 ✆ 262121, Fax 262680 – |‡| TV ☎ ⇔ P – 🚶 50. 🅂 E VISA
☕ 12000 – **49 cam** 70/90000.

)RGO SAN LORENZO 50032 Firenze 988 ⑮, 429 430 K 16 – 15 240 ab. alt. 193 – 055.
ıa 308 – ♦Bologna 89 – ♦Firenze 31 – Forlì 97.

sulla strada statale 302 SO : 15 km :

Feriolo, ✉ 50032 ✆ 8409928, « In un edificio del 1300 » – P. ✂
chiuso martedì, dal 7 al 31 gennaio e dal 16 agosto al 1° settembre – Pas carta 40/56000.

)RGOSESIA 13011 Vercelli 988 ②, 428 E 6 – 14 960 ab. alt. 354 – 0163.
ıa 665 – Biella 45 – ♦Milano 91 – Novara 45 – ♦Torino 107 – Vercelli 51.

La Campagnola, via Varallo 244 (N : 2 km) ✆ 22676, Fax 25448, – |‡| TV ☎ P – 🚶 120. AE 🅂 ⓓ E VISA. ✂
Pas *(chiuso venerdì)* carta 35/50000 – ☕ 9000 – **31 cam** 60/90000 – ½ P 70000.

Garden senza rist, via Vittorio Veneto 62 ✆ 21968, Fax 27854 – |‡| TV ☎ ⇔ P. AE 🅂 E VISA. ✂
☕ 12000 – **31 cam** 70/105000.

Unione, via Marconi 1 ✆ 22500, Fax 20023839, – TV ☎. AE 🅂 ⓓ E VISA. ✂
chiuso venerdì e dal 20 luglio al 5 agosto – Pas carta 31/47000.

)RGO VERCELLI 13012 Vercelli 428 F 7 – 2 139 ab. alt. 126 – 0161.
ıa 640 – Alessandria 62 – ♦Milano 68 – Novara 15 – Pavia 62.

✿ **Osteria Cascina dei Fiori,** ✆ 32827, Coperti limitati; prenotare – ▤ P. 🅂 E VISA. ✂
chiuso domenica, dal 1° al 15 gennaio e luglio – Pas carta 41/87000
Spec. Pasta e fagioli, Controfiletto ai porcini, Bunet alle castagne. **Vini** Dolcetto.

)RMIO 23032 Sondrio 988 ④, 428 429 C 13 – 4 097 ab. alt. 1 225 – Stazione termale – Sport
ernali : 1 225/3 012 m 3 15, – 0342.
18 aprile-ottobre) ✆ 910730, Fax 903790.
a allo Stelvio 10 ✆ 903300, Fax 904696.
ıa 763 – ♦Bolzano 123 – ♦Milano 202 – Sondrio 64 – Passo dello Stelvio 20.

Palace Hotel, ✆ 903131, Telex 340173, Fax 903366, « Piccolo parco », ≘s, 🏊, 🎾 – |‡| TV ☎ ⇔ P – 🚶 110. AE ⓓ VISA. ✂
chiuso novembre – Pas *(chiuso da maggio al 15 giugno ed ottobre)* 45/50000 – ☕ 20000 – **71 cam** 180/300000, 12 appartamenti – ½ P 280/305000.

Baita dei Pini, ✆ 904346, Fax 904700, ≘s – |‡| TV ☎ ⇔ P – 🚶 100. AE 🅂 ⓓ E VISA. ✂
dicembre-20 aprile e 15 giugno-20 settembre – Pas 40/45000 – ☕ 15000 – **51 cam** 110/190000 – ½ P 175/195000.

Rezia, ✆ 904721, Fax 905197, ≘s, – |‡| TV ☎ ⇔ P – 🚶 45. AE 🅂 ⓓ E VISA. ✂
Pas 40/60000 – **45 cam** ☕ 160/260000 – ½ P 99/190000.

Nazionale, ✆ 903361, Fax 905294, ≘s – |‡| TV ☎ ♿ P. AE 🅂 E VISA. ✂
dicembre-aprile e giugno-ottobre – Pas 37000 – ☕ 15000 – **48 cam** 70/120000 – ½ P 81/125000.

Posta, ✆ 904753, Fax 904484, Fø, ≘s, 🏊 – |‡| TV ☎. AE 🅂 ⓓ E VISA. ✂ rist
dicembre-aprile e 20 giugno-settembre – Pas carta 45/68000 (15%) – ☕ 16000 – **54 cam** 120/200000, 2 appartamenti – ½ P 110/150000.

Larice Bianco, ✆ 904693, Fax 904614, – |‡| TV ☎ P. AE 🅂 E VISA. ✂
dicembre-Pasqua e giugno-settembre – Pas carta 42/48000 – ☕ 19000 – **45 cam** 80/140000 – ½ P 81/150000.

Funivia, ✆ 903242, Fax 905337, ≘s – |‡| TV ☎ ⇔ P. 🅂 VISA. ✂ rist
chiuso maggio e novembre – Pas carta 37/52000 – **39 cam** ☕ 71/121000 – ½ P 70/121000.

Alù , ✆ 904504, Fax 910444, ≤ – |‡| ☎ ⇔ P. VISA. ✂
4 dicembre-aprile e 30 giugno-15 settembre – Pas 30/40000 – ☕ 14500 – **30 cam** 135000 – ½ P 70/122000.

Astoria, ✆ 910900, Fax 905253 – |‡| TV ☎ ♿ ⇔ P. AE 🅂 ⓓ E VISA. ✂
dicembre-aprile e 10 giugno-20 settembre – Pas 22/37000 – ☕ 10000 – **44 cam** 60/95000 – ½ P 70/80000.

Everest senza rist, ✆ 901291, ≤, – |‡| ⇔. ✂
20 dicembre-aprile e 20 giugno-settembre – ☕ 8000 – **25 cam** 46/74000.

Cervo, ✆ 904744, Fax 905276 – |‡| TV ☎. AE 🅂 ⓓ E VISA. ✂ rist
Pas 27/32000 – ☕ 12000 – **27 cam** 70/110000 – ½ P 100000.

Vallecetta, ✆ 903373, Fax 904334, ≤, « Giardino ombreggiato » – |‡| ☎ ⇔ P. 🅂 E VISA. ✂
4 dicembre-29 aprile e 15 giugno-settembre – Pas 35000 – ☕ 12000 – **38 cam** 110000 – ½ P 100000.

Genzianella, ✆ 904485, Fax 904158, – ☎ P
dicembre-aprile e 20 giugno-settembre – Pas 28000 – ☕ 10000 – **40 cam** 50/80000 – ½ P 56/89000.

🏠 **Silene,** ℰ 905455 – 📶 ☎ 🚗 🅿. ✗
chiuso maggio e novembre – Pas 30/35000 – ⚏ 12000 – **15 cam** 70/110000 – ½ P ◀ 95000.

🏠 **Dante,** ℰ 901329 – 📶 ☎. 🅂. ✗
dicembre-aprile e 15 giugno-settembre – Pas (solo per clienti alloggiati e *chiuso a mez* giorno) – **19 cam** solo ½ P 55/85000.

🏠 **La Baitina dei Pini** senza rist, ℰ 903022, 🚞 – 🕾 🚗 🅿
dicembre-20 aprile e giugno-20 settembre – ⚏ 8000 – **10 cam** 55/74000.

XX Il Caminetto, ℰ 905290

XX **Taulà,** ℰ 904771, « Ambiente caratteristico » – 🖭 🅂 **E** **VISA**. ✗
chiuso da novembre al 5 dicembre e martedì (escluso da aprile a settembre) – carta 42/67000.

a Ciuk SE : 5,5 km o 10 mn di funivia – alt. 1 690 – ✉ **23030** Valdisotto :

X **Baita de Mario** ⑳ con cam, ℰ 901424, ≤ – 🆃🆅 ☎ 🅿. ✗ cam
dicembre-25 aprile e luglio-20 settembre – Pas carta 34/46000 – ⚏ 7000 – **22 cam** 8000◀ P 75/110000.

Vedere anche : *Stelvio (Passo dello)* NE : 20 km.

BORNO 25042 Brescia 👓👓 👓👓 **E** 12 – 2 773 ab. alt. 903 – a.s. febbraio, Pasqua, 14 lug 18 agosto e Natale – Sport invernali : 903/1 700 m ≰1 ≰6, ≴ – ☎ 0364.
Roma 634 – ♦Bergamo 72 – ♦Bolzano 171 – ♦Brescia 76 – ♦Milano 117.

🏨 **Rosa Camuna** con Funivia ℰ 310283, Fax 41544, *I₅*, ⤳, 🄵, 🄻, 🚞, ✗ – 📶 🆃🆅 ☎ ⅃ 🚗
– 🅐 100. 🖭 🅂 ⑩ **E** **VISA**. ✗ rist
chiuso ottobre e novembre – Pas carta 44/64000 – ⚏ 16000 – **59 cam** 120000, 4 appa menti – ½ P 120/140000.

X **Belvedere** con cam, ℰ 41052 – 🅿. ✗ cam
chiuso ottobre – Pas *(chiuso mercoledì)* carta 32/49000 – ⚏ 5000 – **24 cam** 35/5500◀ ½ P 50/55000.

BORROMEE (Isole) Novara 👓👓 ⑦ – alt. 200 – a.s. aprile e luglio-15 settembre – ☎ 0323.
Vedere Isola Bella★★★ – Isola Madre★★★ – Isola dei Pescatori★★.

🚢 per Baveno, Verbania-Pallanza e Stresa giornalieri (da 10 a 30 mn) – Navigazione L Maggiore: Isola Bella ℰ 30391 e Isola dei Pescatori ℰ 30392.

Piante delle Isole : vedere Stresa

Isola Bella – ✉ **28050**

X Elvezia, ℰ 30043, Fax 30379, ≤, 🍽   Z
stagionale.

Isola Superiore o dei Pescatori – ✉ **28049** Stresa

🏠 **Verbano** ⑳, ℰ 30408, Fax 33129, ≤ Isola Bella e lago, « Servizio rist. estivo in terr za », 🚞 – ☎ 🖭 ⑩ **E** **VISA**   Z
chiuso dall'8 gennaio al 28 febbraio – Pas *(chiuso mercoledì escluso dal 15 aprile a otto◀ carta 40/60000 (10 %) – **12 cam** ⚏ 140000 – ½ P 110000.

BORSO DEL GRAPPA 31030 Treviso 👓👓 **E** 17 – 3 900 ab. alt. 279 – ☎ 0423.
Roma 551 – Belluno 67 – ♦Milano 241 – ♦Padova 52 – Trento 55 – Treviso 52 – Vicenza 44.

XX **Chat qui Rit,** ℰ 561405, Solo piatti di pesce – 🅿
chiuso martedì ed agosto – Pas carta 50/70000.

BOSA Nuoro 👓👓 ㉝, 👓👓 G 7 – Vedere Sardegna.

BOSCO Perugia – Vedere Perugia.

BOSCO CHIESANUOVA 37021 Verona 👓👓 ④, 👓👓 👓👓 F 15 – 2 956 ab. alt. 1 104 – Sp invernali : 1 104/1 805 m ≰12, ≴ – ☎ 045.
🄳 piazza della Chiesa 35 ℰ 7050088.
Roma 534 – ♦Brescia 101 – ♦Milano 188 – ♦Venezia 145 – ♦Verona 31 – Vicenza 82.

🏠 Bellavista e Rist. Chez Zanlorè, piazzetta Commercio 2 ℰ 7050833, Fax 7050868, *I₅*, – 📶 🆃🆅 ☎ 🚗 – 🅐 160
40 cam.

🏠 **Piccola Mantova** ⑳, via Aleardo Aleardi 12 ℰ 7050135, 🚞, ✗ – 🚗 🅿. ✗
chiuso ottobre – Pas *(chiuso mercoledì)* carta 26/33000 – ⚏ 5000 – **16 cam** 40/5000◀ ½ P 45/50000.

BOSCO LUGANESE 👓👓 ⑧ – Vedere Cantone Ticino alla fine dell'elenco alfabetico.

BOSCO MARENGO 15062 Alessandria 428 H 8 – 2 418 ab. alt. 121 – ✪ 0131.
Roma 565 – Alessandria 16 – ◆Genova 60 – ◆Milano 96.

XX **Pio V**, ℰ 299666, Fax 299666, Coperti limitati; prenotare, « Edificio settecentesco con giardino fiorito » – 🅿 AE 🖪 ⓞ E VISA 🕸
chiuso mercoledì ed agosto – Pas carta 50/70000.

BOSCOTRECASE 80042 Napoli 431 E 25 – 11 910 ab. alt. 86 – a.s. maggio-15 ottobre – ✪ 081.
Roma 233 – ◆Napoli 21 – Salerno 37.

XX **La Giara** ⑤ con cam, via Panoramica 6 ℰ 8581117, ≤, « Servizio estivo all'aperto », 🔺 – 🅿 🅿 🕸
Pas carta 32/53000 (15%) – � 7000 – **16 cam** 90000 – ½ P 70/90000.

BOSNASCO 27040 Pavia 428 G 10 – 579 ab. alt. 124 – ✪ 0385.
Roma 538 – Alessandria 69 – ◆Genova 123 – ◆Milano 66 – Pavia 28 – Piacenza 25.

XX La Buta, ℰ 72017 – 🅿

BOTTICINO Brescia 428 429 F 12 – 9 672 ab. alt. 160 – ✉ 25080 Botticino Mattina – ✪ 030.
Roma 560 – ◆Brescia 9 – ◆Milano 103 – ◆Verona 44.

XX **Fausto Marchetti,** a Botticino Mattina ℰ 2691368, 🚡, Coperti limitati; prenotare – 🅿. 🕸
chiuso domenica sera, lunedì, dal 10 al 20 febbraio ed agosto – Pas carta 63/91000.

X **Eva,** a Botticino Mattina NE : 1 km ℰ 2691522 – 🅿 AE 🖪 E VISA 🕸
chiuso mercoledì, dal 1° al 18 gennaio e dal 1° al 10 agosto – Pas carta 40/55000.

BOVALINO MARINA 89034 Reggio di Calabria 431 M 30 8 136 ab. – ✪ 0964.
Roma 715 – Catanzaro 110 – ◆Reggio di Calabria 86.

XX **Villa Franca**, ℰ 61402, 🚡 – ≤🕸. AE 🖪 ⓞ E VISA
Pas carta 29/50000.

BOVES 12012 Cuneo 988 ⑫, 428 J 4 – 8 762 ab. alt. 590 – ✪ 0171.
Santa Croce (aprile-novembre; chiuso lunedì) ℰ 387041.
Roma 645 – Cuneo 9 – ◆Milano 225 – Savona 100 – Colle di Tenda 32 – ◆Torino 103.

🏨 **Trieste,** corso Trieste 33 ℰ 380375, 🚡 – 📶 📺 🅿. 🖪 E VISA. 🕸
Pas carta 20/31000 – ⊒ 6000 – **19 cam** 55/75000 – P 63000.

X **La Taverna,** corso Bisalta 61 ℰ 380390 – AE 🖪 ⓞ E VISA
chiuso lunedì e dal 15 al 30 novembre – Pas carta 20/45000 (10%).

a Fontanelle O : 2 km – ✉ 12012 Fontanelle di Boves :

🏨 **Fontanelle-da Politano,** ℰ 380383, 🚡 – 🅿 🅿. 🖪 E VISA. 🕸 rist
Pas (chiuso lunedì sera e martedì) 22000 – ⊒ 4500 – **14 cam** 30/66000 – ½ P 45/48000.

XX ❀ **Della Pace,** ℰ 380398, 🚡, Coperti limitati; prenotare – 🖪 ⓞ E VISA
chiuso domenica sera, lunedì e dal 2 al 18 gennaio – Pas carta 51/87000
Spec. Raviolini di caprino e melanzane (primavera-estate), Bue grasso di Carrù (inverno), Semifreddo ai marroni. **Vini** Chardonnay, Barolo.

a San Giacomo S : 6 km – ✉ 12012 San Giacomo di Boves :

XXX ❀❀ **Al Rododendro,** ℰ 380372, Confort accurato, solo su prenotazione – AE 🖪 ⓞ E VISA. 🕸
chiuso domenica sera, lunedì e dal 20 agosto al 15 settembre – Pas carta 70/120000
Spec. Fungo gratinato (estate-autunno), Fettuccine al Sauternes e tartufo nero, Scamone ai capperi. **Vini** Arneis, Nebbiolo.

BOVOLONE 37051 Verona 988 ④, 429 G 15 – 12 924 ab. alt. 24 – ✪ 045.
Roma 498 – ◆Ferrara 76 – Mantova 41 – ◆Milano 174 – ◆Padova 74 – ◆Verona 24.

🏨 **Sasso,** via San Pierino SE : 3 km ℰ 7100433, Fax 7100433 – 📶 🗐 rist 📺 ☎ 🚗 🅿. AE 🖪 ⓞ E VISA. 🕸
Pas (chiuso sabato e dal 2 al 20 gennaio) 25/30000 – ⊒ 10000 – **33 cam** 85/120000 – ½ P 85/95000.

🏨 **Nuovo Sole,** via Madonna 332 (NO : 2 km) ℰ 6900122, Fax 6900122 – 📶 🗐 📺 ☎ 🅿. AE 🖪 E VISA. 🕸
Pas (chiuso lunedì) carta 29/39000 – **20 cam** ⊒ 75/110000 – ½ P 70/75000.

X **La Düja,** via Garibaldi 48 ℰ 7102558, Cucina piemontese – 🗐. AE 🖪 E VISA
chiuso lunedì, dal 2 al 10 gennaio e dal 10 al 30 agosto – Pas carta 26/53000.

BOZEN = Bolzano.

BOZZOLO 46012 Mantova 988 ⑭, 428 429 G 13 – 4 328 ab. alt. 30 – ✪ 0376.
Roma 490 – Cremona 24 – ◆Mantova 28 – ◆Milano 132 – ◆Parma 40.

X **Croce d'Oro** con cam, ℰ 91191 – 🚗 🅿. VISA
chiuso dal 24 dicembre al 3 gennaio e dal 30 luglio al 21 agosto – Pas (chiuso domenica) carta 25/38000 – ⊒ 6000 – **10 cam** 40/60000 – ½ P 60000.

BRA 12042 Cuneo 988 ⑫, 428 H 5 – 26 977 ab. alt. 280 – ✿ 0172.

Roma 648 – Asti 44 – Cuneo 46 – ◆Milano 170 – Savona 103 – ◆Torino 56.

- 🏠 **Elisabeth,** piazza Giolitti 8 ℰ 422486, Fax 412214 – 🛗 📺 ☎. 🎫 🏦 ⓞ Ε VISA. ❄️
  Pas *(chiuso venerdì ed agosto)* carta 30/45000 – ⌑ 10000 – **27 cam** 80/100000.
- 🏠 Cavalieri, senza rist, piazza Carlo Alberto 27/29 ℰ 413304, Fax 413305 – 🛗 📺 🖘
  🛗 30 a 150
  30 cam.
- ✕✕ L'Arcangelo, strada San Michele 28 ℰ 422163, ≤, prenotare, « Servizio estivo in giardi
  no » – ❷
- ✕✕ **Badellino** con cam, piazza 20 Settembre 3 ℰ 412335, Fax 432231 – 📺 ☎. 🎫 🏦 ⓞ Ε
  VISA. ❄️ cam
  chiuso dal 1° al 22 agosto – Pas *(chiuso martedì)* carta 28/48000 – ⌑ 5000 – **22 cam**
  50/80000 – ½ P 70/75000.
- ✕✕ **Battaglino,** piazza Roma 18 ℰ 412509
  chiuso lunedì, dal 2 al 16 gennaio e dal 7 agosto al 5 settembre – Pas carta 40/60000.

BRACCIANO 00062 Roma 988 ㉕, 430 P 18 – 11 405 ab. alt. 280 – ✿ 06.

🛈 via Claudia 58 ℰ 9986782, Fax 9986771.

Roma 39 – Civitavecchia 51 – Rieti 116 – Terni 100 – Viterbo 54.

- 🏠 **Casina del Lago** senza rist, al lago ℰ 9024025, ≤, ✕ – ❷. ❄️
  ⌑ 7000 – **17 cam** 80/100000.

BRAIES (Lago di) (PRAGSER SEE) Bolzano 988 ⑤ – alt. 1 493.

Vedere Lago★★★.

Roma 744 – ◆Bolzano 106 – Brennero 97 – Cortina d'Ampezzo 48 – ◆Milano 405 – Trento 166.

BRALLO DI PREGOLA 27050 Pavia 988 ⑬, 428 H 9 – 1 214 ab. alt. 951 – ✿ 0383.

Roma 586 – ◆Genova 90 – ◆Milano 110 – Pavia 78 – Piacenza 74 – Varzi 17.

- 🏠 Normanno, ℰ 550038 – ☎ ❷
  25 cam.

BRANZI 24010 Bergamo 428 429 D 11 – 805 ab. alt. 874 – a.s. luglio-agosto – ✿ 0345.

Roma 650 – Bergamo 49 – Foppolo 9 – Lecco 71 – ◆Milano 91 – San Pellegrino Terme 24.

- 🏠 **Branzi,** ℰ 71121 – 🖘 ❷. VISA
  Pas *(chiuso martedì)* carta 29/45000 – ⌑ 6000 – **22 cam** 65000 – ½ P 50/65000.

BRATTO Bergamo 428 I 11 – Vedere Castione della Presolana.

BREGANZE 36042 Vicenza 988 ④ ⑤, 429 E 16 – 7 376 ab. alt. 110 – ✿ 0445.

Roma 552 – Belluno 97 – ◆Milano 235 – ◆Padova 51 – Trento 78 – ◆Venezia 84 – Vicenza 20.

- ✕ **Al Toresan** con cam, ℰ 873260 – 📺 ☎ ❷. 🎫 ⓞ VISA. ❄️
  Pas *(chiuso giovedì, venerdì a mezzogiorno e dal 28 luglio al 14 agosto)* carta 25/47000
  ⌑ 7000 – **18 cam** 90/110000 – ½ P 65/75000.

BREGANZONA 219 ⑧ – Vedere Cantone Ticino (Lugano) alla fine dell'elenco alfabetico.

BREGUZZO 38081 Trento 428 429 D 14 – 552 ab. alt. 798 – a.s. Natale – ✿ 0465.

Roma 617 – ◆Bolzano 107 – ◆Brescia 83 – ◆Milano 174 – Trento 47.

- 🏠 **Carlone,** ℰ 91014, Fax 91014 – 🛗 🖵 rist ☎ ❷. 🏦 ❄️
  chiuso novembre – Pas *(chiuso martedì)* carta 31/46000 – ⌑ 5000 – **60 cam** 60/100000
  ½ P 50/70000.

BRENDOLA 36040 Vicenza 429 F 16 – 5 464 ab. alt. 156 – ✿ 0444.

🛦 Colli Berici (chiuso lunedì) ℰ 601780, Fax 547459.

Roma 547 – ◆Padova 47 – ◆Verona 45 – Vicenza 16.

- ✕ **Da Toni Cuco,** via Arcisi 6 (SO : 7 km) ℰ 889548, 🌫, prenotare – ❷. 🎫 VISA. ❄️
  chiuso lunedì, martedì, dal 7 al 18 gennaio e luglio – **Pas** carta 28/42000.

BRENTA (Massiccio di) Trento 988 ④, 428 429 D 14 – Vedere Guida Verde.

We distinguish for your use
certain hotels (🏠 ... 🏨🏨🏨) and restaurants (✕ ... ✕✕✕✕✕)
by awarding them ✿, ✿✿ or ✿✿✿

⌂ via Colombo 4 ✆ 7420076.

⌐ma 547 – ◆Brescia 85 – Mantova 86 – ◆Milano 172 – Trento 69 – ◆Venezia 172 – ◆Verona 60.

🏨 **Rely Hotel,** ✆ 7420025, Fax 7420026, ≤, « Parco con ♨ » – ☎ **ⓟ**. 🅱 **E** 𝐕𝐈𝐒𝐀. ✎
   20 aprile-5 ottobre – Pas (solo per clienti alloggiati) 20/35000 – ☲ 15000 – **30 cam**
   91/114000 – ½ P 51/97000.

🏨 **Piccolo Hotel** ✎, ✆ 7420024, Fax 7420688, ≤ – ☎ **ⓟ**. ✎ rist
   15 aprile-25 ottobre – Pas *(chiuso mercoledì)* 20/30000 – ☲ 16000 – **22 cam** 40/80000 –
   ½ P 55/65000.

a Castelletto di Brenzone SO : 3 km – ✉ **37010** Brenzone.

🄑 (15 giugno-15 settembre) ✆ 7420076 :

🏨 **Rabay,** ✆ 7430273, Fax 7430273, 🍽, ⬛, ♨⬛, ⚏ – |📶| 🐾 **ⓟ**. ✎ rist
   10 marzo-20 ottobre – Pas 25/31000 – **37 cam** ☲ 70/95000 – ½ P 47/70000.

⌐edere Piazza della Loggia★ BY 9 – Pinacoteca Tosio Martinengo★ CZ – Via dei Musei★ CY –
⌐useo romano★ costruito sulle rovine di un tempio Capitolino★ CY M1 – Avori★★ e Croce di
⌐esiderio★★ nel museo d'Arte Cristiana CY M2 – Chiesa di San Francesco★ AY – Facciata★
⌐ella chiesa di Santa Maria dei Miracoli AYZ A – Incoronazione della Vergine★ nella chiesa dei
⌐S. Nazaro e Celso AZ N – Annunciazione★ e Deposizione dalla Croce★ nella chiesa di
⌐ant'Alessandro BZ G – Interno★, polittico★ e affresco★ nella chiesa di Sant'Agata BY R.

⌐e ⌐Franciacorta (chiuso martedì) località Castagnola ✉ 25040 Corte Franca ✆ 984167, Fax
⌐4393, per ⑤ : 20 km.

⌐ corso Zanardelli 34 ✉ 25121 ✆ 43418, Fax 293284.

C.I. via 25 Aprile 16 ✉ 25123 ✆ 37461.

⌐ma 535 ④ – ◆Milano 93 ⑤ – ◆Verona 66 ②.

Pianta pagine seguenti

🏨 **Vittoria,** via delle 10 Giornate 20 ✉ 25121 ✆ 280061, Telex 304514, Fax 280065 – |📶| 🗏
   📺 ☎ ♿ – ⏏ 35 a 125. 🅰🅴 🅱 ⓞ **E** 𝐕𝐈𝐒𝐀. ✎ rist   BY **a**
   Pas *(chiuso domenica ed agosto)* carta 65/115000 – **65 cam** ☲ 280/360000, 4 appartamenti – ½ P 330000.

🏨 **Park Hotel Ca' Noa,** via Triumplina 66 ✉ 25060 ✆ 398762, Fax 398764, 🍽, 🛁, ≘s, ⬛
   – |📶| 🗏 📺 ♨ ♿ – ⏏ 150. 🅰🅴 🅱 ⓞ **E** 𝐕𝐈𝐒𝐀. ✎ rist   2,5 km per ①
   Pas carta 40/70000 – ☲ 10000 – **79 cam** 110/165000 – ½ P 130000.

🏨 **Master,** via Apollonio 72 ✉ 25124 ✆ 399037, Telex 304114, Fax 3701331 – |📶| 🗏 rist 📺
   ☎ ♿ – ⏏ 25 a 100. 🅰🅴 🅴 **E** 𝐕𝐈𝐒𝐀. ✎   BY **m**
   Pas *(chiuso lunedì)* carta 42/60000 – ☲ 10000 – **76 cam** 120/180000 – ½ P 120/140000.

🏨 **Ai Ronchi-Motor Hotel,** viale Bornata 22 ✉ 25123 ✆ 362061, Fax 366315 – |📶| 🗏 📺 ☎
   ⇚ ♿. 🅰🅴 🅱 ⓞ **E** 𝐕𝐈𝐒𝐀. ✎ rist   2,5 km per ②
   Pas *(chiuso sabato a mezzogiorno, domenica ed agosto)* carta 32/50000 – ☲ 10000 –
   44 cam 75/125000 – ½ P 85/90000.

🏨 **Euroresidence Hotel,** via Europa 45 ✉ 25060 ✆ 2091824, Telex 304074, Fax 397536 –
   |📶| 📺 📺 ♨ ⇚ ♿ – ⏏ 30 a 180. 🅰🅴 🅱 **E** 𝐕𝐈𝐒𝐀. ✎ rist   2,5 km per via Lombroso   CY
   Pas *(chiuso venerdì)* carta 39/65000 – ☲ 14000 – **127 cam** 90/130000 – ½ P 103/144000.

🏨 **Ambasciatori,** via Santa Maria Crocifissa di Rosa 90 ✉ 25124 ✆ 308461, Fax 381883 –
   |📶| 🗏 📺 ♨ ⇚ ♿ – ⏏ 200. 🅰🅴 🅱 ⓞ **E** 𝐕𝐈𝐒𝐀. ✎ rist   per via Lombroso   CY
   Pas *(chiuso sabato sera, domenica e dal 2 al 22 agosto)* carta 33/49000 – ☲ 10000 –
   65 cam 87/130000 – ½ P 110000.

🏨 **Igea,** viale Stazione 15 ✉ 25122 ✆ 44221, Fax 44224 – |📶| 📺 ☎. 🅰🅴 🅱 ⓞ **E** 𝐕𝐈𝐒𝐀. ✎
   Pas *(chiuso domenica)* 25/40000 – **84 cam** ☲ 90/150000 – ½ P 120/150000.   AZ **x**

🏨 **Industria,** via Orzinuovi 58 ✉ 25125 ✆ 3531431, Telex 328477, Fax 347904 – |📶| 🗏 📺 ☎
   ⇚ ♿ – ⏏ 90. 🅰🅴 🅱 ⓞ **E** 𝐕𝐈𝐒𝐀   per ⑤
   Pas *(chiuso domenica)* 31000 – ☲ 12000 – **70 cam** 75/119000 – P 126000.

⋉ **La Sosta,** via San Martino della Battaglia 20 ✉ 25121 ✆ 295603, Fax 292589, « Edificio
   del 17° secolo » – 🅰🅴 🅱 ⓞ **E** 𝐕𝐈𝐒𝐀   BZ **n**
   chiuso lunedì e dal 1° al 25 agosto – Pas carta 60/105000.

⋉ **Olimpo-il Torricino,** via Fura 131 ✉ 25125 ✆ 347565 – **ⓟ**. 🅰🅴 🅱 ⓞ **𝐕𝐈𝐒𝐀**   per ⑤
   chiuso lunedì e dal 1° al 20 agosto – Pas carta 32/51000.

⋉ **Alla Stretta,** via Stretta 63 ✉ 25128 ✆ 2002367 – 🗏 **ⓟ**. 🅰🅴 🅱 ⓞ **E** 𝐕𝐈𝐒𝐀. ✎
   chiuso lunedì e dall'11 al 26 agosto – Pas carta 50/80000.   3,5 km per ①

⋉ **Raffa,** corso Magenta 15 ✉ 25121 ✆ 49037 – 🅰🅴 🅱 𝐕𝐈𝐒𝐀   BZ **c**
   chiuso domenica ed agosto – Pas carta 37/60000 (10%).

⋉ **Antica Fonte,** via Fontane 45 ✉ 25060 Mompiano ✆ 2004480, « Servizio estivo sotto
   un pergolato » – 🅰🅴   2,5 km per via Lombroso   CY
   chiuso lunedì ed agosto – Pas carta 45/66000.

✗ **Gottardino,** via San Gottardo 4 ✉ 25128 ℘ 43532, « Servizio estivo in terrazza con ≤ » – Ⓟ. ✻
chiuso domenica sera, lunedì ed agosto – Pas carta 36/54000.
4 km per via Panoramica CY

✗ **La Campagnola,** via Valdaone 25 ✉ 25123 ℘ 300678, « Servizio estivo all'aperto » – Ⓟ. ✻
chiuso martedì ed agosto – Pas carta 35/50000. 2 km per via Lombroso CY

✗ **Nuovo Nando,** via Ambra d'Oro 119 ✉ 25124 ℘ 364288 – Ⓟ. AE ⓢ ⓞ VISA per ②
chiuso giovedì ed agosto – Pas carta 31/43000.

✗ **La Mezzeria,** via Trieste 66 ✉ 25121 ℘ 40306 – ⓢ VISA. ✻ CZ **a**
chiuso domenica, luglio ed agosto – Pas carta 31/48000.

Sant'Eufemia della Fonte per ② : 2 km – ✉ **25080** :

⌂ **Capri** senza rist, sulla statale 11 ℘ 3761069, Fax 3761079 – TV ☎ Ⓟ. AE ⓢ ⓞ E VISA. ✻ – *chiuso dal 20 luglio al 5 agosto* – ☕ 10000 – **22 cam** 66/110000.

✗✗ **La Piazzetta,** ℘ 362668, Rist. con specialità di mare, Coperti limitati; prenotare – ▤. AE ⓢ ⓞ E VISA. ✻
chiuso sabato a mezzogiorno, domenica, dal 1° al 7 gennaio e dal 7 al 20 agosto – Pas carta 43/70000 (10%).

✗✗ **Hosteria,** via 28 Marzo 2/A ℘ 360605, Coperti limitati; prenotare – ⓢ ⓞ E VISA
chiuso martedì e dal 1° al 29 agosto – Pas carta 42/73000.

a Roncadelle per ⑤ : 7 km – ✉ **25030** :

⌂⌂ **Continental** senza rist, ℘ 2582721, Telex 304132, Fax 2583108 – |‡| ▤ TV ☎ ♿ 🚗 Ⓟ – 🏛 25 a 110. AE ⓢ ⓞ E VISA. ✻
chiuso dal 5 al 18 agosto – ☕ 15000 – **52 cam** 120/160000.

⌂⌂ **President,** ℘ 2780061, Telex 301144, Fax 2780260 – |‡| ▤ TV ☎ 🚗 Ⓟ – 🏛 250. AE ⓢ ⓞ E VISA. ✻
Pas *(chiuso domenica)* carta 45/61000 – **106 cam** ☕ 100/190000 – ½ P 120/130000.

sulla strada statale 236 per ③ : 7 km :

⌂⌂ **Majestic,** ✉ 25014 Castenedolo ℘ 2130222, Telex 301113, Fax 2130077 – |‡| ▤ TV ☎ ♿ Ⓟ – 🏛 250. AE ⓢ ⓞ E VISA. ✻
chiuso dal 2 al 23 agosto – Pas carta 42/56000 – ☕ 10000 – **70 cam** 100/160000 – ½ P 120/140000.

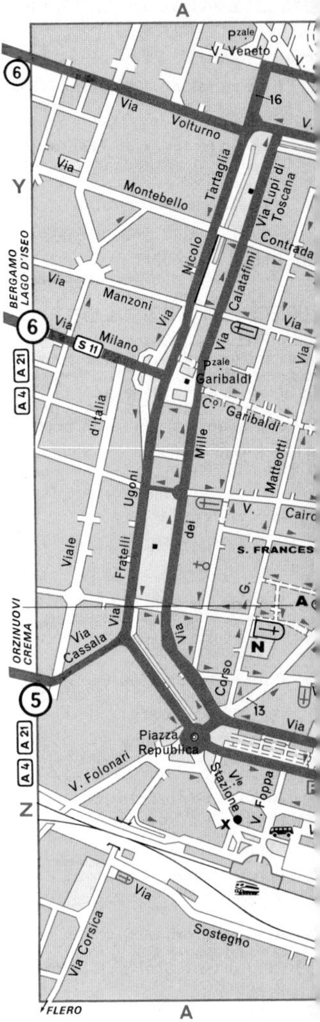

Palestro (Corso) . . . . BY
Zanardelli (Corso) . . . . BZ
10 Giornate (Via delle) . . . . BY

BRESSANONE (BRIXEN) 39042 Bolzano 988 ④ ⑤, 429 B 16 – 16 964 ab. alt. 559 – Sport invernali : a La Plose-Plancios : 1 900/2 502 m ⛰1 ⛷7, ⛷ – ☎ 0472.

Vedere Chiostro★ e Tesoro★ nel Duomo **A** – Palazzo Vescovile: cortile★, museo Diocesano★, sculture lignee★★, ancone scolpite★, collezic di presepi★.

Dintorni Plose★★★ : ✻★★★ SE per via Plose.

i viale Stazione 9 ℘ 36401, Telex 400638, Fax 36067.

Roma 681 ② – ♦Bolzano 40 ② – Brennero 43 ① – Cortina d'Ampezzo 109 ② – ♦Milano 336 ② – Trento 100 ②

Pianta pagina seguente

⌂⌂ **Elefante,** via Rio Bianco 4 ℘ 32750, Fax 36579, « Costruzione del 16° secolo c arredamento antico; giardino con ⛱ riscaldata », ✗ – ▤ rist TV ☎ 🚗 Ⓟ – 🏛 50. ⓞ VISA. ✻ rist
Natale-7 gennaio e marzo-10 novembre – Pas *(chiuso lunedì escluso dal 30 luglio al novembre)* carta 57/83000 – ☕ 19000 – **43 cam** 100/200000 – ½ P 160/170000.

BRESCIA

0 — 400 m

tellini (Via N)	CZ 3	Loggia (Piazza della)	BY 9	Mercato (Piazza del)	BY 15
·mo (Piazza)	BY 5	Martiri della		Pastrengo (Via)	AY 16
elli Porcellaga (Via)	BY 7	Libertà (Corso)	AZ 13	Vittoria (Piazza)	BY 20

🏛 **Dominik** ॐ, via Terzo di Sotto 13 ℘ 30144, Fax 36554, ≤, « Servizio rist estivo sotto un pergolato », ₤₅, ⇌, ⬛, 🔽, ≉ – ⧈ 🔽 ☎ ⇌ 🅿. 🆎 ⑤ ⑩ 🄴 𝘝𝘐𝘚𝘈 ⚡ **b**
Pasqua-4 novembre – Pas *(chiuso martedì escluso agosto-settembre)* carta 53/87000 – ☑ 20000 – **29 cam** 130/260000 – ½ P 120/195000.

🏛 **Temlhof** ॐ, via Elvas 76 ℘ 36658, Fax 35539, ≤ monti e città, « Giardino con 🔽 », ⇌, 🔽, ≉ – ☎ 🅿. 🆎 ⑤ 🄴 𝘝𝘐𝘚𝘈. ⚡ rist – *chiuso dal 10 novembre al 20 dicembre* – Pas *(chiuso a mezzogiorno escluso luglio-agosto e martedì; prenotare)* carta 50/70000 – **52 cam** ☑ 90/200000, 4 appartamenti – ½ P 70/140000. **v**

🏛 **Grüner Baum,** via Stufles 11 ℘ 32732, Fax 39419, « Giardino con 🔽 riscaldata », ₤₅, ⇌, 🔽, ≉ – ⧈ ▤ rist 🔽 ☎ ⇌ – 🔬 100. 🆎 ⑤ ⑩ 🄴 𝘝𝘐𝘚𝘈. ⚡ rist **e** *chiuso dal 9 novembre al 18 dicembre* – Pas *(chiuso martedì)* carta 23/39000 – ☑ 13000 – **79 cam** 68/102000 – ½ P 80/130000.

129

BRESSANONE

Portici Maggiori 22
Portici Minori 23

Angelo Custode (Via) 2
Bastioni Maggiori
(Via) 3
Bastioni Minori (Via) 4
Bruno (Via G.) 8
Duomo (Piazza) 10
Fienili (Via) 12
Guggenberg
(Via Otto V.) 13
Hartwig (Via) 14
Lungo Rienza 15
Mercato Vecchio
(Via) 16
Platsch (Via) 17
Ponte Aquila (Via) 18
Ponte Widmann
(Via) 19
Rio Bianco (Via) 26
San Albuino (Via) 27
Seminario (Via del) 28
Stufles (Via) 29
Torre Bianca (Via) 30
Tratten (Via) 31

Non fate rumore
negli alberghi :
i vicini vi saranno
riconoscenti.

Ne faites pas de bruit
à l'hôtel,
vos voisins
vous en sauront gré.

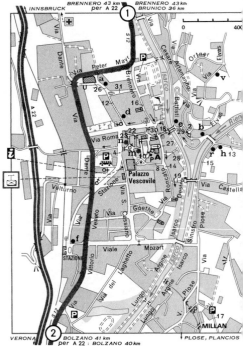

🏨 **Corona d'Oro-Goldene Krone,** via Fienili 4 𝒫 35154, Fax 35014, 🌣 – 🛗 📺 ☎ 🕭 🅿
E 𝘝𝘐𝘚𝘈 . 🦐 rist
chiuso dal 15 al 25 dicembre e dal 6 gennaio al 15 febbraio – Pas (chiuso lune
carta 32/48000 – **36 cam** ⊆ 80/150000 – ½ P 80/100000.

🏨 **Senoner,** lungo Rienza 22 𝒫 32525, Fax 32436, 🌣, 🛋 – ☎ 🚗 🅿. 🝙 🕄 🛈 E 🖥
🦐 rist
*chiuso dal 7 al 20 gennaio e da novembre al 20 dicembre – Pas carta 34/55000 – **22 ca**
⊆ 70/130000 – ½ P 80/95000.

🏨 **Jarolim,** piazza Stazione 1 𝒫 36230, Fax 33155, « Giardino ombreggiato con ⚱ » –
🟰 rist 📺 ☎ 🅿. 🝙 🕄 🛈 E 𝘝𝘐𝘚𝘈 . 🦐 rist
Pas *(chiuso giovedì)* carta 26/36000 – ⊆ 11000 – **35 cam** 60/95000 – ½ P 75/95000.

🏨 **Mirabel** 🦐, senza rist, via Guggenberg 4/A 𝒫 36058, 🛋 – 🛗 ☎ 🚗 🅿. 🕄 E 𝘝𝘐𝘚𝘈
27 marzo-7 novembre – **22 cam** ⊆ 63/106000.

🍽 **Oste Scuro-Finsterwirt,** vicolo del Duomo 3 𝒫 35343, Fax 35624, « Ambiente cara**
ristico con arredamento antico » – 🦐
*chiuso domenica sera, lunedì, dal 10 gennaio al 5 febbraio e dal 20 giugno al 6 luglio –
carta 36/61000.

🍽 **Fink,** via Portici Minori 4 𝒫 34883, Fax 35268 – 🗔. 🕄 E 𝘝𝘐𝘚𝘈
*chiuso martedì sera (escluso da luglio ad ottobre), mercoledì e dal 1° al 18 luglio –
carta 31/56000.

ad Elvas NE : 4 km – alt. 814 – ⊠ **39042** Bressanone :

🏠 **Hofstatt** 🦐, 𝒫 35420, Fax 36249, ≤ – ☎ 🚗 🅿. 🦐 rist
*chiuso dal 15 gennaio al 28 febbraio – Pas (solo per clienti alloggiati) – **18 cam** ⊆ 35/70**
– ½ P 48/52000.

al bivio Plancios-Plose SE : 17,5 km – alt. 1 760 :

🏨 **Edith** 🦐, ⊠ 39040 Sant'Andrea in Monte 𝒫 51307, Fax 51211, ≤ Dolomiti e vallata,
⚱ – ☎ 🅿. 🝙. 🦐 rist
*20 dicembre-20 aprile e giugno-ottobre – Pas (chiuso mercoledì) carta 34/46000 – **22 c**
⊆ 50/92000 – ½ P 52/74000.

Vedere anche : ***Novacella*** per ① : 3 km.

EUIL-CERVINIA 11021 Aosta 🔟🔟🔟 ② , 🔟🔟🔟 E 4 – alt. 2 050 – a.s. febbraio-12 aprile, agosto e
[n]ale – Sport invernali : 2 050/3 480 m 🎿9 🎿19, 🎿 (anche sci estivo) – ✪ 0166.

[Bel]lere Località★★.

[Cervino] (luglio-20 settembre) 𝒫 949131.

[l]a Carrel 29 𝒫 949136, Telex 211822.

[Rom]a 749 – Aosta 53 – Biella 104 – ♦Milano 187 – ♦Torino 116 – Vercelli 122.

- **Cristallo** ⟨≫⟩, 𝒫 943411, Telex 210626, Fax 948377, ≤ Cervino e Grandes Murailles, 𝐼𝑠,
  ⟨≡s⟩, 🌊, 🎾, ✗ – 🛗 🖭 ☎ ⟷ – 🏌 50 a 250. 🖭 🕼 ① E 𝒱𝒜 %
  3 dicembre-2 maggio e luglio-agosto – Pas carta 60/80000 – **100 cam** ⊒ 230/420000, 30
  appartamenti – ½ P 160/250000.

- **Hermitage** ⟨≫⟩, 𝒫 948998, Fax 949032, ≤ Cervino e Grandes Murailles, 𝐼𝑠, ⟨≡s⟩, 🔲, 🎾 –
  🛗 🖭 ☎ ⟷ 🅿 – 🏌 40. 🖭 🕼 E 𝒱𝒜 % rist
  12 novembre-10 maggio e 8 luglio-15 settembre – Pas 50/60000 – ⊒ 28000 – **32 cam**
  260000 – ½ P 140/220000.

- **Excelsior-Planet,** 𝒫 949426, Fax 948827, ≤ Cervino e Grandes Murailles, ⟨≡s⟩, 🌊, 🔲 –
  🛗 🖭 🖭 ☎ ⟷ 🅿. 🕼 E 𝒱𝒜 %
  novembre-aprile e luglio-agosto – Pas 35/45000 – ⊒ 20000 – **20 cam** 115000, 24 appartamenti – ½ P 85/165000.

- **Bucaneve,** 𝒫 949119, Fax 948308, ≤ Cervino e Grandes Murailles, 🍴, 𝐼𝑠, ⟨≡s⟩ – 🛗 🖭 ☎
  ⟷ 🅿. 🖭 🕼 E 𝒱𝒜 % rist
  15 novembre-aprile e luglio-15 settembre – Pas carta 40/58000 – ⊒ 20000 – **27 cam**
  100/200000, 5 appartamenti – ½ P 160/220000.

- **Europa,** 𝒫 948660, Fax 949650, ≤ Cervino e Grandes Murailles, ⟨≡s⟩, 🌊 – 🛗 🖭 ☎ ⟷ 🅿
  – 🏌 50. 🖭 🕼 E 𝒱𝒜 % rist
  dicembre-maggio e luglio-20 settembre – Pas 35/45000 – ⊒ 25000 – **61 cam** 120/
  160000, 6 appartamenti – ½ P 90/160000.

- **Punta Maquignaz,** 𝒫 949145, Fax 948055, 𝐼𝑠, ⟨≡s⟩ – 🛗 🖭 🖭 ☎ ⟷ 🅿. 🕼 E 𝒱𝒜 %
  novembre-aprile e luglio-settembre – Pas carta 40/60000 – ⊒ 25000 – **32 cam** 130/200000
  – ½ P 100/200000.

- **Astoria,** 𝒫 949062, Fax 949062, ≤ Cervino e Grandes Murailles – 🛗 ☎ ⟷. 🖭 🕼 E 𝒱𝒜
  % rist
  dicembre-aprile e 15 luglio-agosto – Pas carta 36/52000 (15%) – ⊒ 15000 – **26 cam**
  110000, 4 appartamenti – ½ P 120/160000.

- **Breithorn,** 𝒫 949042, Fax 948363, ≤ Cervino e Grandes Murailles – 🛗 ☎ ⟷ 🅿. 🖭 🕼 E
  𝒱𝒜 % rist
  dicembre-15 maggio e luglio-25 settembre – Pas 25/30000 – ⊒ 13000 – **24 cam** 45/80000
  – ½ P 80/90000.

- Edelweiss, 𝒫 949078, Fax 949746, ≤ Cervino e Grandes Murailles – 🛗 ☎
  35 cam.

- X **Cime Bianche** ⟨≫⟩ con cam, 𝒫 949046, ≤ Cervino e Grandes Murailles, 🍴, prenotare,
  « Ambiente tipico » – 🖭 ☎ ⟷ 🅿. 🕼 E 𝒱𝒜 %
  chiuso giugno ed ottobre – Pas *(chiuso lunedì in bassa stagione)* carta 46/76000 – ⊒ 12000
  – **15 cam** 70/140000 – ½ P 85/120000.

sulla strada statale 406 :

- **Chalet Valdôtain,** SO : 1,4 km ✉ 11021 𝒫 949428, Fax 948874, ≤ Cervino e Grandes
  Murailles, 🎾 – 🛗 🖭 ☎ ⟷ 🅿. 🖭 🕼 E 𝒱𝒜 %
  dicembre-aprile e giugno-settembre – Pas carta 38/59000 – ⊒ 20000 – **35 cam** 100/150000
  – ½ P 85/145000.

- **Les Neiges d'Antan** ⟨≫⟩, SO : 4 km ✉ 11021 𝒫 948775, Fax 948852, ≤ Cervino e
  Grandes Murailles – 🖭 ☎ 🅿. 🕼 𝒱𝒜 % rist
  6 dicembre-12 maggio e 28 giugno-15 settembre – Pas carta 50/70000 – ⊒ 20000 –
  28 cam 59/100000, 2 appartamenti – ½ P 95/110000.

- **Lac Bleu,** SO : 1 km ✉ 11021 𝒫 949103, Fax 949902, ≤ monti e Cervino – ☎ 🅿. % rist
  3 dicembre-aprile e luglio-25 settembre – Pas *(chiuso lunedì)* carta 35/52000 – ⊒ 15000 –
  20 cam 45/80000 – ½ P 65/90000.

IAN Venezia – Vedere Caorle.

Les guides Michelin

Guides Rouges (hôtels et restaurants) :

Benelux, Deutschland, España Portugal, main cities **Europe, France**
Great Britain and Ireland

Guides Verts (Paysages, monuments et routes touristiques) :

Allemagne, Autriche, Belgique, Canada, Espagne, France, Grèce, Hollande, Italie,
Londres, Maroc, New York, Nouvelle Angleterre, Portugal, Rome, Suisse

...et la collection sur la France.

BRINDISI

Garibaldi (Corso)	**Y**
Umberto 1° (Corso)	**YZ**
Amalfi (Via)	**V** 2
Amena (Via)	**Y** 3
Annunziata (Via)	**Y** 4
Betolo (Via)	**Z** 8
Cagni (Via Amm.)	**Y** 9
Cappellini (Via)	**Z** 10
Ciciriello (Via E.)	**Y** 12
Cittadella (Via)	**Y** 13
Colonne (Via)	**Y** 15
Commenda (Viale)	**X** 16
De Marco (Via C.)	**X** 17
Duca degli Abruzzi (Vle)	**V** 19
Imperatore Augusto (V.)	**X** 22
Maddalena (Vle Umberto)	**V** 23
Madonna della Neve (V.)	**Y** 25
Madonna della Scala (V.)	**Z** 26
Magaldi (Via Nicola)	**V** 27
Maria Ausiliatrice (Via)	**X** 29
Matteotti (Piazza)	**Y** 30
Mecenate (Via)	**X** 31
Montenegro (Via)	**Y** 33
Osanna (Via)	**VXZ** 34
Pace Brindisina (Via)	**X** 35
Pontinia (Via)	**X** 37
Pozzo Traiano (Via)	**Y** 38
Regina Margherita (Lungomare)	**Y** 39
Ruggero di Flores (Via)	**V** 41
S. Dionisio (Via)	**Y** 42
S. Barbara (Via)	**Y** 43
S. Margherita (Via)	**Y** 45
Santi (Via)	**Y** 46
Sauro (Via Nazario)	**Z** 47
Tarantini (Via)	**Y** 49
Tirolo (Via)	**X** 51
Tunisi (Via)	**Y** 53

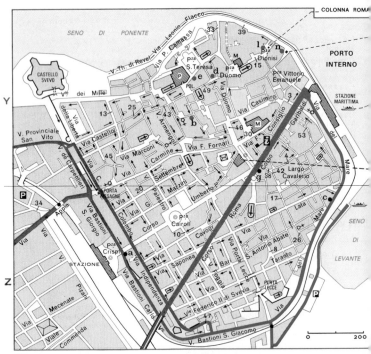

BRINDISI 72100 🅿 988 ㉚, 431 F 35 – 93 292 ab. – a.s. 18 luglio-settembre – ☎ 0831.

vedere Colonna romana⋆ (termine della via Appia).

✈ di Popola-Casale per ① : 6 km ℘ 418805 – Alitalia, corso Garibaldi 53 ℘ 529091.

🚢 ℘ 521975.

piazza Dionisi ℘ 21944 – via Rubini 19 ℘ 21091.

C.I. via Aldo Moro 61 ℘ 83053.

ma 563 ④ – ♦Bari 113 ① – ♦Napoli 375 ④ – ♦Taranto 72 ③.

Pianta pagina precedente

🏨🏨 **Majestic,** corso Umberto I n° 151 ℘ 222941, Telex 813378, Fax 524071 – 🛗 🗏 📺 ☎ ❷ –
🔒 70 a 80. 🖭 🕃 ⓪ 🖪 𝓥𝓘𝓢𝓐. ⚘ rist   Z **a**
Pas *(chiuso venerdi)* 38000 – **68 cam** ⊇ 118/181000 – ½ P 122/150000.

🏨 **Mediterraneo,** viale Aldo Moro 70 ℘ 82811, Telex 813291, Fax 87858 – 🛗 🗏 📺 ☎ 🚗 –
🔒 60   X **h**
65 cam.

🏨 **La Rosetta e Rist. Le Privè,** via San Dionisio 2 ℘ 523423, Fax 563110 – 🛗 🗏 📺 ☎
🚗. 🖭 🕃 ⓪ 🖪 𝓥𝓘𝓢𝓐. ⚘ rist   Y **g**
Pas carta 28/43000 (15 %) – ⊇ 15000 – **41 cam** 90/135000, appartamento – ½ P 125000.

🏨 **L'Approdo** senza rist, via del Mare 50 ℘ 529667, Fax 24598, ≤ – 🛗 📺 ☎ 🚗. 🖭 🕃 ⓪ 🖪
𝓥𝓘𝓢𝓐   Z **c**
⊇ 13000 – **23 cam** 100/150000.

XXX **La Lanterna,** via Tarantini 14 ℘ 564026, « Servizio estivo in giardino » – 🗏. 🖭 🕃 ⓪ 🖪
𝓥𝓘𝓢𝓐   Y **d**
chiuso domenica e dal 10 al 30 agosto – Pas carta 40/60000.

X **Vecchia Brindisi,** via San Giovanni al Sepolcro 5/7 ℘ 528400 – 🖭 🕃 ⓪ 🖪 𝓥𝓘𝓢𝓐. ⚘
chiuso lunedì ed agosto – Pas carta 30/56000.   Y **b**

X **Penny,** piazza Dionisi 5/6 ℘ 563013 – 🗏. 🕃 🖪 𝓥𝓘𝓢𝓐. ⚘
chiuso domenica sera, lunedì, dal 22 dicembre al 3 gennaio e dal 15 agosto al 2 settembre –
Pas carta 45/63000 (20 %).   Y **n**

X **Antica Trattoria della Nassa,** via Colonne 49/51 ℘ 526005   Y **l**

X **Il Cantinone,** via De Leo 4 ℘ 562122, « Ambiente caratteristico » – 🕃 🖪 𝓥𝓘𝓢𝓐. ⚘
chiuso martedì e dal 5 al 17 agosto – **Pas** carta 22/25000.   Y **e**

sulla strada statale 16 per ④ : 6 km :

🏨 **Minerva,** ⊠ 72100 Brindisi ℘ 452096, Fax 452097, 🛴, 🌳 – 🗏 📺 ☎ ❷. 🖭 🕃 🖪 𝓥𝓘𝓢𝓐. ⚘
Pas carta 30/50000 – **48 cam** ⊇ 112000, 🗏 10000 – ½ P 75/93000.

BRIONA 28072 Novara 428 F 7, 219 ⑯ – 1 142 ab. alt. 216 – ☎ 0321.

ma 636 – ♦Milano 63 – Novara 17 – Vercelli 32.

a Proh SE : 5 km – ⊠ 28072 Briona :

X **Trattoria del Ponte,** ℘ 826282 – 🗏 ❷
chiuso lunedì sera, martedì e dal 29 luglio al 14 agosto – Pas carta 28/48000.

BRIONE 427 ㉔, 218 ⑫ – Vedere Cantone Ticino (Locarno) alla fine dell'elenco alfabetico.

BRISIGHELLA 48013 Ravenna 988 ⑮, 429 430 J 17 – 7 827 ab. alt. 115 – a.s. 15 luglio-settembre – ☎ 0546.

oma 355 – ♦Bologna 62 – Faenza 13 – ♦Ferrara 110 – ♦Firenze 90 – Forlì 27 – ♦Milano 278 – ♦Ravenna 44.

🏨 **Terme** ⑤, ℘ 81144, Fax 81144, ≤, « Giardino ombreggiato », ♨ – 🛗 ☎ ❷. 🖭 🕃 ⓪ 🖪
𝓥𝓘𝓢𝓐. ⚘ rist
maggio-15 ottobre – Pas carta 30/35000 – ⊇ 10000 – **56 cam** 110000 – ½ P 55/70000.

🏨 **La Meridiana** ⑤, ℘ 81590, Fax 81590, 🌳 – 🛗 ☎ ♣ ❷ – 🔒 40. 🖭 🕃 ⓪ 🖪 𝓥𝓘𝓢𝓐. ⚘ rist
aprile-ottobre – Pas 30/35000 – ⊇ 10000 – **55 cam** 110000 – ½ P 55/70000.

🏨 **Valverde** ⑤, ℘ 81388, « Giardino ombreggiato » – 🛗 ☎ ❷. 𝓥𝓘𝓢𝓐. ⚘ rist
Pasqua-ottobre – Pas 22000 – ⊇ 5000 – **40 cam** 75000 – ½ P 49/58000.

XX ⊛ **Gigiolè** con cam, ℘ 81209, Fax 81209, prenotare – 🛗 ☎. 🖭 🕃 ⓪ 🖪 𝓥𝓘𝓢𝓐
chiuso febbraio e dal 10 al 25 luglio – Pas *(chiuso lunedì)* carta 46/66000 – **15 cam**
⊇ 55/75000 – ½ P 60000
Spec. Terrina di vitello alle verdure (estate), Castrato in salsa al rosmarino (inverno), Galletto al vino con pancetta e
scalogno (estate). Vini Trebbiano, Sangiovese.

XX **La Grotta,** ℘ 81829, prenotare – 🗏. 🖭 🕃 ⓪ 🖪 𝓥𝓘𝓢𝓐. ⚘
chiuso martedì, gennaio e dal 1° al 15 giugno – **Pas** carta 32/42000.

BRISSAGO 427 ㉔, 219 ⑦ – Vedere Cantone Ticino alla fine dell'elenco alfabetico.

BRIVIO 22050 Como 428 E 10, 219 ⑳ – 3 840 ab. alt. 207 – ☎ 039.

oma 608 – ♦Bergamo 21 – Como 34 – Lecco 15 – ♦Milano 38.

X **Bella Venezia,** ℘ 5320007, « Servizio estivo in riva all'Adda » – ❷
chiuso lunedì sera, martedì e dal 16 al 30 agosto – Pas carta 47/78000.

BRIXEN = Bressanone.

BRONI 27043 Pavia 988 ⑮, 428 G 9 – 10 159 ab. alt. 88 – ✆ 0385.
Roma 548 – Alessandria 62 – ♦Milano 58 – Pavia 20 – Piacenza 37.

sulla strada statale 10 NE : 2 km :

🏨 **Liros,** ⊠ 27043 ℘ 51007, Fax 51007 – ▤ 📺 ☎ 🅟 – 🏄 30 a 120. 🖭 🖭 🕃 ⓞ 🖪 𝘝𝘐𝘚𝘈
   chiuso dal 23 dicembre all'8 gennaio e dal 7 al 14 agosto – Pas *(chiuso lunedi)* carta 3
   49000 – ⌷ 6000 – **22 cam** 60/75000.

BRUNATE 22034 Como 428 E 9, 219 ⑨ – 1 758 ab. alt. 716 – ✆ 031.
Roma 631 – ♦Bergamo 62 – Como 6 km o 7 mn di funicolare – ♦Milano 54.

✗✗ **Moro,** a San Maurizio N : 2 km ℘ 221003, 🍴, Coperti limitati; prenotare – 🕃 🖪 𝘝𝘐𝘚𝘈
   chiuso mercoledi – Pas carta 42/65000.

BRUNECK = Brunico.

BRUNICO (BRUNECK) 39031 Bolzano 988 ⑤, 429 B 17 – 12 499 ab. alt. 835 – Sport invernali :
Plan de Corones : 835/2 275 m ⋜ 8 ↙24, ⋞ – ✆ 0474.
🅱 via Europa ℘ 85722, Fax 84544.
Roma 715 – ♦Bolzano 77 – Brennero 68 – Cortina d'Ampezzo 59 – Dobbiaco 28 – ♦Milano 369 – Trento 137.

🏨 **Andreas Hofer,** via Campo Tures 1 ℘ 31469, Fax 31283, ⇌, 🌳 – 🛗 ☎ 🚗 🅟. 🕃
   𝘝𝘐𝘚𝘈. ⅏ rist
   chiuso dal 21 aprile al 12 maggio e dal 23 novembre al 15 dicembre – Pas *(chiuso sabat*
   carta 21/39000 – ⌷ 7000 – **54 cam** 70/110000 – ½ P 55/95000.

a San Giorgio (St. Georgen) N : 2 km – alt. 823 – ⊠ **39031** :

🏨 **Gissbach** ⌂, ℘ 31173, ⇌, 🄼 – 🛗 ☎ 🚗 🅟. ⅏ rist
   chiuso da novembre a Natale – Pas 20/55000 – **21 cam** ⌷ 135000 – ½ P 57/87000.

a Riscone (Reischach) SE : 3 km – alt. 960 – ⊠ **39031** :

🏨 **Royal Hotel Hinterhuber** ⌂, ℘ 21221, Fax 20848, ≼ monti e pinete, « 🌲 riscaldat
   nel verde », ⇌, 🄼, 🌳, ✗ – 🛗 ⅙ rist ▤ rist 📺 ☎ ₺ 🚗 🅟. 🖭 🕃 🖪 𝘝𝘐𝘚𝘈. ⅏ rist
   20 dicembre-15 aprile e giugno-10 ottobre – Pas *(solo per clienti alloggiati)* 30000 – **56 ca**
   ⌷ 110/220000, 10 appartamenti – ½ P 90/145000.

🏨 **Rudolf,** ℘ 21223, Fax 30806, ≼, 🄵, ⇌, 🄼 – 🛗 📺 ☎ 🚗 🅟. 🖭 🕃 ⓞ 🖪 𝘝𝘐𝘚𝘈. ⅏ rist
   Pas *(solo per clienti alloggiati e chiuso novembre)* carta 30/50000 – **37 cam** ⌷ 205/2420C
   – ½ P 69/129000.

🏨 **Petrus** ⌂, ℘ 84263, Fax 84267, ≼, 🄵, ⇌, 🌳 – 🛗 📺 ☎ 🚗 🅟. 🖪. ⅏ rist
   4 dicembre-20 aprile e 9 maggio-17 ottobre – Pas carta 33/46000 – **28 cam** ⌷ 79/159000
   ½ P 69/94000.

🏨 **Majestic** ⌂, ℘ 84887, Fax 30821, ≼, ⇌, 🌲 riscaldata, 🌳 – 🛗 ▤ rist ☎ 🅟. 🕃 🖪 𝘝𝘐𝘚
   ⅏ rist
   23 dicembre-18 aprile e 29 maggio-17 ottobre – Pas *(chiuso lunedi)* carta 30/45000
   33 cam ⌷ 66/132000 – ½ P 52/82000.

BRUSSON 11022 Aosta 988 ②, 428 E 5 – 932 ab. alt. 1 331 – a.s. Pasqua, 16 giugnc
16 settembre e Natale – ✆ 0125.
🅱 piazza Municipio 1 ℘ 300240.
Roma 726 – Aosta 52 – Ivrea 51 – ♦Milano 164 – ♦Torino 93.

🏨 **Laghetto,** località Diga ℘ 300179, ≼ – 🅟. ⅏
   chiuso da novembre al 7 dicembre – Pas *(chiuso mercoledi)* carta 24/40000 – ⌷ 10000
   17 cam 30/58000 – P 60/70000.

BUBBIO 14051 Asti 428 I 6 – 950 ab. alt. 224 – ✆ 0144.
Roma 589 – Alessandria 52 – Asti 38 – ♦Genova 89 – ♦Milano 142 – Savona 76.

✗ **Teresio** con cam, ℘ 8128 – 📺. ⅏
   chiuso dal 20 dicembre al 10 gennaio – Pas *(chiuso mercoledi)* carta 22/41000 – ⌷ 5000
   8 cam 40/60000 – ½ P 50000.

BUDONI Nuoro 433 E 11 – Vedere Sardegna.

BUDRIO 40054 Bologna 988 ⑮, 428 429 430 I 16 – 14 101 ab. alt. 25 – ✆ 051.
Roma 401 – ♦Bologna 19 – ♦Ferrara 46 – ♦Ravenna 66.

🏨 **Sport Hotel** senza rist, via Massarenti 10 ℘ 803515, Fax 803580 – 🛗 🖭 🖭 ⓞ. ⅏
   chiuso dal 5 al 15 agosto e dal 24 dicembre al 1° gennaio – ⌷ 7000 – **31 cam** 75/105000.

✗✗ **Elle 70,** via Garibaldi 10 ℘ 801678, Coperti limitati; prenotare – 🖭 🕃 ⓞ 🖪 𝘝𝘐𝘚𝘈. ⅏
   chiuso sabato a mezzogiorno, domenica, dal 1° al 5 gennaio ed agosto – Pas carta 35
   55000.

BUDRIO Reggio nell'Emilia – Vedere Correggio.

La carta Michelin n° 429 Italia nord est 1:400 000.

JRAGO DI MOLGORA 20040 Milano ⁴²⁸ F 10, ²¹⁹ ⑲ – 4 262 ab. alt. 182 – ✆ 039.

na 591 – ◆Bergamo 37 – Lecco 33 – ◆Milano 23 – Monza 9.

🏨 **Brianteo,** 𝒫 6082118, Telex 352650, Fax 6082118, 🏤 – 🛗 🖭 📺 ☎ 🅿 – 🔏 60. ᴀᴇ 🕄 ⓞ
Ε 𝘝𝘐𝘚𝘈. ⋇
chiuso dal 23 dicembre al 3 gennaio e dal 1° al 24 agosto – Pas *(chiuso domenica)*
carta 35/63000 – 🖵 12000 – **50 cam** 120/155000, 2 appartamenti.

JRANO Venezia – Vedere Venezia.

JRGSTALL = Postal.

JRGUSIO (BURGEIS) Bolzano ⁴²⁸ B 13, ²¹⁸ ⑧ – Vedere Malles Venosta.

JSCATE 20010 Milano ⁴²⁸ F 8, ²¹⁹ ⑰ – 4 345 ab. alt. 177 – ✆ 0331.

na 611 – Gallarate 15 – ◆Milano 37 – Novara 21.

XX **Scià on Martin** con cam, 𝒫 670112, 🏤, prenotare – 📺 ☎ 🅿. 🕄 Ε 𝘝𝘐𝘚𝘈. ⋇
chiuso Natale – Pas *(chiuso sabato a mezzogiorno e domenica)* carta 38/59000 – **13 cam**
🖵 100/140000 – ½ P 110/130000.

USNAGO 20040 Milano ⁴²⁸ F 10, ²¹⁹ ⑳ – 3 818 ab. alt. 210 – ✆ 039.

na 594 – ◆Bergamo 24 – ◆Brescia 68 – ◆Milano 34 – Piacenza 95.

🏨 **Pianura Inn,** viale Lombardia 20 𝒫 6957412, Fax 6959025, 🏤 – 🛗 📺 ☎ 🅿 –
🔏 50 a 150. ᴀᴇ 🕄 ⓞ Ε 𝘝𝘐𝘚𝘈. ⋇
Pas carta 41/60000 – **20 cam** 🖵 100/140000 – ½ P 90/110000.

USSETO 43011 Parma ⁹⁸⁸ ⑭, ⁴²⁸ ⁴²⁹ H 12 – 7 066 ab. alt. 39 – ✆ 0524.

ma 490 – ◆Bologna 128 – Cremona 25 – Fidenza 15 – ◆Milano 93 – ◆Parma 40 – Piacenza 31.

XX **Ugo,** via Mozart 3 𝒫 92307, Fax 91811, prenotare – 🍽. ᴀᴇ ⓞ. ⋇
chiuso lunedì, martedì, dal 5 al 25 gennaio e dal 5 al 25 luglio – Pas carta 33/49000.

XX **Ritiro,** via Consolatico Superiore 43 (SO : 1,5 km) 𝒫 91398, « In un convento del 17°
secolo » – 🅿. 🕄 Ε 𝘝𝘐𝘚𝘈
chiuso martedì sera, mercoledì e dal 7 gennaio al 28 febbraio – Pas carta 33/50000.

a Samboseto E : 8 km – alt. 37 – ✉ 43011 Busseto :

XXX **Palazzo Calvi** con cam, 𝒫 90211, Fax 90213 – 🍽 📺 ☎ 🅿 – 🔏 60. ᴀᴇ 🕄 ⓞ Ε 𝘝𝘐𝘚𝘈.
⋇
Pas *(chiuso lunedì e martedì a mezzogiorno)* carta 51/77000 – **8 cam** 🖵 200000.

XX **Vecchia Samboseto,** 𝒫 90136 – 🅿. ⓞ. ⋇
chiuso martedì sera, mercoledì e gennaio – Pas carta 41/88000.

USSOLENGO 37012 Verona ⁹⁸⁸ ④, ⁴²⁸ ⁴²⁹ F 14 – 14 365 ab. alt. 127 – ✆ 045.

ma 504 – Garda 20 – Mantova 43 – ◆Milano 150 – Trento 87 – ◆Venezia 128 – ◆Verona 12.

🏨 **Krystal** senza rist, via Dante Alighieri 𝒫 6700433, Fax 6700447 – 🛗 🍽 📺 ☎ ⇎ 🅿 –
🔏 25. ᴀᴇ 🕄 ⓞ Ε 𝘝𝘐𝘚𝘈. ⋇
🖵 20000 – **60 cam** 110000.

🏨 **Agnello d'Oro,** via Mazzini 13 𝒫 7150154, Fax 7150154 – 🛗 🍽 rist 📺 ☎ 🅿. ᴀᴇ 🕄 𝘝𝘐𝘚𝘈.
⋇ rist
chiuso dal 1° al 15 giugno – Pas *(chiuso domenica sera e lunedì)* carta 23/34000 – 🖵 5000 –
25 cam 45/85000 – ½ P 58/65000.

sulla strada statale 11 S : 3 km :

🏨 **Crocioni Hotel Rizzi** senza rist, ✉ 37012 𝒫 6700200, Fax 7156986 – 🛗 🍽 📺 ☎ �'⇎
🅿 – 🔏 50 a 200. ᴀᴇ 🕄 ⓞ Ε 𝘝𝘐𝘚𝘈
chiuso dal 22 dicembre al 10 gennaio – 🖵 15000 – **58 cam** 100/130000.

USSOLINO GASSINESE Torino – Vedere Gassino Torinese.

USTO ARSIZIO 21052 Varese ⁹⁸⁸ ③, ⁴²⁸ F 8 – 77 883 ab. alt. 224 – ✆ 0331.

ma 611 – Como 40 – ◆Milano 35 – Novara 30 – Stresa 51 – Varese 27.

🏨 **Astoria e Rist. Da Moreno,** viale Duca d'Aosta 14 𝒫 636422, Fax 679610 – 🛗 🍽 rist 📺
☎ ⇎ – 🔏 200. ᴀᴇ 🕄 𝘝𝘐𝘚𝘈. ⋇
Pas *(chiuso sabato ed agosto)* carta 41/62000 (15%) – 🖵 9000 – **47 cam** 100/120000 –
P 180000.

🏨 **Pineta Motor Hotel** senza rist, via Sempione 150 (N : 2 km) 𝒫 381220, Fax 381220, 🚣
– 🛗 🍽 📺 ☎ 🅿 – 🔏 100. ᴀᴇ 🕄 ⓞ Ε 𝘝𝘐𝘚𝘈
58 cam 🖵 160000.

XX **Casa Radice,** via Roma 8 𝒫 620454 – 🍽. ᴀᴇ 🕄 𝘝𝘐𝘚𝘈. ⋇
chiuso domenica ed agosto – Pas carta 41/62000 (10%).

Vedere anche : *Olgiate Olona* NE : 3 km.

BUTTRIO 33042 Udine 四29 D 21 – 3 660 ab. alt. 79 – ✆ 0432.
Roma 641 – Gorizia 26 – ◆Milano 381 – ◆Trieste 57 – Udine 11.

🏨 **Locanda alle Officine,** strada statale SE : 1 km ℰ 673304, Fax 673408 – 🛗 🍴 🗐 📺
🚗 **②**, 亜 🗗 ⓘ ᴇ 𝑉𝐼𝑆𝐴 ⚘
Pas carta 38/63000 – **38 cam** ☞ 80/115000, 🛏 7000 – ½ P 97000.

✗ **Trattoria al Parco,** ℰ 674025, 🍴, 🐕 – **②**, 亜 𝑉𝐼𝑆𝐴
chiuso martedì sera, mercoledì e dal 1° al 25 agosto – **Pas** carta 32/52000.

CADEMARIO 219 ⑧ – Vedere Cantone Ticino alla fine dell'elenco alfabetico.

CADEO 29010 Piacenza 四28 四29 H 11 – 5 395 ab. alt. 67 – ✆ 0523.
Roma 501 – Cremona 34 – ◆Milano 76 – ◆Parma 46 – Piacenza 14.

✗ **Lanterna Rossa** 🐌 con cam, località Saliceto NE : 4 km ℰ 509774, 🐎 – 📺 🚗 **②**.
🗗 ᴇ 𝑉𝐼𝑆𝐴 ⚘
Pas (chiuso martedì e dal 1° al 15 agosto) carta 43/68000 – ☞ 7000 – **12 cam** (chiuso ago·
to) 70/110000 – ½ P 90/100000.

CAERANO DI SAN MARCO 31031 Treviso 四29 E 17 – 6 617 ab. alt. 123 – ✆ 0423.
Roma 548 – Belluno 59 – ◆Milano 253 – ◆Padova 47 – Trento 109 – Treviso 26 – ◆Venezia 56 – Vicenza 48.

🏨 **Europa** senza rist, ℰ 650341, Fax 650397 – 🛗 🗐 📺 ☎ 🚗, 亜 🗗 ᴇ 𝑉𝐼𝑆𝐴 ⚘
☞ 9500 – **24 cam** 75/105000.

CAFRAGNA Parma 四28 四29 四30 H 12 – Vedere Collecchio.

CAGLIARI 𝐏 988 ㉚, 433 J 9 – Vedere Sardegna.

CALAFURIA Livorno 四30 L 12 – Vedere Livorno.

CALA GINEPRO Nuoro – Vedere Sardegna (Orosei).

CALA GONONE Nuoro 988 ㉞, 433 G 10 – Vedere Sardegna (Dorgali).

CALALZO DI CADORE 32042 Belluno 四29 C 19 – 2 412 ab. alt. 806 – ✆ 0435.
🚗 ℰ 32253.
🛈 bivio Stazione 9 ℰ 32348, Fax 32349.
Roma 646 – Belluno 45 – Cortina d'Ampezzo 32 – ◆Milano 388 – ◆Venezia 135.

🏠 **Ferrovia,** bivio Stazione ℰ 500705, Fax 500384 – 🛗 📺 ☎ 🚗 **②** – 🔏 60. 亜 𝑉𝐼𝑆𝐴 ⚘
Pas (chiuso domenica) carta 26/40000 – ☞ 10000 – **39 cam** 100/130000 – P 90/120000.

🏠 **Calalzo,** bivio Stazione, Fax 33600 – 🛗 📺 ☎ **②**. 亜 🗗 ⓘ 𝑉𝐼𝑆𝐴
chiuso dal 21 settembre al 17 ottobre – Pas (chiuso venerdì) carta 26/38000 – ☞ 8000
38 cam 80/120000 – ½ P 70/90000.

CALAMANDRANA 14042 Asti 四28 H 7 – 1 469 ab. alt. 314 – ✆ 0141.
Roma 599 – Alessandria 36 – Asti 35 – ◆Genova 98 – ◆Milano 130 – ◆Torino 95.

🏨 **Doc,** località Borgo San Vito ℰ 718066 – 🛏 📺 ☎ **②**. 亜 🗗 ⓘ ᴇ 𝑉𝐼𝑆𝐴 ⚘ rist
Pas (chiuso domenica) 50000 – **10 cam** ☞ 130000.

✗ **Violetta,** valle San Giovanni N : 2,5 km ℰ 75151, prenotare – **②**. ⚘
chiuso domenica sera, mercoledì e gennaio – Pas 35/50000.

CALASETTA Cagliari 988 ㉚, 433 J 7 – Vedere Sardegna.

CALAVINO 38072 Trento – 1 187 ab. alt. 409 – a.s. dicembre-aprile – ✆ 0461.
Roma 605 – ◆Bolzano 77 – ◆Brescia 100 – Trento 17.

✗✗ **Da Cipriano,** ℰ 564720, 🍴 – ⚘
chiuso a mezzogiorno, mercoledì e settembre – Pas carta 24/39000.

CALCERANICA AL LAGO 38050 Trento 四29 D 15 – 1 075 ab. alt. 463 – a.s. Pasqua, luglio
agosto e Natale – ✆ 0461.
🛈 (giugno-settembre) ℰ 723301.
Roma 606 – Belluno 95 – ◆Bolzano 75 – ◆Milano 260 – Trento 18 – ◆Venezia 147.

🏠 **Micamada,** ℰ 723328, Fax 723349, 🐎 – 📺 ☎ **②**
Pas carta 29/40000 – **18 cam** ☞ 40/78000 – ½ P 50/58000.

CALDARO SULLA STRADA DEL VINO (KALTERN AN DER WEINSTRASSE) 39052 Bolzano 9
④, 四29 C 15 – 6 338 ab. alt. 426 – ✆ 0471.
🛈 piazza Principale 8 ℰ 963169, Fax 963469.
Roma 635 – ◆Bolzano 15 – Merano 37 – ◆Milano 292 – Trento 53.

🏠 **Cavallino Bianco-Weisses Rössl,** ℰ 963137 – 🛗 ☎ **②**
marzo-novembre – Pas (chiuso mercoledì) carta 29/36000 – **20 cam** ☞ 48/84000.

🏠 **Stella d'Oro-Goldener Stern,** ℰ 963153, Fax 964232, 🍴 – ☎ **②**. 🗗 ᴇ 𝑉𝐼𝑆𝐴
aprile-ottobre – Pas (chiuso lunedì) carta 27/40000 – **27 cam** ☞ 49/82000 – ½ P 54/59000

✗✗ **Kaltererhof,** ℰ 962191 – 🗗 ᴇ 𝑉𝐼𝑆𝐴
chiuso domenica e dal 5 gennaio al 5 marzo – Pas carta 43/71000.

a Pianizza di Sopra (Oberplanitzing) N : 3 km – ⊠ **39052** Caldaro sulla Strada del Vino :

🏠 **Tannhof** ⏚, 🕿 52377, Fax 52377, ≤, 🛋, « In un bosco e servizio rist. estivo in terrazza panoramica », 🛋, 🐎 – **●**. 🍴 rist
Pas *(aprile-novembre)* 25/40000 – **22 cam** ☑ 50/80000 – ½ P 40/50000.

al lago S : 5 km :

🏠 **Seeleiten**, ⊠ 39052 🕿 960200, Fax 960064, ≤, 🛵, ⇌, 🔲, 🔺ₑ, 🐎, 🍴 – 🛗 📺 🕿 ᕵ **●**.
🔳
marzo-15 novembre – Pas carta 34/49000 – **37 cam** ☑ 90/160000, 2 appartamenti –
½ P 80/110000.

🏠 **Seehof-Ambach** ⏚, ⊠ 39052 🕿 960098, Fax 960099, ≤, « Prato-giardino », 🔺ₑ – 📺 🕿 **●**. 🍴 rist
aprile-2 novembre – Pas carta 35/50000 – **27 cam** ☑ 100/180000 – ½ P 85/130000.

🏠 **Seegarten**, ⊠ 39052 🕿 960260, Fax 960066, ≤, « Servizio rist. estivo in terrazza », 🔺ₑ, 🐎 – 📺 🕿 **●**
aprile-ottobre – Pas *(chiuso mercoledi)* carta 25/36000 – **22 cam** ☑ 55/110000 – ½ P 75000.

🏠 **Seeberg** ⏚, senza rist, ⊠ 39052 🕿 960038, Fax 960066, ≤, 🛋, 🐎 – 📺 🕿 **●**
aprile-ottobre – **16 cam** ☑ 82000.

CALDERINO 40050 Bologna 𝟰𝟮𝟵 𝟰𝟯𝟬 I 15 – alt. 112 – ✪ 051.
na 373 – ♦Bologna 15 – ♦Milano 213 – ♦Modena 45.

✗ **Nuova Roma,** S : 1 km 🕿 6760140, 🛋, 🐎 – **●**. 🔳 ⑩ 𝘝𝘐𝘚𝘈. 🍴
chiuso martedi, dal 1° all'8 gennaio ed agosto – Pas carta 31/54000.

CALDIERO 37042 Verona 𝟰𝟮𝟵 F 15 – 4 841 ab. alt. 44 – ✪ 045.
na 517 – ♦Milano 174 – ♦Padova 66 – ♦Venezia 99 – ♦Verona 15 – Vicenza 36.

🏠 **Bareta** senza rist, 🕿 6150722, Fax 6150723 – 🛗 🗏 📺 🕿 🚗 **●**. 🔳 🗲 ⑩ E 𝘝𝘐𝘚𝘈. 🍴
chiuso dal 20 dicembre al 15 gennaio – ☑ 11000 – **34 cam** 82/115000.

✗ **Renato,** strada statale 11 (NO : 1,5 km) 🕿 982572 – 🗏 **●**. 🔳 🗲 ⑩ E 𝘝𝘐𝘚𝘈
chiuso lunedi sera, martedi e dal 10 luglio ad agosto – Pas carta 47/69000.

CALDIROLA 15050 Alessandria 𝟵𝟴𝟴 ⑬, 𝟰𝟮𝟴 H 9 – alt. 1 180 – Sport invernali : 1 012/1 400 m 𝕤, 🗲 – ✪ 0131.
na 577 – Alessandria 62 – ♦Genova 92 – ♦Milano 110 – Piacenza 81.

✗✗ **La Gioia,** 🕿 78912 – **●**. 🔳 🗲 E 𝘝𝘐𝘚𝘈. 🍴
chiuso lunedi e novembre – Pas carta 35/55000.

CALDOGNO 36030 Vicenza 𝟰𝟮𝟵 F 16 – 9 250 ab. alt. 54 – ✪ 0444.
na 548 – ♦Padova 47 – Trento 86 – Vicenza 8.

✗✗ **Molin Vecio,** via Giaroni 56 🕿 585168, Fax 585168, 🐎, « Ambiente caratteristico » – 🍴𝕩 **●**. 🔳 🗲 E 𝘝𝘐𝘚𝘈. 🍴
chiuso lunedi sera e martedi – Pas carta 30/45000 (10 %).

✗✗ **Locanda Calcara** con cam, via Roma 20 🕿 586133, Fax 586133 – 🗏 📺 🕿 **●**. 🔳 🗲 E 𝘝𝘐𝘚𝘈. 🍴
chiuso agosto – Pas *(chiuso lunedi)* carta 27/45000 – ☑ 7000 – **15 cam** 65/85000.

CALDONAZZO 38052 Trento 𝟰𝟮𝟵 E 15 – 2 406 ab. alt. 485 – a.s. Pasqua, luglio-agosto e Natale
– ✪ 0461.
🔳 *(giugno-settembre)* 🕿 723192, Fax 723192.
na 608 – Belluno 93 – ♦Bolzano 77 – ♦Milano 262 – Trento 20 – ♦Venezia 145.

🏠 **Due Spade,** 🕿 723113, Fax 723113, 🛋, 🐎 – 🛗 🕿. 🍴
maggio-settembre – Pas *(chiuso mercoledi)* 20000 – ☑ 6000 – **24 cam** 40/70000 –
½ P 36/58000.

CALENZANO 50041 Firenze 𝟰𝟮𝟵 𝟰𝟯𝟬 K 15 – 15 060 ab. alt. 109 – ✪ 055.
na 290 – ♦Bologna 94 – ♦Firenze 13 – ♦Milano 288 – Prato 6.

Pianta di Firenze : percorsi di attraversamento

🏨 **Delta Florence e Rist. Il Pozzo,** via Vittorio Emanuele 3 🕿 8876302, Telex 571626, Fax 8874606, 🛵, ⇌, 🛋, 🔲 🕿 **●** – 🔥 30 a 300. 🍴 rist
Pas carta 36/57000 – ☑ 15000 – **245 cam** 135/200000 – ½ P 116/160000.   ET **a**

🏨 **First Hotel,** via Ciolli 5 🕿 8876042, Telex 574036, Fax 8825755, 🛋, 🍴 – 🛗 🗏 📺 🕿 ᕵ **●**
– 🔥 40 a 250. 🔳 🗲 ⑩ E 𝘝𝘐𝘚𝘈 🍴 rist   ET **b**
Pas *(chiuso venerdi)* carta 30/49000 – **116 cam** ☑ 190000, 14 appartamenti – ½ P 125/
140000.

🏠 **Valmarina** senza rist, via Baldanzese 146 🕿 8825336, Fax 8825250 – 🛗 🗏 📺 🕿 ᕵ 🚗. 🔳 🗲 E 𝘝𝘐𝘚𝘈. 🍴   ET **f**
☑ 14000 – **34 cam** 95/137000.

✗ **La Terrazza,** via del Castello 25 🕿 8873302, ≤ – **●**. 🔳 🗲 ⑩ E 𝘝𝘐𝘚𝘈   ET **e**
chiuso domenica, lunedi, dal 25 dicembre al 1° gennaio ed agosto – Pas carta 35/60000.

a Carraia N : 4 km – ⊠ **50041** Calenzano :

✗ **Gli Alberi,** ⋆ 8819912 – ⓟ. ᴀᴇ 🕽 ⓞ ᴇ ᴠɪsᴀ. ⋘
  chiuso martedì e dal 15 al 28 gennaio – Pas carta 45/55000 (10 %).

a Croci di Calenzano N : 11 km – alt. 427 – ⊠ **50041** Calenzano :

✗✗ **Carmagnini del 500,** a Pontenuovo S : 3 km ⋆ 8819930 – ⓟ – ⚒ 40. ᴀᴇ 🕽 ⓞ. ⋘
  chiuso lunedì, dal 12 al 19 aprile e dall'8 al 22 agosto – Pas carta 35/50000.

▇▇▇▇▇▇ **CALICE** (KALCH) Bolzano – Vedere Vipiteno.

▇▇▇▇▇▇ **CALICE LIGURE** 17020 Savona 🔢🔢🔢 J 6 – 1 334 ab. alt. 70 – 🕓 019.
Roma 575 – Cuneo 102 – ◆Genova 76 – Imperia 56 – ◆Milano 199 – Savona 30.

✗ **Viola** con cam, ⋆ 65440, ⅏ – ⓟ. 🕽 ᴠɪsᴀ. ⋘ rist
  chiuso dal 10 gennaio al 20 marzo – Pas *(chiuso giovedì escluso da maggio a settemb*
  carta 28/46000 – ⌖ 7000 – **20 cam** 40/70000 – ½ P 65000.

▇▇▇▇▇▇ **CALLIANO** 38060 Trento 🔢🔢🔢 E 15 – 963 ab. alt. 186 – a.s. dicembre-aprile – 🕓 0464.
Roma 570 – ◆Milano 225 – Riva del Garda 31 – Rovereto 9 – Trento 15.

🏠 **Aquila,** ⋆ 84110, Fax 84110, « Giardino con ⌟ » – 🛗 🛏 rist ☎ ⓟ. ⋘
  Pas *(chiuso domenica)* carta 26/35000 – **47 cam** ⌖ 61/101000 – ½ P 70000.

▇▇▇▇▇▇ **CALOLZIOCORTE** 24032 Bergamo 🔢🔢🔢 ③, 🔢🔢🔢 E 10 – 14 562 ab. alt. 237 – 🕓 0341.
Roma 616 – ◆Bergamo 26 – Como 36 – Lecco 7 – ◆Milano 47.

✗ **Lavello,** S : 1 km ⋆ 641088, ≤, « Servizio estivo in riva all'Adda » – ⓟ. ᴀᴇ 🕽 ⓞ ᴇ. ⋐
  chiuso martedì sera, mercoledì e dal 7 al 31 gennaio – Pas carta 35/56000.

✗ **Italia da Ezio,** via Galli 46 ⋆ 641019 – ⓟ. 🕽 ᴇ ᴠɪsᴀ. ⋘
  chiuso domenica sera, lunedì ed agosto – Pas carta 31/60000.

Les prix	Pour toutes précisions sur les prix indiqués dans ce guide, reportez-vous aux pages de l'introduction.

▇▇▇▇▇▇ **CALOSSO** 14052 Asti – 1 379 ab. alt. 399 – 🕓 0141.
Roma 636 – Alessandria 49 – Asti 24 – ◆Genova 112 – ◆Milano 142 – ◆Torino 84.

✗ **Da Elsa,** località San Bovo E : 1 km ⋆ 853142 – ⓟ. 🕽 ᴇ
  chiuso la sera da domenica a mercoledì – Pas 20/50000 bc.

▇▇▇▇▇▇ **CALTAGIRONE** Catania 🔢🔢🔢 ㊱ ㊲, 🔢🔢🔢 P 25 – Vedere Sicilia.

▇▇▇▇▇▇ **CALTANISSETTA** ⓟ 🔢🔢🔢 ㊱, 🔢🔢🔢 O 24 – Vedere Sicilia.

▇▇▇▇▇▇ **CALTIGNAGA** 28010 Novara 🔢🔢🔢 ⑰ – 2 185 ab. alt. 179 – 🕓 0321.
Roma 633 – ◆Milano 59 – Novara 8,5 – ◆Torino 99.

✗✗ **Cravero** con cam, strada statale ⋆ 652696, 🏡 – 📺 ☎ 🚗 ⓟ. ᴀᴇ 🕽 ᴇ ᴠɪsᴀ. ⋘
  chiuso dal 1° al 7 gennaio ed agosto – Pas *(chiuso lunedì sera e martedì)* carta 32/62000
  ⌖ 8000 – **12 cam** 65/85000.

▇▇▇▇▇▇ **CALUSO** 10014 Torino 🔢🔢🔢 ⑫, 🔢🔢🔢 G 5 – 7 306 ab. alt. 303 – 🕓 011.
Roma 678 – Aosta 88 – ◆Milano 121 – Novara 75 – ◆Torino 34.

✗✗ **Gardenia,** corso Torino 9 ⋆ 9832249, 🏡, Coperti limitati; prenotare – ⓟ. ᴀᴇ ⓞ
  chiuso giovedì, venerdì a mezzogiorno e dal 25 luglio al 25 agosto – Pas carta 35/50000.

▇▇▇▇▇▇ **CALVECCHIA** Venezia – Vedere San Donà di Piave.

▇▇▇▇▇▇ **CALVISANO** 25012 Brescia 🔢🔢🔢 🔢🔢🔢 F 13 – 6 777 ab. alt. 63 – 🕓 030.
Roma 523 – ◆Brescia 27 – Cremona 44 – Mantova 55 – ◆Milano 117 – ◆Verona 66.

✗✗✗ 🕸 **Al Gambero,** ⋆ 968009, Coperti limitati; prenotare – 🛏. 🕽 ⓞ ᴇ ᴠɪsᴀ. ⋘
  chiuso dal 7 al 14 gennaio, agosto, mercoledì, le sere del 24 dicembre e Pasqua – P
  carta 45/72000
  Spec. Lingua e testina con olio e prezzemolo (autunno-inverno), Risotto alla crema di formaggi e asparagi, Piccic
  arrostito al rosmarino. Vini Bianco e rosso di Franciacorta.

✗ **Fiamma Cremisi,** località Viadana ⋆ 9686300 – ⓟ. ⋘
  chiuso martedì, dal 1° all'8 gennaio ed agosto – Pas carta 35/55000.

▇▇▇▇▇▇ **CALVIZZANO** 80012 Napoli 🔢🔢🔢 AT – 9 606 ab. alt. 134 – 🕓 081.
Roma 222 – Caserta 30 – ◆Napoli 11.

🏠 Da Donato, via Marano Qualiano 17 ⋆ 5862170, Fax 5863795 – 🛗 📺 ☎ ⓟ
  22 cam.

MAIORE 55041 Lucca 988 ⑬, 428 429 430 K 12 – 30 957 ab. alt. 47 – a.s. Carnevale, qua, 15 giugno-15 settembre e Natale – ✆ 0584.

na 376 – ◆Livorno 51 – Lucca 18 – ◆La Spezia 59.

X **Emilio e Bona,** località Lombrici N : 3 km ℘ 989289, 🏠, « Vecchio frantoio in riva ad un torrente » – 🅿. AE 🕄 ① E VISA. ⊗
chiuso gennaio e lunedì (escluso luglio-agosto) – Pas carta 40/65000.

X **Il Centro Storico,** via Cesare Battisti 66 ℘ 989786, 🏠 – 🅿. AE 🕄 ① E VISA. ⊗
chiuso lunedì e dal 2 al 30 gennaio – Pas carta 25/47000.

a Capezzano Pianore O : 4 km – ✉ 55040 :

X **Il Campagnolo,** via Italica 344 ℘ 913675, 🏠 – 🅿. AE 🕄 E VISA. ⊗
chiuso mercoledì e novembre – Pas carta 27/44000.

Vedere anche : *Lido di Camaiore* SO : 8 km.

MALDOLI 52010 Arezzo 988 ⑯, 429 430 K 17 – alt. 816 – ✆ 0575.

dere Località★★ – Eremo★ N : 2,5 km.

na 261 – Arezzo 46 – ◆Firenze 71 – Forlì 90 – ◆Perugia 123 – ◆Ravenna 113.

a Moggiona SO : 5 km strada per Poppi – alt. 708 – ✉ 52010 :

X **Il Cedro,** ℘ 556080
chiuso lunedì escluso dal 15 luglio ad agosto – Pas carta 28/38000.

MARDA 67010 L'Aquila 430 O 22 – alt. 717 – ✆ 0862.

na 130 – L'Aquila 13 – ◆Pescara 105 – Rieti 68 – Teramo 84.

X Elodia, strada statale 17 bis ℘ 606219, Fax 606219

MBIANO 10020 Torino 428 H 5 – 5 761 ab. alt. 257 – ✆ 011.

na 651 – Asti 41 – Cuneo 76 – ◆Torino 26.

Pianta d'insieme di Torino (Torino p. 3)

X **Il Cigno,** via IV Novembre 4 ℘ 9441456 – ⇖⇗ 🅿. AE 🕄 ① E VISA. ⊗   HU **b**
chiuso lunedì, martedì a mezzogiorno, dal 1° al 15 gennaio e dal 7 al 31 agosto – Pas carta 33/56000.

MIGLIATELLO SILANO 87052 Cosenza 988 ㊴, 431 I 31 – alt. 1 272 – Sport invernali : 72/1 786 m ⚡1 🚠2, 🎿 – ✆ 0984.

cursioni Massiccio della Sila★★ Sud.

na 553 – Catanzaro 128 – ◆Cosenza 31 – Rossano 83.

🏨 **Sila,** ℘ 578484, Fax 578286, ⇌ – 🛗 🆃🆅 ☎ 🚗. 🕄 ① E VISA. ⊗
Pas carta 33/49000 – **32 cam** ⊡ 155000 – ½ P 90/120000.

🏨 **Camigliatello,** ℘ 578496, Fax 578628 – 🛗 🖿 🆃🆅 ☎ 🅿. AE 🕄 ① E VISA. ⊗
Pas 30/40000 – **40 cam** ⊡ 105/155000 – ½ P 90/100000.

🏨 **Cristallo,** ℘ 578013, Fax 578763, ⇌ – 🛗 ☎ AE 🕄 ① E VISA. ⊗
Pas (solo per clienti alloggiati) 25/35000 – ⊡ 7000 – **47 cam** 70/110000 – ½ P 50/75000.

🏨 **Tasso,** ℘ 578113 – 🛗 ☎ 🚗 🅿. ⊗ rist
12 dicembre-febbraio e 15 giugno-20 settembre – Pas 20/33000 – ⊡ 8000 – **82 cam** 75/95000 – ½ P 60/90000.

🏨 **Aquila-Edelweiss,** ℘ 578044, Fax 578753, prenotare – 🛗 ☎ – 🛎 50. 🕄 ① E VISA. ⊗
Pas (chiuso lunedì) carta 38/71000 – ⊡ 8000 – **40 cam** 120000 – P 80/130000.

🏠 **Lo Sciatore,** ℘ 578105, Fax 579281 – 🛗 🆃🆅 ☎ 🅿. ⊗
Pas 25000 – ⊡ 7000 – **31 cam** 90000 – ½ P 70/85000.

🏠 **Cozza,** ℘ 578034, Fax 578034 – 🛗 🆃🆅 ☎. 🕄 E VISA. ⊗
Pas 20/25000 – **38 cam** ⊡ 75/95000 – ½ P 65/75000.

a Croce di Magara E : 4 km – ✉ 87052 :

🏨 **Magara,** ℘ 578712, Fax 578115, 🎛, ⇌, 🖾 – 🛗 🆃🆅 ☎ & 🅿 – 🛎 50 a 200. AE 🕄 ① VISA. ⊗
Pas carta 37/59000 – **101 cam** ⊡ 95/140000, 6 appartamenti – ½ P 93/140000.

verso il lago di Cecita

X **La Tavernetta,** NE : 5 km ✉ 87052 Camigliatello Silano ℘ 579026 – 🅿. 🕄 VISA. ⊗
chiuso mercoledì e dal 15 al 30 novembre – Pas carta 30/50000.

X **Al Capriolo,** NE : 2 km ✉ 87052 Camigliatello Silano ℘ 579223 – 🅿. AE. ⊗
chiuso lunedì – Pas carta 28/44000.

MIN Padova – Vedere Padova.

L'EUROPE en une seule feuille
Carte Michelin n° 970.

CAMINO 15020 Alessandria 428 G 6 – 865 ab. alt. 252 – ☺ 0142.
Roma 633 – Alessandria 54 – Asti 40 – ♦Milano 94 – ♦Torino 64 – Vercelli 25.

   X   **Del Peso,** ℰ 469122 – ☻
       chiuso giovedì e febbraio – Pas carta 27/50000.

       a Rocca delle Donne NO : 7 km – ✉ **15020** Camino :

   X   **Della Rocca,** ℰ 469150 – 🅱 **E** 𝘝𝘐𝘚𝘈
       chiuso martedì e dall'8 gennaio al 5 febbraio – Pas carta 29/48000.

CAMNAGO VOLTA Como – Vedere Como.

CAMOGLI 16032 Genova 988 ⑬, 428 I 9 – 6 299 ab. – a.s. Pasqua, 15 giugno-ottobre e Nat
– ☺ 0185.
Vedere Località★★.
Dintorni Penisola di Portofino★★★ – San Fruttuoso★★ SE : 30 mn di motobarca.
🛈 via 20 Settembre 33/r ℰ 770235.
Roma 486 – ♦Genova 26 – ♦Milano 162 – Portofino 15 – Rapallo 11 – ♦La Spezia 88.

   🏰   **Cenobio dei Dogi** ≫, via Cuneo 34 ℰ 770041, Telex 281116, Fax 772796, ≤, « Parc
       terrazze sul mare », ⏚, ▲ₒ, ℁ – 🅱 🗐 📺 ☎ ☻ – 🍴 200. 🖭 🅱 **E** 𝘝𝘐𝘚𝘈. ℁ rist
       chiuso dal 7 gennaio al 10 marzo – Pas carta 65/93000 – **89 cam** ⊊ 190/390000, appar
       mento – ½ P 176/350000.

   🏠   **Casmona,** salita Pineto 13 ℰ 770015, Fax 770015, ≤ – ☎. 🖭 🅱 ➀ **E** 𝘝𝘐𝘚𝘈. ℁ rist
       Pas *(chiuso martedì in bassa stagione)* carta 50/70000 – ⊊ 12000 – **28 cam** 90/160000
       ½ P 90/100000.

  XX **Rosa,** largo Casabona 11 ℰ 773411, Fax 771088, ≤ porticciolo e golfo Paradiso, ☂ –
       🅱 **E** 𝘝𝘐𝘚𝘈
       chiuso martedì, dal 10 gennaio a febbraio e dal 6 novembre al 6 dicembre – Pas carta 5
       85000.

  XX **Terrazza Bellini,** via 20 Settembre 62 ℰ 770737, Coperti limitati; prenotare, « Servi
       estivo sotto un pergolato » – 🖭
       chiuso lunedì e dal 16 febbraio al 6 marzo – Pas carta 50/70000.

  XX **Vento Ariel,** calata Porto ℰ 771080, Solo piatti di pesce, Coperti limitati; prenotare –
       🅱 ➀ **E** 𝘝𝘐𝘚𝘈
       chiuso mercoledì e febbraio – Pas carta 40/60000.

  XX Tony, salita San Fortunato 9 ℰ 770110, ☂

   X   **Da Paolo,** via San Fortunato 14 ℰ 773595, Solo piatti di pesce, Coperti limitati; pren
       tare – 🅱 ➀ **E** 𝘝𝘐𝘚𝘈. ℁
       chiuso lunedì e febbraio – Pas carta 52/85000.

       a Ruta E : 4 km – alt. 265 – ✉ **16030**.
       Vedere Portofino Vetta★★ S : 2 km (strada a pedaggio) – Trittico★ nella chiesa di S
       Lorenzo a San Lorenzo della Costa E : 1 km.

   X   **Bana,** località Bana N : 1,5 km ℰ 772478, ≤, ☂, prenotare – ☻. ℁
       chiuso lunedì, martedì, dal 1° al 15 marzo e dal 3 novembre al 7 dicembre – Pas carta 3
       49000.

       a San Rocco S : 6 km – alt. 221 – ✉ **16030** San Rocco di Camogli.
       Vedere Belvedere★★ dalla terrazza della chiesa.

   X   **La Cucina di Nonna Nina,** ℰ 773835, Coperti limitati; prenotare – ℁
       chiuso a mezzogiorno (escluso sabato-domenica), mercoledì, dal 10 al 31 gennaio e
       20 settembre al 10 ottobre – Pas carta 39/57000.

       Vedere anche : *San Fruttuoso* SE : 30 mn di motobarca.

CAMPAGNANO DI ROMA 00063 Roma 430 P 19 – 6 589 ab. alt. 270 – ☺ 06.
Roma 33 – Bracciano 28 – Terni 82 – Viterbo 50.

   X   **Da Righetto,** ℰ 9041036, « Rist. tipico » – 🖭 🅱 ➀ **E** 𝘝𝘐𝘚𝘈. ℁
       chiuso martedì escluso i giorni festivi – Pas carta 25/33000 (12 %).

CAMPALTO Venezia – Vedere Mestre.

CAMPEGINE 42040 Reggio nell'Emilia 428 429 H 13 – 4 019 ab. alt. 34 – ☺ 0522.
Roma 442 – Mantova 59 – ♦Parma 18 – Reggio nell'Emilia 16.

       in prossimità strada statale 9 - via Emilia SO : 3,5 km :

  XX ❀ **Trattoria Lago di Gruma,** ✉ 42040 ℰ 679336, ☂, Coperti limitati; prenotare – 🖥 (
       🖭 🅱 ➀ **E** 𝘝𝘐𝘚𝘈. ℁
       chiuso martedì, gennaio e luglio – Pas carta 56/76000
       Spec. Crespelle di ortiche con fonduta di grana (primavera-autunno), Petto d'anitra e pesche all'aceto balsam
       (estate), Strüdel di ciliege (primavera-estate). **Vini** Sauvignon, Cabernet.

MPELLO SUL CLITUNNO 06042 Perugia **430** N 20 – 2 267 ab. alt. 290 – ✪ 0743.

ᵈere Fonti del Clitunno★ N : 1 km – Tempietto di Clitunno★ N : 3 km.

ᵃ 141 – Foligno 16 – ◆Perugia 53 – Spoleto 11 – Terni 42.

🏠 **Benedetti**, via Giuseppe Verdi 32 ℘ 520080, Fax 520045 – 🔲 📺 ☎ 🅿. ₩💳. ⅏
Pas *(chiuso martedì e dal 15 al 31 luglio)* carta 30/45000 – ☷ 9000 – **22 cam** 55/80000 –
½ P 75000.

🏠 **Le Casaline** ⊗ con cam, verso Silvignano E : 4 km ✉ 06049 Spoleto ℘ 521113,
Fax 275099, 🦐, « In un tipico casolare di campagna », 🌳 – 🅿. 🖭 🕄 ⑩ 🖪 ₩💳
Pas *(chiuso lunedì)* carta 32/49000 – ☷ 7000 – **7 cam** 55/70000 – ½ P 70000.

🏠 Antica Locanda dei Cigni, ℘ 501043

MPESE Grosseto **430** O 14 – Vedere Giglio (Isola del) : Giglio Porto.

MPESTRI Firenze – Vedere Vicchio.

MPI BISENZIO 50013 Firenze **988** ⑭, **429 430** K 15 – 34 942 ab. alt. 41 – ✪ 055.

ᵃ 291 – ◆Firenze 15 – ◆Livorno 97 – Pistoia 20.

🍴 **L'Ostrica Blu**, via Buozzi 1/3 ℘ 891036, prenotare – 🔲. 🖭 🕄 ⑩ 🖪 ₩💳. ⅏
chiuso sabato a mezzogiorno, domenica ed agosto – Pas carta 44/85000.

MPIGLIA 19023 La Spezia **428 430** J 11 – alt. 382 – ✪ 0187.

ᵃ 427 – ◆Genova 111 – ◆Milano 229 – Portovenere 15 – ◆La Spezia 9.

🍴 **La Luna**, ℘ 758220, Coperti limitati; prenotare, « Servizio estivo in terrazza con ≼ Golfo
di La Spezia » – 🖭 🕄 🖪 ₩💳. ⅏
*chiuso a mezzogiorno (escluso i giorni festivi), martedì, dal 7 al 30 gennaio e dal 16 al
30 settembre* – Pas carta 47/61000.

🍴 **La Lampara**, ℘ 758035, ≼, prenotare
chiuso lunedì, dal 2 gennaio al 1° marzo e dal 25 settembre al 25 ottobre – Pas carta 37/
50000.

MPIGLIA MARITTIMA 57021 Livorno **988** ⑭, **430** M 13 – 12 630 ab. alt. 276 – ✪ 0565.

ᵃ 252 – Grosseto 65 – ◆Livorno 68 – Piombino 18 – Siena 101.

🍴 ❀ **Dal Cappellaio Pazzo** ⊗ con cam, località S. Antonio N : 2,2 km ℘ 838358, prenotare, « Servizio estivo sotto un pergolato » – 🅿. 🖭 🕄 🖪 ₩💳
chiuso febbraio e dal 4 al 24 novembre – Pas *(chiuso martedì)* carta 46/67000 – ☷ 6000 –
6 cam 35/70000 – ½ P 90/110000
Spec. Caciucco ai funghi porcini, Spaghetti all'ortolana, Astice ai porri. Vini Pinot bianco, Chianti.

MPIGLIO Modena **428 430** I 14 – Vedere Vignola.

MPIONE D'ITALIA 22060 (e CH 6911) Como **988** ③, **428** E 8 – 2 245 ab. alt. 280 – ✪ 091 di
ᵍano, dall'Italia 00.41.91.

ᵃ 648 – Como 27 – ◆Lugano 10 – ◆Milano 72 – Varese 30.

I prezzi sono indicati in franchi svizzeri

🍴 **Taverna**, ℘ 687201, 🦐 – 🖭 ⑩ 🖪 ₩💳
chiuso mercoledì, giovedì a mezzogiorno e Natale – Pas carta 50/80 (15 %).

MPITELLO DI FASSA 38031 Trento **429** C 17 – 705 ab. alt. 1 442 – a.s. febbraio-Pasqua e
ᵗale – Sport invernali : 1 442/2 395 m (passo Sella) ⧸1 ⧹1, ⧸ – ✪ 0462.
℘ 61137.

ᵃ 684 – ◆Bolzano 48 – Cortina d'Ampezzo 61 – ◆Milano 342 – Moena 13 – Trento 102.

🏨 **Rubino Executive** ⊗, ℘ 750225, Fax 750138, ☎, 🔲 – 🛗 📺 ☎ 🚗 🅿 – 🏋 80. 🕄 🖪
₩💳. ⅏
20 dicembre-aprile e 20 giugno-settembre – Pas carta 63/90000 – ☷ 24000 – **35 cam**
256000 – ½ P 105/190000.

🏨 **Gran Paradis**, ℘ 750135, Fax 750148, ≼ Catinaccio e pinete, ☎, 🔲, 🌳 – 🛗 🎦 🅿. ⅏
18 dicembre-18 aprile e 10 giugno-15 ottobre – Pas *(chiuso lunedì)* 18/24000 – ☷ 10000 –
39 cam 67/134000 – ½ P 70/92000.

🏨 **Salvan**, ℘ 61427, Fax 61427, ≼ Dolomiti, 🛁, ☎, 🔲, 🌳 – 🛗 ☎ 🅿. ⑩. ⅏
20 dicembre-aprile e 20 giugno-settembre – Pas 27/32000 – ☷ 8000 – **26 cam** 90/150000 –
½ P 85/110000.

🏨 **Alaska**, ℘ 61430, Fax 61769, ≼ Dolomiti e pinete, ☎, 🔲 – ☎ 🅿. ⅏
20 dicembre-aprile e giugno-settembre – Pas 22/30000 – ☷ 10000 – **30 cam** 80/120000 –
½ P 90/108000.

🏨 **Crepes de Sela**, ℘ 61538, ≼ Dolomiti, ☎ – ☎ 🅿. ⅏
15 dicembre-aprile e giugno-15 ottobre – Pas 20/22000 – **16 cam** ☷ 120000 – ½ P 65/
78000.

MPITELLO MATESE Campobasso **988** ㉗, **430** R 25, **431** C 25 – alt. 1 429 – ✉ **86027** San
ᵃssimo – Sport invernali : 1 429/1 850 m ⧸8, ⧹ – ✪ 0874.

ᵃ 216 – Benevento 76 – Campobasso 43 – Caserta 114 – Isernia 39.

🏨 **Kristall**, ℘ 784127, Fax 784127, ≼, 🔲 – 🛗 📺 ☎ 🅿. 🕄 ⑩ ₩💳. ⅏ rist
dicembre-aprile e luglio-agosto – Pas carta 28/40000 – **72 cam** ☷ 120000 – P 105000.

CAMPO Trento – Vedere Lomaso.

CAMPO ALL'AIA Livorno – Vedere Elba (Isola d') : Marciana Marina.

CAMPOBASSO 86100 **P** 🔢 ㉗, 🔢 R 25, 🔢 C 25 – 51 307 ab. alt. 700 – ✆ 0874.
🛈 piazza della Vittoria 14 ☎ 415662.
A.C.I. via Cavour 10/14 ☎ 92941.
Roma 226 – Benevento 63 – ♦Foggia 88 – Isernia 49 – ♦Napoli 131 – ♦Pescara 161.

🏨🏨 **Roxy,** piazza Savoia 7 ☎ 411541, Fax 411541 – 🛗 🖃 📺 ☎ 🅿 – 🔒 50 a 200. 🖭 🕄 ⓪
VISA. ❄️ rist
Pas carta 28/43000 – 🖵 10000 – **72 cam** 92/115000 – ½ P 90/100000.

🏨🏨 **Eden,** contrada Colle delle Api N : 3 km ☎ 698441, Fax 698443 – 🛗 📺 ☎ 🅿 – 🔒 50
🕄 ⓪ **E** *VISA*. ❄️ rist
Pas carta 30/44000 – 🖵 7000 – **58 cam** 85/120000 – ½ P 65/70000.

XX Il Potestà, vico Persichillo 1 ☎ 311101, Solo piatti di pesce

a Ferrazzano SE : 4 km – alt. 872 – ✉ 86010 :

XX **Da Emilio,** ☎ 978376, 🍴 – 🖭 *VISA*. ❄️
chiuso martedì e luglio – Pas carta 26/38000.

CAMPO CARLO MAGNO Trento 🔢 ④, 🔢 ⑱ ⑲ – Vedere Madonna di Campiglio.

CAMPOCATINO Frosinone 🔢 Q 22 – Vedere Guarcino.

CAMPO DI GIOVE 67030 L'Aquila 🔢 ㉗, 🔢 P 24, 🔢 A 24 – 938 ab. alt. 1 064 – Sport inv
nali : 1 064/1 950 m –❄️1 ❄️4 – ✆ 0864.
Roma 172 – L'Aquila 85 – ♦Pescara 91 – Sulmona 18.

🏨 **Abruzzo,** ☎ 40105, ≤ – 🅿. 🖭. ❄️
Pas 15/23000 – 🖵 3000 – **24 cam** 30/60000 – ½ P 40/60000.

CAMPO DI TRENS (FREIENFELD) 39040 Bolzano 🔢 B 16 – 2 373 ab. alt. 993 – ✆ 0472.
Roma 703 – ♦Bolzano 62 – Brennero 19 – Bressanone 25 – Merano 94 – ♦Milano 356.

🏨🏨 **Bircher,** località Maria Trens O : 0,5 km ☎ 67122, 🍴, 🍴, 🔲 – 🛗 ☎ 🅿. 🕄 **E** *VISA*. ❄️
chiuso dall'8 gennaio al 9 febbraio e dal 22 novembre a Natale – **Pas** *(chiuso mart*
carta 33/48000 – **32 cam** 🖵 55/110000 – ½ P 60/70000.

CAMPO FISCALINO (FISCHLEINBODEN) Bolzano – Vedere Sesto.

CAMPOGALLIANO 41011 Modena 🔢 ⑭, 🔢 🔢 🔢 H 14 – 6 699 ab. alt. 43 – ✆ 059.
Roma 412 – ♦Milano 168 – ♦Modena 11 – ♦Parma 54 – ♦Verona 94.

X **Il Cacciatore,** località Saliceto Buzzalino ☎ 526227, « Servizio estivo sotto un pergo
to » – 🅿. 🕄 *VISA*. ❄️
chiuso lunedì, mercoledì sera, dal 1° al 21 gennaio e dal 20 agosto al 15 settembre – 🛗
carta 36/44000.

CAMPOLONGO (Passo di) Belluno 🔢 C 17 – alt. 1 875 – Sport invernali : 1 875/2 600 m ❄️
❄️.
Roma 711 – Belluno 78 – ♦Bolzano 70 – Cortina d'Ampezzo 41 – ♦Milano 367 – Trento 131.

🏨🏨 **Boé,** ✉ 32020 Arabba ☎ (0436) 79144, Fax 79275, ≤ Dolomiti, 🍴 – 🛗 ☎ 🔥
🅿. 🖭 🕄 ⓪ **E** *VISA*. ❄️
dicembre-aprile e giugno-settembre – Pas *(chiuso martedì)* carta 25/36000 – 🖵 1800
34 cam 68/120000 – ½ P 55/120000.

CAMPOMORTO Pavia – Vedere Siziano.

CAMPORA SAN GIOVANNI 87030 Cosenza 🔢 ㊳, 🔢 J 30 – ✆ 0982.
Roma 522 – Catanzaro 59 – ♦Cosenza 56 – ♦Reggio di Calabria 152.

🏨🏨 **Comfortable,** N : 1,5 km ☎ 46048, Fax 48106, 🔲 – 🛗 ☎ 🅿. 🖭 🕄 ⓪ **E** *VISA*. ❄️
chiuso novembre – Pas *(chiuso lunedì da ottobre a maggio)* carta 32/48000 – 🖵 500
38 cam 60/90000 – ½ P 70/80000.

CAMPORGIANO 55031 Lucca 🔢 J 13 – 2 534 ab. alt. 470 – ✆ 0583.
Roma 406 – ♦Firenze 132 – Lucca 58 – ♦La Spezia 70.

a Puglianella SO : 6 km – ✉ 55031 Camporgiano :

X **Colonna di Costanzo,** ☎ 618844, 🍴, solo su prenotazione – 🕄 ⓪ **E** *VISA*
chiuso a mezzogiorno (escluso i giorni festivi), mercoledì e settembre – Pas 35/45000.

CAMPOROSSO IN VALCANALE 33010 Udine 🔢 C 22 – 100 ab. alt. 810 – ✆ 0428.
Roma 728 – ♦Milano 468 – ♦Trieste 157 – Udine 87 – Venezia 215.

X **Al Montone,** ☎ 63010, 🍴 – 🅿
chiuso martedì ed ottobre – Pas carta 30/44000.

AMPOROSSO MARE 18030 Imperia 428 K 4, 115 ㉙ 4 729 ab. – 🕒 0184.

na 655 – ◆Genova 156 – Imperia 42 – ◆Milano 278 – San Remo 15.

XX ❀ **Gino,** ♪ 291493, Coperti limitati; prenotare – 🅿. 🖭 🖪 ⓞ 🛒 *VISA*
chiuso lunedì sera, martedì, dal 13 al 22 dicembre, dall'8 al 19 marzo e dal 21 giugno al 9 luglio – Pas carta 51/69000 (15 %)
Spec. Insalata di crostacei, Trenette al pesto, Zuppetta di pesce, Branzino con carciofi (autunno-primavera), Grigliata mista di pesce. **Vini** Vermentino, Rossese.

AMPOSANTO 41031 Modena 429 H 15 – 2 968 ab. alt. 20 – 🕒 0535.

na 409 – ◆Bologna 40 – ◆Ferrara 45 – Mantova 73 – ◆Modena 27.

🏨 **Gran Paradiso,** località Cadecoppi E : 4,5 km ♪ 87391, Fax 87391, 🛒 – 🖃 🖭 ☎ 🛒 🅿.
🖪 🛒 *VISA*. ❀
Pas (solo per clienti alloggiati; *chiuso domenica e dal 1° al 20 agosto*) 25/32000 – 🖙 12000
– **30 cam** 65/95000.

AMPOTOSTO 67013 L'Aquila 430 O 22 – 974 ab. alt. 1 442 – 🕒 0862.

na 162 – L'Aquila 47 – ◆Pescara 111 – Rieti 92 – Teramo 63.

X **Valle** ❀ con cam, ♪ 900119, ≤ lago e Gran Sasso – ❀ cam
maggio-settembre – Pas (*chiuso lunedì*) carta 35/49000 – 🖙 7000 – **9 cam** 70000.

AMPO TURES (SAND IN TAUFERS) 39032 Bolzano 988 ⑤, 429 B 17 – 4 441 ab. alt. 874 – Sport
vernali : a Monte Spico : 874/2 253 m ≤6 – 🕒 0474.

na 730 – ◆Bolzano 92 – Brennero 83 – Dobbiaco 43 – ◆Milano 391 – Trento 152.

🏨 **Feldmüllerhof** ❀, ♪ 678127, Fax 678935, 🚰, ⌁, ⊠, 🛒 – 🛗 ☎ 🅿. 🖪 🛒 *VISA*. ❀ rist
15 dicembre-20 aprile e 15 maggio-ottobre – Pas (*chiuso lunedì*) carta 37/54000 – **30 cam**
🖙 70/150000 – ½ P 70/110000.

X **Peralba-Plankensteiner** con cam, ♪ 678029 – 🖭 🖪 ⓞ 🛒 *VISA*
chiuso novembre – Pas (*chiuso domenica da ottobre a marzo*) carta 32/35000 – **10 cam**
🖙 45/85000 – ½ P 55/60000.

a Molini di Tures (Mühlen) S : 2 km – ✉ 39032 Campo Tures :

🏨 **Royal** ❀, ♪ 678212, Fax 679293, ≤, 🚰, ⊠, 🛒 – 🖃 rist ☎ 🛒 🅿. ❀
20 dicembre-16 aprile e 10 maggio-20 ottobre – Pas (*chiuso lunedì*) carta 26/34000 –
31 cam 🖙 90/160000 – ½ P 60/86000.

ANAVACCIO Pesaro – Vedere Urbino.

ANAZEI 38032 Trento 988 ⑤, 429 C 17 – 1 722 ab. alt. 1 465 – a.s. febbraio-Pasqua e Natale –
ort invernali : 1 465/2 958 m ≰5 ≰17, ≉ – 🕒 0462.

ntorni Passo di Sella★★★ : ≉★★★ N : 11,5 km – Passo del Pordoi★★★ NE : 12 km.

cursioni ≤★★ dalla strada S 641 sulla Marmolada SE.

via Roma 34 ♪ 61113, Telex 400012, Fax 62502.

na 687 – Belluno 85 – ◆Bolzano 51 – Cortina d'Ampezzo 58 – ◆Milano 345 – Trento 105.

🏨 **Croce Bianca,** ♪ 61111, Fax 62646, ≤, 🛒 – 🛗 🖭 ☎ 🅿. 🖭 🖪 ⓞ 🛒 *VISA*. ❀ rist
15 dicembre-5 maggio e 20 giugno-15 ottobre – Pas (solo per clienti alloggiati e *chiuso
lunedì*) 31000 ed al Rist. **Husky Club** (*chiuso lunedì e da marzo ad ottobre anche a
mezzogiorno*) carta 35/60000 – **41 cam** 🖙 90/140000 – ½ P 75/130000.

🏨 **Tyrol** ❀, ♪ 61156, Fax 62354, ≤ Dolomiti e pinete, « Giardino ombreggiato » – 🛗 ☎ 🅿.
🖭 🖪 🛒 *VISA*. ❀
20 dicembre-20 aprile e 20 giugno-10 ottobre – Pas carta 27/37000 – 🖙 11000 – **36 cam**
65/115000 – ½ P 75/110000.

🏨 **Andreas,** ♪ 62106, Fax 62284, ≤ – 🛗 ☎ 🅿. 🖪. ❀
20 dicembre-6 aprile e luglio-settembre – Pas carta 51/108000 – 🖙 25000 – **30 cam**
98/150000 – ½ P 55/130000.

🏨 **Faloria,** ♪ 61118, Fax 62715, ≤, 🛒 – 🛗 🖭 ☎ 🅿. 🖪 🛒 *VISA*. ❀ rist
dicembre-aprile e giugno-settembre – Pas carta 28/39000 – 🖙 16000 – **35 cam** 80/130000
– ½ P 80/115000.

🏨 **La Perla,** ♪ 62453, ≤, 🚰 – 🛗 🖭 ☎ 🅿. 🖪 🛒 *VISA*. ❀ rist
chiuso novembre – Pas 26000 – 🖙 14000 – **22 cam** 87/130000 – ½ P 85/110000.

🏨 **Diana,** ♪ 61477, Fax 62694, ≤, 🚰 – 🛗 ☎ 🅿. ❀ rist
20 dicembre-20 aprile e luglio-20 settembre – Pas carta 24/30000 – 🖙 15000 – **29 cam** 89/
150000 – ½ P 90/110000.

🏨 **Chalet Pineta** ❀, ♪ 61162, ≤, 🚰 – 🖭 🛒 🛒 🅿. ❀
dicembre-aprile e giugno-settembre – Pas 20/25000 – 🖙 15000 – **20 cam** 60/90000 –
½ P 75/85000.

a Penia S : 3 km – ✉ 38030 Alba di Canazei :

🏨 **Dolomites Inn** ❀, ♪ 62212, ≤ Dolomiti, 🚰, 🛒 – 🖭 ☎ 🅿. ❀ rist
Pas (*20 dicembre-15 aprile e 20 giugno-20 settembre*) carta 40/59000 – **16 cam** 🖙 120000
– ½ P 88/108000.

a Pian Trevisan SE : 7 km – ✉ 38030 Alba di Canazei :

🏨 Villetta Maria ❀, ♪ 61121, ≤, prenotare – 🖭 ☎ 🅿 – **11 cam.**

CANDELI Firenze 430 K 16 – Vedere Firenze.

CANDELO 13062 Vercelli 428 F 6, 219 ⑮ – 7 688 ab. alt. 340 – ✿ 015.
Roma 671 – Biella 5 – ◆Milano 97 – Novara 51 – ◆Torino 77 – Vercelli 37.

XXX **Angiulli,** via Sandigliano 112 ℰ 2538998, Coperti limitati; solo su prenotazione – 🍽. ⓞ 🗲 𝘝𝘐𝘚𝘈. ❄
chiuso a mezzogiorno, lunedì ed agosto – Pas carta 49/75000.

XX **Taverna del Ricetto,** ℰ 2536066, « In un villaggio medioevale fortificato » – 🖭. ❄
chiuso lunedì, martedì a mezzogiorno e dal 15 luglio al 15 agosto – Pas carta 49/79000.

CANELLI 14053 Asti 988 ⑫, 428 H 6 – 10 435 ab. alt. 157 – ✿ 0141.
Roma 603 – Alessandria 41 – Asti 29 – ◆Genova 104 – ◆Milano 131 – ◆Torino 84.

🏨 **Asti** ⤸ senza rist, viale Risorgimento 44/b ℰ 824220, Fax 822449 – 📶 📺 ☎ ❷. 🖭 🖪 🗲 𝘝𝘐𝘚𝘈
⌑ 12000 – **24 cam** 68/90000.

🏠 **Al Grappolo d'Oro,** viale Risorgimento 21 ℰ 823812, Fax 823882 – 🍽 rist ☎ ❷. ❄
Pas (chiuso lunedì) carta 30/51000 – ⌑ 8000 – **16 cam** 60/90000 – ½ P 62/68000.

XXX ✿ **San Marco,** via Alba 136 ℰ 823544, Fax 823544, Coperti limitati; prenotare – 🍽. 🖭 ⓞ 🗲 𝘝𝘐𝘚𝘈
chiuso martedì sera, mercoledì e dal 20 luglio al 13 agosto – Pas carta 40/52000
Spec. Gnocchi al Castelmagno, Storione con le fave (estate), Brasato al Barolo, Cremino alla panna (estate). \
Arneis, Barbera.

CANICATTI Agrigento 988 ㊱, 432 O 23 – Vedere Sicilia.

CANNERO RIVIERA 28051 Novara 988 ② ③, 428 D 8 – 1 254 ab. alt. 225 – ✿ 0323.
Vedere Insieme★★.
Roma 687 – Locarno 25 – ◆Milano 110 – Novara 87 – Stresa 30 – ◆Torino 161.

🏨 **Cannero** ⤸, ℰ 788046, Fax 788048, ≤, 🌴, ⤴ riscaldata, ❄ – 📶 ⇆ rist ☎ ❷. 🖭 🖪 ⓞ 🗲 𝘝𝘐𝘚𝘈. ❄ rist
11 marzo-4 novembre – Pas carta 33/68000 (10%) – **36 cam** ⌑ 65/110000 – ½ P 80/8500C

🏨 **Park Hotel Italia** ⤸, ℰ 788488, Fax 788498, ≤, 🌴, ⤴, 🌾, ❄ – 📶 ☎ ❷. 🖭 🖪 ⓞ 𝘝𝘐𝘚𝘈. ❄ rist
3 aprile-ottobre – Pas carta 38/58000 – **25 cam** ⌑ 84/136000 – ½ P 72/86000.

CANNETO SULL'OGLIO 46013 Mantova 428 429 G 13 – 4 568 ab. alt. 35 – ✿ 0376.
Roma 493 – ◆Brescia 51 – Cremona 32 – Mantova 38 – ◆Milano 123 – ◆Parma 43.

verso Carzaghetto NO : 3 km :

XXX ✿✿ **Dal Pescatore,** ✉ 46013 ℰ 70304, Fax 723001, Coperti limitati; prenotare, « Ser▪ zio serale estivo in giardino » – 🍽 ❷. 🖪 🗲 𝘝𝘐𝘚𝘈. ❄
chiuso lunedì, martedì, Natale, dal 1° al 17 gennaio e dal 9 agosto al 3 settembre – P▪ carta 81/117000
Spec. Tortelli di zucca, Stracotto di cavallo al Barbera, Cosce di rana alle erbe fini (aprile-settembre). **Vini** Bianco▪ rosso di Franciacorta.

CANNIZZARO Catania 432 O 27 – Vedere Sicilia.

CANNOBIO 28052 Novara 988 ② ③, 428 D 8 – 5 212 ab. alt. 224 – ✿ 0323.
Vedere Orrido di Sant'Anna★ O : 3 km.
Roma 694 – Locarno 18 – ◆Milano 117 – Novara 94 – ◆Torino 168.

🏨 **Pironi** senza rist, nel centro storico ℰ 70624, Fax 72398 – 📶 ☎. 🖭 🖪 𝘝𝘐𝘚𝘈
marzo-ottobre – ⌑ 15000 – **12 cam** 70/100000.

🏠 **Belvedere** ⤸, O : 1 km ℰ 70159, 🌴, « Parco giardino con ⤴ riscaldata » – ❷. 🖪 𝘝𝘐𝘚𝘈. ❄ rist
20 marzo-10 ottobre – **18 cam** solo ½ P 75/80000.

XX **Scalo,** piazza Vittorio Emanuele ℰ 71480, 🌴 – 🖭 🖪 ⓞ 🗲 𝘝𝘐𝘚𝘈. ❄
chiuso lunedì, dal 15 gennaio al 13 febbraio e dal 15 al 30 novembre – Pas carta 35/5700C

sulla strada statale 34 :

🏠 **Campagna,** senza rist, N : 1 km ✉ 28052 ℰ 71481, Fax 71879, ≤, ▲⇍ – 📶 ☎ ❷
stagionale – **36 cam.**

XXX ✿ **Del Lago** con cam, località Carmine Inferiore S : 3 km ✉ 28052 ℰ 70595, Fax 7059▪ ≤, prenotare, « Terrazze-giardino in riva al lago », ▲⇍ – 📺 ☎ ❷. 🖭 🖪 ⓞ 🗲 𝘝𝘐𝘚𝘈. ❄
chiuso dal 20 gennaio al 1° marzo e dall'11 novembre al 7 dicembre – Pas (chiuso martedì▪ mercoledì a mezzogiorno) carta 57/97000 – ⌑ 12000 – **10 cam** 50/75000
Spec. Gnocchetti di carote al mascarpone, Persico con le zucchine in salsa allo zafferano, Petto di piccione arrosto c▪ uva di moscato (settembre-ottobre). **Vini** Arneis, Barbaresco.

X **Cà Bianca,** S : 5 km ✉ 28051 Cannero Riviera ℰ 788038, « Servizio estivo in giardi▪ con ≤ castelli di Cannero » – ❷. 🖭 🖪 ⓞ 🗲 𝘝𝘐𝘚𝘈
15 marzo-15 dicembre; chiuso mercoledì – Pas carta 28/50000.

CANONICA D'ADDA 24040 Bergamo 219 ⑳ – 3 641 ab. alt. 143 – ✿ 02.

Roma 602 – ◆Bergamo 20 – ◆Brescia 66 – Lecco 43 – ◆Milano 31 – Piacenza 73.

※ **Adda-da Manzotti,** ℰ 9094048 – 🝙 🕲 *VISA*
chiuso martedì e dal 16 al 24 agosto – Pas carta 34/53000.

CANONICA LAMBRO Milano 428 F 9, 219 ⑲ – alt. 231 – ✉ 20050 Triuggio – ✿ 0362.

Roma 597 – ◆Bergamo 37 – Como 32 – Lecco 31 – ◆Milano 24 – Monza 9.

🏨 **Fossati** ⑤, senza rist, ℰ 970402, Fax 971396, 🛋 riscaldata, ※ – 📳 🗖 🖸 ☎ 🛖 🅿 –
🏄 40. 🝙 🕲 🕦 🝐 *VISA*
☲ 10000 – **45 cam** 116000, 3 appartamenti.

※※ **Canonica-Fossati,** ℰ 997799, 🏤, « Caratteristica antica costruzione in luogo verdeggiante » – 🅿 🕲 🝐 *VISA*
chiuso lunedì, dal 3 al 10 gennaio e dall' 8 al 22 agosto – Pas carta 43/56000 (15%).

※ **La Zuccona,** N : 2 km ℰ 930786, prenotare – 🝙 🕲 🝐 *VISA*. ⌖
chiuso lunedì sera, martedì ed agosto – Pas carta 44/61000.

CANOVE DI ROANA 36010 Vicenza 429 E 16 – alt. 1 001 – a.s. febbraio, luglio-agosto e Natale
– ✿ 0424.

Roma 585 – Asiago 4 – ◆Milano 266 – Trento 63 – ◆Venezia 117 – Vicenza 51.

🏠 **Paradiso,** ℰ 692037 – 🖸 ☎. ⌖
Pas (chiuso lunedì) carta 27/37000 – ☲ 10000 – **21 cam** 60/100000 – ½ P 60/80000.

CANTALUPO Milano – Vedere Cerro Maggiore.

CANTALUPO NEL SANNIO 86092 Isernia 430 R 25, 431 C 25 – 790 ab. alt. 587 – ✿ 0865.

Roma 227 – ◆Foggia 120 – Isernia 19 – ◆Napoli 132.

※ **Del Riccio,** ℰ 814246 – ⌖
chiuso la sera, lunedì e settembre – **Pas** carta 26/35000.

CANTELLO 21050 Varese 428 E 8, 219 ⑧ – 3 963 ab. alt. 404 – ✿ 0332.

Roma 640 – Como 26 – ◆Lugano 29 – ◆Milano 59 – Varese 9.

※※ **Madonnina** con cam, ℰ 417731, Fax 418403, 🏤, « Parco-giardino », 🐎 – 🖸 ☎ 🝐 –
🏄 100. 🝙 🕲 🕦 *VISA*. ⌖ rist
Pas carta 59/83000 – ☲ 10000 – **14 cam** 100/120000 – ½ P 100000.

CANTÙ 22063 Como 988 ③, 428 E 9 – 36 308 ab. alt. 369 – ✿ 031.

Roma 608 – ◆Bergamo 53 – Como 10 – Lecco 33 – ◆Milano 36.

🏨 **Canturio** senza rist, via Vergani 28 ℰ 716035, Fax 720211 – 📳 🗖 🖸 ☎ 🕭 🝐 – 🏄 35. 🝙
🕲 🕦 🝐 *VISA*. ⌖
chiuso agosto e dal 24 al 31 dicembre – ☲ 12000 – **28 cam** 105/140000.

※※ **Le Querce,** località Mirabello (SE : 2 km) ℰ 731336, 🏤, « Parco ombreggiato » – 🗖
🝐. 🝙 🕲
chiuso lunedì sera, martedì e dal 1° al 28 agosto – Pas carta 49/77000.

※※ **Nuova Trattoria Fossano,** località Vighizzolo ℰ 730601 – 🝐. 🝙
chiuso martedì ed agosto – Pas carta 29/50000.

※※ **Al Ponte,** via Vergani 25 ℰ 712561, 🏤
chiuso lunedì ed agosto – Pas carta 35/55000.

CANZO 22035 Como 428 E 9, 219 ⑨ – 4 441 ab. alt. 387 – ✿ 031.

piazza della Chiesa 4 ℰ 682457.

Roma 620 – Bellagio 20 – ◆Bergamo 56 – Como 22 – Lecco 23 – ◆Milano 52.

🏨 **Croce di Malta** ⑤, ℰ 681228, Fax 684475, « Giardino ombreggiato » – 📳 🖸 ☎ 🝐 –
🏄 25 a 70.
44 cam.

🏠 **Volta,** via Volta 58 ℰ 681225 – 📳 🖸 ☎ 🝐. 🝙 🕲 🕦 🝐 *VISA*
Pas (chiuso dal 1° al 15 ottobre) carta 35/50000 – ☲ 10000 – **16 cam** 70/100000 –
½ P 80/95000.

※ **La Zuppiera,** ℰ 681431, 🐎 – 🝐. 🝙 🕲 🕦 🝐 *VISA*. ⌖
chiuso mercoledì e giugno – Pas carta 37/59000.

ROME

The English edition of the **Michelin Green Guide**
describes the Eternal City in 29 recommended walks :

the ancient monuments and beautiful buildings,

the historic sites and districts,

the museums and their works of art.

CAORLE 30021 Venezia 988 ⑤, 429 F 20 – 11 347 ab. – a.s. luglio-agosto – ✆ 0421.

🅱 piazza Giovanni XXIII n° 3 ℘ 81401, Fax 84251.

Roma 587 – ◆Milano 326 – ◆Padova 96 – Treviso 63 – ◆Trieste 112 – Udine 81 – ◆Venezia 76.

🏩 **Airone,** via Pola 1 ℘ 81570, Fax 81570, ≤, « Parco-pineta con ⚲ e ❀ », 🐾 – 🛗 🖃
   🅿. 🖭 🆂 E 𝘝𝘐𝘚𝘈.
   26 maggio-22 settembre – Pas 40000 – **77 cam** ⚏ 95/145000 – ½ P 89/114000.

🏨 **Metropol,** via Emilia 1 ℘ 82091, Fax 81416, 🛌, ⚲ riscaldata, 🐾, ❀ – 🛗 🖃 rist 🖭
   🖭 🆂 E 𝘝𝘐𝘚𝘈. ❀
   10 maggio-23 settembre – Pas 30/40000 – **44 cam** ⚏ 70/130000 – ½ P 75/95000.

🏨 **Sara,** piazza Veneto 6 ℘ 81123, Fax 210378, ≤, 🐾 – 🛗 🖃 rist ☎ 🕭 🅿. 🖭 🆂 E 𝘝𝘐
   ❀ rist
   marzo-15 ottobre – Pas *(chiuso marzo)* 28/80000 – **42 cam** ⚏ 70/120000 – ½ P 4
   70000.

🏨 **Savoy,** riviera Marconi ℘ 81879, Fax 83379, ≤, ⚲, 🐾 – 🛗 ❀ 🅿. ❀ rist
   maggio-26 settembre – Pas 27/32000 – **44 cam** ⚏ 85/120000 – ½ P 62/78000.

🏨 **Garden,** piazza Belvedere 2 ℘ 210036, Fax 81481, ≤, ⚲, 🐾, ❀, ❀ – 🛗 🖭 🕭 🅿
   🔺 40. ❀ rist
   20 aprile-10 ottobre – Pas carta 21/28000 – ⚏ 7000 – **50 cam** 50/80000 – ½ P 62/70000.

🏠 **Stellamare,** via del Mare 8 ℘ 81203, Fax 83752, ≤, 🐾 – 🛗 🖭 🅿. 🖭 🆂 🕭 E 𝘝𝘐
   ❀ rist
   Pasqua-15 ottobre – Pas carta 36/48000 – ⚏ 15000 – **30 cam** 99000 – ½ P 51/76000.

🏠 **Serena** senza rist, lungomare Trieste 39 ℘ 81133, Fax 210830, ≤, 🐾 – 🛗 🖭 🅿. 🆂
   𝘝𝘐𝘚𝘈 ❀
   8 aprile-26 settembre – **36 cam** ⚏ 50/102000.

❌❌ **Duilio** con cam, strada Nuova 19 ℘ 81087, Fax 210089, 🌤, prenotare – 📺 🖭 🅿
   🔺 50. 🖭 🆂 🕭 E 𝘝𝘐𝘚𝘈. ❀
   Pas *(chiuso lunedì e dal 3 al 25 gennaio)* carta 29/47000 – ⚏ 6000 – **22 cam** 69/116000
   ½ P 55/59000.

   a Porto Santa Margherita SO : 6 km oppure 2 km e traghetto – ⊠ 30021 Caorle.
   🅱 (maggio-settembre) corso Genova 21 ℘ 82230 :

🏩 **San Giorgio,** ℘ 260050, Fax 261077, ≤, « Parco-pineta con ⚲ », 🐾, ❀ – 🛗 🖃 rist
   🅿. 🖭 🆂 𝘝𝘐𝘚𝘈. ❀ rist
   29 maggio-18 settembre – Pas *(solo per clienti alloggiati)* 35/40000 – ⚏ 15000 – **100 cam**
   96/119000 – ½ P 108000.

🏨 **Oliver,** ℘ 260002, Fax 261330, ≤, « Piccola pineta », ⚲, 🐾 – 🛗 🖃 rist ☎ 🕭 🅿. 🆂 𝘝𝘐
   ❀
   maggio-settembre – Pas carta 40/55000 – ⚏ 15000 – **66 cam** 68/115000 – ½ P 6
   88000.

   a Brian O : 8 km – ⊠ 30020 Eraclea :

❌❌ **Brian,** ℘ 237444, 🌤 – 🅿. 𝘝𝘐𝘚𝘈
   chiuso dal 15 gennaio al 15 febbraio e mercoledì (escluso da maggio a settembre) – Pas
   carta 35/63000.

   a Duna Verde SO : 10 km – ⊠ 30021 Caorle :

🏨 **Playa Blanca,** ℘ 299282, ≤, « Piccola pineta con ⚲ », 🐾 – 🛗 ☎ 🅿. ❀
   15 maggio-20 settembre – Pas 35000 – ⚏ 10000 – **45 cam** 80/110000 – ½ P 85000.

   a San Giorgio di Livenza NO : 12 km – ⊠ 30020 :

❌❌ **Al Cacciatore,** ℘ 80331, 🌤 – 🖃 🅿. 🖭 🆂 🕭 E 𝘝𝘐𝘚𝘈. ❀
   chiuso mercoledì e dal 1° al 25 luglio – Pas carta 40/72000.

CAPALBIO 58011 Grosseto 988 ㉕, 430 O 16 – 4 065 ab. alt. 217 – a.s. Pasqua e 15 giugno-
15 settembre – ✆ 0564.

Roma 139 – Civitavecchia 63 – Grosseto 60 – Orbetello 25 – Viterbo 75.

🏨 **Valle del Buttero** 🌲 senza rist, ℘ 896097, Fax 896518, ≤ – 📺 ☎ 🅿. ❀
   ⚏ 8000 – **42 cam** 96000.

❌ La Torre da Carla, ℘ 896070

❌ **Da Maria,** ℘ 896014 – 🖃. 🆂 🕭 E 𝘝𝘐𝘚𝘈. ❀
   chiuso dal 7 gennaio al 20 febbraio e martedì in bassa stagione – Pas carta 36/46000.

❌ **La Porta,** ℘ 896311 – 🖭 🆂 🕭 E 𝘝𝘐𝘚𝘈. ❀
   chiuso dal 2 al 25 dicembre e martedì in bassa stagione – Pas carta 30/42000 (15 %).

CAPANNETTE DI PEJ Piacenza – Vedere Pian dell'Armà.

CAPANNORI 55012 Lucca 428 430 K 13 – 43 999 ab. alt. 16 – ✆ 0583.

Roma 344 – ◆Firenze 70 – ◆Livorno 52 – Lucca 6 – ◆Milano 280 – Pisa 28 – Pistoia 39.

❌❌ **Forino,** via Carlo Piaggia 15 ℘ 935302 – 🅿. 🖭 🆂 🕭 E 𝘝𝘐𝘚𝘈
   chiuso domenica sera, lunedì, dal 27 dicembre al 3 gennaio e dal 7 al 21 agosto – Pas
   carta 30/54000.

sulla strada statale 435 :

🏠 **Country,** NE : 8 km ⊠ 55010 Gragnano ℰ 434404, Fax 974344, ⌁ – 🛗 🖃 📺 ☎ 🅿 – 🛋 70. 🖭 🕃 ⓞ E 𝘝𝘐𝘚𝘈, ⋙
Pas carta 29/44000 – 🖙 12000 – **83 cam** 77/110000.

a San Leonardo in Treponzio SO : 9 km – ⊠ **55061** Carraia :

🍴 **Il Gattino Bianco,** ℰ 90013, Coperti limitati; prenotare – 🖭 🕃 E 𝘝𝘐𝘚𝘈. ⋙
chiuso mercoledì sera, giovedì, dal 1° al 15 marzo e dal 15 al 30 settembre – Pas carta 24/35000.

APEZZANO PIANORE Lucca 𝟜𝟚𝟠 𝟜𝟚𝟡 𝟜𝟛𝟘 K 12 – Vedere Camaiore.

APO BOI Cagliari 𝟡𝟠𝟠 ㉞ – Vedere Sardegna (Villasimius).

APO CERASO Sassari – Vedere Sardegna (Olbia).

APO D'ORLANDO Messina 𝟡𝟠𝟠 ㊱ ㊲ ㊳, 𝟜𝟛𝟚 M 26 – Vedere Sicilia.

APO D'ORSO Sassari – Vedere Sardegna (Palau).

APO LA GALA Napoli – Vedere Vico Equense.

APOLAGO 𝟚𝟙𝟡 ⑧ – Vedere Cantone Ticino alla fine dell'elenco alfabetico.

APOLAGO Varese 𝟚𝟙𝟡 ⑦ ⑧ – Vedere Varese.

When visiting northern Italy use Michelin maps 𝟜𝟚𝟠 *and* 𝟜𝟚𝟡.

APOLIVERI Livorno 𝟜𝟛𝟘 N 13 – Vedere Elba (Isola d').

APO MISENO Napoli – Vedere Bacoli.

APO MULINI Catania – Vedere Sicilia (Acireale).

APO TAORMINA Messina – Vedere Sicilia (Taormina).

APO TESTA Sassari – Vedere Sardegna (Santa Teresa Gallura).

APO VATICANO Catanzaro 𝟜𝟛𝟙 L 29 – Vedere Tropea.

APRAIA (Isola di) Livorno 𝟡𝟠𝟠 ⑭, 𝟜𝟛𝟘 M 11 – 307 ab. alt. da 0 a 447 (monte Castello) – a.s. 5 giugno-15 settembre – ✪ 0586.

Capraia – ⊠ **57032.**
🚢 per Livorno giornaliero (2 h 30 mn) – Toremar-agenzia Della Rosa, via Assunzione ℰ 905069, Fax 905069.

🏠 Il Saracino ⌂, ℰ 905018, Fax 905062 – 🛗 📺 ☎
29 cam.

APRESE MICHELANGELO 52033 Arezzo 𝟜𝟚𝟡 𝟜𝟛𝟘 L 17 – 1 716 ab. alt. 653 – ✪ 0575.
ɔma 260 – Arezzo 45 – ◆Firenze 123 – ◆Perugia 95 – Sansepolcro 26.

🍴 **Buca di Michelangelo** ⌂ con cam, ℰ 793921, ≼ – 📺. ⋙
chiuso dal 10 al 25 febbraio – Pas *(chiuso mercoledì)* carta 21/33000 – 🖙 6000 – **19 cam** 48/60000 – ½ P 38/48000.

APRI (Isola di) Napoli 𝟡𝟠𝟠 ㉗, 𝟜𝟛𝟙 F 24 – 12 761 ab. alt. da 0 a 589 (monte Solaro) – a.s. asqua e giugno-settembre – ✪ 081.
a limitazione d'accesso degli autoveicoli è regolata da norme legislative.

'edere Marina Grande★ BY – Escursioni in battello : giro dell'isola★★★ BY, grotta Azzurra★★ BY ɔartenza da Marina Grande).

licotteri : da Anacapri per Napoli-Capodichino (16 aprile-4 ottobre) (10 mn) - Eliambassador, ℰ 8372888.

🚢 per Napoli (1 h 15 mn) e Sorrento (45 mn), giornalieri – Caremar-agenzia Catuogno, Marina Grande ℰ 8370700; per Napoli (1 h 20 mn) Sorrento (40 mn), giornalieri e Ischia naggio-settembre giornaliero (1 h 20 mn) – Navigazione Libera del Golfo, Marina Grande ℰ 8370819; per Ischia aprile-ottobre giornaliero (1 h 15 mn) – Linee Lauro, Marina Grande ℰ 8376995.

🚤 per Sorrento giornalieri (1 h) e Ischia aprile-ottobre giornalieri (40 mn) – Alilauro e Linee auro, Marina Grande 2/4 ℰ 8376995; per Napoli giornalieri (45 mn) – a Marina Grande, liscafi SNAV-agenzia Staiano ℰ 8377577 e Caremar ℰ 8370700.

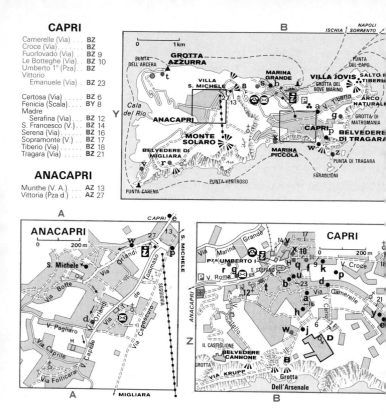

CAPRI

Camerelle (Via) . . .	**BZ**
Croce (Via)	**BZ**
Fuorlovado (Via) . .	**BZ** 9
Le Botteghe (Via) . .	**BZ** 10
Umberto 1° (Pza) . .	**BZ**
Vittorio	
Emanuele (Via) .	**BZ** 23
Certosa (Via)	**BZ** 6
Fenicia (Scala)	**BY** 8
Madre	
Serafina (Via) . .	**BZ** 12
S. Francesco (V.) . .	**BZ** 14
Serena (V.)	**BZ** 16
Sopramonte (V.) . .	**BZ** 17
Tiberio (Via)	**BZ** 18
Tragara (Via)	**BZ** 21

ANACAPRI

Munthe (V. A.) . . .	**AZ** 13
Vittoria (Pza d.) . . .	**AZ** 27

Anacapri – 5 294 ab. alt. 275 – ⊠ 80071.

Vedere Monte Solaro★★★ BY : ☀★★★ per seggiovia 15 mn – Villa San Michele★ BY
☀★★★ – Belvedere di Migliara★ BY 1 h AR a piedi – Pavimento in maiolica★ nella chies
di San Michele AZ.

🖪 via Orlandi 19/a ☎ 8371524

🏨 **Europa Palace,** via Capodimonte 2 ☎ 8370955, Telex 710397, Fax 8373191, ≤, 🍴
« Terrazze fiorite con 🏊 », 🏋, 🏖 – 🛗 🗐 📺 ☎ – 🔬 30 a 200. 🖭 🗟 ⑩ 🖅 💳 🍽
aprile-ottobre – Pas carta 53/86000 – **90 cam** 😄 240/350000, appartamento – ½ P 20
280000.
AZ

🏨 **Bella Vista** 📎, via Orlandi 10 ☎ 8371463, ≤, 🍴 – 🖭 🄿. 🖭 ⑩. 🍽
aprile-ottobre – Pas (chiuso lunedì) carta 35/49000 – **15 cam** 😄 79/150000 – ½ P 8
100000.
AZ

🏨 **Biancamaria** senza rist, via Orlandi 54 ☎ 8371000 – 🕿. 🖭 🗟 💳 🍽
aprile-ottobre – **15 cam** 😄 100/130000.
AZ **v**

🍴🍴 **La Rondinella,** via Orlandi 245 ☎ 8371223, 🍴 – 🖭 🗟 🖅 💳
chiuso febbraio e giovedì in bassa stagione – Pas carta 30/47000 (10 %).
AZ

a Damecuta NE : 3 km :

🍴 **Il Cucciolo** ☎ 8371917, prenotare la sera, « Servizio estivo in terrazza con ≤ mare
golfo di Napoli » – 🖭 🗟 ⑩ 🌙 💳
15 marzo-ottobre; chiuso mercoledì escluso da luglio al 20 settembre – Pas carta 40/7000
BY

a Punta Carena SO : 4 km :

🍴 **Lido del Faro,** ☎ 8371798, ≤ mare e scogli, 🍴, 🏊, 🐚 – 🖭 🗟 💳
15 aprile-15 ottobre; chiuso la sera escluso luglio-agosto – Pas carta 37/64000.
BY

a Migliara SO : 30 mn a piedi :

🍴 **Da Gelsomina,** ☎ 8371499, ≤ Ischia e golfo di Napoli, « Servizio estivo in terrazz
panoramica », 🏊 – 🖭
chiuso dal 1° al 15 febbraio e martedì in bassa stagione – **Pas** carta 30/43000 (12 %).
BY

Capri 988 ㉗ – 7 467 ab. alt. 142 – ⊠ **80073**.

Vedere Belvedere Cannone★★ BZ accesso per la via Madre Serafina★ BZ **12** – Belvedere di Tragara★★ BY – Villa Jovis★★ BY : ✳★★, salto di Tiberio★ – Giardini di Augusto ≪★★ BZ **B** – Via Krupp★ BZ – Marina Piccola★ BY – Piazza Umberto I★ BZ – Via Le Botteghe★ BZ **10** – Arco Naturale★ BY.

🛈 piazza Umberto I n° 19 ℘ 8370686

🛏 **Gd H. Quisisana e Rist. La Colombaia,** via Camerelle 2 ℘ 8370788, Telex 710520, Fax 8376080, ≤ mare e Certosa, 佶, « Giardino con ⤢ », ℩₅, ≦s, ⬚, ✵ – ☒ ☰ ⊡ ☎ – 🔏 25 a 400. ஊ ⑤ ① ☰ 🆚🅰 ✎   BZ **a**
Pasqua-ottobre – Pas 65000 – **150 cam** ⊇ 380/580000, 15 appartamenti – ½ P 340/ 380000.

🛏 **Scalinatella** ⏚ senza rist, via Tragara 8 ℘ 8370633, Fax 8378291, ≤ mare e Certosa, ⤢ riscaldata – ☒ ☰ ⊡ ☎. 🆚🅰   BZ **e**
15 marzo-5 novembre – **28 cam** ⊇ 550000.

🛏 **Luna** ⏚, viale Matteotti 3 ℘ 8370433, Telex 721247, Fax 8377459, ≤ mare, Faraglioni e Certosa, 佶, « Terrazze e giardino con ⤢ » – ☒ ☰ cam ⊡ ☎. ஊ ⑤ ① ☰ 🆚🅰 ✎ rist   BZ **j**
aprile-ottobre – Pas carta 56/84000 – **48 cam** ⊇ 240/410000, 4 appartamenti – ½ P 180/ 255000.

🛏 **La Palma e Rist. Relais la Palma,** via Vittorio Emanuele 39 ℘ 8370133, Telex 722015, Fax 8376966, 佶, ≦s – ☒ ☰ ⊡ ☎ – 🔏 25 a 200. ஊ ⑤ ① ☰ 🆚🅰 ✎   BZ **u**
Pas carta 45/68000 – **80 cam** ⊇ 230/380000 – ½ P 195/230000.

🛏 **La Pazziella** ⏚ senza rist, via Fuorlovado 36 ℘ 8370044, Fax 8370085, « Giardino fiorito » – ☰ ⊡ ☎. ஊ ⑤ ① ☰ 🆚🅰 ✎   BZ **p**
19 cam ⊇ 220/330000, appartamento.

🛏 **Punta Tragara** ⏚, via Tragara 57 ℘ 8370844, Telex 710261, Fax 8377790, ≤ Faraglioni e costa, 佶, « Terrazza panoramica con ⤢ riscaldata » – ☒ ☰ ⊡ ☎. ஊ ⑤ ① ☰ 🆚🅰 ✎   BY **p**
7 aprile-ottobre – Pas carta 57/87000 – 33 appartamenti ⊇ 250/650000.

🛏 **Flora** ⏚, via Serena 26 ℘ 8370211, Fax 8378949, ≤ mare e Certosa, « Terrazza fiorita », ⤢ riscaldata – ☰ ⊡ ☎. ஊ ⑤ ① ☰ 🆚🅰 ✎ rist   BZ **h**
chiuso dal 9 gennaio al 14 marzo – Pas carta 60/80000 – **24 cam** ⊇ 350000 – ½ P 145/ 245000.

🛏 **La Pineta** ⏚, via Tragara 6 ℘ 8370644, Telex 710011, Fax 8376445, ≤ mare e Certosa, « Terrazze fiorite in pineta », ℩₅, ≦s, ⤢ – ☰ ⊡ ☎ – 🔏 30. ஊ ⑤ ① ☰ 🆚🅰 ✎   BZ **y**
Pas carta 40/64000 – **52 cam** ⊇ 200/300000, 4 appartamenti – ½ P 120/190000.

🛏 **Villa delle Sirene** ⏚, via Camerelle 51 ℘ 8370102, Fax 8370957, ≤, 佶, « Giardino-limonaia con ⤢ » – ☒ ☰ ⊡ ☎. ஊ ⑤ ① ☰ 🆚🅰   BZ **d**
aprile-ottobre – Pas *(chiuso martedì)* carta 39/51000 – **35 cam** ⊇ 240/300000 – ½ P 130/ 190000.

🛏 **La Brunella** ⏚, via Tragara 24 ℘ 8370122, Fax 8370430, ≤ mare e costa, 佶, « Terrazze fiorite », ⤢ riscaldata – ☰ cam ⊡ ☎ ஊ ⑤ ☰ 🆚🅰 ✎   BY **w**
19 marzo-5 novembre – Pas carta 31/60000 (12 %) – **18 cam** ⊇ 280000 – ½ P 165/175000.

🛏 **Gatto Bianco,** via Vittorio Emanuele 32 ℘ 8370446, Fax 8378060, « Servizio rist. estivo sotto un pergolato » – ☒ ☰ cam ⊡ ☎. ஊ ⑤ ① ☰ 🆚🅰 ✎   BZ **b**
27 dicembre-6 gennaio e marzo-ottobre – Pas 30/45000 – **34 cam** ⊇ 140/250000, ☰ 20000.

🛏 **Villa Sarah** ⏚ senza rist, via Tiberio 3/a ℘ 8377817, ≤, « Giardino ombreggiato » – ⊡ ☎. ஊ ☰ 🆚🅰 ✎   BY **a**
Pasqua-ottobre – **20 cam** ⊇ 110/180000.

🛏 **Florida** senza rist, via Fuorlovado 34 ℘ 8370710, Fax 8370497, 猋 – ☎. ஊ ⑤ ☰ 🆚🅰
marzo-11 novembre – ⊇ 15000 – **19 cam** 66/110000.   BZ **k**

✗ La Capannina, via Le Botteghe 14 ℘ 8370732, Fax 8376990, prenotare la sera – ☰ BZ **q**
stagionale.

✗ **Casanova,** via Le Botteghe 46 ℘ 8377642 – ஊ ⑤ ☰ 🆚🅰   BZ **f**
chiuso dal 3 gennaio a marzo e giovedì (escluso da luglio a settembre) – Pas carta 37/60000 (15 %).

✗ **La Sceriffa,** via Provinciale Marina Grande 86 A ℘ 8377953, ≤, 佶   BZ **r**
aprile-ottobre; chiuso martedì e dal 15 luglio al 15 settembre anche a mezzogiorno – Pas carta 40/55000 (12 %).

✗ **La Tavernetta,** via Lo Palazzo 23/a ℘ 8376864 – ஊ ⑤ ① ☰ 🆚🅰   BZ **g**
chiuso lunedì e dal 15 gennaio a febbraio – Pas carta 33/65000 (15 %).

✗ **Geranio,** viale Matteotti 8 ℘ 8370616, 佶 – ஊ ⑤ ① ☰ 🆚🅰 ✎   BZ **w**
12 aprile-ottobre; chiuso a mezzogiorno in luglio-agosto e martedì in bassa stagione – Pas carta 50/75000 (15 %).

✗ **Da Gemma,** via Madre Serafina 6 ℘ 8377113, Fax 8378947, ≤ mare – ஊ ⑤ ① ☰ 🆚🅰
chiuso lunedì e da novembre al 5 dicembre – Pas carta 31/60000 (15 %).   BZ **t**

✗ **Al Grottino,** via Longano 27 ℰ 8370584 – 🍽. 🖭 **E** 𝘝𝘐𝘚𝘈   BZ
*chiuso martedì, dal 26 gennaio al 9 marzo e dall'11 novembre al 28 dicembre –
carta 28/41000 (15%).*

✗ **Buca di Bacco-da Serafina,** via Longano 35 ℰ 8370723, Rist. e pizzeria – 🍽. 🖭 🛐
E 𝘝𝘐𝘚𝘈 ✻   BZ
chiuso mercoledì e novembre – Pas carta 35/60000 (12%).

all'arco naturale E : 20 mn a piedi :

✗ **Le Grottelle,** ℰ 8375719, ≤ mare, �ு்   BY
Pasqua-ottobre; chiuso giovedì – Pas carta 38/64000 (10%).

ai Faraglioni SE : 30 mn a piedi oppure 10 mn di barca da Marina Piccola :

✗ **Da Luigi,** ℰ 8370591, « Servizio estivo all'aperto con ≤ Faraglioni e mare », 🚗 –
𝘝𝘐𝘚𝘈 ✻   BY
Pasqua-settembre; chiuso la sera – Pas carta 60/80000.

Marina Grande 80070.

🛈 banchina del Porto ℰ 8370634

🏨🏨 **Palatium e Rist. La Scogliera,** ℰ 8376144, Fax 8376150, ≤ golfo di Napoli, 🌶, ⤴,
🍽 🖭 ☎ 🅿 – 🔄 150. 🖭 🛐 ⓞ **E** 𝘝𝘐𝘚𝘈 ✻   BY
Pasqua-15 ottobre – Pas carta 48/76000 – ☲ 20000 – 46 appartamenti 320/42000
½ P 220/280000.

✗ **Da Paolino,** ℰ 8375611, 🌶 – 🖭 🛐 ⓞ **E** 𝘝𝘐𝘚𝘈   BY
chiuso da febbraio a Pasqua, a mezzogiorno in luglio-agosto e mercoledì in bassa stagi
– Pas carta 43/67000.

Marina Piccola – ✉ **80073** Capri

✗✗✗ **Canzone del Mare,** ℰ 8370104, Fax 8370541, ≤ Faraglioni e mare, 🌶, « Stabilime
balneare con ⤴ » – 🖭 🛐 𝘝𝘐𝘚𝘈 ✻   BY
Pasqua-ottobre; chiuso la sera – Pas carta 70/100000.

CAPRIATE SAN GERVASIO 24042 Bergamo 𝟜𝟚𝟠 F 10, 𝟚𝟙𝟡 ⑳ – 6 739 ab. alt. 186 – 🕲 02.
Roma 601 – ♦Bergamo 17 – Lecco 38 – ♦Milano 35 – Treviglio 17.

✗✗✗ **Vigneto** 🦢 con cam, ℰ 90939351, Fax 9090179, ≤ Adda, « Servizio estivo all'apert
riva al fiume », 🚗 – 🖭 ☎ 🅿 – 🔄 30. 🖭 🛐 **E** 𝘝𝘐𝘚𝘈 ✻ cam
chiuso dal 1° al 15 gennaio ed agosto – Pas (chiuso lunedì) carta 60/80000 – ☲ 1500
11 cam 120/180000.

CAPRILE Belluno – Vedere Alleghe.

CAPRONNO Varese – Vedere Angera.

CAPUA 81043 Caserta 𝟡𝟠𝟠 ㉗, 𝟜𝟛𝟙 D 24 – 19 523 ab. alt. 23 – 🕲 0823.
Roma 183 – Avellino 63 – Benevento 62 – ♦Napoli 40.

✗✗ **Il Follaro,** ℰ 622199 – 🅿. 🖭 🛐 ⓞ **E** 𝘝𝘐𝘚𝘈
chiuso lunedì sera, martedì ed agosto – Pas carta 31/51000.

CAPURSO 70010 Bari 𝟡𝟠𝟠 ㉙, 𝟜𝟛𝟙 D 32 – 13 696 ab. alt. 74 – 🕲 080.
Roma 459 – ♦Bari 10 – ♦Foggia 143 – ♦Taranto 84.

🏨🏨 **90,** ℰ 6953419, Fax 6959003, ⤴ – 🛗 🍽 🖭 ☎ 🕭 🚗 🅿 – 🔄 50 a 250. 🖭 🛐 ⓞ **E** 𝘝𝘐𝘚𝘈
*chiuso dal 31 luglio al 19 agosto – Pas carta 40/59000 – **52 cam** ☲ 100/170000 – ½ P 1*
150000.

CARAGLIO 12023 Cuneo 𝟜𝟚𝟠 I 4 – 5 710 ab. alt. 575 – 🕲 0171.
Roma 655 – Alessandria 138 – ♦Genova 156 – ♦Torino 106.

🏨 **Quadrifoglio,** via C.L.N. 20 ℰ 817666, Fax 817666 – 🛗 🖭 ☎ 🚗 🅿 – 🔄 100. 🛐 ⓞ
𝘝𝘐𝘚𝘈 ✻
Pas vedere rist Il Quadrifoglio – ☲ 10000 – **40 cam** 70/90000, 2 appartamenti – ½ P
75000.

✗✗ **Il Quadrifoglio,** via C.L.N. 18 ℰ 619685, 🌶, 🚗 – 🅿. 🛐 𝘝𝘐𝘚𝘈
chiuso lunedì e gennaio – Pas carta 19/28000.

CARAMANICO TERME 65023 Pescara 𝟡𝟠𝟠 ㉗, 𝟜𝟛𝟘 P 23 – 2 277 ab. alt. 700 – Stazione term
(15 marzo-novembre) – 🕲 085.
🛈 viale della Libertà 19 ℰ 9290348.
Roma 202 – L'Aquila 88 – Chieti 43 – ♦Pescara 54 – Sulmona 45.

🏠 **Petit Hotel Viola,** ℰ 922292, ≤ – ☜. 𝘝𝘐𝘚𝘈 ✻
*15 aprile-novembre – Pas (chiuso venerdì) 15/20000 – ☲ 5000 – **28 cam** 55/100000*
½ P 40/60000.

✗ **La Tana del Lupo,** frazione Scagnano 17/19 (NO : 6 km) ℰ 928196, 🌶 – ✻
chiuso dal 25 dicembre al 5 gennaio e martedì (escluso luglio-agosto) – Pas carta 22/350

CRANO 38033 Trento – 837 ab. alt. 1 086 – a.s. febbraio-Pasqua e Natale – 🛟 0462.
a 648 – ◆Bolzano 46 – Cortina d'Ampezzo 100 – Trento 60.

🏨 **Bagni e Miramonti,** 𝒫 30220, Fax 30210, ⪜ monti e vallata, 😑, 🐎 – 🛗 🕿 🅿. 🗄 ⑩ 🗜
🆚
15 dicembre-15 aprile e 15 giugno-15 settembre – Pas carta 32/47000 – 🏭 15000 – **32 cam**
85/105000 – ½ P 60/90000.

CRATE BRIANZA 20048 Milano 👊👊 E 9, 🏙👊👊 ⑲ – 15 370 ab. alt. 252 – 🛟 0362.
a 598 – ◆Bergamo 38 – Como 26 – ◆Milano 30 – Monza 12.

🏨 **Fossati,** via Donizetti 14 𝒫 901384, Fax 904383, « Giardino ombreggiato » – 📺 🕿 🅿 –
🏯 200. 🗄 🗄 🗜 🆚
Pas 25000 – 🏭 8000 – **18 cam** 65/80000 – ½ P 95000.

CRATE URIO 22010 Como 👊👊 E 9, 🏙👊👊 ⑨ – 1 262 ab. alt. 204 – 🛟 031.
a 636 – Como 11 – ◆Lugano 43 – Menaggio 24 – ◆Milano 59.

🏨 **Giardino-Fioroni** con cam, 𝒫 400141, ⪜ lago, « Servizio estivo sotto un pergolato » –
🗄 🗜 🆚
marzo-15 novembre – Pas *(chiuso mercoledì escluso dal 15 giugno al 15 settembre)*
carta 32/47000 (10%) – 🏭 8000 – **6 cam** 72000 – ½ P 69/74000.

CRAVAGGIO 24043 Bergamo 👊👊 F 10 – 13 716 ab. alt. 111 – 🛟 0363.
a 564 – ◆Bergamo 25 – ◆Brescia 55 – Crema 19 – Cremona 57 – ◆Milano 37 – Piacenza 57.

al Santuario SO : 1,5 km :

🏨 **Verri,** ⊠ 24040 Misano di Gera d'Adda 𝒫 84622, Fax 340350 – 🛗 📺 🕿 ⟷ 🅿 – 🏯 200.
🗄 🗄 🗜 🆚
Pas *(chiuso mercoledì ed agosto)* carta 29/56000 – 🏭 9000 – **35 cam** 86000 – ½ P 87000.

CARBONARA DI BARI Bari 👊👊👊 D 32 – Vedere Bari.

CARCOFORO 13026 Vercelli 👊👊 E 6, 🏙👊👊 ⑤ – 83 ab. alt. 1 304 – 🛟 0163.
a 705 – Biella 85 – ◆Milano 132 – Novara 85 – ◆Torino 147 – Vercelli 91.

🍴 **Scoiattolo,** 𝒫 95612, Coperti limitati; prenotare – 🅿. 🗄 🆚. 🎇
chiuso lunedì, gennaio e giugno – Pas carta 32/57000.

CARDANO AL CAMPO 21010 Varese 🏙👊👊 ⑰ – 11 445 ab. alt. 238 – 🛟 0331.
a 620 – Gallarate 3 – ◆Milano 43 – Novara 34 – Varese 21.

🏨 **Cardano** senza rist, via al Campo 10 𝒫 261011, Telex 328577, Fax 262163 – 🛗 🖿 📺 🕿
⟷ – 🏯 70. 🗄 🗄 ⑩ 🗜 🆚
🏭 16000 – **33 cam** 180000.

CARESANABLOT 13030 Vercelli 👊👊 F 7, 🏙👊👊 ⑯ – 718 ab. alt. 134 – 🛟 0161.
a 637 – Alessandria 59 – ◆Milano 65 – Novara 26 – Pavia 73.

🍴 Caprice, cascina Gerbidi 𝒫 33040, prenotare, 🛏, 🐎 – 🅿

CAREZZA AL LAGO (KARERSEE) Bolzano 👊👊 C 16 – alt. 1 609 – ⊠ 39056 Nova Levante –
ort invernali : vedere Costalunga (Passo di) e Nova Levante – 🛟 0471 – Vedere Lago★★★.
a 672 – ◆Bolzano 27 – Passo Costalunga 2 – ◆Milano 330 – Trento 91.

🏨 **Alpenrose** ⑤ 𝒫 612139, Fax 612336, ⪜, 😑 – 🛗 🕿 ⟷ 🅿. 🗄 🗜 🆚. 🎇 rist
dicembre-aprile e giugno-ottobre – Pas carta 25/35000 – **28 cam** 🏭 55/100000 – ½ P 67/
92000.

🏨 **Similde-Simhild** ⑤, 𝒫 612169, 🐎 – ⟷ rist 🕿 🅿. 🎇
26 dicembre-20 aprile e luglio-10 ottobre – Pas carta 24/42000 – **9 cam** 🏭 55/100000 –
½ P 50/75000.

CAREZZA (Passo di) (KARERPASS) Bolzano e Trento – Vedere Costalunga (Passo di).

CARIMATE 22060 Como 🏙👊👊 ⑲ – 3 420 ab. alt. 296 – 🛟 031.
(chiuso lunedì) 𝒫 790226.
a 620 – Como 19 – ◆Milano 30.

🏨 **Il Castello,** 𝒫 791770, Fax 790683, ⪜, 🏖, « Castello del 14° secolo con parco » – 🛗 📺
🕿 🕭 🅿 – 🏯 50 a 110. 🗄 🗄 ⑩ 🗜 🆚. 🎇 rist
chiuso dal 9 al 23 agosto – Pas carta 40/50000 – **58 cam** 🏭 140/220000 – ½ P 160/180000.

🍴 **Al Torchio del Castello,** 𝒫 791486, prenotare – 🗄 🗜 ⑩ 🗜 🆚. 🎇
chiuso domenica sera, lunedì e dal 2 al 22 agosto – Pas carta 35/67000.

CARINI Palermo 👊👊👊 ㊱, 👊👊👊 M 21 – Vedere Sicilia.

CARISOLO 38080 Trento 👊👊 👊👊 D 14 – 794 ab. alt. 824 – 🛟 0465.
a 630 – ◆Bolzano 104 – ◆Brescia 104 – Madonna di Campiglio 13 – Trento 60.

🏨 **Orso Grigio,** 𝒫 52189 – 🛗 🕿 ⭹ ⟷ 🅿
Pas carta 26/42000 – 🏭 8000 – **21 cam** 55/100000 – ½ P 75/80000.

151

CARLOFORTE Cagliari 988 ㉝, 433 J 6 – Vedere Sardegna (San Pietro, isola di).

CARMAGNOLA 10022 Torino 988 ⑫, 428 H 5 – 24 845 ab. alt. 240 – ✪ 011.
Roma 663 – Asti 58 – Cuneo 71 – ◆Milano 184 – Savona 118 – Sestriere 92 – ◆Torino 27.

XXX ❀ **La Carmagnole,** via Sottotenente Chiffi 31 ℘ 9712673, solo su prenotazione, « Ir antico palazzo » – ❶
chiuso a mezzogiorno, domenica sera, lunedì e dal 1° al 21 agosto – Pas 100000
Spec. Crema di zucca alla curcuma con gamberi (autunno-inverno). Stracotto di ossobuco marinato alle erbe e sp Sella di coniglio al cioccolato. **Vini** Arneis, Brachetto secco.

XX **San Marco,** via San Francesco di Sales 18 ℘ 9720485, 🏠 – ❶. 🖭 🗗 ⓞ 🄴 VISA. ❀
chiuso domenica sera, lunedì e dal 1° al 21 agosto – Pas carta 28/48000.

CARMIGNANO 50042 Firenze 429 430 K 15 – 9 350 ab. alt. 200 – ✪ 055.
Roma 298 – ◆Firenze 22 – ◆Milano 305 – Pistoia 23 – Prato 15.

ad Artimino S : 7 km – alt. 260 – ✉ **50040** :

🏛 **Paggeria Medicea** ⚓, ℘ 8718081, Telex 571502, Fax 8718080, ≼, « Edificio del '50 🏕, ❀ – 🗏 🄣 ☎ & ❶ – 🔏 50 a 300. 🖭 🗗 ⓞ 🄴 VISA
Pas vedere rist Biagio Pignatta – ☲ 20000 – **37 cam** 150/200000 – 1/2 P 136/186000.

XX **Da Delfina,** ℘ 8718074, Fax 8718175, prenotare, « Servizio estivo in terrazza cor colline » – ❶. ❀
chiuso lunedì sera, martedì, dal 28 dicembre al 10 gennaio ed agosto – Pas carta 42/63 (10 %).

XX **Biagio Pignatta,** ℘ 8718086, ≼ – ❶. 🖭 🗗 ⓞ 🄴 VISA
chiuso mercoledì e giovedì a mezzogiorno – Pas carta 36/54000.

CARNIA 33010 Udine 988 ⑥, 429 C 21 – alt. 257 – ✪ 0432.
Roma 681 – ◆Milano 420 – Tarvisio 51 – ◆Trieste 114 – Udine 47 – ◆Venezia 170.

🏛 Carnia, ℘ 978106, Fax 978187 – 🗏 rist 🄣 ☎ ⟷ ❶ – 🔏 50.
41 cam.

CAROVIGNO 72012 Brindisi 988 ㉚, 431 E 34 – 14 267 ab. alt. 171 – ✪ 0831.
Roma 538 – ◆Bari 88 – ◆Brindisi 27 – ◆Taranto 61.

🏛 **Villa Jole,** via Ostuni O : 1 km ℘ 991311, Fax 991313 – |🕏| 🗏 🄣 ☎ ❶. 🖭 🗗 ⓞ 🄴 VISA
Pas (chiuso dal 2 al 19 novembre) carta 28/41000 – ☲ 9000 – **30 cam** 80/10000 1/2 P 75/85000.

CARPI 41012 Modena 988 ⑭, 428 429 H 14 – 60 794 ab. alt. 28 – ✪ 059.
Vedere Piazza dei Martiri★ – Castello dei Pio★.
Roma 424 – ◆Bologna 62 – ◆Ferrara 73 – Mantova 53 – ◆Milano 176 – ◆Modena 18 – Reggio nell'Emilia 2 ◆Verona 87.

🏛 **Orizzonte** senza rist, viale Dallai 38 ℘ 680530, Fax 651829 – |🕏| 🗏 🄣 ☎ ⟷. 🖭 🗗 ⓞ VISA
chiuso Natale, Pasqua e dal 25 luglio al 25 agosto – ☲ 21000 – **27 cam** 100/1540 17 appartamenti.

🏛 **Duomo** senza rist, via Cesare Battisti 25 ℘ 686745, Fax 686745 – |🕏| 🗏 🄣 🕾 ❶. 🖭 ⓞ VISA. ❀ – 16 cam
chiuso dal 3 al 26 agosto – ☲ 18000 – **16 cam** 86/120000, 🗏 18000.

XX **Mr. Ciao,** via Muratori 22 ℘ 696620, « Servizio estivo in giardino » – ❶. 🖭 🗗 ⓞ 🄴 Ⓥ ❀
chiuso lunedì e dal 10 al 30 agosto – Pas carta 31/53000.

X Da Giorgio, via Giuseppe Rocca 5 ℘ 685365 – 🗏 ☎.

CARPIANO 20080 Milano 428 F 9 – 2 048 ab. alt. 91 – ✪ 02.
Roma 558 – ◆Milano 19 – Pavia 23 – Piacenza 47.

XX **Portone 2,** località Francolino NE : 1,5 km ℘ 9815538 – 🗏 ❶. 🖭 🗗 VISA. ❀
chiuso martedì e dal 1° al 15 gennaio – Pas carta 38/64000.

CARRAIA Firenze – Vedere Calenzano.

CARRARA 54033 Massa-Carrara 988 ⑭, 428 429 430 J 12 – 68 480 ab. alt. 80 – ✪ 0585.
Dintorni Cave di marmo di Fantiscritti★★ NE : 5 km – Cave di Colonnata★ E : 7 km.
Roma 400 – ◆Firenze 126 – Massa 7 – ◆Milano 233 – Pisa 55 – ◆La Spezia 33.

🏛 **Michelangelo** senza rist, corso Carlo Rosselli 3 ℘ 777161, Fax 74545 – |🕏| 🕾. 🖭 🗗 ⓞ VISA
chiuso dal 15 dicembre al 15 gennaio – ☲ 8000 – **30 cam** 80/120000.

XX Soldaini, via Mazzini 11 ℘ 71459.

a Colonnata E : 7 km – ✉ **54030** :

XX **Venanzio,** ℘ 73617, Coperti limitati; prenotare – ❀
chiuso domenica sera, giovedì e dal 22 dicembre al 20 gennaio – Pas carta 46/61000.

CARRARA (Marina di) 54036 Massa-Carrara 🔢🔢🔢 ⑭, 🔢🔢🔢 J 12 – a.s. Pasqua e luglio-agosto – ✆ 0585.

piazza Menconi 6/b ✆ 632218.

ma 396 – Carrara 7 – ♦Firenze 122 – Massa 10 – ♦Milano 229 – Pisa 53 – ♦La Spezia 26.

🏨 **Mediterraneo,** senza rist, via Genova 2/h ✆ 785222, Fax 785222, ☞ – 📶 📺 ☎ 🅟 – 🔏 80. **48 cam.**

🏨 **Carrara** senza rist, via Petacchi 21 ✉ 54031 Avenza ✆ 52371, Fax 50344 – 📶 📺 ☎ 🅟. 🄰🄴 🚫 ⓘ 🄴 𝘝𝘐𝘚𝘈 ☲ 8500 – **32 cam** ☲ 62/90000.

🏨🏨 **Il Muraglione,** via del Parmignola 13 ✉ 54031 Avenza ✆ 52337, Coperti limitati; prenotare – 🅟. 🚫 🄴 𝘝𝘐𝘚𝘈 chiuso domenica e dal 20 dicembre al 5 gennaio – Pas carta 62/95000 (10%).

🏨🏨 **Da Gero,** viale 20 Settembre 305 ✆ 55255, 🍽 – ✵ chiuso domenica, dal 23 dicembre al 10 gennaio e dal 15 al 30 luglio – Pas carta 42/77000.

CARRU 12061 Cuneo 🔢🔢🔢 ⑫, 🔢🔢🔢 I 5 – 3 976 ab. alt. 364 – ✆ 0173.

ma 620 – Cuneo 31 – ♦Milano 203 – Savona 75 – ♦Torino 74.

🏨 **Vascello d'Oro,** ✆ 75478 – ✵ chiuso lunedì e luglio – Pas carta 26/48000.

🏨 **Moderno,** via della Misericordia 12 ✆ 75493 – 🚫 𝘝𝘐𝘚𝘈 chiuso lunedì sera, martedì ed agosto – Pas carta 23/40000.

ARSOLI 67061 L'Aquila 🔢🔢🔢 ㉖, 🔢🔢🔢 P 21 – 4 999 ab. alt. 640 – ✆ 0863.

ma 67 – L'Aquila 59 – Avezzano 45 – Frosinone 81 – Rieti 56.

🏨🏨 **L'Angolo d'Abruzzo,** ✆ 997429 – 🄰🄴 🚫 ⓘ 🄴 𝘝𝘐𝘚𝘈 ✵ chiuso mercoledì, dal 25 gennaio al 10 febbraio e dal 1° al 15 luglio – Pas carta 36/53000.

🏨 **Al Caminetto,** ✆ 995105, Fax 995479 – 🄰🄴 🚫 ⓘ 🄴 𝘝𝘐𝘚𝘈 chiuso dal 1° al 15 luglio e lunedì (escluso dal 15 luglio al 15 ottobre) – Pas carta 31/47000.

ARTOCETO 61030 Pesaro e Urbino 🔢🔢🔢 🔢🔢🔢 L 20 – 5 592 ab. alt. 235 – ✆ 0721.

ma 280 – ♦Ancona 78 – Pesaro 30 – Urbino 33.

🏨🏨🏨 ❀ **Symposium,** O : 1,5 km ✆ 898320, Fax 898493, Coperti limitati; prenotare, « Servizio estivo in giardino » – 🅟. ✵ chiuso lunedì, dal 4 al 24 gennaio e dal 28 giugno al 9 luglio – Pas carta 53/76000 **Spec.** Insalata di anguilla con guanciale di maiale, Passatelli asciutti con fonduta e tartufo bianco (autunno-inverno), Faraona alla moda di Apiro con fritto di verdure. **Vini** Verdicchio, Dorico.

ARTOSIO 15015 Alessandria 🔢🔢🔢 I 7 – 831 ab. alt. 236 – ✆ 0144.

ma 578 – Acqui Terme 13 – Alessandria 47 – ♦Genova 79 – ♦Milano 137 – Savona 46 – ♦Torino 115.

🏨🏨 **Cacciatori** ⑤, con cam, ✆ 40123, Fax 40524 – 🅟. chiuso dal 23 dicembre al 24 gennaio e dal 1° al 15 luglio – **Pas** (chiuso giovedì) carta 30/48000 – ☲ 10000 – **12 cam** 42/60000, 2 appartamenti – P 65000.

sulla strada statale 334 S : 6 km :

🏨🏨 **La Cascata,** ✉ 15015 ✆ 40143, ← – 🅟. ✵ chiuso mercoledì, dal 2 gennaio al 20 febbraio e dal 1° al 10 luglio – Pas carta 30/48000.

ARZANO 38050 Trento – 428 ab. alt. 428 – ✆ 0461.

ma 594 – Belluno 73 – Trento 39 – Treviso 103 – Venezia 133.

🏨🏨 **Le Rose,** ✆ 766177, Coperti limitati; prenotare – 🅟. 🄰🄴 𝘝𝘐𝘚𝘈. ✵ chiuso lunedì e dal 20 al 30 giugno – Pas carta 42/60000.

ASACORBA Treviso 🔢🔢🔢 F 18 – alt. 31 – ✉ 31030 Albaredo – ✆ 0423.

ma 535 – ♦Milano 247 – ♦Padova 35 – Treviso 18 – ♦Venezia 38.

🏨 **Al Munaron,** S : 1 km ✆ 451143, « Giardino con laghetto e voliere » – 🅟 chiuso lunedì e dal 6 al 20 agosto – Pas carta 24/44000.

ASALECCHIO DI RENO 40033 Bologna 🔢🔢🔢 ⑭, 🔢🔢🔢 🔢🔢🔢 I 15 – 34 952 ab. alt. 60 – ✆ 051.

autostrada A 1-Cantagallo ✆ 572263.

ma 372 – ♦Bologna 7 – ♦Firenze 98 – ♦Milano 205 – ♦Modena 36.

Pianta d'insieme di Bologna

🏨 **Pedretti,** ✆ 572149, Fax 578286, 🍽 – ☎ 🅟. 🄰🄴 🚫 ⓘ 🄴 𝘝𝘐𝘚𝘈. ✵ Pas (chiuso venerdì e dal 1° al 15 agosto) carta 38/56000 (14%) – ☲ 8000 – **24 cam** 65/100000 – ½ P 85/115000.
DU **n**

CASALE CORTE CERRO 28022 Novara **428** E 7, **219** ⑥ – 3 039 ab. alt. 372 – ✪ 0323.

Roma 671 – Domodossola 32 – Locarno 53 – ♦Milano 94 – Novara 61 – Stresa 14 – ♦Torino 135.

XX **Da Cicin** con cam, strada statale E : 1 km ℘ 840045, Fax 840046, ℁ – 📺 ☎ 🅿. 🅱 ⓘ **VISA**. ℁
chiuso dal 1° al 23 agosto – Pas *(chiuso lunedì)* carta 34/55000 – ⌑ 7000 – **25 ca** 45/65000 – ½ P 55/60000.

CASALE MONFERRATO 15033 Alessandria **988** ⑫, **428** G 7 – 39 317 ab. alt. 116 – ✪ 0142.

🖪 via Marchino 2 ℘ 70243.

Roma 611 – Alessandria 30 – Asti 42 – ♦Milano 75 – Pavia 66 – ♦Torino 70 – Vercelli 23.

XXX **La Torre**, via Garoglio 3 per salita Sant'Anna ℘ 70295, Fax 70295 – 🅿. 🖭 🅱 ⓘ **E** **VIS**
chiuso mercoledì, dal 24 dicembre al 6 gennaio e dal 1° al 20 agosto – Pas carta 45/7900

XX **Alfeo**, piazza Cesare Battisti 32 ℘ 562493 – 🍽. 🖭 🅱 ⓘ **E** **VISA**. ℁
chiuso lunedì e dal 1° al 22 agosto – Pas carta 37/61000.

Vedere anche : **San Giorgio Monferrato** SO : 7 km.
Terruggia S : 5 km.

CASALMAGGIORE 26041 Cremona **988** ⑭, **428** **429** H 13 – 13 068 ab. alt. 26 – ✪ 0375.

Roma 474 – ♦Brescia 70 – Cremona 40 – Mantova 40 – ♦Milano 138 – ♦Parma 24 – Reggio nell'Emilia 45.

🏨 **City**, via Cavour 54 ℘ 42118, Fax 200648, ℁ – 📺 ⊛ 🅿. 🖭 🅱 ⓘ **E** **VISA**. ℁
chiuso dal 23 al 26 dicembre, dal 1° al 6 gennaio e dal 1° al 25 agosto – Pas *(chiu domenica sera e lunedì)* carta 47/64000 – ⌑ 10000 – **20 cam** 60/80000 – ½ P 80/90000.

CASALPUSTERLENGO 20071 Milano **988** ⑬, **428** G 10 – 13 901 ab. alt. 61 – ✪ 0377.

Roma 524 – Cremona 32 – ♦Milano 51 – Pavia 42 – Piacenza 16.

🏨 **Fiesta e Rist. Cà Rosada**, viale della Stazione ℘ 84871 e rist ℘ 833196 – 🛗 🍽 📺 🅿 – 🔬 50. 🅱 **E** **VISA**. ℁
chiuso dal 5 al 21 agosto – Pas *(chiuso domenica)* carta 28/51000 – ⌑ 8500 – **36 ca** 75/98000.

CASAMICCIOLA TERME Napoli **988** ㉗, **431** E 23 – Vedere Ischia (Isola d').

CASARSA DELLA DELIZIA 33072 Pordenone **988** ⑤, **429** E 20 – 7 679 ab. alt. 44 – ✪ 0434.

Roma 608 – Pordenone 20 – Udine 31 – ♦Venezia 95.

🏨 **Al Posta**, ℘ 870808, Fax 870804, 🍴, ℁ – 🍽 📺 ☎ 🅿 – 🔬 50. 🖭 🅱 ⓘ **E** **VISA**. ℁
chiuso dal 1° al 24 agosto – Pas *(chiuso lunedì)* carta 32/53000 – ⌑ 8500 – **33 ca** 85/120000 – ½ P 80/90000.

CASARZA LIGURE 16030 Genova **428** J 10 – 5 213 ab. alt. 34 – ✪ 0185.

Roma 457 – ♦Genova 50 – Portofino 38 – La Spezia 59.

XX **San Giovanni**, via Monsignor Podestà 1 ℘ 467244, 🍴 – 🅿. 🅱 **E** **VISA**
chiuso novembre e lunedì *(escluso luglio-agosto)* – Pas carta 42/68000.

CASATEIA **(GASTEIG)** Bolzano – Vedere Vipiteno.

CASCIA 06043 Perugia **988** ⑯ ㉖, **430** N 21 – 3 219 ab. alt. 645 – ✪ 0743.

🖪 piazza Garibaldi 1 ℘ 71147, Fax 76630.

Roma 138 – Ascoli Piceno 94 – ♦Perugia 104 – Rieti 60 – Terni 66.

🏨 **Monte Meraviglia e Rist. Il Tartufo**, ℘ 76142, Telex 564007, Fax 71127 – 🛗 ☎ 🕭 ◀ 🅿 – 🔬 150. 🖭 🅱 ⓘ **E** **VISA**. ℁ rist
Pas carta 39/57000 – ⌑ 9000 – **130 cam** 75/105000 – ½ P 70/90000.

🏨 **Delle Rose**, ℘ 76241, Telex 563243, Fax 76240, ℁ – 🛗 ☎ 🕭 🅿 – 🔬 600. ⓘ. ℁ rist
3 aprile-ottobre – Pas carta 35/50000 – ⌑ 6500 – **160 cam** 65/95000 – ½ P 60/80000.

🏠 **Cursula**, ℘ 76206, Fax 76262 – 🛗 📺 ☎ 🅿. 🖭 🅱 ⓘ **E** **VISA**
chiuso gennaio e febbraio – Pas *(chiuso mercoledì)* carta 42/65000 (15%) – ⌑ 6500
34 cam 65/95000 – ½ P 65/75000.

X **La Tavernetta-Mini Hotel** con cam, ℘ 71387, 🍴 – ⇶ rist ⊛. 🖭 🅱 ⓘ **E** **VISA**. ℁
chiuso dal 20 dicembre al 10 gennaio – Pas *(chiuso martedì)* carta 30/50000 (10%)
⌑ 4500 – **8 cam** 47/70000 – ½ P 50/60000.

a Roccaporena O : 5 km – alt. 707 – ⌧ 06043 Cascia :

🏠 **Hotel Roccaporena**, ℘ 71205, Fax 76948, ≤, ℁ – 🛗 ☎ 🅿 – 🔬 120 a 600. 🖭 ℁
– aprile-ottobre – Pas carta 28/41000 – ⌑ 4500 – **75 cam** 50/70000 – ½ P 50/60000.

CASCIANA TERME 56034 Pisa **988** ⑭, **428** **430** L 13 – 3 171 ab. alt. 125 – Stazione terma (giugno-settembre) – ✪ 0587.

🖪 via Cavour 9 ℘ 646258.

Roma 335 – ♦Firenze 77 – ♦Livorno 41 – Pisa 38 – Pistoia 61 – Siena 100.

🏨 **Villa Margherita,** via Marconi 20 🖉 646113, Fax 646153, « Giardino ombreggiato » – 🛗
🏛 🛦 🅿. 🗚 🕄 ① E 𝘝𝘐𝘚𝘈. ⌀ rist
aprile-novembre – Pas carta 37/43000 – ⌸ 7000 – **48 cam** 65/85000 – ½ P 75000.

🏨 **La Speranza,** via Cavour 42 🖉 646215, 🌴 – 🛗 🖩 rist ☎ 🅿. 🕄 𝘝𝘐𝘚𝘈. ⌀ rist
marzo-novembre – Pas *(chiuso venerdì)* 25/30000 – ⌸ 8000 – **42 cam** 58/72000 – ½ P 56/
66000.

ASCIANO 53010 Siena 𝟺𝟹𝟶 M 15 – alt. 452 – ✪ 0577.
ma 244 – Grosseto 57 – ◆Perugia 117 – Siena 26.

🏛 **Mirella,** 🖉 817667, Fax 817575, 🌴 – 🛗 📺 ☎ 🅿. 🗚 🕄 ① E 𝘝𝘐𝘚𝘈. ⌀
chiuso gennaio e febbraio – Pas *(chiuso mercoledì)* carta 21/33000 – ⌸ 8000 – **31 cam**
57/91000 – ½ P 60/70000.

ASEI GEROLA 27050 Pavia 𝟿𝟾𝟾 ⑬, 𝟺𝟸𝟾 G 8 – 2 630 ab. alt. 81 – ✪ 0383.
ma 574 – Alessandria 35 – ◆Milano 57 – Novara 61 – Pavia 36.

🏛 **Bellinzona,** via Mazzini 71 🖉 61525, Fax 61374 – 🖩 📺 ☎ 🚗 🅿. 🗚 🕄 ① E 𝘝𝘐𝘚𝘈. ⌀
Pas *(chiuso sabato)* carta 38/56000 – ⌸ 8000 – **18 cam** 60/80000 – ½ P 70000.

ASELLA 16015 Genova 𝟺𝟸𝟾 I 8 – 2 937 ab. alt. 407 – ✪ 010.
ma 532 – Alessandria 78 – ◆Genova 45 – ◆Milano 47 – Piacenza 127.

✗✗ Caterina, località Cortino 🖉 937946, Coperti limitati; prenotare – 🅿

ASELLE TORINESE 10072 Torino 𝟿𝟾𝟾 ⑫, 𝟺𝟸𝟾 G 4 – 13 716 ab. alt. 277 – ✪ 011.
✈ Città di Torino N : 1 km 🖉 5778361, Fax 5778420.
ma 691 – ◆Milano 144 – ◆Torino 14.

🏨 **Jet Hotel e Rist. Antica Zecca,** 🖉 9963733 (prenderà il 9913733), Telex 215896,
Fax 9961544, « Edificio del 16° secolo » – 🛗 🖩 📺 ☎ 🕹 🅿 – 🔬 50 a 80. 🗚 🕄 ① E 𝘝𝘐𝘚𝘈.
⌀ rist
chiuso dal 3 al 19 agosto – Pas *(chiuso lunedì)* carta 56/82000 – ⌸ 17000 – **76 cam**
190/270000.

CASE NUOVE Varese – Vedere Somma Lombardo.

CASERTA 81100 🄿 𝟿𝟾𝟾 ㉗, 𝟺𝟹𝟷 D 25 – 69 348 ab. alt. 68 – ✪ 0823.
edere La Reggia★★.
intorni Caserta Vecchia★ NE : 10 km – Museo Campano★ a Capua NO : 11 km.
corso Trieste 39 (angolo piazza Dante) 🖉 321137.
.C.I. via Nazario Sauro 10 🖉 321442.
ma 192 – Avellino 58 – Benevento 48 – Campobasso 114 – Abbazia di Montecassino 81 – ◆Napoli 33.

🏨 **Jolly,** via Vittorio Veneto 9 🖉 325222, Telex 710548, Fax 354522 – 🛗 🖩 📺 ☎ 🕹. 🗚 🕄 ①
E 𝘝𝘐𝘚𝘈. ⌀ rist
Pas *(chiuso venerdì)* 42/46000 – **107 cam** ⌸ 150/190000 – ½ P 196000.

🏨 **Europa** senza rist, via Roma 29 🖉 325400, Telex 710537, Fax 245805 – 🛗 🖩 📺 🚗 🅿 –
🔬 80. 🗚 🕄 ① 𝘝𝘐𝘚𝘈. ⌀
58 cam ⌸ 110/140000.

🏨 **Centrale** senza rist, via Roma 170 🖉 321855, Fax 326557 – 🛗 🖩 📺 🛅. 🗚 ① E 𝘝𝘐𝘚𝘈. ⌀
⌸ 8000 – **41 cam** 62/87000, 🖩 2500.

✗✗✗ **King House,** corso Giannone 50 🖉 355040, Fax 355043 – 🅿 – 🔬 25 a 120. 🗚 🕄 ① E
𝘝𝘐𝘚𝘈. ⌀
chiuso domenica, Natale ed agosto – Pas carta 57/78000.

✗✗ **Antica Locanda-Massa 1848,** via Mazzini 55 🖉 321268, 🌴 – 🗚 🕄 ① E 𝘝𝘐𝘚𝘈. ⌀
chiuso venerdì, domenica sera e dal 10 al 25 agosto – Pas carta 33/68000 (15 %).

✗✗ **Ciacco,** via Maielli 37 🖉 327505, prenotare – 🖩. 🗚 𝘝𝘐𝘚𝘈
chiuso domenica ed agosto – Pas carta 38/65000.

✗✗ **Leucio,** località San Leucio NO : 4 km ✉ 81020 San Leucio 🖉 301241 – 🅿. 🗚 🕄 𝘝𝘐𝘚𝘈
chiuso domenica sera, lunedì, Natale, Pasqua ed agosto – Pas carta 40/70000 (15 %).

✗ **La Leccese,** piazza Vanvitelli 23 🖉 329567 – 🗚 🕄 ① E 𝘝𝘐𝘚𝘈. ⌀
chiuso venerdì, dal 23 dicembre al 3 gennaio e dal 13 al 25 agosto – Pas carta 33/58000
(12 %).

a Caserta Vecchia NE : 10 km – alt. 401 – ✉ 81020 :

✗ **Al Ritrovo dei Patriarchi,** località Sommana 🖉 371510 – 🖩 🅿. ⌀
chiuso giovedì ed agosto – Pas carta 25/56000 (10 %).

CASIER 31030 Treviso 𝟺𝟸𝟿 F 18 – 6 678 ab. alt. 5 – ✪ 0422.
ma 539 – ◆Padova 52 – Treviso 6 – ◆Venezia 32.

a Dosson SO : 3,5 km – ✉ 31030 :

✗ **Alla Pasina,** 🖉 382112, Fax 382112 – 🕄 E. ⌀
chiuso lunedì sera, martedì e sabato a mezzogiorno – **Pas** carta 22/45000.

CASIRATE D'ADDA 24040 Bergamo 428 F 10 – 2 914 ab. alt. 115 – ✆ 0363.

Roma 574 – ◆Brescia 59 – Cremona 60 – ◆Milano 32 – Piacenza 60.

　XX **Il Portico,** via Rimembranze 9 ℰ 87574, 斎 – ❶. 歴 ⑤ Ⓞ Ɛ 𝚅𝙸𝚂𝙰 .
　　chiuso martedì e dal 5 al 20 agosto – Pas carta 39/69000.

CASLANO 427 ㉔, 219 ⑧ – Vedere Cantone Ticino (Ponte Tresa) alla fine dell'elen
alfabetico.

CASOLA VALSENIO 48010 Ravenna 429 430 J 16 – 2 931 ab. alt. 195 – ✆ 0546.

Roma 380 – ◆Bologna 61 – ◆Firenze 82 – Forlì 42 – ◆Milano 277 – Ravenna 60.

　XX **Mozart,** località Chiesa di Sopra ℰ 73508, Coperti limitati; prenotare, 斎 – ❶. 歴 𝚅𝙸𝚂𝙰
　　aprile-ottobre; chiuso lunedì – Pas carta 36/61000.

　X **Valsenio,** località Valsenio NE : 2 km ℰ 73179, 斎 – ❶. ❀
　　chiuso a mezzogiorno (escluso sabato-domenica), lunedì e dal 6 gennaio al 15 febbraic
　　Pas carta 22/30000.

CASOLE BRUZIO 87050 Cosenza – 1 952 ab. alt. 600 – ✆ 0984.

Roma 527 – Catanzaro 108 – Cosenza 11.

　🏨 Virginia, via Case Sparse ℰ 438103, Fax 432514, ₭₅, ≘s, ⌁, ❀ – 🔟 ☎ ₺
　　🛁 80 a 100. 歴 ⑤ Ⓞ Ɛ 𝚅𝙸𝚂𝙰
　　33 cam.

CASOLE D'ELSA 53031 Siena 430 L 15 – 2 648 ab. alt. 417 – ✆ 0577.

Roma 269 – ◆Firenze 63 – ◆Livorno 97 – Siena 39.

　X **Gemini** con cam, ℰ 948622, Fax 948241, ≤, Specialità spagnole, ⌁, 斎 – 🔟 ☎ ₺ ❶. I
　　⑤ Ⓞ Ɛ 𝚅𝙸𝚂𝙰. ❀ cam
　　chiuso dal 9 al 31 gennaio – Pas (chiuso martedì) carta 30/47000 (10%) – 🖙 7500 – **15 ca**
　　65/90000 – ½ P 75000.

　　a Pievescola SE : 12 km – ✉ 53030 :

　🏨 **Relais la Suvera** ⑤, località La Suvera ℰ 960300, Fax 960220, ≤, 斎, « Comples
　　patrizio del 16° secolo », ⌁, 斎, ❀ – 🛗 ☰ cam 🔟 ☎ ₺ ❶ – 🛁 25 a 100. 歴 ⑤ Ⓞ Ɛ 𝚅𝙸
　　❀
　　Pas carta 55/105000 – **23 cam** 🖙 275000, 10 appartamenti – ½ P 200/270000.

CASPOGGIO 23020 Sondrio 428 429 D 11, 218 ⑮ – 1 590 ab. alt. 1 098 – Sport inverna
1 098/2 155 m ≰7, ⚐ (vedere anche Chiesa in Valmalenco) – ✆ 0342.

Roma 713 – ◆Bergamo 130 – ◆Milano 153 – Sondrio 15.

　X **Baita al Doss,** a Santa Elisabetta ℰ 461152, ≤ – ❶
　　chiuso lunedì escluso luglio-agosto – Pas carta 29/49000.

CASSINA SAVINA Milano 219 ⑲ – Vedere Cesano Maderno.

CASSINASCO 14050 Asti 428 H 6 641 ab. alt. 447 – ✆ 0141.

Roma 594 – Alessandria 44 – Asti 34 – ◆Genova 94 – ◆Milano 137 – ◆Torino 93.

　XX ✿ **Dei Caffi,** O : 2 km ℰ 851121, Coperti limitati; prenotare – ⥸. ⑤ Ⓞ Ɛ 𝚅𝙸𝚂𝙰. ❀
　　chiuso domenica sera, mercoledì e dal 1° al 20 gennaio – Pas carta 41/75000 bc
　　Spec. Tortino alle punte d'ortica con burro al peperone (primavera), Gnocchetti al pesto di rucola, Tagliata di vitello a
　　erbe aromatiche. **Vini** Arneis, Freisa.

CASSINA VALSASSINA 22040 Como 219 ⑩ – 441 ab. alt. 849 – ✆ 0341.

Roma 634 – Como 42 – Lecco 13 – ◆Milano 69 – Sondrio 81.

　X La Lucciola, ℰ 996525

CASSINETTA DI LUGAGNANO Milano 428 F 8, 219 ⑱ – Vedere Abbiategrasso.

CASSINO 03043 Frosinone 988 ㉗, 430 R 23 – 34 594 ab. alt. 45 – ✆ 0776.

Dintorni Abbazia di Montecassino★★ – Museo dell'abbazia★★ O : 9 km.

🖪 via Condotti 7 ℰ 21292, Fax 25692.

Roma 130 – Caserta 71 – Frosinone 56 – Gaeta 47 – Isernia 48 – ◆Napoli 98.

　🏨 **Forum Palace Hotel,** via Casilina Nord ℰ 301211, Telex 610641, Fax 302116 – 🛗 ☰ [
　　☎ ⇌ ❶ – 🛁 30 a 300. 歴 ⑤ Ⓞ Ɛ 𝚅𝙸𝚂𝙰. ❀ rist
　　Pas carta 38/62000 – **100 cam** 🖙 110/145000 – ½ P 110000.

　🏨 **Rocca,** via Sferracavallo 105 ℰ 311212, Fax 311212, ⌁ riscaldata, ❀ – 🛗 ☰ rist 🔟
　　❶. 歴 ⑤ 𝚅𝙸𝚂𝙰.
　　Pas carta 24/37000 – 🖙 8000 – **35 cam** 65/75000 – ½ P 65/70000.

　🏨 Al Boschetto, via Ausonia 54 ℰ 301227, Fax 301227, 斎, 斎 – 🛗 🔟 ☎ ❶
　　46 cam.

　　Vedere anche : **Sant'Elia Fiumerapido** N : 7 km.

CASTAGNETO CARDUCCI 57022 Livorno 🅰🅱🅾 M 13 – 8 290 ab. alt. 194 – a.s. 15 giugno-settembre – ✿ 0565.
ma 272 – ◆Firenze 143 – Grosseto 84 – ◆Livorno 57 – Piombino 33 – Siena 119.

🏨 **Zi Martino,** località San Giusto 264/a (O : 2 km) ℰ 766000, Fax 763444, 🏠 – 📶 📺 ☎ 🔌 **ⓟ** 🔯 **E** 𝘝𝘐𝘚𝘈 . ❄
Pas *(chiuso lunedì escluso luglio-agosto)* carta 28/39000 – 🍴 9000 – **23 cam** 90/102000 – ½ P 56/97000.

🏨 **La Torre** ⬧, SO : 6 km ℰ 775268, Fax 775268, ≤, 🏠 , « In campagna », 🐎 – 📺 📹 **ⓟ**. 🔯 **E** 𝘝𝘐𝘚𝘈 . ❄
Pas *(chiuso lunedì)* carta 33/48000 – 🍴 12000 – **11 cam** 80/110000 – ½ P 70/80000.

a Donoratico NO : 6 km – ✉ **57024** :

🏨 **Nuovo Hotel Bambolo,** N : 1 km ℰ 775206, Fax 775346, 🎣, 🏊, 🐎 – 📺 ☎ **ⓟ**. 🔯 🔯 **E** 𝘝𝘐𝘚𝘈 . ❄
Pas vedere rist Bambolo – **35 cam** 🍴 80/145000 – ½ P 74/115000.

🏠 **Cucciolo** senza rist, ℰ 775156 – 🔯 **E** 𝘝𝘐𝘚𝘈 . ❄
chiuso da novembre al 15 dicembre – 🍴 4000 – **16 cam** 55/77000.

XX **Locanda Campo Menabuoi** con cam, via Aurelia Sud 46 ℰ 774160, Fax 774229, 🐎 – 📺 ☎ **ⓟ**. 🔯 🔯 🔾 **E** 𝘝𝘐𝘚𝘈 . ❄
chiuso novembre – Pas carta 32/51000 – **6 cam** 🍴 50/90000 – ½ P 65000.

X **Bambolo,** N : 1 km ℰ 775055, 🐎 – **ⓟ**. 🔯 🔯 🔾 **E** 𝘝𝘐𝘚𝘈 . ❄
chiuso dal 10 gennaio al 20 febbraio e lunedì *(escluso da maggio a settembre)* – Pas carta 32/52000 (10%).

a Marina di Castagneto NO : 9 km – ✉ **57024** Donoratico :

🏨 **Le Dune** ⬧, ℰ 745790, Fax 744478, « Parco-pineta », 🏋, 🏊, 🐎 – 📺 ☎ **ⓟ**. ❄
8 aprile-10 ottobre – Pas *(solo per clienti alloggiati)* carta 38/56000 (10%) – 🍴 10000 – **34 cam** 70/110000 – P 95/160000.

🏨 **I Ginepri,** ℰ 744029, Fax 744344, « Giardino ombreggiato », 🏊, 🐎 – 📶 ☎. 🔯 🔯 🔾 **E** 𝘝𝘐𝘚𝘈 . ❄ rist
marzo-ottobre – Pas carta 40/55000 (10%) – 🍴 10000 – **50 cam** 100000 – ½ P 63/125000.

X **La Tana del Pirata,** via Milano 17 ℰ 744143, 🏠, 🐎 – **ⓟ**. 🔯 🔯 🔾 **E** 𝘝𝘐𝘚𝘈 . ❄
10 aprile-10 ottobre; chiuso venerdì escluso da giugno a settembre – Pas carta 52/77000.

ASTAGNETO PO 10090 Torino 🅰🅱🅾 G 5 – 1 223 ab. alt. 473 – ✿ 011.
ma 685 – Aosta 105 – ◆Milano 122 – Novara 77 – ◆Torino 26 – Vercelli 59.

X **La Pergola,** ℰ 912933, 🏠 – 🔯 🔯
chiuso martedì e dall'8 gennaio al 23 febbraio – Pas carta 29/51000.

ASTAGNOLA 🈁🈂 ⑧ – Vedere Cantone Ticino (Lugano) alla fine dell'elenco alfabetico.

CASTELBELLO CIARDES (KASTELBELL TSCHARS) 39020 Bolzano 🅰🅱🅾 🅰🅱🅾 C 14, 🈁🈂 ⑲ – 326 ab. alt. 586 – ✿ 0473.
ma 688 – ◆Bolzano 51 – Merano 23.

sulla strada statale 38 E : 4,5 km :

🏨 **Sand,** ✉ 39020 ℰ 624130, Fax 624406, ≤, 🎣, 🏊, 🏊, 🐎, ❄ – 📶 📺 ☎ **ⓟ**. 🔯 **E** 𝘝𝘐𝘚𝘈
chiuso dal 10 gennaio al 10 marzo – Pas *(chiuso mercoledì)* carta 40/49000 – **26 cam** 🍴 65/130000 – ½ P 65/90000.

CASTEL D'APPIO Imperia 🈁🈂 ⑱ ⑲ – Vedere Ventimiglia.

CASTEL D'ARIO 46033 Mantova 🅰🅱🅾 🅰🅱🅾 G 14 – 3 980 ab. alt. 24 – ✿ 0376.
oma 478 – ◆Ferrara 96 – Mantova 15 – ◆Milano 188 – ◆Verona 49.

X **Stazione,** ℰ 660217 – 🍽. ❄
chiuso lunedì sera, martedì, dal 3 al 17 gennaio e luglio – Pas carta 30/40000.

CASTEL D'AZZANO 37060 Verona 🅰🅱🅾 🅰🅱🅾 F 14 – 9 198 ab. alt. 44 – ✿ 045.
oma 495 – Mantova 32 – ◆Milano 162 – ◆Padova 92 – ◆Verona 10.

🏨 **Cristallo,** ℰ 519000, Fax 8520244 – 📶 🍽 📺 ☎ 🔌 🚗 **ⓟ** – 🕍 40. 🔯 🔯 **E** 𝘝𝘐𝘚𝘈 . ❄
chiuso dal 15 dicembre al 15 gennaio – Pas *(chiuso mercoledì)* carta 35/60000 – 🍴 12000 – **80 cam** 85/125000.

CASTELDEBOLE Bologna – Vedere Bologna.

CASTEL DEL PIANO 58033 Grosseto 🅰🅱🅾 N 16 – 4 446 ab. alt. 632 – a.s. luglio-agosto e 5 dicembre-15 gennaio – ✿ 0564.
oma 201 – ◆Firenze 141 – Grosseto 60 – Orvieto 84 – Siena 73 – Viterbo 101.

🏨 **Impero,** ℰ 955337, Fax 955025, 🐎, ❄ – 📶 📺 ☎ **ⓟ**. 🔯 🔯 𝘝𝘐𝘚𝘈 . ❄ rist
15 marzo-settembre – Pas carta 32/47000 – 🍴 9000 – **53 cam** 50/86000 – ½ P 65/87000.

a Prato della Contessa E : 12 km – alt. 1 500 – ⊠ 58033 Castel del Piano :

🏨 **Contessa,** 𝒫 959000, Fax 959002, ← – 📺 ☎ ⇌ 🅿 – 🔏 100. 🕻 ⚘
15 dicembre-10 aprile e luglio-15 settembre – Pas carta 30/44000 – 🖙 7000 – **28 ca**
105/125000 – ½ P 95/115000.

🟦 **CASTEL DEL RIO** 40022 Bologna 🔢🔢 J 16 – 1 107 ab. alt. 221 – 🕿 0542.
Roma 438 – ◆Bologna 59 – ◆Firenze 79 – ◆Milano 269.

🏠 **Gallo,** 𝒫 95924 – |🛗| ☎ – 🔏 50. 🖭 🕻 **E** ⅤⅠⅮ⅛⅛ ⚘
Pas *(chiuso dal 4 al 17 febbraio e martedì escluso dal 16 giugno al 14 settembre)* carta 2⋅
41000 – **24 cam** 🖙 66/80000 – ½ P 60/80000.

🟦 **CASTELDIMEZZO** Pesaro e Urbino 🔢🔢 K 20 – alt. 197 – ⊠ 61010 Fiorenzuola di Focar⋅
🕿 0721.
Roma 312 – ◆Milano 348 – Pesaro 12 – Rimini 29 – Urbino 41.

🍴🍴 **Taverna del Pescatore,** 𝒫 208116, ≼ mare, �, Rist. con specialità di mare – 🖭 🕻 ⊙
E ⅤⅠⅮ⅛⅛ ⚘
14 marzo-26 ottobre; chiuso martedì – Pas carta 60/91000.

🟦 **CASTEL DI TUSA** Messina 🔢 M 24 – Vedere Sicilia.

🟦 **CASTELFIDARDO** 60022 Ancona 🔢🔢 ⑯, 🔢 L 22 – 15 221 ab. alt. 199 – 🕿 071.
Roma 303 – ◆Ancona 24 – Macerata 40 – ◆Pescara 125.

🍴 La Sorgente, NE : 3 km 𝒫 7822786, �, Rist. di campagna – 🅿

🟦 **CASTELFIORENTINO** 50051 Firenze 🔢🔢 ⑭, 🔢🔢 L 14 – 17 233 ab. alt. 50 – 🕿 0571.
Roma 278 – ◆Firenze 40 – ◆Livorno 69 – Siena 51.

🍴 La Carrozza, via Sant'Antonio 35 𝒫 633581, � – ▤

🟦 **CASTELFRANCO DI SOPRA** 52020 Arezzo 🔢🔢 🔢 L 16 – 2 609 ab. alt. 280 – 🕿 055.
Roma 238 – Arezzo 46 – ◆Firenze 55 – Forlì 140 – Siena 56.

🍴🍴 🌼 **Vicolo del Contento,** località Mandri N : 1,5 km 𝒫 9149277, Fax 9149906, �, pren⋅
tare – 🅿. 🖭 🕻 **E** ⅤⅠⅮ⅛⅛ ⚘
chiuso lunedì, martedì ed agosto – Pas carta 50/78000
Spec. Insalata di mazzancolle tiepida in salsa di carciofi, Ravioli di crostacei in salsa di scampi, Branzino al profumo⋅
rosmarino. **Vini** Pinot grigio, Chianti.

🟦 **CASTELFRANCO EMILIA** 41013 Modena 🔢🔢 ⑭, 🔢🔢 I 15 – 21 131 ab. alt. 42 – 🕿 059.
Roma 398 – ◆Bologna 26 – ◆Ferrara 69 – ◆Firenze 125 – ◆Milano 183 – ◆Modena 13.

🍴 **La Lumira,** 𝒫 926550, « Ristorante caratteristico » – 🅿. 🖭 🕻 ⊙ **E** ⅤⅠⅮ⅛⅛ ⚘
chiuso domenica, lunedì a mezzogiorno, dal 1° al 7 gennaio ed agosto – Pas carta 33/5600⋅

a Rastellino NE : 6 km – ⊠ 41013 :

🍴 **Osteria di Rastellino,** 𝒫 937151, « Servizio estivo all'aperto » – 🅿. 🖭 ⊙. ⚘
chiuso lunedì, sabato a mezzogiorno e dal 10 agosto al 5 settembre – Pas carta 38/45000.

sulla strada statale 9 - via Emilia SE : 6 km :

🏨 **Eurhotel,** ⊠ 41010 Piumazzo 𝒫 932131, Fax 932365 – |🛗| ▤ 📺 ☎ 🅿. 🖭 🕻 ⊙ **E** ⅤⅠⅮ⅛⅛ ⚘
chiuso dal 1° al 22 agosto – Pas (solo per clienti alloggiati) 20/35000 – **49 cam** 🖙 75/10500⋅
– ½ P 75/95000.

🟦 **CASTELFRANCO VENETO** 31033 Treviso 🔢🔢 ⑤, 🔢 E 17 – 29 545 ab. alt. 42 – 🕿 0423.
Vedere Madonna col Bambino★★ del Giorgione nella Cattedrale.
Roma 532 – Belluno 74 – ◆Milano 239 – ◆Padova 32 – Trento 109 – Treviso 27 – ◆Venezia 45 – Vicenza 34.

🏨🏨 **Alla Torre** senza rist, piazzetta Trento e Trieste 7 𝒫 498707, Fax 498737 – |🛗| ▤ 📺 ☎
⇌ – 🔏 70. 🖭 🕻 ⊙ **E** ⅤⅠⅮ⅛⅛
🖙 10000 – **39 cam** 95/135000.

🏨 **Roma** senza rist, via Fabio Filzi 39 𝒫 721616, Fax 721515 – |🛗| ▤ 📺 ☎ 🕭 🅿 – 🔏 50. 🖭
⊙ **E** ⅤⅠⅮ⅛⅛
🖙 14000 – **68 cam** 84/110000

🏨 **Al Moretto** senza rist, via San Pio X 10 𝒫 721313, Fax 721066 – |🛗| 📺 ☎ 🅿. 🕻 **E** ⅤⅠⅮ⅛⅛. ≼
🖙 12000 – **35 cam** 78/115000.

🍴🍴 **Alle Mura,** via Preti 69 𝒫 498098, �, Rist. con specialità di mare, Coperti limita⋅
prenotare – ⇥⇤
chiuso giovedì, gennaio ed agosto – Pas carta 45/82000.

🍴🍴 **Osteria ai Due Mori,** vicolo Montebelluna 24 𝒫 497174, �, Coperti limitati; prenotar
– 🖭 🕻 ⅤⅠⅮ⅛⅛. ⚘
chiuso mercoledì, giovedì a mezzogiorno e dal 10 al 30 settembre – Pas carta 32/57000.

a Salvarosa NE : 3 km – ⊠ 31033 Castelfranco Veneto :

Fior, via dei Carpani 18 ℰ 721212, Fax 498771, 🛏, ☎, 🔧, 🚗, 🛎 – 🛎 🗏 📺 ☎ 🚗 🅿 – 🅿 25 a 250. 🖭 🛄 ⓞ ㅌ 𝘝𝘐𝘚𝘈. 🛠
Pas carta 44/58000 – **43 cam** ☲ 105/160000, appartamento – ½ P 120/140000.

Ca' delle Rose, ℰ 490232, 🔧 – 🛎 🗏 📺 ☎ 🅿 🖭 🛄 ㅌ 𝘝𝘐𝘚𝘈
Pas vedere rist Barbesin – ☲ 8500 – **20 cam** 59/89000.

Barbesin, ℰ 490446 – 🗏 🅿. 🖭 🛄
chiuso mercoledì sera, giovedì, dal 29 dicembre al 15 gennaio ed agosto – **Pas** carta 30/45000.

Da Rino Fior, ℰ 490462, Fax 720280 – 🗏 🅿. 🖭 🛄 ⓞ 𝘝𝘐𝘚𝘈. 🛠
chiuso lunedì sera, martedì e dal 29 luglio al 18 agosto – Pas carta 31/43000.

Vedere anche : *Casacorba* E : 10 km.

CASTEL GANDOLFO 00040 Roma 📖📖📖 ㉖, 📗📗📗 Q 19 – 7 073 ab. alt. 426 – ✿ 06.
Vedere Guida Verde.

(chiuso lunedì) ℰ 9313084, Fax 9312244.

(aprile-ottobre) piazza della Libertà ℰ 9360340.

Roma 25 – Anzio 36 – Frosinone 76 – Latina 46 – Terracina 80.

Castelvecchio ⑤, viale Pio XI ℰ 9360308, Fax 9360579, ≤ lago, « Terrazza », 🛏, 🔧, 🔲 – 🛎 📺 ☎ 🅿. 🖭 🛄 ⓞ ㅌ 𝘝𝘐𝘚𝘈. 🛠
Pas carta 40/55000 – **49 cam** ☲ 109/160000.

Prices	For notes on the prices quoted in this Guide, see the introduction.

CASTELGOMBERTO 36070 Vicenza 📗📗📗 F 16 – 4 658 ab. alt. 145 – ✿ 0445.
Roma 553 – ♦Milano 207 – ♦Verona 54 – Vicenza 24.

Al Cacciatore, via Foscola 3 ℰ 940006.

CASTELLABATE 84048 Salerno 📖📖📖 ㉘ ㊳, 📗📗📗 G 26 – 7 731 ab. alt. 278 – a.s. luglio-agosto – ✿ 0974.
Roma 328 – Agropoli 13 – ♦Napoli 122 – Salerno 71 – Sapri 123.

a Santa Maria NO : 5 km – ⊠ 84072 :

Sonia, ℰ 961172, Fax 961172, ≤, 🐎 – 🖭. 🛠
Pas *(aprile-ottobre)* carta 26/37000 (10 %) – ☲ 8000 – **20 cam** 45/75000 – ½ P 60/70000.

I Due Fratelli, N : 1,5 km ℰ 968004, ≤, 🌣 – 🅿. 🖭 🛄 ⓞ 𝘝𝘐𝘚𝘈. 🛠
chiuso mercoledì escluso dal 15 giugno al 15 settembre – Pas carta 29/47000 (10 %).

La Taverna del Pescatore, via Lamia ℰ 961261, 🌣, Solo piatti di pesce, prenotare – 🅿. 🖭 ⓞ. 🛠
marzo-novembre; chiuso lunedì escluso dal 15 giugno al 15 settembre – Pas carta 32/60000 (10 %).

a San Marco SO : 5 km – ⊠ 84071 :

L'Approdo, via Porto 49 ℰ 966001, Fax 966500, ≤, 🌣, 🔧, 🐎 – 🛎 ᴗ cam 📺 ☎ 🅿. 🖭 🛄 ⓞ ㅌ 𝘝𝘐𝘚𝘈. 🛠
aprile-10 ottobre – Pas carta 31/41000 (13 %) – **52 cam** ☲ 120/150000, 8 appartamenti – ½ P 135/150000.

CASTELLAMMARE DEL GOLFO Trapani 📖📖📖 ㊱, 📗📗📗 M 20 – Vedere Sicilia.

CASTELLAMMARE DI STABIA 80053 Napoli 📖📖📖 ㉗, 📗📗📗 E 25 – 68 240 ab. – Stazione termale, a.s. luglio-settembre – ✿ 081.
Vedere Antiquarium★.

Dintorni Scavi di Pompei★★★ N : 5 km – Monte Faito★★ : ✳★★★ dal belvedere dei Capi e ✳★★★ dalla cappella di San Michele (strada a pedaggio).

piazza Matteotti 34 ℰ 8711334.

Roma 238 – Avellino 50 – Caserta 55 – ♦Napoli 29 – Salerno 31 – Sorrento 19.

Stabia, corso Vittorio Emanuele 101 ℰ 8722577, Fax 8722577, « Rist roof-garden con ≤ mare e costa » – 🛎 🗏 📺 ☎ 🚗
92 cam.

La Medusa ⑤, via Passeggiata Archeologica 5 ℰ 8723383, Fax 8717009, ≤, 🌣, 🔧, 🔧 – 🛎 cam 📺 ☎ 🅿 – 🅿 60. 🖭 🛄 ⓞ ㅌ 𝘝𝘐𝘚𝘈. 🛠
Pas 33/40000 – **52 cam** ☲ 125/170000, 🗏 15000 – ½ P 100/110000.

Torre Varano, via Passeggiata Archeologica ⊠ 80054 Gragnano ℰ 8718200, Fax 8718396, ≤, 🔧 – 🛎 ☎ 🅿 – 🅿 80. 🖭 🛄 ⓞ ㅌ 𝘝𝘐𝘚𝘈. 🛠 rist
Pas *(aprile-novembre)* 38000 – ☲ 12000 – **67 cam** 88000 – ½ P 90000.

CASTELLANA GROTTE 70013 Bari 988 ㉙ , 431 E 33 – 18 148 ab. alt. 290 – © 080.
Vedere Grotte★★★ SO : 2 km.
Roma 488 – ♦Bari 40 – ♦Brindisi 82 – Lecce 120 – Matera 65 – Potenza 154 – ♦Taranto 60.

血血 **Le Soleil**, via Conversano N : 1 km ℘ 8965133, Fax 8961409 – ▤ ☎ ❻ – 🛦 120. ஊ ❶ ᴠɪꜱᴀ. ⅏
Pas *(chiuso lunedì e novembre)* carta 33/54000 – ⇨ 10000 – **60 cam** 70/90000, ▤ 100C ½ P 80/90000.

alle grotte SO : 2 km :

✕ **Da Ernesto e Rosa-Taverna degli Artisti**, ⊠ 70013 ℘ 8968234, Fax 8968060, ⇨ ▤. ⅏
chiuso dicembre e giovedì (escluso da luglio a settembre) – Pas carta 24/37000 (15 %).

CASTELLANETA MARINA 74011 Taranto 431 F 32 16 465 ab. – a.s. 20 giugno-agosto – © 0⛛
🛏 (chiuso martedì da ottobre a maggio) a Riva dei Tessali ⊠ 74011 Castellaneta ℘ 64392 Telex 860086, SO : 10 km.
Roma 487 – ♦Bari 99 – Matera 57 – Potenza 128 – ♦Taranto 33.

a Riva dei Tessali SO : 10 km – ⊠ 74025 Marina di Ginosa :

血血 **Golf Hotel** ⅏, ℘ 6439251, Telex 860086, Fax 6439255, ⇨, « In un vasto parco », 🛦❍, ⇨, ⅏, ⅏, 🛏 – 🛦 150. ஊ 🛐 ❶ ☲ ᴠɪꜱᴀ. ⅏ rist
Pas *(giugno-settembre)* carta 57/90000 – ⇨ 25000 – **70 cam** 230000 – ½ P 128/218000.

CASTELL'ARQUATO 29014 Piacenza 988 ⑬ , 428 429 H 11 – 4 458 ab. alt. 225 – © 0523.
🛏 (chiuso lunedì) località Terme di Bacedasco ⊠ 29014 Castell'Arquato ℘ 948364.
🖪 (aprile-settembre) viale Remondini 1 ℘ 803091.
Roma 495 – ♦Bologna 134 – Cremona 39 – ♦Milano 96 – ♦Parma 41 – Piacenza 32.

✕✕ **La Rocca-da Franco**, ℘ 805154, ⇦ – ⅏
chiuso mercoledì, gennaio e luglio – Pas carta 36/56000.

✕ **Faccini**, località Sant'Antonio N : 3 km ℘ 896340, ⇨ – ❻. ⅏
chiuso mercoledì e dal 3 al 18 luglio – Pas carta 34/49000.

CASTELLETTO DI BRENZONE Verona 428 E 14 – Vedere Brenzone.

CASTELLINA IN CHIANTI 53011 Siena 988 ⑭ ⑮ , 430 L 15 – 2 500 ab. alt. 578 – © 0577.
Roma 251 – Arezzo 67 – ♦Firenze 50 – Pisa 98 – Siena 21.

血血 **Villa Casalecchi** ⅏, S : 1 km ℘ 740240, Fax 741111, ⇦, ⅏, ⇨, ⅏ – ☎ ❻. ஊ 🛐 ❶ ᴠɪꜱᴀ. ⅏ rist
28 marzo-ottobre – Pas carta 65/85000 – **19 cam** ⇨ 270000. 3 appartamenti – ½ P 2C 220000.

血 **Salivolpi** ⅏, senza rist, ℘ 740484, Fax 740998, ⅏, ⇨ – ☎ ❻. 🛐 ☲ ᴠɪꜱᴀ. ⅏
19 cam ⇨ 95000.

✕ **Antica Trattoria la Torre**, ℘ 740236 – ஊ 🛐 ☲ ᴠɪꜱᴀ. ⅏
chiuso venerdì e dal 1° al 15 settembre – Pas carta 33/49000.

a Ricavo N : 4 km – ⊠ 53011 Castellina in Chianti :

血血 **Tenuta di Ricavo** ⅏, ℘ 740221, Fax 741014, ⇦, « Borgo rustico », ⅏, ⇨ – ⇥ rist ⅋ ❻. 🛐 ᴠɪꜱᴀ. ⅏
aprile-ottobre – Pas *(chiuso lunedì; prenotare)* carta 50/70000 – **23 cam** ⇨ 210/34000 4 appartamenti.

a San Leonino S : 9 km – ⊠ 53011 Castellina in Chianti :

血 **Belvedere di San Leonino** ⅏, ℘ 740887, Fax 740924, ⇦, ⅏, ⇨ – ☎ ❻. 🛐 ☲ ᴠɪꜱᴀ. ⅏
Pas *(solo per clienti alloggiati e chiuso a mezzogiorno)* 25000 – **28 cam** ⇨ 105000 ½ P 78000.

sulla strada statale 222 - Chiantigiana S : 11 km :

血血 **Casafrassi** ⅏, località Casafrassi ⊠ 53011 ℘ 740621, Fax 741047, ⇦, ⅏, ⇨, ⅏ – ▤ cam ☎ ❻
marzo-novembre – Pas *(chiuso giovedì)* carta 40/60000 – ⇨ 20000 – **20 cam** 160/24000 ½ P 130/160000.

CASTELLINA MARITTIMA 56040 Pisa 430 L 13 – 1 867 ab. alt. 375 – © 050.
Roma 308 – ♦Firenze 105 – ♦Livorno 40 – Pisa 49 – Pistoia 89 – Siena 103.

血 **Il Poggetto** ⅏, ℘ 695205, Fax 695246, ⇦, « Giardino ombreggiato », ⅏, ⅏ – ❻. ᴠɪꜱᴀ
chiuso gennaio – Pas carta 27/39000 – ⇨ 9000 – **31 cam** 66/90000 – ½ P 44/62000.

CASTELLO DI ANNONE 14030 Asti 428 H 6 – 1 758 ab. alt. 109 – © 0141.
Roma 612 – Alessandria 26 – Asti 11 – ♦Milano 121 – ♦Torino 65.

✕✕ **La Fioraia**, ℘ 401106, prenotare – ▤ ❻. 🛐 ☲ ᴠɪꜱᴀ
chiuso lunedì e dal 18 luglio al 7 agosto – Pas carta 40/70000.

CASTELLO MOLINA DI FIEMME 38030 Trento 429 D 16 – 1 998 ab. alt. 963 – a.s. febbraio-squa e Natale – 🕿 0462.

(uglio-agosto) 🖉 30045 e 30082.

a 645 – Belluno 95 – ◆Bolzano 39 – Cortina d'Ampezzo 100 – ◆Milano 303 – Trento 63.

Los Andes ⣷, 🖉 30098, Fax 32230, ≤, ⑂, ⛬, ⌧ – 🛗 🕿 🖚 🗋 🖸 ⑩ 𝐄 𝘝𝘐𝘚𝘈. ⫶ rist
chiuso maggio e novembre – Pas 25/35000 – ⊑ 18000 – **39 cam** 160000 – ½ P 120000.

Olimpionico ⣷, 🖉 30744, Fax 30218, ≤, ⑂, ⛬ – 🛗 🕿 ፊ 🗋 🖸 ⑩ 𝐄 𝘝𝘐𝘚𝘈. ⫶ rist
chiuso novembre – Pas carta 30/46000 – **42 cam** ⊑ 85/140000 – ½ P 65/100000.

CASTEL MADAMA 00024 Roma 988 ㉖, 430 Q 20 – 6 340 ab. alt. 453 – 🕿 0774.

a 43 – Avezzano 70.

Sgommarello, a Collerminio SO : 4 km 🖉 449127, ≤, 🏤, 🚗 – 🗋. ⫶
chiuso domenica sera, mercoledì e dal 20 luglio al 10 agosto – Pas carta 40/53000.

CASTEL MAGGIORE 40013 Bologna 429 430 I 16 – 14 591 ab. alt. 20 – 🕿 051.

a 387 – ◆Bologna 10 – ◆Ferrara 38 – ◆Milano 214.

Olimpic, via Galliera 23 🖉 700861, Fax 700776 – 🛗 ▤ 📺 🕿 🖚 🗋 – 🔬 40. ⚈ 🖸 ⑩ 𝐄 𝘝𝘐𝘚𝘈
Pas *(chiuso domenica ed agosto)* carta 28/38000 – ⊑ 6000 – **62 cam** 70/90000 – ½ P 65/90000.

Rally senza rist, via Curiel 4 🖉 711186, Fax 711186 – 🛗 📺 🕿 🖚 🗋. ⚈ 🖸 ⑩ 𝐄 𝘝𝘐𝘚𝘈. ⫶
⊑ 10000 – **28 cam** 95/135000.

Alla Scuderia, località Castello E : 1,5 km 🖉 713302, prenotare – ▤ 🗋. ⚈ 🖸 ⑩ 𝐄 𝘝𝘐𝘚𝘈.
⫶ – *chiuso domenica, lunedì e dal 6 al 27 agosto* – Pas carta 47/59000.

Rally, via Curiel 🖉 715678

a Trebbo di Reno SO : 6 km – ✉ 40060 :

Il Sole-Antica Locanda del Trebbo, via Lame 67 🖉 700102, 🏤, Coperti limitati;
prenotare – 🗋. ⚈ ⑩ 𝘝𝘐𝘚𝘈
chiuso sabato a mezzogiorno, domenica, dal 2 al 10 gennaio e dal 13 al 31 agosto – Pas
carta 40/65000.

CHELIN, via Bonazzi 32 (zona Industriale), 🖉 713157, Fax 712952.

CASTELMASSA 45035 Rovigo 988 ⑭ – 4 769 ab. alt. 12 – 🕿 0425.

na 460 – ◆Ferrara 37 – Mantova 51 – ◆Modena 73 – ◆Padova 82.

Portoncino Rosso, via Matteotti 15/a 🖉 81698, Coperti limitati; prenotare – ▤. ⚈ 🖸 𝐄
𝘝𝘐𝘚𝘈. ⫶
chiuso martedì sera, mercoledì ed agosto – Pas carta 25/50000.

CASTELMOLA Messina – Vedere Sicilia (Taormina).

CASTELNOVO DI SOTTO 42024 Reggio nell'Emilia 428 H 13 – 7 169 ab. alt. 27 – 🕿 0522.

na 440 – ◆Bologna 78 – Mantova 56 – ◆Milano 142 – ◆Parma 22 – Reggio nell'Emilia 15.

Poli senza rist, 🖉 683168, Fax 683774 – 🛗 ▤ 📺 🕿 🖚 🗋. ⚈ 🖸 ⑩ 𝐄 𝘝𝘐𝘚𝘈
⊑ 12000 – **42 cam** 75/100000.

Poli-alla Stazione, 🖉 682342, 🏤, ⛬ – 🗋. ⚈ 🖸 ⑩ 𝐄 𝘝𝘐𝘚𝘈. ⫶
chiuso domenica sera, lunedì ed agosto – Pas carta 45/70000.

CASTELNOVO NE' MONTI 42035 Reggio nell'Emilia 988 ⑭, 428 429 430 I 13 – 27 ab. alt. 700 – a.s. luglio-15 settembre – 🕿 0522.

piazza Martiri della Libertà 12 🖉 810430.

na 470 – ◆Bologna 108 – ◆Milano 180 – ◆Parma 58 – Reggio nell'Emilia 43 – ◆La Spezia 90.

Bismantova, via Roma 73 🖉 812218 – 📺 🕿. ⚈ 🖸 ⑩ 𝘝𝘐𝘚𝘈. ⫶ cam
chiuso ottobre – Pas *(chiuso martedì in bassa stagione)* carta 33/44000 – ⊑ 10000 – **18 cam** 55/84000 – ½ P 65/70000.

CASTELNUOVO BERARDENGA 53019 Siena 988 ⑮, 430 L 16 – 6 276 ab. alt. 351 – 🕿 0577.

na 215 – Arezzo 50 – ◆Perugia 93 – Siena 21.

Relais San Felice ⣷, località San Felice N : 10 km 🖉 359260, Fax 359089, ≤, 🏤, « In
un borgo medioevale tra i vigneti », ⛬ riscaldata, 🚗, ⫶ – ▤ 📺 🕿 🗋 – 🔬 60. ⚈ 🖸 ⑩
𝐄 𝘝𝘐𝘚𝘈
marzo-10 novembre – Pas 85/125000 – **44 cam** ⊑ 190/300000, 12 appartamenti – ½ P 339/350000.

CASTELNUOVO DI GARFAGNANA 55032 Lucca 988 ⑭, 428 429 430 J 13 – 6 354 ab. alt. 277 – 🕿 0583.

na 395 – ◆Bologna 141 – ◆Firenze 121 – Lucca 47 – ◆Milano 263 – ◆La Spezia 81.

La Lanterna, località Piano Pieve N : 1,5 km 🖉 63364 – 🗋. ⚈ 🖸 𝐄 𝘝𝘐𝘚𝘈. ⫶
chiuso lunedì sera, martedì e gennaio – Pas carta 23/40000.

Da Carlino con cam, via Garibaldi 15 🖉 62045, 🚗 – 📺 🕿 🗋. ⚈ 🖸 ⑩
chiuso dal 6 al 27 gennaio – Pas *(chiuso lunedì)* carta 27/37000 – ⊑ 8000 – **30 cam**
50/85000 – ½ P 70000.

CASTELNUOVO MAGRA 19030 La Spezia, 428 429 430 J 12 – 8 124 ab. alt. 188 – ✪ 0187.
Roma 404 – Pisa 61 – Reggio nell'Emilia 149 – ◆La Spezia 18.

- ✗ **Armanda,** piazza Garibaldi 6 ✆ 674410, Coperti limitati; prenotare – ✑
  chiuso mercoledì, dal 24 dicembre al 2 gennaio e dal 7 al 22 settembre – Pas carta 54000.

CASTELRAIMONDO 62022 Macerata 988 ⑯, 430 M 21 – 4 226 ab. alt. 307 – ✪ 0737.
Roma 217 – ◆Ancona 85 – Fabriano 27 – Foligno 60 – Macerata 42 – ◆Perugia 93.

- 🏠 **Bellavista** ⌂, via Sant'Anna 11 ✆ 640717, ≤ – |✿| ☎ ➋. ◭ ▤ ➊ ☰ ▨. ✑
  chiuso dal 23 dicembre al 7 gennaio – Pas (chiuso sabato) carta 31/44000 – ⌑ 800.
  22 cam 70000 – ½ P 60/70000.

CASTEL RIGONE 06060 Perugia 430 M 18 – alt. 653 – ✪ 075.
Roma 208 – Arezzo 58 – ◆Perugia 28 – Siena 90.

- 🏛 **Relais la Fattoria** ⌂, ✆ 845322, Fax 845197, ⌇ – |✿| ▥ ☎ ➋ – 🔏 50. ◭ ▤ ➊ ☰ ▨.
  Pas carta 36/52000 – **29 cam** ⌑ 190/240000 – ½ P 165000.

CASTELROTTO (KASTELRUTH) 39040 Bolzano 988 ④, 429 C 16 – 5 548 ab. alt. 1 060 – Sp.
invernali : 1 060/1 484 m ⚡2, ⚡ (vedere anche Alpe di Siusi) – ✪ 0471.
🛈 ✆ 706333, Telex 400110, Fax 705188.
Roma 667 – ◆Bolzano 26 – Bressanone 25 – ◆Milano 325 – Ortisei 12 – Trento 86.

- 🏠 **Agnello Posta-Post Hotel Lamm,** ✆ 706343, Fax 707063, ≤, ≋s, ▨, ◿, ✿ – |✿| ▥ ☎.
  ◭ ▤ ➊ ☰ ▨. ✑ rist
  chiuso maggio e dal 15 novembre al 10 dicembre – Pas (chiuso lunedì da ottobre a ma.
  carta 29/64000 – **41 cam** ⌑ 115/210000, 3 appartamenti – ½ P 120/155000.
- 🏠 **Cavallino d'Oro-Goldenes Rössl,** ✆ 706337, Fax 707172, ≤ – ▥ ☎ ➡. ◭ ▤ ➊.
  ▨. ✑ rist
  chiuso dal 5 novembre al 5 dicembre – Pas (chiuso martedì) carta 22/36000 – **24 c.**
  ⌑ 80/120000 – ½ P 55/98000.
- 🏠 **Belvedere-Schönblick** senza rist, ✆ 706336, Fax 706172, ≤, ≋s – ☎ ➋
  21 dicembre-Pasqua e giugno-ottobre – **34 cam** ⌑ 51/90000.

  Vedere anche : **Siusi** S : 3 km.
  Alpe di Siusi SE : 11 km.

CASTEL SAN GIOVANNI 29015 Piacenza 988 ⑬ – 11 926 ab. alt. 74 – ✪ 0523.
Roma 532 – Alessandria 76 – ◆Genova 130 – ◆Milano 62 – Pavia 34 – Piacenza 20.

- 🏛 **Palace Hotel** senza rist, via Emilia Pavese 4 ✆ 881641, Fax 881643 – |✿| ▤ ▥ ☎ ➋. ◭
  ➊ ☰ ▨
  chiuso agosto – ⌑ 15000 – **52 cam** 121/165000.

CASTEL SAN PIETRO TERME 40024 Bologna 988 ⑮, 429 430 I 16 – 17 779 ab. alt. 75 – S.
zione termale (aprile-novembre), a.s. luglio-15 settembre – ✪ 051.
🛈 piazza 20 Settembre 3 ✆ 941110.
Roma 395 – ◆Bologna 23 – ◆Ferrara 67 – ◆Firenze 109 – Forlì 41 – ◆Milano 235 – ◆Ravenna 55.

- 🏠 **Park Hotel,** viale Terme 1010 ✆ 941101, Fax 944374, ✿ – |✿| ▤ ▥ ☎ ➋ – 🔏 50. ◭ ▨
  ✑
  chiuso dal 20 dicembre al 20 gennaio – Pas (solo per clienti alloggiati) 30/35000 – ⌑ 500.
  40 cam 70/110000 – ½ P 60000.
- ✗✗ **Terantiga** con cam, località Varignana O : 9 km ✉ 40060 Osteria Grande ✆ 94511.
  ▥ rist ▥ ☎ ➋ ➊ ☰ ▨. ✑
  chiuso dal 7 al 20 gennaio e dal 5 al 18 agosto – Pas (chiuso lunedì) carta 36/5100.
  ⌑ 8000 – **10 cam** 55/90000.
- ✗✗ **Maraz,** piazzale Vittorio Veneto 1 ✆ 941236, Fax 944422 – ◭ ▤ ➊ ☰ ▨. ✑
  chiuso mercoledì e dal 20 agosto al 5 settembre – Pas carta 38/55000.
- ✗ **Trattoria Trifoglio,** località San Giovanni in Bosco N : 13 km ✆ 949066, Fax 949266, ✿
  – ➋. ◭ ▤ ➊ ☰ ▨. ✑
  chiuso lunedì ed agosto – **Pas** carta 35/60000.

CASTELSARDO Sassari 988 ㉓, 433 E 8 – Vedere Sardegna.

CASTEL TOBLINO Trento – alt. 243 – ✉ 38070 Sarche – a.s. dicembre-Pasqua – ✪ 0461.
Roma 605 – ◆Bolzano 78 – ◆Brescia 100 – ◆Milano 195 – Riva del Garda 25 – Trento 17.

- ✗✗ **Castel Toblino,** ✆ 864036, Fax 864036, « In un castello medioevale; piccolo parco »
  ➋. ▤ ☰ ▨. ✑
  10 marzo-10 novembre; chiuso martedì escluso luglio-agosto – Pas carta 36/52000.

☛ When in a hurry use the Michelin Main Road Maps :
970 Europe, 980 Greece, 984 Germany, 985 Scandinavia-Finland,
986 Great Britain and Ireland, 987 Germany-Austria-Benelux, 988 Italy,
989 France, 990 Spain-Portugal and 991 Yugoslavia.

STELVECCANA 21010 Varese – 1 885 ab. alt. 281 – ✿ 0332.

666 – Bellinzona 46 – Como 59 – ◆Milano 87 – Novara 79 – Varese 29.

Da Pio 🦐 con cam, località San Pietro ✎ 520511, Fax 520510, 🏠, prenotare – ☎ ℗. 🏠
E 𝘝𝘐𝘚𝘈
chiuso gennaio, febbraio e dal 1° al 15 settembre – Pas *(chiuso martedì)* carta 40/70000 –
11 cam ⊐ 100000.

STELVERDE 26022 Cremona 𝟜𝟚𝟠 𝟜𝟚𝟡 G 11 – 4 350 ab. alt. 53 – ✿ 0372.

526 – ◆Brescia 55 – Cremona 6 – ◆Milano 86.

a Livrasco E : 1 km – ✉ 26022 Castelverde :

Valentino, ✎ 427557 – ℗. 🏠 𝘝𝘐𝘚𝘈. 🦐
chiuso martedì e dal 20 luglio al 10 agosto – **Pas** carta 24/37000.

STELVETRO DI MODENA 41014 Modena 𝟜𝟚𝟠 𝟜𝟚𝟡 𝟜𝟛𝟘 I 14 – 7 907 ab. alt. 152 – ✿ 059.

406 – ◆Bologna 40 – ◆Milano 189 – ◆Modena 19.

Zoello, località Settecani N : 5 km ✎ 702635, 🏠 – 🛗 📺 ☎ ℗. 🖭 🏠 ⓪ E 𝘝𝘐𝘚𝘈. 🦐
chiuso dal 24 dicembre al 6 gennaio ed agosto – Pas *(chiuso venerdì)* carta 30/40000 –
⊐ 8000 – **30 cam** 55/90000 – P 90000.

Al Castello, piazza Roma 7 ✎ 790276, Fax 790736, 🏠 – 🖭 🏠 ⓪ E 𝘝𝘐𝘚𝘈.
chiuso lunedì, gennaio e dal 16 al 24 agosto – Pas carta 37/62000 (10%).

STEL VOLTURNO 81030 Caserta 𝟡𝟠𝟠 ㉗, 𝟜𝟛𝟙 D 23 – 17 050 ab. – a.s. 15 giugno-15 settembre – ✿ 081.

190 – Caserta 37 – ◆Napoli 40.

Scalzone, via Domiziana al km 34,200 ✎ 851217 – ℗. 🖭
chiuso lunedì, Natale e Pasqua – Pas carta 24/43000 (12%).

*Le continue modifiche ed il costante miglioramento apportato
alla rete stradale italiana consigliano l'acquisto dell'edizione più
aggiornata della carta Michelin 𝟡𝟠𝟠 in scala 1:1 000 000.*

STIGLIONCELLO 57012 Livorno 𝟡𝟠𝟠 ⑭, 𝟜𝟛𝟘 L 13 – a.s. 15 giugno-15 settembre – ✿ 0586.

(maggio-settembre) via Aurelia 967 ✎ 752017, Fax 752291.

a 300 – ◆Firenze 137 – ◆Livorno 21 – Piombino 61 – Pisa 42 – Siena 109.

Atlantico 🦐, via Martelli 12 ✎ 752440, Fax 752494, 🥬 – 🛗 ☎ ℗. 🏠 E 𝘝𝘐𝘚𝘈. 🦐 rist
marzo-4 ottobre – Pas carta 35/49000 – **29 cam** ⊐ 65/95000 – ½ P 80/90000.

Martini 🦐, via Martelli 3 ✎ 752140, 🥬 – 🛗 ☎ ℗. 🏠 E 𝘝𝘐𝘚𝘈. 🦐
Pasqua-ottobre – Pas *(chiuso sino a maggio ed ottobre)* 30/35000 – **35 cam** ⊐ 60/100000 –
½ P 85/95000.

Villa Parisi 🦐, via della Torre 6 ✎ 751698, Fax 751167, ≤, 🏊, 🥬, 🎾 – 🛗 📺 ☎ ℗ –
🔬 50. 🏠 ⓪ E 𝘝𝘐𝘚𝘈. 🦐
Pas *(15 luglio-agosto; solo per clienti alloggiati)* carta 36/54000 – ⊐ 20000 – **22 cam**
200/310000 – ½ P 167/286000.

Residence San Domenico 🦐 senza rist, via Martelli 22 ✎ 752116 – 📺 ☎. 🦐
aprile-settembre – **12 cam** ⊐ 130000.

Nonna Isola, statale Aurelia 556 ✎ 753492, Coperti limitati; prenotare – 🍴. 𝘝𝘐𝘚𝘈. 🦐
Pasqua-settembre; chiuso lunedì escluso agosto – Pas carta 38/49000.

STIGLIONE Asti – Vedere Asti.

STIGLIONE DEL LAGO 06061 Perugia 𝟡𝟠𝟠 ⑮, 𝟜𝟛𝟘 M 18 – 13 488 ab. alt. 304 – ✿ 075.

piazza Mazzini 10 ✎ 9652484, Fax 9652763.

a 182 – Arezzo 46 – ◆Firenze 126 – Orvieto 74 – ◆Perugia 49 – Siena 78.

Duca della Corgna senza rist, via Buozzi 143 ✎ 953238, Fax 9652446, 🥬 – 📺 ☎ ⇔ ℗
– 🔬 60. 🏠 E 𝘝𝘐𝘚𝘈
⊐ 5000 – **16 cam** 70/90000.

Fazzuoli senza rist, piazza Marconi 11 ✎ 951119 – ☎ ℗. ⓪ 𝘝𝘐𝘚𝘈
chiuso dal 7 gennaio a febbraio – ⊐ 6000 – **27 cam** 60/70000.

Miralago, piazza Mazzini 6 ✎ 951157, Fax 951157, « Servizio rist. estivo in giardino con
≤ lago » – ☎. 🏠 E 𝘝𝘐𝘚𝘈. 🦐
Pas *(chiuso giovedì)* carta 29/44000 – ⊐ 8000 – **19 cam** 75000 – ½ P 65000.

La Cantina, via Vittorio Emanuele 81 ✎ 9652463, Fax 951003 – 🖭 🏠 ⓪ E 𝘝𝘐𝘚𝘈
chiuso lunedì escluso da giugno ad agosto – Pas carta 32/49000.

a Panicarola SE : 11 km – ✉ 06060 :

Il Bistecaro, ✎ 9589327, 🏠

Vedere anche : *Isola Maggiore* NE : 30 mn (circa) di battello.

CASTIGLIONE DELLA PESCAIA 58043 Grosseto 988 ㉔, 430 N 14 – 8 025 ab. – a.s. Pasqu
15 giugno-15 settembre – ✆ 0564.

🎪 piazza Garibaldi ✆ 933678.

Roma 205 – ◆Firenze 162 – Grosseto 22 – ◆Livorno 114 – Siena 94 – Viterbo 141.

🏨🏨 **L'Approdo,** via Ponte Giorgini 29 ✆ 933466, Fax 480008, ≤ – 🛗 🗏 🖵 ☎. ஊ 🕄 ⑩
⋙
chiuso novembre e gennaio – Pas 32/43000 – ⊡ 15000 – **48 cam** 144000 – ½ P 102/1630

🏨 **Miramare,** via Veneto 35 ✆ 933524, Fax 933695, ≤, ▲ₑ – 🛗 ☎. ஊ 🕄 ⑩ 🚾 ⋙
aprile-ottobre – Pas carta 38/60000 – ⊡ 8500 – **35 cam** 65/100000 – ½ P 80/100000.

🏨 **Sabrina,** Via Ricci 12 ✆ 933568, Fax 933568, ☞ – 🗏 ☎ ℗. ஊ 🕄 ⬧ 🚾 ⋙
giugno-settembre – Pas (solo per clienti alloggiati) 26000 – ⊡ 10000 – **37 cam** 60/9500
½ P 80/95000.

🏠 **Piccolo Hotel,** via Montecristo 7 ✆ 937081 – ☎ ♿ ℗. ⋙
Pasqua e 15 maggio-settembre – Pas 30/40000 – **22 cam** ⊡ 150000 – ½ P 92/102000.

🏠 **Perla,** via Arenile 3 ✆ 938023 – ℗. ⋙
Pasqua-ottobre – Pas (solo per clienti alloggiati) 27000 – **13 cam** ⊡ 45/70000 – ½ P
75000.

XX **Da Romolo,** corso della Libertà 10 ✆ 933533 – ஊ 🕄 ⑩ ⬧ 🚾. ⋙
chiuso martedì e novembre – Pas carta 45/60000.

X **Il Gambero** con cam, via Ansedonia 29 ✆ 937110 – 🕄 ⑩ ⬧ 🚾. ⋙
chiuso novembre – Pas (chiuso mercoledì) carta 33/53000 – ⊡ 6000 – **19 cam** 8500
½ P 65/70000.

X **Il Fagiano,** piazza Garibaldi 4 ✆ 934037 – ஊ 🕄 ⑩ ⬧ 🚾
chiuso mercoledì e febbraio – Pas carta 30/48000.

a Tirli N : 17 km – alt. 400 – ✉ 58040 :

X Tana del Cinghiale ⌚ con cam, ✆ 945810, ☞ – ℗
7 cam.

CASTIGLIONE DELLE STIVIERE 46043 Mantova 988 ④, 428 F 13 – 16 499 ab. alt. 110
✆ 0376.

Roma 509 – ◆Brescia 28 – Cremona 57 – Mantova 38 – ◆Milano 122 – ◆Verona 49.

🏨🏨 **Belvedere** ⌚ senza rist, via Guardi 20 ✆ 638035, Fax 638035, ≤ – 🛗 🗏 🖵 ☎ ⇦
🛗 60 a 150. ஊ 🕄 ⬧ 🚾 ⋙
⊡ 10000 – **39 cam** 120/135000.

🏨 **La Grotta** ⌚ senza rist, viale dei Mandorli 22 ✆ 632530, Fax 639295, ☞ – 🖵 ☎
🛗 25 a 40. ஊ 🕄 ⬧ 🚾
chiuso dal 20 al 30 dicembre – ⊡ 10000 – **27 cam** 80/115000.

XX **Hostaria Viola,** località Fontane ✆ 638277, Coperti limitati; prenotare – ℗. ஊ 🕄 ⬧
🚾. ⋙
chiuso lunedì, dal 24 dicembre al 7 gennaio, dal 17 al 25 aprile e da luglio al 15 agosto –
carta 32/53000.

X **Palazzina,** rione Palazzina 40 ✆ 632143 – ℗. 🕄 ⬧ 🚾. ⋙
chiuso mercoledì ed agosto – Pas carta 38/65000.

a Grole SE : 3 km – ✉ 46043 Castiglione delle Stiviere :

XX **Tomasi,** ✆ 630873, Fax 630873, Coperti limitati; prenotare, « Servizio estivo in gia
no » – ℗. ஊ 🕄 ⬧ 🚾. ⋙
chiuso lunedì, dal 1° al 7 gennaio e dal 10 al 21 agosto – Pas carta 40/58000.

CASTIGLIONE TINELLA 12053 Cuneo 428 H 6 – 959 ab. alt. 408 – ✆ 0141.

Roma 622 – Acqui Terme 27 – Alessandria 58 – Asti 22 – ◆Torino 77.

X **Palmira,** piazza 20 Settembre 18 ✆ 855176, prenotare – ஊ 🕄 ⬧ 🚾
chiuso lunedì sera, martedì e luglio – Pas carta 27/40000.

CASTIGNANO 63032 Ascoli Piceno 430 N 22 – 3 036 ab. alt. 474 – ✆ 0736.

Roma 225 – ◆Ancona 120 – Ascoli Piceno 34 – ◆Pescara 95.

🏠 **Teta,** via Borgo Garibaldi 98 ✆ 821412, ≤ – 🛗 ☎ ⇦ ℗ – 🛗 200. ஊ 🕄 ⬧ ⬧ 🚾. ⋙
Pas (chiuso venerdì) carta 24/30000 – ⊡ 5000 – **18 cam** 40/65000 – ½ P 40/55000.

CASTIONE DELLA PRESOLANA 24020 Bergamo 428 E 12 – 3 136 ab. alt. 870 – a.s. lug
agosto e Natale – Sport invernali : al Monte Pora : 1 350/1 900 m ✂12, ✦ – ✆ 0346.

Roma 643 – ◆Bergamo 42 – ◆Brescia 89 – Edolo 80 – ◆Milano 88.

🏠 **Aurora,** ✆ 60004, Fax 60246, ≤ – 🛗 ℗. ஊ 🕄 ⑩ 🚾. ⋙
chiuso dal 1° al 15 ottobre – Pas (chiuso martedì) carta 36/58000 – ⊡ 7500 – **26 ca**
60/80000 – ½ P 70/79000.

a Bratto NE : 2 km – alt. 1 007 – ✉ 24020 :

🏨 Milano e Rist. Al Caminone, ✆ 31211, Fax 36236, ≤, ☞ – 🛗 🖵 ☎ ♿ ⇦ ℗
🛗 30 a 160. **69 cam.**

🏨 **Eurohotel**, ℰ 31513, Fax 30701, ≤, ☞ – 🛗 📺 ☎ 🅿. 🆔 🕄 ⓞ 🖃 𝘝𝘐𝘚𝘈. ⚘
chiuso dal 15 settembre al 15 ottobre – Pas 30/40000 – 🖵 12000 – **22 cam** 65/90000 – ½ P 80/110000.

🏨 **Pineta**, ℰ 31121, Fax 36133, ≤, ☞ – 🛗 📺 ☎ 🅿. 🆔. ⚘ rist
Pas *(chiuso lunedì)* 25/30000 – 🖵 10000 – **40 cam** 70/100000 – ½ P 60/80000.

✗✗ **Cascina delle Noci**, ℰ 31251, Fax 36246, prenotare, « Giardino ombreggiato » – 🅿
chiuso da venerdì a lunedì da ottobre a maggio – Pas carta 42/62000.

ASTROCARO TERME 47011 Forlì 𝟡𝟠𝟠 ⑮, 𝟜𝟚𝟡 𝟜𝟛𝟘 J 17 – 5 256 ab. alt. 68 – Stazione termale (aprile-novembre), a.s. 15 luglio-settembre – 🕿 0543.

🄸 via Garibaldi 1 ℰ 767162.

Roma 342 – ◆Bologna 74 – ◆Firenze 98 – Forlì 11 – ◆Milano 293 – ◆Ravenna 38 – Rimini 60.

🏨 **Gd H. Terme**, ℰ 767114, Telex 550272, Fax 768135, « Parco ombreggiato », ᙆ, ⥮ – 🛗 📺 ☎ & 🅿 – 🔬 da 50 a 150. 🆔 🕄 ⓞ 🖃 𝘝𝘐𝘚𝘈. ⚘ rist
15 aprile-ottobre – Pas 45/50000 – 🖵 16000 – **100 cam** 115/176000, appartamento – ½ P 80/135000.

🏨 **Ambasciatori**, ℰ 767345, Fax 767345, ᙆ, ☞ – 🛗 📺 ☎ 🅿. 🆔 ⓞ 𝘝𝘐𝘚𝘈. ⚘ rist
Pas *(aprile-novembre)* 25/50000 – 🖵 8000 – **28 cam** 75/110000 – P 75000.

🏨 **Garden**, ℰ 766366, Fax 766366, ᙆ, ☞, ✗ – 🛗 🖃 rist 📺 ☎ 🅿 – 🔬 60. 🆔 🕄 🖃 𝘝𝘐𝘚𝘈. ⚘
Pas 25/38000 – **22 cam** 🖵 90/150000 – ½ P 60/65000.

🏨 **Park Hotel**, ℰ 768080, Fax 768086, ᙆ, ☞, ✗ – 🖃 📺 ☎ 🅿. 🕄 🖃 𝘝𝘐𝘚𝘈. ⚘ rist
Pas *(chiuso mercoledì)* 20/50000 – 🖵 15000 – **54 cam** 80/130000 – ½ P 75/140000.

🏨 **Eden**, ℰ 767600, Fax 768233, ≤, ☞ – 🛗 ☎ 🅿. 🆔 🕄 ⓞ 🖃 𝘝𝘐𝘚𝘈. ⚘
aprile-15 novembre – Pas 25/30000 – **32 cam** 🖵 55/90000 – ½ P 50/55000.

✗✗✗ ✿✿ **La Frasca**, ℰ 767471, Fax 766625, Coperti limitati; prenotare, « Servizio estivo in giardino », ☞ – 🅿 – 🔬 30. 🆔 ⓞ 🖃. ⚘
chiuso dal 1° al 20 gennaio, dal 1° al 16 agosto, lunedì e da ottobre a maggio anche domenica sera – Pas carta 90/125000
Spec. Tagliatelle al tartufo (autunno-inverno), Garganelli alla romagnola, Coniglio farcito all'aceto balsamico e rosmarino (primavera-estate). Vini Albana, Sangiovese.

✗✗ **La Cantinaza**, ℰ 767130, Fax 767130 – 🆔 🕄 ⓞ 🖃 𝘝𝘐𝘚𝘈. ⚘
chiuso mercoledì – Pas carta 35/59000.

✗ **Al Laghetto**, ℰ 767230, ⛅ – 🅿. 🕄 ⓞ 𝘝𝘐𝘚𝘈
chiuso lunedì ed ottobre – Pas carta 37/56000.

ASTROCIELO 03030 Frosinone 𝟜𝟛𝟘 R 23 – 3 788 ab. alt. 250 – 🕿 0776.

Roma 116 – Caserta 85 – Gaeta 61 – Isernia 82 – ◆Napoli 112.

✗✗ **Al Mulino**, strada statale S : 2 km ℰ 79306, ⛅ – 🖃 🅿. 🆔 🕄 🖃 𝘝𝘐𝘚𝘈. ⚘
chiuso lunedì e dal 23 dicembre al 25 gennaio – Pas carta 38/70000.

ASTRO MARINA 73030 Lecce 𝟜𝟛𝟙 G 37 – 2 413 ab. – a.s. luglio-agosto – 🕿 0836.

Roma 660 – ◆Bari 199 – ◆Brindisi 87 – Lecce 48 – Otranto 23 – ◆Taranto 125.

alla grotta Zinzulusa N : 2 km.
– Vedere Guida Verde :.

🏨 **Orsa Maggiore** ॐ, ✉ 73030 ℰ 97029, Fax 97766, ≤, « Fra gli olivi » – 🛗 🖃 rist ☎ 🅿. 🆔 🕄 ⓞ 🖃 𝘝𝘐𝘚𝘈
Pas carta 28/48000 – 🖵 9000 – **30 cam** 90000 – ½ P 65/95000.

ASTROPIGNANO 86010 Campobasso 𝟜𝟛𝟘 R 25, 𝟜𝟛𝟙 C 25 – 1 264 ab. alt. 612 – 🕿 0874.

Roma 210 – Benevento 73 – Campobasso 20 – Isernia 49 – Termoli 68.

🏨 **Palma**, O : 1 km ℰ 503459, ᙆ, ✗ – 🛗 📺 ☎ 🅿 – 🔬 600
24 cam.

ASTROVILLARI 87012 Cosenza 𝟡𝟠𝟠 ㉟, 𝟜𝟛𝟙 H 30 – 22 734 ab. alt. 350 – 🕿 0981.

Roma 453 – Catanzaro 168 – ◆Cosenza 75 – ◆Napoli 247 – ◆Reggio di Calabria 261 – ◆Taranto 152.

🏨 **President Joli Hotel**, corso Luigi Saraceni 22 ℰ 21122, Fax 21122 – 🛗 🖃 📺 ☎ 🅿 – 🔬 80. 🆔 🕄 🖃 𝘝𝘐𝘚𝘈. ⚘
Pas carta 35/47000 – 🖵 7000 – **42 cam** 95/140000 – ½ P 85/90000.

✗✗ ✿ **La Locanda di Alìa** con cam, via Jetticelle 69 ℰ 46370, Fax 46370 – ✗ 🖃 📺 ☎ 🅿. 🆔 🕄 ⓞ 🖃 𝘝𝘐𝘚𝘈
Pas *(chiuso domenica)* carta 45/60000 (10%) – **16 cam** 🖵 160000, 4 appartamenti – ½ P 120/150000
Spec. Zuppa di porcini al naturale, Ravioli di ricotta all'astice, Tortino di alici alla menta. Vini Critone, Lacrima di Castrovillari.

ATANIA 𝐏 𝟡𝟠𝟠 ㊲, 𝟜𝟛𝟚 O 27 – Vedere Sicilia.

Leggete attentamente l'introduzione : é la « chiave » della guida.

Vedere Villa Trieste★ – Pala★ della Madonna del Rosario nella chiesa di San Domenico.

🐚 Porto d'Orra (chiuso martedì) a Catanzaro Lido ⊠ 88063 ℘ 791045, NE : 7 km.

🛈 piazza Prefettura ℘ 741764.

A.C.I. viale dei Normanni 99 ℘ 754131.

Roma 612 ③ – ◆Bari 364 ③ – ◆Cosenza 97 ③ – ◆Napoli 406 ③ – ◆Reggio di Calabria 161 ③ – ◆Taranto 298 ③

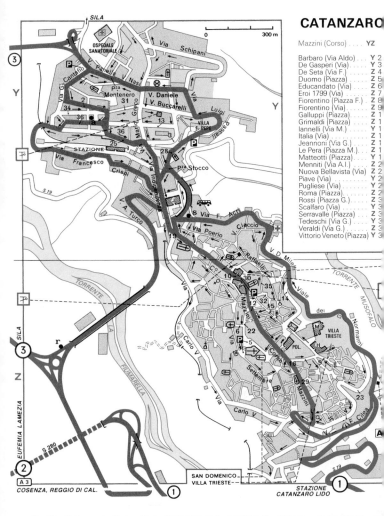

CATANZARO

Mazzini (Corso) . . . . **YZ**

Barbaro (Via Aldo) . . . **Y** 2
De Gasperi (Via) . . . . . **Y** 3
De Seta (Via F.) . . . . . **Z** 4
Duomo (Piazza) . . . . . **Z** 5
Educandato (Via) . . . . **Z** 6
Eroi 1799 (Via) . . . . . **Z** 7
Fiorentino (Piazza F.) . **Z** 8
Fiorentino (Via) . . . . . **Z** 9
Galluppi (Piazza) . . . . **Z** 1
Grimaldi (Piazza) . . . . **Z** 1
Iannelli (Via M.) . . . . . **Y** 1
Italia (Via) . . . . **Z** 1
Jeannoni (Via G.) . . . . **Z** 1
Le Pera (Piazza M.) . . . **Z** 1
Matteotti (Piazza) . . . . **Y** 1
Menniti (Via A.I.) . . . . **Z** 2
Nuova Bellavista (Via) . **Z** 2
Piave (Via) . . . . **Z** 2
Pugliese (Via) . . . . **Y** 2
Roma (Piazza) . . . . **Z** 2
Rossi (Piazza G.) . . . . . **Z** 3
Scalfaro (Via) . . . . **Z** 3
Serravalle (Piazza) . . . **Z** 3
Tedeschi (Via G.) . . . . **Y** 3
Veraldi (Via G.) . . . . . **Z** 3
Vittorio Veneto (Piazza) **Y** 3

🏨 **Guglielmo**, via Tedeschi 1 ℘ 741922, Telex 880025, Fax 722181 – 📶 🗏 📺 ☎ 🚐
🔦 200. 🆀 🕄 ⑩ ⋿ 🆅🆂🅰 ⋇   Y
Pas carta 40/57000 – ⋤ 15000 – **46 cam** 130/180000 – ½ P 180000.

🏨 Grand Hotel, senza rist, piazza Matteotti ℘ 701256, Fax 741621 – 📶 🗏 📺 ☎ 🅿   Y
79 cam.

🏨 **MotelAgip**, viadotto sulla Fiumarella ⊠ 88044 Gagliano ℘ 771791, Fax 773366 – 📶
📺 ☎ 🅿 – 🔦 60 a 150. 🆀 🕄 ⑩ ⋿ 🆅🆂🅰 ⋇ rist   Z
Pas 37000 – **76 cam** ⋤ 130/160000 – ½ P 102000.

a Catanzaro Lido per ② : 14 km – ⊠ **88063** :

🏠 **Stillhotel** ⤵, via Melito Porto Salvo 102/A 🞟 32851, Fax 33818, ≼ – 🖃 📺 ⊛ **Ⓟ** 🆎 🆑 ⓪ 🅴 *VISA*. 🛠
   Pas vedere rist La Brace – ⚏ 10000 – **30 cam** 80/120000.

🍴🟆 **La Brace,** via Melito di Porto Salvo 102 🞟 31340, ≼, 🛖 – 🖃 **Ⓟ** 🆎 🆑 ⓪ 🅴 *VISA*. 🛠
   chiuso lunedì e dal 1º al 15 luglio – Pas carta 34/57000 (10 %).

⬛TENA Pistoia – Vedere Quarrata.

⬛TTOLICA 47033 Forlì 🄈🄑🄑 ⑯, 🄑🄑🄙 🄑🄑🄐 K 20 – 15 568 ab. – a.s. 15 giugno-agosto – 🕽 0541.
iazza Nettuno 1 🞟 963341, Fax 963344.
ʰa 315 – ♦Ancona 92 – ♦Bologna 130 – Forlì 69 – ♦Milano 341 – Pesaro 17 – ♦Ravenna 74 – Rimini 22.

🏠 **Caravelle,** via Padova 6 🞟 962416, Fax 962417, ≼, 🖥, ☎, 🗽, 🖝, 🛠 – 🗐 📺 🕿 🕭 🚗
   – 🛋 50. 🆎 🆑 ⓪ 🅴 *VISA*. 🛠 rist
   Pas *(chiuso a mezzogiorno da ottobre ad aprile)* carta 39/53000 – **45 cam** ⚏ 110/220000 –
   ½ P 130/190000.

🏠 **Negresco,** viale del Turismo 6 🞟 963281, Telex 551228, Fax 954932, ≼, 🖂 – 🗐 🕿 🕭 **Ⓟ**.
   🛠 rist
   10 maggio-settembre – Pas 25/34000 – ⚏ 13000 – **80 cam** 80/118000 – ½ P 80/96000.

🏠 **Napoleon,** viale Carducci 52 🞟 963439, Fax 961434, ≼, 🛝 – 🗐 🕿 **Ⓟ** 🆎 🆑 ⓪ 🅴 *VISA*.
   🛠 rist
   20 maggio-20 settembre – Pas 45/50000 – ⚏ 12000 – **52 cam** 71/121000 – P 100/135000.

🏠 **Victoria Palace,** viale Carducci 24 🞟 962921, Fax 962921, ≼ – 🗐 🖃 rist 🕿 **Ⓟ** 🆎 🆑 ⓪ 🅴
   VISA. 🛠 rist
   maggio-settembre – Pas 30/35000 – ⚏ 7500 – **88 cam** 87/150000 – ½ P 61/105000.

🏠 **Diplomat** senza rist, viale del Turismo 9 🞟 967442, Fax 967445, ≼, ☎ – 🗐 🕿 🕭 **Ⓟ**. 🆑 🅴
   VISA
   13 giugno-6 settembre – ⚏ 20000 – **89 cam** 90/170000.

🏠 **Park Hotel,** lungomare Rasi Spinelli 46 🞟 953732, Fax 961503, 🗽 – 🗐 🖃 📺 🕿 🚗 🆎
   🆑 ⓪ 🅴 *VISA*. 🛠
   Pas *(16 marzo-9 novembre)* 25/50000 – ⚏ 15000 – **48 cam** 105/170000 – ½ P 75/125000.

🏠 **Beaurivage,** viale Carducci 82 🞟 963101, Fax 963101, ≼, 🖥, 🛝 – 🗐 🕿 **Ⓟ**. 🆎 🆑 ⓪ 🅴
   VISA. 🛠 rist
   maggio-settembre – Pas 22/27000 – ⚏ 12000 – **69 cam** 58/106000 – ½ P 58/94000.

🏠 **Royal,** viale Carducci 30 🞟 954133, Fax 954670, ≼, 🖥, 🗽 riscaldata, 🛝 – 🗐 🕿 **Ⓟ**. 🛠 rist
   maggio-settembre – Pas 22/28000 – ⚏ 16000 – **39 cam** 95/155000 – ½ P 110/125000.

🏠 **Europa Monetti,** via Curiel 39 🞟 954159, Fax 958176, 🗽 – 🗐 🖃 rist 🕿 **Ⓟ**. 🛠 rist
   15 maggio-30 settembre – Pas (solo per clienti alloggiati) 25/35000 – **71 cam** ⚏ 75/150000
   – ½ P 50/100000.

🏠 **Moderno-Majestic,** via D'Annunzio 15 🞟 954169, Fax 953292, ≼, 🖝 – 🗐 ⊛ **Ⓟ**. 🆎
   🛠 rist
   15 maggio-25 settembre – Pas 25/30000 – ⚏ 10000 – **60 cam** 50/90000 – ½ P 60/82000.

🏠 **Columbia,** lungomare Rasi Spinelli 36 🞟 953122, Fax 952355, ≼ – 🗐 📺 🕿 **Ⓟ**. 🅴. 🛠
   maggio-settembre – **52 cam** (solo pens) – P 80/95000.

🏠 **Splendid,** viale Carducci 84 🞟 961520, Fax 967149, ≼, 🗽, 🖝 – 📺 🕿. *VISA*. 🛠 rist
   Natale e Pasqua-ottobre – Pas carta 27/38000 – ⚏ 10000 – **50 cam** 120/140000 – ½ P 50/
   100000.

🏠 **Mediterraneo,** via Facchini 11 🞟 963468, Fax 953670 – 🗐 ⟷ cam 🕿 🚗 **Ⓟ**. 🆑 *VISA*.
   🛠 rist
   15 maggio-15 settembre – Pas 25/45000 – **60 cam** ⚏ 80/95000 – ½ P 35/70000.

🏠 **Regina,** viale Carducci 40 🞟 954167, Fax 961261, ≼, 🗽 – 🗐 ⊛ **Ⓟ**. 🛠 rist
   13 maggio-23 settembre – Pas 18/24000 – ⚏ 12000 – **62 cam** 58/100000 – ½ P 50/88000.

🏠 **Maxim,** via Facchini 7 🞟 962137, Fax 967650, 🖥, ☎, 🗽 riscaldata – 🗐 🖃 rist 🕿 **Ⓟ** –
   🛋 50. 🛠 rist
   20 maggio-20 settembre – Pas carta 24/33000 – **66 cam** ⚏ 50/80000 – ½ P 45/74000.

🏠 **Renzo,** lungomare Rasi Spinelli 44 🞟 963312, Fax 968098, ≼ – 🗐 ⊛ **Ⓟ**. 🆎 🆑 🅴 *VISA*. 🛠
   maggio-settembre – Pas (solo per clienti alloggiati) 30/45000 – **48 cam** ⚏ 55/85000 –
   P 54/85000.

🏠 **Belsoggiorno,** viale Carducci 88 🞟 963133, ≼, 🖝 – 🗐 ⊛ **Ⓟ**. *VISA*. 🛠 rist
   20 maggio-20 settembre – Pas 22/28000 – ⚏ 7500 – **44 cam** 50/80000 – ½ P 44/81000.

🏠 **Astoria,** viale Carducci 22 🞟 961328, Fax 963074, ≼ – 🗐 ⊛ **Ⓟ**. 🛠 rist
   maggio-settembre – Pas (solo per clienti alloggiati) – ⚏ 15000 – **54 cam** 65/100000 –
   ½ P 73/81000.

🏠 **La Rosa,** viale Carducci 80 🞟 958000, ≼ – 🗐 🕿 🕭 **Ⓟ**. 🛠 rist
   20 maggio-20 settembre – Pas 20/25000 – ⚏ 6000 – **53 cam** 40/75000 – ½ P 45/72000.

🍴 **Via del Porto 171,** via del Porto 171 🞟 960742 – 🆑 🅴 *VISA*. 🛠
   chiuso a mezzogiorno, mercoledì (escluso luglio-agosto) ed ottobre – Pas carta 62/83000.

🍴 **Protti** con cam, via Emilia Romagna 185 🞟 954457 – 🗐 🖃 📺 🕿 **Ⓟ** 🆎 🆑 ⓪ 🅴 *VISA*. 🛠
   Pas *(chiuso lunedì da ottobre al 15 maggio)* carta 30/43000 – ⚏ 3000 – **25 cam** 45/65000.

CAVA DE' TIRRENI 84013 Salerno 988 ㉗, 431 E 26 – 52 573 ab. alt. 196 – a.s. Pasqua, giugno-settembre e Natale – ☎ 089.

corso Umberto I n° 208 ☎ 341572.

Roma 254 – Avellino 43 – Caserta 76 – ♦Napoli 45 – Salerno 8.

XX **Da Vincenzo,** via Garibaldi 7 ☎ 464654, Fax 464654 – ▤. AE ⓢ ⓞ E VISA. ✻
chiuso domenica e dal 20 al 31 agosto – Pas carta 25/33000 (10%).

XX Le Bistrot, corso Umberto I n° 203 ☎ 341617 – ▤

a Corpo di Cava SO : 4 km – alt. 400 – ✉ 84010 Badia di Cava de' Tirreni :

Scapolatiello ⛰, ☎ 463911, Fax 464100, ←, «Terrazze-giardino con ⛱» – ⓘ ☎ ⓟ – 🏛 80. AE ⓢ ⓞ VISA. ✻ rist
Pas carta 31/41000 (15%) – ☐ 10000 – **48 cam** 90/120000 – ½ P 90/105000.

CAVAGLIÀ 13042 Vercelli 988 ② ⑫, 428 F 6 – 3 583 ab. alt. 272 – ☎ 0161.

Roma 657 – Aosta 99 – ♦Milano 93 – ♦Torino 55 – Vercelli 28.

sulla strada statale 143 SE : 3,5 km :

Green Park Hotel, ✉ 13042 ☎ 966771, Telex 223212, Fax 966620, ⛱, ⛱, ✻ – ⓘ ▤ ☎ ⇔ ⓟ – 🏛 30 a 150. AE ⓢ ⓞ E VISA. ✻ rist
Pas *(chiuso domenica sera)* carta 40/65000 – **38 cam** ☐ 115/165000 – ½ P 135000.

XX **Dei Fiori,** ✉ 13042 ☎ 966395 – ⓟ. AE ⓢ ⓞ VISA. ✻
chiuso martedì ed agosto – Pas carta 29/54000.

CAVAGLIETTO 28010 Novara 428 F 7, 219 ⑯ – 415 ab. alt. 233 – ☎ 0322.

Roma 647 – ♦Milano 74 – Novara 22.

XXX ✿ **Arianna** con cam, ☎ 806134, prenotare – ⓟ. ⓞ VISA. ✻
chiuso dal 1° al 15 gennaio e dal 22 luglio al 12 agosto – Pas *(chiuso martedì e mercoledì a mezzogiorno)* 50/80000 – ☐ 6000 – **6 cam** 55/65000
Spec. Insalata di coniglio animelle e asparagi (primavera), Risotto con le rane disossate (estate), Cialda croccante con frutta e gelato. **Vini** Arneis, Ghemme.

CAVAGNANO Varese 219 ⑧ – Vedere Cuasso al Monte.

CAVAION VERONESE 37010 Verona 428 429 F 14 – 3 494 ab. alt. 190 – ☎ 045.

Roma 521 – ♦Brescia 81 – ♦Milano 169 – Trento 74 – ♦Verona 31.

Andreis, via Berengario 26 ☎ 7235035 – ⓟ. ✻
Pas *(chiuso lunedì da ottobre a giugno)* 25000 – ☐ 7000 – **15 cam** 45/56000 – ½ P 52000.

XX **San Fiorenzo** con cam, via Vittorio Veneto 18 ☎ 7235141 – TV ⓟ. ⓢ E VISA. ✻
Pas *(chiuso domenica sera, lunedì e dal 10 al 25 agosto)* carta 32/42000 – **7 cam** ☐ 80000.

CAVALESE 38033 Trento 988 ④, 429 D 16 – 3 565 ab. alt. 1 000 – a.s. febbraio-Pasqua e Natale – Sport invernali : ad Alpe Cermis : 1 000/2 273 m 🚡2 ⛷8, ⛷ – ☎ 0462.

via Fratelli Bronzetti 4 ☎ 30298, Fax 20649.

Roma 648 – Belluno 92 – ♦Bolzano 42 – Cortina d'Ampezzo 97 – ♦Milano 302 – Trento 64.

Park Hotel Villa Trunka Lunka, ☎ 30233, ⛰, ⛱ – TV ☎ ⇔ ⓟ. VISA. ✻
dicembre-aprile e giugno-settembre – Pas 35/45000 – ☐ 15000 – **21 cam** 85/135000 – ½ P 70/112000.

Park Hotel Azalea ⛰, ☎ 30109, Fax 21200, ←, «Giardino fiorito» – ⓘ TV ☎ ⓟ. AE ⓞ E VISA. ✻
dicembre-aprile e giugno-novembre – Pas carta 30/38000 – ☐ 10000 – **35 cam** 70/120000 – ½ P 65/100000.

Orso Grigio, ☎ 31481, Fax 20231 – ⓘ ☎. AE ⓢ ⓞ E VISA. ✻ rist
chiuso novembre – Pas carta 32/53000 – ☐ 12000 – **27 cam** 84/120000 – ½ P 98/118000

Fiemme ⛰ senza rist, ☎ 31720, ← monti e vallata, ⛰ – TV ☎ ⓟ. ⓢ. ✻
15 cam ☐ 90000, 3 appartamenti.

Panorama ⛰, ☎ 31636, Fax 20898, ← monti e vallata, ⛰, ⛱ – ☎ ⓟ. AE ⓢ VISA. ✻
2 dicembre-25 aprile e 20 giugno-20 settembre – Pas (solo per clienti alloggiati) 25000 – **28 cam** ☐ 59/88000 – ½ P 70/80000.

XX **Primola,** ☎ 32933, Fax 32933 – AE ⓢ ⓞ E VISA. ✻
chiuso dal 15 giugno al 10 luglio, novembre e martedì (escluso dal 24 dicembre al 2 gennaio, luglio ed agosto) – Pas carta 36/50000.

XX **Al Cantuccio,** ☎ 30140, Coperti limitati; prenotare – ⓢ ⓞ E VISA. ✻
chiuso novembre e martedì in bassa stagione – Pas carta 45/65000.

XX **La Stua** con cam, ☎ 30235, Fax 21120, ⛰ – TV ☎. ⓢ ⓞ E VISA
chiuso novembre – Pas *(chiuso martedì in bassa stagione)* carta 33/47000 – ☐ 15000 – **19 cam** 60/110000 – ½ P 65/85000.

VALLINO 30013 Venezia 429 F 19 – ✪ 041.

da Treporti (O : 11 km) per : Burano (15 mn), Torcello (22 mn), Murano (45 mn) e Venezia-damenta Nuove (1 h 10 mn), giornalieri – Informazioni a Punta Sabbioni ℘ 966015.

a 571 – Belluno 117 – ♦Milano 310 – ♦Padova 80 – Treviso 61 – ♦Trieste 136 – Udine 105 – ♦Venezia 51.

Fenix ⌂, via Francesco Baracca 45 (E : 2 km) ℘ 968040, ≤, ☨, 🐾, ❀ – ⫟ ☎ **℗**. ⴼ.
❀ rist
15 maggio-26 settembre – Pas 24000 – **64 cam** ⌷ 70/120000 – ½ P 76/92000.

✿ **Trattoria Laguna,** via Pordelio 444 ℘ 968058 – ▤ ⴼ 🉐 ① E **VISA**. ❀
chiuso giovedì a mezzogiorno dal 15 giugno al 15 settembre, tutto il giorno negli altri mesi –
Pas 45/74000
Spec. Antipasti di molluschi e crostacei con verdure di stagione, Bigoli neri alle seppie, Branzino al sale. **Vini** Sauvignon.

a Treporti O : 11 km – ✉ 30010 :

Al Pescatore, via Portosecco 52 ℘ 966196, ≤, ⍗ – **℗**. ❀
marzo-novembre; chiuso martedì – Pas carta 20/37000.

VALLIRIO 28010 Novara 428 F 7, 219 ⑯ – 1 008 ab. alt. 367 – ✪ 0163.
a 654 – Biella 36 – ♦Milano 80 – Novara 34 – ♦Torino 97.

sulla strada statale 142 S : 2 km :

Imazio, ✉ 28010 ℘ 80144, ⍗ – **℗**. ❀
chiuso martedì e dall'11 al 31 gennaio – Pas carta 33/53000.

VA MANARA 27051 Pavia 428 G 9 – 4 640 ab. alt. 79 – ✪ 0382.
a 560 – ♦Genova 117 – ♦Milano 46 – Pavia 8 – Piacenza 62.

sulla strada statale 35 SE : 2 km :

Le Gronde, località Tre Re ✉ 27051 ℘ 553942, Fax 553942 – ⫟ ▤ 📺 ☎ ⇌ **℗** –
🅰 30 a 180. ⴼ 🉐 ① E **VISA**
Pas carta 33/59000 – ⌷ 10000 – **28 cam** 80/120000 – ½ P 120000.

Bixio, località Tre Re ✉ 27051 ℘ 553588, Coperti limitati; prenotare – **℗**. ⴼ 🉐 ① **VISA**
chiuso lunedì ed agosto – Pas 65000 bc (solo la sera e domenica a mezzogiorno) e carta
39/60000 (solo a mezzogiorno).

VANELLA D'ADIGE Venezia – Vedere Chioggia.

VAZZALE Vicenza – Vedere Vicenza.

VERNAGO 24050 Bergamo 428 429 F 11 – 1 274 ab. alt. 202 – ✪ 035.
a 600 – ♦Bergamo 13 – ♦Brescia 45 – ♦Milano 54.

Giordano ⌂, via Leopardi ℘ 840266 – ⊚ **℗**. 🉐 E **VISA**. ❀
chiuso agosto – Pas carta 31/58000 – ⌷ 20000 – **22 cam** 60/85000.

VI Genova 428 J 10 – Vedere Lavagna.

VO Livorno 988 ㉔, 430 N 13 – Vedere Elba (Isola d') : Rio Marina.

VRIAGO 42025 Reggio nell'Emilia 428 429 430 H 13 – 8 353 ab. alt. 78 – ✪ 0522.
a 436 – ♦Milano 145 – ♦Parma 23 – Reggio nell'Emilia 9.

✿ **Picci,** ℘ 57201, Coperti limitati; prenotare – ▤. ⴼ 🉐 ① E **VISA**. ❀
chiuso domenica sera, lunedì, dal 26 dicembre al 20 gennaio e dal 5 al 25 agosto – Pas
carta 56/88000
Spec. Insalata di gamberi e fegato d'oca con aceto balsamico, Caramelle (pasta) aromatiche ai sapori di bosco,
Suprema di piccione alle spugnole (primavera). **Vini** Malvasia, Cabernet-Sauvignon.

VRIANA 46040 Mantova 428 429 F 13 – 3 476 ab. alt. 170 – ✪ 0376.
a 502 – ♦Brescia 39 – Mantova 32 – ♦Milano 131 – ♦Verona 45.

La Capra-Vecchia Fornace, ℘ 82101, Fax 82002, Coperti limitati; prenotare – **℗** –
🅰 120. 🉐. ❀
chiuso lunedì, dal 1° al 15 gennaio e dal 30 luglio al 14 agosto – Pas carta 53/73000.

CINA 57023 Livorno 988 ⑲, 430 M 13 – 24 981 ab. alt. 15 – ✪ 0586.
a 285 – ♦Firenze 122 – Grosseto 98 – ♦Livorno 36 – Piombino 46 – ♦Pisa 55 – Siena 98.

Il Palazzaccio senza rist, via Aurelia Sud 300 ℘ 682510, Fax 686221 – 📺 ☎ **℗**. ⴼ 🉐 E
VISA
⌷ 13000 – **30 cam** 90/105000.

✿ **Scacciapensieri,** via Verdi 22 ℘ 680900, Coperti limitati; prenotare – ⴼ 🉐 ① E **VISA**.
❀
chiuso lunedì e dal 10 settembre al 28 ottobre – Pas carta 60/91000
Spec. Insalata di mare tiepida, Tagliolini alle triglie, Scampi alla marsigliese. **Vini** Libaio, Brunello.

Trattoria Senese, via Diaz 23 ℘ 680335 – ▤. **VISA**. ❀
chiuso martedì e dal 10 al 31 gennaio – Pas carta 38/63000 (10%).

CECINA (Marina di) 57023 Livorno 430 M 13 – a.s. 15 giugno-15 settembre – ✆ 0586.

Roma 288 – Cecina 3 – ◆Firenze 125 – ◆Livorno 39 – Pisa 58.

🏨 **Il Gabbiano,** viale della Vittoria 109 🖉 620248, Fax 620867, ≼, 🔥⊚ – ☎ ❷. 🗐 **E** 𝘝𝘐𝘚𝘈.
   chiuso dal 15 gennaio al 15 febbraio e novembre – Pas carta 36/53000 – ⊊ 13000 – **26 c**
   75/105000 – P 73/115000.

✕✕ **Olimpia-da Gianni,** viale della Vittoria 68 🖉 621193, 🏤 – 🖭 🗐 **E** 𝘝𝘐𝘚𝘈. ⅍
   chiuso novembre e lunedì (escluso dal 15 giugno al 15 settembre) – Pas carta 44/86
   (10%).

✕ **El Faro,** viale della Vittoria 70 🖉 620164, Fax 620274, ≼, 🔥⊚ – 🖭 🗐 ❶ **E** 𝘝𝘐𝘚𝘈. ⅍
   chiuso mercoledì e novembre – Pas carta 51/77000.

CEFALÙ Palermo 988 ㊱, 432 M 24 – Vedere Sicilia.

CEGLIE MESSAPICA 72013 Brindisi 988 ㉚, 431 F 34 – 20 857 ab. alt. 303 – ✆ 0831.

Roma 564 – ◆Bari 92 – ◆Brindisi 38 – ◆Taranto 38.

✕✕ Al Fornello-da Ricci, contrada Montevicoli 🖉 977104, 🏤 ❷

✕ **Da Gino,** contrada Montevicoli 🖉 977916 – ❷. 🗐 ❶ 𝘝𝘐𝘚𝘈. ⅍
   chiuso venerdì e settembre – Pas carta 24/39000.

CELANO 67043 L'Aquila 988 ㉖, 430 P 22 – 10 945 ab. alt. 800 – ✆ 0863.

Roma 118 – Avezzano 16 – L'Aquila 67 – Pescara 94.

✕ Gole di Celano-da Guerrinuccio, borgo Sardellino S : 1,5 km ✉ 67041 Aielli 🖉 7914�***
   ❷

CELLE LIGURE 17015 Savona 988 ⑬, 428 I 7 – 5 284 ab. – ✆ 019.

🗓 Palazzo Comunale 🖉 990021.

Roma 538 – Alessandria 86 – ◆Genova 39 – ◆Milano 162 – Savona 7,5.

🏨 **San Michele,** via Monte Tabor 26 🖉 990017, « Giardino ombreggiato con ⌇ » – 🖳
   ❷. 🖭. ⅍ rist
   giugno-settembre – Pas 40/50000 – ⊊ 20000 – **51 cam** 120/130000 – P 90/130000.

🏨 **Felice** 🕹 senza rist, via Mulino a Vento 26 🖉 990174, Fax 990174, ⌇, ✕ – ☎ ❷. 𝘝𝘐𝘚𝘈
   Pasqua-settembre – ⊊ 10000 – **17 cam** 67/100000.

🏨 **Riviera,** via Colla 55 🖉 990541, Fax 993411 – 🖳 📺 ☎ 🖭 🗐 ❶ **E** 𝘝𝘐𝘚𝘈. ⅍ rist
   chiuso dal 5 novembre al 20 dicembre – Pas 30/45000 – ⊊ 10000 – **52 cam** 1100ꓳ
   ½P 70/115000.

🏨 **Piccolo Hotel,** via Lagorio 25 🖉 990015 – 🖳 ☎ ❷. 🗐 **E** 𝘝𝘐𝘚𝘈. ⅍
   aprile-settembre – Pas 40000 – ⊊ 10000 – **26 cam** 75/90000 – ½P 50/80000.

✕✕ **Mosè,** via Colla 30 🖉 991560, prenotare – 🗐. 🖭 🗐 ❶ **E** 𝘝𝘐𝘚𝘈. ⅍
   chiuso mercoledì e dal 15 ottobre al 15 dicembre – Pas carta 48/60000.

✕ **Sotto in Su,** via Sanda 143 (NO : 1,3 km) 🖉 991619, 🏤 – ❷. 🖭 🗐 **E** 𝘝𝘐𝘚𝘈. ⅍
   chiuso lunedì e gennaio – Pas carta 30/49000.

sulla strada statale 1 - via Aurelia E : 1,5 km :

✕✕ **Villa Alta,** ✉ 17015 🖉 990939, ≼, 🏤, Coperti limitati; prenotare, 🐎 – 🖭 🗐 𝘝𝘐𝘚𝘈. ⅍
   chiuso mercoledì e dal 7 gennaio al 10 marzo – Pas carta 70/95000 (15%).

CEMBRA 38034 Trento 429 D 15 – 1 629 ab. alt. 677 – a.s. Pasqua e Natale – ✆ 0461.

🗓 via 4 Novembre 3 🖉 683110, Fax 683110.

Roma 611 – Belluno 130 – ◆Bolzano 63 – ◆Milano 267 – Trento 23.

🏠 Europa 🕹, 🖉 683032, ≼, 🐎 – 🖳 🗐 rist 🖼 🕭 🛏 ❷
   23 cam.

CENERENTE Perugia – Vedere Perugia.

CENOVA Imperia 428 K 6 – alt. 558 – ✉ 18020 Rezzo – ✆ 0183.

Roma 613 – ◆Genova 114 – Imperia 25.

🏠 **Negro** 🕹, 🖉 34089, Fax 324991, ≼ monti – 📺 ☎. 🖭 🗐 **E** 𝘝𝘐𝘚𝘈. ⅍
   chiuso mercoledì e dal 10 gennaio a Pasqua – Pas carta 35/57000 – ⊊ 12000 – **12 c**
   40/55000 – ½P 65/70000.

CENTO 44042 Ferrara 988 ⑭ ⑮, 429 H 15 – 29 195 ab. alt. 15 – ✆ 051.

🏮 (chiuso martedì) località Parco del Reno ✉ 44042 Cento 🖉 6830504, Fax 6835740.

Roma 410 – ◆Bologna 33 – ◆Ferrara 35 – ◆Milano 207 – ◆Modena 37 – ◆Padova 103.

🏨 **Europa,** via 4 Novembre 16 🖉 903319, Fax 902213 – 🖳 🗐 📺 ☎ ❷. 🗐 **E** 𝘝𝘐𝘚𝘈
   Pas *(chiuso venerdì)* carta 31/50000 – ⊊ 10000 – **44 cam** 80/120000, 🗐 8000 – ½P
   80000.

✕✕ **Il Gambero,** via Malagodi 8/A 🖉 6835057 – 🗐. 🖭 🗐 ❶ **E** 𝘝𝘐𝘚𝘈. ⅍
   chiuso domenica ed agosto – Pas carta 35/56000.

NTOIA Arezzo 430 M 17 – Vedere Cortona.

RANO 03024 Frosinone 988 ㉖, 430 R 22 – 8 641 ab. alt. 120 – ✿ 0775.
a 99 – Avezzano 84 – Frosinone 25 – Isernia 78 – Latina 71 – ◆Napoli 122.

Ida, in prossimità casello autostrada A 2 ℰ 950040, Fax 950040 – 🛗 ☰ rist 📺 ☎ 🚗 🅿.
☒ ⓪, ⚖️
chiuso dal 24 dicembre al 2 gennaio – Pas carta 27/40000 – ☲ 6000 – **35 cam** 58/80000 –
½ P 60/70000.

RBAIA Firenze 430 K 15 – Vedere San Casciano in Val di Pesa.

RCENASCO 10060 Torino 428 H 4 – 1 647 ab. alt. 256 – ✿ 011.
a 689 – Cuneo 60 – ◆Milano 183 – Sestriere 70 – ◆Torino 31.

Centro, ℰ 9809247, ☃ – ☒ 🚷 ⓪ ☰ 𝘝𝘐𝘚𝘈
chiuso mercoledì e dal 1° al 10 agosto – Pas carta 29/58000.

RESE DI VIRGILIO Mantova 428 G 14 – Vedere Mantova.

RESOLE REALE 10080 Torino 988 ⑫, 428 F 3 – 166 ab. alt. 1 620 – ✿ 0124.
a 738 – Aosta 126 – ◆Milano 176 – ◆Torino 81.

Blanchetti ⚗️, ℰ 953174, ≤ – ☎. ⚖️ rist
Pas (chiuso mercoledì da ottobre a marzo) carta 27/53000 – ☲ 10000 – **11 cam** 80/120000.

RIGNOLA 71042 Foggia 988 ㉘, 431 D 29 – 54 828 ab. alt. 124 – ✿ 0885.
a 366 – Bari 90 – ◆Foggia 37 – ◆Napoli 178.

Il Bagatto, via Tiro a Segno 7 ℰ 427850, ☃ – ☰. ☒ 🚷 ⓪ ☰ 𝘝𝘐𝘚𝘈
chiuso lunedì ed ottobre – Pas carta 30/48000.

RMENATE 22072 Como 428 E 9, 219 ⑱ – 8 124 ab. alt. 332 – ✿ 031.
a 612 – Como 16 – ◆Milano 30 – Varese 28.

Gardenia senza rist, ℰ 722571, Fax 722570 – 🛗 ☰ 📺 ☎ ૐ 🚗 🅿 – 🔏 100. ☒ 🚷 ⓪ ☰
𝘝𝘐𝘚𝘈
☲ 16500 – **34 cam** 155000.

Castello, via Castello 26/28 ℰ 771563 – 🅿. ☒
chiuso lunedì, martedì sera, dal 24 dicembre al 6 gennaio ed agosto – Pas carta 39/54000.

RNOBBIO 22012 Como 988 ③, 428 E 9 – 7 274 ab. alt. 202 – ✿ 031.
illa d'Este (chiuso gennaio) a Montorfano ✉ 22030 ℰ 200200, Fax 200786 SE : 11 km.
⯑ Regina 33/b ℰ 510198.
a 630 – Como 5 – ◆Lugano 33 – ◆Milano 53 – Sondrio 98 – Varese 30.

Gd H. Villa d'Este ⚗️, ✉ 22010 ℰ 511471, Telex 380025, Fax 512027, ≤, ☃, « Grande
parco digradante sul lago », 🏋️, ≋, 🏊, 🏊, 🎾 – 🛗 ☰ 📺 ☎ ૐ 🚗 🅿 – 🔏 250. ☒ 🚷 ⓪
☰ 𝘝𝘐𝘚𝘈. ⚖️
marzo-novembre – Pas carta 85/170000 – **158 cam** ☲ 510/668000. 8 appartamenti.

Asnigo ⚗️, NE : 2 km ℰ 510062, Fax 510249, ≤ lago e monti, ☂ – 🛗 ☰ rist 📺 ☎ 🚗 🅿
– 🔏 30. ☒ 🚷 ⓪ ☰ 𝘝𝘐𝘚𝘈. ⚖️ rist
Pas carta 43/62000 – ☲ 17000 – **25 cam** 134/180000 – ½ P 116/126000.

Regina Olga, ℰ 510171, Telex 380821, Fax 340604, ≤, 🏊, ☂ – 🛗 ☰ 📺 ☎ 🚗 🅿 –
🔏 120. ☒ 🚷 ⓪ ☰ 𝘝𝘐𝘚𝘈. ⚖️ rist
chiuso dicembre e gennaio – Pas vedere rist Cenobio – **83 cam** ☲ 180/270000 – ½ P 150/
180000.

Miralago, ℰ 510125, Fax 248126, ≤ – 🛗 📺 ☎ – **30 cam.**

Cenobio, ℰ 512710, « Servizio estivo in giardino » – ☰. ☒ 🚷 ⓪ ☰ 𝘝𝘐𝘚𝘈. ⚖️
chiuso dicembre e gennaio – Pas carta 45/70000.

RNUSCO SUL NAVIGLIO 20063 Milano 428 F 10, 219 ⑲ – 26 817 ab. alt. 133 – ✿ 02.
Molinetto (chiuso lunedì) ℰ 92105128, Fax 92106635.
a 583 – ◆Bergamo 38 – ◆Milano 14.

Vecchia Filanda, via Pietro da Cernusco 2/A ℰ 9249200, Coperti limitati; prenotare –
☰ 🅿. ☒ 🚷 ⓪ ☰ 𝘝𝘐𝘚𝘈. ⚖️
chiuso sabato a mezzogiorno, domenica, dal 24 dicembre al 7 gennaio, Pasqua, 25 aprile,
1° maggio ed agosto – Pas carta 62/92000.

Lo Spiedo da Odero, via Verdi 48 ℰ 9242781, ☃ – 🚷 ☰ 𝘝𝘐𝘚𝘈. ⚖️
chiuso domenica sera, lunedì, dal 1° al 15 gennaio ed agosto – Pas carta 40/65000.

RRINA MONFERRATO 15020 Alessandria 428 G 6 – 1 554 ab. alt. 225 – ✿ 0142.
a 626 – Alessandria 46 – Asti 37 – ◆Milano 98 – ◆Torino 58 – Vercelli 40.

a Montalero O : 3 km – ✉ 15020 :

Castello di Montalero, ℰ 94146, solo su prenotazione, « Costruzione settecentesca in
un parco ombreggiato » – 🅿. ⓪. ⚖️
chiuso lunedì – Pas 80000.

CERRO MAGGIORE 20023 Milano 🗺️🔢 ⑱ – 14 387 ab. alt. 206 – ✆ 0331.

Roma 603 – Como 31 – ◆Milano 26 – Varese 32.

a Cantalupo SO : 3 km – ✉ 20020 :

XXX **Corte Lombarda,** ✆ 535604, Fax 535604, « Servizio estivo all'aperto » – **🄟**. 🝙 🕃 «
VISA
chiuso domenica sera, lunedì, dal 2 al 10 gennaio ed agosto – Pas carta 61/91000.

CERTALDO 50052 Firenze 🔢🔢🔢 ⑭, 🔢🔢🔢 L 15 – 16 100 ab. alt. 67 – ✆ 0571.

Roma 270 – ◆Firenze 56 – ◆Livorno 75 – Siena 40.

XX **Charlie Brown,** via Guido Rossa 13 ✆ 664534, prenotare – 🍽. 🕃 **VISA**. ⚘
chiuso martedì e dal 10 al 25 agosto – Pas carta 32/53000.

CERTOSA DI PAVIA 27012 Pavia 🔢🔢🔢 ③ ⑬ – 2 976 ab. alt. 91 – ✆ 0382.

Vedere Certosa★★★ E : 1,5 km.

Roma 572 – Alessandria 76 – ◆Bergamo 84 – ◆Milano 27 – Pavia 9 – Piacenza 62.

XX **Vecchio Mulino,** via al Monumento 5 ✆ 925894, Coperti limitati; prenotare, « Ser
estivo in giardino » – **🄟**. 🕃 **E** **VISA** ⚘
chiuso domenica sera, lunedì, dal 1° al 10 gennaio e dal 30 luglio al 20 agosto –
carta 54/81000.

XX **Chalet della Certosa,** sul piazzale antistante il Monastero ✆ 925615, « Servizio e
in giardino » – **🄟**. 🝙 🕃 ① **E** **VISA**
chiuso lunedì e dall'11 al 24 gennaio – Pas carta 40/59000 (12 %).

CERVERE 12040 Cuneo 🔢🔢 I 5 – 1 709 ab. alt. 304 – ✆ 0172.

Roma 656 – Asti 52 – Cuneo 32 – Torino – 47.

🏠 **La Tour** senza rist, ✆ 474691, Fax 474693 – 📶 📺 ☎ **🄟**. 🕃. ⚘
chiuso dal 10 al 31 agosto – 🍴 10000 – **13 cam** 65/90000.

CERVESINA 27050 Pavia 🔢🔢 G 9 – 1 263 ab. alt. 72 – ✆ 0383.

Roma 580 – Alessandria 46 – ◆Genova 102 – ◆Milano 72 – Pavia 25.

🏛️ **Castello di San Gaudenzio** ⚘, S : 3 km ✆ 3331, Telex 311399, Fax 333409, « Cas
del 14° secolo in un parco », 🏖️, 🏊‍♀️ – 🍽 📺 ☎ **🄟** – 🔼 80 a 400. 🝙 🕃 ① **E** **VISA**. ⚘
Pas (chiuso martedì; *prenotare*) carta 66/86000 – 🍴 15000 – **45 cam** 125/180
2 appartamenti – ½ P 125/160000.

CERVETERI 00052 Roma 🔢🔢🔢 ㉕, 🔢🔢🔢 Q 18 – 20 405 ab. alt. 81 – ✆ 06.

Vedere Necropoli della Banditaccia★★ N : 2 km.

Roma 51 – Civitavecchia 33 – Ostia Antica 42 – Tarquinia 52 – Viterbo 72.

X **L'Oasi-da Pino,** ✆ 9953482, 🎪 – 🍽. ⚘
chiuso lunedì e dal 5 al 30 novembre – Pas carta 30/51000.

CERVIA 48015 Ravenna 🔢🔢🔢 ⑲, 🔢🔢🔢 🔢🔢🔢 J 19 – 25 217 ab. – Stazione termale (aprile-otto
a.s. Pasqua, luglio-agosto e Natale – ✆ 0544.

🏌️ (chiuso gennaio e martedì da ottobre ad aprile) ✆ 992786, Fax 993410.

🅱 (maggio-settembre) viale Roma 98 ✆ 974400.

Roma 382 – ◆Bologna 96 – ◆Ferrara 98 – Forlì 28 – ◆Milano 307 – Pesaro 76 – ◆Ravenna 22 – Rimini 30.

🏛️ **Gd H. Cervia,** lungomare Grazia Deledda 9 ✆ 970500, Fax 972086, ≤, ⛱️ – 📶 🍽 [
🄟 – 🔼 200. 🝙 🕃 **E** **VISA**. ⚘
21 marzo-ottobre – Pas 38/48000 – **56 cam** 🍴 118/185000 – P 90/175000.

🏨 **Nettuno,** lungomare D'Annunzio 34 ✆ 971156, Fax 972082, ≤, 🏊 riscaldata, 🌿
🍽 rist ☎ **🄟**. 🕃. ⚘
aprile-settembre – Pas 35/50000 – 🍴 12000 – **45 cam** 60/100000 – ½ P 90/100000.

🏨 **Strand e Gambrinus,** lungomare Grazia Deledda 104 ✆ 971773, Fax 973984, ≤ –
🄟. 🝙 🕃 ① **E** **VISA**. ⚘
25 maggio-15 settembre – Pas 30000 – 🍴 8000 – **66 cam** 80000 – ½ P 83000.

🏨 **Universal,** lungomare Grazia Deledda 118 ✆ 71418, Fax 971746, 🏊 riscaldata, 🌿
📺 🍽 **🄟**. 🕃. ⚘
marzo-ottobre – Pas carta 30/40000 – 🍴 10000 – **42 cam** 60/90000 – ½ P 50/86000.

🏨 **Beau Rivage,** lungomare Grazia Deledda 116 ✆ 971010, ≤, 🌿 – 📶 🍽 rist 📺 ☎ **🄟**.
VISA. ⚘ rist
Pasqua-settembre – Pas carta 30/40000 – 🍴 10000 – **40 cam** 60/90000 – ½ P 50/86000.

🏨 **K 2 Cervia,** viale dei Mille 98 ✆ 971025, ⛱️, 🌿 – 🍽 📺 ☎ **🄟**. 🝙 🕃 ① **E** **VISA**
Pasqua-ottobre – Pas 40/45000 – 🍴 10000 – **40 cam** 70/100000 – ½ P 50/80000.

🏠 **Ascot,** viale Titano 14 ✆ 72318, 🏊 riscaldata, 🌿 – 📶 🍽 rist ☎ **🄟**. ⚘
15 maggio-15 settembre – Pas (solo per clienti alloggiati) 25/30000 – 🍴 9000 – **30**
80000 – P 55/70000.

🏠 **Gadames,** viale Cristoforo Colombo 40 ✆ 970461, Fax 71497 – 📶 ☎. ⚘ rist
maggio-20 settembre – Pas (solo per clienti alloggiati) 20/30000 – **32 cam** 🍴 70/950
½ P 48/72000.

Al Teatro, via 20 Settembre 169 ℰ 71639, prenotare – ﷽ ⓞ 𝘝𝘐𝘚𝘈 . ⌾
chiuso martedì e dal 3 al 20 novembre – Pas carta 47/86000.

Osteria del Pavone, via Savonarola 13 ℰ 970136 – ⭢. ﷽ 🅗 ⓞ ᴇ 𝘝𝘐𝘚𝘈 . ⌾
chiuso a mezzogiorno da maggio ad agosto e lunedì negli altri mesi – Pas carta 40/65000.

La Pescheria, via Nazario Sauro 122 ℰ 971108 – 🅗 𝘝𝘐𝘚𝘈 . ⌾
chiuso mercoledì e dal 7 gennaio al 5 febbraio – Pas carta 53/76000.

a Pinarella S : 2 km – ⊠ **48015** Pinarella di Cervia.

🏢 (maggio-settembre) viale Titano 51 ℰ 988869 :

Garden, viale Italia 250 ℰ 987144, Fax 987620, ⤳, ▲ₒ, ☞, ⌾ – ▐ ☎ ⓟ 🅗 𝘝𝘐𝘚𝘈 . ⌾ rist
15 maggio-settembre – Pas carta 35/48000 – ⌑ 10000 – **55 cam** 60/95000 – ½ P 68/78000.

Cinzia, viale Italia 252 ℰ 987241, Fax 980006, « ⤳ riscaldata in terrazza panoramica »,
▲ₒ – ▐ 🞐 rist ☎ ⓟ 𝘝𝘐𝘚𝘈 . ⌾ rist
maggio-settembre – Pas 30/40000 – ⌑ 10000 – **30 cam** 60/95000 – ½ P 68/78000.

Antares, viale Italia 282 ℰ 987414, Fax 987497, ⤳ riscaldata, ☞ – ▐ 🞐 ⓟ ﷽ 🅗 ⓞ ᴇ
𝘝𝘐𝘚𝘈 . ⌾
15 maggio-25 settembre – Pas (solo per clienti alloggiati) 25/30000 – ⌑ 15000 – **30 cam**
55/80000 – ½ P 50/72000.

Buratti, viale Italia 194 ℰ 987549, ▲ₒ, ☞ – ▐ ☎ ⓟ – *stagionale* – **40 cam.**

a Milano Marittima N : 2 km – ⊠ **48016** Cervia - Milano Marittima.

🏢 viale Romagna 107 ℰ 993435. Fax 992515 :

Mare e Pineta, viale Dante 40 ℰ 992262, Telex 550869, Fax 992739, « Parco pineta »,
⤳ riscaldata, ▲ₒ, ⌾ – ▐ 🞐 cam ☎ ⓟ – 🎿 250. ﷽ 🅗 ⓞ ᴇ 𝘝𝘐𝘚𝘈 . ⌾ rist
22 maggio-13 settembre – Pas 50/70000 – **197 cam** 220/320000 – ½ P 150/260000.

Le Palme, VII Traversa 12 ℰ 994661, Telex 563052, Fax 994179, ≤, « Giardino ombreggiato », ⭦, ⭤, ⤳ riscaldata, ⌾ – ▐ 🞐 ☎ ⓟ 🅗 ⓞ 𝘝𝘐𝘚𝘈 . ⌾
15 maggio-settembre – Pas 50/80000 – ⌑ 20000 – **103 cam** 180/250000 – ½ P 135/180000.

Exclusive Waldorf, VII Traversa 17 ℰ 994343, Fax 993428, ≤, « Giardino con ⤳ riscaldata », ▲ₒ – ▐ 🞐 🅣 ☎ ⓟ ﷽ 🅗 ⓞ ᴇ 𝘝𝘐𝘚𝘈 . ⌾ rist
aprile-ottobre – Pas 70000 – ⌑ 20000 – **23 cam** 130/230000 – ½ P 130/210000.

Miami, III Traversa 31 ℰ 991628, Fax 992033, ≤, ⤳ riscaldata, ▲ₒ, ☞ – ▐ 🞐 🅣 ☎ ⓟ –
🎿 25 a 250. ﷽ 🅗 ⓞ ᴇ 𝘝𝘐𝘚𝘈 . ⌾ rist
marzo-novembre – Pas 40000 – **79 cam** ⌑ 170/280000 – ½ P 122/150000.

Rouge, III Traversa 26 ℰ 992201, Fax 994379, ≤, ⤳ riscaldata, ☞, ⌾ – ▐ ☎ ⓟ ﷽ 🅗
ⓞ ᴇ 𝘝𝘐𝘚𝘈 . ⌾ rist
aprile-settembre – Pas carta 55/85000 – ⌑ 18000 – **84 cam** 100/160000 – ½ P 157000.

Aurelia, viale 2 Giugno 34 ℰ 992082, Telex 550339, Fax 972773, ≤, « Giardino », ⤳ riscaldata, ▲ₒ, ⌾ – ▐ 🅣 ☎ ⓟ – 🎿 150. ﷽ 🅗 ⓞ ᴇ 𝘝𝘐𝘚𝘈 . ⌾
15 aprile-15 ottobre – Pas 40/50000 – ⌑ 14000 – **103 cam** 120/140000 – ½ P 130000.

Gallia, piazzale Torino 16 ℰ 994692, Fax 994693, « Giardino ombreggiato », ⤳ riscaldata, ⌾ – ▐ 🞐 🅣 ☎ ⓟ ﷽ 🅗 ⓞ ᴇ 𝘝𝘐𝘚𝘈 . ⌾ rist
maggio-settembre – Pas 35/55000 – ⌑ 15000 – **99 cam** 100/150000 – ½ P 80/150000.

Deanna Golf Hotel, viale Matteotti 131 ℰ 991365, Fax 994251, « Giardino », ⤳ riscaldata – ▐ ☎ ⓟ – 🎿 150. ﷽ 🅗 ⓞ ᴇ 𝘝𝘐𝘚𝘈 . ⌾ rist
aprile-settembre – Pas carta 55/70000 – ⌑ 15000 – **67 cam** 110000 – ½ P 97/107000.

Michelangelo, viale 2 Giugno 113 ℰ 994470, Fax 993534, « Giardino », ⤳ riscaldata –
▐ 🞐 🅣 ☎ 🅖 ⓟ ﷽ 🅗 ⓞ ᴇ 𝘝𝘐𝘚𝘈 . ⌾ rist
chiuso gennaio e febbraio – Pas 35/55000 – **47 cam** ⌑ 125/170000 – ½ P 85/140000.

Ariston, via Corsica 16 ℰ 994659, Fax 991555, ≤, ⤳, ☞ – ▐ 🞐 rist ☎ ⓟ ﷽ 🅗 ᴇ 𝘝𝘐𝘚𝘈 .
⌾ rist
15 maggio-15 settembre – Pas 25/30000 – ⌑ 10000 – **52 cam** 70/120000 – ½ P 75/110000.

Globus, viale 2 Giugno 59 ℰ 992115, Fax 992931, ⤳ riscaldata, ☞ – ▐ 🞐 🅣 ☎ 🅖 ⓟ 🅗.
⌾ rist
Pasqua-settembre – Pas carta 45/65000 – ⌑ 15000 – **48 cam** 100/130000.

Kent, viale 2 Giugno 142 ℰ 992048, Fax 994472, « Piccolo giardino ombreggiato » – ▐
☎ ⓟ ﷽ 🅗 ⓞ 𝘝𝘐𝘚𝘈 . ⌾ rist
10 maggio-settembre – Pas 40000 – ⌑ 16000 – **45 cam** 60/100000 – ½ P 85/105000.

Acapulco, VI Traversa 19 ℰ 992396, Fax 993833, ≤, ⭤, ⤳ riscaldata, 🖾 – ▐ 🞐 rist ☎
ⓟ. ⌾ rist
15 maggio-20 settembre – Pas 40000 – ⌑ 15000 – **50 cam** 60/100000 – ½ P 95/104000.

Sorriso, VIII Traversa 19 ℰ 994063, Fax 993123, ⭦, ⭤, ⤳ riscaldata – ▐ 🞐 🅣 ☎ ⓟ 🅗
ᴇ 𝘝𝘐𝘚𝘈 . ⌾ rist
15 marzo-settembre – Pas (solo per clienti alloggiati) 35/50000 – ⌑ 17000 – **32 cam**
66/99000 – ½ P 64/100000.

Fenice, XVII Traversa 6 ℰ 994325, Fax 991497, ☞ – ▐ 🞐 rist ☎ ⓟ ﷽ 🅗 ⓞ ᴇ 𝘝𝘐𝘚𝘈 . ⌾
15 maggio-20 settembre – Pas 30/40000 – ⌑ 15000 – **46 cam** 65/90000 – ½ P 55/82000.

Solemare, XI Traversa 20 ℰ 994109 – ▐ ☎ ⓟ . ⌾
maggio-settembre – Pas 30000 – ⌑ 10000 – **37 cam** 45/80000 – ½ P 60/67000.

🏨 **Parco,** viale 2 Giugno 49 ℰ 991130, 🍴 – |⚗| 📶 ⅙ 🅿️ 🆎 _VISA_. ⚓ rist
15 maggio-15 settembre – Pas (solo per clienti alloggiati) 30000 – ☑ 9000 – **41 ca**
59/86000 – ½ P 54/84000.

🏨 **Mazzanti,** via Forlì 51 ℰ 991207, Fax 991258, ≼, ⚘ riscaldata – |⚗| 📶 🅿️. ⚓ rist
10 maggio-20 settembre – Pas 30000 – ☑ 8000 – **42 cam** 80000 – ½ P 85/88000.

🏨 **Mirage,** XVI Traversa 9 ℰ 994322, Fax 994322, 🍴 – |⚗| ☎ 🅿️. 🆎 🅱️ ⓞ ℇ _VISA_
10 maggio-20 settembre – Pas 33000 – ☑ 15000 – **44 cam** 80/100000 – ½ P 60/9000C

🏨 **Alexander,** viale 2 Giugno 68 ℰ 991516, ⚘ riscaldata, 🍴 – |⚗| 🗐 rist ☎ 🅿️. ⚓ rist
Pasqua-ottobre – Pas 40/45000 – ☑ 15000 – **52 cam** 100000 – P 95/10000.

🏨 **Saraceno,** viale 2 Giugno 37 ℰ 992099, Fax 992542, 🍴 – |⚗| 📶 🅿️. ⚓ rist
14 maggio-25 settembre – Pas (solo per clienti alloggiati) 35000 – ☑ 12000 – **45 cm**
75/100000 – P 58/85000.

🏨 **Majestic,** X Traversa 23 ℰ 994122, Fax 994123, ≼, ⚘ riscaldata, 🍴 – |⚗| 🗐 rist ☎ ⅙
VISA. ⚓
maggio-settembre – Pas 30000 – ☑ 10000 – **50 cam** 45/80000 – ½ P 55/68000.

🏨 **Saratoga,** viale 2 Giugno 156 ℰ 994216, Fax 994735 – |⚗| 🗐 📶 🅿️. 🆎 🅱️ ⓞ _VISA_. ⚓
20 aprile-20 settembre – Pas (solo per clienti alloggiati e chiuso sino al 15 maggio) 18/22
– ☑ 12000 – **41 cam** 60/80000 – ½ P 46/74000.

🏨 **Nadir,** viale Cadorna 3 ℰ 991322, Fax 991431, ⚘ riscaldata – |⚗| ☎ 🅿️. 🅱️ ℇ _VISA_. ⚓
15 maggio-20 settembre – Pas 30/35000 – ☑ 10000 – **55 cam** 60/100000 – ½ P 55/105C

🏨 **Ridolfi,** anello del Pino 18 ℰ 994547, Fax 991506, ⚘ – |⚗| ☎ 🅿️. ⚓ rist
maggio-settembre – Pas 28000 – ☑ 10000 – **36 cam** 55/90000 – ½ P 68/80000.

🏨 **Santiago,** viale 2 Giugno 42 ℰ 992392 – |⚗| 📺 ☎ 🆎 🅱️ ℇ _VISA_. ⚓ rist
Pas 28/30000 – ☑ 10000 – **27 cam** 70/90000 – ½ P 63/72000.

✕✕✕ Le Jardin, viale Matteotti 46 ℰ 994657, 🍴 – 🗐
chiuso a mezzogiorno (escluso i giorni festivi).

✕✕ **Dal Marinaio,** viale Puccini 8 ℰ 992458, Solo piatti di pesce – 🆎 🅱️ ⓞ ℇ _VISA_
chiuso gennaio, lunedì dal 16 maggio al 14 settembre e mercoledì negli altri mesi –
carta 51/68000.

  a Tagliata SE : 3,5 km – ✉ **48015** Tagliata di Cervia.

  🄳 (maggio-settembre) via Sicilia 61 ℰ 987945 :

✕✕ **La Tortuga,** viale Sicilia 26 ℰ 987193, 🍴 – 🅿️. 🆎 🅱️ ⓞ ℇ _VISA_
chiuso gennaio e mercoledì (escluso da giugno a settembre) – Pas carta 35/62000.

CERVIGNANO DEL FRIULI 33052 Udine ⑨⑧⑧ ⑥, ⓭⓶⑨ E 21 – 12 056 ab. alt. 3 – ✿ 0431.
Roma 627 – Gorizia 28 – ✦Milano 366 – ✦Trieste 47 – Udine 29 – ✦Venezia 116.

🏨 **Internazionale e Rist. La Rotonda,** via Ramazzotti ℰ 30751, Fax 34801 – |⚗| 📺 ☎
🄰 150. 🆎 🅱️ ⓞ ℇ _VISA_. ⚓
Pas *(chiuso domenica sera e lunedì)* carta 44/59000 – **69 cam** ☑ 94/120000 – ½ P
94000.

✕ **Al Campanile** con cam, località Scodovacca E : 1,5 km ℰ 32018 – 🅿️. ⚓
chiuso settembre ed ottobre – Pas *(chiuso lunedì sera e martedì)* carta 29/39000 – ☑ 5
– **12 cam** 60000 – ½ P 60000.

CERVINIA Aosta ⑨⑧⑧ ②, ⓶⓵⑨ ③ – Vedere Breuil-Cervinia.

CERVO 18010 Imperia ⓭⓶⑧ K 6 – 1 259 ab. alt. 66 – ✿ 0183.
Roma 605 – Alassio 12 – ✦Genova 106 – Imperia 12 – ✦Milano 228 – San Remo 35.

✕✕ **San Giorgio,** centro storico ℰ 400175, 🍴, Rist. con specialità di mare, Coperti limi
prenotare
chiuso martedì e dal 10 gennaio al 10 febbraio; in novembre aperto solo sabato e dome
a mezzogiorno – Pas carta 45/65000.

✕ **Da Serafino,** centro storico ℰ 408185, « Servizio estivo in terrazza panoramica » – E
VISA
chiuso martedì e novembre – Pas carta 42/72000.

CESANA TORINESE 10054 Torino ⑨⑧⑧ ⑪, ⓭⓶⑧ H 2 – 961 ab. alt. 1 354 – a.s. febbraio, Pasc
luglio-agosto e Natale – Sport invernali : a Sansicario, Monti della Luna e Claviere : 1 3
2 701 m ⚞15, ⚟ – ✿ 0122.
🄳 (dicembre-Pasqua e luglio-settembre) piazza Vittorio Amedeo 3 ℰ 89202.
Roma 752 – Bardonecchia 25 – Briançon 21 – ✦Milano 224 – Sestriere 11 – ✦Torino 87.

🏨 Edelweiss ⚘, ℰ 89450, Fax 897207, ≼, 🍴 – 📺 ☎ 🅿️ – **30 cam.**

🏨 **Chaberton,** ℰ 89147, Fax 897163, 🍴 – |⚗| ☎ 🛏 🅿️. 🅱️ ℇ _VISA_
chiuso maggio e novembre – Pas carta 27/40000 – ☑ 10000 – **27 cam** 120000 – ½ P
95000.

  a Mollières N : 2 km – ✉ **10054** Cesana Torinese :

✕✕ **La Selvaggia,** ℰ 89290 – 🅿️. 🅱️ ℇ _VISA_. ⚓
chiuso mercoledì, giugno ed ottobre – Pas carta 31/55000.

a San Sicario E : 5 km – alt. 1 700 – ✉ **10054** Cesana Torinese :

Rio Envers ⛷, ☎ 811333, ← monti – ⧉ TV ☎ ⇔ P. SI ⊙ E VISA. ⚘ rist
20 dicembre-14 aprile – Pas carta 49/69000 – **42 cam** ⊐ 180000 – 1/2 P 140/180000.

Fraiteve, al borgo S : 2 km ☎ 832490, « Ambiente caratteristico » – ⚘
chiuso maggio, novembre e martedì in bassa stagione – Pas carta 49/82000.

ESANO Ancona 430 K 21 – Vedere Senigallia.

ESANO BOSCONE **20090** Milano 428 F 9, 219 ⑱ – 27 114 ab. alt. 120 – ☎ 02.
na 582 – ◆Milano 12 – Novara 48 – Pavia 35 – Varese 54.

Pianta d'insieme di Milano (Milano p. 6)

Roma senza rist, via Poliziano 2 ☎ 4581805, Fax 4500473 – ⧉ ▤ TV ☎ ♿ P – 🏛 25. AE SI ⊙ VISA AP **k**
chiuso dal 10 al 20 agosto – ⊐ 20000 – **34 cam** 170/270000, 2 appartamenti.

ESANO MADERNO **20031** Milano 428 F 9, 219 ⑲ – 32 011 ab. alt. 198 – ☎ 0362.
na 613 – ◆Bergamo 52 – Como 29 – ◆Milano 20 – Novara 61 – Varese 41.

a Cassina Savina E : 4 km – ✉ **20030** :

La Cometa, via Podgora 12 ☎ 504102 – ▤. SI E VISA. ⚘
chiuso lunedì ed agosto – Pas carta 27/58000.

ESENA **47023** Forlì 988 ⑮, 429 430 J 18 – 89 497 ab. alt. 44 – ☎ 0547.
dere Biblioteca Malatestiana★ – piazza del Popolo 11 ☎ 356327, Fax 356329.
na 336 – ◆Bologna 89 – Forlì 19 – ◆Milano 300 – ◆Perugia 168 – Pesaro 69 – ◆Ravenna 33 – Rimini 30.

Casali, via Benedetto Croce 81 ☎ 22745, Telex 550480, Fax 22828 – ⧉ ▤ TV ☎ ♿ ⇔ P – 🏛 25 a 150. AE SI ⊙ E VISA
Pas vedere rist Casali – ⊐ 13000 – **45 cam** 100/165000, 3 appartamenti.

Meeting Hotel senza rist, via Romea 545 ☎ 333160, Fax 334394 – ⧉ ▤ TV ☎ ⇔ P – 🏛 60. SI ⊙ E VISA. ⚘
chiuso dal 20 al 30 dicembre – ⊐ 13000 – **26 cam** 120000, ▤ 10000.

Alexander, piazzale Karl Marx 10 ☎ 27474, Fax 27874 – ⧉ ▤ TV ☎ ⇔ P – 🏛 50. AE SI E VISA. ⚘ rist
Pas (solo per clienti alloggiati) 30/45000 – ⊐ 12000 – **32 cam** 95/135000 – 1/2 P 115/142000.

Casali, via Benedetto Croce 81 ☎ 27485, Fax 27485, 🏠 – ▤. AE SI ⊙ E VISA
chiuso venerdì e dal 1° al 15 agosto – Pas carta 45/69000.

Gianni, via Dell'Amore 9 ☎ 21328, 🏠 – SI ⊙ E VISA. ⚘
chiuso giovedì – Pas carta 37/74000.

Il Circolino, corte Dandini 10 ☎ 21875, 🏠, Coperti limitati; solo su prenotazione a mezzogiorno – AE VISA. ⚘
chiuso martedì e settembre – Pas carta 36/45000.

ESENATICO **47042** Forlì 988 ⑮, 429 430 J 19 – 20 457 ab. – a.s. 21 giugno-agosto – ☎ 0547.
iale Roma 112 ☎ 80091, Fax 80129.
na 358 – ◆Bologna 98 – ◆Milano 309 – ◆Ravenna 30 – Rimini 22.

Pino, via Anita Garibaldi 7 ☎ 80645, Fax 84788 – ⧉ ▤ TV ☎ – 🏛 40. AE SI ⊙ E VISA. ⚘
Pas vedere rist Pino – ⊐ 14000 – **66 cam** 95/160000.

Britannia, viale Carducci 129 ☎ 672500, Fax 81799, ←, « Giardino-terrazza », ⛱, 🏖 – ⧉ ▤ TV ☎ ♿ ⇔ P. AE SI ⊙ E VISA. ⚘
maggio-15 settembre – Pas *(chiuso sino al 21 maggio)* carta 36/64000 – ⊐ 16000 – **42 cam** 90/140000 – P 100/160000.

Internazionale, via Ferrara 7 ☎ 80231, Fax 80897, ←, ⛱ riscaldata, 🏖, 🎾 – ⧉ P. ⚘ rist
giugno-15 settembre – Pas (solo per clienti alloggiati) 30/40000 – ⊐ 12000 – **51 cam** 95/120000 – 1/2 P 80/110000.

Esplanade, viale Carducci 120 ☎ 82405, Fax 672214 – ⧉ ☎ ⇔. SI E VISA. ⚘ rist
15 maggio-settembre – Pas 28/40000 – ⊐ 15000 – **56 cam** 66/103000 – 1/2 P 60/105000.

San Pietro, viale Carducci 194 ☎ 82496, Fax 81830, ←, ⛱ – ⧉ ☎ P – 🏛 100. AE SI ⊙ E VISA. ⚘
26 dicembre-7 gennaio e 13 marzo-18 ottobre – Pas (solo per clienti alloggiati e *chiuso sino al 20 aprile*) 25/35000 – ⊐ 8000 – **80 cam** 68/105000 – 1/2 P 54/82000.

Torino, viale Carducci 55 ☎ 80044, Fax 672510, ←, ⛱ riscaldata – ⧉ ▤ rist TV ☎ P. AE SI ⊙ E VISA. ⚘
15 maggio-settembre – Pas (solo per clienti alloggiati) 35/40000 – ⊐ 10000 – **42 cam** 110000 – 1/2 P 57/102000.

🏨 **Sporting,** viale Carducci 191 ℘ 83082, Fax 672172, ≤, 🏖️ – 🛗 🗏 rist ☎ 🅿️. 🛇
20 maggio-20 settembre – Pas (solo per clienti alloggiati) – ⚏ 10000 – **40 cam** 70/85000
½ P 60/68000.

🏨 **Roxy,** viale Carducci 193 ℘ 82004, Fax 672406, ≤, ⤬ riscaldata, 🏖️ – 🛗 🗏 rist ☎ 🅿️.
Pasqua e 20 maggio-30 settembre – Pas (solo per clienti alloggiati) 25/50000 – ⚏ 1000
40 cam 60/95000 – ½ P 60/84000.

🏨 **Atlantica,** viale Bologna 28 ℘ 83630, Fax 75758, ≤ – 🛗 ☎ 🅿️. 🆎 🅵 🅾️. 🛇
Pasqua-settembre – Pas carta 36/58000 – ⚏ 15000 – **30 cam** 80/120000 – ½ P 55/850

🏨 **Miramare,** viale Carducci 2 ℘ 80006, Fax 84785, ≤ – 🛗 ☎ 🅿️. 🆎 🅵 🅾️ 🅴 𝗩𝗜𝗦𝗔. 🛇 r
Pas *(chiuso martedì)* carta 30/65000 – ⚏ 18000 – **30 cam** 130/160000 – ½ P 80/13000

🏨 **Bisanzio,** via Montegrappa 3 ℘ 82565, ≤, 🍴 – 🛗 ☎ 🅿️. 🛇 rist
giugno-20 settembre – Pas (solo per clienti alloggiati) – **30 cam** ⚏ 80/110000 – ½ P
85000.

🏨 **Da Marchino,** via Mazzini 95 ℘ 83777, Fax 83777, ⤬, 🍴 – 📺 ☎ 🅿️. 🆎 🅵 🅾️ 🅴 𝗩
Pas *(chiuso lunedì da ottobre a maggio)* carta 47/65000 – ⚏ 8000 – **35 cam** 69/8400
½ P 47/64000.

🏨 **Domus Mea** senza rist, via del Fortino 7 ℘ 82119, Fax 82441 – 🛗 ☎. 🆎 🅵 🅾️ 🅴 𝗩𝗜𝗦𝗔.
maggio-settembre – ⚏ 5500 – **29 cam** 48/59000.

🏨 **Ori,** viale da Verrazzano 14 ℘ 81880 – 🛗 ☎ 🅿️. 🛇
maggio-settembre – Pas 25/40000 – ⚏ 9000 – **27 cam** 75/95000 – ½ P 55/75000.

🏨 **Tiboni** ⤬, via Abba 86 ℘ 82089 – 🆎. 🛇
15 maggio-15 settembre – Pas carta 16/20000 – ⚏ 6000 – **14 cam** 30/50000 – ½ P 40/4800

🏨 **Zanotti,** viale Roma 44 ℘ 672330 – ☎. 🛇
4 aprile-15 settembre – Pas carta 35/46000 – ⚏ 6000 – **30 cam** 40/70000 – ½ P 50/550

🍴🍴🍴 **Pino,** via Anita Garibaldi 7 ℘ 80576, Fax 84788, 🍴 – 🗏. 🆎 🅵 🅾️ 🅴 𝗩𝗜𝗦𝗔. 🛇
chiuso lunedì dal 5 al 20 novembre – Pas carta 40/70000.

🍴🍴 **Teresina,** viale Trento ℘ 81108, ≤ – 🗏 🅿️. 🆎 🅵 🅾️ 🅴 𝗩𝗜𝗦𝗔. 🛇
chiuso mercoledì – Pas carta 47/92000.

🍴🍴 **Gambero Rosso,** molo Levante ℘ 81260, ≤ – 🗏. 🆎 🅾️. 🛇
chiuso dal 10 al 31 gennaio, novembre e lunedì (escluso dal 15 giugno al 15 settembre
Pas carta 45/65000.

🍴🍴 **Al Gallo-da Giorgio,** via Baldini 21 ℘ 81067, 🍴 – 🆎 🅵 🅾️ 🅴 𝗩𝗜𝗦𝗔. 🛇
chiuso mercoledì, dal 2 al 16 gennaio e dal 26 ottobre al 12 novembre – Pas carta 54/720

🍴🍴 **Vittorio,** porto turistico Onda Marina ℘ 672588 – 🗏 🅿️. 🅵 🅾️ 𝗩𝗜𝗦𝗔
chiuso novembre e martedì da dicembre al 13 febbraio – Pas carta 45/65000.

🍴🍴 **La Buca,** corso Garibaldi 41 ℘ 82474, 🍴, Solo piatti di pesce

🍴 **Cafè Lidò,** via Marino Moretti 44 ℘ 80558, 🍴 – 🅵 🅾️ 🅴 𝗩𝗜𝗦𝗔
chiuso martedì, dal 24 dicembre al 2 gennaio e novembre – Pas carta 46/59000.

🍴 **Marengo,** via Canale Bonificazione 71 ℘ 83200, Solo piatti di carne, ⤬ – 🅿️. 🛇
chiuso lunedì, martedì, gennaio e febbraio – Pas carta 28/41000.

a Valverde S : 2 km – ✉ **47042** Cesenatico :

🏨 **Caesar,** viale Carducci 290 ℘ 86500, Fax 86654, ≤, ⤬ riscaldata, 🎾 – 🛗 ☎ 🔖 🅿️. 🅵
🅴 𝗩𝗜𝗦𝗔. 🛇 rist
maggio-settembre – Pas 20/35000 – ⚏ 9000 – **65 cam** 70/100000 – P 55/95000.

🏨 **Colorado,** viale Carducci 306 ℘ 86242, Fax 86242, ⤬ – 🛗 ☎ 🅿️. 🆎. 🛇
maggio-settembre – Pas 30/40000 – **45 cam** ⚏ 60/110000 – P 67/85000.

🏨 **Wivien,** via Guido Reni angolo via Canova 89 ℘ 85388, Fax 85455, ⤬ – 🛗 ☎ 🅿️. 🆎 🅵
𝗩𝗜𝗦𝗔. 🛇 rist
aprile-ottobre – Pas 25/30000 – ⚏ 12000 – **35 cam** 85/100000 – ½ P 45/80000.

🏨 **Tridentum,** viale Michelangelo 25 ℘ 86287, Fax 87522, ⤬ riscaldata, 🍴 – 🛗 ☎ 🅿️.
𝗩𝗜𝗦𝗔. 🛇 rist
marzo-15 ottobre – Pas 25/30000 – **60 cam** ⚏ 59/90000 – ½ P 70000.

a Zadina Pineta N : 2 km – ✉ **47042** Cesenatico :

🏨 **Beau Soleil-Wonderful** ⤬, viale Mosca 43/45 ℘ 82209, Fax 82069, ⤬ riscaldata –
🗏 rist 🅿️. 🛇 rist
Pasqua-settembre – Pas (solo per clienti alloggiati) – **80 cam** ⚏ 80/120000 – ½ P 60/850

🏨 **Renzo** ⤬, viale dei Pini 55 ℘ 82316 – 🛗 🗏 rist ☎ 🅿️. 𝗩𝗜𝗦𝗔. 🛇
maggio-settembre – Pas (solo per clienti alloggiati) – ⚏ 10000 – **24 cam** 70/10000
½ P 45/63000.

🍴 **La Scogliera-da Roberto,** via Londra 36 ℘ 83281, 🍴 – 🗏. 🛇
chiuso lunedì e settembre – Pas carta 40/87000.

a Villamarina S : 3 km – ✉ **47042** Cesenatico :

🏨 **Park Hotel Grilli** ⤬, viale Torricelli 12 ℘ 87174, Fax 87255, « Giardino ombreggiato
🏊, ≦s, ⤬ riscaldata, 🍴, 🎾 – 🛗 🔖 rist 🗏 📺 ☎ 🚗 – 🔬 150. 🆎 🅵 🅾️ 🅴 𝗩𝗜𝗦𝗔. 🛇
Pas *(7 maggio-1° ottobre)* 40/60000 – **44 cam** ⚏ 90/200000, 4 appartamenti – ½ P
130000.

Duca di Kent, viale Euclide 23 𝄐 86307, Fax 86488, ♨, ⇌s, ⏚, 🐟 – ☎ ℗. 🄷 E 𝘝𝘐𝘚𝘈. 🛪
22 maggio-19 settembre – Pas 25/40000 – ⊇ 8000 – **40 cam** 100000 – ½ P 68/92000.

David, viale Carducci 297 𝄐 86154, Fax 86154, ≤, ⏚ riscaldata –|🛗| ☎ ℗. 🄷 𝘝𝘐𝘚𝘈. 🛪 rist
Pasqua-ottobre – Pas 30/50000 – **38 cam** ⊇ 90/150000 – ½ P 85/100000.

SSALTO 31040 Treviso 𝟿𝟾𝟾 ⑤, 𝟺𝟸𝟿 E 19 – 3 135 ab. alt. 5 – ✆ 0421.
ᵃ 562 – Belluno 81 – ♦Milano 301 – Treviso 33 – Udine 77 – ♦Venezia 51.

Romana senza rist, 𝄐 327194 – 📺 ⇌ ℗. ⓞ. 🛪
⊇ 5000 – **18 cam** 40/60000.

✕ **Al Ben Vegnù,** 𝄐 327200 – ⇌ₑ. 🄰🄴 🄷 ⓞ E 𝘝𝘐𝘚𝘈. 🛪
chiuso martedì, mercoledì a mezzogiorno, dal 5 al 16 gennaio e dall'11 luglio al 6 agosto –
Pas carta 35/54000.

SUNA 36010 Vicenza 𝟺𝟸𝟿 E 16 – alt. 1 052 – ✆ 0424.
ᵃ 582 – Asiago 8 – ♦Milano 263 – Trento 67 – ♦Venezia 114 – Vicenza 48.

Belvedere, 𝄐 67000, 🐟 – ℗. 🛪 rist
Pas *(chiuso martedì)* carta 34/44000 – ⊇ 5000 – **24 cam** 65/95000 – ½ P 50/69000.

TARA 84010 Salerno 𝟺𝟹𝟷 F 26 – 2 547 ab. alt. 15 – ✆ 089.
ᵃ 255 – Amalfi 15 – Avellino 45 – ♦Napoli 52 – Salerno 10 – Sorrento 49.

Cetus, 𝄐 261388, Fax 261388, ≤ golfo di Salerno, 🏖 –|🛗| ▤ 📺 ☎ ℗ – 🛥 70. 🄷 E 𝘝𝘐𝘚𝘈.
🛪 rist
Pas 45000 – **38 cam** ⊇ 200000. ▤ 10000 – ½ P 170000.

TONA 53040 Siena 𝟺𝟹𝟶 N 17 – 2 971 ab. alt. 384 – ✆ 0578.
ᵃ 155 – Orvieto 62 – ♦Perugia 50 – Siena 89.

a Piazze S : 9 km – ⊠ **53040** :

✕ **Bottega delle Piazze,** 𝄐 244295 – 🄷 E 𝘝𝘐𝘚𝘈
chiuso lunedì e febbraio – Pas carta 27/35000.

TRARO 87022 Cosenza 𝟿𝟾𝟾 ㊴, 𝟺𝟹𝟷 I 29 – 11 251 ab. alt. 120 – ✆ 0982.
ᵃan Michele, località Bosco ⊠ 87022 Cetraro 𝄐 91012, Fax 91430, NO : 6 km.
ᵃ 466 – Catanzaro 115 – ♦Cosenza 55 – Paola 21.

La Perla, al porto NO : 2,5 km 𝄐 971008, ≤, 🏠 – ▤ 📺 ☎
18 cam.

✕ **Il Casello,** al porto NO : 2,5 km 𝄐 971355 – ℗. 🄰🄴 𝘝𝘐𝘚𝘈
chiuso martedì escluso da giugno a settembre – Pas carta 35/55000.

sulla strada statale 18 NO : 6 km :

Gd H. San Michele ♨, ⊠ 87022 𝄐 91012, Fax 91430, ≤, 🏠, « Giardino-frutteto e
ascensore per la spiaggia », ⏚, 🏖, ✕, 🔥 –|🛗| ▤ 📺 ☎ ℗ – 🛥 80 a 220. 🄰🄴 🄷 ⓞ E
𝘝𝘐𝘚𝘈. 🛪 rist
chiuso novembre – Pas carta 61/86000 – **71 cam** ⊇ 230/320000 – ½ P 190/295000.

VA 12073 Cuneo 𝟿𝟾𝟾 ⑫, 𝟺𝟸𝟾 I 6 – 5 692 ab. alt. 388 – ✆ 0174.
ᵃ 595 – Cuneo 52 – ♦Milano 219 – Savona 50 – ♦Torino 95.

✕ **Italia,** 𝄐 701340 – 🄷 E 𝘝𝘐𝘚𝘈
chiuso giovedì, dal 4 al 20 luglio e dal 4 al 19 novembre – Pas carta 29/46000.

AMPOLUC 11020 Aosta 𝟿𝟾𝟾 ②, 𝟺𝟸𝟾 E 5 – alt. 1 570 – a.s. 9 febbraio-Pasqua, luglio-agosto
ᵃatale – Sport invernali : 1 570/2 714 m ✄1 ✄18, ✄ – ✆ 0125.
ᵃ a Varasc 𝄐 307113.
ᵃ 737 – Aosta 63 – Biella 92 – ♦Milano 175 – ♦Torino 104.

Castor, 𝄐 307117, ≤, 🐟 –|🛗| 📺 ☎ ⇌ ℗. 🄷 E 𝘝𝘐𝘚𝘈. 🛪
Pas *(20 dicembre-26 e 26 giugno-20 settembre)* carta 33/50000 – ⊇ 15000 – **32 cam**
65/105000 – ½ P 75/105000.

Anna Maria ♨, 𝄐 307128, ≤, « Giardino e pineta » – 📺 ☎ ℗. 𝘝𝘐𝘚𝘈. 🛪
5 dicembre-25 aprile e 19 giugno-26 settembre – Pas 30/35000 – ⊇ 10000 – **20 cam**
70/95000 – ½ P 85/105000.

AMPORCHER 11020 Aosta 𝟿𝟾𝟾 ②, 𝟺𝟸𝟾 F 4 – 410 ab. alt. 1 427 – a.s. febbraio, Pasqua,
ᵃglio-agosto e Natale – Sport invernali : 1 427/2 500 m ✄1 ✄5, ✄ – ✆ 0125.
ᵃ 716 – Aosta 59 – Ivrea 43 – ♦Milano 156 – ♦Torino 85.

Beau Séjour ♨, frazione Mellier 𝄐 37122, ≤ – ℗. 🛪 rist
Pas 20/35000 – **21 cam** ⊇ 60000 – ½ P 50/60000.

ANAVEY Aosta 𝟺𝟸𝟾 F 3, 𝟸𝟷𝟿 ⑪ ⑫ – Vedere Rhêmes Notre Dame.

Roma 723 – Aosta 26 – Breuil-Cervinia 27 – ◆Milano 160 – ◆Torino 89.

🏨 **Rendez Vous e Rist. Da Beppe,** prossimità casello autostrada ℰ 61662, Fax 6248❙
– 🛗 📺 🕿 🅿. ⌶ 🕄 ◍ 🗉 𝚅𝙸𝚂𝙰. 🛪 cam
Pas *(chiuso martedì)* carta 29/42000 – ⌷ 9000 – **35 cam** 65/90000 – ½ P 68/75000.

🏨 **Marisa,** via Pellissier 10 ℰ 61845, Fax 62174, ≼, 🚞 – 🛗 📺 🕿 ⟵ 🅿. ⌶ 🕄 ◍ 🗉 𝚅𝙸𝚂𝙰
chiuso novembre – Pas *(chiuso lunedì)* carta 30/45000 – ⌷ 8000 – **28 cam** 9000❙
½ P 65/80000.

🏠 **Le Verger** senza rist, via Tour de Grange 53 ℰ 62314, ≼ – 🛗 🕿 🅿. 🗉 𝚅𝙸𝚂𝙰
⌷ 7000 – **14 cam** 53/66000, 3 appartamenti.

🍴🍴🍴 ✿ **Parisien,** regione Panorama 1 ℰ 37053, Coperti limitati; prenotare – 🅿. ⌶ 🕄 ◍
𝚅𝙸𝚂𝙰
chiuso a mezzogiorno (escluso i giorni festivi e prefestivi), giovedì e dal 7 al 25 luglio –
carta 64/95000
Spec. Rigatoni all'amatriciana, Trota alla fiamma in salsa principessa, Filetto di bue al forno con salsa al dragon❙
Vini Blanc de Morgex, Carema.

🍴🍴 **La Terrazza,** regione Panorama 3 ℰ 512548, « Servizio estivo in terrazza » – 🅿. 🅰
◍ 🗉 𝚅𝙸𝚂𝙰. 🛪
chiuso giovedì, dal 15 al 30 giugno e dal 10 al 20 novembre – Pas carta 30/53000.

🛏 (marzo-novembre; chiuso martedì) località Fraschetta ✉ 12062 Cherasco ℰ 48772,
488304.
Roma 646 – Asti 51 – Cuneo 46 – Savona 97 – ◆Torino 54.

🏨 **Napoleon e Rist. L'Escargot,** via Aldo Moro 1 ℰ 488238, Fax 488435 – 🛗 🗐 cam 🗉
🕭 🅿 – 🔬 200. ⌶ 🕄 🗉 𝚅𝙸𝚂𝙰. 🛪 rist
Pas *(chiuso mercoledì)* carta 25/47000 – ⌷ 6000 – **22 cam** 58/80000 – ½ P 75/83000.

Vedere Guida Verde.

🅱 piazza Italia 67 ℰ 63167, Fax 64623 – (maggio-settembre) piazza Gramsci ℰ 31292 – parco Stabilim❙
Acqua Santa (maggio-ottobre) ℰ 64054.
Roma 167 – Arezzo 73 – ◆Firenze 132 – ◆Milano 428 – ◆Perugia 65 – Siena 85 – Terni 120 – Viterbo 104.

🏩 **Gd H. Excelsior,** via Sant'Agnese 6 ℰ 64351, Fax 63214, 🛋 riscaldata – 🛗 🗐 📺 🕿
🔬 50 a 250. ⌶ 🕄 𝚅𝙸𝚂𝙰. 🛪
Pasqua-ottobre – Pas 65000 – ⌷ 20000 – **78 cam** 140/210000, 6 appartamen❙
½ P 160000.

🏩 **Grande Alb. Le Fonti,** viale della Libertà 523 ℰ 63701, Telex 583069, Fax 63701, ≼
🗐 📺 🕿 ⟵ – 🔬 100. 🕄 ◍ 🗉 𝚅𝙸𝚂𝙰. 🛪 rist
Pas 45000 – ⌷ 20000 – **68 cam** 160/200000, 🗐 10000 – ½ P 120/150000.

🏩 **Michelangelo** ⌾, via delle Piane 146 ℰ 64004, Fax 60480, ≼, « Parco ombreggiat❙
🗩, 🛋 riscaldata, 🛪 – 🛗 🗐 📺 🕿 🕭 🅿 – 🔬 40. ⌶ 🕄 ◍ 🗉 𝚅𝙸𝚂𝙰. 🛪 rist
Pasqua e 23 aprile-24 ottobre – Pas 70000 – ⌷ 18000 – **63 cam** 120/160000 – ½ P ❙
150000.

🏩 **Moderno,** viale Baccelli 10 ℰ 63754, Fax 60656, 🛋 riscaldata, 🚞, 🛪 – 🛗 🗐 📺 🕿
🅿 ⌶ 🕄 ◍ 🗉 𝚅𝙸𝚂𝙰. 🛪
Pas 40000 – ⌷ 8000 – **70 cam** 110/170000 – ½ P 105/145000.

🏩 **Ambasciatori,** viale della Libertà 512 ℰ 64371, Telex 570102, Fax 64371, 🛋 riscalda❙
🛗 🗐 🕿 ⟵ 🅿 – 🔬 350. ⌶ 🕄 ◍ 🗉 𝚅𝙸𝚂𝙰. 🛪
Pas 40/50000 – **116 cam** ⌷ 110/150000 – ½ P 120/150000.

🏩 **President,** viale Baccelli 260 ℰ 64131, Fax 62122, « 🛋 riscaldata su terrazza panor❙
ca », 🚞 – 🛗 🗐 📺 🕿 🅿 – 🔬 50. ⌶ 🕄 ◍. 🛪
15 aprile-ottobre – Pas *(solo per clienti alloggiati)* – ⌷ 15000 – **78 cam** 110/14000❙
½ P 120000.

🏩 **Raffaello** ⌾, via dei Monti 3 ℰ 64633, Fax 64923, « Giardino », 🗩, 🛋 riscaldata, ❙
🛗 🗐 📺 🕿 🕭 ⟵ 🅿. ⌶ 🕄 ◍ 🗉 𝚅𝙸𝚂𝙰. 🛪 rist
15 aprile-ottobre – Pas 35/45000 – ⌷ 10000 – **70 cam** 100/150000, 🗐 6000 – ½ P ❙
130000.

🏩 **Gd H. Capitol,** viale della Libertà 492 ℰ 64681, Fax 209251, 🗩, 🛋 – 🛗 🗐 📺 🕿 ⟵
🕄 ◍ 🗉 𝚅𝙸𝚂𝙰. 🛪
Pasqua-ottobre – Pas 35/40000 – ⌷ 10000 – **68 cam** 100/150000, 🗐 10000 – ½ P❙
140000.

🏩 **Majestic,** via Buozzi 70 ℰ 63042, Fax 62101, 🛋 riscaldata, 🚞 – 🛗 📺 🕿 🅿. 🕄 🗉 𝚅𝙸𝚂𝙰
15 aprile-ottobre – Pas 35/40000 – ⌷ 10000 – **68 cam** 95/115000 – ½ P 85/100000.

🏨 **Continentale,** piazza Italia 56 ℰ 63272, Fax 63272, 🛋 riscaldata – 🛗 🗐 📺 🕾 ⟵. ❙
🗉 𝚅𝙸𝚂𝙰. 🛪 rist
aprile-ottobre – Pas *(chiuso martedì)* carta 32/45000 – ⌷ 10000 – **44 cam** 100/1300❙
½ P 70/100000.

🏨 **Grande Alb. Fortuna** ⌾, via della Valle 76 ℰ 64661, Fax 60555, ≼, « Giardino », 🛋
– 🛗 🗐 rist 📺 🕿 🅿 – 🔬 500. ⌶ 🕄 ◍ 𝚅𝙸𝚂𝙰. 🛪 rist
15 aprile-5 novembre – Pas *(solo per clienti alloggiati)* 40/45000 – ⌷ 15000 – **88 c**❙
98/145000 – ½ P 100/130000.

🏨 **Sole,** via delle Rose 40 ✆ 60194, 🌳 – 📳 🗐 📺 ☎ 🅿 – 🏊 100. 🅰🅴 🕙 💳. 🦐 rist
Pasqua-ottobre – Pas 35000 – 📭 8000 – **81 cam** 80/100000 – ½ P 73/100000.

🏨 **Milano,** viale Roma 46 ✆ 63227, Fax 63227, 🌳 – 📳 🗐 📺 ☎ 🅿. ⓞ 💳. 🦐 rist
15 aprile-15 novembre – Pas 45000 – **57 cam** 📭 110/150000, 🗐 10000 – P 130000.

🏨 Alba, viale della Libertà 288 ✆ 64300, Fax 60577, 🌳 – 📳 🗐 📺 ☎ 🅿 – 🏊 40 a 200.
66 cam.

🏨 **Ricci,** via Giuseppe di Vittorio 51 ✆ 63906, Fax 63906, 🌳 – 📳 🗐 rist 📺 ☎ 🅿 – 🏊 250.
🅰🅴 🕙 ⓞ 🅴 💳. 🦐 rist
Pas 35/50000 – 📭 8500 – **60 cam** 65/100000 – ½ P 60/75000.

🏨 **Carlton Elite,** via Ugo Foscolo 21 ✆ 64395, Fax 64440, 🛋, 🌳 – 📳 🗐 ☎ 🅿. 🦐 rist
aprile-ottobre – Pas 28/35000 – 📭 10000 – **54 cam** 66/98000 – ½ P 65/90000.

🏨 Atlantico Palace Hotel, viale della Libertà 494 ✆ 63881, Fax 60208, 🌳 – 📳 🗐 rist 📺 📺
🚗 🅿
stagionale – **70 cam.**

🏨 **Macerina,** via Macerina 27 ✆ 64241, 🌳 – 📳 📺 ☎ 🅿. 🦐 rist
maggio-ottobre – Pas 29000 – 📭 7000 – **86 cam** 74/110000 – ½ P 79000.

🏨 **Esperia** 🦢 senza rist, via delle Rose 15 ✆ 60194, 🌳 – 📳 🗐 📺 ☎ 🅿. 🅰🅴 💳
Pasqua-ottobre – 📭 8000 – **23 cam** 110000.

🏨 **Montecarlo,** viale della Libertà 478 ✆ 63903, 🛋 riscaldata, 🌳 – 📳 🗐 rist 📺 ☎ 🚗 🅿.
🦐 rist
maggio-ottobre – Pas 30/35000 – 📭 7000 – **42 cam** 65/98000 – ½ P 60/87000.

🏨 **Minerva,** via Ingegnoli 31 ✆ 64640, Fax 62021, 🛋 – 📳 🗐 📺 ☎ 🅿. 🅰🅴 ⓞ. 🦐 rist
Pasqua-ottobre – Pas 27/32000 – 📭 8000 – **58 cam** 70/110000, 🗐 6000 – ½ P 60/85000.

🏨 **Irma,** viale della Libertà 302 ✆ 63941, Fax 63941, 🌳 – 📳 🗐 rist ☎ 🅿. 🦐 rist
16 aprile-ottobre – Pas 35/40000 – 📭 10000 – **70 cam** 90/110000 – ½ P 95/100000.

🏨 **Cosmos,** via delle Piane 44 ✆ 60496, 🛋 – 📳 📺 ☎ 🚗 🅿. 🅰🅴 🕙 ⓞ 🅴 💳. 🦐 rist
Pasqua-ottobre – Pas (solo per clienti alloggiati) 35000 – 📭 10000 – **36 cam** 65/110000 –
½ P 65/80000.

🏨 **Firenze,** via della Valle 52 ✆ 63706, Fax 63700, 🌳 – 📳 📺 📺 🅿. 🕙 ⓞ 🅴 💳. 🦐 rist
Pasqua-ottobre – Pas 35000 – 📭 10000 – **33 cam** 70/90000 – ½ P 68000.

🏨 **San Paolo,** via Ingegnoli 22 ✆ 64251, Fax 63753 – 📳 🗐 rist 📺 ☎ 🅿. 🅰🅴. 🦐
aprile-ottobre – Pas 30000 – **38 cam** 📭 65/90000 – ½ P 75000.

🏨 **Patria,** viale Roma 56 ✆ 64506 – 📳 🗐 rist 📺. 💳. 🦐 rist
15 maggio-15 novembre – Pas 40000 – **33 cam** 📭 80/110000 – P 105000.

🏨 **Bellaria,** via Verdi 57 ✆ 64691, 🌳 – 📳 🗐 rist 📺. 🦐
aprile-ottobre – Pas 30000 – **52 cam** 📭 65/90000 – ½ P 57/84000.

🏨 **Suisse,** via delle Piane 62 ✆ 63820, Fax 63430 – 📳 ☎ 🅿. 🅰🅴 🕙 ⓞ 🅴 💳
aprile-ottobre – Pas (solo per clienti alloggiati) 20/28000 – 📭 6000 – **33 cam** 50/80000 –
½ P 55/65000.

🍴 **Gallo Nero,** via le Piane 54 ✆ 63680, Rist. e pizzeria
chiuso giovedì – Pas carta 25/38000.

CHIARAMONTE GULFI Ragusa 988 ㊲, 432 P 26 – Vedere Sicilia.

CHIARAVALLE MILANESE Milano 428 F 9, 219 ⑲ – Vedere Milano, dintorni.

CHIARI 25032 Brescia 988 ③, 428 429 F 11 – 16 899 ab. alt. 148 – ✿ 030.
Roma 578 – ◆Bergamo 41 – ◆Brescia 29 – Cremona 74 – ◆Milano 82 – ◆Verona 93.

🍴 **Zucca,** via Andreoli 10 ✆ 711739, 🌴 – 🗐. 🅰🅴 🕙 ⓞ 🅴 💳
chiuso lunedì e dal 1° al 20 agosto – Pas carta 31/42000.

CHIASSA Arezzo 430 L 17 – Vedere Arezzo.

CHIASSO 427 ㉔ ㉕, 219 ⑧ – Vedere Cantone Ticino alla fine dell'elenco alfabetico.

Le guide Vert Michelin **ITALIE** (nouvelle présentation en couleurs) :

Paysages, Monuments
Routes touristiques
Géographie
Histoire, Art
Itinéraires de visite
Plans de villes et de monuments.

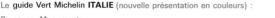

CHIAVARI 16043 Genova 988 ⑬, 428 J 9 – 28 954 ab. – ✿ 0185.

Vedere Basilica dei Fieschi★.

🖪 corso Assarotti 1 ☎ 310241, Fax 324796.

Roma 467 – ◆Genova 38 – ◆Milano 173 – ◆Parma 134 – Portofino 22 – ◆La Spezia 69.

🏠 **Giardini,** via Vinelli 9 ☎ 313951, Fax 323096 – |劇| 📺 ☎ ⇔ 🅿 – 🔬 40 a 100. 🖭 🕄 ⓞ
 𝒱𝐼𝒮𝐴. 🕸 rist
 Pas 55000 – 🖵 12000 – **66 cam** 90/160000.

🏠 **Monterosa,** via Monsignor Marinetti 6 ☎ 300321, Fax 312868 – |劇| ☎ ⇔. 🖭 🕄 E 📱
 🕸
 chiuso giugno – Pas carta 31/50000 (12%) – 🖵 10000 – **72 cam** 55/85000 – ½ P 85000.

🏠 **Torino** senza rist, corso Colombo 151 ☎ 312231, Fax 312233 – 📺 ☎ 🕭 ⇔. 🖭 🕄 ⓞ
 𝒱𝐼𝒮𝐴. 🕸
 chiuso dal 14 novembre al 10 dicembre – **32 cam** 🖵 90/120000.

🏠 **Moderno,** piazza Nostra Signora dell'Orto 26 ☎ 305571, Fax 320050 – |劇| 📺 ☎ 🅿. 🖭
 ⓞ 𝒱𝐼𝒮𝐴. 🕸 rist
 Pas (solo per clienti alloggiati e chiuso da novembre al 20 dicembre) 40000 – 🖵 12000
 45 cam 70/95000 – ½ P 70/80000.

🏠 **Mignon,** via Salietti 7 ☎ 324977, Fax 309420 – |劇| 📺 ☎. 🖭 🕄 ⓞ 𝒱𝐼𝒮𝐴. 🕸 rist
 chiuso novembre – Pas 34/38000 – 🖵 7500 – **32 cam** 70/90000 – ½ P 60/70000.

XXX **Lord Nelson Pub** con cam, corso Valparaiso 27 ☎ 302595, ≼, Coperti limitati; pren
 tare, « Veranda in riva al mare » – 🝙 cam 📺 ☎. 🖭 🕄 ⓞ E 𝒱𝐼𝒮𝐴. 🕸
 chiuso dal 5 novembre al 5 dicembre – Pas (chiuso lunedì) carta 74/115000 – 5 appartam
 menti 🖵 300000.

XX **L'Armia,** corso Garibaldi 68 ☎ 305441 – 🝙. 🖭 🕄 E 𝒱𝐼𝒮𝐴. 🕸
 chiuso lunedì e novembre – Pas carta 43/64000.

XX **Copetin,** piazza Gagliardo 15/16 ☎ 309064, 🚩, Solo piatti di pesce – 𝒱𝐼𝒮𝐴. 🕸
 chiuso martedì sera, mercoledì, dicembre e gennaio – Pas carta 66/94000 (10%).

XX **Il Girarrosto,** via Tappani 26 ☎ 309682, 🚩, Solo piatti di pesce, prenotare – 🕄
 𝒱𝐼𝒮𝐴
 chiuso lunedì e novembre – Pas carta 38/78000.

XX **Piazzetta,** piazza Cademartori 34 ☎ 301419, 🚩, Coperti limitati; prenotare – 🝙. ⓞ
 chiuso dall'8 gennaio all'8 febbraio, a mezzogiorno (escluso domenica), lunedì e da otto
 a giugno anche domenica sera – Pas carta 49/79000.

XX **Il Portico,** corso Assarotti 21 ☎ 310049, prenotare – 🖭 🕄 E 𝒱𝐼𝒮𝐴. 🕸
 chiuso martedì e dal 15 agosto al 15 settembre – Pas carta 42/75000.

X **Da Felice,** via Risso 71 ☎ 308016, Solo piatti di pesce, Coperti limitati; prenotare –
 🕸
 chiuso lunedì e novembre – Pas carta 30/44000.

X **Da Renato,** corso Valparaiso 1 ☎ 303033, 🚩
 chiuso mercoledì e dal 3 al 14 maggio – Pas carta 43/70000.

 a Leivi N : 6,5 km – alt. 300 – ✉ **16040** :

XX ✿ **Cà Peo** 🦐 con cam, sulla strada panoramica E : 2 km ☎ 319696, Fax 319671, ≼ ma
 città, solo su prenotazione – 🅿. 𝒱𝐼𝒮𝐴. 🕸
 chiuso novembre – Pas (chiuso lunedì e martedì a mezzogiorno) carta 65/9100
 5 appartamenti 🖵 160000
 Spec. Zimino di novellame, Zuppa d'astice, Porcini gratinati su tortino di patate (autunno). Vini Vignamare, Acinira

X **Pepèn,** largo Marconi 1 ☎ 319010, Ambiente tipico – 🕄 E 𝒱𝐼𝒮𝐴. 🕸
 chiuso lunedì e martedì – Pas 45000 bc.

CHIAVENNA 23022 Sondrio 988 ③, 428 D 10 – 7 464 ab. alt. 333 – ✿ 0343.

Vedere Fonte battesimale★ nel battistero – ≼★ dalla rupe del Paradiso.

Roma 684 – ◆Bergamo 96 – Como 85 – ◆Lugano 77 – ◆Milano 115 – Saint-Moritz 49 – Sondrio 61.

🏠 **Aurora,** località Campedello E : 1 km ☎ 32708, Fax 35145 – ⛟ rist 🝙 📺 ☎ 🅿 – 🔬 ⓔ
 🕄 ⓞ E 𝒱𝐼𝒮𝐴. 🕸
 Pas (chiuso giovedì da ottobre a maggio) carta 30/52000 – 🖵 10000 – **48 cam** 10000
 ½ P 50/70000.

🏠 **Crimea,** ☎ 34343, Fax 35935 – |劇| 📺 ☎ 🅿. 🖭 🕄 E 𝒱𝐼𝒮𝐴
 chiuso dal 25 settembre al 15 ottobre – Pas (chiuso giovedì) carta 30/50000 – 🖵 1000
 30 cam 50/75000 – ½ P 70/75000.

XXX **Passerini,** ☎ 36166, Fax 36166, Coperti limitati; prenotare – 🖭 🕄 E 𝒱𝐼𝒮𝐴
 chiuso lunedì, dall'11 al 14 gennaio e dal 1º al 22 luglio – Pas carta 33/52000.

XX ✿ **Al Cenacolo,** ☎ 32123, 🚩, Coperti limitati; prenotare
 chiuso martedì sera, mercoledì e giugno – Pas carta 38/58000
 Spec. Pizzoccheri alla chiavennasca, Capretto arrosto (primavera), Medaglioni di capriolo alla panna (autun
 Sorbetto di prugne al Calvados. Vini Grumello.

a Mese SO : 2 km – ⊠ **23020** :

Crotasc, 𝒫 41003, 😊, « Servizio estivo in terrazza ombreggiata », ✘ – **ⓟ**. AE VISA
chiuso martedì da Pasqua a novembre; negli altri mesi anche lunedì, mercoledì e giovedì –
Pas carta 30/45000.

IAVERANO 10010 Torino 428 F 5, 219 ⑭ – 2 234 ab. alt. 329 – ✪ 0125.

a 689 – Biella 32 – Ivrea 6 – ♦Torino 56.

Castello San Giuseppe ⑤, O : 1 km 𝒫 424370, Fax 641278, ≤ vallata e laghi, 😊,
Coperti limitati; prenotare, « Edificio del 17° secolo in un giardino ombreggiato » – 📺 ☎
ⓟ – ⚖ 25. AE 🔁 ⓞ E VISA. ✘
Pas *(chiuso domenica)* carta 45/64000 – **16 cam** ⊑ 115/165000, appartamento – ½ P 130/
160000.

IENES (KIENS) 39030 Bolzano 429 B 17 – 2 482 ab. alt. 778 – ✪ 0474.

a 705 – ♦Bolzano 67 – Brennero 58 – Brunico 10 – ♦Milano 366 – Trento 127.

a San Sigismondo (St. Sigmund) O : 2,5 km – ⊠ **39030** :

Rastbichler, 𝒫 565363, Fax 565428, ≤, 🌰, ⬜ – |♦| 🍴 rist ☎ ♿ ⟺ **ⓟ**. 🔁 E VISA. ✘
chiuso da novembre al 20 dicembre – Pas 20/35000 – **37 cam** ⊑ 60/120000 – ½ P 73/
85000.

IERI 10023 Torino 988 ⑫, 428 G 5 – 31 398 ab. alt. 315 – ✪ 011.

a 649 – Asti 35 – Cuneo 96 – ♦Milano 159 – ♦Torino 18 – Vercelli 77.

La Maddalena, via Fenoglio 4 𝒫 9472729, 🌱 – 🕾 ⟺ **ⓟ**. ✘
chiuso dal 4 al 20 agosto – Pas (prenotare la sera; *chiuso sabato*) carta 30/36000 – ⊑ 5000
– **17 cam** 85/120000 – ½ P 85000.

San Domenico, via San Domenico 2/b 𝒫 9411864, Coperti limitati; prenotare – ▤. AE
🔁 E VISA. ✘
chiuso lunedì ed agosto – Pas carta 30/50000.

In this guide

a symbol or a character,
printed in red or **black**, in light or **bold** type,
does not have the same meaning.
Pay particular attention to the explanatory pages.

HIESA IN VALMALENCO 23023 Sondrio 988 ③, 428 429 D 11 – 2 838 ab. alt. 1 000 – Sport
ernali : 1 000/2 336 m ✦ 1 ✦7, ✦ (vedere anche Caspoggio) – ✪ 0342.

iazza Santi Giacomo e Filippo 1 𝒫 451150, Fax 452505.

na 712 – ♦Bergamo 129 – ♦Milano 152 – Sondrio 14.

Tremoggia, 𝒫 451106, Fax 451718, ≤, 🌰, 🌰, 🌱 – |♦| 📺 ☎ **ⓟ** – ⚖ 80. AE 🔁 ⓞ E VISA.
✘
Pas *(chiuso mercoledì)* carta 31/45000 – ⊑ 15000 – **43 cam** 90/140000 – ½ P 80/110000.

Rezia ⑤, 𝒫 451271, Fax 451271, ≤ monti e vallata, ⬜, 🌱 – |♦| 📺 ☎ **ⓟ**. ✘
20 dicembre-15 aprile e 20 giugno-15 settembre – Pas *(chiuso lunedì)* 35000 – ⊑ 12000 –
30 cam 45/70000 – ½ P 75/85000.

La Betulla senza rist, 𝒫 451100, ≤ – |♦| 🕾 ♿ ⟺ **ⓟ**
dicembre-aprile e 20 giugno-settembre – **30 cam** ⊑ 70/100000.

La Lanterna, 𝒫 451438 – ☎ **ⓟ**. AE 🔁 E VISA. ✘ rist
chiuso ottobre e novembre – Pas carta 25/35000 – ⊑ 6000 – **20 cam** 40/70000 – ½ P 40/
60000.

Malenco, via Funivia 20 𝒫 452182 – **ⓟ**. AE 🔁 ⓞ E VISA
chiuso mercoledì, dal 20 giugno al 5 luglio e dal 23 al 30 novembre – Pas carta 32/49000.

HIESSI Livorno – Vedere Elba (Isola d') : Marciana.

HIETI 66100 ℙ 988 ㉗, 430 O 24 – 57 535 ab. alt. 330 – a.s. 20 giugno-agosto – ✪ 0871.

dere Giardini★ della Villa Comunale – Guerriero di Capestrano★ nel museo Archeologico
gli Abruzzi.

via Spaventa 29 𝒫 65231.

C.I. piazza Garibaldi 3 𝒫 345307.

ma 205 ③ – L'Aquila 101 ③ – Ascoli Piceno 103 ① – ♦Foggia 186 ① – ♦Napoli 244 ③ – ♦Pescara 14 ①.

Pianta pagina seguente

D'Angiò e Rist. La Regine, via Solferino 20 𝒫 347356, Fax 346984, ≤, 🌱 – |♦| ▤ rist 📺 ☎
ⓟ – ⚖ 50 a 300.   3 km per ①
38 cam.

Venturini, via De Lollis 10 𝒫 330663 – AE 🔁 ⓞ E VISA. ✘   e
chiuso martedì – Pas carta 27/49000.

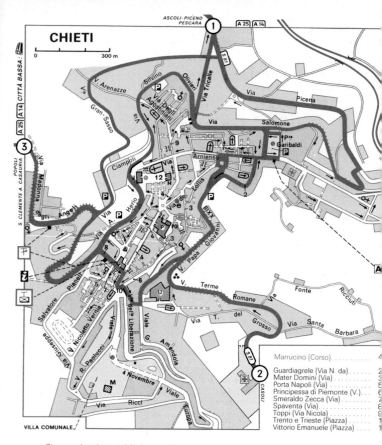

CHIETI

0 ——— 300 m

CITTÀ BASSA : A 25 A 14

ASCOLI-PICENO PESCARA — ① — A 25 A 14

Marrucino (Corso) . . . .
Guardiagrele (Via N. da) . . . . . .
Mater Domini (Via) . . . .
Porta Napoli (Via) . . . .
Principessa di Piemonte (V.) . . .
Smeraldo Zecca (Via) . . . .
Spaventa (Via) . . . .
Toppi (Via Nicola) . . . .
Trento e Trieste (Piazza) . . . . . .
Vittorio Emanuele (Piazza) . . . .

VILLA COMUNALE.

Si vous cherchez un hôtel tranquille,
consultez d'abord les cartes de l'introduction
ou repérez dans le texte les établissements indiqués avec le signe 🦢 ou 🦢

CHIGGIOGNA 427 ⑲, 218 ⑫ – Vedere Cantone Ticino alla fine dell'elenco alfabetico.

CHIGNOLO PO 27013 Pavia 428 G 10 – 3 003 ab. alt. 71 – ✆ 0382.
Roma 537 – Cremona 48 – Lodi 22 – ✦Milano 55 – Pavia 30 – Piacenza 29.

sulla strada statale 234 NE : 3 km :

XX **Da Adriano,** ⊠ 27013 ✆ 76119, 佘, 氣 – ℗. �''
    chiuso lunedì sera, martedì, dal 24 dicembre al 2 gennaio e dal 3 al 26 agosto – P
    carta 37/59000.

CHIOGGIA 30015 Venezia 988 ⑤, 429 G 18 – 53 591 ab. – ✆ 041.
Vedere Duomo★.
Roma 510 – ✦Ferrara 93 – ✦Milano 279 – ✦Padova 42 – ✦Ravenna 98 – Rovigo 55 – ✦Venezia 53.

XX **Bella Venezia,** calle Corona 51 ✆ 400500, 佘 – ▤. 垂 🚼 ⑩ ☡ VISA
    chiuso giovedì e dall'8 gennaio al 1° febbraio – Pas carta 28/48000.

XX **El Gato,** campo Sant'Andrea 653 ✆ 401806, 佘 – 垂 🚼 ⑩ ☡ VISA
    chiuso lunedì e gennaio – **Pas** carta 30/57000.

XX **Al Bersagliere,** via Cesare Battisti 293 ✆ 401044 – ▤. 垂 🚼 ⑩ ☡ VISA
    chiuso martedì – Pas carta 25/45000.

X **Mano Amica,** piazzetta Vigo ✆ 401721, 佘 – 垂 🚼 ⑩ ☡ VISA
    chiuso lunedì e gennaio – Pas carta 34/48000.

182

a Lido di Sottomarina E : 1 km – ✉ **30019** Sottomarina.

ℹ lungomare Adriatico Centro ☎ 401068, Fax 5540855 :

Bristol, lungomare Adriatico 46 ☎ 5540389, Telex 411375, Fax 5541813, ≤, ⛱, ⛱ – |‡| ▤ TV ☎ P. AE ⑤ ⓓ E VISA. ✻ rist
marzo-novembre – Pas 40000 – ☕ 10000 – **68 cam** 120/150000 – ½ P 90/100000.

Ritz, largo Europa ☎ 491700, Fax 493900, ≤, ⛱, ⛱, ☂ – |‡| ☎ P – 🏛 200. AE ⑤ ⓓ E VISA. ✻
maggio-settembre – Pas carta 44/67000 – ☕ 15000 – **84 cam** 90/160000 – ½ P 65/105000.

Airone, lungomare Adriatico 50 ☎ 492266, Fax 5541325, ⛱, ⛱, ☂ – |‡| ▤ TV ☎ 🚗 P – 🏛 200. AE ⑤ E VISA. ✻
aprile-ottobre – Pas carta 40/59000 – **96 cam** ☕ 100/120000 – ½ P 60/85000.

Vittoria Palace, lungomare Adriatico 28 ☎ 401820, Telex 410415, Fax 401717, ≤, ⛱, ⛱ – |‡| TV ☎ P
80 cam.

Park Hotel, lungomare Adriatico ☎ 490740, Fax 490111, ≤, ⛱, ☂ – |‡| TV ☎ P. AE ⑤ ⓓ E VISA. ✻ rist
marzo-ottobre – Pas *(chiuso lunedì)* carta 30/40000 – **41 cam** ☕ 55/90000 – ½ P 60/70000.

Stella d'Italia, viale Veneto 37 ☎ 400600, Fax 400322 – |‡| TV ☎ P. AE ⑤ ⓓ VISA. ✻
Pas *(chiuso venerdì e novembre)* carta 33/47000 – ☕ 7000 – **30 cam** 50/75000 – ½ P 50/70000.

Ai Vaporetti, campo Traghetto 1256 ☎ 400841, ≤ – AE ⑤ ⓓ E VISA. ✻
chiuso martedì e dal 10 al 30 gennaio – Pas carta 38/51000.

Garibaldi, via San Marco 1924 ☎ 5540042, ☂ – AE ⑤ ⓓ E VISA. ✻
chiuso lunedì e dal 1° al 20 ottobre – Pas carta 42/65000.

sulla strada statale 309 - Romea S : 8 km :

Al Bragosso del Bepi el Ciosoto, ✉ 30010 Sant'Anna di Chioggia ☎ 4950395, Solo piatti di pesce – ▤ P. ⑤ E VISA. ✻
chiuso mercoledì e gennaio – **Pas** carta 33/47000.

a Cavanella d'Adige S : 13 km – ✉ **30010** :

Al Centro da Toni, ☎ 497501 – ✻
chiuso lunedì e gennaio – Pas carta 38/56000.

Al Pin, ☎ 497800 – P

HIRIGNAGO Venezia – Vedere Mestre.

HIURO **23030** Sondrio 428 429 D 11 – 2 442 ab. alt. 390 – ☎ 0342.

na 708 – Edolo 37 – ♦ Milano 148 – Sondrio 10.

San Carlo, ☎ 482272 – P. ✻
chiuso dal 15 al 30 gennaio, dal 5 al 20 giugno, giovedì e in luglio-agosto le sere di martedì e giovedì – Pas carta 31/43000.

HIUSA **(KLAUSEN)** Bolzano 988 ④, 429 C 16 – 4 286 ab. alt. 525 – ✉ **39043** Chiusa d'Isarco – 0472.
dere Guida Verde.

na 671 – ♦Bolzano 30 – Bressanone 11 – Cortina d'Ampezzo 98 – ♦Milano 329 – Trento 90.

Posta-Post, piazza Tinne 3 ☎ 47514, « Giardino con ⛱ » – |‡| ☎ 🚗. ⑤ E VISA
chiuso dal 10 novembre al 20 dicembre – Pas *(chiuso giovedì)* carta 39/60000 – **50 cam** ☕ 55/90000 – ½ P 53/65000.

HIUSI **53043** Siena 988 ⑮, 430 M 17 – 9 242 ab. alt. 375 – ☎ 0578.
dere Museo Etrusco★.

na 159 – Arezzo 67 – Chianciano Terme 12 – ♦Firenze 126 – Orvieto 51 – ♦Perugia 54 – Siena 79.

Zaira, via Arunte 12 ☎ 20260, Fax 21638 – AE ⑤ ⓓ E VISA. ✻
chiuso dal 2 al 16 novembre e lunedì (escluso da luglio a settembre) – Pas carta 32/49000.

a Querce al Pino O : 4 km – ✉ **53043** Chiusi :

Il Patriarca ✧, ☎ 274407, ≤, « Parco » – ☎ P. ✻ rist
Pas carta 35/46000 – ☕ 9000 – **18 cam** 90000 – ½ P 85000.

al lago N : 3,5 km :

La Fattoria ✧ con cam, ✉ 53043 ☎ 21407, Fax 20644, ≤, ☂ – TV ☎ P. AE ⑤ ⓓ E VISA. ✻ cam
chiuso febbraio – **Pas** *(chiuso lunedì escluso luglio-settembre)* carta 29/51000 – ☕ 10000 – **8 cam** 90000 – ½ P 75000.

Lisez attentivement l'introduction : c'est la clé du guide.

CHIVASSO 10034 Torino 988 ⑫, 428 G 5 – 25 147 ab. alt. 183 – ✺ 011.

Roma 684 – Aosta 103 – ◆Milano 120 – ◆Torino 24 – Vercelli 57.

🏨 **Ritz** senza rist, via Roma 17 ℘ 9102191, Fax 9116068 – 🛗 📺 ☎ 🅿. 🖭 🗓 ⑩ 🗉 VISA. ⫷
　　⫸ 15000 – **35 cam** 83/116000.

🏨 **Europa**, piazza d'Armi 5 ℘ 9171886, Fax 9102025 – 🛗 📺 ☎ 🅿 – 🔬 80. 🖭 🗓 ⑩ 🗉 VISA
　　Pas (chiuso domenica) carta 27/52000 – ⫷ 15000 – **32 cam** 85/112000 – ½ P 84/90000.

🍴🍴 **Centauro** con cam, via Torino 90 ℘ 9102169, Coperti limitati; prenotare – 🛗 🍽 rist
　　🅿. 🗓 VISA. ⫸
　　chiuso agosto – Pas (chiuso sabato a mezzogiorno e domenica) carta 33/50000 – **9 c**
　　⫷ 55/75000 – ½ P 65/70000.

CIAMPINO Roma 430 Q 19 – Vedere Roma.

CICAGNA 16044 Genova 428 I 9 – 2 606 ab. alt. 87 – ✺ 0185.

Roma 480 – ◆Genova 33 – ◆La Spezia 82.

🍴 **La Taverna Lina**, località Monleone ℘ 92179, Coperti limitati; prenotare
　　chiuso lunedì ed agosto – Pas carta 20/31000.

CIMA SAPPADA Belluno – Vedere Sappada.

CIMOLAIS 33080 Pordenone 429 D 19 – 494 ab. alt. 575 – a.s. 5 febbraio-4 marzo, 22 lug
20 agosto e Natale – ✺ 0427.

Roma 636 – Belluno 35 – Cortina d'Ampezzo 70 – ◆Milano 378 – Pordenone 51 – Treviso 96.

🏠 **Margherita**, ℘ 87060, Fax 87060, ≤ – 🅿. ⫸
　　Pas (chiuso lunedì) carta 24/40000 – ⫷ 6000 – **8 cam** 50/70000 – ½ P 40/50000.

CINGOLI 62011 Macerata 988 ⑯, 430 L 21 – 10 035 ab. alt. 631 – a.s. 10 luglio-15 settembr
✺ 0733.

🖪 via Ferri 17 ℘ 612444.

Roma 250 – ◆Ancona 52 – Ascoli Piceno 122 – Gubbio 96 – Macerata 30.

🏠 **Miramonti** ⑤, via dei Cerquatti 31 ℘ 612239, Fax 612239, ≤ vallata, « Giardino o
　　breggiato », ⫸ – 📺 ☎ 🅿. 🖭 ⑩ VISA. ⫸
　　chiuso novembre – Pas (chiuso lunedì) carta 36/49000 – ⫷ 7000 – **22 cam** 45/6900
　　½ P 60000.

🍴🍴 **Diana** con cam, via Cavour 21 ℘ 612313, Fax 613479 – ☎. VISA. ⫸ rist
　　chiuso ottobre – Pas (chiuso lunedì) carta 30/43000 – ⫷ 7000 – **14 cam** 50/70000
　　½ P 64/69000.

CINISELLO BALSAMO 20092 Milano 428 F 9, 219 ⑲ – 77 647 ab. alt. 154 – ✺ 02.

Roma 583 – ◆Bergamo 42 – Como 41 – Lecco 44 – ◆Milano 13 – Monza 7.

Pianta d'insieme di Milano (Milano p. 7)

🏨 **Lincoln** senza rist, via Lincoln 65 ℘ 6172657, Fax 6185524 – 🛗 🍽 📺 ☎ 🅿. 🗓 🗉 VISA. ⫸
　　chiuso dal 10 al 16 agosto – **18 cam** ⫷ 108/148000.　　　　　　　　　　BO

🍴🍴 **L'Orchidea**, via Lincoln 65 ℘ 6173511 – 🍽. 🗓 🗉 VISA　　　　　　　BO
　　chiuso domenica ed agosto – Pas carta 41/64000.

🍴🍴 **La Baita**, via De Vizzi 90 ℘ 66049589, « Servizio estivo all'aperto » – 🅿. 🖭 ⑩ VISA
　　chiuso domenica sera, lunedì ed agosto – Pas carta 33/54000.　　　　　per

CINISI Palermo 988 ㉟, 432 M 21 – Vedere Sicilia.

CINQUALE Massa 428 430 K 12 – Vedere Montignoso.

CIOCCARO Asti 428 G 6 – Vedere Moncalvo.

CIPRESSA 18010 Imperia – 1 123 ab. alt. 240 – 0183.

Roma 628 – Imperia 12 – San Remo 12 – Savona 83.

🍴 La Torre, piazza Mazzini 2 ℘ 98000

CIRIÉ 10073 Torino 988 ⑫, 428 G 4 – 18 369 ab. alt. 344 – ✺ 011.

Roma 698 – Aosta 113 – ◆Milano 144 – ◆Torino 21 – Vercelli 74.

🍴🍴🍴 **Mario**, corso Martiri della Libertà 41 ℘ 9203490, prenotare – 🍽. 🗓 🗉 VISA. ⫸
　　chiuso lunedì sera, martedì ed agosto – Pas carta 39/61000.

🍴🍴 **Dolce Stil Novo**, via Matteotti 8 ℘ 9211110, Coperti limitati; prenotare – 🍽. 🖭 🗓 ⑩
　　VISA
　　chiuso domenica sera, lunedì ed agosto – Pas carta 45/62000.

🍴🍴 **Roma**, via Roma 17 ℘ 9203572 – 🍽. 🗓 🗉 VISA. ⫸
　　chiuso domenica sera, mercoledì e luglio o agosto – Pas carta 32/50000.

88072 Catanzaro 🔢 ⑳ ㊵, 🔢 I 33 – 14 648 ab. – 🕲 0962.
a 561 – Catanzaro 114 – ◆Cosenza 136 – Crotone 36 – ◆Taranto 210.

Il Gabbiano ⬳, N : 2 km 𝒫 31338, Fax 31338, ≼, 🎇, 🔟, 🛥, 🎇 – 📺 ☎ 🄿 – 🔬 150.
🆎 🅱 🄴 𝘝𝘐𝘚𝘈. 🛇 rist
Pas carta 33/47000 – **40 cam** ⌑ 75/118000 – P 80/109000.

SANO BERGAMASCO 24034 Bergamo 🔢 E 10, 🔢 ⑳ – 5 373 ab. alt. 275 – 🕲 035.
a 619 – ◆Bergamo 18 – Como 38 – Lecco 15 – ◆Milano 41.

La Sosta, 𝒫 781066, Fax 781469, ≼, 🎇 – 🄿. 🆎 🅱 🄴 𝘝𝘐𝘚𝘈
chiuso mercoledì, dal 1° al 7 gennaio e dal 1° al 12 agosto – Pas carta 41/65000.

STERNINO 72014 Brindisi 🔢 ⑳ ㉚, 🔢 E 34 – 11 970 ab. alt. 393 – 🕲 080.
a 524 – ◆Bari 74 – ◆Brindisi 49 – Lecce 87 – Matera 87 – ◆Taranto 42.

Aia del Vento senza rist, 𝒫 718388, Fax 719272, ≼ – 📺 ☎ 🄿 – 🔬 100. 🆎 🅱 🄾🄳 🄴 𝘝𝘐𝘚𝘈.
🛇
marzo-ottobre – ⌑ 12000 – **24 cam** 80/90000.

Arcobaleno, 𝒫 718247, 🎇 – 🄿
chiuso martedì e dal 7 al 22 gennaio – Pas carta 28/39000 (15 %).

verso Ceglie Messapica SO : 2 km :

Country Club Cenci, ✉ 72014 𝒫 718208, « Giardino ombreggiato con 🔟 e trulli » –
🄿. 𝘝𝘐𝘚𝘈. 🛇
Pasqua-ottobre – Pas carta 35/50000 – ⌑ 10000 – **13 cam** 140000 – ½ P 75/93000.

TARA Napoli – Vedere Ischia (Isola d') : Forio.

TTADELLA 35013 Padova 🔢 ⑤, 🔢 F 17 – 18 064 ab. alt. 49 – 🕲 049.
dere Cinta muraria★.
a 527 – Belluno 94 – ◆Milano 227 – ◆Padova 28 – Trento 102 – Treviso 38 – ◆Venezia 61 – Vicenza 22.

2 Mori, borgo Bassano 143 𝒫 9401422, Fax 9400200, « Servizio rist. estivo in giardino »
– 🛇 rist 🔳 📺 ☎ 🛁 🄿 – 🔬 100 a 300. 🆎 🅱 🄾🄳 🄴 𝘝𝘐𝘚𝘈. 🛇 rist
Pas (chiuso domenica sera, lunedì e dal 5 al 20 agosto) carta 35/50000 – ⌑ 15000 – **26 cam**
80/100000 – ½ P 120000.

TTA DI CASTELLO 06012 Perugia 🔢 ⑮, 🔢 L 18 – 38 246 ab. alt. 288 – 🕲 075.
iale De Cesare 2/b 𝒫 8554817, Fax 8552100.
a 258 – Arezzo 42 – ◆Perugia 56 – ◆Ravenna 137.

Tiferno, piazza Raffaello Sanzio 13 𝒫 8550331, Telex 661020, Fax 8521196 – 🔳 📺 ☎
🚗 🄿 – 🔬 120. 🆎 🅱 🄾🄳 🄴 𝘝𝘐𝘚𝘈. 🛇
Pas (chiuso martedì e dal 10 al 31 luglio) carta 30/45000 – **38 cam** ⌑ 98/160000 –
½ P 107/127000.

Le Mura e Rist. Raffaello via Borgo Farinaro 𝒫 8521070, Fax 8521350 – 🔳 📺 ☎ 🛁 –
🔬 30 a 190. 🆎 🅱 🄴 𝘝𝘐𝘚𝘈. 🛇
chiuso dal 7 al 30 gennaio – Pas (chiuso lunedì) carta 33/55000 – ⌑ 10000 – **35 cam**
90/120000 – ½ P 80/90000.

Garden, viale Bologni NE : 1 km 𝒫 8550587, Fax 8550593 – 🛗 🔳 📺 ☎ 🚗 🄿 – 🔬 100.
🆎 🅱 🄾🄳 🄴 𝘝𝘐𝘚𝘈. 🛇 rist
Pas carta 28/54000 – ⌑ 9000 – **57 cam** 130000 – ½ P 83/86000.

Il Bersaglio, viale Orlando 14 𝒫 8555534, prenotare – 🄿. 🆎 🅱 🄾🄳 🄴 𝘝𝘐𝘚𝘈. 🛇
chiuso mercoledì e dal 1° al 15 luglio – Pas carta 33/50000.

TTANOVA Modena 🔢 🔢 🔢 I 14 – Vedere Modena.

TTA SANT'ANGELO 65013 Pescara 🔢 ⑳, 🔢 O 24 – 9 979 ab. alt. 320 – a.s. luglio-agosto
– 🕲 085.
a 223 – L'Aquila 120 – Chieti 34 – ◆Pescara 20 – Teramo 58.

in prossimità casello autostrada A 14 E : 9,5 km :

MotelAgip, ✉ 65013 𝒫 95321, Fax 95325 – 🛗 🔳 📺 ☎ 🄿 – 🔬 30 a 150. 🆎 🅱 🄾🄳 🄴 𝘝𝘐𝘚𝘈.
🛇
Pas 34/55000 – **85 cam** ⌑ 125/150000 – ½ P 109000.

Motel Amico, ✉ 65013 𝒫 95174 – 🛗 📺 ☎ 🛁 🚗 🄿 – 🔬 60. 🅱 🄴 𝘝𝘐𝘚𝘈. 🛇 rist
Pas carta 33/47000 – ⌑ 11000 – **62 cam** 67/100000.

TTIGLIO 21033 Varese 🔢 E 7, 🔢 ⑦ – 3 608 ab. alt. 275 – 🕲 0332.
a 650 – Bellinzona 52 – Como 45 – ◆Milano 73 – Novara 65.

La Bussola con cam, 𝒫 602291, Fax 602291 – 📺 ☎. 🅱 🄴 𝘝𝘐𝘚𝘈
Pas (chiuso martedì e dal 5 al 30 agosto) carta 32/64000 (10 %) – ⌑ 10000 – **21 cam**
65/80000 – ½ P 70/80000.

UK Sondrio 🔢 ⑰ – Vedere Bormio.

CIVATE 22040 Como 428 E 10, 219 ⑨ – 3 604 ab. alt. 269 – ☎ 0341.
Roma 619 – Bellagio 23 – Como 24 – Lecco 5 – ♦Milano 51.

X **Cascina Edvige,** località Roncaglio ✆ 550350 – Ⓟ. ⚡
chiuso martedì ed agosto – Pas carta 31/48000.

CIVEZZANO Trento – Vedere Trento.

CIVIASCO 13010 Vercelli 428 E 6, 219 ⑥ – 242 ab. alt. 716 – ☎ 0163.
Roma 681 – ♦Milano 107 – ♦Torino 123.

X **Papillon** ✆ 55717
chiuso lunedì escluso luglio-agosto – Pas carta 28/40000.

CIVIDALE DEL FRIULI 33043 Udine 988 ⑥, 429 D 22 – 11 106 ab. alt. 138 – ☎ 0432.
Vedere Tempietto★★ – Museo Archeologico★.
ℹ largo Boiani 4 ✆ 731398.
Roma 655 – Gorizia 30 – ♦Milano 394 – Tarvisio 102 – ♦Trieste 65 – Udine 17 – ♦Venezia 144.

🏠 **Roma** senza rist, piazza Picco ✆ 731871 – |♣| TV ☎ Ⓟ. AE Ⓢ ⓞ E VISA
☕ 7000 – **49 cam** 60/90000.

XX **Zorutti,** borgo di Ponte 7 ✆ 731100 – ▤. Ⓢ ⓞ VISA. ⚡
chiuso lunedì e dal 1° al 14 febbraio – Pas carta 39/63000.

XX **Alla Frasca,** via De Rubeis 10 ✆ 731270 – AE Ⓢ ⓞ E VISA
chiuso lunedì e dal 23 gennaio al 2 febbraio – Pas carta 31/55000.

XX Al Fortino, via Carlo Alberto 46 ✆ 731217 – Ⓟ

We suggest:
for a successful tour, that you prepare it in advance.
***Michelin maps** and **guides,** will give you much useful information on route planning, places of interest, accommodation, prices etc.*

CIVITA CASTELLANA 01033 Viterbo 988 ㉖, 430 P 19 – 15 855 ab. alt. 145 – ☎ 0761.
Vedere Portico★ del Duomo.
Roma 79 – ♦Perugia 119 – Terni 50 – Viterbo 51.

XXX ✿ **L'Altra Bottiglia,** via delle Palme 18 ✆ 517403, Coperti limitati; prenotare – ▤. AE ⓞ E VISA. ⚡
chiuso a mezzogiorno, domenica sera, mercoledì e dal 10 al 20 agosto – Pas 70000
Spec. Tortino di melanzane alle verdure, Tagliolini ai fiori di zucca e pomodoro, Petto di faraona al Vin Santo. V Chardonnay, Barbera.

X **La Giaretta,** via Ferretti 108 ✆ 53398 – AE Ⓢ ⓞ E VISA. ⚡
chiuso lunedì ed agosto – Pas carta 32/52000.

a Quartaccio NO : 5,5 km – ✉ 01034 Fabrica di Roma :

🏠 **Aldero,** ✆ 514757 – TV ☎ Ⓟ – 🏛 25. AE Ⓢ ⓞ E VISA. ⚡
chiuso dal 5 al 20 agosto – Pas *(chiuso domenica)* carta 28/42000 – ☕ 8000 – **26 ca** 70/100000 – ½ P 70/80000.

CIVITANOVA MARCHE 62012 Macerata 988 ⑯, 430 M 23 – 37 479 ab. – a.s. luglio-agosto ☎ 0733.
ℹ via IV Novembre 20 ✆ 813967.
Roma 276 – ♦Ancona 47 – Ascoli Piceno 79 – Macerata 27 – ♦Pescara 113.

🏨 **Miramare,** viale Matteotti 1 ✆ 811511, Telex 561431, Fax 810637, 🌴 – TV ☎ 🚗. AE ⓞ E VISA
Pas *(chiuso domenica in bassa stagione)* carta 35/50000 – ☕ 15000 – **79 cam** 90/1300(2 appartamenti.

🏨 **Palace** senza rist, piazza Rosselli 6 ✆ 810464, Fax 810769 – |♣| ▤ TV ☎ 🚗. AE Ⓢ ⓞ VISA
☕ 10000 – **28 cam** 80/120000.

🏨 **Pamir,** via Santorre di Santarosa 17/19 ✆ 771777, Fax 771672 – |♣| TV ☎. AE Ⓢ ⓞ E VI ⚡
Pas *(giugno-settembre)* 28000 – ☕ 9000 – **26 cam** 55/90000 – ½ P 60/80000.

🏠 **Girasole,** via Cristoforo Colombo 204 ✆ 771316, Fax 816100 – ▤ rist TV ☎ Ⓟ – 🏛 7 ⓞ VISA. ⚡
Pas *(chiuso venerdì e dal 1° al 15 settembre)* carta 29/43000 – ☕ 8000 – **22 cam** 48/8000(½ P 75000.

XX **Da Enzo,** corso Dalmazia 213 ✆ 814877, Solo piatti di pesce, « Servizio estivo all'ape to » – AE Ⓢ ⓞ E VISA
chiuso lunedì e dal 9 al 22 settembre – Pas carta 27/47000.

XX La Tosca, corso Umberto I n° 26 ✆ 72815, Coperti limitati; prenotare

VITAVECCHIA 00053 Roma 988 ㉕, 430 P 17 – 51 237 ab. – ☎ 0766.
:dere Guida Verde.

⛴ per Cagliari giornaliero (13 h), Olbia giornaliero (7 h) ed Arbatax 23 luglio-agosto merco-
;, venerdì e domenica, negli altri mesi mesi mercoledì e venerdì (9 h) – Tirrenia Navigazione,
ızione Marittima ✆ 28801, Telex 611215, Fax 21707.

iale Garibaldi 40 ✆ 25348.

na 78 – Grosseto 111 – ◆Napoli 293 – ◆Perugia 186 – Terni 117.

✗ **Villa dei Principi,** via Borgo Odescalchi 11/a ✆ 21200, ≤ – Ⓟ – 🏛 100. AE 🏦 ⓓ E VISA
chiuso lunedì e luglio – Pas carta 50/70000.

✗ **La Scaletta,** lungoporto Gramsci 65 ✆ 24334, 🏠 – 🏦 E VISA. ✻
chiuso martedì e settembre – Pas carta 48/67000.

✗ **Alla Lupa,** via Santa Fermina 5 ✆ 25703 – ✻
chiuso martedì, dal 22 al 28 dicembre e dal 1º al 15 settembre – Pas carta 25/41000.

sulla strada statale 1 - via Aurelia S : 3 km :

🏨 **Sunbay Park Hotel,** ✉ 00053 ✆ 22801, Fax 22801, ≤, 🏊, 🎾, 🏠 – |♦| ▤ cam 📺 ☎ ♿
Ⓟ – 🏛 25 a 100. AE 🏦 ⓓ E VISA. ✻
Pas 45/52000 – ☕ 12000 – **59 cam** 210000 – ½ P 140/160000.

VITELLA ALFEDENA 67030 L'Aquila 430 Q 23, 431 B 23 – 317 ab. alt. 1 121 – ☎ 0864.
na 184 – L'Aquila 130 – Campobasso 98 – Chieti 116 – ◆Pescara 127 – Sulmona 60.

🏨 **Valdirose** 🐦, ✆ 890100, ≤ lago di Barrea – |♦| ☎ 🚗 Ⓟ. ✻ rist
chiuso dal 1º al 10 febbraio e dal 1º al 10 giugno – Pas 25/30000 – **59 cam** ☕ 80000 –
½ P 80/90000.

VITELLA DEL LAGO Terni 430 O 18 – Vedere Baschi.

VITELLA DEL TRONTO 64010 Teramo 988 ⑯, 430 N 23 – 5 708 ab. alt. 580 – ☎ 0861.
na 200 – ◆Ancona 123 – Ascoli Piceno 21 – ◆Pescara 75 – Teramo 18.

✗✗ **Zunica** con cam, ✆ 91319, ≤ vallata – |♦| 📺 ☎ ♿. ✻
chiuso dal 2 al 15 novembre – Pas *(chiuso mercoledì)* carta 25/38000 – ☕ 5000 – **21 cam**
40/70000 – ½ P 40/45000.

AUZETTO 33090 Pordenone 429 D 20 – 580 ab. alt. 553 – ☎ 0427.
na 658 – Pordenone 53 – Udine 50.

🏨 **Corona,** ✆ 80102 – ☎ Ⓟ. ✻
Pas *(chiuso lunedì e martedì)* carta 26/40000 – ☕ 5000 – **12 cam** 45/65000 – ½ P 55000.

AVIERE 10050 Torino 988 ⑪, 428 H 2 – 202 ab. alt. 1 760 – a.s. febbraio, Pasqua, luglio-
osto e Natale – Sport invernali : ai Monti della Luna, Cesana Torinese e San Sicario : 1 360/
:90 m ⛷10, ⛷ – ☎ 0122.
(giugno-settembre) ✆ 878917 o ✆ (011) 2398346.
via Nazionale 30 ✆ 878856.
ma 758 – Bardonecchia 31 – Briançon 15 – ◆Milano 230 – Sestriere 17 – Susa 40 – ◆Torino 93.

🏨 **Miramonti** 🐦, ✆ 878058, ≤ – ☎ Ⓟ
dicembre-aprile e luglio-agosto – Pas (solo per clienti alloggiati) 20/30000 – ☕ 6000 –
21 cam 60/85000 – ½ P 55/80000.

🏨 **Piccolo Chalet,** ✆ 878806, Fax 878884, ≤ – Ⓟ. ✻
20 dicembre-Pasqua – Pas 30/40000 – **23 cam** ☕ 80/100000.

✗✗ **'l Gran Bouc,** via Nazionale 26 ✆ 878830, Fax 878730 – AE 🏦 ⓓ E VISA
chiuso dal 15 novembre all'8 dicembre e mercoledì in bassa stagione – Pas carta 36/76000.

LES 38023 Trento 988 ④, 428 429 C 15 – 6 045 ab. alt. 658 – a.s. Pasqua e Natale – ☎ 0463.
ntorni Lago di Tovel★★★ SO : 15 km.
corso Dante 30 ✆ 21376, Fax 21376.
ma 626 – ◆Bolzano 54 – Passo di Gavia 73 – Merano 57 – ◆Milano 284 – Trento 44.

🏨 **Cles,** ✆ 21300, Fax 24342, 🏠 – |♦| 📺 ☎ 🚗. AE 🏦 ⓓ E VISA. ✻ rist
chiuso dal 1º al 15 giugno – Pas *(chiuso domenica in bassa stagione)* carta 28/36000 –
☕ 8000 – **37 cam** 65/95000 – ½ P 55/68000.

✗ **Antica Trattoria** con cam, ✆ 21631
chiuso giugno – Pas *(chiuso sabato)* carta 30/47000 – ☕ 6000 – **7 cam** 43/68000 –
½ P 63000.

LOZ 38020 Trento – 709 ab. alt. 793 – a.s. dicembre-aprile – ☎ 0463.
ma 647 – ◆Bolzano 44 – ◆Brescia 167 – Trento 50.

✗✗ **Al Molin,** ✆ 874617, Coperti limitati; prenotare – 🏦 E VISA. ✻
chiuso dal 29 giugno al 15 luglio, dal 15 al 30 ottobre e giovedì in bassa stagione – **Pas**
carta 28/53000.

CLUSANE SUL LAGO 25040 Brescia 428 429 F 12 – alt. 195 – ✪ 030.
Roma 580 – ◆Bergamo 34 – ◆Brescia 31 – Iseo 5 – ◆Milano 75.

XX **La Punta-da Dino,** ℰ 989037, 😊 – **P**. ✹
chiuso mercoledì e novembre – Pas carta 31/47000.

XX **Villa Giuseppina,** via Risorgimento 2 (O : 1 km) ℰ 989172, 😊 – **P**. **AE** 🕄 ⓿ **E** **VISA**
chiuso mercoledì, dal 7 al 20 gennaio e dal 20 agosto al 5 settembre – Pas carta 36/5200

CLUSONE 24023 Bergamo 988 ③, 428 429 E 11 – 8 151 ab. alt. 648 – a.s. luglio-agosto
✪ 0346.
Roma 635 – ◆Bergamo 34 – ◆Brescia 81 – Edolo 74 – ◆Milano 80.

🏨 **Erica,** ℰ 21667 – 📲 **TV** 🕿 ⟵ **P**. **AE** **VISA**. ✹
Pas (chiuso martedì) carta 42/60000 – ⊏ 8500 – **23 cam** 60/90000 – ½ P 80000.

Vedere anche : *Rovetta* E : 3 km.

COAREZZA Varese 219 ⑰ – Vedere Somma Lombardo.

COAZZE 10050 Torino 428 G 3 – 2 528 ab. alt. 747 – ✪ 011.
Roma 694 – ◆Milano 174 – Pinerolo 28 – Susa 42 – ◆Torino 37.

XX **Piemonte** con cam, ℰ 9349130, Fax 9349130, 🞐 – 📲 🞐 **P**. 🕄 **E** **VISA**. ✹
chiuso dal 2 al 15 gennaio e dal 10 al 22 settembre – Pas (chiuso mercoledì) carta 35/520
– ⊏ 11000 – **29 cam** 90/120000 – ½ P 70/110000.

COCCAGLIO 25030 Brescia 428 429 F 11 – 6 458 ab. alt. 162 – ✪ 030.
Roma 573 – ◆Bergamo 36 – ◆Brescia 24 – Cremona 69 – ◆Milano 77.

🏨 **Touring,** ℰ 723784, Fax 721084 – **TV** 🕿 ⟵ **P**. **AE** 🕄 ⓿ **E** **VISA**. ✹
Pas (chiuso martedì) carta 30/43000 (10 %) – ⊏ 7000 – **41 cam** 50/90000 – ½ P 70000.

COCCONATO 14023 Asti 428 G 6 – 1 558 ab. alt. 491 – ✪ 0141.
Roma 649 – Alessandria 67 – Asti 32 – ◆Milano 118 – ◆Torino 45 – Vercelli 50.

XX **Cannon d'Oro** con cam, ℰ 907024 – **AE** 🕄 ⓿ **E** **VISA**. ✹ cam
chiuso dal 10 gennaio al 10 febbraio – Pas (chiuso lunedì sera e martedì) carta 42/70000
⊏ 8000 – **9 cam** 80000 – P 80000.

CODEMONDO Reggio nell'Emilia – Vedere Reggio nell'Emilia.

CODROIPO 33033 Udine 988 ⑤ ⑥, 429 E 20 – 14 212 ab. alt. 44 – ✪ 0432.
Roma 612 – Belluno 93 – ◆Milano 351 – Treviso 86 – ◆Trieste 77 – Udine 24.

a lutizzo S : 2 km – ✉ **33033** Codroipo :

X **Da Bosco,** ℰ 900190 – **P**. ✹
chiuso mercoledì sera, giovedì ed agosto – Pas carta 23/54000.

sulla strada statale 13 E : 5 km :

🏨 **Frecce Tricolori,** ✉ 33033 Codroipo ℰ 906237, Fax 906237 – **TV** 🕿 ⟵ **P**. 🕄 **E** **VISA**
Pas (solo per clienti alloggiati e chiuso domenica) carta 22/32000 – ⊏ 4500 – **14 ca**
50/82000 – ½ P 65/70000.

COGGIOLA 13013 Vercelli 428 E 6, 219 ⑮ – 2 636 ab. alt. 454 – ✪ 015.
Roma 672 – Biella 31 – ◆Milano 98 – ◆Torino 114 – Vercelli 58.

X **Italia** con cam, ℰ 78230 – ⟵ **P**. ✹
Pas (chiuso venerdì) carta 25/40000 – ⊏ 6500 – **10 cam** 40/70000 – ½ P 55/60000.

COGNE 11012 Aosta 988 ②, 428 F 4 – 1 435 ab. alt. 1 534 – a.s. Pasqua, luglio-7 settembre
Natale – Sport invernali : 1 534/2 252 m ≦1 ≰3, ≰ – ✪ 0165.
🎱 piazza Chanoux 38 ℰ 74040.
Roma 774 – Aosta 27 – Courmayeur 52 – Colle del Gran San Bernardo 60 – ◆Milano 212.

🏨🏨 **Bellevue,** ℰ 74825, Fax 749192, ≤ Gran Paradiso, 😊☰, 🔲, 🞐 – 📲 🕿 ⟵ **P**
🏔 40 a 120. 🕄 **E** **VISA**. ✹ rist
22 dicembre-14 aprile e 4 giugno-3 ottobre – Pas (chiuso mercoledì in bassa stagion
40000 – ⊏ 15000 – **44 cam** 120/220000, 5 appartamenti – ½ P 95/180000.

🏨 **Miramonti,** ℰ 74030, Fax 74030, ≤, 🞐 – 📲 🕿 ⟵ **P**. ✹ rist
23 dicembre-6 gennaio, febbraio-15 aprile e 4 giugno-17 ottobre – Pas carta 35/48000
46 cam solo ½ P 95/135000.

🏨 **Mont Blanc,** ℰ 74211, Fax 749293, ≤, 🞐, ✹ – 📲 🕿 ⟵ **P**. **AE** 🕄 ⓿ **E** **VISA**. ✹
20 dicembre-Pasqua e 15 giugno-settembre – Pas carta 35/50000 – ⊏ 9000 – **22 ca**
51/94000 – ½ P 74/86000.

🏨 **Grand Paradis,** ℰ 74070, 🞐 – 📲 🕿. **AE** 🕄 ⓿ **E** **VISA**. ✹ rist
21 dicembre-6 gennaio, febbraio-2 aprile e giugno-settembre – Pas carta 39/56000
30 cam ⊏ 70/117000.

🏨 **Sant'Orso,** ℰ 74821, Fax 74822, ≤ Gran Paradiso – 📶 ☎ ⇦. 🅂 Ε 𝚟𝚒𝚜𝚊. ⚘ rist
chiuso dal 5 novembre al 1° dicembre – Pas carta 38/54000 – **30 cam** ⊇ 71/122000 –
½ P 65/91000.

🏨 **Petit Hotel,** ℰ 74010, Fax 749131, ≤ – 📶 ☎ ♿ ⇦. ⚘
chiuso dal 10 gennaio al 12 febbraio e dal 12 marzo al 20 giugno – Pas *(chiuso mercoledì)*
20/25000 – **24 cam** ⊇ 60/120000 – ½ P 70/85000.

🏨 **La Madonnina del Gran Paradiso,** ℰ 74078, ≤, ☞ – ☎ ⇦ 🅿. 𝚟𝚒𝚜𝚊. ⚘ rist
chiuso maggio e novembre – Pas *(chiuso mercoledì)* carta 30/40000 – ⊇ 8000 – **22 cam**
55/95000 – ½ P 84000.

✕ **Lou Ressignon,** ℰ 74034, Fax 74034 – 🅿. 🄰🄴 🅂 ① Ε 𝚟𝚒𝚜𝚊
*chiuso lunedì sera, martedì, dal 15 al 30 giugno, dal 15 al 30 settembre e dal 15 al 30
novembre* – Pas carta 32/48000 (5%).

✕ **La Brasserie du Bon Bec,** ℰ 749288, « Tipico ambiente rustico valdostano » – ⇤⇥. 🅂
Ε 𝚟𝚒𝚜𝚊 – *chiuso dal 23 marzo al 10 aprile, dal 28 settembre al 16 ottobre e lunedì (escluso
luglio-agosto)* – Pas carta 29/39000.

a Cretaz N : 1,5 km – ✉ **11012** Cogne :

✕✕ **Notre Maison** con cam, ℰ 74104, ≤, « Caratteristico arredamento, giardino-solarium »
– ☎ ⇦ 🅿. 🅂 Ε 𝚟𝚒𝚜𝚊
chiuso ottobre e novembre – Pas *(chiuso lunedì)* carta 35/56000 – **12 cam** ⊇ 80/160000 –
½ P 80/110000.

a Lillaz SE : 4 km – alt. 1 615 – ✉ **11012** Cogne :

🏨 **L'Arolla** ⚘, ℰ 74052 – ☎. 🄰🄴 🅂 ① Ε 𝚟𝚒𝚜𝚊. ⚘
8 dicembre-6 gennaio, febbraio-Pasqua e giugno-settembre – Pas *(chiuso giovedì in bassa
stagione)* carta 36/56000 – ⊇ 5000 – **14 cam** 90000 – ½ P 80/90000.

✕✕ **Lou Tchappè,** ℰ 74379 – 🅿. ⚘
chiuso giugno, novembre e lunedì (escluso luglio-agosto) – Pas carta 30/41000.

in Valnontey SO : 3 km – ✉ **11012** Cogne :

🏨 La Barme ⚘ ℰ 749177, ≤ Gran Paradiso, ☞ – ☎ 🅿 – *stagionale* – **9 cam.**

OGNENTO Modena – Vedere Modena.

OGNOLA Trento – Vedere Trento.

OGOLETO 16016 Genova 𝟺𝟸𝟾 I 7 – 9 551 ab. – 🕸 010.
ma 527 – Alessandria 75 – ♦Genova 28 – ♦Milano 151 – Savona 19.

✕✕ **Gustin,** ℰ 9181925 – 🍽 🅿. 🄰🄴 🅂 Ε 𝚟𝚒𝚜𝚊
chiuso mercoledì – Pas carta 38/73000.

OGOLLO DEL CENGIO 36010 Vicenza 𝟺𝟸𝟿 E 16 – 3 090 ab. alt. 357 – 🕸 0445.
ma 570 – ♦Milano 252 – Trento 61 – Treviso 83 – Vicenza 31.

sulla strada statale 350 NO : 3,5 km :

✕ **All'Isola** ✉ 36010 ℰ 880341, Coperti limitati; prenotare – 🅿. 🅂 Ε. ⚘
chiuso domenica, mercoledì sera ed agosto – Pas carta 36/53000.

OLAZZA 28010 Novara 𝟺𝟸𝟾 E 7, 𝟸𝟷𝟿 ⑥ – 407 ab. alt. 540 – 🕸 0322.
ma 650 – ♦Milano 61 – Novara 48 – Stresa 14.

✕✕ **Al Vecchio Glicine,** ℰ 218123 – 🅿. 🄰🄴 🅂 ① Ε 𝚟𝚒𝚜𝚊
chiuso martedì e dal 15 al 30 luglio – Pas carta 45/60000.

OL DU JOUX Aosta – Vedere Saint Vincent.

OLFIORITO 06030 Perugia 𝟿𝟾𝟾 ⑯, 𝟺𝟹𝟢 M 20 – alt. 760 – 🕸 0742.
ma 182 – ♦Ancona 121 – Foligno 26 – Macerata 66 – ♦Perugia 61.

🏨 **Villa Fiorita,** ℰ 681125, Fax 681579, ≤, ⏳, ☞, ⚘ – 📶 📺 ☎ 🅿 – 🛄 130. 🄰🄴 🅂 Ε 𝚟𝚒𝚜𝚊
chiuso dal 24 gennaio al 7 febbraio – Pas *(chiuso martedì)* carta 23/42000 – ⊇ 10000 –
40 cam 75/105000 – ½ P 70/80000.

OLFOSCO (KOLFUSCHG) Bolzano – Vedere Corvara in Badia.

OLICO 22050 Como 𝟿𝟾𝟾 ③, 𝟺𝟸𝟾 D 10 – 5 858 ab. alt. 209 – 🕸 0341.
edere Lago di Como★★★.
‗ per Bellagio-Tremezzo-Como giornalieri (da 1 h 20 mn a 3 h) – Navigazione Lago di Como,
a Cavour ℰ 940815, Fax 270305.
ma 661 – Chiavenna 26 – Como 68 – Lecco 41 – ♦Milano 97 – Sondrio 41.

🏨 Risi, ℰ 940123, Fax 930090, ≤ – 📶 ☎ – **36 cam.**

✕✕ **Da Gigi** con cam, ℰ 940268, ☞ – ⇦. 🄰🄴 🅂 Ε 𝚟𝚒𝚜𝚊
chiuso maggio e dal 20 settembre al 15 ottobre – Pas *(chiuso giovedì)* carta 25/44000 (10%)
– **12 cam** ⊇ 70000 – ½ P 60000.

COLLALBO (KLOBENSTEIN) Bolzano – Vedere Renon.

COLLE Vedere nome proprio del colle.

COLLECCHIO 43044 Parma 988 ⑭, 428 429 H 12 – 10 982 ab. alt. 106 – ✆ 0521.
Roma 469 – ◆Bologna 107 – ◆Milano 126 – ◆Parma 11 – Piacenza 65 – ◆La Spezia 101.

🏦 **Pineta,** ℰ 805226 – 🛗 🖃 📺 ☎ 📵 – 🚗 200. 🖭 🚿 ⓞ 🗉 𝑉𝐼𝑆𝐴. ⚒
Pas (chiuso martedì a mezzogiorno) carta 29/49000 – 🍽 8000 – **40 cam** 68/98000
½ P 75/85000.

🏵🏵🏵 **Villa Maria Luigia-di Ceci,** ℰ 805489, Fax 805711, « Giardino ombreggiato » – 🖘 🔓
🚗 100. 🖭 🚿 ⓞ 🗉 𝑉𝐼𝑆𝐴. ⚒
chiuso giovedì, dall'11 al 31 gennaio e dal 9 al 24 agosto – Pas carta 40/74000.

sulla strada statale 62 NE : 5 km :

🏵🏵 **Il Baule,** ⊠ 43044 ℰ 804110, « Servizio estivo sotto un pergolato » – 📵. 𝑉𝐼𝑆𝐴. ⚒
chiuso domenica, martedì sera e dal 15 al 30 agosto – Pas carta 30/49000.

a Cafragna SO : 9 km – ⊠ **43030** Gaiano :

🏵 Cafragna-Camorali, ℰ (0525) 2363, 🏠, Coperti limitati; prenotare – 📵

COLLE DI VAL D'ELSA 53034 Siena 988 ⑭ ⑮, 430 L 15 – 16 917 ab. alt. 223 – ✆ 0577.
Roma 255 – Arezzo 88 – ◆Firenze 49 – Pisa 87 – Siena 25.

🏦 **La Vecchia Cartiera,** via Oberdan 5/9 ℰ 921107, Fax 923688 – 🛗 🖃 cam 📺 ☎ 🚗 🔓
🚗 70. 🖭 🚿 ⓞ 🗉 𝑉𝐼𝑆𝐴. ⚒
Pas vedere rist La Vecchia Cartiera – 🍽 12000 – **38 cam** 61/105000 – ½ P 88/99000.

🏦 **Villa Belvedere,** località Belvedere E : 2,5 km ℰ 920966, 🏠, « Villa settecentesca
🏠 🚗 📵 – 🚗 80. 🖭 🚿 ⓞ 🗉 𝑉𝐼𝑆𝐴. ⚒ rist
Pas (chiuso mercoledì) carta 34/50000 – **15 cam** 🍽 154000 – ½ P 115/145000.

🏦 **Arnolfo** senza rist, via Campana 8 ℰ 922020, Fax 922324 – 🛗 📺 ☎. 🖭 🚿 ⓞ 🗉 𝑉𝐼𝑆𝐴. ⚒
chiuso dal 10 gennaio al 10 febbraio – 🍽 8000 – **32 cam** 60/85000.

🏵🏵🏵 ☸ **Arnolfo,** piazza Santa Caterina 2 ℰ 920549, 🏠, Coperti limitati; prenotare – 🖭 🚿
🗉 𝑉𝐼𝑆𝐴. ⚒
chiuso martedì, dal 10 gennaio al 10 febbraio e dal 1° al 10 agosto – Pas carta 63/93000
Spec. Petto di piccione con insalatina di campo (primavera-autunno), Pappardelle in salsa di coniglio (primave)
Rosette d'agnello con semi di sesamo. Vini Vernaccia, Percarlo.

🏵🏵🏵 **L'Antica Trattoria,** piazza Arnolfo 23 ℰ 923747, 🏠, Coperti limitati; prenotare – 🖭
ⓞ 🗉 𝑉𝐼𝑆𝐴. ⚒
chiuso lunedì sera, martedì e dal 10 al 25 agosto – Pas carta 40/71000.

🏵🏵 **La Vecchia Cartiera,** via Oberdan 5 ℰ 921107 – 📵. 🖭 🚿 ⓞ 🗉 𝑉𝐼𝑆𝐴. ⚒
chiuso domenica sera, lunedì e dal 4 al 23 luglio – Pas carta 44/82000 (10%).

COLLEFERRO 00034 Roma 988 ㉖, 430 Q 21 – 20 764 ab. alt. 238 – ✆ 06.
Roma 52 – Fiuggi 33 – Frosinone 39 – Latina 48 – Tivoli 44.

🏵🏵 **Muraccio di S. Antonio,** via Latina O : 2 km ℰ 974011, ≤, 🏠, 🌲 – 📵. 🖭 ⓞ. ⚒
chiuso mercoledì – Pas carta 30/50000.

COLLE ISARCO (GOSSENSASS) 39040 Bolzano 988 ④, 429 B 16 – alt. 1 098 – Sport inverna)
1 098/2 750 m ≰6, ✦ – ✆ 0472.
🎿 piazza Ibsen ℰ 62372, Fax 62580.
Roma 714 – ◆Bolzano 76 – Brennero 7 – Bressanone 36 – Merano 64 – ◆Milano 375 – Trento 136.

🏠 **Erna,** ℰ 62307, Fax 62183, ⚒ – 🖘 cam ☎ 📵. ⚒
chiuso da ottobre al 15 dicembre – Pas (chiuso giovedì) carta 32/45000 – 🍽 10000
15 cam 42/70000 – ½ P 49/68000.

COLLEPIETRA (STEINEGG) 39050 Bolzano – alt. 820 – ✆ 0471.
Roma 656 – ◆Bolzano 15 – ◆Milano 314 – Trento 75.

🏠 **Steineggerhof** ⚓, NE : 1 km ℰ 376573, Fax 376661, ≤ Dolomiti, ⚄s, 🔲 – 🛗 📞 🔓
⚒ cam
3 aprile-1° novembre – Pas 16/25000 – **34 cam** 🍽 33/58000 – ½ P 49/56000.

COLLESALVETTI 57014 Livorno 988 ⑭, 428 430 L 13 – 14 821 ab. alt. 40 – ✆ 050.
Roma 338 – ◆Firenze 73 – ◆Livorno 19 – Pisa 17 – Siena 108.

a Guasticce NO : 8 km – ⊠ **57010** :

🏵🏵 **Osteria del Contadino,** via Don Sturzo 69 ℰ 984697, Coperti limitati; prenotare – 🖭
ⓞ 🗉 𝑉𝐼𝑆𝐴. ⚒
chiuso domenica e dal 15 agosto al 10 settembre – Pas carta 35/63000.

☛ *Pour voyager rapidement, utilisez les cartes Michelin "Grandes Routes" :*
970 *Europe,* 980 *Grèce,* 984 *Allemagne,* 985 *Scandinavie-Finlande,*
986 *Grande-Bretagne-Irlande,* 987 *Allemagne-Autriche-Benelux,* 988 *Italie,*
989 *France,* 990 *Espagne-Portugal,* 991 *Yougoslavie.*

COLLODI 51014 Pistoia 988 ⑭, 428 429 430 K 13 – alt. 120 – ✆ 0572.

Vedere Giardini★ del castello Garzoni.

Roma 337 – ◆Firenze 63 – Lucca 17 – ◆Milano 293 – Pistoia 32 – Siena 99.

※ **All'Osteria del Gambero Rosso,** ✆ 429364, Fax 429364 – 🔲. 🛪 E 🌇
chiuso lunedì sera, martedì e novembre – Pas carta 31/45000 (10%).

COLLOREDO DI MONTE ALBANO 33010 Udine 429 D 21 – 2 273 ab. alt. 213 – ✆ 0432.

Roma 652 – Tarvisio 80 – ◆Trieste 85 – Udine 14 – ◆Venezia 141.

※ **La Taverna,** ✆ 889045, Fax 889676, 🏤, 🌳 – 🝢 🛪 🜚 E 🌇 🌤
chiuso mercoledì e dal 15 luglio al 15 agosto – Pas carta 53/76000.

a Mels NO : 3 km – ⊠ 33030 :

※ **Là di Pètros,** ✆ 859626 – ❷. 🝢 🛪 🜚 E 🌇
chiuso martedì e dall'8 al 28 luglio – Pas carta 40/60000.

COLMEGNA Varese 219 ⑦ – Vedere Luino.

COLOGNE 25033 Brescia 428 429 F 11 – 5 687 ab. alt. 184 – ✆ 030.

Roma 575 – ◆Bergamo 33 – ◆Brescia 27 – Cremona 72 – Lovere 33 – ◆Milano 74.

※※ **Cappuccini,** via Cappuccini 54 (E : 1,5 km) ✆ 7157254, Fax 7157257, prenotare, « In un convento del 16° secolo », 🌳 – ❷. 🝢 🛪 🜚 E 🌇 🌤
chiuso mercoledì e dal 7 al 20 gennaio – Pas carta 45/81000.

COLOGNOLA AI COLLI 37030 Verona 429 F 15 – 6 638 ab. alt. 177 – ✆ 045.

Roma 519 – ◆Milano 176 – ◆Padova 68 – ◆Venezia 101 – ◆Verona 17 – Vicenza 38.

※ **Al Portego,** ✆ 7650083, Solo piatti di pesce – 🌤
chiuso domenica sera, lunedì e giugno – Pas carta 50/60000.

sulla strada statale 11 SO : 2,5 km :

※ **Posta Vecia** con cam, ⊠ 37030 ✆ 7650243, Fax 6150859, « Piccolo zoo » – 🖵 ☎ ❷ –
🏛 80. 🝢 🛪 🜚 E 🌇 🌤
chiuso agosto – Pas (chiuso domenica sera e lunedì) carta 44/76000 – 🖃 15000 – **13 cam**
80/120000.

Halten Sie beim Betreten des Hotels oder des Restaurants
den Führer in der Hand.
Sie zeigen damit, daß Sie aufgrund dieser Empfehlung gekommen sind.

COLOGNO MONZESE 20093 Milano 428 F 9, 219 ⑲ – 52 961 ab. alt. 131 – ✆ 02.

Roma 578 – ◆Bergamo 38 – ◆Brescia 86 – ◆Milano 9 – Monza 7.

Pianta d'insieme di Milano (Milano p. 4 e 5)

🏨 **Blu Inn** senza rist, viale Brianza 50 ✆ 27300851, Fax 27300878 – 🛗 🔲 🖵 ☎ 🕭 ❷. 🝢 🛪 E
🌇 🌤 CO c
🖃 15000 – **41 cam** 170000.

COLOMBARE Brescia 428 F 13 – Vedere Sirmione.

COLOMBARO Brescia – Vedere Corte Franca.

COLONNATA Massa-Carrara 428 429 430 J 12 – Vedere Carrara.

COLORNO 43052 Parma 988 ⑭, 428 429 H 13 – 7 397 ab. alt. 29 – ✆ 0521.

Roma 466 – ◆Bologna 104 – ◆Brescia 79 – Cremona 49 – Mantova 47 – ◆Milano 130 – ◆Parma 15.

a Vedole SO : 2 km – ⊠ 43052 Colorno :

※ **Al Vedel,** ✆ 816169, 🏤 – ❷
chiuso lunedì sera, martedì e luglio – Pas carta 27/42000.

a Sacca N : 4 km – ⊠ 43052 Colorno :

※※ **Stendhal-da Bruno,** ✆ 815493, « Servizio estivo all'aperto » – ❷. 🝢 🛪 🜚 E 🌇 🌤
chiuso martedì, dal 1° al 15 gennaio e dal 22 luglio all'8 agosto – Pas carta 47/70000 (12%).

COL SAN MARTINO Treviso – Vedere Farra di Soligo.

COMABBIO 21020 Varese 428 E 8, 219 ⑦ – 841 ab. alt. 307 – ✆ 0331.

Roma 634 – Laveno Mombello 20 – ◆Milano 57 – Sesto Calende 10 – Varese 23.

al lago S : 1,5 km :

※※ **Da Cesarino,** ⊠ 21020 ✆ 968472, ≼ – ❷. 🝢 🛪 E 🌇
chiuso mercoledì, dal 3 al 18 febbraio e dal 12 al 30 agosto – Pas carta 48/71000.

COMACCHIO 44022 Ferrara 🗺️ ⑲, 🗺️ 🗺️ H 18 – 21 312 ab. – a.s. 15 giugno-agosto.
☺ 0533.

Dintorni Regione del Polesine★ Nord.

Roma 419 – ◆Bologna 93 – ◆Ferrara 53 – ◆Milano 298 – ◆Ravenna 36 – ◆Venezia 121.

a Porto Garibaldi E : 5 km – ⌧ **44029.**

🛈 (maggio-agosto) S.S. Romea bivio Collinara 𝒫 327580 :

XXX ☺ **Il Sambuco,** via Caduti del Mare 30 𝒫 327478, 🍴, Solo piatti di pesce – ▤. 🆑 🔃
E 𝚅𝚂𝙰. ⅌
chiuso lunedì, dal 15 al 30 gennaio e dal 15 al 30 novembre – Pas carta 66/118000
Spec. Guazzetto di canocchie al Traminer, Fritto di calamaretti e zanchette, Crema inglese con piccola pasticceria.
Sauvignon.

XX Pacifico-da Franco, via Caduti del Mare 10 𝒫 327169.

X **Europa,** viale dei Mille 𝒫 327362, Rist. con specialità di mare, 🔜 – 🆑 🔃 ⓞ 𝚅𝚂𝙰. ⅌
chiuso venerdì e settembre – Pas carta 35/60000.

X **Sole,** via dei Mille 28 𝒫 327924 – ℗. 🆑 🔃 ⓞ **E** 𝚅𝚂𝙰. ⅌
chiuso martedì e dal 20 settembre al 10 ottobre – Pas carta 35/64000.

a Lido degli Estensi SE : 7 km – ⌧ **44024.**

🛈 (maggio-agosto) viale Carducci 32 𝒫 327464 :

🏨 **Logonovo,** viale delle Querce 109 𝒫 327520, Fax 327531, 🌊 – 🛗 📺 ☎ ℗. 🆑 🔃 **E** 𝚅
Pas *(aprile-settembre)* carta 38/59000 – 🍽 10000 – **40 cam** 70/100000 – ½ P 85/95000.

a Lido di Pomposa NE : 8 km – ⌧ **44020** San Giuseppe di Comacchio.

Dintorni Abbazia di Pomposa★★ N : 15 km.

🏨 **Lido,** viale Mare Adriatico 23 𝒫 380136, ≤, 🔜 – 🛗 📶 ℗. 🆑 🔃 ⓞ **E** 𝚅𝚂𝙰. ⅌
15 maggio-settembre – Pas (solo per clienti alloggiati) 30000 – 🍽 7500 – **44 cam**
105000 – ½ P 65/75000.

a Lido di Spina SE : 9 km – ⌧ **44024** Lido degli Estensi

🏨 **Continental,** viale Tintoretto 71 𝒫 330120, Fax 330121, ≤, 🍴, 🌊, 🌱 – 🛗 📶 ℗. ⅌
chiuso gennaio e febbraio – Pas carta 26/39000 – 🍽 10000 – **34 cam** 95000 – ½ P
80000.

🏨 **Caravel,** viale Leonardo 56 𝒫 330106, Fax 330107, « Giardino ombreggiato » – 🛗 📺
℗. 🆑 🔃 ⓞ **E** 𝚅𝚂𝙰. ⅌
chiuso dal 24 dicembre al 6 gennaio – Pas (solo su prenotazione in bassa stagione)
carta 33/50000 – 🍽 9000 – **22 cam** 60/85000 – ½ P 55/80000.

XX **Aroldo,** viale delle Acacie 26 𝒫 330948, Rist. con specialità di mare – 🆑 🔃 ⓞ **E** 𝚅𝚂𝙰.
aprile-ottobre; chiuso martedì in bassa stagione – Pas carta 60/101000.

COMANO TERME Trento 🗺️ 🗺️ D 14 – Vedere Lomaso.

COMAZZO 20060 Milano 🗺️ F 10, 🗺️ ⑳ – 1 164 ab. alt. 99 – ☺ 02.

Roma 566 – ◆Bergamo 38 – ◆Milano 26 – Piacenza 70.

X **Bocchi,** località Bocchi SO : 1,5 km 𝒫 9061038, 🍴 – ℗. 🔃 **E** 𝚅𝚂𝙰. ⅌
chiuso lunedì sera, martedì, dal 2 al 15 gennaio e dal 16 al 31 agosto – Pas carta 24/50000.

COMELICO SUPERIORE 32040 Belluno 🗺️ C 19 – 3 028 ab. alt. (frazione Candide) 1 210
☺ 0435.

Roma 678 – Belluno 77 – Cortina d'Ampezzo 64 – Dobbiaco 32 – ◆Milano 420 – ◆Venezia 167.

a Padola NO : 4 km da Candide – ⌧ **32040** :

🏨 **Comelico,** 𝒫 67015, Fax 67229 – 📺 ☎ ℗. 🔃 **E** 𝚅𝚂𝙰. ⅌
Pas 22/27000 – **16 cam** 🍽 60/100000 – ½ P 60/85000.

🏨 **D'la Varda** ⅌, 𝒫 67031, ≤ – ℗. ⅌
dicembre-15 aprile e 15 giugno-settembre – Pas carta 26/36000 – 🍽 5000 – **13 cam**
35/64000 – ½ P 55/70000.

COMISO Ragusa 🗺️ ㊲, 🗺️ Q 25 – Vedere Sicilia.

Les hôtels ou restaurants agréables sont indiqués
dans le guide par un signe rouge.

Aidez-nous en nous signalant les maisons où, par expérience,
vous savez qu'il fait bon vivre.

Votre guide Michelin sera encore meilleur.

🏨🏨🏨 ... 🏠

XXXXX ... X

dere Lago★★★ – Duomo★★ – Broletto★★ – Chiesa di San Fedele★ AZ – Basilica di Sant'Ab-
ndio★ AZ – ≼★ su Como e il lago da Villa Olmo 3 km per ④.

Villa d'Este (chiuso gennaio) a Montorfano ⊠ 22030 ℰ 200200, Fax 200786, pre ② : 6 km;
e ⓝ (chiuso lunedì) a Monticello di Cassina Rizzardi ⊠ 22070 ℰ 928055, Fax 880207, per ③ :
km;

(chiuso lunedì) a Carimate ⊠ 22060 ℰ 790226, per ③ : 18 km;

La Pinetina (chiuso martedì) ad Appiano Gentile ⊠ 22070 ℰ 933202, Fax 890342, per ③ :
km.

per Tremezzo-Bellagio-Colico giornalieri (da 1 h 20 mn a 3 h) e Tremezzo-Bellaggio-Lecco
glio-settembre giornalieri (2 h 40 mn) – Navigazione Lago di Como, piazza Cavour ℰ 304060,
x 270305.

iazza Cavour 17 ℰ 274064, Fax 301051 – Stazione Centrale ℰ 267214.

C.I. viale Masia 79 ℰ 573433.

na 625 ③ – ♦Bergamo 56 ② – ♦Milano 48 ③ – Monza 42 ② – Novara 76 ③.

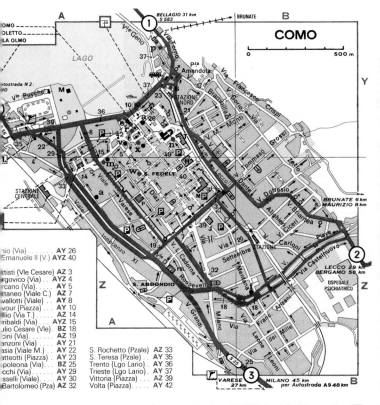

nio (Via) . . . . . . AY 26
Emanuele II (V.) AYZ 40

ttisti (Vle Cesare) **AZ** 3
rgovico (Via) . . **AYZ** 4
rcano (Via) . . . . **AY** 5
ttaneo (Viale C.) **AZ** 7
vallotti (Viale) . . **AY** 8
our (Piazza) . . . **AY** 10
lio (Via T.) . . . . **AY** 14
ribaldi (Via) . . . **AYZ** 15
lio Cesare (Vle) . **BZ** 18
cini (Via) . . . . . **AY** 21
nzoni (Via) . . . **AY** 21
asia (Viale M.) . . **AY** 22
tteotti (Piazza) . **AY** 23
poleona (Via) . . **BZ** 25
cchi (Via) . . . . **AY** 29
sselli (Viale) . . . **AY** 30
Bartolomeo (Pza) **AZ** 32

S. Rochetto (Pzale) **AZ** 33
S. Teresa (Pzale) . **AY** 35
Trento (Lgo Lario) **AY** 36
Trieste (Lgo Lario) **AY** 37
Vittoria (Piazza) . **AZ** 39
Volta (Piazza) . . . . **AY** 42

🏨🏨 **Barchetta Excelsior,** piazza Cavour 1 ℰ 3221, Telex 380435, Fax 302622, ≼ – 🛗 🖿 📺
🕿 ᵬ – 🛦 25 a 50. 🕮 🕄 ⓞ 🗉 🅥🅸🆂🅰. ⅏ rist AY **a**
Pas *(chiuso domenica ed agosto)* carta 50/86000 – **85 cam** ⇌ 235000, 3 appartamenti.

🏨🏨 **Metropole Suisse** senza rist, piazza Cavour 19 ℰ 269444, Telex 350426, Fax 300808, ≼
– 🛗 🖿 📺 🕿 ᵬ ⇦. 🕮 🕄 ⓞ 🗉 🅥🅸🆂🅰 AY **e**
chiuso dal 18 dicembre al 14 gennaio – ⇌ 20000 – **71 cam** 130/180000, 3 appartamenti.

🏨🏨 **Villa Flori e Rist. Raimondi,** strada per Cernobbio 12 ℰ 573105 e rist ℰ 572707,
Telex 380413, Fax 570379, ≼ lago, monti e città, 🏤, « Giardino e terrazze » – 🖿 rist 📺
🕿 ⇦ 🄿 – 🛦 100. 🕮 🕄 ⓞ 🗉 🅥🅸🆂🅰. ⅏ rist 1 km per ④
chiuso dal 24 dicembre al 10 gennaio – Pas *(chiuso lunedì e dal 1° al 16 agosto)* carta 48/
73000 – ⇌ 17000 – **44 cam** 200/250000, appartamento.

Como, via Mentana 28 ℰ 266173, Fax 266020, « Terrazza fiorita e panoramica con riscaldata » – 🛗 🗐 📺 ☎ & 🚗 🅿. 匝 🕄 ⓞ 🗲 𝘝𝘐𝘚𝘈
Pas 25/60000 – 🖙 17500 – **72 cam** 125/180000, 3 appartamenti – ½ P 130000.   BZ

Firenze senza rist, piazza Volta 16 ℰ 300333, Fax 300101 – 🛗 📺 ☎. 匝 🕄 ⓞ 🗲 𝘝𝘐𝘚𝘈
🖙 17000 – **30 cam** 124/170000.   AY

Continental, viale Innocenzo XI n° 15 ℰ 260485, Fax 273343 – 🛗 ☎ 🚗 – 🔬 300. 匝 ⓞ 🗲 𝘝𝘐𝘚𝘈. 🕉 rist   AZ
Pas (chiuso lunedì) carta 37/53000 – 🖙 12000 – **65 cam** 77/112000 – ½ P 108000.

Plinius senza rist, via Garibaldi 33 ℰ 273067, Fax 262020 – 🛗 ☎. 匝 🕄 ⓞ 🗲 𝘝𝘐𝘚𝘈
chiuso dicembre, gennaio e dal 30 luglio al 14 agosto – 🖙 10000 – **31 cam** 8
117000.   AYZ

Tre Re, via Boldoni 20 ℰ 265374 – ☎ 🚗 🅿. 🕄 🗲 𝘝𝘐𝘚𝘈. 🕉 rist   AY
chiuso dal 10 dicembre al 9 gennaio – Pas 35/40000 – 🖙 15000 – **34 cam** 75/110000
½ P 95/110000.

Il Loggiato dei Serviti con cam, via Tolomeo Gallio 5 ℰ 264234, Fax 263546, prenota
– 🛗 🗐 📺 ☎ &. 匝 🕄 ⓞ 🗲 𝘝𝘐𝘚𝘈   AZ
Pas (chiuso domenica e lunedì a mezzogiorno) carta 36/69000 – 🖙 15000 – **12 ca**
136/170000 – P 200000.

Sant'Anna, via Turati 1/3 ℰ 505266, prenotare la sera – 🗐. 匝 🕄 ⓞ 🗲 𝘝𝘐𝘚𝘈. 🕉 per
chiuso venerdì, sabato a mezzogiorno e dal 25 luglio al 25 agosto – Pas carta 52/74000

Villa Maderni, via Cardano 53 ℰ 210660, prenotare, « Servizio estivo in terrazza con lago e monti » – 🗐 🅿   4 km per

Imbarcadero, piazza Cavour 20 ℰ 277341, 🏠 – 匝 🕄 ⓞ 🗲 𝘝𝘐𝘚𝘈. 🕉   AY
chiuso dal 1° al 8 gennaio – Pas carta 37/74000.

Terrazzo Perlasca, piazza De Gasperi 8 ℰ 303936, Fax 303936, ⩽ – 🗐. 匝 🕄 ⓞ 🗲 𝘝
🕉   AY
chiuso lunedì, dal 1° al 15 gennaio e dal 6 al 20 agosto – Pas carta 46/67000.

La Colombetta, via Diaz 40 ℰ 262703, 🏠   AZ
chiuso martedì e dal 10 al 25 agosto – Pas carta 51/69000.

Da Angela, via Ugo Foscolo 16 ℰ 304656, Coperti limitati; prenotare – 匝 🕄 🗲 𝘝𝘐𝘚𝘈. 🕉
chiuso domenica e luglio o agosto – Pas carta 65/81000.   AY

Er Più, via Castellini 21 ℰ 272154 – 匝 🕄 🗲 𝘝𝘐𝘚𝘈. 🕉   per via Milano AZ
chiuso martedì ed agosto – Pas carta 34/63000.

Lario via Coloniola 44 ℰ 303952 – 匝 🕄 ⓞ 🗲 𝘝𝘐𝘚𝘈   AY
chiuso domenica e agosto – Pas carta 34/61000.

Da Pizzi, viale Geno 12 ℰ 303454, ⩽, « Servizio estivo in giardino » – 匝 🗲 𝘝𝘐𝘚𝘈
chiuso giovedì e dal 28 dicembre al 15 febbraio – Pas carta 50/69000.   AY

Ul Pinchett, via Fontana 19 ℰ 263266, Fax 263266 – 匝 🕄 ⓞ 🗲 𝘝𝘐𝘚𝘈. 🕉   AY
chiuso domenica e dal 1° al 15 agosto – Pas carta 44/61000.

Crotto del Lupo, via Pisani Dossi-Cardina ℰ 570881, prenotare la sera, « Servi.
estivo in terrazza ombreggiata » – 🅿. 匝 🕄 🗲 𝘝𝘐𝘚𝘈. 🕉   3 km per
chiuso lunedì ed agosto – Pas carta 34/50000.

Rino, via Vitani 7 ℰ 273028   AY
chiuso lunedì dal 15 luglio al 5 agosto – Pas carta 35/49000 (10 %).

a Camnago Volta per ② : 3 km – ✉ 22030 :

Navedano, via Pannilani ℰ 261080, « Servizio estivo in terrazza », 🏕 – 🅿. 匝 🕄 ⓞ
𝘝𝘐𝘚𝘈. 🕉 – chiuso martedì e dal 1° al 15 agosto – Pas carta 45/80000 (10 %).

sulla strada statale 342 per ③ : 4 km :

Trattoria del Mosè, via per Lazzago 8 ✉ 22100 ℰ 521159, prenotare, « Servizio estivo
giardino » – 🅿

Vedere anche : **Brunate** NE : 6 km oppure 7 mn di funicolare.

COMO (Lago di) o LARIO Como 🔢 ③ , 🔢 E 9 – Vedere Guida Verde.

COMUNANZA 63044 Ascoli Piceno 🔢 ⑯ , 🔢 N 22 – 2 976 ab. alt. 448 – ✪ 0736.
Roma 206 – Ascoli Piceno 33 – Macerata 59 – Rieti 130.

Da Roverino, con cam, ℰ 844242 – ☎. 🕄. 🕉
Pas (chiuso domenica e dal 15 al 20 ottobre) carta 25/35000 – **13 cam** 🖙 40/65000
½ P 50000.

CONCA DEI MARINI 84010 Salerno 🔢 F 25 – 695 ab. – a.s. Pasqua, giugno-settembre
Natale – ✪ 089.
Roma 272 – Amalfi 5 – ◆Napoli 57 – Salerno 30 – Sorrento 35.

Belvedere, ℰ 831282, Fax 831439, ⩽ mare e costa, « Terrazza con 🏊 », 🏕 – 🛗 ☎
匝 🕄 🗲 𝘝𝘐𝘚𝘈. 🕉 rist
aprile-ottobre – Pas 45000 – 🖙 15000 – **34 cam** 135/160000 – ½ P 140000.

CONCESIO 25062 Brescia 428 429 F 12 – 12 225 ab. alt. 218 – 🌣 030.

Roma 544 – ◆Bergamo 50 – ◆Brescia 9 – ◆Milano 91.

XXX ❀ **Miramonti l'Altro,** località Costorio 🖉 2751063 – 🗏 🅿. 🖭 🗟. 🛠
chiuso lunedì ed agosto – Pas carta 42/74000
Spec. Insalata di carne cruda in vinaigrette al tartufo, Risotto con porcini e formaggi dolci (marzo-novembre), Anitra muta ripiena aromatizzata al ginepro. **Vini** Lugana, Franciacorta rosso.

CONDINO 38083 Trento 428 429 E 13 – 1 383 ab. alt. 444 – 🌣 0465.

Roma 598 – ◆Brescia 65 – ◆Milano 155 – Trento 64.

🏠 **Rita,** 🖉 61225, Fax 61225, ≤ – 🖭 ☎ 🚗 🅿. 🗟 🖪 🌇 ✍. 🛠
chiuso dal 20 al 31 agosto – Pas (chiuso lunedì) carta 20/31000 – ☑ 8000 – **18 cam** 50/75000 – ½P 52/57000.

CONEGLIANO 31015 Treviso 988 ⑤, 429 E 18 – 35 841 ab. alt. 65 – 🌣 0438.

Vedere Sacra Conversazione★ nel Duomo – 🌤★ dal castello – Affreschi★ nella Scuola dei Battuti.

🔁 viale Carducci 32 🖉 21230.

Roma 571 – Cortina d'Ampezzo 109 – ◆Milano 310 – Treviso 28 – Udine 81 – ◆Venezia 60 – Vicenza 88.

🏨 **Sporting Hotel** ⑤ senza rist, via Diaz 37 🖉 412300, Fax 412310, 🏊, 🌴, 🛠 – 🖭 ☎ 🚗 🅿 – 🔏 50. 🖭 🗟. 🛠
☑ 10000 – **17 cam** 93/132000.

🏨 **Città di Conegliano,** via Parrilla 1 🖉 21445, Fax 410950 – 📱 🗏 🖭 ☎ 🚗 – 🔏 40. 🖭 🗟 🔾 🖪 🌇
chiuso dal 3 al 23 agosto – Pas (solo per clienti alloggiati e chiuso a mezzogiorno) 40/45000 – ☑ 12000 – **57 cam** 70/105000 – ½P 95000.

🏨 **Cristallo,** corso Mazzini 45 🖉 35445, Fax 35445 – 🗏 rist 🖭 ☎ 🅿 – 🔏 50 a 100. 🗟 🖪 🌇 🛠 rist
Pas (chiuso agosto) carta 32/50000 – ☑ 8500 – **43 cam** 70/110000 – ½P 95000.

🏨 **Canon d'Oro,** via 20 Settembre 131 🖉 34246, Fax 34246, « Terrazze fiorite con fontana » – 📱 🗏 cam 🖭 ☎ 🅿. 🗟 🖪 🌇
Pas (chiuso sabato) carta 29/43000 – ☑ 9000 – **30 cam** 70/120000.

XX ❀ **Tre Panoce,** via Vecchia Trevigiana 50 (O : 2 km) 🖉 60071, Fax 62230, prenotare, 🌴 – 🗏 🅿 – 🔏 50. 🖭 🔾 🌇 🛠
chiuso domenica sera, lunedì, dal 1º al 9 gennaio ed agosto – Pas carta 40/55000
Spec. Soppressa con cuori di radicchio e zucca (dicembre-febbraio), Pasta e fagioli alla veneta, Pollastro in tecia (padella) al prezzemolo. **Vini** Prosecco, Cabernet.

XX **Al Salisà,** via 20 Settembre 2 🖉 24288, 🏠, prenotare – 🖭 🗟 🔾 🖪 🌇 🛠
chiuso martedì sera, mercoledì ed agosto – Pas carta 41/62000.

CONERO (Monte) Ancona 430 L 22 – Vedere Sirolo.

CONSIGLIO DI RUMO 22010 Como 219 ⑨ – 1 125 ab. alt. 509 – 🌣 0344.

Roma 678 – Como 53 – ◆Lugano 44 – ◆Milano 101 – Sondrio 52.

XX **Saltamartin,** via Martesana 17 🖉 80819, « Ambiente rustico elegante, servizio estivo in terrazza con ≤ », prenotare – 🖪 🔾 🌇 🛠
chiuso mercoledì e dal 1º al 15 settembre – Pas carta 39/62000.

CONSUMA 50060 Firenze ed Arezzo 988 ⑮, 430 K 16 – alt. 1 058 – 🌣 055.

Roma 279 – Arezzo 57 – ◆Firenze 34 – Pontassieve 16.

X **Sbaragli** con cam, 🖉 8306500 – 🅿. 🌇
aprile-ottobre – Pas (chiuso martedì) carta 30/43000 – ☑ 7000 – **32 cam** 50/70000 – ½P 70000.

CONTARINA 45014 Rovigo 988 ⑮, 429 G 18 – 8 236 ab. alt. 2 – 🌣 0426.

Roma 449 – Chioggia 25 – ◆Ravenna 73 – Rovigo 45 – ◆Venezia 74.

🏨 **Delta Park,** via Zara 12 🖉 631763, Fax 631763 – 🗏 🖭 ☎ 🅿 – 🔏 35. 🖭 🗟 🖪 🌇
Pas (chiuso mercoledì) carta 35/45000 – ☑ 10000 – **21 cam** 80/105000.

CONTIGLIANO 02043 Rieti 988 ㉖, 430 O 20 – 3 076 ab. alt. 488 – 🌣 0746.

Roma 88 – L'Aquila 68 – Avezzano 81 – Rieti 10 – Terni 24.

🏠 **Le Vigne,** 🖉 706213, Fax 707077 – 🖭 ☎ 🚗 🅿. 🖭 🗟. 🛠
chiuso venerdì) carta 29/53000 – ☑ 7000 – **19 cam** 60/85000 – ½P 45/50000.

CONVENTO Vedere nome proprio del convento.

COPPARO 44034 Ferrara 988 ⑮, 429 H 17 – 19 528 ab. alt. 74 – 🌣 0532.

Roma 443 – ◆Ferrara 20 – ◆Milano 274 – ◆Ravenna 82 – ◆Venezia 103.

a Fossalta SO : 9 km – ✉ 44030 :

XX Cavalier Uliva, via San Marco 46 🖉 866126, prenotare, 🌴 – 🅿.

CORATO 70033 Bari 988 ㉙, 431 D 31 – 43 197 ab. alt. 232 – ✆ 080.

Roma 414 – ◆Bari 49 – Barletta 27 – ◆Foggia 97 – Matera 64 – ◆Taranto 132.

sulla strada statale 98 S : 3 km :

🏨 **Appia Antica,** ⊠ 70033 ✆ 8722504, Fax 8724053, ☞ – 🗗 🖵 📺 🐦 ☎ **Ⓟ**. 🖭 🖫 ⓞ **Ⓔ** 𝗩𝗜𝗦𝗔
※ rist
Pas *(chiuso sabato)* 22/43000 – ☲ 4000 – **54 cam** 80/96000 – ½ P 86000.

CORBETTA 20011 Milano 428 F 8 – 13 398 ab. alt. 140 – ✆ 02.

Roma 589 – ◆Milano 22 – Novara 23 – Pavia 59.

XXX **La Corte del Re-al Desco,** via Parini 4 ✆ 9771600 – 🔏 100. 🖭 🖫 **Ⓔ** 𝗩𝗜𝗦𝗔 ※
chiuso domenica sera, lunedì e dall'8 al 26 agosto – Pas carta 35/87000.

CORCIANO 06073 Perugia 430 M 18 – 13 101 ab. alt. 368 – ✆ 075.

Roma 185 – Arezzo 65 – ◆Perugia 13 – Siena 97 – Terni 96.

X **Il Convento,** ✆ 6978946, « In un convento francescano del 13° secolo » – **Ⓟ**. ※
chiuso lunedì e dal 15 gennaio al 15 febbraio – Pas carta 32/43000 (10%).

a Strozzacapponi S : 7,5 km – ⊠ **06073** Corciano :

XX Ottavi, ✆ 774718, Fax 774849, ☞ – **Ⓟ**

CORDIGNANO 31016 Treviso 429 E 19 – 5 780 ab. alt. 56 – ✆ 0438.

Roma 577 – Belluno 48 – Treviso 42 – Udine 70 – ◆Venezia 71.

X **Da Piero,** ✆ 999139 – **Ⓟ**
chiuso lunedì e luglio – Pas carta 19/29000.

COREDO 38010 Trento 429 C 15 – 1 334 ab. alt. 831 – a.s. Pasqua e Natale – ✆ 0463.

Roma 624 – ◆Bolzano 50 – Sondrio 130 – Trento 38.

XX **Roen,** ✆ 536295, Coperti limitati; prenotare – 🖭 🖫 𝗩𝗜𝗦𝗔 ※
chiuso lunedì sera, martedì, dal 15 al 30 giugno e dal 5 al 20 novembre – Pas carta 32/6000◗

Per visitare una città o una regione : utilizzate le **guide Verdi Michelin.**

CORGENO Varese 219 ⑰ – alt. 270 – ⊠ **21029** Vergiate – ✆ 0331.

Roma 631 – Laveno Mombello 25 – ◆Milano 54 – Sesto Calende 7 – Varese 22.

XXX ❀ **La Cinzianella** ⊱ con cam, ✆ 946337, Fax 948890, ≤, « Servizio estivo in terrazz
panoramica », ☞ – ☎ **Ⓟ** – 🔏 80. 🖭 🖫 ⓞ **Ⓔ** 𝗩𝗜𝗦𝗔 ※
chiuso gennaio e dal 26 luglio al 4 agosto – Pas *(chiuso lunedì sera da ottobre ad aprile
martedì negli altri mesi)* carta 60/83000 – **10 cam** ☲ 80/110000 – ½ P 90/100000
Spec. Sformato di verdure alle due salse, Bianco di pollo farcito nella sua salsa, Pasticceria della Casa. Vini Favor
delle Langhe, Cavariola.

CORINALDO 60013 Ancona 988 ⑯, 429 430 L 21 – 5 326 ab. alt. 203 – ✆ 071.

Roma 285 – ◆Ancona 51 – Macerata 74 – Pesaro 46 – Urbino 47.

XX **I Tigli** con cam, ✆ 7975849, ☞ – 📺 🐦 ☎. 🖫 ⓞ **Ⓔ** 𝗩𝗜𝗦𝗔
Pas carta 25/40000 – ☲ 7000 – **13 cam** 40/65000 – ½ P 48/52000.

CORLO Modena – Vedere Formigine.

CORMANO 20032 Milano 219 ⑲ – 18 891 ab. alt. 146 – ✆ 02.

Roma 580 – ◆Bergamo 45 – Como 35 – ◆Milano 10.

XX **Al Carrello,** ad Ospitaletto ✆ 66303221, ☞ – **Ⓟ**. 🖭 🖫 ⓞ **Ⓔ** 𝗩𝗜𝗦𝗔
chiuso domenica ed agosto – Pas carta 44/67000.

CORMONS 34071 Gorizia 988 ⑥, 429 E 22 – 7 603 ab. alt. 56 – ✆ 0481.

Roma 645 – Gorizia 13 – ◆Milano 384 – Trieste 49 – Udine 24 – ◆ Venezia 134.

🏨 **Felcaro** ⊱, via San Giovanni 45 ✆ 60214, Fax 630255, « Servizio rist. estivo all'ape
to », ⊷, ⬚, ☞, ※ – 📺 ☎ **Ⓟ** – 🔏 50. 🖭 🖫 ⓞ **Ⓔ** 𝗩𝗜𝗦𝗔 ※ rist
Pas *(chiuso lunedì, dal 2 al 16 gennaio e dall'8 al 25 novembre)* carta 35/50000 – ☲ 10000
42 cam 60/96000, 7 appartamenti – ½ P 80000.

XX **Al Cacciatore-della Subida,** NE : 2 km ✆ 60531, Fax 60531, ☞, « Ambiente caratt
ristico », ☞, ※ – **Ⓟ**
chiuso martedì, mercoledì, dal 1° al 15 febbraio e dal 1° al 15 luglio – Pas carta 45/55000.

XX **Al Giardinetto,** via Matteotti 54 ✆ 60257, ☞, Coperti limitati; prenotare – 🖭 🖫 ⓞ
𝗩𝗜𝗦𝗔
chiuso lunedì sera, martedì e luglio – Pas carta 31/53000.

XX **Da Biagi-la Pentolaccia,** via Isonzo 37 ✆ 60397, ☞ – **Ⓟ**. 🖫 ⓞ **Ⓔ** 𝗩𝗜𝗦𝗔
chiuso domenica – Pas carta 28/43000.

CORNAIANO (GIRLAN) Bolzano 218 ⑳ – Vedere Appiano.

ORNEDO VICENTINO 36073 Vicenza **429** F 16 – 9 522 ab. alt. 200 – ✪ 0445.

a 559 – ♦Milano 212 – ♦Venezia 93 – ♦Verona 59 – Vicenza 29.

sulla strada statale 246 SE : 4 km :

💥 **Due Platani**, via Campagnola 16 ⊠ 36073 ℘ 947007, 🍽️, Coperti limitati; prenotare –
P. **AE** **⑤** **①** **E** **VISA**
chiuso domenica sera, lunedì ed agosto – Pas carta 34/54000.

ORNIGLIANO LIGURE Genova – Vedere Genova.

ORNUDA 31041 Treviso **988** ⑤, **429** E 18 – 5 273 ab. alt. 163 – ✪ 0423.

a 553 – Belluno 54 – ♦Milano 258 – ♦Padova 52 – Trento 109 – Treviso 28 – ♦Venezia 53 – Vicenza 58.

💥 **Cavallino**, ℘ 83301, Solo piatti di pesce – **P**. **AE** **⑤** **①** **E** **VISA**
chiuso domenica sera, lunedì e dal 6 al 28 agosto – Pas carta 37/57000.

ORPO DI CAVA Salerno **431** E 26 – Vedere Cava de' Tirreni.

ORREGGIO 42015 Reggio nell'Emilia **988** ⑭, **428** **429** H 14 – 20 023 ab. alt. 33 – ✪ 0522.

na 422 – ♦Bologna 58 – ♦Milano 167 – ♦Verona 88.

a Budrio SO : 3 km – ⊠ 42015 Correggio :

🏠 **Locanda delle Vigne** ⤸, ℘ 697345, Fax 697197 – **TV** **☎** **P**. **AE** **⑤** **①** **E** **VISA**. ⋘
Pas *(chiuso domenica)* carta 36/63000 – **13 cam** ⊆ 150000.

ORRIDONIA 62014 Macerata **988** ⑯, **430** M 22 – 12 482 ab. alt. 255 – ✪ 0733.

na 266 – ♦Ancona 61 – Ascoli Piceno 90 – Macerata 10 – ♦Perugia 121 – ♦Pescara 132.

🏠 Grassetti, allo svincolo della superstrada NO : 3 km ℘ 281261 – 🛗 **TV** **☎** **&** **P** – **🅰️** 130.
60 cam.

🏠 Camerlengo, via Santa Maria 2 ℘ 432743, Fax 433893 – 🛗 **TV** **☎** **P** – **🅰️** 400
18 cam.

💥 **Gialù**, via Grazie 71 (NO : 1 km) ℘ 433150, 🍽️ – **P**. **⑤** **E** **VISA**. ⋘
chiuso martedì e dal 10 al 30 agosto – Pas carta 40/60000.

Der Rote MICHELIN-Hotelführer : main cities EUROPE
für Geschäftsreisende und Touristen.

ORTALE Udine – Vedere Reana del Roiale.

ORTE FRANCA 25040 Brescia **429** F 11 – 5 211 ab. alt. 214 – ✪ 030.

e ⬛ Franciacorta (chiuso martedì) località Castagnola ⊠ 25040 Corte Franca ℘984167, Fax
4393, S : 2 km.

na 576 – ♦Bergamo 35 – ♦Brescia 28 – ♦Milano 76.

💥 **Franciacorta**, ℘ 984405, **⅂**, 🍽️ – **P**
chiuso lunedì sera e martedì – Pas carta 31/54000 (10 %).

a Colombaro N : 2 km – ⊠ **25040 Corte Franca** :

💥 **La Colombara**, ℘ 9826461, Fax 9826461, 🍽️ – **P**. **⑤** **E** **VISA**
chiuso lunedì sera, martedì, dal 15 al 28 febbraio e dal 3 al 18 agosto – Pas carta 35/70000.

ORTEMILIA 12074 Cuneo **988** ⑫, **428** I 6 – 2 693 ab. alt. 247 – a.s. giugno-agosto – ✪ 0173.

na 613 – Alessandria 71 – Cuneo 106 – ♦Milano 166 – Savona 68 – ♦Torino 90.

🏠 **San Carlo,** corso Divisioni Alpine 41 ℘ 81546, Fax 81235, **⅂**, 🍽️ – 🛗 **TV** **☎** **🚗** **P**. **⑤**
① **E** **VISA**. ⋘ cam
chiuso dal 22 al 30 dicembre e dal 7 gennaio al 7 febbraio – Pas 20/25000 – **23 cam**
⊆ 90/115000 – ½ P 65/75000.

ORTINA D'AMPEZZO 32043 Belluno **988** ⑤, **429** C 18 – 7 081 ab. alt. 1 224 – Sport invernali :
'24/3 243 m ⬶5 ⬶31, ⬂ – ✪ 0436.

dere Posizione pittoresca★★★.

ntorni Tofana di Mezzo : ✳★★★ 15 mn di funivia – Tondi di Faloria : ✳★★★ 20 mn di funivia –
Ivedere Pocol : ✳★★ 6 km per ④.

cursioni Dolomiti★★★ per ④.

piazzetta San Francesco 8 ℘ 3231, Telex 440004, Fax 3235.

na 672 ③ – Belluno 71 ③ – ♦Bolzano 133 ① – ♦Innsbruck 165 ① – ♦Milano 411 ③ – Treviso 132 ③.

Pianta pagina seguente

🏨 **Miramonti Majestic** ⤸, località Pezziè 103 ℘ 4201, Telex 440069, Fax 867019, ≤
conca di Cortina e Dolomiti, « Parco con ⬛ », 🛁, ≦s, **⅃**, ✳ – 🛗 **TV** **☎** **🚗** **P** – **🅰️** 280.
AE **⑤** **①** **E** **VISA**. ⋘ rist   2 km per ③
21 dicembre-13 aprile e 3 luglio-13 settembre – Pas (solo per clienti alloggiati) carta 85/
110000 – **106 cam** ⊆ 450/700000, 5 appartamenti – ½ P 270/520000.

🏨🏨 **De la Poste,** piazza Roma 14 ℰ 4271, Telex 440044, Fax 868435, ≼ Dolomiti – 🛗 📺 ☎ 🖛 🅿 🗚 ⦿ 🛂 🗚 **s** chiuso dal 10 ottobre al 19 dicembre – Pas carta 57/111000 – 😑 25000 – **80 cam** 340/440000, 3 appartamenti – ½ P 240/300000.

🏨🏨 **Splendid Hotel Venezia,** corso Italia 209 ℰ 3291, Telex 440817, Fax 868188, ≼ Dolomiti, ≋s – 🛗 📺 ☎ 🅿 🗚 🗚 ⦿ E VISA ⅋ Y **g** 20 dicembre-1° aprile e luglio-agosto – Pas 70/100000 – **92 cam** 😑 300/420000 – ½ P 180/360000.

🏨🏨 **Parc Hotel Victoria,** corso Italia 1 ℰ 3246, Fax 4734, ≼ Dolomiti, « Arredamento rustico elegante; piccolo parco ombreggiato » – 🛗 📺 ☎ 🅿 🗚 🗚 ⦿ E VISA ⅋ rist Z **y** 21 dicembre-7 aprile e 10 luglio-15 settembre – Pas carta 48/79000 – **40 cam** 😑 210/380000, 3 appartamenti – ½ P 100/340000.

🏨🏨 **Europa,** corso Italia 207 ℰ 3221, Telex 440043, Fax 868204, ≼ Dolomiti – 🛗 📺 ☎ 🅿 🗚 🗚 ⦿ E VISA ⅋ rist Y **g** chiuso da novembre al 10 dicembre – Pas 60/90000 – **50 cam** 😑 220/380000, appartamento – ½ P 250/280000.

🏨🏨 **Ancora,** corso Italia 62 ℰ 3261, Fax 3261, ≼, « Servizio rist. estivo in terrazza » – 🛗 📺 ☎ 🅿 🗚 🗚 ⦿ E VISA ⅋ rist Z 20 dicembre-Pasqua e luglio-15 settembre – Pas carta 57/82000 – **64 cam** 😑 270/400000 ½ P 125/310000.

🏨🏨 **Cortina,** corso Italia 92 ℰ 4221, Telex 328507, Fax 860760 – 🛗 ☎ 🗚 🗚 ⦿ E VISA ⅋ 18 dicembre-10 aprile e 15 giugno-20 settembre – Pas 50/95000 – **48 cam** 😑 230/400000 ½ P 125/310000. Z

🏨🏨 **Gd H. Savoia,** via Roma 62 ℰ 3201, Fax 2731, « Parco e terrazza solarium e ≼ Dolomiti », ⅋ – 🛗 📺 ☎ 🅿 – 🛠 50 a 300. 🗚 🗚 ⦿ E VISA ⅋ rist Z 20 dicembre-12 aprile e 15 luglio-12 settembre – Pas 60/80000 – 😑 30000 – **63 cam** 300/420000 – ½ P 210/360000.

🏨 **Franceschi,** via Cesare Battisti 86 ℰ 867041, Fax 2909, ≼ Dolomiti, « Parco », 🖪, ⅋ – 🛗 📺 ☎ 🅿 ⅋ 19 dicembre-15 aprile e 24 giugno-29 settembre – Pas 35/70000 – 😑 12000 – **49 cam** 180/310000, 3 appartamenti.

🏨 **Menardi,** via Majon 110 ℰ 2400, Fax 862183, ≼ Dolomiti, « Elegante arredamento; parco ombreggiato » – ☎ 🖛 🅿 🗚 E VISA ⅋ Y 20 dicembre-23 aprile e 19 giugno-20 settembre – Pas 32/50000 – **48 cam** 😑 160/300000 ½ P 95/180000.

🏨 **Corona,** via Val di Sotto 12 ℰ 3251, Fax 867339, ≼ Dolomiti – 🛗 ☎ ⅋ 🅿 🗚 E VISA ⅋ rist Y 20 dicembre-marzo e luglio-10 settembre – Pas carta 40/50000 – **44 cam** 😑 180/260000 ½ P 130/180000.

🏨 **Concordia Parc Hotel,** corso Italia 28 ℰ 4251, Telex 440066, Fax 868151, « Parco ombreggiato » – 🛗 ☎ 🖛 🅿 🗚 🗚 E VISA ⅋ Z 23 dicembre-21 marzo e 10 luglio-agosto – Pas 45/80000 – 😑 15000 – **58 cam** 180/300000 – ½ P 115/235000.

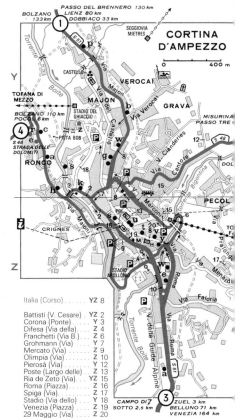

PASSO DEL BRENNERO 130 km
BOLZANO LIENZ 80 km
133 km DOBBIACO 33 km
SEGGIOVIA MIETRES

CORTINA D'AMPEZZO

0   400 m

VEROCAI
TOFANA DI MEZZO
MAJON
BOLZANO 110 km POCOL 6 km
STADIO DEL GHIACCIO
PISTA BOB
RONCO
STRADA DELLE DOLOMITI S 48
GRAVA
MISURINA PASSO TRE
Via Cianderies
Via Cantore
PECOL
CRIGNES
Via Marconi
STADIO APOLLONIO
Via Menardi
Faloria
Torrente Bigontina
Torrente Boite
Via delle Guide Alpine
Via Roma
CAMPO DI SOTTO 2.5 km
ZUEL 3 km
BELLUNO 71 km
VENEZIA 164 km

Italia (Corso) . . . . . YZ 8

Battisti (V. Cesare) . YZ 2
Corona (Ponte) . . . . Y 3
Difesa (Via della) . . . Z 4
Franchetti (Via B.) . . Z 6
Grohmann (Via) . . . . Y 7
Mercato (Via) . . . . . Z 9
Olimpia (Via) . . . . . Z 10
Pierosà (Via) . . . . . Y 12
Poste (Largo delle) . . Z 13
Ria de Zeto (Via) . . . YZ 15
Roma (Piazza) . . . . Z 16
Spiga (Via) . . . . . . Z 17
Stadio (Via dello) . . . Y 18
Venezia (Piazza) . . . Z 19
29 Maggio (Via) . . . . Z 20

Columbia senza rist, via Ronco 75 ℰ 3607, Fax 3607, ≤ Dolomiti, ☞ – 📺 ☎ ❷. 🅱 🗉 🚾. 🕏
dicembre-aprile e giugno-ottobre – ☲ 10000 – **20 cam** 100/150000.
Y c

Trieste, via Majon 28 ℰ 2245, Fax 868173, ≤ Dolomiti – 🛗 ☎ ❷. 🆎 🅱 ⓞ 🗉 🚾. 🕏
20 dicembre-marzo e luglio-20 settembre – Pas 40/60000 – ☲ 10000 – **28 cam** 160/220000 – ½ P 80/160000.
Y b

Nord Hotel, via La Verra 1 ℰ 4707, Fax 868164, ≤ Dolomiti e conca di Cortina – ☎ ❷. 🚾. 🕏 rist   2 km per ①
6 dicembre-10 aprile e 20 giugno-settembre – Pas 40/60000 – ☲ 30000 – **34 cam** 140/170000 – ½ P 110/145000.

Fanes, via Roma 136 ℰ 3427, Fax 5027, ≤ Dolomiti, ☞ – 📺 ☎ ❷. 🆎 🅱 ⓞ 🗉 🚾. 🕏
21 dicembre-marzo e 15 giugno-4 novembre – Pas carta 31/61000 (15%) – ☲ 25000 – **25 cam** 160/210000 – ½ P 120/170000.
Z a

Pontechiesa, via Marangoni 3 ℰ 2523, Fax 867343, ≤ Dolomiti, ☞ – 🛗 📺 ☎ & ❷. 🚾. 🕏
dicembre-13 aprile e 15 giugno-27 settembre – Pas carta 36/57000 – ☲ 10000 – **31 cam** 110/210000 – ½ P 100/165000.
Y s

Natale senza rist, corso Italia 229 ℰ 861210 – 🛗 📺 ☎ 🚐 ❷. 🅱 🚾. 🕏
dicembre-5 maggio e giugno-5 novembre – **14 cam** ☲ 154/200000, appartamento.
Y w

Panda senza rist, via Roma 64 ℰ 860344, ≤ Dolomiti – 📺 ☎ ❷. 🆎 🅱 ⓞ 🗉 🚾. 🕏
chiuso dal 5 maggio al 20 giugno e dal 2 novembre al 5 dicembre – ☲ 11000 – **18 cam** 120/170000.
Z e

Montana senza rist, corso Italia 94 ℰ 862126 – 🛗 ☎ ❷. 🆎 🅱 ⓞ 🗉 🚾
chiuso dal 20 maggio al 20 giugno e dal 10 novembre al 15 dicembre – **30 cam** ☲ 74/126000.
Z u

Villa Nevada senza rist, via Ronco 64 ℰ 4778, ≤ conca di Cortina e Dolomiti – ☎ ❷. 🕏
dicembre-20 aprile e 15 giugno-ottobre – ☲ 8000 – **11 cam** 95/144000.
Y a

El Toulà, via Ronco 123 ℰ 3339, ≤ conca di Cortina e Dolomiti, 🏠, prenotare, « Ambiente caratteristico ricavato in un vecchio fienile » – ❷. 🆎 ⓞ 🚾
20 dicembre-12 aprile e 15 luglio-15 settembre – Pas carta 57/93000 (15%).
Y r

❀ **Tivoli,** località Lacedel ℰ 866400, ≤ Dolomiti, Coperti limitati; prenotare, « Servizio estivo in terrazza » – ❷. 🆎 🅱 ⓞ 🗉 🚾   2 km per ④
6 dicembre-21 aprile e 15 luglio-28 settembre; chiuso lunedì – Pas carta 48/75000
Spec. Tartara di trota affumicata, Orecchioni di ricotta con dadini di zucca e burro noisette (inverno), Lucioperca al vapore di citronella (estate). **Vini** Prato di Canzio, Schioppettino.

Bellavista-il Meloncino, località Gillardon ℰ 861043, ≤ conca di Cortina e Dolomiti, Coperti limitati; prenotare, « Caratteristico chalet con servizio estivo in terrazza » – ❷. 🅱 🗉 🚾. 🕏   5 km per ④
giugno-novembre – Pas carta 48/68000.

Da Beppe Sello con cam, via Ronco 68 ℰ 3236, Fax 3237, ≤ Dolomiti – ☎ ❷. 🆎 🅱 ⓞ 🗉 🚾. 🕏 rist   Y e
chiuso dal 10 aprile al 15 maggio e dal 20 settembre al 31 ottobre – Pas *(chiuso martedì)* carta 46/66000 – ☲ 15000 – **10 cam** 110/150000 – ½ P 85/140000.

Tana della Volpe, via dello Stadio 27 a/b ℰ 867494, 🏠, prenotare – 🆎 🅱 ⓞ 🗉 🚾. 🕏
chiuso dal 15 giugno al 15 luglio e mercoledì (escluso dicembre, da febbraio a Pasqua ed agosto) – Pas carta 55/72000.
Y z

El Zoco, via Cademai 18 ℰ 860041, Coperti limitati; prenotare – ❷. 🚾. 🕏
28 ottobre-Pasqua e agosto-settembre; chiuso lunedì (escluso dal 1° all'8 gennaio, marzo ed agosto) – Pas carta 49/72000.   1,5 km per ①

Baita Fraina, località Fraina ℰ 3634, ≤ Dolomiti, « Servizio estivo in terrazza » – ❷. ⓞ. 🕏   2 km per ③
dicembre-aprile e luglio-settembre; chiuso lunedì escluso agosto – Pas carta 45/63000.

a Pocol per ④ : 6 km – alt. 1 530 – ✉ **32043** Cortina d'Ampezzo :

Sport Hotel Tofana, ℰ 3281, Fax 868074, ≤ Dolomiti, ☞, 🕏 – 🛗 ☎ ❷. 🆎 🅱 ⓞ 🗉 🚾. 🕏
20 dicembre-4 aprile e luglio-12 settembre – Pas carta 39/56000 – **83 cam** ☲ 170/210000 – ½ P 110/180000.

Villa Argentina, ℰ 5641, Fax 5641, ≤ Dolomiti, ☞ – 🛗 ☎ ❷. 🆎. 🕏 rist
20 dicembre-8 aprile e luglio-10 settembre – Pas carta 35/52000 – ☲ 15000 – **95 cam** 115/190000 – ½ P 157/177000.

Le Ottime Tavole

per voi abbiamo contraddistinto

alcuni alberghi (🏠 ... 🏰🏰) e ristoranti (X ... XXXXX) con ❀, ❀❀ o ❀❀❀.

CORTINA VECCHIA Piacenza – Vedere Alseno.

CORTONA 52044 Arezzo 988 ⑮, 430 M 17 – 22 642 ab. alt. 650 – ✪ 0575.

Vedere Museo Diocesano★★ **M1** – Museo dell'Accademia Etrusca★ nel palazzo Pretorio **M**
Tomba della Santa★ nel santuario di Santa Margherita – Chiesa di Santa Maria del Calcina
3 km per ②.

🟥 via Nazionale 72 ℰ 630352, Fax 630181.

Roma 200 ② – Arezzo 29 ② – Chianciano Terme 55 ② – ◆Firenze 117 ② – ◆Perugia 54 ② – Siena 70 ②.

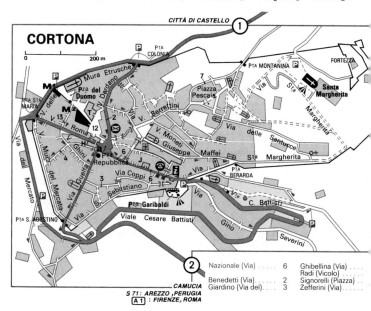

CORTONA		
Nazionale (Via) 6	Ghibellina (Via) . . . .
	Radi (Vicolo) . . . .
Benedetti (Via). 2	Signorelli (Piazza) . .
Giardino (Via del). . . . 3	Zefferini (Via). . . . .

CAMUCIA S 71: AREZZO , PERUGIA
[A 1] : FIRENZE , ROMA

🏨 **San Michele** senza rist, via Guelfa 15 ℰ 604348, Fax 630147, « In un palazzo cinquece
tesco » – 🛗 🗏 ☎, ΑΕ 🕃 ⓪ E 🎫. 🛠
chiuso dal 10 gennaio al 15 marzo – ☲ 8000 – **32 cam** 80/110000, 3 appartamenti.

a Centoia - località Capezzine SO : 15 km – ⊠ 52040 :

🏨 **Villa Elisio e Rist. Le Capezzine** 🕭, località Capezzine ℰ 613145, Fax 613167, 🎐,
– 🎫 🗏 rist
Pas *(chiuso lunedì escluso da aprile ad ottobre)* carta 30/60000 – ☲ 10000 – **11 ca**
60/95000 – ½ P 80000.

CORVARA IN BADIA 39033 Bolzano 988 ⑤, 429 C 17 – 1 233 ab. alt. 1 568 – Sport inverna
1 568/2 530 m ✔1 🚡27, ⚞ – ✪ 0471.

🟥 Municipio ℰ 836176, Telex 401555, Fax 836540.

Roma 704 – Belluno 85 – ◆Bolzano 65 – Brunico 37 – Cortina d'Ampezzo 47 – ◆Milano 364 – Trento 125.

🏨 **Sassongher** 🕭, a Pescosta ℰ 836085, Fax 836542, ≤ gruppo Sella e vallata, 🎗, 🛋,
– 🛗 🗏 rist 🎫 ☎ 🅿 – 🕭 90. 🕃 E 🎫. 🛠
20 dicembre-20 aprile e 20 giugno-settembre – Pas carta 45/60000 – **50 cam** ☲ 11
200000 – ½ P 130/210000.

🏨 **La Perla e Rist. La Stuä de Michil,** ℰ 836132, Fax 836568, ≤ Dolomiti, « Giardino c
🔥 riscaldata », 🛋, 🎗 – 🛗 🗏 rist 🎫 ☎ 🚗 🅿. 🕃 E 🎫. 🛠
3 dicembre-15 aprile e 20 giugno-settembre – Pas *(chiuso a mezzogiorno)* carta 44/68000
50 cam ☲ 210/380000, 6 appartamenti – ½ P 108/208000.

🏨 **Sport Hotel Panorama** 🕭, ℰ 836083, Fax 836449, ≤ gruppo Sella e vallata, 🎗, [
🛠 – 🛗 🗏 rist 🎫 ☎ 🅿. 🕃 E 🎫. 🛠
20 dicembre-20 aprile e luglio-22 settembre – Pas carta 35/50000 – ☲ 20000 – **32 ca**
134/264000 – ½ P 110/198000.

🏨 **Posta-Zirm,** ℰ 836175, Fax 836580, ≤ gruppo Sella, 🎗, 🔳 – 🛗 🗏 rist 🎫 ☎ 🅿. 🕃
🎫
chiuso dal 15 aprile a maggio e novembre – Pas carta 34/62000 – **71 cam** ☲ 150/28000
½ P 90/150000.

🏨 **Salvan,** ℰ 836015, Fax 836636, ≤ gruppo Sella e Sassongher, 𝗟𝗌, ≘s, �<, 🍴 – 🕪 𝖳𝖵 ☎
🅿 ⒶⒺ 🛅 ⅇ 𝒱𝐼𝑆𝐴.
3 dicembre-22 aprile e giugno-10 ottobre – 🍽 15000 – *32 appartamenti 65/130000.*

🏨 **Tablè** senza rist, ℰ 836144, Fax 836313, ≤ gruppo Sella, ≘s – 🕪 𝖳𝖵 ☎ 🅿. ⒶⒺ 🛅 ⅇ 𝒱𝐼𝑆𝐴.
�<
5 dicembre-12 aprile e 20 giugno-10 ottobre – 🍽 15000 – **27 cam** 150000.

🏨 **Col Alto,** ℰ 836009, Fax 836066, ≤ gruppo Sella, ≘s, 🔲 – 🕪 ☎ 🅿. 🌐
chiuso novembre – Pas carta 25/43000 – **62 cam** 🍽 85/150000, 12 appartamenti – ½ P 68/
135000.

🏨 **Villa Eden,** ℰ 836041, Fax 836489, ≤ gruppo Sella e Sassongher, ≘s – 🕪 𝖳𝖵 ☎ 🅿. 🛅 ⅇ
𝒱𝐼𝑆𝐴. �< rist
5 dicembre-20 aprile e 15 giugno-20 settembre – Pas (solo per clienti alloggiati) carta 28/
40000 – **33 cam** 🍽 90/160000 – ½ P 65/130000.

sulla strada statale 244 S : 2,5 km :

🏨 **Planac** 🔾, ⌧ 39033 ℰ 836210, Fax 836598, ≤ gruppo Sella, ≘s – 𝖳𝖵 ☎ 🅿. 🛅 ⅇ 𝒱𝐼𝑆𝐴.
�< rist
20 dicembre-10 aprile e giugno-10 ottobre – Pas carta 33/63000 – **39 cam** 🍽 97/154000 –
½ P 66/143000.

a Colfosco (Kolfuschg) O : 3 km – alt. 1 645 – ⌧ **39030.**

🮂 ℰ 836145 :

🏨 **Cappella,** ℰ 836183, Fax 836561, ≤ gruppo Sella e vallata, « Mostra d'arte permanente,
giardino », 𝗟𝗌, ≘s, 🔲, 🍴 – 🕪 🖥 rist 𝖳𝖵 ☎ 🔾 ⟺ 🅿. 🛅 ⅇ 𝒱𝐼𝑆𝐴. �<
19 dicembre-14 aprile e 19 giugno-26 settembre – Pas *(chiuso lunedì)* carta 42/70000 –
🍽 20000 – **40 cam** 130/220000, 4 appartamenti – ½ P 100/195000.

🏨 **Colfosco-Kolfuscherhof** 🔾, verso Passo Gardena O : 2 km ℰ 836188, Fax 836351, ≤
gruppo Sella, 𝗟𝗌, ≘s, 🔲, 🌫 – 🕪 🖥 rist 𝖳𝖵 ☎ 🅿. 🛅 ⅇ 𝒱𝐼𝑆𝐴. �< cam
15 dicembre-Pasqua e 15 giugno-15 ottobre – Pas carta 40/55000 – 🍽 25000 – **32 cam**
110/170000, 3 appartamenti – ½ P 90/170000.

Vedere anche : *Campolongo (Passo di)* S : 6,5 km.

DSENZA 87100 ℙ 🯊🯊🯊 ⊛, 🮕🮕🮕 J 30 – 104 483 ab. alt. 237 – ✪ 0984.

dere Tomba d'Isabella d'Aragona★ nel Duomo Z.

viale Trieste 50 ℰ 27821.

🇨🇮 *via* Tocci 2/a ℰ 74381.

na 519 ⑤ – ♦Napoli 313 ⑤ – ♦Reggio di Calabria 190 ⑤ – ♦Taranto 205 ⑤.

Pianta pagina seguente

🏨 **Royal,** via Molinella 24/c ℰ 412165, Fax 412461 – 🖥 𝖳𝖵 ☎ ⅋ 🅿 – 🔏 25. ⒶⒺ 🛅 ⅇ 𝒱𝐼𝑆𝐴. �< Y **a**
Pas carta 30/44000 – **44 cam** 🍽 115/145000 – ½ P 90/110000.

🏨 **Centrale,** via del Tigrai 3 ℰ 73681, Telex 912599, Fax 75750 – 🕪 🖥 𝖳𝖵 ☎ ⟺ 🅿 Y **s**
48 cam.

🍴 **La Calavrisella,** via Gerolamo De Rada 11/a ℰ 28012 – 🖥 Y **t**

🍴 **Da Giocondo,** via Piave 53 ℰ 29810 – 🖥. ⒶⒺ. �< Y **n**
chiuso domenica ed agosto – Pas carta 31/50000.

in prossimità uscita nord autostrada A 3 o sulla strada statale 19 per ① :

🏩 **Executive,** via Marconi 59 ℰ 401010, Fax 402020, 🏊, 🌫, ⚓ – 🖥 𝖳𝖵 ☎ 🚗 🅿 – 🔏 300.
ⒶⒺ 🛅 ⓪ ⅇ 𝒱𝐼𝑆𝐴. �< rist
Pas carta 60/80000 – **98 cam** 🍽 220000, 2 appartamenti – ½ P 150/190000.

🏩 **Europa,** contrada Roges-via J. F. Kennedy ⌧ 87030 Roges ℰ 465064, Telex 800075,
Fax 465070, 🏊 – 🕪 🖥 𝖳𝖵 ☎ 🅿 – 🔏 120.
79 cam.

🏩 **San Francesco,** contrada Commenda ⌧ 87036 Rende ℰ 461721, Telex 800048,
Fax 464520 – 🕪 🖥 𝖳𝖵 ☎ 🅿 – 🔏 500. ⒶⒺ 🛅 ⓪ ⅇ 𝒱𝐼𝑆𝐴. �< rist
Pas carta 34/47000 – **144 cam** 🍽 98/145000, 2 appartamenti – ½ P 115/125000.

🏨 **Domus Residence,** via Bernini 4 ⌧ 87030 Castiglione Cosentino Scalo ℰ 839652,
Fax 839967 – 🕪 🖳 rist 🖥 𝖳𝖵 ☎ ⅋ ⟺ 🅿 – 🔏 50. ⒶⒺ 𝒱𝐼𝑆𝐴. �<
Pas *(chiuso domenica)* carta 29/42000 – 🍽 6000 – **74 cam** 75/110000 – ½ P 90/105000.

🏨 **MotelAgip,** bivio strada statale 107 ⌧ 87030 Castiglione Cosentino Scalo ℰ 839101,
Telex 912553, Fax 837522 – 🕪 🖥 𝖳𝖵 ☎ 🅿 – 🔏 50. ⒶⒺ 🛅 ⓪ ⅇ 𝒱𝐼𝑆𝐴. �< rist
Pas 34000 – **65 cam** 🍽 100/155000 – ½ P 120/134000.

🏨 **Sant'Agostino** senza rist, contrada Roges, via Modigliani 49 ⌧ 87036 Rende ℰ 461782,
Fax 461782 – 🖥 𝖳𝖵 ☎ 🅿. 🛅 ⅇ 𝒱𝐼𝑆𝐴. �<
24 cam 🍽 75/105000.

🍴 **Il Setaccio-Osteria del Tempo Antico,** contrada Santa Rosa 62 ⌧ 87036 Rende
ℰ 837211 – 🖥 🅿. 🛅 ⅇ 𝒱𝐼𝑆𝐴
chiuso domenica ed agosto – Pas carta 26/43000.

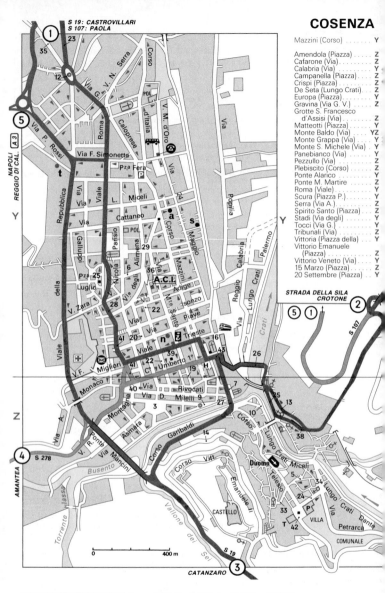

COSENZA

Mazzini (Corso) . . . . Y

Amendola (Piazza) . . . . . Z
Cafarone (Via) . . . . Z
Calabria (Via) . . . . Y
Campanella (Piazza) . . . . Z
Crispi (Piazza) . . . . Z
De Seta (Lungo Crati) . . . Z
Europa (Piazza) . . . . Y
Gravina (Via G. V.) . . . . . Z
Grotte S. Francesco
    d'Assisi (Via) . . . . Z
Matteotti (Piazza) . . . . . . Y
Monte Baldo (Via) . . . . . YZ
Monte Grappa (Via) . . . . Y
Monte S. Michele (Via) . . Y
Panebianco (Via) . . . . . . Y
Pezzullo (Via) . . . . Y
Plebiscito (Corso) . . . . . Y
Ponte Alarico . . . . Y
Ponte M. Martire . . . . . . Z
Roma (Viale) . . . . Y
Scura (Piazza P.) . . . . . . Y
Serra (Via A.) . . . . Z
Spirito Santo (Piazza) . . . Z
Stadi (Via degli) . . . . Y
Tocci (Via G.) . . . . Y
Tribunali (Via) . . . . Z
Vittoria (Piazza della) . . . Y
Vittorio Emanuele
    (Piazza) . . . . Z
Vittorio Veneto (Via) . . . . Z
15 Marzo (Piazza) . . . . . Z
20 Settembre (Piazza) . . . Y

COSSANO BELBO 12054 Cuneo 四四回 16 – 1 159 ab. alt. 244 – ✆ 0141.

Roma 614 – Alessandria 52 – Asti 31 – Cuneo 89 – ♦Genova 114 – ♦Milano 142 – ♦Torino 86.

✗   **Della Posta-da Camulin,** ✆ 88126
     chiuso domenica sera, lunedì e dal 15 luglio al 13 agosto – Pas carta 28/46000.

COSSATO 13014 Vercelli 回回回 ②, 四四回 F 6 – 15 420 ab. alt. 253 – ✆ 015.

Roma 668 – Biella 11 – ♦Milano 94 – ♦Torino 82 – Vercelli 43.

✗✗ **Tina** con cam, via Matteotti 21 ✆ 93403 – 🅱 🄴 𝘝𝘐𝘚𝘈
     Pas *(chiuso sabato e dal 30 luglio al 20 agosto)* carta 35/58000 – ⬓ 10000 – **10 ca**
     52/75000 – ½ P 65000.

OSTA Trento – Vedere Folgaria.

OSTABISSARA 36030 Vicenza – 4 923 ab. alt. 51 – ۞ 0444.
۰a 546 – ♦Milano 209 – ♦Padova 45 – ♦Venezia 78 – Vicenza 7.

※ **Da Lovise,** ℰ 971026, 🏡 – ❺
  chiuso lunedì e dal 2 al 21 agosto – Pas carta 29/41000.

OSTA DORATA Sassari 🔢 E 10 – Vedere Sardegna (Porto San Paolo).

OSTALOVARA (WOLFSGRUBEN) Bolzano – Vedere Renon.

OSTALUNGA (Passo di) (KARERPASS) Trento 🔢 ④ ⑤, 🔢 C 16 – alt. 1 753 – a.s. febbraio-
qua e Natale – Sport invernali : 1 753/2 043 m ≸3, ≸ (vedere anche Nova Levante).
dere ≤★ sul Catinaccio – Lago di Carezza★★★ O : 2 km.
۰a 674 – ♦Bolzano 29 – Cortina d'Ampezzo 81 – ♦Milano 332 – Trento 93.

🏠 **Savoy,** ✉ 38039 Vigo di Fassa ℰ (0471) 61214, Fax (0471) 612132, ≤ Dolomiti e pinete,
  🕿, 🔲 – 🛏 🕿 🖚 ❺. 🕃 E 𝘝𝘐𝘚𝘈. ❄ rist
  21 dicembre-15 aprile e 15 giugno-15 ottobre – Pas carta 28/50000 – **32 cam** ⌑ 75/140000
  – ½ P 65/95000.

OSTA PARADISO Sassari 🔢 D 8 – Vedere Sardegna (Trinità d'Agultu).

OSTA REI Cagliari 🔢 J 10 – Vedere Sardegna (Muravera).

OSTA ROTIAN Trento – Vedere Folgarida.

OSTA SMERALDA Sassari 🔢 ㉓ ㉔, 🔢 D 10 – Vedere Sardegna (Arzachena).

OSTA VOLPINO 24062 Bergamo 🔢 🔢 E 12 – 8 425 ab. alt. 251 – a.s. luglio-agosto –
035.
۰a 608 – ♦Bergamo 43 – ♦Brescia 49 – ♦Milano 88 – Sondrio 102.

※ **Franini** con cam, ℰ 971017, Fax 970311 – 📺 🕿 ❺. 🕮 🕃 ⓞ E 𝘝𝘐𝘚𝘈. ❄ cam
  Pas *(chiuso mercoledì)* carta 45/64000 – ⌑ 9000 – **14 cam** 60/90000 – ½ P 95000.

OSTERMANO 37010 Verona 🔢 🔢 F 14 – 2 369 ab. alt. 254 – ۞ 045.
e 🌳 Cà degli Ulivi (chiuso lunedì) a Marciaga-Castion di Costermano ✉ 37010 ℰ 7256463,
× 7256876.
۰a 531 – ♦ Brescia 68 – Mantova 69 – Trento 78.

🏠 **Poiano** ❁, S : 1,5 km ℰ 7200100, Fax 7200900, ≤ lago, « In collina tra il verde », 𝘭ₛ,
  🕿, 🔲, ❄ – 🛏 🛏 📺 🕿 ❺. 🕮 🕃 ⓞ E 𝘝𝘐𝘚𝘈. ❄
  aprile-16 ottobre – Pas (prenotare) carta 32/54000 – **91 cam** ⌑ 232000 – ½ P 91/126000.

OSTIERA AMALFITANA Napoli e Salerno 🔢 ㉗ ㉘, 🔢 F 25 – Vedere Guida Verde.

OSTIGLIOLE D'ASTI 14055 Asti 🔢 ⑫, 🔢 H 6 – 5 960 ab. alt. 242 – ۞ 0141.
۰a 629 – Acqui Terme 34 – Alessandria 51 – Asti 15 – ♦Genova 108 – ♦Milano 141 – ♦Torino 70.

※※ ۞۞ **Guido,** piazza Umberto I n° 27 ℰ 966012, Fax 966012, solo su prenotazione – 🕃 E
  𝘝𝘐𝘚𝘈
  *chiuso a mezzogiorno, domenica, i giorni festivi, dal 23 dicembre al 10 gennaio e dal 1° al
  20 agosto* – Pas 100/120000
  Spec. Agnolotti di Costigliole, Stracotto di bue al vino rosso (inverno). Capretto di Roccaverano al forno con olio e
  acciughe (primavera). **Vini** Arneis, Barolo.

※ **Collavini** via Asti-Nizza 84 ℰ 966440, prenotare – 🕮 🕃 ⓞ E 𝘝𝘐𝘚𝘈. ❄
  chiuso martedì sera, mercoledì, dal 6 al 30 gennaio e dal 20 luglio al 30 agosto – Pas
  carta 31/59000.

OSTOZZA Vicenza – Vedere Longare.

OTIGNOLA 48010 Ravenna 🔢 🔢 I 17 – 7 001 ab. alt. 19 – ۞ 0545.
۰a 396 – ♦Bologna 53 – Forlì 28 – ♦Ravenna 25.

※ **Da Giovanni** con cam, ℰ 40138, Fax 40138 – 📺 🕿. 🕮 🕃 E 𝘝𝘐𝘚𝘈. ❄
  Pas *(chiuso sabato, dal 26 dicembre al 3 gennaio e dal 10 al 25 agosto)* carta 35/50000 –
  ⌑ 10000 – **10 cam** 55/85000 – ½ P 65/75000.

  a Barbiano O : 4,5 km – ✉ 48010 :

🏠 **Villa Bolis** senza rist, ℰ 78347, Fax 78859, ☞ – 🛏 📺 🕿 ❺ – 🔬 25. 🕮 🕃 E 𝘝𝘐𝘚𝘈. ❄
  ⌑ 15000 – **14 cam** 75/140000.

Les cartes Michelin sont constamment tenues à jour.

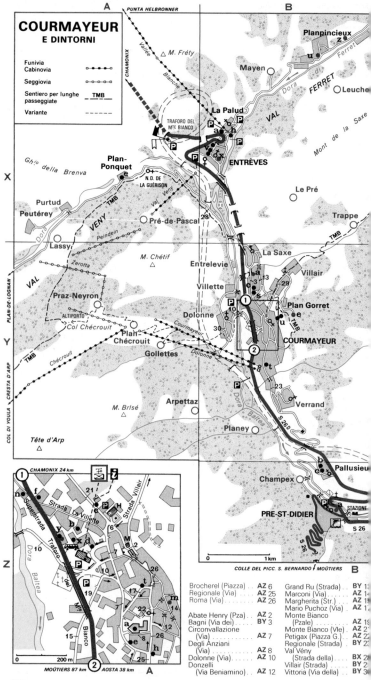

COURMAYEUR
E DINTORNI

Funivia Cabinovia	•—•—•—•
Seggiovia	o—o—o—o
Sentiero per lunghe passeggiate	**TMB**
Variante	- - - -

PUNTA HELBRONNER

Vallée Blanche

CHAMONIX

△ M. Fréty

Mayen

Planpincieux

VAL FERRET

Dora di Ferret

Leuche

TRAFORO DEL MTE BIANCO

La Palud

ENTRÈVES

Mont de la Saxe

Plan-Ponquet

N. D. DE LA GUÉRISON

Ghⁱº della Brenva

Le Pré

Trappe

Purtud

Peutérey

VENY

TMB

Val Veny

Pré-de-Pascal

La Saxe

Villair

Lassy

Zerotta

M. Chétif △

Entrelevie

Villette

Peindein

VAL VENY

PLAN-DE-LOGNAN

Praz-Neyron

ALTIPORTO

Col Chécrouit

Courmayeur

Dolonne

Plan Gorret

COURMAYEUR

Plan-Chécrouit

Gollettes

Dolonne

Chécrouit

TMB

CRESTA D'ARP

COL DI YOULA

M. Brisé △

Arpettaz

Verrand

Dora

Baltea

S 26 D

Tête d'Arp △

Planey

Pallusieu

Champex

PRÉ-ST-DIDIER

STAZIONE

S 26

0 — 1 km

COLLE DEL PICC. S. BERNARDO / MOÛTIERS

CHAMONIX 24 km

Strada La Villette

Strada Villair

Superstrada

Traforo

Dora

Baltea

Bianco

0 — 200 m

MOÛTIERS 87 km   AOSTA 38 km

Brocherel (Piazza) . . **AZ** 6
Regionale (Via) . . . . . **AZ** 25
Roma (Via). . . . . **AZ** 26

Abate Henry (Pza) . . **AZ** 2
Bagni (Via dei) . . . . . **BY** 3
Circonvallazione
(Via) . . . . **AZ** 7
Degli Anziani
(Via) . . . . **AZ** 8
Dolonne (Via). . . . . . **AZ** 10
Donzelli
(Via Beniamino) . . **AZ** 12

Grand Ru (Strada) . . **BY** 13
Marconi (Via). . . . . . **AZ** 14
Margherita (Str.) . . . **AZ** 1
Mario Puchoz (Via) . . **AZ** 1
Monte Bianco
(Pzale) . . . . **AZ** 19
Monte Bianco (Vle) . . **AZ** 2
Petigax (Piazza G.) . . **AZ** 22
Regionale (Strada) . . **BY** 2
Val Vény
(Strada della) . . . **BX** 2
Villair (Strada) . . . . . **BY** 2
Vittoria (Via della) . . **BY** 30

204

COURMAYEUR 11013 Aosta 988 ①, 428 E 2 – 2 936 ab. alt. 1 228 – a.s. febbraio-Pasqua, 15 .o-agosto e Natale – Sport invernali : 1 224/2 755 m 6 18; anche sci estivo : 1 370/ 2 m 3,   – 0165.

lere Località★★.

ursioni Valle d'Aosta★★ : ★★★ per ②.

uglio-settembre) in Val Ferret ⊠ 11013 89103, NE : 4 km BX.

azzale Monte Bianco 842060, Telex 215871, Fax 842072.

a 784 ② – Aosta 38 ② – Chamonix 24 ① – Colle del Gran San Bernardo 70 ② – ♦Milano 222 ② – Colle del olo San Bernardo 28 ②.

Pianta pagina precedente

Pavillon, strada Regionale 62 846120, Telex 210541, Fax 846122, monti, , ,   – ☎ – ⚙ 50 a 250. Ⅻ 🕅 ⓪ Ε 𝓥𝓘𝓢𝓐. ⅍ rist BY **t**
3 dicembre-2 maggio e 20 giugno-5 ottobre – Pas 55000 ed al Rist. **Grill Le Bistroquet** *(chiuso a mezzogiorno da ottobre a marzo e lunedì)* carta 55/70000 – 20000 – **50 cam** 210/350000, 8 appartamenti – ½ P 200/250000.

Royal e Golf, via Roma 83 846787, Telex 214312, Fax 842093, monti e ghiacciai, , riscaldata, – ☎ 🕅 ☎ & ⇦ ⓿ – ⚙ 25 a 70. Ⅻ 🕅 ⓪ Ε 𝓥𝓘𝓢𝓐. ⅍ rist
21 dicembre-18 aprile e 2 luglio-12 settembre – Pas 80000 – **87 cam** 400/510000, 4 appartamenti – ½ P 180/270000. AZ **a**

Perrier Mont Blanc, superstrada Traforo del Monte Bianco 846555, Telex 211085, Fax 846633, monti e vallata, ☎ 🕅 & ⓿. Ⅻ 🕅 ⓪ Ε 𝓥𝓘𝓢𝓐
4 dicembre-23 maggio e 4 luglio-24 ottobre – Pas vedere rist Le Relais – **40 cam** 200/ 230000 – ½ P 110/160000. AZ **y**

Palace Bron ⊛, a Plan Gorret E : 2 km 846742, Fax 844015, Dente del Gigante e vallata, « Posizione panoramica in pineta », – ☎ ⓿. Ⅻ 🕅 ⓪ Ε 𝓥𝓘𝓢𝓐. ⅍
4 dicembre-25 aprile e 2 luglio-19 settembre – Pas *(chiuso lunedì)* 50/75000 – 20000 – **26 cam** 160/290000, appartamento – ½ P 125/240000. BY **u**

Bouton d'Or senza rist, superstrada Traforo del Monte Bianco 846729, Fax 842152, monti e vallata, , – ☎ ⇦ ⓿. Ⅻ 🕅 ⓪ Ε 𝓥𝓘𝓢𝓐 AZ **x**
chiuso dal 3 maggio al 18 giugno e da novembre al 4 dicembre – 15000 – **35 cam** 90/110000.

Del Viale, viale Monte Bianco 74 846712, Telex 214509, Fax 844513, monti, – ☎ ⇦ ⓿. Ⅻ 🕅 ⓪ Ε 𝓥𝓘𝓢𝓐. ⅍ rist BY **c**
chiuso dal 2 maggio al 4 giugno e dal 24 ottobre al 2 dicembre – Pas carta 38/54000 – 15000 – **23 cam** 160/220000 – P 100/190000.

Courmayeur, via Roma 158 846732, Fax 845125 – ☎ ⓿. 🕅 ⓪ Ε 𝓥𝓘𝓢𝓐. ⅍ rist
chiuso ottobre e novembre – Pas *(chiuso lunedì)* 37/42000 – 10000 – **26 cam** 80/140000 – ½ P 80/145000. AZ **h**

Cresta et Duc, via Circonvallazione 7 842585, Telex 211060, Fax 842591, monti – ☎ ⓿. Ⅻ 🕅 ⓪ Ε 𝓥𝓘𝓢𝓐. ⅍ rist AZ **e**
18 dicembre-21 aprile e 24 giugno-9 settembre – Pas 40/50000 – 18000 – **39 cam** 60/160000 – ½ P 65/165000.

Crampon senza rist, strada la Villette 8 842385, Fax 842385, monti e vallata, – ☎ ⓿. 🕅 Ε 𝓥𝓘𝓢𝓐. ⅍ AZ **b**
20 dicembre-aprile e luglio-15 settembre – 12000 – **24 cam** 70/100000.

Centrale, via Mario Puchoz 7 846644, Fax 846403, , – ☎ ⇦ ⓿. Ⅻ ⓪ Ε 𝓥𝓘𝓢𝓐. ⅍ rist AZ **t**
dicembre-Pasqua e 20 giugno-15 settembre – Pas *(solo per clienti alloggiati)* – 16000 – **34 cam** 99/125000 – P 120/160000.

Chetif, strada la Villette 843503, Fax 846345, monti – ☎ ⓿. Ⅻ 🕅 ⓪ Ε 𝓥𝓘𝓢𝓐. ⅍ rist AZ **f**
dicembre-aprile e giugno-settembre – Pas 40/45000 – 15000 – **18 cam** 100000 – ½ P 85/130000.

Croux senza rist, via Circonvallazione 94 846735, Fax 845180, monti, – ☎ ⓿. Ⅻ 🕅 ⓪ Ε 𝓥𝓘𝓢𝓐. ⅍ AZ **d**
20 dicembre-15 aprile e 24 giugno-24 settembre – 15000 – **30 cam** 70/100000.

Lo Scoiattolo, viale Monte Bianco 48 846721, Fax 846721 – ☎ ⓿ AZ **c**
24 cam.

Svizzero e Rist. Le Talus, superstrada Traforo del Monte Bianco 842035 e rist 842920, monti, – ☎ ⓿. Ⅻ 🕅 ⓪ Ε 𝓥𝓘𝓢𝓐. ⅍ rist AZ **n**
6 dicembre-2 maggio e luglio-settembre – Pas *(chiuso lunedì)* 37/60000 – 10000 – **27 cam** 58/82000 – ½ P 69/75000.

Panei-Fiocco di Neve senza rist, viale Monte Bianco 64 842358, monti, – ☎ ⓿. 🕅 ⓪ Ε 𝓥𝓘𝓢𝓐. ⅍
21 dicembre-2 maggio e 27 giugno-settembre – 13000 – **12 cam** 130000. BY **s**

Le Relais, superstrada Traforo del Monte Bianco 846777, Telex 211085 – ⓿. 🕅 ⓪ Ε 𝓥𝓘𝓢𝓐. ⅍ AZ **y**
chiuso martedì e mercoledì a mezzogiorno – Pas carta 34/76000.

XX **Pierre Alexis 1877,** via Marconi 54 *&* 843517 – **❷**. _VISA_
AZ
chiuso ottobre, novembre, lunedì (escluso agosto) e da dicembre a marzo anche martedì
mezzogiorno – Pas carta 33/66000.

XX **Al Camin,** via dei Bagni 32 *&* 841497 – **❷**. AE **§** ⓘ E _VISA_. ✾
BY
chiuso dal 6 novembre al 1° dicembre e martedì in bassa stagione – Pas carta 32/57000

XX **Chalet Plan Gorret** ⑤ con cam, a Plan Gorret 45 *&* 844832, Fax 844842, ≤ – 🔟 ☎
§ E _VISA_. ✾ rist
BY
chiuso dal 5 maggio a giugno e da novembre al 20 dicembre – Pas _(chiuso martedì)_
carta 36/66000 – **6 cam** ☲ 144000 – ½ P 138/148000.

X Baita Ermitage, a Plan Gorret E : 3 km *&* 844351 – **❷** – _stagionale._
BY

ad Entrèves N : 4 km – alt. 1 306 – ✉ **11013** Courmayeur :

🏨 **Pilier d'Angle,** *&* 89525, Fax 89329, ≤ Monte Bianco, 🌳 – 🔟 ☎ 🚗 **❷**. **§** E _VISA_
chiuso maggio, ottobre e novembre – Pas carta 35/50000 – ☲ 16000 – **23 cam** 70/12000
3 appartamenti – ½ P 85/140000.
BX

🏨 **La Grange** senza rist, *&* 89274, Fax 89316, ᵣₛ, 🛋 – ⫼ 🔟 ☎ **❷**. AE **§** ⓘ E _VISA_. ✾
dicembre-aprile e luglio-settembre – ☲ 15000 – **21 cam** 100000.
BX

🏨 **La Brenva,** *&* 89285, Fax 89301, ≤ – 🔟 ☎ **❷**. **§** E _VISA_. ✾
ABX
chiuso da maggio al 15 giugno – Pas _(chiuso lunedì)_ carta 51/80000 – ☲ 15000 – **14 cam**
140000 – ½ P 95/130000.

X **Maison de Filippo,** *&* 89968, 🌿, « Caratteristica locanda valdostana » – **❷**. _VISA_
BX
chiuso martedì, da giugno al 15 luglio e novembre – Pas 50000.

in Val Ferret :

🏨 **Astoria,** a La Palud N : 5 km alt. 1 360 ✉ 11013 *&* 89521, Fax 89233, ≤ – ⫼ ☎ **❷**. **§**
VISA. ✾
BX
15 dicembre-aprile e luglio-20 settembre – Pas _(chiuso giovedì)_ carta 39/61000 – ☲ 15000
– **30 cam** 55/80000 – ½ P 80/90000.

🏨 **Vallée Blanche** senza rist, a La Palud N : 5 km alt. 1 360 ✉ 11013 *&* 89933, ≤ – ⫼
🚗 **❷**
BX
chiuso dal 15 maggio al 15 giugno e dal 15 ottobre a novembre – ☲ 7000 – **23 cam**
45/76000.

XX **La Clotze,** a Planpincieux N : 7 km alt. 1 600 ✉ 11013 *&* 89928, 🌳, ✾ – **❷**. ✾
chiuso mercoledì, dal 10 giugno al 5 luglio e dal 5 novembre al 5 dicembre –
carta 35/57000.
BX

X Chalet Proment, a Planpincieux N : 8 km alt. 1 600 ✉ 11013 *&* 89947 – **❷**
BX
stagionale.

X Chalet Mont Dolent, a Lavachey N : 11 km alt. 1 642 ✉ 11013 *&* 89997, 🌿
BX
stagionale.

in Val Veny :

🏨 **Val Veny** ⑤, a Plan-Ponquet NO : 4 km alt. 1 480 ✉ 11013 *&* 89904, ≤, 🌳 – **❷**
luglio-agosto – Pas carta 34/41000 – ☲ 8000 – **19 cam** 37/72000 – ½ P 62/72000. AX

X **Chalet del Miage,** a Plan-de-Lognan NO : 12 km alt. 1 689 ✉ 11013, ≤, 🌳 – **❷**. ≤
luglio-settembre; chiuso la sera – Pas 36/40000.
AY

CREAZZO 36051 Vicenza ⁴²⁹ F 16 – 9 951 ab. alt. 112 – ✿ 0444.

Roma 541 – ◆Milano 203 – ◆Padova 40 – ◆Venezia 73 – Vicenza 6,5.

XX **Alla Rivella,** N : 1,5 km *&* 520794, 🌿 – **❷**. _VISA_. ✾
chiuso martedì sera, mercoledì e dal 6 al 18 agosto – Pas carta 26/42000.

CREMA 26013 Cremona ⑨⁸⁸ ③, ⁴²⁸ F 11 – 33 428 ab. alt. 79 – ✿ 0373.

Roma 546 – ◆Bergamo 40 – ◆Brescia 51 – Cremona 38 – ◆Milano 44 – Pavia 52 – Piacenza 38.

🏨 **Park Hotel Residence e Rist. Openhouse,** via IV Novembre
& 86353 e rist. *&* 82341, Fax 85082 – ⫼ ▤ 🔟 ☎ 🚗 **❷**. AE **§** ⓘ E _VISA_. ✾ cam
chiuso dall'8 al 23 agosto – Pas _(chiuso venerdì)_ carta 50/70000 – **20 cam** ☲ 160000.

🏨 **Palace Hotel** senza rist, via Cresmiero 10 *&* 81487, Fax 86876 – ⫼ ▤ 🔟 ☎ 🚗. AE
ⓘ E _VISA_
chiuso agosto – ☲ 12000 – **46 cam** 90/140000.

XX **In Contrada Serio,** via Mazzini 80 *&* 83814 – _VISA_
chiuso domenica sera, lunedì, dal 28 dicembre all'8 gennaio e dal 25 luglio al 15 agosto –
Pas carta 45/65000.

XX Guada'l Canal, località Santo Stefano NO : 2,5 km *&* 200133, Trattoria rustica in
vecchio cascinale, Coperti limitati; prenotare – **❷**

Vedere anche : **Offanengo** NE : 5 km.

EMENO 22040 Como 🔢 E 10, 🔢 ⑩ – 857 ab. alt. 797 – Sport invernali : a Piani di
avaggio : 1 649/2 000 m 🎿1 🎿7, 🎿 (vedere anche a Barzio, Piani di Bobbio) – ✪ .0341.

ⓐ 635 – ◆Bergamo 47 – Como 43 – Lecco 14 – ◆Milano 70 – Sondrio 83.

🍴 Al Clubino, con cam, ✆ 996145, Fax 910197, 🦌 – 🕿 🅿
21 cam.

a Maggio SO : 2 km – ⊠ **22040** :

ⓐ **Maggio,** ✆ 996440, 🔺, 🦌 – 🅿. 🕸
Pas *(chiuso martedì)* carta 32/50000 – � 6000 – **21 cam** 35/70000 – ½ P 55/65000.

EMNAGO 22040 Como 🔢 ⑲ – alt. 335 – ✪ 031.

ⓐ 605 – ◆Bergamo 44 – Como 17 – Lecco 23 – ◆Milano 37.

🍴 **Letizia,** ✆ 698207, « Servizio estivo in giardino » – 🅿. 🅱. 🕸
chiuso martedì – Pas carta 35/60000.

🍴 **Vignetta,** ✆ 698212, 🍴 – 🅿. 🕸
chiuso martedì e dal 1° al 25 agosto – Pas carta 41/64000.

EMOLINO 15010 Alessandria 🔢 I 7 – 831 ab. alt. 405 – ✪ 0143.

ⓐ 559 – Alessandria 50 – ◆Genova 61 – ◆Milano 124 – Savona 71 – ◆Torino 135.

🍴 **Bel Soggiorno,** ✆ 879012 – 🅿. 🆎 🅱 ⓞ 🅴 🆅🆂🅰. 🕸
chiuso mercoledì, dal 10 al 30 gennaio e dal 20 al 30 luglio – Pas carta 38/69000.

Wenn Sie ein ruhiges Hotel suchen,

benutzen Sie zuerst die Karte in der Einleitung

oder wählen Sie im Text ein Hotel mit dem Zeichen 🦢 *oder* 🦢.

EMONA 26100 🅿 🔢 ⑬ ⑭, 🔢🔢 G 12 – 75 160 ab. alt. 45 – ✪ 0372.

dere Piazza del Comune★★ BZ : campanile del Torrazzo★★★, Duomo★★, Battistero★ BZ L –
azzo Fodri★ BZ D – Museo Civico★ ABY M – Ritratti★ e ancona★ nella chiesa di Sant'Agosti-
AZ B – Interno★ della chiesa di San Sigismondo 2 km per ③.

piazza del Comune 5 ✆ 23233, Fax 21722.

C.I. via 20 Settembre 19 ✆ 29601.

ⓐ 517 ④ – ◆Bergamo 98 ② – ◆Brescia 52 ② – ◆Genova 180 ④ – Mantova 66 ② – ◆Milano 95 ④ – Pavia 86 ④
iacenza 34 ④.

Pianta pagina seguente

🏨 **Continental,** piazza della Libertà 26 ✆ 434141, Telex 325353, Fax 434141 – 📶 🍴 cam 📺
🕿 🚗 🅿 – 🔂 200. 🆎 🅱 ⓞ 🅴 🆅🆂🅰   BY **x**
Pas carta 36/68000 – **57 cam** � 160000 – ½ P 155000.

🏨 **Duomo,** via Gonfalonieri 13 ✆ 35242 e rist ✆ 35296, Fax 458392 – 📶 📺 🕿. 🆎 🅱 ⓞ 🅴
🆅🆂🅰   BZ **y**
Pas carta 29/45000 – � 10000 – **23 cam** 65/95000 – ½ P 95000.

🏨 **Astoria** senza rist, via Bordigallo 19 ✆ 461616, Fax 461810 – 📶 🖾. 🅱 ⓞ 🅴 🆅🆂🅰
� 8500 – **32 cam** 65/90000.   BZ **v**

🍴🍴 ✿ **Ceresole,** via Ceresole 4 ✆ 23322, Coperti limitati; prenotare – 🍴. 🅱 ⓞ 🅴 🆅🆂🅰. 🕸
chiuso domenica sera, lunedì, dal 30 dicembre al 6 al 28 agosto – Pas carta 59/88000
Spec. Cotechino fagioli e salsa di noci, Marubini ai tre brodi, Germano ripieno ai marroni (autunno-inverno). **Vini**
Lugana, Franciacorta rosso.   BZ **u**

🍴🍴 ✿ **Aquila Nera,** via Sicardo 3 ✆ 25646, Coperti limitati; prenotare – 🍴 40. 🆎 🅱 ⓞ 🅴
🆅🆂🅰 🍴   BZ **y**
chiuso domenica sera, lunedì e dal 28 luglio al 26 agosto – Pas carta 60/75000
Spec. Spiedino di storione alla senape dolce, Ravioli d'anitra al sugo di timo, Rombo al Traminer con marmellata di
cipolle. **Vini** Pinot grigio, Franciacorta rosso.

🍴🍴 **Il Ceppo,** via Casalmaggiore Bassa 222 ✆ 496363, 🍴 – 🅿. 🆎 🅱
chiuso martedì, dal 7 al 17 gennaio e luglio – Pas carta 40/57000.
                                                    4 km per via San Rocco   BZ

🍴 **La Trappola,** via Cavitelli 10 ✆ 28509, Solo piatti di pesce   BYZ **n**
chiuso lunedì, martedì e dal 16 agosto al 16 settembre – Pas carta 28/45000.

🍴 **Alba,** via Persico 40 ✆ 433700, prenotare – 🅱 🅴 🆅🆂🅰. 🕸   BY **b**
chiuso domenica, lunedì, dal 24 dicembre al 7 gennaio ed agosto – Pas carta 24/36000.

🍴 **In Cittadella,** via Bissolati 38 ✆ 30510, 🍴 – 🆎 🅱   AZ **h**
chiuso mercoledì sera, giovedì, dal 27 dicembre al 10 gennaio e dal 1° al 24 agosto – Pas
carta 28/39000.

a Migliaro per ⑦ : 2,5 km – ⊠ **26100** Cremona :

🍴🍴 **Alla Borgata,** via Bergamo 205 ✆ 25648 – 🅿 – 🔂 70. 🆎 🅱 🅴 🆅🆂🅰
chiuso lunedì sera, martedì ed agosto – Pas carta 40/66000.

sull'autostrada A 21 o in prossimità casello per ② : 3 km :

🏨 **MotelAgip,** ⊠ 26100 ✆ 450490, Telex 340620, Fax 451097 – 📶 🍴 📺 🕿 🅿 – 🔂 30 a 50.
🆎 🅱 ⓞ 🅴 🆅🆂🅰. 🕸 rist
Pas 34000 – � 15000 – **77 cam** 84/138000.

CREMONA

Campi (Corso) . . . . BZ
Cavour (Piazza) . . . . BZ 6
Garibaldi (Corso) . . . . . AYZ
Matteotti (Corso) . . . . . BYZ

Aselli (Via) . . . . BYZ 2
Boccaccino (Via) . . . . . . BZ 3
Cadorna (Piazza L.) . . . . AZ 4
Comune (Piazza del) . . . BZ 7
Geromini (Via Felice) . . . . BY 9
Ghinaglia (Via F.) . . . . AY 12
Ghisleri (Via A.) . . . . BY 13
Libertà (Piazza della) . . . . BY 14
Mantova (Via) . . . . BY 17
Manzoni (Via) . . . . BY 18
Marconi (Piazza) . . . . BZ 19
Marmolada (Via) . . . . BZ 22
Mazzini (Corso) . . . . BZ 23
Melone (Via Altobello) . . . . BZ 24
Monteverdi (Via Claudio) . . . . . . BZ 27
Novati (Via) . . . . BZ 28
Risorgimento (Piazza) . . . . AY
S. Maria in Betlem (Via) . . . . . . BZ
S. Rocco (Via) . . . . BZ
Spalato (Via) . . . . AY
Stradivari (Via) . . . . BZ
Tofane (Via) . . . . BZ
Ugolani Dati (Via) . . . . BY
Vacchelli (Corso) . . . . BZ
Verdi (Via) . . . . BZ
Vittorio Emanuele II (Corso) . . . AZ
4 Novembre (Piazza) . . . . BZ
20 Settembre (Corso) . . . . BZ

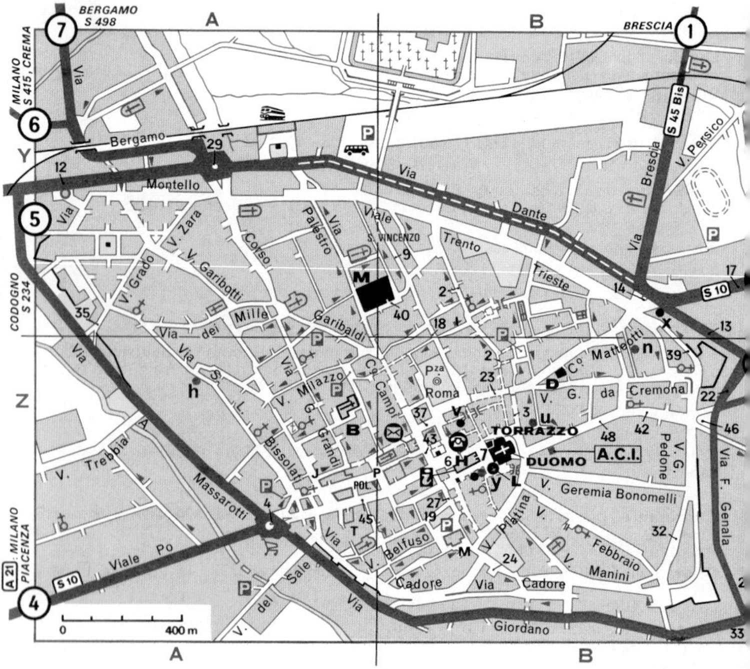

EUROPE on a single sheet
Michelin map no 970.

CRESPELLANO **40056** Bologna 429 430 I 15 – 6 955 ab. alt. 64 – ☎ 051.
Roma 385 – ◆Bologna 19 – ◆Modena 28.

✗ **San Savino-da Giorgio,** S : 1 km ☎ 964148 – Ⓟ. AE VISA. ✗
chiuso martedì ed agosto – Pas carta 30/44000.

CRESPINO **45030** Rovigo 988 ⑮, 429 H 17 – 2 387 ab. alt. 1 – ☎ 0425.
Roma 460 – ◆Ferrara 39 – ◆Padova 58 – Rovigo 17.

✗✗✗ **Rizzi,** via Passodoppio 31 (O : 3 km) ☎ 77238, 🍴, Coperti limitati; prenotare, 🍴 – Ⓟ. AE VISA
chiuso martedì e dal 15 al 30 agosto – Pas carta 35/57000.

CRETAZ Aosta 428 F 4, 219 ⑫ – Vedere Cogne.

CREVALCORE **40014** Bologna 988 ⑭, 429 H 15 – 11 566 ab. alt. 20 – ☎ 051.
Roma 402 – ◆Bologna 31 – ◆Ferrara 49 – ◆Milano 195 – ◆Modena 25.

✗ **Trattoria Papi,** via Paltrinieri 62 ☎ 981651, 🍴 – Ⓟ. AE 🅂 ⓞ E VISA
chiuso domenica, Natale ed agosto – Pas carta 28/45000.

CROCE DI MAGARA Cosenza 431 J 31 – Vedere Camigliatello Silano.

CROCI DI CALENZANO Firenze 430 K 15 – Vedere Calenzano.

CRODO 28036 Novara 428 D 6, 217 ⑲ – 1 651 ab. alt. 508 – ✿ 0324.
na 712 – Domodossola 14 – ◆Milano 136 – Novara 105 – ◆Torino 179.

a Viceno NO : 4,5 km – alt. 896 – ⊠ 28036 Crodo :

🏠 **Pizzo del Frate** ⑤, località Foppiano NO : 3,5 km alt. 1 250, ✆ 61233, ≼ monti, ☞ – ℗. ✻
chiuso dal 10 gennaio al 30 aprile – Pas *(chiuso martedì escluso dal 15 giugno al 15 settembre)* carta 28/41000 – � 6000 – **16 cam** 30/60000 – ½ P 55000.

🏠 **Edelweiss** ⑤, ✆ 61027, ≼, ☞ – 🛗 ℗. 🅱 ⓞ E VISA
chiuso dal 15 al 31 ottobre – Pas *(chiuso martedì escluso dal 15 giugno al 15 settembre)* carta 27/39000 – ⊇ 5000 – **20 cam** 30/60000 – ½ P 45/50000.

CROSA Vercelli 428 E 6, 219 ⑥ – Vedere Varallo.

CROTONE 88074 Catanzaro 988 ㊴ ㊵, 431 J 33 – 61 813 ab. – ✿ 0962.
ia Torino 148 ✆ 23185.
na 593 – Catanzaro 73 – ◆Napoli 387 – ◆Reggio di Calabria 228 – ◆Taranto 242.

🏨 **Helios** ⑤ senza rist, via per Capocolonna S : 2 km ✆ 901291, Fax 27997, ⌁, ℀ – 🛗 ▤ 📺 ☎ ♿ ℗ – 🛎 70.
45 cam.

❌ **La Sosta,** via Corrado Alvaro ✆ 23831 – ▤. 🆎 ⓞ. ✻
chiuso domenica – Pas (menu suggerito dal proprietario) carta 45/70000 (15 %).

❌ **Casa di Rosa,** viale Colombo 117 ✆ 21946, Solo piatti di pesce – ▤. 🅱 E VISA
chiuso domenica – Pas carta 38/59000.

❌ **Sale e Pepe,** viale Gramsci 122 ✆ 901425, 😠 – 🚫. 🆎 🅱 ⓞ E VISA. ✻
chiuso venerdì, dal 24 dicembre all'8 gennaio e dal 1º al 15 novembre – Pas carta 40/65000 (10 %).

Carte stradali MICHELIN 1/400 000 :
428 ITALIA Nord-Ovest/ 429 ITALIA Nord-Est/ 430 ITALIA Centro
431 ITALIA Sud/ 432 SICILIA/ 433 SARDEGNA

Le località sottolineate in rosso su queste carte sono citate in guida.

CUASSO AL MONTE 21050 Varese 428 E 8, 219 ⑧ – 2 790 ab. alt. 532 – ✿ 0332.
na 648 – Como 43 – ◆Lugano 31 – ◆Milano 72 – Varese 16.

a Cavagnano SO : 2 km – ⊠ 21050 Cuasso al Monte :

❌ **Alpino** ⑤ con cam, ✆ 939083, Fax 939094, ☞ – 🛗 ☎ ℗. 🅱 E VISA. ✻
Pas *(chiuso lunedì)* carta 38/65000 – ⊇ 12000 – **14 cam** 70/90000, appartamento – ½ P 60/70000.

CUNEO 12100 ℙ 988 ⑫, 428 I 4 – 55 838 ab. alt. 543 – ✿ 0171.
orso Nizza 17 ✆ 693258, Fax 66615.
🅰🎔🎔 corso Brunet 19/b ✆ 695962.
na 643 ② – Alessandria 126 ① – Briançon 198 ① – ◆Genova 144 ② – ◆Milano 216 ① – ◆Nice 126 ③ – San
no 111 ③ – Savona 98 ② – ◆Torino 94 ①.

Pianta pagina seguente

🏨 **Principe** senza rist, piazza Galimberti 5 ✆ 693355, Fax 67562 – 🛗 ▤ 📺 ☎ ♿ – 🛎 30. 🆎
🅱 ⓞ E VISA   Y c
⊇ 15000 – **42 cam** 105/140000.

🏨 **Smeraldo** senza rist, corso Nizza 27 ✆ 696367, Fax 696367 – ▤ 📺 ☜. 🆎 🅱 ⓞ E VISA.
✻   Z f
⊇ 12000 – **21 cam** 70/90000.

🏨 **Siesta** senza rist, via Vittorio Amedeo 2 ✆ 681960, Fax 607128 – 🚫 📺 ☎. 🆎 🅱 ⓞ E
VISA   Y x
⊇ 10000 – **20 cam** 75/95000.

❌ ✿ **Le Plat d'Etain,** corso Giolitti 18 ✆ 681918, Cucina francese, Coperti limitati; prenotare – 🆎 🅱 ⓞ E VISA. ✻   Z r
chiuso domenica – Pas carta 94/118000
Spec. Foie gras maison au Sauternes, Rognon de veau sauce Porto, Gateau aux poires. **Vini** Arneis, Barbaresco.

❌ **Tre Citroni,** via Bonelli 2 ✆ 602048 – 🆎 🅱 ⓞ E VISA. ✻   Y c
chiuso mercoledì, dal 15 al 30 giugno e dal 15 al 30 settembre – Pas carta 40/70000.

❌ Al Basin, contrada Mondovì 2 ✆ 681962, prenotare   Y a

❌ **Osteria della Chiocciola,** via Fossano 1 ✆ 66277, prenotare – 🆎 🅱 ⓞ E VISA
chiuso domenica e dal 10 al 20 agosto – **Pas** carta 33/50000.   Y s

209

CUNEO

0   300 m

Galimberti (Piazza) . . . . Y
Nizza (Corso) . . . . Z
Roma (Via) . . . . Y 2

Audiffredi (Largo) . . . . Y 2
Basse Sant'Anna (Via) . . . Y 3
Boves (Piazza) . . . . Y 6
De Gasperi (Corso A.) . . . . Z 8
Dronero (Via) . . . . Y 1
Foro Boario (Piazza) . . . . . Y 1
Giovanni XXIII (Corso) . . . Y 1
Martiri d. Libertà (Pza) . . . Y 1
Mondovì (Contrada) . . . . . Y 1
Pellico (Via S.) . . . . Z 1
Porta Mondovì (Via) . . . . . Y 2
Stazione Gesso (Salita) . . . Y 2
Santa Maria (Via) . . . . Y 2
Statuto (Via) . . . . Z 2
Virginio (Piazza) . . . . Y 2
28 Aprile (Via) . . . . YZ 2

※ **Ligure** con cam, via Savigliano 11 ℘ 681942, Fax 634545 – 📺 ☎ 🅿 AE 🕃 ⊙ E 𝗩𝗜𝗦𝗔
    chiuso dal 10 gennaio al 1° febbraio – Pas *(chiuso domenica sera)* carta 26/42000 – ⚌ 80
    – **26 cam** 48/70000 – ½ P 55/60000.   Y

※ **Trattoria Toscana,** via 20 Settembre 33 ℘ 681958, Specialità toscane, prenotare –
    ⊙ E 𝗩𝗜𝗦𝗔. ⁜
    chiuso lunedì – Pas carta 33/51000.   Z

※ **Cavallo Nero** con cam, piazza Seminario 8 ℘ 602017, Fax 630878 – 🍽 rist ☎
    ⁜ cam   Y
    Pas *(chiuso lunedì da settembre al 15 giugno)* carta 28/42000 – ⚌ 10000 – **25 ca**
    55/70000 – ½ P 60000.

    a Madonna dell'Olmo per ① : 3 km – ⊠ 12020 :

※※ **Locanda da Peiu,** ℘ 412174 – 🅿. 🕃 E 𝗩𝗜𝗦𝗔
    chiuso lunedì ed agosto – Pas carta 26/48000.

If you find you cannot take up a hotel booking you have made,
please let the hotel know immediately.

210

CUORGNÈ 10082 Torino 🔢 ⑫ , 🔢 F 4 – 10 286 ab. alt. 414 – 🕿 0124.

ɔma 700 – Aosta 86 – Ivrea 24 – ♦Milano 137 – Novara 90 – ♦Torino 41.

XX **Da Mauro,** piazza Martiri della Libertà 𝒫 666001, Fax 666001, 🏠 – 🖪 ⓞ 🗲 𝘝𝘐𝘚𝘈
chiuso gennaio e domenica sera (escluso luglio-agosto) – Pas carta 25/55000.

CUPRA MARITTIMA 63012 Ascoli Piceno 🔢 M 23 – 4 483 ab. – a.s. luglio-agosto – 🕿 0735.

intorni Montefiore dell'Aso : polittico★★ del Crivelli nella chiesa NO : 12 km.

ɔma 240 – ♦Ancona 80 – Ascoli Piceno 43 – Macerata 60 – ♦Pescara 78 – Porto San Giorgio 19.

🏨 **Europa,** 𝒫 778034, Fax 778033, ▲₀ – 🛗 🖭 ☎. 🖪 🖪 🗲 𝘝𝘐𝘚𝘈. 🍴
chiuso dal 1º al 20 novembre – Pas (chiuso lunedì) carta 29/45000 – 🖙 6000 – **27 cam**
45/70000 – ½ P 45/55000.

CURA DI VETRALLA Viterbo - Vedere Vetralla.

CUREGLIA 🔢 ⑧ – Vedere Cantone Ticino (Lugano) alla fine dell'elenco alfabetico.

CUSAGO 20090 Milano 🔢 F 9 – 1 977 ab. alt. 126 – 🕿 02.

ɪma 582 – ♦Milano 13 – Novara 45 – Pavia 40.

🏨 **Le Moran,** viale Europa 90 𝒫 90119894, Fax 9016207 – 🔲 🖭 ☎ ᕦ 🅿 – 🅰 60 a 300. 🖪
🖪 ⓞ 🗲 𝘝𝘐𝘚𝘈. 🍴
Pas 55000 – **80 cam** 🖙 204000, 2 appartamenti – ½ P 155/227000.

XX **Da Orlando,** piazza Soncino 19 𝒫 90390318, Fax 90390318, 🏠 – 🖪 🖪 ⓞ 🗲 𝘝𝘐𝘚𝘈. 🍴
chiuso sabato a mezzogiorno, domenica, dal 25 dicembre al 2 gennaio ed agosto – Pas
carta 51/82000.

CUSANO MILANINO 20095 Milano 🔢 F 9, 🔢 ⑲ – 21 752 ab. alt. 151 – 🕿 02.

ɪma 600 – ♦Bergamo 46 – Como 36 – ♦Milano 10.

Pianta d'insieme di Milano (Milano p. 7)

XX **Da Chiara,** via Manzoni 36 𝒫 6193622, Fax 66400107, 🏠 , Rist. con specialità di mare –
🅿. 🖪 🖪 ⓞ 🗲 𝘝𝘐𝘚𝘈   BO s
chiuso lunedì, martedì e dal 3 al 31 agosto – Pas carta 50/80000 (10%).

CUTIGLIANO 51024 Pistoia 🔢 🔢 🔢 J 14 – 1 852 ab. alt. 670 – a.s. Pasqua, luglio-agosto e
ɴatale – Sport invernali : a Doganaccia : 1 600/1 800 m ⟜2 ⟝3, ⟟ ; a Pian di Novello : 1 125/
ɪ780 m ⟜5, ⟞ – 🕿 0573.

ɪvia Tigri 24 𝒫 68029, Telex 572490.

ɪma 348 – ♦Firenze 74 – Lucca 52 – ♦Milano 285 – ♦Modena 111 – Montecatini Terme 44 – Pistoia 38.

🏨 **Italia,** 𝒫 68008, « Giardino ombreggiato » – ☎. 🖪 🗲 𝘝𝘐𝘚𝘈. 🍴
20 dicembre-aprile e 20 giugno-15 ottobre – Pas 30/40000 – 🖙 10000 – **33 cam** 70/100000
– ½ P 70/90000.

🏨 **Villa Patrizia,** 𝒫 68024, ⟨, 🌳 – 🔲 🖭 ☎ 🅿. 🖪. 🍴 rist
Pas (20 dicembre-aprile e 25 giugno-20 settembre; solo per clienti alloggiati) 30/45000 – 🖙
10000 – **19 cam** 64/98000 – ½ P 65/100000.

🏨 **Miramonte,** 𝒫 68012, Fax 68013, ⟨, « Giardino ombreggiato » – ☎. 🍴
20 dicembre-aprile e giugno-settembre – Pas (chiuso dal 20 dicembre ad aprile escluso
Natale-Pasqua) 25/35000 – 🖙 10000 – **36 cam** 84000 – ½ P 55/85000.

X **Trattoria da Fagiolino,** 𝒫 68014 – 🖪 🖪 ⓞ 🗲 𝘝𝘐𝘚𝘈
chiuso martedì sera, mercoledì e novembre – Pas carta 31/49000.

a Pian di Novello NO : 9 km – alt. 1 125 – ⊠ **51020** Piano degli Ontani :

🏨 **Piandinovello** ⏖ , 𝒫 673076, Fax 673078, ⟨, 🏋, ≋s, 🏊, 🌳, ⚒ – 🛗 ☎ ᕦ 🚗 🅿 –
🅰 200. 🖪 🖪 ⓞ 🗲 𝘝𝘐𝘚𝘈. 🍴
20 dicembre-26 aprile e 15 giugno-10 settembre – Pas 28/36000 – **66 cam** 🖙 72/124000 –
½ P 70/100000.

Vedere anche : **Pianosinatico** NO : 6 km.

CUVIO 21030 Varese 🔢 E 8, 🔢 ⑦ – 1 382 ab. alt. 309 – 🕿 0332.

ɪɴa 652 – Luino 16 – ♦Milano 75 – Novara 67 – Varese 20.

X **Corona** con cam, 𝒫 624150 – 🖭 ☎ 🅿. 🖪 🖪 ⓞ 🗲 𝘝𝘐𝘚𝘈. 🍴
Pas (chiuso lunedì) carta 21/33000 – 🖙 5000 – **30 cam** 55/65000 – ½ P 38/45000.

DALMINE 24044 Bergamo 🔢 ③ , 🔢 F 10 – 18 310 ab. alt. 207 – 🕿 035.

ɪɴa 604 – ♦Bergamo 8 – ♦Brescia 58 – ♦Milano 40.

🏨 **Touring** senza rist, via Puccini 14 𝒫 563466 – 🛗 🖭 ☎ 🅿. 🖪
🖙 8000 – **19 cam** 70/100000.

DAMECUTA Napoli – Vedere Capri (Isola di) : Anacapri.

211

DARFO BOARIO TERME 25047 Brescia 🔢 ④, 🔢🔢 E 12 – 13 178 ab. alt. 221 – Stazic termale, a.s. giugno-settembre – 🅾 0364.

🏪 a Boario Terme, piazzale Autostazione ✆ 531609, Fax 532280.

Roma 613 – ◆Bergamo 54 – ◆Bolzano 170 – ◆Brescia 56 – ◆Milano 99 – Sondrio 89.

a Boario Terme – ✉ 25041 :

🏨 **Rizzi,** ✆ 531617, 🍽 – 🛗 🍽 rist 📺 🚗, 🅰🅴 🔢 ⓞ 𝘝𝘐𝘚𝘈. ✂ rist
10 maggio-10 ottobre – Pas 45000 – 🍽 10000 – **54 cam** 95/130000 – P 85/130000.

🏨 **Gd H. Boario e delle Terme,** ✆ 531061, Fax 531993, « Parco con 🏊 riscaldata », ✂
– 🛗 🍽 cam 📺 🕿 ⓟ. 🅰🅴 🔢 ⓞ 🅴 𝘝𝘐𝘚𝘈. ✂ rist
marzo-novembre – Pas 55/65000 – **77 cam** 🍽 120/190000 – P 130/170000.

🏨 **Brescia,** ✆ 531409, Fax 532969 – 🛗 📺 🕿 🚗 ⓟ – 🔟 50. 🅰🅴 🔢 🅴 𝘝𝘐𝘚𝘈. ✂ rist
Pas *(chiuso venerdì da novembre a maggio)* carta 30/48000 – 🍽 11000 – **50 cam**
110000 – P 62/83000.

🏨 **Diana,** ✆ 531403, Fax 531403 – 🛗 📺 🕿 ⓟ
43 cam.

🏨 **San Martino,** ✆ 531209, Fax 534382 – 🛗 🍽 rist 🕿 ♿ ⓟ – 🔟 100. 🔢 🅴 𝘝𝘐𝘚𝘈. ✂
Pas 35/40000 – 🍽 5000 – **38 cam** 60/85000 – ½ P 50/70000.

🏨 **Mina,** ✆ 531098 – 🛗 📺 🕿 🚗 ⓟ
stagionale – **27 cam.**

🍽🍽 **Landò,** ✆ 535292 – 🔢 𝘝𝘐𝘚𝘈. ✂
chiuso lunedì e dal 15 luglio al 10 agosto – Pas carta 37/54000.

Vedere anche : *Gianico S : 6 km.*

Lesen Sie die Einleitung, sie ist der Schlüssel zu diesem Führer.

DEIVA MARINA 19013 La Spezia 🔢 ⑬, 🔢🔢 J 10 – 1 575 ab. – 🅾 0187.

Roma 450 – Passo del Bracco 14 – ◆Genova 67 – ◆Milano 202 – ◆La Spezia 52.

🏨 **Lido, località Fornaci** ✆ 815997, Fax 816476, ≤ – 📺 🚲 ⓟ
stagionale – **12 cam.**

🏨 **Clelia,** ✆ 815827, Telex 272524, Fax 816234, ✂ – 🛗 📺 🕿 🚗 ⓟ. 🅰🅴 🔢 ⓞ 🅴 𝘝𝘐𝘚𝘈. ✂
chiuso dal 2 al 30 novembre – Pas carta 26/55000 – **24 cam** 🍽 70/120000 – ½ P 54/9000

🏨 **Riviera, località Fornaci** ✆ 815805, Fax 816433, 🍽 – 🔢 𝘝𝘐𝘚𝘈. ✂
Pasqua-settembre – Pas carta 34/48000 – 🍽 8000 – **28 cam** 72000 – ½ P 65/88000.

DEMONTE 12014 Cuneo 🔢🔢 J 3 – 2 140 ab. alt. 778 – a.s. dicembre-marzo e luglio-agost
🅾 0171.

Roma 669 – Barcelonnette 74 – Cuneo 26 – ◆Milano 242 – Colle di Tenda 42 – ◆Torino 120.

🍽 **Moderno** con cam, ✆ 95116, 🍽 – 🚗. 🔢 🅴 𝘝𝘐𝘚𝘈
Pas *(chiuso martedì)* carta 23/34000 – 🍽 6000 – **14 cam** 45/62000 – ½ P 42/50000.

DENICE 15010 Alessandria 🔢🔢 I 7 – 244 ab. alt. 387 – 🅾 0144.

Roma 608 – Alessandria 56 – Asti 62 – ◆Genova 93 – ◆Milano 147 – ◆Torino 122.

🍽 **Cacciatori,** ✆ 92025, solo su prenotazione – 🔢 ⓞ 𝘝𝘐𝘚𝘈
*chiuso a mezzogiorno (escluso i giorni festivi), dal 24 al 30 dicembre e dal 15 luglic
10 agosto* – Pas carta 45/68000.

DERUTA 06053 Perugia 🔢 ⑮ ⑯, 🔢🔢 N 19 – 7 651 ab. alt. 218 – 🅾 075.

Roma 153 – Assisi 33 – Orvieto 54 – ◆Perugia 20 – Terni 63.

🏨 **Melody,** strada statale 3 bis-E 45 (SO : 1,5 km) ✆ 9711186, Fax 9711018 – 🛗 📺 🕿
🚗 ⓟ – 🔟 60. 🅰🅴 🔢 ⓞ 🅴 𝘝𝘐𝘚𝘈. ✂ rist
Pas carta 29/40000 – **47 cam** 🍽 70/100000 – ½ P 70/80000.

DESENZANO DEL GARDA 25015 Brescia 🔢 ④, 🔢🔢 🔢🔢 F 13 – 21 012 ab. alt. 96 – ₐ
Pasqua e luglio-15 settembre – 🅾 030.

Vedere Ultima Cena★ del Tiepolo nella chiesa parrocchiale – Mosaici romani★ nella V
Romana.

🏌 e 🏌 Gardagolf (chiuso lunedì) a Soiano del Lago ✉ 25080 ✆ 674707, Fax 674788, S
10 km.

🏪 via Porto Vecchio (Palazzo del Turismo) ✆ 9141510, Fax 9144209.

Roma 528 – ◆Brescia 31 – Mantova 67 – ◆Milano 118 – Trento 130 – ◆Verona 43.

🏨 **Hotel Residence Oliveto,** lungolago Cesare Battisti 6 ✆ 9911919, Fax 9911224,
🍽, 🏊, 🔲 – 🛗 🍽 📺 🕿 ♿ ⓟ – 🔟 220. 🅰🅴 🔢 ⓞ 🅴 𝘝𝘐𝘚𝘈. ✂ rist
chiuso gennaio – Pas 45/55000 – 🍽 15000 – **60 cam** 140000, 3 appartamenti – ½ P 1
130000.

🏨 **Park Hotel,** lungolago Cesare Battisti 19 ✆ 9143494, Telex 302059, Fax 9142280 – 🛗
📺 🕿 🚗 – 🔟 80. 🅰🅴 🔢 ⓞ 🅴 𝘝𝘐𝘚𝘈. ✂ rist
Pas 30/35000 (15 %) – 🍽 13500 – **65 cam** 95/125000 – ½ P 80/100000.

Desenzano senza rist, viale Cavour 40/42 ℰ 9141414, Fax 9140294, 🏊 – 🛗 🗐 📺 ☎ ⇔
– 🔏 25 a 40. 🖭 🖽 ⓞ ᴇ 𝒱𝒮𝒜. 🛠
☑ 10000 – **40 cam** 95/125000.

City senza rist, via Nazario Sauro 29 ℰ 9911704, Fax 9912837 – 🛗 🗐 📺 ☎ ᶑ ⇔ 🅿. 🖭
🖽 ⓞ ᴇ 𝒱𝒮𝒜
chiuso dal 20 dicembre al 3 gennaio – ☑ 15000 – **39 cam** 85/115000.

Piccola Vela, viale Dal Molin 20 ℰ 9141134, Fax 9141134, 🏊, 🐾 – 🛗 📺 ☎ ᶑ ⇔ 🅿 –
🔏 30 a 50. 🖭 🖽 ⓞ ᴇ 𝒱𝒮𝒜. 🛠
Pas vedere rist La Vela – ☑ 12500 – **43 cam** 68/110000 – ½ P 85/95000.

Villa Rosa senza rist, lungolago Cesare Battisti 89 ℰ 9141974, Fax 9143782, 🐾 – 🛗 🗐
📺 ☎ ⇔ 🅿. 🖭 🖽 ⓞ ᴇ 𝒱𝒮𝒜
☑ 12500 – **38 cam** 85/110000.

Tripoli senza rist, piazza Matteotti 18 ℰ 9144333, Fax 9141305 – 🛗 🗐 📺 ☎. 🖭 🖽 ⓞ ᴇ
𝒱𝒮𝒜
☑ 15000 – **24 cam** 85/115000.

Nazionale senza rist, viale Marconi 23 ℰ 9141501, Fax 9141410, 🏊 – 🛗 📺 ⊛ 🅿. 🖽 𝒱𝒮𝒜
chiuso dicembre e gennaio – ☑ 12500 – **28 cam** 63/90000.

Sole e Fiori senza rist, via Gramsci 40 ℰ 9121021 – 🛗 🗐 📺 ☎ ⇔. 🖽 ᴇ 𝒱𝒮𝒜. 🛠
aprile-settembre – ☑ 10000 – **45 cam** 100/140000.

Piroscafo, via Porto Vecchio 11/17 ℰ 9141128, ≤, 🏡 – 🛗 📺 ☎. 🖭 🖽 ⓞ ᴇ 𝒱𝒮𝒜. 🛠
chiuso gennaio – Pas *(chiuso giovedì)* carta 34/57000 (15 %) – ☑ 12000 – **32 cam** 80/90000
– ½ P 75/80000.

Benaco senza rist, viale Cavour 30 ℰ 9141710, Fax 9141273, 🏊, 🐾 – 🛗 📺 ☎ 🅿. 🖭 🖽
ⓞ ᴇ 𝒱𝒮𝒜
chiuso dicembre e gennaio – ☑ 10000 – **37 cam** 75/92000.

❀ ❀ **Esplanade**, via Lario 10 ℰ 9143361, ≤, « Servizio estivo in giardino sul lago » – 🅿. 🖽
ⓞ ᴇ 𝒱𝒮𝒜. 🛠
chiuso mercoledì – Pas carta 53/84000
Spec. Salmone affumicato con fumetto tiepido all'aneto, Lasagnette con frutti di mare al Traminer aromatico,
Coregone gratinato con pomodori melanzane capperi acciughe e menta. **Vini** Lugana, Franciacorta rosso.

❀ ❀ **Cavallino**, via Gherla 22 (ang. via Murachette) ℰ 9120217, Fax 9912751, « Servizio
estivo all'aperto » – 🖭 🖽 ⓞ ᴇ 𝒱𝒮𝒜 🛠
chiuso lunedì, martedì a mezzogiorno e dal 1° al 10 gennaio – Pas carta 53/78000
Spec. Spuma di luccio con zucchine in agro e salsa di melone (estate), Casoncelli con ripieno di trota affumicata e
asparagi (estate), Piccione dissostato farcito di foie gras con purea di mele (inverno). **Vini** Lugana, Groppello.

Antico Chiostro, via Anelli ℰ 9141319, Coperti limitati; prenotare – 🖽 ⓞ ᴇ 𝒱𝒮𝒜
chiuso mercoledì, dal 22 al 28 dicembre e dal 15 al 30 luglio – Pas carta 42/69000.

Taverna Tre Corone, via Stretta Castello 16 ℰ 9141962, prenotare

La Vela con cam, viale Dal Molin 25 ℰ 9141318, ≤, 🏡 📺 ⊛ 🅿. 🖭 🖽 ⓞ ᴇ 𝒱𝒮𝒜. 🛠 rist
chiuso gennaio e febbraio – Pas *(chiuso lunedì)* carta 34/52000 – ☑ 10000 – **12 cam**.
57/90000 – ½ P 85000.

Il Molino, piazza Matteotti 16 ℰ 9141340 – 🖭 🖽 ᴇ 𝒱𝒮𝒜. 🛠
chiuso lunedì, martedì a mezzogiorno e dal 20 novembre al 20 dicembre – Pas carta 37/
67000 (10 %).

La Bicocca, vicolo Molini 6 ℰ 9143658 – 🗐. 🖭 🖽 ⓞ ᴇ 𝒱𝒮𝒜. 🛠
chiuso giovedì, gennaio e dal 1° al 15 luglio – Pas carta 35/54000 (15 %).

Toscana, via San Benedetto 10 ℰ 9121586, 🏡 – 🖽 ᴇ 𝒱𝒮𝒜. 🛠
chiuso mercoledì e gennaio – Pas carta 39/53000.

▦ 20033 Milano 🎇 ③ , 🎇 F 9 – 34 537 ab. alt. 196 – 🕿 0362.
▪ 590 – Bergamo 49 – Como 32 – Lecco 35 – ◆Milano 22 – Novara 62.

Selide, via Matteotti 1 ℰ 624441, Fax 627406 – 🛗 📺 ☎ ⇔ – 🔏 100. 🖭 🖽 ⓞ ᴇ 𝒱𝒮𝒜.
🛠 rist
Pas *(chiuso domenica, dal 24 dicembre al 6 gennaio ed agosto)* carta 32/48000 – ☑ 12000
– **71 cam** 96/140000 – ½ P 120000.

San Carlo, via Milano 199 ℰ 622316 – 🗐. 🖭 🖽 ᴇ 𝒱𝒮𝒜
chiuso sabato ed agosto – Pas carta 35/60000.

▦ **TSCHNOFEN** = Nova Ponente.

▦ 87023 Cosenza 🎇 ㊳, 🎇 H 29 – 5 303 ab. – 🕿 0985.
▪ 444 – Castrovillari 88 – Catanzaro 137 – ◆Cosenza 77 – Sapri 60.

Ferretti, ℰ 81428, Fax 81114, ≤, 🏊, 🏡, 🛠 – 🛗 ᵛᶻ cam 🗐 ☎ 🅿. 🖭 🖽 ⓞ ᴇ 𝒱𝒮𝒜.
🛠 rist
aprile-settembre – Pas *(chiuso a mezzogiorno)* carta 46/66000 – **45 cam** ☑ 150000 –
½ P 100/140000.

Riviera Bleu, ℰ 81363, Fax 81363, ≤, 🏡 – 🗐 ⊛ 🅿. 🖭 🖽 ⓞ ᴇ 𝒱𝒮𝒜. 🛠
aprile-settembre – Pas carta 26/43000 – ☑ 7000 – **54 cam** 120000 – ½ P 50/110000.

Solemare, strada statale 18 (E : 1 km) ℰ 87550, ≤, 🏡, 🐾 – ☎ 🅿. 🖭 ⓞ 𝒱𝒮𝒜. 🛠 rist
Pas *(chiuso ottobre)* carta 28/47000 – ☑ 8000 – **16 cam** 60/80000 – ½ P 70/85000.

DIANO MARINA 18013 Imperia 988 ⑫, 428 K 6 – 6 491 ab. – ☺ 0183.
Vedere Guida Verde.

🛈 piazza Martiri della Libertà ℘ 496956, Fax 494365.

Roma 608 – ◆Genova 109 – Imperia 8 – ◆Milano 232 – San Remo 31 – Savona 63.

🏨 **Bellevue et Mediterranée,** via Generale Ardoino 2 ℘ 402693, Fax 402693, ≤, 🔄 ri
  data, 🔝 – 🛗 📺 ☎ 🅿. 🆎 🅱 E 💳. 🞉 rist
  chiuso da novembre al 20 dicembre – Pas 35/50000 – ☑ 15000 – **71 cam** 90/1200
  ½ P 68/122000.

🏨 **Caravelle** 🐾, via Sausette 24 ℘ 496033, ≤, ⇌, 🔄, 🔝, 🌳, 🞉 – 🛗 ☎ ⇌ 🅿.
  💳. 🞉 rist
  maggio-settembre – Pas (solo per clienti alloggiati) 47000 – ☑ 18000 – **48 cam** 77/10
  – ½ P 71/125000.

🏨 **Gabriella** 🐾, via dei Gerani 9 ℘ 403131, Fax 405055, 🔄, 🔝, 🌳 – 🛗 📺 ☎ 🅿. 🆎
  E 💳. 🞉 rist
  chiuso dal 21 ottobre al 5 gennaio – Pas (solo per clienti alloggiati) 25/40000 – ☑ 160
  47 cam 65/100000 – ½ P 72/110000.

🏨 **Torino,** via Milano 42 ℘ 495106, Fax 404602, 🔄 – 🛗 ▤ cam 📺 ☎ ⇌ 🅿 – 🔼
  🞉
  chiuso novembre e dicembre – Pas 30/38000 – ☑ 13000 – **79 cam** 80/100000, ▤ 70
  ½ P 60/85000.

🏨 **Golfo e Palme,** viale Torino 12 ℘ 495096, Fax 494304, ≤, 🔝 – 🛗 ▤ rist ☎ 🅿. 🆎 🅱
  💳. 🞉 rist
  maggio-settembre – Pas (solo per clienti alloggiati) 38000 – ☑ 15000 – **41 cam** 68/860
  ½ P 54/119000.

🏨 **Sasso,** via Biancheri 7 ℘ 494319, Fax 494310 – 🛗 📺 ☎ 🅿. 🆎 🅱 ① E 💳. 🞉 rist
  chiuso dal 18 ottobre al 19 dicembre – Pas 30/38000 – ☑ 14000 – **46 cam** 57/880
  ½ P 52/89000.

🏨 **Palace,** viale Torino 2 ℘ 495479, Fax 496123, ≤, ⇌ – 🛗 📺 🅰. 🆎 🅱 ① E 💳. 🞉
  chiuso da novembre al 22 dicembre – Pas 32/38000 – ☑ 15000 – **46 cam** 68/950
  ½ P 55/90000.

🏠 **Caprice,** corso Roma 19 ℘ 495061, Fax 495061 – 🛗 📺 ☎. 🆎 🅱 ① E 💳. 🞉
  chiuso novembre – Pas carta 50/80000 – ☑ 10000 – **20 cam** 46/70000 – ½ P 55/75000

🏠 **Riviera,** viale Torino 8 ℘ 495888, ≤ – 🛗. 🅱 E 💳. 🞉
  chiuso dal 12 ottobre al 22 dicembre – Pas 25/35000 – ☑ 10000 – **35 cam** 60/1000
  ½ P 50/90000.

🏠 Metropol, via Divina Provvidenza 2 ℘ 495545, ≤, « Giardino con 🔄 » – 🛗 ☎ 🅿
  stagionale – **39 cam.**

🏠 **Piccolo Hotel,** via Sant'Elmo 10 ℘ 495422, Fax 401255 – 🛗 ⇷ rist ▤ rist 📺 ☎. 🅱 ⓘ
  💳. 🞉
  chiuso dal 5 novembre al 26 dicembre – Pas (solo per clienti alloggiati) 38000 – ☑ 188
  29 cam 75/95000 – ½ P 54/86000.

🏠 **Palm Beach,** via 20 Settembre 4 ℘ 495284, Fax 495284, ≤, 🌳 – 🛗 ⊛. 🅱 E 💳. 🞉
  chiuso dal 12 ottobre al 22 dicembre – Pas 25/35000 – ☑ 10000 – **30 cam** 60/1000
  ½ P 50/90000.

🏠 Napoleon, via Oleandri 1 ℘ 495374, Fax 495146, 🔄 – 🛗 📺 ☎ 🅿
  stagionale – **38 cam.**

🍴🍴 **Il Caminetto,** via Olanda 1 ℘ 494700, 🌳 – 🅿. 🆎 🅱 ① E 💳
  chiuso lunedì, dal 25 febbraio al 10 marzo e dal 5 al 20 novembre – Pas carta 40/65000

🍴🍴 **Il Fondo,** via Nizza 25 ℘ 498219, Rist. con specialità di mare – 🆎 ① E 💳. 🞉
  *chiuso mercoledì a mezzogiorno da giugno a settembre e tutto il giorno negli altri m
  Pas carta 51/73000.

DIGONERA Belluno – Vedere Rocca Pietore.

DOBBIACO (TOBLACH) 39034 Bolzano 988 ⑤, 429 B 18 – 3 091 ab. alt. 1 243 – Sport inver
1 243/1 615 m ⚡3, 🎿 – ☺ 0474.
Vedere Guida Verde.

🛈 via Roma 21 ℘ 72132, Telex 400569, Fax 72730.

Roma 705 – Belluno 104 – ◆Bolzano 105 – Brennero 96 – Lienz 47 – ◆Milano 404 – Trento 165.

🏨 **Santer,** ℘ 72142, Fax 72797, ≤, 🛁, ⇌, 🔲 – 🛗 ☎ 🔥 🅿. 💳. 🞉 rist
  chiuso da novembre al 15 dicembre – Pas (chiuso lunedì) carta 37/47000 – ☑ 120
  50 cam 95/150000 – ½ P 60/150000.

🏨 **Cristallo Walch,** ℘ 72138, Fax 72755, ≤ Dolomiti, 🛁, ⇌, 🔲, 🌳 – ⇷ cam ☎ 🅿.
  💳. 🞉 rist
  21 dicembre-27 marzo e 5 giugno-2 ottobre – Pas 20/27000 – ☑ 12000 – **29**
  75/140000 – ½ P 64/118000.

🏨 **Park Hotel Bellevue,** ℘ 72101, Fax 72807, « Parco ombreggiato » – 🛗 ⊛ 🅿. 🞉
  20 dicembre-Pasqua e giugno-settembre – Pas carta 36/47000 – **44 cam** ☑ 80/1600
  ½ P 80/110000.

214

Sole-Sonne, ✆ 72225, Fax 72814, ≤, Fø, ≘, ⊡ – |♦| ☎ ⇔ ℗. ⋘
chiuso da novembre al 15 dicembre – Pas *(chiuso lunedì da ottobre a marzo)* carta 35/54000 – **40 cam** ☐ 85/130000 – ½ P 65/110000.

Moritz, ✆ 72510, ≘ – ⊡ ☎ ℗. ⋘
chiuso dal 21 aprile al 21 maggio e novembre – Pas *(chiuso giovedì da ottobre a marzo)* carta 38/60000 – ☐ 10000 – **16 cam** 75/110000 – ½ P 56/96000.

Urthaler ✆ 72241, Fax 973050, ⚘ – |♦| ⊡ ☎ ℗
chiuso novembre – Pas *(chiuso martedì da marzo a giugno)* 20/25000 – **28 cam** ☐ 60/100000 – ½ P 80/90000.

Toblacher Hof, ✆ 72217, Fax 973083, ≤, ⚘ – |♦| ☎ ⇔ ℗. ⋘ cam
chiuso dal 1° al 15 aprile e da novembre al 15 dicembre – Pas *(chiuso martedì da ottobre a marzo)* 21/27000 – **23 cam** ☐ 65/100000 – P 70/110000.

Monica ⛰, ✆ 72216, ≤ – ☎ ℗. ⋘
chiuso da novembre al 20 dicembre – Pas carta 28/38000 – **25 cam** ☐ 60/100000 – ½ P 38/72000.

Stauder ⛰, via Roma 6 ✆ 72488, Fax 72097, ≘ – ⊡ ☎ ℗. ⋘ rist
20 dicembre-10 aprile e giugno-20 ottobre – Pas 19/25000 – **20 cam** solo ½ P 53/82000.

sulla strada statale 49 :

Hubertus Hof, SO : 1 km ✉ 39034 ✆ 72276, Fax 72313, ≤ Dolomiti, ≘, ⚘ – ☎ ℗. Ⓢ E VISA. ⋘
20 dicembre-10 aprile e giugno-15 ottobre – Pas *(chiuso lunedì da ottobre a marzo)* carta 28/40000 – ☐ 10000 – **27 cam** 67/120000 – ½ P 50/90000.

Gratschwirt con cam, SO : 1,5 km ✉ 39034 ✆ 72293, Fax 72915, ≘, ⚘ – ⊡ ☎ ℗. Ⓢ ⓓ E VISA. ⋘ rist
20 dicembre-Pasqua, maggio-15 giugno e luglio-15 ottobre – Pas *(chiuso martedì)* carta 30/68000 – **10 cam** ☐ 55/110000 – ½ P 55/95000.

a Santa Maria (Aufkirchen) O : 2 km – ✉ **39034** Dobbiaco :

Oberhammer ⛰, ✆ 72195, Fax 72366, ≤ Dolomiti – ☎ ℗. Ⓢ E VISA. ⋘ rist
Pas carta 23/45000 – **21 cam** ☐ 70/110000 – ½ P 50/75000.

al monte Rota (Radsberg) NO : 5 km o 10 mn di seggiovia alt. 1 650 :

Alpino Monte Rota-Alpen Ratsberg ⛰, ✉ 39034 ✆ 72213, Fax 72916, ≤ Dolomiti, ⊡, ✂ – ▤ rist ⊡ ☎ ⇔ ℗. Ⓢ E VISA. ⋘ rist
21 dicembre-21 aprile e 30 maggio-24 ottobre – Pas carta 28/38000 – ☐ 8000 – **25 cam** 65/120000 – ½ P 46/85000.

GANA NUOVA Modena 428 429 430 J 13 – Vedere Fiumalbo.

LCEACQUA **18035** Imperia 428 K 4, 115 ⑲ – 1 813 ab. alt. 57 – ☎ 0184.
a 662 – ♦Genova 163 – Imperia 49 – ♦Milano 286 – San Remo 23 – Ventimiglia 9,5.

La Vecchia, ✆ 206024, Fax 206475, Tipica cucina ligure, ⚘, ✂ – ℗. Ⓢ ⓓ E VISA. ⋘
chiuso mercoledì – Pas 40000 bc.

LEGNA DEL COLLIO **34070** Gorizia 429 D 22 – 519 ab. alt. 88 – ☎ 0481.
a 656 – Gorizia 25 – ♦Milano 396 – ♦Trieste 61 – Udine 27.

Da Venica, via Mernico 37 ✆ 60177, Fax 639906, ⛱, ✂ – ℗. AE Ⓢ ⓓ VISA. ⋘
aprile-ottobre; chiuso lunedì sera e martedì – Pas carta 30/41000.

a Ruttars S : 6 km – ✉ **34070** Dolegna del Collio :

Al Castello dell'Aquila d'Oro, ✆ 60545, prenotare, « Servizio estivo all'aperto » – ℗ – 🏛 150. Ⓢ ⓓ E VISA. ⋘
chiuso lunedì e martedì – Pas carta 61/83000.

LO **30031** Venezia 988 ⑤, 429 F 18 – 13 860 ab. alt. 8 – ☎ 041.
torni Villa Nazionale★ di Strà : Apoteosi della famiglia Pisani★★ del Tiepolo SO : 6 km.
ursioni Riviera del Brenta★★ Est per la strada S 11.
a 510 – Chioggia 38 – ♦Milano 249 – ♦Padova 19 – Rovigo 60 – Treviso 35 – ♦Venezia 22.

Locanda alla Posta, E : 1 km ✆ 410740, Fax 410740, ⛱, Solo piatti di pesce – ▤ ℗. AE Ⓢ ⓓ E VISA. ⋘
chiuso lunedì – Pas carta 58/96000.

Alla Villa Fini con cam, E : 2 km ✆ 422247 – ⊡ ☎ ℗. AE Ⓢ ⓓ E VISA. ⋘
chiuso dal 27 gennaio al 9 febbraio e dal 6 al 26 luglio – Pas *(chiuso lunedì)* carta 32/48000 – ☐ 8000 – **8 cam** 59/74000 – ½ P 60/75000.

LOMITI Belluno, Bolzano e Trento 988 ④ ⑤ – Vedere Guida Verde.

MAGNANO – Vedere San Marino.

When visiting northern Italy use Michelin maps 428 and 429.

DOMODOSSOLA 28037 Novara 988 ② , 428 D 6 – 19 654 ab. alt. 277 – ✿ 0324.

🛈 corso Ferraris 49 ℰ 481308, Fax 47974.

A.C.I. via De Gasperi 12 ℰ 242008.

Roma 698 – Locarno 78 – ◆Lugano 79 – ◆Milano 121 – Novara 92.

🏨 **Corona,** via Marconi 8 ℰ 242114, Fax 242114 – 🛗 📺 ☎ 🅿. 🖭 🕄 ⓘ 🗉 VISA
Pas carta 29/50000 – ☲ 10000 – **32 cam** 80/120000 – ½ P 90000.

🏥 **Eurossola,** piazza Matteotti 36 ℰ 481326, Fax 248748, 佘 – 🛗 📺 ☎ 🅿. 🖭 🕄 ⓘ 🗉 ▮
🕸
Pas carta 31/50000 – ☲ 7000 – **23 cam** 70/95000 – ½ P 75000.

✗ **Sciolla** con cam, piazza Convenzione 5 ℰ 242633 – 📺 🕄 ⓘ 🗉 VISA. 🕸 cam
chiuso dall'8 al 20 gennaio e dal 23 agosto all'11 settembre – **Pas** *(chiuso mercol*
carta 25/45000 – **6 cam** ☲ 35/60000 – ½ P 50000.

sulla strada statale 33 S : 1 km :

🏨 **Internazionale** senza rist, ⊠ 28037 ℰ 481180, Fax 44586 – 🛗 📺 ☎ ⓹ 🅿 – 🔬 30 a ▮
🖭 🕄 ⓘ 🗉 VISA
☲ 10000 – **27 cam** 70/115000.

DONNAS 11020 Aosta 428 F 5, 219 ⑭ – 2 550 ab. alt. 322 – ✿ 0125.

Vedere Fortezza di Bard★ NO : 2,5 km.

Roma 701 – Aosta 48 – Ivrea 26 – ◆Milano 139 – ◆Torino 68.

✗ **Les Caves de Donnas,** via Roma 99 ℰ 82737, 佘 – 🅿. 🕄 🗉 VISA. 🕸
chiuso giovedì e dal 1° al 15 ottobre – Pas carta 21/38000.

DONORATICO Livorno 430 M 13 – Vedere Castagneto Carducci.

DORGALI Nuoro 988 ㉞ , 433 G 10 – Vedere Sardegna.

DORMELLETTO 28040 Novara 219 ⑰ – 2 602 ab. alt. 235 – ✿ 0322.

Roma 639 – ◆Milano 62 – Novara 38 – Stresa 19.

✗ **Locanda Anna,** ℰ 497113 – 🅿
chiuso lunedì e dal 22 dicembre al 6 gennaio – Pas carta 27/40000.

DOSSON Treviso – Vedere Casier.

DOUES 11010 Aosta 428 E 3 – 404 ab. alt. 1175 – ✿ 0165.

Roma 760 – Aosta 14 – Colle del Gran San Bernardo 28 – ◆Milano 198 – ◆Torino 127.

✗ **Lo Bon Mègnadzo,** S : 4 km ℰ 738045 – 🅿. 🖭 🕄 VISA. 🕸
chiuso dal 1° al 20 settembre, lunedì sera e martedì (escluso luglio-agosto) – Pas carta
39000.

DOZZA 40050 Bologna 429 430 I 16 – 4 898 ab. alt. 190 – ✿ 0542.

Roma 392 – ◆Bologna 31 – ◆Ferrara 76 – Forlì 38 – ◆Milano 244 – ◆Ravenna 52.

✗✗ **Canè** con cam, ℰ 678120, Fax 678522, ≼, « Servizio estivo in terrazza » – 📺 ☎ 🅿. 🖭
ⓘ 🗉 VISA. 🕸
chiuso dal 2 al 24 gennaio – Pas *(chiuso lunedì)* carta 35/53000 – ☲ 8000 – **10 cam** 77(

a Toscanella N : 5 km – ⊠ **40060** :

🏨 **Gloria,** via Emilia 42 ℰ 673438, Fax 673438 – 🛗 ☰ 📺 ☎ 🅿. 🖭 🕄 ⓘ 🗉 VISA. 🕸 rist
chiuso dal 1° al 21 agosto – Pas *(chiuso a mezzogiorno, domenica e luglio)* carta 37/5000
24 cam ☲ 150/200000 – ½ P 130/180000.

DRAGA SANT'ELIA Trieste – Vedere Pese.

DRUOGNO 28030 Novara 428 D 7, 219 ⑥ – 993 ab. alt. 835 – ✿ 0324.

Roma 713 – Domodossola 15 – Locarno 34 – ◆Milano 137 – Novara 106 – ◆Torino 180.

🏥 **Colombo,** ℰ 93543, ≼ – 🅿. 🕄 VISA. 🕸 rist
chiuso novembre – Pas *(chiuso martedì)* carta 24/35000 – ☲ 7000 – **27 cam** 50/6000
½ P 60000.

DUINO AURISINA 34013 Trieste 988 ⑥ , 429 E 22 – 8 443 ab. – ✿ 040.

🛈 (maggio-settembre) sull'autostrada A 4-Duino Sud ℰ 208281.

Roma 649 – Gorizia 23 – Grado 32 – ◆Milano 388 – ◆Trieste 22 – Udine 51 – ◆Venezia 138.

🏨 **Duino Park Hotel** 🏖 senza rist, ℰ 208184, Fax 208526, 🔟 – 🛗 ☰ 📺 ☎ 🅿. 🖭 🕄 ⓘ
VISA. 🕸
☲ 18000 – **18 cam** 130/160000, ☰ 5000.

🏨 **MotelAgip,** sull'autostrada A 4 o statale 14 ℰ 208273, Telex 461098, Fax 208836 – 🛗
📺 ☎ 🅿. 🖭 🕄 ⓘ 🗉 VISA. 🕸 rist
Pas 34000 – **77 cam** ☲ 110/160000 – ½ P 143000.

Vedere anche : *Sistiana* E : 3 km.

DUNA VERDE Venezia – Vedere Caorle.

NO 21030 Varese 219 ⑦ – 133 ab. alt. 530 – ✆ 0332.

a 653 – Luino 16 – ◆Milano 76 – Novara 68 – Varese 24.

Ur Torc, ℰ 651143, prenotare
chiuso a mezzogiorno (escluso sabato e i giorni festivi), martedì e dal 20 giugno al 10 luglio
– Pas carta 32/44000.

OLI 84025 Salerno 988 ㉘, 431 F 27 – 34 689 ab. alt. 115 – ✆ 0828.

a 292 – Avellino 67 – ◆Napoli 86 – Potenza 77 – Salerno 35.

Grazia, ℰ 366038 – |🛗| 📺 ☎ ℗ – 🅰 80 a 400.
52 cam.

OLO 25048 Brescia 988 ④, 428 429 D 12 – 4 485 ab. alt. 699 – a.s. luglio-agosto – ✆ 0364.

azza Martiri della Libertà 2 ℰ 71065.

a 653 – ◆Bergamo 96 – ◆Bolzano 126 – ◆Brescia 100 – ◆Milano 141 – Sondrio 45.

Eurohotel senza rist, via Marconi 40 ℰ 72621 – |🛗| 📺 ☎ ⟺ ℗. 🅂 ⑩ 🇪 𝕍𝕀𝕊𝔸. ⚘
⚏ 15000 – **17 cam** 65/85000.

ADI (Isole) Trapani 988 ㉟, 432 N 18 19 – Vedere Sicilia.

BA (Isola d') Livorno 988 ㉘, 430 N 12 – 29 411 ab. alt. da 0 a 1 019 (monte Capanne) – Sta-
e termale a San Giovanni (20 aprile-31 ottobre), a.s. 15 giugno-15 settembre – ✆ 0565.

ell'Acquabona (chiuso lunedì in bassa stagione) ⊠ 57037 Portoferraio ℰ 940066, Telex
220, Fax 916947, SE : 7 km da Portoferraio.

⟵ vedere Portoferraio, Cavo, Rio Marina e Porto Azzurro.

vedere Portoferrario e Cavo.

dere Portoferrario

Capoliveri 430 N 13 – 2 754 ab. – ⊠ 57031.

Vedere ⚘⚘ dei Tre Mari.

Porto Azzurro 5 – Portoferraio 16.

L'Acquacheta, via Mellini 3 ℰ 967071, Coperti limitati; prenotare – 🍽. 🄰🄴 🅑 🇪 𝕍𝕀𝕊𝔸. ⚘
Pasqua-15 ottobre; chiuso a mezzogiorno e mercoledì in bassa stagione – Pas carta 42/
61000.

Il Chiasso, ℰ 968709, 🍴, Coperti limitati; prenotare, « Ambiente caratteristico »
stagionale; chiuso a mezzogiorno.

a Pareti S : 4 km – ⊠ **57031** Capoliveri :

Dino 🦢, ℰ 939103, Fax 968172, ≤ mare e costa, 🍴, 🅰🄲, 🏖 – ℗. ⚘
Pasqua-ottobre – Pas 26/50000 – ⚏ 15000 – **30 cam** 80000 – ½ P 65/85000.

a Lido NO : 7,5 km – ⊠ **57031** Capoliveri :

🏠 **Antares** ॐ, *𝒫* 940131, Fax 940084, ≤, 🍴, ▲☚, 🛏, ✕ – ☎ 🅿. ✕ rist
24 aprile-18 ottobre – Pas 20000 (a mezzogiorno e solo per clienti alloggiati) 45000 (la s
– ⌑ 18000 – **40 cam** 70/130000 – ½ P 98/149000.

Marciana 🄴🄳🄾 N 12 – 2 274 ab. alt. 375 – ⊠ **57030.**

Vedere ≤*.

Dintorni Monte Capanne** : ☀**.

Porto Azzurro 37 – Portoferraio 28.

a Poggio E : 3 km – alt. 300 – ⊠ **57030** :

✕✕ **Publius,** *𝒫* 99208, « Servizio estivo all'aperto con ≤ Marciana e golfo » – 🄰🄴 🄵 ◖
‾VISA‾
20 marzo-6 novembre; chiuso lunedì in bassa stagione – Pas carta 36/57000.

✕ **Da Luigi,** località Lavacchio S : 3,5 km *𝒫* 99413, 🍴, Solo piatti di carne – 🅿. 🄵 ◖
‾VISA‾
*Pasqua-22 ottobre; chiuso lunedì a mezzogiorno in luglio-agosto, tutto il giorno negli
mesi* – Pas carta 37/48000 (12%).

a Sant'Andrea NO : 6 km – ⊠ **57030** Marciana :

🏠 **Piccolo Hotel Barsalini** ॐ, *𝒫* 908013, Fax 908264, « Giardino e terrazze fiorite
🍴 » – 📺 ☎ 🅿. 🄵 🄴 ‾VISA‾. ✕ rist
20 marzo-20 ottobre – Pas carta 36/52000 – **28 cam** ⌑ 120000 – ½ P 55/115000.

🏠 **Gallo Nero** ॐ, *𝒫* 908017, Fax 908078, ≤, « Terrazza-giardino con 🍴 », ✕ – ☎ 🅿. ◗
‾VISA‾. ✕ rist
20 marzo-25 ottobre – Pas carta 33/46000 – ⌑ 18000 – **20 cam** 90/105000 – ½ P
108000.

🏠 **Da Giacomino** ॐ, *𝒫* 908010, Fax 908294, ≤ mare, « Giardino-pineta sul mare »
🅿. 🄵 🄴 ‾VISA‾. ✕ rist
Pasqua-ottobre – Pas carta 28/45000 (10%) – ⌑ 12000 – **25 cam** 80/90000 – ½ P 60/95

🏠 **Cernia** ॐ, *𝒫* 908194, Fax 908253, ≤, « Giardino fiorito sul mare », 🍴, ✕ – ☎ 🅿.
✕ rist
aprile-25 ottobre – Pas carta 35/56000 – ⌑ 20000 – **27 cam** 90/120000 – ½ P 45/12000

a Chiessi SO : 12 km – ⊠ **57030** Pomonte :

✕✕ **Perseo** con cam, *𝒫* 906010, Fax 906010, ≤ – 📺 ☎ 🅿. 🄰🄴 🄵 🄴 ‾VISA‾. ✕
chiuso dal 7 gennaio a febbraio e dal 5 novembre al 20 dicembre – Pas carta 29/4
(10%) – **21 cam** ⌑ 120000 – ½ P 40/80000.

a Spartaia E : 12 km – ⊠ **57030** Procchio :

🏠🏠 **Désirée** ॐ, *𝒫* 907311, Telex 590649, Fax 907884, ≤, « Giardino », 🍴, ▲☚, ✕ – ▤
☎ 🅿. 🄰🄴 🄵 🄾 🄴 ‾VISA‾. ✕ rist
16 aprile-4 ottobre – Pas 40/60000 – **75 cam** ⌑ 190/300000, 4 appartamenti – ½ P
210000.

🏠 **Valle Verde,** *𝒫* 907545, Fax 907965, ▲☚, 🛏 – ☎ 🅿. 🄰🄴 🄵 🄾 🄴 ‾VISA‾. ✕
maggio-15 ottobre – Pas (solo per clienti alloggiati) 35/50000 – ⌑ 20000 – **42 cam** 19◖
– ½ P 80/165000.

a Procchio E : 13,5 km – ⊠ **57030** :

✕ **Lo Zodiaco,** *𝒫* 907630, 🍴 – 🄰🄴 🄵 🄾 🄴 ‾VISA‾. ✕
Pasqua-15 ottobre – Pas carta 35/56000 (10%).

a Campo all'Aia E : 15 km – ⊠ **57030** Procchio :

🏠 **Brigantino,** *𝒫* 907453, Fax 907994, 🍴, 🛏, ✕ – ☎ 🅿. ✕ rist
aprile-settembre – Pas (solo per clienti alloggiati) 30/37000 – ⌑ 14000 – **31 cam** 58/10◖
– ½ P 62/105000.

a Pomonte SO : 15 km – ⊠ **57030** :

🏠 **Da Sardi** ॐ, *𝒫* 906045, Fax 906253 – ☎ 🅿. 🄰🄴 🄵 ‾VISA‾. ✕
Pas *(chiuso mercoledì in bassa stagione)* carta 27/41000 – **22 cam** ⌑ 51/70000 – ½ ◖
70000.

Marciana Marina 🄰🄸🄸 ⑳, 🄴🄳🄾 N 12 – 2 052 ab. – ⊠ **57033.**

Porto Azzurro 29 – Portoferraio 20.

🏠 **Gabbiano Azzurro** senza rist, *𝒫* 997035, Fax 997034, ⌕, ☎s, 🍴, 🄽 – 🛗 ▤ 📺 ☎
🅿. 🄵 🄴 ‾VISA‾. ✕
20 cam ⌑ 350000.

🏠 **Marinella,** *𝒫* 99018, Fax 99018, ≤, 🍴, 🛏, ✕ – 🛗 📺 ☎ 🅿. 🄰🄴 🄵 🄴 ‾VISA‾. ✕
aprile-ottobre – Pas (solo per clienti alloggiati) 25/40000 – ⌑ 10000 – **57 cam** 90/110◖
½ P 90/113000.

🏠 **Imperia** senza rist, *𝒫* 99082, Fax 904259 – ☎. 🄰🄴 🄾 🄴 ‾VISA‾
⌑ 8000 – **19 cam** 78000.

Rendez-Vous da Marcello, $\mathscr{C}$ 99251, $\leqslant$, 🏠 – 🗐. 🖭 🚼 ⑩ 🗲 <u>VISA</u>
chiuso dall'8 gennaio al 10 febbraio, novembre e mercoledì in bassa stagione – Pas carta 41/54000.

Da Loris, $\mathscr{C}$ 99496, 🏠 – 🚼 🗲 <u>VISA</u>
Pasqua-ottobre; chiuso mercoledì – Pas carta 32/43000 (10%).

La Fiaccola, $\mathscr{C}$ 99094, $\leqslant$, 🏠 – 🖭 🚼 🗲
aprile-15 ottobre; chiuso giovedì escluso dal 20 giugno al 20 settembre – Pas carta 25/43000 (10%).

<u>**Marina di Campo**</u> 988 ㉔, 430 N 12 – ✉ 57034.

Marciana Marina 13 – Porto Azzurro 26 – Portoferraio 17.

Riva del Sole, $\mathscr{C}$ 976316, Fax 976778 – 🗐 🖭 🕿 ⅙ 🅟. 🖭 🚼 ⑩ 🗲 <u>VISA</u>. 🛠
Pasqua-ottobre – Pas (solo per clienti alloggiati) 20/30000 – **52 cam** 🖙 200/240000 – ½ P 160000.

Dei Coralli 🦞, $\mathscr{C}$ 976336, Fax 977748, 🛪, 🛲, 🛠 – 🛗 🕿 🅟. 🖭 🚼 🗲 <u>VISA</u>. 🛠 rist
15 aprile-15 ottobre – Pas (solo per clienti alloggiati) – 🖙 16000 – **62 cam** 140000 – ½ P 141000.

Puntoverde senza rist, $\mathscr{C}$ 977482, Fax 977486 – 📺 🕿 🅟. 🖭 ⑩. 🛠
Pasqua-15 ottobre – **32 cam** 🖙 160000.

Meridiana senza rist, $\mathscr{C}$ 976308, Fax 977191, 🛲 – 🛗 🕿 🅟. 🖭 🚼 🗲 <u>VISA</u>
Pasqua-settembre – **27 cam** 🖙 140/166000.

Barcarola 2 senza rist, $\mathscr{C}$ 976255, Fax 977747, 🛲 – 🕿 🅟. 🖭 🚼 🗲 <u>VISA</u>
giugno-settembre – **28 cam** 🖙 105/156000.

Santa Caterina, $\mathscr{C}$ 976452, Fax 976745, 🛲 – 🛗 🕿 🅟. 🚼 🗲 <u>VISA</u>. 🛠
10 aprile-settembre – Pas 23/32000 – 🖙 18000 – **41 cam** 110000 – ½ P 62/114000.

Bologna, $\mathscr{C}$ 976105, Fax 976105, 🏠 – 🖭 🚼 ⑩ 🗲 <u>VISA</u>
aprile-15 ottobre; chiuso martedì in bassa stagione – Pas carta 36/48000.

La Lucciola, $\mathscr{C}$ 976395, $\leqslant$, 🏠 – 🖭 <u>VISA</u>
Pasqua-settembre; chiuso mercoledì in bassa stagione – Pas carta 35/50000.

a La Pila N : 2,5 km – ✉ 57034 Marina di Campo :

Da Gianni, all'aeroporto $\mathscr{C}$ 976965, 🏠, Rist. con specialità pugliesi – 🅟
marzo-ottobre – Pas 30000.

a Seccheto O : 6,5 km – ✉ 57030 :

Locanda dell'Amicizia 🦞 con cam, località Vallebuia $\mathscr{C}$ 987051, Fax 987277, $\leqslant$, 🏠, 🛲 – 🅟
18 cam.

a Fetovaia O : 8 km – ✉ 57030 Seccheto :

Lo Scirocco 🦞, $\mathscr{C}$ 988067, Fax 988033, $\leqslant$ – 🛗 📺 🕿 🅟. 🚼 🗲 <u>VISA</u>. 🛠 rist
aprile-20 ottobre – Pas carta 45/60000 – **30 cam** 🖙 71/100000 – ½ P 52/112000.

Galli 🦞, $\mathscr{C}$ 988035, Fax 988029, $\leqslant$, 🛲 – 🕿 🅟. 🛠
aprile-20 ottobre – Pas (solo per clienti alloggiati) 38000 – 🖙 17000 – **28 cam** 100000 – ½ P 60/102000.

Montemerlo 🦞, $\mathscr{C}$ 988051, Fax 988051, $\leqslant$, 🛲 – 🗐 rist 🕿 🅟. 🛠
Pasqua-13 ottobre – Pas (solo per clienti alloggiati) 30000 – 🖙 20000 – **37 cam** 100000 – ½ P 55/92000.

<u>**Porto Azzurro**</u> 988 ㉔, 430 N 13 – 3 112 ab. – ✉ 57036.

🚢 per Rio Marina-Piombino giornalieri (1 h 20 mn) – Toremar-agenzia Palombo, banchina IV Novembre 19 $\mathscr{C}$ 95004, Fax 95004.

Marciana Marina 29 – Portoferraio 15.

Belmare, $\mathscr{C}$ 95012, $\leqslant$ – 🕿. 🖭 🚼 ⑩ 🗲 <u>VISA</u>. 🛠
chiuso novembre – Pas *(chiuso a mezzogiorno)* carta 29/51000 – 🖙 10000 – **27 cam** 60/85000 – ½ P 75/85000.

<u>**Portoferraio**</u> 988 ㉔, 430 N 12 – 11 764 ab. – ✉ 57037.

Dintorni Villa Napoleone di San Martino★ SO : 6 km.

Escursioni Strada per Cavo e Rio Marina : $\leqslant$★★.

🚢 per Piombino giornalieri (1 h) – Toremar-agenzia Palombo, calata Italia 22 $\mathscr{C}$ 918080, Telex 590018, Fax 917444; Navarma, viale Elba 4 $\mathscr{C}$ 918101, Telex 590590, Fax 916758; Elba Ferrier, al porto $\mathscr{C}$ 930676.

🚢 per Piombino giornalieri (30 mn) – Toremar-agenzia Palombo, calata Italia 22 $\mathscr{C}$ 918080, Telex 590018, Fax 917444.

🛈 calata Italia 26 $\mathscr{C}$ 914671, Fax 916350.

Marciana Marina 20 – Porto Azzurro 15.

🏨 **Crystal** senza rist, 𝒫 917971, Telex 501315, Fax 918772 – ⇥ ▤ 📺 ☎. 🖭 🖪 ① E 🕸
chiuso novembre – 🖃 10000 – **15 cam** 220000.

🏨 **Nuova Padulella**, O : 1 km 𝒫 915506, Telex 502148, Fax 916510, ≤ – 🛗 ▤ 📺 ☎ ❷
50 cam.

🏨 **Acquamarina** 🦢 senza rist, O : 1,2 km 𝒫 914057, Fax 915672, ≤ – 🛗 📺 ☎ ⇦ ❷. 🖪
① E 𝘝𝘐𝘚𝘈
Pasqua-ottobre – 🖃 30000 – **35 cam** 90/140000.

✕✕ **Da Olga,** 𝒫 917446, prenotare – ▤. 🖪 ① E 𝘝𝘐𝘚𝘈
chiuso mercoledì a mezzogiorno dal 15 giugno al 15 settembre, tutto il giorno negli
mesi – Pas carta 43/70000 (10%).

✕ **La Ferrigna,** 𝒫 914129, ☆ – 🖪 E 𝘝𝘐𝘚𝘈
chiuso dall'11 gennaio a febbraio, dall'11 al 30 novembre e martedì in bassa stagione –
carta 38/50000 (10%).

a San Giovanni S : 3 km – ✉ **57037** Portoferraio :

🏨 **Airone** 🦢, 𝒫 929111, Telex 501829, Fax 917484, ≤, ☆, ⩣, 🐾, ✕, ⚓ – 🛗 ▤ 📺 ☎
– 🏧 180. 🖭 🖪 ① E 𝘝𝘐𝘚𝘈. ✹ rist
Pas carta 35/70000 – **85 cam** 🖃 230000 – 1/2 P 85/146000.

a Viticcio O : 5 km – ✉ **57037** Portoferraio :

🏨 **Paradiso** 🦢, 𝒫 939034, Fax 939041, ≤, ⩣, ⇆, ✕ – ☎ ❷. ✹ rist
aprile-settembre – Pas *(chiuso a mezzogiorno)* carta 33/51000 (10%) – 🖃 20000 – **37**
80/120000 – 1/2 P 60/120000.

a San Martino SO : 6 km – ✉ **57037** Portoferraio :

🏠 **Il Caminetto,** 𝒫 915700, Fax 915271, ☆, ⩣, ⇆ – ☎ ❷. ✹ rist
aprile-settembre – Pas carta 23/42000 (10%) – 🖃 10000 – **17 cam** 75/108000 – 1/2 P
95000.

ad Acquaviva O : 4 km – ✉ **57037** Portoferraio :

🏨 **Acquaviva Park Hotel** 🦢, 𝒫 915392, Fax 916903, ☆, « Percorsi nel bosco », ⩣
☎ ❷. 🖭 🖪 ① E 𝘝𝘐𝘚𝘈. ✹
23 aprile-11 ottobre – Pas (solo per clienti alloggiati e chiuso a mezzogiorno escluso
15 giugno al 31 agosto) – **39 cam** 🖃 100/200000 – 1/2 P 70/130000.

a Picchiaie S : 7 km – ✉ **57037** Portoferraio :

🏩 **Le Picchiaie Residence** 🦢, 𝒫 933110, Fax 933186, ≤ colline e golfo, ⩣, ⇆, ✕
📺 ☎ ❷ – 🏧 50. 🖪 E 𝘝𝘐𝘚𝘈. ✹
Pas 35/45000 – 🖃 25000 – **55 cam** 170/220000, 11 appartamenti – 1/2 P 95/165000.

a Magazzini SE : 8 km – ✉ **57037** Portoferraio :

🏩 **Fabricia** 🦢, 𝒫 933181, Telex 590033, Fax 933185, ≤ golfo e Portoferraio, « Gra
giardino sul mare », 🛝, ⩣, 🐾, ⇆, ✕ – ▤ 📺 ☎ ❷. 🖭 ① . ✹ rist
9 aprile-3 ottobre – Pas 70000 – **76 cam** 🖃 300000 – 1/2 P 110/200000.

a Biodola O : 9 km – ✉ **57037** Portoferraio :

🏩 **Hermitage** 🦢, 𝒫 936911, Telex 500219, Fax 969984, ≤, « Piccole costruzioni in p
ta », ⩣, 🐾, ⇆, ✕ – 🛗 ▤ 📺 ☎ ❷ – 🏧 400. 🖭 🖪 E 𝘝𝘐𝘚𝘈. ✹ rist
15 aprile-settembre – Pas 55/85000 – **110 cam** solo 1/2 P 108/300000.

🏩 **Biodola** 🦢, 𝒫 936811, Fax 969852, ≤, « Giardino fiorito con ⩣ », ⬚, 🐾, ⇆, ✕
▤ 📺 ☎ ❷. 🖭 🖪 E 𝘝𝘐𝘚𝘈. ✹ rist
aprile-20 ottobre – Pas 50/80000 – **75 cam** solo 1/2 P 98/238000.

a Scaglieri O : 9 km – ✉ **57037** Portoferraio :

🏠 **Danila** 🦢, 𝒫 969915, Fax 969865, ⇆ – 📺 ☎ ❷. 🖭 🖪 E 𝘝𝘐𝘚𝘈. ✹ rist
aprile-15 ottobre – Pas (solo per clienti alloggiati) carta 26/47000 – **27 cam** solo 1/2 P
100000.

✕ **Da Luciano,** 𝒫 969952, ≤ – ❷. 🖭 🖪 ① E 𝘝𝘐𝘚𝘈
Pasqua-19 ottobre; chiuso mercoledì fino al 15 giugno e dal 15 settembre al 19 otto
Pas carta 28/48000.

ad Ottone SE : 11 km – ✉ **57037** Portoferraio :

🏩 **Villa Ottone** 🦢, 𝒫 933042, Fax 933257, ≤, « Parco ombreggiato », ⩣, 🐾, ✕ –
📺 ☎ 🖭 🖪 ① E 𝘝𝘐𝘚𝘈. ✹ rist
15 maggio-2 ottobre – Pas 35/55000 – **70 cam** 🖃 220/300000 – 1/2 P 100/203000.

Rio Marina ⏢ N 13 – 2 384 ab. – ✉ **57038.**

🚢 per Piombino giornalieri (45 mn), a Cavo per Piombino giugno-settembre gio
liero (40 mn) – Toremar, via Appalto 114 𝒫 949871.

🚢 a Cavo, per Piombino giornalieri (15 mn) – Toremar, via Appalto 114 𝒫 949871.

Porto Azzurro 12 – Portoferraio 20.

Rio, *𝒫* 962722, Fax 962662, ≤ – |📞| ☎. ஊ 🆑 ⊑ *VISA*. 🍴 rist
aprile-settembre – Pas *(chiuso a mezzogiorno)* carta 30/50000 – **35 cam** ⭤ 200000 –
½ P 70/130000.

Mini Hotel Easy Time 🐾, *𝒫* 962531, ≤ – ▤ cam ☎ 🅿. 🆑 ⊑ *VISA*. 🍴 rist
Pas *(solo per clienti alloggiati e chiuso a mezzogiorno)* – ⭤ 15000 – **8 cam** 100000 –
½ P 65/100000.

La Canocchia, *𝒫* 962432, prenotare – ▤. 🆑 ⊑ *VISA*. 🍴
marzo-ottobre; chiuso lunedì in bassa stagione – **Pas** carta 30/45000.

a Cavo N : 7,5 km – ✉ **57030** :

Marelba 🐾, *𝒫* 949900, Fax 949776, « Giardino ombreggiato » – ☎ 🅿. 🍴
20 aprile-settembre – Pas carta 28/35000 – **52 cam** ⭤ 110000 – ½ P 70/110000.

Pierolli, *𝒫* 949812, Fax 931044, ≤, 🍽 – ☎ 🅿. ஊ 🆑 ⑩ ⊑ *VISA*. 🍴
Pas *(aprile-settembre)* 40000 – ⭤ 18000 – **22 cam** 110000 – ½ P 65/110000.

/AS Bolzano – Vedere Bressanone.

NA ▣ 988 ㊲, 432 0 24 – Vedere Sicilia.

TRACQUE 12010 Cuneo 428 J 4, 115 ⑦ – 881 ab. alt. 904 – a.s. luglio-agosto e Natale –
▸171.
▸667 – Cuneo 24 – ♦Milano 240 – Colle di Tenda 40 – ♦Torino 118.

Miramonti, *𝒫* 978222, ≤ – 🅿. 🍴 rist
chiuso dal 20 al 30 ottobre – Pas *(solo per clienti alloggiati e chiuso dal 17 aprile al
31 maggio)* 20/23000 – ⭤ 7000 – **14 cam** 48/68000 – ½ P 60/64000.

TRÈVES Aosta 988 ①, 428 E 2 – Vedere Courmayeur.

The new-formula **Michelin Green Tourist Guides** *offer:*

– *more detailed descriptive texts,*

– *accurate practical information,*

– *town plans, local maps and colour photographs,*

– *frequent fully revised editions.*

Always make sure you have the latest edition.

LIE (Isole) Messina 988 ㊱ ㊲ ㊳, 431 K 26 27, 432 L 26 27 – Vedere Sicilia.

PAN AN DER WEINSTRASSE = Appiano sulla Strada del Vino.

UI TERME 54022 Massa Carrara 428 429 430 J 12 – alt. 250 – ✪ 0585.
▸437 – ♦La Spezia 45 – Massa 48 – ♦Parma 122.

Terme 🐾, *𝒫* 97830, Fax 97831, ≤, 🍽, ⤵ termale, 🍽 – |📞| ▤ ☎ ♿ 🅿. ஊ 🆑 ⑩ *VISA*.
🍴 cam
Pas *(chiuso sabato da ottobre a maggio)* carta 30/60000 – **20 cam** ⭤ 65/90000 – ½ P 75/
90000.

La Posta con cam, *𝒫* 97937 – 🅿. 🍴
chiuso dal 7 gennaio al 25 marzo – Pas *(chiuso martedì)* carta 25/35000 – **7 cam** ⭤ 55/
65000 – ½ P 60/65000.

ACLEA 30020 Venezia 988 ⑤, 429 F 20 – 11 947 ab. alt. 2 – ✪ 0421.
▸Marinella 56 *𝒫* 66134, Fax 66500.
▸569 – Belluno 102 – ♦Milano 308 – ♦Padova 78 – Treviso 45 – ♦Trieste 120 – Udine 89 – ♦Venezia 58.

ad Eraclea Mare SE : 10 km – ✉ **30020** :

Park Hotel Pineta 🐾, *𝒫* 66063, Fax 66196, « Giardino ombreggiato », ⤵, ▲⭘ – ▤ rist
☎ 🅿. 🍴
15 maggio-25 settembre – Pas carta 27/34000 – **45 cam** ⭤ 70/120000 – ½ P 58/82000.

3A 22036 Como 988 ③, 428 E 9 – 16 243 ab. alt. 323 – ✪ 031.
▸622 – Como 14 – Lecco 15 – ♦Milano 44.

Castello di Casiglio 🐾, località Parravicino SO : 2 km *𝒫* 627288, Fax 629649, « Castel-
lo duecentesco in un parco secolare », ⤵ – |📞| ▤ 📺 ☎ 🅿 – 🅰 400. ஊ 🆑 ⑩ ⊑ *VISA*.
🍴 rist
Pas carta 78/ i 13000 – **44 cam** ⭤ 330/350000, 5 appartamenti.

Castello di Pomerio, via Como 5 *𝒫* 627516, Telex 380463, Fax 628245, *Ⅰ₆*, ⤵, ▧, 🍽
🍴 – |📞| 📺 ☎ 🅿 – 🅰 200. ஊ 🆑 ⑩ ⊑ *VISA*. 🍴 rist
Pas carta 78/113000 – **54 cam** ⭤ 330/350000, 3 appartamenti.

La Vispa Teresa, via XXV Aprile 115 *𝒫* 640141, Rist. e pizzeria – ▤
chiuso lunedì e dal 31 luglio al 20 agosto – Pas carta 35/60000.

ERBUSCO 25030 Brescia 🔢🔢 F 11 – 6 417 ab. alt. 251 – 🏯 030.

Roma 578 – ♦Bergamo 28 – ♦Brescia 23 – ♦Milano 69.

XXX **Club XVII Miglio,** via Baluccanti 12 ℰ 7268006, Rist. e piano bar, Coperti lim prenotare – 🍽. 🕅 🗲 ▨▨. ℀
chiuso a mezzogiorno, domenica, lunedì ed agosto – Pas carta 46/73000.

XX **Da Bertoli,** via per Iseo 29 (NE : 5 km) ℰ 7241017, Fax 7241017, 🏤, 🐎 – 🖙 🅿. [
🅞 🗲 ▨▨
chiuso lunedì, dal 2 al 20 gennaio e dal 10 al 20 agosto – Pas carta 49/91000.

ERCOLANO 80056 Napoli 🔢🔢 ㉗, 🔢🔢 E 25 – 63 475 ab. – 🏯 081.

Vedere Terme★★★ – Casa a Graticcio★★ – Casa dell'Atrio a mosaico★★ – Casa Sannitica
Casa del Mosaico di Nettuno e Anfitrite★★ – Pistrinum★★ – Casa dei Cervi★★ – Casa
Tramezzo carbonizzato★ – Casa del Bicentenario★ – Casa del Bel Cortile★ – Casa del Mo
carbonizzato★ – Teatro★ – Terme Suburbane★.

Dintorni Vesuvio★★★ NE : 14 km e 45 mn a piedi AR.

Roma 224 – ♦Napoli 11 – Pozzuoli 26 – Salerno 46 – Sorrento 39.

🏨 **Puntaquattroventi,** via Marittima 59 ℰ 7773041, Fax 7773757, ⬳ – 🛗 🍽 📺 ☎
🅰 60 a 160. 🆎 🅞 ▨▨. ℀ rist
Pas *(chiuso martedì)* carta 30/54000 (15%) – **37 cam** ⊇ 105/180000, 10 appartam
🍽 15000 – ½ P 145000.

XX **La Piadina,** via Cozzolino 10 ℰ 7717141 – 🍽 🅿 – 🅰 200. 🆎 🕅 🅞. ℀
chiuso martedì e dall'11 al 19 agosto – Pas carta 26/45000 (12%).

ERICE Trapani 🔢🔢 ㉟, 🔢🔢 M 19 – Vedere Sicilia.

ESTE 35042 Padova 🔢🔢 ⑤, 🔢🔢 G 16 – 17 865 ab. alt. 15 – 🏯 0429.

Vedere Museo Nazionale Atestino★ – Mura★.

Roma 480 – ♦Ferrara 64 – Mantova 76 – ♦Milano 220 – ♦Padova 32 – Rovigo 29 – ♦Venezia 69 – Vicenza 45.

🏨 **Beatrice d'Este,** viale delle Rimembranze 1 ℰ 600533, Fax 601957 – 🍽 rist ☎
🅰 30 a 100. 🆎. ℀ rist
Pas *(chiuso domenica sera)* carta 29/39000 – ⊇ 6000 – **30 cam** 40/70000 – ½ P 50/55(

🏠 **Centrale,** piazza Beata Beatrice 14 ℰ 601757 – 🛗 🍽 rist 📺 ☎ ⬆. 🆎 🕅 🅞 🗲 ▨▨
Pas *(chiuso venerdì)* carta 30/42000 – ⊇ 7000 – **21 cam** 45/70000.

ETNA Catania 🔢🔢 ㉗, 🔢🔢 N 26 – Vedere Sicilia.

ETROUBLES 11014 Aosta 🔢🔢 E 3, 🔢🔢 ② – 415 ab. alt. 1 280 – a.s. Pasqua, 15 giu
8 settembre e Natale – 🏯 0165.

Roma 760 – Aosta 14 – Colle del Gran San Bernardo 18 – ♦Milano 198 – ♦Torino 127.

🏠 **Col Serena,** ℰ 78218, ⬳ – 📺 ☎ 🅿. 🕅 🅞 🗲 ▨▨
Pas *(chiuso martedì)* 25000 – ⊇ 7000 – **16 cam** 54/80000 – ½ P 65/75000.

XX **Croix Blanche,** ℰ 78238, 🏤 – 🅿. 🕅 🗲 ▨▨
chiuso lunedì, dal 7 al 30 gennaio, maggio e dal 5 novembre al 20 dicembre –
carta 32/63000.

FABRIANO 60044 Ancona 🔢🔢 ⑯, 🔢🔢 L 20 – 28 656 ab. alt. 325 – 🏯 0732.

Vedere Piazza del Comune★ – Piazza del Duomo★.

Dintorni Grotte di Frasassi★★ N : 11 km..

Roma 216 – ♦Ancona 76 – Foligno 58 – Gubbio 36 – Macerata 69 – ♦Perugia 72 – Pesaro 116.

🏨 **Janus Hotel Fabriano,** piazza Matteotti 45 ℰ 4191, Fax 5714 – 🛗 🍽 📺 ☎ ⬅
🅰 200. 🆎 🕅 🅞 🗲 ▨▨. ℀ rist
Pas *(chiuso venerdì e dal 1° al 24 agosto)* carta 45/65000 – ⊇ 12000 – **72 cam** 100/18(
4 appartamenti, 🍽 10000 – ½ P 130000.

🏠 **Aristos** senza rist, via Cavour 103 ℰ 22308 – 📺 ☎. ℀
⊇ 12000 – **8 cam** 80/110000.

XX **Il Cantoncino,** piazza dei Partigiani 10 ℰ 24455 – 🍽. 🆎 🕅 🅞 🗲 ▨▨. ℀
chiuso lunedì ed agosto – Pas carta 43/68000.

X **Marchegiana,** piazza Cairoli 1 ℰ 23919, Fax 23919, Rist. e pizzeria – 🆎 🕅 🅞 🗲 ▨▨
chiuso lunedì escluso da luglio a settembre – Pas carta 35/61000.

sulla strada statale 76 NE : 5 km :

XX **Old Ranch** ⬂ con cam, località Piaggia d'Olmo ⌧ 60044 Fabriano ℰ 627610, « S
zio estivo in giardino » – 🅿. 🕅 🗲 ▨▨. ℀ rist
chiuso dal 30 giugno al 25 luglio – Pas *(chiuso martedì)* carta 35/61000 (10%) – senza
9 cam 80000.

FABRO 05015 Terni 🔢🔢 N 18 – 2 804 ab. alt. 364 – 🏯 0763.

Roma 144 – Arezzo 83 – ♦Perugia 50 – Siena 95 – Terni 94.

X **La Bettola del Buttero** con cam, al casello autostrada A 1 ℰ 82446 e hotel ℰ 8
Fax 82016, 🏤, 🐎 – 📺 🎥 🅿. 🕅 🅞 🗲 ▨▨. ℀
Pas *(chiuso dal 24 dicembre al 3 gennaio, dal 10 al 20 agosto, sabato sera e dome*
carta 35/53000 – ⊇ 10000 – **15 cam** 72/110000.

ENZA 48018 Ravenna 988 ⑮, 429 430 J 17 – 54 051 ab. alt. 35 – ✆ 0546.

dere Museo Internazionale della Ceramica★★.

na 368 ② – ◆Bologna 49 ④ – ◆Firenze 104 ③ – ◆Milano 264 ① – ◆Ravenna 31 ① – Rimini 67 ①.

FAENZA

baldi (Corso)	Libertà (Piazza della) 2
teoti (Corso)	Martiri della Libertà (Piazza) 3
zini (Corso Giuseppe)	Martiri Ungheresi (Via) 5
i (Corso)	Popolo (Piazza del) . 8

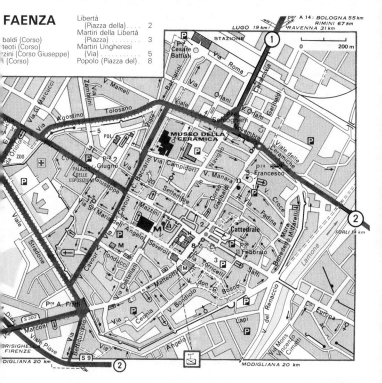

🏠 **Cavallino,** via Forlivese 185 ℰ 30226, Fax 30852 – 🛗 ▤ 📺 ☎ 🕹 🅿 – 🔥 150. 🖭 🕙 ⓪ 🖻 VISA
1 km per ②
Pas carta 29/44000 – **80 cam** ☲ 130000 – ½ P 130/150000.

🏠 **Vittoria,** corso Garibaldi 23 ℰ 21508, Fax 29136 – 🛗 📺 ☎ – 🔥 200. 🖭 🕙 ⓪ 🖻 VISA
🍽 rist n
Pas carta 32/50000 – **41 cam** ☲ 95/160000, 2 appartamenti.

🍴 **Amici Miei,** corso Mazzini 54 (Galleria Gessi) ℰ 661600 a
chiuso domenica sera, lunedì ed agosto – Pas carta 43/61000.

a Santa Lucia delle Spianate SE : 6,5 km per via Mons. Vincenzo Cimatti – ✉ **48018**
Faenza :

🍴 **Monte Brullo,** ℰ 642014, 🏤 , 🍽 – 🅿 🍽
chiuso martedì, mercoledì a mezzogiorno, febbraio e novembre – Pas carta 21/38000.

a San Biagio SE : 9 km per via Mons. Vincenzo Cimatti – ✉ **48018** Faenza :

🍴 **San Biagio Vecchio,** salita di Oriolo ℰ 642057, « Servizio estivo in terrazza con ≤
pianura » – 🅿 🖭 🕙 ⓪ 🖻 VISA
chiuso martedì, dal 6 gennaio al 10 febbraio e dal 1° al 15 novembre – Pas carta 20/39000.

I DELLA PAGANELLA 38010 Trento 429 D 15 – 848 ab. alt. 958 – a.s. febbraio-Pasqua e
ale – Sport invernali : 958/2 103 m ≰5, ⚡ (vedere anche Andalo e Molveno) – ✆ 0461.
a Cesare Battisti ℰ 583130, Fax 583410.

a 616 – ◆Bolzano 55 – ◆Milano 222 – Riva del Garda 57 – Trento 34.

🏠 **Arcobaleno,** ℰ 583306, Fax 583306, ≤ – 🛗 ▤ rist 📺 ☎ 🚗 🅿 – 🔥 120. 🍽
Pas carta 25/45000 – ☲ 10000 – **36 cam** 60/100000 – ½ P 85000.

🏠 **Negritella** 🍸, ℰ 583145, ≤ – ☎ 🅿 🍽
dicembre-Pasqua e giugno-10 settembre – Pas (chiuso lunedì) 21000 – ☲ 8500 – **19 cam**
42/76000 – ½ P 60/73000.

223

FAIDO 427⑲, 218⑫ – Vedere Cantone Ticino alla fine dell'elenco alfabetico.

FAITO (Monte) Napoli 431 E 25 – alt. 1 103.
Vedere ✳✦✦✦ dal Belvedere dei Capi – ✳✦✦✦ dalla cappella di San Michele.
Roma 253 – Castellammare di Stabia 15 (per strada a pedaggio) oppure 10 mn di funivia – ◆Napoli 44 – Salerno Vico Equense 15.

FALCADE 32020 Belluno 988⑤, 429 C 17 – 2 295 ab. alt. 1 145 – Sport invernali : 1 1 2 550 m ⚡10, ⚡ – ⑱ 0437.
🛈 piazza Municipio 1 ℘ 599241, Fax 599242.
Roma 667 – Belluno 50 – ◆Bolzano 64 – ◆Milano 348 – Trento 108 – ◆Venezia 156.

🏨 Molino ⯎, località Molino ℘ 599070, Fax 599588, ≼, ≘s, 🔲 – 📺 ☎ ❷
stagionale – **20 cam.**

🏨 Stella Alpina, ℘ 599046, Fax 599048, ≼ – 🛗 ☎ ❷
stagionale – **37 cam.**

🏨 Arnica, località Canès ℘ 599523, ≼ – ☎ ❷
stagionale – **20 cam.**

FALCONARA MARITTIMA 60015 Ancona 988⑯, 429 430 L 22 – 30 149 ab. – a.s. luç agosto – ⑱ 071.
✈ O : 0,5km ℘ 56257, Fax 2070096.
🛈 via Cavour 3 ℘ 910458.
Roma 279 – ◆Ancona 13 – Macerata 61 – Pesaro 63.

🏨 **Touring** ⯎, via degli Spagnoli 18 ℘ 9160005, Fax 913000, 🔟 riscaldata – 🛗 📺 ☎ ◀
🏛 200. 🖭 🕃 ⓞ 🖅
Pas vedere rist Da Ilario – 🍽 5000 – **80 cam** 70/106000 – ½ P 80/90000.

XX ⯎ **Villa Amalia** con cam, via degli Spagnoli 4 ℘ 9160550, Fax 912045, 🌿 – 🔳 📺 ☎ ◀
ⓞ 🖅. ⯎
Pas *(chiuso martedì)* carta 50/68000 – 🍽 10000 – **7 cam** 80/110000 – 🔲 10000
Spec. Calamaretti con salsa bianca tartufata (autunno-inverno), Passatelli al nero di seppia, Coda di rospo in fog lattuga con macedonia di verdure. **Vini** Verdicchio, Rosso Conero.

XX **Paradiso**, via Toscana 9 ℘ 911672 – 🖭 🕃 🖻 🖅. ⯎
chiuso martedì e dal 1° al 18 agosto – Pas carta 35/55000.

XX Da Ilario, via Tito Speri 2 ℘ 9170678, Fax 9170678 – 🔳

Vedere anche : **Marina di Montemarciano** O : 4 km.

Des modifications et des améliorations sont constamment apportées
au réseau routier italien.
Achetez l'édition la plus récente de la carte Michelin 988 *à 1/1 000 000.*

FALZES (PFALZEN) 39030 Bolzano 429 B 17 – 2 031 ab. alt. 1 022 – ⑱ 0474.
Roma 711 – ◆Bolzano 65 – Brunico 5.

🏨 **Edy**, ℘ 528141, ≼, ≘s, 🔟, 🔲, 🌿 – ⯌ ❷. ⯎
chiuso da novembre al 18 dicembre – Pas (solo per clienti alloggiati) 20000 – **30 c**
solo ½ P 48/79000.

ad Issengo (Issing) NO : 1,5 km – ✉ 39030 Falzes :

XX **Al Tanzer** ⯎ con cam, ℘ 565366, Fax 565646, prenotare – ☎ ❷. 🖭 🕃 🖻 🖅
chiuso dal 14 al 30 giugno – Pas *(chiuso a mezzogiorno escluso Natale-Pasqua e ma* *dal 16 settembre a giugno)* carta 34/71000 – **20 cam** 🍽 75/130000 – ½ P 42/93000.

a Molini (Mühlen) NO : 2 km – ✉ 39030 Chienes :

XX **Schöneck**, ℘ 565550, ≼, 🍴, prenotare – ❷. 🖭 🕃 ⓞ 🖻 🖅. ⯎
chiuso lunedì, martedì a mezzogiorno e dal 25 febbraio al 9 aprile – Pas carta 41/78000.

FANO 61032 Pesaro e Urbino 988⑯, 429 430 K 21 – 53 200 ab. – a.s. 25 giugno-agos⯌ ⑱ 0721.
Vedere Corte Malatestiana✦ – Dipinti del Perugino✦ nella chiesa di Santa Maria Nuova.
🛈 viale Cesare Battisti 10 ℘ 803534, Fax 824292.
Roma 289 ③ – ◆Ancona 65 ② – ◆Perugia 123 ③ – Pesaro 11 ④ – Rimini 51 ②.

Pianta pagina seguente

🏨 **Elisabeth Due**, piazzale Amendola 2 ℘ 823146, ≼ – 🛗 🔳 📺 ☎. 🖭 🕃 ⓞ 🖻 🖅
Pas 40/55000 – 🍽 10000 – **32 cam** 120/180000, 4 appartamenti – ½ P 110/140000.

🏨 **Augustus**, via Puccini 2 ℘ 809781, Fax 825517 – 🛗 🔳 📺 ☎. 🖭 🕃 ⓞ 🖻 🖅. ⯎
Pas *(chiuso lunedì)* 40/60000 – 🍽 15000 – **22 cam** 90/120000 – ½ P 80/100000.

🏨 Continental, viale Adriatico 148 ℘ 800670, ≼ – 🛗 ☎ ❷
stagionale – **52 cam.**

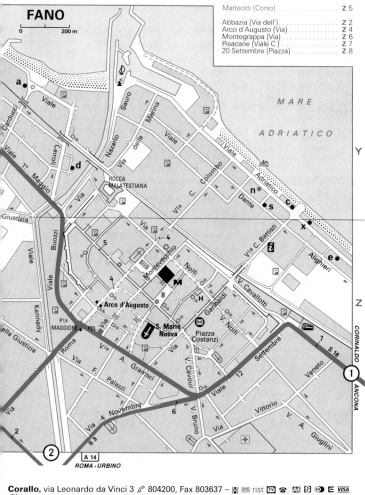

Matteotti (Corso) . . . . **Z** 5

Abbazia (Via dell') . . . . **Z** 2
Arco d'Augusto (Via) . . . . **Z** 4
Montegrappa (Via) . . . . **Z** 6
Pisacane (Viale C.) . . . . **Z** 7
20 Settembre (Piazza) . . . . **Z** 8

FANO

MARE ADRIATICO

Corallo, via Leonardo da Vinci 3 ℘ 804200, Fax 803637 – 📶 🍴 rist 📺 ☎. 🆎 ⑤ ⓞ ⑤ 𝘝𝘐𝘚𝘈. 🦋
chiuso dal 24 dicembre al 6 gennaio – Pas carta 38/50000 – ☱ 10000 – **22 cam** 60/80000 – ½ P 60/80000.   **Y s**

Angela, viale Adriatico 13 ℘ 801239, ≤ – 📺 ☎. 🆎 ⑤ ⓞ ⑤ 𝘝𝘐𝘚𝘈. 🦋   **YZ x**
Pas carta 36/73000 – ☱ 10000 – **22 cam** 65/85000 – ½ P 70/82000.

Cristallo, viale Cesare Battisti 27 ℘ 803282, ≤ – 📶   **Y c**
30 cam.

Il Ristorantino-da Giulio, viale Adriatico 100 ℘ 805680, Solo piatti di pesce – ⑤ ⑤ 𝘝𝘐𝘚𝘈. 🦋   **Y n**
chiuso martedì e dal 25 ottobre al 25 novembre – Pas carta 46/68000.

Vedere anche : *Marotta* per ① : 13 km.

A NOVARESE 28073 Novara 𝟿𝟾𝟾 ②, 𝟺𝟸𝟾 F 7 – 2 088 ab. alt. 211 – ⓐ 0321.
638 – Biella 44 – ◆Milano 64 – Novara 18 – ◆Torino 86 – Vercelli 31.

Tre Re, S : 1 km ℘ 829271 – 📶 🍴 rist 📺 ☎ 🚗 🅿. 🦋
chiuso agosto – Pas (solo per clienti alloggiati; *chiuso a mezzogiorno, venerdì, sabato e domenica*) – ☱ 4000 – **16 cam** 35/58000 – ½ P 55/60000.

225

FARA SAN MARTINO 66015 Chieti 🗺️🗺️🗺️ P 24 – 1 792 ab. alt. 440 – 🌀 0872.
Roma 224 – Chieti 52 – Isernia 78 – ✦Pescara 71.

🏨 **Del Camerlengo**, E : 1 km 🖋️ 980136, Telex 600373, Fax 980080, 🏊, 🦅, 💥 – 🛗 🔋
🔺 🔣
Pas 18/28000 – **70 cam** 🛏️ 50/80000 – ½ P 65/80000.

FARDELLA 85030 Potenza 🗺️🗺️🗺️ G 30 – 982 ab. alt. 756 – 🌀 0973.
Roma 434 – Matera 129 – Potenza 153 – Sapri 76 – ✦Taranto 141.

🏠 **Borea**, 🖋️ 572004 – 🛗 🅿️. 💥
Pas *(chiuso lunedì)* 20000 – 🛏️ 5000 – **40 cam** 25/50000 – ½ P 45000.

FARINI 29023 Piacenza 🗺️🗺️🗺️ ⑬, 🗺️🗺️🗺️ H 10 – 2 333 ab. alt. 426 – 🌀 0523.
Roma 560 – ✦Genova 123 – Piacenza 43.

💥💥 🌀 **Georges Cogny-Locanda Cantoniera**, strada statale 654 (S : 4,5 km) 🖋️ 91💥
solo su prenotazione – 🔣
aprile-ottobre; chiuso mercoledì – Pas carta 70/95000
Spec. Tortino di tartufo al sale grosso, Ravioli di patate al profumo di prezzemolo, Cialda al fegato d'anitra e💥
balsamico. **Vini** Sauvignon, Cabernet-Sauvignon.

FARO DI TORRE CERVIA Latina – Vedere San Felice Circeo.

FARRA DI SOLIGO 31010 Treviso 🗺️🗺️🗺️ E 18 – 7 339 ab. alt. 163 – 🌀 0438.
Roma 590 – Belluno 71 – Treviso 35 – ✦ Venezia 72.

a Soligo E : 3 km – ✉️ **31020** :

💥 **Casa Rossa**, località San Gallo 🖋️ 840131, ≼ vallata, 🍴, Solo carne alla griglia – 🌀
🔣 🔣 🔣. 💥
chiuso mercoledì, giovedì, gennaio e febbraio – Pas 40/65000 bc.

a Col San Martino O : 3 km – ✉️ **31010** :

💥 **Adamo**, 🖋️ 989360 – 🅿️
chiuso martedì e dal 15 luglio al 10 agosto – Pas carta 27/44000.

FASANO 72015 Brindisi 🗺️🗺️🗺️ ㉙, 🗺️🗺️🗺️ E 34 – 38 835 ab. alt. 111 – a.s. 20 giugno-agosto – 🌀💥
Dintorni Regione dei Trulli★★★ Sud.
🗺️ piazza Ciaia 10 🖋️ 713086.
Roma 507 – ✦Bari 57 – ✦Brindisi 58 – Lecce 96 – Matera 86 – Taranto 49.

💥 **Rifugio dei Ghiottoni**, via Nazionale dei Trulli 116 🖋️ 714800 – 🔲. 🔣 🔣 🔣. 💥
chiuso mercoledì e luglio – Pas carta 24/36000 (15 %).

a Selva O : 5 km – alt. 396 – ✉️ **72010** Selva di Fasano.
🗺️ (giugno-settembre) via Toledo 🖋️ 713086 :

🏨 **Sierra Silvana** 🔖, 🖋️ 9331322, Telex 813344, Fax 9331207, 🍴, « Giardino », 🏊 –
🔲 🔣 🔣 🔣 🅿️ – 🔣 40 a 350. 🔺 🔣 🔣 🔣 🔣 🔣. 💥
15 marzo-15 novembre – Pas 30/37000 – 🛏️ 11000 – **120 cam** 140000 – ½ P 86/12000💥

🏨 **Miramonti**, 🖋️ 9331300, Fax 9331569 – 🔲 🔣 🅿️. 🔺 🔣 🔣 🔣 🔣. 💥
chiuso dal 20 dicembre al 7 gennaio – Pas (solo per clienti alloggiati) 25/30000 – 🛏️ 7💥
20 cam 75/110000 – ½ P 85/105000.

🏠 **La Silvana** 🔖, 🖋️ 9331161, ≼ – 🦅 🚗 🅿️. 🔣 🔣 🔣. 💥
Pas *(chiuso venerdì)* carta 28/41000 – 🛏️ 6000 – **18 cam** 50/75000 – ½ P 73000.

💥💥💥 **Fagiano**, 🖋️ 9331157, « Servizio estivo all'aperto » – 🅿️. 🔺 🔣 🔣 🔣 🔣. 💥
chiuso novembre, lunedì sera e martedì (escluso da luglio a settembre) – Pas cart💥
60000 (10 %).

💥💥 Rifugio dei Ghiottoni 2, 🖋️ 9331520, 🍴 – 🔣 🅿️.

Vedere anche : *Savelletri* NE : 7 km.
Torre Canne E : 13 km.

FASANO DEL GARDA Brescia – Vedere Gardone Riviera.

FAUGLIA 56043 Pisa 🗺️🗺️🗺️ 🗺️🗺️🗺️ L 13 – 2 882 ab. alt. 91 – 🌀 050.
Roma 323 – ✦Firenze 83 – ✦Livorno 24 – Pisa 22 – Siena 106.

💥💥 **Vallechiara**, NO : 2 km 🖋️ 650553, 🦅 – 🔣 🅿️. 🔣 🔣. 💥
chiuso lunedì, martedì e novembre – Pas carta 33/46000.

FAVARI Torino – Vedere Poirino.

FAVIGNANA (Isola di) Trapani 🗺️🗺️🗺️ N 18 – Vedere Sicilia (Egadi, isole).

FEISOGLIO 12050 Cuneo 🗺️🗺️🗺️ I 6 – 471 ab. alt. 706 – 🌀 0173.
Roma 616 – Alessandria 69 – Cuneo 60 – ✦Milano 163 – Savona 75 – ✦Torino 87.

💥💥 **Piemonte-da Renato**, 🖋️ 831116, solo su prenotazione – 🅿️. 💥
Pasqua-15 dicembre – Pas (menu suggeriti dal proprietario) 45000.

TRE 32032 Belluno 988 ⑤ , 429 D 17 – 19 904 ab. alt. 324 – ✆ 0439.

Vedere Piazza Maggiore★ – Via Mezzaterra★.

Largo Castaldi 🕿 2540, Fax 2839.

a 593 – Belluno 31 – ◆Milano 288 – ◆Padova 93 – Trento 81 – Treviso 58 – ◆Venezia 88 – Vicenza 84.

Doriguzzi, viale Piave 2 🕿 2003, Fax 83660 – 📶 📺 🕿 🚗 🅿 – 🔬 60. 🛢 ⑩ 🛢 𝘝𝘐𝘚𝘈. 🌮
Pas (solo per clienti alloggiati; *chiuso dal 1° al 15 agosto*) carta 30/55000 – 🖙 15000 –
23 cam 120/150000 – ½ P 80/130000.

Nuovo senza rist, vicolo Fornere Pazze 5 🕿 2110, Fax 89241 – 📶 📺 🕿 🕭 🅿. 🛢 🛢 🛢 𝘝𝘐𝘚𝘈
🖙 8000 – **25 cam** 70/100000.

NEGRO 22070 Como 219 ⑱ – 2 293 ab. alt. 290 – ✆ 031.

a 615 – Como 18 – ◆Milano 38.

X **In,** via Monte Grappa 20 🕿 935702, Coperti limitati; prenotare – 🗏 🅿

NER 32030 Belluno 988 ⑤ , 429 E 17 – alt. 198 – ✆ 0439.

a 564 – Belluno 43 – ◆Milano 269 – ◆Padova 63 – Treviso 39 – ◆Venezia 69.

Tegorzo con cam, al ponte 🕿 779547, 🌮 – 📶 📺 🕿 🅿 – 🔬 50 a 130. 🛢 🛢 🛢 𝘝𝘐𝘚𝘈. 🌮
chiuso dal 14 al 30 giugno – Pas *(chiuso mercoledì)* carta 32/45000 – 🖙 10000 – **30 cam**
65/85000 – ½ P 50/63000.

NESTRELLE 10060 Torino 988 ⑪ , 428 G 3 – 686 ab. alt. 1 154 – ✆ 0121.

a 727 – ◆Milano 219 – Sestriere 21 – ◆Torino 72.

Camoscio, via Umberto I n° 67 🕿 83940 – 🌮
chiuso settembre – Pas *(chiuso giovedì)* carta 25/48000 – 🖙 6000 – **18 cam** 32/65000 –
P 55/65000.

La guida cambia, cambiate la guida ogni anno.

RENTILLO 05034 Terni 430 O 20 – 2 014 ab. alt. 252 – ✆ 0744.

a 122 – Rieti 54 – Terni 18.

Piermarini, via della Vittoria 53 🕿 780714 – 🗏. ⑩ 𝘝𝘐𝘚𝘈
chiuso lunedì e dal 1° al 15 settembre – Pas carta 25/50000.

RENTINO 03013 Frosinone 988 ㉖ , 430 Q 21 – 19 278 ab. alt. 393 – ✆ 0775.

Dintorni Anagni : cripta★★★ nella cattedrale★★, quartiere medioevale★, volta★ del palazzo
comunale NO : 15 km.

a 75 – Fiuggi 23 – Frosinone 12 – Latina 66 – Sora 42.

Bassetto, via Casilina Sud al km 74,600 🕿 244931, Fax 244399 – 📶 🗏 📺 🕿 🅿. 🛢 🛢 ⑩
🛢 𝘝𝘐𝘚𝘈. 🌮
Pas carta 41/69000 – **72 cam** 🖙 90/125000 – ½ P 140/154000.

X **Primavera,** via Casilina Nord al km 70 🕿 246521, Fax 245295 – 🗏 🅿. 🛢 🛢 ⑩ 🛢 𝘝𝘐𝘚𝘈. 🌮
chiuso lunedì – Pas carta 30/45000.

RIOLO 28040 Novara 428 E 7, 219 ⑥ – alt. 195 – a.s. 28 giugno-15 settembre – ✆ 0323.

a 664 – Domodossola 35 – Locarno 48 – ◆Milano 87 – Novara 63.

Carillon senza rist, 🕿 28115, Fax 28550, ≤ lago, « Giardino in riva al lago », 🏖 – 📶 📺
🕭 🅿. 🛢 ⑩ 🛢 𝘝𝘐𝘚𝘈
Pasqua-ottobre – 🖙 10000 – **32 cam** 60/80000 – ½ P 75/85000.

Oriente senza rist, 🕿 28143, 🌳 – 🅿
15 marzo-10 ottobre – 🖙 5000 – **8 cam** 55000.

X **Serenella,** 🕿 28112, 🏡, 🌳 – 🅿. 🛢 🛢 ⑩ 🛢 𝘝𝘐𝘚𝘈
chiuso mercoledì – Pas carta 31/47000 (10%).

X **Mirafiori,** 🕿 28128, ≤, « Servizio estivo in terrazza » – 𝘝𝘐𝘚𝘈
marzo-ottobre; chiuso mercoledì – Pas carta 30/45000 (10%).

RMO Ascoli Piceno 988 ⑯ , 430 M 23 – alt. 321 – a.s. luglio-15 settembre – ✆ 0734.

Vedere Posizione pittoresca★ – ≤★★ dalla piazza del Duomo★ – Facciata★ del Duomo.

a 263 – ◆Ancona 69 – Ascoli Piceno 67 – Macerata 41 – ◆Pescara 102.

RRARA 44100 🅿 988 ⑮ , 429 H 16 – 140 600 ab. alt. 10 – ✆ 0532.

Vedere Duomo★★ BYZ – Castello Estense★ BY **B** – Palazzo Schifanoia★ BZ **E** : affreschi★★ –
Palazzo dei Diamanti★ BY **F** : pinacoteca nazionale★, affreschi★★ nella sala d'onore – Corso
Ercole I d'Este★ BY – Palazzo di Ludovico il Moro★ BZ **M** – Casa Romei★ BZ **L** – Palazzina di
Marfisa d'Este★ BZ **N**.

Piazza Municipale 19 🕿 209370.

🚂 via Padova 17/17a 🕿 52721.

a 423 ③ – ◆Bologna 47 ③ – ◆Milano 252 ③ – ◆Padova 73 ④ – ◆Venezia 110 ④ – ◆Verona 102 ④.

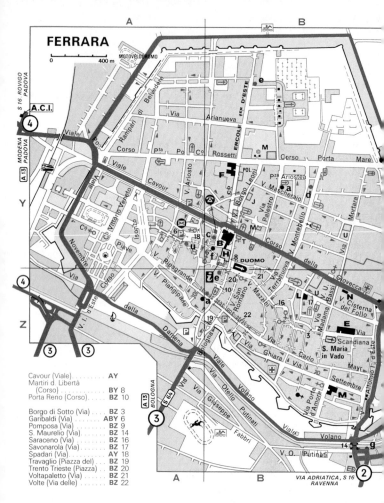

FERRARA

0 — 400 m

Cavour (Viale) . . . . **AY**
Martiri d. Libertà
(Corso) . . . . **BY** 8
Porta Reno (Corso) . . . **BZ** 10

Borgo di Sotto (Via) . . **BZ** 3
Garibaldi (Via) . . . . . . **ABY** 6
Pomposa (Via) . . . . . . **BZ** 9
S. Maurelio (Via) . . . . **BZ** 14
Saraceno (Via) . . . . . . **BZ** 16
Savonarola (Via) . . . . **BZ** 17
Spadari (Via) . . . . . . **AY** 18
Travaglio (Piazza del) . . **BZ** 19
Trento Trieste (Piazza) . . **BZ** 20
Voltapaletto (Via) . . . . **BZ** 21
Volte (Via delle) . . . . . . **BZ** 22

🏨🏨 **Duchessa Isabella,** via Palestro 70 ℰ 202121 e rist ℰ 202122, Fax 202638, ㎡, « I palazzo del 15° secolo », ㎡ – 🛗 ▦ 📺 ☎ 🅿. 🕃 🖃 𝑉𝐼𝑆𝐴 BY
chiuso dal 1° al 28 agosto – Pas *(chiuso lunedì)* carta 65/98000 – ⌕ 30000 – **21** 430000, 6 appartamenti – ½ P 260/280000.

🏨🏨 **Ripagrande,** via Ripagrande 21 ℰ 765250, Telex 521169, Fax 764377, « Palazzo del secolo; servizio rist. estivo in cortile » – 🛗 ▦ 📺 ☎ – 🔬 30 a 80. 🕮 🕃 ⓞ 🖃 𝑉𝐼𝑆𝐴 Pas *(chiuso lunedì e dal 25 luglio al 25 agosto)* carta 40/57000 (10%) – **40 cam** ⌕ 270000. ABZ

🏨🏨 **Annunziata** senza rist, piazza Repubblica 5 ℰ 201111, Fax 203233 – 🛗 ▦ 📺 ☎ – 🔬 🕮 🕃 ⓞ 🖃 𝑉𝐼𝑆𝐴 ⅋⅋ – **26 cam** ⌕ 180/275000.

XXX L'Oracolo, via Montebello 79 ℰ 47837, Coperti limitati; prenotare, « Servizio estivo i fresco cortile » – ▦ BY

XX **La Provvidenza,** corso Ercole I d'Este 92 ℰ 205187, ㎡ – 🅿. 🕮 🕃 ⓞ 🖃 𝑉𝐼𝑆𝐴 ⅋⅋ BY
chiuso lunedì e dall'11 al 17 agosto – Pas carta 38/59000 (10%).

XX **La Romantica,** via Ripagrande 34-40 ℰ 765975 – 🕮 🕃 ⓞ 🖃 𝑉𝐼𝑆𝐴 ⅋⅋ ABZ
chiuso martedì sera, mercoledì, dal 1° al 15 gennaio e dal 1° al 22 agosto – Pas carta 43000 (10%).

XX **Grotta Azzurra,** piazza Sacrati 43 ℰ 209152, ㎡ – ▦ 🕮 🕃 ⓞ 🖃 𝑉𝐼𝑆𝐴 AY
chiuso mercoledì, dal 2 al 10 gennaio e dal 15 al 30 luglio – Pas carta 34/56000 (10%

Centrale, via Boccaleone 8 ℰ 206735, 斎 – 쬬 🕄 ① ⋿ 𝘝𝘐𝘚𝘈. ⅌   BZ **e**
chiuso domenica, mercoledì sera e dal 1° al 15 luglio – Pas carta 39/66000.

Vecchia Chitarra, via Ravenna 13 ℰ 62204.   BZ **g**

Max, piazza della Repubblica 16 ℰ 209309, 斎, ⏦ – 쬬 🕄 ① ⋿ 𝘝𝘐𝘚𝘈. ⅌   BY **c**
chiuso sabato, dal 24 dicembre al 7 gennaio e dal 1° al 15 luglio – Pas carta 25/39000 (10%).

a Marrara per ② : 17 km – ⊠ **44040** :

Trattoria da Ido, ℰ 421064, Coperti limitati; prenotare – ❶. 쬬 🕄 ① 𝘝𝘐𝘚𝘈. ⅌
chiuso domenica, lunedì, dal 1° al 15 gennaio, dal 1° al 15 luglio e dal 1° al 10 settembre –
Pas carta 36/51000.

FERRAZZANO Campobasso 430 R 26, 431 C 26 – Vedere Campobasso.

FERRO DI CAVALLO Perugia 430 M 19 – Vedere Perugia.

FERTILIA Sassari 988 ㉝, 433 F 6 – Vedere Sardegna (Alghero).

FETOVAIA Livorno 430 N 12 – Vedere Elba (Isola d') : Marina di Campo.

FIASCHERINO La Spezia 428 429 430 J 11 – Vedere Lerici.

Ferienreisen wollen gut vorbereitet sein.

Die Straßenkarten und Führer von Michelin

geben Ihnen Anregungen und praktische Hinweise zur Gestaltung Ihrer Reise :

Streckenvorschläge, Auswahl und Besichtigungsbedingungen

der Sehenswürdigkeiten, Unterkunft, Preise... u. a. m.

FIDENZA 43036 Parma 988 ⑬, 428 429 H 12 – 23 227 ab. alt. 75 – ✆ 0524.

Vedere Duomo★ : portico centrale★★.

Roma 478 – ◆Bologna 116 – Cremona 47 – ◆Milano 103 – ◆Parma 23 – Piacenza 42.

Astoria senza rist, via Gandolfi 5 ℰ 524314, Fax 527263 – 🛗 ▤ 📺 ☎. 🕄 ⋿ 𝘝𝘐𝘚𝘈
⊇ 12000 – **30 cam** 60/90000.

Astoria, via Gandolfi 7 ℰ 524588 – ▤. 쬬 🕄 ① ⋿ 𝘝𝘐𝘚𝘈
chiuso lunedì e dal 4 al 18 agosto – Pas carta 30/50000.

Al Canton, via Mentana 33 ℰ 522030 – ▤. 쬬 🕄 ① ⋿ 𝘝𝘐𝘚𝘈. ⅌
chiuso giovedì ed agosto – Pas carta 26/56000.

FIÈ ALLO SCILIAR (VÖLS AM SCHLERN) 39050 Bolzano 429 C 16 – 2 646 ab. alt. 880 – ✆ 0471.
Roma 657 – ◆Bolzano 16 – Bressanone 40 – ◆Milano 315 – Trento 76.

Emmy ⑤, ℰ 725006, Fax 725484, ≤ Dolomiti, 𝘐𝘴, ☒, ⏦ – 🛗 📺 ☎ ❶. ⅌ rist
chiuso da novembre al 18 dicembre – Pas carta 54/83000 – **30 cam** ⊇ 110/210000,
9 appartamenti – ½ P 85/115000.

Turm, ℰ 725014, Fax 725474, ≤, « Raccolta di quadri d'autore », 𝘐𝘴, ☎s, ☒ riscaldata,
☒, ⏦ – 🛗 📺 ☎. 🕄 ⋿ 𝘝𝘐𝘚𝘈. ⅌ rist
chiuso dal 15 novembre al 20 dicembre – Pas *(chiuso giovedì)* carta 43/65000 – **23 cam**
⊇ 95/196000 – ½ P 79/113000.

Völserhof ⑤, ℰ 725421, ≤, ☒ riscaldata, ⏦ – 🛗 ☎ ❶. 🕄 ⋿ 𝘝𝘐𝘚𝘈. ⅌ rist
chiuso dal 7 gennaio al 4 febbraio – Pas *(chiuso lunedì da ottobre a marzo)* carta 41/56000 –
25 cam ⊇ 60/120000 – ½ P 58/85000.

Heubad ⑤, ℰ 725020, Fax 725425, ≤, 斎, ☎s, ☒ riscaldata, ⏦ – 🛗 ☎ ⇐ ❶. 🕄 ⋿
𝘝𝘐𝘚𝘈
chiuso novembre – Pas *(chiuso mercoledì)* carta 33/45000 – **35 cam** ⊇ 60/120000 –
½ P 70/85000.

Rose-Wenzer, ℰ 725016, ≤, 斎, ☎s, ☒, ⏦ – 🛗 ☎. 🕄 ⋿ 𝘝𝘐𝘚𝘈. ⅌ rist
chiuso dal 15 gennaio al 7 febbraio – Pas *(chiuso mercoledì da ottobre a marzo)* carta 33/
45000 – **34 cam** ⊇ 58/100000 – ½ P 60/75000.

Tschafon, ℰ 725024, Fax 725024, 斎, solo su prenotazione – ❶. 🕄 ① ⋿ 𝘝𝘐𝘚𝘈
*chiuso a mezzogiorno (escluso domenica e i giorni festivi), lunedì, dall'11 al 25 gennaio e dal
16 al 30 novembre* – Pas carta 40/60000.

a San Costantino N : 3 km – ⊠ **39040** Siusi :

Parc Hotel Miramonti ⑤, ℰ 707035, Fax 705422, ≤, 𝘐𝘴, ☎s, ☒, ⏦ – 🛗 📺 ☎ & ❶ –
🏛 100
chiuso dall'11 al 30 aprile e dal 15 novembre al 15 dicembre – Pas carta 39/63000 – **44 cam**
⊇ 120/200000 – ½ P 80/150000.

FIERA DI PRIMIERO 38054 Trento 988 ⑤, 429 D 17 – 537 ab. alt. 717 – a.s. Pasqua e Natal ✿ 0439.

🖪 piazza Municipio ℘ 762407, Fax 62992.

Roma 616 – Belluno 66 – ◆Bolzano 99 – ◆Milano 314 – Trento 101 – Vicenza 103.

🏫 **Iris,** ℘ 762000, Fax 762204, ≤, «Giardino ombreggiato », ≋ – 🛗 📺 ☎ ℗, 🖭 🕃 ⓒ VISA, ⚞ rist
5 dicembre-24 aprile e giugno-settembre – Pas carta 27/42000 – ⚏ 10000 – **90 c** 80/130000, 8 appartamenti – ½ P 90/110000.

🏫 **Mirabello,** ℘ 64241, Fax 762366, ≤, ≋, 🔲 – 🛗 ☎ ৬ ℗, ⚞ rist
20 dicembre-Pasqua e giugno-10 ottobre – Pas 25/40000 – **43 cam** ⚏ 90/135000 – ½ P 112000.

🏫 **Tressane,** ℘ 762205, «Giardino ombreggiato »– 🛗 📺 ☎ ℗, 🖭 🕃 ⓞ Ɛ VISA, ⚞ ris
Pas carta 26/39000 – ⚏ 10000 – **37 cam** 50/100000 – ½ P 70/80000.

🏠 **Aurora,** ℘ 62386 – 🛗 ☎, 🖭, ⚞ rist
20 dicembre-6 gennaio, Pasqua e giugno-settembre – Pas carta 27/39000 – ⚏ 75C
26 cam 88/140000 – ½ P 88/95000.

🏠 **La Perla** ⚟, ℘ 762115, Fax 762115 – 🛗 📺 ☎ ℗, ⚞ rist
Pas carta 23/35000 – **41 cam** ⚏ 50/90000 – ½ P 48/72000.

in Val Canali NE : 7 km :

✕ **Rifugio Chalet Piereni** ⚟, con cam, alt. 1 100 ⊠ 38054 ℘ 62348, ≤ Pale di Martino, 🍽 – ℗, Ɛ VISA, ⚞ rist
Pasqua-ottobre – Pas carta 26/44000 – **15 cam** ⚏ 45/80000 – ½ P 45/70000.

Toute l'Italie septentrionale est couverte par les deux cartes Michelin 428 *et* 429, *afin de vous permettre de voyager plus aisément.*

FIESOLE 50014 Firenze 988 ⑭ ⑮, 429 430 K 15 – 15 268 ab. alt. 295 – ✿ 055.

Vedere Paesaggio★★★ – ≤★★ su Firenze – Convento di San Francesco★ – Interno★ e oper Mino da Fiesole★ nel Duomo – Zona archeologica : sito★, Teatro romano★, museo★ M Madonna con Bambino e Santi★ del Beato Angelico nella chiesa di San Domenico SO : 2,5 FT(pianta di Firenze).

🖪 piazza Mino da Fiesole 37 ℘ 598720.

Roma 285 – Arezzo 89 – ◆Firenze 8 – ◆Livorno 124 – ◆Milano 307 – Pistoia 45 – Siena 76.

Pianta di Firenze : percorsi di attraversamento

🏫 **Villa San Michele** ⚟, via Doccia 4 ℘ 59451, Telex 570643, Fax 598734, ≤ Firenze e colli, 🍽, «Costruzione quattrocentesca con parco e giardino », 🏊 riscaldata – 🔲 ☎ ℗, 🖭 🕃 ⓞ Ɛ VISA, ⚞ rist
aprile-novembre – Pas carta 88/115000 – **28 cam** ⚏ 653/690000, 2 appartamenti – ½ P 440/748000. **FT b**

FIRENZE 8 km   San Domenico
Badia Fiesolana

FIESOLE

🏫 **Villa Aurora,** piazza Mino da Fiesole 39 ℘ 59100, Fax 59587, ≤, 🍽, 🍴 – 🔲 cam 📺 ☎ ℗ – 🔬 25 a 150, 🖭 🕃 ⓞ Ɛ VISA, ⚞ rist **a**
Pas *(chiuso domenica sera, lunedì, novembre o febbraio)* carta 41/62000 (10 %) – ⚏ 18000 – **26 cam** 160/290000.

🏠 **Villa Bonelli,** via Francesco Poeti 1 ℘ 59513, Fax 598942 – 🛗 📺 ☎ 🚗 🕃 ⓞ Ɛ VISA, ⚞ rist **e**
Pas (solo per clienti alloggiati e *chiuso a mezzogiorno*) 40000 – **21 cam** ⚏ 100/15500 ½ P 110/120000.

✕✕ **La Reggia,** via San Francesco 18 ℘ 59134, ≤, 🍽 – 🖭 🕃 ⓞ Ɛ VISA
chiuso lunedì, martedì a mezzogiorno ed agosto – Pas carta 62/101000.

✕ **l' Polpa,** piazza Mino da Fiesole 21/22 ℘ 59485, prenotare – 🖭 🕃 Ɛ VISA
chiuso mercoledì ed agosto – Pas carta 31/48000.

a San Domenico S : 2,5 km FT– ⊠ 50016 :

🏠 **Bencistà** ⚟, ℘ 59163, Fax 59163, ≤ Firenze e colli, « Fra gli oliveti », 🍴 – ⤫ rist ☎ ⚞ rist **FT**
42 cam solo ½ P 85/105000.

ad Olmo NE : 9 km FT– ⊠ 50014 Fiesole :

🏠 **Dino,** ℘ 548932, Fax 548934, ≤, 🍽 – ☎ ℗, 🖭 🕃 ⓞ Ɛ VISA, ⚞ rist
Pas *(chiuso mercoledì escluso giugno-settembre)* carta 26/37000 (12 %) – **18 cam** ⚏ 9 120000 – ½ P 85000.

SSO D'ARTICO 30032 Venezia 429 F 18 – 5 849 ab. alt. 9 – ✿ 041.

a 508 – ◆Milano 247 – ◆Padova 14 – Treviso 42 – ◆Venezia 25.

🏠 **Villa Giulietta,** via Riviera del Brenta 169 ℘ 5161500, Fax 5161212 – 🗏 🔟 ☎ 🅿 –
🔬 200. 🖭 🗗 ① 🗉 🗉 ፠
Pas vedere rist Da Giorgio – ☲ 10000 – **27 cam** 100000.

🗙 **Da Giorgio,** via Riviera del Brenta 228 ℘ 5160204 – 🗏 🅿. 🖭 🗗 ① 🗉 🗸 ፠
chiuso mercoledì ed agosto – Pas carta 48/73000.

INO SERENZA 22060 Como 428 E 9, 219 ⑲ – 4 477 ab. alt. 330 – ✿ 031.

a 622 – Como 14 – ◆Milano 34.

🏠 **Park Hotel e Villa Argenta,** ℘ 780792, Fax 780117, ☞ – 🛗 🗏 🔟 ☎ 🚗 🅿 –
🔬 30 a 60. 🖭 🗗 ① 🗉 🗸 ፠
chiuso agosto – Pas (chiuso domenica) 40/70000 – ☲ 12000 – **40 cam** 135000.

LINE VALDARNO 50063 Firenze 988 ⑮, 429 430 L 16 – 15 795 ab. alt. 126 – ✿ 055.

a 241 – Arezzo 45 – ◆Firenze 37 – ◆Perugia 121 – Siena 59.

🏠 **Torricelli,** via San Biagio 2 ℘ 958139, Fax 958481 – 🛗 🗏 rist 🔟 ☎ 🅿 – 🔬 80. 🖭 🗗 ①
🗉 🗸 – Pas (chiuso domenica) carta 21/39000 – ☲ 10000 – **40 cam** 70/100000.

IANO 85020 Potenza 431 E 29 – 3 306 ab. alt. 600 – ✿ 0971.

a 381 – ◆Foggia 83 – ◆Napoli 191 – Potenza 18.

sulla strada statale 93 N : 2 km :

🏠 Dei Castelli, ⊠ 85020 ℘ 88255, Fax 88255, 🏊, ፠ – 🛗 🗏 🔟 ☎ 🅿 – 🔬 200.
34 cam.

OTTRANO 60024 Ancona 988 ⑯, 430 L 22 – 9 006 ab. alt. 270 – ✿ 071.

a 277 – ◆Ancona 41 – Macerata 22 – ◆Perugia 136.

🏠 **7 Colli** ⑤, via Gemme 1 ℘ 7220833 – 🛗 🗏 rist 🔟 ☎ 🅿. 🗗 🗉 🗸 ፠ rist
chiuso dal 22 dicembre al 5 gennaio – Pas (chiuso martedì e dal 13 al 20 agosto)
carta 28/38000 – ☲ 6000 – **20 cam** 42/70000 – ½ P 60/70000.

NALE LIGURE 17024 Savona 988 ⑫, 428 J 7 – 12 987 ab. – ✿ 019.

dere Finale Borgo★ NO : 2 km.

:ursioni Castel San Giovanni : ≤★ 1 h a piedi AR (da via del Municipio).

ia San Pietro 14 ℘ 692581, Fax 680052.

na 571 – Cuneo 116 – ◆Genova 72 – Imperia 52 – ◆Milano 195 – Savona 26.

🏨 **Punta Est** ⑤, via Aurelia 1 ℘ 600611, Fax 600611, ≤, « Antica dimora in un parco
ombreggiato », 🏊, ፠ – 🛗 🔟 ☎ 🅿 – 🔬 100. 🖭 🗗 🗉 🗸 ፠
maggio-settembre – Pas 40/60000 – ☲ 20000 – **40 cam** 180/240000, 4 appartamenti –
½ P 140/180000.

🏨 **Boncardo,** corso Europa 4 ℘ 601751, Fax 680419, ≤, 🏖 – 🛗 🗏 🔟 ☎ 🅿. 🖭 🗗 🗸 ፠ rist
chiuso dall'8 gennaio al 5 marzo – Pas (giugno-settembre) carta 48/80000 – ☲ 13000 –
52 cam 95/145000 – ½ P 105/135000.

🏨 **Miramare,** via San Pietro 9 ℘ 692467, Fax 695467, ≤ – 🛗 🗏 rist 🔟 ☎ 🕹. 🖭 🗗 ① 🗉 🗸
፠ rist
chiuso dal 20 ottobre al 20 dicembre – Pas carta 36/51000 – ☲ 15000 – **35 cam** 85/120000
– ½ P 110/120000.

🏨 **Internazionale,** via Concezione 3 ℘ 692054, Fax 692053 – 🗏 cam 🔟 ☎. 🖭 🗗 ① 🗉 🗸.
፠ rist
chiuso dal 1° al 28 dicembre – Pas (chiuso dal 28 ottobre al 28 dicembre) carta 35/45000 –
☲ 15000 – **32 cam** 98/105000 – ½ P 65/105000.

🗙🗙 **La Lampara,** vico Tubino 4 ℘ 692430, prenotare
chiuso mercoledì e novembre – Pas carta 70/80000.

a Perti Alto NO : 6 km – alt. 145 – ⊠ 17024 Finale Ligure :

🗙 **Osteria del Castel Gavone,** ℘ 692277, « Servizio estivo in terrazza con ≤ colline e
mare » – 🖭 🗗 🗸 ፠
chiuso martedì escluso da marzo ad ottobre e Natale – Pas carta 34/54000.

Vedere anche : **Varigotti** E : 5 km.

ORANO MODENESE 41042 Modena 428 429 430 I 14 – 15 672 ab. alt. 155 – ✿ 059.

na 421 – ◆Modena 15 – Reggio nell'Emilia 35.

🏨 **Executive,** circondariale San Francesco 2 ℘ (0536) 832010 e rist ℘ 832673, Telex 522070, Fax 830229 – 🛗 🗏 🔟 ☎ 🚗 🅿 – 🔬 150. 🖭 🗗 ① 🗸 ፠
chiuso dal 1° al 20 agosto – Pas (chiuso sabato a mezzogiorno e domenica) carta 41/65000
– ☲ 10000 – **60 cam** 149/238000, 9 appartamenti.

ORENZUOLA D'ARDA 29017 Piacenza 988 ⑬ ⑲, 428 429 H 11 – 13 375 ab. alt. 82 – ✿ 0523.

na 495 – Cremona 31 – ◆Milano 87 – ◆Parma 37 – Piacenza 23.

🗙🗙 **La Campana,** via Emilia 11 ℘ 943833 – 🅿. ፠
chiuso lunedì e dal 1° al 25 luglio – Pas carta 34/51000.

FIRENZE 50100 🄿 🄨🄨🄨 ⑮, 🄨🄨🄨 🄨🄨🄨 K 15 – 408 403 ab. alt. 49 – ✿ 055.

Vedere Duomo★★★ : esterno dell'abside★★★, cupola★★★ (❊★★) – Campanile★★ : ❊★ – Battistero★★★ : porte★★★, mosaici★★★ – Museo dell'Opera del Duomo★★ – Piazza della Sig ria★★ – Loggia della Signoria★★ : Perseo★★★ di B. Cellini – Palazzo Vecchio★★★ – Galleria d Uffizi★★★ – Palazzo e museo del Bargello★★ – San Lorenzo★★★ : chiesa★★, Biblioteca Laur ziana★★, tombe dei Medici★★★ nelle Cappelle Medicee★★ – Palazzo Medici-Riccardi Cappella★★★, sala di Luca Giordano★★ – Chiesa di Santa Maria Novella★★ : affreschi Ghirlandaio★★★ – Ponte Vecchio★ – Palazzo Pitti★★ : galleria Palatina★★★, museo degli Arg ti★★, opere dei Macchiaioli★★ nella galleria d'Arte Moderna★ – Giardino di Boboli★ ABZ : ❊ dal Forte del Belvedere – Convento e museo di San Marco★★ : opere★★★ del Beato Angelic Galleria dell'Accademia★★ : grande galleria★★★ – Piazza della Santissima Annunziata★ affreschi★ nella chiesa E, portico★ ornato di medaglioni★★ nell'Ospedale degli Innocenti M Chiesa di Santa Croce★★ : Cappella dei Pazzi★★ – Passeggiata ai Colli★★ : ≤★★ da piazz Michelangelo, chiesa di San Miniato al Monte★★.
Palazzo Strozzi★ BY F – Palazzo Rucellai★ BY Z – Affreschi★★ di Masaccio nella chiesa di Sa Maria del Carmine BY G – Cenacolo di San Salvi★★ FU K – Orsanmichele★ : tabernacolo dell'Orcagna BCY L – La Badia CY S : campanile★, bassorilievo in marmo★★, tombe★, App zione della Vergine a San Bernardo★ di Filippino Lippi – Cappella Sassetti★★ e capp dell'Annunciazione★ nella chiesa di Santa Trinità BY N – Chiesa di Santo Spirito★ ABY Cenacolo★ di Sant'Apollonia CVX V – Cenacolo★ del Ghirlandaio AX X – Palazzo Davanzan BY M5 – Loggia del Mercato Nuovo★ BY Y – Musei : Archeologico★ (Chimera d'Arezzo★ CX M4, di Storia della Scienza★ CY M6, Opificio delle Pietre Dure★ CX M7.

Dintorni Ville Medicee★★ : giardino★ di villa della Petraia FT B – Villa di Poggio a Caiano★ ⑥ : 17 km – Chiostro★ nella Certosa del Galluzzo EFU.

🄵 Dell'Ugolino (chiuso lunedì) a Grassina ⊠ 50015 ℰ 2301009, S : 12 km FU.

✈ di Peretola NO : 4 km ET ℰ 373498 – Alitalia, lungarno Acciaiuoli 10/12 r, ⊠ 501 ℰ 27888.

🄱 via Manzoni 16 ⊠ 50121 ℰ 2346284.

A.C.I. viale Amendola 36 ⊠ 50121 ℰ 24861.

Roma 277 ③ – ◆Bologna 105 ⑧ – ◆Milano 298 ⑧.

Piante pagine seguenti

🏨 **Excelsior,** piazza Ognissanti 3 ⊠ 50123 ℰ 264201, Telex 570022, Fax 210278, « Servi rist. estivo in terrazza con ≤ » – |🛗| ▤ 🆃🆅 ☎ 🕭 – 🔬 50 a 350. 🄰🄴 🕃 ⬤ 🄴 𝗩𝗜𝗦𝗔. 🛠 rist
Pas carta 88/133000 – ☞ 28500 – **192 cam** 368/536000, 10 appartamenti. AY

🏨 **Grand Hotel Ciga,** piazza Ognissanti 1 ⊠ 50123 ℰ 288781, Telex 570055, Fax 21740 |🛗| ▤ 🆃🆅 ☎ 🕭 ⇌ – 🔬 25 a 220. 🄰🄴 🕃 ⬤ 🄴 𝗩𝗜𝗦𝗔. 🛠 rist AXY
Pas carta 65/134000 – ☞ 29000 – **107 cam** 405/595000, 17 appartamenti.

🏨 **Savoy,** piazza della Repubblica 7 ⊠ 50123 ℰ 283313, Telex 570220, Fax 284840 – |🛗| 🆃🆅 ☎ 🕭 – 🔬 150. 🄰🄴 🕃 ⬤ 🄴 𝗩𝗜𝗦𝗔. 🛠 rist BY
Pas carta 75/120000 – **101 cam** ☞ 350/530000, 5 appartamenti.

🏨 **Villa Medici e Rist. Lorenzo de' Medici,** via Il Prato 42 ⊠ 50123 ℰ 23813 Telex 570179, Fax 2381336, 龠, 🏊, 🞿 – |🛗| ▤ 🆃🆅 ☎ – 🔬 30 a 90. 🄰🄴 🕃 ⬤ 🄴 𝗩𝗜𝗦𝗔 AX
Pas carta 60/96000 – ☞ 28000 – **103 cam** 322/500000, 14 appartamenti – ½ P 250/3500C

🏨 **Regency e Rist. Relais le Jardin,** piazza Massimo D'Azeglio 3 ⊠ 50121 ℰ 24524 Telex 571058, Fax 2342938, 🐎 – |🛗| ▤ 🆃🆅 ☎ 🕭 ⇌. 🄰🄴 🕃 ⬤ 🄴 𝗩𝗜𝗦𝗔. 🛠 rist DX
Pas (chiuso domenica; prenotare) carta 70/110000 – ☞ 25000 – **35 cam** 350/500000, appartamenti.

🏨 **Helvetia e Bristol,** via dei Pescioni 2 ⊠ 50123 ℰ 287814, Telex 572696, Fax 288353 – ▤ 🆃🆅 ☎. 🄰🄴 🕃 ⬤ 🄴 𝗩𝗜𝗦𝗔. 🛠 BY
Pas carta 68/106000 – ☞ 28000 – **52 cam** 352/524000, 15 appartamenti.

🏨 **Brunelleschi,** piazza Santa Elisabetta 3 ⊠ 50122 ℰ 562068, Telex 575805, Fax 219653 |🛗| ⇖ cam ▤ 🆃🆅 ☎ – 🔬 100. 🄰🄴 🕃 ⬤ 🄴 𝗩𝗜𝗦𝗔. 🛠 CY
Pas carta 54/79000 – **94 cam** ☞ 275/375000, 7 appartamenti.

🏨 **Plaza Hotel Lucchesi,** lungarno della Zecca Vecchia 38 ⊠ 50122 ℰ 264141, T lex 570302, Fax 2480921, ≤ – |🛗| ⇖ cam ▤ 🆃🆅 ☎ 🕭 ⇌ – 🔬 70 a 160. 🄰🄴 🕃 ⬤ 🄴 𝗩𝗜 🛠 rist DY
Pas (solo per clienti alloggiati e chiuso domenica) carta 54/87000 – **97 cam** ☞ 270/38500 10 appartamenti – ½ P 243/320000.

🏨 **Grand Hotel Baglioni,** piazza Unità Italiana 6 ⊠ 50123 ℰ 218441, Telex 5702 Fax 215695, « Rist roof-garden con ≤ » – |🛗| ▤ 🆃🆅 ☎ 🕭 – 🔬 25 a 200. 🄰🄴 🕃 ⬤ 🄴 🛠 rist BX
Pas carta 48/63000 – **195 cam** ☞ 260/360000, 5 appartamenti.

🏨 **Jolly,** piazza Vittorio Veneto 4/a ⊠ 50123 ℰ 2770, Telex 570191, Fax 294794, « 🏊 terrazza panoramica » – |🛗| ⇖ cam ▤ 🆃🆅 ☎ – 🔬 30 a 100. 🄰🄴 🕃 ⬤ 🄴 𝗩𝗜𝗦𝗔. 🛠 rist
Pas 40/52000 – **167 cam** ☞ 240/350000 – ½ P 200/300000. AX

🏨 **Majestic,** via del Melarancio 1 ⊠ 50123 ℰ 264021, Telex 570628, Fax 268428 – |🛗| ▤ ☎ 🕭 ⇌ – 🔬 80. 🄰🄴 🕃 ⬤ 🄴 𝗩𝗜𝗦𝗔. 🛠 rist BX
Pas carta 44/68000 – ☞ 27000 – **103 cam** 231/310000, appartamento – ½ P 170/280000.

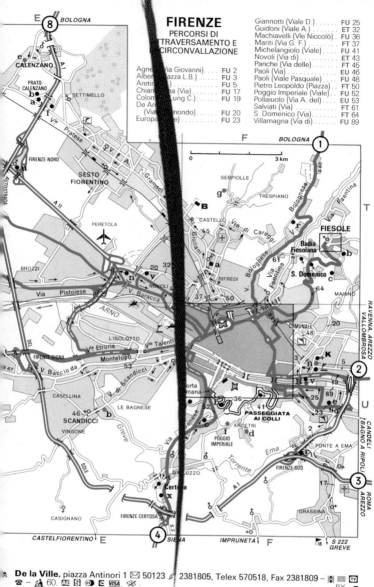

FIRENZE
PERCORSI DI ATTRAVERSAMENTO E DI CIRCONVALLAZIONE

Agnelli (Via Giovanni).... FU 2
Alberti (Piazza L.B.)..... FU 3
Aretina (Via)........... FU 5
Chiantigiana (Via)....... FU 17
Colombo (Lung C.)....... FU 19
De Amicis
  (Viale Edmondo)...... FU 20
Europa (Viale)........... FU 23

Giannotti (Viale D.)...... FU 25
Guidoni (Viale A.)........ ET 32
Machiavelli (Vle Niccolò).. FU 36
Mariti (Via G. F.)........ FT 37
Michelangiolo (Viale)..... FU 41
Novoli (Via di).......... ET 43
Panche (Via delle)....... FT 45
Paoli (Via)............. EU 46
Paoli (Viale Pasquale).... FU 48
Pietro Leopoldo (Piazza).. FT 50
Poggio Imperiale (Viale).. FU 52
Pollaiuolo (Via A. del).... EU 53
Salviati (Via).......... FT 61
S. Domenico (Via)....... FT 64
Villamagna (Via di)...... FU 89

▲ **De la Ville**, piazza Antinori 1 ⊠ 50123 ℰ 2381805, Telex 570518, Fax 2381809 – 🛗 🗏 📺
 ☎ – 🛦 60. 🖭 🕃 ⓪ 🗲 𝖵𝖨𝖲𝖠. ⋙
 Pas (solo per clienti alloggiati) carta 48/58000 – **75 cam** ⊃ 254/361000, 4 appartamenti.
 BX **n**

▲ **Berchielli** senza rist, piazza del Limbo 6 r ⊠ 50123 ℰ 264061, Telex 575582, Fax 218636,
 ≼ – 🛗 🗏 📺 ☎ – 🛦 100. 🖭 🕃 ⓪ 🗲 𝖵𝖨𝖲𝖠. ⋙
 74 cam ⊃ 320/350000, 3 appartamenti.
 BY **b**

▲ **Bernini Palace** senza rist, piazza San Firenze 29 ⊠ 50122 ℰ 288621, Telex 573616,
 Fax 268272 – 🛗 🗏 📺 ☎ – 🛦 40. 🖭 🕃 ⓪ 🗲 𝖵𝖨𝖲𝖠
 86 cam ⊃ 268/385000, 5 appartamenti.
 CY **x**

▲ **Montebello Splendid**, via Montebello 60 ⊠ 50123 ℰ 2398051, Telex 574009,
 Fax 211867, 🌫 – 🛗 🗏 📺 ☎ – 🛦 100. 🖭 🕃 ⓪ 🗲 𝖵𝖨𝖲𝖠. ⋙ rist
 Pas (chiuso domenica) carta 48/94000 – **53 cam** ⊃ 240/345000, appartamento.
 AX **e**

233

FIRENZE

0 — 300 m

MICHELIN

★★ S. LORENZO
★★ STA MA NOVELLA

LE CASCINE

GIARDINO DI BOBOLI

Banchi (Via del)	BX	7
Calimala	BY	10
Calzaiuoli (Via dei)	CY	12
Castellani (Via de')	CY	15
Cerretani (Via de')	BX	16
Duomo (Piazza del)	CX	21
Gen. Diaz (Lungarno)	CY	24
Grazie (Lungarno delle)	CY	31
Martelli (Via de')	CX	38
Mazzetta (Via)	AY	39
Ognissanti (Borgo)	AX	43
Panzani (Via de')	BX	47
Pitti (Piazza dei)	BY	51
Por Santa Maria (Via)	BY	55
Proconsolo (Via del)	CY	56
Repubblica (Piazza della)	BY	57
Roma (Via)	BX	59
S. Agostino (Via)	AY	63
S. Firenze (Piazza)	CY	65
S. Jacopo (Borgo)	BY	68
S. Maria Novella (Pza di)	BX	69
S. Monaca (Via)	AY	72
S. Spirito (Via)	AY	73
Signoria (Piazza della)	CY	76
Strozzi (Via degli)	BY	79
Tornabuoni (Via de')	BY	80
Vacchereccia (Via)	BY	85
Vigna Nuova (Via della)	BY	88

PONTE VECCHIO
PALAZZO PITT

234

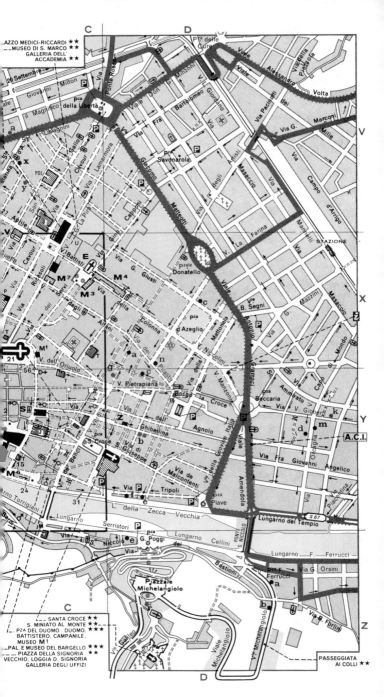

PALAZZO MEDICI-RICCARDI ★★
MUSEO DI S. MARCO ★★
GALLERIA DELL'
ACCADEMIA ★★

C ———— SANTA CROCE ★★
S. MINIATO AL MONTE ★★
PZA DEL DUOMO : DUOMO . ★★★
BATTISTERO, CAMPANILE .
MUSEO M1
PAL. E MUSEO DEL BARGELLO ★★★
PIAZZA DELLA SIGNORIA ★★
VECCHIO, LOGGIA D. SIGNORIA
GALLERIA DEGLI UFFIZI

FIRENZE

Calimala . . . . BY 10
Calzaiuoli
  (Via dei) . . . . CY
Guicciardini (Via) . . . . BY
Ponte Vecchio . . . . BY
Por Santa Maria
  (Via) . . . . BY 55
Porta Rossa (Via) . . . . BY
Roma (Via) . . . . BXY
S. Jacopo (Borgo) . . . . BY
Strozzi (Via degli) . . . . BY

Tornabuoni (Via de') . . . . . . BXY

Archibusieri
  (Lungarno degli) . . . . . BY 4
Avelli (Via degli) . . . . BX 6
Baroncelli
  (Chiasso dei) . . . . BCY 8
Canto de' Nelli (Via) . . . . . BX 13
Castellani (Via de') . . . . . . CY 15
Duomo (Piazza del) . . . . . . CX 21
Leoni (Via dei) . . . . CY 33
Medici (Lundarno
  A.M. Luisa de') . . . . . . CY 40
Pellicceria (Via) . . . . BY 49

Repubblica (Piazza della) . . BY
Rondinelli (Via de') . . . . . . BX
S. Firenze (Piazza) . . . . . . CY
S. Giovanni (Piazza) . . . . . BX
S. Maria Nuova
  (Piazza di) CX
Sassetti (Via de') . . . . BY
Signoria (Piazza della) . . . CY
Speziali (Via degli) . . . . . . BCY
Trebbio (Via del) . . . . BX
Uffizi (Piazzale degli) . . . . . CY
Unità Italiana (Pza) . . . . . . BX
Vacchereccia (Via) . . . . BY
Vecchietti (Via de') . . . . . . BXY

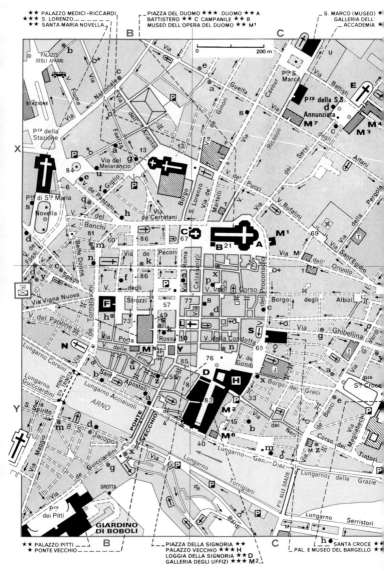

Michelangelo, viale Fratelli Rosselli 2 ⌧ 50123 ℰ 2784, Telex 571113, Fax 2382232 – ▯
▤ ▯ ☎ ⇦ – 🛪 50 a 250.   AX **w**
138 cam.

Anglo American, via Garibaldi 9 ⌧ 50123 ℰ 282114, Telex 570289, Fax 268513 – ▯ ▤
▯ ☎ – 🛪 50 a 150. ᴁ 🅢 – 🛪 ⚹   AX **d**
Pas *(chiuso domenica)* carta 65/90000 – **107 cam** ⌸ 250/350000. 4 appartamenti –
½ P 230000.

Gd H. Minerva, piazza Santa Maria Novella 16 ⌧ 50123 ℰ 284555, Telex 570414,
Fax 268281, ⅃ – ▯ ▤ ▯ ☎ – 🛪 30 a 90. ᴁ 🅢 ⬤ ᴇ 𝚅𝙸𝚂𝙰. ⚹ rist   BX **s**
Pas carta 42/69000 – ⌸ 20000 – **96 cam** 235/310000, 3 appartamenti – ½ P 210/290000.

Kraft, via Solferino 2 ⌧ 50123 ℰ 284273, Telex 571523, Fax 2398267, « Rist. roof-
garden con ≤ », ⅃ – ▯ ▤ ▯ ☎ – 🛪 40 a 50. ᴁ 🅢 ⬤ ᴇ 𝚅𝙸𝚂𝙰. ⚹ rist   AX **c**
Pas 45000 – **78 cam** ⌸ 255/365000.

Londra, via Jacopo da Diacceto 18 ⌧ 50123 ℰ 2382791, Telex 571152, Fax 210682, ⛱
– ▯ ▤ ▯ ☎ ⇦ – 🛪 200. ᴁ 🅢 ⬤ ᴇ 𝚅𝙸𝚂𝙰. ⚹ rist   AX **n**
Pas carta 50/77000 – **158 cam** ⌸ 255/350000 – ½ P 190/285000.

Alexander, viale Guidoni 101 ⌧ 50127 ℰ 4378951, Telex 574026, Fax 416818 – ▯ ▤ ▯
☎ ♿ ➋ – 🛪 50 a 300. ᴁ 🅢 ⬤ ᴇ 𝚅𝙸𝚂𝙰   ET **v**
Pas carta 48/78000 – ⌸ 28000 – **88 cam** 178/222000 – ½ P 167/256000.

Augustus senza rist, piazzetta dell'Oro 5 ⌧ 50123 ℰ 283054, Telex 570110, Fax 268557
– ▯ ▤ ▯ ☎ – 🛪 70. ᴁ 🅢 ⬤ ᴇ 𝚅𝙸𝚂𝙰   BY **a**
⌸ 20000 – **62 cam** 260/290000.

Pullman Astoria Palazzo Gaddi, via del Giglio 9 ⌧ 50123 ℰ 2398095, Telex 571070,
Fax 214632 – ▯ ▤ ▯ ☎ ♿ – 🛪 50 a 130. ᴁ 🅢 ⬤ ᴇ 𝚅𝙸𝚂𝙰. ⚹ rist   BX **f**
Pas *(chiuso domenica)* carta 51/79000 – **88 cam** ⌸ 240/320000, 3 appartamenti.

Sofitel, via de' Cerretani 10 ⌧ 50123 ℰ 2381301, Telex 580515, Fax 2381312 – ▯
⚹⚹ cam ▯ ☎ ᴁ 🅢 ⬤ ᴇ 𝚅𝙸𝚂𝙰. ⚹   BX **h**
Pas carta 35/67000 – **84 cam** ⌸ 250/320000 – ½ P 180/290000.

Holiday Inn e Rist. La Tegolaia, viale Europa 205 ⌧ 50126 ℰ 6531841, Telex 570376,
Fax 6531806, ⛱, ⅃, ⚹⚹ cam ▯ ☎ ♿ ➋ – 🛪 50 a 120. ᴁ 🅢 ⬤ 𝚅𝙸𝚂𝙰. ⚹ rist
Pas carta 50/76000 – **92 cam** ⌸ 225000.   FU **e**

Rivoli senza rist, via della Scala 33 ⌧ 50123 ℰ 282853, Telex 571004, Fax 294041, ⚐s –
▯ ▤ ▯ ☎ ♿ – 🛪 100. ᴁ 🅢 ⬤ ᴇ 𝚅𝙸𝚂𝙰. ⚹   AX **f**
⌸ 20000 – **62 cam** 230/300000.

Lungarno senza rist, borgo Sant'Jacopo 14 ⌧ 50125 ℰ 264211, Telex 570129,
Fax 268437, ≤, « Collezione di quadri moderni » – ▯ ▤ ▯ ☎ – 🛪 30. ᴁ 🅢 ⬤ ᴇ
𝚅𝙸𝚂𝙰   BY **d**
⌸ 20000 – **66 cam** 210/295000, 6 appartamenti.

Pierre senza rist, via de' Lamberti 5 ⌧ 50123 ℰ 217512, Telex 573175, Fax 2396573 – ▯
▤ ▯ ☎ ᴁ 🅢 ⬤ ᴇ 𝚅𝙸𝚂𝙰   BY **k**
⌸ 25000 – **39 cam** 273000.

Raffaello, viale Morgagni 19 ⌧ 50134 ℰ 4224141, Telex 580035, Fax 434374 – ▯ ▤ ▯
☎ ⇦ – 🛪 110. ᴁ 🅢 ⬤ ᴇ 𝚅𝙸𝚂𝙰. ⚹ rist   FT **a**
Pas carta 35/62000 – **141 cam** ⌸ 290/315000, 4 appartamenti – ½ P 140/240000.

Cavour senza rist, via del Proconsolo 3 ⌧ 50122 ℰ 282461, Telex 580318, Fax 218955,
« Terrazza panoramica con ≤ città » – ▯ ▤ ▯ ☎. ᴁ 🅢 ⬤ ᴇ 𝚅𝙸𝚂𝙰. ⚹   CY **c**
89 cam ⌸ 130/210000.

Croce di Malta e Rist. Il Coccodrillo, via della Scala 7 ⌧ 50123 ℰ 218351, Telex 570540, Fax 287121, ⅃, ⛱ – ▯ ▤ ▯ ☎ ♿ – 🛪 50. ᴁ 🅢 ⬤ ᴇ 𝚅𝙸𝚂𝙰. ⚹ rist
Pas *(chiuso domenica e lunedì a mezzogiorno)* carta 40/65000 – **83 cam** ⌸ 255/340000,
15 appartamenti.   BX **d**

Principe senza rist, lungarno Vespucci 34 ⌧ 50123 ℰ 284848, Telex 571400, Fax 283458,
≤, ⛱ – ▯ ▤ ▯ ☎. ᴁ 🅢 ⬤ ᴇ 𝚅𝙸𝚂𝙰   AX **b**
27 cam ⌸ 265/365000.

J and J senza rist, via di Mezzo 20 ⌧ 50121 ℰ 240951, Telex 570554, Fax 240282 – ▤ ▯
☎. ᴁ 🅢 ⬤ ᴇ 𝚅𝙸𝚂𝙰. ⚹   DY **c**
19 cam ⌸ 320000, 2 appartamenti.

Continental senza rist, lungarno Acciaiuoli 2 ⌧ 50123 ℰ 282392, Telex 580525,
Fax 283139, « Terrazza fiorita con ≤ » – ▯ ▤ ▯ ☎. ᴁ 🅢 ⬤ ᴇ 𝚅𝙸𝚂𝙰   BY **a**
⌸ 20000 – **61 cam** 220/290000, 9 appartamenti.

Calzaiuoli senza rist, via Calzaiuoli 6 ⌧ 50122 ℰ 212456, Telex 580589, Fax 268310 – ▯
▤ ▯ ☎. ᴁ 🅢 ⬤ ᴇ 𝚅𝙸𝚂𝙰   CY **s**
⌸ 12000 – **41 cam** 142000.

Loggiato dei Serviti senza rist, piazza SS. Annunziata 3 ⌧ 50122 ℰ 289592, Telex 575808, Fax 289595 – ▯ ▤ ▯ ☎. ᴁ 🅢 ⬤ ᴇ 𝚅𝙸𝚂𝙰   CX **d**
29 cam ⌸ 140/210000, 4 appartamenti.

🏤 **Palazzo Benci** senza rist, Via Faenza 6 r ⊠ 50123 ℰ 2382821, Telex 575851, Fax 288
– |≋| ▤ 🆃🆅 ☎ – 🛦 30. 🆀 🗄 ⑩ 🅴 ᴠɪsᴀ ⋘
26 cam ⊑ 130/195000. BX

🏤 **Villa Azalee** senza rist, viale Fratelli Rosselli 44 ⊠ 50123 ℰ 214242, Fax 268264, 🌲 -
🆃🆅 ☎. 🆀 🗄 🅴 ᴠɪsᴀ
24 cam ⊑ 120/186000. AVX

🏤 **Privilege** senza rist, lungarno della Zecca Vecchia 26 ⊠ 50122 ℰ 2341221, Fax 2432▮
▤ 🆃🆅 ☎. 🆀 🗄 ⑩ 🅴 ᴠɪsᴀ
18 cam ⊑ 140/190000. DY

🏤 **Le Due Fontane** senza rist, piazza della SS. Annunziata 14 ⊠ 50122 ℰ 280086,
lex 575550, Fax 294461 – |≋| ▤ 🆃🆅 ☎. 🆀 🗄 ⑩ 🅴 ᴠɪsᴀ ⋘
56 cam ⊑ 116/185000. CX

🏤 **Ville sull'Arno** senza rist, lungarno Colombo 5 ⊠ 50136 ℰ 670971, Telex 5732▮
Fax 678244, ≤, « Piccolo giardino con ⊼ » – ▤ 🆃🆅 ☎ 🕭 ⇌ 🅿. 🆀 🗄 ⑩ 🅴 ᴠɪsᴀ
47 cam ⊑ 150/185000. FU

🏤 **Ambasciatori** senza rist, via Alamanni 3 ⊠ 50123 ℰ 287421, Telex 571390, Fax 2123▮
|≋| ▤ 🆃🆅 ☎ – 🛦 40. 🆀 🗄 ⑩ 🅴 ᴠɪsᴀ
93 cam ⊑ 180/250000. AX

🏤 **Goldoni** senza rist, via Borgo Ognissanti 8 ⊠ 50123 ℰ 2396983, Fax 282576 – |≋| ▤
☎. 🆀 🗄 🅴 ᴠɪsᴀ
⊑ 10000 – **20 cam** 120/180000. AY

🏤 Byron, senza rist, via della Scala 49 ⊠ 50123 ℰ 280852, Telex 570278, Fax 213273 – |≋|
☎
45 cam. AX

🏤 **Grifone** senza rist, via Pilati 22 ⊠ 50136 ℰ 661367, Telex 570624, Fax 677628 – |≋| ▤
☎ 🅿 – 🛦 da 50 a 200. 🆀 🗄 ⑩ 🅴 ᴠɪsᴀ ⋘
62 cam ⊑ 168/186000, 8 appartamenti. FU

🏤 **Select** senza rist, via Giuseppe Galliano 24 ⊠ 50144 ℰ 330342, Telex 572▮
Fax 351506 – |≋| ▤ 🆃🆅 ☎ 🅿 🆀 🗄 🅴 ᴠɪsᴀ
⊑ 10000 – **36 cam** 100/140000. AV

🏤 **Ariele** senza rist, via Magenta 11 ⊠ 50123 ℰ 211509, Fax 268521, 🌲 – |≋| ☎. 🆀 🗄 ⑩
ᴠɪsᴀ
39 cam ⊑ 98/148000. AX

🏤 **Golf** senza rist, viale Fratelli Rosselli 56 ⊠ 50123 ℰ 281818, Telex 571630, Fax 26843▮
|≋| ▤ 🆃🆅 ☎ 🅿. 🆀 🗄 🅴 ᴠɪsᴀ ⋘
⊑ 20000 – **46 cam** 105/155000. AV

🏤 **Della Signoria** senza rist, via delle Terme 1 ⊠ 50123 ℰ 214530, Telex 5715▮
Fax 216101 – |≋| ▤ 🆃🆅 ☎. 🆀 🗄 ⑩ 🅴 ᴠɪsᴀ
⊑ 15000 – **27 cam** 190/240000. BY

🏤 **Balestri** senza rist, piazza Mentana 7 ⊠ 50122 ℰ 214743, Fax 2398042 – |≋| ▤ ☎. 🆀
⑩ 🅴 ᴠɪsᴀ ⋘
marzo-novembre – **49 cam** ⊑ 120/180000, appartamento. CY

🏤 **David** senza rist, viale Michelangiolo 1 ⊠ 50125 ℰ 6811695, Telex 574553, Fax 6806▮
🌲 – |≋| ▤ 🆃🆅 ☎ 🕭 🅿 🆀 🗄 ⑩ 🅴 ᴠɪsᴀ ⋘
⊑ 15000 – **26 cam** 90/145000. DZ

🏤 **Royal** senza rist, via delle Ruote 52 ⊠ 50129 ℰ 483287, Fax 490976, « Giardino » – |≋|
🆃🆅 ☎ 🅿 🆀 🗄 🅴 ᴠɪsᴀ
39 cam ⊑ 131/202000. CV

🏤 **Il Guelfo Bianco** senza rist, via Cavour 29 ⊠ 50129 ℰ 288330, Telex 570596, Fax 2952▮
– ▤ 🆃🆅 ☎. 🆀 🗄 🅴 ᴠɪsᴀ ⋘
⊑ 10000 – **21 cam** 120/170000. CX

🏤 **Villa Liberty** senza rist, viale Michelangiolo 40 ⊠ 50125 ℰ 6810581, Fax 6812595, 🌲
|≋| ▤ 🆃🆅 ☎. 🆀 🗄 ⑩ 🅴 ᴠɪsᴀ
16 cam ⊑ 160/185000. DZ

🏤 **City** senza rist, via Sant'Antonino 18 ⊠ 50123 ℰ 211543, Telex 573389, Fax 295451 –
▤ 🆃🆅 ☎. 🆀 🗄 ⑩ 🅴 ᴠɪsᴀ
18 cam ⊑ 135/185000. BX

🏤 **Silla** senza rist, via dei Renai 5 ⊠ 50125 ℰ 2342888, Fax 2341437 – |≋| ▤ 🆃🆅 ☎. 🆀 🗄
🅴 ᴠɪsᴀ
32 cam ⊑ 100/145000, ▤ 6000. CY

🏠 **Rapallo**, via di Santa Caterina d'Alessandria 7 ⊠ 50129 ℰ 472412, Telex 5742▮
Fax 470385 – |≋| ▤ 🆃🆅 ☎ ⇌. 🆀 🗄 ⑩ 🅴 ᴠɪsᴀ ⋘
Pas (solo per clienti alloggiati) 32000 – ⊑ 13000 – **30 cam** 89/132000 – ½ P 90/130000▮ CV

🏠 **Franchi** senza rist, via Sgambati 28 ⊠ 50127 ℰ 315425, Telex 580425, Fax 315563 –
🆃🆅 ☎ 🅿. 🆀 🗄 ⑩ 🅴 ᴠɪsᴀ
⊑ 14000 – **35 cam** 86/127000. ET

🏠 **Arizona** senza rist, via Farini 2 ⊠ 50121 ℰ 245321, Telex 575572 – |≋| 🆃🆅 ☎. 🆀 🗄 ⑩
ᴠɪsᴀ ⋘
21 cam ⊑ 110/158000. DX

🏠 **Fiorino** senza rist, via Osteria del Guanto 6 ⊠ 50122 ℰ 210579, Fax 210579 – 🗐 ☎
 � 14000 – **21 cam** 65/95000. 🗐 8000. CY **b**

🏠 **Jane** senza rist, via Orcagna 56 ⊠ 50121 ℰ 677382, Fax 677383 – 🛗 🗐 📺 ☎. ✹
 ⊏ 10000 – **24 cam** 80/105000. 🗐 7000. DY **m**

🏠 **Orcagna** senza rist, via Orcagna 57 ⊠ 50121 ℰ 669959 – 🛗 ☎. 🛐 ⑩ ㉤ 𝗩𝗜𝗦𝗔
 18 cam ⊏ 110/130000. DY **d**

🏠 **San Remo** senza rist, lungarno Serristori 13 ⊠ 50125 ℰ 2342823, Fax 2342269 – 🛗 🗐 📺 ☎. 🖭 🛐 ⑩ ㉤ 𝗩𝗜𝗦𝗔
 ⊏ 9000 – **20 cam** 90/127000. DZ **e**

🏠 **Ariston** senza rist, via Fiesolana 40 ⊠ 50122 ℰ 2476693, Fax 2476980 – ☎ DX **a**
 ⊏ 11000 – **29 cam** 72/105000.

XXX ✿✿✿ **Enoteca Pinchiorri**, via Ghibellina 87 ⊠ 50122 ℰ 242777, Fax 244983, Coperti limitati; prenotare, « Servizio estivo in un fresco cortile » – 🗐 🖭 CY **y**
 chiuso domenica, lunedì a mezzogiorno, dal 24 al 28 dicembre ed agosto – Pas carta 115/185000
 Spec. Lamelle di branzino e vitello con verdure, Gnocchetti di patate ripieni di pesto al brodetto di calamaretti, Costolette di agnello con timballo di melanzane e pomodori verdi. Vini Cervaro della Sala, Cannaio di Monte Vertine.

XX **Sabatini**, via de' Panzani 9/a ⊠ 50123 ℰ 211559, Fax 210293, Gran tradizione – 🗐. 🖭 🛐 ⑩ ㉤ 𝗩𝗜𝗦𝗔 BX **q**
 chiuso lunedì – Pas carta 61/100000 (13%).

XX **Doney**, piazza Strozzi 18 r ⊠ 50123 ℰ 239806, Fax 2398182, 🍽 – 🖭 🛐 ⑩ ㉤ 𝗩𝗜𝗦𝗔 BY **h**

XX **Harry's Bar**, lungarno Vespucci 22 r ⊠ 50123 ℰ 2396700, Coperti limitati; prenotare – 🗐. 🖭 🛐 ㉤ 𝗩𝗜𝗦𝗔 AY **x**
 chiuso domenica e dal 15 dicembre al 5 gennaio – Pas carta 51/74000 (16%).

XX **La Loggia**, piazzale Michelangiolo 1 ⊠ 50125 ℰ 2342832, Fax 2345288, « Servizio estivo all'aperto con ≤ » – 🗐 ⑨ – 🚗 50. 🖭 🛐 ⑩ ㉤ 𝗩𝗜𝗦𝗔 DZ **r**
 chiuso mercoledì e dal 4 al 19 agosto – Pas carta 49/74000 (13%).

XX **Al Lume di Candela**, via delle Terme 23 r ⊠ 50123 ℰ 294566, Coperti limitati; prenotare – 🗐. 🖭 🛐 ⑩ ㉤ 𝗩𝗜𝗦𝗔 ✹ BY **u**
 chiuso a mezzogiorno, domenica e dal 10 al 25 agosto – Pas carta 53/86000 (14%).

XX ✿ **Don Chisciotte**, via Ridolfi 4 r ⊠ 50129 ℰ 475430, Coperti limitati; prenotare – 🗐. 🖭 🛐 ⑩ ㉤ 𝗩𝗜𝗦𝗔 BV **u**
 chiuso domenica, lunedì e mezzogiorno ed agosto – Pas carta 50/74000
 Spec. Panzanella di mare, Tagliatelle agli scampi, Rombo ai porcini. Vini Verdicchio, Chianti.

X **Al Campidoglio**, via del Campidoglio 8 r ⊠ 50123 ℰ 287770, Fax 287770 – 🗐. 🖭 🛐 ⑩ ㉤ 𝗩𝗜𝗦𝗔 ✹ BXY **k**
 chiuso martedì – Pas carta 30/40000 (10%).

X **I 4 Amici**, via degli Orti Oricellari 29 ⊠ 50123 ℰ 215413, Solo piatti di pesce – 🗐. 🖭 🛐 ⑩ ㉤ 𝗩𝗜𝗦𝗔 ✹ AX **h**
 chiuso mercoledì e dal 7 al 25 agosto – Pas carta 50/63000 (12%).

X **La Posta**, via de' Lamberti 20 r ⊠ 50123 ℰ 212701 – 🗐. 🖭 🛐 ㉤ 𝗩𝗜𝗦𝗔 BY **s**
 chiuso martedì – Pas carta 40/67000 (13%).

X **i' Toscano**, via Guelfa 70/r ⊠ 50129 ℰ 215475 – 🗐. 🖭 🛐 ⑩ ㉤ 𝗩𝗜𝗦𝗔. ✹ CX **e**
 chiuso martedì ed agosto – Pas carta 29/53000.

X **Leo in Santa Croce**, via Torta 7 r ⊠ 50122 ℰ 210829, Fax 2396705 – 🗐. 🖭 🛐 ⑩ ㉤ 𝗩𝗜𝗦𝗔 ✹ CY **a**
 chiuso lunedì e dal 23 luglio al 7 agosto – Pas carta 41/65000 (12%).

X **13 Gobbi**, via del Porcellana 9 r ⊠ 50123 ℰ 2398769, Rist. con specialità toscane – 🗐. 🛐 ⑩ ㉤ 𝗩𝗜𝗦𝗔 AX **v**
 chiuso domenica, lunedì e dal 31 luglio al 30 agosto – Pas carta 41/62000 (12%).

X **Buca Mario**, piazza Ottaviani 16 r ⊠ 50123 ℰ 214179, Fax 214179, Trattoria caratteristica – 🗐. 🖭 🛐 ⑩ ㉤ 𝗩𝗜𝗦𝗔 ✹ BXY **d**
 chiuso mercoledì, giovedì a mezzogiorno ed agosto – Pas carta 44/64000 (12%).

X **Acquerello**, via Ghibellina 156 r ⊠ 50122 ℰ 2340554 – 🗐. 🖭 🛐 ⑩ ㉤ 𝗩𝗜𝗦𝗔 CY **g**
 chiuso giovedì – Pas carta 35/52000 (12%).

X **Pierot**, piazza Taddeo Gaddi 25 r ⊠ 50142 ℰ 702100 – 🗐. 🖭 🛐 ⑩ ㉤ 𝗩𝗜𝗦𝗔 AX **p**
 chiuso domenica e dal 15 al 31 luglio – Pas carta 30/46000 (12%).

X **Il Giardinetto**, viale Spartaco Lavagnini 38/a ⊠ 50129 ℰ 476100, 🍽 CV **a**

X **Taverna del Bronzino**, via delle Ruote 25/27 r ⊠ 50129 ℰ 495220 – 🗐. 🖭 🛐 ⑩ ㉤ 𝗩𝗜𝗦𝗔 CV **y**
 chiuso domenica ed agosto – Pas carta 47/68000.

X **Il Profeta**, borgo Ognissanti 93 r ⊠ 50123 ℰ 212265 – 🗐. 🖭 🛐 𝗩𝗜𝗦𝗔. ✹ AX **r**
 chiuso domenica, lunedì e dal 1° al 15 agosto – Pas carta 32/44000 (12%).

X **Cantinetta Antinori**, piazza Antinori 3 ⊠ 50123 ℰ 292234, Rist. con specialità toscane – 🗐. 🖭 🛐 ⑩ ㉤ 𝗩𝗜𝗦𝗔 ✹ BX **m**
 chiuso sabato, domenica, agosto e Natale – Pas carta 49/70000 (10%).

239

XX **Mamma Gina,** borgo Sant'Jacopo 37 r ⊠ 50125 𝒫 2396009 – 🍴. 𝔸𝔼 🕃 ⑪ 𝔼 𝒱𝐼𝒮𝒜
chiuso domenica e dal 7 al 21 agosto – Pas carta 38/68000 (12%).   B

XX **La Sagrestia,** via Guicciardini 27/r ⊠ 50125 𝒫 210003 – 🍴. 𝔸𝔼 🕃 ⑪ 𝔼 𝒱𝐼𝒮𝒜. ⋘
chiuso lunedì escluso da giugno a settembre – Pas carta 29/49000 (12%).   B

XX **Le Fonticine,** via Nazionale 79 r ⊠ 50123 𝒫 282106 – 🍴. 𝔸𝔼 🕃 ⑪ 𝔼 𝒱𝐼𝒮𝒜. ⋘   B
chiuso lunedì e dal 22 luglio al 22 agosto – Pas carta 39/59000 (12%).

XX **Osteria n. 1,** via del Moro 20 r ⊠ 50123 𝒫 284897 – 🍴. 𝔸𝔼 🕃 ⑪ 𝔼 𝒱𝐼𝒮𝒜   B,
chiuso domenica e dal 18 luglio al 16 agosto – Pas carta 45/73000.

XX **Paoli,** via dei Tavolini 12 r ⊠ 50122 𝒫 216215, Rist. caratteristico, « Decorazioni im lo stile trecentesco » – 𝔸𝔼 🕃 ⑪ 𝔼 𝒱𝐼𝒮𝒜. ⋘   C
chiuso martedì – Pas carta 40/60000.

XX **Dino,** via Ghibellina 51 r ⊠ 50122 𝒫 241452, Fax 241378 – 🍴. 𝔸𝔼 🕃 ⑪ 𝔼 𝒱𝐼𝒮𝒜
chiuso domenica sera, lunedì e dal 5 al 20 agosto – Pas carta 38/56000 (12%).   D

XX **Ottorino,** via delle Oche 12-16 r ⊠ 50122 𝒫 218747 – 🍴. 𝔸𝔼 🕃 ⑪ 𝔼 𝒱𝐼𝒮𝒜   CX
chiuso domenica ed agosto – Pas carta 44/72000.

XX **Cavallino,** via delle Farine 6 r ⊠ 50122 𝒫 215818, Rist. d'habitués, « Servizio e all'aperto con ≤ » – 🍴. 𝔸𝔼 🕃 ⑪ 𝔼 𝒱𝐼𝒮𝒜. ⋘   C
chiuso martedì sera, mercoledì e dal 1° al 22 agosto – Pas carta 35/52000 (12%).

X **La Capannina di Sante,** piazza Ravenna ang. Ponte da Verrazzano ⊠ 50126 𝒫 688 ≤, 🚗, Solo piatti di pesce – 🍴. 𝔸𝔼 🕃 ⑪ 𝔼 𝒱𝐼𝒮𝒜. ⋘   F
chiuso domenica, lunedì a mezzogiorno, dal 10 al 20 agosto e dal 24 al 31 dicembre - carta 53/83000.

X **Trattoria Vittoria,** via della Fonderia 52 r ⊠ 50142 𝒫 225657, Solo piatti di pesce 𝔸𝔼 🕃 ⑪ 𝔼   A
chiuso mercoledì e dal 15 al 30 agosto – Pas carta 68/80000 (12%).

X **Il Giardino di Barbano,** piazza Indipendenza 3 r ⊠ 50129 𝒫 486752, « Servizio e in giardino » – 𝔸𝔼 🕃 ⑪ 𝔼   B
chiuso mercoledì – Pas carta 25/39000.

X **Buca Lapi,** via del Trebbio 1 r ⊠ 50123 𝒫 213768, Taverna caratteristica – 🍴. 𝔸𝔼 🕃 𝔼 𝒱𝐼𝒮𝒜   B
chiuso domenica e lunedì a mezzogiorno – Pas carta 39/53000 (12%).

X **Celestino,** piazza Santa Felicita 4 r ⊠ 50125 𝒫 2396574 – 🍴. 𝔸𝔼 🕃 ⑪ 𝔼 𝒱𝐼𝒮𝒜
chiuso domenica e dal 5 al 20 agosto – Pas carta 35/46000 (12%).   B

X **Cafaggi,** via Guelfa 35 r ⊠ 50129 𝒫 294989 – 🍴   C
chiuso domenica sera, lunedì ed agosto – Pas carta 35/60000 (12%).

X **Le Quattro Stagioni,** via Maggio 61 r ⊠ 50125 𝒫 218906, prenotare – 🍴. 𝔸𝔼 🕃 ⑪ 𝒱𝐼𝒮𝒜. ⋘   AB
chiuso domenica, dal 21 dicembre al 6 gennaio e dal 4 al 31 agosto – Pas carta 35/5C

X **La Martinicca,** via del Sole 27 r ⊠ 50123 𝒫 218928 – 🍴. 𝔸𝔼 ⑪ 𝔼 𝒱𝐼𝒮𝒜   B
chiuso domenica ed agosto – Pas carta 40/59000.

X **La Carabaccia,** via Palazzuolo 190 r ⊠ 50123 𝒫 214782 – 🕃 𝔼 𝒱𝐼𝒮𝒜   A
chiuso domenica, lunedì a mezzogiorno ed agosto – Pas carta 33/47000.

X **Cammillo,** borgo Sant'Jacopo 57 r ⊠ 50125 𝒫 212427, Trattoria tipica fiorentina - 𝔸𝔼 ⑪ 𝔼 𝒱𝐼𝒮𝒜   B
chiuso mercoledì, giovedì, dal 20 dicembre al 15 gennaio e dal 1° al 21 agosto – carta 41/91000.

X **Cibreo,** via dei Macci 118 ⊠ 50122 𝒫 2341100, Fax 244966, Coperti limitati; prenota 𝔸𝔼 🕃 ⑪ 𝔼 𝒱𝐼𝒮𝒜   D
chiuso domenica, lunedì, dal 31 dicembre al 6 gennaio e dal 26 luglio al 6 settembre – carta 37/55000 (15%).

X **Osteria Pepolino,** via Ferrucci 16 r ⊠ 50126 𝒫 608905, Coperti limitati; prenotare 🕃 ⑪ 𝔼 𝒱𝐼𝒮𝒜. ⋘   FU
chiuso domenica e lunedì a mezzogiorno – Pas carta 42/59000.

X **La Baraonda,** via Ghibellina 67 r ⊠ 50122 𝒫 2341171, Fax 2341171 – 𝔸𝔼 ⑪. ⋘
chiuso domenica, lunedì a mezzogiorno ed agosto – Pas carta 45/55000.   D

X **Baldini,** via il Prato 96 r ⊠ 50123 𝒫 287663 – 🍴. 𝔸𝔼 🕃 ⑪ 𝔼 𝒱𝐼𝒮𝒜. ⋘   A
chiuso sabato, domenica sera, dal 24 dicembre al 3 gennaio e dal 1° al 20 agosto – carta 32/45000.

X **La Conchiglia,** via Gioberti 46 r ⊠ 50121 𝒫 669957, Rist. con specialità di mare – 🍴 🕃 ⑪ 𝔼 𝒱𝐼𝒮𝒜. ⋘   D
chiuso domenica ed agosto – Pas carta 40/70000.

X **Del Carmine,** piazza del Carmine 18 r ⊠ 50124 𝒫 218601 – 𝔸𝔼 🕃 ⑪ 𝔼 𝒱𝐼𝒮𝒜
chiuso domenica e dal 7 al 21 agosto – Pas carta 26/36000.   A

X **Del Fagioli,** corso Tintori 47 r ⊠ 50122 𝒫 244285, Trattoria tipica toscana   C
chiuso agosto, domenica e in estate anche sabato – Pas carta 36/50000.

X **Osteria il Chiasso,** via Fiesolana 13 r ⊠ 50122 𝒫 242241 – 𝔸𝔼 🕃 ⑪ 𝔼 𝒱𝐼𝒮𝒜
chiuso domenica, lunedì a mezzogiorno ed agosto – Pas carta 36/49000.   D

X **Alla Vecchia Bettola,** viale Ludovico Ariosto 32 r ⊠ 50124 ℰ 224158, « Ambiente caratteristico » – ⌘
AY **a**
chiuso domenica, lunedì, dal 23 dicembre al 2 gennaio ed agosto – Pas carta 28/47000.

X **I due G,** via Cennini 6 r ⊠ 50123 ℰ 218623 – ▦. 歴 ❸ ⓞ Ε 𝘝𝘐𝘚𝘈. ⌘
BX **b**
chiuso domenica, i giorni festivi, dal 22 dicembre al 2 gennaio ed agosto – Pas carta 37/54000 (10%).

ai Colli S : 3 km FU :

🏨 **Gd H. Villa Cora e Rist. Taverna Machiavelli** ⑤, viale Machiavelli 18 ⊠ 50125 ℰ 2298451, Telex 570604, Fax 229086, 濘, « Parco fiorito con ⤢ » – ▯ ▦ ℡ ☎ ❷ – 🛗 50 a 150. 歴 ❸ ⓞ Ε 𝘝𝘐𝘚𝘈. ⌘ rist
FU **b**
Pas carta 52/76000 (15%) – ⊡ 24000 – **48 cam** 464/539000. 16 appartamenti.

🏨 **Torre di Bellosguardo** ⑤ senza rist, via Roti Michelozzi 2 ⊠ 50124 ℰ 2298145, Fax 229008, ⋇ città e colli, « Parco e terrazza con ⤢ » – ▯ ▦ ❷ ❷. 歴 ❸ ⓞ Ε 𝘝𝘐𝘚𝘈. ⌘
⊡ 22000 – **10 cam** 230/300000, 6 appartamenti.
FU **p**

🏨 **Villa Carlotta** ⑤, via Michele di Lando 3 ⊠ 50125 ℰ 2336134, Telex 573485, Fax 2336147, 濘 – ▯ ▦ ℡ ☎ ❷. 歴 ❸ ⓞ Ε 𝘝𝘐𝘚𝘈. ⌘ rist
AZ **a**
Pas (solo per clienti alloggiati) carta 46/74000 – **27 cam** ⊡ 240/340000 – ½ P 170/290000.

🏨 **Villa Belvedere** ⑤ senza rist, via Benedetto Castelli 3 ⊠ 50124 ℰ 222501, Telex 575648, Fax 223163, ⋜ città e colli, « Parco-giardino con ⤢ », ⌘ – ▯ ▦ ℡ ☎ ⑤ ❷. 歴 ❸ ⓞ Ε 𝘝𝘐𝘚𝘈 ⌘
marzo-novembre – **27 cam** ⊡ 180/280000.
FU **c**

🏨 **Classic** senza rist, viale Machiavelli 25 ⊠ 50125 ℰ 229351, Fax 229353, 濘 – ▯ ▦ ❷. 歴 ❸ Ε 𝘝𝘐𝘚𝘈
AZ **c**
19 cam ⊡ 102/158000, 3 appartamenti.

XX **Antico Crespino,** largo Enrico Fermi 15 ⊠ 50125 ℰ 221155, Fax 221155, ⋜ – 歴 ❸ ⓞ Ε 𝘝𝘐𝘚𝘈
FU **f**
chiuso mercoledì e dal 25 luglio al 20 agosto – Pas carta 41/77000 (13%).

ad Arcetri S : 5 km FU – ⊠ 50125 Firenze :

X **Omero,** via Pian de' Giullari 11 r ℰ 220053, Trattoria di campagna con ⋜, « Servizio estivo in terrazza » – 歴 ❸ ⓞ Ε 𝘝𝘐𝘚𝘈 ⌘
FU **d**
chiuso martedì ed agosto – Pas carta 39/45000 (13%).

a Galluzzo S : 6,5 km EU – ⊠ 50124 Firenze :

🏨 **Relais Certosa,** via Colle Ramole 2 ℰ 2047171, Telex 574332, Fax 268575, ⋜, « Parco-giardino », ⌘ – ▯ ▦ ℡ ☎ ❷ – 🛗 35 a 70. 歴 ❸ ⓞ Ε 𝘝𝘐𝘚𝘈. ⌘ rist
EU **x**
Pas carta 47/77000 – **69 cam** ⊡ 258/295000, 6 appartamenti.

a Candeli E : 7 km FU – ⊠ 50010 :

🏨 **Villa La Massa e Rist. Il Verrocchio** ⑤, via La Massa 6 ℰ 666141, Telex 573555, Fax 632579, ⋜, 濘, « Dimora settecentesca con arredamento in stile », ⤢, 濘, ⌘ – ▯ ▦ ℡ ☎ ⓞ Ε 𝘝𝘐𝘚𝘈. ⌘ rist
Pas *(chiuso lunedì e martedì a mezzogiorno da novembre a marzo)* carta 55/70000 –
39 cam ⊡ 290/490000, 5 appartamenti – ½ P 325/370000.

verso Trespiano N : 7 km FT :

🏨 **Villa le Rondini** ⑤, via Bolognese Vecchia 224 ⊠ 50139 Firenze ℰ 400081, Telex 575679, Fax 268212, ⋜ città, « Ville fra gli olivi », ⤢, 濘, ⌘ – ☎ ❷ – 🛗 80 a 200. 歴 ❸ ⓞ Ε 𝘝𝘐𝘚𝘈 ⌘ rist
FT **r**
Pas 45/90000 – **33 cam** ⊡ 160/250000, 2 appartamenti – ½ P 140/250000.

a Serpiolle N : 8 km FT – ⊠ 50141 Firenze :

XX **Lo Strettoio,** ℰ 4250044, 濘, prenotare, « Villa seicentesca fra gli olivi » – ▦ ❷. ⌘
chiuso a mezzogiorno, domenica, lunedì ed agosto – Pas carta 48/68000.
FT **g**

sull'autostrada al raccordo A 1 - A 11 NO : 10 km ET :

🏨 **MotelAgip,** ⊠ 50013 Campi Bisenzio ℰ 4211881, Telex 570263, Fax 4219015 – ▯ ▦ ℡ ☎ ⅊ ❷ – 🛗 40 a 200. 歴 ❸ ⓞ Ε 𝘝𝘐𝘚𝘈 ⌘
ET **u**
Pas *(chiuso domenica)* 50000 – **163 cam** ⊡ 165/250000 – ½ P 142/170000.

in prossimità casello autostrada A1 Firenze Sud SE : 6 km :

🏨 **Sheraton Firenze Hotel,** ⊠ 50126 ℰ 64901, Telex 575860, Fax 680747, ⤢, ⌘ – ▯ ⋇ cam ▦ ℡ ☎ ⅊ – 🛗 30 a 1500. 歴 ❸ ⓞ Ε 𝘝𝘐𝘚𝘈. ⌘
FU **r**
Pas carta 58/92000 – **301 cam** ⊡ 332000, 20 appartamenti.

Vedere anche : *Scandicci* SO : 6 km EU.
　　　　　　　 Bagno a Ripoli E : 7 km FU.
　　　　　　　 Fiesole NE : 8 km FT.
　　　　　　　 Calenzano NO : 13 km ET.
　　　　　　　 Bivigliano per ① : 18 km.

▮ICHELIN, viale Belfiore 41 AV - ⊠ 50144, ℰ 332641, Fax 360098.

FISCHLEINBODEN = Campo Fiscalino.

FIUGGI 03014 Frosinone 988 ⑳, 430 Q 21 – 8 436 ab. alt. 747 – Stazione termale (aprile-novembre) – ✆ 0775.

🏌ₓ (chiuso martedì) a Fiuggi Fonte ✉ 03015 ✆ 55250, Fax 506742, S : 4 km.

🛈 (aprile-novembre) piazza Frascara 4 ✆ 55019.

Roma 82 – Avezzano 94 – Frosinone 32 – Latina 88 – ◆Napoli 183.

🏠 **Anticoli,** via Verghetti 70 ✆ 55667, 🌳 – 🛗 📞 Æ 🕃 ⓞ ⋿ 𝘝𝘐𝘚𝘈. ❀ cam
   chiuso dal 1° al 19 gennaio e febbraio – Pas 30/35000 – ⊑ 8000 – **18 cam** 30/60000
   ½ P 60000.

ⅩⅩ **Il Rugantino,** via Diaz 300 ✆ 55400, 🍽 – Æ 🕃. ❀
   chiuso mercoledì escluso da maggio a settembre – Pas carta 21/34000.

   a Fiuggi Fonte S : 4 km – alt. 621 – ✉ 03015 :

🏨 **Palazzo della Fonte** ﹩, via Dei Villini 7 ✆ 5081, Telex 620014, Fax 506752, ≤, « Parc
   con ⅃ », 𝙁₆, ≘s, ⅃, ❀ – 🛗 ▤ 📺 ☎ ☻ – 🔬 30 a 600. 🕃 🕃 ⓞ ⋿ 𝘝𝘐𝘚𝘈. ❀ rist
   Pas carta 81/106000 – ⊑ 30000 – **153 cam** 295/440000, 6 appartamenti – ½ P 195/250000

🏨 **Silva Hotel Splendid,** corso Nuova Italia 40 ✆ 55791, Fax 506546, « Giardino ombreggiato con ⅃ », 𝙁₆, ≘s – 🛗 ▤ cam 📺 ☎ ☻ ☻ – 🔬 250. 🕃 🕃 ⓞ ⋿ 𝘝𝘐𝘚𝘈. ❀ rist
   maggio-ottobre – Pas 55/70000 – ⊑ 18000 – **120 cam** 143/204000 – ½ P 130/185000.

🏨 **Villa Igea,** corso Nuova Italia 32 ✆ 55435, Fax 55438, ≘s, ⅃, 🌳 – 🛗 📺 ☎ ☻. Æ. ❀ ri
   15 maggio-15 ottobre – Pas carta 48/78000 – ⊑ 15000 – **65 cam** 115/175000 – ½ P 125
   150000.

🏨 **Vallombrosa,** via Vecchia Fiuggi 209 ✆ 55531, Fax 506646, « Giardino ombreggiato »
   𝙁₆, ≘s, ⅃ riscaldata – 🛗 ▤ 📺 ☎ ☻ – 🔬 40 a 150. 🕃 🕃 ⓞ ⋿ 𝘝𝘐𝘚𝘈. ❀ rist
   Pas 45/70000 – ⊑ 20000 – **80 cam** 120/180000 – ½ P 140/175000.

🏠 **Fiuggi Terme,** via Prenestina 9 (SE : 0,5 km) ✆ 55212, Fax 506566, ⅃, 🌳, ❀ – 🛗 📺 ☎
   ☻ – 🔬 250. 🕃 🕃 ⓞ ⋿ 𝘝𝘐𝘚𝘈. ❀
   Pas 35/45000 – ⊑ 10500 – **53 cam** 70/110000 – P 88/125000.

🏠 **Imperiale,** via Prenestina 29 ✆ 55055, Fax 504112, 🌳 – 🛗 ▤ 📞 🚗 ☻. Æ 🕃 𝘝𝘐𝘚𝘈. ❀
   22 maggio-24 ottobre – Pas carta 29/42000 – ⊑ 11000 – **97 cam** 70/110000 – ½ P 6
   95000.

🏠 **San Giorgio,** via Prenestina 31 ✆ 55313, Fax 55012, 🌳 – 🛗 ▤ rist 📺 ☎ ☻. Æ 𝘝𝘐𝘚𝘈. ❀
   maggio-ottobre – Pas 30/39000 – ⊑ 18000 – **85 cam** 85/125000 – ½ P 103000.

🏠 **Concorde,** via Diaz 568 ✆ 55289, Fax 55178 – 🛗 ▤ 📺 ☎ ☻
   stagionale – **31 cam.**

🏠 **Tripoli,** via 4 Giugno 13 ✆ 55136, Fax 55307, 🍽 – 🛗 ▤ rist 📺 ☎ ☻. Æ 🕃 𝘝𝘐𝘚𝘈
   15 marzo-12 novembre – Pas carta 35/50000 – ⊑ 9000 – **90 cam** 70/95000 – ½ P 86/90000

🏠 **Moderno,** via dei Villini 11 ✆ 55005, Fax 505357, 🌳 – 🛗 ▤ rist 📞 ☻
   stagionale – **48 cam.**

🏠 **Alfieri,** viale Fonte Anticolana 49 ✆ 55646 – 🛗 ▤ 📞 🚗 ☻. ❀ rist
   maggio-ottobre – Pas carta 35/58000 – ⊑ 9000 – **40 cam** 45/70000 – ½ P 55/65000.

🏠 **Mondial Park Hotel,** via Sant'Emiliano 82 ✆ 55848, ⅃ – 🛗 ▤ rist 📺 📞 🚗 ☻
   🔬 80. 🕃 🕃 ⓞ ⋿ 𝘝𝘐𝘚𝘈. ❀ rist
   giugno-ottobre – Pas 30/35000 – **34 cam** ⊑ 70/95000 – ½ P 70/85000.

🏠 **Casina dello Stadio e del Golf,** via 4 Giugno 19 ✆ 55027, Fax 55176, 🌳 – 🛗 ☎ 🚗 (
   Æ ❀
   aprile-ottobre – Pas 30/35000 – ⊑ 10000 – **49 cam** 65/95000 – ½ P 65/75000.

🏠 **Ariston,** via Parco Macchiadoro ✆ 55514, Fax 55521, 🌳 – 🛗 ☎ ☻. 𝘝𝘐𝘚𝘈. ❀ rist
   maggio-settembre – Pas carta 38/58000 – ⊑ 7000 – **54 cam** 80/100000 – ½ P 80000.

🏠 **Daniel's,** via Prenestina SE : 1 km ✆ 506543, ❀ – 🛗 ▤ rist ☎ ☻
   stagionale – **38 cam.**

🏠 **Fiore,** via XV Gennaio 5 ✆ 55126, Fax 505489, 🌳 – 🛗 ☎ ☻. Æ. ❀
   maggio-ottobre – Pas 39000 – ⊑ 8000 – **38 cam** 80/100000 – P 65/95000.

🏠 **Iris Crillon,** via Fiume 7 ✆ 55077 – 🛗 ☎ ☻. Æ 🕃. ❀ rist
   giugno-ottobre – Pas carta 26/41000 – ⊑ 5000 – **40 cam** 55/85000 – ½ P 50/70000.

🏠 **Edison** ﹩, via De Medici 33 ✆ 55875, Fax 55875, 🌳 – 🛗 ☎ ☻. Æ ⓞ. ❀ rist
   aprile-ottobre – Pas 25000 – ⊑ 3000 – **24 cam** 40/60000 – ½ P 45/58000.

🏠 **Mirage** ﹩, via Diaz 295 ✆ 55496 – 🛗 📞 ☻. ❀
   15 maggio-15 ottobre – Pas 27000 – ⊑ 4500 – **32 cam** 50/60000 – P 45/72000.

ⅩⅩⅩ **Hernicus** con cam, corso Nuova Italia 30 ✆ 55254, prenotare – 🛗 ▤ 📺 ☎. Æ 🕃 ⋿ 𝘝
   ❀
   Pas (chiuso lunedì escluso da giugno a settembre) carta 50/78000 – 3 appartame
   ⊑ 300000.

   Vedere anche : **Acuto :** O : 5 km.

IUMALBO 41022 Modena 428 429 430 J 13 – 1 547 ab. alt. 935 – a.s. luglio-agosto e Natale – 0536.
oma 369 – ◆Bologna 104 – Lucca 73 – Massa 101 – ◆Milano 263 – ◆Modena 88 – Pistoia 59.

a Dogana Nuova S : 2 km – ✉ 41020 :

Val del Rio, ✆ 73901, ← – |♦| ☎ Ⓟ. ✗
Pas carta 27/36000 – ☐ 12000 – **26 cam** 60/100000 – ½ P 65/75000.

Bristol, ✆ 73912, ← – ☎ Ⓟ. AE ⓞ. ✗
Pas *(chiuso giovedì)* 22/25000 – ☐ 6000 – **23 cam** 38/70000 – ½ P 50/65000.

IUMARA Messina – Vedere Sicilia (Capo d'Orlando).

IUMICELLO DI SANTA VENERE Potenza 431 H 29 – Vedere Maratea.

IUMICINO 00054 Roma 988 ㉕ ㉖, 430 Q 18 – ✪ 06.
Leonardo da Vinci, NE : 3,5 km ✆ 60121.
oma 28 – Anzio 52 – Civitavecchia 66 – Latina 78.

XXX **Bastianelli al Molo,** via Torre Clementina 312 ✆ 6505358, Fax 6507210, ←, ⛱, Rist. con specialità di mare – AE 🅂 ⓞ E VISA. ✗
chiuso lunedì – Pas carta 70/100000.

XX Gina al Porto, viale Traiano 141 ✆ 6522422, ←, ⛱, Solo piatti di pesce

XX **Bastianelli al Centro,** via Torre Clementina 86/88 ✆ 6505095, Solo piatti di pesce – ▤. AE 🅂 ⓞ E VISA. ✗
chiuso mercoledì – Pas carta 50/65000.

XX **La Perla** con cam, via Torre Clementina 214 ✆ 6505038, Fax 6507701, ⛱, Solo piatti di pesce – Ⓟ. AE 🅂 VISA. ✗
chiuso dal 20 agosto al 15 settembre – Pas *(chiuso martedì)* carta 45/85000 – ☐ 9000 – **7 cam** 61/78000.

X **Arenella da Zi Pina,** via Torre Clementina 180 ✆ 6505080, ⛱, Solo piatti di pesce, « Servizio estivo serale in giardino » – AE 🅂 ⓞ E VISA
chiuso mercoledì – Pas carta 44/70000 (10 %).

Wenn Sie an ein Hotel im Ausland schreiben,
fügen Sie Ihrem Brief einen internationalen Antwortschein bei
(im Postamt erhältlich).

IVIZZANO 54013 Massa-Carrara 988 ⑭, 428 429 430 J 12 – 10 692 ab. alt. 373 – ✪ 0585.
ma 437 – ◆Firenze 163 – Massa 41 – ◆Milano 221 – ◆Parma 116 – Reggio nell'Emilia 94 – ◆La Spezia 39.

Il Giardinetto, ✆ 92060, « Terrazza-giardino ombreggiata » – 🅂 VISA. ✗
chiuso dal 4 al 30 ottobre – Pas *(chiuso lunedì da novembre a giugno)* carta 24/41000 – ☐ 6000 – **19 cam** 33/55000 – ½ P 55000.

OGGIA 71100 P 988 ㉘, 431 C 28 – 159 541 ab. alt. 70 – a.s. Pasqua e agosto-settembre – 0881.
edere Guida Verde.
via Senatore Emilio Perrone 17 ✆ 23650.
A.C.I. via Mastelloni (Palazzo Insalata) ✆ 636833.
ma 363 ④ – ◆Bari 132 ① – ◆Napoli 175 ④ – ◆Pescara 180 ①.

Pianta pagina seguente

Cicolella, viale 24 Maggio 60 ✆ 3890, Telex 810273, Fax 678984 – |♦| ▤ TV ☎ ♿ – 🅰 50 a 150. AE 🅂 ⓞ E VISA — Y c
Pas *(chiuso domenica, dal 23 dicembre al 6 gennaio e dal 5 al 20 agosto)* carta 41/56000 (15 %) – ☐ 15000 – **105 cam** 168/288000, 12 appartamenti – ½ P 180000.

White House senza rist, via Monte Sabotino 24 ✆ 621644, Telex 812043, Fax 621646 – |♦| ▤ TV ☎. AE 🅂 ⓞ E VISA — Y b
☐ 14000 – **40 cam** 168/288000 – ½ P 220000.

President, via degli Aviatori 130 ✆ 618010, Fax 617930, 🏊 – |♦| ▤ TV ☎ 🚗 Ⓟ – 🅰 200 a 700. AE 🅂 ⓞ E VISA. ✗ — X a
Pas *(chiuso venerdì)* carta 37/53000 (10 %) – ☐ 8000 – **129 cam** 73/100000, ▤ 5000 – ½ P 90000.

XX **In Fiera-Cicolella,** viale Fortore angolo via Bari ✆ 32166, Fax 32167, ⛱ – ▤ Ⓟ – 🅰 300. AE 🅂 ⓞ VISA — X r
chiuso lunedì, martedì e dal 7 al 24 novembre – Pas carta 43/58000 (15 %).

XX Amerigo-Bella Napoli, via Nicola delli Carri 17/19 ✆ 614572 – ▤ — Y f

XX **La Pietra di Francia,** viale 1° Maggio 2 ✆ 34880 – ▤. AE 🅂 ⓞ E VISA. ✗ — X q
chiuso dal 23 dicembre al 7 gennaio, dal 10 al 31 agosto, domenica sera, lunedì e in luglio-agosto anche domenica a mezzogiorno – Pas carta 30/53000 (10 %).

XX **La Mangiatoia,** viale Virgilio 2 ✆ 34457, ⛱ – ▤ Ⓟ. AE 🅂 ⓞ E VISA. ✗ — 2 km per ③
chiuso lunedì e venerdì sera – Pas carta 29/63000.

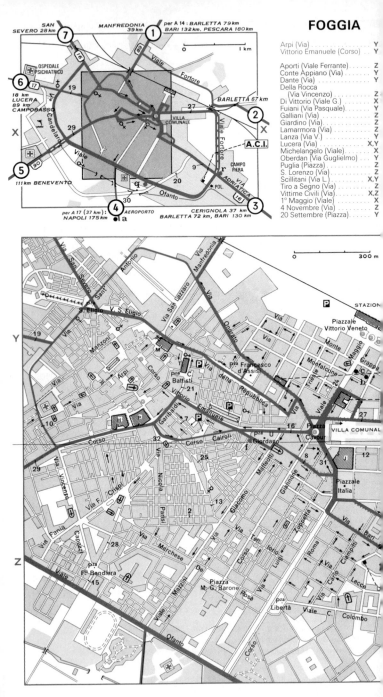

FOGGIA

Arpi (Via) . . . . Y
Vittorio Emanuele (Corso) . . Y

Aporti (Viale Ferrante) . . . . . . Z
Conte Appiano (Via) . . . . Y
Dante (Via) . . . . Y
Della Rocca
  (Via Vincenzo) . . . . Z
Di Vittorio (Viale G.) X
Fuiani (Via Pasquale) . . . . . . Y
Galliani (Via) . . . . Y
Giardino (Via) . . . . Z
Lamarmora (Via) . . . . Z
Lanza (Via V.) . . . . Y
Lucera (Via) . . . . X,Y
Michelangelo (Viale) X
Oberdan (Via Guglielmo) . . . Y
Puglia (Piazza) . . . . Z
S. Lorenzo (Via) . . . . Y
Scillitani (Via L.) . . . . X,Y
Tiro a Segno (Via) . . . . Z
Vittime Civili (Via) . . . . X,Z
1° Maggio (Viale) X
4 Novembre (Via) . . . . Y
20 Settembre (Piazza) . . . . . . Y

FOIANA (VOLLAN) Bolzano 🔲🔲🔲 ⑳ – Vedere Lana.

FOLGARIA 38064 Trento 🔲🔲🔲 ④, 🔲🔲🔲 E 15 – 3 018 ab. alt. 1 168 – a.s. 8 febbraio-15 marzo, asqua e Natale – Sport invernali : 1 168/1 987 m ≤26, ⚡ – ⊙ 0464.
◦ Trentino (maggio-ottobre) ⊠ 38100 Trento ℘ (0461) 981682, Fax (0461) 981682 o ℘ (0464) 0480, NE : 2 km.

▮ via Roma 62 ℘ 71133, Fax 70250.

oma 582 – ◆Bolzano 87 – ◆Milano 236 – Riva del Garda 42 – Rovereto 20 – Trento 27 – ◆Verona 95 – Vicenza 73.

🏨 **Villa Wilma** ⍦, ℘ 721278, Fax 721278, ≤, 🌫 – 🛗 ☎ ⓟ. 🔲. ❀
dicembre-marzo e 15 giugno-20 settembre – Pas (chiuso venerdì) 28/35000 – 🖵 10500 –
22 cam 82/136000 – ½ P 83/104000.

🏨 **Vittoria,** ℘ 71122, ≤, ⊑ – 🛗 📺 ☎ ⓟ – 🔺 50.
stagionale – **42 cam.**

🏠 **Aquila,** ℘ 71103 – ☎. ❀
chiuso maggio e novembre – Pas (chiuso giovedì) carta 28/43000 – 🖵 9000 – **29 cam**
55/75000 – ½ P 50/75000.

a Costa NE : 2 km – alt. 1 257 – ⊠ 38064 Folgaria :

🏨 **Nevada** ⍦, ℘ 71495, Fax 70219, ≤, ⊑, 🔲 – ≤∞ rist 📺 ☎ ⇌ ⓟ 🔲 𝘝𝘐𝘚𝘈. ❀
chiuso dal 16 al 30 aprile e novembre – Pas 34000 – **60 cam** 🖵 160000 – ½ P 60/120000.

🏨 **Sayonara,** ℘ 71186, Fax 71186, ≤, 🌫, ✗ – 🛗 ☎ ⇌ ⓟ. ❀
20 dicembre-marzo e 25 giugno-5 settembre – Pas carta 26/36000 – 🖵 9000 – **32 cam**
50/90000 – ½ P 85000.

🏠 **Garden,** ℘ 721482, ≤, 🌫 – 🛗 ☎ ⇌ ⓟ. 10 dicembre-15 aprile e 15 giugno-15 settembre – Pas (chiuso martedì) 26/34000 –
🖵 10000 – **25 cam** 84000 – ½ P 60/80000.

a Fondo Grande SE : 3 km – alt. 1 335 – ⊠ 38064 Folgaria :

🏨 **Cristallo** ⍦, ℘ 721320, ≤, ⊑ – 🛗 ☜ ⇌ ⓟ. ❀ rist
dicembre-10 aprile e 20 giugno-10 settembre – Pas carta 35/45000 – 🖵 10000 – **34 cam**
80/128000 – ½ P 90000.

FOLGARIDA Trento 🔲🔲🔲 🔲🔲🔲 D 14, 🔲🔲🔲 ⑲ – alt. 1 302 – ⊠ 38025 Dimaro – a.s. febbraio-asqua e Natale – Sport invernali : 1 302/2 141 m ≤1 ≤11, ⚡; a Marilleva : 900/2 141 m ≤2 ≤10, ⚡ a Mezzana – ⊙ 0463.

℘ 986113.

oma 653 – ◆Bolzano 75 – Madonna di Campiglio 11 – ◆Milano 225 – Passo del Tonale 33 – Trento 71.

🏨 **Gran Baita,** ℘ 986263, Fax 986153 – 🛗 ☎ ⇌ ⓟ. 🄰🄴 🔲 ⓘ Ε 𝘝𝘐𝘚𝘈. ❀
19 dicembre-10 aprile e luglio-6 settembre – Pas 25/35000 – 🖵 18000 – **47 cam** 130/
180000 – ½ P 55/80000.

🏠 **Sun Valley,** ℘ 986208, Fax 986434, ≤, 🌫 – 📺 ☎ ⇌ ⓟ. ❀
dicembre-aprile e 15 giugno-15 settembre – Pas carta 38/52000 – **20 cam** 🖵 81/141000 –
½ P 77/108000.

🏠 **Piccolo Hotel Taller** ⍦, ℘ 986234, Fax 986234, ≤ – ☎ ⓟ. 🔲 𝘝𝘐𝘚𝘈. ❀
dicembre-Pasqua e luglio-15 settembre – Pas 28/30000 – 🖵 15000 – **21 cam** 70/120000 –
½ P 67/90000.

a Costa Rotian N : 5 km – alt. 950 – ⊠ 38025 Dimaro :

🏨 **Costa Rotian** ⍦, ℘ 974307, Fax 974307, ≤, 🔲, ✗ – 🛗 ☜ ⇌ ⓟ
stagionale – **29 cam.**

FOLIGNO 06034 Perugia 🔲🔲🔲 ⑯, 🔲🔲🔲 N 20 – 53 518 ab. alt. 234 – ⊙ 0742.
edere Guida Verde.

intorni Spello★ : affreschi★★ nella chiesa di Santa Maria Maggiore NO : 6 km – Monte-
lco★ : ✲★★★ dalla torre Comunale, affreschi★★ nella chiesa di San Francesco (museo),
fresco★ di Benozzo Gozzoli nella chiesa di San Fortunato SO : 12 km.

porta Romana 126 ℘ 350493, Fax 340545.

oma 158 – ◆Ancona 134 – Assisi 18 – Macerata 92 – ◆Perugia 35 – Terni 59.

🏨 **Poledrini,** viale Mezzetti 2 ℘ 341041, Fax 341042 – 🛗 🖃 📺 ☎ ⚿ ⇌ – 🔺 90 a 200. 🄰🄴
🔲 ⓘ. ❀
Pas carta 25/34000 – **43 cam** 🖵 135000 – ½ P 90/112000.

🏠 **Le Mura,** via Bolletta 27 ℘ 357344, Fax 57345 – 📺 ☎ ⇌
18 cam.

🏠 **Belvedere** senza rist, via Ottaviani 19 ℘ 353990 – 📺 ☎ ⓟ. 🄰🄴 🔲 ⓘ Ε 𝘝𝘐𝘚𝘈
🖵 5000 – **20 cam** 55/80000.

XX **Villa Roncalli** ⍦ con cam, via Roma 25 (S : 1 km) ℘ 391091, Fax 67100, �, 🌫 – 📺 ☎
ⓟ – 🔺 30.
10 cam.

FOLLINA 31051 Treviso 988 ⑤ , 429 E 18 – 3 440 ab. alt. 200 – ✪ 0438.

Roma 590 – Belluno 34 – Trento 119 – Treviso 36 – ◆Venezia 72.

🏨 **Abbazia** senza rist, via Martiri della Libertà ℘ 971277, Fax 970001 – 📺 🕸 🅿 🗚 🕃 ⑩ ▮
🆚 . ✠
⌑ 15000 – **15 cam** 135000.

FOLLONICA 58022 Grosseto 988 ⑭ ㉔ , 430 N 14 – 21 730 ab. – a.s. Pasqua e 15 giugno-
15 settembre – ✪ 0566.

🖹 viale Italia ℘ 40177, Fax 44308.

Roma 234 – ◆Firenze 152 – Grosseto 47 – ◆Livorno 91 – Pisa 110 – Siena 84.

🏨 **Giardino,** piazza Vittorio Veneto 10 ℘ 41546, Fax 44457, 🏖 – 🖢 🍽 rist 📺 ☎ . 🗚 🕃 ▮
🆚 . ✠
Pas *(luglio-settembre)* carta 30/40000 – ⌑ 11000 – **48 cam** 65/108000 – ½ P 86/125000.

🏠 **Parco dei Pini,** via delle Collacchie 7 ℘ 53280, Fax 53218 – 🖢 📺 ☎ 🅿 . 🗚 🕃 ⑩ E 🆚
✠ rist
Pas *(chiuso martedì)* carta 26/42000 – ⌑ 10000 – **24 cam** 60/95000 – ½ P 70/95000.

🏠 **Aziza** senza rist, lungomare Italia 142 ℘ 44441, ≤, « Giardino ombreggiato », 🏖 – ✪
🕃 ⑩ E 🆚 . ✠
Pasqua-ottobre – **20 cam** ⌑ 150000.

%%% Leonardo Cappelli già Paolino, piazza 25 Aprile 33 ℘ 44637, ㊟

%%% Martini, via Pratelli 14 ℘ 44102

% **Il Veliero,** SE : 3 km ℘ 866219 – 🍽 🅿 . 🗚 🕃 ⑩ E 🆚
chiuso mercoledì in bassa stagione – Pas carta 35/54000 (10%).

FONDI 04022 Latina 988 ㉖ , 430 R 22 – 31 770 ab. alt. 8 – ✪ 0771.

Roma 131 – Frosinone 64 – Latina 59 – ◆Napoli 110.

%% **Vicolo di Mblò,** corso Italia 126 ℘ 502385, « Rist. caratteristico » – 🗚 🕃 ⑩ E 🆚
chiuso martedì e dal 23 dicembre al 2 gennaio – Pas carta 40/60000.

sulla strada statale 213 SO : 12 km :

🏨 **Martino Club Hotel,** ✉ 04020 Salto di Fondi ℘ 57464, Fax 57293, ≤, ㊟, ⤣ riscalda
🏖 , 🎋 , %% – ☎ 🅿 . ✠
Pas 30000 – ⌑ 13000 – **45 cam** 86/136000 – ½ P 85/105000.

FONDO 38013 Trento 988 ④ , 429 C 15 – 1 391 ab. alt. 988 – a.s. Pasqua e Natale – ✪ 0463.

Roma 637 – ◆Bolzano 36 – Merano 39 – ◆Milano 294 – Trento 55.

🏨 **Lady Maria,** via Garibaldi 20 ℘ 830380, Fax 831013 – 🖢 ☎ ৬ 🅿 – 🔬 100. ✠ rist
chiuso novembre – Pas *(chiuso lunedì)* carta 26/52000 – **45 cam** ⌑ 60/100000, 2 appart
menti – ½ P 40/70000.

🏠 **Alla Pineta,** ℘ 831176, Fax 831176, ㊍ – 🔜 🅿 – 🔬 80. 🗚 🕃 ⑩ E 🆚 . ✠
chiuso novembre – Pas *(chiuso giovedì)* 17/20000 – ⌑ 8000 – **21 cam** 45/8000
2 appartamenti – ½ P 55/65000.

FONDO GRANDE Trento – Vedere Folgaria.

FONDOTOCE Novara 428 429 E 7, 219 ⑥ – Vedere Verbania.

FONNI Nuoro 988 ㉝ , 433 G 9 – Vedere Sardegna.

FONTANA BIANCA (Lago di) **(WEISSBRUNNER SEE)** Bolzano 428 429 C 14, 218 ⑲ – Vede
Ultimo-Santa Gertrude.

FONTANAFREDDA 33074 Pordenone 429 E 19 – 9 067 ab. alt. 42 – ✪ 0434.

Roma 590 – Belluno 59 – ◆Milano 329 – Pordenone 7 – Treviso 50 – ◆Trieste 120 – Udine 58 – ◆Venezia 79.

% **Fassina,** ℘ 99196, ㊟, « Giardino ombreggiato in riva ad un laghetto » – 🅿 . 🗚 🕃 (
🆚 . ✠
chiuso mercoledì a mezzogiorno, sabato, dal 1° al 6 gennaio e dal 15 al 30 agosto – P
carta 31/41000 (10%).

FONTANE BIANCHE Siracusa 432 Q 27 – Vedere Sicilia (Siracusa).

Le guide Vert Michelin **ITALIE** (nouvelle présentation en couleurs) :

Paysages, Monuments

Routes touristiques

Géographie

Histoire, Art

Itinéraires de visite

Plans de villes et de monuments.

NTANEFREDDE (KALTENBRUNN) Bolzano 429 D 16 – alt. 950 – ⊠ 39040 Montagna – 471.

a 638 – Belluno 102 – ◆Bolzano 32 – ◆Milano 296 – Trento 56.

Pausa, sulla statale NO : 1 km ℰ 887035, Fax 887038, ≤, 😭 – 🛗 ☎ 🅿. 🖭 🖪 🗾. 🛠 rist
chiuso dal 10 al 25 gennaio e dal 10 al 25 giugno – Pas *(chiuso martedì sera e mercoledì)*
carta 25/34000 – 😅 9000 – **30 cam** 43/78000 – ½ P 45/69000.

NTANELLATO 43012 Parma 428 429 H 12 – 6 187 ab. alt. 43 – ۞ 0521.

lere Affresco★ del Parmigianino nella Rocca di San Vitale.

a 477 – Cremona 58 – ◆Milano 109 – ◆Parma 19 – Piacenza 49.

sulla strada statale 9 - via Emilia S : 5 km :

Tre Pozzi, ⊠ 43012 ℰ 825347 e rist ℰ 825119, Fax 825294 – 🛗 ☰ cam 📺 ☎ 🅿 – 🕍 60.
🖪 🖪 🗾. 🛠
Pas *(chiuso domenica sera, lunedì e dal 1° al 28 agosto)* carta 31/54000 – 😅 10000 –
40 cam 110/160000 – ½ P 75000.

NTANELLE Cuneo 428 J 4 – Vedere Boves.

NTEBLANDA 58010 Grosseto 430 O 15 – alt. 10 – a.s. Pasqua e 15 giugno-15 settembre –
)564.

a 163 – Civitavecchia 87 – ◆Firenze 164 – Grosseto 24 – Orbetello 19 – Orvieto 112.

Cala di Forno, ℰ 885573, Fax 886373, 😭 – ☰ cam 📺 ☎. 🖪 🖪 🗾. 🛠
chiuso novembre – Pas *(chiuso mercoledì)* carta 34/53000 – **22 cam** 😅 100000 –
½ P 90000.

sulla strada statale 1-via Aurelia S : 2 km :

Corte dei Butteri 🐾, ⊠ 58010 ℰ 885546, Fax 886282, ≤, « Parco con 🏊 e 🎾 », 🏕 –
☰ 📺 ☎ 🅿 – 🕍 35. 🕦 🖪 🗾. 🛠 rist
29 maggio-23 ottobre – Pas 50000 – **88 cam** 😅 300/600000, appartamento – ½ P 325000.

a Talamone SO : 4 km – ⊠ 58010 :

Il Telamonio senza rist, ℰ 887008, Fax 887380, « Terrazza-solarium con ≤ » – ☰ 📺 ☎.
🝙 🖪 🗾. 🛠
Pasqua-settembre – 😅 15000 – **30 cam** 110/180000.

Capo d'Uomo 🐾 senza rist, ℰ 887077, Fax 887298, ≤, 🖛 – 🕾 🕭 🅿. 🛠
aprile-settembre – **24 cam** 😅 95/135000.

La Buca, ℰ 887067, 😭, Solo piatti di pesce – ☰. 🝙 🖪 🕦 🖪 🗾
chiuso gennaio, febbraio e lunedì (escluso luglio-agosto) – Pas carta 42/66000.

Da Flavia, ℰ 887091, 😭 – 🛠
chiuso martedì e dal 15 gennaio al 15 febbraio – Pas carta 40/70000.

NTE CERRETO L'Aquila 430 O 22 – Vedere Assergi.

PPOLO 24010 Bergamo 988 ③, 428 429 D 11 – 203 ab. alt. 1 515 – a.s. luglio-agosto e
tale – Sport invernali : 1 515/2 167 m ≰10, sf – ۞ 0345.

a 659 – ◆Bergamo 58 – ◆Brescia 110 – Lecco 80 – ◆Milano 100.

Des Alpes, via Cortivo 9 ℰ 74037, Fax 74078, ≤ – 🛗 🕿 🅿 – 🕍 40. 🛠 rist
8 dicembre-20 aprile e luglio-agosto – Pas 35000 – 😅 9000 – **30 cam** 90000 – ½ P 88000.

Rododendro con cam, via Piave 2 ℰ 74015, ≤ – 🛗 🕿. 🝙 🖪 🕦 🖪 🗾. 🛠 cam
Pas carta 32/48000 – 😅 9000 – **12 cam** 45/70000 – ½ P 70/80000.

RCOLA 23010 Sondrio – 960 ab. alt. 276 – ۞ 0342.

na 684 – Lecco 61 – Sondrio 20.

La Brace, strada statale 38 ℰ 660408, 😭, 🖛 – 🅿. 🝙 🖪 🗾
chiuso lunedì – Pas carta 36/53000.

RIO Napoli 988 ㉗, 431 E 23 – Vedere Ischia (Isola d').

RLI 47100 P 988 ⑮, 429 430 J 18 – 109 755 ab. alt. 34 – ۞ 0543.
dere Guida Verde.

≥ Luigi Ridolfi per ② : 6 km ℰ 780049, Fax 780678.

corso della Repubblica 23 ℰ 25532.

🖪 corso Garibaldi 45 ℰ 32313.

na 354 ③ – ◆Bologna 63 ④ – ◆Firenze 109 ③ – ◆Milano 282 ① – ◆Ravenna 27 ① – Rimini 49 ②.

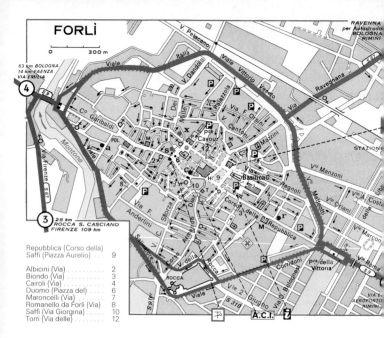

Repubblica (Corso della)
Saffi (Piazza Aurelio) . . . 9

Albicini (Via) 2
Biondo (Via) 3
Cairoli (Via) 4
Duomo (Piazza del) . . . 6
Maroncelli (Via) 7
Romanello da Forlì (Via) . 8
Saffi (Via Giorgina) 10
Torri (Via delle) 12

Della Città et De La Ville, corso Repubblica 117 ℰ 28297, Fax 30630 – 劇 ≣ ⟨TV⟩ ☎
🏛 100 a 300. ⟨AE⟩ 🕄 ⟨OD⟩ E 𝒱𝐼𝒮𝒜 ⚸
Pas carta 36/57000 – ⚌ 8500 – **55 cam** 150/200000, 19 appartamenti – ½ P 140/15000

Air Hotel senza rist, via Morandi 7 ℰ 781470, Fax 781711 – ≣ ⟨TV⟩ ☎ ⟨P⟩. ⟨AE⟩ 🕄 ⟨OD⟩
𝒱𝐼𝒮𝒜   3 km pe
⚌ 6000 – **24 cam** 65/110000.

Masini, corso Garibaldi 28 ℰ 28072, 🌿 – 劇 ≣ rist ⟨TV⟩ ☎. ⟨AE⟩ 🕄 ⟨OD⟩ E 𝒱𝐼𝒮𝒜. ⚸ rist
Pas carta 34/46000 – **42 cam** ⚌ 65/105000 – ½ P 75000.

Lory senza rist, via Lazzarini 20 ℰ 25007 – ⟨P⟩
⚌ 5000 – **25 cam** 45/80000.

Vecchia Forlì, via Maroncelli 4 ℰ 26104, 🌿 – ≣

A m'arcörd..., via Solferino 1/3 ℰ 27349, 🌿 – ⟨AE⟩ ⟨OD⟩. ⚸
chiuso mercoledì ed agosto – Pas carta 30/45000.

sulla strada statale 9 - via Emilia per ④ : 2 km :

Principe, ⊠ 47100 ℰ 701570, Fax 702270 – 劇 ≣ ⟨TV⟩ ☎ ⟨P⟩ – 🏛 100.
46 cam.

in prossimità casello autostrada A 14 per ① : 4 km :

S. Giorgio, via Ravegnana 538/d ⊠ 47100 ℰ 722300, Fax 723640 – 劇 ≣ ⟨TV⟩ ☎ ⟵
🏛 25 a 110.
36 cam.

FORLIMPOPOLI 47034 Forlì 🔠🔠🔠 ⑮, 🔠🔠🔠 🔠🔠🔠 J 18 – 11 297 ab. alt. 30 – ۞ 0543.
Roma 362 – ♦Bologna 71 – Cesena 11 – Forlì 8 – ♦Milano 290 – Pesaro 80 – ♦Ravenna 35 – Rimini 41.

Edo con cam, via Mazzini 10 ℰ 745175 – ≣ cam ⟨TV⟩ ☜ ⟵ ⟨P⟩ – 🏛 100. ⟨AE⟩ 🕄 ⟨OD⟩ E
⚸
Pas *(chiuso sabato e domenica sera)* carta 28/42000 – ⚌ 7500 – **20 cam** 48/68000.

a Selbagnone SO : 3 km – ⊠ 47034 Forlimpopoli :

۞ **Al Maneggio,** SO : 1 km ℰ 742042, Fax 742042, solo su prenotazione, « Antica v
patrizia di campagna » – ⟨P⟩. ⚸
chiuso domenica sera, lunedì, dal 24 dicembre al 4 gennaio e dal 1° al 15 luglio –
carta 65/92000
Spec. Medaglioni di funghi con zabaione di parmigiano, Filetto di maiale al formaggio di fossa, Crostata di ricotta.
Trebbiano, Ronco della Simia.

ORMAZZA 28030 Novara 988 ②, 428 C 7 – 470 ab. alt. 1 280 – a.s. 15 luglio-20 agosto e Natale – Sport invernali : 1 280/1 810 m ≰5, ⚹ – ☻ 0324.

Roma 735 – Domodossola 37 – Iselle 45 – Locarno 115 – ♦Milano 159 – Novara 128 – ♦Torino 200.

 ℀ Rotenthal ⑤ con cam, frazione Ponte ℘ 63060, Fax 63260, ≤ – ☎ ❷
         9 cam.

ORMIA 04023 Latina 988 ㉖ ㉗, 430 S 22 – 34 175 ab. – a.s. Pasqua e luglio-agosto – ☻ 0771.

 ⚓ per Ponza giornalieri (2 h 30 mn) – Caremar-agenzia Jannaccone, banchina Azzurra ℘ 22710, Fax 21000.

 ⚓ per Ponza giornalieri (1 h 40 mn) – Caremar-agenzia Jannaccone, banchina Azzurra ℘ 22710, Fax 21000.

 via Unità d'Italia 30/34 ℘ 21490, Fax 26386.

Roma 153 – Caserta 71 – Frosinone 79 – Latina 76 – ♦Napoli 86.

 🏨 **Grande Alb. Miramare,** via Appia 44 (E : 2 km) ℘ 267181, Telex 680010, Fax 267188, ≤, « Parco fiorito », ⑃, 🛥, – 🛗 📺 ☎ ❷ – 🔬 80. 🖭 🕄 ⓪ 🗲 𝘝𝘐𝘚𝘈. ℀
         Pas carta 36/65000 (15 %) – ⊇ 16000 – **57 cam** 100/140000, 3 appartamenti – ½ P 160000.

 🏨 **Fagiano Palace,** via Appia 80 (E : 3 km) ℘ 266681, Fax 266681, ≤, 🛥, 🐎, ℀ – 🛗 📺 ☎ ❷ – 🔬 200. 🖭 🕄 ⓪ 🗲 𝘝𝘐𝘚𝘈. ℀
         Pas carta 45/62000 (15 %) – ⊇ 12000 – **54 cam** 110000 – ½ P 90/100000.

 🏨 **Bajamar,** a Marina di Santo Janni E : 4 km ℘ 28110, Fax 271169, ≤, 🛥, 🐎 – 🛗 ☰ 📺 ☎ ❷, 🖭 🕄 ⓪ 🗲 𝘝𝘐𝘚𝘈. ℀ rist
         Pas 30000 – ⊇ 11000 – **77 cam** 90/110000, ▥ 11000 – ½ P 110000.

 ℀℀℀ **Castello Miramare,** via Appia 44, località Pagnano ℘ 700138, Fax 700139, ≤ golfo di Gaeta, 🍽, 🐎 – ☰ 📺 ☜ ❷ – 🔬 80. 🖭 🕄 ⓪ 🗲 𝘝𝘐𝘚𝘈. ℀ rist
         chiuso novembre – Pas carta 36/61000 (15 %) – ⊇ 16000 – **10 cam** 100/140000 – ½ P 130/160000.

 ℀℀ **Italo,** viale Unità d'Italia O : 2,5 km ℘ 771264, Fax 771265 – ☰ ❷. 🖭 🕄 ⓪ 🗲 𝘝𝘐𝘚𝘈. ℀
         chiuso lunedì e dal 23 dicembre al 4 gennaio – Pas carta 40/69000.

 ℀℀ **Sirio,** viale Unità d'Italia O : 3,5 km ℘ 21917, 🍽 – ❷. 🖭 🕄 ⓪ 🗲 𝘝𝘐𝘚𝘈
         chiuso dal 14 al 30 novembre, lunedì sera (escluso da aprile a settembre) e martedì – Pas carta 34/54000.

 ℀ **Conchiglia e Corallo,** lungomare Repubblica 9 ℘ 21068 – ❷. 🖭 ⓪ 🗲 𝘝𝘐𝘚𝘈
         chiuso martedì – Pas carta 32/54000.

ORMIGINE 41043 Modena 988 ⑭, 428 429 430 I 14 – 26 118 ab. alt. 82 – ☻ 059.

 e ⌖ (chiuso martedì) a Colombaro di Formigine ⊠ 41050 ℘ 553482, Fax 553696.

Roma 415 – ♦Bologna 50 – ♦Milano 181 – ♦Modena 11.

 ℀℀ San Bartolomeo, via Trento Trieste 64 ℘ 557743, Coperti limitati; prenotare – ☰

         a Corlo O : 3 km – ⊠ **41040 :**

 🏨 **Globo,** strada statale 486 (S : 0,5 km) ℘ 557131, Fax 572759 – 🛗 ☰ 📺 ☎ ☜ ❷ – 🔬 50. 🖭 🕄 🗲 𝘝𝘐𝘚𝘈. ℀
         Pas *(chiuso domenica)* 30/40000 – ⊇ 15000 – **60 cam** 80/110000.

ORNI AVOLTRI 33020 Udine 988 ⑤, 429 C 20 – 836 ab. alt. 888 – a.s. 15 luglio-agosto e Natale – ☻ 0433.

Roma 691 – Belluno 91 – Cortina d'Ampezzo 77 – ♦Milano 433 – Tolmezzo 36 – ♦Trieste 158 – Udine 88.

 ♙ **Samassa** ⑤, ℘ 72020 – ❷. ℀
         Pas *(chiuso martedì)* carta 28/44000 – ⊇ 6000 – **33 cam** 50/70000 – ½ P 55/65000.

ORNI DI SOPRA 33024 Udine 988 ⑤, 429 C 19 – 1 261 ab. alt. 907 – a.s. 15 luglio-agosto e Natale – Sport invernali : 907/2 060 m ≰8, ⚹ – ☻ 0433.

 via Cadore 1 ℘ 88024, Fax 88024.

Roma 676 – Belluno 75 – Cortina d'Ampezzo 62 – ♦Milano 418 – Tolmezzo 43 – ♦Trieste 165 – Udine 95.

 🏠 **Edelweiss,** ℘ 88016, Fax 88017, ≤, 🐎 – 🛗 📺 ☎ ❷. ℀
         chiuso ottobre e novembre – Pas *(chiuso martedì)* carta 31/43000 – ⊇ 7500 – **23 cam** 60/95000 – ½ P 50/75000.

 🏠 **Coton,** ℘ 88066 – 🛗 📺 ☎ ⅙ ❷. 🖭 𝘝𝘐𝘚𝘈
         Pas *(chiuso martedì)* carta 23/29000 – **21 cam** ⊇ 48/80000 – ½ P 40/60000.

ORNO DI ZOLDO 32012 Belluno 988 ⑤, 429 C 18 – 3 179 ab. alt. 848 – ☻ 0437.

 ℘ 787349, Fax 787340.

Roma 638 – Belluno 37 – Cortina d'Ampezzo 44 – ♦Milano 380 – Pieve di Cadore 31 – ♦Venezia 127.

 🏨 **Corinna,** ℘ 78564, Fax 787593, ≤, 🐎 – ☎ ☜ ❷. 🖭 ⓪ 𝘝𝘐𝘚𝘈. ℀
         chiuso maggio, settembre ed ottobre – Pas *(chiuso lunedì)* carta 31/52000 – ⊇ 15000 – **27 cam** 100/125000 – ½ P 50/95000.

         a Mezzocanale SE : 10 km – alt. 620 – ⊠ **32012 Forno di Zoldo :**

 ℀ **Mezzocanale-da Ninetta,** ℘ 78240 – ❷. ℀
         chiuso mercoledì, dal 20 al 30 giugno e settembre – **Pas** carta 30/43000.

FORTE DEI MARMI 55042 Lucca 988 ⑱, 428 429 430 K 12 – 9 776 ab. – a.s. Carneval Pasqua, 15 giugno-15 settembre e Natale – ✿ 0584.

🏌 Versilia Golf Club (chiuso martedì dal 15 settembre al 15 giugno) ✉ 55045 Pietrasan ℘ 881574, Fax 752272, E : 1 km.

🛈 viale Achille Franceschi 8 ℘ 80091.

Roma 378 – ◆Firenze 104 – ◆Livorno 54 – Lucca 34 – Massa 10 – ◆Milano 241 – Pisa 35 – ◆La Spezia 41 Viareggio 14.

🏨🏨 **Augustus** ⤴, viale Morin 169 ℘ 80202, Telex 590673, Fax 89875, « Parco-giardino c graziose ville », ⤴ riscaldata, 🏖 – 🛗 📺 ☎ ℗ – 🔬 150. 🖭 🖪 ⓞ 🗲 𝘝𝘐𝘚𝘈. 🍽 rist
20 aprile-10 ottobre – Pas 55/80000 – ☷ 23000 – **67 cam** 250/440000, 4 appartamenti ½ P 175/300000.

🏨🏨 **Byron e Rist. La Magnolia,** viale Morin 46 ℘ 86052, Telex 501131, Fax 82352, 🍴, ⤴
🍴 – 🛗 📺 ☎ ℗ – 🔬 60. 🖭 🖪 ⓞ 𝘝𝘐𝘚𝘈
Pas carta 60/90000 – ☷ 30000 – **30 cam** 400/450000, 6 appartamenti – ½ P 380000.

🏨🏨 **Ritz,** via Flavio Gioia 2 ℘ 84131, Fax 89019, 🍴, 🍴 – 🛗 ✥ rist 🖥 📺 ☎ ℗. 🖭 🖪 ⓞ
𝘝𝘐𝘚𝘈.
Pas 40/65000 – ☷ 20000 – **32 cam** 180/240000 – ½ P 140/220000.

🏨🏨 **Augustus Lido** senza rist, viale Morin 72 ℘ 81442, « Giardino ombreggiato », 🏖 –
📺 ☎ ℗. 🖭 🖪 🗲 𝘝𝘐𝘚𝘈
20 maggio-10 ottobre – ☷ 20000 – **19 cam** 250/420000.

🏨🏨 **California Park Hotel** ⤴, via Colombo 32 ℘ 787121, Fax 787268, « Ampio giardir ombreggiato con ⤴ » – 🛗 🖥 cam 📺 ☎ ℗ – 🔬 200. 🖭 🖪 ⓞ 🗲 𝘝𝘐𝘚𝘈 🍽
maggio-settembre – Pas (solo per clienti alloggiati) 50/70000 – **43 cam** ☷ 250/350000 ½ P 130/240000.

🏨🏨 **Goya e Rist. Gambrinus,** via Carducci 69 ℘ 81741, Fax 81744, 🍴 – 🛗 🖥 📺 ☎ 🚗.
🖪 ⓞ 🗲 𝘝𝘐𝘚𝘈
chiuso gennaio – Pas carta 48/77000 – **48 cam** ☷ 210/300000, appartamento – ½ P 20 220000.

🏨🏨 **Il Negresco,** lungomare Italico 82 ℘ 83533, Telex 590319, Fax 89655, ≤, ⤴ – 🛗 🖥 📺
℗ – 🔬 60. 🖭 🖪 ⓞ 🗲 𝘝𝘐𝘚𝘈 🍽
Pas (giugno-settembre) carta 55/80000 – ☷ 20000 – **34 cam** 200/260000 – ½ P 18 220000.

🏨🏨 **St. Mauritius,** via 20 Settembre 28 ℘ 787131, Fax 787157, 🍴, « Giardino ombreggi to », ⤴ – 🛗 🖥 📺 ☎ ℗. 🖭 🖪 ⓞ 🗲 𝘝𝘐𝘚𝘈. 🍽 rist
aprile-15 ottobre – Pas 40/50000 – ☷ 20000 – **39 cam** 130/200000 – ½ P 170/200000.

🏨🏨 **Hermitage** ⤴, via Cesare Battisti 5 ℘ 80022, Fax 81444, « Giardino con ⤴ », 🏖 –
🖥 📺 ☎ ℗. 🖭 🖪 ⓞ 🗲 𝘝𝘐𝘚𝘈. 🍽 rist
15 maggio-25 settembre – Pas 55/70000 – ☷ 22000 – **66 cam** 190/330000 – ½ P 17 230000.

🏨🏨 **President,** via Caio Duilio ang. viale Morin ℘ 80621, Fax 86219 – 🛗 🖥 📺 ☎ ℗. 🖭
𝘝𝘐𝘚𝘈. 🍽
Pasqua-settembre – Pas (solo per clienti alloggiati) 50/70000 – ☷ 18000 – **48 cam** 18 220000 – ½ P 120/200000.

🏨🏨 **Grand Hotel,** via Giorgini 1 ℘ 82031, Fax 86215, ≤, ⤴ – 🛗 🖥 📺 ☎ ♿. 🖭 🖪 ⓞ 🗲 𝘝𝘐𝘚
🍽
aprile-settembre – Pas (solo per clienti alloggiati) carta 55/95000 – **60 cam** ☷ 220/280000 ½ P 190/220000.

🏨🏨 **Raffaelli Park Hotel,** via Mazzini 37 ℘ 787294, Fax 787418, « Piccolo giardino », ⤴ al
🏖 – 🛗 📺 ☎ ℗ – 🔬 90. 🖭 🖪 ⓞ 🗲 𝘝𝘐𝘚𝘈
Pas 40/60000 – **33 cam** ☷ 195/325000 – ½ P 187000.

🏨🏨 **Adams Villa Maria,** viale Italico 110 ℘ 752424, Fax 752112, ≤, « Giardino ombreggi to », ⤴, 🏖 – 🛗 📺 ☎ ℗. 🖭 🖪 ⓞ 🗲 𝘝𝘐𝘚𝘈. 🍽 rist
giugno-settembre – Pas (solo per clienti alloggiati) – **38 cam** ☷ 150/280000 – ½ P 13 210000.

🏨🏨 **Alcione,** viale Morin 137 ℘ 89952, Fax 89954, ⤴ – 🛗 📺 ☎ ℗. 🖭 🖪 ⓞ 𝘝𝘐𝘚𝘈. 🍽
25 maggio-settembre – Pas (solo per clienti alloggiati) – ☷ 15000 – **41 cam** 150/200000 ½ P 130/190000.

🏨 **Piccolo Hotel,** viale Morin 24 ℘ 787433, Fax 86203, 🍴 – 🛗 📺 ☎ ℗. 🖭 🖪 🗲 𝘝𝘐𝘚
🍽 rist
15 aprile-settembre – Pas carta 50/70000 – ☷ 20000 – **32 cam** 130/170000 – ½ P 10 170000.

🏨 **Raffaelli-Villa Angela,** via Mazzini 64 ℘ 787472, Fax 787115, « Parco ombreggiato ⤴ alla 🏖 – 🛗 📺 ♿ ℗. 🖭 🖪 ⓞ 🗲 𝘝𝘐𝘚𝘈. 🍽 rist
10 aprile-10 ottobre – Pas 40/60000 – **38 cam** ☷ 102/164000 – P 110/170000.

🏨 **Tirreno,** viale Morin 7 ℘ 83333, Fax 83335, 🍴, « Giardino ombreggiato » – ☎. 🖭 🖪 ⓞ
🗲 𝘝𝘐𝘚𝘈. 🍽
Pasqua-settembre – Pas 75000 – ☷ 17500 – **59 cam** 80/118000 – P 177000.

🏨 **Sonia,** via Matteotti 42 ℘ 81246, Fax 81247, 🍴 – 🖥 cam 📺 ☎ ℗. 🖪 🗲 𝘝𝘐𝘚𝘈. 🍽
Pas (solo per clienti alloggiati) 30/40000 – ☷ 10000 – **20 cam** 80/110000 – ½ P 90/100000

Le Pleiadi 🦢, via Civitali 51 ℘ 881188, Fax 881653, « Giardino-pineta » – 🛗 ☎ 🅿. 🖭 🔂 ⓘ ⋐ 𝘝𝘐𝘚𝘈. ❦
Pasqua-settembre – Pas 40/60000 – � 20000 – **30 cam** 82/120000 – ½ P 78/135000.

Bandinelli, via Torino 3 ℘ 80391, Fax 86293 – ☎. 🔂 ⓘ ⋐ 𝘝𝘐𝘚𝘈. ❦ rist
chiuso novembre, dicembre e gennaio – Pas (solo per clienti alloggiati) 35/65000 – ⊑ 18000 – **52 cam** 70/105000 – P 95/145000.

Kyrton 🦢, via Raffaelli 14 ℘ 787461, Fax 89632, « Giardino ombreggiato », ⌁ – 🛗 ☎ ♿ 🅿. 🔂 ⋐ 𝘝𝘐𝘚𝘈. ❦ rist
aprile-settembre – Pas (solo per clienti alloggiati) 40000 – ⊑ 15000 – **18 cam** 80/130000 – ½ P 70/135000.

Viscardo, via Cesare Battisti 4 ℘ 82588, ⌗ – ⇼ cam ⊛ 🅿. ❦
20 maggio-settembre – Pas (solo per clienti alloggiati) 45000 – ⊑ 9000 – **18 cam** 60/120000 – P 90/120000.

XX ✿ **Lo Squalo Charlie,** viale Morin 57 ℘ 86276, 🌳 – 🔂 ⓘ ⋐ 𝘝𝘐𝘚𝘈
chiuso dal 10 novembre al 10 dicembre, martedì, mercoledì a mezzogiorno e da luglio al 15 settembre aperto solo la sera – Pas carta 63/115000
Spec. Fantasia di frutti di mare, Linguine alla marinara, Branzino al vapore con aromi e verdure. **Vini** Vernaccia, Magliano.

XX **La Barca,** viale Italico 3 ℘ 89323, 🌳 – 🅿. 🖭 🔂 ⓘ ⋐ 𝘝𝘐𝘚𝘈
chiuso dal 20 novembre al 5 dicembre, lunedì e martedì a mezzogiorno dal 15 giugno al 15 settembre; negli altri mesi anche martedì sera – Pas carta 55/83000 (10%).

XX ✿ **Lorenzo,** via Carducci 61 ℘ 84030, prenotare – 🍽 🖭 🔂 ⓘ ⋐ 𝘝𝘐𝘚𝘈. ❦
chiuso a mezzogiorno in luglio-agosto, lunedì e dal 15 dicembre al 31 gennaio – Pas carta 65/98000 (10%)
Spec. Calamaretti al forno, Spaghettini con filetti di triglia, Crostacei al vapore con pinzimonio di verdure. **Vini** Vermentino, Rosso di Cercatoia.

in prossimità casello autostrada A 12 - Versilia :

🏨 **Versilia Holidays e Rist. La Vela,** SE : 3 km ⊠ 55042 ℘ 84001, Telex 590575, Fax 86255, ⌁, ⌗, ❦ – 🛗 🍽 🖭 ☎ 🅿 – 🔬 100 a 400. 🖭 🔂 ⓘ ⋐ 𝘝𝘐𝘚𝘈. ❦ rist
Pas carta 50/80000 – ⊑ 18000 – **78 cam** 250000 – ½ P 180/220000.

XX **Madeo,** SE : 3 km ⊠ 55042 ℘ 84068, « Servizio estivo in giardino » – 🅿

⊃RTEZZA (FRANZENSFESTE) 39045 Bolzano ⁴²⁹ B 16 – 899 ab. alt. 801 – ✪ 0472.
⋈a 688 – ♦Bolzano 50 – Brennero 33 – Bressanone 10 – Brunico 33 – ♦Milano 349 – Trento 110.

🏨 **Posta-Reifer,** ℘ 48605, 🌳, ⌗ – 🛗 🅿. ⓘ ⋐ 𝘝𝘐𝘚𝘈
chiuso dal 16 novembre al 19 dicembre – Pas (chiuso lunedì) 25/50000 – ⊑ 12000 – **33 cam** 60000 – ½ P 55/70000.

⊃SSACESIA MARINA 66020 Chieti ⁴³⁰ P 25 – 4 978 ab. – ✪ 0872.
⋈a 249 – Chieti 56 – ♦Pescara 39.

🏨 **Levante,** ℘ 60169, ⛴ₛ – 🖭 ☎ 🅿. 🔂 ⋐ 𝘝𝘐𝘚𝘈. ❦
Pas (chiuso domenica da ottobre a marzo) carta 29/48000 – ⊑ 7000 – **24 cam** 60/82000.

⊃SSALTA Ferrara – Vedere Copparo.

⊃SSALTA MAGGIORE Treviso ⁴²⁹ E 19 – alt. 7 – ⊠ 31040 Chiarano – ✪ 0422.
⋈a 568 – ♦Milano 307 – Pordenone 34 – Treviso 36 – ♦Trieste 115 – Udine 84 – ♦Venezia 57.

XX **Tajer d'Oro,** ℘ 746392, Solo piatti di pesce, « Arredamento stile Vecchia America » – 🍽 🅿. 🔂 𝘝𝘐𝘚𝘈
chiuso martedì, dal 7 al 16 gennaio e dal 4 al 27 agosto – Pas carta 41/53000.

⊃SSANO 12045 Cuneo ⁹⁸⁸ ⑫, ⁴²⁸ I 5 – 23 245 ab. alt. 377 – ✪ 0172.
⋈a 631 – Asti 65 – Cuneo 24 – ♦Milano 191 – Savona 87 – Sestriere 112 – ♦Torino 70.

🏨 **Romanisio,** viale della Repubblica 8 ℘ 692888, Fax 692891 – 🛗 🖭 ☎ ♿ ⌂ 🅿 – 🔬 200. 🖭 🔂 ⋐ 𝘝𝘐𝘚𝘈
Pas vedere rist La Porta del Salice – ⊑ 10000 – **33 cam** 100000 – 🍽 10000 – ½ P 90000.

XX **La Porta del Salice,** viale della Repubblica 8 ℘ 693570, 🌳, ⌗ – 🍽 🅿. 🔂 ⋐ 𝘝𝘐𝘚𝘈
chiuso lunedì – Pas carta 26/36000.

XX **Castello d'Acaja-Villa San Martino** con cam, località San Martino 30 (O : 2,5 km) ℘ 691301, « Dimora patrizia del 700 », ⌗ – 🖭 ☎ 🅿. 🔂 ⋐ 𝘝𝘐𝘚𝘈
Pas (chiuso lunedì) carta 30/48000 – ⊑ 10000 – **3 cam** 65/100000 – ½ P 80000.

XX **Apollo,** viale Regina Elena 19 ℘ 694309, Coperti limitati; prenotare – 🍽. 🔂 ⋐ 𝘝𝘐𝘚𝘈. ❦
chiuso lunedì sera, martedì e dal 10 luglio al 10 agosto – Pas 40/50000.

Don't get lost, use Michelin Maps which are kept up to date.

FOSSATO DI VICO 06022 Perugia 430 M 20 – 2 388 ab. alt. 581 – ✪ 075.

Roma 201 – ♦Ancona 88 – Gubbio 22 – Macerata 83 – ♦Perugia 58 – Pesaro 103.

ad Osteria del Gatto SO : 2 km – ✉ 06022 Fossato di Vico :

🏠 **Camino Vecchio,** ℰ 9190121, Fax 919983 – 📺 ☎ 🅿 – ⚒ 40. 🖭 🕄 ⑩ ☰ 𝑽𝑰𝑺𝑨. ⚘
chiuso dal 16 al 30 novembre – Pas *(chiuso lunedì escluso luglio-agosto)* 25/30000
24 cam ☲ 60/90000 – ½ P 80000.

FOSSOMBRONE 61034 Pesaro e Urbino 988 ⑯, 429 430 K 20 – 9 940 ab. alt. 118 –
25 giugno-agosto – ✪ 0721.

Roma 261 – ♦Ancona 87 – Fano 28 – Gubbio 53 – Pesaro 39 – San Marino 68 – Urbino 19.

sulla via Flaminia Vecchia O : 3 km :

🏠 **Al Lago,** ✉ 61034 ℰ 726129, Fax 726243, 🏤, 🎋 – 📺 ☎ 🅿. 🕄 ⑩ ☰ 𝑽𝑰𝑺𝑨. ⚘
Pas *(chiuso sabato)* carta 28/38000 – ☲ 5000 – **26 cam** 50/70000 – ½ P 55/60000.

FOXI Cagliari 433 J 9 – Vedere Sardegna (Quartu Sant'Elena).

FRABOSA SOPRANA 12082 Cuneo 988 ⑫, 428 J 5 – 1 042 ab. alt. 891 – a.s. giugno-agosto e
Natale – Sport invernali : 891/1 741 m ≤1 ≤10, ≤ – ✪ 0174.

🚩 piazza del Municipio 129 ℰ 244010, Fax 244632.

Roma 632 – Cuneo 32 – ♦Milano 228 – Savona 87 – ♦Torino 96.

🏨 **Miramonti** ⚲, ℰ 244533, Fax 244534, ≤, « Piccolo parco e terrazza », 🖭, ⚘ – 🛗
🚗 🅿. ⚘ rist
20 dicembre-Pasqua e 15 giugno-25 settembre – Pas 27/30000 – ☲ 6000 – **49 cam**
65/80000 – P 50/75000.

🏠 **Bossea,** ℰ 244012 – 🛗 📺 ☎. ⚘ rist
Natale, febbraio-marzo e 20 giugno-ottobre – Pas 20/30000 – ☲ 8000 – **28 cam** 80000 –
½ P 70/80000.

🏠 **Gildo e Rist. La Douja,** ℰ 244009, Fax 244230 – 🛗 📺 ☎. 𝑽𝑰𝑺𝑨. ⚘ rist
15 dicembre-15 aprile e giugno-15 settembre – Pas carta 22/35000 – ☲ 5000 – **18 cam**
70/100000 – ½ P 60/80000.

FRABOSA SOTTANA 12083 Cuneo 428 J 5 – 1 227 ab. alt. 641 – Sport invernali : a Prato
Nevoso : 1 497/1 928 m ≤12, ≤; ad Artesina : 1 315/2 100 m ≤11 – ✪ 0174.

Roma 629 – Cuneo 29 – ♦Milano 225 – Savona 84 – ♦Torino 93.

🏠 **Italia,** ℰ 244000 – 🛗 🅿. 𝑽𝑰𝑺𝑨. ⚘ rist
15 dicembre-aprile e giugno-15 settembre – Pas carta 22/32000 – ☲ 5000 – **25 cam**
40/60000 – ½ P 35/50000.

a Prato Nevoso S : 11 km – alt. 1 497 – ✉ 12083 Frabosa Sottana – a.s. 15 dicembre-
Epifania, febbraio-18 aprile

🏠 **La Capanna,** ℰ 334134, ≤ monti – 🛗. 🕄 ☰ 𝑽𝑰𝑺𝑨. ⚘
20 dicembre-15 aprile e luglio-agosto – Pas carta 24/45000 – ☲ 6000 – **30 cam** 50/65000
– ½ P 51/78000.

FRANCAVILLA AL MARE 66023 Chieti 988 ㉗, 430 O 24 – 21 244 ab. – a.s. 20 giugno-agosto –
✪ 085.

🚩 piazzale Sirena ℰ 817169.

Roma 216 – L'Aquila 115 – Chieti 19 – ♦Foggia 171 – ♦Pescara 8.

🏨 **Punta de l'Est,** viale Alcione 188 ℰ 4910474, Fax 4912038, ≤, 🐦₅ – 🖭 rist 📺 ☎ 🅿.
☰ 𝑽𝑰𝑺𝑨. ⚘ rist
10 maggio-25 settembre – Pas 28/36000 – **48 cam** ☲ 80/100000 – ½ P 65/95000.

🍴🍴 **La Nave,** viale Kennedy 2 ℰ 817115 – ⚒ 60. 🖭 🕄 ⑩ ☰ 𝑽𝑰𝑺𝑨. ⚘
chiuso dal 20 al 30 dicembre e mercoledì *(escluso luglio-agosto)* – Pas carta 36/65000
(10 %).

🍴 **Apollo 12,** viale Nettuno 45 ℰ 817177, Solo piatti di pesce – 🖭 🕄 ⑩ ☰ 𝑽𝑰𝑺𝑨
chiuso dal 24 dicembre al 22 gennaio e martedì *(escluso luglio-agosto)* – Pas carta 32/48000
(10 %).

FRANCAVILLA DI SICILIA Messina 988 ㊲, 432 N 27 – Vedere Sicilia.

FRANCAVILLA FONTANA 72021 Brindisi 988 ㉚, 431 F 34 – 35 391 ab. alt. 142 – ✪ 0831.

Roma 575 – ♦Bari 107 – ♦Brindisi 36 – ♦Taranto 34.

🍴🍴 **Al Piccolo Mondo,** via San Francesco 98/100 ℰ 943618, Fax 943618 – ▤. 🖭 🕄 ⑩
𝑽𝑰𝑺𝑨. ⚘
chiuso lunedì – Pas carta 24/59000.

FRANZENSFESTE = Fortezza.

ASCATI 00044 Roma 🗺️ ㉖, 🗺️ Q 20 – 20 065 ab. alt. 322 – 🕿 06.

ere Villa Aldobrandini★.

ursioni Castelli romani★★ Sud, SO per la strada S 216 e ritorno per la via dei Laghi (circuito
) km).

azza Marconi 1 ℘ 9420331, Fax 9425498.

a 22 – Castel Gandolfo 10 – Fiuggi 66 – Frosinone 68 – Latina 51 – Velletri 22.

Flora senza rist, viale Vittorio Veneto 8 ℘ 9416110, Fax 9420198, 🌳 – 📶 📺 🕿 🅿. 🖭 🕄
🕼 🖂 💳 🛇
🖂 10000 – **30 cam** 135/155000.

Eden Tuscolano, via Tuscolana O : 2,5 km ℘ 9408591, Fax 9408591, 🌳 – 📺 🕿 🅿. 🖭
🕄 🕼 💳
Pas carta 30/38000 – 🖂 8000 – **32 cam** 80/95000 – ½ P 75000.

Giadrina, via Diaz 15 ℘ 9419415 – 📶 🕿. 🖭 🕄 🕼 💳 🛇
Pas vedere rist Cacciani – 🖂 8000 – **20 cam** 70/90000.

Cacciani, via Diaz 13 ℘ 9420378, Fax 9420440, « Servizio estivo in terrazza con ≼
dintorni » – 🖭 🕄 🕼 💳 🛇
*chiuso dal 7 al 17 gennaio, dal 17 al 27 agosto, la sera dei giorni festivi (escluso da aprile ad
ottobre) e martedì* – Pas carta 47/72000.

La Frasca, via Lunati 3 ℘ 9420311 – 🕄 💳
chiuso mercoledì – Pas carta 39/55000.

EGENE 00050 Roma 🗺️ ㉕, 🗺️ Q 18 – a.s. 15 giugno-luglio – 🕿 06.

a 38 – Civitavecchia 52 – Rieti 106 – Viterbo 97.

La Conchiglia, ℘ 6685385, Fax 6685385, ≼, « Servizio rist. estivo in giardino » – 🗐 📺
🕿 🅿 – 🔬 40. 🖭 🕄 🕼 💳 🛇
Pas carta 42/66000 – 🖂 15000 – **36 cam** 150000 – P 130/150000.

EIBERG Bolzano – Vedere Merano.

EIENFELD = Campo di Trens.

OSINONE 03100 🅿 🗺️ ㉘, 🗺️ R 22 – 47 826 ab. alt. 291 – 🕿 0775.

torni Abbazia di Casamari★★ E : 15 km.

azzale De Mattheis 41 ℘ 872525, Fax 270229.

🚊 via Firenze 53/59 ℘ 850006.

a 83 – Avezzano 78 – Latina 55 – ♦Napoli 144.

Astor Hotel Bracaglia, via Casilina Nord 220 ℘ 270131, Fax 270135 – 📶 🗐 📺 🕿 🚐
🅿 – 🔬 80. 🖭 🕄 🕼 💳 🛇
Pas carta 41/82000 – **52 cam** 🖂 140/210000 – ½ P 140/200000.

Henry, via Piave 10 ℘ 211222, Telex 613406, Fax 853713 – 📶 🗐 📺 🕿 🅿 – 🔬 350. 🖭 🕄
🕼 💳 🛇
Pas carta 43/74000 – **63 cam** 🖂 140/200000 – ½ P 140/155000.

Cesari, in prossimità casello autostrada A 2 ℘ 83321, Telex 613047, Fax 83322 – 📶 🗐 📺
🕿 🚐 🅿 – 🔬 30 a 200.
56 cam.

Palombella, via Maria 234 ℘ 873549, Fax 270402, 🌳 – 📶 📺 🕿 🚐 🅿 – 🔬 150. 🖭 🕄
🕼 💳 🛇
Pas carta 35/52000 – 🖂 120000 – **34 cam** 85/120000 – ½ P 95000.

Il Quadrato, piazzale De Mattheis 53 ℘ 874474 – 🗐 🅿. 🖭 🕼 💳 🛇
chiuso domenica e dal 9 al 15 agosto – Pas carta 33/55000 (15%).

Hostaria Tittino, vicolo Cipresso 2/4 ℘ 851227 – 🗐

CECCHIO 50054 Firenze 🗺️ ⑭, 🗺️ 🗺️ 🗺️ K 14 – 20 537 ab. alt. 55 – 🕿 0571.

a 313 – ♦Firenze 44 – ♦Livorno 49 – Lucca 33 – Montecatini Terme 23 – Pisa 39 – Pistoia 32 – Siena 71.

Da Renato, via Trento 13 ℘ 20209 – 🕄 💳
chiuso sabato e dal 4 al 25 agosto – Pas carta 23/46000.

a Ponte a Cappiano NO : 4 km – 🖂 50050 :

Le Vedute, NO : 3 km ℘ 297498, Fax 297201, 🍴, 🌳 – 🅿. 🖭 🕄 🕼 💳 🛇
chiuso domenica sera (escluso da maggio a settembre), lunedì ed agosto – Pas carta 45/
60000 (12%).

JIPIANO VALLE IMAGNA 24030 Bergamo 🗺️ E 10, 🗺️ ⑩ – 250 ab. alt. 1001 – 🕿 035.

a 633 – ♦Bergamo 31 – Lecco 46 – ♦Milano74.

Canella 🦌 con cam, ℘ 866042, ≼ – 🅿
Pas *(chiuso martedì)* carta 29/40000 – 🖂 5000 – **7 cam** 35/50000.

FUMO Pavia 428 G 9 – alt. 87 – ⊠ 27050 Corvino San Quirico – ✲ 0383.

Roma 559 – Alessandria 50 – ◆Genova 106 – ◆Milano 59 – Pavia 21 – Piacenza 50 – Voghera 13.

🏨 **Nazionale da Angelo**, ℰ 890393, Fax 896327 – 🛗 🗐 TV ☎ ❷ – 🛍 110. ⚙ 🕎 ⓞ E 🔲
Pas vedere rist Nazionale da Angelo – 🍴 11000 – **20 cam** 100000 – ½ P 80000.

XX **Nazionale da Angelo**, ℰ 896130 – 🗐 ❷. ⚙ 🕎 ⓞ E VISA
Pas carta 39/69000.

FUNES (VILLNOSS) 39040 Bolzano 988 ④ ⑤, 429 C 17 – 2 304 ab. alt. 1 159 – ✲ 0472.

Roma 680 – ◆Bolzano 38 – Bressanone 19 – ◆Milano 337 – Ortisei 33 – Trento 98.

🏨 **Sport Hotel Tyrol** ⌂, località Santa Maddalena ℰ 40104, ≼ gruppo delle Odl
pinete, ⇌s, 🏊 riscaldata, ☞ – 🛗 ☎ ઠ ❷. ⚙ 🕎 E VISA. ✻
giugno-ottobre – Pas carta 29/42000 – **28 cam** 🍴 62/100000 – ½ P 62/82000.

🏨 **Kabis** ⌂, località San Pietro ℰ 40126, Fax 40395, ≼, ♨, ⇌s, ☞ – 🛗 ☎ ⇦ ❷. 🕎 E
marzo-ottobre – Pas (chiuso mercoledì fino a giugno ed ottobre) 20/25000 – **40 c**
🍴 55/100000 – ½ P 58/70000.

FURCI SICULO Messina 432 N 28 – Vedere Sicilia.

FURLO (Gola del) Pesaro e Urbino 430 L 20 – alt. 177 – a.s. 25 giugno-agosto.

Roma 259 – ◆Ancona 97 – Fano 38 – Gubbio 43 – Pesaro 49 – Urbino 19.

XX **La Ginestra** ⌂ con cam, ⊠ 61040 Furlo ℰ (0721) 797033, 🏊, ☞, ✻ – 🗐 rist TV ☎
⚙ 🕎 ⓞ E VISA ✻
Pas (chiuso lunedì e gennaio) carta 34/51000 – 🍴 8000 – **10 cam** 50/70000 – ½ P 70/750

FURORE 84010 Salerno 431 F 25 – 777 ab. alt. 300 – a.s. luglio-agosto – ✲ 089.

Vedere Vallone★★.

Roma 264 – ◆Napoli 52 – Salerno 35 – Sorrento 40.

🏠 **Hostaria di Bacco**, ℰ 874583, Fax 874583, ≼, « Servizio estivo in terrazza » – ☎ ❷
🕎 ⓞ E VISA ✻
Pas (chiuso venerdì in bassa stagione) carta 26/42000 (10%) – 🍴 7500 – **18 cam** 7000
½ P 60/70000.

GABBIA Verona – Vedere Isola della Scala.

GABICCE MARE 61011 Pesaro e Urbino 988 ⑯, 429 430 K 20 – 5 511 ab. – a.s. 25 giug
agosto – ✲ 0541.

🖪 viale della Vittoria 41 ℰ 954424, Fax 953500.

Roma 316 – ◆Ancona 93 – Forlì 70 – ◆Milano 342 – Pesaro 16 – Rimini 23.

🏨🏨 **Venus,** via Panoramica 31 ℰ 960667, Fax 952220, ≼, 🏊, ☞ – 🛗 🗐 rist TV ☎ ❷. ⚙ 🕎
E VISA. ✻ rist
maggio-settembre – Pas (solo per clienti alloggiati) – 🍴 13000 – **42 cam** 90/12000
P 50/124000.

🏨🏨 **Alexander,** via Panoramica 35 ℰ 954166, Fax 960144, ≼, 🏊 riscaldata, ☞ – 🛗 🗐 ris
❷. ⚙ VISA. ✻ rist
maggio-settembre – Pas 25/30000 – 🍴 15000 – **48 cam** 100/110000 – ½ P 60/110000.

🏨 **Gd H. 3 Ville Michelacci,** piazza Giardini Unità d'Italia 1 ℰ 954361, Fax 954544, 🏊
caldata, 🐾 – 🛗 🗐 TV ☎ ❷ – 🛍 100. ⚙ 🕎 ⓞ E VISA. ✻ rist
marzo-ottobre – Pas 30/60000 – 🍴 15000 – **52 cam** 130/200000 – ½ P 70/108000.

🏨 **Majestic,** via Balneare 10 ℰ 953744, ≼, 🏊 riscaldata – 🛗 🗐 rist ☎ ❷. ⚙. ✻ rist
10 maggio-settembre – Pas 25/35000 – 🍴 15000 – **42 cam** 75/110000 – ½ P 60/100000

🏨 **Losanna,** piazza Giardini Unità d'Italia 3 ℰ 950367, Fax 960120, 🏊 riscaldata, ☞ –
🗐 rist ⚟ ❷. ⚙ 🕎 🕎 E VISA ✻
10 maggio-settembre – Pas 25000 – 🍴 15000 – **62 cam** 60/100000 – ½ P 50/100000.

🏨 **Giovanna Regina,** via Vittorio Veneto 173 ℰ 958181, Fax 954728, ≼ – 🛗 ⚟. ⚙ 🕎 ⓞ
VISA
27 maggio-20 settembre – Pas (solo per clienti alloggiati) – **43 cam** 🍴 60/11000
½ P 65/85000.

🏨 **Club Hotel,** via Panoramica 33 ℰ 968419, ≼, 🏊 – 🛗 ☎ ❷. ✻ rist
maggio-settembre – Pas (solo per clienti alloggiati) – 🍴 10000 – **46 cam** 65/9000
P 98000.

🏨 **Nobel,** via Vittorio Veneto 99 ℰ 954039, Fax 954039 – 🛗 TV ⚟ ❷. VISA. ✻ rist
15 maggio-settembre – Pas 40000 – 🍴 8000 – **35 cam** 66/90000 – ½ P 52/90000.

🏨 **Bellavista,** piazza Giardini Unità d'Italia 9 ℰ 954640, Fax 950224, ≼ – 🛗 🗐 rist ☎ ❷.
✻ rist
aprile-26 settembre – Pas 25/35000 – **65 cam** 🍴 90/120000 – ½ P 54/90000.

🏨 **Marinella,** via Vittorio Veneto 127 ℰ 950453, Fax 950426, ≼ – 🛗 TV ☎. 🕎 ⓞ E 🔲
✻ rist
Pasqua-settembre – Pas 30/35000 – 🍴 10000 – **44 cam** 100000 – ½ P 70000.

🏨 **Sans Souci,** via Mare 9 ℰ 950164, Fax 952612, ≼ – 🛗 ☎ 🅿. 🖭 E 𝐕𝐼𝐒𝐀. ℅
aprile-settembre – Pas 25/40000 – ⊿ 10000 – **39 cam** 75/90000 – ½ P 55/93000.

🏨 **Tre Stelle,** via Gabriele D'Annunzio 12 ℰ 954697 – 🛗 🖭 rist ⊗. 🖭 𝐕𝐼𝐒𝐀. ℅
aprile-settembre – Pas 25/60000 – **50 cam** ⊿ 55/75000 – ½ P 40/60000.

✕✕ **Il Traghetto,** via del Porto 27 ℰ 958151, 😤 – 🖭 🕦 🔘 E 𝐕𝐼𝐒𝐀
*chiuso dal 7 al 31 gennaio o dal 9 al 30 novembre e martedì (escluso da giugno a settembre)
– Pas carta 44/68000.*

a Gabicce Monte E : 2,5 km – alt. 144 – ⊠ **61011** Gabicce Mare :

🏨 **Capo Est** ℅, località Vallugola ℰ 953333, Telex 550637, Fax 952735, ≼ mare e portic-ciolo, Ascensore per la spiaggia, « Terrazze fiorite e panoramiche con ⭐ e ℅ », ⌨, ≘s – 🛗 ☎ 🅿 – 🔏 25 a 100. 🖭 🕦 🔘 E 𝐕𝐼𝐒𝐀. ℅ rist
maggio-settembre – Pas 40/60000 – ⊿ 12000 – **94 cam** 140/260000 – ½ P 130/175000.

✕ **Grottino,** ℰ 953195, ≼, 😤 – 🖭 🕦 🔘 E 𝐕𝐼𝐒𝐀. ℅
chiuso dal 2 al 20 gennaio e mercoledì (escluso da giugno a settembre) – Pas carta 43/67000.

ABRIA Gorizia 𝟒𝟐𝟗 E 22 – alt. 39 – ⊠ **34070** Savogna d'Isonzo – ✪ 0481.
ᴍa 648 – Gorizia 8 – ✦Milano 387 – ✦Trieste 36 – Udine 40.

✕✕ **Da Tommaso,** con cam, S : 1 km ℰ 882004, 😤, ⊶ – 📺 🅿
12 cam.

AETA 04024 Latina 𝟗𝟖𝟖 ㉖ ㉗, 𝟒𝟑𝟎 S 23 – 24 008 ab. – a.s. Pasqua e luglio-agosto – ✪ 0771.
ᵉdere Golfo★ – Candelabro pasquale★ nel Duomo.
piazza Traniello 19 ℰ 462767 – (luglio-agosto) piazza 19 Maggio ℰ 461165.
ᴍa 141 – Caserta 79 – Frosinone 87 – Latina 74 – ✦Napoli 94.

🏨 **Sèrapo,** a Sèrapo ℰ 741403, Telex 680441, Fax 741507, ≼, 😤, ⌨, ⬛, ⬛ₒ, ⊶, ℅ – 🛗 ☎ 🅿 – 🔏 100. 🖭 🕦 🔘 E 𝐕𝐼𝐒𝐀. ℅
Pas carta 47/65000 – **146 cam** ⊿ 80/140000 – P 100/120000.

✕✕ **Zürich,** piazza 19 Maggio 15 ℰ 460053, 😤 – 🖭 🕦 🔘 E 𝐕𝐼𝐒𝐀. ℅
chiuso mercoledì escluso dal 15 giugno al 15 settembre – Pas carta 28/77000 (10%).

✕ **La Scarpetta,** piazza Conca 1 ℰ 462142, 😤 – 🖭 🕦 E 𝐕𝐼𝐒𝐀
chiuso dal 3 al 19 novembre, a mezzogiorno (escluso sabato-domenica) in luglio-agosto e martedì negli altri mesi – Pas carta 40/57000.

✕ **Taverna del Marinaio,** via Faustina 43 ℰ 461342, 😤 – 🖭 🕦 𝐕𝐼𝐒𝐀
chiuso mercoledì escluso dal 15 giugno al 15 settembre – Pas carta 23/36000 (15%).

sulla strada statale 213 O : 7 km :

🏨 **Summit,** ⊠ 04024 ℰ 741741, Fax 741741, ≼ mare e costa, « Terrazza-giardino », ⌨, ≘s, ⬛ₒ – 🛗 🖭 📺 ☎ 🅿 – 🔏 25 a 150. 🖭 🕦 E 𝐕𝐼𝐒𝐀. ℅
marzo-ottobre – Pas carta 44/83000 – **66 cam** ⊿ 240000 – ½ P 100/170000.

🏨 **Aenea's Landing** ℅, O : 6,5 km ⊠ 04024 ℰ 463185, Fax 741356, , 😤, « Bungalows tra il verde e terrazze fiorite », ⬛, ⬛ₒ, ⊶ – 🖭 cam ☎ 🅿
stagionale – **31 cam.**

AGGIANO 20083 Milano 𝟒𝟐𝟖 F 9 – 8 064 ab. alt. 116 – ✪ 02.
ᴍa 580 – ✦Milano 14 – Novara 37 – Pavia 33.

✕ **Rattattù,** località San Vito NO 2 km ℰ 9081598, 😤, Solo piatti di pesce – 🖭 🕦 E 𝐕𝐼𝐒𝐀. ℅
chiuso a mezzogiorno, martedì, mercoledì, dal 23 dicembre al 5 gennaio e dal 25 ottobre al 5 novembre – Pas carta 43/93000.

AGLIANO DEL CAPO 73034 Lecce 𝟗𝟖𝟖 ㉚, 𝟒𝟑𝟏 H 37 – 5 786 ab. alt. 144 – ✪ 0833.
ᴍa 674 – ✦ Brindisi 102 – Gallipoli 46 – Lecce 63 – ✦ Taranto 139.

✕✕ **Re Sole,** ℰ 548057, Fax 548057, 😤 – 🅿 🕦 🔘 E 𝐕𝐼𝐒𝐀
chiuso domenica sera, lunedì (escluso luglio-agosto), dal 1° al 15 febbraio e dal 1° al 15 novembre – Pas carta 34/59000.

AIOLE IN CHIANTI 53013 Siena 𝟒𝟑𝟎 L 16 – 2 332 ab. alt. 356 – ✪ 0577.
ᴍa 252 – Arezzo 56 – ✦Firenze 69 – Siena 28.

🏨 **Park Hotel Cavarchione** ℅ senza rist, ℰ 749550, ≼, « Parco fiorito con ⬛ » – ☎ 🅿
stagionale – **11 cam.**

✕✕ **Castello di Spaltenna** ℅ con cam, ℰ 749483, Fax 749269, ≼, 😤, Coperti limitati; solo su prenotazione, « In un antico castello », ⬛ – 🖭 cam 📺 ☎ 🅿 – 🔏 50. 🖭 🕦 🔘 E 𝐕𝐼𝐒𝐀
chiuso dal 15 gennaio a febbraio – Pas *(chiuso lunedì e martedì a mezzogiorno)* carta 44/96000 – **21 cam** ⊿ 250000.

a San Sano SO : 9,5 km – ⊠ **53010** Lecchi :

🏨 **San Sano** ℅, ℰ 746130, Fax 746156, ≼, ⬛, ⊶ – ☎ 🅿. 🖭 🕦 E 𝐕𝐼𝐒𝐀. ℅
marzo-novembre – Pas (solo per clienti alloggiati e *chiuso a mezzogiorno)* 28000 – **11 cam** ⊿ 80/130000 – ½ P 93000.

GALEATA 47010 Forlì 988 ⑮, 429 430 K 17 – 2 265 ab. alt. 235 – ✿ 0543.
Roma 308 – ◆Firenze 99 – Forlì 34 – ◆Perugia 134 – Rimini 75.

  ✗ **Locanda Romagna,** 🖉 981695 – ❧
       chiuso sabato, dal 2 al 10 gennaio e dal 1° al 21 luglio – Pas carta 36/59000.

GALLARATE 21013 Varese 988 ③, 428 F 8 – 46 171 ab. alt. 238 – ✿ 0331.
Roma 617 – Como 50 – ◆Milano 40 – Novara 34 – Stresa 42 – Varese 18.

  🏨 **Jet Hotel** ⑤ senza rist, via Tiro a Segno 22 🖉 785534, Fax 772686, ⤳ – 🛗 🗏 📺 ☎ ⟵
       30 cam.
  🏨 **Astoria,** piazza Risorgimento 9/a 🖉 791043, Telex 351005, Fax 772671 – 🛗 🗏 📺 ☎.
       🕼 ⓪ 🅴 𝘝𝘐𝘚𝘈. ❧
       Pas vedere rist Astoria – ⌖ 15000 – **50 cam** 120/150000.
  ✗✗ Tis, via Postporta 11 🖉 773201
  ✗✗ **Raffieri,** via Trombini 1/a 🖉 793384, 🌣 – 🖭 🕼 ⓪ 🅴 𝘝𝘐𝘚𝘈. ❧
       chiuso lunedì e dall'8 al 20 agosto – Pas carta 45/65000.
  ✗✗ Risorgimento-da Damiano, piazza Risorgimento 8 🖉 793594, Fax 793594 – 🗏
  ✗✗ **Astoria,** piazza Risorgimento 9 🖉 786777, Fax 792702 – 🗏 – 🔏 50 a 200. 🖭 🕼 ⓪ 🅴 𝖵
       chiuso venerdì e dal 5 al 12 gennaio – Pas carta 43/57000.

GALLIATE 28066 Novara 988 ③, 428 F 8 – 13 427 ab. alt. 154 – ✿ 0321.
Roma 617 – Como 48 – Novara 7 – Stresa 53 – ◆Torino 100 – Varese 45.

  🏨 **Le Due Colonne** piazza Martiri 18 🖉 864861, Fax 864861 – 🗏 📺 ☎ – 🔏 90. 🖭 🕼
       𝘝𝘐𝘚𝘈. ❧ cam
       chiuso dal 31 luglio al 22 agosto – Pas *(chiuso sabato a mezzogiorno e domenic*
       carta 36/63000 – ⌖ 12000 – **17 cam** 80/120000 – ½ P 90/110000.

       al Ponte di Turbigo NE : 4 km – ✉ 28066 Galliate :

  ✗✗ **Chalet Bovio,** 🖉 861664, 🌿 – ⓟ 🖭 🕼 ⓪ 🅴 𝘝𝘐𝘚𝘈
       chiuso lunedì sera, martedì e dal 17 al 29 agosto – Pas carta 41/57000 (10%).

GALLICO MARINA 89055 Reggio di Calabria 431 M 28 – ✿ 0965.
Roma 700 – Catanzaro 156 – Gambarie d'Aspromonte 32 – ◆Reggio di Calabria 9 – Villa San Giovanni 7.

  🏨 **Fata Morgana,** 🖉 370009, Fax 370000, ≤, ⤳ – 🛗 🗏 📺 ☎ ⓟ. 🖭 🕼 ⓪ 🅴 𝘝𝘐𝘚𝘈
       Pas *(chiuso martedì escluso dal 15 luglio al 15 settembre)* carta 30/50000 (15%) – **32 ca**
       ⌖ 140000 – ½ P 100/160000.

GALLIERA VENETA 35015 Padova 429 F 17 – 6 339 ab. alt. 30 – ✿ 049.
Roma 535 – ◆Padova 36 – Trento 109 – Treviso 32 – Vicenza 34.

  ✗✗ **Al Palazzon,** località Mottinello Nuovo 🖉 5965020, 🌣 – ⓟ 🕼 𝘝𝘐𝘚𝘈. ❧
       chiuso domenica, lunedì e dal 5 al 12 gennaio – Pas carta 34/49000.
  ✗✗ **Al Palazzino,** via Roma 29 🖉 5969224, Coperti limitati; prenotare, 🌿 – ⓟ. 🖭 🕼 ⓪ 𝖵
       chiuso mercoledì e dal 1° al 15 agosto – Pas carta 30/48000.

GALLINA Reggio di Calabria – Vedere Reggio di Calabria.

GALLINARO 03040 Frosinone 430 R 23 – 1 224 ab. alt. 550 – ✿ 0776.
Roma 134 – Frosinone 51 – Isernia 66.

  🏨 **Tramp's** ⑤, bivio Settefrati NE : 3 km 🖉 65135, Fax 65385, ≤, ⤳, 🌿, ✗ – ☎ ⓟ. 🖭
       🅴 𝘝𝘐𝘚𝘈.
       Pas carta 31/52000 – ⌖ 12000 – **36 cam** 60/80000 – ½ P 75/90000.

GALLIPOLI 73014 Lecce 988 ㉚, 431 G 35 – 20 991 ab. – ✿ 0833.
Vedere Interno★ della chiesa della Purissima.
Roma 628 – ◆Bari 190 – ◆Brindisi 76 – Lecce 37 – Otranto 47 – ◆Taranto 93.

  ✗ **Il Capriccio,** viale Bovio 14 🖉 261545, 🌣 – 🖭 🕼 🅴 𝘝𝘐𝘚𝘈
       chiuso ottobre e lunedì (escluso dal 15 giugno al 15 settembre) – Pas carta 36/55000 (10%

       sulla strada Litoranea SE : 6 km :

  🏨 Gd H. Costa Brada ⑤, ✉ 73014 🖉 22551, Telex 860273, Fax 22555, ≤, « Giardin
       ombreggiato con ⤳ riscaldata e ✗ », 𝟣₆, 🇿, 🗆, 🐾 – 🛗 🗏 📺 ☎ ⓟ – 🔏 220.
       78 cam.
  🏨 **Le Sirenuse,** ✉ 73014 🖉 22536, Telex 860240, Fax 22539, ⤳, 🐾, ✗ – 🛗 🗏 ☎ ⓟ
       🔏 100 a 200. 𝘝𝘐𝘚𝘈. ❧ rist
       Pas carta 27/40000 – **120 cam** ⌖ 82/136000 – ½ P 85/135000.

       Vedere anche : *Sannicola* NE : 8 km.

LLUZZO Firenze 430 K 15 – Vedere Firenze.

LZIGNANO TERME 35030 Padova – 4 162 ab. alt. 22 – Stazione termale (marzo-novembre) – 049.

chiuso lunedì e gennaio) a Valsanzibio ⊠ 35030 Galzignano ℘ 9130078, Fax 9131193, S : n.

a 477 – Mantova 94 – ♦Milano 255 – ♦Padova 21 – Rovigo 34 – ♦Venezia 60.

▲ **Sporting Hotel Terme** ⑤, ℘ 525500, Telex 430248, ≤, 𝄖, ≊s, ⌧ riscaldata, ⌧, ☞, ✺, ♣ – 🛗 ▤ rist ⦿ ☎ ⟵ 🅿 ⁒
marzo-15 novembre – Pas 47000 – ⊡ 14000 – **108 cam** 92/106000, 10 appartamenti – ½ P 125/137000.

▲ **Majestic Hotel Terme** ⑤, ℘ 525444, Telex 430223, Fax 526466, ≤, 𝄖, ≊s, ⌧ riscalda-ta, ⌧, ☞, ✺, ♣ – 🛗 ▤ ⦿ ⅓ ⟵ 🅿 – 🏛 100. ⁒
chiuso febbraio – Pas 49000 – ⊡ 15000 – **109 cam** 97/140000, 5 appartamenti, ▤ 11500 – ½ P 109/121000.

▲ **Splendid Hotel Terme** ⑤, ℘ 525333, ≤, 𝄖, ≊s, ⌧ riscaldata, ⌧, ☞, ✺, ♣ – 🛗 ▤ rist ☎ ⅓ 🅿. ⁒ rist
marzo-12 novembre – Pas 49000 – ⊡ 15000 – **108 cam** 97/140000 – ½ P 109/121000.

▲ **Green Park Hotel Terme** ⑤, ℘ 525511, Fax 526520, ≤, 𝄖, ⌧ riscaldata, ⌧, ☞, ✺, ♣ – 🛗 ▤ rist ☎ 🅿. ⁒ rist
marzo-10 novembre – Pas 46000 – ⊡ 14000 – **92 cam** 91/131000, 7 appartamenti – ½ P 99/110000.

MBARIE D'ASPROMONTE 89050 Reggio di Calabria 988 ㊴, 431 M 29 – alt. 1 300 – 965.

a 672 – ♦Reggio di Calabria 43.

🏠 **Miramonti,** ℘ 743048, ☞ – 🛗 ☎. ⅍
Pas 25/30000 – ⊡ 10000 – **42 cam** 65/90000 – ½ P 60/80000.

🏠 **Centrale,** ℘ 743133, Fax 743141 – ☎
Pas 25/30000 – ⊡ 10000 – **48 cam** 90000 – ½ P 60/75000.

MBOLÒ 27025 Pavia 428 G 8 – 7 936 ab. alt. 106 – ✆ 0381.

a 595 – Alessandria 48 – ♦Milano 42 – Novara 34 – Pavia 32 – Vercelli 42.

Al Castello, ℘ 938136 – 🅿

NDRIA 427 ㉔, 219 ⑧ – Vedere Cantone Ticino alla fine dell'elenco alfabetico.

NZIRRI Messina 431 432 M 28 – Vedere Sicilia (Messina).

RBAGNATE MILANESE 20024 Milano 428 F 9, 219 ⑱ – 25 734 ab. alt. 179 – ✆ 02.

a 588 – Como 33 – ♦Milano 16 – Novara 48 – Varese 36.

✗✗ ✿ **La Refezione,** via Milano 166 ℘ 9958942, Coperti limitati; prenotare – ▤ 🅿. ⅍
chiuso domenica, lunedì a mezzogiorno, dal 25 dicembre al 6 gennaio ed agosto – Pas carta 62/87000
Spec. Insalata di polpo e patate tiepida, Spaghetti con gamberi cipolla e bottarga, Sella di coniglio disossata fritta. Vini Franciacorta bianco, Dolcetto.

a Santa Maria Rossa SO : 2 km – ⊠ 20024 Garbagnate Milanese :

✗ **Alle Magnolie,** ℘ 9955640, « Servizio estivo in giardino » – 🅿. ⅍ 𝄐 𝄐 ⅀ 𝅘𝅥
chiuso lunedì sera, martedì, agosto e Natale – Pas carta 40/63000.

RDA 37016 Verona 988 ④, 428 429 F 14 – 3 456 ab. alt. 68 – ✆ 045.

Jere Punta di San Vigilio★★ O : 3 km.

• 🍴 Cà degli Ulivi (chiuso lunedì) a Marciaga-Castion di Costermano ⊠ 37010 ℘ 7256463, 7256876, N : 3 km.

ngolago Regina Adelaide ℘ 7255194, Fax 7256720.

a 527 – ♦Brescia 64 – Mantova 65 – ♦Milano 151 – Trento 82 – ♦Venezia 151 – ♦Verona 39.

▲ **Regina Adelaide,** ℘ 7255977, Telex 482242, Fax 7256263, « Giardino » – 🛗 ⦿ ☎ 🅿 – 🏛 60. ⅍ 𝄐 ⅀ ⅍ rist
Pas (chiuso dal 15 gennaio all'8 marzo e dal 15 ottobre al 19 dicembre) carta 32/49000 – ⊡ 16000 – **60 cam** 138/196000, 6 appartamenti – ½ P 70/140000.

🏠 **Flora** ⑤, ℘ 7255348, Fax 7255348, « Giardino con ⌧ riscaldata e ⁒ » – 🛗 ☎ ⟵ 🅿 – 🏛 40. ⁒ rist
Pasqua-ottobre – Pas (chiuso martedì) carta 30/37000 – ⊡ 14000 – **63 cam** 95/116000 – ½ P 70/106000.

🏠 **Cortina** senza rist, ℘ 7255433 – ⊚ 🅿
⊡ 10000 – **27 cam** 50/80000.

▲ **San Marco,** ℘ 7255008, Fax 7256749 – ☎ 🅿. ⁒ cam
marzo-ottobre – Pas carta 34/46000 – ⊡ 15000 – **15 cam** 78000 – ½ P 70/75000.

🏠 **Giardinetto,** *&* 7255051, ≤, 斎 – 📳 ☎ ❄ cam
aprile-ottobre – Pas *(chiuso giovedì)* carta 26/40000 – ☲ 10000 – **24 cam** 80000 – ½ P 75000.

🏠 **Tre Corone,** *&* 7255033, Fax 7255033, ≤, 斎 – 📳 ☎ ❷ 🔝 ⑤ ☲ 💳 ❄
marzo-ottobre – Pas *(chiuso mercoledì)* carta 30/50000 – ☲ 10000 – **26 cam** 66/83000 ½ P 70/75000.

🏠 **Conca d'Oro,** *&* 7255275, ≤ – ❶ 💳 ❄ rist
marzo-ottobre – Pas *(chiuso martedì, marzo e novembre)* carta 27/41000 – **19 c** ☲ 110000 – ½ P 50/70000.

🍴🍴 **Tobago** con cam, via Bellini *&* 7256340, Fax 7256753, � – 📺 ☎ ❷ 🔝 ⑤ ☲ 💳
Pas *(chiuso lunedì da ottobre a marzo)* carta 50/90000 – ☲ 15000 – **9 cam** 10000 ½ P 70/80000.

verso Costermano :

🏠 **Cipriani e Rist. Da Remigio,** E : 2 km ✉ 37010 Costermano *&* 7200064, Fax 72002
« Servizio estivo in terrazza con ≤ », 🏊, 🌉 – 📳 📺 ☎ ❷ 🔝 ⑤ ☲ 💳 ❄ cam
Pas *(chiuso giovedì)* 30/40000 – ☲ 10000 – **30 cam** 70/100000 – ½ P 70/80000.

🍴🍴 **Stafolet,** E : 1,5 km ✉ 37016 *&* 7255427, 斎, 🌉 – ❷
chiuso lunedì e gennaio – Pas carta 27/41000.

GARDA (Lago di) o BENACO Brescia, Trento e Verona ⑨⑧⑧④, ④②⑧ ④②⑨ F 13 – Vedere Gu Verde.

GARDOLO Trento – Vedere Trento.

GARDONE RIVIERA 25083 Brescia ⑨⑧⑧④, ④②⑧ ④②⑨ F 13 – 2 515 ab. alt. 85 – a.s. Pasqu luglio-15 settembre – ✿ 0365.
Vedere Posizione pittoresca★★ – Tenuta del Vittoriale★ (residenza e tomba di Gabriele d'. nunzio) NE : 1 km.
🏌 (chiuso martedì) a Bogliaco ✉ 25080 *&* 643006, Fax 643006, NE : 10 km.
🎫 corso Repubblica 35 *&* 20347.
Roma 551 – ◆Bergamo 88 – ◆Brescia 34 – Mantova 90 – ◆Milano 129 – Trento 91 – ◆Verona 66.

🏨🏨 **Grand Hotel,** *&* 20261, Telex 300254, Fax 22695, ≤, 斎, « Terrazza fiorita sul lago 🌉 🏊 riscaldata », 🕊 – 📳 🖥 cam 📺 ☎ ❷ – 🔺 50 a 350. 🔝 ⑤ ⑩ ☲ 💳 ❄ rist
aprile-ottobre – Pas 58000 – **180 cam** ☲ 190/320000 – ½ P 146/180000.

🏨 **Montefiori** ⑳, *&* 290235, Fax 21488, ≤ lago, 斎, « Villette in un parco », 🏊, 🍴 –
☎ ❷ – 🔺 180. 🔝 ☲ 💳 ❄ rist
chiuso novembre – Pas carta 37/60000 – **36 cam** ☲ 80/130000 – ½ P 80/95000.

🏨 Parkhotel Villa Ella ⑳, *&* 21030, ≤ lago, « Parco ombreggiato con 🏊 » – 📳 ❷
stagionale – **44 cam.**

🏨 **Monte Baldo,** *&* 20951, Fax 20952, ≤, « Terrazza-giardino sul lago con 🏊 », 🚣 – 📳
❷ 🔝 ☲ 💳 ❄ rist
20 aprile-20 ottobre – Pas 36/44000 – ☲ 17000 – **45 cam** 66/98000 – ½ P 78/89000.

🏠 **Bellevue,** *&* 20235, Fax 20235, ≤, « Giardino », 🏊 – 📳 ❷ 💳 ❄ rist
aprile-10 ottobre – Pas 28000 – ☲ 8500 – **30 cam** 85000 – ½ P 62/76000.

🍴🍴🍴 ✿ **Villa Fiordaliso** con cam, *&* 20158, Fax 290011, ≤, « Villa storica; servizio estivo terrazza sul lago », 🌉 – 📺 ☎ ❷ 🔝 ⑤ 💳 ❄
chiuso dal 7 gennaio al 20 febbraio – Pas *(chiuso lunedì in marzo ed aprile)* carta 52/85000
7 cam ☲ 450000, appartamento
Spec. Piovretta al pesto leggero, Ravioli di bagöss (formaggio) alla maggiorana, Caponatina di pesce spada. Lugana.

🍴🍴 **Casinò,** al bivio per il Vittoriale *&* 20387, Fax 20387, « Servizio estivo in terrazza lago » – ❷ 🔝 ⑤ ⑩ ☲ 💳
chiuso lunedì, gennaio e febbraio – Pas carta 43/61000.

🍴🍴 **La Stalla,** strada per il Vittoriale *&* 21038, Fax 21038, 斎, 🌉 – ❷ 🔝 ⑤ ⑩ ☲ 💳 ❄
chiuso gennaio e martedì (escluso da luglio a settembre) – Pas carta 44/71000.

🍴 **Agli Angeli** con cam, strada per il Vittoriale *&* 20832, 斎 – 📳 ☲ 💳 ❄ cam
chiuso dal 10 gennaio al 10 febbraio – Pas *(chiuso lunedì escluso da giugno a settemb*
carta 33/46000 – ☲ 8000 – **9 cam** 70000 – ½ P 55/60000.

a Fasano del Garda NE : 2 km – ✉ **25080** :

🏨🏨 **Gd H. Fasano,** *&* 290220, Fax 290221, ≤ lago, 斎, « Terrazza-giardino sul lago con riscaldata », 🚣, 🍴 – 📳 ☎ ❷ – 🔺 100. ❄ rist
maggio-ottobre – Pas 48000 – ☲ 25000 – **70 cam** 130/240000 – ½ P 120/165000.

🏨🏨 **Villa del Sogno** ⑳, *&* 290181, Fax 290230, ≤ lago, « Parco e terrazze con 🏊 », 🕊s,
– 📳 📺 ☎ ❷ – 🔺 60. 🔝 ⑤ ⑩ ☲ 💳 ❄
aprile-15 ottobre – Pas 70000 – **35 cam** ☲ 340000, 3 appartamenti – ½ P 160/200000.

🏠 **Il Riccio,** *&* 21987, ≤, « Giardino », 🚣 – 📳 ☎ ❷ ❄
15 maggio-settembre – Pas *(solo per clienti alloggiati)* 35000 – ☲ 12000 – **25 ca**
55/80000 – ½ P 70/80000.

※ **Lidò 84,** ℰ 20019, Fax 20019, « Servizio estivo in terrazza sul lago » – **(P)**. **(S) E VISA**
chiuso dal 15 novembre al 30 gennaio e martedì in bassa stagione – Pas carta 42/64000.
(10%).

Vedere anche : *Salò* (Barbarano).

RESSIO 12075 Cuneo 988 ⑫, 428 J 6 – 4 038 ab. alt. 621 – Stazione termale (giugno-
embre) – ✿ 0174.

a del Santuario ℰ 81122, Fax 82098.

a 615 – Cuneo 72 – Imperia 62 – ◆Milano 239 – Savona 70 – ◆Torino 115.

1 **Italia,** corso Paolini 28 ℰ 81027, ⇆ – ☒ **(P)**. **(S) (I) E VISA**. ⅍
giugno-settembre – Pas carta 30/45000 – ⊆ 7000 – **54 cam** 50/70000 – ½ P 46/56000.

RGANO (Promontorio del) Foggia 988 ㉘, 431 B 28 30 – Vedere Guida Verde.

RGAZON = Gargazzone.

RGAZZONE (GARGAZON) **39010** Bolzano 429 C 15, 218 ⑳ – 1 128 ab. alt. 267 – ✿ 0473.

a 563 – ◆Bolzano 17 – Merano 11 – ◆Milano 315 – Trento 75.

1 **Alla Torre-Zum Turm,** ℰ 292325, Fax 292399, « Giardino-frutteto con ⚊ riscaldata » –
☎ **(P)**. AE **(S) E VISA**. ⅍ rist
chiuso dal 15 gennaio a febbraio – Pas *(chiuso giovedì)* carta 39/53000 – **14 cam** ⊆ 40/
80000 – ½ P 55/60000.

RGNANO 25084 Brescia 988 ④, 428 429 E 13 – 3 288 ab. alt. 98 – a.s. Pasqua e luglio-
settembre – ✿ 0365.
dere Guida Verde.

chiuso martedì) a Bogliaco ☒ 25080 ℰ 643006, Fax 643006, S : 1,5 km.

a 563 – ◆Bergamo 100 – ◆Brescia 46 – ◆Milano 141 – Trento 79 – ◆Verona 78.

1 **Giulia** ⑤, ℰ 71022, Fax 72774, ⇇, 斧, « Giardino in riva al lago », ⇌, ⚊ riscaldata, ▲⑤
– ☎ **(P)**. AE **(S) (I) E VISA**. ⅍ rist
aprile-10 ottobre – Pas carta 45/80000 (10%) – **30 cam** ⊆ 100/180000 – ½ P 110/130000.

1 **Palazzina,** ℰ 71118, Fax 71118, ⇇, « ⚊ su terrazza panoramica », ⇆ – ☒ ☎ **(P)**. AE **(S)**
(I) E VISA. ⅍
aprile-settembre – Pas *(chiuso lunedì)* carta 29/46000 – ⊆ 12000 – **25 cam** 65/100000 –
½ P 75/85000.

1 **Meandro,** ℰ 71128, ⇇lago, ⚊, ⇆ – ☒ 📺 ☎ **(P)**. AE **(S) (I) E VISA**. ⅍ rist
chiuso dal 15 gennaio a febbraio – Pas carta 28/49000 – **36 cam** ⊆ 80/140000 – ½ P 70/
85000.

1 **Bartabel,** ℰ 71330, ⇇ – ☒ ☎. ⅍ cam
chiuso novembre – Pas *(chiuso lunedì)* 28/35000 – ⊆ 8000 – **10 cam** 40/60000 – ½ P 55/
57000.

XX ❀ **La Tortuga,** ℰ 71251, Coperti limitati; prenotare – ☰. AE **(S) E VISA**. ⅍
chiuso lunedì sera (escluso da giugno a settembre), martedì e dal 16 gennaio al 1° marzo –
Pas 85000 (10%)
Spec. Charlotte di melanzane zucchine e pecorino, Tagliolini alle cozze e fiori di zucchine (estate), Trancio di trota allo
scalogno e tarufo del Garda. Vini Lugana, Franciacorta rosso.

a Villa S : 1 km – ☒ **25084** Gargnano :

1 **Livia,** ℰ 71233, ⚊, ⇆ – ☎ **(P)**. **VISA**. ⅍
Pasqua-15 ottobre – Pas carta 28/41000 – ⊆ 9000 – **25 cam** 51/77000 – ½ P 64/71000.

※ **Baia d'Oro** ⑤ con cam, ℰ 71171, Fax 72568, ⇇, « Servizio estivo in terrazza sul lago » –
☎ ⇌. **(S) E VISA**
aprile-ottobre – Pas carta 44/89000 – ⊆ 15000 – **13 cam** 62/105000 – ½ P 130000.

a Bogliaco S : 1,5 km – ☒ **25080** :

※ **Allo Scoglio,** ℰ 71030, 斧 – ⅍
chiuso venerdì, gennaio e febbraio – Pas carta 40/57000.

verso Navazzo O : 7 km – alt. 497 – ☒ **25080** Navazzo :

1 **Roccolino** ⑤, località Roccolino ℰ 71443, Fax 72059, ⇇lago e monti, Ⅎ⑤, ⚊, ⇆ – ☰
📺 ☎ **(P)**. – 益 30. AE **(S) (I) E VISA**. ⅍
chiuso dal 1° gennaio al 15 febbraio – Pas *(chiuso mercoledì)* carta 40/50000 – **10 cam**
⊆ 68/100000 – ½ P 75/85000.

RLASCO 27026 Pavia 988 ⑬, 428 G 8 – 9 651 ab. alt. 94 – ✿ 0382.

a 585 – Alessandria 61 – ◆Milano 44 – Novara 40 – Pavia 22 – Vercelli 48.

1 **I Diamanti** senza rist, via Leonardo da Vinci 59 ℰ 821504, Fax 800981 – ☒ ☰ 📺 ☎ ৬
⇌ **(P)** – 益 50. AE **(S) E VISA**. ⅍
⊆ 10000 – **39 cam** 110000, ☰ 15000.

GARLATE 22050 Como 𝟜𝟚𝟠 E 10, 𝟚𝟙𝟡 ⑩ – 2 439 ab. alt. 212 – ✆ 0341.

Roma 615 – ✦Bergamo 29 – Como 34 – Lecco 6 – ✦Milano 47.

🏛 **Nuovo**, via Statale 82 ℰ 680243, 🍴, 𝄁ₛ, 🚭, 🍴, 🍴, ℀ – 🖻 📺 ☎ ⟷ 🅟 – 🔥 60. 🄰 ① 🄴 𝘝𝘐𝘚𝘈. ℀
Pas *(chiuso dal 9 al 22 agosto)* carta 49/77000 – ☷ 10000 – **50 cam** 80/115000, 4 appartamenti, ☷ 10000 – ½ P 60/70000.

GARLENDA 17033 Savona 𝟜𝟚𝟠 J 6 – 735 ab. alt. 70 – ✆ 0182.

📊ᵢₐ (chiuso mercoledì da settembre a giugno) ℰ 580012, Fax 580561.

Roma 592 – Albenga 10 – ✦Genova 93 – Imperia 37 – ✦Milano 216 – Savona 47.

🏛 **La Meridiana** ⅏, ℰ 580271, Fax 580150, 🍴, « In una residenza di campagna », 🚭, – 🖗 ⅏⟵ cam 📺 ☎ & 🅟, 🄰 🄴 ① 🄴 𝘝𝘐𝘚𝘈. ℀ rist
marzo-novembre – Pas *(chiuso a mezzogiorno escluso da giugno a settembre; prenotare)* carta 70/104000 – ☷ 21000 – **18 cam** 280000, 16 appartamenti – ½ P 210/270000.

℀℀ **Claro de Luna**, strada per Caso E : 3 km ✉ 17038 Villanova d'Albenga ℰ 580348, 🅡 Solo piatti di pesce; prenotare – 🅟 🄴 𝘝𝘐𝘚𝘈
chiuso a mezzogiorno (escluso i giorni festivi), martedì ed ottobre – Pas carta 43/73000.

GASSINO TORINESE 10090 Torino 𝟡𝟠𝟠 ⑫, 𝟜𝟚𝟠 G 5 – 8 533 ab. alt. 219 – ✆ 011.

Roma 665 – Asti 52 – ✦Milano 130 – ✦Torino 15 – Vercelli 60.

a Bussolino Gassinese E : 2,5 km – ✉ 10090 :

℀ **Defilippi**, ℰ 9606274 – 🅟 🄴 🄴 𝘝𝘐𝘚𝘈
chiuso martedì – Pas carta 37/60000.

a Bardassano SE : 5 km – ✉ 10090 Gassino Torinese :

℀ **Ristoro Villata**, via Val Villata 25 ℰ 9605818, 🍴, solo su prenotazione – 🅟. ℀
chiuso a mezzogiorno (escluso i giorni festivi), venerdì e dal 12 al 28 agosto – carta 60/95000.

GATTEO A MARE 47043 Forlì 𝟜𝟚𝟡 𝟜𝟛𝟘 J 19 – 5 880 ab. – a.s. 21 giugno-agosto – ✆ 0547.

🛈 piazza della Libertà 10 ℰ 85393, Fax 80129.

Roma 353 – ✦Bologna 102 – Forlì 41 – ✦Milano 313 – ✦Ravenna 35 – Rimini 17.

🏛 **Capitol**, viale Giulio Cesare 27 ℰ 86553, Fax 87626, ≼, 🚭 riscaldata, ℀ – 🖗 ☎ 🅟. ℀
10 maggio-27 settembre – Pas (solo per clienti alloggiati) 25/40000 – **50 cam** ☷ 59/100000 – ½ P 50/80000.

🏛 **Flamingo**, viale Giulio Cesare 31 ℰ 87171, Fax 87528, ≼, 𝄁ₛ, 🚭 riscaldata, ℀ – 🖗 🖻 ☎ ⟷ 🅟
stagionale – **48 cam.**

🏛 **Miramare**, viale Giulio Cesare 63 ℰ 87313, Fax 87614, ≼, 🚭 – 🖗 ☎ 🅟. ℀ rist
maggio-settembre – Pas (solo per clienti alloggiati) 27/33000 – ☷ 10000 – **52 cam** 100000 – ½ P 50/75000.

🏛 **Park Hotel Miriam**, via Bologna 8 ℰ 86138, Fax 87728, 🚭 – 🖗 🖻 cam ☎ ⟷ 🅟. ℀
aprile-settembre – Pas (solo per clienti alloggiati) 30000 – **42 cam** ☷ 76/140000 – ½ P 67000.

🏛 **Estense**, via Gramsci 30 ℰ 87068, Fax 87489 – 🖗 📺 ☎ 🅟 – 🔥 70. 🄰 🄴 🄴 ① 🄴 𝘝𝘐𝘚𝘈 ℀ rist
chiuso novembre – Pas 16/24000 – ☷ 7000 – **36 cam** 51/90000 – ½ P 45/70000.

🏠 **Sant'Andrea**, viale Matteotti 66 ℰ 85360 – 🅟. ℀ rist
22 maggio-20 settembre – Pas (solo per clienti alloggiati) – **18 cam** ☷ 60000 – ½ P 58000.

🏠 **Imperiale**, viale Giulio Cesare 82 ℰ 86875 – 🖗 ☎ 🅟. 🄰 ① 🄴. ℀ rist
maggio-settembre – Pas 25/40000 – **37 cam** ☷ 75/90000 – ½ P 70/80000.

🏠 **Magnolia**, via Trieste 31 ℰ 86814, Fax 87285, 🍴 – 🖗 ⅏⟵ cam ☏ 🅟. ℀ rist
15 maggio-20 settembre – Pas (solo per clienti alloggiati) 26/32000 – ☷ 8000 – **38 cam** 51/90000 – ½ P 43/60000.

🏠 **Simon**, viale Matteotti 41 ℰ 85224, Fax 85885, 🚭 – 🖗 🖻 rist ☎ 🅟. ℀ rist
chiuso dal 7 gennaio al 10 febbraio – Pas carta 20/31000 – **43 cam** ☷ 65/120000 – ½ P 55/68000.

🏠 **Fantini**, viale Matteotti 10 ℰ 87009 – 🖗 🅟. ℀ rist
giugno-20 settembre – Pas (solo per clienti alloggiati) 20/26000 – ☷ 8000 – **35 cam** 40/68000 – ½ P 33/42000.

GATTINARA 13045 Vercelli 𝟡𝟠𝟠 ②, 𝟜𝟚𝟠 F 7 – 8 796 ab. alt. 265 – ✆ 0163.

Roma 653 – Biella 29 – ✦Milano 79 – Novara 33 – ✦Torino 91 – Vercelli 35.

℀℀ **Il Vigneto** con cam, piazza Paolotti 2 ℰ 834803 – 🖗 🖻 📺 ☎ ⟷ 🄰 🄴 ① 🄴 𝘝𝘐𝘚𝘈 ℀
chiuso dal 27 luglio al 9 agosto – Pas *(chiuso lunedì)* carta 46/62000 – ☷ 5000 – **12 cam** 40/65000.

GAVARDO 25085 Brescia 988 ④ , 428 429 F 13 – 9 151 ab. alt. 199 – ✆ 0365.

Roma 574 – ◆Brescia 23 – ◆Milano 117 – Trento 94.

a Soprazocco E : 4 km – ☒ 25085 Gavardo :

Trattoria alle Trote, ℘ 31294, ☂ – ℗.

GAVERINA TERME 24060 Bergamo 428 429 E 11 – 825 ab. alt. 511 – a.s. luglio-agosto – ✆ 035.

Roma 605 – ◆Bergamo 26 – ◆Brescia 56 – ◆Milano 72.

Grande Alb. Terme ⑤, alle fonti E : 1,5 km ℘ 810020, ☞, ℀ – 🛗 ☎ – ▲ 250.
stagionale – **84 cam.**

GAVI 15066 Alessandria 988 ⑬ , 428 H 8 – 4 487 ab. alt. 215 – ✆ 0143.

Roma 554 – Acqui Terme 42 – Alessandria 33 – ◆Genova 48 – ◆Milano 97 – Savona 84 – ◆Torino 136.

Sereno di Gavi e Rist. L'Ora Canonica ⑤, località Cheirasca SE : 2 km ℘ 643232,
Fax 642428, ₤₅, ☎, ℀ – 🛗 ☎ ℗ – ▲ 100. 🝙 🕄 ⓞ 🝙 VISA
chiuso dal 12 al 31 gennaio – Pas (chiuso lunedì a mezzogiorno) carta 45/85000 – **32 cam**
☑ 140/170000 – ½ P 150/170000.

Cantine del Gavi, via Mameli 67 ℘ 642458, Coperti limitati; prenotare – 🝙 🕄 ⓞ 🝙 VISA.
℀
chiuso lunedì, dal 1° al 15 gennaio e dal 1° al 15 luglio – Pas carta 43/63000.

verso Tassarolo NO : 5 km :

Da Marietto, ☒ 15066 Rovereto di Gavi ℘ 682118, ☞ – ℗. ℀
chiuso domenica sera, lunedì e gennaio – Pas carta 30/40000.

GAVINANA 51025 Pistoia 428 429 430 J 14 – alt. 820 – a.s. luglio-agosto – ✆ 0573.

Roma 337 – ◆Bologna 87 – ◆Firenze 63 – Lucca 53 – ◆Milano 288 – Pistoia 27.

Franceschi, piazza Aiale 7 ℘ 66451, Fax 66452 – 📺 ☎, 🝙 🕄 E VISA. ℀
Pas *(chiuso lunedì)* carta 35/55000 – **24 cam** ☑ 60/95000 – ½ P 65/75000.

GAVIRATE 21026 Varese 988 ③ , 428 E 8 – 9 206 ab. alt. 261 – ✆ 0332.

Roma 641 – ◆Milano 66 – Varese 10.

Tipamasaro, ℘ 743524, prenotare i festivi – ☒ ℗
chiuso lunedì e dal 16 al 31 agosto – Pas carta 28/46000.

GAZZOLDO DEGLI IPPOLITI 46040 Mantova 428 429 G 13 – 2 476 ab. alt. 35 – ✆ 0376.

Roma 490 – ◆Brescia 58 – Mantova 21 – ◆Verona 45.

Casa Nodari, ℘ 657122, Fax 657950, prenotare – ℗. 🕄
chiuso i giorni festivi, domenica e dal 1° al 22 agosto – Pas carta 30/54000.

GAZZO Imperia – Vedere Borghetto d'Arroscia.

GELA Caltanissetta 988 ㊱ , 432 P 24 – Vedere Sicilia.

GEMONA DEL FRIULI 33013 Udine 988 ⑥ , 429 D 21 – 11 349 ab. alt. 272 – ✆ 0432.

Roma 665 – ◆Milano 404 – Tarvisio 64 – ◆Trieste 98 – Udine 29.

Park Hotel senza rist, via Divisione Julia 23 ℘ 980915, Fax 970654 – 🛗 📺 ☎ & ⟷ ℗ –
▲ 80. 🝙 🕄 ⓞ E VISA. ℀
☑ 8000 – **40 cam** 69/107000.

Pittini senza rist, piazzale della Stazione ℘ 971195, Fax 971380 – 🛗 📺 ☎ ⟷ ℗. 🝙 ⓞ
E VISA
☑ 8000 – **16 cam** 67/105000.

Ai Celti, via Divisione Julia 23 ℘ 983229, ☂ – 🖃 ℗. 🝙 🕄 ⓞ E VISA. ℀
chiuso domenica e dal 20 al 27 dicembre – Pas carta 30/58000.

verso Osoppo SO : 3,5 km :

Al Boschetto con cam, ☒ 33013 Gemona Piovega ℘ 980910, Fax 970890 – ℗. 🝙 🕄 ⓞ
E VISA. ℀
Pas *(chiuso lunedì)* carta 30/44000 (15 %) – ☑ 5000 – **12 cam** 38/60000 – ½ P 45000.

GEMONIO 21036 Varese 428 E 8, 219 ⑦ – 2 406 ab. alt. 325 – ✆ 0332.

Roma 647 – Lugano 39 – ◆Milano 73 – Varese 15.

Antico Vedani, ℘ 601458, ☂, Coperti limitati; prenotare – ℗. 🝙 🕄 E VISA
chiuso lunedì, dal 1° al 14 gennaio e dal 1° al 14 agosto – Pas carta 62/90000 (15 %).

GENEROSO (Monte) 427 ㉔ ㉕ , 428 E 9 – Vedere Cantone Ticino alla fine dell'elenco alfabetico.

GENOVA 16100 P 988 ⑬, 428 I 8 – 701 032 ab. – ✆ 010.

Vedere Porto★★ AXY – Quartiere dei marinai★ BY – Piazza San Matteo★ BY **85** – Cattedra San Lorenzo★ : facciata★★ BY **K** – Via Garibaldi★ : galleria dorata★ nel palazzo Cataldi pinacoteca★ nel palazzo Bianco BY **D**, galleria d'arte★ nel palazzo Rosso BY **E** – Pal dell'Università★ AX **U** – Galleria Nazionale di palazzo Spinola★ : Adorazione dei Magi★★ di Van Cleve BY – Campanile★ della chiesa di San Donato BY **L** – San Sebastiano★ di P nella chiesa di Santa Maria di Carignano BZ **N** – Villetta Di Negro CXY : ≤★ sulla città e mare, museo Chiossone★ **M** – ≤★ sulla città dal Castello BX **R** per ascensore – Cimiter Staglieno★ F.

Escursioni Riviera di Levante★★★ Est e SE.

✈ Cristoforo Colombo di Sestri Ponente per ④ : 6 km ✆ 2411 – Alitalia, via 12 Ottobre ✉ 16121 ✆ 54938.

🚗 ✆ 2695-int. 2451.

⛴ per Cagliari giugno-settembre martedì, giovedì e domenica, negli altri mesi marte domenica (20 h 45 mn) ed Olbia giugno-settembre giornaliero e negli altri mesi lunedì, ma e venerdì (13 h); per Arbatax giugno-settembre lunedì, mercoledì e venerdì, negli altri lunedì e venerdì (18 h 30 mn) e Porto Torres giornaliero (12 h 30 mn); per Palermo giu settembre martedì, giovedì, sabato e domenica, negli altri mesi martedì, giovedì e sa (23 h) – Tirrenia Navigazione, Stazione Marittima, Pontile Colombo ✉ 16126 ✆ 258041, T 270186, Fax 2698225; per Palermo lunedì, mercoledì e sabato (22 h) – Grandi Traghetti Fieschi 17 ✉ 16128 ✆ 55091, Telex 270164, Fax 5509333.

ℹ Stazione Principe ✉ 16126 ✆ 262633 – Stazione Brignole ✉ 16121 ✆ 562056 – all'Aeroporto ✉ ✆ 2415247.

A.C.I. viale Brigate Partigiane 1 ✉ 16129 ✆ 567001.

Roma 501 ② – ♦Milano 142 ⑦ – ♦Nice 194 ⑤ – ♦Torino 170 ⑤.

Piante pagine seguenti

🏨 **Savoia Majestic** (dipendenza **Londra e Continentale**), via Arsenale di Terra 5 ✉ 1 ✆ 261641, Telex 270426, Fax 261883 – |♦| ▤ TV ☎ – 🏛 100. AE 🄷 ⓞ E VISA. ✻ rist Pas carta 54/95000 – **121 cam** ☕ 200/320000, 2 appartamenti – ½ P 210/250000. A

🏨 Starhotel President, corte Lambruschini 4 ✉ 16147 ✆ 5727, Telex 272508, Fax 5531 |♦| ⇔ cam ▤ TV ☎ 🚗 – 🏛 600. D **193 cam.**

🏨 **Jolly Hotel Plaza,** via Martin Piaggio 11 ✉ 16122 ✆ 8393641, Telex 283 Fax 8391850 – |♦| ⇔ cam ▤ TV ☎ – 🏛 140. AE 🄷 ⓞ E VISA. ✻ rist C Pas 50/70000 – **150 cam** ☕ 225/350000, appartamento – ½ P 225/275000.

🏨 **Columbus Sea,** via Milano 63 ✉ 16126 ✆ 535056, Fax 255226, ≤ – |♦| ▤ TV ☎ ♿ 🏛 90. AE 🄷 E VISA. ✻ rist Pas *(chiuso a mezzogiorno)* carta 38/62000 – **80 cam** ☕ 220/250000, 7 appartame ½ P 163/218000.

🏨 **Bristol** senza rist, via 20 Settembre 35 ✉ 16121 ✆ 592541, Telex 286550, Fax 56175 ▤ TV ☎ – 🏛 60 a 200. AE 🄷 ⓞ E VISA C **132 cam** ☕ 220/367000, 5 appartamenti.

🏨 **Astoria** senza rist, piazza Brignole 4 ✉ 16122 ✆ 873316, Telex 275009, Fax 817326 TV ☎ – 🏛 100. AE 🄷 ⓞ E VISA. ✻ C ☕ 14000 – **73 cam** 160/240000.

🏨 **City Hotel** senza rist, via San Sebastiano 6 ✉ 16123 ✆ 5545, Telex 271686, Fax 58 – |♦| ▤ TV ☎ – 🏛 25. AE 🄷 ⓞ E VISA C **64 cam** ☕ 300/350000.

🏨 **Alexander** senza rist, via Bersaglieri d'Italia 19 ✉ 16126 ✆ 261371, Fax 265257 – TV ☎. AE 🄷 ⓞ E VISA A ☕ 12000 – **35 cam** 95/120000.

🏨 **Galles** senza rist, via Bersaglieri d'Italia 13 ✉ 16126 ✆ 262820, Fax 262822 – |♦| TV 🄷 E VISA A ☕ 15000 – **20 cam** 90/120000.

🏨 **Europa** senza rist, via delle Monachette 8 ✉ 16126 ✆ 257138, Fax 261047 – |♦| ▤ Ⓟ. AE 🄷 ⓞ E VISA. ✻ A ☕ 15000 – **38 cam** 148/198000.

🏨 **Vittoria,** via Balbi 33/45 ✉ 16126 ✆ 261923, Fax 262656 – |♦| TV ☎. AE 🄷 VISA A Pas *(chiuso domenica)* 27/32000 – ☕ 10000 – **56 cam** 90/120000 – ½ P 85/120000.

🏨 **Viale Sauli** senza rist, viale Sauli 5 ✉ 16121 ✆ 561397, Fax 590092 – |♦| ▤ TV ☎. ⓞ E VISA C **49 cam** ☕ 95/140000.

🏨 **Metropoli** senza rist, piazza Fontane Marose ✉ 16123 ✆ 284141, Fax 281816 – |♦| – 🏛 25. AE 🄷 ⓞ E VISA B **48 cam** ☕ 155/210000.

Agnello d'Oro senza rist, vico delle Monachette 6 ⊠ 16126 ℰ 262084 – 🛗 📺 🕾. 🕃 🚳
E *VISA*
AX **t**
🖙 12000 – **35 cam** 95/130000.

Brignole senza rist, vico del Corallo 13 r ⊠ 16122 ℰ 561651, Fax 565990 – 🖃 📺 🕾.
🦐
🖙 10000 – **26 cam** 130/150000, 🖃 20000.
DY **k**

XX **Da Giacomo,** corso Italia 1 r ⊠ 16145 ℰ 3629647, 🏤, Rist. elegante moderno – 🖃 🅿.
🖭 🕃 🕦 E *VISA*
DZ **n**
chiuso domenica e dal 12 al 25 agosto – Pas carta 62/93000.

XX ❀ **Saint Cyr,** piazza Marsala 8 ⊠ 16122 ℰ 886897, Rist. elegante moderno – 🖃. 🖭 🕃
🕦 E *VISA*
CY **r**
chiuso sabato, domenica, dal 23 dicembre al 7 gennaio e dal 15 agosto al 15 settembre –
Pas carta 58/85000 (10%)
Spec. Flan di broccoli con fonduta e tartufo (autunno-inverno), Sella di capriolo al Barolo (inverno), Semifreddo al
torrone. **Vini** Gavi, Dolcetto.

XX **Vittorio al Mare,** a Boccadasse, Belvedere Edoardo Firpo 1 ⊠ 16146 ℰ 302611,
Fax 302611, ≤ – 🖃. 🖭 🕃 🕦 E *VISA*
G **w**
chiuso domenica sera, lunedì e dal 25 agosto all'8 settembre – Pas carta 57/93000.

X **Mata Hari,** via Gropallo 1 r ⊠ 16122 ℰ 870027, Coperti limitati; prenotare – 🍴 🖃. 🖭
🕃 🕦 E *VISA*. 🦐
DY **a**
chiuso sabato a mezzogiorno, domenica e dal 1° al 20 agosto – Pas carta 43/64000.

X **Zeffirino,** via 20 Settembre 20 ⊠ 16121 ℰ 591990, Fax 586464, Rist. rustico moderno –
🖃
CY **b**

X ❀ **Gran Gotto,** via Fiume 11 r ⊠ 16121 ℰ 564344 – 🖃. 🖭 🕃 E *VISA*
DY **m**
chiuso sabato a mezzogiorno, domenica, i giorni festivi e dal 12 al 31 agosto – Pas
carta 63/97000 (10%)
Spec. Flan di melanzane con fonduta di pomodoro (estate), Lasagnette con rombo al timo e burro al pomodoro, Filetti
di triglia al rosmarino con sedano bianco. **Vini** Cinque Terre, Ormeasco.

X **Santa Chiara,** a Boccadasse, via Capo Santa Chiara 69 r ⊠ 16146 ℰ 3770081, ≤,
« Servizio estivo in terrazza sul mare » – 🖭
G **w**
chiuso domenica, dal 20 dicembre al 7 gennaio e dal 5 al 25 agosto – Pas carta 60/75000.

X **Gheise,** via Boccadasse 37 r ⊠ 16146 ℰ 3770086, « Servizio estivo in giardino » – 🖭
VISA
G **e**
chiuso lunedì e dal 30 luglio al 15 agosto – Pas carta 42/66000.

X **La Bitta nella Pergola,** via Casaregis 52 r ⊠ 16129 ℰ 588543 – 🖃 🅿. 🖭 🕃 🕦 E *VISA*.
🦐
DZ **a**
chiuso lunedì e dall'8 al 31 agosto – Pas carta 41/78000.

X **La Piazzetta,** piazza Marsala ⊠ 16122 ℰ 816497 – 🖃
CY **a**

X **Da Genio,** salita San Leonardo 61 r ⊠ 16128 ℰ 546463, prenotare
CZ **a**
chiuso domenica ed agosto – Pas carta 39/62000.

X **Il Cucciolo,** viale Sauli 33 ⊠ 16121 ℰ 561321, Rist. con specialità toscane – 🅿. 🖭
CY **f**
chiuso lunedì e dal 1° al 27 agosto – Pas carta 46/63000.

X **Da Tiziano,** corso Italia 34 r ⊠ 16145 ℰ 314165, ≤ – 🖭 🕃 E *VISA*
F **g**
chiuso martedì sera, mercoledì e luglio – Pas carta 40/70000.

X **Pansön,** piazza delle Erbe 5 r ⊠ 16123 ℰ 294903, 🏤 – 🖭 🕃 🕦 E *VISA*. 🦐
BY **a**
chiuso domenica ed agosto – Pas carta 40/66000.

a Sampierdarena per ④ : 5 km E – ⊠ **16149** Genova :

X **Al Tartufo,** per corso L.A. Martinetti N : 3 km ℰ 460139 – 🅿 – 🛗 40 a 60. 🖭 🕃 🕦 E
VISA. 🦐
E **b**
chiuso lunedì e dal 2 all'8 gennaio – Pas carta 56/92000.

all'aeroporto Cristoforo Colombo per ④ : 6 km E :

X **L'Incontro** ⊠ 16154 ℰ 6515731, Fax 6512606, solo su prenotazione la sera – 🖃. 🖭 🕃
🕦 E *VISA*. 🦐
Pas carta 59/96000.

a Sturla per ② o ③ : 6 km G – ⊠ **16147** Genova :

X **Il Primo Piatto,** via del Tritone 12 r ℰ 393456, 🏤 – 🕃 🕦 E *VISA*
G **x**
chiuso sabato a mezzogiorno, lunedì e Ferragosto – Pas carta 40/60000.

X **La Conchiglia,** a Vernazzola, via Argonanti 13 ℰ 394661, 🏤 – 🖭 🕃 🕦 E *VISA*
G **a**
chiuso lunedì e settembre – Pas carta 46/66000.

a Quarto dei Mille per ② o ③ : 7 km GH – ⊠ **16148** Genova :

XX ❀ **Antica Osteria del Bai,** via Quarto 12 ℰ 387478, Fax 392684, ≤, 🏤 – 🖭 🕃 🕦 E *VISA*.
🦐
H **d**
chiuso lunedì, dall'8 al 20 gennaio e dal 1° al 20 agosto – Pas carta 58/99000
Spec. Insalata d'aragosta e verdure, Maccheroncini al torchio con melanzane e polpa di scampi, Trancio di pesce
spada con funghi porcini. **Vini** Pigato.

X **7 Nasi,** via Quarto 16 ℰ 337357, 🏤, Rist. a mare con ≤, 🏊, 🛥 – 🅿. 🖭 🕃 *VISA*
H **f**
chiuso martedì – Pas carta 41/65000 (12%).

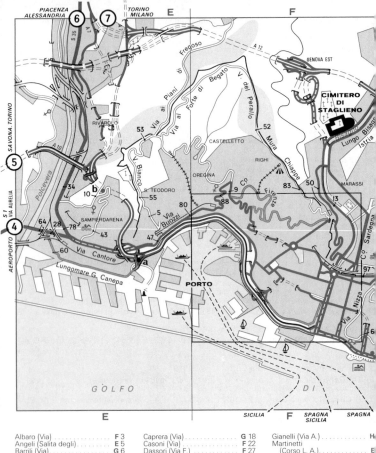

Albaro (Via)	F 3	Caprera (Via)	G 18	Gianelli (Via A.)	H
Angeli (Salita degli)	E 5	Casoni (Via)	F 22	Martinetti	
Barnili (Via)	G 6	Dassori (Via F.)	F 27	(Corso L. A.)	E
Bassi (Corso U.)	F 9	Degola (Via)	E 28	Milano (Via)	E
Belvedere (Corso)	E 10	Fereggiano (Via)	F 32	Mille (Via dei)	G
Bobbio (Via)	F 13	Fillak (Via W.)	E 34	Monaco Simone (Via)	G
Boselli (Via)	G 14	Fontanarossa (Via S.)	G 35	Montaldo (Via L.)	F

a Cornigliano Ligure per ④ : 7 km – ⊠ **16152** Genova :

✗ **Da Marino,** via Rolla 36 r 𝒫 412674, Rist. d'habituès, prenotare la sera – 🆎 🅢 𝖵𝖨𝖲𝖠
chiuso sabato, domenica ed agosto – Pas carta 38/69000.

a Quinto al Mare per ② o ③ : 8 km H – ⊠ **16166** Genova :

✗ **Cicchetti 1860,** via Gianelli 41 r 𝒫 331641, Trattoria tipica   H
chiuso martedì ed agosto – Pas carta 37/56000.

a San Desiderio NE : 8 km per via Timavo H – ⊠ **16133** Genova :

✗ **Bruxaboschi,** via Francesco Mignone 8 𝒫 3450302, « Servizio estivo in giardino » –
– 🏔 30. 🆎   H
chiuso domenica sera, lunedì, Natale ed agosto – Pas carta 37/60000.

a Sestri Ponente per ④ : 10 km – ⊠ **16154** Genova :

✗ **Baldin,** piazza Tazzoli 20 r 𝒫 671095 – ▤. 🆎 🅢 🅞 🅴 𝖵𝖨𝖲𝖠
chiuso domenica, dal 1° al 6 gennaio e dal 6 al 21 agosto – Pas carta 39/62000.

Es ist empfehlenswert, in der Hauptsaison und vor allem in Urlaubsorten,
Hotelzimmer im voraus zu bestellen.

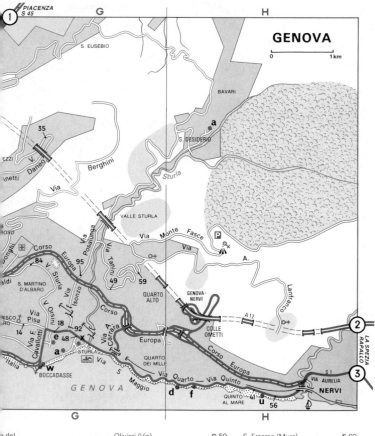

a del				Olivieri (Via)	G 59	S. Erasmo (Mura)	F 83
stellaccio (Via)	F 52		Pacinotti (Via A.)	E 60	S. Martino (Via)	G 84
di			Piave (Via)	F 63	S. Ugo (Via)	F 88
anorolo (Via)	E 53		Pieragostini (Via R.)	E 64	Sturla (Via)	G 92
di			Ricci (Via)	G 77	Timavo (Via)	G 95
rta Murata (Via delle)	E 55		Rolando (Via C.)	E 78	Tolemaide (Via)	F 97
arolo (Via)	H 56		S. Benedetto (Via)	EF 80	Torti (Via G.)	G 98

a Pegli per ④ : 13 km – ⊠ 16155 Genova :

Mediterranée e Rist. Torre Antica, Lungomare 69 ℘ 683041 e rist ℘ 683703, Telex 271312, Fax 680536, ≤, 🚗 – 🛗 ≣ rist 📺 ☎ 🅟 – 🔬 25 a 150. 🖭 🕄 ⓪ 🝙 𝘝𝘐𝘚𝘈
Pas *(chiuso sabato a mezzogiorno, domenica e dal 5 al 26 agosto)* carta 50/78000 –
☑ 15000 – **88 cam** 125/185000.

Vedere anche : *Nervi* per ② : 10 km.

CHELIN, a San Quirico in Val Polcevera per ⑥ : 12 km, lungo torrente Secca 36/L nero -
16163 Genova, ℘ 710871, Fax 713133.

« Scoprite » l'ITALIA con la guida Verde Michelin :

descrizione dettagliata dei paesaggi pittoreschi e delle "curiosità" ;

storia e geografia ;

musei e belle arti ;

itinerari regionali ;

piante topografiche di città e monumenti.

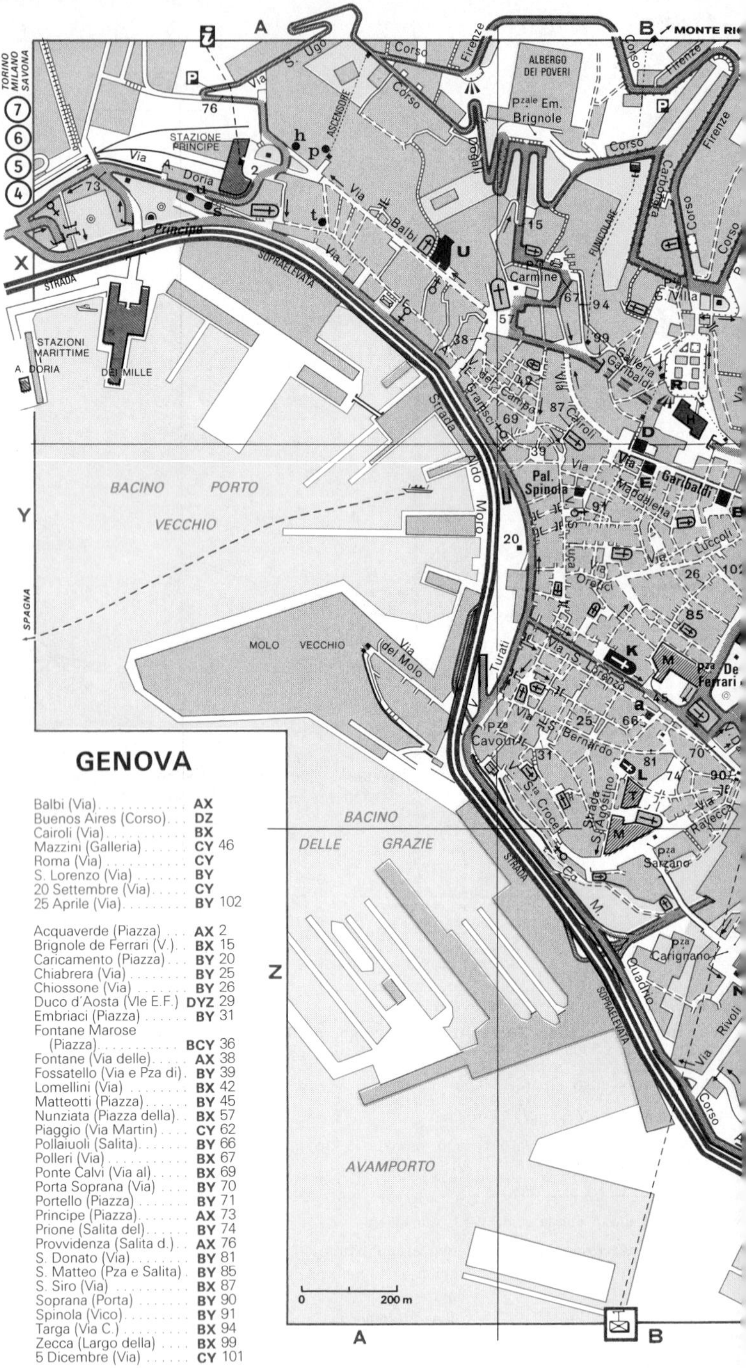

GENOVA

Balbi (Via) . . . . **AX**
Buenos Aires (Corso) . . . **DZ**
Cairoli (Via) . . . . **BX**
Mazzini (Galleria) . . . . . **CY** 46
Roma (Via) . . . . **CY**
S. Lorenzo (Via) . . . . . . **BY**
20 Settembre (Via) . . . . **CY**
25 Aprile (Via) . . . . **BY** 102

Acquaverde (Piazza) . . . **AX** 2
Brignole de Ferrari (V.) . . **BX** 15
Caricamento (Piazza) . . . **BY** 20
Chiabrera (Via) . . . . **BY** 25
Chiossone (Via) . . . . **BY** 26
Duco d'Aosta (Vle E.F.) . **DYZ** 29
Embriaci (Piazza) . . . . . . **BY** 31
Fontane Marose
  (Piazza) . . . . **BCY** 36
Fontane (Via delle) . . . . . **AX** 38
Fossatello (Via e Pza di) . **BX** 39
Lomellini (Via) . . . . **BX** 42
Matteotti (Piazza) . . . . . **BY** 45
Nunziata (Piazza della) . . **BX** 57
Piaggio (Via Martin) . . . . **CY** 62
Pollaiuoli (Salita) . . . . . . **BY** 66
Polleri (Via) . . . . **BX** 67
Ponte Calvi (Via al) . . . . **BX** 69
Porta Soprana (Via) . . . . **BY** 70
Portello (Piazza) . . . . . . **BY** 71
Principe (Piazza) . . . . . . **AX** 73
Prione (Salita del) . . . . . **BY** 74
Provvidenza (Salita d.) . . **AX** 76
S. Donato (Via) . . . . **BY** 81
S. Matteo (Pza e Salita) . **BY** 85
S. Siro (Via) . . . . **BX** 87
Soprana (Porta) . . . . **BY** 90
Spinola (Vico) . . . . **BY** 91
Targa (Via C.) . . . . **BX** 94
Zecca (Largo della) . . . . **BX** 99
5 Dicembre (Via) . . . . . . **CY** 101

STAZIONE
PRINCIPE

STAZIONI
MARITTIME

DEI MILLE

BACINO   PORTO
VECCHIO

MOLO   VECCHIO

BACINO
DELLE   GRAZIE

AVAMPORTO

0   200 m

ALBERGO
DEI POVERI

P.rale Em.
Brignole

Carmine

Pal.
Spinola

Garibaldi

pza De
Ferrari

Pza
Cavour

Pza
Carignano

Pza
Sarzano

MONTE RI

TORINO
MILANO
SAVONA

SPAGNA

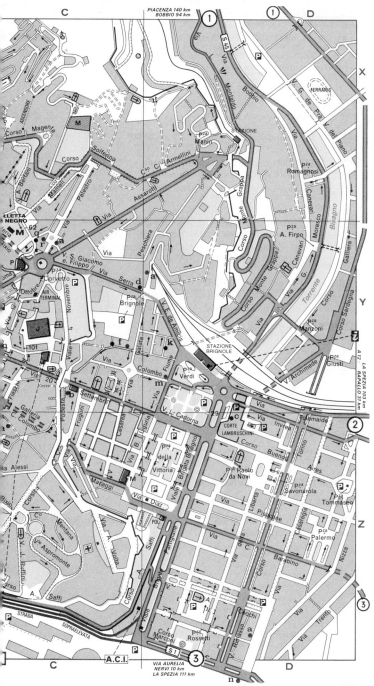

GENZANO DI ROMA 00045 Roma 988 ㉘, 430 Q 20 – 20 777 ab. alt. 435 – ✆ 06.

Roma 30 – Anzio 33 – Castel Gandolfo 7 – Frosinone 71 – Latina 39.

🏠 **Villa Robinia,** viale Fratelli Rosselli 19 ℰ 9396409, Fax 9396409, � – 🛗 📺 ☎ (
🏛 50. 🚾 ≫.
Pas 30000 – ≈ 8000 – **27 cam** 60/80000 – ½ P 68000.

XX **Osteria dell'Infiorata,** via Italo Belardi 55 ℰ 9399933, Fax 9363715, 🌳 – 🍽 (
🏛 100. 🆎 🚺 ⓓ 🗲 🚾
chiuso lunedì – Pas carta 34/55000.

XX **Dal Bracconiere,** piazza Frasconi 16 ℰ 9396621, 🌳 – 🆎 🚺 ⓓ 🗲 🚾
chiuso mercoledì – Pas carta 40/60000.

XX **La Grotta,** via Belardi 31 ℰ 9364224, Fax 9364224, 🌳, Rist. enoteca – 🆎 🚺 ⓓ 🗲 🚾
chiuso mercoledì – Pas carta 36/70000.

X **Trattoria dei Cacciatori,** via Belardi 76 ℰ 9396060, 🌳 – 🚺 🗲 🚾 ≫
chiuso martedì e dal 21 luglio all'11 agosto – Pas carta 35/46000.

GERENZANO 21040 Varese 428 F 9, 219 ⑱ – 7 970 ab. alt. 225 – ✆ 02.

Roma 603 – Como 24 – ♦Lugano 53 – ♦Milano 26 – Varese 27.

🏨 **Concorde** senza rist, strada statale ℰ 9682317, Fax 9681002 – 🛗 🍽 📺 ☎ 🚗 (
🏛 30 a 100. 🆎 🚺 ⓓ 🗲 🚾
44 cam ≈ 130/180000.

GEROLA ALTA 23010 Sondrio 988 ③, 428 D 10 – 302 ab. alt. 1 050 – ✆ 0342.

Roma 689 – Lecco 71 – ♦Lugano 85 – ♦Milano 127 – Sondrio 38 – Passo dello Spluga 80.

🏠 **Pineta** ⪧, località Fenile SE : 3 km alt. 1 238 ℰ 690050, ≤, � – 🅿. ≫
chiuso novembre – Pas (chiuso martedì escluso da giugno ad agosto) carta 26/3900
≈ 7000 – **20 cam** 30/45000 – ½ P 48/53000.

GHEDI 25016 Brescia 988 ④, 428 429 F 12 – 14 190 ab. alt. 85 – ✆ 030.

Roma 525 – ♦Brescia 21 – Mantova 56 – ♦Milano 118 – ♦Verona 65.

X Trattoria Santi, via Calvisano SE : 4 km ℰ 901345, � – 🅿.

GHIFFA 28055 Novara 428 E 7, 219 ⑦ – 2 508 ab. alt. 202 – ✆ 0323.

Roma 679 – Locarno 33 – ♦Milano 102 – Novara 78 – Stresa 22 – ♦Torino 153.

🏨 **Park Hotel Paradiso** ⪧, ℰ 59548, ≤, 🌳, « Piccolo parco con 🌳 riscaldata » – ☎
15 marzo-ottobre – Pas 35000 – ≈ 22000 – **15 cam** 70000 – ½ P 85000.

🏨 **Ghiffa,** ℰ 59285, Fax 59585, ≤, 🌳, « Terrazza-giardino sul lago », 🛥ₑ – 🛗 ☎ 🅿 🅰
ⓓ 🗲 🚾 ≫ rist
aprile-settembre – Pas carta 37/54000 – **23 cam** ≈ 90/136000 – ½ P 70/95000.

GHIRLANDA Grosseto – Vedere Massa Marittima.

GIANICO 25040 Brescia – 1 737 ab. alt. 281 – ✆ 0364.

Roma 612 – ♦Bergamo 55 – ♦Bolzano 176 – ♦Brescia 55 – ♦Milano 102.

XX **Rustichello,** via Tadini 12 ℰ 532976, Coperti limitati; prenotare – 🍽 🆎 🚺 ⓓ 🗲 🚾
chiuso domenica sera, lunedì, dall'11 al 21 gennaio e dal 13 al 27 luglio – Pas carta
70000.

GIARDINI NAXOS Messina 988 ㊲, 432 N 27 – Vedere Sicilia.

GIAROLO Alessandria – Vedere Montacuto.

GIAVENO 10094 Torino 988 ⑫, 428 G 4 – 12 821 ab. alt. 506 – a.s. luglio-agosto – ✆ 011.

Roma 698 – ♦Milano 169 – Susa 38 – ♦Torino 33.

XX **San Roch,** via Parco Abbaziale 1 ℰ 9376913 – 🆎 🚺 ⓓ 🗲 🚾
chiuso lunedì – Pas carta 41/62000.

Per viaggiare in Europa, utilizzate :

Le carte Michelin scala 1/400 000 a 1/1 000 000 **Le Grandi Strade** ;

Le carte Michelin dettagliate ;

Le guide Rosse Michelin (alberghi e ristoranti) :

Benelux, Deutschland, España Portugal, main cities **Europe, France, Great Britain and Ireland**

Le guide Verdi Michelin che descrivono le curiosità e gli itinerari di visita :
musei, monumenti, percorsi turistici interessanti.

GLIO (Isola del) Grosseto 988 ㉔, 430 O 14 – 1 585 ab. alt. da 0 a 498 (Poggio della Pagana)
s. Pasqua 15 giugno-15 settembre – ✪ 0564.
mitazione d'accesso degli autoveicoli è regolata da norme legislative.

Giglio Porto 988 ㉔, 430 O 14 – ⊠ 58013.

⛴ per Porto Santo Stefano giornalieri (1 h) – Toremar-agenzia Cavero, al porto ℘ 809349, Telex 502122.

Arenella ⑤, NO : 2,5 km ℘ 809340, Fax 809443, ≤ mare e costa, 🍴 – 🕾 🅿. ❄
Pas *(chiuso dal 25 settembre al 31 maggio)* carta 43/54000 – ☲ 7500 – **24 cam** 60/120000 –
½ P 90/110000.

La Vecchia Pergola, ℘ 809080, ≤, « Servizio estivo in terrazza »
chiuso martedì, febbraio e dal 15 ottobre a dicembre – Pas carta 30/45000.

a Giglio Castello NO : 6 km – ⊠ 58012 Giglio Isola :

Da Maria, ℘ 806062 – 🄰🄴 🕃 ① 🄴 𝒱𝐼𝑆𝐴
chiuso mercoledì, gennaio e febbraio – Pas carta 42/58000.

Da Santi, ℘ 806188, Coperti limitati; prenotare – 🄰🄴 🕃 ① 🄴 𝒱𝐼𝑆𝐴. ❄
chiuso lunedì e febbraio – Pas carta 39/66000.

a Campese NO : 8,5 km – ⊠ 58012 Giglio Isola :

Campese ⑤, ℘ 804003, ≤, 🛦🐝 – ▤ cam 🕾 🅿. ❄ rist
Pasqua-settembre – Pas carta 32/54000 – **39 cam** ☲ 80/120000 – ½ P 85/110000.

GNOD 11010 Aosta 428 E 3 – 992 ab. alt. 994 – ✪ 0165.

aprile-ottobre; chiuso mercoledì) località Arzanières ⊠ 11010 Gignod ℘ 56020.

a 753 – Aosta 7 – Colle del Gran San Bernardo 25.

La Clusaz con cam, NO : 4,5 km ℘ 56075, Cucina tipica valdostana, solo su prenotazione – 🆅 🕾 🅿 ❄
chiuso dal 15 maggio al 15 giugno e dal 15 ottobre al 15 novembre – Pas *(chiuso a
mezzogiorno e martedì)* 35/50000 – ☲ 10000 – **12 cam** 85000.

NOSA MARINA 74025 Taranto 431 F 32 – 21 890 ab. – a.s. luglio-agosto – ✪ 099.

chiuso martedì da ottobre a maggio) a Riva dei Tessali ⊠ 74011 Castellaneta ℘ 6439251,
x 860086.

a 481 – ◆Bari 106 – Matera 51 – Potenza 122 – ◆Taranto 40.

Emiliano ⑤, ℘ 627001 – 🅿. 🕃. ❄ rist
Pas carta 28/39000 – ☲ 6500 – **20 cam** 58/79000 – ½ P 67/70000.

IA DEI MARSI 67055 L'Aquila 430 Q 23 – 2 360 ab. alt. 735 – ✪ 0863.

a 137 – Isernia 90 – L'Aquila 83 – ◆Pescara 102.

Filippone, S : 1 km ℘ 88111, Fax 889842, 🏊, 🍴, ❄ – 🛗 ▤ 🆅 🕾 🅿 – 🔬 150. 🄰🄴 🕃 ①
🄴 𝒱𝐼𝑆𝐴. ❄ rist
Pas carta 26/50000 – ☲ 6500 – **52 cam** 60/100000 – ½ P 80/85000.

OVI Arezzo 430 L 17 – Vedere Arezzo.

OVINAZZO 70054 Bari 988 ㉙, 431 D 32 – 21 455 ab. – ✪ 080.

torni Cattedrale★ di Bitonto S : 9 km.

a 432 – ◆Bari 18 – Barletta 37 – ◆Foggia 115 – Matera 62 – ◆Taranto 106.

Toruccio, ℘ 8942432, ≤, 🍴 – 🅿 🄰🄴 🕃 🄴 𝒱𝐼𝑆𝐴. ❄
chiuso martedì e dal 5 al 28 novembre – Pas carta 26/38000.

sulla strada statale 16 SE : 3 km :

Gd H. Riva del Sole ⑤, ⊠ 70054 ℘ 8943166, Telex 810430, Fax 8943260, 🍴, 🏊, 🛦🐝,
🍴, ❄ – 🛗 ▤ 🆅 🕾 🅿 – 🔬 80 a 150. 🄰🄴 🕃 ① 🄴 𝒱𝐼𝑆𝐴. ❄
Pas carta 32/49000 – **90 cam** ☲ 175000 – ½ P 100/140000.

BIASCO 427 ㉔ ㉕, 219 ⑧ – Vedere Cantone Ticino alla fine dell'elenco alfabetico.

LIANOVA LIDO 64022 Teramo 988 ⑰, 430 N 23 – 22 550 ab. – a.s. luglio-agosto – ✪ 085.

azza Roma ℘ 8004840.

a 209 – ◆Ancona 113 – L'Aquila 100 – Ascoli Piceno 45 – ◆Pescara 39 – Teramo 27.

Gd H. Don Juan, lungomare Zara 97 ℘ 8008341, Telex 600061, Fax 8004805, ≤, 🏊, 🛦🐝,
🍴, ❄ – 🛗 ▤ 🕾 🕭 🅿 – 🔬 30 a 180. 🄰🄴 🕃 ① 🄴 𝒱𝐼𝑆𝐴. ❄ rist
20 maggio-27 settembre – Pas 40/45000 – **141 cam** ☲ 120/160000, 6 appartamenti –
½ P 85/170000.

Riviera, lungomare Zara 47 ℘ 8006413, Fax 8003022, ≤, 🏊, 🛦🐝 – 🛗 ▤ 🆅 🕾 🚗 🅿. 🄰🄴
🕃 ① 🄴 𝒱𝐼𝑆𝐴. ❄
Pas carta 45/80000 – ☲ 15000 – **110 cam** 90/120000, 5 appartamenti – ½ P 75/130000.

Promenade, lungomare Zara 119 ℘ 8003338, Fax 8005983, ≤, « Giardino ombreggiato », 🏊, 🛦🐝 – 🛗 ▤ rist 🕭 🅿. 🕃 🄴 𝒱𝐼𝑆𝐴. ❄ rist
15 maggio-settembre – Pas 35000 – ☲ 15000 – **50 cam** 100/110000 – P 80/110000.

8

Baltic, lungomare Zara ☎ 8008242, Fax 8008241, « Giardino ombreggiato », – |
P. AE ⓢ E VISA. rist
maggio-settembre – Pas 30000 – ☐ 10000 – **42 cam** 110000 – ½ P 50/100000.

Ritz, via Quinto 3 ☎ 863470, Fax 8004748, – | ▤ rist ☎ P. AE VISA. rist
maggio-settembre – Pas 25000 – ☐ 10000 – **50 cam** 60/80000 – ½ P 70/80000.

Cristallo, lungomare Zara 73 ☎ 8003780, Fax 8005953, ≤, – | TV ☎ – 60.
VISA.
Pas *(chiuso dal 20 dicembre al 14 gennaio)* carta 32/58000 – ☐ 10000 – **54 cam** 70/105
– ½ P 58/96000.

Fabiola, lungomare Zara ☎ 8008908, Fax 8008908, – | ☎ P. ⓢ E
rist
Pasqua-settembre – Pas 28/35000 – ☐ 8000 – **28 cam** 90000 – P 70/100000.

XX **Del Torrione,** piazza Buozzi 63 ✉ 64021 Giulianova Alta ☎ 8003307, « Servizio estiv
terrazza con ≤ » – ⓢ VISA
chiuso lunedì, martedì a mezzogiorno e dall'8 gennaio al 16 febbraio – Pas carta 33/66

XX **Da Beccaceci,** via Zola 18 ☎ 8003550 – ▤. AE ⓢ E VISA.
chiuso lunedì sera, martedì e dal 15 al 31 dicembre – Pas carta 46/78000.

XX **Martin Pescatore,** via La Spezia 5 ☎ 8003782, – AE .
chiuso lunedì e dal 25 settembre al 15 ottobre – Pas carta 32/50000.

XX **Lucia,** via Lampedusa 12 ☎ 8005807 – AE ⓢ E VISA.
chiuso novembre e lunedì (escluso da giugno a settembre) – Pas carta 34/59000.

XX **L'Ancora,** via Turati angolo via Cermignani ☎ 8005321 – ▤ P.
chiuso dal 16 agosto al 7 settembre e domenica (escluso da giugno a settembre) –
carta 30/57000.

GIZZERIA LIDO **88040** Catanzaro 431 K 30 – 4 843 ab. – ☎ 0968.

Roma 576 – Catanzaro 39 – ◆Cosenza 61 – Lamezia Terme (Nicastro) 13 – Paola 57 – ◆Reggio di Calabria 132.

XX Mare Chiaro, ☎ 51251, Solo piatti di pesce – ▤ P

X **Pesce Fresco** con cam, strada statale NO : 2 km ☎ 466200 – TV P. AE ⓢ E
cam
Pas carta 33/49000 – ☐ 6000 – **23 cam** 40/82000 – ½ P 62/68000.

GLORENZA **(GLURNS) 39020** Bolzano 428 429 C 13, 218 ⑧ – 822 ab. alt. 920 – ☎ 0473.

Roma 720 – ◆Bolzano 83 – ◆Milano 260 – Passo di Resia 24.

Posta, ☎ 81208 – | P. ⓢ E VISA. rist
chiuso dall'11 gennaio al 3 aprile – Pas *(chiuso venerdì)* carta 31/42000 – ☐ 9000 – **30**
38/70000 – ½ P 55/62000.

GLURNS = Glorenza.

GNOSCA 427 ㉔ ㉕, 218 ⑫ – Vedere Cantone Ticino alla fine dell'elenco alfabetico.

GODIASCO **27052** Pavia 428 H 9 – 2 409 ab. alt. 194 – ☎ 0383.

Roma 587 – Alessandria 48 – ◆Genova 105 – ◆Milano 83 – Pavia 48 – Piacenza 75.

X **Italia** con cam, ☎ 940958, – TV ☎. AE ⓢ E VISA
chiuso gennaio – Pas *(chiuso martedì)* carta 28/42000 – ☐ 8000 – **9 cam** 45/650
½ P 55000.

a San Desiderio S : 2 km – ✉ **27052** Godiasco :

XXX Antica Osteria San Desiderio, ☎ 940574, Coperti limitati; prenotare, « Servizio es
all'aperto » – ▤ P

GOITO **46044** Mantova 988 ④ ⑭, 428 429 G 14 – 9 177 ab. alt. 30 – ☎ 0376.

Roma 487 – ◆Brescia 50 – Mantova 16 – ◆Milano 141 – ◆Verona 35.

XXX ✿ **Al Bersagliere,** via Statale 258 ☎ 60007, Fax 688363, – ▤ P. AE ⓢ E

*chiuso lunedì, martedì a mezzogiorno, Natale, dal 4 al 12 gennaio e dal 9 agos
1° settembre* – Pas carta 65/80000
Spec. Anguilla marinata con insalata e scalogno, Riso mantecato con crescione e ragú di rane, Piccione novel
olive nere con spinaci uvetta e pinoli. **Vini** Colli Morenici bianco, Vigneto del Falcone.

GOLFO ARANCI Sassari 988 ㉔, 433 E 10 – Vedere Sardegna.

GOLFO DI MARINELLA Sassari 433 D 10 – Vedere Sardegna (Olbia).

GOLINO – Vedere Cantone Ticino alla fine dell'elenco alfabetico.

BORDEVIO – Vedere Cantone Ticino alla fine dell'elenco alfabetico.

BORGO AL MONTICANO 31040 Treviso – 3 765 ab. alt. 11 – ✆ 0422.

Roma 574 – Treviso 32 – ♦Trieste 116 – Udine 85 – ♦Venezia 63.

🏨 **Revedin** ⤳, via Palazzi 4 ℰ 740669, Fax 740669, ㎡, « Villa veneta del 15° secolo in un parco » – 📺 ☎ 🄿 – ⚑ 50. ⅀ 🕙 ⓞ 🝛 ⅥⅨ 🗲
Pas (solo piatti di pesce; chiuso gennaio, domenica sera e lunedì) carta 53/79000 – ⌑ 12000 – **32 cam** 85/130000 – ½ P 145/160000.

GORIZIA 34170 🄿 ⑨⑧⑧ ⑥, ⑷⑵⑼ E 22 – 39 008 ab. alt. 86 – ✆ 0481.

☷ (chiuso lunedì, gennaio e febbraio) a San Floriano del Collio ⌫ 34070 ℰ 884131, Fax 884214.

✈ di Ronchi dei Legionari SO : 25 km ℰ 530036, Telex 460220, Fax 474150 – Alitalia, Agenzia Piani, corso Italia 60 ℰ 530266.

corso Verdi 100/e ℰ 533870.

Ⓐ.Ⓒ.Ⓘ via Trieste 171 ℰ 21266.

Roma 649 – Ljubljana 113 – ♦Milano 388 – ♦Trieste 45 – Udine 37 – ♦Venezia 138.

🏨 Palace Hotel e Rist. Kappa, corso Italia 63 ℰ 82166, Telex 461154, Fax 31658 – 🛗 🗏 📺 ☎ 🄿 – ⚑ 80.
70 cam.

sulla strada statale 351 SO : 5 km :

%X **Al Fogolar,** ⌫ 34070 Lucinico ℰ 390107, ㎡, ☞ – 🄿 ⅥⅨ 🗲
chiuso dal 16 al 30 luglio, lunedì e da giugno ad agosto anche domenica sera – Pas carta 32/53000.

GORLE 24020 Bergamo – 4 304 ab. alt. 268 – ✆ 035.

Roma 603 – ♦Bergamo 3 – ♦Milano 49.

%X **Del Baio,** viale Zavaritt 224 ℰ 342262, ㎡ – ⅀ 🕙 ⓞ 🝛 ⅥⅨ
chiuso lunedì e dall'11 al 24 agosto – Pas carta 44/70000.

GORO 44020 Ferrara ⑨⑧⑧ ⑮, ⑷⑵⑼ H 18 – 4 418 ab. alt. 1 – ✆ 0533.

Roma 487 – ♦Ferrara 64 – ♦Padova 87 – ♦Ravenna 65 – ♦Venezia 98.

X **Da Primon,** via Cesare Battisti 150 ℰ 996071, Solo piatti di pesce – 🄿 🗲
chiuso martedì e dal 1° al 20 settembre – Pas carta 39/72000.

X **Ferrari,** via Brugnoli 244 ℰ 996448, Solo piatti di pesce – 🕙 🝛 ⅥⅨ 🗲
chiuso mercoledì sera e dal 1° al 15 agosto – Pas carta 39/62000.

GOSSENSASS = Colle Isarco.

GOSSOLENGO 29020 Piacenza ⑷⑵⑻ G 10 – 2 873 ab. alt. 90 – ✆ 0523.

Roma 525 – Alessandria 102 – ♦Genova 134 – ♦Milano 85 – Piacenza 9.

%X **La Rossia,** via Rossia 17 (SO : 1,5 km) ℰ 56843 – 🄿
chiuso martedì sera, mercoledì ed agosto – Pas carta 25/40000.

GOZZANO 28024 Novara ⑨⑧⑧ ②, ⑷⑵⑻ E 7 – 5 995 ab. alt. 359 – ✆ 0322.

Dintorni Santuario della Madonna del Sasso★★ NO : 12,5 km.

Roma 653 – Domodossola 53 – ♦Milano 76 – Novara 38 – ♦Torino 112 – Varese 44.

🏨 **Nuova Italia,** ℰ 94393, Telex 223329, Fax 93774, ⅃ – 🛗 📺 ☎ 🄿 – ⚑ 150. 🕙 🝛 ⅥⅨ
chiuso gennaio – Pas carta 32/49000 – ⌑ 14000 – **42 cam** 70/98000 – ½ P 66/78000.

sulla strada statale 229 N : 2,5 km :

X **Poncetta,** ⌫ 28024 ℰ 94392, ≤ lago – 🄿 🗲
chiuso mercoledì ed ottobre – Pas carta 30/47000.

GRADARA 61012 Pesaro e Urbino ⑨⑧⑧ ⑯, ⑷⑵⑼ ⑷⑶⑴ K 20 – 2 637 ab. alt. 142 – ✆ 0541.

Vedere Rocca★.

Roma 315 – ♦Ancona 89 – Forlì 76 – Pesaro 15 – Rimini 30 – Urbino 44.

%X **Mastin Vecchio di Adriano,** ℰ 964024, « Tipico ambiente medioevale; servizio estivo in terrazza » – 🗲
chiuso lunedì e dal 1° al 20 novembre – Pas carta 39/56000.

%X **La Botte,** ℰ 964404, « Ambiente caratteristico; servizio estivo in giardino » – ⅀ ⓞ ⅥⅨ 🗲
chiuso mercoledì e dal 7 al 25 novembre – Pas carta 40/64000.

GRADISCA D'ISONZO 34072 Gorizia 988 ⑥ , 429 E 22 – 6 418 ab. alt. 32 – a.s. agosto-settembre – ✆ 0481.

🖪 via Ciotti, Palazzo Torriani ✆ 99217.

Roma 639 – Gorizia 12 – ◆Milano 378 – ◆Trieste 42 – Udine 31 – ◆Venezia 128.

🏨 **Franz** senza rist, viale Trieste 45 ✆ 99211, Fax 960510 – 🛗 🗐 📺 ☎ ♿ ☺. 🖭 🖼 ⓞ 🗲
⌂ 10000 – **37 cam** 80/115000, 🗐 10000.

🏩 **Al Ponte,** viale Trieste 122 (SO : 2 km) ✆ 99213, Fax 99213, « Servizio estivo sotto
pergolato » – 🗐 ☺. 🖭 🖼 ⓞ 🗺
chiuso lunedì sera, martedì e dal 20 luglio al 10 agosto – Pas carta 33/56000.

🍴 **Al Commercio,** via della Campagnola 6 ✆ 99358 – 🖭 🖼 ⓞ 🗲 🗺 🗺
chiuso domenica sera, lunedì, dal 1° all'11 febbraio e dal 1° al 20 agosto – Pas carta
50000.

GRADISCUTTA Udine 429 E 20 – alt. 22 – ⊠ **33030** Varmo – ✆ 0432.

Roma 606 – ◆Milano 345 – Pordenone 35 – ◆Trieste 88 – Udine 32 – ◆Venezia 95.

🏩 **Da Toni,** ✆ 778003, Fax 778655, 🍽, « Giardino » – ☺ – 🔩 80. 🖭 🖼 ⓞ 🗲 🗺. 🗺
chiuso lunedì, dal 1° al 7 febbraio e dal 28 luglio al 15 agosto – Pas carta 40/50000.

GRADO 34073 Gorizia 988 ⑥ , 429 E 22 – 9 165 ab. – Stazione termale (giugno-settembre),
luglio-agosto – ✆ 0431.

Vedere Quartiere antico★ : postergale★ nel Duomo.

🖪 viale Dante Alighieri 72 ✆ 80035, Telex 460502, Fax 83522.

Roma 646 – Gorizia 43 – ◆Milano 385 – Treviso 122 – ◆Trieste 54 – Udine 48 – ◆Venezia 135.

🏨🏨 **Gd H. Astoria,** largo San Grisogono 2 ✆ 83550, Fax 83355, 🛆 riscaldata – 🛗 🗐 📺 ☎
☺ – 🔩 30 a 250. 🖭 🖼 ⓞ 🗲 🗺
marzo-ottobre – Pas 60000 – **120 cam** ⌂ 160/250000 – ½ P 165/200000.

🏨 **Savoy,** via Carducci 33 ✆ 81171, Fax 83305, ♨, ≘s, 🛆 riscaldata, 🔲, 🐎 – 🛗 🗐 rist
☎ ☺. 🖼 🗺 rist
10 aprile-27 ottobre – Pas 36/42000 – **96 cam** ⌂ 114/260000 – ½ P 95/173000.

🏨 **Adria,** viale Europa Unita 18 ✆ 80656, Telex 460594, Fax 83519 – 🛗 📺 ☎ ☺ – 🔩 50
ⓞ 🗲 🗺. 🗺 rist
aprile-ottobre – Pas 30/40000 – **70 cam** ⌂ 90/170000 – ½ P 70/120000.

🏨 **Diana,** via Verdi 3 ✆ 82247, Fax 83330 – 🛗 📺 ☎. 🖭 🖼 ⓞ 🗲 🗺. 🗺 rist
marzo-5 novembre – Pas 28/40000 – ⌂ 10000 – **63 cam** 90/160000 – ½ P 80/110000.

🏨 **Antares** senza rist, via delle Scuole 4 ✆ 84961, ♨, ≘s – 🛗 🗐 📺 ☎ ☺. 🖼 🗲 🗺
19 cam ⌂ 85/140000.

🏨 **Abbazia,** via Colombo 12 ✆ 80038, Fax 81722, 🔲 – 🛗 🗐 ☺ 🖭 🖼 🗲 🗺. 🗺 rist
aprile-ottobre – Pas 30/35000 – **51 cam** ⌂ 110/150000 – ½ P 90/110000.

🏨 **Città di Trieste,** piazza XXVI Maggio 22 ✆ 83571, Fax 83571 – 🛗 🗐 📺 ☎ ♿. 🖭 🖼 ⓞ
🗺. 🗺 rist
chiuso gennaio e novembre – Pas *(chiuso mercoledì da ottobre a maggio)* carta 30/48000
25 cam ⌂ 72/68000, 🗐 8000 – ½ P 72/86000.

🏨 **Friuli,** riva Ugo Foscolo 14 ✆ 80841, Fax 80842, ≼ – 🛗 🗐 📺 ☎ ☺ – 🔩 70. 🗺. 🗺 r
5 maggio-25 settembre – Pas 28000 – ⌂ 8000 – **45 cam** 55/85000, 🗐 15000 – ½ P
75000.

🏨 **Il Guscio** senza rist, via Venezia 2 ✆ 82200, « Giardino » – 🛗 🕾 ☺. 🖼 ⓞ 🗲 🗺
20 maggio-settembre – **12 cam** ⌂ 55/85000.

🏡 **Serena,** riva Sant'Andrea 31 ✆ 80697, Fax 85199 – ☎. 🖭 🖼 ⓞ 🗲 🗺. 🗺
aprile-ottobre – Pas carta 30/45000 – ⌂ 7000 – **16 cam** 40/80000 – ½ P 63/68000.

🏡 **Cristina,** viale Martiri della Libertà 11 ✆ 80989, 🐎 – ☺. 🖼
aprile-settembre – Pas 25000 – ⌂ 7000 – **26 cam** 36/65000 – ½ P 60/65000.

🍴 **Al Balaor,** calle Zanini 3 ✆ 80150, 🍽 – 🗐. 🖭 🖼 ⓞ 🗲 🗺. 🗺
chiuso giovedì escluso da giugno a settembre – Pas carta 39/66000.

🍴 **All'Androna,** calle Porta Piccola 4 ✆ 80950, Fax 80950, 🍽 – 🗐. 🖭 🖼 ⓞ 🗲 🗺. 🗺
chiuso dal 20 dicembre al 1° marzo e martedì in bassa stagione – Pas carta 33/58000.

🍴 **Al Canevon,** calle Corbatto 11 ✆ 81662 – 🗐. 🖼 🗲 🗺
chiuso mercoledì – Pas carta 35/60000.

🍴 **De Toni,** piazza Duca d'Aosta 37 ✆ 80104 – 🖭 🖼 ⓞ 🗲 🗺. 🗺
chiuso mercoledì e dal 16 dicembre al 29 gennaio – Pas carta 33/55000.

🍴 Alla Fortuna-da Nico, via Marina 10 ✆ 80470.

alla pineta E : 4 km :

🏨 Al Bosco ⏛, località La Rotta ✆ 80485, Fax 81008, ♨ – 🛗 ☎ ☺
stagionale – **47 cam.**

🏨 **Plaza,** via Pegaso 1 ✆ 80226, Fax 82082, 🔲, ♨ – 🛗 🗐 ☎. 🖭 🖼 ⓞ 🗲 🗺. 🗺 rist
20 maggio-20 settembre – Pas 25000 – ⌂ 10000 – **45 cam** 75/120000, 🗐 5000 – ½ P
96000.

🏨 **Mar del Plata,** viale Andromeda 5 ✆ 81081, Telex 460594, Fax 83519, « Giardi
pineta », 🛆, ♨ – 🛗 ☎ ☺. 🖼 ⓞ 🗲 🗺. 🗺 rist
15 maggio-settembre – Pas *(solo per clienti alloggiati)* 30/35000 – **35 cam** ⌂ 75/11500
½ P 70/90000.

ADOLI 01010 Viterbo 430 O 17 – 1 567 ab. alt. 470 – ✪ 0761.

130 – Siena 112 – Viterbo 40.

La Ripetta, via Roma 38 ℰ 456100, ㎡ – AE 🏠 ⓪ E VISA. ❄
chiuso lunedì e novembre – Pas carta 30/60000.

ANAROLO DELL'EMILIA 40057 Bologna 429 430 I 16 – 6 925 ab. alt. 28 – ✪ 051.

390 – ◆Bologna 11 – ◆Firenze 106 – ◆Ravenna 86.

a Quarto Inferiore S : 3 km – ⊠ 40127 :

Il Santapaola, via San Donato 3 ℰ 767276 – ▤ ℗. AE 🏠 ⓪ VISA. ❄
chiuso sabato a mezzogiorno, domenica e dal 1° al 20 agosto – Pas carta 49/69000.

Santapaola Mare, via San Donato 5/a ℰ 768095, Rist. con specialità di mare – ▤ ℗.
❄
chiuso lunedì, martedì a mezzogiorno e dal 1° al 20 luglio – Pas carta 56/82000.

Sono utili complementi di questa guida, per i viaggi in Italia :
- La carta stradale Michelin n° 988 in scala 1/1 000 000.
- Le carte 428, 429, 430, 431, 432, 433 in scala 1/400 000.
- La guida Verde turistica Michelin "Italia" :
  itinerari regionali,
  musei, chiese,
  monumenti e bellezze artistiche.

AN SAN BERNARDO (Colle del) Aosta 988 ① ②, 219 ② – alt. 2 469 – a.s. luglio-agosto.

778 – Aosta 32 – ◆Genève 148 – ◆Milano 216 – ◆Torino 145 – Vercelli 151.

Italia, ⊠ 11010 Saint Rhémy ℰ (0165) 780908 – ℗. AE 🏠 E VISA
15 giugno-25 settembre – Pas carta 29/44000 – ⊡ 12000 – **15 cam** 54/88000 – ½ P 75/
85000.

APPA (Monte) Belluno, Treviso e Vicenza 988 ⑤ – alt. 1 775.

ere Monte★★★.

575 – Bassano del Grappa 32 – Belluno 63 – ◆Milano 271 – ◆Padova 74 – Trento 120 – ◆Venezia 107 –
za 67.

AVINA IN PUGLIA 70024 Bari 988 ㉙, 431 E 31 – 39 259 ab. alt. 350 – ✪ 080.

449 – ◆Bari 56 – Matera 26 – Potenza 85 – ◆Taranto 96.

Peucezia, via Bari 96 ℰ 6964290, Fax 6964248 – 🛗 📺 ☎ 🚗
28 cam.

AZZANO BADOGLIO 14035 Asti 428 G 6 – 710 ab. alt. 299 – ✪ 0141.

616 – Alessandria 33 – Asti 25 – ◆Milano 101 – ◆Torino 68 – Vercelli 47.

Natalina, località Madonna dei Monti N : 2 km ℰ 925185, Fax 925185, ㎡, Coperti
limitati; prenotare – ℗. AE 🏠 ⓪ ❄
chiuso giovedì, venerdì a mezzogiorno e gennaio – Pas 25/60000 bc.

AZZANO VISCONTI 29020 Piacenza 428 H 11 – alt. 113 – ✪ 0523.

prile-settembre) piazza del Biscione ℰ 870997.

526 – ◆Genova 130 – ◆Milano 78 – Piacenza 14.

Biscione, ℰ 870149, « In un borgo suggestivo » – AE. ❄
chiuso lunedì sera, martedì e gennaio – Pas carta 40/76000.

ECCIO 02040 Rieti 988 ㉖, 430 O 20 – 1 498 ab. alt. 705 – ✪ 0746.

ere Convento★.

94 – Rieti 16 – Terni 24.

Il Nido del Corvo, ℰ 753181, ≤ monti e vallata – ℗. AE ⓪. ❄
chiuso martedì – Pas carta 26/39000.

11020 Aosta 📖 ②, 📙 E 5 – 280 ab. alt. 1 637 – a.s. febb Pasqua, luglio-agosto e Natale – Sport invernali : 1 637/2 861 m 🚠1 🚡14, ⛷ – ✆ 0125.

🛈 Municipio ✆ 366143.

Roma 733 – Aosta 85 – Ivrea 58 – ◆Milano 171 – ◆Torino 100.

🏨 **Residence Hotel,** località Edelboden ✆ 366148, Fax 366076, ≤ – 🛗 📺 ☎ 🅿. 🗚 🕃 *VISA*. 🛠
dicembre-aprile e luglio-settembre – Pas carta 35/52000 – **35 cam** ⇌ 150000 – ½ 125000.

🏨 **Jolanda Sport,** località Edelboden ✆ 366140, Fax 366144, ≤ – 🛗 📺 ☎ 🅿. 🗚 🕃 *VI* chiuso maggio, ottobre e novembre – Pas carta 29/50000 – ⇌ 10000 – **31 cam** 110 ½ P 63/130000.

✗ Capanna Carla, località Stafal ✆ 366139, prenotare, « In un rustico di montagna ».

11025 Aosta 📖 ②, 📙 E 5 – 731 ab. alt. 1 385 – a.s. febb Pasqua, luglio-agosto e Natale – Sport invernali : 1 385/2 020 m 🚡3, ⛷ – ✆ 0125.

🛈 Villa Margherita ✆ 355185.

Roma 727 – Aosta 79 – Ivrea 52 – ◆Milano 165 – ◆Torino 94.

🏨 **Lyskamm,** ✆ 355436, ≤, 🐎 – 🛗 🖂 🚗 🅿. 🗚 🕃 ⓞ *VISA*. 🛠
dicembre-aprile e luglio-settembre – Pas 25/30000 – ⇌ 6000 – **23 cam** 60/900 ½ P 90000.

✗✗ **Il Braciere,** ✆ 355526 – 🗚 🕃 ⓞ E *VISA*. 🛠
chiuso martedì (escluso luglio-agosto), dal 24 al 31 maggio e da novembre al 4 dicem Pas carta 37/62000.

50022 Firenze 📖 ⑮, 📗 L 15 – 11 261 ab. alt. 241 – ✆ 055.

Roma 260 – Arezzo 64 – ◆Firenze 27 – Siena 40.

🏠 **Del Chianti** senza rist, ✆ 853763, Fax 853763, 🏊, 🐎 – 🛗 ▤ ☎. 🗚 🕃 ⓞ E *VISA* ⇌ 8000 – **16 cam** 70/95000.

🏠 **Giovanni da Verrazzano,** ✆ 853189, Fax 853648, « Servizio estivo in terrazza » – 🗚 🕃 ⓞ E *VISA*. 🛠
chiuso dal 15 gennaio al 15 febbraio – Pas (chiuso domenica sera e lunedì) carta 40/60 ⇌ 13000 – **11 cam** 75/110000 – ½ P 85/100000.

a Panzano S : 6 km – alt. 478 – ✉ 50020 :

🏨 **Villa le Barone** 🦢, E : 1,5 km ✆ 852621, Fax 852277, ≤, « In un'antica dimo campagna », 🏊, 🐎, 🖇 – 🅿. 🗚 🕃 E *VISA*. 🛠
Pasqua-5 novembre – Pas (solo per clienti alloggiati e chiuso a mezzogiorno) – **27** solo ½ P 160/185000.

🏨 **Villa Sangiovese,** ✆ 852461, Fax 852463, ≤, « Servizio rist. estivo in terrazza-gia panoramica », 🏊 – ☎ 🅿. 🕃 E *VISA*. 🛠
chiuso da Natale a febbraio – Pas (chiuso mercoledì) carta 28/46000 – **17 cam** ⇌ 180000, 2 appartamenti.

37023 Verona 📖 ④, 📙 📗 F 15 – 9 345 alt. 166 – ✆ 045.

Roma 514 – ◆Milano 168 – ◆Venezia 125 – ◆Verona 11.

🏨 **La Pergola,** via La Guardia 1 ✆ 907071, Fax 907111, 🍽, 🏊 – 🛗 📺 ☎ 🚗 🅿. 🕃 *VISA*
Pas carta 28/43000 – ⇌ 12000 – **34 cam** 65/98000, ▤ 10000 – ½ P 90/99000.

34014 Trieste 📙 E 23 – alt. 74 – ✆ 040.

Roma 677 – ◆Trieste 8 – Udine 65 – ◆Venezia 150.

🏨 **Riviera e Maximilian's,** strada costiera 22 ✆ 224551, Fax 224300, ≤, 🍽 – 📺 ☎ 🦽 60 a 150. 🗚 🕃 ⓞ E *VISA*. 🛠 rist
Pas carta 50/84000 (10 %) – ⇌ 10000 – **53 cam** 120/150000 – P 140/180000.

✗✗ **Principe di Metternich,** al mare ✆ 224189, 🍽

12060 Cuneo 📙 I 5 – 1 657 ab. alt. 260 – ✆ 0173.

Roma 633 – Alessandria 75 – Asti 39 – Cuneo 60 – ◆Milano 163 – Savona 88 – ◆Torino 67.

✗✗ **Trattoria Enoteca del Castello,** ✆ 262159, « Castello-museo del 13° secolo » – 🄲 chiuso martedì e gennaio – Pas 50000.

= Gardena (Passo di).

Mantova – Vedere Castiglione delle Stiviere.

23033 Sondrio 📖 ④, 📙 📗 D 12 – 4 960 ab. alt. 653 – ✆ 0342.

Roma 739 – ◆Milano 178 – Sondrio 40 – Passo dello Stelvio 44 – Tirano 14.

✗✗ **Sassella** con cam, ✆ 847272, Fax 845880 – 🛗 📺 ☎ – 🦽 50. 🗚 ⓞ *VISA*
Pas (chiuso lunedì dal 15 settembre al 15 giugno) carta 31/50000 – ⇌ 10000 – **18** 50/82000 – ½ P 80/85000.

274

GROSSETO 58100 ⓟ 🆟🆙🆙 ㉔ ㉕, 🄰🅃🄾 N 15 – 71 373 ab. alt. 10 – ☎ 0564.

Vedere Museo Archeologico e d'Arte della Maremma★.

viale Monterosa 206 ℘ 454510, Fax 454606.

🄰.🄲.🄸. via Mazzini 105 ℘ 415777.

Roma 187 – ◆Livorno 134 – ◆Milano 428 – ◆Perugia 176 – Siena 73.

▲ **Bastiani Grand Hotel** senza rist, piazza Gioberti 64 ℘ 20047, Telex 502051, Fax 29321 –
🛗 ▤ 🆃🆅 ☎ 🄰🄴 🕄 🄾 🄴 🆅🅸🆂🄰 �
🖳 16000 – **48 cam** 128/247000.

▲ **Lorena**, via Trieste 3 ℘ 25501, Fax 25501 – 🛗 ▤ 🆃🆅 ☎ 🕭 🖙 🄿 – 🔬 80.
55 cam.

▲ **Nalesso**, senza rist, via Senese 35 ℘ 412441, Fax 412442 – 🛗 🆃🆅 ☎ 🄿
36 cam.

▲ **Nuova Grosseto** senza rist, piazza Marconi 26 ℘ 414105, Fax 414105 – 🛗 ▤ 🆃🆅 ☎ 🄿.
🄰🄴 🕄 🄾 🄴 🆅🅸🆂🄰 �
🖳 6000 – **40 cam** 75/110000, ▤ 10000.

▲ **Sanlorenzo**, senza rist, via Piave 22 ℘ 27918 – 🛗 ▤ cam 🆃🆅 ☎
31 cam.

▲ **Leon d'Oro**, via San Martino 46 ℘ 22128, Fax 22578 – 🆃🆅 ☎. 🄰🄴 🕄 🄾 🄴 🆅🅸🆂🄰 � cam
Pas (chiuso domenica) carta 26/37000 – 🖳 10000 – **39 cam** 60/100000 – ½ P 68/100000.

XX **Buca di San Lorenzo,** via Manetti 1 ℘ 25142, Coperti limitati; prenotare – 🄰🄴 🕄 🄾 🄴
🆅🅸🆂🄰. �
chiuso i mezzogiorno di sabato e domenica da giugno a settembre e lunedì negli altri mesi –
Pas carta 54/92000 (10%).

XX **La Maremma**, via Fulceri Paolucci de' Calboli 5 ℘ 21177 – ▤. 🄰🄴 🕄 🄾 🄴 🆅🅸🆂🄰 �
chiuso domenica sera, lunedì e dal 1° al 20 agosto – Pas carta 26/46000.

X **Canapone**, piazza Dante 3 ℘ 24546 – 🄰🄴 🕄 🄾 🄴 🆅🅸🆂🄰
chiuso domenica e dal 1° al 20 luglio – Pas carta 31/49000.

GROSSETO (Marina di) 58046 Grosseto 🆟🆙🆙 ㉔, 🄰🅃🄾 N 14 – a.s. Pasqua e 15 giugno-15 settembre – ☎ 0564.

Roma 196 – ◆Firenze 153 – Grosseto 13 – ◆Livorno 125 – Orbetello 53 – Siena 85.

▲ **Rosmarina**, via delle Colonie 35 ℘ 34408, Fax 34684, 🌫 – 🛗 🆃🆅 ☎ 🕭. 🄰🄴 🄾. �
Pas carta 40/55000 – 🖳 12000 – **18 cam** 98000 – ½ P 55/110000.

X **Da Mario**, via Baracca 2 ℘ 34472 – 🄰🄴 🕄 🄾 🄴 🆅🅸🆂🄰
chiuso lunedì e dal 5 novembre al 15 dicembre – Pas carta 32/44000 (10%).

a Principina a Mare S : 6 km – ✉ 58046 Marina di Grosseto :

▲ **Principe e Rist. Il Putto** 🌭, ℘ 31400, Fax 31027, 🄵🅢, 🌊 riscaldata, 🐾ₒ, 🌫 – 🛗 ▤ 🆃🆅
☎ 🕭 🄿 – 🔬 40 a 180. 🕄 🄴 🆅🅸🆂🄰. �
Pasqua-15 ottobre – Pas (chiuso domenica sera e lunedì escluso da giugno a settembre)
carta 32/59000 – 🖳 10000 – **55 cam** 150/220000, 3 appartamenti – ½ P 105/170000.

▲ **Grifone** 🌭, ℘ 34300, Fax 36293, « In pineta », 🌫 – 🛗 ▤ ☎ 🄰🄴 🕄 🄾 🄴 🆅🅸🆂🄰 �
aprile-15 ottobre – Pas carta 40/50000 – 🖳 12000 – **40 cam** 100000, ▤ 5000 – ½ P 85/125000.

GROTTA... GROTTE Vedere nome proprio della o delle grotte.

GROTTAFERRATA 00046 Roma 🄰🅃🄾 Q 20 – 17 067 ab. alt. 329 – ☎ 06.
Vedere Guida Verde.

Roma 21 – Anzio 44 – Frascati 3 – Frosinone 71 – Latina 49 – Terracina 83.

▲ **Gd H. Villa Fiorio,** viale Dusmet 28 ℘ 94315369, Fax 9413482, 🏛, « Piccolo parco con
🌊 » – 🆃🆅 ☎ 🄿 – 🔬 40. 🄰🄴 🕄 🄾 🄴 🆅🅸🆂🄰 �
Pas carta 46/82000 – 🖳 15000 – **20 cam** 150/180000, 3 appartamenti – ½ P 180000.

X **Taverna dello Spuntino,** via Cicerone 20 ℘ 9459366 – �
chiuso mercoledì ed agosto – Pas carta 47/70000.

X **Al Fico,** via Anagnina 134 ℘ 94315390, « Giardino-pineta con servizio estivo all'aperto »
– 🄿. 🄰🄴 🕄 🄾 🄴 🆅🅸🆂🄰. �
chiuso mercoledì e dal 16 al 24 agosto – Pas carta 53/75000.

X **Da Mario-La Cavola d'Oro,** via Anagnina 35 ℘ 94315755, 🏛 – 🄿. 🄰🄴 🕄 🄾 🄴 🆅🅸🆂🄰. �
chiuso lunedì e dal 10 al 30 agosto – Pas carta 45/75000.

X **Da Nando,** via Roma 4 ℘ 9459989 – ▤. 🄰🄴 🕄 🄾 🄴 🆅🅸🆂🄰. �
chiuso lunedì e luglio – Pas carta 40/58000.

GROTTAMMARE 63013 Ascoli Piceno 🆟🆙🆙 ⑯ ⑰, 🄰🅃🄾 N 23 – 12 537 ab. – a.s. luglio-agosto –
☎ 735.

piazzale Paricle Fazzini 5 ℘ 631087.

Roma 236 – ◆Ancona 84 – Ascoli Piceno 39 – Macerata 64 – ◆Pescara 72 – Teramo 53.

▲ **Roma,** ℘ 735505, ≤, 🐾ₒ, 🌫 – 🛗 🆃🆅 ☎ 🄿. 🕄 🄴 🆅🅸🆂🄰. �
guigno-20 settembre – Pas 25/50000 – **60 cam** 🖳 100000 – ½ P 94/99000.

X   Osteria dell'Arancio, località Grottammare Alta ℰ 631059, ⌲, « Locale caratteristi con menu tipico »
chiuso a mezzogiorno.

verso San Benedetto del Tronto :

🏨 Exodus, S : 2,5 km ⊠ 63013 ℰ 581304, ≼, 🐾, ⌖ – 🔌 ▤ rist ☜ 🅿
stagionale – **39 cam.**

🏨 Paradiso, S : 2 km ⊠ 63013 ℰ 581412, Fax 581257, ≼, ⤢, 🐾, ⌖ – 🔌 ☜ 🚗 🅿
stagionale – **50 cam.**

XX **Lacchè** S : 2,5 km ⊠ 63013 ℰ 582728, ⌲, Solo piatti di pesce – 🖭 🕃 ⋿ 𝘝𝘐𝘚𝘈. ⌾
chiuso lunedì ed il 24 dicembre al 2 gennaio – Pas 50/80000.

XX **Tropical,** S : 2 km ⊠ 63013 ℰ 581000, ⌲, Solo piatti di pesce, 🐾 – 🖭 🕃 ⓞ 𝘝
chiuso domenica sera (escluso da giugno ad agosto), lunedì e dal 20 ottobre a novembre – Pas carta 36/62000.

GRUMELLO DEL MONTE 24064 Bergamo 𝟦𝟤𝟪 𝟦𝟤𝟫 F 11 – 5 909 ab. alt. 208 – ✿ 035.
Roma 583 – ♦Bergamo 21 – ♦Brescia 35 – Cremona 80 – ♦Milano 62.

XX **Cascina Fiorita,** N : 1 km ℰ 830005, ⌖ – 🅿
chiuso lunedì ed agosto – Pas carta 42/66000.

GSIES = Valle di Casies.

GUALDO TADINO 06023 Perugia 𝟫𝟪𝟪 ⑯, 𝟦𝟥𝟢 M 20 – 14 367 ab. alt. 535 – ✿ 075.
Roma 193 – ♦Ancona 98 – Assisi 32 – Fano 96 – ♦Perugia 50 – Terni 95.

🏠 **Gigiotto,** via Morone 5 ℰ 912283 – 🔌 ▤ rist – 🔬 50. 🖭 🕃 ⓞ 𝘝𝘐𝘚𝘈. ⌾
chiuso dal 15 gennaio al 15 febbraio – Pas *(chiuso mercoledì escluso luglio-ago* carta 31/44000 – 🖵 6000 – **30 cam** 51/71000 – ½ P 55/60000.

GUALTIERI 42044 Reggio nell'Emilia 𝟦𝟤𝟪 𝟦𝟤𝟫 H 13 – 6 020 ab. alt. 22 – ✿ 0522.
Roma 450 – Mantova 36 – ♦Milano 152 – ♦Modena 48 – Parma 30 – Reggio nell'Emilia 25.

🏨 ✿ **A. Ligabue,** ℰ 828120, Fax 829294 – ▤ 📺 ☎ 🅿 – 🔬 40. 🖭 🕃 ⓞ ⋿ 𝘝𝘐𝘚𝘈. ⌾
chiuso dal 23 dicembre al 2 gennaio ed agosto – Pas *(chiuso domenica e lune mezzogiorno)* carta 33/60000 – 🖵 16000 – **37 cam** 70/100000 – P 100/120000
Spec. Spaghetti all'astice, Gramigna con gamberi e cipollotto (aprile-luglio), Tagliata di bue al rosmarino. **Vini** Gr Tufo, Rubesco.

GUARCINO 03016 Frosinone 𝟦𝟥𝟢 Q 21 – 1 761 ab. alt. 625 – Sport invernali : a Campocat 1 787/2 911 m ⸙5, ⸕ – ✿ 0775.
Roma 91 – Avezzano 99 – Frosinone 22 – Latina 76.

a Campocatino N : 18 km – alt. 1 787 – ⊠ 03016 Guarcino :

🏨 **Roby** ⑊, ℰ 441351, ≼ monti – ☎ 🅿. 🖭 🕃 ⓞ ⋿ 𝘝𝘐𝘚𝘈. ⌾
dicembre-aprile – Pas carta 38/54000 – **23 cam** 🖵 75/120000 – ½ P 100/120000.

GUARDAMIGLIO 20070 Milano 𝟦𝟤𝟪 G 11 – 2 495 ab. alt. 49 – ✿ 0377.
Roma 516 – Cremona 34 – ♦Milano 58 – Pavia 49 – Piacenza 7.

XX **Hostaria il Cavallo,** località Valloria E : 4 km ℰ 51016 – ▤ 🅿. 🖭 🕃 ⋿ 𝘝𝘐𝘚𝘈. ⌾
chiuso martedì e dal 27 luglio al 5 settembre – Pas carta 50/90000.

GUARDIA PIEMONTESE MARINA 87020 Cosenza 𝟦𝟥𝟣 I 29 – 1 590 ab. – ✿ 0982.
Roma 473 – Castrovillari 105 – Catanzaro 108 – ♦Cosenza 48 – Paola 14.

🏨 Mediterraneo, ℰ 94122, 🐾 – 🔌 ☎ 🅿 – *stagionale –* **54 cam.**

Vedere anche : *Terme Luigiane* NE : 2 km.

GUARDIA VOMANO 64020 Teramo 𝟦𝟥𝟢 O 23 – alt. 192 – ✿ 085.
Roma 200 – ♦Ancona 137 – L'Aquila 85 – Ascoli Piceno 62 – ♦Pescara 39 – Teramo 26.

sulla strada statale 150 S : 1,5 km :

X   **3 Archi,** ⊠ 64020 ℰ 898140 – 🅿. 🖭 🕃 ⋿ 𝘝𝘐𝘚𝘈. ⌾
chiuso mercoledì e novembre – Pas carta 23/37000.

GUASTALLA 42016 Reggio nell'Emilia 𝟫𝟪𝟪 ⑭, 𝟦𝟤𝟪 𝟦𝟤𝟫 H 13 – 13 381 ab. alt. 25 – ✿ 0522.
Roma 453 – ♦Bologna 91 – Mantova 33 – ♦Milano 156 – ♦Modena 51 – ♦Parma 34 – Reggio nell'Emilia 28.

sulla strada per Novellara S : 5 km :

XX **La Briciola,** ℰ 831378, Solo piatti di pesce, Coperti limitati; prenotare, 🐾 – 🅿. 🖭 🕃
⋿ 𝘝𝘐𝘚𝘈. ⌾
chiuso martedì sera, mercoledì e dal 1° al 21 agosto – Pas carta 41/54000.

GUASTICCE Livorno 𝟦𝟤𝟪 𝟦𝟥𝟢 L 13 – Vedere Collesalvetti.

ere Città vecchia★★★ – Palazzo dei Consoli★★ B – Palazzo Ducale★ D – Affreschi★ di
aviano Nelli nella chiesa di San Francesco – Affresco★ di Ottaviano Nelli nella chiesa di
ta Maria Nuova K.

azza Oderisi 6 ℘ 9220693, Fax 9273409.

a 217 ② – ◆Ancona 109 ② – Arezzo 92 ④ – Assisi 54 ③ – ◆Perugia 39 ③ – Pesaro 92 ④.

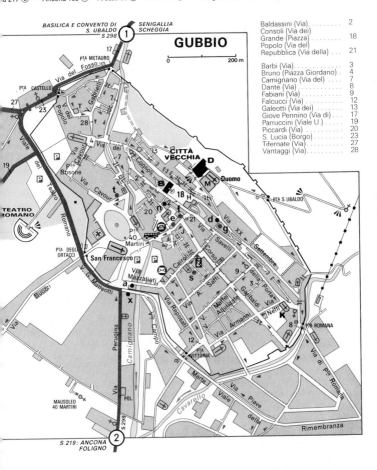

Baldassini (Via)	2
Consoli (Via dei)	
Grande (Piazza)	18
Popolo (Via del)	
Repubblica (Via della)	21
Barbi (Via)	3
Bruno (Piazza Giordano)	4
Camignano (Via del)	7
Dante (Via)	8
Fabiani (Via)	9
Falcucci (Via)	12
Galeotti (Via dei)	13
Giove Pennino (Via di)	17
Parruccini (Viale U.)	19
Piccardi (Via)	20
S. Lucia (Borgo)	23
Tifernate (Via)	27
Vantaggi (Via)	28

Park Hotel ai Cappuccini ॐ, via Tifernate ℘ 9234, Telex 661109, Fax 9220323, ≤ città
e campagna, 𝑘₆, ≋s, ◙, 🎨 – 🛗 ☰ 🆃🆅 ☎ 👍 ⇔ 🅿 – 🔬 25 a 400. 🖭 🕄 ⑩ 🗉 𝓥𝓘𝓢𝓐.
𝒮𝒦
Pas *(chiuso lunedì)* carta 54/93000 – **93 cam** 🖙 265/280000, 5 appartamenti – ½ P 175/
190000. per ④

Villa Montegranelli ॐ, località Monteluiano ℘ 9220185, Fax 9273372, ≤ città e cam-
pagna, 🎨, « Villa settecentesca di campagna », 🎨 – 🛗 🆃🆅 ☎ 🅿 🖭 🕄 ⑩ 🗉 𝓥𝓘𝓢𝓐.
𝒮𝒦   4 km per via Buozzi
Pas carta 40/57000 – 🖙 10000 – **21 cam** 310000, appartamento – ½ P 140000.

Bosone, via 20 Settembre 22 ℘ 9220698, Fax 9220552 – 🛗 🆃🆅 ☎ 👍. 🖭 🕄 ⑩ 🗉 𝓥𝓘𝓢𝓐.
𝒮𝒦   d
Pas vedere rist Taverna del Lupo – 🖙 10000 – **28 cam** 130000 – ½ P 90/105000.

San Marco, via Perugina 5 ℘ 9220234, Fax 9273716, 🎨 – 🆃🆅 ☎ – 🔬 150. 🖭 🕄 ⑩ 🗉
𝓥𝓘𝓢𝓐. 𝒮𝒦 rist   x
Pas carta 33/54000 (10%) – 🖙 9000 – **66 cam** 85/105000 – ½ P 80/95000.

🏠 **Oderisi** senza rist, via Mazzatinti 2 ✆ 9273747, Fax 9220663 – 📳 ☎ 🚗 📖 *VISA*
🍽 6000 – **19 cam** 48/70000.

🏠 **Gattapone,** via Ansidei 6 ✆ 9272489 – ☎. 🖭 🕃 ⑩ 🖾 *VISA* ✎
chiuso dal 7 gennaio al 6 febbraio – Pas vedere rist Taverna del Lupo – 🍽 5000 – **13 c**
77000 – ½ P 77000.

XXX **Alla Fornace di Mastro Giorgio,** via Mastro Giorgio 2 ✆ 9275740, « In un edi**f**
trecentesco » – 🖭 🕃 ⑩ 🖾 *VISA*
chiuso febbraio, domenica sera e lunedì (escluso i giorni festivi, agosto e settembre) –
carta 58/88000.

XXX **Taverna del Lupo,** via della Repubblica 47 ✆ 9274368, Fax 9271269 – ✄ 🖩 🖭 🕃
VISA
chiuso lunedì e dal 7 gennaio al 6 febbraio – Pas carta 44/59000 (15%).

XX **Fabiani,** piazza 40 Martiri 26/B ✆ 9274639, Fax 9220638, 🏠 – 🖭 🕃 ⑩ 🖾 *VISA*
chiuso martedì e gennaio – Pas carta 35/47000 (15%).

XX **Federico da Montefeltro,** via della Repubblica 35 ✆ 9273949, 🏠 – 🖭 🕃 ⑩ 🖾 *VISA*.
chiuso febbraio e giovedì (escluso agosto-settembre) – Pas carta 35/52000.

X **Grotta dell'Angelo** con cam, via Gioia 47 ✆ 9273438, Fax 9273438, 🏠 – 📺 ☎. 🖭
⑩ 🖾 *VISA* ✎ cam
chiuso dal 10 al 31 gennaio – Pas carta 32/46000 – 🍽 5000 – **18 cam** 48/70000
½ P 65/70000.

a Torre dei Calzolari per ② : 7 km – ⌧ 06020 :

🏨 **Torre dei Calzolari Palace e Rist. Del Castello** ⯒, ✆ 9256327, Fax 9256327, « In
castello con parco e 🍃 » – 📳 🖩 cam 📺 ☎ ❷ – 🅰 25 a 250. 🖭 🕃 ⑩ 🖾 *VISA* ✎ cam
Pas (chiuso lunedì) carta 37/53000 – **17 cam** 🍽 115/180000 – ½ P 110/125000.

GUIDONIA MONTECELIO 00012 Roma 👥 ㉖, 👥 Q 20 – 57 403 ab. alt. 105 – ☎ 0774.
Roma 24 – L'Aquila 108 – Rieti 71 – Terni 100.

a Montecelio NE : 5 km – alt. 389 – ⌧ 00014 :

X **Spadaro,** ✆ 510042 – 🖭 🕃 ⑩ 🖾 *VISA*. ✎
chiuso martedì ed agosto – Pas carta 26/47000 (15%).

Prezzo del pasto : salvo indicazione specifica **bc**
le bevande non sono comprese nel prezzo.

GUSSAGO 25064 Brescia 👥👥 F 12 – 13 213 ab. alt. 180 – ☎ 030.
Roma 539 – ♦Bergamo 45 – ♦Brescia 14 – ♦Milano 86.

X **Da Renato,** via Casaglio 46 ✆ 2770386, Fax 2770386 – ❷. 🖭 🕃 ⑩ 🖾 *VISA*. ✎
chiuso lunedì, dal 1° al 21 gennaio e dal 25 luglio al 5 agosto – Pas carta 26/41000.

HAFLING = Avelengo.

IDRO 25074 Brescia 👥 ④, 👥👥 E 13 – 1 429 ab. alt. 391 – Pasqua e luglio-15 settembre
☎ 0365.
Roma 577 – ♦Brescia 45 – ♦Milano 135 – Salò 33.

XX **Alpino** con cam, località Crone ✆ 83146 – 📳 ☎ 🚗. 🖭 🕃 🖾 *VISA*. ✎
chiuso dal 7 gennaio al 15 febbraio – Pas (chiuso martedì) carta 35/50000 – 🍽 9000 –
24 cam 48/69000 – ½ P 57000.

IGEA MARINA Forlì 👥 J 19 – Vedere Bellaria Igea Marina.

IL GIOVO Savona – Vedere Pontinvrea.

IMOLA 40026 Bologna 👥 ⑮, 👥👥 I 17 – 62 352 ab. alt. 47 – ☎ 0542.
Roma 384 – ♦Bologna 33 – ♦Ferrara 81 – ♦Firenze 98 – Forlì 30 – ♦Milano 249 – ♦Ravenna 44.

🏨 **Gd H. Donatello e Rist. Nettuno,** via Rossini 25 ✆ 680800 e rist ✆ 680300, T
lex 522114, Fax 680514, 🍃 – 📳 🖩 📺 ☎ 🕭 🚗 ❷ – 🅰 30 a 300. 🖭 🕃 ⑩ 🖾 *VISA* ✎ ris
Pas (chiuso mercoledì e dal 4 al 20 agosto) carta 30/55000 – **150 cam** 🍽 180/270000.

🏨 **Ziô,** viale Nardozzi 14 ✆ 35274, Fax 35627 – 📳 🖩 📺 ☎ – 🅰 50. 🖭 🕃 🖾 *VISA* ✎
Pas (chiuso sabato sera e domenica) carta 31/42000 – **30 cam** 🍽 80/120000, 5 appart
menti – ½ P 80/100000.

XXXX ✿ **San Domenico,** via Sacchi 1 ✆ 29000, Fax 39000, Coperti limitati; prenotare – 🖩.
🕃 ⑩ 🖾 *VISA*
chiuso dal 1° all'11 gennaio, dal 26 luglio al 23 agosto, lunedì ed in luglio anche domenica
Pas carta 92/145000
Spec. Astice in insalata con crema all'erba cipollina, Timballo di riso con gamberi, Pernice arrosto con budi
profumato all'aglio. **Vini** Trebbiano, Sangiovese.

XX **Naldi,** via Santerno 13 ✆ 29581 – 🖩 ❷. 🖭 🕃 ⑩ 🖾 *VISA*. ✎
chiuso domenica e dal 5 al 18 agosto – Pas carta 46/70000.

in prossimità casello autostrada A 14 N : 4 km :

Molino Rosso, ⊠ 40026 ℰ 640300, Telex 520147, Fax 640249, ⌧ riscaldata, ℀ – 🕸 ▦
📺 ☎ 🅱 ⟷ 🅿 – 🛱 100. 🆎 🅱 ⓞ ℇ 𝘝𝘐𝘚𝘈. ℀
Pas carta 40/65000 (15 %) – **120 cam** ⚏ 220000 – ½ P 120/210000.

a Sasso Morelli N : 8 km – ⊠ **40020** :

Trattoria Sterlina, N : 1,5 km ℰ 55030, 🏦 – 🅿 ℀
chiuso mercoledì e dal 1° al 24 settembre – Pas carta 25/33000.

Vedere anche : **Mordano** NE : 10 km.
              Tossignano SO : 17 km.

IMPERIA

Amoretti (Via Ivanoe)	BXY 3	Dante (Corso Alighieri)	BX 21
Battisti (Via Cesare)	BX 5	De Amicis (Piazza E.)	AX 23
Belgrano (Via Gen.)	AX 6	Des Geneys (Via)	AX 25
Benza (Via Elia)	BZ 7	Delbecchi	
Berio (Via Giuseppe)	AX 8	(Via Antonio)	BY 26
Borgo Peri (Spianata)	AX 10	De Sonnaz (Via)	AX 28
Calvi (Piazza Ulisse)	AX 13	Diano Calderina (Via)	ABX 29
Carceri (Via)	BZ 14	Don Abbo il Santo (Via)	AX 30
Carducci (Via Giosuè)	BZ 15	Doria (Via Andrea)	AX 32
Colombo (Lungomare C.)	AX 18	Duomo (Piazza)	BZ 33
D'Annunzio (Via Gabriele)	AZ 19	Magenta (Via)	AX 37

...endola (Via Giovanni) ... AX 2
...fante (Via Silvio) ... AX 9
...cione (Via Felice) ... BZ
...te
...Piazza Alighieri) ... AX 22
...edale (Via dell') ... AX 44
...ubblica (Via della) ... AX 46
...iovanni (Via) ... AX 53

...artiri
...della Libertà (Via) ... BZ 39
...atteotti (Viale G.) ... BYZ 41
...lusso (Via Felice) ... BX 42
...arrasio (Via) ... AX 45
...oma (Piazza) ... BZ 48
...affi (Via Aurelio) ... BZ 49
...Agata (Strada) ... BX 51
...Antonio
...(Piazza e Via) ... BZ 52
...Lazzaro (Via) ... AY 55

S. Maurizio (Via)	BZ 56		
Serrati (Via G. M.)	AX 59		
Trento (Via)	BX 60		
Unità Nazionale			
(Piazza)	AX 61		
Vespucci			
(Lungomare A.)	BY 63		
Vianelli (Via A.)	BZ 64		
Vittoria (Pza della)	BY 65		
Vittorio Veneto (Vle)	BY 67		
20 Settembre (Via)	BZ 68		

IMPERIA 18100 🅿 🄵🄾🄾 ⑫, 🄺🅞🄱 K 6 – 41 278 ab. – ✪ 0183.

🄱 viale Matteotti 54 ℘ 24947 – viale Matteotti 22 ℘ 60730, Fax 652435.

A.C.I. piazza Unità Nazionale 23 ℘ 25742.

Roma 615 ② – ◆Genova 116 ② – ◆Milano 239 ② – San Remo 23 ④ – Savona 70 ② – ◆Torino 178 ②.

Pianta pagina precedente

ad Oneglia – ⊠ 18100 Imperia :

🏛 Centro, senza rist, piazza Unità Nazionale 4 ℘ 273771 – 🛗 📺 ☎ 🚗.
21 cam.   AX

🏠 La Piemontese, via Garessio 136 ℘ 21359 – 📺 ☎ 🚗
14 cam.   BX

XX **Chez Braccio Forte**, calata Cuneo 33 ℘ 24752 – 🄰🄴 🚸 ⓞ 🄴 𝘝𝘐𝘚𝘈   AX
chiuso lunedì e gennaio – Pas carta 58/86000 (10%).

XX **Salvo-Cacciatori**, via Vieussex 14 ℘ 23763 – 🍽. 🄰🄴 🚸 ⓞ 🄴 𝘝𝘐𝘚𝘈   AX
chiuso lunedì e dal 15 giugno al 10 luglio – **Pas** carta 32/56000 (10%).

X **Da Clorinda**, via Garessio 96 ℘ 21982   BX
chiuso lunedì e dal 7 al 23 agosto – Pas carta 25/40000.

X **La Patria**, piazza De Amicis 13 ℘ 25739 – 🄰🄴 🚸 ⓞ 🄴 𝘝𝘐𝘚𝘈. 🦯   AX
chiuso martedì e dal 7 al 17 gennaio – Pas carta 33/60000.

a Porto Maurizio – ⊠ 18100 Imperia :

🏛 **Corallo**, corso Garibaldi 29 ℘ 61980, Fax 64691, ≼ – 🛗 📺 ☎ 🅿 – 🏛 40 a 70. 🄰🄴 🚸
𝘝𝘐𝘚𝘈. 🦯   BZ
Pas *(giugno-9 ottobre; chiuso venerdì)* carta 43/58000 – ☲ 9500 – **42 cam** 70/120000
½ P 100000.

XXX ❀ **Lanterna Blu-da Tonino**, borgo Marina ℘ 63859, Fax 63859, prenotare – 🍽 🅿. 🄰🄴
🄴 𝘝𝘐𝘚𝘈   BZ
chiuso dal 12 al 25 dicembre, dal 28 maggio al 12 giugno, mercoledì e dal 20 giugno al
settembre solo il mezzogiorno di martedì e mercoledì – Pas carta 80/125000
Spec. Insalata di crostacei tiepida con fagiolini e carciofi, Tagliolini con bottarga di pesce spada, San Pietro
pomodori e capperi. **Vini** Pigato, Rossese.

XX **Nannina**, viale Matteotti 56 ℘ 20208, ≼, prenotare – 🄰🄴 🚸 🄴 𝘝𝘐𝘚𝘈   BY
chiuso lunedì e dall'8 al 21 febbraio – Pas carta 50/70000.

X **Lucio**, lungomare Colombo ℘ 652523 – 🄰🄴 🚸 ⓞ 🄴 𝘝𝘐𝘚𝘈   AZ
chiuso domenica sera, mercoledì, dal 1° al 15 gennaio e dal 1° al 15 ottobre – P
carta 35/50000.

a Piani N : 5 km per via Caramagna AY – ⊠ 18100 Imperia :

X **Al Vecchio Forno**, ℘ 680269, 🎪, Coperti limitati; prenotare – 🄰🄴 🚸 ⓞ 🄴 𝘝𝘐𝘚𝘈
chiuso a mezzogiorno (escluso i giorni festivi), mercoledì, dal 14 al 25 giugno e dall'8
19 novembre – Pas carta 30/59000.

IMPRUNETA 50023 Firenze 🄶🄾🄾 ⑭ ⑮, 🄺🄸🄾 🄺🄱🄾 K 15 – 15 289 ab. alt. 275 – ✪ 055.

Roma 278 – Arezzo 82 – ◆Firenze 13 – Pisa 89 – Siena 61.

XX **I Cavallacci**, viale Aldo Moro 3 ℘ 2313863, « Servizio estivo all'aperto » – 🅿. 🄰🄴 🚸
𝘝𝘐𝘚𝘈. 🦯
chiuso lunedì e martedì a mezzogiorno – Pas carta 36/49000.

INCISA IN VAL D'ARNO 50064 Firenze 🄶🄾🄾 ⑮, 🄺🄸🄾 🄺🄱🄾 L 16 – 5 267 ab. alt. 122 – ✪ 055.

Roma 248 – Arezzo 52 – ◆Firenze 33 – Siena 63.

🏨 **Galileo**, in prossimità area di servizio Reggello ℘ 863341, Telex 574455, Fax 863238,
🦯 – 🛗 🍽 📺 ☎ ♿ 🚗 🅿 – 🏛 30 a 120. 🄰🄴 🚸 ⓞ 🄴 𝘝𝘐𝘚𝘈. 🦯 rist
Pas *(chiuso domenica)* carta 26/37000 – ☲ 10000 – **63 cam** 90/126000 – ½ P 85/100000.

INDUNO OLONA 21056 Varese 🄺🄱🄾 E 8, 🄰🄸🄾 ⑧ – 9 747 ab. alt. 397 – ✪ 0332.

Roma 638 – Lugano 29 – ◆Milano 60 – Varese 4,5.

🏨 **Villa Castiglioni e Rist. Il Bersò**, via Castiglioni 1 ℘ 200201, Fax 201269, 🎪, « Vil
ottocentesca con parco secolare » – 📺 ☎ 🅿 – 🏛 30 a 60. 🄰🄴 🚸 ⓞ 🄴 𝘝𝘐𝘚𝘈
Pas carta 52/82000 – ☲ 20000 – **35 cam** 160/215000 – ½ P 190/230000.

XXX **2 Lanterne**, via Ferrarin 25 ℘ 200368, 🎪, prenotare, 🍴 – 🅿 – 🏛 60. 🄰🄴 🚸 ⓞ 🄴 𝘝𝘚
🦯
chiuso domenica sera, lunedì, il 26 dicembre, le sere di Natale e Capodanno, dal 9
20 gennaio e dal 1° al 20 agosto – Pas carta 38/66000.

XX **Olona-da Venanzio**, via Olona 38 ℘ 200333, prenotare, 🍴 – 🅿. 🄰🄴 🚸 ⓞ 🄴 𝘝𝘐𝘚𝘈. 🦯
chiuso lunedì, le sere di Natale e Capodanno e dal 25 gennaio all'8 marzo – Pas carta 44
69000.

INNICHEN = San Candido.

INTRA Novara 🄺🄱🄾 E 7, 🄰🄸🄾 ⑦ – Vedere Verbania.

INTRAGNA 🄺🄰🄾 ㉔, 🄰🄸🄾 ⑦ – Vedere Cantone Ticino alla fine dell'elenco alfabetico.

22044 Como 428 E 9, 219 ⑲ – 7 796 ab. alt. 340 – ✿ 031.

a 605 – ◆Bergamo 43 – Como 16 – Erba 8 – Lecco 22 – ◆Milano 37.

Bosco Marino ॐ, ℰ 607117, Fax 607117, ≤, « Parco ombreggiato » – 🛗 ☎ 🅿 –
🛥 40 a 120. ΑΕ 🕄 ⓞ Ε ᴠɪꜱᴀ. ⋘
Pas carta 60/70000 – ⌷ 12000 – **41 cam** 110/160000 – ½ P 120000.

Vedere anche : *Cremnago* O : 1 km.

AGO 20065 Milano 428 F 10, 219 ⑳ – 8 613 ab. alt. 138 – ✿ 02.

a 592 – ◆Bergamo 25 – ◆Milano 26.

Del Ponte, ℰ 9549319, 🍽 – 🅿 🕄 ᴠɪꜱᴀ. ⋘
chiuso domenica ed agosto – Pas carta 27/44000.

CHIA (Isola d') Napoli 988 ㉗, 431 E 23 – 50 937 ab. da 0 a 788 (monte Epomeo) – Sta-
e termale, a.s. luglio-settembre – ✿ 081.
mitazione d'accesso degli autoveicoli è regolata da norme legislative.

otteri : da Casamicciola per Napoli-Capodichino (16 aprile-4 ottobre) (10 mn) - Eliambassa-
ℰ 996454.

⚓ per Capri maggio-settembre giornaliero (1 h 20 mn) – Navigazione Libera del Golfo,
984028; per Napoli (1 h 15 mn), Pozzuoli (1 h) e Procida (30 mn), giornalieri – Caremar-
nzia Tufano, banchina del Redentore ℰ 991781, Fax 984964; per Pozzuoli giornalieri (1 h),
ri aprile-ottobre giornalieri (1 h 15 mn) e Napoli giornalieri (1 h 15 mn) – Linee Lauro, al
to ℰ 991888, Fax 991990.

per Napoli giornalieri (40 mn) – Alilauro, al porto ℰ 991888, Fax 991990 e Caremar-agenzia
ano, banchina del Redentore ℰ 991781, Fax 984964; per Capri aprile-ottobre giornalieri
mn) – Linee Lauro, al porto ℰ 991888, Fax 991990; per Procida-Napoli giornalieri (40 mn)
cafi SNAV-ufficio Turistico Romano, via Porto 5/9 ℰ 991215, Telex 710364, Fax 991167; per
cida giornaliero (15 mn) – Caremar-agenzia Tufano, banchina del Redentore ℰ 991781, Fax
964.

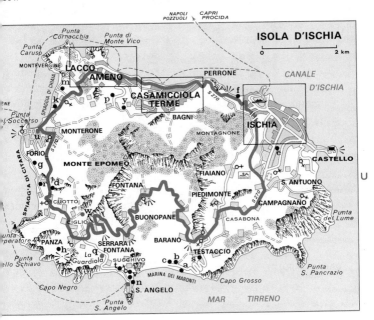

Barano – 7 447 ab. alt. 224 – ✉ 80070 Barano d'Ischia – a.s. luglio-ottobre.
Vedere Monte Epomeo★★★ 4 km NO fino a Fontana e poi 1 h e 30 mn a piedi AR.

a Testaccio S : 2 km – ✉ 80070 Barano d'Ischia :

🏨 **St. Raphael Terme,** ℰ 990508, ≤, « Terrazza panoramica con ⚊ termale », ♨ – 🛗 ☎
🅿 ΑΕ ⓞ ᴠɪꜱᴀ. ⋘ rist
14 marzo-novembre – Pas 30000 – ⌷ 12000 – **40 cam** 80/100000, appartamento –
½ P 105/120000.

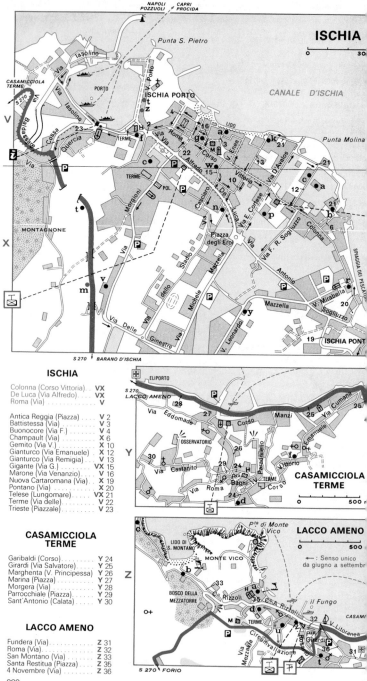

ISCHIA

Colonna (Corso Vittoria). . . . **VX**
De Luca (Via Alfredo). . . . . **VX**
Roma (Via) . . . . **V**

Antica Reggia (Piazza) . . . . **V** 2
Battistessa (Via) . . . . **V** 3
Buonocore (Via F.) . . . . **V** 4
Champault (Via) . . . . **X** 6
Gemito (Via V.) . . . . **X** 10
Gianturco (Via Emanuele) . **X** 12
Gianturco (Via Remigia) . . **X** 13
Gigante (Via G.) . . . . **VX** 15
Marone (Via Venanzio) . . . **V** 16
Nuova Cartaromana (Via) . . **X** 19
Pontano (Via) . . . . **X** 20
Telese (Lungomare) . . . . . **VX** 21
Terme (Via delle) . . . . **V** 22
Trieste (Piazzale) . . . . **V** 23

CASAMICCIOLA
TERME

Garibaldi (Corso) . . . . **Y** 24
Girardi (Via Salvatore) . . . . **Y** 25
Marghenta (V. Principessa) . **Y** 26
Marina (Piazza) . . . . **Y** 27
Morgera (Via) . . . . **Y** 28
Parrocchiale (Piazza) . . . . **Y** 29
Sant'Antonio (Calata) . . . . **Y** 30

LACCO AMENO

Fundera (Via) . . . . **Z** 31
Roma (Via) . . . . **Z** 32
San Montano (Via) . . . . . . **Z** 33
Santa Restituta (Piazza) . . **Z** 35
4 Novembre (Via) . . . . **Z** 36

a Maronti S : 4 km – ✉ **80070** Barano d'Ischia :

Parco Smeraldo ⑤, ✆ 990127, Telex 720210, ≤, « Terrazza fiorita con ⛱ termale », ▲, ✂, ⚘ – |♦| ▤ ☎ ♿ Ⓟ. ✈ rist U a
3 aprile-25 ottobre – **64 cam** (solo pens) – P 155/176000.

Villa San Giorgio ⑤, ✆ 990098, ≤, « Terrazza fiorita con ⛱ termale », ▲ – ☎ Ⓟ. ✈ rist U b
3 aprile-25 ottobre – **40 cam** (solo pens) – P 104/119000.

Helios Terme ⑤, ✆ 990001, Fax 990268, ≤, ▲, ⚘ – ▤ ☎ Ⓟ. AE ⑤ ⓞ E VISA. ✈ rist U c
aprile-ottobre – Pas 25000 – ☕ 3500 – **35 cam** 55/105000 – ½ P 90/95000.

Casamicciola Terme 988 ㉗ – 6 736 ab. – ✉ **80074.**

Elma ⑤, ✆ 994122, Telex 710584, Fax 994253, ≤, ☂, Ⅰ₆, ⛱ termale, ⛱, ☂, ✂, ⚘ – |♦| ✕ ▤ TV ☎ Ⓟ. AE ⑤ ⓞ E VISA. ✈ rist Y f
chiuso dall'8 gennaio a marzo – Pas 35/60000 – **73 cam** ☕ 190/274000 – ½ P 103/167000.

Stefania ⑤, ✆ 994130, Fax 994295, Ⅰ₆, ⛱, ⚘ – ☎ Ⓟ. ✈ rist Y d
aprile-ottobre – **30 cam** solo ½ P 77/95000.

Forio 988 ㉗ – 11 952 ab. – ✉ **80075.**

Vedere Spiaggia di Citara★.

Mezzatorre ⑤, località Sammontano N : 3 km ✆ 986111, Fax 987992, ☂, Ⅰ₆, ≘s, ⛱, ▲, ☂, ✂, ⚘ – |♦| ▤ TV ☎ Ⓟ Z c
stagionale – **58 cam.**

La Bagattella ⑤, località San Francesco ✆ 986072, Fax 989637, « Giardino fiorito con ⛱ », ⛱, ⚘ – |♦| ▤ TV ☎ Ⓟ. ⑤. ✈ U m
aprile-ottobre – Pas 25/35000 – **51 cam** ☕ 180/200000 – ½ P 130/150000.

Parco Maria ⑤, via Provinciale Panza 212 ✆ 907322, Telex 722006, Fax 907363, ≤, « Terrazze con ⛱ termale », ⛱, ⚘ – TV ☎ Ⓟ. ✈ rist U d
chiuso dal 7 gennaio al 14 febbraio e dal 1° al 19 dicembre – Pas carta 35/55000 – ☕ 12000 – **90 cam** 110/180000 – ½ P 110/130000.

Splendid, NE : 1,5 km ✆ 987374, Fax 987374, ≤, ⛱ termale, ☂ – ☎ Ⓟ. AE ⑤ ⓞ E VISA. ✈ rist U k
aprile-ottobre – Pas (solo per clienti alloggiati) 38000 – ☕ 10000 – **40 cam** 65/90000 – ½ P 76/90000.

La Romantica, via Marina 46 ✆ 997345, ☂ U u

a Citara S : 2,5 km – ✉ **80075** Forio :

Providence ⑤, ✆ 997477, Fax 998007, ≤, ⛱ termale – |♦| ☎ Ⓟ. AE. ✈ rist U g
aprile-ottobre – Pas 25000 – **65 cam** solo ½ P 95000.

Citara ⑤, ✆ 907098, Fax 908043, ≤ – |♦| ☎ Ⓟ. AE ⑤ ⓞ E VISA. ✈ rist U r
aprile-ottobre – Pas (solo per clienti alloggiati) – **53 cam** ☕ 68/110000 – ½ P 69/90000.

a Panza S : 4,5 km – alt. 155 – ✉ **80070** :

Da Leopoldo, O : 0,5 km ✆ 907086, ≤ – Ⓟ. ⑤ ⓞ U h
Pasqua-ottobre; chiuso a mezzogiorno – Pas carta 28/56000.

Montecorvo, N : 1,5 km ✆ 998029, ≤, « Servizio estivo in terrazza-giardino panoramica » – Ⓟ. ⑤. ✈ U w
marzo-ottobre; chiuso a mezzogiorno in luglio-agosto – Pas carta 29/57000 (10 %).

Ischia 988 ㉗ – 17 813 ab. – ✉ **80077** Porto d'Ischia.

Vedere Castello★★.

ℹ via Iasolino ✆ 991146, Telex 722338

Excelsior ⑤, via Emanuele Gianturco 19 ✆ 991020, Telex 721201, Fax 984100, ≤, ☂, « Parco-pineta con ⛱ riscaldata », Ⅰ₆, ⛱, ▲, ⚘ – |♦| ▤ TV ☎ Ⓟ – 🏛 60. AE ⑤ ⓞ E VISA. ✈ rist X a
16 aprile-18 ottobre – Pas carta 80/100000 – ☕ 35000 – **72 cam** 137/290000 – ½ P 283/312000.

Jolly ⑤, via De Luca 42 ✆ 991744, Telex 710267, Fax 993156, « Giardino con ⛱ riscaldata », Ⅰ₆, ≘s, ⛱, ⚘ – |♦| ▤ TV ☎ Ⓟ – 🏛 120 a 350. AE ⑤ ⓞ E VISA. ✈ rist V c
chiuso dal 4 gennaio a marzo – Pas 50000 – **208 cam** ☕ 175/320000, appartamento – ½ P 145/215000.

Gd H. Punta Molino ⑤, lungomare Vincenzo Telese 14 ✆ 991544, Telex 710465, Fax 991562, ≤ mare, ☂, « Parco-pineta e terrazza fiorita con ⛱ termale », ⛱, ▲, ✂, ⚘ – |♦| ▤ TV ☎ Ⓟ – 🏛 30 a 150. AE ⑤ ⓞ E VISA. ✈ X b
maggio-2 ottobre – Pas 80/150000 – **82 cam** ☕ 290/520000, 2 appartamenti – ½ P 250/345000.

🏨 **Il Moresco** �, via Gianturco 16 ℰ 981355, Telex 720065, Fax 992338, ≤, « Giar
con ⤷ », ☒, ♨ – ᛏ ໖⋈ rist 🖽 📺 🕾. ☒ 🕄 ⓞ ☎ *VISA*. ℘ rist
aprile-4 novembre – Pas 80/100000 – ☲ 40000 – **73 cam** 180/400000, 3 appartamen
½ P 220/260000.

🏨 **Continental Terme,** via Michele Mazzella 74 ℰ 991588, Telex 710451, Fax 982
« Giardino fiorito con ⤷ riscaldata », *f͟ô*, ⇌, ☒, ℘, ♨ – ᛏ ໖⋈ rist 🖽 📺 🕾
🏊 25 a 450. ☒ 🕄 ⓞ ☎ *VISA*. ℘ rist
aprile-ottobre – Pas 40/60000 – **218 cam** ☲ 130/230000, 3 appartamenti – ½ P 130/200

🏨 **Hermitage e Park Terme** ⤷, via Leonardo Mazzella 67 ℰ 984242, Telex 722
Fax 983506, « Terrazze-giardino con ⤷ termale », *f͟ô*, ⇌, ℘, ♨ – ᛏ ⊟ cam 📺 🕾 ☎
🕄 ⓞ ☎ *VISA*. ℘
3 aprile-ottobre – Pas (solo per clienti alloggiati) 50/60000 – ☲ 30000 – **98 cam**
250000, ▤ 20000 – ½ P 125/157000.

🏨 **Regina Palace,** via Cortese 18 ℰ 991344, Fax 983597, « Giardino con ⤷ riscaldata »,
♨ – ᛏ ⊟ 📺 🕾 ☎
stagionale – **60 cam.**

🏨 **President,** via Osservatorio 65 ℰ 993890, Fax 993725, ≤, ⤷ termale, ☒, ♨ – ᛏ ⊟ ris
☎. ☒ 🕄 ⓞ ☎ *VISA*. ℘ rist
chiuso dal 7 gennaio a febbraio – Pas (solo per clienti alloggiati) 35000 – ☲ 12000 – **75 c**
145/260000 – ½ P 90/120000.

🏨 **Le Querce** ⤷, via Baldassarre Cossa 29 ℰ 982378, Fax 993261, ≤ mare, ⌂, « 1
razze-giardino con ⤷ riscaldata », ☒ – 📺 🕾 ☎. ☒ 🕄 ⓞ ☎ *VISA*. ℘
4 aprile-ottobre – Pas 40/60000 – **42 cam** ☲ 150/260000 – ½ P 132000.

🏨 **La Villarosa** ⤷, via Giacinto Gigante 5 ℰ 991316, Fax 992425, « Parco ombregg
con ⤷ termale », ♨ – ᛏ 📺 🕾. ☒ 🕄 🕄 *VISA*. ℘ rist
aprile-ottobre – Pas (solo per clienti alloggiati) 40/60000 – ☲ 10000 – **37 cam** 120/180
5 appartamenti – ½ P 115/155000.

🏨 **Central Park Terme,** via De Luca 6 ℰ 993517, Fax 984215, ⤷ termale, ⌂, ♨ – ᛏ ⊟
⚅ ☎. ☒. ℘
aprile-ottobre – Pas 50000 – ☲ 20000 – **46 cam** 120/188000, ▤ 16000 – ½ P 134000.

🏨 **Nuovo Lido,** via Remigia Gianturco 33 ℰ 991550, Fax 984108, ≤, ⤷ termale – ᛏ ⊟
🕾 ☎. ℘
15 aprile-20 ottobre – Pas (solo per clienti alloggiati) 50/60000 – **39 cam** solo ½ P 160

🏨 **Bellevue,** via Morgioni 83 ℰ 991851, Fax 982922, ⤷ termale, ⌂ – ᛏ 🕾. ☒ 🕄 ⓞ ☎
℘ rist
15 marzo-ottobre – Pas (solo per clienti alloggiati) – **37 cam** ☲ 80/150000 – ½ P 98/109

🏨 **Mare Blu,** via Pontano 40 ℰ 982555, Fax 982938, ≤, ⤷ termale, ⌂, ⌂, ♨ – ᛏ ⊟
🕾. ☒ *VISA*. ℘
20 aprile-25 ottobre – Pas (solo per clienti alloggiati) carta 46/55000 – **40 cam** solo ½ P 1
170000, 4 appartamenti.

🏨 **Bristol Hotel Terme,** via Venanzio Marone 10 ℰ 992181, Telex 710496, Fax 9932
⤷ termale, ⌂, ♨ – ᛏ 🕾 ⚅. ☒ 🕄 ⓞ ☎ *VISA*. ℘ rist
aprile-ottobre – Pas 40000 – ☲ 8000 – **61 cam** 71/115000 – ½ P 86/100000.

🏨 **Solemar Terme** ⤷, via Battistessa 45 ℰ 991822, Fax 991047, ⤷ termale, ♨ – ᛏ ⊟
🕾 ☎. ☒ 🕄 ⓞ ☎ *VISA*
aprile-ottobre – Pas (solo per clienti alloggiati) 30/40000 – **72 cam** ☲ 100/18000
½ P 105/125000.

🏨 **Villa Hermosa,** via Osservatorio 4 ℰ 992078 – 🕾. ℘
aprile-ottobre – Pas (solo per clienti alloggiati) 30000 – **19 cam** ☲ 100000 – ½ P 70/750

XX **Damiano,** via Nuova Circumvallazione ℰ 983032, ≤ mare – ℘
aprile-settembre; chiuso a mezzogiorno escluso domenica – Pas carta 46/94000.

XX **Gennaro,** via Porto 66 ℰ 992917, ≤ – ☒ 🕄 ⓞ ☎ *VISA*
19 marzo-ottobre; chiuso martedì in marzo ed aprile – Pas carta 38/76000 (15%).

XX **Ò Purticciull',** via Porto 42 ℰ 993222, ≤, prenotare – ☒ 🕄 ⓞ ☎ *VISA*
marzo-novembre; chiuso a mezzogiorno da luglio al 15 settembre – Pas carta 73/970
(10%).

Lacco Ameno – 4 135 ab. – ☒ **80076.**

🏨 **Regina Isabella e Royal Sporting** ⤷, ℰ 994322, Telex 710120, Fax 986043, ≤ ma
⌂, *f͟ô*, ⇌, ⤷ termale, ⌂, ℘, ♨ – ᛏ ⊟ 🏊 150. ☒ 🕄 ⓞ ☎ *VISA*. ℘ r
18 aprile-9 ottobre – Pas 116000 – **133 cam** ☲ 310/564000, 17 appartamenti – ½ P 33
398000.

🏨 **San Montano** ⤷, NO : 1,5 km ℰ 994033, Telex 710690, Fax 980242, ≤ mare e cos
⌂, « Terrazze ombreggiate con ⤷ termale », ⇌, ℘, ♨ – ᛏ ⊟ cam 📺 🕾 ☎. ☒ 🕄
☎ *VISA*. ℘
11 aprile-18 ottobre – Pas carta 65/99000 – **65 cam** ☲ 158/282000 – ½ P 211/303000.

🏨 **Terme di Augusto,** ℰ 994944, Telex 710635, Fax 980244, *f͟ô*, ⇌, ⤷ termale, ☒, ♨ –
⊟ 📺 🕾 ☎ – 🏊 240. ☒ 🕄 ⓞ ☎ *VISA*. ℘ rist
16 aprile-18 ottobre – Pas 60/80000 – ☲ 15000 – **117 cam** 250000 – ½ P 138/160000.

Park Hotel Terme Michelangelo ⚛, S : 1 km *℘* 995134, Telex 721104, Fax 995553, ≤, « Terrazza panoramica con 🔄 termale », 🔲, 🐜, ♨ – 📺 ☎ 🅿, 🖭 🗄 🖪 *VISA*. 🛠 rist
aprile-ottobre – Pas 55/75000 – **70 cam** ☑ 150/280000 – ½ P 130/220000.　　　　U　p

La Reginella, *℘* 994300, « Giardino ombreggiato con 🔄 », *Ⅰ₅*, 🔲, 🐜, 🛠, ♨ – 🖈 🗏 📺 ☎ 🅿 – 🛗 60 a 600. 🖭 🗄 ⚫ 🖪 *VISA*. 🛠 rist　　　　　　　　　　　　　　　　Z　d
6 marzo-ottobre – Pas 270/504000.

Grazia ⚛, S : 1,5 km *℘* 994333, Fax 994153, ≤, 🔄 termale, 🐜, 🛠, ♨ – 🖈 📺 ☎ 🅿 – 🛗 80. 🖭 *VISA*. 🛠 rist　　　　　　　　　　　　　　　　　　　　　　　　　　U　y
aprile-ottobre – Pas carta 41/55000 – ☑ 13000 – **58 cam** 170000 – ½ P 120/128000.

Villa Angelica, via 4 Novembre 28 *℘* 980428, Fax 980184, 🔄 termale, 🐜 – ☎ 🖭 🗄 ⚫ 🖪 *VISA*. 🛠 – *15 dicembre-gennaio e 4 aprile-10 ottobre* – Pas (solo per clienti alloggiati)
35/40000 – **20 cam** ☑ 80/130000 – ½ P 85/95000.　　　　　　　　　　　　　　Z　t

Sant'Angelo – ⌧ 80070.

Vedere Serrara Fontana : ≤★★ su Sant'Angelo N : 5 km.

San Michele ⚛, *℘* 999276, Fax 999149, ≤ mare, « Giardino con 🔄 termale », ♨ – ☎ – 🛗 130. 🛠 rist　　　　　　　　　　　　　　　　　　　　　　　　　　　　U　v
aprile-ottobre – Pas 45000 – **50 cam** ☑ 100/190000 – ½ P 155/165000.

Miramare ⚛, *℘* 999219, Fax 999325, ≤ mare, 🏠, 🐜, 🛠 – 📺 ☎ – 🛗 300. 🗄 ⚫ 🖪 *VISA*. 🛠 rist　　　　　　　　　　　　　　　　　　　　　　　　　　　　　　　U　n
marzo-ottobre – Pas 60/80000 – ☑ 18000 – **50 cam** 150/230000 – ½ P 170/190000.

La Palma ⚛, *℘* 999215, Fax 999526, ≤ mare, « Terrazze fiorite » – 📺 ☎ 🅿. 🛠 rist
15 marzo-ottobre – Pas 35/45000 – **43 cam** solo ½ P 120/140000.　　　　U　v

Casa Celestino ⚛, *℘* 999213, ≤, 🏠 – ⊝. 🛠 rist　　　　　　　　　　　U　t
Pasqua-ottobre – Pas 35000 – ☑ 15000 – **20 cam** 65/120000 – ½ P 100/110000.

Dal Pescatore, *℘* 999206, 🏠 – 🖭 🗄 ⚫ 🖪 *VISA*　　　　　　　　　　　U　n
chiuso dal 15 gennaio al 15 marzo – Pas carta 40/67000 (15 %).

Lo Scoglio, *℘* 999529 – 🖭 🗄 ⚫ 🖪 *VISA*　　　　　　　　　　　　　　U　q
aprile-novembre; chiuso martedì in bassa stagione – Pas carta 30/47000.

ISCHITELLA 71010 Foggia 📖📶 B 29 – 4 624 ab. alt. 310 – a.s. luglio-15 settembre – ✪ 0884.
ma 385 – ◆Bari 184 – Barletta 122 – ◆Foggia 100 – ◆Pescara 184.

a Isola Varano O : 15 km – ⌧ 71010 Ischitella :

La Bufalara ⚛, *℘* 97037, Fax 97374, ≤, « Parco-pineta », 🔄, 🐜, 🛠 – 🖈 🗏 ⊚ 🅿. 🖭 🗄 🖪 *VISA*. 🛠 rist – Pas *(chiuso martedì)* 30/42000 – ☑ 5000 – **60 cam** 100000.

Bally, *℘* 97023, Fax 97023, 🐜 – 🅿. 🖪 *VISA*. 🛠
aprile-10 ottobre – Pas carta 20/27000 – ☑ 5000 – **39 cam** 50/60000 – ½ P 50/60000.

ISEO 25049 Brescia 📖📶 ③ ④, 📖📶 📖📶 F 12 – 8 113 ab. alt. 198 – a.s. Pasqua e luglio-settembre – ✪ 030.

dere Lago★.

scursioni Monte Isola★★ : ≼★★ dal santuario della Madonna della Ceriola (in battello).

ungolago Marconi 2/c *℘* 980209.

ma 581 – ◆Bergamo 39 – ◆Brescia 23 – ◆Milano 80 – Sondrio 122 – ◆Verona 96.

Ambra senza rist, porto Gabriele Rosa 2 *℘* 980130, Fax 9821361, ≤ – 🖈 📺 ⊚ 🅿
chiuso novembre – ☑ 12000 – **31 cam** 65/96000.

Milano, lungolago Marconi 4 *℘* 980449, Fax 9821903, 🏠 – 📺 ☎. 🖭 🗄 ⚫ 🖪 *VISA*. 🛠 rist
chiuso dal 23 dicembre al 4 gennaio – Pas *(chiuso lunedì)* carta 31/49000 – ☑ 9000 – **15 cam** 65/80000 – ½ P 68000.

✿ **Le Maschere**, vicolo della Pergola 7 *℘* 9821542, Coperti limitati; prenotare – 🖭 🗄 ⚫ 🖪 *VISA*. 🛠 – *chiuso domenica sera, lunedì, dal 5 al 20 gennaio e dal 20 agosto al 10 settembre* – Pas carta 74/108000
Spec. Sfogliatina di patate e caviale, Zuppa di pesci e crostacei, Testina di maiale al vapore con fagiolini e salsa allo zenzero (inverno). Vini Franciacorta bianco e rosso.

Al Castello, via Mirolte 53 *℘* 981285, « Servizio estivo all'aperto » – 🗄 🖪 *VISA*. 🛠
chiuso lunedì sera, martedì, dal 22 febbraio al 12 marzo e dal 30 agosto al 17 settembre –
Pas carta 39/59000.

Il Volto, via Manica 2 *℘* 981462
chiuso mercoledì, giovedì a mezzogiorno e dal 6 al 31 luglio – Pas carta 37/60000.

Leon D'Oro, largo Dante 2 *℘* 981233, 🏠 – 🗄 🖪 *VISA*
chiuso lunedì e novembre – Pas carta 35/50000.

sulla strada provinciale per Palaveno E : 6 km :

I due Roccoli ⚛, ⌧ 25049 *℘* 9821853, Fax 9821877, ≤ lago e colline, 🐜 – 📺 ☎ 🅿 – 🛗 50. 🖭 🗄 🖪 *VISA*. 🛠
chiuso gennaio – Pas *(chiuso mercoledì)* carta 47/83000 – ☑ 14000 – **13 cam** 100/180000, 2 appartamenti – ½ P 120/165000.

Vedere anche : **Pilzone** N : 2 km.
　　　　　　　　　　Clusane sul Lago O : 5 km.

ISERNIA 86170 ℙ 🔢 ㉗, 🔢 R 24, 🔢 C 24 – 21 799 ab. alt. 457 – ✆ 0865.

🇮 via Farinacci 9 ℘ 3992.

A.C.I. via Kennedy 5 ℘ 50732.

Roma 177 – Avezzano 130 – Benevento 82 – Latina 149 – ◆Napoli 111 – Pescara 147.

🏨🏨 **Grand Hotel Europa,** strada statale per Campobasso (svincolo Isernia No❙
℘ 411450, Fax 235287 – 📱 📞 cam 📺 ☎ & 🔚 ❶ – 🏛 200. 🖭 🔢 ⓞ 🔺 ☰ 🎴. 🕱
Pas carta 29/62000 – **64 cam** ⊑ 100/160000, 6 appartamenti – ½ P 80/115000.

🏨 **La Tequila,** via San Lazzaro 85 (per strada statale 17 N : 1 km) ℘ 412345, 🟥, 🎴 – 📱
☎ 🔚 ❶ – 🏛 30 a 700. 🖭 🔢 ⓞ. 🕱 rist
Pas *(chiuso domenica sera)* carta 38/49000 – **60 cam** ⊑ 82/107000 – ½ P 86/106000.

🍴 **Emma** con cam, strada statale 17 E : 4 km ℘ 451194, Fax 451194, 🟥, 🕱 – ☰ rist 📺
❶. 🖭 🔢 ⓞ 🔺 ☰ 🎴. 🕱
Pas carta 24/40000 – ⊑ 4000 – **24 cam** 48/70000 – ½ P 55/65000.

a Pesche E : 3 km – ✉ 86090 :

🏨 **Santa Maria del Bagno** 🝏, ℘ 451143, 🎴 – 📱 📺 🕿 ❶. 🖭 🔢 ☰ 🎴. 🕱
Pas *(chiuso lunedì)* carta 22/45000 – ⊑ 6000 – **32 cam** 45/65000 – ½ P 65000.

ISIATA Venezia – Vedere San Donà di Piave.

IS MOLAS Cagliari – Vedere Sardegna (Pula).

ISOLA... ISOLE Vedere nome proprio della o delle isole.

ISOLA BELLA Novara 🔢 E 7, 🔢 ⑦ – Vedere Borromee (Isole).

Your recommendation is self-evident
if you always walk into a hotel or a restaurant Guide in hand.

ISOLACCIA Sondrio 🔢 ⑫ – Vedere Valdidentro.

ISOLA COMACINA Como 🔢 ⑨ – alt. 213 – ✉ 22010 Sala Comacina.

Da Sala Comacina 5 mn di barca.

🍴 **Locanda dell'Isola,** ℘ (0344) 55083, ≤, 🎴, « Su un isolotto disabitato; servizio
menu tipici »
marzo-ottobre; chiuso martedì escluso da giugno a settembre – Pas 83000 bc.

ISOLA D'ASTI 14057 Asti 🔢 H 6 – 2 071 ab. alt. 245 – ✆ 0141.

Roma 623 – Asti 10 – ◆Genova 124 – ◆Milano 130 – ◆Torino 64.

sulla strada statale 231 SO : 2 km :

🍴🍴🍴 ☼ **Il Cascinale Nuovo** con cam, ✉ 14057 ℘ 958166, Fax 958828, prenotare, 🟥, 🎴, 🕱
– 📺 ☎ 🔚 ❶. 🖭 🔢 ⓞ 🔺 ☰ 🎴. 🕱
chiuso dal 1° al 15 gennaio e dal 5 al 22 agosto – Pas *(chiuso domenica sera e lunedì*
carta 53/76000 – ⊑ 12000 – **16 cam** 95000, 4 appartamenti – ½ P 115/145000
Spec. Uovo affogato con ragù di cardo e tartufo (autunno-inverno), Tajarin con zucchine e scalogno (primavera-
estate), Coniglio alla monferrina. **Vini** Arneis, Barbaresco.

ISOLA DEL GRAN SASSO D'ITALIA 64045 Teramo 🔢 ㉖, 🔢 O 22 – 5 027 ab. alt. 415
✆ 0861.

Escursioni Gran Sasso★★ SO : 6 km.

Roma 190 – L'Aquila 75 – ◆Pescara 69 – Teramo 30.

🍴 **Insula,** borgo San Leonardo 78 ℘ 97202, ≤ – 🕱
21 marzo-19 ottobre; chiuso giovedì – Pas carta 27/40000.

ISOLA DELLA SCALA 37063 Verona 🔢 ④, 🔢 🔢 G 15 – 10 530 ab. alt. 31 – ✆ 045.

Roma 497 – ◆Ferrara 83 – Mantova 34 – ◆Milano 160 – ◆Modena 63 – ◆Venezia 131 – ◆Verona 19.

🍴 **Turismo** con cam, ℘ 7300177 – ☰ 📺 ☎ ❶. 🕱
chiuso dal 15 al 30 agosto – Pas *(chiuso venerdì)* carta 25/42000 – ⊑ 8000 – **12 cam**
48/68000 – ½ P 60000.

a Gabbia SE : 6 km – ✉ 37063 Isola della Scala :

🍴🍴🍴 ☼ **Gabbia d'Oro,** ℘ 7330020, Fax 7330020, Coperti limitati; prenotare – ☰ ❶. 🔢. 🕱
chiuso martedì, mercoledì, dal 1° al 18 gennaio e dal 1° al 20 agosto – Pas carta 62/10000
(10%)
Spec. Polpettine di pesce persico all'erba maresina (primavera-estate). Fagottini d'erbe con ragù di rane e scam
(primavera-autunno), Trippa di maiale in foglia di verza su zuppetta di cipolle e parmigiano (inverno). **Vini** Prendin
Valpolicella.

ISOLA DELLE FEMMINE Palermo 🔢 M 21 – Vedere Sicilia.

286

ISOLA DEL LIRI 03036 Frosinone 988 ㉖ ㉗, 430 Q 22 – 12 958 ab. alt. 217 – ✆ 0776.

Dintorni Abbazia di Casamari★★ O : 9 km.

Roma 107 – Avezzano 62 – Frosinone 23 – Isernia 91 – ◆Napoli 135.

⚒ **Scala alla Cascata,** piazza Gregorio VII ✆ 808100, 🏤 – 🕮 ⓞ
chiuso mercoledì – Pas carta 29/45000.

ISOLA DI CAPO RIZZUTO 88076 Catanzaro 988 ㊵, 431 K 33 – 13 566 ab. alt. 196 – ✆ 0962.

Roma 612 – Catanzaro 58 – Crotone 17.

a Le Castella SO : 10 km – ⊠ 88076 Isola di Capo Rizzuto :

🏨 **Da Annibale,** ✆ 795004, Fax 795384, 🏤, 🏖, ⚒ – ▤ cam ☎ ⓟ – ⚷ 70. 🎇
Pas carta 40/79000 – ⊊ 10000 – **20 cam** 85/110000 – ½ P 105/115000.

ISOLA DOVARESE 26031 Cremona 428 429 G 12 – 1 289 ab. alt. 34 – ✆ 0375.

Roma 499 – ◆Brescia 51 – Cremona 22 – Mantova 44 – ◆Milano 113 – ◆Parma 49.

⚒⚒ **Molino Vecchio,** ✆ 946039, 🏖 – ⓟ. 🕄 ⅥⅤⅥ. 🎇
chiuso lunedì a mezzogiorno, martedì, dal 7 al 22 gennaio e dal 1° al 25 agosto – Pas carta 38/63000.

ISOLA MAGGIORE 06060 Perugia – alt. 260 – ✆ 075.

Passignano 15/30 mn di battello.

⚒ **Sauro** 🐟 con cam, ✆ 826168, Fax 825130, 🐟 – 🕄 ⓞ ⅤⅥⅤⅥ. 🎇
chiuso dall'11 gennaio a febbraio – Pas carta 32/47000 – ⊊ 6000 – **10 cam** 75000, 2 appartamenti – ½ P 55/60000.

ISOLA SUPERIORE (dei Pescatori) Novara 219 ⑦ – Vedere Borromee (Isole).

ISOLA VARANO Foggia – Vedere Ischitella.

ISSENG (ISSENG) Bolzano – Vedere Falzes.

ISSOGNE 11020 Aosta 428 F 5 – 1 414 ab. alt. 387 – ✆ 0125.

Vedere Castello★.

Roma 713 – Aosta 39 – ◆Milano 151 – ◆Torino 80.

⚒ **Al Maniero,** frazione Pied de Ville ✆ 929219, 🏤 – ⓟ. 🕄 ⓞ 🄴 ⅤⅥⅤⅥ. 🎇
chiuso lunedì escluso da luglio a settembre – Pas carta 32/47000.

ISTIA D'OMBRONE 58040 Grosseto 430 N 15 – alt. 39 – ✆ 0564.

Roma 190 – Grosseto 7 – ◆Perugia 178.

⚒⚒ **Terzo Cerchio,** ✆ 409235, 🏤, Cucina tipica maremmana, prenotare – 🄰🄴 🕄 ⓞ
chiuso lunedì e novembre – Pas carta 35/65000.

ISTRANA 31036 Treviso 429 E 18 – 6 789 ab. alt. 42 – ✆ 0422.

Roma 553 – ◆Milano 252 – Treviso 12 – ◆Trieste 157 – ◆Venezia 42.

⚒ Cà Bianca, con cam, località Villanova S : 1 km ✆ 730501 – ▤ 📺 ☎ 🛏 ⓟ
11 cam.

ITRI 04020 Latina 988 ㉖ ㉗, 430 S 22 – 8 107 ab. alt. 170 – ✆ 0771.

Roma 144 – Frosinone 70 – Latina 69 – ◆Napoli 77.

⚒ **Il Grottone** con cam, corso Vittorio Emanuele II ✆ 727014 – ▤ 📺 ☎. 🄰🄴 🕄 🄴 ⅤⅥⅤⅥ. 🎇
Pas (chiuso lunedì) carta 32/43000 (10%) – ⊊ 5000 – **8 cam** 25/50000 – ½ P 55000.

a Madonna della Civita N : 11 km – ⊠ 04020 Itri :

🏨 **Montefusco** 🐟, ✆ 727560, ≤, 🏤, 🏖 – ⓟ. 🄰🄴. 🎇 rist
aprile-ottobre – Pas (chiuso martedì) carta 28/50000 – ⊊ 6000 – **13 cam** 38/48000 – ½ P 60000.

IUTIZZO Udine – Vedere Codroipo.

IVREA 10015 Torino 988 ②, 428 F 5 – 25 786 ab. alt. 267 – ✆ 0125.

Vedere Guida Verde.

corso Vercelli 1 ✆ 618131, Fax 618140.

A.C.I. via dei Mulini 3 ✆ 423327.

Roma 683 – Aosta 71 – Breuil-Cervinia 74 – ◆Milano 115 – Novara 69 – ◆Torino 50 – Vercelli 50.

🏨🏨 **La Serra,** corso Carlo Botta 30 ✆ 44341 e rist ✆ 47444, Telex 216447, Fax 44341, ⅙, 🏖, 🏊 – 🛗 ▤ 📺 ☎ 🛏 ⓟ – ⚷ 30 a 400. 🄰🄴 🕄 ⓞ 🄴 ⅤⅥⅤⅥ. 🎇
Pas (chiuso lunedì e dal 20 luglio al 15 agosto) carta 35/45000 – **49 cam** ⊊ 165/225000, 5 appartamenti.

all'ingresso dell'autostrada A 5 O : 2 km :

🏨 **Ritz** senza rist, ⊠ 10010 Banchette ✆ 611200, Fax 611323 – 🛗 📺 ☎ ⓟ. 🄰🄴 🕄 ⓞ 🄴 ⅤⅥⅤⅥ
⊊ 15000 – **60 cam** 110/140000.

al lago Sirio N : 2 km :

🏨 **Sirio** 🦢, ⊠ 10015 𝓟 424247, Fax 48980, ≤, 🏦, 🛲 – |😫| 📺 ☎ 🚗 🅿 – 🏄 40. 🖭 🗋 🛲
Pas *(chiuso venerdì, sabato a mezzogiorno e dal 26 dicembre al 15 gennaio)* carta 49/73
– ⊆ 12000 – **53 cam** 97/122000.

a San Bernardo S : 3 km – ⊠ 10090 :

🏠 **La Villa,** via Torino 334 𝓟 631696, Fax 631950 – 📺 ☎ 🅿. 🖭 🗋 ◑ 🗏 🎝
chiuso dal 15 al 31 luglio – Pas (solo per clienti alloggiati; *chiuso a mezzogiorno, saba*
domenica) – **22 cam** ⊆ 76/100000.

Vedere anche : *Chiaverano* N : 6 km.
Loranzè E : 9,5 km.

JESI 60035 Ancona 𝟿𝟾𝟾 ⑯, 𝟺𝟹𝟶 L 21 – 40 380 ab. alt. 96 – ✆ 0731.
Vedere Palazzo della Signoria★ – Pinacoteca★.
Roma 260 – ◆Ancona 32 – Gubbio 80 – Macerata 41 – ◆Perugia 116 – Pesaro 72.

🏨 **Federico II,** via Ancona 10 𝓟 211079, Telex 560619, Fax 57221, ≤, 🖚, ⁓s, 🔲, 🛲 – |😫|
📺 ☎ 🕭 🅿 – 🏄 30 a 250. 🖭 🗋 ◑ 🗏 🎝 rist
Pas carta 48/76000 – ⊆ 15000 – **76 cam** 192000, 4 appartamenti – ½ P 135/190000.

🏠 Dei Nani, via del Lavoro 34 𝓟 4846 – |😫| 📺 ☎ 🅿
38 cam.

❌❌ **Hostaria Santa Lucia,** via Marche 2/b 𝓟 64409, 🏦, Coperti limitati; prenotare – 🔲
🗋 ◑ 🛲. 🎝
chiuso lunedì ed agosto – Pas carta 45/75000.

❌❌ **Italia** con cam, viale Trieste 28 𝓟 4844, Fax 59004 – 📺 ⊛. 🖭 🗋 ◑ 🗏 🎝
chiuso agosto – Pas *(chiuso sabato)* carta 35/62000 (10%) – ⊆ 10000 – **13 cam** 70/110
– P 120000.

❌❌ **Galeazzi,** via Mura Occidentali 5 𝓟 57944 – 🎝
chiuso lunedì ed agosto – Pas carta 35/50000.

verso San Marcello NO : 2 km :

❌ ✣ **Ippocampo,** ⊠ 60035 𝓟 57487, Solo piatti di pesce, 🛲, 🎇 – 🅿. 🎝
chiuso domenica sera, lunedì ed agosto – Pas 70000
Spec. Antipasti di mare, Pescatrice con fagioli, Arrosto e fritto misto di mare. **Vini** Verdicchio.

JESOLO 30016 Venezia 𝟿𝟾𝟾 ⑤, 𝟺𝟸𝟿 F 19 – 22 289 ab. alt. 2 – ✆ 0421.
Roma 560 – Belluno 106 – ◆Milano 299 – ◆Padova 69 – Treviso 50 – ◆Trieste 125 – Udine 94 – ◆Venezia 40.

❌❌ **Da Guido,** via Roma Sinistra 25 𝓟 350380 – 🅿. 🖭 🗋 🗏 🛲. 🎝
chiuso lunedì e gennaio – Pas carta 31/56000.

❌ **Udinese-da Aldo** con cam, via Cesare Battisti 𝓟 951409, 🏦 – 🔲 rist 📺 ☎ 🅿. 🖭 🗋
🗏 🛲. 🎝 rist
Pas *(chiuso mercoledì e dal 10 al 30 gennaio)* carta 37/66000 – ⊆ 8000 – **12 cam** 55/75
– ½ P 60/65000.

Vedere anche : *Lido di Jesolo* S : 4 km.

KALTENBRUNN = Fontanefredde.

KALTERN AN DER WEINSTRASSE = Caldaro sulla Strada del Vino.

KARERPASS = Costalunga (Passo di).

KARERSEE = Carezza al Lago.

KASTELBELL TSCHARS = Castelbello Ciardes.

KASTELRUTH = Castelrotto.

KIENS = Chienes.

KLAUSEN = Chiusa.

KRUEZBERGPASS = Monte Croce di Comelico (Passo).

LABICO 00030 Roma 𝟺𝟹𝟶 Q 20 – 2 488 ab. alt. 319 – ✆ 06.
Roma 48 – Frosinone 44.

❌❌❌ **Antonello Colonna-la Vecchia Osteria,** via Roma 89 𝓟 9510032, Coperti limita
prenotare – 🖭 🗋 ◑ 🗏 🛲. 🎝
chiuso domenica sera, lunedì ed agosto – Pas carta 69/100000.

LABRO 02010 Rieti 🔢 O 20 – 308 ab. alt. 628 – 🕿 0746.
Roma 101 – L'Aquila 80 – Rieti 23 – Terni 19.

※ **L'Arcolaio,** 🖉 636172, ≤ – 🖭 🛐 ⑩ 🔚 𝑉𝐼𝑆𝐴. ※
chiuso lunedì escluso luglio-agosto – Pas carta 23/40000.

LA CALETTA Nuoro 🔢 F 11 – Vedere Sardegna (Siniscola).

LACCO AMENO Napoli 🔢 E 23 – Vedere Ischia (Isola d').

LACES (LATSCH) 39021 Bolzano 🔢 🔢 C 14, 🔢 ⑲ – 4 262 ab. alt. 639 – 🕿 0473.
Roma 692 – ◆Bolzano 54 – Merano 26 – ◆Milano 352.

a Morter SO : 3 km – ✉ **39020** :

🏨 **Aquila-Adler** ⚟, 🖉 742038, Fax 742511, ⊥, 🔲, 🐎, ※ – 🛗 🕿 🅿. ※ rist
marzo-ottobre – Pas (solo per clienti alloggiati e *chiuso a mezzogiorno*) 18/35000 – **30 cam** ⊑ 55/120000 – ½ P 50/80000.

LACONI Nuoro 🔢 ㉝, 🔢 H 9 – Vedere Sardegna.

LADISPOLI 00055 Roma 🔢 ㉕, 🔢 Q 18 – 18 849 ab. – a.s. 15 giugno-agosto – 🕿 06.
Dintorni Cerveteri : necropoli della Banditaccia★★ N : 7 km.
🛈 via Duca degli Abruzzi 147 🖉 9913049.
Roma 34 – Civitavecchia 34 – Ostia Antica 43 – Tarquinia 53 – Viterbo 79.

🏨 **La Posta Vecchia** ⚟, località Palo Laziale S : 2 km 🖉 9949501, Telex 624184, Fax 9949507, ≤, « Dimora del 17° secolo in riva al mare con parco », 🔲, 🏖 – 🛗 🗏 📺 🕿 🅿 – 🔬 50. 🖭 🛐 ⑩ 🔚 𝑉𝐼𝑆𝐴. ※
Pas (solo su prenotazione) carta 90/155000 – ⊑ 35000 – **12 cam** 500/700000, 7 appartamenti.

🏨 **Villa Margherita,** 🖉 9929089, Fax 9926430, ≤ – 🛗 🕾 🅿. 🖭 🛐 ⑩ 🔚 𝑉𝐼𝑆𝐴. ※
Pas carta 35/60000 – ⊑ 7000 – **79 cam** 73/105000 – ½ P 68/100000.

※※ **Sora Olga,** 🖉 9929088 – 🗏. 🖭 🛐 ⑩ 🔚 𝑉𝐼𝑆𝐴. ※
chiuso mercoledì – Pas carta 40/67000 (12%).

LAGLIO 22010 Como 🔢 E 9, 🔢 ⑨ – 934 ab. alt. 202 – 🕿 031.
Roma 638 – Como 13 – ◆Lugano 41 – Menaggio 22 – ◆Milano 61.

※※ **San Marino** con cam, via Regina Nuova 64 🖉 400383, ≤, 🛋 – 🛗 🅿. 🖭 🛐 🔚 𝑉𝐼𝑆𝐴. ※ rist
Pas carta 39/55000 – ⊑ 7000 – **10 cam** 60000 – P 75000.

LAGO Vedere nome proprio del lago.

LAGO MAGGIORE o VERBANO Novara, Varese e Cantone Ticino 🔢 ② ③, 🔢 E 7.
Vedere Guida Verde.

LAGONEGRO 85042 Potenza 🔢 ㉘ ㊳, 🔢 G 29 – 6 190 alt. 666 – 🕿 0973.
Roma 384 – ◆Cosenza 138 – Salerno 127.

in prossimità casello autostrada A 3 - Lagonegro Sud N : 3 km :

🏨 **Midi,** ✉ 85042 🖉 41188, Fax 41186 – 🛗 🗏 📺 🕿 🅿 – 🔬 250. 🖭. ※
Pas carta 35/52000 – ⊑ 7000 – **36 cam** 90000 – ½ P 80/90000.

LAGUNDO (ALGUND) 39022 Bolzano 🔢 B 15, 🔢 ⑩ – 3 843 ab. alt. 400 – 🕿 0473.
🛈 via Vecchia 33/b 🖉 48600, Fax 48917.
Roma 667 – ◆Bolzano 30 – Merano 2 – ◆Milano 328.

Pianta : vedere Merano

🏨 **Algunderhof** ⚟, 🖉 48558, Fax 47311, ≤, « Giardino con 🛋 riscaldata », 🕿 – 🛗 📺 🕿 🅿. 🖭 🛐 ⑩ 🔚 𝑉𝐼𝑆𝐴. ※ rist   A **a**
marzo-novembre – Pas 45/55000 – **29 cam** ⊑ 90/160000, 2 appartamenti – ½ P 90/120000.

🏨 **Der Pünthof e Rist. Romerkeller** ⚟, 🖉 48553, Fax 49919, ≤, « Giardino-frutteto e laghetto », 🕿, 🛋, ※ – 📺 🕿 🕹 🅿. ⑩. ※
15 marzo-10 novembre – Pas *(chiuso a mezzogiorno)* 20/30000 – **11 cam** ⊑ 190000, 6 appartamenti – ½ P 95/105000.

🏨 **Ludwigshof** ⚟, 🖉 220355, ≤, « Giardino », 🔲 – 🛗 🕿 🅿. ※ rist   A **b**
marzo-novembre – Pas (solo per clienti alloggiati e *chiuso a mezzogiorno*) – **18 cam** ⊑ 55/110000 – ½ P 65/75000.

※※ **Maratscher** con cam, a Plars di Mezzo 30 🖉 48469, Fax 48469, ≤ – 🅿. 🖭 🛐 ⑩ 🔚 𝑉𝐼𝑆𝐴
chiuso dal 15 gennaio al 1° marzo – Pas *(chiuso giovedì e venerdì a mezzogiorno)* carta 43/60000 – **6 cam** ⊑ 41/82000 – ½ P 59/61000.

※※ **Ruster,** 🖉 220202, Fax 40267, « Servizio estivo all'aperto » – 🅿. 🖭 🛐 ⑩ 🔚 𝑉𝐼𝑆𝐴
chiuso lunedì, gennaio e febbraio – Pas carta 42/67000.   A **d**

LAIGUEGLIA 17020 Savona 988 ⑫, 428 K 6 – 2 472 ab. – ✿ 0182.

🖪 via Milano 33 ✆ 690059.

Roma 600 – ◆Genova 101 – Imperia 21 – ◆Milano 224 – San Remo 44 – Savona 55.

🏛 **Splendid,** piazza Badarò ✆ 690325, Fax 690894, 🗻, ▲≋ – 🛗 ☎ 🅟. 🖽 🅱 🔾 🄴 🖷 🛠 rist
Pasqua-settembre – Pas 35/40000 – ☷ 13000 – **48 cam** 90/160000 – ½ P 75/120000.

🏛 **Mediterraneo** ⟆, via Andrea Doria 18 ✆ 690240, Fax 499739 – 🛗 📺 ☎ 🅟. 🖽 🅱 🄴 🖷 🛠 rist
chiuso dal 4 al 20 maggio e dal 15 ottobre al 22 dicembre – Pas 22/30000 – ☷ 9000 – **35 cam** 60/90000 – ½ P 50/90000.

🕱🕱 **Vascello Fantasma,** via Dante 105 ✆ 499897, 🍴 – 🖽 🅱 🄴 VISA
chiuso dal 15 novembre al 23 dicembre e mercoledì (escluso da giugno a settembre) – P carta 60/95000.

LAIVES (LEIFERS) 39055 Bolzano 429 C 16, 218 ⑳ – 13 699 ab. alt. 257 – ✿ 0471.

Roma 634 – ◆Bolzano 8 – ◆Milano 291 – Trento 52.

🏠 **Al Moro-Zum Mohren,** ✆ 954523, Fax 955239 – 🛗 ▤ rist ☎ 🅟. 🛠
chiuso dal 15 gennaio al 15 febbraio – Pas *(chiuso martedì)* carta 23/36000 – ☷ 10000 – **34 cam** 40/65000 – ½ P 40/48000.

🏠 **Rotwand,** NE : 2 km ✉ 39050 Pineta di Laives ✆ 954512, Fax 954295, ≤, 🍴 – 📺 ☎ 🅟 🅱 🄴 VISA
chiuso dal 2 gennaio al 6 febbraio e dal 25 giugno al 6 luglio – Pas *(chiuso luned)* carta 26/48000 – ☷ 7000 – **27 cam** 45/80000 – ½ P 50/60000.

LA MAGDELEINE Aosta 428 E 4, 219 ③ – 97 ab. alt. 1 640 – ✉ 11020 Antey Saint André – a Pasqua, luglio-agosto e Natale – ✿ 0166.

Roma 738 – Aosta 41 – Breuil-Cervinia 28 – ◆Milano 174 – ◆Torino 103.

🏠 **Miravidi** ⟆, ✆ 548259, ≤ vallata – 🅟. 🛠
chiuso dal 21 aprile a maggio e novembre – Pas *(chiuso mercoledì)* carta 29/51000 – **24 cam** ☷ 43/85000 – ½ P 55/65000.

LAMEZIA TERME 88046 Catanzaro 431 K 30 – 69 660 ab. alt. 210 (frazione Nicastro) – ✿ 096

✈ a Sant'Eufemia Lamezia ✆ 51521.

Roma 580 – Catanzaro 44 – ◆Cosenza 73.

a Nicastro – ✉ **88046** :

🏛 **Savant** senza rist, via Manfredi 8 ✆ 26161, Fax 26161 – 🛗 ▤ 📺 ☎ ⟿ – 🔬 80. 🅱 🄴 🖷
☷ 10000 – **40 cam** 90/106000.

🕱 **Da Enzo,** via Generale Dalla Chiesa ✆ 23349 – ▤. 🅱 🄴 VISA. 🛠
chiuso sabato sera, domenica, dal 24 dicembre al 2 gennaio e dal 10 al 25 agosto – Pa carta 24/40000.

sulla strada statale 18 NO : 5 km

🕱🕱 La Scaletta, località Terravecchia ✉ 88048 Sant'Eufemia Vetere ✆ 51687, 🍴

LA MORRA 12064 Cuneo 428 I 5 – 2 388 ab. alt. 513 – ✿ 0173.

Roma 631 – Asti 45 – Cuneo 56 – ◆Milano 171 – ◆Torino 63.

🕱🕱 **Bel Sit,** via Alba 17 bis ✆ 50350, ≤, 🍴 – 🅟. 🅱 🄴 VISA
chiuso lunedì sera, martedì, dal 2 al 15 gennaio e dal 1° al 15 luglio – Pas 30/40000.

🕱🕱 **Belvedere,** piazza Castello 5 ✆ 50190, Fax 50190, ≤ – 🅱 🄴 VISA
chiuso domenica sera, lunedì, gennaio e febbraio – Pas carta 39/74000.

LAMPEDUSA (Isola di) Agrigento 432 U 19 – Vedere Sicilia.

LANA Bolzano 988 ④, 429 C 15 – 8 523 ab. alt. 289 – ✉ 39011 Lana d'Adige – Sport invernali a San Vigilio : 1 485/1 839 m ☇1 ☇4, ☇ – ✿ 0473.

🖪 via Andreas Hofer 7/b ✆ 51770, Fax 51979.

Roma 661 – ◆Bolzano 24 – Merano 9 – ◆Milano 322 – Trento 82.

🏛🏛 Pöder, ✆ 51258, Fax 51058, 🍴, « Giardino con 🗻 », ≋, 🗖 – 🛗 📺 ☎ ⟿ 🅟
stagionale – **45 cam.**

🏛 **Teiss-Cavallino Bianco,** ✆ 51101, Fax 53655, « Servizio rist. estivo all'aperto », ≋ 🗻, 🍃 – 🛗 ▤ rist ☎ 🅟 – 🔬 40. 🅱 🄴 VISA
27 marzo-7 novembre – Pas *(chiuso lunedì)* 35/40000 – **35 cam** ☷ 85/150000 – ½ P 68 95000.

🏛 **Eichhof** ⟆, ✆ 51196, Fax 53710, « Giardino ombreggiato con 🗻 », ≋, 🗖, 🕱 – ☎ 🅟 🄴 VISA. 🛠 rist
aprile-15 novembre – Pas *(solo per clienti alloggiati)* – **21 cam** ☷ 60/115000 – ½ P 71 86000.

🏛 Villa Arnica ⟆ senza rist, ✆ 51260, « Giardino con 🗻 » – 📺 ☎ 🅟
stagionale – **13 cam.**

🏠 **Rebgut** ⟆ senza rist, ✆ 51430, ≋, 🗻 riscaldata, 🍃 – ☎ 🅟. VISA. 🛠
marzo-ottobre – **12 cam** ☷ 65/120000.

a San Vigilio (Vigiljoch) NO : 5 mn di funivia – alt. 1 485 – ⊠ **39011** Lana d'Adige

Monte San Vigilio-Berghotel Vigiljoch ⑤, ℘ 51236, Fax 51410, ≤ vallata e Dolomiti, 龠, ♨ riscaldata, 霔 – ☎. ℀ rist
chiuso novembre – Pas carta 30/43000 – **40 cam** � 55/100000 – ½ P 62/88000.

a Foiana (Völlan) SO : 5 km – alt. 696 – ⊠ **39011** Lana d'Adige :

Völlanerhof ⑤, ℘ 58033, Fax 58143, ≤, 龠, « Giardino con ♨ riscaldata », ≦s, ♨, ℀
– ▤ ☎ & ❷. ℀
20 marzo-7 novembre – Pas *(solo per clienti alloggiati)* – **40 cam** solo ½ P 98/135000.

Waldhof ⑤, ℘ 58081, Fax 58142, ≤ monti, « Parco », ≦s, ♨ riscaldata, ♨, ℀ – ▤ rist
☎ ❷. ℀ rist
aprile-11 novembre – Pas *(solo per clienti alloggiati)* – **26 cam** ⊑ 98/196000 – ½ P 93/132000.

NCIANO 66034 Chieti ⑨⑧⑧ ㉗, ⓭⓷⓪ P 25 – 34 898 ab. alt. 283 – a.s. 20 giugno-agosto – ⓪872.

na 199 – Chieti 48 – Isernia 113 – ◆Napoli 213 – ◆Pescara 40 – Termoli 73.

Excelsior, viale della Rimembranza 19 ℘ 713013, Fax 712907 – ▐▮ ▤ ▥ – 🖄 25 a 100. ⒶⒺ ⑤ ⑩ 𝕍𝕀𝕊𝔸. ℀ rist
Pas *(chiuso venerdì)* 30/50000 – ⊑ 15000 – **74 cam** 80/110000, 3 appartamenti, ▤ 5000 – ½ P 90000.

Anxanum senza rist, via San Francesco d'Assisi 8/10 ℘ 715142, Fax 715142, ♨ – ▐▮ ▤ ▥ ☎ & ❷ – 🖄 80. ⒶⒺ ⑤ ⑩ Ε 𝕍𝕀𝕊𝔸
⊑ 10000 – **42 cam** 85/110000.

La Ruota, via per Fossacesia 62 ℘ 44590 – ⒶⒺ ⑤ Ε 𝕍𝕀𝕊𝔸
chiuso domenica e dal 10 al 20 agosto – Pas carta 33/61000.

NZO D'INTELVI 22024 Como ⓭⓶⓼ E 9, ⓶⓵⓽ ⑧ – 1 412 ab. alt. 907 – ✪ 031.

ntorni Belvedere di Sighignola★★★ : ≤ sul lago di Lugano e le Alpi SO : 6 km.

(maggio-ottobre; chiuso lunedì escluso agosto) ℘ 840169, E : 1 km.

piazza Novi ℘ 840143.

ma 653 – Argegno 15 – Como 35 – Menaggio 30 – ◆Milano 83.

Milano, ℘ 840119, 霔 – ▐▮ ☎ ❷. ⒶⒺ ⑩ 𝕍𝕀𝕊𝔸. ℀
chiuso novembre – Pas *(chiuso mercoledì)* 30/35000 – ⊑ 10000 – **28 cam** 60/100000 – ½ P 60/85000.

Belvedere, N : 1,2 km ℘ 840122, Fax 840122, ≤, 霔 – ▐▮ ▥ ☎ ⇐ ❷. ⒶⒺ ⑤ Ε 𝕍𝕀𝕊𝔸. ℀
chiuso novembre – Pas *(chiuso lunedì da settembre a maggio)* 37/45000 – ⊑ 10000 – **30 cam** 78/116000 – ½ P 72/92000.

Funicolare Miralago ⑤ con cam, N : 1,5 km ℘ 840212, ≤ lago di Lugano e monti, 霔 – ❷
20 cam.

a Scaria E : 2,5 km – ⊠ **22020** :

Altavalle, ℘ 840414, ≤ – ☜ ❷. ⒶⒺ ⑤ ⑩ Ε 𝕍𝕀𝕊𝔸
chiuso novembre – Pas *(chiuso mercoledì dal 15 settembre al 15 giugno)* carta 32/50000 – ⊑ 7000 – **14 cam** 63000 – ½ P 55/60000.

A PILA Livorno ⓭⓷⓪ N 12 – Vedere Elba (Isola d') : Marina di Campo.

A QUERCIA Viterbo – Vedere Viterbo.

AQUILA 67100 ⓟ ⑨⑧⑧ ㉖, ⓭⓷⓪ O 22 – 67 818 ab. alt. 721 – ✪ 0862.

edere Basilica di San Bernardino★★ Y – Castello★ Y : museo Nazionale d'Abruzzo★★ asilica di Santa Maria di Collemaggio★ Z : facciata★★ – Fontana delle 99 cannelle★ Z.

scursioni Massiccio degli Abruzzi★★★.

piazza Santa Maria di Paganica 5 ℘ 25149 – via 20 Settembre 8 ℘ 22306.

..C.I. via Bone Novelle 6 ℘ 29555.

ma 119 ① – ◆Napoli 242 ① – ◆Pescara 105 ② – Terni 94 ①.

Pianta pagina seguente

Duca degli Abruzzi e Rist. Il Tetto, viale Giovanni XXIII n° 10 ℘ 28341, Fax 61588, « Rist. panoramico » – ▐▮ ▤ rist ▥ ☎ ⇐ ❷ – 🖄 80 a 300.   Y e
120 cam.

Gd H. del Parco, corso Federico II n° 74 ℘ 413248, Fax 65938 – ▐▮ ▥ ☎ ❷. ⒶⒺ ⑤ ⑩ Ε 𝕍𝕀𝕊𝔸 ♨   Z c
Pas vedere rist La Grotta di Aligi – **36 cam** ⊑ 110/170000.

Le Cannelle, via Tancredi da Pentina 2 ℘ 411194, Telex 600120, Fax 412453, Ⅰ₅, ♨, ℀ – ▐▮ ▥ ☎ ⇐ ❷ – 🖄 25 a 200. ⒶⒺ ⑤ Ε 𝕍𝕀𝕊𝔸. ℀ rist   Y v
Pas carta 38/57000 – **115 cam** ⊑ 90/135000, 12 appartamenti – ½ P 110/120000.

L'AQUILA

Federico II (Corso)	**Z**
Vittorio Emanuele (Corso)	**YZ**
Arco Pizzoli (Via)	**Y** 2
Bafile (Via A.)	**Y** 3
Fontesecco (Via)	**Y** 4
Fortebraccio (Via)	**Z** 6
Guasto (Via del)	**Z** 7
Indipendenza (Via)	**Z** 8
Palazzo (Piazza del)	**Y** 13
Principe Umberto (Corso)	**Y** 14
S. Agostino (Via)	**Z** 17
S. Chiara d'Aquili (Via)	**Z** 18
Tre Marie (Via)	**Z** 19

Castello senza rist, piazza Battaglione Alpini ℰ 419147, Fax 419140 – 🛗 📺 ☎ 🚗
🏦 100. 🅰🅴 ✸
☲ 12000 – **40 cam** 82/102000.   Y

Duomo senza rist, via Dragonetti ℰ 410893, Fax 413058 – 🛗 📺 ☎. 🅰🅴 🅱 🅴 𝘝𝘐𝘚𝘈. ✸
☲ 8000 – **28 cam** 75/112000.   Z

Tre Marie, via Tre Marie 3 ℰ 413191, « Caratteristico stile abruzzese »   Z
chiuso domenica sera, lunedì e dal 24 dicembre al 6 gennaio – Pas carta 50/63000 (15%)

La Grotta di Aligi, viale Rendina 2 ℰ 65260 – 🅰🅴 🅱 🅾 🅴 𝘝𝘐𝘚𝘈. ✸   Z
chiuso lunedì – Pas carta 50/80000.

Renato, via Indipendenza 9 ℰ 25596 – 🅰🅴 🅱 🅾 🅴 𝘝𝘐𝘚𝘈   Z
chiuso domenica e dal 20 luglio al 5 agosto – Pas carta 32/47000.

verso Preturo per ① : 9 km :

Cervo Bianco, ✉ 67100 ℰ 461091 – 🅿. 🅰🅴 🅱 🅾 🅴 𝘝𝘐𝘚𝘈. ✸
chiuso lunedì e dall'8 al 31 gennaio – Pas carta 31/49000.

LARI 56035 Pisa 𝟦𝟤𝟪 𝟦𝟥𝟢 L 13 – 7 771 ab. alt. 129 – ✆ 0587.
Roma 335 – ♦Firenze 75 – ♦Livorno 33 – Pisa 36 – Pistoia 59 – Siena 98.

a Quattro Strade di Lavaiano NO : 6 km :

Lido con cam, ✉ 56030 Perignano ℰ 616020 – 📺 ☎ 🅿 – 🏦 80. 🅰🅴 🅱 🅴 𝘝𝘐𝘚𝘈. ✸ cam
chiuso dal 1° al 20 agosto – **Pas** *(chiuso lunedì sera e martedì)* carta 33/50000 – ☲ 8000
6 cam 68/100000.

a Lavaiano NO : 9 km – ✉ **56030** :

Castero, ℰ 616121, « Giardino » – 🅿. 🅰🅴 🅱 🅴 𝘝𝘐𝘚𝘈
chiuso domenica sera, lunedì e dal 15 al 30 agosto – Pas carta 28/44000.

Park Hotel Campitelli 2 ⑤, via San Benedetto 1 ℘ 823541, Fax 822339, ≤, 🏊 – 🛗 🗐
📺 ☎ 🚗 🅿 – 🔬 150. 🖭 🗐 🗉 *VISA*. 🛠
Pas carta 28/44000 – ☷ 7000 – **52 cam** 65/90000 – ½ P 70/75000.

RIO Vedere Como (Lago di).

SPEZIA 19100 🄿 988 ⑬, 428 430 J 11 – 103 008 ab. – ✪ 0187.
ursioni Riviera di Levante ★★★ NO.
Marigola (chiuso lunedì) a Lerici ⊠ 19032 ℘ 970193, per ③ : 6 km.
a Mazzini 45 ℘ 770900, Fax 770908 – **A.C.I.** via Costantini 18 ℘ 511098.
a 418 ② – ◆Firenze 144 ② – ◆Genova 103 ② – ◆Livorno 94 ② – ◆Milano 220 ② – ◆Parma 115 ②.

LA SPEZIA

ur (Corso e Piazza)	**AB**	Beverini (Piazza G.)	**A** 3	Milano (Via)	**A** 16
do (Pza e Via Domenico)	**B** 8	Brin (Piazza Benedetto)	**A** 4	Mille (Via dei)	**A** 17
ne (Via del)	**AB**	Caduti del Lavoro (Piazzale)	**A** 6	Napoli (Via)	**A** 18
		Colli (Via dei)	**AB** 9	Rosselli (Via Flli)	**A** 20
sti (Piazza Cesare)	**B** 2	Da Passano (Via)	**B** 10	Spallanzani (Via e Salita)	**A** 22
		Europa (Piazza)	**A** 14	Verdi (Pza Giuseppe)	**B** 23
		Fieschi (Viale Nicolò)	**A** 14	20 Settembre (Via)	**AB** 24
		Manzoni (Via)	**B** 15	27 Marzo (Via)	**AB** 26

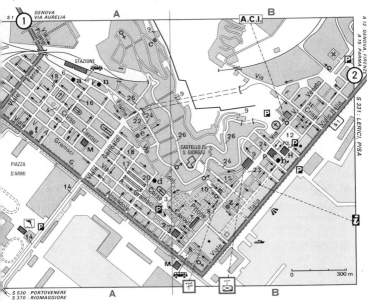

Jolly del Golfo, via 20 Settembre 2 ⊠ 19124 ℘ 27200, Telex 281047, Fax 22129, ≤ – 🛗
🌬 cam 🗐 📺 ☎ – 🔬 80 a 200. 🖭 🗐 ⑩ 🗉 *VISA*. 🛠 rist B **b**
Pas *(chiuso domenica)* 50000 – **113 cam** ☷ 195/270000, 2 appartamenti – ½ P 185000.

Hotel G. senza rist, via Tino 62 ℘ 504141, Telex 273888, Fax 524724 – 🛗 🗐 📺
☎ 🕭 🚗 🅿 🖭 🗐 ⑩ 🗉 *VISA* per ③
51 cam ☷ 135/175000, 3 appartamenti.

Firenze e Continentale senza rist, via Paleocapa 7 ⊠ 19122 ℘ 31248, Fax 33512 – 🛗 🗐
📺 ☎. 🖭 🗐 🗉 *VISA* A **n**
chiuso dal 24 al 27 dicembre – ☷ 10000 – **66 cam** 90/140000.

Genova senza rist, via Fratelli Rosselli 84 ⊠ 19121 ℘ 30066, Fax 30323 – 🛗 📺 ☎. 🗐 ⑩
🗉 *VISA* A **d**
☷ 10000 – **31 cam** 81/107000.

Mary, via Fiume 177 ⊠ 19122 ℘ 743254 – 🛗 📺 ☎. 🗐 🗉 *VISA*. 🛠 A **a**
Pas *(chiuso domenica e dal 24 al 28 dicembre)* carta 26/36000 – ☷ 5000 – **37 cam**
65/100000 – ½ P 60/80000.

XX **Da Dino,** via Da Passano 19 ⊠ 19121 ℘ 21360, 斎 – 皿 🖾 🗲 *VISA*. ℀   B
   chiuso domenica sera, lunedì e dal 2 al 18 luglio – Pas carta 27/47000.

XX **Peyton Place-Parodi,** viale Amendola 212 ⊠ 19122 ℘ 20421, 斎, Rist. con specia
   di pesce, prenotare – 皿 🖾 🛈 🗲 *VISA*. ℀   A
   chiuso domenica – Pas carta 36/83000.

XX **La Loggia,** corso Nazionale 16 ⊠ 19126 ℘ 501084, prenotare – 🗏. 皿 🖾 🛈
   VISA   pe
   chiuso i giorni festivi, domenica e dal 16 al 31 agosto – Pas carta 100/120000.

XX Da Francesco, via delle Pianazze 35 ⊠ 19136 ℘ 980946, « Servizio estivo in g
   dino »   pe

XX **Da Sandro,** via del Prione 268 ⊠ 19121 ℘ 37203, Fax 37203, 斎 – 皿 🖾 🛈 🗲
   ℀   A
   chiuso domenica e dal 20 al 30 settembre – Pas carta 25/43000.

XX Antica Osteria Negrao, via Genova 428 ⊠ 19123 ℘ 701564, 斎   pe

X **Rossetto,** via dei Colli 105 ⊠ 19122 ℘ 29393, « Servizio estivo in terrazza con ≤
   ℀   A
   chiuso mercoledì e gennaio – Pas carta 31/53000.

   Vedere anche : *Campiglia* SO : 9 km per S 530.
                  Lerici SE : 10 km per ③.
                  Portovenere S : 12 km per S 530.
                  Riomaggiore O : 14 km per S 370.

   Se cercate un albergo tranquillo,
   oltre a consultare le carte dell'introduzione,
   rintracciate nell'elenco degli esercizi quelli con il simbolo ⑧ *o* ⑧.

LASTRA A SIGNA 50055 Firenze 回回回 ⑭, 回回回 回回回 K 15 – 17 330 ab. alt. 36 – ✿ 055.
Roma 283 – ◆Bologna 108 – ◆Firenze 13 – ◆Livorno 79 – Lucca 63 – Pisa 69 – Pistoia 29 – Siena 74.

XX I Cupoli, ℘ 8721028 – 🅿

X **Antica Trattoria Sanesi,** via Arione 33 ℘ 8720234 – 🗏. 皿 🖾 🛈 🗲 *VISA*. ℀
   chiuso domenica sera, lunedì e dal 20 luglio al 20 agosto – Pas carta 37/57000 (12%).

LA THUILE 11016 Aosta 回回回 ①, 回回回 E 2 – 748 ab. alt. 1 441 – a.s. febbraio-10 marzo, Pasq
6 luglio-agosto e Natale – Sport invernali : 1 441/2 642 m ≰ 1 ≰ 34, ≰ – ✿ 0165.
🛆 via Collomb ℘ 884179, Fax 885196.
Roma 789 – Aosta 42 – Courmayeur 15 – ◆Milano 227 – Colle del Piccolo San Bernardo 13.

🏥 Planibel Hotel, ℘ 884541, Telex 215016, Fax 884535, ≤, Ⅰ₆, ≘s, 🔲 – 🛗 📺 ☎ ⟸
   🛆 60 a 120.
   stagionale – **254 cam.**

🏠 **Martinet** ⑧ senza rist, ℘ 884656, ≤ – ☎ 🚗. *VISA*. ℀
   chiuso maggio – 🖙 6000 – **10 cam** 40/70000.

LATINA 04100 🄿 回回回 ㉘, 回回回 R 20 – 103 630 ab. alt. 21 – ✿ 0773.
🛆 via Duca del Mare 19 ℘ 498711, Fax 661266.
A.C.I. via Aurelio Saffi 23 ℘ 497701.
Roma 70 – ◆Napoli 164.

🏥 **De la Ville e Rist. I Consoli,** via Canova 12 ℘ 661281, Telex 680860, Fax 661153, 🚗
   🛗 ✕ 🗏 📺 ☎ 🚗 – 🛆 30 a 50. 皿 🖾 🛈 🗲 *VISA*. ℀
   Pas carta 60/80000 (10%) – **68 cam** 🖙 180/230000 – ½ P 200000.

🏥 **Victoria Residence Palace,** via Vincenzo Rossetti ℘ 663966, Fax 489592, 🔺, 🚗, ℀
   🛗 🗏 📺 ☎ ♿ 🅿 – 🛆 30 a 200. 皿 🖾 🛈 🗲 *VISA*. ℀
   Pas *(chiuso domenica)* carta 40/53000 – **129 cam** 🖙 135/235000 – ½ P 172000.

XXX ✿ **Enoteca dell'Orologio,** piazza del Popolo 20 ℘ 690654, 斎, Coperti limitati; prer
   tare – 🗏. 皿 🖾 🛈 🗲 *VISA*. ℀
   chiuso domenica, dal 24 dicembre al 2 gennaio e dal 5 al 31 agosto – Pas carta 50/720
   (10%)
   Spec. Tagliatelle nere con gamberetti e peperone rosso, Rombo su riso selvaggio e verdure, Gamberoni rossi
   caponatina di melanzane. **Vini** Chatus, Teroldego.

XX **Cantina Ludi,** via Parini 5 ℘ 499783 – 🗏. 皿 🖾 *VISA*
   chiuso domenica e dal 10 al 20 agosto – Pas carta 45/63000.

XX Fioretto-di Nilo e Nora, via dell'Agora 81 ℘ 621273, Fax 621273, 斎 – 🗏 🅿

X **Impero,** piazza della Libertà 19 ℘ 493140, 斎 – 🗏. 🖾 *VISA*. ℀
   chiuso sabato e dal 14 al 31 agosto – Pas carta 32/54000.

al Lido di Latina S : 9 km – ✉ **04010** Borgo Sabotino :

Miramare senza rist, a Capo Portiere ✆ 273470, ≤, 🏖 – ▤ TV ☎ ⟹ P. AE 🅂 ⓞ E VISA. ✻
aprile-novembre – ☕ 15000 – **25 cam** 100/150000, ▤ 10000.

La Risacca, a Foce Verde ✆ 273223, ≤ – ▤ P. AE 🅂 ⓞ E VISA. ✻
chiuso giovedì e novembre – Pas carta 38/58000 (10%).

a Borgo Sabotino S : 7 km – ✉ **04010** :

La Padovana, ✆ 28081, 🏠 – P. AE 🅂 ⓞ E VISA
chiuso venerdì – Pas carta 27/54000.

ISANA **33053** Udine 988 ⑤ ⑥, 429 E 20 – 11 060 ab. alt. 9 – a.s. luglio-agosto – ☎ 0431.
598 – Gorizia 60 – ◆Milano 337 – Portogruaro 14 – ◆Trieste 80 – Udine 49 – ◆Venezia 87.

Bella Venezia ⛭, via Giovanni XXIII ✆ 59647, Fax 59649, 🏠, 🌳 – |♦| TV ☎ P – 🚶 130. AE 🅂 ⓞ E VISA
chiuso dal 22 dicembre al 10 gennaio – Pas *(chiuso domenica)* carta 32/53000 – **23 cam** ☕ 80/120000 – ½ P 80/100000.

Sot la Nape, via Marconi 59 ✆ 50310, Fax 520801, 🏠 – P. AE 🅂 ⓞ E VISA
chiuso martedì – Pas carta 38/67000.

'SCH = Laces.

JRIA Potenza 988 ㊳, 431 G 29 – 13 860 ab. alt. 430 – ☎ 0973.
406 – ◆Cosenza 126 – ◆Napoli 199 – Potenza 128.

a Lauria Superiore – ✉ **85045** :

Santa Rosa, ✆ 822113 – |♦| TV ☎ ⟹ P. AE 🅂 ⓞ E VISA. ✻
Pas carta 21/29000 – ☕ 6000 – **35 cam** 36/57000 – ½ P 47/54000.

a Lauria Inferiore – ✉ **85044** :

Isola di Lauria ⛭, ✆ 823905, Fax 823962, ≤ – |♦| ▤ TV ☎ P – 🚶 150 a 400. AE 🅂 ⓞ E VISA. ✻
Pas carta 27/48000 (10%) – **36 cam** ☕ 55/85000 – P 80000.

a Pecorone N : 5 km – ✉ **85040** :

Da Giovanni, ✆ 821003 – P. ✻
chiuso lunedì escluso da giugno a settembre – Pas carta 19/31000.

*Les nouveaux **guides Verts touristiques Michelin**, c'est :*
– un texte descriptif plus riche,
– une information pratique plus claire,
– des plans, des schémas et des photos en couleurs,
– ... et, bien sûr, une actualisation détaillée et fréquente.
Utilisez toujours la dernière édition.

UZACCO Udine – Vedere Pavia di Udine.

VAGNA **16033** Genova 988 ⑬, 428 J 10 – 13 432 ab. – ☎ 0185.
azza della Libertà 40 ✆ 392766, Fax 392766.
a 464 – ◆Genova 41 – ◆Milano 176 – Rapallo 17 – ◆La Spezia 66.

Admiral, via dei Devoto 89 ✆ 306072, ≤, 🏊 – |♦| ☎. ✻
Pasqua-ottobre – Pas *(chiuso sino al 15 giugno e dal 15 settembre ad ottobre)* 28/35000 – ☕ 8000 – **22 cam** 85000 – P 60/85000.

Fieschi ⛭, via Rezza 12 ✆ 304400, Fax 304400, 🌳 – TV ☎ P – 🚶 50. AE 🅂 ⓞ E VISA. ✻
Pas *(chiuso a mezzogiorno da ottobre a marzo)* 35/40000 – ☕ 12000 – **13 cam** 70/100000 – ½ P 80/90000.

Tigullio, via Matteotti 3 ✆ 392965 – |♦| TV ☎. ✻
aprile-ottobre – Pas *(chiuso lunedì)* carta 29/49000 – ☕ 7000 – **40 cam** 60/100000 – ½ P 70/85000.

X **Il Gabbiano,** via San Benedetto 26 (E : 1,5 km) ✆ 390228, Coperti limitati; prenotare, « Servizio estivo in terrazza panoramica » – P. AE 🅂 ⓞ E VISA. ✻
chiuso lunedì, dal 18 al 28 febbraio e dal 3 novembre al 6 dicembre – Pas carta 42/76000.

X **Il Bucaniere,** via 24 Aprile 69 ✆ 392830 – AE 🅂 ⓞ E VISA. ✻
chiuso dal 10 gennaio al 10 febbraio, lunedì e da novembre a marzo anche martedì – Pas carta 50/74000 (10%).

a Cavi SE : 3 km – ⊠ **16030** :

🏨 Gd H. **Astoria**, senza rist, via Aurelia 1736 ℰ 390015, Fax 390476 – |💱| 🆃🆅 ☎ 🅿
stagionale – **64 cam.**

🍽🍽 **A Cantinn-a,** via Torrente Barassi 8 ℰ 390394 – 🅿 🖪 E 𝑉𝐼𝑆𝐴
chiuso martedì, dal 15 al 28 febbraio e novembre – Pas carta 40/65000.

🍽 **Raieû,** via Milite Ignoto 23 ℰ 390145 – 🆀🇪 🖪 ⓞ E 𝑉𝐼𝑆𝐴 ⅏
chiuso lunedì, dal 20 gennaio a febbraio e dal 15 al 31 ottobre – Pas carta 35/60000.

🍽 **Cigno,** via del Cigno ℰ 390026, ≼
Pasqua-settembre; chiuso martedì – Pas carta 35/60000.

🍽 A **Supressa,** via Aurelia 1028 ℰ 390318, Coperti limitati; prenotare

Vedere anche : *Ne* N : 13 km.

▮▮▮ **LAVAGNO** **37030** Verona – 4 888 ab. alt. 70 – ✪ 045.
Roma 513 – ♦Brescia 80 – Trento 113 – ♦Verona 12 – Vicenza 43.

🍽 **Antica Ostaria de Barco,** località Barco ⊠ 37030 San Briccio ℰ 982278, ≼, « Serv
estivo in terrazza » – 🅿 🆀🇪 🖪 ⓞ 𝑉𝐼𝑆𝐴 ⅏
chiuso sabato a mezzogiorno, domenica e dal 1° al 25 gennaio – Pas carta 32/55000.

▮▮▮ **LAVAIANO** Pisa ▨▨▨ ▨▨▨ L 13 – Vedere Lari.

▮▮▮ **LAVARIANO** **33050** Udine ▨▨▨ E 21 – alt. 49 – ✪ 0432.
Roma 615 – ♦Trieste 82 – Udine 14 – ♦Venezia 119.

🍽🍽 ✿ **Blasut,** ℰ 767017, 🏠, Coperti limitati; prenotare – ⓞ
chiuso domenica sera, lunedì, dall'8 al 15 gennaio e dal 14 agosto al 7 settembre –
carta 47/75000
Spec. Sfoglia di fegato grasso e porro, Zuppa di cipolle e salsiccia (inverno), Cosce d'oca arrosto (autunno). Vini ⸱
Merlot.

▮▮▮ **LAVARONE** **38046** Trento ▨▨▨ E 15 – 1 108 ab. alt. 1 172 – a.s. Pasqua e Natale – S⸱
invernali : 1 172/1 381 m ≼12, ⻎ – ✪ 0464.
🄳 a Gionghi, palazzo Comunale ℰ 73226, Fax 73118.
Roma 592 – ♦Milano 245 – Rovereto 29 – Trento 28 – Treviso 115 – ♦Verona 104 – Vicenza 64.

🏨 **Capriolo** 🏠, a Bertoldi ℰ 73187, ≼, 🏫 – |💱| ☎ 🅿 ⅏
21 dicembre-9 aprile e 2 giugno-19 settembre – Pas *(chiuso giovedì)* carta 26/3500⸱
☑ 10000 – **29 cam** 65/110000 – ½ P 45/87000.

🏨 **Caminetto,** a Bertoldi ℰ 73214, ≼, 🏫 – |💱| 🆃🆅 ☎ 🅿 ⅏ rist
dicembre-Pasqua e giugno-settembre – Pas carta 24/32000 – ☑ 8000 – **20 cam** 55/880⸱
½ P 55/75000.

🏠 **Esperia,** a Chiesa ℰ 73124 – ☎ 🖪 E ⅏ rist
Pas *(chiuso martedì)* carta 19/29000 – ☑ 6000 – **18 cam** 40/70000 – ½ P 58000.

al Passo di Vezzena NE : 10 km :

🏨 **Vezzena** 🏠, alt. 1 450 ⊠ 38040 Luserna ℰ 73167, Fax 73167 – |💱| 🍽 rist ☎ ⇦ 🅿
47 cam.

▮▮▮ **LAVELLO** **85024** Potenza ▨▨▨ ㉘, ▨▨▨ D 29 – 13 361 ab. alt. 313 – ✪ 0972.
Roma 359 – ♦Bari 107 – ♦Foggia 68 – ♦Napoli 166 – Potenza 77.

🏨 **San Barbato** 🏠, SO : 1,5 km ℰ 81392, Fax 83813, 🏊, 🏫, 🍽 – |💱| 🍽 🆃🆅 ☎ (⸱
🄰 50 a 400. 🖪 ⓞ E 𝑉𝐼𝑆𝐴 ⅏
Pas *(chiuso venerdì e dal 23 dicembre al 6 gennaio)* carta 28/40000 – ☑ 5000 – **38 c**⸱
96000 – ½ P 75/95000.

▮▮▮ **LAVENO MOMBELLO** **21014** Varese ▨▨▨ ② ③, ▨▨▨ E 7 – 8 789 ab. alt. 200 – ✪ 0332.
Vedere Sasso del Ferro★★ per cabinovia.
⛴ per Verbania-Intra giornalieri (20 mn) – Navigazione Lago Maggiore, ℰ 667128.
Roma 654 – Bellinzona 56 – Como 49 – ♦Lugano 39 – ♦Milano 77 – Novara 69 – Varese 22.

🏠 **Moderno** senza rist, ℰ 668373 – |💱| ⊜, 🖪 E 𝑉𝐼𝑆𝐴
15 marzo-15 ottobre – ☑ 9000 – **14 cam** 92000.

🍽🍽 **Il Porticciolo-Bellevue** con cam, strada statale 629 (O : 1,5 km) ℰ 667257, Fax 6667⸱
≼ lago, prenotare, « Servizio estivo in terrazza sul lago » – 🆃🆅 ☎ 🅿 🆀🇪 🖪 ⓞ E ⸱
⅏ cam
chiuso dal 21 al 31 gennaio – Pas *(chiuso martedì e in luglio-agosto solo marted⸱
mezzogiorno)* carta 50/80000 – ☑ 15000 – **10 cam** 100000 – ½ P 105/135000.

✕ Concordia, ℰ 667380

✕ **Lo Scoiattolo,** località Monteggia N : 3 km ℰ 668253, « Posizione panoramica in colli-na con ≤ lago e monti » – 🛐 🛈 **E** 𝑉𝐼𝑆𝐴
chiuso lunedì, martedì a mezzogiorno, dal 2 al 24 febbraio e dal 10 al 31 ottobre – Pas carta 60/80000.

VERTEZZO – Vedere Cantone Ticino alla fine dell'elenco alfabetico.

VILLA (STERN) Bolzano 988 ⑤ – Vedere Badia.

VINIO LIDO DI ENEA Roma 988 ㉖, 430 R 19 – Vedere Anzio.

VORGO 218 ⑫ – Vedere Cantone Ticino alla fine dell'elenco alfabetico.

ZISE 37017 Verona 988 ④, 428 429 F 14 – 5 537 ab. alt. 76 – ✿ 045.

e ⌐₅ Cà degli Ulivi (chiuso lunedì) a Marciaga-Castion di Costermano ⌧ 37010 ℰ 7256463, ✕ 7256876, N : 13 km.

via Francesco Fontana 14 ℰ 7580114.

ma 521 – ♦Brescia 54 – Mantova 60 – ♦Milano 141 – Trento 92 – ♦Venezia 146 – ♦Verona 23.

🏨 **Lazise** senza rist, ℰ 6470466, Fax 6470190, ⅃, ℀ – 🛗 📺 🕿 ⇌ 🅿. ℀
marzo-ottobre – ⌧ 15000 – **45 cam** 85/115000.

🏠 **Le Mura** senza rist, ℰ 6470100, Fax 7580189 – 📺 🕿 🅿. ℀
marzo-novembre – **24 cam** ⌧ 110000.

✕✕ **Bastia,** ℰ 6470099, ☂ – 🛐 **E** 𝑉𝐼𝑆𝐴
chiuso mercoledì e giovedì a mezzogiorno, da giugno a settembre solo mercoledì a mezzogiorno – Pas carta 25/44000.

✕✕ **La Taverna-da Oreste,** ℰ 7580019 – 𝔸𝔼 🛐 **E** 𝑉𝐼𝑆𝐴
chiuso mercoledì e da gennaio al 2 febbraio – Pas carta 35/48000.

✕✕ **Botticelli,** ℰ 7581194, ☂ – . 𝔸𝔼 🛐 **E** 𝑉𝐼𝑆𝐴
chiuso gennaio e lunedì (escluso da maggio a settembre) – Pas carta 33/57000.

✕✕ **Il Porticciolo,** ℰ 7580254, ☂ – 🅿. 🛐 **E** 𝑉𝐼𝑆𝐴. ℀
chiuso martedì e novembre – Pas carta 31/50000.

sulla strada statale 249 S : 1,5 km :

🏨 **Casa Mia,** ⌧ 37017 ℰ 6470244, Fax 7580554, ☂, « Giardino », ≋, ⅃, ℀ – 🛗 🕿 🅿 –
🔬 60. 𝔸𝔼 🛐 **E** 𝑉𝐼𝑆𝐴 ℀
chiuso dal 21 dicembre al 1° febbraio – Pas *(chiuso lunedì da ottobre a maggio)* carta 38/50000 – ⌧ 14000 – **39 cam** 80/115000 – ½ P 120000.

Halten Sie beim Betreten des Restaurants den Führer in der Hand
und legen Sie ihn auf den Tisch.

E CASTELLA Catanzaro 431 K 33 – Vedere Isola di Capo Rizzuto.

ECCE 73100 ℙ 988 ㉚, 431 F 36 – 102 344 ab. alt. 51 – ✿ 0832.

edere Basilica di Santa Croce✶✶ Y – Piazza del Duomo✶✶ : pozzo✶ del Seminario Y – Museo ovinciale✶ : collezione di ceramiche✶✶ Z M – Chiesa di San Matteo✶ Z – Chiesa del Rosario✶ ° – Altari✶ nella chiesa di Sant'Irene Y.

piazza Sant'Oronzo 25 ℰ 24443 – **A.C.I.** via Candido 2 ℰ 40441.

ma 601 ① – ♦Brindisi 39 ① – ♦Napoli 413 ① – ♦Taranto 86 ⑦.

Pianta pagina seguente

🏨🏨 **President,** via Salandra 6 ℰ 311881, Telex 860076, Fax 594321 – 🛗 🗐 📺 🕿 🕭 ⇌ – 🔬 25 a 350. 𝔸𝔼 🛐 🛈 **E** 𝑉𝐼𝑆𝐴. ℀   X   **n**
Pas carta 45/62000 – **154 cam** ⌧ 125/220000 – ½ P 145000.

🏨🏨 **Cristal** senza rist, via Marinosci 16 ℰ 594198, Telex 860014, Fax 315109, ℀ – 🛗 ⇌ 🗐 📺 🕿 ⇌ – 🔬 60. 𝔸𝔼 🛐 🛈 **E** 𝑉𝐼𝑆𝐴. ℀   X   **a**
⌧ 12000 – **63 cam** 105/155000.

🏨 Gd H. Tiziano e dei Congressi, superstrada per Brindisi ℰ 4718, Telex 860285, Fax 4718, ☂, ≋ – 🛗 🗐 📺 🕿 🕭 🅿 – 🔬 600.   X   **c**
171 cam.

🏨 **Delle Palme,** via di Leuca 90 ℰ 647171, Fax 647171 – 🛗 🗐 📺 🕿 🅿 – 🔬 40. 𝔸𝔼 🛐 🛈 **E** 𝑉𝐼𝑆𝐴 ℀   X   **e**
Pas 30000 – **96 cam** ⌧ 73/124000, 2 appartamenti – ½ P 93000.

✕✕ Carlo V, via Palmieri 46 ℰ 46042   Y   **a**

✕✕ **Plaza,** via 140° Fanteria 16 ℰ 305093 – 🗐. 🛐 **E** 𝑉𝐼𝑆𝐴
chiuso domenica ed agosto – Pas carta 22/33000.   Y   **u**

✕ **I Tre Moschettieri** via Paisiello 9/a ℰ 308484, ☂ – ℀   Z   **a**
chiuso lunedì e dal 15 al 31 agosto – Pas carta 25/49000.

LECCE

Fazzi (Via Vito)............... Y 12
Imperatore Augusto (V.).... Y 15
Mazzini (Piazza G.)......... X 23
Nazario Sauro (Via)......... X 24
S. Oronzo (Piazza)......... Y
Trinchese (Via Salvatore).. X 41
Vitt. Emanuele (Cso)....... Y 42

Alfieri (Viale V.)............. X 2
Aragona (Via F. d')........ YZ 3
Boito (Via A.)............... X 4
Bonifacio (Via G.B.)........ X 5
Calasso (Via Francesco).. X 6
Caracciolo (Via Roberto).. Z 7
Costadura (Via M.C.)...... X,Y 8
Foscolo (Viale Ugo)........ X 13
Imperatore Adriano (V.).. X,Y 14
Jacobis (V. Agostino de).. X,Z 17
Liberta (Via della)......... X 19
Ludovico (Via)............. Y 21
Marche (Viale)............. X 22
Orsini del Balzo (Via)..... X,Z 25
Palazzo dei Conti
   di Lecce (Via del)....... X 26
Pettorano (Via)............ X 27
Pietro (Via M. de).......... X,Y 28
Realino (Via Bernardino).. X 29
Regina Elena (Via)........ X 30
Rossini (Viale G.)......... X 31
Rubichi (Via Francesco).. Y 32
Salandra (Via)............. X 33
S. Lazzaro (Via)........... X 34
Taranto (Via).............. Y 38
Templari (Via)............. Y 39
Vitt. Emanuele (Pza)...... Y 43
25 Luglio (Via)............. Y 44

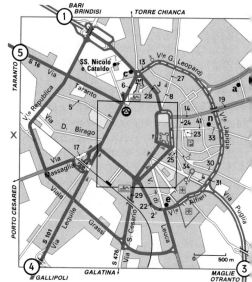

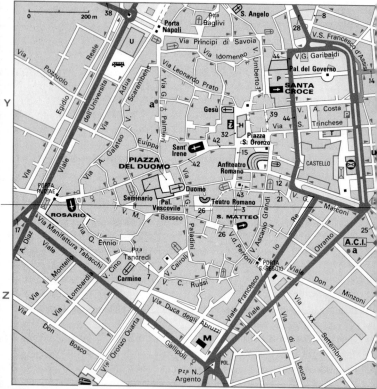

298

sulla strada provinciale per Torre Chianca :

X **Gino e Gianni,** N : 3 km ✉ 73100 ☎ 399210, Fax 399110 – ▤ Ⓟ. AE ⓢ ⓞ E VISA. ✻
chiuso mercoledì – Pas carta 36/60000.

X **Il Satirello,** N : 9 km ✉ 73100 ☎ 376121, ⛱ – ▤ Ⓟ – 🏔 80. AE ⓢ E VISA
chiuso martedì e dal 1° al 10 luglio – Pas carta 26/43000.

CCO 22053 Como 988 ③, 428 E 10 – 46 721 ab. alt. 214 – ☎ 0341.

ere Lago★★★.

Royal Sant'Anna (chiuso martedì) ✉ 22040 Annone di Brianza ☎ 577551, Fax 260143, SO : km.

per Bellagio-Tremezzo-Como luglio-settembre giornalieri (2 h 40 mn) – Navigazione Lago Como, largo Lario Battisti ☎ 364036.

a Nazario Sauro 6 ☎ 362360, Fax 296231.

a 621 – ◆Bergamo 33 – Como 29 – ◆Lugano 61 – ◆Milano 56 – Sondrio 82 – Passo dello Spluga 97.

Moderno senza rist, piazza Diaz 5 ☎ 286519 – TV ☎. AE ⓢ ⓞ E VISA. ✻
☕ 12000 – **26 cam** 70/100000.

X **Les Paysans,** lungo Lario Piave 14 (Caviate) ☎ 369233, « Servizio estivo in terrazza fiorita » – Ⓟ. AE ⓢ E VISA
chiuso a mezzogiorno (escluso i giorni festivi), lunedì, dal 15 al 30 maggio e dal 1° al 15 ottobre – Pas carta 43/81000 (10%).

X **Al Porticciolo 84,** via Valsecchi 5/7 ☎ 498103, ⛱, Rist. con specialità di mare, Coperti limitati; prenotare – AE ⓢ ⓞ E VISA. ✻
chiuso a mezzogiorno (escluso i giorni festivi), lunedì, dal 1° al 6 gennaio ed agosto – Pas carta 60/75000.

X **Cermenati,** corso Matteotti 71 ☎ 283017, ⛱, Coperti limitati; prenotare – AE ⓞ. ✻
chiuso lunedì, dal 1° al 10 gennaio e dal 10 al 24 agosto – Pas carta 49/72000.

X Don Abbondio 🐦 con cam, piazza Era 10 (Pescarenico) ☎ 366315 – TV ☎ Ⓟ
16 cam.

X **Larius,** via Nazario Sauro 2 ☎ 363558 – AE ⓢ ⓞ E VISA
chiuso martedì – Pas carta 43/88000.

X **Nicolin,** a Maggianico S : 3,5 km ☎ 422122, « Servizio estivo in terrazza » – Ⓟ. ⓢ VISA
chiuso martedì ed agosto – Pas carta 37/58000.

X Serra, lungolago Cadorna 20 ☎ 369293, ⛱

X **Vecchia Lecco,** via Anghileri 5 ☎ 365701 – AE ⓢ ⓞ E VISA. ✻
chiuso domenica ed agosto – Pas carta 43/64000 (10%).

X **Pizzoccheri,** via Aspromonte 21 ☎ 367126, Rist. con specialità valtellinesi – VISA
chiuso mercoledì, dal 23 dicembre al 2 gennaio, dal 7 al 14 aprile ed agosto – Pas carta 34/54000.

Vedere anche : ***Malgrate*** O : 2 km.
Valmadrera O : 3 km.
Garlate S : 6 km.

CLOTES Torino – Vedere Sauze d'Oulx.

GNAGO 37045 Verona 988 ④ ⑭, 429 G 15 – 26 494 ab. alt. 16 – ☎ 0442.

na 476 – Mantova 44 – ◆Milano 195 – ◆Padova 64 – Rovigo 45 – ◆Venezia 101 – ◆Verona 42 – Vicenza 49.

Salieri senza rist, viale dei Caduti 64 ☎ 22100, Fax 85866 – 🛗 ▤ TV ☎. AE ⓢ E VISA
☕ 10500 – **28 cam** 98/120000.

XX **Colombara Volner** via San Vito 14 (NE : 2,5 km) ☎ 26200, Fax 601250, ⛱, Coperti limitati; prenotare, « Giardino-frutteto » – Ⓟ – 🏔 100. AE ⓢ E VISA. ✻
chiuso martedì, dal 1° al 15 gennaio e dal 20 luglio al 10 agosto – Pas carta 40/60000.

XX **Fileno,** corso della Vittoria 51 ☎ 20103 – ▤. ✻
chiuso lunedì, giovedì sera, dal 1° al 10 gennaio e dal 28 luglio al 30 agosto – Pas carta 25/40000.

a San Pietro O : 3 km – ✉ **37048** San Pietro di Legnago :

Pergola, ☎ 27122, Fax 27886 – 🛗 ▤ TV ☎ ♿ 🚗 Ⓟ – 🏔 150. AE ⓢ ⓞ E VISA. ✻
Pas *(chiuso mercoledì, venerdì sera, dal 1° al 10 gennaio e dal 5 al 20 agosto)* carta 44/69000 – ☕ 14000 – **48 cam** 120/150000 – ½ P 100/130000.

Un conseil Michelin :
pour réussir vos voyages, préparez-les à l'avance.
Les cartes *et* guides Michelin, *vous donnent toutes indications utiles sur :*
itinéraires, visite des curiosités, logement, prix, etc.

LEGNANO 20025 Milano 988 ③, 428 F 8 – 49 512 ab. alt. 199 – ✿ 0331.

Roma 605 – Como 33 – ✦Milano 28 – Novara 37 – Varese 32.

🏨 **Excelsior** senza rist, piazza Frua ℰ 593186, Fax 547530 – 🛗 ≡ 📺 ☎ – 🔏 50. 巫 🕃 ⋿
　　chiuso dal 1° al 23 agosto – � 14000 – **63 cam** 120/170000.

🏨 **2 C** senza rist, via Colli di Sant'Erasmo 51 ℰ 440159, Fax 440159 – ≡ 📺 ☎ 🅿. 巫 🕃
　　VISA ⅏
　　chiuso dal 1° al 21 agosto – � 10000 – **24 cam** 80/120000.

🏨 **Italia** senza rist, viale Toselli 42/a ℰ 597191, Fax 597268 – 🛗 📺 ☎ ⟷ 🅿. 巫 🕃 ⋿ ▮
　　⅏
　　chiuso dal 10 al 20 agosto – � 12000 – **30 cam** 76/115000.

XX **Bel Sit,** via Crema 4 ℰ 592300 – ≡. 巫 🕃 ⋿ **VISA**. ⅏
　　chiuso giovedì – Pas carta 43/82000.

LE GRAZIE La Spezia 430 J 11 – Vedere Portovenere.

LEIFERS = Laives.

LEIVI Genova 428 I 9 – Vedere Chiavari.

LEMIE 10070 Torino, 428 G 3 – 294 ab. alt. 957 – ✿ 0123.

Roma 734 – ✦Milano 180 – ✦Torino 54.

🏠 **Villa Margherita,** località Villa SE : 2 km ℰ 60225, ≼ – 🅿. 🕃. ⅏
　　chiuso novembre – Pas (chiuso lunedì) carta 27/41000 – � 8000 – **19 cam** 90/120000.

LENNO 22016 Como 428 E 9, 219 ⑨ – 1 605 ab. alt. 200 – ✿ 0344.

Roma 652 – Como 27 – Menaggio 8 – ✦Milano 75.

🏨 **San Giorgio,** ℰ 40415, ≼ lago e monti, « Piccolo parco ombreggiato », ⅏ – 🛗 ☎ 🅿.
　　⋿ **VISA**. ⅏
　　aprile-settembre – Pas (solo per clienti alloggiati) 40000 – � 15000 – **29 cam** 100/14000
　　½ P 95/108000.

LEONESSA 02016 Rieti 988 ㉖, 430 O 20 – 2 887 ab. alt. 974 – ✿ 0746.

Roma 114 – L'Aquila 67 – Ascoli Piceno 86 – Rieti 36 – Terni 48.

🏨 **La Torre,** ℰ 922166, ⤳, ⌧ – 🛗 📺 ☎ 🅿. 🕃 ⓪ **VISA**. ⅏ rist
　　Pas carta 31/53000 – **52 cam** � 110/160000 – ½ P 105000.

LEPORANO 74020 Taranto 431 F 33 – 5 426 ab. alt. 48 – a.s. 20 giugno-agosto – ✿ 099.

Roma 546 – ✦Brindisi 66 – Lecce 77 – ✦Taranto 14.

🏩 **Morgana,** località Baia d'Argento ℰ 8315591, Telex 813176, Fax 8315595, ≼, ⤳, ⌧ –
　　≡ 📺 ☎ ⅓ 🅿 – 🔏 120. 巫 🕃 ⋿ **VISA**. ⅏
　　Pas carta 50/92000 – **50 cam** � 150/170000, 2 appartamenti – ½ P 110/150000.

LE REGINE Pistoia 430 J 14 – Vedere Abetone.

LERICI 19032 La Spezia 988 ⑬ ⑭, 428 429 430 J 11 – 12 976 ab. – ✿ 0187.
Vedere Guida Verde.

🏌 Marigola (chiuso lunedì) ℰ 970193.

🛈 via Gerini 40 ℰ 967346.

Roma 408 – ✦Genova 107 – ✦Livorno 84 – Lucca 64 – Massa 25 – ✦Milano 224 – Pisa 65 – ✦La Spezia 10.

🏨 **Shelley e Delle Palme,** lungomare Biaggini 5 ℰ 968204 e rist ℰ 964220, Fax 964271,
　　golfo – 🛗 ≡ rist 📺 ☎. 巫 🕃 ⓪ ⋿ **VISA**. ⅏ rist
　　chiuso novembre – Pas (chiuso giovedì escluso dal 15 giugno al 15 settembre) carta 3
　　60000 (10%) – � 12000 – **50 cam** 90/125000 – ½ P 100/105000.

🏨 **Doria** ⧏ senza rist, via privata Doria ℰ 967124, Fax 966459, ≼ golfo, ⌧ – 🛗 📺 ☎ 🅿.
　　🕃 ⓪ ⋿ **VISA**
　　� 15000 – **42 cam** 80/120000.

🏨 **Europa** ⧏, via Carpanini 1 ℰ 967800, Fax 965957, ≼ golfo, ⌧ – 🛗 📺 ☎ 🅿. 巫 🕃 ⓪ ▮
　　VISA. ⅏
　　Pas carta 35/48000 – � 15000 – **33 cam** 90/120000 – ½ P 95/130000.

🏨 **Florida** senza rist, lungomare Biaggini 35 ℰ 967332, Fax 967344, ≼ golfo – 🛗 📺 ☎. 巫
　　⓪ ⋿ **VISA**
　　chiuso dal 15 dicembre a gennaio – � 13000 – **33 cam** 90/125000.

XX **Il Frantoio,** via Cavour 21 ℰ 964174 – 巫 🕃 ⓪ ⋿ **VISA**. ⅏
　　chiuso lunedì e dal 3 al 25 luglio – Pas carta 50/74000.

XX **Vecchia Lerici,** piazza Mottino 10 ℰ 967597 – 巫 🕃 ⓪ ⋿ **VISA**
　　chiuso giovedì, venerdì a mezzogiorno, dal 1° al 15 luglio e dal 25 novembre al 25 dicemb
　　– Pas carta 56/86000 (10%).

XX **Da Paolino,** via San Francesco 14 ℰ 967801, Fax 967801, prenotare – 巫 🕃 ⓪ ⋿ **VISA**
　　chiuso dal 10 al 24 gennaio, dall'11 al 25 luglio, domenica sera (escluso luglio-agosto)
　　lunedì – Pas carta 56/80000.

%% **La Barcaccia,** piazza Garibaldi 8 *𝒫* 967721, 🍴 – ⒶⒺ 🅱 ⓸ Ⲉ 𝘝𝘐𝘚𝘈
chiuso febbraio o novembre e giovedì (escluso agosto) – Pas carta 43/63000 (10%).

%% **Conchiglia,** piazza del Molo 3 *𝒫* 967334, ≤, 🍴 – ⒶⒺ 🅱 ⓸ Ⲉ 𝘝𝘐𝘚𝘈
chiuso dal 15 gennaio al 15 febbraio e mercoledì (escluso dal 15 luglio ad agosto) – Pas carta 43/69000 (10%).

% **La Calata,** via Mazzini 7 *𝒫* 967143, ≤, 🍴 – ⒶⒺ 🅱 ⓸ Ⲉ 𝘝𝘐𝘚𝘈. %
chiuso mercoledì e novembre – Pas carta 40/70000 (10%).

a Fiascherino SE : 3 km – ✉ **19030** :

🏨 **Il Nido** 🍃, *𝒫* 967286, Fax 964225, ≤, « Terrazze-giardino », 🐾 – ▤ cam 📺 ☎ 🚗 🄿.
ⒶⒺ 🅱 ⓸ Ⲉ 𝘝𝘐𝘚𝘈. %
marzo-ottobre – Pas carta 43/68000 (10%) – ⌧ 18000 – **38 cam** 85/130000 – ½ P 95/130000.

🏨 **Cristallo** 🍃, *𝒫* 967291, Fax 964269, ≤ – 🛗 ▤ 📺 ☎ 🄿. ⒶⒺ 🅱 ⓸ Ⲉ 𝘝𝘐𝘚𝘈. %
chiuso dall'8 al 31 gennaio – Pas carta 44/61000 – ⌧ 15000 – **32 cam** 100/140000 – ½ P 90/110000.

🏨 **Villa Maria Grazia** 🍃, *𝒫* 967507, « Giardino-uliveto con servizio ristorante estivo » – ☎ 🄿. ⒶⒺ 🅱 Ⲉ 𝘝𝘐𝘚𝘈. %
marzo-ottobre – Pas (solo per clienti alloggiati) 35/60000 – ⌧ 13000 – **9 cam** 115000 – ½ P 95/105000.

a Tellaro SE : 4 km – ✉ **19030** :

🏨 **Miramare** 🍃, *𝒫* 967589, ≤, « Terrazza-giardino » – ☎ 🄿. % cam
22 dicembre-8 gennaio e Pasqua-ottobre – Pas carta 29/41000 – ⌧ 9000 – **18 cam** 45/65000 – ½ P 70/75000.

%% ⚙ **Miranda** con cam, *𝒫* 964012, Coperti limitati; prenotare – 📺 ☎ 🄿. 🅱 ⓸ Ⲉ 𝘝𝘐𝘚𝘈. % cam
marzo-novembre – Pas *(chiuso lunedì)* carta 60/100000 – **6 cam** ⌧ 130000, 2 appartamenti – ½ P 120000
Spec. Assaggi di mare, Pappardelle integrali con scampi e basilico, Scaloppa di branzino in marinata di pomodoro con agretto di Vin Santo. **Vini** Bianchetta, Le Pergole Torte.

Le nuove carte Michelin 428, 429, 430, 431, 432, 433
per programmare agevolmente i vostri viaggi in Italia.

ERMA 15070 Alessandria 428 I 8 – 744 ab. alt. 293 – ✿ 0143.
▪ma 544 – Alessandria 48 – ♦Genova 59 – ♦Milano 122 – Savona 69 – ♦Torino 133.

% **Italia,** *𝒫* 877110
chiuso lunedì e dal 6 gennaio al 6 febbraio – Pas carta 22/38000

ESA 28040 Novara 428 E 7, 219 ⑦ – 2 292 ab. alt. 196 – ✿ 0322.
▪ma 650 – Locarno 62 – ♦Milano 73 – Novara 49 – Stresa 7 – ♦Torino 127.

% **Lago Maggiore** con cam, *𝒫* 7259, ≤, 🍴 – 📺 ☎. 🅱 ⓸ Ⲉ 𝘝𝘐𝘚𝘈
marzo-novembre – Pas carta 33/56000 (10%) – ⌧ 11000 – **15 cam** 65/90000 – ½ P 75/80000.

verso Comnago O : 2 km :

% **Al Camino,** ✉ 28040 *𝒫* 7471, Coperti limitati; prenotare, « Locale tipico con servizio estivo in terrazza panoramica » – 🅱 Ⲉ 𝘝𝘐𝘚𝘈. %
chiuso mercoledì ed ottobre – Pas carta 37/58000.

ESINA 71010 Foggia 988 ㉘, 431 B 28 – 6 674 ab. – a.s. agosto-13 settembre – ✿ 0882.
▪ma 333 – ♦Bari 178 – ♦Foggia 57 – ♦Napoli 232 – ♦Pescara 130.

a Marina di Lesina NO : 12 km – ✉ **71010** Lesina :

🏨 **Maddalena,** *𝒫* 95076, Fax 95078, ≤, 🏖, 🐾, % – 🛗 ▨ 🚗. ⒶⒺ 🅱 ⓸ Ⲉ 𝘝𝘐𝘚𝘈. % rist
marzo-ottobre – Pas 25/38000 – **74 cam** ⌧ 100/125000 – ½ P 75/100000.

ETOJANNI Messina 432 N 27 – Vedere Sicilia.

EVADA Treviso – Vedere Ponte di Piave.

EVANTO 19015 La Spezia 988 ⑬, 428 J 10 – 6 162 ab. – ✿ 0187.
piazza Colombo 12 *𝒫* 808125.
▪ma 456 – ♦Genova 83 – ♦Milano 218 – Rapallo 59 – ♦La Spezia 36.

🏨 **Dora,** via Martiri della Libertà 27 *𝒫* 808168, Fax 808007 – 🛗 ☎ ♿ 🄿. 🅱 Ⲉ 𝘝𝘐𝘚𝘈. % rist
febbraio-ottobre – Pas *(chiuso venerdì)* 25/38000 – ⌧ 10000 – **36 cam** 50/75000 – ½ P 65/80000.

🏨 **Nazionale,** via Jacopo 20 *𝒫* 808102, Fax 800901, 🍴 – 🛗 ☎ 🄿. ⒶⒺ 🅱 ⓸ Ⲉ 𝘝𝘐𝘚𝘈. % rist
Natale-6 gennaio e aprile-3 novembre – Pas 28/35000 – ⌧ 9500 – **32 cam** 70/100000 – ½ P 70/90000.

XX **Hostaria da Franco,** via privata Olivi 8 ℰ 808647, 😤 – 🍴
chiuso novembre e lunedì (escluso luglio-agosto) – Pas carta 35/50000.

X **Tumelin,** via Grillo 32 ℰ 808379, 😤
chiuso dal 7 gennaio al 7 febbraio e giovedì (escluso dal 15 giugno al 15 settembre) – Pa
carta 41/72000.

X **La Gritta,** via Vellesanta ℰ 808593, ≤, 😤, Veranda in riva al mare – 🆎 🕄 ⓞ Ε 𝑉𝐼𝑆𝐴. 🍴
Pasqua-settembre; chiuso mercoledì escluso luglio-agosto – Pas carta 40/55000 (10%).

LEVICO TERME 38056 Trento 𝟿𝟾𝟾④, 𝟜𝟤𝟿 D 15 – 5 648 ab. alt. 506 – Stazione termale (ma
gio-ottobre), a.s. Pasqua, luglio-agosto e Natale – Sport invernali : a Panarotta (Vetrio
Terme) : 1 490/1 973 m ≰6, 𝕏 – 🚯 0461.

🖪 via Vittorio Emanuele 3 ℰ 706101, Telex 400856, Fax 706004.

Roma 610 – Belluno 90 – ◆Bolzano 82 – ◆Milano 266 – Trento 22 – ◆Venezia 141.

🏨 **Gd H. Bellavista,** ℰ 706136, Fax 706474, ≤, « Giardino ombreggiato », 🌊 riscaldata
🛗 🗖 rist 🗺 ☎ ❷ – 🛦 120. 🕄 Ε 𝑉𝐼𝑆𝐴. 🍴 rist
Natale-20 gennaio e Pasqua-ottobre – Pas 40/45000 – 🖵 10000 – **78 cam** 88/140000
½ P 81/117000.

🏨 **Al Sorriso** 🐾, verso il lido ℰ 707029, Fax 706202, ≤, « Grande giardino ombreggia
con 🌊 riscaldata e 🍴 » – 🛗 🗺 ☎ ❷. 🆎 🕄 Ε 𝑉𝐼𝑆𝐴. 🍴 rist
Natale-20 gennaio e Pasqua-ottobre – Pas 30/40000 – 🖵 15000 – **45 cam** 100/14000
2 appartamenti – ½ P 60/110000.

🏨 **Liberty,** ℰ 701521 – 🛗 🗖 rist 🗺 ☎. 🕄 Ε 𝑉𝐼𝑆𝐴. 🍴 rist
20 dicembre-10 gennaio e maggio-ottobre – Pas 25/40000 – 🖵 10000 – **32 cam** 10
130000 – ½ P 80000.

🏠 **Levico,** ℰ 706335, ≤, 🚗 – 🛗 ☎ ❷. 🍴
giugno-settembre – Pas 30/35000 – 🖵 6000 – **26 cam** 50/80000 – ½ P 55/73000.

XX Scaranò 🐾 con cam, verso Vetriolo Terme N : 2 km ℰ 706810, ≤ vallata – ☎ ❷
25 cam.

a Vetriolo Terme N : 13,5 km – alt. 1 490 – ⊠ **38056** Levico Terme :

🏨 **Compet** 🐾, S : 1,5 km ℰ 706466, Fax 707815, ≤ – 🛗 ☎ ❷ – 🛦 80. Ε. 🍴
chiuso dall'8 ottobre al 15 novembre – Pas 25/30000 – **34 cam** 🖵 50/80000 – ½ P 57/7500

🏨 **Italia Grand Chalet** 🐾, ℰ 706414, ≤, 🚗, 🍴 – 🕲 ❷. 🍴
20 dicembre-15 aprile e 25 giugno-20 settembre – Pas 22/35000 – 🖵 10000 – **50 ca
60/110000 – ½ P 70/93000.

LEZZENO 22025 Como 𝟜𝟤𝟾 E 9, 𝟤𝟙𝟿⑨ – 1 988 ab. alt. 200 – 🚯 031.

Roma 649 – Bellagio 7,5 – Como 23 – ◆Milano 71.

X Crotto del Misto, sulla statale O : 3 km ℰ 914541, ≤, 😤 – ❷
stagionale.

LIDO Livorno 𝟜𝟹𝟶 N 13 – Vedere Elba (Isola d') : Capoliveri.

LIDO ADRIANO Ravenna 𝟜𝟹𝟶 I 18 – Vedere Ravenna (Marina di).

LIDO DEGLI ESTENSI Ferrara 𝟿𝟾𝟾⑮, 𝟜𝟹𝟶 I 18 – Vedere Comacchio.

LIDO DI CAMAIORE 55043 Lucca 𝟿𝟾𝟾⑭, 𝟜𝟤𝟾 𝟜𝟤𝟿 𝟜𝟹𝟶 K 12 – a.s. Carnevale, Pasqu
15 giugno-15 settembre e Natale – 🚯 0584.

🖪 viale Colombo 342 ℰ 617397.

Roma 371 – ◆Firenze 97 – ◆Livorno 47 – Lucca 27 – Massa 23 – ◆Milano 251 – Pisa 28 – ◆La Spezia 51.

🏨 **Villa Ariston,** viale Colombo 355 ℰ 610633, Fax 610631, 😤, « Grande parco con 🌊
🍴 » – 🗖 🗺 ☎ ❷ – 🛦 300. 🆎 🕄 ⓞ Ε 𝑉𝐼𝑆𝐴. 🍴
Pas *(aprile-ottobre)* carta 75/90000 – 🖵 25000 – **36 cam** 210/300000, 7 appartamenti
½ P 170/215000.

🏨 **Caesar,** viale Colombo 325 ℰ 617841, Fax 610888, ≤, 🌊, 🚗, 🍴 – 🛗 🗖 🗺 ☎ ❷
🛦 60. 🆎 🕄 ⓞ Ε 𝑉𝐼𝑆𝐴. 🍴
Pas *(maggio-ottobre; solo per clienti alloggiati)* – 🖵 15000 – **42 cam** 105/180000
½ P 130/180000.

🏨 **Grandhotel e Riviera,** lungomare Pistelli 59 ℰ 617571, Telex 502180, Fax 619533,
🎞, 😤, 🌊 – 🛗 🗖 🗺 ☎ ❷. 🆎 🕄 ⓞ Ε 𝑉𝐼𝑆𝐴. 🍴 rist
aprile-ottobre – Pas *(solo per clienti alloggiati; chiuso sino a maggio ed ottobre)* 4500
60 cam 🖵 180/240000 – P 155/210000.

🏨 **Capri,** lungomare Pistelli 6 ℰ 60001, Fax 60004, ≤ – 🛗 🗖 🗺 ☎. 🕄 Ε 𝑉𝐼𝑆𝐴. 🍴 rist
Pasqua-novembre – Pas *(solo per clienti alloggiati)* – 🖵 10000 – **50 cam** 70/11000
½ P 75/115000.

🏨 **Alba sul Mare,** lungomare Pistelli 15 ℰ 67423, Fax 66811, ≤ – 🛗 🗖 🗺 ☎. 🆎 🕄 ⓞ
𝑉𝐼𝑆𝐴. 🍴
Pasqua-ottobre – Pas 36/50000 – 🖵 15000 – **21 cam** 70/110000 – ½ P 75/120000.

Piccadilly, lungomare Pistelli 101 ✆ 617441, Fax 617102, ≤ – |♦| ▤ TV ☎. AE ⑤ ⊙ E VISA. ✻ rist
Pas (solo per clienti alloggiati) 30/40000 – ☐ 18000 – **40 cam** 130000 – ½ P 125/135000.

Bracciotti, viale Colombo 366 ✆ 618401, Fax 617173, ☐, ☐ – |♦| TV ☎ P – ☐ 110. ⑤ E VISA. ✻ rist
Pasqua-ottobre – Pas 25/40000 – ☐ 10000 – **53 cam** 75/95000, 3 appartamenti – ½ P 65/90000.

Bacco ☐, via Rosi 24 ✆ 619540, Fax 610897, ☐ – |♦| ▤ TV ☎. ✻
15 maggio-ottobre – Pas (solo per clienti alloggiati) 29/35000 – ☐ 10000 – **21 cam** 65/100000 – ½ P 80/120000.

Sylvia ☐, via Manfredi 15 ✆ 617994, ☐ – |♦| ☎ P. ✻
20 maggio-settembre – Pas (solo per clienti alloggiati) 28/30000 – ☐ 10000 – **21 cam** 55/80000 – ½ P 74/78000.

Souvenir, via Roma 247 ✆ 617694, Fax 618883, ☐ – P. ✻
maggio-settembre – Pas (solo per clienti alloggiati) 25000 – **24 cam** ☐ 45/70000 – ½ P 45/65000.

Villa Iolanda, lungomare Pistelli 127 ✆ 617296, Fax 617297, ≤, ☐ – |♦| ☎ P. AE ⑤ E VISA. ✻ rist
15 aprile-15 ottobre – Pas 30/45000 – ☐ 10000 – **49 cam** 80/120000 – ½ P 75/105000.

Ariston Mare, viale Colombo 660 ✆ 904747, ☐ – P. AE ⑤ ⊙ E VISA
chiuso dal 15 al 30 gennaio, dal 15 ottobre al 10 novembre, domenica sera e lunedì (escluso da giugno a settembre) – Pas carta 50/80000.

Da Clara, via Aurelia 289 ✆ 904520 – ▤ P. AE ⑤ ⊙ E VISA
chiuso dall'8 al 31 gennaio, a mezzogiorno in agosto, mercoledì e dal 15 settembre al 15 giugno anche martedì sera – Pas carta 47/79000 (10%).

La Lanterna-dal Mario, viale Colombo 388 ✆ 617254 – AE ⑤ ⊙ E VISA
chiuso mercoledì e dal 15 novembre al 15 dicembre – Pas carta 45/66000 (10%).

in prossimità strada statale 1 - via Aurelia O : 1 km :

Villa Petri senza rist, ✉ 55043 ✆ 66222, « Giardino ombreggiato » – ☎ P. ⑤ VISA. ✻
chiuso dal 15 al 26 dicembre – ☐ 12000 – **24 cam** 75/110000.

LIDO DI CLASSE Ravenna 988 ⑮, 429 430 J 19 – ✉ **48020** Savio – a.s. Pasqua, luglio-agosto e Natale – ☎ 0544.

(giugno-10 settembre) viale Da Verrazzano 107 ✆ 939278.

Roma 384 – ♦Bologna 96 – Forlì 30 – ♦Milano 307 – ♦Ravenna 19 – Rimini 40.

Astor, ✆ 939437, Fax 939437, ≤, ☐ – |♦| ☎ P. ✻ rist
20 maggio-15 settembre – Pas 21000 – ☐ 10000 – **24 cam** 70000 – ½ P 45/65000.

LIDO DI JESOLO **30017** Venezia 988 ⑤, 429 F 19 – ☎ 0421.

piazza Brescia 13 ✆ 370601, Telex 410334, Fax 370606.

Roma 564 – Belluno 110 – ♦Milano 303 – ♦Padova 73 – Treviso 54 – ♦Trieste 129 – Udine 98 – ♦Venezia 44.

Palace Cavalieri, via Mascagni 1 ✆ 971969, Fax 972133, ≤, ☐, ☐ riscaldata, ☐ – |♦| ▤ TV ☎ P. AE ⑤ ⊙ E VISA. ✻ rist
15 marzo-15 ottobre – Pas carta 40/58000 – **50 cam** ☐ 119/229000 – ½ P 99/130000.

Byron Bellavista, via Padova 83 ✆ 371023, Fax 371073, ≤, ☐, ☐, ☐ – |♦| ☎ P. AE ⑤ ⊙ E VISA. ✻ rist
maggio-settembre – Pas (solo per clienti alloggiati) 25/40000 – ☐ 12000 – **56 cam** 100/180000, 2 appartamenti – ½ P 128/138000.

Park Hotel Brasilia, via Levantina (2° accesso al mare) ✆ 380851, Fax 92244, ≤, ☐, ☐, ☐ – |♦| ▤ TV ☎ P. AE ⑤ ⊙ E VISA. ✻ rist
maggio-settembre – Pas carta 43/78000 – **40 cam** ☐ 130/216000, 4 appartamenti – ½ P 80/130000.

Majestic Toscanelli, via Canova 2 ✆ 371331, Fax 371054, ≤, ☐, ☐, ☐ – |♦| ▤ rist ☎ P. AE ⑤ ⊙ E VISA. ✻
15 maggio-21 settembre – Pas (solo per clienti alloggiati) – ☐ 15000 – **55 cam** 100/150000 – ½ P 85/95000.

Montecarlo, via Bafile 5 (16° accesso al mare) ✆ 370200, Fax 370201, ≤, ☐ – |♦| TV ☎ P. AE VISA. ✻
maggio-25 settembre – Pas 25/30000 – ☐ 10000 – **40 cam** 70/100000 – ½ P 60/80000.

Universo, via Treviso 11 ✆ 972298, Fax 371300, ≤, ☐, ☐, ☐ – |♦| ▤ rist ☎ ♿ P. ⑤ E VISA. ✻ rist
maggio-settembre – Pas 35000 – ☐ 16000 – **56 cam** 84/140000 – ½ P 70/87000.

Atlantico, via Bafile 11 ✆ 381273, Fax 380655, ≤, ☐ – |♦| ▤ TV ☎ P. ✻
10 maggio-20 settembre – Pas 32/40000 – **69 cam** ☐ 75/140000, ▤ 5000 – ½ P 77/86000.

Galassia, via Treviso 7 ✆ 972271, ≤, ☐, ☐, ☐ – |♦| ▤ rist ☎ ♿ P. ⑤ E VISA. ✻ rist
maggio-settembre – Pas 35000 – ☐ 16000 – **64 cam** 84/140000 – ½ P 72/89000.

Ritz, via Zanella 2 ✆ 972861, ≤, ☐ riscaldata, ☐ – |♦| ▤ rist ☎ P. AE ⑤ ⊙ E VISA. ✻ rist
maggio-settembre – Pas 45/50000 – ☐ 15000 – **45 cam** 90/140000 – ½ P 80/110000.

Nettuno, via Bafile (23° accesso al mare) ✆ 370301, Fax 370789, ≤, ▲ – ⊡ ☞ **℗**. 🔟 *VISA*. ❄ rist
maggio-settembre – Pas 25000 – **74 cam** ⊊ 55/100000 – ½ P 63/73000.

Rivamare, via Bafile (17° accesso al mare) ✆ 370432, Fax 370761, ≤, 🎣, ≦s, 🔧, ▲
⊡ ❄← cam ⊟ **℗**. 匹 🔟 **E** *VISA*. ❄
10 maggio-settembre – Pas 30/40000 – ⊊ 16000 – **55 cam** 75/120000, ▤ 6000 – ½ P ⁑
90000.

Vidi, viale Venezia ✆ 93003, Fax 93094, ≤, ▲ – ⊡ ☎ **℗**. 匹 🔟 ⓪ **E** *VISA*. ❄
chiuso dal 22 dicembre a gennaio – Pas *(chiuso da novembre a marzo)* 25/40000 – **60 ca**
⊊ 65/110000 – ½ P 80/90000.

Heron, via Padova 3 ✆ 371242, Fax 370726, ≤, 🔧, ▲ – ⊡ ☎ **℗**
stagionale – **92 cam.**

Costa Azzurra, via Bafile 452 ✆ 370525, 🔧, ▲ – ⊡ ▤ rist ☎ **℗**. ❄
15 maggio-26 settembre – Pas 20/40000 – **51 cam** ⊊ 60/110000 – ½ P 50/75000.

Manila, via Bafile 367 ✆ 370310, Fax 370722, ≤, ▲ – ⊡ ☎ **℗**. 🔟 **E** *VISA*. ❄ rist
maggio-settembre – Pas carta 20/28000 – **60 cam** ⊊ 58/106000 – ½ P 46/68000.

Regina, via Bafile 115 ✆ 380383, Fax 93522, ▲ – ⊡ ▤ rist ☞ **℗**. ❄
21 maggio-14 settembre – Pas (solo per clienti alloggiati e *chiuso giovedì*) 30000 – **45 ca**
⊊ 50/88000 – ½ P 68000.

a Jesolo Pineta E : 6 km – ⊠ **30017** Lido di Jesolo :

Negresco, via Bucintoro 8 ✆ 961137, Fax 961025, ≤, �, ≦s, 🔧, ▲, 🏖, ❀ – ⊡ ▤
℗ 匹 🔟 **E** *VISA*. ❄
15 maggio-15 settembre – Pas 40/45000 – ⊊ 15000 – **52 cam** 150/220000, ▤ 14000
P 125/135000.

Bellevue, via Oriente 100 ✆ 961233, Fax 961238, ≤, 🌿, « Giardino ombreggiato
🔧 riscaldata, ▲, ❀ – ⊡ ▤ rist ☎ **℗**. ❄ rist
maggio-settembre – Pas 35/50000 – ⊊ 20000 – **64 cam** 112/200000 – ½ P 85/150000.

Elite, via Oriente 64 ✆ 961133, Fax 363101, ≤, « Giardino con 🔧 », ▲ – ⊡ ☎ **℗**
🔟 ⓪ **E** *VISA*. ❄
Pasqua-ottobre – Pas 35/50000 – **44 cam** ⊊ 112/200000 – ½ P 85/139000.

Gallia ♨, via del Cigno Bianco 3/5 ✆ 961018, Fax 363033, « Giardino ombreggiato
🔧 riscaldata, ▲, ❀ – ⊡ ▤ ☎ ♨ **℗** 🔟 **E** *VISA*. ❄ rist
14 maggio-20 settembre – Pas 50000 – ⊊ 18000 – **52 cam** 95/170000 – ½ P 84/117000

Bauer, ✆ 961333, Fax 362977, ≤, 🔧, ▲, 🏖 – ⊡ ▤ 📺 **℗**. ❄
maggio-settembre – Pas 35/40000 – ⊊ 15000 – **35 cam** 100/180000 – ½ P 81/104000.

Danmark ♨, via Airone 1 ✆ 961013, Fax 362389, ≤, 🔧, ▲, 🏖 – ▤ rist ☎ **℗**. 🔟
VISA. ❄
maggio-settembre – Pas 20/30000 – ⊊ 15000 – **55 cam** 70/120000 – ½ P 50/75000.

Alla Darsena, via Oriente 166 ✆ 980081, « Servizio estivo all'aperto » – **℗**. 匹 🔟 ⓪
VISA. ❄
chiuso dal 15 novembre al 10 dicembre e giovedì (escluso dal 15 maggio al 15 settembre)
Pas carta 38/61000.

LIDO DI LATINA Latina 430 R 20 – Vedere Latina.

LIDO DI OSTIA o LIDO DI ROMA 00100 Roma 988 ㉕ ㉖, 430 Q 18 – a.s. 15 giugno-agosto
❀ 06.

Vedere Scavi★★ di Ostia Antica N : 4 km.

Roma 31 – Anzio 45 – Civitavecchia 69 – Frosinone 108 – Latina 70.

La Riva senza rist, piazzale Magellano 22 ⊠ 00122 ✆ 5622231, Fax 5621667, 🏖 ▤ 📺
℗. 匹 🔟 ⓪ **E** *VISA*. ❄
15 cam ⊊ 120/138000, ▤ 20000.

Ferrantelli, via Claudio 7/9 ⊠ 00122 ✆ 5625751 – ▤. 匹 🔟 ⓪ **E** *VISA*. ❄
chiuso lunedì – Pas carta 45/75000.

Negri-da Romano e Luciano, via Claudio 50/54 ⊠ 00122 ✆ 5622295 – 匹 🔟 ⓪ *VISA*
chiuso giovedì escluso da giugno a settembre – Pas carta 39/61000.

LIDO DI POMPOSA Ferrara – Vedere Comacchio.

LIDO DI PORTONUOVO Foggia 431 B 30 – Vedere Vieste.

LIDO DI SAVIO 48020 Ravenna 988 ⑮, 429 430 J 19 – a.s. 15 Pasqua, luglio-agosto e Natale
❀ 0544.

🇮 (maggio-settembre) viale Romagna 168 ✆ 949063.

Roma 385 – ◆Bologna 98 – Forlì 32 – ◆Milano 309 – ◆Ravenna 21 – Rimini 38.

Concord, via Russi 1 ✆ 949115, Fax 949115, ≤, 🔧, ❀ – ⊡ ☎ **℗**. 🔟 **E** *VISA*
20 maggio-20 settembre – Pas 25/29000 – ⊊ 12000 – **55 cam** 48/79000 – ½ P 80/85000.

Strand Hotel Colorado, viale Romagna 201 ✆ 949002, Fax 949002, 🔧, ▲ – ⊡ ▤ ri
☞ **℗**. ❄ rist
10 maggio-20 settembre – Pas 35/45000 – ⊊ 15000 – **48 cam** 65/95000 – ½ P 55/95000.

Caesar, via Massalombarda 21 ℰ 949131, Fax 949196 – ⫴ 🍽 📺 ☎ 🅿. ⬧ rist
marzo-ottobre – Pas 25/30000 – ☲ 10000 – **36 cam** 50/90000 – ½ P 60/80000.

Mediterraneo, via Sarsina 11 ℰ 949018, Fax 949527, ≤, 🔥ₒ – ⫴ 🕾 🅿. 🖪 *VISA*.
⬧ rist
15 maggio-15 settembre – Pas 25000 – **72 cam** ☲ 90000 – ½ P 47/71000.

Tokio, viale Romagna 155 ℰ 949100, 🔥ₒ, ⬧ – ⫴ 📺 ☎ 🅿. 🆎 🖪 *VISA*. ⬧
Pas 30000 – ☲ 10000 – **42 cam** 60/90000 – ½ P 50/80000.

O DI SOTTOMARINA Venezia 988 ⑤ – Vedere Chioggia.

O DI SPINA Ferrara 988 ⑮, 429 430 I 18 – Vedere Comacchio.

O DI SPISONE Messina – Vedere Sicilia (Taormina).

O DI TARQUINIA Viterbo 430 P 17 – Vedere Tarquinia.

O DI TORTORA Cosenza 431 H 29 – Vedere Praia a Mare.

O DI VENEZIA Venezia 988 ⑤ – Vedere Venezia.

O RICCIO Chieti 430 O 25 – Vedere Ortona.

O SANT'ANGELO Cosenza 431 I 31 – Vedere Rossano.

O SILVANA Taranto 988 ㉙ ㉚, 431 F 34 – Vedere Pulsano.

ERNA 22050 Como 428 E 9, 219 ⑨ – 1 614 ab. alt. 205 – ✿ 0341.
a 636 – ◆Bergamo 49 – Como 45 – Lecco 32 – ◆Milano 72 – Sondrio 66.

X **La Breva,** ℰ 741490, ≤, « Servizio estivo in terrazza in riva al lago » – 🅿

Crotto di Lierna, ℰ 740134, 🍽 – 🅿. 🆎. ⬧
chiuso lunedì sera, martedì ed ottobre – Pas carta 41/61000 (10%).

GNANO SABBIADORO 33054 Udine 988 ⑥, 429 E 21 – 5 895 ab. – a.s. luglio-agosto –
0431.
(chiuso martedì) ℰ 428025, Fax 423230.
ia Latisana 42 ℰ 71821, Telex 450193, Fax 70449.
a 619 – ◆Milano 358 – Treviso 95 – ◆Trieste 100 – Udine 69 – ◆Venezia 108.

Atlantic, lungomare Trieste 160 ℰ 71101, Fax 71103, ≤, ⌁ riscaldata, 🔥ₒ, 🌊 – ⫴
🍽 rist ☎ & 🅿. 🆎 🖪 ⓞ 🄴 *VISA*. ⬧ rist
12 maggio-20 settembre – Pas carta 40/70000 – ☲ 20000 – **65 cam** 100/150000 – ½ P 93/
125000.

Bristol, lungomare Trieste 132 ℰ 73131, Fax 720420, ≤, « Giardino », 🔥ₒ – ⫴ 🍽 📺 ☎
🅿 – 🔏 120. 🖪 🄴 *VISA*. ⬧
maggio-settembre – Pas (solo per clienti alloggiati) 32/45000 – **59 cam** ☲ 111/198000 –
½ P 63/112000.

Bellavista, lungomare Trieste 70 ℰ 71313, Fax 720602, ≤, 🔥ₒ – ⫴ 🍽 rist 📺 ☎ 🚗 🅿.
🖪 🄴 *VISA*. ⬧ rist
9 aprile-settembre – Pas carta 29/35000 – **48 cam** ☲ 70/135000 – ½ P 67/107000.

Astoria, lungomare Trieste 150 ℰ 71315, Fax 720191, ≤, 🔥ₒ – ⫴ 🍽 ☎ 🚗 🅿. 🖪 🄴 *VISA*.
⬧ rist
Pasqua-ottobre – Pas carta 24/40000 – **37 cam** ☲ 74/126000, 🍽 7000 – ½ P 77/93000.

Florida, via dell'Arenile 22 ℰ 720101, Fax 71222, 🕾s, 🔥ₒ – ⫴ 📺 ☎ & 🅿 – 🔏 40. 🖪 ⓞ
🄴 *VISA*. ⬧ rist
9 aprile-3 ottobre – Pas (solo per clienti alloggiati) 18/25000 – ☲ 15000 – **71 cam** 120/
140000 – ½ P 55/95000.

Vittoria, lungomare Marin 28 ℰ 71221, Fax 73292, ≤, 🔥ₒ – ⫴ 🍽 rist ☎ 🅿. 🖪 🄴 *VISA*.
⬧ rist
10 maggio-25 settembre – Pas (solo per clienti alloggiati) carta 31/46000 – ☲ 10000 –
48 cam 68/100000 – ½ P 72/90000.

Al Cavallino Bianco senza rist, via dei Platani 88 ℰ 71509 – ⫴ 🕾 🅿. 🆎 🖪 ⓞ 🄴 *VISA*.
☲ 9000 – **34 cam** 40/80000.

XX **Bidin,** viale Europa 1 ℰ 71988, 🍽, Coperti limitati; prenotare – 🍽 🅿. 🆎 🖪 ⓞ 🄴 *VISA*.
⬧
chiuso mercoledì escluso dal 15 maggio al 15 settembre – Pas carta 36/60000.

a Lignano Pineta SO : 5 km – ☒ 33054 Lignano Sabbiadoro.

🖪 via dei Pini 53 ℰ 422169 :

Greif, arco del Grecale 25 ℰ 422261, Fax 422261, « Parco con ⌁ riscaldata », 🛁, 🕾s,
🔥ₒ – ⫴ 🍽 📺 ☎ 🅿 – 🔏 250. 🆎 🖪 ⓞ 🄴 *VISA*. ⬧ rist
Pas *(aprile-ottobre)* 45/80000 – **92 cam** ☲ 180/340000, 18 appartamenti – ½ P 120/180000.

🏨 **Medusa Splendid,** raggio dello Scirocco 33 ☎ 422211, Fax 422251, 🏊, 🐾, ☞ – |≣| ≣ **🅟**
stagionale – **56 cam.**

🏨 **Park Hotel,** viale delle Palme 41/43 ☎ 422380, Fax 428079, 🏊, 🐾 – |≣| ☎ **🅟**. 🖪 ⊕
VISA. ⫯ rist
15 maggio-settembre – Pas 30000 – **44 cam** ⊐ 105/196000 – ½ P 56/86000.

🏨 **Martini,** viale delle Palme 47 ☎ 422666, Fax 71600, *f₆*, 🏊, 🐾, ☞ – |≣| ☜ ♿ **🅟**
stagionale – **41 cam.**

🏨 **Erica,** arco del Grecale 21/23 ☎ 422123, Fax 427363, 🐾 – |≣| 📺 ☎ ♿ **🅟**. 🖭 🖪 ⊕
VISA. ⫯ rist
15 maggio-settembre – Pas 28/30000 – **38 cam** ⊐ 114000 – ½ P 69/86000.

🏨 **Bellevue** senza rist, arco del Libeccio 37 ☎ 428521, ☞ – **🅟**. ⫯
15 maggio-15 settembre – ⊐ 9000 – **27 cam** 40/68000.

a Lignano Riviera SO : 7 km – ⊠ **33054** Lignano Sabbiadoro :

🏨 **President,** calle Rembrandt 2 ☎ 428777, Fax 428778, 🏊 riscaldata, 🐾, ☞ – |≣| ≣ 📺
🅟. 🖭 🖪 ⊕ **E** **VISA**. ⫯ rist
9 aprile-17 ottobre – Pas *(chiuso a mezzogiorno e giovedì)* carta 44/60000 – **40 c**
⊐ 294000 – ½ P 114/162000.

🏨 **Marina Uno,** viale Adriatico ☎ 427171, Fax 427171, *f₆*, ☜s, 🏊, 🏊 – |≣| ≣ 📺 ☎ ♿ – 🛴
🖭 🖪 🖪 **VISA**. ⫯
Pas carta 32/55000 – **75 cam** ⊐ 180000 – ½ P 75/130000.

🏨 **Eurotel** 🦢, calle Mendelssohn 13 ☎ 428992, Telex 450211, Fax 428731, « Giard
pineta con 🏊 », 🐾 – |≣| ≣ ☎ ♿ **🅟**. 🖭 🖪 ⊕ **E** **VISA**. ⫯
15 maggio-15 settembre – Pas 38000 – ⊐ 18000 – **60 cam** 90/150000 – ½ P 1
140000.

🏨 **Arizona,** calle Prassitele 2 ☎ 428529, Fax 427373, 🏊, 🐾, ☞ – |≣| ≣ rist ☎ ♿. 🖭 🖪
E **VISA**. ⫯ rist
15 maggio-settembre – Pas 27000 – **36 cam** ⊐ 72/130000 – ½ P 80/89000.

🏨 **Meridianus,** viale della Musica 7 ☎ 428561, Fax 428570, *f₆*, ☜s, 🖾, 🐾, ☞ – |≣| 📺
🅟. 🖭 🖪 🖪 **VISA**. ⫯ rist
maggio-settembre – Pas 32000 – **87 cam** ⊐ 86/137000 – ½ P 103000.

🏨 **Smeraldo,** viale della Musica 4 ☎ 428781, Fax 423031, 🏊, 🐾 – |≣| ⫯ cam ☎ ♿. 🖭
VISA. ⫯
maggio-settembre – Pas 25/30000 – ⊐ 15000 – **59 cam** 65/100000 – ½ P 77/94000.

%% **La Siesta,** corso delle Nazioni 50 ☎ 428673, 🏡 – ≣. 🖭 🖪 ⊕ **E** **VISA**
25 aprile-settembre – Pas carta 41/63000.

In alta stagione, e soprattutto nelle stazioni turistiche,
è prudente prenotare con un certo anticipo.

LILLAZ Aosta 🏙 F 4, 🏙 ⑫ – Vedere Cogne.

LIMANA 32020 Belluno 🏙 D 18 – 4 151 ab. alt. 319 – ✪ 0437.
Roma 614 – Belluno 11 – ♦Padova 117 – Trento 101 – Treviso 72.

% **Piol** con cam ☎ 967471 – ≣ rist 📺 ☎ ♿ – 🛴 200. 🖭 🖪 ⊕ **E** **VISA**
Pas *(chiuso martedì)* carta 28/46000 – ⊐ 9000 – **22 cam** 80/100000 – ½ P 40/80000.

LIMIDI Modena – Vedere Soliera.

LIMONE PIEMONTE 12015 Cuneo 🏙 ⑫, 🏙 J 4 – 1 624 ab. alt. 1 010 – a.s. febbraio-Pasc
luglio-15 settembre e Natale – Sport invernali : 1 010/2 060 m ⫯31, ⫯ – ✪ 0171.
🏴 via Roma 30 ☎ 92101.
Roma 670 – Cuneo 27 – ♦Milano 243 – Nice 97 – Colle di Tenda 6 – ♦Torino 121.

🏨 **Principe,** ☎ 92389, Fax 927070, ≤, 🏡, 🏊, ☞ – |≣| 📺 ☎ 🛋 ♿. 🖪 **E** **VISA**. ⫯ rist
15 dicembre-15 aprile e luglio-agosto – Pas 28/38000 – **42 cam** ⊐ 96/188000 – P
170000.

🏨 **Tripoli,** ☎ 92397, Fax 92397 – 📺 ☜. ⫯ rist
15 dicembre-15 aprile – Pas *(solo per clienti alloggiati)* 28/35000 – ⊐ 10000 – **33 c**
60/95000 – ½ P 64/92000.

%% **Mac Miche,** ☎ 92449, Coperti limitati; prenotare, « Caratteristica taverna » – 🖭 🖪
E **VISA**. ⫯
chiuso lunedì sera, martedì, giugno e dal 5 novembre al 1° dicembre – Pas carta
63000.

sulla strada statale 20 S : 1,5 km :

🏨 **Le Ginestre,** ⊠ 12015 ☎ 927596, Fax 927597, ≤, « Terrazza-giardino », *f₆* – 📺 ☜ ♦
♿. 🖪 **VISA**. ⫯
Pas *(solo per clienti alloggiati; chiuso ottobre e novembre)* 20/35000 – ⊐ 8000 – **18 c**
78/95000 – ½ P 55/95000.

LIMONE SUL GARDA 25010 Brescia 428 429 E 14 – 986 ab. alt. 66 – a.s. Pasqua e luglio-settembre – ✆ 0365.

Vedere ≤★★★ dalla strada panoramica★★ dell'altipiano di Tremosine per Tignale.

☑ aprile-settembre) piazzale Alcide De Gasperi ✆ 954265, Telex 303289.

Roma 586 – ◆Brescia 65 – ◆Milano 160 – Trento 60 – ◆Verona 97.

Park H. Imperial ⑤, via Tamas 10/b ✆ 954591, Fax 954382, ☆, 16, ≘s, ⌧, ▨, ※ – ⊕
▤ ⚏ ☎ ❹ – ⚒ 50. ஊ ⑤ ◑ ᴇ ᴠɪꜱᴀ. ⋇
Pas carta 56/92000 – **48 cam** ⌧ 380000, 4 appartamenti – ½ P 160/300000.

Capo Reamol ⑤, strada statale N : 3 km ✆ 954040, Fax 954262, ≤, « Piccolo parco con ⌧ », ▲ₒ – ⊕ ☎ ❹
maggio-ottobre – **60 cam** solo ½ P 125/175000.

Lido ⑤, via 4 Novembre 36 ✆ 954574, Fax 954659, ≤, ⌧ riscaldata, ▲ₒ, ☞ – ☎ ♿ ❹.
ஊ ⑤ ᴇ ᴠɪꜱᴀ. ⋇ rist
maggio-25 ottobre – Pas (chiuso martedì) carta 25/35000 – ⌧ 12000 – **26 cam** 86000 –
½ P 80000.

Gemma, piazza Garibaldi 11 ✆ 954014, ≤, ☆
marzo-ottobre; chiuso lunedì – Pas carta 28/44000.

LIPARI (Isola) Messina 988 ㊲ ㊳, 431 432 L 26 – Vedere Sicilia (Eolie, isole).

LISANZA Varese 219 ⑰ – Vedere Sesto Calende.

LIVATA (Monte) Roma 430 Q 21 – Vedere Subiaco.

LIVIGNO 23030 Sondrio 988 ③, 428 429 C 12 – 4 181 ab. alt. 1 816 – Sport invernali : 1 816/
2 659 m ≼3, ⚡ – ✆ 0342.

via dala Gesa 65 ✆ 996379, Telex 350400, Fax 996881.

Roma 801 – Bormio 38 – ◆Milano 240 – Sondrio 102 – Passo dello Stelvio 54.

Parè ⑤, ✆ 996263, Telex 316307, Fax 997435, ≤, 16, ≘s, ▨ – ⊕ ☎ ⟵ ❹ – ⚒ 50. ⑤ ᴇ
ᴠɪꜱᴀ. ⋇
dicembre-16 aprile e 27 giugno-15 settembre – Pas (chiuso a mezzogiorno) 25/35000 –
⌧ 15000 – **40 cam** 150/220000, 3 appartamenti – ½ P 81/147000.

Bucaneve, ✆ 996201, Fax 997588, ≤, ≘s, ▨, ☞, ※ – ⊤ᴠ ☎ ⟵ ❹. ⋇
dicembre-aprile e giugno-settembre – Pas 22/26000 – ⌧ 15000 – **43 cam** 55/80000,
2 appartamenti – ½ P 50/92000.

SportHotel ⑤, ✆ 996186, Fax 996856, ≤, ≘s – ⊕ ☎ ⟵ ❹. ⑤ ᴇ ᴠɪꜱᴀ. ⋇ rist
dicembre-5 maggio e 16 giugno-settembre – Pas 22000 – ⌧ 12000 – **32 cam** 56/78000 –
½ P 65/85000.

Paradiso ⑤, ✆ 996633, Fax 996037, ≤, ≘s – ⊕ ☎ ⟵ ❹. ⋇ rist
20 novembre-5 maggio e 3 luglio-settembre – Pas 20/25000 – ⌧ 10000 – **24 cam** 48/67000
– ½ P 65/87000.

Sonne, ✆ 996433, ≘s – ⊕ ☎ ⟵ ❹. ⋇
20 dicembre-26 aprile e 25 luglio-agosto – Pas 30000 – ⌧ 15000 – **28 cam** 60/110000 –
½ P 60/95000.

Concordia, ✆ 996061, Fax 996914 – ⊕ ☎ ❹. ஊ ⑤ ᴇ ᴠɪꜱᴀ. ⋇ rist
Pas 25/50000 – **38 cam** ⌧ 57/100000 – ½ P 60/82000.

Krone senza rist, ✆ 996015 – ⊕ ⊤ᴠ ☎ ⟵ ❹. ஊ ⑤ ᴇ ᴠɪꜱᴀ. ⋇
14 cam ⌧ 60/100000.

Livigno, ✆ 996104 – ⊕ ☎ ⟵ ❹. ஊ ⑤ ᴠɪꜱᴀ. ⋇ rist
dicembre-aprile e luglio-15 settembre – Pas carta 29/48000 (10%) – **18 cam** ⌧ 50/90000 –
½ P 60/85000.

Posta, ✆ 996076, ※ – ⊕ ☎ ❹. ஊ ⑤ ᴇ ᴠɪꜱᴀ. ⋇
Pas (dicembre-aprile) 20/25000 – **32 cam** ⌧ 65/130000 – ½ P 65/90000.

Augusta ⑤, ✆ 996163, ≤, ☞ – ❹. ⑤. ⋇
dicembre-15 aprile e luglio-15 settembre – Pas (solo per clienti alloggiati e chiuso a
mezzogiorno) – ⌧ 10500 – **21 cam** 46/71000 – ½ P 61/75000.

La Baita, ✆ 997070, Fax 997467 – ⊤ᴠ ☎ ❹. ⋇ rist
Pas carta 28/46000 – **16 cam** ⌧ 45/85000 – ½ P 55/75000.

Camana Veglia con cam, ✆ 996904, Fax 997555, « Ambiente caratteristico » – ☞. ஊ ⑤
◑ ᴇ ᴠɪꜱᴀ. ⋇
chiuso dal 21 giugno al 19 luglio e dal 5 al 30 novembre – Pas carta 40/69000 – ⌧ 15000 –
15 cam 50/80000 – ½ P 58/82000.

La Piöda-Astra, con cam, ✆ 997428, prenotare – ⊤ᴠ ☎ ❹
14 cam.

Il Passatore, ✆ 997221 – ❹. ஊ ⑤ ◑ ᴇ ᴠɪꜱᴀ. ⋇
chiuso giugno, novembre e mercoledì (escluso da dicembre a maggio) – Pas carta 27/
60000 (10%).

Pour les grands voyages d'affaires ou de tourisme,
guide Rouge MICHELIN : main cities EUROPE.

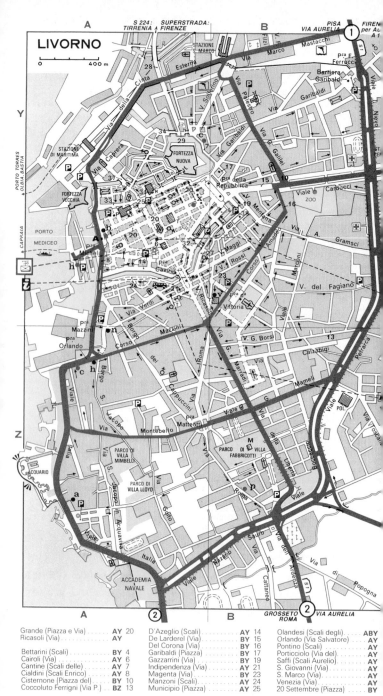

Grande (Piazza e Via)	**AY**	20
Ricasoli (Via)	**AY**	
Bettarini (Scali)	**BY**	4
Cairoli (Via)	**AY**	6
Cantine (Scali delle)	**AY**	7
Cialdini (Scali Enrico)	**AY**	8
Cisternone (Piazza del)	**BY**	10
Coccoluto Ferrigni (Via P.)	**BZ**	13

D'Azeglio (Scali)	**AY**	14
De Larderel (Via)	**BY**	15
Del Corona (Via)	**BY**	16
Garibaldi (Piazza)	**BY**	17
Gazzarrini (Via)	**BY**	19
Indipendenza (Via)	**AY**	21
Magenta (Via)	**BY**	23
Manzoni (Scali)	**AY**	24
Municipio (Piazza)	**AY**	25

Olandesi (Scali degli)	**ABY**	
Orlando (Via Salvatore)	**AY**	
Pontino (Scali)	**AY**	
Porticciolo (Via del)	**AY**	
Saffi (Scali Aurelio)	**AY**	
S. Giovanni (Via)	**AY**	
S. Marco (Via)	**AY**	
Venezia (Via)	**AY**	
20 Settembre (Piazza)	**BY**	

ORNO 57100 ℗ 988 ⑭, 428 430 L 12 – 171 265 ab. – a.s. 15 giugno-15 settembre –
586.

ere Monumento⋆ a Ferdinando I de' Medici AY **A**.

⊾ per l'Isola di Capraia giornaliero (2 h 30 mn) – Toremar-agenzia Ardisson, via Calafati 4
57123 ℘ 896113, Telex 500304; per Golfo Aranci aprile-ottobre giornalieri (9 h 45 mn) –
dinia Ferries, calata Carrara ⊠ 57123 ℘ 881380, Telex 590262; per Palermo martedì,
edì e sabato (19 h) – Grandi Traghetti-agenzia Ghianda, via Vittorio Veneto 24 ⊠ 57123
95214, Telex 500044, Fax 888630.

azza Cavour 6 ⊠ 57126 ℘ 898111, Fax 896173.

⚏ via Verdi 32 ⊠ 57126 ℘ 899651.

a 321 ② – ♦Firenze 187 ① – ♦Milano 294 ①.

Pianta pagina precedente

⚏ Gd H. Palazzo, viale Italia 195/197 ⊠ 57127 ℘ 805371, Telex 590175, Fax 803206 – 🛗 🗐
🗐 📺 ☎ ❷ – 🛅 50 a 200. 🖭 🛐 ⓞ 🖪 ᴠɪꜱᴀ. � rist   AZ **a**
Pas carta 45/66000 – **112 cam** � 220/270000, 4 appartamenti – ½ P 180/215000.

⚏ Gran Duca, piazza Micheli 16 ⊠ 57123 ℘ 891024, ≤ – 🛗 🗐 cam 📺 ☎ ❷ – 🛅 40. 🖭 🛐
🖪 ᴠɪꜱᴀ   AY **b**
Pas vedere rist Gran Duca – � 8000 – **62 cam** 80/110000, 🗐 15000 – ½ P 135000.

⚏ Boston senza rist, piazza Mazzini 40 ⊠ 57126 ℘ 882333, Fax 882044 – 🛗 📺 ☎. 🖭 🛐 ⓞ
🖪 ᴠɪꜱᴀ. �   AZ **n**
� 9000 – **35 cam** 80/115000.

⚏ Touring senza rist, via Goldoni 61 ⊠ 57125 ℘ 898035, Fax 899207 – 🛗 📺 ☎. 🖭 🛐 ⓞ 🖪
ᴠɪꜱᴀ   BY **v**
36 cam � 90/125000.

⚏ Giardino ⚘ senza rist, piazza Mazzini 85 ⊠ 57126 ℘ 806330, Fax 806330 – 📺 ☎ ❷. ⋈
chiuso dal 24 dicembre al 2 gennaio – � 10000 – **21 cam** 60/80000.   AZ **h**

✗ Gran Duca - Hotel Gran Duca, piazza Micheli 18 ⊠ 57123 ℘ 891325, 🍽 – 🖭 🛐 🖪 ᴠɪꜱᴀ
chiuso lunedì e dal 22 dicembre al 5 gennaio – Pas carta 40/55000 (12%).   AY **b**

✗ La Chiave, scali delle Cantine 52/54 ⊠ 57122 ℘ 888609   AY **c**

✗ Le Volte del Cio, via Calafati 4 ⊠ 57123 ℘ 896868 – 🖭 🛐 ⓞ 🖪 ᴠɪꜱᴀ   AY **h**
chiuso domenica e dal 20 gennaio al 15 febbraio – Pas carta 39/60000.

✗ Gennarino, via Santa Fortunata 11 ⊠ 57123 ℘ 888093, 🍽 – 🖭 🛐 ⓞ 🖪 ᴠɪꜱᴀ. ⋈
chiuso mercoledì e dal 1° al 15 febbraio – Pas carta 34/57000 (10%).   AY **x**

✗ Da Rosina, via Roma 251 ⊠ 57127 ℘ 800200, 🍽 – 🗐. 🖭 🛐 ⓞ 🖪 ᴠɪꜱᴀ. ⋈   BZ **p**
chiuso giovedì e dal 10 al 30 agosto – Pas carta 43/66000.

✗ La Parmigiana, piazza Luigi Orlando 6/8/10 ⊠ 57126 ℘ 807180 – 🗐. 🖭 🛐 ⓞ 🖪 ᴠɪꜱᴀ.
⋈   AZ **c**
chiuso lunedì e dal 7 al 22 gennaio – Pas carta 30/45000.

sulla strada statale 1 - via Aurelia per ① : 5 km :

⚏ MotelAgip, ⊠ 57017 Stagno ℘ 943067, Telex 502049, Fax 943483 – 🛗 🗐 📺 ☎ ❷ –
🛅 25 a 40. 🖭 🛐 ⓞ 🖪 ᴠɪꜱᴀ. ⋈ rist
Pas *(chiuso domenica)* 28000 – **50 cam** � 125/170000 – ½ P 120/165000.

ad Ardenza per ② : 5 km – ⊠ **57128** Livorno :

✗ Oscar, via Franchini 78 ℘ 501258, 🍽 – 🗐. 🖭 🛐 ⓞ 🖪 ᴠɪꜱᴀ. ⋈
chiuso lunedì e dal 7 al 20 settembre – Pas carta 39/64000.

ad Antignano per ② : 8 km – ⊠ **57128** :

⚏ Rex, ℘ 580400, Telex 501022, Fax 509586, ≤, 🐎 – 🛗 ⇆ cam 🗐 📺 ☎ ❷ – 🛅 150. 🖭
🛐 ⓞ 🖪 ᴠɪꜱᴀ. ⋈
Pas *(chiuso a mezzogiorno, lunedì e dal 21 dicembre al 10 gennaio)* carta 40/65000 –
67 cam � 120/160000 – ½ P 120/150000.

a Calafuria per ② : 11 km – ⊠ **57128** Livorno :

✗ Rossi-la Torre di Calafuria, ℘ 580547, ≤, 🍽 – ❷. 🖭 ᴠɪꜱᴀ
chiuso martedì e novembre – Pas carta 40/50000 (12%).

⚏ORNO FERRARIS 13046 Vercelli 988 ⑫, 428 G 6 – 4 457 ab. alt. 189 – ✆ 0161.

a 673 – ♦Milano 104 – ♦Torino 41 – Vercelli 42.

✗ Giardino, ℘ 47296 – 🗐. 🖭 🛐 ⓞ 🖪 ᴠɪꜱᴀ. ⋈
chiuso martedì e dal 1° al 15 agosto – Pas carta 29/40000.

⚏RASCO Cremona – Vedere Castelverde.

ZANO IN BELVEDERE 40042 Bologna 988 ⑭, 428 429 430 J 14 – 2 317 ab. alt. 640 – a.s.
io-agosto e Natale – Sport invernali : a Corno alle Scale : 1 195/1 945 m ≰9, ⚐ – ✆ 0534.

iazza Marconi 6 ℘ 51052.

na 361 – ♦Bologna 70 – ♦Firenze 87 – Lucca 93 – ♦Milano 271 – ♦Modena 102 – Pistoia 51.

a Vidiciatico NO : 4 km – alt. 810 – ⊠ **40049** :

🏠 **Montegrande,** *ℰ* 53210 – 📺 ☎. 㲍 🕄 ⓪ 𝘝𝘐𝘚𝘈. 🍴
chiuso maggio ed ottobre – Pas carta 28/46000 – 🞏 8000 – **14 cam** 75000 – ½ P 50/6◼

LOANO 17025 Savona 🔢⑫, 🔢 J 6 – 11 778 ab. – ✿ 019.

🚩 corso Europa 19 *ℰ* 668044, Fax 669918.

Roma 578 – ◆Genova 79 – Imperia 43 – ◆Milano 202 – Savona 33.

🏨 **Garden Lido,** lungomare Nazario Sauro 9 *ℰ* 669666, Fax 668552, ≤, ☎ₛ, ⏋ riscal
▲ₒ, ☞ – ᦙ ☰ rist 📺 ☎ ⇐ ☞ – 🍴 30 a 180. 㲍 🕄 ⓪ 𝘌 𝘝𝘐𝘚𝘈. 🍴
Pas *(chiuso dal 30 ottobre al 22 dicembre)* 35/45000 – 🞏 15000 – **94 cam** 100/110◯
P 100/139000.

🏨 **Villa Beatrice,** via Sant'Erasmo 6 *ℰ* 668244, Fax 668244, ☞ – ☰ rist 📺 ☎ ☞. 🕄 𝘌
chiuso da ottobre al 15 dicembre – Pas 20/24000 – 🞏 6000 – **30 cam** 50/960◯
½ P 45/80000.

🏨 **Palace Hotel Moderno,** via Carducci 3 *ℰ* 669266, Telex 272136, Fax 669260, « Te◼
za » – ᦙ ☰ rist 📺 ☎ ☞ – 🍴 80. 㲍 🕄 ⓪ 𝘌 𝘝𝘐𝘚𝘈. 🍴
chiuso dall'11 ottobre al 19 dicembre – Pas 30/40000 – 🞏 10000 – **86 cam** 90/150◯
½ P 65/100000.

🏨 **Perelli,** corso Roma 13 *ℰ* 675708, Fax 675722, ≤, ▲ₒ – ᦙ 📺 ☎ ☞. 🍴
Pasqua-settembre – Pas 35000 – 🞏 10000 – **41 cam** 73/110000 – ½ P 85/105000.

🏠 **Concordia,** corso Europa 44 *ℰ* 668156 – ᦙ 📺 ☜. 🕄 ⓪ 𝘌 𝘝𝘐𝘚𝘈. 🍴
chiuso maggio e da ottobre al 20 dicembre – Pas carta 25/38000 – 🞏 7000 – **22**
55/80000 – ½ P 50/78000.

🏠 **Villa Mary,** viale Tito Minniti 6 *ℰ* 668368 – 📺 ☎ ☞. 🕄 𝘌. 🍴
chiuso dal 27 settembre al 19 dicembre – Pas *(chiuso martedì)* 20/24000 – 🞏 60◯
26 cam 50/96000 – ½ P 45/75000.

🏠 **Villa Teresa,** via Tito Minniti 4 *ℰ* 668349, Fax 668219, ☞ – ☎ ☞. 㲍 🕄 𝘝𝘐𝘚𝘈. 🍴 rist
chiuso novembre – Pas *(chiuso martedì)* 25/30000 – 🞏 8000 – **22 cam** 71/960◯
½ P 56/75000.

🍴🍴 **La Vecchia Trattoria,** via Raimondi 3 *ℰ* 667162 – 𝘝𝘐𝘚𝘈. 🍴
chiuso lunedì, dal 15 al 30 maggio e dal 1° al 15 novembre – Pas carta 35/44000.

🍴🍴 **Da Franco,** via Ghilini 50 *ℰ* 667095, Coperti limitati; prenotare – ☰. 🕄 ⓪ 𝘌 𝘝𝘐𝘚𝘈. 🍴
chiuso lunedì sera e martedì (escluso dal 15 giugno al 15 settembre) – Pas carta 49/84◯

🍴🍴 **Bagatto,** via Ricciardi 24 *ℰ* 669842, Solo piatti di pesce – 🕄 𝘝𝘐𝘚𝘈. 🍴
chiuso mercoledì e dal 7 al 22 aprile – Pas carta 33/53000.

LOCARNO 🔢㉔, 🔢⑧, 🔢⑪ ⑫ – Vedere Cantone Ticino alla fine dell'elenco alfabe◼

LOCOROTONDO 70010 Bari 🔢㉙, 🔢 E 33 – 13 345 ab. alt. 410 – ✿ 080.

Dintorni Valle d'Itria★★ (strada per Martina Franca) – ≤★ sulla città dalla strada di Ma◼
Franca.

Roma 518 – ◆Bari 68 – ◆Brindisi 59 – ◆Taranto 36.

🍴 **Casa Mia,** via Cisternino E : 3 km *ℰ* 9311218, 🍽 – ☞. 㲍 🕄 𝘌 𝘝𝘐𝘚𝘈. 🍴
chiuso martedì e dal 7 gennaio al 5 febbraio – Pas carta 28/44000.

LODI 20075 Milano 🔢③ ⑬, 🔢 G 10 – 42 949 ab. alt. 80 – ✿ 0371.

🚩 piazza Broletto 4 *ℰ* 66313.

Roma 548 – ◆Bergamo 49 – ◆Brescia 67 – Cremona 54 – ◆Milano 36 – Pavia 36 – Piacenza 40.

🏨 **Lodi,** via Grandi 7 *ℰ* 35678, Telex 352822, Fax 36462 – ᦙ ☰ 📺 ☎ ☞ – 🍴 25 a 80. ◻
⓪ 𝘌 𝘝𝘐𝘚𝘈. 🍴 rist
chiuso dal 25 dicembre al 1° gennaio ed agosto – Pas *(chiuso domenica)* 35/500◼
93 cam 🞏 135/150000 – ½ P 105/165000.

🏨 **Europa** senza rist, viale Pavia 5 *ℰ* 35215, Fax 36281 – ᦙ 📺 ☎ ⇐ ☞. 㲍 🕄 𝘌 𝘝𝘐𝘚𝘈. ☜
chiuso dal 22 dicembre al 7 gennaio e dal 12 al 27 agosto – 🞏 15000 – **44 cam** 85/115◼
2 appartamenti.

🏨 **Anelli** senza rist, viale Vignati 7 *ℰ* 421354, Fax 422156 – ᦙ 📺 ☎. 㲍 🕄 ⓪ 𝘌 𝘝𝘐𝘚𝘈. 🍴
chiuso dal 31 luglio al 26 agosto – 🞏 12000 – **27 cam** 85/110000.

🍴🍴🍴 **La Quinta,** piazza della Vittoria 20 *ℰ* 424232 – ☰. 🍴 80. 㲍 🕄 ⓪ 𝘌 𝘝𝘐𝘚𝘈
chiuso domenica sera, lunedì ed agosto – Pas carta 41/61000.

🍴🍴 **3 Gigli-All'Incoronata,** piazza della Vittoria 2 *ℰ* 421404 – ☰. 🕄 𝘌 𝘝𝘐𝘚𝘈. 🍴
chiuso domenica e dal 1° al 20 agosto – Pas carta 50/75000.

🍴🍴 **Antica Trattoria Sobacchi,** viale Pavia 76 *ℰ* 35041 – ☞. 𝘝𝘐𝘚𝘈. 🍴
chiuso lunedì sera, martedì, dal 24 dicembre al 2 gennaio ed agosto – Pas carta 30/460◼

🍴🍴 **Isola di Caprera,** via Isola di Caprera 14 *ℰ* 421316, Fax 421316, 🍽, ☞ – ☞. 㲍 🕄 ◼
𝘝𝘐𝘚𝘈 – *chiuso dal 1° al 10 gennaio, dal 16 al 31 agosto, martedì e da novembre a marzo ar◼
domenica sera –* Pas carta 44/68000.

🍴 **Il Gattino,** corso Mazzini 71 *ℰ* 31528 – ☞. 㲍 🕄 ⓪ 𝘌 𝘝𝘐𝘚𝘈. 🍴
chiuso domenica sera, lunedì ed agosto – Pas carta 35/50000.

🍴 **La Barbina,** località Cascina Barbina E : 2 km *ℰ* 425162, 🍽 – ☞. 🍴
chiuso mercoledì – Pas carta 36/60000.

DRONE 38080 Trento 429 E 13 – alt. 379 – a.s. Natale – © 0465.

na 589 – ♦Brescia 56 – ♦Milano 146 – Trento 73.

🏨 **Castel Lodron,** ℰ 65002, Fax 65544, *f₆*, ≦s, ⊠, ☞, ℅ – 🛗 📺 ☎ ♿ ♟ – 🏛 200. ℅
Pas *(chiuso lunedì)* carta 25/35000 – ☑ 10000 – **41 cam** 60/90000 – ½ P 60/70000.

IANO 40050 Bologna 988 ⑭ ⑮, 429 430 J 15 – 2 985 ab. alt. 714 – a.s. luglio-settembre –
051.

na 359 – ♦Bologna 36 – ♦Firenze 85 – ♦Milano 242 – Pistoia 100.

🏨 **Pineta,** ℰ 6545392, ≤, ☞ – 🛗 📺 ☎ ♿. 🕮 VISA. ℅ rist
Pas *(chiuso martedì)* carta 28/44000 – ☑ 6000 – **30 cam** 40/90000 – ½ P 45/70000.

MASO 38070 Trento – 1 252 ab. alt. 700 – Stazione termale, a.s. 20 dicembre-10 gennaio –
0465.

ia Prati ℰ71465, Fax 72281.

na 600 – ♦Brescia 98 – Trento 36.

a Campo – alt. 492 – ⊠ **38070** Vigo Lomaso :

🏨 **Villa Luti** ≫, ℰ 72061, Fax 72410, « Dimora patrizia dell'800 con parco ombreggiato »,
f₆, ≦s – 🛗 📺 ☎ ♿. 🕮 🕄 ⓪ ◗ 🕩 VISA. ℅
20 dicembre-10 gennaio e aprile-ottobre – Pas *(chiuso lunedì)* carta 38/47000 – ☑ 10000 –
42 cam 90/140000 – ½ P 65/110000.

a Ponte Arche N : 2 Km – alt. 398 – ⊠ **38077** :

🏨 **Cattoni-Plaza,** ℰ 71442, Fax 71444, ≤, ≦s, ☞, ℅ – 🛗 ▤ rist 📺 ☎ ♿ – 🏛 80. 🕮 🕄 ⓪
◗ VISA. ℅
20 dicembre-10 gennaio e aprile-ottobre – Pas 28/35000 – ☑ 12000 – **68 cam** 80/130000 –
½ P 55/100000.

🏨 **Nuovo Hotel Angelo,** ℰ 71438, Fax 71145, ☞ – 🛗 ▤ rist ☎ ♿. 🕄 ◗ VISA. ℅
21 dicembre-10 gennaio e aprile-ottobre – Pas carta 33/45000 – ☑ 9000 – **74 cam** 70/
120000 – ½ P 70/85000.

a Comano Terme NE : 4 km – alt. 395 – ⊠ **38077** Ponte Arche :

🏨 **Grande Alb. Terme,** ℰ 71421, « Grande parco-pineta », ♣ – 🛗 ☎ ♿. ℅
aprile-ottobre – Pas carta 37/48000 – ☑ 15000 – **62 cam** 77/149000 – ½ P 88/105000.

ONATE POZZOLO 21015 Varese 428 F 8, 219 ⑰ – 10 733 ab. alt. 205 – © 0331.

na 621 – ♦Milano 43 – Novara 30 – Varese 28.

sulla strada statale 527 SO : 2 km :

℅ **F. Bertoni,** ⊠ 21015 Tornavento ℰ 668020, ☞ – ♿ – 🏛 150. 🕮 🕄 ◗ E VISA. ℅
chiuso domenica sera, lunedì, dal 1° al 10 gennaio ed agosto – Pas carta 46/73000.

ONATO 25017 Brescia 988 ④, 428 429 F 13 – 10 990 ab. alt. 188 – a.s. Pasqua e luglio-
settembre – © 030.

na 530 – ♦ Brescia 23 – Mantova 50 – ♦ Milano 120 – ♦ Verona 45.

℅ **Il Rustichello** con cam, ℰ 9130461, ☞ – ▤ rist 📺 ☎ ♿. 🕮 🕄 ⓪ ◗ E VISA
Pas *(chiuso mercoledì e dal 20 luglio al 5 agosto)* carta 34/49000 – ☑ 7000 – **10 cam** 75000
– ½ P 60/65000.

a Barcuzzi N : 3 km – ⊠ **25017** Lonato :

℅ **Da Oscar,** ℰ 9130409, « Servizio estivo in terrazza » – ♿. 🕮 🕄 E VISA. ℅
chiuso martedì e dal 15 al 30 gennaio – Pas carta 40/50000.

ONGA Vicenza – Vedere Schiavon.

ONGARE 36023 Vicenza 429 F 16 – 5 239 ab. alt. 29 – © 0444.

na 528 – ♦Milano 213 – ♦Padova 27 – ♦Verona 60 – Vicenza 10.

a Costozza SO : 1 km – ⊠ **36023** Longare :

℅ **Taverna Aeolia,** ℰ 555036, « Edificio del 16° secolo con affreschi » – 🕮 VISA. ℅
chiuso martedì e dal 1° al 15 novembre – Pas carta 24/40000.

℅ **Al Volto,** ℰ 555118 – ♿. 🕮 🕄 ⓪ E VISA. ℅
chiuso mercoledì e luglio – Pas carta 25/37000.

ONGARONE 32013 Belluno 988 ⑤, 429 D 18 – 4 253 ab. alt. 474 – © 0437.

na 619 – Belluno 18 – Cortina d'Ampezzo 53 – ♦Milano 358 – Udine 119 – ♦Venezia 108.

🏨 **Posta** senza rist, ℰ 770702, Fax 771189 – 🛗 📺 ☎ ⇔. ◗ E VISA. ℅
☑ 12000 – **24 cam** 90/120000.

LONGEGA (ZWISCHENWASSER) 39030 Bolzano 429 B 17 – alt. 1 012 – © 0474.

Roma 720 – ◆Bolzano 83 – Brunico 14 – ◆Milano 382 – Trento 143.

  Gader, *𝒫* 501008 – ⊯ rist ⊕
  12 cam.

LONGIANO 47020 Forlì 429 430 J 18 – 4 690 ab. alt. 179 – © 0547.

Roma 350 – Forlì 32 – ◆ Ravenna 46 – Rimini 23.

  XX **Dei Cantoni,** *𝒫* 55899, « Servizio estivo all'aperto » – AE ⓢ ① E VISA. ⚯
  chiuso mercoledì, dal 7 al 17 gennaio e dal 27 settembre al 16 ottobre – **Pas** carta 25/320(

LONIGO 36045 Vicenza 988 ④, 429 F 16 – 12 868 ab. alt. 31 – © 0444.

Roma 533 – ◆Ferrara 95 – ◆Milano 186 – ◆Padova 56 – ◆Verona 33 – Vicenza 24.

  XXX **La Peca,** via Principe Giovanelli 2 *𝒫* 830214 –. AE ① VISA. ⚯
  chiuso domenica sera, lunedì, dal 1° al 10 gennaio e dal 1° al 15 agosto – Pas carta
  77000.

LORANZÈ 10010 Torino 428 F 5, 219 ⑭ – 1 065 ab. alt. 404 – © 0125.

Roma 685 – Aosta 73 – Ivrea 9,5 – ◆Milano 123 – ◆Torino 52.

  XXX ❀ **Panoramica** ⌇ con cam, *𝒫* 669966, Fax 669969, ≤ colline e vallata, prenotare, ⚲
  TV ☎ ⊕ AE ⓢ E VISA
  chiuso dal 27 dicembre al 7 gennaio – Pas *(chiuso sabato a mezzogiorno e domenica s*
  carta 40/90000 – **16 cam** ⊇ 90/110000 – ½ P 85/120000
  Spec. Soufflé di cipolla (autunno-inverno), Agnolotti di animelle e asparagi (primavera), Cosciotto di faraona
  ravanelli canditi all'aceto di Barolo. Vini Erbaluce, Carema.

LOREO 45017 Rovigo 988 ⑮, 429 G 18 – 3 813 ab. – © 0426.

Roma 488 – ◆Ravenna 83 – Rovigo 32 – ◆Venezia 72.

  X **Cavalli** con cam, riviera Marconi 67/69 *𝒫* 369868 – TV ☎. ⓢ E VISA. ⚯
  Pas *(chiuso lunedì)* carta 29/40000 – **10 cam** ⊇ 60/75000 – P 75/95000.

LORETO 60025 Ancona 988 ⑯, 430 L 22 – 10 641 ab. alt. 125 – a.s. Pasqua, 15 agos
10 settembre e 7-12 dicembre – © 071.

Vedere Santuario della Santa Casa★★ – Piazza della Madonna★ – Opere del Lotto★ n
pinacoteca **M.**

🇮🇹 via Solari 3 *𝒫* 977139, Fax 970276.

Roma 294 ② – ◆Ancona 31 ① – Macerata 31 ② – Pesaro 90 ② – Porto Recanati 5 ①.

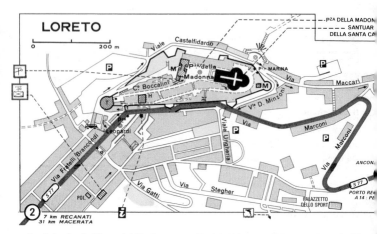

  🏠 **Orlando da Nino,** via Villa Costantina 89 *𝒫* 978501, Fax 978501, ≤ – TV ☎ ⊕. ⓢ E ▮
  ⚯
  chiuso dal 20 dicembre al 7 gennaio – Pas *(chiuso lunedì)* carta 23/31000 – ⊇ 6000
  20 cam 52/70000 – ½ P 50/60000.   E : 1,5 km per via Macc

  XX **Vecchia Fattoria** con cam, via Manzoni 19 *𝒫* 978976, Fax 978962, ⚶ – TV ☎ ⊕. AE
  ① E VISA. ⚯   N : 3 km per via Mace
  Pas *(chiuso lunedì)* carta 31/54000 – **13 cam** ⊇ 90000 – ½ P 70000.

  XX **Orlando Barabani,** via Villa Costantina 93 *𝒫* 977696, 🎋 – ⊯ ⊕. ①
  chiuso mercoledì e luglio – Pas carta 33/45000.   E : 1,5 km per via Mace

  XX **Andreina,** Via Buffolareccia 14 *𝒫* 970124 – ⊕. AE ⓢ ① E VISA   2 : km per
  chiuso martedì – Pas carta 31/48000.

312

RETO APRUTINO 65014 Pescara 988 ㉗, 430 O 23 – 7 357 ab. alt. 294 – ✆ 085.

226 – ◆Pescara 24 – Teramo 77.

La Bilancia, contrada Palazzo 10 (SO : 5 km) ✍ 8289321, Fax 8289610 – 📺 ☎ 🅿. 🆎 🕃 ① 🖻 VISA. ❄
chiuso dal 20 dicembre al 20 gennaio – Pas *(chiuso mercoledì)* carta 22/33000 – 🖙 3000 – **19 cam** 45/65000 – ½ P 55/65000.

RO CIUFFENNA 52024 Arezzo 988 ⑮, 430 L 16 – 4 457 alt. 330 – ✆ 055.

240 – Arezzo 31 – ◆Firenze 58 – Siena 62.

Osteria da Pippo, piazza Nannini 3 ✍ 9172770

RO PICENO 62020 Macerata 430 M 22 – 2 498 ab. alt. 436 – ✆ 0733.

248 – ◆Ancona 73 – Ascoli Piceno 78 – Macerata 22.

Girarrosto, via Ridolfi 24 ✍ 509119 – 🆎 ① VISA
chiuso mercoledì – Pas carta 28/45000.

SONE 427 ㉔, 219 ⑦, 218 ⑪ – Vedere Cantone Ticino (Ascona) alla fine dell'elenco petico.

ZORAI Nuoro 433 H 10 – Vedere Sardegna.

VENO Como 219 ⑨ – Vedere Menaggio.

VERE 24065 Bergamo 988 ③ ④, 428 429 E 12 – 5 701 ab. alt. 200 – a.s. luglio-agosto – 35.

ere Lago d'Iseo★.

torni Pisogne★ : affreschi★ nella chiesa di Santa Maria della Neve NE : 7 km.

611 – ◆Bergamo 41 – ◆Brescia 62 – Edolo 57 – ◆Milano 86.

S. Antonio, piazza 13 Martiri 2 ✍ 961523, Fax 961523, ≤, 🏤 – 🛗 📺 ☞ – 🔬 50. 🕃 ① 🖻 VISA. ❄ cam
Pas *(chiuso martedì escluso dal 15 giugno al 15 settembre)* carta 34/48000 – 🖙 8000 –. **22 cam** 73000 – ½ P 49/69000.

Due Ruote 🦢 con cam, via del Santo 1 ✍ 960228, Fax 960228, ≤, « Servizio rist. estivo in terrazza » – 📺 ☎. 🆎 🕃 🖻 VISA. ❄
Pas *(chiuso lunedì da ottobre ad aprile)* carta 35/66000 – 🖙 6000 – **18 cam** 35/70000 – ½ P 65000.

Vedere anche : **Costa Volpino** NE : 3 km.

Le continue modifiche ed il costante miglioramento apportato
alla rete stradale italiana consigliano l'acquisto dell'edizione più
aggiornata della carta Michelin 988 in scala 1:1 000 000.

CCA 55100 🄿 988 ⑭, 428 429 430 K 13 – 86 437 ab. alt. 19 – ✆ 0583.

ere Duomo★★ C – Chiesa di San Michele in Foro★ : facciata★★ B E – Chiesa di San iano★ B Q – Città vecchia★ BC : ≤★ sulla città dalla torre della casa dei Guinigi – seggiata delle mura★ – Decori★ negli appartamenti di palazzo Mansi A M1.

torni Giardini★★ della villa reale di Marlia per ① : 8 km – Parco★ di villa Mansi per ② : m – Villa Torrigiani★ (o di Camigliano) per ② : 12 km.

Vittorio Veneto 40 ✍ 493639.

🄸 via Catalani 59 ✍ 582626.

348 ⑤ – ◆Bologna 157 ⑤ – ◆Firenze 74 ⑤ – ◆Livorno 46 ⑤ – Massa 45 ⑤ – ◆Milano 274 ⑤ – Pisa 22 ④ – ia 43 ⑤ – ◆La Spezia 74 ⑤.

Pianta pagine seguente

Napoleon senza rist, viale Europa 1 ✍ 316516, Telex 590375, Fax 418398 – 🛗 🗏 📺 ☎ 🅿 – 🔬 30. 🆎 🕃 ① 🖻 VISA. ❄   per ⑤
🖙 15000 – **58 cam** 100/180000.

Celide senza rist, viale Giuseppe Giusti 25 ✍ 954106, Fax 954304 – 🛗 🗏 📺 ☎ 🅿 – 🔬 40. 🆎 🕃 ① 🖻 VISA. ❄   D a
🖙 17000 – **57 cam** 83/120000.

Rex senza rist, piazza Ricasoli 19 ✍ 955443, Fax 954348 – 🛗 🗏 📺 ☎. 🆎 🕃 ① 🖻 VISA
🖙 14000 – **25 cam** 80/120000, 2 appartamenti.   C c

Universo, piazza del Giglio 1 ✍ 493678, Telex 590375 – 🛗 ☎. VISA   B e
Pas vedere rist Del Teatro – 🖙 16000 – **62 cam** 95/145000 – ½ P 106/126000.

La Luna senza rist, Via Fillungo-Corte Compagni 12 ✍ 493634, Fax 490021 – 🛗 📺 ☎. 🆎 🕃 ① 🖻 VISA. ❄   B u
chiuso dal 24 dicembre al 6 gennaio – 🖙 13000 – **30 cam** 75/105000, 2 appartamenti.

🏠 **Piccolo Hotel Puccini** senza rist, via di Poggio 9 ℘ 55421, Fax 53487 – 📺 ☎. 🔄 _VISA_
☑ 10000 – **12 cam** 75/106000.

🏠 **Moderno** senza rist, via Vincenzo Civitali 38 ℘ 55840 – ☎ ⅙. 🔄 ᴇ _VISA_. ⅜
☑ 6500 – **12 cam** 56/88000.

XXX ۞ **Buca di Sant'Antonio**, via della Cervia 1/5 ℘ 55881, Fax 55881 – ⅍ ▤. ᴀᴇ 🔄
VISA
chiuso domenica sera, lunedì e dall'11 luglio al 2 agosto – Pas carta 36/55000
Spec. Minestra di farro e fagioli, Ravioli di ricotta alle zucchine, Capretto garfagnino allo spiedo con patate alla
Vini Montecarlo bianco, Greco delle colline lucchesi.

XXX **Antico Caffè delle Mura,** via Vittorio Emanuele 2 ℘ 47962, 🏠 – ᴀᴇ 🔄 ⓞ ᴇ _VIS_
chiuso martedì e dal 1° al 20 gennaio – Pas carta 42/60000 (15%).

XX **Antica Locanda dell'Angelo,** via Pescheria 21 ℘ 47711, Fax 47711, 🏠 – ▤.
ᴀᴇ 🔄 ⓞ ᴇ _VISA_. ⅜   B **x**
chiuso domenica sera, lunedì e dal 30 giugno al 13 luglio – Pas carta 36/49000 (12%).

XX **Giglio,** piazza del Giglio ℘ 494058, 🏠
– ▤. ᴀᴇ 🔄 ⓞ ᴇ _VISA_   B **e**
chiuso martedì sera, mercoledì e dal 30 gennaio al 13 febbraio – Pas carta 38/52000.

XX **Del Teatro,** piazza Napoleone 25
℘ 493740 – ᴀᴇ 🔄 ⓞ _VISA_   B **e**
chiuso giovedì – Pas carta 40/73000.

X Canuleia, via Canuleia 14 ℘ 47470, Coperti limitati; prenotare   C **n**

X **Da Giulio-in Pelleria,** via delle Conce 45 (piazza S. Donato) ℘ 55948, prenotare
chiuso domenica, lunedì, dal 24 dicembre al 4 gennaio e dal 1° al 20 agosto – Pas carta 28/38000.   A **c**

a Sant'Alessio per ① : 5 km – ✉ **55100** Lucca :

XX **Donati-Vigna Ilaria,** località Vigna Ilaria ℘ 342277, 🏠 – ❷. 🔄 ⓞ ᴇ _VISA_. ⅜
chiuso lunedì – Pas carta 36/50000.

sulla strada statale 435 per ② : 5,5 km :

🏠 **Hambros-il Parco** ⅜ senza rist, ✉ 55010 Lunata ℘ 935355, Fax 935396, 🌳 – 🛗 📺 ☎ ⅙ ❷ – ⚿ 50. ᴀᴇ 🔄 ⓞ ᴇ _VISA_
chiuso dal 24 al 30 dicembre – ☑ 12000 – **57 cam** 85/120000.

sulla strada statale 12 r :

🏠 **Villa la Principessa** ⅜, per ④ : 4,5 km ✉ 55050 Massa Pisana ℘ 370037, Telex 590068, Fax 379019, 🏠, « Dimora ottocentesca in un bel parco », ⬛ – 🛗 ▤ 📺 ☎ ❷ – ⚿ 130. ᴀᴇ 🔄 ⓞ ᴇ _VISA_. ⅜ rist
Pas _(chiuso mercoledì)_ carta 57/73000 (15%) – ☑ 18000 – **40 cam** 180/310000, 5 appartamenti – ½ P 225/265000.

🏠 **Villa San Michele** ⅜ senza rist, località San Michele in Escheto per ④ : 4 km ✉ 55050 Massa Pisana ℘ 370276, Fax 370277, ≼, « Villa seicentesca con piccolo parco ombreggiato » – 🛗 📺 ☎ ❷ ᴀᴇ 🔄 ⓞ ᴇ _VISA_. ⅜
chiuso dal 10 gennaio al 20 febbraio – ☑ 20000 – **19 cam** 170/260000.

LUCCA

0   200 m

Battistero (Via del) . . . .
Fillungo (Via) . . . . **t**
Roma (Via) . . . .
Vittorio Veneto (Via) . . . .

Anfiteatro (Pza dell') . . . .
Antelminelli (Pza) . . . .
Asili (Via degli) . . . .
Battisti (Via C.) . . . .
Beccheria (Via) . . . .

sulla strada statale 12 A

X **Villa Bongi**, O : 9 km ⊠ 55015 Montuolo ℰ 510479, « Servizio estivo all'aperto » – **P**.
🖸 ⓞ **E** 𝑉𝐼𝑆𝐴
chiuso lunedì, martedì a mezzogiorno e dal 15 al 25 luglio – Pas carta 33/49000.

X **Mecenate**, O : 3,5 km ⊠ 55050 Gattaiola ℰ 512167, 佘 – **P**. 𝔸𝔼 🖸 ⓞ **E** 𝑉𝐼𝑆𝐴
chiuso a mezzogiorno, lunedì e gennaio – Pas carta 31/51000.

a San Macario in Piano per ⑥ : 6 km – ⊠ **55056** Ponte San Pietro :

X **Solferino**, ℰ 59118, Fax 329161, 佘 – **P**. 𝔸𝔼 🖸 ⓞ **E** 𝑉𝐼𝑆𝐴
chiuso mercoledì, giovedì a mezzogiorno, dall'11 al 18 gennaio e dal 18 al 23 agosto – Pas
carta 43/66000 (10%).

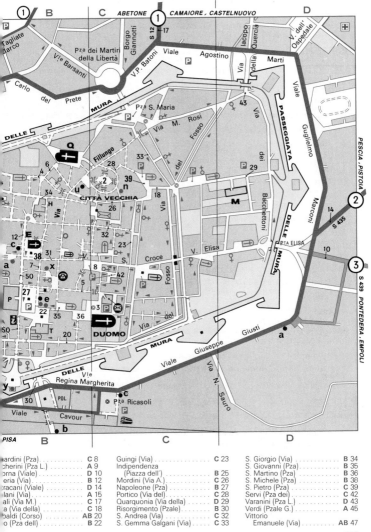

...ardini (Pza)	**C** 8	Guingi (Via) ... **C** 23	S. Giorgio (Via) ... **B** 34
...cherini (Pza L.)	**A** 9	Indipendenza	S. Giovanni (Pza) ... **B** 35
...orna (Viale)	**D** 10	(Piazza dell') ... **B** 25	S. Martino (Pza) ... **B** 36
...eria (Via)	**B** 12	Mordini (Via A.) ... **C** 26	S. Michele (Pza) ... **B** 38
...racani (Viale)	**D** 14	Napoleone (Pza) ... **B** 27	S. Pietro (Pza) ... **C** 39
...lani (Via)	**A** 15	Portico (Via del) ... **C** 28	Servi (Pza dei) ... **C** 42
...ali (Via M.)	**C** 17	Quarquonia (Via della) ... **D** 29	Varanini (Pza L.) ... **D** 43
...a (Via della)	**C** 18	Risorgimento (Pzale) ... **B** 30	Verdi (Pzale G.) ... **A** 45
...baldi (Corso)	**AB** 20	S. Andrea (Via) ... **C** 32	Vittorio
...o (Pza dell')	**B** 22	S. Gemma Galgani (Via) ... **C** 33	Emanuele (Via) ... **AB** 47

a Pieve Santo Stefano per ⑥ : 9 km – ⊠ **55100** Lucca :

XX **Vipore,** ℰ 394065, « Servizio estivo in terrazza con ≤ » – ▤ – **Ⓟ**. ⅍ **§** ⓄⅠ Ⅿ **E** 𝓥𝓘𝓢𝓐
chiuso lunedì, martedì a mezzogiorno e gennaio – Pas carta 45/64000.

a Balbano per ⑥ : 10 km – ⊠ **55050** Nozzano :

🏠 **Villa Casanova** ॐ, S : 1,5 km ℰ 548429, Fax 548429, ≤ vallata, « Villa settecentesc
campagna », ⤳, ☞, ⅍ – ⧉ **Ⓟ** – 🅰 80. ⅍ rist
aprile-ottobre – Pas (solo per clienti alloggiati e chiuso a mezzogiorno) 28000 – ⊃ 90
40 cam 50/80000 – ½ P 75000.

Vedere anche : *Capannori* per ③ : 6 km.
Ponte a Moriano per ① : 9 km.

LUCERA 71036 Foggia 𝟵𝟴𝟴 ㉘, 𝟰𝟯𝟭 C 28 – 35 155 ab. alt. 240 – ✿ 0881.
Vedere Castello★ – Museo Civico: statua di Venere★.
Roma 345 – ◆Bari 150 – ◆Foggia 18 – ◆Napoli 157.

XX **Alhambra,** via De Nicastri ℰ 547066, « Ambiente caratteristico » – ▤. ⅍
chiuso domenica sera e dal 1° al 20 settembre – Pas carta 45/55000.

LUGANA Brescia – vedere Sirmione.

LUGANO 𝟰𝟮𝟳 ㉔, 𝟮𝟭𝟵 ⑧ – Vedere Cantone Ticino alla fine dell'elenco alfabetico.

LUGO Ravenna 𝟵𝟴𝟴 ⑮, 𝟰𝟮𝟵 𝟰𝟯𝟬 I 17 – 32 528 ab. alt. 15 – ⊠ **48022** Lugo di Ravenna – ✿ 0
Roma 385 – ◆Bologna 55 – Faenza 19 – ◆Ferrara 62 – Forlì 31 – ◆Milano 266 – Ravenna 28.

🏠🏠 **San Francisco,** via Amendola 14 ℰ 22324, Fax 32421 – ⥰ ▤ ⊡ ☎. ⅍ **§** ⓄⅠ **E** 𝓥𝓘𝓢𝓐
chiuso dal 24 dicembre al 3 gennaio e dall'8 al 22 agosto – Pas vedere rist San Francisc
⊃ 12000 – **30 cam** 88/125000, 3 appartamenti.

🏠🏠 **Ala d'Oro,** corso Matteotti 56 ℰ 22388, Fax 30509 – ⧉ ▤ rist ⊡ ☎ ⅏ **Ⓟ** – 🅰 40. 🅰
ⓄⅠ **E** 𝓥𝓘𝓢𝓐. ⅍ rist
Pas (chiuso venerdì e dal 25 luglio al 18 agosto) carta 31/44000 (12 %) – ⊃ 10000 – **43 c**
82/112000 – ½ P 75/105000.

XX **San Francisco,** via Amendola 16 ℰ 25198 – ▤ – 🅰 90. ⅍ **§** ⓄⅠ **E** 𝓥𝓘𝓢𝓐
chiuso domenica ed agosto – Pas carta 28/55000.

sulla strada statale 253 NO : 2 km :

XX **La Meridiana-da Mario,** ⊠ 48022 ℰ 24111, ☂ – ⥰ **Ⓟ**. ⅍ **§** **E** 𝓥𝓘𝓢𝓐
chiuso lunedì e dal 1° al 20 agosto – Pas carta 36/52000 (13 %).

LUINO 21016 Varese 𝟵𝟴𝟴 ③, 𝟰𝟮𝟴 E 8 – 15 390 ab. alt. 202 – ✿ 0332.
🅱 viale Dante Alighieri 6 ℰ 530019.
Roma 661 – Bellinzona 40 – ◆Lugano 23 – ◆Milano 84 – Novara 85 – Varese 28.

🏠🏠 **Camin,** viale Dante 35 ℰ 530118, Fax 537226, ☂, ☞ – ⊡ ☎ **Ⓟ** – 🅰 30. ⅍ **§** ⓄⅠ **E**
Pas (chiuso martedì) carta 49/79000 – **13 cam** ⊃ 176/246000, 3 appartamen
½ P 161000.

🏠 **Internazionale** senza rist, viale Amendola ℰ 530193, Fax 537882 – ⧉ ⊡ ☎ ⅏ **Ⓟ**
chiuso dal 15 gennaio a febbraio – ⊃ 7000 – **40 cam** 54/66000.

XX **Internazionale,** piazza Marconi 18 ℰ 530037 – **§**
chiuso martedì e dal 10 al 31 luglio – Pas carta 32/46000.

a Colmegna N : 2,5 km – ⊠ **21016** Luino :

🏠 **Camin Hotel Colmegna,** ℰ 510855, ≤, ☂, « Parco in riva al lago » – ⊡ ☎ **Ⓟ**. 🅰
ⓄⅠ **E** 𝓥𝓘𝓢𝓐
marzo-ottobre – Pas carta 38/60000 – **21 cam** ⊃ 95/130000 – ½ P 83/93000.

LUMARZO 16024 Genova 𝟰𝟮𝟴 I 9 – 1 492 ab. alt. 353 – ✿ 0185.
Roma 491 – ◆Genova 24 – ◆Milano 157 – Rapallo 27 – ◆La Spezia 93.

a Pannesi SO : 4 km – alt. 535 – ⊠ **16024** Lumarzo :

X **Fuoco di Bosco,** ℰ 94048, « In un bosco » – **Ⓟ**. ⅍
chiuso giovedì e da gennaio al 15 marzo – Pas carta 42/55000.

LURAGO D'ERBA 22040 Como 𝟰𝟮𝟴 E 9 – 4 399 ab. alt. 351 – ✿ 031.
Roma 613 – ◆Bergamo 42 – Como 14 – ◆Milano 43.

XXX **La Corte** con cam, via Mazzini 20 ℰ 699690, Fax 699755, ☂ – ⊡ ☎ **Ⓟ**. ⅍ **§** ⓄⅠ **E**
chiuso dal 10 al 22 agosto – Pas (chiuso domenica sera e lunedì) carta 40/75000 – **7 c**
⊃ 180000, appartamento – P 120/230000.

LE GUIDE MICHELIN DU PNEUMATIQUE

QU'EST-CE QU'UN PNEU ?

Produit de haute technologie, le pneu constitue le seul point de liaison de la voiture avec le sol. Ce contact correspond, pour une roue, à une surface équivalente à celle d'une carte postale.le pneu doit donc se contenter de ces quelques centi-mètres carrés de gomme au sol pour remplir un grand nombre de tâches souvent contradictoires:

Porter le véhicule à l'arrêt, mais aussi résister aux trans-ferts de charge considérables à l'accélération et au freinage.

Transmettre la puissance utile du moteur, les efforts au freinage et en courbe.

Rouler régulièrement, plus sûrement, plus longtemps pour un plus grand plaisir de conduire.

Guider le véhicule avec précision, quels que soient l'état du sol et les conditions climatiques.

Amortir les irrégularités de la route, en assurant le confort du conducteur et des passagers ainsi que la longévité du véhicule.

Durer, c'est-à-dire, garder au meilleur niveau ses performan-ces pendant des millions de tours de roue.

Afin de vous permettre d'exploiter au mieux toutes les qualités de vos pneumatiques, nous vous proposons de lire attentivement les infor-mations et les conseils qui suivent.

Le pneu est le seul point de liaison de la voiture avec le sol.

Comment lit-on un pneu ?

① «Bib» repérant l'emplacement de l'indicateur d'usure.

② Marque enregistrée. **③** Largeur du pneu: ≃ 185 mm.

④ Série du pneu H/S: 70. **⑤** Structure: R (radial).

⑥ Diamètre intérieur: 14 pouces (correspondant à celui de la jante). **⑦** Pneu: MXV. **⑧** Indice de charge: 88 (560 kg).

⑨ Code de vitesse: H (210 km/h).

⑩ Pneu sans chambre: Tubeless. **⑪** Marque enregistrée.

Codes de vitesse maximum:

Q : 160 km/h

R : 170 km/h

S : 180 km/h

T : 190 km/h

H : 210 km/h

V : 240 km/h

Z : supérieure à 240 km/h.

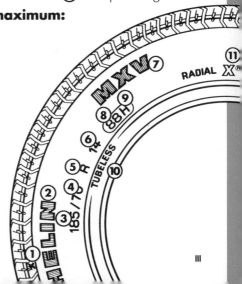

GONFLEZ VOS PNEUS, MAIS GONFLEZ-LES BIEN

POUR EXPLOITER AU MIEUX LEURS PERFORMANCES ET ASSURER VOTRE SECURITE.

Contrôlez la pression de vos pneus, sans oublier la roue de secours, dans de bonnes conditions:
Un pneu perd régulièrement de la pression. Les pneus doivent être contrôlés, une fois toutes les 2 semaines, à froid, c'est-à-dire une heure au moins après l'arrêt de la voiture ou après avoir parcouru 2 à 3 kilomètres à faible allure.

En roulage, la pression augmente; ne dégonflez donc jamais un pneu qui vient de rouler: considérez que, pour être correcte, sa pression doit être au moins supérieure de 0,3 bar à celle préconisée à froid.

Le surgonflage: si vous devez effectuer un long trajet à vitesse soutenue, ou si la charge de votre voiture est particulièrement importante, il est généralement conseillé de majorer la pression de vos pneus. Attention; l'écart de pression avant-arrière nécessaire à l'équilibre du véhicule doit être impérativement respecté. Consultez les tableaux de gonflage Michelin chez tous les professionnels de l'automobile et chez les spécialistes du pneu, et n'hésitez pas à leur demander conseil.

Le sous-gonflage: lorsque la pression de gonflage est

insuffisante, les flancs du pneu travaillent anormalement, ce qui entraîne une fatigue excessive de la carcasse, une élévation de température et une usure anormale.

Vérifiez la pression de vos pneus régulièrement et avant chaque voyage.

Le pneu subit alors des dommages irréversibles qui peuvent entraîner sa destruction immédiate ou future.

En cas de perte de pression, il est impératif de consulter un spécialiste qui en recherchera la cause et jugera de la réparation éventuelle à effectuer.

Le bouchon de valve: en apparence, il s'agit d'un détail; c'est pourtant un élément essentiel de l'étanchéité. Aussi, n'oubliez pas de le remettre en place après vérification de la pression, en vous assurant de sa parfaite propreté.

Voiture tractant caravane, bateau...

Dans ce cas particulier, il ne faut jamais oublier que le poids de la remorque accroît la charge du véhicule. Il est donc nécessaire d'augmenter la pression des pneus arrière de votre voiture, en vous conformant aux indications des tableaux de gonflage Michelin. Pour de plus amples renseignements, demandez conseil à votre revendeur de pneumatiques, c'est un véritable spécialiste.

POUR FAIRE DURER VOS PNEUS, GARDEZ UN OEIL SUR EUX.

Afin de préserver longtemps les qualités de vos pneus, il est impératif de les faire contrôler régulièrement, et avant chaque grand voyage. Il faut savoir que la durée de vie d'un pneu peut varier dans un rapport de 1 à 4, et parfois plus, selon son entretien, l'état du véhicule, le style de conduite et l'état des routes ! L'ensemble roue-pneumatique doit être parfaitement équilibré pour éviter les vibrations qui peuvent apparaître à partir d'une certaine vitesse. Pour supprimer ces vibrations et leurs désagréments, vous confierez l'équilibrage à un professionnel du pneumatique car cette opération nécessite un savoir-faire et un outillage très spécialisé.

Les facteurs qui influent sur l'usure et la durée de vie de vos pneumatiques:

les caractéristiques du véhicule (poids, puissance…), le profil

Une conduite sportive réduit la durée de vie des pneus.

des routes (rectilignes, sinueuses), le revêtement (granulométrie: sol lisse ou rugueux), l'état mécanique du véhicule (réglage des trains avant, arrière, état des suspensions et des freins…), le style de conduite (accélérations, freinages, vitesse de passage en courbe…), la vitesse (en ligne droite à 120 km/h un pneu s'use deux fois plus vite qu'à 70 km/h), la pression des pneumatiques (si elle est incorrecte, les pneus s'useront beaucoup plus vite et de manière irrégulière).

D'autres événements de nature accidentelle (chocs contre trottoirs, nids de poule…), en plus du risque de déréglage et

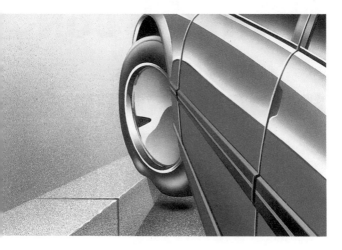

Les chocs contre les trottoirs, les nids de poule... peuvent endommager gravement vos pneus.

de détérioration de certains éléments du véhicule, peuvent provoquer des dommages internes au pneumatique dont les conséquences ne se manifesteront parfois que bien plus tard. Un contrôle régulier de vos pneus vous permettra donc de détecter puis de corriger rapidement les anomalies (usure anormale, perte de pression...). A la moindre alerte, adressez-vous immédiatement à un revendeur spécialiste qui interviendra pour préserver les qualités de vos pneus, votre confort et votre sécurité.

SURVEILLEZ L'USURE DE VOS PNEUMATIQUES:

Comment ? Tout simplement en observant la profondeur de la sculpture. C'est un facteur de sécurité, en particulier sur sol mouillé. Tous les pneus possèdent des indicateurs d'usure de 1,6 mm d'épaisseur. Ces indicateurs sont repérés par un Bibendum situé aux «épaules» des pneus Michelin. Un examen visuel suffit pour connaître le niveau d'usure de vos pneumatiques. Attention: même si vos pneus n'ont pas encore atteint la limite d'usure légale (en France, la profondeur restante de la sculpture doit être supérieure à 1,6 mm sur l'ensemble de la bande de roulement), leur capacité à évacuer l'eau aura naturellement diminué avec l'usure.

FAITES LE BON CHOIX POUR ROULER EN TOUTE TRANQUILLITE.

Le type de pneumatique qui équipe d'origine votre véhicule a été déterminé pour optimiser ses performances. Il vous est cependant possible d'effectuer un autre choix en fonction de votre style de conduite, des conditions climatiques, de la nature des routes et des trajets effectués.

Dans tous les cas, il est indispensable de consulter un spécialiste du pneumatique, car lui seul pourra vous aider à trouver la solution la mieux adaptée à votre utilisation.

Montage, démontage, équilibrage du pneu; c'est l'affaire d'un professionnel:

un mauvais montage ou démontage du pneu peut le détériorer et mettre en cause votre sécurité.

Sauf cas particulier et exception faite de l'utilisation provisoire de la roue de secours, les pneus montés sur un essieu donné doivent être identiques. Il est conseillé de monter les pneus neufs ou les moins usés à l'AR pour assurer la meilleure tenue de route en situation difficile (freinage d'urgence ou courbe serrée) principalement sur chaussée glissante. Toutefois, il n'est pas exclu d'envisager que, pour certains véhicules sensibles en comportement, les pneus neufs puissent être montés à l'AV.

En cas de crevaison, seul un professionnel du pneu saura effectuer les examens nécessaires et décider de son éventuelle réparation.

Il est recommandé de changer la valve ou la chambre à chaque intervention.

Il est déconseillé de monter une chambre à air dans un ensemble tubeless.

L'utilisation de pneus cloutés est strictement réglementée; il est important de s'informer avant de les faire monter.

Attention: la capacité de vitesse des pneumatiques Hiver «M+S» peut être inférieure à celle des pneus d'origine. Dans ce cas, la vitesse de roulage devra être adaptée à cette limite inférieure.

INNOVER POUR
ALLER PLUS LOIN

En 1889, Edouard Michelin prend la direction de l'entreprise qui porte son nom. Peu de temps après, il dépose le brevet du pneumatique démontable pour bicyclette. Tous les efforts de l'entreprise se concentrent alors sur le développement de la technique du pneumatique. C'est ainsi qu'en 1895, pour la première fois au monde, un véhicule automobile baptisé «l'Eclair» roule sur pneumatiques. Testé sur ce véhicule lors de la course Paris-Bordeaux-Paris, le pneumatique démontre immédiatement sa supériorité sur le bandage plein.

Créé en 1898, le Bibendum symbolise l'entreprise qui, de recherche en innovation, du pneu vélocipède au pneu avion, impose le pneumatique à toutes les roues.

En 1946, c'est le dépôt du brevet du pneu radial ceinturé acier, l'une des innovations majeures du monde du transport.

Concevoir les pneus qui font avancer tous les jours 2 milliards de roues sur la terre, faire évoluer sans relâche plus de 3 000 types de pneus différents, c'est ce que font chaque jour 4 500 cher-

cheurs dans les centres de recherche Michelin.

Leurs outils: des ordinateurs qui calculent à la vitesse de 100 millions d'opérations par seconde, des laboratoires et des centres d'essais installés sur 6 000 hectares en France, en Espagne et aux Etats-Unis pour parcourir quotidiennement plus d'un million de kilomètres, soit 25 fois le tour du monde.

Leur volonté: écouter, observer puis optimiser chaque fonction du pneumatique, tester sans relâche, et recommencer.

C'est cette volonté permanente de battre demain le pneu d'aujourd'hui pour offrir le meilleur

service à l'utilisateur, qui a permis à Michelin de devenir le leader mondial du pneumatique.

RENSEIGNEMENTS UTILES.

POUR PRÉPARER VOS VOYAGES EN FRANCE:

(Itinéraires, temps de parcours, kilométrages, étapes...)
Utilisez A.M.I. (Assistance Michelin Itinéraires) en composant
sur votre Minitel:

36 15 CODE MICHELIN

VOS PNEUMATIQUES:

Vous avez des observations, vous souhaitez des précisions
concernant l'utilisation de vos pneumatiques Michelin,...
écrivez-nous à:

> Manufacture Française des Pneumatiques Michelin.
> Boîte Postale Consommateurs
> 63040 Clermont-Ferrand Cedex.

ou téléphonez-nous à:

Agen	53 96 28 47	Le Havre	35 25 22 20	Poitiers	49 57 13 59
Ajaccio	95 20 30 55	Lille	20 98 40 48	Reims	26 09 19 32
Amiens	22 92 47 28	Limoges	55 05 18 18	Rennes	99 50 72 00
Angers	41 43 65 52	Lorient	97 76 03 60	Rodez	65 42 17 88
Angoulême	45 69 30 02	Lyon	72 37 33 63	Rouen	35 73 63 73
Annecy	50 51 59 70	Le Mans	43 72 15 85	St-Brieuc	96 33 44 61
Arras	21 71 12 08	Marseille	91 02 08 02	St-Étienne	77 74 22 88
Aurillac	71 64 90 33	Montélimar	75 01 80 91	St-Quentin	23 64 17 44
Auxerre	86 46 98 66	Montpellier	67 79 50 79	Strasbourg	88 39 39 40
Avignon	90 88 11 10	Mulhouse	89 61 70 55	Toulon	94 27 01 67
Bayonne	59 55 13 73	Nancy	83 21 83 21	Toulouse	61 41 11 54
Besançon	81 80 24 53	Nantes	40 92 15 44	Tours	47 28 60 59
Bordeaux	56 39 94 95	Nice	93 31 66 09	Valence	75 81 11 11
Bourg	74 23 21 43	Nîmes	66 84 99 05		
Brest	98 02 21 08	Niort	49 33 00 42	Région parisienne	
Caen	31 26 68 19	Orléans	38 88 02 20	Aubervilliers	48 33 07 58
Clermont-Fd	73 91 29 31	Pau	59 32 56 33	Buc	39 56 10 66
Dijon	80 67 35 38	Périgueux	53 03 98 13	Maisons-Alfort	48 99 55 60
Grenoble	76 98 51 54	Perpignan	68 54 53 10	Nanterre	47 21 67 21

RISIA Cuneo 𝟵𝟴𝟴 ⑫, 𝟰𝟮𝟴 J 5 – alt. 660 – ✉ 12088 Roccaforte Mondovì – Stazione termale gno-settembre), a.s. febbraio, Pasqua, luglio-15 settembre e Natale – Sport invernali : *1 800 m ⚡1 ⚡7, ⚡ – ✪ 0174.

a Madame Curie ✆ 683119, Fax 683400.

a 630 – Cuneo 21 – ♦Milano 226 – Savona 85 – ♦Torino 94.

Reale, ✆ 683105, Fax 683430, ≈ – 🛗 📺 ☎ ❷ – 🏥 150. 🖭 🗓 🛈 🗲 𝘝𝘐𝘚𝘈. ✄
chiuso dal 15 ottobre al 15 dicembre – Pas *(chiuso mercoledì in bassa stagione)* 25/30000 –
⏛ 10000 – **80 cam** 55/90000 – ½ P 72/95000.

Topazio, ✆ 683107, Fax 683302, ≈ – 🛗 ☎ ❷. 🗓. ✄ rist
20 dicembre-20 aprile e 20 maggio-settembre – Pas *(chiuso lunedì escluso da giugno a settembre)* 27000 – ⏛ 6000 – **45 cam** 63/87000 – P 70/85000.

Scoiattolo 🌭, ✆ 683103, Fax 683371, « Giardino ombreggiato », ≈ – 📺 ☎ ❷. 🗓 🗲
𝘝𝘐𝘚𝘈. ✄ rist
chiuso ottobre e novembre – Pas *(chiuso martedì; prenotare)* carta 20/32000 – ⏛ 6500 –
22 cam 55/85000 – ½ P 60/70000.

𝖘IA 45020 Rovigo 𝟰𝟮𝟵 G 16 – 3 548 ab. alt. 12 – ✪ 0425.

a 461 – ♦Ferrara 45 – ♦Padova 48 – Rovigo 12 – ♦Venezia 85.

in prossimità strada statale 499 :

Trattoria al Ponte, località Bornio S : 3 km ✉ 45020 ✆ 69890 – 🍴 ❷. 🖭 🗓 🛈 🗲 𝘝𝘐𝘚𝘈.
✄
chiuso lunedì ed agosto – Pas carta 27/37000.

CERATA 62100 🅿 𝟵𝟴𝟴 ⑯, 𝟰𝟯𝟬 M 22 – 43 541 ab. alt. 311 – a.s. 10 luglio-15 settembre –
733.

azza Libertà 12 ✆ 234807, Fax 230449.

🔧 via Roma 139 ✆ 31141.

a 256 – ♦Ancona 51 – Ascoli Piceno 92 – ♦Perugia 127 – ♦Pescara 138.

MotelAgip, via Roma 149/B ✆ 34246, Fax 32722, ≤ – 🛗 🍴 📺 ☎ ❷ – 🏥 25 a 80. 🖭 🗓
🛈 🗲 𝘝𝘐𝘚𝘈. ✄ rist
Pas 23000 – **51 cam** ⏛ 167000.

Da Secondo, via Pescheria Vecchia 26 ✆ 260912, 😐 – 🍴. 🛈 𝘝𝘐𝘚𝘈. ✄
chiuso lunedì e dal 14 al 30 agosto – Pas carta 40/50000 (10%).

Vedere anche : **Montecassiano** NO : 11 km.
Corridonia SE : 11 km.

CERATA FELTRIA 61023 Pesaro e Urbino 𝟰𝟮𝟵 𝟰𝟯𝟬 K 19 – 2 028 ab. alt. 321 – a.s.
iugno-agosto – ✪ 0722.

a 305 – ♦Ancona 145 – Arezzo 106 – ♦Perugia 139 – Pesaro 46.

Pitinum, via Matteotti 16 ✆ 74496 – 🍴 rist 📺 ☎ ❷. ✄
Pas *(chiuso lunedì)* carta 25/35000 – ⏛ 5000 – **20 cam** 48/65000 – P 68000.

COMER Nuoro 𝟵𝟴𝟴 ㉝, 𝟰𝟯𝟯 G 8 – Vedere Sardegna.

CUGNAGA 28030 Novara 𝟵𝟴𝟴 ②, 𝟰𝟮𝟴 E 5 – 661 ab. alt. (frazione Staffa) 1 327 – a.s.
glio-agosto e Natale – Sport invernali : 1 327/2 900 m ⚡2 ⚡10, ⚡ – ✪ 0324.

zione Staffa, piazza Municipio ✆ 65119.

a 716 – Domodossola 39 – ♦Milano 139 – Novara 108 – Orta San Giulio 65 – ♦Torino 182.

Zumstein, frazione Staffa ✆ 65118, Telex 223306, Fax 65490, ≤ Monte Rosa, ≈ – 🛗 📺
☎ ❷. 🖭 🗓 🗲 𝘝𝘐𝘚𝘈. ✄
20 dicembre-15 aprile e 19 giugno-19 settembre – Pas *(chiuso giovedì)* 38000 – ⏛ 15000 –
44 cam 70/96000 – ½ P 65/85000.

Alpi, frazione Borca ✆ 65135, ≤, ≈ – ☎ ❷. ✄
dicembre-aprile e giugno-settembre – Pas *(solo per clienti alloggiati)* 26000 – ⏛ 8000 –
13 cam 50/90000 – ½ P 55/75000.

Chez Felice con cam, frazione Staffa ✆ 65229, Fax 65037, solo su prenotazione, « Locanda caratteristica », ≈ – ✄
Pas *(menu suggeriti dal proprietario e chiuso giovedì)* carta 60/65000 – ⏛ 10000 – **12 cam**
80000 – ½ P 65/80000.

DDALENA (Arcipelago della) Sassari 𝟵𝟴𝟴 ㉓ ㉔, 𝟰𝟯𝟯 D 10 – Vedere Sardegna.

DERNO Brescia – Vedere Toscolano-Maderno.

DESIMO 23024 Sondrio 𝟵𝟴𝟴 ③, 𝟰𝟮𝟴 C 10 – 645 ab. alt. 1 536 – Sport invernali : 1 536/
4 m ⚡2, ⚡15, ⚡ – ✪ 0343.

rsioni Strada del passo dello Spluga★★ : tratto Campodolcino-Pianazzo★★★ Sud e Nord.

Carducci 27 ✆ 53015, Fax 53782.

703 – ♦Bergamo 119 – ♦Milano 142 – Sondrio 80 – Passo dello Spluga 15.

🏨 **Emet,** 𝒫 53395, Fax 53303 – 📶 📺 ☎ 🅿. 🈁 𝘝𝘐𝘚𝘈. ✖️
dicembre-1° maggio e luglio-agosto – Pas 35/45000 – ☑ 15000 – **39 cam** 100/15000
½ P 95/170000.

🏨 **La Meridiana,** 𝒫 53160, Fax 54632 – 📺 ☎ 🅿. 🖭 🈁 ⑩ 𝘝𝘐𝘚𝘈
chiuso da maggio al 20 giugno ed ottobre – Pas carta 27/64000 – ☑ 14000 – **25 c**
55/95000 – ½ P 110/120000.

🏠 **Liro,** 𝒫 53057, Fax 53057 – ☎ 🅿. 🖭 🈁 ⑩ 🄴 𝘝𝘐𝘚𝘈. ✖️
dicembre-5 maggio e 20 giugno-settembre – Pas 25/35000 – ☑ 10000 – **18 cam** 45/100
– ½ P 70/90000.

✗ **Tec de l'Urs,** 𝒫 53283 – 🖭 🈁 🄴 𝘝𝘐𝘚𝘈. ✖️
chiuso martedì, dal 1° al 20 maggio ed ottobre – Pas carta 34/56000.

a Pianazzo O : 2 km – ✉ **23020** :

✗✗ **Bel Sit** con cam, 𝒫 53365 – 📺 ☎ 🚗 🅿. 🖭 🈁 ⑩ 🄴 𝘝𝘐𝘚𝘈. ✖️
Pas carta 31/52000 – ☑ 9000 – **10 cam** 50/65000 – ½ P 75/85000.

Vedere anche : **Montespluga** N : 11 km.

MADONNA DEI FORNELLI Bologna 𝟜𝟛𝟘 J 15 – Vedere San Benedetto Val di Sambro.

MADONNA DELLA CIVITA Latina 𝟜𝟛𝟘 S 22 – Vedere Itri.

MADONNA DELL'OLMO Cuneo – Vedere Cuneo.

MADONNA DEL MONTE Massa Carrara – Vedere Mulazzo.

MADONNA DEL PIANO – Vedere Cantone Ticino (Ponte Tresa) alla fine dell'elenco a
betico.

MADONNA DI CAMPIGLIO 38084 Trento 𝟿𝟾𝟾 ④, 𝟜𝟚𝟾 𝟜𝟚𝟿 D 14 – alt. 1 522 – a.s. dicem
Epifania e Febbraio-Pasqua – Sport invernali : 1 522/2 444 m ✲5 ✳26, ✦ – ☎ 0465.
Vedere Località **★★**.

Escursioni Massiccio di Brenta **★★★** Nord per la strada S 239.

🎿 (luglio-15 settembre) a Campo Carlo Magno 𝒫 41003, Telex 400882, o 𝒫 (019) 745074,
40294, N : 2,5 km.

🖪 𝒫 42000, Telex 400882, Fax 40404.

Roma 645 – ♦Bolzano 88 – ♦Brescia 118 – Merano 91 – ♦Milano 214 – Trento 74.

🏨 **Des Alpes,** 𝒫 40000, Telex 401365, Fax 40186, ≤, ≦s, 🎇, 🎇 – 📶 📺 ☎ 🕭 🚗
🏊 30 a 400 – *stagionale* – **105 cam.**

🏨 **Savoia Palace,** 𝒫 41004, Fax 40549 – 📶 📺 ☎ 🅿 – 🏊 60. 🖭 ⑩. ✖️
4 dicembre-10 aprile e 7 luglio-agosto – Pas 50/55000 – **55 cam** ☑ 235/300000, 2 app
menti – ½ P 180/265000.

🏨 **Spinale Club Hotel,** 𝒫 41116, Fax 42189, ≤, ≦s, 🎇 – 📶 📺 ☎ 🚗 – 🏊 80. 🖭 🈁
𝘝𝘐𝘚𝘈
22 dicembre-10 aprile e luglio-10 settembre – Pas (solo per clienti alloggiati) carta 40/60
– ☑ 15000 – **59 cam** 320000, 4 appartamenti – ½ P 145/375000.

🏨 **Cristallo,** 𝒫 41132, Fax 40687, ≤ – 📶 📺 ☎ 🚗 🅿 – 🏊 120. 🖭 ⑩ 𝘝𝘐𝘚𝘈. ✖️ rist
dicembre-20 aprile e 22 giugno-10 settembre – Pas 43/75000 – **43 cam** ☑ 140/27000
½ P 160/260000.

🏨 **Miramonti,** 𝒫 41021, Fax 40410, ≤, ≦s – 📶 📺 ☎ 🚗 🅿. 🖭 🈁 ⑩ 🄴 𝘝𝘐𝘚𝘈. ✖️
5 dicembre-15 aprile e luglio-5 settembre – Pas 50/55000 – ☑ 25000 – **25 cam** 230
6 appartamenti – ½ P 155/245000.

🏨 **Grifone,** 𝒫 42002, Fax 40540, ≦s – 📶 📺 ☎ 🚗. 🖭 🈁 🄴 𝘝𝘐𝘚𝘈. ✖️ rist
dicembre-19 aprile e 9 luglio-10 settembre – Pas carta 45/60000 – **38 cam** ☑ 210/3500
½ P 175/285000.

🏨 **Alpina,** 𝒫 41075, Fax 41867, ≦s, 🌱 – 📶 📺 ☎ 🅿. 🈁 🄴 𝘝𝘐𝘚𝘈. ✖️
dicembre-25 aprile e 15 giugno-20 settembre – Pas 20/30000 – ☑ 12000 – **27 cam** 170
– ½ P 85/155000.

🏨 **Dahu,** 𝒫 40242, Fax 40496, ≤ – 📶 📺 ☎ 🚗 🅿. ✖️
dicembre-aprile e luglio-20 settembre – Pas (solo per clienti alloggiati) 32/42000 – **36 c**
☑ 220000 – ½ P 120/195000.

🏨 **Bertelli,** 𝒫 41013, Fax 40564, ≤, ≦s – 📶 📖 📺 ☎ 🚗 🅿. 🖭 🈁 ⑩ 🄴 𝘝𝘐𝘚𝘈. ✖️
5 dicembre-8 aprile e luglio-10 settembre – Pas carta 40/49000 – ☑ 10000 – **40 c**
120/220000 – ½ P 122/212000.

🏨 **Diana,** 𝒫 41011, Fax 41049 – 📶 📺 ☎ 🅿. 🈁. ✖️
dicembre-1° maggio e luglio-15 settembre – Pas 33000 – ☑ 15000 – **27 cam** 85/14000
½ P 90/150000.

🏨 **St. Hubertus,** 𝒫 41144, Fax 40056, ≤, 🐟 riscaldata, 🌱 – 📶 📺 ☎ 🅿. 🖭 🈁 🄴 𝘝𝘐𝘚𝘈. ✷
dicembre-Pasqua e luglio-settembre – Pas 46/56000 – **31 cam** ☑ 117/196000 – ½ P
170000.

Arnica senza rist, ℘ 40377 – |≑| TV ☎. ⓢ E VISA. ✻
chiuso maggio ed ottobre – **21 cam** ⊒ 95/180000.

Oberosler, ℘ 41136, Fax 41136, ≤ – |≑| TV ☎ ⇔ Ⓟ. AE ⓢ E VISA. ✻ rist
dicembre-20 aprile e luglio-15 settembre – Pas carta 35/52000 – **38 cam** ⊒ 125/210000 – ½ P 120/170000.

Palù, ℘ 41280, ≤, ⚘ – TV ☎ Ⓟ. VISA. ✻
dicembre-Pasqua e 20 giugno-20 settembre – Pas (solo per clienti alloggiati) 35000 – **17 cam** ⊒ 168000 – ½ P 83/150000.

Dello Sportivo senza rist, ℘ 41101, Fax 40800 – TV ☎ Ⓟ. ✻
chiuso dall'8 giugno all'8 luglio e dal 10 al 30 novembre – **15 cam** ⊒ 90/160000.

La Baita, ℘ 41066, Fax 40750 – |≑| ☎ ⇔. AE ⓢ ⓞ E VISA. ✻
dicembre-aprile e luglio-settembre – Pas (solo per clienti alloggiati) 50000 – ⊒ 25000 – **20 cam** 150000 – ½ P 130/145000.

Touring ⛭, ℘ 41051, Fax 40760, ≤, ⚘ – |≑| TV ☎ Ⓟ. AE ⓢ ⓞ E VISA. ✻ rist
dicembre-Pasqua e luglio-28 settembre – Pas 35/55000 – **27 cam** ⊒ 88/140000 – ½ P 70/140000.

Artini, ℘ 40122 – *stagionale.*

Osteria del Posta, ℘ 40477 – AE ⓢ ⓞ E VISA. ✻
chiuso dal 2 al 30 novembre – Pas carta 42/67000.

a Campo Carlo Magno N : 2,5 km – alt. 1682 – ✉ **38084** Madonna di Campiglio.

Vedere Posizione pittoresca★★ – ☀★★ sul massiccio di Brenta dal colle del Grostè SE per funivia.

Golf Hotel ⛭, ℘ 41003, Fax 40294, ≤ monti e pinete, ⚘, ⛳9 – |≑| TV ☎ Ⓟ. AE ⓢ ⓞ E VISA. ✻ rist
dicembre-marzo e luglio-agosto – Pas 80000 – ⊒ 25000 – **124 cam** 210/360000, 6 appartamenti – ½ P 245/380000.

Carlo Magno-Zeledria Hotel, ℘ 41010, Telex 401158, Fax 40550, ≤ monti e pinete, ≘s, ⛆, ⚘ – |≑| TV ☎ ⇔ Ⓟ. ⓢ ⓞ E VISA. ✻
4 dicembre-aprile e 24 giugno-23 settembre – Pas 50/80000 – **103 cam** ⊒ 165/280000 – ½ P 160/240000.

ADONNA DI SENALES (UNSERFRAU) Bolzano 218 ⑨ – Vedere Senales.

ADONNA DI TIRANO Sondrio 428 429 D 12, 218 ⑯ – Vedere Tirano.

AGAZZINI Livorno – Vedere Elba (Isola d') : Portoferraio.

AGENTA 20013 Milano 988 ③, 428 F 8 – 23 782 ab. alt. 141 – ☎ 02.
a 599 – ♦Milano 25 – Novara 21 – Pavia 43 – ♦Torino 114 – Varese 46.

Excelsior, via Cattaneo 67 ℘ 97298651, Fax 97291617 – |≑| ▤ TV ☎ ♿. AE ⓢ ⓞ E VISA. ✻ rist
chiuso dall'8 al 23 agosto – Pas *(chiuso sabato a mezzogiorno e domenica)* carta 31/45000 – ⊒ 12000 – **67 cam** 110/150000, appartamento – ½ P 152/172000.

L'Osteria, a Ponte Vecchio SO : 2 km ℘ 97298461, Coperti limitati; prenotare – AE ⓢ ⓞ E VISA. ✻
chiuso domenica sera, lunedì, dal 26 dicembre al 2 gennaio ed agosto – Pas carta 61/103000.

Trattoria alla Fontana, via del Roccolo 5 (circonvallazione di Magenta) ℘ 9760826 – ▤ Ⓟ. AE ⓢ E VISA. ✻
chiuso sabato a mezzogiorno, domenica, Natale ed agosto – Pas carta 55/80000.

AGGIO Como 428 E 10, 219 ⑩ – Vedere Cremeno.

AGGIORE (Lago) – Vedere Lago Maggiore.

AGIONE 06063 Perugia 988 ⑮, 430 M 18 – 11 600 ab. alt. 299 – ☎ 075.
a 193 – Arezzo 58 – Orvieto 87 – ♦Perugia 20 – Siena 90.

a San Feliciano SO : 8 km – ✉ **06060** :

Da Settimio ⛭ con cam, ℘ 849104, ≤, ⛱ – ✻ rist
chiuso novembre – Pas *(chiuso giovedì escluso da giugno a settembre)* carta 30/43000 (10%) – ⊒ 5000 – **12 cam** 60000 – ½ P 60000.

AGLIANO IN TOSCANA 58051 Grosseto 988 ㉕, 430 O 15 – 4 143 ab. alt. 130 – ☎ 0564.
a 163 – Civitavecchia 118 – Grosseto 28 – Viterbo 106.

Antica Trattoria Aurora, via Lavagnini 12/14 ℘ 592030, « Servizio estivo in giardino » – ⓢ E VISA. ✻
chiuso mercoledì e novembre – Pas carta 32/54000.

Da Guido, via dei Faggi 9 ℘ 592447, ⛱ – ⓢ E VISA. ✻
chiuso gennaio e martedì (escluso dal 15 luglio al 15 settembre) – Pas carta 28/47000.

MAGLIANO SABINA 02046 Rieti 988 ㉖, 430 O 19 – 3 758 ab. alt. 222 – ✆ 0744.

Roma 69 – ♦Perugia 113 – Rieti 54 – Terni 44 – Viterbo 48.

sulla strada statale 3 - via Flaminia NO : 3 km :

XX **La Pergola** con cam, ⌂ 02046 ✆ 919841, Fax 919841 – 劇 ▤ 🆃🆅 ☎ 🄿. 🄰🄴 🄵 ⑩ 🄴 𝑽𝑰𝑺𝑨.
%%
Pas *(chiuso martedì e dal 15 luglio al 13 agosto)* carta 33/51000 – **11 cam** ⌷ 120000.

MAGLIASINA e MAGLIASO 219 ⑧ – Vedere Cantone Ticino (Ponte Tresa) alla fine dell'elenco alfabetico.

MAGNANO IN RIVIERA 33010 Udine 429 D 21 – 2 285 ab. alt. 200 – ✆ 0432.

Roma 658 – ♦Milano 397 – ♦Trieste 91 – Udine 20 – ♦Venezia 147.

🏨 **Green Hotel** ⌂, località Colli SO : 2 km ✆ 792308, Fax 792312, 𝕝𝕤, ⊆s, ⏚, %, X – 劇 ▤
🆃🆅 ☎ 🖖 🄿 – 🚗 30 a 350. 🄰🄴 🄵 ⑩ 🄴 𝑽𝑰𝑺𝑨. %% rist
Pas *(chiuso lunedì)* carta 40/60000 – ⌷ 15000 – **72 cam** 140000, 4 appartamenti
½ P 110000.

MAIOLATI SPONTINI 60030 Ancona 430 L 21 – 5 161 ab. alt. 409 – ✆ 0731.

Roma 251 – ♦Ancona 48 – Gubbio 69 – Macerata 57.

a Moie NE : 10 km – ⌂ **60030** :

X **Tullio,** ✆ 701068, 🍽 – 🄵 ⑩ 🄴 𝑽𝑰𝑺𝑨. %%
chiuso domenica sera, lunedì e dal 15 al 30 agosto – Pas carta 38/61000.

MAIORI 84010 Salerno 988 ㉗, 431 E 25 – 6 041 ab. – a.s. Pasqua, 15 giugno-15 settembre e Natale – ✆ 089.

Dintorni Capo d'Orso★ SE : 5 km.

🯅 via Capone 19 ✆ 877452.

Roma 267 – Amalfi 5 – ♦Napoli 57 – Salerno 20 – Sorrento 39.

🏨 **Pietra di Luna,** ✆ 877500, Fax 877483, ≤, ⊆s, ⏚, 🛥 – 劇 ▤ 🆃🆅 ☎ 🚗 🄿
🚗 80 a 550. 🄰🄴 🄵 ⑩ 🄴 𝑽𝑰𝑺𝑨. %%
16 aprile-ottobre – Pas carta 38/72000 – **96 cam** ⌷ 100/160000 – ½ P 100/125000.

🏨 **San Pietro,** ✆ 877220, Fax 877025, ⏚, % – 劇 ⇅ rist 🆃🆅 ☎ 🄿. 🄰🄴 🄵 ⑩ 🄴 𝑽𝑰𝑺𝑨. %%
9 aprile-ottobre – Pas 25/35000 – **38 cam** ⌷ 74/118000 – ½ P 70/95000.

🏨 **Panorama,** ✆ 877202, Telex 770027, Fax 877781, ≤, « Terrazza panoramica con ⏚ »
劇 ▤ 🆃🆅 ☎ – 🚗 140. 🄵 ⑩ 🄴 𝑽𝑰𝑺𝑨. %%
aprile-ottobre – Pas 35/45000 – **79 cam** ⌷ 150/180000, 3 appartamenti – ½ P 110/13000

🏨 **San Francesco,** ✆ 877070, 🛥, 🛋 – 劇 ☎ 🄿. %% rist
aprile-ottobre – Pas carta 28/42000 – ⌷ 10000 – **44 cam** 55/80000 – ½ P 65/75000.

XX **Vela,** ✆ 852874, 🍽

X **Mammato,** ✆ 877036 – 🄰🄴 🄵 ⑩ 🄴 𝑽𝑰𝑺𝑨
chiuso dal 1° al 25 novembre e martedì (escluso da giugno a settembre) – Pas carta 3
62000.

MAJANO 33030 Udine 429 D 21 – 5 953 ab. alt. 166 – ✆ 0432.

Roma 659 – Pordenone 54 – Tarvisio 77 – Udine 21 – ♦Venezia 147.

XX **Dal Asìn** con cam, ✆ 959015, Fax 94816, 🛋 – 🆃🆅 ☎ 🄿. %% rist
Pas *(chiuso giovedì, gennaio e luglio)* carta 28/39000 – ⌷ 7000 – **17 cam** 100000
½ P 70/75000.

MALALBERGO 40058 Bologna 988 ⑮, 429 H 16 – 6 410 ab. alt. 12 – ✆ 051.

Roma 403 – ♦Bologna 27 – ♦Ferrara 12 – ♦Ravenna 84.

XX **Rimondi,** ✆ 872012, Rist. con specialità di mare – ▤. 🄰🄴 🄵 ⑩ 🄴 𝑽𝑰𝑺𝑨. %%
chiuso lunedì sera, martedì e dal 15 luglio al 15 agosto – Pas carta 35/60000.

MALCESINE 37018 Verona 988 ④, 428 429 E 14 – 3 564 ab. alt. 90 – ✆ 045.

Vedere 🯅★★★ dal monte Baldo E : 15 mn di funivia – Castello Scaligero★.

🯅 via Capitanato del Porto 6/8 ✆ 7400055, Fax 7401633.

Roma 556 – ♦Brescia 92 – Mantova 93 – ♦Milano 179 – Trento 61 – ♦Venezia 179 – ♦Verona 67.

🏨 **Vega,** ✆ 7400151, Fax 7401604, ≤, « Giardino », 🛥 – 劇 ▤ 🆃🆅 ☎ 🄿 🄰🄴 🄵 ⑩ 🄴 𝑽𝑰𝑺𝑨
aprile-ottobre – Pas carta 27/40000 (10%) – **22 cam** ⌷ 80/140000 – ½ P 80/93000.

🏨 **Alpi** ⌂, ✆ 7400717, Fax 7400529, « Giardino con ⏚ », ⊆s – ☎ 🄿. 🄵 ⑩ 🄴 𝑽𝑰𝑺𝑨. %%
chiuso dal 20 gennaio a marzo e dal 15 novembre al 26 dicembre – Pas *(chiuso lun*
20000 – ⌷ 14000 – **40 cam** 65/80000 – ½ P 62/70000.

🏨 **Erika,** ✆ 7400451, Fax 7400451, 🛋 – 🚗. %% cam
chiuso novembre – Pas *(chiuso giovedì)* 18/25000 – ⌷ 10000 – **14 cam** 65/8700
½ P 55/68000.

a Val di Sogno S : 2 km – ⊠ **37018** Malcesine :

Maximilian ⑤, ℰ 7400317, Fax 6570117, ≤, « Giardino-oliveto in riva al lago », ⇌, ☐,
🔥, % – ▤ rist ☎ ⇌ ➋ ※
28 marzo-24 ottobre – Pas (solo per clienti alloggiati e *chiuso a mezzogiorno*) – ⌑ 20000 –
33 cam 100/140000 – ½ P 93/110000.

Val di Sogno ⑤, ℰ 7400108, Fax 7401694, ⇌, ☐ riscaldata, 🔥, ✍ – ▐ ▤ rist ☎ ⇌
➋ – 🔥 30. ※ rist
Pasqua-ottobre – Pas 30/60000 – ⌑ 20000 – **39 cam** 130/160000 – ½ P 70/120000.

sulla strada statale 249 :

Piccolo Hotel, N : 3 km ⊠ 37018 ℰ 7400264, Fax 7400264, ≤, ☐ riscaldata, 🔥 – ☎ ➋.
⑤ ㄷ 𝚅𝙸𝚂𝙰. ※ rist
25 marzo-10 ottobre – Pas 24000 – ⌑ 11000 – **20 cam** 47/70000 – ½ P 45/59000.

LCONTENTA 30030 Venezia 𝟺𝟸𝟿 F 18 – alt. 4 – ⓐ 041.

ere Villa Foscari★.

523 – ◆Milano 262 – ◆Padova 32 – Treviso 28 – ◆Venezia 15.

Gallimberti, ℰ 698099, Fax 5470163 – ▤ ▣ ☎ ➋. 🄰🄴 ⑤ ⑩ ㄷ 𝚅𝙸𝚂𝙰
Pas vedere rist Da Bepi el Ciosoto – ⌑ 7000 – **19 cam** 70/120000 – ½ P 90/95000.

Da Bepi el Ciosoto, ℰ 698997, Solo piatti di pesce – ➋. 🄰🄴 ⑤ ⑩ ㄷ 𝚅𝙸𝚂𝙰
chiuso domenica sera e lunedì a mezzogiorno – Pas carta 40/62000.

LÈ 38027 Trento 𝟿𝟾𝟾 ④, 𝟺𝟸𝟾 𝟺𝟸𝟿 C 14 – 2 032 ab. alt. 738 – a.s. febbraio-Pasqua e Natale –
₄63.

le Marconi ℰ 901280, Telex 400810, Fax 901563.

641 – ◆Bolzano 65 – Passo di Gavia 58 – ◆Milano 236 – Sondrio 106 – Trento 59.

Henriette, ℰ 902110, Fax 902114, ≤ – ▐ ✍ rist ▤ rist ▣ ☎ ⇌ ➋. 🄰🄴 ⑩ ㄷ 𝚅𝙸𝚂𝙰.
※
20 dicembre-4 aprile e 20 maggio-settembre – Pas carta 32/42000 – **39 cam** ⌑ 100/120000
– ½ P 70/120000.

Rauzi ⑤, ℰ 901228, ≤, ✍ – ▐ ▣ ☎ ⇌ ➋ ※
23 dicembre-24 marzo e 25 giugno-10 settembre – Pas 28000 – ⌑ 9000 – **42 cam** 50/80000
– ½ P 71/90000.

La Segosta, ℰ 901390, 🏠 – ➋. 🄰🄴 ⑤ ⑩ ㄷ 𝚅𝙸𝚂𝙰. ※
chiuso martedì, dal 1° al 18 giugno e dal 21 settembre al 21 ottobre – Pas carta 29/43000.

LEO 20076 Milano 𝟺𝟸𝟾 𝟺𝟸𝟿 G 11 – 3 400 ab. alt. 58 – ⓐ 0377.

527 – Cremona 23 – ◆Milano 60 – ◆Parma 77 – Pavia 51 – Piacenza 19.

ⓐ **Sole** con cam, ℰ 58142, Fax 58058, Coperti limitati; prenotare, « Antica locanda con
servizio estivo all'aperto » – ▣ ➋ – 🔥 28. 🄰🄴 ⑤ ㄷ 𝚅𝙸𝚂𝙰
chiuso gennaio e agosto – Pas *(chiuso domenica sera e lunedì)* carta 65/92000 – **7 cam**
⌑ 180/300000, appartamento – P 230/280000
Spec. Cappon magro (estate), Tortelli d'erbette, Petto d'anitra in salsa di miele e ginepro. **Vini** Malvasia secco,
Marzemino.

Leon d'Oro, ℰ 58149, 🏠, Coperti limitati; prenotare – ▤. 🄰🄴 ⑤ ⑩ ㄷ 𝚅𝙸𝚂𝙰. ※
chiuso mercoledì ed agosto – Pas carta 46/75000.

LESCO 28030 Novara 𝟺𝟸𝟾 D 7, 𝟸𝟷𝟿 ⑥ ⑦ – 1 511 ab. alt. 761 – ⓐ 0324.

718 – Domodossola 20 – Locarno 29 – ◆Milano 142 – Novara 111 – ◆Torino 185.

Alpino, ℰ 95118, ☐, ✍ – ▐ ☎ ♿ ➋. ⑩. ※ rist
15 dicembre-15 gennaio e aprile-settembre – Pas (solo per clienti alloggiati; *chiuso martedì
escluso da giugno a settembre*) carta 23/36000 – ⌑ 6000 – **39 cam** 40/75000 – ½ P 60/
63000.

LGA CIAPELA Belluno – Vedere Rocca Pietore.

LGRATE 22040 Como 𝟺𝟸𝟾 E 10, 𝟸𝟷𝟿 ⑨ ⑩ – 4 203 ab. alt. 224 – ⓐ 0341.

623 – Bellagio 20 – Como 27 – Lecco 2 – ◆Milano 54.

ⓐⓐ **Il Griso,** ℰ 202040, Fax 202248, ≤ lago e monti, 🏠, « Piccolo parco », 🔥, ⇌, ☐ –
▐ ▣ ☎ ➋ – 🔥 30. 🄰🄴 ⑤ ⑩ ㄷ 𝚅𝙸𝚂𝙰
chiuso dal 20 dicembre al 6 gennaio – Pas carta 70/125000 – ⌑ 20000 – **41 cam** 150/
180000 – ½ P 200000
Spec. Ravioli di rane con salsa allo scalogno e basilico, Suprema di lucioperca al vino rosso, Filetti di coniglio con
vinaigrette al tartufo. **Vini** Franciacorta bianco, Sassella superiore.

Promessi Sposi-da Giovannino, ℰ 202096, Fax 202152, ≤, 🏠 – ▐ ▣ ☎ ➋. 🄰🄴 ⑤ ⑩
ㄷ 𝚅𝙸𝚂𝙰. ※ rist
Pas carta 44/75000 – ⌑ 10000 – **38 cam** 75/95000.

MALLES VENOSTA (MALS) 39024 Bolzano 𝟵𝟴𝟲 ④, 𝟰𝟮𝟴 𝟰𝟮𝟵 B 13 – 4 630 ab. alt. 1 05 ✆ 0473.

Roma 721 – ♦Bolzano 84 – Bormio 57 – ♦Milano 252 – Passo di Resia 22 – Trento 142.

🏨 **Garberhof,** ✆ 81399, Fax 81950, ≤, 🔲 – 🛗 ☎ 🅿. 🖭 🕄 ☰ 𝘝𝘐𝘚𝘈. ❄ rist
chiuso dal 10 novembre al 20 dicembre – Pas (chiuso lunedì) 24/35000 – ⌑ 1600(
29 cam 90/140000 – ½ P 67/82000.

a Burgusio (Burgeis) N : 3 km alt. 1 215 – ✉ 39024 Malles Venosta :

🏨 **Plavina** ⑊, ✆ 81223, ≤, ⌕, 🔲, ⚘ – 🛗 ☎ 🅿. 𝘝𝘐𝘚𝘈. ❄
chiuso dal 26 aprile al 22 maggio e dall'8 novembre al 26 dicembre – Pas vedere rist Al N
– ⌑ 16500 – **32 cam** 40/52000 – ½ P 50/72000.

🍴🍴 **Al Moro-Zum Mohren** con cam, ✆ 81222, Fax 80406 – 🅿
chiuso dal 26 aprile al 22 maggio e dall'8 novembre al 26 dicembre – Pas (chiuso mar
carta 22/27000 – ⌑ 16500 – **9 cam** 22/44000 – ½ P 38/59000.

MALOSCO 38013 Trento 𝟰𝟮𝟵 C 15, 𝟮𝟭𝟴 ⑳ – 335 ab. alt. 1 041 – a.s. Pasqua e Natale – ✆ 0(

Roma 638 – ♦Bolzano 33 – Merano 40 – ♦Milano 295 – Trento 56.

🏨 **Baita Fiorita** ⑊, ✆ 831150, Fax 831150, ≤, ⚘ – 🛗 ⇄ rist 🅿. ❄ rist
maggio-ottobre – Pas (solo per clienti alloggiati) 35000 – ⌑ 18000 – **33 cam** 65/1100(
½ P 95000.

🏨 **Bel Soggiorno** ⑊, ✆ 831205, Fax 831205, ≤, ⚘ – 🛗 ⇄ rist 🅿. ❄ rist
15 dicembre-15 gennaio e 15 giugno-15 ottobre – Pas 16/19000 – ⌑ 8000 – **29 ⦁**
40/60000 – ½ P 50/63000.

🏨 **Rosalpina,** ✆ 831186, ≤, « Giardino ombreggiato » – 🅿. ❄
20 dicembre-15 marzo e 15 giugno-15 settembre – Pas 20000 – ⌑ 10000 – **19 ⦁**
64/90000 – ½ P 78/88000.

Lesen Sie die Einleitung, sie ist der Schlüssel zu diesem Führer.

MALS = Malles Venosta.

MANACORE Foggia 𝟰𝟯𝟭 B 30 – Vedere Peschici.

MANAROLA 19010 La Spezia 𝟰𝟮𝟴 𝟰𝟮𝟵 J 11 – ✆ 0187.

Vedere Passeggiata★★ (15 mn a piedi dalla stazione).

Dintorni Regione delle Cinque Terre★★ NO e SE per ferrovia.

Roma 434 – ♦Genova 119 – ♦Milano 236 – ♦La Spezia 16.

🏨 **Cà d'Andrean** ⑊ senza rist, ✆ 920040, ⚘ – ☎. ❄
chiuso dal 1° al 20 novembre – ⌑ 7000 – **10 cam** 58/83000.

🍴🍴 **Marina Piccola** ⑊ con cam, ✆ 920103, Fax 920966, ≤, 🌫 – ☎. 🖭 🕄 ⓞ ☰ 𝘝𝘐𝘚𝘈. ❄
chiuso gennaio – Pas (chiuso giovedì) carta 34/71000 (10%) – ⌑ 8000 – **9 cam** 70/85(
½ P 70/85000.

🍴 **Da Billy,** ✆ 920628, ≤, 🌫, Coperti limitati; prenotare – ❄
aprile-settembre; chiuso giovedì escluso luglio-agosto – Pas carta 28/51000 (5%).

MANDELLO DEL LARIO 22054 Como 𝟰𝟮𝟴 E 9, 𝟮𝟭𝟵 ⑨ – 10 249 ab. alt. 203 – ✆ 0341.

Roma 631 – ♦Bergamo 44 – Como 40 – ♦Milano 67 – Sondrio 71.

a Olcio N : 2 km – ✉ 22054 Mandello del Lario :

🍴🍴 **Ricciolo,** via Provinciale 165 ✆ 732546, Coperti limitati; prenotare, « Servizio es
all'aperto in riva al lago » – 🕄 ☰ 𝘝𝘐𝘚𝘈. ❄
chiuso domenica, lunedì a mezzogiorno, dal 26 dicembre al 10 gennaio e dal
15 settembre – Pas carta 32/45000.

MANDURIA 74024 Taranto 𝟵𝟴𝟴 ⑳, 𝟰𝟯𝟭 F 34 – 32 822 ab. alt. 79 – a.s. giugno-agosto – ✆ (

Roma 571 – ♦Brindisi 41 – Lecce 50 – ♦Taranto 36.

a San Pietro in Bevagna S : 12 km – ✉ 74024 Manduria :

🏨 **Dei Bizantini,** litoranea Salentina O : 2 km ✆ 8728090, Fax 8728285, 🏖₀, ❄ – 🛗 🖭
🅿 – 🏄 100. 🕄 ☰ 𝘝𝘐𝘚𝘈. ❄
Pas carta 23/35000 – **36 cam** ⌑ 67/118000 – ½ P 60/80000.

🏨 **Santa Plaia** ⑊, ✆ 8728118, ≤, 🏖₀ – 🅿
15 maggio-15 ottobre – Pas carta 26/38000 – ⌑ 6000 – **27 cam** 57/79000 – ½ P 55/98(

MANERBA DEL GARDA 25080 Brescia 𝟰𝟮𝟴 𝟰𝟮𝟵 F 13 – 2 904 ab. alt. 132 – a.s. Pasq(
luglio-15 settembre – ✆ 0365.

Roma 541 – ♦Brescia 32 – Mantova 80 – ♦Milano 131 – Trento 103 – ♦Verona 56.

🍴🍴🍴 **Capriccio,** a Montinelle, piazza San Bernardo 6 ✆ 551124, « Servizio estivo all'ap(
con ≤ lago » – ⇄ 🅿. 🖭 🕄 ⓞ ☰ 𝘝𝘐𝘚𝘈
chiuso gennaio, febbraio e martedì in bassa stagione – Pas carta 50/75000.

MANFREDONIA 71043 Foggia 988⑳, 431 C 29 – 59 286 ab. – a.s. agosto-13 settembre – ⊠884.

dere Chiesa di Santa Maria di Siponto★ S : 3 km.

ntorni Portale★ della chiesa di San Leonardo S : 10 km.

scursioni Isole Tremiti★ (in battello) : ≤★★★ sul litorale.

corso Manfredi 26 ℘ 21998, Fax 23295.

na 411 – ◆Bari 119 – ◆Foggia 39 – ◆Pescara 211.

🏨 Gargano, viale Beccarini 2 ℘ 27621, Fax 26021, ≤, ⌺ – 🛁 ▤ 📺 ☎ ⇔ 🅿 – 🛱 100. 𝘝𝘐𝘚𝘈. ⅏ rist
Pas *(chiuso martedi)* carta 36/58000 (15 %) – � 8000 – **46 cam** 105000 – ½ P 95/105000.

a Siponto SO : 3 km – ⊠ **71040** :

🏨 Gabbiano, ℘ 542380, Fax 542554, 🈂 – ▤ rist 📺 ⊛ 🅿. 🕄 E 𝘝𝘐𝘚𝘈
Pas *(chiuso lunedì in bassa stagione)* carta 25/42000 (10 %) – � 6000 – **20 cam** 89000 – ½ P 47/84000.

MANSUE 31040 Treviso 429 E 19 – 3 899 ab. alt. 17 – ✿ 0422.

na 574 – Pordenone 22 – Treviso 32 – Udine 71.

🍴 Da Paolo, ℘ 741189 – ▤ 🅿. 𝘈𝘌 🕄 ⓿ E 𝘝𝘐𝘚𝘈. ⅏
chiuso mercoledì e i mezzogiorno di sabato-domenica – Pas carta 29/53000.

MANTOVA 46100 ℙ 988⑭, 428 429 G 14 – 54 228 ab. alt. 19 – ✿ 0376.

dere Palazzo Ducale★★★ – Piazza Sordello★ – Piazza delle Erbe★ : Rotonda di San Lorenzo★ B – Basilica di Sant'Andrea★ BY – Palazzo Te★ AZ.

piazza Andrea Mantegna 6 ℘ 350681, Fax 363292.

🎗.l piazza 80° Fanteria 13 ℘ 325691.

na 469 ③ – ◆Brescia 66 ① – ◆Ferrara 89 ② – ◆Milano 158 ① – ◆Modena 67 ③ – ◆Parma 62 ④ – Piacenza ④ – Reggio nell'Emilia 72 ③ – ◆Verona 39 ①.

Pianta pagina seguente

🏨 San Lorenzo senza rist, piazza Concordia 14 ℘ 220500, Fax 327194 – 🛁 ▤ 📺 ☎ ⇔. 𝘈𝘌 🕄 ⓿ E 𝘝𝘐𝘚𝘈
⊒ 20000 – **36 cam** 215/250000, 3 appartamenti.   BZ **e**

🏨 Rechigi senza rist, via Calvi 30 ℘ 320781, Fax 220291 – 🛁 ▤ 📺 ☎ ⇔ – 🛱 25 a 50. 𝘈𝘌 🕄 ⓿ E 𝘝𝘐𝘚𝘈
⊒ 18000 – **50 cam** 140/180000.   BZ **c**

🏨 Mantegna senza rist, via Fabio Filzi 10/b ℘ 350315, Fax 367259 – 🛁 ▤ 📺 ☎ 🅿 – 🛱 25 a 50. 𝘈𝘌 🕄 ⓿ E 𝘝𝘐𝘚𝘈
chiuso dal 24 dicembre al 5 gennaio – ⊒ 13000 – **37 cam** 80/120000.   AZ **b**

🏨 Apollo senza rist, piazza Don Leoni 17 ℘ 350522, Fax 221120 – 🛁 ▤ 📺 ☎ ⇔ – 🛱 25. 𝘈𝘌 🕄 ⓿ E 𝘝𝘐𝘚𝘈
⊒ 12000 – **35 cam** 80/115000, ▤ 5000.   AZ **v**

🏨 Dante senza rist, via Corrado 54 ℘ 326425, Fax 221141 – 🛁 📺 ☎ ⇔. 𝘈𝘌 🕄 ⓿ E 𝘝𝘐𝘚𝘈
⊒ 12000 – **40 cam** 80/115000.   AZ **r**

🏨 Broletto senza rist, via Accademia 1 ℘ 326784, Fax 221297 – 🛁 ▤ ☎. 𝘈𝘌 🕄 ⓿ E 𝘝𝘐𝘚𝘈. ⅏
chiuso dal 23 dicembre al 3 gennaio – ⊒ 11000 – **16 cam** 80/115000.   BZ **x**

🍴 San Gervasio, via San Gervasio 13 ℘ 350504, 🈂, prenotare – ▤. 𝘈𝘌 🕄 ⓿ E 𝘝𝘐𝘚𝘈. ⅏
chiuso mercoledì e dal 12 al 31 agosto – Pas carta 50/67000.   AY **a**

🍴 ✿ Aquila Nigra, vicolo Bonacolsi 4 ℘ 350651, Fax 350651, prenotare – ▤. 🕄 ⓿ E 𝘝𝘐𝘚𝘈. ⅏
chiuso domenica, lunedì, dal 29 dicembre al 12 gennaio ed agosto – Pas carta 47/64000
Spec. Medaglioni di anguilla all'aceto balsamico, Tortelli di zucca, Luccio in salsa di capperi e peperoni. Vini Custoza, Lambrusco.   BY **b**

🍴 Trattoria dei Martini, piazza Carlo d'Arco 1 ℘ 327101, Fax 328528 – ▤. 𝘈𝘌 🕄 ⓿ E 𝘝𝘐𝘚𝘈
chiuso lunedì, martedì, dal 7 al 15 gennaio e dal 2 al 18 agosto – Pas carta 42/56000.   AY **u**

🍴 Rigoletto, strada Cipata 10 ℘ 371167, Fax 371167, « Servizio estivo in giardino » – 🅿 – 🛱 60 a 120. 𝘈𝘌 🕄 E 𝘝𝘐𝘚𝘈. ⅏
chiuso lunedì, dal 1° al 20 gennaio e dal 16 al 31 agosto – Pas carta 38/64000.   per ②

🍴 Campana, via Santa Maria Nuova (Cittadella) ℘ 325679, Cucina tipica mantovana – ▤ 🅿. 𝘈𝘌 🕄 E 𝘝𝘐𝘚𝘈. ⅏
chiuso venerdì, domenica sera ed agosto – Pas carta 32/49000.   per ①

🍴 Ritz, viale Piave 2 ℘ 326474, 🈂, Rist. e pizzeria – 𝘈𝘌 🕄 ⓿ E 𝘝𝘐𝘚𝘈. ⅏
chiuso lunedì e luglio o agosto – Pas carta 34/55000.   per ④

🍴 Cento Rampini, piazza delle Erbe 11 ℘ 366349, 🈂 – 𝘈𝘌 ⓿. ⅏   BZ **z**
chiuso domenica sera, lunedì, dal 26 al 31 gennaio e dal 1° al 15 agosto – Pas carta 39/51000.

🍴 Romani, piazza delle Erbe 13 ℘ 323627, 🈂 – ▤. 𝘈𝘌 🕄 ⓿ E 𝘝𝘐𝘚𝘈   BZ **z**
chiuso mercoledì sera, giovedì e luglio – Pas carta 30/47000.

323

MANTOVA

Broletto (Via e Piazza) . . . . . . **BZ** 4
Liberta (Corso) . . . . **AZ** 12
Mantegna (Piazza Andrea) . **BZ** 13
Roma (Via) . . . . **AZ**
Umberto (Corso) . . . . **AZ**

Accademia (Via) . . . . **BY** 2
Acerbi (Via) . . . . **AZ** 3
Canossa (Piazza) . . . . **AY** 5
Don Leoni (Piazza) . . . . . . **AZ** 6
Don Tazzoli (Via Enrico) . . . **BZ** 7
Erbe (Piazza delle) . . . . . . **BZ** 8
Fratelli Cairoli (Via) . . . . . **BY** 10
Marconi (Piazza) . . . . **ABZ** 15

Martiri di Belfiore
  (Piazza) . . . . **AZ**
Matteotti (Via) . . . . **AZ**
Mulina (Porta) . . . . **AY**
S. Giorgio (Via) . . . . **BY**
Verdi (Via Giuseppe) . . . . . **AZ**
Virgilio (Via) . . . . **AY**
20 Settembre (Via) . . . . . . **BZ**

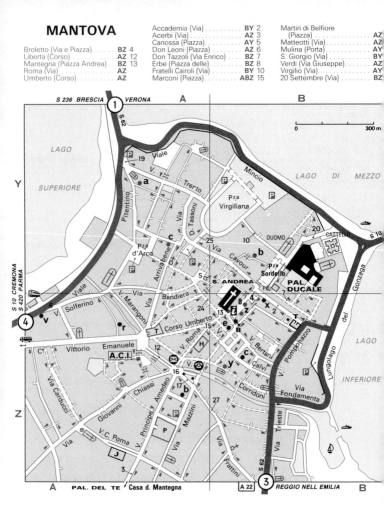

✗ **Croce Bianca,** via Franchetti 9 ℰ 323414 – ⌸ 🗟 ⑩ 🛨 𝑉𝐼𝑆𝐴. ⅍   BZ
  chiuso mercoledì e dal 15 al 31 luglio – Pas carta 27/41000.

✗ **L'Ochina Bianca,** via Finzi 2 ℰ 323700 – 🗟 ⑩ 🛨 𝑉𝐼𝑆𝐴. ⅍   AY
  chiuso lunedì, martedì a mezzogiorno e dal 1° al 7 gennaio – Pas carta 29/41000.

✗ **Chalet Te,** piazzale Vittorio Veneto 6 ℰ 320268, Fax 320268, 🐟 – ⌸ 🗟 ⑩ 🛨 𝑉𝐼𝑆𝐴
  chiuso lunedì sera, martedì ed agosto – Pas carta 32/46000.   per via Ac

✗ **Due Cavallini,** via Salnitro 5 ℰ 322084, Tipica trattoria mantovana – ⌸. ⅍   pe
  chiuso martedì e dal 15 luglio al 15 agosto – **Pas** carta 26/37000.

  a Porto Mantovano per ① : 4 km – ✉ 46047 :

🏠 **Ducale** senza rist, ℰ 397756, Fax 396256 – 📶 ▤ 📺 ☎ ⅙ 🚗 🄿. ⌸ 🗟 ⑩ 🛨 𝑉𝐼𝑆𝐴.
  ☲ 8000 – **26 cam** 80/115000, 2 appartamenti.

  a Cerese di Virgilio per ③ : 4 km – ✉ 46030 Virgilio :

🏠 **Cristallo,** ℰ 448391, Telex 302060, Fax 440748, 🏊, 🐟, ✗ – 📶 ▤ 📺 ☎ 🚗 🄶
  🛦 60 a 150. ⌸ 🗟 ⑩ 🛨 𝑉𝐼𝑆𝐴. ⅍
  Pas *(chiuso martedì e dal 1° al 15 agosto)* carta 38/57000 – ☲ 8000 – **69 cam** 80/11500
  ½ P 60/80000.

NZANO 33044 Udine 429 E 22 – 7 387 ab. alt. 72 – © 0432.

646 – Gorizia 21 – ◆Trieste 52 – Udine 16.

Il Borgo ⑤, con cam, a Soleschiano S : 2 km ℰ 754119, prenotare, « Servizio estivo all'aperto », 🐖 – **P** AE ⑤ E VISA. ⋇
chiuso agosto – Pas *(chiuso martedi)* carta 41/71000 – ☲ 10000 – **10 cam** 65000 – ½ P 65000.

NZIANA 00066 Roma 988 ㉕, 430 P 18 – 5 245 ab. alt. 369 – © 06.

56 – Civitavecchia 49 – Viterbo 45.

Il Ponte, ℰ 9962063, 🐖, Rist. e pizzeria – **P**
chiuso mercoledi e dal 7 al 30 gennaio – Pas carta 30/50000.

RANELLO 41053 Modena 988 ⑭, 428 429 430 I 14 – 14 250 ab. alt. 137 – © 0536.

411 – ◆Bologna 49 – ◆Firenze 137 – ◆Milano 179 – ◆Modena 16 – Reggio nell'Emilia 30.

Domus senza rist, via Libertà 38 ℰ 941071, Fax 942343 – 🗏 TV ☎. AE ⑤ ⑩ E VISA. ⋇
chiuso agosto – ☲ 6000 – **37 cam** 70/100000, 🗏 6000.

Europa senza rist, via Mediterraneo 13 ℰ 940440, Fax 941612 – ▮ 🗏 ☎ 🚗. AE ⑤ ⑩ E VISA. ⋇
chiuso dal 7 al 22 agosto – ☲ 7500 – **28 cam** 65/90000, 🗏 4500.

William, via Flavio Gioia 1 ℰ 941027 – 🗏. AE ⑤ ⑩ E VISA. ⋇
chiuso lunedi e dal 4 al 26 agosto – Pas carta 50/80000.

Cavallino, di fronte alle Officine Ferrari ℰ 941160, Fax 942324 – AE ⑤ ⑩ E VISA. ⋇
chiuso domenica ed agosto – Pas carta 36/54000.

RANO LAGUNARE 33050 Udine 988 ⑥, 429 E 21 – 2 204 ab. – a.s. luglio-agosto – © 0431.

626 – Gorizia 51 – Latisana 21 – ◆Milano 365 – ◆Trieste 71 – Udine 40.

Alla Laguna-Vedova Raddi, ℰ 67019, Solo piatti di pesce – ⋇
chiuso mercoledi e dal 25 settembre al 25 ottobre – Pas carta 35/60000.

RATEA 85046 Potenza 988 ㊳, 431 H 29 – 5 380 ab. alt. 311 – © 0973.

lere Località★★ – ⋇★★ dalla basilica di San Biagio.

azza del Gesù 40 ⊠ 85040 Fiumicello di Santa Venere ℰ 876908.

423 – Castrovillari 88 – ◆Napoli 217 – Potenza 137 – ◆Reggio di Calabria 340 – Salerno 166 – ◆Taranto 231.

Gd H. Pianeta Maratea ⑤, località Santa Caterina SO : 3,5 km ⊠ 85046 ℰ 876996, Telex 812478, Fax 876385, ≤ costiera, ⻍, 🏖, ⋇ – ▮ 🗏 TV ☎ **P** – 🔬 40 a 800
165 cam.

a Fiumicello di Santa Venere O : 5 km – ⊠ 85040 :

Santavenere ⑤, ℰ 876910, Telex 812387, Fax 876985, ≤ mare e costa, 🐖, « Parco e scogliera », ⻍, 🏖, ⋇ – 🗏 cam TV ☎ **P**
stagionale – **44 cam.**

Murmann, ℰ 876931, Fax 876931, ⻍, 🐖 – ☎ 🚗 **P**. ⑤ E VISA. ⋇
chiuso dal 5 novembre al 5 febbraio – Pas *(chiuso lunedi)* 30/35000 – ☲ 12000 – **18 cam**
100000 – ½ P 65/110000.

Zà Mariuccia, al Porto ℰ 876163, ≤, 🐖 – AE ⑤ ⑩ E VISA. ⋇
marzo-novembre; chiuso giovedi escluso da giugno a settembre – Pas carta 39/74000
(15%).

Villa Flora, rione Fontana Vecchia ⊠ 85046 ℰ 876101 – **P**. ⋇
15 giugno-15 settembre – Pas carta 30/60000.

ad Acquafredda NO : 10 km – ⊠ 85041 :

Villa del Mare, strada statale S : 1,5 km ℰ 878007, Fax 878102, ≤ mare, « Terrazze fiorite con ascensore per la spiaggia », ⻍, 🏖 – ▮ 🗏 TV ☎ **P** – 🔬 200 a 300. AE ⑤ ⑩ E VISA. ⋇ rist
aprile-15 ottobre – Pas carta 38/55000 – **75 cam** ☲ 180000 – ½ P 120/200000.

Villa Cheta Elite, strada statale S : 1,5 km ℰ 878134, Fax 878134, « Terrazze fiorite e servizio rist. estivo in giardino » – ☎ **P**. AE ⑤ ⑩ E VISA. ⋇
aprile-settembre – Pas carta 37/55000 – ☲ 22000 – **20 cam** 125000 – ½ P 98/140000.

Gabbiano ⑤, al mare ℰ 878011, Fax 878076, ≤, 🏖 – 🗏 **P**. ⑤ E VISA. ⋇ rist
aprile-ottobre – Pas 55/65000 – ☲ 20000 – **31 cam** 100000 – ½ P 80/145000.

ARAZZINO Sassari 433 D 9 – Vedere Sardegna (Santa Teresa Gallura).

ARCELLI Ancona 430 L 22 – Vedere Numana.

ARCELLISE Verona – Vedere San Martino Buon Albergo.

ARCIANA e MARCIANA MARINA Livorno 988 ㉔, 430 N 12 – Vedere Elba (Isola d').

AREBELLO Forlì 430 J 19 – Vedere Rimini.

ARGHERA Venezia – Vedere Mestre.

MARGNO 22050 Como 428 D 10, 219 ⑩ – 359 ab. alt. 730 – Sport invernali : a Pian d
Betulle : 1 503/1 800 m ≰ 1 ≰ 4, ⳾ – ✿ 0341.
Roma 650 – Como 59 – Lecco 30 – ◆Milano 86 – Sondrio 66.

  a Pian delle Betulle E : 5 mn di funivia – alt. 1 503 :

  🏠 **Baitock** ⌂, ⊠ 22050 ℰ 840106, ≼ monti e pinete, ☞ – ☎
    Pas *(chiuso lunedì)* carta 32/47000 – ☞ 7000 – **13 cam** 65000 – P 55/75000.

MARIANO COMENSE 22066 Como 428 E 9, 219 ⑲ – 18 856 ab. alt. 250 – ✿ 031.
Roma 619 – ◆Bergamo 54 – Como 16 – Lecco 32 – ◆Milano 29.

  ✗✗✗ **San Maurizio,** via Matteotti 77 ℰ 745574, ☞ – ☻
    chiuso mercoledì ed agosto – Pas carta 35/55000.

  ✗✗✗ **La Rimessa,** via Ferrari 13/b ℰ 749668, ☞ – ☻. ㏂ ⑤ ⓪ ⧿ ⱅ. ℀
    chiuso domenica sera, lunedì, dal 2 al 10 gennaio ed agosto – Pas carta 43/79000.

MARILLEVA 900 Trento – Vedere Mezzana.

MARINA DEL CANTONE Napoli 431 F 25 – Vedere Massa Lubrense.

MARINA DI ANDORA Savona – Vedere Andora.

MARINA DI BELVEDERE MARITTIMO 87020 Cosenza 431 I 29 – ✿ 0985.
Roma 452 – Castrovillari 88 – Catanzaro 131 – ◆Cosenza 71 – Paola 37 – Sapri 68.

  🏛 La Castellana, ℰ 82025, ⨶, ☔ₒ, ☞, ✗ – ▯ ☰ ☎ ☎ ☻
    40 cam.

MARINA DI CAMEROTA 84059 Salerno 988 ㊳, 431 G 28 – a.s. luglio-agosto – ✿ 0974.
Roma 385 – ◆Napoli 179 – Salerno 128 – Sapri 36.

  🏠 **Delfino** ℰ 932239 – ☎ ☻. ㏂ ⑤ ⓪ ⧿ ⱅ. ℀ rist
    Pas *(chiuso da marzo)* 35/45000 – ☞ 7000 – **18 cam** 40/50000 – P 50/70000.

  🏠 **Bolivar,** ℰ 932059, ☞ – ▯ ☎. ⑤ ⱅ. ℀
    chiuso dal 18 dicembre all'8 gennaio – Pas *(chiuso da ottobre a maggio)* 20/22000
    ☞ 4000 – **21 cam** 40/50000 – ½ P 50/55000.

  ✗ **Valentone,** ℰ 932004, ☞ – ☻
    chiuso domenica escluso da Pasqua a settembre – **Pas** carta 32/48000.

  ✗ **Da Pepè** con cam, ℰ 932461, ☞ – ☻. ㏂ ⑤ ⧿ ⱅ
    Pasqua-settembre – Pas carta 40/60000 – ☞ 5000 – **22 cam** 60/80000 – P 70/110000.

MARINA DI CAMPO Livorno 988 ㉔, 430 N 12 – Vedere Elba (Isola d').

MARINA DI CARRARA Massa-Carrara 988 ⑭, 428 429 430 J 12 – Vedere Carrara (Mar
di).

MARINA DI CASTAGNETO Livorno 988 ⑭, 430 M 13 – Vedere Castagneto Carducci.

MARINA DI CECINA Livorno 430 M 13 – Vedere Cecina (Marina di).

MARINA DI GROSSETO Grosseto 988 ㉔, 430 N 14 – Vedere Grosseto (Marina di).

MARINA DI LESINA Foggia 431 B 28 – Vedere Lesina.

MARINA DI LEUCA 73030 Lecce 988 ㉚ ㊵, 431 H 37 – a.s. luglio-agosto – ✿ 0833.
Roma 676 – ◆Bari 219 – ◆Brindisi 107 – Gallipoli 48 – Lecce 68 – ◆Taranto 141.

  🏛 **Terminal,** ℰ 753242, Fax 753242, ≼, ⨶, ☔ₒ – ▯ ☰ ☎ – ⛟ 300. ⱅ. ℀ rist
    Pas 25/40000 – **70 cam** ☞ 75/123000 – ½ P 78/120000.

MARINA DI MASSA Massa-Carrara 988 ⑭, 428 429 430 J 12 – Vedere Massa (Marina di)▸
MARINA DI MODICA Ragusa – Vedere Sicilia.

MARINA DI MONTEMARCIANO 60016 Ancona 429 430 L 22 – a.s. luglio-agosto – ✿ 071.
Roma 282 – ◆Ancona 14 – ◆Ravenna 134.

  ✗✗✗ **Delle Rose,** ℰ 9198668, Fax 9198668, ≼, ☞, ⨶, ☔ₒ, ☞, ✗ – ☻ – ⛟ 40. ⑤ ⧿ ⱅ
    chiuso lunedì escluso da giugno a settembre – Pas carta 35/58000.

MARINA DI PIETRASANTA Lucca 988 ⑭, 428 429 430 K 12 – Vedere Pietrasanta (Mari
di).

MARINA DI PISA Pisa 988 ⑭, 428 429 430 K 12 – Vedere Pisa (Marina di).

MARINA DI PULSANO Taranto 431 F 34 – Vedere Pulsano.

MARINA DI RAGUSA Ragusa 988 ㊱ ㊲ – Vedere Sicilia (Ragusa, Marina di).

MARINA DI RAVENNA Ravenna 988 ⑮, 430 I 18 – Vedere Ravenna (Marina di).

326

RINA DI SAN VITO 66035 Chieti ▨▨▨ P 25 – a.s. 20 giugno-agosto – ✿ 0872.

a 234 – Chieti 43 – ◆Foggia 154 – Isernia 127 – ◆Pescara 28.

Miramare, ℰ 61072, Fax 61645, ≼ – ▐⁓ ☎. ▨ ◑ ☰ 𝗩𝗜𝗦𝗔. ⁓ rist
Pas *(chiuso domenica sera)* 30000 – ☲ 3000 – **36 cam** 90000 – ½ P 70000.

L'Angolino da Filippo, ℰ 61632, Solo piatti di pesce – ▨ ▨ ◑ ☰ 𝗩𝗜𝗦𝗔. ⁓
chiuso lunedì e dal 21 al 27 dicembre – Pas carta 40/55000.

RINA DI VASTO Chieti ▨▨▨ P 26 – Vedere Vasto (Marina di).

RINA EQUA Napoli – Vedere Vico Equense.

RINA GRANDE Napoli ▨▨▨ F 24 – Vedere Capri (Isola di).

RINA PICCOLA Napoli ▨▨▨ F 24 – Vedere Capri (Isola di).

RINA ROMEA Ravenna ▨▨▨ I 18 – Vedere Ravenna (Marina di).

RINELLA Trapani ▨▨▨ ㊳, ▨▨▨ O 20 – Vedere Sicilia (Selinunte).

RINO 00047 Roma ▨▨▨ ㉖, ▨▨▨ Q 19 – 34 211 ab. alt. 355 – ✿ 06.

a 22 – Frosinone 73 – Latina 44.

Helio Cabala ⑤, via Spinabella 13/15 (O : 3 km) ℰ 9381391, Telex 613209, Fax 9381125, ≼, « Terrazza ombreggiata con ⚊ » – ▐⁓ ▤ ☎ ❹ – 🏛 25 a 300. ▨ ▨ ◑ ☰ 𝗩𝗜𝗦𝗔. ⁓
Pas carta 56/80000 – **50 cam** ☲ 200/275000 – ½ P 180000.

Al Vigneto, via dei Laghi al km 4,5 ℰ 9387034, « Servizio estivo in giardino » – ❹. ▨ ▨ ◑ ☰ 𝗩𝗜𝗦𝗔
chiuso martedì – Pas carta 32/54000.

ARLENGO (MARLING) 39020 Bolzano ▨▨▨ C 15, ▨▨▨ ⑩ ⑳ – 2 015 ab. alt. 363 – ✿ 0473.

na 668 – ◆Bolzano 31 – Merano 3 – ◆Milano 329.

Pianta : vedere Merano

Oberwirt, ℰ 47111, Fax 47130, « Servizio rist. estivo all'aperto », ≋, ⚊ riscaldata, ▨, ⚘ – ▥ ☎ ❹ ▨ ▨ ◑ ☰ 𝗩𝗜𝗦𝗔   A n
15 marzo-10 novembre – Pas carta 39/59000 – **45 cam** ☲ 135/180000, 8 appartamenti – ½ P 95/150000.

Marlena, ℰ 222266, Fax 47441, ≼, ▨, ≋, ⚊ riscaldata, ▨, ⚘, ⁓ – ▐⁓ ☎ ⟻ ❹ – 🏛 45. ▨ ◑ ☰ 𝗩𝗜𝗦𝗔. ⁓ rist   A k
marzo-novembre – Pas *(solo per clienti alloggiati)* 30/40000 – **42 cam** ☲ 211000 – ½ P 102/124000.

Sport Hotel Nörder, ℰ 47000, Fax 47370, ≼, ☷, ≋, ⚊ riscaldata, ▨, ⚘, ⁓ – ▐⁓ ▥ ☎ ⟻ ❹   A e
chiuso dall'11 gennaio al 14 marzo – Pas *(chiuso martedì)* carta 36/62000 – **27 cam** ☲ 100/190000, 15 appartamenti – ½ P 95/130000.

Jagdhof ⑤, ℰ 47117, Fax 45404, ≋, ⚊, ▨, ⚘, ⁓ – ▐⁓ ▥ ☎ ❹. ⁓ rist   A e
aprile-novembre – Pas *(solo per clienti alloggiati)* – **26 cam** solo ½ P 85/190000, 2 appartamenti.

Paradies, ℰ 45202, Fax 46467, ≋, ▨, ⚘ – ▐⁓ ⟻ cam ▥ ☎ ⟻ ❹   A v
chiuso dal 12 gennaio al 12 febbraio – Pas carta 29/38000 – **20 cam** ☲ 60/110000 – ½ P 68/80000.

ARLING = Marlengo.

ARMOLADA (Massiccio della) Belluno e Trento ▨▨▨ ⑤ – Vedere Guida Verde.

ARONTI Napoli ▨▨▨ E 23 – Vedere Ischia (Isola d') : Barano.

AROSTICA 36063 Vicenza ▨▨▨ ⑤, ▨▨▨ E 16 – 12 660 ab. alt. 105 – ✿ 0424.

dere Piazza Castello★.

na 550 – Belluno 87 – ◆Milano 243 – ◆Padova 49 – Treviso 54 – ◆Venezia 82 – Vicenza 28.

Europa, via Pizzimano 19 ℰ 77842, Fax 72480 – ▤ ▥ ☎ ⟻ ❹. ▨ ▨ ◑ ☰ 𝗩𝗜𝗦𝗔. ⁓ cam
Pas *(chiuso lunedì)* carta 25/45000 – ☲ 10000 – **30 cam** 92/115000 – ½ P 70/90000.

a Valle San Floriano N : 3 km – alt. 127 – ✉ 36060 :

Dalla Rosina ⑤ con cam, N : 2 km ℰ 470360 – ▥ ☎ ❹ – 🏛 120. ▨ 𝗩𝗜𝗦𝗔. ⁓
chiuso dal 1° al 22 agosto – **Pas** *(chiuso lunedì sera e martedì)* carta 30/45000 – ☲ 10000 – **15 cam** 70/100000.

AROTTA 61035 Pesaro e Urbino ▨▨▨ ⑯, ▨▨▨ ▨▨▨ K 21 – a.s. 25 giugno-agosto – ✿ 0721.

(15 maggio-settembre) viale Cristoforo Colombo 31 ℰ 96591.

ma 305 – ◆Ancona 38 – ◆Perugia 125 – Pesaro 25 – Urbino 61.

Imperial, lungomare Faà di Bruno 119 ℰ 969445, Fax 96617, ≼, ⚊, ▨⑥, ⚘ – ▐⁓ ▤ rist ☎ ❹. ⁓
20 maggio-settembre – Pas 27000 – ☲ 10000 – **36 cam** 50/70000 – P 86000.

327

🏠 **Levante,** lungomare Colombo 107 ℰ 96647, Fax 96647, ≤, 🐴, – 📳 ☎ 🅿. 🖫. 🛠 ri
maggio-25 settembre – Pas 20/32000 – ⌷ 8000 – **36 cam** 65/85000 – ½ P 45/75000.

🏠 **Caravel,** lungomare Faà di Bruno 135 ℰ 96670, ≤ – 📳 ☎ 🅿. 🛠
15 maggio-settembre – Pas 24000 – ⌷ 8000 – **32 cam** 52/75000 – ½ P 47/77000.

✗ **La Paglia,** via Tre Pini 40 (O : 2 km) ℰ 967632, 🏡, Solo piatti di pesce, « Grazi●
giardino », 🛠 – 🅿. 🖫 ⑩ 𝘝𝘐𝘚𝘈
Pasqua-15 settembre; chiuso lunedì escluso luglio-agosto – Pas carta 31/44000.

MARRADI 50034 Firenze 🔢 ⑮, 🔢 J 16 – 3 934 ab. alt. 328 – ✿ 055.
Roma 332 – ♦Bologna 85 – Faenza 36 – ♦Firenze 67 – ♦Milano 301 – ♦Ravenna 67.

✗ **Il Camino,** viale Baccarini 38 ℰ 8045069 – 🖭 🖫 𝘝𝘐𝘚𝘈 🛠
chiuso mercoledì e dal 20 agosto al 5 settembre – Pas carta 25/50000.

MARRARA Ferrara – Vedere Ferrara.

MARSALA Trapani 🔢 ㉟, 🔢 N 19 – Vedere Sicilia.

MARSICO NUOVO 85052 Potenza 🔢 F 29 – 5 639 ab. alt. 780 – ✿ 0975.
Roma 371 – ♦Napoli 165 – Potenza 60 – ♦Taranto 176.

🏨 **Il Castello** 🕭, località Occhio N : 2 km ℰ 342182, Fax 342182, ≤ monti e vallata – ☎
🖭 🖫 🖿 𝘝𝘐𝘚𝘈 🛠
Pas *(chiuso mercoledì escluso luglio-agosto e da dicembre a febbraio)* carta 38/66000
⌷ 10000 – **9 cam** 65/90000 – ½ P 70/80000.

When visiting northern Italy use Michelin maps 🔢 and 🔢.

MARSILIANA 58010 Grosseto 🔢 O 16 – alt. 32 – ✿ 0564.
Roma 155 – Civitavecchia 76 – Grosseto 37 – Orbetello 20 – Orvieto 92.

✗ **Petronio,** ℰ 606345, 🏡 – 🅿. 🖭 🖫 𝘝𝘐𝘚𝘈 🛠
chiuso giovedì e gennaio – Pas carta 26/38000 (10 %).

MARTINA FRANCA 74015 Taranto 🔢 ㉙, 🔢 E 34 – 45 599 ab. alt. 431 – ✿ 080.
Vedere Via Cavour★.
Dintorni Regione dei Trulli★★★ N-NE.
🚩 piazza Roma 37 ℰ 705702.
Roma 524 – Alberobello 15 – ♦Bari 74 – ♦Brindisi 59 – Matera 83 – Potenza 182 – ♦Taranto 32.

🏨 **Dell'Erba,** viale dei Cedri 1 ℰ 901055, Telex 810014, Fax 901658, 🌡, 🔲, 🖈 – 📳 🗏
🖩 ☎ 🕭 🅿 – 🔬 60 a 500. 🖭 🖫 ⑩ 🖿 𝘝𝘐𝘚𝘈 🛠
Pas carta 37/60000 (10 %) – **49 cam** ⌷ 135/166000 – ½ P 111000.

✗ **Trattoria delle Ruote,** via Ceglie E : 4,5 km ℰ 8837473, Coperti limitati; prenota
« Servizio estivo all'aperto » – 🅿. 🛠
chiuso lunedì – Pas carta 23/42000.

sulla strada statale 172 S : 7 km :

✗ **La Murgetta,** ✉ 74010 San Paolo ℰ 700016, 🖈 – 🗏 🅿. 🖫 ⑩ 𝘝𝘐𝘚𝘈. 🛠
chiuso luglio – Pas carta 25/35000 (15 %).

MARTINSICURO 64014 Teramo 🔢 N 23 – 11 722 ab. – a.s. luglio-agosto – ✿ 0861.
Roma 227 – ♦Ancona 98 – L'Aquila 118 – Ascoli Piceno 30 – ♦Pescara 64 – Teramo 45.

✗ **Leon d'Or,** via Aldo Moro 71/73 ℰ 797070, Solo piatti di pesce – 🖫 ⑩ 🖿 𝘝𝘐𝘚𝘈. 🛠
chiuso domenica sera, lunedì, dal 20 al 26 dicembre ed agosto – Pas carta 47/66000.

a Villa Rosa S : 5 km – ✉ 64010 :

🏨 **Maxim's,** lungomare Italia 9 ℰ 712620, Fax 751609, ≤, 🌡, 🐴, 🖈, 🛠 – 📳 🗏 rist ☎ ●
🛠 rist
maggio-settembre – Pas (solo per clienti alloggiati) 30/50000 – ⌷ 15000 – **101 ca●**
100/180000.

🏨 **Olimpic,** lungomare Italia 12 ℰ 712390, Fax 710597, ≤, 🌡, 🐴 – 📳 🖩 ☎ 🕭 🅿. 🖭 🖫 ●
🖿 𝘝𝘐𝘚𝘈. 🛠 rist
20 maggio-20 settembre – Pas 25/40000 – ⌷ 20000 – **56 cam** 75/100000 – ½ P 55/90000●

🏨 **Park Hotel,** 79ª strada 9 ℰ 714913, Fax 714913, 🌡, 🛠 – 📳 🗏 rist 🖩 ☎ 🅿. 🖭. 🛠
Pas *(chiuso martedì da ottobre ad aprile)* carta 25/60000 – ⌷ 8000 – **61 cam** 70/90000●
½ P 62/85000.

✗✗ **Minerva,** via Franchi 17 ℰ 714400.

✗✗ **Al Pescheto,** statale Adriatica ℰ 712455, ≤ – 🅿

✗✗ **Pasqualò,** statale Adriatica ℰ 760321, Solo piatti di pesce – 🅿. 🖭 ⑩. 🛠
chiuso domenica sera e lunedì – Pas carta 40/70000.

MARZAGLIA Modena – Vedere Modena.

SER 31010 Treviso **429** 17 – 4 718 ab. alt. 147 – **✆** 0423.

Vedere Villa★★★ del Palladio.

Roma 562 – Belluno 59 – ◆Milano 258 – Trento 108 – Treviso 29 – Vicenza 54.

X **Da Bastian,** località Muliparte ℰ 565400, 🌧 – **P** ✼
chiuso mercoledì sera, giovedì ed agosto – Pas carta 29/41000.

SERADA SUL PIAVE 31052 Treviso **429** E 18 – 6 331 ab. alt. 33 – **✆** 0422.

Roma 553 – Belluno 74 – Treviso 13 – ◆Venezia 42.

X **Da Paolo Zanatta,** località Varago S : 1,5 km ℰ 778048, 🌧 – **P**. **AE** **⑤** **⑩** **E** **VISA**. ✼
chiuso domenica sera, lunedì, dal 7 al 13 gennaio e dal 5 al 20 agosto – **Pas** carta 26/47000.

SIO 15024 Alessandria **428** H 7 – 1 574 ab. alt. 142 – **✆** 0131.

Roma 607 – Asti 14 – Alessandria 22 – ◆Milano 118 – ◆Torino 80.

X **Trattoria Losanna,** via San Rocco 36 (E : 1 km) ℰ 799525, Fax 799074 – **P**. **AE** **⑤** **E** **VISA**.
✼
chiuso lunedì, dal 1° al 15 gennaio e dal 1° al 15 agosto – **Pas** carta 33/50000.

SSA 54100 **P** **988** ⑭, **428** **429** **430** J 12 – 67 779 ab. alt. 65 – a.s. Pasqua e luglio-agosto –
◆0585 – **A.C.I.** via Aurelia Ovest 193 ℰ 831941.

Roma 389 – Carrara 7 – ◆Firenze 115 – Livorno 65 – Lucca 45 – ◆Milano 235 – Pisa 46 – ◆La Spezia 35.

a Bergiola Maggiore N : 5,5 km – alt. 329 – ⊠ 54100 Massa :

La Ruota, ℰ 42030, ≤ città e litorale – **P**. **⑤** **⑩** **E** **VISA**. ✼
chiuso lunedì escluso da aprile a settembre – Pas carta 27/50000.

SSA (Marina di) 54037 Massa-Carrara **988** ⑭, **430** J 12 – a.s. Pasqua e luglio-agosto –
◆0585 – 🛈 viale Vespucci 23 ℰ 240063.

Roma 388 – ◆Firenze 114 – ◆Livorno 64 – Lucca 44 – Massa 5 – ◆Milano 234 – Pisa 45 – ◆La Spezia 34.

A **Gabrini,** via Don Luigi Sturzo 13 ℰ 240505, Fax 246661 – 🛗 ☎ **P**. **⑤** **VISA**. ✼
15 maggio-20 settembre – Pas (solo per clienti alloggiati) 30/40000 – � 15000 – **43 cam**
60/80000 – ½ P 90000.

A **Miramonti,** via Montegrappa 7 ℰ 241067, Fax 246180, 🌧 – **TV** ☎ **P**. **AE** **⑤** **⑩** **E** **VISA**.
✼ rist
Pas (*giugno-settembre; solo per clienti alloggiati*) 25/35000 – � 15000 – **14 cam** 75/
100000 – ½ P 60/80000.

X **Da Riccà,** lungomare di Ponente ℰ 241070, 🌧, Solo piatti di pesce – **P**. **AE** **⑤** **⑩** **E**
VISA. ✼
chiuso lunedì e dal 20 ottobre al 20 novembre – Pas carta 50/71000 (10%).

a Ronchi SE : 2 km – ⊠ 54039 :

A **Tropicana** senza rist, a Poveromo, via Verdi 47 ℰ 309041, Fax 309044, « Giardino
ombreggiato con ⛲ riscaldata » – ▤ **TV** ☎ **P**. **AE** **⑤** **⑩** **E** **VISA**. ✼
chiuso dal 23 novembre al 28 dicembre – ⊜ 15000 – 24 appartamenti 240/280000.

A **Villa Irene** ⊗, a Poveromo, via delle Macchie 125 ℰ 309310, Fax 308038, 🌧, « Parco-
giardino con ⛲ riscaldata », 🏖, ✼ – ▤ cam **TV** ☎ **P**. ✼ rist
aprile-ottobre – Pas (solo per clienti alloggiati) – **38 cam** ⊜ 130/205000 – ½ P 170/175000.

A **Marina,** via Magliano 3 ℰ 245132, Fax 245274, 🌧 – ☎ **P**. ✼
giugno-settembre – Pas (solo per clienti alloggiati e *chiuso a mezzogiorno*) 18/26000 –
⊜ 12000 – **32 cam** 130000 – ½ P 85/130000.

A **La Pergola,** a Poveromo, via Verdi 41 ℰ 240118, « Giardino ombreggiato » – ☎ **P**. **⑤** **E**
VISA. ✼ rist
Pasqua-20 settembre – Pas carta 35/50000 – ⊜ 10000 – **25 cam** 60/90000 – ½ P 85/95000.

A **Hermitage,** via Verdi 15 ℰ 240856, « Giardino con ⛲ », 🏖 – ☎ **P** **VISA**. ✼
Pasqua-15 settembre – Pas (solo per clienti alloggiati) 40000 – ⊜ 10000 – **24 cam** 120000 –
½ P 105000.

SSACIUCCOLI (Lago di) Lucca **428** **429** **430** K 13 – Vedere Torre del Lago Puccini.

SSAFRA 74016 Taranto **988** ㉙, **431** F 33 – 30 435 ab. alt. 110 – a.s. 20 giugno-agosto –
◆099.

Roma 508 – ◆Bari 76 – ◆Brindisi 84 – ◆Taranto 18.

X **La Ruota,** via Barulli 28 ℰ 687710 – ▤. **⑤** **⑩** **E** **VISA**. ✼
chiuso domenica sera, lunedì e dal 1° al 10 agosto – **Pas** carta 25/50000.

sulla strada statale 7 NO : 2 km :

A **Appia Palace Hotel,** ⊠ 74016 ℰ 881501, Telex 860241, Fax 881506, **∫₅**, ✼ – 🛗 ▤ **TV**
☎ ৬ **P** – 🔺 30 a 350. **AE** **⑤** **⑩** **E** **VISA**. ✼
Pas carta 35/53000 – ⊜ 7000 – **76 cam** 100/140000, 5 appartamenti – ½ P 115000.

SSAGNO **219** ⑧ – Vedere Cantone Ticino (Lugano) alla fine dell'elenco alfabetico.

MASSA LUBRENSE 80061 Napoli 囧囧 F 25 – 11 869 ab. alt. 120 – a.s. aprile-settembr
🌣 081.

Roma 263 – ◆Napoli 54 – Positano 21 – Salerno 56 – Sorrento 6.

🏰 **Delfino** ⌂, SO : 3 km ℰ 8789261, Fax 8089074, ≤ mare ed isola di Capri, « In
pittoresca insenatura », ⌑, ⌕, ⚓, ☞ – ☎ ◗. 🖭 🕃 🇪 𝘝𝘐𝘚𝘈. ℀
aprile-ottobre – Pas (solo per clienti alloggiati e chiuso a mezzogiorno) 40000 – **49 c**
⌸ 150/220000 – ½ P 110/150000.

🏠 **Bellavista e Rist. Francischiello-da Riccardo,** N : 1 km ℰ 8789181, Fax 8089341
mare e isola di Capri, prenotare sabato-domenica, « Terrazza-solarium con ⌑ » –
▤ cam 📺 ☎ ⟷ ◗. 🖭 🕃 🕦 🇪 𝘝𝘐𝘚𝘈
Pas (chiuso martedì in bassa stagione) carta 38/54000 – ⌸ 12000 – **28 cam** 70/90(
▤ 20000 – ½ P 80/85000.

🏠 **Maria,** S : 1 km ℰ 8789163, Fax 8789411, ≤ mare, « ⌑ su terrazza panoramica » – 📺
◗. 🖭 🇪 𝘝𝘐𝘚𝘈. ℀
aprile-ottobre – Pas (chiuso venerdì) carta 36/56000 (15 %) – ⌸ 10000 – **34 cam** 10000
½ P 75/80000.

🏠 **Villa Pina,** N : 1,5 km ℰ 5339780, Fax 5339772, ≤ – |🛏| 📺 ☎ ◗. 🖭. ℀
Pas vedere rist Antico Francischiello-da Peppino – senza ⌸ – **15 cam** 50/75000.

XX **Antico Francischiello-da Peppino** con cam, N : 1,5 km ℰ 5339780, Fax 5339772
mare – ▤ 📺 ☎ ◗. 🖭 🕦 𝘝𝘐𝘚𝘈. ℀
Pas (chiuso mercoledì escluso da giugno a settembre) carta 41/61000 (15 %) – ⌸ 500
8 cam 87000 – ½ P 75000.

X **La Primavera** con cam, ℰ 8789125, ≤, 🍽 – ☜. 𝘝𝘐𝘚𝘈. ℀
Pas (chiuso mercoledì in bassa stagione) carta 27/50000 (10 %) – ⌸ 16000 – **8 cam** 7700
½ P 75000.

a Nerano-Marina del Cantone SE : 11 km – ✉ **80068** Termini :

XX **Taverna del Capitano** con cam, ℰ 8081028, Fax 8081028, ≤, 🍽 – ▤ cam ☜. 🖭 🕃
🇪 𝘝𝘐𝘚𝘈. ℀
chiuso dal 16 dicembre al 19 gennaio – Pas carta 50/68000 – ⌸ 12000 – **15 cam** 75/110(
▤ 15000.

XX **Quattro Passi,** N : 1 km ℰ 8081271, 🍽 – ◗. 🖭 🕃 🇪 𝘝𝘐𝘚𝘈. ℀
chiuso mercoledì e da novembre al 15 dicembre; dal 15 dicembre a febbraio aperto so
week-end – Pas carta 37/57000.

X **Delle Sirene** ⌂ con cam, ℰ 8081027, ≤, 🍽 – ☎ ◗. 🖭 🕃 𝘝𝘐𝘚𝘈. ℀ cam
Pas (chiuso martedì) carta 35/50000 – **16 cam** ⌸ 90000 – ½ P 70/80000.

Vedere anche : Sant'Agata sui Due Golfi E : 5 km.

MASSA MARITTIMA 58024 Grosseto 囧囧囧 ⑭ ㉔, 囧囧 M 14 – 9 520 ab. alt. 400 – 🌣 0566.

Vedere Piazza Garibaldi ★ – Duomo ★ – Torre del Candeliere ★, Fortezza ed Arco senesi ★.

Roma 249 – ◆Firenze 132 – Follonica 19 – Grosseto 62 – Siena 64.

🏠 **Il Sole** senza rist, via della Libertà 43 ℰ 901971, Fax 901959 – |🛏| 📺 ☎ ☜ – 🏔 150.
🕃 🇪 𝘝𝘐𝘚𝘈
50 cam ⌸ 55/98000, appartamento.

🏠 **Duca del Mare,** piazza Dante Alighieri 1/2 ℰ 902284, Fax 901905, ≤, 🍽, 🍀 – ☎ ◗
🇪 𝘝𝘐𝘚𝘈. ℀
Pas (chiuso lunedì) carta 26/41000 – ⌸ 6000 – **19 cam** 40/65000 – ½ P 45/65000.

XX **Antica Trattoria Ricordi Riflessi,** via Parenti 17 ℰ 902644 – 🖭 🕃 🇪 𝘝𝘐𝘚𝘈
chiuso mercoledì e dal 10 al 30 novembre – Pas carta 33/49000.

XX **Taverna del Vecchio Borgo,** via Parenti 12 ℰ 903950, « Tipica taverna » – 🖭 🕃 🇪 🍷
℀
chiuso dal 15 gennaio al 15 febbraio, lunedì e da ottobre a luglio anche domenica sera – 🍷
carta 31/45000.

a Ghirlanda NE : 2 km – ✉ **58020** :

XX **Da Bracali,** ℰ 902063, 🍽 , prenotare – ▤ ◗. 🕃 🇪 𝘝𝘐𝘚𝘈. ℀
chiuso lunedì sera, martedì ed ottobre – Pas carta 37/54000.

a Prata NE : 12 km – ✉ **58020** :

XX **La Schiusa,** ℰ 914012 – ◗. 🕃 🇪 𝘝𝘐𝘚𝘈
chiuso dall'11 gennaio al 25 febbraio e mercoledì (escluso da aprile a settembre) – 🍷
carta 24/38000 (10 %).

MASSAROSA 55054 Lucca 囧囧囧 ⑭, 囧囧囧 囧囧囧 囧囧囧 K 12 – 18 994 ab. alt. 15 – a.s. 26 genna
12 febbraio, Pasqua, 15 giugno-15 settembre e Natale – 🌣 0584.

Roma 363 – ◆Livorno 52 – Lucca 19 – ◆La Spezia 60.

XX **La Chandelle,** E : 4 km ℰ 938290, Rist. elegante, prenotare – ▤ ◗. 🕃 🇪 𝘝𝘐𝘚𝘈. ℀
chiuso lunedì – Pas carta 40/70000.

a Bargecchia NO : 9 km – ✉ **55040** Corsanico :

XX **Rino** ⌂ con cam, ℰ 954000, 🍽 , 🍀 , ℀ – 🖭 🕃 🕦 🇪 𝘝𝘐𝘚𝘈. ℀
Pas (chiuso martedì da ottobre a giugno) 25/40000 – ⌸ 5000 – **9 cam** 50/60000.

ASSINO VISCONTI 28040 Novara 🗷🗷🗷 E 7, 🗷🗷🗷⑦ – 970 ab. alt. 465 – 🔾 0322.
a 654 – ◆Milano 77 – Novara 52 – Stresa 10.

Trattoria San Michele, 𝒫 219101, Coperti limitati; prenotare, « Servizio estivo in terrazza con ≤ » – 🖭 🖪 🖪 🖽 🛠
chiuso lunedì sera, martedì, dal 20 al 30 gennaio e dal 25 agosto al 15 settembre – Pas carta 27/50000.

ATELICA 62024 Macerata 🗷🗷🗷⑯, 🗷🗷🗷 M 21 – 10 227 ab. alt. 354 – 🔾 0737.
a 225 – ◆Ancona 77 – Ascoli Piceno 108 – Assisi 82 – Macerata 50.

sulla strada statale 256 N : 2 km :

MotelAgip, ⊠ 62024 𝒫 84781 – 🖭 ☎ 🅿. 🖭 🖪 🖭 🖪 🖽 🛠
Pas (chiuso sabato) 29000 – ☲ 12000 – **16 cam** 55/80000 – ½ P 88000.

ATERA 75100 🄿 🗷🗷🗷㉙, 🗷🗷🗷 E 31 – 54 872 ab. alt. 401 – 🔾 0835.
dere I Sassi★★ – Strada dei Sassi★★ – Duomo★ – ≤★★ sulla città dalla strada delle chiese estri NE : 4 km.

a De Viti de Marco 9 𝒫 211188, Fax 333452.

🎇 viale delle Nazioni Unite 47 𝒫 213963.

a 461 – ◆Bari 62 – ◆Cosenza 222 – ◆Foggia 178 – ◆Napoli 255 – Potenza 104.

Italia e Rist. Basilico, via Ridola 5 𝒫 333561, Fax 330087, ≤ I Sassi – 🛗 🖭 ☎ ᪲ – 🛦 90. 🖭 🖪 🖭 🖪 🖽 🛠 rist
Pas carta 26/43000 – **31 cam** ☲ 80/100000 – ½ P 75/85000.

De Nicola, via Nazionale 158 𝒫 385111, Telex 812586, Fax 385113 – 🛗 🖭 ☎ ᪲. 🛠
Pas carta 30/42000 – ☲ 7000 – **83 cam** 50/80000 – ½ P 65000.

Il Piccolo Albergo senza rist, via De Sariis 11 𝒫 330201, Fax 330201 – 🖭 🖭 ☎. 🖪. 🛠
chiuso dal 9 al 23 agosto – **11 cam** ☲ 75/90000, 🛏 10000.

Da Mario, via 26 Settembre 14 𝒫 336491 – 🖭. 🖭 🖪 🖭 🖪 🖽 🛠
chiuso domenica e dal 7 al 18 agosto – Pas carta 29/56000.

sulla strada statale 99 :

Motel Park ᪲, N : 5 km ⊠ 75100 𝒫 263625, Fax 381986, 🝳, 🛠 – 🖭 🖭 ☎ ᪲ 🅿. 🖪 🖭 🖪 🖽
Pas carta 25/35000 – ☲ 10000 – **58 cam** 70/85000, 🛏 7000 – ½ P 65/70000.

Al Cottage-Nonna Sara, N : 6 km ⊠ 75100 𝒫 388422, Fax 388422, 🍽 – 🖭 🅿. 🖭 🖪 🖭
🖽 – chiuso mercoledì e dal 25 al 31 agosto – Pas carta 25/41000.

a Venusio N : 5 km – ⊠ 75100 Matera :

Venusio, 𝒫 259081, 🍽, 🍴 – 🅿. 🖭 🖪 🖭 🖪 🖽
chiuso domenica sera, lunedì e dal 16 al 31 agosto – Pas carta 44/71000.

ATTINATA 71030 Foggia 🗷🗷🗷㉘, 🗷🗷🗷 B 30 – 6 321 ab. alt. 77 – a.s. luglio-13 settembre – 0884.
na 430 – ◆Bari 138 – ◆Foggia 58 – Monte Sant'Angelo 19 – ◆Pescara 222.

Apeneste, piazza Turati 3 𝒫 4743, Fax 4341, 🝳, 🛶 – 🖭 🖭 ☎ 🅿. 🖭 🖪 🖭 🖪 🖽 🛠
Pas carta 33/56000 – **26 cam** ☲ 85/130000 – ½ P 75/110000.

Alba del Gargano, corso Matino 102 𝒫 4771, Fax 4772, 🍽, 🛶 – ᪲ ᪲ 🅿. 🖪 🖽 🛠
Pas (giugno-settembre) carta 33/47000 – **40 cam** ☲ 75/100000 – ½ P 63/108000.

Trattoria dalla Nonna, al lido E : 1 km 𝒫 49205, ≤, 🍽 – 🅿. 🖭 🖪 🖭 🖪 🖽 🛠
chiuso dal 10 gennaio al 10 febbraio e lunedì (escluso da giugno a settembre) – Pas carta 40/62000.

Papone, strada statale 89 (N : 1 km) 𝒫 4749, 🍽, « In un antico frantoio » – 🅿. 🖭 🖽
🛠
chiuso novembre e lunedì (escluso dal 15 giugno a settembre) – Pas carta 28/50000.

sulla strada litoranea NE : 17 km :

Baia delle Zagare ᪲, ⊠ 71030 𝒫 4155, Fax 4884, ≤, « Palazzine fra gli olivi con ascensori per la spiaggia », 🝳, 🛶, 🛠 – ☎ 🅿 – 🛦 350. 🖪 🖽 🛠 rist
giugno-15 settembre – Pas 40000 – **148 cam** (solo pens) – P 110/170000.

AULS = Mules.

AZARA DEL VALLO Trapani 🗷🗷🗷㉟, 🗷🗷🗷 O 19 – Vedere Sicilia.

AZZARO Messina 🗷🗷🗷㊲, 🗷🗷🗷 N 27 – Vedere Sicilia (Taormina).

AZZO DI VALTELLINA 23030 Sondrio 🗷🗷🗷 🗷🗷🗷 D 12, 🗷🗷🗷⑰ – 1 003 ab. alt. 552 – 🔾 0342.
na 734 – ◆Bolzano 172 – Bormio 29 – ◆Milano 173 – Sondrio 35.

La Rusticana, 𝒫 861051 – 🖭 🖪 🖽 🛠
chiuso lunedì e dal 1° al 20 luglio – Pas carta 29/48000.

EANO Belluno – Vedere Santa Giustina.

MEDUNA DI LIVENZA 31040 Treviso 429 E 19 – 2 439 ab. alt. 9 – ✪ 0422.
Roma 573 – Belluno 79 – ✦Milano 312 – Treviso 40 – Udine 84 – ✦Venezia 62.

🏠 **Al Paradiso,** ℘ 767007, Fax 767739 – 📺 ☎ ⇔
Pas carta 25/45000 – ⊑ 3000 – **20 cam** 40/70000.

MEINA 28046 Novara 988 ②, 428 E 7 – 2 090 ab. alt. 214 – ✪ 0322.
Roma 645 – ✦Milano 68 – Novara 44 – Stresa 12 – ✦Torino 120.

🏨 **Villa Paradiso,** ℘ 660488, Telex 200481, Fax 660544, ≤, « Parco ombreggiato », ▲⌐
📳 📺 ⊚ ❷ ΑΕ ⑤ ⓪ Ε 𝘝𝘐𝘚𝘈 ⅍ rist
15 marzo-ottobre – Pas carta 36/58000 (10 %) – ⊑ 10000 – **58 cam** 100000 – ½ P 75/900⊘

✗ **Bel Sit,** via Sempione 76 ℘ 660483, ≤, « Servizio rist. in terrazza sul lago », ◄ – ❷
⓪ Ε 𝘝𝘐𝘚𝘈. ⅍
chiuso dall'8 al 31 gennaio e martedì (escluso da aprile a settembre) – Pas carta 24/5300⊘

a Nebbiuno NO : 4 km – alt. 430 – ✉ 28010 :

🏨 **Tre Laghi,** ℘ 58025, Telex 200073, Fax 58703, ≤ lago e monti, ◄ – 📳 📺 ☎ – ⌂ 80.
⓪ Ε 𝘝𝘐𝘚𝘈 ⅍ rist
chiuso dall'11 gennaio al 28 febbraio – Pas (chiuso martedì) carta 43/67000 – ⊑ 15000
43 cam 120/147000 – ½ P 110/140000.

MEL 32026 Belluno 988 ⑤ – 6 556 ab. alt. 353 – ✪ 0437.
Roma 609 – Belluno 15 – ✦Milano 302 – Trento 95 – Treviso 67.

✗✗ Antica Locanda al Cappello, piazza Papa Luciani 20 ℘ 753651, « Edificio seicentesco »
⅍⇔.

MELDOLA 47014 Forlì 988 ⑮, 429 430 J 18 – 9 025 ab. alt. 57 – ✪ 0543.
Roma 418 – Forlì 13 – ✦Ravenna 40 – Rimini 54.

✗✗ **Il Rustichello,** via Vittorio Veneto 7 ℘ 491611 – 🖩. ΑΕ ⑤ ⓪ Ε 𝘝𝘐𝘚𝘈 ⅍
chiuso lunedì sera, martedì e dal 1° al 25 agosto – Pas carta 28/45000.

MELENDUGNO 73026 Lecce 988 ㉚, 431 G 37 – 8 953 ab. alt. 36 – a.s. luglio-agosto – ✪ 08⌐
Roma 619 – ✦Brindisi 57 – ✦Taranto 105.

a Torre dell'Orso E : 8 km – ✉ 73020 :

🏨 **Pegaso** ⑤, località Sentinella ℘ 841311, ☂, « Terrazza-giardino con ⍮ » – 📳 ☎ ❷
⑤ Ε 𝘝𝘐𝘚𝘈. ⅍
Pas (aprile-settembre) carta 26/40000 – ⊑ 6000 – **36 cam** 75/100000 – ½ P 70/110000.

MELFI 85025 Potenza 988 ㉘, 431 E 28 – 16 335 ab. alt. 531 – ✪ 0972.
Roma 351 – ✦Bari 129 – ✦Foggia 59 – ✦Napoli 163 – Potenza 58.

🏠 **Due Pini,** piazzale Stazione ℘ 21031, Fax 23500 – 📳 🖩 rist 📺 ☎ ⇔ ❷ – ⌂ 50. ΑΕ ⑤
𝘝𝘐𝘚𝘈
Pas carta 24/34000 – ⊑ 10000 – **45 cam** 60/90000 – ½ P 85/95000.

✗ **Vaddone,** contrada S. Abruzzese ℘ 24323 – ❷
chiuso domenica sera – Pas carta 30/40000.

MELIDE 427 ㉔, 219 ⑧ – Vedere Cantone Ticino alla fine dell'elenco alfabetico.

MELITO DI PORTO SALVO 89063 Reggio di Calabria 988 ㊲, 431 N 29 – 10 469 ab. alt. 3⌐
✪ 0965.
Roma 736 – Catanzaro 192 – ✦Napoli 530 – ✦Reggio di Calabria 31.

✗✗ Casina dei Mille, con cam, strada statale 106 (O : 3 km) ℘ 787434, ≤ – 📺 ☎ ❷.
7 cam.

MELOSA (Colle della) Imperia 428 K 5, 115 ⑲ – alt. 1 540.
Roma 671 – ✦Genova 172 – Imperia 55 – ✦Milano 295 – Ventimiglia 41.

⍭ Colle Melosa ⑤, ✉ 18037 Pigna ℘ (0184) 241032, ≤, ◄ – ❷
9 cam.

MELS Udine – Vedere Colloredo di Monte Albano.

MELZO 20066 Milano 428 F 10, 219 ⑳ – 18 425 ab. alt. 119 – ✪ 02.
Roma 578 – ✦Bergamo 33 – ✦Brescia 69 – ✦Milano 21.

✗✗ **Due Spade** con cam, via Bianchi 19 ℘ 9550267, Fax 95737194 – 📺 ☎ ❷. ΑΕ ⑤ Ε 𝘝𝘐
⅍
Pas (chiuso domenica) carta 40/61000 – ⊑ 10000 – **18 cam** 70/100000.

Le carte stradali Michelin sono costantemente aggiornate.

ENAGGIO 22017 Como 988 ③ , 428 D 9 – 3 250 ab. alt. 203 – ✪ 0344.

dere Località★★ .

(marzo-novembre; chiuso martedì) a Grandola e Uniti ✉ 22010 ℰ 32103, Fax 32103, O :
m.

⚓ per Varenna giornalieri (15 mn) – Navigazione Lago di Como, al pontile ℰ 32255.

Pasqua-ottobre) piazza Garibaldi 8 ℰ 32924.

na 661 – Como 35 – ◆Lugano 28 – ◆Milano 83 – Sondrio 68 – St-Moritz 98 – Passo dello Spluga 79.

Gd H. Menaggio, via 4 Novembre 69 ℰ 32640, Telex 328471, Fax 32350, ≤, 黛, ⊿ riscaldata, ☞ – 劇 ⊡ ☎ ❷ – 益 35 a 270. 🖪 **E** 𝚅𝚁𝚂𝙰. ℀ rist
Pas carta 59/97000 – **49 cam** ⊑ 160/230000, 3 appartamenti – ½ P 170000.

Gd H. Victoria e Rist. Le Tout Paris, via Castelli 11 ℰ 32003 e rist ℰ 31166, Telex 324884, Fax 32992, ≤, 黛, ⊿, ☞ – 劇 ⊡ ☎ ❺ ❷ – 益 100. 🖭 🖪 ⓞ **E** 𝚅𝚁𝚂𝙰. ℀
Pas carta 50/64000 – ⊑ 20000 – **53 cam** 130/200000 – ½ P 160000.

Bellavista, via 4 Novembre 21 ℰ 32136, Fax 31793, ≤ lago e monti, « Terrazza sul
lago », ⊿ – 劇 ☎ ❷. 🖭 🖪 ⓞ **E** 𝚅𝚁𝚂𝙰
chiuso da gennaio al 14 marzo – Pas carta 33/52000 – **45 cam** ⊑ 90/140000 – ½ P 80/
90000.

Da Paolino, piazza Cavour 3 ℰ 32335, 黛 – 🖪 **E** 𝚅𝚁𝚂𝙰
chiuso martedì, gennaio e febbraio – Pas carta 42/63000.

a Loveno NO : 2 km – alt. 320 – ✉ **22017** Menaggio :

Royal e Rist. Chez Mario ⑤, ℰ 31444, Fax 30161, ≤, 黛, « Giardino con ⊿ » – ☎ ❷.
🖭 🖪 **E** 𝚅𝚁𝚂𝙰. ℀ rist
aprile-ottobre – Pas carta 40/64000 – ⊑ 14000 – **10 cam** 98000 – ½ P 90/95000.

Loveno, ℰ 32110, ≤ lago e monti, « Piccolo giardino ombreggiato » – ⇐ ❷. 🖪 **E**
𝚅𝚁𝚂𝙰
aprile-ottobre – Pas carta 30/49000 – ⊑ 12000 – **13 cam** 45/95000 – ½ P 65/80000.

The new-formula Michelin Green Tourist Guides offer:

– more detailed descriptive texts,

– accurate practical information,

– town plans, local maps and colour photographs,

– frequent fully revised editions.

Always make sure you have the latest edition.

ENDRISIO 427 ㉔ , 219 ⑧ – Vedere Cantone Ticino alla fine dell'elenco alfabetico.

ENFI Agrigento 988 ㊱ , 432 O 20 – Vedere Sicilia.

ERAN = Merano.

ERANO **(MERAN)** 39012 Bolzano 988 ④ , 429 C 15 – 33 849 ab. alt. 323 – Stazione termale –
ort invernali : a Merano 2000 B : 1 946/2 302 m ⚡ 1 ≰ 6, ⚐ – ✪ 0473.

dere Passeggiate d'Inverno e d'Estate★★ C – Passeggiata Tappeiner★★ CD – Volte gotiche★
olittici★ nel Duomo D – Via Portici★ – Castello Principesco★ C C – Merano 2000★ accesso
r funivia, E : 3 km B – Tirolo★ N : 4 km A.

ntorni Avelengo★ SE : 10 km per via del Nova B – Val Passiria★ B.

corso della Libertà 45 ℰ 35223, Telex 400026, Fax 35524.

ma 665 ② – ◆Bolzano 28 ② – Brennero 73 ① – ◆Innsbruck 113 ① – ◆Milano 326 ② – Passo di Resia 79 ③ –
sso dello Stelvio 75 ③ – Trento 86 ②.

Piante pagine seguenti

Palace Hotel, via Cavour 2 ℰ 211300, Telex 400256, Fax 34181, ≤, « Parco ombreggiato
con ⊿ », ⅙, ≘s, ☒, ⚑ – 劇 🗏 ⊡ ☎ ᵴ ❷ – 益 30 a 100. 🖭 🖪 ⓞ **E** 𝚅𝚁𝚂𝙰. ℀ rist
chiuso dal 6 gennaio al 19 marzo e dal 10 novembre al 18 dicembre – Pas 65/90000 ed al
Rist. **Tiffany Schloss Maur** (chiuso a mezzogiorno, martedì e dal 20 giugno al 15 luglio) carta
55/85000 – **110 cam** ⊑ 210/350000, 7 appartamenti – ½ P 150/235000.   D h

Meranerhof, via Manzoni 1 ℰ 30230 (prenderà il 230230), Fax 33312, « Giardino con ⊿
riscaldata », ≘s – 劇 🗏 rist ⊡ ☎ ❷ – 益 70. 🖭 🖪 ⓞ **E** 𝚅𝚁𝚂𝙰. ℀ rist   C b
Pas carta 47/63000 – **70 cam** ⊑ 120/250000 – ½ P 135/140000.

Kurhotel Castel Rundegg, via Scena 2 ℰ 34100, Fax 37200, ⅙, ≘s, ☒, ⚑ – 劇 ⊡ ☎
❷. 🖭 🖪 ⓞ **E** 𝚅𝚁𝚂𝙰. ℀ rist   B a
chiuso dal 6 al 31 gennaio – Pas (solo per clienti alloggiati) 70/90000 – **30 cam** ⊑ 151/
302000, appartamento – ½ P 180/259000.

Park Hotel Mignon ⑤, via Grabmayr 5 ℰ 230354, Telex 401011, Fax 230644, ≤,
« Giardino ombreggiato con ⊿ riscaldata », ≘s, ☒ – 劇 🗏 rist ☎ ⇐ ❷. 🖪 **E** 𝚅𝚁𝚂𝙰.
℀ rist   D v
15 marzo-5 novembre – Pas (solo per clienti alloggiati) 35/50000 – **47 cam** ⊑ 118/236000,
12 appartamenti – ½ P 101/165000.

MERANO
E DINTORNI

Castel Gatto (Via) . . . . **B** 3
Christomannos . . . . **B** 5

Grabmayr (Via) . . . . **B** 9
Marlengo (Ponte di) . . . . **A** 14
Monte Benedetto (Via) . . . . . . **B** 16
Monte S. Zeno (Via) . . . . **B** 17
Parrocchia (Via della) . . . . **B** 20
Piave (Via) . . . . **B** 27
S. Caterina (Via) . . . . **B** 31

S. Maria
del Conforto (Via) . . . . **B**
S. Valentino (Via) . . . . **B**
Segheria (Via della) . . . . **B**
Val di Nova (Via) . . . . **B**
Virgilio (Via) . . . . **B**
IV Novembre (Via) . . . . **A** 4

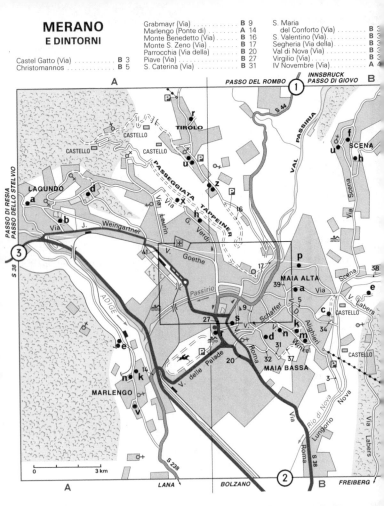

🏰 **Irma** 🦢, via Belvedere 17 ℘ 212000, Fax 231355, ≤, 🍴, « Parco-giardino con 🏊
🏖 », 🚭, 🔲, 🛝 – 🕿 🕿 🚗 🅿. 🛠 rist
23 marzo-5 novembre – Pas (solo per clienti alloggiati) 25/60000 – 🖙 10000 – **50 ca**
95/197000, 2 appartamenti – ½ P 74/130000.

🏰 **Villa Tivoli** 🦢, via Verdi 72 ℘ 46282, Fax 46849, ≤ monti, 🍴, « Piccolo parco-giard
no », 🚭, 🔲 – 🛗 🕿 🚗 🅿 – 🛗 25. 🔢 🖪 🗺. 🛠 rist
aprile-7 novembre – Pas (solo per clienti alloggiati) 30/40000 – **23 cam** 🖙 85/170000,
appartamenti – ½ P 80/120000.

🏰 **Villa Mozart** 🦢 senza rist, via San Marco 26 ℘ 230630, Fax 211355, 🔲, 🌼 – 🛗 📺
🅿 🖭 🔢 🖪 🗺. 🛠
Pasqua-6 novembre – 🖙 35000 – **9 cam** 115/230000.

🏨 **Adria** 🦢, via Gilm 2 ℘ 236610, Fax 236687, 🛠, 🚭, 🔲, 🌼, 🛝 – 🛗 🖥 rist 🕿 🅿. 🔢 🖪
🛠 rist
marzo-ottobre – Pas (solo per clienti alloggiati) 55/65000 – **49 cam** 🖙 100/200000
½ P 90/116000.

🏨 **Anatol** 🦢, via Castagni 3 ℘ 37511, Fax 37110, ≤, 🏊 riscaldata, 🌼 – 🛗 🕿 🅿. 🛠 ris
27 marzo-7 novembre – Pas (solo per clienti alloggiati) 35/50000 – **42 cam** 🖙 95/190000
½ P 86/110000.

🏨 **Sittnerhof** 🦢, via Verdi 58 ℘ 46331, Fax 220631, 🛠, 🏊, 🔲, 🌼, 🛝 – 🛗 🕿 🅿
10 marzo-10 novembre – Pas carta 29/41000 – **32 cam** 🖙 120/220000 – ½ P 100/13000

Juliane ⑤, via dei Campi 6 ℰ 211700, Fax 30176, « Giardino con ☰ riscaldata », ≤s, ☒ – ⓑ ☎ 🕭 ⓟ. ⓑ ☕ 𝘝𝘐𝘚𝘈. ⅏ rist
B k
15 marzo-5 novembre – Pas (solo per clienti alloggiati) 38/68000 – **34 cam** ⊆ 98/190000, appartamento – ½ P 92/122000.

Augusta, via Ottone Huber 2 ℰ 222324, Fax 220029, ⇗ – ⓑ ↦ rist ▤ rist 🕭 ☎ ⓟ. ⓑ ☕
𝘝𝘐𝘚𝘈. ⅏ rist
C e
15 marzo-15 novembre – Pas (solo per clienti alloggiati) 30/50000 – ⊆ 10000 – **25 cam** 100/196000 – ½ P 100/130000.

Aurora, passeggiata Lungo Passirio 38 ℰ 211800, Fax 211113 – ⓑ 🕭 ☎ ⅙ ⓟ. ⅏ rist
C u
15 marzo-15 novembre – Pas carta 33/69000 – ⊆ 14000 – **34 cam** 105/220000, appartamento – ½ P 75/125000.

Pollinger ⑤, via Santa Maria del Conforto 30 ℰ 32226, ≤, ↓₅, ≤s, ☌, ☒, ⇗ – ⓑ 🕭 ☎
⇐ ⓟ. ☕ 𝘝𝘐𝘚𝘈. ⅏ rist
B
17 marzo-4 novembre – Pas (solo per clienti alloggiati) 38000 – **33 cam** ⊆ 100/170000 – ½ P 85/110000.

Kurhotel Mirabella, via Garibaldi 35 ℰ 36512, ↓₅, ☌ riscaldata, ☒, ⇗, ♦ – ⓑ 🕭 ☎ ⓟ.
ⓑ ☕ 𝘝𝘐𝘚𝘈. ⅏ rist
C s
15 marzo-15 novembre – Pas (solo per clienti alloggiati) 30/40000 – **30 cam** ⊆ 84/150000 – ½ P 85/105000.

Castel Labers ⑤, via Labers 25 ℰ 234484, Fax 34146, ≤, « Servizio rist. estivo in giardino », ☌ riscaldata, ⇗, ⅍ – ⓑ ☎ ⓟ. ☒ ⓑ ⓞ ☕ 𝘝𝘐𝘚𝘈. ⅏ rist
B e
aprile-ottobre – Pas 25/35000 – **32 cam** ⊆ 100/200000 – ½ P 90/120000.

Atlantic ⑤, via Santa Caterina 7/a ℰ 233093, Fax 211230, « Giardino con ☰ », ☒ – ☎
⇐ ⓟ. ☒ ⓑ ☕ 𝘝𝘐𝘚𝘈. ⅏ rist
B d
marzo-novembre – Pas (solo per clienti alloggiati e *chiuso a mezzogiorno*) – **26 cam** ⊆ 65/120000 – ½ P 70/78000.

Mendelhof-Mendola, via Winkel 45 ℰ 236130, Fax 236481, « Giardino ombreggiato con ☰ » – ⓑ ☎ ⅙ ⓟ. ⅏ rist
D r
4 aprile-ottobre – Pas (solo per clienti alloggiati) 26000 – **36 cam** ⊆ 58/108000 – ½ P 72/82000.

Isabella, via Piave 58 ℰ 34700 (prenderà il 234700), Fax 211360, ⇗ – ⓑ ☎ ⓟ
marzo-15 novembre – Pas vedere rist Sportplatz – **28 cam** ⊆ 70/120000 – ½ P 74/81000.
AB r

MERANO
CENTRO

se (Via delle)	C 6	
rtà (Corso della)	CD	
ici (Via)	CD	

Cassa di Risparmio	C 2
Christomannos	D 5
Duomo (Piazza del)	D 7
Grabmayr (Via)	D 9
Grano (Piazza del)	C 10
Haller (Via)	D 13
Marlengo (Via)	C 15
Ortenstein (Via)	D 18

Passeggiata d'Estate	D 21
Passeggiata Gilf	D 23
Passeggiata d'Inverno	D 24
Passeggiata Lungo Passirio	C 25
Rena (Piazza della)	D 28
Rezia (Via)	C 30
Scena (Via)	D 35

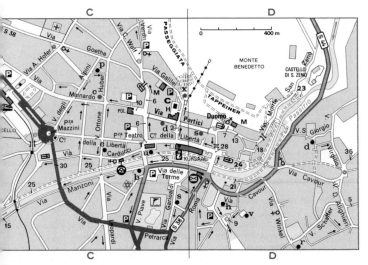

🏠 **Zima** ⬞ senza rist, via Winkel 83 ℰ 230408, Fax 236469, ≘s, ⊒ riscaldata, ☞ – 🛗 🅰
   VISA. ✗   B
   marzo-10 novembre – **23 cam** ⊒ 60/100000.

🏠 **Bel Sit,** via Pendl 2 ℰ 46484 – 🛗 ☎ 🅿. 🔃 *VISA*. ✗   C
   22 marzo-5 novembre – Pas (solo per clienti alloggiati e *chiuso a mezzogiorno*) carta
   50000 – ⊒ 15000 – **27 cam** 50/100000 – ½ P 59/73000.

🏠 **Avivi** senza rist, vicolo della Roggia 20 ℰ 30730 (prenderà il 230730), Fax 210821, ⊒
   – 🛗 ☎ 🅿. 🅰 🔃 🖪 *VISA*   B
   chiuso dall'8 gennaio al 26 febbraio e dal 6 novembre al 25 dicembre – **13 cam** ⊒
   96000.

🏠 **Holzmann** ⬞ senza rist, via Tobias Brenner 15 ℰ 237062, Fax 237889, « Giardino
   ⊒ riscaldata » – 🅿   B
   marzo-ottobre – ⊒ 8000 – **28 cam** 52/84000.

XXX ✿ **Andrea,** via Galilei 44 ℰ 37400 (prenderà il 237400), Coperti limitati; prenotare –
    🅰 🔃 🖪 🅴 *VISA*. ✗   C
    chiuso lunedì e dal 4 al 25 febbraio – Pas carta 60/86000
    Spec. Salmone affumicato e rafano, Orzo mantecato ed erbette profumate, Filetto di vitello con patate saltate.
    Terlaner, Santa Magdalena.

XX ✿ **Flora,** via Portici 75 ℰ 31484 (prenderà il 231484), Fax 231484, Coperti limitati; pre
   tare – 🅰 🔃 🖪 🖪 🅴 *VISA*. ✗   D
   chiuso a mezzogiorno, domenica e dal 15 gennaio al 28 febbraio – Pas carta 57/98000
   Spec. Composizione di salmone selvaggio, Ravioli alle animelle di vitello e carciofi, Aragostina in foglio croccante.
   Sauvignon, San Leonardo.

XX **Sportplatz,** via Piave 50 ℰ 233443, « Servizio estivo all'aperto » – 🅿. 🖪   B
   marzo-15 novembre; chiuso mercoledì e giovedì a mezzogiorno – Pas carta 29/52000.

X **Terlaner Weinstube,** via Portici 231 ℰ 35571, Coperti limitati; prenotare – ✗
  chiuso mercoledì e dal 1° al 25 marzo – Pas carta 40/61000.   C

X **Veneta,** via Monastero 2 ℰ 49310, « Servizio estivo all'aperto » – 🅴 *VISA*   C
  chiuso mercoledì e dal 10 gennaio al 10 febbraio – Pas carta 32/42000.

   a Freiberg SE : 7 km per via Cavour B – alt. 800 – ✉ **39012** Merano

🏰 **Castel Freiberg** ⬞, ℰ 244196, Fax 244488, ≤ monti e vallata, ≘s, ⊒, 🔲, ☞, ✗ –
   ☎ 🔜 🅿 – 🔬 70. 🅰 🔃 🖪 🅴 *VISA*. ✗
   24 aprile-ottobre – Pas carta 70/105000 – **34 cam** ⊒ 180/310000 – ½ P 220/250000.

🏨 **Fragsburg-Castel Verruca** ⬞, ℰ 244071, Fax 244493, ≤ monti e vallata, « Serv
   rist. estivo in terrazza panoramica », ⊒ riscaldata, ☞ – 🔲 ☎ 🅿. ✗ rist
   10 aprile-5 novembre – Pas *(chiuso venerdì)* carta 30/69000 – **18 cam** ⊒ 90/17000
   ½ P 70/115000.

   Vedere anche : *Lagundo* per ③ : 2 km.
                 Marlengo per ② : 3 km.
                 Tirolo N : 4 km per via Monte San Zeno B.
                 Scena NE : 5 km per via Cavour B.
                 Lana (San Vigilio) per ② : 9 km e 5 mn di funivia.
                 Avelengo SE : 15 km per via Cavour B.

MERCOGLIANO 83013 Avellino 🔢 E 26 – 9 431 ab. alt. 550 – 🕒 0825.
Roma 242 – Avellino 6 – Benevento 31 – ◆Napoli 53 – Salerno 45.

🏨 Mercurio, ℰ 787149, Fax 787584, ≤ – 🛗 🔲 ☎ 🔜 🅿.
   52 cam.

   in prossimità casello autostrada A16 Avellino Ovest S : 3 km :

🏰 **Gd H. Irpinia,** ✉ 83013 ℰ 683672, Fax 683676 – 🛗 🔲 🔲 ☎ 🔜 🅿 – 🔬 100. 🅰 🔃 🖪
   VISA. ✗
   Pas carta 35/52000 – **66 cam** ⊒ 90/140000, 🔲 10000 – ½ P 110/120000.

MERCURAGO Novara – Vedere Arona.

Les guides Michelin

Guides Rouges (hôtels et restaurants) :

Benelux, Deutschland, España Portugal, main cities **Europe, France**
Great Britain and Ireland

Guides Verts (Paysages, monuments et routes touristiques) :

Allemagne, Autriche, Belgique, Canada, Espagne, France, Grèce, Hollande, Italie,
Londres, Maroc, New York, Nouvelle Angleterre, Portugal, Rome, Suisse

...et la collection sur la France.

MERONE 22046 Como 428 E 9, 219 ⑨ ⑲ – 3 296 ab. alt. 284 – ✪ 031.

oma 611 – Bellagio 32 – ◆Bergamo 47 – Como 18 – Lecco 19 – ◆Milano 43.

🏠 **Il Corazziere,** frazione Baggero 🖉 617181, Fax 617217, « In riva al fiume Lambro », 🐎
– 🛗 🗐 📺 🕿 🕭 🕽 – 🔏 40. 🖭 🕄 Ⓞ 🖪 𝗩𝗜𝗦𝗔. 🛠
Pas vedere rist Il Corazziere – **30 cam** 🖙 88/154000, 2 appartamenti – ½ P 120/140000.

XX **Il Corazziere,** frazione Baggero 🖉 650141, « Giardino con voliere » – 🕽. 🖭 🕄 Ⓞ 🖪 𝗩𝗜𝗦𝗔. 🛠
chiuso martedì – Pas carta 37/51000.

MESAGNE 72023 Brindisi 988 ㉚, 431 F 35 – 30 781 ab. alt. 72 – ✪ 0831.

oma 574 – ◆Bari 125 – ◆Brindisi 14 – Lecce 42 – ◆Taranto 56.

🏠 **Duepi,** 🖉 734096, Fax 734096 – 🕿 🚙. 🕄 🖪 𝗩𝗜𝗦𝗔. 🛠 rist
Pas (chiuso sabato) carta 26/44000 – 🖙 6000 – **14 cam** 60/72000 – ½ P 67/85000.

MESE Sondrio – Vedere Chiavenna.

MESSINA 🅿 988 ㊲ ㊳, 431 432 M 28 – Vedere Sicilia.

MESTRE Venezia 988 ⑤, 429 F 18 – alt. 4 – ⊠ Venezia Mestre – ✪ 041.

🔄 e 🐎 Cá della Nave (chiuso martedì) a Martellago ⊠ 30030 🖉 5401555, Fax 5401962, per ⑧ : km.

⤢ Marco Polo di Tessera, per ③ : 8 km 🖉 661262.

🚆 🖉 715555.

🚌 rotonda Marghera ⊠ 30175 🖉 937764.

A.C.I. via Cà Marcello 67/A ⊠ 30172 🖉 5310362.

oma 522 ⑦ – ◆Milano 259 ⑦ – ◆Padova 32 ⑦ – Treviso 21 ① – ◆Trieste 150 ② – ◆Venezia 9 ④.

Piante pagina seguente

🏨 **Ambasciatori,** corso del Popolo 221 ⊠ 30172 🖉 5310699, Telex 410445, Fax 5310074 –
🛗 🗐 📺 🕿 🕽 – 🔏 30 a 130. 🖭 🕄 Ⓞ 🖪 𝗩𝗜𝗦𝗔. 🛠 BY **b**
Pas carta 40/65000 – 🖙 17000 – **97 cam** 150/220000, 2 appartamenti – ½ P 120/145000.

🏨 **Michelangelo** senza rist, via Forte Marghera 69 ⊠ 30173 🖉 986600, Telex 420288,
Fax 986052 – 🛗 🗐 📺 🕿 🕭 🚙 🕽 – 🔏 60 a 150. 🖭 🕄 Ⓞ 🖪 𝗩𝗜𝗦𝗔 BX **x**
🖙 25000 – **51 cam** 210/270000, 3 appartamenti.

🏨 **Bologna,** via Piave 214 ⊠ 30171 🖉 931000, Telex 410678, Fax 931095 – 🛗 🗐 📺 🕿 🕽 –
🔏 30 a 180. 🖭 🕄 Ⓞ 🖪 𝗩𝗜𝗦𝗔. 🛠 AY **e**
Pas (chiuso domenica e da Natale al 2 gennaio) carta 46/72000 – **128 cam** 🖙 130/210000.

🏨 **President** senza rist, via Forte Marghera 99/a ⊠ 30173 🖉 985655, Fax 985655 – 🛗 🗐 📺
🕿 🕭 🚙 🕽. 🖭 🕄 Ⓞ 🖪 𝗩𝗜𝗦𝗔. 🛠 BXY **t**
🖙 15000 – **51 cam** 95/130000, appartamento.

🏨 **Plaza,** piazzale Stazione 36 ⊠ 30171 🖉 929388, Telex 410490, Fax 929385 – 🛗 🗐 📺 🕿
🕭 – 🔏 50 a 80. 🖭 🕄 Ⓞ 🖪 𝗩𝗜𝗦𝗔. 🛠 AY **f**
Pas (8 aprile-5 novembre) carta 32/46000 – 🖙 18000 – **222 cam** 130/180000, appartamento
– ½ P 140/180000.

🏨 **Alexander,** via Forte Marghera 193/c ⊠ 30173 🖉 5318288, Telex 420406, Fax 5318283 –
🛗 🗐 📺 🕿 🚙 🕽 – 🔏 30 a 100. 🖭 🕄 Ⓞ 🖪 𝗩𝗜𝗦𝗔. 🛠 BY **g**
Pas (solo per clienti alloggiati e chiuso a mezzogiorno) 30/45000 – 🖙 15000 – **61 cam**
150/200000 – ½ P 100/145000.

🏩 **Club Hotel** senza rist, via Villafranca 1 (Terraglio) ⊠ 30174 🖉 957722, Telex 411489,
Fax 983990, 🐎 – 🛗 🗐 📺 🕿 🕭 🕽. 🖭 🕄 Ⓞ 🖪 𝗩𝗜𝗦𝗔 BZ **c**
🖙 15000 – **30 cam** 85/125000, 🗐 13000.

🏩 **Venezia,** via Teatro Vecchio 5 ⊠ 30171 🖉 985533, Telex 410693, Fax 985490 – 🛗 🗐 📺
🕿 🕽. 🖭 🕄 Ⓞ 🖪 𝗩𝗜𝗦𝗔. 🛠 BX **z**
Pas (solo per clienti alloggiati e chiuso a mezzogiorno) 30000 – 🖙 15000 – **100 cam**
85/120000 – ½ P 100000.

🏩 **Aurora** senza rist, piazzetta Giordano Bruno 15 ⊠ 30174 🖉 989188, Fax 989832 – 🛗
📺 🕽 🖪 𝗩𝗜𝗦𝗔. 🛠 BX **s**
🖙 12000 – **28 cam** 70/95000, 🗐 11000.

🏩 **Etoile** senza rist, via Pepe 18/20 ⊠ 30172 🖉 974422, Fax 974161 – 🛗 🗐 📺 🕿 🕭 🕽. 🖭 🕄
Ⓞ 🖪 𝗩𝗜𝗦𝗔. 🛠 BX **y**
🖙 16000 – **16 cam** 132000, 🗐 13500.

🏠 **Garibaldi** senza rist, viale Garibaldi 24 ⊠ 30173 🖉 986162, Fax 5347565 – 🗐 📺 🕿 🚙
🕽. 🖭 🕄 Ⓞ 🖪 𝗩𝗜𝗦𝗔. 🛠 BX **b**
🖙 9000 – **28 cam** 72/90000.

🏠 **Delle Rose** senza rist, via Millosevich 46 ⊠ 30173 🖉 5317711, Fax 5317433 – 🛗 📺 🕿
🕽. 🕄 Ⓞ 🖪 𝗩𝗜𝗦𝗔. 🛠 BZ **b**
chiuso dal 1° al 28 dicembre – **26 cam** 🖙 90/100000.

🏠 **San Giuliano,** via Forte Marghera 193 ⊠ 30173 🖉 5317044, Telex 411470, Fax 5318204
– 🛗 🗐 📺 🕿 🕽. 🖭 🕄 Ⓞ 🖪 𝗩𝗜𝗦𝗔. 🛠 BY **g**
Pas (marzo-ottobre) 28000 – 🖙 10000 – **58 cam** 80/120000 – ½ P 83/118000.

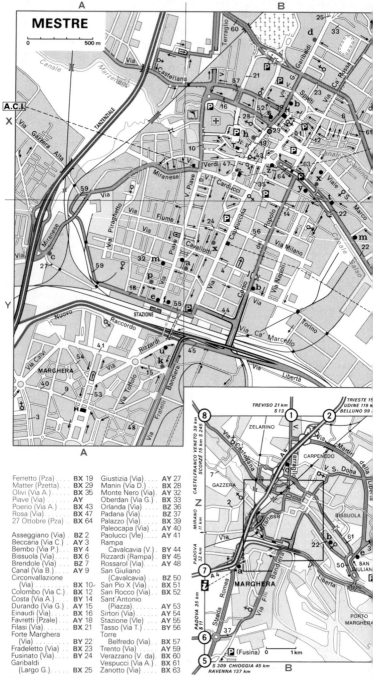

Ferretto (Pza)	**BX** 19	
Matter (Pzetta.)	**BX** 29	
Olivi (Via A.)	**BX** 35	
Piave (Via)	**AY**	
Poerio (Via A.)	**BX** 43	
Rosa (Via)	**BX** 47	
27 Ottobre (Pza)	**BX** 64	

Giustizia (Via)	**AY** 27	
Manin (Via D.)	**BX** 28	
Monte Nero (Via).	**AY** 32	
Oberdan (Via G.)	**BX** 33	
Orlanda (Via)	**BZ** 36	
Padana (Via)	**BZ** 37	
Palazzo (Via)	**BX** 39	
Paleocapa (Via)	**AY** 40	
Paolucci (Vle)	**AY** 41	

Assengiano (Via)	**BZ** 2	
Beccaria (Via C.)	**AY** 3	
Bembo (Via P.)	**BY** 4	
Bissuola (Via)	**BX** 6	
Brendole (Via)	**BZ** 7	
Canal (Via B.)	**AY** 9	
Circonvallazione (Via)	**BX** 10	
Colombo (Via C.)	**BX** 12	
Costa (Via A.)	**BY** 14	
Durando (Via G.)	**AY** 15	
Einaudi (Via)	**BX** 16	
Favretti (Pzale)	**AY** 18	
Filasi (Via)	**BX** 21	
Forte Marghera (Via)	**BY** 22	
Fradeletto (Via)	**BX** 23	
Fusinato (Via)	**BY** 24	
Garibaldi (Largo G.)	**BX** 25	

Rampa Cavalcavia (V.)	**BY** 44	
Rizzardi (Rampa)	**BY** 45	
Rossarol (Via)	**AY** 48	
San Giuliano (Cavalcavia)	**BZ** 50	
San Pio X (Via)	**BX** 51	
San Rocco (Via)	**BX** 52	
Sant'Antonio (Piazza)	**AY** 53	
Sirtori (Via)	**AY** 54	
Stazione (Vle)	**AY** 55	
Tasso (Via T.)	**BX** 56	
Torre Belfredo (Via)	**BX** 57	
Trento (Via)	**AY** 59	
Verazzano (V. da)	**BX** 60	
Vespucci (Via A.)	**BX** 61	
Zanotto (Via)	**BX** 63	

🏠 **Piave** senza rist, via Col Moschin 6/10 ✉ 30171 ℰ 929287, Fax 929651 – 🛗 📺 ☎ 🅿
45 cam � 88/117000.   ABY **a**

🏠 **San Carlo** senza rist, via Forte Marghera 131 ✉ 30173 ℰ 970912, Fax 970218 – 🛗 ☎ 🅿.
🖭 🕃 ⓞ ⅇ 𝗩𝗜𝗦𝗔   BY **m**
chiuso gennaio – ⊑ 10000 – **27 cam** 68/85000.

🏠 **Cris** senza rist, via Monte Nero 3 ✉ 30171 ℰ 926773 – 🗏 ☎ 🅿   AY **m**
⊑ 7000 – **14 cam** 40/75000, 🗏 7500.

🕱🕱🕱 **Marco Polo,** via Forte Marghera 67 ✉ 30173 ℰ 989855 – 🗏. 🖭 🕃 ⓞ ⅇ 𝗩𝗜𝗦𝗔. ⪥
chiuso domenica ed agosto – Pas carta 55/98000.   BX **x**

🕱🕱 **Dall'Amelia-alla Giustizia** con cam, via Miranese 113 ✉ 30171 ℰ 913951, Fax 913951
– 🗏 📺 ☎. 🖭 🕃 ⓞ ⅇ 𝗩𝗜𝗦𝗔   AY **c**
Pas (chiuso mercoledì) carta 48/80000 – ⊑ 9000 – **21 cam** 81000, 🗏 10000.

🕱🕱 **Valeriano,** via Col di Lana 18 ✉ 30171 ℰ 926474, Coperti limitati; prenotare – 🗏. 🖭
ⓞ 𝗩𝗜𝗦𝗔   AY **p**
chiuso domenica sera, lunedì ed agosto – Pas carta 48/75000.

🕱🕱 **Hostaria Dante,** via Dante 53 ✉ 30171 ℰ 951000 – 🗏. 🖭 🕃 ⓞ ⅇ 𝗩𝗜𝗦𝗔   BY **x**
chiuso dal 1° al 15 agosto, domenica e in luglio-agosto anche sabato – Pas carta 30/52000.

🕱 **Ai Veterani,** piazza da Re 6 ✉ 30174 ℰ 959378 – 🗏. 🖭 🕃 ⓞ ⅇ 𝗩𝗜𝗦𝗔 ⪥ BX **h**
chiuso domenica, dal 1° al 10 gennaio e dal 1° al 22 agosto – Pas carta 25/39000.

🕱 **Da Sandro,** viale Garibaldi 91 ✉ 30174 ℰ 5343452, 🍴, Solo piatti di pesce, prenotare
– 🗏. 🖭 𝗩𝗜𝗦𝗔 ⪥   BX **d**
chiuso giovedì, dal 1° al 15 gennaio e dal 1° al 26 agosto – Pas carta 70/100000.

🕱 **Da Bepi,** via Sernaglia 27 ✉ 30171 ℰ 929357 – 🗏. 🖭 🕃 ⓞ ⅇ 𝗩𝗜𝗦𝗔   ABY **a**
chiuso domenica sera, lunedì e dal 5 al 20 agosto – Pas carta 32/50000.

🕱 **Fortuna,** via Terraglio 306 ✉ 30174 ℰ 943244, 🍴 – 🖭 🕃 ⓞ ⅇ 𝗩𝗜𝗦𝗔   2 km : per ①
chiuso mercoledì – Pas carta 34/65000.

a Marghera S : 1 km BZ – ✉ 30175 Venezia Mestre :

🏨 **MotelAgip,** rotonda Romea 1 ℰ 936900, Telex 223446, Fax 936960 – 🛗 ↞ cam 🗏 📺
☎ 🕃 🅿 – 🔒 50 a 200. 🖭 🕃 ⓞ ⅇ 𝗩𝗜𝗦𝗔 ⪥ rist   BZ **a**
Pas 50000 – ⊑ 27000 – **187 cam** 226000 – ½ P 187/255000.

🏨 **Lugano-Torretta,** via Rizzardi 11 ℰ 936777, Telex 411155, Fax 921979, ⤢ – 🛗 🗏 📺 ☎
🅿 – 🔒 100. 🖭 🕃 ⓞ ⅇ 𝗩𝗜𝗦𝗔   AY **u**
Pas carta 44/63000 – ⊑ 18000 – **62 cam** 120/180000.

🕱🕱 **Autoespresso,** via Fratelli Bandiera 34 ℰ 930214, Rist. con specialità di mare, prenotare – 🗏 🅿. 🖭 🕃 ⓞ ⅇ 𝗩𝗜𝗦𝗔. ⪥   AY **k**
chiuso domenica, dal 22 dicembre al 6 gennaio ed agosto – Pas carta 52/83000.

a Chirignago O : 2 km – ✉ 30030 :

🕱🕱 Tre Garofani, via Assegiano 308 ℰ 991307, 🍴 – 🅿.

a San Giuliano SE : 3 km BZ – ✉ 30173 Venezia Mestre :

🏨 **Ramada,** via Orlanda 4 ℰ 5310500, Telex 411484, Fax 5312278, 🎛, 🎐, 🔲 – 🛗 ↞ cam
🗏 📺 ☎ 🕃 🅿 – 🔒 50 a 900. 🖭 🕃 ⓞ ⅇ 𝗩𝗜𝗦𝗔. ⪥   BZ **e**
Pas carta 48/77000 – **181 cam** ⊑ 310000 – ½ P 110/195000.

a Campalto per ③ : 5 km – ✉ 30030 :

🏨 **Antony,** via Orlanda 182 ℰ 5420022, Telex 420277, Fax 901677 – 🛗 🗏 📺 ☎ 🕃 🅿 –
🔒 70. 🖭 🕃 ⓞ ⅇ 𝗩𝗜𝗦𝗔. ⪥
Pas 40/50000 – ⊑ 20000 – **114 cam** 220000 – ½ P 120/150000.

META 80062 Napoli 🟩🟩🟩 F 25 – 7 539 ab. – a.s. aprile-settembre – 🕾 081.
Roma 253 – Castellammare di Stabia 14 – ◆Napoli 43 – Salerno 45 – Sorrento 5.

🕱 **La Conchiglia,** ℰ 8786402, ≤, « Servizio estivo in terrazza sul mare » – 🖭 🕃 ⓞ ⅇ 𝗩𝗜𝗦𝗔
chiuso lunedì e dal 7 gennaio al 7 febbraio – Pas carta 50/70000 (15 %).

METANOPOLI Milano 🟩🟩🟩 ③ – Vedere San Donato Milanese.

METAPONTO 75010 Matera 🟩🟩🟩 ㉙, 🟩🟩🟩 F 32 – a.s. luglio-agosto – 🕾 0835.
🔼 (giugno-settembre) viale delle Sirene ℰ 741933.
Roma 469 – ◆Bari 114 – ◆Cosenza 157 – Matera 46 – Potenza 110 – ◆Taranto 48.

al lido SE : 2,5 km :

🏠 **Turismo,** ✉ 75010 ℰ 741918, Fax 741917, 🍴, 🏖 – 🛗 🗏 ☎
aprile-10 ottobre – Pas carta 30/42000 – ⊑ 7000 – **61 cam** 50/80000 – ½ P 60/70000.

sulla strada statale 106 NO : 4,5 km :

🏨 Palatinum, ✉ 75010 ℰ 745312 – 🛗 🗏 📺 ☎ 🅿 – 🔒 200.
28 cam.

MEZZANA Trento 428 429 D 14, 218 ⑩ ⑲ – 861 ab. alt. 941 – ⊠ 38020 Mezzana in Val di S – a.s. febbraio-Pasqua e Natale – Sport invernali : a Marilleva : 925/2 141 m ⟋2 ⟋10, ⟋ Mezzana – ✿ 0463.

🔸 via Nazionale 17 ℰ 77134.

Roma 652 – ♦Bolzano 76 – ♦Milano 239 – Passo del Tonale 20.

🏨 **Ravelli,** ℰ 77122, Fax 77467, ≤, 🐎 – ⎹✿⎸ ☎ 🚗 🅿. 🖭 🕃 ⑩ 𝘝𝘐𝘚𝘈. 🎾
6 dicembre-10 aprile e 14 giugno-25 settembre – Pas carta 30/44000 – �²⁼ 10000 – **38 c** 70/130000 – ½ P 80/110000.

🏨 **Val di Sole,** ℰ 77240, Fax 77240, ≤, ♨, 😑, 🄓 – ⎹✿⎸ ☎ 🚗 🅿. 🕃 ⴹ 𝘝𝘐𝘚𝘈. 🎾
dicembre-20 aprile e giugno-settembre – Pas 27000 – ☲ 15000 – **50 cam** 64/8800 P 70/143000.

🏦 **Eccher,** ℰ 77146, Fax 77257, ≤ – ⎹✿⎸ ☎ �&. 🚗 🅿. 🎾
dicembre-aprile e giugno-settembre – Pas carta 22/34000 – **21 cam** ☲ 65/90000 – ½ P 80000.

a Marilleva 900 S : 1 km – ⊠ **38020** Mezzana in Val di Sole :

🏨 Sporting Hotel Ravelli, ℰ 77159, Fax 77467, 🐎 – ⎹✿⎸ ☎ 🚗 🅿
stagionale – **48 cam.**

MEZZANE DI SOTTO 37030 Verona 429 F 15 – 1 773 ab. alt. 129 – ✿ 045.

Roma 519 – ♦Milano 173 – ♦Padova 83 – ♦Verona 17 – Vicenza 53.

✕✕ **Bacco d'Oro,** ℰ 8880269, « Servizio estivo in giardino » – 🅿. 🖭 🕃 ⑩ ⴹ 𝘝𝘐𝘚𝘈
chiuso lunedì sera, martedì e dal 10 gennaio al 10 febbraio – Pas carta 33/55000.

MEZZANINO 27040 Pavia – 1 391 ab. alt. 62 – ✿ 0385.

Roma 560 – Alessandria 74 – ♦Milano 50 – Pavia 12 – Piacenza 47.

a Tornello E : 3 km – ⊠ **27040** Mezzanino :

✕✕ **Dell'Angelo,** strada statale ℰ 71471 – 🍽 🅿. 🕃 ⑩ ⴹ 𝘝𝘐𝘚𝘈. 🎾
chiuso martedì e dal 1° al 22 agosto – Pas carta 39/57000.

MEZZANO SCOTTI 29020 Piacenza 428 H 10 – alt. 257 – ✿ 0523.

Roma 558 – Alessandria 92 – ♦Genova 102 – ♦Milano 111 – Piacenza 46.

✕ **Costa Filietto** 🍴 con cam, NE : 7 km alt. 600, ℰ 937104, 🏠 – 🅿. 🎾
chiuso al 15 al 30 giugno – Pas *(chiuso martedì)* carta 30/40000 – ☲ 6000 – **12 c** 40/62000 – ½ P 40/45000.

MEZZOCANALE Belluno – Vedere Forno di Zoldo.

MEZZOCORONA 38016 Trento 429 D 15 – 4 270 ab. alt. 219 – a.s. dicembre-aprile – ✿ 0461
Roma 604 – ♦Bolzano 44 – Trento 20.

✕✕ **La Cacciatora,** in riva all'Adige SE : 2 km ℰ 650124, Fax 651080, 🏠 – 🍽 🅿 – ⍜ 30. 🕃 ⑩ ⴹ 𝘝𝘐𝘚𝘈. 🎾
chiuso mercoledì e dal 15 al 31 luglio – **Pas** carta 35/51000.

MEZZOLAGO 38060 Trento 428 429 E 14 – alt. 667 – a.s. Natale – ✿ 0464.
Roma 588 – ♦Brescia 88 – ♦Milano 183 – Trento 63 – ♦Verona 100.

🏦 **Mezzolago,** ℰ 508181, Fax 508181, ≤, « Terrazza sul lago », 🐎 – ⎹✿⎸ 🅿. 🎾
chiuso novembre e gennaio – Pas carta 25/36000 – **34 cam** ☲ 40/80000 – ½ P 55/60000

MEZZOLOMBARDO 38017 Trento 988 ④, 429 D 15 – 5 350 ab. alt. 227 – a.s. dicembre-april ✿ 0461.
Roma 605 – ♦Bolzano 45 – ♦Milano 261 – Trento 21.

✕✕ **Al Sole,** con cam, via Rotaliana 5 ℰ 601103 – ⎹✿⎸ 📺 ☎ 🅿. 🖭 🕃 ⑩ ⴹ 𝘝𝘐𝘚𝘈
Pas *(chiuso domenica e dall'8 al 28 luglio)* carta 44/67000 – ☲ 8000 – **17 cam** 45/80000.

MIANE 31050 Treviso 429 E 18 – 3 314 ab. alt. 259 – ✿ 0438.
Roma 587 – Belluno 37 – ♦Milano 279 – Trento 116 – Treviso 39 – Udine 101 – ♦Venezia 69.

✕✕ **Da Gigetto,** ℰ 893126, Fax 893000 – 🅿. 🖭 🕃 ⑩ ⴹ 𝘝𝘐𝘚𝘈. 🎾
chiuso lunedì sera, martedì, dal 1° al 15 gennaio e dal 1° al 15 agosto – Pas carta 50/7000

MIGLIARA Napoli – Vedere Capri (Isola di) : Anacapri.

MIGLIARO Cremona – Vedere Cremona.

MIGNANEGO 16018 Genova – 3 517 ab. alt. 180 – ✿ 010.
Roma 516 – Alessandria 73 – ♦Genova 19 – ♦Milano 126.

al Santuario della Vittoria NE : 5 km :

✕✕ **Belvedere** 🍴 con cam, ⊠ 16010 Giovi ℰ 7792285, ≤ – 📺 ☎. 🎾
chiuso dal 1° al 15 marzo e dal 10 al 25 settembre – Pas *(chiuso mercoledì)* carta 42/7000 ☲ 12000 – **9 cam** 60/90000 – ½ P 75/81000.

ILANO 20100 🄿 988 ③ , 428 F 9 – 1 423 184 ab. alt. 122 – 😊 02.

dere Duomo★★★ MZ – Museo del Duomo★★ MZ **M1** – Via e Piazza Mercanti★ MZ **155** – Teatro
a Scala★ MZ – Pinacoteca di Brera★★★ KV – Castello Sforzesco★★★ JV : collezioni civiche
rte★★★ – Parco Sempione★ HJUV – Biblioteca Ambrosiana★★ MZ : ritratti★★★ di Gaffurio e
bella d'Este, cartone preparatorio★★ di Raffaello nella Pinacoteca – Museo Poldi-Pezzoli★★
M2 : profilo di donna★★★ del Pollaiolo – Museo Nazionale della Scienza e della Tecnica
onardo da Vinci★ HX **M4** : galleria Leonardo da Vinci★★ – Chiesa di Santa Maria delle Grazie★
: Ultima Cena★★★ di Leonardo da Vinci – Basilica di Sant'Ambrogio★ HJX : paliotto★★ –
iesa di Sant'Eustorgio★ JY : cappella Portinari★★ – Ospedale Maggiore★ KXY **U** – Chiesa di
n Maurizio★ JX – Chiesa di San Lorenzo Maggiore★ JY – Cupola★ della chiesa di San Satiro
: E.

ntorni Abbazia di Chiaravalle★ SE : 7 km BP.

e 🔟 (chiuso lunedì) al Parco di Monza ⊠ 20052 Monza 🖉 (039) 303081, Fax (039) 304427,
r ② : 20 km;

Molinetto (chiuso lunedì) a Cernusco sul Naviglio ⊠ 20063 🖉 (02) 92105128, Fax 92106105,
r ④ : 14 km;

Barlassina (chiuso lunedì) a Birago di Camnago ⊠ 20030 🖉 (0362) 560621, Fax 560934,
r ① : 26 km;

(chiuso lunedì) a Zoate di Tribiano ⊠ 20067 🖉 (02) 90632183, Fax 90631861, SE : 20 km
r ⑥;

Le Rovedine (chiuso lunedì) a Noverasco di Opera ⊠ 20090 Opera 🖉 (02) 57602730, Fax
506405, per via Ripamonti BP.

todromo al Parco di Monza per ② : 20 km, 🖉 (039) 22366, vedere la pianta di Monza.

📧 Forlanini di Linate E : 8 km CP 🖉 74852200 e della Malpensa per ⑫ : 45 km 🖉 74852200 –
talia, corso Como 15 ⊠ 20154 🖉 62818 e via Albricci 5 ⊠ 20122 🖉 62817.

🦗 🖉 6690734.

via Marconi 1 ⊠ 20123 🖉 809662, Fax 72022432 – Stazione Centrale ⊠ 20124 🖉 6690532.

C.I. corso Venezia 43 ⊠ 20121 🖉 77451.

ma 572 ⑦ – ◆Genève 323 ⑫ – ◆Genova 142 ⑨ – ◆Torino 140 ⑫.

Piante pagine seguenti

Alberghi e Ristoranti

(Elenco alfabetico : Milano p. 2 e 3)

Centro Storico – Duomo, Scala, Castello Sforzesco, corso Magenta, via Torino, corso
Vittorio Emanuele, via Manzoni (Pianta : Milano p. 14)

Jolly Hotel President, largo Augusto 10 ⊠ 20122 🖉 7746, Telex 312054, Fax 783449 –
📶 ⇆ cam 🔟 🍴 ☎ – 🔬 30 a 100. 🖭 🕄 ⑩ 🖪 *VISA*. 🛠 rist   NZ **q**
Pas carta 69/106000 – **220 cam** ⊑ 390/460000 – ½ P 295/455000.

Brunelleschi, via Baracchini 12 ⊠ 20123 🖉 8843, Telex 312256, Fax 870144 – 📶 🔳 🔟
☎ ₺ – 🔬 40. 🖭 🕄 🖪 *VISA*. 🛠   MZ **z**
Pas (solo per clienti alloggiati; chiuso sabato ed agosto) carta 57/80000 – **128 cam** ⊑ 330/
500000, 5 appartamenti – ½ P 330000.

Dei Cavalieri, piazza Missori 1 ⊠ 20123 🖉 8857, Telex 312040, Fax 72021683 – 📶 🔳 🔟
☎ – 🔬 40 a 60. 🖭 🕄 ⑩ 🖪 *VISA*. 🛠 rist   MZ **m**
Pas (chiuso a mezzogiorno) 70/136000 – **177 cam** ⊑ 265/313000, 7 appartamenti –
½ P 226/335000.

Pierre Milano, via Edmondo de Amicis 32 ⊠ 20123 🖉 72000581, Telex 333303,
Fax 8052157 – 📶 🔳 🔟 ☎. 🖭 🕄 ⑩ 🖪 *VISA*. 🛠   JY **b**
Pas (chiuso agosto) carta 65/108000 – **47 cam** ⊑ 230/570000, 6 appartamenti – ½ P 295/
350000.

Gd H. Duomo, via San Raffaele 1 ⊠ 20121 🖉 8833, Telex 312086, Fax 86462027 – 📶 🔳
🔟 ☎. 🖭 🕄 ⑩ 🖪 *VISA*. 🛠   MZ **u**
Pas 48/81000 – ⊑ 20000 – **160 cam** 290/380000, 18 appartamenti – ½ P 350/410000.

Galileo senza rist, corso Europa 9 ⊠ 20122 🖉 7743, Telex 322095, Fax 76020584 – 📶 🔳
🔟 ☎. 🖭 🕄 ⑩ 🖪 *VISA*. 🛠   NZ **x**
76 cam ⊑ 330/440000, 6 appartamenti.

Carlton Hotel Senato, via Senato 5 ⊠ 20121 🖉 76015535, Telex 331306, Fax 783300 –
📶 🔳 🔟 ☎ ⟷. 🖭 🕄 🖪 *VISA*. 🛠 rist   KV **b**
chiuso agosto – Pas (chiuso sabato, domenica e dal 20 dicembre al 7 gennaio) carta 54/
76000 – ⊑ 18000 – **79 cam** 220/280000 – ½ P 203/283000.

Bonaparte Hotel, via Cusani 13 ⊠ 20121 🖉 8560, Fax 8693601 – 📶 🔳 🔟 ☎ ⟷ –
🔬 25. 🖭 🕄 ⑩ 🖪 *VISA*. 🛠 rist   JV **a**
Pas carta 55/89000 – **56 cam** ⊑ 420000, 13 appartamenti – ½ P 260000.

Cavour, via Fatebenefratelli 21 ⊠ 20121 🖉 6572051, Telex 320498, Fax 6592263 – 📶 🔳
🔟 ₺. 🖭 🕄 ⑩ 🖪 *VISA*. 🛠 rist   KV **r**
Pas (chiuso venerdì sera, sabato e domenica a mezzogiorno) 55000 – ⊑ 16000 – **113 cam**
225/250000, 2 appartamenti.

ELENCO ALFABETICO DEGLI ALBERGHI E RISTORANTI

A

Accademia	25
Adriana	25
Adriatico	22
Aimo e Nadia	27
Albric	18
Alfio	17
Alfredo-Gran San Bernardo	24
Altopascio	21
Altra Scaletta (L')	26
Alzaia	23
Ambrosiano	16
Ami Berton (L')	26
Anderson	20
Angelo (Da)	22
Antica Osteria la Gobba	26
Antica Trattoria San Bernardo	28
Antonio (Dall')	24
Api (Le)	18
Arc en Ciel	28
Ariosto	24
Ascot	16
Asso di Fiori-Osteria dei Formaggi	23
Astoria	24
Atlantic	20
Augustus	20
Auriga	20

B

Bagutta	18
Baia Chia	27
Barbecue	23
Berlino	24
Berna	20
Biffi Scala	17
Bimbi (Da)	21
Bimbo (Al)	26
Bistrot di Gualtiero Marchesi	17
Bitta (La)	17
Blaise e Francis	25
Boccondivino	18
Boeucc	17
Bolzano	20
Bonaparte Hotel	1
Brellin (El)	23
Bristol	20
Brun e Rist. Ascot (Gd H.)	25
Brunelleschi	1
Buca (La)	21
Buriassi-da Lino	21

C

Calajunco	21
Canarino	21
Canova	21
Capitol	24
Capriccio (Al)	23
Carlyle Brera Hotel	18
Carlton Hotel Senato	1
Carpaccio (Il)	22
Carrobbio	16
Casa Fontana	19
Casa Svizzera	17
Cavalieri (Dei)	1
Cavallini	21
Cavour	1
Centro	17
Century Tower Hotel	19
China Club	24
5 Terre (Le)	21
Ciovassino	18
City	20
Città Studi	26
Club Hotel	21
Colline Pisane (Le)	19
Concorde	26
Corba (La)	27
Crivi's	22
Cucina delle Langhe (Alla)	19

D - E

Darsena (La)	27
Demidoff	20
D'Este	22
Doge di Amalfi	27
Domenichino	24
Dongiò	22
Don Lisander	17
Doria Hotel Baglioni	20
Drop In	25
Duca di Milano	19
Duomo (Gd H.)	1
Eur	28
Europeo	24
Excelsior Gallia	19
Executive	18

F

Fauchè	23
Fenice	20
Fiera	24
Fieramilano (Gd H.)	23
Fiori (Dei)	27

Florida	2
Francesco	1
Franco il Contadino	1
Fumino (Da)	1
Furio	2

G

Gala	2
Galileo	
Galles	2
Garden	2
Gargantua	2
Garibaldi (Al)	1
Gazebo	2
Genovese (Al)	2
Gianni e Dorina	1
Giannino	2
Giglio Rosso	2
Gino e Franco (Da)	2
Girarrosto da Cesarina (Al)	2
Gocce di Mare	2
Green House	2
Grissino (Al)	2
Gritti	1
Gualtiero Marchesi	2

H - I - J - K

Hermitage	2
Hilton *vedere* Milano Hilton	
Holiday Inn e Rist. l'Univers Gourmand	2
Hostaria Mamma Lina	2
Hosteria del Cenacolo	2
Ibis Cà Granda	2
Infinito (L')	2
Joia	2
Jolly Hotel Milanofiori	2
Jolly Hotel President	
Jolly Hotel Touring e Rist. Amadeus	
Johnny	
Kota Radja	

L

Lancaster	
Leo (Da)	
Leonardo da Vinci	
Liberty	
Lombardia	
London	

dison	20
nin	20
nzoni	16
rino-al Conte llgolino (Da)	18
suelli San Marco	22
teoni (I)	22
uro	22
c	27
diolanum	20
diterraneo	22
rcante (Al)	18
helangelo	19
ano Hilton	19
ii Hotel Aosta	20
ii Hotel Portello	24
ii Hotel Tiziano	24
age	26
lise	27
ntecatini Alto	26
ntecristo	24
telAgip	28
tel f.i.n.i.	28
raglia (La)	21
konos	27
w York	20
io Arnaldo	21
s (La)	24
votel Milano Est Aeroporto	27
votel Milano Nord	25
ova Piazzetta (La)	25
eon	17
vo 2	21
era Prima	18
ti di Leonardo	24
teria Corte Regina	26
teria dei Binari	23
teria de l'Isula	19
teria I Valtellina	28
teria la Risacca 2	21

- Q

ce	25
ace e Rist. Casanova Grill	19
io (II)	25
ranza (La)	27
chino	25
ck	17
ppino	17

Piazza Repubblica	21
Piccolo Teatro-Fuori Porta	19
Piero e Pia	27
Pierre Milano	1
Pietre Cavate (Le)	25
Plancia (La)	27
Pobbia (La)	26
Porto (Al)	23
Poliziano	23
Principe di Savoia	19
Quark	27
4 Toscani (I)	21

R

Raffaello (Hotel)	26
Raffaello (Rist.)	24
Renzo (Da)	26
Ribot	26
Riccione (A)	18
Rigolo	19
Risacca 6 (La)	22
Ritter	18
Rosa	16
Rossano (Da)	19
Rovello	18
Royal	18
Royal Dynasty	17
Rubens	26

S

Sadler-Osteria di Porta Cicca	23
St. Andrews	17
San Carlo	20
San Fermo	19
Santa Marta	18
Sant'Ambroeus	24
Santi	20
Santini	17
San Vito da Nino	17
Savini	17
Scaletta	23
Sempione	20
Settecupole	25
Sirena (La)	25
Soti's	22
Sogo-Brera	18
Spadari al Duomo	16
Splendido	20
Star	17
Starhotel Tourist	26
Starhotel Ritz	19
Stefano il Marchigiano (Da)	25
Suntory	17

T - U

Tana del Lupo (La)	22
Taverna della Trisa	25
Tavernetta-da Elio (La)	18
Terzilio	27
Tiffany	28
Topaia (La)	23
Torchietto (II)	23
Torre del Mangia (La)	24
Trattoria all' Antica	23
Trattoria Aurora	23
Trattoria dell'Angolo	18
Trattoria della Pesa	19
Trattoria del Ruzante	24
Trattoria Pinuccia Folk	23
Trattoria Vecchia Arena	25
Trattoria Vecchia Gorla - Franco l'Ostricaro	27
13 Giugno	21
3 Pini	26
Tronco- da Vitaliano (II)	19
Ulmet (L')	17

V

Vecchia Viscontea	25
Vecchio Passeggero (Al)	24
Verdi (II)	19
Ville (De la)	16
Villeta (La)	27
Vittoria	22
Vöttantott (Al)	25

W - Y

Wagner	24
Washington	23
Windsor	20
Yar	23

Z

Zefiro	26
Zelata (La)	22
Zia (Dalla)	22
Zurigo	17

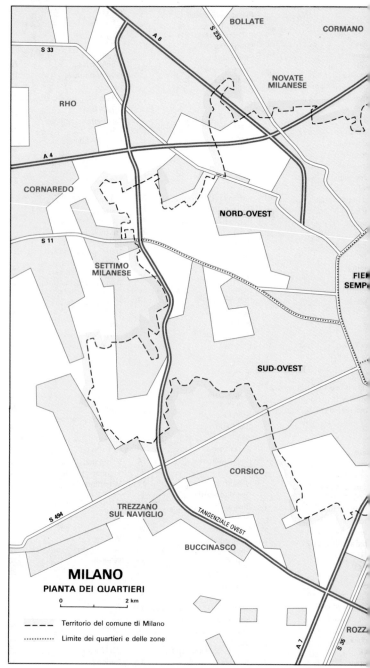

BOLLATE

CORMANO

S 33

A 8

S 233

NOVATE MILANESE

RHO

CORNAREDO

A 4

NORD-OVEST

S 11

SETTIMO MILANESE

FIE
SEMP

SUD-OVEST

CORSICO

S 494

TREZZANO SUL NAVIGLIO

TANGENZIALE OVEST

BUCCINASCO

ROZZA

A 7

S 35

MILANO

PIANTA DEI QUARTIERI

0   2 km

- - - - - Territorio del comune di Milano

.... Limite dei quartieri e delle zone

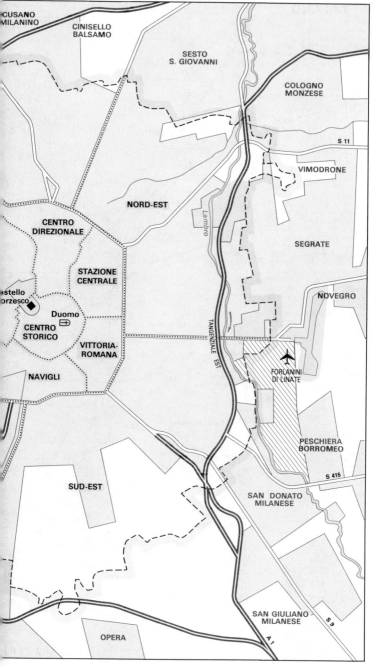

MILANO

Agrate (V. M. d')...... **BP** 2
Antonini (V. G.)...... **BP** 8
Arcangelo Corelli (V.).. **CP** 9
Bartolini (V.)........ **AO** 18
Bellini (V. G.)....... **AP** 23
Benefattori
 dell' Ospedale (V.).. **BO** 24
Berna (V.)........... **AP** 29
Cà Granda (Vle)...... **BO** 44
Cardinale
 A. Sforza (V.)...... **BP** 50
Casiraghi (Vle Flli).. **BO** 51
Cassinis (V. G. B.).. **BP** 53
Cermenate (V. G. da).. **BP** 60
Chiesa Rossa (V.).... **AP** 62
Comasinella (V.)..... **BO** 68
Corsica (Vle)........ **BP** 74
Don L. Milani
 (Cavalcavia)...... **AP** 78
Faenza (V.)......... **AP** 89
Famagosta (Vle)..... **AP** 90
Girardengo (V.)...... **AO** 104
Grassi (V. G. B.).... **AO** 107
Graziano Imperatore.. **BO** 108
Harar (V.).......... **AP** 112
Ippodromo (V.)...... **AOP** 117
La Spezia (V.)...... **AP** 119
Legioni Romane (Vle).. **AP** 125
Lucania (Vle)....... **BP** 134
Mambretti (V.)...... **AO** 137
Marconi (V.)........ **BO** 143
Marelli (Vle)....... **BO** 146
Marochetti (V.)..... **AP** 149
Milano (V.)......... **AP** 161
Montegani (V.)...... **BP** 173
Omero (Vle)........ **BP** 186
Palizzi (V.)........ **AO** 192
Parenzo (V.)........ **AP** 194
Patroclo (V.)....... **AP** 195
Picardi (V. Flli).... **BO** 200
Quaranta (V. B.).... **BP** 209
Ravenna (V.)....... **BP** 212
Rembrandt (V.)..... **AP** 213
Rivoltana (Strada).. **CP** 216
Rogoredo (V.)...... **CP** 218
Roma (V.).......... **BO** 219
Rospigliosi (V. dei).. **AP** 221
Rubicone (Vle)..... **BO** 224
S. Arialdo (V.)..... **CP** 227
S. Elia (V. A.)..... **AO** 233
S. Rita da Cascia (V.).. **AP** 239
Sauro (V. N.)...... **AO** 242
Solaroli (V.)....... **BP** 249
Stratico (V. S.).... **BP** 252
Tucidide (V.)...... **CP** 263
Valasina (V.)...... **BO** 266
Vittorio Emanuele (V.).. **AP** 276

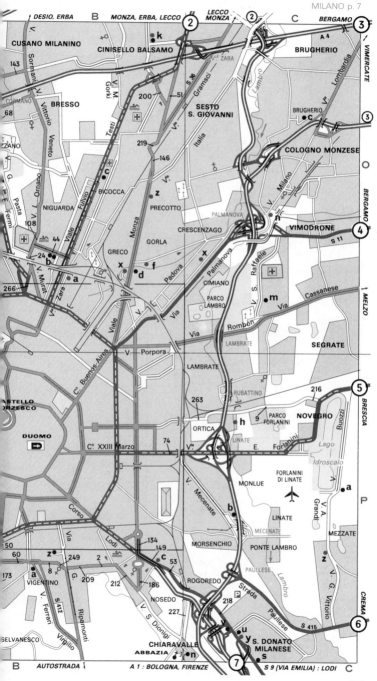

MILANO

Alcuino (V.) . . . . **DQ** 5
Anguissola (V. S.) . . . . **DR** 6
Belisario (Vle) . . . . **DR** 21
Berengario (Vle) . . . . . . **DR** 26
Bodio (Vle L.) . . . . **EQ** 32
Bodoni (V.) . . . . **DQ** 33
Boezio (Vle S.) . . . . **DR** 35
Brianza (Vle) . . . . **GQ** 41
Buonarroti (V. M.) . . . . **DR** 42
Calvi (V. P.) . . . . **GR** 47
Cassiodoro (Vle) . . . . . **DR** 54
Concordia (Cso) . . . . . **FGR** 71
Costa (V. A.) . . . . **GQ** 75
Duilio (Vle) . . . . **DR** 81
Eginardo (Vle) . . . . **DR** 84
Elia (Vle E.) . . . . **DQR** 86
Ezio (Vle) . . . . **DR** 87
Gallarate (V.) . . . . **DQ** 96
Gavirate (V.) . . . . **DR** 99
Gran Sasso (V.) . . . . . . **GQ** 106
Imbriani (V. degli) . . . . **EQ** 113
Indipendenza (Cso) . . . **GR** 114
Lauria (V. R. di) . . . . . . **DQ** 123
Leoncavallo (V.) . . . . . . **GQ** 126
Lomellina (V.) . . . . **GR** 131
Maffei (V. A.) . . . . **FR** 135
Mar Jonio (Vle) . . . . . . **DR** 141
Melzo (V.) . . . . **FGR** 152
Migliara (Vle) . . . . **DR** 159

Misurata (Vle) . . . . **DS** 164
Monte Ceneri (Vle) . . . . **DQ** 170
Murillo (Vle) . . . . **DR** 182

Omboni (V.) . . . . **GR**
Plebisciti (Cso) . . . . **GR**
Poerio (V.) . . . . **GR**

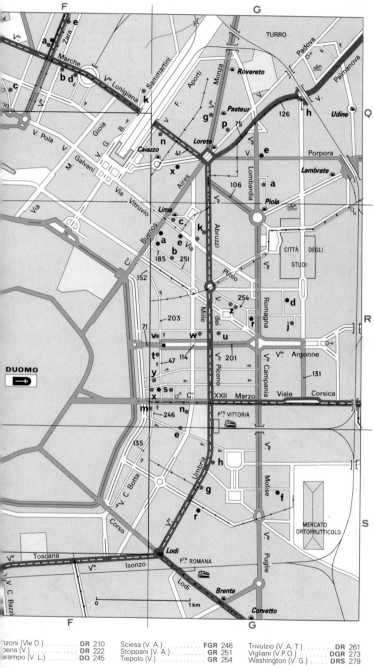

nzoni (Vle D.)	**DR** 210	Sciesa (V. A.)	**FGR** 246	Trivulzio (V. A. T.)	**DR** 261
pens (V.)	**DR** 222	Stoppani (V. A.)	**GR** 251	Vigliani (V.P.O.)	**DQR** 273
arampo (V. L.)	**DQ** 245	Tiepolo (V.)	**GR** 254	Washington (V. G.)	**DRS** 279

MILANO

Augusto (Largo) .... **KX** 12
Aurispa (V.) .... **JY** 14
Battisti (V. C.) .... **KLX** 20
Bocchetto (V.) .... **KX** 36
Borgogna (V.) .... **KX** 36
Borgonuovo (V.) .... **KV** 38
Calatafimi (V.) .... **JY** 45
Castelbarco (V. G.) .... **KY** 56

Cerano (V.) .... **HY** 57
Ceresio (V.) .... **JU** 59
Circo (V.) .... **JX** 63
Col
  di Lana (Vle) .... **JY** 65
Col Moschin (V.) .... **JY** 66
Conca
  del Naviglio (V.) ...... **JY** 69
Cordusio (Pza) .... **KX** 72
Curie (Vle P. M.) .... **HV** 77
Dugnani (V.) .... **HY** 80

Edison (Pza) .... **JX** 83
Fatebenefratelli (V.) .... **KV** 92
Gariglione (V.) .... **KT** 98
Ghisleri (V. A.) .... **HY** 10
Giardini (V. dei) .... **KV** 10
Guastalla (V.) .... **KX** 11
Induno (V. Flli) .... **HT** 11
Lambertenghi
  (V. P.) .... **KT** 12
Lepetit (V.) .... **LTU** 12
Maffei (V. A.) .... **LY** 13

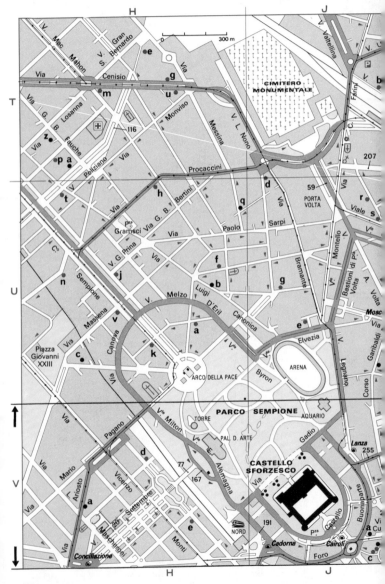

nara (V.) . . . . **LX** 138
zo (V.) . . . . **LU** 152
cato (V.) . . . . **JV** 158
sori (Pza) . . . . **KX** 162
destino (V.) . . . . **HY** 165
iere (Vle E.) . . . . **HV** 167
ntevideo (V.) . . . . **HY** 174
ratori (V. L.) . . . . **LY** 180
gione
V. M. d') . . . . **HJY** 183
olo (V.) . . . . **HY** 189

Paleocapa (V.) . . . . **JV** 191
Perasto (V.) . . . . **KT** 198
Ponte
   Vetero (V.) . . . . **JV** 204
Premuda (Vle) . . . . **LX** 206
Quadrio (V. M.) . . . . **JT** 207
Ruffini (V. Flli) . . . . **HX** 225
S. Babila (Pza) . . . . **KX** 228
S. Calimero (V.) . . . . **KY** 230
S. Michele
   del Carso (Vle) . . . . **HX** 236

Savoia (Vle F. di) . . . . **KU** 243
Tivoli (V.) . . . . **HV** 255
Torchio (V.) . . . . **JX** 257
Torniani (V. N.) . . . . **LU** 258
Trau (V.) . . . . **KT** 260
Vercelli (Cso) . . . . **HX** 267
Verdi (V.) . . . . **KV** 269
Vettabbia (V.) . . . . **JY** 272
Vittorio
   Veneto (Vle) . . . . **KLU** 278
Zezon (V.) . . . . **LU** 281

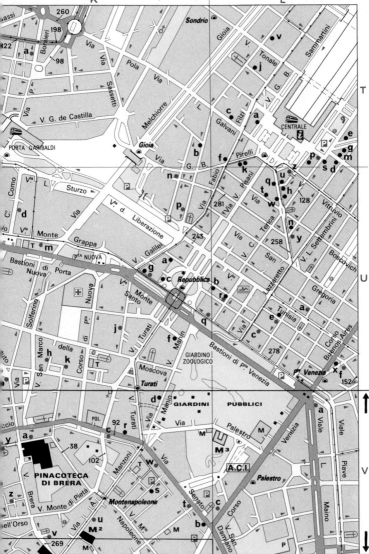

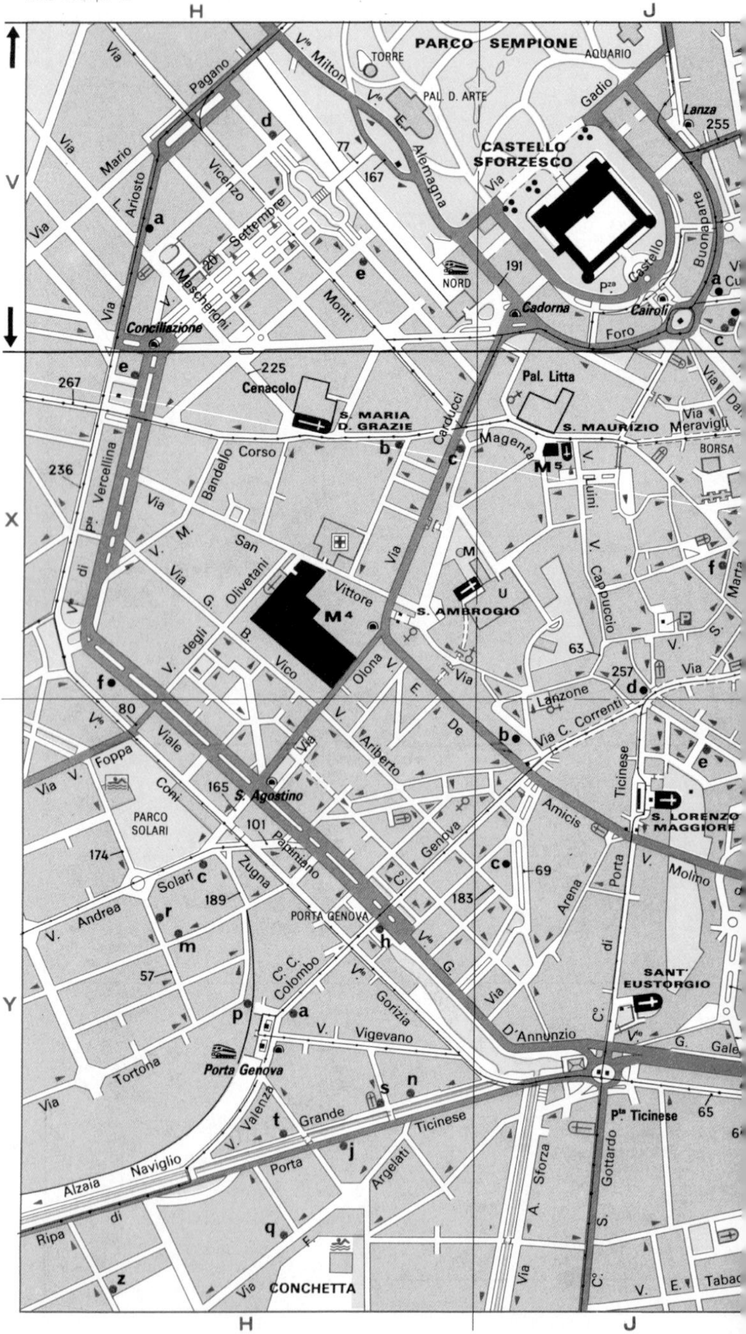

PARCO SEMPIONE

TORRE
PAL. D. ARTE
AQUARIO

CASTELLO
SFORZESCO

Lanza 255

V

Via Pagano
V.le Milton
Via Mario
Via Ariosto
Vicenzo
XX Settembre
Via Mascheroni
Via

d
77
167

a
e
NORD
191
Foro
Cadorna
P.za Castello

Buonaparte
a
Cu
Cairoli
c

Conciliazione

e
267
225
Cenacolo
S. MARIA
D. GRAZIE
b
c
Magenta
Pal. Litta
S. MAURIZIO
Meravigli
BORSA

M 5

Via Carducci

236
Vercellina
Corso
Bandello
M
Via
Luini
V. Cappuccio
f

X

Via di
Via degli
San
V. M.
G. Olivetani
B. Vico
Vittore
M 4
U
S. AMBROGIO
Olona
V. E.
63
257
d

80
Viale
V. Foppa
V.le
Coni
Via
V. Aribero
De
Lanzone
b Via C. Correnti
Ticinese
e
Porta

165 *S. Agostino*
Papiniano
PARCO
SOLARI
101
Zugna
PORTA GENOVA
Genova
c 69
183
l
S. LORENZO
MAGGIORE
V. Molino
d

174
Solari **c**
189
r
m
V. Andrea
57
p
a
C.so C. Colombo
V.le Gorizia
h
Vigevano
Arena
di
Via
SANT'
EUSTORGIO

Y

Tortona
Via
Porta Genova
V. Valenza
Grande
s
n
t
Porta
j
Argelati
Ticinese
D'Annunzio
C.so
V.le G. Gale
P.za Ticinese
65
6

Alzaia
Naviglio
Ripa
di
q
F.
CONCHETTA
z
A. Sforza
Via
Gottardo
V. E. Tabac

H

J

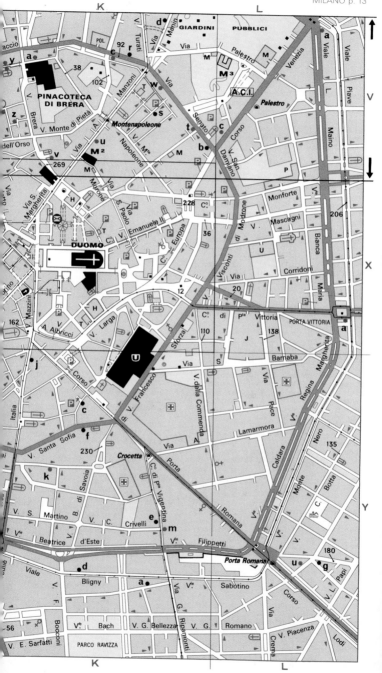

Dante (V.) . . . . p. 12 **JX**
Manzoni (V. A.). . . . p. 11 **KV**
Monte
  Napoleone (V.) . . p. 13 **KV**
Torino (V.) . . . . p. 16 **MZ**
Vittorio
  Emanuele II (Cso) p. 16 **NZ**

Abruzzi (Vle) . . . . . . p. 9 **GQR**
Agrate (V. M. d') . . . p. 7 **BP** 2
Albricci (V. A.) . . . . . p. 16 **MZ** 3
Alcuino (V.) . . . . p. 8 **DQ** 5
Alemagna (Vle) . . . . p. 10 **HV**
Alserio (V.) . . . . p. 9 **FQ**
Alviano (V. B. D') . . p. 6 **AP**
Anguissola (V. S.). . p. 8 **DR** 6
Antonini (V. G.). . . . p. 7 **BP** 8
Aporti (V. F.) . . . . . . p. 9 **GQ**
Arcangelo
  Corelli (V.) . . . p. 7 **CP** 9
Arcivescovado (V.). . p. 16 **MNZ** 10
Arena (V.) . . . . p. 12 **JY**
Aretusa (Vle) . . . . . . p. 8 **DR**
Argelati (V. F.) . . . . . p. 12 **HY**
Argonne (Vle) . . . . . p. 9 **GR**
Ariberto (V.) . . . . . . p. 12 **HY**
Ariosto (V.) . . . . p. 10 **HV**
Augusto (Largo) . . . p. 16 **NZ** 12
Aurispa (V.) . . . . p. 12 **JY** 14
Bach (V.) . . . . p. 13 **KY**
Bacula (Cavalc. A.) . p. 8 **DQ**
Bandello (V. M.) . . . p. 12 **HX**
Baracchini (V.) . . . . p. 16 **MZ** 17
Bartolini (V.) . . . . . . p. 6 **AO** 18
Bassi (V. U.) . . . . . . p. 10 **JT**
Battisti (V. C.) . . . . . p. 13 **KLX** 20
Bazzi (V. C.) . . . . . . p. 9 **FS**
Beccaria (Pza). . . . . p. 16 **NZ**
Belisario (Vle) . . . . . p. 8 **DR** 21
Bellezza (V. G.) . . . . p. 13 **KY**
Bellini (V. G.). . . . . . p. 6 **AP** 23
Benefattori
  dell' Ospedale (V.) p. 7 **BO** 24
Berengario (V.) . . . . p. 8 **DR** 26
Bergamini (V.). . . . . p. 16 **NZ** 27
Berna (V.) . . . . p. 6 **AP** 29
Bertini (V. G. B.) . . . p. 10 **HU**
Bezzi (V. E.). . . . . . . p. 8 **DR**
Bianca Maria (Vle) . p. 13 **LX**
Bligny (V.) . . . . p. 13 **KY**
Bocchetto (V.) . . . . . p. 12 **JX** 30
Bocconi (V. F.) . . . . . p. 13 **KY**
Bodio (Vle L.) . . . . . p. 8 **EQ** 32
Bodoni (V.) . . . . p. 8 **DQ** 33
Boezio (Vle S.) . . . . p. 8 **DR** 35
Borgogna (V.) . . . . . p. 13 **KX** 36
Borgonuovo (V.). . . p. 11 **KV** 38
Borsieri (V. P.). . . . . p. 11 **KT**
Boscovich (V.) . . . . p. 11 **LU**
Botta (V. C.) . . . . . . p. 13 **LY**
Bovisasca (V.) . . . . . p. 6 **AO**
Bramante (V.) . . . . . p. 10 **JU**
Brera (V.) . . . . p. 11 **KV**
Brianza (Vle) . . . . . . p. 9 **GQ** 41
Broletto (V.) . . . . . . p. 16 **MZ**
Buenos Aires (Cso) p. 9 **FGQR**
Buonaparte (Foro) . p. 10 **JV**
Buonarroti (V. M.). . p. 8 **DR** 42
Buozzi (V.). . . . . p. 7 **CP**
Byron (Vle) . . . . p. 10 **HJU**
Cà Granda (Vle) . . . p. 7 **BO** 44
Calatafimi (V.) . . . . . p. 12 **JY** 45
Caldara (Vle) . . . . . . p. 13 **LY**
Calvi (V. P.) . . . . p. 9 **GR** 47
Campania (Vle). . . . p. 9 **GR**
Canonica (V. L.) . . . p. 10 **HU**
Canova (V.) . . . . p. 10 **HU**

Cantù (V. C.) . . . . . . p. 16 **MZ** 48
Cappuccio (V.) . . . . p. 12 **JX**
Caprilli (Vle) . . . . . . p. 8 **DR**
Cardinale
  A. Sforza (V.) . . . p. 7 **BP** 50
Carducci (V.) . . . . . . p. 12 **HX**
Casiraghi (Vle Flli) . p. 7 **BO** 51
Cassala (Vle) . . . . . p. 8 **DES**
Cassanese (V.) . . . . p. 7 **CO**
Cassinis (V. G. B.) . p. 7 **BP** 53
Cassiodoro (Vle) . . p. 8 **DR** 54
Castelbarco (V. G.) . p. 13 **KY** 56
Castello (Pza) . . . . . p. 10 **JV**
Castilla (V. G. de) . . p. 11 **KT**
Cenisio (V.) . . . . p. 10 **HT**
Cerano (V.) . . . . p. 12 **HY** 57
Ceresio (V.) . . . . p. 10 **JU** 59
Cermenate
  (V. G. da) . . . . . . p. 7 **BP** 60
Certosa (Vle) . . . . . p. 8 **DQ**
Chiesa Rossa (V.) . p. 6 **AP** 62
Circo (V.) . . . . p. 12 **JX** 63
Col di Lana (Vle) . . p. 12 **JY** 65
Col Moschin (V.) . . p. 12 **JY** 66
Colombo (Cso C.) . p. 12 **HY**
Comasina (V.) . . . . p. 6 **AO**
Comasinella (V.) . . . p. 7 **BO** 68
Commenda
  (V. della) . . . . . . p. 13 **KY**
Como (Cso) . . . . . . p. 11 **KU**
Conca
  del Naviglio (V.) . p. 12 **JY** 69
Concordia (Cso) . . p. 9 **FGR** 71
Coni Zugna (Vle). . . p. 12 **HY**
Cordusio (Pza). . . . p. 16 **MZ** 72
Correnti (V. C.) . . . . p. 12 **JY**
Corridoni (V.). . . . . . p. 13 **LX**
Corsica (Vle) . . . . . . p. 9 **HR**
Costa (V. A.) . . . . . . p. 9 **GQ** 75
Crema (V.) . . . . p. 13 **LY**
Crispi (Vle) . . . . p. 10 **JU**
Crivelli (V. C.) . . . . . p. 13 **KY**
Curie (Vle P. M.) . . . p. 10 **HV** 77
Cusani (V.) . . . . p. 10 **JV**
D'Annunzio (Vle G.) . p. 12 **HJY**
De Amicis (V. E.). . . p. 12 **HJ**
Diaz (Pza A.) . . . . . . p. 16 **MZ**
Don L. Milani
  (Cavalcavia) . . . . p. 6 **AP** 78
Dugnani (V.) . . . . . . p. 12 **HY** 80
Duilio (V.) . . . . p. 8 **DR** 81
Durini (V.) . . . . p. 16 **NZ**
Edison (V.) . . . . p. 12 **JX** 83
Eginardo (Vle) . . . . p. 8 **DR** 84
Elia (Vle E.) . . . . p. 8 **DQR** 86
Elvezia (Vle) . . . . . . p. 10 **JU**
Este (Vle B.). . . . . . . p. 13 **KY**
Europa (Cso) . . . . . p. 16 **NZ**
Ezio (Vle) . . . . p. 8 **DR** 87
Faenza (Vle) . . . . . . p. 6 **AP** 89
Famagosta (Vle) . . . p. 6 **AP** 90
Farini (V. C.) . . . . . . p. 10 **JTU**
Fatebenefratelli (V.) . p. 11 **KV** 92
Fauche (V. G. B.). . . p. 10 **HT**
Fermi (Vle E.). . . . . . p. 7 **BO**
Ferrari Virgilio (V.) . . p. 7 **BP**
Festa
  del Perdono (V.) . p. 16 **NZ** 93
Filippetti (V.) . . . . . . p. 13 **KLY**
Filzi (V. F.) . . . . p. 11 **KTU**
Fontana (Pza) . . . . . p. 16 **NZ**
Foppa (V.) . . . . p. 8 **DS**
Forlanini (Vle E.) . . . p. 7 **CP**
Forze Armate
  (V. delle) . . . . . . p. 6 **AP**
Gadio (V.) . . . . p. 10 **HJV**
Galeazzo (Vle G.) . . p. 12 **JY**

Galilei (V.) . . . . p. 11 **KU**
Gallarate (V.). . . . . . p. 8 **DQ**
Galvani (V. L.) . . . . . p. 11 **KLT**
Garibaldi (Cso) . . . . p. 10 **JUV**
Garigliano (V.) . . . . . p. 11 **KT**
Gasperi (Vle A. De). p. 8 **DQ**
Gavirate (V.) . . . . . . p. 8 **DR**
Genova (Cso) . . . . . p. 12 **HY**
Ghisleri (V. A.). . . . . p. 12 **HY**
Giardini (V. dei). . . . p. 11 **KV**
Gioia (V. M.) . . . . . . p. 11 **LTU**
Giovanni XXIII
  (Pza) . . . . p. 10 **HU**
Girardengo (V.) . . . . p. 6 **AO**
Gonzaga (V.) . . . . . p. 16 **MZ**
Gorizia (Vle) . . . . . . p. 12 **HY**
Gorki (V. M.) . . . . . . p. 7 **BO**
Gramsci (Pza) . . . . . p. 10 **HU**
Gramsci (Vle) . . . . . p. 7 **BCO**
Gran
  S. Bernardo (V.) . p. 10 **HT**
Gran Sasso (V.). . . . p. 9 **GQ**
Grandi (V. A.) . . . . . p. 7 **CP**
Grassi (V. G. B.) . . . p. 6 **AO**
Graziano
  Imperatore . . . . . p. 7 **BO**
Guastalla (V.) . . . . . p. 13 **KX**
Harar (V.) . . . . p. 6 **AP**
Imbriani
  (V. degli) . . . . . . p. 8 **EQ**
Indipendenza (Cso) p. 9 **GR**
Induno (V. Flli). . . . . p. 10 **HT**
Ippodromo (V.) . . . . p. 6 **AOP**
Isonzo (V.) . . . . p. 6 **FS**
Italia (Cso). . . . . p. 13 **KY**
Italia (Vle) . . . . p. 7 **BCO**
Jenner (Vle). . . . . . . p. 8 **EQ**
La Spezia (V.) . . . . . p. 6 **AP**
Laghetto (V.). . . . . . p. 16 **NZ**
Lamarmora (V. A.) . . p. 16 **KY**
Lambertenghi (V. P.). p. 11 **KT**
Lanzone (V.) . . . . . . p. 12 **HJX**
Larga (V.) . . . . p. 16 **NZ**
Lauria (V. R. di) . . . . p. 8 **DQ**
Lazzaretto (V.). . . . . p. 11 **LU**
Legioni
  Romane (Vle) . . . p. 6 **AP**
Legnano (V.) . . . . . . p. 10 **JUV**
Leoncavallo (V.) . . . p. 9 **GQ**
Lepetit (V.) . . . . p. 11 **LTU**
Liberazione
  (V. della) . . . . . . p. 11 **KU**
Liguria (Vle) . . . . . . p. 8 **ES**
Lodi (Cso) . . . . p. 9 **FGS**
Lodovico
  il Moro (V.) . . . . . p. 6 **AP**
Lombardia (Vle) . . . p. 7 **CO**
Lombardia (Vle) . . . p. 9 **GQ**
Lomellina (V.) . . . . . p. 9 **GR**
Lorenteggio (V.) . . . p. 6 **AP**
Losanna (V.) . . . . . . p. 10 **HT**
Lucania (Vle). . . . . . p. 7 **BP**
Luini (V.) . . . . p. 12 **JX**
Lunigiana (Vle) . . . . p. 9 **FQ**
Mac Mahon (V.) . . . p. 10 **HT**
Maffei (V. A.) . . . . . . p. 9 **FR**
Magenta (Cso) . . . . p. 12 **HJX**
Maino (Vle L.) . . . . . p. 11 **LV**
Mambretti (V.) . . . . . p. 6 **AO**
Manara (V.) . . . . p. 13 **LX**
Manin (V.) . . . . p. 11 **KUV**
Mar Jonio (Vle) . . . . p. 8 **DR**
Marche (V.) . . . . p. 9 **FQ**
Marconi (V.) . . . . . . p. 7 **BO**
Marconi (V.) . . . . . . p. 16 **MZ**
Mare (V. del). . . . . . p. 6 **AP**
Marelli (Vle). . . . . . . p. 7 **BO**

Marino (Pza) . . . . . . p. 14 **MZ** 147
Marochetti (V.) . . . . . p. 7 **BP** 149
Mascagni (V.) . . . . . . p. 10 **LX**
Mascheroni (V. L.) . . p. 10 **HV**
Massena (V.) . . . . p. 10 **HU**
Matteotti (Cso) . . . . . p. 16 **NZ**
Mazzini (V.) . . . . p. 16 **MZ**
Mecenate (V.) . . . . . . p. 7 **BCP**
Meda (Pza) . . . . p. 16 **NZ**
Melzo (V.) . . . . p. 9 **FGR** 152
Melzo D'Eril. . . . . . . p. 10 **HU**
Mengoni (V.) . . . . . . p. 16 **MZ** 153
Meravigli (V.) . . . . . . p. 12 **JX**
Mercanti (Pza) . . . . . p. 16 **MZ** 155
Mercanti (V.) . . . . . . p. 16 **MZ** 156
Mercato (V.) . . . . p. 10 **JV** 158
Messina (V.) . . . . p. 10 **HT**
Migliara (Vle) . . . . . . p. 8 **DR** 159
Milano (V.) . . . . p. 7 **CO**
Milano (V.) . . . . p. 6 **AP** 161
Mille (V. dei) . . . . . . p. 9 **GR**
Milton (Vle) . . . . p. 10 **HV**
Missaglia (V. dei). . . . p. 7 **BP**
Missori (Pza) . . . . p. 16 **MZ** 162
Misurata (Vle) . . . . . . p. 8 **DS** 164
Modestino (V.) . . . . . p. 12 **HY** 165
Molière (Vle E.) . . . . p. 10 **HV** 167
Molino
delle Armi (V.) . . . p. 12 **JY**
Molise (Vle) . . . . p. 9 **GS**
Monforte (Cso) . . . . . p. 13 **LX**
Monte Ceneri (Vle) . . p. 8 **DQ** 170
Monte di Pietà . . . . . p. 11 **KV**
Monte Grappa (Vle) . p. 11 **KU**
Monte Nero (Vle). . . p. 13 **LY**
Monte Santo (Vle). . . p. 11 **KU**
Montegani (V.) . . . . . p. 7 **BP** 173
Montello (V.) . . . . . . p. 10 **JU**
Montevideo (V.) . . . . p. 12 **HY** 174
Monti (V. V.) . . . . . . p. 10 **HV**
Monviso (V.) . . . . p. 10 **HT**
Monza (Vle). . . . . p. 9 **GQ**
Morone (V.) . . . . p. 16 **MNZ** 176
Moscova (V. della) . p. 11 **KU**
Murat (V.) . . . . p. 7 **BO**
Muratori (V. L.) . . . . p. 13 **LY** 180
Murillo (Vle) . . . . p. 8 **DR** 182
Napoli (Pza) . . . . p. 8 **DS**
Naviglio Grande
(Alzaia). . . . . p. 12 **HY**
Nino (V. L.) . . . . p. 10 **HJT**
Novara (V.) . . . . p. 6 **AP**
Oggiono (V. M. d') . . p. 12 **HJY** 183
Olivetani (V. degli). . p. 12 **HX**
Olona (V.) . . . . p. 12 **HXY**
Omboni (V.). . . . . p. 9 **GR** 185
Omero (Vle) . . . . p. 7 **BP** 186
Orefici (V.) . . . . p. 16 **MZ** 188
Oriano (V. L.) . . . . . . p. 7 **BO**
Orseolo (V.) . . . . p. 12 **HY** 189
Orso (V. dell') . . . . . . p. 11 **KV**
Orti (V.) . . . . p. 13 **LY**
Padova (V.) . . . . p. 9 **GQ**
Pagano (V. M.). . . . . p. 10 **HV**
Paleocapa (V.) . . . . . p. 10 **JV** 191
Palestro (V.) . . . . p. 11 **KLV**
Palizzi (V.) . . . . p. 6 **AO** 192
Palmanova (V.) . . . . . p. 7 **BCO**
Papi (V. L.) . . . . p. 13 **LY**
Papiniano (Vle) . . . . . p. 12 **HY**
Parenzo (V.) . . . . p. 6 **AP** 194
Parravista (V. G.). . . . p. 7 **BO**
Pasubio (Vle) . . . . . . p. 11 **KU**
Paveocroclo (V.) . . . . p. 6 **AP** 195
Petrari (V.) . . . . p. 16 **NZ** 197
Pavullese (Strada) . . p. 7 **CP**
Pavese (V. G.). . . . . . p. 11 **KT**

Perasto (V.) . . . . p. 11 **KT** 198
Piacenza (V.) . . . . . . p. 13 **LY**
Piave (Vle) . . . . p. 11 **LV**
Picardi (V. Flli) . . . . . p. 7 **BO** 200
Piceno (Vle) . . . . p. 9 **GR**
Pirelli (V. G. B.) . . . . p. 11 **KLT**
Pisa (Vle) . . . . p. 8 **DR**
Pisani (V. V.) . . . . p. 11 **LTU**
Plebisciti (Cso). . . . . p. 9 **GR** 201
Plinio (V.) . . . . p. 9 **GR**
Poerio (V.) . . . . p. 9 **GR** 203
Pola (V.) . . . . p. 11 **KT**
Poliziano (V.) . . . . . . p. 10 **HTU**
Pontaccio (V.) . . . . . p. 11 **KV**
Ponte Vetero (V.). . . p. 10 **JV** 204
Porpora (V.) . . . . p. 9 **GQ**
Pta Nuova
(Bastioni di) . . . . . p. 11 **KU**
Pta Nuova (Cso di) . p. 11 **KUV**
Pta Romana (Cso di) p. 13 **KLX**
Pta Ticinese (Cso di) p. 12 **JY**
Pta Ticinese (Ripa di) p. 12 **HY**
Pta Venezia
(Bastioni di) . . . . . p. 11 **LU**
Pta Vercellina
(Vle di) . . . . p. 12 **HX**
Pta Vigentina
(Cso di) . . . . p. 13 **KY**
Pta Vittoria (Cso di) . p. 13 **KLX**
Pta Volta
(Bastioni di) . . . . . p. 10 **JU**
Premuda (Vle) . . . . . p. 13 **LX** 206
Prina (V. G.) . . . . p. 10 **HU**
Procaccini (V.) . . . . . p. 10 **HTU**
Puglie (Vle) . . . . p. 9 **GS**
Quadrio (V. M.) . . . . p. 10 **JT** 207
Quaranta (V. B.) . . . . p. 7 **BP** 209
Ranzoni (Vle D.) . . . . p. 8 **DR** 210
Ravenna (V.) . . . . p. 7 **BP** 212
Reali (V.) . . . . p. 6 **AO**
Regina
Margherita (Vle) . . p. 13 **LXY**
Rembrandt (V.) . . . . . p. 6 **AP** 213
Ripamonti (V. G.). . . p. 7 **BP**
Rivoltana
(Strada) . . . . p. 7 **CP** 216
Rogoredo (V.) . . . . . . p. 7 **CP** 218
Roma (V.) . . . . p. 7 **BO** 219
Romagna (Vle) . . . . . p. 9 **GR**
Romano (V. G.) . . . . p. 13 **KLY**
Rombon (V.) . . . . p. 7 **CO**
Rospigliosi (V. dei) . . p. 6 **AP** 221
Rubens (V.) . . . . p. 8 **DR** 222
Rubicone (Vle). . . . . p. 7 **BO** 224
Ruffini (V. Flli) . . . . . p. 12 **HX** 225
Sabotino (Vle) . . . . . p. 13 **KLY**
Sammartini
(V. G. B.) . . . . p. 11 **LT**
S. Arialdo (V.) . . . . . p. 7 **CP** 227
S. Babila (Pza) . . . . . p. 16 **NZ**
S. Barnaba (V.) . . . . . p. 13 **KLY**
S. Calimero (V.) . . . . p. 13 **KY** 230
S. Clemente. . . . . . . p. 16 **NZ** 231
S. Damiano (V.) . . . . p. 13 **LVX**
S. Dionigi (V.) . . . . . p. 7 **BP**
S. Elia (V. A.) . . . . . . p. 6 **AO** 233
S. Gottardo (Cso) . . p. 12 **JY**
S. Gregorio (V.) . . . . p. 11 **LU**
S. Marco (V.) . . . . . . p. 11 **KUV**
S. Margherita (V.) . . . p. 16 **MZ**
S. Marta (V.) . . . . p. 12 **JX**
S. Martino (V.) . . . . . p. 13 **KY**
S. Michele
del Carso (Vle). . . p. 12 **HX** 236
S. Paolo (V.) . . . . p. 16 **NZ**
S. Radegonda (V.). . . p. 16 **MZ** 237
S. Raffaele (V.) . . . . . p. 7 **BO**

S. Rita
da Cascia (V.) . . . . p. 6 **AP** 239
S. Sofia (V.) . . . . p. 13 **KY**
S. Stefano (Pza). . . . p. 16 **NZ** 240
S. Vittore (V.) . . . . . . p. 12 **HX**
Sarfatti (V. E.) . . . . . . p. 13 **KY**
Sarpi (V. P.) . . . . p. 10 **HJU**
Sassetti (V.) . . . . p. 11 **KT**
Sauro (V. N.) . . . . p. 6 **AO** 242
Savoia (V. B. di) . . . . p. 13 **KY**
Savoia (Vle F. di) . . . p. 11 **KU** 243
Scarampo (V. L.) . . . . p. 8 **DQ** 245
Sciesa (V. A.) . . . . . . p. 9 **FGR** 246
Sempione (Cso) . . . . p. 10 **HU**
Senato (V.) . . . . p. 11 **KV**
Serra (Vle R.) . . . . . . p. 8 **DQ**
Settembrini (V. L.) . . . p. 11 **LU**
Sforza (V. A.) . . . . . . p. 12 **JY**
Sforza (V. F.) . . . . p. 13 **KXY**
Solari (V. A.). . . . . . . p. 8 **DES**
Solaroli (V.) . . . . p. 7 **BP** 249
Solferino (V.) . . . . . . p. 11 **KUV**
Sormani (V.) . . . . p. 7 **BO**
Statuto (V.) . . . . p. 11 **KU**
Stoppani (V. A.) . . . . p. 9 **GR** 251
Stratico (V. S.) . . . . . p. 6 **AP** 252
Sturzo (Vle L.) . . . . . p. 11 **KT**
Tabacchi (V. E.) . . . . p. 12 **JY**
Tenca (V. C.) . . . . . . p. 11 **LU**
Teodorico (V.) . . . . . p. 8 **DQ**
Testi (Vle F.) . . . . p. 7 **BO**
Teuliè (V.) . . . . p. 13 **KY**
Tibaldi (Vle) . . . . p. 8 **ES**
Tiepolo (V.) . . . . p. 9 **GR** 254
Tivoli (V.) . . . . p. 10 **HV** 255
Tonale (V.) . . . . p. 11 **LT**
Torchio (V.) . . . . p. 12 **JX** 257
Torriani (V. N.) . . . . . p. 11 **LU** 258
Tortona (V.) . . . . p. 12 **HY**
Toscana (Vle). . . . . . p. 9 **FS**
Trau (V.) . . . . p. 11 **KT** 260
Trivulzio (V. A. T.) . . p. 8 **DR** 261
Troya (V. C.). . . . . . . p. 8 **DS**
Tucidide (V.) . . . . . . p. 7 **CP** 263
Tunisia (Vle) . . . . p. 11 **LU**
Turati (V.) . . . . p. 11 **KUV**
Umbria (Vle) . . . . . . p. 9 **GS**
Unione (V.). . . . . p. 16 **MZ** 264
Valasina (V.) . . . . p. 7 **BO** 266
Valenza (V.) . . . . p. 12 **HY**
Valtellina (V.) . . . . . . p. 8 **EQ**
Varesina (V.) . . . . p. 8 **DQ**
Venezia (Cso) . . . . . p. 11 **LV**
Vercelli (Cso) . . . . . . p. 12 **HX** 267
Verdi (V.) . . . . p. 11 **KV** 269
Verziere (V.) . . . . p. 16 **NZ** 270
Vettabbia (V.). . . . . . p. 12 **JY** 272
Vico (V. G. B.) . . . . . p. 12 **HX**
Vigevano (V.) . . . . . . p. 12 **HY**
Vigliani (V. P. O.) . . . p. 8 **DQR** 273
Visconti
di Modrone (V.). . . p. 13 **KLX**
Vitruvio (V.) . . . . p. 9 **FQR**
Vittorio (V. G.) . . . . . p. 7 **CP**
Vittorio
Emanuele (V.) . . . p. 6 **AP** 276
Vittorio
Veneto (V.) . . . . . p. 7 **BO**
Vittorio
Veneto (Vle). . . . . p. 11 **KLU** 278
Volta (V. A.) . . . . p. 10 **JU**
Washington (V. G.) . . p. 8 **DRS** 279
Zara (Vle) . . . . p. 9 **FQ**
Zezon (V.) . . . . p. 11 **LU** 281
Zurigo (V.) . . . . p. 6 **AP**
20 Settembre (V.) . . . p. 10 **HV**
XXII Marzo (Cso) . . . p. 9 **GR**

MILANO

Albricci (V. A.) . . . . **MZ** 3
Arcivescovado (V.) . . . . . . **MNZ** 10
Augusto (Largo) . . . . **NZ** 12
Baracchini (V.) . . . . **MZ** 17
Bergamini (V.) . . . . **NZ** 27
Borgogna (V.) . . . . **NZ** 36
Cantù (V. C.) . . . . **MZ** 48
Cordusio (Pza) . . . . **MZ** 72
Edison (Pza) . . . . **MZ** 83

Festa del Perdono (V.) . . . . **NZ** 93
Gonzaga (V.) . . . . **MZ** 105
Laghetto (V.) . . . . **NZ** 120
Manzoni (V. A.) . . . . **MZ** 140
Marconi (V.) . . . . **MZ** 144
Marino (Pza) . . . . **MZ** 147
Mengoni (V.) . . . . **MZ** 153
Mercanti (Pza) . . . . **MZ** 155
Mercanti (V.) . . . . **MZ** 156
Missori (Pza) . . . . **MZ** 162
Monforte (Cso) . . . . **NZ** 168
Monte Napoleone (V.) . . . . **NZ** 171

Morone (V.) . . . . **MNZ** 170
Orefici (V.) . . . . **MZ** 18
Pattari (V.) . . . . **NZ** 19
S. Clemente (NZ) . . . . **NZ** 23
S. Radegonda (V.) . . . . **MZ** 23
S. Stefano (Pza) . . . . **NZ** 24
Sforza (V. F.) . . . . **NZ** 248
Unione (V.) . . . . **MZ** 26
Verdi (V.) . . . . **MZ** 269
Verziere (V.) . . . . **NZ** 270
Visconti
  di Modrone (V.) . . . . **NZ** 279

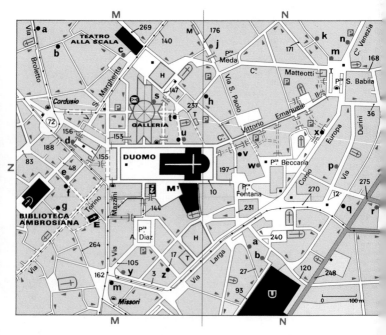

🏨 **Spadari al Duomo,** via Spadari 11 ✉ 20123 ✆ 72002371, Fax 861184, « Raccolta opere d'arte contemporanea » – 📶 🔲 📺 ☎ 🅰🅴 🔟 ⑩ 🇪 𝚅𝙸𝚂𝙰 𝒮𝒸   MZ
chiuso agosto – Pas (solo per clienti alloggiati) carta 42/66000 – **38 cam** ⬜ 330 450000.

🏨 **Rosa** senza rist, via Pattari 5 ✉ 20122 ✆ 8831, Telex 316067, Fax 8057964 – 📶 🔲 📺 ☎ 🔼 30 a 120.   NZ
184 cam.

🏨 **De la Ville** senza rist, via Hoepli 6 ✉ 20121 ✆ 867651, Telex 312642, Fax 866609 – 📶 📺 ☎ – 🔼 60. 🅰🅴 🔟 ⑩ 🇪 𝚅𝙸𝚂𝙰   NZ
104 cam ⬜ 330/400000, 2 appartamenti.

🏨 **Ascot** senza rist, via Lentasio 3/5 ✉ 20122 ✆ 58303300, Telex 311303, Fax 58303203 – 🔲 📺 ☎ ⟵, 🅰🅴 🔟 ⑩ 🇪 𝚅𝙸𝚂𝙰 𝒮𝒸   KY
chiuso agosto – **63 cam** ⬜ 215/310000.

🏨 **Manzoni** senza rist, via Santo Spirito 20 ✉ 20121 ✆ 76005700, Fax 784212 – 📶 ☎ ⟵ 🅰🅴 🔟 ⑩ 🇪 𝚅𝙸𝚂𝙰 𝒮𝒸   KV
⬜ 16000 – **52 cam** 140/192000, 3 appartamenti.

🏨 **Ambrosiano** senza rist, via Santa Sofia 9 ✉ 20122 ✆ 58306044, Telex 33387, Fax 58305067 – 📶 🔲 📺 ☎ 🅰🅴 🔟 ⑩ 🇪 𝚅𝙸𝚂𝙰 𝒮𝒸   KY
chiuso dal 23 dicembre al 2 gennaio ed agosto – **79 cam** ⬜ 137/205000.

🏨 **Carrobbio** senza rist, via Medici 3 ✉ 20123 ✆ 89010740, Fax 8053334 – 📶 🔲 📺 ☎ 🔟 ⑩ 🇪 𝚅𝙸𝚂𝙰   JX
chiuso dal 22 dicembre al 6 gennaio ed agosto – **35 cam** ⬜ 210/290000, appartamento.

Zurigo senza rist, corso Italia 11/a ⌧ 20122 ℘ 72022260, Telex 353091, Fax 72000013 –
🛗 ▤ 🆃🆅 ☎. 🆎 🆂 ⓞ 🅴 𝘝𝘐𝘚𝘈
chiuso dal 24 dicembre al 7 gennaio – **41 cam** � 160/250000. KY **j**

Casa Svizzera senza rist, via San Raffaele 3 ⌧ 20121 ℘ 8692246, Telex 316064, Fax 72004690 – 🛗 ▤ 🆃🆅 ☎. 🆎 🆂 ⓞ 🅴 𝘝𝘐𝘚𝘈 MZ **t**
chiuso dal 28 luglio al 24 agosto – **45 cam** ☐ 150/210000.

Gritti senza rist, piazza Santa Maria Beltrade 4 ⌧ 20123 ℘ 801056, Telex 350597, Fax 89010999 – 🛗 ▤ 🆃🆅 ☎. 🆎 🆂 ⓞ 🅴 𝘝𝘐𝘚𝘈 MZ **g**
48 cam ☐ 130/190000.

Centro, senza rist, via Broletto 46 ⌧ 20121 ℘ 8692821, Telex 332632, Fax 875578 – 🛗 ▤ 🆃🆅 ☎. MZ **a**
54 cam.

Star senza rist, via dei Bossi 5 ⌧ 20121 ℘ 801501, Fax 861787 – 🛗 ▤ 🆃🆅 ☎. 🆎 🆂 ⓞ 🅴 𝘝𝘐𝘚𝘈.
🛠 MZ **b**
chiuso agosto – **30 cam** ☐ 130/200000.

London, via Rovello 3 ⌧ 20121 ℘ 72020166, Fax 8057037 – 🛗 ▤ ☎. 🆂 🅴 𝘝𝘐𝘚𝘈. 🛠
chiuso dal 23 dicembre al 3 gennaio ed agosto – Pas vedere rist Opera Prima – ☐ 12000 – JV **b**
29 cam 90/130000.

XX Savini, galleria Vittorio Emanuele II ⌧ 20121 ℘ 72003433, Fax 86461060, Gran tradizione; prenotare, « Giardino d'inverno » – ▤. 🆎 🆂 ⓞ 🅴 𝘝𝘐𝘚𝘈 MZ **s**
chiuso domenica, dal 23 dicembre al 3 gennaio e dal 10 al 19 agosto – Pas carta 88/166000 (15 %).

X St. Andrews, via Sant'Andrea 23 ⌧ 20121 ℘ 76023132, Fax 798565, Confort accurato – soupers, prenotare – ▤. 🆎 🆂 ⓞ 🅴 𝘝𝘐𝘚𝘈. 🛠 KV **t**
chiuso domenica ed agosto – Pas carta 71/145000 (15 %).

X Biffi Scala, piazza della Scala ⌧ 20121 ℘ 866651, Fax 86461060, Soupers – ▤. 🆎 🆂 ⓞ 🅴 𝘝𝘐𝘚𝘈 MZ **c**
chiuso domenica, dal 25 dicembre al 6 gennaio e dal 10 al 20 agosto – Pas carta 82/126000 (15 %).

X ❀ Peck, via Victor Hugo 4 ⌧ 20123 ℘ 876774, Fax 860408 – ▤. 🆎 🆂 ⓞ 🅴 𝘝𝘐𝘚𝘈. 🛠
chiuso domenica, i giorni festivi e dal 2 al 23 luglio – Pas carta 62/105000 MZ **e**
Spec. Insalata di medaglioni d'astice calda, Filetto di San Pietro all'aceto balsamico, Ossobuco alla milanese. Vini Arneis, Borgo di Peuma.

X Santini, corso Venezia 3 ⌧ 20121 ℘ 782010, Fax 76014691, �ております – ▤. 🆎 🆂 ⓞ 🅴 𝘝𝘐𝘚𝘈. 🛠
chiuso domenica e dal 2 al 26 agosto – Pas carta 75/115000. NZ **n**

X Don Lisander, via Manzoni 12/a ⌧ 20121 ℘ 76020130, Fax 784573, prenotare, « Servizio estivo all'aperto » – ▤. 🆎 🆂 ⓞ 🅴 𝘝𝘐𝘚𝘈 KV **u**
chiuso sabato, domenica, dal 24 dicembre al 13 gennaio e dal 14 al 29 agosto – Pas carta 62/100000.

X Suntory, via Verdi 6 ⌧ 20121 ℘ 8693022, Fax 72023282, Rist. giapponese – ▤. 🆎 🆂 ⓞ 🅴 𝘝𝘐𝘚𝘈. 🛠 KV **v**
chiuso domenica, Natale e dell'11 al 16 agosto – Pas carta 74/126000.

X Boeucc, piazza Belgioioso 2 ⌧ 20121 ℘ 76020224, Fax 796173, �ておりま, prenotare – ▤. 🆎. 🛠 NZ **j**
chiuso sabato, domenica a mezzogiorno, dal 24 dicembre al 2 gennaio ed agosto – Pas carta 63/91000.

X Alfio, via Senato 31 ⌧ 20121 ℘ 780731, Fax 783446 – ▤. 🆎 🆂 ⓞ 🅴 𝘝𝘐𝘚𝘈 KV **w**
chiuso sabato, domenica a mezzogiorno, dal 23 dicembre al 3 gennaio ed agosto – Pas carta 58/105000.

X L'Ulmet, via Disciplini ang. via Olmetto ⌧ 20123 ℘ 86452718, prenotare – ▤. 🆎 🆂 🅴 𝘝𝘐𝘚𝘈 JY **d**
chiuso domenica e lunedì a mezzogiorno – Pas carta 63/87000.

X San Vito da Nino, via San Vito 5 ⌧ 20123 ℘ 8377029, Coperti limitati; prenotare – ▤. 🆂 𝘝𝘐𝘚𝘈. 🛠 JY **e**
chiuso lunedì, Natale ed agosto – Pas carta 60/70000 (13 %).

X Peppino, via Durini 7 ⌧ 20122 ℘ 781729 – ▤. 🆎 ⓞ 𝘝𝘐𝘚𝘈. 🛠 NZ **p**
chiuso venerdì sera, sabato e dal 24 luglio al 15 agosto – Pas carta 53/81000.

X Royal Dynasty, via Bocchetto 15/a ⌧ 20123 ℘ 86450905, Rist. con specialità orientali – ▤ JX **a**

X Bistrot di Gualtiero Marchesi, via San Raffaele 2 ⌧ 20121 ℘ 877120, Fax 877035, ≤ Duomo, Rist. e piano-bar – ▤. 🆎 🆂 ⓞ 🅴 𝘝𝘐𝘚𝘈 MZ **u**
chiuso domenica e dall'8 al 29 agosto – Pas carta 46/78000.

X Odeon, via Bergamini 11 ⌧ 20122 ℘ 58307418 – ▤. 🆎 🆂 ⓞ 🅴 𝘝𝘐𝘚𝘈 NZ **a**
chiuso sabato a mezzogiorno, domenica ed agosto – Pas carta 45/55000.

X La Bitta, via del Carmine 3 ⌧ 20121 ℘ 879159, Solo piatti di pesce – ▤. 🆎 🆂 ⓞ 🅴 𝘝𝘐𝘚𝘈 KV **x**
chiuso sabato a mezzogiorno, domenica, Natale ed agosto – Pas carta 51/80000.

357

XX **Bagutta,** via Bagutta 14 ✉ 20121 ✆ 76002767, Fax 799613, 🏠, Rist. d'artisti, « Cararistici dipinti e caricature » – AE 🅂 ⓓ E VISA. ✂ NZ
chiuso domenica, dal 23 dicembre al 5 gennaio e dal 7 al 31 agosto – Pas carta 106000.

XX **Franco il Contadino,** via Fiori Chiari 20 ✉ 20121 ✆ 86463446, Rist. tipico e ritr d'artisti – ▤. AE 🅂 ⓓ E VISA KV
chiuso martedì, mercoledì a mezzogiorno e luglio – Pas carta 45/69000 (10%).

XX **Sogo-Brera,** via Fiori Oscuri 3 ✉ 20121 ✆ 86465367, Rist. giapponese – ▤. AE 🅂 ⓓ VISA. ✂ KV
chiuso lunedì ed agosto – Pas carta 63/88000 (15%).

XX **Rovello,** via Rovello 18 ✉ 20121 ✆ 864396 – ▤. AE 🅂 ⓓ E VISA JV
chiuso sabato a mezzogiorno, domenica, Natale e dal 10 al 20 agosto – Pas carta 85000.

XX **Opera Prima** - Hotel London, via Rovello 3 ✉ 20121 ✆ 865235, Fax 8057037 – ▤. AE 🅂 E VISA. ✂ JV
chiuso sabato a mezzogiorno, domenica e dal 6 al 30 agosto – Pas carta 51/85000.

XX **Le Api,** via Bagutta 2 ✉ 20121 ✆ 76005780, 🏠 – ▤. AE 🅂 ⓓ E VISA. ✂ NZ
chiuso sabato a mezzogiorno e domenica – Pas carta 50/60000.

XX **Al Mercante,** piazza Mercanti 17 ✉ 20123 ✆ 8052198, « Servizio estivo all'aperto AE 🅂 E VISA MZ
chiuso domenica e dal 1° al 25 agosto – Pas carta 46/67000.

XX **Francesco,** via Festa del Perdono 4 ✉ 20122 ✆ 58307404, 🏠 – ▤. AE 🅂 ⓓ VISA NZ
chiuso domenica, dal 23 al 31 dicembre e dal 12 al 24 agosto – Pas carta 43/68000.

XX **Albric,** via Albricci 3 ✉ 20122 ✆ 86461329 – ▤. AE 🅂 ⓓ E VISA. ✂ MZ
chiuso sabato a mezzogiorno, domenica e dal 28 luglio al 28 agosto – Pas carta 80000.

XX Boccondivino, via Carducci 17 ✉ 20123 ✆ 866040, Specialità salumi, formaggi e tipici, prenotare – ▤. HX
chiuso a mezzogiorno.

XX **Santa Marta,** via Santa Marta 6 ✉ 20123 ✆ 8052090, Fax 8052090 – AE 🅂 ⓓ VISA JX
chiuso domenica, Natale ed agosto – Pas carta 52/80000.

XX **Da Marino-al Conte Ugolino,** piazza Beccaria 6 ✉ 20122 ✆ 876134 – ▤. AE ⓓ VISA NZ
chiuso domenica ed agosto – Pas carta 47/66000 (11%).

XX **Ciovassino,** via Ciovassino 5 ✉ 20121 ✆ 8053868 – ▤. AE 🅂 ⓓ E VISA KV
chiuso sabato a mezzogiorno, domenica ed agosto – Pas carta 50/65000.

X **La Tavernetta-da Elio,** via Fatebenefratelli 30 ✉ 20121 ✆ 653441, Specialità tosca ▤. AE VISA KV
chiuso domenica ed agosto – Pas carta 47/65000.

X **Trattoria dell'Angolo,** via Fiori Chiari ang via Formentini ✉ 20121 ✆ 86460152 – ▤ ⓓ E VISA KV
chiuso sabato a mezzogiorno, domenica, dal 1° al 7 gennaio e dal 6 al 25 agosto – carta 40/76000.

Centro Direzionale – via della Moscova, via Solferino, via Melchiorre Gioia, viale Zara Carlo Farini (Pianta : Milano p. 10 e 11)

🏨 **Executive,** viale Luigi Sturzo 45 ✉ 20154 ✆ 6294, Telex 310191, Fax 29010238 – 🛗 📺 ☎ ♿ 🚗 – 🏛 25 a 800. AE 🅂 ⓓ E VISA. ✂ rist KTU
Pas *(chiuso venerdì)* carta 66/102000 – **414 cam** ☐ 400000, 6 appartamenti.

🏨 **Carlyle Brera Hotel** senza rist, corso Garibaldi 84 ✉ 20121 ✆ 29003888, Telex 323 Fax 29003993 – 🛗 🚭 ▤ 📺 ☎ ♿ 🚗. AE 🅂 ⓓ E VISA. ✂ JU
98 cam ☐ 320/360000.

🏨 **Royal** senza rist, via Cardano 1 ✉ 20124 ✆ 6709151, Telex 333167, Fax 6703024 – 🛗 ▤ 📺 ☎ ♿ 🚗 – 🏛 60 a 200. AE 🅂 ⓓ E VISA K
chiuso agosto – **205 cam** ☐ 290/390000, 10 appartamenti.

🏨 **Ritter** senza rist, corso Garibaldi 68 ✉ 20121 ✆ 29006860, Telex 326863, Fax 65715 🛗 ▤ 📺 ☎. AE 🅂 ⓓ E VISA JU
88 cam ☐ 131/195000.

XX Gianni e Dorina, via Pepe 38 ✉ 20159 ✆ 606340, 🏠, solo su prenotazion ▤. J

XX ✿ **A Riccione,** via Taramelli 70 ✉ 20124 ✆ 6686807, Specialità di mare, prenotare – AE 🅂 ⓓ E VISA FU
chiuso lunedì ed agosto – Pas carta 80/113000
Spec. Pasta fresca con sugo di pesce, Paella, Grigliata mista alla brace. **Vini** del Collio.

✗ **Al Tronco-da Vitaliano**, via Thaon di Revel 10 ⊠ 20159 ℘ 606072 – 🔳.   FQ **c**

✗ **Piccolo Teatro-Fuori Porta**, viale Pasubio 8 ⊠ 20154 ℘ 6572105, prenotare – 🔳. 🖭
🕄 ⓞ 𝘝𝘐𝘚𝘈   JU **m**
chiuso domenica e dal 5 al 26 agosto – Pas carta 51/81000.

✗ **San Fermo**, via San Fermo della Battaglia 1 ⊠ 20121 ℘ 29000901 – 🖭 🕄 ⓞ 🄴 𝘝𝘐𝘚𝘈
*chiuso dal 1° al 7 gennaio, dal 1° al 20 agosto, sabato sera in giugno-luglio, domenica e
lunedì sera da agosto a maggio* – Pas carta 37/59000.   KU **h**

✗ **Alla Cucina delle Langhe**, corso Como 6 ⊠ 20154 ℘ 6554279, Specialità piemontesi –
🖭 🕄 ⓞ 🄴 𝘝𝘐𝘚𝘈   KU **d**
chiuso domenica ed agosto – Pas carta 47/68000.

✗ **Il Verdi**, piazza Mirabello 5 ⊠ 20121 ℘ 6590797 – 🔳   KU **k**
*chiuso sabato a mezzogiorno, domenica, dal 23 dicembre al 1° gennaio e dall'11 al 31
agosto* – Pas carta 41/65000 (13%).

✗ **Casa Fontana**, piazza Carbonari 5 ⊠ 20125 ℘ 6892684, Coperti limitati; prenotare – 🔳.
🖭 🕄 🄴 𝘝𝘐𝘚𝘈 ✼   FQ **d**
*chiuso dal 5 al 27 agosto, lunedì, sabato a mezzogiorno, in luglio anche sabato sera e
domenica* – Pas carta 44/74000.

✗ **Al Garibaldi**, viale Monte Grappa 7 ⊠ 20124 ℘ 6598006 – 🔳. 🖭 🕄 ⓞ 𝘝𝘐𝘚𝘈. ✼
chiuso venerdì ed agosto – Pas carta 46/83000.   KU **m**

✗ **Le Colline Pisane**, largo La Foppa 5 ⊠ 20121 ℘ 6599136, Rist. toscano – 🖭 🕄 ⓞ 🄴
𝘝𝘐𝘚𝘈   JU **p**
chiuso domenica ed agosto – Pas carta 35/54000.

✗ **Da Fumino**, via Bernina 43 ⊠ 20158 ℘ 606872, 🍽 , Trattoria toscana – 🔳. 🖭 🕄 ⓞ 🄴
𝘝𝘐𝘚𝘈   EQ **b**
chiuso sabato a mezzogiorno, domenica ed agosto – Pas carta 39/62000.

✗ **Rigolo**, via Solferino 11 angolo largo Treves ⊠ 20121 ℘ 86463220, Rist. d'habitués – 🔳.
🖭 🕄 ⓞ 🄴 𝘝𝘐𝘚𝘈 ✼   KU **b**
chiuso lunedì ed agosto – Pas carta 39/61000.

✗ **Da Rossano**, via Maroncelli 15 ⊠ 20154 ℘ 6571856, Trattoria toscana – 🔳. 🖭 🕄 ⓞ 🄴
𝘝𝘐𝘚𝘈. ✼   JU **r**
chiuso sabato – Pas carta 32/81000.

✗ **Trattoria della Pesa**, viale Pasubio 10 ⊠ 20154 ℘ 6555741, Tipica trattoria vecchia
Milano con cucina lombarda – 🔳   JU **s**
chiuso domenica ed agosto – Pas carta 40/63000.

✗ **Osteria de l'Isula**, via Borsieri 27 ⊠ 20159 ℘ 6080785, 🍽 , Coperti limitati; prenotare
chiuso domenica e dal 10 al 25 agosto – Pas carta 44/65000 (10%).   KT **a**

Stazione Centrale – corso Buenos Aires, via Vittor Pisani, piazza della Repubblica (Pianta :
Milano p. 11)

🏨 **Principe di Savoia**, piazza della Repubblica 17 ⊠ 20124 ℘ 6230, Telex 310052,
Fax 6595838, ⛉ – 🛗 – 🔳 🖵 🔳 ♨ 🄿 – 🛄 700. 🖭 🕄 ⓞ 🄴 𝘝𝘐𝘚𝘈. ✼ rist   KU **a**
Pas carta 85/120000 – ⌔ 45000 – **235 cam** 459/655000, 49 appartamenti.

🏨 **Palace e Rist. Casanova Grill**, piazza della Repubblica 20 ⊠ 20124
℘ 6336 e rist ℘ 29000803, Telex 311026, Fax 654485 – 🛗 🔳 🖵 🔳 ♨ – 🛄 25 a 250. 🖭 🕄
ⓞ 🄴 𝘝𝘐𝘚𝘈. ✼ rist   LU **b**
Pas (prenotare) carta 85/100000 – ⌔ 30000 – **216 cam** 417/595000, 8 appartamenti.

🏨 **Excelsior Gallia**, piazza Duca d'Aosta 9 ⊠ 20124 ℘ 6785, Telex 311160, Fax 66713239,
🛋, 🚵 – 🛗 🔳 🖵 🔳 ♨ – 🛄 40 a 500. 🖭 🕄 ⓞ 🄴 𝘝𝘐𝘚𝘈. ✼   LT **a**
Pas carta 86/134000 – ⌔ 24000 – **252 cam** 405/560000, 10 appartamenti.

🏨 **Milano Hilton**, via Galvani 12 ⊠ 20124 ℘ 69831, Telex 330433, Fax 66710810 – 🛗 🔳 🖵
🔳 ♨ – 🛄 30 a 250. 🖭 🕄 ⓞ 🄴 𝘝𝘐𝘚𝘈 ✼ rist   LT **c**
Pas carta 46/89000 – ⌔ 29500 – **321 cam** 295/360000, 2 appartamenti.

🏨 **Duca di Milano**, piazza della Repubblica 13 ⊠ 20124 ℘ 6284, Telex 325026, Fax 655966
– 🛗 🔳 🖵 🔳 ♨ – 🛄 40 a 60. 🖭 🕄 ⓞ 🄴 𝘝𝘐𝘚𝘈. ✼ rist   KU **c**
Pas carta 60/80000 – ⌔ 29000 – 99 appartamenti 453/631000.

🏨 **Michelangelo**, piazza Luigi di Savoia ang. via Scarlatti ⊠ 20124 ℘ 6755, Telex 340330,
Fax 6694232 – 🛗 🙌 cam 🔳 🖵 🔳 ♨ 🔳 – 🛄 25 a 450. 🖭 🕄 ⓞ 🄴 𝘝𝘐𝘚𝘈. ✼ rist
Pas carta 85/115000 – **300 cam** ⌔ 360/500000, 7 appartamenti – ½ P 325/440000 LTU **d**

🏨 **Century Tower Hotel**, via Fabio Filzi 25/b ⊠ 20124 ℘ 67504, Telex 330557,
Fax 66980602 – 🛗 🔳 🖵 🔳 ♨ – 🛄 40 a 60. 🖭 🕄 ⓞ 🄴 𝘝𝘐𝘚𝘈. ✼   LT **f**
Pas carta 50/77000 – 148 appartamenti ⌔ 360000 – ½ P 220/330000.

🏨 **Jolly Hotel Touring e Rist. Amadeus**, via Tarchetti 2 ⊠ 20121 ℘ 6335, Telex 320118,
Fax 6592209 – 🛗 🔳 🖵 🔳 ♨ – 🛄 25 a 120. 🖭 🕄 ⓞ 🄴 𝘝𝘐𝘚𝘈. ✼ rist   KU **f**
Pas carta 65/84000 – **317 cam** ⌔ 290/350000 – ½ P 240/355000.

🏨 Starhotel Ritz, via Spallanzani 40 ⊠ 20129 ℘ 2055, Telex 333116, Fax 29518679 – 🛗 🔳
🖵 🔳 🔳 – 🛄 25 a 160.   GR **a**
207 cam.

Splendido, viale Andrea Doria 4 ✉ 20124 ☎ 6789, Telex 321413, Fax 66713369 – 🛗 ▤ ☎ – 🧑‍🏫 25 a 100. LT
166 cam.

Atlantic senza rist, via Napo Torriani 24 ✉ 20124 ☎ 6691941, Telex 321451, Fax 67065 – 🛗 ▤ TV ☎ 🚗 – 🧑‍🏫 25. AE ⓢ E VISA LU
62 cam ☕ 200/300000.

Madison senza rist, via Gasparotto 8 ✉ 20124 ☎ 6085991, Telex 326543, Fax 688782 🛗 ▤ TV ☎ – 🧑‍🏫 100. AE ⓢ ⓓ E VISA LT
92 cam ☕ 215/305000, 8 appartamenti.

Mediolanum senza rist, via Mauro Macchi 1 ✉ 20124 ☎ 6705312, Telex 3104 Fax 66981921 – 🛗 ▤ TV ☎ ♿. AE ⓢ E VISA LU
52 cam ☕ 182/276000, appartamento.

Sanpi senza rist, via Lazzaro Palazzi 18 ✉ 20124 ☎ 29513341, Fax 29402451 – 🛗 ▤ TV – 🧑‍🏫 30. AE ⓢ ⓓ E VISA. ✗ LU
chiuso agosto – **63 cam** ☕ 220/280000, 2 appartamenti.

Manin, via Manin 7 ✉ 20121 ☎ 6596511, Telex 320385, Fax 6552160, 🌳 – 🛗 ▤ TV ☎ 🧑‍🏫 25 a 100. AE ⓢ ⓓ E VISA. ✗ rist KV
chiuso dal 24 dicembre al 7 gennaio e dal 6 al 24 agosto – Pas *(chiuso domeni* carta 52/91000 – ☕ 22000 – **112 cam** 218/276000, 6 appartamenti – ½ P 210/290000.

Anderson, senza rist, piazza Luigi di Savoia 20 ✉ 20124 ☎ 6690141, Telex 3210 Fax 6690331 – 🛗 ▤ TV ☎ 🚗 LT
106 cam.

Berna senza rist, via Napo Torriani 18 ✉ 20124 ☎ 6691441, Telex 334695, Fax 669389 🛗 ▤ TV ☎ – 🧑‍🏫 30 a 60. AE ⓢ ⓓ E VISA. ✗ LU
115 cam ☕ 200/280000.

Auriga senza rist, via Pirelli 7 ✉ 20124 ☎ 66985851, Fax 66980698 – 🛗 ▤ TV ☎ – 🧑‍🏫 AE ⓢ ⓓ E VISA. ✗ LTU
chiuso agosto – ☕ 18000 – **65 cam** 200/245000.

Windsor, via Galilei 2 ✉ 20124 ☎ 6346, Telex 330562, Fax 6590663 – 🛗 ▤ TV ☎ 🚗 🧑‍🏫 40 a 60. AE ⓢ ⓓ E VISA. ✗ rist KU
Pas *(chiuso a mezzogiorno e sabato)* carta 40/70000 – **118 cam** ☕ 205/260000, 7 appar menti – ½ P 240000.

Bristol, senza rist, via Scarlatti 32 ✉ 20124 ☎ 6694141, Fax 6702942 – 🛗 ▤ TV ☎ 🧑‍🏫 50. LT
68 cam.

Augustus senza rist, via Napo Torriani 29 ✉ 20124 ☎ 66988271, Fax 6703096 – 🛗 ▤ ☎. AE ⓢ ⓓ E VISA LU
chiuso dal 23 dicembre al 5 gennaio e dal 25 luglio al 25 agosto – **56 cam** ☕ 160/2000

Galles senza rist, via Ozanam 1 ✉ 20129 ☎ 29404250, Telex 322091, Fax 29404872 – ▤ TV ☎ – 🧑‍🏫 25 a 150. AE ⓢ ⓓ E VISA. ✗ GR
105 cam ☕ 240/340000.

Doria Hotel Baglioni senza rist, viale Andrea Doria 22 ✉ 20124 ☎ 6696696, lex 360173, Fax 6696669 – 🛗 ⇔ ▤ TV ☎ ♿ 🚗 – 🧑‍🏫 25 a 100. AE ⓢ ⓓ E V ✗ GQ
118 cam ☕ 320/390000, 2 appartamenti.

New York senza rist, via Pirelli 5 ✉ 20124 ☎ 66985551, Telex 325057, Fax 6697267 – ▤ TV ☎. AE ⓢ ⓓ E VISA. ✗ LTU
chiuso dal 24 dicembre al 5 gennaio e dal 1° al 28 agosto – **70 cam** ☕ 133/197000.

City senza rist, corso Buenos Aires 42/5 ✉ 20124 ☎ 29523382, Telex 3121 Fax 2046957 – ▤ TV ☎. AE ⓢ E VISA. ✗ GR
chiuso dal 23 dicembre al 2 gennaio ed agosto – **55 cam** ☕ 150/220000.

Demidoff senza rist, via Plinio 2 ✉ 20129 ☎ 29513899, Fax 29405816 – 🛗 ▤ TV ☎. AE ⓓ E VISA GR
chiuso dal 24 dicembre al 2 gennaio e dal 2 al 30 agosto – **36 cam** ☕ 130/180000.

Mini Hotel Aosta senza rist, piazza Duca d'Aosta 16 ✉ 20124 ☎ 6691951, lex 333578, Fax 6696215 – 🛗 ▤ TV ☎. AE ⓢ ⓓ E VISA LT
63 cam ☕ 135/200000.

San Carlo, senza rist, via Napo Torriani 28 ✉ 20124 ☎ 6693236, Telex 3143 Fax 6703116 – 🛗 ▤ TV ☎ – 🧑‍🏫 30. LU
75 cam.

Bolzano senza rist, via Boscovich 21 ✉ 20124 ☎ 6691451, Fax 6691455, 🌳 – 🛗 ▤ ☎. AE ⓢ ⓓ E VISA. ✗ LU
☕ 15000 – **35 cam** 105/150000.

Sempione, via Finocchiaro Aprile 11 ✉ 20124 ☎ 6570323, Telex 340498, Fax 657537 🛗 ▤ TV ☎. AE ⓢ E VISA LU
Pas vedere rist Piazza Repubblica – **39 cam** ☕ 130/180000 – ½ P 130000.

Fenice senza rist, corso Buenos Aires 2 ✉ 20124 ☎ 29525541, Fax 29523942 – 🛗 ▤ ☎. AE ⓢ E VISA LU
chiuso dal 7 al 31 agosto – **44 cam** ☕ 140/210000.

🏨 **Florida** senza rist, via Lepetit 33 ⊠ 20124 ℰ 6705921, Telex 314102, Fax 6692867 – 📳 🗐 📺 ☎. 🖭 🕃 ⓞ 🗗 *VISA* LTU **s**
 � 20000 – **52 cam** 112/160000.

🏨 **Club Hotel** senza rist, via Copernico 18 ⊠ 20125 ℰ 606128, Fax 6682271 – 📳 🗐 📺 ☎. 🖭 🕃 🗗 *VISA* LT **v**
 chiuso agosto – ⊏ 20000 – **53 cam** 115/165000.

🏨 **Canova** senza rist, via Napo Torriani 15 ⊠ 20124 ℰ 66988181, Telex 324215, Fax 66713433 – 📳 🗐 📺 ☎. 🖭 🕃 ⓞ 🗗 *VISA* LU **w**
 62 cam ⊏ 127/185000.

XX **Nino Arnaldo,** via Poerio 3 ⊠ 20129 ℰ 76005981, Coperti limitati; prenotare – 🗐. 🖭 🕃 🗗 *VISA* GR **c**
 chiuso sabato a mezzogiorno, domenica, dal 23 dicembre al 7 gennaio ed agosto – Pas carta 70/83000.

XX **Joia,** via Panfilo Castaldi 18 ⊠ 20124 ℰ 29522124, Cucina vegetariana, prenotare – ✦✦ 🗐. 🖭 🕃 ⓞ 🗗 *VISA* LU **c**
 chiuso sabato a mezzogiorno, domenica e dal 1° al 21 agosto – Pas carta 46/67000. .

XX **Cavallini,** via Mauro Macchi 2 ⊠ 20124 ℰ 6693771, Fax 6693174, « Servizio estivo all'aperto » – 🖭 🕃 ⓞ 🗗 *VISA* LU **y**
 chiuso sabato, domenica, dal 22 dicembre al 4 gennaio e dal 3 al 23 agosto – Pas carta 41/72000 (12%).

XX ❀ **Calajunco,** via Stoppani 5 ⊠ 20129 ℰ 2046003, Rist. con specialità eoliane, prenotare – 🗐. 🕃 ⓞ 🗗 *VISA* ✄ GR **b**
 chiuso sabato a mezzogiorno, domenica, dal 23 dicembre al 4 gennaio e dal 10 al 31 agosto – Pas carta 76/110000
 Spec. Risotto con scampi e asparagi, Filetti di San Pietro al rosmarino, Crostata ai fichi d'India (settembre-febbraio). Vini Terre di Ginestra, Pinot nero.

X **Buriassi-da Lino,** via Lecco 15 ⊠ 20124 ℰ 29523227, prenotare la sera – 🗐 – 🛓 35. 🖭 *VISA* LU **a**
 chiuso sabato a mezzogiorno, domenica e dal 7 al 24 agosto – Pas carta 37/73000.

X **Al Girarrosto da Cesarina,** corso Venezia 31 ⊠ 21012 ℰ 76000481 – 🗐. 🖭 🕃 🗗 *VISA* LV **c**
 chiuso sabato, domenica a mezzogiorno, dal 25 dicembre al 10 gennaio ed agosto – Pas carta 50/77000.

X **La Buca,** via Antonio da Recanate ang. via Napo Torriani ⊠ 20124 ℰ 6693774 – 🗐. 🖭 🕃 ⓞ 🗗 *VISA* LU **z**
 chiuso venerdì sera, sabato, dal 25 dicembre al 6 gennaio ed agosto – Pas carta 42/70000.

X **Le 5 Terre,** via Appiani 9 ⊠ 20121 ℰ 653034, Specialità di mare – 🗐. 🖭 🕃 ⓞ 🗗 *VISA* KU **j**
 chiuso sabato, domenica e dall'8 al 22 agosto – Pas carta 60/86000

X **13 Giugno,** via Goldoni 44 ⊠ 20129 ℰ 719654, 🍽, Rist. con specialità siciliane, prenotare – 🗐. 🖭 🕃 🗗 *VISA* GR **w**
 chiuso sabato a mezzogiorno, domenica e dal 10 al 30 agosto – Pas 35000 (solo a mezzogiorno) e carta 60/80000 (solo la sera).

X **Olivo 2,** viale Monte Santo 2 ⊠ 20124 ℰ 653846 – 🗐. 🖭 🕃 ⓞ 🗗 *VISA* KU **g**
 chiuso sabato, domenica e dal 10 al 22 agosto – Pas carta 58/80000.

X **Osteria la Risacca 2,** viale Regina Giovanna 14 ⊠ 20129 ℰ 29531801, Rist. con specialità di mare – 🗐. 🖭 🕃 🗗 *VISA*. ✄ LU **f**
 chiuso sabato a mezzogiorno, domenica e dal 1° al 25 agosto – Pas carta 63/86000.

X **Piazza Repubblica** - Hotel Sempione, via Manunzio 11 ⊠ 20124 ℰ 6552715 – 🗐. 🖭 🕃 ⓞ 🗗 *VISA* LU **r**
 chiuso sabato a mezzogiorno, domenica e dall'8 al 31 agosto – Pas carta 40/60000.

X **Da Bimbi,** viale Abruzzi 33 ⊠ 20131 ℰ 29526103, Rist. d'habitués – 🗐. 🖭 🕃 ⓞ 🗗 *VISA* ✄ GR **k**
 chiuso domenica, lunedì a mezzogiorno ed agosto – Pas carta 50/85000.

X **Giglio Rosso,** piazza Luigi di Savoia 2 ⊠ 20124 ℰ 6694174, 🍽 – 🗐. 🖭 🕃 ⓞ 🗗 *VISA* LT **p**
 chiuso sabato, domenica a mezzogiorno, dal 24 dicembre al 6 gennaio ed agosto – Pas carta 38/62000 (12%).

X **Altopascio,** via Gustavo Fara 17 ⊠ 20124 ℰ 6702458, Rist. toscano – 🗐. 🖭 🕃 ⓞ 🗗 *VISA* KU **n**
 chiuso sabato, domenica a mezzogiorno ed agosto – Pas carta 37/63000.

X La Muraglia, piazza Oberdan 2 ⊠ 20129 ℰ 2049528, 🍽, Rist. cinese – 🗐. LV **a**

X **Canarino,** via Mauro Macchi 69 ⊠ 20124 ℰ 6692376 – 🗐. 🖭 🕃 ⓞ 🗗 *VISA* GQ **n**
 chiuso sabato e dal 5 al 27 agosto – Pas carta 40/60000.

X **I 4 Toscani,** via Plinio 33 ⊠ 20129 ℰ 29518130, 🍽 – 🖭 🕃 ⓞ 🗗 *VISA* GR **k**
 chiuso venerdì sera, sabato, dal 29 dicembre al 4 gennaio ed agosto – Pas carta 34/65000.

XX **La Tana del Lupo,** viale Vittorio Veneto 30 ⊠ 20124 𝒫 6599006, Rist. tipico co
specialità venete, prenotare – 🗐. 🖫 ☰ 𝘝𝘐𝘚𝘈. ⅋ KU
chiuso a mezzogiorno, domenica, dal 1° al 7 gennaio ed agosto – Pas 52/55000 bc.

X **Il Carpaccio,** via Lazzaro Palazzi 19 ⊠ 20124 𝒫 29405982 LU

X **Dalla Zia,** via Gustavo Fara 5 ⊠ 20124 𝒫 66987081, Trattoria toscana, Coperti limita
prenotare – 🕮 🖫 ☰ 𝘝𝘐𝘚𝘈 KU
chiuso sabato, domenica a mezzogiorno e dal 1° al 28 agosto – Pas carta 44/69000.

Romana-Vittoria – corso Porta Romana, corso Lodi, viale XXII Marzo, corso Porta Vitto
(Pianta : Milano p. 9)

🏛 **Mediterraneo** senza rist, via Muratori 14 ⊠ 20135 𝒫 55019151, Telex 3358
Fax 55019151 – 🛗 🗐 📺 ☎ – 🔬 30 a 70. 🕮 🖫 ⓞ ☰ 𝘝𝘐𝘚𝘈 LY
chiuso dal 1° al 21 agosto – **93 cam** ⊇ 280/370000.

🏠 **Vittoria** senza rist, via Pietro Calvi 32 ⊠ 20129 𝒫 55190196, Fax 55190246 – 🛗 🗐 📺
🕮 🖫 ⓞ ☰ 𝘝𝘐𝘚𝘈 GR
18 cam ⊇ 139/179000.

XXXX ❀❀❀ **Gualtiero Marchesi,** (Trasferimento previsto a Erbusco/Bs 𝒫 030-7267003)
Bonvesin de la Riva 9 ⊠ 20129 𝒫 741246, Fax 7384079, Confort accurato, prenotare
🗐. 🕮 🖫 ⓞ ☰ 𝘝𝘐𝘚𝘈. ⅋ GR
*chiuso i giorni festivi, domenica, lunedì a mezzogiorno, dal 23 dicembre al 7 gennaio, lug
ed agosto* – Pas carta 90/150000
Spec. Raviolo aperto, Rombo in crosta, Costoletta di vitello alla milanese. Vini Gualtiero Marchesi bianco e rosso

XXXX **Giannino,** via Amatore Sciesa 8 ⊠ 20135 𝒫 55195025, Fax 5452765, Gran tradizio
« Originali decorazioni; giardino d'inverno » – ❸. 🕮 🖫 ⓞ ☰ 𝘝𝘐𝘚𝘈. ⅋ FGR
chiuso domenica ed agosto – Pas carta 87/145000.

XXXX **Soti's,** via Pietro Calvi 2 ⊠ 20129 𝒫 796838, Fax 796838, Confort accurato, prenotar
🗐. 🕮 🖫 ⓞ ☰ 𝘝𝘐𝘚𝘈. ⅋ GR
chiuso sabato a mezzogiorno, domenica e dal 10 al 24 agosto – Pas 80000 bc (sol
mezzogiorno) e carta 90/115000 bc (solo la sera).

XXX **La Zelata,** via Anfossi 10 ⊠ 20135 𝒫 59902115, Fax 5483612, prenotare – 🗐. 🕮 ⓞ
𝘝𝘐𝘚𝘈. ⅋ GS
chiuso sabato a mezzogiorno, domenica ed agosto – Pas carta 42/72000.

XX **Mauro,** via Colonnetta 5 ⊠ 20122 𝒫 5461380 – 🗐. 🕮 🖫 ⓞ ☰ 𝘝𝘐𝘚𝘈 NZ
chiuso lunedì, dal 24 dicembre al 2 gennaio ed agosto – Pas carta 49/68000.

XX **Da Angelo,** viale Umbria 60 ⊠ 20135 𝒫 55184668, � – 🕮 🖫 ⓞ ☰ 𝘝𝘐𝘚𝘈 GS
chiuso sabato a mezzogiorno, domenica e dal 2 al 25 agosto – Pas carta 35/54000.

XX **Hosteria del Cenacolo,** via Archimede 12 ⊠ 20129 𝒫 5458962, « Servizio estivo
giardino » – 🕮 🖫 ⓞ ☰ 𝘝𝘐𝘚𝘈. ⅋ FGR
chiuso sabato a mezzogiorno, domenica ed agosto – Pas carta 50/72000.

XX **I Matteoni,** piazzale 5 Giornate 6 ⊠ 20129 𝒫 55188293, Rist. d'habitués – 🗐. 🕮 🖫
☰ 𝘝𝘐𝘚𝘈 LX
chiuso domenica ed agosto – Pas carta 42/70000.

XX **La Risacca 6,** via Marcona 6 ⊠ 20129 𝒫 5400029, 🌶, Solo piatti di pesce – 🗐. 🕮 🖫
𝘝𝘐𝘚𝘈 FGR
chiuso domenica, lunedì a mezzogiorno, Natale ed agosto – Pas carta 60/84000.

XX **Gazebo,** via Cadore 2 ⊠ 20135 𝒫 59900029 – 🗐. 🕮 🖫 ⓞ ☰ 𝘝𝘐𝘚𝘈. ⅋ GR
chiuso sabato, domenica a mezzogiorno, dal 4 al 10 gennaio ed agosto – Pas carta
60000.

X **Masuelli San Marco,** viale Umbria 80 ⊠ 20135 𝒫 55184138, Fax 55184138, preno
la sera – 🗐 GS
*chiuso domenica, lunedì a mezzogiorno, dal 25 dicembre al 6 gennaio e dal 15 agosto a
settembre* – Pas carta 35/53000 (10%).

X **Dongiò,** via Corio 3 ⊠ 20135 𝒫 5511372 – 🗐. 🕮 🖫 ⓞ ☰ 𝘝𝘐𝘚𝘈. ⅋ LY
chiuso domenica ed agosto – Pas carta 33/52000.

Navigli – via Solari, Ripa di Porta Ticinese, viale Bligny, piazza XXIV Maggio (Pianta : Mi
p.12 e 13)

🏛 **D'Este** senza rist, viale Bligny 23 ⊠ 20136 𝒫 5461041, Telex 324216, Fax 5454330 – 🛗
📺 ☎ – 🔬 40 a 80. 🕮 🖫 ⓞ ☰ 𝘝𝘐𝘚𝘈. ⅋ KV
⊇ 24000 – **54 cam** 195/280000.

🏛 **Crivi's** senza rist, corso Porta Vigentina 46 ⊠ 20122 𝒫 58302000, Telex 313
Fax 58318182 – 🛗 🗐 📺 ☎ ⛽ – 🔬 30 a 120. 🕮 🖫 ⓞ ☰ 𝘝𝘐𝘚𝘈 KV
chiuso agosto – **86 cam** ⊇ 200/280000, 3 appartamenti.

🏛 **Liberty** senza rist, viale Bligny 56 ⊠ 20136 𝒫 58318562, Fax 58319061 – 🛗 🗐 📺 ☎
🕮 🖫 ☰ 𝘝𝘐𝘚𝘈. ⅋ KV
chiuso dal 10 al 25 agosto – ⊇ 20000 – **52 cam** 160/260000.

🏛 **Adriatico** senza rist, via Conca del Naviglio 20 ⊠ 20123 𝒫 58104141, Fax 58104145
🗐 📺 ☎. 🕮 🖫 ⓞ ☰ 𝘝𝘐𝘚𝘈 JV
chiuso dal 1° al 21 agosto – **105 cam** ⊇ 170/240000.

XX ✿ **Scaletta,** piazzale Stazione Genova 3 ✉ 20144 ✆ 58100290, Coperti limitati; prenotare – ▤. ✈ HY **a**
chiuso domenica, lunedì, dal 24 dicembre al 6 gennaio, Pasqua ed agosto – Pas carta 80/90000
Spec. Insalata di seppioline e porcini, Risotto Pollock, Coniglio farcito alla trippa. **Vini** Villa Bucci, Chianti.

XX ✿ **Al Genovese,** via Ettore Troilo 14 angolo via Conchetta ✉ 20136 ✆ 8373180, ☂, Rist. con specialità liguri, prenotare – ▤. AE ⓢ ⓞ E VISA. ✈ ES **a**
chiuso domenica, lunedì a mezzogiorno, dal 1° al 7 gennaio e dal 10 al 30 agosto – Pas carta 55/91000
Spec. Insalatina di calamaretti novelli, Trofie di farina di castagne al pesto, Cappon magro. **Vini** Vermentino, Rossese.

X **Yar,** via Mercalli 22 ✉ 20122 ✆ 58305234, Cucina classica russa, prenotare – ▤. AE ⓢ E VISA. ✈ KY **k**
chiuso a mezzogiorno, domenica, lunedì ed agosto – Pas carta 56/80000.

X ✿ **Al Porto,** piazzale Generale Cantore ✉ 20123 ✆ 8321481, Fax 8321481, Rist. con specialità di mare, prenotare – ▤. AE ⓢ ⓞ E VISA HY **h**
chiuso domenica, lunedì a mezzogiorno, dal 24 dicembre al 3 gennaio ed agosto – Pas carta 55/85000
Spec. Zuppa di fagioli e scampi, Bavette al nero di seppia con pecorino, Branzino al Pigato e olive nere. **Vini** Pigato, Franciacorta rosso.

X ✿ **Sadler-Osteria di Porta Cicca,** ripa di Porta Ticinese 51 ✉ 20143 ✆ 58104451, Coperti limitati; prenotare – ▤. ⓢ ⓞ E VISA HY **j**
chiuso a mezzogiorno, domenica, dal 1° al 10 gennaio e dal 5 al 30 agosto – Pas carta 68/103000
Spec. Carpaccio di tonno al pesto di ortaggi (primavera-estate), Ravioli ai funghi misti, Crostatina di lamponi gratinata con zabaione al Moscato. **Vini** Chardonnay, Bonarda.

X **Trattoria Aurora,** via Savona 23 ✉ 20144 ✆ 89404978, ☂ – ⓢ HY **m**
chiuso lunedì – Pas 52000 bc.

X **Il Torchietto,** via Ascanio Sforza 47 ✉ 20136 ✆ 8372910, ☂, Rist. con specialità mantovane – ▤. ⓢ E VISA. ✈ ES **b**
chiuso lunedì, dal 26 dicembre al 3 gennaio ed agosto – Pas carta 45/58000.

X **Osteria del Binari,** via Tortona 1 ✉ 20144 ✆ 89409428, ☂, Atmosfera vecchia Milano, prenotare – AE VISA HY **p**
chiuso a mezzogiorno, domenica e dal 10 al 17 agosto – Pas 52000.

X **Al Capriccio,** via Washington 106 ✉ 20146 ✆ 48950655, Rist. con specialità di mare – ▤. AE ⓢ E VISA. ✈ – *chiuso lunedì ed agosto* – Pas carta 57/82000. DS **y**

X El Brellin, alzaia Naviglio Grande 14 ✉ 20144 ✆ 58101351, ☂, Rist. e piano bar – ▤.
chiuso a mezzogiorno. HY **n**

X Trattoria Pinuccia Folk, via Villoresi 10 ✉ 20143 ✆ 98402394 AY **z**

X Barbecue, via Solari 7 ✉ 20144 ✆ 89406084 HY **c**

La Topaia, via Argelati 46 ✉ 20143 ✆ 8373469, ☂ – AE ⓞ VISA HY **q**
chiuso a mezzogiorno, domenica ed agosto – Pas carta 35/51000.

Trattoria all'Antica, via Montevideo 4 ✉ 20144 ✆ 58104860, Rist. con cucina lombarda – ▤. VISA. ✈ HY **r**
chiuso sabato a mezzogiorno, domenica, dal 26 dicembre al 7 gennaio ed agosto – Pas carta 31/53000 (solo a mezzogiorno) e 45000 (solo la sera).

Alzaia, alzaia Naviglio Grande 26 ✉ 20144 ✆ 8379696 – ▤. AE ⓢ E VISA HY **s**
chiuso lunedì, martedì a mezzogiorno ed agosto – Pas carta 49/70000.

Gargantua, corso Porta Vigentina 31 ✉ 20122 ✆ 58314888, prenotare – ▤. AE ⓢ VISA KY **m**
chiuso sabato a mezzogiorno, domenica e dal 10 al 25 agosto – Pas carta 48/73000.

Asso di Fiori-Osteria dei Formaggi, alzaia Naviglio Grande 54 ✉ 20144 ✆ 89409415 – AE ⓢ ⓞ E VISA HY **t**
chiuso a mezzogiorno, domenica e dal 10 al 25 agosto – Pas carta 39/54000.

Fiera-Sempione – corso Sempione, piazzale Carlo Magno, via Monte Rosa, via Washington (Pianta : Milano p.8)

Hermitage, via Messina 10 ✉ 20154 ✆ 33107700, Fax 33107399 – |♦| ▤ TV ☎ ⇔ – ♣ 30 a 240. AE ⓢ ⓞ E VISA. ✈ HJU **q**
Pas carta 64/80000 – **131 cam** ⊐ 235/330000, 12 appartamenti.

Gd H. Fieramilano, viale Boezio 20 ✉ 20145 ✆ 336221, Telex 331426, Fax 314119, ☂ – |♦| ▤ TV ☎ ♿ ⇔ – ♣ 60. AE ⓢ ⓞ E VISA. ✈ rist DR **a**
Pas carta 38/62000 – **238 cam** ⊐ 280/330000.

Fauchè, via Fauchè 15 ✉ 20154 ✆ 33600361, Fax 33105297 – |♦| ▤ TV ☎ ♿ ⇔ – ♣ 200
153 cam. HT **z**

Poliziano senza rist, via Poliziano 11 ✉ 20154 ✆ 33602494, Fax 33106410 – |♦| ▤ TV ☎ ⇔ – ♣ 70. AE ⓢ ⓞ E VISA. ✈ HT **a**
98 cam ⊐ 250000, 2 appartamenti.

Washington, senza rist, via Washington 23 ✉ 20146 ✆ 4813216, Fax 4814761 – |♦| ▤ TV ☎ – **34 cam.** DR **d**

Capitol, via Cimarosa 6 ⊠ 20144 ☎ 4988851, Telex 316150, Fax 4694724 – 🔸 ☰ 📺 🎙
🍴 60. 🖭 🔝 ⑩ 🅴 𝘝𝘐𝘚𝘈, ✅ rist
DR
Pas *(chiuso a mezzogiorno ed agosto)* carta 52/83000 – **96 cam** ⊾ 225/295000.

Ariosto senza rist, via Ariosto 22 ⊠ 20145 ☎ 4817844, Fax 4980516 – 🔸 ☰ 📺 ♿
🍴 40. 🖭 🔝 🅴 𝘝𝘐𝘚𝘈, ✅
HV
⊾ 12000 – **53 cam** 120/162000.

Domenichino senza rist, via Domenichino 41 ⊠ 20149 ☎ 48009692, Fax 48003953 –
✅💠 ☰ 📺 ☎ 🚗 🅿 – 🍴 50. 🖭 🔝 ⑩ 🅴 𝘝𝘐𝘚𝘈, ✅
DR
67 cam ⊾ 138/198000, 4 appartamenti.

Europeo senza rist, via Canonica 38 ⊠ 20154 ☎ 3314751, Fax 33105410, ☞ – 🔸
☎ 🚗 – 🍴 25. 🖭 🔝 🅴 𝘝𝘐𝘚𝘈, ✅
HU
chiuso agosto – **45 cam** ⊾ 145/210000.

Wagner senza rist, via Buonarroti 13 ⊠ 20149 ☎ 4696051, Telex 353121, Fax 4802094
🔸 ☰ 📺 ☎. 🖭 🔝 🅴 𝘝𝘐𝘚𝘈
DR
chiuso dal 23 dicembre al 7 gennaio ed agosto – **49 cam** ⊾ 136/199000.

Lancaster senza rist, via Abbondio Sangiorgio 16 ⊠ 20145 ☎ 315602, Fax 344649 –
☰ 📺 ☎. 🖭 🔝 🅴 𝘝𝘐𝘚𝘈, ✅
HU
chiuso agosto – **30 cam** ⊾ 145/210000.

Mini Hotel Portello senza rist, via Guglielmo Silva 12 ⊠ 20152 ☎ 48149
Fax 4819243 – 🔸 ☰ 📺 ☎ ♿ 🅿 – 🍴 50 a 100. 🖭 🔝 ⑩ 🅴 𝘝𝘐𝘚𝘈
DR
96 cam ⊾ 130/195000.

Mini Hotel Tiziano senza rist, via Tiziano 6 ⊠ 20145 ☎ 4988921, Telex 3254
Fax 4812153, « Piccolo parco » – 🔸 ☰ 📺 ☎ 🅿 – 🍴 30. 🖭 🔝 ⑩ 🅴 𝘝𝘐𝘚𝘈
DR
54 cam ⊾ 130/195000.

Sant'Ambroeus senza rist, viale Papiniano 14 ⊠ 20123 ☎ 48008989, Telex 3133
Fax 48008687 – 🔸 ☰ 📺 ☎ – 🍴 50. 🖭 🔝 ⑩ 🅴 𝘝𝘐𝘚𝘈, ✅
HX
chiuso Natale ed agosto – **52 cam** ⊾ 140/200000.

Astoria senza rist, viale Murillo 9 ⊠ 20149 ☎ 40090095, Telex 353805, Fax 48193111 –
☰ 📺 ☎ – 🍴 60. 🖭 🔝 ⑩ 🅴 𝘝𝘐𝘚𝘈, ✅ rist
DR
75 cam ⊾ 150/220000, appartamento.

Fiera, senza rist, via Spinola 9 ⊠ 20149 ☎ 48005374, Fax 48008494, « Piccolo giardin
– 🔸 📺 ☎ 🚗 – 🍴 30.
DR
29 cam.

Berlino senza rist, via Plana 33 ⊠ 20155 ☎ 324141, Telex 312609, Fax 39210611 – 🔸
📺 ☎. 🖭 🔝 🅴 𝘝𝘐𝘚𝘈
DQ
chiuso dal 24 dicembre al 3 gennaio e dal 24 luglio al 23 agosto – **47 cam** ⊾ 135/2000

Johnny senza rist, via Prati 6 ⊠ 20145 ☎ 341812, Fax 33610521 – 🔸 📺 📠
DR
chiuso dal 22 dicembre al 2 gennaio ed agosto – ⊾ 16000 – **31 cam** 69/108000.

Orti di Leonardo, via Aristide de' Togni 6/8 ⊠ 20123 ☎ 4983197, Fax 4983476 – ☰
🖭 🔝 ⑩ 🅴 𝘝𝘐𝘚𝘈, ✅
HX
chiuso domenica e dal 1° al 26 agosto – Pas carta 74/104000.

✿ **Alfredo-Gran San Bernardo**, via Borgese 14 ⊠ 20154 ☎ 3319000, Fax 65554
Specialità milanesi, prenotare – ☰ 🖭 🔝 ⑩ 🅴 𝘝𝘐𝘚𝘈
HT
chiuso dal 24 dicembre al 2 gennaio, agosto, domenica ed in giugno-luglio anche saba
Pas carta 63/93000
Spec. Risotto alla milanese ed al salto, Stracotto al Barbaresco, Costoletta alla milanese. Vini Sauvignon, Dolce

La Nôs, via Bramante 35 ⊠ 20154 ☎ 3315363
JTU

Trattoria del Ruzante, via Massena 1 ⊠ 20145 ☎ 316102, Coperti limitati; prenotar
☰.
HU

Raffaello, via Monte Amiata 4 ⊠ 20149 ☎ 4814227 – ☰. 🖭 🔝 ⑩ 🅴 𝘝𝘐𝘚𝘈
DR
chiuso mercoledì e dal 1° al 24 agosto – Pas carta 45/69000.

China Club, via Giusti 34 ⊠ 20154 ☎ 33104309, prenotare – ☰. 🖭 🔝 🅴 𝘝𝘐𝘚𝘈
HU
chiuso martedì ed agosto – Pas carta 49/64000 (15 %).

Dall'Antonio, via Cenisio 8 ⊠ 20154 ☎ 33101511, prenotare – ☰. 🖭 🔝 ⑩ 🅴 ▮
✅
HT
chiuso domenica ed agosto – Pas carta 60/103000.

Gocce di Mare, via Petrarca 4 ⊠ 20123 ☎ 4692487, Fax 433854 – ☰. 🖭 ⑩
𝘝𝘐𝘚𝘈
HV
chiuso sabato a mezzogiorno, domenica e dal 9 al 31 agosto – Pas carta 44/66000.

La Torre del Mangia, via Procaccini 37 ⊠ 20154 ☎ 33105587, prenotare – ☰. 🖭
𝘝𝘐𝘚𝘈, ✅
HU
chiuso domenica sera, lunedì, Natale ed agosto – Pas carta 41/75000.

Montecristo, corso Sempione angolo via Prina ⊠ 20154 ☎ 312760, Fax 312760, S
cialità di mare – ☰. 🔝 ⑩ 🅴 𝘝𝘐𝘚𝘈, ✅
HU
chiuso martedì, sabato a mezzogiorno, dal 25 dicembre al 2 gennaio ed agosto –
carta 58/85000.

Al Vecchio Passeggero, via Gherardini 1 ⊠ 20145 ☎ 312461 – ☰. 🖭 🔝 ⑩ 🅴 𝘝▮
chiuso sabato a mezzogiorno, domenica, dal 25 dicembre al 1° gennaio e dal 1° al 26 ago
– Pas carta 36/63000.
HU

✗ **Trattoria Vecchia Arena,** piazza Lega Lombarda 1 ⊠ 20154 ℰ 3315538, Coperti limitati; prenotare – ≡. 🆎 🛗 ⓿ ⓿ 𝘝𝘐𝘚𝘈
JU e
chiuso domenica, lunedì a mezzogiorno e dal 1° al 21 agosto – Pas carta 58/77000.

✗ **Taverna della Trisa,** via Francesco Ferruccio 1 ⊠ 20145 ℰ 341304, 🛱, Specialità trentine – 𝘝𝘐𝘚𝘈
HU n
chiuso lunedì ed agosto – Pas carta 41/59000.

✗ Vecchia Viscontea, via Giannone 10 ⊠ 20154 ℰ 3315372, Fax 3315372, 🛱 – ≡ JU g

✗ **Il Palio,** piazza Diocleziano ang. via San Galdino ⊠ 20154 ℰ 33600687, 🛱, Rist. toscano – ≡. 🆎 🛗 ⓿ ⓿ 𝘝𝘐𝘚𝘈
HT m
chiuso sabato e dal 6 al 28 agosto – Pas carta 39/54000.

✗ **Furio,** via Montebianco 2/A ⊠ 20152 ℰ 4814677 – ≡. 🆎 🛗 ⓿ ⓿ 𝘌 𝘝𝘐𝘚𝘈
DR u
chiuso domenica ed agosto – Pas carta 41/75000.

✗ **L'Infinito,** via Leopardi 25 ⊠ 20123 ℰ 4692276 – ≡. 🆎 🛗 ⓿ ⓿ 𝘌 𝘝𝘐𝘚𝘈. ⌘
HV e
chiuso sabato a mezzogiorno, domenica e dal 5 al 28 agosto – Pas carta 48/70000.

✗ Drop In, via Marghera 3 ⊠ 20149 ℰ 48005311 – ≡
DR b

✗ **Settecupole,** via Ippolito Nievo 33 ⊠ 20145 ℰ 341290 – ≡. 🛗 ⓿ ⓿ 𝘌 𝘝𝘐𝘚𝘈. ⌘
chiuso dall'11 al 25 agosto, sabato a mezzogiorno e mercoledì (escluso luglio) – Pas carta 49/62000.
DR t

✗ Da Gino e Franco, largo Domodossola 2 ⊠ 20145 ℰ 312003, 🛱 – ≡.
DR y

✗ Kota Radja, piazzale Baracca 6 ⊠ 20123 ℰ 468850, Rist. cinese – ≡.
HX e

✗ **La Nuova Piazzetta,** via Cirillo 16 ⊠ 20154 ℰ 3319880 – 🆎 🛗 𝘌 𝘝𝘐𝘚𝘈
HU a
chiuso domenica ed agosto – Pas carta 43/70000.

✗ Adriana, viale Boezio 10 ⊠ 20145 ℰ 33603422 – ≡.
DR w

✗ **Da Stefano il Marchigiano,** via Arimondi 1 angolo via Plana ⊠ 20155 ℰ 33001863 – ≡. 🆎 🛗 ⓿ ⓿ 𝘌 𝘝𝘐𝘚𝘈. ⌘
DQ d
chiuso venerdì sera, sabato ed agosto – Pas carta 43/72000.

✗ **Le Pietre Cavate,** via Castelvetro 14 ⊠ 20154 ℰ 344704 – ≡. 🆎 🛗 ⓿ ⓿ 𝘌 𝘝𝘐𝘚𝘈. ⌘
HT p
chiuso mercoledì, giovedì a mezzogiorno e dal 30 luglio al 29 agosto – Pas carta 50/70000.

✗ **La Sirena,** via Poliziano 10 ⊠ 20154 ℰ 33603011, Rist. con specialità di mare – ≡. 🛗 𝘌 𝘝𝘐𝘚𝘈. ⌘
HU t
chiuso domenica, dal 23 dicembre al 2 gennaio e dal 1° al 21 agosto – Pas carta 35/70000.

✗ **Pechino,** via Cenisio 7 ⊠ 20154 ℰ 33101668, Rist. cinese con cucina pechinese, prenotare – ≡
HT u
chiuso lunedì, dal 20 dicembre al 4 gennaio, Pasqua e dal 15 luglio al 22 agosto – Pas carta 26/45000 (12%).

✗ **Pace,** via Washington 74 ⊠ 20146 ℰ 468567, Rist. d'habitués – ≡. 🆎 🛗 ⓿ ⓿ 𝘌 𝘝𝘐𝘚𝘈. ⌘
DR z
chiuso sabato a mezzogiorno, mercoledì, Natale e dal 1° al 23 agosto – Pas carta 33/49000.

✗ **Al Vöttantott,** corso Sempione 88 ⊠ 20154 ℰ 33603114 – ≡. 🆎 🛗 𝘌 𝘝𝘐𝘚𝘈
DQ n
chiuso domenica ed agosto – Pas carta 30/50000.

Zone periferiche

Zona urbana nord-ovest – viale Fulvio Testi, Niguarda, viale Fermi, viale Certosa, San Siro, via Novara (Pianta : Milano p. 8)

🏨 **Gd H. Brun e Rist. Ascot** ⌘, via Caldera 21 ⊠ 20153 ℰ 45271 e rist ℰ 4526279, Telex 315370, Fax 48204746 – 📶 ≡ 📺 ☎ 🖕 🚗 🅿 – 🛗 500. 🆎 🛗 ⓿ ⓿ 𝘌 𝘝𝘐𝘚𝘈. ⌘ rist
Pas *(chiuso domenica)* carta 85/110000 – **324 cam** 🖵 420000, 16 appartamenti – ½ P 310/380000.
AP c

🏨 **Leonardo da Vinci** ⌘, via Senigallia 6 ⊠ 20161 ℰ 64031, Telex 331552, Fax 64074839, 🛱 – 📶 ⇆ cam ≡ 📺 ☎ 🚗 🅿 – 🛗 60 a 200. 🆎 🛗 ⓿ ⓿ 𝘌 𝘝𝘐𝘚𝘈. ⌘
AO a
Pas 52000 – **290 cam** 🖵 240/320000, 26 appartamenti.

🏨 **Blaise e Francis** senza rist, via Butti 9 ⊠ 20158 ℰ 66802366, Fax 66802909 – 📶 ⇆ ≡ 📺 ☎ 🖕 – 🛗 🆎 🛗 𝘌 𝘝𝘐𝘚𝘈
EQ a
chiuso dal 24 dicembre al 2 gennaio e dal 2 al 23 agosto – **110 cam** 🖵 320000.

🏨 **Novotel Milano Nord,** viale Suzzani 13 ⊠ 20162 ℰ 66101861, Telex 331292, Fax 66101961, ☀ – 📶 ≡ 📺 ☎ 🖕 🚗 🅿 – 🛗 25 a 500. 🆎 🛗 ⓿ ⓿ 𝘌 𝘝𝘐𝘚𝘈
BO b
Pas carta 44/69000 – **172 cam** 🖵 270000.

🏨 **Accademia** senza rist, viale Certosa 68 ⊠ 20155 ℰ 39211122, Telex 315550, Fax 33103878, « Camere affrescate » – 📶 ≡ 📺 ☎ 🅿. 🆎 🛗 ⓿ ⓿ 𝘌 𝘝𝘐𝘚𝘈
DQ g
67 cam 🖵 250/340000.

🏨🏨 **Raffaello** senza rist, viale Certosa 108 ⊠ 20156 ℰ 3270146, Telex 315499, Fax 327044
|💈| 🗐 📺 ☎ 🅿 – 🛦 180. 🕮 🛈 Ε 𝘝𝘐𝘚𝘈. 🕸   DQ
149 cam ⊆ 180/250000, 2 appartamenti.

🏨🏨 **Rubens** senza rist, via Rubens 21 ⊠ 20148 ℰ 40302, Telex 353617, Fax 48193114 – |💈|
📺 ☎ 🅿 – 🛦 25. 🕮 🛐 🛈 Ε 𝘝𝘐𝘚𝘈. 🕸   DR
chiuso dal 1° al 21 agosto – **87 cam** ⊆ 235/340000.

🏨 **Ibis Ca' Granda**, viale Suzzani 13/15 ⊠ 20162 ℰ 66103000, Telex 360141, Fax 66102
– |💈| 🗐 📺 ☎ 🕭 🖚 🅿 – 🛦 50. 🕮 🛐 🛈 Ε 𝘝𝘐𝘚𝘈   BO
Pas (solo per clienti alloggiati) carta 30/45000 – **132 cam** ⊆ 155000.

🏨 **Mirage** senza rist, via Casella 61 angolo viale Certosa ⊠ 20156 ℰ 392104
Fax 39210589 – |💈| 🗐 📺 ☎ 🕭 – 🛦 30 a 60. 🕮 🛐 🛈 Ε 𝘝𝘐𝘚𝘈   DQ
⊆ 20000 – **50 cam** 200/270000.

XX **La Pobbia**, via Gallarate 92 ⊠ 20151 ℰ 38006641, Rist. rustico moderno, « Serv
estivo all'aperto » – 🛦 40. 🕮 🛐 Ε 𝘝𝘐𝘚𝘈. 🕸   DQ
chiuso domenica ed agosto – Pas carta 48/75000 (12%).

XX **Ribot**, via Cremosano 41 ⊠ 20148 ℰ 33001646, « Servizio estivo in giardino » – 🅿.
🕸   DQ
chiuso lunedì e dal 10 al 25 agosto – Pas carta 49/60000.

XX **Al Bimbo**, via Marcantonio dal Re 38 ⊠ 20156 ℰ 3272290, Fax 39216365 – 🗐. 🕮 🛐
Ε 𝘝𝘐𝘚𝘈   DQ
chiuso sabato a mezzogiorno, domenica ed agosto – Pas carta 37/58000.

Zona urbana nord-est – viale Monza, via Padova, via Porpora, viale Romagna, v
Argonne, viale Forlanini (Pianta : Milano p. 9)

🏨🏨 **Concorde** senza rist, via Petrocchi 1 ang. viale Monza ⊠ 20125 ℰ 26112020,
lex 315805, Fax 26147879 – |💈| 🗐 📺 ☎ 🖚. 🕮 🛐 🛈 Ε 𝘝𝘐𝘚𝘈. 🕸   BO
chiuso dal 1° al 24 agosto – **120 cam** ⊆ 235/350000.

🏨 Starhotel Tourist, viale Fulvio Testi 300 ⊠ 20126 ℰ 6437777, Telex 326852, Fax 6472
– |💈| 🗐 📺 ☎ 🖚 🅿 – 🛦 30 a 170.   BC
139 cam.

🏨 **Lombardia**, viale Lombardia 74 ⊠ 20131 ℰ 2824938, Telex 315327, Fax 2893430 – |💈|
📺 ☎ 🖚 – 🛦 30 a 100. 🕮 🛐 🛈 Ε 𝘝𝘐𝘚𝘈. 🕸   GC
chiuso dal 7 al 21 agosto – Pas *(chiuso sabato sera e domenica)* carta 35/60000 – **72 c**
⊆ 137/201000 – ½ P 125/162000.

🏨 **Zefiro** senza rist, via Gallina 12 ⊠ 20129 ℰ 7384253, Fax 713811 – |💈| 🗐 📺 ☎ – 🛦 30
Ε 𝘝𝘐𝘚𝘈. 🕸   GR
chiuso dal 23 dicembre al 3 gennaio ed agosto – **55 cam** ⊆ 132/195000.

🏨 **Gala** ⑤ senza rist, viale Zara 89 ⊠ 20159 ℰ 66800891, Fax 66800463 – |💈| 🗐 📺 ☎ 🕭
🛦 30. 🕮 🛐 🛈 Ε 𝘝𝘐𝘚𝘈. 🕸   FQ
chiuso agosto – ⊆ 15000 – **23 cam** 100/150000.

🏨 **Città Studi** ⑤ senza rist, via Saldini 24 ⊠ 20133 ℰ 744666, Fax 713122 – |💈| ☎. 🕮 E
𝘝𝘐𝘚𝘈   GR
⊆ 14000 – **45 cam** 80/110000.

XXX ۞ **L'Ami Berton**, via Nullo 14 angolo via Goldoni ⊠ 20129 ℰ 713669, Coperti limit
prenotare – 🗐. 🕮 🛐 Ε 𝘝𝘐𝘚𝘈. 🕸   GR
chiuso sabato a mezzogiorno, domenica, agosto e Natale – Pas carta 100/130000
Spec. Sfogliatina di salmone e caviale, Cestino di mare con riso indiano, Filetti di triglia ai ricci di mare con pur
rape. Vini Sauvignon.

XX **3 Pini**, via Tullo Morgagni 19 angolo via Arbe ⊠ 20125 ℰ 66805413, prenotare, « Se
zio estivo sotto un pergolato » – 🛦 🕮 🛐 🛈 Ε 𝘝𝘐𝘚𝘈   BC
chiuso sabato, domenica sera, dal 25 dicembre al 4 gennaio e dal 5 al 31 agosto –
carta 47/76000.

XX **Hostaria Mamma Lina**, viale Monza 256 ⊠ 20128 ℰ 2574770, 🏠, Rist. e piano-
con specialità pugliesi – 🕮 🛐 🛈 Ε 𝘝𝘐𝘚𝘈   BC
chiuso lunedì, Natale e Pasqua – Pas carta 51/77000.

XX **Montecatini Alto**, viale Monza 7 ⊠ 20125 ℰ 2846773 – 🗐. 🕮 🛐 Ε 𝘝𝘐𝘚𝘈   GC
chiuso sabato a mezzogiorno, domenica ed agosto – Pas carta 39/59000 (10%).

XX **Antica Osteria la Gobba**, via Padova 395 ⊠ 20132 ℰ 26300255, Rist. con specia
milanesi – 🅿. 🕮 🛐 🛈 Ε 𝘝𝘐𝘚𝘈. 🕸   CC
chiuso sabato a mezzogiorno, domenica, dal 23 dicembre al 2 gennaio e dal 5 al 25 agos
Pas carta 45/71000.

XX **Osteria Corte Regina**, via Rottole 60 ⊠ 20132 ℰ 2593377, 🏠, Rist. rustico mode
Coperti limitati; prenotare – 🕮 🛐 🛈 Ε 𝘝𝘐𝘚𝘈   CC
chiuso sabato a mezzogiorno, domenica ed agosto – Pas carta 56/78000.

XX **Da Renzo**, piazza Sire Raul ang. via Teodosio ⊠ 20131 ℰ 2846261, 🏠 – 🗐. 🕮 🛐 🛈
𝘝𝘐𝘚𝘈   GC
chiuso lunedì sera, martedì, dal 26 dicembre al 2 gennaio ed agosto – Pas carta 38/61

XX **L'Altra Scaletta**, viale Zara 116 ⊠ 20125 ℰ 6888093 – 🗐. 🕮 🛐 🛈 Ε 𝘝𝘐𝘚𝘈. 🕸   FC
chiuso sabato a mezzogiorno, domenica ed agosto – Pas carta 45/68000.

Terzilio, via Gluck 10 ✉ 20125 ✆ 66982898, « Servizio estivo in giardino » – AE Ⓢ ⓞ E VISA FQ **k**
chiuso lunedì, martedì a mezzogiorno ed agosto – Pas carta 38/54000.

Baia Chia, via Bazzini 37 ✉ 20131 ✆ 2361131, 🍽, Rist. con specialità di mare, prenotare – Ⓢ E VISA. ✂ GQ **a**
chiuso domenica, Natale, Pasqua ed agosto – Pas carta 35/63000.

Trattoria Vecchia Gorla-Franco l'Ostricaro, via Ponte Vecchio 6 ang. Monte San Gabriele ✉ 20127 ✆ 2572310, 🍽, Rist. tipico con specialità di mare – AE Ⓢ E VISA. ✂
chiuso sabato a mezzogiorno, domenica ed agosto – Pas carta 53/82000. BO **f**

Al Grissino, via Tiepolo 54 ✉ 20129 ✆ 730392 – ▤. VISA GR **z**
chiuso domenica, lunedì a mezzogiorno e dal 1° al 26 agosto – Pas carta 55/90000.

Piero e Pia, piazza Aspari 2 ✉ 20129 ✆ 718541, 🍽, Trattoria con specialità piacentine – ▤. AE Ⓢ ⓞ E VISA GR **z**
chiuso domenica, lunedì a mezzogiorno ed agosto – Pas carta 41/66000.

La Paranza, via Padova 3 ✉ 20127 ✆ 2613224, Rist. con specialità di mare, Coperti limitati; prenotare – ▤. GQ **p**

La Villetta, viale Zara 87 ✉ 20159 ✆ 6891981, 🍽 FQ **a**
chiuso lunedì sera, martedì ed agosto – Pas carta 35/55000.

Doge di Amalfi, via Sangallo 41 ✉ 20133 ✆ 730286, 🍽, Rist. e pizzeria – ▤. AE ⓞ E VISA GR **j**
chiuso lunedì ed agosto – Pas carta 35/63000.

Mykonos, via Tofane 5 ✉ 20125 ✆ 2610209, Taverna con cucina greca BO **x**
chiuso a mezzogiorno.

Zona urbana sud-est – viale Molise, corso Lodi, via Ripamonti, corso San Gottardo (Pianta : Milano p. 7)

Quark, via Lampedusa 11/a ✉ 20141 ✆ 84431, Telex 353448, Fax 8464190, 🍽, 🏊 – 🛗 ⇹ cam ▤ 📺 ☎ 🚗 Ⓟ – 🏛 25 a 1100. AE Ⓢ ⓞ E VISA. ✂ rist BP **a**
Pas *(chiuso dal 31 luglio al 22 agosto)* carta 53/80000 – **285 cam** ☐ 300000, 92 appartamenti.

Novotel Milano Est Aeroporto, via Mecenate 121 ✉ 20138 ✆ 58011085, Telex 331237, Fax 58011086, 🏊 – 🛗 ▤ 📺 ☎ ♿ Ⓟ – 🏛 25 a 350. AE Ⓢ ⓞ E VISA. ✂ rist
Pas carta 41/64000 – **206 cam** ☐ 225/290000. CP **b**

Molise senza rist, via Cadibona 2/a ✉ 20137 ✆ 55181852, Fax 55184348 – 🛗 ▤ 📺 ☎ Ⓟ. AE Ⓢ ⓞ E VISA. ✂ GS **f**
chiuso dal 24 dicembre al 2 gennaio e dal 1° al 25 agosto – **32 cam** ☐ 150/220000.

Mec senza rist, via Tito Livio 4 ✉ 20137 ✆ 5456715, Fax 5456718 – 🛗 ▤ 📺 ☎ 🚗. AE Ⓢ ⓞ E VISA HN **r**
chiuso agosto – ☐ 16000 – **40 cam** 115/160000.

Garden senza rist, via Rutilia 6 ✉ 20141 ✆ 537368 (prenderà il 55212838), Fax 57300678 – ☎ Ⓟ. Ⓢ E VISA BP **z**
chiuso agosto – ☐ 4000 – **23 cam** 68/94000.

La Plancia, via Cassinis 13 ✉ 20139 ✆ 5390558, Rist. con specialità di mare e pizzeria – ▤. AE Ⓢ ⓞ E VISA. ✂ BP **c**
chiuso domenica ed agosto – Pas carta 30/60000.

Zona urbana sud-ovest – viale Famagosta, viale Liguria, via Lorenteggio, viale Forze Armate, via Novara (Pianta : Milano p. 6)

Holiday Inn e Rist. l'Univers Gourmand, via Lorenteggio 278 ✉ 20152 ✆ 410014, Fax 48304729, 🏊 – 🛗 ⇹ cam ▤ 📺 ☎ ♿ 🚗 Ⓟ – 🏛 70. AE Ⓢ ⓞ E VISA. ✂ rist
Pas carta 37/62000 – ☐ 28000 – **119 cam** 289/357000. AP

Green House senza rist, viale Famagosta 50 ✉ 20142 ✆ 8132451, Fax 816624 – 🛗 ▤ 📺 ☎ ♿ 🚗. AE Ⓢ ⓞ E VISA. ✂ AP **d**
☐ 12000 – **45 cam** 130000.

Dei Fiori senza rist, raccordo autostrada A7 ✉ 20142 ✆ 8436441, Fax 89501096 – 🛗 ▤ 📺 ☎ Ⓟ. AE Ⓢ ⓞ E VISA AP **b**
55 cam ☐ 110/145000.

✿✿ **Aimo e Nadia,** via Montecuccoli 6 ✉ 20147 ✆ 416886, Coperti limitati; prenotare – ▤. AE Ⓢ ⓞ E VISA. ✂ AP **e**
chiuso sabato a mezzogiorno, domenica ed agosto – Pas carta 84/120000
Spec. Zuppa di lenticchie e vongole veraci, Risotto con gallina fegatini e porcini (estate-autunno), Pesche allo sciroppo con gelato all'amaretto. **Vini** Tocai, Marzemino.

La Corba, via dei Gigli 14 ✉ 20147 ✆ 4158977, « Servizio estivo in giardino » – AE Ⓢ ⓞ E VISA AP **f**
chiuso domenica sera, lunedì e dal 7 al 30 agosto – Pas carta 51/76000.

Da Leo, via Trivulzio 26 ✉ 20146 ✆ 4041424, Rist. con specialità di mare – ▤. ✂
chiuso domenica, lunedì sera ed agosto – Pas carta 50/67000 (10 %). DR **v**

La Darsena, via Lorenteggio 47 ✉ 20146 ✆ 4220809 – ▤. AE ⓞ E VISA AP **x**
chiuso domenica e dal 1° al 29 agosto – Pas carta 37/57000.

Dintorni di Milano

a Chiaravalle Milanese SE : 7 km (Pianta : Milano p. 7 BCP) :

XX **Antica Trattoria San Bernardo,** via San Bernardo 36 ⊠ 20139 Milano ℰ 574098
Rist. rustico elegante, « Servizio estivo all'aperto » – **℗**. 🝾 🝾 ⓞ 𝑽𝑰𝑺𝑨. 🝾   CP
chiuso domenica sera, lunedì ed agosto – Pas carta 57/84000.

sull'autostrada A 7 per ⑨ : 7 km (Pianta : Milano p. 6 AP) :

🏨 Motel f.i.n.i., senza rist, via del Mare 93 ⊠ 20142 Milano ℰ 8464041, Fax 8467576 – 🝾
🝾 🝾 🝾 🝾 **℗**.   AP
78 cam.

XX **Arc en Ciel,** via del Mare 49 ⊠ 20142 Milano ℰ 8436772 – 🝾. 🝾 🝾 ⓞ 🝾 𝑽𝑰𝑺𝑨
chiuso domenica e dal 2 al 27 agosto – Pas carta 38/60000.   AP

sulla strada statale 35-quartiere Milanofiori per ⑧ : 10 km :

🏨 **Jolly Hotel Milanofiori,** Strada 2 ⊠ 20090 Assago ℰ 82221, Telex 325
Fax 89200946, 🝾 – 🝾 🝾 🝾 🝾 🝾 **℗** – 🝾 120. 🝾 🝾 ⓞ 🝾 𝑽𝑰𝑺𝑨. 🝾 rist
Pas 50/80000 – **255 cam** 🝾 340/380000 – ½ P 250000.

al Parco Forlanini (lato Ovest) E : 10 km (Pianta : Milano p. 7 CP) :

XX **Osteria I Valtellina,** via Taverna 34 ⊠ 20134 Milano ℰ 7561139, 🝾, Rist. con spec
tà valtellinesi – **℗**. 🝾 🝾 ⓞ 🝾 𝑽𝑰𝑺𝑨   CP
chiuso venerdì, sabato a mezzogiorno e dal 7 al 25 agosto – Pas carta 54/87000.

sulla strada Nuova Vigevanese-quartiere Zingone per ⑩ : 11 km per via Lorenteg

🏨 **Eur** senza rist, ⊠ 20090 Zingone di Trezzano ℰ 4451951, Fax 4451075 – 🝾 🝾 🝾 🝾
🝾 70. 🝾 🝾 ⓞ 🝾 𝑽𝑰𝑺𝑨
41 cam 🝾 149/195000.

🏨 **Tiffany,** ⊠ 20090 Zingone di Trezzano ℰ 4452859, Fax 4450944, 🝾 – 🝾 🝾 cam 🝾
℗ – 🝾 70. 🝾 🝾 ⓞ 🝾 𝑽𝑰𝑺𝑨. 🝾
chiuso dall'11 al 21 agosto – Pas *(chiuso sabato sera, domenica e dal 28 luglio al 29 ago*
carta 50/101000 – 🝾 14000 – **36 cam** 104/150000.

sulla tangenziale ovest-Assago per ⑩ : 14 km :

🏨 **MotelAgip,** ⊠ 20094 Assago ℰ 4880441, Telex 325191, Fax 48843958, 🝾 – 🝾 🝾 🝾
🝾 **℗** – 🝾 300. 🝾 🝾 ⓞ 🝾 𝑽𝑰𝑺𝑨. 🝾 rist
Pas 40/60000 – **219 cam** 🝾 240000 – ½ P 160/220000.

Vedere anche : **Cesano Boscone** SO : 9 km AP.
San Donato Milanese SE : 9 km CP.
Opera S : 10 km per via Ripamonti.
Segrate E : 10 km COP.
Bollate NO : 11 km AO.
Trezzano sul Naviglio per ⑩ : 11 km.
San Giuliano Milanese per ⑦ : 12 km.
Cinisello Balsamo N : 13 km BCO.
Cusano Milanino N : 13 km BO.
Peschiera Borromeo per ⑦ : 14 km.
Garbagnate Milanese per ⑭ : 16 km.

MICHELIN, a Pregnana Milanese, viale dell' Industria 23/25 (per strada statale 33 AO Milano
- ⊠ 20010 Pregnana Milanese, ℰ 93590160, Fax 93590270.

Per viaggiare in Europa, utilizzate :

Le carte Michelin scala 1/400 000 a 1/1 000 000 **Le Grandi Strade** ;

Le carte Michelin dettagliate ;

Le guide Rosse Michelin (alberghi e ristoranti) :

**Benelux, Deutschland, España Portugal, main cities Europe, France,
Great Britain and Ireland**

Le guide Verdi Michelin che descrivono le curiosità e gli itinerari di visita :
musei, monumenti, percorsi turistici interessanti.

ANO ② Milano – Vedere Segrate.

ANO MARITTIMA Ravenna 988 ⑮, 430 J 19 – Vedere Cervia.

AZZO Messina 988 ㊲ ㊳, 432 M 27 – Vedere Sicilia.

IERBIO 40061 Bologna 988 ⑮, 429 430 I 16 – 6 677 ab. alt. 16 – ✆ 051.
a 399 – ♦Bologna 23 – ♦Ferrara 30 – ♦Modena 59 – ♦Ravenna 93.

Nanni, ℰ 878276, Fax 876094, ☞ – 劇 🗐 📺 ☎ 🅿. 🕮 🕄 ⑩ 🗲 _VISA_. ⅏
Pas *(chiuso dal 24 dicembre al 7 gennaio e dall'8 al 21 agosto)* carta 27/40000 – **35 cam**
⇆ 98/138000 – ½ P 80/90000.

IORI 84010 Salerno 431 E 25 – 3 045 ab. – a.s. Pasqua, 15 giugno-15 settembre e Natale –
89.
a 269 – Amalfi 3 – ♦Napoli 59 – Salerno 22.

Santa Lucia, ℰ 877142, Fax 877142 – ☎ ⇆. 🕮 🕄 ⑩ 🗲 _VISA_. ⅏ rist
marzo-ottobre – Pas carta 30/48000 (10%) – ⇆ 10000 – **27 cam** 40/60000 – ½ P 60/
75000.

Giardiniello, corso Vittorio Emanuele 17 ℰ 877050, « Servizio estivo sotto un pergolato » – 🕮 🕄 🗲 _VISA_
chiuso gennaio e mercoledì (escluso da giugno a settembre) – Pas carta 31/62000 (10%).

IUSIO 427 ㉔, 219 ⑧, 218 ⑫ – Vedere Cantone Ticino (Locarno) alla fine dell'elenco
betico.

Entrate nell'albergo o nel ristorante con la guida in mano,
dimostrando in tal modo la fiducia in chi vi ha indirizzato.

RA 30034 Venezia 988 ⑤, 429 F 18 – 36 906 ab. alt. 6 – ✆ 041.
ere Sala da ballo★ della Villa Costanzo.
ursioni Riviera del Brenta★★ per la strada S 11.
a Don Minzoni 26 ℰ 424973, Fax 423844.
a 514 – Chioggia 39 – ♦Milano 253 – ♦Padova 23 – Treviso 35 – ♦Venezia 21.

Villa Margherita, via Nazionale 416 ⊠ 30030 Mira Porte ℰ 4265800, Fax 4265838,
« Piccolo parco » – 🗐 📺 ☎ ♿ 🅿. 🕮 🕄 ⑩ 🗲 _VISA_. ⅏
Pas vedere rist Margherita – ⇆ 15000 – **19 cam** 130/195000 – ½ P 155000.

Riviera dei Dogi senza rist, via Don Minzoni 33 ⊠ 30030 Mira Porte ℰ 424466,
Fax 424428 – 🗐 📺 ☎ 🅿. 🕮 🕄 ⑩ 🗲 _VISA_. ⅏
⇆ 10000 – **29 cam** 95/120000.

Margherita, via Nazionale 312 ⊠ 30030 Mira Porte ℰ 420879, Solo piatti di pesce, ☞ –
🗐 🅿 – 🔬 80. 🕮 🕄 ⑩ 🗲 _VISA_. ⅏
chiuso martedì sera, mercoledì e dal 1º al 20 gennaio – Pas carta 50/68000.

Nalin, via Novissimo 29 ℰ 420083, Solo piatti di pesce, ☞ – 🗐 🅿. 🕮 🕄 ⑩ 🗲 _VISA_.
⅏
chiuso domenica sera, lunedì, dal 26 dicembre al 5 gennaio ed agosto – Pas carta 36/58000.

Anna e Otello, località Piazza Vecchia SE : 3 km ℰ 5675335, Solo piatti di pesce – 🕄
VISA. ⅏
chiuso lunedì e gennaio – Pas carta 29/56000.

Vecia Brenta con cam, via Nazionale 403 ⊠ 30030 Mira Porte ℰ 420114, Solo piatti di
pesce – 🗐 🅿. 🕮 🕄 🗲 _VISA_. ⅏
chiuso dal 1º al 20 gennaio – Pas *(chiuso mercoledì)* carta 36/60000 – ⇆ 6000 – **8 cam**
60/70000.

Dall'Antonia, via Argine Destro 75 (SE : 3 km) ℰ 5675618, Solo piatti di pesce – 🗐 🅿.
🕮 🕄 🗲 _VISA_. ⅏
chiuso domenica sera, martedì, gennaio ed agosto – Pas carta 36/90000 bc.

Vedere anche : *Dolo* O : 4 km.
                 Oriago NE : 4,5 km.
                 Malcontenta E : 8 km.

RABELLA IMBACCARI Catania 988 ㊱, 432 P 25 – Vedere Sicilia.

RAMARE Forlì 988 ⑮ ⑯, 430 J 19 – Vedere Rimini.

RANDOLA 41037 Modena 988 ⑭, 429 H 15 – 21 632 ab. alt. 18 – ✆ 0535.
a 436 – ♦Bologna 71 – ♦Ferrara 58 – Mantova 55 – ♦Milano 202 – ♦Modena 32 – ♦Parma 88 – ♦Verona 70.

Pico senza rist, ℰ 20050, Fax 26873 – 劇 🗐 📺 ☎ 🅿. 🕮 🕄 ⑩ 🗲 _VISA_. ⅏
chiuso dal 7 al 29 agosto – ⇆ 12000 – **26 cam** 79/104000.

MIRANO 30035 Venezia 988 ⑤, 429 F 18 – 25 875 ab. alt. 9 – ✿ 041.

Roma 516 – ◆Milano 253 – ◆Padova 25 – Treviso 30 – ◆Trieste 158 – ◆Venezia 19.

🏨 **Park Hotel Villa Giustinian** senza rist, via Miranese 85 ℰ 5700200, Fax 5700
« Parco con ⚎ » – ▮ 📺 ☎ 🅿. 🖭 🖪 🖿 💳
⟷ 10000 – **29 cam** 90/140000, appartamento.

🏨 **Leon d'Oro** ⑤, via Canonici 3 (S : 3 km) ℰ 432777, Fax 431501, ⚎, ⚞ – ▮ 📺 ☎ 🄖
🖪 ⓘ 🖿 💳. ⁇ rist
chiuso Natale – Pas (solo per clienti alloggiati) – **22 cam** ⟷ 80/140000 – ½ P 73/80000.

XXX **El Tinelo dei Molini**, via Belvedere 8/10 ℰ 432344, Coperti limitati; prenotare, « Se
zio estivo all'aperto » – ▤ 🅿. 🖭 🖪 ⓘ 🖿 💳
chiuso lunedì – Pas carta 50/81000.

X **19 al Paradiso**, via Luneo 37 (N : 2 km) ℰ 431939, ⇪ – ▤ 🅿. 🖪 🖿 💳. ⁇
chiuso lunedì ed agosto – Pas carta 40/57000.

MISANO ADRIATICO 47046 Forlì 429 430 K 20 – 8 833 ab. – a.s. 15 giugno-agosto – ✿ 05
🛈 via Platani 22 ℰ 615520, Fax 613295.

Roma 318 – ◆Bologna 126 – Forlì 65 – ◆Milano 337 – Pesaro 20 – ◆Ravenna 68 – San Marino 38.

🏨 **Atlantic,** via Sardegna 28 ℰ 614161, Fax 613748, ⚎ riscaldata – ▮ ▤ 📺 ☎ 🅿 🖪 🖿
⁇ rist
Pasqua-settembre – Pas 30/45000 – ⟷ 15000 – **39 cam** 110000 – ½ P 84/100000.

🏨 **Gala,** via Pascoli 8 ℰ 615109, Fax 614800 – ▮ ▤ 📾 🅿. 🖭 🖪 ⓘ 🖿 💳. ⁇ rist
aprile-settembre – Pas 35/45000 – **25 cam** ⟷ 95/170000 – ½ P 98/110000.

🏨 **Haway,** via Sardegna 21 ℰ 610309 – ▮ 📾 rist 📾 🅿. ⁇ rist
15 maggio-20 settembre – Pas 20000 – **39 cam** ⟷ 90000 – ½ P 40/60000.

🏨 **Villa Rosa,** Litoranea Sud 4 ℰ 613601, Fax 610383, ← – ▮ 📾 🅿. ⁇
15 maggio-20 settembre – Pas (solo per clienti alloggiati) 20/25000 – ⟷ 10000 – **30 c**
70/90000 – ½ P 35/68000.

XX **La Quercia,** sulla strada provinciale 35 per Riccione-Morciano ℰ 614417, Fax 612
« Servizio estivo in giardino », ⚞ – 🅿. 🖭 🖪 ⓘ 🖿 💳. ⁇
chiuso novembre, lunedì e a mezzogiorno (escluso sabato-domenica e luglio-agosto) –
carta 40/58000.

*Les nouveaux **guides Verts touristiques Michelin**, c'est :*

– un texte descriptif plus riche,

– une information pratique plus claire,

– des plans, des schémas et des photos en couleurs,

– ... et, bien sûr, une actualisation détaillée et fréquente.

Utilisez toujours la dernière édition.

MISSIANO (MISSIAN) Bolzano 218 ⑳ – Vedere Appiano.

MISURINA 32040 Belluno 988 ⑤, 429 C 18 – alt. 1 756 – Sport invernali : 1 756/2 220 m ⚡4
– ✿ 0436.

Vedere Lago★★ – Paesaggio pittoresco★★★.

Roma 686 – Auronzo di Cadore 24 – Belluno 86 – Cortina d'Ampezzo 15 – ◆Milano 429 – ◆Venezia 176.

🏨 **Lavaredo** ⑤, ℰ 39127, Fax 39127, ← Dolomiti e lago, ⁇ – 📺 ☎ 🅿. 🖪 🖿 💳. ⁇
chiuso novembre – Pas carta 30/52000 – ⟷ 14000 – **31 cam** 90/130000 – ½ P 55/10000

MODENA 41100 🅿 988 ⑭, 428 429 430 I 14 – 177 501 ab. alt. 35 – ✿ 059.

Vedere Duomo★★ AY – Metope★★ nel museo del Duomo AY – Galleria Estense★★, biblio
Estense★, sala delle medaglie★ nel palazzo dei Musei AY – Palazzo Ducale★ BY **A**.

🏌 (chiuso martedì) a Colombaro di Formigine ⊠ 41050 ℰ 553482, Fax 553696, per ④ : 10
🛈 via Scudari 30 ℰ 222482.

A.C.I. via Verdi 7 ℰ 239022.

Roma 404 ④ – ◆Bologna 39 ③ – ◆Ferrara 84 ④ – ◆Firenze 130 ④ – ◆Milano 170 ⑥ – ◆Parma 56 ⑥ – ◆Ve
101 ⑥.

Pianta pagina seguente

🏨 **Real Fini,** via Emilia Est 441 ℰ 238091, Telex 510286, Fax 364804 – ▮ ▤ 📺 ☎ 🖓 ⬅
– 🔬 40 a 600. 🖭 🖪 ⓘ 🖿 💳   p
chiuso dal 22 dicembre al 1° gennaio e dal 24 luglio al 23 agosto – Pas vedere rist Fini –
20000 – **92 cam** 225/330000, appartamento – ½ P 176/315000.

🏨 **Gd H. Raffaello e dei Congressi,** via per Cognento 5 ℰ 357035, Telex 521
Fax 354522 – ▮ ▤ 📺 ☎ ⬅ 🅿 – 🔬 70 a 250. 🖭 🖪 ⓘ 🖿 💳. ⁇ rist   3 km pe
Pas 35/37000 – **127 cam** ⟷ 171/263000, 12 appartamenti – ½ P 165/204000.

370

MODENA

Luca (Calle di) . . . . **AZ** 10
Mazzini (Piazza) . . . . **BY** 13
Nonantolana (Via) . . . . . . **BY** 15
Porta S. Agostino (Largo) . . **AY** 17
Rismondo (Via F.) . . . . . **ABY** 18
Risorgimento (Piazzale) . . . **AZ** 19
S. Carlo (Via) . . . . **BZ** 21
S. Francesco (Piazzale) . . . . **AZ** 22
S. Giovanni
  del Cantone (Via) . . . . . **BY** 23
Storchi (Via G.) . . . . **BY** 24
3 Febbraio (Via) . . . . **BY** 25

anal Chiaro (Cso) . **AYZ**
milia (Via) . . . . . . **ABYZ**
arini (Via) . . . . . . **BY**

cc. Militare (Via) . . **BY** 2
analino (Via) . . . . **BZ** 5
uomo (Corso) . . . **AY** 7
nteraso (Via) . . . **BY** 8
annone (Via P.) . . **AZ** 9

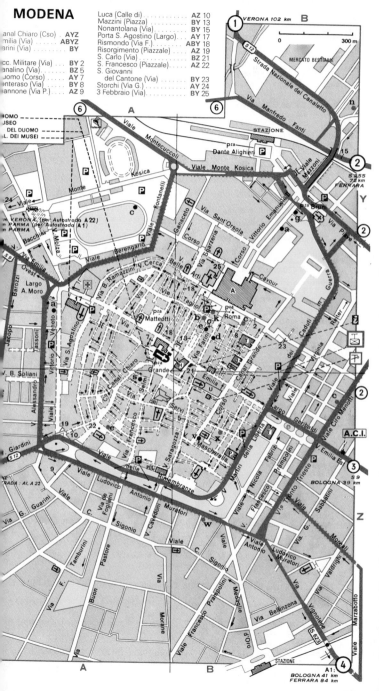

🏨 **Canalgrande,** corso Canal Grande 6 ℰ 217160, Telex 510480, Fax 221674, « Sale set centesche e giardino ombreggiato » – 🛗 🗏 📺 ☎ 🖭 🚷 ⓪ Ⲉ 🗺 BZ
Pas *(chiuso martedì e dal 1° al 20 agosto)* carta 45/70000 – ⚏ 18000 – **78 cam** 165/23600
2 appartamenti, 🗏 20000 – ½ P 200000.

🏨 **Central Park Hotel** senza rist, viale Vittorio Veneto 10 ℰ 225858, Telex 5222
Fax 215141 – 🛗 🗏 📺 ☎ 🅿 – 🛦 35. 🖭 🚷 ⓪ Ⲉ 🗺 AY
chiuso dal 23 dicembre al 6 gennaio e dal 24 luglio al 22 agosto – **46 cam** ⚏ 160/2000
2 appartamenti.

🏨 **Donatello,** via Giardini 402 ℰ 351331, Fax 342803 – 🛗 🗏 📺 ☎ 🚗 – 🛦 50. 🖭 🚷
🗺. 🕸 rist per
Pas *(chiuso lunedì ed agosto)* carta 26/42000 – ⚏ 20000 – **74 cam** 112000, 🗏 18000.

🏨 **Eden** senza rist, via Emilia Ovest 666 ℰ 335660, Telex 522217, Fax 820108 – 🛗 🗏 📺
🚗 🅿 – 🛦 25 a 200. 🖭 🚷 ⓪ Ⲉ 🗺 per
80 cam ⚏ 75/100000.

🏨 **Libertà** senza rist, via Blasia 10 ℰ 222365, Fax 222502 – 🛗 📺 ☎ 🚗. 🖭 🚷 ⓪ Ⲉ 🗺
BY
chiuso dal 24 dicembre al 2 gennaio ed agosto – ⚏ 15000 – **48 cam** 90/125000.

🏨 **Lux** senza rist, via Galilei 218/a ℰ 353308, Fax 341400 – 🛗 🗏 📺 ☎ – 🛦 80. 🖭 🚷 ⓪
🗺 3 km da
chiuso dal 22 dicembre al 2 gennaio ed agosto – ⚏ 10000 – **43 cam** 110000.

🏨 **Roma** senza rist, via Farini 44 ℰ 222218, Fax 223747 – 🛗 📺 ☎ 🚗. 🖭 🚷 ⓪ Ⲉ 🗺
🕸 BY
⚏ 12000 – **53 cam** 80/112000.

🏨 **Europa** senza rist, corso Vittorio Emanuele II n° 52 ℰ 217721, Telex 522331, Fax 22228
🛗 📺 ☎ 🚗. 🖭 🚷 ⓪ Ⲉ 🗺 BY
⚏ 9000 – **120 cam** 66/90000.

🏨 **Milano,** corso Vittorio Emanuele II n° 68 ℰ 223011, Telex 522189, Fax 225136 – 🛗 🗏
☎. 🖭 🚷 ⓪ Ⲉ 🗺 AY
Pas *(chiuso domenica)* carta 34/53000 – ⚏ 18000 – **63 cam** 74/104000, 🗏 11000 – ½ P
100000.

🏨 **Principe** senza rist, corso Vittorio Emanuele 94 ℰ 218670, Fax 218670 – 🛗 🗏 📺 ☎ 🖆.
🚷 ⓪ Ⲉ 🗺 BY
⚏ 14000 – **51 cam** 90/118000, 🗏 9000.

🏠 **La Torre** senza rist, via Cervetta 5 ℰ 222615, Fax 216316 – 📺 ☎ 🚗. 🖭 🚷 ⓪ Ⲉ 🗺
🕸 AZ
⚏ 12000 – **26 cam** 55/85000.

XXX ❀❀ **Fini,** rua Frati Minori 54 ℰ 223314, Fax 220247, prenotare – 🗏. 🖭 🚷 ⓪ Ⲉ 🗺
🕸 AZ
chiuso lunedì, martedì, dal 24 al 31 dicembre e dal 28 luglio al 24 agosto – Pas carta
95000
Spec. Pasticcio di maccheroni, Fritto misto all'italiana, Bolliti misti dal carrello. **Vini** Albana, Lambrusco.

XXX ❀ **Borso d'Este,** piazza Roma 5 ℰ 214114, prenotare – 🗏. 🖭 🚷 ⓪ Ⲉ 🗺. 🕸 BY
chiuso domenica ed agosto – Pas carta 53/73000
Spec. Raviolini d'anitra alle spugnole, Branzino alle erbe aromatiche in cartoccio, Filetto di bue al fegato d'oca.
Chardonnay, Cabernet-Sauvignon.

XX **Osteria Toscana,** via Gallucci 21 ℰ 211312 – 🖭 🚷 ⓪ Ⲉ 🗺. 🕸 BZ
chiuso domenica, lunedì ed agosto – Pas carta 40/61000.

XX **Le Temps Perdu,** via Sadoleto 3 ℰ 220353, Solo piatti di pesce, Coperti limita
prenotare – 🖭 ⓪ 🗺. 🕸 BZ
chiuso a mezzogiorno, lunedì e dal 10 al 17 agosto – Pas carta 57/105000.

XX **Lauro,** via Menotti 61 ℰ 214264 – 🗏. 🖭 🚷 ⓪ Ⲉ 🗺 BZ
chiuso la sera (escluso giovedì-venerdì), domenica ed agosto – Pas carta 40/53000.

XX **Oreste,** piazza Roma 31 ℰ 243324 – 🛦 40. 🖭 🚷 ⓪ Ⲉ 🗺 BY
chiuso domenica sera, mercoledì e dal 31 luglio – Pas carta 41/74000.

XX **Bianca,** via Spaccini 24 ℰ 311524, � – 🖭 ⓪ 🗺. 🕸 BY
chiuso sabato a mezzogiorno, domenica, Natale, Pasqua ed agosto – Pas carta
62000.

XX **Moka,** via Emilia Ovest 628 ℰ 334478, Coperti limitati; prenotare – 🗏. 🖭 🚷 ⓪ Ⲉ 🗺
🕸 2,5 km per
chiuso sabato a mezzogiorno, domenica, dal 24 dicembre al 1° gennaio ed agosto –
carta 45/71000.

XX **Aurora,** via Coltellini 24 ℰ 225191, � , Solo piatti di pesce da giovedì a sabato – 🗏.
🚷 ⓪ Ⲉ 🗺. 🕸 BY
chiuso lunedì e dal 17 agosto al 6 settembre – Pas carta 35/56000 (10 %).

X **Al Boschetto-da Loris,** via Due Canali Nord 202 ℰ 251759, « Servizio estivo in giar
no » – 🅿. ⓪. 🕸 per
chiuso la sera (escluso giovedì, venerdì, sabato e da giugno al 15 settembre), mercoledì
agosto – Pas carta 31/51000.

*sulla strada statale 9 – **via Emilia** :*

XX **Vinicio,** località Fossalta per ③ : 4 km ✉ 41100 Modena ℘ 280313, Fax 281902, « Servizio estivo all'aperto » – ▤ Ⓟ – 🏋 100. AE ⑤ ⓞ E VISA. ✻
chiuso domenica, lunedì ed agosto – Pas carta 36/50000.

XX **La Quercia di Rosa,** località Fossalta per ③ : 4 km ✉ 41100 Modena ℘ 280730, « Servizio estivo in giardino » – Ⓟ. AE ⓞ VISA. ✻
chiuso domenica, Natale ed agosto – Pas carta 38/62000.

XX **Green Grill-da Gaetano,** via Emilia Ovest 802 per ⑥ : 3 km ✉ 41100 Modena ℘ 330073, « Giardino con servizio estivo » – Ⓟ. AE ⑤ ⓞ E VISA. ✻
chiuso sabato e dal 3 al 27 agosto – Pas carta 34/47000.

XX Antica Trattoria da Felice, via Emilia Est 2445 per ③ : 7 km ✉ 41010 Gaggio di Piano ℘ 938003 – Ⓟ.

X **La Piola,** via Cave Ramo 248 per ⑥ : 6 km ✉ 41100 Modena ℘ 848052, « Servizio estivo all'aperto »
chiuso a mezzogiorno (escluso domenica), lunedì, martedì e dal 10 al 22 agosto – Pas carta 25/35000.

*a **Cognento*** per ⑤ : 4 km – ✉ **41010** :

XX Aicardi, ℘ 355131, Fax 340806, « Servizio estivo in giardino » – ⇆ ▤ Ⓟ – 🏋 100.

*a **Cittanova*** per ⑥ : 7 km – ✉ **41100** Modena :

X **Annunciata,** ℘ 848119 – Ⓟ. ⑤ ⓞ E VISA. ✻
chiuso lunedì sera, martedì ed agosto – Pas carta 40/53000.

*sull'autostrada A 1 – **Secchia*** per ⑥ : 7 km :

🏨 **MotelAgip** senza rist, ✉ 41100 Modena ℘ 848221, Telex 522185, Fax 848522 – |♦| ▤ TV ☎ ♿ Ⓟ – 🏋 30 a 150. AE ⑤ ⓞ E VISA.
184 cam ☐ 148/198000.

sulla strada statale 12 per ⑤ : 7 km :

🏨 **Mini Hotel** senza rist, via Giardini 1270 ✉ 41100 Modena ℘ 510051, Fax 511187 – |♦| TV ☎ Ⓟ. AE ⑤ ⓞ E VISA
chiuso dal 10 al 20 agosto – ☐ 12000 – **26 cam** 72/100000.

per via Campogalliano per ⑥ : 7 km :

X **Quattro Ville** ✉ 41100 Modena ℘ 525731 – Ⓟ. ⑤ ⓞ E VISA. ✻
chiuso domenica e dal 5 al 20 agosto – Pas carta 36/47000.

*a **Marzaglia*** per ⑥ : 10 km – ✉ **41010** :

XX **La Masseria,** ℘ 389262, Cucina tipica pugliese, prenotare la sera, « Servizio estivo in giardino » – AE ⑤ ⓞ E VISA. ✻
chiuso martedì e dal 24 dicembre al 5 gennaio – Pas carta 50/60000.

sulla via Vignolese per ④ : 11 km :

XX **Baia del Re** con cam, prossimità casello autostrada ✉ 41010 San Dàmaso ℘ 469135 – ☎ ⇔ Ⓟ. AE ⑤ ⓞ E VISA
chiuso dal 24 dicembre al 16 gennaio e dal 1° al 20 agosto – Pas *(chiuso domenica)* carta 59/86000 – ☐ 10000 – **14 cam** 52/82000 – ½ P 88000.

MODICA Ragusa 988 ㊲, 432 Q 26 – Vedere Sicilia.

MODIGLIANA 47015 Forlì 988 ⑮, 429 430 J 17 – 4 850 ab. alt. 185 – ☏ 0546.
Roma 349 – ◆Bologna 75 – ◆Firenze 102 – Forlì 34.

XX Il Solieri, via Garibaldi 30/b ℘ 92493

X Il Veliero, piazza Don Minzoni 44 ℘ 92541

MODUGNO 70026 Bari 988 ㉙, 431 D 32 – 37 930 ab. alt. 79 – ☏ 080.
Roma 443 – ◆Bari 10 – Barletta 56 – Matera 53 – ◆Taranto 93.

sulla strada statale 96 :

🏨 **Bari Nord,** N : 1 km ✉ 70026 Modugno ℘ 565222, Fax 566997, ⛱, ⚟, ✂ – |♦| ▤ ☎ ⇔ Ⓟ – 🏋 50 a 400. E VISA. ✻
Pas carta 40/62000 – ☐ 15000 – **155 cam** 140000, ▤ 18000 – ½ P 130000.

🏨 **H R,** NE : 3 km ✉ 70123 Bari Ovest ℘ 451500, Fax 451500, ⛱, ⚟, ✂ – |♦| ▤ TV ☎ Ⓟ – 🏋 25 a 150. AE ⑤ ⓞ E VISA. ✻ rist
Pas carta 44/61000 – ☐ 12000 – **93 cam** 140/160000 – ½ P 160000.

*Percorrete i **paesi europei** con le **carte Michelin***
con la copertina rossa, dal n° 980 al 991.

MOENA 38035 Trento 988 ④ ⑤, 429 C 16 – 2 585 ab. alt. 1 184 – a.s. febbraio-Pasqua e Nata
– Sport invernali : ad Alpe Lusia : 1 184/2 347 m ≤2 ≤10, ≰ (vedere anche passo S.
Pellegrino) – ❀ 0462.

🖪 piazza Cesare Battisti 33 ♟ 53122, Telex 400677, Fax 54342.

Roma 671 – Belluno 69 – ◆Bolzano 45 – Cortina d'Ampezzo 74 – ◆Milano 329 – Trento 89.

🏨 **Dolce Casa** ⑤, ♟ 573126, ≤ Dolomiti – 🛗 ☎ 🅿 – 🔬 90. ✾
  dicembre-aprile e giugno-settembre – Pas 32/40000 – ☲ 13500 – **42 cam** 88/143000
  ½ P 85/118000.

🏨 **Alpi,** ♟ 573194, Fax 574412, ≤, ⇌ – 🛗 📺 ☎ 🅿. ஊ 🕲 🗲 VISA. ✾
  15 dicembre-20 aprile e 15 giugno-settembre – Pas 25/35000 – ☲ 8000 – **37 cam** 9
  150000 – ½ P 60/115000.

🏨 **Patrizia** ⑤, ♟ 573185, Fax 574087, ≤, ⇌, ☞ – 🛗 📺 ☎ 🅿. ⓪. ✾
  20 dicembre-Pasqua e 20 giugno-20 settembre – Pas 25/32000 – ☲ 12000 – **34 ca**
  88/150000 – ½ P 95/110000.

🏨 **Monza** ⑤, ♟ 573205, ≤ – 🛗 📺 ☎ ☛ 🅿. ஊ ⓪ VISA. ✾ rist
  20 dicembre-20 aprile e 15 giugno-20 settembre – Pas 40000 – ☲ 12000 – **16 ca**
  95/150000, 6 appartamenti – ½ P 77/108000.

🏨 **Post Hotel,** ♟ 573760, Fax 573281 – 🛗 📺 ☎. ஊ ⓪ VISA. ✾
  dicembre-Pasqua e 15 giugno-settembre – Pas vedere rist Tyrol – ☲ 11000 – 15 appar
  menti 120/164000 – ½ P 60/110000.

🏨 **Leonardo** ⑤, ♟ 573355, Fax 573182, ≤, ☞ – 🛗 📺 ☎ 🅿. ✾ rist
  20 dicembre-aprile e 15 giugno-settembre – Pas carta 30/38000 – ☲ 9000 – **21 ca**
  90/145000 – ½ P 75/125000.

🏨 **Catinaccio** ⑤, ♟ 573235, Fax 574474, ≤ Dolomiti, ⇌ – 🛗 📺 ☎ 🅿. ஊ 🕲 🗲 VISA. ✾ r
  20 dicembre-20 marzo e luglio-15 settembre – Pas 30/40000 – **41 cam** ☲ 130/17000C
  ½ P 80/125000.

✗✗ **Tyrol,** ♟ 573760 – 🍴. ஊ 🕲 🗲 VISA. ✾
  dicembre-Pasqua e 15 giugno-settembre – Pas carta 40/55000.

✗✗ ❀ **Ja Navalge,** ♟ 573930 – 🕲 🗲 VISA. ✾
  chiuso dal 15 giugno al 20 luglio e domenica sera-lunedì in bassa stagione – Pas carta 4
  72000
  Spec. Crema di sprez (formaggio) in mantello di patate (autunno-inverno), Scaloppa d'anitra con visciole e timballc
  zucchine, Bignè alla menta con cioccolato caldo. **Vini** Cabernet-Sauvignon.

✗ ❀ **Malga Panna,** O : 1,5 km ♟ 573489, ≤ Dolomiti, 🍽 – 🅿. ஊ. ✾
  Natale-Pasqua e giugno-settembre; chiuso lunedì – Pas carta 41/64000
  Spec. Ravioli "Tutto Porcini", Medaglioni di cervo al vino rosso, Mousse al cioccolato bianco. **Vini** Foianeghe.

  Vedere anche : **San Pellegrino (Passo di)** E : 12,5 km.

MOGGIONA Arezzo 430 K 17 – Vedere Camaldoli.

MOGLIANO VENETO 31021 Treviso 988 ⑤, 429 F 18 – 25 460 ab. alt. 8 – ❀ 041.

🖪18 e 🖪5 Villa Condulmer (chiuso lunedì) a Zerman ✉ 31020 ♟ 457062, Fax 457202, NE : 4 km
Roma 529 – ◆Milano 268 – ◆Padova 38 – Treviso 12 – ◆Trieste 152 – Udine 121 – ◆Venezia 18.

🏨 **Villa Stucky,** via Don Bosco 47 ♟ 5904528, Fax 5904566 – 🛗 🍴 📺 ☎ 🔥 🅿. ஊ 🕲 ⓪
  VISA. ✾
  Pas carta 57/88000 – **20 cam** ☲ 270/420000, 6 appartamenti.

🏨 **Holystar Campiello,** via Roma 33 ♟ 5904595, Fax 5902080 – 🛗 🍴 📺 ☎ 🅿
  🔬 30 a 200. ஊ 🕲 ⓪ 🗲 VISA. ✾
  Pas carta 35/50000 – **35 cam** ☲ 80/130000 – ½ P 85/100000.

  a Zerman NE : 4 km – ✉ 31020 :

🏨 **Villa Condulmer** ⑤, ♟ 457100, Fax 457134, « Villa veneta del 18° secolo in un fres
  parco », 🏊, ✾, 🖪 🖪 – 🍴 cam ☎ 🅿 – 🔬 80. ஊ 🕲 ⓪ 🗲 VISA. ✾ rist
  chiuso dall'8 gennaio al 10 febbraio – Pas (chiuso lunedì) carta 60/80000 (15%) – ☲ 15000
  50 cam 110/220000, 5 appartamenti – ½ P 180/200000.

MOIA DI ALBOSAGGIA Sondrio – Vedere Sondrio.

MOIE Ancona 430 L 21 – Vedere Maiolati Spontini.

MOLFETTA 70056 Bari 988 ㉙, 431 D 31 – 64 289 ab. – ❀ 080.

Roma 425 – ◆Bari 25 – Barletta 30 – ◆Foggia 108 – Matera 69 – ◆Taranto 115.

🏨 **Garden,** via provinciale Terlizzi ♟ 941722, ☞, ✾ – 🛗 🍴 📺 ☎ 🚗 🅿 – 🔬 80. ஊ 🕲 (
  🗲 VISA. ✾
  Pas (chiuso domenica) carta 25/35000 – ☲ 7000 – **60 cam** 70/95000, 🍴 12000C
  ½ P 82000.

✗✗ **Borgo Antico,** piazza Municipio 20 ♟ 9974379 – 🍴. ஊ VISA. ✾
  chiuso lunedì e dal 9 al 22 novembre – Pas carta 30/60000.

✗✗ **Bistrot,** via Dante 33 ♟ 9975812 – 🍴. ஊ VISA
  chiuso mercoledì, luglio ed 30 agosto – Pas carta 28/39000.

LINELLA 40062 Bologna 429 430 I 17 – 12 033 ab. alt. 8 – ✿ 051.

413 – ◆Bologna 36 – Ferrara 34 – ◆Ravenna 54.

Mini Palace, via Circonvallazione Sud 2 ℰ 881180, Fax 881180, 🐦 – 📺 ☎ 🅿. 🝆 🕄 ⓞ 🝆 🝚 *VISA*
chiuso dal 1° al 10 gennaio e dal 10 al 20 agosto – Pas *(chiuso domenica sera e lunedì)*
28/48000 – ⛁ 8000 – **15 cam** 75/120000 – ½ P 75/85000.

LINI (MÜHLEN) Bolzano – Vedere Falzes.

LINI DI TURES (MÜHLEN) Bolzano – Vedere Campo Tures.

LLIÈRES Torino – Vedere Cesana Torinese.

LTRASIO 22010 Como 428 E 9, 219 ⑧ ⑨ – 1 983 ab. alt. 247 – ✿ 031.

634 – Como 9 – Menaggio 26 – ◆Milano 57.

Posta, ℰ 290444, Fax 290657, ≤, 🏛 – 🛄 📺 ☎. 🝆 🕄 ⓞ 🝆 *VISA*
chiuso gennaio e febbraio – Pas *(chiuso mercoledì)* carta 37/65000 – ⛁ 10000 – **20 cam**
70/95000 – ½ P 70/75000.

LVENO 38018 Trento 988 ④, 428 429 D 14 – 1 021 ab. alt. 864 – a.s. Pasqua e Natale –
rt invernali : 864/1 530 m ≰ 3, ≴; (vedere anche Andalo e Fai della Paganella) – ✿ 0461.

ere Lago★★.

azza Marconi ℰ 586924, Fax 586221.

627 – ◆Bolzano 65 – ◆Milano 211 – Riva del Garda 46 – Trento 45.

Ischia, ℰ 586057, Fax 586985, ≤, « Giardino fiorito » – 🛄 📺 ☎ 🕭 🅿. 🝆 🕄 🝆 *VISA*. 🍽
20 dicembre-marzo e giugno-settembre – Pas 29/30000 – **35 cam** ⛁ 70/130000 – ½ P 56/
99000.

Belvedere, ℰ 586933, Telex 401310, Fax 586044, ≤, 🕿 – 🛄 📺 ☎ 🕭 🅿. 🕄 *VISA*. 🍽 rist
chiuso novembre – Pas 30/37000 – ⛁ 10000 – **52 cam** 94/160000 – ½ P 81/118000.

Lido, ℰ 586932, Fax 586143, « Grande giardino ombreggiato » – 🛄 📺 ☎ 🅿 – 🛥 100.
🝆. 🍽
15 maggio-15 ottobre – Pas carta 26/35000 – ⛁ 8000 – **59 cam** 86/145000 – ½ P 58/98000.

Du Lac, ℰ 586965, Fax 586247, ≤, 🐦 – 🛄 ☎ 🅿 🝆 🕄 🝆 *VISA*. 🍽 rist
20 dicembre-10 gennaio e giugno-settembre – Pas 20/26000 – ⛁ 10000 – **44 cam** 80/
140000 – ½ P 60/100000.

Alexander H. Cima Tosa, ℰ 586928, Fax 586950, ≤ Gruppo del Brenta e lago – 🛄 ↔
📺 ☎ 🅿 – 🛥 70. 🝆 🕄 ⓞ 🝆 *VISA*. 🍽 rist
19 dicembre-10 gennaio, 7 febbraio-14 marzo e 10 aprile-2 novembre – Pas 23/30000 –
36 cam ⛁ 80/120000 – ½ P 50/100000.

Miralago, ℰ 586935, Fax 586268, ≤ lago, 🔌 riscaldata, 🐦 – 🛄 📺 ☎ 🅿. 🝆 🕄 ⓞ 🝆 *VISA*.
🍽 rist
Natale-6 gennaio, febbraio-marzo e maggio-ottobre – Pas 25/35000 – ⛁ 12000 – **35 cam**
80/130000 – ½ P 90/110000.

Gloria 🦢, ℰ 586962, Fax 586962, ≤ Gruppo del Brenta e lago, 🐦 – 🛄 📺 ☎ 🅿. 🝆
🍽 rist
Natale e giugno-settembre – Pas 25/30000 – **31 cam** ⛁ 90/145000 – ½ P 70/110000.

Ariston, ℰ 586907, ≤ lago – 🛄 🗐 lago 📺 🕭 🅿. 🝆 🕄 🝆 *VISA*. 🍽 rist
22 dicembre-10 gennaio e 20 giugno-20 settembre – Pas 28/32000 – **48 cam** ⛁ 85/140000
– ½ P 100/120000.

Londra, ℰ 586943, Fax 586313, ≤, 🐦 – 🛄 ☎ 🕭 🅿. 🕄 *VISA*. 🍽 rist
chiuso aprile e novembre – Pas 15/25000 – ⛁ 7000 – **35 cam** 64/110000 – ½ P 50/84000.

Antica Bosnia, ℰ 586123, Coperti limitati; prenotare – *VISA*. 🍽
chiuso mercoledì e dal 3 al 27 giugno – **Pas** carta 24/44000.

OMBELLO MONFERRATO 15020 Alessandria – 1 136 ab. alt. 294 – ✿ 0142.

na 626 – Alessandria 46 – Asti 38 – ◆Milano 95 – ◆Torino 62 – Vercelli 39.

Hostaria dal Paluc, località Zenevreto N : 2 km ℰ 944126, solo su prenotazione,
« Servizio estivo all'aperto con ≤ » – 🅿. 🝆 🕄 🝆 *VISA*. 🍽
chiuso lunedì, martedì e da gennaio al 15 febbraio – Pas carta 37/63000.

Dubini, ℰ 944116 – 🝆 🕄 🝆 *VISA*
chiuso mercoledì e dal 25 luglio al 18 agosto – Pas carta 35/55000.

OMBISAGGIO Alessandria – Vedere Tortona.

OMO 28015 Novara 988 ②, 428 F 7 – 2 864 ab. alt. 213 – ✿ 0321.

na 640 – ◆Milano 66 – Novara 15 – Stresa 45 – ◆Torino 110.

Macallè con cam, ℰ 926064 – 🗐 📺 ☎ 🅿. 🝆 🕄 ⓞ 🝆 *VISA*. 🍽
chiuso dal 5 al 15 gennaio e dal 1° al 14 agosto – Pas *(chiuso mercoledì)* carta 41/77000 –
⛁ 10000 – **8 cam** 90/150000 – ½ P 130000.

OMPANTERO Torino – Vedere Susa.

MONASTIER DI TREVISO 31050 Treviso 429 F 19 – 3 348 ab. alt. 5 – ✪ 0422.

Roma 548 – ◆Milano 287 – ◆Padova 57 – Treviso 17 – ◆Trieste 125 – Udine 96 – ◆Venezia 37.

 ✗ **Menegaldo,** località Pralongo E : 4 km ✆ 798025 – 🗎 🅿. 🆎 🏦 ① 🅴 𝘝𝘐𝘚𝘈
   chiuso mercoledi e dal 25 luglio al 20 agosto – Pas carta 28/48000.

MONCALIERI 10024 Torino 988 ⑫, 428 G 5 – 61 005 ab. alt. 260 – ✪ 011.

Roma 662 – Asti 47 – Cuneo 86 – ◆Milano 148 – ◆Torino 8.

Pianta d'insieme di Torino (Torino p. 3)

 ✗✗ **Ca' Mia,** strada Revigliasco 138 ✆ 6472808, 🏠, 🛋 – 🗎 🅿 – 🔬 70. 🆎 🏦 ① 🅴 𝘝𝘐𝘚𝘈
   chiuso mercoledi – Pas carta 35/51000.   GHU

 ✗✗ **All'Antica Vigna,** località Testona E : 3 km ✆ 6470640, 🏠, Coperti limitati, prenota▮
   « Casa di caccia ottocentesca in un piccolo parco » – 🅿. 🆎 🏦 ① 🅴 𝘝𝘐𝘚𝘈   HU
   chiuso domenica sera, lunedi, dal 1° al 15 gennaio e dal 7 al 20 agosto – Pas 35/50000
   (solo a mezzogiorno) e 75/85000 bc (solo alla sera).

 ✗ **Rosa Rossa,** via Carlo Alberto 5 ✆ 645873, Trattoria con cucina piemontese – 🆎
   chiuso domenica sera, lunedì ed agosto – Pas carta 38/48000.   GU

MONCALVO 14036 Asti 988 ⑫, 428 G 6 – 3 533 ab. alt. 305 – ✪ 0141.

Roma 633 – Alessandria 47 – Asti 21 – ◆Milano 98 – ◆Torino 64 – Vercelli 42.

 ✗ **Tre Re,** ✆ 917125, Coperti limitati; prenotare – 🆎 🏦 ① 🅴 𝘝𝘐𝘚𝘈. ✼
   chiuso lunedì sera, martedì e luglio – Pas carta 38/63000.

   a Cioccaro SE : 5 km – ✉ **14030** Cioccaro di Penango :

 🏨 ✿ **Locanda del Sant'Uffizio-da Beppe** ⤸, ✆ 91271, Fax 916068, ≤, 🏠, « Anti▮
   fattoria con parco ⚖ e ✼✼ », ↳, – 🔲 🛋 🛁 🅿 – 🔬 30 a 80. 🏦 ① 🅴 𝘝𝘐𝘚𝘈. ✼
   chiuso dal 3 al 25 gennaio e dal 10 al 20 agosto – Pas *(chiuso martedì)* 100000 – ⊡ 20000▮
   31 cam 200/220000, 4 appartamenti – ½ P 220000
   Spec. Gnocchetti ripieni di fonduta al tartufo bianco (autunno), Mantile (pasta) ai fiori di zucca (primavera), Sella▮
   coniglio al finocchio selvatico (estate). **Vini** Gavi, Grignolino.

MONDELLO Palermo 988 ㊲, 432 M 21 – Vedere Sicilia.

MONDOVÌ Cuneo 988 ⑫, 428 I 5 – 22 099 ab. alt. 559 – ✉ **12084** Mondovì Breo – ✪ 0174.

🮲 viale Vittorio Veneto 17 ✆ 40389, Fax 481266.

Roma 616 – Cuneo 27 – ◆Genova 117 – ◆Milano 212 – Savona 71 – ◆Torino 80.

 🏨 **Park Hotel e Rist. Villa Nasi,** via del Vecchio 2 ✆ 46666, Fax 47771 – 🛗 🗎 rist 🔲
   ⟷ 🅿 – 🔬 200. 🆎 🏦 ① 🅴 𝘝𝘐𝘚𝘈 ✼ rist
   Pas *(chiuso domenica sera e lunedi)* carta 31/46000 – ⊡ 10000 – **54 cam** 70/9000▮
   3 appartamenti – ½ P 80000.

 🏨 **Europa** senza rist, via Torino 29-Borgo Aragno ✆ 44388, Fax 44389 – 🛗 🔲 ☎ ⟷ 🅿.
   🅴 𝘝𝘐𝘚𝘈
   ⊡ 10000 – **17 cam** 65/90000.

MONEGLIA 16030 Genova 428 J 10 – 2 712 ab. – ✪ 0185.

Roma 456 – ◆Genova 58 – ◆Milano 193 – Sestri Levante 12 – ◆La Spezia 58.

 🏨 **Mondial,** O : 1 km ✆ 49339, Fax 49943, ≤, 🛋 – 🛗 ☎ 🅿. 🏦 🅴 𝘝𝘐𝘚𝘈
   aprile-ottobre – Pas 40/60000 – ⊡ 10000 – **50 cam** 80/150000 – ½ P 75/100000.

 🏠 **Leopold** ⤸, O : 1 km ✆ 49240, ≤ – 🛗 ☎ ⟷. 🏦 𝘝𝘐𝘚𝘈. ✼ rist
   chiuso dal 10 ottobre al 20 dicembre – Pas carta 35/45000 – ⊡ 10000 – **23 cam** 68/9000▮
   ½ P 75/95000.

 🏠 **Locanda Maggiore,** ✆ 49355, ≤ – 🛗 ☎ ⟷. 🆎 🏦 ① 🅴 𝘝𝘐𝘚𝘈. ✼
   25 marzo-settembre – Pas 26000 – ⊡ 6500 – **34 cam** 32/53000 – ½ P 62/72000.

 🏠 **Villa Edera,** ✆ 49291, Fax 49470, ≤ – 🔲 ☎ 🅿. 🅴. ✼
   20 marzo-25 ottobre – Pas (solo per clienti alloggiati) 25/30000 – ⊡ 10000 – **25 ca▮**
   60/80000 – ½ P 62/89000.

 🏠 **Piccolo Hotel,** ✆ 49374 – 🛗 🔲 ☜ ⟷ 🅿. ✼
   marzo-25 ottobre – Pas *(chiuso giovedì)* 30000 – ⊡ 10000 – **26 cam** 40/75000 – ½ P 7▮
   90000.

   verso Lemeglio SE : 2 km :

 ✗ ✿ **La Ruota,** alt. 200 ✉ 16030 ✆ 49565, Coperti limitati; prenotare, « Servizio estivo
   terrazza con ≤ mare e Moneglia » – 🅿
   chiuso novembre e mercoledì (escluso dal 15 giugno al 15 settembre) – Pas carta 1▮
   130000
   Spec. Piatto mediterraneo (moscardini e verdure), Seppie con funghi porcini, Orata o branzino al sale. **Vini** Vermenti▮
   Ormeasco.

MONFALCONE 34074 Gorizia 988 ⑥, 429 E 22 – 27 451 ab. – ✪ 0481.

Roma 641 – Gorizia 24 – Grado 24 – ◆Milano 380 – ◆Trieste 30 – Udine 43 – ◆Venezia 130.

 🏨 **Sam** senza rist, via Cosulich 3 ✆ 481671, Telex 460580, Fax 44568 – 🛗 🗎 🔲 ☎ ⟷
   🔬 40. 🆎 🏦 ① 🅴 𝘝𝘐𝘚𝘈
   ⊡ 15000 – **64 cam** 85/115000.

Excelsior senza rist, via Arena 4 🖉 790226, Fax 790227 – 🛗 ☰ 📺 ☎ �car 🅿. ◭ 🕄 ◍ ᴇ *VISA*
☑ 6000 – **46 cam** 65/90000.

Hannibal, via Bagni (Centro Motovelico) 🖉 798006 – 🅿. ◭ 🕄 ◍ ᴇ *VISA*. ⋇
chiuso lunedì e dal 10 al 30 gennaio – Pas carta 33/54000.

MONFORTE D'ALBA 12065 Cuneo 🔢 I 5 – 1 963 ab. alt. 480 – ✪ 0173.
a 621 – Asti 46 – Cuneo 50 – ✦Milano 170 – Savona 77 – ✦Torino 75.

✿ **Giardino-da Felicin** ⤴ con cam, 🖉 78225, Fax 78225, ≼ colline e vigneti, 🏠, prenotare – ☎ 🅿. 🕄 ᴇ *VISA*. ⋇
chiuso da gennaio al 5 febbraio e dal 1° al 14 luglio – Pas *(chiuso domenica sera e lunedì)* 50/65000 – ☑ 10000 – **11 cam** 60/85000 – ½ P 100000
Spec. Terrina di pomodoro con alici (estate), Taglierini al tartufo (autunno), Stinco di vitello al Barolo. **Vini** Arneis, Dolcetto.

MONFUMO 31010 Treviso – 1 387 ab. alt. 230 – ✪ 0423.
a 561 – Belluno 65 – Treviso 38 – Vicenza 54.

Osteria alla Chiesa-da Gerry, 🖉 545077 – ◭ 🕄 ◍ ᴇ *VISA*. ⋇
chiuso lunedì sera, martedì e dal 26 gennaio al 10 febbraio – Pas carta 37/51000.

MONGUELFO (WELSBERG) 39035 Bolzano 🔢 ⑤, 🔢 B 18 – 2 361 ab. alt. 1 087 – Sport ernali : 1 087/1 411 m ⤊3, ⤋ – ✪ 0474.
a 732 – ✦Bolzano 94 – Brunico 17 – Dobbiaco 11 – ✦Milano 390 – Trento 154.

Dolomiti, 🖉 944146, ≼ – 🅿. ⋇
chiuso maggio e da novembre al 18 dicembre – Pas *(chiuso giovedì da ottobre a marzo)* 16/20000 – **21 cam** ☑ 42/104000 – ½ P 62/70000.

a Tesido (Taisten) N : 2 km – alt. 1 219 – ✉ 39035 Monguelfo :

Alpenhof, O : 1 km 🖉 74212 (prenderà il 944120), ≼, ⩘, ⤒ riscaldata, 🐎 – 🅿. ⋇ rist – *20 dicembre-10 aprile e 25 maggio-15 ottobre* – Pas (solo per clienti alloggiati) – **12 cam** solo ½ P 55/75000.

Chalet Olympia ⤴, 🖉 944079, Fax 944650, ≼, 🏠, ⩘, 🐎 – 📺 ☎ �car 🅿. 🕄 ◍ ᴇ *VISA*. ⋇ cam
chiuso maggio, giugno e novembre – Pas *(chiuso lunedì)* carta 31/45000 – ☑ 12000 – **12 cam** 70000 – ½ P 50/70000.

MONGUZZO 22040 Como 🔢 ⑲ – 1 680 ab. alt. 366 – ✪ 031.
a 620 – ✦Bergamo 41 – Como 11 – ✦Milano 41.

Castello, via Valassina 22 🖉 650183, Fax 650183 – 📺 ☎ 🅿 – 🔨 150. ◭ 🕄 ◍ ᴇ *VISA*. ⋇
Pas 35/70000 – ☑ 6000 – **26 cam** 58/82000 – ½ P 80/85000.

MONIGA DEL GARDA 25080 Brescia 🔢 🔢 F 13 – 1 362 ab. alt. 128 – a.s. Pasqua e luglio-settembre – ✪ 0365.
a 537 – ✦Brescia 28 – Mantova 76 – ✦Milano 127 – Trento 106 – ✦Verona 52.

Al Gallo d'Oro, 🖉 502405, 🏠, Coperti limitati; prenotare
chiuso giovedì, venerdì a mezzogiorno e dal 15 gennaio al 15 felbraio – Pas carta 39/54000.

MONOPOLI 70043 Bari 🔢 ㉙, 🔢 E 33 – 47 676 ab. – a.s. 21 giugno-settembre – ✪ 080.
a 494 – ✦Bari 44 – ✦Brindisi 70 – Matera 80 – ✦Taranto 60.

Il Melograno ⤴, contrada Torricella 345 (SO : 4 km) 🖉 6909030, Fax 747908, « Giardino-frutteto con ⤒ », ⛱, ⋇ – ☰ 📺 ☎ 🚿 🅿 – 🔨 80 a 250. ◭ 🕄 ◍ ᴇ *VISA*. ⋇ cam
chiuso febbraio – Pas carta 47/86000 (15%) – **34 cam** ☑ 440000, 3 appartamenti – ½ P 450/540000.

Max, via Vittorio Veneto 241 🖉 802591, Fax 802591 – 🛗 ☰ ☎ 🚿 – 🔨 70. ᴇ *VISA*. ⋇ rist
Pas *(chiuso lunedì da novembre a marzo)* carta 24/38000 (10%) – ☑ 7500 – **32 cam** 73/118000, ☰ 10000 – ½ P 75/86000.

Lido Bianco, via Procaccia 3 🖉 8872167, ≼ – 🅿. ◭ 🕄 ◍ ᴇ *VISA*
marzo-ottobre; chiuso lunedì escluso da giugno a settembre – Pas carta 28/47000.

verso Torre Egnazia SE : 8,5 km :

Lido Torre Egnazia ⤴, ✉ 70043 🖉 801002, Fax 801595, ≼, 🏖 – ☎ 🅿
stagionale – **38 cam.**

MONREALE Palermo 🔢 ㉙, 🔢 M 21 – Vedere Sicilia.

MONRUPINO 34016 Trieste 🔢 E 23 – 855 ab. alt. 418 – ✪ 040.
a 669 – Gorizia 45 – ✦Milano 408 – ✦Trieste 16 – Udine 71 – ✦Venezia 158.

Furlan, 🖉 327125, 🏠 – 🅿. ⋇
chiuso lunedì, martedì, febbraio e luglio – Pas carta 31/44000.

Krizman ⤴ con cam, Rupingrande 76 🖉 327115, 🏠 – 🛗 ☎ 🚿 🅿 – **17 cam.**

MONSELICE 35043 Padova 988 ⑤, 429 G 17 – 17 343 ab. alt. 8 – ✿ 0429.

Vedere ≤★ dalla terrazza di Villa Balbi.

Roma 471 – Ferrara 54 – Mantova 85 – ♦Padova 24 – ♦Venezia 61.

🏨🏨 **Ceffri e Rist. Villa Corner,** via Orti 7/b 𝒫 783111, Telex 431531, Fax 783100 – 🛗 ▤
☎ ⟷ ❹ – 🔥 40 a 200. 🆎 🗗 ⓞ 🅴 𝘝𝘐𝘚𝘈. ✺
Pas carta 36/45000 – ☲ 12000 – **44 cam** 130000, 2 appartamenti – ½ P 92000.

%% **La Torre,** piazza Mazzini 14 𝒫 73752, Coperti limitati; prenotare – ▤. ⓞ 𝘝𝘐𝘚𝘈. ✺
chiuso domenica sera, lunedì ed agosto – Pas carta 45/77000.

MONSUMMANO TERME 51015 Pistoia 988 ⑭, 428 429 430 K 14 – 18 132 ab. alt. 23 –
15 luglio-settembre – ✿ 0572.

🛅 (chiuso martedì) località Pievaccia ⌧ 51015 Monsummano Terme 𝒫 62218, Fax 617435.

Roma 323 – ♦Firenze 49 – Lucca 31 – ♦Milano 301 – Pisa 49 – Pistoia 13.

🏨🏨 **Grotta Giusti** ⌇, E : 2 km 𝒫 51165, Fax 51269, « Grande parco fiorito », 𝑓ₐ, ⇌,
✺, 🏊 – 🛗 📺 ❹ 🔥. 🆎 🗗 🅴 𝘝𝘐𝘚𝘈. ✺ rist
aprile-8 novembre – Pas 40/50000 – **70 cam** ☲ 160000 – ½ P 80/150000.

MONTACUTO 15050 Alessandria 428 H 9 – 412 ab. alt. 556 – ✿ 0131.

Roma 585 – Alessandria 51 – ♦Genova 69 – Piacenza 106.

a Giarolo SE : 3,5 km – ⌧ **15050** Montacuto :

%% **Forlino,** 𝒫 785151 – ❹. 🆎 🗗 ⓞ 🅴 𝘝𝘐𝘚𝘈. ✺
chiuso lunedì e gennaio – Pas carta 45/65000.

MONTAGNA (MONTAN) 39040 Bolzano 429 D 15, 218 ⑳ – 1 363 ab. alt. 500 – ✿ 0471.

Roma 630 – ♦Bolzano 24 – Milano 287 – Ora 6 – Trento 48.

🏨 **Tenz,** strada statale N : 2 km 𝒫 819782, Fax 819728, ≤, 🏛, 𝑓ₐ, ⇌, 🏊, 🔲, 🌳, ✺ –
🅿 🔥 ❹. 🗗 ⓞ 🅴 𝘝𝘐𝘚𝘈. ✺ rist
chiuso dal 25 novembre al 5 febbraio – Pas *(chiuso martedì)* carta 23/44000 – **40 cam**
☲ 68/110000 – ½ P 75000.

MONTAGNANA 35044 Padova 988 ④ ⑤, 429 G 16 – 9 604 ab. alt. 16 – ✿ 0429.

Vedere Cinta muraria★★.

Roma 475 – ♦Ferrara 57 – Mantova 60 – ♦Milano 213 – ♦Padova 48 – ♦Venezia 85 – ♦Verona 58 – Vicenza 45.

%%% **Aldo Moro** con cam, via Marconi 27 𝒫 81351, Fax 82842, 🌳 – ▤ 📺 ☎ ⟷
🔥 30 a 60. ✺
chiuso dal 3 al 10 gennaio e dal 25 luglio al 10 agosto – Pas *(chiuso lunedì)* carta 37/57000
(10 %) – ☲ 12000 – **13 cam** 120000, 10 appartamenti, ▤ 10000 – ½ P 110000.

MONTAIONE 50050 Firenze 988 ⑭, 428 430 L 14 – 3 375 ab. alt. 342 – ✿ 0571.

Vedere Convento di San Vivaldo★ SO : 5 km.

🛅 Castelfalfi (chiuso martedì) località Castelfalfi ⌧ 50050 Montaione 𝒫 698093, Fax 698098

Roma 289 – ♦Firenze 56 – ♦Livorno 75 – Siena 59.

🏠 **Vecchio Mulino** senza rist, viale Italia 10 𝒫 697966, Fax 697966, ≤ vallata, 🌳 – 📺
🗗 🅴 𝘝𝘐𝘚𝘈
20 cam ☲ 50/80000.

MONTALCINO 53024 Siena 988 ⑮, 430 M 16 – 5 135 ab. alt. 564 – ✿ 0577.

Vedere Abbazia di Sant'Antimo★ S : 10 km.

Roma 213 – Arezzo 86 – ♦Firenze 109 – Grosseto 57 – ♦Perugia 111 – Siena 41.

🏨 **Al Brunello,** S : 1,5 km 𝒫 849304, Fax 849304, ≤, 🌳 – 📺 ☎ ❹ – 🔥 200. 🗗 🅴 𝘝𝘐𝘚𝘈. ✺
Pas carta 40/51000 – ☲ 12000 – **18 cam** 120000 – ½ P 80/110000.

🏠 **Il Giglio,** 𝒫 848167, ≤ – 📺 ☎
chiuso gennaio – Pas *(chiuso lunedì)* carta 29/39000 – ☲ 5000 – **12 cam** 55/85000 –
½ P 70000.

%%% **Poggio Antico,** località Poggio Antico SO : 4 km 𝒫 849200, ≤ – ❹. 🆎 🗗 ⓞ 🅴 𝘝𝘐𝘚𝘈. ✺
chiuso martedì e dall'8 gennaio all'8 febbraio – Pas carta 50/71000.

%% La Cucina di Edgardo, 𝒫 848232, Coperti limitati; prenotare

%% **Taverna dei Barbi,** fattoria dei Barbi SE : 5 km 𝒫 849357, Fax 849356 – ❹. ✺
*chiuso dal 15 al 31 gennaio, dal 1° al 15 luglio, mercoledì e da ottobre a maggio anche
martedì sera* – Pas carta 32/46000 (7 %).

MONTALE 51037 Pistoia 429 430 K 15 – 9 725 ab. alt. 85 – ✿ 0573.

Roma 303 – ♦Firenze 29 – Pistoia 9 – Prato 10.

% **Il Cochino** con cam, via Fratelli Masini 15 𝒫 55025, 🏛 – 🆎 🗗 ⓞ 🅴 𝘝𝘐𝘚𝘈. ✺
chiuso dal 10 al 25 agosto – Pas *(chiuso sabato)* carta 32/45000 – ☲ 5000 – **16 cam**
45/75000 – ½ P 60/65000.

MONTALERO Alessandria – Vedere Cerrina Monferrato.

378

ONTALTO 42030 Reggio nell'Emilia 429 430 I 13 – alt. 396 – © 0522.
na 449 – ♦Milano 171 – ♦Modena 47 – Reggio nell'Emilia 22 – ♦La Spezia 113.

Hostaria Venturi, località Casaratta 𝒫 600157, prenotare – 🅿 🖪 ⑪ Ε 𝖵𝖨𝖲𝖠. 🍴
chiuso le sere dei giorni festivi, lunedì ed agosto – Pas carta 25/33000.

ONTAN = Montagna.

ONTE ... MONTI Vedere mome proprio del o dei monti.

ONTE (BERG) Bolzano 218 ⑳ – Vedere Appiano sulla Strada del Vino.

ONTEBELLO Forlì 429 430 K 19 – alt. 452 – ⊠ 47030 Torriana – © 0541.
na 354 – ♦Bologna 129 – Forlì 68 – ♦Milano 340 – Rimini 21.

Pacini, 𝒫 675410, ≼ – 🆎 🖪 ⑪ Ε 𝖵𝖨𝖲𝖠. 🍴
chiuso mercoledì escluso agosto – Pas carta 21/36000.

ONTEBELLO VICENTINO 36054 Vicenza 988 ④, 429 F 16 – 5 384 ab. alt. 48 – © 0444.
na 534 – ♦Milano 188 – ♦Venezia 81 – ♦Verona 35 – Vicenza 17.

a Selva NO : 3 km – ⊠ 36054 Montebello Vicentino :

La Marescialla, 𝒫 649216, Fax 649216 – 🅿
chiuso domenica sera, lunedì e dal 10 al 31 agosto – Pas carta 36/59000.

ONTEBELLUNA 31044 Treviso 988 ⑤, 429 E 18 – 25 065 ab. alt. 109 – © 0423.
ntorni Villa del Palladio★★★ a Maser N : 12 km.
na 548 – Belluno 82 – ♦Padova 48 – Trento 113 – Treviso 22 – Vicenza 49.

Bellavista 🌿, località Mercato Vecchio 𝒫 301031, Fax 303612, ≼, 🌿 – 🛗 🖵 ☎ 🚗 🅿
– 🏛 50. 🆎 🖪 ⑪ Ε 𝖵𝖨𝖲𝖠. 🍴
chiuso dal 23 al 30 dicembre e dal 12 al 18 agosto – Pas vedere rist Al Tiglio d'Oro –
⊠ 15000 – **42 cam** 90/125000, 2 appartamenti – ½ P 90/100000.

San Marco 🌿, senza rist, via Buziol 19 𝒫 300776, Fax 22553, ≼ – 🛗 🗐 🖵 ☎ 🚙 🅿 –
🏛 150. 🆎 🖪 ⑪ Ε 𝖵𝖨𝖲𝖠. 🍴
chiuso dal 20 dicembre al 10 gennaio – ⊠ 18000 – **31 cam** 95/133000, 🗐 10000.

Trattoria Marchi, via Castellana 177 (SO : 2 km) 𝒫 303530, 😃 – 🅿. 🆎 🖪 ⑪ Ε 𝖵𝖨𝖲𝖠
chiuso martedì sera, mercoledì ed agosto – Pas carta 39/59000.

Al Tiglio d'Oro, località Mercato Vecchio 𝒫 22419, « Servizio estivo all'aperto », 🌿 – 🅿.

ONTECALVO VERSIGGIA 27047 Pavia 428 H 9 – 603 ab. alt. 410 – © 0385.
na 557 – ♦Genova 133 – ♦Milano 76 – Pavia 38 – Piacenza 45.

Prato Gaio 🌿, con cam, località Versa E : 3 km (bivio per Volpara) 𝒫 99726 – 🅿
Pas *(chiuso lunedì sera, martedì e gennaio)* carta 32/48000 – **8 cam** ⊠ 45/65000 –
½ P 55000.

ONTECARLO 55015 Lucca 428 429 430 K 14 – 4 018 ab. alt. 163 – © 0583.
na 332 – ♦Firenze 58 – ♦Livorno 65 – Lucca 17 – ♦Milano 293 – Pistoia 27.

La Nina, NO : 2,5 km 𝒫 22178, 😃 – 🅿 – 🏛 50. 🆎 🖪 ⑪ Ε 𝖵𝖨𝖲𝖠. 🍴
chiuso lunedì sera, martedì, mercoledì e dal 10 al 23 agosto – Pas carta 36/61000.

Forassiepi, 𝒫 22005, Fax 22005, ≼, « Servizio estivo in giardino » – 🅿.

a San Martino in Colle NO : 4 km – ⊠ 55015 Montecarlo :

La Legge, 𝒫 975601 – 🗐 🅿. 𝖵𝖨𝖲𝖠. 🍴
chiuso a mezzogiorno (escluso i giorni festivi), lunedì, dal 7 al 15 gennaio e dal 1° al 20 luglio
– Pas carta 34/55000 (10%).

ONTECASSIANO 62010 Macerata 430 L 22 – 5 938 ab. alt. 215 – © 0733.
na 258 – ♦Ancona 40 – Ascoli Piceno 103 – Macerata 11 – Porto Recanati 31.

Villa Quiete 🌿, località Vallecascia S : 3 km 𝒫 599559, Fax 599559, « Parco ombreggiato » – 🛗 🖵 ☎ ⅋ 🅿 – 🏛 80 a 200. 🆎 🖪 ⑪ Ε 𝖵𝖨𝖲𝖠. 🍴 rist
Pas *(chiuso martedì)* carta 40/59000 – ⊠ 8000 – **38 cam** 75/110000, appartamento –
½ P 110000.

sulla strada statale 77 S : 6 km :

Roganti, senza rist, ⊠ 62010 𝒫 598639 – 🛗 🗐 🖵 ☎ 🚙 🅿 – 🏛 250.
61 cam.

ONTECASTELLI PISANO 56040 Pisa 430 M 14 – alt. 494 – © 0588.
ma 296 – Pisa 122 – Siena 51.

Santa Rosa, S : 1 km 𝒫 29929, 😃 – 🅿. 🖪 Ε 𝖵𝖨𝖲𝖠
chiuso lunedì e dal 16 agosto al 4 settembre – Pas carta 30/41000.

🏌 (chiuso martedì) località Pievaccia ✉ 51015 Monsummano Terme ℰ 62218, Fax 6174 SE : 9 km.

🛈 viale Verdi 66/a ℰ 772244, Fax 70109.

Roma 323 ② – ◆Bologna 110 ① – ◆Firenze 49 ② – ◆Livorno 73 ② – ◆Milano 301 ② – Pisa 49 ② – Pistoia 15 ①

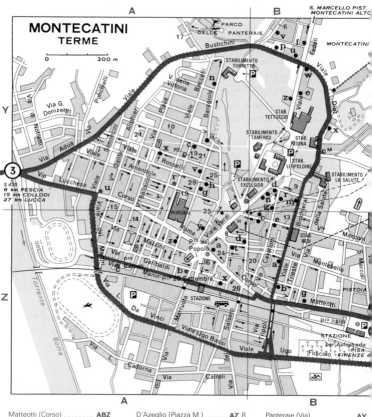

Matteotti (Corso) . . . . **ABZ**	D'Azeglio (Piazza M.) . . . . **AZ** 8	Panteraie (Via) . . . . **AY**
S. Martino (Via) . . . . . **AZ** 24	Grocco (Via) . . . . **BY** 9	Puccini (Viale) . . . . **AY**
4 Novembre (Viale) . . . . **AY** 29	Libertà (Viale della) . . . . **AY** 10	Saline (Via delle). . . . . . . **ABZ**
	Manzoni (Viale) . . . . **BZ** 13	S. Francesco
Bovio (Via G.) . . . . **AY** 4	Martini (Viale) . . . . **AZ** 14	d'Assisi (Viale) . . . . . . **AY**
Bruceto (Via) . . . . **BY** 6	Melani (Viale) . . . . **AYZ** 15	Torretta (Via della) . . . . **AYZ**
Cavour (Via) . . . . **AZ** 7	Minzoni (Viale Don) . . . . **AZ** 16	Toti (Via) . . . . **AZ**

🏨🏨 **Gd H. e la Pace** ⑤, via della Torretta 1 ℰ 75801, Telex 570004, Fax 78451, « Parc fiorito con ⌇ riscaldata », 𝐼𝛿, ≦s, ❤ – |🛗| 🔲 📺 🕿 🕭 ❶ – 🔬 250. 🖭 🕄 ⓞ 🖃 𝑉𝐼𝑆𝐴. 🛠 ris *aprile-ottobre* – Pas 80000 – ⊑ 25000 – **150 cam** 260/450000, 14 appartamenti – ½ P 28 310000. AZ

🏨🏨 **Gd H. Bellavista Palace** ⑤, viale Fedeli 2 ℰ 78122, Telex 580395, Fax 73352, « Te razze-giardino », 𝐼𝛿, ≦s, ⌇, 🔲, ❤ – |🛗| 🔲 📺 🕿 🚗 ❶ – 🔬 250. 🖭 🕄 🖃 𝑉𝐼𝑆𝐴. 🛠 rist *chiuso febbraio* – Pas 75000 – ⊑ 25000 – **104 cam** 220/380000, 10 appartamenti ½ P 250000. BY

🏨🏨 **Gd H. Tamerici e Principe,** viale 4 Novembre 2 ℰ 71041, Telex 574263, Fax 7299 « Terrazza-giardino con ⌇ riscaldata », ≦s – |🛗| 🔲 📺 🕿 🕭 🚗 – 🔬 100. 🖭 🕄 ⓞ 𝑉𝐼𝑆𝐴. 🛠 rist AY *aprile-novembre* – Pas 60000 – ⊑ 20000 – **157 cam** 145/250000, 25 appartamenti ½ P 115/185000.

🏨 **Gd H. Plaza e Locanda Maggiore,** piazza del Popolo 7 *№* 75004, Telex 574177, Fax 767985, ⅃ – 🗏 📺 🕿 – 🔙 80. 🆎 🕙 🕙 **E** 𝖵𝖨𝖲𝖠. ℅ AZ **a**
Pas 38/50000 – 🖵 16000 – **97 cam** 140/180000 – ½ P 125/155000.

🏨 **Gd H. Nizza et Suisse,** viale Verdi 72 *№* 79691, Telex 573335, Fax 74324, ⅃ – 🕽 🗏 📺 🕿 🄿. 🆎 🕙 🕙 **E** 𝖵𝖨𝖲𝖠. ℅ BY **n**
aprile-ottobre – Pas (solo per clienti alloggiati) 38000 – 🖵 18000 – **100 cam** 120/200000 – ½ P 123/168000.

🏨 **Francia e Quirinale,** viale 4 Novembre 77 *№* 70271, Fax 70275, ⅃ – 🕽 🗏 📺 🕿 – 🔙 80. 🆎 🕙 **E** 𝖵𝖨𝖲𝖠. ℅ AY **v**
aprile-15 novembre – Pas 40/56000 – 🖵 15000 – **118 cam** 140/180000 – ½ P 135/145000.

🏨 **Cappelli-Croce di Savoia,** viale Bicchierai 139 *№* 71151, Telex 580458, « Grazioso giardino fiorito », ⅃ riscaldata – 🕽 🗏 rist 📺 🕿 🖛 🄿 – 🔙 70. 🆎 🕙 🕙 **E** 𝖵𝖨𝖲𝖠. ℅ rist BY **m**
aprile-15 novembre – Pas 30/40000 – 🖵 10000 – **72 cam** 75/130000 – ½ P 105/115000.

🏨 **Tettuccio,** viale Verdi 74 *№* 78051, Telex 572087, Fax 75711 – 🕽 🗏 📺 🕿 ᴋ 🄿. 🆎 🕙 🕙 **E** 𝖵𝖨𝖲𝖠. ℅ BY **n**
Pas carta 43/70000 – 🖵 15000 – **70 cam** 140/200000 – ½ P 130/150000.

🏨 **Astoria,** viale Fedeli 1 *№* 71191, Fax 910900, « Giardino con ⅃ riscaldata » – 🕽 🗏 📺 🕿 🄿. 🆎 🕙 **E** 𝖵𝖨𝖲𝖠. ℅ rist BY **z**
aprile-6 novembre – Pas 45/60000 – 🖵 15000 – **65 cam** 80/120000, 🗏 10000 – ½ P 100/130000.

🏨 **Cristallino,** viale Diaz 10 *№* 72031, ⅃, 🖈 – 🕽 🗏 📺 🕿 ᴋ 🄿. 🆎 🕙 🕙 **E** 𝖵𝖨𝖲𝖠. ℅ rist BY **x**
Pasqua-novembre – Pas (solo per clienti alloggiati) 25/45000 – **45 cam** 🖵 110/160000 – ½ P 83/124000.

🏨 **Gd H. Panoramic,** viale Bustichini 65 *№* 78381, Fax 78598, ⅃ – 🕽 🗏 📺 🕿 🖛 🄿 – 🔙 150. 🆎 🕙 **E** 𝖵𝖨𝖲𝖠. ℅ rist BY **u**
15 marzo-5 novembre – Pas 50000 – 🖵 20000 – **103 cam** 150/260000, appartamento – ½ P 105/117000.

🏨 **San Marco,** viale Rosselli 3 *№* 71221, Fax 770577 – 🕽 🗏 📺 🕿 🄿. 🆎 🕙 🕙 **E** 𝖵𝖨𝖲𝖠. ℅ rist AY **h**
aprile-novembre – Pas 45000 – 🖵 13000 – **61 cam** 75/120000 – ½ P 75/110000.

🏨 **Belvedere,** viale Fedeli 10 *№* 70251, Telex 573190, Fax 70252, « Giardino », 🔲, ℀ – 🕽 🗏 📺 🕿 🖛 🄿 – 🔙 120. 🆎 🕙 🕙 **E** 𝖵𝖨𝖲𝖠. ℅ rist BY **w**
aprile-ottobre – Pas 30/45000 – 🖵 14000 – **95 cam** 76/112000 – ½ P 70/98000.

🏨 **Imperial Garden,** viale Puccini 20 *№* 910862, Fax 910863, « ⅃ su terrazza panoramica e giardino ombreggiato », 🕾 – 🕽 📺 🕿. ℅ rist AY **c**
Pas 35000 – **85 cam** 🖵 82/137000 – ½ P 87/121000.

🏨 **Torretta,** viale Bustichini 63 *№* 70305, Fax 70307, « Giardino ombreggiato con ⅃ riscaldata » – 🕽 🗏 📺 🕾 🄿. 🆎 🕙 **E** 𝖵𝖨𝖲𝖠. ℅ BY **p**
aprile-ottobre – Pas (solo per clienti alloggiati) 35000 – 🖵 12000 – **63 cam** 75/120000 – ½ P 95/105000.

🏨 **Michelangelo** ℅, viale Fedeli 9 *№* 74571, Fax 72885, ⅃, 🖈, ℀ – 🕽 🗏 📺 🕿 ᴋ 🖛 🄿. 🆎 🕙 𝖵𝖨𝖲𝖠. ℅ rist BY **f**
aprile-10 novembre – Pas 30/40000 – 🖵 12000 – **63 cam** 65/105000 – ½ P 80/90000.

🏨 **Parma e Oriente,** via Cavallotti 135 *№* 72135, Fax 72137, 𝄐, 🕾, ⅃ riscaldata, 🖈 – 🕽 🗏 📺 🕿 🖛 🄿. 🆎 **E** 𝖵𝖨𝖲𝖠. ℅ rist BY **k**
aprile-ottobre – Pas 28/40000 – 🖵 10000 – **53 cam** 70/110000 – ½ P 91/97000.

🏨 **Mediterraneo** ℅, via Baragiola 1 *№* 71321, « Giardino ombreggiato » – 🕽 🗏 rist 📺 🕿 🄿. 🆎 🕙 **E** 𝖵𝖨𝖲𝖠. ℅ rist AY **a**
Pasqua-ottobre – Pas 40/50000 – 🖵 12000 – **33 cam** 70/100000 – ½ P 80/90000.

🏨 **Ercolini e Savi,** via San Martino 18 *№* 70331, Fax 71624 – 🕽 🗏 rist 📺 🕿 ᴋ – 🔙 25. 𝖵𝖨𝖲𝖠. ℅ AZ **t**
aprile-novembre – Pas 45/55000 – 🖵 10000 – **80 cam** 75/120000 – ½ P 100000.

🏨 **President,** corso Matteotti 119 *№* 767201, Fax 767668, 🖈 – 🕽 🗏 📺 🕿 🄿. 🆎 🕙 🕙 **E** 𝖵𝖨𝖲𝖠 BZ **g**
Pas 30000 – 🖵 10000 – **37 cam** 75/105000 – ½ P 70/75000.

🏨 **Corallo,** via Cavallotti 116 *№* 79642, Fax 78288, « ⅃ su terrazza panoramica » – 🕽 🗏 rist 📺 🕾 🄿 – 🔙 40 a 100. 🆎 🕙 𝖵𝖨𝖲𝖠. ℅ rist BY **r**
Pas (solo per clienti alloggiati) 30/40000 – 🖵 10000 – **54 cam** 80/120000 – ½ P 75/100000.

🏨 **Boston,** viale Bicchierai 20 *№* 70379, Fax 770208, ⅃ – 🕽 🗏 rist 📺 🕾 🖛. 🆎 🕙 𝖵𝖨𝖲𝖠. ℅ rist BZ **b**
aprile-ottobre – Pas 30000 – 🖵 8000 – **60 cam** 70/100000 – ½ P 70/90000.

🏨 **Augustus,** viale Manzoni 21 *№* 70119, Fax 71291 – 🕽 🗏 📺 🕾 🄿 – 🔙 50. 🆎 🕙 🕙 **E** 𝖵𝖨𝖲𝖠. ℅ rist BZ **c**
marzo-novembre – Pas (solo per clienti alloggiati) 40000 – 🖵 10000 – **52 cam** 70/110000 – ½ P 70/100000.

🏨 **Adua,** via Cavallotti 100 *№* 78134, Telex 580579, ⅃, 🖈 – 🕽 🗏 🕿 🄿. 🆎. ℅ rist BZ **e**
aprile-ottobre – Pas 35000 – 🖵 8000 – **72 cam** 60/100000 – P 80/100000.

🏨 **Villa Ida,** viale Marconi 55 *№* 78201, Fax 772008 – 🕽 🗏 📺 🕿. 🆎 🕙 🕙 **E** 𝖵𝖨𝖲𝖠. ℅ rist BZ **q**
marzo-novembre – Pas (solo per clienti alloggiati) 30/40000 – 🖵 10000 – **20 cam** 65/110000 – ½ P 90/100000.

🏨 **Ariston,** viale Manzoni 30 ℰ 79535, Fax 910934 – |💥| 🍽 rist 📺 ☎ 🚗 🅿. 🖭 🛱 ⓞ 🛡 ⚥
 🕅 rist
 BZ
 aprile-ottobre – Pas 32/47000 – � 13000 – **50 cam** 68/110000 – ½ P 70/100000.

🏨 **Reale,** via Palestro 7 ℰ 78073, Fax 78076, 🔥, 🌿 – |💥| 🍽 rist 📺 ☎ 🚗 – 🔏 50. 🖭 🛱
 🆅🆂🅰 🕅 rist
 AZ
 aprile-ottobre – Pas 38000 – ⊐ 10000 – **52 cam** 80/120000 – ½ P 75/95000.

🏨 **Minerva,** via Cavour 14 ℰ 78621, Fax 78629 – |💥| 🍽 rist 🕸 🅿
 AZ
 stagionale – **75 cam.**

🏨 **Settentrionale Esplanade,** via Grocco 2 ℰ 70021, Fax 767486, 🔥, 🌿 – |💥| 🍽 cam
 🚗 – 🔏 110. 🕅
 BY
 aprile-6 novembre – Pas 35/37000 – ⊐ 9000 – **102 cam** 75/112000 – ½ P 85/92000.

🏠 **Florida,** via Michelangelo 16 ℰ 70227, Fax 771903 – |💥| 🍽 rist 🕸 🕅
 AZ
 marzo-ottobre – Pas 30000 – **35 cam** ⊐ 65/100000 – ½ P 58/75000.

🏠 **Nuovo Hotel Felsinea,** viale Bicchierai 67 ℰ 78177, Fax 772307 – |💥| 🍽 rist 📺 🕸. BZ
 24 cam.

🏠 **Casa Rossa,** viale Fedeli 68 ℰ 79541 – |💥| 🕸 🅿. 🆅🆂🅰 🕅
 BY
 Pasqua-ottobre – Pas (solo per clienti alloggiati) 25/30000 – ⊐ 7000 – **30 cam** 42/70000
 ½ P 60/65000.

🏠 **Hermitage** 🐾, via Baragiola 31 ℰ 78241, Fax 78242 – |💥| 🕸. 🛱 🛡 🆅🆂🅰 🕅 rist
 aprile-ottobre – Pas (solo per clienti alloggiati) 32000 – ⊐ 8000 – **35 cam** 65/105000
 ½ P 69/84000.
 AY

🏠 **Villa Splendor,** viale San Francesco d'Assisi 15 ℰ 78630 – |💥| 🍽 rist. 🛱. 🕅 rist
 AY
 aprile-ottobre – Pas 25/40000 – ⊐ 6000 – **29 cam** 60/110000 – ½ P 50/60000.

🏠 **Palo Alto,** via Bruceto 10 ℰ 78554 – |💥| 🍽 rist ☎. 🖭 🛱 ⓞ 🛡 🆅🆂🅰. 🕅 rist
 BY
 15 marzo-15 novembre – Pas 25/30000 – ⊐ 6000 – **12 cam** 70000 – ½ P 60/70000.

𝕏𝕏𝕏 **Gourmet,** viale Amendola 6 ℰ 771012, Coperti limitati; prenotare – 🍽. 🖭 🛱 ⓞ 🛡 ⚥
 🕅
 AY
 chiuso martedì, dal 7 al 20 gennaio e dal 1° al 20 agosto – Pas carta 46/97000 (14 %).

𝕏𝕏 **Enoteca Giovanni,** via Garibaldi 25 ℰ 71695 – 🍽. 🛱 ⓞ 🛡 🆅🆂🅰. 🕅
 AZ
 chiuso lunedì escluso dal 15 agosto al 15 ottobre – Pas carta 48/94000.

𝕏𝕏 **San Francisco,** corso Roma 112 ℰ 79632, Fax 771227 – 🍽. 🛱 ⓞ 🆅🆂🅰. 🕅
 AY
 chiuso giovedì e da luglio a settembre anche a mezzogiorno – Pas carta 36/54000 (12 %

𝕏 **Pietre Cavate,** località Pietre Cavate ℰ 73664, ≤ – 🗴 🅿. 🖭 🛱 🆅🆂🅰
 chiuso a mezzogiorno (escluso domenica), mercoledì e dal 9 al 24 agosto – Pas carta 3
 59000.
 2 km per viale Marconi BZ

𝕏 **Egisto** con cam, piazza Cesare Battisti 13 ℰ 78413 – 📺. 🖭 🛱 ⓞ 🛡 🆅🆂🅰. 🕅
 AZ
 chiuso febbraio – Pas (chiuso giovedì) carta 31/47000 – ⊐ 8000 – **16 cam** 40/72000
 ½ P 60000.

 a Pieve a Nievole per ① : 2 km – ✉ 51018 :

🏨 **Park Hotel Le Sorgenti** 🐾, ℰ 951116, Telex 575487, Fax 952731, « Grande parco c
 🔥 » – |💥| 🍽 cam 📺 ☎ 🅿. 🖭 🛱 🛡 🆅🆂🅰. 🕅 rist
 Pas carta 37/57000 – ⊐ 14000 – **52 cam** 118/205000 – ½ P 80/120000.

 a Montecatini Alto NE : 5 km BY – ✉ 51016 :

𝕏 **La Torre,** piazza Giusti 8/9 ℰ 70650 – 🛱 🆅🆂🅰
 chiuso martedì – Pas carta 36/54000 (10 %).

 sulla via Marlianese per viale Fedeli :

𝕏 **Montaccolle,** N : 6,5 km ✉ 51016 ℰ 72480, ≤ – 🅿. 🖭 🛱 ⓞ 🛡 🆅🆂🅰. 🕅
 chiuso a mezzogiorno (escluso i giorni festivi), lunedì e dal 6 novembre al 6 dicembre – P
 carta 29/51000.

 Vedere anche : ***Borgo a Buggiano*** O : 3,5 km.
 Monsummano Terme SE : 4,5 km.
 Ponte Buggianese SO : 8 km.

MONTECCHIA DI CROSARA 37030 Verona 🗺🖸 F 15 – 3 907 ab. alt. 87 – 🕲 045.

Roma 534 – ◆Milano 188 – ◆Venezia 96 – ◆Verona 35 – Vicenza 33.

𝕏𝕏𝕏 **Baba-Jaga,** ℰ 7450222, ≤, 🏵, 🌿 – 🍽 🅿. 🛱 🆅🆂🅰. 🕅
 chiuso domenica sera, lunedì, gennaio e dal 1° al 15 agosto – Pas carta 45/65000.

 al bivio per Roncà SE : 3 km :

𝕏 **Tregnago** con cam, ✉ 37030 ℰ 7460036 – 📺 ☎ 🅿 – 🔏 300. 🖭 🛱 🆅🆂🅰. 🕅
 chiuso dal 25 luglio al 25 agosto – Pas carta 32/44000 – ⊐ 10000 – **8 cam** 65/80000
 ½ P 65000.

Le carte stradali Michelin sono costantemente aggiornate.

ONTECCHIO EMILIA 42027 Reggio nell'Emilia 🗺️ 🗺️ 🗺️ H 13 – 8 014 ab. alt. 99 – ✆ 0522.

na 443 – ◆Parma 18 – Reggio nell'Emilia 16.

❌ Al Pavone, ✆ 864565 – 🍽️.

ONTECCHIO MAGGIORE 36075 Vicenza 🗺️ ④, 🗺️ F 16 – 19 818 ab. alt. 72 – ✆ 0444.
dere ≤★ dai castelli – Salone★ della villa Cordellina-Lombardi.
na 544 – ◆Milano 196 – ◆Venezia 77 – ◆Verona 43 – Vicenza 13.

sulla strada statale 11 E : 3 km :

🏨 **Dei Castelli** senza rist, ⊠ 36041 Alte di Montecchio Maggiore ✆ 697366, Telex 481366, Fax 490489, 🏋️, 🚾, 🔲, ✕ – 🛗 🍽️ 📺 ✆ 🅿️ – 🔏 100. 🅰️🅴 🖪 ◑ 🅴 💳. ⚶
chiuso dal 24 dicembre al 2 gennaio – **150 cam** 🍴 120/180000.

ONTECCHIO PRECALCINO 36030 Vicenza 🗺️ F 16 – 4 260 ab. alt. 86 – ✆ 0445.
na 544 – Trento 84 – Treviso 67 – Vicenza 17.

❌ **La Locanda di Piero**, strada per Dueville S : 1 km ✆ 864827, Fax 864828, prenotare – 🅿️. 🅰️🅴 🖪 ◑ 🅴 💳. ⚶
chiuso domenica, i mezzogiorno di lunedì e sabato, dal 1° al 10 gennaio e dal 10 al 30 agosto – Pas carta 44/62000.

ONTECELIO Roma 🗺️ P 20 – Vedere Guidonia Montecelio.

ONTECOPIOLO 61014 Pesaro 🗺️ 🗺️ K 19 – 1 199 ab. alt. 1 033 – a.s. 25 giugno-agosto – ✆ 0722.

na 330 – Pesaro 90 – Rimini 58.

🏨 **Parco del Lago** ⑤, località Villaggio del Lago ✆ 78561, ≤, « Piccolo parco con laghetto », 🏋️, 🚾, 🔲, ✕ – 🛗 📶 🅿️ – 🔏 150. ⚶
20 dicembre-10 gennaio, Pasqua e maggio-15 ottobre – Pas carta 30/41000 – 🍴 10000 – **36 cam** 50/80000 – ½ P 60/90000.

ONTECOSARO 62010 Macerata 🗺️ M 22 – 4 727 ab. alt. 252 – ✆ 0733.
na 266 – ◆Ancona 55 – Macerata 25 – ◆Perugia 147 – ◆Pescara 121.

❌❌ **La Luma**, via Bruscantini 1 ✆ 229701, Fax 229701 – 🅰️🅴 🖪 ◑ 🅴 💳. ⚶
chiuso martedì e dal 15 al 31 gennaio – Pas carta 38/65000.

ONTECRETO 41025 Modena 🗺️ 🗺️ 🗺️ J 14 – 1 044 ab. alt. 868 – a.s. luglio-agosto e tale – ✆ 0536.
na 387 – ◆Bologna 89 – ◆Milano 248 – ◆Modena 79 – Pistoia 77 – Reggio nell'Emilia 93.

ad Acquaria NE : 7 km – ⊠ 41020 :

❌ **Maria**, ✆ 65007, ≤ – 🅰️🅴. ⚶
chiuso lunedì e dal 25 settembre al 25 ottobre – Pas carta 28/38000.

ONTE CROCE DI COMELICO (Passo) (KREUZBERGPASS) Belluno e Bolzano 🗺️ ⑤, 🗺️ 9 – alt. 1 636 – a.s. febbraio-aprile, 15 luglio-15 settembre e Natale.
na 690 – Belluno 89 – Cortina d'Ampezzo 52 – ◆Milano 432 – Sesto 7 – ◆Venezia 179.

🏨 **Passo Monte Croce-Kreuzbergpass** ⑤, ⊠ 39030 Sesto in Pusteria ✆ (0474) 70328, Fax 70383, ≤, 🏋️, 🚾, 🔲, ✕ – 📺 ✆ 🚐 🅿️. 🅰️🅴. ⚶ rist
dicembre-aprile e 10 giugno-settembre – Pas 32/40000 – **52 cam** 🍴 70/120000, 8 apparta-menti – ½ P 90/130000.

ONTEFALCO 06036 Perugia 🗺️ ⑯, 🗺️ N 19 – 5 565 ab. alt. 473 – ✆ 0742.
na 145 – Assisi 30 – Foligno 12 – Orvieto 79 – ◆Perugia 47 – Terni 57.

🏨 **Villa Pambuffetti** senza rist, ✆ 378503, Fax 79245, « Parco ombreggiato con 🔲 » – 🍽️ 📺 ✆ 🌡️ 🅿️ – 🔏 100. 🅰️🅴 🖪 ◑ 💳
15 cam 🍴 120/240000, 3 appartamenti.

❌❌ **Coccorone,** largo Tempestivi ✆ 79535, 🍽️ – 💳. ⚶
chiuso mercoledì – Pas carta 27/50000.

ONTEFOLLONICO 53040 Siena 🗺️ M 17 – alt. 567 – ✆ 0577.
na 187 – ◆Firenze 112 – ◆Perugia 75 – Siena 60.

❌❌❌ **La Chiusa** ⑤ con cam, ✆ 669668, Fax 669593, Coperti limitati; prenotare, « In un'antica fattoria » – 📺 ✆ 🅿️. 🅰️🅴 🖪 ◑ 🅴 💳
Pas *(chiuso dal 6 gennaio al 25 marzo, dal 15 novembre al 15 dicembre, martedì e a mezzogiorno in luglio-agosto)* carta 95/123000 – 🍴 15000 – **12 cam** 200/240000.

ONTEFORTE D'ALPONE 37032 Verona 🗺️ F 15 – 6 594 ab. alt. 35 – ✆ 045.
na 518 – ◆Brescia 92 – Trento 125 – ◆Verona 28 – Vicenza 29.

❌❌ **Riondo,** ✆ 7610638, 🍽️, Coperti limitati; prenotare – 🅿️. 🅰️🅴 ◑ 🅴 💳. ⚶
chiuso lunedì, dal 15 al 30 gennaio ed agosto – Pas carta 42/73000.

MONTEGALDELLA 36040 Vicenza 𝟒𝟐𝟗 F 17 – 1 568 ab. alt. 24 – ✿ 0444.

Roma 521 – ◆Milano 221 – ◆Padova 23 – ◆Venezia 56 – ◆Verona 68 – Vicenza 21.

   ❌ **Da Cirillo,** viale Lampertico 26 (SO : 2 km) ℰ 636025, « Servizio estivo sotto un per◄
lato » – 🅿. 🇪 𝘝𝘐𝘚𝘈. ❌
    chiuso mercoledì sera, giovedì, dal 26 dicembre al 6 gennaio e dal 27 luglio al 20 agost
    Pas carta 36/47000.

MONTEGGIO 𝟐𝟏𝟗 ⑦ – Vedere Cantone Ticino alla fine dell'elenco alfabetico.

MONTEGIORGIO 63025 Ascoli Piceno 𝟗𝟖𝟖 ⑯, 𝟒𝟑𝟎 M 22 – 6 692 ab. alt. 411 – ✿ 0734.

Roma 249 – ◆Ancona 81 – Ascoli Piceno 72 – Macerata 30 – ◆Pescara 124.

   ❌❌ **Oscar e Amorina** con cam, strada statale 210 (S : 5 km) ℰ 968112, Fax 968345, 🏤,
    🖙 – 🗐 🆃🆅 ☎ 🅿. 🅰🅴 𝘝𝘐𝘚𝘈 ❌
    Pas *(chiuso lunedì)* carta 30/45000 – **14 cam** ⊇ 80000, 🛏 4000 – ½ P 80/95000.

MONTEGROTTO TERME 35036 Padova 𝟗𝟖𝟖 ⑤, 𝟒𝟐𝟗 F 17 – 9 909 ab. alt. 11 – Stazione term
– ✿ 049.
Vedere Guida Verde.

🇿 viale Stazione 60 ℰ 793384, Fax 795276.

Roma 482 – Mantova 97 – ◆Milano 246 – Monselice 12 – ◆Padova 12 – Rovigo 32 – ◆Venezia 49.

   🏨 **International Bertha** ⌂, largo Traiano 1 ℰ 793100, Telex 430277, Fax 794563, ≅
    « Giardino con 🏊 riscaldata », 𝐼ₛ, ≘s, 🔲, ❌, ╪ – 📶 🗐 🆃🆅 ☎ & ⟷ 🅿 – 🔬 120. 🅰🅴
    ⓪ 🇪 𝘝𝘐𝘚𝘈. ❌ rist
    chiuso dal 6 gennaio al 6 marzo – Pas carta 45/60000 – ⊇ 15000 – **126 cam** 105/1900◄
    9 appartamenti – ½ P 130/144000.

   🏨 **Esplanade Tergesteo,** via Roma 54 ℰ 793444, Telex 430033, Fax 8910488, 𝐼ₛ, ≅
    🏊 riscaldata, 🔲, 🖼, ❌, ╪ – 📶 🗐 🆃🆅 ☎ & 🅿. 🅰🅴 🅱 🇪 𝘝𝘐𝘚𝘈. ❌ rist
    Pas 50/84000 – ⊇ 19000 – **136 cam** 134/221000, 10 appartamenti – ½ P 122/151000.

   🏨 **Gd H. Terme Caesar** ⌂, via Aureliana ℰ 793655, Fax 8910616, « Giardino con
    riscaldata », ≘s, 🔲, ❌, ╪ – 📶 ↩ rist 🗐 🆃🆅 ☎ & 🅿 – 🔬 30 a 150. 🅰🅴 🅱 ⓪ 🇪 𝘝
    ❌ rist
    chiuso dal 7 gennaio a febbraio e dal 28 novembre al 19 dicembre – Pas 40000 – **135 ca**
    ⊇ 90/160000 – ½ P 90000.

   🏨 **Terme Neroniane** ⌂, via Neroniana 21/23 ℰ 793466, Telex 431530, Fax 795331, ≅
    « Parco ombreggiato con 🏊 riscaldata », 𝐼ₛ, ≘s, 🔲, ❌, ╪ – 📶 ☎ 🅿. ❌ rist
    chiuso dal 7 gennaio al 12 marzo – Pas 45000 – ⊇ 18000 – **88 cam** 110/155000
    ½ P 97/108000.

   🏨 **Garden Terme,** viale delle Terme 7 ℰ 794033, Telex 430322, Fax 8910182, « Parc
    giardino con 🏊 riscaldata », 𝐼ₛ, 🔲, ❌, ╪ – 📶 🗐 rist ☎ & 🅿. 🅰🅴 🅱 🇪 𝘝𝘐𝘚𝘈. ❌ rist
    marzo-novembre – Pas 38000 – ⊇ 12000 – **112 cam** 89/145000, 7 appartamenti – ½ P 1◄
    118000.

   🏨 **Augustus Terme,** viale Stazione 150 ℰ 793200, Telex 430407, Fax 793518, « Terraz
    con 🏊 riscaldata », 𝐼ₛ, ≘s, 🔲, 🖼, ❌, ╪ – 📶 ↩ 🗐 🆃🆅 ☎ ⟷ 🅿 – 🔬 100. 🅰🅴 🅱 ⓪
    𝘝𝘐𝘚𝘈 ❌ rist
    chiuso dal 6 gennaio a febbraio – Pas 40/50000 – **125 cam** ⊇ 82/144000, 5 appartamer
    🛏 14000 – ½ P 102/112000.

   🏨 **Des Bains,** via Mezzavia 22 ℰ 793500, Fax 793340, 𝐼ₛ, ≘s, 🏊 riscaldata, 🔲, 🖼, ❌, ╪
    📶 🗐 ☎ & 🅿. 🅰🅴 🅱 ⓪ 🇪 𝘝𝘐𝘚𝘈. ❌ rist
    chiuso dal 7 gennaio al 22 febbraio e dal 27 novembre al 20 dicembre – Pas carta 34/430◄
    – ⊇ 10000 – **103 cam** 85/144000, 4 appartamenti – ½ P 73/101000.

   🏨 Terme Miramonti, piazza Roma 19 ℰ 793455, Fax 793778, « Giardino con 🏊 riscaldo
    ta », 𝐼ₛ, ≘s, 🔲, ╪ – 📶 🗐 rist ☎ 🅿 – 🔬 80.
    95 cam.

   🏨 **Montecarlo,** viale Stazione 109 ℰ 793233, Fax 793350, 🏊 riscaldata, 🔲, 🖼, ❌, ╪ –
    🗐 🆃🆅 ☎ 🅿. 🅰🅴 🅱 🇪 𝘝𝘐𝘚𝘈. ❌ rist
    Pas (solo per clienti alloggiati) 35000 – **104 cam** ⊇ 79/131000 – ½ P 68/98000.

   🏨 **Continental,** via Neroniana 8 ℰ 793522, Fax 8910683, « Parco con 🏊 riscaldata », 𝐼
    ≘s, 🔲, ❌, ╪ – 🗐 rist ☎ 🅿. 🅰🅴 🅱 ⓪ 🇪 𝘝𝘐𝘚𝘈. ❌ rist
    chiuso dal 7 gennaio al 13 febbraio e dal 12 al 18 dicembre – Pas 28/32000 – **90 ca**
    ⊇ 76/130000, 30 appartamenti – ½ P 77/100000.

   🏨 **Terme Sollievo,** viale Stazione 113 ℰ 793600, « Parco con 🏊 riscaldata e ❌ », 𝐼ₛ, ≅
    🔲, ╪ – 📶 ↩ cam 🗐 ☎ & 🅿. 🅰🅴 🅱 ⓪ 🇪 𝘝𝘐𝘚𝘈. ❌ rist
    chiuso gennaio – Pas 35000 – **132 cam** ⊇ 87/160000 – ½ P 95/107000.

   🏨 Terme Cristallo, via Roma 69 ℰ 793377, Fax 8910291, 𝐼ₛ, ≘s, 🏊 riscaldata, 🔲, 🖼, ╪
    📶 🗐 ☎ & 🅿.
    stagionale – **119 cam.**

   🏨 **Antonio,** via Fasolo 12 ℰ 794177, Telex 430287, Fax 794257, 𝐼ₛ, ≘s, 🏊 riscaldata, 🔲
    🖼, ❌, ╪ – 📶 🗐 ☎ & ⟷ 🅿 ❌ rist
    chiuso dal 9 novembre al 22 dicembre – Pas 30000 – **144 cam** ⊇ 73/128000, 🛏 5000◄
    ½ P 90/99000.

Terme delle Nazioni, via Mezzavia ✆ 793322, Fax 793484, Ls, ≘s, ⛱ riscaldata, ⛱, 🌳, %, ⚗ – |♦| ▤ rist ☎ ♿ ⓟ. ✻ rist
chiuso da dicembre al 19 gennaio – Pas (solo per clienti alloggiati) 33000 – ☐ 9000 – **105 cam** 64/105000 – ½ P 96000.

Terme Petrarca, piazza Roma 23 ✆ 793387, Fax 793527, ⛱ riscaldata, ⛱, 🌳, %, ⚗ – |♦| ▤ ☎ ♿ ⓟ – 🔺 200. 🅢 VISA. ✻ rist
chiuso dall' 11 gennaio al 1° febbraio e dal 1° al 21 dicembre – Pas 30/38000 – ☐ 10000 – **129 cam** 75/125000, ▤ 6000 – ½ P 81/91000.

Apollo 🐌, via Pio X n° 4 ✆ 793900, Telex 431567, Fax 8910287, « Parco con ⛱ riscaldata », Ls, ≘s, ⛱, %, ⚗ – |♦| ⇔ rist ▤ ☎ ♿ ⇐ ⓟ. ✻ rist
chiuso dal 6 gennaio a febbraio – Pas (solo per clienti alloggiati) 30/35000 – **200 cam** ☐ 77/133000, ▤ 6000 – ½ P 93/107000.

Terme Bellavista, via dei Colli 5 ✆ 793333, Fax 793772, Ls, ≘s, ⛱ riscaldata, ⛱, 🌳, %, ⚗ – |♦| ☎ ⓟ. ✻
marzo-27 novembre – Pas 35/39000 – **77 cam** ☐ 75/130000 – ½ P 68/78000.

Eliseo, viale Stazione 12/a ✆ 793425, Fax 795332, ⛱ riscaldata, ⛱, 🌳, ⚗ – |♦| ▤ rist ☎ ⓟ. 🅢 E VISA. ✻ rist
14 marzo-13 novembre – Pas 25/40000 – ☐ 10000 – **95 cam** 60/90000 – ½ P 68/85000.

Vulcania 🐌, viale Stazione 6 ✆ 793451, Fax 793451, « Parco con ⛱ riscaldata », ⛱, ⚗ – |♦| ☎ ⓟ. ✻
4 marzo-15 novembre – Pas (solo per clienti alloggiati) 28000 – ☐ 6000 – **78 cam** 64/97000 – ½ P 69/90000.

✗ **Da Mario,** viale delle Terme 4 ✆ 794090, 🏠, prenotare – ⓟ
chiuso martedì, dal 10 al 28 febbraio e dal 10 al 30 luglio – Pas carta 37/48000.

✗ **Da Cencio,** via Fermi 11 ✆ 793470, 🏠 – ⇔. AE 🅢 E VISA. ✻
chiuso lunedì, dal 26 dicembre al 2 gennaio e dal 5 al 19 agosto – Pas carta 35/50000.

ONTE ISOLA Brescia 428 429 E 12 – 1 783 ab. alt. 190 – ✉ **25050** Peschiera Maraglio – a.s. squa e luglio-15 settembre – ☎ 030.

dere ✻★★ dal santuario della Madonna della Ceriola.

Sulzano 10 mn di barca; da Sulzano : Roma 586 – ♦Bergamo 44 – ♦Brescia 28 – ♦Milano 88.

✗ **Del Pesce-Archetti,** a Peschiera Maraglio ✆ 9886137, ≤ – ✻
chiuso martedì e dal 3 al 20 novembre – Pas carta 29/42000.

✗ **Del Sole,** a Sensole ✆ 9886101, « Servizio estivo in terrazza », ⛵, 🌳 – ✻
chiuso mercoledì e novembre – Pas carta 33/50000.

ONTELPARO **63020** Ascoli Piceno 430 M 22 – 1 002 ab. alt. 585 – ☎ 0734.

na 285 – Ascoli Piceno 54 – ♦Ancona 108.

La Ginestra 🐌, contrada Coste E : 3 km ✆ 780449, Fax 780706, ≤ valli e colline, 🏠, ⛱, 🌳, % – ⓟ VISA. ✻
marzo-ottobre – Pas carta 30/53000 – ☐ 10000 – **16 cam** 70/85000 – ½ P 85/100000.

ONTELUCO Perugia 988 ㉖, 430 N 20 – alt. 830 – ✉ **06049** Spoleto – ☎ 0743.

dere Facciata★ della chiesa di San Pietro.

na 136 – ♦Perugia 73 – Spoleto 8 – Terni 37.

Paradiso 🐌, ✆ 223082, 🌳 – ☎ ⓟ. AE 🅢 ⓞ E VISA. ✻
Pas *(chiuso martedì)* 30/40000 – ☐ 9000 – **24 cam** 100000 – ½ P 68000.

ONTELUPO FIORENTINO **50056** Firenze 988 ⑭, 428 429 430 K 15 – 10 059 ab. alt. 40 – 0571.

ma 295 – ♦Firenze 25 – ♦Livorno 66 – Siena 75.

Baccio senza rist, via Don Minzoni 3 ✆ 51215 – |♦| ▤ TV ☎ ⓟ. AE 🅢 ⓞ E VISA. ✻
chiuso agosto – ☐ 7000 – **22 cam** 72/103000.

✗ **Trattoria del Sole,** via 20 Settembre 35 ✆ 51130 – AE 🅢 ⓞ E VISA. ✻
chiuso sabato sera, domenica ed agosto – Pas carta 25/39000.

ONTEMAGNO **14030** Asti 988 ⑫, 428 G 6 – 1 245 ab. alt. 259 – ☎ 0141.

ma 617 – Alessandria 29 – Asti 18 – ♦Milano 102 – ♦Torino 72 – Vercelli 50.

✗✗ ✿ **La Braja,** via San Giovanni Bosco 11 ✆ 63107, 🏠, Coperti limitati; prenotare – ▤ ⓟ. AE 🅢 ⓞ E VISA. ✻
chiuso lunedì, martedì, dal 7 al 27 gennaio e dal 26 luglio al 12 agosto – Pas carta 55/75000
Spec. Sformato di cardi con fonduta e tartufo (autunno), Gnocchi di patate al sugo di coniglio, Filetto di lepre al Barbera. **Vini** Arneis, Bricco dell'Uccellone.

ONTEMARCELLO La Spezia 430 J 11 – Vedere Ameglia.

ONTEMARZINO **15050** Alessandria 428 H 8 – 397 ab. alt. 448 – ☎ 0131.

ma 585 – Alessandria 36 – ♦Genova 89 – ♦Milano 89 – Piacenza 85.

✗ **Da Giuseppe,** ✆ 878135 – AE 🅢 E VISA. ✻
chiuso mercoledì e dal 2 al 31 gennaio – Pas carta 41/61000.

MONTEMERANO 58050 Grosseto 🔢 O 16 – alt. 303 – ✪ 0564.

Roma 189 – Grosseto 51 – Orvieto 79 – Viterbo 85.

⌂ **Villa Acquaviva** ﹩ senza rist, strada Scansanese N : 1 km 𝒫 602890, ≤ campagn
colli, « Giardino ombreggiato », ✵ – 🖵 🅿. ✸
chiuso febbraio – **7 cam** 🖵 106000.

XXX ✿ **Da Caino,** 𝒫 602817, Fax 602807, Rist. con enoteca, Coperti limitati; prenotare – 🆎
⦿ 🗲 𝕍𝕀𝕊𝔸. ✸
chiuso mercoledì – Pas carta 56/86000
Spec. Fiori di zucca ripieni (primavera-estate), Tortelli di coniglio in salsa tiepida di pomodoro (primavera-autun
Bianco di pollo in salsa di fegatini al Vin Santo. **Vini** Ansonica, Avvoltore.

XX **Laudomia** con cam, località Poderi di Montemerano SE : 2,5 km 𝒫 620062, « Servi
estivo in terrazza » – ☎ 🅿. 🆎 🗗 ⦿ 🗲 𝕍𝕀𝕊𝔸. ✸
Pas (chiuso martedì) carta 40/60000 – 🖵 12000 – **12 cam** 50/70000 – ½ P 75000.

MONTE OLIVETO MAGGIORE 53020 Siena 🔢 M 16 – alt. 273 – ✪ 0577.

Vedere Affreschi★★ nel chiostro grande dell'abbazia – Stalli★★ nella chiesa abbaziale.

Roma 223 – ◆Firenze 104 – ◆Perugia 121 – Siena 36 – Viterbo 125.

X **La Torre,** 𝒫 707022, 🈂, 🍃 – 🅿. 🗗 ⦿ 🗲 𝕍𝕀𝕊𝔸
chiuso martedì – Pas carta 28/42000.

MONTEORTONE Padova – Vedere Abano Terme.

MONTEPAONE LIDO 88060 Catanzaro 🔢 K 31 4 349 ab. – ✪ 0967.

Roma 632 – Catanzaro 33 – Crotone 85.

⌂ **Il Pescatore,** 𝒫 576303, Fax 576304, 🐟 – 🍴 🗏 🖵 ☎ – 🔬 70. 𝕍𝕀𝕊𝔸. ✸
Pas (chiuso lunedì da ottobre a marzo) carta 28/43000 – 🖵 5000 – **51 cam** 60/1300
🖵 10000 – ½ P 50/90000.

sulla strada statale 106 S : 3 km :

XX **'A Lumera** con cam, ⊠ 88060 𝒫 576290, Fax 576090 – 🗏 🅿. 🆎 🗗 ⦿ 🗲 𝕍𝕀𝕊𝔸. ✸
Pas (chiuso martedì escluso luglio-agosto) carta 34/57000 – **20 cam** (giugno-settemb
🖵 85000 – ½ P 80000.

MONTEPERTUSO Salerno – Vedere Positano.

MONTE PORZIO CATONE 00040 Roma 🔢 Q 20 – 8 513 ab. alt. 451 – a.s. luglio-15 settemb
– ✪ 06.

Roma 24 – Frascati 4 – Frosinone 64 – Latina 55.

X **Da Franco,** via Duca degli Abruzzi 19 𝒫 9449234, ≤ – 🆎 🗗 ⦿ 🗲 𝕍𝕀𝕊𝔸. ✸
chiuso giovedì e dal 15 al 31 luglio – Pas carta 33/52000.

sulla strada provinciale Colonna-Frascati :

XX **Richelieu,** località Pallotta NE : 2 km ⊠ 00040 Montecompatri 𝒫 9485293, 🈂 – 🅿.
chiuso domenica sera, lunedì ed agosto – Pas carta 43/56000.

MONTEPULCIANO 53045 Siena 🔢 🔢, 🔢 M 17 – 13 969 ab. alt. 605 – ✪ 0578.

Vedere Città Antica★ – Piazza Grande★ : ✳★★★ dalla torre del palazzo Comunale★, palaz
Nobili-Tarugi★, pozzo★ – Chiesa della Madonna di San Biagio★★ SE : 1 km.

Roma 176 – Arezzo 60 – ◆Firenze 119 – ◆Perugia 74 – Siena 65.

⌂ **Il Marzocco,** piazza Savonarola 𝒫 757262 – ☎. 🆎 🗗 ⦿ 🗲 𝕍𝕀𝕊𝔸. ✸ rist
chiuso dal 20 novembre al 5 dicembre – Pas 30/40000 – 🖵 8500 – **16 cam** 50/80000
½ P 68/80000.

X **Diva e Maceo,** via di Gracciano nel Corso 92 𝒫 716951 – ✸
chiuso martedì e dal 1° al 18 luglio – Pas carta 25/41000.

sulla strada statale 146 SE : 3 km :

🏨 **Panoramic** ﹩ senza rist, ⊠ 53045 𝒫 798398, Fax 798398, ≤, 🍃, ✵ – 🖵 ☎ 🕭 🅿.
𝕍𝕀𝕊𝔸
aprile-settembre – 🖵 12000 – **25 cam** 80/120000.

a Sant'Albino SE : 6 km – ⊠ 53045 Montepulciano :

⌂ **Tre Stelle,** 𝒫 798078, Fax 799131, 🍃 – 🍴 🖵 ☎ 🕭 🅿. 🆎 🗗 ⦿ 🗲 𝕍𝕀𝕊𝔸. ✸
chiuso dal 7 gennaio al 1° febbraio – Pas (chiuso lunedì) carta 25/35000 – 🖵 8000 – **24 ca**
65/88000 – ½ P 60/65000.

sull'autostrada A 1 - lato ovest o Montepulciano Stazione NE : 12 km – ⊠ 53040 :

🏨 **Il Grifo** senza rist, 𝒫 738702, Fax 738408, 🍃 – 🍴 🖵 ☎ 🅿. 🆎 🗗 🗲 𝕍𝕀𝕊𝔸. ✸
40 cam 🖵 80/115000.

Vedere anche : *Montefollonico* NO : 13 km.

MONTEREALE VALCELLINA 33086 Pordenone 988 ⑤, 429 D 19 – 4 491 ab. alt. 317 – a.s. 13 luglio-agosto – ✪ 0427.
na 627 – ◆Milano 366 – Pordenone 23 – Treviso 77 – ◆Trieste 122 – Udine 54 – ◆Venezia 116.

※ **Da Orsini,** località Grizzo SO : 1 km ℘ 79042 – **ℚ**. ⌶ 🖪 ⑩ 🖪 💳
   chiuso lunedì e dal 29 luglio al 20 agosto – Pas carta 35/47000.

MONTERIGGIONI 53035 Siena 988 ⑭ ⑯, 430 L 15 – 7 084 ab. alt. 274 – ✪ 0577.
na 245 – ◆Firenze 55 – ◆Livorno 103 – Pisa 93 – Siena 15.

※ **Il Pozzo,** ℘ 304127, Fax 304701 – ⌶ 🖪 ⑩ 🖪 💳. ❄
   chiuso domenica sera, lunedì, dal 7 gennaio al 2 febbraio e dal 31 luglio al 10 agosto – Pas carta 40/59000 (15%).

   a Strove SO : 4 km – ⌧ **53035** Monteriggioni :

🏛 **Casalta** ♨, ℘ 301002 e rist ℘ 301171 – ☎. ❄
   Pas (chiuso lunedì, dal 15 al 30 gennaio e dal 15 al 30 novembre) carta 34/43000 – ⌧ 10000 – **10 cam** (marzo-ottobre) 55/90000 – ½ P 88/90000.

MONTEROSSO AL MARE 19016 La Spezia 988 ⑬, 428 J 10 – 1 757 ab. – ✪ 0187.
Pasqua-ottobre), ℘ 817506.
na 450 – ◆Genova 93 – ◆Milano 230 – ◆La Spezia 32.

🏨 **Porto Roca** ♨, ℘ 817502, Fax 817692, ≤ mare e costa, 🍴, 🔥, ⛱ – 📺 ☎. ⌶ 🖪 🖪 💳. ❄ rist
   aprile-ottobre – Pas 50/70000 – **43 cam** ⌧ 170/240000 – ½ P 120/160000.

🏛 **La Colonnina** ♨ senza rist, ℘ 817439, Fax 817439, « Piccolo giardino ombreggiato » – 📶 📺 ☎. ❄
   Pasqua-ottobre – ⌧ 12500 – **20 cam** 90000.

🏛 **Jolie** ♨, ℘ 817539, Fax 817273, ⛱ – 📺 ☎. ⌶ 🖪 🖪 💳. ❄
   chiuso gennaio o novembre – Pas (solo su prenotazione) 30/38000 – **31 cam** ⌧ 90/160000 – ½ P 90/110000.

※※ **Miki,** ℘ 817608, 🍴 – 🖪 🖪 💳. ❄
   febbraio-ottobre; chiuso martedì escluso da giugno a settembre – Pas carta 35/64000.

※ **La Cambusa,** ℘ 817546, Fax 817258, 🍴 – ☰. ⌶ 🖪 ⑩ 🖪 💳. ❄
   15 marzo-15 ottobre; chiuso lunedì escluso dal 15 giugno al 15 settembre – Pas carta 34/67000.

MONTEROSSO GRANA 12020 Cuneo 428 I 3 – 580 ab. alt. 720 – a.s. agosto – ✪ 0171.
ma 664 – Cuneo 21 – ◆Milano 235 – Colle di Tenda 45 – ◆Torino 92.

🏛 **A la Posta,** ℘ 98720, « Giardino ombreggiato » – 📶 **ℚ**. ❄ rist
   chiuso dal 4 gennaio al 3 aprile – Pas 18/35000 – ⌧ 5000 – **56 cam** 45/65000 – P 50/60000.

MONTEROTONDO 00015 Roma 988 ㉘, 430 P 19 – 29 605 ab. alt. 165 – ✪ 06.
ma 26 – Rieti 55 – Terni 84 – Tivoli 32.

※ **Trattoria dei Leoni** con cam, piazza del Popolo ℘ 9007394 – ☰ rist 📺. ⌶ 🖪 🖪 💳
   chiuso dal 5 al 25 agosto – Pas (chiuso mercoledì) carta 25/42000 – ⌧ 10000 – **12 cam** 60/90000 – ½ P 48000.

MONTE SAN GIUSTO 62015 Macerata 430 M 22 – 7 116 alt. 236 – ✪ 0733.
ma 264 – ◆Ancona 65 – Ascoli Piceno 102 – Macerata 22.

🏛 Caty, senza rist, via Macerata 77 ℘ 530500, Fax 530500 – 📶 📺 ☎ ⟵ – **34 cam.**

MONTE SAN PIETRO (PETERSBERG) Bolzano – Vedere Nova Ponente.

MONTE SAN SAVINO 52048 Arezzo 988 ⑮, 430 M 17 – 7 812 ab. alt. 330 – ✪ 0575.
ma 197 – Arezzo 22 – ◆Firenze 86 – ◆Perugia 77 – Siena 43.

🏛 **Sangallo** senza rist, piazza Vittorio Veneto 16 ℘ 810049 – 📺 ☎ **ℚ**. ⌶ 🖪 ⑩. ❄
   ⌧ 6000 – **16 cam** 60/85000.

   sulla strada provinciale 73 O : 5 km

※ **Belvedere-Castello di Gargonza,** località Bano ⌧ 52048 ℘ 844238, Fax 844262, 🍴 – **ℚ**. ⌶ 🖪 ⑩ 🖪 💳
   chiuso lunedì e dal 15 al 31 gennaio – Pas carta 26/39000 (10%).

MONTE SANTA CATERINA (KATHARINABERG) Bolzano 218 ⑨ – Vedere Senales.

MONTE SANT'ANGELO 71037 Foggia 988 ㉘, 431 B 29 – 15 715 ab. alt. 843 – a.s. luglio-settembre – ✪ 0884.
edere Posizione pittoresca★★ – Santuario di San Michele★ – Tomba di Rotari★.
scursioni Promontorio del Gargano★★★ E-NE.
ma 427 – ◆Bari 135 – ◆Foggia 55 – Manfredonia 16 – ◆Pescara 203 – San Severo 57.

🏛 **Rotary** ♨, O : 1 km ℘ 62146, Fax 62146, ≤ golfo di Manfredonia – ☎ **ℚ**. 💳. ❄ rist
   Pas (chiuso novembre) carta 27/39000 – ⌧ 7000 – **24 cam** 55/75000 – ½ P 65/70000.

MONTESARCHIO 82016 Benevento 988 ㉗, 431 D 25 – 12 443 ab. alt. 300 – ✦ 0824.

Roma 223 – Avellino 54 – Benevento 18 – Caserta 30 – ◆Napoli 48.

🏨 **Cristina Park Hotel,** via Benevento E : 0,8 km ✆ 835888, Fax 835888, 🌧 – 🛉 ▤ 📺 **⊙** – 🔬 300. 🛗 **⊙ E 𝒱𝒾𝒮𝒜**. 🛠
   Pas *(chiuso martedì)* carta 31/43000 (11 %) – ⊆ 10000 – **16 cam** 77/110000 – ½ P 89/980

🗙🗙 Dante's Tavern, piazza Carlo Poerio 86 ✆ 834360, prenotare – ▤

MONTESCANO 27040 Pavia 428 G 9 – 385 ab. alt. 208 – ✦ 0385.

Roma 597 – Alessandria 69 – ◆Genova 142 – Pavia 27 – Piacenza 43.

🗙🗙🗙 ✿ **Al Pino,** ✆ 60479, Fax 60479, ≼ colline, Coperti limitati; prenotare – **⊙**. 🛗 🅂 **⊙** **𝒱𝒾𝒮𝒜**. 🛠
   chiuso martedì sera, mercoledì, dal 1° al 10 gennaio e dal 15 al 30 luglio – Pas carta 5
   70000
   Spec. Petto d'anitra con vinaigrette all'aceto di lamponi, Risotto con salame e borlotti, Filetto di vitello in crosta. 🍷
   Pinot nero.

MONTESILVANO MARINA 65016 Pescara 988 ㉗, 430 O 24 – 36 167 ab. – a.s. luglio-agosto
✦ 085.

🅱 viale Europa 79 ✆ 4492796, Fax 4454281.

Roma 215 – L'Aquila 112 – Chieti 26 – ◆Pescara 8 – Teramo 50.

🏨 **City,** viale Europa 77 ✆ 4452468, Fax 4491348, 🏊, 🏖 – 🛉 ▤ 📺 ☎ **⊙** – 🔬 70. 🅂 **E** 𝒱
   Pas 28/40000 – ⊆ 10000 – **40 cam** 110000 – ½ P 75/115000.

MONTESPLUGA 23020 Sondrio 428 C 9, 218 ⑬ ⑭ – alt. 1 908 – ✦ 0343.

Roma 711 – ◆Milano 150 – Sondrio 88 – Passo dello Spluga 3.

🗙🗙 **Posta,** ✆ 54234 – **⊙**. 🛠
   chiuso martedì e dal 15 gennaio al 20 febbraio – Pas carta 34/50000.

MONTEVARCHI 52025 Arezzo 988 ⑮, 430 L 16 – 22 009 ab. alt. 144 – ✦ 055.

Roma 233 – Arezzo 39 – ◆Firenze 52 – Siena 47.

🏨 **Delta** senza rist, viale Diaz 137 ✆ 901213, Fax 901727 – 🛉 ▤ 📺 ☎ 🔚 – 🔬 100. 🛗 **⊙ E 𝒱𝒾𝒮𝒜**. 🛠
   ⊆ 12000 – **40 cam** 75/92000.

🗙🗙 **Piccolo Alleluia,** viale Diaz 137 ✆ 901488 – 🛗 🅂 **E 𝒱𝒾𝒮𝒜**
   chiuso lunedì e dal 20 luglio al 20 agosto – Pas carta 27/37000.

MONTEVIALE 36050 Vicenza 429 F 16 – 1 798 ab. alt. 157 – ✦ 0444.

Roma 547 – ◆Milano 209 – ◆Verona 56 – Vicenza 9.

🗙 **Zemin,** via Costigiola 58 (E : 1,5 km) ✆ 552054, Fax 552054 – ▤ **⊙**. 🛗 🅂 **⊙ E 𝒱𝒾𝒮𝒜**. 🛠
   chiuso mercoledì, dal 7 al 18 gennaio e dal 10 al 20 agosto – Pas carta 31/52000.

MONTICELLI TERME 43023 Parma 428 429 H 13 – alt. 99 – Stazione termale (marzo-15 🔹
cembre), a.s. 10 agosto-10 ottobre – ✦ 0521.

Roma 452 – ◆Bologna 92 – ◆Milano 134 – ◆Parma 12 – Reggio nell'Emilia 25.

🏨 **Delle Rose** 🏖, ✆ 658521, Fax 658527, « Parco-pineta », 🏊, ♣ – 🛉 ▤ rist 📺 ☎ **⊙** 🔬 100. 🛗 🅂 **⊙** **𝒱𝒾𝒮𝒜**. 🛠
   chiuso dal 16 dicembre a febbraio – Pas 34/38000 – **78 cam** ⊆ 108/170000 – ½ P 10
   122000.

MONTICIANO 53015 Siena 988 ⑮, 430 M 15 – 1 483 ab. alt. 381 – ✦ 0577.

Dintorni Abbazia di San Galgano★ NO : 7 km.

Roma 245 – Grosseto 58 – Siena 35.

🗙 **Da Vestro** con cam, ✆ 756618, 🌤, « Giardino ombreggiato » – **⊙**. 🛠
   Pas *(chiuso lunedì)* carta 25/41000 – ⊆ 7000 – **12 cam** 45/60000 – ½ P 60000.

MONTIERI 58026 Grosseto 430 M 15 – 1 573 ab. alt. 750 – ✦ 0566.

Roma 269 – Grosseto 51 – Siena 50.

🏨 **Rifugio Prategiano** 🏖, N : 1 km ✆ 997703, Fax 997826, ≼, 🏊, 🌧, 🗙 – 📺 ☎ **⊙**. 🅂
   𝒱𝒾𝒮𝒜. 🛠 rist
   chiuso dal 7 gennaio a Pasqua – Pas *(chiuso martedì)* 35000 – ⊆ 10000 – **24 ca**
   120/180000 – ½ P 70/140000.

MONTIGNOSO 54038 Massa-Carrara 428 429 430 J 12 – 9 130 ab. alt. 132 – ✦ 0585.

Roma 386 – ◆Firenze 112 – Lucca 42 – Massa 5 – ◆Milano 240 – Pisa 43 – ◆La Spezia 40.

🗙🗙🗙🗙 ✿ **Il Bottaccio** 🏖 con cam, ✆ 340031, Fax 340103, 🌤, Confort accurato, prenota
   « In un antico frantoio », 🌧 – 📺 ☎ **⊙** 🛗 🅂 **⊙ E 𝒱𝒾𝒮𝒜**
   Pas *(menu suggeriti)* 90/130000 – ⊆ 30000 – 8 appartamenti 420/680000
   Spec. Gamberi reali con tagliolini di riso, Fagottini di cinghiale (autunno-inverno), Rombo anellato alle erbe. 🍷
   Vernaccia, Ornellaia.

a Cinquale SO : 5 km – ⌧ 54030 – a.s. Pasqua e luglio-agosto :

🏨 **Eden,** ℰ 807676, Fax 807594, 😋, ☎, ⌂, ☞ – ▤ 📺 ☎ ♿ ❷ – 🛃 100. ⓸ 𝘝𝘐𝘚𝘈. 🍴 rist
febbraio-ottobre – Pas 50/80000 – ⌚ 15000 – **30 cam** 98/140000 – ½ P 120/130000.

🏢 **Giulio Cesare** 🏖 senza rist, ℰ 309318, Fax 309319, ☞ – ▤ ☎ ❷. 🖭. 🍴
Pasqua e 25 maggio-settembre – **12 cam** ⌚ 110/116000.

a Pasquilio N : 14 km – alt. 824 – ⌧ 54038 Montignoso :

✗ **Pasquilio** 🏖 con cam, ℰ 348070, ≤ mare e litorale, 😋, ☞ – ⇔ ❷. 🖪 𝘝𝘐𝘚𝘈. 🍴
Pasqua-settembre – Pas *(chiuso mercoledì)* carta 33/51000 – ⌚ 10000 – **12 cam** 45/80000
– ½ P 70000.

MONTISI 53020 Siena 𝟺𝟹𝟶 M 16 – alt. 413 – ✆ 0577.
Roma 197 – Arezzo 58 – ◆Perugia 82 – Siena 59.

✗ **La Romita,** ℰ 824186, Fax 824186, Coperti limitati; prenotare, « Servizio estivo in
giardino », ⌂ – ❷. 🖭 🖪 ⓸ 𝔼 𝘝𝘐𝘚𝘈. 🍴
chiuso mercoledì e febbraio – Pas carta 42/60000 (12 %).

MONTODINE 26010 Cremona 𝟺𝟸𝟾 G 11 – 2 155 ab. alt. 66 – ✆ 0373.
Roma 536 – ◆Bergamo 49 – ◆Brescia 57 – Crema 9 – Cremona 31 – ◆Milano 53 – Piacenza 29.

✗ **Trattoria Umberto I-da Brambini,** ℰ 66118 – 🖪 𝔼 𝘝𝘐𝘚𝘈. 🍴
chiuso mercoledì ed agosto – Pas carta 36/58000.

MONTOGGIO 16026 Genova 𝟿𝟾𝟾 ⑬, 𝟺𝟸𝟾 I 9 – 1 937 ab. alt. 440 – ✆ 010.
Roma 538 – Alessandria 84 – ◆Genova 39 – ◆Milano 131.

✗✗ **Roma,** ℰ 938925 – ❷. 🍴
chiuso giovedì e dal 5 al 20 luglio – Pas carta 35/50000.

MONTONE 06014 Perugia 𝟺𝟹𝟶 L 18 – 1 557 ab. alt. 485 – ✆ 075.
Roma 208 – Arezzo 61 – Gubbio 36 – ◆Perugia 39.

a Santa Maria di Sette N : 3 km – ⌧ 06014 Montone :

✗ **Il Rustichello,** ℰ 9415291 – ▤ ❷. 🖪 𝔼 𝘝𝘐𝘚𝘈
chiuso martedì – Pas carta 27/45000.

MONTOPOLI DI SABINA 02034 Rieti 𝟺𝟹𝟶 P 20 – 3 409 ab. alt. 331 – ✆ 0765.
Roma 48 – Rieti 43 – Terni 79 – Viterbo 76.

✗ **Il Casale del Farfa,** strada statale 313 (SO : 7 km) ℰ 322047, Fax 322047, ≤, « Servizio
estivo in giardino » – ❷. 🖭
chiuso martedì, luglio e dal 15 al 21 novembre – Pas carta 28/47000.

MONTOPOLI IN VAL D'ARNO 56020 Pisa 𝟺𝟸𝟾 𝟺𝟸𝟿 𝟺𝟹𝟶 K 14 – 8 941 ab. alt. 98 – ✆ 0571.
Roma 307 – ◆Firenze 53 – ◆Livorno 44 – Lucca 40 – Pisa 34 – Pistoia 41 – Pontedera 12 – Siena 76.

🏢 **Quattro Gigli,** piazza Michele 2 ℰ 466878, Fax 466879, ≤, « Originali terrecotte » – 📺
☎. 🖭 🖪 ⓸ 𝔼 𝘝𝘐𝘚𝘈. 🍴
chiuso dal 25 al 31 gennaio e dal 10 al 25 agosto – **Pas** *(chiuso lunedì)* carta 30/48000 –
⌚ 8000 – **28 cam** 44/65000 – ½ P 60/65000.

MONTORFANO 22030 Como 𝟺𝟸𝟾 E 9, 𝟸𝟷𝟿 ⑨ – 2 239 ab. alt. 410 – ✆ 031.
Villa d'Este (chiuso gennaio) ℰ 200200, Fax 200786.
Roma 631 – ◆Bergamo 50 – Como 7 – Lecco 24 – ◆Milano 49.

✗✗✗ **Santandrea Golf Hotel** con cam, via Como 19 ℰ 200220, ≤, prenotare, « Servizio
estivo all'aperto », ☞ – 📺 ☎ ❷ – 🛃 30. 🖭 🖪 𝔼 𝘝𝘐𝘚𝘈. 🍴
chiuso dal 2 gennaio al 10 febbraio – Pas carta 59/95000 – ⌚ 20000 – **13 cam** 140/190000,
3 appartamenti – ½ P 160/180000.

MONTORO INFERIORE 83025 Avellino 𝟺𝟹𝟷 E 26 – 9 284 ab. alt. 195 – ✆ 0825.
Roma 265 – Avellino 18 – ◆Napoli 69 – Salerno 20.

🏨 **La Foresta,** svincolo superstrada ⌧ 83020 Piazza di Pàndola ℰ 521005, Fax 523666 – ▤
⇔ ▤ 📺 ☎ ⇦ ❷ – 🛃 25 a 150. 🖭 🖪 ⓸ 𝔼 𝘝𝘐𝘚𝘈. 🍴 cam
Pas carta 24/40000 (16 %) – ⌚ 5000 – **30 cam** 90/140000 – ½ P 110000.

MONTORO SUPERIORE 83026 Avellino – 7 629 ab. alt. 240 – ✆ 0825.
Roma 262 – Avellino 21 – ◆Napoli 72 – Salerno 23.

✗✗ Arco di Magliano, svincolo superstrada ℰ 523515, « Servizio rist estivo a bordo piscina » – ❷

MONTORSO VICENTINO 36050 Vicenza 𝟺𝟸𝟿 F 16 – 2 710 ab. alt. 118 – ✆ 0444.
Roma 553 – ◆Milano 193 – ◆Venezia 81 – ◆Verona 40 – Vicenza 17.

✗ **Belvedere-da Bepi,** ℰ 685415, 😋 – ▤. 🍴
chiuso martedì sera, mercoledì e dal 1° al 25 agosto – Pas carta 24/36000.

MONTÙ BECCARIA 27040 Pavia 428 G 9 – 1 819 ab. alt. 277 – 🕸 0385.

Roma 544 – ◆Genova 123 – ◆Milano 66 – Pavia 28 – Piacenza 32.

XX **Colombi,** località Loglio di Sotto SO : 5 km ℘ 60049 – 🅿. ⑩ *VISA*
Pas carta 37/52000.

MONZA 20052 Milano 988 ③, 428 F 9 – 123 188 ab. alt. 162 – 🕸 039.

Vedere Parco★★ della Villa Reale – Duomo★ : facciata★★, corona ferrea★★ dei re Longobardi

🏌18 e 🏌9 (chiuso lunedì) al Parco ℘ 303081, Fax
304427, N : 5 km.

Autodromo al parco N : 5 km ℘ 22366.

Roma 592 – ◆Bergamo 38 – ◆Milano 15.

AUTODROMO DI MONZA

🏨 **De la Ville,** viale Regina Margherita 15
℘ 382581, Telex 332496, Fax 367647 – 🛗 ▤
📺 ☎ 🅿 – 🔏 25 a 220. 🆎 🕄 ⑩ 🗉 *VISA*. 🛠
chiuso dal 23 dicembre al 3 gennaio ed agosto
– Pas carta 54/86000 – ☲ 20000 – **55 cam**
230/250000 – ½ P 170/275000.

🏨 **Della Regione,** via Elvezia (Rondò) 4
℘ 387205, Fax 380254 – 🛗 ▤ 📺 ☎ 🔥 🅿 –
🔏 25 a 100. 🆎 🕄 ⑩ 🗉 *VISA*
Pas vedere rist Il Vizio – **90 cam** ☲ 150/
210000 – ½ P 160/200000.

XX **Alle Grazie,** via Lecco 84 ℘ 387903,
Fax 387650, 🌳 – 🅿. 🆎 🕄 ⑩ 🗉 *VISA*
chiuso mercoledì e dal 12 al 30 agosto – Pas
carta 52/82000.

XX La Riserva, via Borgazzi 12 ℘ 386612, 🌳,
Coperti limitati; prenotare – 🅿

XX **Il Vizio,** via Elvezia 4 ℘ 2301322 – ▤. 🆎 🕄
⑩ 🗉 *VISA*. 🛠
chiuso sabato a mezzogiorno, domenica sera
ed agosto – Pas carta 47/72000.

XX **Lo Chef Giovanni,** via Luciano Manara 12/a ℘ 386462, 🌳 – 🆎 🕄 🗉 *VISA*. 🛠
chiuso martedì sera, mercoledì e dall'8 al 25 agosto – Pas carta 46/98000.

al parco N : 5 km :

XXX Saint Georges Premier, ingresso Porta Vedano ℘ 320600, Fax 734543, prenotare, « Vill
settecentesca in un parco ombreggiato; arredamento d'epoca » – 🅿 – 🔏 60.

MORBEGNO 23017 Sondrio 988 ③, 428 D 10 – 10 735 ab. alt. 255 – 🕸 0342.

Roma 673 – ◆Bolzano 194 – Lecco 57 – ◆Lugano 71 – ◆Milano 113 – Sondrio 25 – Passo dello Spluga 66.

🏨 **Margna,** via Margna 24 ℘ 610377, Fax 615114 – 🛗 📺 ☎ 🔥 🚃 🅿. 🛠
Pas (chiuso lunedì) carta 30/45000 – ☲ 8000 – **36 cam** 45/75000 – ½ P 65/70000.

🏨 **La Ruota,** strada statale ℘ 612208, Fax 610117 – 🛗 📺 ☎ 🔥 🚃 🅿. 🆎 🕄 ⑩ 🗉 *VISA*
🛠 cam
Pas (chiuso venerdì) carta 27/42000 – ☲ 5000 – **20 cam** 40/60000 – ½ P 52/55000.

XX **Vecchio Ristorante Fiume,** contrada di Cima alle Case 3 ℘ 610248 – *VISA*
chiuso martedì sera, mercoledì e dal 1º al 16 luglio – Pas carta 34/51000.

a Regoledo di Cosio Valtellino O : 1 km – ⊠ **23013** :

🏨 **Bellevue,** ℘ 635107, Fax 635686, 🛠 – 🛗 📺 ☎ 🔥 🚃 🅿 – 🔏 55. 🆎 🕄 ⑩ *VISA*
Pas (chiuso lunedì) carta 28/43000 – ☲ 12000 – **37 cam** 45/70000 – ½ P 64000.

Vedere anche : *Gerola Alta* S : 15 km.

MORCIANO DI ROMAGNA 47047 Forlì 988 ⑯, 429 430 K 19 – 5 270 ab. alt. 83 – 🕸 0541.

Roma 323 – ◆Ancona 95 – ◆Ravenna 92 – Rimini 29.

XX **Tuf-Tuf,** via Panoramica 34 ℘ 988770, Coperti limitati; prenotare – 🅿. 🆎 🕄 ⑩ 🗉 *VISA*
🛠
chiuso a mezzogiorno, lunedì e dal 24 maggio all'8 giugno – Pas 70/90000.

ORCONE 82026 Benevento 988 ㉗, 430 R 25, 431 C 25 – 7 237 ab. alt. 683 – ✆ 0824.
ma 231 – Benevento 30 – ◆Foggia 124 – Isernia 54 – ◆Napoli 87.

🏨 La Formica, ℰ 957100, 🔄 – 📺 ☞ 🅿 – 🔏 300.
50 cam.

ORCOTE 427 ㉔, 219 ⑥ – Vedere Cantone Ticino alla fine dell'elenco alfabetico.

ORDANO 40027 Bologna 429 430 I 17 – 3 878 ab. alt. 21 – ✆ 0542.
ma 396 – ◆Bologna 43 – Forlì 35 – ◆Ravenna 36.

🏨 **Panazza,** ℰ 51434, Fax 52165, « Piccolo parco », 🔄, ※ – 🗐 📺 ☎ 🅿 – 🔏 50. 🔢 🕦 🕦 **E**
VISA. ※
Pas carta 34/53000 – **20 cam** 🛏 70/90000 – ½ P 80/95000.

ORLUPO 00067 Roma 430 P 19 – 5 722 ab. alt. 207 – ✆ 06.
ma 33 – Terni 79 – Viterbo 64.

※※ **Agostino al Campanaccio,** ℰ 9070008, 🍽 – 🔢 🔢 **E** VISA. ※
chiuso martedì e dal 17 agosto al 6 settembre – Pas carta 33/68000.

ORTARA 27036 Pavia 988 ⑬, 428 G 8 – 14 205 ab. alt. 108 – ✆ 0384.
ma 601 – Alessandria 49 – ◆Milano 47 – Novara 24 – Pavia 38 – ◆Torino 94 – Vercelli 32.
·dere Guida Verde.

※※ Cascina Sant' Espedito, strada per Ceretto O : 3 km ℰ 99904, ※ – 🗐 🅿
※※ **San Michele** con cam, corso Garibaldi 20 ℰ 99106 – 📺 ☎ 🅿. 🔢 **E** VISA
chiuso dal 23 dicembre al 6 gennaio ed agosto – **Pas** (chiuso a mezzogiorno e domenica
sera) carta 32/61000 – 🛏 9000 – **18 cam** 80/100000, appartamento – ½ P 70/85000.

※※ **Guallina,** località Guallina E : 4 km ℰ 91962, Coperti limitati; prenotare – 🅿. 🔢 🔢
chiuso lunedì, martedì a mezzogiorno, dal 1° al 20 gennaio e dal 20 al 30 giugno – Pas
carta 42/81000.

ORTELLE Messina 431 432 M 28 – Vedere Sicilia (Messina).

ORTER Bolzano 218 ⑲ – Vedere Laces.

OSCAZZANO 26010 Cremona 428 G 11 – 737 ab. alt. 68 – ✆ 0373.
ma 539 – ◆Bergamo 52 – ◆Brescia 60 – Crema 12 – Cremona 34 – ◆Milano 56 – Piacenza 32.

※※ **Vecchio Mulino,** ℰ 66177, 🍽, 🌳 – 🅿. ※
chiuso lunedì sera, martedì, dal 7 al 25 gennaio e dal 20 luglio al 12 agosto – Pas
carta 37/54000.

OSO (MOOS) Bolzano – Vedere Sesto.

OSSA 34070 Gorizia 429 E 22 – 1 562 ab. alt. 73 – ✆ 0481.
ma 656 – Gorizia 6 – ◆Trieste 49 – Udine 31.

※ **Blanch,** via Blanchis 35 ℰ 80020, 🍽 – 🅿. 🔢 🔢 🕦 **E** VISA. ※
chiuso mercoledì e dal 27 agosto al 26 settembre – Pas carta 25/42000.

OTTARONE (Stresa) 28040 Novara 428 E 7, 219 ⑥ – alt. 1 491 – Sport invernali : 1 270/
500 m ✈1 ✈7 – ✆ 0323.
·dere Guida Verde.
ma 676 – ◆Milano 99 – Novara 61 – Orta San Giulio 18 – Stresa 20 – ◆Torino 135.

※ **Miramonti** 🐾 con cam, ℰ 924822, ≤ Alpi – ※ cam
Pas (chiuso mercoledì escluso dal 20 dicembre a Pasqua e dal 20 luglio ad agosto)
carta 32/51000 – 🛏 6000 – **9 cam** (20 dicembre-Pasqua e 20 luglio-agosto) 75000 –
½ P 65000.

Vedere anche : risorse alberghiere di Stresa.

OZZO 24035 Bergamo 219 ⑳ – 6 295 ab. alt. 252 – ✆ 035.
ma 607 – ◆Bergamo 6 – Lecco 28 – ◆Milano 49.

※※ **Caprese,** via Crocette 38 ℰ 611148, Solo piatti di pesce, prenotare – 🗐 🅿. 🔢 🔢 🕦 **E**
VISA. ※
chiuso domenica sera, lunedì, Natale e dal 10 al 31 agosto – Pas carta 80/100000.

UCCIA 62034 Macerata 430 M 21 – 830 ab. alt. 451 – a.s. 10 luglio-15 settembre – ✆ 0737.
ma 199 – ◆Ancona 101 – Ascoli Piceno 92 – Macerata 49 – ◆Perugia 79.

※ Il Cacciatore, via Spinabello 11 ℰ 43121

sulla strada statale 77 E : 2 km :

🏨 **MotelAgip,** ✉ 62034 ℰ 646191, Fax 646428 – 📺 ☞ 🅿. 🔢 🔢 🕦 **E** VISA. ※ rist
Pas 30000 – 🛏 4000 – **37 cam** 52/79000.

MUGGIA 34015 Trieste 988 ⑥, 429 F 23 – 13 280 ab. – ✿ 040.
Vedere Guida Verde.
🖪 via Roma 20 ℘ 273259.
Roma 684 – ◆Milano 423 – ◆Trieste 11 – Udine 86 – ◆Venezia 173.

🏨 **Lido**, via Cesare Battisti 22 ℘ 273338, Fax 271979 – |津| 🍴 rist 📺 ☎ 🅿 – 🔬 100. 🖭 🖪
   🗉 *VISA*. 🛠
   Pas carta 38/68000 – **47 cam** �);100/150000 – ½ P 110000.

🍴 **All'Arciduca** con cam, strada per Chiampore 46 ℘ 271019, Fax 275388, 🍴 – ☎ 🅿.
   🖪 ① 🗉 *VISA*. 🛠
   chiuso dal 1° al 14 gennaio – Pas *(chiuso venerdì e domenica sera)* carta 40/58000
   �); 10000 – **12 cam** 56/86000 – ½ P 90/100000.

MÜHLBACH = Rio di Pusteria.

MULAZZO 54026 Massa Carrara 428 429 430 J 11 – 2 741 ab. alt. 350 – ✿ 0187.
Roma 434 – ◆Genova 121 – ◆Parma 83 – ◆La Spezia 38.

   a Madonna del Monte O : 8 km – alt. 870 – ☒ **54026** Mulazzo :

🍴 **Rustichello** 🍃, con cam, ℘ 439759, ≤, prenotare – 🅿. 🛠 rist
   chiuso dall'8 gennaio a Carnevale – Pas *(chiuso martedì escluso luglio ed agosto)* carta 2
   39000 – �); 8000 – **8 cam** 65000 – ½ P 50/55000.

MULES (MAULS) Bolzano 429 B 16 – alt. 905 – ☒ **39040** Campo di Trens – ✿ 0472.
Roma 699 – ◆Bolzano 61 – Brennero 23 – Brunico 44 – ◆Milano 360 – Trento 121 – Vipiteno 9.

🏨 **Stafler**, ℘ 771136, Fax 771094, « Parco ombreggiato », ☎s, 🏊, 🛠 – |津| 📺 ☎ 🅿
   🔬 30 a 40. 🖪 🗉 *VISA*
   chiuso dal 21 giugno al 2 luglio e dal 7 novembre al 20 dicembre – Pas *(chiuso mercole*
   escluso agosto-settembre) carta 41/67000 – **38 cam** �); 90/130000 – ½ P 90/115000.

┌─────────┐
│ Europe │   Se il nome di un albergo è stampato in carattere magro,
└─────────┘   chiedete al vostro arrivo le condizioni che vi saranno praticate.

MURAGLIONE (Passo del) Firenze 429 430 K 16 – Vedere San Godenzo.

MURANO Venezia 988 ⑤ – Vedere Venezia.

MURAVERA Cagliari 988 ㉝, 433 I 10 – Vedere Sardegna.

MURIALDO 17010 Savona 428 J 6 – 893 ab. alt. 527 – ✿ 019.
Roma 588 – Asti 102 – Cuneo 77 – ◆Genova 89 – ◆Milano 212 – Savona 43 – ◆Torino 120.

🍴 Ponte, località Ponte O : 1 km ℘ 53610 – 🅿

MURISENGO 15020 Alessandria 428 G 6 – 1 696 ab. alt. 338 – ✿ 0141.
Roma 640 – Alessandria 56 – Asti 28 – ◆Milano 106 – ◆Torino 50.

🍴 Regina, ℘ 993025 – 🅿

MUSSOLENTE 36065 Vicenza 429 E 17 – 5 971 ab. alt. 127 – ✿ 0424.
Roma 548 – Belluno 85 – ◆Milano 239 – ◆Padova 47 – Trento 93 – Treviso 42 – ◆Venezia 72 – Vicenza 40.

🏨 **Volpara** 🍃, NE : 2 km ℘ (0423) 567766, Fax 968841, ≤ – 🍴 ☎ 🅿. 🖭 🖪 ① 🗉 *VISA*. 🛠
   Pas vedere rist Volpara – �); 6000 – **10 cam** 45/70000.

🍴 **Volpara**, NE : 2 km ℘ 87019, ≤, 🍴 – 🅿 – 🔬 30. 🖭 🖪 ① 🗉 *VISA*. 🛠
   chiuso mercoledì e dal 1° al 20 agosto – Pas carta 27/38000.

MUZZANA DEL TURGNANO 33055 Udine 988 ⑥, 429 E 21 – 2 645 ab. alt. 6 – ✿ 0431.
Roma 607 – Gorizia 48 – ◆Milano 346 – ◆Trieste 68 – Udine 29 – ◆Venezia 100.

🍴 **Turgnano** con cam, via Circonvallazione ℘ 69050, 🐜, 🛠 – 🅿. 🛠 cam
   chiuso febbraio – Pas *(chiuso domenica sera e lunedì)* carta 25/38000 – �); 10000 – **10 cam**
   50/80000 – ½ P 60000.

MUZZANO-PIODELLA 219 ⑧ – Vedere Cantone Ticino alla fine dell'elenco alfabetico.

NALLES (NALS) 39010 Bolzano 429 C 15, 218 ㉑ – 1 378 ab. alt. 331 – ✿ 0471.
Roma 651 – ◆Bolzano 14 – Merano 17 – ◆Milano 308.

🏨 **Nalserhof** 🍃, ℘ 678678, ≤, « Giardino fiorito con 🔟 », ☎s, 🏊 – 🌤 📺 ☎ 🅿. 🛠
   15 marzo-7 novembre – Pas *(solo per clienti alloggiati)* – **23 cam** �); 75/140000 – ½ P 6
   88000.

NALS = Nalles.

NAPOLI 80100 ℙ 🆆🆆🆆 ②⑦, 🅰🅱🅸 E 24 – 1 206 013 ab. – a.s. aprile-ottobre – ✪ 081.

dere Museo Archeologico Nazionale★★★ KY – Castel Nuovo★★ KZ – Porto di Santa Lucia★★ : ≤★★ sul Vesuvio e sul golfo – ≤★★★ notturna dalla via Partenope sulle colline del Vomero di Posillipo FX – Teatro San Carlo★ KZ T – Piazza del Plebiscito★ JKZ – Palazzo Reale★ KZ – rtosa di San Martino★★ JZ : ≤★★★ sul golfo di Napoli dalla sala n° 25 del museo.

artiere di Spacca-Napoli★★ KY – Tomba★★ del re Roberto il Saggio nella chiesa di Santa iara★ KY C – Cariatidi★ di Tino da Camaino nella chiesa di San Domenico Maggiore KY L – ulture★ nella cappella di San Severo KY V – Arco★, tomba★ di Caterina d'Austria, abside★ lla chiesa di San Lorenzo Maggiore LY K – Palazzo e galleria di Capodimonte★★ BT M1.

ergellina★ BU : ≤★★ sul golfo – Villa Floridiana★ EVX : ≤★ – Catacombe di San Gennaro★ X – Chiesa di Santa Maria Donnaregina★ LY B – Chiesa di San Giovanni Carbonara★ G – Porta Capuana★ LMY D – Palazzo Cuomo★ LY Q – Sculture★ nella chiesa di Sant' na dei Lombardi KYZ R – Posillipo★ AU – Marechiaro★ AU – ≤★★ sul golfo dal parco giliano (o parco della Rimembranza) AU.

cursioni Golfo di Napoli★★★ per la strada costiera verso Campi Flegrei★★ per ⑧, verso nisola Sorrentina per ⑦ – Isola di Capri★★★ – Isola d'Ischia★★★.

(chiuso lunedì) ad Arco Felice ⊠ 80072 ℰ 5264296, per ⑧ : 19 km.

⚓ Ugo Niutta di Capodichino NE : 6 km CT (escluso sabato e domenica) ℰ 5425333 – Alitalia, Medina 41 ⊠ 80133 ℰ 5425222.

cotteri : da Napoli-Capodichino per Capri-Anacapri e Ischia-Casamicciola (16 aprile-4 ot- bre) (10 mn) - Eliambassador, aeroporto di Capodichino ℰ 7896273, Telex 710593, Fax 03006.

⚓ per Capri giornalieri (1 h 15 mn) – Navigazione Libera del Golfo, molo Beverello ⊠ 80133 ℰ 5520763, Telex 722661, Fax 5525589; per Capri (1 h 15 mn), Ischia (1 h 15 mn) e Procida h), giornalieri – Caremar-Centro Servizi Beverello, molo Beverello ⊠ 80133 ℰ 5513882, Fax 22011; per Cagliari giugno-settembre martedì, venerdì e domenica, negli altri mesi venerdì e menica (15 h 45 mn) e Palermo giornaliero (10 h 30 mn) – Tirrenia Navigazione, Stazione arittima, molo Angioino ⊠ 80133 ℰ 5512181, Telex 710030, Fax 7201441; per Ischia giorna- ri (1 h 15 mn) – Linee Lauro, piazza Municipio 88 ⊠ 80133 ℰ 5513352, Fax 5524329; per le ole Eolie martedì, giovedì e sabato, dal 15 giugno al 15 settembre anche lunedì e venerdì 3 h 30 mn) – Siremar-agenzia Genovese, via De Petris 78 ⊠ 80133 ℰ 5512112, Telex 710196, x 5512114.

⚓ per Capri (45 mn), Ischia (45 mn) e Procida (35 mn), giornalieri – Caremar-Centro Servizi everello, molo Beverello ⊠ 80133 ℰ 5513882, Fax 5522011; per Ischia giornalieri (40 mn) – ilauro, via Caracciolo 11 ⊠ 80122 ℰ 7611004, Fax 7614250; per Capri giornalieri (30 mn), per ole Eolie 15 maggio-15 ottobre giornaliero (4 h) e Procida-Ischia giornalieri (35 mn) – Aliscafi NAV, via Caracciolo 10 ⊠ 80122 ℰ 7612348, Telex 720446,Fax 7612141.

via Partenope 10/a ⊠ 80121 ℰ 7644871 – piazza del Plebiscito (Palazzo Reale) ⊠ 80132 ℰ 418744 – azione Centrale ⊠ 80142 ℰ 268779 – Aeroporto di Capodichino ⊠ 80133 ℰ 7805761 – piazza del Gesù uovo 7 ⊠ 80135 ℰ 5523328 – Passaggio Castel dell'Ovo ⊠ 80132 ℰ 7646414.

C.I. piazzale Tecchio 49/d ⊠ 80125 ℰ 614511.

ma 219 ③ – ◆Bari 261 ⑤.

Piante : Napoli p. 2 a 7

🏨 **Grande Albergo Vesuvio,** via Partenope 45 ⊠ 80121 ℰ 7640044, Telex 710127, Fax 7640044, « Rist. roof-garden con ≤ golfo e Castel dell'Ovo » – 🛗 ≤✦ cam 🗏 📺 ☎ – 🔬 40 a 400. 🖭 🕃 ⓪ 🗨 🚾. ⫞ FX n
Pas al Rist. **Caruso** (chiuso lunedì) carta 56/82000 – **170 cam** ⇆ 250/370000, 20 apparta- menti.

🏨 **Gd H. Parker's,** corso Vittorio Emanuele 135 ⊠ 80121 ℰ 7612474, Telex 710578, Fax 663527, « Rist. roof-garden con ≤ città e golfo » – 🛗 🗏 📺 ☎ 🚗 – 🔬 50 a 250. 🖭 🕃 ⓪ 🗨 🚾. ⫞ EX r
Pas (chiuso domenica) carta 60/85000 – **83 cam** ⇆ 210/310000, 10 appartamenti

🏨 **Santa Lucia** senza rist, via Partenope 46 ⊠ 80121 ℰ 7640666, Telex 710595, Fax 7648580, ≤ golfo e Castel dell'Ovo – 🗏 📺 ☎ – 🔬 140. 🖭 🕃 ⓪ 🗨 🚾. ⫞ GX w
107 cam ⇆ 204/296000, 3 appartamenti.

🏨 **Jolly,** via Medina 70 ⊠ 80133 ℰ 416000, Telex 720335, Fax 5518010, « Rist. roof-garden con ≤ città, golfo e Vesuvio » – 🛗 🗏 📺 ☎ – 🔬 250. 🖭 🕃 ⓪ 🗨 🚾. ⫞ rist KZ s
Pas carta 58/99000 – **251 cam** ⇆ 210/270000 – ½ P 185/260000.

🏨 **Britannique,** corso Vittorio Emanuele 133 ⊠ 80121 ℰ 7614145, Telex 722281, Fax 669760, ≤, « Giardino » – 🛗 🗏 📺 ☎ 🚗 – 🔬 25 a 100. 🖭 🕃 ⓪ 🗨 🚾. ⫞ rist
Pas (solo per clienti alloggiati) 40000 – ⇆ 11000 – **88 cam** 180/240000, 8 appartamenti – ½ P 171000. EX r

🏨 **Royal,** via Partenope 38 ⊠ 80121 ℰ 7644800, Telex 710167, Fax 7645707, ≤ golfo, Posillipo e Castel dell'Ovo, 🔽 – 🛗 🗏 📺 ☎ 🚗 – 🔬 25 a 200. 🖭 🕃 ⓪ 🗨 🚾. ⫞ rist
Pas carta 65/108000 – **273 cam** ⇆ 259/347000, 14 appartamenti, 🗏 40000 – ½ P 234/ 319000. FX n

🏨 **Paradiso,** via Catullo 11 ⊠ 80122 ℰ 7614161, Telex 722049, Fax 7613449, ≤ golfo, città e Vesuvio, 🍽 – 🛗 🗏 📺 ☎ – 🔬 40 a 50. 🖭 🕃 ⓪ 🗨 🚾. ⫞ BU a
Pas (chiuso dall'8 al 27 agosto) carta 45/67000 – **71 cam** ⇆ 158/260000 – ½ P 160/197000.

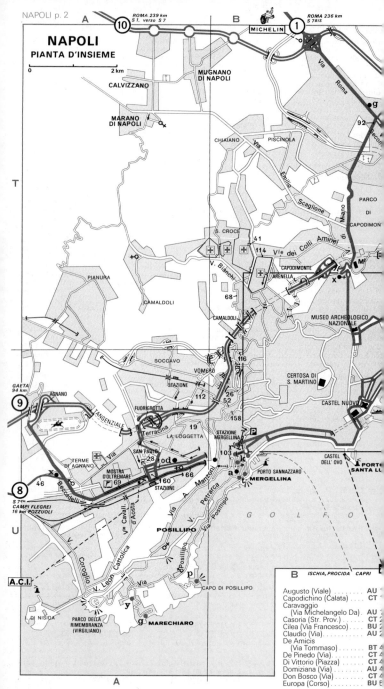

NAPOLI
PIANTA D'INSIEME

0   2 km

Via Roma

MUGNANO DI NAPOLI

CALVIZZANO

MARANO DI NAPOLI

g

92

CHIAIANO

PISCINOLA

Via Emilia

Scaglione

Via Miano

PARCO DI CAPODIMON

T

PIANURA

S. CROCE

41

Vle dei Colli Aminei

114

V. Bianchi

CAPODIMONTE
ARENELLA

MI

x

CAMALDOLI

68

CAMALDOLI

MUSEO ARCHEOLOGICO NAZIONALE

SOCCAVO

VOMERO

116

GAETA 94 km

AGNANO

STAZIONE

CERTOSA DI S. MARTINO

9

TANGENZIALE

FUORIGROTTA

112

26
52

CASTEL NUOVO

Terracina

19

158

P

LA LOGGETTA

STAZIONE MERGELLINA

TERME DI AGNANO

Via

SAN PAOLO

28

od

103

r

k

CASTEL DELL'OVO

PORTO SANTA LL

8

x

46

Beccadelli

MOSTRA D'OLTREMARE

69

160

STAZIONE

66

a

Via Manzoni

MERGELLINA

PORTO SANNAZZARO

S 7bis
CAMPI FLEGREI
16 km POZZUOLI

U

Via Cavalli. d'Aosta

Vle Leon. Cattolica

Via

Petrarca

Via Posillipo

POSILLIPO

G O L F O

A.C.I.

Coroglio

Via

Posillipo

p

CAPO DI POSILLIPO

I. DI NISIDA

PARCO DELLA RIMEMBRANZA (VIRGILIANO)

y

g

MARECHIARO

A

B   ISCHIA, PROCIDA CAPRI

Augusto (Viale) .... **AU**
Capodichino (Calata) .... **CT**
Caravaggio
   (Via Michelangelo Da). **AU**
Casoria (Str. Prov.) ...... **CT**
Cilea (Via Francesco). ... **BU**
Claudio (Via). .... **AU**
De Amicis
   (Via Tommaso) .... **BT** 4
De Pinedo (Via). .... **CT** 4
Di Vittorio (Piazza) ...... **CT** 4
Domiziana (Via) .... **AU** 4
Don Bosco (Via) .... **CT** 4
Europa (Corso) .... **BU** 5

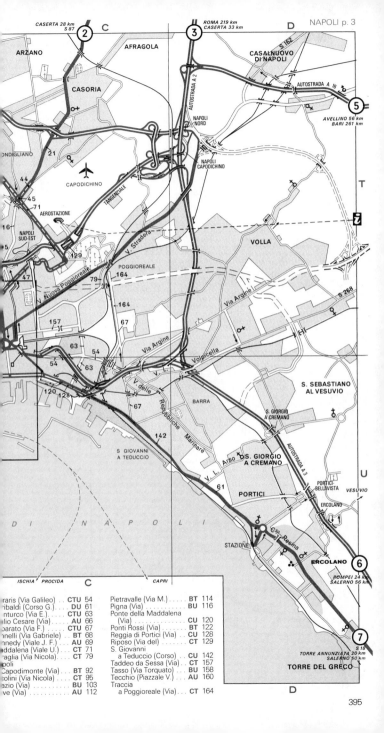

…raris (Via Galileo) . . **CTU** 54
…ribaldi (Corso G.) . . . . **DU** 61
…nturco (Via E.). . . . . **CTU** 63
…lio Cesare (Via). . . . . **AU** 66
…barato (Via F.) . . . . . **CTU** 67
…nnelli (Via Gabriele) . . **BT** 68
…nnedy (Viale J. F.) . . . **AU** 69
…ddalena (Viale U.) . . . **CT** 71
…raglia (Via Nicola). . . . **CT** 79
…poli
…Capodimonte (Via). . . **BT** 92
…colini (Via Nicola) . . . **CT** 95
…azio (Via) . . . . **BU** 103
…ve (Via) . . . . **AU** 112

Pietravalle (Via M.) . . . . . **BT** 114
Pigna (Via) . . . . **BU** 116
Ponte della Maddalena
   (Via) . . . . **CU** 120
Ponti Rossi (Via) . . . . . . **BT** 122
Reggia di Portici (Via) . . **CU** 128
Riposo (Via del) . . . . . . **CT** 129
S. Giovanni
   a Teduccio (Corso) . . **CU** 142
Taddeo da Sessa (Via) . . **CT** 157
Tasso (Via Torquato) . . . **BU** 158
Tecchio (Piazzale V.) . . **AU** 160
Traccia
   a Poggioreale (Via) . . . **CT** 164

NAPOLI

Giordano (Via L.) . . . . **EV** 64
Scarlatti
  (Via Alessandro) . . . . . . **EV** 153

Arcoleo (Via G.) . . . . **FX** 5
Arena della Sanità (Via) . . . . **GU** 6
Artisti (Piazza degli) . . . . . . **EV** 9
Bernini (Via G. L.) . . . . **EV** 12
Bonito (Via G.) . . . . **FV** 13
Carducci (Via G.) . . . . **FX** 20
Chiatamone (Via) . . . . **FX** 25

Cirillo (Via D.) . . . . **GU**
Colonna (Via Vittoria) . . . . . **FX**
Crocelle (Via) . . . . **GU**
D'Auria (Via G.) . . . . **FV**
Ferraris (Via Galileo) . . . . . . **HV**
Fontana (Via Domenico) . . . . **EU**
Gen. Pignatelli (Via) . . . . . . **HL**

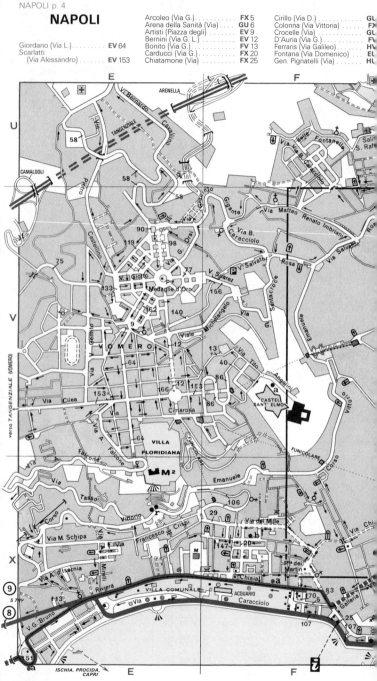

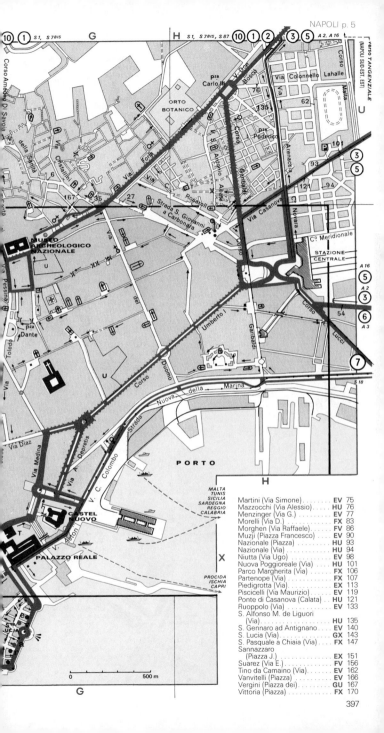

Martini (Via Simone)	EV	75
Mazzocchi (Via Alessio)	HU	76
Menzinger (Via G.)	EV	77
Morelli (Via D.)	FX	83
Morghen (Via Raffaele)	FV	86
Muzji (Piazza Francesco)	EV	90
Nazionale (Piazza)	HU	93
Nazionale (Via)	HU	94
Niutta (Via Ugo)	EV	98
Nuova Poggioreale (Via)	HU	101
Parco Margherita (Via)	FX	106
Partenope (Via)	FX	107
Piedigrotta (Via)	EX	113
Piscicelli (Via Maurizio)	EV	119
Ponte di Casanova (Calata)	HU	121
Ruoppolo (Via)	EV	133
S. Alfonso M. de Liguori (Via)	HU	135
S. Gennaro ad Antignano	EV	140
S. Lucia (Via)	GX	143
S. Pasquale a Chiaia (Via)	FX	147
Sannazzaro (Piazza J.)	EX	151
Suarez (Via E.)	FV	156
Tino da Camaino (Via)	EV	162
Vanvitelli (Piazza)	EV	166
Vergini (Piazza dei)	GU	167
Vittoria (Piazza)	FX	170

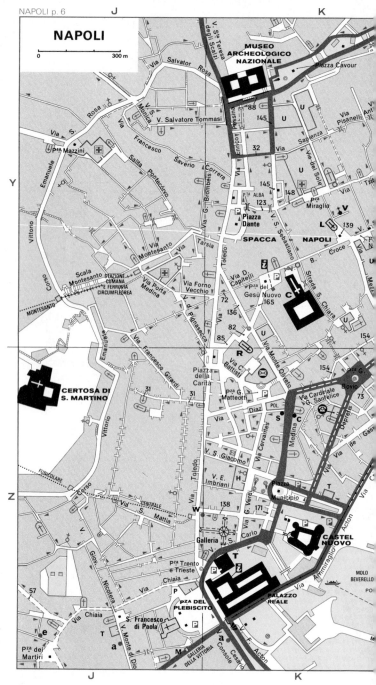

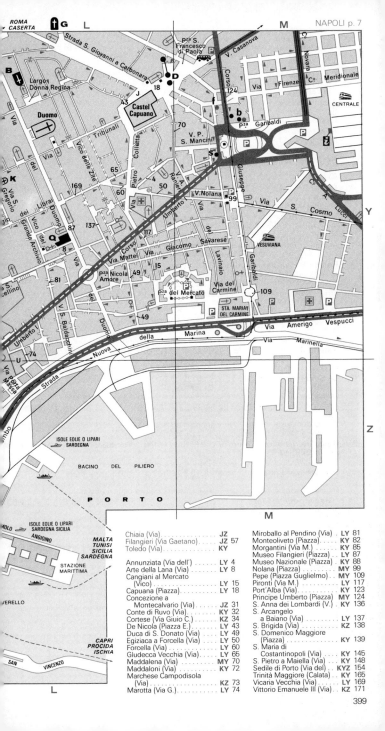

Chiaia (Via) . . . . **JZ**
Filangieri (Via Gaetano) . . . . **JZ** 57
Toledo (Via) . . . . **KY**

Annunziata (Via dell') . . . . . . **LY** 4
Arte della Lana (Via) . . . . . . **LY** 8
Cangiani al Mercato
(Vico) . . . . **LY** 15
Capuana (Piazza) . . . . **LY** 18
Concezione a
Montecalvario (Via) . . . . . **JZ** 31
Conte di Ruvo (Via) . . . . . . **KY** 32
Cortese (Via Giuio C.) . . . . . **KZ** 34
De Nicola (Piazza E.) . . . . . . **LY** 43
Duca di S. Donato (Via) . . . **LY** 49
Egiziaca a Forcella (Via) . . . **LY** 50
Forcella (Via) . . . . **LY** 60
Giudecca Vecchia (Via) . . . . **LY** 65
Maddalena (Via) . . . . **MY** 70
Maddaloni (Via) . . . . **KY** 72
Marchese Campodisola
(Via) . . . . **KZ** 73
Marotta (Via G.) . . . . **LY** 74

Miroballo al Pendino (Via) . **LY** 81
Monteoliveto (Piazza) . . . . . **KY** 82
Morgantini (Via M.) . . . . **KY** 85
Museo Filangieri (Piazza) . . **LY** 87
Museo Nazionale (Piazza) . **KY** 88
Nolana (Piazza) . . . . **MY** 99
Pepe (Piazza Guglielmo) . . **MY** 109
Pironti (Via M.) . . . . **LY** 117
Port'Alba (Via) . . . . **KY** 123
Principe Umberto (Piazza) . **MY** 124
S. Anna dei Lombardi (V.) . . **KY** 136
S. Arcangelo
a Baiano (Via) . . . . **LY** 137
S. Brigida (Via) . . . . **KZ** 138
S. Domenico Maggiore
(Piazza) . . . . **KY** 139
S. Maria di
Costantinopoli (Via) . . . . **KY** 145
S. Pietro a Maiella (Via) . . . **KY** 148
Sedile di Porto (Via del) . . . **KYZ** 154
Trinità Maggiore (Calata) . . **KY** 165
Vicaria Vecchia (Via) . . . . . **LY** 169
Vittorio Emanuele III (Via) . **KZ** 171

🏨 **San Germano,** via Beccadelli 41 ⬚ 80125 ℰ 5705422, Telex 720080, Fax 570154 « Grazioso parco-giardino », ⌇ – 🛗 🗐 📺 🕿 ⟷ 🅿 – 🏄 300. 🖭 🕃 ⓪ 🗉 𝘝𝘐𝘚𝘈. ❀ r Pas *(solo per clienti alloggiati e chiuso agosto)* 43000 – **104 cam** ⊑ 140/230000 – ½ P 15 175000.　　　　　　　　　　　　　　　　　　　　　　　　　　　　　　　　　　　　AU

🏨 **Continental** senza rist, Via Partenope 44 ⬚ 80121 ℰ 7644636, Fax 7644661, ⩽ golfo Castel dell'Ovo – ⭣⭠ 🗐 📺 🕿 – 🏄 600. 🖭 🕃 ⓪ 🗉 𝘝𝘐𝘚𝘈. ❀　　　　　　　　　　FX
166 cam ⊑ 265/352000, 19 appartamenti, 🗐 40000.

🏨 **Majestic,** largo Vasto a Chiaia 68 ⬚ 80121 ℰ 416500, Telex 720408, Fax 416500 – 🛗 📺 🕿 ⟷ – 🏄 25 a 100. 🖭 🕃 ⓪ 🗉 𝘝𝘐𝘚𝘈. ❀　　　　　　　　　　　　　　　FX
Pas carta 35/50000 – **132 cam** ⊑ 170/270000.

🏨 **Miramare,** via Nazario Sauro 24 ⬚ 80132 ℰ 7647589, Fax 7640775, ⩽ golfo e Vesuvio 🛗 🗐 📺 🕿. 🖭 🕃 ⓪ 🗉 𝘝𝘐𝘚𝘈. ❀　　　　　　　　　　　　　　　　　　　　　　　GX
Pas *(chiuso dal 16 al 31 agosto)* carta 50/75000 – **30 cam** ⊑ 220/320000.

🏩 **Rex** senza rist, via Palepoli 12 ⬚ 80132 ℰ 7649389, Fax 7649227 – 🗐 📺 🕿. 🖭 🕃 ⓪ 𝘝𝘐𝘚𝘈　　　　　　　　　　　　　　　　　　　　　　　　　　　　　　　　　　　　　　GX
40 cam ⊑ 103/160000.

🏩 **Serius,** viale Augusto 74 ⬚ 80125 ℰ 614844, Fax 614844 – 🛗 🗐 📺 🕿 ⟷. 🖭 🕃 🗉 𝘝𝘐𝘚 ❀ rist　　　　　　　　　　　　　　　　　　　　　　　　　　　　　　　　　　　　AU
Pas 40000 – **69 cam** ⊑ 110/165000, 🗐 10000 – ½ P 120000.

🏩 **Nuovo Rebecchino** senza rist, corso Garibaldi 356 ⬚ 80142 ℰ 5535327, Fax 268026 🛗 🗐 📺 🕿. 🖭 🕃 🗉 𝘝𝘐𝘚𝘈　　　　　　　　　　　　　　　　　　　　　　　　　MY
58 cam ⊑ 120/152000.

🏩 **Cavour,** piazza Garibaldi 32 ⬚ 80142 ℰ 283122, Fax 287488 – 📺 🕿. 🖭 🕃 ⓪ 🗉 𝘝𝘐𝘚𝘈 Pas vedere rist Cavour – **94 cam** ⊑ 98/150000 – ½ P 100/125000.　　　　　　MY

🏩 **Palace Hotel,** piazza Garibaldi 9 ⬚ 80142 ℰ 5535978, Telex 720262, Fax 264306 – 🛗 🕿 – 🏄 30 a 80. 🖭 🕃 ⓪ 🗉 𝘝𝘐𝘚𝘈　　　　　　　　　　　　　　　　　　　　　　MY
Pas vedere rist Cavour – **102 cam** ⊑ 98/150000 – ½ P 100/125000.

🏠 **Executive** senza rist, via del Cerriglio 10 ⬚ 80134 ℰ 5520611, Fax 5520611, ⇲ – 🛗 📺 🕿. 🖭 🕃 ⓪ 🗉 𝘝𝘐𝘚𝘈　　　　　　　　　　　　　　　　　　　　　　　　　　KZ
18 cam ⊑ 140/180000, appartamento.

🏠 **Belvedere,** via Tito Angelini 51 ⬚ 80129 ℰ 5788169, Fax 5785417, ⩽ città e golfo, 🌤 🛗 📺 🕿. 🖭 🕃 ⓪ 🗉 𝘝𝘐𝘚𝘈. ❀　　　　　　　　　　　　　　　　　　　　FV
Pas carta 36/59000 (15 %) – **27 cam** ⊑ 210000, 2 appartamenti – ½ P 160000.

🏠 **Splendid,** via Manzoni 96 ⬚ 80123 ℰ 7141955, Fax 659991 – 🛗 📺 🕿 🅿. 🖭 🕃 𝘝𝘐𝘚 ❀ rist　　　　　　　　　　　　　　　　　　　　　　　　　　　　　　　　　　BU
Pas carta 35/50000 – ⊑ 15000 – **55 cam** 100/150000 – ½ P 100/125000.

✗✗✗ **La Sacrestia,** via Orazio 116 ⬚ 80122 ℰ 7611051, Rist. elegante, « Servizio estivo terrazza-giardino con ⩽ » – 🗐. 🖭 ⓪ 𝘝𝘐𝘚𝘈. ❀ – Pas carta 80/100000.　　　BU
chiuso agosto, domenica in luglio e lunedì negli altri mesi

✗✗✗ ❀ **La Cantinella,** via Cuma 42 ⬚ 80132 ℰ 7648684, Fax 7648769 – 🗐. 🖭 🕃 ⓪ 🗉 𝘝𝘐 ❀　　　　　　　　　　　　　　　　　　　　　　　　　　　　　　　　　　　GX
chiuso domenica, Natale, Capodanno ed agosto – Pas carta 51/88000 (12 %)
Spec. Pilaf di gamberi, Linguine Santa Lucia, Pesce "all'acqua pazza". Vini Fiano, Taurasi.

✗✗✗ **Rosolino,** via Nazario Sauro 5/7 ⬚ 80132 ℰ 415873, Fax 405457, Rist. e piano-bar – 🗐 🏄 70. 🖭 🕃 ⓪ 𝘝𝘐𝘚𝘈. ❀　　　　　　　　　　　　　　　　　　　　　　　　GX
chiuso domenica e dall'11 al 31 agosto – Pas carta 45/80000.

✗✗ **San Carlo,** via Cesario Console 18/19 ⬚ 80132 ℰ 7649757, prenotare – 🖭 🕃 ⓪ 🗉 𝘝𝘐𝘚 ❀　　　　　　　　　　　　　　　　　　　　　　　　　　　　　　　　　　　KZ
chiuso domenica e dal 3 agosto al 3 settembre – Pas carta 45/69000.

✗✗ ❀ **Giuseppone a Mare,** via Ferdinando Russo 13-Capo Posillipo ⬚ 80123 ℰ 769600 Rist. marinaro con ⩽ – 🅿. 🖭 ⓪ 𝘝𝘐𝘚𝘈. ❀　　　　　　　　　　　　　　　　AU
chiuso domenica e dal 23 al 31 dicembre – Pas carta 37/62000 (12 %)
Spec. Linguine con gamberoni e frutti di mare, Polipetti al pignatiello, Spigola "all'acqua pazza". Vini Biancolella, Per Palummo.

✗✗ **Ciro a Santa Brigida,** via Santa Brigida 73 ⬚ 80132 ℰ 5524072, Fax 5528992, Rist. pizzeria – 🗐　　　　　　　　　　　　　　　　　　　　　　　　　　　　　　　JZ
chiuso domenica – Pas carta 36/60000.

✗✗ **Cavour,** piazza Garibaldi 34 ⬚ 80142 ℰ 264730 – 🗐. 🖭 🕃 ⓪ 🗉 𝘝𝘐𝘚𝘈. ❀　　　MY
chiuso domenica – Pas carta 36/60000.

✗✗ **Ciro a Mergellina,** via Mergellina 18/23 ⬚ 80122 ℰ 681780 – 🖭 🕃 ⓪ 🗉 𝘝𝘐𝘚𝘈
chiuso venerdì e dal 14 luglio al 25 agosto – Pas carta 37/73000 (12 %).　　　BU

✗✗ **Don Salvatore,** strada Mergellina 4 A ⬚ 80122 ℰ 681817, Fax 681817, Rist. e pizzeria 🗐. 🖭 🕃 ⓪ 🗉 𝘝𝘐𝘚𝘈. ❀　　　　　　　　　　　　　　　　　　　　　　　　BU
chiuso mercoledì, dal 27 al 31 dicembre e dal 21 luglio al 4 agosto – Pas carta 44/67000

✗✗ **Lo Scoglio di Frisio,** via Mergellina 1 ⬚ 80122 ℰ 668385, Coperti limitati; prenotar *chiuso martedì, dal 24 al 26 dicembre, dall'11 al 13 aprile e dal 6 al 28 agosto* – Pa carta 48/69000 (13 %).　　　　　　　　　　　　　　　　　　　　　　　　　BU

✗✗ **A' Fenestella,** calata Ponticello a Marechiaro ⬚ 80123 ℰ 7690020, Fax 7690020, ⩽, 🌤 – 🅿 𝘝𝘐𝘚𝘈　　　　　　　　　　　　　　　　　　　　　　　　　　　　　　　AU
chiuso dal 12 al 18 agosto, mercoledì e in luglio-agosto anche a mezzogiorno – Pa carta 37/61000 (15 %).

Amici Miei, via Monte di Dio 78 ⊠ 80132 ℘ 7646063, Rist. d'habitués – ⒶⒺ 🅵 ⑩ Ⓔ
𝗩𝗜𝗦𝗔
chiuso domenica sera, lunedì ed agosto – Pas carta 22/50000 (15%). JZ **a**

La Fazenda, via Marechiaro 58/a ⊠ 80123 ℘ 7697420, 🈸 – ⓟ. 🅵 Ⓔ AU **y**
chiuso lunedì e dal 14 al 28 agosto – Pas carta 32/67000 (15%).

Umberto, via Alabardieri 30 ⊠ 80121 ℘ 418555, Rist. e pizzeria – 🍴. ⒶⒺ 🅵 ⑩ Ⓔ 𝗩𝗜𝗦𝗔
🕸
chiuso mercoledì ed agosto – Pas carta 33/52000 (12%). JZ **e**

Sbrescia, rampe Sant'Antonio a Posillipo 109 ⊠ 80122 ℘ 669140, Rist. tipico napoleta-
no con ≤ città e golfo – ⒶⒺ Ⓔ 𝗩𝗜𝗦𝗔. 🕸 BU **r**
chiuso lunedì e dal 15 al 28 agosto – Pas carta 30/56000 (12%).

Da Mimì, via Alfonso d'Aragona 21 ⊠ 80139 ℘ 5538525 – 🍴. ⒶⒺ 🅵 Ⓔ 𝗩𝗜𝗦𝗔 MY **f**
chiuso lunedì e dal 10 al 20 agosto – Pas carta 29/55000 (15%).

Salvatore alla Riviera, riviera Chiaia 91 ⊠ 80122 ℘ 680490, Rist. e pizzeria – 🍴. ⒶⒺ 🅵
⑩ Ⓔ 𝗩𝗜𝗦𝗔 FX **a**
chiuso martedì e dal 10 al 31 luglio – Pas carta 34/67000 (15%).

Al Sarago, piazza Sannazzaro 201/b ⊠ 80122 ℘ 7612587, 🈸 – 🍴. ⒶⒺ 🅵 ⑩ 𝗩𝗜𝗦𝗔. 🕸
chiuso domenica e dal 9 al 19 agosto – Pas carta 38/62000 (13%). EX **a**

ad Agnano O : 8 km AU – ⊠ 80125 Napoli :

American Park Hotel, ℘ 5706529, Fax 5708180 – 🛗 🍴 📺 ☎ ⓟ. ⒶⒺ 🅵 ⑩ Ⓔ 𝗩𝗜𝗦𝗔. 🕸 rist
Pas *(chiuso domenica ed agosto)* 24/30000 – **96 cam** ⊡ 98/175000, 5 appartamenti –
½ P 110/130000.

a Secondigliano N : 8 km BCT – ⊠ 80144 Napoli :

MotelAgip, ℘ 5437250, Telex 720165, Fax 5437262 – 🛗 🍴 📺 ☎ ⓟ – 🔬 50. ⒶⒺ 🅵 ⑩ Ⓔ
𝗩𝗜𝗦𝗔. 🕸 rist BT **g**
Pas *(chiuso sabato a mezzogiorno e domenica)* carta 37/60000 – **57 cam** ⊡ 110/155000 –
½ P 100/130000.

◀**CHELIN,** via Circumvallazione esterna, all'incrocio con la statale 7 bis-Appia (BT Napoli p. 2) -
80017 Melito di Napoli, ℘ 7011755, Fax 7023715.

Das italienische Straßennetz wird laufend verbessert.

Die rote Michelin-Straßenkarte Nr. 988 im Maßstab 1:1 000 000

trägt diesem Rechnung.

Beschaffen Sie sich immer die neuste Ausgabe.

APOLI (Golfo di) Napoli 988 ㉗, 431 E 24 – Vedere Guida Verde.

ARNI 05035 Terni 988 ㉖, 430 O 19 – 20 563 ab. alt. 240 – ✪ 0744.
ma 89 – ♦Perugia 84 – Terni 13 – Viterbo 45.

Dei Priori e Rist. La Loggia, vicolo del Comune 4 ℘ 726843 e rist ℘ 722744,
Fax 717259, 🈸 – 🛗 📺 ☎. ⒶⒺ 🅵 ⑩ Ⓔ 𝗩𝗜𝗦𝗔
Pas *(chiuso lunedì)* carta 30/45000 (10%) – **19 cam** ⊡ 110/150000, 2 appartamenti –
½ P 80/120000.

Il Minareto ⑤ con cam, via dei Cappuccini Nuovi 32 ℘ 726344, 🈸, « Terrazza-
giardino con ≤ dintorni » – 📺 ☎ ⓟ. ⒶⒺ 🅵 ⑩ Ⓔ 𝗩𝗜𝗦𝗔. 🕸
Pas *(chiuso mercoledì)* carta 29/54000 – ⊡ 6000 – **8 cam** 70/95000 – ½ P 60000.

Il Cavallino, via Flaminia Romana 220 (S : 2 km) ℘ 722683, 🈸 – ⓟ. ⒶⒺ ⑩ Ⓔ 𝗩𝗜𝗦𝗔. 🕸
chiuso martedì e luglio – Pas carta 25/39000.

ARZOLE 12068 Cuneo 428 I 5 – 3 032 ab. alt. 323 – ✪ 0173.
ma 635 – Cuneo 40 – ♦Genova 135 – ♦Milano 149 – ♦Torino 64.

La Villa, viale Rimembranze 1 ℘ 77587, 🌳 – 🅵 Ⓔ 𝗩𝗜𝗦𝗔. 🕸
chiuso la sera, lunedì, gennaio e dal 5 al 15 agosto – Pas carta 25/35000.

ASO Messina – Vedere Sicilia.

ATURNO (NATURNS) 39025 Bolzano 429 C 15, 218 ⑨ ⑲ – 4 480 ab. alt. 554 – ✪ 0473.
via Municipio ℘ 87287, Fax 88270.
ma 680 – ♦Bolzano 43 – Merano 15 – ♦Milano 341 – Passo di Resia 64 – Trento 101.

Sunnwies ⑤, ℘ 87157, Fax 87941, ≤, « Giardino con laghetto », 🖐, 🈺, 🗒, 🌳, 🍴 – 🛗
🕸 rist ☎ ⓟ
stagionale – **38 cam.**

Feldhof ⑤, ℘ 87264, Fax 87263, ≤, 🈺, 🗒, 🌳 – 🛗 📺 ☎ ⓟ
stagionale – **27 cam.**

🏨 **Preidlhof** ⑤, via San Zeno 13 ℰ 87210, Fax 666105, ≤, *Ⅰ₅*, ☎s, ⤴, 🏊, 🐎 – 🛗 📺 ☎
%% rist
15 marzo-10 novembre – Pas (solo per clienti alloggiati) – ⇌ 11000 – **33 cam** 72/160000
½ P 70/120000.

🏨 **Funggashof** ⑤, ℰ 87161, ≤, *Ⅰ₅*, ☎s, ⤴, 🏊, 🐎 – 🛗 📺 ☎ ❷. %% rist
15 marzo-10 novembre – Pas (solo per clienti alloggiati) – **33 cam** ⇌ 77/150000 – ½ P €
90000.

XX **Wiedenplatzer-Keller,** via Eich E : 1,5 km ℰ 87431, Fax 87431, 🏛, « Caratteristi
ambiente » – ❷, 🅂 🆅🆂🅰. %%
*chiuso dal 7 al 21 gennaio, dal 25 giugno al 10 luglio, martedì e a mezzogiorno dal
novembre a febbraio* – Pas carta 29/55000.

`NATURNS` = Naturno.

`NAVA (Colle di)` Imperia ⑨⑧⑧ ⑫, ⑫⑧ J 5, ①①⑤ ⑩ – alt. 934.
Roma 620 – Cuneo 95 – ◆Genova 121 – Imperia 37 – ◆Milano 244 – San Remo 60.

🏠 **Colle di Nava-Lorenzina,** ⊠ 18020 Case di Nava ℰ (0183) 38923, 🐎 – 🛗 ☎ ❷
🔼 100. %% rist
chiuso novembre – Pas *(chiuso martedì)* carta 29/47000 – ⇌ 8000 – **34 cam** 45/78000
½ P 55/65000.

`NAVE` 25075 Brescia ⑨⑧⑧ ④, ⑫⑧ K 13 – 9 862 ab. alt. 226 – ✪ 030.
Roma 544 – ◆Bergamo 59 – ◆Brescia 9 – ◆Milano 100.

X **Vaifro,** via Monteclana 40 ℰ 2530184 – ❷
chiuso giovedì ed agosto – Pas carta 31/52000.

`NE` 16040 Genova – 2 503 ab. alt. 186 – ✪ 0185.
Roma 473 – ◆ Genova 50 – Rapallo 26 – ◆ La Spezia 75.

X **La Brinca,** località Campo di Ne ℰ 337480, prenotare – ❷, 🅂 🅴 🆅🆂🅰. %%
chiuso lunedì, dal 5 al 25 febbraio e dal 20 ottobre al 10 novembre – **Pas** 35000.

`NEBBIUNO` Novara ②①⑨ ⑥ ⑦ – Vedere Meina.

`NEIVE` 12057 Cuneo ⑫⑧ H 6 – 2 760 ab. alt. 308 – ✪ 0173.
Roma 643 – Asti 31 – Cuneo 96 – ◆Milano 155 – ◆Torino 70.

XX **La Contea,** ℰ 67126, prenotare, « In un antico palazzo » – ❷, 🄰🄴 🅂 ⑩ 🅴 🆅🆂🅰
*chiuso dal 21 gennaio al 15 marzo, domenica sera e lunedì (escluso da settembre
novembre)* – Pas 70/85000.

`NEMI` 00040 Roma ⑫⑨⑩ Q 20 – 1 583 ab. alt. 521 – ✪ 06.
Roma 31 – Anzio 39 – Frosinone 72 – Latina 41.

🏨 Diana Park Hotel e Rist. Castagnone, via Nemorense 44 (S : 3 km) ℰ 936404
Fax 9364063, « Servizio rist. estivo in terrazza con ≤ lago e dintorni », 🐎 – 🛗 📺 ☎ ❷
🔼 250
35 cam.

`NERANO` Napoli – Vedere Massa Lubrense.

`NERVESA DELLA BATTAGLIA` 31040 Treviso ⑨⑧⑧ ⑤, ⑫⑨ E 18 – 6 443 ab. alt. 78 – ✪ 0422.
Roma 568 – Belluno 68 – ◆Milano 307 – Treviso 20 – Udine 95 – ◆Venezia 57 – Vicenza 65.

XX **La Panoramica,** strada Panoramica NO : 2 km ℰ 779068, ≤, « Servizio estivo all'ape
to », 🐎 – ❷ – 🔼 30 a 150. 🅂 🅴 🆅🆂🅰
chiuso lunedì, martedì, dal 13 al 29 gennaio e dal 1° al 17 luglio – Pas carta 32/49000.

XX **Da Roberto Miron,** piazza Sant'Andrea 26 ℰ 779108, Fax 779357, 🏛 – 🆅🆂🅰
chiuso domenica sera, lunedì, dal 14 al 30 gennaio e dal 16 luglio al 1° agosto – P
carta 32/56000.

`NERVI` Genova ⑨⑧⑧ ⑬, ⑫⑧ I 9 – ⊠ 16167 Genova-Nervi – ✪ 010.
🚹 piazza Pittaluga 4 ℰ 321504.
Roma 495 ① – ◆Genova 10 ② – ◆Milano 147 ② – Savona 58 ② – ◆La Spezia 97 ①.

Pianta pagina seguente

🏨 **Astor,** viale delle Palme 16 ℰ 3728325, Telex 286577, Fax 3728486, 🐎 – 🛗 🖥 📺 ☎ 🔺
❷ – 🔼 115. 🄰🄴 🅂 ⑩ 🅴 🆅🆂🅰. %%
Pas carta 45/72000 – ⇌ 14500 – **41 cam** 163/216000 – ½ P 122/203000.

🏨 Pagoda senza rist, via Capolungo 15 ℰ 326161, Fax 321218, ≤, « Piccolo parco ombre
giato » – 🛗 📺 ☎ ❷ – 🔼 30 a 120 – **20 cam.**

🏨 **Nervi,** piazza Pittaluga 1 ℰ 322751, Fax 3728022 – 🛗 ☎ ❷. %%
Pas *(chiuso lunedì)* 39/45000 – ⇌ 5000 – **38 cam** 80/140000 – ½ P 105/115000.

🏠 Internazionale, piazza Pittaluga ℰ 321187, Fax 326094 – 🛗 📺 ☎ – **23 cam.**

NERVI

LA SPEZIA 97 km, RAPALLO 22 km

GOLFO DI GENOVA

...cona (Via)	2	Duca degli Abruzzi (Piazza)	7	Oberdan (Via Guglielmo)	14
...olungo (Via)	3	Europa (Corso)	9	Palme (Viale delle)	15
...sotti (Via Aldo)	5	Franchini (Via Goffredo)	10	Pittaluga (Piazza Antonio)	17
...mmercio (Via del)	6	Gazzolo (Via Felice)	13	Sala (Via Marco)	18

XX **Dai Pescatori,** via Casotti 6/r ✆ 326168 – 🗐. 🖭 🗟 ⓞ ⴹ 𝘝𝘐𝘚𝘈. ⌘ **f**
chiuso lunedì e dal 16 agosto al 6 settembre – Pas carta 38/90000.

XX **Harry's Bar,** via Donato Somma 13 ✆ 3726074, Coperti limitati; prenotare – 🗐. 🖭 🗟 ⴹ **r**
𝘝𝘐𝘚𝘈
chiuso martedì a mezzogiorno, mercoledì, dal 2 al 10 gennaio e dal 7 al 20 agosto – Pas carta 44/74000 (10%).

XX **La Ruota,** via Oberdan 215 r ✆ 3726027 – 🗐. 🖭 🗟 ⓞ ⴹ 𝘝𝘐𝘚𝘈 **m**
chiuso lunedì ed agosto – Pas carta 45/69000.

XX **Da Patan,** via Oberdan 157 r ✆ 3728162 – 🗟 ⴹ 𝘝𝘐𝘚𝘈 **z**
chiuso a mezzogiorno (dal 15 al 31 luglio), mercoledì ed agosto – Pas carta 35/54000.

X **Da Pino,** al porticciolo-via Caboto 8 r ✆ 326395, ⌖ **e**
chiuso giovedì e gennaio – Pas carta 46/72000.

ETTUNO 00048 Roma 🎆 ㉖, 🎆 R 19 – 35 523 ab. – ☻ 06.
(chiuso mercoledì) ✆ 9819419, Fax 9819419.
...ma 63 – Anzio 3 – Frosinone 78 – Latina 22.

🏨 **Marocca,** via della Liberazione ✆ 9854241, Fax 9854241, ≤, 🍸 🛗 🗐 🎱 ☎ ⟷
31 cam.

XX **Sangallo,** via Sangallo 36 ✆ 9804479, ⌖, Coperti limitati; prenotare – 🗐. 🖭 ⓞ
chiuso lunedì a mezzogiorno – Pas 50/74000.

XX **Il Gambero II,** via della Liberazione 50 ✆ 9854071, Fax 9854071, Solo piatti di pesce, «Servizio estivo in terrazza» – 🖭 🗟 ⓞ ⴹ 𝘝𝘐𝘚𝘈. ⌘
chiuso lunedì escluso dal 15 giugno al 15 settembre – Pas carta 43/63000 (15%).

X **Al Giardino-da Salvatore,** via dei Volsci 22 ✆ 9804918, ⌖ – 🖭 ⓞ. ⌘
chiuso novembre e giovedì (escluso luglio-agosto) – Pas carta 34/54000.

ETTUNO (Grotta di) Sassari 🎆 ㉜ ㉝, 🎆 F 6 – Vedere Sardegna.

EUSTIFT = Novacella.

EVEGAL Belluno 🎆 D 18 – alt. 1 000 – ✉ 32100 Belluno – a.s. febbraio-7 aprile, 14 luglio-...osto e Natale – Sport invernali : 1 000/1 675 m ≰15, ⚲ – ☻ 0437.
...(20 dicembre-10 aprile e 15 luglio-agosto) piazzale Seggiovia ✆ 908149.
...ma 616 – Belluno 12 – Cortina d'Ampezzo 78 – ◆Milano 355 – Trento 124 – Treviso 76 – Udine 116 – ◆Venezia 105.

🏨 **Olivier** ⑤, ✆ 908165, Fax 908162, ≤, 🛋 – 🛗 🗐 ☎ ⴺ 🎱 – 🍴 140. 🗟. ⌘
dicembre-15 aprile e giugno-settembre – Pas 45/50000 – ⌼ 15000 – **32 cam** 90/140000 –
½ P 60/110000.

X **Al Ghiro,** località Faverghera E : 4 km ✆ 908187, ≤ – 🎱. ⌘
chiuso da martedì a venerdì in maggio-giugno e ottobre-novembre – Pas carta 24/37000.

ICASTRO Catanzaro 🎆 K 30 – Vedere Lamezia Terme.

ICOLA La Spezia – Vedere Ortonovo.

ICOLOSI Catania 🎆 ㊲ – Vedere Sicilia.

ICOSIA Enna 🎆 N 25 – Vedere Sicilia.

NICOTERA 88034 Catanzaro 988 ③ ③, 431 L 29 – 7 715 ab. alt. 218 – ✆ 0963.

Roma 639 – Catanzaro 117 – ◆Cosenza 146 – ◆Reggio di Calabria 79.

🏨 Miragolfo, via Corti 68 ✆ 81470, Fax 81700, ≤ – 🛗 ☎ 🅿 – **68 cam.**

NIEDERDORF = Villabassa.

NOALE 30033 Venezia 429 F 18 – 13 425 ab. alt. 18 – ✆ 041.

Roma 522 – ◆Padova 25 – Treviso 22 – ◆Venezia 29.

🏨 **Garden** senza rist, via Giacomo Tempesta 124 ✆ 4433299, Fax 442104, 🏤 – 🛗 🗐 📺 ☎
🅿. 🖭 🕃 ⓞ 🖪 *VISA*.
☲ 8500 – **66 cam** 78/107000.

NOCERA SUPERIORE 84015 Salerno 431 E 26 – 23 108 ab. alt. 55 – ✆ 081.

Roma 252 – Avellino 32 – ◆Napoli 42 – Salerno 14.

✗ **Europa,** via Nazionale 503 ✆ 933290, Fax 5143440 – 🗐 🅿. 🖭 🕃 🖪 *VISA*. 🛠
chiuso lunedì e dal 20 al 29 agosto – Pas carta 21/47000 (15%).

NOCERA TERINESE 88047 Catanzaro 988 ③, 431 J 30 – 5 247 ab. alt. 485 – ✆ 0968.

Roma 570 – ◆Cosenza 55 – Catanzaro 58 – Reggio di Calabria 151.

al mare O : 11 km :

✗✗ **L'Aragosta,** villaggio del Golfo ✉ 88040 ✆ 93385, 🏤 – 🗐 🅿. 🖭 🕃 ⓞ 🖪 *VISA*. 🛠
chiuso lunedì e dal 23 settembre al 14 ottobre – Pas carta 60/80000.

NOCERA UMBRA 06025 Perugia 988 ⑯, 430 M 20 – 5 981 ab. alt. 548 – Stazione termale
(maggio-settembre) – ✆ 0742.

Roma 179 – ◆Ancona 112 – Assisi 37 – Foligno 22 – Macerata 80 – ◆Perugia 55 – Terni 81.

a Bagnara E : 7 km – ✉ 06025 Nocera Umbra :

✗ **Pennino** con cam, ✆ 818991, 🏤 – 🖭 ⓞ. 🛠 cam
Pas *(chiuso mercoledì escluso luglio-settembre)* carta 30/45000 – **9 cam** ☲ 42/60000
½ P 45000.

NOCETO 43015 Parma 988 ⑭, 428 429 H 12 – 9 970 ab. alt. 76 – ✆ 0521.

Roma 472 – ◆Bologna 110 – ◆Milano 120 – ◆Parma 14 – Piacenza 59 – ◆La Spezia 104.

✗✗ **Aquila Romana,** via Gramsci 6 ✆ 62398, Fax 62398, prenotare – 🖭 🕃 ⓞ 🖪 *VISA*
chiuso lunedì e martedì – Pas 60/70000 bc.

NOCI 70015 Bari 988 ㉙, 431 E 33 – 19 044 ab. alt. 424 – ✆ 080.

🖪 via Siciliani 23 ✆ 8978889.

Roma 497 – ◆Bari 59 – ◆Brindisi 79 – Matera 57 – ◆Taranto 47.

🏠 **Miramonte,** via Gabrieli 32 ✆ 8977285, 🏤 – 🛗 🗐 ☎ 🅿 – 🏛 60. 🕃 *VISA*. 🛠
Pas 27/50000 – ☲ 12000 – **26 cam** 92000 – ½ P 80000.

🏠 **Cavaliere,** via Siciliani 47 ✆ 8977589 – 🛗 🗐 rist 📺 ☎ 🅿 – 🏛 50
Pas 20/30000 – ☲ 5000 – **27 cam** 45/74000 – ½ P 57/60000.

NOGARÈ 31035 Treviso 429 E 18 – alt. 148 – ✆ 0423.

Roma 553 – Belluno 55 – ◆Milano 258 – ◆Padova 52 – Trento 110 – Treviso 27 – Vicenza 57.

✗✗ **Villa Castagna,** ✆ 868177, « Piccolo parco » – 🅿. 🖭 ⓞ
chiuso lunedì, dal 1° al 20 gennaio e dal 12 al 18 agosto – Pas carta 31/41000.

NOLI 17026 Savona 988 ⑫ ⑬, 428 J 7 – 3 049 ab. – ✆ 019.
Vedere Guida Verde.

🖪 corso Italia 8 r ✆ 748931.

Roma 563 – ◆Genova 64 – Imperia 61 – ◆Milano 187 – Savona 18.

🏨 **Miramare,** corso Italia 2 ✆ 748926, ≤, 🖉 – 🛗 📺 ☎. 🕃 🖪 *VISA*. 🛠 rist
chiuso dal 10 ottobre al 20 dicembre – Pas *(chiuso martedì escluso da giugno a settembre)*
40/60000 – ☲ 10000 – **28 cam** 75/100000 – ½ P 60/10000.

✗✗ **Italia** con cam, corso Italia 23 ✆ 748971 – 🗐 ☎. 🖭 🕃 ⓞ 🖪 *VISA*. 🛠
chiuso novembre – Pas *(chiuso giovedì)* carta 54/87000 – ☲ 10000 – **15 cam** 95/110000
½ P 80/90000.

✗✗ **Ferrari,** via Colombo 88 ✆ 748467, prenotare – 🖭 🕃 ⓞ 🖪 *VISA*. 🛠
chiuso martedì sera e mercoledì – Pas carta 40/60000.

✗ **Ines** con cam, via Vignolo 1 ✆ 748086 – 🗐 rist 📺 ☎. 🕃 *VISA*. 🛠
Natale e Pasqua-ottobre – Pas *(chiuso lunedì)* carta 53/65000 – ☲ 5000 – **16 cam** 65000
½ P 65000.

a Voze NO : 4 km – ✉ 17026 Noli :

✗✗ ❀ **Lilliput,** ✆ 748009, « Giardino ombreggiato con minigolf » – 🖚 🅿
chiuso a mezzogiorno (escluso sabato-domenica), lunedì e dal 10 gennaio al 12 febbraio
Pas carta 45/70000
Spec. Fagottini d'astice e pesce, Gnocchi al rosmarino, Dentice alla Norma. **Vini** Gavi, Dolcetto.

404

NANTOLA 41015 Modena 429 430 H 15 – 10 945 ab. alt. 24 – © 059.

ere Sculture romaniche★ nell'abbazia.

a 415 – ♦Bologna 34 – ♦Ferrara 62 – Mantova 77 – ♦Milano 180 – ♦Modena 10 – ♦Verona 111.

Osteria di Rubbiara, a Rubbiara S : 5 km ℰ 549019, 佘, Coperti limitati; prenotare – 🅿. 🖭. ⅏
chiuso domenica sera, martedì, giovedì sera, dal 20 dicembre al 10 gennaio ed agosto –
Pas carta 30/40000 bc.

RCIA 06046 Perugia 988 ⑯ ㉖, 430 N 21 – 4 832 ab. alt. 604 – © 0743.

a 157 – L'Aquila 119 – Ascoli Piceno 75 – ♦Perugia 99 – Spoleto 48 – Terni 68.

Palatino, ℰ 817343 – 📺 ☎ 🅿 – 🔬 50. 🖭 🕄 ⓪ 🖿 🚾. ⅏
Pas *(chiuso lunedì da ottobre a marzo)* carta 29/46000 – 🖃 6000 – **35 cam** 120000 –
½ P 60/85000.

Grotta Azzurra e Rist. Granaro del Monte, ℰ 816513, Fax 817342 – 🛗 📺 ☎ 🕭 –
🔬 100. 🖭 🕄 ⓪ 🖿 🚾
Pas *(chiuso martedì)* carta 29/55000 (12 %) – 🖃 7000 – **45 cam** 77/110000 – ½ P 70/90000.

Garden, ℰ 816726, Fax 816687 – 🛗 ☎ – 🔬 50 – **43 cam**.

Posta, ℰ 817434, Fax 817434, 佘, 紐, ☎ – 🔬 80. 🖭 🕄 ⓪ 🖿 🚾. ⅏ rist
Pas carta 35/50000 (15 %) – **30 cam** 🖃 110000 – ½ P 65/85000.

Dal Francese, ℰ 816290 – 🗏. 🖭 🕄 ⓪ 🖿 🚾. ⅏
chiuso dal 10 al 22 giugno, dal 10 al 22 novembre e venerdì (escluso da luglio a settembre) –
Pas carta 28/74000.

a Serravalle O : 7 km – ⊠ 06040 Serravalle di Norcia :

Italia con cam, ℰ 818185, 紐 – ☎ 🅿. ⅏
Pas *(chiuso martedì da ottobre a giugno)* carta 34/67000 – 🖃 5000 – **16 cam** 65/90000 –
½ P 60/65000.

SADELLO Cremona – Vedere Pandino.

TO Siracusa 988 ㊲, 432 Q 27 – Vedere Sicilia.

VACELLA (NEUSTIFT) Bolzano 429 B 16 – alt. 590 – ⊠ 39042 Bressanone – © 0472.

ere Convento★.

a 685 – ♦Bolzano 40 – Brennero 46 – Cortina d'Ampezzo 112 – ♦Milano 339 – Trento 103.

Pacher, ℰ 36570, Fax 34717, « Servizio rist. estivo in giardino », 🖙, 🔲 – 📺 ☎ 🅿. 🕄
chiuso dall'11 gennaio al 19 febbraio – Pas *(chiuso lunedì)* carta 29/54000 – **23 cam**
🖃 55/105000 – ½ P 58/70000.

Brückenwirt-Ponte, ℰ 36692, 🗒 riscaldata, 紐 – 📺 ☎ 🅿. 🖿. ⅏
chiuso dal 15 gennaio al 28 febbraio – Pas *(chiuso mercoledì)* 20/28000 – **19 cam** 🖃 50/
100000 – ½ P 65/70000.

VAFELTRIA 61015 Pesaro e Urbino 988 ⑯, 429 430 K 18 – 6 543 ab. alt. 293 – a.s. 25
no-agosto – © 0541.

a 315 – ♦Perugia 129 – Pesaro 83 – ♦Ravenna 73 – Rimini 33.

Due Lanterne ⅏ con cam, S : 2 km ℰ 920200 – 🚗 🅿. 🕄 🖿 🚾. ⅏
Pas *(chiuso lunedì)* carta 26/44000 – 🖃 5000 – **12 cam** 45/70000 – ½ P 65/75000.

Del Turista-da Marchesi con cam, località Cà Gianessi O : 4 km ℰ 920148 – 🅿. 🕄 🖿
🚾
chiuso dal 15 al 30 giugno – **Pas** *(chiuso martedì)* carta 25/40000 – **13 cam** 🖃 36/48000 –
P 38/48000.

VA LEVANTE (WELSCHNOFEN) 39056 Bolzano 988 ④, 429 C 16 – 1 709 ab. alt. 1 182 –
rt invernali : 1 182/2 313 m ⅘13, ⑂ (vedere anche passo di Costalunga) – © 0471.
ere Guida Verde.

orni Lago di Carezza★★★ SE : 5,5 km.

a Carezza 21 ℰ 613126, Fax 613360.

a 665 – ♦Bolzano 21 – Cortina d'Ampezzo 89 – ♦Milano 324 – Trento 85.

Posta-Cavallino Bianco, ℰ 613113, Telex 400555, Fax 613390, ≤, 🖙, 🗒, 🔲, 紐, ⅏ –
🛗 🦶 rist 🗏 rist 📺 ☎ 🕭 🚗 🅿. ⅏ rist
19 dicembre-27 marzo e 12 giugno-16 ottobre – Pas carta 42/65000 – **46 cam** 🖃 150/
300000, 2 appartamenti – ½ P 75/150000.

Angelo-Engel ⅏, ℰ 613131, Fax 613404, ≤, 🖙, 🔲, 紐 – 🛗 ☎ 🕭 🅿. 🕄 ⓪ 🖿 🚾.
⅏ rist
19 dicembre-13 aprile e 12 giugno-9 ottobre – Pas (solo per clienti alloggiati) 25/40000 –
37 cam 🖃 80/150000 – ½ P 85/105000.

Centrale, ℰ 613164, 🗒 riscaldata, 紐 – 🦶 rist 🖀 🅿. ⅏
21 dicembre-20 aprile e 7 giugno-10 ottobre – Pas *(chiuso domenica)* 15/28000 – 🖃 8000 –
19 cam 50/90000 – ½ P 70/80000.

Panorama ⅏, ℰ 613232, Fax 613480, ≤, 🖙, 紐 – ☎ 🅿. ⅏
20 dicembre-15 aprile e 15 giugno-1° ottobre – **20 cam** solo ½ P 60/80000.

405

🏨 **Stella-Stern,** ℰ 613125, ≤, ⬛, 🐎 – 🕿 🅿. 🛐 **E** 𝘝𝘐𝘚𝘈. 🛠 rist
20 dicembre-15 aprile e giugno-10 ottobre – Pas 20/35000 – **33 cam** ⚏ 65/120000
½ P 60/85000.

🏨 **Tyrol** ≫, ℰ 613261, ≤ – 🕿 🅿
20 dicembre-6 gennaio, febbraio-Pasqua e giugno-ottobre – Pas *(Pasqua-22 dicemb*
chiuso giovedì) carta 24/40000 – **12 cam** ⚏ 47/78000 – ½ P 42/54000.

NOVA PONENTE (DEUTSCHNOFEN) 39050 Bolzano 🔲🔲🔲 C 16 – 3 185 ab. alt. 1 357 – 😊 0471.
🚡 Petersberg (maggio-novembre) a Monte San Pietro ⌧ 39040 ℰ 615122, O : 8 km.
Roma 670 – ◆Bolzano 25 – ◆Milano 323 – Trento 84.

🏰 **Pfösl** ≫, E : 1,5 km ℰ 616537, Fax 616760, ≤ Dolomiti, 🍴, ⬛, 🐎 – 📳 🕿 🅿
chiuso dal 15 aprile al 5 maggio e da novembre al 15 dicembre – Pas 25/30000 – **27 ca**
⚏ 45/90000 – ½ P 65/75000.

🏨 **Stella-Stern,** ℰ 616518, ≤, 🍴, ⬛ – 📳 🕿 ⟸ 🅿. 🛠 rist
chiuso novembre – Pas *(chiuso martedì)* 20/30000 – **21 cam** ⚏ 60/100000 – ½ P 55/750

🏨 **Erica,** ℰ 616517, Fax 616516, 🖐, 🍴, ⬛, 🐎 – 📳 🕿 👍 🅿 – 🔬 60. 🛐 ⓪ **E** 𝘝𝘐𝘚𝘈. 🛠 ris
20 dicembre-Pasqua e 15 maggio-ottobre – Pas 22/28000 – **28 cam** ⚏ 60/120000
½ P 60/80000.

a Monte San Pietro (Petersberg) O : 8 km – alt. 1 389 – ⌧ 39040 :

🏰 **Peter** ≫, ℰ 615143, Fax 615246, ≤, 🍴, ⬛, 🐎, 🛠 – 🕿 ⟸ 🅿. 🛠 rist
chiuso dal 1° al 13 aprile e da novembre al 21 dicembre – Pas carta 32/53000 – **25 ca**
⚏ 70/100000 – ½ P 55/85000.

Vedere anche : *San Floriano* SE : 10 km.

LES GUIDES VERTS MICHELIN

Paysages, monuments
Routes touristiques
Géographie
Histoire, Art
Itinéraires de visite
Plans de villes et de monuments

NOVARA 28100 🄿 🔲🔲🔲 ③, 🔲🔲 F 7 – 103 349 ab. alt. 159 – 😊 0321.
Vedere Basilica di San Gaudenzio★ AB : cupola★★ – Pavimento★ del Duomo AB.
🅱 via Dominioni 4 ℰ 23398, Fax 393291.
A.C.I. via Rosmini 36 ℰ 30321.
Roma 625 ① – Alessandria 78 ⑤ – ◆Milano 51 ① – ◆Torino 95 ⑥.

Pianta pagina seguente

🏨 **Italia e Rist. La Famiglia,** via Solaroli 10 ℰ 399316, Telex 200021, Fax 399310 – 📳 ▤
🕿 ⟸ – 🔬 50 a 200. 🖭 🛐 ⓪ **E** 𝘝𝘐𝘚𝘈. 🛠 rist B
Pas *(chiuso venerdì e dal 7 al 25 agosto)* carta 35/56000 – **62 cam** ⚏ 130/170000
appartamenti.

🏨 **Maya,** via Boggiani 54 ℰ 450810, Telex 200149, Fax 452786 – 📳 ▤ 📺 🕿 👍 🅶
🔬 30 a 300. 🖭 🛐 ⓪ **E** 𝘝𝘐𝘚𝘈. 🛠 A
Pas carta 41/76000 – **94 cam** ⚏ 103/139000, 4 appartamenti – ½ P 99/130000.

🏨 **La Rotonda,** rotonda Massimo d'Azeglio 6 ℰ 23691, Fax 23695 – ▤ 📺 🕿 ⟸ – 🔬 "
🖭 🛐 ⓪ **E** 𝘝𝘐𝘚𝘈 A
Pas *(chiuso domenica e dal 10 al 18 agosto)* carta 36/67000 – ⚏ 15000 – **26 c**
120/160000 – ½ P 155000.

✕✕✕ **Giorgio,** via delle Grazie 2 ℰ 627647 – ▤. 🖭 🛐 ⓪ **E** 𝘝𝘐𝘚𝘈 A
chiuso lunedì e dal 10 al 31 agosto – Pas carta 47/64000.

✕✕ **Caglieri,** via Tadini 12 ℰ 456373, « Servizio estivo in giardino » – 🛐 **E** 𝘝𝘐𝘚𝘈 A
chiuso venerdì e dal 4 al 19 agosto – Pas carta 30/43000.

✕✕ **Moroni,** via Solaroli 6 ℰ 29278 – ▤. 🛠 B
chiuso lunedì sera, martedì ed agosto – Pas carta 25/44000.

✕ **Monte Ariolo,** vicolo Monte Ariolo 2/A ℰ 23394 – 🖭 🛐 ⓪ **E** 𝘝𝘐𝘚𝘈 B
chiuso domenica e dal 25 luglio al 15 agosto – Pas carta 39/71000.

✕ **La Noce,** corso Vercelli 1 ℰ 452378, Fax 452378, 🍴 – 🖭 🛐 ⓪ **E** 𝘝𝘐𝘚𝘈 A
chiuso domenica – Pas carta 30/42000.

Vedere anche : *Galliate* per ② : 7 km.

NOVARA

400 m.

DOMODOSSOLA 91 km
LAGO MAGGIORE 33 km
AUTOSTRADA A4 : MILANO 51 km
VARESE 52 km S 341
MILANO 47 km S 11
VIGEVANO S 211
PAVIA 62 Km

...our (Corso) .... **B**	Cavallotti (Corso F.) .... **B** 4	Risorgimento (Corso) .... **A** 14
... (Corso) .... **AB**	Don Minzoni (Largo) .... **A** 5	San Francesco d'Assisi (Via) **B** 15
...zini (Corso) .... **B**	Ferrari (Via G.) .... **A** 6	San Gaudenzio (Via) .... **A** 17
	Galilei (Via Galileo) ...... **A** 7	Trieste (Corso) .... **B** 18
...onelli (Via) .... **A** 2	Martiri della Libertà (Piazza) . **A** 8	Vittoria (Corso della) ..... **B** 19
...ni (Largo) .... **A** 3	Puccini (Via) .... **A** 13	20 Settembre (Corso) ...... **A** 20

NOVA SIRI STAZIONE 75020 Matera 988 ㉙, 431 G 31 6 002 ab. – ✆ 0835.

...a 498 – ♦Bari 144 – ♦Cosenza 126 – Matera 76 – Potenza 139 – ♦Taranto 78.

La Trappola, via Lido ℰ 877021, ☆, ♠ – ℗. 🖭 🕼 E 𝖵𝖨𝖲𝖠. ⋘
chiuso lunedì e dal 30 ottobre al 20 novembre – Pas carta 27/75000.

NOVAZZANO 427 ㉔, 219 ⑧ – Vedere Cantone Ticino alla fine dell'elenco alfabetico.

NOVENTA DI PIAVE 30020 Venezia 429 F 19 – 5 701 ab. alt. 3 – ✆ 0421.

...a 554 – ♦Milano 293 – Treviso 30 – ♦Trieste 117 – Udine 86 – ♦Venezia 43.

Leon d'Oro, ℰ 658491, Fax 658695 – 🖿 🖭 ☎ ℗. 🖭 🕼 ⓞ E 𝖵𝖨𝖲𝖠. ⋘
Pas (chiuso domenica) carta 28/58000 – ⎚ 10000 – **13 cam** 78/108000, 🖿 10000 – ½ P 78/98000.

Guaiane, E : 2 km ℰ 65002, Fax 658818, ☆ – 🖿 ℗. 🖭 🕼 ⓞ E 𝖵𝖨𝖲𝖠. ⋘
chiuso lunedì, martedì sera, dal 1º al 20 gennaio e dal 1º al 20 agosto – Pas carta 40/75000.

La Consolata, via Romanziol 122 (NO : 2 km) ℰ 65160, Fax 65003 – ℗. 🖭 🕼 ⓞ E 𝖵𝖨𝖲𝖠
chiuso martedì – Pas carta 33/59000.

NOVENTA PADOVANA 35027 Padova 429 F 17 – 7 527 ab. alt. 14 – ✆ 049.

...a 501 – ♦Padova 6 – ♦Venezia 34.

Boccadoro, via della Resistenza 49 ℰ 625029, Fax 625782 – 🖿. 🖭 🕼 ⓞ E 𝖵𝖨𝖲𝖠. ⋘
chiuso martedì sera, mercoledì dal 1º al 15 gennaio e dal 1º al 20 agosto – Pas carta 34/56000.

verso Strà E : 4 km :

🏨 **Paradiso,** via Oltre Brenta 40 ⊠ 35027 ℰ 503166, Fax 503204 – 🍴 cam 📺 ☎ 🚗 🅿.
🗗 ⓘ 🖃 **E** 𝘝𝘐𝘚𝘈. ℅ rist
chiuso dal 23 al 30 dicembre – Pas (solo per clienti alloggiati e *chiuso a mezzogiorno*)
30/40000 – ⊊ 10000 – **23 cam** 75/100000 – ½ P 75/88000.

NOVERASCO Milano – Vedere Opera.

NOVI LIGURE 15067 Alessandria 𝟿𝟾𝟾 ⑬, 𝟺𝟸𝟾 H 8 – 29 985 ab. alt. 197 – ✆ 0143.
Roma 552 – Alessandria 23 – ♦Genova 58 – ♦Milano 87 – Pavia 66 – Piacenza 94 – ♦Torino 125.

🏠 **Viaggiatori,** corso Marenco 83 ℰ 322800 – 📺 ☜. 🗗 ⓘ 🖃 **E** 𝘝𝘐𝘚𝘈. ℅ cam
Pas carta 35/46000 – ⊊ 10000 – **35 cam** 70/110000 – ½ P 90000.

🏠 **Amedeo,** vicolo Cravenna 5 ℰ 741681 – ☜ 🚗
24 cam.

a Pasturana O : 4 km – ⊠ 15060 :

🎌 **Locanda San Martino,** via Roma 26 ℰ 58444, « Servizio estivo all'aperto » – 🅿. 🗗
𝘝𝘐𝘚𝘈
chiuso lunedì sera, martedì, dal 1° al 15 gennaio e dal 25 agosto al 15 settembre – Pas
carta 37/55000.

NUCETTO 12070 Cuneo 𝟺𝟸𝟾 I 6 – 448 ab. alt. 450 – ✆ 0174.
Roma 598 – Cuneo 57 – Imperia 77 – Savona 53 – ♦Torino 98.

🎌 **Osteria Vecchia Cooperativa,** via Nazionale 54 ℰ 74279, Coperti limitati; prenotare –
🗗 **E** 𝘝𝘐𝘚𝘈. ℅
chiuso lunedì sera, martedì e settembre – Pas carta 31/46000.

NUMANA 60026 Ancona 𝟿𝟾𝟾 ⑯, 𝟺𝟹𝟶 L 22 – 2 724 ab. – a.s. luglio-agosto – ✆ 071.
🛈 (giugno-settembre) piazza Santuario ℰ 936142.
Roma 303 – ♦Ancona 21 – Loreto 15 – Macerata 42 – Porto Recanati 10.

🏨 **Eden Gigli** ⟨, ℰ 9330652, Fax 9330930, ≤, « Parco con ⬭ e ℅ », ▲◓ – ☜ 🚗 🅿
🛐 200. 𝘝𝘐𝘚𝘈. ℅
marzo-ottobre – Pas 45/50000 – ⊊ 12000 – **30 cam** 75/120000, 3 appartamenti – P 13-
140000.

🏨 **Fior di Mare** ⟨, ℰ 9330157, Fax 9331044, ≤, ▲◓, ☞ – 📱 ☎ 🅿. ℅
20 maggio-20 settembre – Pas carta 30/54000 – ⊊ 12000 – **43 cam** 75/110000 – P ½
120000.

🏨 **Scogliera,** ℰ 9330622, Fax 9331403, ≤, ⬭, ▲◓ – 📱 ☎ 🅿. 🗗. ℅
Pasqua-ottobre – Pas carta 37/64000 – ⊊ 15000 – **36 cam** 100/140000 – ½ P 85/135000.

🎌 **Vincenzo,** corso Roma 10 ℰ 9330999, Solo piatti di pesce; prenotare – 🖃. ℅
chiuso martedì ed agosto – Pas 100/150000 bc.

🎌 **La Costarella,** ℰ 7360297, Coperti limitati; prenotare – ℅
Pasqua-settembre – Pas carta 52/70000.

a Marcelli S : 2,5 km – ⊠ 60026 Numana :

🏨 **Marcelli,** ℰ 7390125, Fax 7391322, ≤, ⬭, ▲◓ – 📱 ☎ 🅿
maggio-settembre – Pas (solo per clienti alloggiati) 35/40000 – ⊊ 15000 – **38 cam** 1400
– ½ P 85/135000.

NUORO 🅿 𝟿𝟾𝟾 ㉝, 𝟺𝟹𝟹 G 9 – Vedere Sardegna.

NUVOLERA 25080 Brescia 𝟺𝟸𝟾 𝟺𝟸𝟿 F 13 – 2 795 ab. alt. 167 – ✆ 030.
Roma 542 – ♦Brescia 13 – ♦Milano 104 – ♦Verona 71.

🎌 **La Scaiola** con cam, via Gardesana 15 ℰ 6897760, ☞ – 📺 🅿. 🅰🅴 🗗 ⓘ 🖃 **E** 𝘝𝘐𝘚𝘈. ℅
chiuso dal 4 al 25 agosto – Pas (chiuso martedì) carta 26/44000 – ⊊ 5000 – **7 cam**
30/60000 – ½ P 42/50000.

OBEREGGEN = San Floriano.

OCCHIOBELLO 45030 Rovigo 𝟿𝟾𝟾 ⑮, 𝟺𝟸𝟿 H 16 – 9 110 ab. alt. 8 – ✆ 0425.
Roma 432 – ♦Bologna 59 – ♦Padova 61 – ♦Verona 90.

🏩 **Savonarola,** via Eridania 36 (strada statale 16) ℰ 750767, Telex 434870, Fax 750797,
– 📱 🍴 📺 ☎ 🅿 – 🛐 40 a 250. 🅰🅴 🗗 ⓘ 🖃 **E** 𝘝𝘐𝘚𝘈. ℅ rist
Pas carta 36/65000 (10%) – ⊊ 12000 – **36 cam** 110/170000, appartamento – ½ P 1
150000.

OFFANENGO 26010 Cremona 𝟺𝟸𝟾 𝟺𝟸𝟿 F 11 – 5 184 ab. alt. 83 – ✆ 0373.
Roma 551 – ♦Bergamo 45 – ♦Brescia 46 – Cremona 40 – ♦Milano 49 – Pavia 57 – Piacenza 43.

🏨 Mantovani, via Circonvallazione Sud 1 ℰ 780213, Fax 780213, ⬭, ☞ – 📱 🍴 📺 ☎ 🅿
40 cam.

GGIONO 22048 Como 988 ③, 428 E 10 – 7 358 ab. alt. 267 – ✪ 0341.

Royal Sant'Anna (chiuso martedì) ⊠ 22040 Annone di Brianza ℰ 577551, Fax 260143, NO :
m.

na 616 – ♦Bergamo 36 – Como 25 – Erba 11 – Lecco 10 – ♦Milano 48.

al lago di Annone N : 1 km :

✗ **Ca' Bianca** ⑳ con cam, ⊠ 22048 ℰ 576028, Fax 578815, ≤, 🏤 – 📺 ☎ 𝐏. 🖭 🖪 ⑩
 VISA. ⌘
 chiuso dall'8 al 18 agosto – Pas *(chiuso giovedì)* carta 40/67000 (15%) – ⌑ 12000 – **5 cam**
 117000 – ½ P 120000.

✗ **Le Fattorie di Stendhal** ⑳ con cam, ⊠ 22048 ℰ 576561, Fax 260106, « Terrazza e
 giardino sul lago », ⌘ – 📺 ☎ 𝐏. 🖭 🖪 ⑩ 🅴 *VISA*
 Pas *(chiuso venerdì)* carta 40/76000 – ⌑ 10000 – **21 cam** 75/95000 – ½ P 90000.

GNINA Catania 432 Q 27 – Vedere Sicilia (Catania).

ANG = Valdaora.

BIA Sassari 988 ㉓ ㉔, 433 E 10 – Vedere Sardegna.

CIO Como – Vedere Mandello del Lario.

DA IN VAL TALEGGIO 24010 Bergamo 428 E 10, 219 ⑩ – alt. 772 – a.s. luglio-agosto e
:ale – ✪ 0345.

na 641 – ♦Bergamo 40 – Lecco 61 – ♦Milano 85 – San Pellegrino Terme 16.

▯ **Della Salute,** ℰ 47006, Fax 47006, ≤, « Parco ombreggiato », 🕭 – 📳 ☎ 🛏 𝐏. 🖪 ⑩ 🅴
 VISA. ⌘ rist
 chiuso gennaio – Pas carta 35/48000 – ⌑ 9000 – **41 cam** 40/60000 – ½ P 46/51000.

EGGIO 28047 Novara 988 ② ③, 428 F 7 – 11 253 ab. alt. 236 – ✪ 0321.

na 638 – ♦Milano 63 – Novara 18 – Stresa 36 – ♦Torino 107 – Varese 39.

▯ Oleggio, senza rist, via Verbano 19 ℰ 93301, Fax 93377, ⌸ – 📺 ☎ 𝐏. 🅰 50
 26 cam.

✗ **Hostaria della Circonvallazione,** via Gallarate 136 (E : 3 km) ℰ 91130, ⌸ – 𝐏. ⌘
 chiuso martedì sera, mercoledì ed agosto – Pas carta 29/50000.

▮ **Roma,** via Don Minzoni 51 ℰ 91175 – 🖪 *VISA*
 chiuso sabato e dal 1° al 20 agosto – Pas carta 27/40000.

GIATE OLONA 21057 Varese 428 F 8, 219 ⑱ – 10 102 ab. alt. 239 – ✪ 0331.

na 604 – Como 35 – ♦Milano 32 – Novara 38 – Varese 29.

✗ **Ma.Ri.Na.,** piazza San Gregorio 11 ℰ 640463, Solo piatti di pesce, Coperti limitati;
 prenotare – ▤. 🖭 🖪 ⑩ 🅴 *VISA*. ⌘
 chiuso a mezzogiorno (escluso i giorni festivi), mercoledì ed agosto – Pas carta 90/120000.

IENA Nuoro 988 ㉝ ㉞, 433 G 10 – Vedere Sardegna.

IVONE 427 ⑮, 218 ⑫ – Vedere Cantone Ticino alla fine dell'elenco alfabetico.

MI Treviso – Vedere San Biagio di Callalta.

MO Firenze 430 K 16 – Vedere Fiesole.

MO Perugia – Vedere Perugia.

MO Vicenza – Vedere Vicenza.

MO GENTILE 14050 Asti 428 I 6 – 140 ab. alt. 615 – ✪ 0144.

a 606 – Asti 52 – Acqui Terme 33 – ♦Milano 163 – Savona 72 – ♦Torino 103.

▮ **Della Posta,** ℰ 93034, prenotare – 𝐏
 chiuso domenica sera, Natale e dal 1° al 15 gennaio – Pas carta 20/42000 bc.

TRE IL COLLE 24013 Bergamo 428 429 E 11 – 1 242 ab. alt. 1 030 – a.s. luglio-agosto e
ale – ✪ 0345.

a 642 – ♦Bergamo 41 – ♦Milano 83 – San Pellegrino Terme 24.

▯ **Manenti,** ℰ 95005, ≤, ⌸ – 📳 📺 ☎ 🛏 𝐏. ⌘
 chiuso ottobre e novembre – Pas *(chiuso giovedì)* carta 31/53000 – ⌑ 10000 – **25 cam**
 65/90000 – ½ P 70/80000.

E 25050 Brescia 428 429 F 12 – 2 616 ab. alt. 240 – ✪ 030.

a 573 – ♦Bergamo 47 – ♦Brescia 18 – ♦Milano 88.

✗ **Da Piero,** via Valle 35 ℰ 652061 – 𝐏. 🖪 🅴 *VISA*. ⌘
 chiuso lunedì, dal 27 dicembre al 7 gennaio ed agosto – Pas carta 25/44000.

OMEGNA 28026 Novara 988 ②, 428 E 7 – 15 614 ab. alt. 303 – ✪ 0323.

Vedere Lago d'Orta★★.

Roma 670 – Domodossola 36 – ◆Milano 93 – Novara 55 – Stresa 18 – ◆Torino 129.

　　XX　**Trattoria Toscana-da Franco,** via Mazzini 153 ℰ 62460, « Servizio estivo all'apert
　　　　– AE ⑤ ⓞ E VISA
　　　　chiuso mercoledì e giugno – Pas carta 30/54000.

ONEGLIA Imperia 988 ⑫ – Vedere Imperia.

ONIGO DI PIAVE Treviso – Vedere Pederobba.

OPERA 20090 Milano 428 F 9, 219 ⑲ – 13 097 ab. alt. 99 – ✪ 02.

🇬 Le Rovedine (chiuso lunedì) a Noverasco ⌗ 20090 Opera ℰ 57602730, Fax 57606405, 2 km.

Roma 567 – ◆Milano 10 – Novara 62 – Pavia 24 – Piacenza 59.

　　　a Noverasco N : 2 km – ⌗ 20090 Opera :

　　🏨　**Sporting,** ℰ 57601577, Telex 340811, Fax 57601416 – 🤵 ☰ 📺 ☎ ❷ – 🛗 120. AE ⑤ ⓞ
　　　　VISA. ⚘
　　　　Pas 36/48000 – **80 cam** ⊃ 270000 – ½ P 165/195000.

ORA (AUER) 39040 Bolzano 988 ④, 429 C 15 – 2 630 ab. alt. 263 – ✪ 0471.

Roma 624 – Belluno 116 – ◆Bolzano 18 – ◆Milano 282 – Trento 42.

　　🏨　**Kaufmann** senza rist, ℰ 810004, Fax 811128, ⟋, ⟋⟋ – 🤵 ☎ ❷. ⑤ E VISA. ⚘
　　　　⊃ 7000 – **35 cam** 90000.

　　🏨　**Elefant,** ℰ 810129, Fax 810129, 🍽, ⟋⟋ – 🤵 ☎ ❷. ⑤ E VISA. ⚘
　　　　Pas *(chiuso giovedì escluso giugno-settembre)* carta 36/57000 – **32 cam** ⊃ 50/8500
　　　　½ P 50/60000.

　　　In this guide

　　　a symbol or a character,
　　　printed in red or black, in light or *bold* type,
　　　does not have the same meaning.
　　　Pay particular attention to the explanatory pages.

ORBASSANO 10043 Torino 988 ⑫, 428 G 4 – 20 767 ab. alt. 273 – ✪ 011.

Roma 673 – Cuneo 99 – ◆Milano 162 – ◆Torino 14.

　　　　　　　　　Pianta d'insieme di Torino (Torino p. 2)

　　🏠　**Eden** senza rist, strada Rivalta 15 ℰ 9002560, Fax 9002444 – 📺 ☎ ❷. ⑤ E VISA. ⚘
　　　　⊃ 12000 – **34 cam** 80/100000.　　　　　　　　　　　　　　　　　　　　　　　EU

　　X　**Il Galeone,** strada antica di None 16 ℰ 9016373, Fax 9011594, 🍽, Rist. con specialit
　　　　pesce – ❷. AE ⑤ E VISA　　　　　　　　　　　　　　　　　　　　　　　　　EU
　　　　chiuso sabato a mezzogiorno, domenica ed agosto – Pas carta 35/62000 (15 %).

ORBETELLO 58015 Grosseto 988 ㉕, 430 O 15 – 15 439 ab. – a.s. Pasqua e 15 giugno settembre – ✪ 0564.

Vedere Guida Verde.

🇧 ℰ 860560.

Roma 152 – Civitavecchia 76 – ◆Firenze 183 – Grosseto 43 – ◆Livorno 177 – Viterbo 88.

　　🏨　**Presidi,** via Mura di Levante 34 ℰ 867601, Fax 867601, ≤ – 🤵 ☰ 📺 ☎ & ❷. ⑤ E VISA.
　　　　Pas (solo per clienti alloggiati) 35/50000 – **62 cam** ⊃ 87/140000 – ½ P 65/110000.

　　🏠　**Sole** senza rist, via Colombo (angolo corso Italia) ℰ 860410 – 🤵 ☰ 📺 ☎. AE ⑤ E VIS
　　　　18 cam ⊃ 105/150000.

　　X　**Trattoria Giardino,** piazza IV Novembre 21 ℰ 867723, 🍽 – ☰. AE ⑤ E VISA
　　　　chiuso ottobre o novembre e mercoledì (escluso luglio-agosto) – Pas carta 30/68000.

　　X　**Osteria del Lupacante,** corso Italia 103 ℰ 867618 – AE ⑤ ⓞ E VISA
　　　　chiuso dal 20 dicembre all'8 gennaio e mercoledì (escluso da luglio a settembre) –
　　　　carta 44/83000 (10 %).

　　X　**Da Egisto,** corso Italia 190 ℰ 867469 – AE ⑤ ⓞ VISA. ⚘
　　　　chiuso lunedì e novembre – Pas carta 31/50000 (10 %).

　　　a Terrarossa SO : 2 km – ⌗ 58019 Porto Santo Stefano :

　　XX　**La Posada,** ℰ 820180 – ❷. AE ⓞ. ⚘
　　　　chiuso martedì e dal 10 al 28 dicembre – Pas carta 50/70000 (10 %).

　　　sulla strada statale 1 - via Aurelia NE : 7 km :

　　🏨　**Vecchia Maremma,** ⌗ 58016 Orbetello Scalo ℰ 862147, Fax 862347, ⟋ – ☰ 📺 ☎
　　　　AE ⑤ ⓞ E VISA. ⚘
　　　　Pas *(chiuso venerdì)* carta 27/39000 (10 %) – ⊃ 5000 – **50 cam** 105000 – ½ P 60/95000.

410

X **Locanda di Ansedonia** con cam, ⊠ 58016 Orbetello Scalo ℰ 881317, Fax 881651, ☞ –
🗏 📺 ☎ ❷ 🕮 🕄 ⑩ 🗉 💳. ⋘
chiuso dal 10 al 25 ottobre – Pas carta 38/85000 (10%) – **12 cam** ⊊ 120000 – ½ P 110/
120000.

X **Il Cacciatore** con cam, ⊠ 58016 Orbetello Scalo ℰ 862020, Fax 863038, 斎, ⅃, ☞, ⋘ –
📺 ☎ ❷
21 cam.

X **La Ruota** con cam, ⊠ 58016 Orbetello Scalo ℰ 862137, Fax 864123, 斎, ☞ – ❷. 🕮 🕄
⑩ 🗉 💳. ⋘
chiuso febbraio – Pas *(chiuso giovedì)* carta 39/66000 – ⊊ 9000 – **12 cam** 68000 –
½ P 68/76000.

Vedere anche : *Porto Ercole* S : 7 km.
Porto Santo Stefano O : 10 km.
Ansedonia SE : 10 km.
Fonte Blanda N : 19 km.

RIAGO 30030 Venezia 𝟜𝟚𝟡 F 18 – alt. 4 – ✪ 041.
na 519 – Mestre 8 – ◆Milano 258 – ◆Padova 28 – Treviso 29 – ◆Venezia 16.

🏦 **Il Burchiello** senza rist, ℰ 429555, Telex 410144, Fax 429728 – 🛗 🗏 📺 ☎ ₺ ⇌ ❷ –
🛦 200. 🕮 🕄 ⑩ 🗉 💳
⊊ 13000 – **61 cam** 85/150000.

X **Il Burchiello** con cam, ℰ 472244 – 🗏 rist 📺 ☎ ❷ – 🛦 100. 🕮 🕄 ⑩ 🗉 💳. ⋘ rist
Pas *(chiuso domenica sera e lunedì)* carta 35/75000 – ⊊ 8500 – **15 cam** 58/72000.

X **Nadain** ℰ 429665 – 🗏 ❷. ⋘
chiuso mercoledì e luglio – Pas carta 34/55000.

RIGGIO 21040 Varese 𝟜𝟚𝟠 F 9, 𝟚𝟙𝟡 ⑱ – 5 867 ab. alt. 193 – ✪ 02.
na 600 – ◆Bergamo 64 – Como 28 – ◆Milano 22 – Novara 50 – Varese 40.

X **Cascina Malingamba,** strada per Lainate S : 1 km ℰ 96731279, 斎, prenotare – 🗏 ❷.
🕮 🕄 ⑩ 🗉 💳. ⋘
chiuso domenica sera, lunedì, dal 23 dicembre al 3 gennaio e dal 2 al 24 agosto – Pas
carta 43/63000.

RIGLIO 𝟚𝟙𝟡 ⑧ – Vedere Cantone Ticino alla fine dell'elenco alfabetico.

RISTANO 𝐏 𝟡𝟠𝟠 ㉝, 𝟜𝟛𝟛 H 7 – Vedere Sardegna.

RMEA 12078 Cuneo 𝟜𝟚𝟠 J 5 – 2 332 ab. alt. 719 – a.s. luglio-agosto e Natale – ✪ 0174.
na 626 – Cuneo 83 – Imperia 49 – ◆Milano 250 – ◆Torino 126.

🏦 **Italia,** ℰ 391147, Fax 391147 – 🛗 🗏 rist. 🕄 🗉. ⋘ rist
Pas carta 28/45000 – ⊊ 8000 – **39 cam** 45/65000, 6 appartamenti – ½ P 38/45000.

XX **Villa Pinus,** viale Piaggio 33 ℰ 392248, Coperti limitati; prenotare – 🛦 25. 🕄 🗉 💳. ⋘
chiuso giovedì e dal 7 al 20 gennaio – Pas 47/55000.

sulla strada statale 28 verso Ponte di Nava SO : 4,5 km :

🏦 **San Carlo,** ⊠ 12078 Ormea ℰ 391917, ≤, ☞, ⋘ e vivai di trote – 🛗 ☎ ❷. 🕄 🗉 💳.
⋘ rist
chiuso gennaio, febbraio e dal 9 al 22 novembre – Pas *(chiuso martedì)* carta 30/43000 –
⊊ 8000 – **37 cam** 45/66000 – P 60/70000.

a Ponte di Nava SO : 6 km – ⊠ **12070** :

X **Ponte di Nava-da Beppe** con cam, ℰ 391924, ≤ – ⇌ ❷. 🕄 🗉 💳
chiuso dal 7 al 22 gennaio e dal 15 al 30 giugno – Pas *(chiuso mercoledì)* carta 25/52000 –
⊊ 8000 – **14 cam** 40/60000 – ½ P 50/60000.

ROPA 13060 Vercelli 𝟡𝟠𝟠 ②, 𝟜𝟚𝟠 F 5 – alt. 1 180 – ✪ 015.
na 689 – Biella 13 – ◆Milano 115 – Novara 69 – ◆Torino 87 – Vercelli 55.

X Stazione al Santuario, ℰ 55137 – ❷

ROSEI Nuoro 𝟡𝟠𝟠 ㉞, 𝟜𝟛𝟛 F 11 – Vedere Sardegna.

ROSELINA 𝟚𝟙𝟡 ⑦ ⑧, 𝟚𝟙𝟠 ⑫ – Vedere Cantone Ticino (Locarno) alla fine dell'elenco
alfabetico.

ORTA SAN GIULIO 28016 Novara 𝟡𝟠𝟠 ②, 𝟜𝟚𝟠 E 7 – 1 011 ab. alt. 293 – a.s. Pasqua e luglio-
settembre – ✪ 0322.
Vedere Lago d'Orta★★ – Palazzotto★ – Sacro Monte d'Orta★ 1,5 km.
Escursioni Isola di San Giulio★★ : ambone★ nella chiesa.
via Olina 9/11 ℰ 90354, Fax 905678.
na 661 – Biella 58 – Domodossola 48 – ◆Milano 84 – Novara 46 – Stresa 30 – ◆Torino 119.

🏨🏨 **San Rocco** ⑤, ℘ 905632, Telex 223342, Fax 905635, ≤ isola San Giulio, « Terra fiorita in riva al lago con ⌺ », 🛏, ⬱, 🍴 – 🕴 📺 ☎ ⟸ – ᴁ 30 a 150. ◭ 🕄 ⓞ Ε ▮
※
Pas carta 65/82000 – ⌷ 22000 – **74 cam** 220/340000 – ½ P 260000.

🏨 **Orta** ⑤, ℘ 90253, Fax 905646, ≤ isola San Giulio – 🕴 📺 ☎ ⟸ – ◭ 🕄 ⓞ Ε ▮
aprile-ottobre – Pas carta 38/65000 – ⌷ 12000 – **35 cam** 65/110000 – ½ P 80/95000.

🏨 **La Bussola** ⑤, ℘ 90198, Fax 90198, ≤ isola San Giulio, 🍴, « Giardino fiorito con ⌺
– 🕴 ☏ ⓟ. ◭ 🕄 Ε ▮. ※ rist
chiuso novembre – Pas (chiuso martedì escluso da marzo ad ottobre) 30/55000 – ⌷ 120
– **16 cam** 75/115000 – ½ P 100/110000.

🍴 **Taverna Antico Agnello,** ℘ 90259 – 🕄 Ε ▮
chiuso dal 7 gennaio al 14 febbraio e martedì (escluso agosto) – Pas carta 30/51000.

al Sacro Monte E : 1 km :

🍴🍴 **Sacro Monte,** ✉ 28016 ℘ 90220, « Ambiente rustico in zona verdeggiante » – ⓟ
🕄 ⓞ Ε ▮. ※
chiuso dal 7 al 30 gennaio, martedì e da novembre a Pasqua anche lunedì sera –
carta 45/65000 (10 %).

ORTE 01028 Viterbo 🔢🔢🔢 ② ㉖ – 8 088 ab. alt. 134 – ✿ 0761.
Roma 77 – ◆Perugia 98 – Terni 31 – Viterbo 28.

🏨 **Letizia,** a Orte Scalo SE : 3,5 km ✉ 01029 Orte Scalo ℘ 400976, Fax 400030 – 🕴 ▭
☎ ⟸ – ᴁ 40. ◭ 🕄 ⓞ Ε ▮. ※ rist
Pas (chiuso dal 7 al 23 agosto, sabato e da giugno ad agosto anche domenica) carta
47000 – ⌷ 10000 – **38 cam** 95/135000, appartamento – ½ P 75/85000.

When visiting northern Italy use Michelin maps 🔢🔢🔢 and 🔢🔢🔢.

ORTISEI (ST. ULRICH) 39046 Bolzano 🔢🔢🔢 ④, 🔢🔢🔢 C 17 – 4 192 ab. alt. 1 236 – Sport invern
della Val Gardena : 1 236/2 499 m ✢2 ✪5, ✦ – ✿ 0471.
Dintorni Val Gardena★★★ per la strada S 242 – Alpe di Siusi★★ per funivia.
🛈 piazza Stetteneck ℘ 796328, Telex 400305, Fax 796749.
Roma 677 – ◆Bolzano 35 – Bressanone 32 – Cortina d'Ampezzo 79 – ◆Milano 334 – Trento 95 – ◆Venezia 226.

🏨🏨 **Adler,** ℘ 796203, Fax 796210, « Giardino ombreggiato », ≣s, ▨, ※ – 🕴 ⤢ cam ▭
📺 ☎ ੬ ⟸ ⓟ. ◭ 🕄 Ε ▮. ※ rist
20 dicembre-20 aprile e 20 maggio-ottobre – Pas 28/36000 – **95 cam** ⌷ 202/368▮
5 appartamenti – ½ P 109/202000.

🏨 **Grien** ⑤, ℘ 796340, Fax 796303, ≤ Dolomiti e vallata, 🛏, ≣s, 🍴 – 🕴 ⤢ cam 📺
⟸ ⓟ – ᴁ 40. 🕄 Ε ▮. ※ rist
chiuso dal 10 al 25 giugno e dal 5 novembre al 5 dicembre – Pas carta 38/61000 – **23 c**
⌷ 186/310000 – ½ P 125/165000.

🏨 **Hell** ⑤, ℘ 796785, Fax 798196, ≤, « Giardino », 🛏, ≣s – 🕴 📺 ☎ ⓟ. 🕄 Ε ▮. ※
15 dicembre-21 aprile e 4 giugno-15 ottobre – Pas (solo per clienti alloggiati e chius
mezzogiorno) 31/33000 – **25 cam** ⌷ 140/250000 – ½ P 130/154000.

🏨 **La Rodes** ⑤, a Roncadizza SO : 1 km ℘ 796108, Fax 797844, ≤, ≣s, ▨, 🍴 – 🕴 ▭
☎ ⓟ. 🕄 Ε ▮. ※ rist
22 dicembre-6 aprile e 15 giugno-6 ottobre – Pas 25/32000 – ⌷ 13000 – **41 cam** 70/120
– ½ P 75/135000.

🏨 **Gardena-Grödnerhof,** ℘ 796315, Fax 796513, ≤, 🍴, ※ – 🕴 📺 ☎ ⓟ. 🕄 Ε ▮. ※
20 dicembre-Pasqua e giugno-ottobre – Pas 30/40000 – **45 cam** ⌷ 120/210000 – ½ P
155000.

🏨 **La Perla** ⑤, via Digon 8 (SO : 1 km) ℘ 796421, Fax 798198, ≤, ≣s, ▨, 🍴, ※ – 🕴 📺
⟸ ⓟ. 🕄 ⓞ Ε ▮. ※ rist
dicembre-aprile e giugno-ottobre – Pas (solo per clienti alloggiati) – ⌷ 12000 – **36 c**
80/160000 – ½ P 72/135000.

🏨 **Genziana-Enzian,** ℘ 796246, Fax 797598, ≣s – 🕴 📺 ☎ ⟸. ※ rist
Natale-20 aprile e 15 maggio-15 ottobre – Pas carta 27/47000 – **48 cam** ⌷ 80/14000
½ P 80/150000.

🏨 **Rainell** ⑤, ℘ 796145, Fax 796279, ≤, ≣s, 🍴 – 🕴 ▭ rist 📺 ☎ ⓟ. 🕄 Ε ▮. ※
20 dicembre-Pasqua e 15 giugno-settembre – Pas 20/35000 – ⌷ 10000 – **28 cam**
120000 – ½ P 70/120000.

🏨 **Angelo-Engel,** ℘ 796336, Fax 796323, ≤, ≣s, 🍴 – 🕴 📺 ☎ ⓟ. 🕄 Ε ▮. ※ rist
chiuso novembre – Pas (solo per clienti alloggiati e chiuso martedì da maggio a giugn
ottobre) – **34 cam** ⌷ 65/130000 – ½ P 70/125000.

🏠 **Ronce** ⑤, ℘ 796383, ≤, ≣s, 🍴 – ☏ ⓟ. ※ rist
20 dicembre-20 aprile e giugno-settembre – Pas (solo per clienti alloggiati e chius
mezzogiorno) – **24 cam** ⌷ 70/140000 – ½ P 58/95000.

🏠 **Villa Luise** ⑤, ℘ 796498, ≤ Dolomiti e vallata – 📺 ☎ ⟸ ⓟ. ※
chiuso da novembre al 15 dicembre – Pas (solo per clienti alloggiati e chiuso a mezzog
no) – **13 cam** solo ½ P 57/114000.

Cosmea, ✆ 796464, Fax 797805 – ☎ Ⓟ. Ⓢ E. ✻ cam
chiuso dal 15 ottobre al 15 dicembre – Pas *(chiuso giovedì in maggio, giugno ed ottobre)* 18/45000 – **21 cam** ☐ 65/120000 – ½ P 60/120000.

Piciuël ⌘, verso Castelrotto SO : 3 km ✆ 797351, Fax 797989, ≤, – ▤ rist TV ☎ Ⓟ. VISA. ✻
dicembre-Pasqua e giugno-ottobre – **15 cam** solo ½ P 60/90000.

Orlo del Bosco-Waldrand, ad Oltretorrente SE : 1 km ✆ 796385, ≤, prenotare – Ⓟ
stagionale.

Concordia, via Roma 41 ✆ 796276 – Ⓟ. Ⓢ E VISA
dicembre-Pasqua e giugno-ottobre – Pas carta 30/54000.

Vedere anche : ***Santa Cristina Valgardena*** SE : 4 km.
Selva di Val Gardena SE : 7 km.

TOBENE (Monte) Nuoro 433 G 10 – Vedere Sardegna (Nuoro).

TONA 66026 Chieti 988 ㉗, 430 O 25 – 22 680 ab. – a.s. 20 giugno-agosto – ✆ 085.
per le Isole Tremiti 20 giugno-15 settembre giornaliero (1 h 40 mn) – Adriatica di Navigazione-agenzia Fratino, via Porto 34 ✆ 9063855, Telex 600173, Fax 9064186.
azza della Repubblica 9 ✆ 9063841.
a 227 – L'Aquila 126 – Campobasso 139 – Chieti 36 – ♦Foggia 158 – ♦Pescara 22.

Ideale senza rist, corso Garibaldi 65 ✆ 9063735, Fax 9066153, ≤ – |‡| TV ☎. AE Ⓢ ⓓ VISA. ✻
☐ 6000 – **27 cam** 70/105000.

Cantina Aragonese, corso Matteotti 88 ✆ 9063217 – AE Ⓢ ⓓ VISA
chiuso domenica – Pas carta 38/67000 (10 %).

Miramare, largo Farnese 15 ✆ 9066556 – ✻
chiuso domenica e dal 24 dicembre al 6 gennaio – Pas carta 31/49000.

a Lido Riccio NO : 5,5 km – ✉ **66026** Ortona :

Mara ⌘, ✆ 9190416, Fax 9190522, ≤, « Giardino con ⛱ », ▲, ✕ – |‡| ▤ rist ☎ Ⓟ – 🏛 100. E VISA. ✻ rist
15 maggio-20 settembre – Pas 35/45000 – **66 cam** ☐ 170000 – ½ P 90/150000.

Carte stradali MICHELIN 1/400 000 :
428 ITALIA Nord-Ovest/ 429 ITALIA Nord-Est/ 430 ITALIA Centro
431 ITALIA Sud/ 432 SICILIA/ 433 SARDEGNA

Le località sottolineate in rosso su queste carte sono citate in guida.

TONOVO 19034 La Spezia 430 J 12 – 8 277 ab. – ✆ 0187.
a 405 – ♦Genova 110 – ♦Parma 145 – Pisa 60 – ♦La Spezia 30.

a Nicola SO : 7 km – ✉ **19034** Ortonovo :

Locanda Cervia, ✆ 660491, ⛱, Coperti limitati; prenotare – ✻
chiuso lunedì e dal 15 settembre al 15 ottobre – Pas carta 25/38000.

VIETO 05018 Terni 988 ㉕, 430 N 18 – 21 575 ab. alt. 315 – ✆ 0763.
ere Posizione pittoresca★★★ – Duomo★★★ – Pozzo di San Patrizio★★ – Palazzo del Popolo★ uartiere vecchio★ – Palazzo dei Papi★ **M2** – Collezione etrusca★ nel museo Archeologico a **M1.**
azza del Duomo 24 ✆ 41772, Fax 44433.
121 ① – Arezzo 110 ① – ♦Milano 462 ① – ♦Perugia 86 ① – Siena 123 ① – Terni 75 ① – Viterbo 45 ②.

Pianta pagina seguente

La Badia ⌘, località La Badia S : 5 km ✆ 90359, Fax 92796, « In un'abbazia del 12° e 13° secolo », ⛱, ✕ – ▤ ☎ Ⓟ – 🏛 200. AE VISA. ✻ per ②
chiuso gennaio e febbraio – Pas *(chiuso mercoledì)* carta 67/97000 – ☐ 16000 – **24 cam** 170/230000, 7 appartamenti – ½ P 183/198000.

Maitani senza rist, via Maitani 5 ✆ 42011, Telex 660209, Fax 42011 – |‡| ▤ TV ☎. AE Ⓢ ⓓ E VISA. ✻ **n**
chiuso dal 7 al 22 gennaio – ☐ 15000 – **40 cam** 105/165000, 8 appartamenti.

Aquila Bianca senza rist, via Garibaldi 13 ✆ 41246, Fax 42273 – |‡| TV ☎ Ⓟ – 🏛 60. AE Ⓢ ⓓ E VISA. ✻ **m**
☐ 15000 – **37 cam** 97/130000.

Valentino senza rist, via Angelo da Orvieto 30/32 ✆ 42464, Fax 42464 – |‡| TV ☎ ♿. Ⓢ E VISA. ✻ **a**
☐ 10000 – **17 cam** 90/120000.

Filippeschi senza rist, via Filippeschi 19 ✆ 43275 – TV ☎. AE Ⓢ ⓓ E VISA. ✻ **c**
☐ 10000 – **15 cam** 65/95000.

ORVIETO

Cavour (Corso)		Cava (Via della)	5	Malabranca (Via)
Duomo (Via del)	9	Cavallotti (Via Felice)	6	Nebbia (Via)
		Duomo (Pza del)	7	Popolo (Piazza del)
Alberici (Via degli)	2	Garibaldi (Via)	10	Pza del Popolo (Via di)
Angelo da Orvieto (Via)	3	Maitani (Via)	12	Repubblica (Pza della)

XXX **Giglio d'Oro,** piazza Duomo 8 ℰ 41903 – 🟫 🆎 🆂 🅴 𝘝𝘐𝘚𝘈
chiuso mercoledì – Pas carta 52/88000.

XX **Trattoria Etrusca,** via Maitani 10 ℰ 44016, Fax 41105 – 🆎 🆂 ⓪ 🅴 𝘝𝘐𝘚𝘈. ❀
chiuso lunedì e dal 20 gennaio al 20 febbraio – Pas carta 33/55000 (10%).

XX **Dell'Ancora,** via di Piazza del Popolo 7/11 ℰ 42766, Fax 44455, 🈸 – 🆎 🆂 ⓪ 🅴 𝘝
chiuso giovedì e gennaio – Pas carta 33/49000 (15%).

XX **Le Grotte del Funaro,** via Ripa Serancia 41 ℰ 43276, Fax 42898, Rist. pizzeria e piⁱ
bar, «In caratteristiche grotte di tufo» – 🟫. 🆎 🆂 ⓪ 🅴 𝘝𝘐𝘚𝘈. ❀
chiuso lunedì – Pas carta 33/53000 (10%).

X **Del Moro,** via San Leonardo 7 ℰ 42763 – 🆂 🅴 𝘝𝘐𝘚𝘈
chiuso venerdì e dal 15 al 30 giugno – Pas carta 24/38000 (10%).

ad Orvieto Scalo per ① : 5 km – ✉ 05019 :

🏨 **Gialletti,** via Costanzi 71 ℰ 90381, Fax 92264 – 🛗 📺 ☎ & ⟷ 🅿. 🆎 🆂 ⓪ 🅴 𝘝𝘐𝘚𝘈.
Pas carta 24/43000 – ☷ 10000 – **51 cam** 65/90000.

🏨 **Kristall** senza rist, via Costanzi 69 ℰ 90703, Fax 91766 – 🛗 🈁 📺 ☎ & 🅿 – 🛤 60. 🅰
⓪ 🅴 𝘝𝘐𝘚𝘈
☷ 12000 – **29 cam** 65/100000.

sulla strada statale 71 :

🏨 **Villa Ciconia** ⟡, per ① : 6 km ✉ 05019 Orvieto Scalo ℰ 92982, Fax 90677, «ᵂ
cinquecentesca in parco secolare» – 📺 ☎ 🅿 – 🛤 30 a 100. 🆎 🆂 ⓪ 🅴 𝘝𝘐𝘚𝘈. ❀
Pas *(chiuso lunedì)* carta 35/60000 – ☷ 10000 – **9 cam** 100/170000 – ½ P 130/145000.

X **Girarrosto del Buongustaio,** per ② : 5 km ✉ 05018 Orvieto ℰ 41935, 🈸 – 🅿. 🅰
⓪ 🅴 𝘝𝘐𝘚𝘈. ❀
chiuso mercoledì e dal 10 gennaio al 1° febbraio – Pas carta 26/44000.

OSIMO 60027 Ancona 🄰🄰🄰 ⑯, 🄰🄰🄰 L 22 – 28 019 ab. alt. 265 – ✆ 071.
Roma 308 – ♦Ancona 20 – Macerata 28 – Pesaro 82 – Porto Recanati 19.

🏨 **La Fonte** senza rist, ℰ 714767, ⩽ – 🈁 rist 📺 ☎. 🆂 ⓪ 🅴 𝘝𝘐𝘚𝘈. ❀
☷ 3000 – **32 cam** 100000.

sulla strada statale 16 E : 7,5 km :

X La Cantinetta del Conero, ✉ 60028 Osimo Scalo ℰ 7108651 – 🅿.

in prossimità casello autostrada A 14 N : 9 km :

🏨 **Palace del Conero** senza rist, ⊠ 60027 Osimo 🔎 7108312, Fax 7108312 – 🛗 🗐 🖸 ☎ ᕼ 🅿 – 🔬 50. 🟙 🗗 🐽 🖿 🟥
chiuso dal 24 dicembre al 2 gennaio – 🖵 10000 – **51 cam** 90/180000.

SIO SOTTO 24046 Bergamo 👊 F 10, 👊 ⑳ – 10 000 ab. alt. 184 – 🕲 035.
na 606 – ◆Bergamo 11 – Lecco 36 – ◆Milano 37.

🏨 **Continental,** 🔎 881818, Fax 881805 – 🖸 ☎ 🅿 – 🔬 200. 🟙 🗗 🐽 🖿 🟥
Pas 25/50000 – 🖵 15000 – **46 cam** 65/85000 – ½ P 85000.

SOPPO 33010 Udine 👊 D 21 – 2 693 ab. alt. 185 – 🕲 0432.
na 665 – ◆Milano 404 – Udine 30.

🏨 **Pittis,** 🔎 975346, Fax 975916 – 🛗 🖸 ☎ 🅿. 🟙 🟥. 🛠 rist
Pas *(chiuso domenica)* carta 32/46000 – 🖵 10000 – **40 cam** 70/100000 – ½ P 80/90000.

SPEDALETTI 18014 Imperia 👊 ⑫, 👊 K 5 – 3 603 ab. – 🕲 0184.
orso Regina Margherita 1 🔎 689085.
na 650 – ◆Genova 151 – Imperia 29 – ◆Milano 274 – Ventimiglia 11.

🏨 **Le Rocce del Capo** 🏖, lungomare Colombo 102 🔎 689733, Fax 689024, ≤, 🟰, 🟥, 🐎 – 🛗 🖸 ☎ 🖛 🅿. 🟙 🗗 🐽 🖿 🟥. 🛠
Pas *(chiuso martedì)* carta 40/61000 – 🖵 15000 – **23 cam** 74/126000 – ½ P 125000.

🏨 **Firenze e Rist. Da Luisa,** corso Regina Margherita 97 🔎 689221, Fax 688140, ≤ – 🛗 🖸 ☎. 🟙 🗗 🐽 🖿 🟥. 🛠 rist
Pas *(chiuso lunedì)* carta 42/64000 – 🖵 10000 – **45 cam** 70/110000 – ½ P 60/99000.

🏨 **Delle Rose,** via De Medici 17 🔎 689016, « Piccolo giardino con piante esotiche » – 🖸 ☎. 🛠
Pas *(chiuso lunedì)* 28/30000 – 🖵 6000 – **14 cam** 80000 – ½ P 78/80000.

🏨 **Floreal,** corso Regina Margherita 83 🔎 689638 – 🛗 🖸 ☎. 🗗 🖿 🟥. 🛠 rist
chiuso dal 5 novembre al 15 dicembre – Pas carta 33/43000 – **26 cam** 🖵 50/80000 – ½ P 70/80000.

SPEDALETTO Verona – Vedere Pescantina.

SPEDALETTO D'ALPINOLO 83014 Avellino 👊 E 26 – 1 635 ab. alt. 725 – 🕲 0825.
na 248 – Avellino 11 – Benevento 27 – ◆Napoli 59 – Salerno 50.

🏨 **La Castagna** 🏖, 🔎 691047, ≤, « Servizio rist. estivo in terrazza ombreggiata », 🌳 – 🅿. 🟥. 🛠
aprile-9 novembre – Pas *(chiuso martedì)* carta 31/46000 – 🖵 6000 – **20 cam** 30/60000 – ½ P 55/65000.

SPEDALICCHIO Perugia 👊 M 19 – Vedere Bastia.

SPIATE Milano – Vedere Bollate.

SSANA 38026 Trento 👊 D 14 – 719 ab. alt. 1 003 – a.s. febbraio-Pasqua e Natale – 🕲 0463.
na 659 – ◆Bolzano 82 – Passo del Tonale 17 – Trento 74.

🏨 **Pangrazzi,** frazione Fucine alt. 982 🔎 71108, Fax 71108 – 🛗 ☎ 🖛 🅿. 🛠
dicembre-aprile e 15 giugno-settembre – Pas carta 28/52000 – **30 cam** 🖵 70/100000 – ½ P 50/70000.

STERIA DEL GATTO Perugia 👊 ⑯, 👊 M 20 – Vedere Fossato di Vico.

STIA Roma – Vedere risorse di Roma, Lido di Ostia (o di Roma) ed Ostia Antica.

STIA ANTICA 00119 Roma 👊 ㉕ ㉖, 👊 Q 18 – 🕲 06.
dere Piazzale delle Corporazioni★★★ – Capitolium★★ – Foro★★ – Domus di Amore e che★★ – Schola del Traiano★★ – Terme dei Sette Sapienti★ – Terme del Foro★ – Casa Diana★ – Museo★ – Thermopolium★ – Horrea di Hortensius★ – Mosaici★★ nelle Terme Nettuno.
na 24 – Anzio 49 – Civitavecchia 69 – Latina 73 – Lido di Ostia o di Roma 4.

❌ **Monumento,** piazza Umberto I n° 8 🔎 5650021 – 🟙 🗗 🐽 🖿 🟥. 🛠
chiuso lunedì e dal 20 agosto al 7 settembre – Pas carta 30/56000.

STIGLIA 46035 Mantova 👊 ④ ⑲, 👊 G 15 – 7 257 ab. alt. 15 – 🕲 0386.
na 460 – ◆Ferrara 56 – Mantova 33 – ◆Milano 208 – ◆Modena 56 – Rovigo 63 – ◆Verona 46.

sulla strada statale 12 N : 6 km :

❌ **Pontemolino,** ⊠ 46035 🔎 802380 – 🅿
chiuso lunedì sera, martedì, dal 27 dicembre al 20 gennaio e dal 20 luglio al 10 agosto – Pas carta 32/45000.

OSTUNI 72017 Brindisi 988 ㉚, 431 E 34 – 32 238 ab. alt. 207 – a.s. luglio-15 settembre – ✆ 0831.

Vedere Facciata★ della Cattedrale.

Dintorni Regione dei Trulli★★★ Ovest.

🛈 piazza della Libertà (Palazzo Comunale) ✆ 301268.

Roma 530 – ◆Bari 80 – ◆Brindisi 35 – Lecce 73 – Matera 101 – ◆Taranto 52.

　　XX **Chez Elio**, via dei Colli ✆ 302030, ≤ città, pianura e mare, 斉 – **℗**. 延 Ⅷ
　　　　chiuso lunedì e settembre – **Pas** carta 25/50000 (15 %).

　　X **Spessite**, via Clemente Brancasi 43 ✆ 302866 – 延 **E** Ⅷ. ⋘ – Pa
　　　　chiuso ottobre, a mezzogiorno (escluso luglio-agosto) e mercoledì in bassa stagione – Pa
　　　　30000.

OTRANTO 73028 Lecce 988 ㉚, 431 G 37 – 5 179 ab. – ✆ 0836.

Vedere Cattedrale★ : pavimento★★★.

Escursioni Costa meridionale★ Sud per la strada S 173.

🛈 via Rondachi ✆ 801436.

Roma 642 – ◆Bari 192 – ◆Brindisi 80 – Gallipoli 47 – Lecce 41 – ◆Taranto 122.

　　🏦 **Rosa Antico** senza rist, ✆ 801563, Fax 801563, « Giardino-agrumeto » – 🔲 �📺 ☎ **℗**.
　　　　E Ⅷ. ⋘
　　　　10 cam ⊆ 110000.

　　🏠 **Previtero** senza rist, ✆ 801008 – 🔲 �📺 ☎ ⟷. Ⅷ. ⋘
　　　　8 cam ⊆ 56/95000.

　　XX ⚙ **Il Gambero**, ✆ 801107, Solo piatti di pesce – 🛠 **E** Ⅷ
　　　　chiuso dal 15 novembre al 15 dicembre e mercoledì (escluso da marzo a settembre) – Pa
　　　　carta 60/70000
　　　　Spec. Carpaccio di pesce spada, Linguine di Capo d'Orlando, Pesce alla griglia. **Vini** Bolina, Quarantala.

　　XX Acmet Pascià, ✆ 801282, ≤, 斉

　　X **Vecchia Otranto**, ✆ 801575 – 🔲. 延 🛠 ⓞ **E** Ⅷ. ⋘
　　　　chiuso novembre e lunedì (escluso dal 15 giugno al 15 settembre) – Pas carta 43/60000.

OTTAVIANO 80044 Napoli 988 ㉗, 431 E 25 – 22 080 ab. alt. 190 – ✆ 081.

Roma 240 – Benevento 70 – Caserta 47 – ◆ Napoli 22 – Salerno 42.

　　🏦 **Augustus** senza rist, viale Giovanni XXIII 61 ✆ 5288455, Fax 5288454 – 🛗 🔲 �📺 ☎ ⟷
　　　　℗. 延 🛠 ⓞ **E** Ⅷ. ⋘
　　　　⊆ 12000 – **24 cam** 179/260000, 🔲 25000.

　　XX **Al San Michele**, piazza San Michele 16/18 ✆ 5288755, 斉 – 延 🛠 ⓞ Ⅷ
　　　　chiuso domenica sera, lunedì a mezzogiorno e dal 10 al 18 agosto – Pas carta 28/480
　　　　(15 %).

OTTONE Livorno – Vedere Elba (Isola d') : Portoferraio.

OVADA 15076 Alessandria 988 ⑬, 428 I 7 – 12 411 ab. alt. 186 – ✆ 0143.

Dintorni Strada dei castelli dell'Alto Monferrato★ (o strada del vino) verso Serravalle Scrivi

Roma 549 – Acqui Terme 24 – Alessandria 40 – ◆Genova 51 – ◆Milano 114 – Savona 61 – ◆Torino 125.

　　🏠 **Italia**, via San Paolo 54 ✆ 86502, Fax 86503 – �📺 ☎ **℗**. 延 🛠 ⓞ **E** Ⅷ. ⋘
　　　　chiuso dal 1° al 15 febbraio – Pas *(chiuso martedì e dal 15 al 30 agosto)* carta 34/570
　　　　(10 %) – ⊆ 7000 – **17 cam** 50/80000 – ½ P 75000.

　　XX **La Volpina**, strada Volpina 1 ✆ 86008, Coperti limitati; prenotare, « Servizio est
　　　　all'aperto », ⌇ – **℗**. 延 🛠 ⓞ **E** Ⅷ. ⋘
　　　　chiuso domenica sera, lunedì, dal 22 dicembre al 15 gennaio e dal 27 luglio al 15 agost
　　　　Pas carta 54/73000 (10 %).

　　XX Da Pietro, piazza Mazzini ✆ 80457

OVINDOLI 67046 L'Aquila 988 ㉖, 430 P 22 – 1 257 ab. alt. 1 375 – a.s. 15 dicembre-10 aprile
luglio-settembre – Sport invernali : 1 375/2 000 m ≰ 8 – ✆ 0863.

Roma 129 – L'Aquila 37 – Frosinone 109 – ◆Pescara 119 – Sulmona 55.

　　🏦 **Magnola Palace Hotel** ⑤, NO : 3 km ✆ 705145, Telex 601076, Fax 705147, ≤, 🚗 –
　　　　☎ **℗**. **E** Ⅷ. ⋘
　　　　chiuso novembre – Pas 25/30000 – ⊆ 8000 – **80 cam** 95000 – P 85/90000.

　　🏠 Moretti, ✆ 705174, ≤ – 🛗 📞 ⟷ **℗**
　　　　36 cam.

PADENGHE SUL GARDA 25080 Brescia 428 429 F 13 – 2 834 ab. alt. 115 – a.s. Pasqua
luglio-15 settembre – ✆ 030.

Roma 535 – ◆Brescia 24 – Mantova 74 – ◆Milano 125 – Trento 109 – ◆Verona 50.

　　🏦 **West Garda Hotel** ⑤, S : 1 km ✆ 9907161, Fax 9907265, « Giardino ombreggiato
　　　　⌇ » – �📺 ☎ **℗** – 🔏 25 a 150. 延 🛠 ⓞ **E** Ⅷ. ⋘ rist
　　　　Pas 35000 – ⊆ 15000 – **65 cam** 120000 – ½ P 95000.

ADERNO D'ADDA 22050 Como 428 E 10, 219 ⑳ – 2 605 ab. alt. 266 – ✆ 039.

ma 604 – ◆Bergamo 20 – Como 39 – Lecco 24 – ◆Milano 36.

🏨 **Adda**, via Edison 27 ℘ 514015, Fax 510796, ♨, ℅ – ᪥ 🗏 rist 🔟 ☎ 🕭 ❷ – ♨ 100. ஊ 🕃 ⓞ E 🚾 ℅
Pas *(chiuso martedì)* carta 45/70000 – ⊑ 6000 – **35 cam** 95/135000 – P 150000.

ADERNO DI PONZANO Treviso – Vedere Ponzano Veneto.

ADERNO FRANCIACORTA 25050 Brescia – 2 769 ab. alt. 183 – ✆ 030.

ma 550 – ◆Brescia 15 – ◆Milano 84 – ◆Verona 81.

🏨 **Franciacorta** senza rist, via Donatori di Sangue 10 ℘ 6857085, Fax 6857082 – ᪥ 🗏 🔟 ☎ ⇔ ❷. ℅
⊑ 10000 – **25 cam** 80/130000, 🗏 10000.

🏛 **Giardino-da Gregorio**, via San Gottardo 34 ℘ 657195, Fax 657424, 佘 – ❷. ஊ 🕃 ⓞ E 🚾. ℅
chiuso martedì sera, mercoledì ed agosto – Pas carta 26/41000.

ADOLA Belluno – Vedere Comelico Superiore.

ADOVA 35100 ℙ 988 ⑤, 429 F 17 – 218 186 ab. alt. 12 – ✆ 049.

edere Affreschi di Giotto★★★, Vergine★ di Giovanni Pisano nella cappella degli Scrovegni DY
Basilica del Santo★★ DZ – Statua equestre del Gattamelata★★ DZ A – Palazzo della Ragione★
J : salone★★ – Pinacoteca Civica★ DZ M – Chiesa degli Eremitani★ DY : affreschi di
ariento★★ – Oratorio di San Giorgio★ DZ B – Scuola di Sant'Antonio★ DZ B – Piazza della
tta★ DZ 25 – Piazza delle Erbe★ DZ 20 – Torre dell'Orologio★ (in piazza dei Signori CYZ) – Pala
ltare★ nella chiesa di Santa Giustina.

ntorni Colli Euganei★ SO per ⑥.

Frassanelle (chiuso martedì) ⊠ 35030 Frassanelle di Rovolon ℘ 9910477, SO : 20 km;
(chiuso lunedì e gennaio) a Valsanzibio ⊠ 35030 Galzignano ℘ 9130078, Fax 9131193 E :
km.

tazione Ferrovie Stato ⊠ 35131 ℘ 8752077 – Museo Eremitani ℘ 8751153.

C.I. via Enrico degli Scrovegni 19 ⊠ 35131 ℘ 654935.

ma 491 – ◆Milano 234 – ◆Venezia 37 – ◆Verona 81.

Piante pagine seguenti

🏨 **Plaza**, corso Milano 40 ⊠ 35139 ℘ 656822, Telex 430360, Fax 661117 – ᪥ 🗏 🔟 ☎ 🕭 ⇔ – ♨ 30 a 150. ஊ 🕃 ⓞ E 🚾. ℅ rist   CY **m**
Pas *(chiuso domenica ed agosto)* carta 50/71000 – **142 cam** ⊑ 135/200000.

🏨 **Milano** senza rist, via Bronzetti 62 ⊠ 35138 ℘ 8712555, Telex 432252, Fax 8713923 – ᪥
🗏 🔟 ☎ 🕭 ⇔ ❷ – ♨ 80. ஊ 🕃 ⓞ E 🚾. ℅   CY **g**
58 cam ⊑ 115/155000.

🏨 **Donatello e Rist. Sant'Antonio**, piazza del Santo ⊠ 35123 ℘ 8750634, Fax 8750829, ≼, « Servizio rist. estivo in terrazza » – ᪥ 🗏 cam 🔟 ☎ ⇔ – ♨ 20. ஊ 🕃 ⓞ E 🚾
chiuso dal 15 dicembre al 15 gennaio – Pas *(chiuso mercoledì e da dicembre al 23 gennaio)*
carta 35/49000 (12%) – ⊑ 13000 – **42 cam** 95/160000 – ½ P 113/138000.   DZ **z**

🏨 **Majestic Toscanelli**, piazzetta dell'Arco 2 ⊠ 35122 ℘ 663244, Telex 430264, Fax 8760025 – ᪥ 🗏 🔟 ☎. ஊ 🕃 ⓞ E 🚾. ℅   DZ **b**
Pas *(chiuso domenica e dal 28 luglio al 18 agosto)* carta 47/65000 – **32 cam** ⊑ 185000.

🏨 **Biri** senza rist, via Grassi 2 ⊠ 35129 ℘ 776566, Telex 432285, Fax 776566 – ᪥ 🗏 🔟 ☎ ❷ – ♨ 30. ஊ 🕃 ⓞ E 🚾   per via Tommaseo BY **a**
⊑ 10000 – **99 cam** 106/146000.

🏨 **Leon Bianco** senza rist, piazzetta Pedrocchi 12 ⊠ 35122 ℘ 8750814, Fax 8756184 – ᪥ 🗏 🔟 ☎. ஊ 🕃 ⓞ E 🚾   DY **x**
⊑ 15000 – **22 cam** 95/130000.

🏨 **Al Giardinetto** senza rist, Prato della Valle 54 ⊠ 35123 ℘ 656766, Fax 656972 – ᪥ 🗏 🔟 ☎ ❷. ஊ 🕃 ⓞ E 🚾   DZ **x**
⊑ 12000 – **18 cam** 110/132000.

🏨 **Al Cason** senza rist, via Frà Paolo Sarpi 40 ⊠ 35138 ℘ 662636, Fax 8754217 – ᪥ 🗏 📠 ⇔ – ♨ 30. ஊ 🕃 ⓞ E 🚾. ℅   CDY **d**
Pas *(chiuso sabato, domenica e dal 28 luglio al 3 settembre)* carta 42/53000 – ⊑ 7000 – **48 cam** 74/95000 – ½ P 80/105000.

🏨 **Igea** senza rist, via Ospedale Civile 87 ⊠ 35121 ℘ 8750577, Fax 660865 – ᪥ 🗏 🔟 ☎. ஊ 🕃 ⓞ E 🚾   DZ **d**
⊑ 9000 – **49 cam** 70/88000.

🏨 **S. Antonio** senza rist, via San Fermo 118 ⊠ 35137 ℘ 8751393, Fax 8752508 – ᪥ 🔟 ☎. 🕃 ⓞ E 🚾   CDY **v**
chiuso dal 30 dicembre al 15 gennaio – ⊑ 8500 – **34 cam** 67/84000.

🏨 **Al Fagiano**, via Locatelli 45 ⊠ 35123 ℘ 8753396 e rist ℘ 652913 – 🔟 ☎. ஊ 🕃 ⓞ E 🚾   DZ **n**
Pas *(chiuso domenica sera, lunedì e luglio)* carta 33/47000 – ⊑ 10000 – **30 cam** 70/85000.

417

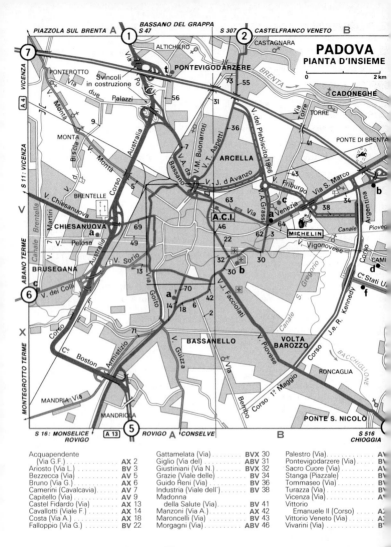

PADOVA
PIANTA D'INSIEME

0   2 km

Acquapendente
  (Via G.F.) . . . . **AX** 2
Ariosto (Via L.) . . . . **BV** 3
Bezzecca (Via) . . . . **AV** 5
Bruno (Via G.) . . . . **AX** 6
Camerini (Cavalcavia) . . . . **AV** 7
Capitello (Via) . . . . **AV** 9
Castel Fidardo (Via) . . . . . **AX** 13
Cavallotti (Viale F.) . . . . . . **AX** 14
Costa (Via A.) . . . . **AX** 18
Falloppio (Via G.) . . . . **BV** 22

Gattamelata (Via) . . . . **BVX** 30
Giglio (Via del) . . . . **ABV** 31
Giustiniani (Via N.) . . . . . . **BVX** 32
Grazie (Viale delle) . . . . . . **BV** 34
Guido Reni (Via) . . . . **BV** 36
Industria (Viale dell') . . . . . **BV** 38
Madonna
  della Salute (Via) . . . . . . **BV** 41
Manzoni (Via A.) . . . . **AX** 42
Maroncelli (Via) . . . . **BV** 43
Morgagni (Via) . . . . **ABV** 46

Palestro (Via) . . . . **AV**
Pontevigodarzere (Via) . . . **BV**
Sacro Cuore (Via) . . . . **AV**
Stanga (Piazzale) . . . . **BV**
Tommaseo (Via) . . . . **BV**
Turazza (Via) . . . . **BV**
Vicenza (Via) . . . . **AV**
Vittorio
  Emanuele II (Corso) . . . . **A**
Vittorio Veneto (Via) . . . . . **A**
Vivarini (Via) . . . . **B**

XXX **El Toulà**, via Belle Parti 11 ⌧ 35139 ℘ 8751822, Coperti limitati; prenotare – 🍽. ◻
 ⓪ 🄴 𝗩𝗜𝗦𝗔. ⌘   CD
  chiuso domenica, lunedì a mezzogiorno ed agosto – Pas carta 53/76000 (12%).

XXX **Antico Brolo**, vicolo Cigolo 14 ⌧ 35122 ℘ 664555, Fax 664394, 🌿 – 🍽. 🄰🄴 🄶
 𝗩𝗜𝗦𝗔   CD
  chiuso domenica ed agosto – Pas carta 61/101000.

XXX ✿ **San Clemente**, corso Vittorio Emanuele II n° 142 ⌧ 35123 ℘ 8803180, Fax 8754
 🌿, Coperti limitati; prenotare, « In un'antica dimora del 500 » – 🄰🄴 🄶 ⓪ 🄴 𝗩𝗜𝗦𝗔
  chiuso domenica, lunedì a mezzogiorno, dal 20 dicembre al 2 gennaio ed agosto –
  carta 56/96000   A
  Spec. Sformato di melanzane pomodoro e basilico, Fettuccine nere al tonno fresco e finocchietto selvatico, Ro
  di vitello San Clemente. **Vini** Nosiola, Merlot.

XXX **Il Michelangelo**, corso Milano 22 ⌧ 35139 ℘ 656088, Fax 656088, 🌿 – 🍽. 🄰🄴 🄶 ◉
 𝗩𝗜𝗦𝗔 ⌘   C
  chiuso venerdì, sabato a mezzogiorno e dal 30 luglio al 15 agosto – Pas carta 48/6
  (12%).

418

PADOVA

Altinate (Via) . . . . **DYZ**
Cavour (Piazza e Via) . . . **DY** 15
Dante (Via) . . . . **CY**
Filiberto (Via E.) . . . . **DY** 24
Garibaldi (Corso) . . . . **DY** 27
Ponti Romani
  (Riviera dei) . . . . **DYZ** 53
Roma (Via) . . . . **DZ**

S. Fermo (Via) . . . . **DY**

Carmine (Via del) . . . . **DY** 10
Cesarotti (Via M.) . . . . **DZ** 17
Erbe (Piazza delle) . . . . . . **DZ** 20
Eremitani (Piazza) . . . . **DY** 21
Frutta (Piazza della) . . . . . **DZ** 25
Garibaldi (Piazza) . . . . **DY** 28
Gasometro (Via dell'ex) . . **DY** 29
Guariento (Via) . . . . **DY** 35
Insurrezione (Piazza) . . . . **DY** 39

Monte di Pietà (Via del) . . . **CZ** 45
Petrarca (Via) . . . . **CY** 50
Ponte Molino (Vicolo) . . . . . **CY** 52
S. Canziano (Via) . . . . **DZ** 57
S. Lucia (Via) . . . . **DY** 59
Vandelli (Via D.) . . . . **CZ** 66
Verdi (Via G.) . . . . **CY** 67
Vittorio Emanuel II
  (Corso) . . . . **CZ** 70
8 Febbraio (Via) . . . . **DZ** 74
58 Fanteria (Via) . . . . **DZ** 75

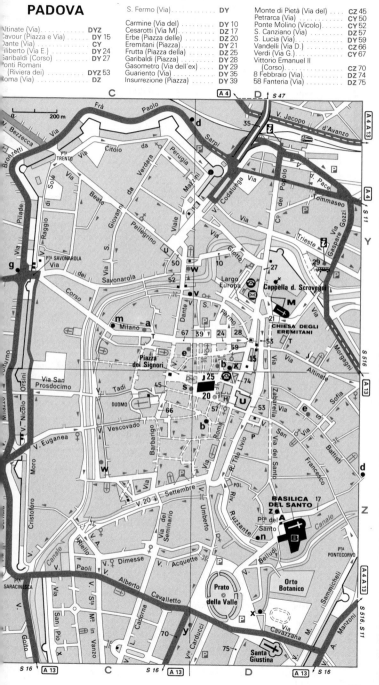

XX **Casa Veneta,** vicolo Ponte Molino 11 ⊠ 35137 ℰ 8758699, Fax 8758699 – 🗏. 🖭 🖪 🤅
🗉 *VISA*. ⚘
CDY v
chiuso domenica e dal 5 al 20 agosto – Pas carta 37/60000.

XX **Ai Porteghi,** via Cesare Battisti 105 ⊠ 35121 ℰ 660746 – 🗏. 🖭 ⓪. ⚘
DZ
chiuso domenica, lunedì a mezzogiorno e dal 1° al 20 agosto – Pas carta 42/77000.

XX **Alle Magnolie,** via Nazareth 39 ⊠ 35128 ℰ 756155 – 🗏. 🖭 🖪 🗉 *VISA*
BX
chiuso lunedì ed agosto – Pas carta 37/50000.

XX **Angelo Rasi,** riviera Paleocapa 7 ⊠ 35141 ℰ 8719797, Coperti limitati; prenotare – 🖭
🖪 *VISA*
CZ v
chiuso domenica ed agosto – Pas carta 40/60000.

XX **Giovanni,** via Maroncelli 22 ⊠ 35129 ℰ 772620 – ❷. 🖭
BV
chiuso sabato a mezzogiorno, domenica e dal 26 luglio al 26 agosto – Pas carta 36/58000

X **Isola di Caprera,** via Marsilio da Padova 11/15 ⊠ 35139 ℰ 8760244 – 🗏. 🖭 🖪 🗉
VISA
DY
chiuso domenica – Pas carta 34/66000 (10%).

X **Cavalca,** via Manin 8 ⊠ 35139 ℰ 8760061 – 🗏. 🖭 🖪 ⓪ 🗉 *VISA*
CDZ
chiuso martedì sera, mercoledì, dal 16 al 25 gennaio e dal 28 giugno al 22 luglio – Pa
carta 33/45000 (12%).

X **Antica Trattoria Stocco,** via dei Colli 164 ⊠ 35143 ℰ 620219 – 🗏 ❷. 🖭 🖪 🗉 *VISA*
⚘
AX
chiuso mercoledì ed agosto – Pas carta 32/46000.

X **Trattoria Falcaro-da Lele,** via Pelosa 4 ⊠ 35136 ℰ 8713898, ☆ – ❷. ⚘
AV
*chiuso sabato a mezzogiorno, domenica, dal 24 dicembre al 1° gennaio e dal 5 al 20 agost
– Pas carta 29/39000.*

a Tencarola O : 4 km per via Sorio AZ – ⊠ 35030 :

🏨 **Piroga,** ℰ 637966, Fax 637966, ⚘ – 🗏 🔟 ☎ ❷ – 🛦 250. 🖭 🖪 🗉 🗉 *VISA*
Pas *(chiuso lunedì e dal 1° al 15 agosto)* carta 30/45000 – 🖙 6000 – **25 cam** 80/12000
🗏 5000 – ½ P 80/100000.

🏨 **Burcio** senza rist, ℰ 638699 – 🗏 🔟 ☎ ❷. 🖭 🖪 ⓪ 🗉 *VISA*
🖙 6000 – **19 cam** 80/120000, 🗏 5000.

a Camin E : 4 km per A 4 BY – ⊠ 35020 :

🏨 **Admiral** senza rist, ℰ 8700240, Fax 8700330 – |🛦| 🗏 🔟 ☎ ♿ ❷ – 🛦 65. 🖭 🖪 ⓪ 🗉 *VIS*
35 cam 🖙 95/135000.
BX

🏨 Ibis, corso Stati Uniti 14/b (zona industriale S : 1 km) ℰ 761900, Telex 43224
Fax 761900 – |🛦| ⚘ 🗏 🔟 ☎ ♿ ⇔ ❷ – 🛦 70 a 200.
BX
120 cam.

XX **Bion,** ℰ 8790064, Fax 8790064 – 🗏 ❷. 🖭 🖪 ⓪ 🗉 *VISA*. ⚘
per via Vigonovese E : 1,5 k
chiuso domenica ed agosto – Pas carta 32/48000.

in prossimità casello autostrada A 4 NE : 5 km per S 11 BY :

🏨 **Sheraton Padova Hotel,** ⊠ 35020 Ponte di Brenta ℰ 8070399, Telex 43222
Fax 8070660 – |🛦| ⚘ cam 🗏 🔟 ☎ ♿ ❷ – 🛦 25 a 600. 🖭 🖪 ⓪ 🗉 *VISA*. ⚘ rist
Pas *(chiuso domenica)* carta 61/92000 – **224 cam** 🖙 215/290000, 6 appartamenti – P 22
260000.
BV

ad Altichiero N : 6 km per S 47 BY – ⊠ 35135 Padova :

X **Trattoria Bertolini,** via Altichiero 162 ℰ 600357, Fax 600040, ☆ – ❷. 🖭 🖪 ⓪ 🗉 *VIS*
⚘
AV
chiuso venerdì sera, sabato e dal 1° al 20 agosto – Pas carta 35/50000.

a Ponte di Brenta NE : 6 km per S 11 BY – ⊠ 35020 :

🏨 **Le Padovanelle,** ℰ 625622, Telex 430454, Fax 625320, 🌊, 🎾, ⚘ – 🗏 🔟 ☎ ♿ ❷
🛦 70 a 200. 🖭 🖪 ⓪ 🗉 *VISA*. ⚘
Pas *(chiuso domenica sera, lunedì e dal 28 luglio al 27 agosto)* carta 57/84000 – **40 ca
🖙 245000.**

🏨 **Antenore** senza rist, via Bravi 14/b ℰ 629600, Fax 629600 – |🛦| 🗏 🔟 ☎ ⇔ ❷. 🖭 🖪 🤅
🗉 *VISA*
🖙 10000 – **29 cam** 97/140000.

🏨 **Sagittario,** via Randaccio 6 ℰ 725877, Fax 8932112 – |🛦| 🗏 🔟 ☎ ❷ – 🛦 30. 🖭 🖪 ⓪
VISA
chiuso dal 1° al 21 agosto – Pas vedere rist Dotto di Campagna – 🖙 10000 – **43 ca
90/125000.**

🏨 **Brenta** senza rist, ℰ 629800, Fax 628988 – |🛦| 🗏 🔟 ☎ ⇔ ❷ – 🛦 30. 🖭 🖪 ⓪ *VISA*
🖙 18000 – **69 cam** 120/180000.

XX **Dotto di Campagna,** via Randaccio 2 ℰ 625469, ☆, ⚘ – 🗏 ❷. 🖭 🖪 🗉 🗉 *VISA*.
chiuso domenica sera, lunedì, dal 26 dicembre al 6 gennaio ed agosto – Pas carta 36/560

Vedere anche : ***Noventa Padovana*** E : 6 km.
Albignasego S : 7 km.
Ponte San Nicolò SE : 8 km.
Rubano O : 8 km.
Saonara E : 12 km.

ICHELIN, via Venezia 104 per S 11 BY - ✉ 35129, ☏ **8070072, Fax 778075.**

ESTUM **84063** Salerno 988 ㉘, 431 F 27 – a.s. Pasqua e 15 giugno-15 settembre – ✆ 0828.
dere Rovine★★★ – Museo★★.
ia Magna Grecia 151/156 (zona Archeologica) ☏ 811016.
na 305 – ♦Napoli 99 – Potenza 101 – Salerno 48.

⌂ **Le Palme** 🔇, a Laura ☏ 851025, Telex 721397, Fax 851507, 🏊, ⛱, 🌳, 🎾 – ⇅ ▤ ☎ 🚗 Ⓟ – 👥 200. AE 🅳 ⓞ E VISA. ⊘ rist
aprile-ottobre – Pas carta 28/44000 (15%) – ☕ 13000 – **50 cam** 100000, ▤ 20000 – ½ P 100/130000.

⌂ **Schuhmann** 🔇, a Laura ☏ 851151, Fax 851183, <, « Terrazza giardino in riva al mare », ⛱ – 🚭 cam ▤ rist 📺 ☎ 🚗 Ⓟ – 👥 100. AE 🅳 ⓞ E VISA. ⊘
Pas (solo per clienti alloggiati) 40/45000 – ☕ 15000 – **36 cam** 150000 – ½ P 140/160000.

⌂ **Taverna dei Re,** a Santa Venere ☏ 811555, Fax 811818, 🏊, 🌳 – ☎ Ⓟ. AE 🅳 ⓞ VISA. ⊘
Pas carta 50/70000 – ☕ 8000 – **19 cam** 70000 – ½ P 50/70000.

⌂ **Park Hotel** 🔇, a Linora ☏ 811134, Fax 722310, <, « Piccola pineta in riva al mare », ⛱, 🎾 – ⇅ 🚭 cam ☎ Ⓟ. AE 🅳 ⓞ E VISA. ⊘
Pas carta 29/60000 (25%) – ☕ 8500 – **28 cam** 85000 – ½ P 60/79000.

⌂ **Villa Rita** 🔇 senza rist, zona Archeologica ☏ 811081, Fax 811028, 🌳 – ☎ Ⓟ. AE 🅳 E VISA. ⊘
15 marzo-ottobre – ☕ 9000 – **12 cam** 47/70000.

✗ **Nettuno,** zona Archeologica ☏ 811028, Fax 811028, ☂, 🌳 – Ⓟ. AE 🅳 ⓞ E VISA. ⊘
chiuso la sera e lunedì da settembre a giugno – Pas carta 43/68000 (15%).

LAU Sassari 988 ㉓, 433 D 10 – Vedere Sardegna.

LAZZOLO ACREIDE Siracusa 988 ㊲, 432 P 26 – Vedere Sicilia.

LAZZOLO SULL'OGLIO **25036** Brescia 988 ③, 428 429 F 11 – **16 334 ab. alt. 166** – ✆ **030.**
na 581 – ♦Bergamo 28 – ♦Brescia 32 – Cremona 77 – Lovere 38 – ♦Milano 69.

⌂ **La Villa e Roma,** via Bergamo 35 ☏ 731203, Fax 731574, « Parco-giardino » – ⇅ 📺 ☎ ♿ Ⓟ. AE 🅳 VISA. ⊘ rist
Pas *(chiuso domenica sera, lunedì, dal 1° al 10 gennaio e dal 5 al 25 agosto)* carta 36/53000 – ☕ 7000 – **26 cam** 70/100000.

LERMO Ⓟ 988 ㉟, 432 M 22 – Vedere Sicilia.

LESE **70057** Bari 431 D 32 – a.s. 21 giugno-settembre – ✆ 080.
✈ SE : 2 km ☏ 374654.
na 441 – ♦Bari 9 – ♦Foggia 124 – Matera 66 – ♦Taranto 98.

⌂ **Palumbo** senza rist, via Vittorio Veneto 31/33 ☏ 5520222, ⛱ – ⇅ ▤ 📺 ☎ Ⓟ. AE 🅳 ⓞ E VISA. ⊘
14 cam ☕ 135/190000, ▤ 15000.

⌂ **La Baia,** via Vittorio Veneto 29/a ☏ 5520288, Fax 5520288, ⛱ – ⇅ ▤ 📺 ☎ Ⓟ – 👥 80. AE 🅳 ⓞ E VISA. ⊘ rist
Pas carta 35/50000 (15%) – ☕ 14000 – **56 cam** 83/138000, ▤ 15000 – ½ P 100/115000.

✗ **Da Tommaso,** lungomare Massaro ☏ 5520038, ☂, prenotare – AE 🅳 ⓞ E VISA
chiuso domenica sera da ottobre a maggio e lunedì – Pas carta 35/54000.

LESTRINA **00036** Roma 988 ㉖, 430 Q 20 – **15 876 ab. alt. 465** – ✆ **06.**
na 38 – Anzio 69 – Frosinone 52 – Latina 58 – Rieti 91 – Tivoli 27.

⌂ **Stella e Rist. Coccia,** piazzale della Liberazione 3 ☏ 9538172, Fax 9573360 – ⇅ ▤ rist ☎. AE ⓞ VISA. ⊘ cam
Pas carta 30/50000 (12%) – ☕ 7500 – **27 cam** 80000 – ½ P 55/65000.

LIANO **03018** Frosinone 988 ㉖, 430 Q 21 – **7 347 ab. alt. 476** – ✆ **0775.**
na 59 – Frosinone 45 – ♦Napoli 182.

verso Colleferro al Parco Uccelli La Selva SO : 8 km :

✗ Il Laghetto, ✉ 03018 ☏ 533283, <, « All'interno del parco, su un'isola, con servizio estivo all'aperto », 🌳 – Ⓟ
chiuso la sera.

PALINURO 84064 Salerno 988③⑧, 431 G 27 – a.s. luglio-agosto – ☎ 0974.
Roma 376 – ◆Napoli 170 – Salerno 119 – Sapri 49.

⚶ **King's Residence** ≫, ℰ 931324, Fax 931418, ≤mare e costa, ⊒ – 🛗 🖼 ☎ 🅿 ﺓ 🗗
  🗗 𝘝𝘐𝘚𝘈 🛠
  Natale e Pasqua-ottobre – Pas 45/70000 – **36 cam** ⊠ 180000 – ½ P 155/175000.

⚶ **Gd H. San Pietro** ≫, ℰ 931914, Fax 931919, ≤mare e costa, ⊒, 🔬 – 🛗 🖼 ☎ &
  🔬 40 a 200. 🗗 🗗 ⓞ ⎯ 𝘝𝘐𝘚𝘈 🛠
  aprile-settembre – Pas carta 47/65000 – **49 cam** ⊠ 190000 – ½ P 120/165000.

🏠 **La Conchiglia,** ℰ 931018, Fax 931018, ☞ – 🛗 🖾 🅿
  Pasqua-25 settembre – Pas carta 28/40000 – **26 cam** ⊠ 60/98000 – ½ P 80/90000.

🏠 **Lido Ficocella,** ℰ 931051, Fax 931997, ≤mare e costa – 🛗 ☎ 🗗 🗗 ⓞ ⎯ 𝘝𝘐𝘚𝘈 🛠
  aprile-settembre – Pas carta 24/36000 – ⊠ 6000 – **31 cam** 40/63000 – ½ P 51/86000.

✗ **Da Carmelo,** località Isca E : 2 km ℰ 931138 – 🅿. 🗗 𝘝𝘐𝘚𝘈 🛠
  chiuso lunedì e dal 10 ottobre al 20 dicembre – Pas carta 40/55000 (10%).

  sulla strada statale 447 r NO : 1,5 km :

⚶ **Saline** ≫, ⊠ 84064 ℰ 931112, Fax 931418, ≤, ⊒, 🔬, ✗ – 🛗 🖼 ☎ 🅿. 🗗 🗗 ⓞ ⎯
  🛠
  Pasqua-ottobre – Pas carta 56/89000 – **51 cam** ⊠ 180000 – ½ P 165/175000.

PALLANZA Novara 988②, 428 E 7 – Vedere Verbania.

PALLUSIEUX Aosta 219① – Vedere Pré-Saint-Didier.

PALMA DI MONTECHIARO Agrigento 988③⑥, 432 P 23 – Vedere Sicilia.

PALOMBINA NUOVA Ancona 430 L 22 – Vedere Ancona.

PANA (Monte) Bolzano – Vedere Santa Cristina Valgardena.

PANAREA (Isola) Messina 988③⑦ e ⑧⑧, 431 432 L 27 – Vedere Sicilia (Eolie, isole).

PANCHIÀ 38030 Trento – 615 ab. alt. 981 – a.s. febbraio-Pasqua e Natale – ☎ 0462.
🖪 (luglio-agosto) ℰ 83076.
Roma 656 – Belluno 84 – ◆Bolzano 50 – Canazei 31 – ◆Milano 314 – Trento 74.

🏠 **Rio Bianco,** ℰ 83077, Fax 83077, ≤, «Giardino ombreggiato con ⊒ riscaldata »,
  ✗ – 🛗 ☎ 🅿. ⎯ 𝘝𝘐𝘚𝘈 🛠
  dicembre-20 aprile e 20 giugno-15 settembre – Pas (solo per clienti alloggiati) 25/3500⊠
  ⊠ 8000 – **37 cam** 70/110000 – ½ P 65/90000.

PANDINO 26025 Cremona 988③, 428 F 10 – 6 953 ab. alt. 85 – ☎ 0373.
Roma 556 – ◆Bergamo 37 – Cremona 52 – Lodi 12 – ◆Milano 34.

  a Nosadello O : 2 km – ⊠ 26025 Pandino :

✗ **Volpi,** via Indipendenza 36 ℰ 90100, ☞ – ⎯ 🅿. 🗗 ⎯ 𝘝𝘐𝘚𝘈
  chiuso domenica sera, lunedì, dal 1° al 10 gennaio e dal 15 al 30 agosto – Pas carta
  40000.

PANICALE 06064 Perugia 430 M 18 – 5 172 ab. alt. 441 – ☎ 075.
Dintorni Cimitero di Monterchi cappella con Madonna del Parto★ di Piero della Francesca S
10 km.
Roma 158 – Chianciano Terme 33 – ◆Perugia 38.

✗✗ **Le Grotte di Boldrino** con cam, via Virgilio Ceppari 30 ℰ 837161, Fax 837166 – 📺 🗗
  🔬 50. 🗗 🗗 ⓞ ⎯ 𝘝𝘐𝘚𝘈
  Pas *(chiuso mercoledì da ottobre a marzo)* carta 36/73000 – ⊠ 7000 – **11 cam** 90/11000⊠
  ½ P 85/10000.

PANICAROLA Perugia 430 M 18 – Vedere Castiglione del Lago.

PANNESI Genova – Vedere Lumarzo.

PANTELLERIA (Isola di) Trapani 988③⑥, 432 Q 18 – Vedere Sicilia.

PANZA Napoli – Vedere Ischia (Isola d') : Forio.

PANZANO Firenze – Vedere Greve in Chianti.

PARABIAGO 20015 Milano 428 F 8, 219⑱ – 22 930 ab. alt. 180 – ☎ 0331.
Roma 598 – Bergamo 73 – Como 40 – ◆Milano 21.

✗✗ **Da Palmiro,** via del Riale 16 ℰ 552024, Fax 553355, Rist. con specialità di mare – ⎯
  🗗 ⓞ ⎯ 𝘝𝘐𝘚𝘈 🛠
  chiuso martedì ed agosto – Pas carta 41/68000.

✗✗ Novecento, via Matteotti 17 ℰ 551474, Fax 555566 – ⎯ 🅿.

PARADISO Udine – Vedere Pocenia.

422

484 – ◆Genova 35 – ◆Milano 170 – Rapallo 7 – ◆La Spezia 86.

Paraggi, ℰ 289961, Fax 286745, 全 – 圖 ▥ ☎. ஊ 🆑 🆅. ⁑ rist
Pas carta 60/92000 (15%) – **18 cam** ⊑ 185/322000 – ½ P 200/270000.

Bahia, ℰ 285894, Fax 284848, ≼ mare – 圖 ▥ ☎. ஊ 🆑 ◑ ᠍ 🆅
chiuso gennaio e febbraio – Pas vedere rist Argentina – ⊑ 18000 – **10 cam** 260000.

Argentina con cam, ℰ 286708 – ▥ ☎. ஊ 🆑 ◑ ᠍ 🆅. ⁑
15 marzo-ottobre – Pas carta 46/68000 – **12 cam** ⊑ 146000 – ½ P 130/140000.

582 – ◆Bergamo 29 – ◆Brescia 33 – Cremona 78 – Lovere 29 – ◆Milano 70.

Franciacorta Golf Hotel e Rist. La Terrazza, ℰ 913333 e rist ℰ 913200, Fax 913600, 全, 会, 🏊 圖 ▥ ☎ 🛲 ❷ – 🛦 50 a 90. ஊ 🆑 ◑ ᠍ 🆅. ⁑ rist
Pas (chiuso dal 1° al 20 gennaio e dal 10 al 20 agosto) carta 46/92000 – **40 cam** ⊑ 159/233000 – ½ P 154/170000.

97157, Fax 97798.

674 – ◆Bolzano 37 – Merano 8,5 – ◆Milano 335 – Trento 95.

Peter Mitterhofer ⑤, ℰ 97122, Fax 98025, 会, 🏊, 洖 – 劇 ☎ ❷. 🆑 ᠍. ⁑ rist
15 marzo-15 novembre – Pas (solo per clienti alloggiati) – **30 cam** ⊑ 89/193000 – ½ P 94/123000.

a Tel (Töll) SE : 2 km – ⊠ 39020 :

✗ **Museumstube-Bad Egart Onkel Taa,** ℰ 97342, prenotare, « Rist. rustico tirolese » – ⁑❷. ஊ 🆑 ◑ ᠍ 🆅. ⁑
chiuso lunedì, dal 20 novembre al 25 dicembre e dal 15 gennaio al 15 marzo – Pas carta 42/52000.

ere Guida Verde.

633 – Catanzaro 89 – ◆Cosenza 118 – ◆Reggio di Calabria 137 – Tropea 3.

Baia Paraelios ⑤, località Fornaci O : 3 km ℰ 600004, Fax 600074, 全, « Villini indipendenti in un parco mediterraneo digradante sul mare », 🏊, 🐎, ⁑ – ☎ ❷ – 🛦 80. ஊ 🆑 ◑ 🆅. ⁑
72 cam (solo pens) – P 155/265000.

Benachrichtigen Sie sofort das Hotel,
wenn Sie ein bestelltes Zimmer nicht belegen können.

dere Complesso Episcopale★★★ CY : Duomo★★, Battistero★★ A – Galleria nazionale★★, tro Farnese★★, museo nazionale di antichità★ nel palazzo della Pilotta BY – Affreschi★★ del reggio nella chiesa di San Giovanni Evangelista CYZ D – Camera del Correggio★ CY – Museo uco Lombardi★ BY M1 – Affreschi del Parmigianino nella chiesa della Madonna della eccata BZ E – Parco Ducale★ ABY.

La Rocca (chiuso lunedì, gennaio e febbraio) a Sala Baganza ⊠ 43038 ℰ 834037, SO : 8 km.

iazza Duomo 5 ℰ 234735.

🚗 via Cantelli 15 ℰ 236672.

na 458 ① – ◆Bologna 96 ① – ◆Brescia 114 ① – ◆Genova 198 ⑤ – ◆Milano 122 ① – ◆Verona 101 ①.

Pianta pagina seguente

Gd H. Baglioni e Rist. L'Aiglon, viale Piacenza 14 ℰ 292929, Telex 532240, Fax 292828 – 劇 圖 ▥ ☎ ♦ 🛲 ❷ – 🛦 50 a 700. ஊ 🆑 ◑ ᠍ 🆅.   AY **a**
chiuso dal 1° al 22 agosto – Pas carta 63/95000 – **169 cam** ⊑ 275/315000, 6 appartamenti – ½ P 208/280000.

Verdi e Rist. Santa Croce, via Pasini 18 ℰ 293539 e rist ℰ 293529, Fax 293559 – 劇 圖 ▥ ☎ & 🛲 ❷. ஊ 🆑 ◑ ᠍ 🆅. ⁑   AY **b**
Pas (chiuso sabato a mezzogiorno e domenica) carta 41/63000 – ⊑ 15000 – **20 cam** 165/245000, 3 appartamenti – ½ P 200000.

Palace Hotel Maria Luigia e Rist. Maxim's, viale Mentana 140 ℰ 281032, Telex 531008, Fax 231126 – 劇 圖 ▥ ☎ 🛲 🛲 – 🛦 30 a 100. ஊ 🆑 ◑ ᠍ 🆅. ⁑ rist
Pas (chiuso domenica e dal 7 al 31 agosto) carta 55/75000 – **101 cam** ⊑ 150/200000, 4 appartamenti.   CY **z**

PARMA

🏨 **Park Hotel Stendhal e Rist. La Pilotta,** piazzetta Bodoni 3 ℘ 208057, Telex 531216, Fax 285655 – 🛗 🖃 📺 ☎ 🚗 – 🔬 60 a 150. 🆔 🛐 ⓞ Ε 𝓥𝓘𝓢𝓐. ⌘ rist   BY   **r**
Pas *(chiuso domenica sera, lunedì e dal 1° al 22 agosto)* carta 40/60000 – ☲ 16000 – **60 cam** 155/240000 – ½ P 179/215000.

🏨 **Villa Ducale** senza rist, via del Popolo 35 ang. via Moletolo ℘ 272727, Fax 70756, « Parco ombreggiato », 🏊 – 🛗 🖃 📺 ☎ 🕭 🕿 – 🔬 50. 🆔 🛐 ⓞ Ε 𝓥𝓘𝓢𝓐. ⌘
chiuso dal 23 dicembre al 1° gennaio – **28 cam** ☲ 127/180000, appartamento.
1,5 km per viale IV Novembre   BY

🏨 **Park Hotel Toscanini,** viale Toscanini 4 ℘ 289141, Fax 283143 – 🛗 🖃 📺 ☎ 🚗 🕿 – 🔬 40 a 60. 🆔 🛐 ⓞ Ε 𝓥𝓘𝓢𝓐. ⌘ rist   BZ   **e**
Pas *(chiuso a mezzogiorno)* carta 38/59000 – **48 cam** ☲ 161/242000 – ½ P 146/186000.

🏨 **Farnese International Hotel,** via Reggio 51/a ℘ 994247, Fax 992317 – 🛗 🖃 📺 ☎ 🚗 🕿 – 🔬 70. 🆔 🛐 ⓞ Ε 𝓥𝓘𝓢𝓐. ⌘ rist   BY   **a**
Pas *(chiuso domenica)* carta 31/45000 – **76 cam** ☲ 98/140000 – ½ P 98/125000.

🏨 **Torino** senza rist, borgo Mazza 7 ℘ 281047, Fax 230725 – 🛗 📺 ☎ 🚗. 🆔 🛐 ⓞ Ε 𝓥𝓘𝓢𝓐   BY   **v**
chiuso dal 25 al 30 dicembre e dal 1° al 26 agosto – ☲ 10000 – **33 cam** 85/125000.

🏨 **Daniel e Rist. Cocchi,** via Gramsci 16 ℘ 995147, Fax 292606 – 🛗 🖃 📺 ☎ 🕿 🆔 🛐 ⓞ Ε 𝓥𝓘𝓢𝓐. ⌘   per ⑤
chiuso dal 22 dicembre al 1° gennaio e dal 28 luglio al 27 agosto – Pas *(chiuso sabato)* carta 44/61000 (10%) – ☲ 13000 – **32 cam** 85/118000 – ½ P 109/130000.

🏨 **Button** senza rist, strada San Vitale 7 ℘ 208039, Fax 238783 – 🛗 📺 ☎. 🆔 🛐 ⓞ Ε 𝓥𝓘𝓢𝓐
chiuso luglio – ☲ 12000 – **41 cam** 80/105000.   BZ   **f**

🏨 **Savoy** senza rist, via 20 Settembre 3/a ℘ 281101, Fax 281103 – 🛗 📺 ☎. 🆔 𝓥𝓘𝓢𝓐. ⌘
chiuso dal 23 dicembre al 1° gennaio ed agosto – **27 cam** ☲ 92/140000.   CY   **x**

🏨 **Principe,** via Emilia Est 46 ℘ 493847, Fax 242106 – 🛗 🕿 📺 ☎ 🛐 Ε 𝓥𝓘𝓢𝓐. ⌘   per ②
chiuso dal 1° al 25 agosto – Pas *(chiuso domenica e da dicembre a marzo)* carta 37/520 (10%) – ☲ 12000 – **33 cam** 77/104000 – ½ P 115000.

XXX **Angiol d'Or,** vicolo Scutellari 1 ℘ 282632, Fax 282747, « Servizio estivo serale all'aperto » – 🖃. 🆔 🛐 ⓞ Ε 𝓥𝓘𝓢𝓐   CY
chiuso domenica, lunedì, dal 24 al 26 dicembre, Capodanno, dal 10 al 20 gennaio e dal 9 31 agosto – Pas carta 57/80000.

XXX ❀ **Parizzi,** strada della Repubblica 71 ℘ 285952, Fax 285952, prenotare – 🖃. 🆔 🛐 ⓞ 𝓥𝓘𝓢𝓐. ⌘   CZ
chiuso domenica sera, lunedì, Natale e dal 21 luglio al 20 agosto – Pas carta 40/74000 **Spec.** Ravioli di fagiano al burro tartufato, Costoletta d'agnello all'aceto balsamico, Porcini gratinati (giugno-dicemb **Vini** Malvasia, Ronco delle Ginestre.

XX **Amadeus,** via Rodolfo Tanzi 5 ℘ 233434, Solo piatti di pesce, Soupers; Coperti limita prenotare – 🖃. 🆔 🛐 ⓞ Ε 𝓥𝓘𝓢𝓐   BY
chiuso lunedì, dal 31 dicembre al 7 gennaio ed agosto – Pas carta 45/74000.

Cavour (Strada) ....
Farini (Strada) ....
Garibaldi (Via) .... BC

zini (Strada)	**BZ** 13	Pilotta (Piazza)	**BY** 17	Rustici (Viale G.)	**BZ** 24
ubblica (Strada della)	**CZ**	Ponte Caprazucca	**BZ** 19	Salnitrara (Via)	**BZ** 26
		Ponte Italia	**BZ** 20	Studi (Borgo degli)	**CY** 27
mo (Strada al)	**CY** 8	Ponte di Mezzo	**BZ** 21	Toscanini (Viale)	**BZ** 28
baldi (Piazza)	**BZ** 9	Ponte Verdi	**BY** 22	Trento (Via)	**CY** 30
(Pza della)	**BY** 15	Regale (Borgo)	**CZ** 23	Varese (Via)	**BZ** 31

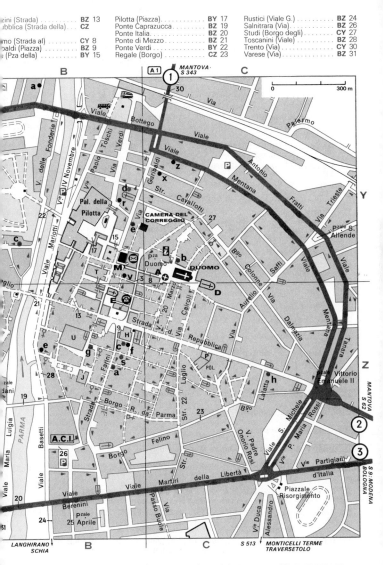

XX ✿ **La Greppia,** strada Garibaldi 39/a ℰ 233686, prenotare – ▣, 🅰🅴 🆂 🅞 🅴 𝗩𝗜𝗦𝗔, ⌘
chiuso giovedì, venerdì, dal 24 dicembre al 2 gennaio e luglio – Pas carta 54/77000
Spec. Carpaccio di vitello in salsa di fichi (estate), Anolini in brodo ristretto, Sella di coniglio al profumo di timo
(autunno-inverno). **Vini** Cabreo, Sangiovese.   BY **e**

XX **Parma Rotta,** via Langhirano 158 ℰ 581323, « Servizio estivo sotto un pergolato » –
⌘ 🅿, 🅰🅴 🆂 🅞 🅴 𝗩𝗜𝗦𝗔, ⌘   per viale Rustici BZ
chiuso domenica da giugno a settembre e lunedì negli altri mesi – Pas carta 41/60000.

XX **Il Cortile,** borgo Paglia 3 ℰ 285779, Coperti limitati; prenotare – ▣, 🅰🅴 🆂 🅞 🅴 𝗩𝗜𝗦𝗔,
⌘   AZ **a**
chiuso domenica, lunedì a mezzogiorno e dal 1º al 22 agosto – Pas carta 31/48000.

XX **Croce di Malta,** borgo Palmia 8 ℰ 235643, prenotare, « Servizio estivo all'aperto » – 🅰🅴
🆂 🅞 🅴 𝗩𝗜𝗦𝗔   BZ **g**
chiuso domenica e dal 2 al 15 gennaio – Pas carta 42/71000.

425

XX **Marzia e Bruno,** borgo Cocconi 59/A 𝄞 235653, Coperti limitati; prenotare – AE ⑤ ①
VISA AZ
chiuso a mezzogiorno, domenica, lunedì e dal 10 luglio al 20 agosto – Pas carta 41/620

XX **Chimera,** borgo Tommasini 18 𝄞 289575, 🍴, Coperti limitati; prenotare – AE ⑤ ①
VISA . 🍴 BZ
chiuso sabato a mezzogiorno, lunedì dal 1° al 7 gennaio e dal 16 al 30 agosto –
carta 34/59000.

X **Gallo d'Oro,** borgo della Salina 3 𝄞 208846 – ⊟. AE ⑤ ① E **VISA** BZ
chiuso domenica – **Pas** carta 26/39000.

X **Da Marino,** via Affò 2/A 𝄞 236905 – AE ⑤ ① E **VISA** . 🍴 BY
chiuso domenica, dal 20 dicembre al 2 gennaio e dal 15 agosto al 10 settembre –
carta 40/57000.

X **Al Canòn d'Or,** via Nazario Sauro 3 𝄞 285234 – AE ⑤ ① . 🍴 BZ
chiuso mercoledì ed agosto – Pas carta 31/50000.

X **Vecchio Molinetto,** viale Milazzo 39 𝄞 52672, « Servizio estivo in giardino » –
🍴 AZ
chiuso venerdì, sabato a mezzogiorno ed agosto – Pas carta 33/45000.

sulla strada statale 9 - via Emilia per ③ : 3 km :

XX **Charly,** ✉ 43026 San Lazzaro Parmense 𝄞 493974, « Villa del 18° secolo » – **②**. AE
① E **VISA**
chiuso domenica, lunedì, dal 20 dicembre al 10 gennaio, dal 20 aprile al 2 maggio ed ago
– Pas carta 48/86000.

a San Lazzaro Parmense per ③ : 3 km – ✉ **43026** :

XX ✿ **Al Tramezzino,** via Del Bono 5/b 𝄞 45868, Fax 45868 – AE ⑤ ① E **VISA**
chiuso lunedì, martedì (escluso luglio-agosto) e dal 1° al 15 luglio – Pas carta 35/57000
Spec. Insalata di gamberi e porri (primavera), Branzino affogato all'aneto con carote e finocchietto, Petto d'anit
Pinot nero e ragù di funghi (inverno). **Vini** Chardonnay, Merlot.

a Ponte Taro per ⑤ : 10 km – ✉ **43010** :

🏨 **San Marco,** via Emilia 42 𝄞 619521, Fax 618700 – 🛗 ⊟ TV ☎ **②** – 🅰 500. AE ⑤ ①
VISA 🍴 rist
Pas *(chiuso lunedì ed agosto)* carta 36/59000 – **82 cam** 🛏 120/170000 – ½ P 130000.

Vedere anche : **Viarolo** NO : 11 km.
Torrile N : 15 km.

MICHELIN, via Nobel 5/A-località Paradigna per ①, 𝄞 607717, Fax 607053.

PARONA DI VALPOLICELLA Verona – Vedere Verona.

PARPANESE Pavia – Vedere Arena Po.

PARTSCHINS = Parcines.

PASQUILIO Massa-Carrara – Vedere Montignoso.

PASSIGNANO SUL TRASIMENO 06065 Perugia 988 ⑮, 430 M 18 – 4 815 ab. alt. 289 – ✿ 0
Roma 211 – Arezzo 48 – ◆Perugia 28 – Siena 80.

🏨 **La Vela,** via Rinascita 2 𝄞 827221 – 🛗 🕿 🚗 **②**. AE ⑤ ① E **VISA**
Pas vedere rist Il Fischio del Merlo – 🛏 5000 – **31 cam** 55/75000.

🏨 **Trasimeno** senza rist, via Roma 16/a 𝄞 829355, Fax 829267 – 🛗 ☎ **②**. AE ⑤ ① E **V**
🍴
🛏 6000 – **30 cam** 52/73000.

X **Il Fischio del Merlo,** via Gramsci 14 𝄞 829283, 🍴 – **②**. AE ⑤ ① E **VISA**
chiuso martedì e dal 4 al 20 novembre – Pas carta 22/47000.

Vedere anche : **Isola Maggiore** SO : 15/30 mn di battello.
Castel Rigone NE : 10 km.

PASSO Vedere nome proprio del passo.

PASSO LANCIANO Chieti 430 P 24 – alt. 1 306 – a.s. febbraio-15 aprile, 25 luglio-20 agost
Natale – Sport invernali : 1 306/2 000 m ≰11, 🎿.
Roma 200 – Chieti 39 – Ortona 52 – ◆Pescara 57.

🏨 La Maielletta 🦌, alt. 1 280, ✉ 66010 Pretoro 𝄞 (0871) 896164 – ☎ **②**
50 cam.

🏨 **Mamma Rosa** 🦌, via Maielletta S : 5 km, alt. 1 650, ✉ 66010 Pretoro 𝄞 (0871) 8961
≤ vallata, 🕿 – TV 🕿 🚗 **②**. 🍴
chiuso maggio ed ottobre – Pas carta 25/38000 – **42 cam** 🛏 70/90000 – P 80/90000.

ASTENA 03020 Frosinone 430 R 22 – 1 743 ab. alt. 317 – © 0776.

na 114 – Frosinone 39 – Latina 86 – ♦Napoli 138.

✗ **Mattarocci,** ℰ 546537, ≤ – ℅
Pas carta 20/27000 (4 %).

ASTRENGO 37010 Verona 428 F 14 – 2 332 ab. alt. 192 – © 045.

na 509 – Garda 16 – Mantova 49 – ♦Milano 144 – Trento 82 – ♦Venezia 135 – ♦Verona 17.

✗ **Stella d'Italia,** piazza Carlo Alberto ℰ 7170034, 🍴 – 🍽 AE 🕏 ⓸ Ε ᴠɪsᴀ ℅
chiuso mercoledì, dal 6 al 31 gennaio e dal 9 al 16 agosto – Pas carta 35/56000.

a Piovezzano N : 1,5 km – ⊠ 37010 Pastrengo :

✗ **Eva,** ℰ 7170110, 🍴 – 🍽 ⓟ AE 🕏 Ε ᴠɪsᴀ ℅
chiuso martedì e dall'11 al 19 agosto – Pas carta 27/38000.

ASTURANA Alessandria – Vedere Novi Ligure.

ATRICA 03010 Frosinone 430 R 21 – 2 734 ab. alt. 436 – © 0775.

na 113 – Frosinone 17 – Latina 49.

sulla strada provinciale per Ceccano E : 9 km :

✗ Villa del Poggio, ⊠ 03010 ℰ 352291 – ⓟ

ATTI (Marina di) Messina 988 ⑰, 432 M 26 – Vedere Sicilia.

AVIA 27100 ℙ 988 ⑬, 428 G 9 – 80 073 ab. alt. 77 – © 0382.

edere Castello Visconteo★ BY – Duomo★ AZ D – Chiesa di San Michele★ BZ B – Arca di nt'Agostino★ e portale★ della chiesa di San Pietro in Ciel d'Oro AYE – Tomba★ nella chiesa San Lanfranco O : 2 km.

ntorni Certosa di Pavia★★★ per ① : 9 km.

via Fabio Filzi 2 ℰ 22156.

C.I. piazza Guicciardi 5 ℰ 301381.

na 563 ③ – Alessandria 67 ③ – ♦Genova 121 ④ – ♦Milano 38 ⑤ – Novara 62 ④ – Piacenza 54 ③.

Pianta pagina seguente

🏨 **Moderno** senza rist, viale Vittorio Emanuele 41 ℰ 303401, Fax 25225 – 🛗 🍽 📺 ☎ – ⚒ 45. AE 🕏 ⓸ Ε ᴠɪsᴀ ℅ AY a
chiuso dal 22 dicembre al 6 gennaio e dal 10 al 18 agosto – ☲ 15000 – **54 cam** 120/160000.

🏨 **Ariston,** via Scopoli 10 ℰ 34334, Fax 25667 – 🛗 🍽 rist 📺 ☎. AE 🕏 ⓸ Ε ᴠɪsᴀ ℅
chiuso dal 24 dicembre al 6 gennaio – Pas (chiuso sabato a mezzogiorno e domenica)
carta 41/56000 – ☲ 12000 – **60 cam** 80/120000 – ½ P 115000. BZ r

🏩 **Excelsior** senza rist, piazza Stazione 25 ℰ 28596, Fax 26030 – 📺 ☎. AE 🕏 ⓸ Ε ᴠɪsᴀ
☲ 8000 – **20 cam** 65/95000. AYZ s

✗✗ ⁂ **Locanda Vecchia Pavia,** via Cardinal Riboldi 2 ℰ 304132, Coperti limitati; prenotare
– 🍽. AE 🕏 ⓸ Ε ᴠɪsᴀ ℅ AZ x
chiuso lunedì, mercoledì a mezzogiorno, dal 1° al 9 gennaio ed agosto – Pas carta 59/100000
Spec. Tortino di cappesante con patate e porcini, Casoncelli al tartufo nero, Astice e salmone gratinati. Vini Sauvignon, Oltrepó Pavese rosso.

✗ **Osteria della Madonna da Peo,** via dei Liguri 28 ℰ 302833 – AE ᴠɪsᴀ AZ x
chiuso domenica, Natale ed agosto – Pas 45/60000.

✗ **Francescon,** via dei Mille 146 ℰ 22331 – ⓟ. AZ
chiuso lunedì e dal 20 luglio al 15 agosto – Pas carta 28/45000.

✗ **Antica Osteria del Previ,** località Borgo Ticino via Milazzo 65 ℰ 26203, prenotare –
℅ ABZ z
chiuso dal 1° all'8 gennaio, dal 21 luglio al 6 agosto e a mezzogiorno dal 7 al 31 agosto –
carta 40/70000.

✗ **Italia,** viale Bramante 8 ℰ 25086, 🍴 – ⓟ. AE 🕏 ⓸ Ε ᴠɪsᴀ ℅ per ④
chiuso venerdì sera, sabato ed agosto – Pas carta 33/48000.

sulla strada statale 35 :

🏨 **Plaza** senza rist, per ④ : 3 km ⊠ 27028 San Martino Siccomario ℰ 559413, Fax 556085 –
🛗 🍽 📺 ☎ ⓟ – ⚒ 25. AE 🕏 ⓸ Ε ᴠɪsᴀ
53 cam ☲ 130/190000.

✗✗✗ **Al Cassinino,** per ① : 4 km ⊠ 27100 ℰ 422097, Fax 422097, Coperti limitati; prenotare
– 🍽. ℅
chiuso mercoledì – Pas carta 69/95000.

✗✗ **Giannino** con cam, per ④ : 3 km ⊠ 27028 San Martino Siccomario ℰ 559658,
Fax 556206 – 🍽 rist 📺 ☎ ⓟ. AE 🕏 ⓸ Ε ᴠɪsᴀ ℅
Pas (chiuso lunedì) carta 43/75000 – ☲ 10000 – **16 cam** 80/110000 – ½ P 110/120000.

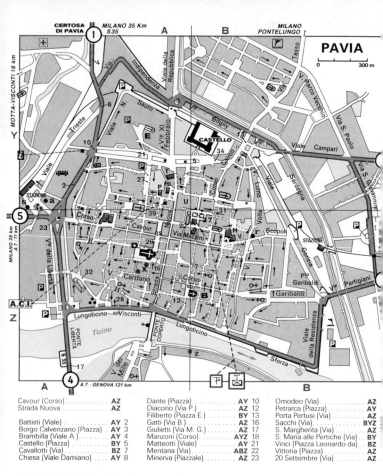

PAVIA

Cavour (Corso)	**AZ**
Strada Nuova	**AZ**
Battisti (Viale)	**AY** 2
Borgo Calvenzano (Piazza)	**AY** 3
Brambilla (Viale A.)	**AY** 4
Castello (Piazza)	**BY** 5
Cavallotti (Via)	**BZ** 7
Chiesa (Viale Damiano)	**AY** 8
Dante (Piazza)	**AY** 10
Diacono (Via P.)	**AZ** 12
Filiberto (Piazza E.)	**BY** 13
Gatti (Via B.)	**AZ** 16
Giulietti (Via M. G.)	**AZ** 17
Manzoni (Corso)	**AYZ** 18
Matteotti (Viale)	**AY** 21
Mentana (Via)	**ABZ** 22
Minerva (Piazzale)	**AZ** 23
Omodeo (Via)	**AZ**
Petrarca (Piazza)	**AY**
Porta Pertusi (Via)	**AZ**
Sacchi (Via)	**BYZ**
S. Margherita (Via)	**AZ**
S. Maria alle Pertiche (Via)	**BY**
Vinci (Piazza Leonardo da)	**BZ**
Vittoria (Piazza)	**AZ**
20 Settembre (Via)	**AZ**

PAVIA DI UDINE 33050 Udine 4 2 9 E 21 – 5 425 ab. alt. 68 – ✿ 0432.

Roma 635 – Gorizia 29 – ◆Milano 374 – ◆Trieste 64 – Udine 10 – ◆Venezia 124.

  a Lauzacco SO : 3 km – ⊠ **33050** Risano :

 %% **Al Fogolar,** sulla statale 352-Crosada 𝒫 675173, 🏠 , 🌿 – 🅿
 XX   *chiuso lunedì sera, martedì e dal 1° al 15 gennaio* – Pas carta 35/58000.

 % **Al Gallo-da Paolo,** via Ippolito Nievo 7 𝒫 675161, 🏠 – 🅿. 🆎 ⓞ 🅴 𝘝𝘐𝘚𝘈
    chiuso lunedì, dal 1° al 17 gennaio e dall'8 al 22 agosto – Pas carta 35/57000.

PAVULLO NEL FRIGNANO 41026 Modena 9 8 8 ⑭ , 4 2 8 4 2 9 4 3 0 I 14 – 13 285 ab. alt. 682 – a luglio-agosto e Natale – ✿ 0536.

Roma 411 – ◆Bologna 63 – ◆Firenze 137 – ◆Milano 222 – ◆Modena 47 – Pistoia 101 – Reggio nell'Emilia 61.

 🏛 **Vandelli,** via Giardini Sud 7 𝒫 20288, Fax 23608 – 🛗 🗏 rist 📺 ☎ 🚗 – 🔬 120. 🆎 🅂 ⓞ
     🅴 𝘝𝘐𝘚𝘈. ⛾
     Pas *(chiuso martedì)* carta 40/50000 – ☲ 20000 – **40 cam** 65/95000 – P 70/100000.

 🏛 **Ferro di Cavallo,** via Bellini 4 𝒫 20098, 🏠 – 🛗 🗏 rist 📺 ⑳ 🚗 🅿. 🆎 🅂 ⓞ 🅴 𝘝𝘐𝘚𝘈. ⛾
     Pas *(chiuso lunedì)* carta 40/50000 – ☲ 20000 – **18 cam** 70/95000 – ½ P 75/85000.

 %% **Parco Corsini,** viale Martiri 11 𝒫 20129, 🏠 – 🆎 🅂 ⓞ 🅴 𝘝𝘐𝘚𝘈. ⛾
 XX   *chiuso lunedì, dal 7 al 27 gennaio e dal 17 al 30 giugno* – **Pas** carta 29/43000.

 %% **Vecchia Trattoria,** località Querciagrossa S : 2,5 km 𝒫 21585 – 🅿. 🅂 🅴 𝘝𝘐𝘚𝘈. ⛾
 XX   *chiuso lunedì, dal 15 al 21 giugno e dal 6 al 20 settembre* – Pas carta 28/42000.

ECORONE Potenza 𝟒𝟑𝟏 G 29 – Vedere Lauria.

EDARA Catania 𝟒𝟑𝟐 O 27 – Vedere Sicilia.

EDASO 63016 Ascoli Piceno 𝟗𝟖𝟖 ⑯ ⑰, 𝟒𝟑𝟎 M 23 – 1 970 ab. – ✆ 0734.

na 249 – ♦Ancona 72 – Ascoli Piceno 52 – Macerata 52 – ♦Pescara 86 – Porto San Giorgio 11.

🏨 **Valdaso,** ✆ 931349, Fax 931701 – ⬛ 📺 ☎ ᕼ ⇐ 🅿. 𝔸𝔼 🕃 🄴 𝘝𝘐𝘚𝘈
Pas *(chiuso domenica da ottobre a giugno)* carta 22/28000 – ⊇ 3000 – **27 cam** 40/60000 –
½ P 40/50000.

EDEMONTE Verona – Vedere Verona.

EDERIVA Vicenza – Vedere Grancona.

EDEROBBA 31040 Treviso 𝟒𝟐𝟗 E 17 – 6 492 ab. alt. 225 – ✆ 0423.

ntorni Possagno : Deposizione★ nel tempio di Canova O : 8,5 km.

na 560 – Belluno 47 – ♦Milano 265 – ♦Padova 59 – Treviso 35 – ♦Venezia 65.

✗ **Al Bosco di Betulle-da Tino,** a cima Monfenera NO : 6 km alt. 780, ✆ 69705, ≼
pianura e fiume Piave – 🅿. ✾
*chiuso martedì, mercoledì a mezzogiorno (escluso luglio-agosto) e dal 7 gennaio al 18
marzo* – Pas carta 27/44000.

ad Onigo di Piave SE : 3 km – ⊠ **31050** :

✗✗ **Le Rive,** via Rive 32 ✆ 64267, « Servizio estivo all'aperto » – 🕃 🄴 𝘝𝘐𝘚𝘈
chiuso martedì, mercoledì, febbraio ed ottobre – Pas carta 24/36000.

EDRACES (PEDRATSCHES) Bolzano – Vedere Badia.

EDRINATE 𝟒𝟐𝟕 ㉔ ㉕, 𝟐𝟏𝟗 ⑧ – Vedere Cantone Ticino (Chiasso) alla fine dell'elenco
abetico.

EGLI Genova – Vedere Genova.

EIO 38020 Trento 𝟗𝟖𝟖 ④, 𝟒𝟐𝟖 𝟒𝟐𝟗 C 14 – 1 870 ab. alt. 1 389 – Stazione termale, a.s. febbraio-
squa e Natale – Sport invernali : 1 389/2 313 m ✇1 ↟5, ↟ – ✆ 0463.

alle Terme ✆ 73100.

ma 669 – ♦Bolzano 93 – Passo di Gavia 54 – ♦Milano 256 – Sondrio 102 – Trento 87.

🏨 **Kristiania** ⑤, a Còvolo ⊠ 38024 ✆ 74157, Fax 74400, ≼, ≋ – ⬛ 📺 ☎ ⇐ 🅿. 🕃 ⓪ 🄴
𝘝𝘐𝘚𝘈 ✾
dicembre-aprile e 10 giugno-25 settembre – Pas carta 27/42000 – ⊇ 15000 – **37 cam**
85/130000 – ½ P 115000.

🏨 **Cevedale,** a Còvolo ⊠ 38024 ✆ 74067, Fax 74067 – ⬛ ☎ 🅿. 𝔸𝔼 🕃 𝘝𝘐𝘚𝘈. ✾ rist
chiuso maggio e novembre – Pas carta 28/37000 – **30 cam** ⊇ 60/100000 – ½ P 75/85000.

🏨 **Biancaneve** ⑤, a Còvolo ⊠ 38024 ✆ 74100, ≼ – ⬛ ☎ ⇐ 🅿. ✾
20 dicembre-Pasqua e luglio-10 settembre – Pas 25/28000 – ⊇ 8000 – **22 cam** 45/72000 –
½ P 41/65000.

✗ **Il Mulino,** a Comasine ✆ 74244 – 🅿. 𝔸𝔼 🕃
*20 dicembre-20 aprile e 20 giugno-15 settembre; chiuso a mezzogiorno escluso dal
20 giugno al 15 settembre e Natale* – Pas carta 35/52000.

PELLESTRINA (Isola di) Venezia – Vedere Venezia.

PENIA Trento – Vedere Canazei.

PENNABILLI 61016 Pesaro 𝟗𝟖𝟖 ⑮, 𝟒𝟐𝟗 𝟒𝟑𝟎 K 18 – 3 133 ab. alt. 550 – a.s. 25 giugno-agosto –
● 0541.

ma 307 – ♦Perugia 121 – Pesaro 76 – Rimini 67.

🏨 **Parco,** ✆ 928446, ≖ – ⬛ ☎. ✾
chiuso da novembre a gennaio – Pas *(chiuso martedì)* carta 26/39000 – ⊇ 6000 – **22 cam**
45/65000 – ½ P 55000.

✗ **Il Piastrino,** ✆ 928569, 🍽 – 🅿. 🕃 🄴 𝘝𝘐𝘚𝘈
chiuso martedì e dal 5 al 20 settembre – Pas carta 30/45000.

PENNE 65017 Pescara 𝟗𝟖𝟖 ㉗, 𝟒𝟑𝟎 O 23 – 12 238 ab. alt. 438 – ✆ 085.

ma 228 – L'Aquila 125 – Chieti 38 – ♦Pescara 32 – Teramo 69.

✗ **Tatobbe,** corso Alessandrini 37 ✆ 8279512 – ✾
chiuso lunedì e dal 18 dicembre al 2 gennaio – Pas carta 26/35000.

PERA Trento – Vedere Pozza di Fassa.

PERGINE VALSUGANA 38057 Trento 988 ④, 429 D 15 – 14 751 ab. alt. 482 – a.s. Pasqu luglio-agosto e Natale – ✿ 0461.

🅱 (giugno-settembre) piazza Garibaldi 5/B ✆ 531258.

Roma 599 – Belluno 101 – ◆Bolzano 71 – ◆Milano 255 – Trento 11 – ◆Venezia 152.

🏨 **Al Ponte**, via Maso Grillo 4 (NO : 1 km) ✆ 531317, Fax 531288, « Giardino con ⚓ » –
📺 ☎ ♿ ℗ – 🔟 25 a 80. 歴 🖪 ⓞ 🗏 E 𝘝𝘐𝘚𝘈 ✑
Pas *(chiuso domenica in bassa stagione)* carta 35/51000 – ⚏ 13000 – **49 cam** 80/12000
7 appartamenti – ½ P 110/120000.

🏨 Turismo, via Venezia 20 ✆ 531073, Fax 531073, ⚓, ☞ – 🛗 ⤡ rist 📺 ☎ ℗ – **40 cam.**

✕✕ **Al Castello** ⚲ con cam, E : 2,5 km ✆ 531158, ≼, « Castello del 10° secolo », ☞ – ☞
maggio-15 ottobre – Pas *(chiuso lunedi in bassa stagione)* carta 42/58000 – ⚏ 8000
21 cam 46/80000 – ½ P 70/75000.

a San Cristoforo al Lago S : 2 km – ✉ **38050.**

🅱 (giugno-settembre) ✆ 531119 :

🏨 **Lido-Seehof** ⚲, ✆ 531044, Fax 530324, « Piccolo parco », 🛌, ➡, 🛶, ✕ – 🛗 ☎ ⌖
✑ rist
24 aprile-3 ottobre – Pas 29000 – **74 cam** ⚏ 71/126000 – P 66/104000.

PERGOLA 61045 Pesaro e Urbino 988 ⑯, 430 L 20 – 7 231 ab. alt. 264 – a.s. 25 giugno-agosto
✿ 0721 – Roma 247 – ◆Ancona 69 – ◆Perugia 95 – Pesaro 61.

🏨 **Silvi e Rist. I Bronzi**, piazza Brodolini 6 ✆ 734724, Fax 734724 – ☎. 歴 🖪 ⓞ 🗏 E 𝘝𝘐𝘚𝘈 ✑
Pas *(chiuso mercoledi)* 26/40000 – **20 cam** ⚏ 50/65000 – ½ P 60000.

PERINALDO 18030 Imperia 428 K 5, 115 ⑲ – 908 ab. alt. 573 – ✿ 0184.

Roma 668 – ◆Genova 169 – Imperia 55 – ◆Milano 291 – San Remo 28 – Ventimiglia 17.

🏨 **La Riana**, ✆ 672015, ≼ vallata e mare, « Giardino oliveto » – ℗. ✑ cam
chiuso ottobre e novembre – Pas *(chiuso giovedi)* 30000 – ⚏ 12000 – **8 cam** 28/48000
½ P 45/48000.

✕ **I Pianeti di Giove**, ✆ 672093, ≼ vallata e mare, 🌳 – 歴 🖪 ⓞ 🗏 E 𝘝𝘐𝘚𝘈
chiuso febbraio e mercoledi *(escluso da giugno ad agosto)* – Pas carta 29/46000 (10 %).

PERLEDO 22050 Como 219 ⑨ – 814 ab. alt. 407 – ✿ 0341.

Roma 644 – ◆Bergamo 57 – Chiavenna 47 – Como 53 – Lecco 24 – ◆Milano 80 – Sondrio 62.

✕ **Il Caminetto**, località Gittana ✆ 830626, prenotare – ℗. 歴 🖪 ⓞ 🗏 E 𝘝𝘐𝘚𝘈 ✑
chiuso mercoledi, gennaio o giugno – Pas carta 29/50000.

PERTI ALTO Savona – Vedere Finale Ligure.

PERUGIA 06100 🅿 988 ⑮, 430 M 19 – 150 576 ab. alt. 493 – ✿ 075.

Vedere Piazza 4 Novembre★★ BY : fontana Maggiore★★, palazzo dei Priori★★ D (galleri
nazionale dell'Umbria★★) – Chiesa di San Pietro★★ BZ L – Oratorio di San Bernardino★★ AY
Museo Archeologico Nazionale dell'Umbria★★ BZ M – Collegio del Cambio★ BY E : affreschi★
del Perugino – ≼★★ dai giardini Carducci AZ – Porta Marzia★ e via Bagliona Sotterranea★ BZ
– Chiesa di San Domenico★ BZ – Porta San Pietro★ BZ N – Via dei Priori★ AY – Chiesa ✑
Sant'Angelo★ AY R – Arco Etrusco★ K – Via Maestà delle Volte★ ABY 29 – Cattedrale★ BY F
Via delle Volte della Pace★ BY 55.

Dintorni Ipogeo dei Volumni★ per ② : 6 km.

🇫 (chiuso lunedi) ad Ellera ✉ 06074 ✆ 5172204, Fax 5172370, per ③ : 9 km.

🅱 piazza 4 Novembre 3 ✆ 23327, Fax 66828 – A.C.I. via Mario Angeloni 1 ✆ 71941.

Roma 172 ② – ◆Firenze 154 ③ – ◆Livorno 222 ③ – ◆Milano 449 ③ – ◆Pescara 281 ② – ◆Ravenna 196 ②.

Pianta pagina seguente

🏨🏨🏨 **Brufani**, piazza Italia 12 ✉ 06121 ✆ 62541, Telex 662104, Fax 20210, ≼ – 🛗 ▤ 📺 ☎ ♿
🔟 40 a 70. 歴 🖪 ⓞ 🗏 E 𝘝𝘐𝘚𝘈. ✑ rist   AZ
Pas carta 47/72000 – ⚏ 20000 – **24 cam** 380000, 2 appartamenti.

🏨🏨 **Locanda della Posta** senza rist, corso Vannucci 97 ✉ 06121 ✆ 61345, Fax 61345 – 🛗 ▮
📺 ☎. 歴 🖪 ⓞ 🗏 E 𝘝𝘐𝘚𝘈   AZ
40 cam ⚏ 206/303000, appartamento.

🏨🏨 **Perugia Plaza Hotel**, via Palermo 88 ✉ 06129 ✆ 34643, Telex 661165, Fax 30863 – ▮
▤ 📺 ☎ ♿ ℗ – 🔟 200. 歴 🖪 ⓞ 🗏 E 𝘝𝘐𝘚𝘈   per via dei Filosofi BZ
Pas carta 38/60000 – ⚏ 15000 – **108 cam** 145/206000, 2 appartamenti – ½ P 140/198000.

🏨 **La Rosetta**, piazza Italia 19 ✉ 06121 ✆ 5720841, Telex 660405, Fax 5720841 – 🛗 📺 ☎
🔟 80. 歴 🖪 E 𝘝𝘐𝘚𝘈. ✑ rist   AZ
Pas *(chiuso lunedi)* carta 33/52000 (15 %) – **95 cam** ⚏ 121/202000 – ½ P 139/159000.

🏨 **Grifone**, via Silvio Pellico 1 ✉ 06126 ✆ 5837616, Telex 660245, Fax 5837619 – 🛗 ▤ ris
📺 ☎ ℗ 歴 🖪 ⓞ 🗏 E 𝘝𝘐𝘚𝘈 ✑   per via dei Filosofi BZ
Pas *(chiuso domenica, dal 1° al 15 gennaio e dal 25 luglio al 10 agosto)* carta 25/40000 ✑
⚏ 12000 – **50 cam** 90/140000 – ½ P 95/125000.

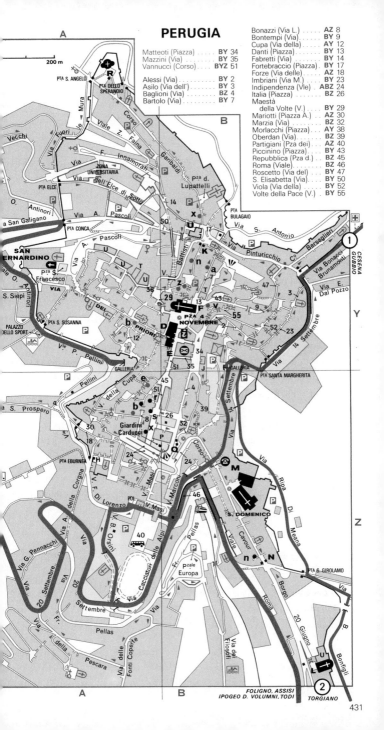

PERUGIA

Matteoti (Piazza) . . . . . **BY** 34
Mazzini (Via) . . . . **BY** 35
Vannucci (Corso) . . . **BYZ** 51

Alessi (Via) . . . . **BY** 2
Asilo (Via dell') . . . . . **BY** 3
Baglioni (Via) . . . . . . **BZ** 4
Bartolo (Via) . . . . . . **BY** 7

Bonazzi (Via L.) . . . . . **AZ** 8
Bontempi (Via) . . . . . **BY** 9
Cupa (Via della) . . . . **AY** 12
Danti (Piazza) . . . . . **BY** 13
Fabretti (Via) . . . . . . **BY** 14
Fortebraccio (Piazza) . **BY** 17
Forze (Via delle) . . . . **AZ** 18
Imbriani (Via M.) . . . . **BY** 23
Indipendenza (Vle) . **ABZ** 24
Italia (Piazza) . . . . . . **BZ** 26
Maestà
  della Volte (V.) . . . **BY** 29
Mariotti (Piazza A.) . . **BY** 30
Marzia (Via) . . . . . . **BZ** 32
Morlacchi (Piazza) . . . **AY** 38
Oberdan (Via) . . . . . **BZ** 39
Partigiani (Pza dei) . . **AZ** 40
Piccinino (Piazza) . . . **BY** 43
Repubblica (Pza d.) . . **BZ** 45
Roma (Viale) . . . . . . **BZ** 46
Roscetto (Via del) . . . **BY** 47
S. Elisabetta (Via) . . . **BY** 50
Viola (Via della) . . . . **BY** 52
Volte della Pace (V.) . **BY** 55

🏨 **Fortuna** senza rist, via Bonazzi 19 ⌧ 06123 🕿 5722845, ≤ – 🛗 📺 🕿. ΑΕ 🖪 ⓪ Ε 🛉
⌑ 12000 – **33 cam** 98/162000.   AZ

🏠 **Ideal** senza rist, via Tuderte 1/G ⌧ 06126 🕿 30869, 🌬 – 🛗 🕿 ⇐ ℗. 🖪 ⓪ Ε 🚾.
⌑ 9000 – **19 cam** 70/90000.   1 km : pe

🏠 **Signa** senza rist, via del Grillo 9 ⌧ 06121 🕿 5724180 – 🛗 🕿. ⓪. 🦋   BZ
⌑ 9000 – **23 cam** 58/85000.

🟈🟈 ✿ **Osteria del Bartolo,** via Bartolo 30 ⌧ 06122 🕿 61461 – ΑΕ 🖪 ⓪ Ε 🚾. 🦋   BY
chiuso domenica, dal 7 al 18 gennaio e dal 25 luglio al 7 agosto – Pas carta 58/85000
Spec. Lombetto di maiale in bigonza (marinato), Spaghetti alla norcina, Filetto di chianina alle spugnole.
Sagrantino.

🟈🟈 **La Taverna,** via delle Streghe 8 ⌧ 06123 🕿 5724128, Fax 65888 – 🍽. ΑΕ
⓪ Ε 🚾   AZ
chiuso lunedì, dal 15 gennaio al 10 febbraio e dal 24 al 31 luglio – Pas carta 37/50000 (12

🟈🟈 **Ubu Re,** via Baldeschi 17 ⌧ 06123 🕿 65461 – 🖪 Ε 🚾   BY
chiuso a mezzogiorno, lunedì e dal 10 al 31 gennaio – Pas carta 30/57000.

🟈🟈 **Ricciotto 1888,** piazza Danti 19 ⌧ 06122 🕿 5721956 – ΑΕ 🖪 ⓪ Ε 🚾. 🦋   BY
chiuso domenica e giugno – Pas carta 45/65000 (15%).

🟈🟈 **La Bocca Mia,** via Rocchi 36 ⌧ 06123 🕿 5723873 – ΑΕ 🖪 ⓪ Ε 🚾   BY
chiuso a mezzogiorno, domenica e dal 1° al 20 agosto – Pas carta 37/48000 (10%).

🟈🟈 **Altromondo,** via Caporali 11 ⌧ 06123 🕿 26157 – ΑΕ ⓪ 🚾   AZ
chiuso domenica, dal 20 al 30 dicembre e dal 10 al 20 agosto – Pas carta 28/40000 (15

🟈🟈 **Da Giancarlo,** via dei Priori 36 ⌧ 06123 🕿 24314 – ΑΕ ⓪   AY
chiuso venerdì e dal 20 agosto al 5 settembre – Pas carta 28/61000.

🟈 **Renato Sommella,** via Baldeschi 5 ⌧ 06123 🕿 65819, Solo piatti di pesce – ΑΕ 🖪
🚾   BY
chiuso a mezzogiorno, domenica, lunedì, dal 23 al 29 dicembre, dal 6 al 13 aprile e dal 1
20 agosto – Pas carta 50/90000.

🟈 **Dal Mi' Cocco,** Corso Garibaldi 12 ⌧ 06123 🕿 62511, Coperti limitati; prenotare –
chiuso lunedì e dal 20 luglio al 10 agosto – Pas 20000.   BY

a Ferro di Cavallo per ③ : 6 km – alt. 287 – ⌧ **06074** Ellera Umbra :

🏨 **Hit Hotel,** strada Trasimeno Ovest 159 z/10 🕿 5179247, Telex 661033, Fax 5178947 –
🍽 📺 🕿 ⓹ ℗ – 🅿 200. ΑΕ 🖪 ⓪ Ε 🚾. 🦋
Pas (chiuso lunedì) carta 39/52000 – ⌑ 14000 – **80 cam** 105/145000 – ½ P 122000.

a Ponte San Giovanni per ② : 7 km – alt. 189 – ⌧ **06087** :

🏨 **Park Hotel,** via Volta 1 🕿 5990444, Telex 660112, Fax 5990455 – 🛗 ≼ cam 🍽 📺 🕿
⇐ ℗ – 🅿 30 a 260. ΑΕ 🖪 ⓪ 🚾
Pas carta 35/47000 – ⌑ 12000 – **140 cam** 110/165000 – ½ P 95/130000.

🏨 **Deco,** via del Pastificio 8 🕿 5990950, Fax 5990950, �& 🌬 – 🛗 ≼ rist 📺 🕿 ℗ – 🅿
ΑΕ 🖪 ⓪ Ε 🚾
Pas (chiuso domenica sera) carta 40/60000 – ⌑ 12000 – **15 cam** 110/160000 – ½ P 1
140000.

🏨 **Tevere,** via Manzoni 421 🕿 394341, Fax 394342 – 🛗 🍽 📺 🕿 ℗ – 🅿 100 a 150. ΑΕ
🚾 🦋
Pas (chiuso sabato) carta 35/44000 – ⌑ 12000 – **43 cam** 70/110000 – ½ P 80/105000.

🟈 **Osteria Vecchio Ponte,** via Manzoni 296 🕿 393612 – 🍽. ΑΕ 🖪 ⓪ Ε 🚾. 🦋
chiuso domenica e dal 1° al 15 agosto – Pas carta 26/46000.

verso Città della Domenica per ③ : 5 km :

🏠 **Sirius** ≼, località San Marco ⌧ 06070 San Marco 🕿 690142, Fax 44258, ≤, 🌬, 🦋 –
℗. ΑΕ 🖪 Ε 🚾. 🦋
chiuso dal 15 gennaio al 15 marzo – Pas (solo per clienti alloggiati e chiuso a mezzogiorr
28/32000 – ⌑ 7000 – **12 cam** 70/100000 – ½ P 80000.

a Cenerente O : 8 km per via Vecchi AY – ⌧ **06070** :

🏨 **Villa Oscano** ≼, 🕿 690125, Telex 660143, Fax 690666, ≤, « Residenza d'epoca in
grande parco secolare » – 🛗 🍽 cam 📺 🕿 ℗ – 🅿 50 a 250. ΑΕ ⓪ 🚾. 🦋 rist
chiuso dal 15 gennaio al 15 febbraio – Pas (solo per clienti alloggiati e chiuso a mezzogiorr
50000 – **14 cam** ⌑ 180/280000, 4 appartamenti – ½ P 200000.

ad Olmo per ③ : 8 km – alt. 284 – ⌧ **06073** Corciano :

🟈🟈 **Osteria dell'Olmo,** 🕿 5179140, Fax 5179903, « Servizio estivo all'aperto » – ℗
🅿 40 a 100. ΑΕ 🖪 ⓪ Ε 🚾
chiuso dal 10 al 17 agosto, domenica sera e lunedì (escluso da maggio ad ottobre) – F
carta 44/66000.

a Ponte Vallecepppi per ① : 10 km – alt. 192 – ⊠ 06078 :

🏨 **Vegahotel,** sulla strada statale 318 (NE : 2 km) ℰ 6929534, Fax 6929507, ☞ – 📺 ☎ ६
🅿 – 🔏 50 a 100. ஊ 🛐 ₩₳
chiuso dal 24 dicembre al 10 gennaio – Pas *(chiuso domenica e dal 15 al 30 luglio)*
carta 29/37000 – ☑ 12000 – **42 cam** 85/120000 – ½ P 75/90000.

a Santa Sabina per ③ : 11 km – ⊠ 06100 Perugia :

✕ **Le Coq au Vin,** via Corcianese 94 ℰ 5287574, ☞, Rist. con specialità francesi, prenotare – 🅿. ₩₳
chiuso lunedì, dal 7 al 17 gennaio e dal 10 al 20 agosto – Pas carta 38/48000 (15%).

a Bosco per ① : 12 km – ⊠ 06080 :

🏨 **Relais San Clemente** ⅏, ℰ 5918181, Fax 691450, « Antica dimora patrizia in un
grande parco », 🔏, ₩ – 🔟 📺 ☎ 🅿 – 🔏 160. ஊ 🛐 ⓞ 🗲 ₩₳ ₩₳ rist
chiuso dal 7 gennaio al 3 febbraio – Pas *(chiuso lunedì)* carta 50/70000 – **64 cam** ☑ 230/
270000, 3 appartamenti – ½ P 145/180000.

Vedere anche : *Corciano* per ③ : 13 km.
Torgiano per ② : 16 km.

🄿🄴🅂🄰🅁🄾 61100 🄿 ⑨⑧⑧ ⑯, ⑷⑵⑨ ⑷⑶⓪ K 20 – 90 341 ab. – ✪ 0721.

🄵edere Museo Civico★ : ceramiche★★ Z.

🄸 piazzale della Libertà ℰ 69341 – via Rossini 41 (15 giugno-agosto) ℰ 63690, Fax 69344.

🄰.🄲.🄸. via San Francesco 44 ℰ 33368.

🄡oma 300 ① – ♦Ancona 76 ① – ♦Firenze 196 ② – Forlì 87 ② – ♦Milano 359 ② – ♦Perugia 134 ① – ♦Ravenna 92 ②
Rimini 40 ②.

Pianta pagina seguente

🏨 **Vittoria,** piazzale della Libertà 2 ℰ 34343, Fax 68874, 𝐼ó, 🛋, 🔏, – 🛗 🗐 📺 ☎ ⇌ –
🔏 80 a 150. ஊ 🛐 ⓞ 🗲 ₩₳ ₩₳
Pas *(chiuso a mezzogiorno e domenica da ottobre a maggio)* carta 32/50000 – ☑ 25000 –
27 cam 150/220000, 3 appartamenti, 🗐 25000.   Y e

🏨 **Savoy,** viale della Repubblica 22 ℰ 67440, Fax 64429, 🔏 – 🛗 🗐 📺 ☎ ६ ⇌ –
🔏 50 a 400. ஊ 🛐 ⓞ 🗲 ₩₳ ₩₳
Pas *(chiuso dal 20 settembre a maggio)* carta 25/45000 – ☑ 20000 – **54 cam** 120/180000,
3 appartamenti, 🗐 15000 – ½ P 90/160000.   Z n

🏨 **Spiaggia,** viale Trieste 76 ℰ 32516, Fax 35419, ≤, 🔏 – 🛗 🗐 rist ☎ 🅿. 🛐 🗲 ₩₳ ₩₳ rist
maggio-10 ottobre – Pas *(solo per clienti alloggiati)* 24/35000 – ☑ 9500 – **74 cam** 58/83000
– ½ P 68/78000.   Z d

🏨 **Mamiani** senza rist, via Mamiani 24 ℰ 35541 – 🛗 📺 ☎ ⇌. ஊ 🛐 ⓞ 🗲 ₩₳ ₩₳   Z h
☑ 10000 – **40 cam** 80/120000.

🏨 **Ambassador,** viale Trieste 291 ℰ 34246, Fax 34248, ≤ – 🛗 📺 ☎. ஊ 🛐 ⓞ 🗲 ₩₳ ₩₳
Pas *(solo per clienti alloggiati e chiuso dal 15 settembre al 15 giugno)* – ☑ 10000 – **40 cam**
70/100000 – P 90/100000.   Y s

🏨 **Mediterraneo Ricci,** viale Trieste 199 ℰ 31556, Fax 30876 – 🛗 ☎ – 🔏 80. ஊ 🛐 ⓞ 🗲
₩₳. ₩₳ rist   Z c
Pas carta 37/51000 – ☑ 10000 – **40 cam** 70/100000 – ½ P 60/95000.

🏨 **Des Bains,** viale Trieste 221 ℰ 33665, Fax 34025, ☞ – 🛗 🗐 📺 ☎ – 🔏 40 a 70. ஊ 🛐 ⓞ
🗲 ₩₳. ₩₳ rist   Y t
chiuso dal 23 dicembre al 2 gennaio – Pas *(chiuso domenica escluso da giugno a settembre)* 25/30000 – ☑ 10000 – **60 cam** 75/110000, 🗐 15000 – ½ P 75/95000.

🏨 **Principe e Rist. Da Teresa,** viale Trieste 180 ℰ 30096, Fax 31636 – 🛗 📺 ☜ 🅿. ஊ 🛐
ⓞ 🗲 ₩₳. ₩₳ rist   Y e
chiuso gennaio e dicembre – Pas *(chiuso lunedì da novembre a marzo)* carta 46/70000 –
☑ 9500 – **40 cam** 63/85000 – ½ P 65/72000.

🏨 **Due Pavoni,** viale Fiume 79 ℰ 370105, Fax 370105 – 🛗 🗐 📺 ☎ ⇌. ஊ 🛐 ⓞ 🗲 ₩₳
     Y r
Pas *(solo per clienti alloggiati; chiuso a mezzogiorno e da ottobre a maggio anche venerdì,
sabato e domenica)* 28/50000 – ☑ 10000 – **48 cam** 70/110000, 🗐 13000 – ½ P 70/110000.

🏨 **Nettuno,** viale Trieste 367 ℰ 400440, ≤, 🔏 – 🛗 ☎ 🅿. 🛐 🗲 ₩₳. ₩₳ rist   Y w
maggio-settembre – Pas 25/30000 – ☑ 11000 – **65 cam** 65/90000 – ½ P 55/75000.

🏨 **Bellevue,** viale Trieste 88 ℰ 31970, Fax 370144, ≤, 🔏 – 🛗 🗐 📺 ☎ ⇌. ஊ 🛐 ⓞ ₩₳
₩₳ rist   Z k
10 aprile-10 ottobre – Pas 24/33000 – ☑ 12000 – **55 cam** 75/90000, 🗐 10000 – ½ P 52/
75000.

🏨 **Caravelle,** viale Trieste 269 ℰ 64078, 🔏 – 🛗 🗐 cam ☞ 🅿   Y v
stagionale – **70 cam.**

🏨 **Clipper,** viale Marconi 53 ℰ 30915, Fax 33525 – 🛗 ☞ 🅿. 🛐 🗲 ₩₳. ₩₳ rist   Y b
aprile-settembre – Pas 30000 – ☑ 12000 – **48 cam** 60/90000 – P 50/90000.

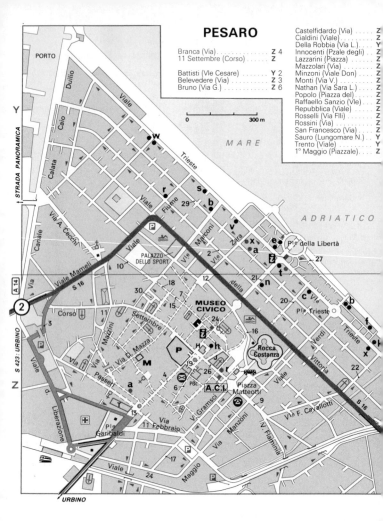

PESARO

Branca (Via) . . . . **Z** 4
11 Settembre (Corso) . . . . . **Z**

Battisti (Vle Cesare) . . . . . . **Y** 2
Belevedere (Via) . . . . **Z** 3
Bruno (Via G.) . . . . **Z** 6

Castelfidardo (Via) . . . . . **Z**
Cialdini (Viale) . . . . **Z**
Della Robbia (Via L.) . . . . **Y**
Innocenti (Pzale degli) . . **Z**
Lazzarini (Piazza) . . . . . . **Z**
Mazzolari (Via) . . . . **Z**
Minzoni (Viale Don) . . . . **Z**
Monti (Via V.) . . . . **Z**
Nathan (Via Sara L.) . . . . **Z**
Popolo (Piazza del) . . . . . **Z**
Raffaello Sanzio (Vle) . . . **Z**
Repubblica (Viale) . . . . . **Z**
Rosselli (Via Flli) . . . . . . **Z**
Rossini (Via) . . . . **Z**
San Francesco (Via) . . . . **Z**
Sauro (Lungomare N.) . . **Z**
Trento (Viale) . . . . **Y**
1° Maggio (Piazzale) . . . . **Z**

🏩 **Atlantic,** viale Trieste 365 ℰ 61911, ≤ – 🛗 ⚙ ℗. ℅ rist   Y
  15 maggio-20 settembre – Pas (solo per clienti alloggiati) 26/35000 – 立 12000 – **49 ca**
  60/80000 – ½ P 50/75000.

🏩 **Nautilus,** viale Trieste 26 ℰ 30275, Fax 67125, ≤, ⊒ riscaldata – 🛗 ☎ ⇔. ℅ ristZ
  Pas 20/30000 – 立 10000 – **55 cam** 60/110000 – ½ P 67/87000.

🏩 **Diplomatic,** viale Parigi 2-Baia Flaminia ℰ 21677, Fax 400923, ≤, ⊒, 🛶, ⚘ – 🛗 ⚙
  𝑽𝑰𝑺𝑨 ℅   per Lungofoglia   Y
  giugno-settembre – Pas 18/25000 – **46 cam** 立 65/85000 – ½ P 51/85000.

🏩 **Flying,** viale Verdi 126 ℰ 69219, Fax 67428, ≤ – 🛗 ☎ ⇔. 🆎 🕄 ① ⋿ 𝑽𝑰𝑺𝑨. ℅ ristZ
  aprile-20 settembre – Pas 30/35000 – 立 13000 – **33 cam** 60/80000 – ½ P 54/73000.

🏩 **President's,** lungomare Nazario Sauro 33 ℰ 32976, ≤ – 🛗 ⚙ ℗. 🆎 🕄 ① ⋿ 𝑽
  ℅ rist   Z
  15 maggio-20 settembre – Pas 30/35000 – 立 12000 – **50 cam** 60/80000 – ½ P 52/7500

🏠 **Caesar,** viale Trieste 125 ℰ 69227 – 🛗 ⚙ ⇔ ℗ 🆎 ① 𝑽𝑰𝑺𝑨. ℅ rist   Z
  maggio-settembre – Pas (chiuso a mezzogiorno) 20/35000 – 立 10000 – **40 cam** 85000

🏠 **La Bussola,** lungomare Nazario Sauro 43 ℰ 64937, Fax 64937, ≤ – 🛗 ⚙. 🆎. ℅ Z
  15 aprile-25 settembre – Pas 27/29000 – 立 12000 – **25 cam** 80000 – ½ P 50/67000.

✗✗ **Lo Scudiero,** via Baldassini 2 & 64107 – AE 🕏 ⓞ E 🌃. ⋘   Z   **r**
chiuso giovedì e luglio – Pas carta 50/80000 (15%).

✗ **Da Alceo,** via Panoramica Ardizio 101 & 51360, ≤, 斎, Solo piatti di pesce, prenotare –
🅟. AE 🕏 ⓞ 🌃. ⋘   6 km per ①
chiuso gennaio, lunedì e da ottobre a marzo anche domenica sera – Pas carta 85/95000.

✗ **Delle Sfingi,** viale Trieste 219 & 69194, 斎 – ⋘   Y   **t**
chiuso domenica – Pas carta 42/67000.

✗ **Il Castiglione,** viale Trento 148 & 64934, « Servizio estivo in giardino ombreggiato » –
AE ⓞ E 🌃. ⋘   Y   **a**
chiuso lunedì escluso da giugno al 15 settembre – Pas carta 37/58000 (12%).

✗ **Nuovo Carlo,** viale Zara 54 & 68984, 斎 – AE ⓞ E 🌃. ⋘   Y   **x**
chiuso lunedì e gennaio – Pas carta 33/60000.

✗ **Uldergo,** via Venturini 24 & 33180 – AE   Z   **a**
chiuso lunedì e dal 20 luglio al 30 agosto – Pas carta 34/47000.

Vedere anche : *Casteldimezzo* per ② : 12 km.

SCANTINA 37026 Verona 𝟺𝟸𝟾 𝟺𝟸𝟿 F 14 – 9 585 ab. alt. 80 – ✿ 045.

na 503 – ♦Brescia 69 – Trento 85 – ♦Verona 12.

ad Ospedaletto NO : 3 km – ✉ 37026 Pescantina :

🏨 **Villa Quaranta Park Hotel,** & 7156211, Telex 482816, Fax 7156315, « Chiesetta
dell'11° secolo e parco percorso vita », 𝄃𝄃, ≦s, ⊿, ⋘ – 📲 ≡ 📺 ☎ & 🅟 – 🔬 25 a 150.
AE 🕏 ⓞ E 🌃. ⋘
Pas *(chiuso lunedì)* carta 50/70000 – **43 cam** � 170/240000, 10 appartamenti – ½ P 165/
200000.

✗ **Alla Coà,** & 7150380, prenotare – 🌃
chiuso domenica, lunedì, dal 20 dicembre al 15 gennaio e dal 15 luglio al 15 agosto – Pas
carta 34/45000.

SCARA 65100 🅟 𝟿𝟾𝟾 ㉗, 𝟺𝟹𝟶 O 24 – 128 553 ab. – a.s. luglio-agosto – ✿ 085.

✈ Pasquale Liberi per ② : 4 km & 4463197 – Alitalia, Agenzia Cagidemetrio, via Ravenna 3
65122 & 4213022, Telex 600000.

ia Nicola Fabrizi 171 ✉ 65122 & 4212939, Fax 298246 – **A.C.I.** via del Circuito 49 ✉ 65121 & 32841.

na 208 ② – ♦Ancona 156 ④ – ♦Foggia 180 ① – ♦Napoli 247 ② – ♦Perugia 281 ④ – Terni 198 ②.

Pianta pagina seguente

🏨 **Carlton,** viale della Riviera 35 ✉ 65123 & 373125, Telex 603023, Fax 4213922, ≤, 🛥 –
📲 ≡ 📺 ☎ 🅟 – 🔬 35 a 150. AE 🕏 ⓞ E 🌃. ⋘ rist   AX   **g**
Pas carta 38/65000 – **71 cam** ⊏⊐ 96/150000 – ½ P 120/130000.

🏨 **Singleton** senza rist, piazza Duca d'Aosta 4 ✉ 65121 & 374241, Fax 28233 – 📲 📺 ☎ –
🔬 100. AE 🕏 ⓞ E 🌃. ⋘   AY   **c**
⊏⊐ 12000 – **77 cam** 69/126000.

🏨 **Maja,** viale della Riviera 201 ✉ 65123 & 4711545, Fax 77930, ≤, 🛥 – 📲 ≡ 📺 ☎ 🅟 –
🔬 60. AE 🕏 ⓞ E 🌃. ⋘   AX
Pas *(chiuso domenica)* carta 42/68000 – ⊏⊐ 12000 – **47 cam** 100/130000 – ½ P 110/125000.

🏨 **Plaza Moderno,** piazza Sacro Cuore 55 ✉ 65122 & 4214625, Fax 4213267 – 📲 ≡ 📺 ☎
– 🔬 40. AE 🕏 ⓞ E 🌃. ⋘   AX   **z**
Pas 25/30000 – **70 cam** ⊏⊐ 80/120000 – ½ P 73/110000.

🏨 **Ambra,** via Quarto dei Mille 28/30 ✉ 65122 & 378247, Fax 378183 – 📲 📺 ☎. AE 🕏 🌃.
⋘   AX   **u**
Pas *(chiuso domenica escluso luglio-agosto)* carta 22/27000 – ⊏⊐ 3500 – **55 cam** 50/75000
– ½ P 76000.

🏨 **Alba** senza rist, via Forti 14 ✉ 65122 & 389145, Fax 292163 – 📲 ☎. AE 🕏 🌃   AX   **r**
⊏⊐ 3500 – **47 cam** 45/75000.

✗✗ **Guerino,** viale della Riviera 4 ✉ 65123 & 4212065, Fax 4212065, ≤, 斎 – AE 🕏 ⓞ E 🌃.
⋘   AX   **w**
chiuso giovedì escluso luglio-agosto – Pas carta 56/75000 (10%).

✗✗ **Ferraioli,** via Francesco De Sanctis 58 ✉ 65122 & 4217557, 斎 – AE 🕏 ⓞ E 🌃. ⋘
chiuso lunedì escluso luglio-agosto – Pas carta 38/60000.   BX   **a**

✗✗ **La Regina del Porto,** via Paolucci 65 ✉ 65121 & 389141 – ≡. AE 🕏 ⓞ E 🌃. ⋘
chiuso lunedì, dal 1° al 15 gennaio e dal 1° al 25 agosto – Pas carta 47/59000.   BY   **b**

✗ **La Rete,** via De Amicis 41 ✉ 65123 & 27054, Coperti limitati; prenotare – AE 🕏 ⓞ E
🌃. ⋘   AX   **m**
chiuso domenica sera, lunedì, dal 23 dicembre al 6 gennaio e dal 15 al 22 agosto – Pas
carta 50/65000.

✗ **La Vongola,** lungomare Matteotti 54 ✉ 65121 & 374236, 斎, Solo piatti di pesce – AE
🕏 ⓞ E 🌃. ⋘   BX   **c**
chiuso mercoledì e dal 23 dicembre al 7 gennaio – Pas carta 40/67000.

✗ **La Cantina di Jozz,** via delle Caserme 61 ✉ 65127 & 690383, Fax 65295 – ≡. AE 🕏 ⓞ
🌃   ABY   **s**
chiuso domenica sera, lunedì, dal 22 dicembre al 6 gennaio e dal 24 giugno al 9 luglio –Pas
carta 30/45000.

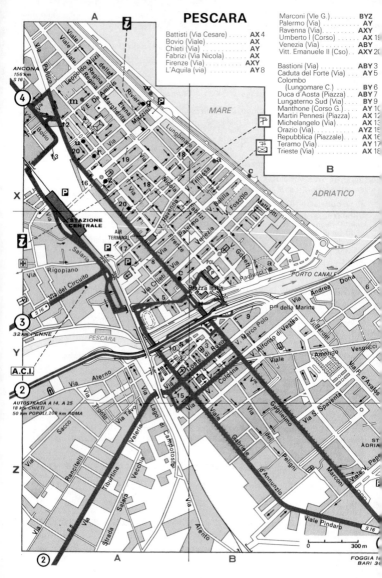

PESCARA

Battisti (Via Cesare) . . . . . **AX** 4
Bovio (Viale) . . . . **AX**
Chieti (Via) . . . . **AY**
Fabrizi (Via Nicola) . . . . . **AX**
Firenze (Via) . . . . **AXY**
L'Aquila (via) . . . . **AY** 8

Marconi (Vle G.) . . . . **BYZ**
Palermo (Via) . . . . **AY**
Ravenna (Via) . . . . **AXY**
Umberto I (Corso) . . . . . **AX** 19
Venezia (Via) . . . . **ABY**
Vitt. Emanuele II (Cso) . . **AXY** 20

Bastioni (Via) . . . . **ABY** 3
Caduta del Forte (Via) . . . **AY** 5
Colombo
(Lungomare C.) . . . . . . **BY** 6
Duca d'Aosta (Piazza) . . **ABY** 7
Lungaterno Sud (Via) . . . **BY** 9
Manthone (Corso G.) . . . **AY** 10
Martiri Pennesi (Piazza) . **AX** 12
Michelangelo (Via) . . . . . **AX** 13
Orazio (Via) . . . . **AYZ** 15
Repubblica (Piazzale) . . . **AX** 16
Teramo (Via) . . . . **AY** 17
Trieste (Via) . . . . **AX** 18

ai colli O : 3 km per via Rigopiano AY :

X **La Terrazza Verde,** largo Madonna dei Sette Dolori 6 ⊠ 65125 ℘ 413239, « Servi. estivo in giardino ombreggiato » – ℘
chiuso mercoledì e Natale – Pas carta 25/34000.

Vedere anche : *Montesilvano Marina* N : 8 km.
Città Sant'Angelo NO : 20 km.

L'EUROPA su un solo foglio
Carta Michelin n° 970.

PESCASSEROLI 67032 L'Aquila 𝟡𝟠𝟠 ㉗, 𝟜𝟛𝟘 Q 23 – 2 211 ab. alt. 1 167 – a.s. febbraio-aprile, 5 luglio-agosto e Natale – Sport invernali : 1 167/1 940 m ≰7 – 🏂 0863.
Vedere Guida Verde.

🔓 via Piave 67 🖉 91461.

Roma 163 – L'Aquila 109 – Castel di Sangro 42 – Isernia 64 – ◆Pescara 128.

  🏦 **Gd H. del Parco,** 🖉 912745, Fax 912749, ≤, 🔄 riscaldata, 🌫 – 📳 🕾 🅿. 🖭 🕄 🕦 Ε 𝖵𝖨𝖲𝖠.
      ⅝ rist
      dicembre-Pasqua e 20 giugno-25 settembre – Pas 45/50000 – **110 cam** ⊇ 180000 –
      ½ P 115/165000.

  🏦 **Edelweiss,** 🖉 912577, Fax 912598 – 📳 📺 🕾 🅿. 𝖵𝖨𝖲𝖠. ⅝
      Pas 25/40000 – **23 cam** ⊇ 65/80000 – ½ P 90000.

  🏛 **Alle Vecchie Arcate,** 🖉 910618 – 📳 📺 🕾. 🖭 🕄 Ε 𝖵𝖨𝖲𝖠. ⅝
      Pas vedere rist Alle Vecchie Arcate – ⊇ 6000 – **32 cam** 70/90000 – ½ P 95000.

  🏛 **Pinguino** 🐾, 🖉 912580, Fax 910482, ≤ – 🕾 🅿. 🖭 🕄 🕦 Ε 𝖵𝖨𝖲𝖠. ⅝ rist
      Pas (solo per clienti alloggiati) 25/35000 – **17 cam** ⊇ 50/120000 – ½ P 60/100000.

  ✗ **Peppe di Sora** con cam, 🖉 910023 – 🖭 🕄 🕦 𝖵𝖨𝖲𝖠. ⅝ cam
      Pas (chiuso lunedì in bassa stagione) carta 29/43000 (5%) – ⊇ 8000 – **13 cam** 75000 –
      ½ P 70/80000.

  ✗ **Alle Vecchie Arcate,** 🖉 910781, Fax 910618 – 🖭 🕄 Ε 𝖵𝖨𝖲𝖠. ⅝
      chiuso martedì in bassa stagione – Pas carta 27/42000 (10%).

PESCHE Isernia 𝟜𝟛𝟙 C 24 – Vedere Isernia.

PESCHICI 71010 Foggia 𝟡𝟠𝟠 ㉘, 𝟜𝟛𝟙 B 30 – 4 318 ab. – Vedere Guida Verde – a.s. luglio-5 settembre – 🏂 0884.

Escursioni Promontorio del Gargano★★★ SE.

Roma 400 – ◆Bari 199 – ◆Foggia 114 – Manfredonia 80 – ◆Pescara 199.

  🏦 **Morcavallo,** 🖉 964005, Fax 962075, ≤ – 📳 🔳 📺 🕾 🅿. 🖭 🕄 🕦 Ε 𝖵𝖨𝖲𝖠. ⅝ rist
      giugno-settembre – Pas carta 32/46000 – ⊇ 8000 – **41 cam** 70/120000 – ½ P 105/110000.

  🏦 **D'Amato,** O : 1 km 🖉 964411, 🛁, 🔄, 🌫, ✗ – 🕾 🕹 🛬 🅿. 🖭 🕄 Ε 𝖵𝖨𝖲𝖠. ⅝
      Pasqua-settembre – Pas (solo per clienti alloggiati) – **50 cam** ⊇ 80/120000 – ½ P 80/
      110000.

  🏦 **Solemar** 🐾, località San Nicola E : 2 km 🖉 964186, Fax 964188, « In pineta », 🔄, 🐚,
      ✗ – 🕾 🅿. 🖭 🕄 Ε 𝖵𝖨𝖲𝖠. ⅝
      12 maggio-20 settembre – Pas (solo per clienti alloggiati) 27/35000 (10%) – ⊇ 8000 –
      45 cam 100/120000 – ½ P 70/120000.

  🏛 **Timiama,** via Libetta 71 🖉 964321, 🔄 – 🕾 🅿. ⅝
      24 maggio-28 settembre – Pas (solo per clienti alloggiati) – **35 cam** solo ½ P 55/103000.

  🏛 **Peschici,** via San Martino 31 🖉 964195, ≤ mare – 📳 🕾 🛬 🅿. 🕄 Ε 𝖵𝖨𝖲𝖠. ⅝
      15 marzo-ottobre – Pas (solo per clienti alloggiati) 25/30000 – ⊇ 8000 – **42 cam** 60/80000 –
      ½ P 80/90000.

  ✗✗ **La Grotta delle Rondini,** sul molo O : 1 km 🖉 964007, 🍽, « In una grotta naturale » –
      🖭 🕄 🕦 Ε 𝖵𝖨𝖲𝖠. ⅝
      Pasqua-ottobre – **Pas** carta 30/49000 (10%).

  ✗ **La Collinetta** con cam, località Madonna di Loreto SE : 2 km 🖉 964151, ≤, 🍽, Solo
      piatti di pesce – 🅿. 🕄 𝖵𝖨𝖲𝖠
      15 marzo-ottobre – Pas carta 33/61000 – ⊇ 10000 – **12 cam** 45/80000 – P 75/95000.

      a Manacore E : 6,5 km – ⌧ **71010** Peschici :

  🏦 **Mira** 🐾, E : 5 km 🖉 964511, 🔄, 🐚, ✗ – 📳 🕾 🅿. 🕄 Ε 𝖵𝖨𝖲𝖠. ⅝
      Pasqua-15 ottobre – Pas 22/28000 – ⊇ 9000 – **47 cam** 140000 – ½ P 65/130000.

  🏦 **Paradiso** 🐾, E : 3,5 km 🖉 964201, Fax 964203, « In pineta », 🐚, – 🔳 cam 🕾 🅿. ⅝ rist
      maggio-10 ottobre – Pas (solo per clienti alloggiati) – **50 cam** ⊇ 120000 – ½ P 115000.

  🏦 **Paglianza** 🐾, E : 3,5 km 🖉 964044 (prenderà il 911018), Fax 911011, « In pineta », 🔄,
      🐚, ✗ – 📳 🕾 🅿. 🖭 🕄 Ε 𝖵𝖨𝖲𝖠. ⅝ rist
      maggio-settembre – Pas (solo per clienti alloggiati) 26/35000 – **50 cam** ⊇ 60/110000 –
      ½ P 75/95000.

PESCHIERA BORROMEO 20068 Milano 𝟜𝟚𝟠 F 9, 𝟚𝟙𝟡 ⑲ – 18 551 ab. alt. 103 – 🏂 02.

Roma 573 – ◆Milano 14 – Piacenza 66.

      Pianta d'insieme di Milano (Milano p. 7)

  🏨 **Country Hotel Borromeo,** all'idroscalo-lato Est 🖉 5475121, Telex 322807,
      Fax 55300708 – 📳 🔳 📺 🕾 🅿. 🖭 🕄 🕦 Ε 𝖵𝖨𝖲𝖠. ⅝ rist   **CP a**
      Pas carta 43/69000 – ⊇ 17000 – **51 cam** 205/258000, 3 appartamenti.

  ✗✗ **La Viscontina,** località Plasticopoli 🖉 5470391, 🍽 – 🅿. 🖭 🕄 🕦 Ε 𝖵𝖨𝖲𝖠   **CP z**
      chiuso mercoledì e dal 10 al 20 agosto – Pas carta 43/73000.

  ✗ **Dei Cacciatori,** località Longhignana N : 4 km 🖉 7531154, In un cascinale lombardo,
      « Servizio estivo in giardino » – 🅿. 🖭 🕄 🕦 Ε 𝖵𝖨𝖲𝖠. ⅝
      chiuso domenica sera, lunedì, dal 1° al 6 gennaio e dal 9 al 31 agosto – Pas carta 35/57000.

PESCHIERA DEL GARDA 37019 Verona 988 ④, 428 429 F 14 – 8 730 ab. alt. 68 – ✿ 045.

🖪 piazza Betteloni 15 ℘ 7550381.

Roma 513 – ♦Brescia 46 – Mantova 52 – ♦Milano 133 – Trento 97 – ♦Venezia 138 – ♦Verona 28.

🏛 **Fortuna**, via Venezia 26 ℘ 7550111, Fax 7550111 – 🛗 🗏 ☎ & 🚗 🅿 – 🔏 200. AE
　　① E VISA. ⋘ cam
　　Pas (chiuso lunedì) carta 38/77000 – ☲ 15000 – **42 cam** 150000 – ½ P 90/120000.

🏠 **Residence Hotel Puccini** senza rist, via Puccini 2 ℘ 7553933, Fax 7553397, 🏊 – 🛗
　　🗺 ☎ 🅿. AE 🕄 ① E VISA. ⋘
　　☲ 13000 – **32 cam** 110000.

🏠 **San Marco**, lungolago Mazzini 15 ℘ 7550077, Fax 7550336, ≤ – 🛗 🗏 🗺 ☎ 🅿 – 🔏 10
　　AE 🕄 E VISA. ⋘
　　Pas (chiuso a mezzogiorno) carta 20/30000 – ☲ 10000 – **47 cam** 60/100000 – ½ P 7
　　80000.

🏡 **Garden** senza rist, via Stazione 18 ℘ 7553644, Fax 7553644 – 🛗 🗺 ☎ 🚗 🅿. AE 🕄 ①
　　VISA
　　☲ 9000 – **22 cam** 65/90000.

✕✕ **Piccolo Mondo**, piazza del Porto 6 ℘ 7550025, Specialità di pesce – AE 🕄 ① E VISA.
　　chiuso martedì sera, mercoledì, dal 22 dicembre al 15 gennaio e dal 21 al 30 giugno – P
　　carta 44/65000.

✕✕ **Nuova Barcaccia**, località Madonna del Frassino SO : 1,5 km ℘ 7550790 – 🅿. AE 🕄 ①
　　E VISA
　　chiuso mercoledì e dal 10 gennaio al 10 febbraio – Pas carta 36/60000.

　　a San Benedetto O : 2,5 km – ✉ 37010 San Benedetto di Lugana :

🏠 **Peschiera** ♨, via Parini 4 ℘ 7550526, Fax 7550444, ≤, 🏊, 🞋 – 🛗 ☎ & 🅿. AE 🕄 ①
　　VISA. ⋘
　　chiuso novembre – Pas (chiuso a mezzogiorno e lunedì) 32/50000 – ☲ 14000 – **30 ca**
　　85000 – ½ P 70/78000.

✕ **Papa** con cam, via Bella Italia 40 ℘ 7550476, Fax 7550589, 🞔, 🏊 – 🛗 ☎ 🅿. AE 🕄 E VI
　　⋘
　　chiuso dal 15 novembre al 15 dicembre – Pas carta 23/36000 – ☲ 5000 – **19 cam** 50/650
　　– ½ P 50/55000.

PESCIA 51017 Pistoia 988 ⑭, 428 429 430 K 14 – 18 089 ab. alt. 62 – ✿ 0572.

Roma 335 – ♦Firenze 61 – Lucca 19 – ♦Milano 299 – Montecatini Terme 8 – Pisa 41 – Pistoia 30.

🏛 **Villa delle Rose e Rist. Piazza Grande** ♨, ✉ 51012 Castellare di Pescia ℘ 45130
　　Telex 580650, Fax 444003, « Parco », 🏊 – 🛗 🗏 ☎ & 🅿 – 🔏 150 a 250. AE 🕄 ① E VI
　　⋘
　　Pas (chiuso lunedì e martedì a mezzogiorno) carta 37/47000 – ☲ 12000 – **106 ca**
　　73/97000, 3 appartamenti, 🗏 6000.

✕✕ **Cecco**, via Forti 84 ℘ 477955, 🞔 – 🗏. AE 🕄 E VISA
　　chiuso lunedì, dall'11 al 21 gennaio e dal 28 giugno al 22 luglio – Pas carta 31/55000 (13 %

✕✕ **La Fortuna**, via Colli per Uzzano 18 ℘ 477121, ≤, 🞔, Coperti limitati; prenotare –
　　🕄. ⋘
　　chiuso a mezzogiorno (escluso i giorni festivi), domenica e dal 28 luglio al 27 agosto – P
　　carta 40/55000.

✕ **La Buca**, piazza Mazzini 4 ℘ 477339 – AE 🕄 E VISA
　　chiuso martedì ed agosto – Pas carta 25/45000.

PESE Trieste – alt. 474 – ✉ 34012 Basovizza – ✿ 040.

Roma 678 – Gorizia 54 – ♦Milano 417 – Rijeka (Fiume) 63 – ♦Trieste 13.

🏠 **Motel Valrosandra** ♨, NO : 2 km ℘ 226222, Telex 460519, ≤, 🞏, 🞋 – 🗺 ☎ & 🅿
　　🔏 30 a 100. AE 🕄 ① E VISA. ⋘ rist
　　aprile-ottobre – Pas carta 48/65000 – **76 cam** ☲ 130/170000 – ½ P 145000.

　　a Draga Sant'Elia SO : 4,5 km – ✉ 34010 Sant'Antonio in Bosco :

✕ **Locanda Mario**, ℘ 228173, 🞔 – 🅿. AE 🕄 ① E VISA. ⋘
　　chiuso martedì e dal 7 al 20 gennaio – Pas carta 36/65000.

PETRIGNANO Perugia 430 M 19 – Vedere Assisi.

PETTENASCO 28028 Novara 428 E 7, 219 ⑥ – 1 221 ab. alt. 301 – ✿ 0323.

Roma 663 – ♦Milano 86 – Novara 48 – Stresa 25 – ♦Torino 122.

🏠 **L'Approdo**, ℘ 89346, Fax 89338, ≤, 🏊 riscaldata, 🞕🞕, 🞋, ✕ – 🗺 ☎ 🅿 – 🔏 50 a 30
　　AE 🕄 ① E VISA. ⋘
　　Pas (chiuso lunedì da ottobre a marzo) carta 42/65000 – ☲ 15000 – **71 cam** 125/165000
　　½ P 100/135000.

🏠 **Giardinetto**, ℘ 89482, Fax 89219, ≤ lago, 🞋s, 🏊 riscaldata, 🞕🞕, 🞋 – 🛗 🗺 ☎ 🅿
　　🔏 50. AE 🕄 ① E VISA
　　20 marzo-2 novembre – Pas carta 40/60000 – ☲ 15000 – **52 cam** 90/120000 – ½ P 8
　　110000.

PIACENZA 29100 P 988 ⑬, 428 G 11 – 103 536 ab. alt. 61 – ✆ 0523.

Vedere Il Gotico★★ (palazzo del comune) : Statue equestri★★ B D – Duomo★ B E.

ⁿₛ (chiuso martedì e gennaio) a Croara di Gazzola ⊠ 29010 ✆ 977105, Fax 977100, per ④ : ...km.

🛈 piazzetta dei Mercanti 10 ✆ 29324, Fax 34348 – **A.C.I.** via Chiapponi 37 ✆ 35344.

Roma 512 ② – ◆Bergamo 108 ① – ◆Brescia 85 ② – ◆Genova 148 ④ – ◆Milano 64 ① – ◆Parma 62 ②.

PIACENZA

Settembre (Via) .... **B** 41	Genova (Piazzale) .... **A** 10	Roma (Piazzale) .... **B** 24
	Giordani (Via P.) .... **B** 12	S. Antonino (Via) .... **B** 27
credi (Via G.) .... **B** 2	La Primogenita (Via) .... **B** 13	S. Eufemia (Via) .... **A** 28
go (Piazza) .... **A** 3	Legione Zanardi Landi (Via) .... **B** 15	S. Sisto (Via) .... **A** 29
npo della Fiera (Via). .... **B** 4	Legnano (Via) .... **B** 16	S. Tommaso (Via) .... **A** 32
alli (Piazza dei) .... **B** 5	Manfredi (Via Giuseppe) .... **A** 17	Scalabrini (Via) .... **B** 34
ibaldi (Via) .... **A** 9	Marconi (Piazzale) .... **B** 19	Torino (Piazzale) .... **A** 35
	Milano (Piazzale) .... **B** 20	Venturini (Via) .... **A** 38
	Pace (Via) .... **B** 22	Verdi (Via) .... **B** 39
	Risorgimento (Viale) .... **B** 23	Vittorio Emanuel II (V.) .... **A** 40

🏨🏨 **Grande Alb. Roma,** via Cittadella 14 ✆ 23201, Telex 530874, Fax 330548, « Rist. con ⬗ » – 🛗 ≡ 📺 ☎ 🚗, ⌶ 🖪 ⓞ 🗲 𝘝𝘐𝘚𝘈, 🍴 rist **B a**
Pas *(chiuso sabato e dall' 11 al 18 agosto)* carta 44/58000 – ⊊ 15000 – **90 cam** 130/160000 – ½ P 120/160000.

🏨 **Nazionale** senza rist, via Genova 35 ✆ 754000, Telex 531034, Fax 456013 – 🛗 ≡ 📺 ☎ 🚗 – ⌴ 60. ⌶ 🖪 𝘝𝘐𝘚𝘈 **A c**
76 cam ⊊ 125000, 6 appartamenti.

🏨 **Florida** senza rist, via Colombo 29 ✆ 592600, Fax 592672 – 🛗 📺 ☎ ⓟ – ⌴ 50. ⌶ 🖪 🗲 𝘝𝘐𝘚𝘈 **B b**
⊊ 12000 – **50 cam** 100000.

🏨 **Milano** senza rist, viale Risorgimento 47 ✆ 336843, Fax 385101 – 📺 ☎ 🚗, ⌶ 🖪 🗲 𝘝𝘐𝘚𝘈 **B e**
⊊ 13000 – **43 cam** 70/110000.

XX ❀ **Antica Osteria del Teatro,** via Verdi 16 ✆ 23777, Fax 384639, Coperti limitati; prenotare – ≡, ⌶ 🖪 ⓞ 🗲 𝘝𝘐𝘚𝘈, 🍴 **B f**
chiuso domenica sera, lunedì, dal 1° al 15 gennaio e dal 1° al 25 agosto – Pas carta 63/106000
Spec. Tortelli dei Farnese, Treccia di branzino con timo pomodoro e sale grosso, Costolette d'agnello prèsalè agli aromi. **Vini** Sauvignon, Gutturnio.

439

PIACENZA

XX **Gotico,** piazza Gioia 3 ℰ 21940 – ▦. 🔂 ⓞ ⴹ 𝘝𝘐𝘚𝘈. ⅏   B
  chiuso domenica ed agosto – Pas carta 37/57000.

XX **Ginetto,** piazza Sant'Antonino 8 ℰ 335785 – ⴹⴹ 🔂. ⅏   B
  chiuso domenica, dal 23 dicembre al 2 gennaio ed agosto – Pas carta 38/58000.

XX **Peppino,** via Roma 183 ℰ 29279, prenotare – ⴹⴹ ⓞ. ⅏   B
  chiuso lunedì, dal 1° al 10 gennaio e dal 23 luglio al 23 agosto – Pas carta 38/61000.

  a San Nicolò per ④ : 4 km – ✉ **29010** :

XX **La Colonna,** ℰ 768343, 🛋 – ▦. ⴹⴹ 🔂 ⓞ ⴹ 𝘝𝘐𝘚𝘈. ⅏
  chiuso martedì, dal 23 al 28 febbraio ed agosto – Pas carta 37/68000.

  a Borghetto per ② : 10 km – ✉ **29010** :

X **Vecchia Osteria di Borghetto,** ℰ 504133 – Ⓟ. ⴹⴹ. ⅏
  chiuso domenica sera, lunedì, dal 1° al 15 gennaio ed agosto – Pas carta 29/43000.

PIANAZZO Sondrio – Vedere Madesimo.

PIANCAVALLO Pordenone 𝟜𝟚𝟫 D 19 – alt. 1 267 – ✉ **33081** Aviano – a.s. 5 febbraio-4 mar
22 luglio-agosto e Natale – Sport invernali : 1 267/1 850 m ⴹ16, ⴹ – ⓧ 0434.
🔒 (chiuso martedì) a Castel d'Aviano ✉ 33081 ℰ 652305, Fax 66096, S : 2 km.
🛈 ℰ 655191, Telex 450816, Fax 655311.
Roma 618 – Belluno 84 – ◆Milano 361 – Pordenone 30 – Treviso 81 – Udine 81 – ◆Venezia 111.

🏨 **Antares,** ℰ 655265, Fax 655265, ≼, 🛋, ≋ – 🛗 📺 ☎ ⟵ Ⓟ – 🛎 250. ⴹⴹ 🔂 ⓞ ⴹ 𝘝
  ⅏
  dicembre-Pasqua e 15 giugno-10 settembre – Pas 35000 – ☷ 15000 – **62 cam** 127000
  ½ P 91/118000.

🏨 **Regina,** ℰ 655166, Fax 655128, ≼ – ☎ Ⓟ. ⅏
  chiuso maggio ed ottobre – Pas carta 18/33000 – ☷ 5500 – **47 cam** 76000 – ½ P 55/800

PIAN DELL'ARMA Pavia e Piacenza – alt. 1 476 – ✉ **27050** S. Margherita di Staffora – a
15 giugno-agosto – ⓧ 0383.
Roma 604 – Alessandria 82 – ◆Genova 90 – ◆Milano 118 – Pavia 86 – Piacenza 89.

  a Capannette di Pej SE : 3 km – alt. 1 449 – ✉ **29020** Zerba :

🏨 **Capannette di Pej** ⟝, ℰ (0523) 935129, ≼ – ☎ Ⓟ 𝘝𝘐𝘚𝘈. ⅏ rist
  chiuso novembre – Pas *(chiuso martedì)* carta 28/36000 – ☷ 6000 – **23 cam** 40/60000
  ½ P 50/70000.

PIAN DELLE BETULLE Como 𝟚𝟙𝟡 ⑩ – Vedere Margno.

PIAN DI NOVELLO Pistoia 𝟜𝟛𝟘 J 14 – Vedere Cutigliano.

PIANELLO VAL TIDONE 29010 Piacenza – 2 320 ab. alt. 190 – ⓧ 0523.
Roma 547 – ◆Genova 145 – ◆Milano 77 – Pavia 49 – Piacenza 35.

X **Trattoria Chiarone,** località Chiarone S : 5 km ℰ 998054 – ⅏
  chiuso lunedì e luglio – Pas carta 29/42000.

PIANFEI 12080 Cuneo 𝟜𝟚𝟠 I 5 – 1 703 ab. alt. 503 – ⓧ 0174.
Roma 629 – Cuneo 14 – ◆Genova 130 – Imperia 114 – ◆Torino 93.

🏨 **La Ruota,** strada statale Monregalese 5 ℰ 685701, Fax 685700, 🛋, ≋, 🏊, ⅏ – ▦ 📺
  ⴹ ⟵ Ⓟ – 🛎 450. ⴹⴹ 🔂 ⓞ ⴹ 𝘝𝘐𝘚𝘈
  Pas vedere rist La Ruota – **61 cam** ☷ 85/120000, 6 appartamenti, ▦ 5000 – ½ P 10
  110000.

X **La Ruota,** strada statale Monregalese 2 ℰ 685164 – ▦. ⴹⴹ 🔂 ⓞ ⴹ 𝘝𝘐𝘚𝘈
  chiuso lunedì – Pas carta 29/50000.

PIANI Imperia – Vedere Imperia.

PIANIZZA DI SOPRA (OBERPLANITZING) Bolzano 𝟚𝟙𝟠 ⑳ – Vedere Caldaro.

PIANO D'ARTA Udine – Vedere Arta Terme.

PIANO DEL CANSIGLIO Belluno – Vedere Tambre.

PIANORO 40065 Bologna 𝟡𝟠𝟠 ⑭ ⑮, 𝟜𝟚𝟫 𝟜𝟛𝟘 I 16 – 14 257 ab. alt. 187 – ⓧ 051.
Roma 372 – ◆Bologna 14 – ◆Firenze 95.

🏨 **Park Hotel,** via Nazionale 67/69 (N : 3 km) ℰ 777811, Fax 774869, 🏊 – 🛗 ▦ 📺 ☎
  ⟵ Ⓟ – 🛎 100 a 400. ⴹⴹ 🔂 ⓞ ⴹ 𝘝𝘐𝘚𝘈. ⅏
  Pas 35/50000 – **142 cam** ☷ 314000.

  a Pianoro Vecchio S : 2 km – ✉ **40060** :

XX **La Tortuga,** ℰ 777047, Coperti limitati; prenotare, « Servizio estivo in giardino ombre
  giato » – Ⓟ. ⴹⴹ 🔂 ⓞ ⴹ 𝘝𝘐𝘚𝘈
  chiuso a mezzogiorno (escluso domenica), lunedì ed agosto – Pas carta 45/93000 (15 %).

PIANOSINATICO 51020 Pistoia 428 429 430 J 14 – alt. 948 – a.s. Pasqua, luglio-agosto e Natale – ✪ 0573.

Roma 352 – ♦Bologna 102 – ♦Firenze 78 – Lucca 56 – ♦Milano 279 – ♦Modena 104 – Pistoia 42.

- 🏠 **Quadrifoglio,** ℰ 629229, ≼
  Pas *(chiuso giovedì in bassa stagione)* carta 25/39000 – ☲ 7000 – **14 cam** 35/65000 – ½ P 60/70000.

PIANO TORRE Palermo – Vedere Sicilia (Piano Zucchi).

PIANO ZUCCHI Palermo 432 N 23 – Vedere Sicilia.

PIAN TREVISAN Trento - Vedere Canazei.

PIAZZA ARMERINA Enna 988 ㊱, 432 O 25 – Vedere Sicilia.

PIAZZATORRE 24010 Bergamo 428 E 11 – 510 ab. alt. 868 – a.s. luglio-agosto e Natale – Sport invernali : 868/2 000 m ≼1 ≼3, ⋆ – ✪ 0345.

Roma 650 – ♦Bergamo 49 – Foppolo 31 – ♦Milano 91 – San Pellegrino Terme 24.

- 🏠 **Milano,** ℰ 85027, Fax 85027, ≼ – ⷬ ☎ ❷. ⅏ rist
  chiuso ottobre e novembre – Pas carta 29/44000 – ☲ 9000 – **29 cam** 65000 – ½ P 55/65000.

PIAZZE Siena 430 N 17 – Vedere Cetona.

PICCHIAIE Livorno – Vedere Elba (Isola d') : Portoferraio.

PICEDO Brescia – Vedere Polpenazze del Garda.

PICINISCO 03040 Frosinone 430 R 23 – 1 388 ab. alt. 725 – ✪ 0776.

Roma 142 – Frosinone 59 – Isernia 112.

- 🏠 **Diana Park Hotel** ⌂, ℰ 66283, ⩫ – ⷬ ☎ ❷. ⅏ Ⓢ 𝗩𝗜𝗦𝗔. ⅏
  Pas carta 27/41000 – ☲ 6000 – **38 cam** 80000 – ½ P 70/75000.

PIEDIMONTE SAN GERMANO 03030 Frosinone 430 R 23 – 4 618 ab. alt. 126 – ✪ 0776.

Roma 122 – Formia 42 – Frosinone 48 – Isernia 56 – ♦Napoli 104.

- 🏠 **San Germano,** ℰ 404652, Fax 403319, ⩫, ⩫ – ⷬ ▤ 🆅 ☎ ❷. ⅏ Ⓢ ⓞ ⅊ 𝗩𝗜𝗦𝗔
  Pas carta 33/44000 – ☲ 9000 – **40 cam** 48/75000 – ½ P 60/65000.

PIEGARO 06066 Perugia 430 N 18 – 3 595 ab. alt. 356 – ✪ 075.

Roma 156 – ♦Firenze 147 – Orvieto 42 – ♦Perugia 28.

- 🏠 **Da Elio,** N : 1 km ℰ 8358017, Fax 8358005, ⩫ – ⷬ 🆅 🚗 ❷. Ⓢ ⅊ 𝗩𝗜𝗦𝗔. ⅏
  Pas *(chiuso lunedì escluso da luglio a settembre)* carta 34/53000 (10 %) – ☲ 7000 – **28 cam** 65/85000 – ½ P 60/65000.

PIENZA 53026 Siena 988 ⑮, 430 M 17 – 2 341 ab. alt. 491 – ✪ 0578.

Vedere Cattedrale⋆ : Assunzione⋆⋆ del Vecchietto – Palazzo Piccolomini⋆.

Roma 188 – Arezzo 61 – Chianciano Terme 22 – ♦Firenze 120 – ♦Perugia 86 – Siena 52.

- 🏦 **Corsignano** senza rist, ℰ 748501, Fax 748166 – 🆅 ☎ ❷. Ⓢ ⅊ 𝗩𝗜𝗦𝗔. ⅏
  chiuso dal 10 gennaio al 10 marzo – ☲ 5000 – **36 cam** 60/100000.
- ✕✕ **Corsignano,** ℰ 748138 – ⅏ Ⓢ ⅊ 𝗩𝗜𝗦𝗔. ⅏
  chiuso martedì e dal 7 gennaio al 1° marzo – Pas carta 32/52000.
- ✕✕ **Dal Falco,** ℰ 748551, Fax 748551, ⩫ – ⅏ Ⓢ ⅊ 𝗩𝗜𝗦𝗔. ⅏
  chiuso venerdì – Pas carta 27/40000.
- ✕ **La Buca delle Fate,** ℰ 748448 – Ⓢ ⅊ 𝗩𝗜𝗦𝗔. ⅏
  chiuso lunedì e dal 15 al 30 giugno – Pas carta 27/35000.

  sulla strada statale 146 NE 7,5 km :

- 🏦 **La Saracina** ⌂, senza rist, ✉ 53026 ℰ 748022, Fax 748022, ≼, « In un antico podere », ⌂, ⩫ – 🆅 ☎ ❷. ⅏ Ⓢ ⅊ 𝗩𝗜𝗦𝗔. ⅏
  chiuso dal 2 gennaio al 15 marzo – **4 cam** ☲ 260000, appartamento.

PIETRACAMELA 64047 Teramo 430 O 22 – 374 ab. alt. 1 005 – a.s. febbraio-marzo, 23 luglio-agosto e Natale – Sport invernali : a Prati di Tivo: 1 450/2 008 m ≼1 ≼4 – ✪ 0861.

Roma 174 – L'Aquila 59 – ♦Pescara 78 – Rieti 102 – Teramo 31.

  a Prati di Tivo S : 6 km – alt. 1 450 – ✉ 64047 Pietracamela :

- 🏠 **Gran Sasso 3,** ℰ 959639, Fax 959669, ≼ – 🆅 ☎ 🚗. Ⓢ ⓞ. ⅏
  Pas carta 25/36000 – ☲ 6000 – **10 cam** 80000 – ½ P 67/79000.

PIETRA LIGURE 17027 Savona 988 ⑫, 428 J 6 – 9 979 ab. – ✪ 019.

piazza Martiri della Libertà 31 ℰ 645222 – Roma 576 – ♦Genova 77 – Imperia 47 – ♦Milano 200 – Savona 31.

- 🏨 **Royal,** via Don Bado 129 ℰ 616192, Fax 616195, ≼, ⩫ₒ – ⷬ ▤ rist ☎. ⅏ Ⓢ ⓞ ⅊ 𝗩𝗜𝗦𝗔. ⅏ rist
  chiuso dal 16 ottobre al 15 dicembre – Pas (solo per clienti alloggiati) – ☲ 10000 – **102 cam** 90/110000, 4 appartamenti – ½ P 55/105000.

- **Paco,** via Crispi 63 ✆ 615715, Fax 615716, ⛱, 🎾 – 🛗 TV ☎ 🚗 P. AE 🅂 ⓓ E VISA 🚫 rist
Pasqua e 15 maggio-settembre – Pas (solo per clienti alloggiati) – ☕ 10000 – **44 ca** 90/110000 – ½ P 65/90000.
- **Sartore,** corso Italia 54 ✆ 615425, Fax 615975, ≤, 🏖 – 🛗 ☎. 🅂 E VISA. 🚫
aprile-settembre – Pas 34000 – ☕ 16000 – **74 cam** 65/95000.
- Miramare, via Don Bado 75 ✆ 628092, ≤ – 🛗 TV ☎ – **22 cam.**
- **Azucena,** viale della Repubblica 76 ✆ 615810 – 🛗 ☎ P. 🚫
chiuso ottobre e novembre – Pas *(chiuso martedì escluso da giugno a settembre)* 23/240 – ☕ 10000 – **28 cam** 70/95000 – ½ P 60/75000.
- XX **Bacco,** corso Italia 113 ✆ 615307, Solo piatti di pesce, prenotare – ▤. 🅂 ⓓ E VISA.
chiuso lunedì e da gennaio al 10 febbraio – Pas carta 60/120000.

PIETRANSIERI L'Aquila 430 Q 24, 431 B 24 – Vedere Roccaraso.

PIETRASANTA **55045** Lucca 988 ⑭, 428 429 430 K 12 – 25 384 ab. alt. 20 – a.s. 26 gennai 12 febbraio, Pasqua, 15 giugno-15 settembre e Natale – ☎ 0584.

18 Versilia Golf Club (chiuso martedì dal 15 settembre al 15 giugno) ✆ 881574, Fax 752272.

Roma 376 – ♦Firenze 104 – ♦Livorno 54 – Lucca 34 – Massa 11 – ♦Milano 241 – Pisa 35 – ♦La Spezia 47.

- **Palagi** senza rist, piazza Carducci 23 ✆ 70249, Fax 733498 – 🛗 ▤ TV ☎ ♿. AE 🅂 ⓓ VISA. 🚫
☕ 10000 – **19 cam** 85/110000.

PIETRASANTA (Marina di) **55044** Lucca 988 ⑭, 430 K 12 – a.s. Carnevale, Pasqua, 15 gi gno-15 settembre e Natale – ☎ 0584.

18 Versilia Golf Club (chiuso martedì dal 15 settembre al 15 giugno) ✉ 55045 Pietrasan ✆ 881574, Fax 752272, N : 3 km – ℹ a Tonfano, via Donizetti 14 ✆ 20331.

Roma 378 – ♦Firenze 104 – ♦Livorno 54 – Lucca 34 – Massa 18 – ♦Milano 246 – Pisa 35 – ♦La Spezia 46.

- **Ermione,** a Tonfano, viale Roma 183 ✆ 20652, Fax 20654, ≤, 🌳, « Giardino con riscaldata », 🏖 – 🛗 ▤ TV P. AE 🅂 ⓓ E VISA. 🚫 rist
24 maggio-settembre – Pas (solo per clienti alloggiati) 50/60000 – **38 cam** ☕ 200/300000 ½ P 130/190000.
- **Lombardi,** a Fiumetto, viale Roma 27 ✆ 20431, Fax 23382, ≤, ⛱, 🌳 – 🛗 ▤ ☎ P. AE ⓓ E VISA. 🚫 rist
maggio-25 settembre – Pas (solo per clienti alloggiati) 60/80000 – **38 cam** ☕ 290/350000 ½ P 110/220000.
- **Battelli,** a Motrone, viale Versilia 189 ✆ 20010, Fax 23592, « Giardino ombreggiato 🏖, 🎾 – 🛗 ▤ cam ☎ 🚗 P. VISA. 🚫
15 maggio-settembre – Pas (solo per clienti alloggiati) – ☕ 18000 – **38 cam** 90/120000 P 100/130000.
- **Joseph,** a Motrone, viale Roma 323 ✆ 22662, ≤, 🌳 – 🛗 ▤ TV ☎ P. 🅂 E VISA. 🚫 rist
Pas *(aprile-ottobre)* 30/40000 – ☕ 12000 – **36 cam** 68/110000 – ½ P 70/115000.
- **Venezia** 🐚, a Motrone, via Firenze 48 ✆ 20731, Fax 745373, 🌳 – 🛗 ▤ ☎ P. 🅂 VISA.
25 maggio-20 settembre – Pas (solo per clienti alloggiati) 35000 – ☕ 10000 – **34 ca** 74/110000, ▤ 15000 – ½ P 60/105000.
- **Coluccini,** a Fiumetto, piazza D'Annunzio 13 ✆ 745620, Fax 745380, 🌳 – TV ☎ P. 🅂 E VISA
Pas 28/35000 – **22 cam** ☕ 70/100000 – ½ P 65/90000.
- **Grande Italia** 🐚, a Tonfano, via Torino 5 ✆ 20046, 🌳, 🌳 – P. 🚫
giugno-14 settembre – Pas 25/35000 – ☕ 8000 – **24 cam** 60/90000 – ½ P 60/90000.

PIETRELCINA **82020** Benevento 430 S 26, 431 D 26 – 3 011 ab. alt. 345 – ☎ 0824.

Roma 253 – Benevento 13 – ♦Foggia 109.

- **Lombardi e Rist. Cosimo's,** strada statale E : 1 km ✆ 991206 e rist ✆ 99114 Fax 991253, ⛱ – ▤ TV ☎ 🚗 P. AE 🅂 ⓓ E VISA. 🚫
Pas *(chiuso martedì)* carta 36/53000 (15 %) – ☕ 10000 – **26 cam** 75/110000 – ½ P 85/9500

PIEVALLE **(BEWALLER)** Bolzano – Vedere San Floriano.

PIEVE A NIEVOLE Pistoia 430 K 14 – Vedere Montecatini Terme.

PIEVE D'ALPAGO **32010** Belluno 429 D 19 – 2 056 ab. alt. 690 – ☎ 0437.

Roma 608 – Belluno 17 – Cortina d'Ampezzo 72 – ♦Milano 346 – Treviso 67 – ♦Venezia 96.

- XXX ✿ **Dolada** 🐚 con cam, a Plois ✆ 479141, Fax 478068, ≤, prenotare, 🌳 – TV ☎ P. AE ⓓ E VISA. 🚫 cam
chiuso febbraio – Pas *(chiuso lunedì e martedì a mezzogiorno escluso luglio-agost* carta 60/80000 – ☕ 16000 – **7 cam** 125000, appartamento – P 130000
Spec. Lumache alla paesana, Casunziei di patate e ricotta forte, Petto d'anitra al profumo di lamponi.
- X **Beyrouth** 🐚 con cam, a Torres ✆ 478056, 🌳 – 🛗 ☎ P. VISA. 🚫
chiuso ottobre – Pas *(chiuso lunedì)* carta 25/40000 – ☕ 5000 – **18 cam** 45/70000 ½ P 50000.

VE DI CADORE 32044 Belluno 988 ⑤, 429 C 19 – 4 081 ab. alt. 878 – Sport invernali : 878/
●0 m ≰3 ≰ – ۞ 0435.
ere Guida Verde.

a 20 Settembre 18 ℘ 31644, Fax 31645.

a 644 – Auronzo di Cadore 19 – Belluno 43 – Cortina d'Ampezzo 30 – ◆Milano 386 – Udine 143 – ◆Venezia 133.

Sole, ℘ 32118 – 📱 📺 ☎ ⟵ . 亜 *VISA* . ⋘
  Pas *(chiuso lunedì)* carta 25/40000 – **26 cam** ⊆ 90/150000 – ½ P 85000.

Gardenia con cam, località Arzanie 14 ℘ 32488, Fax 32757, prenotare – ☎ ⟵ ❷ . 亜 **E**
  VISA . ⋘
  chiuso ottobre – Pas *(chiuso lunedì da ottobre a marzo)* carta 44/60000 – ⊆ 8000 – **10 cam**
  90000 – ½ P 40/70000.

VE DI CENTO 40066 Bologna 429 430 H 15 – 6 602 ab. alt. 14 – ۞ 051.

a 408 – ◆Bologna 31 – ◆Ferrara 37 – ◆Milano 209 – ◆Modena 39 – ◆Padova 105.

Gd H. Bologna e Rist. I Gabbiani, via Ponte Nuovo 42 ℘ 6861070, Fax 974835, ♨, ⇌,
  🏊, ⋙ – 📱 📺 ☎ ៤ ⟵ ❷ – 🔏 30 a 300. 亜 🛐 ⑩ **E** *VISA* . ⋘
  Pas carta 41/75000 – **142 cam** ⊆ 210/320000, 12 appartamenti – ½ P 85/105000.

Locanda dei Massari, via Matteotti 30/a ℘ 6861202, Fax 6861152, � – 📱 ▤ 📺 ☎ ៤
  ❷ . 亜 🛐 ⑩ **E** *VISA* . ⋘
  Pas *(chiuso domenica)* carta 50/70000 – **12 cam** ⊆ 120/160000.

Il Caimano, via Campanini 14 ℘ 974403 – ▤ . **E** . ⋘
  chiuso lunedì ed agosto – Pas carta 28/42000.

VE DI LIVINALLONGO 32020 Belluno 429 C 17 – alt. 1 475 – a.s. 15 febbraio-15 aprile,
uglio-agosto e Natale – ۞ 0436.

a 716 – Belluno 68 – Cortina d'Ampezzo 29 – ◆Milano 373 – Passo del Pordoi 17 – ◆Venezia 174.

Cèsa Padon ⋙, ℘ 7109, ≼ monti e pinete – ☎ ❷ . 亜 *VISA* . ⋘ rist
  chiuso novembre – Pas *(chiuso a mezzogiorno)* carta 22/35000 – ⊆ 11000 – **12 cam**
  42/59000 – ½ P 42/65000.

Prévenez immédiatement l'hôtelier si vous ne pouvez pas occuper
la chambre que vous avez retenue.

VE DI SOLIGO 31053 Treviso 988 ⑤, 429 E 18 – 9 338 ab. alt. 132 – ۞ 0438.

a 579 – Belluno 42 – ◆Milano 318 – Trento 124 – Treviso 31 – Udine 95 – ◆Venezia 68.

Loris ⋙, NE : 2 km ℘ 82880, Fax 842383, ⋙ – 📱 📺 ☎ ៤ ❷ – 🔏 150. ⑩ *VISA* . ⋘
  Pas *(chiuso martedì)* carta 39/58000 – ⊆ 18000 – **35 cam** 85/140000 – ½ P 90000.

a Solighetto N : 2 km – ⊠ 31050 :

Da Lino con cam, ℘ 82150, � – ▤ 📺 ☎ ៤ ❷ . 亜 🛐 ⑩ **E** *VISA* . ⋘ cam
  chiuso Natale e luglio – Pas *(chiuso lunedì)* carta 39/62000 – ⊆ 15000 – **10 cam** 70/90000,
  5 appartamenti.

VE LIGURE 16030 Genova 428 I 9 – 2 648 ab. – ۞ 010.

a 490 – ◆Genova 14 – ◆Milano 151 – Portofino 22 – ◆La Spezia 93.

Picco, a Pieve Alta N : 2,5 km ℘ 3460234, « Servizio estivo in terrazza con ≼ mare e
  costa » – ❷ . 亜 🛐 **E** *VISA*
  chiuso martedì, dal 25 gennaio al 5 febbraio e dal 6 al 20 novembre – Pas carta 35/53000.

VEPELAGO 41027 Modena 988 ⑭, 428 429 430 J 13 – 2 184 ab. alt. 781 – a.s. luglio-
osto e Natale – ۞ 0536.

a 373 – ◆Bologna 100 – Lucca 77 – Massa 97 – ◆Milano 259 – ◆Modena 84 – Pistoia 63.

Bucaneve, ℘ 71383 – ☎ ❷ . ⋘
  chiuso novembre – Pas *(chiuso martedì)* carta 26/34000 – ⊆ 6000 – **20 cam** 38/68000 –
  ½ P 49/60000.

VE SANTO STEFANO Lucca 430 K 18 – Vedere Lucca.

VESCOLA Siena 430 M 15 – Vedere Casole d'Elsa.

GNA 18037 Imperia 988 ⑫, 428 K 4, 115 ⑲ – 1 091 ab. alt. 280 – ۞ 0184.

a 673 – ◆Genova 174 – Imperia 60 – ◆Milano 297 – San Remo 34 – Ventimiglia 21.

Terme ⋙ con cam, SE : 0,5 km ℘ 241046 – ☎ ❷ . 🛐 ⑩ **E** *VISA*
  chiuso dall'11 gennaio al 19 febbraio – Pas *(chiuso mercoledì escluso luglio-agosto)*
  carta 24/40000 – ⊆ 6000 – **15 cam** 45000 – ½ P 55000.

Vedere anche : *Melosa (Colle della)* NE : 20 km.

A Aosta 428 E 3, 219 ⑫ – Vedere Aosta.

PILA 13020 Vercelli 219 ⑤ – 114 ab. alt. 686 – ✿ 0163.
Roma 696 – ◆Milano 122 – Novara 76 – Vercelli 82.

  ✕ **Trattoria della Pace,** ℰ 71144 – ℀
     chiuso martedì e giugno – Pas carta 25/44000.

PILASTRO 43010 Parma 428 429 430 H 12 – alt. 176 – a.s. luglio-agosto – ✿ 0521.
Roma 473 – Milano 137 – ◆Parma 15 – Reggio nell'Emilia 36 – ◆La Spezia 113.

  🏨 **Ai Tigli,** ℰ 639006, Fax 637742, ☒, ☞ – 🛗 🍽 cam 📺 ☎ 🚗 🅿. 🖭 🛅 ⓞ Ε 𝘝𝘐𝘚𝘈
     chiuso agosto – Pas *(chiuso lunedì)* carta 39/55000 – ☲ 11000 – **22 cam** 73/105000
     ½ P 80000.

PILZONE 25040 Brescia 428 E 12 – alt. 195 – ✿ 030.
Roma 583 – ◆Bergamo 41 – ◆Brescia 25 – Edolo 75 – Iseo 2 – ◆Milano 82.

  ✕✕ **La Fenice,** ℰ 981565, Coperti limitati; prenotare – 𝘝𝘐𝘚𝘈
     chiuso giovedì, Natale e dal 15 al 31 agosto – Pas carta 58/83000.

PINARELLA Ravenna 430 J 19 – Vedere Cervia.

PINEROLO 10064 Torino 988 ⑫, 428 H 3 – 35 987 ab. alt. 376 – ✿ 0121.
Roma 694 – Asti 80 – Cuneo 63 – ◆Milano 185 – Sestriere 55 – ◆Torino 38.

  ✕✕ **Taverna degli Acaia,** corso Torino 106 ℰ 794727, prenotare – 🖭. 🛅 ⓞ Ε 𝘝𝘐𝘚𝘈
     chiuso lunedì – Pas carta 37/67000.

     ad Abbadia Alpina O : 1,5 km – ✉ 10060 :

  ✕✕ Abbadia, ℰ 202079, prenotare

PINETO 64025 Teramo 988 ⑰ ㉗, 430 O 24 – 11 803 ab. – a.s. luglio-agosto – ✿ 085.
🎗 viale D'Annunzio 129 ℰ 9491745, Telex 401342.
Roma 216 – ◆Ancona 136 – L'Aquila 101 – ◆Pescara 21 – Teramo 37.

  🏨 **Residence,** viale D'Annunzio 207 ℰ 9490404, « Giardino ombreggiato », 🏖 – 🛗 ☎
     🖭 🛅 ⓞ Ε 𝘝𝘐𝘚𝘈. ℀ rist
     giugno-settembre – Pas 25/50000 – ☲ 15000 – **52 cam** 120/150000 – ½ P 50/90000.

  🏨 **Rendez-Vous,** viale D'Annunzio 199 ℰ 9490679, 🏖, ☞ – 🛗 ☎ 🅿. 🛅 𝘝𝘐𝘚𝘈. ℀ rist
     maggio-settembre – Pas 20/30000 – **65 cam** ☲ 40/75000 – ½ P 60/70000.

  🏨 **Corfù,** via Michetti ℰ 9490482, 🏖 – 🛗 🍽 ☎ 🅿. 🖭 𝘝𝘐𝘚𝘈. ℀
     giugno-25 settembre – Pas carta 28/49000 – ☲ 15000 – **51 cam** 70/95000 – ½ P 65/900

  ✕✕ **Pier delle Vigne,** a Borgo Santa Maria O : 2 km ℰ 9491071, 🌳, « In campagna » –
     ℀
     chiuso dal 10 gennaio al 10 febbraio, martedì e da novembre a maggio anche domer
     sera e lunedì – Pas carta 32/58000.

PINO TORINESE 10025 Torino 428 G 5 – 8 617 ab. alt. 495 – ✿ 011.
Dintorni ≼★★ su Torino dalla strada per Superga.
Roma 655 – Asti 41 – Chieri 6 – ◆Milano 149 – ◆Torino 10 – Vercelli 79.

Pianta d'insieme di Torino (Torino p. 3)

  ✕✕✕ La Vignassa, via San Felice 86 ℰ 840200, « Servizio estivo all'aperto », ☞ – 🅿   HT
  ✕✕ **Pigna d'Oro,** via Roma 130 ℰ 841019, « Servizio estivo in terrazza panoramica » –   HT
     🖭 🛅 ⓞ Ε 𝘝𝘐𝘚𝘈
     chiuso lunedì e gennaio – Pas carta 42/70000.

  ✕✕ **La Griglia,** via Roma 77 ℰ 841450 – 🖭 🛅 ⓞ Ε 𝘝𝘐𝘚𝘈. ℀   HT
     chiuso mercoledì e dal 1° al 20 agosto – Pas carta 44/64000.

PINZOLO 38086 Trento 988 ④, 428 429 D 14 – 2 973 ab. alt. 770 – a.s. febbraio-Pasqua
Natale – Sport invernali : 770/2 101 m ≼2 ≼5, ≼ – ✿ 0465.
Dintorni Val di Genova★★★ Ovest – Cascata di Nardis★★ O : 6,5 km.
🎗 via al Sole ℰ 51007, Fax 52778.
Roma 629 – ◆Bolzano 103 – ◆Brescia 103 – Madonna di Campiglio 14 – ◆Milano 194 – Trento 59.

  🏨 **Valgenova,** ℰ 51542, Fax 53352, ≼, ≘s, ☒ – 🛗 🍽 rist ☎ 🚗 🅿. 🛅 ⓞ Ε 𝘝𝘐𝘚𝘈. ℀
     5 dicembre-25 aprile e 15 giugno-20 settembre – Pas 30/36000 – ☲ 12000 – **50 ca**
     76/120000 – ½ P 63/130000.

  🏨 **Centro Pineta,** ℰ 52758, Fax 51401, ☞ – 🛗 ℀ rist 📺 ☎ 🅿. ℀
     dicembre-aprile e giugno-settembre – Pas 30/33000 – ☲ 11000 – **24 cam** 158000
     ½ P 77/113000.

  🏨 **Europeo,** ℰ 51115, Fax 52616, ≼, ☞ – 🛗 ☎ & 🚗 🅿. 🛅 𝘝𝘐𝘚𝘈. ℀
     chiuso ottobre e novembre – Pas *(chiuso maggio)* 40/60000 – ☲ 15000 – **41 cam** ≥
     140000 – ½ P 117/135000.

  🏨 **Pinzolo Dolomiti,** ℰ 51024, Fax 51132 – 🛗 ☎ 🅿. 🖭 🛅 ⓞ Ε 𝘝𝘐𝘚𝘈. ℀
     dicembre-aprile e giugno-settembre – Pas 30/45000 – ☲ 12000 – **44 cam** 70/120000
     ½ P 60/120000.

  🏨 **Bepy Hotel** senza rist, S : 1 km ℰ 51641, ≼ – 🛗 ☎ 🅿. 𝘝𝘐𝘚𝘈. ℀
     dicembre-aprile e 25 giugno-25 settembre – **22 cam** ☲ 90000.

Corona, $\mathscr{C}$ 51030, Fax 52778 – |⋕| ⬦⇆ rist 🕾 **Ⓟ**. ⒶⒺ Ⓢ ⓪ **E** 𝓥𝓘𝓢𝓐. 🕸 rist
dicembre-aprile e giugno-settembre – Pas 28/32000 – ⌸ 15000 – **45 cam** 71/120000 –
½ P 79/105000.

Beverly 🈺, $\mathscr{C}$ 51158, ⩤ – **Ⓟ**. Ⓢ **E** 𝓥𝓘𝓢𝓐. 🕸
chiuso maggio e novembre – Pas *(chiuso martedì)* 22/27000 – **25 cam** ⌸ 70000 – ½ P 50/
70000.

Ai Mughi. $\mathscr{C}$ 51242 – |⋕| **Ⓟ**. 🕸
dicembre-aprile e giugno-settembre – Pas 20/25000 – ⌸ 8000 – **18 cam** 53/88000 –
½ P 61/71000.

Shangri Là, $\mathscr{C}$ 51443 – ⒶⒺ Ⓢ ⓪ **E** 𝓥𝓘𝓢𝓐. 🕸
chiuso lunedì e novembre – Pas carta 47/80000.

a Sant'Antonio di Mavignola NE : 5 km – alt. 1 122 – ⊠ **38080** :

Maso Doss 🈺, NE : 2,5 km $\mathscr{C}$ 52758, « Ambiente rustico » – **Ⓟ**
stagionale **6 cam.**

Prima o Poi, S : 1 km $\mathscr{C}$ 57175, 🍽, Coperti limitati; prenotare – **Ⓟ**

Vedere anche : *Val di Genova* NO : 7 km.

DDE **13020** Vercelli ⁴²⁸ E 6, ²¹⁹ ⑤ – 179 ab. alt. 752 – 🕿 0163.
na 699 – ♦Milano 125 – Novara 79 – ♦Torino 141 – Varallo 20 – Vercelli 85.

Giardini, $\mathscr{C}$ 71135, Coperti limitati; prenotare – Ⓢ **E** 𝓥𝓘𝓢𝓐. 🕸
chiuso lunedì e dal 7 al 20 settembre – Pas carta 32/45000.

Dei Pescatori con cam, $\mathscr{C}$ 71156, Fax 71156 – |⋕| ⓣⓥ 🕾 **Ⓟ**. ⒶⒺ Ⓢ **E** 𝓥𝓘𝓢𝓐. 🕸
Pas *(chiuso martedì e giugno)* carta 38/50000 – ⌸ 5000 – **24 cam** 36/65000 – ½ P 40/
65000.

DDINA ²¹⁹ ⑦ – Vedere Cantone Ticino (Brissago) alla fine dell'elenco alfabetico.

Si vous cherchez un hôtel tranquille,
consultez d'abord les cartes de l'introduction
ou repérez dans le texte les établissements indiqués avec le signe 🈺 *ou* 🈺*.*

OMBINO **57025** Livorno ⁹⁸⁸ ⑭ ㉔, ⁴³⁰ N 13 – 37 256 ab. – a.s. 15 giugno-15 settembre –
0565.

cursioni Isola d'Elba⋆.

⤙ per l'Isola d'Elba-Portoferraio giornalieri (1 h) – Navarma-agenzia Mirello Viaggi, piazzale
rmuda 13 $\mathscr{C}$ 33031; Elba Ferries, piazzale Premuda $\mathscr{C}$ 220956; per l'Isola d'Elba-Portoferraio
rnalieri (1 h), l'Isola d'Elba-Rio Marina-Porto Azzurro giornalieri (1 h 20 mn) e l'Isola d'Elba-
vo giugno-settembre giornaliero (40 mn) – Toremar-agenzia Dini e Miele, piazzale Premuda
14 $\mathscr{C}$ 31100, Telex 590387, Fax 39176.

, per l'Isola d'Elba-Portoferraio giornalieri (30 mn) e l'Isola d'Elba-Cavo giornalieri (15 mn) –
remar-agenzia Dini e Miele, piazzale Premuda 13/14 $\mathscr{C}$ 31100, Telex 590387, Fax 39176.
na 264 – ♦Firenze 161 – Grosseto 77 – ♦Livorno 82 – ♦Milano 375 – Pisa 101 – Siena 114.

Centrale, piazza Verdi 2 $\mathscr{C}$ 220188, Fax 220220 – |⋕| ▤ ⓣⓥ 🕾 ⇐⇒. ⒶⒺ Ⓢ ⓪ **E** 𝓥𝓘𝓢𝓐. 🕸
Pas vedere rist Centrale – **38 cam** ⌸ 120/190000 – ½ P 155000.

Collodi senza rist, via Collodi 7 $\mathscr{C}$ 34272, Fax 34382 – |⋕| ⓣⓥ 🕾. ⒶⒺ Ⓢ ⓪ **E** 𝓥𝓘𝓢𝓐. 🕸
⌸ 10000 – **27 cam** 70/90000.

Centrale, piazza Edison 2 $\mathscr{C}$ 221825 – ▤. ⒶⒺ Ⓢ ⓪ **E** 𝓥𝓘𝓢𝓐. 🕸
chiuso sabato, domenica e dal 22 dicembre al 7 gennaio – Pas carta 41/63000.

a Baratti NO : 11,5 km – ⊠ **57020** Populonia :

Demos, $\mathscr{C}$ 29519, ⩤, 🍽 – ⒶⒺ Ⓢ ⓪ **E** 𝓥𝓘𝓢𝓐. 🕸
chiuso martedì, gennaio e novembre – Pas carta 34/51000.

OPPI **84060** Salerno ⁴³¹ G 27 – a.s. luglio-agosto – 🕿 0974.

torni Rovine di Velia⋆ SE : 10 km.

na 350 – Acciaroli 7 – ♦Napoli 144 – Salerno 98 – Sapri 108.

La Vela e Rist. Il Grigliaro, $\mathscr{C}$ 905025, Fax 905140, ⩤, « Servizio rist. estivo sotto un
pergolato », 🐎 – |⋕| **Ⓟ**. 🕸
marzo-ottobre – Pas carta 27/41000 (10 %) – ⌸ 7500 – **42 cam** 35/62000 – ½ P 61/80000.

OVE DI SACCO **35028** Padova ⁹⁸⁸ ⑤, ⁴²⁹ G 18 – 17 453 ab. alt. 5 – 🕿 049.

na 514 – ♦Ferrara 88 – ♦Padova 18 – ♦Venezia 40.

Alla Botta, via Botta 4 $\mathscr{C}$ 5840827, 🍽, Rist. con specialità di mare – ▤ **Ⓟ**. ⒶⒺ Ⓢ ⓪ **E**
𝓥𝓘𝓢𝓐. 🕸
chiuso lunedì sera, martedì ed agosto – Pas carta 30/70000.

OVEZZANO Verona – Vedere Pastrengo.

PISA 56100 🅿 988⑭, 428 429 430 K 13 – 101 500 ab. alt. 4 – ✪ 050.

Vedere Torre Pendente★★★ AY– Battistero★★★ AYR – Duomo★★ AY: facciata★★★, pulpito★
di Giovanni Pisano – Camposanto★★ AYS : ciclo affreschi Il Giudizio Universale e l'Inferno★★
Il Trionfo della Morte★★ – Museo dell'Opera del Duomo★★ AY M1 – Museo Nazionale★ BZ
– Chiesa di Santa Maria della Spina★★ AZ– Museo delle Sinopie★ AY M2 – Piazza dei Cavalieri★
AY: facciata★ del palazzo dei Cavalieri ABY F – Palazzo Agostini★ ABY Z – Facciata★ d
chiesa di Santa Caterina BY E – Facciata★ della chiesa di San Michele in Borgo BY L – Co
della chiesa del Santo Sepolcro BZ Q – Facciata★ della chiesa di San Paolo a Ripa d'Arno A.

Dintorni San Piero a Grado★ per ⑤ : 6 km.

✈ Galileo Galilei S : 3 km BZ ℰ 500707 – Alitalia, via Corridoni (piazza Stazione) ⊠ 56
ℰ 48027.

🛈 piazza del Duomo ⊠ 56126 ℰ 560464.

A.C.I. via San Martino 1 ⊠ 56125 ℰ 47333.

Roma 335 ③ – ◆Firenze 77 ③ – ◆Livorno 22 ⑤ – ◆Milano 275 ① – ◆La Spezia 75 ①.

Pianta pagina seguente

🏨 **Cavalieri**, piazza Stazione 2 ⊠ 56125 ℰ 43290, Telex 590663, Fax 502242 – 🛗 🗏 📺 ◀
🛎 30 a 130. 🝙 🕃 ⑩ 🝔 🅅🅂🅰 ⬩⬩ rist   AZ
Pas carta 59/91000 – **100 cam** ⊊ 250/350000 – ½ P 230000.

🏨 **Gd H. Duomo**, via Santa Maria 94 ⊠ 56126 ℰ 561894, Telex 590039, Fax 560418 – 🛗
📺 🖳 – 🛎 80. 🝙 🕃 ⑩ 🝔 🅅🅂🅰 ⬩⬩   AY
Pas carta 40/58000 – **94 cam** ⊊ 180/250000, 2 appartamenti – ½ P 150/200000.

🏨 **D'Azeglio** senza rist, piazza Vittorio Emanuele II n° 18 ⊠ 56125 ℰ 500310, Telex 5900
Fax 28017 – 🛗 🗏 📺 ☎. 🝙 🕃 ⑩ 🝔 🅅🅂🅰 ⬩⬩   AZ
⊊ 12000 – **29 cam** 146/188000.

🏨 **Terminus** senza rist, via Colombo 45 ⊠ 56125 ℰ 500303, Telex 501047, Fax 500303 -
📺 ☎. 🝙 🕃 ⑩ 🝔 🅅🅂🅰   BZ
⊊ 12000 – **53 cam** 92/135000.

🏨 **Touring** senza rist, via Puccini 24 ⊠ 56125 ℰ 46374, Fax 502148 – 🛗 🗏 📺 ☎. 🝙 🕃
🝔 🅅🅂🅰   AZ
34 cam ⊊ 90/125000, 🖳 15000.

🏨 **Ariston** senza rist, via Maffi 42 ⊠ 56127 ℰ 561834, Fax 561891 – 📺 ☎ ᕼ. 🕃 ⑩ 🝔 🅅🅂🅰
⊊ 9500 – **33 cam** 73/97000.   AY

🍴🍴🍴 ✪ **Sergio**, lungarno Pacinotti 1 ⊠ 56126 ℰ 580580, Fax 580580 – 🖳. 🝙 🕃 ⑩ 🝔 🅅🅂🅰
chiuso domenica, lunedì a mezzogiorno, dal 10 al 30 gennaio e dal 9 al 16 agosto – P
carta 62/102000
Spec. Taglierini ai totanini, Ravioli al tartufo (autunno), Fantasia di pesce al vapore con verdure. Vini San To
Pulignano.   BY

🍴🍴 **Al Ristoro dei Vecchi Macelli**, via Volturno 49 ⊠ 56126 ℰ 20424, Coperti limit
prenotare – 🖳. 🝙 🕃 ⑩ 🝔 🅅🅂🅰 ⬩⬩   AYZ
chiuso domenica a mezzogiorno, mercoledì e dal 10 al 24 agosto – Pas carta 54/85000.

🍴🍴 **Emilio**, via Cammeo 44 ⊠ 56126 ℰ 562131, Fax 562096 – 🙀 🖳. 🝙 🕃 ⑩ 🝔 🅅🅂🅰 AY
chiuso lunedì – Pas carta 33/52000 (12%).

🍴🍴 **Il Nuraghe**, via Mazzini 58 ⊠ 56125 ℰ 44368, Rist. con specialità sarde – 🝙 🕃 ⑩
🅅🅂🅰. ⬩⬩   AZ
chiuso lunedì ed agosto – Pas carta 31/55000.

🍴 **Da Bruno**, via Bianchi 12 ⊠ 56123 ℰ 560818, Fax 550607 – 🙀 🖳. 🝙 🕃 ⑩ 🝔 🅅🅂🅰. ⬩⬩
chiuso lunedì sera, martedì e dal 5 al 18 agosto – Pas carta 35/54000 (12%).   BY

🍴 Il Cucciolo, vicolo Rosselmini 9 ⊠ 56125 ℰ 29435   BZ

sulla strada statale 206 per ④ : 10 km :

🍴 **Da Antonio**, località Arnaccio ⊠ 56023 Navacchio ℰ 742494 – 🅿. 🝙 🕃 ⑩ 🝔 🅅🅂🅰
chiuso venerdì e dal 1° al 26 agosto – Pas carta 35/50000.

sulla strada statale 1 - via Aurelia

🍴🍴 **La Rota**, per ① : 6,5 km ⊠ 56010 Madonna dell'Acqua ℰ 804443, Fax 803181, ⌂ – ◀
🝙 🕃 ⑩ 🝔 🅅🅂🅰
chiuso martedì – Pas carta 33/56000 (12%).

🍴 **Ugo**, per ① : 7,5 km ⊠ 56010 Migliarino Pisano ℰ 804455, ⌂ – 🅿. 🝙 🕃 ⑩ 🝔 🅅🅂🅰
chiuso lunedì e dal 9 al 22 agosto – Pas carta 40/58000.

MICHELIN, ad Ospedaletto per ④, via Barsanti 5/7 - ⊠ 56014 Ospedaletto di Pisa, ℰ 98120
Fax 985212.

Le Ottime Tavole

per voi abbiamo contraddistinto

alcuni alberghi (🏠 ... 🏨) e ristoranti (🍴 ... 🍴🍴🍴🍴🍴) con ✪, ✪✪ o ✪✪✪ .

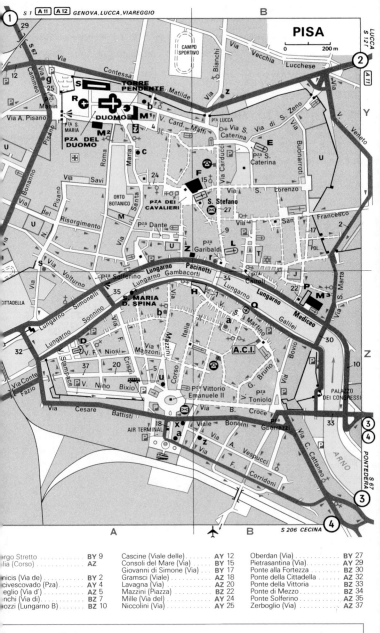

PISA

0   200 m

argo Stretto .... **BY** 9	Cascine (Viale delle) ...... **AY** 12	Oberdan (Via) .... **BY** 27
lia (Corso) .... **AZ**	Consoli del Mare (Via) .. **BY** 15	Pietrasantina (Via) .... **AY** 29
	Giovanni di Simone (Via) .. **BY** 17	Ponte alla Fortezza ...... **BZ** 30
nicis (Via de) .... **BY** 2	Gramsci (Viale) .... **AZ** 18	Ponte della Cittadella .... **AZ** 32
civescovado (Pza) .... **AY** 4	Lavagna (Via) .... **AY** 20	Ponte della Vittoria ...... **BZ** 33
eglio (Via d') .... **AZ** 5	Mazzini (Piazza) .... **BZ** 22	Ponte di Mezzo .... **BZ** 34
nchi (Via di) .... **BZ** 7	Mille (Via del) .... **AY** 24	Ponte Solferino .... **AZ** 35
ozzi (Lungarno B) .... **BZ** 10	Niccolini (Via) .... **AY** 25	Zerboglio (Via) .... **AZ** 37

Les Bonnes Tables

Nous distinguons à votre intention

certains hôtels (⌂ ... 🏨) et restaurants (✗ ... ✗✗✗✗✗) par ❀, ❀❀ ou ❀❀❀.

447

Roma 346 – ◆Firenze 103 – ◆Livorno 16 – Pisa 11 – Viareggio 31.

XX **La Taverna dei Gabbiani,** via Crosio 2 ℘ 35704, Solo piatti di pesce, Coperti limita
prenotare – ⒶⒺ ⑤ Ⓔ 𝑽𝑰𝑺𝑨 ⋘
chiuso a mezzogiorno (escluso domenica), lunedì, martedì, dal 15 settembre a maggio
Pas carta 44/60000.

X **L'Arsella,** via Padre Agostino ℘ 36615, ≤, Solo piatti di pesce, ⋏ – ⒶⒺ ⑤ Ⓔ 𝑽𝑰𝑺𝑨 ⋘
chiuso martedì sera, mercoledì e dall'11 gennaio al 27 febbraio – Pas carta 33/62000 (10%

X La Foce, viale Gabriele D'Annunzio 258 ℘ 36723, ≤, « Servizio estivo in terrazza » – ℗

Vedere Duomo★ B : dossale di San Jacopo★★★ – Battistero★ B **L** – Chiesa di Sant'Andrea
A **B** : pulpito★★ di Giovanni Pisano – Fregio★★ dell'Ospedale del Ceppo B – Visitazione★
(terracotta invetriata di Luca della Robbia), pulpito★ e fianco Nord★ della chiesa di Sa
Giovanni Fuorcivitas B **D** – Facciata★ del palazzo del comune B **H** – Pulpito★ nella chiesa di Sa
Bartolomeo in Pantano B **A**.

🅳 piazza del Duomo (Palazzo dei Vescovi) ℘ 21622, Fax 34328 – **A.C.I.** via Ricciardeto 2 ℘ 32101.

Roma 311 ④ – ◆Bologna 94 ① – ◆Firenze 37 ④ – ◆Milano 295 ① – Pisa 61 ④ – ◆La Spezia 113 ④.

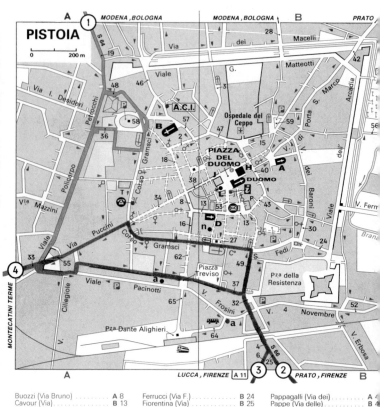

Buozzi (Via Bruno)	**A** 8	Ferrucci (Via F.)	**B** 24	Pappagalli (Via dei)	**A** 4		
Cavour (Via).	**B** 13	Fiorentina (Via)	**B** 25	Pappe (Via delle)	**B** 4		
Cino (Via).	**A** 16	Garibaldi (Piazza)	**B** 27	Porta al Borgo (Via)	**A** 4		
Curtanone e Montanara (Via)	**A** 18	Italia (Viale)	**B** 28	Porta Carritica (V. di)	**A** 4		
Orafi (Via degli).	**AB** 38	Laudesi (Via)	**B** 30	Provinciale (Via).	**B** 5		
Vanucci (Via).	**A** 62	Leonardo da Vinci (Piazza)	**B** 32	Roma (Via).	**B** 5		
		Macallè (Via)	**A** 33	Sacconi (Via Sergio)	**A** 5		
Abbi Pazienza (Via)	**A** 2	Madonna (Via della)	**A** 34	S. Agostino (Via di).	**B** 5		
Armeni (Via degli)	**B** 3	Molinuzzo (Via del)	**A** 36	S. Andrea (Via di)	**A** 5		
Battisti (Via Cesare)	**B** 4	Mura Urbane (Via)	**AB** 37	S. Francesco d'Assisi (Pza)	**A** 5		
Bonellina (Via)	**B** 6	Pacini (Via)	**B** 40	S. Lorenzo (Piazza)	**B** 5		
Ceppo (Via del)	**B** 15	Padre G. Antonelli (Via)	**B** 42	Vittorio Veneto (Viale)	**AB** 6		
Dalmazia (Via).	**A** 19	Palestro (Via)	**B** 43	20 Settembre (Viale)	**A** 6		

Milano senza rist, viale Pacinotti 10/12 ℰ 975700, Fax 32657 – 🛗 📺 ☎ – 🛢 35. 🖭 🛐 ⑩ B
E 𝘝𝘐𝘚𝘈. 🛠   A a
☲ 12000 – **55 cam** 70/103000.

Patria, via Crispi 8 ℰ 25187, Fax 368168 – 📺 ☎. 🛐 ⑩ E 𝘝𝘐𝘚𝘈. 🛠   B n
chiuso dal 1° al 15 agosto e dal 24 dicembre al 6 gennaio – Pas *(solo per clienti alloggiati;
chiuso a mezzogiorno, sabato e domenica)* carta 33/41000 (12%) – ☲ 13500 – **28 cam**
88/108000 – ½ P 84/114000.

X La Casa degli Amici, via Bonellina 111 ℰ 380305, Fax 380305, 🏤 – 🅿   B

X **Corradossi,** via Frosini 112 ℰ 25683 – 🍴. 🖭 🛐 ⑩ E 𝘝𝘐𝘚𝘈. 🛠   B a
chiuso domenica – Pas carta 28/63000.

X **Rafanelli,** via di Sant'Agostino 47 ℰ 532046 – 🅿. 🖭 🛐 ⑩ E 𝘝𝘐𝘚𝘈. 🛠   B
chiuso domenica sera, lunedi e dal 1° al 22 agosto – Pas carta 31/44000.

verso Montale - al Ponte Nuovo E : 4 km B :

🏠 **Il Convento,** N : 1,5 km ✉ 51030 Santomato ℰ 452651 e rist ℰ 452714, Fax 453578, ≼
città e pianura, 🏤, « Parco ombreggiato », 🏊 – 📺 ☎ 🅿. 🛐 E 𝘝𝘐𝘚𝘈. 🛠
Pas *(chiuso lunedi dal 10 gennaio a Pasqua)* carta 40/58000 – ☲ 10000 – **24 cam** 77/
100000 – ½ P 95000.

verso Montagnana E : 5 km per viale Mazzini A :

X **La Valle del Vincio-da Guido,** località Castagno di Pieve a Celle ✉ 51030 Montagnana
ℰ 477012, 🏤, « Giardino con laghetto » – 🅿. 🛠
chiuso lunedi sera, martedi e novembre – Pas carta 30/45000.

sulla strada statale 64 per ① : 9 km :

X **La Cugna,** via Bolognese 236 ✉ 51020 Corbezzi ℰ 475000 – 🅿. 🖭 🛐 E 𝘝𝘐𝘚𝘈. 🛠
chiuso mercoledi e dal 2 al 18 settembre – Pas carta 27/44000.

a Sammommè per ① : 13,5 km – alt. 553 – ✉ 51020 :

🏠 **Arcobaleno** 🐾, ℰ 470030, Fax 470147, ≼, 🏊, 🌳, 🎾 – ☎ 🅿 – 🛢 90. 🖭 🛐 ⑩ E 𝘝𝘐𝘚𝘈
chiuso dal 10 gennaio al 10 febbraio – Pas *(chiuso mercoledi)* carta 31/49000 – **28 cam**
☲ 130000 – ½ P 65/85000.

TIGLIANO 58017 Grosseto 🔢 ㉕, 🔢 O 16 – 4 362 ab. alt. 313 – ✪ 0564.
na 169 – Civitavecchia 91 – Grosseto 75 – Viterbo 69.

🏠 **Guastini,** piazza Petruccioli ℰ 616065, Fax 616652 – ☎
chiuso dal 20 gennaio al 5 febbraio – Pas carta 32/45000 – ☲ 8500 – **25 cam** 40/68000 –
½ P 60/83000.

ZZO 88026 Catanzaro 🔢 ㊴, 🔢 K 30 – 8 960 ab. alt. 107 – ✪ 0963.
na 603 – Catanzaro 59 – ♦Cosenza 88 – Lamezia Terme (Nicastro) 33 – Paola 58 – ♦Reggio di Calabria 107.

🏠 **Marinella,** riviera Prangi N : 4 km ℰ 534864, Fax 534884, 🏤, 🌳 – 🛗 🍴 📺 ☎ 🚗 🅿.
🖭 🛐 ⑩ E 𝘝𝘐𝘚𝘈. 🛠
Pas *(chiuso dal 23 dicembre al 2 gennaio)* carta 33/55000 – ☲ 8000 – **36 cam** 80/110000 –
½ P 70/90000.

🏠 **Grillo,** riviera Prangi N : 1 km ℰ 531632, Fax 531635, ≼, 🏤, 🛶 – ☎ 🅿. 🛐 ⑩ E 𝘝𝘐𝘚𝘈.
🛠 rist
chiuso marzo – Pas *(luglio-settembre)* carta 35/46000 – ☲ 5000 – **62 cam** 77/108000 –
½ P 59/89000.

XX **Isolabella,** riviera Prangi N : 4 km ℰ 264128, 🏤 – 🍴 🅿. 🛐 ⑩ E 𝘝𝘐𝘚𝘈. 🛠
chiuso lunedi escluso luglio-agosto – Pas carta 31/43000 (10%).

X **Medusa,** ℰ 531203, ≼, Solo piatti di pesce – 🖭 🛐 ⑩ 𝘝𝘐𝘚𝘈
chiuso lunedi escluso da luglio a settembre – **Pas** carta 29/41000 (12%).

.ANAVAL Aosta 🔢 ⑪, 🔢 ⑨ – Vedere Valgrisenche.

.ESIO 22010 Como 🔢 D 9, 🔢 ⑨ – 801 ab. alt. 581 – ✪ 0344.
na 665 – Como 39 – ♦Lugano 32 – ♦Milano 87 – Sondrio 72 – St-Moritz 102 – Menaggio 4.

🏠 **Samaver,** località Ligomena ℰ 37039, ≼ lago e monti – 🅿. 🛠 rist
Pasqua-ottobre – Pas *(chiuso mercoledi)* 35000 – ☲ 12500 – **16 cam** 45/73000 – ½ P 54/
58000.

.OSE Bolzano – alt. 2 446.
dere 🔆★★★.
na 708 – ♦Bolzano 67 – Bressanone 27 – ♦Milano 363.

)CENIA 33050 Udine 🔢 E 21 – 2 586 ab. alt. 9 – ✪ 0432.
na 607 – Gorizia 53 – ♦Milano 346 – Pordenone 51 – ♦Trieste 73 – Udine 29.

a Paradiso NE : 7 km – ✉ 33050 Pocenia :

X **Al Paradiso,** ℰ 777000, « Ambiente tipico » – 🅿. ⑩ 𝘝𝘐𝘚𝘈
chiuso lunedi, martedi, dal 7 al 25 gennaio e dal 1° al 25 luglio – **Pas** carta 28/43000.

POCOL Belluno – Vedere Cortina d'Ampezzo.

POGGIBONSI 53036 Siena 988 ⑭ ⑲, 430 L 15 – 26 377 ab. alt. 115 – ✆ 0577.
Roma 262 – ◆Firenze 43 – ◆Livorno 89 – Pisa 79 – Siena 32.

🏨 **Toscana Ambassador e Rist. Il Melachecca**, via di Salceto ✆ 983400, Fax 982922
⌘ – ⌘ ⌘ cam 🔲 📺 ☎ & ❷ – 🔬 40 a 100. ⌶ 🔡 ⓞ 🗲 𝘝𝘐𝘚𝘈. ⌘ rist
Pas *(chiuso lunedì)* carta 52/68000 – **89 cam** ⌇ 195000, appartamento – ½ P 170000.

🏨 **Europa** senza rist, località Calcinaia S : 2 km ✆ 933402, Fax 936069 – ⌘ 🔲 📺 ☎ ❷
🔬 100. ⌶ 🔡 ⓞ 🗲 𝘝𝘐𝘚𝘈. ⌘
⌇ 10000 – **41 cam** 57/87000.

✗ **Il Sole**, via Trento 5 ✆ 936283 – ⌶ 🔡 🗲 𝘝𝘐𝘚𝘈
chiuso lunedì e luglio o agosto – Pas carta 27/40000 (10 %).

POGGIO Livorno 430 N 12 – Vedere Elba (Isola d') : Marciana.

POGGIO A CAIANO 50046 Firenze 430 K 15 – 7 901 ab. alt. 57 – ✆ 055.
Vedere Villa★.
Roma 293 – ◆Firenze 17 – ◆Livorno 99 – ◆Milano 300 – Pisa 75 – Pistoia 18.

🏨 **Hermitage** ⍟, via Ginepraia 112 ✆ 877040, Fax 8797057, ≤, ⊥, ✿ – ⌘ 🔲 📺 ☎ ❷
🔬 30 a 150. ⌶ 🔡 ⓞ 🗲 𝘝𝘐𝘚𝘈
Pas *(chiuso domenica sera, venerdì ed agosto)* carta 32/48000 – ⌇ 10000 – **61 cam**
83/103000 – ½ P 78/105000.

POGGIO BERNI 47030 Forlì 429 430 J 19 – 2 525 ab. alt. 151 – ✆ 0541.
Roma 338 – Forlì 33 – ◆Ravenna 59 – Rimini 16.

✗✗ **Tre Re**, ✆ 629760, ≤, ⌂, prenotare la sera – 🔬 35. ⌶ 🔡 ⓞ 🗲 𝘝𝘐𝘚𝘈. ⌘
chiuso lunedì – Pas carta 36/53000.

POGGIO MIRTETO STAZIONE 02040 Rieti – alt. 242 – ✆ 0765.
Roma 48 – Rieti 47 – Terni 44 – Viterbo 73.

🏨 **Borgo Paraelios** ⍟, località Valle Collicchia N : 4 km ✆ 26267, Fax 26268, ⇆, ⊥, ◨
🔲 cam 📺 ☎ ❷. ⌶ ⓞ 𝘝𝘐𝘚𝘈. ⌘ rist
Pas 90/100000 – **14 cam** ⌇ 350000 – ½ P 265000.

Europe
Se il nome di un albergo è stampato in carattere magro,
chiedete al vostro arrivo le condizioni che vi saranno praticate.

POGGIO RUSCO 46025 Mantova 988 ⑭, 429 H 15 – 6 141 ab. alt. 16 – ✆ 0386.
Roma 448 – ◆Ferrara 68 – Mantova 43 – ◆Milano 216 – ◆Modena 44 – ◆Verona 58.

🏨 **Savoia**, via Matteotti 248 ✆ 51033 – 📺 ☎ ⇆ ⌶ 🔡 ⓞ 🗲 𝘝𝘐𝘚𝘈
Pas carta 25/35000 – ⌇ 10000 – **18 cam** 55/80000 – ½ P 60000.

POGLIANO MILANESE 20010 Milano 219 ⑱ – 7 386 ab. alt. 162 – ✆ 02.
Roma 595 – Como 41 – ◆Milano 20.

✗ **Settimo**, strada statale del Sempione ✆ 9340395 – ❷ 🔡 🗲 𝘝𝘐𝘚𝘈
chiuso domenica e dal 1° al 20 agosto – Pas carta 38/77000.

POGNANA LARIO 22020 Como 428 E 9, 219 ⑨ – 873 ab. alt. 307 – ✆ 031.
Roma 638 – Como 13 – ◆Milano 61.

✗ **La Meridiana**, ✆ 430259, ≤, ⌂ – ❷
chiuso ottobre, dal 25 dicembre al 2 gennaio e mercoledì (escluso da giugno a settembre)
Pas carta 28/46000.

POIRINO 10046 Torino 988 ⑫, 428 H 5 – 8 700 ab. alt. 249 – ✆ 011.
Roma 648 – Asti 34 – Cuneo 94 – ◆Milano 155 – ◆Torino 27.

✗ **Del Moro**, ✆ 9450139, ⌂ – ❷. 🔡 𝘝𝘐𝘚𝘈
chiuso martedì (escluso maggio) ed in agosto solo a mezzogiorno – Pas carta 27/47000.

a Favari O : 3 km – ⌧ 10046 Poirino :

✗✗ **Le Lune**, ✆ 9453150 – 🔲 ❷. 🔡 𝘝𝘐𝘚𝘈
chiuso agosto, domenica sera e lunedì (escluso i giorni festivi) – Pas carta 27/41000.

POLCENIGO 33070 Pordenone 988 ⑤, 429 D 19 – 3 255 ab. alt. 40 – ✆ 0434.
Roma 592 – Belluno 61 – ◆Milano 331 – Pordenone 17 – Treviso 52 – ◆Trieste 129 – Udine 67 – ◆Venezia 81.

✗✗✗ **Cial de Brent**, verso San Giovanni ✆ 748777, Fax 748778 – ❷. 🔬 150. ⌶ 🔡 🗲 𝘝𝘐𝘚𝘈
chiuso a mezzogiorno (escluso domenica), lunedì, gennaio ed agosto – Pas carta 60/83000.

✗ **Al Gorgazzo-da Genio**, N : 1 km ✆ 74400, ✿ – ❷. 🔡 ⓞ 🗲 𝘝𝘐𝘚𝘈
chiuso martedì e dal 15 gennaio al 10 febbraio – Pas carta 27/58000.

POLESINE PARMENSE 43010 Parma 428 429 G 12 – 1 530 ab. alt. 35 – ✆ 0524.

na 496 – ♦Bologna 134 – Cremona 23 – ♦Milano 97 – ♦Parma 46 – Piacenza 35.

XX **Al Cavallino Bianco,** ℰ 96136 – ⊕. ஊ ⑤ ⓪ E 𝗩𝗜𝗦𝗔
chiuso martedì e dal 7 al 22 gennaio – Pas carta 31/57000.

a Santa Franca O : 2 km – ⊠ 43010 Polesine Parmense :

XX **Da Colombo,** ℰ 98114, Fax 98003, 🌲, prenotare – ⊕. ஊ ⑤ E 𝗩𝗜𝗦𝗔. ⪥
chiuso martedì, dal 10 al 30 gennaio e dal 20 luglio al 10 agosto – Pas carta 39/57000.

POLICORO 75025 Matera 988 ㉙, 431 G 32 – 14 560 ab. alt. 31 – ✆ 0835.

na 487 – ♦Bari 134 – ♦Cosenza 136 – Matera 66 – Potenza 129 – ♦Taranto 68.

XX **Callà 2** con cam, via Lazio 5 ℰ 981098 – 📶 ▤ 📺 ⊕. E 𝗩𝗜𝗦𝗔. ⪥
Pas *(chiuso venerdì)* carta 22/40000 – ⇌ 5000 – **21 cam** 55/90000 – ½ P 80/105000.

al lido SE : 4 km :

🏠 Heraclea 🏖, ⊠ 75025 ℰ 910144, Fax 910144 – 📶 ▤ ☎ ⊕ – 🔬 250.
86 cam.

POLIGNANO A MARE 70044 Bari 988 ㉙, 431 E 33 – 16 380 ab. – a.s. 21 giugno-settembre –
080.

na 486 – ♦Bari 36 – ♦Brindisi 77 – Matera 82 – ♦Taranto 70.

🏠 **Grotta Palazzese** 🏖, via Narciso 59 ℰ 740677, Fax 740767, ≤, « Servizio rist. estivo in una grotta sul mare » – ▤ 📺 ☎. ஊ ⑤ ⓪ E 𝗩𝗜𝗦𝗔. ⪥
Pas carta 57/85000 – **20 cam** ⇌ 110/165000 – ½ P 140000.

🏠 **Castellinaria** 🏖, cala San Giovanni (strada statale NO : 2 km) ℰ 740233, Fax 740233, 🌲, 🏖, 🌾 – 📶 ☎ ⊕ – 🔬 50. ஊ ⑤ ⓪ E 𝗩𝗜𝗦𝗔. ⪥ rist
chiuso dal 5 novembre al 6 dicembre – Pas carta 44/74000 – ⇌ 13000 – **32 cam** 170000 – ½ P 140/175000.

🏠 **Covo dei Saraceni,** via Conversano 1/1 A ℰ 741177, Fax 807010, ≤, 🌲 – 📶 ▤ 📺 ☎ – 🔬 100. ஊ ⑤ ⓪ E 𝗩𝗜𝗦𝗔
Pas carta 30/50000 – ⇌ 10000 – **26 cam** 100/120000 – P 75/100000.

XX **Da Tuccino,** contrada Santa Caterina ℰ 741560, ≤, 🌲 – ⊕. ஊ ⑤ E 𝗩𝗜𝗦𝗔. ⪥
chiuso dal 9 dicembre al 28 febbraio e lunedì a mezzogiorno (escluso luglio-agosto) – Pas carta 44/64000.

POLISTENA 89024 Reggio di Calabria 988 ㊴, 431 L 30 – 11 967 ab. alt. 239 – ✆ 0966.

ma 652 – Catanzaro 120 – ♦Cosenza 138 – ♦Reggio di Calabria 73.

🏠 **Mommo,** ℰ 932734 – 📶 ▤ rist 📺 ☎ 🚗. ⑤ E 𝗩𝗜𝗦𝗔. ⪥
Pas carta 22/31000 – ⇌ 6000 – **34 cam** 40/60000 – ½ P 55000.

POLPENAZZE DEL GARDA 25080 Brescia 428 429 F 13 – 1 535 ab. alt. 207 – ✆ 0365.

na 540 – ♦Brescia 28 – Mantova 79 – ♦Milano 129 – Trento 104.

a Picedo E : 1,5 km – ⊠ 25080 Polpenazze del Garda :

X **Taverna Picedo,** ℰ 674103, 🌲 – ⊕. ஊ ⑤ E 𝗩𝗜𝗦𝗔
chiuso dal 7 al 20 gennaio, lunedì, martedì a mezzogiorno da giugno a settembre, tutto il giorno negli altri mesi – Pas carta 34/49000.

POMAROLO 38060 Trento – 1 943 ab. alt. 210 – ✆ 0464.

na 567 – Trento 28 – ♦Verona 85.

XX **Conca Verde,** via Pasini 1 ℰ 411530 – ஊ ⑤ ⓪ E 𝗩𝗜𝗦𝗔
chiuso lunedì e novembre – Pas carta 32/46000.

POMEZIA 00040 Roma 988 ㉖, 430 Q 19 – 39 227 ab. alt. 108 – ✆ 06.

na 29 – Anzio 31 – Frosinone 105 – Latina 41 – Ostia Antica 32.

🏨 **Selene,** via Pontina ℰ 912901, Telex 613467, Fax 9121579, 🌊, 🌾, ⪥ – 📶 ▤ 📺 ☎ 🖐 ⊕ – 🔬 25 a 400. ஊ ⑤ ⓪ E 𝗩𝗜𝗦𝗔. ⪥
Pas carta 48/77000 – **200 cam** ⇌ 175/256000, 13 appartamenti – ½ P 130/145000.

🏨 **Enea Hotel,** via del Mare 83 ℰ 9107021, Telex 616105, Fax 9107021, 😓, 🌊 – 📶 ▤ 📺 ☎ 🖐 ⊕ – 🔬 25 a 300. ஊ ⑤ ⓪ E 𝗩𝗜𝗦𝗔. ⪥
Pas carta 40/50000 – **92 cam** ⇌ 138/190000 – ½ P 170/176000.

POMIGLIANO D'ARCO 80038 Napoli 988 ㉗, 431 E 25 – 42 819 ab. alt. 33 – ✆ 081.

ma 223 – Benevento 55 – Caserta 32 – ♦Napoli 13 – Salerno 55.

🏠 **Quadrifoglio,** ⊠ 80030 Castello di Cisterna ℰ 8844222, Fax 8842090 – 📶 ▤ 📺 ☎ ⊕ – 🔬 150. ஊ ⑤ ⓪ E 𝗩𝗜𝗦𝗔. ⪥ rist
Pas carta 33/50000 (10 %) – **72 cam** ⇌ 170/190000 – ½ P 140/170000.

POMONTE Livorno 430 N 12 – Vedere Elba (Isola d') : Marciana.

POMPEI 80045 Napoli 988 ㉗, 431 E 25 – 25 730 ab. alt. 16 – a.s. maggio-15 ottobre – ✆ 081.

Vedere Foro★★★ : Basilica★★, Tempio di Apollo★★, Tempio di Giove★★ – Terme Stabiane★★ – Casa dei Vettii★★★ – Villa dei Misteri★★★ – Antiquarium★★ – Odeon★★ – Casa del Menadro★★ – Via dell'Abbondanza★★ – Fullonica Stephani★★ – Casa del Fauno★★ – Porta Ercolano★★ – Via dei Sepolcri★★ – Foro Triangolare★ – Teatro Grande★ – Tempio di Iside★ – Termopolio★ – Casa di Loreius Tiburtinus★ – Villa di Giulia Felice★ – Anfiteatro★ – Necropoli fuori Porta Nocera★ – Pistrinum★ – Casa degli Amorini Dorati★ – Torre di Mercurio★ : ≼★★ – Casa del Poeta Tragico★ – Pitture★ nella casa dell'Ara Massima – Fontana★ nella casa del Fontana Grande.

Dintorni Villa romana di Oplonti★★★ a Torre Annunziata O : 6 km.

🛈 via Sacra 1 ℘ 8631041; agli Scavi, piazza Esedra ℘ 8610913.

Roma 237 – Avellino 49 – Caserta 50 – ♦Napoli 24 – Salerno 29 – Sorrento 28.

🏨 **Villa Laura** senza rist, via della Salle 13 ℘ 8631024, Fax 8504893, ☞ – 🔳 📺 🕿 ⇔. 🛂 🔟 🗲 𝚅𝙸𝚂𝙰. ⬚ 8000 – **24 cam** 70/115000.

🏠 **Forum,** via Roma 99 ℘ 8501170, Fax 8506132, ☞ – 🔳 📺 🕿. 🛂 🔟 🗲 𝚅𝙸𝚂𝙰. 𝒮ℛ rist Pas (solo per clienti alloggiati) 25/50000 – ⬚ 6000 – **9 cam** 75/87000.

🏠 **Calypso** senza rist, via Mazzini 93 ℘ 8505445 – 📺 🕿 🅿 𝚅𝙸𝚂𝙰 **10 cam** ⬚ 66/95000.

🏠 **Diomede** senza rist, viale Mazzini 40/46 ℘ 8507586 – 🛗 🔳 📺 🕿 ⇔ ⬚ 8000 – **24 cam** 50/100000.

❊❊❊ **Il Principe,** piazza Bartolo Longo 8 ℘ 8505566, Fax 8505566 – 🔳. 🛂 🔟 𝚅𝙸𝚂𝙰. 𝒮ℛ chiuso lunedì e dal 1° al 15 agosto – Pas carta 51/75000.

❊ **Zi Caterina,** via Roma 20 ℘ 8507447, Fax 8502607 – 🔳. 🛂 🔟 🗲 𝚅𝙸𝚂𝙰 chiuso martedì e dal 28 giugno all'8 luglio – Pas carta 27/60000.

in prossimità dello svincolo Scafati-Pompei :

🏠 **Giovanna** ⬙ senza rist, ⬀ 80045 ℘ 8503535, ☞ – 🛗 🔳 📺 🕿 🅿. 🛂 🔟 🗲 𝚅𝙸𝚂𝙰. 𝒮ℛ chiuso dal 26 dicembre al 2 gennaio – ⬚ 10000 – **24 cam** 85/110000, 🔳 20000.

POMPONESCO 46030 Mantova 428 429 H 13 – 1 437 ab. alt. 23 – ✆ 0375.

Roma 459 – Mantova 38 – ♦Milano 154 – ♦Modena 56 – ♦Parma 32.

❊❊❊ **Il Leone** con cam, ℘ 86077, Fax 86077, « Caratteristiche decorazioni », ⬓ – 🕿. 🛂 🔟 🗲 𝚅𝙸𝚂𝙰 chiuso dal 1° al 20 gennaio e dal 16 al 26 agosto – Pas (chiuso domenica sera e lunedì) carta 44/66000 – ⬚ 8500 – **8 cam** 75/110000 – ½ P 90000.

PONDERANO 13058 Vercelli 219 ⑮ – 3 738 ab. alt. 357 – ✆ 015.

Roma 673 – Biella 4 – ♦Milano 100 – Vercelli 40.

❊❊ **Gran Paradiso-da Valdo,** via Mazzini 63 ℘ 541979 – 🔳 🅿. 🛂 🔟 🗲 𝚅𝙸𝚂𝙰. 𝒮ℛ chiuso mercoledì e dal 28 luglio al 22 agosto – Pas carta 42/72000.

PONSACCO 56038 Pisa 988 ⑭, 428 429 430 L 13 – 12 151 ab. alt. 24 – ✆ 0587.

Roma 319 – ♦Firenze 59 – ♦Livorno 32 – Siena 88.

🏠 **Enrico,** via Gramsci 3 ℘ 731305, Fax 731305, ☞ – 📺 🕿 🅿. 🛂 🔟 🗲 𝚅𝙸𝚂𝙰. 𝒮ℛ Pas (chiuso domenica) carta 28/44000 – ⬚ 8500 – **10 cam** 68/90000 – ½ P 55/70000.

PONT Aosta 219 ⑫ – Vedere Valsavarenche.

PONTASSIEVE 50065 Firenze 988 ⑮, 429 430 K 16 – 20 478 ab. alt. 101 – ✆ 055.

Roma 263 – Arezzo 67 – ♦Firenze 18 – Forlì 91 – ♦Milano 317 – Siena 86.

🏨 **Moderno** senza rist, via Londra 5 ℘ 8315541, Telex 574381, Fax 8368848 – 🛗 🔳 🕿 ⇔ 🛂 30 a 120. 🛂 🔟 🗲 𝚅𝙸𝚂𝙰 ⬚ 15000 – **120 cam** 135/210000.

PONT CANAVESE 10085 Torino 988 ②, 428 F 4 – 3 944 ab. alt. 461 – ✆ 0124.

Roma 704 – Aosta 92 – Ivrea 29 – ♦Milano 142 – Novara 96 – ♦Torino 47.

🏠 **Bergagna,** via Marconi 19 ℘ 85153 – 📺 🅿. 🛂 🔟. 𝒮ℛ cam chiuso dal 1° al 20 ottobre – Pas (chiuso martedì da novembre a maggio) carta 23/35000 ⬚ 5000 – **15 cam** 45/64000 – ½ P 43/48000.

PONTE A CAPPIANO Firenze – Vedere Fucecchio.

PONTE A MORIANO 55029 Lucca 428 429 430 K 13 – alt. 53 – ✆ 0583.

Roma 357 – ♦Firenze 83 – Lucca 9 – ♦Milano 283 – Pistoia 52.

❊❊ **La Mora,** a Sesto NO : 2,5 km ℘ 406402, Fax 406135, 🏡 – 🛂 🔟 🔟 🗲 𝚅𝙸𝚂𝙰. 𝒮ℛ chiuso mercoledì sera, giovedì, dal 24 giugno al 4 luglio e dal 7 al 23 ottobre – Pas carta 40/65000.

❊ **Antica Locanda di Sesto,** a Sesto NO : 2,5 km ℘ 578181 – 🅿. 🛂 🔟 🗲 𝚅𝙸𝚂𝙰. 𝒮ℛ chiuso sabato, dal 24 al 31 dicembre ed agosto – Pas carta 27/55000.

PONTE ARCHE Trento 988 ④ – Vedere Lomaso.

NTE BROLLA – Vedere Cantone Ticino alla fine dell'elenco alfabetico.

NTE BUGGIANESE 51019 Pistoia 四28 四29 四30 K 14 – 7 239 ab. alt. 18 – ☎ 0572.
a 329 – ◆Firenze 55 – Lucca 23 – Pisa 41 – Pistoia 24.

Meucci con cam, via Matteotti 79 ℰ 635017 – 🛗 📺 ☎. 🅰🅴 🛅 🇪 𝘝𝘐𝘚𝘈. ℛ cam
Pas *(chiuso mercoledì)* carta 29/53000 – ☲ 5000 – **14 cam** 62/89000 – ½ P 50/70000.

NTECAGNANO 84098 Salerno 四88 ㉘, 四31 F 26 – 22 832 ab. alt. 28 – a.s. luglio-agosto –
39.
a 273 – Avellino 48 – ◆Napoli 68 – Salerno 9.

Europa, via Europa 2 ℰ 848072, Fax 848528 – 🛗 📺 ☎ 🄿. 🛅 🇪 𝘝𝘐𝘚𝘈
chiuso dal 24 dicembre al 3 gennaio – Pas *(chiuso domenica escluso da giugno a set-tembre)* 20000 – ☲ 4000 – **40 cam** 50/80000 – ½ P 55/65000.

sulla strada statale 18 E : 2 km :

Carosello, ✉ 84098 ℰ 381314, Fax 383910 – 🛗 ▤ rist 📺 ☎ 🄿 – 🔬 120. 🅰🅴 🛅 ⓞ 🇪 𝘝𝘐𝘚𝘈.
ℛ
Pas *(chiuso sabato)* carta 26/45000 (12%) – ☲ 7000 – **41 cam** 56/86000, 3 appartamenti –
½ P 70/75000.

1 + 1, ✉ 84098 ℰ 384177, Fax 849123 – 🛗 📺 ☎ 🄿. ℛ
Pas carta 27/38000 – ☲ 6000 – **40 cam** 45/72000 – ½ P 60000.

NTECCHIO POLESINE 45030 Rovigo 四29 G 17 – 1 395 ab. alt. 5 – ☎ 0425.
a 456 – ◆Ferrara 31 – ◆Milano 287 – Rovigo 7.

La Vecia, località San Pietro ℰ 492601 – 🄿. 🅰🅴. ℛ
chiuso lunedì, dal 2 al 10 gennaio ed agosto – Pas carta 42/48000.

NTE DELL'OLIO 29028 Piacenza 四28 H 10 – 4 751 ab. alt. 210 – ☎ 0523.
a 548 – ◆Genova 127 – ◆Milano 100 – Piacenza 22.

Locanda Cacciatori ॐ con cam, località Castione E : 3 km ℰ 877206, 🍽 – 🚗 🄿 –
🔬 100. 🅰🅴. ℛ
chiuso gennaio – Pas *(chiuso mercoledì)* carta 25/45000 – **13 cam** ☲ 40/55000 – ½ P 55/
65000.

NTEDERA 56025 Pisa 四88 ⑭, 四28 四29 四30 L 13 – 26 919 ab. alt. 14 – ☎ 0587.
a 314 – ◆Firenze 61 – ◆Livorno 32 – Lucca 28 – Pisa 22 – Pistoia 45 – Siena 86.

Armonia, piazza Duomo 11 ℰ 52240 – 📺 🛅
Pas *(chiuso sabato, domenica ed agosto)* 25/32000 – ☲ 8500 – **26 cam** 60/80000.

Il Falchetto senza rist, piazza Caduti di Cefalonia e Corfù 3 ℰ 212113, Fax 212113 – 📺
☎. 🅰🅴 🛅 ⓞ 🇪 𝘝𝘐𝘚𝘈
☲ 8000 – **18 cam** 66/88000.

Aeroscalo, via Roma 8 ℰ 52024 – 🅰🅴 🛅 ⓞ 🇪 𝘝𝘐𝘚𝘈. ℛ
chiuso lunedì ed agosto – Pas carta 39/46000.

Baldini, via Tosco Romagnola 118 ℰ 52712 – ▤ 🄿. 🅰🅴 🛅 ⓞ 🇪 𝘝𝘐𝘚𝘈
chiuso domenica – Pas carta 31/47000.

Al Cavallino Rosso, via Pisana 94 ℰ 52549

NTE DI BRENTA Padova – Vedere Padova.

NTE DI LEGNO 25056 Brescia 四88 ④, 四28 D 13 – 2 012 ab. alt. 1 258 – a.s. febbraio, Pasqua,
-agosto e Natale – Sport invernali : 1 258/1 920 m ≰4, ≰ (vedere anche Passo del
le) – ☎ 0364.
(iugno-settembre) ℰ 900306.
rso Milano 41 ℰ 91122, Fax 91949.
677 – ◆Bolzano 107 – Bormio 42 – ◆Brescia 119 – ◆Milano 167 – Sondrio 64.

Mirella, ℰ 900500, Telex 305807, ≤, ⇌, 🔲, 🍽, ℛ – 🛗 📺 ☎ ৬ 🚗 🄿 –
🔬 30 a 300. 🅰🅴 🛅 ⓞ 🇪 𝘝𝘐𝘚𝘈. ℛ rist
Pas carta 45/76000 – ☲ 15000 – **61 cam** 180/200000 – ½ P 110/190000.

Sorriso ॐ, ℰ 900488, Fax 91538, ℛ – 🛗 📺 ☎ ৬ 🚗 🄿. 🛅 🇪 𝘝𝘐𝘚𝘈. ℛ
dicembre-Pasqua e giugno-settembre – Pas *(solo per clienti alloggiati)* 30/40000 – ☲ 10000
– **20 cam** 130/180000 – ½ P 150000.

Mignon, ℰ 900480, Fax 900480, ≤, 🍽 – 🛗 📺 ☎ 🚗 🄿 🛅 🇪 𝘝𝘐𝘚𝘈. ℛ
Pas *(chiuso giovedì, maggio, ottobre e novembre)* 20/35000 – ☲ 8000 – **38 cam** 56/105000
– ½ P 80/90000.

Al Maniero con cam, ℰ 900490, ≤ – ☎ 🚗 🄿. 🛅 ⓞ 🇪 𝘝𝘐𝘚𝘈. ℛ rist
chiuso dall'8 al 22 gennaio – Pas *(chiuso lunedì)* carta 34/53000 – ☲ 8000 – **12 cam**
50/80000 – ½ P 70/90000.

Sporting, ℰ 91775, 🍽 – 🄿. 🛅 ⓞ 🇪 𝘝𝘐𝘚𝘈. ℛ
chiuso martedì e dal 5 al 20 giugno – Pas carta 32/43000.

Vedere anche : *Tonale (Passo del)* E : 11 km.

PONTE DI NAVA Cuneo 🗺️ J 5 – Vedere Ormea.

PONTE DI PIAVE 31047 Treviso 🗺️⑤, 🗺️ E 19 – 6 193 ab. alt. 10 – ✆ 0422.
Roma 563 – ♦Milano 302 – Treviso 19 – ♦Trieste 126 – Udine 95 – ♦Venezia 52.

   a Levada N : 3 km – ✉ 31047 Ponte di Piave :

XX **Al Gabbiano** con cam, ℰ 853205, Fax 853540, ☞ – 🛏 🍴 cam 🗄 📺 ☎ 🅿. 🖭 🗗 (
   VISA. 🍽
   Pas *(chiuso domenica)* carta 35/56000 – 🍽 10000 – **19 cam** 55/85000 – ½ P 75000.

PONTE DI TURBIGO Novara 🗺️⑦ – Vedere Galliate.

PONTE IN VALTELLINA 23026 Sondrio 🗺️ 🗺️ D 11 – 2 265 ab. alt. 500 – ✆ 0342.
Roma 709 – Edolo 39 – ♦Milano 148 – Sondrio 10 – Passo dello Stelvio 78.

XX **Cerere,** ℰ 482294, ≼, «In una antica dimora »– 🖭 🗗 ⓞ 🄴 VISA
   chiuso mercoledì (escluso agosto) e dal 1° al 25 luglio – Pas carta 32/48000.

PONTE NELLE ALPI 32014 Belluno 🗺️⑤ – 7 547 ab. alt. 400 – ✆ 0437.
Roma 609 – Belluno 8 – Cortina d'Ampezzo 63 – ♦Milano 348 – Treviso 69 – Udine 109 – ♦Venezia 98.

   sulla strada statale 51 :

XX **Da Benito** con cam, località Pian di Vedoia N : 3 km ✉ 32014 ℰ 99420, Fax 990472,
   🛏 📺 ☎ 🅿 – 🅰 80. 🖭 🗗 ⓞ 🄴 VISA. 🍽
   chiuso dal 15 luglio all'8 agosto – Pas *(chiuso domenica sera e lunedì)* carta 32/45000 (1
   – 🍽 10000 – **26 cam** 90/110000 – ½ P 50/90000.

XX **Alla Vigna,** località Cadola E : 2 km ✉ 32014 ℰ 999593 – 🖭 ⓞ VISA
   chiuso martedì sera, mercoledì e dal 20 settembre al 10 ottobre – Pas carta 35/51000.

PONTERANICA 24010 Bergamo 🗺️ E 11 – 7 102 ab. alt. 381 – ✆ 035.
Roma 608 – ♦Bergamo 8 – ♦Milano 55.

XX **Parco dei Colli,** ℰ 572227, ☕ – 🅿. 🖭 🗗 ⓞ VISA. 🍽
   chiuso mercoledì e dal 5 al 25 agosto – Pas carta 38/63000.

PONTE SAN GIOVANNI Perugia 🗺️ M 19 – Vedere Perugia.

PONTE SAN NICOLÒ 35020 Padova – 10 473 ab. alt. 11 – ✆ 049.
Roma 498 – ♦Padova 8 – ♦Venezia 40.

Pianta : vedere Padova

🏠 **Marconi** senza rist, località Roncaglia ℰ 719122, Telex 432174, Fax 719122 – 🛏 🗄 🗗
   ⬅ 🅿 – 🅰 20 a 80. 🖭 🗗 ⓞ 🄴 VISA. 🍽   B.
   🍽 11000 – **41 cam** 96/137000.

X **Alla Posta,** località Roncaiette (S : 2 km) ℰ 717409, Fax 8961012, Solo piatti di pes
   🅿. 🖭 🗗 🄴 VISA. 🍽
   chiuso domenica, lunedì ed agosto – Pas carta 58/93000.

PONTE TARO Parma – Vedere Parma.

PONTE TRESA – Vedere Cantone Ticino alla fine dell'elenco alfabetico.

PONTE VALLECEPPI Perugia 🗺️ M 19 – Vedere Perugia.

PONTICINO 52020 Arezzo 🗺️ L 17 – alt. 255 – ✆ 0575.
Roma 217 – Arezzo 15 – ♦Firenze 67.

🏠 **Country,** ℰ 898444, Fax 898040, ☞ – 🛏 🗄 rist 📺 ☎ 🅿 – 🅰 50. 🖭 🗗 ⓞ VISA. 🍽
   chiuso dal 1° al 25 agosto – Pas *(chiuso lunedì)* carta 27/52000 (5%) – 🍽 5000 – **14**
   80000 – ½ P 80000.

PONTINVREA 17040 Savona 🗺️⑫, 🗺️ I 7 – 738 ab. alt. 425 – ✆ 019.
Roma 546 – Alessandria 77 – ♦Genova 61 – ♦Milano 173 – Savona 24 – ♦Torino 149.

   a Il Giovo SE : 4 km – ✉ 17040 Giovo Ligure :

🏠 **Ligure,** ℰ 705007, ☞ – 🅿. 🖭 🗗 ⓞ 🄴 VISA. 🍽
   chiuso gennaio e febbraio – Pas *(chiuso martedì da ottobre a giugno)* carta 20/35C
   🍽 3000 – **31 cam** 35/60000 – ½ P 45/55000.

PONTREMOLI 54027 Massa-Carrara 🗺️⑬ ⑭, 🗺️ 🗺️ 🗺️ I 11 – 9 448 ab. alt. 236 – ✆ C
Roma 438 – Carrara 53 – ♦Firenze 164 – Massa 55 – ♦Milano 186 – ♦Parma 81.

🏨 **Golf Hotel** ⑤, via Pineta ℰ 831573, Fax 831591, ☞ – 🛏 📺 ☎ 🅿 – 🅰 50 a 250. 🗗
   ⓞ 🄴 VISA. 🍽 rist
   Pas *(chiuso venerdì)* carta 39/63000 – 🍽 10000 – **80 cam** 68/108000 – ½ P 90000.

🌂 **Cà del Moro,** via Casa Corvi ℘ 830588, 佘 – **②. ⁂ ⑤ ⑩ E ⅦⅪ**
chiuso domenica sera, lunedì, dal 20 gennaio al 10 febbraio e dal 1° al 15 luglio – Pas carta 30/45000.

🌂 **Da Bussè,** piazza Duomo 31 ℘ 831371, prenotare sabato-domenica
chiuso la sera (escluso sabato-domenica) e venerdì – **Pas** carta 30/42000.

NT-SAINT-MARTIN 11026 Aosta ⁹⁸⁸ ②, ⁴²⁸ F 5 – 3 923 ab. alt. 345 – a.s. luglio-agosto – ⁾125.

ᵉʳᵉ Guida Verde.

ᵃ 699 – Aosta 51 – Ivrea 24 – ♦Milano 137 – Novara 91 – ♦Torino 66.

🏢 Ponte Romano, senza rist, piazza IV Novembre 14 ℘ 84320, Fax 82108 – 📳 🖂 ☎
13 cam.

NZA (Isola di) Latina ⁹⁸⁸ ㉘, ⁴³⁰ ㊵ – 3 398 ab. da 0 a 280 (monte Guardia) – a.s. Pas-ᵉ e luglio-agosto – ☎ 0771.
ᵢmitazione d'accesso degli autoveicoli è regolata da norme legislative.

ᵉʳᵉ Località★.

↙ per Anzio 15 giugno-15 settembre giornalieri (2 h 30 mn) e Formia giornalieri (2 h 30 mn) ᵃremar-agenzia Regine, molo Musco ℘ 80565, Fax 80565; per Terracina giornaliero (2 h) – ᵖorti Marittima Mazzella, al porto.

ᵖer Formia giornalieri (1 h 40 mn) – Caremar-agenzia Regine, molo Musco ℘ 80565, 80565.

Ponza – ⋈ 04027

🏢 **Bellavista** ⋙, ℘ 80036, Fax 80395, ⩽ costa e mare – 📳 ☎. ⅦⅪ. ⋘
aprile-settembre – Pas carta 41/56000 – ⇌ 14000 – **24 cam** 70/120000 – ½ P 130/140000.

Acqua Pazza, ℘ 80643, ⩽, 佘, Coperti limitati; prenotare – ⁂ ⑤ E ⅦⅪ
Pasqua-ottobre – Pas carta 46/75000 (10%).

La Kambusa, ℘ 80280, Fax 80280, 佘 – ⁂ ⑤ ⑩ E ⅦⅪ. ⋘
giugno-settembre – Pas carta 39/63000 (10%).

NZANO VENETO 31050 Treviso ⁴²⁹ E 18 – 7 052 ab. alt. 28 – ☎ 0422.

ᵃ 546 – Belluno 74 – Treviso 5 – ♦Venezia 35 – Vicenza 62.

a Paderno di Ponzano NO : 2 km – ⋈ **31050** Ponzano Veneto :

🌂 **Relais el Toulà** ⋙, con cam, via Postumia 63 ℘ 969191, Telex 411328, Fax 969994, 佘, prenotare, « Parco con ⅃ » – 🖂 ☎ **②. ⁂ ⑤ ⑩ E ⅦⅪ**. ⋘ rist
Pas carta 75/95000 (15%) – ⇌ 20000 – **9 cam** 400000, appartamento – ½ P 255/395000.

NZONE 15010 Alessandria ⁴²⁸ I 7 – 1 187 ab. alt. 606 – ☎ 0144.

ᵃ 579 – Acqui Terme 13 – Alessandria 47 – ♦Genova 80 – ♦Milano 143 – Savona 48.

Malò con cam, piazza Garibaldi 1 ℘ 78124 – ⑤. ⋘ cam
Pas *(chiuso mercoledì)* carta 25/40000 – ⇌ 8000 – **14 cam** *(aprile-ottobre)* 35/52000 – ½ P 38000.

PPI 52014 Arezzo ⁹⁸⁸ ⑮, ⁴²⁹ ⁴³⁰ K 17 – 5 656 ab. alt. 437 – ☎ 0575.

ᵢere Cortile★ del Castello.

ᶜasentino *(chiuso martedì)* ℘ 520167.

ᵃ 247 – Arezzo 33 – ♦ Firenze 58 – ♦ Ravenna 118.

🏢 **Parc Hotel,** via Roma 214 (località Ponte) ℘ 529994, Fax 529984, 佘, ⅃, ⋟ – 🖿 🖂 ☎ ⟻ **②. ⁂ ⑤ E ⅦⅪ**. ⋘ rist
Pas *(chiuso martedì)* carta 29/42000 – ⇌ 9000 – **21 cam** 61/95000 – ½ P 60/87000.

Campaldino con cam, via Roma 95 (località Ponte) ℘ 529008, Fax 529032 – 🖂 ☎. ⁂ ⑤ E ⅦⅪ. ⋘
chiuso dal 1° al 15 luglio – Pas *(chiuso mercoledì escluso agosto)* carta 25/39000 – ⇌ 7000 – **10 cam** 40/60000 – ½ P 50/55000.

RCIA 33080 Pordenone ⁴²⁹ E 19 – 13 043 ab. alt. 29 – ☎ 0434.

ᵃ 608 – Belluno 64 – ♦Milano 333 – Pordenone 4 – Treviso 54 – ♦Trieste 117.

🌂 **Gildo,** ℘ 921212, ⋟ – **②** – ⚖ 300. ⑤ ⑩ E ⅦⅪ. ⋘
chiuso domenica sera, lunedì, dal 1° al 10 gennaio e dal 1° al 20 agosto – Pas carta 40/75000.

RDENONE 33170 🅿 ⁹⁸⁸ ⑤, ⁴²⁹ E 20 – 50 222 ab. alt. 24 – ☎ 0434.

ᶜhiuso martedì) a Castel d'Aviano ⋈ 33081 ℘ 652305, Fax 660496, NO : 10 km.

ᵃzza della Motta 13 ℘ 21912, Fax 523814.

🚗 viale Dante 40 ℘ 208965.

ᵃ 605 – Belluno 66 – ♦Milano 343 – Treviso 54 – ♦Trieste 113 – Udine 51 – ♦Venezia 93.

🏨 **Villa Ottoboni,** via 30 Aprile ℘ 21967, Fax 208148 – 📶 🗏 📺 ☎ ← 🄿 – 🛱 100. 🖭 ⓞ Ε 𝗩𝗜𝗦𝗔. ❄
Pas *(chiuso sabato sera, domenica, dal 26 dicembre al 6 gennaio ed agosto)* carta 42/55000 – **90 cam** ⊑ 160/220000, 3 appartamenti.

🏨 **Palace Hotel Moderno,** viale Martelli 1 ℘ 28215, Telex 450433, Fax 520315 – 📶 🗏 📺 ☎ 🄿 – 🛱 150. 🖭 🖪 ⓞ Ε 𝗩𝗜𝗦𝗔. ❄
Pas *(chiuso venerdì)* carta 45/60000 – ⊑ 10000 – **111 cam** 80/125000 – ½ P 100000.

🏨 **Park Hotel** senza rist, via Mazzini 43 ℘ 27901, Fax 522353 – 📶 🗏 📺 ☎ க 🄿. 🖭 🖪 ⓞ 𝗩𝗜𝗦𝗔 ⓞ
⊑ 9000 – **64 cam** 85/135000.

XXX **Noncello,** viale Marconi 34 ℘ 523014 – 🗏. 🖭 🖪 ⓞ Ε 𝗩𝗜𝗦𝗔
chiuso sabato a mezzogiorno, domenica e lunedì – Pas carta 27/44000 (10%).

X **Osteria La Bassa,** viale Grigoletti 148 ℘ 33065 – 🄿. 🖪. ❄
chiuso domenica e dal 10 al 30 agosto – Pas carta 27/33000.

Vedere anche : *San Quirino* N : 9 km.

PORDOI(Passo del) Belluno e Trento – alt. 2 239.
Vedere Posizione pittoresca★★★.
Roma 699 – Belluno 85 – ♦Bolzano 63 – Canazei 12 – Cortina d'Ampezzo 46 – ♦Milano 356 – Trento 116.

PORLEZZA 22018 Como 𝟰𝟮𝟴 D 9, 𝟮𝟭𝟵 ⑨ – 4 106 ab. alt. 271 – ✪ 0344.
Vedere Lago di Lugano★★.
Roma 673 – Como 47 – ♦Lugano 16 – ♦Milano 95 – Sondrio 80.

XX **Regina** con cam, ℘ 61228, Fax 61228, ≼ – 📶 📺 ☎. 🖭 🖪 ⓞ Ε 𝗩𝗜𝗦𝗔
chiuso dall'11 gennaio al 28 febbraio – Pas *(chiuso lunedì)* carta 36/73000 – ⊑ 8000
22 cam 50/90000 – ½ P 75/80000.

PORRETTA TERME 40046 Bologna 𝟵𝟴𝟴 ⑭, 𝟰𝟮𝟴 𝟰𝟮𝟵 𝟰𝟯𝟬 J 14 – 4 793 ab. alt. 349 – Stazione termale (maggio-ottobre), a.s. luglio-20 settembre – ✪ 0534.
🛈 piazza Libertà 74 ℘ 22021.
Roma 345 – ♦Bologna 60 – ♦Firenze 71 – ♦Milano 261 – ♦Modena 92 – Pistoia 35.

🏨 **Santoli,** via Roma 3 ℘ 23206, Fax 22744, 🚗, ⚑ – 📶 🗏 ☎ ←. 🖭 🖪 ⓞ Ε 𝗩𝗜𝗦𝗔. ❄
Pas *(chiuso lunedì)* carta 32/41000 – **48 cam** ⊑ 90/160000 – ½ P 60/90000.

🏨 **Sassocardo** ⑨, via della Piscina 2 ℘ 23075, Fax 24260, ≼, ⚑ – 📶 📺 ⓦ 🄿
stagionale – **57 cam.**

🏨 **Cini,** via Terme 37 ℘ 22161 – 📶 📺 ☎
stagionale – **15 cam.**

PORTESE Brescia – Vedere San Felice del Benaco.

PORTICELLO Palermo 𝟰𝟯𝟮 M 22 – Vedere Sicilia (Santa Flavia).

PORTICO DI ROMAGNA 47010 Forlì 𝟰𝟮𝟵 𝟰𝟯𝟬 J 17 – alt. 301 – ✪ 0543.
Roma 320 – ♦Firenze 75 – Forlì 34 – ♦Ravenna 61.

🏨 **Al Vecchio Convento,** ℘ 967752, Fax 967877 – ☎. 🖭 🖪 ⓞ Ε 𝗩𝗜𝗦𝗔. ❄
Pas *(chiuso mercoledì escluso da luglio al 15 settembre)* carta 42/62000 – ⊑ 10000
9 cam 60/80000 – ½ P 80000.

PORTO ALABE Oristano 𝟰𝟯𝟯 G 7 – Vedere Sardegna (Tresnuraghes).

PORTO AZZURRO Livorno 𝟵𝟴𝟴 ㉔, 𝟰𝟯𝟬 N 13 – Vedere Elba (Isola d').

PORTO CESAREO 73010 Lecce 𝟵𝟴𝟴 ㉚, 𝟰𝟯𝟭 G35 – 4 214 ab. – a.s. luglio-agosto – ✪ 0833.
Roma 600 – ♦Brindisi 52 – Gallipoli 30 – Lecce 27 – Otranto 59 – ♦Taranto 65.

🏨 **Lo Scoglio** ⑨, su un isolotto raggiungibile in auto ℘ 569079, Fax 569078, ≼, 🍴, ⚓
🚗 – 🗏 cam ☎ க 🄿. 🖭 🖪 ⓞ Ε 𝗩𝗜𝗦𝗔. ❄
Pas *(chiuso martedì)* carta 33/49000 – **50 cam** ⊑ 81/109000 – ½ P 64/89000.

XX **Il Veliero,** litoranea Sant'Isidoro ℘ 569201 – 🗏. 🖭 🖪 ⓞ Ε 𝗩𝗜𝗦𝗔. ❄
chiuso martedì e novembre – Pas carta 35/54000.

a Torre Lapillo NO : 5 km – ✉ **73050** Santa Chiara di Nardò :

🏨 **L'Angolo di Beppe** ⑨, ℘ 565333 e rist ℘ 565305, Fax 565331 – 📶 🗏 📺 ☎ ← 🛱 90. 🖭 🖪 ⓞ Ε 𝗩𝗜𝗦𝗔. ❄
Pas *(chiuso lunedì escluso luglio-agosto)* carta 23/59000 – **20 cam** ⊑ 85/150000
½ P 100/120000.

PORTO CONTE Sassari 𝟰𝟯𝟯 F 6 – Vedere Sardegna.

PORTO D'ASCOLI Ascoli Piceno 𝟰𝟯𝟬 N 23 – Vedere San Benedetto del Tronto.

a 159 – Civitavecchia 83 – ◆Firenze 190 – Grosseto 50 – Orbetello 7 – Viterbo 95.

Villa Portuso e Rist. Taitù ⑤, N : 1 km 🌮 834181, Fax 835351, ≤, 🌹, ⤴ riscaldata, 🍴, ❄ – ▤ cam 📺 🕿 🕭 🅿. 🖭 🛐 ⑩ 🄴. ❄
Pas *(chiuso mercoledì)* carta 53/75000 – **30 cam** ⇌ 200/290000 – ½ P 150/230000.

Don Pedro, 🌮 833914, Fax 833914, ≤ porto, 🌹 – 🖹 🕿 🚗 🅿. 🛐 🄴 💳 ❄
Pasqua-ottobre – Pas carta 50/68000 – **44 cam** ⇌ 125/150000 – ½ P 130000.

Il Gambero Rosso, 🌮 832650, ≤, 🌹 – 🖭 🛐 ⑩ 🄴 💳
chiuso mercoledì, dal 20 gennaio al 20 febbraio e dal 7 al 20 novembre – Pas carta 44/ 61000.

sulla strada Panoramica SO : 4,5 km :

Il Pellicano ⑤, ✉ 58018 🌮 833801, Telex 500131, Fax 833418, ≤ mare e scogliere, 🌹, « Terrazze fiorite », ⤴ riscaldata, 🏖, 🍴, ❄ – ▤ 🕿 🅿. 🖭 🛐 ⑩ 💳 ❄
Pasqua-3 novembre – Pas 95000 – ⇌ 30000 – **31 cam** 580000, 4 appartamenti – ½ P 305/ 405000.

RTOFERRAIO Livorno 🔢 ㉔, 🔢 N 12 – Vedere Elba (Isola d').

torni Passeggiata al faro★★★ E : 1 h a piedi AR – Strada panoramica★★★ per Santa gherita Ligure Nord – Portofino Vetta★★ NO : 14 km (strada a pedaggio) – San Fruttuoso★★ 20 mn di motobarca.

a Roma 35 🌮 269024.

à 485 – ◆Genova 36 – ◆Milano 171 – Rapallo 8 – Santa Margherita Ligure 5 – ◆La Spezia 87.

Splendido ⑤, 🌮 269551, Telex 281057, Fax 269614, ≤ promontorio e mare, 🌹, « Parco ombreggiato », ⩘, ⤴ riscaldata, ❄ – 🖹 ▤ cam 📺 🕿 🚗 🅿 – 🕍 30 a 60. 🖭 🛐 ⑩ 🄴 💳 ❄ rist
7 aprile-22 ottobre – Pas carta 163/193000 – ⇌ 34000 – **63 cam** 452/905000, 15 appartamenti – ½ P 452000.

Nazionale senza rist, 🌮 269575, Fax 269578 – 📺 🕿 🛐 🄴 💳
16 marzo-novembre – ⇌ 20000 –10 appartamenti 345/410000.

Eden, 🌮 269091, Fax 269047, « Servizio rist. estivo in giardino » – 📺 🕿 🖭 🛐 ⑩ 🄴 💳
chiuso dal 1° al 20 dicembre – Pas *(chiuso a mezzogiorno e sino a marzo)* carta 43/73000 –
9 cam ⇌ 200000.

Il Pitosforo, 🌮 269020, Fax 269290, « Veranda con ≤ porticciolo » – ▤. 🖭 🛐 ⑩ 🄴 💳 ❄
chiuso martedì, mercoledì a mezzogiorno e dal 20 dicembre al 20 febbraio – Pas carta 75/ 125000.

Delfino, 🌮 269081, Fax 269394, ≤, 🌹 – 🖭 🛐 🄴 💳
chiuso lunedì e dal 1° al 20 dicembre – Pas carta 63/102000 (15 %).

Da Puny, 🌮 269037, ≤, 🌹
chiuso giovedì e dal 15 dicembre al 20 febbraio – Pas carta 52/93000 (13 %).

Vedere anche : *San Fruttuoso* 20 mn di motobarca.

RTOFINO (Promontorio di) Genova – Vedere Guida Verde.

RTO GARIBALDI Ferrara 🔢 ⑮, 🔢 H 18 – Vedere Comacchio.

ì 584 – Belluno 95 – ◆Milano 323 – Pordenone 28 – Treviso 60 – ◆Trieste 93 – Udine 62 – ◆Venezia 73.

Antico Spessotto, via Roma 2 🌮 71040, Fax 71053 – 🖹 ▤ 📺 🕿 🅿 – 🕍 50. 🖭 🛐 ⑩ 🄴 💳 ❄
Pas vedere rist Antico Spessotto – ⇌ 5000 – **46 cam** 60/80000.

Antico Spessotto, via Garibaldi 60/a 🌮 75458 – ▤. 🖭 🛐 ⑩ 🄴 💳
chiuso domenica e dal 1° al 7 gennaio – Pas carta 38/63000.

Alla Botte con cam, viale Pordenone 46 🌮 760122, Fax 74833, 🍴 – ▤ cam 📺 🕿 🅿 – 🕍 45. 🖭 🛐 ⑩ 🄴 💳 ❄
Pas *(chiuso domenica escluso da giugno al 19 settembre)* carta 43/62000 – ⇌ 10000 – **22 cam** 59/96000, ▤ 9000.

Vedere anche : *Pradipozzo* O : 6 km.

ì 435 – ◆Bologna 54 – ◆Ferrara 24 – ◆Ravenna 52.

Da Marisa, 🌮 811194, Coperti limitati; prenotare – ▤. 🛐 🄴 💳 ❄
chiuso domenica sera, lunedì, dal 7 al 13 gennaio e dall'8 al 25 agosto – Pas carta 31/65000.

RTO MANTOVANO Mantova – Vedere Mantova.

RTO MAURIZIO Imperia 🔢 ⑫ – Vedere Imperia.

457

PORTONOVO Ancona 430 L 22 – Vedere Ancona.

PORTOPALO DI CAPO PASSERO Siracusa 432 Q 27 – Vedere Sicilia.

PORTO POTENZA PICENA 62016 Macerata 430 L 23 – a.s. luglio-agosto – ✿ 0733.
Roma 284 – ✦Ancona 37 – Macerata 34 – ✦Pescara 120.

XXX **La Villa,** località Giardino Buonaccorsi O : 2,5 km ⊠ 62018 Potenza Picena ℰ 688⬚
🍽, prenotare, « In una villa patrizia del '700 con tipico giardino all'italiana » – ⇔ ❷
① *VISA*. ✵
chiuso martedì e dal 10 novembre al 30 dicembre – Pas carta 50/70000 (10%).

XX **Nettuno,** Lungomare ℰ 688258, ≼ – ☾ ①
chiuso lunedì e dal 1° al 20 gennaio – Pas carta 43/58000.

PORTO RECANATI 62017 Macerata 988 ⑯, 430 L 22 – 8 056 ab. – a.s. luglio-agosto – ✿ 0⬚
🛈 corso Matteotti 130 ℰ 9799084.
Roma 292 – ✦Ancona 30 – Ascoli Piceno 96 – Macerata 32 – ✦Pescara 130.

🏨 **Bianchi Vincenzo,** via Garibaldi 15 ℰ 9799040, ≼, 🍽, ⚓ – 🛗 ☎. ☾ 🕃 ① ⴹ *VISA*
chiuso dicembre e gennaio – Pas carta 40/62000 – ☴ 7500 – **36 cam** 45/70000 – ½ P
80000.

🏨 **Grattacielo,** senza rist, via Lepanto 12 ℰ 9799442, ⚓ – 🛗
27 cam.

🏨 **Mondial,** viale Europa 2 ℰ 9799169, Fax 7590095 – 🛗 ☎ ⇔ ❷ – 🏌 30. ☾ 🕃 ① ⴹ
✵
Pas *(chiuso domenica)* carta 25/51000 (10%) – ☴ 10000 – **47 cam** 55/80000, 3 appa⬚
menti – ½ P 60/80000.

X **Fatatis,** via Vespucci N : 2 km ℰ 9799366, 🍽 – ☾ 🕃 *VISA*
chiuso dal 9 al 31 gennaio e lunedì (escluso da giugno a settembre) – Pas carta 31/580⬚

*Der Rote MICHELIN-Hotelführer : main cities EUROPE
für Geschäftsreisende und Touristen.*

PORTO ROTONDO Sassari 988 ㉔, 433 D 10 – Vedere Sardegna (Olbia).

PORTO SAN GIORGIO 63017 Ascoli Piceno 988 ⑯ ⑰, 430 M 23 – 16 201 ab. – a.s. lu⬚
agosto – ✿ 0734.
🛈 via Oberdan 2 ℰ 678461.
Roma 258 – ✦Ancona 62 – Ascoli Piceno 61 – Macerata 42 – ✦Pescara 95.

🏩 **Il Timone,** via Kennedy 61 ℰ 679505, Telex 560628, Fax 679556 – 🛗 🍽 📺 ☎
🏌 50 a 100. ☾ 🕃 ① ⴹ *VISA*. ✵
Pas 45/60000 – ☴ 8000 – **78 cam** 100/140000, appartamento, 🖿 10000 – ½ P 100/115⬚

🏩 **Garden,** via Cesare Battisti 6 ℰ 679414, Fax 676457 – 🛗 🍽 📺 ☎ – 🏌 100. ☾ 🕃 ⬚
VISA. ✵
Pas 35/55000 – ☴ 12000 – **61 cam** 150/200000, 🖿 8000 – ½ P 90/120000.

🏨 **Il Caminetto,** lungomare Gramsci 283 ℰ 675558, Fax 673477, ≼ – 🛗 🍽 ☎ ❷. ☾ 🕃
ⴹ *VISA*. ✵ cam
Pas *(chiuso lunedì)* carta 35/54000 – ☴ 8000 – **24 cam** 90/130000 – ½ P 70/120000.

🏨 **Tritone,** via San Martino 26 ℰ 677104, Fax 677962, ≼, ⤓, 🍽 – 🛗 📺 ☎ ❷. ☾ 🕃 ⬚
VISA. ✵ rist
Pas carta 29/57000 – ☴ 8000 – **36 cam** 55/90000 – ½ P 65/80000.

🏨 **Lanterna,** via 20 Settembre 298 ℰ 679073, Fax 679097 – 🛗 📠. ☾ 🕃 ⴹ *VISA*. ✵ rist
giugno-settembre – Pas 20/30000 – ☴ 4000 – **39 cam** 60/80000 – P 50/75000.

XXX **La Capannina,** via San Martino 3 ℰ 677332 – ☾ 🕃 ① ⴹ *VISA*. ✵
chiuso domenica sera, lunedì e dal 24 dicembre al 12 gennaio – Pas carta 41/67000.

XX **Davide,** via Mazzini 102 (angolo piazza Stazione) ℰ 677700, Fax 678520 – 🖿. ☾ 🕃 ⬚
VISA. ✵
*chiuso dal 24 al 27 dicembre, dal 3 al 15 gennaio, domenica sera e lunedì (esc⬚
luglio-agosto)* – Pas carta 27/48000.

XX Vecchia San Giorgio, via Castel San Giorgio 31 ℰ 679487
.

XX **La Cascina,** via San Nicola 13 (O : 1 km) ℰ 676926, ≼, 🍽 – ❷. ① . ✵
chiuso lunedì e dal 1° al 15 novembre – Pas carta 32/53000.

PORTO SAN PAOLO Sassari 433 E 10 – Vedere Sardegna.

PORTO SANTA MARGHERITA Venezia – Vedere Caorle.

PORTO SANT'ELPIDIO 63018 Ascoli Piceno 988 ⑯, 430 M 23 – 20 965 ab. alt. 4 – ✿ 0734⬚
Roma 265 – ✦Ancona 54 – Ascoli Piceno 70 – ✦Pescara 103.

XX **Il Gambero,** via Mazzini 55 ℰ 900238 – *VISA*. ✵
chiuso domenica sera, lunedì ed agosto – Pas carta 33/61000.

RTO SANTO STEFANO 58019 Grosseto 988 ㉔ ㉕, 430 O 15 – a.s. Pasqua e 15 giugno-settembre – ⊕ 0564.

dere <★ dal forte aragonese.

⛴ per l'Isola del Giglio giornalieri (1 h) – Toremar-agenzia Gigliomar, piazzale Candi 814615, Telex 590197, Fax 812932.

orso Umberto 55/a ℘ 814208.

a 162 – Civitavecchia 86 – ♦Firenze 193 – Grosseto 53 – Orbetello 10 – Viterbo 98.

⌂ Vittoria 🕊, strada del Sole 65 ℘ 818580, Fax 818055, < mare e costa, ≋, ✕ – ⎮‡⎮ ☎ Ⓟ
stagionale – **28 cam.**

⌂ **La Lucciola,** via Panoramica 245 ℘ 812976, Fax 812298 – ⎮‡⎮ TV ☎. AE Ⓢ ⓞ E VISA. ✗
chiuso gennaio – Pas 40/45000 (10 %) – ☕ 10000 – **59 cam** 55/100000 – ½ P 90/100000.

X **Armando,** via Marconi 1/3 ℘ 812568, ☂ – AE ⓞ
chiuso mercoledì e dal 1° al 25 dicembre – Pas carta 41/65000 (15 %).

X **La Bussola,** piazza Facchinetti 11 ℘ 814225, ☂, Rist. con specialità di mare – AE Ⓢ ⓞ E VISA
chiuso mercoledì e novembre – Pas carta 39/68000 (10 %).

X **Il Veliero,** via Panoramica 149 ℘ 812226, ☂, Rist. con specialità di mare – AE ⓞ VISA. ✗
chiuso mercoledì e novembre – Pas carta 40/50000.

Da Siro all'Argentario, corso Umberto 102 ℘ 812538, <, ☂ – Ⓢ E VISA. ✗
chiuso lunedì – Pas carta 56/80000.

La Fontanina di San Pietro, S : 3 km ℘ 825261, Fax 810335, <, « Servizio estivo sotto un pergolato » – Ⓟ. AE Ⓢ ⓞ E VISA. ✗
chiuso mercoledì e gennaio – Pas carta 43/74000 (12 %).

a Santa Liberata E : 4 km – ✉ **58010** :

⌂ **Villa Domizia,** ℘ 812735, Fax 812735, < mare e costa, ⛱, ⚘ – TV ☎ Ⓟ. ✗
15 aprile-15 ottobre – Pas *(chiuso martedì)* carta 41/52000 (15 %) – ☕ 8500 – **24 cam** 150000 – ½ P 100/123000.

RTOSCUSO Cagliari 988 ㉝, 433 J 7 – Vedere Sardegna.

RTO TOLLE 45018 Rovigo 988 ⑮ – 11 101 ab. alt. 2 – ⊕ 0426.

a 491 – ♦Ferrara 72 – ♦Ravenna 78 – ♦Venezia 87.

Da Brodon, a Cà Dolfin E : 9 km ✉ 45010 Cà Dolfin ℘ 384021 – Ⓟ. AE Ⓢ ⓞ VISA. ✗
chiuso lunedì e dal 1° al 15 luglio – Pas carta 32/66000.

RTO TORRES Sassari 988 ㉓ ㉝, 433 E 7 – Vedere Sardegna.

RTOVENERE 19025 La Spezia 988 ⑬ ⑭, 428 429 430 J 11 – 4 558 ab. – ⊕ 0187.

ere Località★★.

a 430 – ♦Genova 114 – Massa 47 – ♦Milano 232 – ♦Parma 127 – ♦La Spezia 12.

⌂ **Royal Sporting,** ℘ 900326, Fax 529060, « Terrazza con ≋ e < », ⚘, ✕ – ⎮‡⎮ ▤ TV ♿ 🚗 – 🏛 70. AE Ⓢ ⓞ E VISA. ✗ rist
Pasqua-15 ottobre – Pas carta 60/85000 – **62 cam** ☕ 170/260000 – ½ P 170/190000.

X **Taverna del Corsaro,** ℘ 900622, Fax 900622, < – AE Ⓢ ⓞ E VISA
chiuso martedì, dal 15 al 31 gennaio e dal 1° al 22 giugno – Pas carta 47/82000 (10 %).

La Marina-da Antonio, ℘ 900686, ☂ – Ⓢ E VISA
chiuso mercoledì, marzo, luglio ed agosto – Pas carta 44/64000.

a Le Grazie N : 3 km – ✉ **19022** Le Grazie Varignano :

Della Baia, ℘ 900797, Fax 900034, <, ≋ – TV ☎ Ⓟ. Ⓢ E VISA. ✗
Pas *(chiuso mercoledì)* 40/60000 – **42 cam** ☕ 85/115000.

Il Gambero, ℘ 900325 – AE Ⓢ E VISA
chiuso lunedì, dal 15 al 31 gennaio e novembre – Pas carta 32/55000 (10 %).

SITANO 84017 Salerno 988 ㉗, 431 F 25 – 3 696 ab. – a.s. Pasqua, giugno-settembre e le – ⊕ 089.

ere Località★★.

torni Vettica Maggiore : <★★ SE : 5 km.

del Saracino 4 ℘ 875067, Fax 875760.

266 – Amalfi 17 – ♦Napoli 57 – Salerno 42 – Sorrento 17.

⌂ **Le Sirenuse** 🕊, ℘ 875066, Telex 770066, Fax 811798, < mare e costa, ☂, ≋ riscaldata, ⚘ – ⎮‡⎮ ▤ cam TV ☎ 🚗 Ⓟ – 🏛 60. AE Ⓢ ⓞ E VISA. ✗
Pas carta 69/135000 – **58 cam** ☕ 410/560000, 2 appartamenti – ½ P 405/485000.

Le Agavi 🐁, località Belvedere Fornillo ✆ 875733, Telex 770186, Fax 875965, ≤ mare costa, Ascensore per la spiaggia, 🏊, 🏖 – |♦| ▤ 📺 ☎ 🅿 – 🎤 350. AE 🅢 ⓞ E VISA. ✻
15 aprile-15 ottobre – Pas carta 50/89000 – **71 cam** ☕ 250/350000, appartamento ½ P 225/350000.

Poseidon, ✆ 811111, Telex 770058, Fax 875833, ≤ mare e costa, 🍽, « Terrazza panoramica con 🏊 » – |♦| ▤ cam 📺 ☎ 🚗 – 🎤 60. AE 🅢 ⓞ E VISA. ✻ rist
8 aprile-ottobre – Pas carta 49/66000 – ☕ 15000 – **46 cam** 170/250000, 2 appartamenti ½ P 125/185000.

Covo dei Saraceni 🐁, ✆ 875400, Telex 722648, Fax 875878, ≤ mare e costa, 🍽, 🏊 |♦| ▤ cam 📺 ☎. AE 🅢 ⓞ E VISA. ✻ rist
aprile-ottobre – Pas carta 33/74000 (15%) – **58 cam** ☕ 300000 – ½ P 170/190000.

Villa Franca e Residence, ✆ 875655, Fax 875735, ≤ mare e costa, 🏊 – |♦| ▤ cam 📺 ☎. AE 🅢 ⓞ E VISA. ✻ rist
Pas (solo per clienti alloggiati) 36/50000 – **42 cam** ☕ 185/240000 – ½ P 140/150000.

Murat 🐁 senza rist, ✆ 875177, Fax 811419, ≤ – ▤ 📺 ☎. AE 🅢 ⓞ E VISA. ✻
26 dicembre-8 gennaio e 9 aprile-ottobre – **28 cam** ☕ 230000.

Buca di Bacco 🐁, ✆ 875699, Telex 722574, Fax 875731, ≤ mare e costa, 🍽 – |♦| 📺 ☎ AE 🅢 ⓞ E VISA. ✻ rist
aprile-20 ottobre – Pas carta 40/75000 (15%) – ☕ 18000 – **54 cam** 112/184000 – ½ P 14 155000.

Marincanto 🐁 senza rist, ✆ 875130, ≤ mare e costa, « Terrazza-giardino » – |♦| ☎ AE 🅢 ⓞ E VISA
aprile-24 ottobre – ☕ 13000 – **26 cam** 110000.

L'Ancora 🐁, ✆ 875318, Fax 811784, ≤ mare e costa, 🍽 – 📺 ☎ 🅿. AE 🅢 ⓞ E VISA ✻ rist
aprile-20 ottobre – Pas (solo per clienti alloggiati) – **18 cam** ☕ 190000 – ½ P 105/12500

Savoia senza rist, ✆ 875003, Fax 811844, ≤ – |♦| ☎. VISA. ✻
aprile-15 ottobre – **44 cam** ☕ 70/150000.

Casa Albertina 🐁, ✆ 875143, Telex 720519, Fax 811540, ≤ mare e costa – |♦| ▤ cam ☎. AE 🅢 ⓞ E VISA. ✻ rist
Pas 45/60000 – **20 cam** ☕ 160/180000, ▤ 15000 – ½ P 110/140000.

XX **Chez Black,** ✆ 875036, Fax 875789, ≤, 🍽 – AE 🅢 ⓞ E VISA. ✻
chiuso dal 4 novembre al 26 dicembre – Pas carta 35/59000 (15%).

XX **La Cambusa,** ✆ 875432, ≤, 🍽 – AE 🅢 ⓞ E VISA
Pas carta 40/70000 (15%).

XX **Le Tre Sorelle,** ✆ 875452, ≤, 🍽 – AE 🅢 ⓞ E VISA
marzo-4 novembre – Pas carta 35/67000 (15%).

sulla costiera Amalfitana E : 2 km :

San Pietro 🐁, ✉ 84017 ✆ 875455, Telex 770072, Fax 811449, ≤ mare e costa, Ascensore per la spiaggia, « Terrazze fiorite », 🏊, 🏖, 🎾 – |♦| ▤ cam 📺 ☎ 🅿. AE 🅢 ⓞ VISA. ✻ rist
aprile-ottobre – Pas carta 74/92000 (15%) – **52 cam** ☕ 450/600000, 5 appartamenti ½ P 305/380000.

a Montepertuso N : 4 km – alt. 355 – ✉ **84017** Positano :

X **La Chitarrina,** ✆ 811806 – ✻ ▤. AE 🅢 ⓞ E VISA
chiuso mercoledì (escluso agosto) e dal 10 gennaio al 10 febbraio – Pas carta 29/4200

X Scirocco, ✆ 875786, ≤

POSTAL (BURGSTALL) 39014 Bolzano 429 C 15, 218 ⑳ – 1 254 ab. alt. 268 – ☎ 0473.

Roma 657 – ♦Bolzano 20 – Merano 8 – ♦Milano 318 – Trento 78.

XX **Föerstlerhof** con cam, N : 1 km ✆ 292288, Fax 291247, ≘s, 🏊, 🏊, 🌳, 🎾 – ☎ 🅿. E VISA. ✻
chiuso dal 16 dicembre al 31 gennaio e dal 1° all'8 luglio – Pas *(chiuso lunedì)* carta 67000 – **25 cam** ☕ 55/120000, 3 appartamenti.

POTENZA 85100 P 988 ㉘, 431 F 29 – 68 499 ab. alt. 823 – ☎ 0971.

Vedere Portale★ della chiesa di San Francesco Y.

ℹ via Alianelli angolo via Plebiscito ✆ 21812, Fax 36196.

A.C.I. via della Chimica 1 ✆ 56466.

Roma 363 ③ – ♦Bari 151 ② – ♦Foggia 109 ① – ♦Napoli 157 ③ – Salerno 106 ③ – ♦Taranto 157 ②.

Pianta pagina seguente

XX Taverna Oraziana, via Orazio Flacco 2 ✆ 21851 – ▤ Z

XX **La Pergola,** contrada Macchia Romana ✆ 444982, Fax 444982, ≤ – ▤ 🅿 – 🎤 300. 🅢 E VISA. ✻ 2 km p
chiuso martedì ed agosto – Pas carta 30/55000 (15%).

POTENZA

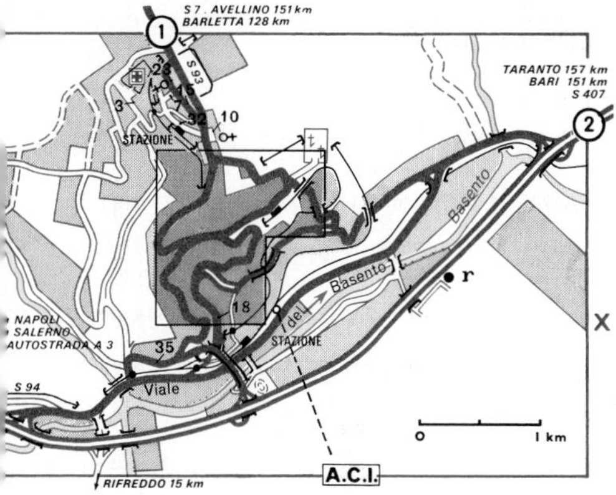

Battisti (Via C.) . . . . Y 4
Mazzini (Via G.) . . . . YZ
Plebiscito (Via) . . . . Y 25
Pretoria (Via) . . . . YZ 28
20 Settembre (Via) . . . . . . Y 45

Acerenza (Via R.) . . . . Y 2
Angilla Vecchia (Via) . . . . X 3
Bonaventura (Pza Beato) . Y 5
Bonaventura (Via Beato) . Y 6
Campania (Via) . . . . X 7
Ciccoti (Via) . . . . Y 8
Crispi (Piazza F.) . . . . Y 9
De Rosa (Pza Francesco) . X 10
Due Torri (Via) . . . . Y 12
Duomo (Largo) . . . . Y 13
Flacco (Via O.) . . . . Z 14
Lazio (Via) . . . . X 15
Leonardo da Vinci (Via) . . Z 16
Lucania (Via) . . . . YZ 17

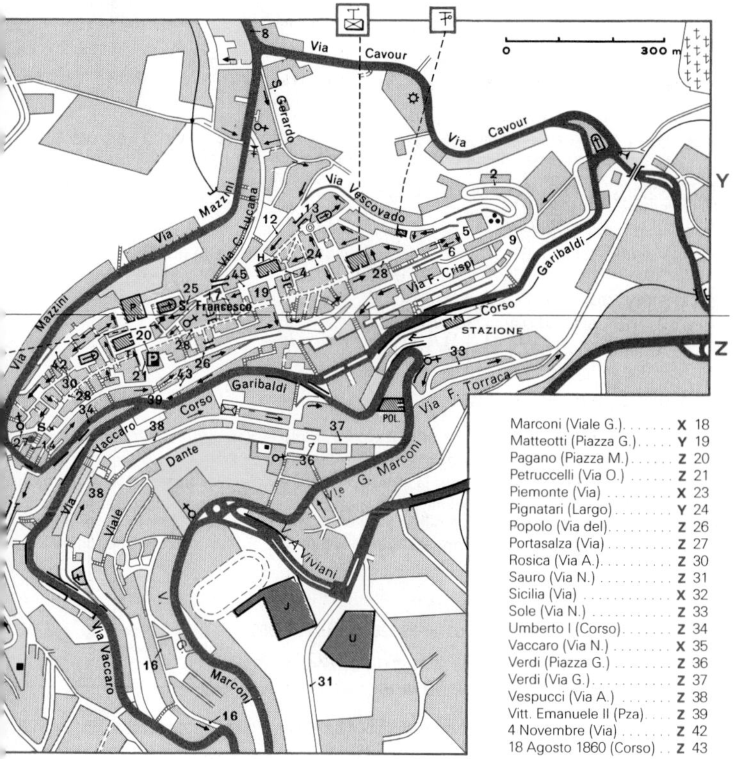

Marconi (Viale G.) . . . . X 18
Matteotti (Piazza G.) . . . . . Y 19
Pagano (Piazza M.) . . . . . . Z 20
Petruccelli (Via O.) . . . . . . Z 21
Piemonte (Via) . . . . X 23
Pignatari (Largo) . . . . Y 24
Popolo (Via del) . . . . Z 26
Portasalza (Via) . . . . Z 27
Rosica (Via A.) . . . . Z 30
Sauro (Via N.) . . . . Z 31
Sicilia (Via) . . . . X 32
Sole (Via N.) . . . . Z 33
Umberto I (Corso) . . . . Z 34
Vaccaro (Via N.) . . . . X 35
Verdi (Piazza G.) . . . . Z 36
Verdi (Via G.) . . . . Z 37
Vespucci (Via A.) . . . . Z 38
Vitt. Emanuele II (Pza) . . . . Z 39
4 Novembre (Via) . . . . Z 42
18 Agosto 1860 (Corso) . . Z 43

sulla strada statale 407 SE : 5 km :

MotelAgip, ✉ 85100 ☎ 472204, Telex 812471, Fax 470812 – 🛗 TV ☎ P – 400. AE 🏦 ⓓ E VISA. rist X r
Pas 38000 – **100 cam** 110/160000 – ½ P 120000.

Vedere anche : ***Rifreddo*** S : 12 km.

Per visitare una città o una regione : utilizzate le guide Verdi Michelin.

POZZA DI FASSA 38036 Trento 𝟺𝟤𝟫 C 17 – 1 667 ab. alt. 1 315 – a.s. febbraio-Pasqua e Natⁱ – Sport invernali : 1 315/2 017 m ≤5, ≤ (vedere anche Vigo di Fassa) – © 0462.

🛈 piazza Municipio 1 ℘ 64136.

Roma 677 – ◆Bolzano 41 – Canazei 10 – ◆Milano 335 – Moena 6 – Trento 95.

🏦 **Trento,** ℘ 64279, Fax 64888, ≤, ☎, 🔄 – 🛗 🍽 rist ☎ ⇔ ◐. ﯿ 🗄 ⓸ Ɛ. ⅏ 20 dicembre-15 aprile e 20 giugno-5 ottobre – Pas carta 27/42000 – ☲ 12000 – **49 ca** 85/140000 – ½ P 65/140000.

🏦 **Gran Baita,** ℘ 64284, Fax 64745, ≤, « Giardino », ☒ – ⇔ rist 📺 ☎ ⇔ ◐. ﯿ 🗄 ⓸ **VISA** ⅏ 20 dicembre-marzo e 15 giugno-20 settembre – Pas 35/50000 – ☲ 15000 – **30 ca** 100/165000 – ½ P 90/160000.

🏠 **René** ⬎, ℘ 64258, ≤, ☎, 🚗, ⅏ – 🛗 ☎ ◐. ⅏ 18 dicembre-aprile e 20 giugno-settembre – Pas 25/30000 – ☲ 9000 – **34 cam** 70/90000C

🍽🍽 **Zirm,** ℘ 63254 – ◐. ﯿ 🗄 Ɛ **VISA** chiuso dal 10 al 22 dicembre, dal 2 al 15 aprile e lunedì in bassa stagione – Pas carta 2 54000.

a Pera N : 1 km – ⊠ 38030 Pera di Fassa :

🏠 **Crepei,** ℘ 64103, ≤, 🚗 – 🛗 ☎ ◐. ⅏ 20 dicembre-25 aprile e 20 giugno-settembre – Pas 20/30000 – **32 cam** ☲ 66/110000 ½ P 59/84000.

POZZALLO Ragusa 𝟿𝟪𝟪 ㊲, 𝟺𝟥𝟤 Q 26 – Vedere Sicilia.

POZZILLI 86077 Isernia 𝟺𝟥𝟢 R 24, 𝟺𝟥𝟣 C 24 – 2 254 ab. alt. 235 – © 0865.

Roma 153 – Avezzano 154 – Benevento 90 – Isernia 36 – ◆Napoli 91.

sulla strada statale 85 SE : 4 km :

🏦 **Dora,** ⊠ 86077 ℘ 908006, Fax 927215, 🏊 – 🛗 🍽 📺 ☎ ◐ – 🔬 150. ﯿ 🗄 ⓸ Ɛ **VISA** Pas carta 30/47000 – **46 cam** ☲ 150000, 2 appartamenti – ½ P 105000.

POZZOLENGO 25010 Brescia 𝟺𝟤𝟪 𝟺𝟤𝟫 F 13 – 2 480 ab. alt. 135 – a.s. Pasqua e lugl 15 settembre – © 030.

Roma 522 – ◆Brescia 40 – Mantova 36 – ◆Milano 128 – ◆Verona 38.

🍽🍽 **Vecchio '800,** ℘ 918176, 🍴, Coperti limitati; prenotare – ◐. 🗄 ⅏ chiuso a mezzogiorno (escluso domenica), mercoledì e luglio – Pas carta 31/39000.

POZZOLO 46040 Mantova 𝟺𝟤𝟪 𝟺𝟤𝟫 G 14 – alt. 49 – © 0376.

Roma 488 – ◆Brescia 149 – Mantova 20 – ◆Verona 36.

🍽🍽 **Ancilla,** ℘ 460007 – ﯿ 🗄 ⓸ **VISA** ⅏ chiuso lunedì sera, martedì e novembre – **Pas** carta 31/44000.

POZZUOLI 80078 Napoli 𝟿𝟪𝟪 ㊲, 𝟺𝟥𝟣 E 24 – 77 132 ab. – Stazione termale, a.s. magg 15 ottobre – © 081.

Vedere Anfiteatro★★ – Solfatara★★ NE : 2 km – Tempio di Serapide★ – Tempio di Augustoⁱ Dintorni Rovine di Cuma★ : Acropoli★★, Arco Felice★ NO : 6 km – Lago d'Averno★ NO : 7 k Escursioni Campi Flegrei★★ SO per la strada costiera – Isola d'Ischia★★★ e Isola di Procida ⛴ per Procida (30 mn) ed Ischia (1 h), giornalieri – Caremar-agenzia Ser.Mar. e Traⱽ banchina Emporio ℘ 5262711, Fax 5261335; Ischia (1 h), giornalieri – Linee Lauro, ℘ 52677ⁱ ⛴ per Procida giornaliero (15 mn) – Caremar-agenzia Ser.Mar. e Travel, banchina Empc ℘ 5262711, Fax 5261335.

🛈 via Campi Flegrei 3 ℘ 5261481.

Roma 235 – Caserta 48 – Formia 74 – ◆Napoli 16.

🏦 **Solfatara,** via Solfatara 163 ℘ 5262666, Fax 5263365, ≤ – 🛗 🍽 📺 ☎ & ◐ – 🔬 100. 🗄 ⓸ Ɛ **VISA** ⅏ rist Pas (chiuso domenica) carta 30/52000 – **31 cam** ☲ 100/135000 – ½ P 115000.

🏦 **Villaverde,** via Patria 99, ≤ – 📺 ☎ ◐. **20 cam.**

🏦 **Santa Marta,** via Licola Patria 28 ℘ 8042404, Fax 8042406 – 🛗 🍽 📺 ☎ ◐. ﯿ 🗄 Ɛ 🔳 ⅏ rist Pas carta 28/52000 (15 %) – **34 cam** ☲ 105000 – ½ P 93000.

🍽🍽 **Castello dei Barbari,** via Fascione 4 (N : 1,5 km) ℘ 5266014, « Servizio estivo terrazza con ≤ golfo » – ◐. ﯿ 🗄 ⓸ **VISA** Pas carta 28/57000.

PRADIPOZZO 30020 Venezia 𝟺𝟤𝟫 E 20 – alt. 5 – © 0421.

Roma 587 – ◆Milano 328 – Pordenone 33 – Treviso 49 – ◆Trieste 98 – Udine 67 – ◆Venezia 78.

🍽 **Tavernetta del Tocai,** ℘ 204280, Fax 204264 – ◐. ﯿ ⓸ **VISA** ⅏ chiuso lunedì e dal 15 luglio al 15 agosto – Pas carta 30/46000.

PRAGSER SEE = Braies (Lago di).

AIA A MARE 87028 Cosenza 🗺️ ㉚, 🗺️ H 29 – 6 256 ab. – ☎ 0985.

ursioni Golfo di Policastro★★ Nord per la strada costiera.

a 417 – ◆Cosenza 106 – ◆Napoli 211 – Potenza 139 – Salerno 160 – ◆Taranto 230.

Germania, via Roma 44 ℰ 72016, Fax 72016, ≤, 🏊 – 🛗 ☎ 🅿 🖭 🕃. ❤ rist
aprile-settembre – Pas 28000 – ☑ 9000 – **62 cam** 65/100000 – P 95000.

Garden, via Roma 8 ℰ 72828, 🏊 – ☎ 🅿. ❤ rist
aprile-settembre – Pas 25/40000 (20%) – **40 cam** ☑ 85/100000 – P 50/90000.

a Lido di Tortora NO : 1,5 km – ✉ **87020** Tortora :

Harmony, ℰ 72747, ≤, 🏊, ≋ – 🛗 ▤ rist 📷 🅿. 🆚 ❤
Pas *(chiuso da ottobre a maggio)* carta 30/50000 (15%) – ☑ 5000 – **45 cam** 120000 –
½ P 85/95000.

IANO 84010 Salerno 🗺️ F 25 – 1 911 ab. – a.s. Pasqua, giugno-settembre e Natale –
89.

a 274 – Amalfi 9 – ◆Napoli 65 – Salerno 34 – Sorrento 25.

Tramonto d'Oro, ℰ 874008, Telex 720397, Fax 874670, ≤ mare e costa, « Terrazza-
solarium con 🏊 » – 🛗 ☎ 🔥 🅿 🖭 🕃 ⓞ 🅴 🆚. ❤ rist
Pas carta 30/49000 – **40 cam** ☑ 130/150000 – P 80/100000.

Le Fioriere senza rist, ℰ 874203, ≤ – ▤ 📷 🅿. 🖭 🕃 🅴 🆚. ❤
14 cam ☑ 90000.

Onda Verde 🏊, ℰ 874143, Fax 874125, ≤ mare e costa – 🅿. 🖭 🕃 ⓞ 🅴 🆚. ❤
chiuso dall'11 novembre al 19 dicembre e dall'11 gennaio al 24 marzo – Pas 30/40000 –
☑ 10000 – **16 cam** 80000 – ½ P 78/90000.

Margherita 🏊, ℰ 874227, ≤ – 🛗 ☎ 📷 🅿. 🖭 🕃 ⓞ 🅴 🆚
Pas 32000 – ☑ 8500 – **28 cam** 59000 – ½ P 70000.

Il Pino con cam, ℰ 874389, ≤ mare e costa, 🌿 – 🛗 ▤ 📷. 🖭 🕃 🆚. ❤
Pas *(chiuso martedì in gennaio-febbraio)* carta 28/50000 – **16 cam** ☑ 100000 – ½ P 65/
80000.

La Bugia, ℰ 874653, ≤ mare e costa, 🌿 – 🖭 🕃 ⓞ 🅴 🆚
chiuso giovedì escluso da aprile a settembre – Pas carta 20/42000 (10%).

La Brace, ℰ 874226, ≤, 🌿 – 🅿. 🖭 ⓞ 🆚. ❤
chiuso mercoledì escluso dal 15 marzo al 15 ottobre – Pas carta 32/47000 (10%).

Open Gate con cam, ℰ 874148, Fax 874148, ≤, 🌿 – 📺 🅿. 🕃 🅴 🆚. ❤
Pas carta 25/53000 (10%) – **12 cam** ☑ 90000 – ½ P 85/90000.

sulla strada statale 163 O : 2 km :

Tritone 🏊, ✉ 84010 ℰ 874333, Fax 874374, ≤ mare e costa, 🌿, « Sulla scogliera
dominante il mare, ascensore per la spiaggia », 🏊, 🏊 – 🛗 ▤ cam ☎ 🅿 – 🔬 150. 🖭 🕃
ⓞ 🅴 🆚. ❤ rist
25 marzo-25 ottobre – Pas 45/60000 – ☑ 18000 – **62 cam** 190/250000, 7 appartamenti –
½ P 140/190000.

ALBOINO 25020 Brescia 🗺️ 🗺️ I 8 – 2 500 ab. alt. 47 – ☎ 030.

a 550 – ◆Brescia 40 – Cremona 24 – Mantova 45 – ◆Milano 127.

Leon d'Oro, ℰ 954156, « In un edificio seicentesco » – 🆚. ❤
chiuso domenica sera, lunedì ed agosto – Pas carta 49/82000.

ALORMO 10040 Torino 🗺️ H 5 – 1 551 ab. alt. 303 – ☎ 011.

a 654 – Asti 40 – Cuneo 82 – ◆Milano 165 – Savona 129 – ◆Torino 32.

Lo Scoiattolo, strada statale N : 1 km ℰ 9481148, Fax 9481481, ≋ – ⇔ cam 📺 ☎ 🚗
🅿. 🕃 🅴 🆚. ❤ cam
Pas *(chiuso domenica sera, martedì a mezzogiorno ed agosto)* carta 25/50000 – ☑ 15000 –
53 cam 100000 – ½ P 80/90000.

ALUNGO 13050 Vercelli 🗺️ F 6, 🗺️ ⑮ – 2 742 ab. alt. 554 – ☎ 015.

a 681 – Biella 5 – ◆Milano 107 – Novara 61 – ◆Torino 79 – Vercelli 47.

a Sant'Eurosia N : 3 km – ✉ **13050** Pralungo :

Alp Hotel e Rist. Il Tornavento, ℰ 444122, Fax 444280 – 🛗 📺 ☎ 🚗 🅿 – 🔬 30. 🆚.
❤
chiuso gennaio – Pas *(chiuso lunedì)* carta 35/60000 – ☑ 10000 – **33 cam** 100000 –
½ P 80000.

ANDAGLIO Brescia – Vedere Villanuova sul Clisi.

ASCORSANO 10080 Torino 🗺️ F 4, 🗺️ ⑬ – 640 ab. alt. 581 – ☎ 0124.

a 702 – Aosta 104 – Ivrea 27 – ◆Torino 45.

Società Prascorsano, via Villa 23 ℰ 698135, 🌿, Rist. tipico, prenotare – 🅿. 🖭 🕃 ⓞ
🅴 🆚
chiuso martedì e dal 1° al 15 novembre – Pas 40/65000.

ATA Grosseto 🗺️ M 14 – Vedere Massa Marittima.

PRATA DI PORDENONE 33080 Pordenone 429 E 19 – 6 615 ab. alt. 18 – ☎ 0434.

Roma 581 – Belluno 66 – Pordenone 9 – Treviso 45 – Udine 60 – ♦Venezia 78.

- **Prata Verde** senza rist, ℘ 621619, Fax 620277, Fб, ≘s – |‡| TV ☎ ♿ P – 🏛 30. AE S E VISA
  ☕ 8000 – **60 cam** 45/70000.

a Villanova S : 5 km – ✉ **33080** Ghirano :

- ✕✕ **Secondo** con cam, ℘ 626145, Fax 626147 – ▤ P. AE S ⓓ E VISA. ✂
  chiuso dal 1° al 10 gennaio e dal 5 al 25 agosto – Pas (*chiuso martedì sera e merco*
  carta 31/64000 – ☕ 5000 – **6 cam** 45/65000 – ½ P 70/75000.

PRATI (**WIESEN**) Bolzano – Vedere Vipiteno.

PRATI DI TIVO Teramo 988 ㉖, 430 O 22 – Vedere Pietracamela.

La guida cambia, cambiate la guida ogni anno.

PRATO 50047 Firenze 988 ⑭, 429 430 K 15 – 166 688 ab. alt. 63 – ☎ 0574.

Vedere Duomo★ : affreschi★★ dell'abside (Banchetto di Erode★★★) – Palazzo Pretorio Castello dell'Imperatore★ – Interno★ della chiesa di Santa Maria delle Carceri **K** – Affres nella chiesa di San Francesco **D** – Pannelli★ al museo dell'Opera del Duomo **M.**

ℹ via Cairoli 48 ℘ 24112.

Roma 293 ④ – ♦Bologna 99 ② – ♦Firenze 19 ④ – ♦Milano 293 ② – Pisa 81 ④ – Pistoia 18 ④ – Siena 84 ④.

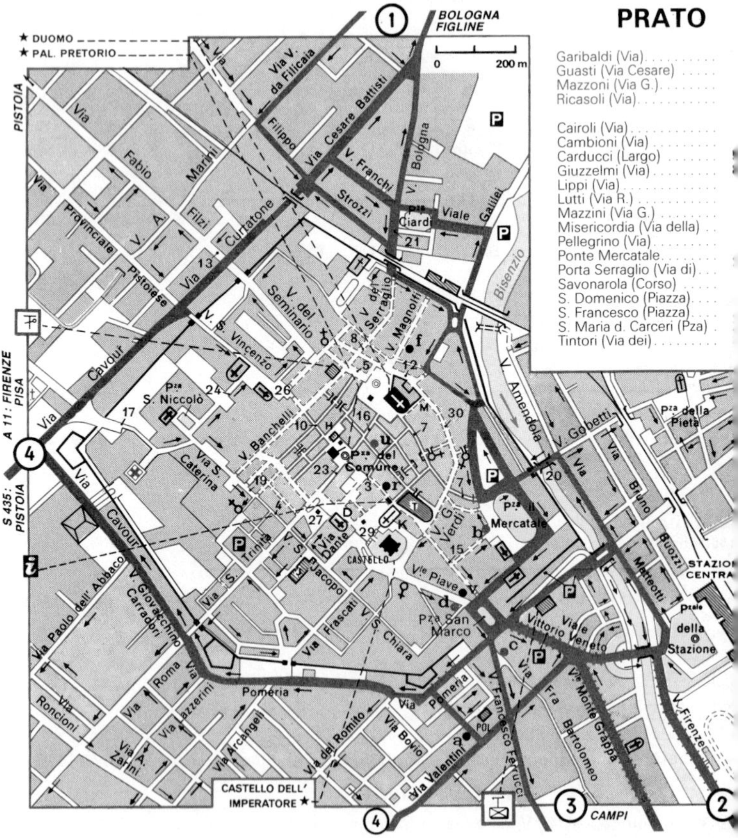
PRATO
BOLOGNA
FIGLINE
★ DUOMO
★ PAL. PRETORIO
PISTOIA
A 11: FIRENZE PISA
S 435: PISTOIA
CAMPI
CASTELLO DELL' IMPERATORE ★
STAZIONE CENTRA
0
200 m
Garibaldi (Via)
Guasti (Via Cesare)
Mazzoni (Via G.)
Ricasoli (Via)
Cairoli (Via)
Cambioni (Via)
Carducci (Largo)
Giuzzelmi (Via)
Lippi (Via)
Lutti (Via R.)
Mazzini (Via G.)
Misericordia (Via della)
Pellegrino (Via)
Ponte Mercatale
Porta Serraglio (Via di)
Savonarola (Corso)
S. Domenico (Piazza)
S. Francesco (Piazza)
S. Maria d. Carceri (Pza)
Tintori (Via dei)

Art Hotel Museo, viale Repubblica 🕿 5787, Telex 573208, Fax 578880, 🚣, ⇌, ℁ – 🛗 ▤ 📺 ☎ & 🚗 🅿 – 🕿 200. 🖭 🕄 ⑩ 🖸 𝚅𝐈𝐒𝐀 ⅗ rist
Pas (chiuso domenica) carta 41/61000 – **110 cam** ⊆ 230000, 10 appartamenti – P 110/195000.
per viale Monte Grappa

Palace Hotel, via Piero della Francesca 71 🕿 592841, Telex 570505, Fax 595411, ⅀, � – 🛗 ▤ 📺 ☎ 🚗 🅿 – 🕿 400. 🖭 🕄 ⑩ 🖸 𝚅𝐈𝐒𝐀 ⅗ rist
Pas (chiuso sabato, domenica ed agosto) carta 42/57000 – **85 cam** ⊆ 125/190000.
per via Ferrucci

President, via Simintendi 20 🕿 30251, Telex 571587, Fax 36064 – 🛗 ▤ 📺 ☎ & 🚗 🅿 – 🕿 40 a 80. 🖭 🕄 ⑩ 🖸 𝚅𝐈𝐒𝐀 ⅗ rist
Pas (chiuso sabato, domenica ed agosto) 30/40000 – ⊆ 15000 – **78 cam** 98/150000 – ½ P 110000.
a

Giardino senza rist, via Magnolfi 4 🕿 606588, Fax 606591 – 🛗 ▤ 📺 ☎. 🖭 🕄 𝚅𝐈𝐒𝐀
⊆ 14000 – **28 cam** 88/130000.
f

Flora senza rist, via Cairoli 31 🕿 20021, Telex 571358, Fax 40289 – 🛗 ▤ 📺 ☎ 🚗. 🖭 🕄 ⑩ 🖸 𝚅𝐈𝐒𝐀
chiuso dal 10 al 20 agosto – ⊆ 14000 – **31 cam** 90/110000.
r

Moderno senza rist, via Balbo 11 🕿 32351, Fax 22602 – 🛗 📺 ☎. 🖭 🕄 ⑩ 🖸 𝚅𝐈𝐒𝐀. ⅗
chiuso agosto – ⊆ 10500 – **20 cam** 75/110000.
per via Gobetti

San Marco senza rist, piazza San Marco 48 🕿 21321, Fax 22378 – 🛗 ▤ 📺 ☎. 🖭 🕄 ⑩ 🖸 𝚅𝐈𝐒𝐀. ⅗
40 cam ⊆ 80/115000.
v

Il Piraña, via Tobia Bertini angolo via Valentini 🕿 25746, prenotare – ▤. 🖭 🕄 ⑩ 🖸 𝚅𝐈𝐒𝐀. ⅗
chiuso domenica, i mezzogiorno di sabato-lunedì ed agosto – Pas carta 65/85000
per via Valentini
Spec. Crostini agli scampi, Linguine ai calamaretti, Pescatrice all'isolana con verdure. Vini Vernaccia, Chianti.

Osvaldo Baroncelli, via Fra Bartolomeo 13 🕿 23810, Coperti limitati; prenotare – 🖭 🕄 🖸 𝚅𝐈𝐒𝐀. ⅗
chiuso domenica, mercoledì sera ed agosto – Pas carta 41/66000 (10%).
c

Pietro, via Balbo 9/a 🕿 23025 – ▤
per via Gobetti

Tonio, piazza il Mercatale 161 🕿 21266, ⟨⟩ – ▤. 🖭 🕄 ⑩ 🖸 𝚅𝐈𝐒𝐀
chiuso domenica, lunedì ed agosto – Pas carta 60/60000.
b

Villa Santa Cristina ⟨⟩ con cam, via Poggio Secco 58 🕿 595951, Fax 572623, ≤, « Edificio settecentesco con servizio rist. estivo all'aperto », ⅀, � – 📺 ☎ 🅿. 🖭 🕄 ⑩ 🖸 𝚅𝐈𝐒𝐀. ⅗
per ②
chiuso dal 7 al 28 agosto – Pas (chiuso domenica sera e lunedì) carta 45/70000 – **23 cam** ⊆ 110/170000.

Baghino, via dell'Accademia 9 🕿 27920 – ▤. 🖭 🕄 ⑩ 🖸 𝚅𝐈𝐒𝐀
chiuso domenica, lunedì a mezzogiorno ed agosto – Pas carta 40/70000 (12%).
u

La Veranda, via dell'Arco 10/12 🕿 38235 – ▤. 🖭 🕄 ⑩ 🖸 𝚅𝐈𝐒𝐀. ⅗
chiuso sabato, domenica ed agosto – Pas carta 35/50000.
d

PRATO DELLA CONTESSA Grosseto – Vedere Castel del Piano.

PRATO NEVOSO Cuneo – Vedere Frabosa Sottana.

PRATOVECCHIO 52015 Arezzo 𝟒𝟑𝟎 K 17 – 2 962 ab. alt. 420 – 🕿 0575.
Roma 261 – Arezzo 46 – ◆Firenze 47 – ◆Ravenna 129.

Gli Accaniti, 🕿 583345, Fax 583345, Coperti limitati; prenotare – 🅿. 🖭 🕄 🖸 𝚅𝐈𝐒𝐀. ⅗
chiuso lunedì, martedì, dal 2 al 15 giugno e dal 2 al 15 novembre – Pas carta 35/55000.

PREDAIA Trento – Vedere Vervò.

PREDAZZO 38037 Trento 𝟗𝟖𝟖 ④ ⑤, 𝟒𝟐𝟗 D 16 – 4 118 ab. alt. 1 018 – a.s. febbraio-Pasqua e Natale – Sport invernali : 1 018/1 121 m ⬥2, ⬥ – 🕿 0462.
☐ piazza Santi Filippo e Giacomo 2 🕿 51237, Fax 52093.
Roma 662 – Belluno 78 – ◆Bolzano 57 – Cortina d'Ampezzo 83 – ◆Milano 320 – Trento 80.

Ancora, via IX Novembre 1 🕿 501651, Fax 502745 – 🛗 📺 ☎ 🅿. 🖭 🕄 ⑩ 🖸 𝚅𝐈𝐒𝐀. ⅗
Pas (chiuso giovedì) carta 34/58000 – ⊆ 13000 – **40 cam** 84/150000 – ½ P 80/150000.

Sporthotel Sass Maor, 🕿 501538, Fax 501538 – 🛗 📺 ☎ & 🚗 🅿. 🕄 ⑩ 🖸 𝚅𝐈𝐒𝐀. ⅗
Pas carta 40/55000 – ⊆ 15000 – **24 cam** 80/140000 – ½ P 60/90000.

Montanara, 🕿 51116, 🚣, ⇌ – 🛗 📺 ☎ 🅿. 🖭 🕄 ⑩ 🖸 𝚅𝐈𝐒𝐀. ⅗ rist
chiuso dal 13 aprile al 15 giugno – Pas 20/25000 – ⊆ 8000 – **40 cam** 70/120000 – ½ P 93000.

Bellaria, corso De Gasperi 20 🕿 501369, Fax 501650, ⇌, ⅀, � – 🛗 ☎ 🅿. 🖭 🕄 ⑩ 🖸 𝚅𝐈𝐒𝐀. ⅗
chiuso maggio, ottobre e novembre – Pas (chiuso mercoledì) 22/26000 – ⊆ 8000 – **58 cam** 78/139000 – ½ P 72/108000.

Vinella, via Mazzini 76 🕿 501151, Fax 502330, ⇌ – 🛗 ☎ & 🅿. 🖭. ⅗
Pas 23/28000 – ⊆ 9000 – **29 cam** 80/150000 – ½ P 60/75000.

PREDORE 24060 Bergamo 👁👁 E 12 – 1 651 ab. alt. 190 – a.s. luglio-agosto – 🕸 035.

Roma 590 – ◆Bergamo 37 – ◆Brescia 41 – ◆Milano 78.

🏨 **Eurovil**, 𝒫 938327, Fax 938327, 🏝 – 📺 ☎ 🅿 – 🛗 150. 🆎 🕸 🇪 𝘝𝘐𝘚𝘈. ✀
chiuso febbraio – Pas (chiuso mercoledì) carta 35/52000 – 🛏 8000 – **23 cam** 90000
½ P 70/75000.

PREDOSA 15077 Alessandria 👁👁 H 7 – 2 092 ab. alt. 136 – 🕸 0131.

Roma 564 – Alessandria 35 – ◆ Genova 70 – Piacenza 106.

🍴 **Antica Trattoria della Vittoria**, 𝒫 71145 – 🅿. 🕸. ✀
chiuso mercoledì e dal 16 al 31 gennaio – Pas carta 43/65000.

PREGANZIOL 31022 Treviso 👁👁 F 18 – 13 006 ab. alt. 12 – 🕸 0422.

Roma 534 – Mestre 13 – ◆Milano 273 – ◆Padova 43 – Treviso 7 – ◆Venezia 23.

🏨 **Magnolia**, N : 1 km 𝒫 93375 e rist 𝒫 633131, Fax 93713, 🏝 – 🍽 rist 📺 ☎ 🅿. 🆎 🕸
🇪 𝘝𝘐𝘚𝘈. ✀
Pas (chiuso domenica sera, lunedì e dal 1° al 22 agosto) carta 34/52000 – 🛏 8000 – **29 ca**
60/90000 – ½ P 83/98000.

🍴🍴 **Alle Grazie**, N : 1,5 km 𝒫 381615 – 🅿. 🆎 🕸 ⓞ 🇪 𝘝𝘐𝘚𝘈
chiuso sabato-domenica in luglio-agosto e giovedì sera-venerdì negli altri mesi – P
carta 43/67000.

a San Trovaso N : 2 km – ✉ 31022 :

🏠 **Sole** senza rist, 𝒫 383126 – 🛗 🍽 📺 ☎ 🚗 🅿. 🆎 🕸 ⓞ 🇪 𝘝𝘐𝘚𝘈. ✀
🛏 8000 – **18 cam** 60/80000.

PREGNANA MILANESE 20010 Milano 👁👁 F 9, 👁👁👁 ⑱ – 5 877 ab. alt. 152 – 🕸 02.

Roma 592 – Como 39 – ◆Milano 18 – Novara 38 – Pavia 52 – ◆Torino 127 – Varese 47.

in prossimità casello autostrada A 4 - Rho :

🏠 **Motel Monica**, ✉ 20010 𝒫 93290920, Fax 93290608, 🏝 – 📺 ☎ 🅿 – 🛗 40. 🆎 ⓞ
Pas (chiuso agosto) carta 37/55000 – 🛏 12000 – **36 cam** 105/130000 – ½ P 100000.

MICHELIN, viale dell'Industria 23/25, 𝒫 93590160, Fax 93590270.

PREMADIO Sondrio 👁👁👁 ⑰ – Vedere Valdidentro.

PREMENO 28057 Novara 👁👁 E 7, 👁👁👁 ⑦ – 748 ab. alt. 817 – 🕸 0323.

🇬 Piandisole (aprile-novembre) 𝒫 47100.

Roma 681 – Locarno 49 – ◆Milano 104 – Novara 81 – Stresa 24 – ◆Torino 155 – Verbania 11.

🏨 **Premeno** ⑤, 𝒫 587021, Fax 587328, ≤, 🍵, 🏝 – 🛗 ☎ 🅿. 🆎 𝘝𝘐𝘚𝘈. ✀
aprile-settembre – Pas 27/35000 – 🛏 9000 – **57 cam** 70/100000 – ½ P 65/75000.

PRÉ-SAINT-DIDIER 11010 Aosta 👁👁👁 ①, 👁👁 E 2, 👁👁👁 ① – 969 ab. alt. 1 000 – a.s. febbra
Pasqua, 15 luglio-agosto e Natale – 🕸 0165.

Roma 779 – Aosta 32 – Courmayeur 5 – ◆Milano 217 – Colle del Piccolo San Bernardo 23.

Pianta : vedere Courmayeur

🍴🍴 **Universo**, 𝒫 87993 – 🆎 🕸 🇪 𝘝𝘐𝘚𝘈. ✀   BZ
chiuso martedì, dal 15 maggio al 15 giugno e novembre – Pas carta 31/53000.

a Pallusieux N : 2,5 km – alt. 1 100 – ✉ 11010 Pré-Saint-Didier :

🏨 **Beau Séjour** ⑤, 𝒫 87801, ≤ Monte Bianco, 🏝 – ☎ 🚗 🅿. 🕸 🇪 𝘝𝘐𝘚𝘈. ✀
chiuso maggio, ottobre e novembre – Pas (chiuso martedì) 30/45000 – 🛏 8500 – **33 ca**
55/80000 – ½ P 70/78000.   BYZ

🏨 **Le Marmotte** ⑤, 𝒫 87820 – 🛗 ☎ 🅿. ✀ cam   BZ
22 dicembre-aprile e luglio-settembre – Pas (solo per clienti alloggiati) 25/35000 – 🛏 600
20 cam 45/75000 – ½ P 70/78000.

PRESOLANA (Passo della) Bergamo e Brescia 👁👁👁 ③ ④, 👁👁 E 12 – alt. 1 289 – a.s. 15 lug
agosto e Natale – Sport invernali : 1 286/2 220 m ≰4.

Roma 650 – ◆ Bergamo 49 – ◆ Brescia 97.

🍴 **Del Passo**, ✉ 24020 Colere 𝒫 (0346) 32081 – 🅿
chiuso ottobre e martedì in bassa stagione – Pas carta 26/48000.

PRIMIERO Trento – Vedere Fiera di Primiero.

PRINCIPINA A MARE Grosseto 👁👁👁 N 15 – Vedere Grosseto (Marina di).

PRIOLO GARGALLO Siracusa 👁👁👁 P 27 – Vedere Sicilia.

PROCCHIO Livorno 👁👁👁 N 12 – Vedere Elba (Isola d') : Marciana Marina.

466

OCIDA (Isola di) Napoli **431** E 24 – 10 643 ab. – a.s. maggio-15 ottobre – ✆ 081.

ere Guida Verde – La limitazione d'accesso degli autoveicoli è regolata da norme legisla-

⏵ per Napoli giornalieri (1 h); per Pozzuoli ed Ischia (30 mn), giornalieri – Caremar-agenzia *rano*, al porto ✆ 8967280, Fax 8967280.

per Napoli giornalieri (35 mn), Pozzuoli ed Ischia giornaliero (15 mn) – Caremar-agenzia *rano*, al porto ✆ 8967280, Fax 8967280.

a Roma 92 ✆ 8969594

Procida **988** ㉗ – ✉ **80079**.

La Medusa, via Roma 116 ✆ 8967481, ≤, 佘 – ﺎE 🛐 ⓞ E 𝐕𝐈𝐒𝐀
chiuso gennaio, febbraio e martedi (escluso da maggio a settembre) – Pas carta 32/55000
(12%).

OH Novara **219** ⑯ – Vedere Briona.

UNETTA 51020 Pistoia **988** ⑭, **428 429 430** J 14 – alt. 958 – a.s. luglio-agosto – ✆ 0573.
a 327 – ◆Firenze 53 – Lucca 48 – ◆Milano 291 – Pistoia 17 – San Marcello Pistoiese 14.

l **Le Lari,** ✆ 672931, Fax 672931, « Giardino » – ❻. ℘ rist
10 aprile-20 ottobre – Pas carta 25/35000 – ☲ 6000 – **25 cam** 45/70000 – ½ P 48/55000.

GLIANELLA Lucca – Vedere Camporgiano.

GNANO Pisa – Vedere San Giuliano Terme.

LA Cagliari **988** ㉝, **433** J 9 – Vedere Sardegna.

LSANO 74026 Taranto **431** F 34 – 10 119 ab. alt. 37 – a.s. 15 giugno-agosto – ✆ 099.
a 548 – ◆Bari 110 – ◆Brindisi 64 – Lecce 75 – ◆Taranto 16.

a Marina di Pulsano SE : 5,5 km – ✉ **74026** Pulsano :

🛏 **Girasole,** ✆ 633013, Fax 633678, ℥, 🛶, ℅ – 🛏 🔟 ☎ ﺎE 🛐 ⓞ E 𝐕𝐈𝐒𝐀. ℅
Pas carta 29/52000 (15%) – ☲ 15000 – **40 cam** 100/140000 – ½ P 105000.

a Lido Silvana SE : 6 km – ✉ **74026** Pulsano :

🛏 **Eden Park** 🅂, ✆ 633091, Fax 633791, 佘, 乙, 🛶, ⌧, ℅ – 🛗 🔟 ☎ ❻. ﺎE 🛐 ⓞ E 𝐕𝐈𝐒𝐀.
℅
Pas carta 30/51000 (15%) – ☲ 15000 – **73 cam** 105/140000 – ½ P 90/120000.

NTA ALA 58040 Grosseto **988** ㉔, **430** N 14 – a.s. Pasqua e 15 giugno-15 settembre –
)564 – 🏌 ✆ 922121, Fax 920182.
a 225 – ◆Firenze 170 – Follonica 18 – Grosseto 41 – Siena 102.

🏨 **Gallia Palace Hotel** 🅂, ✆ 922022, Telex 590454, Fax 920229, ≤, 佘, « Giardino fiorito
con 乙 riscaldata », 🛶, ℅ – 🛗 🖿 🔟 ☎ ❻ ❶. ﺎE 🛐 ⓞ E 𝐕𝐈𝐒𝐀. ℅
22 maggio-27 ottobre – Pas 62000 – ☲ 25000 – **98 cam** 250/420000 – ½ P 160/340000.

🏨 **Golf Hotel** 🅂, ✆ 922026, Telex 590538, Fax 922688, « Giardino con 乙 », 𝐹₆, 🚗, 🔲,
🛶, ℅ – 🛗 ⇆ cam 🖿 🔟 ☎ ❻ ❶ – 🛠 80 a 300. ﺎE 🛐 ⓞ E 𝐕𝐈𝐒𝐀. ℅
aprile-ottobre – Pas carta 67/102000 – ☲ 21000 – **180 cam** 345/450000, 3 appartamenti –
½ P 200/290000.

🏨 **Cala del Porto** 🅂, ✆ 922455, Telex 590652, Fax 920716, ≤, 佘, « Terrazze fiorite », 乙,
🛶, 🚗 – 🖿 🔟 ☎ ❻. ﺎE 🛐 ⓞ E 𝐕𝐈𝐒𝐀. ℅
aprile-settembre – Pas 70000 – ☲ 620000, 5 appartamenti – ½ P 270/350000.

🏨 **Piccolo Hotel Alleluja** 🅂, ✆ 922050, Telex 500449, Fax 920734, 佘, « Parco ombreggiato », 乙, 🛶, ℅ – 🛗 🖿 🔟 ☎ ❻ ❶. ﺎE 🛐 ⓞ E 𝐕𝐈𝐒𝐀. ℅
Pas carta 75/85000 – **38 cam** ☲ 590000 – ½ P 375/535000.

X **Lo Scalino,** ✆ 922168, ≤, 佘 – ﺎE 🛐 E 𝐕𝐈𝐒𝐀
marzo-ottobre; chiuso martedi in bassa stagione – Pas carta 43/77000 (15%).

NTA DEL LAGO Viterbo **430** P 18 – Vedere Ronciglione.

NTALDIA Nuoro – Vedere Sardegna (San Teodoro).

OS D'ALPAGO 32015 Belluno **429** D 19 – 2 256 ab. alt. 419 – ✆ 0437.
a 605 – Belluno 20 – Cortina d'Ampezzo 75 – ◆Venezia 95.

X **Locanda San Lorenzo** con cam, ✆ 454048, Fax 454049, prenotare – 🔟 ☎ ❶. ﺎE 🛐 ⓞ
E 𝐕𝐈𝐒𝐀
chiuso febbraio – Pas *(chiuso mercoledi)* carta 35/45000 – ☲ 10000 – **11 cam** 80/100000 –
½ P 50/70000.

TIGNANO 70017 Bari **988** ㉙, **431** E 33 – 27 432 ab. alt. 368 – ✆ 080.
a 490 – ◆Bari 42 – ◆Brindisi 81 – ◆Taranto 54.

🛏 **Plaza** senza rist, via Roma ✆ 731266, Fax 5242109 – 🛗 🖿 ☎ – 🛠 80. ﺎE 🛐 ⓞ E 𝐕𝐈𝐒𝐀. ℅
☲ 6500 – **41 cam** 79/108000.

QUARONA 13017 Vercelli 428 E 6, 219 ⑥ – 4 127 ab. alt. 415 – ✆ 0163.
Roma 668 – ♦Milano 94 – ♦Torino 110.

XX **Italia** 𝒫 430147 – 🆎 🕄 ⓞ 𝑽𝑰𝑺𝑨. ✦
    chiuso lunedì ed agosto – Pas carta 38/64000.

QUARRATA 51039 Pistoia 428 429 430 K 14 – 20 871 ab. alt. 48 – ✆ 0573.
Roma 307 – ♦Firenze 25 – Lucca 53 – ♦Livorno 95 – Pistoia 13.

XX **Silvione-Antica Trattoria dal 1901,** S : 1 km 𝒫 750254, 斎, 燕 – ❷. 🆎 🕄 🆅
    ✦
    chiuso martedì sera, mercoledì, dal 1° al 14 gennaio e dal 5 al 26 agosto – Pas carta 3
    48000.

    a Catena E : 4 km – ✉ 51030 :

XX **La Bussola-da Gino** con cam, 𝒫 743128, Fax 744591, 斎, 燕 – 📺 ☎ ❷. 🆎 🕄 ⓞ
    𝑽𝑰𝑺𝑨. ✦
    Pas (chiuso domenica ed agosto) carta 32/54000 – ⊇ 7000 – **10 cam** 70/99000 – ½ P ⅞
    100000.

QUARTACCIO Viterbo – Vedere Civita Castellana.

QUARTO CALDO Latina – Vedere San Felice Circeo.

QUARTO D'ALTINO 30020 Venezia 988 ⑤, 429 F 19 – 6 183 ab. alt. 5 – ✆ 0422.
Roma 537 – ♦Milano 276 – Treviso 17 – ♦Trieste 134 – ♦Venezia 26.

XX **Da Odino,** via Roma 61 𝒫 825421, Fax 824326 – ▤ ❷. 🆎 🕄 ⓞ E 𝑽𝑰𝑺𝑨
    chiuso lunedì sera e mercoledì – Pas carta 35/55000.

X **Cà delle Anfore,** via Marconi 33 (SE : 3 km) 𝒫 824153, 燕 – ▤ ❷. 🕄 E 𝑽𝑰𝑺𝑨. ✦
    chiuso lunedì, martedì sera e gennaio – Pas carta 28/55000.

Europe	Si le nom d'un hôtel figure en petits caractères, demandez à l'arrivée les conditions à l'hôtelier.

QUARTO DEI MILLE Genova – Vedere Genova.

QUARTO INFERIORE Bologna 430 I 16 – Vedere Granarolo dell'Emilia.

QUARTU SANT'ELENA Cagliari 988 ㉝, 433 J 9 – Vedere Sardegna.

QUASSOLO 10010 Torino 219 C 4 – 424 ab. alt. 275 – ✆ 0125.
Roma 691 – Aosta 60 – Ivrea 8 – ♦Torino 58.

XX Centrale, via Garibaldi 21 𝒫 750371, prenotare

QUATTRO CASTELLA 42020 Reggio nell'Emilia 428 429 I 13 – 9 440 ab. alt. 162 – ✆ 0522.
Roma 450 – ♦ Modena 48 – ♦ Parma 29.

🏛 **Casa Matilde** 🌿 senza rist, località Puianello SE : 6 km 𝒫 889006, Fax 889006,
    « Parco-giardino » – 📺 ☎ ❷ – 🏛 70. 🆎 🕄 E 𝑽𝑰𝑺𝑨. ✦
    7 cam ⊇ 190/220000.

QUERCE AL PINO Siena 430 M 17 – Vedere Chiusi.

QUERCEGROSSA Siena 430 L 15 – Vedere Siena.

QUINCINETTO 10010 Torino 988 ②, 428 F 5 – 1 109 ab. alt. 295 – ✆ 0125.
Roma 694 – Aosta 55 – Ivrea 18 – ♦Milano 131 – Novara 85 – ♦Torino 60.

🏠 **Mini Hotel Praiale** 🌿 senza rist, 𝒫 757188, Fax 757349 – 📺 ☎. 🆎 🕄 ⓞ E 𝑽𝑰𝑺𝑨
    ⊇ 10000 – **9 cam** 65/78000.

XX **Da Marino,** località Montellina 𝒫 757952, ≤, 斎 – ❷. 🆎 🕄 ⓞ E 𝑽𝑰𝑺𝑨
    chiuso lunedì e dal 1° al 15 settembre – Pas carta 30/49000.

XX Da Giovanni, 𝒫 757447

QUINTO AL MARE Genova – Vedere Genova.

QUINTO DI TREVISO 31055 Treviso 429 F 18 – 9 057 ab. alt. 17 – ✆ 0422.
Roma 548 – ♦Padova 40 – Treviso 7 – ♦Venezia 35 – Vicenza 57.

XX **Locanda Righetto** con cam, 𝒫 379101, Fax 470080, 斎 – ▤ cam 📺 ☎ ❷. 🆎 🕄 ⓞ
    𝑽𝑰𝑺𝑨. ✦
    Pas (chiuso lunedì e dal 1° al 5 gennaio) carta 25/49000 – ⊇ 8000 – **9 cam** 50/8000
    ½ P 70000.

QISTELLO 46026 Mantova 四2四 四2四 G 14 – 6 016 ab. alt. 17 – ✪ 0376.

na 458 – ◆Ferrara 61 – Mantova 29 – ◆Milano 203 – ◆Modena 56.

%% ✿✿ **Ambasciata,** via Martiri di Belfiore 33 ✆ 619003, Fax 618255, prenotare – ▤ **P**. **AE**
S **①** **E** **VISA**. ✼
*chiuso dal 1° al 16 gennaio, dal 1° al 24 agosto, mercoledì, giovedì a mezzogiorno e le sere
di Natale e Capodanno* – Pas carta 70/130000
Spec. Flan di rane, Tagliatelle verdi con ricotta storione e melone, Filetti di sogliola con pancetta e salsa di acciughe.
Vini Granbianco, Rosso del Vicariato.

%% **Al Sole-Cincana,** piazza Semeghini 14 ✆ 618146, Coperti limitati; prenotare – **VISA**
chiuso domenica sera, mercoledì, dal 29 dicembre al 10 gennaio e da luglio al 20 agosto –
Pas carta 45/80000.

QADDA IN CHIANTI 53017 Siena 四3⓪ L 16 – 1 643 ab. alt. 531 – ✪ 0577.

na 261 – Arezzo 57 – ◆Firenze 52 – Siena 31.

🏠 **Fattoria Vignale** senza rist, ✆ 738300, Fax 738592, ≤, ⴷ, 🐎 – ▤ ☎ **P** – 🕍 80. **AE** **S** **E**
VISA. ✼
3 aprile-2 novembre – **25 cam** ⴱ 180/300000.

%% ✿ **Vignale,** ✆ 738094 – **AE** **S** **E** **VISA**. ✼
marzo-15 novembre; chiuso giovedì – Pas carta 50/82000 (12%)
Spec. Patè di fegatini rosa, Minestra di farro e fagioli, Coniglio disossato e farcito al forno. **Vini** Vernaccia, Granchiaia.

sulla strada provinciale 429 O : 6,5 km :

🏠 **Vescine** ⴲ senza rist, località Vescine ⴳ 53017 ✆ 741144, Fax 740263, ≤, « In un
borgo antico », ⴷ, 🐎, ✕ – ☎ **P**. **AE** **S** **E** **VISA**
marzo-novembre – **22 cam** ⴱ 150/230000, 4 appartamenti.

QADICOFANI 53040 Siena 四3⓪ N 17 – 1 322 ab. alt. 896 – ✪ 0578.

ma 169 – Arezzo 93 – ◆Perugia 113 – Siena 70.

% **La Grotta,** ✆ 55866, 🏠
chiuso martedì e settembre – Pas carta 26/35000.

QADICONDOLI 53030 Siena 九⑧⑧ ⑭, 四3⓪ M 15 – 1 014 ab. alt. 510 – ✪ 0577.

ma 270 – ◆Firenze 76 – Pisa 123 – Siena 40.

🏠 **Verde Oasi** ⴲ, ✆ 790760, Fax 790570, ⴷ, 🐎 – ☎ **P**. ✼ rist
Pas *(solo per clienti alloggiati e chiuso a mezzogiorno)* 25/40000 – ⴱ 8000 – **13 cam**
60/95000.

QAGUSA **P** 九⑧⑧ ㊲, 四3⓶ Q 26 – Vedere Sicilia.

QAITO Salerno – Vedere Vietri sul Mare.

QANCIO VALCUVIA 21030 Varese 四2⑧ E 8, 四1⑨ ⑦ – 727 ab. alt. 296 – ✪ 0332.

ma 651 – ◆Lugano 28 – Luino 12 – ◆Milano 74 – Varese 18.

%% **Gibigiana,** ✆ 995085, prenotare – **P**. **AE** **S** **VISA**. ✼
chiuso martedì e gennaio – Pas carta 30/51000.

QANCO 21020 Varese 四2⑧ E 7, 四1⑨ ⑦ – 996 ab. alt. 214 – ✪ 0331.

ma 644 – Laveno Mombello 21 – ◆Milano 67 – Novara 51 – Sesto Calende 12 – Varese 27.

🏠 **Conca Azzurra** ⴲ, ✆ 976526, Fax 976721, ≤, 🏠, ⴷ, 🐎, 🐎, ✕ – 📺 ☎ **P** – 🕍 150.
AE **S** **①** **E** **VISA**. ✼ rist
chiuso gennaio e febbraio – Pas *(chiuso venerdì da ottobre a maggio)* carta 40/72000 –
30 cam ⴱ 100/150000 – ½ P 85/115000.

%%% ✿✿ **Il Sole** ⴲ con cam, ✆ 976507, Fax 976620, ≤, Coperti limitati; prenotare, « Servizio
estivo sotto un pergolato », 🐎, 🐎 – 📺 ☎ **P**. **AE** **S** **①** **E** **VISA**
chiuso da gennaio al 14 febbraio – Pas *(chiuso lunedì sera escluso da giugno a settembre e
martedì)* carta 78/123000 (10%) – 7 appartamenti ⴱ 255000 – ½ P 200/230000
Spec. Uova di quaglia in brioche ai quattro caviali, Lavarello affumicato su insalata di patate tiepide, Agnello in padella
al rosmarino. **Vini** Ribolla, Barbaresco.

QANDAZZO Catania 九⑧⑧ ㊲, 四3⓶ N 26 – Vedere Sicilia.

QANZANICO 24060 Bergamo 四2⑧ 四2⑨ E 11 – 830 ab. alt. 510 – ✪ 035.

oma 622 – ◆Bergamo 25 – ◆Brescia 62 – ◆Milano 94.

%% **Pampero,** al lago ✆ 811304 – **P**. **AE** **S** **E** **VISA**
chiuso lunedì, martedì a mezzogiorno e dall'8 al 23 gennaio – Pas carta 39/63000.

QANZO 18028 Imperia 四2⑧ J 6 – 603 ab. alt. 300 – ✪ 0183.

oma 595 – Imperia 51 – Savona 58 – ◆Torino 191.

%% **Moisello,** ✆ 318073 – **P**. ✼
chiuso lunedì sera e martedì – **Pas** carta 28/42000.

RAPALLO 16035 Genova 👥👥👥 ⑬, 👥👥👥 I 9 – 29 793 ab. – a.s. 15 dicembre-febbraio, Pasqua, luglio-ottobre – 🕙 0185.

Vedere Lungomare Vittorio Veneto★.

Dintorni Penisola di Portofino★★★ per la strada panoramica★★ per Santa Margherita Ligure e Portofino SO per ②.

🏌 (chiuso martedì) 𝒫 261777, Fax 261779, per ④ : 2 km.

🗗 via Diaz 9 𝒫 51282, Fax 63051.

Roma 477 ④ – ◆Genova 28 ④ – ◆Milano 163 ④ – ◆Parma 142 ① – ◆La Spezia 79 ④.

MADONNA DI MONTALLEGRO

RAPALLO

0   300 m

Italia (Corso). . . . .
Matteotti (Corso)
Mazzini (Via) . . . .

Aurelia Levante (Via) . . .
Cavour (Piazza) . . . .
Cile (Piazza) . . . .
Garibaldi (Piazza) . . . . . .
Gramsci (Via) . . . .
Lamarmora (Via) . . . .
Milite Ignoto (Via) . . . . . .
Montebello (Via) . . . .
Pastene (Piazza) . . . .
V. Veneto (Lungomare) . . .
Zunino (Via) . . . .

🏨🏨 **Gd H. Bristol** ⤼, via Aurelia Orientale 369 𝒫 273313, Telex 270688, Fax 55800, « Rist. roof-garden con ≤ mare e golfo », ≦s, ⤰ riscaldata, 🐾s, 🚑 – 📶 ⎓ 📺 🕿 ⟺ 🅿 – 🛗 250. 🆎 🕄 🗲 **VISA** ⫸ rist   per ①
chiuso gennaio e febbraio – Pas carta 75/95000 – ⬱ 25000 – **91 cam** 220/380000, 2 appartamenti – ½ P 220/290000.

🏨🏨 **Eurotel**, via Aurelia Ponente 22 𝒫 60981, Telex 283851, Fax 50635, ≤ mare, « Giardino con ⤰ »– 📶 ⎓ 📺 🕿 ⟺ 🅿 – 🛗 100. 🆎 🕄 🕐 🗲 **VISA** ⫸ rist   f
chiuso dal 7 gennaio al 15 febbraio – Pas 55/65000 – **65 cam** ⬱ 155/235000 – ½ P 160/185000.

🏨🏨 **Astoria** senza rist, via Gramsci 4 𝒫 273533, Telex 272117, Fax 274093, ≤ – 📶 ⎓ 📺 🕿 – 🛗 40. 🆎 🕄 🕐 🗲 **VISA**   r
chiuso dal 9 dicembre al 9 gennaio – ⬱ 20000 – **20 cam** 150/210000.

🏨🏨 **Rosabianca** senza rist, lungomare Vittorio Veneto 42 𝒫 50390, Fax 65035, ≤ mare – 📶 ⎓ 📺 🕿. 🆎 🕄 🗲 **VIS**
⫸ – **18 cam** ⬱ 135/235000, appartamento.

🏨 **Minerva**, corso Colombo 7 𝒫 230388, Fax 67078 – 📶 📺 🕿 ⛛ 🅿. 🆎 🕄 🗲 **VISA**
chiuso da novembre al 20 dicembre – Pas (solo per clienti alloggiati) 40000 – **35 cam** ⬱ 80/130000 – ½ P 100000.

🏨 **Miramare,** via Vittorio Veneto 27 𝒫 230261, Fax 273570, ≤ – 📶 📺 🕿. 🆎 🕄 🗲 **VIS**. ⫸ rist
Pas *(chiuso lunedì)* carta 50/80000 – ⬱ 15000 – **28 cam** 90/150000 – ½ P 110/130000.

🏨 **Riviera**, piazza 4 Novembre 2 𝒫 50248, Fax 65668, ≤ mare – 📺 🕿. 🆎 🕄 🗲 **VISA**. ⫸ rist
chiuso da novembre al 22 dicembre – Pas 44/50000 – ⬱ 20000 – **20 cam** 93/115000 – ½ P 107/121000.

🏨 **Vittoria**, via San Filippo Neri 11 𝒫 54838, Fax 54838 – 📶 📺 🕿. 🆎 🕄 🕐 🗲 **VISA**. ⫸
chiuso dall'8 novembre al 3 dicembre – Pas (solo per clienti alloggiati) 25/35000 vedere anche rist **Il Gabbiano** – **40 cam** ⬱ 60/110000 – ½ P 60/90000.

🏨 **Giulio Cesare,** corso Cristoforo Colombo 52 𝒫 50685, Fax 60896, ≤ – 📶 📺 🕿. 🆎 🕄 🗲 **VISA**. ⫸ rist
chiuso da novembre al 19 dicembre – Pas 30000 – ⬱ 15000 – **33 cam** 70/100000 – ½ P 85000.

🏨 **Stella** senza rist, via Aurelia Ponente 10 𝒫 50367, Fax 272837 – 📶 📺 🕿 ⟺. 🆎 🕄 🗲 **VISA**
⬱ 10000 – **31 cam** 50/75000.

❌❌ **Da Monique,** lungomare Vittorio Veneto 6 𝒫 50541, ≤ – 🆎 🕄 🕐 🗲 **VISA**
chiuso martedì e dal 7 gennaio al 10 febbraio – Pas carta 34/68000.

❌❌ **Roccabruna**, località Savagna 𝒫 261400, 🖼, Coperti limitati; prenotare – 🅿. 🆎
chiuso a mezzogiorno, lunedì, dal 1° al 10 giugno e dal 20 al 30 settembre – Pas carta 54/84000.
5 km per ④

❌❌ **Hostaria Vecchia Rapallo**, via Cairoli 20/24 𝒫 50053 – 🆎 🕄 🕐 🗲 **VISA**
chiuso giovedì – Pas carta 34/61000 (10%).

❌❌ **Gabbiano**, corso Mameli 22 𝒫 54838, Fax 54838 – 🆎 🕄 🕐 🗲 **VISA**. ⫸
chiuso domenica sera, lunedì e dall'8 novembre al 3 dicembre – Pas carta 35/49000.

❌ **La Clocherie**, vico della Rosa 8 𝒫 55309
chiuso mercoledì e dal 10 novembre al 10 dicembre – Pas carta 34/59000.

a San Massimo per ④ : 3 km – ✉ **16035** Rapallo :

ü Giancu, ☏ 260505, Fax 260505, solo su prenotazione, « Servizio estivo in giardino » – P
chiuso mercoledì, giovedì a mezzogiorno, dall'11 gennaio al 5 febbraio, dal 21 giugno al 2 luglio, dal 4 al 13 ottobre e dal 3 novembre al 3 dicembre – Pas carta 34/54000.

POLANO TERME **53040** Siena 988 ⑮, 430 M 16 – 4 979 ab. alt. 334 – ☎ 0577.

a 202 – Arezzo 48 – ♦Firenze 96 – ♦Perugia 81 – Siena 28.

Paradiso e Rist. Il Boschetto ⛰, località Terme San Giovanni SO : 1,5 km ☏ 725425, Telex 574123, Fax 725425 – ‖ TV ☎ ♿ P. AE 🅂 ⓓ E VISA. ✻ rist
Pas carta 20/35000 – **48 cam** ☐ 60/100000 – ½ P 63/70000.

2 Mari, strada statale 326 (N : 0,5 km) ☏ 724070, Fax 725414 – ‖ TV ☎ P – 🏛 100. AE 🅂 ⓓ E VISA. ✻
chiuso dal 15 al 31 luglio – Pas *(chiuso martedì)* carta 26/42000 – ☐ 9000 – **42 cam** 56/92000 – ½ P 70000.

SEN ANTHOLZ = Rasun Anterselva.

STELLINO Modena – Vedere Castelfranco Emilia.

SUN ANTERSELVA **(RASEN ANTHOLZ)** **39030** Bolzano 429 B 18 – 2 523 ab. alt. 1 000 – 0474.

a 728 – ♦Bolzano 87 – Brunico 13 – Cortina d'Ampezzo 52 – Lienz 66 – ♦Milano 382.

a Rasun di Sopra (Oberrasen) SO : 2 km – alt. 1 091 – ✉ **39030** :

Ansitz Heufler con cam, ☏ 46288, Fax 48199, « In un castello del '500 » – ☎ P. 🅂 ⓓ E VISA. ✻ rist
chiuso dal 15 maggio al 15 giugno e novembre – Pas *(chiuso mercoledì)* carta 43/58000 – **9 cam** ☐ 180000 – ½ P 80/127000.

ad Anterselva di Sotto (Antholz Niedertal) NE : 7 km – alt. 1 105 – ✉ **39030** :

Antholzerhof ⛰, ☏ 42148, Fax 42344, ←, ≘s, 🏊, 🌳 – ▤ rist ☎ P. ✻ rist
chiuso dal 9 aprile al 27 maggio e dall'11 ottobre al 17 dicembre – Pas carta 42/66000 – **26 cam** ☐ 93/178000 – ½ P 70/120000.

Bagni di Salomone ⛰, SO : 1,5 km ☏ 42199, Fax 42378, 🌳 – ☎ P. 🅂 ⓓ E VISA. ✻ rist
chiuso dal 1° al 20 giugno e dal 15 ottobre al 5 dicembre – Pas *(chiuso giovedì)* 25/40000 – **24 cam** ☐ 54/108000 – ½ P 45/69000.

ad Anterselva di Mezzo (Antholz Mittertal) NE : 10 km – alt. 1 235 – ✉ **39030** :

Wegerhof ⛰, ☏ 42130, ←, 🌳 – ☎ P. ✻ rist
chiuso dal 5 novembre al 20 dicembre e dal 15 al 30 aprile – Pas (solo per clienti alloggiati) – **10 cam** ☐ 38/70000 – ½ P 50/58000.

AVASCLETTO **33020** Udine 429 C 20 – 775 ab. alt. 957 – a.s. 15 luglio-agosto e Natale – Sport vernali : 957/1 750 m ⛷1 ⛷10, ⛷ – ☎ 0433.

partenza funivia Monte Zoncolan ☏ 66350, Fax 66327.

ma 712 – ♦Milano 457 – Monte Croce Carnico 28 – Tolmezzo 24 – ♦Trieste 146 – Udine 76.

Valcalda, ☏ 66120, Fax 66420, ←, 🌳 – TV ☎ 🚗 P. AE 🅂 ⓓ E VISA. ✻
chiuso maggio e novembre – Pas *(chiuso giovedì)* carta 23/36000 – ☐ 6000 – **32 cam** 50/85000 – ½ P 70/80000.

AVELLO **84010** Salerno 988 ㉗, 431 F 25 – 2 444 ab. alt. 350 – a.s. Pasqua, giugno-settembre Natale – ☎ 089.

edere Posizione e cornice pittoresche★★★ – Villa Rufolo★★★ : ✻★★★ – Villa Cimbrone★★★ : ★★★ – Pulpito★★ e porta in bronzo★ del Duomo – Chiesa di San Giovanni del Toro★.

piazza Duomo 10 ☏ 857096, Fax 857977.

ma 276 – Amalfi 6 – ♦Napoli 66 – Salerno 29 – Sorrento 40.

Palumbo ⛰, ☏ 857244, Telex 770101, Fax 858133, ← golfo, capo d'Orso e monti, 🍽, « Edificio del 12° secolo », 🌳 – ▤ TV ☎ 🚗. AE 🅂 ⓓ E VISA. ✻
Pas 75000 – **20 cam** ☐ 500000, 3 appartamenti – ½ P 265/315000.

Caruso Belvedere ⛰, ☏ 857111, Fax 857372, ← golfo, capo d'Orso e monti, 🍽, « Raccolta di dipinti dell'800 e terrazza-giardino con belvedere » – ☎. AE 🅂 ⓓ E VISA. ✻ rist
Pas *(chiuso dal 1° al 15 febbraio)* 42000 – **24 cam** ☐ 155/248000 – ½ P 120/163000.

Giordano e Villa Maria ⛰, ☏ 857255, Fax 857071, « Servizio rist. estivo sotto un pergolato con ← mare e costa », 🏊 riscaldata, 🌳 – ☎ P. AE 🅂 E VISA. ✻
Pas carta 34/49000 (15%) – **36 cam** ☐ 125/160000 – ½ P 130/145000.

🏨 **Rufolo** 🦐, 𝒫 857133, Fax 857935, ≤ golfo, capo d'Orso e monti, « Terrazza-giard
con 🏊 » – 🛗 TV ☎ ⇔ 🅿 ⅅ 🖭 🚻 ⓘ ⋿ VISA ⋘ rist
Pas *(chiuso dal 10 gennaio al 10 marzo)* carta 37/52000 – 🖭 20000 – **30 cam** 110/1900
2 appartamenti – ½ P 130/160000.

🏨 **Graal,** 𝒫 857222, Fax 857551, ≤ golfo, capo d'Orso e monti, 🏊 – 🛗 🖾 rist ☎ 🚗
🕭 250. 🖭 🚻 ⓘ ⋿ VISA ⋘ rist
Pas *(marzo-ottobre e Natale)* carta 31/56000 (15%) – **32 cam** 🖭 110/160000 – ½ P 1
140000.

🍴🍴 **Salvatore,** 𝒫 857227, Fax 857227, « Servizio estivo in terrazza con ≤ golfo, Ca
D'Orso e monti » – 🖭 🚻 ⓘ ⋿ VISA ⋘
chiuso venerdì escluso da marzo ad ottobre – Pas carta 24/34000 (15%).

🍴 **Cumpa' Cosimo,** 𝒫 857156 – 🖭 🚻 ⓘ ⋿ VISA
chiuso lunedì escluso da marzo al 10 novembre – **Pas** carta 30/40000.

sulla costiera amalfitana S : 6 km :

🏨 **Marmorata** 🦐, ⊠ 84010 𝒫 877777, Telex 720667, Fax 851189, ≤ golfo, 🍴, 🏊, 🛥
🛗 🖾 TV ☎ 🅿 – 🕭 50. 🖭 🚻 ⓘ ⋿ VISA ⋘
Pas *(chiuso da novembre a Pasqua)* 40/65000 – **40 cam** 🖭 198/242000 – ½ P 132/1980

Dans ce guide

un même symbole, un même mot,
imprimé en noir ou en **gras**,
n'ont pas tout à fait la même signification.
Lisez attentivement les pages explicatives.

RAVENNA 48100 🅿 𝟗𝟖𝟖 ⑮, 𝟰𝟮𝟵 𝟰𝟯𝟬 I 18 – 136 724 ab. alt. 3 – ✆ 0544.

Vedere Mausoleo di Galla Placidia★★★ Y – Chiesa di San Vitale★★ : mosaici★★★ Y – Battiste
Neoniano★ : mosaici★★★ Z – Basilica di Sant'Apollinare Nuovo★ : mosaici★★★ Z – Mosaici★★
nel Battistero degli Ariani Y D – Cattedra d'avorio★★ e cappella arcivescovile★★ nel mus
dell'Arcivescovado Z **M1** – Mausoleo di Teodorico★ Y B – Statua giacente★ nella Pinacote
Comunale Z **M2**.

Dintorni Basilica di Sant'Apollinare in Classe★★ : mosaici★★★ per ③ : 5 km.

🛈 via Salara 8/12 𝒫 35404 – (maggio-settembre) viale delle Industrie 14 𝒫 451539.

A.C.I. piazza Mameli 4 𝒫 37333.

Roma 366 ④ – ♦Bologna 74 ⑤ – ♦Ferrara 74 ⑤ – ♦Firenze 136 ④ – ♦Milano 285 ⑤ – ♦Venezia 145 ①.

Pianta pagina seguente

🏨🏨 **Bisanzio** senza rist, via Salara 30 𝒫 217111, Telex 551070, Fax 32539, 🚗 – 🛗 🖾 TV ☎
🕭 50. 🖭 🚻 ⓘ ⋿ VISA
36 cam 🖭 110/190000.   Y

🏨 **Centrale-Byron** senza rist, via 4 Novembre 14 𝒫 212225, Telex 551070 – 🛗 🖾 TV ☎.
🚻 ⓘ ⋿ VISA ⋘
chiuso dal 1° al 15 gennaio – 🖭 6500 – **54 cam** 84/110000.   Y

🏨 **Argentario** senza rist, via di Roma 45 𝒫 35555, Fax 35147 – 🛗 TV ☎. 🖭 🚻 ⓘ
VISA   Z
🖭 12000 – **30 cam** 120000.

🍴🍴 **Bella Venezia,** via 4 Novembre 16 𝒫 212746 – 🖭 🚻 ⓘ ⋿ VISA   Y
chiuso domenica e dal 22 dicembre al 22 gennaio – Pas carta 36/59000 (10%).

🍴🍴 **Al Gallo,** via Maggiore 87 𝒫 213775, 🍴, Coperti limitati; prenotare – 🖭 ⓘ ⋿ VI
⋘   Y
chiuso lunedì sera, martedì, dal 20 dicembre al 10 gennaio e Pasqua – Pas carta 40/5500C

🍴🍴 **Chilò,** via Maggiore 62 𝒫 36206, 🍴 – ⋙. 🖭 🚻 ⓘ ⋿ VISA ⋘   Y
chiuso giovedì e dal 1° al 15 luglio – Pas carta 30/51000.

🍴 **La Gardèla,** via Ponte Marino 3 𝒫 217147 – 🖾. 🖭 🚻 ⓘ ⋿ VISA ⋘   Y
chiuso giovedì e dal 10 al 25 agosto – Pas carta 22/35000.

🍴 **La Galleria di Renato,** via Mentana 33 𝒫 213684 – 🚻 ⋿ VISA ⋘   Z
Pas carta 22/40000.

sulla strada statale 16 per ③ : 2,5 km :

🏨 **Romea,** ⊠ 48100 𝒫 61247 – 🛗 🖾 TV ☎ 🅿 – 🕭 100. 🖭 🚻 ⓘ ⋿ VISA ⋘ rist
Pas *(chiuso venerdì e dal 26 luglio al 26 agosto)* carta 40/67000 (10%) – 🖭 8000 – **44 cam**
78/110000, 🖾 10000 – ½ P 90000.

sulla strada statale 309 per ① : 9,5 km :

🍴🍴 **Ca' del Pino,** ⊠ 48100 𝒫 446061, « In pineta-piccolo zoo » – 🅿 – 🕭 100. 🚻 ⓘ ⋿ VIS
⋘
chiuso dal 23 dicembre al 7 febbraio, lunedì sera e martedì – Pas carta 42/72000 (10%).

Vedere anche : *Sant'Apollinare in Classe* per ③ : 6 km.

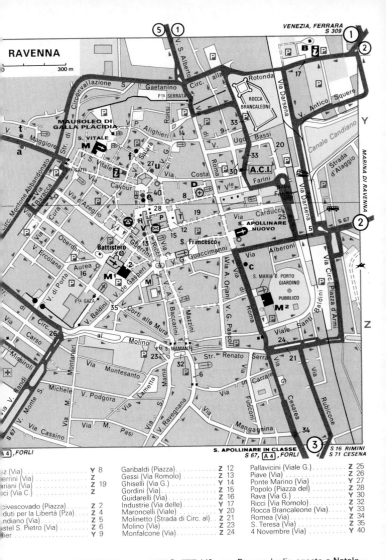

RAVENNA

VENEZIA, FERRARA
S 309

300 m

...z (Via)	Y 8
...errini (Via)	Z
...ariani (Via)	Z 19
...ci (Via C.)	Z
...civescovado (Piazza)	Z 2
...duti per la Libertà (Pza)	Z 4
...ndiano (Via)	Z 5
...stel S. Pietro (Via)	Z 6
...lier	Y 9

Garibaldi (Piazza)	Z 12
Gessi (Via Romolo)	Z 13
Ghiselli (Via G.)	Y 14
Gordini (Via)	Z 16
Guidarelli (Via)	Z 17
Industrie (Via delle)	Y 20
Maroncelli (Viale)	Z 21
Molinetto (Strada di Circ. al)	Z 23
Molino (Via)	Z 24
Monfalcone (Via)	Z 24

Pallavicini (Viale G.)	Z 25
Piave (Via)	Z 26
Ponte Marino (Via)	Z 27
Popolo (Piazza del)	Z 28
Rava (Via G.)	Z 30
Ricci (Via Romolo)	Z 32
Rocca Brancaleone (Via)	Y 33
Romea (Via)	Z 34
S. Teresa (Via)	Z 35
4 Novembre (Via)	Y 40

RAVENNA (Marina di) 48023 Ravenna 988 ⑮, 430 I 18 – a.s. Pasqua, luglio-agosto e Natale – ☎ 0544.

🛈 (maggio-settembre) viale delle Nazioni 159 ℰ 530117.

Roma 390 – ◆Bologna 103 – Forlì 42 – ◆Milano 314 – ◆Ravenna 13 – Rimini 61.

🏨 **Park Hotel Ravenna,** viale delle Nazioni 181 ℰ 531743, Telex 550185, Fax 530430, « Parco ombreggiato con 🛱 e ✵ », 🚤 – 🛗 🗐 📺 ☎ 🅿 – 🔬 500. 🖭 🕄 ⓞ 🗲 ⚈🅨🅢🅐. ✵ rist
marzo-novembre – Pas 45000 – **144 cam** ⬚ 160/240000 – ½ P 145/170000.

🏨 **Bermuda,** viale della Pace 363 ℰ 530560, Fax 531643 – 📺 ☎ 🅿. 🖭 🕄 ⓞ 🗲 ⚈🅨🅢🅐. ✵
Pas (solo per clienti alloggiati e chiuso dal 20 dicembre al 20 gennaio) 30000 – ⬚ 10000 –
20 cam 60/80000 – ½ P 70/80000.

🏨 **Internazionale,** viale delle Nazioni 163 ℰ 530486, Fax 530486 – 📺 ☎ 🅿. 🕄 ⓞ 🗲 ⚈🅨🅢🅐. ✵ rist
Pas 25/30000 – ⬚ 12000 – **28 cam** 55/80000 – ½ P 70/80000.

XX **Gloria,** viale delle Nazioni 420 ℘ 530274, ⌂, prenotare, « Wisckyteca e raccolta quadri » – **ℙ**. ⅍ 🖭 🔟 **E** *VISA*. ⌘
chiuso mercoledì ed agosto – Pas carta 46/77000 (18%).

XX **Da Saporetti,** via Natale Zen 13 ℘ 530208, « Servizio estivo in giardino » – ⅍ 🖭 🔟.
VISA. ⌘
chiuso martedì e gennaio – Pas carta 53/65000 (10%).

X **Al Porto,** viale delle Nazioni 2 ℘ 530105, ⌂ – **ℙ**. ⅍ 🖭 🔟 **E** *VISA*. ⌘
chiuso lunedì – Pas carta 46/60000 (10%).

X **Maddalena** con cam, viale delle Nazioni 345 ℘ 530431 – ⅍ 🖭 🔟 *VISA*. ⌘ rist
chiuso dal 15 dicembre al 20 gennaio – Pas (chiuso lunedì da settembre al 15 giugr
carta 49/70000 – ⊑ 8000 – **20 cam** 50/75000 – ½ P 55/65000.

a Marina Romea N : traghetto e 3 km – ✉ 48023.

🛈 (maggio-settembre) viale Italia 112 ℘ 446035 :

🏨 **Columbia e Rist. La Pioppa,** viale Italia 70 ℘ 446038, Fax 447202, ⇆, ☞ – 🛗 ☎ **ℙ**.
🖭 🔟 **E** *VISA*. ⌘
chiuso gennaio e febbraio – Pas (chiuso lunedì) carta 30/55000 – ⊑ 11000 – **40 ca**
110000 – ½ P 55/80000.

a Lido Adriano S : 8 km – ✉ 48020 Punta Marina.

🛈 (maggio-settembre) viale Petrarca 434 ℘ 495353 :

🏨🏨 Gd H. Adriano, viale Petrarca 402 ℘ 495446, Telex 551289, Fax 495164, ≤, ⌫, ☞, ⌘ –
☎ **ℙ**
stagionale – **117 cam.**

━━━ **RAVINA** Trento – Vedere Trento.

━━━ **RAZZES** (RATZES) Bolzano – Vedere Siusi.

━━━ **REANA DEL ROIALE** 33010 Udine 🔢🔢🔢 D 21 – 4 754 ab. alt. 168 – ✆ 0432.
Roma 648 – ♦Trieste 86 – Udine 10.

a Rizzolo SE : 1 km – ✉ 33010 Reana del Roiale :

X **Da Otello** con cam, ℘ 857044, ⌂ – **ℙ**. 🖪 **E** *VISA*
chiuso dal 1° al 20 agosto – Pas (chiuso domenica sera e lunedì) carta 26/37000 – ⊑ 5000
8 cam 32/50000 – ½ P 42/46000.

a Cortale NE : 2 km – ✉ 33010 Reana del Roiale :

XX **Al Scus,** ℘ 853872, Solo piatti di pesce – **ℙ**. 🖪 *VISA*. ⌘
chiuso martedì, dal 10 al 20 gennaio e dal 15 al 30 luglio – Pas carta 45/70000.

a Zompitta NE : 2,5 km – ✉ 33010 Reana del Roiale :

X **Da Rochet,** ℘ 851090, « Servizio estivo in giardino » – **ℙ**. *VISA*. ⌘
chiuso martedì, mercoledì e dal 25 agosto al 25 settembre – **Pas** carta 30/45000.

━━━ **RECANATI** 62019 Macerata 🔢🔢🔢⑯, 🔢🔢🔢 L 22 – 19 461 ab. alt. 293 – a.s. 10 luglio-13 settembre
✆ 071.
🛈 piazza Leopardi 5 ℘ 981471, Fax 981242.
Roma 271 – ♦Ancona 38 – Macerata 24 – Porto Recanati 12.

🏨 **La Ginestra,** via Calcagni 2 ℘ 980355, Fax 980594 – ☎. 🖪 **E** *VISA*. ⌘
Pas (chiuso martedì e dal 15 al 25 giugno) carta 25/37000 – ⊑ 6000 – **27 cam** 48/75000
½ P 55/70000.

━━━ **RECCO** 16036 Genova 🔢🔢🔢⑬, 🔢🔢🔢 I 9 – 10 371 ab. – ✆ 0185.
Roma 484 – ♦Genova 23 – ♦Milano 160 – Portofino 15 – ♦La Spezia 86.

🏨 **Elena,** corso Garibaldi 5 ℘ 74022, Fax 721295, ≤, ▲ – 🛗 🔟 ☎ **ℙ**. ⅍ 🖪 🔟 **E** *VIS*
⌘ rist
febbraio-ottobre – Pas carta 45/68000 – **23 cam** ⊑ 120/175000 – ½ P 105/145000.

XX **Manuelina,** via Roma 278 (N : 1 km) ℘ 75364, Fax 721677 – ▤ **ℙ**. ⅍ 🖭 🔟 **E** *VISA*
chiuso mercoledì e dall'11 gennaio all'11 febbraio – Pas carta 59/82000.

XX **Vitturin,** via dei Giustiniani 48 (N : 1,5 km) ℘ 720225, Fax 723686, ⌂ – ▤ **ℙ** – 🔏 80. 🖪
🖪 🔟 **E** *VISA*. ⌘
chiuso lunedì – Pas carta 55/88000.

XX **Da ö Vittorio** con cam, via Roma 160 ℘ 74029, Fax 723605, ⌂ – 🛗 🔟 ☎. ⅍ 🖭 🔟.
VISA. ⌘ cam
chiuso dal 20 novembre al 20 dicembre – Pas (chiuso giovedì) carta 38/81000 – ⊑ 8000
21 cam 70/95000 – ½ P 80/90000.

━━━ **RECOARO TERME** 36076 Vicenza 🔢🔢🔢④, 🔢🔢🔢 E 15 – 7 503 ab. alt. 445 – Stazione terma
(giugno-settembre) – Sport invernali : a Recoaro Mille : 1 007/1 600 m ⅚5, ⅍ – ✆ 0445.
🛈 via Roma 25 ℘ 75070, Fax 75158.
Roma 576 – ♦Milano 227 – Trento 78 – ♦Venezia 108 – ♦Verona 74 – Vicenza 44.

Verona, via Roma 60 ℰ 75065, Fax 75065 – 🛗 ☎. ⚘
maggio-settembre – Pas carta 29/39000 – ☑ 6500 – **35 cam** 80/110000 – ½ P 52/65000.

Pittore, via Roma 58 ℰ 75039 – 🛗 📺 ☎. ⚘
maggio-5 ottobre – Pas carta 27/35000 – ☑ 12000 – **23 cam** 65/80000 – ½ P 55000.

REGGELLO 50066 Firenze 988 ⑮, 429 430 K 16 – 12 525 ab. alt. 390 – ✿ 055.

᠊᠊a 250 – Arezzo 58 – ◆Firenze 43 – Forlì 128 – ◆Milano 339 – Siena 68.

Archimede ⚘, strada per Vallombrosa N : 3,5 km ℰ 869055, Fax 868584, ᚛ – 📺 ☎
🅿. 🆎 🕄 ⑩ **E** 𝘝𝘐𝘚𝘈. ⚘
chiuso dal 5 al 24 novembre – Pas vedere rist Da Archimede – ☑ 10000 – **18 cam**
80/115000 – ½ P 95000.

Da Archimede, strada per Vallombrosa N : 3,5 km ℰ 868182, ≤, « Ristorante caratteristico » – **🅿**. 🆎 🕄 ⑩ **E** 𝘝𝘐𝘚𝘈. ⚘
chiuso dal 5 al 24 novembre e martedì (escluso da luglio al 15 settembre) – Pas carta 32/
50000.

a Vaggio SO : 5 km – ⌧ **50066** :

Villa Rigacci e Rist. Relais le Vieux Pressoir ⚘, ℰ 8656562, Fax 8656537, ≤, 🏊, ᚛
– 🗏 📺 ☎ **🅿**. 🆎 🕄 ⑩ **E** 𝘝𝘐𝘚𝘈. ⚘ rist
Pas (prenotare; *chiuso gennaio e dal 15 novembre al 15 dicembre*) carta 44/72000 –
17 cam ☑ 130/230000 – ½ P 152/195000.

Die Namen der wichtigsten Einkaufsstraßen sind
am Anfang des Straßenverzeichnisses in Rot aufgeführt.

REGGIO DI CALABRIA 89100 🅿 988 ㊴ e ㊴, 431 M 28 – 178 496 ab. – ✿ 0965.

Vedere Museo Nazionale★★ Y : Bronzi di Riace★★★ – Lungomare★ YZ.

ᚏ di Ravagnese per ③ : 4 km ℰ 643242 – Alitalia, Agenzia Simonetta, corso Garibaldi
1/525⌧ 89127 ℰ 331445.

ᚏ a Villa San Giovanni, ℰ 751026-int. 393.

⚓ per Messina giornalieri (40 mn) – Stazione Ferrovie Stato, ⌧ 89100 ℰ 898123.

⚓ per Messina-Isole Eolie giornalieri (da 15 mn a 2 h circa) – Aliscafi SNAV, Stazione
Marittima ⌧ 89100 ℰ 29568.

᠊via Demetrio Tripepi 72 ⌧ 89125 ℰ 98496 – all'Aeroporto ℰ 643291 – Stazione Centrale ℰ 27120.

C.I. via De Nava 43 ⌧ 89122 ℰ 811925.

᠊᠊ma 705 ② – Catanzaro 161 ② – ◆Napoli 499 ②.

Pianta pagina seguente

Gd H. Excelsior, via Vittorio Veneto 66 ⌧ 89121 ℰ 812211, Telex 912583, Fax 25801 – 🛗
🗏 📺 ☎ ᚏ – 🔬 25 a 350.   Y **c**
84 cam.

Grande Albergo Miramare, via Fata Morgana 1 ⌧ 89127 ℰ 812444, Telex 912583,
Fax 812450 – 🛗 🗏 📺 ☎ ᚏ – 🔬 200.   YZ **e**
96 cam.

Ascioti senza rist, via San Francesco da Paola 79 ⌧ 897041 ℰ 897041, Fax 26063 – 🛗 🗏
📺 ☎ ᚏ. 🆎 🕄 ⑩ **E** 𝘝𝘐𝘚𝘈. ⚘   Z **a**
50 cam ☑ 140/198000, 🗏 10000.

Rodrigo, via XXIV Maggio 25 ⌧ 89125 ℰ 20170 – 🗏. 🆎 🕄 **E** 𝘝𝘐𝘚𝘈   Y **b**
chiuso domenica – Pas carta 35/48000.

Bonaccorso, via Nino Bixio 5 ⌧ 89127 ℰ 896048 – 🗏. 🆎 🕄 ⑩ **E** 𝘝𝘐𝘚𝘈   Z **r**
chiuso venerdì ed agosto – Pas carta 34/61000.

Baylik, vico Leone 1 ⌧ 89121 ℰ 48624, Solo piatti di pesce, prenotare – 🗏. 🆎 🕄 ⑩ **E**
𝘝𝘐𝘚𝘈   per ①
chiuso giovedì e dal 26 luglio al 18 agosto – Pas carta 34/57000 (15 %).

Da Giovanni, via Torrione 77 ⌧ 89125 ℰ 25481, prenotare – 🕄 **E** 𝘝𝘐𝘚𝘈. ⚘   Z **c**
chiuso domenica ed agosto – **Pas** carta 32/48000.

Trattoria da Pepè, via Bligny 11 ⌧ 89122 ℰ 44044 – 🗏   per ①

a Gallina E : 7 km – ⌧ **89100** Reggio di Calabria :

La Collina dello Scoiattolo, ℰ 682255 – **🅿**

Vedere anche : *Gallico Marina* per ② : 9 km.

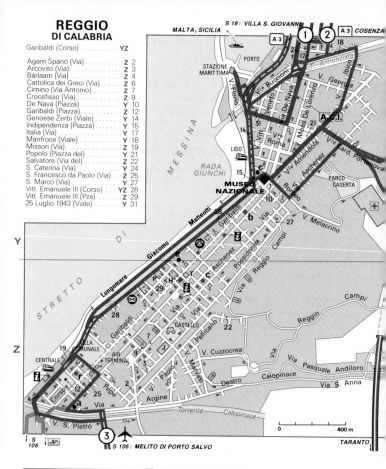

REGGIO
DI CALABRIA

Garibaldi (Corso) . . . . **YZ**

Agam Spanò (Via) . . . . Z 2
Arcovito (Via) . . . . Z 3
Bàrlaam (Via) . . . . Z 4
Cattolica dei Greci (Via) . . . . Z 6
Cimino (Via Antonio) . . . . . . Z 7
Crocefisso (Via) . . . . Z 9
De Nava (Piazza) . . . . Y 10
Garibaldi (Piazza) . . . . Z 12
Genoese Zerbi (Viale) . . . . . Y 14
Indipendenza (Piazza) . . . . . Y 15
Italia (Via) . . . . Y 17
Manfroce (Viale) . . . . Y 18
Missori (Via) . . . . Z 19
Popolo (Piazza del) . . . . Y 21
Salvatore (Via del) . . . . Z 22
S. Caterina (Via) . . . . Y 24
S. Francesco da Paolo (Via) . Y 25
S. Marco (Via) . . . . Z 27
Vitt. Emanuele III (Corso) . . YZ 28
Vitt. Emanuele III (Pza) . . . . Z 29
25 Luglio 1943 (Viale) . . . . . Y 31

REGGIO NELL'EMILIA 42100 **P** 988 ⑭, 428 429 430 H 13 – 131 880 ab. alt. 58 – ✿ 0522.

Vedere Galleria Parmeggiani ★.

🔝 Matilde di Canossa (chiuso lunedì) ✆ 371295, per ④ : 6 km.

🔼 piazza Prampolini 5/c ✆ 451152, Fax 431954 – **A.C.I.** via Secchi 9 ✆ 435744.

Roma 427 ② – ◆Bologna 65 ② – ◆Milano 149 ② – ◆Parma 27 ⑤.

Pianta pagina seguente

🏨 **Gd H. Astoria e Rist. Girarrosto,** viale Nobili 2 ✆ 435245, Telex 530534, Fax 45336
◀, 🌁 – 🛗 ≡ 🔟 ☎ 🚗 **ₚ** – 🕍 30 a 350. 🖭 🕄 ⓞ 🗲 𝒱𝐼𝑆𝐀. 🕉 rist   Y
Pas *(chiuso domenica ed agosto)* carta 45/55000 – �² 20000 – **112 cam** 170/210000
P 230000.

🏨 **Delle Notarie,** via Palazzolo 5 ✆ 453500, Telex 530271, Fax 453737 – 🛗 ≡ 🔟 ☎ 🚗
🕍 65. 🖭 🕄 ⓞ 🗲 𝒱𝐼𝑆𝐀. 🕉   Z
chiuso agosto – Pas *(chiuso domenica)* carta 39/66000 – ☲ 18000 – **26 cam** 142/190000.

🏨 **Posta** senza rist, piazza Cesare Battisti 4 ✆ 432944, Fax 452602 – 🛗 🔟 ☎ 🚗 – 🕍 12
🖭 🕄 ⓞ 🗲 𝒱𝐼𝑆𝐀. 🕉   Z
chiuso agosto – **43 cam** ☲ 160/230000, 8 appartamenti.

🏨 **Cristallo,** viale Regina Margherita 30 ✆ 511811, Fax 513073 – 🛗 ≡ 🔟 ☎ 🕭 🚗 **ₚ**
🕍 30 a 100. 🖭 🕄 ⓞ 🗲 𝒱𝐼𝑆𝐀. 🕉   Y
Pas vedere rist Picci – **80 cam** ☲ 100/150000.

🏠 **Ariosto** senza rist, via San Rocco 12 ✆ 437320 – 🛗 ☜. 🕄. 🕉   Y
chiuso agosto – ☲ 7000 – **22 cam** 50/80000.

MANTOVA 62 km

per A1: MILANO 149 km, LA SPEZIA 149 km,
MANTOVA 72 km, VERONA 106 km, MODENA 27 km

CORREGGIO 17 km

A.C.I.

LA SPEZIA 128 km

MODENA 25 km

REGGIO
NELL'EMILIA

...spi (Via Francesco) ..... Y 8
...ilia S. Pietro ..... Z
...ilia S. Stefano (Via) X

...tisti (Piazza Cesare) .... Z 3
...roli (Corso) ..... Y 4
...stello (Via Guido da) .... Z 6
...our (Piazza) ..... Y 7
...ca d'Aosta (Piazza) .... Y 10
...ca degli Abruzzi
(Piazza) ..... Y 12
...ilia all'Angelo (Via) .... Y 13

Emilia all'Ospizio (Via) ..... Z 14
Guazzatoio (Via) ..... Z 15
Guidelli (Via) ..... Z 16
Malta (Via Isola di) ..... Z 17
Mazzini (Via Giuseppe) ..... Y 18
Panciroli (Via Guido) ..... Z 19
Prampolini (Piazza) ..... Z 20
S. Domenico (Via) ..... Z 21
S. Martino (Via) ..... Z 22

S. Pietro Martire (Via) ..... Z 23
S. Prospero (Piazza) ..... Z 24
S. Rocco (Via) ..... Y 25
Sforza (Via G.) ..... Y 26
Spallanzani (Viale Lazzaro) .... Z 27
Squadroni (Via) ..... Z 28
Tricolore (Piazza) ..... Z 29
Umberto (Viale) ..... Z 30
Vittoria (Piazza della) ..... Y 32

XX **Picci,** viale Regina Margherita 30 ℘ 513468 – ▤ **🅟**. ◮ 🅢 ◍ 🅔 𝘝𝘐𝘚𝘈. ⌘   Y **e**
chiuso domenica e dal 5 al 25 agosto – Pas carta 46/66000.

XX **5 Pini-da Pelati,** viale Martiri di Cervarolo 46 ℘ 553663 – ▤ **🅟**. ◮ 🅢 ◍ 🅔 𝘝𝘐𝘚𝘈.
per viale Simonazzi   Z
chiuso martedì sera, mercoledì e dal 1° al 20 agosto – Pas carta 49/78000.

XX **Caffè Arti e Mestieri,** via Emilia San Pietro 16 ℘ 432202, 🈲 – ◮ 🅢 ◍ 🅔 𝘝𝘐𝘚𝘈
*chiuso dal 23 dicembre al 1° gennaio, dal 10 al 20 agosto, lunedì, domenica sera da ottobre
ad aprile tutto il giorno altri negli* – Pas carta 46/76000.   Z **y**

XXX **Osteria Campana,** viale Simonazzi 14/b ℘ 439673, Coperti limitati; prenotare – ▤.
◍ 🅔 𝘝𝘐𝘚𝘈. ⌘   Z **a**
chiuso lunedì ed agosto – Pas carta 34/52000.

XX **La Zucca,** piazza Fontanesi 1/L ℘ 437222 – ◮ 🅢 🅔 𝘝𝘐𝘚𝘈. ⌘   Z **u**
chiuso domenica, dal 5 al 12 gennaio e dal 3 al 30 agosto – Pas carta 35/87000.

XXX **Trattoria la Favella,** via Monzermone 2 ℘ 433390, Fax 433390, Coperti limitati; prenotare – ◮ 🅢 ◍ 🅔 𝘝𝘐𝘚𝘈. ⌘   Y **c**
chiuso domenica, Natale ed agosto – Pas carta 49/83000.

a Codemondo O : 6 km – ⊠ **42020** :

XXX **La Brace,** ℘ 78800, Fax 73017 – ▤ **🅟**. ◮ 🅢 ◍ 🅔 𝘝𝘐𝘚𝘈. ⌘
chiuso domenica, dal 1° al 6 gennaio ed agosto – Pas carta 40/60000.

REGOLEDO DI COSIO VALTELLINO Sondrio 219 ⑩ – Vedere Morbegno.

RENON (RITTEN) Bolzano 429 C 16 – 5 998 ab. alt. (frazione Collalbo) 1 154 – ✆ 0471.
Da Collalbo : Roma 664 – ◆Bolzano 15 – Bressanone 52 – ◆Milano 319 – Trento 80.

a Collalbo (Klobenstein) – alt. 1 154 – ⊠ 39054.
🖪 Municipio 🖉 56100, Fax 56799 :

🏨 **Bemelmans Post,** 🖉 356127, Fax 356531, 🏤, ⌧ riscaldata, 🐎, 🎾 – 🛗 ⇔ rist ☎ ❷
E VISA. 🛠 rist
20 dicembre-9 gennaio e 20 marzo-novembre – Pas *(chiuso mercoledi)* 25/28000 – **50 ca**
⌑ 65/120000 – ½ P 56/98000.

ad Auna di Sotto (Unterinn) SO : 4 km – alt. 909 – ⊠ 39050 :

🍴 Weber im Moos, con cam, NE : 2 km 🖉 56707, 🏤 – ☎ ❷
7 cam.

a Costalovara (Wolfsgruben) SO : 5 km – alt. 1 206 – ⊠ 39059 Soprabolzano :

🏨 **Am Wolfsgrubener See** ⑤, 🖉 345119, Fax 345065, ≼, 🏤, « In riva al lago », 🐎 –
☎ ❷
chiuso marzo e novembre – Pas *(chiuso lunedi)* 25/40000 – **25 cam** ⌑ 60/120000
½ P 60/90000.

🏨 **Lichtenstern** ⑤, NE : 1 km 🖉 345147, Fax 345147, ≼ Dolomiti e pinete, 🏤, 🐎 – 📺
✚ ❷. 🔟 E VISA. 🛠
chiuso dal 15 gennaio al 9 marzo – Pas *(chiuso martedi)* carta 32/44000 – ⌑ 12000
24 cam 60/110000 – ½ P 70/86000.

🏨 **Maier** ⑤, 🖉 345114, Fax 345615, ≼, ⇔, ⌧ riscaldata, 🐎, 🎾 – 🛗 ☎ ❷
aprile-5 novembre – Pas *(solo per clienti alloggiati e chiuso lunedi)* 25/28000 – ⌑ 13500
24 cam 44/80000 – ½ P 55/86000.

a Soprabolzano (Oberbozen) SO : 7 km – alt. 1 221 – ⊠ 39059.
🖪 (Pasqua-ottobre) 🖉 55245 :

🏨 **Haus Fink,** 🖉 345340, ≼ Dolomiti e vallata, 🐎 – ⇔ ☎ ❷. 🔟. 🛠 rist
24 dicembre-15 febbraio e 25 marzo-novembre – Pas *(solo per clienti alloggiati e chiuse*
mezzogiorno) – ⌑ 10000 – **15 cam** 55/110000 – ½ P 65/85000.

🏠 **Regina** ⑤, 🖉 345142, Fax 345596, ≼ Dolomiti e vallata – 🛗 ☎ ❷. 🔟 E VISA. 🛠 rist
16 dicembre-16 gennaio e 20 aprile-14 novembre – Pas *(solo per clienti alloggiati)* 20000
24 cam ⌑ 70/125000 – ½ P 54/84000.

RESCHEN = Resia.

RESIA (RESCHEN) Bolzano 428 429 B 13, 218 ⑧ – alt. 1 494 – ⊠ 39027 Resia all'Adige
✆ 0473.
🖪 🖉 633101.
Roma 742 – ◆Bolzano 105 – Landeck 49 – ◆Milano 281 – Trento 163.

🏨 **Al Moro-Zum Mohren,** 🖉 633120, Fax 633120, ⇔, ⌧ – 🛗 📺 ☎ ❷. 🖭 🔟 E VISA. 🛠
chiuso dal 10 al 30 aprile e da novembre al 15 dicembre – Pas carta 32/47000 – **26 ca**
⌑ 70/140000 – ½ P 60/95000.

🏠 **Etschquelle,** 🖉 633125 – ❷. 🔟 ❶ E VISA. 🛠 rist
chiuso dal 1° al 27 giugno – Pas *(chiuso lunedi da ottobre a marzo)* carta 21/40000 – **20 ca**
⌑ 48/84000 – ½ P 39/62000.

REVERE 46036 Mantova 429 G 15 – 2 711 ab. alt. 15 – ✆ 0386.
Roma 458 – ◆Ferrara 58 – Mantova 35 – ◆Milano 210 – ◆Modena 54 – ◆Verona 48.

🍴🍴 **Il Tartufo,** via Guido Rossa 13 🖉 46404, Coperti limitati; prenotare – ▤. 🖭 🔟 ❶ E VI
🛠
chiuso giovedi – Pas carta 35/56000.

REVIGLIASCO D'ASTI 14010 Asti – 812 ab. alt. 203 – ✆ 0141.
Roma 626 – Asti 11 – Alessandria 49 – Cuneo 91 – ◆Torino 63.

🍴🍴🍴 **Il Rustico,** 🖉 208210, Fax 208210, solo su prenotazione – ⇔. 🖭 🔟 ❶ VISA. 🛠
chiuso a mezzogiorno (escluso domenica), martedi ed agosto – Pas *(menu suggeriti d*
proprietario) 80000.

REVINE 31020 Treviso 429 D 18 – alt. 260 – ✆ 0438.
Roma 590 – Belluno 37 – ◆Milano 329 – Trento 131 – Treviso 50.

🍴🍴 **Ai Cadelach** con cam, 🖉 524024, ⌧, 🐎, 🎾 – ⇔ rist 📺 ☎ ﻗ ❷. 🖭 E VISA. 🛠
chiuso novembre – Pas *(chiuso mercoledi)* carta 29/49000 – ⌑ 10000 – **23 cam** 65/95000
½ P 70/80000.

Gute Küche

haben wir durch ⚙, ⚙⚙ oder ⚙⚙⚙ kenntlich gemacht.

REZZANELLO 29010 Piacenza 428 H 10 – alt. 380 – 🕲 0523.
Roma 538 – Alessandria 102 – ◆Milano 92 – Piacenza 27.

🟡 **Pineta** ⬩ con cam, 🖉 970239, ≤ – 🅿. 🗓
  chiuso gennaio – Pas *(chiuso martedì)* carta 28/41000 – ⊐ 8000 – **12 cam** 45/80000 –
  ½ P 55/65000.

REZZATO 25086 Brescia 428 429 F 12 – 11 543 ab. alt. 147 – 🕲 030.
Roma 558 – ◆Bergamo 62 – ◆Brescia 8 – ◆Milano 103 – Trento 117.

🟡🟡 Il Filatoio, vicolo Filatoio 🖉 2590172 – 🅿

RHÊMES-NOTRE-DAME 11010 Aosta 988 ① ②, 428 F 3 – 92 ab. alt. 1 723 – a.s. Pasqua,
luglio-settembre e Natale – Sport invernali : 1 723/2 000 m ≰2, ≱ – 🕲 0165.
Roma 779 – Aosta 31 – Courmayeur 45 – ◆Milano 216.

a Chanavey N : 1,5 km – alt. 1 696 – ✉ 11010 Rhêmes-Notre-Dame :

🏠 **Granta Parey** ⬩, 🖉 906104, Fax 906144, ≤ monti e vallata – 📺 🕾 🅿. 🗓 VISA. 🟡 rist
  chiuso maggio, ottobre o novembre – Pas carta 33/49000 – ⊐ 10000 – **33 cam** 60/90000 –
  ½ P 70/90000.

RHO 20017 Milano 988 ③, 428 F 9 – 51 871 ab. alt. 158 – 🕲 02.
Roma 590 – Como 36 – ◆Milano 14 – Novara 38 – Pavia 49 – ◆Torino 127.

🟡🟡🟡 Al Rhotaia, via Magenta 42/44 🖉 93180158, Fax 93180158, Coperti limitati; prenotare –
  ✶✶ 🍽 🅿

🟡 **Alla Barca-da Franco,** via Ratti 54 🖉 9303976, Solo piatti di pesce – ✶✶ 🍽. 🕮 🗓 ⓞ E
  VISA. 🟡
  chiuso martedì ed agosto – Pas carta 45/76000.

🟡 **Al Cantuccio,** corso Garibaldi 57 🖉 9303152, Coperti limitati; prenotare – 🍽. 🕮 🗓 E
  VISA
  chiuso lunedì e dal 4 al 22 agosto – Pas 30/50000 bc.

RICAVO Siena 430 L 15 – Vedere Castellina in Chianti.

RICCIONE 47036 Forlì 988 ⑮ ⑯, 429 430 J 19 – 32 766 ab. – a.s. 15 giugno-agosto –
🕲 0541.
🛈 piazzale Ceccarini 10 🖉 43361, Fax 605750.
Roma 326 – ◆Bologna 120 – Forlì 59 – ◆Milano 331 – Pesaro 30 – ◆Ravenna 64 – Rimini 12.

🏨🏨 **Gd H. Des Bains,** viale Gramsci 56 🖉 601650, Telex 563172, Fax 606350, ⌀, ≋, ⬛, ⬛
  – 📺 🍽 📺 🕾 🅿. 🕮 🗓 ⓞ E VISA 🟡 – 🔏 25 a 500. 🕮 🗓 ⓞ E VISA 🟡
  Pas carta 65/108000 – **70 cam** ⊐ 225/400000, 6 appartamenti – ½ P 220/270000.

🏨🏨 **Atlantic,** lungomare della Libertà 15 🖉 601155, Telex 550192, Fax 606402, ≤, ⬛ riscaldata – 📺 🍽 📺 🕾 – 🔏 25 a 250. 🕮 🗓 ⓞ E VISA 🟡
  Pas 55/65000 – **64 cam** ⊐ 250000, 4 appartamenti – ½ P 150/170000.

🏨🏨 **Lungomare,** lungomare della Libertà 7 🖉 41601, Fax 40308, ≤, ⬛, 🟡 – 📺 🍽 📺 🕾 🚗
  🅿 – 🔏 70. 🕮 🗓 E VISA 🟡 rist
  Pas 35/50000 – **58 cam** ⊐ 130/180000, 4 appartamenti – ½ P 100/140000.

🏨🏨 **Roma,** lungomare della Libertà 17 🖉 43202, Fax 42358, ≤, ⬛ riscaldata – 📺 🍽 📺 🕾 🅿.
  🕮 🗓 ⓞ E VISA 🟡 rist
  Pas (*15 maggio-settembre;* solo per clienti alloggiati) 45000 – **34 cam** ⊐ 110/160000 –
  ½ P 130000.

🏨🏨 **De la Ville** senza rist, via Spalato 3 🖉 41329, Fax 41022, « Giardino ombreggiato con
  ⬛ » – 📺 🍽 📺 🕾 🅿 – 🔏 60 a 100. 🕮 🗓 ⓞ E VISA 🟡
  aprile-settembre – **58 cam** ⊐ 135/200000.

🏨🏨 **Boemia,** viale Gramsci 87 🖉 602055, Telex 563172, Fax 606232, ≤, 🌿 – 📺 🍽 📺 🕾 –
  🔏 90. 🕮 🗓 ⓞ E VISA 🟡
  maggio-settembre – Pas *(chiuso maggio)* 40/50000 – **70 cam** ⊐ 100/200000 – ½ P 125/
  135000.

🏨🏨 **Mediterraneo,** 🖉 605656, Telex 550206, Fax 605656, ⬛ riscaldata – 📺 🍽 📺 🕾 –
  🔏 25 a 300.
  stagionale – **107 cam.**

🏨🏨 **President** senza rist, viale Virgilio 12 🖉 41190 (prenderà il 692662), Fax 692662 – 📺 🍽
  📺 🕾 – 🔏 30. 🕮 ⓞ VISA 🟡
  ⊐ 15000 – **26 cam** 130/250000.

🏨🏨 **Diamond,** viale Fratelli Bandiera 1 🖉 602600, Fax 602935, 🌿 – 📺 🍽 📺 🕾 🅿. 🗓 E VISA.
  🟡 rist
  Pasqua-settembre – Pas 30/45000 – **40 cam** ⊐ 100/180000, 🍽 10000 – ½ P 75/105000.

🏨🏨 **Luna,** viale Ariosto 5 🖉 40034, Fax 43112, ⬛ riscaldata – 📺 🍽 📺 🕾 🅿 – 🔏 50. 🕮 🗓 ⓞ
  E VISA 🟡 rist
  chiuso gennaio – Pas (solo per clienti alloggiati) 35/50000 – **59 cam** ⊐ 120/180000 –
  ½ P 85/120000.

Abner's, lungomare della Repubblica 7 ☎ 600601, Telex 550153, Fax 605400, ⩽, ☴
caldata, ☞ – 📶 🔲 📺 ☎ 🅿 🆎 🈂 💿 🄴 𝓥𝓘𝓢𝓐 ᎒ rist
Pas 35/65000 – ☲ 20000 – **50 cam** 140/230000, 🛏 10000 – ½ P 90/155000.

Corallo, viale Gramsci 113 ☎ 600807, Telex 550391, Fax 606400, ☴ riscaldata, ᎒ –
📺 ☎ 🅿 🆎 🈂 💿 🄴 𝓥𝓘𝓢𝓐 ᎒ rist
maggio-settembre – Pas 40000 – **74 cam** ☲ 150/260000 – ½ P 130/170000.

Promenade, viale Milano 67 ☎ 600852, Fax 600501, ⩽, ☴ – 📶 🔲 📺 ☎ 🚗
39 cam.

Savioli Spiaggia, via Galli 4 ☎ 43252, Telex 551038, Fax 42651, ⩽, ⩼, ☴ riscaldata, ◀
– 📶 🔲 📺 ☎ 🅿 🆎 🈂 💿 🄴 𝓥𝓘𝓢𝓐 ᎒ rist
Pasqua-ottobre – Pas 30/50000 – ☲ 20000 – **90 cam** 120/200000 – ½ P 70/175000.

Alexandra-Plaza, viale Torino 61 ☎ 610344, Telex 550330, Fax 610483, ⩽, « Giardi
con ☴ riscaldata » – 📶 🔲 📺 ☎ 🅿 & 🅿 🆎 🄴 𝓥𝓘𝓢𝓐 ᎒ rist
aprile-settembre – Pas 30/55000 – ☲ 25000 – **60 cam** 180000 – ½ P 76/136000.

Augustus, viale Oberdan 18 ☎ 43434, ☴, ☞ – 📶 🔲 📺 ☎ 🅿
stagionale – **40 cam.**

Club Hotel, viale D'Annunzio 58 ☎ 42105, ⩽, ☴ riscaldata – 📶 ☎ 🅿 🆎 ᎒ rist
Pasqua-settembre – Pas (solo per clienti alloggiati) – ☲ 15000 – **68 cam** 70/140000
P 65/100000.

Sarti, piazzale Di Vittorio 4 ☎ 600978, Fax 600357, ⩽, ☴ – 📶 🔲 rist 📺 ☎ 🆎 🈂 💿
𝓥𝓘𝓢𝓐 ᎒ rist
Pas 35/40000 – **54 cam** ☲ 90/150000 – ½ P 80/125000.

Poker, viale D'Annunzio 61 ☎ 40463, ☴ riscaldata – 📶 🔲 rist ☎ 🅿 ᎒ rist
Pasqua-settembre – Pas 35/45000 – ☲ 12000 – **64 cam** 60/120000 – ½ P 90000.

Gemma, viale D'Annunzio 82 ☎ 643436, Telex 550561, Fax 644910, ⩽, 🛁, ☴ riscalda
☞ – 📶 ☎ & 🅿 🆎 🈂 💿 🄴 𝓥𝓘𝓢𝓐 ᎒ rist
Pas (febbraio-ottobre; solo per clienti alloggiati) 28/50000 – **41 cam** ☲ 70/120000 – ½ P 6
86000.

Dory, viale Puccini 4 ☎ 642896, Fax 644588, ☞ – 📶 🔲 ☎ 🅿 🈂 💿 🄴 𝓥𝓘𝓢𝓐 ᎒ rist
Pasqua-20 settembre – Pas 33/48000 – ☲ 30000 – **47 cam** 68/116000, 🛏 7000 – ½ P 6
95000.

Arizona, viale D'Annunzio 22 ☎ 644422, Fax 644108, ⩽, ☴ – 📶 🔲 ☎ & 🅿 𝓥𝓘𝓢𝓐 ᎒
Pasqua e maggio-settembre – Pas 28/50000 – ☲ 12000 – **56 cam** 80/140000 – ½ P 9
120000.

Maestri, viale Gorizia 4 ☎ 691390, Fax 693220, 🛁, ⩼ – 📶 🔲 ☎ 🅿 🆎 🈂 𝓥𝓘𝓢𝓐 ᎒ rist
25 maggio-25 settembre – Pas 45/50000 – ☲ 12000 – **51 cam** 60/109000 – P 5
94000.

Select, viale Gramsci 89 ☎ 600613, Fax 600613, ☞ – 📶 🔲 rist ☎ 🅿 ᎒
15 maggio-20 settembre – Pas (solo per clienti alloggiati) 24/30000 – ☲ 20000 – **45 cam**
65/110000 – ½ P 54/82000.

Margareth, viale Mascagni 2 ☎ 645300, ⩽ – 📶 🖼 🅿 🈂 💿 𝓥𝓘𝓢𝓐 ᎒ rist
25 aprile-settembre – Pas 25/35000 – ☲ 15000 – **50 cam** 55/95000 – P 55/90000.

Marzia, viale De Amicis 18 ☎ 642323, Fax 643662, ☴ – 🔲 📺 ☎ 🅿 🆎 🈂 💿 🄴 𝓥𝓘𝓢
᎒ rist
Pas 27/45000 – ☲ 12000 – **19 cam** 65/105000, 🛏 8000 – ½ P 50/90000.

Ardea, viale Monti 77 ☎ 641846, Fax 641846, ☴ riscaldata – 📶 🔲 🖼 ᎒
Pasqua e maggio-settembre – Pas (solo per clienti alloggiati) 20/25000 – ☲ 8000 – **36 cam**
70/100000, 🛏 7000 – ½ P 46/74000.

Anna, viale Trento Trieste 48 ☎ 601503, ☞ – 📶 ☎ 🅿 🆎 𝓥𝓘𝓢𝓐 ᎒ rist
Natale, Pasqua e maggio-settembre – Pas 25/40000 – ☲ 15000 – **28 cam** 58/98000
½ P 42/82000.

Eliseo, viale Monteverdi 3 ☎ 646548, Fax 646548, ☞ – 📶 🖼 🅿 ᎒
5 aprile-2 ottobre – Pas 28/40000 – ☲ 9500 – **32 cam** 55/90000 – ½ P 52/72000.

Atlas, viale Catalani 28 ☎ 646666 – 📶 🖼 & 🅿 ᎒
10 maggio-25 settembre – Pas 25/40000 – **34 cam** ☲ 60/85000 – ½ P 40/65000.

Romagna, viale Gramsci 64 ☎ 600604 – 📶 🖼 🅿 ᎒
25 maggio-15 settembre – Pas (solo per clienti alloggiati) 30/40000 – ☲ 12000 – **40 cam**
75/110000 – ½ P 48/85000.

Morri, viale D'Annunzio 42 ☎ 648364 – 📶 🖼 🆎 𝓥𝓘𝓢𝓐 ᎒ rist
Pasqua-settembre – Pas (chiuso venerdì) carta 28/44000 – **25 cam** ☲ 70/110000 – ½ P 6
80000.

Selene, viale Gramsci 122 ☎ 600614 – 📶 🖼 🅿 ᎒ rist
Pasqua e 15 maggio-20 settembre – Pas (solo per clienti alloggiati) 30000 – ☲ 15000
30 cam 70/120000 – ½ P 58/83000.

Carignano, viale Oberdan 9 ☎ 601663 – 📶 🖼 🅿 ᎒
Pasqua-settembre – Pas (solo per clienti alloggiati) 30/36000 – ☲ 12000 – **36 cam** 5
100000 – ½ P 57/79000.

Ida, viale D'Annunzio 59 📞 41116 – 📱 ☀ **☐**. ☪
15 maggio-settembre – Pas 25000 – □ 9000 – **36 cam** 50/90000 – ½ P 45/70000.

Lugano, viale Trento Trieste 75 📞 606611 – 📱 ☀ **☐**. ☪
15 maggio-settembre – Pas (solo per clienti alloggiati) 30000 – □ 10000 – **31 cam**
44/72000 – P 44/72000.

XX **Al Pescatore,** con cam, via Ippolito Nievo 11 📞 42526, 🎅 – ▣ ☀ **☐**
8 cam.

XX **Punta de l'Est,** viale Emilia 73 📞 644344, Fax 645042, 🚸 – ▦ 🔹 ⓞ E ▨. ☪
chiuso lunedì – Pas carta 35/57000.

XX **Il Casale,** viale Abruzzi (Riccione alta) 📞 604620, ≤, 🎅 – **☐**. ▦ 🔹 ⓞ E ▨. ☪
chiuso lunedì – Pas carta 45/60000.

XX **Da Fino,** viale Galli 1 (Darsena) 📞 43326, ≤ – ▦ 🔹 ⓞ E ▨
chiuso dal 15 ottobre al 15 novembre e mercoledì in bassa stagione – Pas carta 44/74000.

X **Gambero Rosso,** molo Levante 📞 41200, ≤ – 🔹 ⓞ E ▨. ☪
chiuso dal 2 gennaio al 7 febbraio e martedì in bassa stagione – Pas carta 45/72000.

RICCO' DEL GOLFO DI SPEZIA 19020 La Spezia ▨▨▨ J 11 – 100 ab. alt. 145 – ☆ 0187.

a Valgraveglia E : 6 km – ⊠ **19020** Riccò del Golfo di Spezia :

XX **La Casaccia,** 📞 769700, 🎅, 🚸 – **☐**
chiuso martedì e dal 15 al 30 novembre – Pas carta 29/47000.

RIDANNA (RIDNAUN) Bolzano ▨▨▨ ⑩ – Vedere Vipiteno.

RIETI 02100 ℙ ▨▨▨ ㉖, ▨▨▨ O 20 – 44 493 ab. alt. 402 – ☆ 0746.

Vedere Giardino Pubblico★ in piazza Cesare Battisti – Volte★ del palazzo Vescovile.

piazza Vittorio Emanuele 17-portici del Comune 📞 43220.

C.I. via Lucandri 26 📞 43339.

Roma 78 – L'Aquila 58 – Ascoli Piceno 113 – ◆Milano 565 – ◆Pescara 166 – Terni 37 – Viterbo 99.

🏢 **Miramonti,** piazza Oberdan 5 📞 201333, Fax 205790 – 📱 ≡ ▣ ☎ – 🏋 50. ▦ 🔹 ⓞ E
▨ ☪
Pas vedere rist Da Checco al Calice d'Oro – □ 6000 – **27 cam** 110/170000, 2 appartamenti.

🏢 **Grande Albergo Quattro Stagioni** senza rist, piazza Cesare Battisti 14 📞 271071,
Fax 271090 – 📱 ▣ ☎ ▦ 🔹 ⓞ E ▨. ☪
41 cam □ 100/135000, appartamento.

🏡 **Cavour,** senza rist, via Velina ang. piazza Cavour 📞 485252, Fax 484072 – 📱 ▣ ☎
38 cam.

XX **Da Checco al Calice d'Oro,** via Marchetti 10 📞 204271 – ■. ▦ 🔹 ⓞ E ▨. ☪
chiuso lunedì e luglio – Pas carta 40/50000 (12 %).

XX **La Pecora Nera,** via Terminillo 33 (NE : 1 km) 📞 497669. ▦ 🔹 ⓞ E ▨. ☪
chiuso venerdì, dal 24 dicembre al 1° gennaio e dal 15 al 30 agosto – Pas carta 31/50000.

XX **Bistrot,** piazza San Rufo 25 📞 498798, Coperti limitati; prenotare – ▦ 🔹 ⓞ E ▨
chiuso a mezzogiorno, domenica e dal 5 al 17 agosto – Pas 35000.

Vedere anche : *Terminillo* NE : 21 km.

RIFREDDO 85010 Potenza ▨▨▨ F 29 – alt. 1 090 – ☆ 0971.

Roma 370 – Potenza 12.

🏡 **Giubileo** ≫, 📞 479910, Fax 479910, « Parco », ▨, ⊆s, ☪ – 📱 ≡ ▣ ☎ ♿ 🚘 **☐** –
🏋 25 a 300. ▦ 🔹 E ▨. ☪
Pas carta 38/60000 – **76 cam** □ 95/125000 – ½ P 105/120000.

RIGOLI Pisa ▨▨▨ K 13 – Vedere San Giuliano Terme.

Les guides Michelin

Guides Rouges (hôtels et restaurants) :

Benelux, Deutschland, España Portugal, main cities Europe, France
Great Britain and Ireland

Guides Verts (Paysages, monuments et routes touristiques) :

Allemagne, Autriche, Belgique, Canada, Espagne, France, Grèce, Hollande, Italie,
Londres, Maroc, New York, Nouvelle Angleterre, Portugal, Rome, Suisse

...et la collection sur la France.

Vedere Tempio Malatestiano★.

🛬 di Miramare (stagionale) per ① : 5 km 𝒫 373132, Fax 377200 – 🚗 𝒫 53512.

🇮 piazzale Indipendenza 3 𝒫 51101, Fax 26566 – **A.C.I.** via Roma 66 𝒫 26408.

Roma 334 ① – ◆Ancona 107 ① – ◆Milano 323 ④ – ◆Ravenna 52 ④.

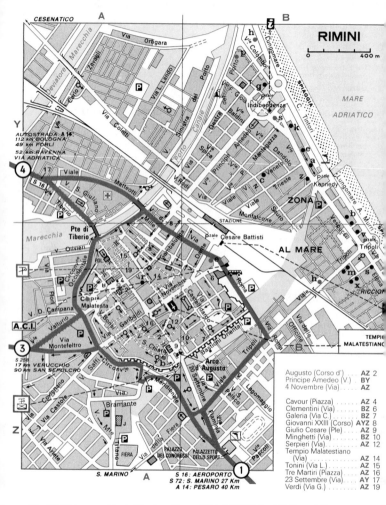

Augusto (Corso d') ... **AZ** 2
Principe Amedeo (V.) ... **BY**
4 Novembre (Via) ... **AZ**

Cavour (Piazza) ...... **AZ** 4
Clementini (Via) ...... **BZ** 6
Galeria (Via C.) ...... **BZ** 7
Giovanni XXIII (Corso) **AYZ** 8
Giulio Cesare (Ple) ... **AZ** 9
Minghetti (Via) ...... **BZ** 10
Serpieri (Via) ...... **AZ** 12
Tempio Malatestiano
 (Via) ...... **AZ** 14
Tonini (Via L.) ...... **AZ** 15
Tre Martiri (Piazza) ... **AZ** 16
23 Settembre (Via) ..... **AY** 17
Verdi (Via G.) ...... **AZ** 19

🏨 **Duomo** senza rist, via Giordano Bruno 28/d 𝒫 24215, Fax 27842 – 🛗 📺 ☎ 🚗 – 🕍 50
 ₳ℰ 🕄 ⓞ ℰ 𝗩𝗜𝗦𝗔
 46 cam 🍽 110/200000, 2 appartamenti.   AZ

🍴 **Europa da Piero e Gilberto,** via Roma 51 𝒫 28761 – 🗏. ₳ℰ 🕄 ⓞ ℰ 𝗩𝗜𝗦𝗔. ⅏
 chiuso domenica ed agosto – Pas carta 41/76000.   BZ

🍴 **Dallo Zio,** vicolo Santa Chiara 18 𝒫 786160, Solo piatti di pesce, Coperti limitati
 prenotare – 🗏 ⓞ ℰ 𝗩𝗜𝗦𝗔. ⅏
 chiuso mercoledì e luglio – Pas carta 45/70000.   AZ

🍴 **Osteria di Santacolomba,** via Agostino di Duccio 2 𝒫 780048, Coperti limitati; prenotare – ⅏
 chiuso i giorni festivi, domenica ed agosto – Pas carta 33/47000.   AZ

zona al mare :

Grand Hotel, piazzale Indipendenza 2 ☏ 56000, Telex 550022, Fax 56866, ←, « Giardino ombreggiato con piscina riscaldata », ▲, ✗ – ▮ ▤ TV ☎ ♿ P – ▲ 30 a 350. AE ▢ ⓓ E VISA. ✗ rist BY **g**
Pas 80000 – **169 cam** ▭ 258/515000, 3 appartamenti – ½ P 275/320000.

Ambasciatori, viale Vespucci 22 ☏ 55561, Telex 550132, Fax 23790, ←, piscina riscaldata – ▮ ▤ TV ☎ P – ▲ 40 a 200. AE ▢ ⓓ E VISA. ✗ BY **e**
Pas *(luglio-settembre)* carta 45/65000 – **66 cam** ▭ 200/350000, 4 appartamenti – ½ P 180/250000.

Imperiale, viale Vespucci 16 ☏ 52255, Telex 550273, Fax 28806, ←, ▲, ▲, piscina riscaldata (coperta in inverno) – ▮ ✗ rist ▤ TV ☎ P – ▲ 30 a 200. AE ▢ ⓓ E VISA. ✗ rist BY **k**
Pas *(chiuso da settembre a maggio)* 55/85000 e Rist. **Il Melograno** *(chiuso a mezzogiorno e da giugno ad agosto)* carta 65/85000 – **64 cam** ▭ 250/340000 – ½ P 210/270000.

Continental e dei Congressi, viale Vespucci 40 ☏ 391300, Telex 563181, Fax 391350, ←, ▲, piscina, ▲ – ▮ ▤ TV ☎ ♿ ⇔ P – ▲ 50 a 300. AE ▢ ⓓ E VISA. ✗ rist BY **b**
Pas 30/50000 – **111 cam** ▭ 100/180000, 5 appartamenti – ½ P 85/135000.

Diplomat Palace, viale Regina Elena 70 ☏ 380011, Fax 380414, ←, piscina – ▮ ▤ TV ☎ P – ▲ 50. AE ▢ ⓓ E VISA. ✗ BZ
Pas *(maggio-settembre)* 30/50000 – **75 cam** ▭ 230000 – ½ P 90/130000.

National, viale Vespucci 42 ☏ 390944, Fax 390954, ←, piscina riscaldata – ▮ ▤ TV ☎ P – ▲ 40 a 200. ▢ E VISA. ✗ rist BYZ **b**
chiuso dal 10 dicembre al 10 gennaio – Pas *(maggio-10 ottobre; solo per clienti alloggiati)* 35/45000 – **72 cam** ▭ 120/200000, 3 appartamenti – ½ P 70/130000.

Club House senza rist, viale Vespucci 52 ☏ 391460, Fax 391442, ←, piscina riscaldata – ▮ ▤ TV ☎ ♿ P – ▲ 50. AE ▢ ⓓ E VISA BZ **v**
28 cam ▭ 300000.

Waldorf, viale Vespucci 28 ☏ 54725, Telex 551262, Fax 53153, ←, « Terrazza con piscina » – ▮ ▤ TV ☎ P – ▲ 30 a 50. AE ▢ ⓓ E VISA. ✗ rist BY **a**
Pas *(chiuso domenica)* carta 31/60000 – **60 cam** ▭ 220/260000 – ½ P 130/190000.

Vienna Ostenda, via Regina Elena 11 ☏ 391020, Fax 391032 – ▮ ▤ TV ☎ ⇔ – ▲ 120. AE ▢ ⓓ E VISA. ✗ BZ **s**
Pas 35/60000 – **46 cam** ▭ 110/200000, 3 appartamenti – ½ P 110/150000.

Villa Rosa Riviera, viale Vespucci 71 ☏ 22506, Fax 27940 – ▮ ▤ TV ☎ – ▲ 100. AE ▢ ⓓ E VISA. ✗ rist BY **z**
Pas 35/50000 – **51 cam** ▭ 130/180000 – ½ P 80/135000.

Rosabianca senza rist, viale Tripoli 195 ☏ 390666, Fax 390666 – ▮ ▤ TV ☎ ⇔ P – ▲ 60. AE ▢ ⓓ E VISA BZ **m**
chiuso dal 20 dicembre al 9 gennaio – ▭ 15000 – **52 cam** 80/145000.

Admiral, via Pascoli 145 ☏ 381771, Telex 550527, Fax 389562 – ▮ ▤ TV ☎ ⇔ – ▲ 100.
79 cam. per viale Regina Elena BZ

Ariminum, viale Regina Elena 159 ☏ 380472, Fax 389301 – ▮ ▤ TV ☎ P – ▲ 60 a 120. AE ▢ ⓓ E VISA. ✗ BZ
Pas *(15 maggio-settembre)* 25/32000 – ▭ 10000 – **47 cam** 60/100000 – ½ P 53/85000.

Junior e Rist. Royal, viale Parisano 40 ☏ 391462, Fax 391492 – ▮ ▤ rist TV ☎ ⇔ P – ▲ 80. AE ▢ ⓓ E VISA. ✗ rist BZ **x**
Pas carta 29/36000 – ▭ 10000 – **57 cam** 56/88000 – P 55/95000.

Lotus, via Rovani 3 ☏ 381680, « Terrazza giardino con piscina » – ▮ ▤ rist ☎ P. ✗ rist per viale Regina Elena BZ
15 maggio-settembre – Pas 15/20000 – ▭ 5000 – **46 cam** 56/88000 – ½ P 55/75000.

Acasamia, viale Parisano 34 ☏ 391370, Fax 391816 – ▮ TV ☎ P. AE ▢ ⓓ E VISA. ✗ rist
Pas *(aprile-settembre)* 28/35000 – **40 cam** ▭ 80/105000 – ½ P 47/81000. BZ **x**

Spiaggia Marconi, viale Regina Elena 100 ☏ 380368, ←, ▲ – ▮ ▤ rist ☎ P. ✗ rist
Pasqua-settembre – Pas 25/35000 – **40 cam** ▭ 60/100000 – ½ P 60/70000. BZ

Luxor, viale Tripoli 203 ☏ 390990 – ▮ ☎ P. ▢ E VISA. ✗ rist BZ **m**
Pasqua-settembre – Pas (solo per clienti alloggiati) 20/30000 – ▭ 10000 – **39 cam** 55/90000 – P 55/85000.

Villa Lalla, viale Vittorio Veneto 22 ☏ 55155, Fax 23570 – ▤ rist TV ☎. AE ▢ ⓓ E VISA. ✗
Pas *(giugno-settembre; solo per clienti alloggiati)* 25/45000 – **35 cam** ▭ 70/100000 – ½ P 60/80000. BY **c**

Atlas, viale Regina Elena 74 ☏ 380561, Fax 380561, ←, piscina, ▲ – ▮ ☎ P. AE ▢ ⓓ E VISA. ✗ rist BZ
maggio-settembre – Pas 17/20000 – ▭ 6000 – **66 cam** 40/57000 – ½ P 50/57000.

Rondinella, via Neri 3 ☏ 380567, piscina – ▮ ☎ P. ✗ rist per viale Regina Elena BZ
Pasqua-ottobre – Pas 15/20000 – **31 cam** ▭ 40/65000 – ½ P 35/55000.

Nancy, viale Leopardi 11 ☏ 381731, Fax 387374 – ▮ ☎ P. AE ▢ ⓓ E VISA. ✗
Pasqua-15 settembre – Pas *(chiuso sino a maggio e dal 1° al 15 settembre)* 25/35000 – **33 cam** ▭ 35/65000 – ½ P 38/59000. per viale Regina Elena BZ

Viola, via Imperia 2 ☏ 380674, piscina – ▮ ☎ P per viale Regina Elena BZ
Pas vedere H. Rondinella – **21 cam** ▭ 40/65000 – ½ P 35/55000.

XXX Caffè delle Rose, viale Vespucci 2 ℰ 25416, Rist. e piano-bar – ▤   BY

XX **Lo Squero,** lungomare Tintori 7 ℰ 27676, ≤, 佘, Solo piatti di pesce – 🆎 🖪 ⓞ E 𝖵𝖨𝖲𝖠. ⓢ
18-27 gennaio e 19 marzo-24 ottobre; chiuso martedì in bassa stagione – Pas carta 5
81000.   BY

X **Da Oberdan-il Corsaro,** via Destra del Porto ℰ 27802, Solo piatti di pesce – ▤. 🆎 ▮
ⓞ E 𝖵𝖨𝖲𝖠. ⓢ   BY
marzo-novembre; chiuso mercoledì in bassa stagione – Pas carta 40/70000.

X **Il Veliero,** viale Tripoli 218 ℰ 391424, 佘, Solo piatti di pesce – ▤. 🆎 🖪 ⓞ E 𝖵𝖨𝖲
ⓢ   BZ
chiuso mercoledì, dal 24 dicembre al 5 gennaio e dal 5 al 31 luglio – Pas carta 35/47000

a Bellariva per ① : 2 km – ✉ **47037** – 🖪 viale Regina Elena 43 ℰ 371057 :

🏠 **Acerboli,** via Bertinoro 14 ℰ 373051 – 🖨 🕾 ⓟ. 🖪 E 𝖵𝖨𝖲𝖠. ⓢ
giugno-20 settembre – Pas 21/25000 – **33 cam** ⌷ 55/98000 – ½ P 40/63000.

a Marebello per ① : 3 km – ✉ **47037** Rimini :

🏠🏠 **Carlton,** viale Regina Margherita 6 ℰ 372361, Fax 374540, ≤ – 🖨 ▤ cam 📺 🕾 ⓟ
🏛 80. ⓢ rist
chiuso novembre – Pas (chiuso da ottobre a Pasqua) 25/35000 – ⌷ 10000 – **67 cam**
⌷ 70/120000 – P 67/110000.

a Rivazzurra per ① : 4 km – ✉ **47037** :

🏠🏠🏠 **De France,** viale Regina Margherita 48 ℰ 371551, Fax 710001, ≤, ⌿, – 🖨 ▤ 🕾 ⓟ. 🆎 🖪
ⓞ E 𝖵𝖨𝖲𝖠. ⓢ rist
9 aprile-settembre – Pas (chiuso a mezzogiorno) 30/47000 – ⌷ 17000 – **65 cam** 59/99000
½ P 69/115000.

🏠🏠 **Grand Meeting,** viale Regina Margherita 46 ℰ 372123, Fax 371754, ≤, ⌿, riscaldata – 🖨
▤ 🕾 ⓟ – 🏛 40. 🖪 E 𝖵𝖨𝖲𝖠. ⓢ rist
marzo-settembre – Pas (chiuso sino ad aprile) 25/50000 – ⌷ 10000 – **44 cam** 100/160000
½ P 65/110000.

XX Quo Vadis, con cam, via Flaminia 339 ℰ 373122 – ▤ cam 📺 🕾 ⓟ – 🏛 60
27 cam.

a Miramare per ① : 5 km – ✉ **47045** Miramare di Rimini – 🖪 via Martinelli 11/A ℰ 372112

🏠🏠 **Giglio,** viale Principe di Piemonte 18 ℰ 372738, Fax 377490, ≤, ⌿ – 🖨 🕾 🕾 ⓟ. 🖪 🖪
𝖵𝖨𝖲𝖠. ⓢ rist
Pas 30/35000 – ⌷ 10000 – **36 cam** 65/105000, ▤ 10000 – ½ P 55/90000.

🏠🏠 **Miramare et de la Ville,** viale Ivo Oliveti 93 ℰ 372510, Fax 375866 – 🖨 🕾. 🆎 🖪 ⓞ 𝖵𝖨𝖲𝖠
ⓢ
15 aprile-ottobre – Pas 25/35000 – **55 cam** ⌷ 50/80000 – ½ P 40/65000.

🏠 **Belvedere,** viale Regina Margherita 80 ℰ 370554, ≤, ⌿ – 🖨 🕾 ⓟ. ⓢ
20 maggio-20 settembre – Pas (solo per clienti alloggiati) 30/32000 – ⌷ 7000 – **57 cam**
63/106000 – ½ P 49/73000.

🏠 **Giannini,** viale Principe di Piemonte 10 ℰ 370736, ≤ – 🕾 ⇦ ⓟ. 𝖵𝖨𝖲𝖠. ⓢ rist
20 maggio-20 settembre – Pas 20/30000 – ⌷ 10000 – **36 cam** 50/100000 – ½ P 35/65000

a Viserbella per ④ : 6 km – ✉ **47049** :

🏠🏠 **Sirio,** via Spina 3 ℰ 734639, Fax 733370, 🕭, ⌿, ⌿ – 🖨 ▤ rist 🕾 ⓟ. E. ⓢ
13 maggio-20 settembre – Pas 30/35000 – **52 cam** ⌷ 130000 – ½ P 55/80000.

🏠🏠 **Albatros,** via Porto Palos 170 ℰ 720300, Fax 720549, ≤, ⌿ – 🖨 🕾 ⓟ. ⓢ rist
10 maggio-20 settembre – Pas 20/30000 – ⌷ 10000 – **44 cam** 60/80000 – ½ P 40/70000

🏠 **Biagini,** via Porto Palos 85 ℰ 721202, ≤, ⌿ – 🖨 🕾 ⓟ. 🆎 🖪 E 𝖵𝖨𝖲𝖠. ⓢ
10 maggio-settembre – Pas 20/30000 – ⌷ 15000 – **22 cam** 60/95000 – ½ P 54/77000.

🏠 **Diana,** via Porto Palos 15 ℰ 738158, ≤, ⌿ – ▤ rist 🕾. 🆎 ⓞ E 𝖵𝖨𝖲𝖠. ⓢ rist
aprile-settembre – Pas 25/35000 – ⌷ 8000 – **38 cam** 60/70000 – ½ P 50/75000.

a Spadarolo per ③ : 6 km – ✉ **47037** Rimini :

X Bastian Contrario, ℰ 727827, «Ambiente caratteristico » – ⓟ.

a Torre Pedrera per ④ : 7 km – ✉ **47040** – 🖪 via San Salvador 72 ℰ 720182 :

🏠🏠 **Doge,** via San Salvador 156 ℰ 720170, Fax 330311, ≤ – 🖨 ▤ rist 🕾 ⓟ. ⓢ rist
10 maggio-settembre – Pas (solo per clienti alloggiati) 25/28000 – ⌷ 15000 – **50 cam**
55/100000 – ½ P 56/76000.

🏠🏠 **Graziella,** via San Salvador 56 ℰ 720316, Fax 720316, ≤, ⌿ – 🖨 ▤ rist 🕾 ⓟ. ⓢ
20 maggio-20 settembre – Pas (solo per clienti alloggiati) 25/29000 – ⌷ 8500 – **81 cam**
60/104000 – ½ P 51/81000.

🏠 **Du Lac,** via Lago Tana 12 ℰ 720462, Fax 720274 – 🖨 🕾 rist 🕾 ⓟ. 🆎 🖪 ⓞ E 𝖵𝖨𝖲𝖠. ⓢ
maggio-settembre – Pas 22/30000 – ⌷ 10000 – **52 cam** 70/90000 – ½ P 40/65000.

🏠 **Bolognese,** via San Salvador 134 ℰ 720210, Fax 721240, ≤ – 🕾 ⓟ. 🆎 🖪 ⓞ E 𝖵𝖨𝖲𝖠
ⓢ rist
maggio-settembre – Pas (solo per clienti alloggiati) 25000 – ⌷ 15000 – **40 cam** 90000 –
½ P 67000.

sulla superstrada per San Marino per ① : 11 km :

✕ **Cucina della Nonna,** via S. Aquilina 77 ⊠ 47037 ℘ 759125, ≼, 🍴 – **❷**. ⓞ *VISA*. ✖
  chiuso mercoledì – Pas carta 35/60000.

O DI PUSTERIA (MÜHLBACH) 39037 Bolzano 🗺 B 16 – 2 388 ab. alt. 777 – ✆ 0472.

a 689 – ◆Bolzano 52 – Brennero 43 – Brunico 25 – ◆Milano 351 – Trento 112.

🏨 **Panoramik** ﹥, ℘ 849535, Fax 849650, ≼ monti e vallata, 🖙, ⃞, 🐎 – 🛗 ☎ **❷**. 🖪 **E**
  VISA.
  chiuso dal 15 al 25 aprile e dal 5 novembre al 20 dicembre – Pas (solo per clienti alloggiati)
  22/35000 – **33 cam** ⊒ 50/80000 – ½ P 57/94000.

✕ ✿ **Pichler,** ℘ 849458 – **❷**. 🖪 **E** *VISA*
  chiuso lunedì, martedì a mezzogiorno e luglio – Pas carta 44/62000
  Spec. Terrina di capriolo, Schlutzkrapfen (ravioli di ricotta e spinaci), Filetto di bue al midollo in crosta (primavera e
  autunno). **Vini** Sauvignon, Pinot Nero.

✕ **Giglio Bianco-Weisse Lilie** con cam, ℘ 849740 – 🗺. 🖪 ⓞ **E** *VISA*
  chiuso 5 novembre al 20 dicembre – Pas *(chiuso domenica e lunedì da ottobre a marzo)*
  carta 25/43000 – **13 cam** ⊒ 35/70000 – ½ P 43/70000.

  a Valles (Vals) NO : 7 km – alt. 1 354 – ⊠ 39037 Rio di Pusteria :

🏨 **Huber,** ℘ 57186, ≼, 🖙, 🐎 – **❷**. ✖ rist
  chiuso dal 21 aprile al 19 maggio e dal 2 novembre al 19 dicembre – Pas 20/30000 – **27 cam**
  ⊒ 65/100000 – ½ P 45/75000.

OLO TERME 48025 Ravenna 🗺 ⑮, 🗺 🗺 J 17 – 4 912 ab. alt. 98 – Stazione termale
  aprile-ottobre), a.s. 15 giugno-settembre – ✆ 0546.

via Aldo Moro 2 ℘ 71044.

a 368 – ◆Bologna 49 – ◆Ferrara 97 – Forlì 30 – ◆Milano 265 – ◆Ravenna 48.

🏨 **Cristallo,** ℘ 71160, Fax 71879 – 🛗 🗺 ☎ **❷** – 🔬 120. 🖭 🖪 ⓞ **E** *VISA*. ✖
  Pas carta 35/48000 – ⊒ 14000 – **62 cam** 65/85000 – ½ P 60/70000.

OMAGGIORE 19017 La Spezia 🗺 ⑬ ⑭, 🗺 J 11 – 2 152 ab. – ✆ 0187.
dere Guida Verde.

a 432 – ◆Genova 116 – Massa 49 – ◆Milano 234 – ◆La Spezia 14.

🏨 **Due Gemelli** ﹥, località Campi E : 9 km ℘ 29043, ≼ – ☎ **❷**. ✖
  Pas *(chiuso martedì dal 15 settembre al 15 giugno)* carta 34/55000 – ⊒ 6000 – **14 cam**
  50/75000 – ½ P 80/85000.

✕ **La Grotta,** via Colombo 123 ℘ 920187, prenotare – 🖪 **E** *VISA*
  chiuso mercoledì escluso dal 16 giugno al 15 settembre – Pas carta 26/53000.

O MARINA Livorno 🗺 N 13 – Vedere Elba (Isola d').

IONERO IN VULTURE 85028 Potenza 🗺 ㉘, 🗺 E 29 – 12 980 ab. alt. 662 – ✆ 0972.

a 364 – ◆Bari 133 – ◆Foggia 68 – ◆Napoli 176 – Potenza 46.

🏨 **La Pergola,** via Lavista 27/31 ℘ 721179, Fax 721819 – 🛗 🗺 ☎ ⇔. 🖪 **E** *VISA*. ✖
  Pas *(chiuso martedì)* carta 27/40000 – ⊒ 8000 – **43 cam** 55/80000 – ½ P 75/80000.

✕ Di Lucchio, via per Monticchio ℘ 721081

IPALTA CREMASCA 26010 Cremona 🗺 G 11 – 2 886 ab. alt. 77 – ✆ 0373.

ma 542 – ◆Bergamo 44 – ◆Brescia 55 – Cremona 39 – ◆Milano 48 – Piacenza 34.

  a Bolzone NO : 3 km – ⊠ 26010 Ripalta Cremasca :

✕ **Via Vai,** ℘ 68697, 🍴, Coperti limitati; prenotare
  chiuso martedì sera, mercoledì ed agosto – Pas carta 34/54000.

ISCONE (REISCHACH) Bolzano – Vedere Brunico.

ITTEN = Renon.

IVA DEI TESSALI Taranto 🗺 F 32 – Vedere Castellaneta Marina.

IVA DEL GARDA 38066 Trento 🗺 ④, 🗺 🗺 E 14 – 13 410 ab. alt. 70 – a.s. dicembre-
nnaio e Pasqua – ✆ 0464.

edere Lago di Garda★★★ – Città vecchia★.

Parco Lido (Palazzo dei Congressi) ℘ 554444, Telex 400278, Fax 520308.

ma 576 – ◆Bolzano 103 – ◆Brescia 75 – ◆Milano 170 – Trento 50 – ◆Venezia 199 – ◆Verona 87.

🏨 **Du Lac et du Parc** ﹥, viale Rovereto 44 ℘ 551500, Telex 400258, Fax 555200, « Grande
  parco con laghetti e ⃣ riscaldata », 🖙, ⃞, ✕ – 🛗 ▤ rist 🗺 ☎ **❷** – 🔬 60 a 250. 🖭 🖪
  ⓞ **E** *VISA*. ✖ rist
  3 aprile-17 ottobre – Pas *(chiuso lunedì)* 50000 – ⊒ 18000 – **172 cam** 140/280000,
  6 appartamenti – ½ P 155/185000.

🏨🏨 **Lido Palace** ⑤, viale Carducci 10 ℰ 552664, Telex 401314, Fax 551957, ≤, « Parco ◗
☝ » – 🛗 ▤ rist 📺 ☎ ℗ – 🔁 200. 𝐀𝐄 🕃 ⓞ 🅔 𝗩𝗜𝗦𝗔. ℀ rist
Pasqua-ottobre – Pas 40000 – **62 cam** ☑ 165/260000 – ½ P 140/160000.

🏨🏨 **Gd H. Riva,** piazza Garibaldi 10 ℰ 521800, Fax 552293, « Rist. roof-garden » – 🛗 ▤
📺 ☎ – 🔁 35 a 120. 𝐀𝐄 🕃 ⓞ 🅔 𝗩𝗜𝗦𝗔. ℀ rist
Pas carta 40/60000 – ☑ 20000 – **77 cam** 150/180000 – ½ P 145/160000.

🏨🏨 **Parc Hotel Flora,** viale Rovereto 54 ℰ 553221, Fax 554434, « Giardino », ☝ – 🛗 ▤
☎ ⇌ ℗ – 🔁 45. 𝐀𝐄 🕃 ⓞ 🅔 𝗩𝗜𝗦𝗔. ℀ rist
Pas *(chiuso mercoledì)* carta 37/64000 – ☑ 10000 – **32 cam** 90/160000 – ½ P 110/130C

🏨🏨 **International Hotel Liberty,** viale Carducci 3/5 ℰ 553581, Fax 551144, 🔲, 🎐 – 🛗
☎ ℗. 𝐀𝐄 🕃 ⓞ 🅔 𝗩𝗜𝗦𝗔. ℀ rist
Pas *(chiuso martedì in bassa stagione)* carta 33/46000 – **80 cam** ☑ 140/200000
½ P 126000.

🏨🏨 **Sole,** piazza 3 Novembre 35 ℰ 552686, Fax 552811, ≤ – 🛗 ▤ rist 📺 ☎. 𝐀𝐄 🕃 ⓞ 🅔 𝗩
℀ rist
dicembre-gennaio e Pasqua-ottobre – Pas 35/45000 – ☑ 15000 – **52 cam** 1800
3 appartamenti – ½ P 115/135000.

🏨 **Europa,** piazza Catena 9 ℰ 521777, Telex 401350, Fax 552337, ≤, 🎛 – 🛗 ▤ rist 📺 ☎
– 🔁 100. 𝐀𝐄 🕃 ⓞ 🅔 𝗩𝗜𝗦𝗔. ℀ rist
Pasqua-ottobre – Pas 30000 – **63 cam** ☑ 105/180000 – ½ P 105/130000.

🏨 **Mirage,** viale Rovereto 97/99 ℰ 552671, Telex 401663, Fax 553211, ≤, ☝ riscaldata –
▤ rist ☎ ⇌ ℗ – 🔁 100. 𝐀𝐄 🕃 ⓞ 🅔 𝗩𝗜𝗦𝗔. ℀
Pasqua-ottobre – Pas 25000 – **55 cam** ☑ 95/160000 – ½ P 100/115000.

🏨 **Bristol,** viale Trento 71 ℰ 521000, Fax 555738, ☎, ☝, 🎐 – 🛗 ☎ ℗. 🕃 🅔 𝗩𝗜𝗦𝗔. ℀
chiuso novembre – Pas 30/40000 – ☑ 15000 – **55 cam** 80/150000 – ½ P 70/90000.

🏨 **Bellavista** senza rist, piazza Cesare Battisti 4 ℰ 554271, Fax 555754, ≤ – 🛗 ☎. 🕃 ⓞ
𝗩𝗜𝗦𝗔. ℀
Pasqua-8 novembre – **31 cam** ☑ 180000.

🏨 **Miravalle,** via Monte Oro ℰ 552335, Fax 521707, 🎛, « Giardino ombreggiato », ☝
📺 ☎ ℗. 𝐀𝐄 🕃 ⓞ 🅔 𝗩𝗜𝗦𝗔. ℀
maggio-ottobre – Pas carta 30/39000 – **30 cam** ☑ 80/140000 – ½ P 70/90000.

🏨 **Luise,** viale Rovereto 9 ℰ 552796, Telex 401168, Fax 554250, ☝, 🎐, ℀ – 🛗 ☎ ℗. 🕃
𝗩𝗜𝗦𝗔
marzo-2 novembre – Pas carta 25/44000 – ☑ 8000 – **58 cam** 105/140000 – ½ P 75/1000

🏨 **Villa Giuliana** ⑤, via Belluno 12 ℰ 553338, Fax 521490, ☝ – 🛗 📺 ☎ ℗. ℀
febbraio-ottobre – Pas carta 29/44000 – ☑ 10000 – **52 cam** 60/110000 – ½ P 75000.

🏨 **Riviera,** viale Rovereto 95 ℰ 552279, Fax 554140, ≤, ☝ – 🛗 ▤ ☎ ⇌ ℗. 🕃 ⓞ 🅔 𝗩
℀ rist
aprile-ottobre – Pas 20000 – ☑ 9000 – **36 cam** 60/92000 – ½ P 60/82000.

🏨 **Gardesana,** via Brione 1 ℰ 552793, Fax 555814, ☝, 🎐 – ▤ rist ☎ ℗. 🕃 𝗩𝗜𝗦𝗔. ℀
aprile-ottobre – Pas *(chiuso venerdì)* 20/27000 – **38 cam** ☑ 70/110000 – ½ P 70/80000.

🏨 **Astoria,** viale Trento 9 ℰ 552658, Telex 401042, Fax 552658, ☝, 🎐 – 🛗 ▤ rist ☎ ℗
🔁 100. 𝐀𝐄 🕃 ⓞ 🅔 𝗩𝗜𝗦𝗔. ℀ rist
aprile-ottobre – Pas 25000 – **96 cam** ☑ 90/150000 – ½ P 80/110000.

🏨 **Venezia** ⑤, viale Rovereto 62 ℰ 552216, Fax 556031, ☝, 🎐 – ☎ ℗. 🕃 🅔 𝗩𝗜𝗦𝗔. ℀
10 marzo-ottobre – Pas 42/50000 – **24 cam** ☑ 75/136000 – ½ P 75/85000.

🏨 **Gabry** ⑤, via Longa 6 ℰ 553600, Fax 553624, ☝, 🎐 – 🛗 ☎ ℗. 🕃 ⓞ 🅔 𝗩𝗜𝗦𝗔. ℀
aprile-ottobre – Pas *(chiuso a mezzogiorno)* 20000 – **36 cam** ☑ 108000 – ½ P 57/6700C

🍴🍴🍴 **Vecchia Riva,** via Bastione 3 ℰ 555061, Coperti limitati; prenotare – 𝐀𝐄 🕃 ⓞ 🅔 𝗩𝗜𝗦
chiuso martedì in bassa stagione – Pas carta 41/56000.

🍴🍴 **San Marco,** viale Roma 20 ℰ 554477 – ▤. 𝐀𝐄 🕃 ⓞ 🅔 𝗩𝗜𝗦𝗔. ℀
chiuso lunedì e dicembre – Pas carta 41/67000.

🍴🍴 **La Rocca,** piazza Cesare Battisti ℰ 552217, 🎛 – 𝐀𝐄 ⓞ 🅔 𝗩𝗜𝗦𝗔
chiuso dal 15 novembre al 15 dicembre e mercoledì in bassa stagione – Pas carta 41/6900

🍴 **Al Volt,** via Fiume 73 ℰ 552570 – 𝐀𝐄 🕃 ⓞ 🅔 𝗩𝗜𝗦𝗔
chiuso lunedì e febbraio – Pas carta 39/50000.

🍴 **Bastione** con cam, via Bastione 19 ℰ 552652, Coperti limitati; prenotare, 🎐 – ℗
chiuso novembre – Pas carta 29/40000 – ☑ 9000 – **9 cam** 52000 – ½ P 52/54000.

RIVA DI FAGGETO 22020 Como 𝟰𝟮𝟴 E 9, 𝟮𝟭𝟵 ⑨ – alt. 202 – ✪ 031.
Roma 636 – Bellagio 20 – Como 11 – ◆Lugano 43 – ◆Milano 59.

🍴 **Il Pescatore,** strada statale ℰ 430263, prenotare, « Servizio estivo in terrazza con
lago » – ℗. 🕃 🅔 𝗩𝗜𝗦𝗔. ℀
marzo-15 novembre; chiuso martedì – Pas carta 36/55000.

RIVA DI SOLTO 24060 Bergamo 𝟰𝟮𝟴 𝟰𝟮𝟵 E 12 – 860 ab. alt. 190 – ✪ 035.
Roma 604 – ◆Bergamo 40 – ◆Brescia 55 – Lovere 7 – ◆Milano 85.

🍴🍴 **Zu,** località Zu S : 2 km ℰ 986004, « Servizio estivo in terrazza con ≤ lago d'Iseo » – ◗
𝐀𝐄 🕃 🅔 𝗩𝗜𝗦𝗔. ℀
chiuso dal 15 gennaio al 15 febbraio e mercoledì (escluso luglio-agosto) – Pas carta 3
50000.

a Zorzino NO : 1,5 km – alt. 329 – ⊠ **24060** Riva di Solto :

🏠 **Miranda-da Oreste** ⑤, ℰ 986021, Fax 986021, ≤ lago d'Iseo e Monte Isola, « Servizio estivo in terrazza; giardino con ⑤ » – ☎ **②**. 🕮 🗲 **E** 𝘝𝘐𝘚𝘈 ⵕ
chiuso dal 15 gennaio al 15 febbraio – **Pas** *(chiuso martedì da novembre a marzo)*
carta 31/47000 – ☑ 7000 – **22 cam** 41/59000 – ½ P 49000.

Vedere anche : **Solto Collina** NO : 3 km.

RIVALTA DI TORINO 10040 Torino 𝟰𝟮𝟴 G 4 – 15 773 ab. alt. 294 – ✪ 011.

ma 675 – ♦Milano 155 – Susa 43 – ♦Torino 16.

Pianta d'insieme di Torino (Torino p. 2)

🏨 **Rio e Rist. Le Palme,** via Griva 75 ℰ 9091313 e rist ℰ 9090025, Fax 9091315 – 🛗 📺 ☎
⇔ ②. 🗲 **E** 𝘝𝘐𝘚𝘈 ⵕ EU **b**
Pas *(chiuso le sere di venerdì-domenica e dal 1° al 15 agosto)* carta 25/35000 – ☑ 15000 –
76 cam 120000.

RIVALTA TREBBIA Piacenza – alt. 135 – ⊠ **29010** Gazzola – ✪ 0523.

ma 533 – Alessandria 110 – ♦Genova 126 – ♦Milano 93 – Piacenza 22.

✗ Locanda del Falco, ℰ 978101, ⌖, « In un caratteristico borgo medioevale » – **②**

RIVANAZZANO 27055 Pavia 𝟰𝟮𝟴 H 9 – 3 962 ab. alt. 157 – ✪ 0383.

ma 581 – Alessandria 35 – ♦Genova 87 – ♦Milano 71 – Pavia 39 – Piacenza 71.

✗ **Selvatico** con cam, ℰ 91352 – ⵕ
chiuso dal 2 al 20 gennaio – Pas *(chiuso lunedì escluso agosto)* carta 35/49000 – ☑ 6000 –
13 cam 40/60000 – ½ P 50000.

RIVAROLO CANAVESE 10086 Torino 𝟵𝟴𝟴 ⑫, 𝟰𝟮𝟴 G 5 – 11 857 ab. alt. 304 – ✪ 0124.

ma 726 – Aosta 88 – ♦Milano 138 – ♦Torino 31 – Vercelli 75.

🏨 **Europa,** viale Losego 22 ℰ 26097, Fax 25871, ⌖ – 🛗 📺 ☎ ⇔ ②. 🕮 🗲 **E** 𝘝𝘐𝘚𝘈. ⵕ
chiuso agosto – Pas carta 28/43000 – ☑ 8000 – **28 cam** 90/110000 – ½ P 120/140000.

✗ **L'Oasi,** via Favria 19 ℰ 26928 – **②**. 🕮 🗲 ⓞ **E** 𝘝𝘐𝘚𝘈
chiuso mercoledì e dal 12 al 20 agosto – Pas carta 33/67000.

RIVAROSSA 10040 Torino 𝟰𝟮𝟴 G 5 – 1 187 ab. alt. 286 – ✪ 011.

ɔma 662 – Aosta 93 – ♦Torino 18.

✗✗ **Il Mandracchio,** via San Francesco al Campo O : 2 km ℰ 9888494, Fax 9888494 – **②**. 🕮
🗲 ⓞ **E** 𝘝𝘐𝘚𝘈. ⵕ
chiuso lunedì e dal 5 al 27 agosto – Pas carta 40/55000.

RIVA TRIGOSO Genova – Vedere Sestri Levante.

RIVAZZURRA Forlì 𝟰𝟯𝟬 J 19 – Vedere Rimini.

RIVERGARO 29029 Piacenza 𝟰𝟮𝟴 H 10 – 4 683 ab. alt. 140 – ✪ 0523.

ɔma 531 – ♦Bologna 169 – ♦Genova 121 – ♦Milano 84 – Piacenza 19.

✗✗ **Castellaccio-da Attendolo,** dopo il ponte di Statto ℰ 957333, Fax 957333, ≤, ⌖ – **②**.
🕮 🗲 𝘝𝘐𝘚𝘈. ⵕ
chiuso martedì, mercoledì a mezzogiorno, dal 10 al 31 gennaio e dal 1° al 10 agosto – Pas
carta 40/60000.

RIVIERA DI LEVANTE Genova e La Spezia 𝟵𝟴𝟴 ⑬ ⑭ – Vedere Guida Verde.

RIVISONDOLI 67036 L'Aquila 𝟵𝟴𝟴 ㉗, 𝟰𝟯𝟬 Q 24, 𝟰𝟯𝟭 B 24 – 819 ab. alt. 1 056 – a.s. febbraio-
aprile, luglio-agosto e Natale – Sport invernali : a Monte Pratello : 1 365/2 100 m ⫯1 ⫯6 –
✪ 0864 – 🗖 ℰ 691351.

ɔma 188 – L'Aquila 101 – Campobasso 92 – Chieti 96 – ♦Pescara 107 – Sulmona 34.

🏨 **Como,** ℰ 641941, Fax 641942, ≤, ⌖ – 🛗 ☎ **②**. 🕮. ⵕ
Pas *(chiuso lunedì)* 35/40000 – ☑ 10000 – **44 cam** 70000 – ½ P 65/95000.

🏨 **Victoria,** ℰ 69113 – **②**. ⵕ rist
22 dicembre-marzo e luglio-15 settembre – Pas carta 27/36000 – **33 cam** ☑ 50/80000.

✗ **Da Giocondo,** ℰ 69123, Fax 69123, Coperti limitati; prenotare – 🕮 🗲 ⓞ **E** 𝘝𝘐𝘚𝘈. ⵕ
chiuso dal 15 settembre al 15 ottobre e martedì in bassa stagione – Pas carta 29/42000.

RIVODORA Torino – Vedere Baldissero Torinese.

RIVODUTRI 02010 Rieti 𝟰𝟯𝟬 O 20 – 1 278 ab. alt. 560 – ✪ 0746.

ɔma 97 – L'Aquila 73 – Rieti 17 – Terni 26.

✗✗ **La Trota,** località Piedicolle S : 2 km ℰ 685078, « Grazioso giardino » – **②**. 🕮 𝘝𝘐𝘚𝘈. ⵕ
chiuso mercoledì e gennaio – Pas carta 36/62000.

RIVOLI 10098 Torino 988 ⑫, 426 G 4 – 54 041 ab. alt. 386 – ✿ 011.

Roma 678 – Asti 64 – Cuneo 103 – ♦Milano 155 – ♦Torino 14 – Vercelli 82.

Pianta d'insieme di Torino (Torino p. 2)

XX **Nazionale,** corso Francia 4 ℰ 9580275, 斎, prenotare – 🛗 E VISA. ⁓   ET ♦
    chiuso sabato, domenica sera ed agosto – Pas carta 44/65000 (15%).

XX **Da Baston,** corso Susa 12/14 ℰ 9580398, Rist. con specialità di mare, prenotare – AE 🛗
    ❶ E VISA. ⁓   ET ♦
    chiuso i giorni festivi, domenica ed agosto – Pas carta 55/70000.

RIZZOLO Udine – Vedere Reana del Roiale.

ROANA 36010 Vicenza 429 E 16 – 3 612 ab. alt. 992 – Sport invernali : vedere Asiago – ✿ 0424.

Roma 588 – Asiago 6 – ♦Milano 270 – Trento 64 – ♦Venezia 121 – Vicenza 54.

🏠 **All'Amicizia,** ℰ 66014 – 🛗 ☜ ⇌ ⁓
    Pas *(chiuso mercoledì)* carta 23/31000 – **25 cam** ⚏ 40/80000 – ½ P 50/60000.

ROCCABRUNA 12020 Cuneo – 1 292 ab. alt. 700 – ✿ 0171.

Roma 673 – Cuneo 30 – ♦Genova 174 – ♦Torino 103.

    a Sant'Anna N : 3 km – alt. 1 250 – ✉ 12020 Roccabruna :

X **La Pineta** ⅏ con cam, ℰ 918472 – TV ☎. ⁓
    chiuso gennaio – Pas *(chiuso martedì escluso da luglio ad agosto)* 30/40000 – ⚏ 5000
    9 cam 80000 – ½ P 60000.

ROCCA DELLE DONNE Alessandria – Vedere Camino.

ROCCA DI CAMBIO 67047 L'Aquila 430 P 22 – 491 ab. alt. 1 434 – ✿ 0862.

Roma 142 – L'Aquila 23 – Pescara 99.

🏠 **Cristall Hotel,** ℰ 918119, ≤, 斎 – ⇌ ❶ 🛗 ❶ E VISA. ⁓
    chiuso maggio o novembre – Pas carta 23/35000 – **19 cam** ⚏ 60/85000 – ½ P 50/80000.

ROCCALBEGNA 58053 Grosseto 988 ㉕, 430 N 16 – 1 430 ab. alt. 522 – ✿ 0564.

Roma 182 – Grosseto 43 – Orvieto 92 – Siena 96.

    a Triana E : 6 km – alt. 769 – ✉ 58050 :

XX **Osteria del Vecchio Castello,** ℰ 989031, Coperti limitati; prenotare – AE 🛗 E VISA. ⁓
    chiuso mercoledì e febbraio – Pas carta 37/59000.

ROCCA PIETORE 32020 Belluno 429 C 17 – 1 650 ab. alt. 1 142 – Sport invernali : a Malga
Ciapela : 1 428/3 270 m (Marmolada) ⚡2 ⚡4 (anche sci estivo), ⚡ – ✿ 0437.

🄱 a Rocca Pietore ℰ 721319, Fax 721319.

Roma 671 – Belluno 56 – Cortina d'Ampezzo 38 – ♦Milano 374 – Passo del Pordoi 30 – ♦Venezia 162.

🏨 **Töler,** località Boscoverde O : 3 km, alt. 1 200 ℰ 722030, Fax 722188, ≤, ⇌, 斎 – 🛗 TV
    ☜ ⇌ ❶. ⁓
    dicembre-aprile e 15 giugno-settembre – Pas carta 28/55000 – ⚏ 15000 – **30 cam** 96
    140000 – ½ P 54/100000.

    a Digonera N : 5,5 km – alt. 1 158 – ✉ 32020 Laste di Rocca Pietore :

🏠 **Digonera,** ℰ 529120, Fax 529150, ≤, ⇌ – ☎ ❶. 🛗 VISA. ⁓
    chiuso giugno e novembre – Pas *(chiuso lunedì)* carta 35/50000 – **22 cam** ⚏ 100/120000
    ½ P 60/90000.

    a Malga Ciapela O : 7 km – alt. 1 428 – ✉ 32020 Rocca Pietore.

    Vedere Marmolada★★★ : ⁂★★★ sulle Alpi per funivia – Lago di Fedaia★ NO : 6 km.

🏠 **Garni Roberta** senza rist, ℰ 722117 – ☜ ⇌ ❶
    dicembre-aprile e luglio-settembre – **19 cam** ⚏ 50/90000.

ROCCAPORENA Perugia 430 N 20 – Vedere Cascia.

ROCCA PRIORA 00040 Roma 430 Q 20 – 8 652 ab. alt. 768 – ✿ 06.

Roma 31 – Anzio 56 – Frosinone 65.

🏨 Villa la Rocca, via Dei Castelli Romani 1 ℰ 9472040, Fax 9471750, 斎 – 🛗 TV ☎ ❶
    🛗 40. 🛗 E VISA
    23 cam.

ROCCARASO 67037 L'Aquila 988 ㉗, 430 Q 24, 431 B 24 – 1 687 ab. alt. 1 236 – a.s. febbraio
aprile, 20 luglio-agosto e Natale – Sport invernali : 1 236/2 200 m ⚡1 ⚡13 – ✿ 0864.

🄱 via Roma 60 ℰ 62210.

Roma 190 – L'Aquila 102 – Campobasso 87 – Chieti 98 – ♦Napoli 149 – ♦Pescara 109.

Excelsior, via Roma 27 *P* 62479 – 📶 📺 ☎ 🚗 🅿. ⌘
18 dicembre-15 aprile e 24 giugno-4 settembre – Pas 25/35000 – ☑ 12000 – **35 cam** 70/120000 – P 70/140000.

Iris, viale Iris 5 *P* 602366, Fax 602366 – 📶 📺 ☎. 🖭 🗟 ⓪ *VISA*. ⌘
Pas carta 40/55000 – ☑ 10000 – **48 cam** 120000 – ½ P 120/130000.

Suisse, via Roma 22 *P* 602347, Fax 602347 – 📶 ✂ rist 📺 ☎ 🚗. 🗟 ⓪. ⌘
Pas 28000 – ☑ 8000 – **48 cam** 80/100000 – ½ P 65/120000.

sulla strada statale 17 NO : 1 km :

MotelAgip, ⊠ 67037 *P* 62443, Fax 62443, ≤ – 📶 ☎ 🅿. 🖭 🗟 ⓪ **E** *VISA*. ⌘ rist
Pas 25/35000 – ☑ 10000 – **57 cam** 85/95000 – ½ P 63/106000.

a Pietransieri E : 4 km – alt. 1 288 – ⊠ 67030 :

La Preta, *P* 62716, Coperti limitati; prenotare – *VISA*. ⌘
chiuso sabato e domenica da maggio a giugno, martedì negli altri mesi – Pas carta 29/41000.

ad Aremogna SO : 9 km – alt. 1 622 – ⊠ 67030 :

Boschetto ⌘, *P* 602367, Fax 602382, ≤, *Ls*, ≘ – 📶 📺 ☎ 🚗 🅿. ⌘
dicembre-Pasqua e 10 luglio-agosto – Pas 32000 – ☑ 8000 – **48 cam** 52/84000 – ½ P 60/115000.

OCCA SAN CASCIANO 47017 Forlì 988 ⑮, 429 430 J 17 – 2 188 ab. alt. 210 – 🕄 0543.
ma 326 – ◆Bologna 91 – ◆Firenze 81 – Forlì 28.

La Pace, piazza Garibaldi 16 *P* 960137 – 🖭 **E** *VISA*. ⌘
chiuso dal 15 al 30 gennaio e martedì (escluso agosto) – Pas carta 16/30000 bc.

Lisez attentivement l'introduction : c'est la clé du guide.

OCCA SANT'ANGELO Perugia 430 M 19 – Vedere Assisi.

OCCHETTA NERVINA 18030 Imperia 428 K 4, 115 ⑲ – 261 ab. alt. 225 – 🕄 0184.
ma 668 – ◆Genova 169 – Imperia 55 – ◆Milano 292 – San Remo 29 – Ventimiglia 15.

Lago Bin con cam, *P* 206661, Fax 207827, ☑, ⌘ – 📶 📺 ☎ 🕁 🚗 🅿. 🖭 🗟 ⓪ **E** *VISA*
chiuso gennaio e febbraio – Pas *(chiuso martedì)* carta 33/50000 – ☑ 10000 – **46 cam** 70/110000 – ½ P 80/90000.

ODDI 12060 Cuneo 428 H 5 – 1 065 ab. alt. 284 – 🕄 0173.
ma 650 – Asti 35 – Cuneo 60 – ◆Torino 70.

Enomotel il Convento, via Cavallotto 1 (E : 2 km) *P* 615286, Fax 615286 – 📺 ☎ 🅿 –
🔺 60. 🖭 🗟 ⓪ **E** *VISA*. ⌘
Pas *(chiuso a mezzogiorno)* 25/40000 – ☑ 10000 – **25 cam** 90000 – ½ P 70/85000.

La Cròta, piazza Principe Amedeo 1 *P* 615187, Fax 615187 – 🖭 🗟 ⓪ **E** *VISA*. ⌘
chiuso lunedì sera, martedì, dall'8 al 20 gennaio e dal 29 luglio al 24 agosto – Pas carta 28/50000.

ODI GARGANICO 71012 Foggia 988 ㉘, 431 B 29 – 4 088 ab. – a.s. luglio-13 settembre –
0884.
– per le Isole Tremiti giugno-settembre giornaliero (35 mn) – Adriatica di Navigazione-
enzia Viggiani, corso Madonna 22 *P* 966357.
ma 385 – ◆Bari 192 – Barletta 131 – ◆Foggia 100 – ◆Pescara 184.

Baia Santa Barbara ⌘, O : 1,5 km *P* 965253, Telex 812014, Fax 965414, ≤, « In pineta », ☑, 🔺, ⌘ – 🕁 🅿. ⌘
aprile-settembre – Pas 30/35000 – **134 cam** ☑ 180000 – ½ P 120/150000.

Parco degli Aranci ⌘, E : 2 km *P* 965033, Fax 98481, ≤, « Parco-agrumeto », ☑, 🔺,
⌘ – 📶 ☎ 🅿. 🖭 🗟 ⓪ **E** *VISA*. ⌘
Pasqua-15 ottobre – Pas carta 26/42000 – ☑ 5000 – **72 cam** 80/100000 – ½ P 50/105000.

Da Franco, *P* 965003, 🎣

ROGENO 22040 Como 219 ⑨ ⑲ – 2 399 ab. alt. 290 – 🕄 031.
ma 613 – ◆Bergamo 45 – Como 20 – Erba 6 – Lecco 15 – ◆Milano 45.

5 Cerchi, località Maglio *P* 865587, Fax 865587, prenotare – 🅿. *VISA*. ⌘
chiuso domenica sera, lunedì e dal 3 al 24 agosto – Pas carta 38/60000.

ROLO 42047 Reggio nell'Emilia 428 429 H 14 – 3 376 ab. alt. 21 – 🕄 0522.
ma 442 – Mantova 38 – ◆Modena 36 – ◆Verona 67.

L'Osteria dei Ricordi, *P* 658111, 🎣, Coperti limitati; prenotare – 🍽 🅿. 🖭 🗟 ⓪ **E**
VISA. ⌘
chiuso sabato a mezzogiorno, lunedì, febbraio ed agosto – Pas carta 41/58000.

Roma

OMA 00100 **P** 988 ㉖, 430 Q 19 – 2 791 354 ab. alt. 20 – ✪ 06.

Curiosità

La maggior parte delle più note curiosità di Roma é ubicata sulle piante da p. 4 a 11.
Per una visita turistica più dettagliata consultate la guida Verde Michelin Italia.

Curiosités

Les plans des p. 4 à 11 situent la plupart des grandes curiosités de Rome. Pour une
visite touristique plus détaillée, consultez le guide Vert Italie et plus particulièrement le
guide Vert Rome.

Sehenswürdigkeiten

Auf den Städtplänen S. 4 bis 11 sind die hauptsächlichsten Sehenswürdigkeiten
verzeichnet. Eine ausführliche Beschreibung aller Sehenswürdigkeiten finden Sie im
Grünen Reiseführer Italien.

Sights

Rome's most famous sights are indicated on the town plans pp. 4 to 11. For a more
complete visit see the Green Guide to Rome.

₅ e 🇫₉ Parco de' Medici (chiuso martedi) ⊠ 00148 Roma 𝒫 6553477, Fax 6553344, SO : 4,5 km MS.
₅ (chiuso lunedì) ad Acquasanta ⊠ 00178 Roma 𝒫 783407, SE : 12 km MS.
₅ e 🇫₉ (chiuso lunedì) ad Olgiata ⊠ 00123 Roma 𝒫 3789141, per ⑩ : 19 km.
⁻ Fioranello (chiuso mercoledi) a Santa Maria delle Mole ⊠ 00040 𝒫 7138291, Fax 7138212, per
2 LQ : 19 km.
✈️ di Ciampino SE : 15 km NS 𝒫 724241 (prenderà il 794941) e Leonardo da Vinci di Fiumicino
er ⑧ : 26 km 𝒫 60121 – Alitalia, via Bissolati 13 ⊠ 00187 𝒫 46881 e piazzale Pastore (EUR) ⊠
)144 𝒫 5456 (prenderà il 65643).
🚄 Termini 𝒫 464923 – Tiburtina 𝒫 4956626.
via Parigi 5 ⊠ 00185 𝒫 4883748 : alla stazione Termini 𝒫 4871270 : all'aeroporto di Fiumicino 𝒫 6011255.
C.I. via Cristoforo Colombo 261 ⊠ 00147 𝒫 5106 e via Marsala 8 ⊠ 00185 𝒫 49981. Telex 610686.
istanze : nel testo delle altre città elencate nella Guida è indicata la distanza chilometrica da Roma.

Indice toponomastico	p. 3 a 5
Piante di Roma	
Percorsi di attraversamento e di circonvallazione	p. 4 e 5
Centro	p. 6 e 7
Centro ovest	p. 8 e 9
Centro est	p. 10 e 11
Elenco alfabetico degli alberghi e ristoranti	p. 12 e 13
Nomenclatura degli alberghi e ristoranti	p. 2 e 14 a 22

Zona nord– Monte Mario, Stadio Olimpico, via Flaminia-Parioli, Villa Borghese, via Salar via Nomentana (Pianta : Roma p. 6 e 7, salvo indicazioni speciali) :

🏨🏨 **Cavalieri Hilton** ⑤, via Cadlolo 101 ⊠ 00136 ℰ 31511, Telex 625337, Fax 31512241, città, 佘, « Terrazze e parco », ⌿, ℅ – 📶 ☰ 📺 ☎ ☛ ⇔ ❷ – 🛦 25 a 2500. 歴 ⑤ ⑩ *VISA*. ℅ rist
AT
Pas carta 68/105000 – ♋ 31000 – **374 cam** 570000, 13 appartamenti.

🏨🏨 **Lord Byron** ⑤, via De Notaris 5 ⊠ 00197 ℰ 3220404, Telex 611217, Fax 3220405, 🖅 📶 ☰ 📺 ☎ 歴 ⑤ ⑩ ⋿ *VISA*
ET
Pas vedere rist Relais le Jardin – ♋ 25000 – **42 cam** 350/500000, 3 appartamenti.

🏨🏨 **Aldrovandi Palace Hotel,** via Aldrovandi 15 ⊠ 00197 ℰ 3223993, Telex 61614 Fax 3221435, ⌿, 🖅 – 📶 ⇴ ☰ 📺 ☎ ❷ – 🛦 50 a 350. 歴 ⑤ ⑩ ⋿ *VISA*. ℅
ET
Pas al **Grill Le Relais** *(chiuso a mezzogiorno)* carta 84/148000 – **140 cam** ♋ 380/400000, 1 appartamenti – ½ P 290/330000.

🏨🏨 **Albani,** via Adda 45 ⊠ 00198 ℰ 84991, Telex 625594, Fax 8499399 – 📶 ⇴ cam ☰ 📺 ⇔ – 🛦 80. 歴 ⑤ ⑩ ⋿ *VISA*. ℅
GT
Pas carta 36/58000 – **157 cam** ♋ 270/375000, 15 appartamenti – ½ P 315/330000.

🏨🏨 **Polo** senza rist, piazza Gastaldi 4 ⊠ 00197 ℰ 3221041, Telex 623107, Fax 3221359 – 📶 📺 ☎ – 🛦 80. 歴 ⑤ ⑩ ⋿ *VISA*. ℅
ET
66 cam ♋ 320/360000.

🏨🏨 **Borromini,** senza rist, via Lisbona 7 ⊠ 00198 ℰ 8841321, Telex 621625, Fax 8417550 – ☰ 📺 ☎ ⅙ ⇔ – 🛦 50 a 100
GT
75 cam.

🏨🏨 **Rivoli,** via Torquato Taramelli 7 ⊠ 00197 ℰ 3224042, Telex 614615, Fax 3227373 – 📶 📺 ☎ – 🛦 40. 歴 ⑤ ⑩ ⋿ *VISA*. ℅
ET
Pas *(chiuso agosto)* 38000 – **54 cam** ♋ 294000 – ½ P 178000.

🏨 **Degli Aranci,** via Oriani 11 ⊠ 00197 ℰ 8070202, Fax 8085250, 佘 – 📶 ☰ 📺 ☎ – 🛦 5 歴 ⑤ ⋿ *VISA*. ℅
ET
Pas 35/45000 – **40 cam** ♋ 206/286000.

🏨 **Clodio** senza rist, via di Santa Lucia 10 ⊠ 00195 ℰ 317541, Telex 625050, Fax 3250745 📶 ☰ 📺 ☎ 歴 ⑤ ⑩ ⋿ *VISA*. ℅
ABT
114 cam ♋ 165/220000.

🏨 **Panama** senza rist, via Salaria 336 ⊠ 00199 ℰ 8552558, Telex 620189, Fax 8413929, ⇴ – 📶 📺 ☎. 歴 ⑤ ⑩ ⋿ *VISA*. ℅
HT
43 cam ♋ 150/198000.

🏨 **Santa Costanza** senza rist, viale 21 Aprile 4 ⊠ 00162 ℰ 8600602, Fax 8602786 – 📶 ❶ ☎ ⅙ – 🛦 50. 歴 ⑤ ⋿ *VISA*
JT
50 cam ♋ 150/210000.

🏨 **Buenos Aires** senza rist, via Clitunno 9 ⊠ 00198 ℰ 8442404, Telex 626238, Fax 841527 – 📶 ☰ 📺 ☎ ❷ – 🛦 50. 歴 ⑤ ⋿ *VISA*
HT
♋ 20000 – **48 cam** 125/160000, ☰ 20000.

🏨 **Villa Florence** senza rist, via Nomentana 28 ⊠ 00161 ℰ 4403036, Telex 62462 Fax 4402709, 🖅 – 📶 ☰ 📺 ☎ ⅙ ❷. 歴 ⑩. ℅
HT
33 cam ♋ 180/220000.

🏨 **Fenix,** viale Gorizia 5 ⊠ 00198 ℰ 8540741, Fax 8543632, 🖅 – 📶 ☰ 📺 ☎ ⇔. 歴 ⑤ ⑩ ⋿ *VISA*. ℅
JT
Pas *(chiuso sabato sera, domenica ed agosto)* 34/38000 – **69 cam** ♋ 160/24000 ☰ 12000.

🏨 **Lloyd** senza rist, via Alessandria 110/a ⊠ 00198 ℰ 8540432, Telex 612598, Fax 841984 – 📶 ☰ 📺 ☎ 歴 ⑤ ⑩ ⋿ *VISA*
HT
48 cam ♋ 150/190000.

🏨 **Villa del Parco** senza rist, via Nomentana 110 ⊠ 00161 ℰ 8555611, Fax 8540410, 🖅 ☰ 📺 ☎. 歴 ⑤ ⑩ ⋿ *VISA*
JT
23 cam ♋ 154/214000.

XXXX ✿✿ **Relais le Jardin,** via De Notaris 5 ⊠ 00197 ℰ 3220404, Fax 3220405, Rist. elegante Coperti limitati; prenotare – ☰ 歴 ⑤ ⑩ ⋿ *VISA*. ℅
ET
chiuso domenica ed agosto – Pas carta 105/170000
Spec. Zuppa tiepida di fave cicoria e polipetti (primavera). Cavatelli al nero di seppia con baccalà totani e pecorin Sauté di crostacei e ortica con animelle in pasta all'olio (primavera). **Vini** Colle Picchioni, Torre Ercolana.

XXX **Relais la Piscine,** via Mangili 6 ⊠ 00197 ℰ 3216126, 佘, ⌿, 🖅 – ☰ ❷. 歴 ⑤ ⑩ ⋿ *VISA*. ℅
ET
chiuso domenica sera ed agosto – Pas carta 84/148000.

XXX **Il Peristilio,** via Monte Zebio 10/d ⊠ 00195 ℰ 3223623, Fax 3223639 – ☰. 歴 ⑩ ⋿ *VISA*
BT
chiuso lunedì e dal 2 al 23 agosto – Pas carta 50/85000.

buino (Via del) .... p. 9 EU
ndotti (Via dei) .. p. 9 EU
rso (Via del) .... p. 9 EV
e Macelli (Via) .. p. 9 EU
attina (Via) ...... p. 9 EU
argutta (Via) ..... p. 9 EU
stina (Via) .... p. 9 EU
agna (Piazza di) .. p. 9 EU
tone (Via del) .... p. 9 EU
torio Veneto (Via).. p. 10 FU

driana (Piazza) ... p. 9 EU
driatico (Viale) ... p. 5 MQ 2
bania (Piazza) .... p. 6 EZ
benga (Via) .... p. 7 JZ
drovandi (V. Ulisse) p. 7 FT
mba Aradam (V. d.) p. 11 HY
mendola (Via G.) .. p. 10 GV 3
hagnina (Via) ..... p. 5 NS
hastasio II (Via) .. p. 4 LR 4
ngelico (Via) ...... p. 6 BT
nguillara (Lungotev.) p. 9 DY
nicia (Via) .... p. 9 DY
nnibaldi (Via degli). p. 10 FX
ppia Antica (Via) .. p. 5 MS
ppia Nuova (Via) .. p. 7 JZ
ppia Pignatelli (Via) p. 5 MS
rdeatina (Via) ..... p. 5 MS
renula (Largo) ..... p. 9 DX
renula (Via) .... p. 9 DX
rmi (Lungotev. delle) p. 6 CT
tilio Regolo (Via) .. p. 8 BU
ugusta (Lungotev. in) p. 9 DU
urelia (Via) .... p. 6 AV
ventino (Lungotev.) . p. 9 EY
ventino (Via) ...... p. 6 EZ 7
zuni (Via D.A.) .... p. 6 CT
abuino (Via del) ... p. 9 EU
albo (Via Cesare) .. p. 10 GV
anchi Vecchi (Via) . p. 9 CV
anco di S. Spirito (V.) p. 9 EV 8
arberini (Piazza) ... p. 10 FU
arberini (Via) ...... p. 10 FU
ari (Via) .... p. 7 JU
arletta (Via) .... p. 8 BU
arrili (Via A.G.) .... p. 6 BZ
attisti (Via Cesare) . p. 9 EV 10
elle Arti (Viale delle) p. 6 ET
ssolati (Via) .... p. 10 FU
occa d. Verità (Pza) p. 9 EY
occea (Via di) ..... p. 4 LR
ologna (Piazza) .... JT
ncompagni (Via)... p. 10 GU
otteghe Oscure (Via) p. 9 DX
rasile (Piazzale) ... p. 10 FU
ufalotta (Via d.) ... p. 5 MQ
uozzi (Viale Bruno). p. 6 ET
airoli Benedetto (Pza) p. 9 DX
airoli (Via) .... p. 11 HX
alabria (Via) .... p. 10 GU 12
amilluccia (V. della) . p. 4 LQ
ampania (Via) ..... p. 10 GU
ampidoglio (Pza del) p. 9 EX
ampo dei Fiori (Pza). p. 9 CX
andia (Via) .... p. 8 AU
appellari (Via dei) .. p. 9 CX
aravita (Via del) ... p. 9 EV
arini (Via Giacinto) . p. 6 BZ
arlo Alberto (Via) .. p. 11 HX
arlo Felice (Via) ... p. 11 JY
arso (Viale) .... p. 6 BZ
asilina (Via) .... p. 7 JY
asilina (Via) .... p. 4 LQ
assia (Via) .... p. 5 MQ
assia Nuova (Via) .. p. 5 MQ
astello (Lungotev. di) p. 9 CV
astro Pretorio (Via) . p. 11 HV
astro Pretorio (Via) . p. 11 HV
atania (Via) .... p. 7 JU
atanzaro (Via) ..... p. 7 JT 17
ave (Via delle) .... p. 5 MS
avour (Piazza) ..... p. 9 CU
avour (Via) .... p. 10 GV
elimontana (Via) ... p. 10 GV
elio Vibenna (Via)... p. 10 FY
enci (Lungotev. dei). p. 9 DX
ernaia (Via) .... p. 10 GU
erveteri (Via) ...... p. 7 JZ
esi (Via Federico) .. p. 9 CU
hiana (Via) .... p. 7 HT
icerone (Via) ...... p. 9 CU
inquecento (Pza dei) p. 10 GV
ipro (Via).......... p. 8 AU

Circo Massimo (V. d.) p. 9 EY
Civinini (Via F.) .... p. 6 ET 21
Claudia (Via) ...... p. 10 GY
Clementino (Via del) p. 9 DU 22
Clodia (Circonv.) ... p. 6 BT 23
Clodio (Piazzale) ... p. 6 AT
Cola di Rienzo (Pza). p. 9 CU
Cola di Rienzo (Via). p. 8 BU
Colli Portuensi (V. dei) p. 4 LS
Colombo (V. Crist.).. p. 5 MS 24
Colonna (Piazza) ... p. 9 EV
Colonna (Via Vittoria) p. 9 CU
Conciliazione (Via d.) p. 8 BV
Condotti (Via) ..... p. 9 EU
Consolazione (V. della) p. 9 EX 25
Conte Verde (Via) .. p. 11 HX
Coronari (Via dei) .. p. 9 CV
Corridoni (V. Filippo) p. 8 BT
Corridori (Via dei) .. p. 8 BU
Corso (Via del) .... p. 9 EV
Crescenzi (Salita de') p. 9 DV 27
Crescenzio (Via) ... p. 8 BU
Crispi (Via) .... p. 9 EU
Dataria (Via della)... p. 9 EV
Depretis (Via A.) ... p. 10 GV
Dogana Vecchia (V.d.) p. 9 DV 29
Doria (Via Andrea) .. p. 8 AU
Druso (Via) .... p. 7 GZ
Due Macelli (Via) .. p. 9 EU
Duilio (Via) .... p. 8 BU
Einaudi (Viale Luigi). p. 10 GV 31
Em. Filiberto (V.).... p. 11 HY
Emo (Via Angelo) ... p. 8 AU
Epiro (Piazza) ...... p. 7 HZ
Eroi (Piazzale degli) . p. 8 AU
Etruria (Via) .... p. 7 JZ
Ezio (Via) .... p. 8 BU
Fabio Massimo (Via). p. 8 BU
Farnesina (L. della) . p. 9 CX
Ferrari (V. Giuseppe) p. 6 BT 32
Fiorentini (Via)...... p. 5 MR 33
Flaminia (Via) ..... p. 6 DT
Flaminia Nuova (Via) p. 5 MQ
Flaminio (Lungotev.) p. 6 CT
Fontana (Via della).. p. 11 HY
Fontanella Borghese (V.) p. 8 DU
Fori Imperiali (V. dei) p. 10 FX
Foro Italico (Via) ... p. 5 MQ
Francia (Corso di) .. p. 5 MQ 36
Fratte
  di Trastevere (V.d.) p. 9 CY
Frattina (Via) ...... p. 9 EU
Frentani (Via dei) ... p. 11 JV
Galeno (Piazza) .... p. 11 HU
Gallarate (Via) ..... p. 7 JY 37
Gallia (Via) .... p. 7 HZ
Galvani (Via) ...... p. 6 DZ
Garibaldi (Ple, Via G.) p. 8 BY
Genovesi (Via dei) .. p. 9 DY
Germanico (Via) .... p. 8 BU
Gianicolense (Circ.) . p. 4 LR 38
Gianicolense (Lung.). p. 8 BV
Gianicolo (Passegg.). p. 8 BX
Gianicolo (Via del) .. p. 8 BV
Gioberti (Via) ...... p. 11 HV
Giolitti (Via G.) ..... p. 11 HV
Giubbonari (Via dei). p. 9 CX 39
Giulia (Via) .... p. 9 CV
Giulio Cesare (Viale). p. 8 BU
Giuliana (Via della).. p. 8 AU 40
Gobetti (Viale P.) ... p. 11 JV
Goito (Via) .... p. 10 GU
Gorizia (Viale) ..... p. 7 JT
Gregoriana (Via) ... p. 9 EU
Gregorio VII (Via) .. p. 6 AV
Grotta Perfetta (Via) p. 5 MS
Indipendenza (P. dell') p. 11 HU
Ipponio (Via) ...... p. 7 HZ
Italia (Corso d') .... p. 10 GU
Jugario (Vico) ..... p. 9 EX
Labicana (Via) ..... p. 10 GY
Lanciani (Via R.) ... p. 7 JT
Lancisi (Via) .... p. 11 JU
Lanza (Via Giovanni) p. 10 GX
La Spezia (Via) .... p. 11 JY
Laurentina (Via) ... p. 5 MS
Lega Lombarda (V.d.) p. 7 JU 42
Leone (Via dei) .... p. 8 AU
Leone XIII (Via) .... p. 4 LR
Lepanto (Via) ...... p. 8 BT 43
Liegi (Viale) .... p. 7 GT
Lima (Via) .... p. 7 GT 44
Lucchesi (Via dei) .. p. 9 EV

Lucrezio Caro (Via)... p. 9 CU
Ludovisi (Via) ...... p. 10 FU
Lungara (Via della) .. p. 8 BX
Lungaretta (Via della). p. 9 DY
Magliana (Via della) . p. 4 LS
Magna Grecia (Via) . p. 7 HZ
Majorana (Via Q.) ... p. 5 MS 45
Mameli (Via Goffredo) p. 8 CY
Manara (Via Luciano). p. 9 CY
Manzoni (Viale A.) .. p. 11 HX
Marcantonio
  Colonna (Via) .... p. 8 CU 46
Marconi (Viale G.) .. p. 5 MS 47
Mare (Via del) ...... p. 4 LS
Maresc. Cadorna (L.). p. 6 BT 48
Maresc. Pilsudski (Vle) p. 6 DT
Marmorata (Via) .... p. 6 DZ
Marsala (Via) ...... p. 11 HV
Marzio (Lungotevere). p. 9 DU
Mazzarino (Via) .... p. 10 FV 49
Mazzini (Pza. Viale) . p. 6 BT
Medaglie d'Oro (Vle) . p. 6 AT
Mellini (Lung. dei) ... p. 9 DU
Merulana (Via) ..... p. 11 HX
Metronio (Viale) .... p. 7 HZ
Milano (Via) .... p. 10 FV
Milizie (Via delle) ... p. 8 BU
Mille (Via dei) ...... p. 11 HU
Monserrato (Via) ... p. 9 CV
Montebello (Via) .... p. 11 HU
Monte Brianzo (Via) . p. 9 DV
Monte Oppio (Via del) p. 10 GX
Monti Tiburtini (Via) . p. 5 MR
Morgagni (Via G. B.). p. 11 JU
Moro (Piazzale A.) ... p. 11 JV
Morosini (Via Emilio). p. 9 CY
Mura Aurelie (Vle) ... p. 8 BY
Muro Torto (Vle del) . p. 9 EU
Navicella (Via della) . p. 7 GZ 50
Navona (Piazza) .... p. 9 DV
Nazionale (Via) ..... p. 10 FV
Nemorense (Via) .... p. 7 JT
Nomentana (Via) ... p. 7 JT
Numa Pompilio (Ple) . p. 7 GZ
Oderisi da Gubbio (V.) p. 5 MS 53
Orsini (Via V.) ...... p. 6 CU 55
Oslavia (Via) .... p. 6 BT
Ostiense (Piazzale) .. p. 6 EZ 56
Ostiense (Via) ...... p. 6 EZ 57
Ottaviano (Via) ..... p. 8 BU
Paisiello (Via G.) .... p. 7 GT 58
Palestro (Via) ...... p. 11 HU
Panama (Via) ...... p. 7 GT
Panisperna (Via) .... p. 10 FV
Pannonia (Via) ..... p. 7 HZ 59
Parioli (Viale dei) ... p. 7 FT
Pastrengo (Via) .... p. 10 GU
Pattinaggio (Via d.).. p. 5 MS 60
Petroselli (Via L.) ... p. 9 EY 61
Piacenza (Via) ...... p. 10 FV
Piave (Via) .... p. 10 GU
Piemonte (Via) ..... p. 10 GU
Pilotta (Via della) ... p. 9 EV
Pinciana (Via) ...... p. 7 GT
Pineta Sacchetti (V.). p. 4 LR
Piramide Cestia (Vle d.) p. 6 EZ 62
Plebiscito (Via del) .. p. 9 EV
Po (Via) .... p. 7 GT
Poli (Via) .... p. 9 EV
Policlinico (Viale del) . p. 11 HU
Pompeo Magno (Via). p. 9 CU
Popolo (Piazza del)... p. 9 DU
Porcari (Via Stefano) . p. 8 BU
Pta Angelica (V. di) .. p. 8 BU
Pta Castello (Via di) . p. 8 BU 65
Pta Cavalleggeri (L. di) p. 8 AV 66
Pta Cavalleggeri (V. di) p. 6 AV 67
Pta Maggiore (Pza) .. p. 11 JX
Pta Maggiore (Via di). p. 11 JX
Porta Pia .... p. 11 HU
Pta Pinciana (Via Vle). p. 10 FU
Pta S. Giovanni (Pza di) p. 11 HY
Pta S. Paolo (Pza) ... p. 6 EZ 68
Pta S. Sebastiano (V. di) p. 7 GZ
Portico d'Ottavia (Via) p. 9 DX 69
Portuense (Lungotev.) p. 6 CZ
Portuense (Via) ..... p. 4 LS
Prati (Lungotevere) .. p. 9 DU
Prenestina (Via) .... p. 7 JY
Pretoriano (Viale) ... p. 11 HV
Principe Amedeo (Via) p. 10 GV
Principe Eugenio (Via) p. 11 HX
Provincie (Viale delle). p. 7 JU

Quattro Fontane (Via).. p. 10 **FV**
Quirinale (Piazza del).. p. 10 **FV**
Quirinale (Via del).... p. 10 **FV** 71
Raffaello Sanzio (L.).. p. 9 **CY**
Ramni (Via dei)....... p. 11 **JV**
Ravenna (Via)........ p. 7 **JT** 73
Re di Roma (Piazza dei). p. 7 **JZ**
Regina Elena (Viale)... p. 7 **JU**
Reg. Margherita (Vle).. p. 7 **HT**
Reni (Via Guido)...... p. 6 **CT**
Repubblica (Piazza della) p. 10 **GV**
Rinascimento (Corso del) p. 9 **DV**
Ripa (Lungotevere)..... p. 9 **DY**
Ripetta (Via di)....... p. 9 **DU**
Risorgimento (Piazza del) p. 8 **BU**
Romagna (Via)........ p. 10 **GU**
Romania (Viale)....... p. 7 **GT** 74
Rossini (Viale G.)..... p. 7 **FT** 75
Salandra (Via A.)..... p. 10 **GU** 76
Salaria (Via)......... p. 7 **HT**
Salerno (Piazza)...... p. 11 **JU**
Sallustiana (Via)...... p. 10 **GU**
Salvi (Via Nicola)..... p. 10 **GX**
S. Agostino (Via)..... p. 9 **DV** 77
S. Angelo (Borgo).... p. 8 **BU**
S. Basilio (Via)...... p. 10 **FU**
S. Croce in
  Gerusalemme (Via di) p. 11 **JY**
S. Giov. in Laterano (Pza) p. 11 **HY**
S. Giov. in Laterano (V. di) p. 10 **GY**
S. Gregorio (Via di) ... p. 10 **FY**
S. Marco (Via)....... p. 9 **EX**
S. Maria del Pianto (V.). p. 9 **DX** 79
S. Maria in Via (Via di). p. 9 **EV** 80
S. Maria Magg. (Via di). p. 10 **GV**
S. Martino d. Bat. (V.). p. 11 **HU**
S. Pietro (Piazza).... p. 8 **BV**
S. Pio X (Via)....... p. 8 **BV**
S. Sebastiano (Via di) . p. 5 **MS**
S. Stefano Rotondo
  (Via di)........... p. 10 **GY**
S. Teodoro (Via di).... p. 9 **EY**
S. Uffizio (Via del).... p. 8 **BV** 84
S. Vincenzo (Via di)... p. 9 **EV** 85
Sangallo (Lungotev.)... p. 8 **BV**
Sannio (Via).......... p. 7 **HZ**
Sassari (Piazza)....... p. 11 **JU**
Satrico (Via)......... p. 7 **HZ**
Scalo S. Lorenzo (Vle). p. 7 **JX**
Scienze (Viale delle)... p. 11 **JV** 87
Scrofa (Via della).... p. 9 **DV**
Sella (Via Quintino)... p. 10 **GU**
Seminario (Via del)... p. 9 **DV**
Serenissima (Viale d.).. p. 5 **MR** 89
Serpenti (Via dei).... p. 10 **FV**
Sforza Pallavicini (V.). p. 8 **BU** 91
Sicilia (Via)......... p. 10 **GU**
Silla (Via).......... p. 8 **BU**
Sistina (Via)........ p. 9 **EU**
Solferino (Via)....... p. 11 **HU** 92
Spagna (Piazza di) ... p. 9 **EU**
Stadio Olimpico (Via d.) p. 4 **LQ** 93
Stamperia (Via della)... p. 9 **EV** 94
Statilia (Via)........ p. 11 **JY**
Statuto (Via dello).... p. 11 **HX**
Tacito (Via)......... p. 9 **CU**
Tagliamento (Via).... p. 7 **HT**
Taranto (Via)........ p. 7 **JZ**
Teatro di Marcello (Via) p. 9 **EX**
Tebaldi (Lungotev.).... p. 9 **CX**
Terenzio (Via)....... p. 8 **BU**
Terme di Caracalla (V.). p. 7 **GZ**
Terme di Diocleziano (V.) p. 10 **GV** 95
Terme di Traiano (V.).. p. 10 **GX**
Testaccio (Lungotev.) .. p. 6 **DZ**
Tiburtina (Via)....... p. 11 **JV**
Tiburtino (Viale)..... p. 11 **JV**
Tiziano (Viale)....... p. 6 **CT**
Togliatti (Via P.)..... p. 5 **NR**
Tomacelli (Via)...... p. 9 **DU**
Tor di Nona (Lung.) ... p. 9 **CV**
Torino (Via)......... p. 10 **GV**
Traforo (Via del).... p. 10 **FV**
Traspontina (V. della).. p. 8 **BU** 96
Trastevere (Viale)..... p. 9 **CY**
Trieste (Corso)....... p. 7 **JT**
Trinità d. Monti (Vle). p. 9 **EU**
Trionfale (Circonv.).... p. 6 **AT** 97
Trionfale (Via)....... p. 6 **AT**
Tritone (Via del)..... p. 9 **EU**
Trullo (V.).......... p. 4 **LS**
Tulliano (Via)....... p. 9 **EX** 98
Tunisi (Via)......... p. 8 **AU**

Turati (Via Filippo) .... p. 11 **HV**
Tuscolana (Via)....... p. 7 **JZ**
Ulpiano (Via)........ p. 9 **CU**
Università (Viale dell'). p. 11 **JU**
Umiltà (Via dell') .... p. 9 **EV**
Vallati (Lungotev. dei) .. p. 9
Vaticano (Viale) ...... p. 8
Venezia (Piazza) ...... p. 9
Vercelli (Via) .... p. 7
Vigna Murata (Via di)... p. 5 **N**

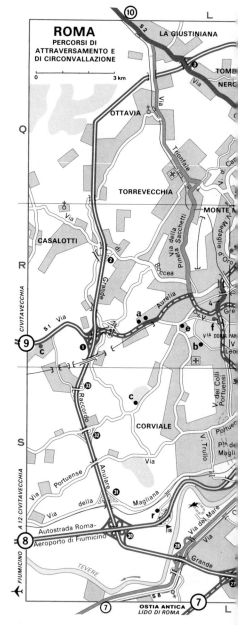

ROMA
PERCORSI DI
ATTRAVERSAMENTO E
DI CIRCONVALLAZIONE

0   3 km

ninale (Via del)..... p. 5 **GV**
gilio (Via) .... p. 8 **BU**
toria (Lungot. della). p. 6 **BT**
torio Emanuele II (C.) p. 9 **DV**
Emanuele II (Pza) .. p. 11 **HX**

V. Eman. Orlando (V.) p. 10 **GU** 100
Vittorio Veneto (Via). p. 10 **FU**
Volturno (Via) ...... p. 10 **GU** 101
Zabaglia (Via Nicola) . p. 6 **DZ**
Zama (Piazza) ...... p. 7 **JZ**

Zanardelli (Via G.).... p. 9 **CV** 103
4 Novembre (Via) .... p. 9 **EV** 104
20 Settembre (Via) ... p. 10 **GU**
21 Aprile (Viale)...... p. 7 **JT**
24 Maggio (Via)...... p. 9 **EV**

Adriatico (Viale) .... **MQ** 2
Anastasio II (Via).......... **LR** 4
Colombo (V. Crist.) ...... **MS** 24
Fiorentini (Via) .... **MR** 33
Francia (Corso di) .... **MQ** 36
Gianicolense (Circ.) .... **LR** 38
Majorana (Via Q.) ...... **MS** 45
Marconi (Viale G.)....... **MS** 47
Oderisi da Gubbio (Via) .. **MS** 53
Pattinaggio (Via d.) ..... **MS** 60
Serenissima (Viale d.) ... **MR** 89
Stadio Olimpico (Via d.) ... **LQ** 93

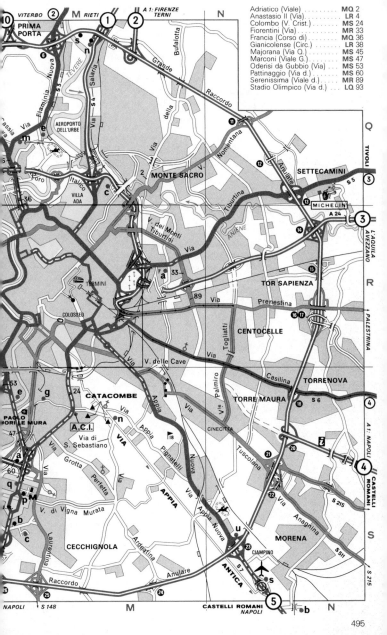

MUSEO BORGHESE ★★★	FT	M²
VILLA GIULIA ★★★	DT	M³
S. SABINA ★★	DEZ	C
TERME DI CARACALLA ★★	FGZ	
VILLA BORGHESE ★★★	EFT	
AVENTINO ★★	EZ	
GALLERIA NAZ. D'ARTE MODERNA ★	ET	M⁴
PIRAMIDE DI CAIO CESTIO ★	EZ	B
PORTA S. PAOLO ★	EZ	K
S. AGNESE E S. COSTANZA ★	JT	F
S. CROCE IN GERUSALEMME ★	JY	G
S. LORENZO FUORI LE MURA ★	JV	D
S. SABA ★	EZ	E

VITERBO 85 km   TERNI 103 km

STADIO OLIMPICO

CIVITAVECCHIA 72 km

VATICANO

CASTEL SANT'ANGELO

Via della Conciliazione

PANTHEON

Aventino (Viale)	EZ	7
Battisti (Via Cesare)	EV	10
Catanzaro (Via)	JT	17
Civinini (Via F.)	ET	21
Clodia (Circonvallazione)	BT	23
Ferrari (Via Giuseppe)	BT	32
Fori Imperiali (Via dei)	EFX	35
Francia (Corso di)	DT	36
Gallarate (Via)	JY	37
Lega Lombarda (V. d.)	JU	42
Lepanto (Via)	BT	43
Maresciallo Cadorna (L.)	BT	48
Navicella (Via della)	GZ	50
Orsini (Via V.)	CTU	55
Ostiense (Piazzale)	EZ	56
Ostiense (Via)	EZ	57
Paisiello (Via G.)	GT	58
Pannonia (Via)	HZ	59
Piramide Cestia (Vle d.)	EZ	62
Pta Cavalleggeri (Largo di)	AV	66
Pta Cavalleggeri (Via di)	AV	67
Porta S. Paolo (Piazza di)	EZ	68
Quirinale (Via del)	FV	71
Ravenna (Via)	JT	73
Romania (Viale)	GT	74
Rossini (Vle Gioacchino)	FT	75
S. Giovanni in Laterano (V. di)	GY	78
S. Uffizio (Via del)	BV	84
Trionfale (Circonv.)	AT	97
4 Novembre (Via)	EV	104

GIANICOLO

CAPITOLINO

AVENTINO

TEVERE

Piramide

Vedere indice toponomastico.
Roma p. 3, 4 e 5.

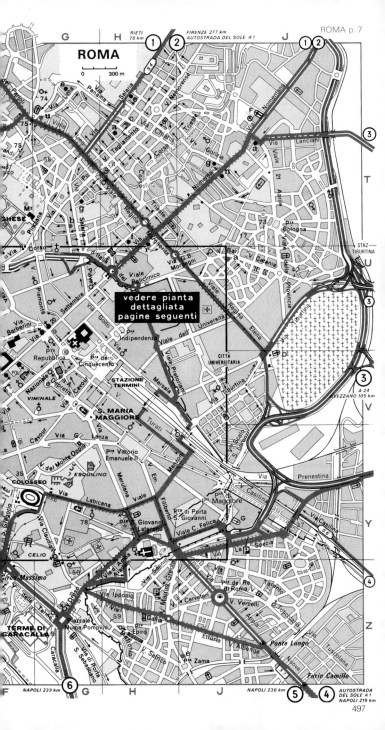

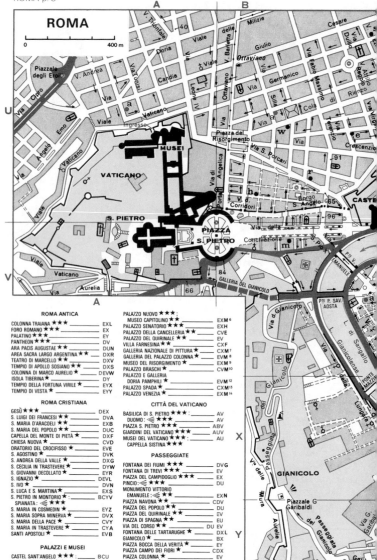

ROMA

0 ——— 400 m

ROMA ANTICA

COLONNA TRAIANA ★★★	EXL
FORO ROMANO ★★★	EX
PALATINO ★★★	EY
PANTHEON ★★★	DV
ARA PACIS AUGUSTAE ★★	DUN
AREA SACRA LARGO ARGENTINA ★★	DXR
TEATRO DI MARCELLO ★★	DXV
TEMPIO DI APOLLO SOSIANO ★★	DXS
COLONNA DI MARCO AURELIO ★	DEVW
ISOLA TIBERINA ★	DY
TEMPIO DELLA FORTUNA VIRILE ★	EYX
TEMPIO DI VESTA ★	EYY

ROMA CRISTIANA

GESÙ ★★★	DEX
S. LUIGI DEI FRANCESI ★★	DVA
S. MARIA D'ARACOELI ★★	EXB
S. MARIA DEL POPOLO ★★	DUC
CAPELLA DEL MONTE DI PIETÀ ★	DXF
CHIESA NUOVA ★	CVD
ORATORIO DEL CROCIFISSO ★	EVE
S. AGOSTINO ★	DVK
S. ANDREA DELLA VALLE ★	DXG
S. CECILIA IN TRASTEVERE ★	DYW
S. GIOVANNI DECOLLATO ★	EYR
S. IGNAZIO ★	DEVL
S. IVO ★	DVN
S. LUCA E S. MARTINA ★	EXS
S. PIETRO IN MONTORIO ★ :	BCYV
SPIANATA ★★★	
S. MARIA IN COSMEDIN ★	EYZ
S. MARIA SOPRA MINERVA ★	DVX
S. MARIA DELLA PACE ★	CVY
S. MARIA IN TRASTEVERE ★	CYA
SANTI APOSTOLI ★	EVB

PALAZZI E MUSEI

CASTEL SANT'ANGELO ★★★ :	BCU
TERRAZZA : ★★★	
MUSEO DEL PALAZZO	
DEI CONSERVATORI ★★★	EXM 5
PALAZZO FARNESE ★★★	CX

PALAZZO NUOVO ★★★ :	
MUSEO CAPITOLINO ★★★	EXM 6
PALAZZO SENATORIO ★★	EXH
PALAZZO DELLA CANCELLERIA ★★	CVE
PIAZZA DEL QUIRINALE ★★	EV
VILLA FARNESINA ★★	CXF
GALLERIA NAZIONALE DI PITTURA ★	CXM 7
GALLERIA DEL PALAZZO COLONNA ★	EVM 8
MUSEO DEL RISORGIMENTO ★	EXM 9
PALAZZO BRASCHI ★	CVM10
PALAZZO E GALLERIA	
DORIA PAMPHILI ★	EVM12
PALAZZO SPADA ★	CXM13
PALAZZO VENEZIA ★	EXM14

CITTÀ DEL VATICANO

BASILICA DI S. PIETRO ★★★ :	AV
DUOMO : ≪ ★★★	AV
PIAZZA S. PIETRO ★★★	ABV
GIARDINI DEL VATICANO ★★★	AUV
MUSEI DEL VATICANO ★★★ :	AU
CAPPELLA SISTINA ★★★	

PASSEGGIATE

FONTANA DEI FIUMI ★★★	DVG
FONTANA DI TREVI ★★★	EV
PIAZZA DEL CAMPIDOGLIO ★★★	EX
PINCIO : ≪ ★★★	DU
MONUMENTO VITTORIO	
EMANUELE : ≪ ★★★	EXN
PIAZZA NAVONA ★★	CDV
PIAZZA DEL POPOLO ★★	DU
PIAZZA DEL QUIRINALE ★★	EU
PIAZZA DI SPAGNA ★★	EU
VIA DEL CORSO ★★	DU EV
FONTANA DELLE TARTARUGHE ★	DXL
GIANICOLO ★	BX
PIAZZA BOCCA DELLA VERITÀ ★	EY
PIAZZA CAMPO DEI FIORI ★	CDX
PIAZZA COLONNA ★	EV
PIAZZA VENEZIA ★	EX
PONTE S. ANGELO ★	CV
VIA DEI CORONARI ★	CV
VIA GIULIA ★	CVX

Banco di S. Spirito (V. del)	CV 8	Marcantonio Colonna (Via)	CU 46	S. Vincenzo (Via di)	EV 85
Battisti (Via Cesare)	EV 10	Orsini (Via V.)	CU 55	Sforza Pallavicini (Via)	BU 91
Caravita (Via del)	EV 15	Petroselli (Via L.)	EY 61	Stamperia (Via della)	EV 94
Clementino (Via del)	DU 22	Porta Castello (Via di)	BU 65	Traspontina (Via della)	BU 96
Consolazione (Via della)	EX 25	Porta Cavalleggeri (Lgo di)	AV 66	Tulliano (Via del)	EX 98
Crescenzi (Salita de')	DV 27	Portico d'Ottavia (Via del)	DX 69	Zanardelli (Via G.)	CV 100
Dogana Vecchia (Via della)	DV 29	S. Agostino (Via di)	DV 77	4 Novembre (Via)	EV 10
Giubbonari (Via dei)	CX 39	S. Maria del Pianto (Via di)	DX 79		
Giuliana (Via della)	AU 40	S. Maria in Via (Via di)	EV 80	Vedere indice toponomastico.
Lucchesi (Via dei)	EV 44	S. Uffizio (Via del)	BV 84	Roma p. 3, 4 e 5.

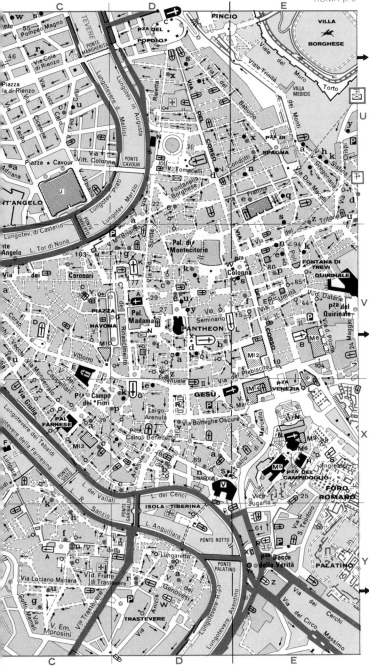

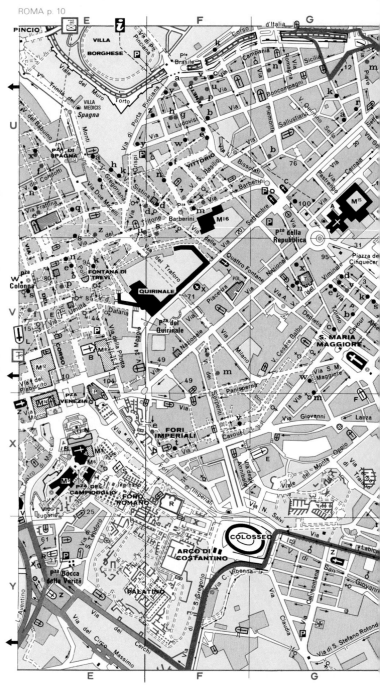

ROMA

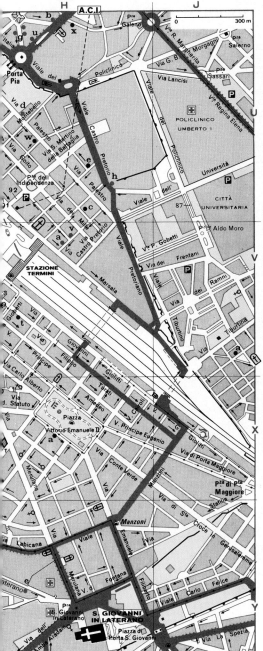

ROMA ANTICA

ARCO DI COSTANTINO ★★★ _____FY
BASILICA DI MASSENZIO ★★★ _____FX R
COLONNA TRAIANA ★★★ _____EX L
COLOSSEO ★★★ _____FGY
FORI IMPERIALI ★★★ _____FX
FORO ROMANO ★★★ _____FX
PALATINO ★★★ _____EFY
TEATRO DI MARCELLO ★★ _____EFY
COLONNA DI MARCO AURELIO ★ _____EV W
TEMPIO DELLA FORTUNA VIRILE ★ _____EY X
TEMPIO DI VESTA ★ _____EY Y

ROMA CRISTIANA

GESÙ ★★★ _____EX Z
S. GIOVANNI IN LATERANO ★★★ _____HY
S. MARIA MAGGIORE ★★★ _____GV
S. ANDREA AL QUIRINALE ★★ _____FV X
S. CARLO
ALLE QUATTRO FONTANE ★★ _____FV Y
S. CLEMENTE ★★ _____GY Z
S. MARIA DEGLI ANGELI ★★ _____GU A
S. MARIA D'ARACOELI ★★ _____EX B
S. MARIA DELLA VITTORIA ★★ _____GU C
S. SUSANNA ★★ _____GU D
ORATORIO DEL CROCIFISSO ★ _____EV E
S. IGNAZIO ★ _____EV L
S. GIOVANNI DECOLLATO ★ _____ER R
S. LUCA E S. MARTINA ★ _____EX S
S. MARIA IN COSMEDIN ★ _____EY Z
S. PIETRO IN VINCOLI ★ _____GX E
S. PRASSEDE ★ _____GVX F
SANTI APOSTOLI ★ _____EV B

PALAZZI E MUSEI

MUSEO NAZIONALE ROMANO ★★★ _____GU M15
MUSEO DEL PALAZZO
DEI CONSERVATORI ★★★ _____EX M5
PALAZZO NUOVO ★★★ :
MUSEO CAPITOLINO ★★ _____EX M6
PALAZZO SENATORIO ★★★ _____EX H
PALAZZO BARBERINI ★★ _____FU M16
PALAZZO DEL QUIRINALE ★★ _____EV
GALLERIA DEL PALAZZO COLONNA ★ _____EV M8
MUSEO DEL RISORGIMENTO ★ _____EX M9
PALAZZO E GALLERIA
DORIA PAMPHILI ★ _____EV M12
PALAZZO VENEZIA ★ _____EX M14

PASSEGGIATE

FONTANA DI TREVI ★★★ _____EV
PIAZZA DEL CAMPIDOGLIO ★★★ _____EX
MONUMENTO VITTORIO
EMANUELE : ≤ ★★ _____EX N
PIAZZA DEL QUIRINALE ★★ _____FV
PIAZZA DI SPAGNA ★★ _____EU
VIA VITTORIO VENETO ★★ _____FU
PIAZZA BOCCA DELLA VERITA ★ _____EY
PIAZZA COLONNA ★ _____EV
PIAZZA DI PORTA MAGGIORE ★ _____JX
PIAZZA VENEZIA ★ _____EX
PORTA PIA ★ _____HU

Amendola (Via Giov.) GV 3
Battisti (Via Cesare). EV 10
Calabria (Via). GU 12
Caravita (Via del) EV 15
Consolazione (V.) EX 25
Einaudi (Viale Luigi) GV 31
Lucchesi (Via dei) EV 44
Mazzarino (Via) FV 49
Petroselli (Via L.) EY 61
Quirinale (Via del) FV 71
Salandra (Via A.) EV 76
S. Maria in Via
(Via di) EV 80
S. Vincenzo (Via di). EV 85
Scienze (Via della). JV 87
Solferino (Via) HU 92
Stamperia (Via della). EV 94
Terme Diocleziano (V.) GV 95
Tulliano (Via) EX 98
Vittorio Emanuele
Orlando (Via). GU 100
Volturno (Via) GU 101
4 Novembre (Via) EV 104

Vedere indice toponomastico.
Roma p. 3, 4 e 5.

ELENCO ALFABETICO DEGLI ALBERGHI E RISTORANTI

A

Accademia 15
Agata e Romeo. 19
AgipHotel 21
Albani 2
Alberto Ciarla 20
Aldrovandi
    Palace Hotel 2
Ambasciatori Palace 17
Andrea. 19
Angelino 3 Gatti 22
Apuleius 20
Aranci (Degli) 2
Arcangelo 15
Ariston. 19
Atlante Garden 15
Atlante Star. 14

B

Benito (Da) 21
Bernini Bristol 17
Bersagliere-
    da Raffone (Al) 20
Bonne Nouvelle 19
Borgognoni (Dei) 14
Borromini 2
Britannia 18
Buca di Ripetta (La) 17
Buco (Il). 17
Buenos Aires. 2

C

Caminetto (Il) 14
Campana. 16
Camponeschi 15
Canada 18
Carlo Menta 21
Cavalieri Hilton 2
Cecilia Metella 22
Centro 19
Ceppo (Al). 14
Cesarina 19
Cesarino la Perla. 22
Charly's Saucière 20
Checchino dal 1887 20
Checco er Carettiere 21
Chianti (Al) 19
Clodio 2
Colline Emiliane 20
Colonna Palace. 14
Colosseum 18

Columbus 15
Commodore 18
Comparone (Er) 21
Condotti. 15
Congressi (Dei). 22
Convivio (Il). 16
Coriolano. 19
Corsetti il Galeone 20
Corsetti-Vecchia
    America vedere
    Vecchia America
    Corsetti
Cortile (Il) 20
Costanza 17
Crisciotti-al Boschetto . . . 20
Cuccagna (La) 21
Cul de Sac 2 20

D

Dante Taberna dei
    Gracchi 16
De la Ville
    Inter-Continental 14
Diana 18
D'Inghilterra 14
Dolce Vita-Luisa 22
Domus Aventina. 20
Drappo (Il) 16
Duca d'Alba 19
Due Ponti (Ai) 21

E

Eau Vive. 16
Eden. 14
Edera. 18
Edoardo. 19
Elettra 20
Eliseo 18
Elite (L') 21
Eurogarden 21
Evangelista 16
Excelsior 17

F - G

Falchetto (Il) 17
Farnese 15
Fenix 2
Fogher (Al) 14
Forum 17
Franco l'Abruzzese. 21
Gabriele. 22

Galeassi. . . . .
Galeone vedere
    Corsetti-il Galeone
Genova . . . .
Gerber . . . .
Giacobbe (Da) . . . .
Giardino (Il). . . . .
Giggetto (Da) . . . .
Giggetto er Pescatore . . .
Giovanni . . . .
Girarrosto Toscano . . . . .
Girone VI. . . . .
Giulio Cesare . . . .
Grand Hotel (Le). . . . .
Grappolo d'Oro. . . . .
Gregoriana . . . .

H

Harry's Bar . . . .
Hassler. . . . .
Hilton vedere Cavalieri
    Hilton
Holiday Inn-Eur
    Parco dei Medici. . . . . .
Holiday Inn-Minerva. . . . .
Holiday Inn-St. Peter's. . .
Hostaria Costa Balena . . .
Hostaria da Cesare. . . . . .
Hostaria da Vincenzo. . . .
Hotel la Giocca
    e Rist. L'Elite . . . .

I - J - K

Idea (L') . . . .
Imperiale . . . .
Inghilterra (D') vedere
    D'Inghilterra
Internazionale. . . . .
Jolly Hotel Midas . . . .
Jolly Leonardo
    da Vinci . . . .
Jolly Vittorio Veneto . . . .
King . . . .

L

Laurentia . . . .
Lime Light . . . .
Lloyd . . . .
Londra e Cargill . . . .
Lord Byron . . . .
Loreto . . . .

adrid 15
aielletta (La) 21
ajestic 17
angrovia 19
arcella 18
argutta 15
ario (Da) 16
ario's Hostaria 19
assimo D'Azeglio 18
atriciano (II) 17
edici 19
editerraneo 18
no 19
ontevecchio 16
oro (Al) 16

- O

poleon 18
zionale 15
zioni (Delle) 14
rd-Nuova Roma 19
raghe Sardo 14
ympic 15
so 80 (L') 16
teria del
3 Giugno (L') 14

ama 2
ncrazio (Da) 16
is 21
starellaro 21
rizia e Roberto del
Pianeta Terra 15
opone 19
istilio (II) 2
cola Roma 16

Pisana Palace 22
Plaza 14
Polo 2
Pompiere (Al) 16
Pullman Boston 18

Q - R

Quinzi Gabrieli 16
Quirinale 17
Ranieri 16
Regency 18
Regina Baglioni 17
Relais la Piscine 2
Relais le Jardin 2
Residenza (La) 18
Rinaldo
all' Acquedotto 22
Rivoli 2
Rosetta 16

S

Sabatini 21
Sabatini a Santa Maria
in Trastevere 21
Sacrestia (La) 16
Salanova (Al) 17
San Luigi 16
Sans Souci 19
Sant'Anna 15
Santa Chiara 15
Santa
Costanza 2
Sant'Anselmo 20
Scala (La) 14
Senato 15
Severino (Da) 20
Shangri Là-Corsetti ... 22
Sheraton 22
Siviglia 18
Soffitta (La) 20

Sole al Phanteon (Del) ... 15
Squalo Bianco (Lo) 16
Starhotel Metropole 17
Streghe (Le) 17

T - U

Taverna (La) 20
Taverna Giulia 16
Taverna Trilussa 21
Tavernetta (La) 17
Teatro di Pompeo 15
Tempio di Bacco 20
Tentativo 20
Tocco (Al) 16
Torre Argentina (Della) .. 15
Toscani (Dai) 19
Toulà (El) 15
Trattoria del Pantheon ... 16
13 da Checco 21
34 (Al) 16
Tritone (Hotel) 15
Tritone (Rist.) 17
Tullio 20
Turner 18
Universo 18

V

Valadier 14
Valle 19
Vecchia America-
Corsetti 22
Vecchia Roma 16
Venezia 18
Victoria 18
Villa del Parco 2
Villa Florence 2
Villa Pamphili 21
Villa San Pio 20
Visconti Palace 14
Vittorie (Delle) 14

ROME

Le Guide Vert Michelin
Édition française

29 promenades dans la Ville Éternelle :

les sites les plus prestigieux,
les quartiers chargés de 30 siècles d'histoire,
les trésors d'art des musées.

XX **Al Fogher,** via Tevere 13/b ⊠ 00198 ℰ 8417032, Rist. tipico con specialità venete –
ﾒﾓ ⓞ. ℀ GT
chiuso sabato a mezzogiorno, domenica ed agosto – Pas carta 57/86000.

XX **Al Ceppo,** via Panama 2 ⊠ 00198 ℰ 8419696 – ﾒﾓ 🗗 ⓞ ⴹ 𝘝𝘐𝘚𝘈 GT
chiuso lunedì e dall'8 al 30 agosto – Pas carta 46/83000.

XX Giggetto er Pescatore, via Antonio Sant'Elia 13 ⊠ 00197, 🛱 – ❷ ET

XX **Il Caminetto,** viale dei Parioli 89 ⊠ 00197 ℰ 8083946, 🛱 – ▤. ﾒﾓ 🗗 ⓞ ⴹ 𝘝𝘐𝘚𝘈. ℀
chiuso giovedì e dal 10 al 23 agosto – Pas carta 44/63000. ET

XX **L'Osteria del 13 Giugno,** via Agri ang. via Chiana ⊠ 00198 ℰ 8441857, 🛱 – ﾒﾓ 🗗
ⴹ 𝘝𝘐𝘚𝘈 HT
chiuso lunedì – Pas carta 34/68000.

X **Delle Vittorie,** via Monte Santo 62/64 ⊠ 00195 ℰ 386847 – ﾒﾓ 🗗 ⓞ ⴹ 𝘝𝘐𝘚𝘈. ℀BT
chiuso domenica, dal 23 dicembre al 3 gennaio e dal 1° al 20 agosto – Pas carta 40/620

X **La Scala,** viale dei Parioli 79/d ⊠ 00197 ℰ 8083978, 🛱 – ▤. ﾒﾓ 🗗 ⓞ ⴹ 𝘝𝘐𝘚𝘈. ℀
chiuso mercoledì e dal 4 al 25 agosto – Pas carta 37/51000. ET

X **Nuraghe Sardo,** viale Medaglie d'Oro 50 ⊠ 00136 ℰ 382485, Rist. con specialità sar
e di mare – ▤. ﾒﾓ ⓞ. ℀ Roma p. 4 LR
chiuso mercoledì, dal 23 al 31 dicembre, dal 16 al 22 aprile ed agosto – Pas carta 33/560

Zona centro ovest – San Pietro (Città del Vaticano), Gianicolo, corso Vittorio Emanue
piazza Venezia, Pantheon e Quirinale, Pincio e Villa Medici, piazza di Spagna, Palatino e F
(Pianta : Roma p. 8 e 9, salvo indicazioni speciali) :

🏨🏨🏨 **Hassler,** piazza Trinità dei Monti 6 ⊠ 00187 ℰ 6792651, Telex 610208, Fax 6789991,
città dal rist. roof-garden – ⷜ ▤ 🆃🆅 ☎ – ⷬ 70. ﾒﾓ 🗗 ⴹ 𝘝𝘐𝘚𝘈. ℀ EU
Pas *(chiuso domenica sera)* carta 96/151000 – ⌚ 40000 – **100 cam** 400/600000, 15 app
tamenti.

🏨🏨 Eden, via Ludovisi 49 ⊠ 00187 ℰ 4743551, Telex 610567, Fax 4821584, « Rist. ro
garden con ≤ città » – ⷜ ▤ 🆃🆅 ☎ – ⷬ 50 a 100. EU
119 cam.

🏨🏨 **Holiday Inn Minerva,** piazza della Minerva 69 ⊠ 00186 ℰ 6841888, Telex 6200
Fax 6794165 – ⷜ ↹ cam ▤ 🆃🆅 ☎ ⴺ – ⷬ 80. ﾒﾓ 🗗 ⓞ ⴹ 𝘝𝘐𝘚𝘈 DV
Pas carta 85/136000 – ⌚ 27000 – **133 cam** 365/520000, 3 appartamenti.

🏨🏨 De la Ville Inter-Continental, via Sistina 69 ⊠ 00187 ℰ 67331, Telex 620836, Fax 67842
– ⷜ ▤ 🆃🆅 ☎ – ⷬ 40 a 120. EU
193 cam.

🏨🏨 **D'Inghilterra,** via Bocca di Leone 14 ⊠ 00187 ℰ 672161, Telex 614552, Fax 68408
« Antica foresteria con arredamento d'epoca » – ⷜ ▤ 🆃🆅 ☎. ﾒﾓ 🗗 ⓞ ⴹ 𝘝𝘐𝘚𝘈. ℀
Pas (solo per clienti alloggiati) carta 66/102000 – ⌚ 23000 – **97 cam** 311/4360
20 appartamenti. EU

🏨🏨 **Jolly Leonardo da Vinci,** via dei Gracchi 324 ⊠ 00192 ℰ 32499, Telex 6111
Fax 3610138 – ⷜ ↹ cam ▤ 🆃🆅 ☎ ⴺ – ⷬ 30 a 220. ﾒﾓ 🗗 ⓞ ⴹ 𝘝𝘐𝘚𝘈. ℀ rist CU
Pas 60/80000 – **256 cam** ⌚ 270/380000 – ½ P 314000.

🏨🏨 **Dei Borgognoni** senza rist, via del Bufalo 126 ⊠ 00187 ℰ 6780041, Telex 6230
Fax 6841501 – ⷜ ▤ 🆃🆅 ☎ ⴺ – ⷬ 25 a 70. ﾒﾓ 🗗 ⓞ ⴹ 𝘝𝘐𝘚𝘈. ℀ EUV
50 cam ⌚ 330/390000, appartamento.

🏨🏨 **Visconti Palace** senza rist, via Cesi 37 ⊠ 00193 ℰ 3684, Telex 622489, Fax 3200551 –
▤ 🆃🆅 ☎ ⴺ ⴺ – ⷬ 25 a 150. ﾒﾓ 🗗 ⓞ ⴹ 𝘝𝘐𝘚𝘈. ℀ CU
247 cam ⌚ 260/360000, 13 appartamenti.

🏨🏨 **Plaza,** via del Corso 126 ⊠ 00186 ℰ 672101, Telex 624669, Fax 6841575 – ⷜ ▤ 🆃🆅 ☎
ⴺ 60. ﾒﾓ 🗗 ⓞ ⴹ 𝘝𝘐𝘚𝘈 DU
Pas carta 63/100000 – ⌚ 18000 – **207 cam** 260/339000, 5 appartamenti.

🏨🏨 **Atlante Star,** via Vitelleschi 34 ⊠ 00193 ℰ 6873233, Telex 622355, Fax 6872300, « R
roof-garden e servizio estivo in terrazza con ≤ Basilica di San Pietro » – ⷜ ▤ 🆃🆅 ☎ ⴺ
– ⷬ 50. ﾒﾓ 🗗 ⓞ ⴹ 𝘝𝘐𝘚𝘈. ℀ rist BU
Pas al **Rist. Les Etoiles** carta 90/120000 – **61 cam** ⌚ 412/430000, 3 appartamenti – ½ P 1
260000.

🏨🏨 **Valadier** senza rist, via della Fontanella 15 ⊠ 00187 ℰ 3611998, Telex 6208
Fax 3201558 – ⷜ ▤ 🆃🆅 ☎ – ⷬ 35. ﾒﾓ 🗗 ⓞ ⴹ 𝘝𝘐𝘚𝘈 DU
38 cam ⌚ 270/405000.

🏨🏨 **Delle Nazioni** senza rist, via Poli 7 ⊠ 00187 ℰ 6792441, Telex 614193, Fax 6782400 –
▤ 🆃🆅 ☎. ﾒﾓ 🗗 ⓞ ⴹ 𝘝𝘐𝘚𝘈. ℀ EV
81 cam ⌚ 305/385000, 4 appartamenti.

🏨🏨 **Colonna Palace** senza rist, piazza Montecitorio 12 ⊠ 00186 ℰ 6781341, Telex 6214
Fax 6794496 – ⷜ ▤ 🆃🆅 ☎ ﾒﾓ 🗗 ⓞ ⴹ 𝘝𝘐𝘚𝘈. ℀ EV
105 cam ⌚ 355/490000, appartamento.

🏨🏨 **Giulio Cesare** senza rist, via degli Scipioni 287 ⊠ 00192 ℰ 3210751, Telex 6130
Fax 3211736, 🛱 – ⷜ ▤ 🆃🆅 ☎ ❷ – ⷬ 40. ﾒﾓ 🗗 ⓞ ⴹ 𝘝𝘐𝘚𝘈. ℀ CU
90 cam ⌚ 280/380000.

Farnese senza rist, via Alessandro Farnese 30 ⊠ 00192 ℰ 3212553, Fax 3215129 – 🛦 ⬛
📺 ☎ 🅿, Ⅲ 🗓 ⓪ 🧲 VISA. ℅   CU **w**
22 cam ⊑ 260/360000.

Nazionale senza rist, piazza Montecitorio 131 ⊠ 00186 ℰ 6789251, Telex 621427,
Fax 6786677, 🚋 – 🛦 ⬛ 📺 ☎. ⅢⅠ 🗓 ⓪ 🧲 VISA   DV **t**
86 cam ⊑ 260/390000, 10 appartamenti.

Del Sole al Pantheon senza rist, piazza della Rotonda 63 ⊠ 00186 ℰ 6780441,
Fax 6840689, « Edificio quattrocentesco ristrutturato » – 🛦 ⬛ 📺 ☎. ⅢⅠ 🗓 ⓪ 🧲 VISA. ℅
26 cam ⊑ 320/400000.   DV **u**

Santa Chiara senza rist, via Santa Chiara 21 ⊠ 00186 ℰ 6540142, Fax 6873144 – 🛦 ⬛
📺 ☎ – 🔬 40. ⅢⅠ 🗓 ⓪ 🧲 VISA. ℅
83 cam ⊑ 195/275000, 3 appartamenti.

Internazionale senza rist, via Sistina 79 ⊠ 00187 ℰ 6841823, Telex 614333,
Fax 6784764 – 🛦 ⬛ 📺 ☎. ⅢⅠ 🗓 🧲 VISA. ℅   EU **k**
42 cam ⊑ 180/240000, 2 appartamenti.

Arcangelo senza rist, via Boezio 15 ⊠ 00192 ℰ 6896459, Fax 6893050 – 🛦 ⬛ 📺 ☎. ⅢⅠ
🗓 ⓪ 🧲 VISA. ℅ – **33 cam** ⊑ 160/240000.   BU **e**

Della Torre Argentina senza rist, corso Vittorio Emanuele 102 ⊠ 00186 ℰ 6833886,
Telex 623281, Fax 6541641 – 🛦 ⬛ 📺 ☎. ⅢⅠ 🗓 ⓪ 🧲 VISA. ℅   DX **e**
32 cam ⊑ 165/230000.

Tritone senza rist, via del Tritone 210 ⊠ 00187 ℰ 6782624, Telex 614254 – 🛦 ⬛ 📺 ☎.
ⅢⅠ 🗓 ⓪ 🧲 VISA   EV **n**
43 cam ⊑ 180/220000.

Olympic senza rist, via Properzio 2/a ⊠ 00193 ℰ 6896650, Telex 623368, Fax 6548255 –
🛦 ⬛ 📺 ☎. ⅢⅠ 🗓 ⓪ 🧲 VISA. ℅   BU **w**
52 cam ⊑ 165/220000.

Gerber senza rist, via degli Scipioni 241 ⊠ 00192 ℰ 3216485, Fax 3217048 – 🛦 📺 ☎. ⅢⅠ
🗓 ⓪ 🧲 VISA. ℅   BU **s**
27 cam ⊑ 132/180000.

Columbus, via della Conciliazione 33 ⊠ 00193 ℰ 6865435, Telex 620096, Fax 6864874,
« Decorazioni d'epoca in una costruzione cinquecentesca », 🚣 – 🛦 ⬛ 📺 ☎ 🅿 –
🔬 30 a 200. ⅢⅠ 🗓 ⓪ 🧲 VISA. ℅ rist   BV **m**
Pas carta 58/80000 – **105 cam** ⊑ 185/245000 – ½ P 170/280000.

Sant'Anna senza rist, borgo Pio 134 ⊠ 00193 ℰ 6541602, Fax 68308717 – ⬛ 📺 ☎. ⅢⅠ
🗓 ⓪ 🧲 VISA – **20 cam** ⊑ 165/230000.   BU **h**

Accademia senza rist, piazza Accademia di San Luca 75 ⊠ 00187 ℰ 6786705,
Fax 6785897 – 🛦 ⬛ 📺 ☎. ⅢⅠ 🗓 ⓪ 🧲 VISA. ℅   EV **k**
58 cam ⊑ 180/230000.

Madrid senza rist, via Mario de' Fiori 95 ⊠ 00187 ℰ 6991511, Fax 6791653 – 🛦 ⬛ 📺 ☎.
ⅢⅠ ⓪ 🧲 VISA. ℅   EU **q**
26 cam ⊑ 220000, 7 appartamenti.

Condotti senza rist, via Mario de' Fiori 37 ⊠ 00187 ℰ 6794661, Fax 6790484 – 🛦 ⬛ 📺
☎. ⅢⅠ 🗓 🧲 VISA. ℅   EU **x**
16 cam ⊑ 180/230000.

Teatro di Pompeo senza rist, largo del Pallaro 8 ⊠ 00186 ℰ 6872812, Fax 6545531,
« Volte del Teatro di Pompeo » – 🛦 ⬛ 📺 ☎ – 🔬 30. ⅢⅠ 🗓 ⓪ 🧲 VISA. ℅   DX **k**
12 cam ⊑ 210000.

Gregoriana senza rist, via Gregoriana 18 ⊠ 00187 ℰ 6794269, Fax 6784258 – 🛦 ⬛ 📺 ☎
– **19 cam** ⊑ 160/220000.   EU **t**

Senato senza rist, piazza della Rotonda 73 ⊠ 00186 ℰ 6793231, Fax 6840297, ≼ Pan-
theon – 🛦 ⬛ 📺 ☎. ⅢⅠ ⓪ VISA. ℅   DV **y**
51 cam ⊑ 145/200000, ⬛ 22000.

Margutta senza rist, via Laurina 34 ⊠ 00187 ℰ 3223674 – 🛦 ☎. ⅢⅠ 🗓 ⓪ 🧲 VISA. ℅
21 cam ⊑ 122000.   DU **t**

XX **El Toulà,** via della Lupa 29/b ⊠ 00186 ℰ 6873498, Fax 6871115, Rist. elegante, prenotare – ⬛. ⅢⅠ 🗓 ⓪ 🧲 VISA. ℅   DU **e**
chiuso sabato a mezzogiorno, domenica, dal 24 al 26 dicembre ed agosto – Pas carta 73/
103000 (15 %).

XX ⊛ **Patrizia e Roberto del Pianeta Terra,** via Dell'Arco del Monte 95 (via Dei Pettinari)
⊠ 00186 ℰ 6869893, Coperti limitati; prenotare – ⬛. ⅢⅠ 🗓 ⓪ 🧲 VISA   CX **c**
chiuso a mezzogiorno, lunedì ed agosto – Pas carta 100/150000 (10 %)
Spec. Zuppetta agli ortaggi zafferano e scampi, Rotolo di coniglio e agnello in salsa di aceto balsamico, Faraona e
gamberi in salsa di scampi. **Vini** Fontarca, Monsecco.

XX **Camponeschi,** piazza Farnese 50 ⊠ 00186 ℰ 6874927, Fax 6865244, prenotare, « Servizio estivo con ≼ palazzo Farnese » – ⬛. ⅢⅠ 🗓 ⓪ 🧲 VISA. ℅   CX **a**
chiuso a mezzogiorno, domenica e dal 13 al 22 agosto – Pas carta 67/100000 (13 %).

XX ✧ **Quinzi Gabrieli,** via delle Coppelle 6 ⊠ 00186 ℰ 6879389, Solo piatti di pesce, Cope
limitati; prenotare – ÆE ⓸ Ⓥ. ✼   DV
chiuso a mezzogiorno, domenica ed agosto – Pas carta 110/155000
Spec. Carpaccio di pesce, Spaghetti con crostacei, Pesce al sale. **Vini** Riesling.

XX ✧ **Rosetta,** via della Rosetta 9 ⊠ 00187 ℰ 6861002, Fax 6872852, Specialità di mar
prenotare – ☰. ÆE ⓸ Ⓥ͞ⓈA   DV
chiuso domenica ed agosto – Pas carta 71/109000
Spec. Insalata di merluzzo con pomodorini, Linguine ai fiori di zucca scampi e pecorino romano, Brodetto di scorfa
Vini Chardonnay, Freisa.

XX **Vecchia Roma,** piazza Campitelli 18 ⊠ 00186 ℰ 6864604, 🏦, Rist. tipico con specia
tà romane e di mare – ☰. ÆE ⓸   DX
chiuso mercoledì e dal 10 al 25 agosto – Pas carta 47/77000 (12%).

XX **Ranieri,** via Mario de' Fiori 26 ⊠ 00187 ℰ 6786505, Coperti limitati; prenotare – ☰.
🅱 ⓸ Ⓔ Ⓥ͞ⓈA   EU
chiuso domenica – Pas carta 49/91000.

XX **Il Convivio,** via dell'Orso 44 ⊠ 00186 ℰ 6869432, Coperti limitati; prenotare – ÆE 🅱 (
Ⓔ Ⓥ͞ⓈA. ✼   DV
chiuso domenica – Pas carta 60/92000 (10%).

XX **San Luigi,** via Mocenigo 10 ⊠ 00192 ℰ 39720704, Coperti limitati; prenotare – ☰. ÆE
Ⓥ͞ⓈA. ✼   AU
chiuso domenica ed agosto – Pas carta 53/82000.

XX **Lo Squalo Bianco,** via Federico Cesi 36 ⊠ 00193 ℰ 3214700, Rist. con specialità
mare, prenotare – ☰. ÆE 🅱 ⓸ Ⓔ Ⓥ͞ⓈA. ✼   CU
chiuso domenica ed agosto – Pas carta 50/80000.

XX **Piccola Roma,** via Uffici del Vicario 36 ⊠ 00186 ℰ 6798606 – ☰. ÆE ⓸. ✼   DV
chiuso domenica ed agosto – Pas carta 36/51000.

XX **Eau Vive,** via Monterone 85 ⊠ 00186 ℰ 6541095, Missionarie cattoliche-cucina inte
nazionale, prenotare la sera, « Edificio cinquecentesco » – ☰. ÆE 🅱 Ⓔ Ⓥ͞ⓈA. ✼   DV
chiuso domenica e dal 10 al 20 agosto – Pas carta 39/69000.

XX Dante Taberna dei Gracchi, via dei Gracchi 266 ⊠ 00192 ℰ 3213126, Fax 3221976 – ☰
🍴 40.   CU

XX **Taverna Giulia,** vicolo dell'Oro 23 ⊠ 00186 ℰ 6869768, Rist. con specialità ligu
prenotare la sera – ☰. ÆE 🅱 ⓸ Ⓔ Ⓥ͞ⓈA. ✼   BV
chiuso domenica ed agosto – Pas carta 60/70000 (15%).

XX **Il Drappo,** vicolo del Malpasso 9 ⊠ 00186 ℰ 6877365, 🏦, Rist. con specialità sard
prenotare – ☰. ÆE   CV
chiuso a mezzogiorno, domenica ed agosto – Pas (menu suggeriti dal proprietar
70000 bc.

XX **Da Pancrazio,** piazza del Biscione 92 ⊠ 00186 ℰ 6861246, Fax 6861246, « Taver
ricostruita sui ruderi del Teatro di Pompeo » – ⇔. ÆE 🅱 ⓸ Ⓔ Ⓥ͞ⓈA. ✼   CDX
chiuso mercoledì, dal 9 al 16 gennaio e dal 10 al 20 agosto – Pas carta 41/71000.

XX **Al Tocco,** via San Pancrazio 1 ⊠ 00152 ℰ 5815274, Rist. con cucina toscana tradiziona
– ☰   BY

XX **Da Mario,** via della Vite 55 ⊠ 00187 ℰ 6783818, Rist. con specialità toscane – ☰. ÆE
⓸ Ⓔ Ⓥ͞ⓈA. ✼   EU
chiuso domenica ed agosto – Pas carta 32/49000.

XX Al 34, via Mario dè Fiori 34 ⊠ 00187 ℰ 6795091 – ☰   EU

XX Montevecchio, piazza di Montevecchio 22 ⊠ 00186 ℰ 6861319, 🏦, Coperti limita
prenotare   CV

XX **Campana,** vicolo della Campana 18 ⊠ 00186 ℰ 6875273, Trattoria d'habitués – ☰
✼   DUV
chiuso lunedì ed agosto – Pas carta 45/55000.

XX Al Pompiere, via Santa Maria dei Calderari 38 ⊠ 00186 ℰ 6868377   DX

XX **Trattoria del Pantheon,** via del Pantheon 55 ⊠ 00186 ℰ 6792788 – ☰. ÆE ⓸
✼   DV
chiuso domenica e dal 15 al 31 agosto – Pas carta 43/63000.

X **Hostaria da Cesare,** via Crescenzio 13 ⊠ 00193 ℰ 6861227, Trattoria-pizzeria c
specialità di mare – ☰. ÆE 🅱 ⓸ Ⓔ Ⓥ͞ⓈA. ✼   CU
chiuso domenica sera, lunedì, Natale, Pasqua ed agosto – Pas carta 45/63000.

X **L'Orso 80,** via dell'Orso 33 ⊠ 00186 ℰ 6864904 – ☰. ÆE 🅱 ⓸ Ⓔ Ⓥ͞ⓈA. ✼   CDV
chiuso lunedì e dal 2 al 28 agosto – Pas carta 45/73000.

X **Al Moro,** vicolo delle Bollette 13 ⊠ 00187 ℰ 6783495, Trattoria romana, prenotare –
✼   EV
chiuso domenica ed agosto – Pas carta 58/100000.

X **Evangelista,** via delle Zoccolette 11/a ⊠ 00186 ℰ 6875810, Coperti limitati; prenota
– ☰. Ⓥ͞ⓈA   DX
chiuso a mezzogiorno, domenica ed agosto – Pas carta 40/65000 (12%).

Girone VI, vicolo Sinibaldi 2 ⌧ 00186 ℘ 6542831, Coperti limitati; prenotare – ⒶⒺ 🅱 ⓞ
Ⓔ 𝐕𝐈𝐒𝐀   DV z
chiuso a mezzogiorno, domenica e dal 14 dicembre all'8 gennaio – Pas carta 47/77000.

Il Buco, via Sant'Ignazio 8 ⌧ 00186 ℘ 6793298, Rist. con specialità toscane – ▤. ⒶⒺ 🅱
ⓞ Ⓔ 𝐕𝐈𝐒𝐀.   DV b
chiuso lunedì e dal 15 al 31 agosto – Pas carta 40/50000.

Al Salanova, via Florida 23 ⌧ 00186 ℘ 6864298 – ⒶⒺ ⓞ 𝐕𝐈𝐒𝐀.   DX v
chiuso lunedì e dal 4 al 20 gennaio – Pas carta 35/55000 (15%).

Le Streghe, vicolo del Curato 13 ⌧ 00186 ℘ 6861381, prenotare la sera – ⒶⒺ 🅱 Ⓔ 𝐕𝐈𝐒𝐀
chiuso domenica ed agosto – Pas carta 59/91000.   CV a

Tritone, via dei Maroniti 1 ⌧ 00187 ℘ 6798181 – ⒶⒺ 🅱 Ⓔ 𝐕𝐈𝐒𝐀   EUV u
chiuso sabato, dal 5 al 15 febbraio e dal 10 al 20 agosto – Pas carta 44/59000 (10%).

Costanza, piazza del Paradiso 63/65 ⌧ 00186 ℘ 6861717, « Resti del Teatro di Pompeo » – ⒶⒺ ⓞ.   DX k
chiuso domenica ed agosto – Pas carta 50/60000.

Il Giardino, via Zucchelli 29 ⌧ 00187 ℘ 4885202, 🏠 – ⒶⒺ 🅱 ⓞ Ⓔ 𝐕𝐈𝐒𝐀.   EU d
chiuso lunedì ed agosto – Pas carta 31/54000.

La Tavernetta, via del Nazareno 3/4 ⌧ 00187 ℘ 6793124 – ▤. ⒶⒺ 🅱 ⓞ Ⓔ 𝐕𝐈𝐒𝐀.
chiuso lunedì ed agosto – Pas carta 32/49000 (12%).   EU z

Da Giggetto, via del Portico d'Ottavia 21/a ⌧ 00186 ℘ 6861105, 🏠, Trattoria tipica con
specialità romane   DX n

Il Falchetto, via dei Montecatini 12/14 ⌧ 00186 ℘ 6791160, Trattoria rustica – ⒶⒺ 🅱 ⓞ
Ⓔ 𝐕𝐈𝐒𝐀   EV f
chiuso venerdì e dal 5 al 20 agosto – Pas carta 36/53000.

La Buca di Ripetta, via di Ripetta 36 ⌧ 00186 ℘ 3219391, Trattoria d'habitués – ▤.
chiuso domenica sera, lunedì ed agosto – Pas carta 35/55000.   DU x

Il Matriciano, via dei Gracchi 55 ⌧ 00192 ℘ 3212327, 🏠, Rist. d'habitués – ⒶⒺ 🅱 ⓞ
𝐕𝐈𝐒𝐀   BU a
chiuso agosto, mercoledì da ottobre al 15 giugno e sabato negli altri mesi – Pas carta 46/
64000.

Zona centro est via Vittorio Veneto, via Nazionale, Viminale, Santa Maria Maggiore,
Colosseo, Porta Pia, via Nomentana, Stazione Termini, Porta San Giovanni (Pianta : Roma p.
10 e 11, salvo indicazioni speciali) :

🏨 **Excelsior,** via Vittorio Veneto 125 ⌧ 00187 ℘ 4708, Telex 610232, Fax 4826205 – 🛗 ▤
📺 ☎ – 🛐 25 a 600. ⒶⒺ 🅱 ⓞ Ⓔ 𝐕𝐈𝐒𝐀.   FU b
Pas carta 85/124000 – 🖃 29000 – **327 cam** 381/584000, 45 appartamenti.

🏨 **Le Grand Hotel,** via Vittorio Emanuele Orlando 3 ⌧ 00185 ℘ 4709, Telex 610210,
Fax 4747307 – 🛗 ▤ 📺 ☎ – 🛐 25 a 500 – **168 cam.**   GU t

🏨 **Majestic,** via Vittorio Veneto 50 ⌧ 00187 ℘ 486841, Telex 622262, Fax 4880984 – 🛗 ▤
📺 ☎ 🚿 – 🛐 150. ⒶⒺ 🅱 ⓞ Ⓔ 𝐕𝐈𝐒𝐀.   FU f
Pas carta 105/155000 – **95 cam** 🖃 400/540000, 7 appartamenti.

🏨 **Bernini Bristol,** piazza Barberini 23 ⌧ 00187 ℘ 4883051, Telex 610554, Fax 4824266 –
🛗 📶 cam ▤ 📺 ☎ – 🛐 40 a 120. ⒶⒺ 🅱 ⓞ Ⓔ 𝐕𝐈𝐒𝐀. rist   FU m
Pas carta 66/110000 – 🖃 22000 – **124 cam** 340/470000, 14 appartamenti.

🏨 **Quirinale,** via Nazionale 7 ⌧ 00184 ℘ 4707, Telex 610332, Fax 4820099, « Servizio rist.
estivo in giardino » – 🛗 ▤ 📺 ☎ 🚿 – 🛐 25 a 250. ⒶⒺ 🅱 ⓞ Ⓔ 𝐕𝐈𝐒𝐀. rist   GV x
Pas 55000 – **186 cam** 🖃 265/350000, 3 appartamenti – ½ P 230000.

🏨 **Jolly Vittorio Veneto,** corso d'Italia 1 ⌧ 00198 ℘ 8495, Telex 612293, Fax 8841104 – 🛗
📶 cam ▤ 📺 ☎ 🚗 – 🛐 35 a 450. ⒶⒺ 🅱 ⓞ Ⓔ 𝐕𝐈𝐒𝐀. rist   FU k
Pas carta 65/93000 – **200 cam** 🖃 270/405000 – ½ P 230/325000.

🏨 **Regina Baglioni,** via Vittorio Veneto 72 ⌧ 00187 ℘ 476851, Telex 620863, Fax 485483 –
🛗 📶 cam ▤ 📺 ☎ – 🛐 60. ⒶⒺ 🅱 ⓞ Ⓔ 𝐕𝐈𝐒𝐀.   FU e
Pas carta 65/100000 – **130 cam** 🖃 350/490000, 7 appartamenti – ½ P 325/410000.

🏨 **Ambasciatori Palace,** via Vittorio Veneto 70 ⌧ 00187 ℘ 47493, Telex 610241,
Fax 4743601, 🔭 – 🛗 ▤ 📺 ☎ 🚿 – 🛐 50 a 200. ⒶⒺ 🅱 ⓞ Ⓔ 𝐕𝐈𝐒𝐀. rist   FU e
Pas al Rist. **Grill Bar ABC** carta 73/120000 – **149 cam** 🖃 330/460000, 11 appartamenti.

🏨 Starhotel Metropole, via Principe Amedeo 3 ⌧ 00185 ℘ 4774, Telex 611061,
Fax 4740413 – 🛗 ▤ 📺 ☎ 🚿 🚗 – 🛐 200 – **268 cam.**   GV e

🏨 Imperiale, via Vittorio Veneto 24 ⌧ 00187 ℘ 4826351, Telex 621071, Fax 4826351 – 🛗 ▤
📺 ☎ – **73 cam.**   FU n

🏨 **Forum,** via Tor de' Conti 25 ⌧ 00184 ℘ 6792446, Telex 622549, Fax 6786479, « Rist.
roof-garden con ≤ Fori Imperiali » – 🛗 ▤ 📺 ☎ 🚗 – 🛐 100. ⒶⒺ 🅱 ⓞ Ⓔ 𝐕𝐈𝐒𝐀.
                                                                FX t
Pas *(chiuso domenica)* carta 78/142000 – **81 cam** 🖃 335/495000, 6 appartamenti.

Victoria, via Campania 41 ⊠ 00187 ℰ 473931, Telex 610212, Fax 4871890 – ▮ ▤ 📺
ᴀᴇ ᴮ Ⓞ ᴇ 𝘝𝘐𝘚𝘈. ⅍ rist FU
Pas 40000 – **110 cam** � 220/320000 – ½ P 260000.

Londra e Cargill, piazza Sallustio 18 ⊠ 00187 ℰ 473871, Telex 622227, Fax 474667
▮ ▤ 📺 ☎ 🚗 – 🔏 25 a 200. ᴀᴇ ᴮ Ⓞ ᴇ 𝘝𝘐𝘚𝘈. ⅍ GU
Pas *(chiuso agosto)* carta 51/69000 – **105 cam** ⊂ 290/380000 – ½ P 245/345000.

Genova senza rist, via Cavour 33 ⊠ 00184 ℰ 476951, Telex 621599, Fax 4827580 – ▮
📺 ☎ ᴀᴇ ᴮ Ⓞ ᴇ 𝘝𝘐𝘚𝘈. ⅍ GV
91 cam ⊂ 220/346000.

Mediterraneo, via Cavour 15 ⊠ 00184 ℰ 4884051, Fax 4744105 – ▮ ▤ 📺 ☎
🔏 25 a 90. ᴀᴇ ᴮ Ⓞ ᴇ 𝘝𝘐𝘚𝘈. ⅍ GV
Pas *(chiuso sabato)* 47000 – **268 cam** ⊂ 267/365000, 10 appartamenti.

Pullman Boston, via Lombardia 47 ⊠ 00187 ℰ 473951, Telex 622247, Fax 4821019 – ▮
📺 ☎ – 🔏 25 a 90. FU
125 cam.

Napoleon, piazza Vittorio Emanuele 105 ⊠ 00185 ℰ 4467264, Telex 6110
Fax 4467282 – ▮ ▤ 📺 ☎ – 🔏 25 a 60. ᴀᴇ ᴮ Ⓞ ᴇ 𝘝𝘐𝘚𝘈. ⅍ HX
Pas *(solo per clienti alloggiati e chiuso a mezzogiorno)* carta 36/54000 – **80 cam** ⊂ 1
290000 – ½ P 175/220000.

La Residenza senza rist, via Emilia 22 ⊠ 00187 ℰ 4880789, Fax 485721 – ▮ ▤ 📺
ᴇ 𝘝𝘐𝘚𝘈. ⅍ FU
27 cam ⊂ 120/230000.

Massimo D'Azeglio, via Cavour 18 ⊠ 00184 ℰ 4870270, Telex 610556, Fax 482738
▮ ▤ 📺 ☎ – 🔏 200. ᴀᴇ ᴮ Ⓞ ᴇ 𝘝𝘐𝘚𝘈. ⅍ GV
Pas *(chiuso domenica)* 47000 – **210 cam** ⊂ 230/315000.

Eliseo senza rist, via di Porta Pinciana 30 ⊠ 00187 ℰ 4870456, Telex 6106
Fax 4819629 – ▮ ▤ 📺 ☎ – 🔏 50. ᴀᴇ ᴮ Ⓞ ᴇ 𝘝𝘐𝘚𝘈. ⅍ FU
58 cam ⊂ 250/380000, 7 appartamenti.

Universo, via Principe Amedeo 5 ⊠ 00185 ℰ 476811, Telex 610342, Fax 4745125 – ▮
📺 ☎ 🔏 – 🔏 25 a 300. GV
199 cam.

Britannia senza rist, via Napoli 64 ⊠ 00184 ℰ 4883153, Telex 611292, Fax 4882343
▤ 📺 ☎ 🅿. ᴀᴇ ᴮ Ⓞ ᴇ 𝘝𝘐𝘚𝘈 GV
32 cam ⊂ 250000.

Commodore senza rist, via Torino 1 ⊠ 00184 ℰ 485656, Telex 612170, Fax 4747562
▤ 📺 ☎ ᴀᴇ ᴮ Ⓞ ᴇ 𝘝𝘐𝘚𝘈. ⅍ GV
⊂ 30000 – **60 cam** 210/320000.

Canada senza rist, via Vicenza 58 ⊠ 00185 ℰ 4457770, Telex 613037, Fax 4450749
▤ 📺 ☎ ᴀᴇ ᴮ Ⓞ ᴇ 𝘝𝘐𝘚𝘈. ⅍ HU
74 cam ⊂ 135/184000.

Marcella senza rist, via Flavia 106 ⊠ 00187 ℰ 4746451, Telex 621351, Fax 4815832
▤ 📺 ☎ ᴀᴇ ᴮ Ⓞ ᴇ 𝘝𝘐𝘚𝘈. ⅍ GU
68 cam ⊂ 170/250000.

Regency senza rist, via Romagna 42 ⊠ 00187 ℰ 4819281, Telex 622321, Fax 474685
▮ ▤ 📺 ☎. ᴀᴇ ᴮ Ⓞ ᴇ 𝘝𝘐𝘚𝘈. ⅍ GU
51 cam ⊂ 220/330000.

Venezia senza rist, via Varese 18 ⊠ 00185 ℰ 4457101, Telex 616038, Fax 4457687 – ▮
📺 ☎ ᴀᴇ ᴮ Ⓞ ᴇ 𝘝𝘐𝘚𝘈. ⅍ HU
61 cam ⊂ 145/200000, ▤ 25000.

Turner senza rist, via Nomentana 27 ⊠ 00161 ℰ 8541716, Fax 8543107 – ▮ ▤ 📺 ☎
ᴮ Ⓞ ᴇ 𝘝𝘐𝘚𝘈. ⅍ HU
⊂ 15000 – **38 cam** 140/179000, appartamento.

Laurentia senza rist, largo degli Osci 63 ⊠ 00185 ℰ 4450218, Telex 620469, Fax 4453
– ▮ ▤ 📺 ☎ – **40 cam.** JV

Edera �- senza rist, via Poliziano 75 ⊠ 00184 ℰ 7316341, Fax 738275, 🚂 – ▮ 📺 ☎
ᴀᴇ ᴮ Ⓞ ᴇ 𝘝𝘐𝘚𝘈 GY
53 cam ⊂ 160/220000.

Colosseum senza rist, via Sforza 10 ⊠ 00184 ℰ 4827228, Fax 4827285 – ▮ ☎. ᴀᴇ
ᴇ 𝘝𝘐𝘚𝘈 GVX
48 cam ⊂ 137/190000.

Diana, via Principe Amedeo 4 ⊠ 00185 ℰ 4827541, Telex 611198, Fax 486998 – ▮ ▤
☎ – 🔏 25. ᴀᴇ ᴮ ᴇ 𝘝𝘐𝘚𝘈. ⅍ GV
Pas *(solo per clienti alloggiati)* 38000 – **187 cam** ⊂ 135/194000 – ½ P 132/170000.

Siviglia senza rist, via Gaeta 12 ⊠ 00185 ℰ 4441195, Fax 4441195 – ▮ 📺 ☎. ᴀᴇ ᴮ Ⓞ
𝘝𝘐𝘚𝘈 HU
41 cam ⊂ 160/220000.

Valle senza rist, via Cavour 134 ⊠ 00184 ℰ 4815736, Fax 4885837 – 🛗 🗏 📺 ☎. 🝆 🕄 ⓪ 🗲 ⦰⦰. ⊰⊱
GV **w**
28 cam � 190/260000.

King senza rist, via Sistina 131 ⊠ 00187 ℰ 4743487, Telex 626246, Fax 4871813 – 🛗 🗏 📺 ☎. 🝆 🕄 ⓪ 🗲 ⦰⦰.
FU **d**
72 cam ⊵ 163/220000.

Duca d'Alba senza rist, via Leonina 12 ⊠ 00184 ℰ 484471, Telex 620401, Fax 4884840 – 🛗 🗏 📺 ☎. 🝆 🕄 ⓪ 🗲 ⦰⦰, 🗏 20000.
FX **v**
24 cam ⊵ 98/155000, 🗏 20000.

Nord-Nuova Roma senza rist, via Amendola 3 ⊠ 00185 ℰ 4885441, Fax 4817163 – 🛗 🗏 📺 ☎. 🝆 🕄 ⓪ 🗲 ⦰⦰. ⊰⊱
GV **d**
158 cam ⊵ 165/225000.

Centro senza rist, via Firenze 12 ⊠ 00184 ℰ 4828002, Telex 612125, Fax 4871902 – 🛗 🗏 📺 ☎. 🝆 🕄 ⓪ 🗲 ⦰⦰. ⊰⊱
GV **n**
38 cam ⊵ 150/200000.

Ariston senza rist, via Turati 16 ⊠ 00185 ℰ 4465399, Telex 614479, Fax 4465396 – 🛗 🗏 📺 ☎ – 🝄 100. 🝆 🕄 ⓪ 🗲 ⦰⦰. ⊰⊱
HV **t**
97 cam ⊵ 120/170000.

Medici senza rist, via Flavia 96 ⊠ 00187 ℰ 4827319, Fax 4740767 – 🛗 📺 ☎. 🝆 🕄 ⓪ 🗲 ⦰⦰.
GU **a**
68 cam ⊵ 140/190000.

XX **Sans Souci**, via Sicilia 20/24 ⊠ 00187 ℰ 4821814, Fax 4821771, Rist. elegante-soupers, prenotare – 🗏. 🝆 🕄 ⓪ 🗲 ⦰⦰. ⊰⊱
FU **p**
chiuso a mezzogiorno, lunedì e dal 13 agosto al 4 settembre – Pas carta 78/135000 (15%).

X Harry's Bar, via Vittorio Veneto 150 ⊠ 00187 ℰ 4745832, Fax 484643, Coperti limitati; prenotare – 🗏
FU **d**

X **Coriolano**, via Ancona 14 ⊠ 00198 ℰ 8551122, Coperti limitati; prenotare – 🗏. 🝆 🕄 ⓪ 🗲 ⦰⦰
HU **g**
chiuso domenica e dal 3 al 24 luglio – Pas carta 59/114000 (15%).

X **Agata e Romeo**, via Carlo Alberto 45 ⊠ 00185 ℰ 4465842 (prenderà il 4466115), Fax 4465842, Coperti limitati; prenotare – 🗏. 🝆 🕄 ⓪ 🗲 ⦰⦰. ⊰⊱
HV **c**
chiuso domenica, lunedì a mezzogiorno, Natale e dal 10 al 23 agosto – Pas carta 68/103000.

X **Loreto**, via Valenziani 19 ⊠ 00187 ℰ 4742454, Rist. con specialità di mare – 🗏. 🗲. ⊰⊱
GU **m**
chiuso domenica e dal 10 al 28 agosto – Pas carta 46/82000.

X L'Idea, viale Castro Pretorio 70 ⊠ 00185 ℰ 4457722
HU **h**

X **Edoardo**, via Lucullo 2 ⊠ 00187 ℰ 486428, Fax 486428 – 🗏. 🝆 🕄 ⓪ 🗲 ⦰⦰. ⊰⊱
GU **b**
chiuso domenica ed agosto – Pas carta 50/86000 (15%).

X Andrea, via Sardegna 28 ⊠ 00187 ℰ 4821891, Fax 4828151, Coperti limitati; prenotare – 🗏
FU **v**

X **Girarrosto Toscano**, via Campania 29 ⊠ 00187 ℰ 4821899, Fax 4821899 – 🗏. 🝆 🕄 ⓪ 🗲 ⦰⦰.
FU **v**
chiuso mercoledì – Pas carta 47/78000.

X **Mario's Hostaria**, piazza del Grillo 9 ⊠ 00184 ℰ 6793725, 🌫, prenotare – 🗏. 🝆 🕄 🗲 ⦰⦰. ⊰⊱
FX **e**
chiuso domenica – Pas carta 26/40000.

X **Cesarina**, via Piemonte 109 ⊠ 00187 ℰ 4880828, Rist. con specialità bolognesi – 🗏. 🝆 🕄 ⓪ 🗲 ⦰⦰. ⊰⊱
GU **n**
chiuso domenica – Pas carta 50/70000.

X **Giovanni**, via Marche 64 ⊠ 00187 ℰ 4821834, Rist. d'habitués – 🗏. 🝆 🕄 🗲 ⦰⦰
FU **u**
chiuso venerdì sera, sabato ed agosto – Pas carta 50/95000.

X **Bonne Nouvelle**, via del Boschetto 73 ⊠ 00184 ℰ 486781, Coperti limitati; prenotare – 🗏. 🝆 🕄 ⓪ 🗲 ⦰⦰
FV **m**
chiuso domenica e dal 10 al 31 agosto – Pas carta 50/77000.

X **Grappolo d'Oro**, via Palestro 4/8 ⊠ 00185 ℰ 4941441 – 🗏. 🝆 🕄 ⓪ 🗲 ⦰⦰
HU **d**
chiuso domenica ed agosto – Pas carta 45/70000.

X **Dai Toscani**, via Forlì 41 ⊠ 00161 ℰ 8831302, Rist. con specialità toscane – 🝆
chiuso domenica ed agosto – Pas carta 40/60000.
Roma p. 7 JU **a**

X **Mangrovia**, via Milazzo 6/a ⊠ 00185 ℰ 4452755, Telex 621357, Fax 4959204, Rist. con specialità di mare – 🗏. 🝆 🕄 ⓪ 🗲 ⦰⦰
HV **a**
chiuso domenica – Pas carta 46/64000.

X **Mino**, via Magenta 48 ⊠ 00185 ℰ 4959202 – 🗏. 🝆 🕄 ⓪ 🗲 ⦰⦰
HV **v**
chiuso sabato – Pas carta 46/65000.

X Al Chianti, via Ancona 17 ⊠ 00198 ℰ 8551083, Trattoria toscana con taverna, prenotare – 🗏
HU **g**

X **Peppone**, via Emilia 60 ⊠ 00187 ℰ 483976 – 🝆 🕄 ⓪ 🗲 ⦰⦰. ⊰⊱
FU **g**
chiuso domenica ed agosto – Pas carta 39/66000.

XX **Charly's Saucière,** via di San Giovanni in Laterano 270 ⊠ 00184 𝒫 736666, Cop
limitati; prenotare – ▤. ⟐ ⟐ ∈ ⟐. ⟐ — HY
chiuso a mezzogiorno, domenica ed agosto – Pas carta 49/74000.

X **La Taverna,** via Massimo d'Azeglio 3/f ⊠ 00184 𝒫 4744305 – ▤. ⟐ ⟐ ⟐ ∈ ⟐
chiuso sabato e dal 25 luglio al 25 agosto – Pas carta 32/53000. GV

X **Tullio,** via di San Nicola da Tolentino 26 ⊠ 00187 𝒫 4818564, Trattoria toscana – ▤
⟐ ⟐ ∈ ⟐ — FU
chiuso domenica ed agosto – Pas carta 47/70000.

X **Hostaria Costa Balena,** via Messina 5/7 ⊠ 00198 𝒫 8417686, Trattoria con specia
di mare – ▤. ⟐ ⟐ ⟐ ∈ ⟐. ⟐ — HU
chiuso sabato a mezzogiorno, domenica e dal 10 al 29 agosto – Pas carta 41/67000.

X **Crisciotti-al Boschetto,** via del Boschetto 30 ⊠ 00184 𝒫 4744770, ⟐, Tratt
rustica – ⟐ ∈ ⟐ — FV
chiuso sabato ed agosto – Pas carta 27/41000 (10%).

X **Tempio di Bacco,** via Lombardia 36/38 ⊠ 00187 𝒫 4814625, « Saletta con affres
murale » – ▤. ⟐ ⟐ ⟐ ∈ ⟐. ⟐ — FU
chiuso sabato e Ferragosto – Pas carta 35/46000 (16%).

X **Hostaria da Vincenzo,** via Castelfidardo 6 ⊠ 00185 𝒫 484596, Fax 484596 – ▤. ⟐
⟐ ∈ ⟐ — GU
chiuso domenica ed agosto – Pas carta 35/57000.

X **La Soffitta,** via dei Villini 1 ⊠ 00161 𝒫 4403043, ⟐, Rist. con specialità abruzzesi –
⟐ ∈ ⟐. ⟐ — HU
chiuso domenica ed agosto – Pas carta 45/72000.

X **Colline Emiliane,** via degli Avignonesi 22 ⊠ 00187 𝒫 4817538, Rist. con specia
emiliane, prenotare – ▤ — FU
chiuso venerdì ed agosto – Pas carta 46/62000.

X **Al Bersagliere-da Raffone,** via Ancona 43 ⊠ 00198 𝒫 8551003, Rist. rustico cara
ristico – ▤. ⟐ ⟐ — HU
chiuso sabato e dal 5 al 20 agosto – Pas carta 45/75000.

X **Elettra,** via Principe Amedeo 72 ⊠ 00185 𝒫 4745397, Trattoria d'habitués – ⟐ ⟐ ⟐
⟐. ⟐ — HV
chiuso sabato e dal 5 al 28 agosto – Pas carta 28/45000.

Zona sud – Aventino, Porta San Paolo, Terme di Caracalla, via Appia Nuova (Pianta : Rc
p. 6 e 7)

🏠 **Domus Aventina** ⟐ senza rist, via Santa Prisca 11/b ⊠ 00153 𝒫 57461
Fax 57300044 – ⟐ ⟐. ⟐ ⟐ ⟐ ∈ ⟐. ⟐ — EZ
26 cam ⟐ 165/240000.

🏠 **Sant'Anselmo** ⟐ senza rist, piazza Sant'Anselmo 2 ⊠ 00153 𝒫 5743547,
lex 622812, Fax 5783604, ⟐ – ⟐ ⟐. ⟐ ⟐ ⟐. ⟐ — DEZ
45 cam ⟐ 130/190000.

🏠 **Villa San Pio** ⟐ senza rist, via di Sant'Anselmo 19 ⊠ 00153 𝒫 5743547, Fax 5783
⟐ – ⟐ ⟐. ⟐ ⟐ ⟐. ⟐ — DEZ
59 cam ⟐ 130/190000.

XX ⟐ **Checchino dal 1887,** via Monte Testaccio 30 ⊠ 00153 𝒫 5746318, Fax 5743816,
Rist. storico, cucina romana, prenotare – ⟐ ⟐ ⟐ ∈ ⟐. ⟐ — DZ
*chiuso dal 23 al 30 dicembre, agosto, domenica sera e lunedì, da giugno a settembre ar
domenica a mezzogiorno* – Pas carta 49/81000 (15%)
Spec. Bucatini alla gricia, Coda alla vaccinara, Trippa alla romana. **Vini** (menu suggeriti) 70/95000 bc (10%

XX **Da Severino,** piazza Zama 5/c ⊠ 00183 𝒫 7000872 – ▤. ⟐ ⟐ ⟐ ∈ ⟐. ⟐ — JZ
chiuso lunedì e dal 1° al 28 agosto – Pas carta 44/66000.

XX **Apuleius,** via Tempio di Diana 15 ⊠ 00153 𝒫 5742160, « Taverna ispirata allo s
dell'antica Roma » – ⟐ ⟐ ⟐ ∈ ⟐ — EZ
chiuso sabato a mezzogiorno e domenica – Pas carta 47/77000.

X Il Cortile, via Alberto Mario 26 ⊠ 00152 𝒫 5803433 — BZ

Zona Trastevere (quartiere tipico) (Pianta : Roma p. 9) :

XXX **Alberto Ciarla,** piazza San Cosimato 40 ⊠ 00153 𝒫 5818668, Fax 5884377, ⟐, Cop
limitati; prenotare – ▤. ⟐ ⟐ ⟐ ∈ ⟐. ⟐ — CV
*chiuso a mezzogiorno (escluso da ottobre a maggio), domenica, dal 1° al 13 gennaio e
12 al 28 agosto* – Pas carta 60/110000.

XXX **Cul de Sac 2,** vicolo dell'Atleta 21 ⊠ 00153 𝒫 5813324, Coperti limitati; prenotare –
⟐ ⟐ ⟐ ∈ ⟐ — DV
chiuso domenica sera, lunedì ed agosto – Pas carta 73/90000.

XX **Tentativo,** via della Luce 5 ⊠ 00153 𝒫 5895234, prenotare – ▤. ⟐ ⟐ ∈ ⟐ — DV
chiuso a mezzogiorno, domenica ed agosto – Pas (menu suggeriti) 70/95000 bc (10%

XX **Corsetti-il Galeone,** piazza San Cosimato 27 ⊠ 00153 𝒫 5816311, Fax 5896255, I
con specialità di mare, « Ambiente caratteristico » – ▤. ⟐ ⟐ ⟐ ⟐ ∈ ⟐. ⟐ — CV
chiuso mercoledì e dal 17 al 25 luglio – Pas carta 37/70000.

XX **Carlo Menta,** via della Lungaretta 101 ✉ 00153 ☎ 5884450, ⛱, Rist. con specialità di mare, prenotare – ▤. AE ⓢ ⓞ E VISA. ⛔ CY **z**
chiuso a mezzogiorno, lunedì e dal 16 luglio al 10 agosto – Pas carta 53/78000 (15%).

XX Sabatini a Santa Maria in Trastevere, piazza di Santa Maria in Trastevere 13 ✉ 00153 ☎ 5812026, ⛱, Rist. con specialità romane e di mare – ▤ CY **n**

XX **Galeassi,** piazza di Santa Maria in Trastevere 3 ✉ 00153 ☎ 5803775, ⛱, Rist. con specialità romane e di mare – ▤. ⛔ CY **f**
chiuso lunedì e dal 20 dicembre al 20 gennaio – Pas carta 44/74000.

XX **Paris,** piazza San Callisto 7/a ✉ 00153 ☎ 5815378, ⛱ – ▤. AE ⓢ ⓞ E VISA. ⛔
chiuso domenica sera, lunedì ed agosto – Pas carta 53/80000. CY **c**

XX **Sabatini,** vicolo Santa Maria in Trastevere 18 ✉ 00153 ☎ 5818307, Fax 5898386, Rist. con specialità romane e di mare – ▤. AE ⓢ ⓞ E VISA. ⛔ CY **n**
Pas carta 60/100000.

XX **Checco er Carettiere,** via Benedetta 10 ✉ 00153 ☎ 5817018, ⛱, Rist. tipico con specialità romane e di mare – ▤. AE ⓢ ⓞ E VISA CX **k**
chiuso domenica sera, lunedì e dal 10 agosto al 10 settembre – Pas carta 52/78000.

XX **Pastarellaro,** via di San Crisogono 33 ✉ 00153 ☎ 5810871, Rist. con specialità romane e di mare – ▤. AE ⓢ ⓞ E VISA DY **r**
chiuso martedì ed agosto – Pas carta 45/67000 (10%).

XX **Taverna Trilussa,** via del Politeama 23 ✉ 00153 ☎ 5818918, Fax 5811064, ⛱, Rist. tipico con specialità romane – ▤. AE ⓞ VISA CY **h**
chiuso domenica sera, lunedì e dal 30 luglio al 28 agosto – Pas carta 34/51000.

XX **Er Comparone,** piazza in Piscinula 47 ✉ 00153 ☎ 5816249, ⛱, Rist. tipico con specialità romane – ▤. AE ⓢ ⓞ E VISA DY **e**
chiuso lunedì e dal 2 al 15 gennaio – Pas carta 43/65000 (10%).

Dintorni di Roma

sulla strada statale 1 - via Aurelia (Pianta : Roma p. 4) :

Jolly Hotel Midas, via Aurelia al km 8 ✉ 00165 ☎ 66396, Telex 622821, Fax 66418457, ⛱, 🌳, 🎾 – 🛗 ▤ 📺 ☎ 🅿 – 🏛 650. AE ⓢ ⓞ E VISA. ⛔ rist LR **a**
Pas carta 52/83000 – **347 cam** ☕ 330000, 5 appartamenti – ½ P 210/280000.

Villa Pamphili, via della Nocetta 105 ✉ 00164 ☎ 5862, Telex 626539, Fax 66157747, 🏋, ≘s, ⛱ (coperta d'inverno), 🌳, 🎾 – 🛗 ▤ 📺 ☎ ♿ 🅿 – 🏛 25 a 500. AE ⓢ ⓞ E VISA. ⛔ rist LR **b**
Pas carta 50/85000 – **254 cam** ☕ 309000.

Holiday Inn St. Peter's, via Aurelia Antica 415 ✉ 00165 ☎ 6642, Telex 625434, Fax 6637190, ≘s, ⛱, 🌳, 🎾 – 🛗 ⇔ cam ▤ 📺 ☎ ♿ 🅿 – 🏛 25 a 220. AE ⓢ ⓞ E VISA. ⛔ – Pas carta 48/74000 – ☕ 24000 – **321 cam** 396000. LR **e**

AgipHotel, via Aurelia al km 8 ✉ 00165 ☎ 6379001, Telex 613699, Fax 66414437, ⛱ – 🛗 ▤ 📺 ☎ 🅿 – 🏛 25 a 150. AE ⓢ ⓞ VISA. ⛔ LR **a**
Pas 35/50000 – ☕ 22000 – **213 cam** 165/235000 – P 200/250000.

XX La Maielletta, via Aurelia Antica 270 ✉ 00165 ☎ 6374957, Fax 6374957, Rist. tipico con specialità abruzzesi – 🅿 LR **f**

XX **13 da Checco,** via Aurelia al km 13 ✉ 00165 ☎ 66180040, ⛱ – ▤ 🅿. AE ⓢ E VISA
chiuso domenica sera, lunedì ed agosto – Pas carta 49/64000. LR **c**

sulla strada statale 3 - via Flaminia Nuova (Pianta : Roma p. 5) :

XX **La Cuccagna,** via Flaminia 1612 ✉ 00188 ☎ 33612827, Fax 33612827, ⛱, Rist. di campagna, 🌳 – ⇔ 🅿. AE ⓞ. ⛔ per ②
chiuso lunedì e dal 10 al 20 agosto – Pas carta 37/60000.

XX **Da Benito,** via Flaminia Nuova 230/232 ✉ 00191 ☎ 3272752 – ▤. AE ⓢ ⓞ VISA
chiuso lunedì e dal 10 al 31 agosto – Pas carta 45/60000. MQ **m**

X **Ai Due Ponti,** via Flaminia 858 ✉ 00191 ☎ 3332518 – 🅿. ⛔ MQ **e**
chiuso agosto, mercoledì da ottobre a marzo e domenica negli altri mesi – Pas carta 35/57000.

sulla strada statale 4 - via Salaria (Pianta : Roma p. 5) :

Hotel la Giocca, via Salaria 1223 ✉ 00138 ☎ 8804365, Fax 8804495, ⛱ – 🛗 ▤ 📺 ☎ 🚗 🅿 – 🏛 40. AE ⓞ VISA. ⛔ MQ **n**
Pas vedere rist L'Elite – ☕ 20000 – **62 cam** 135/169000, 3 appartamenti, ▤ 16000 – ½ P 119000.

Eurogarden senza rist, raccordo anulare Salaria-Flaminia ✉ 00138 ☎ 8804507, Fax 8804417, ⛱, 🌳 – ▤ 📺 ☎ 🅿. AE ⓢ ⓞ E VISA. ⛔ MQ **s**
☕ 15000 – **40 cam** 160000.

XX **L'Elite,** via Salaria 1223 ✉ 00138 ☎ 8804503 – ▤ 🅿. AE ⓞ VISA. ⛔ MQ **n**
chiuso domenica, dal 23 dicembre al 6 gennaio e dall'8 al 28 agosto – Pas carta 60/86000.

X **Franco l'Abruzzese,** via Anerio 23/25 ✉ 00199 ☎ 8600704, Trattoria d'habitués – AE ⓢ ⓞ E VISA MQ **c**
chiuso domenica e dall'8 al 26 agosto – Pas carta 31/60000.

sulla strada statale 7 - via Appia Nuova (Pianta : Roma p. 5) :

XX **Rinaldo all'Acquedotto,** via Appia Nuova 1267 ⊠ 00178 𝒫 7183910, Fax 7182968 –
Ɵ. 🄰🄴 🗄 ⓪ *VISA*. 🛠
chiuso martedì e dal 7 al 20 agosto – Pas carta 42/61000.
NS

a Ciampino SE : 15 km NS – ⊠ **00043** :

XXX **Cesarino-La Perla,** via Romana 12 (S : 2 km) 𝒫 7960026, 🏠 – 🗄 **Ɵ**. 🄰🄴 🗄 ⓪ **E** *VI*
🛠
chiuso mercoledì e dal 9 al 20 agosto – Pas carta 44/77000.
NS

XX **Da Giacobbe,** via Appia Nuova 1681 𝒫 79340131, 🏠, prenotare – 🗄 **Ɵ**. 🄰🄴 ⓪ **E** *VI*
🛠
chiuso domenica sera, lunedì ed agosto – Pas carta 36/55000.
NS

sulla via Appia Antica (Pianta : Roma p. 5) :

XX **Cecilia Metella,** via Appia Antica 125/127/129 ⊠ 00179 𝒫 5136743, 🏠, « Giardin
ombreggiato » – **Ɵ**. 🄰🄴 **E** *VISA*
chiuso lunedì e dal 12 al 30 agosto – Pas carta 46/70000.
MS

sulla via Ostiense (Pianta : Roma p. 5) :

XX Dolce Vita-Luisa, lungotevere di Pietrapapa 51 ⊠ 00146 𝒫 5579865, 🏠, Rist. e pizzer
chiuso a mezzogiorno.
MS

XX **Angelino 3 Gatti,** via delle Sette Chiese 68 ⊠ 00145 𝒫 5135272, 🏠, Coperti limita
prenotare – 🗄. 🄰🄴 🗄 ⓪ **E** *VISA*. 🛠
chiuso domenica ed agosto – Pas carta 60/100000.
MS

all'E.U.R. Città Giardino (Pianta : Roma p. 5) :

🏨 **Sheraton,** viale del Pattinaggio ⊠ 00144 𝒫 5453, Telex 626073, Fax 5940689, 🚋,
🛠 – 🛗 🗄 📺 🕿 🍴 ⇔ **Ɵ** – 🔼 25 a 1800. 🄰🄴 🗄 ⓪ **E** *VISA*. 🛠
Pas carta 66/131000 – **609 cam** 🖙 450000, 22 appartamenti.
MS

🏨 **Shangri Là-Corsetti,** viale Algeria 141 ⊠ 00144 𝒫 5916441, Telex 61466
Fax 5413813, 🏊 riscaldata, 🌳 – 🗄 📺 🕿 **Ɵ** – 🔼 25 a 80. 🄰🄴 🗄 ⓪ **E** *VISA*. 🛠 MS
Pas *(chiuso dal 5 al 24 agosto)* carta 42/76000 – **52 cam** 🖙 218/297000.

🏨 **Dei Congressi** senza rist, viale Shakespeare 29 ⊠ 00144 𝒫 5926021, Fax 5911903 –
🗄 📺 🕿 – 🔼 25 a 300. 🄰🄴 🗄 ⓪ **E** *VISA*. 🛠
96 cam 🖙 170/250000.
MS

XX **Vecchia America-Corsetti,** piazza Marconi 32 ⊠ 00144 𝒫 5926601, Fax 5922284,
Rist. tipico con piano-bar e birreria – 🄰🄴 🗄 ⓪ **E** *VISA*
chiuso martedì – Pas carta 45/76000.
MS

XX **Lime Light,** via Vittorini 33/35 ⊠ 00144 𝒫 5002934, Rist.-piano bar – 🗄. 🄰🄴 🗄 ⓪ **E** *VI*
🛠
chiuso sabato a mezzogiorno, domenica e dal 7 al 31 agosto – Pas carta 48/60000.
MS

sull'autostrada per Fiumicino in prossimità raccordo anulare (Pianta : Roma p. 4

🏨 **Holiday Inn-Eur Parco dei Medici,** viale Castello della Magliana 65 ⊠ 001
𝒫 65581, Telex 613302, Fax 6557005, 🏊, 🌳, 🛠 – 🛗 🗄 📺 🕿 ⅙ **Ɵ** – 🔼 650. 🄰🄴 🗄 ⓪
VISA. 🛠
LS
Pas 68000 – 🖙 17000 – **316 cam** 250/360000.

in prossimità uscita 32 del raccordo (Pianta : Roma p. 4) :

🏨 **Pisana Palace,** via della Pisana 374 ⊠ 00163 𝒫 66690, Telex 620062, Fax 66161190,
– 🛗 🗄 📺 🕿 ⅙ ⇔ **Ɵ** – 🔼 25 a 250. 🄰🄴 🗄 ⓪ **E** *VISA*. 🛠
LS
Pas *(solo per clienti alloggiati)* 38/40000 – **210 cam** 🖙 360000 – ½ P 230/300000.

sulla via Tiburtina (Pianta : Roma p. 5) :

XX **Gabriele,** via Ottoboni 74 ⊠ 00159 𝒫 4393498, Rist. e pizzeria – 🄰🄴 🗄 ⓪ **E** *VISA*
chiuso sabato ed agosto – Pas carta 45/62000.
MR

Vedere anche : *Ostia Antica* per ⑦ : 24 km.
Fiumicino per ⑨ : 28 km.
Lido di Ostia o di Roma per ⑦ : 31 km.

MICHELIN, via Corcolle 15, località Settecamini (MR Roma p. 5) - ⊠ 00131, 𝒫 41316
Fax 4131645.

Gli alberghi o ristoranti ameni sono indicati nella guida
con un **simbolo rosso**.
🏨🏨 ... 🏠

Contribuite a mantenere
la guida aggiornata segnalandoci
gli alberghi ed i ristoranti dove avete soggiornato piacevolmente.
XXXXX ... X

ROMAGNANO SESIA 28078 Novara 988②, 428 F 7 – 4 390 ab. alt. 268 – ۞ 0163.

ma 650 – Biella 32 – ◆Milano 76 – Novara 30 – Stresa 40 – ◆Torino 94 – Vercelli 37.

XX **Baiardo** con cam, via Novara 221 (S : 2 km) ℰ 832000, 🚗 – 🖵 ☎ 🅿. 🛠
chiuso luglio o agosto – Pas (chiuso mercoledì) carta 29/52000 – 🖵 10000 – **9 cam**
65/95000.

ROMANO D'EZZELINO 36060 Vicenza 429 E 17 – 12 042 ab. alt. 132 – ۞ 0424.

ma 547 – Belluno 81 – ◆Milano 238 – ◆Padova 47 – Trento 89 – Treviso 51 – ◆Venezia 80 – Vicenza 39.

XX **Cá Takea,** via Col Roigo 17 ℰ 33426, Coperti limitati; prenotare, 🚗 – 🖪 _VISA_
chiuso dal 16 febbraio al 12 e dal 12 al 22 agosto – Pas carta 41/56000.

XX **Da Giuliano,** N : 1 km ℰ 36478 – 🅿. 🖪 _VISA_. 🛠
chiuso domenica sera, lunedì ed agosto – Pas carta 28/54000.

RONCADE 31056 Treviso 988⑤, 429 F 19 – 11 451 ab. alt. 8 – ۞ 0422.

ma 543 – ◆Milano 107 – Treviso 13 – ◆Trieste 133 – ◆Venezia 32.

X **Al Cacciatore** con cam, via Roma 82/84 ℰ 707065, Fax 840958, 🏠 – 🗐 rist ☎. 🖭 🖪 ⓞ
E _VISA_
chiuso dal 25 luglio al 20 agosto – Pas (chiuso lunedì sera e martedì) carta 31/46000 –
🖵 4500 – **9 cam** 32/55000 – ½ P 50000.

Le nuove guide Verdi turistiche Michelin offrono :

– un testo descrittivo più ricco,

– un'informazione pratica più chiara,

– piante, schemi e foto a colori.

... e naturalmente sono delle opere aggiornate costantemente.

Utilizzate sempre l'ultima edizione.

RONCADELLE Brescia – Vedere Brescia.

RONCEGNO 38050 Trento 988④, 429 D 16 – 2 298 ab. alt. 505 – a.s. Pasqua, luglio-agosto e
Natale – ۞ 0461.

Piazza De Giovanni 2 ℰ 764028.

ma 621 – Belluno 83 – ◆Milano 277 – ◆Padova 101 – Trento 33 – ◆Venezia 134.

🏨 Palace Hotel ⊗, ℰ 764012, Fax 764500, « Parco ombreggiato », 🚄, 🔳, 🛠, ♣ – 🛗 🌣
☎ 🅿 – 🔬 150.
stagionale – **85 cam.**

RONCHI Massa-Carrara – Vedere Massa (Marina di).

RONCHI DEI LEGIONARI 34077 Gorizia 988⑥, 429 E 22 – 9 928 ab. alt. 11 – ۞ 0481.

♣ O : 2 km, ℰ 530036, Telex 460220, Fax 474150.

ma 639 – Gorizia 22 – ◆Milano 378 – ◆Trieste 31 – Udine 41.

🏨 **Doge Inn,** viale Serenissima 71 ℰ 779401, Fax 474194 – 🗐 🖵 ☎ 🕭. 🖭 🖪 ⓞ **E** _VISA_.
🛠 rist
Pas (chiuso a mezzogiorno, sabato, domenica ed agosto) carta 27/41000 – 🖵 10000 –
21 cam 85/115000 – ½ P 93/120000.

X **Trattoria la Corte,** via Verdi 57 ℰ 777594, 🏠 – 🅿. 🖭 🖪 ⓞ **E** _VISA_
chiuso martedì e dal 15 al 30 ottobre – Pas carta 32/55000.

RONCIGLIONE 01037 Viterbo 988⑤, 430 P 18 – 7 584 ab. alt. 441 – ۞ 0761.

Vedere Lago di Vico★ NO : 2 km.

Dintorni Caprarola : scala elicoidale★★ della Villa Farnese★ NE : 6,5 km.

ma 54 – Civitavecchia 65 – Terni 80 – Viterbo 21.

sulla via Cimina NE : 2 km :

X **Santa Lucia da Armando,** ⊠ 01037 ℰ 612169, 🏠 – 🅿. 🖪 **E** _VISA_. 🛠
chiuso mercoledì e dal 7 al 31 gennaio – Pas carta 39/59000.

X **Il Cardinale** con cam, ⊠ 01037 ℰ 612390, Fax 612444, 🚗 – ☎ 🅿 – 🔬 100. 🖪 **E** _VISA_.
🛠
chiuso novembre – Pas (chiuso lunedì) carta 38/53000 – 🖵 10000 – **15 cam** 60/80000 –
½ P 65/70000.

a Punta del Lago NO : 3 km – ⊠ **01037** Ronciglione :

🏨 **Sans Soucis** ⊗, ℰ 612052, Fax 612053, ≤, 🐎, 🚗 – 🛗 🖵 🕭 🅿. 🖭 ⓞ _VISA_. 🛠 rist
Pas 30/35000 (10 %) – 🖵 9500 – **24 cam** 100000 – ½ P 85000.

RONCITELLI Ancona 430 K 21 – Vedere Senigallia.

RONCOBILACCIO Bologna 988 ⑭ ⑮, 429 430 J 15 – alt. 710 – ⊠ 40031 Baragazza – luglio-15 settembre – ✆ 0534.

Roma 324 – ◆Bologna 58 – ◆Firenze 50 – ◆Milano 252 – Pistoia 64.

🏨 **Roncobilaccio,** al casello autostrada A1 ✆ 97577, Telex 512508, Fax 97579, ≼ – 📳 ☎ – 🏄 120. 🖭 🕄 ① E ⟪VISA⟫. ✵ rist
marzo-novembre – Pas *(chiuso a mezzogiorno)* carta 31/40000 – ⊆ 10000 – **86 c** 90/120000 – ½ P 90000.

RONCO SOPRA ASCONA 427 ㉔, 219 ⑦ – Vedere Cantone Ticino alla fine dell'ele alfabetico.

RONZONE 38010 Trento 429 C 15, 218 ⑳ – 327 ab. alt. 1 097 – a.s. Pasqua e Natale – ✆ 046

Roma 634 – ◆Bolzano 33 – Merano 43 – ◆Milano 291 – Trento 52.

🏠 **Stella delle Alpi,** ✆ 832151, ≼, 🐜 – 📳 📺 ☎ 👍 🅿. 🖭 🕄 ① E ⟪VISA⟫. ✵
chiuso dal 16 al 30 aprile e da novembre al 20 dicembre – Pas *(chiuso lunedì)* carta 40000 – **54 cam** – ⊆ 55/96000 – ½ P 65/75000.

✕✕ **Orso Grigio,** ✆ 832198, 🏛 – 🅿. ①. ✵
chiuso martedì e dal 10 gennaio al 10 febbraio – Pas carta 40/57000.

RORE Cuneo – Vedere Sampèyre.

ROSA Pordenone – Vedere San Vito al Tagliamento.

ROSARNO 89025 Reggio di Calabria 988 ㊴, 431 L 29 – 14 202 ab. alt. 61 – ✆ 0966.

Roma 644 – Catanzaro 100 – ◆Cosenza 129 – ◆Reggio di Calabria 67.

🏨 **Vittoria,** ✆ 712041, Fax 712045 – 📳 🗏 ☎ 🚗 🅿 – 🏄 30 a 200. 🖭 🕄 ① E ⟪VISA⟫. ✵ ri Pas carta 20/29000 – ⊆ 6000 – **68 cam** 60/90000, 🗏 3000 – ½ P 65/70000.

When visiting northern Italy use Michelin maps 428 and 429.

ROSETO DEGLI ABRUZZI 64026 Teramo 988 ⑰ ㉗, 430 N 24 – 22 271 ab. – a.s. luglio-agos ✆ 085.

🔰 piazza della Libertà 38 ✆ 8991157.

Roma 214 – ◆Ancona 131 – L'Aquila 99 – Ascoli Piceno 54 – Chieti 51 – ◆Pescara 30 – Teramo 32.

🏨 **Palmarosa,** lungomare Trento 3 ✆ 8941615, 🏊 – 📳 ☎ 🚗 🅿. 🖭 🕄 E ⟪VISA⟫. ✵
Pasqua-ottobre – Pas carta 33/41000 – ⊆ 12000 – **42 cam** 100000 – ½ P 48/106000.

🏨 **Bellavista,** lungomare Trento 2 ✆ 8991294, Fax 8930559, ≼, ♨, ☎s, ⟪⟫, 🏊, 🐜 – rist ☎ 🅿. 🖭 🕄 E ⟪VISA⟫. ✵ rist
giugno-settembre – Pas *(solo per clienti alloggiati)* 25/35000 – ⊆ 10000 – **80 cam** 60/80 – ½ P 45/95000.

🏨 **Radar,** lungomare Roma 14 ✆ 8992140, Fax 8992140, 🏊 – 📳 ☎ 🅿. 🖭 🕄 E ⟪VISA⟫. ✵
Pas carta 30/44000 – ⊆ 10000 – **58 cam** 80/100000 – ½ P 85/100000.

🏠 **Tonino,** via Mazzini 15 ✆ 8993110, 🏛 – ☎ 🅿. 🖭 🕄 E ⟪VISA⟫. ✵ cam
chiuso dal 15 dicembre al 10 gennaio e dal 15 al 30 settembre – Pas *(chiuso lune* carta 25/57000 – ⊆ 6000 – **20 cam** 70000 – ½ P 65000.

🏠 **La Tartaruga,** via Marcantonio 3 ✆ 8992188, 🏊 – 🖭 🕄 E ⟪VISA⟫. ✵
chiuso novembre – Pas *(chiuso martedì)* carta 22/35000 – ⊆ 6000 – **30 cam** 33/6300 P 50/90000.

✕✕ **Tonino con cam,** via Volturno 11 ✆ 8990274, 🏛 – 🗏 rist 📺. 🖭 ① ⟪VISA⟫. ✵ cam
chiuso dal 13 dicembre al 6 gennaio – Pas *(chiuso lunedì)* carta 35/62000 – ⊆ 400 **7 cam** 55000 – ½ P 45/60000.

✕✕ **Al Focolare di Bacco con cam,** NE : 3 km ✆ 8941004, Fax 8941004, ≼ – 🗏 📺 👍 🅿. 🖭 🕄 E ⟪VISA⟫. ✵
chiuso novembre – Pas *(chiuso mercoledì)* carta 27/40000 – **12 cam** ⊆ 90/110000 ½ P 70/90000.

✕✕ **Il Delfino,** strada Nazionale 241 ✆ 8942073 – 🕄 E ⟪VISA⟫. ✵
chiuso lunedì e dal 20 dicembre al 20 gennaio – Pas carta 37/54000.

ROSIGNANO SOLVAY 57013 Livorno 988 ⑭, 430 L 13 – a.s. 15 giugno-15 settembre ✆ 0586.

Roma 294 – Grosseto 107 – ◆Livorno 24 – Siena 104.

🏨 **Elba Hotel** senza rist, via Aurelia 301 ✆ 760939, Fax 760915 – 📳 🗏 📺 ☎ 🅿. 🖭 🕄 ① ⟪VISA⟫. ✵
⊆ 15000 – **27 cam** 70/100000, 🗏 10000.

ROSOLINA 45010 Rovigo 429 G 18 – 5 708 ab. alt. 4 – ✆ 0426.

🔟 (chiuso martedì) all'Isola Albarella ⊠ 45010 Rosolina ✆ 330124, Telex 434659, Fax 3306 E : 16 km.

🔰 piazza Albertin 16 ✆ 664541, Fax 664543.

Roma 493 – ◆Milano 298 – ◆Ravenna 78 – Rovigo 39 – ◆Venezia 67.

a Rosolina Mare NE : 11 km – ⊠ **45010**.

🛈 (giugno-settembre) via dei Ligustri 3 ✆ 68012 :

🏨 **Olympia,** ✆ 68057, Fax 68284, « Giardino ombreggiato », 🐾 – 🛎 ☎ 🅿. 🖭 🕄 ⓪ 🇪 *VISA*. ❄ rist
15 aprile-10 ottobre – Pas 27/30000 – ☲ 10000 – **62 cam** 65/85000 – ½ P 54/77000.

🏨 **Alexander,** ✆ 68047, Fax 68089, 🏊, 🐾 – 🛎 ☎ 🅿. 🖭 🕄 ⓪ 🇪 *VISA*. ❄ rist
aprile-ottobre – Pas *(chiuso aprile ed ottobre)* carta 30/40000 – ☲ 10000 – **64 cam** 65/85000 – ½ P 54/77000.

all'isola Albarella E : 16 km – ⊠ **45010** Rosolina :

🏨 Golf Hotel ⑤, ✆ 330373, Telex 434659, Fax 330628, 🌳, « Terrazza-giardino », 🕬, 🏊, 🐾, ❄, 🍸 – 🛎 🖭 🅿. 🕄 ☎ 🅿 – 🛗 50.
stagionale – **22 cam.**

ROSSANO STAZIONE 87068 Cosenza 🕮🕮🕮 ㉟, 🕮🕮🕮 I 31 – 35 474 ab. alt. 35 – ✯ 0983.

Dintorni Rossano : Codex Purpureus★ nel museo Diocesano S : 6,5 km.

Roma 512 – Catanzaro 160 – ◆Cosenza 104 – Crotone 90 – ◆Taranto 163.

a Lido Sant'Angelo N : 2 km – ⊠ **87068** Rossano Stazione :

🏨 **Murano,** ✆ 21788, Fax 530088, ≤, 🌳, 🐾, 🍸 – 🛎 🖭 ☎ 🅿. 🖭 🕄 ⓪ 🇪 *VISA*. ❄
Pas carta 31/40000 – ☲ 9000 – **37 cam** 52/85000 – ½ P 60/75000.

ROTA (Monte) (RADSBERG) Bolzano – Vedere Dobbiaco.

ROTA D'IMAGNA 24037 Bergamo 🕮🕮🕮 E 10, 🕮🕮🕮 ⑩ – 798 ab. alt. 665 – a.s. luglio-agosto – ✯ 035.

Roma 628 – ◆Bergamo 27 – Lecco 40 – ◆Milano 64.

🏨 **Miramonti** ⑤, ✆ 868000, ≤, 🌳 – 🛎 ☎ 🅿. 🖭. ❄ rist
15 maggio-15 ottobre – Pas carta 28/43000 – ☲ 5000 – **54 cam** 40/60000 – P 60/70000.

🏨 **Posta** ⑤, ✆ 868322, ≤ – 🛎 ☎ 🅿
Pas *(chiuso martedì in bassa stagione)* carta 29/45000 – **36 cam** ☲ 40/70000 – ½ P 40/50000.

ROTONDA 85048 Potenza 🕮🕮🕮 ㉟, 🕮🕮🕮 H 30 – 4 011 ab. alt. 634 – ✯ 0973.

Roma 426 – ◆Cosenza 101 – ◆Napoli 220 – Potenza 165 – ◆Taranto 177.

🏨 **Santa Filomena,** ✆ 661586, Fax 661149 – 🛎 ☎. 🕄 *VISA*. ❄
Pas 30000 – ☲ 4000 – **22 cam** 40/60000 – ½ P 45/50000.

ROVATO 25038 Brescia 🕮🕮🕮 ③, 🕮🕮🕮 🕮🕮🕮 F 11 – 13 161 ab. alt. 172 – ✯ 030.

Roma 570 – ◆Bergamo 35 – ◆Brescia 18 – ◆Milano 76.

🏨 Senator, strada statale 11 ✆ 7702458, Fax 7702498 – 🗐 🖭 ☎ 🅿 – 🛗 50
15 cam.

🍴 **Tortuga,** via Abate Angelini 10 ✆ 722980, « Servizio estivo sotto un pergolato » – 🖭 🕄 ⓪ 🇪 *VISA*. ❄
chiuso domenica sera, lunedì, dal 1° al 15 gennaio, dal 13 al 20 agosto e a mezzogiorno in agosto – Pas carta 54/66000.

ROVERETO 38068 Trento 🕮🕮🕮 ④, 🕮🕮🕮 🕮🕮🕮 E 15 – 33 018 ab. alt. 212 – a.s. dicembre-aprile – ✯ 0464.

via Dante 63 ✆ 430363, Fax 435528.

Roma 561 – ◆Bolzano 80 – ◆Brescia 129 – ◆Milano 216 – Riva del Garda 22 – Trento 28 – ◆Verona 75 – Vicenza 72.

🏨 **Leon d'Oro** senza rist, via Tacchi 2 ✆ 437333, Fax 423777 – 🗐 🖭 ☎ ⟷ 🅿 – 🛗 70. 🖭 🕄 ⓪ 🇪 *VISA*
52 cam ☲ 100/160000.

🏨 **Rovereto,** corso Rosmini 82 ✆ 435222, Telex 401010, Fax 439644, 🌳 – 🗐 🖩 rist 🖭 ☎ ⟷ 🅿 – 🛗 50. 🖭 🕄 ⓪ 🇪 *VISA*
Pas *(chiuso venerdì e domenica sera)* carta 45/65000 – **49 cam** ☲ 100/160000 – ½ P 85/115000.

🏨 **Rialto,** via Carducci 13 ✆ 434599, Telex 340160, Fax 438247 – 🗐 🖭 ☎ ♿ – 🛗 40. 🖭 🕄 ⓪ 🇪 *VISA*. ❄
Pas *(chiuso a mezzogiorno, sabato e dal 1° al 28 agosto)* carta 36/53000 – **60 cam** – ☲ 90/130000 – ½ P 90000.

🍴🍴 ✿ **Al Borgo,** via Garibaldi 13 ✆ 436300, Fax 436300, prenotare – 🖭 🕄 ⓪ 🇪 *VISA*. ❄
chiuso domenica sera, lunedì, dal 1° al 10 febbraio e dal 10 luglio al 10 agosto – Pas carta 69/91000
Spec. Quiche ai frutti di mare, Ravioli di pesce con burro alle vongole, Meringa con frutta tropicale e gelato alle fragole (primavera-estate). Vini Sauvignon, San Leonardo.

🍴 **Mozart 1769,** via Portici 36/38 ✆ 430727, Coperti limitati; prenotare, « Ambiente in stile settecentesco » – 🖭 🕄 ⓪ 🇪 *VISA*. ❄
chiuso martedì, mercoledì a mezzogiorno ed agosto – Pas carta 47/68000.

515

ROVERETO SULLA SECCHIA 41030 Modena – alt. 22 – ✪ 059.

Roma 435 – ◆Ferrara 68 – ◆Milano 186 – Modena 28 – Reggio nell'Emilia 37 – ◆Verona 97.

XX   Belzebù, S : 2 km ℰ 671078, Solo piatti di pesce – 🍽 🅿.

ROVETTA 24020 Bergamo 4️⃣2️⃣8️⃣ E 11 – 2 736 ab. alt. 658 – a.s. luglio-agosto – ✪ 0346.

Roma 638 – ◆Bergamo 37 – ◆Brescia 84 – Edolo 75 – ◆Milano 83.

🏠   **S. Ambroeus,** O : 1 km ℰ 71228, 🌳 – 🚗 🅿. 🦌 rist
Pas *(chiuso mercoledì)* carta 30/44000 – 🍽 7500 – **19 cam** 65000 – ½ P 60/70000.

ROVIGO

Popolo
(Corso del) .... **AY, BZ**
Angeli (Via) .... **AY** 2
Matteotti (Piazza G.) .... **AY** 15
Umberto I (Via) .... **AY** 23
Vitt. Emanuele II
(Piazza) .... **ABY** 24

Bedendo (Via N.) .... **BY**
Carducci (Via G.) .... **BZ**
Casalini (Via A.) .... **AZ**
Cavour (Via) .... **BZ**
Fonderia (Via Ponte della) .. **BZ**
Garibaldi (Piazza) .... **BY**
Garibaldi (Via A.) .... **BY**
Grimani (Via M.) .... **AY**
Repubblica (Piazza della) .. **AY**
Richhieri (Via) .... **AY**
Speroni d. Alvarotti (V.) ... **ABZ**
Trento (Via) .... **AZ**
10 Luglio (Via) .... **BYZ**
20 Settembre (Piazza) ..... **BY**

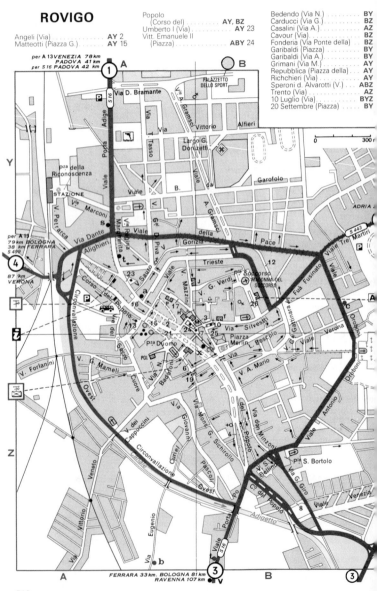

516

via Dunant 10 ✆ 361481, Fax 30416 – piazza Vittorio Emanuele 3 ✆ 422400.

C.I. piazza 20 Settembre 9 ✆ 25833.

ma 457 ④ – ◆Bologna 79 ④ – ◆Ferrara 33 ③ – ◆Milano 285 ① – ◆Padova 41 ① – ◆Venezia 78 ①.

Pianta pagina precedente

🏩 **Villa Regina Margherita,** viale Regina Margherita 6 ✆ 361540, Fax 31301 – 📳 🛏 📺 ☎
🕭 ❷ – 🛳 30. 🖭 🚯 ⑩ Ε 𝘝𝘐𝘚𝘈 ⋘ rist AY t
Pas *(chiuso lunedì e dal 2 al 23 agosto)* carta 40/60000 – ☷ 10000 – **22 cam** 110/160000 –
½ P 120/140000.

🏤 **Corona Ferrea** senza rist, via Umberto I n° 21 ✆ 422433, Fax 422435 – 📳 🛏 ☎ 🕭 🚙
– 🛳 50. 🖭 🚯 ⑩ Ε 𝘝𝘐𝘚𝘈 AY a
☷ 10000 – **30 cam** 78/120000.

🏤 **Cristallo,** viale Porta Adige 1 ✆ 30701, Fax 31083 – 📳 🛏 📺 ☎ ❷ – 🛳 200. 🖭 🚯 ⑩ Ε
𝘝𝘐𝘚𝘈 AY s
Pas *(chiuso venerdì)* carta 38/63000 (15%) – **42 cam** ☷ 95/130000 – ½ P 85/95000.

🏤 **Europa Palace,** viale Porta Po 92 ✆ 474797, Fax 474888 – 📳 🛏 📺 ☎ 🚙 ❷ –
🛳 30 a 200. 🖭 🚯 ⑩ Ε 𝘝𝘐𝘚𝘈 BZ v
Pas *(chiuso domenica sera e lunedì)* carta 32/56000 – ☷ 6000 – **56 cam** 65/100000 –
½ P 65/75000.

🏠 **Granatiere** senza rist, corso del Popolo 235 ✆ 22301, Fax 29388 – 📳 🛏 📺 ☎. 🖭 🚯 ⑩ Ε
𝘝𝘐𝘚𝘈 BZ x
☷ 8000 – **30 cam** 70/115000, 🛏 10000.

🍴🍴 3 Pini, viale Porta Po 68 ✆ 421111 – 🛏 ❷. BZ t

🍴 La Campana, via Eugenio Curiel 23 ✆ 421707, 🍽, 🍃 – ❷. AZ b

🍴 **Cauccio** con cam, viale Oroboni 50 ✆ 31639 – ❷ BY c
chiuso agosto – Pas *(chiuso lunedì)* carta 25/36000 – ☷ 6000 – **13 cam** 55/70000 –
½ P 70/80000.

Vedere anche : *Pontecchio Polesine* per ③ : 7 km.
Crespino per ③ : 17 km

OVIO 427 ㉔, 219 ⑧ – Vedere Cantone Ticino alla fine dell'elenco alfabetico.

UBANO 35030 Padova – 12 484 ab. alt. 18 – ✆ 049.

ma 499 – ◆Milano 224 – ◆Padova 8 – ◆Venezia 48 – ◆Verona 72 – Vicenza 25.

🏩 **La Bulesca** 🦢, via Fogazzaro 2 ✆ 8976388, Telex 430402, Fax 8975543, 🍽 – 📳 🛏 📺 ☎
❷ – 🛳 🚯 ⑩ Ε 𝘝𝘐𝘚𝘈
Pas *(chiuso domenica)* carta 33/50000 – ☷ 15000 – **59 cam** 90/160000, 8 appartamenti –
½ P 120/150000.

🏩 **El Rustego,** via Rossi 16 ✆ 631466, Fax 631558, 🍽 – 📳 🛏 📺 🕭 ❷ – 🛳 60. 🖭 🚯 Ε 𝘝𝘐𝘚𝘈
Pas vedere rist El Rustego – ☷ 12000 – **41 cam** 83/124000 – ½ P 97/116000.

🍴🍴 **El Rustego,** via Rossi 16 ✆ 634997, 🍽 – ❷. 🖭 🚯 Ε 𝘝𝘐𝘚𝘈 ⋘
chiuso domenica – Pas carta 33/49000.

a Sarmeola SE : 3 km – ⌧ 35030 :

🏠 **Le Calandre** senza rist, strada statale ✆ 635200, Fax 633026 – 📳 🛏 📺 ☎ 🚙 ❷. 🖭 🚯
⑩ Ε 𝘝𝘐𝘚𝘈
chiuso dal 23 dicembre al 6 gennaio – ☷ 10000 – **35 cam** 90/120000.

🍴🍴🍴 ❀ **Le Calandre,** strada statale ✆ 630303, Fax 633000, prenotare – 🛏 ❷. 🖭 🚯 ⑩ Ε 𝘝𝘐𝘚𝘈
chiuso domenica sera, lunedì e dal 10 al 23 agosto – Pas carta 63/114000
Spec. Gnocchi di rape rosse in salsa di Roquefort (autunno-inverno), Piccione disossato con porcini e polenta, Torta
Pazientina con crema zabaione. **Vini** Tocai, Amarone.

RUBIERA 42048 Reggio nell'Emilia 988 ⑭, 428 429 430 I 14 – 9 677 ab. alt. 55 – ✆ 0522.

ɔma 415 – ◆Bologna 53 – ◆Milano 162 – ◆Modena 12 – ◆Parma 40 – Reggio nell'Emilia 13.

🏠 **Arnaldo,** piazza 24 Maggio 3 ✆ 62124, Fax 628145 – 📳 📺 ☎. 🖭 🚯 ⑩ Ε 𝘝𝘐𝘚𝘈 ⋘
chiuso Natale, Pasqua ed agosto – Pas vedere rist Arnaldo-Clinica Gastronomica – ☷ 20000
– **33 cam** 75/105000.

🍴🍴 ❀ **Arnaldo-Clinica Gastronomica,** piazza 24 Maggio 3 ✆ 62124, Fax 628145 – 🖭 🚯 ⑩
Ε 𝘝𝘐𝘚𝘈 ⋘
chiuso domenica e lunedì a mezzogiorno, Natale, Pasqua ed agosto – Pas carta 43/76000
(10%)
Spec. Spugnolata (pasta), Arrosto al Barolo, Bolliti misti. **Vini** Malvasia, Lambrusco.

RUFINA 50068 Firenze 429 430 K 16 – 5 888 ab. alt. 115 – ✆ 055.

ɔma 271 – Arezzo 74 – ◆Bologna 120 – ◆Firenze 25 – Forlì 84 – ◆Milano 314 – Siena 109.

🏠 **La Speranza-da Grazzini,** ✆ 8397027, 🍽 – 📺 🕭 🚙 ❷. 🖭 🚯 ⑩ Ε 𝘝𝘐𝘚𝘈
Pas *(chiuso mercoledì e dal 15 al 31 luglio)* carta 23/33000 (10%) – ☷ 5000 – **28 cam**
45/70000 – ½ P 55/60000.

RUMO 38020 Trento 428 429 C 15 – 851 ab. alt. 939 – a.s. Pasqua e Natale – © 0463.
Roma 639 – ◆Bolzano 62 – ◆Milano 300 – Trento 55.

XX **Du Parc** ⚲ con cam, località Mocenigo ℘ 30179, ≤, ℛ – 🍽 rist ☎ ⓟ. 瓲 🕃 ⚫ ☰ VISA. ⚞
   chiuso dal 10 gennaio al 10 febbraio – Pas *(chiuso mercoledì)* carta 30/49000 – ⌖ 1000
   17 cam 80/140000 – ½ P 75/80000.

RUSSI 48026 Ravenna 988 ⑮, 429 430 I 18 – 10 904 ab. alt. 13 – © 0544.
Roma 374 – ◆Bologna 67 – Faenza 16 – ◆Ferrara 82 – Forlì 20 – ◆Milano 278 – ◆Ravenna 15.

🏠 **Morelli**, via Don Minzoni 30 ℘ 580172, ℛ – 🏢 🍽 rist ☎ ⓟ. 瓲 🕃 ⚫ ☰ VISA. ⚞
   chiuso dal 27 dicembre al 7 gennaio – Pas *(chiuso domenica sera e lunedì)* carta 26/44000 –
   ⌖ 8000 – **35 cam** 48/62000 – ½ P 55/57000.

   a San Pancrazio SE : 5 km – ✉ 48020 :

XX **La Cucoma**, ℘ 534147, Solo piatti di pesce – ⚞☰ 🍽 ⓟ. 瓲 🕃 ⚫ ☰ VISA. ⚞
   chiuso domenica sera, lunedì e dal 20 luglio al 20 agosto – Pas 30/55000.

RUTA Genova – Vedere Camogli.

RUTIGLIANO 70018 Bari 988 ㉙, 431 D 33 – 16 672 ab. alt. 122 – © 080.
Roma 463 – ◆Bari 19 – ◆Brindisi 100 – ◆Taranto 87.

XX **La Locanda**, via Leopardi 71 ℘ 661152, ℛ – 瓲 🕃 ⚫ ☰ VISA
   chiuso martedì e dal 5 al 20 agosto – Pas carta 35/61000.

RUTTARS Gorizia – Vedere Dolegna del Collio.

RUVO DI PUGLIA 70037 Bari 988 ㉙, 431 D 31 – 24 523 ab. alt. 256 – © 080.
Vedere Cratere di Talos★★ nel museo Archeologico Jatta – Cattedrale★.
Roma 441 – ◆Bari 34 – Barletta 32 – ◆Foggia 105 – Matera 64 – ◆Taranto 117.

🏦 **Pineta** ⚲, via Carlo Marx 5 ℘ 811578 – 🍽 rist 📺 ☎ ⓟ – 🔬 200. 瓲 🕃 ⚫ VISA. ⚞
   chiuso novembre – Pas *(solo per clienti alloggiati e chiuso venerdì)* carta 38/50000 –
   ⌖ 12000 – **21 cam** 51/89000 – P 104000.

SABAUDIA 04016 Latina 988 ㉖, 430 S 21 – 14 627 ab. – a.s. Pasqua e luglio-agosto – © 077
Roma 96 – Frosinone 56 – Latina 28 – ◆Napoli 149 – Terracina 26.

   sul lungomare SO : 2 km :

🏨 **Le Dune** ⚲, ✉ 04016 ℘ 55551, Fax 55643, ≤, ℛ, 🎣, 🈳, 🏊, 🐎, ℛ, ⚲ – 🏢 📺 ☎
   – 🔬 100. ⚞
   aprile-ottobre – Pas 56/78000 – ⌖ 20000 – **76 cam** 220/240000, 2 appartamenti – ½ P 19
   205000.

SABBIONETA 46018 Mantova 988 ⑭, 428 429 H 13 – 4 490 ab. alt. 18 – © 0375.
Vedere Insieme urbano★ – Teatro Olimpico★ – Chiesa dell'Incoronata★ – Galleria del
Antichità★ nel palazzo del Giardino.
Roma 469 – ◆Bologna 107 – Mantova 34 – ◆Milano 142 – ◆Modena 67 – ◆Parma 28.

🏠 **Al Duca**, ℘ 52474 – 🕃 ☰ VISA. ⚞
   chiuso gennaio – Pas *(chiuso lunedì)* carta 31/42000 – ⌖ 6000 – **10 cam** 45/70000.

XX **Parco Cappuccini**, a Vigoreto ℘ 52005, Fax 220056, « Parco ombreggiato » – ⚞☰ ⓟ
   瓲 🕃 ☰ VISA
   chiuso lunedì, mercoledì sera e dal 1° al 25 gennaio – Pas carta 32/65000.

SACCA Parma – Vedere Colorno.

SACILE 33077 Pordenone 988 ⑤, 429 E 19 – 16 765 ab. alt. 25 – © 0434.
Roma 596 – Belluno 65 – Treviso 45 – ◆Trieste 126 – Udine 64.

XX Sacellum, via della Pietà 20 ℘ 734358, « Terrazza-giardino in riva al fiume » – 🔬 30
XX **Il Pedrocchino**, piazza 4 Novembre 4 ℘ 70034 – 瓲 ⚫. ⚞
   chiuso dal 26 agosto al 17 settembre, domenica da giugno al 25 agosto e lunedì negli alt
   mesi – Pas carta 50/80000.

SACRA DI SAN MICHELE Torino 988 ⑫, 428 G 4 – alt. 962.
Vedere Abbazia★★★ : ≤★★★.
Roma 702 – Aosta 147 – Briançon 97 – Cuneo 102 – ◆Milano 174 – ◆Torino 37.

SACROFANO 00060 Roma 430 P 19 – 4 477 ab. alt. 260 – © 06.
Roma 28 – Viterbo 59.

X **Al Grottino**, ℘ 9086263, ℛ, « Ambiente caratteristico » – 瓲
   chiuso mercoledì e dal 10 al 30 agosto – Pas carta 35/40000.

SACRO MONTE Novara 219 ⑥ – Vedere Orta San Giulio.

SACRO MONTE Vercelli 428 E 6, 219 ⑥ – Vedere Varallo.

SAINT-CHRISTOPHE Aosta 428 E 4, 219 ② – Vedere Aosta.

SAINT-NICOLAS 11010 Aosta 428 E 3, 219 ② ⑫ – 263 ab. alt. (frazione Fossaz) 1 196 – a.s. febbraio, Pasqua, luglio-agosto – ✪ 0165.

Roma 764 – Aosta 17 – Courmayeur 36 – ◆Milano 202 – Colle del Piccolo San Bernardo 54.

🏠 **Saint Nicolas** ⍟, ℰ 98924, ≤ monti e vallate, 🚿 – ‡| 🕿. ⚃ ⓪ ⋿ 𝑉𝐼𝑆𝐴. ⚸
Pas carta 28/49000 – 🖵 7000 – **33 cam** 60/100000 – ½ P 70/90000.

SAINT-VINCENT 11027 Aosta 988 ②, 428 E 4 – 4 853 ab. alt. 575 – Stazione termale (maggio-ottobre), a.s. 20 giugno-settembre e Natale – ✪ 0166.

via Roma 52 ℰ 2239.

Roma 722 – Aosta 29 – Colle del Gran San Bernardo 61 – Ivrea 46 – ◆Milano 159 – ◆Torino 88 – Vercelli 97.

🏨 **Gd H. Billia,** viale Piemonte 18 ℰ 3546, Telex 212144, Fax 201799, ≤, « Parco ombreggiato con ⏄ riscaldata », 🏋, 🛥, 🏊 – ‡| 🗏 rist 🆃🆅 🕿 🅿 – 🛆 50 a 500. ⚃ 🕄 ⓪ ⋿ 𝑉𝐼𝑆𝐴. ⚸
Pas 65/75000 – 🖵 19000 – **250 cam** 230/340000, 6 appartamenti – ½ P 225000.

🏨 **Elena** senza rist, piazza Monte Zerbion ℰ 512140, Fax 37459 – ‡| 🆃🆅 🕿. ⚃ 🕄 ⓪ ⋿ 𝑉𝐼𝑆𝐴. ⚸
chiuso novembre – 🖵 10000 – **48 cam** 67/100000.

🏠 **Haiti** senza rist, via Chanoux 19 ℰ 512114, Fax 512937 – 🆃🆅 🕿 ⟵. ⚃ 🕄 ⓪ 𝑉𝐼𝑆𝐴. ⚸
chiuso dal 15 gennaio al 15 febbraio – 🖵 10000 – **25 cam** 70/90000.

🏠 **Posta,** piazza 28 Aprile ℰ 512250, Fax 537093 – ‡| 🆃🆅 ⟵. ⚃ 🕄 ⋿ 𝑉𝐼𝑆𝐴. ⚸
Pas (chiuso giovedì) 30000 – 🖵 9000 – **39 cam** 58/93000 – ½ P 89000.

🏠 **Bijou** senza rist, piazza Cavalieri di Vittorio Veneto ℰ 512020 – ‡| ⟵. ⋿ 𝑉𝐼𝑆𝐴
🖵 8000 – **31 cam** 48/77000.

🏠 **Leon d'Oro,** via Chanoux 26 ℰ 512202, Fax 37345, 🚿 – 🕿 🅿. ⚃ 🕄 ⓪ ⋿ 𝑉𝐼𝑆𝐴. ⚸ rist
Pas (maggio-settembre) 25/30000 – 🖵 7000 – **50 cam** 50/75000 – ½ P 65/70000.

XXX ✿ **Nuovo Batezar-da Renato,** via Marconi 1 ℰ 513164, prenotare – 🗏. ⚃ 🕄 ⓪ ⋿ 𝑉𝐼𝑆𝐴
chiuso a mezzogiorno (escluso sabato, domenica e i giorni festivi), mercoledì, dal 10 al 24 dicembre e dal 1° al 20 giugno – Pas carta 70/122000
Spec. Sinfonia di pesce, Tortelli vegetariani, Pernice all'aceto balsamico (autunno). Vini Blanc de Morgex, Enfer.

XX **Le Grenier,** piazza Monte Zerbion 1 ℰ 512224, Fax 512224, « Ambiente caratteristico »
– ⚃ 🕄 ⓪ ⋿ 𝑉𝐼𝑆𝐴. ⚸
chiuso lunedì a mezzogiorno, martedì, dal 6 al 26 gennaio e dal 6 al 26 luglio – Pas carta 52/93000.

a Salirod SE : 8 km – alt. 1 090 – ✉ 11027 Saint Vincent :

XX **Da Ezio,** ℰ 512322, ≤, prenotare la sera – ⚸
chiuso martedì sera e mercoledì – **Pas** carta 28/46000.

a Col du Joux E : 16 km alt. 1 640 – ✉ 11027 Saint Vincent :

XX **Stella Alpina,** ℰ 3527, ≤ – 🅿. ⚸
chiuso martedì sera, mercoledì, dal 20 al 30 aprile e ottobre – Pas carta 35/70000.

Vedere anche : **Chatillon** O : 4 km.

SALA BAGANZA 43038 Parma 428 429 H 12 – 4 162 ab. alt. 162 – ✪ 0521.
Dintorni Torrechiara★ : affreschi★ e ≤★ dalla terrazza del Castello SE : 10 km.
🎠 La Rocca (chiuso lunedì, gennaio e febbraio) ℰ 834037.
Roma 472 – ◆Milano 136 – ◆Parma 14 – ◆La Spezia 105.

XX **Da Eletta,** ℰ 833304, prenotare – 🅿. 𝑉𝐼𝑆𝐴. ⚸
chiuso a mezzogiorno (escluso i giorni festivi), lunedì e dal 16 luglio al 24 agosto –
Pas carta 39/56000.

SALA COMACINA 22010 Como 428 E 9, 219 ⑨ – 568 ab. alt. 213 – ✪ 0344.
Roma 649 – Como 24 – ◆Lugano 39 – Menaggio 11 – ◆Milano 72.

X **Taverna Blu,** ℰ 55107, « Servizio estivo in giardino con ≤ » – 🅿. 🕄 𝑉𝐼𝑆𝐴
chiuso martedì e settembre – Pas 50000 bc.

Vedere anche : **Isola Comacina** E : 5 mn di barca.

SALA CONSILINA 84036 Salerno 988 ㉘, 431 F 28 – 12 902 ab. alt. 614 – ✪ 0975.
Roma 350 – Castrovillari 104 – ◆Napoli 144 – Potenza 64 – Salerno 93.

sulla strada statale 19 SE : 3 km :

🏠 **La Pergola,** ✉ 84030 Trinità ℰ 45054 – ‡| ⟵ 🅿. ⚃ 🕄 ⓪ 𝑉𝐼𝑆𝐴
Pas carta 23/37000 (10 %) – 🖵 8000 – **28 cam** 30/47000 – ½ P 54000.

SALE MARASINO 25057 Brescia 428 429 E 12 – 3 107 ab. alt. 194 – a.s. Pasqua e luglio-15 settembre – ✪ 030.
Roma 589 – ◆Bergamo 47 – ◆Brescia 31 – Iseo 8 – ◆Milano 88 – ◆Verona 104.

XX La Posada, con cam, ℰ 986181, Fax 986181, ≤, 🏖, 🚿 – ⟵ 🅿
13 cam.

519

SALEMI Trapani 432 N 20 – Vedere Sicilia.

SALERNO 84100 ℙ 988 ㉗ ㉘, 431 E 26 – 152 374 ab. – ☎ 089.

Vedere Duomo★★ B – Via Mercanti★ AB – Lungomare Trieste★ AB.

Escursioni Costiera Amalfitana★★★.

🛉 piazza Ferrovia o Vittorio Veneto ℘ 231432 – piazza Amendola 8 ℘ 224744.

A.C.I. via Giacinto Vicinanza 11 ℘ 226677.

Roma 263 ④ – ◆Foggia 154 ① – ◆Napoli 56 ④.

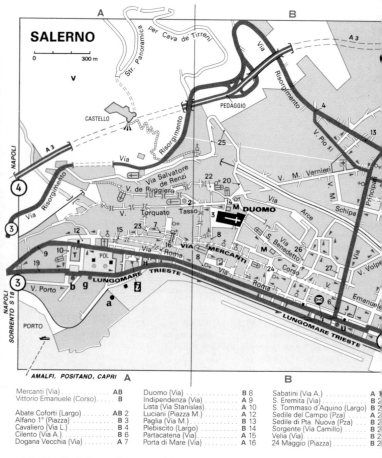

Mercanti (Via)	**AB**	Duomo (Via)	**B** 8	Sabatini (Via A.)	**A** 1	
Vittorio Emanuele (Corso)	**B**	Indipendenza (Via)	**A** 9	S. Eremita (Via)	**B** 2	
		Lista (Via Stanislas)	**A** 10	S. Tommaso d'Aquino (Largo)	**B** 2	
Abate Coforti (Largo)	**AB** 2	Luciani (Piazza M.)	**A** 12	Sedile del Campo (Pza)	**A** 2	
Alfano 1° (Piazza)	**B** 3	Paglia (Via M.)	**B** 13	Sedile di Pta. Nuova (Pza)	**B** 2	
Cavaliero (Via L.)	**B** 4	Plebiscito (Largo)	**B** 14	Sorgente (Via Camillo)	**B** 2	
Cilento (Via A.)	**B** 6	Partacatena (Via)	**A** 15	Velia (Via)	**B** 2	
Dogana Vecchia (Via)	**A** 7	Porta di Mare (Via)	**A** 16	24 Maggio (Piazza)	**B** 2	

🏨 **Lloyd's Baia,** strada statale ℘ 210145, Telex 770043, Fax 210186, ≤ golfo di Salerno, Terrazze ed ascensore per la spiaggia, ⌸, 🐜 – 🛗 🗉 🆚 ☎ ⇔ ℗ – 🔬 30 a 250. 🖭 🚯 ⓪ 🖿 𝘝𝘐𝘚𝘈 ⁒
Pas 50000 – **120 cam** ⇋ 150/220000 – ½ P 170000.
3 km per ③

🏨 **Jolly,** lungomare Trieste 1 ℘ 225222, Telex 770050, Fax 237571, ≤ – 🛗 🗉 🆚 ☎
🔬 120. 🖭 🚯 ⓪ 🖿 𝘝𝘐𝘚𝘈 ⁒ rist
A
Pas 45000 – **104 cam** ⇋ 165/210000 – ½ P 150/210000.

🏨 **Plaza** senza rist, piazza Ferrovia o Vittorio Veneto ℘ 224477, Fax 237311 – 🛗 🗉 🆚 ☎. 🖭
🚯 ⓪ 🖿 𝘝𝘐𝘚𝘈 ⁒
per corso Vittorio Emanuele   B
⇋ 13000 – **42 cam** 67/107000, 🗉 16000.

🏨 **Fiorenza** senza rist, a Mercatello via Trento 145 ℘ 338800, Fax 338800 – 🗉 🆚 ☎ ℗
🔬 150. 🖭 🚯 ⓪ 🖿 𝘝𝘐𝘚𝘈
per ③
⇋ 12000 – **30 cam** 83/123000.

per ②

X **Il Timone,** via Generale Clark 29/35 ✐ 335111, ㎡ – ▤.

X **Nicola dei Principati,** corso Garibaldi 201 ✐ 225435 – ▤. 𝔸𝔼 𝕊 ⓞ 𝔼 𝒱𝑰𝑺𝑨   B u
chiuso domenica – Pas carta 35/65000 (10%).

X **La Brace,** lungomare Trieste 11 ✐ 225159 – ▤ ⓟ. 𝔸𝔼 𝕊 ⓞ 𝔼 𝒱𝑰𝑺𝑨. ⅜   A g
chiuso domenica e dal 20 al 31 dicembre – Pas carta 37/63000 (15%).

X **Del Golfo,** via Porto 57 ✐ 231581, ㎡ – 𝔸𝔼 𝕊 𝔼 𝒱𝑰𝑺𝑨   A
chiuso martedì da ottobre ad aprile – Pas carta 28/46000 (12%).

X **Il Molo,** via Molo Manfredi 38 ✐ 231756 – ▤ ⓟ. 𝔸𝔼 𝕊 ⓞ 𝔼 𝒱𝑰𝑺𝑨. ⅜   A b
chiuso domenica sera, lunedì, dal 22 dicembre al 6 gennaio e dal 13 agosto al 3 settembre –
Pas carta 28/62000.

ALICE TERME 27056 Pavia 𝟵𝟴𝟴 ⑬, 𝟰𝟮𝟴 H 9 – alt. 171 – Stazione termale (marzo-dicembre) –
ⓒ 0383.

ia Marconi 20 ✐ 91207.

na 583 – Alessandria 37 – ◆Genova 89 – ◆Milano 73 – Pavia 41.

🏨 **President Hotel Terme** ⑊, via Enrico Fermi 5 ✐ 91941, Fax 92342, ⅏, ⌗, ↥ – 🕸 ▤ cam
📺 ☎ ⓟ – 🔬 350 – **122 cam.**

🏨 **Roby,** via Cesare Battisti 15 ✐ 91323 – ⓟ. ⅜ rist
*aprile-ottobre – Pas (chiuso mercoledì) carta 20/30000 – ⌴ 5000 – **23 cam** 50/60000 –*
½ P 45000.

XX **Il Caminetto,** via Cesare Battisti 11 ✐ 91391, ㎡ – ▤ ⓟ. 𝔸𝔼 𝕊 ⓞ 𝔼 𝒱𝑰𝑺𝑨. ⅜
chiuso lunedì e gennaio – Pas carta 55/70000.

X **Guado,** viale delle Terme 57 ✐ 91223, ㎡, prenotare – 𝔸𝔼 ⓞ 𝔼 𝒱𝑰𝑺𝑨. ⅜
chiuso mercoledì e dal 15 gennaio al 15 febbraio – Pas carta 41/59000.

ALINA (Isola) Messina 𝟵𝟴𝟴 ㊱ ㊲ ㊳, 𝟰𝟯𝟭 𝟰𝟯𝟮 L 26 – Vedere Sicilia (Eolie, isole).

ALINE DI VOLTERRA Pisa – Vedere Volterra.

ALIROD Aosta – Vedere Saint Vincent.

ALÒ 25087 Brescia 𝟵𝟴𝟴 ④, 𝟰𝟮𝟴 𝟰𝟮𝟵 F 13 – 10 144 ab. alt. 75 – a.s. Pasqua e luglio-15 set-
nbre – ⓒ 0365.

edere Lago di Garda★★★ – Polittico★ nel Duomo.

e ⅁ Gardagolf (chiuso lunedì) a Soiano del Lago ⊠ 25080 t° 67470, Fax 674788, N : 12 km.

lungolago Zanardelli 39 ✐ 21423.

na 548 – ◆Bergamo 85 – ◆Brescia 31 – ◆Milano 126 – Trento 94 – ◆Venezia 173 – ◆Verona 63.

🏨 **Laurin,** ✐ 22022, Telex 303342, Fax 22382, ㎡, « Giardino con ⅏ » – 🕸 📺 ☎ ⓟ –
🔬 25 a 35. 𝔸𝔼 𝕊 ⓞ 𝔼 𝒱𝑰𝑺𝑨. ⅜ rist
*chiuso dal 20 dicembre al 20 gennaio – Pas carta 65/85000 – ⌴ 25000 – **35 cam** 160/*
250000 – ½ P 160/190000.

🏨 **Duomo,** ✐ 21026, Fax 21028, ≤, ㎡ – 🕸 📺 ☎ – 🔬 30. 𝔸𝔼 𝕊 ⓞ 𝔼 𝒱𝑰𝑺𝑨. ⅜ rist
Pas *(chiuso lunedì, martedì a mezzogiorno e dal 4 al 25 novembre)* carta 47/79000 – **22 cam**
⌴ 125/162000 – ½ P 140000.

🏦 **Vigna,** ✐ 520144, ≤ – 🕸 ▤ rist ☎. 𝕊 ⓞ 𝔼 𝒱𝑰𝑺𝑨. ⅜ rist
*aprile-14 novembre – Pas carta 35/60000 – ⌴ 7000 – **22 cam** 55/85000 – P 82000.*

XX **Il Melograno,** località Campoverde ✐ 520421 – 𝔸𝔼 𝕊 𝔼 𝒱𝑰𝑺𝑨
chiuso lunedì sera e martedì – Pas carta 34/48000.

X **Alla Campagnola,** ✐ 22153, ㎡ – 𝕊 𝔼 𝒱𝑰𝑺𝑨. ⅜
chiuso lunedì, martedì a mezzogiorno e gennaio – Pas carta 31/48000.

a *Barbarano* NE : 2,5 km verso Gardone Riviera – ⊠ 25087 Salò :

🏨 **Spiaggia d'Oro** ⑊, ✐ 290034, Telex 301088, Fax 290092, ≤, ㎡, « Giardino sul lago
con ⅏ », ☎s – 🕸 ▤ 📺 ☎ ⅋ – 🔬 25. 𝔸𝔼 𝕊 ⓞ 𝔼 𝒱𝑰𝑺𝑨. ⅜ rist
*aprile-ottobre – Pas carta 45/60000 – **39 cam** ⌴ 160/270000, ▤ 8000 – ½ P 155/180000.*

🏦 **Barbarano al Lago** ⑊ senza rist, ✐ 20324, ≤, « Piccolo parco ombreggiato », ⅏, ⅍s
– ⓟ. 𝕊 𝔼 𝒱𝑰𝑺𝑨
*10 maggio-6 ottobre – ⌴ 10000 – **16 cam** 90/140000.*

🏦 **Barbarano Galeazzi,** ✐ 20256, ⌗ – 🕸 ☎ ⓟ. 𝕊 𝔼 𝒱𝑰𝑺𝑨. ⅜ rist
*20 aprile-8 ottobre – Pas carta 35/51000 – ⌴ 8000 – **31 cam** 70/110000 – ½ P 80/90000.*

Vedere anche : *Gardone Riviera* NE : 3,5 km.
San Felice del Benaco SE : 7 km.

SALSOMAGGIORE TERME 43039 Parma 🔢🔢🔢 ⑬ ⑭, 🔢🔢 🔢🔢 H 12 – 17 703 ab. alt. 160 – S
zione termale, a.s. agosto-ottobre – 🕸 0524 – 🛂 viale Romagnosi 7 ℘ 78265, Telex 530104, Fax 790
Roma 488 ① – Cremona 57 ① – ◆Milano 113 ① – ◆Parma 33 ① – Piacenza 52 ① – ◆La Spezia 128 ①.

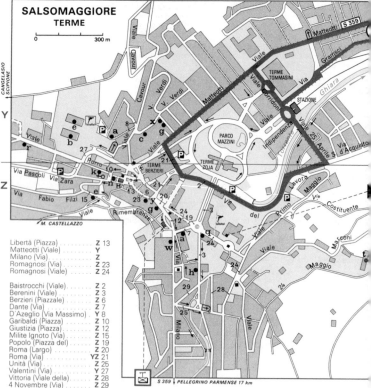

Libertà (Piazza)	Z 13
Matteotti (Viale)	Y
Milano (Via)	Z
Romagnosi (Via)	Z 23
Romagnosi (Viale)	Z 24
Baistrocchi (Viale)	Z 2
Berenini (Viale)	Z 3
Berzieri (Piazzale)	Z 6
Dante (Via)	Z 7
D'Azeglio (Via Massimo)	Y 8
Garibaldi (Piazza)	Z 10
Giustizia (Piazza)	Z 12
Milite Ignoto (Via)	Z 15
Popolo (Piazza del)	Z 19
Roma (Largo)	Z 20
Roma (Via)	YZ 21
Unità (Via)	Z 25
Valentini (Viale)	Y 27
Vittoria (Viale della)	Z 28
4 Novembre (Via)	Z 29

S 359 ↓ PELLEGRINO PARMENSE 17 km

🏨🏨 **Gd H. et de Milan,** via Dante 1 ℘ 572241, Fax 573884, « Piccolo parco ombreggia
con 🛏 », 🖐, ≈s, ♣ – 🛗 📺 ☎ ❷ – 🕍 80. 🕮 🛐 ⓞ 🖿 𝒱𝐼𝒮𝐴. 🛠 rist   Z
aprile-novembre – Pas 70/85000 – **112 cam** ⊇ 220/360000, 6 appartamenti – ½ P 28
320000.

🏨🏨 **Porro** 🔊, viale Porro 10 ℘ 578221, Telex 530639, Fax 577878, « Parco ombreggiato
♣ – 🛗 🔳 rist 📺 ☎ ❷ – 🕍 50. 🕮 🛐 ⓞ 🖿 𝒱𝐼𝒮𝐴. 🛠   Y
Pas 50/60000 – ⊇ 15000 – **82 cam** 160/220000, 6 appartamenti – ½ P 135/200000.

🏨🏨 **Regina,** largo Roma 3 ℘ 571611, Fax 79541, ≈s, ♣ – 🛗 📺 ☎ ❷ – 🕍 80. 🕮 🛐 ⓞ 🖿 𝒱𝐼𝒮
🛠 rist   Z
Pas 40/60000 – **95 cam** ⊇ 140/220000 – ½ P 160/180000.

🏨🏨 **Valentini** 🔊, viale Porro 10 ℘ 578251, Fax 578266, « Parco ombreggiato », ♣ – 🛗 📺
❷ – 🕍 200. 🕮 🛐 ⓞ 🖿 𝒱𝐼𝒮𝐴. 🛠   Y
15 marzo-20 novembre – Pas 50/60000 – ⊇ 12000 – **126 cam** 90/130000 – ½ P 115/13000

🏨🏨 **Excelsior,** viale Berenini 3 ℘ 575641, Fax 573888, 🖐, 🔳 – 🛗 📺 ☎ ⟷ ❷ – 🕍 30 a 4
🖿 𝒱𝐼𝒮𝐴. 🛠   Z
15 aprile-8 novembre – Pas 42000 – **63 cam** ⊇ 105/165000 – P 105/135000.

🏨 **Tiffany's,** viale Berenini 4 ℘ 577549, Fax 577549 – 🛗 🔳 📺 ☎ ❷ 🕮 🛐 ⓞ 🖿 𝒱𝐼𝒮𝐴. 🛠 ri
marzo-novembre – Pas 40/45000 – **30 cam** ⊇ 100/150000 – ½ P 80/110000.   Z

🏨 **Cristallo,** via Rossini 1 ℘ 577241, Fax 574022, 🔳 – 🛗 🔳 rist 📺 ☎ ❷. 🕮 🛐 ⓞ 🖿 𝒱𝐼𝒮𝐴. 🛠
chiuso gennaio e febbraio – Pas 35/40000 – **78 cam** ⊇ 98/145000 – ½ P 100/110000. Y

🏨 **Roma,** via Mascagni 10 ℘ 573371, Fax 573432 – 🛗 📺 ☎ ❷. 🕮 🛐 ⓞ 🖿 𝒱𝐼𝒮
🛠 rist   Y
25 aprile-15 novembre – Pas 30/40000 – ⊇ 15000 – **24 cam** 90/140000 – ½ P 80/110000.

🏨 **Daniel,** via Massimo D'Azeglio 8 ℰ 572341, 🚗 – 🛗 🗏 cam 📺 ☎ 🅿. 🖭 🗟 🗉 **VISA**. 🛠 rist Y **a**
10 aprile-10 novembre – Pas 38000 – 🖭 15000 – **36 cam** 105/150000 – ½ P 85/105000.

🏨 **Ritz,** viale Milite Ignoto 5 ℰ 577744, Fax 574410 – 🛗 📺 ☎ 🅿. 🗟 🗉 **VISA**. 🛠 Z **e**
aprile-novembre – Pas 45/55000 – 🖭 15000 – **27 cam** 105000 – ½ P 90000.

🏨 **De la Ville,** piazza Garibaldi 1 ℰ 573526, Fax 576449 – 🛗 📺 ☎. 🗟 🗉 **VISA**. 🛠 rist Z **n**
15 aprile-15 novembre – Pas 20/33000 – 🖭 8000 – **40 cam** 65/90000 – ½ P 68/78000.

🏨 **Villa Fiorita,** via Milano 2 ℰ 577841, 🚗 – 🛗 ☎ 🅿. 🛠 rist Z **w**
25 aprile-ottobre – Pas 25/30000 – 🖭 8000 – **43 cam** 80/100000 – ½ P 65/85000.

🏨 **Suisse,** viale Porro 5 ℰ 579077, 🚗 – 🛗 📺 ☎ 🅿. 🗟 🗉 **VISA**. 🛠 rist Z **k**
20 marzo-15 novembre – Pas (chiuso martedì) 30/35000 – 🖭 8000 – **23 cam** 70/95000 –
½ P 63/80000.

🏨 **Panda,** via Mascagni 6 ℰ 574566 – 🛗 🖭. 🛠 Y **c**
aprile-novembre – Pas (solo per clienti alloggiati) 27/29000 – 🖭 8500 – **27 cam** 68/90000 –
½ P 70/75000.

🏨 **Peracchi,** via Romagnosi 8 ℰ 571406, 🚗 – 📺 ☎. 🖭 🗟 🗉 **VISA**. 🛠 rist Z **y**
marzo-novembre – Pas (solo per clienti alloggiati) 38000 – **31 cam** 🖭 75/115000 –
½ P 84000.

🏨 **Rex,** viale Porro 37 ℰ 573481 – 🛗 🛠 rist ☎ 🅿. 🛠 Y **r**
15 marzo-15 novembre – Pas 30/35000 – 🖭 8000 – **28 cam** 65/75000 – ½ P 58/67000.

XX **Al Tartufo** con cam, viale Marconi 30 ℰ 573696, Fax 575633, ≤, prenotare – 📺 ☎ 🅿. 🖭
🗟 🗉 🗉 **VISA**. 🛠 Z **t**
marzo-14 novembre – Pas (chiuso lunedì) carta 46/72000 – **5 cam** 🖭 150000 – ½ P 70/
80000.

ALTINO Firenze 🗺 K 16 – Vedere Vallombrosa.

ALUZZO 12037 Cuneo 🗺 ⑫, 🗺 14 – 16 260 ab. alt. 395 – 🕾 0175.
via Griselda 6 ℰ 46710, Fax 46718.
ma 662 – Asti 76 – Cuneo 32 – ◆Milano 202 – Sestriere 86 – ◆Torino 52.

🏨 **Griselda,** corso 27 Aprile 13 ℰ 47484, Fax 47489 – 🛗 🗏 📺 ☎ 🚗 🅿 – 🔬 80. 🗟 🗉 🗉
VISA. 🛠
Pas (chiuso a mezzogiorno e domenica) carta 28/47000 – 🖭 12000 – **34 cam** 70/100000,
🗏 10000 – ½ P 87/107000.

🏨 **Astor** senza rist, piazza Garibaldi 39 ℰ 45506 – 🛗 📺 ☎. 🖭 🗟 🗉 🗉 **VISA**
🖭 12000 – **26 cam** 70/100000, appartamento.

XXX **La Gargotta del Pellico,** piazzetta Mondagli 5 ℰ 46833, prenotare – 🖭 🗟 🗉 🗉 **VISA**. 🛠
chiuso martedì, mercoledì a mezzogiorno, dal 7 al 21 gennaio e dal 1° al 14 luglio – Pas
carta 35/54000.

XX **Corona Grossa,** via Silvio Pellico 3 ℰ 45384 – 🔬 30. 🖭 🗟 🗉 **VISA**
chiuso lunedì sera, martedì e luglio – Pas carta 26/53000.

XX **La Taverna di Porti Scür,** via Volta 14 ℰ 41961, Coperti limitati; prenotare – 🗟 🗉 **VISA**. 🛠
chiuso lunedì – Pas carta 40/57000.

X **Osteria dei Mondagli,** piazzetta Mondagli 1/a ℰ 46306, Coperti limitati; prenotare – 🗟
🗉 **VISA**
chiuso mercoledì, giovedì a mezzogiorno e gennaio – Pas carta 31/67000.

SALVAROLA TERME Modena – Vedere Sassuolo.

SALVAROSA Treviso – Vedere Castelfranco Veneto.

SALZANO 30030 Venezia 🗺 F 18 – 10 877 ab. alt. 11 – 🕾 041.
ma 520 – ◆Padova 29 – Treviso 34 – ◆Venezia 23.

verso Noale NO : 4 km :

X **Da Flavio e Fabrizio,** ✉ 30030 ℰ 440645 – 🅿. 🖭 🗟 🗉 🗉 **VISA**. 🛠
chiuso lunedì e dal 10 al 20 agosto – Pas carta 32/45000.

SAMBOSETO Parma – Vedere Busseto.

SAMBUCA Firenze 🗺 L 15 – Vedere Tavarnelle Val di Pesa.

SAMMOMMÈ Pistoia 🗺 J 14 – Vedere Pistoia.

SAMPÈYRE 12020 Cuneo 🗺 I 3 – 1 460 ab. alt. 976 – a.s. luglio-agosto e Natale – 🕾 0175.
oma 680 – Cuneo 51 – ◆Milano 238 – ◆Torino 88.

a Rore E : 3 km – alt. 883 – ✉ 12020 :

X **Amici** con cam, ℰ 977119, ≤ – 🛠
Pas (chiuso giovedì escluso da luglio a settembre) carta 22/36000 – 🖭 5000 – **14 cam**
38/48000 – ½ P 40/45000.

SAMPIERDARENA Genova – Vedere Genova.

SAN BARTOLOMEO AL MARE 18016 Imperia 428 K 6 – 2 954 ab. – ✪ 0183.

🛐 via Aurelia 139 ✆ 400200.

Roma 606 – ◆Genova 107 – Imperia 11 – ◆Milano 231 – San Remo 34.

🏨 **Bergamo,** ✆ 400060, Fax 401021, ⊒ – |‡| ▤ 🔟 ☎ 😐. 🕄 E VISA. ⋘
23 dicembre-10 marzo e 15 aprile-settembre – Pas 30/35000 – ⊡ 15000 – **54 cam** 60/900
– ½ P 70/80000.

✗✗ **Il Frantoio,** via Pairola 23 ✆ 402487, Solo piatti di pesce, prenotare – 😐. VISA. ⋘
chiuso giovedì – Pas carta 53/93000.

SAN BASSANO 26020 Cremona 428 429 G 11 – 2 048 ab. alt. 59 – ✪ 0374.

Roma 532 – ◆Bergamo 59 – ◆Brescia 55 – Cremona 22 – ◆Milano 63 – Piacenza 32.

✗ **Leon d'Oro** con cam, ✆ 73119 – 😐 ㏂ 🕄 ⓪ E VISA. ⋘
chiuso agosto – Pas (chiuso domenica sera e lunedì) carta 32/52000 – ⊡ 5000 – **11 ca**
45/75000 – ½ P 53000.

SAN BENEDETTO Verona – Vedere Peschiera del Garda.

SAN BENEDETTO DEL TRONTO 63039 Ascoli Piceno 988 ⑯ ⑰, 430 N 23 – 45 220 ab. – a
luglio-settembre – ✪ 0735.

🛐 viale delle Tamerici 5 ✆ 2237 – piazzale Stazione (giugno-settembre) ✆ 4436, Fax 68726.

Roma 231 – ◆Ancona 89 – L'Aquila 122 – Ascoli Piceno 34 – Macerata 69 – ◆Pescara 68 – Teramo 49.

🏨 **Roxy,** viale Buozzi 6 ✆ 4441, Fax 4446, ⊒ – |‡| ▤ 🔟 ☎ 😐. ㏂ ⓪ E VISA. ⋘
Pas (luglio-agosto) 44/66000 bc – ⊡ 11000 – **74 cam** 132/209000 – ½ P 127/154000.

🏨 **Regent** senza rist, viale Gramsci 31 ✆ 582720, Fax 582805 – |‡| ▤ 🔟 ☎ 😐. ㏂ 🕄 ⓪
VISA. ⋘
⊡ 10000 – **24 cam** 85/120000.

🏨 **Sabbiadoro,** viale Marconi 46 ✆ 81911, Fax 81967, ≤, « Terrazza panoramica con, 🔲
⊠, ⊒, ▲⊕ – |‡| ▤ 🔟 ☎ ⇌. ㏂ 🕄 ⓪ VISA. ⋘
25 maggio-15 settembre – Pas 30/50000 – ⊡ 12000 – **63 cam** 80/110000 – P 70/110000.

🏨 **Garden,** viale Buozzi 8 ✆ 588245, Fax 588762 – |‡| ▤ rist 🔟 ☎ ⇌ – 🔬 80. VISA. ⋘
Pas carta 28/40000 – ⊡ 8000 – **54 cam** 65/110000 – ½ P 80/90000.

🏨 **Bahia,** viale Europa 98 ✆ 81711, Fax 81673, ≤, ▲⊕ – |‡| ▤ rist ☎ 😐. ㏂ 🕄 ⓪ E VISA. ⋞
20 maggio-settembre – Pas 25/30000 – ⊡ 10000 – **44 cam** 90000 – ½ P 55/85000.

🏨 Solarium, viale Europa 102 ✆ 81733, Fax 81616, ≤, ▲⊕ – |‡| ▤ 🔟 ☎ 😐.
45 cam.

🏨 **Royal,** via Ristori 24 ✆ 81950, Fax 83697, ⊒, ▲⊕, ⋘ – |‡| ▤ ▤ ⇐ 😐. ⋘
maggio-settembre – Pas (solo su prenotazione) 25/38000 – **30 cam** ⊡ 75000 – ½ P 8**
90000.

🏨 **Gian Carlo,** via Cicerone 43 ✆ 81740, Fax 81792, ⊒, ▲⊕ – |‡| 🔟 ☎ 😐. ⋘
Pasqua-ottobre – Pas carta 27/45000 – ⊡ 7500 – **103 cam** 60/80000 – ½ P 45/80000.

🏠 **Girasole,** viale Europa 126 ✆ 82162, ≤, ⋘ ☎ 😐. 🕄. ⋘ rist
15 maggio-15 settembre – Pas 15/30000 – ⊡ 6000 – **27 cam** 50/75000 – ½ P 50/80000.

✗✗ **Il Pescatore,** viale Trieste 27 ✆ 83782, Fax 83782, ≤ – 🕄 E VISA
chiuso dal 25 dicembre al 20 gennaio, domenica sera e lunedì dal 15 settembre al 15 giugr
– Pas carta 47/74000.

✗✗ **Ristorantino da Vittorio,** via Piemonte 1 ✆ 84674, Coperti limitati; prenotare – ▤. 🕄
🕄 E VISA. ⋘
chiuso lunedì e dicembre – Pas carta 37/65000.

✗ La Stalla, contrada Marinuccia 21 (O : 1 km) ✆ 587344, « Servizio estivo in terrazz
panoramica » – 😐.

a Porto d'Ascoli S : 5 km – ⊠ **63037** – 🛐 (giugno-settembre) via del Mare ✆ 659229 :

🏨 **Excelsior Gd H. des Bains,** viale Rinascimento 137 ✆ 650945, Fax 655310, ≤, ⊒, ▲⊕
⋘ – |‡| ☎ 😐 VISA. ⋘ rist
giugno-settembre – Pas 35000 – ⊡ 10000 – **126 cam** 89000 – ½ P 62/99000.

🏨 **Ambassador,** via Cimarosa 5 ✆ 659443, Fax 657758, ≤, ⊒, ▲⊕, ⋘, ✗ – |‡| ▤ 🔟 ⊀
😐 ㏂ 🕄 ⓪ E VISA. ⋘
maggio-settembre – Pas 40/45000 – ⊡ 14000 – **63 cam** 80/130000 – ½ P 94/104000.

🏠 **Poseidon,** via San Giacomo 34 ✆ 751696, ▲⊕ – |‡| ▤ rist ☎ 😐. ㏂. ⋘ rist
maggio-settembre – Pas 25000 – ⊡ 8000 – **39 cam** 60/65000 – ½ P 50/73000.

🏠 Rivamare, via San Giacomo 13 ✆ 659328, ≤, ▲⊕ – |‡| ☎ stagionale **26 cam.**

🏠 **Mocambo,** via Cimarosa 4 ✆ 659670, ⊒, ▲⊕ – |‡| 😐. ⋘ rist
15 maggio-25 settembre – Pas (solo per clienti alloggiati) carta 30/40000 – **52 cam** ⊡ 5(
70000 – ½ P 73000.

✗✗ **Mattia,** via Fratelli Cervi 20 ✆ 659597 – ▤ 😐. ㏂ 🕄 ⓪ E VISA. ⋘
chiuso lunedì e novembre – Pas carta 37/69000.
sulla strada statale 16 S : 7 km :

🏨 Quadrifoglio, ⊠ 63037 Porto d'Ascoli ✆ 655247, Fax 655247 – |‡| ▤ 🔟 ☎ 😐
🔬 50 a 350 – **40 cam.**

AN BENEDETTO VAL DI SAMBRO 40048 Bologna 429 430 J 15 – 4 186 ab. alt. 612 – 0534.

ma 350 – ◆Bologna 61 – ◆Firenze 73 – ◆Ravenna 123.

a Madonna dei Fornelli S : 3,5 km – ✉ 40048 :

Musolesi, ☎ 94100, Fax 94350 – 🛗 TV ☎ P. E VISA. ✗ rist
Pas *(chiuso lunedì)* carta 21/30000 – **24 cam** ☐ 50/70000 – ½ P 40/50000.

AN BERNARDINO Torino – Vedere Trana.

AN BERNARDO Torino – Vedere Ivrea.

AN BIAGIO Ravenna – Vedere Faenza.

AN BIAGIO DI CALLALTA 31048 Treviso 429 E 19 – 10 732 ab. alt. 10 – ☎ 0422.

ma 547 – Pordenone 43 – Treviso 11 – ◆Trieste 134 – ◆Venezia 36.

L'Escargot, località San Martino O : 3 km ✉ 31050 Olmi ☎ 899006 – P. AE ⓞ E VISA. ✗
chiuso lunedì sera, martedì e dal 10 agosto al 1° settembre – **Pas** carta 29/43000.

ad Olmi O : 3,5 km – ✉ 31050 :

Agli Olmi, senza rist, ☎ 892200 – TV ☎ P.
20 cam.

AN BONIFACIO 37047 Verona 988 ④, 429 F 15 – 15 779 ab. alt. 31 – ☎ 045.

ma 523 – ◆Milano 177 – Rovigo 71 – ◆Venezia 94 – ◆Verona 24 – Vicenza 31.

Bologna e Rist. Caravel, viale Trieste 55 (al quadrivio) ☎ 7610233, Fax 7613733, ⛱, 🌳 – 🛗 ▤ TV ☎ 🚗 P – 🏛 25 a 500. 🅂 E VISA. ✗
Pas *(chiuso lunedì)* carta 30/40000 – ☐ 12000 – **46 cam** 70/105000.

Per spostarvi più rapidamente utilizzate le carte Michelin *"Grandi Strade" :*
n° 970 Europa, n° 980 Grecia, n° 984 Germania, n° 985 Scandinavia-Finlandia,
n° 986 Gran Bretagna-Irlanda, n° 987 Germania-Austria-Benelux, n° 988 Italia,
n° 989 Francia, n° 990 Spagna-Portogallo, n° 991 Jugoslavia.

SAN CANDIDO (INNICHEN) 39038 Bolzano 988 ⑤, 429 B 18 – 3 053 ab. alt. 1 175 – Sport invernali : 1 175/2 189 m ⛷1 ⛷7, ⛷; a Versciaco : 1 132/2 205 m ⛷3 – ☎ 0474.
edere Guida Verde.

piazza del Magistrato 2 ☎ 73149, Telex 400329, Fax 73677.

oma 710 – Belluno 109 – ◆Bolzano 110 – Cortina d'Ampezzo 38 – Lienz 42 – ◆Milano 409 – Trento 170.

Cavallino Bianco-Weisses Rossl, ☎ 73135, Fax 73733, ≘s, 🏊, 🌳 – 🛗 ▤ rist TV ☎ ♿ 🚗 P. 🅂 E VISA
19 dicembre-27 marzo e 12 giugno-settembre – Pas carta 30/50000 – **55 cam** ☐ 120/240000 – ½ P 85/155000.

Park Hotel Sole Paradiso-Sonnenparadies 🐦, ☎ 73120, Fax 73193, « Parco pineta », 🏋, ≘s, 🏊, 🎾 – 🛗 ⇔ rist TV ☎ P. 🅂 E VISA. ✗
23 dicembre-28 marzo e giugno-3 ottobre – Pas (solo per clienti alloggiati) 43/63000 – **41 cam** ☐ 160/300000 – ½ P 85/170000.

Sporthotel Tyrol, ☎ 73198, Fax 73593, 🏋, ≘s, 🏊, 🌳, 🎾 – 🛗 ⇔ rist ▤ rist TV ☎ P. 🅂 ⓞ E VISA. ✗ rist
4 dicembre-11 aprile e 30 maggio-3 ottobre – Pas 35/55000 (10%) – ☐ 15000 – **28 cam** 90/165000 – ½ P 75/140000.

Panoramahotel Leitlhof 🐦, ☎ 73440, Fax 73440, ≤ Dolomiti e vallata, 🌳, ≘s, 🏊 – 🛗 ▤ rist TV ☎ 🚗 P
Natale-Pasqua e giugno-10 ottobre – Pas 30/60000 – ☐ 10000 – **14 cam** 100/200000 – ½ P 75/154000.

Posta-Post, ☎ 73133, Fax 73635, 🏋, ≘s, 🏊 – 🛗 ▤ rist TV ☎ ♿ 🚗. AE 🅂 ⓞ VISA. ✗ rist
20 dicembre-25 aprile e 30 maggio-settembre – Pas carta 35/51000 – ☐ 15000 – **39 cam** 100/180000 – ½ P 95/135000.

Schmieder 🐦, ☎ 73144, Fax 914080, 🌳 – 🛗 ☎ P. 🅂 E VISA. ✗ rist
20 dicembre-10 aprile e giugno-15 ottobre – Pas carta 40/55000 – **25 cam** solo ½ P 60/109000.

Kupferdachl, ☎ 73711, 🌳 – P. ✗
chiuso giovedì, dal 10 al 20 gennaio e dal 15 al 25 giugno – **Pas** carta 32/55000.

SAN CANZIAN D'ISONZO 34075 Gorizia 429 E 22 – 5 816 ab. alt. 5 – ☎ 0481.

oma 635 – Gorizia 31 – Grado 21 – Udine 49.

Arcimboldo, via Risiera S. Sabba 17 ☎ 76089 – P. AE 🅂 E VISA. ✗
chiuso lunedì, dal 24 al 31 gennaio e dal 15 luglio al 15 agosto – Pas carta 30/40000.

SAN CASCIANO IN VAL DI PESA **50026** Firenze 988 ⑭ ⑮, 429 430 L 15 – 16 104 ab. alt. 306 – ☎ 055.

Roma 283 – ♦Firenze 18 – ♦Livorno 84 – Siena 53.

XX **Il Fedino,** via Borromeo 9 ☎ 828612, ⛱, prenotare, « In un palazzo del 15° secolo » – Ⓟ. AE ⓢ ⓞ E VISA. ✂
chiuso a mezzogiorno (escluso i giorni festivi), lunedì e dal 15 ottobre al 15 novembre – Pa carta 27/43000 (10%).

X **Trattoria del Pesce,** località Bargino S : 5 km ☎ 8249045, ⛱, Rist. con specialità di mare – Ⓟ. AE ⓢ ⓞ E VISA. ✂
chiuso agosto, mercoledì e da ottobre a maggio anche martedì sera – Pas carta 38/55000.

verso Mercatale Val di Pesa SE : 4 km – ✉ **50024** :

X **La Biscondola,** ☎ 821381, « Servizio estivo all'aperto » – Ⓟ. AE ⓢ ⓞ E VISA
chiuso lunedì, martedì a mezzogiorno e novembre – Pas carta 32/47000.

a Cerbaia NO : 6 km – ✉ **50020** :

XXX ✿ **La Tenda Rossa,** ☎ 826132, Fax 825210, prenotare – ▤. AE ⓢ ⓞ E VISA. ✂
chiuso mercoledì, giovedì a mezzogiorno e dal 5 al 30 agosto – carta 71/108000
Spec. Crostino in sfoglia con mantello di cipolla dolce e pecorino fresco, Tortelli d'astaco su purea di fagioli bianchi, Carré d'agnello in crosta di pane alle olive nere. **Vini** Vernaccia, Chianti.

SAN CASSIANO **(ST. KASSIAN)** Bolzano – Vedere Badia.

SAN CATALDO Caltanissetta 988 ㊱, 432 O 23 – Vedere Sicilia.

SAN CESARIO SUL PANARO **41018** Modena 428 429 430 I 15 – 5 178 ab. alt. 54 – ☎ 059.

Roma 412 – ♦Bologna 30 – ♦Milano 189 – ♦Modena 17.

🏨 **Rocca Boschetti,** via Libertà 53 ☎ 930093, Fax 933495 – |‡| ▤ 📺 ☎ Ⓟ – 🏛 40 a 150. AE ⓢ ⓞ E VISA. ✂ rist
chiuso agosto – Pas carta 36/68000 – **31 cam** ☕ 210000 – ½ P 150000.

SAN CIPRIANO **(ST. ZYPRIAN)** Bolzano – Vedere Tires.

SAN CIPRIANO Genova – alt. 239 – ✉ **16010** Serra Riccò – ☎ 010.

Roma 511 – Alessandria 75 – ♦Genova 16 – ♦Milano 136.

XX **Ferrando,** ☎ 751925, Fax 750276, 🌳 – Ⓟ. ⓢ E VISA. ✂
chiuso dal 10 al 20 gennaio, dal 25 luglio al 15 agosto, lunedì e le sere di domenica e mercoledì – Pas carta 32/62000.

SAN CLEMENTE A CASAURIA (Abbazia di) Pescara 988 ㉗, 430 P 23.

Vedere Abbazia★★ : ciborio★★★.

Roma 172 – L'Aquila 68 – Chieti 29 – ♦Pescara 40 – Popoli 13.

SAN COSTANTINO Bolzano - Vedere Fiè allo Sciliar.

SAN CRISTOFORO AL LAGO Trento 429 D 15 – Vedere Pergine Valsugana.

SAN DAMIANO D'ASTI **14015** Asti 988 ⑫, 428 H 6 – 7 255 ab. alt. 179 – ☎ 0141.

Roma 629 – Alessandria 51 – Asti 15 – Cuneo 80 – ♦Milano 142 – ♦Torino 52.

X **La Lanterna,** piazza 1275 n° 2 ☎ 982217, Coperti limitati; prenotare – ✂
chiuso mercoledì ed agosto – **Pas** carta 24/45000.

SAN DANIELE DEL FRIULI **33038** Udine 988 ⑤ ⑥, 429 D 21 – 7 418 ab. alt. 252 – ☎ 0432.

Roma 632 – ♦Milano 371 – Tarvisio 80 – Treviso 108 – ♦Trieste 92 – Udine 24 – ♦Venezia 120.

🏨 Alla Torre, senza rist, via del Lago 1 ☎ 954562, Fax 954562 – |‡| ▤ 📺 ☎ ♿ – 🏛 30.
27 cam.

🏠 **Al Picaron,** colle Picaron ☎ 940688, Fax 940670, ≤, ⛱, 🌳 – Ⓟ – 🏛 100. AE ⓞ VISA. ✂ rist
Pas *(chiuso mercoledì escluso agosto)* carta 27/40000 – ☕ 5000 – **11 cam** 55/85000 – ½ P 85000.

XX **Al Cantinon,** via Cesare Battisti 2 ☎ 955186, Fax 955186, « Ambiente rustico » – VISA. ✂
chiuso giovedì ed ottobre – Pas carta 40/55000.

SAN DEMETRIO NE' VESTINI **67028** L'Aquila 430 P 22 – 1 563 ab. alt. 672 – ☎ 0862.

Roma 136 – L'Aquila 17 – ♦Napoli 259 – ♦Pescara 101.

X **La Pergola** con cam, ☎ 810975 – Ⓟ. ✂
Pas *(chiuso venerdì)* carta 28/37000 – ☕ 3000 – **15 cam** 45/65000 – ½ P 50/55000.

SAN DESIDERIO Genova – Vedere Genova.

SAN DESIDERIO Pavia – Vedere Godiasco.

SAND IN TAUFERS = Campo Tures.

AN DOMENICO Firenze – Vedere Fiesole.

AN DOMENICO Novara – Vedere Varzo.

AN DOMINO (Isola) Foggia 431 B 28 – Vedere Tremiti (Isole).

AN DONÀ DI PIAVE 30027 Venezia 988 ⑤, 429 F 19 – 33 654 ab. alt. 3 – ۞ 0421.
na 558 – Lido di Jesolo 20 – ◆Milano 297 – ◆Padova 67 – Treviso 34 – ◆Trieste 121 – Udine 90 – ◆Venezia 47.

Park Hotel Heraclia, via XIII Martiri 229 ℰ 43148, Fax 41728 – 📶 ▤ 🅿 📺 ☎ 🅿 –
🏄 35 a 80. 🆎 🕄 ⓪ 🗲 𝑉𝐼𝑆𝐴. 🎇
Pas (chiuso domenica) 25/45000 – 🖙 10000 – **30 cam** 75/100000.

Kristall, corso Trentin 16 ℰ 52862 e rist ℰ 54500, Fax 53623 – 📶 ▤ cam 📺 ☎ ৬ 🚗 🅿
– 🏄 50. 🆎 🕄 ⓪ 🗲 𝑉𝐼𝑆𝐴. 🎇 rist
Pas (chiuso lunedì, martedì a mezzogiorno e settembre) carta 30/45000 – 🖙 10000 –
42 cam 92/112000, 🖙 12000.

Forte del 48, via Vizzotto 1 ℰ 44018, Fax 44244 – 📶 ▤ 📺 ☎ ৬ 🚗 🅿 – 🏄 200. 🆎 🕄
⓪ 🗲 𝑉𝐼𝑆𝐴
Pas carta 21/39000 – 🖙 7000 – **33 cam** 60/85000 – ½ P 60/65000.

a Calvecchia NE : 2,5 km – ⊠ 30027 San Donà di Piave :

Al Paiolo, ℰ 320602 – 🅿. 🆎 🕄 ⓪ 🗲 𝑉𝐼𝑆𝐴. 🎇
chiuso giovedì – Pas carta 35/60000.

a Isiata SE : 4 km – ⊠ 30027 San Donà di Piave :

Siesta Ramon, ℰ 239030, Solo piatti di pesce – 🅿. 🕄 ⓪ 🗲 𝑉𝐼𝑆𝐴. 🎇
chiuso martedì e luglio – Pas carta 26/47000.

AN DONATO IN POGGIO Firenze 430 L 15 – Vedere Tavarnelle Val di Pesa.

AN DONATO MILANESE 20097 Milano 428 F 9, 219 ⑲ – 31 983 ab. alt. 102 – ۞ 02.
na 566 – ◆Milano 9 – Pavia 36 – Piacenza 50.

Pianta d'insieme di Milano (Milano p. 7)

Santa Barbara senza rist, piazzale Supercortemaggiore 4 ℰ 51891, Telex 326445,
Fax 5279169 – 📶 ▤ 📺 ☎ – 🏄 50. 🆎 🕄 ⓪ 🗲 𝑉𝐼𝑆𝐴. 🎇   CP **u**
149 cam 🖙 193/272000.

Delta senza rist, via Emilia 2/a ℰ 5231021, Telex 318566, Fax 5231418 – 📶 ▤ 📺 ☎ 🅿. 🆎
🕄 ⓪ 🗲 𝑉𝐼𝑆𝐴. 🎇   CP **s**
52 cam 🖙 195000.

Osterietta, via Emilia 26 ℰ 5275082, Fax 55600831, 🍴 – ▤ 🅿. 🆎 🕄 ⓪ 🗲 𝑉𝐼𝑆𝐴. 🎇
chiuso domenica ed agosto – Pas carta 42/62000.   CP **y**

sull'autostrada A 1 - Metanopoli o per via Emilia :

MotelAgip, ⊠ 20097 ℰ 512941, Telex 320132, Fax 510115 – 📶 ▤ 📺 ☎ ৬ 🅿 –
🏄 25 a 300. 🆎 🕄 ⓪ 🗲 𝑉𝐼𝑆𝐴. 🎇 rist   CP **v**
Pas al Rist. **Il Giardino** (chiuso sabato, domenica, dal 23 dicembre al 7 gennaio ed agosto)
carta 63/98000, self-service – **462 cam** 🖙 240/280000 – ½ P 195/315000.

AN FELICE CIRCEO 04017 Latina 988 ㉖, 430 S 21 – 8 474 ab. – a.s. Pasqua e luglio-agosto –
0773 – Roma 106 – Frosinone 64 – Latina 36 – ◆Napoli 141 – Terracina 18.

Maga Circe 🦢, ℰ 547821, Telex 680078, Fax 546224, ≤, « Servizio rist. estivo all'aperto », 🏊, 🦵 – 📶 ▤ 📺 ☎ ৬ 🅿 – 🏄 250. 🆎 🕄 ⓪ 🗲 𝑉𝐼𝑆𝐴. 🎇
Pas carta 45/70000 – **46 cam** 🖙 190/340000 – ½ P 170/250000.

Circeo e Rist. La Stiva, ℰ 528814, Fax 528028, ≤, 🍴, 🏊, 🦵, 🌾 – 📶 ▤ 📺 ☎ 🅿 –
🏄 120. 🆎 🕄 ⓪ 🗲 𝑉𝐼𝑆𝐴. 🎇
Pas (chiuso da novembre ad aprile) carta 45/60000 – **48 cam** 🖙 198000 – ½ P 110/150000.

a Faro di Torre Cervia O : 3,5 km – ⊠ 04017 San Felice Circeo :

Al Faro 🦢 con cam, ℰ 528019, Fax 528019, ≤, 🍴, « Sulla scogliera », 🦵 – ☎ 🅿
18 cam.

a Quarto Caldo O : 4 km – ⊠ 04017 San Felice Circeo :

Punta Rossa 🦢, ℰ 528085, Fax 528075, ≤, « Sulla scogliera », 🏊, 🦵, 🌾 – ▤ 📺 ☎
🅿. 🆎 🕄 ⓪ 🗲 𝑉𝐼𝑆𝐴. 🎇
Pas carta 50/90000 – **33 cam** 🖙 225/450000, 6 appartamenti – ½ P 255000.

SAN FELICE DEL BENACO 25010 Brescia 428 429 F 13 – 2 480 ab. alt. 119 – a.s. Pasqua e
glio-15 settembre – ۞ 0365.
ma 544 – ◆Brescia 35 – ◆Milano 134 – Salò 7 – Trento 102 – ◆Verona 59.

a Portese N : 1,5 km – ⊠ 25010 San Felice del Benaco :

Park Hotel Casimiro, ℰ 626262, Fax 62092, 🦵, ≦s, 🏊, 🌾 – 📺 ☎ 🅿 – 🏄 150
stagionale – **118 cam.**

🏨 **Garden** ⑤, O : 2 km ♠ 43688, Fax 41489, ≤, « Terrazza-giardino sul lago », 🏊 – ☎ (
※
aprile-10 ottobre – Pas (solo per clienti alloggiati) 20/35000 – 🖵 13000 – **29 cam** 60/1000(
– ½ P 60/85000.

✗ **Piero Bella** ⑤ con cam, ♠ 626090, ≤, « Servizio estivo in terrazza sul lago », 🏊, ⌁
※ – 🔟 ☎ ℗. 🕮 🚻 ⑩ 🔚 ꟾ🚱. ※
chiuso gennaio – Pas *(chiuso lunedi)* carta 36/62000 – 🖵 15000 – **14 cam** 130000(
½ P 85/95000.

SAN FELICIANO Perugia 430 M 18 – Vedere Magione.

SAN FERDINANDO DI PUGLIA 71046 Foggia 988 ㉘, 431 D 30 – 13 588 ab. alt. 66 – ✆ 0883.
Roma 382 – ♦Bari 82 – ♦Foggia 54 – ♦Napoli 194.

✗ **Roma** con cam, ♠ 761027 – 🗏 rist ☎ ℗. 🕮 🚻 🔚 ꟾ🚱. ※
Pas *(chiuso domenica sera)* carta 29/43000 – 🖵 4000 – **18 cam** 40/70000 – ½ P 55/65000(

SAN FLORIANO (OBEREGGEN) Bolzano 429 C 16 – alt. 1 512 – ✉ 39050 Ponte Nova – Spc
invernali : 1 512/2 172 m ✂8, ☈ – ✆ 0471.
Roma 666 – ♦Bolzano 24 – Cortina d'Ampezzo 103 – ♦Milano 321 – Trento 82.

🏨 **Sporthotel Obereggen** ⑤, ♠ 615797, Fax 615673, ≤, ₅, ⇌, ☒ – ꟾ⧊ 🔟 ☎ ⇌ ℗.
🔚 ꟾ🚱. ※
chiuso novembre – Pas carta 35/46000 – 🖵 19000 – **55 cam** 120/160000 – ½ P 115/14200(

🏨 **Cristal** ⑤, ♠ 615627, Fax 615698, ≤ monti e pinete, ₅, ⇌, ☒ – ꟾ⧊ 🔟 ☎ ⇌ ℗ ※
dicembre-aprile e giugno-settembre – Pas carta 31/51000 – **28 cam** 🖵 79/158000
½ P 64/94000.

a Pievalle (Bewaller) NE : 1,5 km – alt. 1 491 – ✉ 39050 San Nicolò in Val d'Ega :

🏠 **Bewallerhof** ⑤, ♠ 615729, ≤ monti e pinete, ⚞ – ☎ ℗. ※
chiuso maggio e novembre – **20 cam** solo ½ P 65/85000.

SAN FLORIANO DEL COLLIO 34070 Gorizia 429 E 22 – 850 ab. alt. 278 – ✆ 0481.
🆂 (chiuso lunedi, gennaio e febbraio) ♠ 884131, Fax 884214.
Roma 653 – Gorizia 4 – ♦Trieste 47 – Udine 41.

🏨 **Golf Hotel** ⑤, ♠ 884051, Fax 884214, « Parco con ⌁ », ※ – 🔟 ☎ & ℗. 🚻 ⑩ 🔚 ꟾ🚱
chiuso da gennaio al 15 febbraio – Pas vedere rist Castello Formentini – **12 cam** 🖵 14
235000, appartamento.

✗✗ **Castello Formentini**, ♠ 884034, Fax 884034 – ℗. 🕮 🚻 ⑩ 🔚 ꟾ🚱
chiuso lunedi e da gennaio al 15 febbraio – Pas carta 47/70000 (10%).

SAN FRUTTUOSO Genova 428 J 9 – ✉ 16030 San Fruttuoso di Camogli – ✆ 0185.
Vedere Posizione pittoresca★★.
Camogli 30 mn di motobarca – Portofino 20 mn di motobarca.

✗ **Da Giovanni**, ♠ 770047, ≤ piccolo golfo
chiuso mercoledi e gennaio – Pas carta 44/71000.

SAN GEMINI 05029 Terni 988 ㉖, 430 O 19 – 4 188 ab. alt. 337 – ✆ 0744.
Roma 99 – ♦Perugia 72 – Rieti 52 – Terni 13.

a San Gemini Fonte N : 2 km – ✉ 05029 :

✗✗ **All'Antica Carsulae**, con cam, ♠ 630163, Fax 630164, ⚞
9 cam.

SAN GERMANO CHISONE 10065 Torino 428 H 3 – 1 668 ab. alt. 486 – ✆ 0121.
Roma 696 – Asti 87 – Cuneo 71 – Sestriere 48 – ♦Torino 48.

✗✗ **Malan**, località Inverso Porte SE : 1 km ♠ 58822, ⚞ – ℗. 🚻 🔚 ꟾ🚱
chiuso lunedi e dal 1° al 15 novembre – Pas carta 35/54000.

SAN GIACOMO (ST. JACOB) Bolzano 429 B 16, 218 ㉒ – Vedere Bolzano.

SAN GIACOMO Cuneo – Vedere Boves.

SAN GIACOMO Perugia – Vedere Spoleto.

SAN GIACOMO DI ROBURENT Cuneo 428 J 5 – alt. 1 011 – ✉ 12080 Roburent – a.s. luglio
agosto e Natale – Sport invernali : 1 011/1 611 m ✂9, ☈ – ✆ 0174.
Roma 622 – Cuneo 40 – Savona 77 – ♦Torino 92.

🏨 **Nazionale**, ♠ 227127, ⚞ – ꟾ⧊ ☎. ※ rist
chiuso maggio e novembre – Pas carta 29/47000 – 🖵 6000 – **33 cam** 50/88000 – ½ P 5(
65000.

Roma 712 – Edolo 32 – ◆Milano 151 – Sondrio 13 – Passo dello Stelvio 71.

XX **La Corna-da Pola**, ℰ 786105, ≤ – **℗**
  chiuso lunedì e dal 15 al 31 luglio – Pas carta 40/50000.

SAN GIACOMO DI VEGLIA Treviso 429 E 18 – Vedere Vittorio Veneto.

SAN GIACOMO PO Mantova – Vedere Bagnolo San Vito.

SAN GILLIO 10040 Torino 428 G 4 – 2 130 ab. alt. 320 – © 011.

Roma 688 – ◆Milano 153 – Susa 44 – ◆Torino 17.

XX **Rosa d'Oro**, ℰ 9840890, 佘, 桼 – ▤ **℗**. 歴 目 E VISA. 彩
  chiuso domenica sera, lunedì, dal 26 dicembre al 7 gennaio e dall'8 al 20 agosto – Pas
  30/50000.

SAN GIMIGNANO 53037 Siena 988 ⑭, 428 430 L 15 – 7 004 ab. alt. 332 – © 0577.

Vedere Località★★★ – Piazza della Cisterna★★ – Piazza del Duomo★★ : affreschi★★ di Barna da
Siena nella Collegiata★ **B**, ≤★★ dalla torre del palazzo del Popolo★ **H** – Affreschi★★ nella chiesa
di Sant'Agostino.

Roma 268 ② – ◆Firenze 54 ② – ◆Livorno 89 ① – ◆Milano 350 ② – Pisa 79 ① – Siena 38 ②.

🏨🏨 **Relais Santa Chiara** ﹩ senza rist, via Matteotti 15 ℰ 940701, Fax 942096, ≤ campagna, ﹨, 桼 – 闈 ▤ ▥ ☎ ＆ **℗** – 益 70. 歴 目 ⓘ E VISA. 彩   0.5 km per ①
  chiuso dal 7 gennaio al 13 febbraio – **41 cam** ⌑ 130/210000.

🏨 **La Cisterna e Rist. Le Terrazze**, ℰ 940328, Fax 942080, ≤, « Sala in stile quattrocentesco » – 闈 ▥ ☎ ＆. 歴 目 ⓘ E VISA. 彩 rist   **e**
  10 marzo-10 novembre – Pas *(chiuso martedì e mercoledì a mezzogiorno)* carta 44/67000 –
  ⌑ 12000 – **50 cam** 80/
  130000 – ½ P 98/115000.

🏨 **Bel Soggiorno**, ℰ 940375,
  Fax 940375, ≤ campagna,
  « Ambiente trecentesco »
  – 闈 ▥ ☎. 歴 目 ⓘ E VISA.
  彩   **n**
  Pas *(chiuso lunedì)* carta 41/60000 (10%) – ⌑
  9000 – **18 cam** 97000, 4 appartamenti – ½ P 95000.

🏨 **L'Antico Pozzo** senza rist,
  ℰ 942014, Fax 942117 – 闈
  ▥ ☎. 歴 目 ⓘ E VISA   **a**
  ⌑ 12500 – **18 cam** 80/
  110000.

🏨 **Leon Bianco** senza rist,
  ℰ 941294, Fax 942123 – ☎
  ⟵. 歴 目 ⓘ E VISA. 彩
  *chiuso dal 15 gennaio a
  febbraio* – **25 cam** ⌑ 70/
  100000.

XX **Dorandò**, ℰ 941862, Fax
  941567, Coperti limitati;
  prenotare – ▤. 歴 目 ⓘ E
  VISA. 彩 – *chiuso lunedì e
  gennaio o novembre* – Pas
  carta 45/65000 (15%).   **g**

XX **La Griglia**, ℰ 940005,
  Fax 942131, ≤ campagna,
  佘 – 歴 目 ⓘ E VISA   **v**
  *chiuso giovedì e dal 15 di-
  cembre al 1° marzo* – Pas
  carta 29/59000 (15%).

XX **Da Graziano** ﹩ con cam,
  via Matteotti 39 ℰ 940101,
  Fax 940101, 佘 – ▥ ☎ **℗**.
  歴 目 ⓘ E VISA. 彩
  *chiuso dall'11 gennaio al 21
  febbraio* – Pas *(chiuso lunedì)* carta 26/57000 – ⌑
  8000 – **11 cam** 62/85000 –
  ½ P 67/70000.
              0.5 km per ①

XX **La Stella**, ℰ 940444 – 歴
  目 ⓘ E VISA   **c**
  *chiuso mercoledì e dal 7
  gennaio al 14 febbraio* – Pas
  carta 26/42000 (10%).

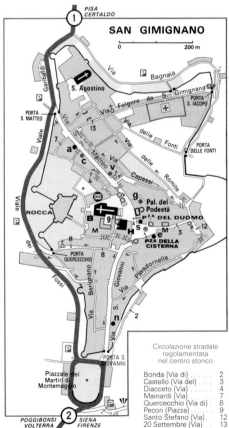

PISA
CERTALDO

SAN GIMIGNANO

0   200 m

S. Agostino

PORTA
S. MATTEO

PORTA
S. IACOPO

PORTA
DELLE FONTI

Pal. del
Podestà
PZA DEL DUOMO

ROCCA

PZA DELLA
CISTERNA

PORTA
QUERCECCHIO

PORTA S.
GIOVANNI

Piazzale dei
Martiri di
Montemaggio

POGGIBONSI
VOLTERRA

SIENA
FIRENZE

Circolazione stradale
regolamentata
nel centro storico

Bonda (Via di)	2
Castello (Via del)	3
Diacceto (Via)	4
Mainardi (Via)	7
Quercecchio (Via di)	8
Pecori (Piazza)	9
Santo Stefano (Via)	12
20 Settembre (Via)	13

verso Castel San Gimignano :

🏨 **Pescille** ⬧, località Pescille ⌧ 53037 ℘ 940186, Fax 940186, ≤ campagna e S. Gimignano, « Raccolta di attrezzi agricoli », ⬛, ⬧, ※ – ☎ ❷. ⒶⒺ ⑤ ⓞ Ⓔ ⅤⅠ𝗦𝗔. ※
chiuso gennaio e febbraio – Pas vedere rist I 5 Gigli – ⌑ 10000 – **40 cam** 83/116000, appartamenti – ½ P 118000. 4,5 km per

XXX **I 5 Gigli**, località Pescille ⌧ 53037 ℘ 940186, ≤ campagna e San Gimignano – ❷. ⒶⒺ ⓞ Ⓔ ⅤⅠ𝗦𝗔. ※ 4,5 km per
chiuso mercoledì, gennaio e febbraio – Pas carta 47/68000 (10%).

X **Franco**, località San Donato ⌧ 53037 ℘ 940540, ㄘ – ❷. ※ 5,5 km per
chiuso lunedì e dal 10 novembre al 27 dicembre – Pas carta 36/50000 (10%).

verso Certaldo :

🏨 **Villa San Paolo** ⬧ senza rist, ⌧ 53037 ℘ 955100, Fax 955113, ≤, ⬛, ㄘ, ※ – ⧫ ⬛ ⬚
☎ ❷. ⒶⒺ ⑤ ⓞ Ⓔ ⅤⅠ𝗦𝗔. ※ 5 km per
chiuso dal 10 gennaio al 10 febbraio – **15 cam** ⌑ 180000.

🏨 **Le Renaie e Rist. Leonetto** ⬧, località Pancole ⌧ 58050 Pancole ℘ 95504
Fax 955126, ≤, ㄘ, ⬛, ⬧ – ⓣⓥ ☎ ❷. ⒶⒺ ⑤ ⓞ Ⓔ ⅤⅠ𝗦𝗔. ※ rist 6 km per
chiuso dal 5 novembre al 5 dicembre – Pas *(chiuso martedì)* carta 32/52000 – ⌑ 9000
25 cam 110000 – ½ P 89/92000.

SAN GINESIO 62026 Macerata ⑨⑧⑧ ⑯, ⑷⑶⓪ M 21 – 4 052 ab. alt. 687 – ✆ 0733.

🚩 piazza Gentili ℘ 666014.

Roma 232 – ♦Ancona 81 – Ascoli Piceno 76 – Foligno 76 – Macerata 30.

🏤 **Centrale**, ℘ 656832, Fax 656832 – ☎. ⒶⒺ ⑤. ※
Pas *(chiuso mercoledì)* carta 30/42000 – ⌑ 5000 – **10 cam** 50/80000 – P 45/69000.

SANGINETO LIDO 87020 Cosenza ⑷⑶⒤ I 29 1 516 ab. – ✆ 0982.

Roma 456 – Castrovillari 88 – Catanzaro 126 – ♦Cosenza 66 – Sapri 72.

🏨 Cinque Stelle ⬧, ℘ 96091, Fax 96027, ≤, ㄘ, « Palazzine fra il verde », ⬛, ▲⊙, ㄘ, ⬧
– ☎ ❷
stagionale – **144 cam.**

X La Calabrisella con cam, ℘ 96061, ㄘ – ❷
15 cam.

SAN GIORGIO (ST. GEORGEN) Bolzano – Vedere Brunico.

SAN GIORGIO DEL SANNIO 82018 Benevento ⑨⑧⑧ ㉘, ⑷⑶⒤ D 26 – 8 932 ab. alt. 380 – ✆ 0824

Roma 276 – Avellino 27 – Benevento 11 – ♦Foggia 103.

🏤 **Villa San Marco**, uscita svincolo superstrada ℘ 49601, Fax 49601 – ⓣⓥ ☎ ❷. ⅤⅠ𝗦𝗔. ※
Pas *(chiuso martedì)* carta 24/43000 (10%) – ⌑ 5000 – **16 cam** 80000 – ½ P 75/85000.

SAN GIORGIO DI LIVENZA Venezia – Vedere Caorle.

SAN GIORGIO MONFERRATO 15020 Alessandria ⑷⑵⑧ G 7 – 1 314 ab. alt. 281 – ✆ 0142.

Roma 610 – Alessandria 30 – ♦Milano 83 – Pavia 74 – ♦Torino 75 – Vercelli 31.

XXX ✿ **Castello di San Giorgio** ⬧ con cam, ℘ 806203, Fax 806203, prenotare, « Piccol
parco ombreggiato » – ⓣⓥ ☎ ❷ – ⛿ 60. ⒶⒺ ⑤ ⓞ Ⓔ ⅤⅠ𝗦𝗔
chiuso dal 1° all'11 gennaio e dal 2 al 22 agosto – Pas *(chiuso lunedì)* carta 48/79000
⌑ 15000 – **11 cam** 160000, appartamento – ½ P 180000
Spec. Vitello tonnato, Agnolotti alla monferrina, Filetto di fassone al vino rosso. Vini Arneis, Barbaresco.

SAN GIORIO DI SUSA 10050 Torino ⑷⑵⑧ G 3 – 920 ab. alt. 420 – ✆ 0122.

Roma 708 – ♦Milano 180 – Susa 11 – ♦Torino 43.

X **Castel Nuovo**, ℘ 49507, Trattoria rustica con cucina piemontese – ❷. ※
chiuso lunedì e dal 25 settembre all'8 ottobre – Pas carta 20/37000.

SAN GIOVANNI Livorno – Vedere Elba (Isola d') : Portoferraio.

SAN GIOVANNI AL NATISONE 33048 Udine ⑷⑵⑨ E 22 – 5 699 ab. alt. 66 – ✆ 0432.

Roma 653 – Gorizia 19 – Udine 18.

🏨 **Wiener**, ℘ 757378, Fax 757359 – ⧫ ⬛ ⓣⓥ ☎ ⛿ ⟺ ❷. ⒶⒺ ⑤ Ⓔ ⅤⅠ𝗦𝗔. ※ rist
chiuso dal 22 dicembre al 2 gennaio e dal 2 al 19 agosto – Pas carta 31/45000 – ⌑ 12000 –
50 cam 95/120000 – ½ P 92/117000.

SAN GIOVANNI IN MARIGNANO 47048 Forlì ⑷⑵⑨ ⑷⑶⓪ K 20 – 7 131 ab. alt. 29 – ✆ 0541.

Roma 318 – Forlì 69 – ♦Ravenna 74 – Rimini 23.

XX **Il Granaio**, via 20 Settembre 18 ℘ 957205, Coperti limitati; prenotare – ⬛. ⒶⒺ ⑤ ⓞ Ⓔ
ⅤⅠ𝗦𝗔. ※
chiuso martedì ed agosto – Pas carta 30/48000.

Roma 392 – ◆Bologna 21 – ◆Ferrara 49 – ◆Milano 193 – ◆Modena 23.

X **Giardinetto,** circonvallazione Italia 20 ℘ 821590, 斧, Coperti limitati; prenotare – **P**. 匹 ⑤ ⑩ **E** *VISA*. ※
chiuso lunedì e dal 16 agosto al 20 settembre – Pas carta 35/58000.

SAN GIOVANNI LA PUNTA Catania 432 O 27 – Vedere Sicilia.

SAN GIOVANNI LUPATOTO 37057 Verona 988 ④, 429 F 15 – 19 985 ab. alt. 42 – © 045.

Roma 507 – Mantova 46 – ◆Milano 157 – ◆Verona 8.

🏠 **City** senza rist, ℘ 9251500, Fax 545044 – 🛗 🗏 📺 🕿. 匹 ⑤ ⑩ **E** *VISA*. ※
≤ 12000 – **39 cam** 85/107000. 🗏 11000.

SAN GIOVANNI ROTONDO 71013 Foggia 988 ㉘, 431 B 29 – 24 009 ab. alt. 557 – a.s.
8 agosto-settembre – © 0882.

🛈 piazza Europa 104 ℘ 856240.

Roma 352 – ◆Bari 142 – ◆Foggia 41 – Manfredonia 23 – Termoli 86.

🏨 **Parco delle Rose,** via Aldo Moro 71 ℘ 456709, 🌊, 斧, ※ – 🛗 🗏 rist 📺 🕿 ⇌ **P** –
🔏 200. 匹 ⑩
Pas carta 31/46000 – ≤ 7000 – **80 cam** 50/70000 – ½ P 57/62000.

🏨 **Gaggiano,** viale Cappuccini 144 ℘ 453701, Fax 456650, 🌊 – 🛗 🗏 📺 🕿 – 🔏 90. 匹 ⑤
⑩ **E** *VISA*
Pas carta 31/45000 – ≤ 8000 – **67 cam** 50/70000. 🗏 6000 – ½ P 55/60000.

🏨 **Fini,** viale Cappuccini 108 ℘ 456559, Fax 456559 – 🛗 🗏 rist 📺 🕿 ⇌ **P**. 匹 ⑤ *VISA*.
※ rist
Pas carta 31/49000 – ≤ 6000 – **29 cam** 65/75000 – ½ P 55/60000.

🏨 **San Michele,** viale Cappuccini 55 ℘ 456034, Fax 453699 – 🛗 🗏 rist 🕿 ⇌. ⑤ ⑩ **E** *VISA*.
※
Pas carta 28/43000 – ≤ 5000 – **68 cam** 50/66000 – ½ P 60/65000.

🏠 **California,** viale Cappuccini 69 ℘ 453983, Fax 454199 – 🗏 rist 🐾 ⇌. ⑤ *VISA*. ※
Pas carta 30/50000 – ≤ 5000 – **26 cam** 45/65000 – ½ P 60/65000.

XX **Da Costanzo,** via Santa Croce 9 ℘ 852285 – 🗏. 匹 ⑤ ⑩ **E** *VISA*. ※
chiuso domenica sera, lunedì, dal 6 al 13 luglio e dall'8 al 22 novembre – Pas carta 29/
50000.

SAN GIOVANNI VALDARNO 52027 Arezzo 988 ⑮, 430 L 16 – 18 153 ab. alt. 134 – © 055.

Roma 234 – Arezzo 37 – ◆Firenze 45 – Siena 51.

X **Castellucci,** ℘ 941679 – 匹 ⑤ **E** *VISA*
chiuso sabato a mezzogiorno, domenica e dal 15 luglio al 15 agosto – Pas carta 32/56000.

SAN GIULIANO Venezia – Vedere Mestre.

SAN GIULIANO MILANESE 20098 Milano 428 F 9, 219 ⑲ – 32 438 ab. alt. 97 – © 02.

Roma 562 – ◆Bergamo 55 – ◆Milano 12 – Pavia 33 – Piacenza 54.

XX **La Ruota,** via Roma 57 ℘ 9848394, Fax 98241914, 斧 – 🗏 **P** – 🔏 50. 匹 ⑤ ⑩ **E** *VISA*.
※
chiuso lunedì sera, martedì ed agosto – Pas carta 36/56000.

sulla strada statale 9 - via Emilia SE : 3 km :

XX **La Rampina,** ⊠ 20098 ℘ 9833273, Fax 98231632, 斧 – 🗏 **P**. 匹 ⑤ ⑩ **E** *VISA*. ※
chiuso mercoledì – Pas carta 65/90000.

SAN GIULIANO TERME 56017 Pisa 428 429 430 K 13 – 27 978 ab. alt. 10 – © 050.

Roma 358 – ◆Firenze 85 – Lucca 15 – ◆La Spezia 85.

a Rigoli NO : 3 km – ⊠ 56010 :

🏨 **Villa di Corliano** 📎 senza rist, ℘ 818193, « In un parco villa cinquecentesca con
affreschi del 1600 » – **P** – 🔏 50 a 250. ⑤ **E** *VISA*
≤ 15000 – **18 cam** 110000, 2 appartamenti.

a Pugnano NO : 6 km – ⊠ 56017 San Giuliano Terme :

X **Le Arcate,** ℘ 850105, Fax 850105 – ⑤ **E** *VISA*. ※
chiuso lunedì, mercoledì sera ed agosto – Pas carta 24/40000.

Pour vos excursions au Nord de la Lombardie et en Val d'Aoste
utilisez la carte Michelin n° 219 à 1/200 000.

SAN GODENZO 50060 Firenze 429 430 K 16 – 1 119 ab. alt. 430 – © 055.

Roma 290 – Arezzo 94 – ◆Bologna 121 – ◆Firenze 45 – Forlì 64 – ◆Milano 314 – Siena 129.

　X　**Agnoletti,** ℰ 8374016 – ⅍
　　　chiuso martedì e dal 1° al 20 settembre – Pas carta 17/24000.

　　　al Passo del Muraglione NE : 8,5 km – ⊠ **50060** San Godenzo :

　🏠　**Al Muraglione,** ℰ 8374393, Fax 8374393, ← – 📺 ☎ 🅿. 🖭 🗗 ⑩ 🗲 𝘝𝘐𝘚𝘈, ⅍ cam
　　　chiuso dal 7 gennaio al 7 febbraio – Pas *(chiuso martedì)* carta 25/38000 (12%) – ⚏ 5000
　　　10 cam 49/72000.

SAN GREGORIO Perugia – Vedere Assisi.

SAN GREGORIO Verona – Vedere Veronella.

SAN GREGORIO DI CATANIA Catania 432 O 27 – Vedere Sicilia.

SANGUINETTO 37058 Verona 429 G 15 – 4 223 ab. alt. 19 – © 0442.

Roma 477 – ◆Ferrara 73 – Mantova 31 – ◆Milano 204 – ◆Modena 73 – ◆Padova 77 – ◆Venezia 114 – ◆Verona 40.

　XX　**Ilva** con cam, via Dossi 147 (E : 2 km) ℰ 81119 – 📳 ▤ rist 📺 ☎ 🅿 – 🔏 100. 🖭 🗗 𝘝𝘐𝘚𝘈
　　　⅍
　　　chiuso lunedì, dal 2 al 25 gennaio e dal 1° al 20 agosto – Pas carta 32/54000 – ⚏ 7500
　　　13 cam 74/87000 – ½ P 82/88000.

ST. CHRISTINA IN GRÖDEN = Santa Cristina Valgardena.

SANKT LEONHARD IN PASSEIER = San Leonardo in Passiria.

SANKT MARTIN IN PASSEIER = San Martino in Passiria.

SANKT ULRICH = Ortisei.

SANKT VALENTIN AUF DER HAIDE = San Valentino alla Muta.

SANKT VIGIL ENNEBERG = San Vigilio di Marebbe.

SAN LAZZARO DI SAVENA 40068 Bologna 988 ⑭ ⑮, 429 430 I 16 – 30 315 ab. alt. 62
© 051.

Roma 390 – ◆Bologna 6 – Imola 27 – ◆Milano 219.

Pianta d'insieme di Bologna

　XXX　**Il Sambuco,** via della Repubblica 5 ℰ 464212, Solo piatti di pesce, Coperti limitat
　　　prenotare – ▤. 🖭 🗗 ⑩ 🗲 𝘝𝘐𝘚𝘈, ⅍　　　　　　　　　　　　　　　　GU
　　　*chiuso dal 28 luglio al 28 agosto, domenica, lunedì, da settembre a maggio aperto domen
　　　ca a mezzogiorno* – Pas carta 80/100000.

　XX　**Il Cerfoglio,** via Kennedy 11 ℰ 463339, Coperti limitati; prenotare – ▤. 🖭 🗗 ⑩ 🗲 𝘝𝘐𝘚𝘈
　　　chiuso sabato a mezzogiorno, domenica, dal 27 dicembre al 10 gennaio e dal 1° al 2
　　　agosto – Pas carta 45/65000.　　　　　　　　　　　　　　　　　　　　　GU

　X　**La Campagnola,** via Caselle 60 ℰ 460197, 🎇 – 🅿. 🖭 🗗 ⑩ 🗲 𝘝𝘐𝘚𝘈　　　　GU
　　　chiuso lunedì e dal 1° al 25 agosto – Pas carta 35/51000.

SAN LAZZARO PARMENSE Parma – Vedere Parma.

SAN LEO 61018 Pesaro e Urbino 988 ⑮, 429 430 K 19 – 2 511 ab. alt. 589 – a.s. 25 giugno
agosto – © 0541.

Vedere Posizione pittoresca★★ – Forte★ : 🌟★★★.

Roma 320 – ◆Ancona 142 – ◆Milano 351 – Pesaro 70 – Rimini 32 – San Marino 24.

　X　**La Rocca** con cam, ℰ 916241, Fax 926914 – ☎. 🖭 🗲 𝘝𝘐𝘚𝘈, ⅍ cam
　　　chiuso dal 10 gennaio al 20 febbraio – Pas *(chiuso lunedì)* carta 31/44000 – ⚏ 5000
　　　7 cam 66000 – ½ P 70000.

SAN LEONARDO IN PASSIRIA (ST. LEONHARD IN PASSEIER) 39015 Bolzano 988 ④, 429 B 1
– 3 328 ab. alt. 689 – © 0473.

Dintorni Strada del Passo di Monte Giovo★ : ←★★ verso l'Austria NE : 20 km – Strada de
Passo del Rombo★ NO.

Roma 685 – ◆Bolzano 48 – Brennero 53 – Bressanone 65 – Merano 20 – ◆Milano 346 – Trento 106.

　🏩　**Stroblhof,** ℰ 86128, Fax 86468, ←, 🎇, ≘s, ⊥, ⊠, 🐎, ％ – 📳 📺 ☎ 🚐 🅿. 🗗 🗲 𝘝𝘐𝘚𝘈
　　　chiuso dal 15 febbraio al 10 novembre al 20 dicembre – Pas carta 28/4600
　　　– **70 cam** ⚏ 50/100000 – ½ P 50/105000.

　🏨　**Theresia,** ℰ 86228, ←, ≘s, ⊠, 🐎 – 📳 🕾 🅿
　　　stagionale – **20 cam.**

　🏨　**Christophorus,** ℰ 86303, ←, 🐎 – 📳 🅿
　　　stagionale – **21 cam.**

🏠 **Sonnenhof** ⬙, 𝒫 86150 – ☎ ❶
stagionale – **20 cam.**

🏠 **Tirolerhof**, 𝒫 86117, 🌲 – ❶
32 cam.

🏠 **Passeirerhof**, 𝒫 86161, Fax 86677, ≼, ☎, 🖾, 🔲 – 🛗 📺 ☎ ❶. 🛠
chiuso dall'11 al 31 gennaio e dal 1° al 19 dicembre – Pas (solo per clienti alloggiati e *chiuso a mezzogiorno*) – **30 cam** 🍽 90/180000 – ½ P 70/85000.

SAN LEONARDO IN TREPONZIO Lucca – Vedere Capannori.

SAN LEONE Agrigento 432 P 22 – Vedere Sicilia (Agrigento).

SAN LEONINO Siena – vedere Castellina in Chianti.

SAN LORENZO IN BANALE 38078 Trento 428 429 D 14 – 1 099 ab. alt. 720 – a.s. 20 cembre-10 gennaio – ✪ 0465.
ɔma 609 – ♦Brescia 109 – ♦Milano 200 – Riva del Garda 35 – Trento 36.

🏠 **Soran**, 𝒫 74330, Fax 74564 – 🛗 📺 ☎ ⅊ ❶. 🛠
giugno-settembre – Pas 25/27000 – 🍽 10000 – **16 cam** 94000, 3 appartamenti – P 84000.

🏠 **Castel Mani** ⬙, 𝒫 74017, Fax 74017, ≼ – 🛗 ☎ ❶. 🛠
Pas *(chiuso giovedì)* 19/24000 – **36 cam** 🍽 50/80000 – ½ P 75000.

SAN LORENZO IN CAMPO 61047 Pesaro e Urbino 429 430 L 20 – 3 312 ab. alt. 209 – s. luglio-agosto – ✪ 0721.
ɔma 257 – ♦Ancona 59 – ♦Perugia 105 – Pesaro 51.

🏠 **Giardino**, strada provinciale 424 (O :1,5 km) 𝒫 776803, Fax 776236, 🏊 – 📺 ☎ ❶ – 🖌 30. 🖭 ⓢ ⓪ 🇪 𝘝𝘐𝘚𝘈. 🛠
Pas *(chiuso lunedì)* 30/40000 – **20 cam** 🍽 55/80000 – ½ P 65/70000.

Leggete attentamente l'introduzione : é la « chiave » della guida.

SAN MACARIO IN PIANO Lucca 430 K 13 – Vedere Lucca.

SAN MAMETE Como 219 ⑧ – Vedere Valsolda.

SAN MARCELLO PISTOIESE 51028 Pistoia 988 ⑭, 428 429 430 J 14 – 7 788 ab. alt. 623 – s. luglio-agosto – ✪ 0573.
via Marconi 14 𝒫 630145, Fax 630145.
ɔma 340 – ♦Bologna 90 – ♦Firenze 66 – Lucca 50 – ♦Milano 291 – Pisa 72 – Pistoia 30.

🏠 **Il Cacciatore**, 𝒫 630533, Fax 630134 – 📺 ☎ ❶ – 🖌 40. 🖭 ⓢ ⓪ 🇪 𝘝𝘐𝘚𝘈. 🛠
chiuso novembre – Pas *(chiuso lunedì)* carta 30/45000 – 🍽 7500 – **25 cam** 65/90000 – ½ P 45/75000.

SAN MARCO Salerno 431 G 26 – Vedere Castellabate.

SAN MARINO 47031 Repubblica di San Marino 988 ⑮, 429 430 K 19 – 222 ab. nella Capitale, 23 372 ab.nello Stato di San Marino alt. 749 (monte Titano) – s. 15 giugno-settembre – ✪ 0549.
edere Posizione pittoresca★★★ – ≼★★★ sugli Appennini e il mare dalle Rocche.
palazzo del Turismo 𝒫 882410.
ɔma 355 ① – ♦Ancona 132 ① – ♦Bologna 135 ① – Forlì 74 ① – ♦Milano 346 ① – ♦Ravenna 78 ① – Rimini 27 ①.

Pianta pagina seguente

🏨 **Gd H. San Marino e Rist. Arengo**, viale Antonio Onofri 31 𝒫 992400, Telex 518548, Fax 992951, ≼ – 🛗 🖨 cam 📺 🖾 🕭 ⟵ – 🖌 60 a 150. 🖭 ⓢ ⓪ 🇪 𝘝𝘐𝘚𝘈. 🛠 rist   Z **a**
15 febbraio-novembre – Pas carta 34/55000 – 🍽 10000 – **57 cam** 90/126000 – ½ P 88/120000.

🏨 **Titano** ⬙, contrada del Collegio 21 𝒫 991006, Telex 505444, Fax 991375, « Terrazza rist. con ≼ » – 🛗 📺 ☎. 🖭 ⓢ ⓪ 🇪 𝘝𝘐𝘚𝘈   Y **u**
15 marzo-15 novembre – Pas carta 29/48000 (10%) – 🍽 10000 – **50 cam** 85/115000 – ½ P 80/90000.

🏠 **Panoramic**, via Voltone 91 𝒫 992359, Fax 990356 – 📺 ☎ ⟵ ❶. 🖭 ⓢ ⓪ 🇪 𝘝𝘐𝘚𝘈. 🛠 rist   Z **w**
chiuso dal 10 gennaio al 20 febbraio e dal 15 al 30 novembre – Pas *(chiuso martedì escluso da maggio a settembre)* carta 28/41000 (15%) – 🍽 8000 – **27 cam** 70/85000 – ½ P 60/70000.

🏠 **Quercia Antica**, via Cella Bella 𝒫 991257, Fax 990044 – 🖭 ⟵. 🖭 ⓪ 𝘝𝘐𝘚𝘈. 🛠 rist Z **v**
Pas carta 25/45000 (15%) – 🍽 8000 – **26 cam** 80/96000 – ½ P 75000.

🏠 **Joli San Marino e Rist. Vecchia Stazione**, via Federico d'Urbino 233 𝒫 991008, Fax 991009 – 🛗 📺 🖾 ⟵. 🖭 ⓢ ⓪ 🇪 𝘝𝘐𝘚𝘈   Z **r**
chiuso dal 5 gennaio al 25 febbraio – Pas carta 29/40000 – 🍽 8000 – **20 cam** 90000 – ½ P 60/72000.

SAN MARINO

0   300 m

Circolazione automobilistica
vietata entro le mura

Collegio (Contrada del)	Y 5
Salita alla Rocca (Via)	Y 16
Basilicius (Via)	Y 2
Capannaccia (Via della)	Z 3
Domus Plebis (Piazzale)	Y 6
Donna Felicissima (Via)	Y 7
Fratta (Via della)	Y 8
Libertà (Piazza della)	Y 9
Maccioni (Via Francesco)	Z 12
Mura (Contrada delle)	Y 13
Omerelli (Contrada)	Y 15
Santa Croce (Contrada)	Y 19

XXX **Righi la Taverna,** piazza della Libertà 10 ℰ 991196, Fax 991196, « Caratteristico arredamento » – 🖃. 🖭 🚯 ⓞ 🖪 𝚅𝙸𝚂𝙰
Y
chiuso Natale – Pas carta 36/62000 (15%).

XX **La Fratta,** via Salita alla Rocca 14 ℰ 991594, Fax 990320, � – 🖭 🚯 ⓞ 🖪 𝚅𝙸𝚂𝙰
%
Y
chiuso dal 15 novembre al 15 dicembre e mercoledì in bassa stagione – Pas carta 36/53000

X **Buca San Francesco,** piazzetta Placito Feretrano 3 ℰ 991462
Y
chiuso la sera e dal 15 novembre al 15 dicembre – Pas carta 22/35000.

a Domagnano per ① : 4 km – ⊠ **47031 San Marino :**

🏨 **Rossi,** ℰ 902263, ≤ – ⧈ 🆅 ☎ 🅿. 🖭 🚯 ⓞ 🖪 𝚅𝙸𝚂𝙰. %
chiuso dal 1° al 15 novembre – Pas *(chiuso sabato in bassa stagione)* carta 28/37000
⊠ 8000 – **36 cam** 70/90000 – ½ P 65/75000.

SAN MARTINO Livorno 𝟺𝟹𝟶 N 12 – Vedere Elba (Isola d') : Portoferraio.

SAN MARTINO AL CIMINO Viterbo 𝟺𝟹𝟶 O 18 – Vedere Viterbo.

SAN MARTINO BUON ALBERGO 37036 Verona 𝟺𝟸𝟿 F 15 – 13 372 ab. alt. 45 – ✿ 045.
Roma 510 – ◆Milano 164 – ◆Padova 74 – ◆Verona 8 – Vicenza 44.

X **Antica Trattoria da Momi,** via Serena 38 ℰ 990752 – 🖭 🚯 ⓞ 🖪 𝚅𝙸𝚂𝙰. %
chiuso domenica sera, lunedì e dal 5 al 25 agosto – Pas carta 36/55000.

a Marcellise N : 5 km – alt. 102 – ⊠ **37030 :**

X **Agli Olivi,** ℰ 8740052, 🌮 – 🅿. %
chiuso lunedì, martedì e dal 3 al 19 agosto – Pas carta 24/46000.

534

AN MARTINO DELLA BATTAGLIA 25010 Brescia 428 429 F 13 – alt. 87 – © 030.

ma 515 – ♦Brescia 37 – ♦Milano 125 – ♦Verona 35.

※ **Da Renato,** 𝒫 9910117 – **℗**. ✻
chiuso mercoledì e dal 1° al 15 luglio – Pas carta 25/35000.

AN MARTINO DI CASTROZZA 38058 Trento 988 ⑤ , 429 D 17 – alt. 1 467 – a.s. 22 dicembre-
ifania e febbraio-Pasqua – Sport invernali : 1 467/2 606 m ⟪2 ⟪26, ⟪; al passo Rolle :
84/2 216 m ⟪6, ⟪ – © 0439.

dere Località★★.

via Passo Rolle 165 𝒫 68352, Telex 401543, Fax 768814.

ma 629 – Belluno 79 – ♦Bolzano 86 – Cortina d'Ampezzo 113 – ♦Milano 349 – Trento 109 – Treviso 105 –
enezia 135.

🏨 **Savoia,** 𝒫 68094, Fax 68188, ⟪ gruppo delle Pale e vallata – 📶 📺 ☎ ⟪ ⟪ **℗**. 🄰🄴 🅂 ⓞ
E 𝑽𝑰𝑺𝑨. ✻ rist
20 dicembre-10 aprile e luglio-10 settembre – Pas carta 40/50000 – **68 cam** ⟷ 143/254000,
4 appartamenti – ½ P 146/196000.

🏨 **Des Alpes,** 𝒫 769069, Telex 401543, Fax 769068, ⟪, ⟪ – 📶 📺 ☎ ⟪ **℗** – ⟪ 50. 🄰🄴 🅂
E 𝑽𝑰𝑺𝑨. ✻
23 dicembre-18 aprile e 25 giugno-10 settembre – Pas 35/50000 – **55 cam** ⟷ 230000 –
½ P 115/180000.

🏨 **San Martino,** 𝒫 68011, Fax 68841, ⟪ gruppo delle Pale e vallata, ⟪, 🔲, ⟪, ※ – 📶 📺
☎ ⟪ **℗** – ⟪ 30. 🅂 𝑽𝑰𝑺𝑨. ✻
20 dicembre-20 aprile e luglio-15 settembre – Pas 30/40000 – ⟷ 12000 – **48 cam** 80/
130000 – ½ P 70/120000.

🏨 **Orsingher,** 𝒫 68544, Fax 769043, ⟪ – 📶 📺 ☎ **℗**. 🅂 **E** 𝑽𝑰𝑺𝑨. ✻
20 dicembre-Pasqua e 28 giugno-25 settembre – Pas (solo per clienti alloggiati) 23/30000 –
31 cam ⟷ 92/146000, 2 appartamenti – ½ P 89/135000.

🏨 **Paladin,** 𝒫 768680, ⟪ gruppo delle Pale e vallata, ⟪ – 📶 📺 ☎ ⟪ **℗**. 𝑽𝑰𝑺𝑨. ✻
20 dicembre-20 aprile e 20 giugno-15 settembre – Pas 25/35000 – **28 cam** ⟷ 90/120000 –
½ P 70/100000.

🏨 **Panorama,** 𝒫 768667, ⟪ – 📶 📺 ☎ ⟪ **℗**. 🅂 ⓞ 𝑽𝑰𝑺𝑨. ✻
20 dicembre-15 aprile e 28 giugno-16 settembre – Pas carta 26/33000 – **22 cam** ⟷ 138000
– ½ P 129000.

🏨 **Cristallo,** 𝒫 68134, Fax 68134, ⟪ gruppo delle Pale – 📶 ☎ **℗**. 🄰🄴 ✻
20 dicembre-15 aprile e 20 giugno-15 settembre – Pas 25/32000 – **24 cam** ⟷ 85/130000 –
½ P 70/125000.

🏨 **Stalon,** 𝒫 68126, Fax 768738, ⟪ – ☎ **℗**. 🅂 𝑽𝑰𝑺𝑨. ✻
dicembre-aprile e giugno-settembre – Pas carta 34/53000 – ⟷ 18000 – **33 cam** 160000 –
½ P 125/165000.

🏨 **Rosetta,** 𝒫 768622, Fax 768622, ⟪ gruppo delle Pale – 📶 📺 ☎ **℗**. 🄰🄴 ✻
20 dicembre-15 aprile e 20 giugno-15 settembre – Pas 25/32000 – **50 cam** ⟷ 85/130000 –
½ P 70/125000.

🏨 **Regina,** 𝒫 68017, Fax 68017, ⟪ gruppo delle Pale – 📶 📺 ☎ **℗**. 🄰🄴 🅂 ✻ rist
20 dicembre-20 aprile e 15 giugno-20 settembre – Pas 25/32000 – ⟷ 10000 – **35 cam**
90/144000 – ½ P 69/128000.

🏠 **Letizia,** 𝒫 768615, ⟪ – 📶 📺 ☎ ⟪ **℗**. 🄰🄴 🅂 **E** 𝑽𝑰𝑺𝑨. ✻ rist
4 dicembre-Pasqua e 26 giugno-15 settembre – Pas 20/28000 – **21 cam** ⟷ 140000 –
½ P 60/120000.

🏠 **Alpino,** 𝒫 68193, Fax 68193, ⟪ gruppo delle Pale – 📶 📺 ☎ ⟪ **℗**. ✻
20 dicembre-aprile e 29 giugno-settembre – Pas 30/35000 – ⟷ 13000 – **31 cam** 100/
120000 – ½ P 108/116000.

🏠 **Madonna,** 𝒫 68137 – 📶 📺 ☎ **℗**. 𝑽𝑰𝑺𝑨. ✻
8 dicembre-Pasqua e 20 giugno-settembre – Pas (20 giugno-settembre) carta 29/42000 –
⟷ 8000 – **25 cam** 90/130000 – ½ P 62/115000.

※※ **Malga Ces,** O : 3 km 𝒫 68145 – **℗**. 🄰🄴 ✻
8 dicembre-15 aprile e 16 giugno-settembre ; chiuso domenica sera da dicembre ad aprile –
Pas carta 35/56000.

AN MARTINO IN COLLE Lucca – Vedere Montecarlo.

AN MARTINO IN PASSIRIA (ST. MARTIN IN PASSEIER) 39010 Bolzano 429 B 15, 218 ⑩ –
680 ab. alt. 597 – © 0473.

ma 682 – ♦Bolzano 44 – Merano 16 – ♦Milano 342 – Trento 102.

🏨 **Quellenhof-Sorgente e Forellenhof,** S : 5 km 𝒫 645474, Fax 645499, ⟪, ⟪, 🔲 riscaldata, 🔲, ⟪, ※ – 📶 📺 ☎ ⟪ **℗**
marzo-17 novembre – Pas carta 41/69000 – **40 cam** ⟷ 65/130000 – ½ P 52/91000.

🏨 **Kennenhof** ⟪, S : 5 km 𝒫 645440, ⟪, 🔲 riscaldata, 🔲, ⟪, ※ – 📺 ☎ ⟪ **℗**
marzo-novembre – Pas (solo per clienti alloggiati e chiuso a mezzogiorno) 16/39000 –
15 cam ⟷ 65/130000 – ½ P 59/98000.

535

SAN MARZANO OLIVETO 14050 Asti 428 H 6 – 945 ab. alt. 301 – ✆ 0141.
Roma 598 – Alessandria 37 – Asti 32 – ◆Genova 101 – ◆Milano 128 – ◆Torino 80.

　Ⅹ　**Da Bardon,** località Case Vecchie SE : 4 km ✆ 831340, 🍽 – ⓟ. 🅱 🄴 *VISA*. ✼
　　chiuso giovedì e dal 15 al 30 dicembre – **Pas** carta 30/45000.

SAN MASSIMO Genova – Vedere Rapallo.

SAN MAURIZIO CANAVESE 10077 Torino 428 G 4 – 6 584 ab. alt. 317 – ✆ 011.
Roma 697 – Aosta 111 – ◆Milano 142 – ◆Torino 19 – Vercelli 72.

　ⅩⅩ　**La Credenza,** via Cavour 22 ✆ 9278014, Fax 9278014, 🍽 – 🅰🄴 🅱 ⓞ 🄴 *VISA*
　　chiuso martedì – Pas carta 35/54000.

SAN MAURIZIO D'OPAGLIO 28017 Novara 428 E 7, 219 ⑥ – 2 782 ab. alt. 373 – ✆ 0322.
Roma 658 – Domodossola 50 – ◆Milano 81 – Novara 43 – ◆Torino 117 – Varese 49.

　ⅩⅩ　**Da Grissino,** ✆ 96173 – ⓟ. 🅱 ⓞ 🄴 *VISA*. ✼
　　chiuso mercoledì, dal 7 al 13 gennaio e dal 1° al 25 agosto – Pas carta 34/66000.

SAN MAURO A MARE 47030 Forlì 429 430 J 19 – a.s. 21 giugno-agosto – ✆ 0541.
🅱 (aprile-settembre) via Repubblica 8 ✆ 346392.

Roma 353 – ◆Bologna 103 – Forlì 42 – ◆Milano 314 – ◆Ravenna 36 – Rimini 16.

　🏨🏨　**Capitol,** ✆ 345542, Telex 518516, Fax 345492, 🎠, 🈺, 🏊 riscaldata – 🛗 🖭 🖭 🖭 ☎ 🚹 🚻
　　🏄 80. 🅰🄴 🅱 ⓞ 🄴 *VISA*. ✼
　　Pas carta 46/60000 – **35 cam** ⇆ 120/185000 – ½ P 143000.

　🏨　**Europa,** ✆ 346312, Fax 346400, 🏊 – 🛗 ☰ rist ⓟ. *VISA*. ✼ rist
　　Pasqua-15 ottobre – Pas (solo per clienti alloggiati) 20000 – **47 cam** ⇆ 60/70000 – ½ P 3
　　60000.

　🏨　**Internazionale,** ✆ 346475, Fax 346937, ≤, 🐾, ✼ – 🛗 ☎ ⓟ. ✼ rist
　　15 maggio-20 settembre – Pas (solo per clienti alloggiati) – ⇆ 12000 – **36 cam** 60/9000C

SAN MAURO TORINESE 10099 Torino 428 G 5 – 16 756 ab. alt. 211 – ✆ 011.
Roma 666 – Asti 54 – ◆Milano 136 – Torino 9 – Vercelli 66.

Pianta d'insieme di Torino (Torino p. 3)

　🏨　**La Pace** senza rist, via Roma 36 ✆ 8221945 – 🛗 🖭 ☎ ⓟ. 🅱 🄴 *VISA*. ✼　　　　　HT
　　⇆ 6000 – **37 cam** 69/85000.

　ⅩⅩⅩ　✿ **Bontan,** via Canua 55 ✆ 8222680, Fax 8226658, Coperti limitati; prenotare, « Serviz
　　estivo in giardino » – ⓟ. 🅰🄴 🅱 ⓞ *VISA*　　　　　　　　　　　　　　　　　　HT
　　chiuso domenica, lunedì e dal 1° al 25 gennaio – Pas carta 60/95000
　　Spec. Gamberi con zucchine e anelli di cipolla croccanti, Pennette di grano duro con caponata leggera, Sogliole
　　forno con intinghio di fave e pomodoro crudo. Vini Arneis, Barbaresco.

　Ⅹ　**Frandin,** via Settimo 14 ✆ 8221177, 🍽 – ⓟ. 🅰🄴 🅱 ⓞ 🄴 *VISA*　　　　　　HT
　　chiuso martedì e dal 16 agosto al 15 settembre – Pas carta 31/63000.

SAN MENAIO 71010 Foggia 431 B 29 – a.s. luglio-13 settembre – ✆ 0884.
Roma 389 – ◆Bari 188 – ◆Foggia 104 – San Severo 71.

　🏨　**Nettuno,** E : 1,5 km ✆ 98131, ≤ – 🛗 ☎ ⇆ ⓟ. ✼
　　aprile-settembre – Pas carta 30/38000 – ⇆ 7000 – **27 cam** 35/65000 – P 85000.

SAN MICHELE (ST. MICHAEL) Bolzano 218 ⑳ – Vedere Appiano.

SAN MICHELE ALL'ADIGE 38010 Trento 988 ④, 429 D 15 – 2 103 ab. alt. 229 – a.s. dicembr
aprile – ✆ 0461 – Roma 603 – ◆Bolzano 41 – ◆Milano 257 – Moena 70 – Trento 16.

　🏨　**Lord Hotel** senza rist, N : 1 km ✆ 650120, Fax 650138, ≤, ✼ – 🛗 🖭 ☎ ⇆ ⓟ. 🅱 ⓞ
　　VISA. ✼
　　chiuso dal 24 dicembre al 5 gennaio – ⇆ 5000 – **33 cam** 45/80000.

　ⅩⅩ　**Da Silvio,** N : 1 km ✆ 650324, Fax 650604 – ⓟ. 🏄 60. 🅰🄴 🅱 ⓞ 🄴 *VISA*. ✼
　　chiuso domenica sera, lunedì, dal 7 al 21 gennaio e dal 15 giugno al 2 luglio – P
　　carta 39/63000.

SAN MICHELE AL TAGLIAMENTO 30028 Venezia 429 E 20 – 12 077 ab. alt. 7 – ✆ 0431.
Roma 599 – ◆Milano 338 – Pordenone 44 – ◆Trieste 81 – Udine 50 – ◆Venezia 88.

　ⅩⅩ　✿ **Mattarello,** strada statale ✆ 50450, Fax 50450 – ☰ ⓟ. 🅱 🄴 *VISA*. ✼
　　chiuso lunedì – Pas carta 56/83000
　　Spec. Sardine in savor, Panzerotti neri alle noci di mare, Granseola olio e limone. Vini Sauvignon, Red Angel.

SAN MINIATO 56027 Pisa 988 ⑭, 428 429 430 K 14 – 25 368 ab. alt. 140 – ✆ 0571.
🌳 Fontevivo (chiuso lunedì ed agosto) ✆ 42472.

Roma 297 – ◆Firenze 43 – ◆Livorno 52 – Pisa 42 – Siena 66.

　🏛　**Miravalle** 📎, piazza Castello 3 ✆ 418075, Fax 419681, ≤ – 🛗 🖭 ☎ – 🏄 40. 🅰🄴 🅱 ⓞ
　　VISA. ✼
　　Pas (chiuso venerdì e dal 6 al 24 agosto) carta 40/88000 – ⇆ 8500 – **18 cam** 130000.

536

AN NICOLA ARCELLA 87020 Cosenza 431 H 29 – 1 352 ab. alt. 110 – ✿ 0985.

na 425 – Castrovillari 77 – Catanzaro 158 – ✦Cosenza 99 – ✦Napoli 217.

🏠 **Principe,** 𝒫 3125, ≤ mare e costa, 🛱 – 🛗 ⌨ 🚗 🅿 🖪 🗲 𝑽𝑰𝑺𝑨. 🛠
Pas carta 30/42000 – 🖙 5000 – **28 cam** 60/90000 – ½ P 55/75000.

sulla strada statale 18 S : 1,5 km :

✗ **San Giorgio** ⊠ 87020 𝒫 3103, 🛱 – 🅿
chiuso mercoledì, dal 23 al 30 settembre e dal 1° all'8 novembre – Pas carta 27/45000.

AN NICOLÒ (ST. NIKOLAUS) Bolzano 428 G 10, 218 ⑲ – Vedere Ultimo.

AN NICOLÒ Piacenza – Vedere Piacenza.

AN NICOLÒ DI RICADI Catanzaro 431 L 29 – Vedere Tropea.

AN PANCRAZIO Ravenna 430 I 18 – Vedere Russi.

AN PANTALEO Sassari 433 D 10 – Vedere Sardegna.

AN PAOLO (ST. PAULS) Bolzano 218 ⑳ – Vedere Appiano sulla Strada del Vino.

AN PAOLO CERVO 13060 Vercelli 428 F 6, 219 ⑮ – 178 ab. alt. 795 – ✿ 015.

na 690 – Biella 14 – ✦Milano 116 – Novara 70 – Vercelli 56.

✗ **Asmara** con cam, 𝒫 60021, ≤ – 🅿. 🛠
aprile-ottobre – Pas *(chiuso martedì)* carta 28/40000 – 🖙 4500 – **7 cam** 36/55000 –
½ P 40/45000.

AN PELLEGRINO (Passo di) Trento 988 ⑤, 429 C 17 – alt. 1 918 – ⊠ 38035 Moena – a.s.
bbraio-Pasqua e Natale – Sport invernali : 1 918/2 516 m ✦1 ✦5, ✦ – ✿ 0462.

na 682 – Belluno 58 – ✦Bolzano 56 – ✦Milano 340 – Trento 100.

🏨 **Monzoni** ⑤, 𝒫 573352, Fax 573339, ≤ Dolomiti, 🖪, ☎ – 🛗 ✦ ☎ ₺ 🅿 – 🔥 120. 🖽 🖪
⓪ 𝑽𝑰𝑺𝑨. 🛠
4 dicembre-17 aprile e 13 luglio-4 settembre – Pas carta 43/59000 – 🖙 14000 – **87 cam**
143/185000 – ½ P 100/167000.

🏨 **Costabella** ⑤, 𝒫 573326, Fax 574283, ≤ Dolomiti – 🛗 ✦ cam ☎ 🅿. 🛠 rist
dicembre-aprile e luglio-settembre – Pas 32/34000 (10%) – 🖙 15000 – **27 cam** 161000 –
½ P 88/110000.

✗ **Miralago** ⑤ con cam, E : 1 km ⊠ 38030 Soraga 𝒫 573088, ≤, « In riva ad un laghetto »
– 📺 ☎ 🅿. 🖪 🗲 𝑽𝑰𝑺𝑨. 🛠
chiuso novembre – Pas *(chiuso martedì in bassa stagione)* 20/28000 – **10 cam** 🖙 76000 –
½ P 60/80000.

AN PELLEGRINO TERME 24016 Bergamo 988 ③, 428 E 10 – 5 324 ab. alt. 354 – Stazione
rmale (maggio-settembre), a.s. luglio-agosto – ✿ 0345.

intorni Val Brembana★ Nord e Sud per la strada S 470 – 🖪 via Papa Giovanni 18 𝒫 21020.

na 626 – ✦Bergamo 25 – ✦Brescia 77 – Como 71 – ✦Milano 67.

🏨 **Terme** ⑤, 𝒫 21125, Fax 22655, 🌳 – 🛗 📺 ☎ 🅿 – 🔥 50. 🖽 ⓪. 🛠
16 giugno-15 settembre – Pas 65/100000 – 🖙 13000 – **50 cam** 100/120000 – ½ P 145000.

🏨 **Bigio,** 𝒫 21058, Fax 23463, « Giardino ombreggiato » – 🛗 ☎ 🅿 – 🔥 100. 🛠
5 maggio-settembre – Pas carta 36/55000 – 🖙 9000 – **50 cam** 55/80000 – ½ P 72/84000.

🏠 **La Ruspinella,** S : 1,5 km 𝒫 21333, Fax 21333 – 📺 ☎ 🅿 🖽 🖪 ⓪ 🗲 𝑽𝑰𝑺𝑨. 🛠
chiuso dal 15 al 30 settembre – Pas *(chiuso venerdì)* carta 26/56000 – 🖙 5000 – **18 cam**
55/80000 – ½ P 60000.

AN PIERO A SIEVE 50037 Firenze 988 ⑮, 429 430 K 15 – 3 719 ab. alt. 210 – ✿ 055.

na 318 – ✦Bologna 82 – ✦Firenze 26.

✗ **La Felicina** con cam, 𝒫 848016 – ☎. 🖽. 🛠
chiuso dal 19 febbraio al 3 marzo e dal 3 al 15 settembre – Pas *(chiuso sabato)* carta 32/
42000 – 🖙 9000 – **10 cam** 60/82000 – ½ P 70/75000.

AN PIETRO Savona – Vedere Andora.

AN PIETRO Verona – Vedere Legnago.

AN PIETRO (Isola di) Cagliari 988 ③, 433 J 6 – Vedere Sardegna.

AN PIETRO IN BEVAGNA Taranto 431 G 35 – Vedere Manduria.

AN PIETRO IN CARIANO 37029 Verona 428 429 F 14 – 10 609 ab. alt. 160 – ✿ 045.

oma 510 – ✦Brescia 77 – ✦Milano 164 – Trento 85 – ✦Verona 15.

🏨 **Valpolicella International e Rist. Corallo,** 𝒫 7703555 e rist 𝒫 7704966, Fax 7703555
– 🛗 ▦ 📺 ☎ 🅿 – 🔥 30 a 200. 🖽 🖪 ⓪ 🗲 𝑽𝑰𝑺𝑨. 🛠
Pas *(chiuso giovedì e domenica sera)* carta 30/47000 – 🖙 16000 – **42 cam** 124000.

SAN PIETRO IN GU 35010 Padova 429 F 16 – 4 207 ab. alt. 45 – © 049.

Roma 543 – Belluno 104 – ◆Milano 219 – ◆Padova 33 – Trento 109 – Treviso 48 – ◆Venezia 66 – Vicenza 14.

XX **Ca' Bianca** con cam, strada statale ℰ 5991078 – ▤ 🔲 ☎ ⇔ 🅿. 🔒 ☰ 𝗩𝗜𝗦𝗔 ⚮
chiuso dal 1° al 28 agosto – Pas (chiuso domenica sera e lunedì) carta 27/71000 – ⚌ 5000
14 cam 40/60000 – ½ P 65000.

SAN PIETRO IN VOLTA Venezia – Vedere Venezia.

SAN POLO Parma – Vedere Torrile.

SAN POLO DI PIAVE 31020 Treviso 429 E 19 – 4 013 ab. alt. 27 – © 0422.

Roma 563 – Belluno 65 – Cortina d'Ampezzo 120 – ◆Milano 302 – Treviso 23 – Udine 99 – ◆Venezia 52.

XX ✦ **Gambrinus**, ℰ 855043, Fax 855044, prenotare, « Servizio estivo in giardino con volier
e ruscello » – ⇔ ▤ 🅿. – 🔒 80. 🔒 ☰ 𝗩𝗜𝗦𝗔 ⚮
chiuso lunedì (escluso i giorni festivi) e dal 7 al 21 gennaio – Pas carta 30/68000
Spec. Sfoglia d'erbe alla salsa di stagione, Gamberi d'acqua dolce alla Gambrinus, Petto di faraona alla crema
radicchio trevigiano (marzo-ottobre). Vini Verdiso, Cabernet.

SAN QUIRICO D'ORCIA 53027 Siena 988 ⑮, 430 M 16 – 2 362 ab. alt. 424 – © 0577.

Roma 196 – Chianciano Terme 31 – ◆Firenze 111 – ◆Perugia 96 – Siena 43.

🏛 Palazzuolo ⟩, ℰ 897080, Fax 897080, ≤, 🏊, 🎾 – 🔲 ☎ 🅿.
45 cam.

a Bagno Vignoni SE : 5 km – ✉ **53020** :

🏛 **Posta-Marcucci** ⟩, ℰ 887112, Telex 580117, Fax 887119, ≤, 🏖, ≘s, 🏊 termale, 🍴
⚮ – 🕴 🔲 ☎ & 🅿 – 🔒 40. 🔒 🔒 ⓞ ☰ 𝗩𝗜𝗦𝗔 ⚮ rist
chiuso dal 15 gennaio al 15 febbraio – Pas 38/58000 – ⚌ 20000 – **49 cam** 90/140000
½ P 110/130000.

Carte stradali MICHELIN 1/400 000 :

428 ITALIA Nord-Ovest/ 429 ITALIA Nord-Est/ 430 ITALIA Centro

431 ITALIA Sud/ 432 SICILIA/ 433 SARDEGNA

Le località sottolineate in rosso su queste carte sono citate in guida.

SAN QUIRINO 33080 Pordenone 429 D 20 – 3 854 ab. alt. 116 – © 0434.

Roma 613 – Belluno 75 – ◆Milano 352 – Pordenone 9 – Treviso 63 – ◆Trieste 121 – Udine 59.

XX ✦ **La Primula** con cam, ℰ 91005, Fax 919280 – ▤ rist ☎ 🅿 – 🔒 40. 🔒 🔒 ⓞ ☰ 𝗩𝗜𝗦𝗔 ⚮
Pas (chiuso domenica, lunedì a mezzogiorno, dal 1° al 20 gennaio e dal 10 al 30 luglio)
carta 42/67000 – **8 cam** – ⚌ 80/120000 – ½ P 100000
Spec. Lasagne ai calamari, Filetto di rombo brasato al Riesling, Mosaico di porcini (estate-autunno). Vini Tocai, Pino
nero.

SAN REMO 18038 Imperia 988 ⑫, 428 K 5 – 59 247 ab. – © 0184.

Vedere Località★★ – La Pigna★ (città alta) : ≤★ dal santuario della Madonna della Costa.

Dintorni Monte Bignone★★ : ⚞★★ N : 13 km.

🏌 (chiuso martedì) ℰ 557093, Fax 557388, N : 5 km.

🎫 corso Nuvoloni 1 ℰ 571571, Telex 271677, Fax 507649.

A.C.I. corso Raimondo 47 ℰ 500295.

Roma 638 ① – ◆Milano 262 ① – ◆Nice 59 ② – Savona 93 ①.

Pianta pagina seguente

🏨🏨 **Royal,** corso Imperatrice 80 ℰ 5391, Telex 270511, Fax 61445, ≤, « Giardino fiorito co
🏊 riscaldata e servizio rist. estivo all'aperto », 🏖, 🎾 – 🕴 ▤ 🔲 ☎ & ⇔ 🅿
🔒 30 a 300. 🔒 🔒 ⓞ ☰ 𝗩𝗜𝗦𝗔 ⚮ rist   A
chiuso dall'8 ottobre al 19 dicembre – Pas 82000 – **148 cam** ⚌ 250/410000, 17 apparta
menti – ½ P 175/310000.

🏨 **Astoria West-End,** corso Matuzia 8 ℰ 667701, Telex 283834, Fax 66516, « Giardino co
🏊 » – 🕴 🔲 ☎ 🅿 – 🔒 100. 🔒 ⚮   A
Pas 55000 – ⚌ 25000 – **120 cam** 135/240000, 8 appartamenti – ½ P 180/195000.

🏨 **Gd H. Londra,** corso Matuzia 2 ℰ 668000, Telex 271420, Fax 880359, « Giardino co
🏊 » – 🕴 ▤ 🔲 ☎ 🅿 – 🔒 100 a 450. 🔒 🔒 ⓞ ☰ 𝗩𝗜𝗦𝗔 ⚮   A
chiuso dal 15 ottobre al 17 dicembre – Pas 75000 – **149 cam** ⚌ 235000, 7 appartament
▤ 15000 – ½ P 185/220000.

🏨 **Méditerranée,** corso Cavallotti 76 ℰ 571000, Telex 271533, Fax 541106, 🍴, « Parc
con 🏊 » – 🕴 ▤ 🔲 ☎ ⇔ 🅿 – 🔒 40 a 250. 🔒 ☰ 𝗩𝗜𝗦𝗔 ⚮ rist   B
Pas 60000 – ⚌ 20000 – **62 cam** 135/205000, 4 appartamenti – ½ P 150/177000.

🏨 **Villa Mafalda** ⟩ senza rist, corso Nuvoloni 18 ℰ 572572, Fax 572574, 🍴 – 🕴 🔲 ☎ ⇔
🅿. 🔒 🔒 ⓞ ☰ 𝗩𝗜𝗦𝗔   A
chiuso dal 21 ottobre al 21 novembre – ⚌ 12000 – **57 cam** 140000.

SAN REMO

aldi (Via) . . . . B 6
cteotti (Via) . . . . B
azzo (Via) . . . . B 14
na (Via) . . . . B

allotti (Corso) . . . . B 3
ombo (Piazza) . . . . . . B 4
nte Alighieri (Via) . . . . B 5
berti (Via) . . . . B 7
nzoni (Via) . . . . B 9
tuzia (Corso) . . . . A 10
mbello (Corso) . . . . . . B 13
ccasterone (Via) . . . . . A 15
nto e Trieste (Lung.) . . . B 17
Settembre (Via) . . . . . . B 18

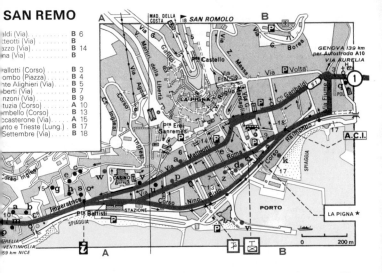

🏨 **Paradiso** ⌂, via Roccastorone 12 ℘ 571211, Telex 272264, Fax 578176, 🌊 – 🛗 📺 ☎
🚗 🅿. 🗚 🛅 ⓪ ⋲ 💳 ⋘ rist
A g
Pas 26/42000 – ⊇ 15000 – **41 cam** 100/130000 – ½ P 105/120000.

🏨 **Lolli Palace Hotel,** corso Imperatrice 70 ℘ 531496, Fax 541574, ≤ – 🛗 📺 ☎. 🗚 🛅 ⓪
⋲ 💳. ⋘ rist
A s
Pas 30/40000 – **48 cam** ⊇ 90/140000 – ½ P 80/100000.

🏨 **Nike** senza rist, via F.lli Asquasciati 37 ℘ 531429 – 🛗 📺 ☎ 🚗. 🗚 🛅 ⓪ ⋲ 💳 A c
chiuso dal 12 al 20 dicembre – ⊇ 12000 – **43 cam** 70/110000.

🏨 **Morandi,** corso Matuzia 51 ℘ 667641, Fax 666567, 🌊 – 🛗 📺 ☎ 🅿. 🗚 🛅 ⓪ ⋲ 💳.
⋘ rist
A m
Pas 30/36000 – ⊇ 10000 – **33 cam** 75/110000 – ½ P 85/100000.

🏨 **Nazionale e Rist. Panoramico,** via Matteotti 5 ℘ 577577, Telex 275567, Fax 541535 –
🛗 ☰ 📺 ☎ – 🛆 40. 🗚. ⋘ rist
A v
Pas (chiuso mercoledì) carta 57/77000 – ⊇ 18000 – **87 cam** 90/130000, 9 appartamenti,
☰ 10000 – ½ P 125/135000.

🏨 **Garden Lido Residence,** via Barabino 21 ℘ 667766, Fax 666330, ≤, 🌊 – 🛗 ☎ 🚗 🅿.
🗚 🛅 ⋲ 💳. ⋘
A p
Pas (20 dicembre-Pasqua) 35000 – ⊇ 9000 – **8 cam** 110000, 30 appartamenti.

🏨 **Villa Maria,** corso Nuvoloni 30 ℘ 531422, Fax 667655, 🌊 – 🛗 ☎ 🅿. 🗚 🛅 ⋲ 💳.
⋘ rist
A e
Pas 40000 – ⊇ 10000 – **39 cam** 70/105000 – ½ P 73/93000.

🏨 **De la Ville e Tivoli,** corso Matuzia 187 ℘ 61661, Fax 61664 – 🛗 📺 ☎ 🚗. 🗚 🛅 ⓪ ⋲
💳. ⋘
per ②
Pas (chiuso dal 6 novembre al 21 dicembre) 35000 – ⊇ 10000 – **46 cam** 70/105000 –
½ P 80/110000.

🏨 **Eletto,** via Matteotti 44 ℘ 531548 – 🛗 📺 🕸 🅿. 🛅 ⋲ 💳. ⋘ rist
B u
Pas 35000 – ⊇ 7500 – **29 cam** 70/100000 – ½ P 95000.

XXX ❀ **Da Giannino,** lungomare Trento e Trieste 23 ℘ 504014, Coperti limitati; prenotare –
🗚 🛅 ⓪ ⋲ 💳. ⋘
B k
chiuso domenica sera, lunedì e dal 15 maggio al 1° giugno – Pas carta 68/109000 (15 %)
Spec. Bruschetta con pesce marinato, Stracci e pesci, Branzino gratinato al profumo di estragone. Vini Vermentino,
Rossese.

XX ❀ **Paolo e Barbara,** via Roma 47 ℘ 531653, Fax 531653, Coperti limitati; prenotare – ☰.
🗚 🛅 ⓪ ⋲ 💳
B p
chiuso dal 15 al 30 novembre, mercoledì e da giugno a settembre anche giovedì a
mezzogiorno – Pas carta 59/91000 (10 %)
Spec. Stoccafisso "Brandacujun", Testaroli ripieni di alici e patate (estate-autunno), Gamberoni rossi su fonduta di
cipolle rosse (estate-inverno). Vini Pigato, Rossese.

XX **Il Bagatto,** via Matteotti 145 ℘ 531925 – ☰. 🗚 🛅 ⓪ ⋲ 💳
B e
chiuso domenica e giugno – Pas carta 50/80000 (15 %).

XX **Pignese,** piazza Sardi 7 ℘ 501929 – 🗚 🛅 ⓪ ⋲ 💳
B d
chiuso lunedì e giugno – Pas carta 47/73000.

XX **Gambero Rosso,** via Matteotti 71 ℰ 572469 – ▦. ㏂ 🕙 ⓞ 🖪 𝘝𝘐𝘚𝘈. 🍴   B
chiuso martedì e dal 1° al 15 novembre – Pas carta 47/81000 (15%).

XX L'Angolo di Beppe, corso Inglesi 31 ℰ 531748   A

X **Da Vittorio,** piazza Bresca 16 ℰ 501924   B
chiuso mercoledì – Pas carta 45/70000.

X **La Lanterna,** via Molo di Ponente 16 ℰ 506855, 🍽 – ㏂ 🕙 🖪 𝘝𝘐𝘚𝘈   B
chiuso giovedì e dal 15 dicembre al 15 febbraio – Pas carta 35/56000.

X **Da Carluccio-Osteria del Marinaio,** via Gaudio 28 ℰ 501919, Coperti limitati; prenotare   B
chiuso lunedì e da ottobre a dicembre – Pas carta 66/100000 (15%).

sulla strada statale 1 - via Aurelia :

🏨 **Napoleon** senza rist, per ② : 1,5 km ⊠ 18038 ℰ 62244, ≤, 🐎 – 🛗 📺 ☎ ⇌ ℗. 🕙 𝘝𝘐𝘚𝘈
chiuso da novembre al 20 dicembre – 🖙 12500 – **36 cam** 80/120000.

🏨 **Ariston-Montecarlo,** per ① : 4 km ⊠ 18038 ℰ 513655, Telex 272241, Fax 510702, ⚓ – 🛗 🍴 ▤ rist 📺 ☎ ℗. ㏂ 🕙 ⓞ 🖪 𝘝𝘐𝘚𝘈. 🍴 rist
Pas *(chiuso da novembre al 15 dicembre)* 38/47000 – 🖙 15000 – **43 cam** 126000
½ P 100/125000.

🏨 **Bobby Motel,** per ② : 2,5 km ⊠ 18038 ℰ 60255, Telex 271249, Fax 60296, ≤, ⚓ –
▤ cam 📺 ☎ ㅎ ℗ – 🛗 120. ㏂ 🕙 ⓞ 🖪 𝘝𝘐𝘚𝘈
chiuso dal 25 ottobre al 20 dicembre – Pas 45/50000 – 🖙 15000 – **96 cam** 135/145000
½ P 140000.

a San Romolo NO : 15 km B – alt. 786 – ⊠ 18038 San Remo :

XX **Dall'Ava,** ℰ 669998, prenotare – ℗. ㏂ ⓞ 𝘝𝘐𝘚𝘈
chiuso giovedì, dal 15 al 27 febbraio e dal 15 al 27 novembre – Pas carta 22/53000 (10%)

Se cercate un albergo tranquillo,
oltre a consultare le carte dell'introduzione,
rintracciate nell'elenco degli esercizi quelli con il simbolo 🏡 o 🏠.

SAN ROCCO Genova – Vedere Camogli.

SAN ROMOLO Imperia ⱼⱼⱼⱼ ㉒ – Vedere San Remo.

SAN SALVATORE (Monte) 427 ㉔, 219 ③ – Vedere Cantone Ticino alla fine dell'elenco
alfabetico.

SAN SALVO 66050 Chieti 988 ㉗, 430 P 26 – 15 532 ab. alt. 106 – ✆ 0873.
Roma 256 – Chieti 94 – ♦Foggia 116 – Isernia 76 – ♦Pescara 96.

X La Tijella, via Leone Magno 1 ℰ 54158, 🍽 – ℗.

SAN SANO Siena – Vedere Gaiole in Chianti.

SAN SEBASTIANO CURONE 15056 Alessandria 428 H 9 – 557 ab. alt. 336 – ✆ 0131.
Roma 591 – Alessandria 45 – ♦Genova 75 – ♦Milano 97 – ♦Torino 135 – Tortona 24.

XX **Corona,** ℰ 786203 – ㏂ 🕙 𝘝𝘐𝘚𝘈
chiuso la sera, lunedì e dal 15 giugno al 10 luglio – Pas carta 21/50000.

SANSEPOLCRO 52037 Arezzo 988 ⑮, 430 L 18 – 15 749 ab. alt. 330 – ✆ 0575.
Vedere Opere di Piero della Francesca★★ nel museo Civico.
Roma 258 – Arezzo 39 – ♦Firenze 114 – ♦Perugia 69 – Rimini 90 – Urbino 71.

🏨 **La Balestra,** via dei Montefeltro 29 ℰ 735151, Fax 740282, 🍽 – 🛗 📺 ☎ ㅎ ⇌ ℗
🛗 200. ㏂ 🕙 ⓞ 🖪 𝘝𝘐𝘚𝘈. 🍴
Pas *(chiuso domenica sera e lunedì)* carta 32/45000 – 🖙 7000 – **52 cam** 90/130000
½ P 90/95000.

🏨 **Fiorentino,** via Luca Pacioli 60 ℰ 740350, Fax 740370 – 📺 ☎ ⇌. 🕙 ⓞ 🖪 𝘝𝘐𝘚𝘈. 🍴
Pas *(chiuso venerdì ed il 20 giugno al 20 luglio)* carta 30/43000 (10%) – 🖙 6000 – **26 cam**
40/65000 – ½ P 65000.

XX **Oroscopo di Paola e Marco** con cam, località Pieve Vecchia NO : 1 km ℰ 73487
Coperti limitati; prenotare – 📺 ☎ ㏂ 🕙 ⓞ 𝘝𝘐𝘚𝘈. 🍴
Pas *(chiuso a mezzogiorno, domenica, dal 20 gennaio al 20 febbraio e dal 20 giugno al 2
luglio)* carta 55/90000 – 🖙 15000 – **12 cam** 50/80000 – ½ P 90/130000.

X **Da Ventura** con cam, via Aggiunti 30 ℰ 742560 – ㏂ 🕙 ⓞ 🖪 𝘝𝘐𝘚𝘈. 🍴
chiuso dall'8 al 20 gennaio e dal 1° al 20 agosto – Pas *(chiuso sabato)* carta 37/50000
🖙 4000 – **7 cam** 35/60000 – ½ P 50/65000.

AN SEVERO 71016 Foggia 988 ②, 431 B 28 – 54 814 ab. alt. 89 – a.s. 25 giugno-luglio – 0882.

na 320 – ◆Bari 153 – ◆Foggia 33 – Monte Sant'Angelo 57 – ◆Pescara 151.

🏨 **Milano,** via Teano Appulo 10 *℘* 75643, Fax 75643 – 🛗 📺 ☎ ⇌ **❷** – 🔬 50 a 100. 🖪 ◑ VISA
Pas *(chiuso domenica)* carta 25/36000 – ☷ 6000 – **57 cam** 60/98000 – ½ P 60/80000.

✗ **Le Arcate,** piazza Cavallotti 29 *℘* 26025 – 🗐. 🖭 🖪 ◑ 🗲 VISA
chiuso lunedì sera e Ferragosto – Pas carta 28/45000.

AN SICARIO Torino – Vedere Cesana Torinese.

AN SIGISMONDO (ST. SIGMUND) Bolzano – Vedere Chienes.

ANTA CATERINA PITTINURI Oristano 988 ③, 433 G 7 – Vedere Sardegna.

ANTA CATERINA VALFURVA 23030 Sondrio 988 ④, 428 429 C 13 – alt. 1 738 – Sport invernali : 1 738/2 725 m ✦7, ✦ – ✿ 0342.

na 776 – ◆Bolzano 136 – Bormio 13 – ◆Milano 215 – Sondrio 77 – Passo dello Stelvio 33.

🏔 **Santa Caterina** ♨, *℘* 925123, Fax 925110, *ƒ₅*, ≘ₛ – 🛗 ☎ ⇌ **❷**. 🖭. %
dicembre-aprile e 20 giugno-20 settembre – Pas 35000 – ☷ 12000 – **35 cam** 80000 – P 70/120000.

🏨 Alle 3 Baite, *℘* 935545, Fax 935561, *ƒ₅* – 🛗 📺 ☎ ⇌ **❷**.
stagionale – **25 cam.**

🏨 **San Matteo,** *℘* 935426, Fax 935585 – 🛗 ☎ ⇌. 🖭 🖪 ◑ 🗲 VISA. %
dicembre-aprile e 20 giugno-20 settembre – Pas 25/30000 – ☷ 10000 – **15 cam** 45/70000 – ½ P 50/85000.

🏠 **La Pigna,** *℘* 935567, Fax 925124 – ⇌ **❷**. % rist
chiuso ottobre e novembre – Pas 25000 – ☷ 8000 – **19 cam** 38/60000 – ½ P 53/78000.

ANTA CRISTINA VALGARDENA (ST. CHRISTINA IN GRÖDEN) 39047 Bolzano 429 C 17 – ¹11 ab. alt. 1 428 – Sport invernali : della Val Gardena 1 428/ 2 299 m ✦1 ✦11, ✦ – ✿ 0471.
Palazzo Comunale *℘* 793046, Telex 400025, Fax 793198.

na 681 – ◆Bolzano 39 – Cortina d'Ampezzo 75 – ◆Milano 338 – Trento 99.

🏨 **Sporthotel Maciaconi,** ⊠ 39048 Selva di Val Gardena *℘* 793500, Fax 793535, ≘ₛ, 🛋 – 🛗 📺 ☎ ⅙ ⇌ **❷**. % rist
Pas *(chiuso martedì in maggio, giugno e ottobre)* carta 36/52000 (10%) – **40 cam** ☷ 87/160000 – ½ P 85/110000.

🏨 **Posta,** *℘* 792078, Fax 793607, ≤, 🔽 riscaldata, 🖟, % – 🛗 ☏ **❷**. % rist
chiuso maggio e novembre – **58 cam** solo ½ P 110/130000.

🏨 **Interski** ♨, *℘* 793460, Fax 793391, ≤ Sassolungo e vallata, ≘ₛ, 🔲, 🖟 – ☎ **❷**. VISA. % rist
20 dicembre-15 aprile e 25 giugno-ottobre – Pas (solo per clienti alloggiati e *chiuso a mezzogiorno*) 21/35000 – **23 cam** ☷ 145/270000 – ½ P 75/125000.

🏨 **Dosses,** *℘* 793326, Fax 793711, ≘ₛ, 🖟 – 🛗 📺 ☎ **❷**. % cam
chiuso maggio e novembre – Pas *(chiuso giovedì)* 25/30000 (10%) – ☷ 15000 – **48 cam** 60/90000 – ½ P 72/106000.

🏨 Kristiania ♨, ⊠ 39048 Selva di Val Gardena *℘* 796847 (prenderà il 792047), ≤ Sassolungo e vallata, ≘ₛ, 🖟 – 🛗 🗐 rist ☎ **❷**. %
stagionale – **32 cam.**

🏠 **Villa Martha** ♨, *℘* 792088, ≤ – 📺 ☎ **❷**. 🖪 🗲 VISA. % rist
Natale-Pasqua e giugno-settembre – Pas (solo per clienti alloggiati e *chiuso a mezzogiorno*) – **19 cam** ☷ 90/160000 – ½ P 80/110000.

sulla strada statale 242 O : 2 km :

🏨 **Diamant,** ⊠ 39047 *℘* 796780, Fax 793580, ≤ Sassolungo e pinete, *ƒ₅*, ≘ₛ, 🔲, 🖟, % – 🛗 📺 ☎ ⅙ **❷**. % rist
3 dicembre-Pasqua e 20 giugno-10 ottobre – **29 cam** solo ½ P 76/160000.

al monte Pana S : 3 km – alt. 1 637 :

🏨 **Sport Hotel Monte Pana** ♨, ⊠ 39047 *℘* 793600, Fax 793527, ≤ pinete e Dolomiti, ≘ₛ, 🔲, 🖟, % – 📺 ☎ **❷** – 🔬 30. 🖭 ◑. % rist
20 dicembre-10 aprile e luglio-20 settembre – Pas carta 38/69000 – **58 cam** ☷ 230/410000, 13 appartamenti – ½ P 120/205000.

all'arrivo della funivia Ruacia Sochers SE : 10 mn di funivia – alt. 1 985 :

🏨 **Sochers Club** ♨, ⊠ 39048 Selva di Val Gardena *℘* 792101, Fax 792101, ≤ Dolomiti – 🛗 ☎ ◑. %
dicembre-15 aprile – **23 cam** (solo pens) – P 130/170000.

Vedere anche : *Selva di Val Gardena* E : 3 km.
Ortisei NO : 4 km.

SANTA CROCE DEL LAGO 32010 Belluno 🗺️🖪🖲 D 18 – alt. 401 – ✪ 0437.
Roma 596 – Belluno 21 – Cortina d'Ampezzo 76 – ◆Milano 335 – Treviso 56 – ◆Venezia 85.

※ **La Baita,** ℘ 471008, ⇐ – 🅟
   chiuso lunedì e da novembre al 7 dicembre – Pas carta 26/45000.

SANTA CROCE SULL'ARNO 56029 Pisa 🗺️🖪🖸 K 14 – 12 422 ab. alt. 16 – ✪ 0571.
Roma 316 – ◆Firenze 47 – ◆Livorno 46 – Pisa 42 – Pistoia 35 – Siena 74.

🏨 **Cristallo** senza rist, largo Galilei 11 ℘ 366440, Fax 366420 – 🛗 🗏 📺 ☎. 🖭 🖯 ⓞ 🄴 📧
   �
   chiuso dal 23 dicembre al 9 gennaio ed agosto – **36 cam** ☲ 130/185000.

SANTA FIORA 58037 Grosseto 🖲🖸🖸②⑤, 🗺️🖪🖸 N 16 – 3 060 ab. alt. 687 – ✪ 0564.
Roma 189 – Grosseto 76 – Siena 84 – Viterbo 75.

※ **Il Barilotto,** ℘ 977089
   chiuso mercoledì e novembre – Pas carta 27/44000.

   a Bagnolo E : 5 km – ✉ 58030 :

🏠 **Il Fungo,** località Case Fioravanti ℘ 953025, ⇐ – 🛗 📺 ☎ 👩 🅟. 🗑
   Pas *(chiuso martedì)* carta 27/49000 – ☲ 6000 – **29 cam** 50/70000 – ½ P 55/65000.

SANTA FLAVIA Palermo 🗺️🖪🖷 M 22 – Vedere Sicilia.

SANTA FRANCA Parma – Vedere Polesine Parmense.

SANT'AGATA DI MILITELLO Messina 🖲🖸🖸③⑥ ③⑦, 🗺️🖪🖷 M 25 – Vedere Sicilia.

SANT'AGATA SUI DUE GOLFI 80064 Napoli 🗺️🖪🖹 F 25 – alt. 391 – a.s. aprile-settembre – ✪ 081.

Dintorni Penisola Sorrentina★★ (circuito di 33 km) : ⇐★★ su Sorrento dal capo di Sorrento (**1** a piedi AR), ⇐★★ sul golfo di Napoli dalla strada S 163.
Roma 266 – Castellammare di Stabia 28 – ◆Napoli 57 – Salerno 56 – Sorrento 9.

🏨 **Gd H. Hermitage,** ℘ 8780062, Fax 8780082, ⇐ golfo di Napoli e Vesuvio, 🌳, 🌲 – 🛗 🅟. 🖭 🄴 📖. 🗑 rist
   aprile-settembre – Pas 25/35000 – **76 cam** ☲ 80/120000 – ½ P 70/80000.

🏠 **Sant'Agata,** ℘ 8080363, Fax 8080080 – 🛗 📺 ☎ 🅟. 🗑
   15 marzo-ottobre – Pas carta 25/40000 – ☲ 7500 – **28 cam** 52000 – ½ P 48/55000.

※※※ ✿✿ **Don Alfonso 1890** con cam, ℘ 8780026, Fax 5330226, 🍽, prenotare – 🅟. 🖭 ⓞ 📖 🗑
   chiuso dal 10 gennaio al 25 febbraio – Pas *(chiuso lunedì e domenica sera escluso giugno a settembre)* carta 69/106000 – 2 appartamenti ☲ 180/200000
   Spec. Astice e aragosta agli agrumi, Linguine alle vongole e zucchine, Costolette d'agnello alle erbe mediterranee. Vini Biancolella, Aglianico.

SANTA GELTRUDE (ST. GERTRAUD) Bolzano 🖲🖸🖸④, 🗺️🖪🖸⑩ – Vedere Ultimo.

SANTA GIUSTINA Belluno 🗺️🖪🖲 D 18 – 6 131 ab. alt. 298 – ✉ 32035 Santa Giustina Bellunese ✪ 0437 – Roma 607 – Belluno 17 – ◆Milano 302 – ◆Padova 107 – Trento 95 – ◆Venezia 97.

※※ **Al Porton,** località San Martino ℘ 88524, prenotare – 🅟. 🖭 🖯 ⓞ 🄴 📧 🗑
   chiuso a mezzogiorno (escluso i giorni festivi) e dal 15 luglio al 5 agosto – Pas 38/42000.

   a Meano NE : 2 km – ✉ 32030 :

※※ **Da Nando,** ℘ 86142, 🍽, Solo piatti di pesce, prenotare, 🌲 – 🅟. 🖭 🖯 ⓞ 🄴 📧. 🗑
   chiuso sabato a mezzogiorno, lunedì e dal 22 al 28 febbraio – Pas carta 50/80000.

SANT'AGNELLO 80065 Napoli 🗺️🖪🖹 F 25 – 8 159 ab. – a.s. aprile-settembre – ✪ 081.
🄱 a Sorrento, via De Maio 35 ℘ 8782104, Fax 8773397.
Roma 255 – Castellammare di Stabia 17 – ◆Napoli 46 – Salerno 48 – Sorrento 2.

🏨 **Cocumella** ⏏, via Cocumella 7 ℘ 8782933, Telex 720370, Fax 8783712, « Agrumeti giardino ed ascensore per la spiaggia », 🛴, ⛱, 🌳, 🐎, ※ – 🛗 🗏 📺 ☎ 🅟
   🄰 40 a 550. 🖭 🖯 ⓞ 🄴 📧. 🗑 rist
   Pas 40/65000 – **60 cam** ☲ 280/530000, 10 appartamenti – ½ P 250/380000.

🏨 **Corallo** ⏏, rione Cappuccini 12 ℘ 8785069, Fax 8772537, ⇐, 🍽 – 🛗 🗏 📺 ☎ 🅟
   🄰 70. 📧 🗑
   Pasqua-ottobre – Pas 40000 – **55 cam** ☲ 250000, 2 appartamenti – ½ P 130/180000.

🏨 **Villa Garden** ⏏, rione Cappuccini 7 ℘ 8781387, Telex 722533, Fax 8784192, ⇐, 🍽, 🌲 – 🛗 🗏 📺 ☎. 🖭 🖯 📧. 🗑
   aprile-ottobre – Pas (solo per clienti alloggiati) 24/35000 – **24 cam** ☲ 130/210000 ½ P 110/130000.

🏨 **Alpha,** viale dei Pini 14 ℘ 8785487, Telex 722028, Fax 8785612, « Giardino-agrumeto con 🌳 » – 🛗 🗏 📺 🖩 🚗. 🖭 🖯 ⓞ 🄴 📧. 🗑
   marzo-novembre – Pas 50000 – ☲ 15000 – **46 cam** 160000 – ½ P 120000.

※ **Il Capanno,** rione Cappuccini 58 ℘ 8782453, 🍽 – 🖭 📧. 🗑
   20 aprile-15 ottobre; chiuso lunedì – Pas carta 30/56000 (10 %).

SANT'AGOSTINO 44047 Ferrara 429 H 16 – 5 941 ab. alt. 15 – ۞ 0532.
Roma 428 – ◆Bologna 52 – ◆Ferrara 23 – ◆Milano 220 – ◆Modena 50 – ◆Padova 91.

XX ۞ **Trattoria la Rosa,** ⨍ 84098 – ▤ 𝐏. ㏂ 🖽 ⓞ Ɛ 𝘝𝘐𝘚𝘈. ⁂
chiuso domenica sera, lunedì, Natale, dal 1° al 10 gennaio, Pasqua e dal 27 luglio al 22 agosto – Pas carta 33/73000
Spec. Tortellini in brodo, Faraona al cartoccio, Torta di tagliatelle. **Vini** Sauvignon, Boldo.

SANT'ALBINO Siena 430 M 17 – Vedere Montepulciano.

SANT'ALESSIO Lucca – Vedere Lucca.

SANT'ALESSIO SICULO Messina 432 N 28 – Vedere Sicilia.

SANTA LIBERATA Grosseto 430 O 15 – Vedere Porto Santo Stefano.

SANTA LUCIA DEI MONTI Verona – Vedere Valeggio sul Mincio.

SANTA LUCIA DELLE SPIANATE Ravenna 430 J 17 – Vedere Faenza.

SANTA MARGHERITA Cagliari 988 ㉝, 433 K 8 – Vedere Sardegna (Pula).

SANTA MARGHERITA LIGURE 16038 Genova 988 ⑬, 428 J 9 – 11 300 ab. – a.s. 15 dicembre-15 gennaio, Pasqua e giugno-settembre – ۞ 0185.

Dintorni Penisola di Portofino★★★ per la strada panoramica★★ Sud – Strada panoramica★★ sul golfo di Rapallo Nord.

Roma 480 – ◆Genova 31 – ◆Milano 166 – ◆Parma 149 – Portofino 5 – ◆La Spezia 82.

🏨 **Imperial Palace,** via Pagana 19 ⨍ 288991, Telex 271398, Fax 284223, ≤ golfo, 🍽, « Parco-giardino sul mare con ⊾ riscaldata », 🛥 – 🛗 ▤ 🖽 ☎ 𝐏 – 🛗 30 a 150. ㏂ 🖽 ⓞ Ɛ rist
8 aprile-novembre – Pas carta 90/110000 – **101 cam** ⊠ 350/620000, 17 appartamenti – ½ P 270/400000.

🏨 **Gd H. Miramare,** lungomare Milite Ignoto 30 ⨍ 287013, Telex 270437, Fax 284651, ≤ golfo, « Parco fiorito e terrazza con ⊾ riscaldata », 🛥 – 🛗 ▤ 🖽 ☎ ♿ ⊜ 𝐏 – 🛗 420. ㏂ 🖽 Ɛ 𝘝𝘐𝘚𝘈. ⁂ rist
Pas 85000 – **84 cam** ⊠ 230/370000, 4 appartamenti – ½ P 180/290000.

🏨 **Continental,** via Pagana 8 ⨍ 286512, Telex 271601, Fax 284463, ≤ golfo, « Parco sul mare », 🛥 – 🛗 ▤ 🖽 ☎. ㏂ 🖽 ⓞ Ɛ 𝘝𝘐𝘚𝘈. ⁂ rist
Pas 48/65000 – **76 cam** ⊠ 150/260000 – ½ P 130/185000.

🏨 **Regina Elena,** lungomare Milite Ignoto 44 ⨍ 287003, Telex 271563, Fax 284473, ≤, 🛥 – 🛗 ▤ 🖽 ☎ ♿ 𝐏 – 🛗 200. ㏂ 🖽 ⓞ Ɛ 𝘝𝘐𝘚𝘈. ⁂ rist
Pas 56000 – **93 cam** ⊠ 145/250000 – ½ P 133/191000.

🏨 **Metropole,** via Pagana 2 ⨍ 286134, Telex 272022, Fax 283495, ≤, « Parco fiorito sul mare », 🛥 – 🛗 ▤ 🖽 ☎ 𝐏. ㏂ 🖽 ⓞ Ɛ 𝘝𝘐𝘚𝘈. ⁂ rist
Pas 56000 – **52 cam** ⊠ 120/205000 – ½ P 95/149000.

🏨 **Lido Palace,** senza rist, via Doria 3 ⨍ 285821, Telex 271101, Fax 284708, ≤ – 🛗 ▤ 🖽 ☎. ㏂ 🖽 ⓞ Ɛ 𝘝𝘐𝘚𝘈
chiuso dal 5 novembre al 2 dicembre – ⊠ 15000 – **54 cam** 112/237000.

🏨 **Tigullio et de Milan,** viale Rainusso 3 ⨍ 287455, Fax 281860 – 🛗 🖽 ☎. ㏂ 🖽 ⓞ Ɛ 𝘝𝘐𝘚𝘈. ⁂
chiuso dal 10 novembre al 20 dicembre – Pas (solo per clienti alloggiati) – **42 cam** ⊠ 80/135000 – ½ P 80/110000.

🏨 **Laurin,** senza rist, lungomare Marconi 3 ⨍ 289971, Telex 275043, Fax 285709, ≤ – 🛗 ▤ 🖽 ☎. ㏂ 🖽 ⓞ Ɛ 𝘝𝘐𝘚𝘈.
45 cam ⊠ 135/210000.

🏨 **Helios e Rist. La Darsena,** via Gramsci 6 ⨍ 287471, Telex 272346, Fax 284780, ≤, 🛥 – 🛗 ▤ 🖽 ☎. ㏂ 🖽 ⓞ Ɛ 𝘝𝘐𝘚𝘈. ⁂
chiuso dall'8 gennaio al 28 febbraio – Pas (chiuso mercoledì) carta 57/90000 (10%) – ⊠ 22000 – **20 cam** 200/250000 – ½ P 140/160000.

🏨 **La Vela,** via Nicolò Cuneo 21 ⨍ 286039, Fax 286435, ≤ – ☎ 𝐏. 🖽 Ɛ 𝘝𝘐𝘚𝘈. ⁂
marzo-4 novembre – Pas (solo per clienti alloggiati) e chiuso da ottobre a maggio) – **16 cam** ⊠ 90/160000.

🏨 **Minerva** ⌂, via Maragliano 34/d ⨍ 286073, Fax 281697 – 🛗 🖽 ☎ 🚗. ㏂ 🖽 ⓞ Ɛ 𝘝𝘐𝘚𝘈. ⁂
chiuso novembre – Pas 25000 – **28 cam** ⊠ 101/152000, 2 appartamenti – ½ P 70/120000.

🏨 **Fiorina,** piazza Mazzini 26 ⨍ 287517, Fax 281855 – 🛗 🖽 ☎. ㏂ 🖽 Ɛ 𝘝𝘐𝘚𝘈. ⁂
chiuso da novembre al 21 dicembre – Pas (chiuso lunedì) 44000 – ⊠ 13500 – **55 cam** 69/116000 – ½ P 98/110000.

🏠 **Fasce,** via Bozzo 3 ⨍ 286435, Fax 283580 – 🖽 ☎ 𝐏. ㏂ 🖽 ⓞ Ɛ 𝘝𝘐𝘚𝘈. ⁂
Pas (solo per clienti alloggiati) 23/30000 – ⊠ 12000 – **16 cam** 76000 – ½ P 72/78000.

🏠 **Conte Verde,** via Zara 1 ⨍ 287139, Fax 284211 – 🛗 ☎. ㏂ 🖽 ⓞ Ɛ 𝘝𝘐𝘚𝘈. ⁂
chiuso dal 1° al 20 marzo e dal 5 novembre al 20 dicembre – Pas (chiuso a mezzogiorno) 25/30000 – **35 cam** ⊠ 80/130000.

🏨 **Ulivi,** via Maragliano 28 ℘ 287890, Fax 282525 – 🍴 cam 📺 ☎. 🖭 🕄 E VISA. ℅ rist
aprile-ottobre – Pas (solo per clienti alloggiati) 40/60000 – **9 cam** ☲ 115000 – ½ P 80/115000.

🏨 **Europa,** via Trento 5 ℘ 287187 – 🕿 🅿. 🖭 🕄 E VISA. ℅ rist
chiuso dal 10 gennaio al 10 febbraio – Pas (solo per clienti alloggiati) 25000 – ☲ 5000
16 cam 68000 – ½ P 60/70000.

XX **Trattoria Cesarina,** via Mameli 2/c ℘ 286059, prenotare – 🍴. 🖭 🕄 VISA. ℅
chiuso mercoledì, dal 12 al 27 dicembre e dal 5 al 17 marzo – Pas carta 90/100000.

XX **L'Approdo da Felice,** via Cairoli 26 ℘ 281789, prenotare – 🍴. VISA
chiuso lunedì, dal 10 al 20 dicembre e marzo – Pas carta 50/92000.

XX **Skipper,** calata del Porto 6 ℘ 289950, �, Coperti limitati; prenotare – 🍴. 🖭 🕄 ⓘ
VISA
chiuso febbraio e mercoledì (escluso luglio-agosto) – Pas carta 62/92000.

XX **La Ghiaia,** via Doria 5 ℘ 283708, ⬍, � – 🍴. 🖭 🕄 ⓘ E VISA
chiuso mercoledì e novembre – Pas carta 42/81000.

X **La Paranza,** via Ruffini 46 ℘ 283686, ⬍ – 🍴. 🖭 🕄 ⓘ E VISA
chiuso giovedì e dal 10 dicembre al 2 gennaio – Pas carta 51/85000.

X **Beppe Achilli,** via Bottaro 29 ℘ 286516 – 🖭 🕄 ⓘ E VISA
chiuso mercoledì e dal 9 al 25 dicembre – Pas carta 38/67000.

Vedere anche : *Paraggi* S : 4 km.

SANTA MARIA (AUFKIRCHEN) Bolzano – Vedere Dobbiaco.

Benachrichtigen Sie sofort das Hotel,
wenn Sie ein bestelltes Zimmer nicht belegen können.

SANTA MARIA Salerno 431 G 26 – Vedere Castellabate.

SANTA MARIA AL BAGNO 73050 Lecce 431 G 35 – ✪ 0833.
Roma 621 – ◆Brindisi 70 – Gallipoli 10 – Lecce 31 – ◆Taranto 87.

🏨 **Gd H. Riviera,** strada litoranea N : 1 km ℘ 573221, Fax 573024, ⬍, « Pineta », 🏊, 🖈
℅ – ♿ 🍴 rist ☎ 🚗 🅿 – 🔬 200. 🖭 🕄 ⓘ E VISA. ℅
giugno-settembre – Pas 50000 – ☲ 13000 – **105 cam** 70/130000 – ½ P 80/145000.

SANTA MARIA DELLA VERSA 27047 Pavia 988⑬, 428 H 9 – 2 637 ab. alt. 216 – ✪ 0385.
Roma 554 – ◆Genova 128 – ◆Milano 71 – Pavia 33 – Piacenza 40.

XX **Al Ruinello,** località Ruinello N : 3 km ℘ 798164, Coperti limitati; prenotare – 🅿. 🖭 🕄
ⓘ E VISA. ℅
chiuso lunedì sera, martedì, dal 1° al 10 gennaio e luglio – Pas carta 35/50000.

SANTA MARIA DI LEUCA Lecce 431 H 37 – Vedere Marina di Leuca.

SANTA MARIA DI SETTE Perugia 430 L 18 – Vedere Montone.

SANTA MARIA MAGGIORE 28038 Novara 988②, 428 D 7 – 1 277 ab. alt. 816 – a.s. luglio-agosto e Natale – Sport invernali : a Piana di Vigezzo : 1 610/2 064 m ≼1 ≰5, ⊀ – ✪ 0324.
🛈 piazza Risorgimento ℘ 95091.
Roma 715 – Domodossola 17 – Locarno 32 – ◆Milano 139 – Novara 108 – ◆Torino 182.

🏨 **Miramonti,** piazzale Diaz 8 ℘ 95013, Fax 94283, 🌱 – ♿ ☎ 🅿 – 🔬 40. 🖭 🕄 E VISA
℅ rist
chiuso novembre – Pas *(chiuso lunedì)* carta 38/60000 – **31 cam** ☲ 75/90000 – ½ P 85/90000.

🏨 **Oscella,** via Matteotti 70 ℘ 94847, ⬍, 🌱 – ♿ 🕿 🅿. ℅
20 giugno-15 settembre – Pas (solo per clienti alloggiati) 35/40000 – ☲ 8000 – **62 cam**
50/90000 – P 80/95000.

SANTA MARIA ROSSA Milano 219⑱ – Vedere Garbagnate Milanese.

SANTA MARINELLA 00058 Roma 988㉕, 430 P 17 – 12 958 ab. – a.s. 15 giugno-agosto
✪ 0766.
🛈 via Aurelia ℘ 737376, Fax 736630.
Roma 69 – Lago di Bracciano 42 – Civitavecchia 10 – Ostia Antica 60 – Viterbo 68.

🏨 **Cavalluccio Marino,** lungomare Marconi 64 ℘ 534888, Fax 535456, ⬍, �, 🏊, 🖈 – ♿
📺 ☎ 🅿 – 🔬 150. 🕄 ⓘ E VISA. ℅ rist
chiuso dicembre – Pas 50/60000 – **40 cam** ☲ 160000 – ½ P 120/140000.

🏨 **Le Najadi** senza rist, lungomare Marconi 23 ℘ 737019, ⬍, 🖈 – ♿ 🕿 🅿. 🖭 🕄 ⓘ
VISA. ℅
chiuso novembre – ☲ 8000 – **18 cam** 70/100000.

544

Da Fernanda, via Aurelia 575 ✆ 736483, 斎 – 呕 匣 ℰ 𝘝𝘐𝘚𝘈. ℛ
chiuso gennaio e martedì (escluso luglio-agosto) – Pas carta 36/64000.

Mare Sole, lungomare Marconi 104 ✆ 535479, 斎 – 呕 匣 ⑩ ℰ 𝘝𝘐𝘚𝘈. ℛ
chiuso dal 15 dicembre al 20 gennaio e mercoledì in luglio-agosto – Pas carta 32/64000.

Dei Cacciatori, via Aurelia 274 ✆ 711777 – ℛ
chiuso mercoledì e dal 20 dicembre al 20 gennaio – Pas carta 25/35000 (10%).

Vedere anche : **Santa Severa** E : 7 km.

ANT'AMBROGIO DI VALPOLICELLA 37010 Verona 𝟜𝟚𝟠 𝟜𝟚𝟡 F 14 – 9 313 ab. alt. 180 – 045.

na 511 – ◆Brescia 65 – Garda 19 – ◆Milano 152 – Trento 80 – ◆Venezia 136 – ◆Verona 19.

Groto de Corgnan, ✆ 7731372, Coperti limitati; prenotare – 呕 ⑩. ℛ
chiuso domenica sera – Pas carta 45/62000.

ANT'ANDREA Cagliari 𝟜𝟛𝟛 J 9 – Vedere Sardegna (Quartu Sant'Elena).

ANT'ANDREA Livorno 𝟜𝟛𝟘 N 12 – Vedere Elba (Isola d') : Marciana.

ANT'ANDREA APOSTOLO DELLO IONIO 88066 Catanzaro 𝟜𝟛𝟙 L 31 – 2 901 ab. alt. 310 – 0967.

na 615 – Catanzaro 48 – Crotone 100.

sulla strada statale 106 E : 5 km :

Vediamoci da Mario, ✉ 88066 ✆ 45080 – ℛ
chiuso lunedì e dal 20 settembre al 20 ottobre – Pas carta 33/61000.

ANT'ANGELO Napoli 𝟜𝟛𝟙 E 23 – Vedere Ischia (Isola d').

ANT'ANGELO IN VADO 61048 Pesaro e Urbino 𝟡𝟠𝟠 ⑮, 𝟜𝟛𝟘 L 19 – 3 814 ab. alt. 359 – a.s. giugno-agosto – ✪ 0722.

na 302 – ◆Ancona 127 – Arezzo 82 – Pesaro 64 – San Marino 55 – Urbino 28.

Da Lucia, via Nazionale 37 ✆ 88636 – 📺 ☎ 𝐏 – 🚗 60. 匣 ℰ 𝘝𝘐𝘚𝘈. ℛ rist
chiuso dal 23 al 28 dicembre e dal 10 al 25 settembre – Pas *(chiuso sabato da ottobre a giugno)* carta 28/59000 – ⌷ 7000 – **24 cam** 42/65000 – ½ P 55/65000.

ANT'ANGELO LODIGIANO 20079 Milano 𝟡𝟠𝟠 ⑬, 𝟜𝟚𝟠 G 10 – 11 300 ab. alt. 75 – ✪ 0371.

na 537 – ◆Bergamo 50 – ◆Brescia 67 – ◆Milano 35.

Antica Trattoria Ranera, località Ranera S : 2 km ✆ 934240, Cucina vegetariana – 🍴 𝐏 匣 ℰ 𝘝𝘐𝘚𝘈. ℛ
chiuso lunedì e dal 16 agosto al 15 settembre – Pas carta 24/36000.

ANT'ANNA Cuneo – Vedere Roccabruna.

ANT'ANTIOCO Cagliari 𝟡𝟠𝟠 ㉝, 𝟜𝟛𝟛 J 7 – Vedere Sardegna.

ANT'ANTONIO DI MAVIGNOLA Trento – Vedere Pinzolo.

ANT'APOLLINARE IN CLASSE Ravenna 𝟡𝟠𝟠 ⑮, 𝟜𝟚𝟡 𝟜𝟛𝟘 I 18 – alt. 3 – ✉ 48100 Ravenna – 0544.

edere Basilica★★ : mosaici★★★.

na 375 – ◆Bologna 88 – Cervia 16 – Forlì 27 – ◆Milano 299 – ◆Ravenna 6 – Rimini 46.

Classensis Tourist con cam, ✆ 527015, 斎, 🚗 – ☎ 𝐏. ⑩
Pas carta 28/54000 (14%) – ⌷ 7500 – **10 cam** 70000 – ½ P 60/69000.

ANTARCANGELO DI ROMAGNA 47038 Forlì 𝟡𝟠𝟠 ⑮ – 17 168 ab. alt. 42 – ✪ 0541.

na 345 – ◆Bologna 104 – Forlì 43 – ◆Milano 315 – ◆Ravenna 53 – Rimini 10.

Osteria la Sangiovesa, via Saffi 27 ✆ 620710, « Ambiente caratteristico » – 🍴. 呕 匣 ⑩ ℰ 𝘝𝘐𝘚𝘈. ℛ
chiuso a mezzogiorno, lunedì, Natale e Capodanno – Pas carta 32/43000.

La Buca, via Porta Cervese ✆ 626208, 斎 – 呕 ⑩ ℰ 𝘝𝘐𝘚𝘈. ℛ
chiuso martedì e settembre – Pas 30/40000.

ANTA REPARATA Sassari 𝟜𝟛𝟛 D 9 – Vedere Sardegna (Santa Teresa Gallura).

ANTA SABINA Perugia – Vedere Perugia.

ANTA SEVERA 00050 Roma 𝟡𝟠𝟠 ㉕, 𝟜𝟛𝟘 P 17 – a.s. 15 giugno-agosto – ✪ 0766.

na 63 – Lago di Bracciano 36 – Civitavecchia 18 – Viterbo 75.

Pino al Mare, ✆ 740027, Fax 741541, ≤, 斎, 🏖, 🚗 – 🛗 ☎ 𝐏. – **49 cam**

ANTA TECLA Catania 𝟜𝟛𝟚 O 27 – Vedere Sicilia (Acireale).

SANTA TERESA GALLURA Sassari 988 ㉓, 433 D 9 – Vedere Sardegna.

SANTA VITTORIA D'ALBA 12069 Cuneo 428 H 5 – 2 366 ab. alt. 346 – ✿ 0172.
Roma 655 – Alba 10 – Asti 37 – Cuneo 53 – ◆Milano 163 – ◆Torino 63.

🏨 **Santa Vittoria d'Alba** ⌘, ℰ 478198, Fax 478465, ≤, ☞ – 🛗 📺 ☎ 🄿 – 🕰 150. 🖭 ⓞ ⒠ 𝘝𝘐𝘚𝘈
    chiuso gennaio – Pas vedere rist Al Castello – ⚏ 8000 – **40 cam** 75/110000 – ½ P 75000.

❌❌ **Al Castello**, ℰ 478147, Fax 478147 – 🄿. 🖭 🖪 ⒠ 𝘝𝘐𝘚𝘈. ⍤
    chiuso gennaio, dal 1° al 20 agosto, mercoledì e da novembre a marzo anche martedì ser▪
    Pas carta 28/53000.

SANT'ELIA Palermo 432 N 25 – Vedere Sicilia (Santa Flavia).

SANT'ELIA FIUMERAPIDO 03049 Frosinone 430 R 23 – 6 158 ab. alt. 120 – 0776.
Roma 137 – Cassino 7 – Frosinone 63 – Gaeta 54 – Isernia 55.

🏨 **Cirelli**, ℰ 429801, Fax 350003 – 🛗 ▤ 📺 ☎ 🄿. 🖭 🖪 ⓞ ⒠ 𝘝𝘐𝘚𝘈. ⍤
    Pas 25/30000 – ⚏ 8000 – **22 cam** 60/80000 – ½ P 70/80000.

SANTENA 10026 Torino 428 H 5 – 10 279 ab. alt. 237 – ✿ 011.
Roma 651 – Asti 37 – Cuneo 89 – ◆Milano 162 – ◆Torino 20.

❌❌ **Andrea** con cam, via Torino 48 ℰ 9492783, Fax 9493257 – 🛗 📺 ☎ 🄿. 🖭 🖪 ⓞ ⒠ 𝘝𝘐𝘚𝘈. ▪
    chiuso dal 10 al 30 luglio – Pas (chiuso martedì) carta 33/54000 – **12 cam** ⚏ 84/110000.

❌❌ **Roma**, via Cavour 71 ℰ 9491491, prenotare

SAN TEODORO Nuoro 433 E 11 – Vedere Sardegna.

SANT'EUFEMIA DELLA FONTE Brescia – Vedere Brescia.

SANT'EUFEMIA LAMEZIA Catanzaro 988 ㊴, 431 K 30 – Vedere Lamezia Terme.

SANT'EUROSIA Vercelli 219 ⑮ – Vedere Pralungo.

SANTHIÀ 13048 Vercelli 988 ②, 428 F 6 – 9 367 ab. alt. 183 – ✿ 0161.
Roma 657 – Aosta 99 – Biella 27 – ◆Milano 93 – Novara 47 – ◆Torino 55 – Vercelli 20.

    sulla variante della strada statale 143 NO : 1 km :

❌❌ **San Massimo** con cam, ✉ 13048 ℰ 94617, ☞ – 🄿 – 🕰 120. 🖪 ⒠ 𝘝𝘐𝘚𝘈
    chiuso agosto – Pas (chiuso lunedì e martedì) carta 27/54000 – ⚏ 6000 – **7 cam** 65000▪
    ½ P 50/60000.

SANT'ILARIO D'ENZA 42049 Reggio nell'Emilia 428 429 H 13 – 9 232 ab. alt. 58 – ✿ 0522.
Roma 444 – ◆Bologna 82 – ◆Milano 134 – ◆Parma 12 – ◆Verona 113.

🏨 **Forum** senza rist, via Roma 4/a ℰ 671480, Fax 671475 – 🛗 ▤ 📺 ☎ 🚗 🄿 – 🕰 60. 🖭 ⓞ ⒠ 𝘝𝘐𝘚𝘈. ⍤
    chiuso dal 5 al 20 agosto – ⚏ 12000 – **54 cam** 70/100000.

❌❌ **Prater**, via Val d'Enza 5 ℰ 672375 – ▤ 🄿. 🖭 🖪 ⓞ ⒠ 𝘝𝘐𝘚𝘈. ⍤
    chiuso mercoledì ed agosto – Pas carta 35/51000.

SANT'OLCESE 16010 Genova 428 I 8 – 6 450 ab. alt. 327 – ✿ 010.
Roma 515 – Alessandria 79 – ◆Genova 20 – ◆Milano 140.

❌ **Agnese** ⌘ con cam, via Vicomorasso 22 (S : 1 km) ℰ 709895, ☞ – 🛗 ☎ 🄿. 🖪 ⒠ 𝘝𝘐
    ⍤ cam
    chiuso dal 2 al 30 novembre – Pas carta 39/56000 – ⚏ 10000 – **15 cam** 70/90000▪
    ½ P 80/90000.

SANT'OMOBONO IMAGNA 24038 Bergamo 428 E 10, 219 ⑩ – 2 940 ab. alt. 498 – ✿ 035.
Roma 625 – ◆Bergamo 24 – Lecco 39 – ◆Milano 68.

❌❌ **Taverna 800**, località Mazzoleni ℰ 851162, 🍽, « Ambiente rustico » – 🖪 ⒠ 𝘝𝘐𝘚𝘈. ⍤
    chiuso martedì e dal 10 al 30 gennaio – Pas carta 32/61000.

SANTO SPIRITO 70050 Bari 431 D 32 – ✿ 080.
Roma 439 – ◆Bari 11 – Barletta 44 – ◆Foggia 122.

🏨 **Riviera**, via Tito Schipa 7 ℰ 320582 – 🛗 ▤ rist 📺 ☎ 🄿
    42 cam.

❌❌ **L'Aragosta**, lungomare Colombo ℰ 435427, 🍽 – ▤. 🖭 🖪 ⓞ ⒠ 𝘝𝘐𝘚𝘈. ⍤
    chiuso martedì e novembre – Pas carta 28/47000 (12 %).

Per escursioni a Nord della Lombardia e nella Valle d'Aosta
utilizzate la carta stradale n. 219 in scala 1/200 000.

ANTO STEFANO AL MARE 18010 Imperia 428 K 5 – 2 212 ab. – ۞ 0184.

ma 628 – Imperia 12 – ◆Milano 252 – San Remo 12 – Savona 83 – ◆Torino 193.

XX **La Riserva,** ℰ 484134, « Ambiente caratteristico » – AE 🕄 ① E 𝘝𝘐𝘚𝘈
chiuso domenica sera e lunedì – Pas carta 47/79000.

ANTO STEFANO D'AVETO 16049 Genova 988 ⑬, 428 I 10 – 1 394 ab. alt. 1 017 – a.s.
giugno-agosto e Natale – Sport invernali : 1 017/1 800 m ❄ 1 ☇ 3, 𝔁 – ۞ 0185.

piazza del Popolo 1 ℰ 88046.

ma 512 – ◆Genova 88 – ◆Milano 224 – Rapallo 64 – ◆La Spezia 114.

🏠 **Leon d'Oro,** ℰ 88073 – |🕄| ☎. 𝒮𝒦
chiuso novembre – Pas (chiuso lunedì) carta 31/44000 – ☲ 6000 – **35 cam** 35/65000 –
P 60/85000.

X **Doria,** ℰ 88052 – ℗. 🕄. 𝒮𝒦
chiuso mercoledì e dal 20 ottobre al 20 dicembre – Pas carta 27/41000.

ANTO STEFANO DI CADORE 32045 Belluno 988 ⑤, 429 C 19 – 3 056 ab. alt. 908 – ۞ 0435.

via Venezia ℰ 62230, Fax 62077.

ma 668 – Belluno 67 – Cortina d'Ampezzo 54 – ◆Milano 410 – Udine 111 – ◆Venezia 157.

🏨 **Monaco Sport Hotel** ⑤, ℰ 62430, Fax 62218, ≤ – |🕄| 📺 ☎ 🚗 ℗. AE 🕄 E 𝘝𝘐𝘚𝘈. 𝒮𝒦
Pas (chiuso giovedì) carta 34/52000 – ☲ 12000 – **27 cam** 80/120000 – ½ P 110000.

ANTO STEFANO DI MAGRA 19037 La Spezia 428 429 J 11 – 7 832 ab. alt. 51 – ۞ 0187.

ma 420 – ◆Genova 105 – ◆La Spezia 12 – ◆Parma 107.

X **Il Mulinetto,** via Luciano Tavilla 57 ℰ 699287 – 🕄
chiuso lunedì e dal 20 al 31 agosto – Pas carta 51/88000.

AN TROVASO Treviso – Vedere Preganziol.

ANTUARIO Vedere nome proprio del santuario.

Le continue modifiche ed il costante miglioramento apportato
alla rete stradale italiana consigliano l'acquisto dell'edizione più
aggiornata della carta Michelin 988 in scala 1:1 000 000.

AN VALENTINO ALLA MUTA (ST. VALENTIN AUF DER HAIDE) 39020 Bolzano 988 ④, 428
⑲ B 13, 218 ⑧ – alt. 1 488 – Sport invernali : 1 488/2 649 m ☇ 5, 𝔁 – ۞ 0473.

ℰ 634603.

ma 733 – ◆Bolzano 96 – ◆Milano 272 – Passo di Resia 10 – Trento 154.

🏠 **Stocker,** ℰ 634632, ≤, 🚗 – ☎ ℗. 🕄 E 𝘝𝘐𝘚𝘈. 𝒮𝒦
16 dicembre-aprile e giugno-3 ottobre – Pas (chiuso lunedì) 17/28000 – **21 cam** ☲ 39/
71000 – ½ P 44/52000.

🏠 **Sporthotel Laret,** ℰ 634666, Fax 634668, ≤ – ☎ ℗. AE 🕄 E 𝘝𝘐𝘚𝘈. 𝒮𝒦 rist
chiuso maggio e dal 10 ottobre al 15 dicembre – Pas vedere Hotel Stocker – **16 cam**
☲ 39/71000.

AN VIGILIO (VIGILJOCH) Bolzano 218 ⑳ – Vedere Lana.

AN VIGILIO DI MAREBBE (ST. VIGIL ENNEBERG) 39030 Bolzano 988 ⑤, 429 B 17 – alt. 1 201
Sport invernali : a Plan de Corones : 1 201/2 275 m ☇ 8 ☇ 24, 𝔁 – ۞ 0474.

Ciasa Dolomites, via al Plan 97 ℰ 51037, Fax 51566.

ma 724 – ◆Bolzano 87 – Brunico 18 – ◆Milano 386 – Trento 147.

🏨 **Almhof-Hotel Call,** ℰ 501043, Fax 501569, ≘s, 🔄, 🚗 – |🕄| 📺 ☎ 🕭 ℗. 🕄 E 𝘝𝘐𝘚𝘈. 𝒮𝒦
dicembre-10 aprile e giugno-10 ottobre – Pas 40/90000 – **39 cam** ☲ 260000 – ½ P 80/
160000.

🏨 **Floralp** ⑤, ℰ 501115, Fax 501633, ≤, ≘s, 🔄, 🚗 – ☎ 🚗 ℗. ①. 𝒮𝒦
20 dicembre-20 aprile e 15 giugno-settembre – Pas (chiuso lunedì) 25/60000 – **32 cam**
☲ 90/180000 – ½ P 78/110000.

🏨 **Monte Sella,** ℰ 501034, ≤, 🚗 – |🕄| ☎ ℗. 🕄 𝘝𝘐𝘚𝘈. 𝒮𝒦
6 dicembre-Pasqua e 15 giugno-settembre – Pas (solo per clienti alloggiati) – **30 cam**
☲ 70/120000 – ½ P 80/100000.

🏠 **Olympia** ⑤, ℰ 501028, Fax 501028, ≤ – ☎ 🚗 ℗. 🕄 ① E 𝘝𝘐𝘚𝘈. 𝒮𝒦 rist
dicembre-aprile e luglio-settembre – Pas (solo per clienti alloggiati) 20/30000 – **20 cam**
☲ 55/100000 – ½ P 70/95000.

X **Fana Ladina,** ℰ 501175, 🍴, Cucina ladina – ℗. 𝒮𝒦
20 dicembre-aprile e luglio-settembre; chiuso mercoledì da ottobre a marzo – Pas carta 30/
42000.

X **Da Attilio,** ℰ 51109 – ℗. 🕄 E
4 dicembre-Pasqua e 28 giugno-25 settembre – Pas carta 29/43000.

547

SAN VINCENZO 57027 Livorno 988 ⑭, 430 M 13 – 7 239 ab. – a.s. 15 giugno-15 settembre ☻ 0565.

🖪 via Beatrice Alliata 2 ♏ 701533, Fax 701533.

Roma 260 – ♦Firenze 146 – Grosseto 73 – ♦Livorno 60 – Piombino 21 – Siena 109.

🏨🏨 **Park Hotel I Lecci e Rist. La Campigiana** ⑤, via della Principessa 114 (S : 1,7 k ♏ 704111, Telex 501536, Fax 703224, « Grande parco sul mare con ⊒ e ⁒ », 🌡, 🖐 🔊 – 🛗 🗉 🕰 ☎ ৬ ❷ – 🔏 150. 🝙 🖫 ᅃ ⑩ ᄐ *VISA*. ⁒ rist
Pas *(chiuso a mezzogiorno da novembre a febbraio)* carta 40/60000 – **74 cam** ☑ 300000 ½ P 145/210000.

🏨 **Riva degli Etruschi** ⑤, via della Principessa 120 (S : 2,5 km) ♏ 702351, Telex 50036 Fax 704011, « Villette in un grande parco sul mare », 🌡, ⁒ – ☎ ❷. 🖫 ᄐ *VISA*. ⁒
Pas carta 42/53000 – ☑ 15000 – **95 cam** 100000 – ½ P 149/182000.

🏨 **La Vela** senza rist, via Vittorio Emanuele II 72 ♏ 701529, Fax 701384 – 🗉 🖂. 🝙 🖫 ⑩ *VISA*. ⁒
☑ 8000 – **14 cam** 70/100000.

🏨 **Lo Scoglietto** senza rist, via del Corallo 7 ♏ 701614, Fax 704432, ≤ mare, « Giardi ombreggiato », 🌡 – 🛗 🗉 ☎. 🖫 ⑩ ᄐ *VISA*. ⁒
31 cam ☑ 70/100000.

🏨 **Villa Marcella,** viale Serristori 41 ♏ 701646, Fax 702154, 🌡, 🌊 – 🗉 ☎. 🝙 🖫 ⑩ *VISA*. ⁒ rist
Pas *(chiuso mercoledi)* carta 42/58000 – ☑ 10000 – **33 cam** 78/110000 – ½ P 83/108000.

🏠 **Il Delfino,** via Cristoforo Colombo 15 ♏ 701179, Fax 701179, ≤, 🌡 – 🛗 🗉 ☎. 🝙 🖫 ᄐ *VISA*. ⁒
Pas vedere rist Il Delfino – ☑ 10000 – **39 cam** 70/110000 – ½ P 67/95000.

🏠 **La Coccinella** senza rist, via Indipendenza 1 ♏ 701794, Fax 701794, 🌊 – 🛗 ☎ ❷. 🖫 *VISA*. ⁒
20 aprile- 15 ottobre – ☑ 10000 – **28 cam** 68/98000.

ⅩⅩⅩ ☺ **Gambero Rosso,** piazza della Vittoria 13 ♏ 701021, ≤, Coperti limitati; prenotare 🝙 ⑩ ᄐ *VISA*. ⁒
chiuso martedi e novembre – Pas carta 90/120000 (10 %)
Spec. Zuppa di astice con verdure, Passatina di ceci con gamberi, Piccione al rosmarino. Vini Grattamacco, Sassica

ⅩⅩ **Girarrosto-Granducato,** via Volta 9 ♏ 701584, Fax 701584, prenotare – ❷. *VISA*. ⁒
chiuso lunedi escluso agosto – Pas carta 44/67000.

Ⅹ **Il Delfino,** via Cristoforo Colombo 15 ♏ 701179, ≤ – 🝙 🖫 ⑩ ᄐ *VISA*. ⁒
maggio-settembre – Pas carta 26/41000.

Si vous cherchez un hôtel tranquille,
consultez d'abord les cartes de l'introduction
ou repérez dans le texte les établissements indiqués avec le signe ⑤ ou ⑤.

SAN VITO AL TAGLIAMENTO 33078 Pordenone 988 ⑤, 429 E 20 – 12 424 ab. alt. 31 ☻ 0434.

Roma 600 – Belluno 89 – ♦Milano 339 – ♦Trieste 109 – ♦Venezia 89.

a Rosa NE : 2,5 km – ⊠ **33078** San Vito al Tagliamento :

ⅩⅩ Griglia d'Oro, ♏ 80301, prenotare – ❷.

SAN VITO DI CADORE 32046 Belluno 988 ⑤, 429 C 18 – 1 622 ab. alt. 1 010 – ☻ 0436.
Vedere Guida Verde.

🖪 via Nazionale 9 ♏ 9119, Fax 99345.

Roma 661 – Belluno 60 – Cortina d'Ampezzo 11 – ♦Milano 403 – Treviso 121 – ♦Venezia 150.

🏨🏨 **Marcora,** via Roma 28 ♏ 9101, Fax 99156, ≤, « Parco », 🌡, 🌊, 🔲, ⁒ – 🛗 🗉 ☎ ❷ 🔏 80. 🝙 🖫 ⑩ ᄐ *VISA*. ⁒ rist
20 dicembre-marzo e 20 giugno-15 settembre – Pas 50/70000 – ☑ 30000 – **46 cam** 200/300000 – ½ P 200000.

🏨 **Ladinia** ⑤, via Ladinia 14 ♏ 9562, Fax 99211, ≤ Dolomiti e pinete, 🔲, 🌊, ⁒ – 🛗 🗉 ❷. *VISA*. ⁒
20 dicembre-20 aprile e 15 giugno- 15 settembre – Pas 35/45000 – ☑ 20000 – **36 cam** 100/150000 – ½ P 145000.

🏠 **Antelao,** senza rist via Costa 3 ♏ 890131, Fax 890131 – 🛗 🗉 ☎.
15 cam.

🏠 **Dolomiti,** via Roma 33 ♏ 890186, ≤, 🌊 – 🛗 🗉 ☎ ❷. ⁒ rist
20 dicembre-Pasqua e 20 giugno 20 settembre – Pas 30000 – ☑ 10000 – **31 cam** 7 120000 – ½ P 60/100000.

SAN VITO LO CAPO Trapani 988 ㉟, 432 M 20 – Vedere Sicilia.

SAN VITO ROMANO 00030 Roma 430 Q 20 – 3 264 ab. alt. 693 – ☻ 06.

Roma 62 – Frosinone 62 – Latina 68 – Rieti 103 – Tivoli 26.

🏠 **Ai Pini,** ♏ 9571019, Fax 9571019, ≤, 🌊 – 🛗 ☎ ❷ – 🔏 30 a 70. 🝙 🖫 ⑩. ⁒
Pas *(chiuso mercoledi)* carta 28/39000 – ☑ 6000 – **57 cam** 40/80000 – ½ P 60/75000.

AN ZENO DI MONTAGNA 37010 Verona 428 429 F 14 – 1 093 ab. alt. 590 – 🕓 045.

na 544 – Garda 17 – ♦Milano 168 – Riva del Garda 48 – ♦Venezia 168 – ♦Verona 56.

🏠 **Diana,** 🖉 7285113, ≼, « Boschetto-giardino » – 🛊 🖾 🅿 – 🛗 100. 🛠
Natale, Pasqua e giugno-settembre – Pas 32/36000 – 🗷 10000 – **44 cam** 95000 – ½ P 52/73000.

🏠 **Bellavista,** 🖉 7285014, ≼, « Prato-giardino » – 🛊 ☎ 🅿. 🛠
Pasqua-settembre – Pas *(chiuso martedì)* 23/26000 – 🗷 10000 – **46 cam** 51/72000 – ½ P 46/52000.

AN ZENO NAVIGLIO 25010 Brescia 428 429 F 12 – 3 108 ab. alt. 112 – 🕓 030.

na 553 – ♦Brescia 9 – Cremona 42 – ♦Milano 100.

🍴 **Il Forchettone,** 🖉 2667363 – ☰ 🅿. 🖭 🕄 𝘝𝘐𝘚𝘈. 🛠
chiuso agosto, mercoledì e le sere di lunedì e martedì – Pas carta 35/57000.

AN ZENONE DEGLI EZZELINI 31020 Treviso 429 E 17 – 5 321 ab. alt. 117 – 🕓 0423.

na 551 – Belluno 71 – ♦Milano 247 – ♦Padova 50 – Trento 96 – Treviso 39 – ♦Venezia 69 – Vicenza 43.

🍴 **Nino-Al Girasole,** con cam, via Guglielmo Marconi 6 🖉 968990, Fax 968973, Coperti limitati; prenotare – 🆃🆅 ☎ 🅿
14 cam.

🍴 **Alla Torre,** località Sopracastello N : 2 km 🖉 567086, « Servizio estivo in terrazza con ≼ » – 🅿. 🖭 🕄 ⓪ 𝘝𝘐𝘚𝘈. 🛠
chiuso martedì, mercoledì a mezzogiorno e dal 10 gennaio al 10 febbraio – Pas carta 35/55000.

ᴀONARA 35020 Padova 429 F 17 – 7 132 ab. alt. 10 – 🕓 049.

na 498 – Chioggia 35 – ♦Milano 245 – ♦Padova 12.

🍴 **Morosini,** via Roma 12 🖉 640302, 🛱 – ☰ 🅿. 🖭 🕄 𝘝𝘐𝘚𝘈. 🛠
chiuso domenica sera, lunedì e dal 10 al 18 agosto – Pas carta 60/80000.

🍴 **Al Boccalon,** località Villatora NO : 3 km 🖉 640088, 🛱 – ☰ 🅿. 🖭 🕄 ⓪ 🖸 𝘝𝘐𝘚𝘈. 🛠
chiuso lunedì, mercoledì sera ed agosto – Pas carta 30/41000.

ᴀPPADA 32047 Belluno 988 ⑤, 429 C 20 – 1 390 ab. alt. 1 250 – Sport invernali : 1 250/50 m ≰18, 🛷 – 🕓 0435.

ia Bach 20 🖉 469131, Fax 66233.

na 680 – Belluno 79 – Cortina d'Ampezzo 66 – ♦Milano 422 – Tarvisio 110 – Udine 99 – ♦Venezia 169.

🏠 **Haus Michaela,** borgata Fontana 40 🖉 469377, Fax 469377, ≼, ☎s, 🛲 – 🛊 🆃🆅 ☎ 🅿. 🕄 🖸 𝘝𝘐𝘚𝘈. 🛠
dicembre-Pasqua e 15 giugno-settembre – Pas *(solo per clienti alloggiati)* 25/35000 – 🗷 8000 – **16 cam** 120000, 2 appartamenti – ½ P 50/100000.

🏠 **Corona Ferrea,** borgata Kratten 17 🖉 469103, ≼, 🛲 – 🛊 🆃🆅 ☎ 🅿. 🖭. 🛠
20 dicembre-marzo e luglio-settembre – Pas 20/40000 – 🗷 10000 – **25 cam** 45/80000, appartamento – ½ P 85/90000.

🏠 **Posta,** via Palù 21 🖉 469116, ≼ – 🆃🆅 ☎ 🅿. 🛠
dicembre-aprile e giugno-settembre – Pas carta 26/38000 – 🗷 10000 – **15 cam** 60/100000 – ½ P 60/95000.

🏠 **Cristina** 🦢, borgata Hoffe 19 🖉 469430, Fax 469430, ≼ – 🆃🆅 ☎ 🅿. 𝘝𝘐𝘚𝘈. 🛠
chiuso maggio e novembre – Pas *(chiuso lunedì escluso dicembre, luglio ed agosto)* carta 30/55000
🗷 10000 – **8 cam** 110000 – ½ P 75/95000.

a Cima Sappada E : 4 km – alt. 1 295 – ✉ 32047 Sappada :

🏠 **Belvedere,** 🖉 469112, Fax 469112, ≼, 🖽 – 🛊 🆃🆅 ☎ 🅿. 𝘝𝘐𝘚𝘈. 🛠
dicembre-marzo e giugno-settembre – Pas carta 38/54000 – 🗷 15000 – **14 cam** 70/120000 – ½ P 50/105000.

🏠 **Bellavista** 🦢, 🖉 66194, ≼ monti e vallata – 🛊 🆃🆅 ☎ 🅿. 🛠
dicembre-15 aprile e 15 giugno-settembre – Pas *(chiuso martedì)* 23/25000 – 🗷 8000 – **28 cam** 100000 – ½ P 50/95000.

🏠 **Alle Alpi,** 🖉 469102, Fax 469102, ≼, 🍴 – 🆃🆅 🚗 🅿. 🕄 🖸 𝘝𝘐𝘚𝘈. 🛠
dicembre-Pasqua e luglio-20 settembre – Pas carta 25/34000 – 🗷 6000 – **16 cam** 40/70000 – ½ P 46/82000.

ᴀPRI 84073 Salerno 988 ㊳, 431 G 28 – 7 352 ab. – a.s. luglio-agosto – 🕓 0973.

cursioni Golfo di Policastro★★ Sud per la strada costiera.

na 407 – Castrovillari 94 – ♦Napoli 201 – Potenza 121 – Salerno 150.

🏠 **Mediterraneo,** 🖉 391774, ≼, 🛲 – ☎ 🅿. 🛠
maggio-novembre – Pas *(chiuso ottobre e novembre)* carta 34/48000 – 🗷 12000 – **20 cam** 91000 – ½ P 90/105000.

Vedere anche : *Villammare* O : 4 km.

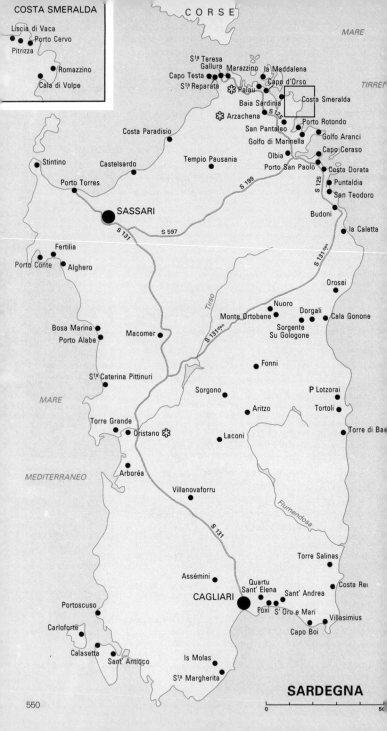

🎿 ② ㉔ ㉝ ㉞, 🎏 – 1 664 373 ab. alt. da 0 a 1 834 (Punta La Marmora, monti del Gennargentu).

🎿 vedere : Alghero, Cagliari, Olbia e Sassari.

🚢 per la Sardegna vedere : Civitavecchia, Genova, Livorno, Napoli, Palermo, Trapani; dalla Sardegna vedere : Cagliari, Golfo Aranci, Olbia, Porto Torres, Tortolì (Arbatax).

ALGHERO 07041 Sassari 🎿 ㉝, 🎏 F 6 – 41 148 ab. – a.s. 15 giugno-15 settembre – ✪ 079.

vedere Città vecchia★.

🎿 di Fertilia NO : 11 km ℘ 935033.

piazza Porta Terra 9 ℘ 979054, Fax 974881.

Cagliari 227 – ♦Nuoro 136 – ♦Olbia 137 – Porto Torres 35 – ♦Sassari 35.

🏨 **Carlos V**, lungomare Valencia 24 ℘ 979501, Telex 791054, Fax 980298, ≤, ⊥, ☞, ✗ – 🛗 🟰 📺 ☎ 🅿 – 🚗 60 a 250.
110 cam.

🏨 **Calabona**, località Calabona ℘ 975728, Telex 790242, Fax 981046, ≤, 🏋, 🈂, ⊥, 🐎 – 🛗 🟰 ☎ 🅿 – 🚗 30 a 400. 🄰🄴 🛅 🄾 🄴 𝗩𝗜𝗦𝗔. ✗ rist
aprile-ottobre – Pas 35000 – **113 cam** ☄ 170000 – ½ P 145/195000.

🏨 **Villa Las Tronas** ⑤, lungomare Valencia 1 ℘ 981818, Fax 981044, ≤ mare e scogliere, « Giardino », ⊥, 🐎 – 🛗 🟰 📺 🅿 🄰🄴 🛅 🄾 🄴 𝗩𝗜𝗦𝗔
Pas (16 maggio-19 settembre; chiuso mercoledì) 45/50000 – ☄ 15000 – **30 cam** 160/250000 – ½ P 190/210000.

🏨 **Rina**, ℘ 984240, Telex 791021, Fax 984297, ⊥ – 🛗 🟰 📺 ☎ – 🚗 50 a 120. 🄰🄴 🛅 🄾 🄴 𝗩𝗜𝗦𝗔 ✗
Pas 30000 – ☄ 15000 – **80 cam** 136/159000 – ½ P 202/213000.

🏨 **Florida**, via Lido 15 ℘ 950535, Fax 950330, 🐎 – 🛗 🟰 📺 ☎. 🛅 🄴 𝗩𝗜𝗦𝗔. ✗ rist
Pas (aprile-ottobre; solo per clienti alloggiati) 25000 – ☄ 10000 – **78 cam** 100/130000 – ½ P 125/140000.

🏨 **Continental** senza rist, via Fratelli Kennedy 66 ℘ 975250, ☞ – 🛗 ☎ 🅿. 🄰🄴 🛅 🄾 🄴 𝗩𝗜𝗦𝗔
maggio-settembre – **32 cam** ☄ 112000.

🍴🍴 **La Lepanto**, via Carlo Alberto 135 ℘ 979116, 🍽 – 🟰. 🄰🄴 🛅 🄾 🄴 𝗩𝗜𝗦𝗔
chiuso lunedì escluso dal 16 giugno al 14 settembre – Pas carta 37/66000.

🍴🍴 **Il Pavone**, piazza Sulis 3/4 ℘ 979584, 🍽 – 🟰. 🄰🄴 🛅 🄾 🄴 ✗
chiuso domenica sera, mercoledì e dal 20 dicembre al 20 gennaio – Pas carta 48/95000.

🍴🍴 **Al Tuguri**, via Maiorca 113/115 ℘ 976772 – 🟰. 🛅 🄾 🄴 𝗩𝗜𝗦𝗔. ✗
chiuso domenica e dal 20 dicembre al 20 gennaio – Pas carta 37/50000 (15 %).

🍴 **Rafel**, via Lido 20 ℘ 950385, ≤ – 🄰🄴 🛅 𝗩𝗜𝗦𝗔 ✗
chiuso novembre e giovedì in bassa stagione – Pas carta 44/66000.

🍴 **Dieci Metri**, vicolo Adami 37 ℘ 979023 – 🄰🄴 🛅 🄾 🄴 𝗩𝗜𝗦𝗔. ✗
chiuso mercoledì e dal 10 gennaio a febbraio – Pas carta 30/56000 (10 %).

a Fertilia NO : 6 km – ✉ 07040 :

🏨 **Dei Pini** ⑤, località Le Bombarde O : 3 km ℘ 930157, Telex 790057, Fax 930259, ≤ mare e pineta, 🍽, « In pineta », 🐎, ✗ – 🟰 ☎ 🅿. ✗
maggio-ottobre – Pas 60/70000 – ☄ 30000 – **91 cam** 170/200000 – ½ P 135/195000.

🏨 **Bellavista**, ℘ 930124, Fax 930124, ≤, 🍽 – 🛗 🟰 ☎. 🄰🄴 🛅 🄾 🄴 𝗩𝗜𝗦𝗔. ✗ rist
Pas carta 29/51000 – ☄ 10000 – **45 cam** 58/95000 – ½ P 70/90000.

Vedere anche : **Porto Conte** NO : 13 km.

ARBOREA 09092 Oristano 🎿 ㉝, 🎏 H 7 – 3 825 ab. alt. 7 – a.s. luglio-15 settembre – ✪ 0783.

Cagliari 85 – ♦Olbia 210 – ♦Oristano 17 – Porto Torres 154.

al mare NO : 4,5 km :

🏨 **Ala Birdi** ⑤, ✉ 09092 ℘ 801084, Fax 801086, Villini nel verde, ⊥, 🐎, ☞, ✗ – 🟰 ☎ 🅿 – 🚗 50 a 100. 🄰🄴 🛅 🄾 🄴 𝗩𝗜𝗦𝗔. ✗
chiuso novembre – Pas carta 35/57000 – **138 cam** ☄ 143000 – ½ P 76/135000.

ARITZO 08031 Nuoro 🎿 ㉝, 🎏 H 9 – 1 687 ab. alt. 796 – a.s. luglio-10 settembre – ✪ 0784.

Escursioni Monti del Gennargentu★★ NE – Strada per Villanova Tulo : ≤★★ sul lago di Flumendosa.

Cagliari 114 – ♦Nuoro 80 – ♦Olbia 184 – ♦Oristano 85 – Porto Torres 177.

🏨 **Park Hotel**, ℘ 629201, Fax 629318, ≤ – 🄰🄴 🛅 🄴 𝗩𝗜𝗦𝗔. ✗
Pas 20/25000 (10 %) – ☄ 5000 – **20 cam** 45/80000 – ½ P 65/70000.

ARZACHENA 07021 Sassari 988㉓, 433 D 10 – 9 276 ab. alt. 83 – a.s. 15 giugno-15 settembre
☻ 0789.

Dintorni Costa Smeralda★★ – Tomba dei Giganti di Li Muri★ SO : 10 km per la strada Luogosanto.

🖫 Pevero (chiuso martedì da novembre a marzo) a Porto Cervo (Costa Smeralda) ⊠ 070.
🖋 96210, Telex 792133, Fax 96572, NE : 18,5 km.

🛫 della Costa Smeralda : vedere Olbia.

🖪 piazza Risorgimento 🖋 82624, Fax 81090.

◆Cagliari 311 – ◆Olbia 26 – Palau 14 – Porto Torres 147 – ◆Sassari 129.

🏠 **Citti** senza rist, viale Costa Smeralda 197 🖋 82662, Fax 81920, ⌧ – ☎ ⅃ 🅿. ☒
⌧ 5000 – **50 cam** 57/88000.

sulla strada per Baia Sardinia NE : 8,5 km :

XXX ☻ **Grazia Deledda** con cam, ⊠ 07021 Arzachena 🖋 98988, Fax 98990, prenotare –
⭐ ☎ 🅿. ☒ 🗄 ① 🖂 VISA. ☒
marzo-novembre – Pas carta 75/101000 – ⌧ 25000 – **11 cam** 200/250000, appartamento
½ P 250/280000
Spec. Fantasia di filetti di pesce alle erbe selvatiche, Pesce cappone in brodetto con patate novelle, Schidione (spie
di vitellina al mirto. **Vini** Vermentino, Cannonau.

a Baia Sardinia NE : 16,5 km – ⊠ 07021 Arzachena – a.s. 15 giugno-15 settembre :

🏨 **Club Hotel,** 🖋 99006, Telex 792108, Fax 99286, ⩽, 🛥, – 🛗 🗏 📺 ☎ 🅿. ☒ 🗄 ① 🖂 VISA
chiuso dal 3 gennaio a Pasqua – Pas vedere rist Casablanca – **85 cam** ⌧ 170/270000
½ P 195/255000.

🏨 **La Bisaccia** 🍷, 🖋 99002, Telex 790331, Fax 99162, ⩽ arcipelago della Maddalena,
« Giardino », 🛥 – 🛗 🗏 📺 ☎ 🅿 – 🕍 80. 🗄 🗄 ① 🖂 VISA. ☒
aprile-10 ottobre – Pas 65000 – **112 cam** ⌧ 365/530000 – ½ P 215/240000.

🏨 **Mon Repos,** 🖋 99011, Fax 99050, ⩽, ⅃, 🛥, 🛝 – 🗏 📺 ☎ 🅿. 🗄 ① VISA. ☒
Pasqua-15 ottobre – Pas 40000 – ⌧ 15000 – **48 cam** 90/180000 – ½ P 170000.

🏨 **La Jacia,** 🖋 99810, Fax 99812, ⅃ – ☎ 🅿. ☒ 🗄 ① 🖂 VISA. ☒ rist
aprile-ottobre – Pas (solo per clienti alloggiati) – **24 cam** ⌧ 140000 – ½ P 104/140000.

🏠 **Olimpia** 🍷 senza rist, 🖋 99176, ⅃ – ☜ 🅿. ☒ ① VISA
10 maggio-settembre – **16 cam** ⌧ 105/160000.

XXX **Casablanca,** 🖋 99006, 🍴, Rist.-piano bar, Coperti limitati; prenotare – 🗄 🗄 ① 🖂 VISA
☒
aprile-ottobre – Pas carta 70/90000.

X **Lu Narili,** 🖋 99678, 🍴 – 🅿. 🗄 ① 🖂 VISA
chiuso domenica sera in bassa stagione – Pas carta 47/78000.

sulla Costa Smeralda – ⊠ 07020 Porto Cervo – a.s. 15 giugno-15 settembre :

🏨🏨 Cala di Volpe 🍷, a Cala di Volpe E : 16,5 km 🖋 96083, Telex 790274, Fax 96442, ⩽ bai
porticciolo, 🍴, ⅃, 🛥, 🛝, ☒ – 🛗 🗏 📺 ☎ 🅿
stagionale **123 cam.**

🏨🏨 Romazzino 🍷, a Romazzino E : 19 km 🖋 96020, Telex 790059, Fax 96258, ⩽ mare
isolotti, 🍴, « Giardino con ⅃ », 🛥, ☒ – 🛗 🗏 📺 ☎ 🅿
stagionale – **90 cam.**

🏨🏨 Pitrizza 🍷, a Pitrizza NE : 19 km 🖋 91500, Telex 792079, Fax 91629, ⩽ baia, 🍴, « V
indipendenti », ⅃, 🛥, 🛝 – 🗏 📺 ☎ 🅿
stagionale – **51 cam.**

🏨🏨 **Cervo** 🍷, a Porto Cervo NE : 18,5 km 🖋 92003, Telex 790037, Fax 92593, ⩽,
« Piccolo patio », ⅃ – 🗏 📺 ☎. 🗄 🗄 ① 🖂 VISA. ☒ rist
aprile-ottobre – **90 cam** solo ½ P 425000.

🏨 **Le Ginestre** 🍷, verso Porto Cervo NE : 17 km 🖋 92030, Telex 792163, Fax 94087,
🍴, ⅃ riscaldata, 🛝, ☒ – 🗏 📺 🅿 – 🕍 200. 🗄 🗄 ① 🖂 VISA. ☒
aprile-settembre – Pas 70/90000 – **78 cam** solo ½ P 300/475000, 2 appartamenti.

🏨 Cervo Tennis Club 🍷, a Porto Cervo NE : 18,5 km 🖋 92244, Fax 94013, ⩽, 🖫, ⛱, ⅃,
🛝, ☒ – 🗏 📺 ☎ 🅿 – 🕍 80 a 200
16 cam.

🏨 **Balocco** 🍷 senza rist, a Liscia di Vacca NE : 20 km 🖋 91555, Fax 91510, ⩽ mare e por
⅃, 🛝 – 🗏 📺 ☎ 🅿. 🗄 🗄 ① 🖂 VISA. ☒
aprile-15 ottobre – **32 cam** ⌧ 180/400000.

🏠 **Nibaru** 🍷, a Cala di Volpe E : 16,5 km 🖋 96038, Fax 96474, 🍴, ⅃ – ☎ 🅿. 🗄 🗄 ①
VISA. ☒
15 maggio-settembre – Pas (*marzo-ottobre*) carta 46/83000 (15%) – ⌧ 20000 – **45 ca**
160/190000 – P 170/220000.

XX **Il Pescatore,** a Porto Cervo NE : 18,5 km 🖋 92296, « Servizio all'aperto sul porticciol
– 🗄 🗄 ① 🖂 VISA
maggio-ottobre; chiuso a mezzogiorno – Pas carta 68/103000.

SSEMINI 09032 Cagliari 988 ③, 433 J 8 – 20 313 ab. alt. 7 – ✆ 070.

gliari 14.

🏨 **Grillo,** via Carmine 132 ℰ 946350, Fax 946826 – 🛗 ☰ ☎ 🚘 🅿 – 🔏 50 a 250. ⁂ 🛏 🗲 🆅🆂🆀. ⋘
Pas *(chiuso domenica da giugno a settembre)* carta 23/50000 – ☲ 8000 – **72 cam** 88/113000 – ½ P 90/110000.

IA SARDINIA Sassari 988 ㉓ ㉔, 433 D 10 – Vedere Arzachena.

RI SARDO 08042 Nuoro 433 H 10 – 3 980 ab. alt. 50 – a.s. luglio-10 settembre – ✆ 0782.

gliari 130 – Muravera 66 – ♦Nuoro 106 – ♦Olbia 187 – Porto Torres 244 – ♦Sassari 226.

a Torre di Barì E : 4,5 km – ✉ 08042 Bari Sardo

🏨 La Torre, ℰ 28030, Fax 29577, ⌁, 🏖, 🐂, ⁂ – ☰ 📺 ☎ 🅿 – 🔏 150.
45 cam.

OSA 08013 Nuoro 988 ③, 433 G 7 – 100 ab. alt. 10 – ✆ 0785.

ero 64 – ♦Cagliari 172 – ♦Nuoro 86 – ♦Olbia 151 – ♦Oristano 64 – Porto Torres 99 – ♦Sassari 99.

🏨 **Mannu,** viale Alghero ℰ 375306, Fax 375308 – ☰ 📺 ☎ 🅿. ⁂. ⋘
Pas carta 31/49000 – **28 cam** ☲ 80000 – ½ P 70/90000.

a Bosa Marina SO : 2,5 km – ✉ 08013 – a.s. luglio-15 settembre :

🏨 **Al Gabbiano,** ℰ 374123, Fax 374123, 🍽 – ☰ rist 📺 ☎ 🅿. ⁂ 🛏 🗲 🆅🆂🆀. ⋘
Pas *(chiuso da novembre a marzo)* carta 34/52000 – ☲ 7000 – **30 cam** 85000 – ½ P 60/100000.

Le nuove guide Verdi turistiche Michelin offrono :

– un testo descrittivo più ricco,

– un'informazione pratica più chiara,

– piante, schemi e foto a colori.

... e naturalmente sono delle opere aggiornate costantemente.

Utilizzate sempre l'ultima edizione.

UDONI 08020 Nuoro 433 E 11 – 3 424 ab. – a.s. luglio-15 settembre – ✆ 0784.

gliari 248 – ♦Nuoro 67 – ♦Olbia 37 – Porto Torres 154 – ♦Sassari 136.

🏨 **Isabella,** ℰ 844048, Fax 844409, ⁂, ⁂ – ☰ rist 📸 🅿. ⁂ 🛏 🗲 ⑩ 🗲 🆅🆂🆀
Pas carta 36/50000 – ☲ 5000 – **26 cam** 90000 – ½ P 100/110000.

🏨 **Il Portico,** ℰ 844450, 🍽 – ☰. 🛏 🗲 🆅🆂🆀
chiuso dal 10 ottobre al 20 novembre e lunedì in bassa stagione – Pas carta 30/72000 (10%).

AGLIARI 09100 🄿 988 ③, 433 J 9 – 211 719 ab. – ✆ 070.

dere Museo Nazionale Archeologico★ : bronzetti★★★ Y – ≤★★ dalla terrazza Umberto I Z – piti★★ nella Cattedrale Y – Torre di San Pancrazio★ Y – Torre dell'Elefante★ Y.

cursioni Strada★★★ per Muravera per ①.

di Elmas per ② : 6 km ℰ 240079 – Alitalia, via Caprera 14 ✉ 09123 ℰ 60108.

🚢 per Civitavecchia giornaliero (13 h) e Genova giugno-settembre lunedì, mercoledì e ato, negli altri mesi martedì e domenica (20 h 45 mn) ; per Napoli giugno-settembre lunedì, rcoledì e sabato, negli altri mesi giovedì e sabato (15 h 45 mn) ; per Palermo giugno-embre venerdì e negli altri mesi giovedì (12 h 30 mn) e Trapani lunedì (10 h) – Tirrenia vigazione-agenzia Agenave, via Campidano 1 ℰ 666065, Telex 790013, Fax 663853.

azza Matteotti 9 ✉ 09123 ℰ 669255 – Aeroporto di Elmas ✉ 09132 ℰ 240200.

🄰.🄲.🄸. via Carboni Boi 2 ✉ 09129 ℰ 492881.

oro 182 ② – Porto Torres 229 ② – ♦Sassari 211 ②.

Pianta pagina seguente

🏨 **Regina Margherita** senza rist, viale Regina Margherita 44 ✉ 09124 ℰ 670342, Telex 792156, Fax 668325 – 🛗 ☰ 📺 ☎ 🚘 – 🔏 30 a 350. ⁂ 🛏 ⑩ 🗲 🆅🆂🆀. ⋘ Z **g**
99 cam ☲ 178/225000.

🏨 **Panorama,** viale Armando Diaz 231 ✉ 09126 ℰ 307691, Telex 791119, Fax 305413, ⌁ – 🛗 ☰ 📺 ☎ 🚘 – 🔏 30 a 150. ⁂ 🛏 ⑩ 🗲 🆅🆂🆀. ⋘ rist Z
Pas carta 45/65000 – **97 cam** ☲ 145/187000, 33 appartamenti – ½ P 142/206000.

🏨 **Mediterraneo,** lungomare Cristoforo Colombo 46 ✉ 09125 ℰ 301271, Telex 790180, Fax 301274, ≤, ⁂ – 🛗 ☰ 📺 ☎ 🅿 – 🔏 50 a 650. ⁂ 🛏 ⑩ 🗲 🆅🆂🆀. ⋘ rist Z **s**
Pas *(chiuso domenica)* carta 50/69000 – **136 cam** ☲ 170/215000, 12 appartamenti – ½ P 200000.

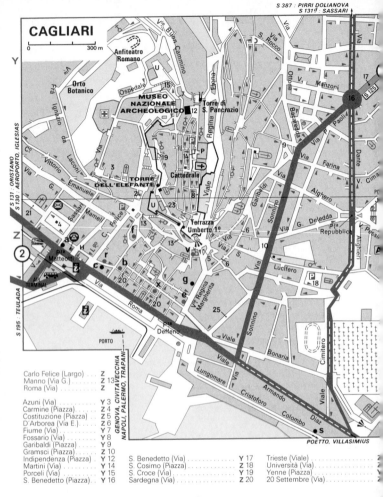

CAGLIARI

0   300 m

S 387 : PIRRI, DOLIANOVA
S 131⁴ : SASSARI

S 131 : ORISTANO
S 130 : AEROPORTO, IGLESIAS

S 195 : TEULADA

GENOVA, CIVITAVECCHIA
NAPOLI, PALERMO, TRAPANI

POETTO, VILLASIMIUS

Carlo Felice (Largo) . . . . Z
Manno (Via G.) . . . . Z 13
Roma (Via) . . . . Z

Azuni (Via) . . . . Y 3
Carmine (Piazza) . . . . . . Y 4
Costituzione (Piazza) . . . Z 5
D'Arborea (Via E.) . . . . . Z 6
Fiume (Via) . . . . Y 7
Fossario (Via) . . . . Y 8
Garibaldi (Piazza) . . . . . Y 9
Gramsci (Piazza) . . . . . . Z 10
Indipendenza (Piazza) . . Y 12
Martini (Via) . . . . Y 14
Porceli (Via) . . . . Y 15
S. Benedetto (Piazza) . . Y 16

S. Benedetto (Via) . . . . Y 17
S. Cosimo (Piazza) . . . . Z 18
S. Croce (Via) . . . . Y 19
Sardegna (Via) . . . . Z 20

Trieste (Viale) . . . . Z
Università (Via) . . . . Z
Yenne (Piazza) . . . . Y
20 Settembre (Via) . . . . Z

🏨 **MotelAgip**, circonvallazione Nuova ⊠ 09134 Pirri ℘ 521373, Telex 792104, Fax 502: – 🛗 ☰ 📺 ☎ 🅿 – 🔬 200. 🖭 🕃 ⓪ ⋿ 𝘝𝘐𝘚𝘈. ⋘ rist   3 km per via Baccaredda   Y
Pas 40000 – **129 cam** ⊆ 140/160000 – ½ P 135/150000.

🏨 **Sardegna**, via Lunigiana 50 ⊠ 09122 ℘ 286245, Telex 792152, Fax 290469 – 🛗 ☰ 📺
🅿 – 🔬 30 a 120. 🖭 🕃 ⓪ ⋿ 𝘝𝘐𝘚𝘈. ⋘ rist   2 km per viale Trieste   YZ
Pas *(chiuso dal 20 dicembre al 6 gennaio)* carta 35/60000 – ⊆ 20000 – **90 cam** 91/14200C
½ P 120/135000.

🏨 **Quadrifoglio**, circonvallazione Quadrifoglio ⊠ 09134 Pirri ℘ 543093, Fax 543036 – 🛗
📺 ☎ 🅿 – 🔬 30 a 60. 🖭 🕃 ⋿ 𝘝𝘐𝘚𝘈. ⋘   3,5 km per via Baccaredda   Y
Pas *(chiuso lunedì e dal 1° al 20 agosto)* carta 31/50000 – ⊆ 8500 – **87 cam** 72/10600C

🏨 **Italia** senza rist, via Sardegna 31 ⊠ 09124 ℘ 660410, Fax 650240 – 🛗 ☰ 📺 ☎ – 🔬
🖭 🕃 ⓪ ⋿ 𝘝𝘐𝘚𝘈. ⋘   Z
113 cam ⊆ 85/120000.

🏨 **Moderno** senza rist, via Roma 159 ⊠ 09124 ℘ 660306, Telex 792131, Fax 660260, ≤
☰ 📺 ☎ – 🔬 40. 🖭 🕃 ⓪ ⋿ 𝘝𝘐𝘚𝘈   Z
93 cam ⊆ 112/151000.

🏨 **Al Solemar**, senza rist, viale Armando Diaz 146 ⊠ 09126 ℘ 340201, Fax 340201 –
☰ cam 📺 ☎ 🅿 – 🔬 80.   Z
42 cam.

XX **Dal Corsaro,** viale Regina Margherita 28 ⊠ 09124 ℰ 664318, Fax 653439 – ▤. ▣ 🛐 ⏺
 ℇ ᴠɪꜱᴀ. ⅍ Z e
chiuso domenica, dal 23 dicembre al 6 gennaio ed agosto – Pas carta 55/77000 (14%).

X **Antica Hostaria,** via Cavour 60 ⊠ 09124 ℰ 665870, « Collezione di quadri » – ▤. ▣ 🛐
 ⏺ ℇ ᴠɪꜱᴀ. ⅍ Z x
chiuso domenica ed agosto – Pas carta 39/64000 (12%).

X La Volta, via Savoia 4 ⊠ 09124 ℰ 666434 – ▤ Z f

X St. Remy, via Torino 16 ⊠ 09124 ℰ 657377 – ▤ Z v

X **Italia,** via Sardegna 30 ⊠ 09124 ℰ 657987 – ⅍ ▤. ▣ ⏺ Z r
chiuso domenica e Ferragosto – Pas carta 27/43000 (12%).

X Nuovo Saint Pierre, via Coghinas ⊠ 09122 ℰ 271578 – ▤ per viale Trieste YZ

X **La Rosetta,** via Sardegna 44 ⊠ 09124 ℰ 663131 – 🛐 ⏺ ℇ ᴠɪꜱᴀ. ⅍ Z b
chiuso lunedì – Pas carta 35/59000 (12%).

X **La Pineta,** via della Pineta 108 ⊠ 09126 ℰ 303313 – ▤. ▣ 🛐 ℇ ᴠɪꜱᴀ. ⅍
chiuso lunedì e settembre – Pas carta 35/50000 (12%). per via Pessina Z

X **La Lanterna,** via Cugia 7 ⊠ 09129 ℰ 308207 – ▤. ▣ 🛐 ⏺ ℇ ᴠɪꜱᴀ. ⅍
chiuso domenica, agosto o settembre – Pas carta 25/46000 (14%).

 per via Pessina Z

al bivio per Capoterra per ② : 12 km :

X **Sa Cardiga e Su Schironi,** ⊠ 09012 Capoterra ℰ 71652, Fax 71613, Solo piatti di
 pesce – ▤. ❷. ▣ 🛐 ⏺ ℇ ᴠɪꜱᴀ. ⅍
chiuso lunedì e dal 10 al 30 novembre – Pas carta 43/69000.

Vedere anche : *Quartu Sant'Elena* E : 7 km.

◖**CHELIN,** a Sestu, strada statale 131 al km 7,200 per ② - ⊠ 09028 Sestu, ℰ 22122,
× 240722.

Read carefully the introduction it is the key to the Guide.

◣LA GINEPRO Nuoro – Vedere Orosei.

◣LA GONONE Nuoro ⁹⁸⁸ ㉞ , ⁴³³ G 10 – Vedere Dorgali.

◣LASETTA 09011 Cagliari ⁹⁸⁸ ㉝ , ⁴³³ J 7 – 2 762 ab. alt. 10 – ✪ 0781.
 ⌁ per l'Isola di San Pietro-Carloforte giornalieri (30 mn) – Saremar-agenzia Ser.Ma.Sa., al
·to ℰ 88430.

agliari 105 – ◆Oristano 145.

X **Bellavista** con cam, ℰ 88211, ≼, 舘 – ▤. 🛐. ⅍
chiuso dal 4 novembre al 15 dicembre – Pas *(chiuso lunedì da ottobre ad aprile)* carta 33/
 40000 – ⇆ 11000 – **12 cam** 75/97000, ▤ 3500 – P 98/116000.

◣PO BOI Cagliari – Vedere Villasimius.

◣PO CERASO Sassari – Vedere Olbia.

◣PO D'ORSO Sassari – Vedere Palau.

◣PO TESTA Sassari – Vedere Santa Teresa Gallura.

◣RLOFORTE Cagliari ⁹⁸⁸ ㉝ , ⁴³³ J 6 – Vedere San Pietro (Isola di).

◣STELSARDO 07031 Sassari ⁹⁸⁸ ㉓ , ⁴³³ E 8 – 5 507 ab. – a.s. 15 giugno-15 settembre –
·079.
agliari 243 – ◆Nuoro 152 – ◆Olbia 100 – Porto Torres 34 – ◆Sassari 32.

▤ **Riviera da Fofò,** ℰ 470143, Fax 470270, ≼ – ▮ ☎ ❷. ▣ ⏺ ℇ ᴠɪꜱᴀ. ⅍
 Pas *(chiuso mercoledì da novembre ad aprile)* carta 34/67000 – ⇆ 8000 – **27 cam** 50/80000
 – ½ P 65/85000.

X **Sa Ferula,** località Lu Bagnu SO : 4 km ℰ 474049, ≼, 舘 – ❷. ▣ 🛐 ⏺ ℇ ᴠɪꜱᴀ. ⅍
chiuso mercoledì e dal 15 al 30 novembre – Pas carta 32/62000.

◣STA DORATA Sassari ⁴³³ E 10 – Vedere Porto San Paolo.

◣STA PARADISO Sassari ⁴³³ D 8 – Vedere Trinità d'Agultu.

◣STA REI Cagliari ⁴³³ J 10 – Vedere Muravera.

◣STA SMERALDA Sassari ⁹⁸⁸ ㉓ ㉞ , ⁴³³ D 10 – Vedere Arzachena.

DORGALI 08022 Nuoro 🔢 ㉔, 🔢 G 10 – 8 009 ab. alt. 387 – a.s. luglio-15 settembre – 🕙 07
– Vedere Dolmen Motorra★ N : 4 km.

Dintorni Grotta di Ispinigoli : colonna★★ N : 8 km – Strada★★ per Cala Gonone E : 10 km
Nuraghi di Serra Orios★ NO : 10 km – Strada★★★ per Arbatax Sud.

◆Cagliari 213 – ◆Nuoro 32 – ◆Olbia 114 – Porto Torres 170 – ◆Sassari 152.

🏨 **Il Querceto**, NO : 1 km 🖉 96509, Fax 95254, 🚗, 🎇 – 🕿 🅿. 🝂 🕄 🗷 ☁. 🎇 rist
2 aprile-ottobre – Pas carta 28/48000 (10 %) – 🖵 7500 – **20 cam** 110000 – ½ P 100000.

🏋 **Colibri**, 🖉 96054, 🎇 – 🎇
chiuso dal 15 dicembre al 15 febbraio e domenica da ottobre a maggio – Pas carta 52000.

a Cala Gonone E : 9 km – ⊠ 08020 :

🏨 **Costa Dorada**, 🖉 93332, Fax 93445, ≼ – ↞ rist ▤ 🕄 🕿. 🝂 🕄 🕦 🗷 ☁. 🎇 rist
Pasqua-ottobre – Pas (solo per clienti alloggiati) – 🖵 15000 – **22 cam** 160000 – ½ P 130000.

🏨 **Miramare**, 🖉 93140, Fax 93469, ≼ – 🛋 🕄 🕿 🅿. 🝂 🕄 🕦 🗷 ☁. 🎇 rist
aprile-10 ottobre – Pas *(chiuso sino a maggio e dal 1° al 10 ottobre)* carta 23/47000 (10 %)
35 cam 🖵 80/110000 – ½ P 65/110000.

🏨 **L'Oasi** ⌘, 🖉 93111, Fax 93444, ≼ mare e costa, 🎇, « Giardino fiorito a terrazze » –
☁. 🎇
Pasqua-10 ottobre – Pas (solo per clienti alloggiati) 22/25000 – 🖵 9000 – **26 cam** 79000
½ P 63/79000.

🏋 **Il Pescatore**, 🖉 93174, ≼, 🎇 – 🝂 🕄 🗷 ☁
Natale e Pasqua-settembre – Pas carta 40/50000.

Leggete attentamente l'introduzione : é la « chiave » della guida.

FERTILIA Sassari 🔢 ㉝, 🔢 F 6 – Vedere Alghero.

FONNI 08023 Nuoro 🔢 ㉝, 🔢 G 9 – 4 652 ab. alt. 1 000 – 🕙 0784.

Escursioni Monti del Gennargentu★★ Sud.

◆Cagliari 161 – ◆Nuoro 33 – ◆Olbia 137 – Porto Torres 149 – ◆Sassari 131.

🏨 **Cualbu**, viale del Lavoro 21 🖉 57054 – 🛋 🕿 🅿. 🎇
Pas carta 29/44000 – 🖵 6000 – **60 cam** 75000 – ½ P 79000.

FOXI Cagliari 🔢 J 9 – Vedere Quartu Sant'Elena.

GOLFO ARANCI 07020 Sassari 🔢 ㉔, 🔢 E 10 – 1 977 ab. – a.s. 15 giugno-15 settembre
🕙 0789.

⬱ per Livorno aprile-ottobre giornalieri (9 h 45 mn) – Sardinia Ferries, molo Sud 🖉 46784
◆Cagliari 304 – ◆Olbia 19 – Porto Torres 140 – ◆Sassari 122 – Tempio Pausania 64.

🏨 **Margherita** senza rist, 🖉 46906, Fax 46851, ≼, 🔼, 🚗 – 🛋 ▤ 🕄 🕿 🅿. 🝂 🕄 🕦 🗷 ☁
🖵 15000 – **24 cam** 95/180000, ▤ 10000.

GOLFO DI MARINELLA Sassari 🔢 D 10 – Vedere Olbia.

IS MOLAS Cagliari – Vedere Pula.

LA CALETTA Nuoro 🔢 F 11 – Vedere Siniscola.

LACONI 08034 Nuoro 🔢 ㉝, 🔢 H 9 – 2 486 ab. alt. 555 – 🕙 0782.

◆Cagliari 86 – ◆Nuoro 108 – ◆Olbia 212 – ◆Oristano 59 – Porto Torres 189 – ◆Sassari 171.

🏋 **Sardegna**, 🖉 869033 – 🎇
Pas carta 28/43000.

LOTZORAI 08040 Nuoro 🔢 H 10 – 1 993 ab. alt. 16 – a.s. luglio-10 settembre – 🕙 0782.

◆Cagliari 145 – Arbatax 9,5 – ◆Nuoro 91.

🏋 **L'Isolotto**, 🖉 669431, 🎇 – 🅿. 🕄 🕦 🗷 ☁. 🎇
giugno-settembre ; chiuso lunedì – Pas carta 34/58000.

MACOMER 08015 Nuoro 🔢 ㉝, 🔢 G 8 – 11 517 ab. alt. 551 – 🕙 0785.

Alghero 85 – ◆Cagliari 141 – ◆Nuoro 55 – ◆Olbia 124 – ◆Oristano 51 – Porto Torres 87 – ◆Sassari 69.

🏨 **MotelAgip**, 🖉 71066, Fax 72631 – 🕄 🕿 🅿 – 🕿 40 a 150. 🝂 🕄 🕦 🗷 ☁. 🎇 rist
Pas *(chiuso sabato escluso da giugno a settembre)* 25000 – **96 cam** 🖵 97000.

MADDALENA (Arcipelago della) Sassari 🔢 ㉓ ㉔, 🔢 D 10 – alt. da 0 a 212 (monte Te
lone).
La limitazione d'accesso degli autoveicoli è regolata da norme legislative.

Vedere Isola della Maddalena★★ – Isola di Caprera★ : casa-museo★ di Garibaldi.

La Maddalena Sassari 988 ㉓ ㉔, 433 D 10 – 12 186 ab. – ✉ 07024 – a.s. 15 giugno-15 settembre – ✪ 0789.

⛴ per Palau giornalieri (15 mn) – Saremar-agenzia Contemar, via Amendola 15 ℘ 737660, Telex 630514, Fax 736449.

🛈 via Nizza 2 ℘ 736321

🏨 Cala Lunga ⬍, a Porto Massimo N : 6 km ℘ 737569, Fax 735542, ≤, ⬍, 🐾 – 🛗 ☎ 🅿
72 cam.

🏨 **Nido d'Aquila** ⬍, O : 3 km ℘ 722130, Fax 722159, ≤ mare e costa – 🛗 🍴 📺 ☎ 🅿. 🌐
🕻 🖹 𝑉𝐼𝑆𝐴. ⬍
chiuso dal 23 dicembre al 6 gennaio – Pas *(giugno-settembre)* carta 38/61000 – ⬌ 9000 –
42 cam 112/137000 – ½ P 120000.

🏨 **Garibaldi** ⬍ senza rist, ℘ 737314, Fax 737314 – 🛗 🍴 📺 ☎. 🌐 🕻 ① 🖹 𝑉𝐼𝑆𝐴. ⬍
⬌ 12500 – **19 cam** 112/155000.

🍴 **Mistral,** ℘ 738088, Fax 738088 – ▤. 🌐 🕻 ① 🖹 𝑉𝐼𝑆𝐴. ⬍
chiuso novembre e venerdì (escluso dal 12 aprile a settembre) – Pas carta 51/87000.

🍴 **Mangana,** ℘ 738477 – ▤. 🌐 🕻 ① 🖹 𝑉𝐼𝑆𝐴. ⬍
chiuso mercoledì e dal 20 dicembre al 20 gennaio – Pas carta 36/58000 (10%).

MARAZZINO Sassari 433 D 9 – Vedere Santa Teresa Gallura.

MURAVERA 09043 Cagliari 988 ㉞, 433 I 10 – 4 444 ab. alt. 11 – ✪ 070.

Escursioni Strada★★★ per Cagliari SO.

🛈 Piazza Europa 5 ℘ 9930760.

Cagliari 64 – ◆Nuoro 166 – ◆Olbia 253 – Porto Torres 288.

a Torre Salinas SE : 10,5 km – ✉ 09043 Muravera :

🏨 Colostrai ⬍, ℘ 999017, Fax 999025, ≤, ⬍, 🐾, 🌿, ⬍ – 🛗 ▤ cam ☎ ⬍ 🅿
31 cam.

a Costa Rei S : 31 km – ✉ 09043 Muravera.

🛈 (giugno-ottobre) ℘ 991350 :

🍴 **Sa Cardiga e Su Pisci,** ℘ 991108, ⬍ – 🅿. 🕻 🖹 𝑉𝐼𝑆𝐴. ⬍
chiuso giovedì, novembre e dicembre – Pas carta 38/72000.

NETTUNO (Grotta di) Sassari 988 ㉜ ㉝, 433 F 6 – Vedere Guida Verde.

NUORO 08100 ℗ 988 ㉝, 433 G 9 – 38 136 ab. alt. 553 – a.s. luglio-10 settembre – ✪ 0784.

Vedere Museo della vita e delle tradizioni popolari sarde★.

Dintorni Monte Ortobene★ E : 9 km.

🛈 Piazza Italia 9 ℘ 30083, Fax 33432.

🚗 via Sicilia 39 ℘ 30034.

Cagliari 182 – ◆Sassari 120.

🏨 **Grazia Deledda,** via Lamarmora 175 ℘ 31257, Fax 34017 – 🛗 ▤ 📺 ☎ – 🔬 200. 🌐 🕻
① 🖹 𝑉𝐼𝑆𝐴. ⬍ rist
Pas carta 35/55000 – ⬌ 10000 – **72 cam** 80/95000 – ½ P 100000.

🏨 **MotelAgip,** via Trieste 44 ℘ 34071, Fax 33643 – 🛗 ▤ 📺 ☎ 🅿. 🌐 🕻 🖹 ① 🖹 𝑉𝐼𝑆𝐴. ⬍ rist
Pas *(chiuso sabato sera e domenica)* 23000 – ⬌ 5000 – **51 cam** 69/105000.

🏨 **Grillo,** via Monsignor Melas 14 ℘ 38678, Fax 32005 – 🛗 ☎ 🌐 🕻 🖹 𝑉𝐼𝑆𝐴. ⬍ rist
Pas carta 22/41000 – ⬌ 12000 – **46 cam** 70/90000 – ½ P 60/80000.

🍴 **Canne al Vento,** viale Repubblica 66 ℘ 201762 – 🌐 🕻 🖹 𝑉𝐼𝑆𝐴. ⬍
chiuso domenica e dal 7 al 23 agosto – Pas carta 28/43000 (10%).

🍴 **Italia,** via Mannironi 74 ℘ 38083 – ▤. 🕻 🖹 𝑉𝐼𝑆𝐴
chiuso lunedì – Pas carta 31/48000.

🍴 **Sa Bertula,** via Deffenu 119 ℘ 37690 – 🌐 🕻. ⬍
chiuso domenica e luglio – Pas carta 37/57000 (10%).

al monte Ortobene E : 9 km – alt. 955 :

🍴 F.lli Sacchi ⬍ con cam, ✉ 08100 Nuoro ℘ 31200, Fax 34030 – ☎ 🅿 – 🔬 30.
22 cam.

Le Ottime Tavole

per voi abbiamo contraddistinto

alcuni alberghi (🏨 ... 🏨🏨) e ristoranti (🍴 ... 🍴🍴🍴) con ✿, ✿✿ o ✿✿✿.

SARDEGNA

OLBIA 07026 Sassari 988 ㉓ ㉔, 433 E 10 – 38 206 ab. – a.s. 15 giugno-15 settembre – ✪ 078

🏌 della Costa Smeralda SO : 4 km ℰ 52600 – Alisarda, corso Umberto 193 ℰ 69300.

🚢 da Golfo Aranci per Livorno aprile-ottobre giornalieri (9 h 45 mn) – Sardinia Ferries, co
Umberto 4 ℰ 25200, Telex 790297; per Civitavecchia giornaliero (7 h); per Genova giug
settembre giornaliero , negli altri mesi martedì, giovedì e sabato (13 h) – Tirrenia Navigazio
corso Umberto I n° 17/19 ℰ 24691, Telex 790023, Fax 22688.

🚹 via Catello Piro 1 ℰ 21453, Fax 22221.

◆Cagliari 268 – ◆Nuoro 102 – ◆Sassari 103.

🏨 **Mediterraneo**, via Montello 3 ℰ 24173, Telex 792017. Fax 24162 – |≜| ≣ 📺 ☎. ⚙ 🖪
E 𝘝𝘐𝘚𝘈. ⅏
Pas *(chiuso venerdì da ottobre a maggio)* carta 27/48000 – **80 cam** � 125/175000
½ P 120/150000.

🏨 **Centrale** senza rist, corso Umberto 85 ℰ 23017, Fax 26464 – ≣ 📺 ☎ ❷. ⚙ 🖪 E 🖤
⅏
⊃ 10000 – **23 cam** 95/125000.

XX Leone e Anna, via Barcellona 90 ℰ 26333 – ≣

XX Bacchus, via Gabriele d'Annunzio ℰ 21612 – ≣

XX **Gallura** con cam, corso Umberto 145 ℰ 24648, Fax 24629 – 📺 ☎ – ⚒ 50. 🖪 E 🖤
⅏ rist
chiuso dal 20 dicembre al 6 gennaio e dal 15 al 30 ottobre – Pas *(chiuso lunedì)* carta
79000 – **16 cam** ⊃ 90/120000.

X **Canne al Vento**, via Vignola 33 ℰ 51609 – ≣. ⚙ 🖪 E 𝘝𝘐𝘚𝘈. ⅏
chiuso domenica, dal 5 al 19 marzo e al 1° al 15 novembre – Pas carta 29/55000 (10%).

sulla via Panoramica NE : 4 km :

🏨 **Stefania**, località Pittulongu ✉ 07026 ℰ 39027, Fax 39186, ⩽ mare, ⿰, ⅏ – ≣ 📺
❷. ⚙ 🖪 E 𝘝𝘐𝘚𝘈. ⅏
Pas vedere rist Da Nino's – ⊃ 30000 – **28 cam** 200000 – ½ P 240000.

XX **Da Nino's**, località Pittulongu ✉ 07026 ℰ 39027 – ❷. ⚙ 𝘝𝘐𝘚𝘈. ⅏
chiuso dicembre, gennaio e mercoledì (escluso da giugno a settembre) – Pas carta
112000 (10%).

X **Trattoria Rossi**, località Pittulongu ✉ 07026 ℰ 39042, ⩽ mare, ⿱ – ≣. ⚙ 🖪 ⓞ E 🖤
⅏
chiuso novembre e mercoledì in bassa stagione – Pas carta 27/57000.

a Golfo di Marinella NE : 13 km – ✉ **07026** Olbia :

🏨 Abi d'Oru ⦤, ℰ 32001, Telex 790135, Fax 32044, ⩽ baia, ⿱, « Giardino fiorito con ⿰
🖎, ⅏ – |≜| ≣ 📺 ☎ ❷
stagionale – **60 cam.**

a Capo Ceraso E : 13 km – ✉ **07026** Olbia :

🏨 **Li Cuncheddi** ⦤, ℰ 36126, Telex 791163, Fax 36194, ⩽ mare e costa, ⿰, 🖎, ⿲, ⅏
≣ ☎ ❷ – ⚒ 180. ⚙ 🖪 ⓞ E 𝘝𝘐𝘚𝘈. ⅏
aprile-ottobre – Pas 60/75000 – **75 cam** solo ½ P 150/295000.

a Porto Rotondo N : 15,5 km – ✉ **07020** :

🏨 Sporting ⦤, ℰ 34005, Telex 790113, Fax 34383, ⩽ mare e costa, ⿱, ⿰, 🖎, ⿲ – ≣
☎ ❷
stagionale – **27 cam.**

🏨 **Green Park** ⦤, ℰ 35290, Fax 35540, ⩽ mare e costa, ⿰ riscaldata, ⿲, ⅏ – |≜| ≣ 📺
❷. ⚙ 🖪 ⓞ E 𝘝𝘐𝘚𝘈. ⅏
Pas *(aprile-novembre)* 50/80000 – **36 cam** ⊃ 320000 – ½ P 135/180000.

XX Locanda da Giovannino, ℰ 35280, ⿱ – ≣

Vedere anche : **Porto San Paolo** SE : 15 km.
        Golfo Aranci NE : 19 km.
        San Pantaleo N : 20 km.

OLIENA 08025 Nuoro 988 ㉝ ㉞, 433 G 10 – 7 717 ab. alt. 378 – a.s. luglio-15 settembr
✪ 0784.

Dintorni Sorgente Su Gologone★ NE : 8 km.

◆Cagliari 193 – ◆Nuoro 12 – ◆Olbia 116 – Porto Torres 150.

alla sorgente Su Gologone NE : 8 km :

XX **Su Gologone** ⦤ con cam, ✉ 08025 ℰ 287512, Telex 792110, Fax 287668, ⩽, ⿱,
⿲, ⅏ – ≣ 📺 ☎ ❷ – ⚒ 50 a 200. ⚙ 🖪 E 𝘝𝘐𝘚𝘈
chiuso novembre – Pas carta 35/49000 (10%) – ⊃ 10000 – **65 cam** 105000 – ½ P
110000.

558

ORISTANO 09170 📍 🎵 🎵 🎵 ㉝, 🎵🎵🎵 H 7 – 32 764 ab. alt. 9 – ✪ 0783.

Vedere Opere d'arte★ nella chiesa di San Francesco – Basilica di Santa Giusta★ S : 3 km.

via Cagliari 278 ℰ 74191, Fax 302518.

C.I. via Cagliari 50 ℰ 212458.

Alghero 137 – ◆Cagliari 93 – Iglesias 97 – ◆Nuoro 92 – ◆Sassari 121.

🏨 **Mistral 2,** via 20 Settembre ℰ 302445, Fax 302512, 🔳 – 📶 🛏️ cam 🔲 📺 ☎ 🚗 –
🔼 350. 🆎 🕅 ⓞ 🗉 ᴠᴵꜱᴀ. 🛠 rist
Pas carta 33/57000 – ⛾ 10000 – **132 cam** 84/128000 – ½ P 90/110000.

🏨 **Mistral,** via Martiri di Belfiore ℰ 212505, Fax 210058 – 📶 🔲 📺 ☎ 🅿 – 🔼 50. 🆎 🕅 ⓞ 🗉
ᴠᴵꜱᴀ. 🛠 rist
Pas carta 30/50000 – ⛾ 10000 – **49 cam** 56/88000 – ½ P 84/136000.

🏨 **CA.MA.,** via Vittorio Veneto 119 ℰ 74374, Fax 74374 – 📶 🔲 ☎ 🅿 – 🔼 200. 🕅 🗉 ᴠᴵꜱᴀ.
🛠
Pas (chiuso a mezzogiorno e domenica) carta 34/52000 – **54 cam** ⛾ 71/97000 – ½ P 90/102000.

XXX ❀ **Il Faro,** via Bellini 25 ℰ 70002, Coperti limitati; prenotare – 🔲. 🕅 ⓞ 🗉 ᴠᴵꜱᴀ. 🛠
chiuso domenica sera, lunedì, dal 24 dicembre all'11 gennaio e dal 6 al 20 luglio – Pas
carta 51/79000 (15 %)
Spec. Impanatine di anguille, Ravioli di pesce al sugo di gamberi, Filetti di scorfano rosso con zucchine e zafferano.
Vini Le Grotte, Pedrera.

XX **La Forchetta d'Oro,** via Giovanni XXIII n° 8 ℰ 302731 – 🔲. 🆎 🕅 🗉 ᴠᴵꜱᴀ. 🛠
chiuso domenica – Pas carta 29/53000.

X **Da Salvatore,** vico Mariano 2 ℰ 71309 – 🔲. 🕅 🗉 ᴠᴵꜱᴀ. 🛠
chiuso domenica e dal 13 agosto al 3 settembre – Pas carta 25/40000.

X **Tirso,** via Tirso 6 ℰ 72506 – 🔲. 🕅 ⓞ 🗉 ᴠᴵꜱᴀ. 🛠
chiuso le sere di domenica e lunedì – Pas carta 26/40000.

sulla strada statale 131 :

XX **Tucano,** al bivio per Arborea S : 5 km ⊠ 09096 Santa Giusta ℰ 358105, Fax 358906 –
🔲. 🛠
chiuso mercoledì sera e domenica – Pas carta 32/54000.

XX Da Renzo, al bivio per Siamaggiore NE : 7,5 km ⊠ 09170 Oristano ℰ 33658, 🍽, 🌳 – 🔲
🅿

a Torre Grande O : 8,5 km – ⊠ **09072** – a.s. luglio- agosto :

🏨 **Del Sole,** ℰ 22000, Fax 22217, ≤, 🔳, 🐎 – 📶 🔲 rist ☎ 🔥 🅿 – 🔼 90 a 180. 🆎 🕅 ⓞ 🗉
ᴠᴵꜱᴀ. 🛠 rist
aprile-ottobre – Pas carta 41/58000 – ⛾ 12000 – **54 cam** 80/120000 – ½ P 105000.

OROSEI 08028 Nuoro 🎵🎵🎵 ㉞, 🎵🎵🎵 F 11 – 5 271 ab. alt. 19 – a.s. luglio-15 settembre – ✪ 0784.

Dorgali 18 – ◆Nuoro 40 – ◆Olbia 93.

🏨 **Maria Rosaria,** via Grazia Deledda 1 ℰ 98657, Fax 98463, 🌳 – 🔲 rist 📺 ☎ 🅿. 🆎 🕅 🗉
ᴠᴵꜱᴀ. 🛠
Pas carta 30/50000 – ⛾ 10000 – **22 cam** 60/90000 – ½ P 80/90000.

a Cala Ginepro NE : 14 km – ⊠ **08028** Orosei :

🏨 **Club Hotel Torre Moresca** 🐎, ℰ 91230, Fax 91270, 🔳, 🛠 – 🔲 rist ☎ 🅿 – 🔼 400. 🆎
🕅 🗉 ᴠᴵꜱᴀ. 🛠
maggio-10 ottobre – Pas 30/50000 – ⛾ 12000 – **140 cam** 150000 – ½ P 175000.

ORTOBENE (Monte) Nuoro 🎵🎵🎵 G 10 – Vedere Nuoro.

PALAU 07020 Sassari 🎵🎵🎵 ㉓, 🎵🎵🎵 D 10 – 2 826 ab. – a.s. 15 giugno-15 settembre – ✪ 0789.

Dintorni Arcipelago della Maddalena★★ – Costa Smeralda★★.

⛴ per La Maddalena giornalieri (15 mn) – Saremar-agenzia D'Oriano, piazza del Molo 2
ℰ 709270.

via Nazionale 94 ℰ 709570, Fax 709570.

◆Cagliari 325 – ◆Nuoro 144 – ◆Olbia 40 – Porto Torres 127 – ◆Sassari 117 – Tempio Pausania 48.

🏨 Palau, via Baragge ℰ 708468, Fax 709817, ≤ mare, 🔳 – 🔲 📺 ☎ 🅿 – 🔼 250.
stagionale – **107 cam.**

🏨 Del Molo, senza rist, ℰ 708042 – 🔲 ☎
14 cam.

🏨 **Piccada** senza rist, ℰ 709344, Fax 709344 – 📞 🚗. 🕅. 🛠
⛾ 10000 – **18 cam** 90000.

🏨 **La Roccia** senza rist, ℰ 709528, Fax 709528 – 📞 🅿. 🆎 🕅 ⓞ 🗉 ᴠᴵꜱᴀ. 🛠
⛾ 10000 – **22 cam** 55/85000.

XXX ❀ **Da Franco,** ℘ 709558 – 🍴, AE 🅢 ⓞ E *VISA*. ❀
chiuso dicembre e lunedì (escluso da aprile a settembre) – Pas carta 60/90000 (15%)
Spec. Cappesante con insalata di campo all'aceto balsamico, Ravioli di pesce con salsa di gamberi, Aragosta a
catalana. **Vini** Vermentino.

XX **La Gritta,** ℘ 708045, ≤ mare e isole, 🏤, 🐖 – ⓟ. AE 🅢 ⓞ E *VISA*. ❀
aprile-ottobre; chiuso mercoledì da aprile al 15 giugno – Pas carta 45/77000.

X Da Robertino, via Nazionale 20 ℘ 709610, Fax 709610 – 🍴

X **Vecchia Gallura,** sulla strada statale 133 (SO : 3 km) ℘ 708194, « Servizio estiv
all'aperto » – ⓟ. AE 🅢 ⓞ E. ❀
maggio-settembre – Pas carta 39/59000.

a Capo d'Orso E : 5 km – ⊠ 07020 Palau :

🏨 **Capo d'Orso** ⑤, ℘ 702000, Telex 791124, Fax 702009, ≤, 🏤, « In pineta », 🏊, 🐦,
– 🍴 🆃🆅 🕿 ⓟ – 🔬 150. AE 🅢 ⓞ E. ❀
Pasqua-ottobre – Pas (*chiuso a mezzogiorno*) 60000 – **58 cam** ⊆ 580000.

PORTO ALABE Oristano 🟦 G 7 – Vedere Tresnuraghes.

PORTO CONTE Sassari 🟦 F 6 – ⊠ 07041 Alghero – a.s. 15 giugno-15 settembre – ❀ 079.
Vedere Nuraghe Palmavera★ E : 2 km.
Dintorni Grotta di Nettuno★★★ SO : 9 km – Strada per Capo Caccia : ≤★★.
Alghero 13 – ◆Cagliari 240 – ◆Nuoro 149 – ◆Olbia 142 – Porto Torres 41 – ◆Sassari 41.

🏨 **El Faro** ⑤, ℘ 942010, Telex 790107, Fax 942030, ≤ golfo, 🏤, 🏊, 🐦, ❀ – 🛗 🍴 🕿 ⓟ
🔬 25 a 150. AE 🅢 ⓞ E *VISA*. ❀ rist
aprile-ottobre – Pas 70000 – **92 cam** ⊆ 165/260000 – ½ P 150/220000.

PORTO ROTONDO Sassari 🟦 ㉔, 🟦 D 10 – Vedere Olbia.

PORTO SAN PAOLO Sassari 🟦 E 10 – ⊠ 07020 Vaccileddi – a.s. 15 giugno-15 settembre
❀ 0789.
◆Cagliari 268 – ◆Nuoro 87 – ◆Olbia 15 – ◆Sassari 114.

🏨 **San Paolo,** ℘ 40001, Fax 40080, ≤ mare ed isola di Tavolara, 🐦, 🐖 – ⓟ. AE. ❀ r
aprile-ottobre – Pas carta 39/64000 – **39 cam** ⊆ 130/180000 – ½ P 110/190000.

a Costa Dorata SE : 1,5 km – ⊠ 07020 Vacciledi :

🏨 **Don Diego** ⑤, ℘ 40007, Fax 40026, ≤ mare ed isola di Tavolara, « Villini indipendent
terrazze fiorite con 🏊, 🐦, ❀ – 🍴 cam 🆃🆅 🕿 ⓟ AE ⓞ. ❀ rist
Pasqua-ottobre – Pas 40/80000 – **40 cam** solo ½ P 140/280000.

X **Cala Junco,** ℘ 40260 – 🍴. 🅢 *VISA*. ❀
chiuso mercoledì in bassa stagione – Pas carta 43/62000.

PORTOSCUSO 09010 Cagliari 🟦 ㉝, 🟦 J 7 – 5 988 ab. – ❀ 0781.
⛴ da Portovesme per l'Isola di San Pietro-Carloforte giornalieri (40 mn) – a Portovesm
Saremar-agenzia Ser.Ma.Sa., al porto ℘ 509065.
◆Cagliari 77 – ◆Oristano 119.

🏨 **Panorama** senza rist, via Giulio Cesare 42 ℘ 508077, Fax 509327, ≤ – 🛗 🍴 🆃🆅 ⑳. AE
E *VISA*. ❀
⊆ 10000 – **37 cam** 65/90000.

XXX **La Ghinghetta** con cam, via Cavour 28 ℘ 508143, Fax 508144, ≤, Coperti limita
prenotare – 🍴 🆃🆅 🕿 AE 🅢 ⓞ E *VISA*. ❀
maggio-settembre – Pas (*chiuso domenica*) carta 50/68000 – **8 cam** ⊆ 165000.

PORTO TORRES 07046 Sassari 🟦 ㉓ ㉝, 🟦 E 7 – 21 994 ab. – a.s. 15 giugno-15 settembre
❀ 079.
Vedere Chiesa di San Gavino★.
⛴ per Genova giornaliero (12 h 30 mn) – Tirrenia Navigazione, Stazione Marittir
℘ 514107, Telex 790019, Fax 514109.
Alghero 35 – ◆Sassari 19.

🏨 Torres, via Risorgimento 7 ℘ 501604, Fax 501604 – 🛗 🍴 🆃🆅 🕿 ㊐ 🚗 ⓟ – 🔬 100.
72 cam.

sulla strada statale 131 :

🏨 **Libyssonis,** SE : 2 km ⊠ 07046 ℘ 501613, Fax 501613, 🏊, 🐖, ❀ – 🛗 🍴 🆃🆅 🕿 ⓟ. AE 🅢
VISA. ❀
Pas carta 40/55000 – ⊆ 10500 – **43 cam** 79/112000 – ½ P 100000.

X **Li Lioni,** SE : 3 km ⊠ 07046 ℘ 502286, 🏤, 🐖 – ⊸⊹ ⓟ. AE 🅢 ⓞ E *VISA*. ❀
chiuso mercoledì e ottobre o novembre – Pas carta 39/56000.

La carta Michelin n° 🟦 Italia Nord-Ovest 1:400 000.

A 09010 Cagliari 988 ③, 433 J 9 – 5 961 ab. alt. 10 – ۞ 070.

Molas, Casella Postale 49 ⊠ 09100 Cagliari ℰ 9241013, Fax 9241015, SO : 6 km.

liari 29 – ♦Nuoro 210 – ♦Olbia 314 – ♦Oristano 122 – Porto Torres 258.

a Is Molas O : 4 km – ⊠ **09010** Pula :

Is Molas Golf hotel ॐ, ℰ 9241006, Telex 791059, Fax 9241002, ☒, ☞, ▯₈ – ▤ 🖳 ☎ ℗
84 cam.

a Santa Margherita SO : 6 km – ⊠ **09010** Pula :

Is Morus ॐ, ℰ 921171, Telex 791053, Fax 921596, ≼, « In pineta », ☒, 🛦₀, ❖ – ▤ ☎
℗. 🖭 🖪 ⓘ 🖻 ☒ ❖
Pasqua-ottobre – Pas 40/60000 – ☲ 30000 – **83 cam** 160/295000 – ½ P 180/300000.

Abamar ॐ, ℰ 921555, Fax 921145, ≼, 🖾, « In pineta », ☒, 🛦₀, ❖ – 🛊 ☎ ℗. 🖭 🖪
ⓘ 🖻 ☒ ❖
24 maggio-settembre – Pas 50000 – ☲ 15000 – **79 cam** 200/380000 – ½ P 115/155000.

Urru, ℰ 921491, « Servizio estivo in terrazza », 🖾 – ℗. 🖭 🖪 ⓘ 🖻 ☒ ❖
chiuso lunedì e dall'8 gennaio all'8 febbraio – Pas carta 28/48000 (12%).

NTALDIA Nuoro – Vedere San Teodoro.

ARTU SANT'ELENA 09045 Cagliari 988 ③, 433 J 9 – 60 852 ab. alt. 6 – ۞ 070.

liari 7 – ♦Nuoro 184 – ♦Olbia 288 – Porto Torres 232 – ♦Sassari 214.

Diran, viale Marconi 160 ℰ 815271, Telex 791127, Fax 815278, 🖙, ≘s – 🛊 ▤ 🖳 ☎ ๖
🖚 ℗ – 🛦 50 a 300. 🖭 🖪 ⓘ 🖻 ☒ rist
Pas *(chiuso domenica)* carta 55/80000 – ☲ 15000 – **131 cam** 120/170000 – ½ P 150000.

a Foxi E : 6 km – ⊠ **09045** Quartu Sant'Elena :

Califfo, ℰ 890131, Fax 890134, ☒, 🖾, ❖ – 🛊 ▤ 🖳 ☎ ๖ ℗ – 🛦 100 a 400. 🖭 🖪 ⓘ 🖻
☒ ❖
Pas carta 30/50000 – **136 cam** ☲ 110/120000 – ½ P 100/120000.

a S'Oru e Mari E : 6,5 km – ⊠ **09045** Quartu Sant'Elena :

Setar, ℰ 86021, Telex 791015, Fax 8602510, 🖾, 🖙, ☒, ❖ – 🛊 ▤ 🖳 ☎ ℗ –
🛦 50 a 800. 🖭 🖪 ⓘ 🖻 ☒ ❖ rist
Pas 28/35000 – ☲ 15000 – **150 cam** 137000, 10 appartamenti – ½ P 120/140000.

a Sant'Andrea E : 8 km – ⊠ **09045** Quartu Sant'Elena :

Su Meriagu, ℰ 890842, 🖾 – ▤ 🖳 ☎ ℗. 🖭 🖪 ☒ ❖
chiuso martedì e dal 5 al 20 novembre – Pas carta 30/47000.

Sant'Andrea, ℰ 891319 – ▤ ℗. 🖪 🖻 ☒ ❖
chiuso lunedì escluso dal 16 giugno al 19 settembre – Pas carta 32/68000.

N PANTALEO 07020 Sassari 433 D 10 – alt. 169 – a.s. 15 giugno-15 settembre – ۞ 0789.

liari 306 – ♦Olbia 21 – ♦Sassari 124.

Rocce Sarde ॐ, SE : 3 km ℰ 65265, Fax 65268, ≼ costa Smeralda, ☒, 🖙, ❖ – ☎ ℗.
🖪 🖻 ☒ ❖
aprile-ottobre – Pas 35000 – ☲ 15000 – **70 cam** 110000 – ½ P 95/125000.

N PIETRO (Isola di) Cagliari 988 ③, 433 J 6 – 6 689 ab. alt. da 0 a 211 (monte Guar-
dei Mori) – ۞ 0781.

Carloforte 988 ③, 433 J 6 – ⊠ **09014** – a.s. 25 giugno-7 settembre.

⏬ per Portovesme di Portoscuso (40 mn) e Calasetta (30 mn), giornalieri – Saremar-
agenzia Ser.Ma.Sa., piazza Carlo Emanuele 20 ℰ 854005, Fax 855559.

Hieracon, ℰ 854028, ≼, 🖾 – 🛊 ▤ ☎. ❖ rist
Pas *(solo per clienti alloggiati)* carta 39/59000 – ☲ 6000 – **24 cam** 66/105000 – ½ P 85/
98000.

Da Nicolo, ℰ 854048 – 🖭 🖪 🖻 ☒
chiuso lunedì e dicembre – Pas carta 41/64000.

Al Tonno di Corsa, ℰ 855106, 🖾. 🖭 🖪 ❖
chiuso lunedì e da ottobre al 10 novembre – Pas carta 47/72000.

NTA CATERINA PITTINURI Oristano 988 ③, 433 G 7 – ⊠ **09073** Cùglieri – ۞ 0785.

liari 118 – ♦Nuoro 106 – ♦Olbia 174 – ♦Oristano 25 – Porto Torres 135 – ♦Sassari 117.

La Baja ॐ, ℰ 38105, Fax 38105, ≼ mare e costa, 🖾 – ℗
24 cam.

NTA MARGHERITA Cagliari 988 ③, 433 K 8 – Vedere Pula.

NT'ANDREA Cagliari 433 J 9 – Vedere Quartu Sant'Elena.

SANT'ANTIOCO 09017 Cagliari 🎱🎱🎱 ㉝, 🔢🔢🔢 J 7 – 12 615 ab. – ✪ 0781.

Vedere Vestigia di Sulcis★ : tophet★, collezione di stele★ nel museo.

◆Cagliari 92 – Calasetta 9 – ◆Nuoro 224 – ◆Olbia 328 – Porto Torres 272 – ◆Sassari 254.

　⚏　**Moderno,** ℰ 83105, 🍽 – 🆎 🏦 **E** 𝘝𝘐𝘚𝘈. ॐ
　　chiuso dal 20 dicembre al 10 gennaio – Pas *(chiuso domenica)* carta 34/49000 (10%
　　⌑ 6000 – **10 cam** 50/75000 – ½ P 70000.

SANTA REPARATA Sassari 🔢🔢🔢 D 9 – Vedere Santa Teresa Gallura.

SANTA TERESA GALLURA 07028 Sassari 🎱🎱🎱 ㉒, 🔢🔢🔢 D 9 – 4 195 ab. – a.s. 15 giug
15 settembre – ✪ 0789.

Escursioni Arcipelago della Maddalena★★.

🛈 piazza Vittorio Emanuele 24 ℰ 754127, Fax 754185.

◆Olbia 61 – Porto Torres 105 – ◆Sassari 103.

　🏨　**Li Nibbari** ⬐, località La Testa S : 2 km ℰ 754453, 🔟, 🐖, ॐ – 🕾 **P**. ॐ rist
　　15 giugno-20 settembre – Pas (solo per clienti alloggiati) 40000 – ⌑ 12000 – **38 c**
　　104/120000 – ½ P 115000.

　🏨　**Bacchus,** ℰ 754556, 🍽 – 🕾. 🆎 🏦 🕦 **E** 𝘝𝘐𝘚𝘈. ॐ
　　chiuso dal 20 dicembre al 20 gennaio – Pas carta 37/72000 – ⌑ 12000 – **14 cam** 60/850
　　½ P 73/110000.

　🏠　**Belvedere,** ℰ 754160, Fax 754937, ≤ – 🖵 🕾. 🆎 🏦 🕦 **E** 𝘝𝘐𝘚𝘈. ॐ
　　chiuso dal 20 dicembre al 20 gennaio – Pas *(chiuso martedì)* carta 32/58000 (10%
　　⌑ 10000 – **22 cam** 58/90000 – P 90/110000.

　🏠　**Miramare,** ℰ 754103, ≤ mare e Corsica – 🕾 **P**. 🏦 🕦 **E** 𝘝𝘐𝘚𝘈. ॐ
　　20 maggio-20 ottobre – Pas 30/35000 – ⌑ 10000 – **14 cam** 90000 – ½ P 85/95000.

　🏠　**Marinaro,** ℰ 754112 – 🏦 **E** 𝘝𝘐𝘚𝘈. ॐ
　　aprile-settembre – Pas *(chiuso venerdì)* carta 32/48000 – ⌑ 8000 – **20 cam** 60/800
　　½ P 60/90000.

　XX　**Riva,** ℰ 754392 – 🍽. 🆎 🏦 🕦 **E** 𝘝𝘐𝘚𝘈
　　chiuso mercoledì e dal 10 gennaio al 10 febbraio – Pas carta 53/97000.

　X　**Canne al Vento-da Brancaccio** con cam, ℰ 754219 – 🖵 🕾. 🏦 **E** 𝘝𝘐𝘚𝘈. ॐ
　　chiuso ottobre, novembre e sabato in bassa stagione – Pas carta 48/75000 (10%
　　⌑ 10000 – **22 cam** 70/100000 – ½ P 95/105000.

　　a Santa Reparata O : 3 km – ✉ 07028 Santa Teresa Gallura :

　XX　**S'Andira,** ℰ 754273, 🍽, Solo piatti di pesce, 🐖 – 𝘝𝘐𝘚𝘈. ॐ
　　giugno-settembre – Pas carta 44/84000.

　　a Capo Testa O : 4 km – ✉ 07028 Santa Teresa Gallura :

　🏨　**Capotesta e dei 2 Mari,** ℰ 754333, Fax 754482, ≤ mare e Capo Testa, 🔟, 🐕, 🐖
　　– 🕾 **P**. 🆎 🏦 🕦 **E** 𝘝𝘐𝘚𝘈. ॐ
　　3 giugno-settembre – Pas (solo per clienti alloggiati) 36000 – ⌑ 9000 – **114 cam**
　　190000 – P 165/175000.

　　a Marazzino E : 5 km – ✉ 07028 Santa Teresa Gallura :

　X　**La Stalla,** ℰ 751514, 🍽 – **P**. 🏦 **E** 𝘝𝘐𝘚𝘈. ॐ
　　maggio-settembre – Pas carta 34/71000.

SAN TEODORO 08020 Nuoro 🔢🔢🔢 E 11 – 2 585 ab. – a.s. luglio-15 ottobre – ✪ 0784.

◆Cagliari 258 – ◆Nuoro 77 – ◆Olbia 29 – Porto Torres 146 – ◆Sassari 128.

　🏨　**Bungalow Hotel** ⬐, ℰ 865713, Fax 865178, « Villini indipendenti fra il verde »,
　　🐕, 🐖, ॐ – 🍽 cam 🕾 **P** – 🛆 200. 🏦 **E** 𝘝𝘐𝘚𝘈. ॐ
　　maggio-ottobre – Pas 40000 – ⌑ 15000 – **133 cam** 120000, 🍽 20000 – ½ P 70/140000.

　　a Puntaldia N : 6 km – ✉ 08020 San Teodoro :

　🏨　**Due Lune** ⬐, ℰ 864075, Telex 791043, Fax 864017, ≤ mare e golfo, 🔟, 🐕, 🐖, ॐ
　　– 🍽 🖵 🕾 **P** – 🛆 180. 🆎 🏦 🕦 **E** 𝘝𝘐𝘚𝘈. ॐ
　　maggio-settembre – Pas carta 50/86000 – ⌑ 15000 – **65 cam** 450000 – ½ P 179/34300

SASSARI 07100 🅿 🎱🎱🎱 ㉝, 🔢🔢🔢 E 7 – 120 011 ab. alt. 225 – ✪ 079.

Vedere Museo Nazionale Sanna★ Z M – Facciata★ del Duomo Y.

Dintorni Chiesa della Santissima Trinità di Saccargia★★ per ③ : 15 km.

　✈ di Alghero-Fertilia, SO : 30 km ℰ 935033 – Alitalia, Agenzia Sardaviaggi, via Cagliar
ℰ 234498.

🛈 viale Caprera 36 ℰ 299579, Fax 299415 – via Brigata Sassari 19 ℰ 233534, Fax 237585.

A.C.I. viale Adua 32 ℰ 271462.

◆Cagliari 211.

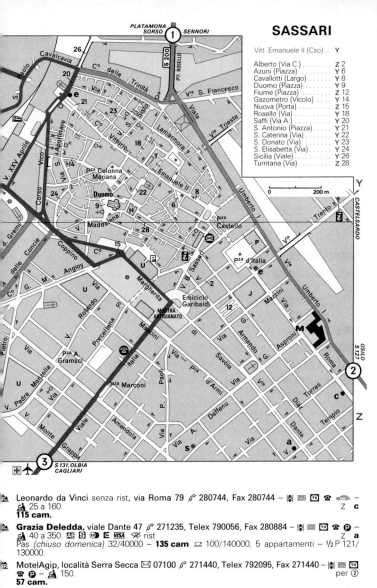

SASSARI

Vitt. Emanuele II (Cso) . . **Y**

Alberto (Via C.)	**Z** 2
Azuni (Piazza)	**Y** 6
Cavallotti (Largo)	**Y** 8
Duomo (Piazza)	**Y** 9
Fiume (Piazza)	**Z** 12
Gazometro (Vicolo)	**Y** 14
Nuova (Porta)	**Z** 15
Rosello (Via)	**Y** 18
Saffi (Via A.)	**Y** 20
S. Antonio (Piazza)	**Y** 21
S. Caterina (Via)	**Y** 22
S. Donato (Via)	**Y** 23
S. Elisabetta (Via)	**Y** 24
Sicilia (Viale)	**Y** 26
Turritana (Via)	**Y** 28

🏨 **Leonardo da Vinci** senza rist, via Roma 79 ℰ 280744, Fax 280744 – |≢| ▤ 🔟 ☎ 🚗 – 🏛 25 a 160.
115 cam.
Z **c**

🏨 **Grazia Deledda,** viale Dante 47 ℰ 271235, Telex 790056, Fax 280884 – |≢| ▤ 🔟 ☎ 🅿 – 🏛 40 a 350. 🕮 🔁 🕦 ⓔ 🌇 🛠 rist
Z **a**
Pas (chiuso domenica) 32/40000 – **135 cam** ⊃ 100/140000, 5 appartamenti – ½ P 121/130000.

🏨 **MotelAgip,** località Serra Secca ⊠ 07100 ℰ 271440, Telex 792095, Fax 271440 – |≢| ▤ 🔟 ☎ 🅿 – 🏛 150.
per ②
57 cam.

🏨 **Marini 2** 🦢, via Chironi ℰ 277282, Fax 280300 – |≢| ▤ 🔟 ☎ ዿ 🅿 – 🏛 30 a 120.
per ②
72 cam.

🏨 **Giusy** senza rist, piazza Sant'Antonio 21 ℰ 233327 – |≢| 🕮 🛠
Y **e**
24 cam ⊃ 44/60000.

🗶 **Florian,** via Bellieni 27 ℰ 236251, Fax 236251 – ▤. 🕮 🔁 🕦 ⓔ 🌇 🛠
Z **e**
chiuso domenica ed agosto – Pas carta 45/68000 (10%).

🗶 **Trattoria del Giamaranto di Gianni e Amedeo,** via Alghero 69 ℰ 274598, prenotare –
▤ 🕮 🔁 🕦 ⓔ 🌇 🛠
Z **s**
chiuso dal 22 luglio al 22 agosto, sabato sera e domenica da giugno a settembre – Pas carta 38/61000.

SARDEGNA

SINISCOLA 08029 Nuoro 988 ㉞, 433 F 11 – 10 056 ab. alt. 42 – a.s. luglio-15 settembre
🕾 0784.
♦Nuoro 47 – ♦Olbia 57.

a La Caletta NE : 6,5 km – ⊠ 08029 Siniscola :

🏠 **L'Aragosta** ⌂, ℰ 810129, Fax 810576, 🚗 – 📺 ☎ 🅿 – 🔥 120. 🆎 🕃 🕦 E 𝕍𝕀𝕊𝔸. ✁
Pas carta 27/48000 – **27 cam** ⌁ 120000 – ½ P 80/100000.

SORGONO 08038 Nuoro 988 ㉞, 433 G 9 – 2 113 ab. alt. 688 – 🕾 0784.
♦Cagliari 124 – ♦Nuoro 70 – ♦Olbia 174 – Porto Torres 155 – ♦Sassari 137.

🏠 Villa Fiorita ⌂, ℰ 60129, 🍽, 🚗 – 🅿
20 cam.

✕ **Da Nino** con cam, ℰ 60127, Fax 60127 – 🅿. 🆎 🕃. ✁
Pas carta 35/46000 – ⌁ 5000 – **21 cam** 40/75000 – ½ P 60000.

S'ORU E MARI Cagliari – Vedere Quartu Sant'Elena.

STINTINO 07040 Sassari 988 ㉓, 433 E 6 1 211 ab. – a.s. 15 giugno-15 settembre – 🕾 079.
Alghero 53 – ♦Cagliari 258 – ♦Nuoro 167 – ♦Olbia 150 – Porto Torres 29 – ♦Sassari 48.

✕ La Pelosetta, località Capo Caccia ℰ 527140, ≤ mare, 🍽 – 🅿
✕ Silvestrino con cam, ℰ 523007 – ☎
stagionale – **11 cam.**

SU GOLOGONE Nuoro 433 G 10 – Vedere Oliena.

TEMPIO PAUSANIA 07029 Sassari 988 ㉓, 433 E 9 – 13 870 ab. alt. 566 – 🕾 079.
♦Cagliari 253 – ♦Nuoro 135 – ♦Olbia 45 – Palau 48 – Porto Torres 89 – ♦Sassari 69.

🏨 **Petit Hotel,** piazza De Gasperi 10 ℰ 631134, Fax 631176 – 🛗 🗏 📺 ☎ ♿ 🚗. 🆎 🕃 🕦
𝕍𝕀𝕊𝔸. ✁
Pas 25/38000 – ⌁ 7000 – **42 cam** 136000 – ½ P 98/103000.

TORRE DI BARI' Nuoro 433 H 11 – Vedere Bari Sardo.

TORRE GRANDE Oristano 988 ㉝ – Vedere Oristano.

TORRE SALINAS Cagliari 433 I 10 – Vedere Muravera.

TORTOLI 08048 Nuoro 988 ㉞, 433 H 10 – 8 992 ab. alt. 15 – a.s. luglio-15 settembre – 🕾 07❚
Dintorni Strada per Dorgali★★★ Nord.

⚓ ; da Arbatax per: Civitavecchia 23 luglio-agosto martedì, venerdì e domenica, negli a❚
mesi martedì e domenica (8 h 30 mn) e Genova giugno-settembre giovedì e sabato, negli a❚
mesi martedì e sabato (19 h 30 mn) – Tirrenia Navigazione-agenzia Torchiani, via Lungom❚
40 ℰ 667268, Telex 790168.
♦Cagliari 140 – Muravera 76 – ♦Nuoro 96 – ♦Olbia 177 – Porto Torres 234 – ♦Sassari 216.

🏨 **Victoria,** ℰ 623457, Fax 624116, 🏊, – 🗏 📺 ☎ 🅿 – 🔥 35. 🆎 🕃 🕦 E 𝕍𝕀𝕊𝔸. ✁
chiuso dal 22 dicembre al 7 gennaio – Pas *(chiuso domenica)* carta 36/62000 – **60 ca**❚
⌁ 116/158000 – ½ P 100/120000.

TRESNURAGHES 09079 Oristano 433 G 7 – 1 470 ab. alt. 257 – a.s. luglio-15 settembre
🕾 0785.
♦Cagliari 144 – ♦Nuoro 83 – ♦Oristano 51 – ♦Sassari 88.

a Porto Alabe O : 5,5 km – ⊠ 09079 Tresnuraghes :

🏨 **Porto Alabe,** ℰ 359056, Fax 359080, ≤, 🐾, ✕ – ☎ 🅿. 🆎 E 𝕍𝕀𝕊𝔸. ✁
chiuso da novembre al 20 dicembre – Pas carta 32/65000 – ⌁ 12000 – **21 cam** 70/9500❚
½ P 80/90000.

TRINITÀ D'AGULTU 07038 Sassari 988 ㉓, 433 E 8 – 1 970 ab. alt. 365 – a.s. 15 giug❚
15 settembre – 🕾 079.
♦Cagliari 271 – ♦Nuoro 180 – ♦Olbia 73 – Porto Torres 62 – ♦Sassari 60.

sulla Costa Paradiso NE : 16 km :

🏨 **Li Rosi Marini** ⌂, ⊠ 07038 ℰ 689731, Fax 689732, ≤ mare e scogliere, 🏊, 🐾, ✁
☎ 🅿. ✁
aprile-ottobre – Pas *(chiuso martedì)* carta 40/64000 – ⌁ 13000 – **30 cam** 110/14000❚
½ P 130/160000.

VILLANOVAFORRU 09020 Cagliari 433 I 8 – 734 ab. alt. 324 – 🕾 070.
♦Cagliari 62 – Iglesias 71 – ♦Nuoro 142 – ♦Olbia 246 – Porto Torres 190 – ♦Sassari 170.

✕✕ **Le Colline** ⌂ con cam, ℰ 9300123, Fax 9300134 – 🗏 📺 ☎ 🅿 🆎 🕃 E 𝕍𝕀𝕊𝔸. ✁
Pas carta 34/52000 – ⌁ 8000 – **20 cam** 52/80000 – ½ P 80/85000.

LASIMIUS 09049 Cagliari 988 ⑳, 433 J 10 – 2 677 ab. alt. 44 – ✿ 070.

gliari 49 – Muravera 43 – ◆Nuoro 225 – ◆Olbia 296 – Porto Torres 273 – ◆Sassari 255.

1 Cormoran ⑤, località Campus O : 3,5 km ℘ 798101, Telex 792062, Fax 798131, ⌇, ⊾⊚, ⇌, ℀ – ▤ rist ☎ ℗
stagionale – **66 cam.**

a Capo Boi O : 6 km – ⊠ 09049 Villasimius :

⚐ Gd H. Capo Boi ⑤, ℘ 798018, Telex 790266, Fax 798188, ≤ mare, « Parco ombreggia-to », ⌇, ⊾⊚, ℀ – ⧑ ▤ ☎ ℗ – ⚐ 40 a 500.
stagionale – **212 cam.**

SARENTINO (SARNTAL) 39058 Bolzano 988 ④, 429 C 16 – 6 301 ab. alt. 966 – ✆ 0471.

Roma 662 – ♦Bolzano 21 – ♦Milano 316.

XX **Bad Schörgau** ⑳ con cam, S : 2 km ℘ 623048 – **℗**. ☒ ⑩ **E** *VISA*. ⅋ rist
chiuso dal 10 gennaio al 7 febbraio – Pas *(chiuso lunedì sera e martedì escluso agos*
carta 45/65000 – **10 cam** ⊑ 70/96000 – ½ P 75/130000.

XX **Auener Hof** ⑳ con cam, O : 7 km, alt. 1 600, ℘ 623055, ≤ Dolomiti e pinete, 🐎 – ☎
chiuso dal 3 novembre al 19 dicembre – Pas *(chiuso lunedì)* carta 28/58000 – ⊑ 7000
7 cam 70/150000 – ½ P 51/61000.

SARMEGO Vicenza 429 F 17 – alt. 27 – ✉ 36040 Grumolo delle Abbadesse – ✆ 0444.

Roma 521 – ♦Milano 213 – ♦Padova 22 – Trento 104 – Treviso 64 – ♦Venezia 55 – Vicenza 12.

X **Ai Cacciatori,** ℘ 580065 – **℗**. ⅋
chiuso mercoledì e dal 15 luglio al 15 agosto – Pas carta 19/25000.

SARMEOLA Padova – Vedere Rubano.

SARNANO 62028 Macerata 988 ⑯, 430 M 21 – 3 382 ab. alt. 539 – Stazione termale, a
luglio-agosto e Natale – Sport invernali : a Sassotetto e Maddalena : 1 287/1 400 m ⚡1⃣C
✆ 0733.

🇮 largo Enrico Ricciardi ℘ 657144, Fax 657390.

Roma 237 – ♦Ancona 89 – Ascoli Piceno 54 – Macerata 39 – Porto San Giorgio 68.

🏨 **Eden** ⑳, O : 1 km ℘ 657197, ≤, « Giardino e pinetina » – |☝| ☎ **℗**
33 cam.

🏠 **Terme e Rist. Il Girarrosto,** piazza della Libertà 82 ℘ 657166 – |☝| ☎. **E** *VISA*. ⅋
chiuso dal 15 ottobre al 15 novembre – **Pas** *(chiuso martedì)* carta 28/40000 – ⊑ 3500
23 cam 40/70000 – ½ P 48/70000.

XX **La Picassera,** vicolo Brunforte 191/e ℘ 657484, ☕

<table>
<tr><td>I prezzi</td><td>Per ogni chiarimento sui prezzi in guida riportati,
consultate le pagine dell'introduzione.</td></tr>
</table>

SARNICO 24067 Bergamo 988 ③, 428 429 E 11 – 5 585 ab. alt. 197 – ✆ 035.

Roma 585 – ♦Bergamo 32 – ♦Brescia 36 – Iseo 10 – Lovere 26 – ♦Milano 73.

🏨 **Cantiere,** ℘ 910091, Fax 912722, ≤, « Servizio rist. estivo in terrazza-giardino sul lago
– |☝| 📺 ☎ **℗**. ☒ ☒ ⑩ **E** *VISA*. ⅋ cam
Pas carta 40/64000 – **25 cam** ⊑ 100/140000 – ½ P 140000.

X **Turistico del Sebino** con cam, ℘ 910043, ☕ – |☝| 📺 ☎. ☒ ☒ **E** *VISA*. ⅋
Pas *(chiuso lunedì)* carta 37/51000 – ⊑ 10000 – **16 cam** 35/80000 – ½ P 50/70000.

SARNTAL = Sarentino.

SARONNO 21047 Varese 988 ③, 428 F 9 – 38 830 ab. alt. 212 – ✆ 02.

Roma 603 – ♦Bergamo 67 – Como 26 – ♦Milano 26 – Novara 54 – Varese 29.

🏨 **Albergo della Rotonda,** svincolo autostrada ℘ 96703232, Telex 316187, Fax 9670277
– |☝| 📺 ☎ & **℗** – 🔥 25 a 100. ☒ ☒ ⑩ **E** *VISA*
chiuso dall'8 al 22 agosto – Pas vedere rist Mezzaluna-La Rotonda di Saronno – ⊑ 16000
92 cam 154/200000 – ½ P 138/192000.

🏨 **Mercurio** senza rist, via Hermada 2 ℘ 9602795, Fax 9609330 – 📺 ☎ 🚗. ☒ ☒ ⑩ **E** *VI*
chiuso dal 20 dicembre al 1° gennaio – ⊑ 6000 – **25 cam** 70/85000.

XX **Mezzaluna-La Rotonda di Saronno,** svincolo autostrada ℘ 9601101, Fax 9601077
▤ **℗** – 🔥 50 a 200. ☒ ☒ *VISA*. ⅋
chiuso lunedì e dal 9 al 23 agosto – Pas carta 40/66000.

XX **Boeucc,** via Mazzini 17 ℘ 9623227 – ▤. ☒ ☒ **E** *VISA*
chiuso domenica e dal 10 al 25 agosto – Pas carta 35/57000.

SARRE 11010 Aosta 428 E 3, 219 ② – 3 645 ab. alt. 780 – ✆ 0165.

Roma 752 – Aosta 5 – Courmayeur 32 – ♦Milano 190 – Colle del Piccolo San Bernardo 50.

🏨 **Sarre,** ℘ 257096, Fax 257795, ≤ – ☎ 🚗 **℗**. ☒ ☒ **E** *VISA*. ⅋
Pas *(chiuso giovedì)* carta 30/44000 – ⊑ 10000 – **27 cam** 100000 – ½ P 70/85000.

🏠 **Panoramique** ⑳, località Pont d'Avisod NE : 2 km ℘ 551246, ≤ monti e vallata – ☎ **℗**
20 cam.

XX **Mille Miglia,** ℘ 257227, prenotare – **℗**. ☒ *VISA*. ⅋
chiuso lunedì, dal 1° al 15 febbraio e dal 1° al 15 luglio – Pas carta 32/56000.

X **Trattoria di Campagna,** ℘ 257448, ☕ – **℗**. ☒ **E** *VISA*. ⅋
chiuso martedì sera, mercoledì, dal 20 al 30 giugno e dal 20 al 30 settembre – Pa
carta 29/49000.

a Ville sur Sarre N : 7 km – alt. 1 212 – ✉ **11010** Sarre :

🏠 **Mont Fallère** ⚡, frazione Bellon O : 2,5 km ℘ 257255, ⩽ monte Grivola e vallata – ☎ 🅿. ⚡ rist
Pas *(chiuso martedì dal 15 settembre al 16 giugno)* 28000 – ⊡ 9000 – **16 cam** 35/70000 – ½ P 55/65000.

🏠 **Des Salasses** ⚡, ℘ 257093, ⩽ – ⚡ 🅿. ⚡
aprile-settembre – Pas *(chiuso lunedì)* 23000 – ⊡ 7000 – **18 cam** 58000 – ½ P 65000.

ARSINA 47027 Forlì 🔢 ⑲, 🔢 🔢 K 18 – 3 906 ab. alt. 243 – ✪ 0547.
ma 305 – Arezzo 100 – ◆Bologna 115 – ◆Firenze 113 – Forlì 48 – ◆Milano 333 – ◆Ravenna 62 – Rimini 66.

🏠 **Al Piano** ⚡, via San Martino SO : 2,5 km ℘ 94848, Fax 95193, « Antica dimora patrizia », 🔟, 🖛, ⚡ – 🅿 ☎ 🅿
16 cam.

ARZANA 19038 La Spezia 🔢 ⑭, 🔢 🔢 🔢 J 11 – 19 758 ab. alt. 27 – ✪ 0187.
edere Pala scolpita★ e crocifisso★ nella Cattedrale – Fortezza di Sarzanello★ : ⚡★★ NE : km.
ma 403 – ◆Genova 102 – Massa 20 – ◆Milano 219 – Pisa 60 – Reggio nell'Emilia 148 – ◆La Spezia 17.

🏨 **MotelAgip,** Nuova Aurelia Circonvallazione 32 ℘ 621491, Telex 272350, Fax 621494 – 🛗 ⊟ 🔟 ☎ 🅿. 🖲 🛇 ⓞ 🔴 ⚡. ⚡ rist
Pas 34000 – **51 cam** ⊡ 160000 – ½ P 136/162000.

✗ **Girarrosto-da Paolo,** via dei Molini 136 (N : 2,5 km) ℘ 621088 – 🅿
chiuso mercoledì e luglio – Pas carta 26/35000.

✗ **La Scaletta,** via Bradia 5 ℘ 620585, prenotare, « Servizio estivo in terrazza » – 🅿. 🖲 🛇 ⓞ 🔴 ⚡
chiuso martedì, dal 24 dicembre al 2 gennaio e dal 6 settembre al 2 ottobre – Pas carta 23/30000.

➤ *Inclusion in the Michelin Guide cannot be achieved*
by pulling strings or by offering favours.

SASSARI 🅿 🔢 ㉓, 🔢 E 7 – Vedere Sardegna.

SASSETTA 57020 Livorno 🔢 ⑭, 🔢 M 13 – 550 ab. alt. 337 – a.s. 15 giugno-15 settembre – ✪ 0565.
oma 279 – Grosseto 77 – ◆Livorno 64 – Piombino 40.

✗ **Il Castagno,** S : 1 km ℘ 794219, 🍴 – 🅿. ⚡
chiuso lunedì, gennaio e febbraio – Pas carta 25/42000.

SASSO MARCONI 40037 Bologna 🔢 ⑭, 🔢 🔢 I 15 – 13 214 ab. alt. 124 – ✪ 051.
oma 361 – ◆Bologna 17 – ◆Firenze 87 – ◆Milano 218 – Pistoia 78.

🏨 **3 Galletti,** via Val di Setta 148 ℘ 841128, Fax 841128 – 🔟 ☎ 🅿. 🖲 🛇 ⓞ 🔴 ⚡. ⚡
Pas *(chiuso domenica sera e lunedì)* carta 38/57000 – ⊡ 7000 – **24 cam** 95/128000.

🏠 **La Meridiana,** casello autostrada A 1 ℘ 841098, Fax 6750273 – 🔟 ☎ – 🏧 100. 🖲 🛇 ⓞ 🔴 ⚡. ⚡ rist
Pas *(chiuso venerdì)* carta 30/48000 – ⊡ 10000 – **34 cam** 128/140000 – ½ P 95/110000.

✗✗ L'Oasi, casello autostrada A 1 ℘ 841608, 🍴 – 🅿

✗ **La Bettola** con cam, via Porrettana 361 ℘ 841376, Fax 841376 – 🔟 ☎ 🅿. 🖲 🛇 ⓞ 🔴 ⚡
Pas *(chiuso martedì)* carta 41/61000 – ⊡ 10000 – **19 cam** 74/105000 – ½ P 75/95000.

a Badolo SE : 10 km – ✉ **40037** Sasso Marconi :

✗ **Antica Hostaria della Rocca di Badolo,** ℘ 847506, prenotare, « Servizio estivo in terrazza panoramica » – 🅿. ⚡
chiuso mercoledì escluso da giugno a settembre – Pas carta 36/52000.

SASSO MORELLI Bologna 🔢 I 17 – Vedere Imola.

SASSUOLO 41049 Modena 🔢 ⑭, 🔢 🔢 🔢 I 14 – 40 580 ab. alt. 123 – ✪ 0536.
oma 427 – ◆Bologna 67 – Lucca 153 – ◆Modena 17 – Reggio nell'Emilia 23.

✗✗ **La Paggeria,** piazzale della Rosa 19 ℘ 805190 – 🖲 🛇 ⓞ 🔴 ⚡
chiuso sabato a mezzogiorno, domenica, dal 1° all'8 gennaio ed agosto – Pas carta 30/44000.

a Salvarola Terme SO : 3 km – ✉ **41049** :

🏨 Terme Salvarola ⚡, ℘ 871788, Fax 872160, 🍴, 🖛 – 🛗 ⊟ 🔟 ☎ 🅿 – 🏧 100
45 cam.

SATURNIA 58050 Grosseto 四30 O 16 – alt. 294 – ✪ 0564.

Roma 195 – Grosseto 57 – Orvieto 85 – Viterbo 91.

🏠 **Villa Clodia** ⓢ senza rist, ℰ 601212, ≼, ⌁, 🐴 – 📺 ☎ VISA. ⌘
   chiuso febbraio – **10 cam** ⌐ 65/110000.

🏠 **Villa Garden** ⓢ senza rist, S : 1 km ℰ 601182, 🐴 – 📺 ☎ ⓟ. 🖭 🕃 ⑩ 🖪 VISA. ⌘
   chiuso dal 10 al 30 gennaio – **9 cam** ⌐ 90000.

XX **I Due Cippi-da Michele,** ℰ 601074, Fax 601207, 🌴 – 🖭 🕃 ⑩ 🖪 VISA. ⌘
   chiuso martedì e dal 10 al 24 dicembre – Pas carta 37/55000 (5 %).

   alle terme SE : 3 km :

🏰 **Terme di Saturnia** ⓢ, ℰ 601061, Telex 500172, Fax 601266, ≼, « Giardino ombreggia
   to », ⅃⑤, ≋ⓢ, ⌁ termale, ⅀, ⚑ – 🕴 ⌂ rist 🗐 📺 ☎ ⅙ ⓟ – 🔬 90. 🖭 🕃 ⑩ 🖪 VISA. ⌘
   Pas *(chiuso lunedì)* 65000 – ⌐ 25000 – **92 cam** 195/360000, 4 appartamenti – ½ P 180
   275000.

SAURIS 33020 Udine 988 ⑤ – 474 ab. alt. 1 390 – a.s. 15 luglio-agosto e Natale – ✪ 0433.

Roma 723 – Cortina d'Ampezzo 102 – Udine 97.

🏠 Neider, ℰ 86137 – 📺 ☎
   10 cam.

X **Alla Pace,** ℰ 86010
   chiuso mercoledì (escluso luglio-agosto), dal 10 al 31 maggio e dal 10 al 25 ottobre – Pa
   carta 29/40000.

SAUZE D'OULX 10050 Torino 988 ⑪, 四28 G 2 – 1 005 ab. alt. 1 509 – a.s. febbraio-marzo
Natale – Sport invernali : 1 509/2 507 m ⥱25, ⅍ – ✪ 0122.

🛂 piazza Assietta 18 ℰ 858009, Fax 85497.

Roma 746 – Briançon 37 – Cuneo 145 – ◆Milano 218 – Sestriere 27 – Susa 28 – ◆Torino 81.

🏠 **Hermitage,** ℰ 858445, Fax 850752, ≼ – ⓟ. 🖭 🕃 ⑩ 🖪 VISA. ⌘ rist
   6 dicembre-25 aprile e 28 giugno-2 settembre – Pas 18/28000 – **22 cam** ⌐ 68/87000
   ½ P 50/105000.

X **Villa Daniela** con cam, ℰ 850196, Fax 858681 – ☎. 🕃 🖪 VISA. ⌘ cam
   5 dicembre-aprile e luglio-agosto – Pas carta 35/48000 – **13 cam** ⌐ 65/90000 – ½ P 50
   65000.

   a Le Clotes 5 mn di seggiovia o E : 2 km (solo in estate) – alt. 1 790 – ⊠ **10050** Sauz
   d'Oulx :

🏘 **Il Capricorno** ⓢ, ℰ 850273, ≼ monti e vallate, 🌴, « In pineta » – ☎ ⓟ. 🕃 🖪 VISA
   ⌘ cam
   dicembre-aprile e 9 giugno-16 settembre – Pas carta 50/81000 – **8 cam** ⌐ 200000
   ½ P 165000.

SAVELLETRI 72015 Brindisi 四31 E 34 – a.s. 20 giugno-agosto – ✪ 080.

Roma 509 – ◆Bari 59 – ◆Brindisi 54 – Matera 92 – ◆Taranto 55.

XX **Da Renzina,** ℰ 729075, Fax 729075, ≼, 🌴 – ⓟ. 🖭 🕃 ⑩ 🖪 VISA
   chiuso venerdì e gennaio – Pas carta 36/59000 (15 %).

SAVIGLIANO 12038 Cuneo 988 ⑫, 四28 I 4 – 18 863 ab. alt. 321 – ✪ 0172.

Roma 650 – Asti 63 – Cuneo 33 – Savona 104 – ◆Torino 57.

🏘 **Granbaita,** via Cuneo 25 ℰ 711500, Fax 711518, ⅀, 🐴, ⅍ – 🕴 🗐 📺 ☎ ⅙ ⓟ
   🔬 40 a 120. 🖭 🕃 ⑩ 🖪 VISA. ⌘
   Pas vedere rist. Granbaita – ⌐ 14000 – **44 cam** 90/115000, 2 appartamenti.

XX **Granbaita,** via Cuneo 23 ℰ 712060, 🌴 – ⓟ. 🖭 🕃 ⑩ 🖪 VISA
   Pas carta 30/55000.

XX **Locanda Due Mori,** piazza Cesare Battisti 5 ℰ 31521 – 🖭 🕃 🖪 VISA. ⌘
   chiuso lunedì e dal 10 al 20 agosto – Pas carta 32/50000.

XX **Eden** con cam, via Novellis 43 ℰ 712379 – 🕴 📺 ☎. 🖭 🕃 🖪 VISA. ⌘ rist
   chiuso domenica – ⌐ 8000 – **20 cam** 65/85000 – ½ P 75000.

X **El Brandè,** via Saluzzo 101 (O : 3 km) ℰ 31116, 🌴, prenotare – 🕃 🖪 VISA. ⌘
   chiuso domenica, lunedì e dal 3 al 31 gennaio – Pas carta 31/68000.

SAVIGNANO SUL PANARO 41056 Modena 四29 四30 I 15 – 7 689 ab. alt. 102 – ✪ 059.

Roma 394 – ◆Bologna 29 – ◆Milano 196 – ◆Modena 26 – Pistoia 110 – Reggio nell'Emilia 52.

XX **Il Formicone,** verso Vignola SO : 3 km ℰ 771506 – ⓟ. 🕃 🖪 VISA
   chiuso martedì e luglio o agosto – Pas carta 42/59000.

SAVONA 17100 🅿 988 ⑫ ⑬, 四28 J 7 – 68 997 ab. – ✪ 019.
Vedere Guida Verde.

🛂 via Paleocapa 23 r ℰ 820522, Fax 827805.

A.C.I. via Guidobono 23 ℰ 811450.

Roma 545 ② – ◆Genova 46 ② – ◆Milano 169 ②.

SAVONA

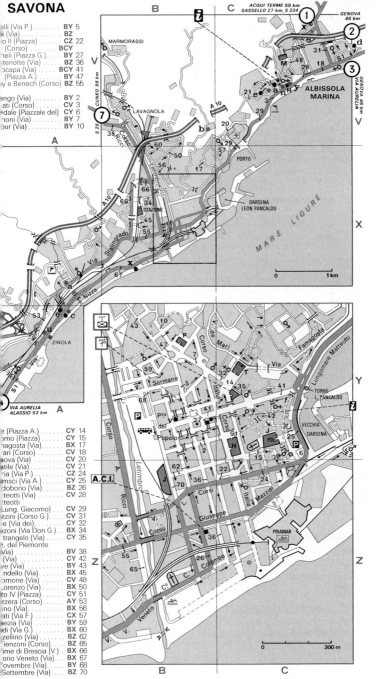

...elli (Via P.) . . . . . **BY** 5
...ı (Via) . . . . **BZ**
...o II (Piazza) . . . . **CZ** 22
... (Corso) . . . . . **BCY**
...eli (Piazza G.) . . . . **BY** 27
...tenotte (Via) . . . . **BZ** 36
...ocapa (Via) . . . . **BCY** 41
...ia (Piazza A.) . . . . **BY** 47
...y e Benech (Corso) . **BZ** 55

...ngo (Via) . . . . . . **BY** 2
...ati (Corso) . . . . . **CV** 3
...dale (Piazzale del) . **CY** 6
...noni (Via) . . . . . . **BY** 7
...our (Via) . . . . . . **BY** 10

...z (Piazza A.) . . . . **CY** 14
...omo (Piazza) . . . . **CY** 15
...nagosta (Via) . . . . **CV** 17
...ari (Corso) . . . . . **CV** 18
...ova (Via) . . . . . . **CV** 20
...ria (Via P.) . . . . . **CV** 21
...tile (Via) . . . . . . **CZ** 24
...msci (Via A.) . . . . **CY** 25
...dobono (Via) . . . . **BZ** 26
...teotti (Via) . . . . . **CV** 28
...teotti
...Lung. Giacomo) . . **CV** 29
...zzini (Corso G.) . . . **CV** 31
...e (Via dei) . . . . . . **CV** 32
...azzoni (Via Don G.) . **BX** 34
...trangelo (Via) . . . . **CY** 35
...z. del Piemonte
...Via) . . . . **BV** 38
...(Via) . . . . **BY** 42
...ve (Via) . . . . **BY** 43
...ndello (Via) . . . . . **BX** 45
...omone (Via) . . . . . **CV** 48
...Lorenzo (Via) . . . . **BX** 50
...to IV (Piazza) . . . . **CY** 51
...zzera (Corso) . . . . **AY** 53
...no (Via) . . . . **BX** 56
...ati (Via F.) . . . . . **CX** 57
...nezia (Via) . . . . . **BX** 59
...di (Via G.) . . . . . **BX** 60
...zellino (Via) . . . . . **BZ** 62
...fienzoni (Corso) . . . **BZ** 65
...ime di Brescia (V.) . **BX** 66
...orio Veneto (Via) . . **BX** 67
...ovembre (Via) . . . . **BY** 68
...Settembre (Via) . . . **BZ** 70

🏨 **Riviera Suisse,** via Paleocapa 24 ℰ 850853, Telex 272421, Fax 853435 – 🛗 🗏 📺 📶
🛗 70. 🖭 🕄 ① Ⓔ 🚾. ✛
BY
chiuso dal 23 al 27 dicembre – Pas *(chiuso a mezzogiorno e domenica)* 25/35000 – **80 c**
☲ 103/153000, 🗏 5500 – ½ P 90/105000.

🏨 **MotelAgip,** via Nizza 62 ℰ 861961, Fax 861535 – 🛗 🗏 📺 ☎ & ❷ – 🛗 30 a 100. 🖭
① Ⓔ 🚾. ✛ rist
AY
Pas *(chiuso domenica)* 30000 – ☲ 10000 – **60 cam** 130000.

🏨 **Mare,** via Nizza 89/r ℰ 264065, Fax 263277, ≤, 🛋 – 🛗 🗏 📺 ☎ & ⟷ ❷ – 🛗 40 a
🖭 🕄 ① Ⓔ 🚾
AY
Pas vedere rist A Spurcacciun-a – ☲ 8000 – **39 cam** 150000, 8 appartamenti.

🏨 **Ariston** senza rist, via Giordano 11 r ℰ 805633, Fax 853271 – 📺 ☎ ❷. 🖭 🕄 ① Ⓔ
☲ 10000 – **16 cam** 85/110000.
BX

💥 **La Playa,** via Nizza 103 r ℰ 881151, ≤ – 🗏 ❷. 🖭 🕄 ① Ⓔ 🚾
AY
chiuso lunedì – Pas carta 56/92000.

💥 **Da Cesco,** via Nizza 162 r ℰ 862198 – ❷. 🖭 🕄 ① Ⓔ 🚾
AY
chiuso martedì e novembre – Pas carta 60/93000.

💥 **A Spurcacciun-a** - Hotel Mare, via Nizza 89/r ℰ 862263, Fax 263277, ≤, Specialità
mare, « Servizio estivo in giardino » – ❷. 🖭 🕄 ① Ⓔ 🚾
AY
chiuso mercoledì e dal 22 dicembre al 22 gennaio – Pas carta 48/97000.

💥 **Antica Osteria Bosco delle Ninfe,** via Ranco 10 ℰ 823976, Coperti limitati; prenota
« Servizio estivo sotto un pergolato » – ❷ ✛
BV
*chiuso domenica sera, lunedì e a mezzogiorno (escluso i giorni festivi); da luglio a s
tembre chiuso solo a mezzogiorno* – Pas 40000.

💥 **Sole,** via Stalingrado 66 ℰ 862177 – 🗏
AX
chiuso sabato e dal 7 al 28 settembre – Pas carta 24/42000.

SCAGLIERI Livorno 🗺 N 12 – Vedere Elba (Isola d') : Portoferraio.

SCALEA 87029 Cosenza 🗺 ⑱, 🗺 H 29 – 8 577 ab. – ✆ 0985.
Roma 428 – Castrovillari 72 – Catanzaro 153 – ♦Cosenza 94 – ♦Napoli 222.

🏨 **Gd H. De Rose** ⤴, ℰ 20273, Telex 800070, Fax 920194, ≤, « ⬆ in giardino pensile
🛋, ✎, ✗ – 🛗 🗏 📺 ☎ ❷. 🖭 ① 🚾. ✛ rist
chiuso dal 20 dicembre al 20 gennaio – Pas carta 40/57000 – ☲ 8000 – **66 cam** 90/12500
½ P 90/168000.

🏨 **Talao,** ℰ 20444, Fax 21702, ≤, ⬆, 🛋, ✗ – 🛗 🗏 ☎ ❷ – 🛗 45.
44 cam

SCANDIANO 42019 Reggio nell'Emilia 🗺 ⑭, 🗺 🗺 🗺 I 14 – 22 137 ab. alt. 95 – ✆ 05
Roma 426 – ♦Bologna 64 – ♦Milano 162 – ♦Modena 23 – Reggio nell'Emilia 13.

🏨 **Sirio e Rist. La Bussola,** via Palazzina 30 ℰ 981144 e rist ℰ 982898, Fax 984084 – 🛗
📺 ☎ ⟷ ❷. 🖭 🕄 ① Ⓔ 🚾. ✛
chiuso Natale, Capodanno e dal 7 al 22 agosto – Pas *(chiuso lunedì ed agosto)* carta 2
69000 – ☲ 9000 – **32 cam** 97000 – ½ P 78/88000.

💥 **Al Portone,** piazza Boiardo 4 ℰ 855985, Coperti limitati; prenotare – 🖭 🕄 ① Ⓔ 🚾
chiuso martedì e dal 15 luglio al 15 agosto – Pas carta 54/74000.

💥 **Scuderia Sant'Antonio,** località Pratissolo NO : 1 km ℰ 856519, Coperti limitati; p
notare, « In un'antica scuderia; servizio estivo all'aperto », ✎ – ❷. 🖭 🕄 ① Ⓔ 🚾. ✛
chiuso domenica ed agosto – Pas carta 40/57000.

💥 **Bosco,** località Bosco NO : 4 km ℰ 857242 – ❷. 🖭 🕄 ① Ⓔ 🚾. ✛
chiuso martedì, domenica, dal 7 al 14 gennaio e dal 1° al 20 agosto – Pas carta 33/56000.

ad Arceto NE : 3,5 km – ⌗ 42010 :

💥 **Rostaria al Castello,** ℰ 989157, Coperti limitati; prenotare – ❷. ✛
chiuso dal 1° al 15 gennaio e dal 1° al 20 agosto – Pas carta 38/48000.

SCANDICCI 50018 Firenze 🗺 🗺 K 15 – 54 054 ab. alt. 49 – ✆ 055.
Roma 277 – ♦Firenze 6 – Siena 68.

Pianta di Firenze : percorsi di attraversamento

💥 **Luciano,** via Poccianti 6 ℰ 252703, Rist. con specialità di pesce – ✦ 🗏. 🖭 🕄 ① Ⓔ 🚾
✛
EU
chiuso lunedì e dal 1° al 18 agosto – Pas carta 43/65000 (12 %).

SCANDOLARA RIPA D'OGLIO 26047 Cremona 🗺 🗺 G 12 – 695 ab. alt. 47 – ✆ 0372.
Roma 528 – ♦Brescia 50 – Cremona 15 – ♦Parma 68.

💥💥💥 ❀ **Al Caminetto** ℰ 89589, Coperti limitati; prenotare – 🖭 🕄 Ⓔ 🚾. ✛
chiuso lunedì, martedì a mezzogiorno, dal 2 al 10 gennaio e dal 1° al 20 agosto – F
carta 43/55000
Spec. Insalata di cappensate all'olio di nocciole, Tagliolini al ragù di pernice rossa, Trancio di salmone in crosta. V
Chardonnay, Barolo.

SCANNO 67038 L'Aquila 988 ㉗, 430 Q 23 – 2 372 ab. alt. 1 050 – Sport invernali : 1 050/40 m ⅋3 – ۞ 0864.

̄dere Lago di Scanno★ NO : 2 km.

̄ntorni Gole del Sagittario★★ NO : 6 km.

̄piazza Santa Maria della Valle 12 ⌀ 74317.

̄na 155 – L'Aquila 101 – Campobasso 124 – Chieti 87 – ◆Pescara 98 – Sulmona 31.

🏤 **Garden,** ⌀ 74382, Fax 747488 – ⍾ TV ☎ ℗ ⬛ ⓞ VISA. ⌘
Natale-Pasqua e giugno-settembre – Pas 38/48000 – ⇌ 15000 – **35 cam** 90/140000 – ½ P 100/135000.

🏤 **Mille Pini** ⌘, ⌀ 74387, ⌦ – ⊛ ⟺ ℗. ⌘
Pas (chiuso martedì) carta 36/51000 – ⇌ 15000 – **19 cam** 90/120000 – ½ P 110000.

🏤 **Miramonti,** ⌀ 74369, ≤ – ⍾ ☎ ⟺ ℗. ⒜⒠.
Pasqua-settembre – Pas carta 26/39000 – ⇌ 14000 – **38 cam** 80/100000 – ½ P 80/90000.

🏠 **Vittoria,** ⌀ 74398, ⌘, ⌘ – ⍾ ℗ ⬤ ℗ ⌘
Pas (chiuso mercoledì) 25/35000 – ⇌ 15000 – **27 cam** 90000 – ½ P 80/90000.

🏠 **Belvedere,** ⌀ 74314 – ☎. ⌘
Pas (chiuso lunedì) 23/27000 – ⇌ 10000 – **32 cam** 40/65000 – ½ P 60/67000.

🍴 **Gli Archetti,** ⌀ 74645
chiuso martedì da ottobre a marzo – Pas carta 30/42000.

🍴 **Grotta dei Colombi** con cam, ⌀ 74393, Fax 74393, ⌦, ⌦ – ⬛
Pas (chiuso mercoledì) carta 20/32000 – ⇌ 8000 – **16 cam** 55000 – ½ P 55000.

al lago N : 3 km :

🏤 **Park Hotel,** ⌷ 67038 ⌀ 74624, ≤ lago, ⌁, ⌘ – ⍾ TV ☎ ⬤ ⟺ ℗ – ⚖ 100. ⒜⒠ ⬛ ⒠
VISA. ⌘
Natale, Pasqua, e maggio-settembre – Pas carta 27/40000 – ⇌ 15000 – **65 cam** 70/85000 – ½ P 85/90000.

🏤 **Del Lago** ⌘, ⌷ 67038 ⌀ 74343, Fax 74343, ≤ – TV ☎ ℗. ⒜⒠ ⬛ ⓞ ⒠ VISA. ⌘
19 dicembre-11 gennaio e 13 aprile-ottobre – Pas (chiuso mercoledì escluso luglio-agosto)
carta 35/55000 – ⇌ 15000 – **24 cam** 110000 – ½ P 90/125000.

CANSANO 58054 Grosseto 988 ㉘, 430 N 16 – 4 744 ab. alt. 500 – ۞ 0564.
̄ma 180 – Civitavecchia 114 – Grosseto 29 – Viterbo 98.

🍴🍴 **Antico Casale** ⌘ con cam, località Castagneta SE : 4 km ⌀ 507219, Fax 507805, ≤, ⌦, « In campagna, con maneggio », ⌁, ⌦ – ▤ cam TV ☎ ℗ ⒜⒠ ⬛ ⒠ VISA
chiuso dal 15 gennaio a febbraio – Pas carta 32/49000 (10%) – **15 cam** ⇌ 115/150000 – ½ P 90/135000.

CANZANO IONICO 75020 Matera 988 ㉙, 431 G 32 – 6 384 ab. alt. 14 – ۞ 0835.
̄ma 483 – Matera 62 – Potenza 125 – ◆Taranto 64.

al Lido NE : 6 km :

🏤 **Motel Due Palme,** ⌷ 75020 ⌀ 953024, Fax 954025 – ⍾ ▤ TV ☎ ℗. ⒜⒠ ⬛ ⒠ VISA. ⌘
Pas 30/35000 – ⇌ 8000 – **29 cam** 57/89000 – ½ P 85000.

CANZOROSCIATE 24020 Bergamo 428 429 E 11 – 8 074 ab. alt. 279 – ۞ 035.
̄ma 606 – ◆Bergamo 7 – ◆Brescia 49 – ◆Milano 54.

🍴🍴 ۞ **La Taverna,** via Martinengo Colleoni 35 ⌀ 661068, Fax 661068, ⌦, Coperti limitati;
prenotare – ℗. ⒜⒠ ⬛ ⓞ ⒠ VISA. ⌘
chiuso domenica sera, lunedì e dal 1° al 20 agosto – Pas carta 50/80000
Spec. Insalata di verdure e pesci, Stracci e pesci, Orata ripiena al Riesling, Branzino in sfoglia. Vini Colle della Luna,
Valcalepio rosso.

CARIA Como 219 ⑨ – Vedere Lanzo d'Intelvi.

̄CARIO 84070 Salerno 431 G 28 – a.s. luglio-agosto – ۞ 0974.
̄ma 421 – ◆Napoli 216 – Salerno 165 – Sapri 15.

🏨 **Marcaneto Palace Hotel** ⌘, località Marcaneto ⌀ 986353, Fax 986512, ≤, ⌁₆, ⇌₅, ⌁,
⌁₆, ⌘ – ⍾ ▤ TV ☎ ℗ – ⚖ 300. ⒜⒠ ⬛ ⓞ VISA. ⌘
Pas carta 44/79000 – **61 cam** ⇌ 125/185000 – ½ P 66/98000.

🏠 **Approdo,** ⌀ 986070, ≤, ⌁₆, ⌦ – ☎ ℗. ⒜⒠ VISA. ⌘
aprile-settembre – Pas (solo per clienti alloggiati e chiuso sino a maggio) – ⇌ 9500 –
25 cam 73000 – P 100000.

̄CARLINO 58020 Grosseto 430 N 14 – 2 673 ab. alt. 230 – ۞ 0566.
̄ma 231 – Grosseto 44 – ◆Livorno 97.

🍴🍴 **Da Balbo,** via Roma 9 ⌀ 37204, ⌦ – ⌘
chiuso martedì ed ottobre – **Pas** carta 35/45000 (15%).

SCENA (SCHENNA) 39017 Bolzano **429** B 15, **218** ⑩ – 2 500 ab. alt. 640 – ✆ 0473.

🖪 ✆ 95669, Telex 401018, Fax 95581.

Roma 670 – ♦Bolzano 33 – Merano 5 – ♦Milano 331.

Pianta : vedere Merano

🏨 **Hohenwart,** ✆ 95629, Fax 95996, ≤ monti e vallata, 🛪, ⚿s, 🏊, 🏊, 🐾, 🛎 – 🔌 ▤ r
📺 ☎ ❷   B
chiuso dal 10 gennaio al 15 marzo – Pas (chiuso mercoledì) carta 34/51000 – **60 ca**
⚏ 152/300000 – ½ P 152000.

🏨 Starkenberg, ✆ 95665, Fax 95583, ≤, ⚿s, 🏊, 🐾 – 🔌 📺 ☎ ❷   B
40 cam.

🏠 **Schlosswirt,** ✆ 95620, Fax 95538, ≤, 🛪, 🏊 riscaldata, 🐾 – 🔌 📺 ☎ ❷   B
chiuso dal 15 gennaio al 7 marzo – Pas (chiuso lunedì) carta 32/52000 – **31 cam** ⚏ 4
112000 – ½ P 41/72000.

SCHENNA = Scena.

SCHIAVON 36060 Vicenza **429** E 16 – 2 203 ab. alt. 74 – ✆ 0444.

Roma 554 – ♦Milano 237 – ♦Padova 56 – Treviso 60 – Vicenza 24.

a Longa S : 2 km – ⊠ 36060 :

🏨 **Alla Veneziana,** ✆ 665500, Fax 665766 – 🔌 ▤ 📺 ☎ ❷. ◪ ⑤ ① ⋿ ⱽⁱˢᴬ
Pas (chiuso lunedì) carta 25/60000 – ⚏ 10000 – **43 cam** 80/100000 – ½ P 75/90000.

SCHIO 36015 Vicenza **988** ④, **429** E 16 – 36 354 ab. alt. 200 – ✆ 0445.

Roma 562 – ♦Milano 225 – ♦Padova 61 – Trento 72 – ♦Venezia 94 – ♦Verona 72 – Vicenza 23.

🏨 Nuovo Miramonti, senza rist, via Marconi 3 ✆ 529900, Fax 528134 – 🔌 📺 ☎.
67 cam.

✗✗ **Nuovo Miramonti-da Bruno,** via Marconi 5 ✆ 520119 – ▤. ◪ ⑤ ① ⋿ ⱽⁱˢᴬ. ✛
chiuso domenica, dal 1° al 7 gennaio e dal 1° al 21 agosto – Pas carta 39/61000.

SCHLANDERS = Silandro.

SCHNALS = Senales.

SCIACCA Agrigento **988** ㉟, **432** O 21 – Vedere Sicilia.

SCILLA 89058 Reggio di Calabria **988** ㊴, **431** M 29 – 5 543 ab. alt. 91 – ✆ 0965.

Roma 642 – ♦Reggio di Calabria 23 – Rosarno 44.

✗✗ Glauco, via Annunziata 95-rione Chianalea ✆ 754026, « Servizio estivo in terrazza con
mare »
stagionale.

✗✗ **Grotta Azzurra-U Bais,** lungomare Cristoforo Colombo ✆ 754889, Solo piatti di pesc
– ⑤
chiuso lunedì e dicembre – Pas carta 25/40000.

SCOPELLO Trapani **432** M 20 – Vedere Sicilia (Castellammare del Golfo).

SCOPELLO 13028 Vercelli **988** ②, **428** E 6 – 442 ab. alt. 659 – a.s. Natale- 20 gennaio
15 luglio-agosto – Sport invernali : 659/1 541 m ≰1, ≵; ad Alpe di Mera : 1 570/1 742 m ≰8, ≼
– ✆ 0163.

Roma 695 – ♦Milano 121 – Novara 75 – ♦Torino 137 – Varallo 16 – Vercelli 81.

🏠 **Rosetta,** ✆ 71136, ≤ – ☎ ❷. ⑤ ⱽⁱˢᴬ
chiuso ottobre e novembre – Pas carta 27/42000 – ⚏ 5000 – **37 cam** 60/75000 – ½ P 6
70000.

ad Alpe di Mera S : 20 mn di seggiovia – alt. 1 570 :

🏨 **Sport Hotel Camparient** ✛, ⊠ 13028 ✆ 78002, Fax 78190, ≤ Monte Rosa e vallata
🔌 ☎. ◪ ⑤ ⋿ ⱽⁱˢᴬ. ✛
dicembre-aprile e luglio-settembre – Pas carta 42/65000 – ⚏ 10000 – **34 cam** 60/95000
½ P 90/110000.

SCORZÈ 30037 Venezia **988** ⑤, **429** F 18 – 15 584 ab. alt. 16 – ✆ 041.

Roma 527 – ♦Milano 266 – ♦Padova 30 – Treviso 17 – ♦Venezia 24.

🏨 **Villa Conestabile,** via Roma 1 ✆ 445027, Fax 5840088, « Parco e laghetto » – 📺 ☎ ❷
🅿 25 a 150. ◪ ⑤ ⋿ ⱽⁱˢᴬ
Pas (chiuso domenica e dal 1° al 20 agosto) carta 38/56000 – **22 cam** ⚏ 85/125000
½ P 95/105000.

🏨 **Piccolo Hotel,** via Moglianese 37 ✆ 445312, Fax 446153 – 📺 ☎ ❷. ◪ ⋿ ⱽⁱˢᴬ. ✛
Pas (solo per clienti alloggiati; chiuso a mezzogiorno, sabato e domenica) 25/35000 – ⚏
10000 – **22 cam** 65/85000 – ½ P 75/85000.

SEBINO Vedere Iseo (Lago d').

ECCHETO Livorno – Vedere Elba (Isola d') : Marina di Campo.

ECONDIGLIANO Napoli 431 E 24 – Vedere Napoli.

EGESTA Trapani 988 ㉟, 432 N 20 – Vedere Sicilia.

EGGIANO 58038 Grosseto 430 N 16 – 1 116 ab. alt. 497 – ✆ 0564.
ma 199 – Grosseto 60 – Orvieto 109 – Siena 79.

🏋 **Silene,** con cam, località La Pescina E : 3 km ♪ 950805, Fax 950805 – 📺 ☎ ℗. 🕮 🕉 🝙 *VISA*. ⁎⁎
  chiuso novembre – Pas (chiuso lunedì) carta 38/50000 – ⌦ 7000 – **7 cam** 90000 – ½ P 70000.

EGNI 00037 Roma 988 ㉖, 430 Q 21 – 8 614 ab. alt. 650 – ✆ 06.
ma 57 – Frosinone 41 – Latina 52 – ◆Napoli 176.

🏨 **La Pace** ⑤, ♪ 9767084, Fax 9766262 – 🛗 📺 ☎ ℗ – ⚒ 150. 🕮 🕉 🕥 🝙 *VISA*. ⁎⁎
  Pas 22/30000 – ⌦ 5000 – **82 cam** 50/70000 – ½ P 50/55000.

EGRATE 20090 Milano 428 F 9, 219 ⑲ – 33 453 ab. alt. 116 – ✆ 02.
ma 575 – ◆Bergamo 48 – ◆Milano 10.

Pianta d'insieme di Milano (Milano p. 7)

a Milano 2 NO : 3 km – ⊠ 20090 Segrate :

🏨🏨 **Jolly Hotel Milano 2** ⑤, ♪ 2175, Telex 321266, Fax 26410115 – 🛗 🔳 📺 ☎ – ⚒ 450. 🕮 🕉 🕥 🝙 *VISA*. ⁎⁎ rist   CO **m**
  Pas 62000 – **149 cam** ⌦ 280/340000 – ½ P 225/335000.

EIS = Siusi.

EISER ALM = Alpe di Siusi.

ELBAGNONE Forlì 430 J 18 – Vedere Forlimpopoli.

ELINUNTE Trapani 988 ㉟, 432 O 20 – Vedere Sicilia.

ELLA (Passo di) (SELLA JOCH) Bolzano 988 ⑤ – alt. 2 240.
edere ⁎⁎⁎ – Roma 694 – ◆Bolzano 53 – Canazei 12 – Cortina d'Ampezzo 60 – ◆Milano 352 – Trento 113.

ELVA Brindisi 431 E 34 – Vedere Fasano.

ELVA Vicenza – Vedere Montebello Vicentino.

ELVA DI CADORE 32020 Belluno 429 C 18 – 610 ab. alt. 1 415 – ✆ 0437.
ma 676 – Belluno 65 – ◆Bolzano 81 – Cortina d'Ampezzo 24.

🏨 **Nigritella,** frazione Santa Fosca ♪ 720041, Telex 440297, Fax 720491, ≤, ☞, 🔳 – 🛗 ☎ ⇔ ℗. ⁎⁎
  20 dicembre-7aprile e 15 giugno-15 settembre – Pas 25/40000 – ⌦ 8000 – **59 cam** 85/110000 – ½ P 90/120000.

ELVA DI VAL GARDENA (WOLKENSTEIN IN GRÖDEN) 39048 Bolzano 988 ⑤, 429 C 17 – 381 ab. alt. 1 567 – Sport invernali : della Val Gardena 1 567/2 682 m ≼ 5 ≰ 25, ↟ – ✆ 0471.
edere Postergale⋆ nella chiesa.
intorni Passo Sella⋆⋆⋆ – ⁎⁎⁎ S : 10,5 km – Val Gardena⋆⋆⋆ per la strada S 242.
palazzo Cassa Rurale ♪ 795122, Telex 400359, Fax 794245.
ma 684 – ◆Bolzano 42 – Brunico 59 – Canazei 23 – Cortina d'Ampezzo 72 – ◆Milano 341 – Trento 102.

🏨🏨 **Gran Baita** ⑤, ♪ 795210, Fax 795080, ≤ Dolomiti, ☞, 🔳, ☞, ⁎ – 🛗 📺 ☎ ⇔ ℗. 🕮 🕉 🕥 🝙 *VISA*. ⁎⁎
  20 dicembre-18 aprile e 20 giugno-10 ottobre – Pas (chiuso mercoledì) carta 33/50000 – **51 cam** ⌦ 100/180000, 6 appartamenti – ½ P 100/200000.

🏨🏨 **Oswald,** ♪ 795151, Fax 794131, ≤, ☞ – 🛗 📺 ☎ ℗. 🕉 🝙 *VISA*. ⁎⁎
  8 dicembre-15 aprile e 23 giugno-settembre – Pas carta 31/55000 – ⌦ 15000 – **56 cam** 125/210000 – ½ P 100/160000.

🏨🏨 **Tyrol** ⑤, ♪ 795270, Fax 794022, ≤ Dolomiti, 🝴, ☞, 🔳, ☞ – 🛗 📺 ☎ ⇔ ℗. ⁎⁎ rist
  18 dicembre-20 aprile e 16 giugno-5 ottobre – Pas (chiuso lunedì) 30/45000 – ⌦ 15000 – **40 cam** 102/190000, 4 appartamenti – ½ P 105/140000.

🏨🏨 **Residence Hotel Antares,** ♪ 795400, Fax 933241, 🝴, ☞, 🔳, ☞ – 🛗 📺 ☎ ⬧ ⇔ ℗ – ⚒ 70. 🝙 *VISA*. ⁎⁎
  dicembre-Pasqua e 20 giugno-15 settembre – Pas 36/40000 – ⌦ 17000 – **49 cam** 135/230000 – ½ P 85/185000.

🏨🏨 **Aaritz,** ♪ 795011, Fax 795566, ≤, ☞, 🔳, ☞ – 🛗 🔳 rist 📺 ☎ ℗. 🕮 🕉 🝙 *VISA*. ⁎⁎
  20 dicembre-10 aprile e 10 luglio-10 settembre – Pas (solo per clienti alloggiati; chiuso a mezzogiorno e dal 10 luglio al 10 settembre) – **41 cam** ⌦ 100/160000 – ½ P 100/160000.

Genziana, ℰ 795187, Fax 794330, ≤, ≋, ◻, ⊞ – ⋮ 🆃🆅 ☎ 🅿. ⁂
20 dicembre-20 aprile e 25 giugno-settembre – Pas (solo per clienti alloggiati e *chiuso mezzogiorno*) 40/60000 – **27 cam** ⊊ 250000 – ½ P 85/160000.

Sporthotel Granvara ⊗, ℰ 795250, Fax 794336, ≤ Dolomiti e Selva, *Is,* ≋, ◻, ⊞ ⋮ 🆃🆅 ⇆ ⇆ ⥥ 60. 🅷 🅴 𝚅𝙸𝚂𝙰. ⁂ rist
3 dicembre-10 aprile e giugno-settembre – Pas (solo per clienti alloggiati) 35/50000 **30 cam** ⊊ 100/180000 – ½ P 85/160000.

Chalet Portillo, ℰ 795205, Fax 794360, ≤, ≋, ⁒ – ⋮ 🆃🆅 ☎ 🅿. 🅷 🅴 𝚅𝙸𝚂𝙰. ⁂
dicembre-17 aprile e 26 giugno-26 settembre – Pas (solo per clienti alloggiati) – **25 ca** ⊊ 70/120000 – ½ P 78/120000.

Solaia ⊗, ℰ 795104, Fax 795121, ≤ Dolomiti, ≋, ◻, ⊞ – 🆃🆅 ☎ 🅿. 🅰🅴 🅷 ⓪ 🅴 𝚅𝙸𝚂𝙰.
dicembre-10 aprile e 15 giugno-settembre – Pas 25/45000 – **28 cam** ⊊ 95/190000 ½ P 75/135000.

Laurin, ℰ 795105, Fax 794310, ≤, ≋ – ⋮ ☎ ⇆ 🅿. 🅷 ⓪ 🅴 𝚅𝙸𝚂𝙰.
6 dicembre-14 aprile e luglio-20 settembre – Pas 30/40000 – **27 cam** ⊊ 90/160000 ½ P 90/140000.

Condor, ℰ 795055, ≤ Dolomiti, ≋, ⊞ – ⋮ ☎ ⇆ 🅿. ⁂
dicembre-20 aprile e 20 giugno-settembre – Pas (solo per clienti alloggiati) – **26 ca** ⊊ 70/140000 – ½ P 85/100000.

Dorfer ⊗, ℰ 795204, Fax 795068, ≤ Dolomiti, ≋, ⊞ – 🆃🆅 ☎ 🅿. 🅷 🅴 𝚅𝙸𝚂𝙰. ⁂ rist
18 dicembre-15 aprile e 4 giugno-settembre – Pas carta 38/58000 – **30 cam** ⊊ 70/112000 ½ P 84/130000.

Astor, ℰ 795207, Fax 794396, ≤ Dolomiti, ≋ – 🆃🆅 ☎ 🅿. ⁂ rist
dicembre e 15 giugno-settembre – **24 cam** solo ½ P 90/125000.

Armin, ℰ 795347, Fax 794363 – 🆃🆅 ☎ 🅿. 𝚅𝙸𝚂𝙰. ⁂ rist
5 dicembre-15 aprile e 5 luglio-20 settembre – Pas carta 33/55000 – **20 cam** ⊊ 90/160000 ½ P 80/140000.

Olympia, ℰ 795145, Fax 795403, ≤, ≋ – ⋮ ☎ 🅿. 🅷 🅴 𝚅𝙸𝚂𝙰. ⁂ rist
dicembre-Pasqua e giugno-settembre – Pas (solo per clienti alloggiati) 30000 – ⊊ 15000 **43 cam** ⊊ 70/130000 – ½ P 80/115000.

Malleier ⊗, ℰ 795296, Fax 794364, ≤ Dolomiti, ≋ – ⋮ ☎ 🅿. ⁂
dicembre-aprile e giugno-settembre – Pas (solo per clienti alloggiati) – **34 cam** ⊊ 6 110000 – ½ P 80/100000.

Miravalle, ℰ 795166, ≤, ≋ – ☎ 🅿. ⁂
dicembre-15 aprile e 20 giugno-20 settembre – Pas 25/55000 – **28 cam** ⊊ 150000 ½ P 75/100000.

Pralong, ℰ 795370, Fax 794103, ≤, ≋ – ⋮ 🆃🆅 ☎ ⇆ 🅿. ⁂
dicembre-aprile e luglio-settembre – Pas (solo per clienti alloggiati) – **25 cam** ⊊ 75/11000 – ½ P 75/115000.

verso Passo Gardena (Grödner Joch) SE : 6 km :

⁒ **Gerard** ⊗ con cam, ✉ 39048 ℰ 795274 – ☎ 🅿. ⁂ cam
18 dicembre-15 aprile e 25 giugno-15 ottobre – Pas carta 28/54000 – **7 cam** ⊊ 100000.

Vedere anche : *Santa Cristina Valgardena* O : 3 km.
Ortisei NO : 7 km.

SELVINO 24020 Bergamo 𝟿𝟾𝟼 ③, 𝟺𝟸𝟾 𝟺𝟸𝟿 E 11 – 1 858 ab. alt. 956 – a.s. luglio-agosto e Nata – Sport invernali : 956/1 400 m ✜1 ✚3 – ⊕ 035.
🅱 corso Milano 19 ℰ 761362.
Roma 622 – ♦Bergamo 21 – ♦Brescia 73 – ♦Milano 68.

Elvezia ⊗, ℰ 761058, ≋ – 🆃🆅 ☎ 🅿. 🅷. ⁂
chiuso dal 10 al 30 gennaio e dal 1° al 20 settembre – Pas *(chiuso lunedì)* carta 35/50000 ⊊ 9000 – **17 cam** 60/90000 – ½ P 80000.

Marcellino, ℰ 761013, ☷ – ⋮ ☎ ⇆ 🅿. 🅰🅴 𝚅𝙸𝚂𝙰. ⁂ rist
Pas *(chiuso martedì)* 30/40000 – ⊊ 12000 – **32 cam** 90000 – ½ P 80/100000.

Aquila ⊗, ℰ 761000, ≋ – 🅿. ⁂
Pas *(chiuso mercoledì)* carta 29/45000 – ⊊ 9000 – **22 cam** 40/70000 – ½ P 75000.

SEMENTINA 𝟺𝟸𝟽 ㉔, 𝟸𝟷𝟿 ⑧, 𝟸𝟷𝟾 ⑫ – Vedere Cantone Ticino (Bellinzona) alla fine dell'elenc alfabetico.

SEMOGO Sondrio 𝟸𝟷𝟾 ⑰ – Vedere Valdidentro.

SENALES (SCHNALS) 39020 Bolzano 𝟺𝟸𝟾 𝟺𝟸𝟿 B 14, 𝟸𝟷𝟾 ③ – 1 376 ab. alt. (frazione Cert sa) 1 327 – Sport invernali : a Maso Corto : 2 009/3 260 m ✜1 ✚9 (anche sci estivo), ⊿ ⊕ 0473 – 🅱 a Certosa ℰ 89148, Telex 401593, Fax 89177.
Da Certosa : Roma 692 – ♦Bolzano 55 – Merano 27 – ♦Milano 353 – Passo di Resia 70 – Trento 113.

a Madonna di Senales (Unserfrau) NO : 4 km – alt. 1 500 – ✉ 39020 Senales :

Berghotel Tyrol ⊗, ℰ 89690, Fax 89743, ≤, ≋, ◻ – ⋮ ☎ 🅿 – **25 cam.**

SENALES

a Monte Santa Caterina (Katharinaberg) SE : 4 km – alt. 1 245 – ⊠ **39020** Senales :

Katharinabergerhof ⑤, *ℰ* 89171, ≤ – ☎ **❷**. 🛐 **E** 𝘝𝘐𝘚𝘈. ⅋ rist
Pas *(chiuso a mezzogiorno)* – **11 cam** solo ½ P 41/45000.

a Vernago (Vernagt) NO : 7 km – alt. 1 700 – ⊠ **39020** Senales :

Vernagt ⑤, *ℰ* 89636, Fax 89720, ≤ lago e monti, ₺₆, ≘s, 🔲 – 🛗 ☎ ⇔ **❷**.
43 cam.

NIGALLIA 60019 Ancona 988 ⑯, 429 430 K 21 – 41 038 ab. – a.s. luglio-agosto – ✪ 071.

azzale Giardini Morandi 2 *ℰ* 7922725, Telex 560358, Fax 7924930.

a 296 – ◆Ancona 29 – Fano 28 – Macerata 79 – ◆Perugia 153 – Pesaro 39.

Duchi della Rovere, via Corridoni 3 *ℰ* 7927623, Fax 7927784 – 🛗 🗏 📺 ☎ ₺ ⇐ –
🟰 50 a 80. 🅰🅴 🛐 ⓞ **E** 𝘝𝘐𝘚𝘈. ⅋
Pas carta 42/66000 – **44 cam** ⊆ 135/190000, 7 appartamenti – ½ P 135/150000.

Ritz, lungomare Dante Alighieri 142 *ℰ* 63563, Fax 7922080, ≤, « Giardino con percorso
vita », 🔟, ⅋ – 🛗 🗏 rist ☎ ₺ **❷** – 🟰 100. 🅰🅴 𝘝𝘐𝘚𝘈
15 maggio-19 settembre – Pas 40000 – **150 cam** ⊆ 110/180000 – ½ P 115/145000.

Metropol, lungomare Leonardo da Vinci 11 *ℰ* 7927413, Fax 7927413, ≤, 🔟, ⅋ – 🛗
🗏 rist 📺 ☎ **❷** – 🟰
22 maggio-18 settembre – Pas (solo per clienti alloggiati) – ⊆ 10000 – **65 cam** 110000 –
½ P 62/111000.

Senb Hotel, viale Bonopera 32 *ℰ* 7927500, Fax 64814 – 🛗 🗏 rist 📺 ☎ ⇐ –
🟰 50 a 200. 🅰🅴 🛐 ⓞ **E** 𝘝𝘐𝘚𝘈. ⅋
Pas *(chiuso venerdì e domenica sera)* carta 34/50000 – ⊆ 12000 – **51 cam** 80/120000 –
½ P 70/90000.

Palace Hotel, piazza della Libertà 7 *ℰ* 7926792, Fax 7925969, ≤ – 🛗 📺 ☎ ₺. 🅰🅴 🛐 ⓞ **E**
𝘝𝘐𝘚𝘈. ⅋ rist
Pas *(chiuso venerdì)* 30/45000 – ⊆ 10000 – **57 cam** 60/90000 – ½ P 75/80000.

Cristallo, lungomare Dante Alighieri 2 *ℰ* 7925767, Fax 7925767, ≤, 🐎 – 🛗 ☎. 🅰🅴 🛐 **E**
𝘝𝘐𝘚𝘈. ⅋ rist
maggio-settembre – Pas carta 26/39000 (15%) – ⊆ 8000 – **60 cam** 58/85000 – ½ P 49/
79000.

Baltic, lungomare Dante Alighieri 66 *ℰ* 7925757, ≤ – 🛗 ☎ **❷**. 🛐 **E** 𝘝𝘐𝘚𝘈. ⅋ rist
maggio-settembre – Pas carta 26/39000 (15%) – ⊆ 8000 – **60 cam** 83000 – ½ P 47/
76000.

Europa, lungomare Dante Alighieri 108 *ℰ* 7926791, ≤ – 🛗 🗏 rist ☎. 🅰🅴 🛐 ⓞ **E** 𝘝𝘐𝘚𝘈.
⅋ rist
giugno-15 settembre – Pas (solo per clienti alloggiati) 30/45000 – ⊆ 10000 – **60 cam**
60/90000 – ½ P 75/80000.

Mareblù, lungomare Mameli 50 *ℰ* 7920104, Fax 7925402, ≤, 🔟 – 🛗 🗏 rist 📺 ☎ **❷**. 🛐
E 𝘝𝘐𝘚𝘈. ⅋
Pasqua-settembre – Pas 25/30000 – ⊆ 10000 – **57 cam** 60/90000 – ½ P 50/85000.

Luxembourg, lungomare Marconi 37 *ℰ* 7927422, ≤ – 🛗 ⑳.
stagionale – **30 cam**

Eden, via Podesti 194 *ℰ* 7926802, Fax 7926802, 🐎 – 🛗 ☎ **❷**. 🅰🅴 🛐 ⓞ **E** 𝘝𝘐𝘚𝘈. ⅋ rist
Pas *(chiuso sabato)* carta 22/30000 – ⊆ 8000 – **25 cam** 60/80000 – ½ P 43/68000.

Argentina, lungomare Dante Alighieri 82 *ℰ* 7924665, Fax 7925414, ≤ – 🛗 ☎. 🛐 **E** 𝘝𝘐𝘚𝘈.
⅋
15 aprile-20 settembre – Pas 20/28000 – ⊆ 6000 – **37 cam** 50/80000 – ½ P 40/75000.

Riccardone's, via Rieti 69 *ℰ* 64762, 😤 – 🗏. 🅰🅴 🛐 ⓞ **E** 𝘝𝘐𝘚𝘈
chiuso lunedì in bassa stagione – Pas carta 36/75000.

Noah, lungomare Mameli 78 *ℰ* 60135 – 🅰🅴 🛐 ⓞ **E** 𝘝𝘐𝘚𝘈. ⅋
chiuso martedì e dal 10 al 25 dicembre – Pas carta 34/59000.

Il Desco, via Pisacane 30 *ℰ* 60000 – 🅰🅴 🛐 ⓞ **E** 𝘝𝘐𝘚𝘈
chiuso dal 20 luglio al 25 agosto e martedì – Pas carta 38/50000.

La Madonnina del Pescatore, lungomare Italia 9 *ℰ* 698267, Fax 698484, Solo piatti di
pesce – 🗏. 🅰🅴 🛐 ⓞ **E** 𝘝𝘐𝘚𝘈. ⅋
chiuso lunedì, dal 20 al 28 febbraio, dal 1° al 15 settembre e dal 15 al 30 novembre – Pas
carta 52/80000.

a Cesano NO : 5 km – ⊠ **60012** Cesano di Senigallia :

Pongetti, strada statale *ℰ* 660064, Solo piatti di pesce – **❷**. ⅋
chiuso domenica sera, lunedì e dal 10 al 30 settembre – Pas carta 33/52000.

a Roncitelli O : 8 km – ⊠ **60010** :

Degli Ulivi, *ℰ* 66309 – 𝘝𝘐𝘚𝘈. ⅋
chiuso martedì e dal 15 al 30 gennaio – Pas carta 33/57000.

SEQUALS 33090 Pordenone **429** D 20 – 1 904 ab. alt. 234 – ✿ 0427.

Roma 642 – ◆Milano 380 – Pordenone 37 – Udine 38.

🏨 **Belvedere,** via Odorico 54 🖉 93016 – 📺 ☎ ⑤. 巫 ① Ε 𝕍𝕀𝕊𝔸. 🍽 rist
Pas *(chiuso lunedì)* 23/28000 – 🖙 8000 – **22 cam** 45/75000 – ½ P 55/65000.

SEREGNO 20038 Milano **988** ③, **428** F 9 – 38 682 ab. alt. 224 – ✿ 0362.

Roma 594 – ◆Bergamo 51 – Como 24 – Lecco 31 – ◆Milano 26 – Novara 66.

🏨 **Umberto I°,** via Dante 63 🖉 223377, Telex 350214, Fax 221931 – 🛗 🖭 📺 ☎ ⇐
🛄 30 a 60. 巫 🕃 ① Ε 𝕍𝕀𝕊𝔸. 🍽
Pas *(chiuso domenica ed agosto)* carta 43/60000 – **68 cam** 🖙 125/175000.

SERINA 24017 Bergamo **428 429** E 11 – 2 111 ab. alt. 820 – a.s. luglio-agosto – ✿ 0345.

Roma 632 – ◆Bergamo 31 – ◆Milano 73 – San Pellegrino Terme 14.

🏠 **Rosalpina,** 🖉 66020 – ℗. 🍽
dicembre-aprile e giugno-settembre – Pas *(chiuso lunedì)* carta 24/33000 – 🖙 600
22 cam 45/65000 – ½ P 45/50000.

SERMONETA 04010 Latina **988** ㉖, **430** R 20 – 6 789 ab. alt. 257 – ✿ 0773.

Roma 77 – Frosinone 63 – Latina 17.

🏠 **Principe Serrone** 🍽 senza rist, 🖉 30342, ≤ vallata – 📺 ☎. 巫 🕃 ① Ε 𝕍𝕀𝕊𝔸. 🍽
🖙 6000 – **13 cam** 75/110000.

SERPIOLLE Firenze – Vedere Firenze.

Les prix	Pour toutes précisions sur les prix indiqués dans ce guide, reportez-vous aux pages de l'introduction.

SERRAVALLE Perugia **430** N 21 – Vedere Norcia.

SERRAVALLE PISTOIESE 51030 Pistoia **428 429 430** K 14 – 8 720 ab. alt. 182 – ✿ 0573.

Roma 320 – ◆Firenze 43 – ◆Livorno 75 – Lucca 34 – Pistoia 8 – Pisa 51.

🏨 **Lago Verde** 🍽, via Castellani 4 🖉 518262, Fax 518227, 🏊 – 🛗 🖭 📺 ☎ ℗ – 🛄 120.
🕃 ① Ε 𝕍𝕀𝕊𝔸. 🍽
Pas *(chiuso a mezzogiorno e domenica)* carta 36/46000 – 🖙 12000 – **85 cam** 950
🖭 7000.

🏨 **Charleston** senza rist, via Provinciale Lucchese 131 (E : 5 km) 🖉 919067 – 🖭 📺 ☎
巫 𝕍𝕀𝕊𝔸. 🍽
🖙 7000 – **19 cam** 80/91000.

SERVIGLIANO 63029 Ascoli Piceno **988** ⑯, **430** M 22 – 2 367 ab. alt. 216 – ✿ 0734.

Roma 224 – ◆Ancona 85 – Ascoli Piceno 64 – Macerata 43.

🏠 **San Marco,** 🖉 750761 – 🛗 📺 ☎. 🕃 𝕍𝕀𝕊𝔸. 🍽
chiuso gennaio – Pas *(chiuso giovedì)* carta 25/38000 – 🖙 4500 – **19 cam** 39/6500
P 59/66000.

SESTO (SEXTEN) 39030 Bolzano **988** ⑤, **429** B 19 – 1 825 ab. alt. 1 311 – Sport inverna
1 311/2 205 m ✦1 ✦7, ✦; a Versciaco : 1 132/2 050 m ✦1 ✦2 – ✿ 0474.

Dintorni Val di Sesto★★ Nord per la strada S 52 e Sud verso Campo Fiscalino.

🛈 🖉 70310, Telex 400196, Fax 70318.

Roma 697 – Belluno 96 – ◆Bolzano 116 – Cortina d'Ampezzo 44 – ◆Milano 439 – Trento 173.

🏨 **San Vito-St. Veit** 🍽, 🖉 70390, Fax 70072, ≤ Dolomiti e vallata, �>, 🏊 – 📺 ☎ ℗.
𝕍𝕀𝕊𝔸. 🍽 rist
20 dicembre-Pasqua e 10 giugno-10 ottobre – Pas 18/30000 – **30 cam** 🖙 78/140000
½ P 50/90000.

🏠 **Sesto-Sextnerhof,** 🖉 70314, Fax 70161, �>– 🛗 🖭 rist ☎.
30 cam.

🏠 **Monika** 🍽, 🖉 70384, Fax 70177, ≤, �>, 🚗 – 🛗 ⊱ rist ☎ ₺ ⇐ ℗. 🍽
20 dicembre-20 aprile e 2 maggio-10 ottobre – Pas 17/25000 – **27 cam** 🖙 84/14800
½ P 94000.

a Moso (Moos) SE : 2 km – alt. 1 339 – ✉ 39030 Sesto :

🏨 **Sport e Kurhotel Bad Moos** 🍽, 🖉 70365, Fax 70509, ≤ Dolomiti, 🗲, �>, 🏊, 🏊,
🏊 – 🛗 🖭 rist 📺 ☎ ₺ ⇐ ℗ – 🛄 50 a 100. 🍽 rist
15 dicembre-Pasqua e 25 maggio-20 ottobre – Pas carta 30/69000 – **72 cam** 🖙 167/3120
– ½ P 87/167000.

🏨 **Rainer,** 🖉 70366, Fax 70163, ≤ Dolomiti e valle Fiscalina, �>, 🏊, 🚗 – 🛗 🖭 rist 📺
℗. 🕃 ① Ε 𝕍𝕀𝕊𝔸
20 dicembre-18 aprile e 20 maggio-10 ottobre – Pas 25/50000 – **30 cam** 🖙 80/89000
½ P 80/140000.

🏨 **Berghotel Tyrol** ॐ, ℰ 70386, Fax 70455, ≤ Dolomiti e valle Fiscalina, *ƒ₆*, ≘ѕ, 🎿 –
📺 rist 📺 ☎ ⇌ 🅿. ✻
20 dicembre-Pasqua e 25 maggio-10 ottobre – **30 cam** solo ½ P 95/130000, 14 appartamenti.

🏨 **Tre Cime-Drei Zinnen,** ℰ 70321, Fax 70092, ≤ Dolomiti e valle Fiscalina, ≘ѕ, 🎿 riscaldata, 🎿 – ☎ ⇌ 🅿 ฿ ☰ 🗺 ✻ rist
22 dicembre-Pasqua e 20 giugno-ottobre – Pas 25/35000 – **35 cam** ⚌ 113/200000 –
½ P 75/120000.

🏨 **Alpi** ॐ, ℰ 70378, Fax 70378, ≤, ≘ѕ – |‡| 📺 rist ☎ ⇌. ✻ rist
20 dicembre-Pasqua e giugno-15 ottobre – Pas (solo per clienti alloggiati) – **18 cam**
⚌ 66/118000 – ½ P 54/79000.

a Campo Fiscalino (Fischleinboden) S : 4 km – alt. 1 451 – ✉ 39030 Sesto :

🏨 **Dolomiti-Dolomitenhof** ॐ, ℰ 70364, Fax 70131, ≤ pinete e Dolomiti, 🎿 – |‡| 📺 ☎ ஃ
🅿
18 dicembre-7 aprile e giugno-7 ottobre – Pas carta 29/50000 – **30 cam** ⚌ 95/170000 –
½ P 69/100000.

Vedere anche : *Monte Croce di Comelico (Passo)* (Kreuzbergpass) SE : 7 km.

SESTO CALENDE 21018 Varese 🗺🗺🗺 ② ③, 🗺🗺🗺 E 7 – 9 541 ab. alt. 198 – 🕽 0331.
Roma 632 – Como 50 – ◆Milano 55 – Novara 39 – Stresa 25 – Varese 23.

🏨 **Tre Re,** piazza Garibaldi 25 ℰ 924229, Fax 913023, ≤ – |‡| 📺 ☎. ฿ ☰ 🗺. ✻ rist
marzo-novembre – Pas (chiuso venerdì) carta 46/71000 – ⚌ 12000 – **34 cam** 90/101000 –
½ P 110000.

🏨 **David,** via Roma 56 ℰ 920182, Fax 931997 – |‡| 📺 ⚌ ⇌ 🅿. ฿ ☰ 🗺. ✻
chiuso dicembre – Pas (chiuso lunedì) carta 34/61000 – ⚌ 12000 – **13 cam** 80/100000 –
½ P 95000.

💥 **La Biscia,** piazza De Cristoforis 1 ℰ 924435, 🎐 – ฿ ☰ ① ☰ 🗺
chiuso lunedì e novembre – Pas carta 50/91000.

a Lisanza NO : 3 km – ✉ 21018 Sesto Calende :

💥💥💥 ✿ **Da Mosè,** ℰ 977210, Fax 977210, prenotare – 🅿. ฿ ☰ ① ☰ 🗺. ✻
chiuso lunedì, martedì, gennaio e dal 9 al 20 agosto – Pas carta 60/93000 (10%)
Spec. Gnocchetti verdi in salsa tartufata (agosto-novembre), Zuppetta di lavarello, Filetto di pesce persico ai funghi.
Vini Arneis, Cabernet.

Vedere anche : *Somma Lombardo* SE : 9 km.

SESTOLA 41029 Modena 🗺🗺🗺 ⑭, 🗺🗺🗺 🗺🗺🗺 🗺🗺🗺 J 14 – 2 756 ab. alt. 1 020 – a.s. febbraio-
5 marzo, 15 luglio-agosto e Natale – Sport invernali : 1 020/1 990 m ✦1 ✦22, ✦ – 🕽 0536.
🖪 piazza Pier Maria Passerini 18 ℰ 62324.
Roma 387 – ◆Bologna 81 – ◆Firenze 113 – Lucca 99 – ◆Milano 240 – ◆Modena 71 – Pistoia 77.

🏨 **Tirolo,** ℰ 62523, ≤, 🎿, ✻ – ☎ 🅿. ฿ 🗺. ✻
dicembre-15 aprile e 15 giugno-15 settembre – Pas 28/30000 – ⚌ 12000 – **39 cam**
48/81000 – ½ P 53/81000.

🏨 **Capriolo,** ℰ 62325, ≤ – ☎ 🅿. ฿ ☰ 🗺. ✻
dicembre-aprile e luglio-agosto – Pas 25/35000 – ⚌ 10000 – **26 cam** 50/100000 – ½ P 60/
70000.

🏨 **Nuovo Parco,** ℰ 62322, ≤, « Giardino » – ☎ 🅿.
41 cam.

💥💥 **San Rocco** con cam, ℰ 62382, Coperti limitati; prenotare – 📺 ☎. ฿ ☰ ① ☰ 🗺. ✻
dicembre-aprile e luglio-settembre – Pas (chiuso lunedì) carta 55/83000 – ⚌ 16000 –
11 cam 70/100000 – ½ P 70/80000.

💥 **Il Faggio,** ℰ 61566 – ฿ ☰ ① ☰ 🗺. ✻
chiuso lunedì e giugno – Pas carta 40/66000.

SESTRIERE 10058 Torino 🗺🗺🗺 ⑪, 🗺🗺🗺 H 2 – 834 ab. alt. 2 033 – a.s. febbraio-17 marzo, Pasqua
e Natale – Sport invernali : 2 033/2 823 m ✦1 ✦21, ✦ – 🕽 0122.
🖪 (15 giugno-15 settembre) ℰ 755170, Fax 76317.
🖪 piazza Agnelli 11 ℰ 755444, Fax 755171.
Roma 750 – Briançon 32 – Cuneo 118 – ◆Milano 240 – ◆Torino 93.

🏨🏨 **Gd H. Principi di Piemonte** ॐ, via Sauze ℰ 7941, Fax 70270, ≤, ≘ѕ – |‡| 📺 ☎ ⇌ 🅿
– ஃ 70. ฿ ☰ ① ☰ 🗺 ✻ rist
dicembre-aprile – Pas carta 55/86000 – **94 cam** ⚌ 180/360000 – ½ P 180/230000.

🏨🏨 **Gd H. Sestriere,** via Assietta 1 ℰ 76476, Fax 76700, ≤ – |‡| 📺 ☎ ⇌ 🅿 – ஃ 60. ฿ ฿
① ☰ 🗺. ✻ rist
21 dicembre-23 aprile e 7 giugno-agosto – Pas carta 35/45000 – **93 cam** ⚌ 320000 –
½ P 120/220000.

🏨 **Du Col,** via Pinerolo 12 ℰ 755200, Fax 755473 – |‡| 📺 ☎ ⇌. ฿ ☰ ① ☰ 🗺. ✻ rist
Natale-Pasqua – Pas carta 47/67000 – **71 cam** ⚌ 160/320000 – ½ P 165/220000.

🏨 **Miramonti,** via Cesana 3 𝒫 755333, Fax 755333, ≤ – 📶 📺 ☎ 👍 🚗. 🖪 ⓪ E 𝘝𝘐𝘚𝘈. ⬙ ris
25 novembre-1° maggio e giugno-settembre – Pas 30/45000 – 🖙 12000 – **30 cam** 150000 -
½ P 80/125000.

🏨 **Belvedere,** 𝒫 77091, Fax 76299, 😤 – 📶 📺 ☎ 🚗. ❼. 🖽 🖪 ⓪ E 𝘝𝘐𝘚𝘈
chiuso dal 10 al 25 settembre – Pas *(giugno-agosto)* 30/40000 – 🖙 10000 – **33 cam** 200000
6 appartamenti – ½ P 105/125000.

🏠 Banchetta, località Borgata N : 2 km 𝒫 77139, Fax 70172, ≤, 😤, 🚘 – 📺 ☎ ❼
stagionale – **25 cam.**

🏠 **Olimpic,** via Monterotto 9 𝒫 77344, Fax 76133 – 📺 ☎. 🖪 E 𝘝𝘐𝘚𝘈. ⬙ rist
dicembre-aprile e luglio-25 agosto – Pas 20/30000 – 🖙 10000 – **28 cam** 80/120000 -
½ P 70/100000.

🗶 **Last Tango,** via La Glesia 5/a 𝒫 76337, Coperti limitati; prenotare – 🖪 ⓪ 𝘝𝘐𝘚𝘈. ⬙
chiuso dal 4 al 30 novembre e martedì in bassa stagione – Pas carta 38/61000 (10 %).

SESTRI LEVANTE 16039 Genova 🔢 ⑬, 🔢 ㉝ J 10 – 20 754 ab. – ⚙ 0185.

🛈 viale 20 Settembre 33 𝒫 41422.

Roma 457 – ◆Genova 50 – ◆Milano 183 – Portofino 34 – ◆La Spezia 59.

🏨 **Gd H. Villa Balbi,** viale Rimembranze 1 𝒫 42941, Fax 482459, 😤, « Parco-giardino cor
🏊 riscaldata », 🚗 – 📶 📺 ☎ ❼ – 🏛 30 a 80. 🖽 🖪 ⓪ E 𝘝𝘐𝘚𝘈. ⬙
8 aprile-25 ottobre – Pas *(chiuso dal 4 al 25 ottobre)* 58/68000 – **98 cam** 🖙 150/240000 -
½ P 145/195000.

🏨 **Miramare** 🦐, via Cappellini 9 𝒫 480855, Fax 41055, ≤ baia del Silenzio, 🚗 – 📶 📺 ☎
🚗 – 🏛 40 a 80. 🖽 🖪 ⓪ E 𝘝𝘐𝘚𝘈. ⬙
Pas carta 45/70000 – **32 cam** 🖙 155/240000 – ½ P 155/170000.

🏨 **Vis à Vis** 🦐, via della Chiusa 28 𝒫 42661, Fax 480853, ≤ mare e città, 🏊 riscaldata, 🚘 -
📶 📺 ☎ ❼ – 🏛 200. 🖽 🖪 ⓪ E 𝘝𝘐𝘚𝘈. ⬙ rist
chiuso dal 20 novembre al 20 dicembre – Pas 45/65000 – **47 cam** 🖙 138/206000, 🗐 10000
– ½ P 130/160000.

🏨 **Helvetia** 🦐 senza rist, via Cappuccini 43 𝒫 41175, Fax 47216, ≤ baia del Silenzio
« Terrazze-giardino fiorite », 🚗 – 📶 📺 ☎ 🚗. 🖪 E 𝘝𝘐𝘚𝘈
marzo-ottobre – **28 cam** 🖙 140000.

🏨 **Due Mari,** vico del Coro 18 𝒫 42695, Fax 42698, ≤, 🚘 – 📶 📺 ☎ – 🏛 50. ⬙ rist
chiuso da novembre al 21 dicembre – Pas 40/50000 – 🖙 12500 – **26 cam** 100/120000 -
½ P 70/100000.

🏠 **Sereno** 🦐, via Val di Canepa 96 𝒫 43303, Fax 43303 – 📺 ☎. 🖽 🖪 ⓪ E 𝘝𝘐𝘚𝘈
Pas 35000 – 🖙 7500 – **10 cam** 80000 – ½ P 72000.

🗶🗶 **Angiolina,** viale Rimembranze 49 𝒫 41198 – 🖽 🖪 ⓪ E 𝘝𝘐𝘚𝘈
chiuso martedì – Pas carta 53/80000.

🗶🗶 **El Pescador,** al porto 𝒫 42888, Fax 41491, ≤ – 🖽 🖪 E 𝘝𝘐𝘚𝘈
chiuso martedì e dal 15 dicembre al 15 febbraio – Pas carta 53/75000.

🗶🗶 **Santi's,** viale Rimembranza 46 𝒫 485019 – 🖽 🖪 ⓪ E 𝘝𝘐𝘚𝘈
chiuso lunedì e novembre – Pas carta 43/77000.

🗶🗶 **San Marco,** al porto 𝒫 41459, ≤, 😤 – 🖽 🖪 ⓪ E 𝘝𝘐𝘚𝘈
*chiuso mercoledì (in agosto solo a mezzogiorno), dal 1° al 15 febbraio e dal 15 a
30 novembre* – Pas carta 43/71000.

🗶🗶 **Sant'Anna,** lungomare De Scalzo 60 𝒫 41004, Fax 41004, ≤ – 🖽 🖪 ⓪ E 𝘝𝘐𝘚𝘈
chiuso giovedì e dal 6 al 20 gennaio – Pas carta 46/74000 (10 %).

🗶 **Mira** con cam, viale Rimembranze 15 𝒫 41576, Fax 41576 – 📺 ☎. ⬙
chiuso novembre – Pas *(chiuso mercoledì da ottobre a marzo)* carta 40/65000 – 🖙 15000 -
13 cam 90/115000 – ½ P 90/100000.

a Riva Trigoso SE : 2 km – ✉ **16037** :

🗶🗶 ⚙ **Fiammenghilla Fieschi,** via Pestella 6 𝒫 481041, Coperti limitati; prenotare, 🚘 – ❼ -
🏛 25. 🖽 🖪 ⓪ E 𝘝𝘐𝘚𝘈. ⬙
*chiuso a mezzogiorno (escluso i giorni festivi), lunedì, dal 23 gennaio al 6 febbraio e da
23 ottobre al 6 novembre* – Pas carta 52/92000
Spec. Salmone marinato al finocchietto selvatico, Tagliolini agli scampi, Branzino alla ligure. **Vini** Colli di Luni bianco.

🗶🗶 **Asseü,** via G. B. da Ponzerone 2-strada per Moneglia 𝒫 42342, ≤, « Servizio estivo in
terrazza sul mare » – ❼. 🖽 🖪 ⓪ E 𝘝𝘐𝘚𝘈
chiuso mercoledì e novembre – Pas carta 46/75000.

SESTRI PONENTE Genova – Vedere Genova.

SETTEQUERCE (SIEBENEICH) Bolzano 🔢 ⑳ – alt. 264 – ✉ **39018** Terlano – ⚙ 0471.

Roma 643 – ◆Bolzano 6 – Merano 22 – ◆Milano 300 – Trento 59.

🏠 **Greifenstein** senza rist, 𝒫 918451, ≤, 🏊, 🚘 – 🚗 ❼. 🖪 E 𝘝𝘐𝘚𝘈. ⬙
10 marzo-10 novembre – **12 cam** 🖙 88000.

🗶 **Patauner,** 𝒫 918502, 😤 – ❼. 🖪 E 𝘝𝘐𝘚𝘈
chiuso giovedì, dal 1° al 20 febbraio e dal 1° al 14 luglio – Pas carta 25/41000.

ETTIMO MILANESE 20019 Milano 428 F 9, 219 ⑱ – 14 342 ab. alt. 134 – ✦ 02.

ma 586 – ✦Milano 12 – Novara 43 – Pavia 45 – Varese 51.

XX **Il Palio,** via Gramsci 75 ✆ 3285735, Fax 3285735 – 🍴 **P**. ⚘
chiuso lunedì e dal 5 al 28 agosto – Pas carta 34/54000.

X **Olonella,** via Gramsci 3 ✆ 3281267, 🌂 – **P**. 🝙 🕄 ⓞ ⴺ 𝑉𝐼𝑆𝐴
chiuso sabato – Pas carta 40/65000.

ETTIMO TORINESE 10036 Torino 988 ⑫, 428 G 5 – 45 734 ab. alt. 207 – ✦ 011.

ma 698 – Aosta 109 – ✦Milano 132 – Novara 86 – ✦Torino 11 – Vercelli 62.

Pianta d'insieme di Torino (Torino p. 3)

XX **Trattoria Tipica Boschetti,** via Leini 17 ✆ 8013373, prenotare la sera – 🍴. 🕄 ⴺ 𝑉𝐼𝑆𝐴.
⚘ per via Torino HT
chiuso sabato sera, domenica ed agosto – Pas carta 33/68000.

sull'autostrada al bivio A4 - A5 O : 5 km :

🏨 **MotelAgip,** ✉ 10036 ✆ 8977966, Telex 214546, Fax 8977966 – 🛗 ⥲ cam 🍴 📺 ☎ **P** –
🛗 30 a 60. 🝙 🕄 ⓞ ⴺ 𝑉𝐼𝑆𝐴. ⚘ rist HT **n**
Pas 35/40000 – **100 cam** ⴢ 135/185000 – ½ P 175/185000.

ETTIMO VITTONE 10010 Torino 428 F 9, 219 ⑭ – 1 696 ab. alt. 282 – ✦ 0125.

ma 693 – Aosta 56 – Ivrea 10 – ✦Milano 125 – Novara 79 – ✦Torino 59.

XX **Prà Giulì,** località Campiglie NE : 5 km ✆ 758222, prenotare – **P**. 🝙 🕄 ⓞ ⴺ 𝑉𝐼𝑆𝐴.
⚘
chiuso mercoledì e gennaio – Pas carta 34/58000.

XX **Gambino** con cam, strada statale S : 1 km ✆ 758429, ≤, 🌂, 🌳 – 📺 ☎ **P**. 🝙 🕄
ⴺ 𝑉𝐼𝑆𝐴
Pas *(chiuso lunedì)* carta 27/43000 – ⴢ 7000 – **8 cam** 55/70000 – ½ P 55000.

X **La Baracca,** località Cornaley E : 4 km ✆ 758109, ≤, 🌂, 🌳 – **P**. 🝙 🕄 ⓞ ⴺ 𝑉𝐼𝑆𝐴.
⚘
chiuso lunedì e dal 15 gennaio al 15 febbraio – Pas carta 30/56000.

X **Locanda dell'Angelo,** via Marconi 6 ✆ 758453, 🌂 – 🕄 ⴺ 𝑉𝐼𝑆𝐴
chiuso mercoledì e luglio o agosto – Pas carta 33/60000.

EVESO 20030 Milano 988 ③, 428 7F 9 – 17 557 ab. alt. 207 – ✦ 0362.

ma 595 – Como 23 – ✦Milano 23 – Monza 15 – Varese 41.

X **Osteria delle Bocce,** piazza Verdi 7 ✆ 502282, 🌂 – 🝙 🕄 ⴺ 𝑉𝐼𝑆𝐴
chiuso lunedì, sabato a mezzogiorno e dal 1° al 20 agosto – Pas carta 40/60000.

EXTEN = Sesto.

SIBARI 87070 Cosenza 988 ㊴, 431 H 31 – alt. 9 – ✦ 0981.

oma 488 – Cosenza 73 – Potenza 186 – Taranto 126.

ai Laghi di Sibari SE : 7 km :

🏨 **Oleandro** ⦱, ✆ 79141, 🌂 – 📺 ☎ **P**. 🝙 🕄 ⓞ ⴺ 𝑉𝐼𝑆𝐴. ⚘
Pas carta 29/42000 – **23 cam** ⴢ 90000 – ½ P 65/70000.

When in Europe never be without

Michelin **Main Road** Maps (1:400 000 to 1:1 000 000) ;

Michelin Sectional Maps ;

Michelin Red Guides :
  Benelux, Deutschland, España Portugal, main cities **Europe, France,
  Great Britain and Ireland**
  (hotels and restaurants listed with symbols ; preliminary pages in English) ;

Michelin Green Guides :
  **Austria, England : The West Country, France, Germany, Great Britain, Greece,
  Italy, London, Netherlands, Portugal, Rome, Scotland, Spain, Switzerland.
  Brittany, Burgundy, Châteaux of the Loire, Dordogne, French Riviera,
  Ile-de-France, Normandy Cotentin, Normandy Seine Valley, Paris,
  Provence**
  (Sights and touring programmes described fully in English ; town plans).

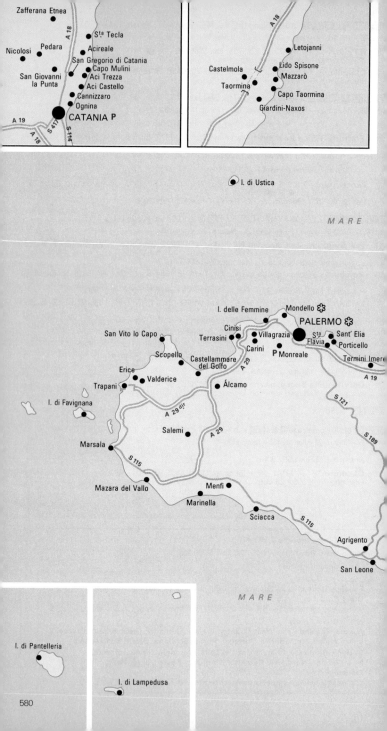

Zafferana Etnea

Nicolosi · **Pedara**
Sta Tecla
Acireale
San Gregorio di Catania
Capo Mulini
Aci Trezzi
San Giovanni la Punta
Aci Castello
Cannizzaro
Ognina
CATANIA P

A 18 **S 417** **S 114**
A 19
A 18

A 18

Castelmola
Letojanni
Lido Spisone
Mazzarò
Taormina
Capo Taormina
Giardini-Naxos

I. di Ustica

M A R E

I. delle Femmine **Mondello** ✿
Cinisi **PALERMO** ✿
San Vito lo Capo **Terrasini** **Villagrazia** **Sta** **Sant' Elia**
Carini **Flavia** **Porticello**
Scopello **P Monreale**
Erice **Castellammare** **Termini Imere**
Valderice **del Golfo**
Trapani **Álcamo**
A 29 **A 19**
I. di Favignana
S 121
A 29 dir
Salemi **A 29** **S 189**
Marsala
S 115
Mazara del Vallo **Menfi**
Marinella
Sciacca **S 115**
Agrigento
San Leone

M A R E

I. di Pantelleria

I. di Lampedusa

580

SICILIA

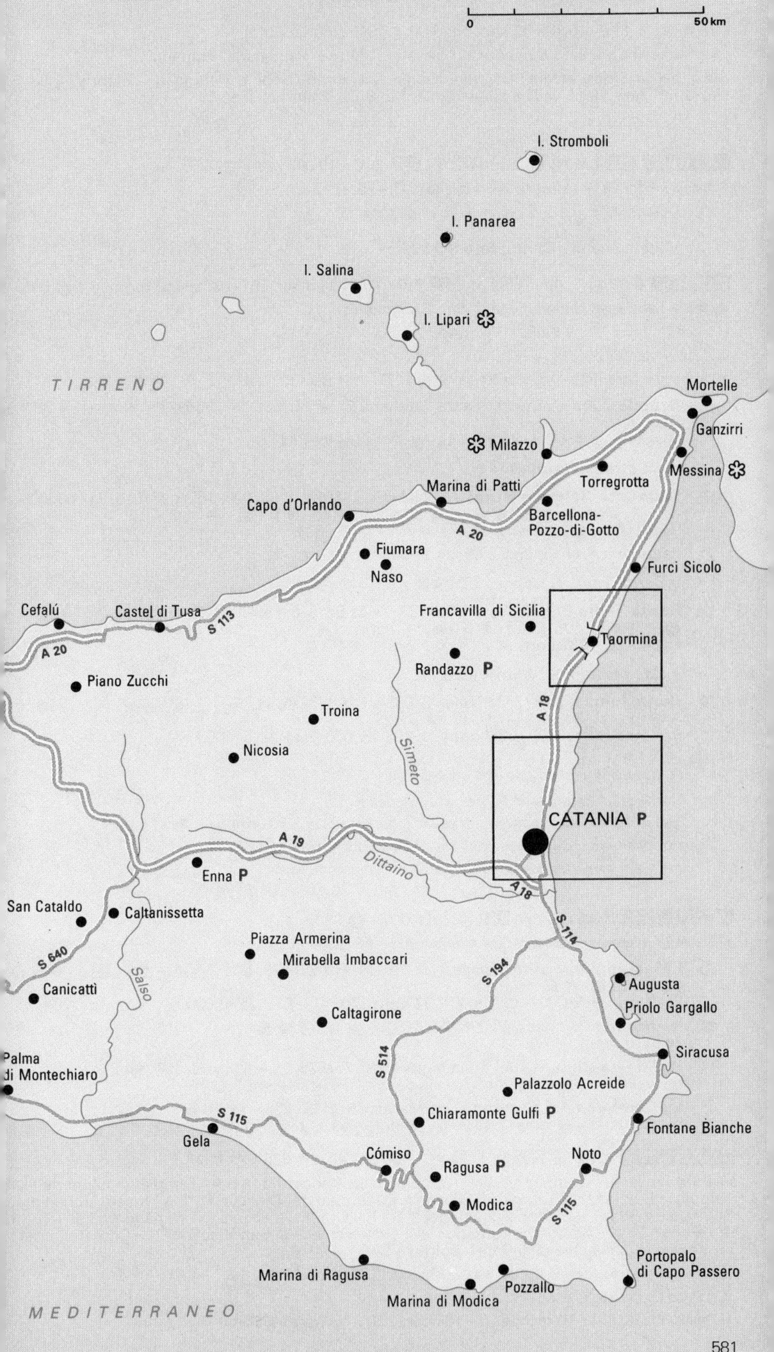
0
50 km
I. Stromboli
I. Panarea
I. Salina
I. Lipari
TIRRENO
Mortelle
Ganzirri
Milazzo
Messina
Torregrotta
Marina di Patti
Capo d'Orlando
Barcellona-
Pozzo-di-Gotto
A 20
Fiumara
Naso
Furci Sicolo
Cefalú
Castel di Tusa
S 113
Francavilla di Sicilia
Taormina
A 20
Randazzo P
Piano Zucchi
A 18
Troina
Nicosia
Simeto
CATANIA P
A 19
Dittaino
Enna P
A 18
San Cataldo
Caltanissetta
S 114
Piazza Armerina
S 640
Mirabella Imbaccari
S 194
Augusta
Salso
Canicattì
Caltagirone
Priolo Gargallo
Siracusa
Palma
di Montechiaro
S 514
Palazzolo Acreide
S 115
Chiaramonte Gulfi P
Gela
Fontane Bianche
Cómiso
Noto
Ragusa P
Modica
S 115
Portopalo
di Capo Passero
Marina di Ragusa
Pozzallo
Marina di Modica
MEDITERRANEO

SICILIA

🗺️ ㉟ ㊱ ㊲, 🏷 – 5 196 822 ab. alt. da 0 a 3 340 (monte Etna).

✈ **vedere** : Catania, Lampedusa, Marsala, Palermo, Pantelleria, Trapani.

⛴ **per la Sicilia vedere** : Cagliari, Genova, Livorno, Napoli, Reggio di Calabria, Villa Sa Giovanni; **dalla Sicilia vedere** : Isole Eolie, Messina, Palermo, Trapani.

ACI CASTELLO 95021 Catania 🗺️ ㊲, 🏷 O 27 – 19 005 ab. – 📞 095.

◆Catania 9 – Enna 92 – ◆Messina 95 – ◆Palermo 217 – ◆Siracusa 68.

XX   Villa delle Rose, strada statale ℘ 271024, ≼ – ℗.

Vedere anche : *Cannizzaro* SO : 2 km.

ACIREALE 95024 Catania 🗺️ ㊲, 🏷 O 27 – 47 720 ab. alt. 161 – Stazione termale – 📞 095.
Vedere Facciata★ della chiesa di San Sebastiano.

🄱 corso Umberto 179 ℘ 604521, Fax 604306.

A.C.I. via Mancini 60 ℘ 7647777.

◆Catania 17 – Enna 100 – ◆Messina 86 – ◆Palermo 225 – ◆Siracusa 76.

🏨   **Grande Alb. Maugeri,** piazza Garibaldi 27 ℘ 608666, Fax 606997 – 🛗 ☎ – 🕍 30 a 5
     VISA. ⚘
     Pas carta 28/46000 – **40 cam** ⊡ 80/130000 – ½ P 90000.

     sulla strada statale 114 :

🏨   **Orizzonte Acireale Hotel,** N : 2,5 km ⊠ 95024 ℘ 886006, Telex 971515, Fax 886006, ◂
     🏠, ⊇, 🎿 – 🛗 ☰ 📺 ☎ ℗ – 🕍 30 a 200. 🄰🄴 🕍 ⓘ 🄴 VISA. ⚘
     Pas 45000 – **126 cam** ⊡ 190000 – ½ P 71/130000.

XX   Panoramico, N : 3 km ⊠ 95024 ℘ 885291, ≼, 🏠 – ℗.

     a Santa Tecla N : 3 km – ⊠ **95020** :

🏨   **Santa Tecla Palace** ﹩, ℘ 604933, Telex 971548, Fax 607705, ≼, ⊇, 🐾, XX – 🛗 ☰ 🕍
     ℗ – 🕍 30 a 400. 🄰🄴 🕍 ⓘ 🄴 VISA. ⚘ rist
     Pas 40000 – **232 cam** ⊡ 245000 – ½ P 90/185000.

     a Capo Mulini S : 4 km – ⊠ **95024** Acireale :

🏨   **Perla Jonica,** ℘ 877333, Telex 970394, Fax 877278, 🏊, ☎, ⊇, 🄻, 🐾, XX – 🛗 ☰ ☎ ㈜
     ⟺ ℗ – 🕍 300 a 1500. 🄰🄴 🕍 ⓘ VISA. ⚘
     Pas carta 80/120000 – **307 cam** ⊡ 125/250000 – ½ P 100/140000.

     Ferienreisen wollen gut vorbereitet sein.

     Die Straßenkarten und Führer von Michelin

     geben Ihnen Anregungen und praktische Hinweise zur Gestaltung Ihrer Reise :

     Streckenvorschläge, Auswahl und Besichtigungsbedingungen

     der Sehenswürdigkeiten, Unterkunft, Preise... u. a. m.

ACI TREZZA 95026 Catania 🗺️ ㊲, 🏷 O 27 – 📞 095.

◆Catania 11 – Enna 94 – ◆Messina 92 – ◆Palermo 219 – ◆Siracusa 70.

🏨   **I Malavoglia,** via Provinciale 3 ℘ 276711, Fax 276873, 🏠, ⊇, XX – 🛗 ☰ 📺 ㈜ ⟺ ℗
     🕍 50. 🄰🄴 🕍 ⓘ 🄴. ⚘ rist
     Pas carta 39/61000 – ⊡ 15000 – **83 cam** 170000 – ½ P 125/150000.

🏨   Lachea, via Dusmet 4 ℘ 276784, ≼, ⊇ – 🛗 ☰ 📺 ☎ ℗.
     24 cam.

XX   **Holiday's Club,** via dei Malavoglia 10 ℘ 277575, ⊇ – ☰ ℗. 🄰🄴 VISA. ⚘
     chiuso a mezzogiorno, lunedì e novembre – Pas carta 34/52000.

X   **La Cambusa del Capitano,** via Marina 65 ℘ 276298 – ☰. 🕍 🄴
     chiuso mercoledì e dal 1° al 20 dicembre – Pas carta 52/71000.

AGRIGENTO 92100 🄿 🗺️ ㉚, 🏷 P 22 – 56 661 ab. alt. 326 – 📞 0922.

Vedere Valle dei Templi★★★ BY : Tempio della Concordia★★ **A**, Tempio di Giunone★★ **B**
Tempio d'Ercole★★ **C**, Tempio di Giove★★ **D**, Tempio dei Dioscuri★★ **E** – Museo Archeologic
Regionale★ BY **M1** – Oratorio di Falaride★ BY **F** – Quartiere ellenistico-romano★ BY **G** – Tomb
di Terone★ BY **K** – Sarcofago romano★ e ≼★ dalla chiesa di San Nicola BY **N** – Città moderna★
bassorilievi★ nella chiesa di Santo Spirito BZ.

🄱 viale della Vittoria 255 ℘ 401352, Fax 25185 – via Empedocle 73 ℘ 20391, Fax 20246.

A.C.I. via Cimarra S.N. ℘ 604284.

◆Caltanissetta 58 ③ – ◆Palermo 128 ② – ◆Siracusa 212 ③ – ◆Trapani 175 ⑤.

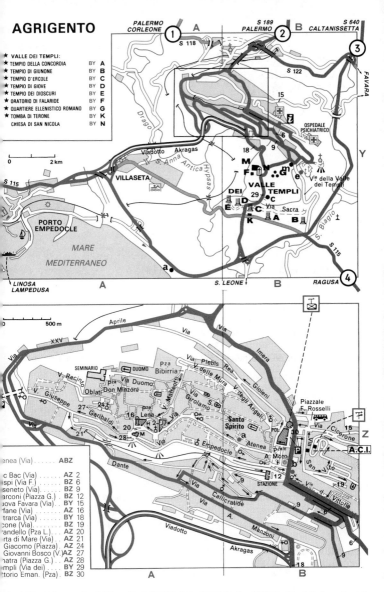

AGRIGENTO

★ VALLE DEI TEMPLI:
★ TEMPIO DELLA CONCORDIA BY **A**
★ TEMPIO DI GIUNONE BY **B**
★ TEMPIO D'ERCOLE BY **C**
★ TEMPIO DI GIOVE BY **D**
★ TEMPIO DEI DIOSCURI BY **E**
★ ORATORIO DI FALARIDE BY **F**
★ QUARTIERE ELLENISTICO ROMANO BY **G K**
★ TOMBA DI TERONE BY **H**
CHIESA DI SAN NICOLA BY **N**

enea (Via) . . . . . . **ABZ**
c Bac (Via) . . . . . . **AZ** 2
spi (Via F.) . . . . . . **BZ** 6
seneto (Via) . . . . . . **BZ** 9
arconi (Piazza G.) . **BZ** 12
ova Favara (Via) . . **BY** 15
fane (Via) . . . . . . **AZ** 16
trarca (Via) . . . . . . **BY** 18
cone (Via) . . . . . . **AZ** 19
andello (Pza L.) . . **AZ** 20
rta di Mare (Via) . . **AZ** 21
Giacomo (Piazza) . **AZ** 24
Giovanni Bosco (V.)**AZ** 27
natra (Piazza G.) . . **AZ** 28
mpli (Via dei) . . . . **BY** 29
ttorio Eman. (Pza) **BZ** 30

🏨 **Villa Athena,** via dei Templi ℰ 596288, Telex 910617, Fax 402180, 🌳, « Nella valle dei templi », ⌱, ☞ – 🛗 ⇄ rist ▤ 📺 ☎ 🅿. 🖭 🚺 E 𝘝𝘐𝘚𝘈. ⚶ BY **c**
Pas carta 33/60000 – 🍽 20000 – **40 cam** 130/200000 – ½ P 145000.

🏨 **Della Valle,** via dei Templi ℰ 26966, Fax 26412, ⌱, ☞ – 🛗 ▤ 📺 ☎ 🅿. 🖭 🚺 ① E 𝘝𝘐𝘚𝘈
⚶ rist – Pas 30/46000 – **93 cam** 🍽 130/210000, 🍽 20000 – ½ P 140/170000. BY **m**

🍴🍴 **Kalo's,** piazza San Calogero ℰ 26389, prenotare – ▤. BZ **b**

🍴🍴 **Le Caprice,** strada Panoramica dei Templi 51 ℰ 26469, ≤, 🌳 – ▤ 🅿. 🖭 🚺 ① E 𝘝𝘐𝘚𝘈 BY **e**
chiuso venerdì e dal 1° al 15 luglio – Pas carta 32/60000 (15 %).

🍴 **Black Horse,** via Celauro 8 ℰ 23223, prenotare – 🖭 🚺 E 𝘝𝘐𝘚𝘈 BZ **a**
chiuso domenica e dal 24 dicembre al 6 gennaio – Pas carta 25/39000.

sulla strada statale 115 :

🏨 **Kaos,** ⊠ 92100 🖉 598622, Telex 911280, Fax 598770, « Terrazza con ⌇ », 🛪 – ▯ ≡ ▯
AY
☎ ❷ – 🖧 1000. 🖭 🗓 ◍ ⋿ *VISA*. 🛪
Pas carta 40/56000 – **105 cam** ⊒ 180000 – ½ P 110000.

🏨 **Jolly dei Templi,** per ④ : 8 km ⊠ 92100 🖉 606144, Telex 910086, Fax 606685, ⌇ – ▯
🖭 ☎ ⅙ ❷ – 🖧 40 a 170. 🖭 🗓 ◍ ⋿ *VISA*. 🛪 rist
Pas 49/51000 – **146 cam** ⊒ 190/210000 – ½ P 145/185000.

🏨 **Tre Torri,** per ④ : 8 km ⊠ 92100 🖉 606733, Telex 910546, Fax 607839, ⌇ – ▯ ≡ ☎ ❷
🖧 300. 🖭 🗓 ⋿ *VISA*. 🛪 rist
Pas 30/40000 – **118 cam** ⊒ 110/140000 – ½ P 85/100000.

XX **Cioffi,** per ④ : 8 Km ⊠ 92100 🖉 606333, ☆ – ❷ 🖭 🗓 ⋿ *VISA*
chiuso dal 1° al 14 novembre e lunedì (escluso da maggio a settembre) – Pas carta 2
54000 (15%).

a San Leone S : 7 km BY – ⊠ 92100 Agrigento :

🏠 **Pirandello Mare,** 🖉 412333, Fax 413693 – ▯ ≡ 🖭 ☎ ❷. 🗓 ⋿ *VISA*. 🛪 rist
Pas carta 38/52000 – ⊒ 14000 – **45 cam** 66/110000 – ½ P 92/108000.

X **Leon d'Oro,** 🖉 414400 – ≡. ◍ ⋿ *VISA*. 🛪
chiuso lunedì e dal 20 ottobre al 15 novembre – Pas carta 23/44000 (20%).

ALCAMO 91011 Trapani ⁹⁸⁸ ㊱, ⁴³² N 20 – 43 466 ab. alt. 256 – 🕲 0924.
♦Agrigento 145 – ♦Catania 254 – ♦Messina 280 – ♦Palermo 46 – ♦Trapani 52.

X **La Funtanazza,** al Monte Bonifato S : 6 km 🖉 25314, ≼, ☞ – ❷
chiuso martedì dal 10 settembre al 10 ottobre – Pas carta 18/35000.

ad Alcamo Marina NO : 6 km – ⊠ 91011 Alcamo :

🏠 Battigia, via Lungomare 503 🖉 597259 – ≡ ☎ ❷.
14 cam.

AUGUSTA 96011 Siracusa ⁹⁸⁸ ㊲, ⁴³² P 27 – 39 977 ab. – 🕲 0931.
♦Catania 42 – ♦Messina 139 – ♦Palermo 250 – Ragusa 103 – ♦Siracusa 32.

XX **Donna Ina,** località Faro Santa Croce E : 6,5 km 🖉 983422 – 🛪
chiuso lunedì e dal 7 al 14 gennaio – Pas carta 35/50000 (15%).

BARCELLONA POZZO DI GOTTO 98051 Messina ⁹⁸⁸ ㊲ ㊳, ⁴³² M 27 – 40 354 ab. alt. 60
🕲 090.
♦Catania 130 – Enna 181 – ♦Messina 39 – Milazzo 12 – ♦Palermo 195 – Taormina 85.

🏨 **Conca d'Oro,** località Spinesante N : 3 km 🖉 9710128, Fax 9710618, ☆ – 🖭 ☎ ❷. ▯
🗓 ⋿ *VISA*. 🛪
chiuso novembre – Pas (chiuso lunedì) carta 29/47000 – ⊒ 8000 – **13 cam** 80000
½ P 60/70000.

🏠 S. Andrea, via Sant'Andrea 12 🖉 9796684, « Servizio rist. estivo in giardino » – ▯ 🖭 ▯
❷.
22 cam.

CALTAGIRONE 95041 Catania ⁹⁸⁸ ㊱ ㊲, ⁴³² P 25 – 38 676 ab. alt. 608 – 🕲 0933.
🅱 Palazzo Libertini 🖉 53809, Fax 54610.
♦Agrigento 153 – ♦Catania 64 – Enna 75 – Ragusa 71 – ♦Siracusa 100.

🏨 **Gd H. Villa San Mauro,** via Portosalvo 18 🖉 26500, Telex 971420, Fax 31661, ⌇ – ▯ ▯
🖭 ☎ ❷ – 🖧 300. 🖭 🗓 ◍ ⋿ *VISA*. 🛪 rist
Pas 45000 – ⊒ 20000 – **92 cam** 130/150000 – P 170000.

XX **San Giorgio,** viale Regina Elena 15 🖉 55228 – 🖭 🗓 *VISA*. 🛪
chiuso martedì ed agosto – Pas carta 22/44000 (15%).

CALTANISSETTA 93100 ℙ ⁹⁸⁸ ㊱, ⁴³² O 24 – 62 853 ab. alt. 588 – 🕲 0934.
🅱 viale Conte Testasecca 20 🖉 21089, Fax 21239.
🅰.🅲.🅸 contrada Sant'Elia 🖉 35911.
♦Catania 109 – ♦Palermo 127.

🏨 **San Michele,** via Fasci Siciliani 🖉 553750, Fax 598791, ≼, ⌇ – ▯ ≡ 🖭 ☎ ⅙ ❷. 🖭 ▯
◍ ⋿ *VISA*. 🛪 rist
Pas carta 38/54000 – **136 cam** ⊒ 165000 – ½ P 110000.

🏠 Diprima, via Kennedy 16 🖉 26088, Fax 21688 – ▯ ≡ rist 🖭 ☎ – 🖧 30 a 200
115 cam.

XX **Cortese,** viale Sicilia 166 🖉 591686 – ≡. 🗓 ⋿ *VISA*
chiuso lunedì – Pas carta 30/42000 (12%).

X Delfino Bianco, via Scovazzo 19 🖉 25435 – ≡.

Vedere anche : *San Cataldo* SO : 8 km.

CANICATTÌ 92024 Agrigento 988 ㊱, 432 O 23 – 34 763 ab. alt. 470 – ✆ 0922.
◆Agrigento 39 – ◆Caltanissetta 28 – ◆Catania 137 – Ragusa 133.

🏠 **Collina e Rist. Al Faro,** via Puccini ℘ 853062, 🍽 – 🔟 ☎ **Ⓟ**. 🆑 **E** 𝚟𝚒𝚜𝚊. ⅏
Pas *(chiuso lunedì e dal 10 al 22 agosto)* carta 30/41000 – ☲ 6000 – **27 cam** 48/70000,
▤ 7000 – ½ P 68/70000.

CANNIZZARO 95020 Catania 432 O 27 – ✆ 095.
◆Catania 7 – Enna 90 – ◆Messina 97 – ◆Palermo 215 – ◆Siracusa 66.

🏨 **Sheraton Catania Hotel,** ℘ 271557, Telex 971438, Fax 271380, ≤, 🍽, 𝕴𝕰, ≘s, ⊿, 🏊,
℁ – 🛗 ▤ 🔟 ☎ ⇔ – 🔏 900. 🆑 **E** 𝚟𝚒𝚜𝚊. ⅏
Pas carta 56/77000 – **166 cam** ☲ 305000, 2 appartamenti – ½ P 197000.

🏨 **Gd H. Baia Verde,** ℘ 491522, Telex 970285, Fax 494464, ≤, 🍽, « Sulla scogliera », ⊿,
🏊, 🌷, ℁ – 🛗 ▤ 🔟 ☎ ⇔ **Ⓟ** – 🔏 30 a 400. 🆑 ⓘ 𝚟𝚒𝚜𝚊. ⅏
Pas 65000 – **124 cam** ☲ 280000 – ½ P 195/245000.

XX **Selene,** via Mollica 24/26 ℘ 494444, Fax 492209, ≤, « Servizio estivo in terrazza sul mare » – **Ⓟ**. 🆑 ⓘ **E** 𝚟𝚒𝚜𝚊. ⅏
chiuso martedì e dal 4 al 27 agosto – Pas carta 41/66000 (15%).

CAPO D'ORLANDO 98071 Messina 988 ㊱ ㊲ ㊳, 432 M 26 – 12 090 ab. – ✆ 0941.
🛈 via Piave 77 ℘ 912517, Fax 912517.
◆Catania 135 – Enna 143 – ◆Messina 88 – ◆Palermo 149 – Taormina 132.

🏠 **La Meridiana,** località Piana SO : 2 km ℘ 957713, 🍽, 𝕴𝕰, ≘s, ⊿, 🌷 – 🛗 ▤ 🔟 ☎ ⅙ **Ⓟ**
– 🔏 200. 🆑 ⓘ **E** 𝚟𝚒𝚜𝚊. ⅏
Pas *(chiuso domenica da novembre a marzo)* carta 35/51000 – ☲ 10000 – **45 cam** 180000,
▤ 10000 – ½ P 71/125000.

🏠 **Il Mulino,** via Andrea Doria 46 ℘ 902431, Fax 911614, ≤, 🍽 – 🛗 ▤ 🔟 ☎. 🆑 🆑 ⓘ **E**
𝚟𝚒𝚜𝚊. ⅏
Pas carta 35/51000 – ☲ 10000 – **34 cam** 100/180000, ▤ 10000 – ½ P 75/125000.

a Fiumara SE : 10 km – ✉ **98074** Naso :

XX **Bontempo,** ℘ 961065, Fax 961189, 🍽, prenotare – ▤ **Ⓟ**. 🆑 🆑 ⓘ **E** 𝚟𝚒𝚜𝚊. ⅏
chiuso lunedì – Pas 40/75000.

In this guide

a symbol or a character,
printed in red or **black**, in light or **bold** type,
does not have the same meaning.
Pay particular attention to the explanatory pages.

CAPO MULINI Catania – Vedere Acireale.

CAPO TAORMINA Messina – Vedere Taormina.

CARINI 90044 Palermo 988 �35, 432 M 21 – 20 589 ab. alt. 181 – ✆ 091.
◆Catania 234 – ◆Messina 260 – ◆Palermo 26 – Punta Raisi 15 – ◆Trapani 88.

a Villagrazia NO : 7 km – ✉ **90040** :

🏠 **Residence Hotel Azzolini** 🐦, ℘ 8674755, Telex 910355, Fax 8675747, ⊿, 𝕴𝕰, 🌷, ℁
– 🛗 ▤ 🔟 ☎ **Ⓟ** – 🔏 30 a 300. 🆑 🆑 ⓘ **E** 𝚟𝚒𝚜𝚊. ⅏ rist
Pas carta 39/66000 – **69 cam** ☲ 110/190000 – ½ P 90/110000.

CASTEL DI TUSA 98070 Messina 432 M 24 – alt. 6 – ✆ 0921.
◆ Agrigento 163 – Cefalù 23 – ◆ Messina 143 – ◆ Palermo 90.

🏠 **Gd H. Atelier,** ℘ 34295, Fax 34295, ≤, « Raccolta di opere d'arte contemporanea »,
𝕴𝕰 – 🛗 ☎ **Ⓟ**. 🆑 ⓘ 𝚟𝚒𝚜𝚊
Pas carta 48/66000 – **39 cam** ☲ 117/135000 – ½ P 102/110000.

CASTELLAMMARE DEL GOLFO 91014 Trapani 988 �35, 432 M 20 – 14 583 ab. – ✆ 0924.
Dintorni Rovine di Segesta★★★ S : 16 km.
◆Agrigento 144 – ◆Catania 269 – ◆Messina 295 – ◆Palermo 61 – ◆Trapani 34.

🏠 **Al Madarig,** piazza Petrolo 7 ℘ 33533, Telex 33790 – 🛗 ▤ 🔟 ☎ – 🔏 90. 🆑 🆑 ⓘ **E** 𝚟𝚒𝚜𝚊.
⅏ rist
Pas carta 30/50000 – ☲ 8000 – **34 cam** 65000.

a Scopello NO : 10 km – ✉ **91010** :

X **Torre Bennistra** con cam, ℘ 596003, ≤ – ⅏
Pas carta 35/45000 – ☲ 5500 – **8 cam** 34/48000 – ½ P 64000.

CASTELMOLA Messina – Vedere Taormina.

CATANIA

Alagona Artale (Viale) . . . . . **CU** 2
Angelo Custode (Via) . . . . . . **BV** 3
Aurora (Via) . . . . **BV** 4
Barcellona (Via) . . . . **BV** 6
Beccaria (Via Cesare) . . . . . . **BU** 8
Belfiore (Via) . . . . **BV** 10
Bosco (Via del) . . . . **BU** 13
Cantone (Via) . . . . **BU** 16
Caracciolo
  (Via Amm. Antonio) . . . . . **BV** 17
Cavour (Piazza) . . . . **BU** 23
Colombo (Via Cristoforo) . . **BV** 24
D'Annunzio (Via Gabriele) . . **CU** 27
Europa (Piazza) . . . . **CU** 29
Filocomo (Via) . . . . **BU** 31
Filzi (Via Fabio) . . . . **BV** 32
Forlanini (Via Carlo) . . . . . . **BV** 33

Galatioto (Via) . . . . **CU** 36
Giovanni XXIII
  (Piazza Papa) . . . . **CV** 38
Giuffrida (Via Vincenzo) . . **CU** 39
Grassi (Via Battista) . . . . . . **BU** 41
Imbriani
  (Via Matteo Renato) . . . . **BU** 43
Indipendenza (Corso) . . . . . **BV** 44
Lavaggi (Via Giovanni) . . . . **BV** 45
Maria SS. Assunta (Via) . . . **BV** 48
Marotta (Via Erasmo) . . . . . **CU** 49
Martelli Castaldi
  (Via Sabato) . . . . **BV** 51
Martiri della
  Libertà (Corso) . . . . **CV** 52
Monserrato (Via) . . . . **BU** 55
Montenero (Via) . . . . **BU** 56
Nava (Via Cardinale) . . . . . . **BU** 57
Odorico da Pordenone
  (Viale) . . . . **BU** 59

Palestro (Piazza) . . . . **BV** 61
Passo Gravina (Via) . . . . . . **BU** 64
Plaja (Via) . . . . **BV** 65
Plebiscito (Via) . . . . **BV** 67
Regina Margherita
  (Viale) . . . . **BV** 71
Regione (Viale della) . . . . . . **BV** 72
Risorgimento (Piazza) . . . . . **BV** 73
Roccaromana (Via) . . . . **BV** 75
Rotolo (Viale del) . . . . **CU** 76
Ruggero di Lauria (Vle) . . . **CU** 77
San Nicolò
  al Borgo (Via) . . . . **BU** 81
Santa Maria
  della Catena (Via) . . . . . . **BV** 84
Sanzio (Viale Raffaello) . . **CU** 85
Stadio (Via dello) . . . . **BV** 88
Stella Polare (Via) . . . . **BV** 89
Tempio (Via Domenico) . . . . **BV** 93
Vivaldi (Viale Fratelli) . . . . . **BU** 99

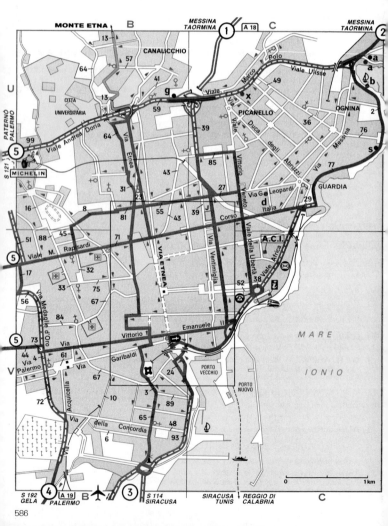

CATANIA

nea (Via) . . . . **DXY**
mberto I (Via) . . . . **DEX**

ngelo Custode (Via) . . . . . . **DZ** 3
ondi (Via) . . . . **EY** 12
ovio (Piazza G.) . . . . **EY** 15
arlo Alberto (Piazza) . . . . . . **EY** 19
astello Ursino (Via) . . . . . . **DZ** 21
onte di Torino (Via) . . . . . . **EY** 25

Cutelli (Piazza) . . . . **EZ** 26
Dante (Piazza) . . . . **DY** 28
Giuffrida (Via Vincenzo) . . . . **EX** 39
Guardie (Piazza delle) . . . . . . **EY** 42
Imbriani
  (Via Matteo Renato) . . . . . **DEX** 43
Lupo (Piazza Pietro) . . . . **EY** 47
Orlando (V. Vitt. E.) . . . . **EX** 60
Porticello (Via) . . . . **EZ** 68
Rabbordone (Via) . . . . **EY** 69
Rapisarda (Via Michele) . . . . . **EY** 70
San Francesco (Piazza) . . . . **DZ** 78

San Gaetano
  alle Grotte (Via) . . . . . . **DEY** 79
San Giuseppe
  al Duomo (Via) . . . . **DZ** 80
Spirito Santo (Piazza) . . . . . **EY** 87
Stesicoro (Piazza) . . . . **DY** 91
Teatro Massimo (Via) . . . . . **EYZ** 92
Trento (Piazza) . . . . **EX** 95
Università (Piazza dell') . . . . **DZ** 96
Verga (Piazza) . . . . **EX** 98
Vittorio Emanuele III
  (Piazza) . . . . **EY** 100

CATANIA 95100 P 988 ⑰, 432 O 27 – 364 176 ab. – ✦ 095.

Vedere Via Etnea★ : villa Bellini★ DXY– Piazza del Duomo★ DZ– Castello Ursino★ DZ.

Escursioni Etna★★★ Nord per Nicolosi.

✈ di Fontana Rossa S : 4 km BV ℰ 252111 – Alitalia, corso Sicilia 111 ⊠ 95131 ℰ 252333.

🛈 largo Paisiello 5 ⊠ 95124 ℰ 310888, Fax 316407 – Stazione Ferrovie Stato ⊠ 95129 ℰ 531802 Aeroporto Fontana Rossa ℰ 341900.

A.C.I. via Sabotino 1 ⊠ 95129 ℰ 533381.

✦Messina 97 ① – ✦Siracusa 59 ③.

Piante pagine precedenti

🏨 **Excelsior,** piazza Verga 39 ⊠ 95129 ℰ 537071, Telex 972250, Fax 537015 – ⟲ cam
⊟ 📺 ☎ 🕭 – 🔬 30 a 300. 🖭 🖽 ⑩ ᴇ 𝑽𝑰𝑺𝑨. ⌁
EX
Pas *(chiuso domenica)* 60000 – **167 cam** ⊡ 155/245000, 5 appartamenti – ½ P 209000.

🏨 **Jolly,** piazza Trento 13 ⊠ 95129 ℰ 316933, Telex 970080, Fax 316832 – 🛗 ⊟ 📺 ☎ 🅿
🔬 30 a 180. 🖭 🖽 ⑩ ᴇ 𝑽𝑰𝑺𝑨. ⌁ rist
EX
Pas 49/90000 – **159 cam** ⊡ 160/210000 – ½ P 145/200000.

🏨 **Nettuno,** viale Ruggero di Lauria 121 ⊠ 95127 ℰ 7125252, Telex 971451, Fax 498066, ⟨
⤓ – 🛗 ⊟ 📺 ☎ 🅿 – 🔬 50 a 150. 🖭 🖽 ⑩ ᴇ 𝑽𝑰𝑺𝑨. ⌁
CU
Pas carta 40/63000 – **80 cam** ⊡ 190000, ⊟ 15000 – ½ P 170000.

🏨 **Poggio Ducale,** via Paolo Gaifami 5 ⊠ 95126 ℰ 330016, Fax 580103 – 🛗 ⊟ 📺 ☎ 🅿 🖭
🖽 ⑩ ᴇ 𝑽𝑰𝑺𝑨. ⌁
BU
Pas *(chiuso domenica sera e lunedì a mezzogiorno)* carta 43/71000 – **26 cam** ⊡ 110
140000 – ½ P 136000.

XX **La Siciliana,** viale Marco Polo 52 ⊠ 95126 ℰ 376400, Fax 7221300, « Servizio estivo i
giardino » – 🖭 🖽 ⑩ ᴇ 𝑽𝑰𝑺𝑨. ⌁
CU
chiuso domenica sera, lunedì e dal 1° al 15 agosto – Pas carta 50/72000 (15%).

XX Il **Giardino d'Inverno,** via Asilo Sant'Agata 34 ⊠ 95129 ℰ 532853, prenotare – ⊟
stagionale.
CV

X **La Lampara,** via Pasubio 49 ⊠ 95127 ℰ 383237 – ⊟. 𝑽𝑰𝑺𝑨. ⌁
CU
chiuso mercoledì ed agosto – Pas carta 51/69000 (15%).

X **Pagano,** via De Roberto 37 ⊠ 95129 ℰ 537045 – ⊟. 🖭 ⑩ 𝑽𝑰𝑺𝑨
EX
chiuso sabato ed agosto – **Pas** carta 29/51000 (15%).

X **Da Rinaldo,** via Simili 59 ⊠ 95129 ℰ 532312 « Ambiente tipico » – 🖭 ᴇ 𝑽𝑰𝑺𝑨. ⌁ EX
*chiuso dal 5 agosto al 10 settembre, martedì da ottobre a maggio e domenica negli alt
mesi* – Pas carta 31/49000.

X Il **Commercio,** via Francesco Riso 8/10 ⊠ 95128 ℰ 447289 – ⊟. ⑩ 𝑽𝑰𝑺𝑨
EX
chiuso sabato sera ed in agosto anche domenica sera – Pas carta 25/50000.

ad Ognina NE : 4 km CU – ⊠ 95126 Catania :

🏨 **MotelAgip** senza rist, via Messina 626 ℰ 7122300, Telex 972379, Fax 7121856 – ⟲ can
🛗 ⊟ 📺 ☎ 🅿 – 🔬 50. 🖭 🖽 ⑩ 𝑽𝑰𝑺𝑨
CU
45 cam ⊡ 106/160000.

XX **Costa Azzurra,** via De Cristofaro 4 ℰ 494920, Fax 494920, ⟨, « Servizio estivo all'aper
to » – 🅿. 🖭 ⑩ 𝑽𝑰𝑺𝑨
CU
chiuso lunedì – Pas carta 41/66000 (15%).

XX **Sporting Mignemi,** viale Artale Alagona 4 ℰ 491117, ⟨, 🍽 – 🅿. 🖭 🖽 ᴇ 𝑽𝑰𝑺𝑨. ⌁
chiuso mercoledì e dal 10 al 26 agosto – Pas carta 37/54000 (15%).
CU

Vedere anche : *Cannizzaro* per ② : 7 km.

MICHELIN, a Misterbianco, per ⑤ : 5 km, corso Carlo Marx 71 - ⊠ 95045 Misterbianco
ℰ 471133, Fax 482728.

CEFALU 90015 Palermo 988 ㊱, 432 M 24 – 14.608 ab. – ✦ 0921.

Vedere Posizione pittoresca★★ – Cattedrale★★.

⤓ per le Isole Eolie giugno-settembre giovedì, venerdì e sabato (1 h 30 mn) – Alisca
SNAV-agenzia Barbaro, corso Ruggero 76 ℰ 21595, Telex 910205.

🛈 corso Ruggero 77 ℰ 21050 Telex 910294, Fax 22386.

✦Agrigento 140 – ✦Caltanissetta 101 – ✦Catania 182 – Enna 107 – ✦Messina 166 – ✦Palermo 68.

🏨 **Carlton H. Riviera,** località Capo Plaia O : 8 km ℰ 20004, Telex 910040, Fax 20264, ⟨
⤓, ⛱, ⌁ – 🛗 ☎ 🅿 – 🔬 40 a 250. 🖭 ᴇ 𝑽𝑰𝑺𝑨. ⌁
marzo-ottobre – Pas carta 38/60000 – **144 cam** ⊡ 170000 – ½ P 86/145000.

🏨 **Baia del Capitano** ⑤, località Mazzaforno O : 5 km ℰ 20003, Fax 20163, ⤓, ⛱,
⌁ – 🛗 ☎ 🅿 – 🔬 50. 🖭 🖽 ⑩ ᴇ 𝑽𝑰𝑺𝑨 ⌁ rist
Pas *(chiuso da novembre a marzo)* carta 34/56000 (10%) – ⊡ 15000 – **39 cam** 55/90000
½ P 76/124000.

🏨 **Riva del Sole,** lungomare Colombo ℰ 21230, Fax 21984, ⟨ – 🛗 ⊟ rist ☎ ⟿ 🅿. 🖭 𝑽𝑰𝑺𝑨
⌁
Pas carta 27/58000 (15%) – **28 cam** ⊡ 90000 – ½ P 90000.

XX Kentia, via Nicola Botta 15 ℰ 23801, « Servizio estivo all'aperto »

X **La Brace,** via 25 Novembre 10 ℰ 23570, prenotare – 𝔸𝔼 ⓪ 𝘝𝘐𝘚𝘈
chiuso a mezzogiorno (escluso domenica), lunedì, dicembre e gennaio – Pas carta 22/48000.

X **Ostaria del Duomo,** via Seminario 5 ℰ 21838, « Servizio estivo sulla piazza »
chiuso dal 15 dicembre al 20 gennaio e lunedì (escluso da giugno a settembre) – Pas carta 32/48000.

CHIARAMONTE GULFI 97012 Ragusa 𝟿𝟾𝟾 ㊲, 𝟦𝟥𝟤 P 26 – 8 192 ab. alt. 668 – ✪ 0932.

Agrigento 133 – ◆Catania 88 – ◆Messina 185 – ◆Palermo 257 – Ragusa 20 – ◆Siracusa 77.

X **Majore,** ℰ 928019 – 𝔸𝔼 𝕊
chiuso lunedì e luglio – **Pas** carta 15/25000 (20%).

CINISI 90045 Palermo 𝟿𝟾𝟾 ㉟, 𝟦𝟥𝟤 M 21 – 9 316 ab. alt. 75 – ✪ 091.

Catania 240 – ◆Messina 259 – ◆Palermo 14 – ◆Trapani 64.

verso Terrasini NO : 4 km :

🏨 **Azzolini Palm Beach,** ⊠ 90049 Terrasini ℰ 8682033, Fax 8675747, ⩗ₒ, 🐎 – 📳 🗏 📺 ☎ ❷ – 🕍 50 a 150. 𝔸𝔼 𝕊 ⓪ 𝔼 𝘝𝘐𝘚𝘈 ❀
Pas *(chiuso dal 22 al 31 dicembre)* 30/36000 – **38 cam** ⊑ 100/150000 – ½ P 85/100000.

COMISO 97013 Ragusa 𝟿𝟾𝟾 ㊲, 𝟦𝟥𝟤 Q 25 – 30 022 ab. alt. 246 – ✪ 0932.

Agrigento 121 – ◆Catania 121 – ◆Siracusa 96 – ◆Palermo 250.

🏨 **Cordial Hotel** senza rist, strada statale 115 (O : 1 km) ℰ 967866, Fax 967867 – 🗏 📺 ☎ ❷. 𝔸𝔼 𝕊 𝔼 𝘝𝘐𝘚𝘈 ❀
⊑ 6000 – **25 cam** 48/75000.

X Al Fico d'India, strada statale 115 (O : 1 km) ℰ 962371, 🏡

EGADI (Isole) Trapani 𝟿𝟾𝟾 ㉟, 𝟦𝟥𝟤 N 18 19 – 4 652 ab. alt. da 0 a 686 (monte Falcone nell'isola Marettimo) – ✪ 0923.

edere Favignana★ : cave di Tufo★, grotta Azzurra★ – Levanzo★ – Marettimo★ : porto★.

Favignana (Isola) 𝟿𝟾𝟾 ㉟, 𝟦𝟥𝟤 N 18 – ⊠ 91023.

Vedere Cave di tufo★, Grotta Azzurra★.

⛴ per Trapani giornalieri (da 1 h a 2 h 45 mn) – Siremar-agenzia Media, molo San Leonardo ℰ 921368.

🚤 per Trapani giornalieri (da 15 mn a 1 h) – Siremar-agenzia Media, molo San Leonardo ℰ 921368.

🏠 **Egadi,** ℰ 921232 – ❀
Pas *(maggio-settembre; chiuso a mezzogiorno)* 43000 – ⊑ 6000 – **11 cam** 45/85000 – ½ P 90000.

X **Rais,** ℰ 921233, 🏡
chiuso mercoledì dal 15 settembre a maggio – Pas carta 28/49000 (15%).

ENNA 94100 🅿 𝟿𝟾𝟾 ㊱, 𝟦𝟥𝟤 O 24 – 29 432 ab. alt. 942 – ✪ 0935.

edere Posizione pittoresca★★ – Castello★ : ❅★★★ – ≼★ dal belvedere.

🏢 via Roma 413 ℰ 500544 – piazza Colaianni ℰ 26119, Fax 26119.

A.C.I. via Roma 200 ℰ 26299.

Agrigento 92 – ◆Caltanissetta 34 – ◆Catania 83 – ◆Messina 180 – ◆Palermo 133 – Ragusa 138 – ◆Siracusa 136 – Trapani 237.

🏨 **Grande Albergo Sicilia** senza rist, piazza Colaianni 7 ℰ 500850, Fax 500488 – 📳 📺 ☎ ⟺ – 🕍 200. 𝔸𝔼 ⓪ 𝔼 𝘝𝘐𝘚𝘈
74 cam ⊑ 68/116000.

X **Centrale,** piazza 6 Dicembre 9 ℰ 500963 – 𝔸𝔼 𝕊 ⓪ 𝔼 𝘝𝘐𝘚𝘈
chiuso sabato – **Pas** carta 24/42000 (10%).

EOLIE o LIPARI (Isole) Messina 𝟿𝟾𝟾 ㊵ ㊲ ㊳, 𝟦𝟥𝟣 K 26 27, 𝟦𝟥𝟤 L 26 27 – 13 260 ab. lt. da 0 a 962 (monte Fossa delle Felci nell'isola di Salina) – ✪ 090.

edere Vulcano★★★ : gran cratere★★★ (2-3 h a piedi AR) – Stromboli★★★ – Lipari★★ : ❅★★★ al belvedere di Quattrocchi, giro dell'isola in macchina★★, escursione in battello★★ lungo la osta SO, museo★.

⛴ per Milazzo giornalieri (da 1 h 30 mn a 6 h) e Napoli martedì, giovedì e sabato, dal 15 giugno al 15 settembre anche lunedì e venerdì (13 h 30 mn) – a Lipari, Siremar-agenzia Eolian Tours, via Amendola ℰ 9811312, Telex 980120, Fax 9283243.

🚤 per Milazzo giornalieri (da 40 mn a 2 h 30 mn) – a Lipari, Siremar-agenzia Eolian Tours, via Amendola ℰ 9811312, Telex 980120, Fax 9283243; Aliscafi SNAV-agenzia Eoltravel, via Vittorio Emanuele 116 ℰ 9811122, Fax 9880311; per Messina-Reggio di Calabria giornalieri (2 h), Cefalù giugno-settembre giovedì, venerdì e sabato (1 h 30 mn) e Palermo giugno-settembre giornalieri (2 h 30 mn); per Napoli 15 maggio-15 ottobre giornaliero (4 h) – a Lipari, Aliscafi SNAV-agenzia Eoltravel, via Vittorio Emanuele 116 ℰ 9811122, Fax 9880311.

Lipari (Isola) 988 ③⑦ ㉘, 431 432 L 26 – 10 879 ab. – ⊠ 98055.

🛈 via Vittorio Emanuele 202 ℰ 9880095, Telex 980133, Fax 9811190 – a Marina Corta (giugno-settembre) ℰ 9811108

🏨 **Carasco** ⑤, a Porto delle Genti ℰ 9811605, Telex 980095, Fax 9811828, ≤ mare e cost
« ⬛ su terrazza panoramica », 🔥₀, ☞ – 🕽 ⟷ cam 🖿 rist ☎ 🅿 ΑΕ 🕄 ⓘ Ε 𝗩𝗜𝗦𝗔. ⸙
10 aprile-settembre – Pas carta 50/65000 – ⊑ 20000 – **89 cam** 150/280000, 2 appartamen
– ½ P 100/170000.

🏨 **Meligunis**, via Marte ℰ 9812426, Telex 981117, Fax 9880149 – 🕽 🖿 📺 ☎. ΑΕ 🕄 ⓘ
𝗩𝗜𝗦𝗔. ⸙
chiuso dicembre e gennaio – Pas carta 40/65000 – **32 cam** ⊑ 300000, 7 appartamenti
½ P 175/250000.

🏨 **Giardino sul Mare** ⑤, via Maddalena 65 ℰ 9811004, Fax 9880150, ≤ mare e costa, 🎇
« ⬛ su terrazza fiorita », 🔥₀ – 🕽 🖿 ☎. ΑΕ 🕄 Ε 𝗩𝗜𝗦𝗔
28 marzo-ottobre – Pas 25/45000 – **30 cam** ⊑ 200000 – ½ P 70/155000.

🏨 **Gattopardo Park Hotel** ⑤, via Diana ℰ 9811035, Telex 981030, Fax 9880207, « Te
razze fiorite », ☞ – 🖿 cam ☎. 🕄 Ε 𝗩𝗜𝗦𝗔
Pas *(chiuso da novembre a marzo)* 25/40000 – ⊑ 8000 – **60 cam** 100/170000 – ½ P 7!
150000.

🏠 **Oriente** senza rist, via Marconi 35 ℰ 9811493, Fax 9880198, « Giardino ombreggiato »
🖿 ☜ 🔥 🅿 – 🏋 60. ΑΕ 🕄 ⓘ Ε 𝗩𝗜𝗦𝗔
Pasqua-ottobre – **25 cam** ⊑ 75/130000, 🖿 10000.

🏠 **La Filadelfia**, via Tronco ℰ 9812795, Fax 9812486 – 🕽 ☎ ⟸
56 cam

⤬⤬ ✿ **Filippino**, piazza Municipio ℰ 9811002, Fax 9812878, 🎇 – 🕄 ⓘ Ε. ⸙
chiuso dal 10 novembre al 15 dicembre e lunedì (escluso da giugno a settembre) – Pa
carta 44/59000 (12%)
Spec. Maccheroni alla Filippino, Ravioloni di cernia in salsa paesana (marzo-ottobre), Zuppa di pesce alla pescato
(marzo-ottobre). Vini Salina bianco e rosso.

⤬⤬ **E Pulera**, via Diana ℰ 9811158, Fax 9811158, Cucina tipica isolana, prenotare, « Servizi
estivo in giardino fiorito con pergolato » – 🕄 ⓘ Ε. ⸙
giugno-ottobre; chiuso a mezzogiorno – Pas carta 45/62000 (15%).

⤬ **La Nassa**, via Franza 36 ℰ 9811319, Fax 9811617, 🎇 – ΑΕ 🕄 ⓘ Ε 𝗩𝗜𝗦𝗔. ⸙
chiuso lunedì, gennaio e febbraio – Pas carta 42/74000.

⤬ **A Loggia**, a Piano Conte ℰ 9822387, 🎇 – 𝗩𝗜𝗦𝗔
chiuso mercoledì e febbraio – Pas carta 45/66000.

⤬ **Al Pirata**, a Marina Corta ℰ 9811796, 🎇 – ΑΕ 🕄 Ε 𝗩𝗜𝗦𝗔
marzo-ottobre; chiuso martedì – Pas carta 29/56000.

Un consiglio **Michelin**:

per la buona riuscita di un viaggio, preparatelo in anticipo.
Le **carte** *e le* **guide Michelin** *vi danno tutte le indicazioni*
utili su: itinerari, curiosità, sistemazioni, prezzi, ecc.

Panarea (Isola) 988 ③⑦ ㉘, 431 432 L 27 – ⊠ 98050.
La limitazione d'accesso degli autoveicoli è regolata da norme legislative.

🏨 **Cincotta** ⑤, ℰ 983014, Fax 983211, ≤ mare ed isolotti, 🎇, ⬛ – ☎ ΑΕ 🕄 Ε 𝗩𝗜𝗦𝗔. ⸙
Pasqua-settembre – Pas 50/60000 – **29 cam** ⊑ 220000 – ½ P 110/160000.

🏨 **La Piazza** ⑤, ℰ 983176, Fax 983003, ≤ mare ed isolotti, 🎇, ⬛, ☞ – ☎.
stagionale – **25 cam.**

🏠 **Lisca Bianca** ⑤ senza rist, ℰ 983004, ≤ mare ed isolotti – ☜
Pasqua-20 ottobre – **25 cam** ⊑ 180000.

Salina (Isola) 988 ㊱ ③⑦ ㉘, 431 432 L 26 – 2 381 ab.
🛈 (luglio-settembre) ℰ 9843190

🏨 **Signum** ⑤, a Malfa ⊠ 98050 Malfa ℰ 9844222, Fax 9844102, ≤ mare e costa, 🎇, ☞ –
☎ 🕄 Ε 𝗩𝗜𝗦𝗔. ⸙
Natale, Capodanno e Pasqua-ottobre – Pas (solo per clienti alloggiati e *chiuso a mezzogior
no*) 35/50000 – ⊑ 10000 – **16 cam** 100/160000 – ½ P 85/150000.

🏠 **Punta Scario** ⑤, a Malfa ⊠ 98050 Malfa ℰ 9844139, ≤ mare, Panarea e Stromboli, 🎇
– ⸙
giugno-settembre – Pas (solo per clienti alloggiati e *chiuso a mezzogiorno*) – ⊑ 14000 –
17 cam 80000.

⤬ **L'Ariana** con cam, a Rinella ⊠ 98050 Leni ℰ 9809075, ≤, 🎇 – ☜. 🕄 Ε 𝗩𝗜𝗦𝗔
Pas *(marzo-ottobre)* carta 40/71000 – **15 cam** – ⊑ 13000/53/85000 – ½ P 91/112000.

⤬ **Porto Bello**, a Santa Marina ⊠ 98050 Leni ℰ 9843125, ≤, « Servizio estivo sotto un
pergolato » – ΑΕ 🕄 Ε 𝗩𝗜𝗦𝗔. ⸙
chiuso novembre – Pas carta 37/48000.

Stromboli (Isola) 988 ③⑦ ③⑧, 431 432 K 27 – ⊠ **98050.**
La limitazione d'accesso degli autoveicoli è regolata da norme legislative.

🖪 (luglio-settembre) ℘ 986285

🏨 La Sciara Residence ⑤, a Piscità ℘ 986005, Fax 986284, ⇆, ⤳, 🏖, 🚗, ℀ – ☎.
stagionale – **60 cam.**

🏨 La Sirenetta-Park Hotel ⑤, a Ficogrande ℘ 986025, Telex 980020, Fax 986124, ≤, ⤳,
🏖 – ☎. ⚎ 🖪 ⑤ E 𝓥𝓘𝓢𝓐. ℀
aprile-ottobre – Pas 35/65000 – ⊊ 28000 – **43 cam** 100/180000 – ½ P 95/160000.

Vulcano (Isola) 988 ③⑦ ③⑧, 431 432 L 26 – ⊠ **98050.**
La limitazione d'accesso degli autoveicoli è regolata da norme legislative.

🖪 (giugno-settembre) a Porto Ponente ℘ 9852028

🏨 **Eolian** ⑤, a Porto Ponente ℘ 9852151, Telex 980119, Fax 9852153, ≤, ⇆, 🚗 – 🔲 cam
☎ ℗. ⚎ 🖪 ⑤ ⑩ E 𝓥𝓘𝓢𝓐. ℀
maggio-4 ottobre – Pas (solo per clienti alloggiati) 40000 – **80 cam** solo ½ P 90/174000.

🏠 **Conti** ⑤, ℘ 9852012, ⇆ – ☜. E 𝓥𝓘𝓢𝓐. ℀ rist
maggio-20 ottobre – Pas 25/35000 – **62 cam** ⊊ 80/130000 – ½ P 62/96000.

ERICE 91016 Trapani 988 ③⑤, 432 M 19 – 30 080 ab. alt. 751 – ۞ 0923.

√edere Posizione pittoresca★★★ – ≤★★ dal castello di Venere.

🖪 viale Conte Pepoli 11 ℘ 869173, Fax 869544.

▸Catania 304 – Marsala 45 – ◆Messina 330 – ◆Palermo 96 – ◆Trapani 14 .

🏨 **Elimo,** via Vittorio Emanuele 75 ℘ 869377, Fax 869252, ≤ – 🛗 📺 ☎. ⚎ 🖪 ⑩ E 𝓥𝓘𝓢𝓐.
℀
chiuso gennaio – Pas carta 41/68000 – **21 cam** ⊊ 90/150000 – ½ P 90/130000.

🏨 **Moderno,** via Vittorio Emanuele 63 ℘ 869300, Fax 869139 – 🛗 📺 ☎. ⚎ 🖪 ⑩ E 𝓥𝓘𝓢𝓐.
℀ rist
Pas 50/65000 – **40 cam** ⊊ 90/140000 – ½ P 100/120000.

🏠 **Edelweiss,** cortile Padre Vincenzo ℘ 869420 – ⚎ 🖪 ⑩ E 𝓥𝓘𝓢𝓐. ℀
Pas vedere rist Nuovo Edelweiss – **15 cam** ⊊ 85/140000 – ½ P 90/110000.

%% **Cortile di Venere,** via Sales 31 ℘ 869362, « Servizio estivo in un caratteristico patio » –
⚎ ⑩. ℀
chiuso mercoledì e dal 1° al 15 ottobre – Pas carta 29/52000.

%% **Taverna di Re Aceste,** viale Conte Pepoli ℘ 869084 – ⚎ 🖪 ⑩ E 𝓥𝓘𝓢𝓐
chiuso mercoledì e novembre – Pas carta 33/52000.

% **Nuovo Edelweiss,** piazza Umberto I ℘ 869158 – ⚎ 🖪 ⑩ E 𝓥𝓘𝓢𝓐. ℀
chiuso lunedì – Pas carta 36/53000.

ETNA Catania 988 ③⑦, 432 N 26 – Vedere Guida Verde.

FAVIGNANA (Isola di) Trapani 988 ③⑤, 432 N 18 – Vedere Egadi (Isole).

FIUMARA Messina – Vedere Capo d'Orlando.

FONTANE BIANCHE Siracusa 432 Q 27 – Vedere Siracusa.

FRANCAVILLA DI SICILIA 98034 Messina 988 ③⑦, 432 N 27 – 5 269 ab. alt. 330 – ۞ 0942.

◆Catania 69 – ◆Messina 69 – ◆Palermo 238.

% **D'Orange Alcantara** con cam, ℘ 981374, Fax 981704, ⇆ – 🛗 ☎. ⚎ 🖪 E 𝓥𝓘𝓢𝓐. ℀
chiuso novembre – Pas carta 27/42000 – ⊊ 7000 – **30 cam** 60/85000 – ½ P 55/60000.

FURCI SICULO 98023 Messina 432 N 28 – 3 413 ab. – ۞ 0942.

◆Catania 65 – ◆Messina 34 – ◆Palermo 260 – Taormina 20.

🏠 **Foti,** ℘ 791815, Telex 981066, Fax 793203, ⇆ – 🛗 🔲 📺 ☎ – 🔬 35. ⚎ 🖪 ⑩ E 𝓥𝓘𝓢𝓐. ℀
Pas carta 34/48000 – ⊊ 10000 – **27 cam** 70/100000 – ½ P 80/95000.

GANZIRRI Messina 431 432 M 28 – Vedere Messina.

GELA 93012 Caltanissetta 988 ③⑧, 432 P 24 – 79 718 ab. – ۞ 0933.

Vedere Fortificazioni greche★★ a Capo Soprano – Museo Archeologico Regionale★.

🖪 via Giacomo Navarra Bresmes 105 ℘ 913788.

◆Agrigento 77 – ◆Caltanissetta 82 – ◆Catania 97 – ◆Messina 194 – ◆Palermo 206 – Ragusa 61 – ◆Siracusa 146.

🏨 **MotelAgip,** località Giardinelli ℘ 911144, Fax 907236 – 🛗 🔲 📺 ☎ ℗ – 🔬 80. ⚎ ⑩.
℀ rist
Pas *(chiuso domenica)* carta 35/54000 – **91 cam** ⊊ 112/136000

%% **Gelone 2,** via Generale Cascino ℘ 913254 – 🔲. ⚎ 🖪 ⑩ E 𝓥𝓘𝓢𝓐. ℀
chiuso lunedì ed agosto – Pas carta 30/54000.

GIARDINI-NAXOS 98030 e 98035 Messina 🎵🎵🎵 ㊲, 🗺🗺🗺 N 27 – 9 006 ab. – ✆ 0942.

🎗 via Tysandros 76/e ✉ 98035 ✆ 51010. Telex 981161. Fax 52848.

◆Catania 47 – ◆Messina 54 – ◆Palermo 257 – Taormina 5.

🏨🏨 **Arathena Rocks** ⬦, via Calcide Eubea 55 ✉ 98035 ✆ 51348, Fax 51690, ≤, 🚿, ⛴
🛥, 🌳 – 📳 ▤ rist ☎ ℗. 🖪 ᵛᴵˢᴬ. ⬦
10 aprile-20 ottobre – **37 cam** solo ½ P 94/98000.

🏨🏨 **Hellenia Yachting Hotel**, via Jannuzzo 41 ✉ 98035 ✆ 51737, Telex 980104, Fax 54310
≤, ⛴, 🛥, 🌳 – 📳 ▤ 📺 ☎ ℗ – 🔬 100. 🖪 🖪 ① Ε ᵛᴵˢᴬ. ⬦
Pas 50000 – ⊑ 25000 – **84 cam** 250000, 4 appartamenti – ½ P 180/200000.

🏨🏨 **Sant'Alfio Garden Hotel** ⬦, via Recanati ✉ 98030 ✆ 51383, Telex 981015, Fax 53934
⬦, 🛥 – 📳 ▤ 📺 ☎ ℗.
101 cam.

🏨 **Kalos Hotel** ⬦, via Calcide Eubea 29 ✉ 98030 ✆ 52116, Fax 52116, ≤, 🛥, 🌳 – 📳 ☎
℗. 🖪 🖪 ① Ε ᵛᴵˢᴬ. ⬦ rist
aprile-ottobre – Pas 30000 – **27 cam** ⊑ 63/100000 – ½ P 82000.

🏠 **La Riva**, via Tysandros 24 ✉ 98035 ✆ 51329, Fax 51329, ≤ – 📳 📺 ☎ ➞. ①. ⬦ rist
chiuso novembre – Pas (solo per clienti alloggiati) 25/30000 – **38 cam** solo ½ P 70/90000.

🏠 **La Sirenetta**, via Naxos 177 ✉ 98035 ✆ 53637, ≤ – ▤ rist. 🖪 🖪 Ε ᵛᴵˢᴬ. ⬦
chiuso dal 20 novembre al 15 febbraio – Pas 24/30000 – **14 cam** ⊑ 72000 – ½ P 55/65000.

💥 **La Cambusa**, via Schisò ✉ 98030 ✆ 51437, ≤ mare e Taormina, 🚿 – 🖪 🖪 ① ᵛᴵˢᴬ. ⬦
chiuso dall'11 gennaio al 10 febbraio e martedì (escluso da luglio a settembre) – Pas
carta 29/47000.

💥 **Sea Sound**, via Jannuzzo 37/A ✉ 98030 ✆ 54330, 🚿 – 🖪 🖪 ① Ε ᵛᴵˢᴬ
maggio-ottobre – Pas carta 43/61000.

ISOLA DELLE FEMMINE 90040 Palermo 🗺🗺🗺 M 21 – 4 888 ab. alt. 12 – ✆ 091.

◆Palermo 16 – Punta Raisi 17 – ◆Trapani 88.

💥 **Cutino**, via Palermo 10 ✆ 8677062, 🚿, Solo piatti di pesce – ▤. 🖪 🖪 ① Ε ᵛᴵˢᴬ
chiuso martedì e dal 1° al 15 ottobre – Pas 45/50000 bc.

LAMPEDUSA (Isola di) Agrigento 🎵🎵🎵 �35, 🗺🗺🗺 U 19 – 5 573 ab. alt. da 0 a 133 (Albero Sole) –
✆ 0922.

Lampedusa 🗺🗺🗺 U 19 – ✉ 92010.

🛫 ✆ 970006.

🏠 **Guitgia Tommasino** ⬦, ✆ 970879, Fax 970316 – ☎ ℗. 🖪 🖪 ᵛᴵˢᴬ. ⬦ cam
4 aprile-novembre – Pas carta 48/67000 – **28 cam** ⊑ 160000 – ½ P 90/170000.

🏠 **Alba d'Amore** ⬦, ✆ 970272, Fax 970786 – ☎ ℗. 🖪 ᵛᴵˢᴬ. ⬦
Pas 35/50000 – ⊑ 8000 – **47 cam** 120000 – ½ P 90/115000.

🏠 Sirio ⬦, ✆ 970401 – ☎ ℗
9 cam.

💥💥 **Gemelli**, ✆ 970699 – 🖪 🖪 Ε ᵛᴵˢᴬ. ⬦
Pasqua-ottobre; chiuso a mezzogiorno in luglio-agosto – Pas carta 39/59000.

💥 **Pepp Top 2**, ✆ 971250 – 🍴 ℗. ⬦
Pas carta 36/54000.

LETOJANNI 98037 Messina 🗺🗺🗺 N 27 – 2 432 ab. – ✆ 0942.

◆Catania 53 – ◆Messina 47 – ◆Palermo 274 – Taormina 8.

🏨🏨 **Park Hotel Silemi** ⬦, NE : 1 km ✆ 36228, Telex 981063, Fax 36229, ≤, 🚿, ⛴, 🛥 – 📳
▤ 📺 ☎ ℗. 🖪 Ε ᵛᴵˢᴬ. ⬦ rist
15 marzo-novembre – Pas 40/55000 – **48 cam** ⊑ 180000 – ½ P 100/165000.

💥💥 **Paradise Beach Club**, ✆ 36944, 🚿, 🛥, 🌳 – ℗. 🖪 🖪 ① Ε ᵛᴵˢᴬ. ⬦
giugno-ottobre; chiuso la sera (escluso dal 15 luglio al 31 agosto) – Pas carta 43/71000.

💥 **Peppe** con cam, ✆ 36159, Fax 36843, 🚿, 🛥 – 📳 ▤ cam ☎. 🖪 🖪 ① Ε ᵛᴵˢᴬ
15 marzo-novembre – Pas carta 34/55000 – ⊑ 8000 – **26 cam** 80000, ▤ 10000 – ½ P 70/
90000.

LIDO DI SPISONE Messina – Vedere Taormina.

LIPARI (Isola) Messina 🎵🎵🎵 ㊲ ㊳, 🗺🗺🗺🗺 L 26 – Vedere Eolie (Isole).

MARINELLA Trapani 🎵🎵🎵 ㉟, 🗺🗺🗺 O 20 – Vedere Selinunte.

MARSALA 91025 Trapani 🎵🎵🎵 ㉟, 🗺🗺🗺 N 19 – 80 761 ab. – ✆ 0923.
Vedere Relitto di una nave da guerra punica★ al museo Archeologico.

🛫 di Birgi N : 15 km ✆ 841124 – Alitalia, Agenzia Ruggieri, via Mazzini 111 ✆ 951444.

🎗 via Garibaldi 45 ✆ 714097.

◆Agrigento 134 – ◆Catania 301 – ◆Messina 358 – ◆Palermo 124 – ◆Trapani 31.

President, via Nino Bixio 1 ℘ 999333, Fax 999115, ⅃ – 🛗 ▤ 📺 ☎ 🅯 🅿 – 🛄 50 a 600. 🆎 🅱 🅴 𝑉𝐼𝑆𝐴. ⁒ rist
Pas 30000 – ⊡ 15000 – **68 cam** 90/125000 – ½ P 115/125000.

Cap 3000, via Trapani 161 ℘ 989055, Fax 989634, ⅃ – 🛗 ▤ 📺 ⊛ 🅿 – 🛄 200. **50 cam.**

MotelAgip, via Mazara 14 ℘ 999166 – 🛗 ▤ 📺 ☎ 🅿. 🆎 🅱 🅾 🅴 𝑉𝐼𝑆𝐴. ⁒ rist
Pas 27000 – ⊡ 12000 – **41 cam** 70/95000, ▤ 5000 – ½ P 80/95000.

Delfino, lungomare Mediterraneo S : 4 km ℘ 998188, Fax 998188, ☞ – 🅿. 🆎 🅱 🅾 🅴 𝑉𝐼𝑆𝐴
chiuso martedì escluso da giugno ad agosto – Pas carta 38/60000.

AZARA DEL VALLO 91026 Trapani 🔢 ㊲, 🔢 O 19 – 49 997 ab. – 🕓 0923.
piazza della Repubblica 9 ℘ 941727.
grigento 116 – ◆Catania 283 – Marsala 22 – ◆Messina 361 – ◆Palermo 127 – ◆Trapani 53.

Il Pescatore, via Castelvetrano 191 ℘ 947580 – ▤ 🅿. 🆎 🅱 🅾 🅴 𝑉𝐼𝑆𝐴
chiuso lunedì – Pas carta 23/51000 (10%).

Papaya, via Romano 1 ℘ 946221 – ▤. 🆎 🅱 🅾 🅴 𝑉𝐼𝑆𝐴. ⁒
chiuso mercoledì (escluso da giugno a settembre) – Pas carta 39/60000 (10%).

La Chela, via Mattarella 9 ℘ 946329 – ▤. ⁒
chiuso sabato da ottobre a marzo – Pas carta 22/33000.

AZZARO Messina 🔢 ㊲, 🔢 N 27 – Vedere Taormina.

ENFI 92013 Agrigento 🔢 ㊳, 🔢 O 20 – 13 663 ab. alt. 119 – 🕓 0925.
grigento 79 – ◆Palermo 122 – ◆Trapani 100.

in prossimità del bivio per Porto Palo SO : 4 km :

Il Vigneto ✉ 92013 ℘ 71732, ☞ – 🅿. ⁒
chiuso la sera (escluso sabato) e il lunedì da ottobre a giugno – Pas carta 26/41000 (10%).

ESSINA 98100 🅿 🔢 ㊳, 🔢 🔢 M 28 – 274 846 ab. – 🕓 090.
dere Museo Regionale★ – Portale★ del Duomo e orologio astronomico★ sul campanile.

⚓ per Reggio di Calabria (45 mn) e Villa San Giovanni (35 mn), giornalieri – Stazione rrovie Stato, piazzale Don Blasco ✉ 98123 ℘ 675201 int. 552; per Villa San Giovanni ornalieri (20 mn) – Società Caronte, viale della Libertà ✉ 98121 ℘ 44982.

⚓ per Reggio di Calabria giornalieri (15 mn) e le Isole Eolie giornalieri (1 h 30 mn) – Aliscafi NAV, via San Raineri 22 ✉ 98122 ℘ 7775, Telex 981163, Fax 717358.

via Calabria 301 bis ✉ 98122 ℘ 674236, Telex 980112, Fax 601005 – piazza Cairoli 45 (4° piano) ✉ 98123 ℘ 2933541, Telex 981095, Fax 694780.

C.I. via Manara, isol. 125/127 ✉ 98123 ℘ 2933031.
Catania 97 ④ – ◆Palermo 235 ⑤.

Pianta pagina seguente

Royal Palace Hotel, via Tommaso Cannizzaro is. 224 ✉ 98122 ℘ 2921161, Telex 981080, Fax 2921075 – 🛗 ▤ 📺 ☎ ⇐⇒ – 🛄 400. 🆎 🅱 🅾 🅴 𝑉𝐼𝑆𝐴. ⁒   BZ **e**
Pas (solo per clienti alloggiati) 45/70000 – **83 cam** ⊡ 155/290000, 5 appartamenti – ½ P 187000.

Jolly, corso Garibaldi 126 ✉ 98126 ℘ 363860, Telex 980074, Fax 5902526, ≼ – 🛗 ▤ 📺
☎ – 🛄 150. 🆎 🅱 🅾 🅴 𝑉𝐼𝑆𝐴. ⁒ rist   BY **v**
Pas 49/90000 – **96 cam** ⊡ 160/210000 – ½ P 145/200000.

Paradis e Rist. L. Borgia, via Consolare Pompea 441 ✉ 98168 ℘ 310682 e rist ℘ 310006,
Telex 981047, ≼ – 🛗 ▤ 📺 ☎ ⇐⇒ 🅿.
92 cam   N : 3 km per viale della Libertà BY

🕸 ❀ **Alberto,** via Ghibellina 95 ✉ 98123 ℘ 710711, Fax 661242 – ▤. 🆎 🅾 🅴 𝑉𝐼𝑆𝐴. ⁒
chiuso domenica e dal 30 luglio al 1° settembre – Pas carta 62/95000   BZ **d**
Spec. Filetti di pesce marinato all'aceto balsamico con pancotto e capperi, Linguine con fave e code di gamberetti al basilico, Ventre di stoccafisso ripieno alla messinese. **Vini** Nozze d'Oro, Salina rosso.

🕸 **Pippo Nunnari,** via Ugo Bassi is. 157 ✉ 98123 ℘ 2938584 – 🆎 🅴 𝑉𝐼𝑆𝐴   BZ **h**
chiuso lunedì e luglio – Pas carta 39/57000

🕸 **Siclari,** via Lascaris ℘ 362413, Fax 362413, Coperti limitati; prenotare – ▤. 🆎 🅱 🅾 🅴 𝑉𝐼𝑆𝐴. ⁒   AY **a**
chiuso domenica ed in agosto anche la sera – Pas carta 42/62000

🕸 **Agostino,** via Maddalena 70 ✉ 98123 ℘ 718396, Coperti limitati; prenotare – ▤. 🆎. ⁒
chiuso lunedì ed agosto – Pas carta 50/70000   BZ **b**

🕸 **Piero,** via Ghibellina 121 ✉ 98123 ℘ 718365 – ▤. 🆎 🅴 𝑉𝐼𝑆𝐴   AZ **s**
chiuso domenica ed agosto – Pas carta 41/62000.

🕸 **Antonio,** via Maddalena is. 156 ✉ 98123 ℘ 2939853 – ▤. 🆎 🅱 🅾 🅴 𝑉𝐼𝑆𝐴   BZ **r**
chiuso martedì – Pas carta 27/50000.

MESSINA

S. Martino (Viale)... **ABZ**

Antonello (Piazza).... **BY** 2
Cairoli (Piazza)....... **BZ** 3
Castronovo (Piazza)... **BY** 4
Concezione
  (Via)............... **BY** 5
Consolato del Mare
  (Via)............... **BY** 6
Duomo (Piazza del)... **BY** 8
Lo Sardo (Piazza)..... **AZ** 13
Martino (Via A.)...... **AZ** 15
Maurolico
  (Largo Francesco).. **AZ** 16
Minutoli
  (Largo Giacomo)... **BY** 17
Mons. D'Arrigo (Via).. **BY** 18
Rizzo (Via Luigi)..... **BZ** 21
S. Agostino (Via)..... **AY** 23
S. Francesco da Paola
  (Largo)............ **BY** 24

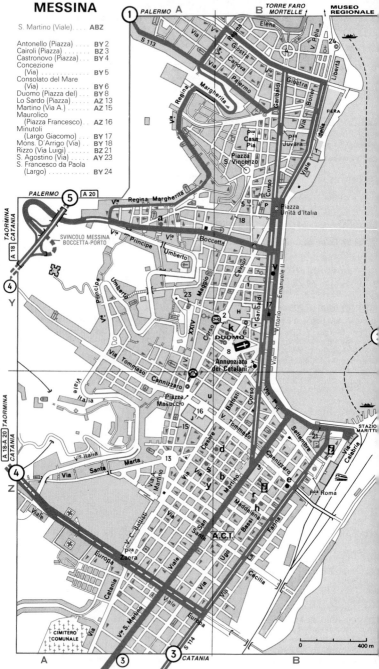

✗ **Orchidea,** via Risorgimento 106/108 ⊠ 98123 ℰ 771537 – 🗏. 🖭 🛐 E 𝘝𝘐𝘚𝘈   AZ **y**
chiuso venerdì exluso agosto – Pas carta 30/41000.

✗ **Osteria del Campanile,** via Loggia dei Mercanti 7/9 ℰ 711418 – 🗏. 🖭 🛐 ⓪ E 𝘝𝘐𝘚𝘈
chiuso lunedì ed agosto – Pas carta 28/47000.   BY **k**

sulla strada statale 114 per ③ : 5,5 km :

🏨 **Europa,** ⊠ 98013 Pistunina ℰ 621601, Telex 980151, Fax 621768, 🔄, ℅ – 🛗 🗏 🖭 ☎ 🅿
– 🛣 30 a 200. 🖭 🛐 ⓪ E 𝘝𝘐𝘚𝘈. ℅
Pas carta 40/55000 – ☲ 24000 – **115 cam** 145/250000 – ½ P 213000.

verso Colle San Rizzo per ① : 9 km – alt. 465 – ⊠ **98124** Messina :

🏠 **Panoramic,** ℰ 340228, ≤, ☞ – 🛗 ☜ 🅿. ℅ rist
Pas 28000 – ☲ 9500 – **12 cam** 75000 – P 95000.

a Ganzirri NE : 9 km – ⊠ **98015** :

✗✗ **La Napoletana da Salvatore,** ℰ 391032, ≤ – 🖭 🛐 ⓪ E 𝘝𝘐𝘚𝘈
chiuso dal 27 settembre al 17 ottobre e mercoledì (escluso luglio-agosto) – Pas carta 34/49000.

a Mortelle NE : 12 km BY – ⊠ **98019** Torre Faro :

✗✗ Sporting-Alberto, ℰ 321009, ≤, 🛆 – 🅿.

MILAZZO 98057 Messina 9️⃣8️⃣8️⃣ ㊲ ㊳, 4️⃣3️⃣2️⃣ M 27 – 32 218 ab. – ✪ 090.

Escursioni Isole Eolie★★★ per motonave o aliscafo.

🚢 per le Isole Eolie giornalieri (da 1 h 30 mn a 6 h) – Siremar-agenzia Alliatur, via dei Mille 9283242, Telex 980090, Fax 9283243.

⛴ per le Isole Eolie giornalieri (da 40 mn a 2 h 45 mn) – Siremar-agenzia Alliatur, via dei Mille 9283242, Telex 980090, Fax 9283243; Aliscafi SNAV-agenzia Delfo Viaggi, via Rizzo 9/10 9282023, Fax 9281798.

Catania 130 – Enna 193 – ◆Messina 41 – ◆Palermo 209 – Taormina 85.

🏠 **La Bussola,** via XX Luglio 29 ℰ 9221244, Fax 9282955 – 🛗 🗏 🖭 ☎ 🚗. 🖭 🛐 ⓪ E 𝘝𝘐𝘚𝘈
Pas 30/40000 – ☲ 15000 – **16 cam** 72/105000 – ½ P 80/100000.

🏠 **Jack's Hotel** senza rist, via Colonnello Magistri ℰ 9283300 – 🖭 ☎. 🖭 🛐 ⓪ E 𝘝𝘐𝘚𝘈. ℅
☲ 6000 – **14 cam** 65/90000.

✗✗✗ ✿ **Villa Marchese,** strada panoramica N : 3,5 km ℰ 9282514, ≤, « Servizio estivo in terrazza panoramica » – 🅿. 🛐 E 𝘝𝘐𝘚𝘈.
chiuso lunedì e novembre – Pas carta 65/85000
Spec. Terrina di ricotta e verdure, Ravioli di melanzane, Tagliata di pesce spada. Vini Principe di Corleone, Donnafugata.

✗✗ **Il Covo del Pirata,** via Marina Garibaldi ℰ 9284437 – 🗏. 🖭 🛐 ⓪ E 𝘝𝘐𝘚𝘈. ℅
chiuso mercoledì escluso agosto – Pas carta 39/49000 (15%).

✗ **Al Pescatore,** via Marina Garibaldi 119 ℰ 9286595, 🛆 – 🖭 🛐 ⓪ E 𝘝𝘐𝘚𝘈. ℅
chiuso giovedì dal 15 settembre al 15 giugno – Pas carta 33/56000 (10%).

MIRABELLA IMBACCARI 95040 Catania 9️⃣8️⃣8️⃣ ㊱, 4️⃣3️⃣2️⃣ P 25 – 9 364 ab. alt. 520 – ✪ 0933.

Agrigento 162 – ◆Catania 73 – Ragusa 86 – ◆Siracusa 115.

✗✗ Paradise, contrada Cacicci ℰ 991168, 🛆 – 🗏 🅿.

MODICA 97015 Ragusa 9️⃣8️⃣8️⃣ ㊲, 4️⃣3️⃣2️⃣ Q 26 – 50 321 ab. alt. 381 – ✪ 0932.

Agrigento 153 – ◆Catania 119 – ◆Messina 216 – ◆Palermo 282 – Ragusa 15 – ◆Siracusa 71.

🏠 **Motel di Modica,** corso Umberto I ℰ 941022, Fax 941077 – 🖭 ☎ 🚗 🅿. 🖭 ⓪ 𝘝𝘐𝘚𝘈. ℅
Pas carta 20/30000 – **36 cam** ☲ 50/80000 – ½ P 50/75000.

MODICA (Marina di) 97010 Ragusa – ✪ 0932.

Agrigento 155 – ◆Catania 121 – Ragusa 24.

✗ **Le Alghe,** piazza Mediterraneo 10 ℰ 902282, ≤, 🛆 – 🗏. 🖭 🛐 𝘝𝘐𝘚𝘈
chiuso martedì e novembre – Pas carta 31/46000 (25%).

MONDELLO Palermo 9️⃣8️⃣8️⃣ ㊱, 4️⃣3️⃣2️⃣ M 21 – ⊠ Palermo – ✪ 091.

Catania 219 – Marsala 117 – ◆Messina 245 – ◆Palermo 11 – ◆Trapani 97.

Pianta di Palermo : pianta d'insieme

🏰 **Mondello Palace,** viale Principe di Scalea 2 ⊠ 90151 ℰ 450001, Telex 911097, Fax 450657, « Piccolo parco con 🏊 », 🏖 – 🛗 🗏 🖭 ☎ 🅿 – 🛣 30 a 300. 🖭 🛐 𝘝𝘐𝘚𝘈. ℅
Pas 55/60000 – **77 cam** ☲ 180/260000, 9 appartamenti – ½ P 160/210000.   EU **c**

🏨 **La Torre,** via Piano di Gallo 11 ⊠ 90151 ℰ 450222, Telex 910183, Fax 450033, ≤, 🛆, « Scogliere », 🏊, ☞, ℅ – 🛗 🗏 🖭 ☎ 🅿 – 🛣 30 a 300. 🖭 🛐 ⓪ E 𝘝𝘐𝘚𝘈. ℅
Pas carta 39/60000 – **177 cam** ☲ 120/170000 – ½ P 140/164000.   EU **z**

XXX ❀ **Charleston le Terrazze,** viale Regina Elena ⊠ 90151 ℰ 450171, ≼, 🍽, « Terrazz sul mare » – 🖭 🕄 ⓞ 🖻 ₩₩. 🎉   EU
giugno-settembre – Pas carta 70/100000
Spec. Fettuccine all'ammiraglia, Dentice agli aromi in cartoccio, Crostata gelo di "mellone". Vini Corvo bianco e ross

X **Gambero Rosso,** via Piano di Gallo 32 ⊠ 90151 ℰ 454685 – 🖃 🅿. 🖭 🕄 ⓞ 🖻 ₩₩ *chiuso lunedì e gennaio –* Pas carta 32/46000.   EU

X **Al Gabbiano,** via Piano di Gallo ⊠ 90151 ℰ 450313, ≼, 🍽 – 🅿. 🖭 🕄 ⓞ 🖻 ₩₩. 🎉 *chiuso mercoledì e novembre –* Pas carta 36/49000 (15%).   EU

X **La Barcaccia,** via Piano di Gallo 4/6 ⊠ 90151 ℰ 454079 – 🖭 ⓞ 🖻 ₩₩. 🎉   EU
chiuso martedì e dal 16 al 31 agosto – Pas carta 38/47000.

MONREALE 90046 Palermo 𝟿𝟾𝟾 ㊱, 𝟜𝟹𝟸 M 21 – 28 512 ab. alt. 301 – ✆ 091.

Vedere Località★★★ – Duomo★★★ – Chiostro★★★ – ≼★★ dalle terrazze.
♦Agrigento 136 – ♦Catania 216 – Marsala 108 – ♦Messina 242 – ♦Palermo 8 – ♦Trapani 88.

sulla strada statale 186 :

XX **La Botte,** SO : 3 km ⊠ 90046 ℰ 414051, « Servizio estivo all'aperto » – 🅿. 🖭 🕄 ⓞ ▮
₩₩. 🎉
chiuso luglio, agosto, lunedì e a mezzogiorno (escluso sabato, domenica e giugno) – Pa carta 37/52000.

X **Villa 3 Fontane,** NE : 4 km ⊠ 90046 ℰ 6405400, Fax 6405206, ≼ – 🖃 🅿. 🖭 ₩₩. 🎉 *chiuso martedì e dal 10 al 25 agosto –* Pas carta 36/52000.

X **Taverna del Pavone,** vicolo Pensato 18 ℰ 6406209, 🍽 – 🖭 🕄 ⓞ 🖻 ₩₩ *chiuso lunedì e dal 21 settembre al 4 ottobre –* **Pas** carta 27/36000.

MORTELLE Messina 𝟜𝟹𝟙 𝟜𝟹𝟸 M 28 – Vedere Messina.

NASO 98074 Messina 𝟿𝟾𝟾 ㊱ ㊲, 𝟜𝟹𝟸 M 26 – 5 343 alt. 497 – ✆ 0941.

sulla strada statale 116 NO : 6 km :

XX **Brucoli,** ⊠ 98074 ℰ 918940, 🍽 – 🅿. 🖭 🕄 ⓞ 🖻 ₩₩. 🎉 *chiuso martedì escluso da giugno a settembre –* Pas carta 30/60000.

NICOLOSI 95030 Catania 𝟿𝟾𝟾 ㊲ – 5 541 ab. alt. 698 – ✆ 095.
♦Catania 15 – Enna 90 – ♦Messina 91 – ♦Palermo 217 – Taormina 46.

X **Grotta del Gallo,** strada per Mascalucia ℰ 911301, Fax 911301, ≼, 🍽 – 🅿. 🖭 ⓞ. 🎉
Pas carta 43/75000.

NICOSIA 94014 Enna 𝟿𝟾𝟾 ㊱, 𝟜𝟹𝟸 N 25 – 15 750 ab. alt. 700 – ✆ 0935.
♦Catania 103 – Enna 48 – ♦Messina 174 – ♦Palermo 150.

🏨 **Pineta** ⌂, ℰ 647002, ≼ – |✿| 📞 ⟐ 🅿 – 🔬 100. 🎉
Pas carta 26/50000 – ⊏ 10000 – **48 cam** 58/64000 – ½ P 55/60000.

X **La Cirata,** strada statale 117 (O : 3 km) ℰ 647095 – 🅿.

NOTO 96017 Siracusa 𝟿𝟾𝟾 ㊲, 𝟜𝟹𝟸 Q 27 – 23 974 ab. alt. 159 – ✆ 0931.

Vedere Corso Vittorio Emanuele★★ – Via Corrado Nicolaci★.

🖪 piazza XVI Maggio ℰ 836744.
♦Catania 91 – ♦Messina 188 – ♦Palermo 299 – Ragusa 53 – ♦Siracusa 32.

X **Trieste,** via Napoli 21 ℰ 835495 – 🖃

a Noto Marina SE : 8 km – ⊠ 96017 Noto :

🏨 **Helios,** viale Lido ℰ 812366, Fax 812378, ≼, 🏖, 🏊, 🏊, 🏖, 🎾 – |✿| 🖃 📺 📞 🅿 – 🔬 50
150 cam.

🏨 **President,** contrada Falconara ℰ 812330, Fax 812386, ≼, 🏊, 🏖 – |✿| 🖃 📺 📞 ⟐ 🅿
🔬 140. 🎉
Pas (solo per clienti alloggiati) – **76 cam** ⊏ 180000 – ½ P 115000.

OGNINA Catania 𝟜𝟹𝟸 Q 27 – Vedere Catania.

PALAZZOLO ACREIDE 96010 Siracusa 𝟿𝟾𝟾 ㊲, 𝟜𝟹𝟸 P 26 – 9 475 ab. alt. 697 – ✆ 0931.
♦Agrigento 220 – ♦Catania 90 – Enna 142 – Ragusa 40 – ♦Siracusa 49.

XX **Valentino,** via Galeno ang. Ronco Pisacane ℰ 881840 – 🖃. 🖭. 🎉
chiuso mercoledì e dal 31 agosto al 15 settembre – Pas carta 30/45000 (10%).

X **Da Alfredo,** via Duca d'Aosta 27 ℰ 883266 – 🖭
chiuso mercoledì e dal 15 al 30 luglio – Pas carta 22/33000 (10%).

sulla strada statale 287 SE : 7 km :

XX **La Trota,** ⊠ 96010 ℰ 883433, Fax 875694, 🍽 – 🖃 🅿. 🖭 🕄 ₩₩. 🎉
Pas carta 28/40000.

PALERMO 90100 🅿 🔢 ㊳, 🔢 M 22 – 734 238 ab. – 🟢 091.

edere Palazzo dei Normanni★★ : cappella Palatina★★★, mosaici★★★ AZ – Galleria Regionale
ella Sicilia★★ nel palazzo Abbatellis★ : affresco del Trionfo della Morte★★★ CY **M1** – Piazza
ellini★★ BY : chiesa della Martorana★, chiesa di San Cataldo★★ – Chiesa di San Giovanni
egli Eremiti★★ AZ – Catacombe dei Cappuccini★★ EV – Piazza Pretoria★ BY : fontana★★ **B** –
useo Archeologico★ : metope dei Templi di Selinunte★★, ariete★★ BY **M** – Palazzo Chiara-
onte★ : ficus magnolioides★★ nel giardino Garibaldi CY – Oratorio di San Lorenzo★ CY **N** –
uattro Canti★ BY – Cattedrale★ AYZ – Villa Bonanno★ AZ – Palazzo della Zisa★ EV – Orto
otanico★ CDZ – Carretti siciliani★ al museo Etnografico EU **M**.

ntorni Monreale★★★ per ③ : 8 km – Monte Pellegrino★★ FU per ④ : 14 km.

✈ di Punta Raisi per ④ : 30 km ℘ 6019333 – Alitalia, via della Libertà 29 ⊠ 90139 ℘ 6019111.

🚢 per Genova martedì, venerdì e domenica (22 h) e Livorno lunedì, mercoledì e venerdì
9 h) – Grandi Traghetti, via Mariano Stabile 53 ⊠ 90141 ℘ 587939, Telex 910098, Fax 589629;
er Napoli giornaliero (10 h 30 mn), Genova giugno-settembre lunedì, mercoledì, venerdì e
bato, negli altri mesi lunedì, mercoledì e venerdì (23 h) e Cagliari giugno-settembre domeni-
e negli altri mesi venerdì (12 h 30 mn) – Tirrenia Navigazione, via Roma 385 ⊠ 90133
333300, Telex 910020, Fax 6021221; per Ustica giornaliero (2 h 20 mn) – Siremar-agen-
a Prestifilippo, via Crispi 118 ⊠ 90133 ℘ 582403.

🚢 per Ustica giornaliero (1 h 15 mn) – Siremar-agenzia Prestifilippo, via Crispi 118 ⊠ 90133
582403; per le Isole Eolie giugno-settembre giornaliero (2 h 30 mn) – Aliscafi SNAV-agenzia
arbaro, piazza Principe di Belmonte 51/55 ⊠ 90139 ℘ 586533, Telex 910093, Fax 584830.

piazza Castelnuovo 34 ⊠ 90141 ℘ 583847, Telex 910179, Fax 331854 – Aeroporto Punta Raisi ℘ 591698 –
azione Centrale ⊠ 90127 ℘ 6165914, Fax 331854.

C.I. via delle Alpi 6 ⊠ 90144 ℘ 300471.

Messina 235 ①.

Piante pagine seguenti

🏨🏨 **Villa Igiea Gd H.** ⑤, salita Belmonte 43 ⊠ 90142 ℘ 543744, Telex 910092, Fax 547654,
≤, 🎄, « Terrazze fiorite sul mare », 🏊, ☞, ⁂ – 🛗 🔲 🔲 ☎ 🔗 ☉ – 🔬 50 a 500. 🄰🄴 🕄 ⑩
🄴 💳. ✀ rist — — — — — — — — — — — — — FV **b**
Pas 80000 – **117 cam** ⊊ 290/450000, 6 appartamenti – ½ P 265000.

🏨🏨 **Astoria Palace,** via Monte Pellegrino 62 ⊠ 90142 ℘ 6371820, Telex 911045,
Fax 6372178 – 🛗 🔲 🔲 ☎ 🔗 – 🔬 30 a 1000. 🄰🄴 🕄 ⑩ 💳. ✀ — — FV **a**
Pas 50/70000 – **325 cam** ⊊ 154/213000 – ½ P 165/212000.

🏨🏨 **Jolly,** Foro Italico 22 ⊠ 90133 ℘ 6165090, Telex 910076, Fax 6161441, 🎄, 🏊, ☞ – 🛗
↔ cam 🔲 🔲 ☎ 🔗 – 🔬 50 a 500. 🄰🄴 🕄 ⑩ 🄴. ✀ rist — — — DY **s**
Pas 50000 – **273 cam** ⊊ 160/210000 – ½ P 145/200000.

🏨🏨 **President,** via Crispi 230 ⊠ 90139 ℘ 580733, Telex 910359, Fax 6111588, ≤, « Rist.
roof-garden » – 🛗 🔲 🔲 ☎ 🔗 – 🔬 30 a 150. 🄰🄴 🕄 ⑩ 🄴 💳. ✀ — — BX **e**
Pas carta 36/52000 – **129 cam** ⊊ 140/180000 – ½ P 120/155000.

🏨🏨 **Excelsior Palace,** via Marchese Ugo 3 ⊠ 90141 ℘ 6256176, Telex 911149, Fax 342139 –
🛗 ↔ cam 🔲 🔲 ☎ – 🔬 30 a 100. 🄰🄴 🕄 ⑩ 🄴 💳. ✀ rist — — AX **c**
Pas 45000 – **128 cam** ⊊ 160/210000, 7 appartamenti – ½ P 145/200000.

🏨 **MotelAgip,** viale della Regione Siciliana 2620 ⊠ 90145 ℘ 552033, Telex 911196,
Fax 408198 – 🛗 🔲 🔲 ☎ 🔗 – 🔬 90. 🄰🄴 🕄 ⑩ 🄴 💳. ✀ rist — — EV **y**
Pas 36000 – **105 cam** ⊊ 126/174000 – ½ P 98/156000.

🏨 **Politeama Palace,** piazza Ruggero Settimo 15 ⊠ 90139 ℘ 322777, Telex 911053,
Fax 6111589 – 🛗 🔲 🔲 ☎ – 🔬 50 a 130. 🄰🄴 🕄 ⑩ 🄴 💳. ✀ — — AX **s**
Pas 50/75000 – **102 cam** ⊊ 175/250000 – ½ P 200000.

🏨 **Europa,** viaAgrigento 3 ⊠ 90141 ℘ 6256323, Fax 6256323 – 🛗 🔲 🔲 ☎. — — AX **r**
73 cam.

🏨 **Mediterraneo,** via Rosolino Pilo 43 ⊠ 90139 ℘ 581133, Fax 586974 – 🛗 🔲 🔲 ☎ –
🔬 50. 🄰🄴 🕄 ⑩ 🄴 💳. ✀ — — BX **k**
Pas (solo per clienti alloggiati) 33000 – **104 cam** ⊊ 100/150000 – ½ P 102/117000.

🏨 **Cristal Palace,** via Roma 477/d ⊠ 90139 ℘ 6112580, Telex 911205, Fax 6112589 – 🛗 🔲
🔲 ☎ – 🔬 80. 🄰🄴 🕄 ⑩ 🄴 💳. ✀ — — BX **m**
Pas carta 53/89000 – **90 cam** ⊊ 115/190000 – ½ P 127/145000.

🏨 **Ponte,** via Crispi 99 ⊠ 90139 ℘ 583744, Telex 910492, Fax 581845 – 🛗 🔲 🔲 ☎. 🄰🄴 🕄
⑩ 💳. ✀ — — BX **a**
Pas carta 30/43000 – **137 cam** ⊊ 80/110000 – ½ P 83/110000.

🏨 **Sausele** senza rist, via Vincenzo Errante 12 ⊠ 90127 ℘ 6161308 – 🛗 ☞ 🚗. 🄰🄴 🕄 ⑩ 🄴
💳 — — BZ **u**
⊊ 9000 – **37 cam** 50/75000.

🏨 **Touring** senza rist, via Mariano Stabile 136 ⊠ 90139 ℘ 584444 – 🛗 🔲 ☎. 🄰🄴 🕄 ⑩ 🄴
💳. ✀ — — BX **h**
⊊ 12000 – **22 cam** 65/90000, 🔲 20000.

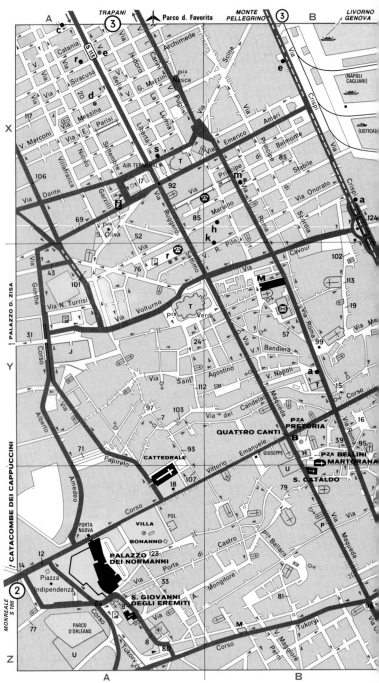

PALERMO

Maqueda (Via) .... **BY**
Roma (Via) .... **BXY**
Ruggero Settimo (Via) .... **AXY**
Vittorio Emanuele (Corso) .. **BCY**

Aragona (Piazza).......... **CY** 4
Aragona (Via).......... **CY** 6
Beati Paoli (Via).......... **AY** 7
Benedettini (Via dei).......... **AZ** 8
Calatafimi (Corso).......... **AZ** 12
Cappuccini (Via dei).......... **AZ** 14
Caracciolo (Piazza).......... **BY** 15
Cassa di Risparmio (Piazza) . **BY** 16
Castelnuovo (Piazza).......... **AX** 17
Cattedrale (Piazza della) .... **AZ** 18
Cavalieri di Malta (Largo) .... **BY** 19
Cervello (Via).......... **CY** 20
Croce dei Vespri
  (Piazza della).......... **BY** 21
Donizetti (Via Gaetano) .... **ABY** 24
Finocchiaro Aprile (Corso) .. **AZ** 31
Fonderia (Piazza).......... **CY** 32
Generale Cadorna (Via).......... **AZ** 33
Giudici (Discesa dei).......... **BY** 39
Immacolatella (Via).......... **CY** 41
Juvara Cluviero (Via).......... **AY** 43
Meccio (Via Salvatore).......... **AX** 52
Monteleone (Via).......... **BY** 57
Mura delle Cattive (Salita) .. **CY** 60
Orleans (Piazza d').......... **AZ** 64

Paternostro (V. Alessandro) **BCY** 68
Paternostro (Via Paolo).......... **AX** 69
Peranni (Pza Domenico).......... **AY** 71
Pignatelli d'Aragona (Via)... **AY** 76
Pisani (Corse P.).......... **AZ** 77
Ponticello (Via).......... **BZ** 79
Porta Montalto (Piazza) .... **BZ** 80
Porta Sant'Agata (Via) .... **BZ** 81
Porto Salvo (Via).......... **CY** 83
Principe Granatelli (Via) . **ABX** 85
Rivoluzione (Piazza).......... **CZ** 91
Ruggero Settimo (Piazza) .. **AX** 92
S. Agata (Via).......... **AY** 93
S. Anna (Piazza).......... **BY** 95
S. Antonino (Piazza).......... **BZ** 96
S. Cosmo (Piazza).......... **AY** 97
S. Domenico (Piazza).......... **BY** 99
S. Francesco d'Assisi (Pza) . **CY** 100
S. Francesco da Paola (Pza). **AY** 101
S. Giorgio dei Genovesi
  (Piazza).......... **BY** 102
S. Isidoro alla Guilla (Via) ... **AY** 103
S. Sebastiano (Via).......... **BY** 104
S. Teresa (Via).......... **CY** 105
Sammartino (Via).......... **AX** 106
Scuole (Via delle).......... **AZ** 107
Spasimo (Via dello).......... **CY** 109
Spirito Santo (Via dello).. **ABY** 112
Squarcialupo (Via).......... **BY** 113
Torremuzza (Via).......... **CY** 116
Turrisi Colonna (Via).......... **AX** 117
Vittoria (Piazza della) .... **AZ** 123
13 Vittime (Pza delle) ..... **BX** 124

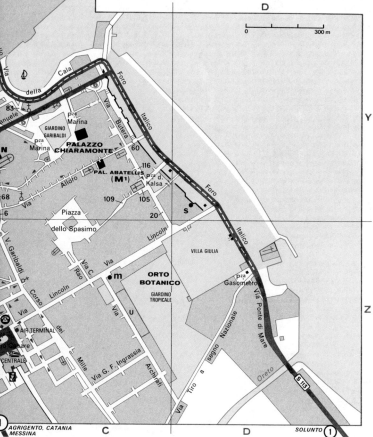

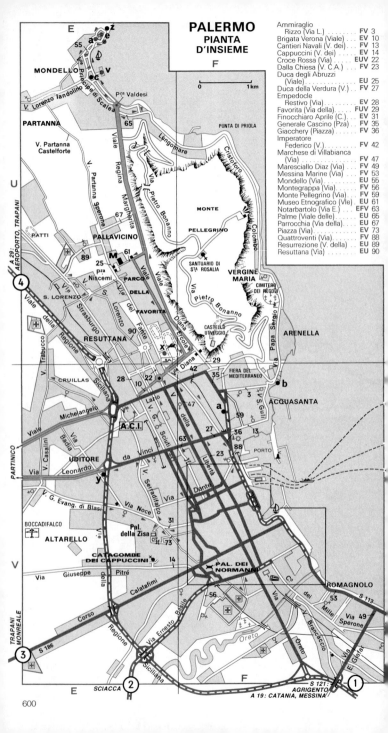

PALERMO
PIANTA D'INSIEME

0   1 km

Ammiraglio
 Rizzo (Via L.) . . . . FV 3
Brigata Verona (Viale) . . . EV 10
Cantieri Navali (V. dei) . . . FV 13
Cappuccini (V. dei) . . . . . EV 14
Croce Rossa (Via) . . . . . EUV 22
Dalla Chiesa (V. C.A.) . . . . FV 23
Duca degli Abruzzi
 (Viale) . . . . EU 25
Duca della Verdura (V.) . . . FV 27
Empedocle
 Restivo (Via) . . . . EV 28
Favorita (Via della) . . . . . FUV 29
Finocchiaro Aprile (C.) . . . FV 31
Generale Cascino (Pza) . . FV 35
Giacchery (Piazza) . . . . . FV 36
Imperatore
 Federico (V.) . . . . FV 42
Marchese di Villabianca
 (Via) . . . . FV 47
Maresciallo Diaz (Via) . . . FV 49
Messina Marine (Via) . . . FV 53
Mondello (Via) . . . . EU 55
Montegrappa (Via) . . . . . FV 56
Monte Pellegrino (Via) . . . FV 59
Museo Etnografico (Vle) . . EU 61
Notarbartolo (Via E.) . . . . EFV 63
Palme (Viale delle) . . . . . EU 65
Parrocchia (Via della) . . . . EU 67
Piazza (Via) . . . . EV 73
Quattroventi (Via) . . . . . . EU 88
Resurrezione (V. della) . . . EU 89
Resuttana (Via) . . . . EU 90

Villa Archirafi senza rist, via Lincoln 30 ⌧ 90133 ℰ 6168827 – 🛗 ☎ 🅿. 🕃 🖻 𝚅𝙸𝚂𝙰
⌘ 10000 – **30 cam** 70/100000.   CZ   **m**

Moderno senza rist, via Roma 276 angolo via Napoli ⌧ 90133 ℰ 588683 – 🆃🆅 ☜. 🅰🅴 🕃
① 🖻 𝚅𝙸𝚂𝙰   BY   **a**
⌘ 3000 – **38 cam** 50/75000

XX ۞ **Charleston,** piazzale Ungheria 30 ⌧ 90141 ℰ 321366, Fax 321347 – ☰. 🅰🅴 🕃 ① 🖻
𝚅𝙸𝚂𝙰. ✼   AY   **r**
chiuso domenica e da giugno a settembre – Pas carta 70/100000
Spec. Risotto "delizie dell'orto", Spiedino di pesce, Cassata siciliana. Vini Rapitalà, Rosso del Conte.

XX ۞ **L'Approdo da Renato,** via Messina Marine 224 ⌧ 90123 ℰ 6302881, 🍽, prenotare
– 🅰🅴 🕃 ① 🖻 𝚅𝙸𝚂𝙰. ✼   FV
chiuso mercoledì e dal 10 al 25 agosto – Pas carta 52/84000 (10%)
Spec. Pesce azzurro saradùsu (in agrodolce), Gnocchetti in salsa di gamberoni, Trancio di cernia ripiena alla siciliana.
Vini Chardonnay, Duca Enrico.

XX **Gourmand's,** via della Libertà 37/e ⌧ 90139 ℰ 323431, Fax 322507 – ☰. 🅰🅴 🕃 ① 🖻
✼. ✼   AX   **e**
chiuso domenica e dal 5 al 25 agosto – Pas carta 47/75000.

XX **Friend's Bar,** via Brunelleschi 138 ⌧ 90145 ℰ 201066, 🍽, prenotare – ☰. 🅰🅴 ①
chiuso lunedì e dal 16 al 31 agosto – Pas carta 35/50000.   per viale Michelangelo EV

XX **La Scuderia,** viale del Fante 9 ⌧ 90146 ℰ 520323, Fax 520467 – ☰ 🅿. 🅰🅴 🕃 ① 🖻 𝚅𝙸𝚂𝙰.
✼   EU   **x**
chiuso domenica e dal 15 al 31 agosto – Pas carta 48/93000.

X **Regine,** via Trapani 4/a ⌧ 90141 ℰ 586566 – ☰. 🅰🅴 🕃 ① 🖻 𝚅𝙸𝚂𝙰. ✼   AX   **d**
chiuso domenica ed agosto – Pas carta 40/55000.

X **A Cuccagna,** via Principe Granatelli 21/a ⌧ 90139 ℰ 587267 – ☰. 🅰🅴 🕃 ① 🖻 𝚅𝙸𝚂𝙰. ✼
chiuso venerdì e dal 7 al 24 agosto – Pas carta 33/55000.   BX   **m**

Vedere anche : **Monreale** per ② : 8 km.
                Mondello N : 11 km EU.

PALMA DI MONTECHIARO 92020 Agrigento 988 ㉟, 432 P 23 – 25 300 ab. alt. 165 – ۞ 0922.
Agrigento 25 – ♦Caltanissetta 53 – Ragusa 112.

X **Da Vittorio,** sulla strada statale 115 S : 2 km ℰ 968677 – 🅿
chiuso domenica e dal 16 al 31 agosto – Pas carta 33/49000.

PANAREA (Isola) Messina 988 ㊳, 431 432 L 27 – Vedere Eolie (Isole).

PANTELLERIA (Isola di) Trapani 988 ㉟, 432 Q 18 – 7 653 ab. alt. da 0 a 836 (Montagna Grande) – ۞ 0923.
Vedere ≼★★ a Sud dell'Isola – Montagna Grande★★ SE : 13 km.
Escursioni Giro dell'isola in macchina★★.
≥ SE : 4 km ℰ 911398 – Alitalia, Agenzia La Cossira, via Borgo ℰ 911078.
⚓ per Trapani giornaliero (4 h 30 mn) – Siremar-agenzia Rizzo, via Borgo Italia 12 ℰ 911104,
911109.
via San Nicola ℰ 911838

     Pantelleria 432 Q 17 – ⌧ **91017**

Khamma, ℰ 912680, Fax 912570, ≼ – 🛗 ☰ 🆃🆅 ☎. 🅰🅴 🕃 ① 🖻 𝚅𝙸𝚂𝙰. ✼
Pas (solo per clienti alloggiati) 40/50000 – ⌘ 15000 – **39 cam** 90/120000 – ½ P 100/
120000.

Port' Hotel, ℰ 911299, Fax 912203, ≼ – 🛗 ☰ ☜. 🅰🅴 🕃 ① 🖻 𝚅𝙸𝚂𝙰. ✼
Pas carta 28/39000 bc – **43 cam** ⌘ 105000 – ½ P 90/105000.

PATTI (Marina di) 98060 Messina 988 ㊲, 432 M 26 – ۞ 0941.
Dintorni Tindari : rovine★ SE : 10 km.
Catania 155 – ♦Messina 66 – ♦Palermo 174.

La Playa, ℰ 361326, ≼, 🏖, ⚓, 🍽, ✼ – 🛗 ☜ 🅿. 🅰🅴 🕃 ① 🖻 𝚅𝙸𝚂𝙰. ✼ rist
aprile-ottobre – Pas carta 35/46000 – ⌘ 10000 – **41 cam** 65/85000 – ½ P 85/105000.

Park Philip Hotel, via Capitano Zuccarello ℰ 361332, Fax 361184, 🏖 – 🛗 ☰ 🆃🆅 ☎ –
🅰 120. 🅰🅴 🕃 ① 🖻 𝚅𝙸𝚂𝙰. ✼
Pas 28/35000 – ⌘ 10000 – **43 cam** 55/80000 – ½ P 90/100000.

X **Cani Cani,** con cam, località Saliceto ℰ 361022, 🍽 – ☰ cam 🆃🆅 🅿.
15 cam.

PEDARA 95030 Catania 432 O 27 – 8 076 ab. alt. 610 – ۞ 095.
Catania 17 – Enna 93 – ♦Messina 84 – ♦Palermo 220 – Taormina 43.

X **La Bussola,** ℰ 7800250, 🍽 – ☰ ✼
chiuso lunedì escluso da giugno a settembre – Pas carta 29/46000.

PIANO ZUCCHI Palermo 432 N 23 – alt. 1 105 – ⊠ **90010** Isnello – ✿ 0921.

♦Agrigento 137 – ♦Caltanissetta 79 – ♦Catania 160 – ♦Messina 207 – ♦Palermo 80.

🏨 **La Montanina** ⟨⟩, ℘ 62030, ≼, ☞ – **ⓟ**. ⯍. ⬉
Pas carta 27/44000 – ⟳ 8000 – **42 cam** 45/65000 – ½ P 65/70000.

✗ **Rifugio Orestano**, ℘ 62159, ≼ – **ⓟ**
Pas carta 35/51000 (15 %).

a Piano Torre NO : 4 km – ⊠ **90010** Isnello :

🏨 **Park Hotel** ⟨⟩, ℘ 62671, Fax 62672, ⥌, ⬉ – ▤ ☎ **ⓟ**. ⯍ ⬥ 𝘝𝘐𝘚𝘈. ⬉
Pas 35/55000 – ⟳ 15000 – **27 cam** 110/130000.

PIAZZA ARMERINA 94015 Enna 988 ㊱, 432 O 25 – 22 401 ab. alt. 697 – ✿ 0935.

Dintorni Villa romana del Casale★★ SO : 6 km.

🛈 via Cavour 15 ℘ 680201.

♦Caltanissetta 49 – ♦Catania 84 – Enna 34 – ♦Messina 181 – ♦Palermo 164 – Ragusa 103 – ♦Siracusa 134.

🏨 **Park Hotel Paradiso**, contrada Ramaldo ℘ 680841, ⥌, ⬉ – ▯ ☜ **ⓟ**
Pas carta 25/40000 – ⟳ 10000 – **26 cam** 55/90000 – ½ P 80000.

✗ **Bellia**, strada statale 117 bis (N : 1,5 km) ℘ 680622, ⭢ – **ⓟ**. ⯍ ⬥ 𝘝𝘐𝘚𝘈
chiuso mercoledì a mezzogiorno in agosto, tutto il giorno negli altri mesi – Pas carta
40000.

✗ **Da Battiato** con cam, contrada Casale O : 3,5 km ℘ 685453, Fax 685453 – **ⓟ**. ⬉
Pas carta 24/33000 – ⟳ 6000 – **15 cam** 40/60000 – ½ P 45/50000.

✗ **Pepito**, via Roma 138 ℘ 685737, Fax 685737 – ⯍ ⬥ ⬥ 𝘝𝘐𝘚𝘈
chiuso martedì e dicembre – Pas carta 22/33000.

PORTICELLO Palermo 432 M 22 – Vedere Santa Flavia.

PORTOPALO DI CAPO PASSERO 96010 Siracusa 432 Q 27 – 3 338 ab. alt. 20 – ✿ 0931.

♦Catania 121 – ♦Palermo 325 – Ragusa 56 – ♦Siracusa 58.

🏨 Vittorio, scalo Mandria ℘ 842181, ≼ – **ⓟ** – **25 cam.**

✗ **Da Maurizio,** via Tagliamento 22 ℘ 842644 – ⯍ ⬥ ⓞ ⬥ 𝘝𝘐𝘚𝘈. ⬉
chiuso martedì e dal 9 ottobre a novembre – Pas carta 30/56000.

POZZALLO 97016 Ragusa 988 ㊲, 432 Q 26 – 17 161 ab. – ✿ 0932.

♦Catania 120 – Ragusa 33 – ♦Siracusa 61.

🏨 **Villa Ada,** corso Vittorio Veneto 3 ℘ 954022, Fax 954022 – ▯ 📺 ☜. ⬥ ⬥ 𝘝𝘐𝘚𝘈
Pas 17/23000 – ⟳ 6000 – **27 cam** 50/75000 – ½ P 60/65000.

✗ **Delfino,** piazzetta delle Sirene 4 ℘ 954732, ☞ – ⬉
luglio-15 settembre; chiuso lunedì – Pas carta 22/44000 (15 %).

PRIOLO GARGALLO 96010 Siracusa 432 P 27 – 11 762 ab. alt. 30 – ✿ 0931.

♦Catania 45 – ♦Siracusa 14.

✗✗ La Bussola, strada statale 114 (SE : 1 km) ℘ 761115 – ▤ **ⓟ**.

RAGUSA 97100 ℙ 988 ㊲, 432 Q 26 – 69 423 ab. alt. 498 – a.s. luglio-agosto – ✿ 0932.

Vedere ≼★★ sulla città vecchia dalla strada per Siracusa – Posizione pittoresca★ – Rag
Ibla★ : chiesa di San Giorgio★.

🛈 via Capitano Bocchieri 33 ℘ 621421, Fax 622288.

A.C.I. via Ercolano 22 ℘ 24629.

♦Agrigento 138 – ♦Caltanissetta 143 – ♦Catania 104 – ♦Palermo 267 – ♦Siracusa 79.

🏨 **Montreal**, via San Giuseppe 6 ang. corso Italia ℘ 621133, Fax 621133 – ▯ ▤ 📺 ☎ ⬥
ⓞ 𝘝𝘐𝘚𝘈
Pas carta 27/36000 – ⟳ 6000 – **63 cam** 55/88000, ▤ 5000 – ½ P 70000.

✗✗ **U' Saracinu**, via del Convento 9 (Ibla) ℘ 46976 – ▤. ⯍ ⬥ ⬥ 𝘝𝘐𝘚𝘈
chiuso mercoledì e dal 5 al 20 luglio – **Pas** carta 25/43000.

✗ **Orfeo**, via Sant'Anna 117 ℘ 621035
chiuso sabato sera, domenica e dal 1° al 15 agosto – Pas carta 23/34000.

sulla strada provinciale per Marina di Ragusa SO : 5 km :

✗✗ **Villa Fortugno**, ⊠ 97100 ℘ 667134, « In un'antica dimora nobiliare » – ▤ **ⓟ**. ⬉
chiuso lunedì ed agosto – Pas carta 28/44000.

RAGUSA (Marina di) 97010 Ragusa 988 ㊱ ㊲ – ✿ 0932.

♦Agrigento 131 – ♦Catania 128 – ♦Messina 225 – ♦Palermo 260 – Ragusa 24 – ♦Siracusa 93.

✗ Alberto, lungomare Doria 48 ℘ 39023, ≼, ☞

ANDAZZO 95036 Catania 988 ⑨, 432 N 26 – 11 736 ab. alt. 754 – ✪ 095.
atania 69 – ♦Caltanissetta 133 – ♦Messina 88 – Taormina 45.

XX **Trattoria Veneziano,** via Romano 8 ℘ 7991353, prenotare – 🖭 🗓 **E** 𝘝𝘐𝘚𝘈. ⚘
chiuso domenica sera, lunedì, dal 25 al 31 dicembre e dal 1° al 15 luglio – **Pas** carta 25/40000.

ALEMI 91018 Trapani 432 N 20 – 12 439 ab. alt. 410 – ✪ 0924.
grigento 113 – Marsala 38 – ♦Palermo 93 – ♦Trapani 43.

🏨 **Florence** ⚘, O : 2,5 km ℘ 68814, Fax 68944, ⌖ – ▤ ☎ 🅿 – 🅰 200. 🖭 ⑩
Pas *(chiuso lunedì)* carta 23/41000 – ☲ 6000 – **22 cam** 48/80000, ▤ 4000.

ALINA (Isola) Messina 988 ⑯ ⑰ ⑱, 431 432 L 26 – Vedere Eolie (Isole).

AN CATALDO 93017 Caltanissetta 988 ⑯, 432 O 23 – 23 605 ab. alt. 625 – ✪ 0934.
lessina 214 – ♦Agrigento 55 – Caltanissetta 8 – ♦Catania 117 – ♦Palermo 135.

🏠 **Helios,** contrada Zubi San Leonardo ℘ 573000, ⬉ – ▤ 📺 ☎ 🅿. ⚘
Pas carta 24/44000 – ☲ 6000 – **38 cam** 88000 – ½ P 70/78000.

AN GIOVANNI LA PUNTA 95037 Catania 432 O 27 – 19 027 ab. alt. 355 – ✪ 095.
atania 9 – Enna 92 – ♦Messina 88.

XX **Nuovo Calatino,** via della Regione 62 ℘ 7412005, ⌖ – 🅿. 𝘝𝘐𝘚𝘈
chiuso martedì – Pas carta 26/36000 (15%).

AN GREGORIO DI CATANIA 95027 Catania 432 O 22 – 8 908 ab. alt. 336 – ✪ 095.
atania 8,5.

XX **Al Rustico,** ℘ 7177434, ⌖ – 🅿. 🖭 ⑩ **E** 𝘝𝘐𝘚𝘈
chiuso martedì ed agosto – Pas carta 44/72000.

AN LEONE Agrigento 432 P 22 – Vedere Agrigento.

ANTA FLAVIA 90017 Palermo 432 M 22 – 8 379 ab. – ✪ 091.
edere Rovine di Solunto★ : posizione pittoresca★★, ⬉★★ dalla cima del colle NO : 2,5 km –
ulture★ di Villa Palagonia a Bagheria SO : 2,5 km.
grigento 130 – ♦Caltanissetta 116 – ♦Catania 197 – ♦Messina 223 – ♦Palermo 18.

a Porticello NE : 1 km – ✉ 90010 :

XX **La Muciara-Nello el Greco,** ℘ 957868, Fax 958062, ⌖ – ▤. 🖭 🗓 **E** 𝘝𝘐𝘚𝘈. ⚘
chiuso lunedì e dal 7 al 31 gennaio – Pas carta 43/81000 (10%).

a Sant'Elia NE : 2 km – ✉ 90010 :

🏨 **Kafara** ⚘, ℘ 957377, Telex 910264, Fax 957021, ⬉, ⌖, « Terrazze fiorite con ⚏ »,
🏖, ⌖, ⚎ – 🛗 ▤ 📺 ☎ 🅿. 🖭 🗓 ⑩ **E** 𝘝𝘐𝘚𝘈. ⚘
Pas 60000 (15%) – **63 cam** ☲ 120/170000 – ½ P 150/160000.

ANT'AGATA DI MILITELLO 98076 Messina 988 ⑯, 432 M 25 – 12 850 ab. – ✪ 0941.
atania 122 – Enna 126 – ♦Messina 102 – ♦Palermo 132 – Taormina 148.

🏨 **Roma Palace Hotel,** via Nazionale ℘ 703516, Fax 703519 – 🛗 ▤ 📺 ☎ 🅿. 🖭 🗓 ⑩ **E**
𝘝𝘐𝘚𝘈. ⚘
Pas *(chiuso lunedì)* 40/45000 – ☲ 10000 – **48 cam** 150000 – ½ P 115/130000.

ANT'ALESSIO SICULO 98030 Messina 432 N 28 – 1 444 ab. – ✪ 0942.
atania 60 – ♦Messina 40 – ♦Palermo 266 – Taormina 15.

🏨 **Kennedy,** ℘ 751176, Fax 750529, ⬉, ⚏, 🏖 – 🛗 ▤ ⚎ 🅿 🖭 🗓 ⑩ **E** 𝘝𝘐𝘚𝘈. ⚘ rist
marzo-ottobre – Pas carta 32/41000 – ☲ 7500 – **79 cam** 65/110000 – ½ P 65/88000.

ANTA TECLA Catania 432 O 27 – Vedere Acireale.

ANT'ELIA Palermo 432 N 25 – Vedere Santa Flavia.

AN VITO LO CAPO 91010 Trapani 988 ⑲, 432 M 20 – 3 937 ab. – ✪ 0923.
alermo 108 – ♦Trapani 38.

🏨 **Capo San Vito,** ℘ 972122, Fax 972559, ⬉, ⌖, 🏖 – 🛗 ▤ ☎. 𝘝𝘐𝘚𝘈. ⚘
Pasqua-settembre – Pas carta 34/49000 – **35 cam** ☲ 125/190000 – ½ P 115/155000.

🏨 **Egitarso,** ℘ 972111, Fax 972062, ⬉ – ▤ ☎ ⚎. 🖭 ⑩ **E**
Pas carta 30/44000 (15%) – ☲ 10000 – **17 cam** 70/90000 – ½ P 65/105000.

XX **Thaan,** via Duca degli Abruzzi 32 ℘ 972836, Coperti limitati; prenotare 🛗 ▤. 🖭 𝘝𝘐𝘚𝘈. ⚘
chiuso mercoledì escluso da giugno a settembre – Pas carta 33/51000 (15%).

XX **Da Alfredo,** ℘ 972366, ⬉, ⌖ – 🅿. 🖭 ⑩. ⚘
chiuso lunedì e dal 20 ottobre al 30 novembre – Pas carta 26/53000.

SCIACCA 92019 Agrigento 988 ㉟, 432 O 21 – 40 674 ab. alt. 60 – Stazione terma (15 aprile-15 novembre) – ✿ 0925.

🛈 corso Vittorio Emanuele 84 ℘ 21182, Fax 84121.

◆Agrigento 63 – ◆Catania 230 – Marsala 71 – ◆Messina 327 – ◆Palermo 134 – ◆Trapani 112.

🏥 **Grande Alb. Terme,** lungomare Nuove Terme ℘ 23133, Fax 21746, ≤, ⌁ riscaldata, ✍
🏄 – 🛗 ☎ 🅿. 🖭 🕄 ⓪ 🗲 𝗩𝗜𝗦𝗔. ✼
Pas *(chiuso dicembre e gennaio)* 30000 – ⊇ 6000 – **72 cam** 65/115000 – ½ P 80000.

verso San Calogero NE : 4 km :

XX **Le Gourmet,** ⊠ 92019 ℘ 26460, ≤, 🏤 – 🗐 🅿. 🖭 🕄 𝗩𝗜𝗦𝗔. ✼
chiuso martedì (escluso da giugno a settembre) e novembre – Pas carta 25/55000 (10%)

sulla strada statale 115 SE : 9 km :

🏥 **Club Hotel Torre Macauda** ⑊, ⊠ 92019 ℘ 997000, Telex 910108, Fax 997007, ≤, 📌
≦ₛ, ⌁, 🏊, 🔥ₒ, 🛳, ✗ – 🛗 🗐 ☎ & 🅿 – 🔬 30 a 300. 🖭 🕄 ⓪ 🗲 𝗩𝗜𝗦𝗔
Pasqua-ottobre – Pas 35/50000 – **297 cam** ⊇ 200000 – ½ P 90/150000.

SCOPELLO Trapani 432 M 20 – Vedere Castellammare del Golfo.

SEGESTA Trapani 988 ㉟, 432 N 20 – alt. 318 (Ruderi di un'antica città ellenistica).
Vedere Rovine★★★ – Tempio★★★ – ≤★★ dalla strada per il Teatro – Teatro★.
◆Agrigento 146 – ◆Catania 283 – ◆Messina 305 – ◆Palermo 75 – ◆Trapani 35.

SELINUNTE Trapani 988 ㉟, 432 O 20 (Ruderi di un'antica città sorta attorno al 500 ava Cristo).
Vedere Rovine★★.
◆Agrigento 102 – ◆Catania 269 – ◆Messina 344 – ◆Palermo 114 – ◆Trapani 92.

a Marinella S : 1 km – ⊠ **91020** :

🏥🏥 **Paradise Beach** ⑊, ℘ (0924) 46333, Telex 910469, Fax (0924) 46477, ⌁, 🔥ₒ, ✗ –
🗐 ☎ 🅿 – 🔬 350 🖭 🕄 🗲 𝗩𝗜𝗦𝗔. ✼
marzo-ottobre –Pas 35000 – ⊇ 15000 – **250 cam** 140000 – ½ P 115000.

🏥 **Alceste,** ℘ (0924) 46184, Fax (0924) 46143, 🏤 – 🛗 ☏ 🅿. 🖭 🕄 🗲 𝗩𝗜𝗦𝗔. ✼ cam
marzo-novembre – Pas carta 31/49000 (10%) – ⊇ 10000 – **26 cam** 45/73000 – ½ P 85000.

🏥 **Garzia,** ℘ (0924) 46024, Fax (0924) 46196, 🔥ₒ – 🛗 🗐 📺 ☎. 🕄 🗲 𝗩𝗜𝗦𝗔. ✼
Pas 38000 – ⊇ 12000 – **37 cam** 70/95000 – ½ P 110000.

*Halten Sie beim Betreten des Hotels oder des Restaurants
den Führer in der Hand.
Sie zeigen damit, daß Sie aufgrund dieser Empfehlung gekommen sind.*

SIRACUSA 96100 🄿 988 ㊲, 432 P 27 – 125 444 ab. – ✿ 0931.
Vedere Zona archeologica★★★ AY : Teatro Greco★★★, Latomia del Paradiso★★★ L (Orecchio Dionisio★★★ B, grotta dei Cordari★★ G), Anfiteatro Romano★ AY C – Museo Archeolog Nazionale★★ M1 – Catacombe di San Giovanni★★ AY – Latomia dei Cappuccini★★ BY Città vecchia★★ BZ : Duomo★ D, Fonte Aretusa★ E – Museo Regionale di palazzo Bellom BZ M.
Escursioni Passeggiata in barca sul fiume Ciane★★ fino a Fonte Ciane★ SO : 4 h di barca richiesta) o 8 km.

🛈 via San Sebastiano 45 ℘ 67710, Fax 63803 – largo Paradiso (zona archeologica) ℘ 60510, Fax 67803 – della Maestranza 33 ℘ 464255, Fax 60204.

A.C.I. Foro Siracusano 27 ℘ 66656.

◆Catania 59 ②.

Pianta pagina seguente

🏥🏥 **Jolly,** corso Gelone 45 ℘ 461111, Telex 970108, Fax 461126 – 🛗 🗐 📺 ☎ 🅿 – 🔬 100.
🕄 ⓪ 🗲 𝗩𝗜𝗦𝗔. ✼ rist   AYZ
Pas carta 49/85000 – **100 cam** ⊇ 160/210000 – ½ P 145/200000.

🏥🏥 **MotelAgip,** viale Teracati 30 ℘ 463232 e rist ℘ 66688, Telex 972480, Fax 67115 – 🛗
📺 ☎ & 🅿 – 🔬 30 a 500. 🖭 🕄 ⓪ 🗲 𝗩𝗜𝗦𝗔. ✼   AY
Pas 30/45000 – **87 cam** ⊇ 145/192000 – ½ P 125/165000.

🏥 **Relax,** viale Epipoli 159 ℘ 740122, Fax 740933, ⌁, 🛳, ✗ – 🛗 🗐 📺 ☎ & 🅿 🖭 🕄
𝗩𝗜𝗦𝗔   2 km per ②
Pas 36000 – **40 cam** ⊇ 84/140000 – ½ P 110000.

🏥 **Panorama** senza rist, via Necropoli Grotticelle 33 ℘ 412188 – 🛗 📺 ☎ 🅿. 🕄 🗲 𝗩𝗜𝗦𝗔
⊇ 8000 – **51 cam** 60/90000.   AY

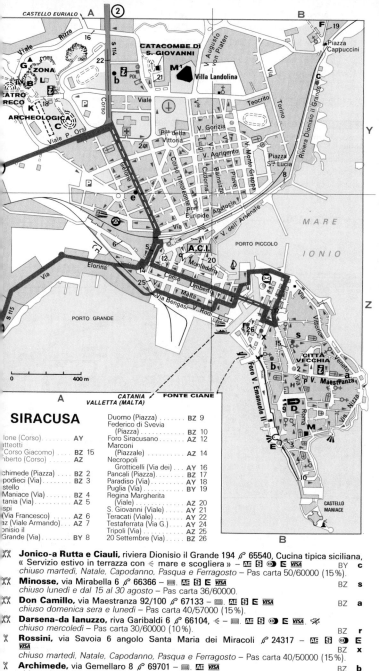

CASTELLO EURIALO A

CATACOMBE DI
S. GIOVANNI

Villa Landolina

ZONA

TEATRO
GRECO

ARCHEOLOGICA

MARE

IONIO

PORTO PICCOLO

A.C.I.

PORTO GRANDE

CITTÀ
VECCHIA

P. V. Maestranza

CASTELLO
MANIACE

CATANIA / FONTE CIANE
VALLETTA (MALTA)

SIRACUSA

lone (Corso)	AY
atteotti	
(Corso Giacomo) . .	BZ 15
nberto (Corso)	AZ
chimede (Piazza)	BZ 2
podieci (Via)	BZ 3
stello	
Maniace (Via)	BZ 4
tania (Via)	AZ 5
ispi	
(Via Francesco)	AZ 6
az (Viale Armando) . .	AZ 7
onisio il	
Grande)	BY 8

Duomo (Piazza)	BZ 9
Federico di Svevia	
(Piazza)	BZ 10
Foro Siracusano	AZ 12
Marconi	
(Piazzale)	AZ 14
Necropoli	
Grotticelli (Via dei) . . .	AY 16
Pancali (Piazza)	BZ 17
Paradiso (Via)	AY 18
Puglia (Via)	BY 19
Regina Margherita	
(Viale)	AZ 20
S. Giovanni (Viale)	AY 21
Teracati (Viale)	AY 22
Testaferrata (Via G.)	AY 24
Tripoli (Via)	AZ 25
20 Settembre (Via)	BZ 26

XX **Jonico-a Rutta e Ciauli,** riviera Dionisio il Grande 194 ℰ 65540, Cucina tipica siciliana,
« Servizio estivo in terrazza con ≤ mare e scogliera » – 🆎 🅂 ⓘ 🅴 *VISA*   BY **c**
chiuso martedì, Natale, Capodanno, Pasqua e Ferragosto – Pas carta 50/60000 (15%).

XX **Minosse,** via Mirabella 6 ℰ 66366 – 🍽. 🆎 🅂 🅴 *VISA*   BZ **s**
chiuso lunedì e dal 15 al 30 agosto – Pas carta 36/60000.

XX **Don Camillo,** via Maestranza 92/100 ℰ 67133 – 🍽. 🆎 🅂 🅴 *VISA*   BZ **a**
chiuso domenica sera e lunedì – Pas carta 40/57000 (15%).

XX **Darsena-da Ianuzzo,** riva Garibaldi 6 ℰ 66104, ≤ – 🍽. 🆎 🅂 ⓘ 🅴 *VISA*. ✼   BZ **r**
chiuso mercoledì – Pas carta 30/60000 (10%).

X **Rossini,** via Savoia 6 angolo Santa Maria dei Miracoli ℰ 24317 – 🆎 🅂 ⓘ 🅴
VISA   BZ **x**
chiuso martedì, Natale, Capodanno, Pasqua e Ferragosto – Pas carta 40/50000 (15%).

X **Archimede,** via Gemellaro 8 ℰ 69701 – 🍽. 🆎 *VISA*   BZ **b**
chiuso domenica e luglio – Pas 40/60000 (10%).

a Fontane Bianche per ① : 15 km – ⊠ **96010** Cassibile :

🏨 **Fontane Bianche,** ℘ 790611, Fax 790571, 🏊, 🏖, 🛠 – 🛏 🍽 ☎ ❷ – 🛎 40 a 500. ⅋ 🗈
① 🖪 _VISA_ 🛇
10 marzo-ottobre – Pas 35/40000 – **128 cam** ☶ 98/158000 – ½ P 98/113000.

🍴 **La Spiaggetta,** ℘ 790334, ≼ – 🍽 ❷ ⅋ 🖪 ① 🖪 _VISA_
chiuso martedì escluso da aprile a settembre – Pas carta 34/47000.

STROMBOLI (Isola) Messina 🎱🎱🎱 ③⑦ ③⑧, 🎰🎰🎰 🎰🎰🎰 K 27 – Vedere Eolie (Isole).

TAORMINA 98039 Messina 🎱🎱🎱 ③⑦, 🎰🎰🎰 N 27 – 10 905 ab. alt. 250 – ✿ 0942.

Vedere Località★★★ – Teatro Greco★★ : ≼★★★ B – Giardino pubblico★★ B – ※★★ dalla piazza
Aprile A **12** – Corso Umberto★ A – Belvedere★ B – Castello★ : ≼★ A.

Escursioni Etna★★★ SO per Linguaglossa.

🔰 largo Santa Caterina (Palazzo Corvaja) ℘ 23243,Telex 981167, Fax 24941.

♦Catania 52 ② – Enna 135 ② – ♦Messina 52 ① – ♦Palermo 255 ② – ♦Siracusa 111 ② – ♦Trapani 359 ③.

TAORMINA	Cappuccini (Via) . . . . A 2	Rotabile Castelmola . . . . A 8
	Crocifisso (Via) . . . . A 3	S. Antonio (Piazza) . . . . A 9
	Dironisio (Via) . . . . A 5	Vittorio Emanuele (Pza) . . . . B 1
Umberto (Corso) . . . . A	Duomo (Piazza) . . . . A 6	9 Aprile (Piazza) . . . . A 1

Circolazione regolamentata nel centro città da giugno a settembre

🏨🏨🏨🏨🏨 **San Domenico Palace** 📎, piazza San Domenico 5 ℘ 23701, Telex 980013, Fax 62550
🍴, « Convento del 15° secolo con giardino fiorito e ≼ mare, costa ed Etna », 🛴 risca-
data – 🛗 🍽 📺 ☎ ❷ – 🛎 400. ⅋ 🗈 🖪 ① 🖪 _VISA_. 🛠 rist
Pas 95/120000 – **101 cam** ☶ 350/620000, 8 appartamenti – ½ P 400/450000.
A

🏨🏨🏨 **Excelsior Palace** 📎, via Toselli 8 ℘ 23975, Telex 980185, Fax 23978, ≼ mare, costa e
Etna, « Piccolo parco e 🛴 riscaldata su terrazza panoramica » – 🛗 🍽 📺 ☎ ❷ – 🛎 10
⅋ 🗈 🖪 ① 🖪 _VISA_. 🛠 rist
Pas 65000 – **89 cam** ☶ 160/230000 – ½ P 185000.
A

🏨🏨🏨 **Jolly Diodoro,** via Bagnoli Croci 75 ℘ 23312, Telex 980028, Fax 23391, ≼ mare, cos
ed Etna, « 🛴 su terrazza panoramica », 🍴, 🏖 – 🛗 🍽 📺 ☎ ❷ – 🛎 250. ⅋ 🗈 🖪 ① 🖪 _VI_
🛠 rist
Pas 35/60000 – **102 cam** ☶ 210/240000 – ½ P 124/155000.

🏨🏨🏨 **Bristol Park Hotel,** via Bagnoli Croci 92 ℘ 23006, Telex 980005, Fax 24519, ≼ ma
costa ed Etna, 🛴 – 🛗 🍽 📺 ☎ ❷ ⟷. ⅋ 🗈 🖪 ① 🖪 _VISA_. 🛠 rist
B
chiuso dal 1° al 20 dicembre e dal 10 gennaio a febbraio – Pas 40/60000 – **50 ca**
☶ 125/200000, 3 appartamenti – ½ P 100/150000.

🏨🏨 **Monte Tauro** 🦅, via Madonna delle Grazie 3 🟋 24402, Telex 980048, Fax 24403, ≤ mare e costa, 🎿 – 📱 ▤ 📺 ☎ 📞 – 🛗 100. 🆎 🖪 ⑩ 🖰 🗜️. ℁ 　　　　　　　　　AB **u**
Pas 50000 – **70 cam** ☲ 230000 – ½ P 165000.

🏨🏨 **Gd H. Miramare,** via Guardiola Vecchia 27 🟋 23401, Fax 23978, ≤ mare e costa, 🎿 riscaldata, 🐾, ❄️ – 📱 ▤ 📺 ☎ 📞. 🆎 🖪 ⑩ 🗜️. ℁ rist 　　　　　　B **c**
Pas 65000 – **68 cam** ☲ 180/250000, appartamento – ½ P 205000.

🏨🏨 **Villa Paradiso** senza rist, via Roma 2 🟋 23922, Fax 625800, ≤ mare, costa ed Etna – 📱 ▤ 📺 ☎ 🆎 🖪 ⑩ 🖰 🗜️. ℁ 　　　　　　　　　　　　　　　　　B **h**
aprile-ottobre – **33 cam** ☲ 145/230000.

🏨 **Villa Fiorita** senza rist, via Pirandello 39 🟋 24122, Fax 625967, ≤ mare e costa, 🎿, 🐾 – 📱 ▤ 📺 🈸 ⟵⟶. 🆎 🖪 🖰 🗜️. ℁ 　　　　　　　　B **s**
24 cam ☲ 125000.

🏨 **Vello d'Oro,** via Fazzello 2 🟋 23788, Telex 980186, Fax 626117, « Terrazza-solarium con ≤ mare e costa » – 📱 ▤ ☎. 🆎 🖪 🖰 🖰 🗜️. ℁ 　　　　　　　A **r**
15 marzo-ottobre – Pas (chiuso a mezzogiorno) 30000 – ☲ 15000 – **57 cam** 75/140000 – ½ P 110000.

🏨 **Villa Belvedere** senza rist, via Bagnoli Croci 79 🟋 23791, Fax 625830, ≤ giardini, mare ed Etna, « 🎿 su terrazza panoramica », 🐾 – 📱 ☎ 📞. 🖪 🖰 🗜️ 　　　　B **b**
16 marzo-ottobre – **43 cam** ☲ 93/168000.

🏨 **Villa Sirina,** contrada Sirina 🟋 51776, Fax 51671, 🎿, 🐾 – 📱 ☎ 📞. 🆎 🖪 🖰 🖰 🗜️. ℁ rist 　　　　　　　　　　　2 km per via Crocifisso 　A
chiuso da novembre al 20 dicembre – Pas (chiuso a mezzogiorno) 30/38000 – **15 cam** ☲ 159000 – ½ P 80/116000.

🏨 **Villa Riis** 🦅 senza rist, via Rizzo 13 🟋 24874, Fax 626254, ≤ mare, costa ed Etna, 🏕️, 🎿, 🐾 – 📱 ▤ ☎ 👌 📞 🆎 🖪 🖰 🗜️ 　　　　　　　A **b**
aprile-ottobre – **30 cam** ☲ 120/180000.

🏨 **Continental,** via Dionisio I n° 2/a 🟋 23805, Telex 981144, 🏕️, « Terrazza panoramica con ≤ mare e costa », 🐾 – 📱 ▤ ☎. 🆎 🖪 🖰 🖰 🗜️. ℁ rist 　　　　A **s**
Pas (chiuso a mezzogiorno da maggio a settembre) 35/50000 – ☲ 15000 – **43 cam** 85/130000 – ½ P 80/110000.

🏨 **Sole-Castello,** Rotabile Castelmola 83 🟋 28036, Fax 28444, ≤ mare, costa ed Etna, 🎿, 🐾 – 📱 ▤ 📺 ⟵⟶ 📞. 🆎 🖰 　　　　　　　　　A **p**
aprile-ottobre – Pas (solo per clienti alloggiati e chiuso a mezzogiorno) – ☲ 10000 – **54 cam** 95/160000 – ½ P 90000.

🏠 **Andromaco** senza rist, via Fontana Vecchia 🟋 23436, Fax 24985, ≤, 🎿 – ▤ ☎. 🆎 🖪 ⑩ 🖰 🗜️. 　　　　　　　　per via Cappuccini 　A
16 cam ☲ 65/115000.

🏠 **La Campanella** senza rist, via Circonvallazione 3 🟋 23381, ≤ – ℁ 　　A **g**
12 cam ☲ 70/100000.

🏠 **Villa Carlotta** senza rist, via Pirandello 81 🟋 23732, Fax 23732, ≤ mare e costa, 🐾 – ☎ 15 marzo-ottobre – **21 cam** 55/86000. 　　　　　　　　　B **a**

🏠 **Condor,** via Cappuccini 25 🟋 23124, Fax 24559, ≤ – ☎. 🖪 ⑩ 🖰 🗜️. ℁ rist 　A **a**
23 dicembre-2 gennaio e Pasqua-15 ottobre – Pas (solo per clienti alloggiati e chiuso a mezzogiorno) carta 20/35000 – ☲ 8000 – **12 cam** ☲ 60/80000 – ½ P 67/80000.

🏠 **Belsoggiorno,** via Pirandello 60 🟋 23342, ≤ mare, 🐾 – ☎ 📞. 🆎 🖪 ⑩ 🖰 🗜️. ℁ rist 　　　　　　　　　　　　　　　　　B **u**
Pas (chiuso a mezzogiorno) 25/30000 – ☲ 5000 – **19 cam** 70/110000 – ½ P 70/90000.

XXX **La Giara,** vico la Floresta 1 🟋 23360, Fax 23233, 🏕️ – ▤. 🆎 🖪 ⑩ 🖰 🗜️. ℁ 　A **f**
chiuso a mezzogiorno e lunedì (escluso da giugno a settembre) – Pas carta 51/79000.

XX **Al Castello da Ciccio,** via Madonna della Rocca 🟋 28158, « Servizio estivo all'aperto con ≤ Giardini-Naxos, mare ed Etna » – ℁ 　　　　　　　A **e**
chiuso gennaio, domenica in luglio-agosto e mercoledì negli altri mesi – Pas carta 50/75000.

XX **La Griglia,** corso Umberto 54 🟋 23980, Fax 626047, ▤. 🆎 🖪 ⑩ 🖰 🗜️. ℁ 　A **c**
chiuso martedì e dal 20 novembre al 20 dicembre – Pas carta 36/59000.

XX **Quattropini,** contrada Sant'Antonio 🟋 24832, Fax 24832, ≤, 🏕️ – 📞. 🆎 🖪 ⑩ 🖰 🗜️ chiuso lunedì e dal 26 novembre al 26 dicembre – Pas carta 42/69000. 　　1 km per ①

X **A' Zammara,** via Fratelli Bandiera 15 🟋 24408, 🏕️ – 🆎 🖪 ⑩ 🖰 🗜️ 　　A **z**
chiuso mercoledì e dal 5 al 20 gennaio – Pas carta 33/52000.

X **Vicolo Stretto,** via Vicolo Stretto 🟋 29849, 🏕️ – ▤. 🆎 🖪 🖰 🗜️ 　　A **x**
chiuso lunedì e dal 15 novembre al 15 dicembre – Pas carta 31/60000.

X **La Chioccia d'Oro,** rotabile Castelmola 🟋 28066, ≤ 　　　　　　A **d**
chiuso giovedì e giugno – Pas carta 25/39000.

X **Ciclope,** corso Umberto 🟋 23263, 🏕️ – ▤. 🆎 🖪 🖰 🗜️. ℁ 　　　A **y**
chiuso mercoledì e dal 10 al 31 gennaio – Pas carta 29/42000.

a Capo Taormina per ② : 3 km – ⊠ **98030** Mazzarò :

🏨🏨 **Grande Alb. Capotaormina,** 🟋 24000, Telex 980147, Fax 625467, ≤ mare e costa, ≦s, 🎿, 🐬 – 📱 ▤ 📺 ☎ ⟵⟶ 📞 – 🛗 150 a 350. 🆎 🖪 ⑩ 🖰 🗜️. ℁ rist
20 marzo-dicembre – Pas 80000 – **207 cam** ☲ 323000 – ½ P 180/226000.

607

a Castelmola NO : 5 km A – alt. 550 – ⊠ 98030 :

✗ **Il Faro,** contrada Petralia ℰ 28193, ≤ mare e costa, ㍲, prenotare – **ⓟ**
chiuso mercoledì – Pas carta 26/35000.

a Mazzarò per ② : 5,5 km – ⊠ 98030 :

🏨 **Mazzarò Sea Palace,** ℰ 24004, Telex 980041, Fax 626237, ≤ piccola baia, ㍲, ⊅ risca
data, 🐎 – 🛗 🗏 📺 ☎ 🚗, ⅍ 🕃 ⑩ ⋿ *VISA* ※ rist
aprile-ottobre – Pas carta 75/114000 – **87 cam** ⊑ 245/490000, 3 appartamenti – ½ P 225
295000.

🏨 **Villa Sant'Andrea,** ℰ 23125, Telex 980077, Fax 24838, ≤ piccola baia, ㍲, « Terrazz
ombreggiate », 🐎, ⌲ – 🗏 ☎ **ⓟ** ⅍ 🕃 ⑩ ⋿ *VISA* ※
chiuso dal 10 gennaio al 18 marzo – Pas 55/70000 e al Rist. **Oliviero** *(chiuso a mezzogiornc
prenotare)* carta 54/95000 – **67 cam** ⊑ 380000 – ½ P 245/305000.

✗ **Il Pescatore,** ℰ 23460, ≤ mare, scogliere ed Isolabella – **ⓟ**. ⋿ *VISA*
3 marzo-ottobre; chiuso lunedì – Pas carta 34/62000.

✗ **Il Delfino-da Angelo,** ℰ 23004, ≤ piccola baia, ㍲ – ⅍ 🕃 ⑩ ⋿ *VISA*
15 marzo-ottobre – Pas carta 29/45000.

✗ **Da Giovanni,** ℰ 23531, ≤ mare ed Isolabella – ⅍ 🕃 ⑩ ⋿ *VISA* ※
chiuso lunedì e dal 7 gennaio al 7 febbraio – Pas carta 41/73000.

a Lido di Spisone per ① : 7 km : – ⊠ 98030 Mazzarò :

🏨 **Lido Méditerranée,** ℰ 24422, Telex 980175, Fax 24774, ≤, 🐎 – 🛗 🗏 📺 ☎ **ⓟ**
🛥 100. ⅍ 🕃 ⑩ ⋿ *VISA* ※ rist
aprile-ottobre – Pas carta 57/80000 – **72 cam** ⊑ 300000 – ½ P 120/180000.

Vedere anche : **Giardini-Naxos** per ② : 5 km.
Letojanni per ② : 8 km.

TERMINI IMERESE 90018 Palermo 🕮⑱⑯, 🕮 N 23 – 27 150 ab. alt. 113 – ❀ 091.

◆ Agrigento 150 – ◆ Messina 202 – ◆ Palermo 36.

🏠 **Il Gabbiano** senza rist, via Libertà 221 ℰ 8113262, Fax 8141842 – 📺 ☎ **ⓟ** – 🛂 30. ⅍
⑩ ⋿ *VISA* ※
⊑ 10000 – **24 cam** 83000.

TERRASINI 90049 Palermo 🕮 M 21 – 10 413 ab. alt. 35 – ❀ 091.

◆Palermo 29 – ◆Trapani 71.

in prossimità strada statale S : 6 km :

🏨 **Perla del Golfo,** ⊠ 90049 ℰ 8695058, Telex 910634, Fax 8695072, ≤, ⊅, 🐎, ✗ – 🗏
☎ **ⓟ** – 🛂 30 a 500. ⅍ 🕃 ⑩ ⋿ *VISA* ※ rist
marzo-ottobre – Pas carta 30/40000 – **162 cam** ⊑ 130000 – ½ P 70/100000.

TORREGROTTA 98040 Messina 🕮 M 28 – 5 750 ab. alt. 48 – ❀ 090.

◆Catania 141 – ◆Messina 29 – ◆Palermo 215.

🏠 **Thomas,** località Scala ℰ 9981947 – ☎. 🕃 ⑩ *VISA* ※
chiuso dicembre – Pas *(chiuso lunedì)* carta 28/42000 – ⊑ 3500 – **18 cam** 40/55000
½ P 55/60000.

TRAPANI 91100 🅿 🕮⑱⑯, 🕮 M 19 – 72 848 ab. – ❀ 0923.

Vedere Museo Pepoli★ Y M – Cappella della Madonna★ nel santuario dell'Annunziata Y.

Escursioni Isola di Pantelleria★★ Sud per motonave – Isole Egadi★ Ovest per motonave
aliscafo.

✈ di Birgi S : 15 km Y ℰ 841124 – Alitalia, Agenzia Salvo, corso Italia 52/56 ℰ 873636.

🚢 per Cagliari mercoledì (11 h 30 mn) – Tirrenia Navigazione-agenzia Salvo, corso Ita
42/46 ℰ 23819, Telex 910132; per le Isole Egadi giornalieri (da 1 h a 2 45 mn) e Panteller
giornaliero (4 h 30 mn) – Siremar-agenzia Salvo, via Staiti 61/63 ℰ 54051
Telex 910132, Fax 28436.

🚤 per le Isole Egadi giornalieri (da 15 mn a 1 h) – Siremar-agenzia Salvo, via Staiti 61/
ℰ 540515, Telex 910132, Fax 28436.

🛈 via Sorba (Villa Aura) ℰ 27273, Fax 29430 – piazza Saturno ℰ 29000.

A.C.I. via Virgilio 71/81 ℰ 27292.

◆Palermo 104 ②.

Pianta pagina seguente

🏨 **Astoria Park Hotel,** lungomare Dante Alighieri ℰ 562400, Fax 567422, ≤, ⊅, 🐎, ✗ –
🗏 📺 ☎ **ⓟ** – 🛂 30 a 400.
93 cam.   Y

🏨 **Vittoria** senza rist, via Crispi 4 ℰ 873044 – 🛗 🗏 📺 ☎. ⅍ 🕃 ⑩ *VISA*   BZ
⊑ 7000 – **64 cam** 65/105000.

TRAPANI

rdella (Via G.B.) . . . . **BZ** 13
tt. Emanuele (C.) . . . . . . **AZ** 56

io (Via Nino) . . . . **Y** 2
ociferi (Via dei) . . . . **BZ** 6
ba (Via della) . . . . **AZ** 8
ca d'Aosta (Viale) . . . . . . **AZ** 9
adonna di Fatima (Via) . . **Y** 19
attarella (Via Piersanti) . . **Y** 21
ercè (Via) . . . . **BZ** 25
ontaldo (Via Giaccio) . . . **BZ** 26
onte S. Giuliano (Via) . . . **Y** 27
nfe (Largo delle) . . . . . . **AZ** 28
ooli (V. Conte A.) . . . . . . **Y** 33
rtogalli (Largo) . . . . **BZ** 34
cida (Via Giov. da) . . . . . **AZ** 35
gina Margherita (Vle) . . . **BZ** 36
Francesco d'Assisi (V.) . . **AZ** 37
Francesco di Paola (V.) . . **BZ** 38
Giovanni Bosco (V.) . . . . **BZ** 39
alo d'Alaggio (Pza) . . . . . **AZ** 40
arlatti (Piazza) . . . . **AZ** 41

Scio (Pza Generale) . . . . . . **AZ** 42
Scontrino (Via A.) . . . . **BZ** 44
Serisso (Via) . . . . **BZ** 45
Tartaglia (Via Giacomo) . . . **AZ** 48
Torre di Ligny (Viale) . . . . . **AZ** 49
Torrearsa (Via) . . . . **AZ** 50
Umberto I (Piazza) . . . . **BZ** 52
Vespri (Via) . . . . **Y** 55
Vittorio Veneto (Piazza) . . . **BZ** 57

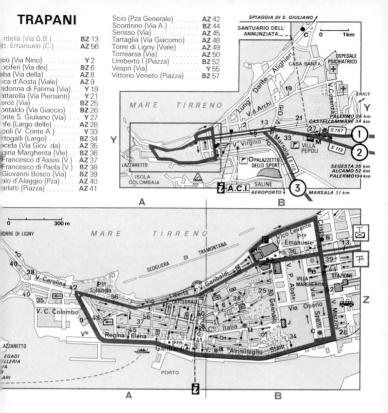

X **P e G,** via Spalti 1 ℰ 547701, Coperti limitati; prenotare – 🍽. 🖭 🕃 ⓞ 🖻 *VISA*.
⚡
chiuso domenica, dal 27 dicembre al 1° gennaio ed agosto – Pas carta 28/38000 (12%).
BZ **e**

X **Da Peppe,** via Spalti 54 ℰ 28246 – 🖭 🕃 ⓞ 🖻 *VISA*. ⚡
chiuso lunedì – Pas carta 36/56000.
BZ **c**

X **Trattoria del Porto,** via Ammiraglio Staiti 45 ℰ 547822, ☞ – ⚡
chiuso mercoledì – Pas carta 23/36000.
BZ **a**

X **Del Corso,** corso Italia 51 ℰ 23475 – 🔊. 🖭 🕃 ⓞ 🖻 *VISA*
chiuso domenica, dal 23 dicembre al 2 gennaio ed agosto – Pas carta 33/44000.
BZ **u**

Vedere anche : *Erice* NE : 14 km.

ROINA **94018** Enna 🔢🔴, 🔢 N 25 – 10 768 ab. alt. 1 116 – ✪ 0935.
atania 70 – Enna 81 – ◆Messina 141 – ◆Palermo 183.

X **Eden,** contrada Piano Fossi NO : 2 km ℰ 654407 – ⓟ
chiuso venerdì – Pas carta 21/30000.

Per viaggiare in Europa, utilizzate :

Le carte Michelin scala 1/400 000 a 1/1 000 000 **Le Grandi Strade ;**

Le carte Michelin dettagliate ;

Le guide Rosse Michelin (alberghi e ristoranti) :

Benelux, Deutschland, España Portugal, main cities **Europe, France, Great Britain and Ireland**

Le guide Verdi Michelin che descrivono le curiosità e gli itinerari di visita :
musei, monumenti, percorsi turistici interessanti.

USTICA (Isola di) Palermo 988 ㉟, 432 K 21 – 1 242 ab. alt. da 0 a 238 (Monte Gua dia dei Turchi) – ☎ 091.
La limitazione d'accesso degli autoveicoli è regolata da norme legislative.
per Palermo giornaliero (2 h 20 mn) – Siremar-agenzia Militello, piazza Di Bartolo ☎ 8449002, Telex 910586.
per Palermo giornaliero (1 h 15 mn) – Siremar-agenzia Militello, piazza Di Bartolo ☎ 8449002, Telex 910586.

Ustica 988 ㉟, 432 K 21 – ✉ **90010**

Grotta Azzurra, ☎ 8449048, Fax 8449396, ≤ mare, , « Costruzione mediterran con terrazze sulla scogliera », – cam ☎. AE VISA.
29 maggio-9 ottobre – Pas 45/55000 – 15000 – **51 cam** 125/200000 – ½ P 108/180000

Trattoria le Campanelle, ☎ 8449136

VALDERICE **91019** Trapani 432 M 19 – 10 981 ab. alt. 250 – ☎ 0923.
♦Agrigento 99 – ♦Palermo 184 – ♦Trapani 9.

Baglio Santacroce, E : 2 km ☎ 891111, Fax 891192, ≤, , – ☎ P. AE E VISA.
Pas *(chiuso lunedì)* carta 38/57000 – 8000 – **25 cam** 70/100000 – ½ P 85/105000.

VILLAGRAZIA Palermo 432 M 21 – Vedere Carini.

VULCANO (Isola) Messina 988 ㊲ ㊳, 431 432 L 26 – Vedere Eolie (Isole).

ZAFFERANA ETNEA **95019** Catania 432 N 27 – 7 381 ab. alt. 600 – ☎ 095.
♦Catania 24 – Enna 104 – ♦Messina 79 – ♦Palermo 231 – Taormina 35.

Primavera dell'Etna, O : 1,5 km ☎ 7082348, Fax 7081695, ≤, – ☎ P 150 a 600. AE E VISA. cam
Pas carta 21/38000 (15 %) – **50 cam** 50/80000 – ½ P 55/75000.

Airone, O : 2 km ☎ 7081819, Fax 7082142, ≤, – ☎ P. AE E VISA
Pas carta 37/54000 – **48 cam** 70/120000 – ½ P 60/80000.

na 697 – Catanzaro 93 – Crotone 144 – ◆Reggio di Calabria 103.

Gd H. President, strada statale 106 (SO : 2 km) ✆ 343191, Telex 890020, Fax 342746, ≤, 🏊, 🐾, 🐾 – 📳 ☎ ☎ ② – 🔬 400. 🖭 🗓 ⑨ 🗈 💟. ⚘
Pas carta 29/41000 – **120 cam** ☷ 95/150000, 15 appartamenti, 🛏 10000 – ½ P 55/110000.

EBENEICH = Settequerce.

ENA 53100 🅿 ⑨⑧⑧⑮, ④③⓪ M 16 – 57 745 ab. alt. 322 – ✪ 0577.

dere Piazza del Campo★★★ BZ : palazzo Pubblico★★★, ⚘★★ dalla torre del Mangia –
omo★★★ AZ – Museo dell'Opera del Duomo★★ ABZ M – Battistero di San Giovanni★ : fonte
ttesimale★★ AZ V – Palazzo Buonsignori★ : pinacoteca★★ BZ – Via di Città★ BZ – Via Banchi
Sopra★ BYZ – Piazza Salimbeni★ BY – Tabernacolo★ di Giovanni di Stefano, affreschi★ del
doma nella basilica di San Domenico AYZ – Adorazione del Crocifisso★ del Perugino –
ere★ di Ambrogio Lorenzetti, Matteo di Giovanni e Sodoma nella chiesa di Sant'Agostino
D.

ia di Città 43 ✆ 42209, Fax 281041 – piazza del Campo 56 ✆ 280551.

C.I. viale Vittorio Veneto 47 ✆ 49001.

na 230 ② – ◆Firenze 68 ⑤ – ◆Livorno 116 ⑤ – ◆Milano 363 ⑤ – ◆Perugia 107 ② – Pisa 106 ⑤.

SIENA

nchi di Sopra (Via) . . . BYZ 3
nchi di Sotto (Via) . . . . BZ 5
tà (Via di) . . . . BZ
ntanini (Via dei) . . . . . . AY

tina (Via) . . . . X 2
ccafumi (Via D.) . . . . . . BY 6
cci (Viale Mario) . . . . . V 9
ntine (Via delle) . . . . . . BZ 13
pitano (Via del) . . . . . . AZ 14
sato di Sopra (Vicolo) . . BZ 15
vour (Vle C. Benso di) . . V 16
omo (Piazza del) . . . . . AZ 17
erna di Fontebranda
Via) . . . . X 18
rentina (Via) . . . . V 19
ari (Via) . . . . AZ 20
luzza (Via della) . . . . . . AZ 21
ezzani (Via) . . . . AY 22
li (Via Girolamo) . . . . . . X 24
ntani (Via Lorenzo) . . . . BY 25
dizia (Strada di) . . . . V 27
ntluc (Via Biagio di) . . . AY 33
andi (Via Nazareno) . . . BY 35
(Via degli) . . . . BY 36
egrini (Via dei) . . . . BZ 37
uzzi (Via B.) . . . . VX 39
n dei Mantellini . . . . . . AZ 40
n d'Ovile . . . . ABY 42
colombini (Via E.S.) . . . . X 43
rione (Via del) . . . . BZ 44
stierla (Piazza) . . . . BZ 45
asoli (Via) . . . . V 46
aldini (Via) . . . . BZ 47
ssi (Via) . . . . BY 50
n Girolamo (Via) . . . . . . BZ 51
Caterina (Via di) . . . . . . AZ 52
degna (Viale) . . . . V 53
acciapensieri (Strada) . . V 55
avo (Via Achille) . . . . . . V 57
omei (Piazza) . . . . BY 58
(Via dei) . . . . X 60
orio Emanuele II (Vle) . . AY 61
orio Veneto (Viale) . . . . V 63

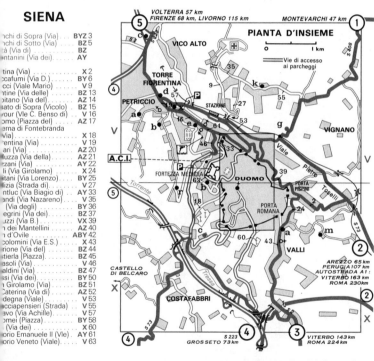

Park Hotel Siena ⚶, via di Marciano 18 ✆ 44803, Telex 571005, Fax 49020, ≤, 🏤,
« Costruzione del 15° secolo in un parco », 🏊, ⚘ – 📳 🔟 ☎ 🕭 ② – 🔬 40. 🖭 🗓 ⑨ 🗈
💟. ⚘ rist
Pas *(chiuso mercoledì)* carta 73/105000 – ☷ 27000 – **69 cam** 292/405000, 4 appartamenti –
½ P 256/312000.
V a

Certosa di Maggiano ⚶, strada di Certosa 82 ✆ 288180, Telex 574221, Fax 288189, ≤,
🏤, « Certosa del 14° secolo; giardino con 🏊 riscaldata », ⚘ – 🔟 ☎ 🕭 ②. 🖭 🗓
⑨ 🗈 💟. ⚘ rist
Pas *(chiuso martedì)* carta 115/160000 – **6 cam** ☷ 400/460000, 9 appartamenti – ½ P 380/
510000.
X m

Jolly Excelsior, piazza La Lizza 1 ✆ 288448, Telex 573345, Fax 41272 – 📳 🔟 ☎
🔬 30 a 220. 🖭 🗓 ⑨ 🗈 💟. ⚘
AY a
Pas 45/60000 – **126 cam** ☷ 260/375000 – ½ P 243/315000.

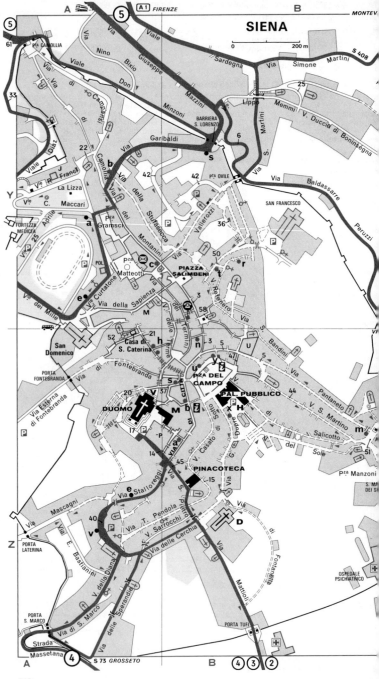

SIENA

0 200 m

Villa Scacciapensieri ⚏, via di Scacciapensieri 10 *&* 41441, Telex 573390, Fax 270854, « Servizio rist. estivo in giardino fiorito e parco con ≤ città e colli », ⌁, ✕ – ⫴ ▤ 🖵 ☎ ◗ – 🏊 40. 🝙 🕼 ⓞ 🗲 𝚅𝙸𝚂𝙰. ✕ rist   V **k**
chiuso dal 9 gennaio al 14 marzo – Pas *(chiuso mercoledi)* carta 54/70000 – **26 cam** ⊠ 180/290000, 2 appartamenti – ½ P 185/220000.

Gd H. Villa Patrizia ⚏, via Fiorentina 58 *&* 50431, Telex 574366, Fax 50431, ≤, ⌁, « Parco », ⌁, ✕ – ⫴ ▤ 🖵 ☎ 🕹 ◗ 🝙 🕼 ⓞ 🗲 𝚅𝙸𝚂𝙰. ✕ rist   V **d**
Pas 50000 – ⊠ 20000 – **33 cam** 280000 – ½ P 185/210000.

Garden, via Custoza 2 *&* 47056, Telex 574239, Fax 46050, ⌁, « Parco », ⌁ – ⫴ ▤ 🖵 ☎ 🕹 ◗ – 🏊 50 a 400. 🝙 🕼 ⓞ 🗲 𝚅𝙸𝚂𝙰. ✕ rist   V **b**
Pas 25/40000 (12%) – ⊠ 17000 – **136 cam** 75/105000, ▤ 30000 – ½ P 100/115000.

Villa Liberty senza rist, viale Vittorio Veneto 11 *&* 44966 – ⫴ 🖵 ☎. 🝙 𝚅𝙸𝚂𝙰   VX **b**
⊠ 17000 – **12 cam** 80/135000.

Castagneto ⚏ senza rist, via dei Cappuccini 39 *&* 45103, ≤ città e colli, ⌁ – ☎ ◗. ✕
15 marzo-novembre – ⊠ 12500 – **11 cam** 90/130000.   X **r**

Santa Caterina senza rist, via Piccolomini 7 *&* 221105, Telex 575304, Fax 271087, ⌁ – ▤ ☎. 🝙 🕼 ⓞ 🗲 𝚅𝙸𝚂𝙰   X **a**
chiuso dall'8 gennaio al 7 marzo – ⊠ 15000 – **19 cam** 120000, ▤ 8000.

Italia senza rist, via Cavour 67 *&* 41177, Fax 44554 – ⫴ 🖵 ☎ ◗. 🝙 🕼 ⓞ 🗲 𝚅𝙸𝚂𝙰 V **e**
⊠ 14000 – **73 cam** 78/110000.

Palazzo Ravizza, Piano dei Mantellini 34 *&* 280462, Fax 271370, « Costruzione del 17° secolo con giardino » – ⫴ ☎. 🝙 🕼 ⓞ 🗲 𝚅𝙸𝚂𝙰. ✕   AZ **v**
Pas (solo per clienti alloggiati e *chiuso a mezzogiorno e da gennaio a marzo*) 38000 – **28 cam** ⊠ 154000 – ½ P 115/145000.

Minerva senza rist, via Garibaldi 72 *&* 284474, Telex 572267, Fax 284474 – ⫴ 🖵 ☎ 🕹 🚗. 🝙 🕼 ⓞ 🗲 𝚅𝙸𝚂𝙰. ✕   BY **s**
⊠ 8000 – **49 cam** 70/110000.

Arcobaleno, via Fiorentina 32/40 *&* 271092, Fax 271423, ⌁, ⌁ – ▤ 🖵 ☎ ◗. 🝙 🕼 ⓞ 🗲 𝚅𝙸𝚂𝙰. ✕ rist   V **x**
Pas 29/48000 – ⊠ 10000 – **12 cam** 85/115000 – ½ P 100000.

Duomo senza rist, via Stalloreggi 38 *&* 289088, Fax 43043, ≤ – ⫴ 🖵 ☎. 🝙 🕼 🗲 𝚅𝙸𝚂𝙰
⊠ 12000 – **23 cam** 78/110000.   AZ **e**

Chiusarelli senza rist, viale Curtatone 9 *&* 280562 – 🖵 ☎ ◗. 🕼 🗲 𝚅𝙸𝚂𝙰. ✕ rist   AY **e**
Pas *(chiuso sabato)* carta 26/47000 (10%) – ⊠ 10000 – **50 cam** 65/100000.

Anna senza rist, località Fontebecci NO : 3 km *&* 51371 – ⫴ 🖵 ☎ ◗. 🝙 🕼 ⓞ 🗲 𝚅𝙸𝚂𝙰
⊠ 9000 – **30 cam** 70/105000.   V **c**

Antica Torre senza rist, via Fieravecchia 7 *&* 222255, Fax 222255 – ☎. 🝙 🕼 ⓞ 🗲 𝚅𝙸𝚂𝙰. ✕   BZ **c**
chiuso dal 7 gennaio al 5 marzo – ⊠ 12000 – **8 cam** 75/110000.

XXX Al Marsili, via del Castoro 3 *&* 47154, Fax 47338, « In un edificio d'origine quattrocentesca » – ▤. 🝙 🕼 ⓞ 🗲 𝚅𝙸𝚂𝙰. ✕   BZ **a**
chiuso lunedi – Pas carta 40/58000 (15%).

XX Il Campo, piazza del Campo 50 *&* 280725, Fax 280725, ≤ piazza, ⌁, prenotare – 🝙 🕼 ⓞ 🗲 𝚅𝙸𝚂𝙰. ✕   BZ **y**
chiuso martedi escluso da marzo a novembre – Pas carta 54/78000.

XX Al Mangia, piazza del Campo 42 *&* 281121, ≤ piazza, ⌁ – 🝙 🕼 ⓞ 🗲 𝚅𝙸𝚂𝙰. ✕ BZ **u**
chiuso lunedi e febbraio – Pas carta 44/63000 (15%).

XX Guido, vicolo Pier Pettinaio 7 *&* 280042 – 🝙 🕼 ⓞ 🗲 𝚅𝙸𝚂𝙰. ✕   BZ **n**
chiuso mercoledi – Pas carta 37/53000 (10%).

XX Il Biondo, via del Rustichetto 10 *&* 280739, ⌁ – 🝙 🕼 ⓞ 🗲 𝚅𝙸𝚂𝙰   AY **c**
chiuso mercoledi, dal 7 al 31 gennaio e dal 5 al 13 luglio – Pas carta 36/50000 (12%).

XX Antica Trattoria Botteganuova, via Chiantigiana 29 *&* 284230, Coperti limitati; prenotare – ◗. 🝙 🕼 ⓞ 🗲 𝚅𝙸𝚂𝙰. ✕   V **g**
chiuso domenica, lunedi a mezzogiorno, dal 1° al 10 gennaio e dal 20 luglio al 10 agosto – Pas carta 42/64000 (10%).

XX Mariotti-da Mugolone, via dei Pellegrini 8 *&* 283235 – 🝙 🕼 ⓞ 🗲 𝚅𝙸𝚂𝙰. ✕   BZ **s**
chiuso giovedi – Pas carta 32/51000 (13%).

XX Tullio ai Tre Cristi, vicolo di Provenzano 1 *&* 280608 – 🕼 🗲 𝚅𝙸𝚂𝙰. ✕   BY **r**
chiuso lunedi e gennaio – Pas carta 27/45000 (12%).

XX Le Campane, via delle Campane 6 *&* 284035, Fax 284035, ⌁   BZ **b**
chiuso lunedi e novembre – Pas carta 40/56000 (15%).

XX L'Angolo, via Garibaldi 15 *&* 289251, Fax 270646, ⌁ – 🝙 🕼 ⓞ 🗲 𝚅𝙸𝚂𝙰   AY **b**
chiuso sabato – Pas carta 35/51000 (10%).

X Medio Evo, via dei Rossi 40 *&* 280315, Fax 45376, « In un antico palazzo dell'11° secolo » – 🏊 50. 🝙 🕼 ⓞ 🗲 𝚅𝙸𝚂𝙰. ✕   BY **t**
chiuso giovedi – Pas carta 33/47000 (15%).

X La Finestra, piazza del Mercato 14 *&* 42093, ⌁ – 🝙 🕼 ⓞ 🗲 𝚅𝙸𝚂𝙰. ✕   BZ **x**
chiuso domenica – Pas carta 33/49000 (10%).

✗ Cane e Gatto, via Pagliaresi 6 ✆ 220751, Coperti limitati; prenotare — BZ r

✗ **Gambassino,** viadella Galluzza 10 ✆ 47554 – 🖭 🗟 **E** 𝘝𝘐𝘚𝘈. ❄ — AZ
chiuso martedì sera e mercoledì – Pas carta 27/50000 (10%).

✗ **Il Giuggiolo,** via Massetana 30 ✆ 284295 – 🗟 **E** 𝘝𝘐𝘚𝘈. ❄ — X
chiuso mercoledì ed agosto – **Pas** carta 27/38000 (10%).

✗ **Grotta Santa Caterina-da Bagoga,** via della Galluzza 26 ✆ 282208, Fax 271179 – 🖭 **E**
E 𝘝𝘐𝘚𝘈. — AZ
chiuso domenica sera, lunedì e dal 10 al 25 luglio – Pas carta 27/50000 (10%).

a Quercegrossa N : 8 km per S 222 V– ✉ **53010** :

🏛 **Villa Gloria** ❧ senza rist, S : 0,5 km ✆ 327103, Fax 327004, ≤ colli, 🔟 – ☎ 🅿. 🗟 🕮 ♿
𝘝𝘐𝘚𝘈
10 cam 🖙 150000.

a Vagliagli NE : 11,5 km per S 222 V– ✉ **53019** :

✗ La Taverna, ✆ 322532, Fax 322532, 🎇, Coperti limitati; prenotare

---

SILANDRO (SCHLANDERS) 39028 Bolzano 🤷④, 🤷🤷 C 14 – 5 365 ab. alt. 721 – ✆ 0473.
🇮 via Cappuccini 10 ✆ 70155, Fax 71615.
Roma 699 – ◆Bolzano 62 – Merano 34 – ◆Milano 272 – Passo di Resia 45 – Trento 120.

🏨 **Vier Jahreszeiten,** ✆ 621400, Fax 621533, ≤, 🛁, ≘s, 🔟, ⛲, ❄ – 🛗 🗏 rist 🖵 ☎ ♿ 🅿
❄ rist
chiuso dal 5 gennaio al 27 marzo – Pas (solo per clienti alloggiati e *chiuso a mezzogiorno*) –
45 cam 🖙 142/264000, 2 appartamenti – ½ P 105/147000.

🏠 **Montone Nero-Schwarzer Widder,** ✆ 70000 – 🛗 🕾
chiuso da novembre al 15 dicembre – Pas *(chiuso martedì)* 18/21000 – **24 cam** 🖙 23/3200
– ½ P 44/50000.

a Vezzano (Vezzan) E : 4 km – ✉ **39028** Silandro :

🏛 **Sporthotel Vetzan** ❧, ✆ 72525, Fax 72467, ≤, 🛁, ≘s, 🔟, ⛲, ❄ – 🛗 🖵 ☎ ⇦. 🗟
𝘝𝘐𝘚𝘈. ❄ rist
Pasqua-ottobre – Pas (solo per clienti alloggiati e *chiuso a mezzogiorno*) 35/60000 – **20 cam**
🖙 150000 – ½ P 86/100000.

SILEA 31057 Treviso 🤷🤷 F 18 – 8 655 ab. alt. 7 – ✆ 0422.
Roma 541 – ◆Padova 50 – Treviso 5 – ◆Venezia 30.

✗✗ **Da Dino,** via Lanzaghe 17 ✆ 360765, prenotare – 🅿. ❄
chiuso martedì sera, mercoledì, dal 24 al 31 dicembre e dal 1° al 20 agosto – Pa
carta 33/46000.

SILVI MARINA 64029 Teramo 🤷⑦, 🤷🤷 O 24 – 12 619 ab. – a.s. luglio-agosto – ✆ 085.
Dintorni Atri : Cattedrale★★ NO : 11 km – Paesaggio★★ (Bolge), NO : 12 km.
🇮 lungomare Garibaldi 158 ✆ 930343.
Roma 216 – L'Aquila 114 – Ascoli Piceno 77 – ◆Pescara 13 – Teramo 45.

🏛 **Mion,** viale Garibaldi 8 ✆ 9350935, Fax 9350864, ≤, « Terrazza fiorita », 🏖 – 🛗 🖵 ☎
♿ ⇦ 🅿. 🖭 🕮 **E** 𝘝𝘐𝘚𝘈. ❄
15 maggio-19 settembre – Pas carta 50/70000 – **64 cam** 🖙 180000 – ½ P 105/160000.

🏛 **Parco delle Rose,** viale Garibaldi 36 ✆ 9350989, Fax 9350987, ≤, 🔟, 🏖, ⛲ – 🛗 ☎ 🅿
🖭 🗟 🕮 **E** 𝘝𝘐𝘚𝘈. ❄
29 maggio-4 settembre – Pas 35/45000 – **63 cam** 🖙 120/150000 – ½ P 100/140000.

🏠 **Miramare,** viale Garibaldi 90 ✆ 9302035, Fax 9351533, ≤, 🔟, 🏖, ⛲ – 🛗 ☎ 🅿. 🗟 🕮
E 𝘝𝘐𝘚𝘈. ❄
aprile-settembre – Pas carta 26/40000 – 🖙 9000 – **51 cam** 45/85000 – ½ P 55/90000.

🏠 **Florida,** via La Marmora 1 ✆ 930153, Fax 9353409, 🏖 – 🖵 🕾 ⇦ 🅿. ❄ rist
Pas 25/35000 – 🖙 5000 – **18 cam** 40/70000 – P 45/75000.

✗✗ **Asplenio,** via Roma 266 ✆ 9352446, 🎇 – 🅿. 🖭 🗟 𝘝𝘐𝘚𝘈. ❄
chiuso mercoledì e novembre – Pas carta 49/76000.

a Silvi Paese NO : 5,5 km – alt. 242 – ✉ **64028** :

✗✗ **Vecchia Silvi,** ✆ 930141, 🎇 – 🅿 – 🔬 80. 🖭 🗟 🕮 **E** 𝘝𝘐𝘚𝘈. ❄
chiuso martedì escluso dal 15 giugno al 15 settembre – Pas carta 34/47000.

SINALUNGA 53048 Siena 🤷⑮, 🤷🤷 M 17 – 11 548 ab. alt. 365 – ✆ 0577.
Roma 188 – Arezzo 44 – ◆Firenze 103 – ◆Perugia 65 – Siena 45.

🏠 **Da Santorotto,** E : 1 km ✆ 679012 – 🕾 ⇦ 🅿. 🗟. ❄ rist
Pas (solo per clienti alloggiati) 20/23000 – 🖙 4500 – **22 cam** 35/65000 – ½ P 55/57000.

✗✗✗ **Locanda dell'Amorosa** ❧ con cam, S : 2 km ✆ 679497, Fax 678216, 🎇, prenotare,
« In un'antica fattoria », 🔟, ⛲ – 🗏 cam 🖵 ☎ 🅿 – 🔬 80. 🖭 🗟 🕮 **E** 𝘝𝘐𝘚𝘈. ❄
Pas *(chiuso lunedì, martedì a mezzogiorno e dall'11 gennaio al 28 febbraio)* carta 58/93000 –
11 cam 🖙 350000, 4 appartamenti – ½ P 235/285000.

a Bettolle E : 6,5 km – ⊠ 53040 :

🏠 **Apogeo,** in prossimità casello autostrada A 1 ℘ 624186, Fax 624186, 🍽, ⬛, 🌿 – 📺 ☎
🚗 ❻ – ♨ 150. ⅖ 🅱 ⓞ 🄴 *VISA*. ⅍
Pas *(chiuso martedì a mezzogiorno)* carta 29/43000 – � 16000 – **36 cam** 80/120000 –
½ P 80/100000.

✗ **Al Cacciatore** con cam, ℘ 624192, Fax 623448 – 📺 ☎ ❻. ⅖ 🅱 ⓞ 🄴 *VISA*. ⅍
Pas *(chiuso giovedì)* carta 27/39000 – � 8000 – **7 cam** 60/90000 – ½ P 65/75000.

SINISCOLA Nuoro 988 ㉞, 433 F 11 – Vedere Sardegna.

SIPONTO Foggia – Vedere Manfredonia.

SIRACUSA P 988 ㊲, 432 P 27 – Vedere Sicilia.

SIRIO (Lago) Torino 219 ⑭ – Vedere Ivrea.

SIRMIONE 25019 Brescia 988 ④, 428 429 F 13 – 5 209 ab. alt. 68 – Stazione termale (marzo-
novembre), a.s. Pasqua e luglio-settembre – ❈ 030.
La limitazione d'accesso degli autoveicoli al centro storico è regolata da norme legislative.

Vedere Località★★ – Grotte di Catullo : cornice pittoresca★★ – Rocca Scaligera★.

◻ viale Marconi 2 ℘ 916245, Telex 300395.

Roma 524 – ◆Bergamo 86 – ◆Brescia 40 – ◆Milano 127 – Trento 108 – ◆Venezia 149.

🏠 **Villa Cortine** ⑤, via Grotte 12 ℘ 9905890, Telex 300171, Fax 916390, 🍽, « Grande
parco digradante sul lago », ⬛ riscaldata, 🏖, ⅍ – ▐ 🗐 📺 ☎ ❻. ⅖ 🅱 ⓞ 🄴 *VISA*
⅍ rist
25 marzo-25 ottobre – Pas 120000 – **55 cam** ⊏ 240/400000, 2 appartamenti – ½ P 290/
300000.

🏠 **Gd H. Terme,** viale Marconi 7 ℘ 916261, Telex 305573, Fax 916568, ≤, « Giardino in riva
al lago con ⬛ riscaldata », 🏖, ♨ – ▐ 🗐 📺 ☎ ❻ – ♨ 100 a 140. ⅖ 🅱 ⓞ 🄴 *VISA*. ⅍
8 aprile-24 ottobre – Pas 80000 – **58 cam** ⊏ 280/370000, appartamento – ½ P 200/280000.

🏠 **Olivi** ⑤, via San Pietro 5 ℘ 9905365, Fax 916472, ≤, ⬛, 🌿 – ▐ 🗐 📺 ☎ ❻ – ♨ 150. ⅖
🅱 🄴 *VISA*. ⅍ rist
chiuso gennaio – Pas 47000 – ⊏ 17000 – **60 cam** 105/150000 – ½ P 98/135000.

🏠 **Sirmione,** piazza Castello ℘ 916331, Fax 916558, ≤, « Pergolato in riva al lago »,
⬛ riscaldata, ♨ – ▐ 🗐 📺 ☎ ❻. ⅖ 🅱 ⓞ 🄴 *VISA*. ⅍ rist
aprile-ottobre – Pas 47000 – ⊏ 19000 – **73 cam** 100/165000 – ½ P 130/145000.

🏠 **Continental** ⑤, punta Staffalo 7 ℘ 9905711, Telex 305033, Fax 916278, ≤, « Terrazza in
riva al lago », ⬛ riscaldata, 🌿 – ▐ 🗐 📺 ☎ ❻ – ♨ 70. ⅖ 🅱 ⓞ 🄴 *VISA*. ⅍ rist
marzo-novembre – Pas 50000 – ⊏ 13000 – **53 cam** 103/180000, 🗐 15000 – ½ P 115/
143000.

🏠 **Eden** senza rist, piazza Carducci 17/18 ℘ 916481, Fax 916483, ≤ – ▐ 🗐 📺 ☎ 🚗 ❻. ⅖
🅱 🄴 *VISA*
chiuso dicembre e gennaio – ⊏ 13000 – **33 cam** 100/130000, 🗐 5000.

🏠 **Du Lac,** via 25 Aprile 60 ℘ 916026, Fax 916582, ≤, ⬛, 🏖, 🌿 – 📺 ☎ ❻. *VISA*. ⅍
27 marzo-24 ottobre – Pas (solo per clienti alloggiati; chiuso a mezzogiorno) 45/50000 –
36 cam ⊏ 80/125000 – ½ P 78/86000.

🏠 **Fonte Boiola,** viale Marconi 1 ℘ 916431, Fax 916435, ≤, « Giardino in riva al lago »,
🏖, ♨ – 🗐 📺 ☎ ❻. ⅖ 🅱 ⓞ 🄴 *VISA*. ⅍
chiuso dal 10 gennaio al 19 marzo – Pas 43000 – ⊏ 14000 – **60 cam** 70/120000 –
½ P 95/120000.

🏠 **Ideal** ⑤, via Catullo 31 ℘ 9904245, Fax 9904245, « Servizio rist. estivo serale in terrazza », 🏖, 🌿 – 🗐 ☎ ❻. ⅖ 🅱 🄴 *VISA*. ⅍ rist
aprile-ottobre – Pas (solo per clienti alloggiati) 40000 – ⊏ 10000 – **27 cam** 110/130000 –
½ P 95/115000.

🏠 **Golf et Suisse** senza rist, via Condominio 2 ℘ 9904188, Fax 916304, ⬛, 🌿 – 🗐 📺 ☎
🚗 ❻. ⅖ 🅱 🄴 *VISA*
4 marzo-27 ottobre – ⊏ 20000 – **30 cam** 90/100000.

🏠 **Flaminia** senza rist, piazza Flaminia 8 ℘ 916078, Fax 916193, ≤, « Terrazza in riva al
lago » – 🗐 🗐 📺 ☎ ❻. ⅖ 🅱 ⓞ 🄴 *VISA*
marzo-ottobre – ⊏ 18000 – **43 cam** 77/112000, 🗐 8000.

🏠 **Miramar,** via 25 Aprile 22 ℘ 916239, Fax 916593, ≤, 🏖, 🌿 – ☎ ❻. 🅱 🄴 *VISA*. ⅍
chiuso gennaio e febbraio – Pas (solo per clienti alloggiati; chiuso marzo, novembre e
dicembre) 27000 – ⊏ 8000 – **30 cam** 34/86000 – ½ P 70/78000.

🏠 **Mon Repos** ⑤, via Arici 2 ℘ 916260, ≤, « Piccolo parco », ⬛ – 📺 ☎ ❻. 🅱 🄴 *VISA*. ⅍ rist
15 marzo-15 novembre – Pas 35/40000 – ⊏ 14000 – **24 cam** 70/100000 – ½ P 85/100000.

🏠 **La Paül** senza rist, via 25 Aprile 32 *&* 916077, Fax 916329, ≼, « Giardino in riva al lago »
🦆 – 🗐 **❷**. 🝞 🕄 ⓪ **E** *VISA*
aprile-ottobre – ⌘ 13000 – **30 cam** 48/78000, 🗐 11000.

🏠 **La Rondine** ⤋, via Benaco 24 *&* 9904373, Fax 9904396, 🦆, ☞ – 🗐 rist ☎ **❷**. 🕄 **E**
VISA. ⨯ rist
15 marzo-ottobre – Pas *(chiuso sino al 20 aprile)* 28/30000 – ⌘ 10000 – **36 cam** 45/75000 –
½ P 68/73000.

XXX **Signori**, via Romagnoli 23 *&* 916017, Fax 916193, ≼, « Servizio estivo in terrazza sul
lago » – 🝞 🕄 ⓪ **E** *VISA*
chiuso lunedì e dal 10 gennaio a febbraio – Pas carta 62/74000.

XX **La Rucola**, vicolo Strentelle 7 *&* 916326 – 🝞 🕄 ⓪ **E** *VISA*
chiuso giovedì e gennaio – Pas carta 52/73000 (10 %).

XX **San Salvatore**, via San Salvatore 5 *&* 916248 – 🝞 🕄 ⓪ **E** *VISA*
chiuso mercoledì e dal 17 novembre a gennaio – Pas carta 55/90000 (15 %).

X **Grifone-da Luciano**, via delle Bisse 5 *&* 916097, ≼, ☆, « Terrazza in riva al lago » – 🝞
🕄 ⓪ **E** *VISA*
10 marzo-ottobre; chiuso mercoledì – Pas carta 35/60000 (15 %).

X **Risorgimento-dal Rösa**, piazza Carducci 5 *&* 916325, ☆ – 🝞 🕄 ⓪ **E** *VISA*. ⨯
marzo-15 novembre; chiuso martedì – Pas carta 34/48000 (15 %).

a Colombare S : 3,5 km – ✉ **25010** Colombare di Sirmione :

🏠 **Europa** ⤋, *&* 919047, Fax 9196472, ≼, ⤓, 🦆, ☞ – 🗐 cam 🖵 ☎ **❷** – 🔏 25. 🕄 ⓪ **E**
VISA. ⨯ rist
marzo-novembre – Pas *(solo per clienti alloggiati)* – ⌘ 12000 – **25 cam** 61/95000, 🗐 6000 –
½ P 75/88000.

🏠 **Mirage** senza rist, *&* 9196504 – 📧 🗐 🖵 ☎ **❷**. 🕄 ⓪ **E** *VISA*. ⨯
marzo-novembre – ⌘ 12000 – **15 cam** 61/85000, 🗐 6000.

🏠 **Azzurra** senza rist, *&* 9905070, Fax 9906995 – 📧 🖵 ☎ ⇐ **❷**. 🕄 **E** *VISA*. ⨯
⌘ 10000 – **18 cam** 53/70000.

XX **La Griglia**, *&* 919223 – **❷**. 🕄 ⓪ **E** *VISA*
chiuso martedì e da gennaio al 15 febbraio – Pas carta 35/60000.

a Lugana SE : 5 km – ✉ **25010** Colombare di Sirmione:

🏠 **Dogana-da Virgilio**, *&* 919026, Fax 919026, ☆, ☞ – 📧 🖵 ☎ ⇐ **❷** – 🔏 80. 🝞 🕄
⓪ **E** *VISA*. ⨯
Pas carta 35/70000 – ⌘ 12000 – **24 cam** 60/90000 – ½ P 80/85000.

🏠 **Derby**, *&* 919482, Fax 9906631 – 🗐 cam 🖵 ☎ **❷**. 🕄 **E** *VISA*. ⨯ rist
chiuso dal 10 dicembre a gennaio – Pas *(solo per clienti alloggiati e chiuso a mezzogiorno)*
25000 – ⌘ 12000 – **14 cam** 60/80000 – ½ P 65/70000.

XX ❀ **Vecchia Lugana**, *&* 919012, Fax 9904045, « Servizio estivo in terrazza sul lago » – **❷** –
🔏 80. 🝞 🕄 ⓪ **E** *VISA*. ⨯
chiuso lunedì sera, martedì e dal 6 gennaio al 14 febbraio – Pas carta 46/82000 (15 %).
Spec. Terrina di pesci gardesani e verdure con salsa alle erbe aromatiche, Crespelle verdure, Carni e pesci gardesani
alla griglia. **Vini** Lugana, Bardolino.

XX **Nuova Lugana** con cam, *&* 919003, ≼, « Servizio estivo in terrazza sul lago », 🦆, ☞
– **❷**. 🝞 🕄 **E** *VISA*. ⨯ rist
chiuso dal 15 novembre al 15 dicembre – Pas *(chiuso lunedì)* carta 38/58000 – ⌘ 10000 –
12 cam 60/75000 – ½ P 80/85000.

SIROLO 60020 Ancona 🔢⑯, 🔢 L 22 – 3 124 ab. – a.s. luglio-agosto – ❀ 071.

🛝 e 🛝 Conero (chiuso lunedì e dal 15 gennaio al 15 febbraio) *&* 7360613, Fax 7360613.
🇮 (giugno-settembre) piazza Vittorio Veneto *&* 936141.
Roma 304 – ♦Ancona 20 – Loreto 16 – Macerata 43 – Porto Recanati 11.

🏠 **La Conchiglia Verde**, *&* 9330018, Fax 9330019, ☞ – 🖵 ☎ ⇐ **❷**. 🝞 🕄 ⓪ **E** *VISA*.
⨯ rist
Pas 30/60000 – ⌘ 10000 – **26 cam** 85/120000 – ½ P 90/100000.

🏠 **Beatrice**, *&* 9330731, ≼ – ⤋ rist **❷**. ⨯
giugno-settembre – Pas *(solo per clienti alloggiati)* – **27 cam** ⌘ 80000 – ½ P 80000.

al monte Conero (Badia di San Pietro) NO : 5,5 km – alt. 572 – ✉ **60020** Sirolo :

🏠 **Monteconero** ⤋, *&* 9330592, Fax 9330365, ≼ mare e costa, « In un'antica abbazia
camaldolese », ⤓, ☞, ⨯ – 📧 ☎ **❷** – 🔏 70. 🝞 🕄 ⓪ **E** *VISA*. ⨯
15 marzo-15 novembre – Pas carta 36/52000 (10 %) – **47 cam** ⌘ 84/126000 – ½ P 97,
125000.

SISSA 43018 Parma 🔢⑭, 🔢 H 12 – 3 737 ab. alt. 31 – ❀ 0521.
Roma 478 – ♦ Brescia 90 – Cremona 60 – Mantova 60 – ♦ Parma 27.

X **Trattoria dei Due Mori**, via Matteotti 40 *&* 879101, Fax 879101, ☆, Coperti limitati
prenotare – 🗐. 🝞 🕄 *VISA*. ⨯
chiuso martedì e dal 10 al 25 agosto – Pas carta 31/49000.

ISTIANA **34019** Trieste 988 ⑥, 429 E 22 – ☏ 040.
bivio per Sistiana Mare ℰ 299166.
ma 651 – Gorizia 26 – Grado 35 – ♦Milano 390 – ♦Trieste 19 – Udine 53.

🏨 **Posta** senza rist, ℰ 299103, Fax 291001 – ⇅ 📺 ☎ Ⓟ. AE ⦿ E. ⊘
chiuso dal 20 dicembre al 20 gennaio e sabato-domenica (escluso da giugno a settembre) – **30 cam** ☕ 95/130000.

IUSI **(SEIS)** **39040** Bolzano 988 ④, 429 C 16 – alt. 988 – Sport invernali : vedere Alpe di Siusi – 0471.
ℰ 706124, Fax 705188.
ma 664 – ♦Bolzano 23 – Bressanone 29 – ♦Milano 322 – Ortisei 15 – Trento 83.

🏨 **Genziana-Enzian**, ℰ 705050, Fax 707010, <, 🏋, ♨, 🏊, 🌳 – ⇅ ▤ rist ☎ ♿ Ⓟ. Ⓢ E VISA. ⊘ rist
18 dicembre-17 aprile e giugno-ottobre – Pas (solo per clienti alloggiati) – **32 cam** ☕ 60/120000 – ½ P 80/98000.

🏨 **Dolomiti-Dolomitenhof** 🐦, ℰ 706128, Fax 706163, < Sciliar, 🏊, 🌳 – ⇅ ☎ Ⓟ. ⊘ rist
19 dicembre-18 aprile e giugno-15 ottobre – Pas (solo per clienti alloggiati) 30/40000 – ☕ 25000 – **27 cam** 61/121000 – ½ P 103/110000.

🏨 **Sporthotel Europa**, ℰ 706174, Fax 707222, 🌳 – ⇅ 📺 Ⓟ. ⊘ rist
20 dicembre-26 aprile e 26 maggio-2 novembre – Pas (solo per clienti alloggiati) 35/55000 – **32 cam** ☕ 60/105000 – ½ P 58/90000.

🏨 **Florian** 🐦, ℰ 706137, Fax 707273, < Sciliar, 🏊 riscaldata, 🌳 – ☎ 🚗 Ⓟ. ⊘ rist
20 dicembre-20 aprile e giugno-15 ottobre – **20 cam** solo ½ P 60/89000.

🏨 **Schlosshotel Mirabell** 🐦, N : 1 km ℰ 706134, Fax 706249, < Sciliar, 🌳 – ☎ Ⓟ. ⊘ rist
15 dicembre-15 aprile e giugno-settembre – Pas (solo per clienti alloggiati) – **36 cam** ☕ 100/180000 – ½ P 120000.

🏨 **Waldrast** 🐦 ℰ 706117, ♨, 🏊 riscaldata, 🌳 – ☎ Ⓟ
dicembre-Pasqua e maggio-settembre – **27 cam** solo ½ P 50/90000.

a Razzes (Ratzes) SE : 4 km – alt. 1 205 – ✉ **39040** Siusi :

🏨 **Bad Ratzes** 🐦, ℰ 706131, Fax 706151, < Sciliar e pinete, « Prato-giardino », 🏊 – ⇅ ☎ 🚗 Ⓟ. ⊘
18 dicembre- 18 aprile e 20 maggio-settembre – Pas 28/40000 – **49 cam** ☕ 65/130000 – ½ P 75/100000.

Vedere anche : ***Alpe di Siusi*** E : 10 km.

IZIANO **27010** Pavia 988 ③ ⑬, 428 G 9 – 4 009 ab. alt. 93 – ☏ 0382.
ma 570 – ♦Milano 19 – Novara 71 – Pavia 18 – Piacenza 63.

a Campomorto S : 2 km – ✉ **27010** Siziano :

✕ **Cipperimerlo**, ℰ 67161, ☂ – Ⓟ. AE
chiuso martedì sera, mercoledì ed agosto – Pas carta 33/59000.

IZZANO **28070** Novara 219 ⑯ – 1 440 ab. alt. 225 – ☏ 0321.
ma 641 – Biella 42 – ♦Milano 66 – Novara 20.

✕ **Impero**, ℰ 820290 – AE Ⓢ E VISA
chiuso lunedì, dal 15 febbraio al 1° marzo ed agosto – Pas carta 30/50000.

OAVE **37038** Verona 988 ④, 429 F 15 – 6 017 ab. alt. 40 – ☏ 045.
ma 524 – ♦Milano 178 – Rovigo 76 – ♦Venezia 95 – ♦Verona 25 – Vicenza 32.

✕✕ Al Gambero, con cam, corso Vittorio Emanuele 5 ℰ 7680010 – 👥 30.
13 cam.

OIANO DEL LAGO **25080** Brescia – 1 072 ab. alt. 203 – ☏ 0365.
ma 538 – ♦Brescia 27 – Mantova 77 – ♦Milano 128 – Trento 106 – ♦Verona 53.

✕✕ **Il Grillo Parlante**, S : 1,5 km ℰ 502312, ☂ – Ⓟ. E VISA. ⊘
chiuso lunedì e dal 10 al 30 gennaio – Pas carta 36/55000.

OLAROLO **48027** Ravenna 429 430 I 17 – 3 955 ab. alt. 24 – ☏ 0546.
ma 373 – ♦Bologna 62 – Forlì 29 – ♦Ravenna 38 – Rimini 72.

✕ **Centrale-L'Ustarejà di Du Butò** con cam, ℰ 51109, Fax 51364 – 📺 ☎. AE Ⓢ ⦿ E VISA. ⊘
Pas *(chiuso lunedì)* carta 30/52000 – ☕ 8000 – **15 cam** 55/70000 – ½ P 55/60000.

OLAROLO RAINERIO **26030** Cremona – 966 ab. alt. 28 – ☏ 0375.
ma 487 – ♦Brescia 67 – Cremona 27 – Mantova 42 – ♦Parma 36.

✕✕ **La Clochette** con cam, ℰ 91010, Fax 310151, ☂, 🌳 – ▤ 📺 ☎ Ⓟ. AE Ⓢ ⦿ E VISA. ⊘
chiuso dal 1° al 16 agosto – Pas *(chiuso martedì)* carta 32/54000 – ☕ 7000 – **13 cam** 50/85000 – ½ P 75/90000.

(SULDEN) 39029 Bolzano 🎯🎯🎯 ④, 🔲🔲 🔲🔲 C 13 – alt. 1 906 – Sport invernali : 1 90
3 150 m ✠1 ⤓10, ✠ – ✪ 0473.

🖪 ✉ 75488, Telex 400656, Fax 75582.

Roma 733 – ◆Bolzano 96 – Merano 68 – ◆Milano 281 – Passo di Resia 50 – Passo dello Stelvio 29 – Trento 154.

🏨 **Zebrù** ⌂, ✎ 613025, Fax 613037, ≼ gruppo Ortles e vallata, ≋, 🔲 – ☎ 🅿. 🛗 ⊙ 🖅 ▨
※ rist
19 dicembre-24 aprile e luglio-19 settembre – Pas 26/36000 – **45 cam** ⌫ 75/125000
½ P 86/99000.

🏨 **Marlet** ⌂, ✎ 613075, Fax 613190, ≼ gruppo Ortles e vallata, *Iᴓ*, ≋, 🔲 – 🛗 ☎ ◖
※ rist
28 novembre-10 maggio e luglio-settembre – **25 cam** solo ½ P 65/89000.

🏨 **Eller,** ✎ 613021, Fax 613151, ≼, ≋, ⤢ – ☎ 🅿. 🛗 ⊙ *VISA*. ※
dicembre-5 maggio e luglio-29 settembre – Pas *(chiuso a mezzogiorno da dicembre a*
marzo) carta 34/42000 – **50 cam** ⌫ 65/122000 – ½ P 79/84000.

🏩 **Mignon,** ✎ 613045, Fax 613194, ≼, ≋ – ☎ 🅿. 🛗 E *VISA*. ※
28 novembre-2 maggio e 26 giugno-25 settembre – Pas *(chiuso martedì)* 20/35000 –
20 cam ⌫ 65/120000 – ½ P 58/76000.

✕✕ **Roland's Bistrò,** ✎ 75555 – 🅿. ※
chiuso a mezzogiorno, martedì, giugno e dal 1° al 15 novembre – Pas carta 33/49000.

46040 Mantova 🎯🎯🎯 ④, 🔲🔲 🔲🔲 F 13 – 2 104 ab. alt. 131 – ✪ 0376.

Roma 506 – ◆Brescia 35 – Cremona 59 – Mantova 36 – ◆Milano 127 – ◆Parma 80 – ◆Verona 44.

✕ **Da Claudio-al Nido del Falco,** ✎ 854249 – 🅿. ※
chiuso lunedì e dall'8 al 30 agosto – Pas carta 30/43000.

41019 Modena 🔲🔲 🔲🔲 H 14 – 11 266 ab. alt. 29 – ✪ 059.

Roma 420 – ◆Milano 176 – ◆Modena 12 – Reggio nell'Emilia 33 – ◆Verona 91.

✕✕ **Da Lancellotti** con cam, via Grandi 120 ✎ 567406, Fax 565431, ⌂, prenotare – 🛗 📺 ◖
🛗 ⊙ E *VISA*. ※
chiuso dal 24 dicembre al 7 gennaio e dal 1° al 19 agosto – Pas *(chiuso sabato*
mezzogiorno e domenica) carta 48/71000 – ⌫ 9000 – **13 cam** 75/95000, 3 appartamenti.

a Limidi N : 3 km – ✉ **41019** :

✕✕ **La Baita,** ✎ 561633, Rist. con specialità di mare – 🆎 🛗 ⊙ E *VISA*. ※
chiuso domenica ed agosto – Pas carta 70/100000.

Treviso – Vedere Pieve di Soligo.

Treviso – Vedere Farra di Soligo.

24060 Bergamo 🔲🔲 🔲🔲 E 12 – 1 299 ab. alt. 449 – a.s. luglio-agosto
✪ 035.

Roma 607 – ◆Bergamo 37 – ◆Brescia 58 – ◆Milano 82.

✕ La Romantica ⌂ con cam, località Esmate N : 2 km ✎ 986174 – ⌦ 🅿.
11 cam.

Vedere anche : *Riva di Solto* SE : 3 km.

Novara 🔲🔲🔲 ⑥ – Vedere Stresa.

37066 Verona 🔲🔲 🔲🔲 F 14 – 10 872 ab. alt. 121 – ✪ 045.

🖪 (chiuso martedì) ✎ 510060, Fax 510242.

Roma 500 – ◆Brescia 56 – Mantova 39 – ◆Milano 144 – ◆Verona 16.

✕✕ **Merica** con cam, località Palazzo ✎ 515160 – ▤ rist 📺 🅿. 🛗 ⊙. ※
chiuso dal 1° al 20 agosto – **Pas** *(chiuso lunedì e giovedì sera)* carta 31/49000 – ⌫ 6000
11 cam 50/80000 – ½ P 70/80000.

sull'autostrada A 4 - Monte Baldo Nord NE : 3 km :

🏨 **Quadrante Europa** senza rist, ✉ 37066 Sommacampagna ✎ 8581400, Fax 858140◖
≋, 🔲 – 🛗 🅿 ⏦, ⌦ 🅿 – ▵ 400. 🆎 🛗 ⊙ E *VISA*. ※
126 cam ⌫ 145/175000, 6 appartamenti.

21019 Varese 🔲🔲 E 8, 🔲🔲🔲 ⑰ – 16 509 ab. alt. 281 – ✪ 0331.

Roma 626 – Como 58 – ◆Milano 49 – Novara 38 – Stresa 34 – Varese 26.

🏨 **Tre Leoni,** via Maspero 10 ✎ 255520, Fax 254120 – 🛗 📺 ☎ 🅿. 🆎 🛗 E *VISA*. ※
Pas *(chiuso lunedì)* carta 36/58000 – ⌫ 10000 – **20 cam** 75/105000 – ½ P 85/100000.

a Coarezza O : 6 km – ✉ **21010** Golasecca :

✕✕ **Da Pio,** in riva al Ticino ✎ 256667, ≼ – 🅿. 🛗 E *VISA*. ※
chiuso mercoledì, dal 2 al 20 gennaio e dal 16 al 27 agosto – Pas carta 42/62000 (12 %).

a Case Nuove S : 6 km – ⊠ **21019** Somma Lombardo :

✗ **La Quercia,** via per Tornavento 11 ℰ 230808 – **❷**. 🆎 🕄 **E** 𝘝𝘐𝘚𝘈. ✀
chiuso lunedì sera, martedì, dal 22 dicembre all'8 gennaio ed agosto – Pas carta 43/65000.

CRONCINO 26029 Cremona 𝟵𝟴𝟴 ③ ⑬, 𝟰𝟮𝟴 𝟰𝟮𝟵 F 11 – 7 228 ab. alt. 89 – ✆ 0374.
na 554 – ♦Bergamo 42 – ♦Brescia 34 – Cremona 35 – ♦Milano 62 – Piacenza 55.

✗ **Le Lame,** strada per Orzinuovi E : 1 km ℰ 85797, ⇗ – **❷**. 🆎
chiuso lunedì sera, martedì e dal 10 gennaio al 10 febbraio – Pas carta 29/64000.

SONDRIO 23100 **℗** 𝟵𝟴𝟴 ③, 𝟰𝟮𝟴 𝟰𝟮𝟵 D 11 – 22 537 ab. alt. 307 – ✆ 0342.
via Cesare Battisti 12 ℰ 512500, Fax 212590.
C.I. viale Milano 12 ℰ 212213.
na 698 – ♦Bergamo 115 – ♦Bolzano 171 – ♦Lugano 96 – ♦Milano 138 – St-Moritz 110 – Passo dello Stelvio 64.

🏨 **Della Posta e Rist. Sozzani,** piazza Garibaldi 19 ℰ 510404, Fax 510210, ⇗ – 🛗 ▤ rist
📺 ☎ & **❷** – 🔬 70. 🆎 🕄 **⓪ E** 𝘝𝘐𝘚𝘈. ✀ rist
Pas *(chiuso agosto)* carta 40/62000 – 🖙 18000 – **39 cam** 110/170000, appartamento –
½ P 150000.

🏨 **Europa,** lungo Mallero Cadorna 27 ℰ 515010, Fax 512895 – 🛗 📺 ☎ **❷**. 🕄 **⓪ E** 𝘝𝘐𝘚𝘈.
✀ rist
Pas *(chiuso domenica)* carta 37/54000 – 🖙 13000 – **44 cam** 62/94000 – ½ P 80/90000.

✗ **La Fermata,** viale dello Stadio 112 ℰ 218481 – ▤ **❷**. 🆎 🕄 **⓪ E** 𝘝𝘐𝘚𝘈. ✀
chiuso martedì e dal 10 al 25 luglio – Pas carta 42/71000.

verso Montagna in Valtellina NE : 2 km – alt. 567 – ⊠ **23020** Montagna in Valtellina :

✗ **Dei Castelli,** ℰ 380445, prenotare – **❷**. 🆎 𝘝𝘐𝘚𝘈. ✀
chiuso domenica sera, lunedì, dal 6 al 20 maggio e dal 1° al 15 ottobre – Pas carta 32/64000.

a Moia di Albosaggia S : 5 km – alt. 409 – ⊠ **23100** Sondrio :

🏨 **Campelli** 🦢, ℰ 510662, ⇗ 🛗 ▤ rist 📺 ☎ ⇠ **❷**. 🆎 🕄 **⓪** 𝘝𝘐𝘚𝘈. ✀
chiuso dal 1° al 20 agosto – Pas *(chiuso lunedì)* carta 35/55000 – 🖙 12000 – **34 cam**
60/100000.

Vedere anche : *Ponte in Valtellina* E : 10 km.

SOPRABOLZANO (OBERBOZEN) Bolzano – Vedere Renon.

SOPRAZOCCO Brescia – Vedere Gavardo.

SORA 03039 Frosinone 𝟵𝟴𝟴 ㉖ ㉗, 𝟰𝟯𝟬 Q 22 – 27 304 ab. alt. 300 – ✆ 0776.
na 111 – Avezzano 55 – Frosinone 30 – Latina 86 – ♦Napoli 138 – Terracina 85.

🏨 **Motel Valentino,** viale San Domenico 1 ℰ 824442, Fax 831071 – 🛗 ▤ rist 📺 ☎ ⇠ **❷**
Pas carta 32/46000 – 🖙 10000 – **56 cam** 60/90000 – ½ P 70/80000.

✗✗ **Griglia d'Oro-Cercine,** via Campo Boario 7 ℰ 831512, 🏡 – **❷**. ✀
chiuso lunedì – Pas carta 45/72000.

SORAGA 38030 Trento 𝟰𝟮𝟵 C 16 – 579 ab. alt. 1 209 – a.s. febbraio-Pasqua e Natale – ✆ 0462.
ℰ 68114.
na 673 – ♦Bolzano 43 – Canazei 14 – ♦Milano 331 – Trento 91.

🏨 Malder, ℰ 68121, ⇌ – 📺 ⊛ **❷**
20 cam.

SORAGNA 43019 Parma 𝟵𝟴𝟴 ⑭, 𝟰𝟮𝟴 H 12 – 4 105 ab. alt. 47 – ✆ 0524.
na 480 – ♦Bologna 118 – Cremona 35 – Fidenza 10 – ♦Milano 104.

🏨 **Locanda del Lupo,** ℰ 690444, Fax 69350 – ▤ 📺 ☎ – 🔬 150. 🆎 🕄 **⓪** 𝘝𝘐𝘚𝘈. ✀ rist
chiuso dal 27 luglio al 24 agosto – Pas carta 58/81000 – 🖙 8000 – **45 cam** 110/180000 –
½ P 135/155000.

SORBOLO 43058 Parma 𝟰𝟮𝟴 𝟰𝟮𝟵 H 13 – 7 439 ab. alt. 34 – ✆ 0521.
na 470 – Mantova 55 – ♦Milano 133 – ♦Modena 50 – ♦Parma 12.

✗ **Bella Parma,** ℰ 69102 – ✀
chiuso lunedì ed agosto – Pas carta 35/50000 bc.

SORDEVOLO 13050 Vercelli 𝟰𝟮𝟴 F 5, 𝟮𝟭𝟵 ⑭ ⑮ – 1 335 ab. alt. 630 – ✆ 015.
na 684 – Biella 8 – ♦Milano 110 – Novara 64 – ♦Torino 82 – Vercelli 50.

✗ **Da Sisto,** ℰ 862180 – **❷**. ✀
chiuso mercoledì e settembre – Pas carta 25/45000.

SORENGO 𝟮𝟭𝟵 ⑧ – Vedere Cantone Ticino (Lugano) alla fine dell'elenco alfabetico.

SORGONO Nuoro 𝟵𝟴𝟴 ㉝, 𝟰𝟯𝟯 G 9 – Vedere Sardegna.

SORI **16030** Genova 428 I 9 – 4 652 ab. – ☎ 0185.
Roma 488 – ◆Genova 16 – ◆Milano 153 – Portofino 20 – ◆La Spezia 91.

X **Al Boschetto,** ✆ 700659 – AE 🅂 E VISA. ✂
chiuso martedì, dal 15 al 25 marzo e dal 15 settembre al 15 ottobre – Pas carta 44/68000.

SORIANO NEL CIMINO **01038** Viterbo 988 ㉕, 430 O 18 – 7 937 ab. alt. 510 – ☎ 0761.
Roma 95 – Terni 50 – Viterbo 17.

XX **Gli Oleandri** con cam, ✆ 748383 – TV ☎ P. 🅂 VISA. ✂ rist
chiuso dal 15 al 27 dicembre – Pas *(chiuso martedì)* carta 30/46000 – ☕ 6000 – **16 ca**
95000, 2 appartamenti – ½ P 85000.

SORICO **22010** Como 428 D 10, 219 ⑩ – 1 225 ab. alt. 208 – ☎ 0344.
Roma 686 – Como 61 – ◆Lugano 53 – ◆Milano 109 – Sondrio 43.

X **Beccaccino,** località Boschetto SE : 2,5 km ✆ 84241 – P
chiuso martedì e gennaio – Pas carta 26/39000.

SORISO **28018** Novara 428 E 7, 219 ⑯ – 769 ab. alt. 452 – ☎ 0322.
Roma 654 – Arona 20 – ◆Milano 78 – Novara 40 – ◆Torino 114 – Varese 46.

XXXX ✿✿ **Al Sorriso** con cam, ✆ 983228, Fax 983328, prenotare – ▤ rist TV ☎. AE 🅂 ⓓ
VISA. ✂
chiuso dal 25 dicembre al 15 gennaio e dal 7 al 21 agosto – Pas *(chiuso lunedì e martedì*
mezzogiorno) carta 91/144000 – **8 cam** ☕ 130/190000 – ½ P 200000
Spec. Frittelle di mele con fegato d'oca in salsa di ribes, Zuppa di porri e patate con calamaretti polipetti e scam
Piccione novello all'aceto balsamico. **Vini** Monteriolo, Boca.

I prezzi — Per ogni chiarimento sui prezzi in guida riportati, consultate le pagine dell'introduzione.

SORMANO **22030** Como 428 E 9, 219 ⑨ – 611 ab. alt. 750 – ☎ 031.
Roma 627 – Bellagio 19 – ◆Bergamo 58 – Como 29 – Erba 15 – ◆Milano 59.

X **Miravalle** con cam, ✆ 683570, ≤ – P. ✂
Pas *(chiuso martedì escluso da luglio a settembre)* carta 31/47000 – ☕ 6000 – **8 cam** 700
– ½ P 60/65000.

SORRENTO **80067** Napoli 988 ㉗, 431 F 25 – 17 501 ab. – a.s. aprile-settembre – ☎ 081.
Vedere Villa Comunale : ≤★★ A – Belvedere di Correale : ≤★★ B A – Museo Correale
Terranova★ B M – Chiostro★ della chiesa di San Francesco A F.
Dintorni Penisola Sorrentina★★ : ≤★★ su Sorrento dal capo di Sorrento (1 h a piedi AR), ≤★
sul golfo di Napoli dalla strada S 163 per ② (circuito di 33 km).
Escursioni Costiera Amalfitana★★★ – Isola di Capri★★★.
⛴ per Capri giornalieri (45 mn) – Caremar-agenzia Morelli, piazza Marinai d'Ital
✆ 8073077, Fax 8072479 – e Navigazione Libera del Golfo, al porto ✆ 8781861.
🚤 per Capri giornalieri (1 h) – Alilauro, al porto ✆ 8073024, Fax 8072009.
🅘 via De Maio 35 ✆ 8782104, Fax 8773397.
Roma 257 ① – Avellino 69 ① – Caserta 74 ① – Castellammare di Stabia 19 ① – ◆Napoli 48 ① – Salerno 50 ①.

SORRENTO

De Maio (Via) . . . . . B 3
Italia (Corso) . . . . . AB
S. Cesareo (Via) . . . AB 7
S. Antonino (Piazza) . B 6
S. Maria d. Grazie (V.) A 8
Vittoria (Pza della) . . . A 9

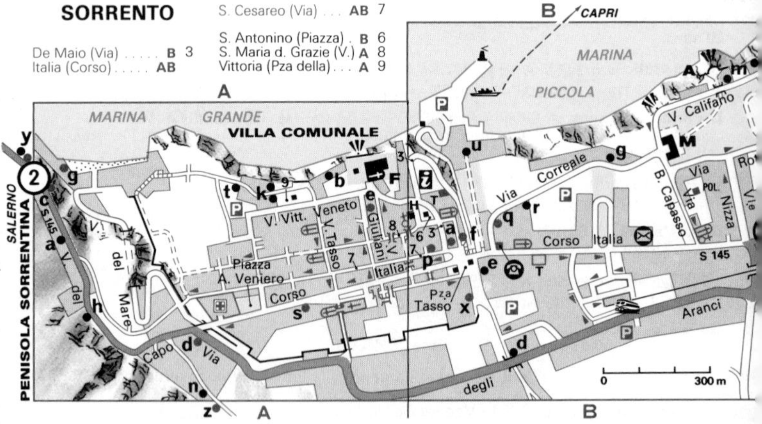

Gd H. Excelsior Vittoria ⑤, piazza Tasso 34 ℰ 8071044, Telex 720368, Fax 8771206, ≤ golfo di Napoli e Vesuvio, « Giardino-agrumeto con ⌁ » – 🕼 🔟 ☎ ⊘ – 🛁 40. 🖭 🕄 ⓞ E 🆅🆂🅰. ℅ rist
B u
Pas 64000 – **106 cam** ⍁ 284/429000, 7 appartamenti – ½ P 309000.

Sorrento Palace ⑤, via Sant'Antonio ℰ 8784141, Telex 722025, Fax 8783933, ≤, 🍴, « Giardino-agrumeto con ⌁ », 🔟, ℀ – 🕼 🔟 ☎ ⅙ ⊘ – 🛁 180 a 1700. 🖭 🕄 ⓞ E 🆅🆂🅰. ℅
A n
Pas 55/70000 – **410 cam** ⍁ 240/330000, 10 appartamenti – ½ P 280000.

Imperial Tramontano ⑤, via Vittorio Veneto 1 ℰ 8782588, Telex 722424, Fax 8072344, ≤ golfo di Napoli e Vesuvio, « Giardino ombreggiato con ⌁ ed ascensore per la spiaggia » – 🕼 🔳 rist 🔟 ☎ ⊘ – 🛁 50 a 200. 🖭 🆅🆂🅰. ℅ rist
A b
chiuso gennaio e febbraio – Pas 55000 – **105 cam** ⍁ 180/290000, 8 appartamenti – ½ P 200000.

Royal, via Correale 42 ℰ 8781920, Telex 722345, Fax 8772905, ≤ golfo di Napoli e Vesuvio, 🍴, « Giardino-agrumeto con ⌁ ed ascensore per la spiaggia », 🐕ₑ – 🕼 🔳 🔟 ☎ ⅙ ⊘. 🖭 🕄 E 🆅🆂🅰. ℅ rist
B g
Pas 50000 – **96 cam** ⍁ 270/335000, appartamento – ½ P 185/215000.

Parco dei Principi ⑤, via Rota 1 ℰ 8784644, Telex 721090, Fax 8783786, ≤ golfo di Napoli e Vesuvio, « Parco ombreggiato con ⌁ ed ascensore per la spiaggia », 🐕ₑ – 🕼 🔳 🔟 ☎ ⊘ – 🛁 100. 🖭 🕄 ⓞ E 🆅🆂🅰. ℅ rist
verso Est
aprile-ottobre – Pas carta 68/102000 – **95 cam** ⍁ 220/330000, 15 appartamenti – ½ P 253/275000.

Gd H. Ambasciatori, via Califano 18 ℰ 8782025, Telex 710645, Fax 8071021, ≤ golfo di Napoli e Vesuvio, « Terrazze fiorite, agrumeto con ⌁ ed ascensore per la spiaggia », 🐕ₑ – 🕼 🔳 🔟 ☎ ⊘ – 🛁 200. 🖭 E 🆅🆂🅰. ℅ rist
B m
Pas 50000 – **103 cam** ⍁ 250/315000, 6 appartamenti – ½ P 175/205000.

Bristol, via del Capo 22 ℰ 8784522, Telex 710687, Fax 8071910, ≤ golfo di Napoli e Vesuvio, « Terrazza panoramica con ⌁ » – 🕼 🔳 🔟 ☎ ⊘ – 🛁 80. 🖭 🕄 ⓞ E 🆅🆂🅰. ℅ rist
A a
Pas carta 38/67000 – **134 cam** ⍁ 200/300000, 5 appartamenti.

Gd H. Capodimonte, via del Capo 14 ℰ 8784555, Telex 721210, Fax 8071193, ≤ golfo di Napoli e Vesuvio, 🍴, « Agrumeto e terrazze fiorite con ⌁ » – 🕼 🔳 🔟 ☎ ⊘ – 🛁 30 a 250. 🖭 🆅🆂🅰. ℅ rist
A h
aprile-ottobre – Pas 50000 – **131 cam** ⍁ 190/295000, 2 appartamenti – ½ P 165/200000.

Gd H. Riviera ⑤, via Califano 22 ℰ 8783220, Telex 710532, Fax 8772100, ≤ golfo di Napoli e Vesuvio, ⌁, 🐕ₑ, 🍃 – 🔟 ☎ – 🛁 400. 🖭 🕄 ⓞ E 🆅🆂🅰. ℅
B m
aprile-ottobre – Pas carta 57/80000 – ⍁ 18000 – **94 cam** 210/240000, 2 appartamenti – ½ P 190/240000.

Carlton International, via Correale 15 ℰ 8072669, Fax 8071073, « Giardino con ⌁ » – 🕼 🔳 🔟 ☎ ⊘. 🖭 🕄 ⓞ E 🆅🆂🅰. ℅
B r
marzo-novembre – Pas 35000 – ⍁ 20000 – **72 cam** 190000 – ½ P 130/150000.

Continental, piazza della Vittoria 4 ℰ 8781476, Fax 8782255, Ascensore per la spiaggia, ⌁ – 🕼 🔳 🔟 ☎ – 🛁 70. ℅ rist
A k
aprile-ottobre – Pas (solo per clienti alloggiati) 60000 – **80 cam** ⍁ 180/310000, 🔳 20000 – ½ P 220000.

Gd H. Cesare Augusto, via degli Aranci 108 ℰ 8782700, Telex 720056, Fax 8071029, « Terrazza panoramica con ⌁ », 🍃 – 🕼 🔳 ☎ 🚗 – 🛁 40 a 170. 🖭 ⓞ. ℅ rist   B d
Pas 35000 – **120 cam** ⍁ 250/280000, 2 appartamenti – ½ P 185/260000.

Bellevue Syrene ⑤, piazza della Vittoria 5 ℰ 8781024, Fax 8783963, ≤ golfo di Napoli e Vesuvio, « Giardino, terrazze fiorite ed ascensore per la spiaggia », 🐕ₑ – 🕼 🔳 rist ☎ ⊘. 🖭 🕄 ⓞ E 🆅🆂🅰. ℅ rist
A k
Pas 60000 – **51 cam** ⍁ 200000 – ½ P 150000.

Gran Paradiso ⑤, via Privata Rubinacci ℰ 8782911, Fax 8783555, ≤ golfo di Napoli e Vesuvio, « Frutteto e terrazza panoramica con ⌁ » – 🕼 🔳 🔟 ☎ ⊘. 🖭 🕄 ⓞ E 🆅🆂🅰. ℅
24 marzo-ottobre – Pas 35/45000 – **86 cam** ⍁ 99/165000 – ½ P 84/98000.   per ①

La Solara, via del Capo 118 (O : 2 km) ⊠ 80060 Capo di Sorrento ℰ 8071526, Telex 721465, Fax 8071501, ≤, ⌁ – 🕼 🔳 rist 🔟 ☎ ⅙ ⊘ – 🛁 250. 🖭 🕄 ⓞ E 🆅🆂🅰. ℅ rist
Pas 35/45000 – **37 cam** ⍁ 170/210000, 2 appartamenti – ½ P 95/175000.   per ②

Villa di Sorrento senza rist, via Fuorimura 4 ℰ 8781068, Fax 8072679 – 🕼 ☎. 🖭 🕄 ⓞ E 🆅🆂🅰
B e
⍁ 16000 – **21 cam** 82/140000.

Regina ⑤ senza rist, via Marina Grande 10 ℰ 8782722, Fax 8782721, 🍃 – 🕼 ☎ 🚗. 🖭
A t
15 marzo-ottobre – **36 cam** ⍁ 66/120000.

Désirée senza rist, via del Capo 31/bis ℰ 8781563, Ascensore per la spiaggia, 🐕ₑ, 🍃 – ⊘. ℅
A y
aprile-ottobre – **22 cam** ⍁ 52/94000.

×× **Caruso,** via Sant'Antonino 12 ℰ 8073156 – 🔳. 🖭 🕄 ⓞ E 🆅🆂🅰   B f
chiuso lunedì escluso da luglio a settembre – Pas carta 37/78000.

×× **Il Mulino,** via Fuorimura 7 ℰ 8781216, Fax 8072899, 🍴 – 🖭 🕄 ⓞ E 🆅🆂🅰   B x
chiuso martedì escluso da giugno a settembre – Pas carta 28/57000.

XX **Il Glicine,** via Sant'Antonio 2 ℰ 8772519, Fax 8772519 – 🗐. 🖭 🛐 ⑩ 🗲 𝒱𝒮𝒜. ℘ A
chiuso dal 15 gennaio al 1° marzo e mercoledì in bassa stagione – Pas carta 35/63000.

XX **La Favorita-o' Parrucchiano,** corso Italia 71 ℰ 8781321, « Servizio estivo in giardino »
– ❷. 🗲 𝒱𝒮𝒜   A
chiuso mercoledì in bassa stagione – Pas carta 25/46000 (15%).

XX **Al Cavallino Bianco,** via Correale 11/a ℰ 8785809, 🈦 – 🖭 🛐 ⑩ 🗲 𝒱𝒮𝒜. ℘
chiuso dal 15 dicembre al 15 gennaio e martedì (escluso da luglio a settembre) – P
carta 31/47000 (15%).   B

XX **L'Antica Trattoria,** via Padre Reg Giuliani 33 ℰ 8071082, 🈦 – 🗐. ℘   A
chiuso gennaio e lunedì (escluso da luglio a settembre) – Pas carta 31/64000.

XX **La Fenice,** via Degli Aranci 11 ℰ 8781652, 🈦 – 🖭 🛐 ⑩ 🗲 𝒱𝒮𝒜.   A
chiuso lunedì escluso da giugno a settembre – Pas carta 25/67000.

XX **La Lanterna Mare,** via Marina Grande 44 ℰ 8073033, 🈦 – 🖭 🛐 ⑩ 🗲 𝒱𝒮𝒜   A
chiuso lunedì e gennaio – Pas carta 44/70000.

X **La Tonnarella** ⤴ con cam, via del Capo 31 ℰ 8781153, ≼ golfo di Napoli e Vesuv
🈦, Ascensore per la spiaggia, « Terrazze panoramiche sul mare », 🐜, 🗲 – 🛗 ❷.
🛐 ⑩ 🗲 𝒱𝒮𝒜   A
15 marzo-15 dicembre – Pas carta 23/56000 (15%) – 🖃 12000 – **16 cam** 95000 – ½ P ↗
80000.

X **La Lanterna,** via San Cesareo 23 ℰ 8781355, Fax 8781355, 🈦 – 🗐. 🖭 🛐 ⑩
𝒱𝒮𝒜   B
chiuso mercoledì – Pas carta 40/75000.

X **La Minervetta** con cam, via del Capo 25 ℰ 8073069, ≼ golfo di Napoli e Vesuvio, 🈦
❷. 🖭 🛐 🗲 𝒱𝒮𝒜   A
Pas *(chiuso mercoledì da novembre a febbraio)* carta 32/76000 – **12 cam** 🖃 113000
½ P 87000.

X **Russo-Zi'ntonio,** via De Maio 11 ℰ 8781623 – 🗐. 🖭 🛐 🗲 𝒱𝒮𝒜   B
chiuso martedì – Pas carta 32/53000.

sulla strada statale 145 per ② :

🏨 **Gd H. Vesuvio,** via Nastro Verde 7 (O : 1 km) ✉ 80067 Sorrento ℰ 87826
Fax 8071170, ≼ golfo di Napoli e Vesuvio, 🈦, 🏊, 🗲 – 🛗 🗐 📺 ☎ ⅙ ⇔ ❷ – 🛋 200.
🛐 ⑩ 🗲 𝒱𝒮𝒜. ℘ rist
chiuso gennaio e febbraio – Pas 40/50000 – **194 cam** 🖃 280/320000, 10 appartamenti.

🏨 **President** ⤴, via Nastro Verde 26 (O : 3 km) ✉ 80067 Sorrento ℰ 87822
Fax 8785411, ≼ golfo di Napoli e Vesuvio, « Giardino fiorito e terrazze con 🏊 » – 🛗 📺
❷. 🖭 🛐 ⑩ 🗲 𝒱𝒮𝒜. ℘ rist
15 marzo-ottobre – Pas carta 40/58000 – **82 cam** 🖃 140/260000, 2 appartamenti – ½ P 1↗
130000.

Vedere anche : **Sant'Agnello** per ① : 2 km.
           Piano di Sorrento per ① : 4 km.
           Meta per ① : 5 km.
           Massa Lubrense per ② : 6 km.
           Sant'Agata sui Due Golfi per ② : 9 km.

S'ORU E MARI Cagliari – Vedere Sardegna (Quartu Sant'Elena).

SOSPIROLO 32037 Belluno 𝟦𝟤𝟫 D 18 – 3 358 ab. alt. 457 – ✆ 0437.

Roma 629 – Belluno 13.

🏨 **Sospirolo Park Hotel** ⤴, località Susin ℰ 89185, Fax 899137, ≼, « Parco », 🈐 –
🏊 rist 📺 ☎ ❷ – 🛋 30 a 100. 🖭 🛐 ⑩ 🗲 𝒱𝒮𝒜. ℘
Pas *(chiuso lunedì)* carta 30/50000 – **24 cam** 🖃 100/120000, appartamento – ½ P ↗
85000.

SOVANA 58010 Grosseto 𝟦𝟥𝟢 O 16 – alt. 291 – ✆ 0564.

Roma 172 – ✦Firenze 226 – Grosseto 82 – Orbetello 70 – Orvieto 61 – Viterbo 68.

XX **Taverna Etrusca** con cam, ℰ 616183, Fax 614193, 🈦 – 📺 ☎. 🖭 🛐 ⑩ 🗲 𝒱𝒮𝒜. ℘
chiuso gennaio – Pas *(chiuso lunedì)* carta 38/56000 – 🖃 10000 – **10 cam** 50/80000
½ P 80000.

XX **Scilla,** ℰ 616531, Fax 614329, 🈦, 🗲 – ❷ – 🛋 100. 🖭 🛐 ⑩ 🗲 𝒱𝒮𝒜. ℘
chiuso martedì e novembre – Pas carta 31/42000.

Les hôtels ou restaurants agréables sont indiqués
dans le guide par un signe rouge.   🏨 ... 🏠

Aidez-nous en nous signalant les maisons où, par expérience,
vous savez qu'il fait bon vivre.   XXXXX ... X

Votre **guide** Michelin sera encore meilleur.

OVERATO 88068 Catanzaro 凹凹凹 ㊴, 凸凹凹 K 31 – 10 842 ab. – 🕸 0967.
via San Giovanni Bosco 192 ℰ 25432.
ᵣma 636 – Catanzaro 32 – ♦Cosenza 123 – Crotone 83 – ♦Reggio di Calabria 164.

🏠 **San Domenico,** via della Galleria ℰ 23121, Fax 521109, ≤, 🏤, 🐾 – 🛗 🗉 ☎ 🅿 –
🏯 200. 🖭 🛐 ⓞ 🗉 𝒱𝐼𝑆𝐴. 🛠
chiuso dal 20 dicembre a gennaio – Pas carta 37/50000 – ⌣ 7000 – **80 cam** 97/140000 –
½ P 66/145000.

🏠 **Gli Ulivi,** via Aldo Moro 1 ℰ 21487, Fax 521194, 🐾, 🚬 – 🗉 📺 ☎ 🅿. 🖭 🛐 ⓞ 🗉 𝒱𝐼𝑆𝐴.
🛠
Pas carta 25/48000 – ⌣ 6000 – **47 cam** 80/114000 – ½ P 93000.

🖇🖇 **Il Palazzo,** corso Umberto I n° 40 ℰ 25336, 🏤 – 🗉. 🖭 🛐 ⓞ 🗉 𝒱𝐼𝑆𝐴
chiuso lunedì e dal 1° al 22 novembre – Pas carta 38/56000.

🖇🖇 **Don Pedro,** via Dopo Lungomare ℰ 25888, ≤, 🐾 – 🗉 🅿. 🛐 ⓞ 🗉 𝒱𝐼𝑆𝐴. 🛠
chiuso mercoledì ed ottobre – Pas carta 35/50000.

OVICILLE 53018 Siena 凹凹凹 M 15 – 7 672 ab. alt. 265 – 🕸 0577.
ᵣma 240 – ♦Firenze 78 – ♦Livorno 122 – ♦Perugia 117 – Siena 10.

🏠 **Borgo Pretale** 🐾, località Pretale SO : 7 km ℰ 345401, Fax 345625, « Grande parco
con 🌲 e 🎾 » – 📺 ☎ 🅿 – 🏯 60. 🖭 🛐 ⓞ 🗉 𝒱𝐼𝑆𝐴. 🛠 rist
15 marzo-15 novembre – Pas 55/80000 – **26 cam** ⌣ 308/385000, 3 appartamenti –
½ P 264/350000.

PADAROLO Forlì 凹凹凹 J 19 – Vedere Rimini.

PARONE 10080 Torino 凸凹凹 F 4, 凹凹凹 ⑬ – 1 234 ab. alt. 552 – 🕸 0124.
ᵣma 708 – Aosta 97 – ♦Milano 146 – ♦Torino 51.

🖇🖇 **La Rocca,** ℰ 808867, prenotare – 🅿. 🖭 ⓞ 𝒱𝐼𝑆𝐴. 🛠
chiuso giovedì e dal 15 gennaio al 15 marzo – Pas carta 41/60000.

PARTAIA Livorno – Vedere Elba (Isola d') : Marciana Marina.

PELLO 06038 Perugia 凹凹凹 ⑯, 凸凹凹 N 20 – 7 907 ab. alt. 314 – 🕸 0742.
edere Affreschi★★ del Pinturicchio nella chiesa di Santa Maria Maggiore.
ᵣma 165 – Assisi 12 – Foligno 5 – ♦Perugia 31 – Terni 66.

🏠 **La Bastiglia** 🐾, via dei Molini 17 ℰ 651277, Fax 651277, ≤, 🏤 – 🗉 📺 ☎. 🖭 🛐 🗉 𝒱𝐼𝑆𝐴.
🛠
Pas (chiuso dal 15 gennaio al 15 febbraio e mercoledì da ottobre a marzo) carta 34/46000 –
⌣ 10000 – **26 cam** 70/100000 – ½ P 95000.

🖇🖇 **Il Molino,** piazza Matteotti 6 ℰ 651305, 🏤 – 🖭 🛐 ⓞ 🗉 𝒱𝐼𝑆𝐴. 🛠
chiuso martedì – Pas carta 36/56000.

🖇 **Il Cacciatore** con cam, via Giulia 42 ℰ 651141, Fax 301603, ≤, 🏤 – ☎ 🚗. 🛐 𝒱𝐼𝑆𝐴. 🛠
chiuso dal 6 al 20 luglio – Pas (chiuso lunedì) carta 32/47000 – ⌣ 6000 – **17 cam** 50/75000
– ½ P 75/80000.

PERLONGA 04029 Latina 凹凹凹 ㉖, 凸凹凹 S 22 – 3 646 ab. – a.s. Pasqua e luglio-agosto – 🕸 0771.
ᵣma 127 – Latina 57 – ♦Napoli 106 – Terracina 18.

🏠 **Parkhotel Fiorelle** 🐾, ℰ 54092, « Giardino », 🌲, 🐾 – 🅿 – 🏯 50. 🛠 rist
marzo-ottobre – Pas 35000 – ⌣ 9000 – **33 cam** 90/110000 – ½ P 87/97000.

🏠 **La Sirenella,** ℰ 549186, Fax 549189, ≤, 🐾 – ☎ 🅿. 🛐 🗉 𝒱𝐼𝑆𝐴. 🛠
Pas (chiuso giovedì) carta 42/61000 – **40 cam** ⌣ 100/150000 – ½ P 105/135000.

🏠 **Major,** ℰ 549245, Fax 549189, 🐼, 🏤, 🐾 – 🗉 ☎ 🚗 🅿. 🖭 🛐 ⓞ 🗉 𝒱𝐼𝑆𝐴. 🛠
Pas (solo per clienti alloggiati) 35/45000 – **16 cam** ⌣ 90/140000 – ½ P 70/90000.

PEZZANO PICCOLO 87010 Cosenza 凸凹凹 J 31 – 1 922 ab. alt. 720 – 🕸 0984.
ᵣma 529 – Catanzaro 110 – Cosenza 13.

🏠 **Petite Etoile,** contrada Acqua Coperta NE : 2 km ℰ 435182 – ☎ 🅿. 🛠
Pas carta 26/39000 – **23 cam** ⌣ 60/90000 – P 90000.

PIAZZO 38088 Trento 凸凹凹 凸凹凹 D 14 – 1 046 ab. alt. 650 – a.s. febbraio-Pasqua e Natale –
🕸 0465.
ᵣma 622 – ♦Bolzano 112 – ♦Brescia 96 – Madonna di Campiglio 21 – ♦Milano 187 – Trento 52.

🏠 **Turismo,** ℰ 81058, Fax 81189 – 🛗 ☎ 🚗. 🛠 rist
20 dicembre-aprile e 10 giugno-settembre – Pas carta 25/41000 – ⌣ 10000 – **46 cam**
80/120000 – ½ P 50/85000.

🖇 **La Pila,** località Fisto ℰ 81341 – 🅿. 🛠
chiuso mercoledì ed ottobre – **Pas** carta 26/40000.

PILAMBERTO 41057 Modena 凸凹凹 凸凹凹 凸凹凹 I 15 – 10 652 ab. alt. 69 – 🕸 059.
ᵣma 408 – ♦Bologna 31 – ♦Modena 16.

🖇🖇 **Da Cesare,** via San Giovanni 38 ℰ 784259, Coperti limitati; prenotare – 🖭 🛐 🗉 𝒱𝐼𝑆𝐴. 🛠
chiuso domenica sera, lunedì, dal 1° al 15 gennaio e dal 20 luglio al 20 agosto – Pas
carta 27/40000.

in prossimità casello autostrada A 1 NO : 7 km:

XX **Antica Trattoria la Busa** ✉ 41057 *𝒫* 469422, 😀 – **☻**. AE ⑤ ⓞ ☰ VISA. ⋘
chiuso lunedì ed agosto – Pas carta 29/44000.

SPILIMBERGO 33097 Pordenone 988 ⑤, 429 D 20 – 11 143 ab. alt. 132 – ✪ 0427.
Roma 625 – ◆Milano 364 – Pordenone 33 – Tarvisio 97 – Treviso 101 – ◆Trieste 98 – Udine 30.

🏨 **Gd H. President,** via Cividale *𝒫* 50050 – 🛗 📺 ☎ ♿ **☻** – 🚗 120. AE ⑤ ⓞ ☰ VISA. ⋘
Pas *(chiuso lunedì)* carta 40/63000 – ☲ 12000 – **33 cam** 130000 – ½ P 100/117000.

XX **Torre Orientale,** via di Mezzo 2 *𝒫* 2998, Fax 2998, Coperti limitati; prenotare – AE ⑤ ⓞ
☰ VISA. ⋘
chiuso domenica sera, martedì e dal 1° al 15 agosto – Pas carta 35/55000.

SPINAZZOLA 70058 Bari 988 ㉘, 431 E 30 – 7 856 ab. alt. 435 – ✪ 0883.
Roma 395 – ◆Bari 80 – ◆Foggia 89 – Potenza 78 – ◆Taranto 134.

🏮 **Golden Ear,** via Coppa 27 *𝒫* 981525 – 🛗 ☰ 📺 ☎ **☻**. AE VISA. ⋘
Pas *(chiuso domenica sera)* 35/40000 – ☲ 10000 – **21 cam** 60/80000 – ½ P 80000.

SPINO D'ADDA 26016 Cremona 428 F 10, 219 ㉘ – 5 093 ab. alt. 84 – ✪ 0373.
Roma 558 – ◆Bergamo 40 – Cremona 54 – ◆Milano 29 – Piacenza 51.

XX **Paredes y Cereda,** *𝒫* 965041, 😀 – **☻**. AE ⑤ ⓞ ☰ VISA. ⋘
chiuso lunedì, dal 7 al 26 gennaio e dal 13 al 20 agosto – Pas carta 39/58000.

SPIRANO 24050 Bergamo 428 F 11 – 4 537 ab. alt. 156 – ✪ 035.
Roma 591 – ◆Bergamo 13 – ◆Brescia 48 – ◆Milano 42 – Piacenza 75.

X **Le 3 Noci-da Camillo,** *𝒫* 877158, 😀 – AE ⑤ ☰ VISA. ⋘
chiuso domenica sera, lunedì e dal 1° al 20 agosto – Pas carta 38/52000.

Avvertite immediatamente l'albergatore se non potete più
occupare la camera prenotata.

SPOLETO 06049 Perugia 988 ⑯ ㉖, 430 N 20 – 38 031 ab. alt. 405 – ✪ 0743.
Vedere Piazza del Duomo★ : Duomo★★ Y – Ponte delle Torri★★ Z – Chiesa di San Gregorio
Maggiore★ Y D – Basilica di San Salvatore★ Y B.
Dintorni Strada★ per Monteluco per ②.
🛈 piazza Libertà 7 *𝒫* 220311, Fax 46241.

Roma 130 ② – Ascoli Piceno 123 ① – Assisi 48 ① – Foligno 28 ① – Orvieto 84 ③ – ◆Perugia 65 ① – Rieti 58 ②
Terni 31 ②.

Pianta pagina seguente

🏨 **Albornoz Palace Hotel,** viale Matteotti *𝒫* 221221, Fax 221600, ≤, 😀 , 🎾 – 🛗 ☰ 📺
♿ 🚘 **☻** – 🚗 400. AE ⑤ ⓞ ☰ VISA. ⋘
Pas *(chiuso lunedì)* carta 41/62000 – ☲ 15000 – **96 cam** 180000, 4 appartamenti – ½ P 12
190000.

🏨 **Il Barbarossa,** via Licina 12 *𝒫* 43644, Fax 222060 – ☰ 📺 ☎ **☻** – 🚗 56. AE ⑤ ⓞ ☰ VISA
Pas *(chiuso lunedì)* carta 38/57000 – **10 cam** ☲ 200/250000.   per ①

🏨 **Dei Duchi,** viale Matteotti 4 *𝒫* 44541, Fax 44543, ≤, 😀 – 🛗 📺 ☎ ♿ **☻** – 🚗 50 a 70.
⑤ ⓞ ☰. ⋘
Pas *(chiuso martedì)* 35/50000 – **51 cam** ☲ 150/165000 – ½ P 115/138000.   Z

🏨 **Gattapone** senza rist, via del Ponte 6 *𝒫* 223447, Fax 223448, ≤, 🎾 – ☰ 📺 ☎ – 🚗 4
AE ⑤ ⓞ ☰ VISA
☲ 15000 – **6 cam** 154000, 7 appartamenti.   Z

🏨 **Charleston** senza rist, piazza Collicola 10 *𝒫* 220052, Fax 222010, ☎ – 🛗 📺 ☎ – 🚗 4
AE ⑤ ⓞ ☰ VISA
☲ 12000 – **18 cam** 77/100000.   Z

🏨 **Clarici** senza rist, piazza della Vittoria 32 *𝒫* 223311, Fax 222010 – 🛗 ☰ 📺 ☎ **☻**. AE ⑤ ⓞ
☰ VISA
☲ 12000 – **24 cam** 80/100000.   Y

🏮 **Aurora,** via Apollinare 3 *𝒫* 220315, Fax 221815 – 📺 ☎. ⑤ ☰ VISA. ⋘   Z
Pas vedere rist Apollinare – ☲ 7500 – **18 cam** 77/85000 – ½ P 73/93000.

🏮 **Europa** senza rist, viale Trento e Trieste 201 *𝒫* 46949, Fax 221654 – 🛗 ☰ 📺 ☎. ⑤ ⓞ ☰ VISA
☲ 13000 – **24 cam** 65/95000.   Y

🏮 **Nuovo Clitunno,** piazza Sordini 8 *𝒫* 223340, Fax 222663 – 📺 ☎. AE ⑤ ⓞ ☰ VISA Z
Pas *(chiuso mercoledì)* 25/40000 – ☲ 12000 – **32 cam** 80/105000 – ½ P 80/110000.

XXX **Apollinare** - Hotel Aurora, via Sant'Agata 14 *𝒫* 223256 – ⑤ ☰ VISA. ⋘   Z
chiuso martedì – Pas carta 39/54000.

SPOLETO

aribaldi (Corso) . . . . . Y
Iazzini (Corso) . . . . . . Z

rringo (Via dell') . . . . YZ 2
ecili (Via) . . . . Y 3
Duchi (Via dei) . . . . Z 4
ilitteria (Via) . . . . Y 6
iiustolo (Via) . . . . Y 7
ibertà (Piazza) . . . . Z 8
Mentana (Piazza) . . . . . Y 9
onzianina (Via) . . . . . . Y 12
affi (Via Aurelio) . . . . . Z 13
alara Vecchia
(V. della) . . . . Y 14
eminario (Via) . . . . Y 15
ordini (Piazza) . . . . Z 16
orre dell'Olio (Piazza) . Y 18
aita S. Andrea (Via) . . Y 20

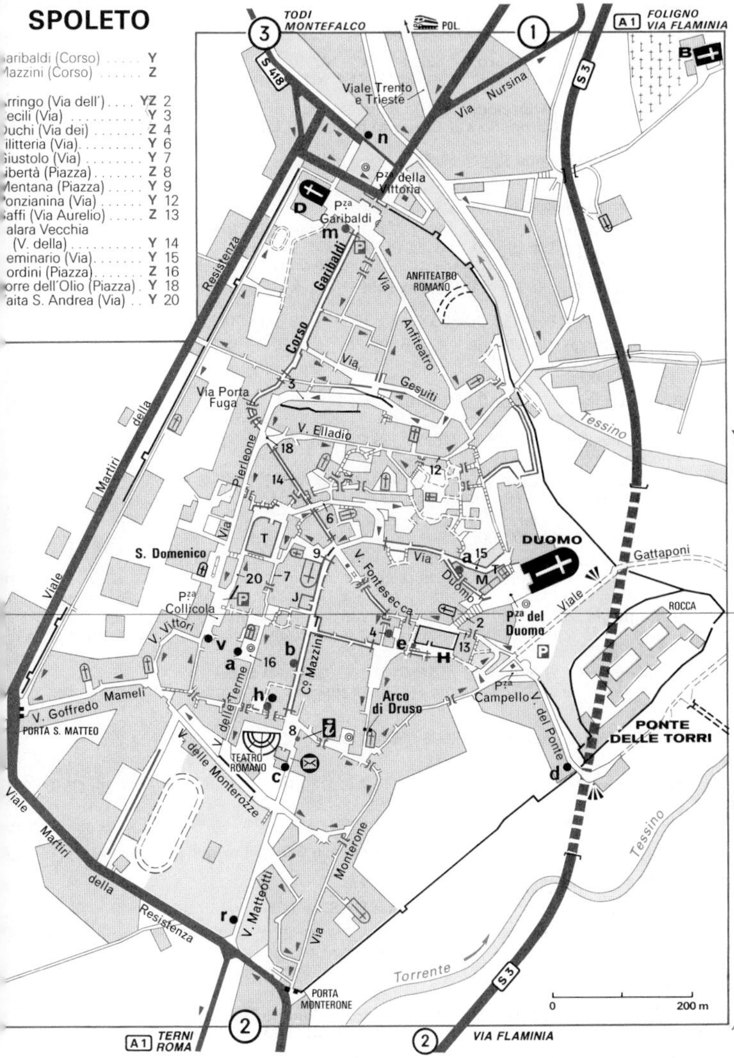

XX **Il Tartufo,** piazza Garibaldi 24 ☎ 40236, Fax 40236 – ▤. AE 🄱 ⓓ E VISA. ✈ Y **m**
chiuso mercoledì e dal 15 luglio al 10 agosto – Pas carta 35/70000.

XX **Sabatini,** corso Mazzini 52/54 ☎ 221831, « Servizio estivo all'aperto » – 🄱 ⓓ
chiuso lunedì, dal 16 al 30 gennaio e dal 1º al 10 agosto – Pas carta 37/71000. Z **b**

X **Panciolle** con cam, via del Duomo 4 ☎ 45598, ≤, « Servizio estivo in terrazza » – AE 🄱 E VISA Y **a**
Pas *(chiuso mercoledì ed agosto)* carta 26/37000 (10%) – ☕ 7500 – **7 cam** 70/80000 – ½ P 60/80000.

X **La Barcaccia,** piazza Fratelli Bandiera 3 ☎ 221171, 🏞 – AE 🄱 ⓓ E VISA. ✈ Z **e**
chiuso martedì e dal 6 al 25 gennaio – Pas carta 29/42000 (15%).

sulla strada statale 3 - via Flaminia :

X **Il Capanno,** località Torrecola per ② : 8 km ☎ 54119, Fax 54119, prenotare, « Servizio estivo all'aperto » – Ⓟ. AE 🄱 E VISA. ✈
chiuso lunedì – Pas carta 28/46000.

a San Giacomo per ① : 8 km – ⊠ **06048** :

🍴 **Al Palazzaccio-da Piero,** *&* 520168, 😊 – **❷**. 🅱. ⬢
chiuso lunedì e Natale – **Pas** carta 28/41000.

Vedere anche : *Monteluco* per ② : 8 km.
Campello sul Clitunno per ① : 11 km.

SPOTORNO **17028** Savona 🟨🟨🟨 ⑫ ⑬, 🟨🟨🟨 J 7 – 4 386 ab. – 🟢 019.

🏛 piazza Mateotti 3 *&* 745128, Fax 745129.

Roma 560 – Cuneo 105 – ◆Genova 61 – Imperia 61 – ◆Milano 184 – Savona 15.

🏨🏨 **Royal,** lungomare Kennedy 125 *&* 745074, Telex 283867, Fax 745075, ≤, 😊, ⬧, 🔺
😊 – |🛗| 🍽 rist 📺 ☎ **❷** – 🔬 200. 🅰🅴 🅱 🅾 🅴 🆅🅸🆂🅰. ⬢ rist
Pasqua-ottobre – Pas 40/70000 – ⬜ 20000 – **105 cam** 115/220000 – ½ P 85/155000.

🏦 **Tirreno,** via Aurelia 2 *&* 745106, Fax 745061, ≤, 🔺 – |🛗| 🍽 rist 📺 ☎ – 🔬 50. 🅰🅴 🅱 🅾 🅴
🆅🅸🆂🅰. ⬢ rist
marzo-ottobre – Pas carta 26/50000 – ⬜ 15000 – **38 cam** 90/150000 – ½ P 70/115000.

🏦 **Ligure,** piazza della Vittoria 1 *&* 745118, Fax 745110, ≤ – |🛗| 🍽 rist 📺 ☎ – 🔬 – ⬜ – **36 cam** 80/100000 – ½ P 60/90000.
chiuso da novembre al 21 dicembre – Pas carta 35/45000 – ⬜ 14000 – **36 cam** 80/100000 – ½ P 60/90000.

🏦 **Premuda,** piazza Rizzo 10 *&* 745157, Fax 747416, ≤, 🔺 – 📺 ☎ **❷**. 🅰🅴 🅾 🆅🅸🆂🅰. ⬢ rist
Pasqua-settembre – Pas carta 33/49000 – ⬜ 13000 – **23 cam** 85/99000 – P 60/95000.

🏦 **Riviera,** via Berninzoni 18 *&* 745320, Fax 745505, ⬧, 🌳 – |🛗| 🍽 rist ☎ **❷**
48 cam.

🏦 **Zunino,** via Serra 23 *&* 745441, Fax 743301 – |🛗| 🍽 📺 ☎. 🅱 🅴 🆅🅸🆂🅰
Pas carta 27/58000 – **29 cam** ⬜ 85/95000 – ½ P 55/62000.

🏠 **Roma** senza rist, piazza Colombo 7 *&* 745125 – |🛗| 📺 ☎. 🅰🅴 🅱 🅴 🆅🅸🆂🅰. ⬢
⬜ 15000 – **19 cam** 100000.

🏠 **Aurora,** piazza Rizzo 9 *&* 745169, 🔺 – 📺 ☎. 🅰🅴 🅱 🅴 🆅🅸🆂🅰. ⬢ rist
Pas *(chiuso mercoledì escluso da giugno a settembre)* 28/35000 – ⬜ 10000 – **33 cam**
65/85000 – P 75/85000.

🏠 **Vallega,** via 25 Aprile 12 *&* 745137, Fax 745129 – |🛗| ⬗ rist 📺 ☎. 🅰🅴 🅱 🅾 🅴 🆅🅸🆂🅰. ⬢
chiuso dal 15 ottobre al 15 gennaio – Pas carta 30/50000 – ⬜ 10000 – **32 cam** 70/95000 – ½ P 60/85000.

🍴🍴 **A Sigögna,** via Garibaldi 13 *&* 745016, 😊 – 🅰🅴 🅱 🅾 🅴 🆅🅸🆂🅰
chiuso da ottobre al 10 dicembre e martedì (escluso dal 10 giugno al 10 settembre) – Pas
carta 35/55000.

SPRESIANO **31027** Treviso 🟨🟨🟨 E 18 – 8 655 ab. alt. 56 – 🟢 0422.

Roma 558 – Belluno 64 – Treviso 14 – Vicenza 72.

🍴🍴 **Da Domenico,** località Lovadina SE : 3 km *&* 881261, Fax 887074, 🌳 – **❷**. 🅰🅴 🅱 🅾 🅴
🆅🅸🆂🅰. ⬢
chiuso lunedì sera, martedì e dal 15 al 30 luglio – Pas carta 28/50000.

STABIO 🟨🟨🟨 ㉔, 🟨🟨🟨 ⑧ – Vedere Cantone Ticino alla fine dell'elenco alfabetico.

STAFFOLI **56020** Pisa 🟨🟨🟨 K 14 – alt. 28 – 🟢 0571.

Roma 312 – ◆Firenze 58 – ◆Livorno 46 – Pisa 36 – Pistoia 33 – Siena 85.

🍴 **Da Beppe,** via Livornese 35/b *&* 37002, 😊 – 🍽. 🅰🅴 🅱 🅾 🅴 🆅🅸🆂🅰. ⬢
chiuso domenica sera, lunedì e dall'11 al 30 agosto – Pas carta 40/80000.

STEINEGG = Collepietra.

STELVIO (Passo dello) **(STILFSER JOCH)** Bolzano e Sondrio 🟨🟨🟨 ④, 🟨🟨🟨 🟨🟨🟨 C 13 – alt. 2 757 –
Sport invernali : solo sci estivo (giugno-ottobre) : 2 757/3 400 m –⬍ 2 ⬍ 13, ⬈.

Roma 740 – ◆Bolzano 103 – Bormio 20 – Merano 75 – ◆Milano 222 – Trento 161.

🏦 **Passo dello Stelvio-Stilfserjoch,** ⊠ 39020 Stelvio *&* (0342) 903162, Fax 903664, ≤
gruppo Ortles e vallata, 😊 – |🛗| ☎ ⬅ **❷**. 🅱 🆅🅸🆂🅰. ⬢ rist
25 maggio-ottobre – Pas 25/30000 – **60 cam** ⬜ 90/180000 – ½ P 80/110000.

STENICO **38070** Trento 🟨🟨🟨 🟨🟨🟨 D 14 – 944 ab. alt. 660 – a.s. 20 dicembre-10 gennaio –
🟢 0465.

Roma 603 – ◆Brescia 103 – ◆Milano 194 – Riva del Garda 29 – Trento 33.

a Villa Banale E : 3 km – ⊠ **38070** :

🏠 **Alpino,** *&* 71459 – |🛗| ☎ **❷**. 🅱. ⬢
Pas *(chiuso martedì e da novembre a marzo)* 23/25000 – ⬜ 7000 – **33 cam** 50/90000 – ½ P 45/70000.

STERZING = Vipiteno.

STILFSER JOCH = Stelvio (Passo dello).

STRADELLA 27049 Pavia 988 ⑬, 428 G 9 – 11 314 ab. alt. 101 – ✦ 0385.

oma 547 – Alessandria 62 – ◆Genova 116 – ◆Milano 59 – Pavia 21 – Piacenza 36.

🏨 **Italia** senza rist, via Mazzini 4 ℰ 245178, Fax 48474 – 📱 📺 ☎ – 🛦 40. 🖭 🔠 ⓸ 🗨 **E** VISA
    🍽 10000 – **28 cam** 65/110000.

🍴 **Gallo,** vicolo Parea 7 ℰ 48323 – ℗. 🔠 **E** VISA
    chiuso lunedì e dal 6 al 26 agosto – Pas carta 27/38000.

STRESA 28049 Novara 988 ②, 428 E 7 – 4 780 ab. alt. 200 – Sport invernali : vedere Mottarone
✦ 0323.

edere Cornice pittoresca★★ – Villa Pallavicino★ Y.

scursioni Isole Borromee★★★ : giro turistico da 5 a 30 mn di battello – Mottarone★★★ O :
9 km (strada di Armeno) o 18 km (strada panoramica di Alpino, a pedaggio da Alpino) o
5 mn di funivia Y.

; Des Iles Borroméés (aprile-novembre; chiuso lunedì) ℰ 30243, Fax 31075, per ① : 5 km;

, Alpino (aprile-novembre; chiuso martedì in bassa stagione) a Vezzo ⊠ 28040 ℰ 20101, Fax
0642, per ② : 7,5 km.

⚓ per le Isole Borromee giornalieri (da 10 a 30 mn) – Navigazione Lago Maggiore, piazza
Marconi ℰ 30393.

🛈 via Principe Tomaso 70/72 ℰ 30150, Fax 32561.

oma 657 ① – Brig 108 ③ – Como 75 ① – Locarno 55 ③ – ◆Milano 80 ① – Novara 56 ① – ◆Torino 134 ①.

Pianta pagina seguente

🏨🏨🏨 **Des Iles Borromées,** lungolago Umberto I n° 67 ℰ 30431, Telex 200377, Fax 32405,
    « Parco e giardino fiorito con ≤ isole Borromee », 🛵, 🏊, 🧊, 🎾 – 📱 🍽 cam 📺 ☎ 🛦
    ← ℗ – 🛦 30 a 300. 🖭 🔠 ⓸ **E** VISA 🍽 rist   Y **w**
    Pas 90000 – **172 cam** 🍽 311/480000, 11 appartamenti – ½ P 271/316000.

🏨🏨 **Regina Palace,** lungolago Umberto I n° 27 ℰ 30171, Telex 200381, Fax 30176, ≤ isole
    Borromee, 🌳, « Parco e giardino fiorito con 🧊 riscaldata » , 🛵, 🏊, 🎾 – 📱 🍽 📺 ☎ 🛦
    ℗ – 🛦 30 a 200. 🔠 **E** VISA 🍽 rist   Y **b**
    chiuso gennaio – Pas 55000 e Rist. **Charleston***(chiuso a mezzogiorno)* carta 68/126000 – 🍽
    18000 – **175 cam** 250/300000, 4 appartamenti.

🏨🏨 **Bristol,** lungolago Umberto I n° 73 ℰ 32601, Telex 200217, Fax 33622, ≤ lago e monti,
    « Parco », 🛵, 🏊, 🧊, 🧊 – 📱 🍽 cam 📺 ☎ ℗ – 🛦 30 a 300. 🖭 🔠 ⓸ **E** VISA. 🍽 rist
    15 marzo-20 novembre – Pas carta 50/85000 – 🍽 20000 – **250 cam** 160/260000, 4 apparta-
    menti – ½ P 80/180000.   Y **c**

🏨🏨 **La Palma,** lungolago Umberto I n° 33 ℰ 933906, Telex 200541, Fax 933930, ≤ lago e
    monti, 🛵, 🏊, 🧊 riscaldata, 🌱 – 📱 🍽 📺 ☎ 🛦 ← ℗ – 🛦 30 a 100. 🖭 🔠 ⓸ **E** VISA.
    🍽 rist   Y **e**
    marzo-25 novembre – Pas 40/45000 – 🍽 16000 – **128 cam** 130/210000, 5 appartamenti –
    ½ P 95/140000.

🏨 **Milan e Speranza au Lac,** piazza Imbarcadero ℰ 31190, Telex 200113, Fax 32729, ≤
    lago e monti – 📱 🍽 📺 ☎ – 🛦 30 a 150. 🖭 🔠 ⓸ **E** VISA. 🍽 rist   Y **s**
    27 marzo-25 ottobre – Pas 32/40000 – 🍽 14000 – **160 cam** 115/162000 – ½ P 75/118000.

🏨 **Royal,** strada statale del Sempione 22 ℰ 32777, Fax 33633, ≤, 🌳, « Giardino fiorito » –
    📱 📺 🛦 ℗ – 🛦 60. 🔠 **E** VISA. 🍽   Y **z**
    aprile-ottobre – Pas 25/40000 – 🍽 15000 – **45 cam** 75/110000 – ½ P 65/95000.

🏨 **Moderno,** via Cavour 33 ℰ 30468, Telex 200340, Fax 31537, 🌳 – 📱 ☎. 🖭 🔠 ⓸ **E** VISA.
    🍽 rist   Y **r**
    marzo-ottobre – Pas carta 34/52000 – 🍽 12000 – **53 cam** 70/110000 – ½ P 65/90000.

🏨 **Meeting** senza rist, via Bonghi 9 ℰ 32741 – 📱 ☎. 🖭 🔠 ⓸ **E** VISA   Y **g**
    24 cam 🍽 110000.

🏨 **La Fontana** senza rist, strada statale del Sempione 1 ℰ 32707, ≤, « Piccolo parco
    ombreggiato » – ☎ ℗. 🖭 🔠 **E** VISA   Y **f**
    chiuso novembre – 🍽 12000 – **20 cam** 95000.

🏨 **Della Torre,** strada statale del Sempione 45 ℰ 32555, Fax 31175, « Giardino fiorito » –
    📱 ☎ ℗. 🔠 ⓸ **E** VISA. 🍽 rist   Y **a**
    aprile-ottobre – Pas 25/40000 – 🍽 15000 – **44 cam** 70/95000 – ½ P 60/85000.

🏨 **Du Parc,** via Gignous 1 ℰ 30335, Fax 33596, « Piccolo parco », 🌱 – 📱 🍽 ☎ ℗. 🖭 🔠 **E**
    VISA. 🍽 rist   Y **y**
    Pasqua-15 ottobre – Pas (solo per clienti alloggiati) 25/30000 – 🍽 15000 – **34 cam**
    90/110000 – ½ P 65/100000.

🏨 **Flora,** strada statale del Sempione 26 ℰ 30524, Fax 33372, ≤, 🌱 – 📺 ☎ ℗. 🖭 🔠
    E VISA   Y **p**
    16 marzo-3 novembre – Pas 20/35000 – 🍽 12000 – **21 cam** 50/80000 – ½ P 50/75000.

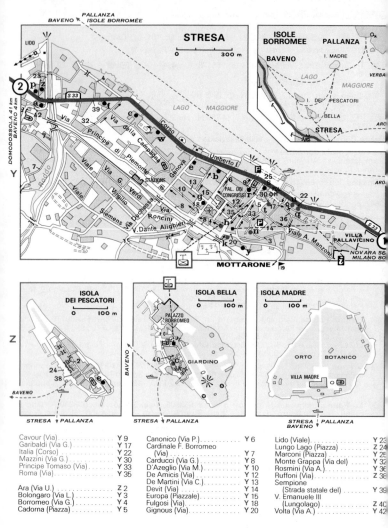

STRESA

ISOLE BORROMEE

ISOLA DEI PESCATORI

ISOLA BELLA

ISOLA MADRE

Cavour (Via)	Y 9	Canonico (Via P.)	Y 6	Lido (Viale)	Y 23
Garibaldi (Via G.)	Y 17	Cardinale F. Borromeo		Lungo Lago (Piazza)	Z 24
Italia (Corso)	Y 22	(Via)	Y 7	Marconi (Piazza)	Y 25
Mazzini (Via G.)	Y 30	Carducci (Via G.)	Y 8	Monte Grappa (Via del)	Y 32
Principe Tomaso (Via)	Y 33	D'Azeglio (Via M.)	Y 10	Rosmini (Via A.)	Y 36
Roma (Via)	Y 35	De Amicis (Via)	Y 12	Ruffoni (Via)	Y 38
		De Martini (Via C.)	Y 13	Sempione	
Ara (Via U.)	Z 2	Devit (Via)	Y 14	(Strada statale del)	Y 39
Bolongaro (Via L.)	Z 3	Europa (Piazzale)	Y 15	V. Emanuele III	
Borromeo (Via G.)	Y 4	Fulgosi (Via)	Y 18	(Lungolago)	Z 40
Cadorna (Piazza)	Y 5	Gignous (Via)	Y 20	Volta (Via A.)	Y 42

XXX ❀ **L'Emiliano,** corso Italia 50 ℰ 31396, Fax 33474, prenotare – 🅐🅔 🕃 ⓞ 🅔 𝑉𝐼𝑆𝐴. ⅏
chiuso martedì, mercoledì a mezzogiorno e dal 15 gennaio al 28 febbraio – Pas carta 60/
126000 (10%)   Y **u**
Spec. Tortino di cappesante profumato al burro d'arancio, Ravioli di pesce con bisque di crostacei, Scaloppa di rombo
con patate e salsa allo zafferano. Vini Arneis, Gattinara.

XX **Piemontese,** via Mazzini 25 ℰ 30235, « Servizio estivo all'aperto » – 🅐🅔 🕃 ⓞ 🅔 𝑉𝐼𝑆𝐴
chiuso lunedì e da gennaio al 15 febbraio – Pas carta 41/69000 (10%).   Y **l**

XX **Da Angelo,** via Roma 88 ℰ 31147, 🍽 – 🅐🅔 🕃 ⓞ 🅔 𝑉𝐼𝑆𝐴. ⅏   Y **h**
chiuso lunedì e gennaio – Pas carta 40/67000.

XX **Ariston,** corso Italia 60 ℰ 31195, Fax 31195, ≤ lago e monti, 🍽 – 🅐🅔 🕃 ⓞ 🅔 𝑉𝐼𝑆𝐴Y **q**
21 marzo-8 dicembre – Pas carta 35/58000.

X **Del Pescatore,** vicolo del Poncivo 3 ℰ 31986, Solo piatti di pesce – 🕃 🅔 𝑉𝐼𝑆𝐴   Y **n**
chiuso Natale e giovedì (escluso da giugno a settembre) – Pas carta 27/54000.

X **Il Triangolo,** via Roma 61 ℰ 32736, 🍽, Rist. e pizzeria – 🅐🅔 🕃 ⓞ 🅔 𝑉𝐼𝑆𝐴. ⅏   Y **k**
chiuso dal 15 al 30 novembre e martedì escluso da giugno a settembre – Pas carta 30/
54000.

sulla strada statale 33 per ③ : 1,5 km :

Villaminta, strada statale del Sempione 123 ⊠ 28049 ℘ 933818, Telex 223316, Fax 933955, ≤ isole Borromee, 🏠, « Parco fiorito e terrazza con 🌊 riscaldata », ▲◉, 🍽 – 🛗 📺 ☎ ❷ – 🔬 40. ﷼ 🚫 ❶ ❿ **E** **VISA**. 🍴 rist
aprile-ottobre – Pas carta 50/88000 – ⊏⊐ 25000 – **62 cam** 170/195000, 5 appartamenti – ½ P 120/175000.

a Someraro NO : 4 km per via Duchessa di Genova Y – ⊠ **28049** Stresa :

Al Rustico, ℘ 32172, Coperti limitati; prenotare – ❷. ❶. 🍴
chiuso mercoledì – Pas carta 31/47000.

Vedere anche : **Vezzo** per ② : 5 km.
                          Alpino per ② : 9 km.
                          Borromee (Isole) N : da 5 a 30 mn di battello.
                          Mottarone per ② : 20 km per strada a pedaggio o 15 mn di funivia.

STROMBOLI (Isola) Messina 988 ㊲ ㊳, 431 432 K 27 – Vedere Sicilia (Eolie, isole).

STRONCONE 05029 Terni 430 O 20 – alt. 451 – ✪ 0744.
Roma 112 – Rieti 45 – Terni 9.

Taverna de Porta Nova, ℘ 60496, « In un convento quattrocentesco » – 🚫 **E** **VISA**. 🍴
chiuso a mezzogiorno (escluso i giorni festivi), mercoledì e dal 15 al 30 luglio – Pas carta 25/39000.

STROVE Siena 430 L 15 – Vedere Monteriggioni.

STROZZACAPPONI Perugia – Vedere Corciano.

STUPINIGI 10040 Torino 428 G 4 – alt. 244 – ✪ 011.
Vedere Palazzina Mauriziana★.
(chiuso lunedì ed agosto) ⊠ 10135 Torino ℘ 3472640, Fax 3978038, NE : 2 km FU   (vedere Torino p. 1);
(chiuso lunedì e dal 24 dicembre al 7 gennaio) a Vinovo ⊠ 10048 ℘ 9653880, Fax 9623748, S : 2 km FU (vedere Torino p.1).
Roma 668 – Cuneo 92 – ◆Milano 161 – Sestriere 81 – ◆Torino 11.

Pianta d'insieme di Torino (Torino p. 2)

Le Cascine, O : 2 km ℘ 9002581, Fax 9002581, 🏠, « Parco fiorito con laghetto » – ❷.
﷼ 🚫 ❶ **E** **VISA**   FU **v**
maggio-ottobre; chiuso lunedì – Pas carta 43/65000.

STURLA Genova – Vedere Genova.

SUBIACO 00028 Roma 988 ㉖, 430 Q 21 – 9 098 ab. alt. 408 – Sport invernali : al Monte Livata : 1350/1 745 m ⛷8, ⛸, – ✪ 0774.
Vedere Monastero di San Benedetto★ SE : 3 km – 🅱 via Cadorna 59 ℘ 85397.
Roma 72 – Avezzano 68 – Frosinone 52 – ◆Pescara 174 – Rieti 80 – Tivoli 42.

al monte Livata NE : 16 km – alt. 1 350 :

Livata, ⊠ 00028 ℘ 86031, Fax 86031, ≤, 🏠, 🍽 – ☎ ❷. ﷼. 🍴 rist
Natale-Pasqua e luglio-settembre – Pas 28/40000 – **84 cam** ⊏⊐ 135000 – ½ P 60/110000.

SU GOLOGONE Nuoro 433 G 10 – Vedere Sardegna (Oliena).

SULDEN = Solda.

SULMONA 67039 L'Aquila 988 ㉗, 430 P 23 – 25 097 ab. alt. 375 – ✪ 0864.
Vedere Palazzo dell'Annunziata★★ – Porta Napoli★ – Escursioni Massiccio degli Abruzzi★★★.
via Roma 21 ℘ 53276.
Roma 154 – L'Aquila 73 – Avezzano 57 – Chieti 62 – Isernia 76 – ◆Napoli 186 – ◆Pescara 73.

Europa Park Hotel, strada statale N : 3,5 km ℘ 251260, 🏠, 🍽 – 🛗 📺 ☎ ❷ – 🔬 40 a 250. ﷼ ❶ **VISA**. 🍴
Pas *(chiuso venerdì)* carta 33/45000 – ⊏⊐ 12000 – **105 cam** 75/105000, 5 appartamenti – ½ P 90000.

Armando's, via Montenero 15 ℘ 31252 – 🛗 📺 ☎ ❷. ﷼ 🚫 ❶ **E** **VISA**. 🍴
Pas *(solo per clienti alloggiati e chiuso dal 24 dicembre al 6 gennaio)* carta 22/24000 – **17 cam** ⊏⊐ 60/80000.

Rigoletto, via Stazione Introdacqua ℘ 55529 – ﷼ 🚫 ❶ **E** **VISA**. 🍴
chiuso martedì, dal 23 dicembre al 5 gennaio e dal 15 al 31 luglio – Pas carta 30/42000.

Italia, piazza 20 Settembre 26 ℘ 33070 – ﷼ 🚫 ❶ **VISA**
chiuso lunedì e luglio – Pas carta 25/38000.

Tartana 2, strada statale N : 2,5 km ℘ 251165, Solo piatti di pesce – 🍴
chiuso domenica sera e lunedì – Pas carta 60/80000.

SULPIANO Torino 📠 G 6 – alt. 175 – ✉ **10020** Verrua Savoia – ☎ 0161.

Roma 648 – Asti 47 – ◆Milano 122 – ◆Torino 49 – Vercelli 37.

 ✕   **Palter,** ℰ 846193 – **℗**. 🖭 🛏 ⓞ **E** 𝘝𝘐𝘚𝘈. ✼
    chiuso lunedì e luglio – Pas carta 25/43000.

SULZANO 25058 Brescia 📠 📠 E 12 – 1 342 ab. alt. 205 – a.s. Pasqua e luglio-15 settembre
☎ 030.

Roma 586 – ◆Bergamo 44 – ◆Brescia 28 – Edolo 72 – ◆Milano 85.

 🏠   **Aquila,** ℰ 985383, 🌤, 🐝 – **℗**. ✼ cam
    chiuso gennaio e febbraio – Pas *(chiuso lunedì in bassa stagione)* carta 30/52000 – ☲ 70
    – **19 cam** 40/68000 – ½ P 47/55000.

 ✕✕   **Le Palafitte,** S : 1,5 km ℰ 985145, ≤, 🌤, prenotare, « Padiglione sul lago » – **℗**. 🖭 𝖿
    chiuso novembre, martedì, anche lunedì sera in bassa stagione – Pas carta 39/70000 (15%

   Vedere anche : **Monte Isola** NO : 10 mn di barca.

SUPERGA Torino – alt. 670.

Vedere Basilica★ : ≤★★★, tombe reali★.

Roma 662 – Asti 48 – ◆Milano 144 – ◆Torino 10 – Vercelli 75.

SUSA 10059 Torino 📠 ⑪, 📠 G 3 – 6 793 ab. alt. 503 – a.s. giugno-settembre e Natale
☎ 0122.

Roma 718 – Briançon 55 – ◆Milano 190 – Col du Mont Cenis 30 – ◆Torino 53.

 🏨   **Napoleon,** via Mazzini 44 ℰ 622855, Fax 31900 – 📺 🖭 ☎ ⌂. 🛏 **E** 𝘝𝘐𝘚𝘈. ✼ rist
    chiuso gennaio – Pas *(chiuso sabato escluso da luglio a settembre)* 27/35000 – ☲ 12000
    62 cam 80/120000 – ½ P 90/100000.

   a Mompantero N : 2 km – ✉ **10059** :

 ✕   **Da Camillo,** ℰ 622954, Fax 622954 – **℗**. 🛏 **E** 𝘝𝘐𝘚𝘈
    chiuso mercoledì e dal 10 al 31 agosto – Pas carta 23/41000.

SUZZARA 46029 Mantova 📠 ⑭, 📠 📠 I 9 – 17 847 ab. alt. 20 – ☎ 0376.

Roma 453 – Cremona 74 – Mantova 21 – ◆Milano 167 – ◆Modena 51 – ◆Parma 45 – Reggio nell'Emilia 41.

 ✕✕   **Cavallino Bianco** con cam, via Luppi Menotti 11 ℰ 531676, Fax 531148, « Raccolta
    quadri moderni » – 🗏 ☏. 🖭 🛏 **E** 𝘝𝘐𝘚𝘈. ✼ rist
    chiuso agosto – Pas *(chiuso sabato)* carta 36/51000 – ☲ 5000 – **16 cam** 45/70000
    ½ P 50000.

TABIANO BAGNI 43030 Parma 📠 📠 H 12 – alt. 162 – Stazione termale (marzo-novembre
a.s. agosto-ottobre – ☎ 0524.

🖪 viale delle Fonti ℰ 66245.

Roma 486 – ◆Bologna 124 – Fidenza 8 – ◆Milano 110 – ◆Parma 31 – Salsomaggiore Terme 5.

 🏰   **Grande Albergo Astro** 🌤, ℰ 566523, Telex 532297, Fax 566497, ≤, 🏋, ♯ – 📺 🗏 📺
    ⇌ **℗** – 🚗 30 a 850. 🖭 🛏 ⓞ **E** 𝘝𝘐𝘚𝘈. ✼ rist
    Pas carta 49/69000 – **115 cam** ☲ 160/200000, 🗏 10000 – ½ P 140/175000.

 🏨   **Ducale,** ℰ 565132, Fax 565150, ≤ – 📺 ☎ **℗**. 🛏 **E** 𝘝𝘐𝘚𝘈. ✼
    15 aprile-5 novembre – Pas carta 35/55000 – ☲ 15000 – **112 cam** 80/120000 – ½ P 6
    85000.

 🏨   **Napoleon,** ℰ 565261, Fax 565230, 🏊, – 📺 ↳ 🗏 rist 📺 ☎ **℗** – 🚗 100. 🛏 ⓞ 𝘝𝘐𝘚𝘈. ✼
    Pas 35/50000 – ☲ 10000 – **56 cam** 90/115000 – ½ P 70/80000.

 🏨   **Farnese,** ℰ 565148, Fax 565160, 🐝 – 📺 ↳ rist 📺 ☎ 🅰 **℗** – 🚗 50. 🛏 𝘝𝘐𝘚𝘈. ✼ rist
    Pas 35/40000 – ☲ 12000 – **58 cam** 77/100000 – ½ P 70/75000.

 🏨   **Rossini** 🌤, ℰ 565173 – 📺 ↳ rist ☎ **℗**. ✼ rist
    aprile-novembre – Pas 37/40000 – ☲ 10000 – **57 cam** 60/90000 – P 75/82000.

 🏨   **Quisisana,** ℰ 565252, Fax 565101, 🐝 – 📺 📺 ☎ **℗**. 🛏 **E** 𝘝𝘐𝘚𝘈. ✼ rist
    15 aprile-15 novembre – Pas 28/30000 – ☲ 10000 – **52 cam** 65/96000 – ½ P 65/75000.

 🏨   **Pandos** 🌤, ℰ 565276, 🏊, 🐝 – 📺 ↳ 📺 ☏ **℗**. 🛏 **E** 𝘝𝘐𝘚𝘈. ✼ rist
    15 aprile-4 novembre – Pas 38/40000 – ☲ 15000 – **57 cam** 80/110000 – ½ P 75/85000.

 🏨   **Park Hotel Fantoni** 🌤, ℰ 565141, Fax 565141, 🏊, 🐝 – 📺 ☎ **℗**. 🖭 🛏 ⓞ **E** 𝘝𝘐𝘚𝘈. ✼ r
    aprile-novembre – Pas 30/35000 – ☲ 10000 – **34 cam** 60/90000 – ½ P 65/75000.

 🏨   **Royal,** ℰ 565260, Fax 565267, 🞐 – 📺 ↳ rist 📺 ☎ **℗**. 🛏. ✼
    Pas carta 34/48000 – ☲ 10000 – **24 cam** 65/90000 – ½ P 80/85000.

 🏨   **Panoramik,** ℰ 565423, Fax 565594, ≤, 🏊, 🐝 – 📺 📺 ☎ **℗**. 🖭 🛏 **E** 𝘝𝘐𝘚𝘈. ✼
    marzo-novembre – Pas carta 28/43000 – ☲ 8000 – **37 cam** 65/90000 – ½ P 70/73000.

 🏠   **Plaza,** ℰ 565100, Fax 565130 – 📺 🗏 rist 📺 ☎
    stagionale – **37 cam.**

 🏠   **Boomerang,** ℰ 565228, Fax 565348 – 📺 ☏ **℗** ⓞ. ✼ rist
    aprile-novembre – Pas carta 25/36000 – ☲ 6000 – **20 cam** 65/90000 – ½ P 65/70000.

 ✕   **Locanda del Colle-da Oscar,** al Castello S : 3,5 km ℰ 66676, 🌤, Coperti limita
    prenotare – **℗**. 🖭 🛏 ⓞ **E** 𝘝𝘐𝘚𝘈. ✼
    chiuso gennaio e lunedì (escluso da agosto ad ottobre) – Pas carta 42/61000.

AGLIATA Ravenna – Vedere Cervia.

AGLIOLO MONFERRATO 15070 Alessandria 🗺️ I 8 – 1 377 ab. alt. 315 – ✆ 0143.
ma 552 – Acqui Terme 27 – Alessandria 43 – ◆Genova 54 – ◆Milano 117 – Savona 64 – ◆Torino 128.

⚜️ **Gino,** ℰ 89483 – ⚜️
chiuso gennaio, luglio, mercoledì e le sere di lunedì-martedì – Pas carta 40/58000.

ALAMONE Grosseto 🗺️ O 15 – Vedere Fonteblanda.

AMBRE Belluno 🗺️ D 19 – 1 677 ab. alt. 922 – ✉️ **32010** Tambre d'Alpago – ✆ 0437.
(aprile-novembre) a Pian del Cansiglio ✉️ 31029 Vittorio Veneto ℰ (0438) 585398, S : 11 km.
piazza 11 Gennaio 1945 ℰ 49277, Telex 440140, Fax 49246.
ma 613 – Belluno 28 – Cortina d'Ampezzo 83 – ◆Milano 352 – Treviso 73 – ◆Venezia 102.

🏠 **Alle Alpi,** via Campei 32 ℰ 49022, ☎, 🌳, ⚜️ – 🛗 ❷. 🌳
chiuso ottobre e novembre – Pas *(chiuso mercoledì)* 25/35000 – ☐ 8000 – **27 cam**
80/90000 – ½ P 50/70000.

⚜️ **Col Indes** 🦌 con cam, SE : 5 km, alt. 1 250 ℰ 49274, ≼ – 🐎 ❷. 🌳 rist
chiuso dal 1° al 25 giugno e da ottobre al 20 dicembre – Pas carta 27/43000 – **6 cam**
☐ 65/90000 – ½ P 45/60000.

a Piano del Cansiglio S : 11 km – alt. 1 028 – ✉️ **32010** Spert d'Alpago :

⚜️ **Rifugio Sant'Osvaldo,** ℰ (0438) 585353, ≼ – ❷. 🏦 𝗩𝗜𝗦𝗔. 🌳
*chiuso novembre e lunedì (escluso dal 20 dicembre al 10 gennaio e dal 15 giugno al
15 settembre)* – Pas carta 32/51000.

AMION Trento – Vedere Vigo di Fassa.

Le nuove guide Verdi turistiche Michelin offrono :

– un testo descrittivo più ricco,

– un'informazione pratica più chiara,

– piante, schemi e foto a colori.

... e naturalmente sono delle opere aggiornate costantemente.

Utilizzate sempre l'ultima edizione.

AORMINA Messina 🗺️ ㊲, 🗺️ N 27 – Vedere Sicilia.

ARANTO 74100 🅿️ 🗺️ ㉙, 🗺️ F 33 – 244 033 ab. – ✆ 099.
edere Museo Nazionale★★ : ceramiche★★★, sala degli ori★★★ – Lungomare Vittorio Ema-
uele★★ – Giardini Comunali★ – Cappella di San Cataldo★ nel Duomo.

(chiuso martedì da ottobre a maggio) a Riva dei Tessali ✉️ 74011 Castellaneta ℰ 6439251,
elex 860086, per ③ : 34 km.

corso Umberto 113 ℰ 432392.

C.I. via Giustino Fortunato ℰ 361214.

ma 532 ③ – ◆Bari 94 ③ – ◆Napoli 344 ③.

Pianta pagina seguente

🏨 **Palace,** viale Virgilio 10 ℰ 494771, Telex 860183, Fax 494771, ≼ – 🛗 🍴 📺 ☎ 🚗 ❷ –
🏛️ 150 a 300. 🏦 🏦 ⓞ 𝗩𝗜𝗦𝗔   **s**
Pas carta 37/54000 – ☐ 14000 – **73 cam** 150/225000 – ½ P 156/194000.

🏨 **Park Hotel Mar Grande,** viale Virgilio 90 ℰ 330861, Fax 369494, ≼, 🏊, – 🛗 🍴 📺 ☎ ❷
– 🏛️ 200 a 300. 🏦 🏦 ⓞ 𝗩𝗜𝗦𝗔. 🌳 rist   per ②
Pas carta 35/70000 – ☐ 15000 – **93 cam** 135/203000 – ½ P 142/167000.

🏨 **Plaza** senza rist, via d'Aquino 46 ℰ 490775, Fax 490675 – 🛗 🍴 📺 ☎ – 🏛️ 150 a 250. 🏦
🏦 ⓞ 🇪 𝗩𝗜𝗦𝗔. 🌳   **z**
☐ 8000 – **112 cam** 90/130000, 🍴 7000.

🏨 **Principe,** via Solito 27 ℰ 3201, Fax 3201 – 🛗 🍴 📺 ☎ 🚗 – 🏛️ 40 per via Dante Alighieri
153 cam.

🏨 **La Spezia** senza rist, via La Spezia 23 ℰ 337950 – 🛗 📞. 🏦   per via Cesare Battisti
☐ 3000 – **28 cam** 57/95000.

🍴🍴 **Il Caffè,** via d'Aquino 8 ℰ 4525097 – 🏦 🏦 🇪 𝗩𝗜𝗦𝗔   **b**
chiuso domenica sera, lunedì a mezzogiorno e dal 10 al 25 agosto – Pas carta 38/61000.

🍴🍴 **Al Gambero,** vico del Ponte 4 ℰ 4711190, ≼, 🏠 – ❷. 🏦 🏦 ⓞ 𝗩𝗜𝗦𝗔. 🌳   **f**
chiuso lunedì e novembre – Pas carta 32/54000 (15 %).

🍴🍴 La Lampara, viale Jonio 198 (località San Vito) ℰ 531051, ≼ mare e città, Solo piatti di
pesce – 🍴 ❷.   per ②

🍴🍴 Monsieur Mimmo, viale Virgilio 101 ℰ 372691 – ❷.   per ②

🍴🍴 **L'Assassino,** lungomare Vittorio Emanuele III n° 29 ℰ 92041 – 🍴. 🏦 ⓞ 🇪 𝗩𝗜𝗦𝗔. 🌳   **a**
chiuso domenica, Natale e Ferragosto – Pas carta 36/52000.

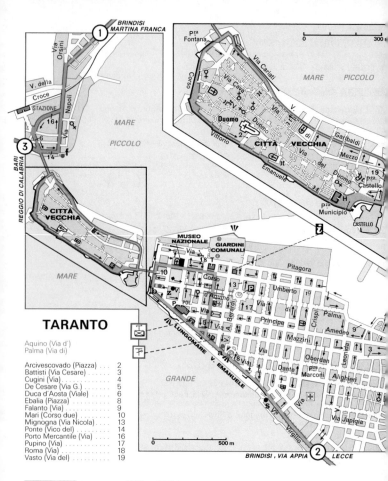

TARANTO

Aquino (Via d')
Palma (Via di)

Arcivescovado (Piazza) . . . 2
Battisti (Via Cesare) 3
Cugini (Via) 4
De Cesare (Via G.) 5
Duca d'Aosta (Viale) 6
Ebalia (Piazza) 8
Falanto (Via) 9
Mari (Corso due) 10
Mignogna (Via Nicola) . . . 13
Ponte (Vico del) 14
Porto Mercantile (Via) . . . 16
Pupino (Via) 17
Roma (Via) 18
Vasto (Via del) 19

TARCENTO 33017 Udine 🔟🔟🔟 ⑥ , 🔟🔟🔟 D 21 – 8 787 ab. alt. 230 – a.s. luglio-agosto – ✪ 0432.
Roma 657 – ◆Milano 396 – Tarvisio 76 – ◆Trieste 90 – Udine 19 – ◆Venezia 146.

🏠 **Centrale,** ℰ 785150, Fax 785150, 🍴 – 📶 ☎ 🚗 🅿 . 𝘝𝘐𝘚𝘈 . ⚘
chiuso dal 6 al 31 gennaio – Pas (chiuso lunedì escluso luglio ed agosto) 28/40000
☲ 8000 – **26 cam** 50/80000 – ½ P 60/70000.

🍽🍽 **Al Mulin Vieri,** ℰ 785076, « Servizio estivo in riva al fiume » – 🅿 . 🆎 🅢 ⑩ 🅔 𝘝𝘐𝘚𝘈 . ⚘
chiuso martedì e dal 10 al 28 febbraio – Pas carta 40/57000.

🍽 **Ostarie di Santine,** località Pradandons SE : 2,5 km ℰ 785119, « Giardino ombreggi
to » – 🅿 . 🆎 ⑩ 𝘝𝘐𝘚𝘈 . ⚘
chiuso martedì sera, mercoledì e dal 23 agosto al 15 settembre – Pas carta 25/38000.

TARQUINIA 01016 Viterbo 🔟🔟🔟 ㉕ , 🔟🔟🔟 P 17 – 14 259 ab. alt. 133 – ✪ 0766.
Vedere Necropoli Etrusca★★ : pitture★★★ nelle camere funerarie SE : 4 km – Palaz
Vitelleschi★ : cavalli alati★★★ nel museo Nazionale Tarquiniense★ – Chiesa di Santa Ma
in Castello★.

🇫🇷 (chiuso mercoledì) località Pian di Spille ✉ 01016 Marina Velca ℰ 812109.
🇮🇹 piazza Cavour 1 ℰ 856384, Fax 840479.
Roma 96 – Civitavecchia 20 – Grosseto 92 – Orvieto 90 – Viterbo 45.

🍽🍽 **Il Bersagliere,** via Benedetto Croce 2 ℰ 856047, 🍽 , Rist. con specialità di mare, 🍴
🅿 . 🆎 🅢 ⑩ 🅔 𝘝𝘐𝘚𝘈 . ⚘
chiuso domenica sera, lunedì e novembre – Pas carta 40/60000 (10%).

a Lido di Tarquinia SO : 6 km – ⊠ **01010** :

🏨 **Velcamare,** ℰ 88380, Fax 88024, 🏤 , ⤢, ⋘ – ▤ rist 📺 ☎ & 🅿. 🖭 🖾 ⓞ 🗲 𝖵𝖨𝖲𝖠. 🛠 rist
febbraio-ottobre – Pas *(chiuso martedì escluso da giugno a settembre)* carta 52/85000 (10%) – 🖙 10000 – **20 cam** 140000 – P 135/150000.

🏨 **La Torraccia** senza rist, ℰ 88375, Fax 88296, ⋘ – 📺 ☎ – 🔬 50. 🖭 🖾 ⓞ 🗲 𝖵𝖨𝖲𝖠. 🛠
chiuso dal 20 dicembre all'8 gennaio – **18 cam** 🖙 130000.

🍴 **Gradinoro,** lungomare dei Tirreni 17 ℰ 88045 – 🖭 🖾 🗲 𝖵𝖨𝖲𝖠
marzo-ottobre – Pas carta 33/52000 (10%).

ARSOGNO 43050 Parma 𝟜𝟸𝟾 I 10 – alt. 822 – a.s. luglio-agosto – 🕿 0525.

ꞷma 472 – ◆Bologna 182 – ◆Genova 108 – ◆Milano 161 – ◆Parma 86 – Piacenza 97 – ◆La Spezia 77.

🏠 **Sole,** ℰ 89142, ≤ – 🛗 ☎ & 🅿 𝖵𝖨𝖲𝖠. 🛠
chiuso ottobre – Pas *(chiuso giovedì)* carta 32/48000 – 🖙 11000 – **22 cam** 45/80000 – ½ P 55/60000.

ARTANO 23010 Sondrio 𝟜𝟸𝟾 D 11 – 365 ab. alt. 1 147 – 🕿 0342.

ꞷma 695 – Chiavenna 61 – Lecco 77 – ◆Milano 133 – Sondrio 38.

🏨 **La Gran Baita** ⤶, ℰ 645043, ⩘, ⋘ – 🛗 ☲ rist ☎ 🅿. 🖾 🗲 𝖵𝖨𝖲𝖠. 🛠 rist
Pasqua-dicembre – Pas carta 28/39000 – **36 cam** 🖙 30/50000 – ½ P 35/38000.

ARVISIO 33018 Udine 𝟿𝟾𝟾 ⑥, 𝟜𝟸𝟿 C 22 – 6 006 ab. alt. 754 – a.s. luglio-agosto e Natale – port invernali : 754/1 780 m ≼ 1 ≴ 13, ⤲ – 🕿 0428.

▮ via Roma 10 ℰ 2135, Telex 461282.

ꞷma 730 – Cortina d'Ampezzo 170 – Gorizia 133 – Klagenfurt 67 – Ljubljana 100 – ◆Milano 469 – Udine 96.

🏨 **Nevada,** ℰ 2332 – 🛗 📺 ☎ 🅿. 🖭 🖾 ⓞ 🗲 𝖵𝖨𝖲𝖠. 🛠
Pas carta 33/49000 – 🖙 8000 – **60 cam** 60/90000 – ½ P 63/80000.

🍴 **Italia,** ℰ 2041 – 🅿. 🖭 ⓞ 🗲 𝖵𝖨𝖲𝖠. 🛠
chiuso martedì sera, mercoledì, dal 15 maggio al 15 giugno e dal 15 ottobre al 15 novembre – Pas carta 26/42000.

When visiting **northern Italy** *use* **Michelin maps** 𝟜𝟸𝟾 *and* 𝟜𝟸𝟿.

AUFERS IM MÜNSTERTAL = Tubre.

AVAGNACCO 33010 Udine 𝟜𝟸𝟿 D 21 – 11 482 ab. alt. 137 – 🕿 0432.

ꞷma 645 – Tarvisio 84 – ◆Trieste 78 – Udine 8 – ◆Venezia 134.

🍴🍴 **Al Grop,** ℰ 660240, 🏤 – 🅿. 🖭 🖾 ⓞ 🗲 𝖵𝖨𝖲𝖠
chiuso mercoledì sera, giovedì e dal 20 luglio al 15 agosto – Pas carta 36/56000.

🍴🍴 Antica Locanda al Parco, con cam, ℰ 660898, « Servizio estivo in giardino » , ⋘ – 📺 ☎ 🅿.
13 cam.

AVAGNASCO 10010 Torino 𝟸𝟷𝟿 ⑭ – 824 ab. alt. 280 – 🕿 0125.

ꞷma 693 – Aosta 58 – Ivrea 10 – ◆Milano 125 – ◆Torino 60.

🍴🍴 **Miramonti,** ℰ 758213 – ▤. 🖾 🗲 𝖵𝖨𝖲𝖠
chiuso lunedì e gennaio – Pas carta 24/39000.

AVARNELLE VAL DI PESA 50028 Firenze 𝟿𝟾𝟾 ⑭ ⑮, 𝟜𝟹𝟶 L 15 – 6 847 ab. alt. 378 – 🕿 055.

ꞷma 268 – ◆Firenze 29 – ◆Livorno 92 – Siena 38.

a Sambuca E : 4 km – ⊠ **50020** :

🏠 **Torricelle-Zucchi** senza rist, ℰ 8071780 – 📺 ☎ 🅿
chiuso dal 20 dicembre al 6 gennaio – 🖙 10000 – **13 cam** 55/75000.

in prossimità uscita superstrada Firenze-Siena NE : 5 km :

🏨 **Park Hotel Chianti** senza rist, ⊠ 50028 ℰ 8070106, Telex 571006, Fax 8070121, ⤢ – 🛗 ▤ 📺 ☎ 🅿. 🖾 🗲 𝖵𝖨𝖲𝖠. 🛠
🖙 12000 – **43 cam** 116000.

a San Donato in Poggio SE : 7 km – ⊠ **50020** :

🍴 **La Toppa,** ℰ 8072900, 🏤 – 🖭 🖾 🗲 𝖵𝖨𝖲𝖠
chiuso lunedì, dal 27 giugno ad agosto e novembre –**Pas** carta 25/40000.

AVERNE 𝟜𝟸𝟽 ㉔, 𝟸𝟷𝟿 ⑧ – Vedere Cantone Ticino alla fine dell'elenco alfabetico.

AVERNERIO 22038 Como 𝟜𝟸𝟾 E 9, 𝟸𝟷𝟿 ⑨ – 5 130 ab. alt. 460 – 🕿 031.

ꞷma 630 – Como 6 – Lecco 26 – ◆Milano 47 – Varese 34.

🍴🍴 **Gnocchetto,** a Solzago O : 1 km ℰ 426133, 🏤 – 🅿. 🖭 🖾 🗲 𝖵𝖨𝖲𝖠
chiuso lunedì sera, martedì e dal 1° al 26 agosto – Pas carta 34/59000.

TEGLIO 23036 Sondrio 428 429 D 12 – 5 108 ab. alt. 856 – © 0342.
Roma 719 – Edolo 37 – ♦ Milano 158 – Sondrio 20 – Passo dello Stelvio 76.

🏨 **Combolo,** ℘ 780083, Fax 781190, « Terrazza-giardino », ♨, ☎s – 🛗 ☎ 🚗 🅿. 🖭 ⮕
VISA. ⚹
Pas *(chiuso martedì escluso da maggio a settembre)* carta 28/46000 – � 7000 – **49 cam**
80/100000 – ½ P 60/100000.

🏨 **Meden,** ℘ 780080, 🛋 – 🛗 ☎ 🅿. ⚹
chiuso ottobre – Pas carta 30/50000 – � 4000 – **36 cam** 50/90000 – ½ P 45/60000.

TEL (TÖLL) Bolzano 218⑩ – Vedere Parcines.

TELESE TERME 82037 Benevento 988㉗, 430 S 25, 431 D 25 – 4 776 ab. alt. 50 – © 0824.
Roma 218 – Benevento 23 – ♦Napoli 65 – Salerno 98.

🏩 **Gd H. Telese** ⚘, N : 2 km ℘ 940500, Telex 721395, Fax 940504, « Grande parco con ⌐
e ⚹ », ♨, ☎s – 🛗 ⥂ 🅿 – 🔏 30 a 600. 🖭 🗗 🗓 ⓿ 🖭 VISA ⚹ rist
Pas carta 31/50000 – **78 cam** ⊏ 140/179000, 3 appartamenti – ½ P 140000.

TELLARO La Spezia 428 429 430 J 11 – Vedere Lerici.

TEMPIO PAUSANIA Sassari 988㉓, 433 E 9 – Vedere Sardegna.

TENCAROLA Padova – Vedere Padova.

TENNA 38050 Trento 429 D 15 – 708 ab. alt. 556 – a.s. Pasqua, luglio-agosto e Natale – © 046⌐
🖪 (giugno-15 settembre) ℘ 706396.
Roma 607 – Belluno 93 – ♦Bolzano 70 – ♦Milano 263 – Trento 19 – ♦Venezia 144.

🏨 **Margherita** ⚘, NO : 2 km ℘ 706445, Fax 707854, 🍴, « In pineta », ☎s, ⌐, 🛋, ⚹ – ⌐
☎ 🅿 – 🔏 150. 🖭 🗗 🖪 VISA. ⚹ cam
aprile-ottobre – Pas carta 33/44000 – **50 cam** ⊏ 65/110000 – ½ P 78/89000.

TENNO 38060 Trento 428 429 E 14 – 1 656 ab. alt. 435 – a.s. 22 dicembre-20 gennaio e Pasqu⌐
– © 0464.
Roma 585 – ♦Brescia 84 – ♦Milano 179 – Riva del Garda 9 – Trento 59.

🏨 **Clubhotel Lago di Tenno e Rist. Mama Giosi,** NO : 3,5 km ℘ 502031, Fax 502101, ◁
« Servizio rist. estivo all'aperto », 🛋, 🛋, ⚹ – ☎ 🅿. 🖭 🗗 🖪 VISA. ⚹ rist
aprile-ottobre – Pas *(chiuso martedì)* carta 38/48000 – ⊏ 15000 – **44 cam** 80000
½ P 80000.

✗ Piè di Castello, località Cologna E : 2,5 km ℘ 521065 – 🅿.

TEOLO 35037 Padova 988⑤, 429 F 17 – 7 730 ab. alt. 175 – © 049.
Roma 498 – Abano Terme 14 – ♦Ferrara 83 – Mantova 95 – ♦Milano 240 – ♦Padova 20 – ♦Venezia 57.

🏨 **Alla Posta,** ℘ 9925003, Fax 9925575, ≤, 🍴, 🛋 – 🛗 ⥂ 📺 ☎ 🅿 – 🔏 200. ⚹ rist
Pas carta 35/44000 – ⊏ 12000 – **35 cam** 75/105000 – ½ P 85/90000.

TERAMO 64100 🅿 988㉖ ㉗, 430 O 23 – 52 490 ab. alt. 265 – © 0861.
🖪 via del Castello 10 ℘ 54243.
A.C.I. corso Cerulli 81 ℘ 243244.
Roma 182 – ♦Ancona 137 – L'Aquila 66 – Ascoli Piceno 35 – Chieti 72 – ♦Pescara 57.

🏨 **Sporting e Rist. Il Carpaccio,** via De Gasperi 41 ℘ 414723, Fax 210285 – 🛗 🔲 📺 ☎ ☰
– 🔏 100. 🗗 🖪 VISA. ⚹
Pas *(chiuso lunedì e dal 14 al 21 agosto)* carta 35/46000 – ⊏ 18000 – **55 cam** 100/155000
½ P 100/110000.

🏨 **Abruzzi** senza rist, viale Mazzini 18 ℘ 241043, Fax 242704 – 🛗 🔲 📺 ☎ 🚗 – 🔏 80. ⚹
⊏ 15000 – **50 cam** 80/130000.

✗✗ **Duomo,** via Stazio 9 ℘ 241774 – 🔲. 🖭 🗗 ⓿ 🖪 VISA. ⚹
chiuso lunedì e dal 5 al 25 agosto – Pas carta 30/52000.

✗✗ **Moderno,** Coste Sant'Agostino ℘ 414559 – 🅿. 🖭 🗗 ⓿ VISA. ⚹
chiuso mercoledì, dal 10 al 20 agosto e dall'11 al 22 novembre – Pas carta 27/47000

TERLAN = Terlano.

TERLANO (TERLAN) 39018 Bolzano 429 C 15, 218㉒ – 3 057 ab. alt. 246 – © 0471.
Roma 646 – ♦Bolzano 9 – Merano 19 – ♦Milano 307 – Trento 67.

🏨 **Weingarten,** ℘ 257174, Fax 257776, « Giardino ombreggiato con 🛋 riscaldata » – ☎
🅿. 🗗 🖪 VISA
15 marzo-15 novembre – Pas *(chiuso domenica)* carta 27/46000 – **18 cam** ⊏ 53/98000
½ P 50/70000.

Vedere anche : **Vilpiano** NO : 4 km.

TERME – Vedere di seguito o al nome proprio della località termale.

634

ERME LUIGIANE Cosenza 🔢🔢🔢 ㉚, 🔢🔢🔢 I 29 – alt. 178 – ✉ **87020** Acquappesa – Stazione ermale (maggio-ottobre) – 🕿 0982.

ɔma 475 – Castrovillari 107 – Catanzaro 110 – ◆Cosenza 51 – Paola 16.

🏛 **Parco delle Rose,** 𝒸 94090, Fax 94479, 🏊, 🛠 – 🛗 🕿 🅿. 🖭 🛐 ⓪ **E** 𝘝𝘐𝘚𝘈. 🎿
*maggio-15 novembre – Pas carta 28/44000 – 🍽 5000 – **50 cam** 80/90000 – ½ P 50/80000.*

ERMENO SULLA STRADA DEL VINO (TRAMIN AN DER WEINSTRASSE) 39040 Bolzano 🔢🔢🔢 15, 🔢🔢🔢 ⑳ – 2 919 ab. alt. 276 – 🕿 0471.

ɔma 630 – ◆Bolzano 24 – ◆Milano 288 – Trento 48.

🏛 **Arndt,** 𝒸 860336, Fax 860901, ≤, 🍴, 🏊 riscaldata, 🛠 – 🛗 📺 🕿 🅿. 🛐 **E** 𝘝𝘐𝘚𝘈. 🎿
*aprile-10 novembre – Pas 25/35000 – **20 cam** 🍽 60/110000 – ½ P 60/75000.*

🏛 **Traminer Hof,** 𝒸 860384, Fax 860844, 🏊, 🛠 – 🛗 🍴 rist 🕿 🚗 🅿. 🖭 🛐 **E** 𝘝𝘐𝘚𝘈. 🎿 rist
*Pasqua-5 novembre – Pas (chiuso martedi) 20/30000 – **39 cam** 🍽 58/116000 – ½ P 65/75000.*

🏛 **Tirolerhof,** 𝒸 860163, Fax 860154, ≤, 🍴, 🏊 riscaldata, 🛠 – 🕿 🅿. 🛐. 🎿
*Pasqua-ottobre – Pas (solo per clienti alloggiati) – **30 cam** 🍽 55/110000 – ½ P 56/72000.*

ERMINI IMERESE Palermo 🔢🔢🔢 N 23 – Vedere Sicilia.

ERMINILLO 02017 Rieti 🔢🔢🔢 ㉖, 🔢🔢🔢 O 20 – alt. 1 620 – Sport invernali : 1 620/2 101 m 🎿1 ⅄12, 🎿 – 🕿 0746.

🏛 a Pian de' Valli 𝒸 261121.

ɔma 99 – L'Aquila 79 – Rieti 21 – Terni 58 – Viterbo 120.

🏛 **Cristallo,** 𝒸 261112 – 🛗 📺 🕿 🚗 🅿. 🖭 🛐 ⓪ **E** 𝘝𝘐𝘚𝘈. 🎿
*20 dicembre-15 aprile e luglio-15 settembre – Pas 35000 – 🍽 20000 – **50 cam** 210000 – P 110/190000.*

🏛 **Togo Palace,** 𝒸 261271, Fax 261279 – 🛗 📺 🕿 🚗. 🖭 🛐 **E** 𝘝𝘐𝘚𝘈. 🎿
*chiuso ottobre – Pas carta 36/61000 – 🍽 18000 – **43 cam** 200000 – ½ P 100/180000.*

🏛 **Il Bucaneve** 🍴, 𝒸 261237, ≤ vallata – 🕿 🅿. 🎿
*dicembre-aprile e giugno-settembre – Pas (chiuso lunedi) 35/45000 – 🍽 10000 – **14 cam** 70/90000 – ½ P 80/90000.*

ERMOLI 86039 Campobasso 🔢🔢🔢 ㉗ ㉘, 🔢🔢🔢 P 26, 🔢🔢🔢 A 26 – 27 457 ab. – 🕿 0875.

⚓ per le Isole Tremiti maggio-settembre giornaliero (1 h 40 mn) – Navigazione Libera del ɔolfo, al porto 𝒸 704859, Fax 704648.

⚓ per le Isole Tremiti giornalieri (da 45 mn a 1 h 40 mn) – Adriatica di Navigazione-agenzia ntercontinental, corso Umberto I n° 93 𝒸 705341, Telex 602051, Fax 706429.

🏛 piazza Bega 𝒸 706754.

ɔma 300 – Campobasso 69 – ◆Foggia 88 – Isernia 112 – ◆Napoli 200 – ◆Pescara 100.

🏨 **Mistral,** lungomare Cristoforo Colombo 𝒸 705246, Fax 705220, ≤, 🏊, – 🛗 🍴 cam 📺 🕿 🚗. 🖭 🛐 ⓪ **E** 𝘝𝘐𝘚𝘈. 🎿
Pas *(chiuso lunedi escluso da aprile a settembre)* carta 41/70000 – **57 cam** 🍽 110/160000 – ½ P 125000.

🏨 **Gd H. Somerist e Rist. Ippocampo** 🍴, via Vincenzo Cuoco 14 𝒸 706760, Fax 706760, ≤, 🍴, 🏊, – 🛗 🍴 📺 🕿 🅿 – 🍴 60. 🖭 🛐 ⓪ **E** 𝘝𝘐𝘚𝘈. 🎿 rist
Pas *(chiuso lunedi escluso luglio-agosto)* carta 33/55000 – **20 cam** 🍽 115/160000, 🍴 10000 – ½ P 150000.

🏛 **Corona e Rist. Bel Ami,** via Mario Milano 2/a 𝒸 84041 – 🛗 🍴 📺 🕿 – 🍴 50. 🖭 🛐 **E** 𝘝𝘐𝘚𝘈. 🎿 cam
Pas *(chiuso dal 20 dicembre al 10 gennaio)* carta 38/66000 – **39 cam** 🍽 115/170000.

🏛 **Rosary,** lungomare Cristoforo Colombo 52 𝒸 84944, Fax 84947, ≤ – 🛗 📺 🕿. 🖭 🛐 **E** 𝘝𝘐𝘚𝘈
*chiuso dal 20 dicembre al 31 gennaio – Pas (marzo-settembre) carta 34/50000 – 🍽 7000 – **71 cam** 55/85000 – ½ P 70/90000.*

✕✕ **Squalo Blu,** via De Gasperi 49 𝒸 83203, Solo piatti di pesce – 🍴. 🖭 🛐 ⓪ **E** 𝘝𝘐𝘚𝘈
chiuso lunedi e dal 23 dicembre al 6 gennaio – Pas carta 40/57000.

✕✕ ✿ **San Carlo,** piazza Duomo 𝒸 705295, Solo piatti di pesce – 🖭 🛐 **E** 𝘝𝘐𝘚𝘈. 🎿
chiuso a mezzogiorno escluso sabato e domenica – Pas carta 43/65000
Spec. Polipi alla Luciana, Risotto "Borbonico", Moscardini al sugo. **Vini** Fiano, Salice Salentino.

✕✕ **Panfilo,** lungomare Cristoforo Colombo 53 𝒸 704314, ≤, 🍴 – 🍴. 🖭 🛐 ⓪ **E** 𝘝𝘐𝘚𝘈. 🎿
marzo-ottobre – Pas carta 31/60000 (10 %).

✕ **Bellevue,** via Fratelli Brigida 28 𝒸 706632, 🍴, Solo piatti di pesce, Coperti limitati; prenotare – 🛐 **E** 𝘝𝘐𝘚𝘈
chiuso lunedi – Pas carta 33/50000.

✕ **Da Noi Tre,** via Fratelli Brigida 34 𝒸 703639 – 🍴. 🖭 🛐 ⓪ **E** 𝘝𝘐𝘚𝘈. 🎿
chiuso lunedi e dal 24 dicembre al 10 gennaio – Pas carta 30/55000.

TERMOLI

sulla strada statale 16:

🏨 **Jet,** O : 4 km ⊠ 86039 ℘ 52354, ☒, 🐾 – 📳 📺 ⊛ 🅿.
41 cam.

🏨 **Glower,** O : 6 km ⊠ 86039 ℘ 52528, Fax 52520, ≤, 🐾 – ⊛ 🅿. 🖭 🖪 🗨 ᴠɪꜱᴀ, ✁
Pas carta 33/50000 – ⊇ 6000 – **24 cam** ⊇ 90000 – ½ P 65/70000.

TERNI 05100 🅿 988 ㉖, 430 O 19 – 109 809 ab. alt. 130 – ✿ 0744.
Dintorni Cascata delle Marmore★★ per ③ : 7 km.

🛈 viale Cesare Battisti 7/a ℘ 43047, Fax 427259.

A.C.I. viale Cesare Battisti 121 ℘ 53346.

Roma 103 ⑤ – ◆Napoli 316 ⑤ – ◆Perugia 82 ⑤.

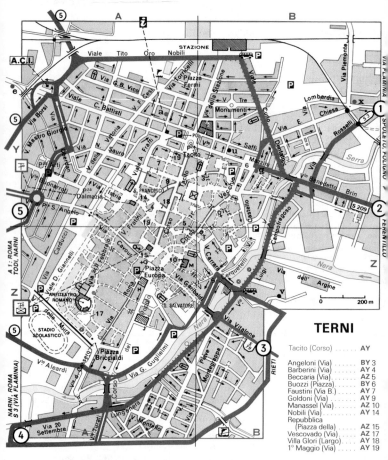

TERNI

Tacito (Corso) . . . . . . **AY**

Angeloni (Via) . . . . . . **BY** 3
Barberini (Via) . . . . . . **AY** 4
Beccaria (Via) . . . . . . **AZ** 5
Buozzi (Piazza) . . . . . **BY** 6
Faustini (Via B.) . . . . . **AY** 7
Goldoni (Via) . . . . . . **AY** 9
Manassei (Via) . . . . . . **AZ** 10
Nobili (Via) . . . . **AY** 14
Repubblica
 (Piazza della) . . . . . **AZ** 15
Vescovado (Via) . . . . . **AZ** 17
Villa Glori (Largo) . . . . **AY** 18
1° Maggio (Via) . . . . . **AY** 19

🏨 **Valentino e Rist. La Fontanella,** via Plinio il Giovane 3 ℘ 55246, Fax 55240 – 📳 🗏 📺
🕾 ᕔ 🅿 – 🔬 30 a 180. 🖭 🖪 ⑩ 🗨 ᴠɪꜱᴀ, ✁ rist
Pas *(chiuso domenica)* carta 35/52000 – **60 cam** ⊇ 155/205000, 3 appartamenti – ½ P 190000.

🏨 **Garden,** viale Bramante 4 ℘ 300041, Fax 300414, ☒ riscaldata, ☞ – 📳 🗏 📺 🕾 ⇐ 🅿
🔬 30 a 300. 🖭 🖪 ⑩ 🗨 ᴠɪꜱᴀ, ✁
Pas *(chiuso lunedì)* 30/35000 – **94 cam** ⊇ 125/180000, 3 appartamenti – ½ P 105/160000.

🏨 **Allegretti** senza rist, strada Staino ℘ 57747, Fax 401246 – 📳 📺 🕾 ⇐ 🅿 – 🔬 35. 🖭
⑩ 🗨 ᴠɪꜱᴀ
⊇ 5000 – **54 cam** 80/110000.

636

XX **Lu Pilottu,** strada delle Grazie 5 ℰ 274412, 📷, prenotare – 🅟. 🔒 𝘝𝘐𝘚𝘈. ❄
chiuso lunedì ed agosto – Pas carta 27/48000.   per via Montegrappa AZ

XX **Alfio,** via Galileo Galilei 4 ℰ 420120 – 🖭 🔒 🕕 🗲 𝘝𝘐𝘚𝘈   AY **a**
chiuso sabato e dal 1° al 24 agosto – Pas carta 26/38000.

XX **Lu Somaru,** viale Cesare Battisti 106 ℰ 300486, 📷 – 🅟. 🖭 🔒 🕕 🗲 𝘝𝘐𝘚𝘈   AY **e**
chiuso venerdì, dal 2 al 10 gennaio – Pas carta 26/41000.

XX **Quo Vadis,** via Castello 2 ℰ 418297, Fax 409793, Rist. con specialità di mare, Coperti
limitati; prenotare – ▤. ❄   BY **g**
chiuso domenica sera, lunedì e dal 10 al 25 agosto – Pas carta 35/58000.

X **Da Carlino,** via Piemonte 1 ℰ 420163, 📷 – ❄   BY **x**
chiuso lunedì ed agosto – Pas carta 35/40000.

sulla strada statale 209 per ② :

🏨 **Fontegaia** ⑊, località Racognano E : 13 km ⊠ 05030 Montefranco ℰ 788621,
Fax 788623, 📷, 🌿 – 🖭 ☎ 🅟 – 🛆 50. 🖭 🔒 🕕 🗲 𝘝𝘐𝘚𝘈. ❄
Pas carta 30/46000 – ⌑ 7000 – **20 cam** 70/100000, 3 appartamenti – ½ P 76/80000.

🏠 **Rossi,** località Casteldilago E : 11 km ⊠ 05031 Arrone ℰ 788372 e rist ℰ 78105,
Fax 788305, 📷, 🌿 – 🖭 ☎ 🅟. 🖭 🕕. ❄
Pas *(chiuso venerdì)* carta 26/46000 – ⌑ 5000 – **16 cam** 50/70000 – ½ P 58000.

XX **Villa Graziani,** località Papigno E : 4 km ⊠ 05031 Arrone ℰ 67138, Fax 67653, 📷,
prenotare – 🅟. 🖭 🔒 🕕 🗲 𝘝𝘐𝘚𝘈
chiuso domenica sera, lunedì e dal 2 al 26 agosto – Pas carta 45/60000.

XX **Grottino del Nera,** E : 11 km ⊠ 05031 Arrone ℰ 78104 (prenderà il 389104) – 🅟.
❄
chiuso mercoledì e dal 10 al 24 gennaio – **Pas** carta 27/43000.

ERNO D'ISOLA 24030 Bergamo 𝟦𝟤𝟪 E 10, 𝟤𝟣𝟫 ⑳ – 3 429 ab. alt. 229 – ✪ 035.
ᴏma 612 – ◆Bergamo 12 – Lecco 29 – ◆Milano 43.

X **2 Camini,** strada provinciale ℰ 904165, 📷 – 🅟. 🔒 🗲 𝘝𝘐𝘚𝘈. ❄
chiuso martedì sera e mercoledì – Pas carta 30/55000.

ERRACINA 04019 Latina 𝟫𝟪𝟪 ㉖, 𝟦𝟥𝟢 S 21 – 39 694 ab. – a.s. Pasqua e luglio-agosto –
✆ 0773.

edere Tempio di Giove Anxur★ : ❄★★ E : 4 km e 15 mn a piedi AR – Candelabro pasquale★
el Duomo.

🚢 per Ponza giornaliero (2 h) – Anxur Tours, viale della Vittoria 40 ℰ 723979, Telex 680594,
ax 726691.

▌ via Leopardi ℰ 727759, Fax 727964.

ᴏma 109 – Frosinone 60 – Gaeta 35 – Latina 39 – ◆Napoli 123.

🏨 **Torre del Sole,** via Pontina al km 106 ℰ 764076, Fax 730718, ≤, 🐎ₒ, 🌿 – ▮ ☎ 🅟. 🖭 🔒
🕕 🗲 𝘝𝘐𝘚𝘈. ❄
chiuso dicembre e gennaio – Pas carta 45/49000 – **108 cam** ⌑ 142000 – ½ P 75/
125000.

XX ✿ **La Tartana-da Mario l'Ostricaro,** via Appia al km 102 ℰ 702461, Fax 703656, ≤, 📷,
Solo piatti di pesce – 🅟. 🔒. ❄
chiuso martedì, dal 28 settembre al 9 ottobre e dal 9 al 25 dicembre – Pas carta 73/104000
(10%)
Spec. Frutti di mare crudi, Risotto alle ostriche, San Pietro "all'acqua pazza". **Vini** Terre di Tufo.

XX **Meson Feliz** ⑊ con cam, via Pontina al km 105 ℰ 71026, 📷, 🌿 – ☎ 🅟. 🖭 🔒 🕕 🗲
𝘝𝘐𝘚𝘈. ❄
chiuso dal 20 novembre al 1° dicembre – Pas *(chiuso lunedì)* carta 32/54000 (10%) – ⌑
8000 – **14 cam** 40/80000 – ½ P 80/100000.

XX **Il Grappolo d'Uva,** lungomare Matteotti 1 ℰ 702531, ≤ – ▤ 🅟. 🔒 🕕 𝘝𝘐𝘚𝘈
chiuso mercoledì, gennaio o novembre – Pas carta 40/70000 (10%).

XX Hostaria Porto Salvo, via Appia al km 102 ℰ 702151, ≤, 📷 – 🅟.

XX **L'Incontro da Baffone** con cam, via Appia al km 104.500 ℰ 726007, 🐎ₒ – 🅟. 🕕.
❄ cam
Pas *(chiuso martedì)* carta 34/52000 – **8 cam** ⌑ 70/130000 – ½ P 65/75000.

X **Taverna del Porto,** a Porto Badino ℰ 764834, 📷 – 🅟. 🖭 🔒 🕕 🗲 𝘝𝘐𝘚𝘈. ❄
chiuso martedì e dal 1° al 15 gennaio – Pas carta 40/60000.

X **Hostaria Gambero Rosso,** via Badino ℰ 700687 – 🖭 🔒 🗲 𝘝𝘐𝘚𝘈. ❄
chiuso martedì e gennaio – Pas carta 35/40000.

X **Da Antonio al Geranio,** via Tripoli 36 ℰ 700101 – 🔒 🗲 𝘝𝘐𝘚𝘈
chiuso lunedì in bassa stagione – Pas carta 41/75000.

TERRANUOVA BRACCIOLINI 52028 Arezzo 988⑮, 430 L 16 – 10 235 ab. alt. 156 – ✪ 055.
Roma 250 – Arezzo 36 – ◆Firenze 50 – ◆Perugia 110 – Siena 50.

XX **Amicorum,** via Manzoni 11 ℰ 9199558, prenotare – ❷. 전 ⑤ ⓪ ⋿ ᴠᴵˢᴬ
chiuso mercoledì, giovedì a mezzogiorno ed agosto – Pas carta 54/66000.

TERRAROSSA Grosseto – Vedere Orbetello.

TERRASINI Palermo 432 M 21 – Vedere Sicilia.

TERRUGGIA 15030 Alessandria – 742 ab. alt. 199 – ✪ 0142.
Roma 623 – Alessandria 25 – Asti 38 – ◆Milano 125 – ◆Torino 92.

XX **Ariotto** con cam, ℰ 801200, « Servizio estivo all'aperto con ≼ » – 🆃🆅 ❷. ⓪ ⋿ ᴠᴵˢᴬ
chiuso dal 10 al 20 gennaio – Pas (chiuso mercoledì) 60000 – ⊏ 15000 – **15 cam** 100000
½ P 70/85000.

TESIDO (TAISTEN) Bolzano – Vedere Monguelfo.

TESSERA 30030 Venezia 429 F 18 – alt. 3 – ✪ 041.
⬆ Marco Polo E : 1 km ℰ 661262.
Roma 531 – Mestre 8 – ◆ Milano 270 – ◆ Padova 40 – Treviso 26 – ◆ Venezia 12.

🏨 **Fly Hotel e Rist. Da Mario,** via Triestina 170 ℰ 5415022, Fax 5415286 – 🛗 🗏 🆃🆅 ☎ ❷
전 ⑤ ⓪ ⋿ ᴠᴵˢᴬ ⁒⁒
Pas (chiuso domenica) carta 35/47000 – ⊏ 15000 – **28 cam** 85/120000.

TESSERETE 427㉔, 219⑧ – Vedere Cantone Ticino alla fine dell'elenco alfabetico.

TESTACCIO Napoli – Vedere Ischia (Isola d') : Barano.

THIENE 36016 Vicenza 988④ ⑤, 429 E 16 – 19 915 ab. alt. 147 – ✪ 0445.
Roma 559 – Belluno 105 – ◆Milano 241 – Trento 70 – ◆Treviso 72 – ◆Venezia 91 – Vicenza 20.

🏨 **Ariane,** via Cappuccini 9 ℰ 361477 – 🛗 🗏 cam 🆃🆅 ☎ ⟵ ❷. 전 ⑤ ⓪ ⋿ ᴠᴵˢᴬ ⁒⁒
Pas 28/38000 – **38 cam** ⊏ 120/170000.

X Ai Milanesi-da Elio e Angelo, via del Costo 57 ℰ 362486, ☆ – ❷.

TIERS = Tires.

TIGLIETO 16010 Genova 428 I 7 – 589 ab. alt. 510 – ✪ 010.
Roma 550 – Alessandria 54 – ◆Genova 51 – ◆Milano 130 – Savona 52.

🏨 **Pigan,** ℰ 929015, « Boschetto » – ❷. ⁒⁒
Pas (chiuso martedì escluso da luglio e settembre) carta 24/35000 – ⊏ 6000 – **11 cam**
30/54000 – P 64/67000.

TIGLIOLE 14016 Asti 428 H 6 – 1 478 ab. alt. 239 – ✪ 0141.
Roma 628 – Alessandria 49 – Asti 14 – Cuneo 91 – ◆Milano 139 – ◆Torino 54.

XXX **Vittoria,** ℰ 667123, Fax 667123, ⬅ – 전 ⑤ ⓪ ⋿ ᴠᴵˢᴬ ⁒⁒
chiuso lunedì, gennaio e dal 14 al 28 agosto – Pas carta 50/70000.

TIGNALE 25080 Brescia 428 429 E 14 – 1 261 ab. alt. 560 – a.s. Pasqua e luglio-15 settembre
✪ 0365.
Roma 574 – ◆Brescia 57 – ◆Milano 152 – Salò 26 – Trento 82.

🏨 **Bellavista** ⟨S⟩, località Gardola ℰ 760194, Fax 760214, ≼ lago e monte Baldo, ⊼, ⬅ –
🛗 ☎ ❷. ⁒⁒
3 aprile-ottobre – Pas 18000 – ⊏ 12000 – **39 cam** 40/60000 – ½ P 63/65000.

sulla strada statale 45 bis E : 11,5 km :

🏨 **Forbisicle,** ⊠ 25010 Campione del Garda ℰ 73022, Fax 73407, ≼ lago, ☆, ⊼, ⚓, ⬅
– 🆃🆅 ☎ ❷. 전 ⑤ ⓪ ⋿ ᴠᴵˢᴬ ⁒⁒
aprile-ottobre – Pas carta 32/43000 – **22 cam** ⊏ 65/104000 – ½ P 68/80000.

TIRANO 23037 Sondrio 988③ ④, 428 429 D 12 – 8 969 ab. alt. 450 – ✪ 0342.
Roma 725 – Passo del Bernina 35 – ◆Bolzano 163 – ◆Milano 164 – Sondrio 26 – Passo dello Stelvio 58.

XX **Bernina** con cam, piazza Stazione ℰ 701302, Fax 701430 – 🗏 rist 🆃🆅 ☎. 전
chiuso dal 5 al 24 novembre – Pas (chiuso domenica escluso da maggio al 6 novembre)
carta 32/53000 (15%) – ⊏ 8000 – **11 cam** 70000 – ½ P 70/75000.

XX **Ai Portici,** viale Italia 87 ℰ 701255, ☆
chiuso lunedì escluso da giugno a settembre – Pas carta 27/43000.

a Madonna di Tirano O : 1,5 km – ⊠ **23030** :

X Altavilla, con cam, ℰ 701779 – 🛗.
13 cam.

638

RES (TIERS) 39050 Bolzano 429 C 16 – 831 ab. alt. 1 028 – ✪ 0471.

ma 658 – ♦Bolzano 17 – Bressanone 40 – ♦Milano 316 – Trento 77.

a San Cipriano (St. Zyprian) E : 3 km – ⊠ 39050 Tires :

🏨 **Stefaner** ⚜, 𝒫 642175, ≤ Catinaccio e pinete, 🏝 – 📳 ❷. 🕱
chiuso dal 10 gennaio al 1° febbraio e dal 10 novembre al 20 dicembre – Pas (solo per clienti alloggiati e *chiuso a mezzogiorno*) – **15 cam** ⊊ 62/112000 – ½ P 53/70000.

✕ **Zyprianer Hof** ⚜ con cam, 𝒫 642143, ≤ Catinaccio e pinete, 🏛, 🏝 – 📺 ☎ ❷. 𝕍𝕀𝕊𝔸.
🕱 rist
chiuso dal 10 novembre al 25 dicembre e dal 10 al 30 gennaio – Pas *(chiuso mercoledì escluso giugno-ottobre)* carta 31/54000 – **12 cam** ⊊ 164000 – ½ P 50/82000.

RLI Grosseto 430 N 14 – Vedere Castiglione della Pescaia.

ROL = Tirolo.

ROLO (TIROL) 39019 Bolzano 429 B 15, 218 ⑩ – 2 248 ab. alt. 592 – ✪ 0473.
𝒫 93314, Fax 93012.

ma 669 – ♦Bolzano 32 – Merano 4 – ♦Milano 330.

Pianta : vedere Merano

🏔 **Castel** ⚜, 𝒫 93693, Fax 93113, ≤ monti e Merano, *fₐ*, ≌, 🏊 riscaldata, 🔲, 🏞, 🕱 – 📳
🔳 rist 📺 ☎ 🚗 ❷ – 🔬 70. 🕱 rist   A   u
marzo-novembre – Pas (solo per clienti alloggiati e *chiuso a mezzogiorno*) carta 45/55000 –
30 cam ⊊ 266000, 6 appartamenti – ½ P 116/133000.

🏔 **Erika,** 𝒫 93338, Fax 93066, ≤, *fₐ*, ≌, 🏊 riscaldata, 🔲, 🏞, 🕱 – 📳 🔳 rist ☎ 🚗 ❷. 🕱
🕱 rist   A   u
chiuso gennaio e febbraio – **32 cam** solo ½ P 100/170000.

🏔 **Gartner,** 𝒫 93414, Fax 93120, ≤, « Giardino con 🏊 », ≌, 🔲 – 📳 📺 ☎ ❷. 🕄 E 𝕍𝕀𝕊𝔸
🕱 rist   AB   z
marzo-novembre – Pas 45/60000 – **30 cam** ⊊ 125/250000 – ½ P 120/140000.

🏠 **Küglerhof** ⚜, 𝒫 93428, Fax 93699, ≤, « Giardino con 🏊 riscaldata » – 📳 ☎ 🕭 ❷. 🕄 E
𝕍𝕀𝕊𝔸. 🕱   A   r
15 aprile-10 novembre – Pas (solo per clienti alloggiati e *chiuso a mezzogiorno*) 20/40000 –
24 cam ⊊ 78/140000 – ½ P 80/120000.

🏠 **Lisetta,** 𝒫 93422, Fax 93150, *fₐ*, ≌, 🏊, 🔲, 🏞, 🕱 – 📳 🔳 rist 📺 ☎ ❷. 🕱 rist
aprile-7 novembre – Pas (solo per clienti alloggiati) carta 34/49000 – **33 cam** ⊊ 130000,
3 appartamenti – ½ P 58/90000.   B   z

IRRENIA 56018 Pisa 988 ⑭, 428 429 430 L 12 – a.s. luglio-agosto – ✪ 050.

(chiuso martedì) 𝒫 37518, Fax 33286.

(giugno-settembre) largo Belvedere 𝒫 32510.

ma 332 – ♦Firenze 108 – ♦Livorno 11 – Pisa 16 – Siena 123 – Viareggio 36.

🏔 **Gd H. Golf** ⚜, via dell'Edera 29 𝒫 37545, Telex 502080, Fax 32111, « Parco con 🏊 e
🕱 », 🏖, – 📳 🔳 📺 ☎ & 🚗 ❷ – 🔬 80 a 200. 🕮 🕄 ⓞ E 𝕍𝕀𝕊𝔸. 🕱 rist
Pas *(chiuso dal 15 novembre a gennaio)* 40/60000 – **77 cam** ⊊ 165/230000, 18 appartamenti – ½ P 165/190000.

🏔 **Gd H. Continental,** largo Belvedere 26 𝒫 37031, Telex 500103, Fax 37283, ≤, ≌, 🏊,
🏖, 🕱 – 📳 🔳 📺 ☎ 🚗 – 🔬 30 a 300. 🕮 🕄 ⓞ E 𝕍𝕀𝕊𝔸. 🕱 rist
Pas 30/45000 – **184 cam** ⊊ 180/240000, 6 appartamenti – ½ P 120/150000.

🏠 **Bristol** senza rist, via delle Felci 38 𝒫 37161, 🕱 – 📳 🔳 📺 ☎ ❷. 🕄 ⓞ E 𝕍𝕀𝕊𝔸
⊊ 10000 – **36 cam** 80/110000.

🏠 **Medusa,** via degli Oleandri 37 𝒫 37125, Fax 30400 – ☎ ❷. 🕮 🕄 ⓞ E 𝕍𝕀𝕊𝔸. 🕱 rist
Pasqua-ottobre – Pas 30000 – ⊊ 8500 – **32 cam** 76/104000 – ½ P 71/83000.

🏠 **Il Gabbiano** senza rist, via della Bigattiera 14 𝒫 32223, Fax 33064, 🏞 – 📺 ☎ ❷ – 🔬 40.
🕮 🕄 ⓞ E 𝕍𝕀𝕊𝔸
16 cam ⊊ 114000 – ½ P 69/79000.

✕✕ **Dante e Ivana,** via del Tirreno 207/c 𝒫 32549 – 🔳. 🕮 🕄 ⓞ E 𝕍𝕀𝕊𝔸. 🕱
chiuso domenica e dal 15 dicembre al 15 gennaio – Pas carta 46/76000.

✕ **Martini,** via dell'Edera 16 𝒫 37592 – 🔳. 🕮 🕄 ⓞ E 𝕍𝕀𝕊𝔸. 🕱
chiuso lunedì a mezzogiorno e martedì – Pas carta 45/76000 (12 %).

I prezzi del pernottamento e della pensione possono subire aumenti
in relazione all'andamento generale del costo della vita ;
quando prenotate fatevi precisare il prezzo dall'albergo.

TIVOLI 00019 Roma 𝟵𝟴𝟴㉖, 𝟰𝟯𝟬 Q 20 – 55 031 ab. alt. 225 – ✆ 0774.

Vedere Località★★★ – Villa d'Este★★★ – Villa Gregoriana★ : grande cascata★★.

Dintorni Villa Adriana★★★ per ③ : 6 km.

🛈 piazza Garibaldi ✆ 21249.

Roma 31 ③ – Avezzano 74 ② – Frosinone 79 ③ – ✦Pescara 180 ② – Rieti 76 ③.

XX **Sibilla,** via della Sibilla 50 ✆ 20281, «Servizio estivo nel giardino dei templi di Vesta e di Sibilla »– 🖭 🕏 ⓪ 🖲 𝗩𝗜𝗦𝗔. ✂ chiuso lunedì e gennaio – Pas carta 38/51000. **a**

XX **5 Statue,** largo Sant'Angelo 1 ✆ 20366, ☞ – 🕏 ⓪ 𝗩𝗜𝗦𝗔 **x** chiuso venerdì e dal 15 agosto al 5 settembre – Pas carta 31/56000 (15%).

a Villa Adriana per ③ : 6 km – ✉ 00010 :

XX **Adriano** con cam, ✆ 529174, Fax 535122, «Servizio estivo all'aperto » ✍, ✂ – 🖃 cam 📺 ☎ 🅿. 🖭 🕏 ⓪ 🖲 𝗩𝗜𝗦𝗔 Pas (chiuso domenica sera) carta 43/61000 (15%) – **7 cam** ⚏ 160000.

TOANO 42010 Reggio nell'Emilia 𝟰𝟮𝟴 𝟰𝟮𝟵 I 13 – 3 972 ab. alt. 844 – a.s. luglio-15 settembre – ✆ 0522.

Roma 455 – ✦Bologna 93 – ✦Milano 205 – ✦Modena 54 – Reggio nell'Emilia 56.

🏠 **Miramonti,** ✆ 805128 – 🛗 ☎ 🅿. ✂ Pas (chiuso lunedì escluso dal 6 giugno all'11 settembre) carta 27/37000 – ⚏ 8000 – **27 cam** 55/80000 – P 80000.

🏠 **Posta,** ✆ 805117, ☞ – 🛗 chiuso dal 10 al 20 settembre – Pas (chiuso martedì) carta 30/41000 – ⚏ 10000 – **18 cam** 45/70000 – ½ P 45/50000.

TOBLACH = Dobbiaco.

TODI 06059 Perugia 𝟵𝟴𝟴㉕ ㉖, 𝟰𝟯𝟬 N 19 – 16 938 ab. alt. 411 – ✆ 075.

Vedere Piazza del Popolo★★ : palazzo dei Priori★, palazzo del Capitano★, palazzo del Popolo★ – Chiesa di San Fortunato★★ – ≼★★ sulla vallata da piazza Garibaldi – Duomo★ – Chiesa di Santa Maria della Consolazione★ O : 1 km per la strada di Orvieto.

🛈 piazza del Popolo 38 ✆ 8943395, Fax 8942406.

Roma 130 – Assisi 60 – Orvieto 39 – ✦Perugia 45 – Spoleto 45 – Terni 40.

🏨 **San Valentino** ⏍ S : 4 km ✆ 8944103, Fax 8948696, ≼ Todi e monti, ☞, «In un convento del 13° secolo » ⏍, ✍, ✂ – 🖃 📺 ☎ 🅿. 🖭 🕏 ⓪ 🖲 𝗩𝗜𝗦𝗔. ✂ rist Pas (marzo-ottobre; negli altri mesi aperto solo sabato sera e domenica a mezzogiorno) 60/80000 – **12 cam** ⚏ 380000 – ½ P 230/280000.

🏨 **Bramante,** via Orvietana 48 ✆ 8948382, Telex 661043, Fax 8948074, «Servizio estivo in terrazza con ≼ » ⏍, ✍, ✂ – 🛗 🖃 📺 ☎ 🅿 – 🔏 50 a 120. 🖭 🕏 ⓪ 🖲 𝗩𝗜𝗦𝗔 Pas (chiuso lunedì) 45/55000 – ⚏ 15000 – **43 cam** ⚏ 170/190000 – ½ P 150000.

🏨 **Villaluisa** ⏍, via Cortesi 147 ✆ 8948571, Fax 8948472, «Parco » – 🛗 📺 ☎ 🕭 🅿 – 🔏 30 a 100. 🖭 🕏 🖲 𝗩𝗜𝗦𝗔. ✂ Pas (chiuso mercoledì da ottobre a marzo) carta 34/48000 – ⚏ 10000 – **43 cam** 110/115000 – ½ P 88000.

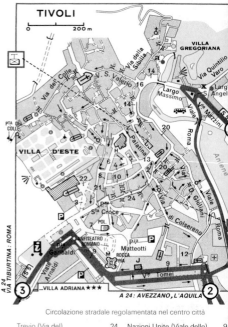

TIVOLI

Circolazione stradale regolamentata nel centro città

A 24 : AVEZZANO, L'AQUILA ②

Trevio (Via del)	24	Nazioni Unite (Viale delle)	9
		Parmegiani (Via A.)	10
Battisti (Largo Cesare)	2	Parrozzani (Via A.)	12
Boselli (Via)	3	Plebiscito (Piazza)	13
Collegio (Via del)	4	Ponte Gregoriano (Via)	14
Gesù (Via del)	5	Rivarola (Piazza)	16
Lione (Via)	6	Sosii (Via dei)	20
Moro (Via)	7	Todini (Vicolo)	21
Munazio Planco (Via)	8	Trento (Piazza)	22

%X **Lucaroni,** via Cortesi 57 🜎 8942694, Fax 8948379 – 🖩 **❻**. 🄰🄴 🄵 ⓞ **E** *VISA*. ⌘
chiuso martedì e dal 15 al 30 luglio – Pas carta 46/80000.

X **Umbria,** via San Bonaventura 13 🜎 8942737, « Servizio estivo in terrazza con ❤ » – 🄰🄴
🄵 ⓞ **E** *VISA*. ⌘
chiuso martedì e dal 19 dicembre all'8 gennaio – Pas carta 44/61000.

X **Jacopone-da Peppino,** piazza Jacopone 5 🜎 8942366 – ⌘
chiuso lunedì e dal 10 al 30 luglio – Pas carta 30/50000.

)FANA DI MEZZO Belluno – alt. 3 244.

◗dere ☀★★★.

tina d'Ampezzo 15 mn di funivia.

)LENTINO **62029** Macerata 🎚🎚🎚 ⑯, 🄴🄷🄾 M 21 – 18 479 ab. alt. 224 – a.s. 10 luglio-settembre –
0733.

◗dere Basilica di San Nicola★★.

◗iazza Libertà 19 🜎973002.

ⁿa 246 – ◆Ancona 80 – Ascoli Piceno 90 – Macerata 18.

%X **Bell'Antonio,** via San Nicola 68/70 🜎 969829 – 🄰🄴 ⓞ **E** *VISA*. ⌘
chiuso domenica ed agosto – Pas carta 37/64000.

)LMEZZO **33028** Udine 🎚🎚🎚 ⑤ ⑥, 🄴🄸🄾 C 21 – 10 510 ab. alt. 323 – ❸ 0433.

ⁿa 688 – Cortina d'Ampezzo 105 – ◆Milano 427 – Tarvisio 63 – ◆Trieste 121 – Udine 52 – ◆Venezia 177.

🏨 **Cimenti,** via della Vittoria 28 🜎 2926 – ▐ ☑ ☎ **❻**. 🄰🄴 🄵 ⓞ **E** *VISA*. ⌘
chiuso dal 25 giugno al 15 luglio – Pas *(chiuso venerdì e domenica sera)* carta 37/58000 –
☲ 12000 – **15 cam** 118000 – ½ P 75/96000.

%X ❀ **Roma,** piazza 20 settembre 14 🜎 2081, Coperti limitati; prenotare – **❻**. 🄰🄴 🄵 ⓞ **E** *VISA*.
⌘
chiuso domenica sera, lunedì e dal 1º al 20 ottobre – Pas carta 53/79000
Spec. Speck di Sauris con salsa cren, Orzo con funghi (giugno-ottobre), Filetto di coniglio alle erbe. **Vini** Sciaglin,
Forgiarin.

)NALE (Passo del) Brescia e Trento 🎚🎚🎚 ④, 🄴🄸🄾 🄴🄸🄾 D 13 – alt. 1 883 – a.s. febbraio-Pasqua
Natale – Sport invernali : 1 883/2 979 m ✆12 (anche sci estivo), ⅀.

🜎 (0364) 91343, Fax 91343.

ⁿa 688 – ◆Bolzano 94 – ◆Brescia 130 – ◆Milano 177 – Ponte di Legno 11 – Sondrio 75 – Trento 90.

🏨 Sporting, ✉ 38020 Passo del Tonale 🜎 (0364) 92197, Fax 92198, ❤ – ☎ ⟞
stagionale – **43 cam.**

🏨 Gardenia, ✉ 38020 Passo del Tonale 🜎 (0364) 92606, Fax 91682, ❤ – ☑ ☎ ⟞ **❻**
stagionale – **25 cam.**

X **Al Focolare,** ✉ 38020 Passo del Tonale 🜎 (0364) 92677 – 🄰🄴 🄵 ⓞ **E** *VISA*. ⌘
chiuso maggio, giugno ed ottobre – Pas carta 36/59000.

)NDI DI FALORIA Belluno – alt. 2 343.

◗dere ☀★★★.

◗rtina d'Ampezzo 20 mn di funivia.

)RBOLE **38069** Trento 🎚🎚🎚 ④, 🄴🄸🄾 🄴🄸🄾 E 14 – alt. 85 – a.s. 22 dicembre-20 gennaio e Pasqua
❀ 0464.

◗dere Guida Verde.

◗ungolago Verona 19 🜎 505177, Fax 505643.

ⁿa 569 – ◆Brescia 79 – ◆Milano 174 – Trento 46 – ◆Verona 83.

🏨🏨 **Piccolo Mondo,** 🜎 505271, Fax 505295, *Lʄ*, ≦s, ⌇, ⌨, ⌘ – ▐ ☎ **❻**. ⌘ rist
chiuso dal 20 gennaio al 15 marzo – Pas carta 55/74000 – ☲ 16000 – **36 cam** 120/150000 –
½ P 120000.

🏨🏨 Lago di Garda, 🜎 505111, Telex 401530, Fax 505111, ❤, ≦s – ☑ ☎ – 🕰 80.
stagionale – **36 cam.**

🏨🏨 **Club Hotel la Vela,** 🜎 505940, Fax 505958, ⌇ – 🖩 rist ☑ ☎ **❻** – 🕰 40. 🄰🄴 🄵 ⓞ **E** *VISA*.
⌘
aprile-ottobre – Pas carta 42/68000 – ☲ 15000 – **39 cam** 100/165000 – ½ P 82/115000.

🏨 **Caravel,** 🜎 505724, Telex 401191, Fax 505958, ⌇ – ▐ 🖩 rist ☑ ☎ **❻**. 🄵 ⓞ **E** *VISA*.
⌘ rist
marzo-novembre – Pas carta 31/42000 – ☲ 12000 – **58 cam** 120000 – ½ P 60/90000.

🏨 **Lido Blu** ⚲, 🜎 505180, Fax 505931, ❤, ⌂, *Lʄ*, ≦s, ⌇, ⌂⚲ – 🖩 ▐ rist ☑ ☎ **❻**. 🄰🄴 🄵 **E**
VISA. ⌘
chiuso dal 10 novembre al 20 dicembre – Pas carta 36/56000 – **40 cam** ☲ 123/214000 –
½ P 119/129000.

🏠 **Villa Magnolia** senza rist, 🜎 505050, ⌇, ⌨ – ▐ ☎ **❻**. ⌘
aprile-4 novembre – ☲ 6000 – **21 cam** 40/66000.

sulla strada statale 249 S : 4 km :

🏠 **Villabella** ⚓, località Tempesta ✉ 38069 ℰ 505100, Fax 505100, ≤, « Sulla scogliera », ℑ, ⚓, 🌳 – ☎ 🄿, 🍴 rist
maggio-15 ottobre – Pas 25/30000 – **12 cam** ⊊ 75/140000 – ½ P 90/95000.

TORCELLO Venezia 🔢⑤ – Vedere Venezia.

TORGIANO 06089 Perugia 🔢 M 19 – 4 968 ab. alt. 219 – ✪ 075.
Vedere Museo del Vino★.

Roma 158 – Assisi 27 – Orvieto 60 – ♦Perugia 16 – Terni 69.

🏨 **Le Tre Vaselle,** ℰ 9880447, Telex 660214, Fax 9880214, ≤ – 📶 ▤ ☎ 🄿 – 🔺 40 a 200. 🄸 🄴 🄾 🄴 *VISA*. 🍴
Pas (prenotare) carta 55/80000 – **48 cam** ⊊ 280000, appartamento – ½ P 215000.

TORGNON 11020 Aosta 🔢 E 4, 🔢③ – 564 ab. alt. 1 489 – a.s. luglio-agosto, Pasqua e Natale – ✪ 0166.

Roma 737 – Aosta 39 – Breuil-Cervinia 26 – ♦Milano 173 – ♦Torino 102.

🏨 Panoramique, ℰ 540215, Fax 540215, ≤, 🌳 – 📶 ☎ 🄿.
stagionale – **31 cam.**

ORINO 10100 ℙ ⑨⑧⑧ ⑫, ⑫⑧ G 5 – 991 870 ab. alt. 239 – ✪ 011.

dere Piazza San Carlo★★ CXY – Museo Egizio★★, galleria Sabauda★★ nel palazzo dell'Accademia delle Scienze CX **M** – Duomo★ CX: reliquia della Sacra Sindone★★★ – Mole Antonellana★ : ☀★★ DX – Palazzo Madama★ : museo d'Arte Antica★ CX **A** – Palazzo Reale★ : Armeria ale★ CDVX – Museo del Risorgimento★ a palazzo Carignano CX **M2** – Museo dell'Automobile rlo Biscaretti di Ruffia★ GU **M3** – Borgo Medioevale★ nel parco del Valentino CDZ.

ntorni Basilica di Superga★ : ≼★★★, tombe reali★ HT – Circuito della Maddalena★ GHTU : ★ sulla città dalla strada Superga-Pino Torinese, ≼★ sulla città dalla strada Colle della ddalena-Cavoretto.

e 🍴 I Roveri (marzo-novembre; chiuso lunedì) a La Mandria ✉ 10070 Fiano ℰ 9235719, Fax 85669, per ① : 18 km;

e 🍴 (chiuso lunedì, gennaio e febbraio) a Fiano ✉ 10070 ℰ 9235440, Fax 9235886, per ① : km;

Le Fronde (chiuso lunedì e gennaio) ad Avigliana ✉ 10051 ℰ 938053, Fax 938053, O : 24 km; (chiuso lunedì ed agosto) a Stupinigi ✉ 10135 Torino ℰ 3472640, Fax 3978038 FU; (chiuso lunedì e dal 24 dicembre al 7 gennaio) a Vinovo ✉ 10048 ℰ 9653880, Fax 9623748

≼ Città di Torino di Caselle per ① : 15 km ℰ 5778361, Fax 5778420 – Alitalia, via Lagrange 35 10123 ℰ 57697 – 🚋 ℰ 6651111-int. 2611.

ia Roma 226 (piazza C.L.N.) ✉ 10121 ℰ 535901, Fax 530070 – Stazione Porta Nuova ✉ 10125 ℰ 531327.

C.I. via Giovanni Giolitti 15 ✉ 10123 ℰ 57791.

na 669 ⑦ – Briançon 108 ⑪ – Chambéry 209 ⑪ – ♦Genève 252 ③ – ♦Genova 170 ⑦ – Grenoble 224 ⑪ – ilano 140 ③ – ♦Nice 220 ⑨.

Piante : Torino p. 2 a 7

🏨 **Turin Palace Hotel,** via Sacchi 8 ✉ 10128 ℰ 5625511, Telex 221411, Fax 5612187 – 🛗 ▤ 📺 ☎ ₺ 🚗 – 🔏 30 a 200. 🅰🅴 🆂 ⓞ 🅴 🆅🅸🆂🅰. ❄ rist　　CY **u**
Pas (chiuso dal 1° al 22 agosto) carta 60/112000 – ☲ 28000 – **123 cam** 280/330000, 2 appartamenti – ½ P 248/378000.

🏨 **Jolly Principi di Piemonte,** via Gobetti 15 ✉ 10123 ℰ 5629693, Telex 221120, Fax 5620270 – 🛗 ▤ 📺 ☎ – 🔏 100. 🅰🅴 🆂 ⓞ 🅴 🆅🅸🆂🅰. ❄　　CY **z**
Pas (chiuso agosto) 60/80000 – **107 cam** ☲ 340/390000, 8 appartamenti – ½ P 265000.

🏨 **Gd H. Sitea,** via Carlo Alberto 35 ✉ 10123 ℰ 5570171, Telex 220229, Fax 548090 – 🛗 ▤ 📺 ☎ – 🔏 30 a 100. 🅰🅴 🆂 ⓞ 🅴 🆅🅸🆂🅰. ❄ rist　　CY **t**
Pas carta 60/95000 – **117 cam** ☲ 250/350000 – ½ P 220/290000.

🏨 **Jolly Ambasciatori,** corso Vittorio Emanuele 104 ✉ 10121 ℰ 5752, Telex 221296, Fax 544978 – 🛗 ↔ cam ▤ 📺 ☎ 🚗 – 🔏 25 a 400. 🅰🅴 🆂 ⓞ 🅴 🆅🅸🆂🅰. ❄ rist　　BX **a**
Pas 45/85000 – **199 cam** ☲ 245/315000, 4 appartamenti – ½ P 208/290500.

🏨 **Diplomatic,** via Cernaia 42 ✉ 10122 ℰ 5612444, Telex 225445, Fax 540472 – 🛗 ▤ 📺 ☎ 🚗 – 🔏 50 a 200. 🅰🅴 🆂 ⓞ 🅴 🆅🅸🆂　　BX **g**
Pas (solo per clienti alloggiati e chiuso sabato e domenica) 40/45000 – **129 cam** ☲ 220/295000.

🏨 **Jolly Hotel Ligure,** piazza Carlo Felice 85 ✉ 10123 ℰ 55641, Telex 220167, Fax 535438 – 🛗 ▤ 📺 ☎ – 🔏 30 a 250. 🅰🅴 🆂 ⓞ 🅴 🆅🅸🆂🅰. ❄ rist　　CY **b**
Pas 50/60000 – **156 cam** ☲ 265/340000, 2 appartamenti – ½ P 302000.

🏨 **City** senza rist, via Juvarra 25 ✉ 10122 ℰ 540546, Telex 216228, Fax 548188 – 🛗 ▤ 📺 ☎ 🅰🅴 🆂 ⓞ 🅴 🆅🅸🆂🅰　　BV **e**
chiuso Natale, Capodanno ed agosto – **44 cam** ☲ 260/350000.

🏨 **Concord,** via Lagrange 47 ✉ 10123 ℰ 5576756, Telex 221323, Fax 5576305 – 🛗 ▤ 📺 ☎ ₺ 🚗 – 🔏 180. 🅰🅴 🆂 ⓞ 🅴 🆅🅸🆂🅰. ❄ rist　　CY **s**
Pas 55000 – **139 cam** ☲ 245/330000, 3 appartamenti – ½ P 193/278000.

🏨 **Majestic,** senza rist, corso Vittorio Emanuele II n° 54 ✉ 10123 ℰ 539153, Telex 216260, Fax 534963 – 🛗 ▤ 📺 ☎ ₺ 🚗 – 🔏 30 a 40 – **159 cam.**　　CY **e**

🏨 **Genio** senza rist, corso Vittorio Emanuele II n° 47 ✉ 10125 ℰ 6505771, Telex 220308, Fax 6508264 – 🛗 ▤ 📺 ☎ ₺ – 🔏 35. 🅰🅴 🆂 ⓞ 🅴 🆅🅸🆂　　CYZ **w**
75 cam ☲ 125/175000, ▤ 12000.

🏨 **Royal,** corso Regina Margherita 249 ✉ 10144 ℰ 4376777, Telex 220259, Fax 4376393, ❄ – 🛗 ▤ 📺 ☎ 🚗 – 🔏 25 a 600. 🅰🅴 🆂 ⓞ 🅴 🆅🅸🆂　　BV **u**
chiuso dal 1° al 28 agosto – Pas vedere rist Vecchio Mulino – ☲ 17000 – **73 cam** 180/250000 – ½ P 180000.

🏨 **Boston** senza rist, via Massena 70 ✉ 10128 ℰ 500359, Fax 599358, 🌿 – 🛗 ▤ 📺 ☎. 🅰🅴 🆂 ⓞ 🅴 🆅🅸🆂　　BZ **c**
50 cam ☲ 125/175000, ▤ 12000.

🏨 **Victoria** senza rist, via Nino Costa 4 ✉ 10123 ℰ 5611909, Telex 212580, Fax 5611806 – 🛗 ▤ 📺 ☎. 🅰🅴 🆂 ⓞ 🅴 🆅🅸🆂. ❄　　CY **v**
70 cam ☲ 135/180000.

🏨 **Luxor** senza rist, corso Stati Uniti 7 ✉ 10128 ℰ 5620777, Telex 225549, Fax 5628324 – 🛗 ▤ 📺 ☎. 🅰🅴 🆂 ⓞ 🅴 🆅🅸🆂　　CZ **s**
chiuso agosto – **70 cam** ☲ 115/150000, 2 appartamenti, ▤ 12000.

TORINO
PIANTA D'INSIEME

Aeroporto (Str. dell') **GT** 2
Agnelli (Corso G.) **FU** 3
Agudio (Via T.) **HT** 4
Bogino (Via) **GU** 8
Borgaro (Via) **GT** 10
Cebrosa (Str. d.) **HT** 21
Cosenza (Corso) **FGU** 24

Derna (Piazza) **GHT** 27
De Sanctis (Via F.) **FT** 28
Garibaldi (Corso) **GT** 31
Grosseto (Corso) **GT** 35
Lazio (Lungo Stura) **HT** 37
Maroncelli (Corso P.) **GU** 39
Pianezza (Via) **FGT** 43
Piave (Via) **ET** 44
Potenza (Corso) **GU** 49
Rebaudengo (P. Conti) **GT** 51
Regio Parco (Corso) **HT** 52
S.M. Mazzarello (Via) **FT** 57

Sansovino (Via A.) **FGT** 60
Savona (Corso) **GU** 61
Sestriere (Via) **GU** 62
Sofia (Piazza) **HT** 63
Stampini (Via E.) **GT** 65
Stradella (Via) **GT** 67
Thovez (Viale E.) **GHT** 68
Torino (Strada) **GU** 69
Torino (Viale) **FU** 71
Unità d'Italia (Corso) **GU** 72
Vercelli (Corso) **HT** 73
Voghera (Lungo Dora) **HT** 76

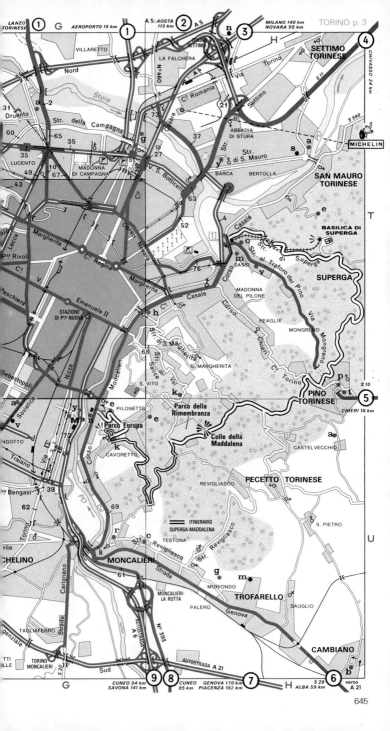

TORINO

Carlo Felice (Piazza) . . . . . CY 16
Roma (Via) . . . . CXY
S. Carlo (Piazza) . . . . CXY

Alfieri (Via) . . . . CY 5
Cadorna (Lungo Po L.) . . . DY 12
Carignano (Piazza) . . . . . . CX 13
Carlo Emanuele II (Pza) . . DY 15
Casale (Corso) . . . . DY 17
Castello (Piazza) . . . . CX 19
Cesare Augusto
(Piazza) . . . . CV 23
Consolata (Via della) . . . . CV 25
Diaz (Lungo Po A.) . . . . . . DY 29
Gran Madre di Dio
(Piazza) . . . . DY 33
Milano (Via) . . . . CV 40
Ponte Vitt. Emanuele I . . . DY 48
Repubblica (Pza della) . . . CV 53
S. Francesco d'Assisi
(Via) . . . . CX 55
Solferino (Piazza) . . . . CX 64
Vitt. Emanuele II (Lgo) . . . BCY 75
4 Marzo (Via) . . . . CX 77
20 Settembre (Via) . . . . . . CXY 78

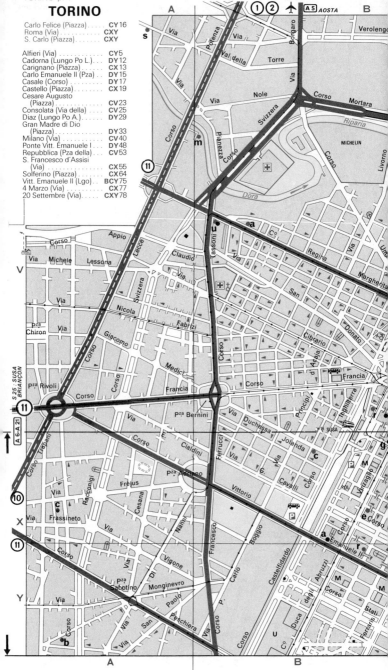

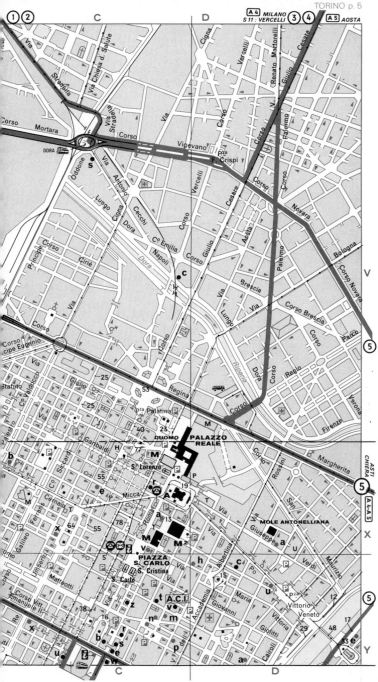

647

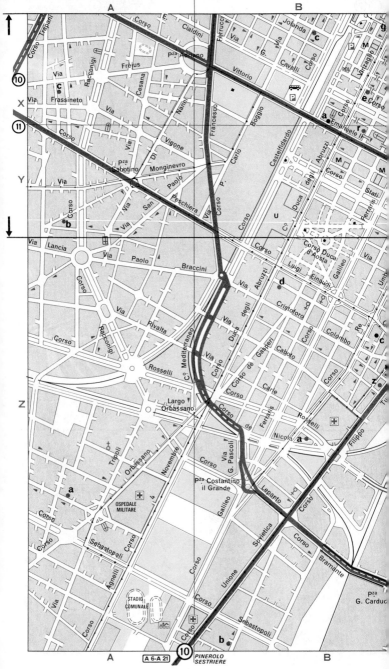

TORINO

Carlo Felice (Piazza)	**CY** 16
Roma (Via)	**CXY**
S. Carlo (Piazza)	**CXY**
Alfieri (Via)	**CY** 5
Cadorna (Lungo Po L.)	**DY** 12
Carignano (Piazza)	**CX** 13
Carlo Emanuele II (Piazza)	**DY** 15
Casale (Corso)	**DY** 17
Castello (Piazza)	**CX** 19
Diaz (Lungo Po A.)	**DY** 29
Gran Madre di Dio	
(Piazza)	**DY** 33
Ponte Isabella	**CZ** 45
Ponte Umberto I	**DZ** 47
Ponte Vittorio Emanuele I	**DY** 48
S. Francesco d'Assisi (Via)	**CX** 55
Solferino (Piazza)	**CX** 64
Vittorio Emanuele II	
(Largo)	**BCY** 75
4 Marzo (Via)	**CX** 77
20 Settembre (Via)	**CXY** 78

🏨 **Stazione e Genova** senza rist, via Sacchi 14 ✉ 10128, 𝄇 5629400, Telex 2242
Fax 5629896 – 🛗 📺 ☎ – 🚣 40. ⅛ 🕙 ⑩ 🗲 𝘝𝘐𝘚𝘈. ⅝   CZ
chiuso dal 1º al 18 agosto – **60 cam** ⊡ 125/175000.

🏨 **President** senza rist, via Cecchi 67 ✉ 10152 𝄇 859555, Telex 220417, Fax 2480465 -
🔲 📺 ☎. ⅛ 🕙 ⑩ 🗲 𝘝𝘐𝘚𝘈   CV
72 cam ⊡ 160000.

🏨 **Alexandra** senza rist, lungo Dora Napoli 14 ✉ 10152 𝄇 858327, Telex 2215
Fax 2483805 – 🛗 🔲 📺 ☎. ⅛ 🕙 ⑩ 🗲 𝘝𝘐𝘚𝘈   CV
55 cam ⊡ 170/220000.

🏨 **Venezia** senza rist, via 20 Settembre 70 ✉ 10122 𝄇 5623384, Fax 5623726 – 🛗 📺 ☎
🚣 100. ⅛ 🕙 ⑩ 🗲 𝘝𝘐𝘚𝘈   CX
66 cam ⊡ 135/190000.

🏨 **Gran Mogol** senza rist, via Guarini 2 ✉ 10123 𝄇 5612120, Fax 5623160 – 🛗 🔲 📺 ☎.
🕙 ⑩ 🗲 𝘝𝘐𝘚𝘈   CY
chiuso agosto – **45 cam** ⊡ 125/175000, 🔲 12000.

🏨 **Crimea** senza rist, via Mentana 3 ✉ 10133 𝄇 6604700, Telex 224276, Fax 6604912 -
📺 ☎ ⟷. ⅛ 🕙 ⑩ 🗲 𝘝𝘐𝘚𝘈. ⅝   DZ
49 cam ⊡ 125/175000.

🏨 **Des Artistes** senza rist, via Principe Amedeo 21 ✉ 10123 𝄇 8124416, Fax 8124466 -
📺 ☎. ⅛ 🕙 ⑩ 🗲 𝘝𝘐𝘚𝘈. ⅝   DY
22 cam ⊡ 115/155000.

🏨 **Due Mondi** senza rist, via Saluzzo 3 ✉ 10125 𝄇 6698981, Fax 6699383 – 🔲 📺 ☎. 🕙
🗲 𝘝𝘐𝘚𝘈   CZ
chiuso dal 10 al 20 agosto – **40 cam** ⊡ 150/200000.

🏨 **Piemontese** senza rist, via Berthollet 21 ✉ 10125 𝄇 6698101, Fax 6690571 – 🛗 🔲 📺
⅛ 🕙 ⑩ 🗲 𝘝𝘐𝘚𝘈. ⅝   CZ
35 cam ⊡ 125/175000, 🔲 12000.

🏨 **Lancaster** senza rist, corso Filippo Turati 8 ✉ 10128 𝄇 5681982, Fax 5683019 – 🛗 🔲
☎. ⅛ 🗲 𝘝𝘐𝘚𝘈   BZ
chiuso dal 5 al 31 agosto – **75 cam** ⊡ 115/160000, 🔲 12000.

🏨 **Giotto** senza rist, via Giotto 27 ✉ 10126 𝄇 637172, Fax 637173 – 🛗 🔲 📺 ☎ ⅓ ⑥
🚣 50. ⅛ 🕙 ⑩ 🗲 𝘝𝘐𝘚𝘈   CZ
⊡ 20000 – **45 cam** 110/140000, 🔲 15000.

🏨 **Cairo** senza rist, via La Loggia 6 ✉ 10134 𝄇 3171555, Fax 3172027 – 🛗 📺 ☎ ⑫. ⅛
⑩ 🗲 𝘝𝘐𝘚𝘈. ⅝   GU
chiuso dal 1º al 28 agosto – ⊡ 20000 – **48 cam** 110/140000.

🏨 **Giada** senza rist, via Gasparo Barbera 6 ✉ 10135 𝄇 3489383, Fax 3489383 – 🛗 🔲 📺
⑫. 🕙 🗲 𝘝𝘐𝘚𝘈   FU
chiuso agosto – **28 cam** ⊡ 95/115000, 🔲 12000.

🏨 **Smeraldo** senza rist, piazza Carducci 169/b ✉ 10126 𝄇 634577 – 📺 ☎. 🕙 🗲 𝘝𝘐𝘚𝘈.
⊡ 15000 – **12 cam** 99000.   CZ

🏯🏯🏯🏯 **Villa Sassi-El Toulà** 🦢 con cam, strada al Traforo del Pino 47 ✉ 10132 𝄇 8905
Telex 890095, 🎇, « Villa settecentesca in un grande parco » – 🛗 🔲 cam
☎ ⑫ – 🚣 200. ⅛ 🕙 ⑩ 🗲 𝘝𝘐𝘚𝘈. ⅝   HT
chiuso agosto – Pas *(chiuso domenica)* carta 70/102000 – ⊡ 20000 – **15 cam** 250/3800(
appartamento – ½ P 250/300000.

🏯🏯🏯🏯 ✱✱ **Vecchia Lanterna,** corso Re Umberto 21 ✉ 10128 𝄇 537047, Confort accur
prenotare – 🔲. 🕙 ⑩ 🗲 𝘝𝘐𝘚𝘈. ⅝   CX
chiuso sabato a mezzogiorno, domenica e dal 10 al 20 agosto – Pas carta 78/118000
Spec. Scaloppa di fegato d'oca e gamberi al Porto, Zuppa di tartufi in crosta (autunno-inverno), Scaloppa d'anit
salsa peverada. **Vini** Moscato giallo, Solaia.

🏯🏯🏯🏯 **Del Cambio,** piazza Carignano 2 ✉ 10123 𝄇 546690, Fax 543760, Gran tradizic
prenotare, « Decorazioni ottocentesche » – 🔲. ⅛ 🕙 ⑩ 🗲 𝘝𝘐𝘚𝘈. ⅝   CX
chiuso domenica e dal 27 luglio al 27 agosto – Pas carta 68/119000 (15 %).

🏯🏯🏯 **Balbo,** via Andrea Doria 11 ✉ 10123 𝄇 832274, prenotare – 🔲. ⅛ 𝘝𝘐𝘚𝘈. ⅝   CY
chiuso lunedì e dal 18 luglio al 18 agosto – Pas carta 75/102000.

🏯🏯🏯 ✱ **Due Lampioni da Carlo,** via Carlo Alberto 45 ✉ 10123 𝄇 8397409, Fax 831970 –
⅛ 🕙 🗲 𝘝𝘐𝘚𝘈. ⅝   CY
chiuso domenica ed agosto – Pas carta 65/90000
Spec. Timballo di verdure con fonduta leggera, Ravioli di funghi porcini e patate al sugo tartufato (autunno-inve
Filetto di sanato alla finanziera in crosta. **Vini** Vinnae, Freisa.

🏯🏯🏯 ✱ **Neuv Caval 'd Brôns,** piazza San Carlo 157 ✉ 10123 𝄇 5627483, prenotare – 🔲.
🕙 ⑩ 🗲 𝘝𝘐𝘚𝘈   CXY
chiuso sabato a mezzogiorno, domenica, luglio o agosto – Pas carta 65/130000
Spec. Flan di Castelmagno, Ravioli del plin in salsa di arrosto prufumata al rosmarino, Manzo di Carrù al midollo in s
al vino rosso. **Vini** Favorita, Brachetto secco.

🏯🏯🏯 **Rendez Vous,** corso Vittorio Emanuele 38 ✉ 10123 𝄇 830215, Fax 8396961 – 🔲. ⅛
⑩ 🗲 𝘝𝘐𝘚𝘈. ⅝   CZ
chiuso sabato a mezzogiorno e domenica – Pas carta 40/76000.

✗✗ **Villa Somis,** strada Val Pattonera 138 ✉ 10133 ℰ 6613086, prenotare, « In una villa settecentesca con parco; servizio estivo sotto un pergolato » – **Ⓟ**. ⅍ 🏧 ⓞ Ⅎ 𝘝𝘐𝘚𝘈
chiuso lunedì – Pas carta 60/90000. HU **e**

✗ ❀ **La Prima Smarrita,** corso Unione Sovietica 244 ✉ 10134 ℰ 3179657, Coperti limitati; prenotare – 🍽. ⅍ 🏧 ⓞ Ⅎ 𝘝𝘐𝘚𝘈. ❊ GTU **a**
chiuso lunedì e dal 3 al 27 agosto – Pas carta 57/82000
Spec. Moscardini al pomodoro, Spaghetti alle vongole e porcini, Filetto di sanato alla casalese. Vini Gavi, Barbera.

✗ Tiffany, piazza Solferino 16/h ✉ 10121 ℰ 540538 – 🍽. CX **x**

✗✗ **3 Colonne,** corso Rosselli 1 ✉ 10128 ℰ 3185220, 🏡, Rist. d'habitués – ⅍ 🏧 ⓞ
Ⅎ 𝘝𝘐𝘚𝘈 BZ **a**
chiuso lunedì, sabato a mezzogiorno e dal 3 al 24 agosto – Pas carta 43/75000.

✗✗ **La Cloche,** strada al Traforo del Pino 106 ✉ 10132 ℰ 8999462, Fax 8981522, Ambiente tipico – 🍽 **Ⓟ** – 🏖 100. ⅍ 🏧 ⓞ Ⅎ 𝘝𝘐𝘚𝘈. ❊ HT **v**
chiuso domenica sera, lunedì, dal 7 al 15 gennaio e dal 17 al 31 agosto – Pas (menu a sorpresa) 60/123000.

✗✗ **Al Gatto Nero,** corso Filippo Turati 14 ✉ 10128 ℰ 590414 – 🍽. ⅍ 🏧 ⓞ Ⅎ 𝘝𝘐𝘚𝘈. ❊
chiuso venerdì ed agosto – Pas carta 60/80000. BZ **z**

✗ **Al Bue Rosso,** corso Casale 10 ✉ 10131 ℰ 8191393 – 🍽. ⅍ ⓞ 𝘝𝘐𝘚𝘈 DY **e**
chiuso lunedì, sabato a mezzogiorno ed agosto – Pas carta 58/78000 (10 %).

✗ **Della Rocca,** via della Rocca 22/b ✉ 10123 ℰ 835861, prenotare – 🍽. ⅍ 🏧 ⓞ Ⅎ 𝘝𝘐𝘚𝘈. ❊ DY **a**
chiuso domenica ed agosto – Pas carta 36/55000.

✗ **Vecchio Mulino,** corso Regina Margherita 251 ✉ 10144 ℰ 740357 – 🍽. ⅍ 🏧 ⓞ Ⅎ 𝘝𝘐𝘚𝘈. ❊ BV **u**
chiuso sabato ed agosto – Pas carta 39/65000.

✗ Arcadia, galleria Subalpina 16 ✉ 10123 ℰ 5613898 CX **p**

✗ **Due Mondi-da Ilio,** via San Pio V n° 3 angolo via Saluzzo ✉ 10125 ℰ 6692056 – ⅍ 🏧 Ⅎ
𝘝𝘐𝘚𝘈 CZ **k**
chiuso domenica e dal 1° al 15 agosto – Pas carta 38/84000.

✗ **Porta Rossa,** via Passalacqua 3/b ✉ 10122 ℰ 530816 – ⅍ 🏧 ⓞ 𝘝𝘐𝘚𝘈 CV **a**
chiuso domenica ed agosto – Pas carta 34/68000.

✗ Adriano, via Pollenzo 39 ✉ 10141 ℰ 3358311, 🏡 AY **b**

✗ **Il Porticciolo,** via Barletta 58 ✉ 10136 ℰ 321601, Rist. con specialità di mare – 🍽. ⅍
ⓞ Ⅎ 𝘝𝘐𝘚𝘈. ❊ AZ **a**
chiuso lunedì, sabato a mezzogiorno ed agosto – Pas carta 48/83000.

✗ **Duchesse,** via Duchessa Jolanda 7 angolo via Beaumont ✉ 10138 ℰ 4346494,
Fax 4346494 – 🍽. ⅍ 🏧 ⓞ Ⅎ 𝘝𝘐𝘚𝘈 BX **c**
chiuso domenica sera e lunedì – Pas carta 40/75000.

✗ **Al Ghibellin Fuggiasco,** via Tunisi 50 ✉ 10134 ℰ 3196115, Fax 3196103 – 🍽. ⅍ 🏧 ⓞ
Ⅎ 𝘝𝘐𝘚𝘈. ❊ BZ **b**
chiuso sabato, domenica sera ed agosto – Pas carta 40/57000.

✗ **Gianfaldoni,** via Pastrengo 2 ✉ 10128 ℰ 5575041 – 🍽. ⅍ 🏧 ⓞ Ⅎ 𝘝𝘐𝘚𝘈 CZ **h**
chiuso mercoledì ed agosto – Pas carta 45/67000.

✗ **Perbacco,** via Mazzini 31 ✉ 10123 ℰ 882110 – 🍽. ⅍ 🏧 ⓞ Ⅎ 𝘝𝘐𝘚𝘈 DZ **x**
chiuso a mezzogiorno, domenica ed agosto – Pas carta 47/71000.

✗ Il Papavero, corso Raffaello 5 ✉ 10126 ℰ 6505168, 🏡, prenotare – 🍽. CZ **d**

✗ **Al Dragone,** via Pomba 14 ✉ 10123 ℰ 8122781 CY **m**
chiuso sabato, domenica ed agosto – Pas carta 50/60000.

✗ **Biribissi,** corso San Martino 8 ✉ 10122 ℰ 5620260 – 🍽. 🏧 𝘝𝘐𝘚𝘈. ❊ BV **r**
chiuso domenica ed agosto – Pas carta 39/59000.

✗ Fortin, via Damiano Chiesa 8 ✉ 10156 ℰ 2731672, 🏡, prenotare, « Caratteristiche decorazioni » – 🍽. HT **y**

✗ **Galante,** corso Palestro 15 ✉ 10122 ℰ 537757 – 🍽. ⅍ 🏧 ⓞ Ⅎ 𝘝𝘐𝘚𝘈 CX **b**
chiuso sabato a mezzogiorno e domenica – Pas carta 46/80000.

✗ Mara e Felice, via Foglizzo 8 ✉ 10149 ℰ 731719, Rist. con specialità di mare –
🍽. AV **s**

✗ **La Gondola,** corso Moncalieri 190 ✉ 10133 ℰ 6614805, 🏡, Solo piatti di pesce – 🍽. ⅍
𝘝𝘐𝘚𝘈. ❊ CZ **z**
chiuso domenica, lunedì a mezzogiorno e dall'8 agosto all'8 settembre – Pas carta 50/
80000.

✗ La Magione del Tau, corso Bramante 81 ✉ 10126 ℰ 6964872 – 🍽. CZ **f**

✗ **Da Benito,** corso Siracusa 142 ✉ 10137 ℰ 3090353, Rist. con specialità di mare – 🍽. ⅍
🏧 ⓞ Ⅎ 𝘝𝘐𝘚𝘈. ❊ FT **v**
chiuso lunedì ed agosto – Pas carta 50/65000.

✗ **Mina,** via Ellero 36 ✉ 10126 ℰ 6963608, 🏡, Rist. con specialità piemontesi – 🍽. ⅍ 🏧
ⓞ 𝘝𝘐𝘚𝘈 GU **y**
chiuso agosto, lunedì e dal 15 giugno al 31 luglio anche domenica sera – Pas carta 44/
59000.

XX **Il Ciacolon,** viale 25 Aprile 11 ⊠ 10133 🅿 6610911, Rist. veneto – AE 🖪 ◉ VISA
GU
chiuso a mezzogiorno, domenica sera, lunedì ed agosto – Pas (menù a sorpresa) 5500

XX **Da Giovanni,** via Gioberti 24 ⊠ 10128 🅿 539842 – 🗐. AE 🖪 ◉ E VISA. 🛠 CZ
chiuso domenica ed agosto – Pas carta 30/55000.

XX **La Pace,** via Galliari 22 ⊠ 10125 🅿 6505325 – 🖪 ◉ E VISA CZ
chiuso domenica, lunedì a mezzogiorno, dal 27 dicembre al 6 gennaio ed agosto – l carta 34/56000.

XX **Firenze,** via San Francesco da Paola 41 ⊠ 10123 🅿 8395808 – 🗐. 🖪 E VISA CZ
chiuso lunedì, martedì a mezzogiorno e luglio – Pas carta 28/44000.

XX **L'Idrovolante,** viale Virgilio 105 ⊠ 10126 🅿 687602, Coperti limitati; prenotare, « S vizio estivo in terrazza in riva al fiume » – AE 🖪 E VISA CZ
chiuso domenica sera, lunedì a mezzogiorno, dal 1º al 15 gennaio e dal 1º al 15 ottobre – l carta 39/59000.

X **La Capannina,** via Donati 1 ⊠ 10121 🅿 545405, Rist. con specialità piemontesi –
VISA – *chiuso domenica ed agosto – Pas carta 40/66000.* BY

X **Crocetta,** via Marco Polo 21 ⊠ 10129 🅿 597789, 🌦 – 🗐. AE 🖪 ◉ E VISA. 🛠 BZ
chiuso domenica ed agosto – Pas carta 35/60000.

X **Ostu Bacu,** corso Vercelli 226 ⊠ 10155 🅿 2464579, Trattoria moderna con special piemontesi – 🗐. 🖪 ◉ E VISA GT
chiuso domenica e dal 25 luglio al 25 agosto – Pas carta 34/71000.

X **Alberoni,** corso Moncalieri 288 ⊠ 10133 🅿 6615433, 🌦, 🌳 – 🅿. VISA. 🛠 GU
chiuso domenica sera, lunedì e gennaio – Pas carta 32/49000.

X **Taverna delle Rose,** via Massena 24 ⊠ 10128 🅿 545275 – AE ◉ VISA CZ
chiuso sabato a mezzogiorno, domenica ed agosto – Pas carta 44/67000.

X **C'era una volta,** corso Vittorio Emanuele II nº 41 ⊠ 10125 🅿 655498, Rist. c specialità piemontesi, prenotare – 🗐. AE 🖪 ◉ E VISA CZ
chiuso a mezzogiorno, domenica ed agosto – Pas 45000.

X **Le Due Isole,** via Saluzzo 82 angolo via Michelangelo ⊠ 10126 🅿 6692951, Solo pi di pesce – 🖪 E VISA. 🛠 CZ
chiuso domenica e lunedì a mezzogiorno – Pas 50/80000.

X **Trômlin,** a Cavoretto, via alla Parrocchia 7 ⊠ 10133 🅿 6613050, Coperti limit prenotare GU
chiuso a mezzogiorno (escluso i giorni festivi), lunedì ed agosto – Pas (menu a sorpre 60000 bc.

X **Cafasso,** strada Valsalice 178 ⊠ 10131 🅿 6601495, 🌦, 🌳 – 🅿. AE 🖪 ◉ E VISA.
chiuso mercoledì e dal 15 al 30 gennaio – Pas carta 38/57000. HT

X **Trattoria Abetone,** corso Raffaello 0 ⊠ 10126 🅿 655598, 🌦 CZ
chiuso martedì ed agosto – Pas carta 33/56000.

X **Spada Reale,** via Principe Amedeo 53 ⊠ 10123 🅿 832835 – AE 🖪 ◉ E VISA DY
chiuso domenica e dal 1º al 21 agosto – Pas carta 34/57000.

X **Da Mauro,** via Maria Vittoria 21 ⊠ 10123 🅿 8397811, Trattoria toscana d'habitués –
🛠 DY
chiuso lunedì e luglio – Pas carta 26/46000.

X **Anaconda,** via Angiolino 16 (corso Potenza) ⊠ 10143 🅿 752903, Trattoria rust « Servizio estivo all'aperto » – 🅿. AE 🖪 ◉ E VISA BV
chiuso venerdì sera, sabato ed agosto – Pas 50000 bc.

X **Il Salsamentario,** via Santorre Santarosa 7/b ⊠ 10131 🅿 8195075 – 🖪 VISA HT
chiuso domenica sera, lunedì ed agosto – Pas 35/40000.

X **Osteria del Corso,** corso Regina Margherita 252 ⊠ 10144 🅿 481759 – 🖪 ◉ E VISA
chiuso sabato a mezzogiorno e dal 5 al 23 agosto – Pas carta 21/39000. BV

X **Marinella,** via Verdi 33/g ⊠ 10124 🅿 831525, Trattoria d'habitués – 🖪 ◉ VISA – *chiuso giovedì e gennaio – Pas carta 32/56000.* DX

X **Piero e Federico,** via Monte di Pietà 23 ⊠ 10122 🅿 535880, Rist. con specialità saro 🖪 ◉ E VISA CX
chiuso domenica e dal 15 agosto al 15 settembre – Pas carta 33/56000.

X **Del Buongustaio,** corso Taranto 14 ⊠ 10155 🅿 263284 – 🗐. 🛠 GT
chiuso domenica e dall'8 al 28 agosto – Pas 20/35000.

X **Antiche Sere,** via Cenischia 9/b ⊠ 10139 🅿 3854347, 🌦, Osteria con specia regionali AX
chiuso a mezzogiorno, domenica ed agosto – Pas carta 37/48000.

X **Vecchio Piemonte,** via Revel 2 ⊠ 10121 🅿 538338 – ⇥. ◉ VISA BX
chiuso domenica ed agosto – Pas 25000.

X **Trattoria della Posta,** strada Mongreno 16 ⊠ 10132 🅿 890193, Trattoria d'habit con specialità formaggi piemontesi – 🛠 HT
chiuso domenica sera, lunedì e dal 10 luglio al 20 agosto – Pas carta 35/52000.

X **Osteria Val Granda,** via Lanzo 88 ⊠ 10148 🅿 2264420, Fax 2264434, 🌦, Tratt rustica con specialità piemontesi – 🖪 ◉ E VISA GT
chiuso domenica e dal 10 al 30 agosto – Pas carta 32/60000.

Vedere anche : **Moncalieri** per ⑧ : 8 km GU.
Borgaro Torinese N : 9 km.
San Mauro Torinese NE : 9 km HT.
Pino Torinese per ⑤ : 10 km HT.
Settimo Torinese NE : 11 km HT.
Stupinigi per ⑩ : 11 km FU.
Caselle Torinese per ① : 14 km.
Orbassano SO : 14 km EU.
Rivoli per ⑪ : 14 km ET.
San Gillio per strada di Druento FT : 17 km.

ICHELIN, corso Giulio Cesare 424 int. 15 (HT Torino p. 3) - ✉ 10156, ☏ 2624447, x 2622176.

GRÜNE REISEFÜHRER

Landschaften, Baudenkmäler
Sehenswürdigkeiten
Touristenstraßen
Tourenvorschläge
Stadtpläne und Übersichtskarten

ORNELLO Pavia – Vedere Mezzanino.

ORNO 22020 Como 428 E 9, 219 ⑨ – 1 128 ab. alt. 225 – ✿ 031.
edere Portale★ della chiesa di San Giovanni.
ma 633 – Bellagio 23 – Como 32 – ◆Lugano 40 – ◆Milano 56.

🏨 **Villa Flora** ⑤ , ☏ 419222, Fax 418318, ≤, 🍴, ⊥, 🐎, 🐎 – ☎ 🅿. 🖭 🕄 E 🚾. ⅏
chiuso gennaio e febbraio – Pas *(chiuso martedì escluso dal 15 giugno al 15 settembre)*
carta 35/50000 (10%) – ⚌ 9000 – **20 cam** 90000 – ½ P 70000.

🛱 **Vapore** ⑤ con cam, ☏ 419311, ≤, « Servizio estivo in terrazza ombreggiata in riva al
lago » – 📴 🖭 ☎. 🚾. ⅏
marzo-dicembre – Pas *(chiuso mercoledì)* carta 32/53000 – ⚌ 6000 – **12 cam** 80000.

🗙 Taverne du Clochard, strada statale E : 1,5 km ☏ 419022, ≤ lago, Coperti limitati;
prenotare – 🅿.
chiuso a mezzogiorno.

ORRAZZA COSTE 27050 Pavia 428 H 9 – 1 407 ab. alt. 158 – ✿ 0383.
ma 581 – Alessandria 45 – ◆Genova 101 – ◆Milano 71 – Piacenza 65.

🗙 La Piazza, ☏ 77496

ORRAZZO Asti – Vedere Asti.

ORRE A MARE 70045 Bari 431 D 33 – ✿ 080.
ma 463 – ◆Bari 12 – ◆Brindisi 101 – ◆Foggia 144 – ◆Taranto 94.

🏨 **MotelAgip,** E : 2,5 km ☏ 5700266, Telex 812288, Fax 300739, ≤ – 📴 ▤ 🖭 ☎ 🅿 –
🔏 50 a 100. 🖭 🕄 ⓞ E 🚾 ⅏ rist
Pas 28/34000 – **95 cam** ⚌ 96/139000.

🏨 **Apelusion,** ☏ 5700600, Fax 5700600, 🍴, ⊥, 🗙 – 📴 ▤ 🖭 ☎ ⟵ 🅿 – 🔏 150. 🖭 🕄 E
🚾 ⅏ rist
Pas 28/32000 – **51 cam** ⚌ 130000 – ½ P 90/95000.

🗙🗙 **Da Nicola,** via Principe di Piemonte 3 ☏ 5700043, Fax 5700043, ≤, 🍴, Solo piatti di
pesce – 🅿. 🖭 🕄 ⓞ E 🚾. ⅏
chiuso lunedì e dal 20 dicembre al 20 gennaio – Pas carta 39/53000 (15%).

ORREBELVICINO 36036 Vicenza 429 E 15 – 4 922 ab. alt. 260 – ✿ 0445.
ma 568 – Trento 70 – ◆Verona 77 – Vicenza 26.

🗙🗙 **Torre,** via Galilei 57 ☏ 660114 – 🅿 – 🔏 80. ⓞ. ⅏
chiuso martedì ed agosto – Pas carta 37/55000.

ORRE BERETTI E CASTELLARO 27030 Pavia 988 ⑬, 428 G 8 – 643 ab. alt. 93 – ✿ 0384.
ma 602 – Alessandria 24 – ◆Milano 74 – ◆Torino 112.

🗙 **Da Agostino,** via Stazione 43 ☏ 84194, solo su prenotazione – 🖭 🕄 🚾
chiuso mercoledì, dal 7 al 20 gennaio ed agosto – Pas 33/53000.

ORRE BOLDONE 24020 Bergamo – 7 802 ab. alt. 283 – ✿ 035.
ma 605 – ◆Bergamo 4,5 – ◆Milano 52.

🗙 **Don Luis-da Enrica,** ☏ 341393, 🍴 – 🅿. 🖭 🕄 E 🚾
chiuso lunedì sera, martedì ed agosto – Pas carta 33/53000.

16   653

TORRE CANAVESE 10010 Torino 𝟤𝟣𝟫 ⑭ – 620 ab. alt. 418 – ✆ 0124.

Roma 689 – Aosta 85 – Ivrea 18 – ◆Torino 35.

    ✗ **Italia,** 𝒫 501076 – **℗**. 🅱 **E** 𝘝𝘐𝘚𝘈. ⌘
       chiuso lunedì, ottobre o novembre – Pas 35/60000.

TORRE CANNE 72010 Brindisi 𝟫𝟪𝟪 ㉙ ㉚, 𝟦𝟥𝟣 E 34 – Stazione termale (marzo-ottobre), a.
20 giugno-agosto – ✆ 080.

Roma 517 – ◆Bari 67 – ◆Brindisi 48 – ◆Taranto 57.

    🏨 **Del Levante** ⌂, 𝒫 720026, Telex 813881, Fax 720096, ≤, 🏖, 𝕴, 🏊, 🚗, ⌘ – 🛗 🔳 ◀
       ♿ ℗ – 🛗 100. 🕮 🅱 ◑ **E** 𝘝𝘐𝘚𝘈. ⌘
       Pas 25/50000 – 🍽 10000 – **149 cam** 140000 – ½ P 90/128000.

    🏨 **Eden** ⌂, 𝒫 720280, Telex 813876, Fax 720330, 𝕴, 🏊 – 🛗 🔳 ☎ ℗. 🕮 🅱 ◑ **E** 𝘝𝘐𝘚𝘈. ⌘
       aprile-15 ottobre – Pas 30/35000 – 🍽 15000 – **87 cam** 150000 – ½ P 85/130000.

TORRE DEI CALZOLARI Perugia 𝟦𝟥𝟢 M 20 – Vedere Gubbio.

TORRE DEL GRECO 80059 Napoli 𝟫𝟪𝟪 ㉗, 𝟦𝟥𝟣 E 25 – 102 647 ab. – a.s. maggio-15 ottobre
✆ 081.

Vedere Scavi di Ercolano★★ NO : 3 km.

Dintorni Vesuvio★★★ NE : 13 km e 45 mn a piedi AR.

Roma 227 – Caserta 40 – Castellammare di Stabia 17 – ◆Napoli 14 – Salerno 43.

    in prossimità casello autostrada A 3 :

    🏨 **Sakura** ⌂, via De Nicola 26/28 ⊠ 80059 𝒫 8493144, Fax 8491122, « Parco » – 🛗 🔳 ▮
       ☎ ℗ – 🛗 140. 🕮 🅱 ◑ **E** 𝘝𝘐𝘚𝘈. ⌘
       Pas carta 54/72000 – **72 cam** 🍽 246000.

    🏨 **Marad,** via San Sebastiano 24 ⊠ 80059 𝒫 8492168, Fax 8828716, 𝕴, 🚗 – 🛗 🔳 📺 ☎
       – 🛗 30 a 120. 🕮 🅱 ◑ **E** 𝘝𝘐𝘚𝘈. ⌘
       Pas 38/46000 – **79 cam** 🍽 110/156000, 🔳 18000 – ½ P 110/140000.

TORRE DEL LAGO PUCCINI 55048 Lucca 𝟦𝟤𝟪 𝟦𝟥𝟢 K 12 – a.s. 26 gennaio-12 febbraio, Pasqu
15 giugno-15 settembre e Natale – ✆ 0584.

Roma 369 – ◆Firenze 95 – Lucca 25 – Massa 31 – ◆Milano 260 – Pisa 16 – Viareggio 5.

    ✗✗ **Calimero,** 𝒫 340264, 🏖 – 🕮 🅱 ◑ **E** 𝘝𝘐𝘚𝘈
       chiuso dal 17 dicembre al 1° febbraio, a mezzogiorno (escluso sabato-domenica) e lunedì
       Pas carta 49/95000.

    ✗✗ **Lombardi,** 𝒫 341044 – 🔳 ℗. 🕮 🅱 ◑
       chiuso lunedì sera e martedì – Pas carta 30/55000 (10 %).

    al lago di Massaciuccoli E : 1 km :

    ✗ **Da Cecco,** ⊠ 55048 𝒫 341022 – 🕮
       chiuso domenica sera, lunedì e dal 20 novembre al 15 dicembre – Pas carta 30/440
       (12 %).

    ✗ **Butterfly** con cam, ⊠ 55048 𝒫 341024, 🚗 – 🔳 ℗. ⌘
       chiuso dal 22 ottobre al 5 novembre – Pas *(chiuso giovedì)* carta 30/50000 (10 %) – 🍽 100
       – **10 cam** 50/73000 – ½ P 65/75000.

TORRE DELL'ORSO Lecce 𝟦𝟥𝟣 G 37 – Vedere Melendugno.

TORRE DE' PICENARDI 26038 Cremona 𝟦𝟤𝟪 𝟦𝟤𝟫 G 12 – 1 978 ab. alt. 39 – ✆ 0375.

Roma 498 – ◆Brescia 52 – Cremona 23 – Mantova 43 – ◆Parma 48.

    ✗✗ ❀ **Italia,** 𝒫 94108, Fax 394060 – 🕮. ⌘
       chiuso domenica sera, lunedì, dal 2 al 12 gennaio e dal 25 luglio al 15 agosto – P
       carta 50/60000
       Spec. Marubini ai profumi dell'orto, Carré d'agnello in crepinette alle erbe, Parfait al torrone con zucchero filato. ◐
       Colli Morenici bianco, Bardolino.

TORRE DI BARI' Nuoro 𝟦𝟥𝟥 H 11 – Vedere Sardegna (Bari Sardo).

TORRE DI SANTA MARIA 23020 Sondrio 𝟦𝟤𝟪 𝟦𝟤𝟫 D 11, 𝟤𝟣𝟪 ⑮ – 967 ab. alt. 796 – ✆ 0342.

Roma 708 – ◆Bergamo 125 – ◆Milano 148 – Sondrio 10.

    ✗✗ **Al Prato,** S : 3 km 𝒫 454288, Coperti limitati; prenotare – ⌘ ℗ – 🛗 25. 🅱 **E**
       chiuso dal 1° al 20 giugno e lunedì (escluso luglio-agosto) – Pas carta 35/50000.

Le Ottime Tavole

per voi abbiamo contraddistinto

alcuni alberghi (🏠 ... 🏨) e ristoranti (✗ ... ✗✗✗✗✗) con ❀, ❀❀ o ❀❀❀.

TORREGLIA 35038 Padova 429 F 17 – 5 734 ab. alt. 18 – ۞ 049.

ɔma 486 – Abano Terme 5 – ◆Milano 251 – ◆Padova 17 – Rovigo 36 – ◆Venezia 54.

XX **Antica Trattoria Ballotta,** O : 1 km ℰ 5211061, Fax 5211385, « Servizio estivo all'aperto » – ℗
chiuso martedì, dal 2 al 18 gennaio e dal 24 giugno al 12 luglio – Pas carta 30/41000.

X **Al Castelletto-da Tàparo,** S : 1,5 km ℰ 5211060, « Servizio estivo in giardino » – ℗.
ﭏ ﬡ ⓞ ﭏ 𝓥𝓘𝓢𝓐
chiuso lunedì e dal 15 gennaio al 15 febbraio – Pas carta 25/38000.

a Torreglia Alta SO : 2 km – alt. 300 – ⊠ **35038** Torreglia :

XX **Rifugio Monte Rua,** S : 1 km ℰ 5211049, Fax 5211049, « Servizio estivo in terrazza con < colli Euganei e pianura » – ℗. ﬡ ⓞ ﭏ 𝓥𝓘𝓢𝓐. ⁒
chiuso martedì escluso da luglio a settembre – Pas carta 41/52000.

TORRE GRANDE Oristano 988 ㉝ – Vedere Sardegna (Oristano).

TORREGROTTA Messina 432 M 28 – Vedere Sicilia.

TORRE LAPILLO Lecce 431 G 35 – Vedere Porto Cesareo.

TORREMAGGIORE 71017 Foggia 988 ㉘, 431 B 27 – 17 645 ab. alt. 169 – ۞ 0882.

ɔma 325 – ◆Bari 161 – ◆Foggia 37 – ◆Pescara 159 – Termoli 67.

X **Da Alfonso,** via Costituente 66 ℰ 391324 – ⁒
chiuso lunedì sera, martedì e novembre – Pas carta 21/31000 (15 %).

TORRE PEDRERA Forlì 430 J 19 – Vedere Rimini.

TORRE PELLICE 10066 Torino 988 ⑫, 428 H 3 – 4 568 ab. alt. 516 – ۞ 0121.

ɔma 708 – Cuneo 64 – ◆Milano 201 – Sestriere 71 – ◆Torino 54.

🏔 **Gilly,** corso Lombardini 1 ℰ 932477, Fax 932924, ☎s, ▨, 🎏 – 🛗 ⊺⊻ ☎ ℗ – 🄰 25 a 120.
ﭏ ﬡ ⓞ ﭏ 𝓥𝓘𝓢𝓐. ⁒ rist
chiuso dal 20 dicembre al 10 gennaio – Pas carta 44/75000 – ⊇ 15000 – **50 cam** 150/170000, 2 appartamenti – ½ P 150000.

XX **Flipot,** corso Gramsci 17 ℰ 91236 – ﭏ ﬡ ⓞ ﭏ 𝓥𝓘𝓢𝓐. ⁒
chiuso martedì e dal 15 gennaio al 15 febbraio – Pas carta 48/72000.

TORRE SALINAS Cagliari 433 I 10 – Vedere Sardegna (Muravera).

TORRE SAN GIOVANNI Lecce – ⊠ 73059 Ugento – a.s. luglio-agosto – ۞ 0833.

ɔma 652 – Gallipoli 24 – Lecce 62 – Otranto 50 – ◆Taranto 117.

🏨 **Hyencos,** ℰ 931088, Fax 931097, <, 🎏, 🏊, 🐎, 🎏 – 🛗 ≡ ⊺⊻ ☎ ℗ – 🄰 100. ﭏ ﬡ ⓞ
ﭏ 𝓥𝓘𝓢𝓐.
Pas *(chiuso novembre)* carta 34/66000 – **62 cam** ⊇ 95/160000 – P 130/180000.

🏨 **Tito,** NO : 1,5 km ℰ 931054, Telex 860877, Fax 931225, <, 🐎 – 🛗 ≡ ☎ ⟷ ℗. ﭏ ﬡ
ⓞ ﭏ 𝓥𝓘𝓢𝓐. ⁒ rist
23 maggio-26 settembre – Pas 32/37000 – ⊇ 18000 – **40 cam** 100000, ≡ 15000 – ½ P 80/120000.

TORRETTE Ancona 430 L 22 – Vedere Ancona.

TORRE VADO Lecce 431 H 36 – ⊠ 73040 Morciano di Leuca – ۞ 0833.

ﬔma 678 – Lecce 78 – ◆Taranto 137.

XX **Il Milanese** con cam, ℰ 741106, Fax 741236 – ℗. ﬡ ﭏ 𝓥𝓘𝓢𝓐. ⁒
Pas carta 21/48000 – **18 cam** ⊇ 80000 – ½ P 75000.

TORRI DEL BENACO 37010 Verona 988 ④, 428 429 F 14 – 2 533 ab. alt. 68 – ۞ 045.

🚢 per Toscolano Maderno giornalieri (30 mn) – a Toscolano Maderno, Navigazione Lago di ɑrda, Imbarcadero ℰ 641389.

via Gardesana 5 ℰ 7225120, Fax 7226482.

ﬔma 535 – ◆Brescia 72 – Mantova 73 – ◆Milano 159 – Trento 81 – ◆Venezia 159 – ◆Verona 47.

🏨 **Gardesana,** ℰ 7225411, Fax 7225771, ≤ – 🛗 ≡ ⊺⊻ ☎ 👌 ℗ ﭏ ﬡ ⓞ ﭏ 𝓥𝓘𝓢𝓐. ⁒
chiuso da novembre al 26 dicembre e dal 15 gennaio al 15 marzo – Pas *(chiuso a mezzogiorno e dal 10 ottobre ad aprile)* carta 44/67000 – **34 cam** ⊇ 80/160000.

🏨 **Europa** ⑤, ℰ 7225086, Fax 6296632, ≤, « Parco-oliveto », 🏊 – ☎ ℗. ⁒
Pasqua-10 ottobre – Pas *(solo per clienti alloggiati e chiuso a mezzogiorno)* – **18 cam** solo ½ P 74/97000.

🏨 **Romeo** ⑤, ℰ 7225040, Fax 6296588, 🏊 riscaldata – 🛗 ☎ ℗. ﬡ ﭏ 𝓥𝓘𝓢𝓐. ⁒
Pasqua-ottobre – Pas 26000 – ⊇ 10000 – **44 cam** 60/90000 – ½ P 70000.

XX **Al Caval** con cam, ℰ 7225666, Fax 6296570 – ⊺⊻ ☎ ℗. ﬡ ⓞ ﭏ 𝓥𝓘𝓢𝓐. ⁒ rist
chiuso dal 20 gennaio al 15 marzo e da novembre al 15 dicembre – Pas *(chiuso lunedì)* carta 35/63000 – ⊇ 17000 – **22 cam** 95/120000 – ½ P 60/90000.

ad Albisano NE : 4,5 km – ✉ **37010** Torri del Benaco :

🏠 **Panorama,** 𝒫 722502, Fax 6290162, ≤ lago, 🏤 – 🕿 **🄿** 🕄 **E** 𝘝𝘐𝘚𝘈
Natale e aprile-ottobre – Pas *(chiuso lunedì)* carta 26/39000 – 🖙 11000 – **26 cam** 62/770
– ½ P 45/68000.

TORRILE 43030 Parma **428 429** H 12 – 4 696 ab. alt. 32 – ✿ 0521.
Roma 470 – Mantova 51 – ◆Milano 134 – ◆Parma 15.

a San Polo SE : 4 km – ✉ **43056** :

🏨 **Ducathotel,** via Achille Grandi 7 𝒫 819929, Fax 813482 – 🛗 🗐 **TV** 🕿 **🄿** – 🔬 40. 🆎
① E 𝘝𝘐𝘚𝘈. 🦌
Pas *(chiuso a mezzogiorno e venerdì sera)* 25/45000 – 🖙 5000 – **18 cam** 58/90000, 🗐 60
– ½ P 70/85000.

TORTOLI Nuoro **988 ③④**, **433** H 10 – Vedere Sardegna.

TORTONA 15057 Alessandria **988 ⑬**, **428** H 8 – 27 754 ab. alt. 114 – ✿ 0131.
Roma 567 – Alessandria 21 – ◆Genova 73 – ◆Milano 73 – Novara 71 – Pavia 52 – Piacenza 76 – ◆Torino 112.

🏯 **Villa Giulia** senza rist, corso Alessandria 3/A 𝒫 862396, Fax 868561, 🌦 – 🛗 🗐 **TV** 🕿
🄿 – 🔬 25. 🆎 🕄 **① E** 𝘝𝘐𝘚𝘈. 🦌
🖙 18000 – **12 cam** 140000.

🏨 **Vittoria** senza rist, corso Romita 57 𝒫 861325, Fax 820714 – 🛗 **TV** 🕿 ⟷ **🄿**. 🆎 🕄 **①**
𝘝𝘐𝘚𝘈. 🦌
🖙 15000 – **26 cam** 60/110000.

🍴🍴 **Cavallino San Marziano,** corso Romita 83 𝒫 862308 – 🗐 **🄿**. **E** 𝘝𝘐𝘚𝘈
chiuso lunedì, dal 1° al 10 gennaio, dal 24 luglio al 24 agosto e Natale – Pas carta 50/7600

sulla strada statale 10 NE : 1,5 km :

🏠 **Oasi,** ✉ 15057 𝒫 863891, Fax 820041 – 🛗 ✂ **TV** 🕿 **🄿**. 🆎 🕄 **E** 𝘝𝘐𝘚𝘈
Pas *(chiuso venerdì e dal 24 dicembre al 7 gennaio)* carta 35/53000 – 🖙 13000 – **27 ca**
56/96000 – ½ P 85000.

sulla strada statale 35 S : 1,5 km :

🍴🍴 **Aurora-Girarrosto** con cam, ✉ 15057 𝒫 863033, Fax 821323, 🦌 – 🛗 **TV** 🕿 **🄿** – 🔬
🆎 🕄 **E** 𝘝𝘐𝘚𝘈. 🦌
Pas *(chiuso lunedì e dal 6 al 27 agosto)* carta 45/75000 – **18 cam** 🖙 95/130000.

a Mombisaggio SE : 5,5 km – ✉ **15057** Tortona :

🍴🍴 **Montecarlo,** 𝒫 879114 – **🄿** – 🔬 100. 🦌
chiuso martedì ed agosto – Pas carta 35/57000.

verso Sale NO : 6 km :

🏨 **Motel 2** senza rist, strada statale per Sale 14 – ✉ 15057 𝒫 821444, Fax 821153 – 🗐 **TV**
🄿. 🆎 🕄 **① E** 𝘝𝘐𝘚𝘈
🖙 10000 – **27 cam** 100000.

🍴 **Hostaria ai Due Gioghi,** – ✉ 15057 𝒫 815369 – **🄿**. 🆎 🕄 **① E** 𝘝𝘐𝘚𝘈. 🦌
chiuso lunedì, dal 1° all'8 gennaio e dal 7 al 22 agosto – Pas carta 32/51000.

TORTORETO 64018 Teramo **430** N 23 – 7 079 ab. alt. 227 – a.s. luglio-agosto – ✿ 0861.
Roma 215 – ◆Ancona 108 – L'Aquila 106 – Ascoli Piceno 39 – ◆Pescara 45 – Teramo 33.

a Tortoreto Lido E : 3 km – ✉ **64019** :

🏨 **Costa Verde,** 𝒫 787096, Fax 786647, ≤, 🏊, 🐜, 🌦 – 🛗 🗐 rist 🕿 ⟷ **🄿**. 🦌 rist
maggio-settembre – Pas 28000 – 🖙 9000 – **50 cam** 110000 – P 65/98000.

🏠 **River,** 𝒫 786125, 🐜 – 🛗 🕿 **🄿** 𝘝𝘐𝘚𝘈. 🦌
maggio-settembre – Pas *(solo per clienti alloggiati)* – 🖙 15000 – **27 cam** 95000 – ½ P
80000.

🏠 **Lady G,** via Amerigo Vespucci 21/23 𝒫 7880008, Fax 788670, 🏊, 🐜 – 🛗 🕿 **🄿**. 🦌
aprile-settembre – Pas carta 37/47000 – 🖙 10000 – **28 cam** 70/100000 – ½ P 65/87000.

TOR VAIANICA 00040 Roma **430** R 19 – ✿ 06.
🌳 (chiuso lunedì) ✉ 00040 Marina di Ardea 𝒫 9150250.
Roma 43 – Anzio 25 – Latina 50 – Lido di Ostia 20.

🍴🍴 **Rendez Vous-Italia** con cam, piazza Italia 72 𝒫 9156797, 🏤 – 🕿. 🆎 🕄 **① E** 𝘝𝘐𝘚𝘈. 🦌
Pas *(chiuso lunedì e gennaio)* carta 36/60000 – 🖙 8000 – **15 cam** 90000.

🍴 **Zi Checco,** lungomare delle Sirene 1 𝒫 9157157, ≤, 🏤, Solo piatti di pesce, 🐜 –
🆎 🕄 **① E** 𝘝𝘐𝘚𝘈. 🦌
chiuso giovedì e novembre – Pas carta 38/60000.

TOSCANELLA Bologna **430** I 16 – Vedere Dozza.

TOSCOLANO-MADERNO Brescia 988 ④, 428 429 F 13 – 6 744 ab. alt. 80 – a.s. Pasqua e luglio-15 settembre – ✿ 0365.

⏤ per Torri del Benaco giornalieri (30 mn) – Navigazione Lago di Garda, Imbarcadero 641389.

a Maderno, via lungolago Zanardelli 18 ✉ 25080 ✆ 641330.

Roma 556 – ◆Bergamo 93 – ◆Brescia 39 – Mantova 95 – ◆Milano 134 – Trento 86 – ◆Verona 71.

a Maderno – ✉ **25080** :

🏨 **Milano,** ✆ 540595, Fax 641223, ≼, « Giardino ombreggiato » – 🛗 🅿. 🆎 VISA. ✻ rist
11 aprile-15 ottobre – Pas (solo per clienti alloggiati) 25000 – ⊑ 12000 – **38 cam** 100000 – ½ P 85000.

🏨 **Maderno,** ✆ 641070, Fax 644277, « Giardino ombreggiato », ⊾ – 🛗 ☎ 🅿. 🆎 🛐 ⓞ 🝖 VISA. ✻ rist
aprile-settembre – Pas (chiuso martedì) 30/35000 – ⊑ 18000 – **33 cam** 70/110000 – ½ P 75/100000.

🏩 **Eden,** ✆ 641305, « Giardino » – ☎ 🅿. ✻
aprile-15 ottobre – Pas 28/35000 – ⊑ 7000 – **29 cam** 50/60000 – ½ P 47/53000.

TOSSIGNANO 40020 Bologna 429 430 J 16 – alt. 272 – ✿ 0542.

Roma 382 – ◆Bologna 47 – ◆Firenze 84 – Forlì 44 – ◆Ravenna 59.

XX ✿ **Locanda della Colonna,** via Nuova 10/11 ✆ 91006, 🌼, Coperti limitati; prenotare, « Costruzione del 15° secolo » – 🆎 🛐 ⓞ 🝖 VISA. ✻
chiuso domenica, lunedì, dal 10 gennaio al 10 febbraio ed agosto – Pas carta 60/90000 (10%)
Spec. Rotolo di anguilla con insalata di stagione, Cappellacci di borragine e formaggio di capra con porcini, Lombatina d'agnello in crosta di pane. **Vini** Albana, Sangiovese.

TOVEL (Lago di) Trento 988 ④, 428 429 D 14 – Vedere Guida Verde.

TRADATE 21049 Varese 428 E 8, 219 ⑱ – 16 187 ab. alt. 303 – ✿ 0331.

Roma 614 – Gallarate 12 – ◆Milano 37 – Varese 14.

XX **Antico Ostello Lombardo,** via Vincenzo Monti 8 ✆ 842832, 🌼, Coperti limitati; prenotare – ✻
chiuso sabato a mezzogiorno, lunedì, dal 1° al 12 gennaio ed agosto – Pas carta 51/78000.

XX **Tradate** con cam, via Volta 20 ✆ 841401 – 🆎 🛐 ⓞ 🝖 VISA. ✻
chiuso dal 24 dicembre al 5 gennaio ed agosto – Pas (chiuso domenica) carta 45/70000 – ⊑ 8000 – **8 cam** 52/68000.

TRAMIN AN DER WEINSTRASSE = Termeno sulla Strada del Vino.

TRANA 10090 Torino 428 G 4 – 3 038 ab. alt. 372 – ✿ 011.

Roma 685 – Briançon 90 – ◆Milano 167 – ◆Torino 25.

a San Bernardino E : 3 km – ✉ **10090** Trana

XX ✿ **La Betulla,** ✆ 933106, prenotare – 🅿. 🛐 🝖 VISA
chiuso lunedì sera, martedì, gennaio, luglio o agosto – Pas carta 38/61000
Spec. Fiori di zucca con ripieno all'amaretto su fonduta di caprino (maggio-luglio), Ravioli di gamberi di fiume al ragù di vongole e calamari, Piccione disossato al rosmarino. **Vini** Erbaluce, Brachetto.

TRANI 70059 Bari 988 ㉙, 431 D 31 – 50 794 ab. – ✿ 0883.

Vedere Cattedrale★★ – Giardino pubblico★.

piazza della Repubblica ✆ 43295.

Roma 414 – ◆Bari 49 – Barletta 13 – ◆Foggia 97 – Matera 78 – ◆Taranto 132.

🏨 **Royal,** via De Robertis 29 ✆ 588777, Fax 582224, 🌼 – 🛗 ▤ 📺 ☎ 🅿. 🆎 🛐 ⓞ 🝖 VISA. ✻ rist
Pas carta 30/60000 – **46 cam** ⊑ 98/164000.

🏨 **Trani,** corso Imbriani 137 ✆ 588010, Fax 587625 – 🛗 📺 ☎ ⇦ – 🔬 300. 🆎 🛐 ⓞ 🝖 VISA. ✻
Pas carta 32/56000 – ⊑ 9000 – **50 cam** 68/107000 – ½ P 86/99000.

XX Antica Osteria del Teatro, via Statuti Marittimi 60 ✆ 41210.

XX Cristoforo Colombo, lungomare Colombo 21 ✆ 41146 – ▤ 🅿.

TRAPANI 🅿 988 ㉟, 432 M 19 – Vedere Sicilia.

TRAVEDONA-MONATE 21028 Varese 428 E 8, 219 ⑦ – 3 337 ab. alt. 273 – ✿ 0332.

Roma 638 – ◆Milano 61 – Stresa 39 – Varese 19.

🏨 **Villa la Motta** ⑤, via Martiri della Libertà 2 ✆ 977518, Fax 977501, 🌼, « In un parco secolare con rist. in villa settecentesca », ⊾, 🏊 – 🛗 ▤ 📺 ☎ ⇦ 🅿 – 🔬 200. 🆎 🛐 ⓞ 🝖 VISA. ✻
Pas carta 40/65000 – **70 cam** ⊑ 155/195000 – ½ P 180/200000.

TRAVERSELLA 10080 Torino 428 F 5, 219 ⑭ – 502 ab. alt. 827 – ✪ 0125.

Roma 703 – Aosta 91 – ◆Milano 142 – ◆Torino 70.

🏚 **Miniere** ॐ, 𝒫 749005, Fax 749195, ≤ vallata, 🐜 – 📳 ☎. 🕮 🕼 🗉 VISA. 🎿
chiuso dal 6 gennaio al 6 febbraio – **Pas** (chiuso lunedì) carta 32/51000 – ☲ 6000 – **25 ca**
40/70000 – ½ P 55000.

TREBBO DI RENO Bologna 429 430 I 15 – Vedere Castel Maggiore.

TREBIANO La Spezia – alt. 170 – ⊠ **19030** Romito – ✪ 0187.

Roma 403 – ◆Livorno 79 – Lucca 69 – ◆La Spezia 12.

✗ Trattoria delle 7 Lune, salita al Castello 𝒫 988566, ≤, « Servizio estivo in giardino »

TREBISACCE 87075 Cosenza 988 ㊴, 431 H 31 – 9 272 ab. – ✪ 0981.

Roma 484 – Castrovillari 40 – Catanzaro 183 – ◆Cosenza 90 – ◆Napoli 278 – ◆Taranto 115.

🏚 **Stellato**, 𝒫 500440, Fax 500770, ≤, 🚣 – 📳 ☎ 🅿. 🕮 VISA. 🎿
Pas (chiuso lunedì) carta 23/40000 – ☲ 7500 – **21 cam** 78/116000 – ½ P 77000.

✗ **Trattoria del Sole**, via Piave 14 bis 𝒫 51797, 🎿
chiuso domenica escluso dal 15 giugno al 15 settembre – Pas carta 25/34000.

TRECATE 28069 Novara 988 ③, 428 F 8 – 14 718 ab. alt. 136 – ✪ 0321.

Roma 621 – ◆Milano 47 – Novara 10 – ◆Torino 102.

🏚 **Moderno**, via Mazzini 8 𝒫 71394 – ☎ 🅿 – 🏄 30. 🕼. 🎿
Pas (chiuso martedì) carta 29/44000 – ☲ 5000 – **13 cam** 40/70000 – ½ P 63/65000.

TREGNAGO 37039 Verona 988 ④, 429 F 15 – 4 568 ab. alt. 317 – ✪ 045.

Roma 529 – ◆Brescia 95 – ◆Milano 182 – Trento 128 – ◆Verona 26.

✗ **Michelin**, 𝒫 7808049
chiuso dal 1° al 21 agosto, lunedì e le sere di martedì, mercoledì e giovedì – Pas carta '
33000.

TREISO 12050 Cuneo – 714 ab. alt. 412 – ✪ 0173.

Roma 644 – Alba 6 – Alessandria 65 – Cuneo 68 – Savona 105 – ◆Torino 65.

✗✗ **Tornavento**, piazza Baracco 7 𝒫 638333, 🍽 – 🕼 🗉 VISA. 🎿
chiuso martedì e dal 7 gennaio al 7 febbraio – Pas carta 29/50000.

TREMEZZO 22019 Como 988 ③, 428 E 9 – 1 386 ab. alt. 245 – ✪ 0344.

Vedere Località★★★ – Villa Carlotta★★★ – Parco comunale★.

Dintorni Cadenabbia★★ : ≤★★ dalla cappella di San Martino (1 h e 30 mn a piedi AR).

🛈 (stagionale) piazzale Trieste 3 𝒫 40493.

Roma 655 – Como 30 – ◆Lugano 33 – Menaggio 5 – ◆Milano 78 – Sondrio 73.

🏨 **Gd H. Tremezzo Palace**, 𝒫 40446, Telex 320810, Fax 40201, ≤ lago, 🍽 , « Parco
🌊 riscaldata, 🎿 – 📳 📺 ☎ 🅿 – 🏄 70 a 300. 🕮 🕼 ⓞ 🗉 VISA. 🎿 rist
chiuso dal 16 dicembre al 14 gennaio – Pas carta 55/78000 – **100 cam** ☲ 160/2400
2 appartamenti – ½ P 150/250000.

🏚 **Villa Edy** ॐ senza rist, località Bolvedro O : 1 km 𝒫 40161, 🌊, 🐜, 🎿 – ☎ 🅿.
stagionale – **12 cam.**

🏚 **Rusall** ॐ, località Rogaro O : 1,5 km 𝒫 40408, Fax 40447, ≤ lago e monti, 🐜, 🎿 –
🅿. 🕼 ⓞ 🗉 VISA. 🎿 rist
chiuso dal 7 gennaio al 18 marzo – Pas (chiuso mercoledì escluso dal 15 giugno
15 settembre) carta 30/45000 – ☲ 12000 – **18 cam** 55/90000 – ½ P 70/75000.

✗✗ **Al Veluu**, località Rogaro O : 1,5 km 𝒫 40510, ≤ lago e monti, 🍽 – 🅿. 🕮 🗉 VISA
marzo-ottobre; chiuso martedì – Pas carta 42/62000.

✗ **La Fagurida**, località Rogaro O : 1,5 km 𝒫 40676, 🍽 – 🅿. 🕮 🗉 VISA. 🎿
chiuso lunedì e dal 25 dicembre al 15 febbraio – Pas carta 37/56000.

TREMITI (Isole) Foggia 988 ㉘, 431 A 28 – 364 ab. alt. da 0 a 116 – a.s. agosto-13 novembr
✪ 0882.
La limitazione d'accesso degli autoveicoli è regolata da norme legislative.

Vedere Isola di San Domino★ – Isola di San Nicola★.

🚢 per Termoli maggio-settembre giornaliero (1 h 40 mn); Navigazione Libera del Golfo
porto 𝒫 663284.

🚢 per Termoli giornalieri (da 45 mn a 1 h 40 mn); per Ortona 20 giugno-15 settem
giornaliero (1 h 40 mn); per Rodi Garganico giugno-settembre giornaliero (35 mn); per Pu
Penna di Vasto giugno-settembre giornaliero (2 h 45 mn) – Adriatica di Navigazione-ager
Domenichelli, via degli Abbati 10 𝒫 663008, Fax 663008.

San Domino (Isola) – ⊠ **71040** San Nicola di Tremiti

🏨 **Kyrie** ⑤, 𝒫 663241, Fax 663055, « In pineta », ⊒, 🐴 – ☎. 🖪 **E** 𝒱𝒾𝒮𝒜. �
15 maggio-settembre – Pas 30/70000 – **61 cam** ⊒ 180/260000, 3 appartamenti – ½ P 105/175000.

🏨 **Gabbiano** ⑤, 𝒫 663410, Fax 663428, ≤ mare e pinete, 🈂, 🛠 – 🔟 ☎. 🖭 🖪 ⓪ **E** 𝒱𝒾𝒮𝒜. ⅾ rist
Pas carta 47/65000 – **37 cam** ⊒ 75/150000 – ½ P 95/110000.

🏨 **San Domino** ⑤, 𝒫 663027, – 🕾.
stagionale – **28 cam.**

TREMOSINE 25010 Brescia 𝟜𝟚𝟠 𝟜𝟚𝟡 E 14 – 1 885 ab. alt. 414 – a.s. Pasqua e luglio-15 settembre – ✪ 0365.

Roma 581 – ◆Brescia 64 – ◆Milano 159 – Riva del Garda 19 – Trento 69.

🏨 **Le Balze** ⑤, a Campi-Voltino 𝒫 957179, Fax 957033, ≤ lago e monte Baldo, 🈂, ⊒, 🛠, 🈂 – 🌭 ☎ ᵭ. 🅟 🖪 ⓪ **E** 𝒱𝒾𝒮𝒜. ⅾ rist
28 marzo-4 novembre – Pas carta 38/55000 – ⊒ 13000 – **69 cam** 75/110000 – ½ P 79/92000.

🏨 **Pineta Campi** ⑤, a Campi-Voltino 𝒫 957158, Fax 957015, ≤ lago e monte Baldo, 🈂, ⊒, 🛠, 🈂 – ☎ 🅟 **E** 𝒱𝒾𝒮𝒜. ⅾ rist
15 marzo-ottobre – Pas carta 25/37000 – ⊒ 9000 – **66 cam** 52/80000 – ½ P 42/72000.

🏨 **Park Hotel Faver,** a Voltino 𝒫 957017, Fax 957019, ≤, 🈂, ⊒, 🛠, 🈂 – ☎ 🅟 – 🔬 80. 🖪 ⓪ **E** 𝒱𝒾𝒮𝒜. ⅾ
26 dicembre-1° gennaio e 9 marzo-11 novembre – Pas carta 25/39000 – ⊒ 9000 – **30 cam** 52/92000 – ½ P 44/62000.

🏨 **Lucia** ⑤, ad Arias 𝒫 953088, Fax 953421, ≤ lago e monte Baldo, 🅵, 🈂, ⊒, 🛠, 🈂 – ☎ 🅟
marzo-novembre – Pas carta 25/36000 – ⊒ 7500 – **30 cam** 45/60000 – ½ P 44/62000.

🏨 **Paradiso** ⑤, a Pieve 𝒫 953012, Fax 953012, « Terrazza panoramica con ⊒ e ≤ lago e monte Baldo », 🛠 – ☎ 🅟. ⅾ
marzo-settembre – Pas *(chiuso mercoledi)* 30000 – **22 cam** ⊒ 98000 – ½ P 66/72000.

🏨 **Benaco e Rist. Miralago,** a Pieve 𝒫 953001, Fax 953046, ≤ lago e monte Baldo – 🌭 ☎. 🖪 **E** 𝒱𝒾𝒮𝒜
Pas *(chiuso giovedì escluso da giugno ad agosto)* carta 26/42000 – ⊒ 8000 – **25 cam** 38/65000 – ½ P 43/53000.

TRENTO 38100 🅟 𝟡𝟠𝟠 ④, 𝟜𝟚𝟡 D 15 – 102 124 ab. alt. 194 – a.s. dicembre-aprile – Sport invernali : vedere Bondone (Monte) – ✪ 0461.

Vedere Piazza del Duomo★ BZ : Duomo★, museo Diocesano★ M1 – Castello del Buon Consiglio★ BYZ – Palazzo Tabarelli★ BZ F.

Escursioni Massiccio di Brenta★★★ per ⑤.

via Alfieri 4 𝒫 983880, Telex 400289, Fax 984508 – casello autostradale Trento.

🅰🅲🅸 via Pozzo 6 𝒫 986548.

Roma 588 ⑥ – ◆Bolzano 57 ⑥ – ◆Brescia 117 ⑤ – ◆Milano 230 ⑤ – ◆Verona 101 ⑥ – Vicenza 96 ③.

Pianta pagina seguente

🏨 **Buonconsiglio** senza rist, via Romagnosi 16/18 𝒫 980089, Telex 401179, Fax 980038 – 🌭 ▤ ☎ ᵭ – 🔬 40. 🖭 🖪 ⓪ **E** 𝒱𝒾𝒮𝒜
BY **a**
chiuso dal 23 al 30 dicembre e dal 16 al 31 agosto – ⊒ 15000 – **45 cam** 150/200000, appartamento.

🏨 **Accademia** senza rist, vicolo Colico 4 𝒫 233600, Fax 230174 – 🌭 🔟 ☎ – 🔬 50. 🖭 🖪 ⓪ **E** 𝒱𝒾𝒮𝒜
41 cam ⊒ 170/240000, appartamento.
BZ **b**

🏨 **Monaco e Rist. La Predara** ⑤, via Torre d'Augusto 25 𝒫 983060 e rist. 𝒫 985236, Fax 983681, 🅵, 🈂, ⊒ – 🌭 🔟 ☎ 🅟 – 🔬 25 a 50. 🖪 ⓪ **E** 𝒱𝒾𝒮𝒜. ⅾ
BY **e**
Pas *(chiuso venerdì)* carta 31/44000 – ⊒ 10000 – **50 cam** 110/150000.

🏨 **America,** via Torre Verde 50 𝒫 983010, Fax 230603 – 🌭 ▤ rist 🔟 ☎ 🅟 – 🔬 60. 🖭 🖪 ⓪ **E** 𝒱𝒾𝒮𝒜. ⅾ
BYZ **d**
Pas carta 27/53000 – ⊒ 12000 – **50 cam** 90/130000 – ½ P 100/125000.

🏨 **Aquila d'Oro** senza rist, via Belenzani 76 𝒫 986282, Fax 986282 – 🌭 🔟 ☎. 🖭 🖪 ⓪ **E** 𝒱𝒾𝒮𝒜
BZ **w**
⊒ 15000 – **18 cam** 100/150000.

🅇 **Chiesa**, via San Marco 64 𝒫 238766 – 🖭 🖪 ⓪ **E** 𝒱𝒾𝒮𝒜
BZ **k**
chiuso domenica e mercoledì sera – Pas carta 56/78000.

🅇 **Orso Grigio**, via degli Orti 19 𝒫 984400, 🈂, Rist. con cucina francese – 🖭 🖪 ⓪ **E** 𝒱𝒾𝒮𝒜
chiuso domenica, lunedì a mezzogiorno, dal 1° al 15 gennaio e dal 10 al 20 agosto – Pas carta 37/61000.
BZ **n**

🅇 **Le Bollicine**, via dei Ventuno 1 𝒫 983161, Rist. e piano-bar, Coperti limitati; prenotare – ▤. 🖭 🖪. ⅾ
BZ **r**
chiuso domenica ed agosto – Pas carta 35/50000.

659

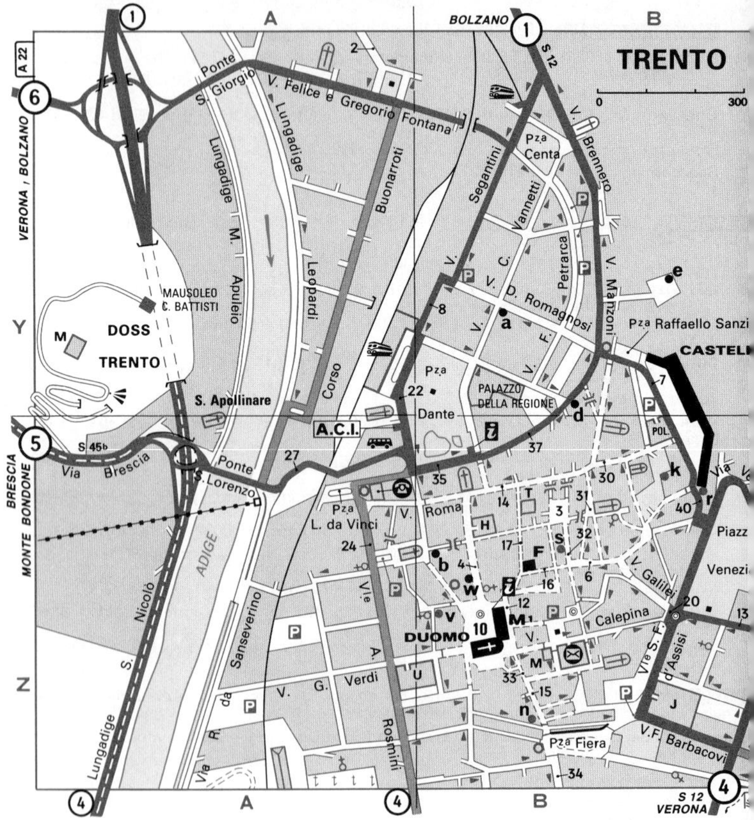

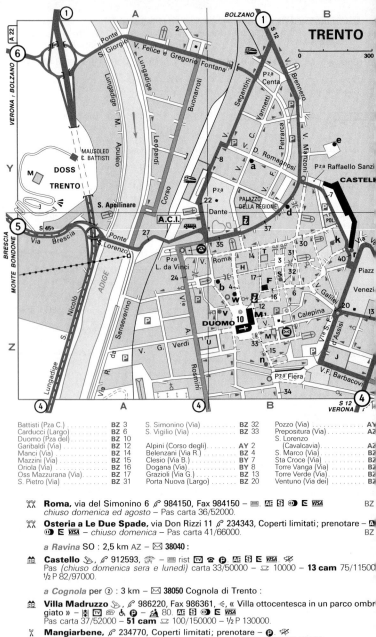

TRENTO
BOLZANO
VERONA, BOLZANO
A 22
BRESCIA MONTE BONDONE
S 12 VERONA
S 45b
Via Brescia
Ponte S. Giorgio
V. Felice e Gregorio Fontana
Lungadige
Lungadige M. Apuleio
Buonarroti
Leopardi
Corso
Segantini
Pza Centa
Vannetti
Brennero
Petrarca
V. Manzoni
V. D. Romagnosi
V. C.
V. F.
Pza Raffaello Sanzi
CASTEL
MAUSOLEO C. BATTISTI
DOSS TRENTO
S. Apollinare
Pza Dante
PALAZZO DELLA REGIONE
A.C.I.
Ponte S. Lorenzo
ADIGE
Pza L. da Vinci
V. Roma
V. Galilei
Piazz
Venezi
Calepina
DUOMO
Vle S. F. d'Assisi
Sanseverino
V. G. Verdi
A. Rosmini
Via R. da
S. Nicolò
Lungadige
Pza Fiera
V. F. Barbacovi
POL.

Battisti (Pza C.) . . . . BZ 3
Carducci (Largo) . . . . BZ 6
Duomo (Pza del) . . . . BZ 10
Garibaldi (Via) . . . . BZ 12
Manci (Via) . . . . BZ 14
Mazzini (Via) . . . . BZ 15
Oriola (Via) . . . . BZ 16
Oss Mazzurana (Via) . . . . BZ 17
S. Pietro (Via) . . . . BZ 31

S. Simonino (Via) . . . . BZ 32
S. Vigilio (Via) . . . . BZ 33

Alpini (Corso degli) . . . . AY 2
Belenzani (Via R.) . . . . BZ 4
Clesio (Via B.) . . . . BY 7
Dogana (Via) . . . . BY 8
Grazioli (Via G.) . . . . BZ 13
Porta Nuova (Largo) . . . . BZ 20

Pozzo (Via) . . . . AY
Prepositura (Via) . . . . AZ
S. Lorenzo (Cavalcavia) . . . . . . AZ
S. Marco (Via) . . . . BZ
Sta Croce (Via) . . . . BZ
Torre Vanga (Via) . . . . BZ
Torre Verde (Via) . . . . BZ
Ventuno (Via dei) . . . . BZ

XX **Roma,** via del Simonino 6 ✆ 984150, Fax 984150 – ≡. AE ⓢ ⊙ E VISA BZ
chiuso domenica ed agosto – Pas carta 36/52000.

XX **Osteria a Le Due Spade,** via Don Rizzi 11 ✆ 234343, Coperti limitati; prenotare – AE
⊙ E VISA – *chiuso domenica* – Pas carta 41/66000. BZ

a Ravina SO : 2,5 km AZ – ✉ **38040 :**

Castello ⛰, ✆ 912593, 🌳 – ≡ rist TV ☎ P. AE ⓢ E VISA. ⛔
Pas *(chiuso domenica sera e lunedì)* carta 33/50000 – ☕ 10000 – **13 cam** 75/11500
½ P 82/97000.

a Cognola per ② : 3 km – ✉ **38050** Cognola di Trento :

Villa Madruzzo ⛰, ✆ 986220, Fax 986361, ←, « Villa ottocentesca in un parco ombr
giato » – 🛗 TV ☎ ♿ P – 🏛 80. AE ⓢ ⊙ E VISA
Pas carta 37/52000 – **51 cam** ☕ 100/150000 – ½ P 130000.

X **Mangiarbene,** ✆ 234770, Coperti limitati; prenotare – P. ⛔
chiuso domenica sera, lunedì e dal 12 al 20 agosto – Pas carta 25/46000.

a Gardolo per ① : 3 km – ✉ **38014 :**

Capitol, ✆ 993232, Fax 993232 – 🛗 ≡ TV ☎ P. AE ⓢ ⊙ E VISA. ⛔ rist
Pas *(chiuso domenica)* carta 26/54000 – ☕ 8500 – **44 cam** 85/120000.

a Civezzano per ② : 5,5 km – ✉ **38045** :

XX **Maso Cantanghel,** O : 1 km ℰ 858714, Coperti limitati; prenotare – **ℙ**. **E** *VISA*. 🛠
chiuso sabato, domenica, dal 24 dicembre al 2 gennaio ed agosto – Pas 45000.

Vedere anche : *Bondone (Monte)* per ⑤ : 23 km.

RENZANO **25030** Brescia **428** **429** F 12 – 4 431 ab. alt. 108 – 🕾 030.

ma 570 – ◆Bergamo 45 – ◆Brescia 18 – ◆Milano 77.

XX **Convento,** località Convento N : 2 km ℰ 9977598, 🎪 , Specialità di mare, Coperti limitati; prenotare – **ℿ** **ⓢ** **E** *VISA*. 🛠
chiuso mercoledì e dal 5 al 25 agosto – Pas carta 35/81000.

REPORTI Venezia – Vedere Cavallino.

REQUANDA **53020** Siena **430** M 17 – 1 390 ab. alt. 462 – 🕾 0577.

ma 202 – Arezzo 53 – ◆Perugia 77 – Siena 54.

X **Il Conte Matto,** ℰ 662079, prenotare – **ℿ** **ⓢ** **E** *VISA*. 🛠
chiuso lunedì sera e martedì – Pas carta 25/46000.

RESCORE BALNEARIO **24069** Bergamo **988** ③ , **428** **429** E 11 – 7 042 ab. alt. 271 – a.s. glio-agosto – 🕾 035.

ma 593 – ◆Bergamo 14 – ◆Brescia 44 – Lovere 27 – ◆Milano 60.

🏠 **Della Torre,** piazza Cavour 26 ℰ 941365, Fax 941365, 🎪 , 🌅 – **📺** 🕿 ⇔ **ℙ** – 🏛 300.
ℿ **ⓢ** **ⓞ** **E** *VISA*. 🛠
Pas vedere rist Della Torre – ☲ 12000 – **29 cam** 65/90000 – ½ P 100000.

XX **Della Torre,** piazza Cavour 26 ℰ 941365 – **ℙ**. **ℿ** **ⓢ** **ⓞ** **E** *VISA*. 🛠
chiuso domenica sera e lunedì (escluso luglio-agosto) – Pas carta 37/62000.

Avvertite immediatamente l'albergatore se non potete più
occupare la camera prenotata.

RESCORE CREMASCO **26017** Cremona **428** F 10, **219** ⑳ – 2 096 ab. alt. 86 – 🕾 0373.

ma 554 – ◆Brescia 54 – Cremona 45 – ◆Milano 40 – Piacenza 45.

XX ❀ **Trattoria del Fulmine,** ℰ 273103, Fax 273103, 🎪 , Coperti limitati; prenotare – 🍽 . **ℿ**
ⓢ **ⓞ** **E** *VISA*. 🛠
chiuso domenica sera, lunedì, dal 1° al 10 gennaio ed agosto – Pas carta 54/76000
Spec. Aspic di selvaggina con salsa di mele, Risotto al vino rosso con funghi fagioli al profumo di tartufo (autunno),
Faraona alla crema di fegato d'oca. **Vini** Tocai, Oltrepò Pavese rosso.

X **Bistek,** ℰ 273046, Fax 273046, 🎪 – **ℙ**. **ℿ** **ⓢ** **E** *VISA*. 🛠
chiuso mercoledì, dal 4 al 13 gennaio e dal 14 luglio al 13 agosto – Pas carta 32/51000.

RESNURAGHES Oristano **433** G 7 – Vedere Sardegna.

REVI **06039** Perugia **988** ⑯ , **430** N 20 – 7 358 ab. alt. 412 – 🕾 0742.

ma 150 – Foligno 13 – ◆Perugia 50 – Spoleto 21 – Terni 52.

X **L'Ulivo,** N : 3 km ℰ 78969, 🎪 – **ℙ**. **ℿ** **ⓞ**. 🛠
chiuso lunedì e martedì – Pas (menu tipici suggeriti dal proprietario) 35/40000 bc.

REVIGLIO **24047** Bergamo **988** ③ , **428** F 10 – 25 302 ab. alt. 126 – 🕾 0363.

ma 576 – ◆Bergamo 20 – ◆Brescia 57 – Cremona 62 – ◆Milano 36 – Piacenza 68.

🏠 **Treviglio,** piazza Verdi 7 ℰ 43744 – 📶 🍽 **📺** 🕿 **ℙ**. **ℿ** **ⓢ** **E** *VISA*. 🛠
chiuso dal 26 dicembre al 10 gennaio e dal 7 al 29 agosto – Pas carta 43/67000 – ☲ 10000 –
16 cam 65/90000, 🍽 6000.

XX **Taverna Colleoni,** via Portaluppi 75 ℰ 43384, 🎪 , prenotare – **ⓢ** **E** *VISA*. 🛠
chiuso agosto, domenica sera, lunedì e a mezzogiorno da martedì a sabato – Pas carta 43/
80000.

XX **San Martino,** viale Cesare Battisti 3 ℰ 49075 – **ℿ** **ⓢ** **ⓞ** **E** *VISA*. 🛠
chiuso domenica sera, lunedì, dal 1° al 15 gennaio ed agosto – Pas carta 55/82000.

sulla strada statale 11 SE : 2,5 km :

🏠 **La Lepre,** ✉ 24047 ℰ 48233, Fax 41228, 🏊 riscaldata, 🛠 – 📶 🍽 **📺** 🕿 ⇔ **ℙ** – 🏛 200.
ℿ **ⓢ** **ⓞ** **E** *VISA*. 🛠
Pas *(chiuso lunedì, dal 2 al 10 gennaio e dal 10 al 25 agosto)* carta 42/59000 (10%) –
☲ 12000 – **63 cam** 65/90000, 🍽 3000.

Roma 46 – Civitavecchia 63 – Terni 86 – Viterbo 45.

- 🏠 Villa Belvedere ⌂ senza rist, via per Sutri NO : 1,5 km ℘ 9997030, ≼, 🚗 – ☎
  10 cam.

- ✗ Villa Valentina ⌂ con cam, via della Rena 67 ℘ 9997647, ≼, « Servizio estivo all'ap
  to », 🚗 – ☎ **⊉**.
  21 cam.

- ✗ **La Grotta Azzurra,** piazza Vittorio Emanuele 18 ℘ 9999420, ≼, 🍴, prenotare, « Ser
  zio estivo in giardino » – ⒜
  chiuso martedì, dal 24 al 31 dicembre e settembre – Pas carta 40/53000.

  verso Anguillara Sabazia SE : 6 km :

- ✗ Acquarella, ✉ 00069 ℘ 9985131, ≼, « Servizio estivo all'aperto in riva al lago », 🚗 –

TREVISO 31100 ℗ 𝟵𝟴𝟴 ⑤,
𝟰𝟮𝟵 E 18 – 83 886 ab. alt. 15 –
۞ 0422.

Vedere Piazza dei Signori★
BY **21** : palazzo dei Trecento★
A, affreschi★ nella chiesa
di Santa Lucia **B** – Chiesa
di San Nicolò★ AZ – Museo
Civico Bailo★ AY **M.**

🏌₈ e 🏌₉ Villa Condulmer
(chiuso lunedì) a Zerman ✉
21021 ℘ 457062, Fax 457202,
per ④ : 13 km.

✈ San Giuseppe, SO :
5 km AZ ℘ 20393 – Alitalia,
via Collalto 3 ℘ 410103.

🚉 via Toniolo 41 ℘ 547632, Fax
541397.

A.C.I. piazza San Pio X ℘
547801.

Roma 541 ④ – ◆Bolzano 197 ⑤ –
◆Milano 264 ④ – ◆Padova 50
④ – ◆Trieste 145 ② – ◆Venezia
30 ④.

- 🏨 **Cà del Galletto** sen
  za rist, via Santa Bona
  Vecchia 30 ℘ 432550,
  Fax 432510, 🎾 – ⓘ ▤
  📺 ☎ ⅙ **⊉** –
  ▵ 25 a 100. ⒜ 🏦 ⓞ
  ℇ 𝘝𝘐𝘚𝘈. 🎾
  ⊆ 13000 – **57 cam**
  110/160000, 7 apparta-
  menti.
  per viale Luzzati AY

- 🏨 **Continental** senza
  rist, via Roma 16
  ℘ 411216, Telex
  420385, Fax 55054 – ⓘ
  ▤ 📺 ☎ – ▵ 50 a 100.
  ⒜ 🏦 ⓞ ℇ 𝘝𝘐𝘚𝘈. BZ **n**
  81 cam ⊆ 140/
  263000, 4 apparta-
  menti.

- 🏨 **Al Foghèr,** viale della
  Repubblica 10
  ℘ 432950 e rist ℘
  432970, Fax 430391 –
  ⓘ ▤ 📺 ☎ **⊉** – ▵ 90.
  ⒜ 🏦 ⓞ ℇ 𝘝𝘐𝘚𝘈 per ⑤
  Pas *(chiuso domenica)*
  carta 40/57000 – ⊆
  10000 – **55 cam** 100/
  150000, ▤ 15000 –
  ½ P 125/150000.

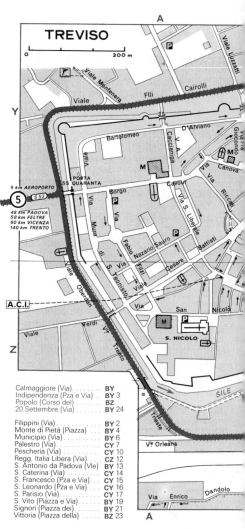

Calmaggiore (Via)	**BY**
Indipendenza (Pza e Via)	**BY** 3
Popolo (Corso del)	**BZ**
20 Settembre (Via)	**BY** 24

Filippini (Via)	**BY** 2
Monte di Pietà (Piazza)	**BY** 4
Municipio (Via)	**BY** 6
Palestro (Via)	**CY** 7
Pescheria (Via)	**CY** 10
Regg. Italia Libera (Via)	**CZ** 12
S. Antonio da Padova (Vle)	**BY** 13
S. Caterina (Via)	**CY** 14
S. Francesco (Pza e Via)	**CY** 15
S. Leonardo (Pza e Via)	**CY** 16
S. Parisio (Via)	**CY** 17
S. Vito (Piazza e Via)	**BY** 19
Signori (Piazza dei)	**BY** 21
Vittoria (Piazza della)	**BZ** 23

Carlton senza rist, largo Porta Altinia 15 ℘ 411661, Telex 410041, Fax 411620 – 🛗 🗉 📺
🕿 🅿 🖭 🕃 🕕 🗲 🎟. ✕
BZ **a**
🖵 15000 – **93 cam** 120/180000, 🗉 18000.

Scala, viale Felissent 1 ℘ 307600, Fax 305048 – 🗉 📺 🕿 🅿 – 🔬 30. 🖭 🕃 🕕 🗲 🎟.
✕ rist
per ①
Pas *(chiuso dal 2 al 22 agosto)* carta 37/50000 – 🖵 12000 – **20 cam** 76/115000 –
½ P 102000.

Campeol, piazza Ancillotto 4 ℘ 540871 – 📺 🕿. 🖭 🕃 🕕 🗲 🎟. ✕
BY **c**
Pas vedere rist Beccherie – 🖵 6000 – **14 cam** 70/100000.

Alfredo-Relais El Toulà, via Collalto 26 ℘ 540275 – 🗉.
BZ **r**

Al Bersagliere, via Barberia 21 ℘ 541988, Coperti limitati; prenotare – 🗉. 🖭 🕃 🕕 🗲
🎟
BY **b**
chiuso sabato a mezzogiorno, domenica, dal 1° al 12 gennaio e dal 1° al 16 agosto – Pas
carta 44/67000.

Beccherie, piazza Ancillotto 10 ℘ 540871, 🎇 – 🗉. 🖭 🕃 🕕 🗲 🎟. ✕
BY **c**
chiuso giovedì, venerdì a mezzogiorno e dal 14 al 31 luglio – Pas carta 45/60000.

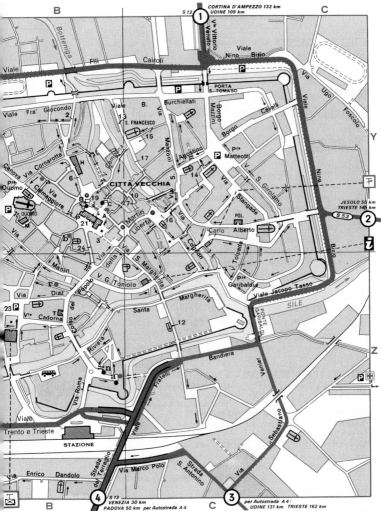

XX **L'Incontro,** largo Porta Altinia 13 ℰ 547717, Fax 547623 – ▤. 囲 🖭 ⓞ Ε 𝘝𝘐𝘚𝘈. ℀
chiuso mercoledì, giovedì a mezzogiorno e dal 5 al 25 agosto – Pas carta 49/670
(12 %). BZ

XX **Da Marian,** via Santa Bona Vecchia 30 ℰ 260372 – ▤ 🄿. 囲 ⓞ 𝘝𝘐𝘚𝘈
chiuso domenica sera, lunedì e dal 3 al 23 agosto – Pas carta 29/50000.
per viale Luzzati AY

XX **All'Antica Torre,** via Inferiore 55 ℰ 53694, Trattoria con specialità di mare – ▤. 囲
ⓞ Ε 𝘝𝘐𝘚𝘈 ℀ BY
chiuso domenica ed agosto – Pas carta 43/74000.

X **Al Portico,** via Santa Bona Nuova 178 ℰ 23488, ℀ – 🄿. 囲 🖭 ⓞ Ε 𝘝𝘐𝘚𝘈. ℀
chiuso domenica sera, lunedì, dal 7 al 12 gennaio e dal 1° al 20 luglio – Pas carta 3
61000. 3 km per viale Monfenera AY

Vedere anche : *Preganziol* per ④ : 7 km.

TREZZANO SUL NAVIGLIO 20090 Milano 🗺🗺🗺 F 9, 🗺🗺🗺 ⑱ – 20 412 ab. alt. 116 – 🌣 02.
Roma 577 – ◆Milano 11 – Novara 50 – Pavia 36.

X **El Negher,** via Vittorio Veneto 36 ℰ 4451113, 🎭 – 🄿. 🕄 Ε 𝘝𝘐𝘚𝘈. ℀
chiuso sabato, dal 26 dicembre al 5 gennaio ed agosto – Pas carta 53/81000 (12 %).

TREZZO SULL'ADDA 20056 Milano 🗺🗺🗺 ③, 🗺🗺🗺 F 10 – 11 139 ab. alt. 187 – 🌣 02.
Roma 586 – ◆Bergamo 17 – Lecco 45 – ◆Milano 30.

XX **San Martino,** via Brasca 47 ℰ 9090218 – ▤ 🄿. 囲 🕄 ⓞ Ε 𝘝𝘐𝘚𝘈. ℀
chiuso lunedì – Pas carta 38/70000.

TRIANA Grosseto 🗺🗺🗺 N 16 – Vedere Roccalbegna.

TRICASE 73039 Lecce 🗺🗺🗺 ㉚, 🗺🗺🗺 H 37 – 16 765 ab. alt. 97 – 🌣 0833.
Roma 670 – ◆Brindisi 91 – Lecce 52 – ◆Taranto 139.

🏠 Adriatico, via Tartini 34 ℰ 544737 – 🛗 📺 ☎ 🚗
18 cam.

Un consiglio Michelin:

per la buona riuscita di un viaggio, preparatelo in anticipo.

Le carte e le guide Michelin vi danno tutte le indicazioni

utili su: itinerari, curiosità, sistemazioni, prezzi, ecc.

Ferienreisen wollen gut vorbereitet sein.

Die Straßenkarten und Führer von Michelin

geben Ihnen Anregungen und praktische Hinweise zur Gestaltung Ihrer Reise :

Streckenvorschläge, Auswahl und Besichtigungsbedingungen

der Sehenswürdigkeiten, Unterkunft, Preise... u. a. m.

TRICESIMO 33019 Udine 🗺🗺🗺 ⑥, 🗺🗺🗺 D 21 – 6 819 ab. alt. 198 – 🌣 0432.
Roma 650 – ◆Milano 389 – ◆Trieste 83 – Udine 12 – ◆Venezia 139.

XXX 🌣 **Boschetti,** piazza Mazzini 10 ℰ 851230, Fax 851216 – 🛗 ▤ 📺 ☎ 🄿. 囲 🕄 ⓞ Ε 𝘝𝘐𝘚
chiuso lunedì e dal 5 al 20 agosto – Pas carta 54/76000
Spec. Zuppa di fagioli e trippe, Spaghetti alla Boschetti, Capesante alla gradese (primavera-autunno). Vini Toc
Cabernet.

TRIESTE 34100 🄿 🗺🗺🗺 ⑥, 🗺🗺🗺 F 23 – 231 047 ab. – 🌣 040.
Vedere Colle San Giusto★★ AY – Piazza della Cattedrale★ AY 9 – Basilica di San Giusto★ AY
mosaico★★ nell'abside, ≼★ su Trieste dal campanile – Collezioni di armi antiche★ nel castell
AY – Vasi greci★ e bronzetti★ nel museo di Storia e d'Arte AY M1 – Piazza dell'Unità d'Italia★ A
– Museo del Mare★ AY : sezione della pesca★★.

Dintorni Castello di Miramare★ : giardino★ per ① : 8 km – ≼★★ su Trieste e il golfo di
Belvedere di Villa Opicina per ② : 9 km – ⁂★★ dal santuario del Monte Grisa per ① : 10 km.
🏌 (chiuso martedì) ℰ 226159, per ② : 7 km.
✈ di Ronchi dei Legionari per ① : 32 km ℰ (0481) 530036, Telex 460220, Fax 474150
Alitalia, Agenzia Cosulich, piazza Sant'Antonio 1 ✉ 34122 ℰ 631100.
🛈 Castello di San Giusto ✉ 34121 ℰ 369881, Fax 309302 – Stazione Centrale ✉ 34132 ℰ 420182.
A.C.I. via Cumano 2 ✉ 34139 ℰ 393223.
Roma 669 ① – Ljubljana 100 ② – ◆Milano 408 ① – ◆Venezia 158 ① – ◆Zagreb 236 ②.

Duchi d'Aosta e Rist. Harry's Grill, via dell'Orologio 2 ✉ 34121 ✆ 7351, Telex 460358, Fax 366092, « Servizio estivo all'aperto » – 🛗 ⇆ cam ▤ 📺 ☎ – 🏛 30. AE ⑤ ⑩ E VISA. ✂ rist AY **r**
Pas carta 60/89000 – **50 cam** ☕ 235/310000, 2 appartamenti.

Jolly Hotel, corso Cavour 7 ✉ 34132 ✆ 7694, Telex 460139, Fax 362699 – 🛗 ⇆ cam ▤ 📺 ☎ ♿ – 🏛 50 a 250. AE ⑤ ⑩ E VISA. ✂ rist AX **c**
Pas 60000 – **174 cam** ☕ 215/280000, 4 appartamenti – ½ P 247000.

San Giusto, senza rist, via Belli 3 ✉ 34137 ✆ 762661, Fax 734477 – 🛗 ▤ 📺 ☎ 🚗
62 cam. BZ **b**

Colombia senza rist, via della Geppa 18 ✉ 34132 ✆ 369333, Fax 369644 – 🛗 ▤ 📺 ☎ ♿. AE ⑤ ⑩ E VISA AX **a**
☕ 19000 – **40 cam** 94/132000.

Abbazia senza rist, via della Geppa 20 ✉ 34132 ✆ 369464, Fax 369769 – 🛗 📺 ☎. AE ⑤ ⑩ E VISA AX **a**
☕ 15000 – **21 cam** 100/150000.

Antica Trattoria Suban, via Comici 2 ✉ 34128 ✆ 54368, Fax 579020, « Servizio estivo sotto un pergolato » – AE ⑤ ⑩ E VISA per via Giulia CX
chiuso lunedì a mezzogiorno, martedì, dal 2 al 10 gennaio e dal 1° al 25 agosto – Pas carta 40/69000.

Elefante Bianco, riva 3 Novembre 3 ✉ 34121 ✆ 365784, 🍽, prenotare – AE ⑤ ⑩ E VISA. ✂ AX **x**
chiuso sabato a mezzogiorno e domenica – Pas carta 48/71000.

Al Bragozzo, via Nazario Sauro 22 ✉ 34123 ✆ 303001, 🍽 – ▤. AE ⑤ ⑩ E VISA. ✂
chiuso domenica, lunedì, dal 20 dicembre al 10 gennaio e dal 20 giugno al 10 luglio – Pas carta 53/76000 (12 %). AY **a**

Grifone, viale Miramare 133 ✉ 34136 ✆ 414274, Fax 414274, « Servizio estivo sotto un pergolato » – AE ⑤ ⑩ E VISA. ✂ AX
chiuso martedì e gennaio – Pas carta 31/63000.

Città di Cherso, via Cadorna 6 ✉ 34124 ✆ 366044, prenotare – AE ⑩ VISA AY **c**
chiuso martedì ed agosto – Pas carta 42/56000.

Bellavista, via Bonomea 52 ✉ 34136 ✆ 411150, ≤ golfo e città, 🍽 – AE ⑤ ⑩ E VISA
chiuso domenica, dal 26 dicembre al 2 gennaio, dal 20 al 30 aprile e dal 15 al 28 agosto – Pas carta 40/75000. per via Udine AX

L'Ambasciata d'Abruzzo, via Furlani 6 ✉ 34149 ✆ 395050, Specialità abruzzesi – 🅟. AE VISA CZ **x**
chiuso lunedì ed agosto – Pas carta 38/48000.

Al Granzo, piazza Venezia 7 ✉ 34123 ✆ 306788, 🍽 – AE ⑤ ⑩ E VISA AY **a**
chiuso domenica sera e mercoledì – Pas carta 36/53000 (12 %).

Bandierette, via Nazario Sauro 2 ✉ 34143 ✆ 300686, 🍽 – ▤. AE ⑤ ⑩ E VISA. ✂
chiuso lunedì e gennaio – Pas carta 51/68000. AY **d**

Ai Fiori, piazza Hortis 7 ✉ 34124 ✆ 300633 – ▤. AE ⑤ ⑩ E VISA AY **b**
chiuso domenica, lunedì, dal 25 dicembre al 1° gennaio e dal 6 al 26 luglio – Pas carta 50/65000.

Menarosti, via del Toro 12 ✉ 34125 ✆ 730256 – ▤. AE ⑤ ⑩ E VISA. ✂ BXY **r**
chiuso venerdì sera, sabato ed agosto – Pas carta 28/54000.

Trattoria alle Cave-da Mario, via Valerio 142 ✉ 34128 ✆ 54555, 🍽 – 🅟. ⑩ CX
chiuso lunedì – Pas carta 28/61000.

Tavernetta da Silvio, via del Lloyd 15 ✉ 34143 ✆ 304403, Solo piatti di pesce, Coperti limitati; prenotare AZ **s**
chiuso sabato-domenica da maggio al 15 settembre e da luglio al 28 agosto – Pas 55/65000 bc.

Vedere anche : ***Villa Opicina*** N : 11 km.
Muggia per ③ : 11 km.
Pese per ② : 13 km.
Monrupino N : 16 km.
Sistiana per ① : 19 km.
Duino Aurisina per ① : 22 km.

« Scoprite » l'ITALIA con la guida Verde Michelin :

descrizione dettagliata dei paesaggi pittoreschi e delle "curiosità";
storia e geografia;
musei e belle arti;
itinerari regionali;
piante topografiche di città e monumenti.

TRIESTE

Carducci (Via) . . . . **BXY**
Italia (Corso) . . . . **ABY**

Barriera Vecchia (Largo) . **BY** 3
Beccaria (Via Cesare) . . . . **BX** 4
Bellini (Via Vincenzo) . . . . **AX** 5
Bramante (Via Donato) . . **AX** 6
Canale Piccolo (Via del) . . **AX** 7
Castello (Via del) . . . . **AY** 8
Cattedrale (Piazza della) . **AY** 9
Cavana (Piazza) . . . . **AY** 10
Cavana (Via) . . . . **AY** 12
Cellini (Via Benvenuto) . . **AX** 13
Dalmazia (Piazza) . . . . . . **BX** 14
Duca d'Aosta (Via) . . . . . **AY** 15
Einaudi (Via) . . . . **AY** 16
Ghega (Via) . . . . **AY** 17
Goldoni (Piazza Carlo) . . . **BY** 18
Imbriani (Via M. R.) . . . . . **BY** 19
Madonna del Mare (Via) . **AY** 20
Monache (Via delle) . . . . . **AY** 21
Paganini (Via Nicolò) . . . . **BX** 22
Pitteri (Largo Riccardo) . . **BY** 23
Ponchielli (V. Amilcare) . . **BX** 24
Rossini (Via) . . . . **AX** 25
Rotonda (Via della) . . . . . **AY** 26
S. Giovanni (Piazza) . . . . **BX** 27
S. Giusto (Via) . . . . **AY** 28
Sansovino (Piazza del) . . . **BY** 29
Santorio (Largo) . . . . **BY** 30
Tarabocchia (Via Emo) . . **BY** 31
Teatro Romano (Via del) . **AY** 32
Torri (Via delle) . . . . **BX** 33
Unità d'Italia
(Piazza dell') . . . . **AY** 35
Venezian (Via Felice) . . . **AY** 36
Vittorio Veneto (Piazza) . . **AX** 37
30 Ottobre (Via) . . . . **ABX** 38

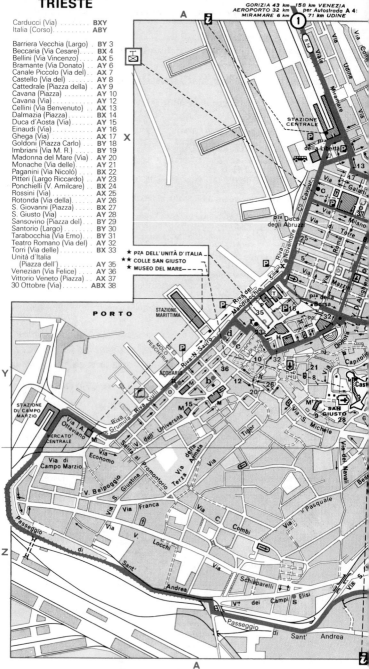

★ PZA DELL'UNITÀ D'ITALIA
★★ COLLE SAN GIUSTO
★ MUSEO DEL MARE

TRINITÀ D'AGULTU Sassari 988 ㉓, 433 E 8 – Vedere Sardegna.

TRIORA 18010 Imperia 988 ⑫, 428 K 5 – 424 ab. alt. 776 – ✿ 0184.
Roma 661 – ◆Genova 162 – Imperia 45 – ◆Milano 285 – San Remo 37.

　🏠 **Colomba d'Oro,** ℰ 94051, ≤, 🛋
　　Pas *(chiuso lunedì, martedì e dall'8 gennaio a Pasqua)* carta 30/45000 – ⌶ 6000 – **28 ca**
　　(15 aprile-15 ottobre) 40/55000 – ½ P 50/55000.

TRISSINO 36070 Vicenza 429 F 16 – 7 396 ab. alt. 221 – ✿ 0445.
Roma 550 – ◆Milano 204 – Verona 51 – Vicenza 21.

　XXX ✿ **Cà Masieri** ↘ con cam, O : 2 km ℰ 962100 e hotel ℰ 490122, Fax 490455, pren
　　tare, « Servizio estivo all'aperto » – 🆃🆅 ☎ 🅿. 🆎 🆂 🅾 🅴 𝘝𝘐𝘚𝘈
　　chiuso dal 24 gennaio al 17 febbraio – Pas *(chiuso domenica e lunedì a mezzogiorn*
　　carta 49/91000 – ⌶ 12000 – **8 cam** 90/130000, appartamento
　　Spec. Fiori di zucca e gamberi fritti con salsa agrodolce (estate), Gargati (pasta) con pevarada veneta (autun
　　inverno), Filetto bollito con salse tradizionali (autunno-inverno). **Vini** Gambellara, Cabernet.

TRIVENTO 86029 Campobasso 988 ㉗, 430 Q 25, 431 B 25 – 5 523 ab. alt. 599 – ✿ 0874.
Roma 211 – ◆Foggia 148 – ◆Napoli 141 – ◆Pescara 124.

　　sulla Fondo Valle Trigno NE : 6 km :

　X **Meo,** ✉ 86029 ℰ 871430, Fax 871430, 🛋 – 🅿. 🆎 🆂 🅾 🅴 𝘝𝘐𝘚𝘈. 🛒
　　chiuso lunedì e dal 5 al 20 novembre – Pas carta 24/46000.

TROFARELLO 10028 Torino 428 H 5 – 8 997 ab. alt. 276 – ✿ 011.
Roma 656 – Asti 46 – Cuneo 76 – ◆Torino 15.

Pianta d'insieme di Torino (Torino p. 3)

　🏨 Park Hotel Villa Salzea ↘, via Vicoforte 2 ℰ 6497809, Fax 6498549, 🌳, « Villa settece
　　tesca con parco ombreggiato », 🏊, – ⧄ 🆃🆅 ☎ ⬅ 🅿 – 🔏 50 a 100.
　　22 cam.　　　　　　　　　　　　　　　　　　　　　　　　　　　HU

TROINA Enna 988 ㊱, 432 N 25 – Vedere Sicilia.

TROPEA 88038 Catanzaro 988 ㊲ ㊳, 431 K 29 – 7 186 ab. – ✿ 0963.
Vedere Cattedrale★.
Roma 636 – Catanzaro 92 – ◆Cosenza 121 – Gioia Tauro 77 – ◆Reggio di Calabria 140.

　🏨 **La Pineta,** ℰ 61700, Fax 62265, ≪ – ⬛ ☎ 🅿 – 🔏 60. 🆎 𝘝𝘐𝘚𝘈. 🛒 rist
　　15 giugno-ottobre – Pas carta 30/42000 – ⌶ 5000 – **59 cam** 110000 – ½ P 90/110000.

　XX **Pimm's,** ℰ 666105, Coperti limitati; prenotare – 🆂 🆴 𝘝𝘐𝘚𝘈 🛒
　　chiuso dal 7 al 20 gennaio e lunedì (escluso luglio-agosto) – Pas carta 33/59000.

　　a San Nicolò di Ricadi SO : 9 km – ✉ **88030** :

　X **La Fattoria,** località Torre Ruffa ℰ 663070 – 🅿. 🆂 🅾
　　giugno-settembre – Pas carta 26/35000.

　　a Capo Vaticano SO : 10 km – ✉ **88030** San Nicolò di Ricadi :

　🏠 **Punta Faro** ↘, ℰ 663139, Fax 663968, 🏊, 🏖 – 🅿. 🆂 🆴 𝘝𝘐𝘚𝘈
　　giugno-settembre – Pas 22/30000 – **25 cam** ⌶ 90000 – ½ P 42/77000.

TRUCCO Imperia 115 ⑲ – Vedere Ventimiglia.

TRULLI (Regione dei) Bari e Taranto 431 E 33 – Vedere Guida Verde.

TUBRE (TAUFERS IM MÜNSTERTAL) 39020 Bolzano 988 ④, 428 429 C 13 – 948 ab. alt. 1 23●
✿ 0473 – Roma 728 – ◆Bolzano 91 – Merano 63 – ◆Milano 246 – Passo di Resia 37 – Trento 149.

　🏨 **Agnello-Lamm,** ℰ 82168, ≤, 🏠, 🔲 – 🆂 ☎ 🅿. 🛒 rist
　　chiuso dal 12 gennaio al 1° febbraio e dal 10 novembre al 20 dicembre – Pas *(chiu*
　　mercoledì) carta 30/52000 – **29 cam** ⌶ 45/82000 – P 68/79000.

TUENNO 38019 Trento 428 D 15, 218 ⑲ – 2 225 ab. alt. 629 – a.s. dicembre-aprile – ✿ 0463.
Dintorni Lago di Tovel★★★ SO : 11 km – Roma 621 – ◆Bolzano 59 – ◆Milano 275 – Trento 37.

　🏠 **Tuenno,** ℰ 40454, Fax 41606 – 🔏 🆃🆅 ☎. 🆂 𝘝𝘐𝘚𝘈. 🛒
　　chiuso dal 7 al 14 gennaio – Pas carta 27/41000 – ⌶ 6000 – **18 cam** 50/80000 – ½ P 7500●

TULVE (TULFER) Bolzano – Vedere Vipiteno.

TURCHINO (Passo del) Genova 428 I 8 – alt. 582.
Roma 533 – Alessandria 83 – ◆Genova 28.

　X **Da Mario,** ✉ 16010 Mele ℰ (010) 631232 – 🅿. 🆂
　　chiuso lunedì sera, martedì, gennaio e febbraio – Pas carta 34/53000.

TUSCANIA 01017 Viterbo 𝟵𝟴𝟴 ㉕, 𝟰𝟯𝟬 O 17 – 7 669 ab. alt. 166.

Vedere Chiesa di San Pietro★★ : cripta★★ – Chiesa di Santa Maria Maggiore★ : portali★★.

Roma 89 – Civitavecchia 44 – Orvieto 54 – Siena 144 – Tarquinia 25 – Viterbo 24.

🏧 **Al Gallo** 🐾 con cam, via del Gallo 22 ℰ 435028, Fax 443388 – 🛗 📺 ☎ 🅿. 🖭 🗲 ⑩ 🖸 *VISA*. 🛠
  Pas *(chiuso dal 10 al 31 gennaio)* carta 33/57000 – ⊂⊃ 7000 – **18 cam** 68/95000 – ½ P 65/75000.

UDINE 33100 📔 𝟵𝟴𝟴 ⑥, 𝟰𝟮𝟵 D 21 – 98 322 ab. alt. 114 – ✿ 0432.

Vedere Piazza della Libertà★★ AY **14** – Decorazioni interne★ nel Duomo ABY **B** – Affreschi★ nel Palazzo Arcivescovile BY **A**.

🛆 (chiuso martedì) a Fagagna-Villaverde ⊠ 33034 ℰ 800418, Fax 800418, O : 15 km per via Artignacco AY.

🛪 di Ronchi dei Legionari per ③ : 37 km ℰ (0481) 530036, Telex 460220, Fax 474150 – Alitalia, Agenzia Boem e Paretti, via Cavour 1 ℰ 510340.

piazza I Maggio 6 ℰ 295972 Fax 504743.

A.C.I. viale Tricesimo 46 per ① ℰ 482565.

Roma 638 ④ – ◆Milano 377 ④ – ◆Trieste 71 ④ – ◆Venezia 127 ④.

Pianta pagina seguente

🏨 **Astoria Hotel Italia,** piazza 20 Settembre 24 ℰ 505091, Telex 450120, Fax 509070 – 🛗 🗐 📺 ☎ 🕹 – 🔬 50 a 150. 🖭 🗐 ⑩ 🖸 *VISA*. 🛠 rist   AZ **a**
  Pas carta 43/66000 – ⊂⊃ 18000 – **75 cam** 160/210000, 4 appartamenti.

🏨 **Ambassador Palace,** via Carducci 46 ℰ 503777, Telex 450538, Fax 503711 – 🛗 🗐 📺 ☎ – 🔬 100. 🖭 🗐 ⑩ 🖸 *VISA*   BZ **b**
  Pas *(chiuso domenica, lunedì a mezzogiorno e dal 1° al 15 agosto)* carta 44/80000 – **87 cam** ⊂⊃ 160/210000, 2 appartamenti – ½ P 119/149000.

🏨 **Friuli,** viale Ledra 24 ℰ 234351, Fax 234351 – 🛗 🗐 📺 ☎ 🕹 🅿 – 🔬 80. 🖭 🗐 ⑩ 🖸 *VISA*. 🛠 rist   AY **c**
  Pas *(chiuso domenica)* carta 33/50000 – ⊂⊃ 14000 – **100 cam** 84/130000.

🏨 **Là di Moret,** viale Tricesimo 276 ℰ 545096, Fax 545096, 🛏, 🌳, 🛎 – 🛗 ⇆ 📺 ☎ 🚗 🅿 – 🔬 200. 🗐 🖸 *VISA*. 🛠 rist   per ①
  Pas *(chiuso domenica sera e lunedì a mezzogiorno)* carta 37/58000 – ⊂⊃ 10000 – **46 cam** 90/140000 – ½ P 105000.

🏨 **President** senza rist, via Duino 8 ℰ 509905, Fax 507287 – 🛗 🗐 📺 ☎ 🕹 🚗 🅿 – 🔬 70. 🖭 🗐 ⑩ 🖸 *VISA*. 🛠   BY **b**
  ⊂⊃ 12000 – **67 cam** 100/124000, 🗐 9000.

🏨 **Cristallo,** piazzale D'Annunzio 43 ℰ 501919, Fax 501673 – 🛗 ☎ – 🔬 90. 🖭 🗐 ⑩ *VISA*. 🛠 rist   BZ **x**
  Pas *(chiuso domenica)* 28000 – ⊂⊃ 10000 – **81 cam** 78/115000 – ½ P 88/106000.

🏨 **San Giorgio,** piazzale Cella 4 ℰ 505577, Fax 506110 – 🛗 📺 ☎ 🅿. 🖭 🗐 ⑩ 🖸 *VISA*. 🛠 rist   AZ **c**
  Pas *(chiuso lunedì)* carta 36/54000 – ⊂⊃ 15000 – **37 cam** 86/125000 – ½ P 107/125000.

🏨 **Continental,** viale Tricesimo 71 ℰ 46969, Fax 526002 – 🛗 📺 ☎ 🕹 🚗 🅿 – 🔬 60. ⑩ *VISA*. 🛠 rist   per ①
  Pas 45000 – ⊂⊃ 10000 – **60 cam** 90/120000 – ½ P 95000.

🏨 **Sport Hotel** senza rist, via Podgora 16 ℰ 235612, Fax 235612 – 🛗 📺 ☎ 🕹 🚗 🅿. 🖭 🗐 ⑩ 🖸   per ④
  chiuso dal 19 dicembre al 6 gennaio – ⊂⊃ 10000 – **49 cam** 75/110000.

🏨 **Quo Vadis** senza rist, piazzale Cella 28 ℰ 21091, 🏡 – 📺 ☎. 🛠   AZ **b**
  ⊂⊃ 6000 – **25 cam** 50/85000.

🏋 **Antica Maddalena,** via Pellicceria 4 ℰ 25111 – 🖭 🗐 ⑩ 🖸 *VISA*. 🛠   AY **e**
  chiuso domenica, lunedì a mezzogiorno, dal 1° al 15 gennaio e dal 10 al 20 agosto – Pas carta 35/60000 (15 %).

🏋 **Alla Buona Vite,** via Treppo 10 ℰ 21053 – 🗐. 🖭 🗐 ⑩ 🖸 *VISA*   BY **a**
  chiuso domenica, lunedì sed il agosto – Pas carta 39/55000 (12 %).

🏋 **Vitello d'Oro,** via Valvason 4 ℰ 508982, 🏡 – 🗐. 🖭 🗐 ⑩ 🖸 *VISA*   AY **n**
  chiuso mercoledì e luglio – Pas carta 36/58000 (12 %).

🏋 **Alla Vedova,** via Tavagnacco 9 ℰ 470291, « Servizio estivo in giardino » – 🅿. *VISA*
  chiuso domenica sera, lunedì e dal 1° al 24 agosto – Pas carta 36/55000.   per ①

🏋 **Gambrino,** via Aquileia 19 ℰ 295486 – 🛠   BZ **a**
  chiuso agosto, sabato e in luglio anche domenica sera – Pas carta 32/58000.

🏋 **Al Lepre,** via Poscolle 27 ℰ 295798 – 🖭 🗐 ⑩ 🖸 *VISA*. 🛠   AZ **r**
  chiuso domenica e dal 10 al 20 agosto – Pas carta 35/47000.

UDINE

Libertà (Piazza della) . . . . . . **AY** 14
Mercato Vecchio (Via) . . . . . **AY** 19
Vittorio Veneto (Via) . . . . . . **BY** 23

Bartolini (Via) . . . . **AY** 3
Calzolai (Via) . . . . **BZ** 4
Carducci (Via) . . . . **BZ** 5
Cavour (Via) . . . . **AY** 7

Cavedalis (Piazzale G.B.) . . . **AY** 6
D'Annunzio (Piazzale) . . . . . **BZ** 8
Diacono (Piazzale Paolo) . . . **AY** 9
Gelso (Via del) . . . . **AZ** 12

Leopardi (Viale G.) . . . . **BZ**
Manin (Via) . . . . **BY**
Marconi (Piazza) . . . . **AY**
Matteotti (Piazza) . . . . **AY**
Patriarcato (Piazza) . . . . **BY**
Piave (Via) . . . . **BYZ**
Rialto (Via) . . . . **AY**
26 Luglio (Piazzale) . . . . **AZ**

ULIVETO TERME 56010 Pisa 428 430 K 13 – alt. 8 – © 050.
Roma 312 – ◆Firenze 66 – ◆Livorno 33 – Pisa 15 – Siena 104.

※※ **Osteria Vecchia Noce,** ℰ 788229, Fax 788229, 🏠 – 🅿 🖭 🕼 ⓞ
chiuso martedì sera, mercoledì e dal 5 al 25 agosto – Pas carta 34/50000.

ULTEN = Ultimo.

LTIMO (ULTEN) Bolzano 428 429 C 15, 218 ⑲ – 2 933 ab. alt. (frazione Santa Valbur-
1 190 – ☎ 0473.

Santa Valburga : Roma 680 – ♦Bolzano 43 – Merano 28 – ♦Milano 341 – Trento 102.

a San Nicolò (St. Nikolaus) SO : 8 km – alt. 1 256 – ⌗ 39010 :

🏨 **Waltershof** ॐ, ℘ 79144, Fax 79387, ≤, ≘s, ☒, ☞, ℁ – ☎ ℗. ☒ E ⟘⟚⟘. ℁ rist
20 dicembre-26 aprile e giugno-novembre – Pas (solo per clienti alloggiati e chiuso a
mezzogiorno) 25/35000 – **20 cam** ☲ 170000 – ½ P 86/94000.

a Santa Gertrude (St. Gertraud) SO : 13 km – alt. 1 501 – ⌗ 39010 :

✗ ✿ **Genziana-Enzian** ॐ con cam, al lago di Fontana Bianca O : 6 km, alt. 1 870,
℘ 790133, Fax 790133, ≤, ☞, Coperti limitati; prenotare – ℗. ☒ E ⟘⟚⟘ ℁
chiuso da novembre al 25 dicembre – Pas (chiuso giovedì sera e venerdì) carta 38/54000 –
8 cam ☲ 60000 – ½ P 56/62000.
Spec. Antipasto Genziana, Zuppa contadina, Ceppo alla "Cannibale". Vini Terlano, Santa Magdalena.

MBERTIDE 06019 Perugia 988 ⑮, 430 M 18 – 14 529 ab. alt. 247 – ☎ 075.

na 200 – Arezzo 63 – ♦Perugia 31 – Siena 109.

🏨 **Rio**, strada statale S : 2 km ℘ 9415033, Fax 9417029 – ⫯ ☒ ☎ ⟷ ℗ – ᴁ 100 a 700. ᴁ
☒ ⫿ E ⟘⟚⟘. ℁
Pas (chiuso lunedì) carta 27/44000 – ☲ 10000 – **40 cam** 115000 – ½ P 70/80000.

NTERMOI = Antermoia.

RBINO 61029 Pesaro e Urbino 988 ⑮ ⑯, 429 430 K 19 – 15 410 ab. alt. 451 – a.s. luglio-
ttembre – ☎ 0722.

edere Palazzo Ducale★★ : galleria nazionale delle Marche★★ M – Strada panoramica★★ :
★ – Affreschi★★ nella chiesa-oratorio di San Giovanni Battista F – Presepio★ nella chiesa di
n Giuseppe B – Casa di Raffaello★ A.

via Puccinotti 35 ℘ 2441.

na 270 ② – ♦Ancona 103 ① – Arezzo 107 ③ – Fano 47 ② – ♦Perugia 101 ② – Pesaro 36 ①.

URBINO

. Veneto (Via)...... 27

occi (Via)........... 2
ara (Via)........... 3
mandino (Viale)..... 4
n Minzoni (Viale).... 5
ca Federico (Pza).... 6
rolamo (Via)........ 7
o dei Debitori (Via).. 8
tteotti (Via)........ 10
zzini (Via)......... 12
rcale (Borgo)...... 13
zionale (Via)....... 14
ve (Via)........... 16
ccinotti (Via)....... 17
faello (Via)........ 19
ubblica (Pza)....... 20
ascimento (Pza).... 22
Francesco (Pza) 23
gili (Via)........... 25

Non fate rumore
negli alberghi :
i vicini vi saranno
riconoscenti.

Ne faites pas de bruit
à l'hôtel,
vos voisins
vous en sauront gré.

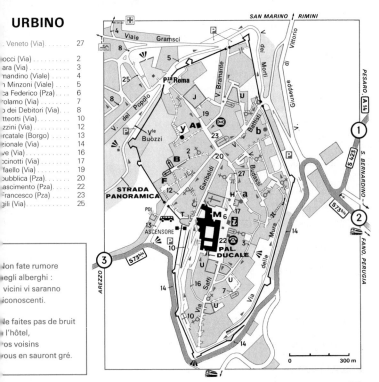

671

🏠 **Raffaello** 🕭 senza rist, via Santa Margherita 40 🖋 4896, Fax 328540, ≤ – 🛗 ☎. 🖭 *VISA*. ⋘
chiuso dal 16 al 26 dicembre – **18 cam** ⇌ 100/150000.

🗶🗶 **Vecchia Urbino,** via dei Vasari 3/5 🖋 4447, Fax 4447 – 🖭 🕃 ⑩ 🗉 *VISA*. ⋘
chiuso martedì escluso da aprile a settembre – Pas carta 46/66000.

🗶🗶 **Pasta a Gogò,** via Valerio 16 🖋 2942, 🏤 – 🕃 🗉 *VISA*
chiuso lunedì e da gennaio al 15 febbraio – Pas carta 27/46000 (10%).

🗶 **Nenè,** via Crocicchia 30 🖋 2996, Fax 2996 – 🅿. 🕃 ⑩ 🗉 *VISA*. ⋘   2,5 km per ①
chiuso lunedì e dal 7 al 26 gennaio – Pas carta 23/40000.

sulla strada statale 73 bis SO : 6 km per ③ :

🏠 Fontespino 🕭, ⊠ 61029 🖋 57190, ≤ campagna e Urbino, 🏤, 🛲 – 📺 ☎ 🅿.
15 cam.

a Canavaccio SE : 8,5 km per ②

🏠 **Locanda della Brombolona** 🕭, località Sant'Andrea E : 4 km 🖋 53501, ≤ – 🅿. 🗉 📱
⋘
Pas *(chiuso lunedì in bassa stagione)* carta 30/43000 – ⇌ 8000 – **18 cam** 45/90000
½ P 75000.

USMATE VELATE 20040 Milano 🗺️ F 10, 🗺️ ⑲ – 6 831 ab. alt. 231 – ✪ 039.
Roma 596 – ◆Bergamo 30 – Lecco 26 – ◆Milano 26 – Monza 9,5.

🗶🗶 **Il Chiodo,** 🖋 674275, 🏤 – 🅿. *VISA*
chiuso lunedì e dal 10 al 20 agosto – Pas carta 58/83000.

USSEAUX 10060 Torino – 221 ab. alt. 1 217 – a.s. luglio-agosto e Natale – ✪ 0121.
Roma 806 – Sestriere 18 – ◆Torino 79.

🗶 **Lago Laux** 🕭 con cam, 🖋 83944, solo su prenotazione, « In riva ad un laghetto » – 🅿.
chiuso ottobre – Pas *(chiuso mercoledì)* carta 39/62000 – ⇌ 6000 – **7 cam** 100000
½ P 90/95000.

USSITA 62030 Macerata 🗺️ N 21 – 477 ab. alt. (frazione Fluminata) 737 – a.s. luglio-agosto e
Natale – Sport invernali : a Frontignano : 1 342/2 155 m 🚠5 🎿5 (anche sci estivo) – ✪ 0737.
Roma 184 – ◆Ancona 132 – Macerata 71 – Spoleto 54 – Terni 74.

🏠 **Ussita,** 🖋 99521, Fax 99509 – 🛗 ☎. 🕃 *VISA*. ⋘ rist
chiuso dal 24 settembre al 20 dicembre – Pas *(20 dicembre-25 aprile e 10 giugno-
23 settembre)* carta 25/35000 – ⇌ 9500 – **24 cam** 50/84000 – ½ P 70/81000.

USTICA (Isola di) Palermo 🗺️ ㉟, 🗺️ K 21 – Vedere Sicilia.

UZZANO 51017 Pistoia – 3 933 ab. alt. 261 – ✪ 0572.
Roma 336 – Lucca 20 – Montecatini Terme 9 – Pisa 42 – Pistoia 31.

🗶 **Mason,** 🖋 451363 – 🍽 🅿. 🖭 ⑩. ⋘
chiuso mercoledì ed agosto – Pas carta 30/53000.

VACALLO 🗺️ ⑧ – Vedere Cantone Ticino alla fine dell'elenco alfabetico.

VADA 57018 Livorno 🗺️ L 13 – a.s. 15 giugno-15 settembre – ✪ 0586.
Roma 292 – ◆Firenze 143 – ◆Livorno 29 – Piombino 53 – Pisa 48 – Siena 101.

🏠 **Quisisana,** via di Marina 37 🖋 788220, Fax 788441, 🛲 – ☎ 🅿. 🕃 🗉 *VISA*. ⋘ rist
chiuso novembre – Pas 28000 – ⇌ 7000 – **23 cam** 105000 – ½ P 60/95000.

🗶🗶 **Il Ducale,** piazza Garibaldi 33 🖋 788600, Coperti limitati; prenotare – 🖭 🕃 ⑩ 🗉 *VISA*
chiuso lunedì e dal 1º al 10 settembre – Pas carta 49/64000.

VAGGIO Firenze 🗺️ L 16 – Vedere Reggello.

VAGLIA 50030 Firenze 🗺️🗺️ K 15 – 4 318 ab. alt. 308 – ✪ 055.
Roma 295 – ◆Bologna 88 – ◆Firenze 18 – ◆Milano 282.

🏠 **Padellino** 🕭, 🖋 407902, 🛲 – 🅿. 🖭 🕃 🗉 *VISA*. ⋘ rist
Pas *(chiuso venerdì)* carta 27/46000 (12%) – ⇌ 9000 – **15 cam** 84000 – ½ P 65/70000.

VAGLIAGLI Siena 🗺️ L 16 – Vedere Siena.

VAGLIO Vercelli 🗺️ ⑮ – Vedere Biella.

VAHRN = Varna.

VALBREMBO 24030 Bergamo 🗺️ ⑳ – 3 191 ab. alt. 260 – ✪ 035.
Roma 606 – ◆Bergamo 8 – Lecco 29 – ◆Milano 52.

🗶🗶 **Ponte di Briolo,** 🖋 611197, Fax 615944, 🏤 – 🅿. 🖭 *VISA*
chiuso domenica sera, mercoledì, dal 1º al 10 gennaio ed agosto – Pas carta 45/70000.

VAL CANALI Trento – Vedere Fiera di Primiero.

ALDAGNO 36078 Vicenza 429 F 15 – 27 663 ab. alt. 266 – ۞ 0445.

�108ma 561 – ◆Milano 219 – Trento 86 – ◆Verona 54 – Vicenza 34.

🏨 **Pasubio** ॐ, senza rist, via dello Sport 6 ℰ 408042 – 🛗 📺 ☎ ₺ ❷ ❹. 座 🕄 ❶ 🗲 VISA
📪 10000 – **31 cam** 65/105000.

XX Al Pezzo, località Vegri NO : 5 km ℰ 402448, � – ❹.

ALDAORA (OLANG) 39030 Bolzano 429 B 18 – 2 585 ab. alt. 1 083 – Sport invernali : a Plan de Corones : 1 083/2 275 m 省 8 ≴ 24, 老 – ۞ 0474.

�108ma 726 – ◆Bolzano 88 – Brunico 11 – Cortina d'Ampezzo 50 – Dobbiaco 19 – ◆Milano 387 – Trento 148.

🏨 **Mirabell,** a Valdaora di Mezzo ℰ 46191, Fax 48227, ≼, ₲, ≋s, 🔲, 🦵, 🗶 – 🙌 rist 📺 ☎
➡ ❷. 🗶 rist
20 dicembre-10 aprile e 20 maggio-10 ottobre – Pas (solo per clienti alloggiati) 28/37000 –
📪 15000 – **32 cam** 70/120000 – ½ P 65/110000.

🏨 **Villa Tirol,** a Valdaora di Mezzo ℰ 46422, Fax 48348, ≼, ₲, ≋s, 🔲, 🦵 – 📺 ☎ ➡ ❷. 🗶
rist
20 dicembre-Pasqua e 15 maggio-15 ottobre – Pas (solo per clienti alloggiati) carta 29/
41000 – **20 cam** 📪 130/190000 – ½ P 65/105000.

🏨 **Post,** a Valdaora di Sopra ℰ 46127, Fax 48019, ≼, « 🔲 », ≋s – 🙌 📺 ☎ ➡ ❷
10 dicembre-25 aprile e 20 maggio-25 ottobre – Pas (chiuso mercoledì) carta 33/49000 –
38 cam 📪 95/160000 – ½ P 65/115000.

🏨 **Messnerwirt,** a Valdaora di Sopra ℰ 46178, Fax 48087, ≋s – ☎ ❷. 🕄 ❶ 🗲 VISA
chiuso dal 4 novembre al 5 dicembre – Pas carta 31/57000 – **20 cam** 📪 142000 – ½ P 60/
85000.

🏨 **Berghotel Zirm** ॐ, a Sorafurcia, alt. 1 360 ℰ 592054, Fax 592051, ≼ vallata e monti,
≋s, 🔲 – ☎ ➡ ❷. 🕄 🗶 rist
dicembre-20 aprile e giugno-20 ottobre – Pas (solo per clienti alloggiati) – **23 cam** 📪 85/
160000 – ½ P 78/110000.

🏨 **Markushof** ॐ, a Valdaora di Sopra ℰ 46250, Fax 48241, ≼, ≋s, 🦵 – 🗶 ☎ ➡ ❷. 🕄
🗲 VISA. 🗶 rist
20 dicembre-21 aprile e 19 maggio-20 ottobre – Pas (solo per clienti alloggiati e chiuso
giovedì) carta 26/33000 – 📪 12000 – **26 cam** 60/110000 – ½ P 85/100000.

ALDENGO 13060 Vercelli 428 F 6, 219 ⑮ – 2 416 ab. alt. 364 – ۞ 015.

�108ma 675 – Biella 8 – ◆Milano 122 – Vercelli 42.

XX 'l Cup, con cam, ℰ 881678 – ❷ – 🔬 45
8 cam.

ALDERICE Trapani 432 M 19 – Vedere Sicilia.

VALDIDENTRO 23038 Sondrio 428 429 C 12, 218 ⑰ – 3 714 ab. alt. (frazione Isolaccia) 1 345 –
۞ 0342.

(18 aprile-ottobre) a Bormio ⊠ 23032 ℰ 910730, Fax 903790, SE : 8 km.

�108ma 774 – Bormio 11 – ◆Milano 213 – Sondrio 75.

ad Isolaccia – ⊠ **23038** Valdidentro :

🏨 Cima Piazzi, ℰ 985050, ≼ – ➡ ❷
20 cam.

a Semogo O : 2 km – ⊠ **23030** :

🏨 **Del Cardo,** località San Carlo S : 1,5 km ℰ 927171, Fax 985898, ≼ – ☎ ➡ ❷. 座 🕄 VISA.
🗶 rist
dicembre-aprile e 15 giugno-15 ottobre – Pas (chiuso mercoledì) 22/30000 – **28 cam**
📪 43/65000 – ½ P 45/72000.

a Premadio E : 6 km – ⊠ **23038** Valdidentro :

XX **La Baita,** ℰ 904258 – ❷ 座 🕄 🗲 VISA. 🗶
chiuso maggio, novembre e lunedì (escluso da aprile a settembre) – Pas carta 27/47000.

VAL DI GENOVA Trento 988 ④.

Vedere Vallata★★★ – Cascata di Nardis★★.

�108ma 636 – ◆Bolzano 106 – ◆Brescia 110 – Madonna di Campiglio 17 – ◆Milano 201 – Trento 66.

X Cascata Nardis, alt. 945 ⊠ 38080 Carisolo ℰ (0465) 51454, ≼ cascata, 🦵 – ❷.
stagionale

VAL DI SOGNO Verona – Vedere Malcesine.

VALDOBBIADENE 31049 Treviso 988 ⑤, 429 E 17 – 10 893 ab. alt. 252 – Sport invernali : a
Pianezze : 1 070/1 570 m ≴ 4 – ۞ 0423.

�108ma 563 – Belluno 46 – ◆Milano 268 – Trento 105 – Treviso 36 – Udine 112 – ◆Venezia 66.

a Bigolino S : 5 km – ⊠ **31030** :

XX **Tre Noghere,** ℰ 980316, Fax 981333 – ❷. 座. 🗶
chiuso domenica sera, lunedì, dal 1° al 6 gennaio e dal 10 al 30 agosto – Pas carta 34/46000.

VALEGGIO SUL MINCIO 37067 Verona 988④ ⑩, 428 429 F 14 – 9 358 ab. alt. 88 – ☎ 045.
Roma 496 – ♦Brescia 56 – Mantova 25 – ♦Milano 143 – ♦Venezia 147 – ♦Verona 25.

🍴🍴 **Lepre,** via Marsala 5 ℰ 7950011, Fax 7950011 – ᴀᴇ 🕄 Ε 𝓥𝓘𝓢𝓐
      chiuso mercoledì, giovedì a mezzogiorno e dal 15 al 31 gennaio – Pas carta 39/59000.

🍴🍴 **Borsa,** via Goito 2 ℰ 7950093, Fax 7950093 – 🔳 ℗. 𝓥𝓘𝓢𝓐. ⅍
      chiuso martedì sera, mercoledì e dal 10 luglio al 10 agosto – Pas carta 35/50000.

      a Borghetto O : 1 km – alt. 68 – ✉ **37067** Valeggio sul Mincio :

🍴🍴 **Antica Locanda Mincio,** ℰ 7950059, « Servizio estivo in terrazza ombreggiata in riv
      al fiume »
      chiuso mercoledì sera, giovedì, dal 15 al 28 febbraio e dal 15 al 31 ottobre – Pas carta 3⬚
      60000.

🍴 **Al Gatto Moro,** ℰ 6370570, Fax 6370571, 🀆 – ℗. ᴀᴇ 🕄 ⓞ Ε 𝓥𝓘𝓢𝓐
      chiuso martedì sera, mercoledì, dal 30 gennaio al 15 febbraio e dal 1° al 10 agosto – P⬚
      carta 39/50000.

      a Santa Lucia dei Monti NE : 5 km – alt. 145 – ✉ **37067** Valeggio sul Mincio :

🍴 **Belvedere** ⌺ con cam, ℰ 6301019, ⩽, « Servizio estivo in giardino » – 🔳 cam ☎ ℗. ▫
      🕄 ⓞ Ε 𝓥𝓘𝓢𝓐
      chiuso dal 15 giugno al 10 luglio – Pas *(chiuso mercoledì e giovedì)* carta 29/38000
      – ⊈ 10000 – **7 cam** 55/75000, 🔳 7000 – ½ P 65000.

VALENZA 15048 Alessandria 988⑬, 428 G 7 – 21 784 ab. alt. 125 – ☎ 0131.
🇶 La Serra (chiuso lunedì) ℰ 954778, SO : 4 km.
Roma 592 – Alessandria 14 – ♦Milano 84 – Novara 59 – Pavia 56 – ♦Torino 102 – Vercelli 47.

🍴🍴 **Italia,** via del Castagnone 26 ℰ 941262 – ᴀᴇ 🕄 ⓞ. ⅍
      chiuso domenica ed agosto – Pas carta 35/58000.

VAL FERRET Aosta 219① – Vedere Courmayeur.

VALGRAVEGLIA La Spezia – Vedere Riccò del Golfo di Spezia.

VALGRISENCHE 11010 Aosta 428 F 3, 219⑪ – 199 ab. alt. 1 664 – a.s. luglio-agosto – ☎ 016⬚
Roma 776 – Aosta 30 – Courmayeur 39 – ♦Milano 215 – Colle del Piccolo San Bernardo 57.

🏠 **Grande Sassière** ⌺, frazione Gerbelle N : 1 km ℰ 97113, ⩽ – ℗. ⅍
      Pas *(chiuso lunedì)* carta 29/40000 – ⊈ 8000 – **25 cam** 45/80000 – ½ P 53/67000.

      a Planaval NE : 5 km – alt. 1 557 – ✉ **11010** Valgrisenche :

🏠 **Paramont** ⌺, ℰ 97106, ⩽ – 🚗 ℗. ⅍
      Pas *(chiuso lunedì)* 25/30000 – ⊈ 8000 – **20 cam** 45/75000 – ½ P 60/65000.

VALLADA AGORDINA 32020 Belluno – 612 ab. alt. 969 – ☎ 0437.
Roma 660 – Belluno 43 – ♦Bolzano 71 – ♦Milano 361 – Trento 115 – ♦Venezia 149.

🍴 **Val Biois,** frazione Celat ℰ 591233 – ℗. ᴀᴇ 🕄 ⓞ Ε 𝓥𝓘𝓢𝓐
      chiuso ottobre e domenica sera (escluso dal 20 dicembre a Pasqua) – Pas carta 36/66000

VALLECROSIA 18019 Imperia 428 K 4, 115㉙ – 7 643 ab. – ☎ 0184.
Roma 654 – ♦Genova 155 – Imperia 41 – ♦Milano 277 – San Remo 14.

🍴 **Pescatori-da Antonio,** lungomare Marconi 31 ℰ 292301 – ᴀᴇ 🕄 Ε 𝓥𝓘𝓢𝓐
      chiuso lunedì ed ottobre – Pas carta 37/58000.

VALLE DI CADORE 32040 Belluno 429 C 18 – 2 119 ab. alt. 819 – ☎ 0435.
Roma 646 – Belluno 45 – ♦Bolzano 159 – Cortina d'Ampezzo 26.

🍴🍴 **Il Portico,** ℰ 30236, Fax 500734 – ℗. ᴀᴇ 🕄 ⓞ Ε 𝓥𝓘𝓢𝓐. ⅍
      chiuso dal 15 giugno al 10 luglio e lunedì sera-martedì da ottobre a marzo – Pas carta 3⬚
      51000.

VALLE DI CASIES (GSIES) 39030 Bolzano 429 B 18 – 1 971 ab. – ☎ 0474.
Roma 746 – Brunico 31 – Cortina d'Ampezzo 56.

🏨 **Quelle** ⌺, a Santa Maddalena alt. 1 398 ℰ 78401, Fax 78491, ⩽, 🔲, 🀆 – 🛗 🛀 rist ☎ ⬚
      ℗. 🕄 𝓥𝓘𝓢𝓐
      chiuso dal 20 aprile all'11 maggio e dal 4 novembre al 15 dicembre – Pas carta 28/40000
      31 cam ⊈ 35/60000 – ½ P 57/85000.

🍴 **Durnwald,** a Planca di Sotto alt. 1 223 ℰ 76920 – ℗
      chiuso lunedì e dal 1° al 15 giugno – **Pas** carta 27/47000.

VALLES (VALS) Bolzano – Vedere Rio di Pusteria.

VALLESACCARDA 83050 Avellino 431 D 27 – 2 075 ab. alt. 600 – ☎ 0827.
Roma 301 – Avellino 60 – ♦Napoli 115 – Salerno 96.

🍴🍴 **Menicuccio** con cam, ℰ 97020, Fax 97030 – 🔳 📺 ☎ ⅍ ℗ 𝓥𝓘𝓢𝓐. ⅍
      chiuso dal 25 giugno al 5 luglio – Pas *(chiuso lunedì)* carta 25/34000 – ⊈ 5000 – **10 ca⬚**
      45/60000 – ½ P 55000.

674

VALLE SAN FLORIANO Vicenza – Vedere Marostica.

VALLOMBROSA 50060 Firenze 988 ⑮, 430 K 16 – alt. 958 – ✪ 055.

ɔma 263 – Arezzo 71 – ◆Firenze 33 – Forlì 106 – ◆Milano 332 – Siena 81.

    a Saltino O : 1 km – ✉ **50060**.

    🛎 (15 giugno-15 settembre) 🖉 862003 :

🏨   **Gd H. Vallombrosa** ⑤, 🖉 862012, ≼ vallata, « Parco ombreggiato » – 🛗 ≼⇒ ☎ 🅿. 🗚.
    15 giugno-15 settembre – Pas 40/50000 – ☲ 17000 – **76 cam** 100/150000 – ½ P 130/150000.

🏠   **Croce di Savoia** ⑤, 🖉 862035, Fax 862035, 🛋, 🗚 – 🛗 ≼⇒ 🅿. 🗚. 🗚
    15 giugno-15 settembre – Pas 30/40000 – ☲ 15000 – **82 cam** 70/100000 – ½ P 100000.

VALLONGA Trento – Vedere Vigo di Fassa.

VALMADRERA 22049 Como 428 E 10, 219 ⑨ – 10 479 ab. alt. 237 – ✪ 0341.

ɔma 633 – Como 26 – Lecco 3 – ◆Milano 56.

🗙🗙   **Al Terrazzo** ⑤ con cam, via Parè 69 🖉 583106, Fax 201118, « Servizio estivo in terrazza sul lago », 🛋 – 📺 ☎ 🅿 – 🔏 30. 🗚 🗗 ☰ 🗚
    Pas carta 60/80000 – ☲ 15000 – **12 cam** 90/150000 – ½ P 130/140000.

VALNONTEY Aosta 428 F 4 – Vedere Cogne.

VALSAVARENCHE 11010 Aosta 988 ①②, 428 F 3 – 198 ab. alt. 1 540 – a.s. luglio-agosto – ✪ 0165.

ɔma 776 – Aosta 29 – Courmayeur 42 – ◆Milano 214.

    a Pont S : 9 km – alt. 1 946 – ✉ **11010** Valsavarenche :

🏨   **Genzianella** ⑤, 🖉 95393 e rist 🖉 95934, ≼ Gran Paradiso – ☎ 🅿. 🗚 rist
    15 giugno-20 settembre – Pas carta 30/55000 – ☲ 14000 – **25 cam** 52/88000 – ½ P 85000.

VALSOLDA 22010 Como 428 D 9, 219 ⑧ – 1 913 ab. alt. (frazione San Mamete) 265 – ✪ 0344.

ɔma 664 – Como 42 – ◆Lugano 9,5 – Menaggio 18 – ◆Milano 87.

    ad Albogasio :

🗙🗙   **Ombretta** con cam, 🖉 68275, ≼, 🏖, « Terrazza-giardino sul lago », 🛶 – 🅿. 🗗 ☰ 🗚. 🗚
    Pas *(chiuso lunedì escluso luglio-agosto)* carta 36/67000 – ☲ 5000 – **9 cam** 70000 – ½ P 65000.

    a San Mamete :

🏨   **Stella d'Italia,** 🖉 68139, Fax 68729, ≼, 🏖, « Terrazza-giardino sul lago », 🛶 – 🛗 ☎ ⇐⇒. 🗚 🗗 ☰ 🗚. 🗚
    aprile-ottobre – Pas *(chiuso mercoledì)* 35000 – ☲ 12000 – **35 cam** 55/100000 – ½ P 70/92000.

VALTOURNENCHE 11028 Aosta 988 ②, 428 E 4 – 2 200 ab. alt. 1 524 – a.s. febbraio-Pasqua, 0 luglio-agosto e Natale – Sport invernali : 1 524/2 982 m ⚓1 ⚓7, ⚓ (anche sci estivo a reuil-Cervinia) – ✪ 0166.

🛈 via Roma 48 🖉 92029, Telex 226620, Fax 92430.

ɔma 740 – Aosta 44 – Breuil-Cervinia 9 – ◆Milano 178 – ◆Torino 107.

🏨   **Bijou,** 🖉 92109, Fax 92264, ≼ – 🛗 ☎ 🅿. 🗗 ☰ 🗚. 🗚
    chiuso maggio ed ottobre – Pas *(chiuso lunedì in bassa stagione)* 26000 – ☲ 9000 – **20 cam** 48/84000 – ½ P 63/77000.

🏠   **Punta Margherita,** 🖉 92087, ≼ – 🛗 ☎ 🅿. 🗚 rist
    dicembre-10 maggio e 20 giugno-20 settembre – Pas *(chiuso giovedì in bassa stagione)* 22/26000 – ☲ 7000 – **18 cam** 45/75000 – ½ P 60/68000.

🏠   **Delle Alpi,** 🖉 92053, ≼ – ☎ 🅿. 🗗 ⓞ ☰ 🗚. 🗚 rist
    chiuso dal 15 maggio al 15 giugno – Pas *(chiuso giovedì)* 25000 – ☲ 9000 – **26 cam** 45/70000 – ½ P 55/60000.

🗙   **Jaj Alaj,** 🖉 92185 – 🗚 🗗 ⓞ ☰ 🗚. 🗚
    chiuso dal 10 al 30 giugno e giovedì in bassa stagione – Pas carta 30/48000.

    sulla strada statale 406 N : 2,5 km :

🗙   **Rascard,** con cam, 🖉 92164, 🏖 – 📺 ☎ ⇐⇒ 🅿
    16 cam.

VAL VENY Aosta 219 ① – Vedere Courmayeur.

VALVERDE Forlì 430 J 19 – Vedere Cesenatico.

VARALLO 13019 Vercelli 988 ②, 428 E 6, 219 ⑥ – 7 864 ab. alt. 451 – a.s. luglio-agosto e Natale – ✿ 0163.

Vedere Sacro Monte ★★.

🛈 corso Roma 38 ☎ 51280, Fax 53091.

Roma 679 – Biella 59 – ◆Milano 105 – Novara 59 – ◆Torino 121 – Vercelli 65.

🏨 **Ellebi Club Hotel,** ☎ 53992, Fax 53992 – 📳 📺 ☎ ⟵ 🅿 🕄 VISA. ⅍ rist
Pas *(chiuso mercoledì in bassa stagione)* 20/40000 – ⚏ 12000 – **38 cam** 80/110000 – ½ P 70/90000.

🍴🍴 **Piane Belle,** località Pianebelle ☎ 51320 – 🅿. ⅍
chiuso lunedì, martedì sera e dal 1° al 20 settembre – Pas carta 30/48000.

a Crosa E : 3 km – ✉ 13019 Varallo :

🍴 **Delzanno,** ☎ 51439, 🍽 – 🆎 🕄 ⓞ 🄴 VISA. ⅍
chiuso lunedì e dal 1° al 10 settembre – Pas carta 31/45000.

a Sacro Monte N : 4 km – ✉ 13019 Varallo :

🏤 **Sacro Monte** ⧖, ☎ 54254, Fax 51189, 🍽 – 📺 ☎ 🅿 🆎 🕄 ⓞ 🄴 VISA
Pas *(chiuso lunedì escluso da maggio a settembre)* carta 27/43000 – ⚏ 9000 – **24 cam** 60/90000 – ½ P 70000.

VARAZZE 17019 Savona 988 ⑬, 428 I 7 – 14 151 ab. – ✿ 019.

🛈 viale Nazioni Unite (Palazzo Municipio) ☎ 97007, Fax 97298.

Roma 534 – Alessandria 82 – Cuneo 112 – ◆Genova 35 – ◆Milano 158 – Savona 12 – ◆Torino 153.

🏨 **El Chico,** via Aurelia 63 (E : 1 km) ☎ 931388, Fax 932423, ⩽, « Parco ombreggiato con
🛏 », 🚗, – 📺 ☎ 🅿 – 🕍 30 a 150. 🕄 🄴 VISA. ⅍
chiuso dal 20 dicembre a gennaio – Pas 40000 – ⚏ 9000 – **41 cam** 68/130000 – ½ P 114000.

🏨 **Eden,** via Villagrande 1 ☎ 932888, Fax 96315 – 📳 🗏 📺 ☎ ⟵ 🅿 – 🕍 30 a 60. 🆎 🕄 ⓞ
🄴 VISA ⅍
Pas *(giugno-settembre)* carta 38/56000 – ⚏ 10000 – **45 cam** 100/140000 – ½ P 90/120000.

🏨 **Cristallo,** via Cilea 4 ☎ 97264, Fax 96392 – 📳 🗏 📺 ☎ ⟵ 🅿 – 🕍 25 a 60. 🆎 🕄 ⓞ 🄴
VISA. ⅍ rist
chiuso dal 20 dicembre al 10 gennaio – Pas *(chiuso da ottobre a dicembre)* carta 37/54000 –
⚏ 10000 – **45 cam** 90/150000 – ½ P 100/120000.

🏨 **Royal,** via Cavour 25 ☎ 931166, Fax 96664, ⩽ – 📳 📺 ☎ 🅿. 🆎 🕄 ⓞ 🄴 VISA. ⅍ rist
Pas carta 45/68000 – ⚏ 10000 – **31 cam** 120/150000 – ½ P 60/120000.

🏤 **Manila,** via Villagrande 3 ☎ 97137, 🍽 – 📺 ☎ 🅿. 🕄 🄴 VISA. ⅍ rist
chiuso dal 20 settembre al 20 dicembre – Pas carta 43/70000 – ⚏ 10000 – **14 cam** 70/110000 – ½ P 80/90000.

🍴🍴 **Santa Caterina,** piazza Santa Caterina 4 ☎ 97173, 🍽 – 🆎 🕄 ⓞ 🄴 VISA
chiuso lunedì e dall'8 novembre all'8 dicembre – Pas carta 40/81000.

🍴 **Cavetto,** piazza Santa Caterina 7 ☎ 97311, prenotare – 🆎 🕄 ⓞ 🄴 VISA
chiuso giovedì, dal 15 al 30 gennaio e dal 1° al 15 novembre – Pas carta 45/69000 (15 %).

🍴 Bri, piazza Bovani 13 ☎ 95391

VARENNA 22050 Como 988 ③, 428 D 9 – 803 ab. alt. 220 – ✿ 0341.

Vedere Giardini ★★ di villa Monastero.

⛴ per Bellagio (30 mn) e Menaggio (15 mn), giornalieri – Navigazione Lago di Como, via La Riva ☎ 830270.

Roma 642 – ◆Bergamo 55 – Chiavenna 45 – Como 51 – Lecco 22 – ◆Milano 78 – Sondrio 60.

🏨 Royal Victoria, ☎ 830102, Telex 326111, Fax 830722, ⩽, 🍽, 🐚, 🍽 – 📳 📺 ☎ – 🕍 90.
43 cam.

🏨 **Du Lac** ⧖, ☎ 830238, Fax 831081, ⩽, 🍽 – 📺 ☎ ⟵ 🅿. 🆎 🕄 ⓞ 🄴 VISA. ⅍ rist
chiuso gennaio e febbraio – Pas *(chiuso da ottobre a marzo)* 48000 – ⚏ 18000 – **17 cam** 140/225000, appartamento – ½ P 137/160000.

🍴 **Vecchia Varenna,** ☎ 830793, « Servizio estivo in terrazza sul porticciolo con ⩽ lago e monti » – 🆎 🕄 🄴 VISA
chiuso lunedì e gennaio – Pas carta 39/53000.

VARESE 21100 🅿 988 ③, 428 E 8 – 87 972 ab. alt. 382 – ✿ 0332.

Dintorni Sacro Monte ★★ : ⩽★★ NO : 8 km – Campo dei Fiori ★★ : ※★★ NO : 10 km.

🕳 (chiuso lunedì) a Luvinate ✉ 21020 ☎ 229302, Fax 222107, per ⑤ : 6 km.

🛈 piazza Monte Grappa 5 ☎ 283604 – viale Ippodromo 9 ☎ 284624.

A.C.I. viale Milano 25 ☎ 285150.

Roma 633 ④ – Bellinzona 65 ② – Como 27 ② – ◆Lugano 32 ② – ◆Milano 56 ④ – Novara 53 ③ – Stresa 48 ③.

676

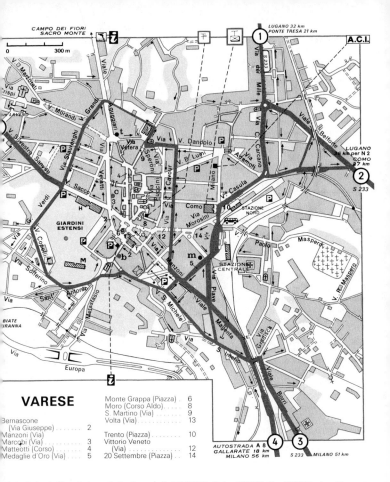

VARESE

Bernascone
(Via Giuseppe) 2
Manzoni (Via)
Marcobi (Via) 3
Matteotti (Corso) 4
Medaglie d'Oro (Via) 5

Monte Grappa (Piazza) . . 6
Moro (Corso Aldo) 8
S. Martino (Via) 9
Volta (Via) 13

Trento (Piazza) 10
Vittorio Veneto
(Via) 12
20 Settembre (Piazza) . . 14

Palace Hotel ≫, a Colle Campigli 𝒫 312600, Telex 380163, Fax 312870, ≤, « Parco », %̈ – ⌷⫶ 🔟 ☎ 𝐏 – 🕍 30 a 250. 𝔸𝔼 🛐 ◑ 🄴 𝘝𝘐𝘚𝘈. ⅋ rist   per ⑤
Pas 60000 – **108 cam** ⇆ 225/325000, 2 appartamenti – ½ P 155/250000.

City Hotel senza rist, via Medaglie d'Oro 35 𝒫 281304, Fax 232882 – ⌷⫶ 🔟 ☎ ㅤ 🚗 –
🕍 25 a 50. 𝔸𝔼 🛐 🄴 𝘝𝘐𝘚𝘈   m
⇆ 16000 – **47 cam** 145/204000.

Acquario senza rist, via Giusti 7 𝒫 811600, Fax 811780 – ▦ 🔟 ☎ 𝐏 – 🕍 50 a 200. 𝔸𝔼 🛐
◑ 🄴 𝘝𝘐𝘚𝘈   per ③
⇆ 12500 – **41 cam** 90/110000.

Europa e Rist. Da Vittorio, piazza Beccaria 1 𝒫 280170 e rist 𝒫 234312, Fax 234325,
㴢 – ⌷⫶ 🔟 ☎ 𝐏. 𝔸𝔼 🛐 🄴 𝘝𝘐𝘚𝘈   t
Pas *(chiuso venerdì)* carta 35/61000 – ⇆ 14000 – **33 cam** 80/100000 – ½ P 85/
115000.

✿ **Lago Maggiore,** via Carrobbio 19 𝒫 231183, Fax 231183, prenotare – ▦. 𝔸𝔼 🛐 ◑ 🄴
𝘝𝘐𝘚𝘈. ⅋   b
chiuso domenica, lunedì a mezzogiorno, 25-26 dicembre, 1° gennaio e luglio – Pas carta 55/
93000
Spec. Millefoglie alla trota salmonata, Ravioli alle melanzane, Controfiletto gratinato alle erbe. **Vini** Franciacorta bianco,
Sassella.

Antico Broletto, via Veratti 4 𝒫 236435, Solo piatti di pesce, Coperti limitati; prenotare
– ▦. 𝔸𝔼 🛐 ◑ 🄴 𝘝𝘐𝘚𝘈. ⅋   c
chiuso domenica ed agosto – Pas carta 66/116000.

XX **Montello,** via Montello 8 ℘ 286181, ⛱, ⛯ – Ⓟ. AE ⑤ ⓓ E VISA per viale Aguggiar
chiuso lunedì – Pas carta 38/62000.

XX **Teatro,** via Croce 3 ℘ 241124 – ▤. AE ⑤ ⓓ E VISA. ✻
chiuso martedì e dal 25 luglio al 25 agosto – Pas carta 33/73000.

XX **Al Vecchio Convento,** viale Borri 348 ℘ 261005, Fax 810701 – Ⓟ. AE ⑤ ⓓ E VISA. ✻
chiuso lunedì – Pas carta 40/57000. per ③

XX Ai Tigli, viale Valganna 128 ℘ 283170, prenotare per viale dei Mille

XX **Medusa,** via Giusti 7 ℘ 261380, Fax 261380, Rist. e pizzeria – ▤. AE. ✻ per ③
chiuso domenica, dal 25 dicembre al 7 gennaio ed agosto – Pas carta 31/51000.

X **Papik,** via Daverio 3 ℘ 312240 per via Sant' Antonio
chiuso giovedì – Pas carta 38/61000.

a Capolago SO : 5 km – ✉ **21100** Varese :

XX **Da Annetta,** ℘ 285420, ⛱ – Ⓟ. AE ⑤ E VISA. ✻
chiuso martedì sera, mercoledì e dall'8 al 20 agosto – Pas carta 39/52000.

Vedere anche : ***Induno Olona*** N : 4,5 km.
Azzate SO : 7 km.

VARESE LIGURE 19028 La Spezia 988 ⑬, 428 I 10 – 2 712 ab. alt. 353 – ☎ 0187.

Roma 457 – ♦Bologna 194 – ♦Genova 90 – ♦Milano 203 – ♦Parma 98 – Piacenza 139 – ♦La Spezia 59.

⌂ **Amici,** via Garibaldi 80 ℘ 842139, Fax 842168 – ☎ Ⓟ. AE ⑤ E VISA
chiuso dal 24 dicembre al 2 gennaio – Pas *(chiuso mercoledì)* 20/35000 – ☐ 6000 – **31 cam** 37/55000 – ½ P 40/47000.

VARIGOTTI 17029 Savona 428 J 7 – ☎ 019.

ℹ (maggio-settembre) via Aurelia 79 ℘ 698013.

Roma 567 – ♦Genova 68 – Imperia 58 – ♦Milano 191 – Savona 22.

⌂⌂ **Nik Mehari,** via Aurelia 104 ℘ 698096, Fax 698292, ⛱, ⛱ – |‡| ✕ ▤ TV ☎ ⇔ Ⓟ. AE ⑤ ⓓ E VISA. ✻ rist
Pas carta 56/80000 – ☐ 20000 – **40 cam** 120/200000 – ½ P 120/180000.

⌂⌂ **Al Saraceno,** via al Capo 2 ℘ 698092, Fax 6988199, ←, ⛱ – |‡| TV ☎ Ⓟ. AE ⑤ E VISA. ✻
giugno-settembre – Pas 40/90000 – ☐ 25000 – **58 cam** 240/300000.

XX ✿ **Muraglia-Conchiglia d'Oro,** via Aurelia 133 ℘ 698015, Solo piatti di pesce – AE ⑤ ⓓ E VISA. ✻
chiuso dal 15 dicembre al 15 gennaio, mercoledì e da ottobre a maggio anche martedì – Pas carta 60/90000
Spec. Fazzoletti di pasta ai gamberi, Buridda di mormora o di orata, Misto di crostacei alla griglia. **Vini** Pigato.

X **La Caravella,** via Aurelia 56 ℘ 698028, ← – Ⓟ. ⑤ E VISA. ✻
chiuso lunedì ed ottobre – Pas carta 41/64000.

Vedere anche : ***Finale Ligure*** O : 5 km.

VARNA (VAHRN) 39040 Bolzano 429 B 16 – 3 207 ab. alt. 670 – ☎ 0472.

Roma 683 – ♦Bolzano 42 – Cortina d'Ampezzo 107 – Trento 102.

⌂ **Clara,** ℘ 33777, Fax 35582, ← – |‡| TV ☎ Ⓟ. ⑤ E VISA. ✻ rist
chiuso dal 12 gennaio al 5 febbraio e dal 30 novembre al 22 dicembre – Pas carta 27/38000 – **30 cam** ☐ 58/104000 – ½ P 61/74000.

VARZO 28039 Novara 428 D 6, 217 ⑲ – 2 443 ab. alt. 568 – ☎ 0324.

Roma 711 – Domodossola 13 – Iselle 5 – ♦Milano 135 – Novara 104 – ♦Torino 176.

a San Domenico NO : 11 km – alt. 1 420 – ✉ **28039** Varzo :

⌂ **Cuccini** ⛰, ℘ 7061, ←, ⛯ – Ⓟ. ✻
20 dicembre-10 aprile e giugno-settembre – Pas *(chiuso mercoledì)* carta 29/48000 (10%) – ☐ 8000 – **22 cam** 37/70000 – ½ P 55/62000.

VASANELLO 01030 Viterbo 430 O 19 – 3 606 ab. alt. 265 – ☎ 0761.

Roma 85 – ♦Perugia 106 – Terni 39 – Viterbo 36.

X **Il Sassolino,** via Cesare Battisti 6 ℘ 409558 – ✻
chiuso lunedì e dal 20 agosto al 10 settembre – Pas carta 24/37000.

VASON Trento – Vedere Bondone (Monte).

VASTO 66054 Chieti 988 ㉗, 430 P 26 – 33 998 ab. alt. 144 – a.s. 20 giugno-agosto – ☎ 0873.

⛴ da Punta Penna per le Isole Tremiti giugno-settembre giornaliero (2 h 45 mn) – Adriatica di Navigazione-agenzia Massacesi, piazza Diomede 3 ℘ 362680, Telex 600205, Fax 69380.

ℹ piazza del Popolo 18 ℘ 2312.

Roma 271 – L'Aquila 166 – Campobasso 96 – Chieti 75 – ♦Foggia 118 – ♦Pescara 68.

XX Le Cisterne, vico del Moschetto 10/12 *&* 362926, Solo piatti di pesce

XX **Delle Lame,** piazza San Pietro 29 *&* 364081, ≤, Solo piatti di pesce, Coperti limitati; prenotare – ▲ 🕦 ⓞ Ε 𝘝𝘐𝘚𝘈 ⚘
chiuso mercoledì escluso luglio-agosto – Pas carta 51/87000.

X **Lo Scudo,** via Garibaldi 39 *&* 367782, 🏠 – ▲ 🕦 ⓞ Ε 𝘝𝘐𝘚𝘈
chiuso dal 24 dicembre al 3 gennaio e martedì in bassa stagione – Pas carta 45/55000.

VASTO (Marina di) 66055 Chieti 𝟺𝟹𝟶 P 26 – a.s. 20 giugno-agosto – 🕾 0873.

◀ (15 giugno-settembre) rotonda lungomare Dalmazia *&* 801751.

Roma 275 – Chieti 78 – ◆Pescara 74 – Vasto 3.

🏠 **Baiocco,** viale Dalmazia 137 *&* 801976, Fax 802211, 🐜 – 🕥 🕿 🅿. ▲ 🕦 𝘝𝘐𝘚𝘈. ⚘ rist
Pas carta 26/35000 – ⇋ 8000 – **32 cam** 65/90000 – ½ P 65/80000.

🏠 **Caravel** senza rist, viale Dalmazia 124 *&* 801477, 🐜 – 📳 ⊜ 🅿. ▲ 🕦 ⓞ Ε 𝘝𝘐𝘚𝘈. ⚘
⇋ 6000 – **18 cam** 80000.

sulla strada statale 16 :

🏠🏠 **Sabrina,** S : 1,5 km ⊠ 66055 *&* 802020, Fax 802211, ≤, 🐜 – ▤ rist 🕥 🕿 🅿 – 🔏 100.
▲ 🕦 Ε 𝘝𝘐𝘚𝘈. ⚘
Pas 20/25000 – ⇋ 8000 – **73 cam** 85000 – ½ P 75/80000.

🏠🏠 **Sporting,** S : 2,5 km ⊠ 66055 *&* 801404, Fax 801404, « Terrazza-giardino fiorita », ⚘ –
⊜ 🐜 🅿. ▤ rist 🅿. ▲ 🕦 ⓞ Ε 𝘝𝘐𝘚𝘈. ⚘
Pas carta 30/46000 – ⇋ 7000 – **22 cam** 85000 – ½ P 72/78000.

🏠 **Rio,** S : 2 km ⊠ 66055 *&* 801409, Fax 801960, ≤ – ▤ 🕥 🕿 🅿 – 🔏 30 a 400. ▲ 🕦 Ε 𝘝𝘐𝘚𝘈.
⚘
Pas 25/30000 – ⇋ 6000 – **58 cam** 90000 – ½ P 70/80000.

XXX **Villa Vignola** 🍴 con cam, località Vignola N : 6 km ⊠ 66054 Vasto *&* 310050,
Fax 310060, ≤, 🏠, prenotare, 🏖 – ⚘ rist 🕥 🕿 🅿. ▲ 🕦 Ε 𝘝𝘐𝘚𝘈. ⚘
chiuso dal 21 al 28 dicembre – Pas carta 50/65000 – **5 cam** ⇋ 250000, appartamento.

XX ⚙ **Il Corsaro,** località Punta Penna-Porto di Vasto N : 8 km ⊠ 66054 Vasto *&* 310113, ≤,
🏠, Solo piatti di pesce, prenotare, 🐜 – 🅿. ▲ 🕦 Ε 𝘝𝘐𝘚𝘈. ⚘
chiuso lunedì – Pas carta 55/80000 (10 %)
Spec. Sauté di vongole veraci, Calamaretti in padella, Brodetto di pesce. **Vini** Trebbiano.

Per visitare una città o una regione : utilizzate le guide Verdi Michelin.

VEDOLE Parma – Vedere Colorno.

VELESO 22020 Como 𝟺𝟸𝟾 E 9, 𝟸𝟷𝟿 ⑨ – 234 ab. alt. 828 – 🕾 031.

Roma 649 – Como 24 – ◆Milano 72.

X **Bella Vista** 🍴 con cam, *&* 917920, « Servizio estivo in terrazza con ≤ su lago e monti »
– 🅿. ⚘ rist
Pas *(chiuso martedì)* carta 25/40000 – ⇋ 8000 – **11 cam** 32/65000 – ½ P 38/45000.

VELLETRI 00049 Roma 𝟿𝟾𝟾 ㉖, 𝟺𝟹𝟶 Q 20 – 46 152 ab. alt. 352 – 🕾 06.

Escursioni Castelli romani★★ NO per la via dei Laghi o per la strada S 7, Appia Antica (circuito di 60 km).

◀ viale dei Volsci 8 *&* 9630896, Fax 9633367.

Roma 40 – Anzio 43 – Frosinone 61 – Latina 29 – Terracina 63 – Tivoli 56.

XX **Da Benito,** via Lata 241 *&* 9632220 – ▲ 🕦 ⓞ Ε 𝘝𝘐𝘚𝘈. ⚘
chiuso lunedì ed agosto – Pas carta 30/55000.

VELLO Brescia – alt. 190 – ⊠ 25054 Marone – 🕾 030.

Roma 591 – ◆Brescia 34 – ◆Milano 100.

X **Glisenti,** *&* 987222, Specialità pesce di lago – ⚘
chiuso giovedì e gennaio – Pas carta 30/41000.

VENAFRO 86079 Isernia 𝟿𝟾𝟾 ㉗, 𝟺𝟹𝟶 R 24, 𝟺𝟹𝟷 C 24 – 9 880 ab. alt. 220 – 🕾 0865.

Roma 147 – Avezzano 149 – Benevento 85 – Isernia 28 – ◆Napoli 86.

🏠🏠 **Venafro Palace Hotel,** strada statale 85 (S : 1 km) *&* 900182, Fax 903709 – 📳 ▤ 🕥 🕿
🅿 – 🔏 100. ▲ 🕦 ⓞ Ε 𝘝𝘐𝘚𝘈. ⚘
Pas carta 54/77000 – **50 cam** ⇋ 150/200000.

VENEGONO INFERIORE 21040 Varese 𝟺𝟸𝟾 E 8, 𝟸𝟷𝟿 ⑱ – 5 713 ab. alt. 327 – 🕾 0331.

Roma 618 – Como 23 – ◆Milano 42 – Varese 14.

XX Aero Club, all'aeroporto *&* 864292, ≤, prenotare – 🅿.

Vedere Piazza San Marco★★★ FGZ :
Basilica★★★ GZ – Palazzo Ducale★★★ GZ – Campanile★★ : ✳★★ FGZ **F** – Procuratie★★ FZ
Libreria Vecchia★ GZ – Museo Correr★ FZ **M** – Torre dell'Orologio★ FZ **K** – Ponte dei Sospiri★
GZ.
Canal Grande★★★ :
Ponte di Rialto★ FY – Riva destra : Cà d'Oro★★★ : galleria Franchetti★★ EX – Palazzo Vendra-
min-Calergi★★ BT **R** – Cà Loredan★★ EY **H** – Palazzo Grimani★★ EY **Q** – Palazzo Corner
Spinelli★★ BTU **D** – Palazzo Grassi★★ BU **M5** – Riva sinistra : galleria dell'Accademia★★ BV
Palazzo Dario★★ BV **S** – Collezione Peggy Guggenheim★★ nel palazzo Venier dei Leoni BV **M2** –
Palazzo Rezzonico★★ : Museo del Settecento Veneziano AU **M3** – Palazzo Giustinian★★ AU **X** –
Cà Foscari★★ AU **Y** – Palazzo Bernardo★★ BT **Z** – Palazzo dei Camerlenghi★★ FX **A** – Palazzo
Pesaro★★ : museo d'arte moderna★ EX.
Chiese :
Santa Maria della Salute★★ : Nozze di Cana★★★ del Tintoretto BV – San Giorgio Maggiore★★
✳★★★ dal campanile★★ CV – San Zanipolo★★ : polittico★★★ di San Vincenzo Ferrari, soffit-
to★★★ della cappella del Rosario GX – Santa Maria Gloriosa dei Frari★★ : opere di Tiziano★★★
AT – San Zaccaria★ : pala★★★ del Bellini, pale★★ del Vivarini e di Ludovico da Forlì GZ –
Decorazione interna★★ del Veronese nella chiesa di San Sebastiano AU – Dipinti★ del Guardo
nella chiesa dell'Angelo Raffaele AU – Soffitto★ della chiesa di San Pantaleone AT – Santa
Maria dei Miracoli★ GX – Madonna col Bambino★ nella chiesa di San Francesco della Vigna D
– Madonna col Bambino★ nella chiesa del Redentore (isola della Giudecca) AV.
Scuola di San Rocco★★★ AT – Scuola di San Giorgio degli Schiavoni★ : dipinti★★ del Carpaccio
DT – Scuola dei Carmini : dipinti del Tiepolo★★ AU – Palazzo Querini-Stampalia★ GY – Rio de
Mendicanti★ GX – Facciata★ della scuola di San Marco GX – Affreschi★ del Tiepolo nel palazzo
Labia AT.
Lido★★ – Murano★★ : museo Vetrario★★★, chiesa dei Santi Maria e Donato★★ – Burano★★ –
Torcello★★ : mosaici★★★ nella cattedrale di Santa Maria Assunta★★, portico esterno★★ e
colonne★★ all'interno della chiesa di Santa Fosca★.

🏌 (chiuso lunedì) al Lido Alberoni ⊠ 30011 🕿 731333, Fax 731339, 15 mn di vaporetto e 9 km.

🏌 e 🏌 Cà della Nave (chiuso martedì) a Martellago ⊠ 30030 🕿 5401555, Fax 5401926, NO
12 km;

🏌 e 🏌 Villa Condulmer (chiuso lunedì) a Zerman ⊠ 21021 🕿 457062, Fax 457202, N : 17 km.

✈ Marco Polo di Tessera, NE : 13 km 🕿 661262 – Alitalia, San Marco-Bacino Orseolo 1164
⊠ 30124 🕿 5216333.

🚢 da piazzale Roma (Tronchetto) per il Lido-San Nicolò giornalieri (35 mn); da Riva degli
Schiavoni per Punta Sabbioni giornalieri (40 mn); dal Lido Alberoni per l'Isola di Pellestrina
Santa Maria del Mare giornalieri (1 h 15 mn); dalle Fondamenta Nuove per le Isole di Murano
(10 mn), Burano (40 mn), Torcello (45 mn), giornalieri; dalle Fondamenta Nuove per Treporti c
Cavallino giornalieri (1 h 10 mn) – Informazioni: ACTV-Azienda Consorzio Trasporti Veneziano
piazzale Roma ⊠ 30135 🕿 5287886, Fax 5207135.

🛈 San Marco Ascensione 71/c ⊠ 30124 🕿 5226356 – Stazione Santa Lucia ⊠ 30121 🕿 719078.

A.C.I. fondamenta Santa Chiara 518/a ⊠ 30125 🕿 5200300.

Roma 528 ① – ♦Bologna 152 ① – ♦Milano 267 ① – ♦Trieste 158 ①.

Piante pagine seguenti

🏨 **Cipriani** ⍤, isola della Giudecca 10 ⊠ 30133 🕿 5207744, Telex 410162, Fax 5203930, ≤
🏭, « Giardino fiorito con ⌟ riscaldata », ⊑, ※ – 🛗 ▤ 📺 🕿 – 🔬 100. 🆎 🕄 ⓞ 🅴 🆅🆂🅰
※ CV **r**
Pas (marzo-novembre) carta 110/160000 – **98 cam** ⊆ 679/881000, 7 appartamenti.

🏨 **Gritti Palace**, campo Santa Maria del Giglio 2467 ⊠ 30124 🕿 794611, Telex 410125
Fax 5200942, ≤ Canal Grande, « Servizio rist. estivo all'aperto sul Canal Grande » – 🛗 ▤
📺 🕿 ᴧ – 🔬 50. 🆎 🕄 ⓞ 🅴 🆅🆂🅰 ※ EZ **a**
Pas carta 120/170000 – ⊆ 31000 – **88 cam** 476/667000, 2 appartamenti.

🏨 **Danieli**, riva degli Schiavoni 4196 ⊠ 30122 🕿 5226480, Telex 410077, Fax 5200208, ≤
canale di San Marco, « Hall in cortile stile veneziano e servizio rist. estivo in terrazza
panoramica » – 🛗 ▤ 📺 🕿 – 🔬 70 a 150. 🆎 🕄 ⓞ 🅴 🆅🆂🅰 ※ GZ **a**
Pas carta 112/177000 – ⊆ 29000 – **222 cam** 417/619000, 6 appartamenti.

🏨 **Bauer Grünwald**, campo San Moisè 1459 ⊠ 30124 🕿 5231520, Telex 410075
Fax 5207557, ≤ Canal Grande, 🏭 – 🛗 ▤ 📺 🕿 – 🔬 25 a 180. 🆎 🕄 ⓞ 🅴 🆅🆂🅰 ※ rist
Pas carta 100/130000 – **214 cam** ⊆ 340/540000, 3 appartamenti. FZ **h**

🏨 **Londra Palace**, riva degli Schiavoni 4171 ⊠ 30122 🕿 5200533, Telex 420681
Fax 5225032, ≤ canale di San Marco – 🛗 ▤ 📺 🕿 – 🔬 100. 🆎 🕄 ⓞ 🅴 🆅🆂🅰 ※ GZ **i**
Pas vedere rist Les Deux Lions – ⊆ 18000 – **69 cam** 241/385000.

🏨 **Europa e Regina**, calle larga 22 Marzo 2159 ⊠ 30124 🕿 5200477, Telex 410123
Fax 5231533, ≤ Canal Grande, « Servizio rist. estivo all'aperto sul Canal Grande » – 🛗 ▤
📺 🕿 ᴧ – 🔬 30 a 140. 🆎 🕄 ⓞ 🅴 🆅🆂🅰 ※ rist FZ **d**
Pas 85/90000 – ⊆ 26500 – **192 cam** 322/536000, 13 appartamenti.

🏨 **Monaco e Grand Canal**, calle Vallaresso 1325 ⊠ 30124 🕿 5200211, Telex 410450
Fax 5200501, ≤ Canal Grande e Chiesa di Santa Maria della Salute, « Servizio rist. estivo
all'aperto sul Canal Grande » – 🛗 ▤ 📺 🕿 ᴧ – 🔬 40. 🆎 🕄 ⓞ 🅴 🆅🆂🅰 ※ rist FZ **e**
Pas al Rist. **Grand Canal** carta 85/130000 – **70 cam** ⊆ 280/420000, 2 appartamenti.

VENEZIA

🏨🏨 **Metropole,** riva degli Schiavoni 4149 ⊠ 30122 ℰ 5205044, Telex 410340, Fax 5223679, ≤ canale di San Marco, « Collezioni di piccoli oggetti d'epoca » – 📳 🗐 ☎ – 🔬 40. 🖭 🕄 ⓞ ᴇ ₩₩. DU **t**
Pas 42000 – **74 cam** ⊑ 350/398000 – ½ P 240/331000.

🏨🏨 **Luna Hotel Baglioni,** calle larga dell'Ascensione 1243 ⊠ 30124 ℰ 5289840, Telex 410236, Fax 5287160 – 📳 ⇆ cam 🗐 🗹 ☎ – 🔬 30 a 150. 🖭 🕄 ⓞ ᴇ ₩₩. 🍴 rist
Pas carta 68/99000 – **109 cam** ⊑ 290/510000, 6 appartamenti. FZ **p**

🏨🏨 **Pullman Park Hotel,** giardini Papadopoli ⊠ 30125 ℰ 5285394, Telex 410310, Fax 5230043 – 📳 🗐 🗹 ☎ – 🔬 60. 🖭 🕄 ⓞ ᴇ ₩₩. 🍴
Pas carta 71/118000 – **100 cam** ⊑ 210/320000. AT **k**

🏨🏨 Starhotel Splendid-Suisse, San Marco-Mercerie 760 ⊠ 30124 ℰ 5200755, Telex 410590, Fax 5286498 – 📳 🗐 🗹 ☎ – 🔬 80. FY **n**
157 cam.

🏨 **Bellini** senza rist, Cannaregio 116-Lista di Spagna ⊠ 30121 ℰ 5242488, Fax 715193 – 📳 🗐 🗹 ☎. 🖭 🕄 ᴇ ₩₩. 🍴 AT **f**
65 cam ⊑ 205/300000, 3 appartamenti.

🏨 **Amadeus,** lista di Spagna 227 ⊠ 30121 ℰ 715300, Telex 420811, Fax 5240841, « Giardino » – 📳 🗐 🗹 ☎ – 🔬 40 a 150. 🖭 🕄 ⓞ ᴇ ₩₩. 🍴 AT **b**
Pas *(chiuso mercoledì)* 50/70000 – ⊑ 18000 – **63 cam** 240/340000, 3 appartamenti – ½ P 210/280000.

🏨 **Saturnia-International e Rist. Il Cortile,** calle larga 22 Marzo 2398 ⊠ 30124 ℰ 5208377, Telex 410355, Fax 5207131, 🏤, « Palazzo patrizio del 14° secolo » – 📳 🗐 🗹 ☎ – 🔬 60. 🖭 🕄 ⓞ ᴇ ₩₩. 🍴 rist EZ **n**
Pas *(chiuso mercoledì)* carta 67/102000 – **95 cam** ⊑ 250/380000 – ½ P 220/260000.

🏨 **Gabrielli Sandwirth,** riva degli Schiavoni 4110 ⊠ 30122 ℰ 5231580, Telex 410228, Fax 5209455, ≤ canale di San Marco, « Cortiletto e giardino » – 📳 🗐 🗹 ☎. 🖭 🕄 ⓞ ᴇ ₩₩. 🍴 rist DU **b**
chiuso dal 23 novembre al 10 febbraio – Pas 40/60000 – **100 cam** ⊑ 250/395000 – ½ P 120/295000.

🏨 **La Fenice et des Artistes** senza rist, campiello de la Fenice 1936 ⊠ 30124 ℰ 5232333, Telex 411150, Fax 5203721 – 📳 🗐 🗹 ☎. 🕄 ᴇ ₩₩ EZ **v**
65 cam ⊑ 160/230000, 3 appartamenti.

🏨 **Cavalletto e Doge Orseolo,** calle del Cavalletto 1107 ⊠ 30124 ℰ 5200955, Telex 410684, Fax 5238184, ≤ – 📳 🗐 🗹 ☎. 🖭 🕄 ⓞ ᴇ ₩₩. 🍴 rist FZ **f**
Pas carta 60/97000 – **79 cam** ⊑ 250/350000.

🏨 **Rialto,** riva del Ferro 5149 ⊠ 30124 ℰ 5209166, Telex 420809, Fax 5238958 – 🗐 🗹 ☎. 🖭 🕄 ᴇ ₩₩. 🍴 FY **v**
Pas *(chiuso giovedì e da novembre al 15 marzo)* carta 35/72000 (12 %) – **71 cam** ⊑ 210/294000.

🏨 **Concordia** senza rist, calle larga San Marco 367 ⊠ 30124 ℰ 5206866, Telex 411069, Fax 5206775 – 📳 🗐 🗹 ☎. 🖭 🕄 ⓞ ᴇ ₩₩ GZ **r**
55 cam ⊑ 220/330000.

🏨 **Flora** 🌱 senza rist, calle larga 22 Marzo 2283/a ⊠ 30124 ℰ 5205844, Telex 410401, Fax 5228217, « Piccolo giardino fiorito » – 📳 🗐 ☎. 🖭 🕄 ⓞ ᴇ ₩₩ EZ **t**
44 cam ⊑ 165/220000, 🗐 18000.

🏨 **Santa Chiara** senza rist, Santa Croce 548 ⊠ 30125 ℰ 5206955, Telex 420690, Fax 5228799 – 📳 🗐 ☎. 🖭 🕄 ⓞ ᴇ ₩₩. 🍴 AT **c**
28 cam ⊑ 160/220000.

🏨 **San Cassiano** senza rist, Santa Croce 2232 ⊠ 30125 ℰ 5241768, Telex 420810, Fax 721033, ≤ – 🗐 ☎. 🖭 🕄 ᴇ ₩₩ EX **f**
35 cam ⊑ 165/252000.

🏨 **Ala** senza rist, campo Santa Maria del Giglio 2494 ⊠ 30124 ℰ 5208333, Telex 410275, Fax 5206390 – 📳 🗐 🗹 ☎. 🖭 🕄 ⓞ ᴇ ₩₩. 🍴 EZ **e**
85 cam ⊑ 150/212000.

🏨 **Panada** senza rist, San Marco-calle dei Specchieri 646 ⊠ 30124 ℰ 5209088, Telex 410153, Fax 5209619 – 📳 🗐 ☎. 🖭 🕄 ⓞ ᴇ ₩₩ GY **v**
47 cam ⊑ 150/220000.

🏨 **Pausania** senza rist, Dorsoduro 2824-fondamenta Gherardini ⊠ 30123 ℰ 5222083, Telex 420178 – 🗐 🗹 ☎. 🖭 🕄 ᴇ ₩₩ AU **a**
24 cam ⊑ 155/220000.

🏨 **Savoia e Jolanda,** riva degli Schiavoni 4187 ⊠ 30122 ℰ 5206644, Telex 410620, Fax 5207494, ≤ canale di San Marco, 🏤 – 📳 🗐 ☎. 🖭 🕄 ⓞ ᴇ ₩₩. 🍴 rist GZ **x**
Pas *(chiuso martedì)* 37000 – **78 cam** ⊑ 160/220000 – ½ P 103/200000.

🏨 **Bisanzio** 🌱 senza rist, calle della Pietà 3651 ⊠ 30122 ℰ 5203100, Telex 420099, Fax 5204114 – 📳 🗐 🗹 ☎. 🖭 🕄 ⓞ ᴇ ₩₩ DU **d**
39 cam ⊑ 160/220000.

🏨 **Torino** senza rist, calle delle Ostreghe 2356 ⊠ 30124 ℰ 5205222, Fax 5228227 – 🗐 ☎. 🖭 🕄 ⓞ ᴇ ₩₩ EZ **z**
20 cam ⊑ 145/220000.

681

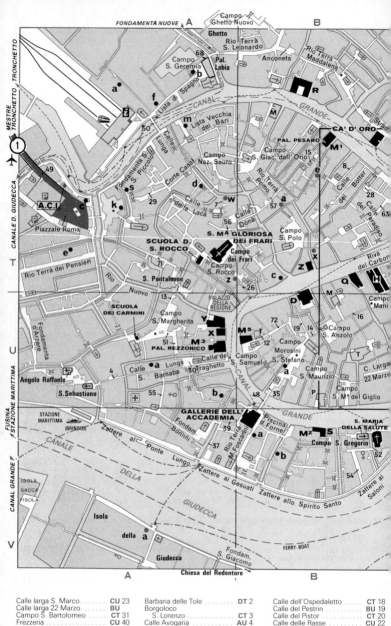

Calle larga S. Marco	**CU**	23
Calle larga 22 Marzo	**BU**	
Campo S. Bartolomeo	**CT**	31
Frezzeria	**CU**	40
Merceria del Capitello	**CT**	42
Merceria dell'Orologio	**CT**	43
Merceria S. Salvador	**CT**	44
Merceria S. Zulian	**CT**	45
Piazza S. Marco	**CU**	
Ponte di Rialto	**CT**	
Ruga degli Orefici	**CT**	62
Salizzada S. Moisè	**CU**	70
Via 2 Aprile	**CT**	74

Barbaria delle Tole	**DT**	2
Borgoloco		
S. Lorenzo	**CT**	3
Calle Avogaria	**AU**	4
Calle del Caffettier	**AT**	7
Calle del Campanile	**BT**	8
Calle di Canonica	**CU**	9
Calle delle Carrozze	**BU**	12
Calle della Chiesa	**AU**	13
Calle dei Frati	**BU**	14
Calle Longo	**BT**	15
Calle della Mandola	**BU**	16
Calle Larga Mazzini	**CT**	17

Calle dell'Ospedaletto	**CT**	18
Calle del Pestrin	**BU**	19
Calle del Pistor	**CT**	20
Calle delle Rasse	**CU**	22
Calle lunga		
S. M. Formosa	**CT**	24
Calle del Te Deum	**DT**	25
Calle del Traghetto		
Vecchio	**BY**	26
Campo Bandiera e Moro	**DU**	27
Campo delle Beccarie	**BT**	28
Campo della Lana	**AT**	29
Campo S. Barnaba	**AU**	30

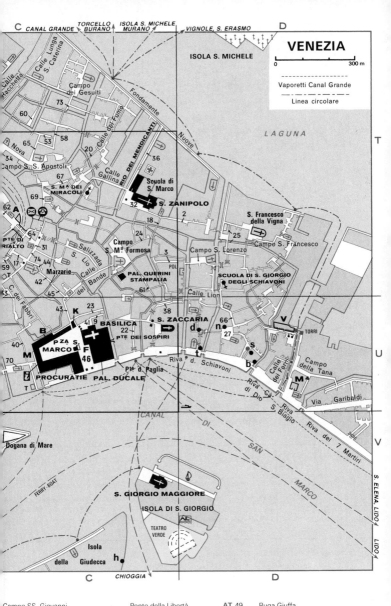

VENEZIA

0   300 m

---- Vaporetti Canal Grande

---·--- Linea circolare

Campo SS. Giovanni			Ponte della Libertà	**AT** 49	Ruga Giuffa	
e Paolo	**CT** 32		Ponte degli Scalzi	**AT** 50	S. M. Formosa	**CT** 61
Campo S. Luca	**CT** 33		Rio Terrà Canal	**AU** 51	Ruga Vecchia S. Giovanni	**BT** 63
Campo S. Sofia	**CT** 34		Rio Terrà dei		Salizzada Pio X	**CT** 64
Campo S. Vidal	**BU** 35		Catecumeni	**BV** 52	Salizzada del Pistor	**CT** 65
Fondamenta			Rio Terrà dei Franceschi	**CT** 53	Salizzada S. Antonin	**DU** 66
dei Mendicanti	**CT** 36		Rio Terrà dei Saloni	**BV** 54	Salizzada S. Canciano	**CT** 67
Fondamenta Nani	**AV** 37		Rio Terrà Ognissanti	**AU** 55	Salizzada S. Geremia	**AT** 68
Fondamenta dell'Osmarin	**CU** 38		Rio Terrà S. Stin	**BT** 56	Salizzada S. Giovanni	
Fondamenta Priuli	**AV** 39		Rio Terrà Secondo	**BT** 57	Crisostomo	**CT** 69
Piazzetta dei Leoncini	**CU** 41		Rio Terrà SS. Apostoli	**CT** 58	Salizzada S. Pantaleone	**AT** 71
Piazzetta S. Marco	**CU** 46		Riva del Ferro	**CT** 59	Salizzada S. Samuel	**BU** 72
Ponte dell'Accademia	**BU** 48		Ruga Due Pozzi	**CT** 60	Salizzada Seriman	**CT** 73

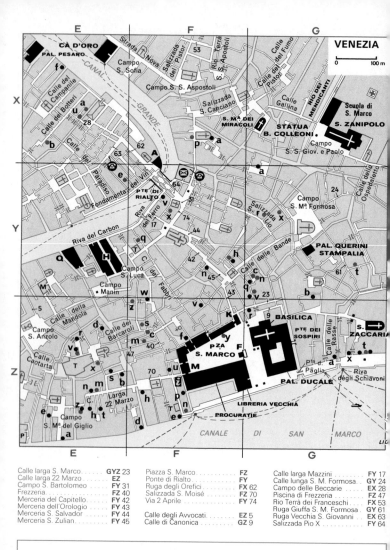

VENEZIA

0   100 m

Calle larga S. Marco	**GYZ** 23	Piazza S. Marco	**FZ**	Calle larga Mazzini	**FY** 17
Calle larga 22 Marzo	**EZ**	Ponte di Rialto	**FY**	Calle lunga S. M. Formosa	**GY** 24
Campo S. Bartolomeo	**FY** 31	Ruga degli Orefici	**FX** 62	Campo delle Beccarie	**EX** 28
Frezzeria	**FZ** 40	Salizzada S. Moisè	**FZ** 70	Piscina di Frezzeria	**FZ** 47
Merceria del Capitello	**FY** 42	Via 2 Aprile	**FY** 74	Rio Terrà dei Franceschi	**FX** 53
Merceria dell'Orologio	**FY** 43			Ruga Giuffa S. M. Formosa	**GY** 61
Merceria S. Salvador	**FY** 44	Calle degli Avvocati	**EZ** 5	Ruga Vecchia S. Giovanni	**EX** 63
Merceria S. Zulian	**FY** 45	Calle di Canonica	**GZ** 9	Salizzada Pio X	**FY** 64

Castello senza rist, Castello-calle Figher 4365 ✉ 30122 ✆ 5230217, Telex 420659, Fax 5211023 – ▤ TV ☎. AE ⓢ ⓞ E VISA. ✻ GY **b**
26 cam ☐ 160/230000.

Casanova senza rist, San Marco-Frezzeria 1284 ✉ 30124 ✆ 5206855, Telex 420804, Fax 5206413 – |ǂ| ▤ TV ☎. AE ⓢ ⓞ E VISA FZ **u**
43 cam ☐ 160/230000, 3 appartamenti.

Gardena senza rist, fondamenta dei Tolentini 239 ✉ 30135 ✆ 5235549, Fax 5220782 – |ǂ| ▤ TV ☎. AE ⓢ ⓞ E VISA AT **s**
22 cam ☐ 140/205000.

Montecarlo senza rist, calle dei Specchieri 463 ✉ 30124 ✆ 5207144, Telex 411098, Fax 5207789 – |ǂ| ▤ ☎. AE ⓢ ⓞ E VISA GY **q**
48 cam ☐ 200/240000.

Do Pozzi, calle larga 22 Marzo 2373 ✉ 30124 ✆ 5207855, Telex 420042, Fax 5229413 – |ǂ| ▤ TV ☎. AE ⓢ ⓞ E VISA EZ **h**
Pas vedere rist Da Raffaele – **29 cam** ☐ 150/212000 – ½ P 136/180000.

American senza rist, San Vio 628 ✉ 30123 ✆ 5204733, Telex 410508, Fax 5204048 – ▤ TV ☎. AE ⓢ ⓞ E VISA BV **b**
29 cam ☐ 170/230000.

Kette senza rist, San Marco-piscina San Moisè 2053 ✉ 30124 ✆ 5207766, Telex 420653, Fax 5228964 – |ǂ| ▤ TV ☎. AE ⓢ ⓞ E VISA. ✻ EZ **s**
44 cam ☐ 154/220000.

Olimpia senza rist, Santa Croce 395-fondamenta delle Burchielle ✉ 30135 ✆ 5226141, Telex 420847, Fax 5220945, ⛱ – |ǂ| ▤ TV ☎. AE ⓢ ⓞ E VISA. ✻ AT **e**
☐ 18000 – **31 cam** 137/174000.

Abbazia senza rist, calle Priuli 68 ✉ 30121 ✆ 717333, Telex 420680, Fax 717949, ⛱ – ▤ TV ☎ ♿. AE ⓢ ⓞ E VISA. ✻ AT **a**
36 cam ☐ 150/190000.

Santa Marina senza rist, campo Santa Marina 6068 ✉ 30122 ✆ 5239202, Fax 5200907 – ▤ TV ☎. AE ⓢ ⓞ E VISA. ✻ GXY **a**
20 cam ☐ 160/230000.

Al Malibran, Cannaregio-corte del Milion 5864 ✉ 30131 ✆ 5228028, Telex 420337, Fax 5239243 – |ǂ| ☎ FX **a**
29 cam.

San Moisè senza rist, San Marco 2058 ✉ 30124 ✆ 5203755, Telex 420655 – ▤ TV ☎. AE ⓢ ⓞ E VISA EZ **b**
16 cam ☐ 165/230000.

Ateneo senza rist, San Marco 1876-calle Minelli ✉ 30124 ✆ 5200777, Fax 5228550 – ▤ TV ☎. AE ⓢ E VISA EZ **d**
20 cam ☐ 164/222000.

Nuovo Teson senza rist, calle de la Pescaria 3980 ✉ 30122 ✆ 5205555, Fax 5285335 – ☏. AE ⓢ E VISA DU **s**
30 cam ☐ 140000.

Carpaccio senza rist, San Polo-calle Corner 2765 ✉ 30125 ✆ 5235946, Fax 5242134, ≤ Canal Grande – ☎. ⓢ E VISA BT **c**
19 marzo-15 novembre – **17 cam** ☐ 130/198000.

San Stefano senza rist, San Marco-campo San Stefano 2957 ✉ 30124 ✆ 5200166, Fax 5224460 – |ǂ| ▤ TV ☎. ⓢ E VISA. ✻ BU **a**
chiuso dall'11 gennaio al 12 febbraio – **11 cam** ☐ 140/190000, ▤ 10000.

Agli Alboretti, Accademia 884 ✉ 30123 ✆ 5230058, ⛱ – ☎. AE ⓢ E VISA. ✻ rist
chiuso dal 6 gennaio al 18 febbraio – Pas *(chiuso a mezzogiorno, mercoledì e dal 1° al 21 agosto)* carta 45/71000 (10 %) – **19 cam** ☐ 120/160000 – ½ P 120/160000. BV **a**

San Zulian senza rist, San Marco 535 ✉ 30124 ✆ 5225872, Fax 5232265 – ▤ TV ☎. AE ⓢ ⓞ E VISA FY **h**
18 cam ☐ 120/160000.

Paganelli senza rist, riva degli Schiavoni 4687 ✉ 30122 ✆ 5224324, Fax 5239267 – ▤ ☎. AE ⓢ E VISA. ✻ GZ **t**
22 cam ☐ 100/150000.

Accademia senza rist, Dorsoduro-fondamenta Bollani 1058 ✉ 30123 ✆ 5237846, Fax 5239152, « Giardino » – ☎. AE ⓢ ⓞ E VISA. ✻ AU **b**
27 cam ☐ 120/200000.

La Residenza senza rist, campo Bandiera e Moro 3608 ✉ 30122 ✆ 5285315, Fax 5238859, « Edificio del 14° secolo » – ▤ TV ☎. AE ⓢ ⓞ E VISA. ✻ DU **n**
chiuso dall'8 gennaio al 20 febbraio e dal 10 novembre al 7 dicembre – **15 cam** ☐ 95/145000, ▤ 10000.

Basilea senza rist, rio Marin 817 ✉ 30135 ✆ 718477, Telex 420320, Fax 720851 – ☏. ⓢ VISA. ✻ AT **d**
30 cam ☐ 120/180000.

🏠 **Serenissima** senza rist, calle Goldoni 4486 ⊠ 30124 𝒫 5200011, Fax 5223292 – 📺 ☎. 🆎
🏦 **E** *VISA*
20 febbraio-17 novembre – **34 cam** ⊑ 95/150000.
FYZ **w**

🏠 **San Fantin** senza rist, campiello de la Fenice 1930/a ⊠ 30124 𝒫 5231401 – 🏦 **E** *VISA*. ❀
aprile-10 novembre – **14 cam** ⊑ 120/150000.
EZ **t**

🏠 **Ai 2 Fanali** senza rist, campo San Simeon Grando 946 ⊠ 30135 𝒫 718490, Fax 718344 –
☎. 🆎 🏦 ⓪ **E** *VISA*
chiuso dall'8 al 26 dicembre e da febbraio a Carnevale – **16 cam** ⊑ 80/140000.
AT **m**

🏠 **Astoria** senza rist, calle Fiubera 951 ⊠ 30124 𝒫 5225381, Fax 5200771 – 🆎 🏦 ⓪ **E** *VISA*
❀
15 marzo-15 novembre – **28 cam** ⊑ 90/135000.
FZ **v**

XXXX **Caffè Quadri,** piazza San Marco 120 ⊠ 30124 𝒫 5289299, Fax 5208041 – 🆎 🏦 ⓪ **E**
VISA. ❀
chiuso lunedì e dal 3 al 20 agosto – Pas carta 84/108000.
FZ **y**

XXXX **Antico Martini,** campo San Fantin 1983 ⊠ 30124 𝒫 5224121, Fax 5289857, 🏛 – 📺. 🆎
🏦 ⓪ **E** *VISA*. ❀
chiuso a mezzogiorno dal 24 novembre a marzo – Pas carta 68/111000 (15%).
EZ **x**

XXX ⊛ **Harry's Bar,** calle Vallaresso 1323 ⊠ 30124 𝒫 5285777, Fax 5208822, Rist.-american
bar – 📺. 🆎 🏦 ⓪ **E** *VISA*
chiuso lunedì – Pas carta 80/140000 (20%).
FZ **n**
Spec. Tagliolini agli scampi e zucchine, Sogliola Casanova con riso pilaf, Pasticceria della Casa. Vini Tocai, Cabernet.

XXX **Les Deux Lions,** riva degli Schiavoni 4175 ⊠ 30122 𝒫 5200533, Fax 5225032, Rist.
elegante, Coperti limitati; prenotare, « Servizio estivo sulla riva » – 📺. 🆎 🏦 ⓪ **E** *VISA*
❀
chiuso a mezzogiorno e martedì – Pas carta 80/129000.
GZ **t**

XXX ⊛ **La Caravella,** calle larga 22 Marzo 2397 ⊠ 30124 𝒫 5208901, Rist. caratteristico,
Coperti limitati; prenotare – 📺. 🆎 🏦 ⓪ **E** *VISA*. ❀
chiuso mercoledì – Pas carta 80/117000
EZ **m**
Spec. Bigoli in salsa, Scampi allo Champagne, Filetto di bue "Caravella". Vini Sauvignon, Cabernet-Sauvignon.

XXX **Taverna la Fenice,** campiello de la Fenice ⊠ 30124 𝒫 5223856, « Servizio estivo
all'aperto » – 🆎 🏦 ⓪ **E** *VISA*. ❀
chiuso domenica, lunedì a mezzogiorno, dall'11 al 27 gennaio e dal 2 al 22 agosto – Pas
carta 62/112000 (12%).
EZ **v**

XXX **Al Campiello,** calle dei Fuseri 4346 ⊠ 30124 𝒫 5206396, Rist.-american-bar-soupers,
Coperti limitati; prenotare – 📺. 🆎 🏦 ⓪ **E** *VISA*
chiuso lunedì – Pas carta 61/98000 (13%).
FZ **z**

XXX **La Colomba,** piscina di Frezzeria 1665 ⊠ 30124 𝒫 5221175, Fax 5221468, 🏛, « Raccolta di quadri d'arte contemporanea » – 📺 – 🔬 60. 🆎 🏦 ⓪ **E** *VISA*. ❀
chiuso mercoledì escluso settembre-ottobre – Pas carta 74/130000 (15%).
FZ **m**

XX **Do Forni,** calle dei Specchieri 457/468 ⊠ 30124 𝒫 5237729, Telex 420832, Fax 5288132
– 📺. 🆎 🏦 ⓪ **E** *VISA*
chiuso dal 22 novembre al 5 dicembre e giovedì (escluso da giugno ad ottobre) – Pas
carta 57/78000 (12%).
GY **q**

XX **Antico Pignolo,** calle dei Specchieri 451 ⊠ 30124 𝒫 5228123, Fax 5209007 – 🆎 🏦 ⓪
E *VISA*. ❀
chiuso martedì escluso settembre-ottobre – Pas carta 78/125000 (12%).
GY **v**

XX Caffè Orientale, San Polo-calle del Caffettier 2426 ⊠ 30125 𝒫 719804, 🏛
AT **w**

XX **Al Graspo de Ua,** calle dei Bombaseri 5094 ⊠ 30124 𝒫 5200150, Fax 5233917, Taverna
caratteristica – 📺. 🆎 🏦 ⓪ **E** *VISA*
chiuso lunedì, martedì, dal 20 dicembre al 13 gennaio e dal 25 luglio al 10 agosto – Pas
carta 56/86000 (16%).
FY **x**

XX **Harry's Dolci,** Giudecca 773 ⊠ 30133 𝒫 5224844, Fax 5222322, « Servizio estivo
all'aperto sul Canale della Giudecca » – 📺. 🆎 🏦 ⓪ **E** *VISA*
chiuso dal 7 novembre al 7 marzo e martedì (escluso da luglio a settembre) – Pas
carta 42/86000 (15%).
AV **a**

XX Osteria da Fiore, San Polo-calle del Scaleter 2202 ⊠ 30125 𝒫 721308, Solo piatti di
pesce, Coperti limitati, prenotare – 📺
BT **a**

XX **Vivaldi,** calle della Madonnetta 1457 ⊠ 30125 𝒫 5289482, Fax 5286666 – 📺. 🆎 🏦 ⓪ **E**
VISA
chiuso lunedì e dal 1° al 20 agosto – Pas carta 39/69000.
BT **x**

XX **Fiaschetteria Toscana,** San Giovanni Crisostomo 5719 ⊠ 30121 𝒫 5285281,
Fax 5285281, 🏛 – 📺. 🆎 🏦 ⓪ **E** *VISA*
chiuso martedì e dal 1° al 15 luglio – Pas carta 36/57000 (12%).
FX **p**

XX **Da Raffaele,** calle larga 22 Marzo 2347 ⊠ 30124 𝒫 5232317, 🏛, « Collezione di armi
antiche, ceramiche ed oggetti in rame » – 📺. 🆎 🏦 ⓪ **E** *VISA*
chiuso giovedì e dal 10 dicembre al 25 gennaio – Pas carta 50/90000 (12%).
EZ **z**

XX **Ai Barbacani,** Castello-San Lio 5746 ⊠ 30122 ℰ 5210234, prenotare – 🍽 ☒ 🅷 ⑩ 🇪
VISA   GY   **x**
chiuso lunedì (escluso da luglio a settembre) e dal 15 al 31 luglio – Pas carta 70/115000
(12%).

XX **Da Ivo,** calle dei Fuseri 1809 ⊠ 30124 ℰ 5285004, Coperti limitati; prenotare – 🍽 ☒ 🅷
⑩ 🇪 *VISA* ⌘   FZ   **s**
chiuso domenica e gennaio – Pas carta 56/90000 (13%).

XX **Al Conte Pescaor,** piscina San Zulian 544 ⊠ 30124 ℰ 5221483, Rist. rustico – 🍽 ☒ 🅷
⑩ 🇪 *VISA* ⌘   FY   **h**
chiuso domenica e dal 7 gennaio al 7 febbraio – Pas carta 38/69000.

XX **Hostaria da Franz,** Castello-fondamenta San Iseppo 754 ⊠ 30122 ℰ 5220861, Coperti
limitati; prenotare   per Riva dei 7 Martiri   DV
chiuso martedì e gennaio – Pas carta 55/85000 (12%).

X **Al Covo,** campiello della Pescaria 3968 ⊠ 30122 ℰ 5223812 – ☒ 🅷 🇪 *VISA*   DU   **s**
chiuso mercoledì, giovedì, gennaio e dal 3 al 17 agosto – Pas carta 47/80000.

X **Agli Amici,** San Polo-calle Botteri 1544 ⊠ 30125 ℰ 5241309, Coperti limitati; prenotare
chiuso mercoledì – Pas carta 25/48000 (10%).   EX   **b**

X **Madonna,** calle della Madonna 594 ⊠ 30125 ℰ 5223824, Trattoria veneziana – 🍽 ☒ 🅷
🇪 *VISA*. ⌘   EY   **e**
chiuso mercoledì, dal 24 dicembre al 31 gennaio ed il 4 al 17 agosto – **Pas** carta 34/53000
(12%).

X **Antica Carbonera,** calle Bembo 4648 ⊠ 30124 ℰ 5225479, Trattoria veneziana – 🍽 ☒
🅷 ⑩ 🇪 *VISA*   FY   **q**
*chiuso dall'8 gennaio al 2 febbraio, dal 20 luglio al 10 agosto, domenica in luglio-agosto e
martedì negli altri mesi –* Pas carta 37/59000 (12%).

X **Da Bruno,** Castello-calle del Paradiso 5731 ⊠ 30122 ℰ 5221480 – 🍽 ☒ 🅷 🇪 *VISA*
chiuso martedì, dal 15 al 31 gennaio e dal 15 al 30 luglio – Pas carta 27/39000.   GY   **r**

X **Antica Trattoria Poste Vecie,** Pescheria 1608 ⊠ 30125 ℰ 721822, 🎋 , Tipica trattoria
veneziana – 🍽 ☒ 🅷 ⑩ 🇪 *VISA*   EX   **a**
chiuso martedì escluso settembre-ottobre – Pas carta 49/81000.

X **Ai Mercanti,** San Polo 1588 ⊠ 30125 ℰ 5240282 – ☒ 🅷 ⑩ 🇪 *VISA*   EX   **u**
chiuso domenica e dal 24 luglio al 7 agosto – Pas carta 57/84000.

X **Al Giardinetto-da Severino,** ruga Giuffa 4928 ⊠ 30122 ℰ 5285332, « Servizio estivo
all'aperto sotto un pergolato » – ☒ 🅷 ⑩ 🇪 *VISA*   GY   **t**
chiuso giovedì e dal 7 gennaio all'11 febbraio – Pas carta 37/48000 (12%).

X **Trattoria S. Tomà,** campo San Tomà 2864/a ⊠ 30125 ℰ 5238819, 🎋 , Rist. e pizzeria –
☒ 🅷 ⑩ 🇪 *VISA*   ABT   **z**
*chiuso dal 1° al 15 agosto, dall'8 al 25 dicembre e martedì (escluso dal 16 agosto al 15
ottobre) –* Pas carta 32/55000 (12%).

X **Da Nico,** piscina di Frezzeria 1702 ⊠ 30124 ℰ 5221543, Fax 5221543 – ☒ 🅷 ⑩ 🇪 *VISA*
chiuso lunedì, dal 10 gennaio al 10 febbraio e dal 30 luglio al 14 agosto – Pas carta 37/65000
(12%).   FZ   **c**

al Lido : 15 mn di vaporetto da San Marco FZ – ⊠ **30126** Venezia Lido.
Accesso consentito agli autoveicoli durante tutto l'anno.

🄴 Gran Viale S. M. Elisabetta 6 ℰ 5265721 :

🏨🏨 **Excelsior,** lungomare Marconi 41 ℰ 5260201, Telex 410023, Fax 5267276, ≤, 🛟, 🅰♨,
⌘, 🇫🇷🇮🇧 – 🛗 🍽 📺 ☎ 🅰 ⟷ ☐ – 🔬 40 a 600. ☒ 🅷 ⑩ 🇪 *VISA* ⌘ rist   **s**
aprile-ottobre – Pas carta 88/125000 – ⛃ 30000 – **194 cam** 560000, 15 appartamenti –
½ P 405/542000.

🏨🏨 **Des Bains,** lungomare Marconi 17 ℰ 5265921, Telex 410142, Fax 5260113, ≤, 🎋,
« Parco fiorito con 🛟 riscaldata e ⌘ », 🅰s, 🅰♨ – 🛗 🍽 📺 ☎ ☐ – 🔬 90 a 380. ☒ 🅷 ⑩
🇪 *VISA* ⌘ rist   **k**
aprile-ottobre – Pas 85/110000 – **191 cam** ⛃ 450/475000, appartamento – ½ P 322/388000.

🏨 **Quattro Fontane** �&, via 4 Fontane 16 ℰ 5260227, Telex 411006, Fax 5260726, 🎋 , 🛖,
⌘ – 🍽 📺 ☎ ☐ – 🔬 40. ☒ 🅷 ⑩ 🇪 *VISA* ⌘ rist   **r**
21 aprile-ottobre – Pas carta 68/108000 – **64 cam** ⛃ 220/330000 – ½ P 190/270000.

🏨 **Le Boulevard** senza rist, Gran Viale S. M. Elisabetta 41 ℰ 5261990, Telex 410185,
Fax 5261917, 🎋 – 🛗 🍽 📺 ☎ ☐ – 🔬 60. ☒ 🅷 ⑩ 🇪 *VISA*   **x**
45 cam ⛃ 272/355000.

🏨 **Villa Mabapa,** riviera San Nicolò 16 ℰ 5260590, Telex 410357, Fax 5269441, « Servizio
rist. estivo in giardino », 🛖 – 🛗 🍽 cam 📺 ☎ 🅰 – 🔬 60. ☒ 🅷 ⑩ 🇪 *VISA* ⌘ rist   **a**
Pas *(chiuso dal 3 novembre al 15 marzo)* carta 44/60000 – **62 cam** ⛃ 180/290000 –
½ P 130/180000.

DINTORNI DI VENEZIA CON RISORSE ALBERGHIERE

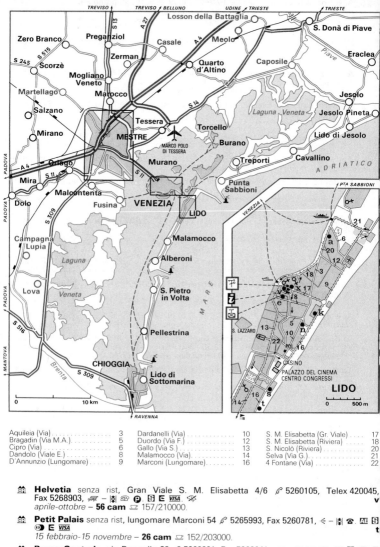

Aquileia (Via)	3	Dardanelli (Via)	10	S. M. Elisabetta (Gr. Viale)	17
Bragadin (Via M.A.)	5	Duordo (Via F.)	12	S. M. Elisabetta (Riviera)	18
Cipro (Via)	6	Gallo (Via S.)	13	S. Nicolò (Riviera)	20
Dandolo (Viale E.)	8	Malamocco (Via)	14	Selva (Via G.)	21
D'Annunzio (Lungomare)	9	Marconi (Lungomare)	16	4 Fontane (Via)	22

🏨 **Helvetia** senza rist, Gran Viale S. M. Elisabetta 4/6 ℰ 5260105, Telex 420045, Fax 5268903, 🍽 – 🛗 ☎ 🅿, 🖲 ㅌ 𝘝𝘐𝘚𝘈. 🕸
aprile-ottobre – **56 cam** ⊑ 157/210000.
v

🏨 **Petit Palais** senza rist, lungomare Marconi 54 ℰ 5265993, Fax 5260781, ≼ – 🛗 ☎. 🗚 🖲
🐠 ㅌ 𝘝𝘐𝘚𝘈
15 febbraio-15 novembre – **26 cam** ⊑ 152/203000.
t

🏨 **Byron Centrale,** via Bragadin 30 ℰ 5260291, Fax 5269241, 🍽 – 🛗 🖭 ☎. 🗚 🖲 🐠 ㅌ
𝘝𝘐𝘚𝘈. 🕸
Pas (marzo-ottobre) carta 41/71000 (12%) – ⊑ 17500 – **36 cam** 135/168000, 🖭 10000 –
½ P 100/130000.
n

🏨 **Rigel** senza rist, viale Dandolo 13 ℰ 5268810, Fax 2760077 – 🛗 🖭 ☎. 🗚 🖲 🐠 ㅌ
𝘝𝘐𝘚𝘈
febbraio-ottobre – **42 cam** ⊑ 124/183000.
e

🏨 **Vianello,** località Alberoni ⊠ 30011 Alberoni ℰ 731072, 🍽 – 🕸 cam
15 marzo-15 ottobre – Pas (chiuso da settembre a giugno) 25000 – ⊑ 10000 – **20 cam**
75/90000 – ½ P 65/75000.

%% **Ai Murazzi,** località Cà Bianca ℰ 5267278, ≼ – 🖭 🅿 🗚
aprile-ottobre; chiuso martedì – Pas carta 40/77000 (12%).

X **Trattoria da Ciccio,** via S.Gallo 241-verso Malamocco ℰ 5265489, ⌂ – ℗. 🖪 **E**
VISA
chiuso martedì e dal 15 al 30 novembre – Pas carta 26/42000 (12%).

X **Al Vecio Cantier,** località Alberoni ⊠ 30011 Alberoni ℰ 731130, ⌂, prenotare – 🖭
VISA
febbraio-ottobre; chiuso lunedì e martedì, da luglio a settembre aperto martedì sera – Pas
carta 38/72000.

a Murano 10 mn di vaporetto dalle fondamenta Nuove CT – ⊠ **30121** :

X **Ai Frati,** ℰ 736694, ⌂, Trattoria marinara – 🖪 **E** *VISA*
chiuso giovedì e febbraio – Pas carta 37/62000 (12%).

a Burano 50 mn di vaporetto dalle fondamenta Nuove CT – ⊠ **30012** :

X **Al Gatto Nero-da Ruggero,** ℰ 730120, ⌂, Trattoria tipica – 🖪 ⓞ **E** *VISA*
chiuso lunedì, dall'8 al 30 gennaio e dal 20 ottobre al 20 novembre – Pas carta 47/79000.

X **Galuppi,** ℰ 730081, ⌂ – 🖪 **E** *VISA*
chiuso giovedì e dal 15 gennaio al 15 febbraio – Pas carta 38/57000 (10%).

a Torcello 45 mn di vaporetto dalle fondamenta Nuove CT – ⊠ **30012** Burano :

XX **Locanda Cipriani,** ℰ 730150, Fax 735433, « Servizio estivo in giardino » – ▤. 🖭 🖪 **E**
VISA
19 marzo-10 novembre; chiuso martedì – Pas carta 80/113000 (15%).

XX **Ostaria al Ponte del Diavolo,** ℰ 730401, Fax 730250, ⌂, ⌁ – 🖭 🖪 **E** *VISA*
chiuso gennaio, febbraio, giovedì e la sera (escluso sabato) – Pas carta 52/78000 (10%).

a Pellestrina - San Pietro in Volta 1 h e 10 mn di vaporetto da riva degli Schiavoni GZ o
30 mn di autobus dal Lido – ⊠ **30010** :

X **Da Nane,** ℰ 5279100, ⌂, Trattoria marinara con ≤ – ▤. 🖭 🖪 ⓞ **E** *VISA*. ⋘
chiuso lunedì e dal 7 gennaio a febbraio – Pas carta 42/57000.

Vedere anche : **Mestre** per ① : 9 km.
　　　　　　　Tessera per ① : 13 km.

Die neuen Grünen Michelin-Reiseführer :

– ausführliche Beschreibungen

– praktische, übersichtliche Hinweise

– farbige Pläne, Kartenskizzen und Fotos

... und natürlich stets gewissenhaft aktualisiert.

Benutzen Sie immer die neusten Ausgaben.

VENOSA 85029 Potenza 🄖🄑🄑 ㉘, 🄒🄑🄑 E 29 – 12 281 ab. alt. 412 – ✆ 0972.
Roma 327 – ◆Bari 128 – ◆Foggia 85 – ◆Napoli 139 – Potenza 68.

🏠 **Villa del Sorriso,** via Appia 135 ℰ 35975 – 📺 ☎ ⇌ ℗. 🖪 *VISA*
Pas carta 21/28000 – ⊇ 5500 – **29 cam** 33/53000 – ½ P 50000.

VENTIMIGLIA 18039 Imperia 🄖🄑🄑 ⑫, 🄒🄑🄑 K 4 – 25 782 ab. – ✆ 0184.
Dintorni Giardini Hanbury★★ a Mortola Inferiore O : 6 km.
Escursioni Riviera di Ponente★ Est.
🄘 via Cavour 61 ℰ 351183.
Roma 658 ① – Cuneo 89 ① – ◆Genova 159 ① – ◆Milano 282 ① – ◆Nice 40 ① – San Remo 17 ②.

Pianta pagina seguente

🏨 **Sole Mare** senza rist, via Marconi 12 ℰ 351854, Fax 230988, ≤ – 🛗 📺 ☻. 🖭 🖪 ⓞ **E**
VISA. ⋘　　　　　　　　　　　　　　　　　　　　　　　　　　　　　　　　　　　　　**a**
chiuso dal 5 novembre al 20 dicembre – ⊇ 10000 – **28 cam** 50/80000.

🏨 **Kaly,** lungomare Trento e Trieste 44 ℰ 295118, Fax 295118, ≤ – 🛗 📺 ☎ ℗ 🖭 🖪 ⓞ **E**
VISA. ⋘　　　　　　　　　　　　　　　　　　　　　　　　　　　　per via　G. Oberdan
Pas 25/35000 – ⊇ 8500 – **28 cam** 65/90000 – ½ P 75/95000.

🏠 **Sea Gull,** via Marconi 13 ℰ 351726, ≤, ⛱☻ – 🛗 📺 ☎. 🖭 🖪 ⓞ **E** *VISA*　　　**k**
Pas vedere rist La Capannina – ⊇ 8000 – **27 cam** 55/84000 – ½ P 60/75000.

🏠 **Posta** senza rist, via Sottoconvento 15 ℰ 351218 – 🛗 📺. 🖪 **E** *VISA*. ⋘　　　**u**
chiuso dal 7 gennaio al 20 marzo – **18 cam** ⊇ 45/80000.

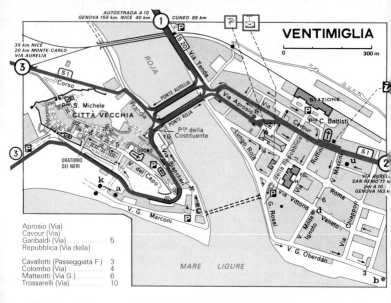

VENTIMIGLIA

Aprosio (Via)
Cavour (Via)
Garibaldi (Via)........ 5
Repubblica (Via della)

Cavallotti (Passeggiata F.) 3
Colombo (Via)......... 4
Matteotti (Via G.)..... 6
Trossarelli (Via)....... 10

XX **Marco Polo**, passeggiata Cavallotti ℰ 352678, Fax 355684, 斎 – 짧 ⑤ ⑩ Ɛ ꟾꟾꟾ
*chiuso dal 14 gennaio al 26 febbraio, lunedì sera da giugno a settembre anche domenic.
sera e lunedì negli altri mesi* – Pas carta 44/67000.

XX **La Capannina** - Hotel Sea Gull, via Marconi 13 ℰ 357155, ≼, 斎 – 짧 ⑤ ⑩ Ɛ ꟾꟾꟾ
chiuso lunedì escluso da giugno a settembre – Pas carta 30/70000 (10 %).

XX **Ustaria d'a Porta Marina**, via Trossarelli 22 ℰ 351650, 斎 – 짧 ⑤ ⑩ Ɛ ꟾꟾꟾ
chiuso mercoledì e novembre – Pas carta 38/63000 (15 %).

X **Nanni**, via Milite Ignoto 2 ℰ 33230, Fax 33230 – ⑤ ⑩ Ɛ ꟾꟾ
chiuso domenica escluso luglio-agosto – Pas carta 34/51000.

X **Bolognese**, via Aprosio 21/a ℰ 351779
chiuso la sera, lunedì e dal 10 dicembre al 20 gennaio – Pas carta 28/48000.

a Castel d'Appio per ③ : 5 km – alt. 344 – ⊠ 18039 Ventimiglia :

🏨 **La Riserva di Castel d'Appio** ⟶, ℰ 229533, Fax 229712, ≼ mare e costa, 斎, « Giar
dino ombreggiato », ⊥, ⨯ – ☎ ℗ 짧 ⑤ ⑩ Ɛ ꟾꟾꟾ. ⨯
18 dicembre-6 maggio e Pasqua-20 settembre – Pas carta 55/80000 (15 %) – ⊊ 15000 –
29 cam 120000 – ½ P 105/115000.

verso la frontiera di Ponte San Ludovico :

XXX ⨯⨯ **Balzi Rossi**, alla frontiera per ③ : 8 km ⊠ 18039 Ventimiglia ℰ 38132, Fax 38532
Coperti limitati; prenotare, « Servizio estivo in terrazza con ≼ mare e costa » – ▤. 짧 ⑤
⑩ Ɛ ꟾꟾꟾ
chiuso lunedì, martedì a mezzogiorno, dal 1° al 15 marzo e dal 13 novembre al 1° dicembre –
Pas carta 69/125000
Spec. Pescata ligure in insalata con salsa vergine, Zuppetta di pesce, Grigliata di pesce al sale grosso e erbe. Vir
Pigato, Rossese.

XXX **Baia Beniamin** con cam, località Grimaldi Inferiore per ③ : 6 km ⊠ 18039 Ventimigli
ℰ 38002, ≼, 斎, « In una piccola baia-terrazze fiorite digradanti verso il mare », 📻
📺 ☎ ℗ 짧 ⑤ ⑩ Ɛ ꟾꟾꟾ. ⨯
Pas *(chiuso lunedì, Natale e Pasqua)* carta 55/120000 (15 %) – **6 cam** ⊊ 180/250000.

a Trucco per ① : 7 km – alt. 52 – ⊠ 18039 :

XX **Pallanca**, ℰ 31009, Fax 31009 – ℗ ⑤ Ɛ ꟾꟾꟾ
chiuso martedì sera e mercoledì (escluso da luglio a settembre) – Pas carta 34/57000.

VENUSIO Matera ⁴³¹ E 31 – Vedere Matera.

Vedere Pallanza★★ – Lungolago★★ – Villa Taranto★★.

Escursioni Isole Borromee★★★ (giro turistico : da Intra 25-50 mm di battello e da Pallanza 10-30 mm di battello).

🚠 Piandisole (aprile-novembre) a Premeno ⊠ 28057 ℰ 47100, NE : 11 km.

🚢 da Intra per Laveno-Mombello giornalieri (20 mm); da Pallanza per le Isole Borromee giornalieri (da 10 a 30 mn) – Navigazione Lago Maggiore: a Intra ℰ 402321 e a Pallanza ℰ 503220.

🛈 a Pallanza, corso Zanitello 8 ℰ 503249.

Roma 674 – Domodossola 38 – Locarno 42 – ◆Milano 95 – Novara 72 – Stresa 15 – ◆Torino 146.

a Pallanza – ⊠ 28048 :

🏨 **Majestic,** via Vittorio Veneto 32 ℰ 504305, Telex 223339, Fax 556379, ≤, « Giardino in riva al lago », ⌨, 🖾, 🏖, ⚽ – ▯ ☰ rist 🖵 ☎ ❷ – 🕭 30 a 200. ॼ 🕃 ◑ 🗲 🚾. ⚛ rist
Pasqua-ottobre – Pas carta 46/68000 – ☷ 20000 – **119 cam** 160/250000 – ½ P 110/160000.

🏨 **Europalace,** viale delle Magnolie 16 ℰ 556441, Fax 556442, ≤ – ▯ 🖵 ☎. ॼ 🕃 ◑ 🗲 🚾
Pas vedere rist La Cave – **44 cam** ☷ 190000 – ½ P 105/125000.

🏩 **San Gottardo,** piazza Imbarcadero ℰ 504465, ≤ – ▯ ☜. ॼ 🕃 ◑ 🗲 🚾. ⚛ rist
marzo-ottobre – Pas *(chiuso giovedì)* 30/37000 – ☷ 12000 – **37 cam** 80/110000 – ½ P 80/95000.

🏩 **Belvedere,** piazza Imbarcadero ℰ 503202, Telex 200269, Fax 504466, ≤ – ▯ ☎ ☜. ॼ 🕃 ◑ 🗲 🚾. ⚛ rist
25 marzo-10 ottobre – Pas *(chiuso venerdì)* 30/37000 – ☷ 12000 – **52 cam** 80/110000 – ½ P 80/95000.

🍴🍴🍴 **Milano,** corso Zannitello 2 ℰ 556816, Fax 556613, « Terrazza sul lago » – ❷. ॼ 🕃 ◑ 🗲 🚾
chiuso martedì, gennaio e dal 3 al 9 luglio – Pas carta 55/81000 (10%).

🍴🍴 **Pace** con cam, via Cietti 1 ℰ 557207, ≤lago e monti – ▯ 🖵 ☎ – 🕭 60. ॼ 🕃 🗲 🚾
Pas *(chiuso giovedì da ottobre a maggio)* carta 43/63000 – ☷ 12500 – **9 cam** 100000 – ½ P 90/100000.

🍴🍴 **La Cave,** viale delle Magnolie 16 ℰ 503346, Fax 556442 – ॼ 🕃 ◑ 🗲 🚾. ⚛
chiuso mercoledì e gennaio o novembre – Pas carta 37/57000 (10%).

🍴🍴 **Il Torchio,** via Manzoni 20 ℰ 503352, Fax 503352, Coperti limitati; prenotare – ॼ 🕃 ◑ 🗲 🚾
chiuso lunedì e dal 20 giugno al 20 luglio – Pas carta 45/69000.

🍴🍴 Bella Pallanza, via Manzoni 12 ℰ 556332, 🍴

a Intra NE : 3 km – ⊠ 28044 :

🏨 **Ancora e Rist. La Colonna,** corso Mameli 65 ℰ 53951, Fax 53978, ≤ – ▯ 🖵 ☎. ॼ 🕃 ◑ 🗲 🚾
Pas *(chiuso mercoledì)* carta 34/63000 – ☷ 10000 – **21 cam** 120/160000, appartamento.

🏩 **Miralago,** corso Mameli 173 ℰ 404080, Fax 404004, ≤ – ▯ ☰ rist 🖵 ☎. 🕃 🚾
Pas *(chiuso venerdì)* carta 30/45000 – ☷ 15000 – **41 cam** 80/130000 – P 100/130000.

🏩 **Intra** senza rist, corso Mameli 135 ℰ 581393, Fax 581404 – ▯ 🖵 ☎ 🕭. 🚾
☷ 15000 – **34 cam** 85/135000.

🏠 **Touring,** corso Garibaldi 26 ℰ 404040, Fax 519001 – 🖵 ☎ ❷. 🕃 🗲 🚾
chiuso dal 23 dicembre al 23 gennaio – Pas *(chiuso domenica)* carta 25/40000 – ☷ 8000 – **24 cam** 60/90000 – ½ P 80000.

a Fondotoce NO : 6 km – ⊠ 28040 :

🍴🍴 **Piccolo Lago** con cam, al lago di Mergozzo NO : 2 km ℰ 496045, Fax 496045, ≤, « Terrazza sul lago », 🏖, ☜ – 🖵 ☎ ❷. ॼ 🕃 ◑ 🗲 🚾
Pas *(chiuso lunedì escluso da aprile ad ottobre)* carta 47/84000 (10%) – ☷ 10000 – **12 cam** *(maggio-settembre)* 99000 – ½ P 85/95000.

Vedere anche : *Borromee (Isole)* SO : da 10 a 50 mm di battello.

🛈 viale Garibaldi 91 ℰ 64631, Fax 64632.

A.C.I. corso Fiume 73 ℰ 65032.

Roma 633 ⑤ – Alessandria 54 ③ – Aosta 121 ③ – ◆Milano 74 ⑤ – Novara 23 ① – Pavia 70 ① – ◆Torino 80 ③.

VERCELLI

Borgogna (Via Antonio) 2
Brigata Cagliari
(Via) 3
Cagna (Via G. A.) 4
D'Angennes
(Piazza Alessandro) 8
De Amicis (Via Edmondo) 10
Fratelli Ponti (Via) 12

Cavour (Piazza)
Dante Alighieri (Via)
Ferraris (Via G.)
Libertà (Corso)

Goito (Via) 1
Martiri della Libertà (Piazza) . . . 1
Matteotti (Corso) 1
Mazzucchelli (Piazza) 1
Monte di Pietà (Via) 1
S. Eusebio (Piazza) 1
Vallotti (Via) 2
20 Settembre (Via) 2

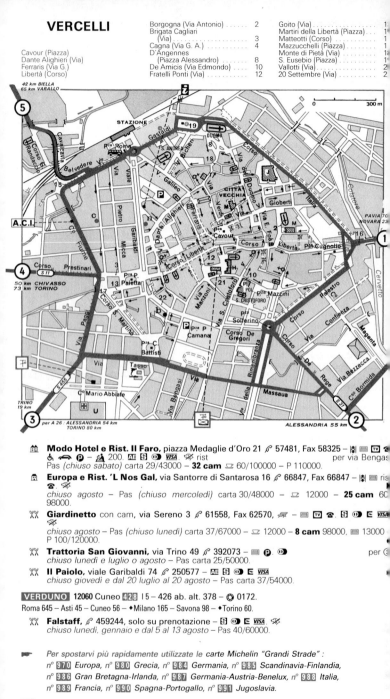

🏦 **Modo Hotel e Rist. Il Faro,** piazza Medaglie d'Oro 21 ℰ 57481, Fax 58325 – 🛗 🗏 📺 🕿
⅄ 🚗 🄿 – 🕍 200. 🖭 🔃 ⓪ 𝘝𝘐𝘚𝘈 ⅍ rist   per via Bengas
Pas *(chiuso sabato)* carta 29/43000 – **32 cam** 🖙 60/100000 – P 110000.

🏦 **Europa e Rist. 'L Nos Gal,** via Santorre di Santarosa 16 ℰ 66847, Fax 66847 – 🛗 🗏 ris
🕿.
chiuso agosto – Pas *(chiuso mercoledi)* carta 30/48000 – 🖙 12000 – **25 cam** 6C
98000.

🕱🕱 **Giardinetto** con cam, via Sereno 3 ℰ 61558, Fax 62570, 🐟 – 🗏 📺 🕿. 🔃 ⓪ 𝐄 𝘝𝘐𝘚𝘈
⅍
chiuso agosto – Pas *(chiuso lunedi)* carta 37/67000 – 🖙 12000 – **8 cam** 98000, 🗏 13000
P 100/120000.

🕱🕱 **Trattoria San Giovanni,** via Trino 49 ℰ 392073 – 🗏 🄿. ⓪   per ③
chiuso lunedi e luglio o agosto – Pas carta 25/50000.

🕱🕱 **Il Paiolo,** viale Garibaldi 74 ℰ 250577 – 🖭 🔃 ⓪ 𝐄 𝘝𝘐𝘚𝘈
chiuso giovedi e dal 20 luglio al 20 agosto – Pas carta 37/54000.

VERDUNO 12060 Cuneo 𝟜𝟚𝟠 15 – 426 ab. alt. 378 – ✪ 0172.
Roma 645 – Asti 45 – Cuneo 56 – ◆Milano 165 – Savona 98 – ◆Torino 60.

🕱🕱 **Falstaff,** ℰ 459244, solo su prenotazione – 🔃 ⓪ 𝐄 𝘝𝘐𝘚𝘈. ⅍
chiuso lunedi, gennaio e dal 5 al 13 agosto – Pas 40/60000.

📛 *Per spostarvi più rapidamente utilizzate le carte Michelin "Grandi Strade" :*
n° 𝟗𝟕𝟎 Europa, n° 𝟗𝟖𝟎 Grecia, n° 𝟗𝟖𝟒 Germania, n° 𝟗𝟖𝟓 Scandinavia-Finlandia,
n° 𝟗𝟖𝟔 Gran Bretagna-Irlanda, n° 𝟗𝟖𝟕 Germania-Austria-Benelux, n° 𝟗𝟖𝟖 Italia,
n° 𝟗𝟖𝟗 Francia, n° 𝟗𝟗𝟎 Spagna-Portogallo, n° 𝟗𝟗𝟏 Jugoslavia.

VERGHERETO 47028 Forlì 429 430 K 18 – 2 332 ab. alt. 812 – ✆ 0543.
Roma 287 – Arezzo 72 – ◆Firenze 97 – Forlì 72 – ◆Milano 354 – ◆Ravenna 96.

a Balze SE : 12,5 km – alt. 1 091 – ✉ 47020 :

🏠 **Monte Fumaiolo** 🐾, NO : 1,5 km, alt. 1 227, ✆ 906614, Fax 906614, ≤, 🌳 – ☎ 🅿 – 🛗 100. *VISA*. 🎿
   Pas 23/28000 – **49 cam** 🍴 48/82000 – ½ P 50/75000.

🏠 **Paradiso** 🐾, NO : 3 km, alt. 1 408, ✆ 906653, ≤, 🌳 – 🚗 🅿. 🎿
   chiuso dal 1° al 15 giugno e dal 1° al 15 novembre – Pas carta 35/50000 – 🍴 7000 – **14 cam**
   80000 – P 60/110000.

VERMEZZO 20081 Milano 219 ⑱ – 2 015 ab. alt. 116 – ✆ 02.
Roma 589 – ◆Milano 21 – Novara 36 – Pavia 33.

✕ **Cacciatori,** ✆ 9440312, 🌳, 🌳 – 🅿. 🆎 🕃. 🎿
   chiuso giovedì ed agosto – Pas carta 37/61000.

VERNAGO (VERNAGT) Bolzano 218 ⑨ – Vedere Senales.

VERNANTE 12019 Cuneo 428 J 4 – 1 467 ab. alt. 799 – a.s. febbraio-aprile, 25 giugno-15
settembre e Natale – ✆ 0171.
Roma 663 – Cuneo 20 – ◆Milano 236 – Colle di Tenda 13 – ◆Torino 114.

🏠 **Nazionale,** ✆ 920181, 🌳 – 🛗 🅿. 🆎 🕃 E *VISA*
   chiuso dal 7 al 25 gennaio – Pas (chiuso mercoledì) carta 26/41000 – **21 cam** 🍴 50/66000 –
   ½ P 50/66000.

✕✕ **Villa Giulia,** strada al Castello ✆ 920453, Fax 920453, 🌳, solo su prenotazione – 🕃 E
   VISA. 🎿
   chiuso a mezzogiorno, lunedì, martedì, dal 27 gennaio al 10 febbraio e dal 15 al 30
   novembre – Pas 50/70000.

In this guide

a symbol or a character,
printed in red or black, in light or **bold** type,
does not have the same meaning.
Pay particular attention to the explanatory pages.

VERNAZZA 19018 La Spezia 428 J 11 – 1 214 ab. – ✆ 0187.
Vedere Località★★.
Dintorni Regione delle Cinque Terre★★ SE e O per ferrovia.
Monterosso al Mare 5 mn di ferrovia – Riomaggiore 10 mn di ferrovia.
Roma 454 – ◆Genova 97 – ◆La Spezia 36.

✕ Gambero Rosso, ✆ 812265, ≤ porticciolo e costa, 🌳

✕ **Al Castello,** ✆ 812296, « Servizio in terrazza panoramica »
   25 aprile-25 ottobre; chiuso mercoledì escluso luglio-agosto – Pas carta 40/55000.

✕ **Gianni Franzi,** ✆ 812228, Fax 812228, ≤ porticciolo e costa, 🌳 – 🆎 🕃 ➀ E *VISA*. 🎿
   chiuso dall'8 gennaio all'8 marzo e mercoledì (escluso da luglio al 15 settembre) – Pas
   carta 40/70000.

VEROLI 03029 Frosinone 988 ㉖, 430 Q 22 – 19 441 ab. alt. 570 – ✆ 0775.
Roma 97 – Avezzano 76 – Frosinone 14 – ◆Napoli 159.

sulla strada statale 214 :

🏠 **Laura,** località Giglio S : 6 km ✉ 03020 Giglio ✆ 335016 – 🛗 📺 ☎ 🅿 – 🛗 100. 🆎 🕃 ➀
   E *VISA*. 🎿 rist
   Pas (chiuso lunedì) carta 34/57000 – 🍴 10000 – **37 cam** 70/100000 – ½ P 70/90000.

VERONA 37100 🄿 988 ④, 428 429 F 14 – 258 946 ab. alt. 59 – ✆ 045.
Vedere Chiesa di San Zeno Maggiore★★ : porte★★★, trittico del Mantegna★★ AY – Piazza delle
Erbe★★ CY – Piazza dei Signori★★ CY – Arche Scaligere★★ CY – Arena★★ : ☀★★ BCYZ –
Castelvecchio★★ : museo d'Arte★★ BY – Ponte Scaligero★★ BY – Chiesa di Sant'Anastasia★ :
affresco★★ di Pisanello CY F – ≤★★ dalle terrazze di Castel San Pietro CY D – Teatro Romano★
CY C – Duomo★ CY A – Chiesa di San Fermo Maggiore★ CYZ B.

🏌 (chiuso martedì) a Sommacampagna ✉ 37066 ✆ 510060, Fax 510242, O : 13 km.

✈ di Villafranca, per ③ : 12 km ✆ 8095611 – Alitalia, corso Porta Nuova 61 ✉ 37122
✆ 594222.

🚂 ✆ 590688.

🛈 piazza delle Erbe 42 ✉ 37121 ✆ 30086 – via Dietro Anfiteatro 6 ✉ 37121 ✆ 592828 – piazzale Europa
(casello autostrada Verona Sud) ✉ 37135 ✆ 584019.

A.C.I. via della Valverde 34 ✉ 37122 ✆ 595333.

Roma 503 ③ – ◆Milano 157 ③ – ◆Venezia 114 ②.

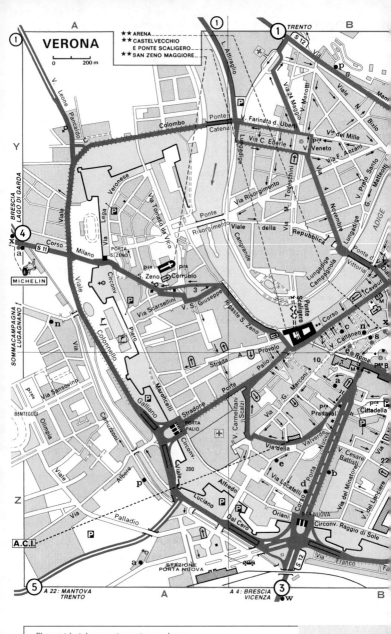

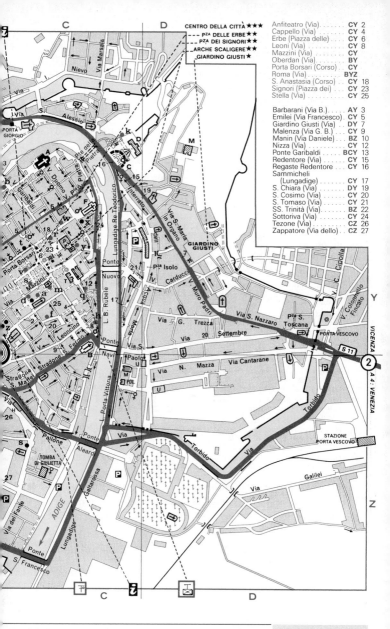

CENTRO DELLA CITTÀ ★★★
— Pⁿᵃᵃ DELLE ERBE ★★
--- Pⁿᵃᵃ DEI SIGNORI ★★
— ARCHE SCALIGERE ★★
· GIARDINO GIUSTI ★

Anfiteatro (Via). . . . . . . **CY** 2
Cappello (Via) . . . . **CY** 4
Erbe (Piazza delle) . . . **CY** 6
Leoni (Via) . . . . **CY** 8
Mazzini (Via) . . . . **CY**
Oberdan (Via). . . . . . . **BY**
Porta Borsari (Corso) . . **CY**
Roma (Via) . . . . **BYZ**
S. Anastasia (Corso) . . **CY** 18
Signori (Piazza dei) . . . **CY** 23
Stella (Via) . . . . **CY** 25

Barbarani (Via B.). . . . . **AY** 3
Emilei (Via Francesco) . **CY** 5
Giardino Giusti (Via) . . **DY** 7
Malenza (Via G. B.) . . . **CY** 9
Manin (Via Daniele) . . . **BZ** 10
Nizza (Via) . . . . **CY** 12
Ponte Garibaldi . . . . . . **BCY** 13
Redentore (Via) . . . . . **CY** 15
Regaste Redentore . . . **CY** 16
Sammicheli
  (Lungadige) . . . . . . **CY** 17
S. Chiara (Via) . . . . . . **DY** 19
S. Cosimo (Via) . . . . . **CY** 20
S. Tomaso (Via) . . . . . **CY** 21
SS. Trinità (Via) . . . . . **BZ** 22
Sottoriva (Via) . . . . . . **CY** 24
Tezone (Via) . . . . **CZ** 26
Zappatore (Via dello) . . **CZ** 27

🏨 **Due Torri Baglioni e Rist. L'Aquila,** piazza Sant'Anastasia 4 ⊠ 3712
𝒫 595044 e rist 𝒫 595381, Telex 480524, Fax 8004130, « Elegante arredamento » – 📶 🗐
🔟 ☎ – 🛗 50 a 200. 🖭 🗟 ⑩ 🗲 𝚅𝚒𝚜𝚊. 𝒮𝒴 rist   CY
Pas carta 67/97000 – **96 cam** ☲ 310/490000, 10 appartamenti – ½ P 255/378000.

🏨 **Gabbia d'Oro** senza rist, corso Porta Borsari 4/a ⊠ 37121 𝒫 8003060, Fax 590293 – 📶
🗐 🔟 ☎ 🖭 🗟 ⑩ 🗲 𝚅𝚒𝚜𝚊   CY
☲ 30000 – **27 cam** 310/385000, 10 appartamenti.

🏨 **Leon d'Oro,** viale Piave 5 ⊠ 37135 𝒫 8010489, Telex 622076, Fax 8010504, ʃ₅, ≘s – 📶
🗐 🔟 ☎ & 🖚 – 🛗 30 a 400. 🖭 🗟 ⑩ 🗲 𝚅𝚒𝚜𝚊. 𝒮𝒴 rist   BZ
Pas 70000 – **206 cam** ☲ 245/310000, 5 appartamenti – ½ P 260000.

🏨 **Montresor Hotel Palace** senza rist, via Galvani 19 ⊠ 37138 𝒫 575700, Telex 48181C
Fax 578131 – 📶 🗐 🔟 ☎ 🖚 – 🛗 25 a 100. 🖭 🗟 ⑩ 🗲 𝚅𝚒𝚜𝚊. 𝒮𝒴   AY
64 cam ☲ 200/300000.

🏨 **Accademia,** via Scala 12 ⊠ 37121 𝒫 596222, Telex 480874, Fax 596222 – 📶 🗐 🔟 ☎
🛗 40 a 120. 🖭 🗟 🗲 𝚅𝚒𝚜𝚊   CY
Pas vedere rist Accademia – ☲ 20000 – **97 cam** 210/330000, 5 appartamenti – ½ P 20C
360000.

🏨 **Montresor** senza rist, via Giberti 7 ⊠ 37122 𝒫 8006900, Telex 482210, Fax 8010313 – 📶
🗐 🔟 ☎ & 🖚. 🖭 🗟 ⑩ 🗲 𝚅𝚒𝚜𝚊. 𝒮𝒴   BZ
80 cam ☲ 200/300000.

🏨 **Leopardi** senza rist, via Leopardi 16 ⊠ 37138 𝒫 8101444, Telex 482244, Fax 8100523 – 📶
🗐 🔟 ☎ 🖚 🅿 – 🛗 30 a 80. 🖭 🗟 ⑩ 🗲 𝚅𝚒𝚜𝚊. 𝒮𝒴   AY
81 cam ☲ 210/250000, 3 appartamenti.

🏨 **Victoria** 🐾 senza rist, via Adua 6 ⊠ 37121 𝒫 590566, Telex 480531, Fax 590155, ʃ₅, ≘s
– 📶 🗐 🔟 ☎ 🖚. 🖭 🗟 ⑩ 🗲 𝚅𝚒𝚜𝚊. 𝒮𝒴   BY
☲ 20000 – **38 cam** 152/217000.

🏨 **San Marco** senza rist, via Longhena 42 ⊠ 37138 𝒫 569011, Telex 481562, Fax 572299
≘s, ⬛ – 📶 🗐 🔟 ☎ 🖚 – 🛗 100. 🖭 🗟 ⑩ 🗲 𝚅𝚒𝚜𝚊. 𝒮𝒴   AY
48 cam ☲ 180/225000.

🏨 **Grand Hotel** senza rist, corso Porta Nuova 105 ⊠ 37122 𝒫 595600, Fax 596385, « Giar
dino » – 📶 🗐 🔟 ☎. 🖭 🗟 ⑩ 🗲 𝚅𝚒𝚜𝚊   BZ
65 cam ☲ 180/274000.

🏨 **Colomba d'Oro** senza rist, via Cattaneo 10 ⊠ 37121 𝒫 595300, Telex 480872
Fax 594974 – 📶 🗐 🔟 ☎ 🖚 – 🛗 50 a 90. 🖭 🗟 ⑩ 🗲 𝚅𝚒𝚜𝚊. 𝒮𝒴   BY
☲ 23000 – **49 cam** 159/250000, 2 appartamenti.

🏨 **Firenze** senza rist, corso Porta Nuova 88 ⊠ 37122 𝒫 590299, Telex 480613, Fax 590299
📶 🗐 🔟 ☎ – 🛗 40. 🖭 🗟 🗲 𝚅𝚒𝚜𝚊   BZ
chiuso dal 20 dicembre al 2 gennaio – ☲ 20000 – **57 cam** 140/180000.

🏨 **Montresor Hotel San Pietro** senza rist, via Santa Teresa 1 ⊠ 37135 𝒫 582600
Telex 480523, Fax 582149 – 📶 🗐 🔟 ☎ & 🅿. 🖭 🗟 ⑩ 🗲 𝚅𝚒𝚜𝚊. 𝒮𝒴   1 km per ③
53 cam ☲ 150/200000.

🏨 **Novo Hotel Rossi** senza rist, via delle Coste 2 ⊠ 37138 𝒫 569022, Fax 578297 – 📶 🗐
🔟 ☎ & 🖚 🅿. 🖭 🗟 🗲 𝚅𝚒𝚜𝚊   AZ
☲ 16000 – **38 cam** 125/180000.

🏨 **San Luca** senza rist, vicolo Volto San Luca 8 ⊠ 37122 𝒫 591333, Telex 481464
Fax 8002143 – 📶 🗐 🔟 ☎ 🖚. 🖭 🗟 ⑩ 🗲 𝚅𝚒𝚜𝚊. 𝒮𝒴   BZ
chiuso dal 20 dicembre al 5 gennaio – ☲ 20000 – **41 cam** 110/170000.

🏨 **Bologna,** via Alberto Mario 18 ⊠ 37121 𝒫 8006990, Telex 480838, Fax 8010602 – 📶 🗐
🔟 ☎. 🖭 🗟 🗲 𝚅𝚒𝚜𝚊. 𝒮𝒴   BY
Pas vedere rist Rubiani – ☲ 14000 – **33 cam** 122/158000 – ½ P 133/176000.

🏨 **Giulietta e Romeo** senza rist, vicolo Tre Marchetti 3 ⊠ 37121 𝒫 8003554, Fax 801086
– 📶 🗐 ☎ – 🛗 30. 🖭 🗟 🗲 𝚅𝚒𝚜𝚊. 𝒮𝒴   CY
30 cam ☲ 125/180000.

🏨 **Italia** senza rist, via Mameli 58/64 ⊠ 37126 𝒫 918088, Telex 481100, Fax 8348028 – 📶
🔟 ☎ 🖚. 🖭 🗟 ⑩ 🗲 𝚅𝚒𝚜𝚊. 𝒮𝒴   BY
☲ 14000 – **53 cam** 114/148000.

🏨 **De' Capuleti** senza rist, via del Pontiere 26 ⊠ 37122 𝒫 8000154, Telex 482220
Fax 8032970 – 📶 🗐 🔟 ☎ – 🛗 30. 🖭 🗟 ⑩ 🗲 𝚅𝚒𝚜𝚊. 𝒮𝒴   CZ
chiuso dal 24 dicembre al 10 gennaio – ☲ 14000 – **42 cam** 122/158000.

🏨 **Piccolo Hotel** senza rist, via Camuzzoni 3 ⊠ 37138 𝒫 569128, Telex 482036, Fax 57762
– 🗐 🔟 🖚 🅿. 🖭 🗟 ⑩ 🗲 𝚅𝚒𝚜𝚊   AZ
chiuso dal 22 dicembre all'8 gennaio – ☲ 10000 – **85 cam** 115/148000.

🏨 **Milano** senza rist, vicolo Tre Marchetti 11 ⊠ 37121 𝒫 596011, Fax 8011299 – 📶 🗐 🔟
🖚. 🖭 🗟 🗲 𝚅𝚒𝚜𝚊   CY
49 cam ☲ 125/170000.

🏨 **Torcolo** senza rist, vicolo Listone 3 ⊠ 37121 𝒫 8007512, Fax 8004058 – 📶 🗐 🔟 ☎
☲ 13000 – **19 cam** 78/100000, 🗐 10000.   BY

🏨 **Cavour** senza rist, vicolo Chiodo 4 ⊠ 37121 𝒫 590508 – 🗐 ☎. 𝒮𝒴   BY
☲ 13000 – **17 cam** 85000, 🗐 11000.

XXX **Il Desco,** via Dietro San Sebastiano 7 ⊠ 37121 ℰ 595358, Fax 590236 – 🍽 🖭 🛗 ⑩ ⏣ *VISA*. CY **q**
chiuso domenica, 25-26 dicembre, dal 1° al 7 gennaio, Pasqua e dal 17 al 30 giugno – Pas carta 68/98000 (15%)

XXX ⊛ **12 Apostoli,** corticella San Marco 3 ⊠ 37121 ℰ 596999, Fax 591530 – 🍽 🖭 ⑩ *VISA* CY **v**
chiuso dal 2 all'8 gennaio, dal 15 giugno al 5 luglio, lunedì e domenica sera – Pas carta 74/114000 (15%)
Spec. Tagliatelle alle erbe fini, Gamberi allo zafferano, Vitello alla lessinia. **Vini** Soave, Valpolicella.

XXX ⊛ **Nuovo Marconi,** via Fogge 4 ⊠ 37121 ℰ 591910, 🌦, prenotare – 🍽 🖭 🛗 ⑩ ⏣ *VISA*. CY **r**
chiuso domenica e dal 1° al 15 luglio – Pas carta 68/97000 (16%)
Spec. Tagliolini con pomodori e scampi, Filetto di vitello con rucola e pinoli, Branzino al forno. **Vini** Custoza, Valpolicella.

XXX La Ginestra, corso Milano 101 ⊠ 37138 ℰ 575455 – 🍽 🅿 AY **a**

XXX ⊛ **Arche,** via Arche Scaligere 6 ⊠ 37121 ℰ 8007415, Solo piatti di pesce, Coperti limitati; prenotare – 🖭 🛗 ⑩ ⏣ *VISA*. CY **y**
chiuso domenica, lunedì a mezzogiorno, dal 1° al 15 gennaio e dal 12 al 19 luglio – Pas carta 65/95000 (16%)
Spec. Saor di scampi sardella e sogliole all'antica, Gnocchi di patate agli scampi porri ed erbe fini, Branzino con frutti di mare al cartoccio. **Vini** Bianco di Custoza, Ribolla Gialla.

XXX **Tre Corone,** piazza Brà 16 ⊠ 37121 ℰ 8002462, Fax 8011810, 🌦 – 🖭 🛗 ⑩ ⏣ *VISA*. ⛾ BY **s**
chiuso giovedì e dal 1° al 20 gennaio – Pas carta 49/75000 (15%).

XX **Baracca,** via Legnago 120 ⊠ 37134 ℰ 500013, 🌦, Solo piatti di pesce, prenotare – 🅿. 🖭 🛗 ⑩ ⏣ *VISA*. ⛾ 2,5 km per ③
chiuso domenica – Pas carta 52/77000.

XX **Accademia,** via Scala 10 ⊠ 37121 ℰ 8006072, Fax 8006072 – 🍽 🖭 🛗 ⑩ ⏣ *VISA*
chiuso domenica sera-mercoledì escluso luglio ed agosto – Pas carta 55/81000. CY **d**

XX **El Cantinon,** via San Rocchetto 11 ⊠ 37121 ℰ 595291, Fax 595291 – 🍽 🖭 🛗 ⑩ ⏣ *VISA*. CY **s**
chiuso giovedì e febbraio – Pas carta 46/66000.

XX **Re Teodorico,** piazzale Castel San Pietro ⊠ 37129 ℰ 8349990, Fax 8349990, < città e fiume Adige, « Servizio estivo in terrazza » – 🖭 🛗 ⑩ ⏣ *VISA* CY **k**
chiuso mercoledì e dal 15 novembre al 15 dicembre – Pas carta 45/78000 (15%).

XX **Rubiani,** piazzetta Scaletta Rubiani 3 ⊠ 37121 ℰ 8006830, Fax 8010602, 🌦 – 🖭 🛗 ⑩ ⏣ *VISA*. ⛾ BY **x**
chiuso venerdì e dal 24 dicembre al 6 gennaio – Pas carta 45/60000 (15%).

XX **Diga,** lungadige Attiraglio 65 ⊠ 37124 ℰ 942942, 🌦 – 🅿. 🖭 🛗 ⑩ ⏣ *VISA*
chiuso lunedì – Pas carta 35/60000. 4,5 km per ①

XX **Trattoria Sant'Anastasia,** corso Sant'Anastasia 27 ⊠ 37121 ℰ 8009177 – 🍽 🖭 🛗 ⑩ ⏣ *VISA* CY **w**
chiuso domenica e mercoledì a mezzogiorno da maggio a settembre, domenica sera e mercoledì negli altri mesi – Pas carta 35/55000.

XX **Torcoloti,** via Zambelli 24 ⊠ 37121 ℰ 8006777, Fax 8002235 – 🍽 🖭 🛗 ⑩ ⏣ *VISA*. ⛾ CY **f**
chiuso domenica, lunedì sera e dal 23 dicembre al 2 gennaio – Pas carta 32/47000.

XX **Greppia,** vicolo Samaritana 3 ⊠ 37121 ℰ 8004577 – 🍽 🖭 ⑩ *VISA* CY **m**
chiuso lunedì e dal 15 al 30 giugno – Pas carta 35/48000.

XX **Antica Trattoria-da l'Amelia,** lungadige Rubele 32 ⊠ 37121 ℰ 8005526 – 🛗 ⏣ *VISA*. ⛾ CY **h**
chiuso domenica, dal 25 al 31 gennaio e dal 4 al 25 agosto – Pas carta 35/55000.

X **Antica Trattoria alla Genovesa,** strada della Genovesa 44 ⊠ 37135 ℰ 541122, 🌦 – 🍽 🅿. 🖭 🛗 ⑩ ⏣ *VISA*. ⛾ 5 km per ③
chiuso domenica sera, lunedì e dal 1° al 20 agosto – Pas carta 31/41000.

X **Alla Fiera-da Ruggero,** via Scopoli 9 ⊠ 37136 ℰ 508808, 🌦, Solo piatti di pesce ↗ 🍽 – 🏛 50. 🛗 ⑩ ⏣ *VISA* 1 km per ③
chiuso domenica – Pas carta 49/69000.

X **Bottega del Vino,** via Scudo di Francia 3 ⊠ 37121 ℰ 8004535 – 🖭 🛗 ⑩ ⏣ *VISA*. ⛾ CY **a**
chiuso martedì – Pas carta 46/66000.

X **Alla Pergola,** piazzetta Santa Maria in Solaro 10 ⊠ 37121 ℰ 8004744 – ⛾ CY **b**
chiuso mercoledì ed agosto – Pas carta 32/46000.

X **Hong-Kong,** via Cattaneo 25 ⊠ 37121 ℰ 8030544, Rist. cinese – 🛗 ⏣ *VISA*. ⛾ BY **e**
chiuso lunedì – Pas carta 26/33000.

X **Ciopeta** con cam, vicolo Teatro Filarmonico 2 ⊠ 37121 ℰ 8006843, 🌦 – ⛾ cam
chiuso dal 20 dicembre al 15 gennaio – Pas *(chiuso venerdì sera e sabato escluso luglio-agosto)* carta 35/51000 – **5 cam** ⇌ 50/75000 – ½ P 70/75000. BYZ **e**

697

sulla strada statale 11 :

🏨 **MotelAgip,** via Unità d'Italia 346 (per ② : 4 km) ⊠ 37132 San Michele Extra ℰ 97203
Telex 482064, Fax 972677 – 🛗 ⬛ 📺 ☎ 🅿 – 🔒 25 a 100. 🅰🅴 🚫 🕦 🄴 *VISA*. 🍴 rist
Pas *(chiuso domenica)* 28/33000 – **116 cam** 🖙 150/175000.

🏨 **Euromotel** senza rist, via Bresciana 2 (per ④ : 4 km) ⊠ 37139 Verona ℰ 890389
Fax 8903999 – 🛗 📺 ☎ & 🅿 🅰🅴 🚫 🕦 🄴 *VISA*
🖙 20000 – **65 cam** 144/180000.

🏨 **Gardenia,** via Unità d'Italia 350/A (per ② : 4 km) ⊠ 37132 San Michele Extra ℰ 97212
Fax 8920157 – ⬛ cam 📺 ☎ ⬗ 🅿 🅰🅴 🚫 🕦 🄴 *VISA*. 🍴
Pas *(chiuso domenica)* carta 28/40000 – 🖙 9000 – **58 cam** 80/100000 – ½ P 80000.

XX **Elefante** con cam, via Bresciana 27 (per ④ : 5 km) ⊠ 37139 Verona ℰ 890370
Fax 8903900, 🦐, 🛖 – 📺 ☎ 🅿 🅰🅴 🚫 🕦 🄴 *VISA*. 🍴
chiuso dal 14 al 29 agosto – Pas *(chiuso sabato sera e domenica)* carta 40/58000 – 🖙 160
– **10 cam** 105000.

XX **Cà de l'Ebreo,** via Bresciana 48/B (per ④ : 5,5 km) ⊠ 37139 Verona ℰ 851024
Fax 8510033, 🛖 – 🅿. 🅰🅴 🚫 🕦 🄴 *VISA*. 🍴
chiuso lunedì sera, martedì e dal 29 luglio al 12 agosto – Pas carta 40/60000.

in prossimità casello autostrada A 4-Verona Sud per ③ : 5 km :

🏨 **Sud Point Hotel** senza rist, via Fermi 13/b ⊠ 37135 ℰ 8200922, Fax 8200933 – ⬛ 📺
⬗ ⬅ 🅿 – 🔒 25 a 50. 🅰🅴 🚫 🕦 🄴 *VISA*. 🍴
chiuso dal 15 dicembre al 12 gennaio – **64 cam** 🖙 105/145000.

XX **Al Palatino,** via Pacinotti 7 ⊠ 37135 ℰ 509364, 🛖 – ⬛ 🅿. 🅰🅴 🚫 🕦 🄴 *VISA*. 🍴
chiuso domenica, lunedì sera, dal 23 dicembre al 6 gennaio ed agosto – Pas carta 50/7000

a Parona di Valpolicella per ① : 6 km – ⊠ **37025 :**

🏨 Brennero Mini Hotel, senza rist, via Brennero 3 ℰ 941100, Fax 941797 – 🛗 📺 ☎
20 cam.

in prossimità casello autostrada A 4-Verona Est per ② : 9 km :

🏨 **Valerio Catullo,** viale del Lavoro ⊠ 37036 San Martino Buon Albergo ℰ 87803.
Fax 8780280 – 🛗 ⬛ 📺 ☎ ⬅ 🅿 – 🔒 30 a 200. 🅰🅴 🚫 🕦 🄴 *VISA*. 🍴 rist
Pas carta 36/65000 – **132 cam** 🖙 180/215000, appartamento.

sulla strada statale 62 per ③ : 10 km :

XX **Cavour,** ⊠ 37062 Dossobuono ℰ 513038 – 🅿. 🅰🅴 🚫 🕦 🄴 *VISA*. 🍴
chiuso domenica sera, mercoledì e dal 7 al 27 agosto – Pas carta 42/60000.

a Pedemonte per ① : 10,5 km – ⊠ **37020 :**

🏨 **Gran Can,** ℰ 7701911, Fax 6800545, ⊜ – ⬛ 📺 ☎ 🅿 – 🔒 40 a 200. 🅰🅴 🚫 🕦 🄴 🄴
🍴 rist
Pas carta 25/41000 – **30 cam** 🖙 100/124000, ⬛ 5000 – ½ P 87/102000.

Vedere anche : *Castel d'Azzano* S : 10 km.
San Martino Buon Albergo per ② : 8 km.
Sommacampagna SO : 16 km.

MICHELIN, via della Scienza 12 località Basson per ④ - ⊠ 37139, ℰ 8510570, Fax 957075.

VERONELLA 37040 Verona 🔢🔢 G 15 – 3 422 ab. alt. 22 – ✪ 0442.
Roma 512 – Mantova 62 – ♦Milano 184 – ♦Padova 62 – ♦Verona 31 – Vicenza 38.

a San Gregorio NO : 2 km – ⊠ **37040 :**

X **Bassotto,** ℰ 47177, 🛖, Solo piatti di pesce – 🅿
chiuso domenica, lunedì e dal 1° al 15 luglio – Pas carta 39/54000.

VERRÈS 11029 Aosta 🔢🔢 ②, 🔢🔢 F 5 – 2 720 ab. alt. 395 – a.s. luglio-agosto – ✪ 0125.
Roma 711 – Aosta 37 – Ivrea 35 – ♦Milano 149 – ♦Torino 78.

🏨 **Da Pierre,** via Martorey 73 ℰ 929376, Fax 920404, 🛖 – ⊷ rist 📺 ☎ 🅿. 🅰🅴 🚫 🕦 🄴 🄴
🍴
Pas *(chiuso martedì escluso agosto)* carta 52/82000 – 🖙 12000 – **12 cam** 55/95000
½ P 110000.

🏨 **Evançon,** via Circonvallazione 33 ℰ 929035, « Giardino » – 📺 🅿 – 🔒 100. 🅰🅴 🚫 🄴
🄴 *VISA*. 🍴
Pas *(chiuso lunedì escluso dal 16 luglio al 15 settembre)* carta 29/53000 – 🖙 8500 – **20 ca**
63/88000 – ½ P 79/93000.

VERUCCHIO 47040 Forlì 🔢🔢 ⑮, 🔢🔢 🔢🔢 K 19 – 7 369 ab. alt. 333 – ✪ 0541.
Roma 351 – ♦Bologna 125 – Forlì 64 – ♦Milano 336 – ♦Ravenna 66 – Rimini 17.

X **La Rocca,** ℰ 679850, ⬅ – 🅰🅴 🕦 . 🍴
chiuso martedì e dicembre – Pas carta 35/40000.

a Villa Verucchio NE : 3 km – ✉ **47040** :

X **Zanni,** 𝒫 678449, 🎋, « Ambiente caratteristico » – 🅿. 🆎 🏠 ⓪ 🈴 *VISA*. 彩
chiuso venerdì dal 15 settembre al 15 giugno – Pas carta 38/53000.

X Pesce Azzurro, 𝒫 678237, 🎋 – 🅿

VERVÒ 38010 Trento 📖29 D 15, 📖18 ⑳ – 640 ab. alt. 886 – a.s. dicembre-aprile – ✆ 0463.
ɔma 626 – Bolzano 55 – Milano 282 – Trento 42.

a Predaia E : 3 km – alt. 1 250 – ✉ **38010** Vervò :

X **Rifugio Sores** 🦌 con cam, 𝒫 43147, 🎋 – 🅿. 🏠 *VISA*. 彩
chiuso novembre – Pas *(chiuso martedì)* carta 34/46000 – **22 cam** 🍴 40/80000 – P 65/
75000.

VERZUOLO 12039 Cuneo 📖88 ⑫, 📖28 I 4 – 5 972 ab. alt. 420 – ✆ 0175.
ɔma 668 – Asti 82 – Cuneo 26 – Sestriere 92 – ♦Torino 58.

XX **La Scala,** via Provinciale Cuneo 4 𝒫 85194, Rist. con specialità di mare – 🏠 🈴 *VISA*. 彩
chiuso lunedì ed agosto – Pas carta 35/55000.

VESCOVADO Siena 📖30 M 16 – alt. 317 – ✉ **53016** Murlo – ✆ 0577.
ɔma 233 – Grosseto 64 – Siena 24.

🏨 **Di Murlo,** 𝒫 814033, Fax 814243, ≤, 🛋, 🎾 – 🕿 🅿. 🏠 🈴 *VISA*. 彩
Pas *(chiuso lunedì a mezzogiorno)* carta 24/40000 (10%) – 🍴 8000 – **24 cam** 60/90000 –
½P 70/75000.

VESCOVATO 26039 Cremona 📖28 📖29 G 12 – 3 402 ab. alt. 46 – ✆ 0372.
ɔma 523 – ♦Brescia 55 – Cremona 11 – Mantova 57 – ♦Milano 102 – ♦Parma 73.

X Spedini, ✉ 26030 Cà de' Stefani 𝒫 81021, 🎋 – 🅿.

VESUVIO Napoli 📖88 ㉗, 📖31 E 25 – Vedere Guida Verde.

VETRALLA 01019 Viterbo 📖30 P 18 – 11 383 ab. alt. 311 – ✆ 0761.
ɔma 72 – Civitavecchia 45 – Terni 70 – Viterbo 13.

a Cura SE : 3 km – ✉ **01013** Cura di Vetralla :

X **Primavera,** 𝒫 471029 – 🅿. 🆎 🏠 🈴 *VISA*
chiuso martedì – Pas carta 27/39000.

VETRIOLO TERME Trento 📖88 ④ – Vedere Levico Terme.

VEZIA 📖19 ⑧ – Vedere Cantone Ticino (Lugano) alla fine dell'elenco alfabetico.

VEZZA D'ALBA 12040 Cuneo – 2 000 ab. alt. 353 – ✆ 0173.
ɔma 641 – Asti 30 – Cuneo 68 – ♦Milano 170 – ♦Torino 54.

XXX **La Pergola,** via San Carlo 1 𝒫 65178, Fax 65178, solo su prenotazione – 🏠 🈴 *VISA*
chiuso martedì e dal 15 al 28 febbraio – Pas carta 26/57000.

a Borbore E : 2 km – ✉ **12040** Vezza d'Alba :

X **Trifula Bianca,** 𝒫 65110 – 🅿
chiuso mercoledì e dal 3 al 13 agosto – Pas carta 28/42000.

VEZZANO (VEZZAN) Bolzano 📖28 📖29 D 14, 📖18 ⑱ ⑲ – Vedere Silandro.

VEZZANO 38070 Trento 📖88 ④ – 1 727 ab. alt. 385 – a.s. dicembre-aprile – ✆ 0461.
ɛdere Lago di Toblino★ S : 4 km.
ɔma 599 – ♦Bolzano 68 – ♦Brescia 104 – ♦Milano 197 – Trento 13.

XX **Al Vecchio Mulino,** E : 2 km 𝒫 864277, « Laghetto con pesca sportiva » – 🅿. 🆎 🏠 🈴
VISA. 彩
chiuso mercoledì e dall'8 al 30 gennaio – Pas carta 31/47000.

XX **Fior di Roccia,** località Lon N : 2 km 𝒫 864029, 🎋, prenotare – 🅿. 🏠 🈴 *VISA*
chiuso domenica sera, lunedì, dal 10 al 20 gennaio e luglio – Pas carta 32/52000.

VEZZANO SUL CROSTOLO 42030 Reggio nell'Emilia 📖28 📖29 📖30 I 13 – 3 350 ab. alt. 165 –
✆ 0522.
ɔma 441 – ♦Milano 163 – Reggio nell'Emilia 14 – ♦La Spezia 114.

XX **Antica Locanda Posta,** 𝒫 601141 – 🏠 🈴 *VISA*. 彩
chiuso martedì e dal 4 al 24 agosto – Pas carta 33/50000.

VEZZENA (Passo di) Trento – Vedere Lavarone.

VEZZO 28040 Novara 428 E 7, 219 ⑥ ⑦ – alt. 530 – ✪ 0323.

🡢 Alpino (aprile-novembre; chiuso martedì in bassa stagione) ℰ 20101, Fax 20642, O : 2,5 k

Roma 662 – ◆Milano 85 – Novara 61 – Stresa 5 – ◆Torino 139.

🏠 **Bel Soggiorno** ⍒, ℰ 20226, Fax 20021 – ☎ ℗, 🆎 🕄 E 𝘝𝘐𝘚𝘈, ⅏
  aprile-settembre – Pas *(chiuso lunedì)* 20/30000 – ⊑ 14000 – **26 cam** 58/85000 – ½ P 5
  70000.

✗ **La Cascinetta,** ℰ 20780, 🍽, prenotare, 🚗 – ℗, 🕄 ① E 𝘝𝘐𝘚𝘈, ⅏
  chiuso lunedì escluso dal 15 giugno al 15 settembre – Pas carta 39/64000.

VIADANA 46019 Mantova 988 ⑭, 428 429 H 13 – 15 906 ab. alt. 26 – ✪ 0375.

Roma 458 – Cremona 52 – Mantova 39 – ◆Milano 149 – ◆Modena 56 – ◆Parma 26 – Reggio nell'Emilia 33.

🏠 **Europa,** vicolo Ginnasio 9 ℰ 780404, Fax 780404 – 🔳 rist 🔟 ☎ ℗, 🆎 🕄 ① E 𝘝𝘐𝘚𝘈, ⅏
  chiuso dal 24 dicembre al 6 gennaio ed agosto – Pas *(chiuso martedì e domenica ser*
  carta 34/56000 – ⊑ 11000 – **18 cam** 48/77000 – ½ P 62000.

VIANO 42030 Reggio nell'Emilia 428 430 I 13 – 2 641 ab. alt. 275 – ✪ 0522.

Roma 435 – ◆Milano 171 – ◆Modena 35 – Reggio nell'Emilia 22.

✗ **La Capannina,** ℰ 988526 – ℗
  chiuso domenica, lunedì, dal 24 dicembre al 6 gennaio e dal 19 luglio al 22 agosto – P
  carta 30/43000.

VIAREGGIO 55049 Lucca 988 ⑭, 428 429 430 K 12 – 60 559 ab. – a.s. Carnevale, Pasqu
15 giugno-15 settembre e Natale – ✪ 0584.

🇮 viale Carducci 10 ℰ 962233, Fax 47406.

Roma 371 ② – ◆Bologna 180 ② – ◆Firenze 97 ② – ◆Livorno 39 ③ – ◆La Spezia 55 ①.

Pianta pagina seguente

🏨🏨 **Astor,** viale Carducci 54 ℰ 50301, Telex 501031, Fax 55181, 🖕, ⌂s, 🔲 – 🛗 🔳 🔟 ☎
  ⌖ – 🔬 120. 🆎 🕄 ① E 𝘝𝘐𝘚𝘈, ⅏ rist   Y
  Pas *(chiuso domenica sera e lunedì in bassa stagione)* 45/70000 – ⊑ 15000 – **59 ca**
  170/300000, 9 appartamenti – ½ P 140/180000.

🏨 **Palace Hotel e Rist. Il Cancello,** via Flavio Gioia 2 ℰ 46134 e rist ℰ 31320, 🔳
  lex 501044, Fax 47351 – 🛗 🔳 🔟 ☎ – 🔬 30 a 150. 🆎 🕄 ① E 𝘝𝘐𝘚𝘈, ⅏ rist   Z
  Pas *(chiuso lunedì in bassa stagione)* carta 45/76000 – ⊑ 18000 – **68 cam** 200/28000
  appartamento – ½ P 140/210000.

🏨🏨 **Excelsior,** viale Carducci 88 ℰ 50726, Fax 50729, ≼ – 🛗 🔳 🔟 ☎ ⌖ 🆎 🕄 ① E 𝘝
  ⅏ rist   Y
  8 aprile-ottobre – Pas 40/50000 – **83 cam** ⊑ 200/250000, 6 appartamenti – ½ P 10
  145000.

🏨🏨 **Principe di Piemonte,** piazza Puccini 1 ℰ 50122, Telex 501285, Fax 54183, ≼, 🖕, ⌂
  🔲 – 🛗 🔳 rist ☎ ℗, 🆎 🕄 ① E 𝘝𝘐𝘚𝘈, ⅏ rist   Y
  20 aprile-settembre – Pas 60000 – ⊑ 25000 – **103 cam** 180/300000, 20 appartament
  ½ P 150/200000.

🏨 **Eden** senza rist, viale Manin 27 ℰ 30902, Fax 30905 – 🛗 🔳 🔟 ☎, 🆎 🕄 ① E 𝘝𝘐𝘚𝘈   Z
  ⊑ 15000 – **42 cam** 83/130000, 🔳 15000.

🏨 **Bristol** senza rist, viale Manin 14 ℰ 46441, Fax 46441 – 🛗 ⌖, 🆎 🕄 ① E 𝘝𝘐𝘚𝘈   Z
  32 cam ⊑ 113/143000.

🏠 **Lupori** senza rist, via Galvani 9 ℰ 962266, Fax 962267 – 🛗 ☎ ⌖, 🆎 🕄 ① E 𝘝𝘐𝘚𝘈, ⅏
  ⊑ 11000 – **19 cam** 56/88000.   Z

🏠 **Metropol,** via Aurelio Saffi 2 ℰ 44450 – 🛗 ⌖, ① 𝘝𝘐𝘚𝘈, ⅏ rist   Y
  Carnevale-settembre – Pas *(solo per clienti alloggiati e chiuso sino a maggio)* 40000 –
  10000 – **16 cam** 56/87000 – P 80/86000.

✗✗✗ **Il Patriarca,** viale Carducci 79 ℰ 53126, Fax 55181, prenotare – 🔳, 🆎 🕄 ① E 𝘝𝘐𝘚𝘈
  chiuso dal 15 novembre al 15 dicembre e mercoledì (escluso dal 14 giugno al 15 settemb
  – Pas carta 71/108000.   Y

✗✗✗ **Tito del Molo,** lungomolo Corrado del Greco 3 ℰ 962016, 🍽 – 🔬 50 a 100. 🆎 🕄 ①
  𝘝𝘐𝘚𝘈, ⅏   Z
  chiuso mercoledì e gennaio – Pas carta 75/100000.

✗✗✗ **Margherita,** lungomare Margherita 30 ℰ 962553, « Ambiente liberty » – 🔬 100. 🆎
  ① E 𝘝𝘐𝘚𝘈, ⅏   Z
  chiuso mercoledì e novembre – Pas carta 55/89000.

✗✗✗ ❀ **Romano,** via Mazzini 120 ℰ 31382, Fax 31382 – 🔳, 🆎 🕄 ① E 𝘝𝘐𝘚𝘈   Z
  chiuso lunedì e dall'8 al 26 gennaio – Pas carta 70/98000
  Spec. Calamaretti ripieni di verdure e crostacei, Linguine agli scampi, Branzino al forno. **Vini** Montecarlo, Chianti.

✗✗ **Montecatini,** viale Manin 8 ℰ 962129, 🍽 – 🆎 🕄 ① E 𝘝𝘐𝘚𝘈   Z
  chiuso lunedì escluso da luglio al 15 settembre – Pas carta 53/84000 (12%).

✗✗ **Gusmano,** via Regia 58/64 ℰ 31233 – 🔳, 🆎 🕄 ① E 𝘝𝘐𝘚𝘈, ⅏   Z
  chiuso martedì e novembre – Pas carta 45/75000.

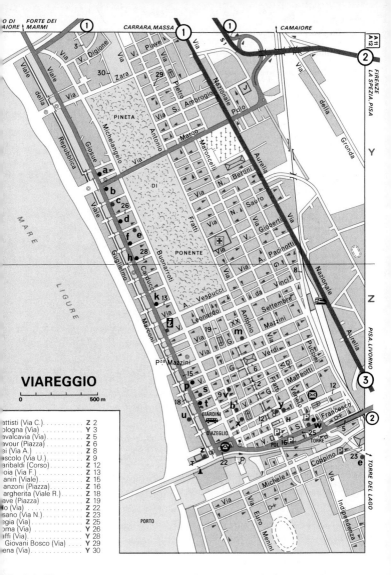

VIAREGGIO

0   500 m

attisti (Via C.) . . . . **Z** 2
ologna (Via) . . . . **Y** 3
avalcavia (Via) . . . . **Z** 5
avour (Piazza) . . . . **Z** 6
ei (Via A.) . . . . **Z** 8
scolo (Via U.) . . . . **Z** 9
aribaldi (Corso) . . . . **Z** 12
oia (Via F.) . . . . **Z** 13
anin (Viale) . . . . **Z** 15
anzoni (Piazza) . . . . **Z** 16
argherita (Viale R.) . . . . . **Z** 18
ave (Piazza) . . . . **Z** 19
lo (Via) . . . . **Z** 22
sano (Via N.) . . . . **Z** 23
egia (Via) . . . . **Z** 25
oma (Via) . . . . **Y** 26
affi (Via) . . . . **Y** 28
Giovani Bosco (Via) . . . . **Y** 29
ena (Via) . . . . **Y** 30

XX   **Scintilla,** via Nicola Pisano 33 ℰ 387096, Solo piatti di pesce – 🍽. 🆎 🕃 ⓞ 🅴 𝑽𝑰𝑺𝑨, ⌖
chiuso domenica sera, lunedì, Natale e dal 10 al 20 agosto – Pas carta 55/80000.   **Z e**

XX   **Mirage** con cam, via Zanardelli 12/14 ℰ 48446 e hotel ℰ 32222, Fax 30348 – 🛗 🍽 📺 ☎.
🆎 🕃 ⓞ 🅴 𝑽𝑰𝑺𝑨   **Z s**
Pas *(chiuso martedì e gennaio)* carta 40/70000 – **10 cam** 🛏 110/190000.

XX   **Il Garibaldino,** via Fratti 66 ℰ 961337 – 🆎 🕃 ⓞ 🅴 𝑽𝑰𝑺𝑨   **Z y**
chiuso dal 3 al 18 novembre, lunedì, in luglio ed agosto anche a mezzogiorno (escluso sabato-domenica) – Pas carta 42/65000.

XX   **Dei Gigli,** con cam, via Giusti 13 ℰ 50145 – ☎   **Y e**
10 cam.

XX   **Pino,** via Matteotti 18 ℰ 961356 – 🍽   **Z b**

X **Da Giorgio,** via Zanardelli 71 ℘ 44493 – ₳ℰ 🕦 ⓞ 🈂 𝓥𝓘𝓢𝓐. 🕸   Z
  chiuso mercoledì, dall'8 al 18 ottobre e dal 5 al 20 dicembre – Pas carta 39/68000.

X **Bombetta,** via Fratti 27 ℘ 961380 – ₳ℰ 🕦 ⓞ 🈂 𝓥𝓘𝓢𝓐. 🕸   Z
  chiuso lunedì sera, martedì e novembre – Pas carta 50/80000.

X **Da Remo,** via Paolina Bonaparte 49 ℘ 48440 – ▤. ₳ℰ 🕦 ⓞ 🈂 𝓥𝓘𝓢𝓐. 🕸   Z
  chiuso lunedì e dal 15 al 30 novembre – Pas carta 33/50000.

  sulla strada statale 1-via Aurelia N : 3 km per ① :

XXX **L'Oca Bianca,** ✉ 55049 ℘ 67205, prenotare – 🅿. 🕦 ⓞ 🈂 𝓥𝓘𝓢𝓐
  chiuso dal 15 novembre al 15 dicembre, mercoledì, a mezzogiorno (escluso sabat
  domenica) e in luglio-agosto aperto mercoledì sera – Pas carta 63/89000 (10 %).

VIBO VALENTIA 88018 Catanzaro 🈸🈸🈸 ㊟, 𝟒𝟑𝟏 K 30 – 33 709 ab. alt. 476 – ✪ 0963.
🅱 via Forgiari ℘ 42008.
Roma 613 – Catanzaro 69 – ◆Cosenza 98 – Gioia Tauro 40 – ◆Reggio di Calabria 106.

🏨 **501 Hotel,** via Madonnella ℘ 43951, Telex 880150, Fax 43400, ≼, 🏊 – 🛗 ▤ 📺 ☎ 🅿
  🛎 40 a 350. 🕦 𝓥𝓘𝓢𝓐
  Pas 40/55000 – **124 cam** ☞ 120/190000, 5 appartamenti – ½ P 135000.

  a Vibo Valentia Marina N : 10 km – ✉ **88019** :

XX **L'Approdo,** ℘ 572640, Fax 572640, 🏨 – ▤. ₳ℰ ⓞ 🈂 𝓥𝓘𝓢𝓐
  chiuso martedì escluso dal 15 giugno al 15 settembre – Pas carta 38/52000.

XX **Maria Rosa,** ℘ 572538, 🏨 – 🕦 ⓞ 🈂 𝓥𝓘𝓢𝓐
  chiuso dal 15 dicembre al 15 gennaio e lunedì (escluso dal 15 giugno al 15 settembre) – Pa
  carta 32/49000.

X **Il Fortino,** ℘ 572591, 🏨 – 🕦 ⓞ 🈂 𝓥𝓘𝓢𝓐
  chiuso martedì e novembre – Pas carta 32/44000.

VICCHIO 50039 Firenze 𝟒𝟐𝟗 K 16 – 6 230 ab. alt. 203 – ✪ 055.
Roma 301 – ◆Bologna 96 – ◆Firenze 38.

  a Campestri S : 5 km – ✉ **50039** Vicchio :

🏨 **Villa Campestri** 🌄 ℘ 8490107, Fax 8490108, 🏊, 🐎 – 📺 ☎ 🅿 – 🛎 100. 🕦 🈂 𝓥𝓘𝓢𝓐. 🕸
  aprile-dicembre – Pas *(chiuso lunedì)* carta 38/54000 – **11 cam** ☞ 160000 – ½ P 12⊘
  140000.

VICENO Novara 𝟐𝟏𝟕 ⑲ – Vedere Crodo.

☞ *When in a hurry use the Michelin Main Road Maps:*
  𝟗𝟕𝟎 *Europe,* 𝟗𝟖𝟎 *Greece,* 𝟗𝟖𝟒 *Germany,* 𝟗𝟖𝟓 *Scandinavia-Finland,*
  𝟗𝟖𝟔 *Great Britain and Ireland,* 𝟗𝟖𝟕 *Germany-Austria-Benelux,* 𝟗𝟖𝟖 *Italy,*
  𝟗𝟖𝟗 *France,* 𝟗𝟗𝟎 *Spain-Portugal and* 𝟗𝟗𝟏 *Yugoslavia.*

VICENZA 36100 🅿 𝟗𝟖𝟖 ④ ⑤, 𝟒𝟐𝟗 F 16 – 109 333 ab. alt. 40 – ✪ 0444.
Vedere Teatro Olimpico★★ BY A : scena★★★ – Piazza dei Signori★★ BYZ 34 : Basilica★★ B, Tor᾿
Bissara★ C, Loggia del Capitanio★ D – Museo Civico★ BY M : Crocifissione★★ di Memling
Battesimo di Cristo★★ del Bellini, Adorazione dei Magi★★ del Veronese, soffitto★ nella chies
della Santa Corona BY E – Corso Andrea Palladio★ ABYZ – Polittico★ nel Duomo AZ F – Vil
Valmarana "ai Nani"★★ : affreschi del Tiepolo★★★ per ④ : 2 km – La Rotonda★ del Palladio p᷍
④ : 2 km – Basilica di Monte Berico★ : 🌹★★ 2 km BZ.
🏌 Colli Berici (chiuso lunedì) a Brendola ✉ 36040 ℘ 601780, Fax 547459.
🅱 piazza Matteotti 12 ℘ 320854, Telex 480223, Fax 325001 – piazza Duomo 5 ℘ 544122.
🅰.🅲.🅸. viale della Pace 258/260 ℘ 510855.
Roma 523 ③ – ◆Milano 204 ⑤ – ◆Padova 32 ③ – ◆Verona 51 ⑤.

Pianta pagina seguente

🏨 **Campo Marzio,** viale Roma 21 ℘ 545700, Fax 320495 – 🛗 ▤ 📺 ☎ 🅿. ₳ℰ 🕦 ⓞ 🈂 𝓥𝓢
  🕸 rist   AZ
  Pas *(chiuso a mezzogiorno, sabato, domenica ed agosto)* carta 36/48000 – **35 cam** ☞ 16⊘
  250000.

🏨 **Cristina** senza rist, corso SS. Felice e Fortunato 32 ℘ 323751, Fax 543656, 🖚 – 🛗 ▤ ▯
  🕸 🅿. ₳ℰ 🕦 ⓞ 🈂 𝓥𝓘𝓢𝓐   AZ
  ☞ 10000 – **30 cam** 95/120000.

XXX ❀ **Cinzia e Valerio,** piazzetta Porta Padova 65/67 ℘ 505213, Solo piatti di pesce – ▤. ▯
  🕦 ⓞ 🈂 🕸   BY
  chiuso domenica sera, lunedì, dal 1° al 7 gennaio ed agosto – Pas carta 60/90000
  Spec. Antipasti di crostacei e molluschi, Gargati (pasta) con astice e tartufo, Orata al forno. Vini Soave, Breganze.

XX **Scudo di Francia,** contrà Piancoli 4 ℘ 323322 – ₳ℰ 🕦 ⓞ 🈂 𝓥𝓘𝓢𝓐. 🕸   BZ
  chiuso domenica sera, lunedì ed agosto – Pas carta 42/66000.

XX Gran Caffè Garibaldi, piazza dei Signori 5 ℘ 544147, Fax 544147 – ▤ – 🛎 80.   BZ

ladio (Corso A.)	ABYZ	
nori (Piazza dei)	BZ	34
rche (Contrà delle)	BZ	2
tisti (Via C.)	AZ	3
de o della Biava (Pza d.)	BZ	4
bianca (Contrà J.)	BYZ	5
nove Nuove (Contrà)	BY	6
nove Vecchie (Contrà)	BY	7
stello (Piazza del)	AZ	8
ccarini (Via)	BY	9
notto (Via G.)	BZ	12
Gasperi (Piazzale)	AZ	13
e (Piazza delle)	BZ	14
aldi (Piazza)	BZ	16
y (Via P.)	BZ	17
tteotti (Piazza)	BY	19
ntagna (Via B.)	AY	21
re Pta Nuova (Contrà)	AZ	22
ta Lupia (Contrà)	BZ	23

Porti (Contrà)	BY	25
Pusterla (Contrà)	BY	26
Risorgimento (Viale)	BZ	27
S. Barbara (Contrà)	BY	29
S. Corona (Contrà)	BY	30
S. Marco (Contrà)	AY	32
S. Tomaso (Contrà)	BZ	33
Valmerlara (Contrà)	BZ	36
Vescovado (Contrà)	AZ	37
20 Settembre (Contrà)	BY	38

XX **Da Remo,** via Caimpenta 14 ☎ 911007, « Casa colonica con servizio estivo all'aperto » – P. AE ⑤ ⓓ E VISA 4,5 km per ③
chiuso domenica sera, lunedì, dal 23 dicembre al 12 gennaio e dal 25 luglio al 20 agosto – Pas carta 38/56000.

XX **Agli Schioppi,** via del Castello 26/28 ☎ 543701 – AE ⑤ ⓓ E VISA. ✻ AZ **c**
chiuso sabato sera, domenica e dal 1° al 15 agosto – Pas carta 35/50000.

✗ **Tre Visi,** contrà Porti 6 ☞ 324868 – ⇔. ⚎ 🕄 ⑩ 🅴 𝓥𝓘𝓢𝓐. ⚇   BY
  chiuso domenica sera, lunedì, dal 25 dicembre al 1° gennaio e dal 15 luglio all'8 agosto
  Pas carta 47/64000 (10%).

✗ **Il Tinello,** corso Padova 181 ☞ 500325 – 🗐. ⚎ 🕄 ⑩ 𝓥𝓘𝓢𝓐. ⚇   2 km per
  chiuso domenica sera, lunedì ed agosto – Pas carta 39/54000.

  in prossimità casello autostrada A 4 - Vicenza Ovest per ⑤ : 3 km :

🏨 **MotelAgip,** viale degli Scaligeri 64 ☒ 36100 ☞ 564711, Telex 482111, Fax 566852 –
  🗐 📺 ☎ ὅ ❶ – 🔏 120. ⚎ 🕄 ⑩ 🅴 𝓥𝓘𝓢𝓐. ⚇ rist
  Pas 25/35000 – **132 cam** ⊊ 235/260000 – ½ P 132/215000.

🏨 **Alfa Hotel e Rist. L'Incontro,** via dell'Oreficeria 50 ☒ 36100 ☞ 565455
  rist ☞ 571577, Telex 483052, Fax 566027 – ⧉ 🗐 📺 ☎ ὅ ❶ – 🔏 25 a 500. ⚎ 🕄 ⑩ 🅴 𝓥𝓘
  ⚇
  chiuso dal 20 al 30 dicembre – Pas carta 40/45000 – ⊊ 20000 – **87 cam** 160/190000
  ½ P 150000.

  ad Olmo per ⑤ : 4 km – ☒ **36050** :

✗ **De Gobbi,** ☞ 520509 – ❶. ⚎ 𝓥𝓘𝓢𝓐. ⚇
  chiuso venerdì, sabato a mezzogiorno e dal 1° al 25 agosto – Pas carta 31/47000.

✗ **Story,** ☞ 521065 – ❶. ⚎ 🕄 𝓥𝓘𝓢𝓐. ⚇
  chiuso lunedì e dal 1° al 22 agosto – Pas carta 32/51000.

  a Cavazzale per ① : 7 km – ☒ **36010** :

🏠 **Rizzi e Rist. Da Giancarlo,** ☞ 597399, Fax 945669 – ⧉ ☎. ⚎ 🕄 ⑩ 🅴 𝓥𝓘𝓢𝓐. ⚇
  Pas *(chiuso martedì)* carta 25/41000 – ⊊ 7000 – **12 cam** 80/110000 – ½ P 65/75000.

✗ **Al Giardinetto,** ☞ 595044 – ❶. 🕄 𝓥𝓘𝓢𝓐. ⚇
  chiuso mercoledì, dal 25 gennaio al 6 febbraio e dal 20 luglio al 20 agosto – Pas carta 2
  49000.

  in prossimità casello autostrada A 4-Vicenza Est per ③ : 7 km :

🏨 **Viest Motel** senza rist, via Pelosa 241 ☒ 36100 ☞ 582677, Telex 481819, Fax 582434,
  – 🗐 📺 ☎ ὅ ❶. ⚎ 🕄 ⑩ 🅴 𝓥𝓘𝓢𝓐
  ⊊ 20000 – **61 cam** 180000.

VICO 🟦🟦🟦 ⑧ – Vedere Cantone Ticino (Morcote) alla fine dell'elenco alfabetico.

VICO EQUENSE 80069 Napoli 🟦🟦🟦 ㉗, 🟦🟦🟦 F 25 – 19 219 ab. – a.s. luglio-settembre – ⚙ 081.
Dintorni Monte Faito★★ : ⚇★★★ dal belvedere dei Capi e ⚇★★★ dalla cappella di San Miche
E : 14 km.
🛈 corso Umberto I n° 10 ☞ 8798343.
Roma 248 – Castellammare di Stabia 10 – ♦Napoli 39 – Salerno 41 – Sorrento 9.

🏨 **Aequa,** ☞ 8015331, Fax 8015071, « Terrazza ombreggiata », ⊼, ⚇ – ⧉ 🗐 rist 📺 ☎ ◆
  – 🔏 50 a 100. 🕄 🅴 𝓥𝓘𝓢𝓐. ⚇ rist
  Pas 35/40000 – **57 cam** ⊊ 120/160000 – ½ P 90/130000.

🏨 **Sporting,** ☞ 8798505, Telex 722388, Fax 8790465, ≤ mare, ▲⚙ – ⧉ 🗐 ☎ – 🔏 90.
  44 cam.

✗✗ **San Vincenzo,** località Montechiaro S : 3 km ☞ 8028001, ≤, 🏮 – ❶. ⚎ 🕄 🅴 𝓥𝓘𝓢𝓐. ⚇
  chiuso mercoledì escluso dal 16 giugno al 14 settembre – Pas carta 43/83000.

  a Marina Equa S : 2,5 km – ☒ **80069** Vico Equense :

🏨 **Le Axidie** ⚇, ☞ 8028562, Telex 722650, Fax 8028565, ≤, 🏮, ⊼, ▲⚙, 🌳, ⚇ – ☎ ❶.
  🕄 🅴 𝓥𝓘𝓢𝓐. ⚇ rist
  25 aprile-ottobre – Pas 55000 – ⊊ 15000 – **30 cam** 170/210000 – ½ P 110/180000.

🏨 **Eden Bleu,** ☞ 8028550, Fax 8028574 – ⧉ ☎ ❶. ⚎ ⑩ 𝓥𝓘𝓢𝓐. ⚇ rist
  Pas carta 38/65000 – ⊊ 12500 – **17 cam** 80/105000, 4 appartamenti – ½ P 85/100000.

  a Capo la Gala N : 3 km – ☒ **80069** Vico Equense :

🏨 **Capo la Gala** ⚇, ☞ 8015758, Fax 8798747, ≤ mare, 🏮, « Sulla scogliera », ⊼, ▲
  🌳 – ⧉ ❶. ⚎ 🕄 🅴 𝓥𝓘𝓢𝓐
  aprile-ottobre – Pas carta 50/74000 (18%) – **18 cam** ⊊ 155/220000 – ½ P 160/170000.

VIDICIATICO Bologna 🟦🟦🟦 J 14 – Vedere Lizzano in Belvedere.

VIESTE 71019 Foggia 🟦🟦🟦 ㉘, 🟦🟦🟦 B 30 – 13 788 ab. – a.s. luglio-13 settembre – ⚙ 0884.
Vedere ≤★ sulla cala di San Felice dalla Testa del Gargano S : 8 km.
Escursioni Strada panoramica★★ per Mattinata SO.
🛈 piazza Kennedy ☞ 708806, Fax 707130.
Roma 420 – ♦Bari 179 – ♦Foggia 100 – San Severo 101 – Termoli 127.

🏨 **Pizzomunno Vieste Palace Hotel** ⚇, ☞ 708741, Telex 810267, Fax 707325, ≤
  « Giardino ombreggiato con ⊼ », ℔, ≋, ▲⚙, 🌳 – ⧉ 🗐 📺 ☎ ❶ – 🔏 250 a 600. ⚎
  ⑩ 🅴 𝓥𝓘𝓢𝓐. ⚇ rist
  8 aprile-ottobre – Pas carta 80/120000 – **183 cam** ⊊ 208/351000 – ½ P 200/370000.

🏨 **Degli Aranci,** ℰ 708557, Fax 707326, ⏚, ⚓⊗ – ⋈ ▤ 📺 ☎ ⟵ 🅿. 🖭 🔂 **E** 𝑽𝑰𝑺𝑨.
15 marzo-15 novembre – Pas 20/35000 – **76 cam** ⚌ 66/122000, ▤ 7000 – ½ P 68/141000.

🏨 **Mediterraneo,** via Madonna della Libera ℰ 707025, Telex 810531, Fax 708934, ⏚, ⚓⊗,
❄ – ⋈ ☎ 🅿. 🔂 **E** 𝑽𝑰𝑺𝑨. ❄ rist
chiuso gennaio e febbraio – Pas 20/35000 – **85 cam** ⚌ 125000 – ½ P 72/122000.

🏨 **Svevo** ⟋⟍ senza rist, via Fratelli Bandiera ℰ 708830, Fax 708830, ⟨ – ⊗ 🅿. 🔂 **E** 𝑽𝑰𝑺𝑨. ❄
30 maggio-15 ottobre – **30 cam** ⚌ 120000.

🏨 **Seggio** ⟋⟍, via Veste 7 ℰ 708123, Fax 708727, ⟨, ⏚, ⚓⊗ – ☎. 🖭 🔂 **E** 𝑽𝑰𝑺𝑨.
aprile-ottobre – Pas carta 28/42000 – **28 cam** ⚌ 110000 – ½ P 60/106000.

✗ **Box 19,** via Santa Maria di Merino 19 ℰ 705229, ⟰ – ▤. 🔂 **E** 𝑽𝑰𝑺𝑨
chiuso lunedì in bassa stagione e novembre – Pas carta 26/36000 (10%).

✗ **Vecchia Vieste,** via Mafrolla 32 ℰ 707083 – ▤. 🔂 ⓞ **E** 𝑽𝑰𝑺𝑨
aprile-20 ottobre; chiuso lunedì in bassa stagione – Pas carta 25/37000 (10%).

✗ **San Michele,** viale 24 Maggio 72 ℰ 708143, ⟰ – 🖭 🔂 ⓞ **E** 𝑽𝑰𝑺𝑨
chiuso lunedì, gennaio e febbraio – Pas carta 39/82000.

✗ Del Mare, lungomare Mattei ℰ 701552, ⟰
stagionale.

a Lido di Portonuovo SE : 5 km – ⊠ 71019 Vieste :

🏨 **Gargano,** ℰ 700911, Fax 700912, ⟨ mare, isolotti e Vieste, ⏚, ⚓⊗, ⟰, ❄ – ⋈ ▤ ⊗ 🅿.
❄ rist
8 aprile-settembre – Pas 25/35000 – **71 cam** ⚌ 180000 – ½ P 65/140000.

✗ Portonuovo, ℰ 700905, ⟰ – 🅿.

sulla strada litoranea NO : 10 km :

🏨 **Sfinalicchio,** ⊠ 71019 ℰ 706529, ⚓⊗, ⟰, ❄ – 🅿. 🔂 **E** 𝑽𝑰𝑺𝑨. ❄
Pasqua-ottobre – Pas carta 23/46000 – ⚌ 5000 – **24 cam** 70/140000 – ½ P 90/125000.

VIETRI SUL MARE 84019 Salerno 🔢⑳, 🔢① **E** 26 – 10 319 ab. – a.s. Pasqua, giugno-
settembre e Natale – ✪ 089 – **Vedere** ⟨★ *sulla costiera amalfitana.*
Roma 259 – Amalfi 20 – Avellino 41 – ◆Napoli 50 – Salerno 5.

🏨 **La Voce del Mare,** SO : 2 Km ℰ 210080, Fax 210080, ⟨ golfo di Salerno, ⟰, ⚓⊗ – ⋈
▤ rist 📺 ☎ 🅿. 🖭 🔂
Pas carta 26/42000 – **20 cam** ⚌ 75/100000 – ½ P 80/90000.

🏨 **Bristol,** ℰ 210800, Fax 761170, ⟨ golfo di Salerno, ⏚ – ⋈ 📺 ☎ 🅿. 🖭 🔂 ⓞ 𝑽𝑰𝑺𝑨. ❄
Pas 35/45000 – ⚌ 9000 – **22 cam** 65/88000 – ½ P 80/90000.

a Raito O : 3 km – alt. 100 – ⊠ 84010 :

🏨 **Raito** ⟋⟍, ℰ 210033, Telex 770125, Fax 211434, ⟨ golfo di Salerno, ⏚ – ⋈ ▤ 📺 ☎ ⟵
🅿 – 🔦 25 a 300. 🖭 🔂 ⓞ **E** 𝑽𝑰𝑺𝑨. ❄ rist
Pas carta 50/78000 – ⚌ 15000 – **50 cam** 280000, ▤ 20000 – ½ P 180/220000.

VIGANÒ 22060 Como 🔢⑲ – 1 559 ab. alt. 395 – ✪ 039.
Roma 607 – ◆Bergamo 33 – Como 30 – Lecco 20 – ◆Milano 33.

❋❋❋ ✪ **Pierino Penati,** ℰ 956020, Fax 9211400, ⟨ – 🅿 – 🔦 50. 🖭 🔂 ⓞ **E** 𝑽𝑰𝑺𝑨. ❄
chiuso domenica sera, lunedì, dal 2 all'11 gennaio e dal 2 al 23 agosto – Pas carta 33/81000
Spec. Pasta ripiena con ortaggi, Costoletta alla milanese, Lucioperca arrosto con verdure in agrodolce. **Vini** Franciacorta bianco, Alfeo di Rivergaro.

VIGARANO MAINARDA 44049 Ferrara 🔢⑨ H 16 – 6 622 ab. alt. 11 – ✪ 0532.
Roma 435 – ◆Bologna 59 – ◆Ferrara 12 – ◆Milano 230 – ◆Modena 60 – ◆Padova 80.

✗ **Elsa** con cam, via Cento 318 ℰ 43222, ⟰, ⟰ – 🅿. 🔂 **E** 𝑽𝑰𝑺𝑨. ❄
Pas *(chiuso martedì)* carta 21/55000 – ⚌ 4000 – **16 cam** 25/50000 – ½ P 50000.

VIGEVANO 27029 Pavia 🔢③ ⑬, 🔢 G 8 – 61 380 ab. alt. 116 – ✪ 0381 – **Vedere** Piazza
Ducale★★ – 🏊 Santa Martretta (chiuso lunedì) ℰ 346628, Fax 346091, SE : 3 km.
🅰.🄲.🄸. viale Mazzini 40 ℰ 85120.
Roma 601 – Alessandria 61 – ◆Milano 35 – Novara 27 – Pavia 37 – ◆Torino 106 – Vercelli 44.

🏨 **Europa** senza rist, via Trivulzio 8 ℰ 690483, Fax 87054 – ⋈ ▤ 📺 ☎ ⟵ 🅿 – 🔦 25. 🔂 **E**
𝑽𝑰𝑺𝑨
chiuso dal 23 dicembre al 1° gennaio – ⚌ 12000 – **42 cam** 125/155000.

❋❋ **I Castagni,** via Ottobiano 8/20 (S : 2 km) ℰ 42860, Coperti limitati; prenotare, ⟰ – ▤
🅿. 𝑽𝑰𝑺𝑨. ❄
chiuso domenica sera, lunedì, dal 7 al 14 gennaio ed agosto – Pas carta 42/67000.

❋❋ Da Maria, al Ponte sul Ticino NE : 3 km ℰ 86001, « Servizio ristorante estivo in giardino
ombreggiato » – 🅿

❋❋ **Topkapi,** corso Milano 73 ℰ 346964, prenotare – ▤. 🔂 ⓞ **E** 𝑽𝑰𝑺𝑨
chiuso lunedì e dal 15 al 31 agosto – Pas carta 38/62000 (10%).

✗ Maiuccia da Pietro, via Sacchetti 10 ℰ 83469, Rist. con specialità di mare, prenotare

VIGGIANO 85059 Potenza 988 ㉘, 431 F 29 – 3 185 ab. alt. 975 – ✪ 0975.

Roma 389 – ◆Cosenza 184 – ◆Napoli 194 – Potenza 79.

🏨 **Kiris,** località Case Rosse O : 6 km 𝒫 311053, Fax 311053, ⤳ riscaldata, ✵ – 劇 ▤ 🆃🆅
𝗣 – ⨺ 1000. 🄰🄴 🕃 ⊙ 🅴 𝘝𝘐𝘚𝘈, ✵ rist
Pas carta 21/36000 – ⚏ 6000 – **60 cam** 60000 – ½ P 55/65000.

VIGNOLA 41058 Modena 988 ⑩, 428 429 430 I 15 – 20 037 ab. alt. 125 – ✪ 059.

Roma 398 – ◆Bologna 33 – ◆Milano 192 – ◆Modena 22 – Pistoia 110 – Reggio nell'Emilia 47.

✕ **La Bolognese,** via Muratori 1 𝒫 771207 – 🕃 ⊙ 🅴 𝘝𝘐𝘚𝘈
chiuso venerdì sera, sabato ed agosto – Pas carta 35/47000.

a Campiglio SO : 2 km – ⊠ 41058 Vignola :

✕✕ **Sagittario,** S : 2 km 𝒫 772747, Fax 760804, ⟨, ✵ – 𝗣 – ⨺ 60. 🄰🄴 🕃 ⊙ 🅴 𝘝𝘐𝘚𝘈
chiuso martedì, mercoledì e dal 7 al 31 gennaio – Pas carta 31/47000.

VIGODARZERE 35010 Padova 429 F 17 – 9 257 ab. alt. 17 – ✪ 049.

Roma 498 – ◆Milano 241 – ◆Padova 7.

✕ **Dorio-da Bepi,** via Roma 26 𝒫 702091 – 𝗣. 🕃 🅴 𝘝𝘐𝘚𝘈
chiuso giovedì e dal 13 al 19 agosto – Pas carta 25/50000.

VIGO DI CADORE 32040 Belluno 429 C 19 – 1 731 ab. alt. 951 – ✪ 0435.

🅱 (giugno-15 settembre) 𝒫 77058.

Roma 658 – Belluno 57 – Cortina d'Ampezzo 44 – ◆Milano 400 – ◆Venezia 147.

🏠 **Sporting** ⑤, a Pelos 𝒫 77103, Fax 77103, ⟨, ⟲ – 🆃🆅 ☎ 𝗣. ✵
15 giugno-15 settembre – Pas carta 36/52000 – ⚏ 15000 – **24 cam** 105/140000 – P 9️⃣
125000.

VIGO DI FASSA 38039 Trento 988 ④ ⑤, 429 C 17 – 932 ab. alt. 1 342 – a.s. febbraio-Pasqua
Natale – Sport invernali : 1 382/2 095 m ⫿1 ⫿7, ⨋ (vedere anche Pozza di Fassa) – ✪ 0462.
Vedere Guida Verde.

🅱 via Roma 2 𝒫 64093, Fax 64877.

Roma 676 – ◆Bolzano 38 – Canazei 13 – Passo di Costalunga 9 – ◆Milano 334 – Trento 94.

🏨🏨 **Park Hotel Corona,** 𝒫 64211, Telex 400180, Fax 64777, ⟨, 🏊, ⟲, ✵ – 劇 ▤ rist 🆃🆅
𝗣. 🄰🄴. ✵ rist
20 dicembre-27 aprile e 20 giugno-5 ottobre – Pas (solo per clienti alloggiati) carta 38/6300️⃣
– **70 cam** ⚏ 135/250000, 10 appartamenti – ½ P 105/145000.

🏨 **Catinaccio,** 𝒫 64209, ⟨, ⇌ – ☎ 𝗣. ✵
dicembre-20 aprile e giugno-25 settembre – Pas (chiuso venerdì a mezzogiorno in bas🔸
stagione) 20/25000 – ⚏ 12000 – **26 cam** 90000 – ½ P 70/95000.

🏨 **Andes,** 𝒫 64575, Fax 64598, ⟨ – 劇 ☎ ⇌ 𝗣. ✵
chiuso maggio e novembre – Pas (chiuso lunedì in bassa stagione) carta 22/32000
⚏ 11000 – **24 cam** 76/132000 – ½ P 68/93000.

🏠 **Olympic,** 𝒫 64225, ⟨ – ⫿⇔ rist 𝗣. ✵
chiuso novembre – Pas (chiuso lunedì a mezzogiorno) carta 30/44000 – **27 cam** ⚏ 6🔸
80000 – ½ P 43/75000.

a Vallonga SO : 2,5 km – ⊠ 38039 Vigo di Fassa :

🏠 **Mille Fiori,** 𝒫 64644, Fax 64621, ⟨ Dolomiti e pinete, 🏛 – 🆃🆅 ☎ ⇌ 𝗣. 🕃 🅴 𝘝𝘐𝘚
✵ rist
chiuso dal 4 novembre al 4 dicembre e dal 25 maggio al 20 giugno – Pas carta 24/39000
14 cam ⚏ 80000 – ½ P 55/75000.

a Tamion SO : 3,5 km – ⊠ 38039 Vigo di Fassa :

🏠 **Gran Mugon** ⑤, 𝒫 64208, ⟨, ⇌ – ⫿⇔ rist ☎ 𝗣. 🕃 🅴 𝘝𝘐𝘚𝘈. ✵ rist
20 dicembre-24 aprile e 25 giugno-15 ottobre – Pas (solo per clienti alloggiati) 20000
21 cam ⚏ 75/95000 – ½ P 70000.

Vedere anche : *Costalunga (Passo di)* O : 10,5 km.

VILLA Brescia – Vedere Gargnano.

VILLA ADRIANA Roma 988 ㉘, 430 Q 20 – Vedere Tivoli.

VILLA AGNEDO 38050 Trento – 656 ab. alt. 351 – a.s. dicembre-aprile – ✪ 0461.

Roma 591 – Belluno 71 – Trento 41 – Treviso 100 – Venezia 130.

🏨 **Cà Bianca 2** ⑤, NE : 2 km 𝒫 762788, Fax 763450, ⟨ vallata, ⟲ – 🆃🆅 ☎ 𝗣. 🄰🄴 🕃 ⊙
𝘝𝘐𝘚𝘈 ✵
Pas carta 41/63000 – ⚏ 10000 – **15 cam** 45/80000 – ½ P 90/110000.

VILLA BANALE Trento – Vedere Stenico.

VILLABASSA (NIEDERDORF) 39039 Bolzano 🖽🖽 B 18 – 1 220 ab. alt. 1 158 – 🕲 0474.

ɔma 738 – ◆Bolzano 100 – Brunico 23 – Cortina d'Ampezzo 36 – ◆Milano 399 – Trento 160.

🏛 **Aquila-Adler,** 🖉 75128, Fax 75278, 🖽, 🖽, 🔲 – 🛮 🕿 🅿. 🛠
   chiuso dal 5 novembre al 13 dicembre – Pas (chiuso martedì escluso dal 20 luglio ad agosto)
   carta 35/71000 – **45 cam** 🖙 90/160000 – ½ P 70/110000.

XX **Friedlerhof,** 🖉 75003 – 🅿. 🖽 E 🎟. 🛠
   chiuso martedì e giugno – Pas carta 39/58000.

VILLA DI CHIAVENNA 23029 Sondrio 🖽🖽 C 10, 🖽🖽 ⑭ – 1 186 ab. alt. 625 – 🕲 0343.

ɔma 692 – Chiavenna 8 – ◆Milano 131 – Saint Moritz 41 – Sondrio 69.

XX **La Lanterna Verde,** a San Barnaba SE : 2 km 🖉 40559, 🛱 – 🅿. 🖽 ⑩ E 🎟. 🛠
   chiuso mercoledì, giovedì a mezzogiorno e novembre – Pas carta 30/60000.

VILLAGRAZIA Palermo 🖽🖽 M 21 – Vedere Sicilia (Carini).

VILLAMARINA Forlì 🖽🖽 J 19 – Vedere Cesenatico.

VILLAMMARE 84070 Salerno 🖽🖽 G 28 – a.s. luglio-agosto – 🕲 0973.

ɔma 411 – ◆Napoli 205 – Salerno 154 – Sapri 4.

🏛 **Rivamare,** 🖉 365282, ≤, 🖽, 🛱 – 🕿 🅿. 🛠
   *15 giugno-15 settembre – Pas (solo per clienti alloggiati) 20/25000 – 🖙 5000 – **20 cam***
   40/60000 – ½ P 65/70000.

VILLANDRO (VILLANDERS) 39043 Bolzano 🖽🖽 C 16 – 1 726 ab. alt. 880 – 🕲 0472.

ɔma 669 – ◆Bolzano 28 – Bressanone 13 – Cortina d'Ampezzo 100 – Trento 88.

XX **Ansitz Steinbock** con cam, 🖉 53111, Fax 53111 – 🖽 🖽 E 🎟
   Pas *(chiuso lunedì)* carta 42/66000 – **17 cam** 🖙 55/70000 – ½ P 51/55000.

VILLANOVA Bologna 🖽🖽 I 16 – Vedere Bologna.

VILLANOVA 65010 Pescara 🖽🖽 O 24 – alt. 55 – 🕲 085.

ɔma 199 – L'Aquila 88 – Chieti 9 – ◆Pescara 15.

XX **La Lanterna,** 🖉 9771700, Fax 9772400, 🛱 – ▤ 🅿 – 🏦 100. 🖽 🖽 ⑩ E 🎟. 🛠
   chiuso domenica sera, lunedì, martedì e novembre – Pas carta 32/45000.

VILLANOVA Pordenone – Vedere Prata di Pordenone.

VILLANOVAFORRU Cagliari 🖽🖽 I 8 – Vedere Sardegna.

VILLANUOVA SUL CLISI 25089 Brescia 🖽🖽 🖽🖽 F 13 – 4 403 ab. alt. 216 – 🕲 0365.

ɔma 576 – ◆Brescia 25 – ◆Milano 119 – Trento 92.

   a Prandaglio NE : 4,5 km – 🖂 25089 Villanuova sul Clisi :

XX **Il Palazzo,** 🖉 372717, ≤ vallata e lago, prenotare – 🅿. 🎟. 🛠
   chiuso lunedì e dal 1° al 18 gennaio – Pas carta 40/57000.

VILLA OPICINA 34016 Trieste 🖽🖽🖽 ⑥, 🖽🖽 E 23 – alt. 348 – 🕲 040.

ᵉedere ≤★★ su Trieste e il golfo – Grotta Gigante★ NO : 3 km.

ɔma 664 – Gorizia 40 – ◆Milano 403 – ◆Trieste 11 – Udine 66 – ◆Venezia 153.

X **Daneu** con cam, 🖉 214214, « Servizio estivo all'aperto », 🛱 – 🕿 🅿. 🖽 🖽 ⑩ E 🎟. 🛠
   Pas *(chiuso lunedì, dal 15 al 31 gennaio e dal 15 al 30 novembre)* carta 29/47000 – 🖙 5000 –
   17 cam 65/95000 – ½ P 65/75000.

VILLAR FOCCHIARDO 10050 Torino 🖽🖽 G 3 – alt. 450 – 🕲 011.

ɔma 703 – Susa 16 – ◆Torino 38.

XX **La Giaconera,** 🖉 9645000 – 🅿. 🖽 🎟. 🛠
   chiuso lunedì, martedì ed agosto – Pas 65/70000 bc.

VILLARICCA 80010 Napoli – 22 580 ab. alt. 105 – 🕲 081.

ɔma 220 – Caserta 27 – ◆Napoli 14.

🏛 La Lanterna, corso Europa 404 🖉 8941355 – ▤ cam 📺 🕿 🅿 – 🏦 120. 🖽 ⑩. 🛠
   Pas carta 30/50000 – 🖙 7000 – **52 cam** 45/80000.

VILLA ROSA Teramo 🖽🖽 N 23 – Vedere Martinsicuro.

Pleasant hotels or restaurants are shown
in the Guide by a red sign.

Please send us the names
of any where you have enjoyed your stay.

Your **Michelin Guide** will be even better.

🏰 ... 🏠

XXXXX ... X

VILLA SAN GIOVANNI 89018 Reggio di Calabria 988 ③⑦ ③⑨, 431 M 28 – 13 188 ab. alt. 21 ✪ 0965.

Escursioni Costa Viola★ a Nord per la strada S 18.

🚗 ℰ 751026-int. 393.

🚢 per Messina giornalieri (20 mn) – Società Caronte, via Marina 30 ℰ 756725, Telex 89013 Fax 751651 e Stazione Ferrovie Stato, piazza Stazione ℰ 758241.

Roma 653 – ◆Reggio di Calabria 14.

🏨 **Gd H. De la Ville,** via Ammiraglio Curzon prolungamento Sud ℰ 795600, Fax 795640
📶 🗏 📺 🕿 🚗 🅿 🆎 🕄 ⑨ ᠍ �E ▮VISA▮
Pas carta 35/60000 – 🍽 12000 – **75 cam** 175/215000, 10 appartamenti – ½ P 140000.

VILLASIMIUS Cagliari 988 ㉞, 433 J 10 – Vedere Sardegna.

VILLASTRADA 46030 Mantova 428 429 H 13 – alt. 22 – ✪ 0375.

Roma 461 – Mantova 33 – ◆Milano 161 – ◆Modena 58 – ◆Parma 39 – Reggio nell'Emilia 38.

XX **Nizzoli,** ℰ 89150, Fax 89150 – 🆎 🕄 ▮VISA▮. ⌖
chiuso mercoledì – Pas carta 40/60000.

VILLA VERUCCHIO Forlì 430 J 19 – Vedere Verucchio.

VILLE SUR SARRE Aosta 219 ② – Vedere Sarre.

VILLETTA BARREA 67030 L'Aquila 988 ㉗, 430 Q 23, 431 B 23 – 661 ab. alt. 990 – ✪ 0864.

Roma 179 – L'Aquila 151 – Isernia 50 – ◆Pescara 138.

🏠 **Il Pescatore,** via Roma ℰ 89347, Fax 89253 – 🕿 🅿 – 🍴 80. ▮VISA▮. ⌖
Pas carta 27/37000 – 🍽 5000 – **30 cam** 40000 – ½ P 50/60000.

X **Trattoria del Pescatore,** via Benedetto Virgilio 175 ℰ 89152, prenotare – 🆎 �E ▮VIS▮
⌖
Pas carta 30/45000.

VILLNOSS = Funes.

VILPIAN = Vilpiano.

VILPIANO **(VILPIAN)** 39010 Bolzano 429 C 15, 218 ⑳ – alt. 264 – ✪ 0471.

Roma 650 – ◆Bolzano 13 – Merano 15 – ◆Milano 310 – Trento 71.

🏠 **Sparerhof,** via Nalles 2 ℰ 678671, Fax 678342, « Galleria d'arte contemporanea », �
🔥 riscaldata, 🌳 – 🅿. 🕄 �E ▮VISA▮. ⌖ rist
Pas *(chiuso domenica, lunedì a mezzogiorno e da novembre a marzo)* carta 25/45000
21 cam 🍽 45/90000 – ½ P 55/60000.

VINADIO 12010 Cuneo 988 ⑫, 428 J 3 – 802 ab. alt. 904 – ✪ 0171.

Roma 680 – Barcelonnette 64 – Cuneo 36 – ◆Milano 252 – Colle di Tenda 53 – ◆Torino 130.

🏠 **Italia,** ℰ 959148, 🍽 – ☺ 🚗. ▮VISA▮. ⌖
Pas *(chiuso lunedì dal 15 settembre al 15 giugno)* carta 20/35000 – 🍽 6500 – **30 cam**
70/90000 – ½ P 70/75000.

VIPITENO **(STERZING)** 39049 Bolzano 988 ④, 429 B 16 – 5 515 ab. alt. 948 – Sport invernali
948/2 161 m ⚡ 1 🎿 4, 🎿 – ✪ 0472.

Vedere Via Città Nuova★.

🅱 piazza Città 3 ℰ 765325, Fax 765441.

Roma 708 – ◆Bolzano 70 – Brennero 13 – Bressanone 30 – Merano 58 – ◆Milano 369 – Trento 130.

🏨 **Aquila Nera-Schwarzer Adler,** ℰ 764064, Fax 766522, 🏖, �, 🔲 – 🍴 🛎 cam 📺 ◀
🅿. 🕄 �E ▮VISA▮
chiuso dal 27 giugno al 7 luglio e dall'8 novembre al 20 dicembre – Pas *(chiuso lunedì)*
carta 52/73000 – **42 cam** 🍽 100/160000 – ½ P 120/140000.

XXX **Die Krone,** ℰ 765210, Fax 766427, 🌳 – 🅿. 🆎 🕄 ⑨ �E ▮VISA▮
chiuso mercoledì, giovedì e dal 7 gennaio ad aprile – Pas carta 50/77000.

a Casateia (Gasteig) SO : 2,5 km – alt. 970 – ✉ 39040 Racines :

🏨 **Gasteigerhof,** ℰ 765701, Fax 766943, ≤, 🍽, 🏖, 🚙, 🔲, 🌳 – 📺 🕿 🅿. 🕄 �E ▮VISA▮. ⌖
chiuso dall'8 novembre al 18 dicembre – Pas carta 37/73000 – **29 cam** 🍽 65/110000 –
½ P 70/79000.

a Prati (Wiesen) E : 3 km – alt. 948 – ✉ 39049 Vipiteno :

🏨 **Wiesnerhof,** ℰ 765222, Fax 765703, ≤, 🚙, 🔲, 🌳, 🍽 – 🍴 📺 🕿 🅿. 🕄. ⌖ rist
chiuso dal 10 novembre al 20 dicembre – Pas *(chiuso lunedì)* 25/35000 – **34 cam** 🍽 80
130000 – ½ P 80000.

🏠 **Rose,** ℰ 764300, Fax 764639, 🚙 – 🍴 🕿 🅿. ⌖ rist
Natale-Pasqua e 15 maggio-settembre – Pas *(solo per clienti alloggiati)* 20/35000 – **22 cam**
🍽 60/100000 – ½ P 53/70000.

a Tulve (Tulfer) E : 8 km – alt. 1 280 – ✉ **39049** Vipiteno :

XX **Pretzhof**, ✆ 764455, Fax 764455, ≤, 帝, « Ambiente caratteristico » – Ⓟ. 🅂
chiuso lunedì, martedì a mezzogiorno, dal 15 al 24 dicembre, gennaio e dal 15 al 25 giugno – **Pas** carta 34/45000.

a Calice (Kalch) SO : 10 km – alt. 1 443 – ✉ **39040** Racines :

Kalcherhof ⛰, ✆ 756615, Fax 756330, ≤, ≘, 🏊 – |¢| ☎ ⇔ Ⓟ. 🅂 E VISA
chiuso da novembre al 15 dicembre – Pas *(chiuso giovedì)* carta 30/56000 – **29 cam** ☕ 99000 – ½ P 58/71000.

a Ridanna (Ridnaun) O : 12 km – alt. 1 342 – ✉ **39040** :

Sonklarhof ⛰, ✆ 66212, Fax 66224, ≤, Fø, ≘, 🏊, 🌳, 🎾 – ⇆ rist ☎ Ⓟ. ✻ rist
20 dicembre-10 aprile e 15 maggio-27 ottobre – Pas carta 44/72000 – **40 cam** ☕ 50/134000 – ½ P 60/77000.

VIRA-GAMBAROGNO 427 ㉔, 219 ⑧ – Vedere Cantone Ticino alla fine dell'elenco alfabetico.

VISERBELLA Forlì 988 ⑮, 430 J 19 – Vedere Rimini.

VISNADELLO **31050** Treviso 429 E 18 – alt. 46 – ☎ 0422.
Roma 555 – Belluno 67 – Treviso 11 – Vicenza 69.

XX **Da Nano**, ✆ 928911, Solo piatti di pesce – ▤ Ⓟ. AE 🅂 ⓓ E VISA
chiuso domenica sera, lunedì ed agosto – Pas carta 45/60000.

Die Preise — Einzelheiten über die in diesem Reiseführer angegebenen Preise finden Sie in der Einleitung.

VITERBO **01100** P 988 ㉕, 430 O 18 – 60 213 ab. alt. 327 – ☎ 0761.
Vedere Piazza San Lorenzo★★ Z – Palazzo dei Papi★★ Z – Quartiere San Pellegrino★★ Z.
Dintorni Villa Lante★★ a Bagnaia per ① : 5 km – Teatro romano★ di Ferento 9 km a Nord per viale Baracca Y.
ℹ piazzale dei Caduti 16 ✆ 234795, Fax 226206 – piazza Verdi 4/a ✆ 226666, Fax 346029.
A.C.I. via Marini 16 ✆ 224806.
Roma 104 ③ – Chianciano Terme 100 ④ – Civitavecchia 58 ③ – Grosseto 123 ③ – ♦Milano 508 ④ – Orvieto 45 ④ – Perugia 127 ④ – Siena 143 ④ – Terni 62 ①.

Pianta pagina seguente

Mini Palace Hotel senza rist, via Santa Maria della Grotticella 2 ✆ 309742, Fax 344715 – |¢| ▤ TV ☎ ⇔ – 🅰 25. AE 🅂 ⓓ E VISA. ✻ Z n
38 cam ☕ 130/195000.

Balletti Palace Hotel senza rist, viale Trento 100 ✆ 344777, Fax 345060 – |¢| TV ☎ Ⓟ – 🅰 150. AE 🅂 ⓓ E VISA. ✻ Y
105 cam ☕ 120/150000.

Leon d'Oro senza rist, via della Cava 36 ✆ 344444, Fax 344444 – |¢| TV ☎. AE 🅂 ⓓ E VISA. ✻ Y u
chiuso dal 20 dicembre al 19 gennaio – ☕ 10000 – **36 cam** 70/88000.

Tuscia senza rist, via Cairoli 41 ✆ 344400, Fax 345976 – |¢| TV ☎. 🅂 ⓓ E VISA. ✻ Y r
39 cam ☕ 64/100000, 4 appartamenti.

XX **Il Grottino**, via della Cava 7 ✆ 308188, Coperti limitati; prenotare – ▤. AE 🅂 ⓓ E VISA. ✻ Y b
chiuso martedì e dal 20 giugno al 10 luglio – Pas carta 44/53000 (10 %).

a La Quercia per ① : 3 km – ✉ **01030** :

XX **Aquilanti**, ✆ 341701 – ▤. AE 🅂 ⓓ E VISA. ✻
chiuso domenica sera, martedì, dal 22 febbraio al 7 marzo e dal 1° al 20 agosto – Pas carta 44/73000.

a San Martino al Cimino S : 6,5 km Z – alt. 561 – ✉ **01030** :

Balletti Park Hotel ⛰, ✆ 379777, Telex 623059, Fax 379496, ≤, 帝, Fø, ≘, 🏊 riscaldata, 🌳, 🎾 – |¢| ▤ TV ☎ Ⓟ – 🅰 30 a 350. AE 🅂 ⓓ E VISA. ✻
Pas carta 40/59000 – **134 cam** ☕ 110/209000, 26 appartamenti – ½ P 85/173000.

sulla strada statale 2 - via Cassia per ③ : 5 km :

XX **Il Portico**, ✉ 01100 ✆ 263041 – Ⓟ. 🅂 E VISA. ✻
chiuso lunedì, dal 7 al 20 gennaio e dal 1° al 20 luglio – Pas carta 27/52000.

Vedere anche : ***Bagnaia*** per ① : 5 km.

VITERBO

Italia (Corso) . . . . **Y**
Marconi (Via G.) . . . . **Y**
Matteotti (Via G.) . . . . **Y**

Ascenzi (Via F.) . . . . **Y** 2
Caduti (Piazza dei) . . . . **Y** 3
Cardinale La Fontaine (Via) . . . **Z** 4
Carmine (Via del) . . . . **Z** 6
Crispi (Piazza F.) . . . . **Y** 7

Fabbriche (Via delle) . . . . **Z** 10
Gesù (Piazza del) . . . . **Z** 12
Lorenzo da Viterbo (Via) . . . . . **Z** 13
Maria SS. Liberatrice (Via) . . . **Y** 15
Meone (Via del) . . . . **Z** 16
Mille (Via dei) . . . . **Z** 17
Morte (Piazza della) . . . . **Z** 18
Orologio Vecchio (Via) . . . . . **Z** 19
Pace (Via della) . . . . **Z** 20
Piaggiarelle (Via d.) . . . . **Z** 23
Pianoscarano (Via di) . . . . **Z** 24
Pietra del Presce (Via) . . . . . . **Z** 25

Plebiscito (Piazza del) . . . . **Y**
Roma (Via) . . . . **Y**
Rosselli (Via Fratelli) . . . . **Y**
Saffi (Via) . . . . **YZ**
San Bonaventura (Via) . . . . **Z**
San Carluccio (Piazza) . . . . **Z**
San Leonardo (Via) . . . . **Z**
San Pellegrino (Piazza) . . . . **Z**
San Pellegrino (Via) . . . . **Z**
Trinità (Piazza della) . . . . **Y**
Vallepiatta (Via) . . . . **Y**
Verità (Via della) . . . . **Y**

Circolazione stradale regolamentata nel centro città

VITICCIO Livorno – Vedere Elba (Isola d') : Portoferraio.

VITORCHIANO 01030 Viterbo **430** 0 18 – 2 517 ab. alt. 285 – ۞ 0761.
Roma 113 – Orvieto 45 – Terni 55 – Viterbo 9.

XX **Nando-al Pallone,** al quadrivio S : 3 km 370344, ⛲, 🌳 – **P** **AE** **S** **O** **E** **VISA**
chiuso domenica sera, mercoledì, dal 7 al 20 gennaio e dal 7 al 21 luglio – Pas carta 32.
75000.

TTORIA (Santuario della) Genova – Vedere Mignanego.

TTORIO VENETO 31029 Treviso 𝟿𝟾𝟾 ⑤ , 𝟺𝟸𝟿 E 18 – 29 383 ab. alt. 136 – 😊 0438.

dere Affreschi★ nella chiesa di San Giovanni.

(aprile-novembre) a Pian del Cansiglio ⊠ 31029 Vittorio Veneto ℰ 585398, NE : 21 km.

piazza del Popolo ℰ 57243, Fax 53629.

na 581 – Belluno 37 – Cortina d'Ampezzo 92 – ♦Milano 320 – Treviso 41 – Udine 80 – ♦Venezia 70.

🏨 **Terme,** viale della Vittoria ℰ 554345, Fax 554347, 🌲 – 🔋 🗏 📺 ☎ 🚗 – 🔏 200. 🖭 🖺 **E** 𝗩𝗜𝗦𝗔. ⊗
   Pas *(chiuso lunedì)* carta 40/65000 – � 15000 – **39 cam** 120/150000 – ½ P 130000.

🏠 **Flora,** viale Trento e Trieste 28 ℰ 53142 – 🔋 ☎ 🚗 🅿. 🖺 **E** 𝗩𝗜𝗦𝗔. ⊗
   chiuso novembre – Pas *(chiuso domenica)* carta 29/50000 – ⊐ 10000 – **21 cam** 65/100000
   – ½ P 83000.

%% **Locanda al Postiglione,** via Cavour 39 ℰ 556924, 🌁 – 🅿. 🖭 🖺 **E** 𝗩𝗜𝗦𝗔. ⊗
   chiuso martedì e dal 7 al 28 luglio – **Pas** carta 28/42000.

% **Leon d'Oro** con cam, via Cavour 8 ℰ 940740 – 🖺 **E** 𝗩𝗜𝗦𝗔. ⊗
   Pas *(chiuso lunedì)* carta 30/42000 – **11 cam** ⊐ 65/85000 – ½ P 60000.

   a San Giacomo di Veglia SE : 2,5 km – ⊠ 31020 :

🏠 **Sanson** senza rist, ℰ 500161, Fax 500888 – 📺 ☎ 🅿. 🖭 🖺 **E** 𝗩𝗜𝗦𝗔. ⊗
   ⊐ 8000 – **28 cam** 40/85000.

IVERONE 13040 Vercelli 𝟺𝟸𝟾 F 6, 𝟸𝟷𝟿 ⑮ – 1 357 ab. alt. 407 – a.s. luglio-15 settembre –
0161.

na 661 – Biella 23 – Ivrea 16 – ♦Milano 97 – Novara 51 – ♦Torino 59 – Vercelli 32.

🏨 **Marina** ⤜, frazione Comuna ℰ 987577, Fax 98689, ≤, 🟦, 🟥⊚, 🌲, ℅ – 🔋 📺 ☎ 🅿 –
   🔏 300. 🖭 🖺 **E** 𝗩𝗜𝗦𝗔. ⊗
   Pas *(chiuso martedì escluso dal 10 maggio al 10 settembre)* carta 33/45000 – ⊐ 12000 –
   40 cam 80/110000 – ½ P 85/95000.

🏠 **Lido,** al lido ℰ 987358, Fax 987373, ≤, 🌲 – 🔋 📺 ☎ 🚗 🅿 – 🔏 100. 🖭 🖺 ⓪ **E** 𝗩𝗜𝗦𝗔.
   ⊗ rist
   Pas *(chiuso lunedì escluso da maggio a settembre)* carta 35/55000 – **25 cam** ⊐ 100000 –
   ½ P 70/75000.

🏠 **Royal,** al lido ℰ 98142, Fax 98038, ≤, 𝄞, 🌲 – 🔋 📺 ☎ 🅿 – 🔏 40 a 60. 🖭 🖺 ⓪ **E** 𝗩𝗜𝗦𝗔
   Pas *(chiuso martedì)* carta 27/44000 – ⊐ 8000 – **47 cam** 60/95000 – ½ P 75/80000.

OBARNO 25079 Brescia 𝟺𝟸𝟾 𝟺𝟸𝟿 F 13 – 7 471 ab. alt. 246 – 😊 0365.

ma 555 – ♦Brescia 33 – ♦Milano 126 – Trento 96 – ♦Verona 69.

🏠 **Eureka,** località Carpeneda NO : 2 km ℰ 61067 – 📺 ☎ 🅿
   Pas carta 23/42000 – ⊐ 8000 – **17 cam** 70000 – ½ P 60000.

ODO CADORE 32040 Belluno – 961 ab. alt. 901 – 😊 0435.

ma 654 – Belluno 49 – Cortina d'Ampezzo 22 – ♦Milano 392 – ♦Venezia 139.

%% **Al Capriolo,** ℰ 489207 – 🅿. 🖭 🖺 ⓪ **E** 𝗩𝗜𝗦𝗔. ⊗
   5 dicembre-20 aprile e 20 giugno-10 ottobre; chiuso martedì – Pas carta 43/71000.

OGHERA 27058 Pavia 𝟿𝟾𝟾 ⑬ , 𝟺𝟸𝟾 G 9 – 40 959 ab. alt. 93 – 😊 0383.

ma 574 – Alessandria 38 – ♦Genova 94 – ♦Milano 64 – Pavia 32 – Piacenza 64.

   sulla strada statale 10 SO : 2 km :

🏨 **Rallye,** via Tortona 51 ⊠ 27058 ℰ 45321, Fax 49647, 🌁, 🌲 – 📺 ☎ 🅿. 🖭 🖺 ⓪ **E** 𝗩𝗜𝗦𝗔.
   ⊗ rist
   chiuso dal 20 dicembre al 10 gennaio e dal 10 al 20 agosto – Pas *(chiuso domenica)*
   carta 32/55000 – ⊐ 15000 – **33 cam** 65/90000 – ½ P 70/75000.

OGHIERA 44019 Ferrara 𝟺𝟸𝟿 H 17 – 4 071 ab. alt. 7 – 😊 0532.

ma 444 – ♦Bologna 53 – ♦Ferrara 16 – ♦Ravenna 61.

%% **Trattoria del Belriguardo,** ℰ 815503 – 🗏. 🖭 🖺 ⓪ **E** 𝗩𝗜𝗦𝗔. ⊗
   chiuso mercoledì, dal 17 al 31 gennaio e dal 15 al 30 luglio – Pas carta 28/49000.

%% Al Pirata, ℰ 818281, Solo piatti di pesce

OLPEDO 15059 Alessandria 𝟺𝟸𝟾 H 8 – 1 225 ab. alt. 182 – 😊 0131.

ma 578 – Alessandria 32 – ♦Genova 84 – Piacenza 87.

%% **La Palmana,** ℰ 80222, 🌁 – 🅿. 🖭 🖺 ⓪ **E** 𝗩𝗜𝗦𝗔. ⊗
   chiuso mercoledì e dal 7 al 31 gennaio – Pas carta 45/60000.

Le carte stradali Michelin sono costantemente aggiornate.

Roma 687 – Aosta 97 – ◆Milano 126 – ◆Torino 18.

XX ✿ **La Noce,** corso Regina Margherita 19 ℘ 9882383, Solo piatti di pesce, solo su prenot zione – ▤. AE ⑤ ⑩ E VISA ⋘
chiuso domenica, lunedì e dal 7 al 30 agosto – Pas (menù suggerito dal proprietar 80/90000
Spec. Antipasti di mare, Spaghetti alla chitarra con julienne di totani, Trancio di branzino su letto di cipolla e tart nero. **Vini** Tocai.

VÖLS AM SCHLERN = Fiè allo Sciliar.

☞ *Benutzen Sie den Hotelführer des laufenden Jahres.*

VOLTERRA 56048 Pisa 988 ⑭, 430 L 14 – 12 936 ab. alt. 531 – ✆ 0588.

Vedere Quartiere Medioevale★★ : piazza dei Priori★★, Duomo★ e Battistero★ **A** – ⩽★★ dal via dei Ponti – Museo Etrusco Guarnacci★ **M2** – Porta all'Arco★.

🎗 via Turazza 2 ℘ 86150.

Roma 287 ② – ◆Firenze 81 ② – ◆Livorno 73 ③ – ◆Milano 377 ② – Pisa 64 ① – Siena 57 ②.

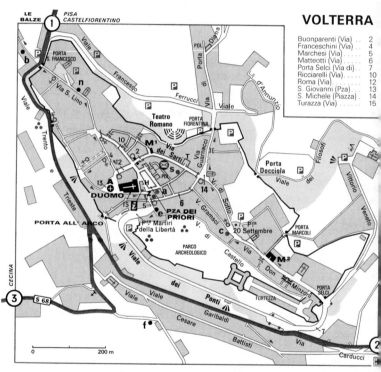

VOLTERRA

Buonparenti (Via)	2
Franceschini (Via)	4
Marchesi (Via)	5
Matteotti (Via)	6
Porta Selci (Via di)	7
Ricciarelli (Via)	10
Roma (Via)	12
S. Giovanni (Pza)	13
S. Michele (Piazza)	14
Turazza (Via)	15

Circolazione stradale regolamentata nel centro città

🏨 **San Lino,** via San Lino 26 ℘ 85250, Telex 502017, Fax 85250, ⅃ – 🛗 📺 ☎ 🚗. AE ⑤ ⑩ E VISA ⋘ rist
Pas *(chiuso a mezzogiorno, mercoledì e dal 3 novembre al 15 marzo)* carta 31/44000 **44 cam** � 80/140000 – ½ P 90/100000.

🏨 **Sole** 🍴 senza rist, via dei Cappuccini 10 ℘ 84000, 🌳 – ☎ ⓟ. E VISA ⋘
chiuso gennaio e febbraio – ⊐ 9000 – **10 cam** 95000.

🏠 **Villa Nencini** 🍴 senza rist, borgo Santo Stefano 55 ℘ 86386, Fax 86686, ⩽, « Giardin e boschetto con ⅃ » – ☎ ⓟ. ⑤ E VISA
⊐ 9000 – **14 cam** 85/95000.

🏠 **Nazionale,** via dei Marchesi 11 ℘ 86284, Fax 84097 – 🛗 📺 ☎ ✟. ⑤ ⑩ E VISA
Pas *(chiuso venerdì)* carta 34/47000 (12%) – ⊐ 8000 – **36 cam** 65/95000 – ½ P 77000.

XX **Il Sacco Fiorentino,** piazza 20 Settembre 18 ✆ 88537 – AE ⑤ ⓓ E VISA — c
chiuso mercoledì e febbraio – Pas carta 41/69000.

XX **Etruria,** piazza dei Priori 6 ✆ 86064 – AE ⑤ ⓓ E VISA — a
chiuso giovedì, gennaio e dal 10 al 30 giugno – Pas carta 31/51000 (15%).

XX **Osteria dei Poeti,** via Matteotti 55/57 ✆ 86029 – AE ⑤ ⓓ E VISA — z
chiuso giovedì e dal 10 al 30 novembre – Pas carta 24/47000 (10%).

X **Da Beppino,** via delle Prigioni 15/19 ✆ 86051 – AE ⑤ ⓓ E VISA — s
chiuso mercoledì e dal 10 al 20 gennaio – Pas carta 25/36000.

a Saline di Volterra SO : 9 km – ✉ **56047** :

Africa, ✆ 44193 – TV ☎ P. ⑤ E VISA
chiuso dal 24 dicembre al 2 gennaio – Pas *(chiuso domenica)* carta 24/34000 – ☕ 8000 – **11 cam** 50/70000 – ½ P 50/66000.

X **Il Vecchio Mulino,** ✆ 44060, Fax 44060, 🌳 – P. AE ⑤ ⓓ E VISA. ✗
chiuso martedì, dal 26 gennaio al 9 febbraio e dal 16 al 30 novembre – Pas carta 27/53000.

VOZE Savona – Vedere Noli.

VULCANO (Isola) Messina 988 ㊲ ㊳, 431 432 L 26 – Vedere Sicilia (Eolie,isole).

WELSBERG = Monguelfo.

WELSCHNOFEN = Nova Levante.

WOLKENSTEIN IN GRÖDEN = Selva di Val Gardena.

ZADINA PINETA Forlì – Vedere Cesenatico.

ZAFFERANA ETNEA Catania 432 N 27 – Vedere Sicilia.

ZELO BUON PERSICO **20060** Milano 428 F 10, 219 ⑳ – 4 030 ab. alt. 95 – ☎ 02.
Roma 564 – Bergamo 46 – Lodi 16 – ♦Milano 23 – Pavia 43.

Niki senza rist, strada statale Paullese ✆ 90658681, Fax 90658863 – |♦| ▤ TV ☎ P. AE ⑤ ⓓ E VISA
35 cam ☕ 150000.

ZERMAN Treviso – Vedere Mogliano Veneto.

ZERO BRANCO **31059** Treviso 429 F 18 – 7 660 ab. alt. 18 – ☎ 0422.
Roma 538 – ♦Milano 271 – ♦Padova 35 – Treviso 13 – ♦Venezia 27.

XX **Da Sauro,** ✆ 97116 – ▤. AE ⑤ VISA. ✗
chiuso lunedì sera, martedì e dal 21 luglio al 21 agosto – Pas carta 38/57000.

ZIANO DI FIEMME **38030** Trento 429 D 16 – 1 362 ab. alt. 953 – a.s. febbraio-Pasqua e Natale – ☎ 0462.
ℹ piazza Italia ✆ 55133.
Roma 657 – Belluno 83 – ♦Bolzano 51 – Canazei 30 – ♦Milano 315 – Trento 75.

Polo, ✆ 571131, Fax 571131, ≦s, 🌳 – |♦| ▤ rist TV ☎ P. ⑤ ⓓ E VISA. ✗
18 dicembre-25 aprile e giugno-20 ottobre – Pas *(chiuso giovedì)* carta 30/44000 – ☕ 10000 – **44 cam** 60/120000 – ½ P 60/90000.

ZIBELLO **43010** Parma 428 429 G 12 – 2 233 ab. alt. 35 – ☎ 0524.
Roma 493 – Cremona 28 – ♦Milano 103 – ♦Parma 35 – Piacenza 41.

X **Trattoria la Buca,** ✆ 99214, prenotare – P. ✗
chiuso lunedì sera, martedì e dal 1° al 15 luglio – Pas carta 41/60000.

ZINGONIA **24040** Bergamo 428 F 10, 219 ⑳ – alt. 173 – ☎ 035.
Roma 604 – ♦Bergamo 15 – ♦Brescia 62 – ♦Milano 37 – Piacenza 78.

Gd H. Zingonia e Rist. Le Giromette, ✆ 883225 e rist ✆ 883091, Telex 300242, Fax 885699 – |♦| ▤ TV ☎ 🚗 P – 🔬 40 a 250. AE ⑤ ⓓ E VISA. ✗
chiuso dal 23 dicembre al 6 gennaio e dal 1° al 29 agosto – Pas *(chiuso domenica)* carta 40/62000 – ☕ 13000 – **100 cam** 128/187000 – ½ P 180000.

ZINZULUSA (Grotta) Lecce 431 G 37 – Vedere Castro Marina.

ZOCCA **41059** Modena 428 429 430 I 14 – 4 170 ab. alt. 758 – a.s. luglio-agosto – ☎ 059.
Roma 385 – ♦Bologna 57 – ♦Milano 218 – ♦Modena 49 – Pistoia 84 – Reggio nell'Emilia 75.

Panoramic, via Tesi 690 ✆ 987010, ≤, 🌳 – |♦| ☎ P. ⑤ ⓓ E VISA. ✗
chiuso dal 6 gennaio al 15 febbraio – Pas *(chiuso lunedì in bassa stagione)* carta 25/44000 – ☕ 8000 – **28 cam** 65/95000 – ½ P 55/85000.

ZOGNO 24019 Bergamo 428 E 10 – 8 704 ab. alt. 334 – ✪ 0345.

Roma 619 – ◆Bergamo 18 – ◆Brescia 70 – Como 64 – ◆Milano 60 – San Pellegrino Terme 7.

ad Ambria NE : 2 km – ✉ 24019 Zogno :

✗ **Da Gianni** con cam, ✆ 91093 – 📺 ☎ ⇔ **Ⓟ**. 🅰🅴 🅱 **E** *VISA*. ✵ cam
chiuso dal 1° al 20 settembre – Pas (chiuso lunedì dal 21 settembre al 15 giugno) carta 22/
42000 – ☑ 5000 – **8 cam** 25/50000 – P 45000.

ZOLA PREDOSA 40069 Bologna 429 430 I 15 – 15 825 ab. alt. 82 – ✪ 051.

Roma 378 – ◆Bologna 13 – ◆Milano 209 – ◆Modena 33.

🏨 Zolahotel, senza rist, via Risorgimento 186 ✆ 751101, Fax 751101 – |🛗| 📧 📺 ☎ ⇔ **Ⓟ** –
♨ 50 a 250.
108 cam.

✗ **Masetti,** via Gesso 70 ✆ 755131, 🍽 – **Ⓟ**. 🅰🅴 ⓞ *VISA*. ✵
chiuso venerdì, sabato a mezzogiorno, dal 15 al 30 gennaio ed agosto – Pas carta 31/47000

ZOLDO ALTO 32010 Belluno 429 C 18 – 1 339 ab. alt. (frazione Fusine) 1 177 – Sport invernali
1 177/1 800 m ⚡1 ⚡12, ⚡ (vedere anche Alleghe) – ✪ 0437.

🛈 frazione Mareson ✆ 789145.

Roma 646 – Belluno 45 – Cortina d'Ampezzo 52 – ◆Milano 388 – Pieve di Cadore 39 – ◆Venezia 135.

🏨 Valgranda, frazione Pecol, alt. 1 375 ✆ 789142, Fax 789143, ≼, 🔲 – |🛗| ☎ **Ⓟ**
stagionale – **28 cam.**

🏨 **Sporting,** frazione Pecol, alt. 1 375 ✆ 789484, Fax 788616, ≼, ⚖, 🔲 – 📺 ☎ ⇔ **Ⓟ**. ⓞ
VISA. ✵
dicembre-Pasqua e luglio-15 settembre – Pas (solo per clienti alloggiati) 30000 – ☑ 13000 –
22 cam 80/150000 – ½ P 60/135000.

🏨 Corona, frazione Mareson, alt. 1 338 ✆ 789290 – |🛗| ☎ **Ⓟ**
stagionale – **40 cam.**

🏠 **Bosco Verde** ⚹, frazione Pecol, alt. 1 375 ✆ 789151, Fax 788757 – **Ⓟ**. ✵
Pas carta 28/49000 – **22 cam** ☑ 100000 – ½ P 70000.

🏠 La Baita ⚹ senza rist, frazione Pecol, alt. 1 375 ✆ 789445, 🛁 – ☎ **Ⓟ**
12 cam.

🏠 Maè, frazione Mareson, alt. 1 338 ✆ 789189, Fax 789117, ≼ – **Ⓟ**. ⓞ. ✵
4 dicembre-15 aprile e luglio-15 settembre – Pas (chiuso a mezzogiorno da ottobre a marzo/
20/30000 – ☑ 8000 – **19 cam** 60/95000 – ½ P 40/78000.

ZOMPITTA Udine – Vedere Reana del Roiale.

ZORZINO Bergamo – Vedere Riva di Solto.

ZUCCARELLO 17039 Savona 428 J 6 – 307 ab. alt. 120 – ✪ 0182.

Roma 592 – Cuneo 91 – ◆Genova 93 – San Remo 60 – Savona 47.

✗✗ **La Cittadella,** ✆ 79056, Coperti limitati; prenotare – 🅰🅴 🅱 **E** *VISA*
chiuso a mezzogiorno (escluso i giorni festivi) e lunedì – Pas 60000.

ZWISCHENWASSER = Longega.

Cantone Ticino
(Svizzera)

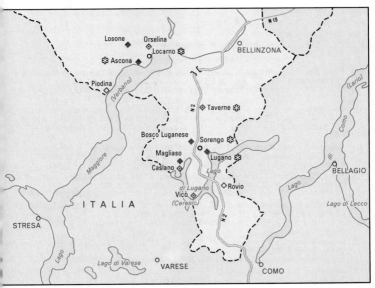

427 ⑮ ㉔ ㉕, **219** ⑦ ⑧, **218** ⑪ ⑫ – 286 725 ab. alt. da 210 (Ascona) a 3 402 (monte Rheir waldhorn)

I prezzi sono indicati in franchi svizzeri.

AGARONE 6597 **219** ⑧ – alt. 400 – a.s. luglio-ottobre – ✪ 092, dall'Italia 00.41.92.

Roma 690 – Bellinzona 13 – ◆Lugano 37 – Locarno 10 – ◆Milano 112.

XX **Della Posta**, ℰ 641242, 斎, Coperti limitati; prenotare – ஊ ➊ E ▨▨
chiuso lunedì, martedì a mezzogiorno, dal 22 febbraio al 2 marzo e dal 1° al 22 agosto – Pa carta 46/108.

X **Grotto Romitaggio,** ℰ 641577, Grotto ticinese, « Servizio estivo in terrazza panoram ca » – ➌. ஊ E. ✖
chiuso lunedì e dal 7 gennaio al 28 febbraio – Pas carta 40/61.

AGNO 6982 **427** ㉔, **219** ⑧ – 3 212 ab. alt. 274 – a.s. Pasqua, luglio-agosto e ottobre – ✪ 09 dall'Italia 00.41.91.

⇴ E : 3 km ℰ 505001, Fax 592165 – a Lugano, Swissair, via Pretorio 9 ℰ 236331, Fax 23190

Roma 660 – Bellinzona 32 – ◆Bern 263 – ◆Lugano 6 – Luino 17 – ◆Milano 83 – Varese 26.

🏨 **La Perla**, ℰ 593921, Telex 844593, Fax 594039, « Servizio rist. estivo in terrazza ombreg giata », ♨, ⇌, ⊐ riscaldata, ▨, ☞, ✖ – 📶 ⟷ cam 📺 ☎ & ➌ – ⚗ 40 a 280. ஊ 🅱 ➊ E ▨▨. ✖ rist
Pas 42/85 – **120 cam** ⊐ 288 – ½ P 190.

X Grotto Rusca, ℰ 592976, 斎

AIROLO 6780 **427** ⑮, **218** ⑪ – 1 753 ab. alt. 1 142 – a.s. gennaio-febbraio e luglio-agosto Sport invernali : 1 142/2 065 m ⫱1 ⚡3, ⚡ – ✪ 094, dall'Italia 00.41.94.

Escursioni Strada★★ del passo della Novena Ovest – Strada★ del San Gottardo Nord vers Andermatt e SE verso Giornico.

Roma 738 – Bellinzona 58 – Locarno 77 – ◆Milano 164.

🏠 **Forni,** ℰ 881297, Fax 881523, ⇐ – 📶 ☎ – ⚗ 30. ஊ 🅱 ➊ E ▨▨. ✖ rist
chiuso dall'8 novembre al 3 dicembre – Pas carta 29/70 – **18 cam** ⊐ 70/140 – ½ P 70/110.

ALDESAGO **219** ⑧ – Vedere Lugano.

ASCONA 6612 **427** ㉔, **219** ⑦ ⑧ – 4 689 ab. alt. 210 – a.s. Pasqua e luglio-ottobre – ✪ 093 dall'Italia 00.41.93.

Vedere Guida Verde Svizzera.

🛅 (marzo-novembre) ℰ 352132, E : 1,5 km Y.

🛈 piazza San Pietro-Casa Serodine ℰ 350090, Fax 361008.

Roma 698 ② – Bellinzona 22 ② – ◆Milano 119 ② – Stresa 52 ④.

Pianta pagina seguente

🏨 **Eden Roc** ⑤, via Albarelle ℰ 350171, Fax 351571, ⇐, 斎, « Giardino in riva al lago co ⊐ riscaldata », ⇌, ▨, 🛥 – 📶 📺 ☎ & ⇌ ➌. ஊ ➊ E ▨▨. ✖ rist   Y
chiuso dal 7 gennaio al 17 marzo – Pas carta 67/124 – **50 cam** ⊐ 630, 8 appartamenti - ½ P 345.

🏨 **Europe au Lac** ⑤, via Albarelle ℰ 352881, Telex 846075, Fax 361809, ⇐, 斎, « Giardin in riva al lago con ⊐ riscaldata », ♨, ▨, 🛥 – 📶 📺 ☎ & ⇌ ➌. ஊ ➊ E ▨▨. ✖ rist
15 marzo-ottobre – Pas carta 70/109 – **65 cam** ⊐ 230/430, 11 appartamenti – ½ P 250 265.   Y

🏨 **Ascona** ⑤, via Collina ℰ 351135, Fax 361748, ⇐ lago e monti, 斎, « Giardino e terrazza fiorita con ⊐ riscaldata », ♨, ⇌ – 📶 📺 ☎ & ⇌ ➌ – ⚗ 80. ஊ ➊ E ▨▨. ✖ rist
chiuso gennaio e febbraio – Pas carta 40/63 – **75 cam** ⊐ 170/360 – ½ P 208/218.   X

🏨 **Castello e Rist. De' Ghiriglioni,** piazza Motta ℰ 350161, Fax 351804, ⇐, 斎, « Giardi no ombreggiato », ⊐ riscaldata – 📶 📺 ☎ & ⇌ ➌. ஊ ➊ E ▨▨
16 marzo-9 novembre – Pas carta 51/82 – **44 cam** ⊐ 200/460 – ½ P 228/258.   Z

🏨 **Ascovilla** ⑤, via Albazelle ℰ 350252, Telex 846258, Fax 357770, 斎, « Giardino con ⊐ riscaldata », ♨, ⇌ – 📶 📺 ☎ & ⇌ ➌. ஊ ➊ E ▨▨. ✖ rist   Y
aprile-ottobre – Pas (solo per clienti alloggiati) carta 43/65 – **58 cam** ⊐ 190/295, 5 apparta menti – ½ P 183/225.

🏨 **Sasso Boretto,** via Locarno 45 ℰ 357115, Fax 355018, 斎, ⇌, ▨ – 📶 📺 ☎ & ⇌ ➌ – ⚗ 70. ஊ ➊ E ▨▨. ✖ rist   X
chiuso dal 4 gennaio al 27 marzo – Pas 28/55 – **42 cam** ⊐ 150/250 – ½ P 158/183.

🏨 **Tamaro,** piazza Motta ℰ 350282, Fax 352928, ⇐, 斎 – 📶 📺 ☎. ஊ ➊ E ▨▨. ✖ rist
15 marzo-15 novembre – Pas carta 44/66 – **51 cam** ⊐ 145/170 – ½ P 115/175.   Z

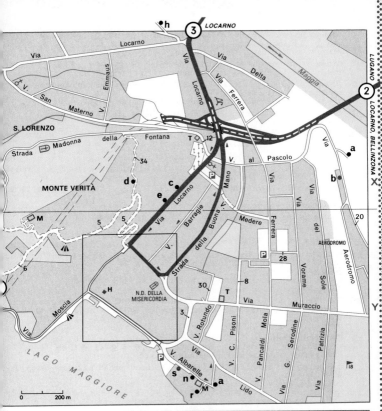

ASCONA

Borgo (Via) . . . . **Z**
Maggiore (Contrada) . . . . **Z** 14
Pecore (Strada delle) . . . . . **Z** 19

Buona Mano (Strada della) . . **Z** 2
Circonvallazione (Via) . . . . **Y** 3
Collina (Strada) . . . . **Y** 5
Collinetta (Strada) . . . . **Y** 6
Franscini (Via) . . . . **Y** 8
Ghriglioni (Vicolo dei) . . . . . . **Z** 9
Losone (Via) . . . . **X** 12
Motta (Piazza G.) . . . . **Z** 15
Muraccio (Via) . . . . **Z** 16
Pasini (Vicolo) . . . . **Z** 17
Querce (Via delle) . . . . **Y** 20
Sacchetti (Via) . . . . **Z** 23
S. Pietro (Via) . . . . **Z** 25
S. Sebastiano (Via) . . . . **Z** 27
Schelcie (Via) . . . . **Y** 28
Scuole (Via delle) . . . . **Y** 30
Signore in Crocce (Via) . . . . . **X** 34

Centro città :
zona pedonale.

I nomi delle principali
vie commerciali
sono scritti in rosso all'inizio
dell'indice toponomastico
delle piante di citta.

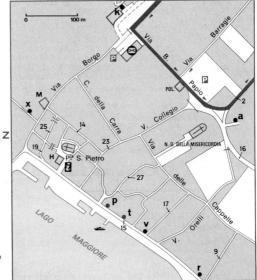

717

🏛 **Mulino** ⤫, via delle Scuole ℰ 353692, Fax 350671, ☂, ⇔, ⌇ riscaldata, ☞ – 🛗 📺 🌡
⟵ 🄿 . 🖭 E *VISA*. 🕸 rist
marzo-novembre – Pas 27/42 – **32 cam** ⊑ 145/250 – ½ P 145/165.

🏛 **Moro,** strada della Collina ℰ 351081, Fax 355169, ⇔, 🔲, ☞ – 🛗 📺 ☎ 🄿 . 🕸 rist
marzo-15 novembre – Pas 30/50 – **36 cam** ⊑ 80/174 – ½ P 105/112.

🏠 **Riposo** ⤫, via Borgo ℰ 353164, Fax 354663, « Terrazza-solarium panoramica con
riscaldata » – 🛗 ☎ ⟵. E *VISA*
15 marzo-ottobre – Pas 30/40 – **32 cam** ⊑ 100/200 – ½ P 100/140.

🏠 **Sport** senza rist, via Locarno 25 ℰ 350031 – 🛗 📺 ☎ ⟵. 🖭 E *VISA*
15 marzo-15 novembre – **19 cam** ⊑ 190.

XXX ✿ **Ascolago** ⤫ con cam, via Albarelle ℰ 352055, Fax 354226, ≤, ☂, « Giardino in riv
al lago », ⌇ riscaldata, 🔲, 🍴 – 🛗 ▤ rist 📺 ☎ 🄿 ⟵ 🄿 . 🖭 E *VISA*
chiuso dal 14 novembre al 18 dicembre – Pas *(chiuso sino al 1° marzo e lunedì in bass
stagione)* carta 69/113 – **22 cam** ⊑ 150/360 – ½ P 180/220
Spec. Filetti di coregone al pomodoro e basilico, Petto di faraona su risotto ai tartufi, Paletta di sorbetti in fiore di pas
dolce con frutta di stagione. **Vini** Chardonnay, Merlot del Ticino.

XX **Al Porto** con cam, piazza Motta ℰ 351321, Fax 353040, ≤, ☂, ☞ – 🛗 📺 ☎ 🖭 ⓞ
VISA
Pas carta 29/67 – **35 cam** ⊑ 100/205 – ½ P 138.

X **Al Pontile,** piazza Motta ℰ 354604, ≤, ☂ – ▤. 🖭 E *VISA*. 🕸
Pas carta 38/65.

all'Aerodromo NE : 1,5 km per via Muraccio Y :

🏘 **Castello del Sole e Rist. Locanda Barbarossa** ⤫, O : 0,5 km ✉ 6612 ℰ 350202
Telex 846138, Fax 361118, ☂, « Parco-giardino », 🕭, ⇔, ⌇ riscaldata, 🔲, 🍴, 🎾 –
📺 ☎ ੬ 🄿 . 🕸
3 aprile-5 settembre – Pas carta 45/110 – **70 cam** ⊑ 285/540, 6 appartamenti – ½ P 300
315.

🏘 **Giardino** ⤫, O : 0,5 km ✉ 6612 ℰ 350101, Fax 361094, ☂, « Giardino fiorito i
un'atmosfera mediterranea », 🕭, ⇔, ⌇ riscaldata, 🎾 – 🛗 ▤ rist 📺 ☎ ⟵ 🄿 . 🖭 ⓞ
VISA. 🕸 rist
marzo-novembre – Pas 81/140 – **54 cam** ⊑ 630, 18 appartamenti – P 345.

🏠 **Park Hotel Delta** ⤫, E : 0,5 km ✉ 6612 ℰ 351105, Telex 846101, Fax 356724, ☂
« Giardino con ⌇ riscaldata », ⇔, 🔲, 🎾 – 🛗 ▤ rist 📺 ☎ 🄿 . 🖭 ⓞ E *VISA*. 🕸 rist X
Pasqua-ottobre – Pas carta 60/96 – **50 cam** ⊑ 380/520, 6 appartamenti.

XXXX ✿ **Giardino,** O : 0,5 km ✉ 6612 ℰ 350101, ☂, Coperti limitati; prenotare – ▤ 🄿 . 🖭 ⓞ
E *VISA*. 🕸
marzo-novembre; chiuso a mezzogiorno – Pas carta 81/131
Spec. Filetti di triglia e calamaretti al timo di limone (estate), Ravioli di animelle e funghi all'erba cipollina (autunno
Costolette di capretto con rosmarino e cipolline glassate (primavera). **Vini** Chardonnay, Merlot del Ticino.

X **Aerodromo,** ✉ 6612 ℰ 351373, ☂ – 🄿 . 🖭 ⓞ E *VISA*. 🕸 X
chiuso dal 10 novembre al 15 dicembre – Pas carta 50/70.

a Losone N : 2 km per via Locarno X – ✉ 6616 :

🏠 **Losone** ⤫, ℰ 350131, Telex 846080, Fax 361101, ☂, « Giardino fiorito con ⌇ riscalda
ta », ⇔ – 🛗 📺 ☎ ੬ 🄿 – 🔬 30. 🖭 E *VISA*. 🕸 rist X
15 marzo-10 novembre – Pas 45/90 – ⊑ 22 – **70 cam** 220/380.

🏛 **Alle Arcate,** ℰ 354242, Fax 357459, ☂, ⌇ riscaldata, ☞ – 🛗 📺 ☎ ੬ 🄿 . 🖭 ⓞ E *VIS*
Pas *(chiuso domenica e gennaio)* carta 32/65 – **24 cam** ⊑ 105/180 – ½ P 125/140.

XX **Osteria Delea,** contrada Maggiore 24 ℰ 357817, ☂, Coperti limitati; prenotare – 🄿 . 🄰
ⓞ E *VISA*. 🕸
chiuso lunedì, martedì, gennaio e febbraio – Pas carta 69/101.

X **Grotto Broggini,** via San Materno 18 ℰ 351567, ☂, Grotto ticinese, « Ambiente tipic
ticinese », ☞ – 🄿 . 🖭 ⓞ E *VISA*
aprile-ottobre – Pas carta 27/55.

sulla strada panoramica di Ronco O : 3 km :

🏠 **Casa Berno** ⤫, ✉ 6612 ℰ 353232, Fax 361114, ≤ lago e monti, ☂, « Terrazza con ⌇
riscaldata », 🕭, ⇔, ☞ – 🛗 📺 ☎ 🄿 . 🖭 E *VISA*. 🕸 rist
15 marzo-novembre – Pas 50/75 – **75 cam** ⊑ 190/370.

Vedere anche : *Ronco Sopra Ascona* SO : 4,5 km per ④.

ASTANO 6999 ᐱ²⁷ ⑳, ²¹⁹ ⑧ – alt. 636 – ✿ 091, dall'Italia 00.41.91.
Roma 672 – Bellinzona 44 – ♦Lugano 18 – Varese 20.

X **Elvezia,** ℰ 731188, ☂, Grotto ticinese, ☞ – 🄿 . 🖭 🄢 ⓞ E *VISA*
chiuso lunedì e gennaio – Pas carta 36/77.

When visiting northern Italy use Michelin maps ᐱ²⁸ *and* ᐱ²⁹.

AVEGNO 6670 `219` ⑦ – alt. 296 – ✆ 093, dall'Italia 00.41.93.

Roma 703 – Bellinzona 27 – Locarno 8 – ◆Lugano 48.

❌ **Grotto Mai Morire,** ✆ 811537, 龤, Grotto ticinese – ℗. ⒜Ⓔ ⓪ Ⓔ 𝘝𝘐𝘚𝘈
15 marzo-ottobre – Pas carta 34/53.

BALERNA 6828 `427` ㉕, `219` ⑧ – alt. 310 – ✆ 091, dall'Italia 00.41.91.

Roma 642 – Bellinzona 54 – Como 21 – ◆Milano 66.

🏨 **Bellavista,** via San Gottardo 80 ✆ 439441 – ▮㌗ ⓣⓥ ☎ 🚗 ℗. ⒜Ⓔ ⓪ Ⓔ 𝘝𝘐𝘚𝘈. ⅍ rist
Pas *(chiuso domenica, luglio ed agosto)* carta 46/55 – **22 cam** ⌿ 89/149.

BEDANO 6930 `219` ⑧ – 902 ab. alt. 360 – ✆ 091, dall'Italia 00.41.91.

Roma 664 – Bellinzona 25 – Locarno 34 – ◆Lugano 6 – ◆Milano 84.

❌ **Osteria Carletti** ⅗ con cam, ✆ 931214, 龤 – ℗. Ⓔ 𝘝𝘐𝘚𝘈
Pas *(chiuso lunedì)* carta 43/65 – **10 cam** ⌿ 80 – ½ P 65.

BEDIGLIORA 6981 `219` ⑧ – alt. 585 – ✆ 091, dall'Italia 00.41.91.

Roma 668 – Bellinzona 40 – ◆Lugano 14 – Varese 16.

❌ Osteria la Palma, località Banco N : 3 km ✉ 6981 Nerocco-Banco ✆ 731118, 龤, Grotto
ticinese – ℗

BELLINZONA 6500 `427` ㉔ ㉕, `219` ⑧, `218` ⑫ – 16 935 ab. alt. 233 – a.s. luglio-settembre –
✆ 092, dall'Italia 00.41.92.

Vedere Castelli★ : castello di Montebello★, ≼★ dal castello di Sasso Corbaro.

🅸 via Camminata 6 ✆ 252131, Fax 253817.

Roma 681 – ◆Bern 232 – Como 62 – ◆Genève 347 – Locarno 19 – ◆Lugano 31 – ◆Milano 107 – Varese 58.

🏨 **Unione,** via Generale Guisan 1 ✆ 255577, Fax 259460, 🚗 – ▮㌗ ⓣⓥ ☎ ♿ – ♨ 120. ⒜Ⓔ ⓪
Ⓔ 𝘝𝘐𝘚𝘈. ⅍ rist
chiuso dal 20 dicembre al 20 gennaio – Pas *(chiuso domenica)* carta 47/76 – **33 cam**
⌿ 130/180.

🏨 **Internazionale,** piazza Stazione ✆ 254333, Fax 261359 – ▮㌗ ⓣⓥ ☎ ℗. ⒜Ⓔ ⓢ ⓪ Ⓔ 𝘝𝘐𝘚𝘈
Pas carta 25/40 – **20 cam** ⌿ 110/160 – ½ P 85/95.

❌❌❌ **Castelgrande,** al Castello ✆ 262353, Fax 262365 – ⒜Ⓔ ⓪ Ⓔ 𝘝𝘐𝘚𝘈
chiuso lunedì e gennaio – Pas carta 38/68.

❌❌ **Prisma da Charpié,** viale Generale Guisan 5/c ✆ 263446 – ⒜Ⓔ ⓪ Ⓔ 𝘝𝘐𝘚𝘈. ⅍
chiuso sabato a mezzogiorno e domenica – Pas carta 44/80.

❌❌ Corona, via Camminata 5 ✆ 252844, Fax 252148.

❌ **Grotto della Speranza,** via Pedemonte 12 ✆ 261939, 龤, « Ambiente tipico » – Ⓔ 𝘝𝘐𝘚𝘈
chiuso lunedì, martedì a mezzogiorno e dal 15 luglio al 25 agosto – Pas carta 44/68.

sull'autostrada N 2 SO : 2 km :

🏨 **Benjaminn Mövenpick** senza rist, area di servizio Bellinzona Sud ✉ 6513 Monte-
Carasso ✆ 270171, Telex 846212, Fax 277695 – ▮㌗ ⅍ ⓣⓥ ☎ ♿ ℗. ⒜Ⓔ ⓪ Ⓔ 𝘝𝘐𝘚𝘈
⌿ 15 – **55 cam** 140.

a Sementina SO : 3,5 km – ✉ 6514 – a.s. Pasqua e luglio-settembre :

🏨 **Cereda,** ✆ 272431, Fax 274371, ⌇ riscaldata, 🚗 – ⅍ rist ⓣⓥ ☎ ℗ – ♨ 60. ⒜Ⓔ ⓢ ⓪ Ⓔ
𝘝𝘐𝘚𝘈
chiuso dal 26 dicembre al 15 marzo – Pas *(chiuso lunedì)* carta 40/59 – **21 cam** ⌿ 50 –
½ P 78/82.

BIASCA 6710 `427` ⑮, `218` ⑫ – 5 659 ab. alt. 304 – Vedere Guida Verde Svizzera – a.s. giugno-
settembre – ✆ 092, dall'Italia 00.41.92.

Dintorni Malvaglia : campanile★ della chiesa N : 6 km.

🅸 ✆ 723327, Fax 724269.

Roma 701 – Bellinzona 21 – Locarno 40 – ◆Milano 127.

❌❌ **Della Posta** con cam, ✆ 722121, Fax 723147 – ▤ rist ⓣⓥ ☎ 🚗 ℗. ⒜Ⓔ ⓢ ⓪ Ⓔ 𝘝𝘐𝘚𝘈
chiuso dal 15 al 22 marzo – Pas carta 55/80 – **14 cam** ⌿ 85/150 – ½ P 105/115.

❌❌ **Al Giardinetto** con cam, ✆ 721771, Fax 722359 – ▮㌗ ☎ ♿ 🚗 ℗. ⒜Ⓔ ⓪ Ⓔ 𝘝𝘐𝘚𝘈
Pas *(chiuso marzo)* carta 29/60 – **27 cam** ⌿ 80/145 – ½ P 93/101.

❌❌ **Nazionale** con cam, ✆ 721331, Fax 724362 – ▮㌗ ⓣⓥ ☎ ♿ ℗. ⒜Ⓔ ⓪ Ⓔ 𝘝𝘐𝘚𝘈
Pas carta 30/77 – ⌿ 12 – **20 cam** 90/140 – ½ P 80/95.

BIOGGIO 6934 `427` ㉔, `219` ⑧ – 1 288 ab. alt. 321 – a.s. Pasqua, luglio-agosto e ottobre –
✆ 091, dall'Italia 00.41.91.

Roma 661 – Bellinzona 31 – ◆Bern 264 – ◆Lugano 8 – Luino 19 – ◆Milano 85 – Varese 28.

❌❌ **Grotto Antico,** ✆ 591239, prenotare, « Servizio estivo in terrazza » – ℗. ⒜Ⓔ ⓢ ⓪ Ⓔ 𝘝𝘐𝘚𝘈
Pas carta 46/76.

❌❌ **Stazione,** ✆ 591167, « Servizio estivo in giardino » – ℗. 𝘝𝘐𝘚𝘈
chiuso domenica sera, lunedì e febbraio – Pas carta 29/52.

719

6816 🔢 ㉔, 🔢 ⑧ – 706 ab. alt. 274 – a.s. Pasqua, luglio-settembre – 🕿 09¹ dall'Italia 00.41.91.

Roma 646 – Bellinzona 38 – ◆Bern 270 – Como 24 – ◆Lugano 8 – ◆Milano 69.

🏨 **Campione,** via Campione 62 (N : 2 km) 𝒫 689622, Fax 686821, ≤ lago, 🔟 – 🛗 🔟 ⊷ ⚑ ⚑. 🖭 🖪 ⓞ 🖪 🚾 rist
Pas 32 – **40 cam** ☑ 120/230, 4 appartamenti – ½ P 147/152.

🏨 **La Palma,** 𝒫 688406, Fax 685883, ≤ lago, ⌂ – 🛗 🔟 ☎. 🖭 🖪 ⓞ 🖪 🚾 ⌘
Pas 40/80 – **11 cam** ☑ 140 – ½ P 115.

🗙🗙 **Elvezia,** 𝒫 687374, ⌂ – ⚑. ⓞ 🖪 🚾
chiuso lunedì e febbraio – Pas carta 48/73.

6951 🔢 ㉕, 🔢 ⑧ – alt. 961 – 🕿 093, dall'Italia 00.41.93.

Roma 673 – Bellinzona 46 – Como 50.

🗙 **Locanda San Lucio** con cam, 𝒫 971303, Fax 971657, 🔟 – 🔟 ☎ ⚑. 🖭 🖪 ⓞ 🖪 🚾 ⌘ ris
chiuso gennaio e febbraio – Pas carta 32/64 – ☑ 8 – **16 cam** 105/170 – ½ P 110/130.

6935 🔢 ⑧ – 293 ab. alt. 533 – a.s. Pasqua, luglio-agosto e ottobre 🕿 091, dall'Italia 00.41.91.

Roma 667 – ◆Lugano 11 – ◆Milano 88.

🏨 **Villa Margherita** 🦢, 𝒫 591431, Fax 506149, ≤ lago di Lugano e monti, ⌂, « Parco giardino con 🔟 riscaldata », ⇌, 🔟 – 🔟 ☎ ⊷ ⚑ – 🔬 60. 🖭 ⓞ 🖪 🚾 ⌘ rist
aprile-20 ottobre – Pas carta 62/102 – **37 cam** ☑ 260/360, 4 appartamenti – ½ P 175/240.

🔢 ⑧ – Vedere Lugano.

Leggete attentamente l'introduzione : é la « chiave » della guida.

🔢 ㉔, 🔢 ⑧, 🔢 ⑫ – Vedere Locarno.

6614 🔢 ㉔, 🔢 ⑦ – 1 874 ab. alt. 210 – a.s. luglio-agosto – 🕿 093, dall'Italia 00.41.93.

🛈 via Cantonale 𝒫 651170, Fax 653244.

Roma 706 – Bellinzona 30 – ◆Bern 262 – Locarno 11 – ◆Milano 127 – Stresa 44.

🏨 **Villa Caesar** 🦢, 𝒫 652766, Fax 653104, ≤ lago e monti, 🎬, ⇌, 🔟 riscaldata, 🔟 – 🛗 📼 rist 🔟 ☎ ⊷ ⚑ – 🔬 35. 🖭 🖪 🚾 ⌘ rist
aprile-ottobre – Pas carta 58/102 – **32 cam** ☑ 320, 8 appartamenti – ½ P 180/260.

🏨 **Mirto au Lac** 🦢, 𝒫 651328, Fax 651333, ≤, ⌂, 🔟 riscaldata – 🛗 📼 rist 🔟 ☎ ৬ ⊷. 🖪 🚾
10 marzo-novembre – Pas carta 50/141 – **24 cam** ☑ 85/250 – ½ P 105/145.

🏨 **Rivabella** senza rist, 𝒫 651137, ≤, « Terrazza-giardino sul lago » – 🛗 ☎ ⚑. ⌘
aprile-ottobre – **17 cam** ☑ 130.

🗙🗙 **Mirafiori** con cam, 𝒫 651234, ≤, ⌂, « Terrazza ombreggiata sul lago », ⚑ – ⚑. 🖪 ⌘ rist
20 marzo-ottobre – Pas 26 – **16 cam** ☑ 80/140 – ½ P 82/92.

a **Piodina** SO : 3 km – alt. 360 – ✉ **6614** Brissago :

🏨 **La Favorita** 🦢, 𝒫 652061, Fax 654148, ≤ lago e monti, ⌂, 🔟 riscaldata, ⚑ – 🛗 🔟 ☎ ⚑. 🖭 ⓞ 🖪 🚾
chiuso febbraio – Pas carta 39/53 – **16 cam** ☑ 190.

🗙 **Borei,** O : 3 km alt. 850 𝒫 651035, ≤ monti e lago, ⌂, Osteria ticinese, prenotare – ⚑
chiuso giovedì e febbraio; da novembre a gennaio aperto solo i week-end – Pas carta 32/48

6936 🔢 ⑧ – 504 ab. alt. 770 – a.s. Pasqua, luglio-agosto e ottobre – 🕿 091 dall'Italia 00.41.91.

Dintorni Monte Lema★ : ⚹⚹★★ per seggiovia da Miglieglia.

Roma 666 – Bellinzona 35 – ◆Bern 268 – ◆Lugano 13 – Luino 24 – ◆Milano 90 – Varese 33.

🗙🗙 **Cacciatori** 🦢 con cam, NE : 1,5 km 𝒫 592236, ≤, « Servizio estivo all'aperto », ⚑ – 🔟 ☎ ⚑. 🖭 ⓞ 🖪 🚾
20 marzo-3 novembre – Pas carta 43/75 – **16 cam** ☑ 80/180 – ½ P 102/120.

6825 🔢 ⑧ – alt. 277 – 🕿 091, dall'Italia 00.41.91.

Roma 640 – Bellinzona 44 – Como 23 – ◆Lugano 14.

🗙 **Svizzero** con cam, 𝒫 481995, Fax 481753, ⌂ – 🔟 ☎ – 🔬 40. 🖭 ⓞ 🖪 🚾 ⌘
chiuso la sera di Natale – Pas carta 46/64 – **23 cam** ☑ 65/120 – ½ P 85/90.

🔢 ㉔, 🔢 ⑧ – Vedere Ponte Tresa.

🔢 ⑧ – Vedere Lugano.

Vedere Lugano (Lago di).

HIASSO 6830 `427` ㉕, `219` ⑧ – 8 238 ab. alt. 236 – a.s. Pasqua e luglio-settembre – ✆ 091, all'Italia 00.41.91.

ɔma 627 – Como 5 – ♦Lugano 26 – Menaggio 34 – ♦Milano 50.

🏨 **Touring-Mövenpick,** piazza Indipendenza ℘ 445331, Fax 445661 – |⃥| ⅙↠ cam ▤ 📺 ☎ – 🔏 40. 🖭 ⓞ 🄴 𝘝𝘐𝘚𝘈
Pas 29/45 – ⊊ 13 – **60 cam** 118/148.

🏠 **Centro** senza rist, corso San Gottardo 80 ℘ 434402, Fax 434458 – 📺 ☎ ⟵. 🖭 ⓞ 🄴 𝘝𝘐𝘚𝘈
chiuso dal 10 al 25 dicembre e dal 1° al 15 agosto – **18 cam** ⊊ 90/140.

XX **Corso,** via Valdani 1 ℘ 445701, Fax 445308 – ▤. 🖭 🅖 ⓞ 🄴 𝘝𝘐𝘚𝘈. ⅏
chiuso agosto, domenica e in giugno-luglio anche sabato – Pas carta 35/87.

XX **Antico** con cam, via Favre 12 ℘ 447221, Fax 448546, 🏤 – ☎ ❷ – 🔏 100. 🖭 🄴 𝘝𝘐𝘚𝘈
chiuso dal 2 all'8 gennaio ed agosto – Pas (chiuso domenica e lunedì) carta 44/66 – **12 cam** ⊊ 65/120.

a Pedrinate O : 3 km – ✉ 6832 :

XXX Al Ronco Grande di Pierre De Lusi, ℘ 434333, 🏤, Coperti limitati; prenotare – ❷

CHIGGIOGNA 6799 `427` ⑯, `218` ⑫ – 417 ab. alt. 668 – ✆ 094, dall'Italia 00.41.94.

ɔma 725 – Bellinzona 41 – Locarno 60 – ♦Milano 147.

XX **La Conca,** ℘ 382366, 🏤, « Ambiente tipico ticinese » – ❷. 🖭 ⓞ 🄴 𝘝𝘐𝘚𝘈
chiuso mercoledì, giovedì e febbraio – Pas carta 51/70.

CUREGLIA `219` ⑧ – Vedere Lugano.

FAIDO 6760 `427` ⑯, `218` ⑫ – alt. 717 – ✆ 094, dall'Italia 00.41.94.

◗ ℘ 381616, Fax 382329.

ɔma 725 – Bellinzona 41 – Locarno 60.

🏨 **Milano,** ℘ 381307, Fax 381708, 🚲 – |⃥| – 🔏 80. 🖭 ⓞ 🄴 𝘝𝘐𝘚𝘈
Pas (chiuso lunedì escluso da giugno a settembre) carta 33/64 – **39 cam** ⊊ 80/140.

XX Faido, con cam, ℘ 381555, Fax 381262 – |⃥| 📺 ☎ – 🔏 60
16 cam.

GANDRIA 6978 `427` ㉔, `219` ⑧ – 194 ab. alt. 295 – ✆ 091, dall'Italia 00.41.91.
edere Guida Verde Svizzera.

ɔoma 659 – Bellinzona 36 – ♦Bern 269 – Como 37 – ♦Lugano 5 – Luino 28 – ♦Milano 82.

X **Antico-da Bartolini,** ℘ 514871, « Terrazza con ≼ »
chiuso mercoledì e dal 10 novembre al 20 dicembre – Pas carta 44/108.

GENEROSO (Monte) `427` ㉔ ㉕, `219` ⑧ – alt. 1 703 – a.s. Pasqua e luglio-settembre.
/edere ⁂★★★.

apolago 50 mn di ferrovia a cremagliera.

ɔa Capolago : Roma 641 – Bellinzona 45 – ♦Bern 278 – Como 19 – ♦Lugano 13 – ♦Milano 64 – Varese 22.

X **Vetta,** ✉ 6825 Capolago ℘ (091) 687722, Fax 481107, ≼ Alpi e laghi – |⃥|. 🄴. ⅏
4 aprile-14 novembre – Pas 25/36.

GIUBIASCO 6512 `427` ㉔ ㉕, `219` ⑧ – 6 946 ab. alt. 239 – a.s. Pasqua e luglio-settembre – ✆ 092, dall'Italia 00.41.92.

ɔoma 679 – Bellinzona 2 – ♦Bern 235 – Locarno 18 – ♦Lugano 31 – ♦Milano 105.

X **Unione** con cam, ℘ 271616, 🏤, 🚲 – 🄴 𝘝𝘐𝘚𝘈. ⅏ rist
chiuso dal 23 dicembre al 15 gennaio e dal 1° al 20 agosto – Pas (chiuso sabato) carta 25/35 – **8 cam** ⊊ 45/85 – ½ P 60/65.

GNOSCA 6525 `427` ㉔ ㉕, `218` ⑫ – 420 ab. alt. 277 – ✆ 092, dall'Italia 00.41.92.

Roma 688 – Bellinzona 8 – ♦Milano 115.

X **Lessy-da Mano,** ℘ 291941, 🏤, 🚲 – ❷. 🖭 ⓞ 🄴 𝘝𝘐𝘚𝘈. ⅏
chiuso lunedì e dal 28 luglio al 17 agosto – Pas carta 33/71.

GOLINO 6611 `219` ⑦ – alt. 270 – ✆ 093, dall'Italia 00.41.93.

Roma 702 – Domodossola 40 – Locarno 9.

🏠 **Ca' Vegia** ⅍ senza rist, ℘ 811267, « Tipica casa padronale ticinese », 🚲 – ☎ ❷. ⅏
marzo-ottobre – **12 cam** ⊊ 150.

GORDEVIO 6672 `427` ㉔ – alt. 337 – ✆ 093, dall'Italia 00.41.93.
Roma 706 – Bellinzona 31 – Locarno 11 – ♦Lugano 52.

XX **Uno Più** ⅍ con cam, ℘ 871012, Fax 872658, 🏤 – ❷. 🄴 𝘝𝘐𝘚𝘈. ⅏
chiuso gennaio e febbraio – Pas (chiuso lunedì e martedì) carta 39/55 – **6 cam** ⊊ 80/140.

721

INTRAGNA 6655 427 (24), 219 (7), 218 (11) – 885 ab. alt. 362 – a.s. Pasqua e luglio-ottobre – 093, dall'Italia 00.41.93.

Roma 704 – Domodossola 40 – Locarno 9 – ◆Milano 125.

🏨 **Antico e Intragna,** ℘ 811107, Fax 813115, ≤, 🏤, ☎s, 🏊 riscaldata, 🎏 – 📶 📺 ☎. ▮ ⓘ 🄴 *VISA*
Pas carta 37/63 – **36 cam** ☷ 90/160.

XX **Stazione-da Agnese** con cam, ℘ 811212, ≤, 🏊 riscaldata, 🎏 – 📺 ℗. 🄰🄴 ⓘ 🄴 *VISA*
marzo-novembre – Pas carta 47/73 – ☷ 10 – **10 cam** 95/150, appartamento – ½ P 120.

LAGO MAGGIORE o VERBANO Cantone Ticino, Novara e Varese 427 (24), 219 (6) (7) (8) (17). Vedere Guida Verde Italia.

LAVERTEZZO 6633 427 (24) – alt. 545 – 093, dall'Italia 00.41.93.

Roma 707 – Bellinzona 20 – Locarno 17 – ◆Lugano 58.

X Della Posta, ℘ 901667, ≤, 🏤

LAVORGO 6746 427 (15), 218 (12) – alt. 622 – a.s. febbraio e dicembre – 094, dall'Ital 00.41.94.

Roma 719 – Bellinzona 35 – Locarno 54.

XX **Alla Stazione,** ℘ 391408, Coperti limitati; prenotare – 🄰🄴 🄴 *VISA*
chiuso lunedì e dal 15 luglio al 15 agosto – Pas carta 54/98.

LOCARNO 6600 427 (24), 219 (8), 218 (11) (12) – 14 217 ab. alt. 198 – a.s. Pasqua e luglio-ottobre – Sport invernali : a Cardada : 1 350/1 750 m ⸲1 ⼳5 – 093, dall'Italia 00.41.93.

Vedere Lago Maggiore★★★ – Santuario della Madonna del Sasso★ : ≤★ AY per via ai Mon della Trinità o per funicolare (6 mn) – ≤★★ dall'Alpe di Cardada Nord per funivia – Mont Cimetta★★ : ☀★★ Nord per seggiovia.

Escursioni Circuito di Ronco★★ : ≤★★ sul lago dalla strada per Losone e Ronco.

🏌 (marzo-novembre) ad Ascona ✉ 6612 ℘ 352132, per ② : 6,5 km.

🎫 largo Zorzi ℘ 310333, Telex 8646147, Fax 319070.

Roma 695 ① – Bellinzona 19 ① – ◆Bern 252 ① – ◆Genève 327 ② – ◆Lugano 40 ① – ◆Milano 116 ①.

Pianta pagina seguente

🏰 **Reber au Lac,** viale Verbano 55 ℘ 330202, Telex 846074, Fax 337981, ≤, « Servizio ris estivo su terrazza fiorita », ☎s, 🏊 riscaldata, 🐾, 🎏, 🍴 – 📶 📺 ☎ ℗ – 🏛 90. 🄰🄴 ⓘ ▮
VISA. 🍴 rist   BY
Pas 55/85 – **90 cam** ☷ 240/380, 2 appartamenti – ½ P 170/280.

🏨 **Muralto,** piazza Stazione 8 ℘ 330181, Telex 846126, Fax 334395, ≤, 🏤 – 📶 🖿 rist 📺 ☎ – 🏛 120. 🄰🄴 ⓘ 🄴 *VISA* ☎   BY
Pas carta 38/67 – **76 cam** ☷ 235/290 – ½ P 145/185.

🏨 **Arcadia,** lungolago Motta ℘ 310282, Fax 315308, ≤, 🏤, 🛁, ☎s, 🏊 riscaldata, 🎏 – 📶 🍴 cam 🖿 cam 📺 ☎ 🚿 ⟵ ℗. 🄰🄴 ⓘ 🄴 *VISA*. 🍴 rist   BZ
chiuso gennaio e febbraio – Pas carta 50/70 – **89 cam** ☷ 282, 33 appartamenti – ½ P 322.

🏨 **Gd H. Locarno,** via Sempione 17 ℘ 330282, Telex 846143, Fax 333013, ≤, 🏤, « Parc con 🏊 riscaldata », 🍴 – 📶 📺 ☎ ℗ – 🏛 80. 🄰🄴 🄱 ⓘ 🄴 *VISA*. 🍴 rist   BY
15 marzo-1° novembre – Pas al Rist. **Alle Grotte** carta 37/76 – ☷ 60 – **80 cam** 145/320 ½ P 135/195.

🏨 **Beau Rivage,** lungolago Motta ℘ 331355, Fax 339409, ≤, 🏤 – 📶 📺 ☎ ℗. 🄰🄴 🄴 *VISA* 🍴 rist   BY
marzo-ottobre – Pas carta 35/50 – **50 cam** ☷ 101/247 – ½ P 115/138.

🏨 **Dell'Angelo,** piazza Grande ℘ 318175, Fax 318256 – 📶 📺 ☎. 🄰🄴 ⓘ 🄴 *VISA*. 🍴 rist
Pas carta 31/57 – **50 cam** ☷ 130/180 – ½ P 75/100.   AZ

🏨 **Piccolo Hotel** senza rist, via Buetti 11 ℘ 330212, Fax 332198 – 📶 📺 ☎. 🄰🄴 🄴 *VISA*
marzo-novembre – ☷ **21 cam** 120/190.   BY

🏨 Pestalozzi, senza rist, via Cattori 4 ℘ 310292, Telex 846516, Fax 319645 – 📺 ☎ ⟵
52 cam.   BZ

🏨 **Villa Palmiera,** via del Sole 1 ℘ 331441, « Piccolo giardino fiorito » – 📶 🚿 ℗. 🄰🄴 🄴 *VISA*
🍴 rist   BY
marzo-14 novembre – Pas 30/45 – **25 cam** ☷ 75/150 – ½ P 70/105.

🏨 **Montaldi** senza rist, piazza Stazione 7 ℘ 330222, Fax 335496 – 📶 📺 ☎ ℗. 🄰🄴 🄴 *VISA*
chiuso dal 10 gennaio al 15 marzo – **49 cam** ☷ 62/170.   BY

🏨 **Zurigo,** viale Verbano 9 ℘ 331617, Fax 334395, ≤, 🏤 – 📶 📺 ☎ – 🏛 40. 🄰🄴 ⓘ 🄴 *VISA*
Pas 13/31 – **28 cam** ☷ 105/195 – ½ P 120/135.   BY v

XXX ⚘ **Centenario,** lungolago Motta 17 ℘ 338222, prenotare – 🄰🄴 🄱 ⓘ 🄴 *VISA*. 🍴
chiuso domenica, lunedì (escluso i giorni festivi), dal 4 al 24 febbraio e dal 1° al 15 luglio – Pas carta 60/91   BY n
Spec. Salade tiède de langoustines aux mangues, Terrine de légumes au foie gras de canard, Carré d'agneau d'Ecoss à la moutarde. Vini Dezaley, Merlot del Ticino.

LOCARNO

0 — 300 m

BRIONE

ALPE DI CARDADA E CIMETTA ⓟ

MADONNA DEL SASSO

LAGO MAGGIORE

ASCONA, BRISSAGO

Grande (Piazza)	**ABY**	Collegiata (Via della)	**BY** 5
Ramogna (Via)	**BY** 12	Motta (Via della)	**AYZ** 9
		Municipio (Via del)	**BY** 10
Balli (Via F.)	**BY** 2	S. Antonio (Via)	**AY** 13
Castello (Piazza)	**AZ** 3	Vallemaggia (Via)	**AY** 16
Cittadella (Via)	**AYZ** 4	Varesi (Via Dr)	**AZ** 17

XX **Cittadella** con cam, via Cittadella 18 ℰ 315885, Fax 316493 – ▤ rist 📺 ☎. 🄰🄴 Ε 𝓥𝓘𝓢𝓐   AY **r**
Pas carta 45/86 – **11 cam** ⊊ 80/140.

X **Cervo** con cam, via Torretta 11 ℰ 314131   AY **g**
chiuso novembre – Pas (chiuso domenica e lunedì) carta 28/62 – **6 cam** ⊊ 70/120.

X **Antica Osteria,** via dei Pescatori 8 ℰ 338794, 🏠 – 𝓥𝓘𝓢𝓐   BY **b**
chiuso martedì, febbraio e dal 25 giugno al 15 luglio – Pas carta 35/67.

ad Orselina N : 2 km ABY – alt. 456 – ✉ 6644 :

🏨 **Orselina** ⤸, ℰ 330232, Fax 336221, ≤ lago e monti, 🏠, « Giardino subtropicale con ⤓ riscaldata », ⇌, ⤓, ※ – ▤ 📺 ☎ ᵔ ⓟ. ※ rist   AY **c**
marzo-novembre – Pas 44/60 – **76 cam** ⊊ 195/390, 2 appartamenti – ½ P 165/200.

🏨 **Mirafiori,** ℰ 331877, Fax 337739, ≤, « Servizio rist. estivo all'aperto », ⇌, ⤓ riscaldata, 🌳 – ▤ 📺 ☎ ⓟ. 🄰🄴 🄱 🄾 Ε 𝓥𝓘𝓢𝓐. ※ rist   AY **h**
marzo-10 novembre – Pas carta 32/62 – **25 cam** ⊊ 200 – ½ P 100/120.

X **Della Posta,** ℰ 334645, 🏠, Coperti limitati; prenotare – 🄰🄴 🄾 Ε 𝓥𝓘𝓢𝓐   AY **b**
chiuso mercoledì e dal 15 novembre al 15 dicembre – Pas carta 47/70.

a Minusio per ① : 2 km – alt. 246 – ✉ 6648 :

🏨 **Remorino** senza rist, ℰ 331033, Fax 337429, « Giardino con ⤓ riscaldata » – ▤ 📺 ☎ ⓟ
10 marzo-ottobre – **25 cam** ⊊ 105/210.

XX **Navegna** ⤸ con cam, ℰ 332222, Fax 333150, ≤, « Servizio estivo in terrazza ombreggiata in riva al lago », 🌳 – ☎ ⓟ. 🄾 Ε 𝓥𝓘𝓢𝓐. ※ rist
marzo-ottobre – Pas carta 52/83 – **15 cam** ⊊ 75/150 – ½ P 100.

X **Campagna** con cam, ℰ 332054, ≤, « Insieme rustico ticinese con servizio estivo all'aperto » – ☎ ⓟ
Pasqua-ottobre – Pas carta 40/52 – **15 cam** ⊊ 50/96.

LOCARNO

a Brione per ① : 4,5 km – alt. 450 – ⊠ 6645 :

🏨 Dellavalle e Rist. Landò ⑤, ℰ 330121, Fax 333517, ≼ lago e monti, 🌣, « Terrazza panoramica con ⊼ riscaldata », ≘s, 🖛, ℀ – 📳 ▤ rist 📺 ☎ Ⓟ
50 cam.

LOSONE 𝟒𝟐𝟕 ⑳, 𝟐𝟏𝟖 ⑪, 𝟐𝟏𝟗 ⑦ – Vedere Ascona.

Avvertite immediatamente l'albergatore se non potete più
occupare la camera prenotata.

LUGANO 6900 𝟒𝟐𝟕 ⑳, 𝟐𝟏𝟗 ⑧ – 26 011 ab. alt. 273 – a.s. Pasqua-ottobre – ✪ 091, dall'Italia 00.41.91.

Vedere Pinacoteca★★★ nella Villa Favorita BX – Lago★★ BX – Parco Civico★★ ABX – Affres- chi★★ nella chiesa di Santa Maria degli Angeli Z.

Dintorni Monte San Salvatore★★★ 15 mn di funicolare AX – Monte Brè★★ E : 10 km o 20 mn di funicolare BVX – ≼★★ dalla strada per Morcote – Morcote★★ : santuario di Santa Maria del Sasso★★ S : 12 km.

🇮🇸 a Magliaso ⊠ 6983 ℰ 711557, per ⑤ : 10 km.

✈ di Agno SO : 6 km AX ℰ 505001, Fax 592165 – Swissair via Pretorio 9 ℰ 236331, Fax 231903.

🛈 riva Albertolli 5 ℰ 214664, Fax 227653.

Roma 654 ④ – ◆Bergamo 90 ④ – Como 34 ④ – Locarno 40 ① – ◆Milano 77 ④ – Novara 105 ④.

Pianta pagina seguente

🏨🏨🏨 **Principe Leopoldo** ⑤, via Montalbano 5 ℰ 558855, Telex 843250, Fax 558825, ≼ lago e monti, « Giardino con ⊼ riscaldata », 𝐿𝑠, ≘s – 📳 ▤ 📺 ☎ 🖛 Ⓟ – 🔬 60. 🆎 ⑩ Ɛ 𝒱𝐼𝒮𝒜
Pas vedere rist Principe Leopoldo – **24 cam** ⌑ 600.
AX m

🏨🏨🏨 **Splendide Royal**, riva Caccia 7 ℰ 542001, Telex 844273, Fax 548931, ≼ lago e monti, ≘s, 🆇, 🚶 – 📳 ▤ ▥ 📺 ☎ 🖛 Ⓟ – 🔬 200. 🆎 ⑩ Ɛ 𝒱𝐼𝒮𝒜 ℀ rist
Pas carta 79/124 – **107 cam** ⌑ 280/520, 9 appartamenti – ½ P 325/345.
AX e

🏨🏨🏨 **Gd H. Eden e Rist. L'Oasis**, riva Paradiso 7 ℰ 550121, Telex 844330, Fax 542895, ≼ lago e monti, « Servizio rist. estivo in terrazza sul lago », 🆇, 🚵 – 📳 ▤ 📺 ☎ 🖛 Ⓟ – 🔬 50 a 120. 🆎 ⑩ Ɛ 𝒱𝐼𝒮𝒜. ℀ rist
Pas carta 69/91 – **119 cam** ⌑ 270/460, 2 appartamenti – ½ P 290/330.
AX f

🏨🏨🏨 **Montalbano** ⑤, via Montalbano ℰ 558811, Fax 542538, 🌣, « Giardino con ⊼ », 𝐿𝑠, ≘s, ℀ – 📳 📺 ☎ 🖛 Ⓟ – 🔬 80. 🆎 🕄 ⑩ Ɛ 𝒱𝐼𝒮𝒜. ℀ rist
Pas carta 60/88 – **44 cam** ⌑ 420 – ½ P 300.
AX m

🏨🏨 **Gd H. Villa Castagnola**, viale Castagnola 31 ⊠ 6906 Lugano-Cassarate ℰ 512213, Telex 841200, Fax 527271, ≼, « Parco fiorito », 𝐿𝑠, ≘s, 🆇, 🚵, ℀ – 📳 ▤ 📺 ☎ 🖛 Ⓟ – 🔬 40. 🆎 🕄 ⑩ Ɛ 𝒱𝐼𝒮𝒜. ℀ rist
Pas 48/52 – **97 cam** ⌑ 270/390, 6 appartamenti – ½ P 180/240.
BX n

🏨🏨 **Du Lac e Rist. L'Arazzo**, riva Paradiso 3 ℰ 541921, Fax 546173, ≼ lago e monti, « Terrazza sul lago con ⊼ riscaldata », 𝐿𝑠, ≘s, 🖛 – 📳 📺 ☎ 🖧 Ⓟ – 🔬 40. 🆎 ⑩ Ɛ 𝒱𝐼𝒮𝒜 ℀
Pas *(chiuso gennaio)* carta 60/90 – **53 cam** ⌑ 192/324, appartamento – ½ P 207/237.
AX u

🏨🏨 **Bellevue au Lac**, riva Caccia 10 ℰ 543333, Telex 844348, Fax 541273, ≼ lago e monti, « Servizio rist. estivo in terrazza », ⊼ riscaldata – 📳 📺 ☎ Ⓟ – 🔬 40. 🆎 Ɛ 𝒱𝐼𝒮𝒜. ℀ rist
aprile-ottobre – Pas carta 47/74 – **70 cam** ⌑ 170/320 – ½ P 205/215.
AX e

🏨🏨 **Admiral e Rist. Nelson Grill**, via Geretta 15 ℰ 542324, Telex 844281, Fax 542548, « ⊼ su terrazza panoramica », 𝐿𝑠, ≘s, 🆇 📺 ☎ 🖧 🖛 – 🔬 70. 🆎 ⑩ Ɛ 𝒱𝐼𝒮𝒜. ℀ rist
Pas carta 43/75 – **90 cam** ⌑ 195/310 – ½ P 200/240.
AX v

🏨🏨 **Europa au Lac**, via Cattori 1 ℰ 550171, Telex 844333, Fax 542757, ≼ lago e monti, 🆇 – 📳 ▤ 📺 ☎ Ⓟ – 🔬 30 a 120. 🆎 Ɛ 𝒱𝐼𝒮𝒜. ℀ rist
21 marzo-novembre – Pas carta 43/91 – **104 cam** ⌑ 190/285 – ½ P 188/235.
AX s

🏨🏨 **Lugano-Dante** ⑤, senza rist, piazza Cioccaro 5 ℰ 229561, Telex 844149, Fax 226402 – 📳 ▤ 📺 ☎. 🆎 ⑩ Ɛ 𝒱𝐼𝒮𝒜. ℀
55 cam ⌑ 170/260.
Y a

🏨 **Alba**, via delle Scuole 11 ℰ 543731, Fax 544523, « Giardino fiorito » – 📳 ▤ rist 📺 ☎ Ⓟ
25 cam.
AX c

🏨 **Excelsior e Grill Riviera**, riva Vela 4 ℰ 228661, Telex 844187, Fax 228189, ≼ lago e monti – 📳 ▤ rist 📺 ☎ – 🔬 40 a 100. 🆎 🕄 ⑩ Ɛ 𝒱𝐼𝒮𝒜
Pas carta 64/95 – **81 cam** ⌑ 170/220 – ½ P 150/210.
Z g

🏨 **International au Lac**, via Nassa 68 ⊠ 6901 ℰ 227541, Telex 840017, Fax 227544, ≼ – 📳 ☎ 🖧 🖛. 🆎 ⑩ Ɛ 𝒱𝐼𝒮𝒜. ℀ rist
aprile-ottobre – Pas 24/34 – **80 cam** ⌑ 145/240 – ½ P 103/168.
Z f

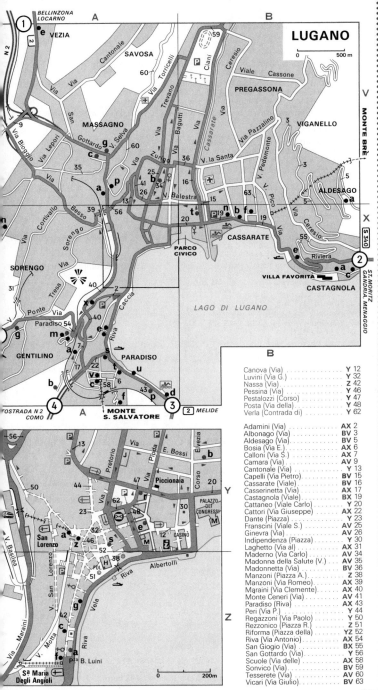

LUGANO

0 ____ 500 m

B	
Canova (Via)	Y 12
Luvini (Via G.)	Y 32
Nassa (Via)	Z 42
Pessina (Via)	Y 46
Pestalozzi (Corso)	Y 47
Posta (Via della)	Y 48
Verla (Contrada di)	Y 62

Adamini (Via)	AX 2
Albonago (Via)	BV 3
Aldesago (Via)	BV 5
Bosia (Via E.)	AX 6
Calloni (Via S.)	AX 7
Camara (Via)	AV 9
Cantonale (Via)	Y 13
Capelli (Via Pietro)	BV 15
Cassarate (Viale)	BV 16
Casserinetta (Via)	AX 17
Castagnola (Viale)	BX 19
Cattaneo (Viale Carlo)	Y 20
Cattori (Via Giuseppe)	AX 22
Dante (Piazza)	Y 23
Franscini (Viale S.)	AV 25
Ginevra (Via)	AV 26
Indipendenza (Piazza)	Y 30
Laghetto (Via al)	AX 31
Maderno (Via Carlo)	AV 34
Madonna della Salute (V.)	AV 35
Madonnetta (Via)	BV 36
Manzoni (Piazza A.)	Z 38
Manzoni (Via Romeo)	AX 39
Maraini (Via Clemente)	AV 40
Monte Ceneri (Via)	AV 41
Paradiso (Riva)	AX 43
Peri (Via P.)	Y 44
Regazzoni (Via Paolo)	Y 50
Rezzonico (Piazza R.)	Z 51
Riforma (Piazza della)	YZ 52
Riva (Via Antonio)	AX 54
San Giogio (Via)	BX 55
San Gottardo (Via)	Y 56
Scuole (Via delle)	AX 58
Sonvico (Via)	BV 59
Tesserete (Via)	AV 60
Vicari (Via Giulio)	BV 63

🏨 **Ticino** 📚, piazza Cioccaro 1 *&* 227772, Telex 841324, Fax 236278 – |♻| ▤ cam ☎. 🖭 ⬛
VISA. 🕸
Y
chiuso dall' 8 gennaio al 15 febbraio – Pas carta 82/122 – **22 cam** ⊊ 220/380, apparta
mento – ½ P 255/285.

🏨 **Cassarate Lago**, viale Castagnola 21 ⊠ 6906 Lugano-Cassarate *&* 522412, Fax 527962
🍴, ⤓ riscaldata – |♻| ▤ 🖭 ☎ ⇔ – **84 cam**.
BX

🏨 **Delfino**, via Casserinetta 6 ⊠ 6902 Lugano-Paradiso *&* 545333, Fax 545552, ⤓ riscalda
ta – |♻| ▤ rist 🖭 ☎ ⚹ ⇔ – 🔬 25. 🖭 ⬤ 🖭 **VISA**. 🕸 rist
AX
marzo-ottobre – Pas (solo per clienti alloggiati) – **50 cam** ⊊ 140/200 – ½ P 130/170.

🏨 **La Residenza** senza rist, piazza della Riscossa 16 ⊠ 6906 Lugano-Cassarate *&* 521831
Fax 519734 – 🖭 ☎. 🖭 🖭 **VISA**
BX
42 cam ⊊ 110/170.

🏨 **Park Hotel Nizza** 📚, via Guidino 14 *&* 541771, Telex 844305, Fax 541773, ≤ lago e
monti, « Parco ombreggiato con ⤓ riscaldata » – |♻| 🖭 ☎ 🅿. 🖭 **VISA**. 🕸 rist
AX
aprile-ottobre – Pas (chiuso a mezzogiorno) 30/50 – **28 cam** ⊊ 120/240 – ½ P 120/170.

🏨 **Arizona**, via Massagno 20 *&* 229343, Telex 844179, Fax 238143 – |♻| 🖭 ☎ 🖭. 🖭 ⬤ ⬛
VISA. 🕸 rist
AV
chiuso dal 13 dicembre all'11 gennaio – Pas carta 43/72 – **50 cam** ⊊ 200 – ½ P 122/132.

🏨 **Colorado**, via Maraini 19 ⊠ 6901 *&* 541631, Fax 551266 – |♻| ▤ rist 🖭 ☎ 🅿 – 🔬 50. 🖭
⬤ 🖭 **VISA**. 🕸
AX
Pas (chiuso domenica e luglio) carta 35/50 – **35 cam** ⊊ 120/190, appartamento – ½ P 130,
155.

🏨 **Conca d'Oro**, riva Paradiso 7 *&* 543131, Telex 841308, Fax 546982, ≤ lago e monti, 🍴 –
|♻| ☎ 🅿. 🖭 ⬤ 🖭 **VISA**. 🕸 rist
AX
Pas carta 45/60 – **35 cam** ⊊ 140/240 – ½ P 100/150.

🏨 **Washington**, via San Gottardo 55 ⊠ 6903 *&* 564136, « Parco ombreggiato » – |♻| ▤ ris
☎ ⚹ 🅿. 🖭 ⬤ 🖭 **VISA**. 🕸
AV
20 marzo-ottobre – Pas 22/28 – **41 cam** ⊊ 87/148 – ½ P 85/105.

🏨 **Nassa** senza rist, via Nassa 62 *&* 232833, ≤ – |♻| ▨ ⇔ 🖭 ⬤ 🖭 **VISA**
Z
20 cam ⊊ 196.

🍴🍴🍴 **Principe Leopoldo** - Hotel Principe Leopoldo, via Montalbano 5 *&* , « Servizio estivo in
giardino » – ▤ 🅿. 🖭 🖭 🖭 **VISA**
AX
Pas carta 72/126.

🍴🍴🍴 ✿ **Al Portone**, viale Cassarate 3 *&* 235995, Coperti limitati; prenotare – 🖭 ⬤ 🖭 **VISA**
BX
chiuso domenica, lunedì dal 1° al 15 gennaio ed agosto – Pas carta 84/128
Spec. Terrina di patate con fegato d'anitra, Scampi giganti al curry e zucchine fritte, Rognone di vitello alle erbe. Vin
Bianco Rovere, Rompidée.

🍴🍴🍴 **Parco Saroli**, viale Franscini 6 *&* 235314, Fax 228805, 🍴 – ▤ – 🔬 30.
AV
🍴🍴 **Galleria**, via Vegezzi 4 *&* 236288, prenotare – ▤. 🖭 ⬤ 🖭 **VISA**. 🕸
Y
chiuso domenica e dal 1° al 24 agosto – Pas carta 58/95.

🍴🍴 **Orologio**, via Nizzola 2 *&* 232338 – ▤. 🖭 ⬤ 🖭 **VISA**. 🕸
Y
chiuso sabato ed agosto – Pas carta 50/71.

🍴🍴 **Al Faro**, riva Paradiso 36 *&* 545141, Fax 467087, Solo piatti di pesce – ▤ 🅿. 🖭 🖭 ⬤ ⬛
VISA. 🕸
AX
chiuso martedì e dal 20 luglio al 10 agosto – Pas carta 65/102.

🍴🍴 **Da Armando**, via Luigi Canonica 5 *&* 233766, Coperti limitati; prenotare – 🖭 🖭 ⬤ ⬛
VISA
Y
chiuso sabato a mezzogiorno, domenica ed agosto – Pas carta 47/75.

🍴🍴 **Gambrinus**, piazza della Riforma *&* 231955, Fax 233623, 🍴 – ▤. 🖭 ⬤ 🖭 **VISA**
Y
Pas carta 38/70.

🍴🍴 **Scala**, via Nassa 29 *&* 220958 – ▤. 🖭 ⬤ 🖭 **VISA**. 🕸
Z
chiuso domenica e dal 1° al 15 gennaio – Pas carta 50/80.

🍴 **Locanda del Boschetto**, via al Boschetto 8 (Cassarina) *&* 542493, Fax 542692, « Servizio estivo all'aperto » – 🅿. 🖭 🖭 ⬤ 🖭 **VISA**. 🕸
AX
chiuso lunedì – Pas carta 25/50.

a Massagno NO : 2 km AV – ⊠ **6900** :

🍴 **Antica Osteria Gerso**, piazzetta Solaro 24 *&* 561915, Coperti limitati; prenotare – ⬛
VISA. 🕸
AV
chiuso domenica sera, lunedì ed agosto – Pas carta 50/70.

🍴 **Grotto della Salute**, via dei Sindacatori 4 *&* 560476, « Servizio estivo all'aperto » – 🅿
chiuso sabato, domenica, dal 18 dicembre al 18 gennaio e dal 7 al 22 agosto – Pas
carta 46/60.
AV

a Lugano-Castagnola E : 3 km BX – ⊠ **6976** :

🏨 **Belmonte**, via Serenella 29 *&* 514033, Telex 844461, Fax 526139, ≤ lago e monti, 🍴
⤓ riscaldata – |♻| 🖭 ☎ ⇔ 🅿 – 🔬 70. 🖭 🖭 ⬤ 🖭 **VISA**. 🕸 rist
BX
marzo-novembre – Pas (solo per clienti alloggiati) 45 – **45 cam** ⊊ 150/250 – ½ P 165/190.

🏛 **Carlton Hotel Villa Moritz** ⑤, via Cortivo 9 ℘ 513812, Fax 513814, ≤, 🛋, « 🔼 riscaldata su terrazza panoramica », 🌳 – 📳 🕿 🕹, 🚗, 🕮 🖻 *VISA*. ⅍ BX **a**
27 marzo-25 ottobre – Pas 20/35 – **60 cam** � 88/170 – ½ P 95/108.

🏛 **Aniro** ⑤, via Violetta 1 ℘ 525031, Fax 532386, ≤, 🛋, « Giardino con 🔼 riscaldata » – 📳 ❦ rist 🕿 🚗 🅟. 🕮 ⓞ 🖻 *VISA* BX **c**
15 marzo-novembre – Pas 24/40 – **40 cam** � 88/174 – ½ P 112.

a Sorengo O : 3 km AX – alt. 385 – ☒ 6924 :

ⅩⅩⅩ ❀ **Santabbondio**, via Fomelino 10 ℘ 548535, 🛋, prenotare – 🅟. 🕮 ⓞ 🖻 *VISA*. ⅍ *chiuso sabato a mezzogiorno, domenica sera, lunedì, dal 1° al 7 gennaio e dal 1° al 14 luglio* – Pas carta 85/130 AX **g**
Spec. Parfait di zucca al fegato d'oca, Gnocchetti di ricotta ai fiori di zucchine e astice, Scaloppa di lucioperca su porri e pomodori ramati. Vini Bianco Rovere, Merlot del Ticino.

a Vezia N : 3,5 km AV – alt. 368 – ☒ 6943 :

🏛 **Motel Vezia**, ℘ 563631, Fax 567022, 🔼 riscaldata, 🌳 – ❦ cam 🍽 rist 📺 🕿 🕹 🚗 🅟. 🕮 🖻 *VISA*. ⅍ rist AV **e**
marzo-15 novembre – Pas carta 20/40 – � 10 – **45 cam** 116/158.

a Breganzona O : 4 km AX – ☒ 6932 :

🏛 **Villa Marita**, ℘ 560561, « Giardino con 🔼 riscaldata » – 🕾 🅟. *VISA*. ⅍ rist AX **h**
chiuso dal 22 dicembre al 10 febbraio – Pas (solo per clienti alloggiati e *chiuso a mezzogiorno*) 28 – **19 cam** � 80/130 – ½ P 90/100.

a Cureglia N : 5 km – alt. 433 – ☒ 6951 :

Ⅹ **Della Posta**, ℘ 562140, Coperti limitati; prenotare – 🕮 🖻 *VISA* per ①
chiuso giovedì e da 20 luglio al 20 agosto – Pas carta 48/62.

ad Aldesago E : 6 km BV verso Brè – alt. 600 – ☒ 6974 :

🏛 **Colibrì**, ℘ 514242, Fax 519016, ≤ lago e città, « 🔼 e rist. estivo su terrazze panoramiche » – 📳 📺 🕿 🅟 – 🔬 40. 🖻 *VISA*. ⅍ rist BV **a**
chiuso dal 10 gennaio a febbraio – Pas carta 35/62 – **22 cam** � 105/180 – ½ P 120/135.

Vedere anche : *Gandria* per ② : 5 km.
　　　　　　　 Origlio per ① : 8 km.
　　　　　　　 Taverne per ① : 8 km.

MADONNA DEL PIANO – Vedere Ponte Tresa.

MAGLIASINA e MAGLIASO 219 ⑧ – Vedere Ponte Tresa.

MASSAGNO 219 ⑧ – Vedere Lugano.

MELIDE 6815 427 ㉔, 219 ⑧ – 1 389 ab. alt. 277 – ✿ 091, dall'Italia 00.41.91.
Vedere Svizzera in miniatura★.
🖪 via Pocobelli 14 ℘ 686383, Fax 685613.
Roma 653 – Bellinzona 38 – ✦Bern 271 – Como 26 – ✦Lugano 7 – ✦Milano 71.

🏛 **Seehotel Riviera**, ℘ 687912, Fax 686798, ≤ lago e monti, 🛋, 🔼, 🛶 – 📳 📺 🕿. 🕮 🕄 ⓞ 🖻 *VISA*. ⅍ rist
15 marzo-15 novembre – Pas 12/35 – **24 cam** � 90/170 – ½ P 98/103.

Vedere anche : *Carona* SO : 15 km o 5 mn di funivia.

MENDRISIO 6850 427 ㉔, 219 ⑧ – 6 347 ab. alt. 355 – a.s. Pasqua e luglio-settembre – ✿ 091, dall'Italia 00.41.91 – 🖪 via Zorzi, uscita autostrada ℘ 465761, Fax 463348.
Roma 637 – Bellinzona 49 – ✦Bern 281 – Como 15 – ✦Lugano 19 – ✦Milano 60 – Varese 17.

🏛 **Milano**, ℘ 465741, Fax 461764, 🔼 riscaldata – 📳 🍽 📺 🕿 🕹 🚗 – 🔬 150. 🕮 🕄 ⓞ 🖻 *VISA*. ⅍ rist
Pas carta 48/88 – **25 cam** � 110/140 – ½ P 105/145.

🏛 **Morgana**, ℘ 462355, Fax 464264, 🛋, Rist. con sole specialità di fondute, 🔼 – 📺 🕿 🅟. 🕮 🕄 ⓞ 🖻 *VISA*. ⅍ rist
chiuso dal 24 al 27 dicembre e dal 18 giugno al 15 luglio – Pas (*chiuso lunedì*) 35 – **16 cam** � 100/140.

ⅩⅩ **Stazione** con cam, ℘ 462244, Fax 468227, 🛋 – 📳 📺 🕿 🕹 🅟. 🕮 🕄 ⓞ 🖻 *VISA*. ⅍ rist
Pas (*chiuso domenica sera*) carta 42/62 – **24 cam** � 95/130 – ½ P 93/123.

MINUSIO 427 ㉔, 218 ⑫, 219 ⑧ – Vedere Locarno.

MONTE Vedere nome proprio del monte.

MONTEGGIO 6998 219 ⑦ – alt. 433 – ✿ 091, dall'Italia 00.41.91.
Roma 661 – Bellinzona 44 – ✦Lugano 18 – Varese 28.

Ⅹ Grotto Collina, O : 1 km ℘ 732478, « Servizio estivo in terrazza con ≤ » – 🅟 *stagionale.*

MORCOTE 6922 427 ㉘, 219 ⑧ – 694 ab. alt. 277 – 🕿 091, dall'Italia 00.41.91.
Vedere Località★★ – Santuario di Santa Maria del Sasso★★.
Dintorni Strada per Lugano : ≤★★.

Roma 658 – Bellinzona 42 – ◆Bern 275 – Como 30 – ◆Lugano 12 – ◆Milano 75.

🏨🏨 **Olivella au Lac e Rist. Voile d'Or,** NE : 1,5 km ℰ 691001, Fax 691960, ≤ lago e monti « Terrazze-giardino con ♨ riscaldata », 🅰🄼 – |🛗| 🖭 cam 🖭 🕿 🄿 – 🔬 40 a 50. 🝝 ⓪ 🝝 **VISA**. 🝝 rist
chiuso gennaio e febbraio – Pas carta 60/105 – **64 cam** 🖙 230/440 – ½ P 265/275.

🏨 **Carina Carlton,** ℰ 691131, Fax 691929, ≤ lago, « Rist. estivo in terrazza sul lago », ♨ riscaldata, 🐎 – 🖭 🕿. 🝝 🛗 ⓪ 🝝 **VISA**
marzo-10 novembre – Pas carta 42/92 – **22 cam** 🖙 150/230, 2 appartamenti.

🝝 **Grotto del Parco,** ℰ 692297, ≤, 🏠, prenotare la sera – 🝝 🝝 **VISA**
15 marzo-15 novembre; chiuso lunedì – Pas carta 43/64.

a Vico N : 4 km – alt. 420 – ⌧ 6921 :

🝝🝝 **Bellavista** 🝝 con cam, ℰ 691143, Fax 691288, prenotare, « Servizio estivo in terrazza con ≤ lago e monti » – |🛗| 🖭 🕿. 🝝 🝝 **VISA**
Pas *(chiuso dal 13 al 28 febbraio e lunedì-martedì a mezzogiorno escluso agosto-settembre)* carta 56/101 – 🖙 10 – **9 cam** 170, appartamento.

MUZZANO-PIODELLA 6933 219 ⑧ – alt. 305 – 🕿 091, dall'Italia 00.41.91.

Roma 647 – Como 31 – Locarno 36.

🝝🝝 **La Piodella,** località Agnuzzo O : 1 km ℰ 546306, 🏠 – 🄿. 🝝 🛗 ⓪ 🝝 **VISA**. 🝝
chiuso mercoledì e dal 15 dicembre al 15 febbraio – Pas carta 50/82.

NOVAZZANO 6883 427 ㉘, 219 ⑧ – alt. 349 – 🕿 091, dall'Italia 00.41.91.

Roma 642 – Bellinzona 54 – Como 21 – ◆Milano 66.

🝝🝝 Osteria Belvedere, ℰ 435851, 🏠, Solo piatti di pesce – 🄿

OLIVONE 6718 427 ⑮, 218 ⑫ – 799 ab. alt. 893 – 🕿 092, dall'Italia 00.41.92.
Dintorni Chiesa del Negrentino★ a Prugiasco : affreschi★★ S : 8 km e 30 mn a piedi AR.
Escursioni Strada★ del passo del Lucomagno Ovest.
🛈 ℰ 781765, Fax 782545.

Roma 723 – Bellinzona 43 – Locarno 62 – ◆Milano 149.

🏨 Olivone e Posta, ℰ 701366, Fax 701687, 🏠 – 🖭 🕿 🄿
25 cam.

ORIGLIO 6945 219 ⑧ – 983 ab. alt. 420 – a.s. luglio-agosto – 🕿 091, dall'Italia 00.41.91.

Roma 664 – Bellinzona 26 – Como 43 – Locarno 35 – ◆Lugano 8 – ◆Milano 88.

🏨🏨 **Origlio Country Club** 🝝, ℰ 931921, Fax 931031, « Servizio rist. estivo all'aperto », ≋🝝, ♨ riscaldata, 🝝, 🝝 – |🛗| 🝝 rist 🕿 🝝 🄿 – 🔬 80. 🝝 ⓪ 🝝 **VISA** 🝝 rist
chiuso dal 18 dicembre al 17 marzo – Pas carta 58/91 – **60 cam** 🖙 175/310 – ½ P 200/220.

🝝🝝 **Deserto** con cam, ℰ 931216, Fax 935072, « Servizio estivo all'aperto », 🐎 – 🖭 🕿 🄿. 🝝 ⓪ 🝝 **VISA**
Pas carta 62/93 – **12 cam** *(chiuse sino a Pasqua)* 🖙 101/192 – ½ P 136/181.

ORSELINA 219 ⑦ ⑧, 218 ⑫ – Vedere Locarno.

PEDRINATE 427 ㉔ ㉕, 219 ⑧ – Vedere Chiasso.

PIODINA 219 ⑦ – Vedere Brissago.

PONTE BROLLA 6652 219 ⑦ – alt. 258 – 🕿 093, dall'Italia 00.41.93.

Roma 699 – Bellinzona 23 – ◆Lugano 44.

🝝 **Da Enzo,** ℰ 811475, 🏠, 🐎 – 🄿
chiuso mercoledì, giovedì a mezzogiorno e dal 7 gennaio al 25 febbraio – Pas carta 63/96.

🝝 **Centovalli** con cam, ℰ 811444, Fax 813159, 🏠, prenotare – 🄿. 🝝
chiuso gennaio e febbraio – Pas *(chiuso lunedì e martedì)* carta 50/70 – **8 cam** 🖙 70/150.

PONTE TRESA 6988 427 ㉘, 219 ⑧ – 801 ab. alt. 275 – a.s. Pasqua, luglio-agosto e ottobre – 🕿 091, dall'Italia 00.41.91.
🝝₁₈ a Magliaso ⌧ 6983 ℰ 711557, NE : 2,5 km.
🛈 a Caslano ℰ 712986, Fax 715200.

Roma 654 – Bellinzona 37 – ◆Bern 270 – ◆Lugano 11 – Luino 12 – ◆Milano 77 – Varese 21.

a Magliasina NE : 1,5 km – ⌧ 6987 :

🝝🝝🝝 **Locanda Estérel** con cam, ℰ 714313, Fax 716202, Coperti limitati; prenotare, ♨ riscaldata, 🐎 – 🖭 🕿 🄿 🝝 ⓪ 🝝 **VISA** 🝝 rist
chiuso dal 1° al 15 febbraio e dal 1° al 15 novembre – Pas *(chiuso lunedì a mezzogiorno da aprile ad ottobre e mercoledì negli altri mesi)* carta 46/83 – **9 cam** 🖙 110/240.

a Caslano E : 2 km – ⊠ **6987** :

▲▲ **Gardenia e Rist. Bacco** ⟍, 𝒫 711716, Fax 712642, �, « Giardino fiorito con ⌿ riscaldata » – ⫶ 🍽 rist 📺 ☎ 🅿. 🆎 ⓪ E 𝘝𝘐𝘚𝘈. 🍽 rist
marzo-novembre – Pas carta 50/94 – **25 cam** ⊑ 175/320 – ½ P 205/220.

a Magliaso NE : 2,5 km – ⊠ **6983** :

▲▲ **Golf Hotel Villa Magliasina** ⟍, 𝒫 713471, Fax 716829, 🌣, « Giardino fiorito con ⌿ riscaldata » – 📺 ☎ 🅿. E 𝘝𝘐𝘚𝘈. 🍽 rist
7 marzo-22 novembre – Pas 50/75 – **25 cam** ⊑ 150/300 – ½ P 195.

a Madonna del Piano NO : 3 km – ⊠ **6995** :

✗ **Osteria Andina**, 𝒫 731151, 🌣, Grotto ticinese – 🅿. E 𝘝𝘐𝘚𝘈. 🍽
chiuso mercoledì e gennaio o febbraio – Pas carta 37/71.

RONCO SOPRA ASCONA 6622 ⁴²⁷ ㉔, ²¹⁹ ⑦ – 762 ab. alt. 351 – ✪ 093, dall'Italia 00.41.93.
Vedere Posizione pittoresca★★.

Escursioni Circuito di Ronco★★ : ≤★★ sul lago Maggiore dalla strada di Losone, verso Locarno.

🛈 piazza della Madonna 𝒫 354650, Fax 361918.

Roma 705 – Bellinzona 29 – ◆Bern 262 – Locarno 10 – ◆Lugano 50 – ◆Milano 126 – Stresa 50.

▲ **La Rocca** ⟍, S : 1 km ⊠ 6613 Porto Ronco 𝒫 355344, Fax 354064, ≤ lago e monti, 🌣, ⌿, 🌲 – ☎ 🅿. 🍽 rist
27 marzo-24 ottobre – Pas 36/42 – **20 cam** ⊑ 290 – ½ P 160/175.

✗✗ **Della Posta** ⟍ con cam, 𝒫 358470, ≤, 🌣 – 📺. 🈁 E 𝘝𝘐𝘚𝘈
chiuso gennaio e febbraio – Pas carta 51/84 – ⊑ 11 – **4 cam** 190.

✗✗ **Ronco** ⟍ con cam, 𝒫 355265, Fax 350640, ≤ lago e monti, 🌣, ⌿ riscaldata, 🌲 – 📺 ☎ 🍽. 🆎 E 𝘝𝘐𝘚𝘈. 🍽 cam
marzo-novembre – Pas carta 40/67 – **21 cam** ⊑ 130/230 – ½ P 110/140.

☛ *Inclusion in the Michelin Guide cannot be achieved by pulling strings or by offering favours.*

ROVIO 6821 ⁴²⁷ ㉔, ²¹⁹ ⑧ – 560 ab. alt. 500 – a.s. Pasqua e luglio-settembre – ✪ 091, dall'Italia 00.41.91.
Roma 646 – Como 24 – ◆Lugano 13 – ◆Milano 69.

▲ **Park Hotel** ⟍, 𝒫 687372, Fax 687963, ≤ lago e monti, « Parco ombreggiato con ⌿ riscaldata » – ⫶ 📺 ☎ 🅿 – ⚿ 50. 🆎 ⓪ E 𝘝𝘐𝘚𝘈. 🍽
marzo-15 novembre – Pas carta 38/49 – **48 cam** ⊑ 100/190 – ½ P 90/110.

SAN SALVATORE (Monte) ⁴²⁷ ㉔, ²¹⁹ ⑧ – Vedere Guida Verde Svizzera.

SEMENTINA ⁴²⁷ ㉔, ²¹⁹ ⑧, ²¹⁸ ⑫ – Vedere Bellinzona.

SORENGO ²¹⁹ ⑧ – Vedere Lugano.

STABIO 6855 ⁴²⁷ ㉔, ²¹⁹ ⑧ – 3 249 ab. alt. 374 – a.s. Pasqua e luglio-settembre – ✪ 091, dall'Italia 00.41.91.
Roma 641 – Como 16 – ◆Lugano 23 – ◆Milano 61 – Varese 13.

✗✗✗ **Montalbano**, località San Pietro N : 1 km ⊠ 6854 San Pietro di Stabio 𝒫 471206, 🌣, 🌲 – 🅿. 🆎 ⓪ E 𝘝𝘐𝘚𝘈. 🍽
chiuso sabato a mezzogiorno, domenica sera e lunedì – Pas carta 55/81.

TAVERNE 6807 ⁴²⁷ ㉔, ²¹⁹ ⑧ – 2 277 ab. alt. 450 – a.s. luglio-agosto – ✪ 091, dall'Italia 00.41.91.
Roma 662 – Bellinzona 23 – Locarno 32 – ◆Lugano 8 – ◆Milano 86.

✗✗✗ ✿ **Motto del Gallo** con cam, 𝒫 932871, Fax 932723, Coperti limitati; prenotare, « Servizio estivo all'aperto » – ⇆ 📺 🅿. 🆎 ⓪ E 𝘝𝘐𝘚𝘈
chiuso dal 21 dicembre al 15 gennaio – Pas *(chiuso domenica)* carta 92/106 – **3 cam** ⊑ 105/195
Spec. Zucchine e scampi con basilico e rucola (estate), Caramelle (pasta) di punte d'ortica faraona e gallinacci, Galletto nostrano con fiori di zucca al dragoncello. Vini Cademario bianco, Merlot.

TESSERETE 6950 ⁴²⁷ ㉔, ²¹⁹ ⑧ – alt. 517 – ✪ 091, dall'Italia 00.41.91.
🛈 𝒫 911888, Fax 914296.
Roma 663 – Como 43 – Locarno 31 – ◆Lugano 9.

🏠 Stazione, 𝒫 911502, 🌲 – 📺 🅿
6 cam.

✗ **Storni**, 𝒫 914015 – 🆎 E 𝘝𝘐𝘚𝘈. 🍽
chiuso domenica – Pas carta 35/75.

VACALLO **6833** 219 ⑧ – 2 837 ab. alt. 375 – a.s. Pasqua e luglio-settembre – ☎ 091, dall'Ita 00.41.91.

Roma 632 – Como 7,5 – ♦Milano 53.

XX **Conca Bella** con cam, ☎ 437474, ≤, 🍽, Coperti limitati; prenotare – ☎ ⇔ Ⓟ. AE ⓓ VISA. ✻
Pas *(chiuso domenica sera e lunedì)* carta 70/99 – **10 cam** ☐ 80/120 – ½ P 68/85.

VEZIA 219 ⑧ – Vedere Lugano.

VICO 219 ⑧ – Vedere Morcote.

VIRA-GAMBAROGNO **6574** 427 ㉔, 219 ⑧ – 608 ab. alt. 209 – a.s. Pasqua e luglio-ottobre ☎ 093, dall'Italia 00.41.93.

ℹ ☎ 611866, Fax 613340.

Roma 687 – Bellinzona 17 – ♦Bern 249 – Locarno 14 – ♦Lugano 34 – ♦Milano 110.

🏨 **Viralago,** ☎ 611591, Fax 612791, ≤ lago, 🍽, Fö, ≘s, ⛱, 🌳 – |♦| TV ☎ ⇔ Ⓟ – 🏃 4 AE ⓢ ⓓ E VISA
marzo-novembre – Pas carta 24/36 – **44 cam** ☐ 203 – ½ P 126/130.

🏨 **Touring-Bellavista** ⚘, S : 1 km ☎ 611116, Fax 612518, ≤ lago e monti, « Parco terrazza con ⛱ riscaldata » – |♦| TV ☎ Ⓟ. ⓓ E VISA. ✻ rist
15 marzo-15 novembre – Pas carta 42/61 – **62 cam** ☐ 110/215 – ½ P 98/135.

XX **Rodolfo,** ☎ 611582, 🍽 – AE E VISA. ✻
chiuso lunedì, martedì, febbraio e dal 1° al 15 novembre – Pas carta 54/87.

Piante di Ascona, Locarno e Lugano
con l'autorizzazione della Direzione Federale delle Misurazioni Catastali del 2 gennaio 92

Distanze
Distances – Entfernungen

QUALCHE CHIARIMENTO

Nel testo di ciascuna località troverete la distanza dalle città limitrofe e da Roma. Quando queste città sono quelle della tabella a lato, il loro nome è preceduto da una losanga ♦. Le distanze fra le città di questa tabella completano quelle indicate nel testo di ciascuna località.

La distanza da una località ad un'altra non è sempre ripetuta in senso inverso : guardate al testo dell'una o dell'altra. Utilizzate anche le distanze riportate a margine delle piante.

Le distanze sono calcolate a partire dal centro delle città e seguendo la strada più pratica, ossia quella che offre le migliori condizioni di viaggio ma che non è necessariamente la più breve.

QUELQUES PRÉCISIONS

Au texte de chaque localité vous trouverez la distance des villes environnantes et celle de Rome. Lorsque ces villes sont celles du tableau ci-contre, leur nom est précédé d'un losange noir ♦. Les distances intervilles de ce tableau complètent ainsi celles données au texte de chaque localité.

La distance d'une localité à une autre n'est pas toujours répétée en sens inverse : voyez au texte de l'une ou de l'autre. Utilisez aussi les distances portées en bordure des plans.

Les distances sont comptées à partir du centre-ville et par la route la plus pratique, c'est-à-dire celle qui offre les meilleures conditions de roulage, mais qui n'est pas nécessairement la plus courte.

EINIGE ERKLÄRUNGEN

In jedem Ortstext finden Sie Entfernungen zu größeren Städten in der Umgebung und nach Rom. Wenn diese Städte auf der nebenstehenden Tabelle aufgeführt sind, sind sie durch eine schwarze Raute ♦ gekennzeichnet. Die Kilometerangaben dieser Tabelle ergänzen somit die Angaben des Ortstextes.

Da die Entfernung von einer Stadt zu einer anderen nicht immer unter beiden Städten zugleich aufgeführt ist, sehen Sie bitte unter beiden entsprechenden Ortstexten nach. Eine weitere Hilfe sind die am Rande der Stadtpläne erwähnten Kilometerangaben.

Die Entfernungen gelten ab Stadtmitte unter Berücksichtigung der günstigsten (nicht immer kürzesten) Strecke.

COMMENTARY

The text on each town includes its distance from its immediate neighbours and from Rome. Those cited opposite are preceded by a diamond ♦ in the text. The kilometrage in the table completes that given under individual town headings for calculating total distances.

A town's distance from another is not necessarily repeated in the text under both town names, you may have to look, therefore, under one or the other to find it. Note also that some distances appear in the margins of the town plans.

Distances are calculated from centres and along the best roads from a motoring point of view not necessarily the shortest.

Distanze tra le principali città

Distances entre principales villes

Entfernungen zwischen den grösseren Städten

Distances between major towns

Esempio / Exemple / Beispiel / Example: **Bergamo – Lugano** 90 km

	Ancona	Bari	Bergamo	Bern	Bologna	Bolzano	Brescia	Brindisi	Cosenza	Ferrara	Firenze	Foggia	Genève	Genova	Innsbruck	Livorno	Lugano	Milano	Modena	Napoli	Nice	Padova	Parma	Perugia	Pescara	Ravenna	Reggio di Calabria	Roma	La Spezia	Taranto	Torino	Trieste	Venezia	Verona	Zagreb
Bari	464																																		
Bergamo	455	907																																	
Bern	788	1240	370																																
Bologna	215	667	239	572																															
Bolzano	495	947	242	482	279																														
Brescia	389	841	52	445	173	180																													
Brindisi	578	113	1021	1354	781	1061	955																												
Cosenza	699	271	1114	1447	892	1154	1048	271																											
Ferrara	258	710	206	614	47	256	155	824	936																										
Firenze	263	720	327	660	105	367	261	834	790	149																									
Foggia	344	132	787	1120	547	827	721	246	350	590	595																								
Genève	751	1203	365	165	535	601	411	1317	1398	577	611	1083																							
Genova	511	944	199	449	295	414	230	1058	1014	337	227	843	386																						
Innsbruck	613	1065	360	514	397	118	298	1179	1272	374	485	945	719	532																					
Livorno	350	788	332	624	180	430	286	902	858	243	87	682	561	177	548																				
Lugano	508	960	90	281	292	355	165	1074	1167	334	380	840	377	217	323	376																			
Milano	426	878	47	357	210	283	93	992	1085	252	298	758	323	142	401	294	77																		
Modena	258	710	199	532	39	239	133	824	917	84	130	590	495	255	357	224	252	170																	
Napoli	399	261	814	1147	592	854	748	375	313	636	490	175	1098	714	972	558	867	785	617																
Nice	686	1136	374	552	470	589	405	1250	1206	512	419	1018	489	194	707	369	392	317	430	906															
Padova	297	749	193	586	115	182	147	863	1004	73	217	629	552	365	300	311	306	234	152	704	540														
Parma	312	764	160	484	96	242	114	878	971	138	184	644	447	198	360	189	204	122	56	671	382	181													
Perugia	166	615	478	811	256	518	412	729	685	300	154	453	762	378	636	222	531	449	281	385	570	368	335												
Pescara	156	300	599	932	359	639	533	414	548	402	407	180	895	655	757	494	652	570	402	248	830	441	456	281											
Ravenna	161	613	314	647	74	354	248	727	848	74	136	493	610	370	472	276	367	285	117	548	545	134	171	196	305										
Reggio di Calabria	885	457	1300	1633	1078	1340	1234	457	190	1122	976	536	1584	1200	1458	1044	1353	1271	1103	499	1392	1190	1157	871	734	1034									
Roma	319	449	601	934	379	641	535	563	519	423	277	363	885	501	759	321	654	572	404	219	693	491	458	172	209	366	705								
La Spezia	426	861	258	550	210	356	212	975	931	252	144	758	487	103	474	94	302	220	170	631	295	295	115	295	570	285	1117	418							
Taranto	547	94	990	1323	750	1030	924	72	205	793	803	215	1286	1027	1148	871	1043	961	793	344	1219	832	847	698	383	696	391	532	944						
Torino	545	997	182	315	329	418	228	1111	1182	371	395	877	252	170	536	345	194	140	289	882	220	369	241	546	689	404	1368	669	271	1080					
Trieste	449	901	367	760	293	356	321	1015	1182	251	395	781	726	539	390	489	480	408	330	882	714	178	355	546	593	286	1368	669	469	984	543				
Venezia	308	760	226	619	152	215	180	874	1041	110	254	640	585	398	333	348	339	267	189	741	573	37	214	405	452	145	1227	528	328	843	402	158			
Verona	357	809	116	509	141	154	66	923	1016	102	229	689	475	288	272	289	229	157	101	716	463	81	101	380	501	216	1202	503	215	892	292	255	114		
Zagreb	670	1122	588	981	514	577	542	1236	1403	472	616	1002	947	760	571	710	701	629	551	1103	935	399	576	767	814	507	1589	890	690	1205	764	236	379	476	
Zürich	725	1177	307	124	509	358	382	1291	1384	551	597	1057	288	434	390	593	218	294	469	1084	609	523	421	748	869	584	1570	871	519	1260	411	697	556	446	918

SICILIA

	Agrigento	Caltanissetta	Catania	Messina	Palermo	Siracusa
Caltanissetta	58					
Catania	167	109				
Messina	264	206	97			
Palermo	128	127	208	235		
Siracusa	214	156	61	158	255	
Trapani	175	233	314	341	104	361

SARDEGNA

	Cagliari	Nuoro	Olbia	Oristano
Nuoro	182			
Olbia	268	102		
Oristano	93	92	178	
Sassari	211	120	103	121

PRINCIPALES ROUTES

toroute	
de route d'Etat	S 10
stance en kilomètres	12
tels et restaurants d'autoroute :	
Hôtel	■
Self-Service ou restaurant ...	■

euls les hôtels sont cités dans le guide

HAUPTVERKEHRSSTRASSEN

Autobahn	
Nummer der Staatsstraße .	S 10
Entfernung in Kilometern ..	12
Hotels und Restaurants an der Autobahn :	
– Motel	■
– Selbstbedienungsrestaurant oder Restaurant	■

In diesem Führer werden nur die Motels erwähnt

MAIN ROADS

Motorway	
State road number	S 10
Distance in kilometres	12
Hotels and restaurants on motorways :	
– Motel	■
– Self-service or restaurant	■

Only the motels are listed in the guide

735

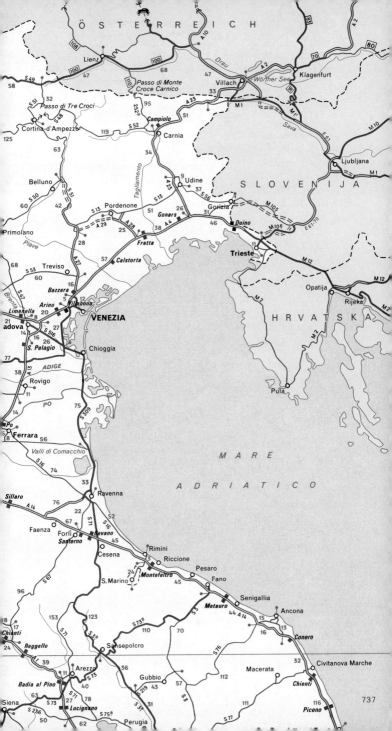

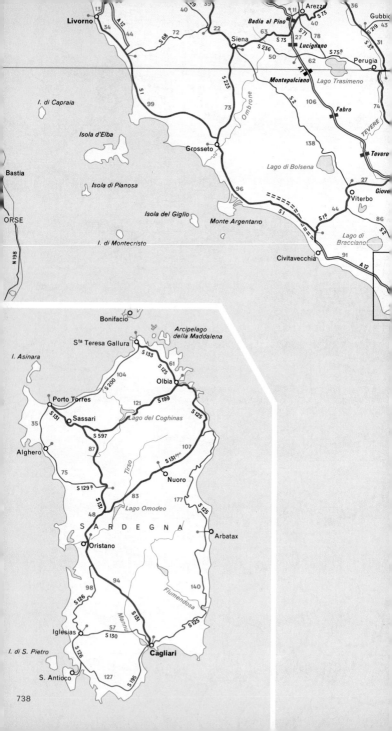

Da dove viene questa vettura ?
D'où vient cette voiture ?
Woher kommt dieser Wagen ?
Where does that car come from ?

L'immatricolazione delle vetture italiane è suddivisa per provincia.
Le lettere che precedono il numero di immatricolazione rappresentano l
sigla della provincia d'origine del veicolo. I numeri di immatricolazion
iniziano o terminano con lettere convenzionali quando superano il milione

*En Italie, les lettres qui précèdent le numéro d'immatriculation indiquer
la province d'origine du véhicule. Quand le numéro atteint le million, le
premiers ou les derniers chiffres sont remplacés par des lettres.*

In Italien geben die Buchstaben, die vor dem amtlichen Kennzeichen steher
die Herkunfts-Provinz des Fahrzeuges an. Wenn die Erkennungsnumme
eine Million erreicht, werden die ersten oder die letzten Zahlen durc.
Buchstaben ersetzt.

*In Italy, the letters preceding the registration number indicate the provinc
of origin of the car. For numbers from one million upwards, the initial a
the last figures are replaced by letters.*

Sigla	Provincia	Sigla	Provincia	Sigla	Provincia
AG	Agrigento	FO	Forlì	PT	Pistoia
AL	Alessandria	FR	Frosinone	PV	Pavia
AN	Ancona	GE	Genova	PZ	Potenza
AO	Aosta	GO	Gorizia	RA	Ravenna
AP	Ascoli Piceno	GR	Grosseto	RC	Reggio di Calabria
AQ	L'Aquila	IM	Imperia	RE	Reggio nell' Emilia
AR	Arezzo	IS	Isernia	RG	Ragusa
AT	Asti	LE	Lecce	RI	Rieti
AV	Avellino	LI	Livorno	RO	Rovigo
BA	Bari	LT	Latina	Roma	Roma
BG	Bergamo	LU	Lucca	SA	Salerno
BL	Belluno	MC	Macerata	SI	Siena
BN	Benevento	ME	Messina	SO	Sondrio
BO	Bologna	MI	Milano	SP	La Spezia
BR	Brindisi	MN	Mantova	SR	Siracusa
BS	Brescia	MO	Modena	SS	Sassari
BZ	Bolzano	MS	Massa-Carrara	SV	Savona
CA	Cagliari	MT	Matera	TA	Taranto
CB	Campobasso	NA	Napoli	TE	Teramo
CE	Caserta	NO	Novara	TN	Trento
CH	Chieti	NU	Nuoro	TO	Torino
CL	Caltanissetta	OR	Oristano	TP	Trapani
CN	Cuneo	PA	Palermo	TR	Terni
CO	Como	PC	Piacenza	TS	Trieste
CR	Cremona	PD	Padova	TV	Treviso
CS	Cosenza	PE	Pescara	UD	Udine
CT	Catania	PG	Perugia	VA	Varese
CZ	Catanzaro	PI	Pisa	VC	Vercelli
EN	Enna	PN	Pordenone	VE	Venezia
FE	Ferrara	PR	Parma	VI	Vicenza
FG	Foggia	PS	Pesaro-Urbino	VR	Verona
FI	Firenze			VT	Viterbo

Indicativi telefonici dei paesi europei
Indicatifs téléphoniques européens
Telefon-Vorwahlnummern europäischer Länder
European dialling codes

	da de von from		in en nach to	dall' de von from		in en nach to
A	Austria _____ 040 ____		Italia	_____ 0043 ____		Austria
B	Belgio _____ 0039 ____		»	_____ 0032 ____		Belgio
G	Bulgaria _____ 0039 ____		»	_____ 00359 ____		Bulgaria
S	Cecoslovacchia ___ 0039 ____		»	_____ 0042 ____		Cecoslovacchia
K	Danimarca _____ 00939 ____		»	_____ 0045 ____		Danimarca
F	Finlandia _____ 99039 ____		»	_____ 00358 ____		Finlandia
F	Francia _____ 1939 ____		»	_____ 0033 ____		Francia
D	Germania _____ 0039 ____		»	_____ 0049 ____		Germania
B	Gran Bretagna ___ 01039 ____		»	_____ 0044 ____		Gran Bretagna
R	Grecia _____ 0039 ____		»	_____ 0030 ____		Grecia
RL	Irlanda _____ 1639 ____		»	____ 00353 ____		Irlanda
U	Jugoslavia _____ 9939 ____		»	_____ 0038 ____		Jugoslavia
L	Liechtenstein ____ 0039 ____		»	_____ 0041 ____		Liechtenstein
L	Lussemburgo ____ 0039 ____		»	_____ 00352 ____		Lussemburgo
M	Malta _____ 039 ____		»	_____ 00356 ____		Malta
N	Norvegia _____ 09539 ____		»	_____ 0047 ____		Norvegia
L	Olanda _____ 0939 ____		»	_____ 0031 ____		Olanda
L	Polonia _____ 8039 ____		»	_____ 0048 ____		Polonia
P	Portogallo _____ 0039 ____		»	_____ 00351 ____		Portogallo
E	Spagna _____ 0739 ____		»	_____ 0034 ____		Spagna
S	Svezia _____ 00939 ____		»	_____ 0046 ____		Svezia
H	Svizzera _____ 0039 ____		»	_____ 0041 ____		Svizzera
H	Ungheria _____ 0039 ____		»	_____ 0036 ____		Ungheria

Importante : Per comunicare con l'Italia da un paese straniero non bisogna comporre lo zero (0) iniziale dell'indicativo interurbano.

Important : Pour les communications d'un pays étranger vers l'Italie, le zéro (0) initial de l'indicatif interurbain n'est pas à chiffrer.

Wichtig : Bei Gesprächen vom Ausland nach Italien darf die voranstehende Null (0) der Ortsnetzkennzahl nicht gewählt werden.

Note : When making an international call to Italy do not dial the first « 0 » of the city codes.

MANUFACTURE FRANÇAISE DES PNEUMATIQUES MICHELIN

Société en commandite par actions au capital de 2 000 000 000 de F.

Place des Carmes-Déchaux – 63 Clermont-Ferrand (France)

R.C.S. Clermont-Fd B 855 200 507

© Michelin et Cie, Propriétaires-Éditeurs 1992

Dépôt légal 12-92 – ISBN 2-06-006739-1

Printed in Italia 12-92-300

Carte e piante disegnate dall' Ufficio Cartografico Michelin
Piante topografiche : autorizzazione I.G.M. Nr. 30 del 1-2-1992
Fotocomposizione : APS, 37000 Tours (Francia)
Stampa e rilegatura – Officine Grafiche de Agostini – Novara

Les cartes et les guides Michelin sont complémentaires, utilisez-les ensemble.

Michelin maps and guides are complementary publications. Use them together.

De Michelin kaarten en gidsen vullen elkaar aan. Gebruik ze samen.

Die Karten, Reise- und Hotelführer von Michelin ergänzen sich. Benutzen Sie sie zusammen.

Los mapas y las guías Michelin se complementan, utilícelos juntos.

Le carte ⊗ le guide Michelin sono complementari : utilizzatele insieme.

GUIDE VERDI TURIS

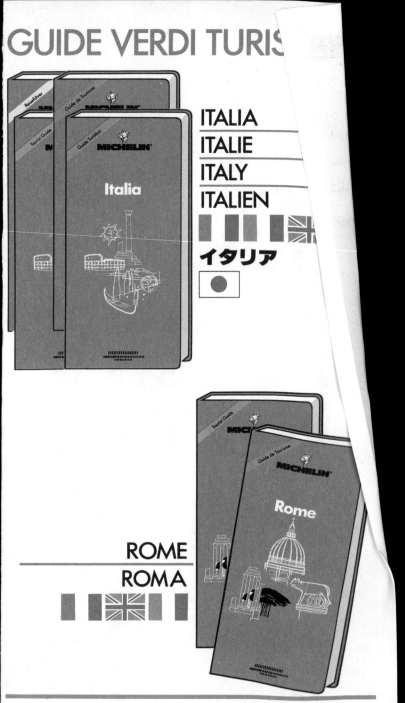

ITALIA
ITALIE
ITALY
ITALIEN

イタリア

ROME
ROMA